REFORM AND OPENING-UP OF THE CHINESE STEEL INDUSTRY FOR FORTY YEARS

中国钢铁工业改革开放

40年

中国钢铁工业协会 编

冶金工业出版社

图书在版编目（CIP）数据

中国钢铁工业改革开放 40 年／中国钢铁工业协会编 . —北京：
冶金工业出版社，2019.1

ISBN 978-7-5024-8018-9

Ⅰ.①中… Ⅱ.①中… Ⅲ.①钢铁工业—经济发展—成就—
中国 Ⅳ.①F426.31

中国版本图书馆 CIP 数据核字（2018）第 280870 号

出 版 人 谭学余
地 址 北京市东城区嵩祝院北巷 39 号 邮编 100009 电话 （010）64027926
网 址 www.cnmip.com.cn 电子信箱 yjcbs@cnmip.com.cn
责任编辑 姜晓辉 美术编辑 吕欣童 版式设计 孙跃红
责任校对 王永欣 责任印制 牛晓波
ISBN 978-7-5024-8018-9
冶金工业出版社出版发行；各地新华书店经销；三河市双峰印刷装订有限公司印刷
2019 年 1 月第 1 版，2019 年 1 月第 1 次印刷
210mm×285mm；80 印张；32 彩页；1620 千字；1279 页
300.00 元

冶金工业出版社 投稿电话 （010）64027932 投稿信箱 tougao@cnmip.com.cn
冶金工业出版社营销中心 电话 （010）64044283 传真 （010）64027893
冶金工业出版社天猫旗舰店 yjgycbs.tmall.com
（本书如有印装质量问题，本社营销中心负责退换）

40

聚焦中国钢铁工业

JUJIAO ZHONGGUO GANGTIE GONGYE

宝钢的建设拉开了中国钢铁工业迈向现代化的序幕，经过 40 年的发展，特别是宝钢与武钢重组成立中国宝武后，目前已经成为位居全球前列，具有国际竞争力的大型钢铁企业集团。图为宝钢高炉群

武钢是新中国成立后兴建的第一个特大型钢铁企业。40 年来，武钢坚持走"质量效益型"发展道路，积极实施"精品名牌"战略，形成一批精品名牌产品。图为武钢冷轧生产线

作为中国最大的民营钢铁企业，沙钢坚定不移地实施质量为本的品牌发展战略，不断推进转型升级，加快产品结构调整，每年研发的新品数量在 30~40 个，进一步打造了沙钢品牌新优势。图为沙钢 5800 立方米炼铁高炉

进入 21 世纪以来，马钢坚持以发展为第一要务，以结构调整、创新驱动为主线，以令人瞩目的"马钢速度"完成了总投资 400 多亿元的两轮大规模结构调整。图为马钢厂区

2014 年 8 月 10 日，湖南华菱安赛乐米塔尔汽车板项目连退线第一卷钢卷顺利下线（如图）

20 世纪 90 年代中期，酒钢上了中厚板工程，结束了有材无板的历史。进入 21 世纪，酒钢又适时发展了不锈钢事业

2014 年 10 月 15 日，江阴兴澄特种钢铁有限公司 450 毫米板坯连铸机一次热试成功，并投入生产运行

近年来，三钢集团深入践行国家供给侧结构性改革，坚持创新驱动，强化结构调整，积极推进公司向钢铁制造服务型企业转型。图为三钢集团厂区全景

作为首钢搬迁调整和转型发展的重要载体，首钢京唐公司是我国第一个实施城市钢铁企业搬迁，完全按照循环经济理念设计建设，临海靠港，具有国际先进水平的千万吨级大型钢铁企业。图为首钢京唐公司鸟瞰

图为首钢京唐公司曹妃甸码头

2011 年 1 月 13 日，首钢北京石景山钢铁主流程停产仪式举行，这座有 90 多年钢铁生产历史的钢城光荣退役。图为时任北京市委书记刘淇同志向首钢授予"功勋首钢"牌匾

图为首钢职工签名留念

图为首钢石景山厂区内由原料筒仓改造成的北京 2022 年冬奥组委办公楼

鞍钢鲅鱼圈钢铁分公司自 2008 年投产以来，坚持"3R+G"（减量化、再循环、再利用、绿色能源）原则，倡导低碳经济，遵循经济增长、社会进步、环境保护三者协调与和谐发展的理念，逐步建立起铁素资源和能源循环、水资源循环、固体废弃物再资源化的综合生产体系。图为 2012 年鞍钢鲅鱼圈钢铁分公司厂区一角

鞍钢集团攀钢西昌钒钛资源综合利用项目是四川省战略发展和国家攀西钒钛战略资源创新开发试验区重大项目，2011 年 12 月竣工投产

2015 年 1 月 15 日，随着最后一炉钢坯的炼成，已经服役了 57 年的青钢炼钢总厂第一炼钢厂，退出了青钢生产的运行序列，标志着青钢向环保搬迁、节能减排、转型升级迈出了实质性步伐。图为第一炼钢厂停产仪式现场

2015 年 9 月 25 日，宝钢湛江钢铁一号高炉点火成功，图为点火仪式现场

2016 年 11 月 24 日，山钢集团日照钢铁精品基地项目 5100 立方米高炉开始封顶

2018 年 9 月 26 日，柳钢防城港钢铁基地 2030 毫米冷轧线连退机组复产调试工作开展以来的第一卷钢成功下线（如图），标志着该连退机组的复产热负荷试车取得成功

科技创新
KEJI CHUANGXIN

1999 年，"钒钛磁铁矿高炉强化冶炼新技术"荣获国家科学技术进步奖一等奖。图为 2005 年 12 月，容积为 2000 立方米的攀钢新 3 号高炉建成出铁，这也是当时世界上容积最大的钒钛磁铁矿冶炼高炉

2005 年，"宝钢高等级汽车板品种、生产及使用技术的研究"荣获国家科学技术进步奖一等奖。图为当时上海大众汽车公司使用宝钢汽车板生产的新型轿车正在总装

2006 年，"鞍钢 1780 毫米大型宽带钢冷轧生产线工艺装备技术国内自主集成与创新"荣获国家科学技术进步奖一等奖。其自主化率达到了 92%，主体工艺段的轧机和酸洗设备国产化率分别实现了总吨位的 96.3% 和 93%，总投资比国外总承包的同类项目节省 1/3，工艺技术和装备达到国际先进水平

2013 年，"低温高磁感取向硅钢制造技术的开发与产业化"荣获国家科学技术进步奖一等奖。图为 2008 年 5 月 15 日宝钢第一卷取向硅钢成功下线

2014 年，"600℃超超临界火电机组钢管创新研制与应用"荣获国家科学技术进步奖一等奖。600℃级别以上超超临界电站锅炉用不锈钢锅炉管成功应用于国内龙头发电装备制造企业，打破了国外垄断。图为 2018 年 3 月 29 日太钢不锈钢管公司高等级锅炉管正在有序生产

2018 年，"清洁高效炼焦技术与装备的开发及应用"荣获国家科学技术进步奖一等奖。图为鞍钢股份炼焦总厂五炼焦作业区职工正在指挥推焦生产

港珠澳大桥建设堪称世界级超级工程，所用钢材全部实现国产化，我国钢铁企业功不可没。图为港珠澳大桥桥墩浇筑伐板基础施工现场

2018年10月24日上午9时，港珠澳大桥正式通车。图为建成后的港珠澳大桥

有力支撑中国制造

YOULI ZHICHENG ZHONGGUO ZHIZAO

由太钢为德国生产的超宽软态 0.02 毫米不锈钢箔材，是目前我国最薄的不锈钢箔材，可以轻易地用手撕开。该产品相当于头发丝直径的 1/3，仅有 A4 打印纸厚度的 1/4，居世界领先水平。图为 2018 年 8 月 9 日，该产品正准备发往德国

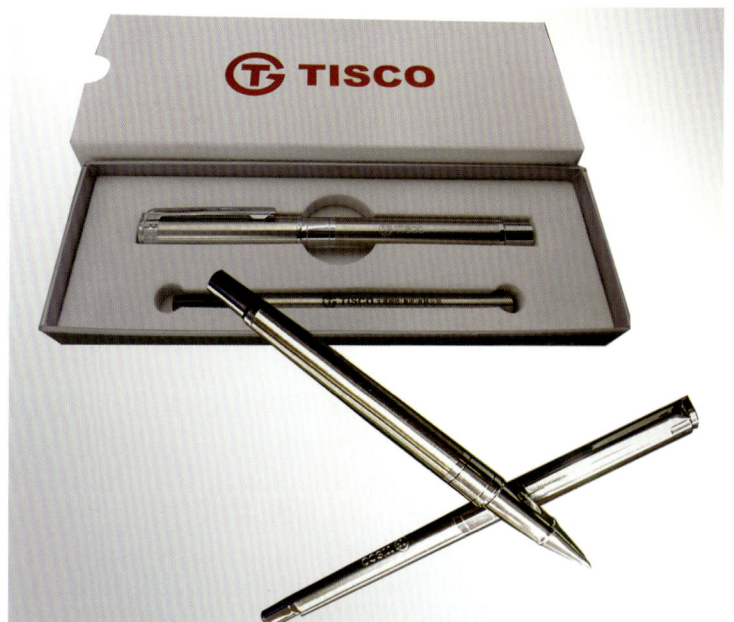

太钢成功自主研发出笔尖钢，破解了李克强总理提出的"笔尖难题"，改变了我国制笔行业材料长期依赖进口的局面

2016年7月，马钢动车组车轮首次完成载客运行，成功应用于国内标准动车组时速420千米高速交会试验，并通过CRCC认证。图为装配马钢动车组车轮的"金凤凰"和"海豚蓝"动车

马钢轮轴事业部职工正在对发往秦皇岛的轮轴产品进行出厂检验

2016 年 12 月 8 日，包钢稀土钢板材冷轧生产线全面投产。图为质检人员正在检查稀土钢镀锌卷包装质量

武钢硅钢产品正在进行出厂前的最后检验

包钢中铁轨道公司职工正在对重轨进行出厂检验

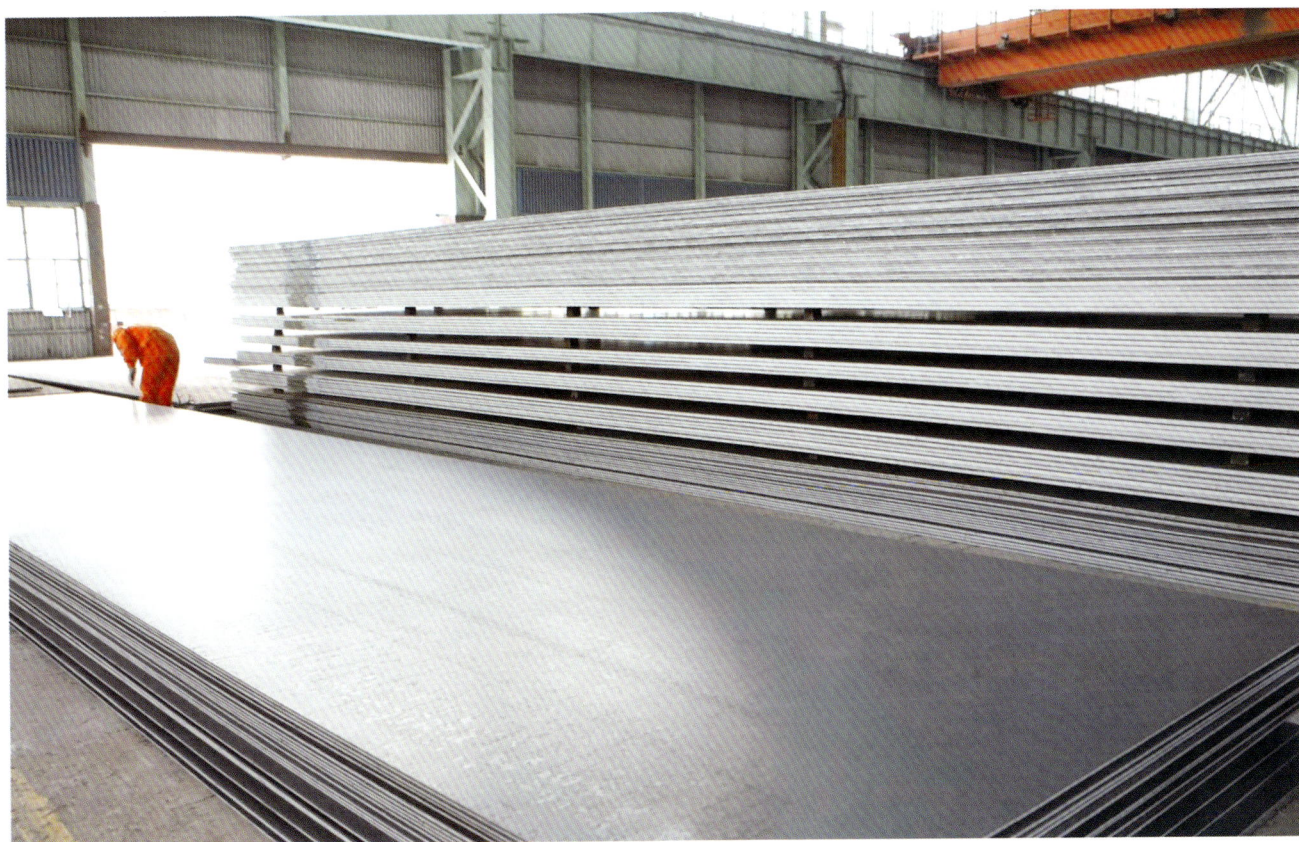

南钢以中厚板产品规格齐全而著称。图为南钢生产的中厚板产品

绿色发展

LÜSE FAZHAN

河钢集团坚持"生态优先、绿色发展",核心子公司唐钢被行业誉为"世界最清洁钢厂",被工业和信息化部树为城市型钢厂绿色转型的重要典范

河钢唐钢公司主动承担社会责任,建设了对市民免费开放的唐钢文化广场,成为市民新的休闲、游览景点

太钢厂区

太钢坚持节能减污，全力推进绿色发展，融入城市风景，已成为钢铁行业绿色发展的标杆。图为2016年6月5日"世界环境日"，太钢集团公司举办"大手牵小手，责任与未来"环境日主题活动，部分职工同孩子一起走进太钢博物园，了解企业发展周边环境变化，感受绿色发展带来的可喜成果

　　鞍钢集团攀钢西昌钒钛资源综合利用项目，是四川省战略发展和攀西国家级战略资源创新开发试验区重大项目，也是促进凉山经济发展、加快民族地区工业化进程的重点项目。图为蓝天白云下的西昌钢钒厂区

　　近年来，包钢先后投资近 400 亿元进行清洁高效生产的装备升级，实现了烧结机全烟气脱硫、燃煤锅炉的烟气脱硫脱硝。图为蓝天绿树映衬下的包钢厂区

　　中信泰富特钢集团江阴兴澄特种钢铁有限公司高度重视环境保护。行走在该公司滨江厂区，看到的是蓝天碧水，绿树成荫，天鹅游弋，白鹭飞翔，宛如置身公园之中

德龙钢铁厂区俯瞰

德龙钢铁践行清洁生产。图为炼钢厂生产现场

德龙钢铁建造的金刚园

2018 年，西北地区最大的膜式封闭料场在陕钢集团龙钢公司建成并投入使用

中天钢铁自成立以来，着力推进绿色发展、循环发展、低碳发展。图为该企业污水处理设施

方大集团萍安钢铁从 2017 年开始统一规划 46 个环保技改项目。其中耗资 1.7 亿元的安源生产区原料场棚化改造项目，于 2018 年底全面完工

中国钢铁工业协会十分重视钢铁行业绿色发展成绩的宣传，2010 年组织钢铁企业积极参加第二届（郑州）中国绿化博览会。图为所建的"钢铁风情园"

图为 2015 年，第三届（天津）中国绿化博览会"钢铁风情园"

深化改革/

SHENHUA GAIGE

1993 年，马钢 A 股发行承销协议在合肥举行签字仪式

2003 年 4 月，南钢与上海复星集团合资成立南京钢铁联合有限公司。同年 8 月 8 日，新南京钢铁集团有限公司和南京钢铁联合有限公司举行揭牌仪式

2008 年 3 月 26 日上午，由济钢、莱钢和山东省冶金工业总公司重组后成立的山东钢铁集团有限公司揭牌仪式在济南举行

2008 年 6 月 30 日，河北省委、省政府主要领导为河钢集团成立揭牌。10 年间，河钢从一家区域性传统钢铁企业发展成为具有全球竞争力和世界品牌的多元化跨国集团

2010 年 7 月 28 日，鞍钢与攀钢重组大会在北京举行

2016 年 12 月 1 日，中国宝武钢铁集团有限公司在上海总部揭牌成立，韩正、肖亚庆、许克振和马国强为中国宝武钢铁集团有限公司铭牌揭幕

2009 年以来，上海期货交易所陆续推出了螺纹钢、线材和热轧卷板期货。图为 2009 年 3 月 27 日，线材和螺纹钢期货合约在上海期货交易所上市交易，俞正声同志为线材和螺纹钢期货开盘交易鸣锣

2013 年 10 月 18 日，铁矿石期货合约在大连商品交易所上市交易。为推进铁矿石期货国际化，2018 年 5 月 4 日正式实施引入境外交易者业务，图为启动仪式现场

由首钢首建集团建设的北京园区西十冬奥停车楼建筑面积为 14500 余平方米，共计四层，可提供停车位 483 个，是一座充满智慧的"绿色建筑"

作为河北钢铁集团非钢产业发展的先行者，唐钢创元方大公司以全球化的市场理念和具有高度市场化的团队精神，打造新型光源、新型能源、安保产品等五大板块。图为该公司电气车间职工正在生产线上组装电气开关

中国宝武集团宝钢金属宝翼制罐公司通过规范化管理和严格执行质量标准，产品质量不断提升，2017 年以高分通过可口可乐总部及浙江太古可乐飞行审核，评定结果为 A 级。图为该公司制罐成品区待发的易拉罐

2017 年，山钢金控公司按照山钢集团确定的多元发展战略要求，明确自身发展方向，精准业务定位。图为互联网金融公司工作人员查看成交收益情况

　　杭钢集团公司昆山紫元房地产公司开发的阳光水世界项目，具有 0.85 的低容积率和 50% 的高绿化率，该楼盘被评为昆山市"2014 年度城市生态人居标杆"楼盘。图为该项目外景

　　酒钢利用优越的地理环境发展非钢产业，"紫轩"葡萄酒享誉酒业市场，成为"中国驰名商标"。图为紫轩地下酒窖

马钢以"打造成为全程物流企业，提供全方位增值服务"为愿景，逐步发展壮大战略性物流产业，努力将物流产业打造成为马钢非钢领域重要的经济增长点。图为马钢港料总厂江边码头正在卸运进口铁矿石

2016 年 4 月，中国河钢集团与塞尔维亚政府签约，以 4600 万欧元收购斯梅代雷沃钢铁厂，保留其 5000 名员工，成立了河钢塞尔维亚有限公司。当年 12 月，钢铁厂就实现盈利，扭转了连续 7 年亏损的局面。图为河钢塞尔维亚公司全景

2017 年 5 月 16 日，塞尔维亚总理、当选总统武契奇（前排左五）参观河钢唐钢厂区

马中关丹产业园 350 万吨钢铁项目是"一带一路"典范工程和东南亚冶金建设示范性项目，中冶赛迪承担工程总体设计及核心标段设备成套。图为鸟瞰建设中的马中关丹产业园 350 万吨钢铁项目

印度尼西亚青山园区镍铁、不锈钢冶炼项目是 2013 年 10 月习近平主席访问印度尼西亚期间和时任印度尼西亚总统苏西洛见证下签署的项目。该项目位于印度尼西亚中苏拉威西省摩洛哇丽县，总规划用地逾 2000 公顷，已形成年产 180 万吨镍铁、30 万吨铬铁、300 万吨不锈钢钢坯、300 万吨热轧、2000 兆瓦自备电厂发电总装机量的产能规模

　　1987 年，中钢集团与力拓集团子公司哈默斯利铁矿签署恰那合营协议，合作开发恰那矿山。这一项目当时是中国企业在海外最早的矿业投资项目。图为澳大利亚恰那矿山

化解过剩产能 | HUAJIE GUOSHENG CHANNENG

2017 年 1 月 10 日，在中国钢铁工业协会（理事）扩大会议上，国家发展和改革委副主任林念修、工业和信息化部副部长徐乐江对做好化解过剩产能工作，彻底清除"地条钢"提出要求

2015 年 12 月 22 日上午 7 时 30 分，经历了半个多世纪、承载了许多人青春记忆的杭钢半山钢铁基地，钢花熄灭了，生产线上用完了最后一批坯料，流水线结束了最后一道工序，机器设备也永久地停在了这一刻。图为值班工人们开始拆卸设备，进入整理工作程序

2016 年 8 月 31 日，包钢 2 号高炉正式开始拆除

2016 年 6 月 20 日，宝钢不锈关停了 2500 立方米高炉及碳钢相关产线，减少产能 320 万吨。图为停产仪式现场

2018 年 4 月 23 日，已服役 65 年之久的马钢 9 号高炉正式关停。图为 9 号高炉最后一个班次铁水浇铸的纪念牌

2015 年下半年以来，为加快推进产品结构调整、实现企业转型，首钢股份公司炼钢作业部方坯作业区机构撤销，平均年龄 40 多岁的 83 名职工成建制转岗到板坯精整作业区。图为职工转岗后在精整作业区生产现场

2016 年 8 月 30 日，六盘水市"促进化解过剩产能　企业失业人员再就业"专场招聘会在首钢水钢体育馆举行，现场有 90 家单位提供 40 个工种共 6348 个招聘岗位

2018 年 7 月 28 日，中国宝武集团武钢集团好生活服务公司"遇稻蛙"美食馆在武汉市光谷世界城火爆开业（如图），武钢集团好生活服务公司的一批转岗的员工们经过专业培训，实现了再就业。标志着武钢微单元、个性化小餐饮迈入大市场，为职工创业、就业开辟了新路径

2016 年 8 月，在武汉东湖高新开发区的各大主干道上，有一群来自武钢大冶铁矿的转岗职工，他们经培训后走上协警岗位

2017 年上半年，声势浩大的彻底清除"地条钢"行动在全国展开，图为辽宁某"地条钢"企业的设备已经拆除

2018 年，钢铁行业化解过剩产能、防范"地条钢"死灰复燃专项抽查第八抽查组领导和专家在四川某"地条钢"生产设备拆除现场进行检查

党建、精神文明建设／DANGJIAN JINGSHEN WENMING JIANSHE

2017年10月18日，举世瞩目的中国共产党第十九次全国代表大会在人民大会堂开幕。钢铁企业组织职工收看大会开幕盛况。图为首钢集团总部的党员干部职工在集中收看党的十九大开幕会直播

安钢"四个三"党建工作在全国国有企业党建工作会议上交流后引起高度关注。图为2017年9月7日河南省29家省管企业、部分中央驻豫企业在安钢召开现场会，推广学习运用"四个三"党建工作法

　　2018 年 6 月 20 日，全国首条建设在工业生产线上的"钢铁先锋党员淬炼线"在柳钢二冷轧生产线正式竣工落成，成为柳钢将党建文化融入生产现场、将党员精神贯穿工艺流程、将带动效应植入职工内心的一条"红色生产线"。图为揭牌仪式现场

　　有"当代雷锋"美誉的郭明义，在齐大山铁矿采场公路管理员岗位上一干就是 20 多年。党的十八大以来，在他的感召、激励和引领下，鞍钢郭明义爱心团队蓬勃发展，现在全国已经有 700 多支分队、150 多万名志愿者。图为郭明义正在齐大山铁矿采场调动设备、指挥修路

图为郭明义爱心联队亲情见面会上，郭明义和他资助的部分学生合影

南钢积极推进凝聚力工程建设，公司主要领导每季度都要参加职工面对面座谈会，听取基层职工的意见，回应职工关切。参会代表通过电脑软件随机在正式职工（不含中层管理人员）中产生

天管公司大力弘扬劳模精神、工匠精神，不断深化跨行业共建合作与交流。图为 2018 年来自大庆油田等 13 个单位的 20 余名劳模代表参观李刚劳模创新工作室

2018 年 4 月 10 日，在印度孟买举行的第 12 届模拟炼钢挑战赛世界总决赛中，河钢集团员工唐笑宇成功摘下职业组桂冠，河钢集团蝉联模拟炼钢挑战赛世界总决赛冠军

2017 年 5 月 19 日，鞍钢集团博物馆国家 AAAA 级旅游景区揭牌仪式在鞍钢集团博物馆举行

中国宝武集团武钢以服务社会为己任，将康养作为产业发展的重点，建立的康复、娱乐、膳食、援助等养老标准化体系和机制已惠及当地老人。图为武钢楠山康养公司老年公寓的工作人员正在教老人使用简单易用的无屏智能手机

　　钢铁企业经常举办各种丰富多彩的文体活动。图为泰山钢铁集团冷轧部正在举办"庆国庆"职工趣味运动会

　　荣程集团以人为本，科学发展，大力实施企业文化传播工程，用"家"的文化感染人，用"水"的理念鼓舞人，用企业文化精神统一员工思想、规范员工行为，增强企业的凝聚力、向心力。图为荣程集团为员工举办集体婚礼现场

近年来，中国钢铁工业协会按照供给侧结构性改革的要求，突出抓好"去产能、去杠杆、促行业平稳运行"工作。图为在 2017 年 1 月 10 日召开的理事（扩大）会议上，提出了全年工作主要任务

中国铁矿石价格指数自 2011 年推出以来，为促进中国铁矿石市场的健康、平稳发展发挥了重要作用。图为 2011 年 9 月 20 日中国铁矿石价格指数发布会现场

中国钢铁工业协会工作

ZHONGGUO GANGTIE GONGYE XIEHUI GONGZUO

2017 年 2 月，中国钢铁工业协会召开部分长材企业生产经营座谈会

中国钢铁工业协会常年坚持按季度召开钢铁企业经济运行座谈会。图为 2018 年 4 月召开的一季度经济运行分析会

近年来，中国钢铁工业协会与全球主要铁矿石供应商建立了交流沟通机制，在许多方面达成共识，共同为铁矿石贸易市场向更加公平、有序、健康、可持续方向发展做出了积极努力。图为2018年9月，第十八届钢铁原材料国际研讨会在大连召开

2014年7月31日，中国钢铁工业协会召开劳模表彰大会

2015 年 7 月，中国钢铁工业协会开展践行"三严三实"主题党日活动。图为中国钢铁工业协会
职工在天津荣钢参观"时代记忆纪念馆"

2018 年 6 月 29 日，中国钢铁工业协会党委召开"创先争优"表彰大会

　　近年来，中国钢铁工业协会一直把钢铁行业发展的重大问题作为开展工作的重点。图为组织行业力量完成的《2020年我国钢铁工业发展愿景》《中国钢铁工业转型升级战略和路径》以及在彻底清除"地条钢"工作中发挥重要作用的文件

　　人才队伍是钢铁行业高质量发展的决定性因素。其中高技能人才是具有综合运用专业知识和设备实现创造和创新的现场操作人员，是钢铁工业附加值的缔造者，是生产成本的转移者。打造一支具有工匠精神的高技能人才队伍，是行业人才队伍建设的重中之重。近年来，中国钢铁工业协会先后组织了"太钢杯""武钢杯""马钢杯""宝钢杯""鞍钢杯""首钢杯"全国钢铁行业职业技能竞赛。图为"太钢杯"第四届全国钢铁行业职业技能竞赛上，选手们正在回答问题

"武钢杯"第五届全国钢铁行业职业技能竞赛，选手正在进行现场取样

"宝钢杯"第七届全国钢铁行业职业技能竞赛现场

图为 2018 年举办的"首钢杯"第九届全国钢铁行业职业技能竞赛颁奖仪式

目　录

教育、地质、金融及产业链篇

专业协会、地方协会篇

大事记

40

卷 首 篇

JUANSHOU PIAN

改革开放——钢铁强国的法宝

——纪念中国钢铁工业改革开放40年

中国钢铁工业协会

中国迎来改革开放40年盛典。这40年既是雄关漫道，又是弹指一挥，40年风雨彩虹，40年山河巨变！

这40年，中国改革开放大潮汹涌，波澜壮阔。中国共产党团结带领全国人民，无惧风高浪险，凝智聚力，引领中国经济社会蓬勃发展，开创了中国特色社会主义康庄大道！

这40年，几百万中国钢铁人以钢铁报国的初心、钢铁强国的夙愿，勇立改革潮头，抢抓机遇，搏潮击浪，不懈奋斗，靠自己的努力，创造了世人瞩目的伟业，催生了中国钢铁工业的崛起、强大，为强国富民立下了汗马功劳！

钢铁人纪念这40年，有着太多的回忆，有着数不尽的鲜活精彩故事，有着众多历史性的丰功伟绩。每一个企业都能够写出厚重的史书，每一个人都会有丰富的回想、联想和深度的思考，年纪大的可以追溯到新中国成立初期，年纪轻一点的可以追溯到改革开放起始。不忘过去、珍惜现在、展望未来是中国传统的思维方式。

新中国建立初期，一穷二白，百废待兴，艰难困苦，压力巨大。帝国主义封锁我们，敌对势力极力扼杀我们，国家建设需要钢铁，造机器搞工业化需要钢铁，保卫新中国国防需要钢铁。新中国的开国领袖们对中国钢铁的定位，对中国钢铁的高度重视和亲力亲为，打下了中国钢铁工业的历史基石，给钢铁人留下了永不忘怀的记忆！

国家"一五"计划期间156项苏联援建项目，钢铁占了很大的比重。从地质找矿开始，到采矿、选矿、耐火、焦化、碳素、铁合金、冶炼、轧制、品种开发，从设计、施工到机修、科研、高校，中国钢铁工业是国家最早建成的完整的工业体系。在当时极端困难条件下，重整破碎的经济，起步工业化进程，5亿人吃饭，国家缺钱，只能把钱先花在刀刃上，"工业以钢为纲、农业以粮为纲"在那个时代理所应当的是英明的国策，集中力量办大事至今是中国的优势。中国为什么国有企业多，因为那时民间没有力量建工厂，只能靠国家聚资建钢厂。对1958年大炼钢铁有众多评说，但钢铁人必须清楚，中国的30多个大钢厂都是 1958 年建立的，这些钢厂至今是中国钢铁的主力军，而且这些厂在产业布局中占有重要位置。想当年的"三皇五帝十八罗汉"，"包、武、太、上、天、唐"，以及土洋结合，大中小齐抓并举，都是当时发展的需要，历史永远带有鲜明的阶段性特征，历史不会忘记历尽艰辛的几百万老一辈钢铁前辈们！

在那个艰苦创业的年代，鞍钢担起了长子的责任和重担，以惊人的毅力和速度恢复了鞍钢生产，以兄长的担当支援全国，作出了无私的奉献。大批鞍钢人携妻带子奔赴全国各地，鞍钢的口音和血统至今还留在祖国各地，不但是人力、物力、技术、装备的支持，还把孟泰精神带到了祖国的四面八方。孟泰精神在那艰苦创业的时代是何等的难能可贵，孟泰精神也是行业精神的代表和光大！鞍钢人创造了《鞍钢宪法》，得到了毛主席的高度评价。

很多人对改革开放的起始记忆犹新。钢铁人不忘从"三打两千六"谈起。在那物资匮乏的时代，国家提出了年产 2600 万吨钢的要求，冶金工业部大楼昼夜灯火通明，各钢厂挑灯夜战。从 1974 年到 1976 年，三年都没有打下"两千六"。一方面是当时生产力低下，另一方面是当时不具备集中精力搞经济的环境。直到 1978 年，才交出年产钢 3178 万吨的答卷，这 3178 万吨钢是从新中国成立时的 15.8 万吨干上来的，30 年实属不易。这 3178 万吨钢当时只占世界钢产量的 4.4%，而今中国钢产量占世界 50% 以上。世界钢铁的这半壁江山意味着什么？意味着改革开放筑起了钢铁长城！谁能想到中国能产这么多钢？谁能想到中国每年能消费这么多钢？如果没有这么多钢，靠进口钢材不可能建成现在的中国。谁能解读中国钢铁之大、底蕴之深？让他去猜吧！去刮目相看吧！去对这个新的金字塔探秘吧！中国钢铁人为自己独立自主创造的自立于民族之林的伟业而自豪。我们可以欣喜地告慰先人，我们可以自信地面对世人，我们可以自豪地传给后人！

改革开放打开了中国钢铁追赶世界脚步的大门。改革开放使城市有了深圳，钢铁有了宝钢，党中央决定建设宝钢，从装备、技术到管理，跨越式地提升了中国钢铁工业的现代化水平。从改革开放开始，钢铁人就奋勇争先，20 世纪 80 年代初就涌现出一批著名企业和改革开放的名将：宝钢有黎明同志，他从鞍钢出来后在两个大钢厂工作过。先是攀钢，那是国家"三线建设"的一颗明珠，在国家重要的钒钛资源的综合开发利用中功劳卓著，在冶金工业部时期曾经辉煌；然后是宝钢，从建设到生产到管理，黎明同志的组织领导、管理理念和战略思维至今还是宝钢的宝贵遗产。首钢有周冠五同志，在改革开放初期就创造了首钢经验，首钢经验开创了钢铁企业大踏步改革的先河，行业影响很大。当时，首钢布局的战略性调整至今仍具有前瞻性眼光，后来首钢进行的世界上最大规模的钢厂搬迁，又使首钢凤凰涅槃，打造了全新的首钢。武钢有黄墨滨同志，黄墨滨同志是从延安走出来的干部，当过唐钢的经理、太钢的经理、包钢的经理，他去武钢任经理是党中央采纳冶金工业部建议后决定的。武钢"一米七"项目是"文革"期间国家决定引进的最大、最先进的钢铁项目，尤其是冷轧和硅钢。武钢的建设和管理事关重大，黄墨滨同志对武钢的整顿、管理达到了行业领先水平，武钢质量效益型发展道路提出得最早最系统，武钢出了成果，也出了人才。40年来，钢铁行业涌现出一大批优秀企业和优秀企业家，他们是改革开放的积极响应者和开拓者，他们的名字和他们所领导的企业给行业留下了历史的记录。

改革开放首先是人的思想的解放，要靠政策的支持，干部队伍建设和组织上的保证。解放思想大讨论带来了人们思想观念的变革，奠定了走中国特色社会主义道路的思想理论基础。改革开放靠先驱者带头，靠各级领导班子，特别是主要领导人的开拓引领。党中央及时提出了领导班子建设实行"革命化、年轻化、知识化、专业化"的"四化"方针，钢铁行业按照"四化"方针对领导班子进行了大规模调整，解决了领导班子年龄结构老化问题，知识结构的文化程度低、业务干部少和专业不配套问题，精简了班子成员，理顺了党政关系，解决了一些班子不团结的问题和软、懒、散问题，为改革开放提供了重要的组织保证。

改革开放40年，中国钢铁工业取得了骄人的成就。我们的装备、技术水平跻身世界先进行列，从买二手设备到引进、消化、吸收、集成再到创新制造，我们有了世界上最大、最先进的冶炼、轧制设备，装备现代化极大地发展了生产力。我们的工艺流程优化打造了全流程特大企业的样板，我们的技术进步、技术改造、全连铸带来的技术革命，以及从矿山到冶炼、轧制新技术的大量采用和推广，促进了品种质量的提高，提升了国际市场竞争力。从落实知识分子政策到重视知识、重视人才到产学研机制的建立，注入了科技进步的动力。企业的改革、机制体制的改革、三项制度的改革，三支队伍的建设，企业管理的不断创新，激发了企业的活力。改革开放孕育催生了一大批民营企业，他们在钢铁工业中扮演着重要角色，国营、民营、混合所有制、上市公司、大集团的组建，汇成了雄壮的钢铁大军。老企业通过改革和技术改造焕发了新生，鞍钢的技术改造和企业改革在行业具有代表性，鞍钢和鞍钢人为老企业改革改造做出了巨大努力和付出。改革是在困难情况下进行的，改革是需要成本和付出的，钢铁人为改革付出了很多。改革是需要党组织保驾护航的。这40年，钢铁企业党的建设、精神文明建设、企业文化建设全面加强，职工队伍素质、劳动生产率明显提高。我们在改革开放中洗干净了"傻、大、黑、粗"的面孔，企业高度重视节能环保，正向超低排放努力，我们有了成批的最清洁、最漂亮的钢厂。

回首钢铁工业改革开放40年走过的轨迹，是一条社会主义市场经济的道路。我们经过了从计划经济到市场经济的全过程，从计划经济到"双轨制"，再到市场经济，钢铁行业的市场化程度是最高的，现在基本全是市场化。在这个过程中，每一个节点都有钢铁企业改革、管理的典型和不断创新的经验，模拟市场时有"邯钢经验"，全国学习推广，市场化的扩大企业自主权、企业改革管理改制重组，"两种资源、两个市场"的开放战略，以及经营模式的现代化与国际化。一路走来，社会主义市场经济的道路是我们正确的选择。

在社会主义市场经济道路上，我们经历了克服种种困难、厚积薄发的岁月征程。我们的起步是艰难的，我们的脚步是坚定的。特别是进入 21 世纪以来，经过长期积淀，在国民经济快速发展时期，中国钢铁工业迎来了高速发展时期，钢产量连续突破 2 亿吨、3 亿吨、4 亿吨，强有力地支撑了国家建设快速发展的需求。2005 年，我们实现了钢材进出口基本平衡，结束了多年进口大于出口的历史，这是钢铁人半个世纪奋斗取得的成功拐点。我们经受了全球性金融危机的严重冲击，我们有力地保障了国家应对金融危机和抓住机遇发展的需要。这期间，也出现过一些突出问题，包括效益问题，尤其是经济放缓后凸显的产能严重过剩问题。产能过剩成因复杂，是多种因素构成的，是市场经济难以避免的产物。过去任何问题的出现都带有必然性，不能想当然，我们看问题不能离开历史唯物主义和辩证唯物主义的方法论，归根结底要解决问题。

党的十八大以来，钢铁行业的最大变化是进行了从规模效益向质量效益发展方式的重大阶段性转变。这个重大阶段性转变源自国家高质量发展的要求和"两个一百年"奋斗目标，源自国民经济战略性调整和需求结构的变化升级，源自钢铁生产由快速增长期进入峰值平台期的阶段性变化。在这阶段性的重要节点上，钢铁工业按照党中央、国务院关于供给侧结构性改革的战略部署，率先进行了以化解过剩产能为突破口的供给侧结构性改革。

钢铁去产能，从中央到地方、到企业，决心之大、力度之大、效果之明显，得到了国内外广泛认可，为转型升级打下了良好的基础，钢铁行业运行的质量和效益自 2016 年以来连续三年进了三大步。

对中国钢铁工业的未来，行业确定了《中国钢铁工业转型升级战略和路径》。我们将持续深化供给侧结构性改革，产能结构的深层次问题，产业布局的过于集中问题，产业集中度问题，企业的资本结构问题，企业自身的结构调整问题，企业的环保治理与城市共融问题，都需要在结构调整和转型升级中解决。无论是我们自身需要还是与世界同行相比，科技创新问题更为突出，我们还欠缺引领世界科技创新的能力，我们科技创新能力不足与科技成果转化率低的问题同时存在，这就要求我们在改革创新中更加重视科技创新。中国改革开放潜力巨大、市场广阔，我们对现在和未来都充满信心，也深感任重道远，我们有过诸多应对困难的历练，尚缺乏高质量发展的积淀，让我们共同努力，以进一步扩大改革开放为法宝，实现更加美好的明天！

一、新中国成立以来我国钢铁工业发展的历程

(一) 改革开放前我国钢铁工业发展历程

从1949年新中国成立到改革开放的近30年时间里，我国一直把发展钢铁工业作为实现工业化的中心环节。毛泽东、周恩来、刘少奇、朱德、邓小平等老一辈革命家，对发展钢铁工业倾注了大量心血。正是在老一辈革命家的关怀支持下，经过近30年的努力，我国基本形成比较完整的钢铁工业体系，为改革开放后钢铁工业的快速发展壮大奠定了基础。

这一时期，在高度集中的计划经济体制下，在国民经济三年恢复期（1950~1952年），重点是对当时现有的钢铁生产工艺装备进行恢复、扩建、改造，以满足新中国经济建设的急需。之后又进行了三次大规模钢铁项目基本建设高潮。

第一次建设高潮是第一个五年计划期（1953~1957年）。期间，苏联援助中国建设156个工业项目中，包括鞍钢、本钢改扩建和武钢、包钢、齐齐哈尔钢厂新建等共8个项目，8个项目占156个项目的总投资额近一半，投资额最大的是鞍钢的扩建改造。此外，"一五"期间，在苏联援助下，还开启了对石景山钢铁厂等近20个钢铁企业改造和扩建工程。

第二次建设高潮是1956年规划并开始建设的"三大、五中、十八小"工程。1956年5月，毛主席《论十大关系》发表之后，在认真总结学习苏联模式的基础上，钢铁工业开始转变到从国情出发，充分发挥中央和地方两个积极性，提出走"大、中、小"相结合发展之路，并开始推进"三大、五中、十八小"钢铁企业建设。此外，1957年以后，各省市自治区还建设一批地方中小钢铁企业。通过这一轮新建以及对其他已有钢厂改扩建，使我国初步形成了基本完整的钢铁工业布局。此后，这些企业绝大多数成为我国钢铁行业的骨干，至今仍发挥着重要作用。

经过三年恢复期和"一五"计划期建设，我国钢铁工业得到了快速的发展，到"一五"计划完成的1957年，我国铁钢材产量分别达到593.6万吨、535万吨、436.4万吨，粗钢产量首次突破500万吨。到了1958年，在"赶英超美"的口号下，全国掀起了大炼钢铁运动，当年即建钢厂30多家。从现在眼光看，大炼钢铁运动的确存在不少问题，但在产业布局方面也起到了一定的积极作用。

第三次是从1964年开始的"三线建设"高潮。钢铁工业在调整的同时，开始了以西南攀钢、西北酒钢为主的"大三线"建设和以中西部地区军工配套的"小三线"建设。

在三年国民经济调整时期，钢铁工业纠正了"大跃进"时期的冒进思想，钢铁生产得到全面恢复。到 1965 年铁钢材产量分别达到 1076.7 万吨、1223 万吨和 894.9 万吨。在这一时期，鞍钢"两参一改三结合"的管理制度得到了毛主席的高度评价并称之为《鞍钢宪法》。

在随后的十年"文化大革命"期间（1966~1976 年），钢铁工业发展受到严重干扰。到"文化大革命"的后期（1974~1976 年），连续三年"三打两千六"均告失败。但值得一提的，1972 年 8 月经毛泽东主席、周恩来总理批准，决定总投资 38.9 亿元引进建设武钢 1700 毫米连轧机工程。"一米七工程"成为新中国成立以后重大引进项目，包括先进的板坯连铸、热轧带钢、冷轧薄板和硅钢四个部分。其中，从联邦德国、日本引进设备费用就达 22.28 亿元，折合当时外汇 6 亿美元。

1976 年 10 月粉碎"四人帮"后，钢铁工业得以恢复正常生产。1977 年全年钢产量即达到 2374 万吨，比 1976 年增加了 330 万吨。1978 年我国国民经济全面恢复增长，钢铁生产再创历史最好水平，钢产量首次突破 3000 万吨，达到 3178 万吨。

改革开放前的近 30 年，我国实行的高度集中统一的计划经济体制，使"集中力量办大事"的社会主义制度优越性得到充分体现。经过数百万钢铁人的顽强拼搏，钢铁工业初步建立起了包括采矿、选矿、烧结、炼铁、炼钢、轧钢、焦化、耐材、铁合金、炭素等要素结构比较完善，地质勘探、工程设计、建设施工、设备修造、科学研究、冶金教育等门类比较齐全，以大型企业为骨干、大中小相结合，具有 3500 万吨钢生产能力的新中国钢铁工业体系。

但这种以"投资靠拨款，生产靠计划，原料靠调配，产品靠统销，盈利全上缴，亏损政府补"为特征的计划经济体制，限制了企业积极性的发挥，严重束缚了生产力的发展。生产工艺、装备，产品品种、质量，以及技术经济指标都远远落后于发达国家的水平。1978 年，全球平炉钢产量的比例已减少到 20% 以下，但我国仍占 35.5%；日本连铸比已超过 50%，欧洲超过 30%，而我国只有 3.5%；我国低合金和合金钢比例一共只有 14.6%，板管带比只有 32.2%；由于生产工艺上大量采用化铁炼钢、调坯轧材、多火成材等落后工艺，吨钢综合能耗高达 2.52 吨标准煤，钢材的综合成材率只有 74% 左右；当时，我国钢消费量中的 28.4% 需要依靠进口，所花掉费用占国家出口创汇总额的近 30%。高度集中的计划经济体制已经严重制约了钢铁工业的发展。

（二）改革开放 40 年我国钢铁工业发展历程

回顾改革开放 40 年，我国钢铁工业发展分为四个阶段。

1. 改革开放初期，从计划经济向市场经济过渡期阶段（1979~1992 年）

这一时期是处于从高度集中的计划经济体制向社会主义市场经济体制过渡，钢铁工业经历了调整、改革和对外逐步开放时期。

调整的重点是压缩钢铁工业的建设规模。同时，提出要在节约能源，降低消耗，扩大品种，增加短线产品，提高质量，增加收入，实现扭亏增盈，抓好中小企业的改造，搞好安全文明生产等方面下工夫。

改革主要体现在扩大钢铁企业经营自主权，实行放权让利，逐步推行"两项制度""三项试点""四大开放"改革，进行社会主义市场经济的探索，使国营钢铁企业逐步成为独立的市场主体。

两项制度改革：一是按照党的十一届三中全会的精神，实施"让企业有更多的经营自主权"，在企业生产经营管理上推进承包经营责任制改革。1979 年 5 月，首钢作为第一批大型国有企业"扩大企业自主权"试点单位，并于 1981 年率先实行了"上缴利润包干，超额分成"的经营承包制，从而极大地调动了企业和职工发展生产的积极性，使企业拥有了自我发展的资金，钢铁产量和经济效益快速提高。为调动企业改善经营、增产增收的积极性，1979 年上海冶金局实行了行业上缴利润基数包干，超额分成的承包制改革。从 1982 年开始经营承包责任制在全行业推广，截至 1992 年末，全国 110 家重点和地方骨干钢铁企业中有 103 家实行了经营承包制。二是在产品销售体制上推行"价格双轨制"改革。国家改变了长期实行的钢铁产品"国家定价""统购包销"的计划经济模式，允许企业从市场上自主采购原燃材料弥补生产缺口，将一定比例的计划内钢材和超产钢材按市场价自销，并逐渐降低指令性计划钢材的比例，到 1992 年这一比例已经降低到 20%左右。在基建投资体制上，由改革开放前完全依赖国家拨款转变为主要依靠企业自筹、贷款和利用外资，同时企业可以自主决策进行技术改造。

在这一时期，国家还进行了"三项试点"：即组建企业集团试点、股份制试点、现代企业制度试点；实施了"四大开放"政策：即充分利用国内外两种资源、两种资金、两种技术、两个市场。市场放开重点是逐步减少指令性计划，扩大市场调节的范围。

对外开放重点是创造条件并鼓励企业利用国外先进技术、装备和资金改造落后的产业基础。重点引进建设了上海宝钢、天津"大无缝"两个现代化的企业。同时，按照"两种资源、两种资金、两种技术、两个市场"开放思路，较大规模地利用国外资源、技术和资金，使现有老钢铁企业的技术改造得以快速实现。

钢铁工业通过这一阶段的深化改革，特别是 1992 年 7 月国务院发布《全民所有制工业企业转换经营机制条例》，对加快国有钢铁企业改革，增强企业活力起到了极大的推动作用。从1992年到1995年，《条例》规定的14项自主权在钢铁企业中绝大多数得到落实。

这一时期，钢铁工业实现了持续、稳定、健康发展。一是钢铁工业的生产规模快速发展，产量迅速提高。1992年我国钢产量突破8000万吨，达到8093.47万吨。1992年与1978年相比，钢产量增长了1.55倍；平炉钢比下降了10.8个百分点；连铸比提高到30%；吨钢综合能耗下降到1.57吨标准煤，下降了62.3%；钢材国内市场占有率提高了16.9个百分点。二是在企业的技术改造方面，从1978年到1992年的14年间，更新改造投资总额达到705.71亿元，占固定资产投资额的48.2%，先后引进了700多项国外先进技术以及一些二手设备。三是在利用外资方面，14年共利用外资60多亿美元，对老企业进行改造升级。这一时期，特别是宝钢建成投产，使中国钢铁工业的工艺装备水平发生变化，缩小了与世界先进水平的差距。四是通过学习借鉴国外的管理理念和管理制度，特别是宝钢的现代化管理经验，对提升钢铁企业管理水平起到了积极促进作用。

2. 改革开放深化期，建立社会主义市场经济体制阶段（1993~2001年）

1992年初，邓小平同志发表了著名的"南方谈话"。10月党的十四大召开，明确提出我国经济体制改革的目标是建立社会主义市场经济体制。由此，我国开始了从初期的有计划的商品经济向建立社会主义市场经济体制转变。

这一阶段钢铁工业改革，首先从钢铁产品价格改革和完善市场体制改革开始。1993年，国家基本取消了钢铁产品的指令性计划，终结了钢材价格"双轨制"，实现了企业完全根据市场需求决定生产、销售和价格。

在企业体制改革方面，一是深化"现代企业制度"改革，提出了建立"产权明晰、权责明确、政企分开、管理科学"现代企业制度要求。二是推进改制、改组、改造、加强管理的"三改一加强"工作，全面推行作为公有制有效实现形式的股份制和现代产权制度，推行和规范以法人治理结构为核心的现代企业制度，为企业参与市场竞争奠定了坚实的制度基础。一批钢铁企业在境内外上市。截至2001年初已有27家钢铁企业先后上市，到2007年底发展到37家，其中33家是钢铁生产企业，其钢产量已经占当时全国产量的51.1%。三是实行"抓大放小"，破产、租赁、买断、兼并、联合组建大型企业集团。这一阶段相继组建成立了鞍钢集团、宝钢集团、武钢集团和首钢集团等一大批集团公司。四是在钢铁企业中推进"精干主体，分离辅助"工作，以减轻钢铁主业的负担；同时，对部分企业实行"债转股"、技改贴息政策。

在结构调整方面，坚持以市场需求为导向，实施调整、优化结构。一是由长期规模扩张为主转向调整优化结构为主，提高综合竞争力。重点是大力推进淘汰落后，采用新技术对老企业进行技术改造，实现工艺技术现代化。二是钢铁产品由长期数量短缺转向阶段性、结构性过剩，开始实行总量控制。1993~1998 年期间，由于低水平重复建设形成了大量过剩的生产能力，加之 1997 年亚洲金融危机的影响，钢铁行业出现了价格下跌，经营困难的局面。为从根本上扭转行业的困境，提出了"控制总量，优化结构，大力提高冶金工业发展的质量和效益"的方针，从 1998 年到 2000 年在全行业展开了压减生产总量的工作。

这一阶段的钢铁工业不断加大对外开放的工作力度，不仅利用大量的国外技术装备和资金对落后的工艺装备进行改造，而且开始大量利用国外资源弥补国内原料的不足。2000年，进口铁矿石 6997 万吨，比 1978 年增长 7.7 倍。同时，一些企业开始走出去，首钢收购并开发秘鲁铁矿便是一例。

这一阶段钢铁工业的发展历程，也是极不平凡的。特别是 1997 年受亚洲金融危机的影响，钢铁行业经历了钢材价格持续下滑、"三角债"和钢材市场阶段性和结构性过剩的严峻考验。在十分困难的情况下，广大钢铁企业不等不靠，深化内部改革，大力推进"精干主体，剥离辅助"企业内部改革，努力调整产品结构，深入开展节能降耗，加强管理，挖掘内部潜力。同时，在国家采取"债转股""贴息技改"等政策措施支持下，钢铁行业逐步摆脱困难。这一时期产生了在全国有重大影响的"邯钢经验"。

这一时期，钢铁工业的许多方面取得突出成就。一是钢产量快速增长。1996 年钢产量突破 1 亿吨，成为世界第一产钢大国。二是结构调整成绩显著。在控制总量、优化结构方针的指导下，加速淘汰了一大批落后的设备和工艺，如小高炉、小转炉、小电炉、平炉、化铁炼钢、多火成材、横列式和复二重轧机等。在 2001 年彻底淘汰了平炉炼钢工艺，连铸比 87.3%，达到当时世界钢铁业的平均水平；吨钢综合能耗降低到 885 千克标准煤，比1992 年降低了 56.4%。以上举措大大缩小了我国钢铁工业与国际先进水平的差距。

3. 全方位改革开放期，建立和完善社会主义市场经济体制阶段（2002~2012年）

2001 年 12 月 11 日，中国正式成为世贸组织（WTO）成员。2002 年 11 月党的十六大召开，提出建立和完善社会主义市场经济体制目标。在新的形势下，为适应 WTO 规则，推进我国市场经济制度体系与国际接轨，改革开放进入到完善社会主义市场经济体制的全方位改革开放期。

在管理体制和企业改革方面：一是政企分开。主管冶金行业的国家冶金工业局和地方冶金厅局于 2001 年到 2002 年相继撤销，成立于 1999 年的中国钢铁工业协会作为自律性行业组织从 2001 年起全面开展工作。二是政府开始综合运用行政、法律、市场等符合市场经济规则的手段进行行业管理，通过发布产业政策、产业结构调整指导目录等规范钢铁产业发展。三是深化企业制度改革，产权结构呈现多元化。国有企业继续推进建立和完善现代企业制度改革，加快股份制改造，同时一部分国有企业改制成民营企业。四是企业并购重组步伐加快，出现了通过区域内、跨地区重组以及跨所有制并购等组成的钢铁企业集团。这一时期，因国家经济建设对钢铁的强大需求，民营钢铁企业大量诞生，灵活的机制和敏锐的市场眼光，使民营钢铁企业迅速发展壮大，并成为中国钢铁工业的重要力量。

在对外开放上：进一步扩大对外开放，国际化水平明显提高。加入 WTO 以后，我国市场经济法规与制度体系逐步与国际贸易规则全面接轨，大幅度调整钢铁产品进出口政策，主要体现在以下两个方面：一是降低钢材进口关税和彻底取消对进口钢材的数量限制，我国钢铁工业进一步融入全球市场。二是中国钢铁工业协会和部分特大型钢铁企业于 2004 年末成为国际钢铁协会会员，积极参与了世界钢铁业应对资源、环境以及国际市场变化的对话、协商和共同行动。

在这一阶段，中国钢铁工业实现了跨越式发展，取得了举世瞩目的辉煌成就。一是产业规模迅速扩大。钢产量由 1 亿多吨，增加到 2012 年的 7.17 亿吨。中国钢铁工业在世界钢铁业的地位显著提升，钢铁产品的进出口格局发生了根本性变化，彻底结束了中国钢铁材料供给不足的历史。二是技术装备国产化、现代化取得重大进展，品种质量得到优化。大型老企业的现代化技术改造，广泛采用了高效采选技术、钢铁冶炼技术、轧钢技术、高端产品开发、大型冶金设备成套技术集成、节能节水技术和资源综合利用技术；同时，一批现代化新区、新基地相继建设投产，鞍钢鲅鱼圈钢铁项目、首钢京唐钢铁项目建成投产，宝钢的湛江项目和武钢防城港项目等一批沿海现代化钢铁基地也在建设筹划之中。三是钢材品种与质量显著改善，国内市场占有率大幅提升，2012 年钢材的自给率超过 100%。

4. 全面深化改革开放期，我国经济发展进入新常态阶段（2013～2018 年）

党的十八大以来，我国改革开放进入全面深化阶段。以习近平同志为核心的党中央作出了我国经济发展处于"经济增长速度换挡期、结构调整阵痛期和前期刺激政策消化期"三期叠加特定阶段的重要判断，明确指出我国经济进入新常态，要求主动适应和引领经济发展新常态。提出了"四个全面"战略布局、"五位一体"总体布局和"五大发展理念"等一系列治国理政新理念新思想新战略。

在这一时期，钢铁工业积极适应新常态，不断深化改革和创新管理，针对严峻的市场形势和人民对美好生活环境的高要求，重点开展"防风险、降成本、增效益"活动，进一步加快企业转型升级的力度，强化绿色发展理念，不断加大对环保的投入。

但由于过去长期以来的粗放式发展，钢铁产能严重过剩的问题日益突出，特别是 2015

年全行业出现亏损，一些企业陷入极度困难。为此，党中央高度重视，在 2015 年 12 月召开的中央经济工作会议上，中央提出供给侧结构性改革，明确了"去产能、去库存、去杠杆、降成本、补短板"五项任务，把去钢铁、煤炭产能列为五大任务之首。2016 年，党中央、国务院把钢铁、煤炭两个行业列为化解过剩产能实现脱困发展的重要行业，去产能成为 2016 年钢铁行业推进供给侧结构性改革的一项重要任务。国务院于 2016 年 2 月 1 日印发了《国务院关于钢铁行业化解过剩产能实现脱困发展的意见》（国发〔2016〕6 号），明确提出从 2016 年开始，用五年时间再压减粗钢产能 1 亿~1.5 亿吨。同年 3 月，李克强总理在《政府工作报告》中对去产能工作进行了部署，并明确提出中央安排 1000 亿元专项奖补资金，用于钢铁、煤炭去产能涉及的职工分流安置等工作。习近平总书记、李克强总理多次对钢铁行业去产能工作作出重要指示和批示。国务院建立了由国家发展和改革委员会、工业和信息化部牵头的部际联席会议制度，国务院有关部门先后出台了奖补资金、财税、金融、职工安置、国土、环保、质量、安全等八个配套性政策文件。从 2016 年开始，钢铁行业开启了全面淘汰落后产能、违法违建项目清理和联合执法三个专项行动，扎实有序推进去产能工作。国务院于 2016 年 8 月、11 月分别派出督查组分赴各地对淘汰落后产能，化解过剩产能情况进行督查。2017 年 1 月，在中国钢铁工业协会召开的理事（扩大）会议上，国家发展和改革委员会副主任林念修和工业和信息化部副部长徐乐江对去产能工作提出要求，并且明确在 2017 年 6 月 30 日前"地条钢"必须彻底出清。由此，彻底清除"地条钢"行动在全国全面展开。为此，国务院于 2017 年 5 月派出督查组进行督查，7 月派出检查组进行检查。2017 年 6 月底，彻底清除了 720 多家"地条钢"生产企业的 3382 台（套）中频（工频）炉，2018 年底已经完成化解钢铁过剩产能 1.5 亿吨目标。

在化解钢铁过剩产能的同时，"去杠杆"工作也在行业内同步进行。2008 年后，钢铁行业资产负债率快速上升，2015 年达到 71.04%，远高于工业行业平均水平；经过 2016 年、2017 年两年不断深化供给侧结构性改革，采取有效措施，使钢铁行业资产负债率得到一定程度下降。

二、改革开放 40 年我国钢铁工业取得的巨大成就

改革开放 40 年，我国钢铁工业得到快速发展，取得了举世瞩目的成就。

（一）产业规模不断扩大，有力支撑了我国经济的持续发展

我国粗钢产量占世界钢产量的比例由 1978 年的 4.4%，上升到 2018 年的 50% 以上。

钢产量的大幅增长，有力支撑了国民经济的快速发展。40 年来，我国钢铁工业的发展速度大大高于世界平均水平，目前已成为世界最大的钢铁生产国、消费国和钢铁产品主要出口国，我国钢铁工业在发展速度方面和发展规模方面，均创造了世界钢铁发展史上的奇迹。这一历史性的变化，一方面标志着我国钢铁工业已经有充分的能力满足国民经济发展的需要，另一方面也说明我国钢铁产品的国际竞争力大大提高。

（二）坚持科技创新，生产工艺技术不断提升

40 年来，钢铁工业始终以科学技术是第一生产力为指针，走了一条引进、消化、吸收、再创新，到自主集成与创新的道路。我国钢铁工业能成为在世界上最具竞争力的行业之一，科技创新为其奠定了坚实的基础。钢铁生产各个工序上，均采用了先进的工艺技术。炼铁方面，采用高风温、高富氧、高喷煤技术和高压操作技术，改善了高炉运行，提高了高炉利用系数。炼钢方面，彻底淘汰了生产效率低下的平炉和模铸工艺，广泛采用了大型转炉和电炉生产，在转炉上采用了"铁水预处理、转炉顶底复合吹炼及溅渣护炉、炉外精炼和连铸、全自动转炉炼钢与终点控制"等；在电炉上，采用了"氧燃烧助熔强化冶炼、电炉底吹搅拌、废气余热预热废钢和电炉导电横臂"等技术工艺，提高了转炉和电炉的作业率，生产效率大幅度提升。在轧钢方面，全面淘汰了复二重线材轧机、横列式型材轧机、叠轧薄板轧机、三辊劳特式中板轧机，大力发展了连轧技术，轧钢的成材率和生产效率大幅提高。40 年来，钢铁工业的技术结构发生了翻天覆地的变化，工艺技术全面实现现代化。目前，我国大中型钢铁企业普遍接近、达到，或超过发达国家水平。在这一时期，有多个项目获得国家科学技术进步一、二等奖。

钢铁工业取得的巨大成就，离不开一支优秀的、特别能战斗的人才队伍。在人力资源管理改革、员工队伍建设和人才发展优化上成绩显著。一是多数企业逐步实施了人力资源的战略管理，明确了可适应企业发展战略的人才培养目标和任务，并拟定了相应的保障措施，使钢铁行业的各类人才总量稳步增长，人才素质不断提高。二是钢铁企业重视深化干部人事制度改革，突破传统模式，强化人才体制机制创新，完善领导人员、技术人员和高级技能人员职务层级的发展通道和管理体制等。三是典型钢铁企业瞄准国内外先进水平，引入能够突破核心和关键技术，推动科研成果转化的高层次人才；通过深化产学研用合作，构建创新人才继续教育体系，开展职业技能竞赛，培育企业创新人才，打造成才平台。

经过 40 年的建设与发展，已初步建立起技术创新体系。截至 2017 年底，钢铁行业累计建成国家重点实验室 20 个、国家工程研究中心 14 个、国家工程实验室 5 个、国家企业

技术中心 42 家；组成了上下游产学研用协同的国家产业技术创新战略试点联盟 4 个、重点培育联盟 1 个，钢铁行业产业技术创新战略试点联盟 4 个、重点培育联盟 2 个。大部分中国钢铁工业协会会员企业都建立了企业技术中心或研究院，行业科技创新体系进一步得到完善，初步形成了以企业为主体，产学研用相结合的技术创新体制和机制。

（三）大力淘汰落后装备，实现了装备大型化、现代化

40 年来，钢铁工业持续进行技术改造和升级，不断淘汰落后工艺装备，逐步实现装备大型化、现代化。到 2016 年底，重点大中型钢铁企业机械化焦炉共 291 座，其中 65 孔以上大型焦炉 67 座；烧结机 464 台，其中 130 平方米及以上烧结机 314 台，最大达到 550 平方米；炼铁高炉 589 座，其中 3000 立方米及以上高炉 45 座，最大高炉达 5800 立方米；炼钢转炉数量 582 座，其中 300 吨及以上转炉 14 座，200~299 吨转炉 44 座；炼钢电炉数量 129 座，其中 100 吨以上电炉 25 座。我国 100 吨以上转炉和 50 吨以上超高功率电炉基本达到国外同类装备的先进水平，并成为中国炼钢生产的主体设备。40 年来，尤其是随着两化深度融合，钢铁生产的主要流程基本实现生产过程的自动化控制，一些大型钢铁企业已经开始智能化生产，国内大企业大型化装备及自动化控制系统，已达到国际领先水平。

（四）积极满足市场需求，钢材品种质量不断改善提升

改革开放 40 年来，我国钢铁工业根据国民经济的发展和国内钢材消费结构及变化，不断调整产品结构，改善产品质量，开发具有自主知识产权的短缺品种，满足了国民经济快速发展的需要。一方面，我国钢材品种结构不断优化。板管带比从 1978 年的 32.3% 提高到 2017 年的 53.45%；合金和低合金比从 1978 年的 14.6% 提高到 2017 年的 45% 以上。目前，我国除极少数批量小、生产难度高的钢材外，绝大多数钢材品种的自给率达到 100%。另一方面，高端产品开发和钢铁新材料的研制，满足了"中国制造"的需要。钢铁工业在技术难度大的高端专用钢材品种方面，紧跟市场需求，不断提高产品的质量，开发高机械性能的新产品，满足制造业的升级换代。尤其是近 10 多年来，围绕着我国汽车工业、石油石化工业、海洋工程、高速铁路、大型桥梁、高层建筑、工程机械等重点领域，钢铁工业在船用高强度宽厚板、高强度海洋结构用钢板、高档汽车用板和汽车零部件用钢、工程机械和高层建筑用高强度厚钢板、X80 以上高等级管线钢、LNG 船用钢材、百米在线热处理钢轨和时速 350 千米高速铁路钢轨、高速动车组用钢、高端压力容器用钢、高牌号取向和无取向硅钢、高档不锈钢新品种、高强度角型钢等均实现了重大突破，有力地支撑了机械、汽车、造船、家电、石油、电力、铁路等行业对钢铁材料的需求。其中，

部分钢材品种达到了国际先进水平，为"中国制造"提供了坚实的原材料基础。

（五）坚持绿色发展理念，可持续发展能力明显增强

改革开放以来，钢铁工业在节能降耗方面取得了显著成绩，进入 21 世纪，特别是近年来钢铁工业受环境和资源制约的矛盾愈加突出，大力加强节能降耗和环境保护，实现可持续发展成为钢铁工业重中之重。党的十八大以后，钢铁工业坚持绿色发展理念，全行业不断提升"三废"排放标准，推行清洁生产和采用节能环保技术，在节能降耗、资源综合利用和改善环保方面取得了明显的进步。

在节能降耗方面，全面淘汰了落后的平炉和侧吹转炉炼钢工艺，转炉炼钢实现了负能炼钢。2016 年，转炉炼钢工序能耗为 -12.24 千克标准煤/吨。电炉利用系数从 1978 年的 15.78 吨/（百万伏安·日）提高到 2016 年的 17.60 吨/（百万伏安·日），电炉钢铁料消耗从 1978 年的 1057 千克/吨降至 2016 年的 977 千克/吨，冶炼电耗从 1978 年的 677 度/吨降到 2016 年的 353 度/吨。连铸比从 1978 年的 3.5% 提高至 99.84%。

高炉利用系数从 1978 年的 1.43 吨/（立方米·日）提高到 2016 年的 2.48 吨/（立方米·日），高炉入炉焦比从 1978 年的 562 千克/吨铁降至 2016 年的 370.4 千克/吨铁，喷煤比从 1978 年没有喷煤提升到 2016 年的 140 千克/吨铁，氧气顶吹转炉利用系数从 1978 年的 14.27 吨/（吨·日）提高到 2016 年的 27.04 吨/（吨·日），转炉金属料消耗从 1978 年的 1202 千克/吨降至 1058 千克/吨，钢铁料消耗从 1978 年的 1184 千克/吨降低到 1037.61 千克/吨。

在环保减排方面，我国通过引进和开发"转炉煤气回收技术，高炉顶压发电 TRT 技术，低热值煤气发电技术以及高炉、转炉渣、电炉渣等处理回收技术"等，在钢铁企业广泛推广应用"三废"综合利用技术，在处理新产生"三废"的同时，还将过去大量堆积的废渣进行了回收利用。进入 21 世纪，钢铁企业的废气处理率和处理废气达标率逐步提高，吨钢外排大气污染物大幅减少，水重复利用率大大提高，外排废水中污染物总量大幅度降低。2017 年重点统计企业水重复利用率达到 97.79%，吨钢耗新水量下降到 3.12 立方米/吨，吨钢外排废水 0.79 立方米/吨，外排废水达标率 100%。外排废气合格率达到 99.84%。其中，二氧化硫排放量降到 0.54 千克/吨，烟尘排放量降到 0.58 千克/吨，氮氧化物排放量降到 0.87 千克/吨，烟气排放量达到国际先进水平。在废气利用中，焦炉煤气利用率达到 98.64%，高炉煤气利用率达到 98.32%，转炉煤气利用率达到 98.58%。在固体废物利用中，钢铁企业尘泥综合利用率达到 99.81%。其中，含铁尘泥综合利用率 99.93%，高炉渣利用率达到 97.77%，转炉渣利用率达到 95.18%，电炉渣综合利用率达到 97.24%。企业在环保减排方面，基本上做到"三废"全部综合利用，正在向超低排放努力。

（六）产业布局调整取得积极进展，产业组织进一步优化

鞍钢鲅鱼圈、首钢京唐、宝武湛江、山钢日照、柳钢防城港等沿海钢厂建设，以及原有的沿江钢厂布局，标志着我国钢铁产业布局从资源依托型向临近沿海、沿江地区和靠近钢铁产品消费市场区域转变的趋势，并初步形成消费主导型与资源主导型相结合的产业布局。

改革开放 40 年也是我国钢铁企业规模不断扩大，产业组织不断优化，竞争力不断提升的 40 年。1978 年中国只有鞍钢年产钢量超过 500 万吨，到 2017 年末已有 36 家年产钢500 万吨以上的企业，其中年产钢 2000 万吨以上的 8 家，1000 万~2000 万吨的 14 家，500万~1000 万吨的 14 家。2017 年全球前 20 家大型钢铁企业集团中，中国企业有 10 家。2018 年，进入《财富》世界 500 强的 11 家钢铁企业中，中国就占了 6 家。通过兼并重组一方面扩大了优势企业规模，同时促进了产业组织优化，为不断提升中国钢铁工业竞争力奠定了基础。

（七）坚持对外开放，国际化水平不断提高

改革开放 40 年来，我国钢铁工业始终坚持"两种资源、两个市场"的开放战略，对外开放取得了显著成效。一是引进技术装备提升了钢铁工业水平。从改革开放初期引进国外先进工艺技术和先进装备，快速缩小了与世界先进水平的差距。进入 21 世纪，我国工艺技术研究开发和大型冶金装备研制，以及自我创新能力显著提高，开发的一些技术和成套装备处在世界领先水平。二是钢铁产品的进出口呈现大开放格局。大量利用境外铁矿资源保障了钢铁工业的发展。进口铁矿石从 1978 年的 908 万吨增加到 2017 年的 10 亿多吨，增长 118 倍。同时，一些企业通过多种方式获取国外铁矿石资源。钢材进出口格局发生巨大变化。到 2005 年我国实现钢材进出口数量基本平衡，2006 年起我国成为钢材净出口国。三是国际产能合作呈现更高水平。40 年来，钢铁行业完成了从境内合资合作的"请进来"，到海外并购、建厂，开展国际产能合作"走出去"的发展过程。特别是近年来，钢铁企业抓住国家"一带一路"倡议的机遇，深化国际产能合作，在海外并购或投资建设大型项目的步伐进一步加快。

（八）供给侧结构性改革取得积极成效，行业运行质量明显改善

经过三年化解钢铁过剩产能工作，到 2018 年底，我国钢铁工业完成了 1.5 亿吨去产能任务并彻底清除了"地条钢"。因去产能离岗的职工得到妥善安置，产能严重过剩矛盾

有效缓解，产能利用率基本恢复到合理区间，钢铁行业公平的市场竞争环境初步形成，优质产能得到发挥，企业效益明显好转。2017年生产粗钢8.31亿吨，会员钢铁企业实现利润1906亿元，销售利润率达到5.47%；2018年前10个月累计实现利润2604亿元，销售利润率达到7.59%，10月末资产负债率为65.60%，比上年同期下降3.85个百分点。

三、改革开放40年我国钢铁工业发展的基本经验

（一）坚持改革开放是促进中国钢铁工业发展的必由之路

中国钢铁工业40年的发展历程，就是不断改革，扩大开放的过程。40年来中国钢铁工业发展到每一个关键阶段，都是通过改革破解难题，所取得的进步都源自企业强烈的改革愿望和行之有效的改革措施。中国钢铁工业40年的发展就是不断对外开放的过程，从宝钢建设，到大规模引进设备、技术，从与全球优秀企业合作、合资，到海外投资、并购、建设大型钢铁项目。正是这40年的对外开放，使中国钢铁工业在经济全球化环境中不断成熟，也铸就了中国钢铁工业所具有的国际竞争实力。

（二）坚持解放思想、大胆创新是中国钢铁工业发展的不竭动力

改革开放40年就是钢铁行业不断解放思想，大胆创新的40年。在这40年的发展历程中，钢铁行业勇立潮头，解放思想，大胆创新，敢于破除束缚企业改革发展的旧观念、旧机制，涌现了黄墨滨、周冠五、黎明、刘汉章、沈文荣等一批引领改革风气之先的企业家；产生了在全国具有广泛影响的首钢承包制、宝钢现代化管理、武钢质量效益型发展道路、邯钢"模拟市场核算，成本否决"、鞍钢"高起点、少投入、快产出、高效益"的老企业技术改造等许多改革、管理和自主创新的经验。

（三）坚持党的领导，拥有一支政治素质高、业务能力强，勇于奉献的干部职工队伍是实现中国钢铁工业持续发展的根本保证

40年来，我国钢铁工业发展之所以取得这样巨大的变化，最根本的就是广大企业始终把坚持党的领导，认真贯彻落实党的路线、方针、政策，作为推动企业改革发展的重要保证。广大钢铁企业高度重视党建工作，特别是党的十八大以来，国有企业党组织领导核心和政治核心作用得到充分发挥，民营企业党建工作进一步加强。广大企业紧紧围绕企业中心任务，扎实推进企业精神文明建设并取得丰硕成果。40年来，面对市场的严峻考验，

钢铁行业广大干部职工始终坚定钢铁强国的信念，锐意进取，战胜了重重困难。正是这支政治素质高、业务能力强，甘于奉献的干部职工队伍成就了今天钢铁工业的辉煌。李双良、曾乐、郭明义等一大批先进模范人物是他们中的杰出代表。在化解钢铁过剩产能过程中，数十万钢铁职工顾全大局，告别原有岗位，离岗、转岗，为工作的顺利推进做出了巨大牺牲。

（四）坚持社会主义市场经济是中国钢铁工业活力源泉

回顾改革开放 40 年中国钢铁工业的发展历程，我们深刻地体会到，是社会主义市场经济带来钢铁工业发展的活力，是市场经济使国有企业不断突破旧体制、机制的束缚，是市场经济使民营钢铁企业快速发展，也是市场经济使中国钢铁工业在 40 年间实现由小到大、由弱到强巨大进步。今后也只有坚持社会主义市场经济，钢铁工业高质量发展目标才能够实现。

四、努力促进我国钢铁工业实现高质量发展

我国钢铁工业发展，要坚持以习近平新时代中国特色社会主义思想为指导，全面贯彻落实党的十九大精神，坚持创新、协调、绿色、开放、共享五大发展理念，践行《中国制造2025》建设制造强国战略，围绕 2025~2030 年建成钢铁强国的目标，抓住机遇，攻坚克难，继续推进供给侧结构性改革，以科技创新为动力，努力促进钢铁工业高质量发展。

（一）巩固去产能成果，深化供给侧结构性改革

依照市场倒逼、企业主体、地方组织、中央支持的原则，突出重点、依法依规，综合运用市场机制、经济手段和法治办法，按照优胜劣汰的市场规则，深入解决产能结构的深层次问题，严防已去产能死灰复燃，严禁新增产能，落后产能总体淘汰，违规产能有效纠正，一批无效、低效产能有效退出。深入解决其他方面的结构性问题，进一步优化产业结构。继续采取各种措施，持续推动企业"去杠杆"工作，力争使钢铁企业平均资产负债率在 2020 年下降到 60%以下。建立公平的市场竞争环境，加强行业自律，努力促进行业平稳运行，保持行业效益向好态势，不断提高钢铁行业的运行质量。

（二）加快提高产业集中度，促进钢铁产业布局进一步优化

按照市场化运作、企业主体、政府引导的原则，结合化解过剩产能工作，通过推进混

合所有制改革，推动行业龙头企业实施跨行业、跨地区、跨所有制兼并重组，形成若干家世界级一流超大型钢铁企业集团；在不锈钢、特殊钢、无缝钢管等领域形成若干家世界级专业化骨干企业。产钢大省的优势企业以资产为纽带，推进区域内钢铁企业兼并重组，形成若干家特大型钢铁企业集团，改变过于分散局面，提高区域产业集中度和市场影响力。超大型和特大型钢铁企业集团粗钢产能占全国比重超过 60%；形成一批专用产品优势明显、自我发展能力强的专业化龙头企业集团。

统筹考虑市场需求、交通运输、环境容量和资源能源支撑条件，结合化解过剩产能，深化区域布局减量调整。产业布局结构得到优化，钢铁产业与市场、经济发展需求相适应，同质化竞争明显减轻；钢铁生产与生产要素、环境容量相协调，实现钢铁与城市的和谐友好，融合发展。

（三）增强自主创新能力，提升产品质量和品种档次，提高有效供给，向质量效益型转变

要使科技资源充分整合，发挥企业的创新主体作用，设计单位的桥梁和推广作用，大学和科研院所的基础先导作用，实施产学研用相结合的创新模式，通过市场化运作机制和多元化合作模式，在钢铁领域建设国家级行业创新平台，提高原始创新、自主集成创新能力，开展行业基础和关键共性技术产业化创新工作，在低能耗冶炼技术，节能高效轧制技术，全流程质量检测、预报和诊断技术，钢铁流程智能控制技术，新材料研发，高端装备用钢等方面有重大突破。

全面确立以用户为中心的产品理念和服务意识，实现钢铁企业由制造商向服务商转变。结合先期研发介入、后期持续跟踪改进（EVI）模式，创新技术支持和售后服务，完善物流配送体系，提供材料推荐、后续加工使用方案等一系列延伸服务，创造和引领高端需求。企业在高技术船舶、海洋工程装备、先进轨道交通、电力、航空航天、机械等领域重大技术装备所需高端钢材品种的研发和产业化方面有重大突破，持续增加有效供给。

（四）坚持绿色发展理念，提高绿色制造水平，努力实现智能制造

要继续加大企业节能环保方面的投入。推广应用和全面普及先进适用以及成熟可靠的节能环保工艺技术装备；全面完成烧结脱硫、干熄焦、高炉余压回收等改造，淘汰高炉煤气湿法除尘、转炉一次烟气传统湿法除尘等高耗水工艺装备；全面建成企业厂区主要污染物排放的环保在线监控体系；实现先进节能环保技术，焦炉和烧结烟气脱硫脱硝、综合污水回用深度脱盐等节能环保难点技术的推广普及；在环境影响敏感区、环境承载力薄弱的

钢铁产能集中区，实施封闭式环保原料场、烧结烟气深度净化等清洁生产技术改造；在钢铁产业集聚区，实施物流集中铁路运输方案，系统优化物流体系，减少物流过程中无组织排放。

钢铁企业在基本完成基础自动化、生产过程控制、制造执行、企业管理四级信息化系统建设基础上，有条件的钢铁企业应建立大数据平台，在全制造工序推广知识积累的数字化、网络化；在环境恶劣、安全风险大、操作一致性高等岗位完成机器人替代工程；普及钢铁企业两化深度融合管理体系贯标和评定，完成钢铁智能制造标准化工作。

（五）深化钢铁工业对外开放水平，建立公平、稳定、共赢的铁矿石市场秩序

发挥我国钢铁工业优势，积极参与"一带一路"建设，深化钢铁企业国际产能合作，以资源条件好、配套能力强、市场潜力大的国家和地区为重点，完善与相关国家投资合作机制，加强协调，推动优势企业参与国际产能收购与建设，培育数个国际化钢铁集团。

加强和完善与全球铁矿石主要供应商交流沟通机制；多要素完善铁矿石定价机制，充分发挥我国铁矿石价格指数作用，积极推行采用混合指数定价；充分发挥现货交易和铁矿石期货的作用。从而建立客观反映供求关系、符合各方利益的铁矿石市场价格形成机制和公平、稳定、共赢的铁矿石市场秩序。

改革开放 40 年是中国钢铁工业取得辉煌成就的 40 年，也是由小到大，由弱到强的 40 年。回顾过去，我们有喜悦，有欣慰，展望未来，我们有压力，更有信心。我们相信，只要我们坚持以习近平新时代中国特色社会主义思想为指导，认真贯彻落实党的十九大精神，继续坚定不移地坚持改革开放，按照高质量发展要求，努力拼搏，锐意进取，钢铁强国的梦想就一定会实现！

钢铁还未强国　同志仍需努力

徐匡迪

改革开放40年来，中国钢铁工业实现了由弱到强、由小到大的转变，这些成就得益于邓小平同志倡导的改革开放。邓小平同志改革开放的思想在我们钢铁工业贯彻得比较彻底。

一、钢铁工业40年来主要改革成就及原因

40年来，中国钢铁工业发生了巨大变化，积累了许多宝贵的经验，如首钢率先推行的承包制、邯钢经验、建设宝钢等。这些中国钢铁工业发展史上里程碑式的事件，使中国钢铁工业快速发展壮大起来。

首钢成立于清朝末年，是一家典型的官办企业，抗战时是日本人的制铁所，以炼铁为主，有部分铸钢，但数量很少。1981年7月，在国务院和北京市政府的支持下，首钢改变了之前国家与企业之间分成的办法，实行承包制，即全年上缴利润2.7亿元定额包干，超过的利润全部留给企业，并按照生产发展基金60%、集体福利基金20%、个人消费基金20%的比例分配使用。那年，正值国家经济调整，要求首钢减产铁29万吨、钢7万吨。经测算，1981年全年利润只能达到2.65亿元，即使全部上缴，也达不到上缴利润2.7亿元的水平，再加上又是在时过半年以后开始实行承包制，回旋余地较小。但首钢认为，通过承包能进一步调动广大职工的积极性，这一指标经过努力是可以突破的。结果，首钢当年实现利润3.16亿元，完成上缴任务后，企业留利4000多万元。

首钢的改革改变了过去企业领导"官本位"的办法，真正实现了谁行谁就上、谁不行谁就下的用人制度，打破了传统意义上干部与工人的界限。

20世纪90年代，在全国推行的"邯钢经验"同样也是钢铁企业经营管理模式改革的成功典范。

"邯钢经验"形成于1990年，当时钢铁行业第一次碰到产销矛盾。那时，钢铁行业快速发展，由于无序竞争导致产量略有过剩，又恰逢亚洲金融风暴，许多钢铁企业不适应市

场经济。邯钢采取成本倒逼机制，实行成本否决，模拟市场价格核算，将成本与效益、效益与分配挂钩，形成"千斤重担众人挑，人人肩上有指标"的局面。

可以这样说，改革开放40年来，我国钢铁行业的快速发展壮大，既不是靠政府投钱，也不是靠外资投资，而是通过行业自身进行改革挖潜、改变经营模式、提高生产效率，同时对外开放吸收国外先进技术的结果。

改革开放初期，我国钢铁行业的技术、工艺装备落后。这主要由于解放初期，由苏联援建的大型钢铁企业，如鞍钢、武钢、包钢等，主要采用高炉、大平炉为主的长流程生产；一些地方钢铁厂使用小型侧吹转炉技术，这些小型侧吹转炉一般都只有6吨、8吨，最多20吨的小吨位。

平炉炼一炉钢需要6~7小时，而小转炉产量又太低，所以才有了"三打两千六"。而事实上，1955年、1956年，发达国家氧气转炉已经规模投产，炼一炉钢只用40分钟左右，炼钢效率大大提升。到20世纪80年代，日本钢铁业的氧气转炉占到70%~80%，剩下20%左右都是电炉，平炉已基本被淘汰。但改革开放初期的中国只有平炉和小型侧吹转炉，生产工艺、设备落后，工艺过程又不连贯，炼钢与轧钢脱节，断续生产、轧材多次反复加热，不仅能耗高，而且生产效率低。

正是认识到技术、工艺装备方面的差距，所以在改革开放初期，中央决定由国家投资，按照当时世界上最先进的技术标准建一座现代化钢厂——宝钢。当然，在这之前已有武钢1.7米轧机等新技术和新设备的引进。这样，就使整个生产过程的各个环节能有效衔接，大大提高了生产效率和产品质量。我国粗钢产量1990年达到了6535万吨，1996年突破1亿吨，成为世界第一大钢铁生产国。

过去的40年，钢铁行业最大的变化就是设备更新换代，平改转、模铸改连铸、取消了开坯机，进而又使轧制连续化。

回顾1978年到20世纪90年代，我国钢铁工业取得巨大变化的原因，一是经营管理的改革，改变了国有企业机构重叠、人浮于事、效率不高、吃"大锅饭"的情况；二是对外开放，引进国外先进设备来逐步改造、更新国内的落后设备；三是技术进步，生产流程的合理化；四是党的坚强领导，十四大以后，制定了明确的技术进步路径和方针。

二、中国钢铁工业发展过程中的经验教训

有成功经验，自然也就有深刻教训。中国钢铁工业经过改革开放40年的发展，尽管取得了巨大的成绩，但也存在着不少问题，其中最重要的问题有3个。

一是钢铁工业发展初期没有严格按照生态环保的要求健康绿色发展。中国钢铁工业在发展过程中对生态环境的保护重视不够，且钢企多位于大中型城市周边，依旧走上了发达国家工业化进程中先污染后治理的道路。过去钢铁行业发展片面追求规模与高产，忽视了对生态环境的保护，现在钢铁行业再来补环保这一课很难。但是，不管多难也一定要补，因为我们的发展最终是为了让人民过上美好的生活。

例如，现在宝武湛江基地在选址时就进行过3次论证，专门对厂址所在的东海岛的气候、风向进行过研究。由于风向原因，宝武湛江钢铁基地产生的废气大都会被吹向北部湾的海上稀释扩散，不会对湛江的城市环境造成污染。

二是钢铁工业发展初期只考虑短期的供需效应，没有考虑合理布局。当年，北京、上海等城市进行大规模基本建设，造成目前河北、江苏地区有大量的钢铁厂。钢铁行业现在不考虑布局，最终要吃苦果。抗美援朝时期，为了满足重工业和军工发展的需求，东北建了很多钢厂。不仅污染严重，而且随着时代变迁，东北钢铁工业产能过剩严重，所以布局的问题一定要考虑。当前，河北省钢铁产量过高是个难题，江苏省也面临同样的问题。中国钢铁工业发展的基础是我国经济的高速发展、城市化建设的加快，但当城市化达到一定程度后，对钢铁的需求就会逐渐减少，产钢大省的钢材怎么运出去成为亟待解决的问题。

从国际上来看，陆上运输钢铁的合理销售半径是300千米以内。目前，1吨钢的铁路运输成本约1元钱。下一步，中国的发展重点是中西部地区和三线、四线城市的基本建设，但钢铁工业目前主要集中在东部沿海。所以，钢铁工业的布局将显得尤为重要。

在湛江南面东海岛建设宝武湛江钢铁基地就走出了一条新路子，既节省了从澳大利亚、巴西等地进口铁矿石1000千米的运输成本，又解决了珠三角地区缺少钢铁的问题。珠三角地区是我国汽车和家用电器的三大制造中心之一，有巨大的板材市场，过去只能靠从华东、东北、武汉长途运输。此外，宝武湛江基地建成后，要逐步把炼铁、炼焦这些铁前工序转移到湛江基地，上海的宝山基地、武汉的青山基地只做热轧板和冷轧板，满足上海、武汉地区的市场需求。这样做不仅可以降低成本，还遵循了绿色发展的要求，可大大改善上海、武汉的大气环境。

三是中国钢铁工业面临工艺流程再造的问题。现在中国钢铁行业长流程占比近90%，而美国、欧盟短流程已经占到40%以上，美国生产普通钢材主要的流程就是用短流程的电弧炉冶炼，炉外精炼然后就轧制。如果我国钢铁工业工艺流程再造成功，一方面可以降低对国外铁矿石的依存度；另一方面可以大大减少排放，符合绿色发展的要求。用短流程炼钢，还可以调峰运行，解决能源供应的峰谷问题和环境问题，同时降低能耗。在当前技术水平下，如果企业有自有电厂，长流程生产1吨成品钢要消耗700多千克标准煤，而短流程只需消耗其60%左右。此外，工艺流程再造将产生出很多新的产业，如废钢回收和加工等产业。

三、钢铁行业高质量发展的主要路径

改革开放使中国成为世界钢铁大国。不过，走进新时代，站在新的历史起点上，高质量发展是中国由钢铁大国向钢铁强国转变的必由之路。

纵观全世界钢铁工业的发展路径，中国钢铁工业实现高质量发展，有两条路要走，一是必须走钢铁工业专业化、对口工业化的道路；二是要在钢铁工业内部大力弘扬工匠精神，使每道工序、每个岗位的操作者都能精益求精。

从量的增长到质的提高，钢铁工业一定要加强对钢铁工业的技术研究和与最终用户的联系，即专业化、对口化。不仅仅是加强对钢铁生产流程的工艺研究，更要加强对钢铁产品品质提高的深入研究。如我国现在一些高级特殊钢和国外差距还比较大，我国高铁的轴承需要进口，一些航空航天、重要的武器装备、精密仪器的元器件用钢也还需要进口。大家都知道轴承钢的寿命和清洁度有关，但到底是什么样的夹杂物会影响清洁度，其形态、数量等都有待进一步研究、掌握。

如世界上最有名的轴承企业——瑞典的SKF就有自己的钢厂，炼钢完全为生产轴承服务，也就是轴承厂办钢厂。

钢铁厂和最终用户的关系非常重要，最好有直接的联系纽带。即使没有，供货方和用户也应该有某种联系，因为行业划分不是很合理，这就要求我们国家在体制上深化改革。在体制上做创新，比如现在不能把钢铁企业和机械制造企业完全合在一起，但至少可以先加强横向的紧密联系。

另外，钢铁工业要实现高质量发展，还需要大力弘扬工匠精神。

德国大众汽车刚刚进入中国市场时，在上海建立了一个合资工厂。第一年，这家工厂生产了7500辆汽车，质量评估时排名第二；第二年，生产了15000辆汽车，质量评估时排名第四；到了生产35000辆汽车时，质量评估时排名第六。因为汽车在出厂测试时，总会发生汽车跑偏的情况。同样一批人、同样的零部件、同样的工艺生产同一件产品，质量何以发生这么大的变化呢？通过调查发现，安装轮胎的工人在用电动风钻拧螺丝时，没有严格执行工序要求——螺丝拧紧后再压紧10秒钟，就这一个小小的细节致使最后生产出来的产品出现质量问题。

工匠精神是一种职业精神、职业道德，更是一种在平凡的工作岗位上精益求精、持之以恒的精神，也是一种把简单的工作做到极致的精神。改革开放以后尊重知识、尊重人才，这是完全正确的，但还要尊重工匠、尊重第一线的操作人员，尊重他们的劳动。钢铁产品质量的稳定提高，需要人工智能，需要自动化，但人的因素还是最主要的。

四、中国钢铁还没有引领世界钢铁的发展

改革开放 40 年，中国钢铁工业成绩斐然，但还未达到引领世界钢铁工业的地位。因为无论是在质量、效率上，还是在管理的精细程度上，中国钢铁与世界先进水平还差得比较远。

中国钢铁在总量上占绝对优势，现在约占世界钢产量的一半，这样的情况持续下去一定会出现严重过剩的问题。因为影响钢铁产量的原因有 3 个，即基础建设、制造业、国家领土面积。

纵观世界钢铁发展史，第二次世界大战后，日本和德国的钢铁工业发展都很快，因为战后重建需要大量的钢材。但现在每年的钢产量都只有最高时期的 50%。可见，基础建设是钢材需求的重要拉动力。拉动钢铁发展的第二个动力是制造业，但产业结构严重影响钢铁需求。如果钢铁主要用于汽车、轮船、工业装备，而且出口世界各地，那钢铁需求就比较大；如果像法国，GDP 主要靠奢侈品、高档服装、化妆品拉动，钢产量就只有 1000 多万吨。随着人民消费和欣赏水平的提高，中国制造业的结构一定会发生变化。第三就是我国幅员辽阔，市场大，基础设施多，中西部还需要建铁路、桥梁、隧道，但假以时日，这方面需求会逐步减少，对钢铁的需求也一定会减少。

日本、韩国最大的钢铁出口量来源于二次出口，即钢铁变成了汽车、轮船、家用电器等大量出口。如果把钢铁工业延伸到消费品领域，中国钢铁还没有领先世界。关键的东西还需要进口。比如，我国高铁采用的是世界领先技术，但目前只解决了高铁车轮用钢问题，轴承用钢等关键问题仍未解决。

所以说，钢铁还未强国，同志仍需努力！

改革开放 40 年与中国钢铁工业技术进步

殷瑞钰

1978 年 12 月 23 日，中共十一届三中全会胜利闭幕，拉开了改革、开放新时代的大幕，吹响了全党、全军、全国人民以经济建设为中心的号角。当时，我作为唐钢的代表光荣出席了全国冶金群英会，聆听了冶金工业部领导传达十一届三中全会的精神，感到无比兴奋。中国富强有望了！

党的十一届三中全会以后，一系列改革、开放政策相继出台。落实知识分子政策，强调知识分子是工人阶级的一部分……，强调科学技术是第一生产力；以"四化"为标准调整各级领导班子，起用中青年知识分子干部，一批 20 世纪五六十年代毕业的知识分子干部，特别是科技人员走上了领导岗位；大力推进科技进步，企业技术改造，推动对外技术交流，引进先进技术装备，以及整顿企业，加强企业管理，加强企业发展规划等一系列方针、政策和改革开放措施逐步得到贯彻落实。我有幸经历了这伟大的改革、开放 40 年，目睹了 40 年的伟大成就，特别是中国钢铁工业技术进步方面的伟大成就。

回顾 1978 年时，全国粗钢产量只有 3178 万吨，钢厂的生产流程结构和工艺装备水平尚处于落后状态，具体表现为：炼铁大多是几百立方米中、小型高炉，入炉品位低、能耗高、生产效率低；炼钢以平炉、侧吹转炉为主，生产效率低、能耗高、质量不稳定；浇铸成型全都是模铸，质量差、劳动强度高，而且生产效率低；轧钢都是通过初轧/开坯工序，二火成材，成品轧机以横列式、往复式轧机为主。缺乏大型高炉、大型转炉、二次精炼、连铸机、连轧机等先进工艺装备，更缺乏由此构成的先进钢铁制造流程技术。钢铁产品则是"面条、裤腰带"（即螺纹钢、盘条和窄带钢等）为主，缺乏现代化的板管材。

从 20 世纪 80 年代开始，钢铁工业开始抓全面质量管理（TQC）、节能评比、提倡系统节能，开展新产品攻关，特别是国防军工产品攻关，科技进步开始有所起色。同时，一些企业开始引进连铸机、高速线材轧机、棒材连轧机，迈开了装备现代化的步伐。

特别是在中央的正确决策下，建设上海宝钢，成套引进日本先进技术和管理方法。1985 年 9 月，宝钢的建设、投产为我国钢厂现代化提供了模板。宝钢的投产运行展示了现代化钢厂的生产流程和专业化生产方式的特点，展示了一系列保证质量、节约能源、环境保护的现代化工艺和高水平的装备，展示了现代化钢厂的管理模式，令人印象深刻。

但是，在 20 世纪 80 年代中、后期，全国不少钢铁企业仍然处在生产效率低、能耗高、环保水平低、产品质量较差等落后状态。总之，大多数钢厂缺乏可持续发展能力和市场竞争力。

从 20 世纪 80 年代末开始，中国钢铁工业重视连铸技术的发展，提出了"以连铸为中心"的生产技术方针，通过"以连铸为中心，炼钢为基础，设备为保证"促进连铸机达产，通过"炼钢-炉外处理-连铸三位一体"大力推动提高连铸比，进而推动全连铸钢厂的建设、改造。

连铸技术的发展，解决了转炉炼钢的生产潜力，不少转炉的产量成倍提高。但是，这引起了高炉铁水、焦炭供应不足。于是认识到高炉喷吹煤粉、高炉长寿技术已经成为大多数钢厂的关键共性技术。在 20 世纪 90 年代初，全行业对这两项技术开展了自主攻关。高炉利用系数、高炉作业率明显提高，高炉焦比大幅度降低，使得炼铁产量可以和炼钢的增产相适应。同时，降低了成本，降低了能耗。

在连铸技术得到快速发展的基础上，为了提高轧钢的生产效率、成材率、降低能耗、提高产品质量，发展连轧技术提上了日程。由于当时棒、线材产量占全国钢材产量的 60% 以上，大多数钢厂都有此类生产线，也是当时市场的主要产品。因此，以棒材连轧机国产化、高速线材连轧机国产化为突破口的连轧机攻关和提高长材连轧比等系列攻关在中国开展起来，并逐步推广；提高了成材率，降低了能耗，降低了成本，提高了产品质量，提高了生产效率，并且与连铸技术相互协同配合，促进了钢厂生产制造流程产生结构性的升级。

在上述 4 项关键共性技术取得全国性突破的同时，各钢厂逐步展开了以建立先进工艺流程淘汰落后工艺、装备为主的结构性系统节能。于是一批先进的工艺、装备得到发展。例如，连铸机（多炉连浇、热送热装等）、大型高炉（高风温、喷煤粉、提高入炉品位、降低焦比等）、大、中型转炉（复合吹炼、煤气回收等）、铁水预处理（脱硫、"三脱"）、二次精炼（真空处理、钢包冶金等）、连轧技术（各类长材、带材、管材、板材等）。一批落后工艺、装备淘汰。例如，混铁炉、平炉、侧吹转炉、"老三段"电炉、模铸、初轧机、开坯机、推钢式加热炉、横列式轧机、叠轧机等，从而引起了钢厂生产制造流程的重构性集成优化，其突出的效果是生产效率提高，系统性的节能、降耗和产品专业化生产。

到了 20 世纪 90 年代中期，在连铸快速发展过程中，连铸的多炉连浇和连铸机的作业率往往受制于转炉炉龄的长短，为了进一步延长转炉炉龄，决定引进溅渣护炉技术以及消化移植推广，很快得到突破，炉龄很快达到5000炉以上，打通了影响生产制造流程协同-连续运行的技术瓶颈，促进了钢产量的提高。

回顾起来，改革开放的前20年是中国钢铁工业通过技术进步、技术改造在引进、吸收国际先进技术的基础上，进行技术结构调整、生产流程结构升级的过程。与此同时，中国出现了一批全连铸钢厂。到2000年，全国连铸比达到了87.3%。1996年粗钢产量突破了年产1亿吨，中国登上了全球第一产钢国的位置；钢铁工业的发展推动了国民经济增长和社会发展。

进入21世纪以来，中国钢铁工业在环境保护、节能减排方面取得了长足进步，特别是干法熄焦、高炉干法除尘、转炉干法除尘技术的引进、研发、推广，高炉渣、转炉渣以及含铁粉尘的加工处理和综合利用，焦炉煤气、高炉煤气、转炉煤气以及各类蒸汽的回收利用和自发电技术得到推广。在能量流网络概念的引导下，一批钢厂开始建设能源管控中心，进一步提高了能源使用效率。

进入21世纪以后，中国钢铁工业的技术进步的重要标志是自主设计、自主建设、自主运行、自主管理了一批新一代沿海钢厂，特别是鲅鱼圈钢厂、曹妃甸京唐钢铁公司和湛江钢厂。这是中国钢铁工业技术进步的集成优化和综合体现。体现着中国钢厂自主设计的理论与方法创新，体现着冶金工艺装置的国产化水平，体现着建设技术的创新，体现着钢厂生产运行水平和管理水平的提高。在这批新建沿海大厂的设计、建设过程中，钢厂的功能定位得到了拓展，强调新一代钢铁联合企业应该具有"三个功能"：即高效率、低成本的洁净钢产品制造功能；能源高效转换和回收利用功能；大宗社会废弃物的消纳、处理和再资源化功能。

进入21世纪以来，薄板坯连铸-连轧这一先进工艺流程在中国得到蓬勃发展，到2018年已拥有17条（32流）作业线，成为全球薄板坯连铸-连轧产线最多、产出最多，产品开发众多的国家。同时，薄带连铸技术在宝钢的自主研发下，得到了工程化水平上的突破。

近十年来，中国钢厂在环保技术上得到了明显的提高，大多数钢厂"消灭"了渣山；新水消耗、污水排放减少了80%以上；焦化烟气脱硫、脱硝治理，烧结烟气脱硫、脱硝治理得到推广。钢厂吨钢粉尘排放由2000年的5.08千克降低到2017年的0.62千克；吨钢 SO_2 排放由2000年的5.56千克降低到2017年的0.6千克；吨钢消耗新水从2000年的25.5吨下降至目前的3.2吨。

改革开放40年以来，特别是21世纪以来，中国钢铁业的产品结构与品种研发取得了结构性的变化。在钢产量连续增长的进程中，扁平材、管材的比例不断上升，板管带比由 1978 年的 32.7% 上升到 2000 年的 42.05%，再上升到 2017 年的 53.45%。这体现着一批大型转炉、一批 RH 精炼装置、一批大型板坯连铸机、一批高水平的热轧带钢轧机的设计、引进建造和运行能力的提高，以及一批高水平的科技人员的成长。

在产品研发方面，一系列汽车用钢已能立足于国产，一系列桥梁用高强钢材可以立足国产，铁路钢轨（包括高铁用 100 米长轨）可以立足国产，输油（气）用高钢级管线钢可以立足国产，各类电工用硅钢（包括高磁感变压器用硅钢在内）也可以立足于国产并出口国际市场。此外，某些优秀特殊钢厂的轴承钢也达到了国际一流水平。

在这些技术进步的支持下，中国钢材的进出口情况发生了转折性的变化。在改革开放的前 25 年内，中国是一个钢材净进口国。从 2005 年开始，中国钢材出口量大于进口量，成为钢材净出口国；2007 年开始，单价 1000 美元以上的钢材出口量超过进口量；2010 年开始，单价 2000 美元以上的钢材出口量也超过了进口量。其中，包括了取向硅钢等高端产品，表明我国高档钢材的竞争力和技术支撑力的明显增强。

我国在钢厂技术进步过程中，也带动了工程设计能力和工程建设能力的提高，并拥有一支强大的队伍。现在，我国是国际上少有的能够自主设计、建设现代钢厂的国家，有能力集成设计和建设成套完整的现代化钢铁制造流程和装备，而且结合"一带一路"建设的步伐，有能力"走出去"，承担国际项目的工程设计和工程建设的项目总承包。

中国钢铁工业有今日之实力，是四～五代钢铁界的志士仁人经过不断努力奋斗取得的，并且在突破年产一亿吨之后，继续飞速发展，主要依靠的是中国自己培养的人才，在这个过程中凝结着几十所涉及冶金、材料、矿业等专业的院校和科研院所在培养人才和研发过程中的贡献；现在仍然保持着每年数以万计的冶金、材料、矿业等专业的大学毕业生充实到钢铁工业的各个岗位上，这是中国钢铁工业改革开放以来快速发展的重要资源之一。

在改革开放政策的指引和推动下，经过 40 年的艰苦努力，自强不息，现在中国已经成为全球的钢铁生产中心、钢铁消费中心，中国应该进一步成为全球钢铁-材料的教育中心和研发、设计中心。

应该看到，在新的历史时期背景下，我们还存在一些发展不平衡、不充分的问题，例如：资源/能源结构：吨钢废钢消耗少，铁矿石、煤炭消耗多；流程结构：高炉-转炉流程比例大，电炉短流程比例小；环保-生态欠账大，技术支撑力不够，特别是烧结工序和焦化工序，投入不足；质量品牌意识淡薄，重视个别品种，忽视量大面广产品的质量稳定性、可靠性和适用性；布局结构：无序发展，有的省区钢铁工业畸形发展；发展战略管理、环境生态治理措施有待进一步强化等。

雄关漫道真如铁，而今迈步从头越。

我们有理由为改革开放 40 年以来中国钢铁工业的发展和技术进步所取得的伟大成就而欢呼、自豪，我们要贯彻落实党的十九大精神，遵循创新、协调、绿色、开放、共享五大发展理念，继续前进。

我国钢铁工业走向高质量发展
提高产业集中度是关键

吴溪淳

一、改革开放 40 年中国钢铁工业发展的 5 个阶段

我自 1955 年从北京钢铁工业学校毕业进入钢铁行业，迄今已经 60 多年。这 60 多年，我从未离开过钢铁行业，这是我最庆幸的事情。改革开放 40 年来，中国钢铁工业发展历史大致可以分为以下 5 个阶段。

第一阶段是 1979~1992 年，从计划经济向市场经济的过渡期。改革承包的大潮激发了大企业积极性，同时乡镇企业异军突起，加快了钢铁工业的发展。政府大力推进"三改一加强"（改革、改组、改制，加强企业管理）；建设宝钢，树起了现代化钢铁企业的样板。

第二阶段是 1993~2001 年，社会主义市场经济体制建立初期。国企扩大改革开放，通过利用外资和大规模引进先进技术装备、先进管理方法，使钢铁工业处于平稳发展期，为国家经济高速发展奠定了基础。

第三阶段是 2002~2011 年，国民经济高速发展期。工业化城镇化加快，市场需求推动钢铁产能产量快速增长，催生了大量民营中小钢铁企业，产业布局失控。同时，由于轻工业和装备制造业迅速崛起，机电产品出口快速增长，促进了钢铁产品品种创新和质量提高。2006 年，中国成为钢材净出口大国，进口的钢材占国内消费比重由 34% 降到 3% 左右。不过，由于中小民营钢铁企业不断增加，造成产业集中度不断下降，我国钢企逐步丧失了对铁矿石的议价能力。这期间，进口铁矿石价格连年急速上涨，造成原料成本所占比例逐年上升，企业利润水平逐年下降。

第四阶段是 2012~2015 年，国民经济由高速增长转入中高速增长，进入钢铁产能存在严重过剩的时期。突出表现是市场严重供大于求，钢材价格连年大幅下跌，钢材价格指数最低降到 54.48 点，是 1994 年 4 月价格的 50%，企业经营由微利转为亏损。

2007 年产能利用率为 80.2% 时，吨钢销售收入利润率为 7.73%，2011 年利润率降到

2.58%。2012 年产能利用率为 74.9%，中国钢铁工业协会会员企业平均吨钢亏损 1.16 元。2015 年产能利用率为 71.3%，吨钢亏损 136.4 元，钢材平均结算价格（不含税）由 2011 年的 4468 元/吨逐年下降到 2015 年的 2258 元/吨。钢价低于白菜价，教训是深刻的。

第五阶段是 2016 年至今，供给侧结构性改革时期。2015 年的中央经济工作会议提出加大结构性改革力度，特别是产能过剩比较严重的行业。这是绕不过去的历史关口。我认为，今后一个时期着力加强供给侧结构性改革，主要是抓好去产能、去库存、去杠杆、降成本、补短板五大任务。

二、中国钢铁工业改革开放 40 年的基本经验和教训

40 年来，中国钢铁工业发展积累了宝贵经验，也有深刻的教训。总结这些经验、教训，就是为了在未来的发展中稳步向前。

40 年来，中国钢铁工业发展得益于 4 个宝贵经验。

一是坚持不断解放思想、与时俱进，不断按照党中央指引的新理念，结合中国钢铁工业实际进行企业发展观念创新、企业管理制度创新、生产技术创新、品种创新。我国钢铁工业取得的一切成就和进步都是解放思想、不断创新的结果。解放思想本质上是与时俱进的，解放思想就是要跟上发展潮流，永不落后。创新驱动发展是我国钢铁工业实现由大向强的必由之路。

二是坚持不断地深入研究国情，在中国特色社会主义的发展进程中，在党中央提出的路线方针指引下，研究国家经济发展的不同阶段需要多少钢、需要什么样的钢、需要什么样的钢铁企业。行业组织必须担负起做政府政策制订的参谋、做企业规划发展的信息提供者的责任，实行研究成果共享，用正确的信息导向，引领企业科学发展。

三是坚持用改革的思路破解企业发展的难题，通过扩大开放主动融入国际市场，加强国际交流，充分利用先进的技术和管理经验，通过消化集成再创新不断提高企业的国内外市场竞争力。

四是钢铁行业的企业组织机构调整，推动企业联合重组，淘汰落后产能，必须既依靠市场，发挥资源配置的决定性作用，又必须更好地发挥政府的推动作用。实践证明，中国钢铁产业集中度长期低于 40%，既有市场机制不健全的原因，也有政府推动工作不到位、国有企业出资人责任不到位的问题。根据中国的国情，提高产业集中度必须政府大有作为才行。中国钢铁工业 40 年的快速发展积累的矛盾和最大的问题是发展的不平衡不充分问题。这种不平衡不充分表现在产业布局的失衡，华北和东北的过剩产品近 50% 要运往南方

销售；华东和中南地区绝大多数钢厂都在内陆，远离海港，使用进口原料（铁矿石）的物流成本高；首都北京周围 200~300 千米范围内集聚了 3 亿多吨钢产能，给环境容量造成了较大负担；中小企业数量过多，大企业又联合不足，造成技术创新、人力、财力投入分散，重复浪费很大，整体创新能力不强。

三、中国钢铁工业未来实现高质量发展的路径

首先，中国钢铁工业要实现高质量发展必须提高产业集中度。

实现四个优化（企业组织结构和布局优化、企业技术装备结构优化、企业工艺技术和管理模式优化、企业产品结构优化和实行制造加服务）是站在历史新起点的中国钢铁工业发展的主题。特别是组建发展大集团，提高产业集中度问题，已成为我国钢铁工业走向高质量发展必须解决的关键问题。

现在是解决产业集中度不高问题的最佳时期，机不可失。不提高产业集中度，就无法通过行业自律实现产需动态平衡、市场稳定，也无法避免产能过剩、钢价大起大落，也难以获得国际铁矿石市场采购的话语权。现在，我国经济已由高速增长阶段转向高质量发展阶段，正处在转变发展方式、优化经济结构、转换增长动力的攻关期。当前淘汰落后产能和城市环境治理，以及 2008 年以来地方出现的中小型钢厂基本都到了大修改造的更新期，在这个关键节点上，再不能丧失企业联合重组做大做强的机遇了！

中国钢铁工业是否走上了高质量发展道路，要看我们绝大多数钢铁产品能否实现绿色制造、高品质、低成本、提高全要素生产率。钢铁工业是高投资产业，重大的颠覆性、原始性科技创新投入大、研发周期长，客观上要求集中科技创新人才，集中财力物力，才能总体上实现以较少的投入获得较大的产出，才能在国际市场竞争上占据有利地位。而这些都要求我们加快建设大集团，提高产业集中度才能实现。

钢铁行业在培育公平竞争的市场环境，彻底解决"劣币驱逐良币"问题，真正达到通过市场竞争实现企业优胜劣汰方面，还有不少问题没有解决。钢铁行业供给侧结构性改革绝不是取缔了"地条钢"，淘汰了一部分落后产能就大功告成了。钢铁行业产能过剩问题的最终解决要体现在市场供求的动态平衡，产品价格脱离大起大落的轨道，行业经济效益总体稳定，产品由中低档向中高档迈进，企业通过科技创新、管理创新、联合重组、做大做优做强，使全要素生产率不断提高，国内外市场竞争力不断增强，才算产能过剩阶段跨过去了。

当前，钢铁企业联合重组缓慢，产业集中度长期提不上去；产业布局虽有改善但仍然

不够合理；在解决环保欠账，需要在环保上大量投入和众多中小企业冶炼设备大修更新期日益临近，企业信息化智能化的潮流正在逐渐席卷而来的形势下，现在年产4000万吨以上的大集团仅有中国宝武和河钢两家，年产3000万吨钢以上的加上沙钢和鞍钢也仅有4家。

钢铁强国是由钢铁强企构成的。没有足够多的钢铁强企，何来钢铁强国？没有60%以上或者至少50%以上的产业集中度，如何提高国际市场的话语权？如何在实现市场产需动态平衡上做到行业自律？

其次，解决产业集中度低的问题要靠"两只手"，即市场公平竞争这只手和政府通过各种行政法规和鼓励政策，发挥政府推动作用这只手。

在我国，政府是国有企业出资人。国务院国资委根据国务院授权，依照《中华人民共和国公司法》等法律和行政法规履行出资人职责，监管中央所属企业（不含金融类企业）的国有资产，加强国有资产的管理工作，指导和推进国有企业改革和重组，推动国有经济结构和布局的战略性调整。地方国资委根据地方政府授权和公司法，履行地方所属国有企业出资人职责。在我国谁能指导和推进国企改革和重组？只能是各级政府和接受政府授权的各级国资委。国务院国资委从国家治理的层面上看，负有推动国有经济结构和布局战略性调整、推进国有企业改革和重组的责任。

中央管理的四大钢企宝钢和武钢、鞍钢和攀钢已完成重组任务。地方国企跨省、跨区域联合或中央与地方国企联合重组还有很大的调整空间。

党的十八届三中全会提出，大力发展混合所有制经济。党的十九大报告提出，要完善各类国有资产管理体制，改革国有资本授权经营体制，加快国有经济布局优化、结构调整、战略性重组，促进国有资产保值增值，推动国有资本做强做优做大，有效防止国有资产流失。深化国有企业改革，发展混合所有制经济，培育具有全球竞争力的世界一流企业。党的十九大提出的目标要求，应当成为推动钢铁企业联合重组、提高产业集中度的行动指南。

提高产业集中度是整个中国钢铁工业走向高质量发展的关键，也是中国钢铁行业落实全面深化改革的关键。必须由国家出面，统筹规划，科学布局，分步实施，按照工信部发布的《钢铁工业调整升级规划（2016~2020年）》中要求的，确保到2020年，前10家钢铁企业的产量之和占全国总产量60%以上的目标按期实现。这是党的十八大以后发布的规划，是在改革进入深水区、啃硬骨头攻坚时期发布的规划，现在还剩两年多的时间，形势逼人，必须抓紧实施，攻坚克难，给人民交上一份合格答卷。不能再像以前那样有人定规划，却很少抓落实。像2005年的《钢铁产业发展政策》、2009年的《钢铁产业调整和振兴规划》、2010年的《关于进一步加大节能减排力度，加快钢铁工业结构调整的若干意见》、2010 年的《钢铁工业"十二五"发展规划》，在国家发布的这些政策、规划、结构调整意见中，提高钢铁产业集中度都有明确的目标要求，10 年都没落实。

党的十八大之后，2013 年 10 月 9 日下发的《国务院关于化解产能严重过剩矛盾的指导意见》文件，已明确重点推动山东、河北、辽宁、江苏、山西、江西等地区钢铁产业结构调整，整合分散钢铁产能，推动城市钢厂搬迁，优化产业布局，压缩钢铁产能总量。这充分说明国务院已经在 6 个重点省，把产业结构调整、整合分散的钢铁产能、推动城市钢厂搬迁、优化产业布局、压缩钢铁产能总量和提高钢铁产业集中度结合在一起了。产业集中度提高以后，大企业集团就便于实现产品专业化分工，更加有效地集中财力、人力，创新开发新技术、新产品，更加有效地实行技术装备升级改造，更加有效率地配置资源，降低采购和销售运营成本，增强大集团对市场的影响力和控制力，从而达到党的十九大提出的推动经济发展质量变革、效率变革、动力变革，提高全要素生产率，向高质量发展阶段迈进的要求。

此外，中国钢铁工业在公平税负和环保方面的市场公平竞争仍有待加强。

当前，除了加快产业布局结构调整，整合分散企业，组建大集团，提高产业集中度外，还要落实公平税负，营造公平竞争的市场环境。在环保方面违法违规生产，少投入资金改造环保设备，投机性地减少环保运营成本，这方面造成市场竞争不公平的问题虽然也很严重，但现在政府的强力整治已经大见成效，在环保方面的市场公平竞争环境正在形成。

习近平总书记说，潮流来了，跟不上就会落后，就会被淘汰。我认为，在我国，第四次工业革命的潮流也已经来了。如果我国钢铁企业不能加快联合重组，不能形成 10 个以上 5000 万吨钢规模的特大型钢铁集团，我们就将跟不上时代发展，在 2035 年我国基本实现社会主义现代化时也很难成为世界钢铁强国。

40

行业发展篇

HANGYE FAZHAN PIAN

第一章 产业规模不断扩大，有力地支撑了国民经济发展的需要

改革开放40年来，我国钢铁工业积极适应国民经济发展的需要，在粗钢产量快速增长的同时，不断提高工艺装备水平，不断改善品种质量，有力地支撑了国民经济的持续快速发展。

一、粗钢产量由1978年的3000多万吨，增加到2017年的8.3亿吨

1978~1996年，我国粗钢产量居世界位次由第5位跃升为第1位，从1996年起已连续21年居世界第一位。我国钢产量占世界的比重不断提高，从1978年的4.42%增长到2017年的49.66%。我国人均粗钢产量由1978年的33千克增长到2016年的586千克，增长约18倍；同期世界人均粗钢产量由最初的169千克增长到219千克，增长约1.3倍。我国人均粗钢产量也由最初的远低于世界平均水平增长到2016年超世界平均水平的2.67倍。见表1-1、表1-2。

表1-1 1978~2017年我国粗钢产量居世界位次及所占比重

年份	我国粗钢产量居世界位次	我国粗钢产量占世界粗钢产量比重/%	人均粗钢产量/千克	
			世界	中国
1978	5	4.42	169	33
1980	5	5.16	162	38
1985	4	6.50	148	44
1986	4	7.31	148	49
1987	4	7.65	—	51
1988	4	7.62	—	54
1989	4	6.58	151	55
1990	4	8.49	146	57
1991	4	9.67	136	61

续表 1-1

年份	我国粗钢产量居世界位次	我国粗钢产量占世界粗钢产量比重/%	人均粗钢产量/千克	
			世界	中国
1992	4	11.37	130	69
1993	3	12.34	130	76
1994	3	12.76	129	77
1995	2	13.02	131	79
1996	1	13.46	130	83
1997	1	13.64	137	88
1998	1	14.78	134	92
1999	1	15.78	134	102
2000	1	15.40	137	99
2001	1	17.88	142	120
2002	1	20.18	147	143
2003	1	22.99	152	173
2004	1	26.40	168	210
2005	1	30.87	178	272
2006	1	33.60	190	319
2007	1	36.36	203	370
2008	1	38.20	200	386
2009	1	46.79	182	432
2010	1	44.69	211	480
2011	1	45.71	220	521
2012	1	46.88	221	540
2013	1	49.84	224	604
2014	1	49.25	232	603
2015	1	49.61	221	586
2016	1	49.62	219	586
2017	1	49.66 (根据世界钢协 12 月快报预估数)		

数据来源：世界钢铁协会。2017 年数据预计 2018 年年底由世界钢协公布。

表 1-2 1998~2017 年我国 GDP、固定资产投资与粗钢产量增幅

年份	GDP 增幅/%	固定资产投资增幅/%	粗钢产量增幅/%
1998	6.9	13.9	6.1
1999	6.3	5.1	7.5
2000	10.7	10.3	3.4
2001	10.6	13.1	18.0
2002	9.8	16.9	20.3
2003	12.9	27.7	21.9
2004	17.8	26.8	27.2
2005	15.7	26.0	24.9
2006	17.1	23.9	18.7
2007	23.1	24.8	16.7
2008	18.2	25.9	2.8
2009	9.3	30.0	13.7
2010	18.3	12.1	11.4
2011	18.5	23.8	7.5
2012	10.4	20.3	5.6
2013	10.2	19.1	12.3
2014	8.2	14.7	1.1
2015	7.0	9.8	−2.2
2016	7.9	7.9	0.5
2017	11.2	5.7	2.9

数据来源：国家统计局。

二、1949~1978 年，我国生铁、粗钢、钢材的产量及增长情况

新中国成立之初 1949 年生铁、粗钢、钢材年产量分别为 25 万吨、16 万吨、14 万吨，经过 30 年的发展到改革开放起始年的 1978 年，我国生铁、粗钢、钢材年产量已分别增长到 3479 万吨、3178 万吨、2208 万吨。见表 1-3。

表 1-3 我国 1949~1978 年生铁、粗钢、钢材产量及增减率

年份	生铁		粗钢		（成品）钢材	
	产量/万吨	增减率/%	产量/万吨	增减率/%	产量/万吨	增减率/%
1949	25		16		14	
1971	1100	−59.3	2132	19.8	1441	17.8
1972	2355	114.1	2338	9.7	1561	8.3

年份	生铁		粗钢		（成品）钢材	
	产量/万吨	增减率/%	产量/万吨	增减率/%	产量/万吨	增减率/%
1973	2490	5.7	2522	7.9	1684	7.9
1974	2062	-17.2	2112	-16.3	1467	-12.9
1975	2449	18.8	2390	13.2	1622	10.6
1976	2233	-8.8	2045	-14.4	1466	-9.6
1977	2505	12.2	2374	16.1	1633	11.4
1978	3479	38.9	3178	33.9	2208	35.2

数据来源：国家统计局。

三、1978~2017 年，我国生铁、粗钢、钢材产量及增长情况

1978~2017 年改革开放 40 年间，中国钢铁工业努力满足国民经济发展对钢铁的旺盛需求，国内钢铁生产规模加速提升。继 1996 年钢产量首次突破 1 亿吨后，2003 年起，粗钢产量又跨越了 2 亿吨、3 亿吨、4 亿吨、5 亿吨、6 亿吨、7 亿吨大关并于 2013 年突破 8 亿吨大关。其中，2008 年全国铁、钢、材产量分别为 47824 万吨、50306 万吨、60460 万吨，分别比上年增长 0.4%、2.8%、6.9%；2009 年全国铁、钢、材产量分别为 55283 万吨、57218 万吨、69405 万吨，分别比上年增长 15.6%、13.7%、14.8%；2010 年全国铁、钢、材产量分别为 59733 万吨、63723 万吨、80277 万吨，分别比上年增长 8.0%、11.4%、15.7%；2011 年全国铁、钢、材产量分别为 64051 万吨、68528 万吨、88620 万吨，分别比上年增长 7.2%、7.5%、10.4%；2012 年全国铁、钢、材产量分别为 66354 万吨、72388 万吨、95578 万吨，分别比上年增长 3.6%、5.6%、7.9%；2013 年全国铁、钢、材产量分别为 71150 万吨、81314 万吨、108201 万吨，分别比上年增长 7.2%、12.3%、13.2%；2014 年全国铁、钢、材产量分别为 71375 万吨、82231 万吨、112513 万吨，分别比上年增长 0.3%、1.1%、4.0%。到 2015 年全国铁、钢、材产量停止之前 33 年连续较上年逐年增长态势，出现小幅回落。2015 年当年全国铁、钢、材产量分别为 69141 万吨、80383 万吨、103468 万吨，分别比上年下降 3.1%、2.2%、8.0%。2016 年全国铁、钢、材产量分别为 70227 万吨、80761 万吨、104813 万吨，分别比上年增长 1.6%、0.5%、1.3%。2017 年全国铁、钢、材产量分别为 71362 万吨、83138 万吨、104642 万吨，分别比上年增长 1.6%、2.9%、下降 0.2%。见表 1-4。

表1-4 1978～2017年，我国生铁、粗钢、钢材产量及增长情况

年份	生铁		粗钢		（成品）钢材	
	产量/万吨	增减率/%	产量/万吨	增减率/%	产量/万吨	增减率/%
1978	3479	38.9	3178	33.9	2208	35.2
1979	3673	5.6	3448	8.5	2497	17.1
1980	3802	3.5	3712	7.7	2716	8.8
1981	3417	-10.1	3560	-4.1	2670	-1.7
1982	3550	3.9	3716	4.4	2902	8.7
1983	3738	5.3	4002	7.7	3072	5.9
1984	4001	7.0	4384	9.5	3372	9.8
1985	4384	9.6	4679	6.7	3692	9.5
1986	5064	15.5	5221	11.6	4058	9.9
1987	5503	8.7	5628	7.8	4386	8.1
1988	5704	3.7	5943	5.6	4689	6.9
1989	5820	2.0	6159	3.6	4859	3.6
1990	6238	7.2	6635	7.7	5153	6.1
1991	6765	8.4	7100	7.0	5638	9.4
1992	7589	12.2	8094	14.0	6697	18.8
1993	8739	15.2	8956	10.6	7716	15.2
1994	9741	11.5	9261	3.4	8428	9.2
1995	10529	8.1	9536	3.0	8980	6.5
1996	10723	1.8	10124	6.2	9338	4.0
1997	11511	7.3	10894	7.6	9979	6.9
1998	11864	3.1	11559	6.1	10738	7.6
1999	12539	5.7	12426	7.5	12110	12.8
2000	13101	4.5	12850	3.4	13146	8.6
2001	15554	18.7	15163	18.0	16068	22.2
2002	17085	9.8	18237	20.3	19252	19.8
2003	21367	25.1	22234	21.9	24108	25.2
2004	26831	25.6	28291	27.2	31976	32.6
2005	34375	28.1	35324	24.9	37771	18.1
2006	41245	20.0	41915	18.7	46893	24.2
2007	47652	15.5	48929	16.7	56561	20.6
2008	47824	0.4	50306	2.8	60460	6.9
2009	55283	15.6	57218	13.7	69405	14.8

续表 1-4

年份	生铁		粗钢		（成品）钢材	
	产量/万吨	增减率/%	产量/万吨	增减率/%	产量/万吨	增减率/%
2010	59733	8.0	63723	11.4	80277	15.7
2011	64051	7.2	68528	7.5	88620	10.4
2012	66354	3.6	72388	5.6	95578	7.9
2013	71150	7.2	81314	12.3	108201	13.2
2014	71375	0.3	82231	1.1	112513	4.0
2015	69141	-3.1	80383	-2.2	103468	-8.0
2016	70227	1.6	80761	0.5	104813	1.3
2017	71362	1.6	83138	2.9	104642	-0.2

数据来源：国家统计局。

四、我国粗钢产量从 1 亿吨增加到 8 亿吨各阶段历经时间分析

我国粗钢年产量从 1996 年的 10124 万吨增加到 2003 年的 22234 万吨，历时 7 年；2005 年粗钢年产量 35324 万吨，2 亿吨到 3 亿吨历经 2 年；2006 年粗钢年产量 41915 万吨，3 亿吨到 4 亿吨历时 1 年；2008 年粗钢年产量 50306 万吨，4 亿吨到 5 亿吨历时 2 年；2010 年粗钢年产量 63723 万吨，5 亿吨到 6 亿吨历时 2 年；2012 年粗钢年产量 72388 万吨，6 亿吨到 7 亿吨历时 2 年；2013 年粗钢年产量 81314 万吨，7 亿吨到 8 亿吨历时 1 年。

五、我国粗钢产量从 1978~2017 年各阶段分析

改革开放第一个 10 年（1978~1987 年）我国粗钢累计产量 41528 万吨；第二个 10 年（1988~1997 年）粗钢累计产量 82702 万吨，较前一个 10 年增长 99.2%；第三个 10 年（1998~2007 年）粗钢累计产量 246928 万吨，较前一个 10 年增长 198.6%；第四个 10 年（2008~2017 年）粗钢累计产量 719990 万吨，较前一个 10 年增长 191.6%。改革开放 40 年的最近 10 年粗钢产量约为之前 30 年产量总和的 2 倍。

六、2008~2017 年，中国钢铁工业协会会员企业生铁、粗钢、钢材产量变化分析

2008~2017 年，中国钢铁工业协会会员企业粗钢产量由 41493 万吨增长至 69286 万吨，增幅 67%；生铁年产量由 38170 万吨增长至 62906 万吨，增幅 64.8%；钢材年产量由

37604 万吨增长至 65169 万吨，增幅 73.3%。

钢材 22 大品种占比中排名前三的品种分别是：钢筋、中厚宽钢带、线材（盘条）。2017 年该三大品种分别占总产量的 23%、18.8%、13.1%。通过近 10 年的发展，钢材 22 大品种中品种占比变化增幅从大到小前三的品种分别是：钢筋（占比增加 3.9%）、冷轧薄宽钢带（占比增加 2.0%）、热轧薄宽钢带（占比增加 1.9%）；品种占比变化降幅从大到小前三的品种分别是：中板（占比减少 2.53%）、线材（盘条）（占比减少 1.74%）、厚钢板（占比减少 1.73%）。见表 1-5。

表 1-5　2008 年、2017 年中国钢铁工业协会会员企业主要钢铁产品产量　（万吨）

产品品种	2008 年	2017 年
粗钢	41493	69286
生铁	38170	62906
钢材	37604	65169
铁道用钢材	347	372
大型型钢	895	1243
中小型型钢	239	746
棒材	2958	4016
钢筋	7193	14989
线材（盘条）	5580	8539
特厚板	425	756
厚钢板	1973	2291
中板	2908	3392
热轧薄板	25	18
冷轧薄板	305	424
中厚宽钢带	6757	12255
热轧薄宽钢带	1746	4247
冷轧薄宽钢带	1769	4389
热轧窄钢带	2046	2633
冷轧窄钢带	37	18
镀层板（带）	826	2344
涂层板（带）	126	247
电工钢板（带）	391	843
无缝钢管	898	961
焊接钢管	113	66
其他钢材	47	380

数据来源：中国钢铁工业协会。

七、我国钢铁工业有力支撑了下游用钢行业的持续快速发展

改革开放 40 年以来，钢铁产量的迅速增加，有力支撑了我国下游用钢行业的快速发展。具体增长量见表 1-6。

表 1-6　1978~2017 年我国主要工业品产量及房屋建筑铁路增长情况表

年份	金属切削机床/万台	大中型拖拉机/万台	汽车/万辆	家用电冰箱/万台	房间空气调节器/万台	家用洗衣机/万台
1978	18.32	11.35	14.91	2.80	0.02	0.04
1980	13.36	9.77	22.23	4.90	1.32	24.53
1985	16.72	4.50	43.72	144.81	12.35	887.20
1990	13.45	3.94	51.40	463.06	24.07	662.68
1995	20.34	6.33	145.27	918.54	682.56	948.41
2000	17.66	4.10	207.00	1279.00	1826.67	1442.98
2005	51.14	16.33	570.49	2987.06	6764.57	3035.52
2006	57.30	19.93	727.89	3530.89	6849.42	3560.50
2007	64.69	20.31	888.89	4397.13	8014.28	4005.10
2008	71.73	28.44	930.59	4799.95	8147.37	4447.00
2009	58.55	37.13	1379.53	5930.45	8078.25	4973.63
2010	69.73	33.68	1826.53	7295.72	10887.47	6247.73
2011	88.68	40.19	1841.64	8699.20	13912.50	6715.94
2012	88.23	52.73	1927.62	8427.00	12398.72	6791.12
2013	87.55	66.56	2212.09	9255.74	13069.30	7300.53
2014	85.80	64.37	2372.52	8796.09	14463.27	7114.40
2015	75.50	68.82	2450.35	7992.75	14200.35	7274.50
2016	67.28	61.84	2811.91	8481.57	14342.37	7620.85
2017	60.85	34.44	2901.81	8548.39	17861.53	7500.88

年份	房屋竣工面积/万平方米	铁路营业里程/万千米	其中，电气化里程	高铁营业里程/千米	公路里程/万千米	其中，高速公路
1978		5.17	0.10		89.02	
1980		5.33	0.17		88.83	
1985	17072.70	5.52	0.41		94.24	
1990	19552.50	5.79	0.69		102.83	0.05
1995	35666.30	6.24	0.97		115.70	0.21
2000	80714.90	6.87	1.49		167.98	1.63

续表1-6

年份	房屋竣工面积/万平方米	铁路营业里程/万千米	其中,电气化里程	高铁营业里程/千米	公路里程/万千米	其中,高速公路
2005	159406.20	7.54	1.94		334.52	4.10
2006	179673.00	7.71	2.34		345.70	4.53
2007	203992.70	7.80	2.40		358.37	5.39
2008	223592.00	7.97	2.50	672.00	373.02	6.03
2009	245401.60	8.55	3.02	2699.00	386.08	6.51
2010	277450.20	9.12	3.27	5133.00	400.82	7.41
2011	316429.30	9.32	3.43	6601.00	410.64	8.49
2012	358736.20	9.76	3.55	9356.00	423.75	9.62
2013	401520.90	10.31	3.60	11028.00	435.62	10.44
2014	423357.30	11.18	3.69	16456.00	446.39	11.19
2015	420784.90	12.10	7.47	19838.00	457.73	12.35
2016	422382.30	12.40	8.03	22980.00	469.63	13.10
2017	419072.30	12.70	8.66	25164.00	477.35	13.64

数据来源:国家统计局。

  钢铁工业为我国成为制造业大国做出了巨大贡献。2017年,中国钢铁工业协会会员企业合计钢材产量中,长材及铁道用材占46%;板管带材占54%;其他钢材占0.6%。

  中国钢铁工业协会会员单位按用途分钢材品种分析,其中建筑用途钢材会员年产量由2008年的2205万吨增加到2017年的4223万吨,年产量增长92%。2017年建筑用途钢材品种中中厚宽钢带占比最高为48%;桥梁用途钢材会员年产量由2008年的217万吨保持在211万吨。2017年桥梁用途钢材品种中中板占比为43%,厚钢板占比40%;汽车用途钢材会员年产量由2008年的1264万吨增长到3633万吨,年产量增长187%。2017年汽车用途钢材品种中冷轧薄宽钢带占比最高为45%;造船及舰艇用途钢材会员年产量由2008年的2106万吨减少到348万吨,年产量下降83%。2017年造船及舰艇用途钢材品种中中厚钢板占比最高为63%;工程机械用途钢材会员年产量由2008年的2245万吨增长到2631万吨,年产量增长17%。2017年工程机械用途钢材品种中中厚宽钢带占比最高为51%;农机用途钢材会员年产量由2008年的80万吨增长到756万吨,年产量增长844%。2017年农机用途钢材品种中热轧薄宽钢带占比最高为76%;集装箱会员年产量由2008年的402万吨减少到264万吨,年产量下降34%。2017年集装箱用途钢材品种中中厚宽钢带占比最高为51%;家电用途钢材钢材会员年产量由2008年的718万吨增长到1405万吨,年产量增长96%。2017年家电用途钢材品种中镀层板带占比最高为51%。见表1-7。

表1-7 2008～2017年，中国钢铁工业协会会员企业按用途分钢材品种产量 （吨）

产品名称	建筑			桥梁			汽车			容器		
	2008年	2013年	2017年	2008年	2013年	2017年	2008年	2013年	2017年	2008年	2013年	2017年
小计	22052015	54476772	42230951	2166067	1893753	2110340	12640635	20815714	36325423	2894619	3870388	4940041
特厚板	624921	888729	671726	45897	162600	150433				279522	354054	580744
厚钢板	2366581	3520951	3581313	1657098	844268	849786	373352	457146	225708	963741	1314713	1426766
中板	4722666	8210043	5723711	265991	574905	916620	2707506	5979979	8889204	1402285	1687636	1633706
中厚宽钢带	8814533	24240273	20432084	197081	311980	193501	38265	32794	52186	146234	444309	328955
热轧薄板	30740	10128	11786				1243625	1331954	1061574		87	182
冷轧薄板	254074	181201	79383				2596345	1836542	2229678			
热轧薄宽钢带	1007282	6153217	3597734				4313008	7585251	16524833	102836	69589	969688
冷轧薄宽钢带	1573870	5569674	3023288				1368534	3592048	7342240			
镀层板（带）	1501621	4403060	3096596									
涂层板（带）	1155728	1299496	2013330									

产品名称	造船			工程机械			农机			集装箱			家电		
	2008年	2013年	2017年	2008年	2013年	2017年	2008年	2013年	2017年	2008年	2013年	2017年	2008年	2013年	2017年
小计	21058416	9621933	3478014	22449451	27226857	26313393	801397	5523844	7563431	4016029	2880612	2640155	7177837	10160885	14045949
特厚板	316230	381793	232293	468860	1794090	2282794									
厚钢板	5345410	2799273	2196763	2636366	3334448	3404917	27802	7311	29584	16202	29968	54639			
中板	12941902	5809130	1006109	2161189	3253843	2843195	532968	904723	1538177	2347596	1442285	1346476			
中厚宽钢带	2319321	560288	1195	12471984	13119021	13298049	128	5138		0	4250		1392	3393	60782
热轧薄板	337	9948		15018	20186	9775	429			3346	7131		254945	380688	318569
冷轧薄板	1000	2974	3008	235353	108313	22862	131158	4186503	5730937	1549594	1271185	1115103	2352172	363933	948765
热轧薄宽钢带	68135	7560		2673952	4235078	3911984	108912	420169	264733	99291	125793	123937	2457982	3402696	5476331
冷轧薄宽钢带	66081	50967	38646	1713804	941685	415051							2083114	5951905	7219254
镀层板（带）				68463	403978	117220							28232	58270	22248
涂层板（带）				4462	16215	7546									

数据来源：中国钢铁工业协会。

八、1980~2016 年，钢材、生铁表观消费量分析

改革开放初期，我国钢材消费量为 3172 万吨，生铁消费量为 3793 万吨。经过近 20 年的发展，2000 年钢材消费量达到 14121 万吨，生铁消费量 12770 万吨。2006 年我国钢材进出口总量达到 6152 万吨，并一举扭转了长期净进口钢材的局面，实现了钢铁进出口基本平衡。2016 年我国钢材消费量达到 103933 万吨，生铁消费量 70233 万吨，我国已成为世界最大的钢材出口国，实现了国民经济发展所需的钢铁材料的自给有余，同时钢材自给率和国内市场占有率不断提高。见表 1-8。

表 1-8　1980~2016 年，钢材、生铁表观消费量　　　　　　（万吨）

年份	钢材消费量	产量	进口量	出口量	生铁消费量	产量	进口量	出口量
1980	3172	2716	500	44	3793	3802	35	44
1985	5637	3692	1963	18	4675	4384	291	
1990	5312	5153	368	209	6304	6237	122	55
1995	9784	8980	1397	593	10000	10529	14	543
2000	14121	13146	1596	621	12770	13101	2	333
2001	16950	15702	1722	474	15534	15554	48	68
2002	21154	19250	2449	545	17104	17079	65	40
2003	27129	24108	3717	696	21347	21367	51	71
2004	31230	29723	2930	1423	26784	26831	82	129
2005	38681	38151	2582	2052	34277	34473	27	223
2006	44634	47084	1851	4301	41294	41364	17	87
2007	52029	56607	1687	6265	47661	47660	70	69
2008	56999	61379	1538	5918	48334	48323	36	25
2009	68643	69340	1763	2460	57201	56863	362	24
2010	77588	80201	1643	4256	59576	59560	87	71
2011	85192	88520	1558	4886	64553	64543	97	87
2012	90858	95065	1366	5573	67038	67010	58	30
2013	103867	108693	1408	6234	74812	74808	30	26
2014	104578	112513	1443	9378	71370	71375	19	24
2015	102388	112350	1278	11240	69141	69141	17	17
2016	103933	113461	1321	10849	70233	70227	19	13

资料来源：国家统计局、中国钢铁工业协会、海关总署。

九、2013～2017 年，中国钢铁工业协会会员企业重点设备情况变化分析

中国钢铁工业协会会员企业 2013～2017 年，机械化焦炉的设备安装数量由 305 座降为 288 座。其中，2017 年 65 孔及以上 65 座、27～64 孔 223 座。见表 1-9。

表 1-9　2013～2017 年，中国钢铁工业协会会员企业炼焦设备情况表

设备名称、规格	2013 年		2014 年		2015 年		2016 年		2017 年	
	设备安装数量/座	设备年末安装生产能力/万吨	设备安装数量/座	设备年末安装生产能力/万吨	设备安装数量/座	设备年末安装生产能力/万吨	设备安装数量/座	设备年末安装生产能力/万吨	设备安装数量/座	设备年末安装生产能力/万吨
机械化焦炉	305	14553	292	14359	299	15033	291	15395	288	15207
65 孔及以上	58	3461	61	3693	65	3997	67	4285	65	4074
27～64 孔	234	10975	217	10525	223	10939	224	11109	223	11133
26 孔及以下	13	117	14	141	11	97	0	0	0	0

数据来源：中国钢铁工业协会。

中国钢铁工业协会会员企业 2013～2017 年，烧结机的设备安装数量由 534 座降为 434 座。其中，2017 年 130 平方米及以上烧结机 303 座、90～129 平方米烧结机 120 座、36～89 平方米烧结机 9 座。见表 1-10。

表 1-10　2013～2017 年，中国钢铁工业协会会员企业烧结机设备情况

设备名称、规格	2013 年		2014 年		2015 年		2016 年		2017 年	
	设备安装数量/座	设备年末安装生产能力/万吨	设备安装数量/座	设备年末安装生产能力/万吨	设备安装数量/座	设备年末安装生产能力/万吨	设备安装数量/座	设备年末安装生产能力/万吨	设备安装数量/座	设备年末安装生产能力/万吨
烧结机	534	104393	545	108540	529	111213	464	102766	434	99894
130 平方米及以上	308	81350	324	85440	330	90456	314	86418	303	85800
90～129 平方米	143	17271	169	19453	170	18922	141	15793	120	13535
36～89 平方米	67	5032	41	3151	23	1529	7	469	9	474

数据来源：中国钢铁工业协会。

中国钢铁工业协会会员企业 2013～2017 年，高炉的投产使用数量由 689 座降为 542 座。其中，2017 年 5000 立方米及以上高炉 5 座、4000～4999 立方米高炉 17 座、3000～3999 立方米高炉 19 座、2000～2999 立方米高炉 71 座、1000～1999 立方米高炉 207 座、400～999 立方米高炉数量从 2016 年起也出现了大幅下降。见表 1-11。

表 1-11　2013~2017 年，中国钢铁工业协会会员企业高炉设备情况

设备名称、规格	2013 年		2014 年		2015 年		2016 年		2017 年	
	投产使用数量/座	设备年末安装生产能力/万吨	投产使用数量/座	设备年末安装生产能力/万吨	投产使用数量/座	设备年末安装生产能力/万吨	投产使用数量/座	设备年末安装生产能力/万吨	投产使用数量/座	设备年末安装生产能力/万吨
炼铁高炉	689	72899	704	75541	692	75652	589	69418	542	65845
5000 立方米及以上	3	1348	3	1348	4	1759	5	2171	5	2171
4000~4999 立方米	13	4621	14	4991	16	5711	16	5711	17	6048
3000~3999 立方米	19	5179	22	5704	23	5936	24	6107	19	4968
2000~2999 立方米	73	14487	77	14923	70	14097	69	13700	71	14078
1000~1999 立方米	225	25820	239	27457	238	27434	214	25320	207	24659

数据来源：中国钢铁工业协会。

近年来，我国炼钢装备大型化取得一定成绩，炉型结构趋向合理化，100 吨及以上转炉成为我国粗钢生产的主体设备。中国钢铁工业协会会员企业 2013~2017 年，炼钢设备中的转炉设备安装数量由 642 座降为 547 座。其中，2017 年 300 吨及以上转炉 14 座、200~299 吨转炉 37 座、100~199 吨转炉 290 座。见表 1-12。

表 1-12　2013~2017 年，中国钢铁工业协会会员企业转炉设备情况

设备名称、规格	2013 年		2014 年		2015 年		2016 年		2017 年	
	设备安装数量/座	设备年末安装生产能力/万吨	设备安装数量/座	设备年末安装生产能力/万吨	设备安装数量/座	设备年末安装生产能力/万吨	设备安装数量/座	设备年末安装生产能力/万吨	设备安装数量/座	设备年末安装生产能力/万吨
转炉	642	75283	669	77979	665	78935	582	71234	547	68891
300 吨及以上	11	2759	11	2759	13	3354	14	3652	14	4550
200~299 吨	35	7215	36	7265	41	8185	44	8194	37	7284
100~199 吨	299	40820	304	41806	312	43022	294	39685	290	39625

数据来源：中国钢铁工业协会。

中国钢铁工业协会会员企业 2013~2017 年，轧钢装备的快速现代化和国产化也促进了我国先进产能和产品品种及质量的提升。会员企业钢材加工设备中大型型钢轧机的数量由 37 台增加至 45 台，产能由 2013 年 2333 万吨增加到 2017 年 3047 万吨，增长 31%；普通小型型钢轧机的数量由 162 台增加至 166 台，产能由 2013 年 12237 万吨增加到 2017 年 12919 万吨，增长 4%；H 型钢轧机的数量由 12 台减少至 7 台，产能由 2013 年 1145 万吨下降到

2017 年 665 万吨，下降 48%；高速线材轧机的数量由 213 台减少至 172 台，产能由 2013 年 13727 万吨下降到 2017 年 11791 万吨，下降 14%；热轧宽带钢轧机的数量由 45 台增加 至 46 台，产能由 2013 年 15006 万吨增加到 2017 年 15985 万吨，增长 7%；热轧中宽带钢 轧机的数量由 34 台减少至 32 台，产能由 2013 年 6192 万吨增加到 2017 年 6783 万吨，增 长 10%；冷轧宽带钢轧机的数量由 88 台增加至 100 台，产能由 2013 年 6185 万吨增加到 2017 年 7416 万吨，增长 20%。见表 1-13。

表 1-13　2013~2017 年，中国钢铁工业协会会员企业轧钢设备情况

设备名称、规格	2013 年		2014 年		2015 年		2016 年		2017 年	
	设备安装数量/座	设备年末安装生产能力/万吨	设备安装数量/座	设备年末安装生产能力/万吨	设备安装数量/座	设备年末安装生产能力/万吨	设备安装数量/座	设备年末安装生产能力/万吨	设备安装数量/座	设备年末安装生产能力/万吨
钢压延加工设备										
（一）初轧及开坯机	19	1323	33	2268	38	2568	33	2237	22	1458
1. 初轧机	7	665	17	1285	23	1680	21	1543	11	785
2. 开坯机	12	658	16	983	15	888	12	694	11	673
（二）钢材加工设备										
1. 轨梁轧机	5	525	5	525	5	525	7	660	6	645
2. 大型型钢轧机	37	2333	39	2603	46	3018	48	3252	45	3047
3. 普通中型型钢轧机	72	4683	68	4461	83	5064	71	4563	76	4713
4. 普通小型型钢轧机	162	12237	179	13732	192	13854	171	12636	166	12919
5. H 型钢轧机	12	1275	11	1145	11	1155	12	1215	7	665
6. 车轮轮箍轧机	5	35	4	35	4	35	4	35	4	35
7. 冷弯型钢轧机	19	72	20	60	17	50	9	36	19	67
8. 冷拉钢材轧机	20	13	12	113	12	113	12	109	11	9
9. 普通线材轧机	21	1651	34	1406	31	1226	11	831	11	891
10. 高速线材轧机	213	13727	227	14712	226	14730	196	13076	172	11791
11. 宽厚钢板轧机	20	3105	23	3385	23	3385	20	3205	18	2805
12. 中厚钢板轧机	42	4970	44	5808	45	5941	42	5010	41	5045
13. 热（叠）轧薄板轧机	2	2	2	2	2	2	2	2	2	2
14. 热轧宽带钢轧机	45	15006	42	14235	42	13791	42	14081	46	15985
15. 热轧中宽带钢轧机	34	6192	40	6923	44	8646	42	8641	32	6783
16. 薄板坯连铸连轧机组	12	2978	13	2241	12	2181	10	1961	15	2581
17. 热轧窄带钢轧机	44	3266	48	3855	50	3937	35	3261	29	2647

续表 1-13

设备名称、规格	2013 年		2014 年		2015 年		2016 年		2017 年	
	设备安装数量/座	设备年末安装生产能力/万吨	设备安装数量/座	设备年末安装生产能力/万吨	设备安装数量/座	设备年末安装生产能力/万吨	设备安装数量/座	设备年末安装生产能力/万吨	设备安装数量/座	设备年末安装生产能力/万吨
18. 冷轧宽带钢轧机	88	6185	93	6710	100	6885	100	7300	100	7416
19. 冷轧中宽带钢轧机	34	1105	35	1240	34	950	30	1148	38	1481
20. 冷轧窄带钢轧机	19	56	20	64	6	21	7	4	14	13
21. 冷轧薄板轧机	14	373	14	423	15	275	17	405	10	353
22. 热轧无缝钢管轧机	57	1442	56	1478	62	1530	55	1341	45	1355
23. 冷拔钢管机	95	61	91	57	74	79	65	46	43	35
24. 冷轧钢管机	111	51	102	49	90	45	97	45	78	10
25. 焊管轧机	49	565	51	335	45	433	40	437	38	279
26. 旋压钢管机	1	1	2	9	1	1	2	9	2	9

数据来源：中国钢铁工业协会。

十、2008~2017 年，中国钢铁工业协会会员企业粗钢产量结构变化

从中国钢铁工业协会会员企业近 10 年粗钢产量结构统计分析来看，2017 年会员企业粗钢产量 69286 万吨，比 2008 年产量增长 67%。

按冶炼方式分，其中转炉钢产量 65987 万吨，比 2008 年产量增长 75%，占会员粗钢总量的 95%，占比较 2008 年增加 4 个百分点；电弧炉钢产量 3274 万吨，比 2008 年产量下降 11%，占会员粗钢总量的 4.7%，占比较 2008 年减少 4 个百分点；感应炉与其他钢产量 24 万吨，比 2008 年产量下降 19%，占会员粗钢总量的 0.04%。

粗钢按化学成分分，其中非合金钢 35119 万吨，比 2008 年产量增长 44%，占会员粗钢总量的 51%，占比较 2008 年占比减少 8 个百分点；低合金钢 27973 万吨，比 2008 年产量增长 103%，占会员粗钢总量的 40.37%，占比较 2008 年占比增加 7 个百分点；合金钢 5081 万吨，比 2008 年产量增长 71%，占会员粗钢总量的 7.33%；不锈钢 1113 万吨，比 2008 年产量增长 166%，占会员粗钢总量的 1.61%，占比较 2008 年占比增加 1 个百分点。

粗钢按状态分，其中连铸钢坯 69040 万吨，比 2008 年产量增长 68%，占会员粗钢总量的 99.64%，占比较 2008 年占比增加 1 个百分点；模铸钢锭 241 万吨，比 2008 年产量下降 52%，占会员粗钢总量的 0.35%；铸造用液态钢 4 万吨，比 2008 年产量下降 68%，占

会员粗钢总量的 0.01%。

粗钢按脱氧方式分，其中镇静钢 67835 万吨，比 2008 年产量增长 65%，占会员粗钢总量的 97.9%，占比较 2008 年占比减少 1 个百分点；沸腾钢 847 万吨，比 2008 年产量增长 86%，占会员粗钢总量的 1.22%；半镇静钢 600 万吨，比 2008 年产量增长 34920%，占会员粗钢总量的 0.87%。见表 1-14。

表 1-14　2008 年与 2017 年，中国钢铁工业协会会员企业粗钢产量结构变化

指标名称	2008 年		2017 年	
	产量/吨	占比/%	产量/吨	占比/%
粗钢总计	414927145	100.00	692857783	100.00
一、按冶炼方式分				
1. 转炉钢	377996829	91.10	659873582	95.23
2. 电弧炉钢	36636161	8.83	32744984	4.73
3. 感应电炉钢	290205	0.07	38096	0.01
4. 其他钢	3950	0.00	201121	0.03
二、按化学成分分				
1. 非合金钢	243347854	58.65	351189935	50.69
2. 低合金钢	137688089	33.18	279726274	40.37
3. 合金钢	29708747	7.16	50812185	7.33
4. 不锈钢	4182455	1.01	11129390	1.61
三、按状态分				
1. 连铸钢坯	409777560	98.76	690404164	99.64
2. 模铸钢锭	5029296	1.21	2415085	0.35
3. 铸造用液态钢	120289	0.03	38535	0.01
四、按脱氧方式分				
1. 镇静钢	410228726	98.90	678346874	97.90
2. 沸腾钢	4560996	1.10	8472046	1.22
3. 半镇静钢	17134	0.00	6000329	0.87

数据来源：中国钢铁工业协会。

十一、2008~2017 年，中国钢铁工业协会会员企业合金钢、不锈钢产量变化

近 10 年来，我国钢材品种结构得到较大幅度的优化调整。据中钢协统计，会员企业合金钢产量由 2008 年的 2553 万吨增加至 2017 年的 4735 万吨，同比增长 85%。其中，

2017年优质合金钢年产2173万吨，与2008年产量相比增长113%；一般结构用合金钢年产1043万吨，与2008年产量相比增长134%；电工用硅（铝）钢年产767万吨，与2008年产量相比增长112%；地质、石油钻探用合金钢年产56万吨，与2008年产量相比下降63%；特殊质量合金钢年产2563万吨，与2008年产量相比增长67%；合金结构钢年产1845万吨，与2008年产量相比增长62%；合金弹簧钢年产223万吨，与2008年产量相比增长51%；轴承钢年产315万吨，与2008年产量相比增长54%；高温合金钢年产3万吨，与2008年产量相比增长295%；精密合金钢年产9万吨，与2008年产量相比增长830%；耐蚀合金钢年产3万吨，此品种2008年产量仅27吨。会员企业不锈钢产量由2008年的408万吨增加至2017年的1192万吨，同比增长192%。其中，2017年铬镍系不锈钢年产245万吨，与2008年产量相比增长206%。见表1-15。

表1-15　2008年与2017年中国钢铁工业协会会员企业合金钢和不锈钢钢材产量

指　标　名　称	2008年产量/吨	2017年产量/吨
合金钢（不含不锈钢）	25532341	47354155
优质合金钢	10182883	21728314
一般结构用合金钢	4455382	10428403
电工用硅（铝）钢	3624584	7672892
地质、石油钻探用合金钢	1524099	557624
其他优质合金钢	578818	3069395
特殊质量合金钢	15349458	25625840
合金结构钢	11357802	18447380
经热处理的合金钢筋钢	17854	0
经热处理的地质、钻探用合金钢	42532	997
合金弹簧钢	1478286	2237840
合金工具钢	131509	258233
高合金工具钢	92898	156376
高速工具钢	22050	31045
高温合金钢	6457	25506
精密合金钢	9466	87993
耐蚀合金钢	27	27666
轴承钢	2038024	3144748
其他特殊质量合金钢	152553	1208057

续表1-15

指标名称	2008年产量/吨	2017年产量/吨
不锈钢	4082078	11915255
铬系不锈钢	1611607	4386218
铬镍系不锈钢	2446476	7483489
耐热不锈钢	23995	45549

数据来源：中国钢铁工业协会。

十二、近10年来，全国铁、钢、材分省市产量分析

2008~2017年，全国生铁产量由4.7亿吨增长至7.1亿吨，同比增长51.6%。按地区产量分析，其中，华北地区年产量由2008年的1.7亿吨增长至2.5亿吨，同比增幅44.8%；东北地区年产量由2008年的5046.2万吨增长至7231万吨，同比增幅48.0%；华东地区年产量由2008年的1.4亿吨增长至2.1亿吨，同比增幅56.7%；中南地区年产量由2008年的6230.6万吨增长至10366.3万吨，同比增幅66.4%；西南地区年产量由2008年的3241.1万吨增长至3949.6万吨，同比增幅21.9%；西北地区年产量由2008年的1473.3万吨增长至2949.6万吨，同比增幅100.2%。

按生铁地区产量占全国产量比重分析，2017年占比从多到少排序依次为：华北地区、华东地区、中南地区、东北地区、西南地区、西北地区。其中，华北地区2017年全国占比为35.2%，比2008年占比减少1.7个百分点；东北地区2017年全国占比为10.5%，比2008年占比减少0.3个百分点；华东地区2017年全国占比为30.1%，比2008年占比增加1.0个百分点；中南地区2017年全国占比为14.5%，比2008年占比增加1.3个百分点；西南地区2017年全国占比为5.5%，比2008年占比减少1.4个百分点；西北地区2017年全国占比为4.1%，比2008年占比增加1.0个百分点。

按生铁分省市产量分析，2017年生铁产量排名前五的省份分别为：第一，河北省，占全国比重25.2%；第二，江苏省，占全国比重10.0%；第三，山东省，占全国比重9.2%；第四，辽宁省，占全国比重8.6%；第五，山西省，占全国比重5.5%。

按生铁分省市全国占比增减幅度分析，2008年与2017年各省市占全国比增幅前三的省市为：第一，江苏省，2017年全国占比为10.0%，与2008年相比占比增加1.8个百分点；第二，广东省，2017年全国占比为2.8%，与2008年相比占比增加1.3个百分点；第三，河北省，2017年全国占比为25.2%，与2008年相比占比增加1.1个百分点。2008年与2017年各省市全国占比减幅前三的省市为：第一，上海市，2017年全国占比为2.0%，

与 2008 年相比占比减少 1.7 个百分点；第二，北京市，2017 年全国占比为 0，与 2008 年相比占比减少 1.0 个百分点；第三，天津市，2017 年全国占比为 2.3%，与 2008 年相比占比减少 0.9 个百分点。

2008~2017 年，全国粗钢产量由 5.0 亿吨增长至 8.3 亿吨，同比增长 66.0%。按地区产量分析，其中：华北地区年产量由 2008 年的 1.7 亿吨增长至 2.7 亿吨，同比增幅 58.4%；东北地区年产量由 2008 年的 5186.0 万吨增长至 7836.5 万吨，同比增幅 51.1%；华东地区年产量由 2008 年的 1.6 亿吨增长至 2.7 亿吨，同比增幅 72.8%；中南地区年产量由 2008 年的 7334.9 万吨增长至 12943.9 万吨，同比增幅 76.5%；西南地区年产量由 2008 年的 2969.6 万吨增长至 4395.2 万吨，同比增幅 48.0%；西北地区年产量由 2008 年的 1431.3 万吨增长至 3203.9 万吨，同比增幅 123.8%。

按粗钢地区产量占全国产量比重分析，2017 年占比从多到少排序依次为：华东地区、华北地区、中南地区、东北地区、西南地区、西北地区。其中：华北地区 2017 年全国占比为 32.9%，比 2008 年占比减少 1.6 个百分点；东北地区 2017 年全国占比为 9.4%，比 2008 年占比减少 0.9 个百分点；华东地区 2017 年全国占比为 33.0%，比 2008 年占比增加 1.3 个百分点；中南地区 2017 年全国占比为 15.6%，比 2008 年占比增加 0.9 个百分点；西南地区 2017 年全国占比为 5.3%，比 2008 年占比减少 0.6 个百分点；西北地区 2017 年全国占比为 3.9%，比 2008 年占比增加 1.0 个百分点。

按粗钢分省市产量分析，2017 年粗钢产量排名前五的省份分别为：第一，河北省，占全国比重 23.0%；第二，江苏省，占全国比重 12.5%；第三，山东省，占全国比重 8.6%；第四，辽宁省，占全国比重 7.7%；第五，山西省，占全国比重 5.3%。

按粗钢分省市全国占比增减幅度分析，2008 年与 2017 年各省市全国占比增幅前三的省区为：第一，江苏省，2017 年全国占比为 12.5%，与 2008 年相比占比增加 2.8 个百分点；第二，广东省，2017 年全国占比为 3.5%，与 2008 年相比占比增加 1.3 个百分点；第三，广西壮族自治区，2017 年全国占比为 2.7%，与 2008 年相比占比增加 1.2 个百分点。2008 年与 2017 年各省市全国占比减幅前三的省市为：第一，上海市，2017 年全国占比为 1.9%，与 2008 年相比占比减少 2.0 个百分点；第二，天津市，2017 年全国占比为 2.2%，与 2008 年相比占比减少 1.1 个百分点；第三，北京市，2017 年全国占比为 0，与 2008 年相比占比减少 0.9 个百分点。

2008~2017 年，全国钢材产量由 5.8 亿吨增长至 10.5 亿吨，同比增长 78.9%。按地区产量分析，其中：华北地区年产量由 2008 年的 1.8 亿吨增长至 3.5 亿吨，同比增幅 94.2%；东北地区年产量由 2008 年的 5429.9 万吨增长至 7831.6 万吨，同比增幅 44.2%；

华东地区年产量由 2008 年的 2.1 亿吨增长至 3.5 亿吨，同比增幅 70.5%；中南地区年产量由 2008 年的 9005.7 万吨增长至 17168.0 万吨，同比增幅 90.6%；西南地区年产量由 2008 年的 3197.2 万吨增长至 5511.5 万吨，同比增幅 72.4%；西北地区年产量由 2008 年的 1791.6 万吨增长至 3728.4 万吨，同比增幅 108.1%。

按钢材地区产量占全国产量比重分析，2017 年占比从多到少排序依次为：华北地区、华东地区、中南地区、东北地区、西南地区、西北地区。其中：华北地区 2017 年全国占比为 33.9%，比 2008 年占比增加 2.7 个百分点；东北地区 2017 年全国占比为 7.5%，比 2008 年占比减少 1.8 个百分点；华东地区 2017 年全国占比为 33.4%，比 2008 年占比减少 1.7 个百分点；中南地区 2017 年全国占比为 16.4%，比 2008 年占比增加 1.0 个百分点；西南地区 2017 年全国占比为 5.3%，比 2008 年占比减少 0.2 个百分点；西北地区 2017 年全国占比为 3.6%，比 2008 年占比增加 0.5 个百分点。

按钢材分省市产量分析，2017 年钢材产量排名前五的省市分别为：第一，河北省，占全国比重 23.46%；第二，江苏省，占全国比重 11.75%；第三，山东省，占全国比重 8.79%；第四，辽宁省，占全国比重 6.11%；第五，天津市，占全国比重 4.18%。

按钢材分省市全国占比增减幅度分析，2008 年与 2017 年各省市全国占比增幅前三的省区为：第一，河北省，2017 年全国占比为 23.5%，与 2008 年相比占比增加 3.7 个百分点；第二，广西壮族自治区，2017 年全国占比为 3.1%，与 2008 年相比占比增加 1.5 个百分点；第三，山西省，2017 年全国占比为 4.1%，与 2008 年相比占比增加 0.8 个百分点。2008 年与 2017 年各省市全国占比减幅前三的省市为：第一，上海市，2017 年全国占比为 2.0%，与 2008 年相比占比减少 1.6 个百分点；第二，辽宁省，2017 年全国占比为 6.1%，与 2008 年相比占比减少 1.2 个百分点；第三，天津市，2017 年全国占比为 4.2%，与 2008 年相比占比减少 1.0 个百分点。具体见表 1-16。

表 1-16　2008 年、2016 年、2017 年分地区生铁、粗钢、钢材产量　　　　（万吨）

地区		生铁			粗钢			钢材		
		2008 年	2016 年	2017 年	2008 年	2016 年	2017 年	2008 年	2016 年	2017 年
全国		47067.4	70227.3	71361.9	50091.5	80760.9	83138.1	58488.1	113460.7	104642.1
华北	北京	448.8	0.0	0.0	466.8	0.0	0.0	644.6	162.8	179.0
	天津	1520.1	1660.8	1637.8	1654.0	1798.9	1812.6	3006.8	8667.1	4374.0
	河北	11355.7	18398.4	17997.3	11589.4	19260.0	19121.5	11571.8	26150.4	24551.1
	山西	2781.7	3641.1	3951.9	2345.0	3936.1	4429.7	1976.5	4279.0	4335.4
	内蒙古	1256.6	1469.4	1550.4	1211.0	1813.2	1983.5	1047.3	2016.8	2002.7

续表 1-16

地区		生铁			粗钢			钢材		
		2008 年	2016 年	2017 年	2008 年	2016 年	2017 年	2008 年	2016 年	2017 年
东北	辽宁	4101.5	6033.9	6121.9	4068.6	6029.0	6422.8	4285.3	5906.3	6393.0
	吉林	580.2	843.1	906.5	642.3	832.0	910.7	718.3	961.4	1028.0
	黑龙江	364.6	354.0	438.8	475.1	372.3	503.0	426.3	332.8	410.6
华东	上海	1735.9	1587.2	1447.7	1992.1	1709.1	1607.7	2075.0	2080.1	2056.0
	江苏	3857.8	7174.1	7132.0	4864.0	11080.5	10427.7	7364.1	13469.7	12295.4
	浙江	270.2	848.0	855.5	901.5	1299.6	1090.7	1748.8	3760.9	3160.5
	安徽	1637.2	2401.2	2414.0	1770.2	2731.3	2833.9	1906.6	3217.8	3046.8
	福建	518.5	980.4	937.9	633.1	1516.8	1882.9	1107.0	2859.6	2725.7
	江西	1036.3	2082.0	2143.2	1240.9	2241.5	2412.7	1277.2	2527.2	2474.4
	山东	4657.1	6769.2	6561.7	4458.7	7167.1	7155.9	5027.4	9788.2	9201.5
中南	河南	1716.0	2862.9	2840.0	2187.9	2794.7	2870.8	2570.6	4444.4	3862.2
	湖北	1893.4	2323.3	2401.3	1991.5	2927.6	2875.2	2150.8	3512.7	3610.1
	湖南	1211.8	1791.4	1789.9	1299.4	1827.8	2041.4	1293.0	1998.7	2210.2
	广东	704.4	1670.2	2024.5	1066.7	2283.2	2890.7	2040.3	4113.3	4213.7
	广西	689.9	1216.4	1310.6	785.8	2109.6	2265.3	941.5	3644.7	3270.7
	海南	15.1	0.0	0.0	3.7	27.6	0.5	9.3	36.3	1.1
西南	重庆	329.6	287.8	384.1	352.5	366.5	411.4	447.9	1234.2	917.3
	四川	1425.2	1733.2	1899.7	1370.2	2007.7	2026.3	1577.2	2837.2	2491.2
	贵州	331.0	371.4	343.7	345.6	515.9	439.9	337.5	526.2	495.7
	云南	1155.2	1277.2	1322.1	901.3	1417.3	1517.5	834.6	1654.7	1607.4
	西藏	0.0	0.0	0.0	0.0	0.0	0.0	0.0	1.8	0.1
西北	陕西	298.0	856.0	1137.1	305.0	924.7	1184.3	501.0	1233.8	1377.6
	甘肃	550.8	494.1	456.2	475.7	628.4	560.5	577.3	665.9	702.3
	青海	92.3	96.6	102.4	115.1	114.9	119.6	113.6	125.1	127.1
	宁夏	32.8	154.3	192.0	0.0	159.2	229.5	33.2	164.1	221.8
	新疆	499.4	849.9	1061.9	535.6	868.4	1110.1	566.5	1087.6	1299.6

数据来源：国家统计局。

十三、2018 年上半年行业运行情况

根据国家统计局公布，2018 年上半年全国共生产粗钢 4.5 亿吨，同比增加 2573.6 万吨、增长 6.1%；累计生产生铁 3.7 亿吨，同比增加 196.3 万吨、增长 0.53%；累计生产钢材 5.31 亿吨，同比增加 2989.10 万吨、增长 6.0%。

2018 年上半年，全国粗钢平均日产水平为 249.3 万吨，全国生铁平均日产水平为 206.0 万吨，全国钢材平均日产水平为 293.3 万吨。

2018 年上半年，全国钢材分品种产量情况如下：其中，铁道用钢材 249.8 万吨，同比增长 6.5%；长材 23170.5 万吨，同比增长 8.4%；板带材 24897.9 万吨，同比增长 2.87%；管材 3559.8 万吨，同比增长 10.8%；其他钢材 1207.1 万吨，同比增长 11.87%。长材占钢材产量的 43.7%、板带材占 46.9%、管材占 6.71%。见表 1-17。

表 1-17　2018 年上半年，全国钢材分品种产量　　（万吨）

品种名称		2018 年累计	2017 年同期累计	累计同比增减/%	钢材品种结构/%		
					2018 年	2017 年同期	差值
钢材总计		53085.2	50096.1	6.0	100.0	100.0	0.0
铁道用钢材	铁道用钢材合计	249.8	234.6	6.5	0.5	0.5	0.0
	重轨	191.8	187.9	2.1	0.4	0.4	0.0
	轻轨	42.1	32.0	31.6	0.1	0.1	0.0
长材	长材合计	23170.5	21367.7	8.4	43.6	42.7	1.0
	大型型钢	765.3	680.7	12.4	1.4	1.4	0.1
	中小型型钢	2287.1	2010.1	13.8	4.3	4.0	0.3
	棒材	3490.7	3087.9	13.0	6.6	6.2	0.4
	钢筋	9894.3	9333.2	6.0	18.6	18.6	0.0
	线材（盘条）	6733.1	6255.8	7.6	12.7	12.5	0.2
板带材	板带材合计	24897.9	24202.1	2.9	46.9	48.3	-1.4
	中（特）厚板小计	11131.1	10875.7	2.3	21.0	21.7	-0.7
	特厚板	409.8	402.9	1.7	0.8	0.8	0.0
	中厚板带小计	10721.2	10472.8	2.4	20.2	20.9	-0.7
	厚钢板	1458.4	1322.7	10.3	2.7	2.6	0.1
	中板	1879.2	1702.1	10.4	3.5	3.4	0.1
	中厚宽钢带	7383.7	7448.1	-0.9	13.9	14.9	-1.0
	薄宽板带合计	11199.8	10867.7	3.1	21.1	21.7	-0.6
	热轧薄宽板带小计	3752.6	3487.5	7.6	7.1	7.0	0.1
	热轧薄板	473.1	482.7	-2.0	0.9	1.0	-0.1
	热轧薄宽钢带	3279.5	3004.8	9.1	6.2	6.0	0.2
	冷轧薄宽板带小计	4154.1	4056.3	2.4	7.8	8.1	-0.3
	冷轧薄板	1524.2	1429.9	6.6	2.9	2.9	0.0
	冷轧薄宽钢带	2629.9	2626.3	0.1	5.0	5.2	-0.3
	镀层板（带）	2407.3	2487.2	-3.2	4.5	5.0	-0.4

品种名称		2018年累计	2017年同期累计	累计同比增减/%	钢材品种结构/%		
					2018年	2017年同期	差值
板带材	涂层板（带）	357.8	356.6	0.4	0.7	0.7	0.0
	电工钢板（带）	528.0	480.2	9.9	1.0	1.0	0.0
	窄钢带小计	2567.0	2458.6	4.4	4.8	4.9	-0.1
	热轧窄钢带	2210.5	2091.0	5.7	4.2	4.2	0.0
	冷轧窄钢带	356.5	367.6	-3.0	0.7	0.7	-0.1
管材	管材合计	3559.8	3212.7	10.8	6.7	6.4	0.3
	无缝钢管	1229.8	1090.9	12.7	2.3	2.2	0.1
	焊接钢管	2330.1	2121.8	9.8	4.4	4.2	0.2
其他钢材合计		1207.1	1079.0	11.9	2.3	2.2	0.1

数据来源：国家统计局。

第二章 坚持科技创新，工艺装备
现代化水平不断提高

作为国民经济的重要基础产业，改革开放 40 年，我国钢铁工业科技生产力获得大解放、大发展、大创新，并已初步建立起完善的科技创新体系，科技实力和创新能力显著增强，工业装备现代化水平不断提升，科技在钢铁行业快速发展、转型发展中发挥了关键性作用，为促进中国钢铁工业既大又强发展增添了勃勃生机。

伴随着改革开放，我国钢铁工业技术取得突破性进展，引进技术再创新和自主创新逐步成为我国钢铁工业技术进步、向质量效益型转变的主旋律。1978 年，我国做出了通过引进国外先进技术和设备，利用进口铁矿石，建设上海宝山钢铁厂的战略决策。1985 年 9 月宝钢一期工程顺利投产，作为新中国成立以来最大的投资项目，宝钢的建设是我国改革开放迈开的一大步，宝钢项目集成了 20 世纪 80 年代初世界钢铁工业的新技术。1978 年建成投产的武钢 1700 毫米轧机系统和宝钢的建设开启了中国钢铁工业从西方引进消化吸收先进技术与装备并进行再创新的进程。"八五"期间，天津无缝钢管公司建设引进了同期最先进的德国、意大利、美国生产装备，建立了我国第一个现代化短流程钢厂，大幅提升了我国无缝管及短流程生产技术装备水平。1994 年，我国捆绑引进了珠钢、邯钢、包钢三条薄板坯连铸连轧生产线，拉开了我国薄板坯连铸连轧技术发展的序幕。同时，国家层面通过科技立项开展了连轧机、高炉、转炉等装备的国产化以及高效连铸技术、高炉喷煤技术、转炉溅渣护炉技术、球团（小球）烧结技术、棒线材连轧技术以及流程综合节能技术等 6 大关键共性技术的自主开发攻关。在这个过程中，我国重点钢铁企业基本掌握了先进的大高炉炼铁、转炉炼钢、炉外精炼、连铸、板带热连轧、冷连轧、无缝钢管等生产技术，技术装备也日趋大型化、高效化、自动化、连续化、紧凑化、长寿化。20 世纪末，鞍钢自主设计具有当期国际先进水平的 1700 毫米 ASP 薄板坯连轧成套设备生产线可视为这个阶段集成创新的代表性成果。

进入 21 世纪，钢铁工业大力推广使用高效低成本冶炼技术、洁净钢生产技术、新一代控轧控冷技术、性能预测与控制及一贯制生产管理技术等关键工艺技术，以及"三干三利用"、烧结脱硫、能源管控等节能环保技术的应用，促进了钢铁工业资源与能源的节约、生产效率提高和成本降低；真空精炼装备技术、大方坯与大圆坯连铸装备技术、冷轧机组以及取向硅钢生产线自主集成等装备技术的国产化，代表着我国钢铁工业已具备主要工序核心装备与关键工艺的自主集成能力；以曹妃甸和鲅鱼圈为起点，湛江、日照、防城港为提升的千万吨级先进钢铁基地建设，标志着我国钢铁产业发展理念、技术装备水平以及设计建设能力都达到了一个新的高度，并成为世界钢铁产业发展的示范工程。在技术装备的发展上，我国钢铁工业也跟紧世界钢铁业的步伐，先后引进或研发了非高炉炼铁技术（COREX、HISMELT）、薄带铸轧等前沿技术。

在改革开放的进程中，我国钢铁工业积极拥抱新一轮工业革命浪潮，逐步开创了两化融合发展的新局面。重点钢铁企业主要生产流程已实现高度自动化，信息化逐渐普及深化，实现了产销一体、管控衔接、业务财务集成优化；大型钢铁集团企业基本上完成了4层钢铁信息化系统的建设，并加速向智能制造、大数据应用、产业链集成与服务、资源能源管控等方向延伸。

在改革开放的过程中，我国钢铁工业还结合自身资源禀赋，创造性地开展了攀钢钒钛磁铁的冶炼、包钢含稀土、铌共生铁矿的冶炼、酒钢含氧化钡高硫镜铁矿冶炼的技术攻关，并取得重大技术突破。

时至今日，我国钢铁工业在工艺装备和技术水平方面有了显著提升，大中型企业主体设备已达国际先进水平，有些工艺创新达到世界先进水平。关键工艺技术与装备国产化的水平提升，基本实现了焦化、烧结、炼铁、炼钢、连铸、轧钢等主要工序主体装备国产化。其中，大型冶金设备国产化率达90%以上，吨钢投资明显下降。在工艺技术方面大力推广了高效低成本洁净钢生产技术，新一代控轧控冷装备与工艺技术，性能预报与控制装备及一贯制生产管理技术；特大方坯、特大圆坯连铸装备与工艺技术；大型真空精炼装备与工艺技术；冷连轧机组和取向硅钢生产线自主集成技术；开展了非高炉炼铁、薄带铸轧等先进技术的产业化开发，新一代钢铁流程工艺和装备技术实现产业化，具备自主建设世界一流现代化钢厂的能力。

一、铁矿资源开发工艺技术及装备

我国铁矿资源"贫、细、杂"的特点致使97%以上的铁矿资源都需要经过复杂的选矿工艺处理，因而近年来我国钢铁行业对外国优质铁矿资源的依存度不断攀升。2008年，我国铁矿石进口量达到4.44亿吨，2017年达到10.75亿吨，这10年间铁矿石进口量增幅高达142.12%，对外依存度也由57.2%增长到88.9%。过度依赖进口国外矿石，影响了我国钢铁行业可持续性发展，但也激发了我国铁矿资源开发利用方面的技术研发力度，以期增加国内铁矿石保障，降低对进口铁矿石的依存。改革开放 40 年来，我国在勘查、铁矿石采选技术与装备领域取得了丰硕的成果，工艺技术与设备制造进步相辅相成，有效提高了铁矿资源利用率，一定程度上缓解了资源保障压力。

（一）重点技术发展情况

1. 勘查技术

近 20 年来，国外铁矿勘查技术发生了质的飞跃，主要体现在四个方面：一是铁矿勘查空间已从地面勘查评价发展到以航空物探测量为主；二是勘测精准度不断提高；三是探测仪器的制造水平大幅提高，实现了大功率、高精度的精细探测；四是对磁异常的解释水平不断提高，形成了一整套相应的软件系统。

国内铁矿找矿领域已大为拓宽，地质与物探相结合的综合技术手段进一步完善，物探磁法勘查技术日趋成熟，对异常的解释和判别技术如重磁联合反演等已从二维发展到二度半，对低缓异常、叠加异常及剩余异常的分析和解释水平有了较大提高。在鞍本、迁安、大冶及济宁等地预测新增资源总量 100 多亿吨。

2. 采矿技术

国内露天铁矿在陡帮开采、高台阶开采、分期开采技术方面已接近国际先进水平。自主开发的"铁矿陡坡运输工艺"和"间断–连续运输工艺"推动了矿山运输体系的发展。自主开发的乳化炸药连续化、自动化生产技术，有效地提高了我国工业炸药的生产水平和爆破效果。国内地下铁矿在大结构参数采矿方法、全尾高浓度充填技术和高强预应力支护技术以及自动、遥控采矿运输等方面取得了重要进展，但与国际先进水平尚有一定差距。

（1）露天开采技术

陡帮开采技术。陡帮开采具有初期剥离量小，基建工程量少，建设周期短和最终边坡暴露时间短等优点。自 20 世纪 70 年代以来，我国开始进行陡帮开采工艺的试验研究。"八五"期间，陡帮开采被列入国家科技攻关项目，并在南芬露天矿开展了大规模的工业试验，揭示了陡帮开采的技术特点和各工艺间的协调关系，研究出了陡帮工作帮坡角与结构参数的关联规律，不同开采深度的工作帮坡角及其参数的确定方法，确定了陡帮开采工艺参数设计原则，使南芬露天矿前期剥采比降低 20% 以上，采矿强度提高 30% 以上。现陡帮开采工艺已在我国矿山设计建设、生产中普遍应用，产生了巨大的经济效益。

高台阶采矿工艺。台阶高度是露天采场的主要结构参数，露天矿台阶高度的增加有利于提高钻孔效率，简化和缩短运输线路，释放采场空间，提高作业的连续性。在南芬铁矿开展的高台阶开采工艺参数优化研究，通过18米高台阶开采工业试验，确定了合理的高台阶开采参数，使台阶高度适应矿山设备大型化的发展。与12米台阶相比，18米高台阶开采的单位成本可降低5.76%~6.12%。

间断-连续开采工艺。间断-连续开采运输工艺在采场工作面通过铲运机装载矿岩至汽车，经汽车运输至采场内的破碎站破碎后，由胶带运输机将矿岩运出采场。我国鞍钢齐大山铁矿于1997年在国内首次建成了采场内矿、岩可移式破碎胶带运输系统，该系统自投产后一直运转正常，标志着我国深凹露天矿间断-连续开采工艺达到了世界先进水平。

大型深凹露天矿安全高效开采技术。我国在国际上首次采用基于现代三维数值模拟与三维极限平衡分析相结合的方法对露天边坡稳定性进行分析优化，成功开发出大型深凹露天矿陡坡铁路运输系统，并应用到攀钢集团朱家包包铁矿，多采铁矿石3000万吨，延长矿山服务年限15年，开采成本降低25.33%。成果推广到本溪钢铁集团公司歪头山露天铁矿，延深铁路运输深度72米，采矿成本降低30.43%。

特大型露天安全高效开采技术。针对特大型露天铁矿山矿床赋存特点，我国钢铁行业从高效、经济、安全的角度，开发出急倾斜露天矿床剥离洪峰控制动态优化技术、基于经济动态评估和采剥总量均衡的生产规模优化技术、特大露天矿开采多因素干扰下的矿石损失贫化控制自适应技术、特大型露天矿新水平多区段开拓技术，突破了特大型露天矿山高效、低成本开采关键技术难点，建立了特大型露天矿山开采技术经济体系，技术整体处于国际领先水平。

（2）地下开采技术

崩落采矿法。在崩落采矿法方面，我国采矿科研工作者开发出了大间距集中化无底柱高效开采工艺、无底柱崩落采矿法低贫化放矿工艺技术、大结构崩落采矿技术、自然崩落法、崩落法低贫损开采技术等工艺。以上工艺在国内梅山铁矿、桃冲铁矿、板石沟铁矿、大红山铁矿等矿山得到了大范围的应用，为我国地下矿山的发展起到了积极的推动作用。东北大学任凤玉教授提出的低贫损分段崩落法，克服了传统无底柱分段崩落法矿石损失贫化大的弊端，并充分发挥了其采场结构简单、安全条件好、机械化程度高和生产能力大的优点。在小汪沟铁矿实现了多分区、多采场大规模同步开采技术，突破了长期以来顺序开采的惯性思维，将矿井生产能力由原设计的年产100万吨增大到430万吨，大幅提高了开采效率。

充填采矿法。在充填采矿法方面，我国采矿科研工作者开发出了机械化充填采矿工艺、盘区高分层充填采矿技术、分段充填采矿技术、高阶段深孔嗣后充填采矿技术等工艺。草楼铁矿于2011年成功应用高阶段深孔嗣后充填采矿技术，各中段设凿岩硐室利用潜孔钻机进行深孔凿岩，双中段共用堑沟平底结构进行铲运机进路出矿，采空区嗣后全尾砂胶结充填取得较好的经济效益。

露天转地下开采平稳过渡及联合开采技术。露天–地下联合采矿法是在露天地下联合开采中发展出来的一种新型采矿方法。其实质是矿块或采区的上部为露天坑底，在采准、切割和回采过程中，由露天采矿技术和地下采矿技术有机结合起来回采矿石和进行采场地压管理。马鞍山矿山研究院研究了露天与地下联合开采的工艺技术，包括联合穿爆地下出矿采矿工艺、露天漏斗法采矿工艺、地下穿爆露天出矿工艺等。

无底柱诱导冒落采矿法。无底柱诱导冒落采矿法是一种新型高效采矿方法，该方法利用诱导工程的连续回采空间诱导上部矿岩自然冒落，冒落的矿石在下部 1~2 个分段的回采中放出。在和睦山铁矿破碎易冒落矿体开采中，研究了诱导工程的设置与冒落矿石的放出，节省巷道工程 1/3，产能提高 3 倍。

复杂难采矿床安全开采技术。地下深部高强度采充分离采矿法将矿体划分条带应用崩落法开采，矿体从上到下按条带依次开采，利用矿石回采后形成的采空区，诱导上部围岩自然冒落，冒落散体堆于采空区，形成足够厚度的散体隔离层，从上位充填巷道将充填料通过充填斜井或钻井充填于散体隔离层之上的冒落空区。这一采矿方法目前已在中关铁矿得到实际应用。针对矿岩软破矿体、受各种空区破坏的残缺破损矿体、含不稳岩层的低品位倾斜中厚矿体等难采矿体，研发了分段卸压崩落法、诱导冒落采矿法、低贫损分段崩落法、分区崩落法、分段空场崩落组合法等 10 余种新型采矿方法，形成了较为完整的复杂难采矿体安全高效开采理论及其工艺技术体系。针对井下大规模矿柱回采存在群空区安全隐患大、工程条件复杂和技术难度大等难采条件，研究发展了矿柱大规模回采与群空区协同处理技术。

3. 选矿加工工艺技术

为降低铁矿石对外依存度，提高矿山企业产能和难选铁矿石利用率，我国开展了大量的技术攻关，在铁矿资源选矿领域形成了许多新技术和新成果，集中体现在贫细杂赤铁矿高效选别、矿石破碎与细磨、难选铁矿磁化焙烧—磁选、新型高效浮选药剂研发、选矿自动化控制等技术方面取得的长足进步。目前，我国复杂难处理铁矿选矿技术达到国际先进水平，尤其是在贫赤铁矿、褐铁矿、菱铁矿选矿技术方面居国际领先地位。

（1）微细粒贫赤铁矿高效选别技术

我国复杂难选氧化铁矿石不仅大部分含铁低，嵌布粒度微细，还伴生大量物理化学性质与铁矿物相近的含铁硅酸盐类脉石矿物，通过对贫杂、细粒、微细粒难选铁矿的选矿工艺技术研究，取得了丰硕的成果。

针对鞍山式贫赤铁矿石选矿技术开发，目前已形成以弱磁-强磁-阴离子反浮选为核心的选矿工艺，该工艺能较好适应鞍山式贫赤铁矿石中铁矿物粗细嵌布不均的性质特点。2002年，东鞍山选烧厂以连续磨矿、粗细分级、粗粒级重磁联选-中矿再磨返回再选、细粒级弱磁-强磁-混磁精阴离子反浮选工艺完成了工艺改造，并取得了原矿铁品位32.50%、精矿铁品位64.49%、回收率76.11%的生产指标。

鉴于单一的重、磁、浮工艺处理微细粒赤铁矿无法满足分选要求，将多种选矿工艺有机组合，形成了弱磁-强磁-再磨-反浮选、强磁-脱泥-反浮选、选择性絮凝-反浮选、强磁-离心选矿等联合分选工艺。其中，太原钢铁集团袁家村铁矿采用半自磨+两段球磨的磨矿工艺和弱磁-强磁-混合磁精矿再磨-阴离子反浮选工艺，在原矿铁品位31.18%、-0.045毫米粒级占93.81%的条件下，获得了精矿铁品位66.95%、回收率72.62%的良好指标。

含有碳酸盐铁矿物的贫赤铁矿选矿过程中，反浮选指标恶化，出现精尾不分的现象。东北大学提出采用分步浮选工艺消除了菱铁矿对浮选的不利影响，该工艺为含碳酸盐难选铁矿石的分选提供了新的思路。2013年，鞍钢集团采用"分步浮选"工艺，新建成年产600万吨的关宝山选矿厂，获得了精矿品位65.47%、回收率为70.69%的技术指标。

（2）高效粉碎和磨矿技术

高压辊磨机、自磨/半自磨机和搅拌磨机在铁矿中的应用极大地促进了我国铁矿石碎磨技术的进步，显著降低了矿石粉碎和磨矿过程的能耗，同时碎磨物料的选别指标得到了一定程度的提高。马钢南山铁矿依靠高压辊磨机粉碎-预选技术，选矿厂年处理量提高了270万吨，处理单位矿石的电耗和钢耗均下降了30%左右。鞍钢鞍千矿业针对贫赤铁矿石开展了自磨/半自磨试验研究，在此基础上选用 $\phi9.15 \times 5.03m$ 湿式半自磨+球磨+破碎（SABC）碎磨流程，处理能力达到年产450万吨。随着微细粒铁矿的开发利用，搅拌磨技术正逐渐推广至我国铁矿山细磨作业。2013年，鞍钢矿业公司将立式螺旋搅拌磨机用于关宝山铁矿选矿厂，有效地降低能耗，并提高了矿物的解离度和后续分选指标。

（3）难选铁矿磁化焙烧技术

近年来，我国围绕菱铁矿、微细粒矿、褐铁矿、鲕状赤铁矿等劣质铁矿资源的高效开发利用，开展了大量基础研究和技术开发工作，基本达成的共识是采用选冶联合工艺才能实现劣质铁矿资源高效利用。其中，磁化焙烧-磁选是处理劣质铁矿最为有效的技术。围绕磁化焙烧技术，我国自主研发了闪速磁化焙烧、流态化磁化焙烧、悬浮焙烧等关键技术，开展了相应的基础研究工作，分别建成了示范工程和半工业试验系统，经运行调试取得了优异指标。其中，长沙矿冶研究院开发出闪速磁化焙烧成套技术，年产60万吨产业化工程于 2016 年在湖北省黄梅县建成并稳定生产，对铁品位为 32.52% 的菱（褐）铁混合矿石，采用闪速磁化焙烧成套技术和装备，工业生产获得了铁品位为 57.52%、铁回收率为 90.24%、SiO₂ 含量仅为 4.76% 的铁精矿。中国科学院过程工程研究所提出了低温流态化磁化焙烧工艺与技术，2008 年在云南建成了年产 10 万吨示范工程，2012 年工业试验结果表明 TFe 品位 33% 褐铁矿，经磁选后获得了铁精矿 TFe 品位 57% 以上、铁回收率 93%~95% 的技术指标。东北大学针对难选铁矿资源禀赋特征开展了 "预氧化-蓄热还原-再氧化" 多段悬浮焙烧新技术研究。2015 年采用 "悬浮磁化焙烧-磁选-反浮选" 技术，针对 TFe 品位 32.50% 的酒钢粉矿，获得了品位 60.59%、回收率 85.62% 的铁精矿。

（4）新型铁矿浮选药剂

铁矿浮选药剂的研究一直是我国选矿药剂的重点和热点。近年来，我国铁矿选矿药剂的研究已取得举世公认的成绩。鞍钢集团公司自行研发的新型阴离子反浮选捕收剂 KS，工业应用结果表明，在药量基本相同的情况下，浮精品位提高 0.27%，浮尾品位降低 0.36%。长沙矿冶研究院研制并生产使用 RA-515，RA-715，RA-915。目前，RA-715，RA-915 在铁矿反浮选中得到广泛的应用，取得了良好的分选指标。武汉理工大学研究的 MG 捕收剂，常温使用效果良好，浮选温度由原来的 35℃ 降到 20~25℃。另外，我国还自主开发研制出了 DMP、DTX、DL、CY、FLY、GE、MG 等一系列的常温新型铁矿浮选捕收剂。这些捕收剂具有良好的低温溶解性和捕收性能。

（5）铁矿选矿自动化控制技术

选矿自动化控制技术的不断发展推动了铁矿选矿技术的进步，随着铁矿选矿自动化控制技术的不断推广，在铁矿选矿过程的磨矿浓度、粒度检测、品位控制方面取得较大进步。近年来，太钢袁家村新建年产 2200 万吨选矿厂，河钢司家营铁矿选厂新建年产 4300 万吨选矿厂，均采用当时最先进的选矿自动化系统，自动化控制技术的应用在稳定铁矿选矿工艺流程，提高设备作业率，降低设备能耗，改善劳动条件，增强企业竞争能力方面均取得显著效果。

4. 资源综合利用技术

近年来，我国铁矿资源的综合利用技术进步主要集中在两方面，一方面是针对白云鄂博矿、攀枝花钒钛磁铁矿、辽宁硼铁矿等典型复杂共伴生矿形成的高效、低成本、少污染提取技术集成与创新；另一方面是针对铁矿废石及尾矿资源特点和需求，形成的资源化、无害化、大量化综合利用技术。

攀枝花地区钒钛磁铁矿含有 14 种可综合利用元素和铂类、稀土两大类潜在可利用元素，目前产业化回收利用了铁、钒、钛 3 种元素。其中，铁回收率为 65%~70%，钒回收率为 45% ~ 50%，钛利用率仅为 10% ~ 15%。

我国铁矿废石以及尾矿资源目前综合利用技术主要集中在尾矿再选和整体综合利用两方面，尾矿再选主要采用磁、重、浮联合工艺，主要有磨矿–弱磁–强磁–反浮选、强磁–细磨–弱磁选、阶段磨矿–磁选–反浮选、强磁预选–重选等工艺。铁废石及尾矿整体综合利用主要包括采空区回填、尾矿烧制水泥、生产烧结砖、制备轻质隔热墙体材料、制造玻璃等技术应用。

（二）关键装备发展情况

1. 凿岩钻车

传统采矿设备由人工操作，参数和信息都是人工处理。"机–电–液一体化"技术把各种零件以及设备作为一个整体考虑，充分考虑机、电、液各自的特点和要求，又考虑到设备中多部件、零件间的相互联系，以最优的方式处理输入–输出的关系，使整机综合技术性能得到显著提升。以国产 CS165E 露天潜孔钻机为例，采用微电子技术控制液压系统，实现对潜孔冲击器的转速、轴压力和工作气压等诸多参数的联合调节，使之自动适应不同性质的岩石和孔径，得到最优的参数组合，大幅度提高钻进效率。

采矿设备应用于高粉尘、高潮湿和高振动场合，对微电子控制技术的要求十分严格，极大的限制了采矿设备自动化水平的提高。在多家科研院所研究项目中，均将提高电子控制系统在矿山环境下的可靠性作为重要研究内容，并且取得了突破进展。电子控制系统防尘、防潮、耐腐蚀、抗干扰、抗振动的难题已得到解决，部分机型采用了先进的电子控制，显著提高了自动化水平，降低了劳动强度。

信息技术的进步，推动无人采矿技术从现行的自动采矿或遥控采矿，向智能化"无人矿山"发展。湖南有色重机开发了履带式露天潜孔钻机产品，该机高度集成的专业化液压系统，则大大简化了液压管路结构，提高了液压系统的可靠性。同时，该机具有先进的 PLC 程控技术、Can-bus 总线控制技术等有效地实现了钻机的故障诊断、误动作保护、过程自动控制、日常保养提醒等智能化功能。

2. 装药车

20 世纪 80 年代，国内长治矿山机械厂在引进瑞典 ANOL 系列装药器的基础上研制了 BQ 系列装药器，装填铵油炸药，用于井下开采，取得良好的经济效益。

马鞍山矿山研究院 1993 年研制的 DZY220 型井下装药车，装填粉状铵油炸药，装药速度每分钟 130 千克，装药深度 21 米，该车安装有装药工作平台，便于人工辅助向炮孔送管、堵塞炮孔的操作。

　　长沙矿山研究院 2009 年研制了 JFZ600 型井下上向中深孔铵油粉粒状炸药装药车。该车在装药与返药控制等关键技术方面，通过设计适合装药车装填的气力输送系统返药控制装置，以及采用获取装填工艺最优参数的方法和措施，部分解决了进口设备在国内运用不成功的技术难题。

　　北京矿冶研究总院从 1999 年开始自主研发 "BCJ 系列中小直径散装乳化炸药装药车" 项目，突破减阻关键技术，实现乳胶基质在小直径软管中长距离输送，研究开发适用于地下和中小型露天矿的装药车，填补我国在该领域的技术空白。

3. 地下矿用铲运机

　　1976 年长沙矿山研究院、天津工程机械研究所与柳州工程机械厂在 ZL50 型露天装载机的基础上，设计出我国第一台地下矿用装载机。从产品载重量上来讲，目前国内铲运机可以提供 0.5~6 立方米斗容的，载重量 1~14 吨，其中以柴油为动力占 70% 左右。地下运矿卡车可以提供 5~30 吨。

4. 露天矿用挖掘机

　　2008 年 1 月，我国首台自主研制的 55 立方米矿用 WK55 型电铲在山西太原重工股份有限公司成功下线。太重还自主研制了 75 立方米挖掘机，规格参数领先、技术性能先进、生产能力高效，整机性能领先国外同类产品，代表了挖掘机领域的产业前沿水平。太重研制的液压挖掘机有 WY260、WY390、WYD260、WYD390、WYD500、WYD780 等系列，驱动方式有柴油驱动和电机驱动，其中多项产品和技术在国内大型矿用液压挖掘机中属于首创。

　　徐工集团 XE4000C 超大型液压挖掘机也是集多年研发经验、自主创新研制的产品，具有多项自主知识产权。可满足多种矿山施工工况，整机性能达到国际先进、国内领先水平。在关键技术上取得了一些重大突破，包括大型矿用液压挖掘机整机关键参数的设计优化与仿真技术，基于超大型挖掘机的多泵分工况联调的液压系统开发及应用，超大型挖掘机控制器开发及控制技术研究，大型复杂结构件优化及可靠性设计，湿热地区的动力单元热平衡控制及独立散热技术及超大型挖掘机关键结构件的焊接加工技术研究及应用等。

5. 露天矿用汽车

　　早期国产矿用汽车的装载质量大多在 100 吨以下，北方重汽等企业当时虽然可以生产铰接、刚性、机械传动、电动轮的全系列矿用汽车，但其使用的是特雷克斯品牌和关键技术，不拥有自主知识产权。2010 年前后，三一重工和天业通联重工等企业自主研发并完全拥有自主知识产权的矿用汽车相继突破装载质量 100 吨的瓶颈。

　　徐工 DE400 矿用卡车于 2012 年下线，该机采用交流电传动系统，箱形截面结构车架；

智能制动技术的运用，有效防止误操作；符合人机工程学驾驶室，舒适安全。除此之外，整车配备自动称重系统、集中灭火系统、快速注油系统、自动润滑系统及各种安全设备，保障整车运行安全高效。DE400 电传动自卸车的成功推出突破了全球最大矿卡用轮边减速器研制、全球最大电驱动系统自主集成技术、世界最大的麦弗逊独立前悬挂（变形）系统研制和大直径前端锥形轴承支承系统研究等一系列关键技术，为研制矿用正反铲、电动轮洒水车等矿用机械产品奠定了技术基础。

6. 碎磨设备

碎磨作业直接决定了选矿厂的生产能力，也影响着选矿指标。我国的碎磨设备发展以大型化、高效化、降低入磨粒度为特征，其技术进步大幅提高了碎磨系统的生产能力，降低了能耗和钢耗。我国大型破碎设备生产商主要有北方重工和中信重工，其中中信重工设计生产的 PXZ-152/287 型旋回破碎机处于世界领先地位，最大装机功率达到 1200 千瓦，处理量已经高达每小时 8000 吨，是国内自行设计和制造的最大规格的旋回破碎机。该机具有给料粒度大、产能高、破碎比大、排料粒度均匀、维修周期长和运行成本低等优势。

选厂降低能耗的首选之路就是物料的多碎少磨，高压辊磨机作为一种细碎设备，近年来得到了快速推广。高压辊磨机基于层压粉碎原理设计制造，作业效果优于压、磨、劈、折和击碎等作业方式。采用高压辊磨作为细碎设备为磨机给料，可大幅提高磨机的台时处理能力，大大提高了球磨机的给矿品位和处理能力，有效地解决了入选品位低、生产成本高的难题。

磨机的发展同样强调高效与节能并重，随着大型矿山的建设，大型自磨/半自磨、搅拌磨等磨矿设备迅速得到推广应用。自磨/半自磨技术具有投资少、能耗钢耗低和流程简单的优点。中信重工设计制造的 $\phi11$ 米×5.4 米的半自磨机，最高日处理能力达到了 4500吨；中信重工设计生产的国内最大的 $\phi12.19$ 米×10.97 米半自磨机成功应用在中信泰富 Sino 铁矿。中信重工制造的 $\phi7.93$ 米×13.6 米、安装功率 15.6 兆瓦的溢流型球磨机，在结构、技术等方面实现重大突破，标志着我国大型磨机制造技术在短短几年内跨越了全球矿业百年发展史，并打破了全球高端磨矿装备和市场被少数几家国际公司垄断的局面，使我国大型矿山装备制造技术进入世界第一方阵。搅拌磨是一种高效细磨设备，立式搅拌磨又被称为塔磨机，它依靠给料的强力挤压实现研磨和内部分级，所需系统动力输入极低。东北大学研发的 CDTM-280 型塔磨机将非铁磨矿介质与搅拌磨组合使用，设备结构简单、适应性强、安全性高，在保证正常生产前提下可实现节能 30%~50%，介质消耗可降低 60%。

7. 磁选设备

磁选设备的发展主要遵循强化预选、大型高效、电磁设备永磁化的技术路线。预选技术可实现选厂给料的能抛早抛、降低碎磨成本、提高入选品位的技术目的，2013 年北京矿冶研究总院（简称北矿院）研制出 φ1500 毫米×3200 毫米超大型干式磁滚筒，皮带宽度达到了 3 米，是世界上最大的干式预选设备。

永磁筒式磁选机是应用最早也最为广泛的磁选设备，随着生产要求和给矿品位的变化，永磁筒式磁选机也在大型化、分选精细化的方向不断发展。目前，北矿院、北方重工、沈阳隆基、山东华特等单位均可生产大型超大型永磁筒式磁选机，我国的永磁筒式磁选机技术和应用已处于世界领先地位。相比于传统小型磁选机，北矿院的 CTB1245 型大型磁选机在工业试验中取得了品位与回收率均大幅度提高的明显优势。

立环高梯度强磁选机是我国赣州金环公司研制新型强磁选装备，该设备的研制成功大幅提高了赤铁矿等弱磁性铁矿物的回收率。目前，SLON 电磁立环强磁选机最大规格已达直径 4 米，处理能力达到每小时 500 吨以上，给料粒度 2~5 毫米以上。

8. 悬浮磁化焙烧新设备

悬浮磁化焙烧是东北大学针对含碳酸盐赤铁矿、鲕状赤铁矿、镜铁矿、褐铁矿等难选铁矿石提出的一种新型流态化磁化焙烧方法，技术研究揭示了流态化磁化焙烧过程中矿物转化、多相流动及传热传质等理论与技术难题，突破了铁矿物多相转化精准调控、矿石颗粒悬浮态保持、热量传输控制、余热回收等一系列核心技术，并成功开发出年产 200 万吨的悬浮磁化焙烧新型工业装备，该装备具有生产能力大、无污染、生产成本低及自动化程度高等特点。东北大学建成了与悬浮焙烧技术配套应用的处理量每小时 200~300 千克的中试悬浮焙烧炉，已完成鞍钢矿业集团、酒泉钢铁集团、山东钢铁集团、海南矿业等多家钢铁企业中试研究，试验过程中设备运行稳定，分选指标良好，在保证精铁品位的前提下铁回收率较常规技术提高 10 个百分点以上。基于东北大学研究成果，酒钢集团建成了年产 165 万吨粉矿（-15 毫米）悬浮焙烧工程，采用悬浮焙烧技术后，酒钢集团吨铁生产成本预计可降低 57.98 元，每年可降低生铁成本 3.01 亿元，经济效益巨大。

9. 浮选设备

浮选设备朝高效化、大型化、入选物料粗粒化方向发展，我国浮选机的设计生产单位主要是北矿院，近年来得益于计算流体动力学、仿真技术，以及三维测试技术的发展和应用，浮选机的大型化步伐不断加快。北矿院生产的 KYF 系列浮选机从最初的单台容积 30~50 立方米在 2013 年已经发展到单台最大容积 600 立方米。

二、炼铁技术装备基本实现大型化现代化

改革开放以来，随着经济社会的快速发展和需求拉动，我国钢铁工业发展迅猛，钢铁产量逐年增长。从 1996 年开始，我国钢铁产量连续居于世界首位，成为名副其实的钢铁大国。2016 年和 2017 年我国生铁产量分别为 69798 万吨和 71076 万吨，均占世界铁产量的 60% 以上。在钢铁产能和产量规模增长的同时，我国在冶金技术装备领域也取得巨大进步，特别是炼铁、烧结、球团、焦化技术装备大型化、现代化、高效化、长寿化等方面成效卓著，自主集成创新能力显著增强，炼铁技术装备创新成就举世瞩目。

我国炼铁技术装备经过 40 年的自主创新、集成创新和引进消化、再创新，在高炉、烧结、球团、焦化等主要炼铁工序技术装备总体上达到了国际先进水平，部分单元技术装备达到国际领先水平。

改革开放之初，以宝钢工程建设为代表，通过引进消化国际先进技术装备，显著提升了我国炼铁系统技术装备水平。宝钢工程引进日本技术，建设了 4063 立方米高炉、450 平方米烧结机、6 米焦炉等 20 世纪 80 年代初国际领先水平的大型炼铁技术装备。以宝钢工程为示范，通过单元技术、装置、设备的消化、吸收、移植和再创新，我国炼铁技术装备在已有技术的基础上，不断取得新的技术装备创新成果。

20 世纪 90 年代，我国炼铁技术装备自主集成、自主创新能力显著提升，自主设计建造了一批 2000~3000 立方米高炉，集成国际先进技术设计建设了 3200 立方米高炉；自主设计建造了一批 260~450 平方米烧结机；自主研发、设计了年产 100 万~250 万吨链算机—回转窑球团生产线；自主设计建设了一批 6.0 米焦炉。进入 21 世纪以后，我国炼铁技术装备自主创新能力持续增强，与钢铁工业发达国家"齐头并进"，甚至领跑世界。近 10 年来，我国自主设计、建造了 5000 立方米以上特大型高炉、500 平方米以上大型烧结机，自主集成创新了 500 平方米以上带式焙烧机球团生产线和 65 孔 7.0 米以上大型焦炉及每小时 260 吨干熄焦装置。这些具有国际领先水平的大型炼铁技术装备，是综合技术实力的集成和综合国力提升的表现，是改革开放对中国钢铁工业的促进和推动的成果。

（一）重点装备及工艺技术发展情况

1. 炼铁高炉

根据不完全统计，至 2017 年底，全国共投产高炉 801 座，产能约 8.7 亿吨，不同高炉级别的分布情况见表 2-1。

表 2-1　我国高炉级别的分布情况表

高炉容积/立方米	≥5000	4000~5000	3000~4000	1000~3000	<1000	合计
高炉数量/座	5	16	21	370	388	800

改革开放以后，特别是进入 21 世纪以来，我国高炉大型化进程不断加快，高炉容积不断扩大，高炉技术装备水平不断提升。在 4000 立方米以上特大型高炉的设计、建造和运行等方面，我国已经完全掌握了核心技术，全面实现了自主设计和主要技术装备国产化。

改革开放为我国钢铁工业的快速发展创造了有利条件和重大机遇。1985 年 9 月，通过引进日本技术设计建造的宝钢 1 号高炉（4063 立方米）顺利投产，使我国开始拥有 4000 立方米以上的特大型高炉。20 世纪 90 年代初，武钢通过技术引进和集成创新，采用多项当时国际先进技术的武钢新 3 号高炉（3200 立方米）建成投产，同期建成投产的还有宝钢 2 号高炉（4063 立方米）、3 号高炉（4350 立方米）等几座特大型高炉。在同一时期，我国首钢、鞍钢、马钢、包钢、本钢、唐钢等一大批自主设计建造的 2000~2500 立方米级高炉相继建成投产，至 20 世纪 90 年代末期，我国大型钢铁企业的高炉技术装备水平都普遍得到了提高。进入 21 世纪以后，我国高炉技术装备大型化取得飞跃发展，鞍钢、首钢迁钢、天钢、邯钢、梅钢等一大批 2500~3200 立方米级高炉相继建成投产；宝钢、太钢、马钢、鞍钢鲅鱼圈、首钢迁钢、本钢、安钢、包钢等一批 4000 立方米级大型高炉也相继建成投产；特别是自主设计建造的首钢京唐 1 号 5500 立方米高炉是我国首座 5000 立方米以上特大型高炉，于 2009 年 5 月建成投产，其后沙钢 5800 立方米高炉于 2009 年 10 月建成投产，京唐 2 号高炉（5500 立方米）于 2010 年 6 月建成投产。宝钢湛江 2 座 5050 立方米高炉分别于 2015 年和 2016 年建成投产，山钢日照 2 座 5100 立方米高炉中的 1 座已经投产。

截至 2017 年底，我国已有 21 座 4000 立方米以上大型高炉生产运行。其中，有 5 座是 5000 立方米以上的特大型高炉。我国高炉大型化和技术装备现代化与淘汰落后、技术升级密切相关，特别是 21 世纪以来，我国加大产业结构调整和转型升级力度，通过供给侧结构性改革和"三去一降一补"，淘汰落后产能和技术装备，产业结构调整和升级取得显著效果。目前，我国高炉平均容积达到 1047 立方米；高炉产能集中在 1000~3000 立方米级的高炉，产能约占总量的 56.6%，而 2011 年和 2014 年我国高炉平均容积分别为 580 立方米和 770 立方米。

在高炉技术装备大型化、现代化、高效化的同时，我国高炉炼铁技术创新也取得重大进步。自主设计研发了高炉无料钟炉顶设备及其炉料分布控制技术，在首钢京唐2座5500立方米高炉和湛江2座5050立方米高炉上得到成功应用；自主创新了特大型高炉煤气全干法布袋除尘技术和炉顶煤气余压发电技术（TRT），净煤气含尘量降低到每立方米5毫克以下，TRT发电量达到每吨45千瓦·时以上，比传统的煤气湿法除尘工艺，提高煤气余压发电量30%以上；采用顶燃式热风炉和高风温综合技术，在燃烧低热值高炉煤气的条件下，高炉风温达到1250~1300℃；通过采用合理高炉炉型、纯水（软水）密闭循环冷却、铜冷却壁、优质耐火材料及结构、自动化监测等综合技术，延长高炉寿命，我国先进大型高炉寿命已达到15年以上；积极推广采用高炉富氧喷煤技术，先进高炉煤比已达到每吨180~200千克甚至更高。在高炉鼓风机、煤气余压发电、无料钟炉顶设备、高效长寿铜冷却壁、高温长寿热风阀等高炉主要单元装备均已实现全面国产化。

近10年来，我国高炉炼铁技术经济指标不断改善，工序能耗从每吨407.62千克标准煤降低到390.8千克标准煤，热风温度由1127℃提高到1142℃，入炉焦比稳中有降，由每吨370千克降至363千克。近年来，中国钢铁工业协会会员企业炼铁经济技术指标如表2-2所示。

表2-2　2013~2017年中国钢铁工业协会会员单位高炉炼铁经济技术指标

指　标	2017年	2016年	2015年	2014年	2013年
高炉利用系数/吨·（立方米·天）$^{-1}$	2.51	2.48	2.51	2.52	2.57
燃料比/千克·吨$^{-1}$	510.82	510.87	505.01	513.84	515.39
入炉焦比/千克·吨$^{-1}$	368.03	370.44	362.68	368.3	367.59
煤比/千克·吨$^{-1}$	142.79	140.43	142.33	145.54	147.8
热风温度/℃	1136.15	1119.89	1157.01	1140.7	1137.37
入炉品位/%	55.71	56.7	56.05	56.5	55.15
熟料率/%	82.83	89.68	88.75	90.96	94.85
休风率/%	2.43	3.87	4.33	3.87	2.18
劳动生产率/吨·（人·年）$^{-1}$	5031.77	4978.86	6093.81	4399.42	4461.02
炼铁工序能耗（标准煤）/千克·吨$^{-1}$	391.37	387.75	385	388.7	399.88

在高炉总体经济技术指标持续改善的同时，我国新建或大修改造的大型高炉采用精料、炉料分布与控制、高风温、富氧喷煤、炉体长寿等综合技术，高炉燃料比、煤气利用率、利用系数、工序能耗等主要指标达到国际先进水平。

2. 烧结

长期以来，由于资源禀赋和历史传承，我国形成了以高碱度烧结矿配加酸性球团或块矿的高炉炉料结构，铁矿粉造块主要以烧结工艺为主。改革开放以后，宝钢通过引进国外先进技术，建成了我国第一台 450 平方米现代化大型烧结机。进入 21 世纪以后，随着我国高炉炼铁技术的快速发展，烧结技术进入了前所未有的高速发展时期。在此期间，一大批 180~660 平方米大型烧结机相继建成投产，2010 年建成投产的太钢 660 平方米烧结机，是世界单台面积最大的烧结机。

近 20 年来，我国对烧结机密封、给料、布料等装置也作了许多技术改进和创新，取得了提高产量、改善质量、降低能耗等综合成效。进入 21 世纪以来，我国烧结机的大型化发展迅速。据不完全统计，截止到 2017 年我国 360 平方米及以上大型烧结机已经超过 100 台。烧结机大型化不仅体现了工程设计进步，还带动了机械装备、工程建造、控制技术、材料工程和节能环保等多产业的协同进步。当前我国大型烧结机的设计、制造和运行均已经达到国际先进水平，为 21 世纪以来我国烧结生产技术进步奠定了坚实基础。

在烧结机装备大型化的进程中，烧结新技术、新工艺、新装备研发应用也取得了显著成效。在此期间，烧结新型点火、偏析布料、超高料层烧结、烧结机密封、烧结环冷机余热回收利用、烟气脱硫-脱硝等技术被广泛采用。与此同时，烧结生产自动化控制水平不断提高；高碱度烧结矿（$R = 1.8 \sim 2.2$）得到普遍发展；料层平均厚度达到 688 毫米，最高达 900 毫米以上，随着烧结技术装备水平的提高，烧结生产技术经济指标得到进一步改善。2017 年中钢协会员单位烧结工序能耗降至每吨 48.5 千克标准煤，烧结固体燃料消耗和电耗显著降低，烧结矿质量性能得到普遍提高。经过 21 世纪近 20 年的快速发展，我国铁矿粉烧结不仅在产量上遥遥领先世界其他国家，而且一批重点大中型企业的技术经济指标也跨入世界先进行列。

3. 球团

21 世纪以前，我国球团技术发展比较缓慢，球团技术装备和产量在国际上均处于相对落后水平。进入 21 世纪以后，我国球团技术取得了快速发展，钢铁协会会员企业的球团矿产量从 2008 年的 1 亿吨增加至 2017 年的 1.14 亿吨。据不完全统计，我国共有球团竖炉 211 座，总生产能力约为 8665 万吨；带式焙烧机 4 台，分别是鞍钢 321.6 平方米带式焙烧机、包钢 624 平方米带式焙烧机和 162 平方米带式焙烧机、首钢京唐 504 平方米带式焙烧机，带式焙烧机球团生产能力达到 1600 万吨以上；链箅机—回转窑 98 条，其中包括武钢鄂州年产 500 万吨球团生产线，总生产能力达到 11605 万吨，链箅机—回转窑所占装备产能比例超过竖炉产能比例，占全国球团总产能的一半以上。

与烧结工艺相比，球团生产工艺具有含铁品位高、质量高、能耗低、排放少、污染小等技术优势。为适应我国球团工业快速发展的要求，进入 21 世纪后，我国加快了球团技术的发展，采用铁矿粉高压滚磨、润磨预处理技术，赤铁矿、镜铁矿生产球团技术，复合造块技术，混合原料复合球团制备与焙烧技术等取得成功应用，为我国球团工艺技术跨进世界先列提供了有效技术支撑。

4. 焦化

改革开放以来，我国焦化行业得到了快速发展，总体装备水平不断提高，基本形成了世界上炼焦炉型最为齐全、资源利用最为广泛、深度加工工艺最为充分的独具中国特色的焦化工业体系，年产能约 6.87 亿吨（含兰炭约 7000 万吨）。

焦炉大型化及干熄焦（CDQ）技术的推广普及，促进了焦炭质量的稳步改善，降低了炼焦耗热量，减少温室效应气体 CO_2 和 NO_x 的排放量，标志着我国炼焦技术已经步入国际先进行列。与此同时，我国干熄焦技术得到迅猛发展，我国建成投产了超过 280 套的干熄焦装置，并研发了国际领先的每小时 260 吨大型高温高压干熄焦装置。

改革开放以来，我国高炉炼铁的快速发展带动了炼焦技术的快速发展和焦炭产量的快速增长。我国在焦炉大型化、炼焦工艺多样化、炼焦自动化、节能环保、拓展炼焦煤资源降低炼焦成本、焦炉煤气综合利用等方面均取得了显著进步。在焦炉大型化方面，在原炭化室高度 4.3 米的基础上，发展到炭化室高 6 米、7 米、7.63 米各种系列的大型顶装焦炉；在原炭化室高度 4.3 米的基础上，发展到 5.5 米、6.25 米捣固焦炉，为拓展炼焦煤资源起到了积极作用；在节能环保技术方面，积极研发和推广应用干熄焦技术、煤调湿技术、焦炉烟道气余热回收技术、焦化污水深度处理回用技术、焦炉烟道气脱硫-脱硝技术等，特别是在干熄焦技术领域取得显著应用成效，大型 CDQ 发电量达到每吨 100 千瓦·时以上，节能减排效益显著；在拓展炼焦煤资源炼焦技术方面，开发并采用了捣固炼焦工艺多配加低价弱黏结性煤，可降低焦煤配比约 9%，降低肥煤配比约 5%，气煤、1/3 焦煤和瘦煤的比例相应提高了 3.5%~6.5%，有效节约了炼焦成本等。

目前，我国已经具备了 7 米以上顶装焦炉、6.2 米以上捣固焦炉的自主设计和建造能力；积极推广应用干熄焦技术，可回收 80% 的红焦显热，不仅降低炼焦能耗每吨 50~60 千克标准煤，还有效提高了焦炭质量。随着焦化污水深度处理及回用技术、干熄焦工艺与装备技术的广泛应用，我国大中型钢铁企业的炼焦生产基本全部实现了焦化污水的净化处理和零排放，焦化生产的工序能耗不断降低。截至 2017 年，中国钢铁工业协会会员企业焦化平均工序能耗每吨为 99.67 千克标准煤，比 2007 年降低近 40 千克标准煤。

（二）主要创新成果

1. 富氧喷煤技术

我国从 20 世纪 60 年代开始在首钢、鞍钢高炉上喷煤，是当时世界上开发应用喷煤技术较早的国家之一。20 世纪 90 年代以后，高炉喷煤技术列入国家科技计划。1999 年宝钢 1 号高炉创造了月平均喷煤量每吨 250 千克以上的新纪录，直至目前，全国大中型高炉基本全部采用高炉喷煤技术，取得了显著的经济和环境效益。2017 年，全国高炉喷煤平均达到每吨 143.16 千克，入炉焦比每吨 363.83 千克，宝钢、首钢京唐、太钢、武钢等部分大型高炉入炉焦比和煤比达到世界先进水平。在发展富氧喷煤的同时也加强了煤粉制备、输送、喷吹系统的安全设计和流程优化，首钢京唐 1 号高炉 2013 年 8 月率先使用氧煤枪技术，2 号高炉于 2014 年 6 月开始使用氧煤枪，高炉采用氧煤枪后，高炉顺行状况得到较好改善，风口前煤粉燃烧率和煤粉利用率得到提高。

2. 高效长寿技术

在我国高炉大型化、现代化的同时，高炉长寿化也取得突出进步，长期困扰高炉高效、安全、稳定、顺行、长寿的技术难题得到有效解决。近年来，我国在大型高炉设计体系、核心装备、工艺理论、智能控制等关键技术方面取得了重大进步。我国高炉在炉型设计、耐火材料选用及其结构设计、铜冷却壁、高效冷却方式、自动化监控系统以及高炉维护措施等方面，形成了高炉高效长寿综合技术体系，高炉长寿取得了显著成效，宝钢、武钢、首钢等企业的高炉寿命已达到 15 年以上。其中，宝钢 3 号高炉寿命达到了近 19 年，创我国高炉长寿新纪录，进入世界先进行列。应当指出，我国高炉长寿技术发展很不均衡，中国高炉平均寿命仅为 5~10 年，个别高炉寿命更短，与国外高炉相比还存在较大差距。近些年，我国高炉长寿再次面临新的挑战，炉缸侧壁温度异常升高、铜冷却壁过早破损等技术问题仍需要认真研究解决。

3. 高风温技术

高风温技术是高炉降低焦比、提高喷煤量、提高能源转换效率的重要技术途径。目前，大型高炉的设计风温一般为 1250~1300℃，提高风温是 21 世纪高炉炼铁的重要技术特征之一。近年来我国高炉风温逐年稳步提高，2017 年全国高炉平均风温达到 1142℃。目前，我国已完全掌握在单烧低热值高炉煤气（热值约为每立方米 3000 千焦）条件下，实现风温 1250~1300℃ 的高风温的集成技术，其技术的核心是通过预热煤气和助燃空气，使热风炉拱顶温度达到 1380℃±20℃，在送风期将热风温度稳定地维持在 1250~1300℃，热风炉拱顶温度与风温之差缩小到 80~100℃。设计研发并应用了多种形式并实现 1280℃ 以上高风温的热风炉结构，特别是首钢京唐 5500 立方米高炉在世界上首次应用了顶燃式热风炉，引领了热风炉结构的技术创新；研发多种形式的煤气和空气双预热技术，使燃烧单一高炉煤气的热风炉拱顶温度达到了 1400℃，并缩小拱顶温度与送风温度之差；研发应用了小孔径高效格子砖，有效提高了热风炉传热效率；优化热风管道系统结构，合理设置管道波纹补偿器和拉杆；采取有效技术措施防止炉壳发生晶间应力腐蚀，使高炉风温保持在 1280℃±20℃ 水平。

4. 高炉煤气干法除尘技术

目前，我国自主研发的高炉煤气干式布袋除尘技术在设计研究、技术创新、工程集成及生产应用等方面取得突破性进展，自主设计研发的大型高炉煤气全干式脉冲喷吹布袋除尘技术，完全取消了备用的高炉煤气湿式除尘系统。高炉煤气布袋除尘的过滤机理是基于纤维过滤理论，技术发展很快，1000 立方米级及其以下高炉几乎全部采用煤气布袋除尘工艺，取得了明显的应用效果。新建的大型高炉，如首钢京唐两座高炉（5500 立方米）以及宝钢、鞍钢、包钢的大型高炉均采用了煤气干法除尘技术。高炉煤气干法除尘关键技术难题得到有效解决，取得了许多技术创新成果，例如设计煤气调温装置，加大布袋箱直径，合理选择滤料，采用双向电磁脉冲喷吹技术，采用压力可调式正压气力输送装置，阀门和管道内壁喷涂耐磨涂层，波纹补偿器采用抗酸抗氯侵蚀的不锈钢材质等。

5. 高效低耗烧结技术

进入 21 世纪以来，我国烧结工艺技术也取得重大进展，烧结矿质量和性能有效提高。研发并应用了低温烧结、超厚料层（1000 毫米料层厚度）烧结、添加适宜 MgO 的烧结矿制备技术，热风烧结、复合烧结技术、烧结烟气循环都取得较好效果。首钢研发应用了烧结料面喷吹蒸汽技术，改善了烧结过程的传热机制，有效降低了烧结过程的固体燃料消耗和污染物的排放；梅钢开发应用了烧结料面喷吹蒸汽技术，使燃料消耗有效降低；烧结智能化控制技术取得较好应用；烧结过程多种污染物的协同控制和治理取得明显成效，活性焦、循环流化床烟气脱硫以及 SCR 脱硝技术在我国烧结机上得到推广应用，使烧结烟气中的 SO_2、NO_x、粉尘、二噁英得到有效脱除。

6. 球团技术

近年来，我国在球团技术领域发展成就突出，建成了一批带式焙烧机和链算机—回转窑球团生产线，球团技术装备大型化、现代化取得长足进步。完全掌握了大型球团制备技术，拥有国际先进的年产 500 万吨带式焙烧机和链算机—回转窑球团生产线，与此同时，积极研发高铁低硅酸性球团、发展含钛含镁低硅球团、赤铁矿氧化球团、大型带式烧结机生产赤铁矿球团方面取得较好进展。

7. 大型高效焦化技术

为降低配煤成本，节约优质炼焦煤资源，扩大炼焦煤源开发，我国结合国情开展了一系列研究工作拓展弱黏结煤在炼焦中的应用。基于煤调试技术和炼焦煤水分调控技术，武钢 7.63 米大型焦炉，贫瘦煤配用量达 14%~16%，少用优质瘦煤 10% 以上，低变质弱黏煤配用量达 20% 以上。马钢、攀钢、沙钢等焦化企业结合大容积焦炉用煤的特殊性，开展炼焦用煤细化分类使用技术及煤岩学配煤研究，达到了煤场科学管理、优化配煤、提高焦炭质量、降低生产成本的效果。通过配型煤炼焦技术，将弱黏性煤配加黏结剂后压制成型煤，与其余散状煤混合装入炼焦炉内炼焦。研究表明，在型煤配比为 30% 时，可以多配入弱黏结煤 8%~12%，M_{40} 提高 2%~3%，M_{10} 改善 0.5%~1.0%。而且炼焦配合煤黏结性越差，成型煤配入比例的增加，改善焦炭的作用越明显。其中，15% 成型煤相当于 3% 强黏结性煤。我国宝钢从一期开始到三期炼焦都配备了配型煤设施。型煤配入量 15%~30%，完全满足 5000 立方米级高炉炼铁的要求。

与此同时，我国干熄焦技术应用推广成效突出，总体技术达到国际先进水平；焦炉烟道气余热回收、烟道气脱硫、脱硝技术研发应用取得较好效果。

三、炼钢技术装备发展情况

中国钢铁工业经过改革开放 40 年来的艰苦努力，已经取得世人瞩目的辉煌业绩，粗钢产量由 1978 年的 3178 万吨发展到 2017 年的 8.31 亿吨，强有力地支撑了我国国民经济建设的快速发展。

特别是近十年来，以高炉-转炉为代表的钢铁生产长流程工艺与装备技术已经形成了系列规模的"铁水预处理、转炉炼钢、钢水精炼、恒拉速连铸"为显著技术特征的"四位一体"的洁净钢生产流程体系，其运行规律正在被业内所认知，其高质量运行效果正在逐步显现。在新建与改扩建工程中，炼铁-炼钢界面已逐步淘汰了混铁炉作为缓冲装置的落后生产模式，在改善环境状况、提高炼钢过程平稳运行、降低冶炼成本、提高钢水洁净度等方面均起到重要作用；在连铸-轧制界面，积极尝试采用高拉速与恒拉速结合、铸坯热送热装、无缺陷出坯等关键技术。此外，在降本增效的背景下，钢铁企业开始关注上述生产区段内不同工序之间"制造功能"的匹配与协同优化、"铁素物质流"与碳素能量流的动态有序运行，以及"生产节奏"互为匹配的工程技术研发和生产组织实施工作，出现了以首钢京唐公司、宝钢湛江钢铁等为代表的按钢铁产品制造、能源转换和社会废弃物资源化利用"三个功能"于一体的国际先进水平的钢铁制造流程的成功案例，其技术着眼点已不仅限于对其中某单一工序功能的充分发挥或其生产节奏的简单压缩上，已开始转变为更加追求不同工序的功能协同和生产节奏相匹配及系统优化的综合效果，其技术领先优势转化为经济效益优势的势头已逐步开始显现。

对于废钢-电炉短流程，尽管其产钢比例并没有发生太大的变化，但由于我国钢产量增加幅度较大，电炉钢实际产量的提升幅度也很快，其各个生产单元技术与装备的改进工作并未停止，特别是在打击"地条钢"，取缔低效中频感应炉的专项行动中，废钢-电炉短流程的市场环境得到改善，国内更关注国际最先进电炉炼钢工艺与装备技术的开发与应用，积极尝试废钢预热、电炉不开盖连续加料、强化冶炼等新技术组合。在可以预见的未来，随着我国资源条件、市场需求变化和日益关注的低碳环境需求，我国废钢-电炉短流程工艺与装备技术的改进速度会加快，其产能释放的幅度相比较而言也会发生变化，以此带动我国钢铁生产流程结构合理匹配和优化的转型升级工作。

下面将分别就转炉炼钢技术、电炉炼钢技术、铁水预处理和钢水精炼技术、连铸技术等四个方面加以论述。

（一）转炉炼钢技术进步

转炉炼钢是世界上最主要的炼钢方法，其钢产量占世界钢总产量的 65% 以上。转炉钢水洁净度高，杂质元素含量少，目前世界上高品质钢材，如汽车板、高级船板、电工钢、不锈钢、高品质特殊钢以及高速铁路钢轨和轮胎子午线等产品均采用转炉流程来生产。

改革开放 40 年来，国内转炉炼钢科技进步主要体现在以下方面。

1. 实现了炼钢设备的大型化、专业化和系列化

国内先后出现了 300~350 吨级转炉炼钢装备系列，30 吨以下转炉已经退出主力市场，转炉冶炼能力和操作技术水平得到显著提升，对于汽车板等高品质钢材生产积累了丰富的经验。同时，基于冶金流程工程学理论，按照所生产产品特点的系列要求，国内对于炼铁-炼钢-轧钢高效专业化配置的认知水平在逐步提高，这类专业化配置的生产线正在不断涌现，盲目追求装备大型化的趋势正在弱化。

2. 积极推进"高效率、低成本洁净钢系统技术"的应用，在提高钢水洁净度、降低消耗、稳定生产节奏等方面效果显著

借鉴国际上先进的全量铁水预处理、少渣炼钢为代表的洁净钢生产工艺技术，国内众多钢铁企业结合自身需求，积极尝试和应用，使转炉对不同铁水条件的适应性显著提高，在提高转炉脱磷率、减少石灰消耗量和渣量、改善初炼炉钢水洁净度、降低钢水过氧化等方面积累了丰富的经验。特别是采用溅渣护炉的长寿复吹转炉全炉役钢水的碳氧积稳定接近 0.002，达到国际先进水平。

3. 转炉全自动吹炼技术迅速发展

随着转炉大型化全自动吹炼技术在国内迅速推广，不小于 100 吨转炉采用以副枪为基础的动态控制技术，不大于 100 吨转炉则采用投掷式测头与烟气分析（或两者相结合）的

方式，进行冶炼终点的动态控制，力争实现"一键式"吹炼控制和不倒炉出钢的自动炼钢。随着国内转炉全自动吹炼技术的推广与完善，不倒炉出钢比例和自动化炼钢率有了大幅度提高，一批先进转炉终点控制精度（[C] 为±0.015%，温度为±12℃）的双命中率可达 80%~93%，转炉生产效率提高、消耗降低的效果十分明显。

4. "负能"炼钢技术取得重大进展

国内转炉炼钢厂高度重视推广"负能"炼钢技术，实现"负能"炼钢的钢厂日益增多。国内 100 吨以上大、中型转炉中 95% 以上的转炉都实现了转炉工序"负能炼钢"，个别企业已实现炼钢全工序（从铁水预处理至连铸）"负能炼钢"，钢铁企业对于转炉煤气回收的意识逐步提高，从最开始的片面追求回收煤气数量，到现在的追求回收煤气数量与煤气热值并重。

5. 一些新工艺与装备技术应用

积极尝试复吹转炉大底吹搅拌技术，在确保炉底寿命前提下，底吹搅拌强度接近 $0.3Nm^3/(min \cdot t)$，为改善熔池中钢水与炉渣成分和温度的均匀性，提高渣-钢界面反应效率、减少钢水过氧化程度奠定了坚实的基础；采用红外成像结合转炉滑动水口出钢挡渣技术，严格控制转炉出钢过程下渣量，节约脱氧剂与铁合金消耗量，为后续钢水精炼创造良好条件。

（二）电弧炉炼钢技术进步

目前，世界电炉钢产量约占世界钢总产量的 34%。改革开放 40 年来，我国电炉炼钢技术与装备也取得长足的技术进步。电炉炼钢技术进步主要体现在以下方面。

1. 电炉设备大型化发展成绩显著

我国电炉炼钢装备已完成大型化发展，至今主力电炉容量均大于 70 吨，新增电炉容量大都为 100 吨以上，也出现了大吨位的带废钢预热和连续加料的电炉装备，以改善电炉作业环境，提高技术操作水平。

2. 形成我国独立自主的大型超高功率电炉炼钢合理电气运行技术

合理电气运行是大型电弧炉炼钢安全高效生产最重要的基本技术，以前主要靠国外开发商提供，经过多年的努力，我国各企业和研究单位已能自主研发，各种容量和功率级别的电炉炼钢，合理电气运行技术，取得了高效、节能、安全生产的效果，就此项技术即可使一般炼钢每吨平均节电 30 千瓦·时。

3. 强化供氧、底吹搅拌和辅助功能技术推广

目前，我国已具有集束氧枪技术装备的自主知识产权，能够自己研发，制造，提供各

种炉壁、炉门氧枪和炭枪（天然气），供氧量达到每小时 2000~3000 立方米，单枪功率达到 2~3 兆瓦，满足了需要大量脱碳的电炉炼钢操作，冶炼电耗大幅度下降；电炉底吹搅拌技术的出现，也将使电炉生产效率大大提高，钢水质量得到改善。

4. 取缔大量低效中频感应炉生产装备

大量低效中频感应炉生产装备被取缔，根本扭转了国内废钢市场环境，废钢加工、分类、检测等相结合的预处理技术将逐步走上正轨，将进一步规范废钢-电炉短流程技术的发展路径，促进带废钢预热、连续加料、冶炼过程不开炉盖高效低耗电炉技术的有序发展。

（三）铁水预处理及钢水炉外精炼技术进步

铁水预处理和钢水炉外精炼是低成本高效率洁净钢生产的两项重要基础技术，是炼钢生产流程优化的重要环节。

1. 铁水预处理技术

我国铁水预处理技术发展取得的主要进步如下：

（1）铁水预处理量增长迅速，铁水预处理比例逐步增长。近几年，借鉴国外先进技术成功案例，国内对全量铁水预处理技术的认知水平在逐步提升，铁水预处理迅速推广，也积累了丰富的操作经验。大型重点企业铁水预处理比较高，如宝武集团、首钢集团已具备全量铁水脱硫预处理和部分铁水三脱预处理能力，鞍钢、包钢、河钢等企业部分产线的铁水脱硫预处理比已超过了 80%。

（2）以铁水预脱 S、转炉预脱 Si 和脱 P 为特点的铁水"三脱"技术有了实质性发展。首钢京唐公司由于采用先进的铁水包多功能化技术，使铁-钢界面衔接匹配得到极大的改善，铁水温度显著提升，确保 KR 脱硫效率大幅度稳定提升，KR 处理率稳定在 99%，月平均铁水硫含量小于 10×10^{-6} 的比例接近 85%，达到国际先进水平。其炼钢厂在国内首次实现了脱磷转炉与脱碳转炉双跨布置的作业模式，积极探索脱磷转炉高效脱磷与脱碳转炉高效脱碳相匹配的生产实践，力争提高全三脱比例，努力接近国际先进水平。

2. 钢水炉外精炼发展现状

炉外精炼是现代钢铁生产过程中开发新品种、提高钢材质量的关键，也是生产洁净钢的重要技术。改革开放 40 年来，我国钢水炉外精炼技术进步的主要成绩是：

（1）钢水精炼比（除吹氩喂丝外）显著提高，钢水精炼装置已在所有钢厂成为必要的设备和不可缺少的工序。大多数钢厂建立了各类真空和非真空的钢水炉外精炼装置。炉外精炼技术也随着连铸生产的增长和对钢铁产品质量日益严格的要求，得到了迅速的发展，呈现出系统化、专业化、规范化、优质化的良好发展势头。目前，国内 100 吨以上生产优质钢产品系列的炼钢炉的钢水炉外精炼比例已经达到 90% 以上。

（2）我国钢水炉外精炼系统工艺和装备技术可立足国内，并达到国际先进水平。我国钢水炉外精炼比在钢产量大幅度增加的条件下依然取得成倍增长，主要原因是工艺与装备技术可立足国内。尤其是真空精炼技术和装备的国产化率快速提升。2008 年后，新增 RH 设备国产化率达到 80%，一批企业所掌握的快速 RH 工艺技术、高效顺行的 RH 在线布置、卷扬代替液压顶升钢包的创新设计运行等均已达到国际先进水平。世界上第一台机械真空泵系统的 RH 装置在重钢投产，使工艺稳定、大幅度节能的 RH 工艺装备达到了世界领先水平；我国第一台机械真空泵系统的 VD 装置也已在包钢应用，充分显示了国内钢水真空精炼装备制造能力与工艺控制水平的显著提升。

（四）连铸技术进步

改革开放 40 年来，炼钢厂经历了以炼钢为中心到以连铸为中心技术理念的根本转变，促使我国连铸技术发展迅猛，特别是 2008 年以来，普钢企业连铸比一直稳定控制在 98% 的国际先进水平，在国际上反响十分强烈。连铸技术进步主要体现在以下方面：

1. 高效连铸技术取得了长足的进步

目前，我国连铸机的设计作业率在 80% 左右，而实际作业率为 80%～90%；板坯连铸机的浇注速度一般每分钟 1～1.8 米，120 毫米方坯每分钟 3～4.5 米，150 毫米方坯每分钟 2.5～3 米。大型板坯连铸机的设计产量一般为 100 万吨/流，而实际年产坯可达到 140 多万吨/流。小方坯连铸机的设计产量为 12 万吨/流左右，实际铸机的年产量已超过 18 万吨/流，最高年产量甚至达 26 万吨/流，与世界同类指标相当。

2. 连铸恒拉速技术是近年来在连铸方面取得的最重要的技术进步

在宝武集团、首钢股份等先进企业带动下，这项技术有效地稳定了连铸生产过程，显著提高了铸坯质量水平，成为高效率、低成本洁净钢生产技术系统中具代表性的核心技术之一。

3. 薄板坯连铸技术全面提高

到 2017 年底，我国已有 17 条薄板坯连铸连轧生产线。双流连铸薄板坯连铸连轧生产线最高年产近 300 万吨；薄板坯连铸的漏钢率大幅下降，接近每年 0.1%；薄板坯连铸产量、品种、质量处于世界先进水平。近五年来，无取向冷轧硅钢、双相高强度钢都已在多条生产线上批量生产；耐火材料、保护渣国产化率逐年提高；与连轧配合，半无头轧制生产超薄带材的技术日益完善。山东日照钢厂采用 ESP 技术也取得成功，生产效率和铸坯质量均有显著改进。

4. 一批高水平的连铸生产工艺与装备技术有了重大突破

近年来，我国连铸生产中一大批有利于提高生产效率和铸坯质量的工艺与装备取得了良好的应用效果，主要有：开发了具有自主知识产权的连铸坯倒角结晶器技术、控制铸坯红送裂纹及边直裂技术等，大幅度提高了在线铸坯及产品质量和金属收得率，能耗降低显著；电动与液压非正弦结晶器振动（尤其是全数字振动）已基本可立足国内；铸坯凝固末端判定与动态压下技术已在板坯和大矩形坯连铸中推广应用；各类钢种稳定低过热度与全保护浇铸工艺系统技术研发应用有了重大进展；一些企业对连铸全过程质量在线监测和控制技术的研发应用取得了新成果；连铸电磁搅拌、电磁制动国产化技术的推广应用打破了外国公司的垄断，尤其是大型板坯二冷电磁搅拌和各类断面连铸机结晶器电磁搅拌已显现出优于引进技术的特点；总体上各类铸机的设计、制造和生产工艺技术均可基本立足国内，特大圆坯连铸机设计与应用已居世界领先水平。

四、轧钢技术进步

1978 年时，国内可以称得上现代化轧钢装备的只有 1978 年 12 月投产的武钢"新三轧"生产装备，即武钢的 1700 毫米热连轧、1700 毫米冷连轧和硅钢生产线工程。另外，相对好一点的装备就是苏联 20 世纪 50 年代援建的，鞍钢 1700 毫米热连轧、1700 毫米冷轧、鞍钢大型轧机、鞍钢 140 毫米无缝钢管轧机，以及首钢在 60 年代引进的 300 毫米小型连轧机组，鞍钢这些装备基本上是国际 20 世纪四五十年代的水平，谈不上先进。但是，对于新中国而言，则是 1949 年以后发挥过重要作用的装备，也是国内比较先进的装备。

在计划经济的年代，对于绝大多数的地方企业则完全不可能有现代的轧钢装备，主体装备是我国在大跃进和以后的 60 年代研发的装备，主要是 2300 毫米三辊劳特式中板轧机、250（300）毫米横列式小型轧机、76 毫米无缝钢管轧机以及叠轧薄板轧机。这些轧机的水平只有 20 世纪初甚至更早的技术水平，基本上完全依靠人工操作轧钢，没有自动控制，轧机的轴承都是胶木瓦轴承，弹跳大、钢材尺寸精度很差。由于不是连轧，效率低、产量低、轧件温差大，质量难于控制。轧机的前后辅助设备更加落后，加热炉基本是推钢式，大多数企业没有配套的热处理设备，不能生产性能要求高的产品。

我国在 20 世纪的六七十年代，也开始研制一些大型轧钢装备，力图改变我国轧钢技术装备的落后状况，但是由于技术积累不足，也由于技术源的水平不高，只是仿制苏联的装备，所以总体没有达到快速进步、根本改变我国轧钢行业技术装备落后的目的。比如，在 20 世纪 70 年代通过仿制苏联 50 年代装备，建设了本钢 1700 毫米热连轧工程、攀钢 1450 毫米热连轧工程，还独立设计了舞阳 4200 毫米宽厚板工程，这些装备建成后，产品档次、质量水平普遍不高，运行也不十分稳定，甚至达不到原来苏联的老设备的水平。比较好的舞阳的宽厚板轧机，填补了国内空白，解决了国防的急需。这些装备的试制与研发是我国轧钢装备国产化的一次有益的尝试。

随着武钢新三轧工程的引进，国家已经意识到，要快速取得轧钢领域装备技术的进步，必须组织队伍进行先进轧钢技术装备的消化吸收，当时的冶金工业部成立了技术工作组，组织全国的优秀研发队伍，对于武钢 1700 毫米工程进行了系统的学习和消化，在北京钢铁学院由冶金工业部牵头组织了先进轧钢技术及数学模型学习班，我国轧钢技术人员第一次接触到了计算机控制热连轧技术。这些工作为我国轧钢技术进步打下了非常好的基础，储备了人才、积累了技术、培训了队伍。

（一）轧钢技术装备的发展历程

改革开放以后，我国的轧钢技术装备基本上是从消化、吸收开始起步的，大约经历了以下几个阶段。

1. 大规模引进阶段

改革开放初期，我国全面接触到国际上的先进的轧钢生产技术及装备水平，发现差距巨大，所以这个阶段基本上是全面引进。其中最重要的就是宝钢一期的引进，这个时期由于过去的落后，几乎所有的主装备、配套装备全是引进的。其实不止宝钢，当时很多企业的装备也都走的这条路，棒材、高速线材、无缝钢管轧机、宽厚板轧机等，无一不是如此。

2. 系统消化吸收阶段

随着国内引进装备的增加，国家曾经有组织、有计划对于引进的装备进行了消化吸收，如前述对于武钢新三轧工程的系统消化吸收工作就是最典型的，是全国一盘棋式的大规模学习。同时，国家陆续在几个五年计划中有计划的支持了对于引进设备消化的攻关。在此基础上，参加攻关的单位逐渐的推出参照国外装备制造的成套轧钢装备。最早获得成功的是棒材连轧生产线（20 世纪 80 年代初），随后国产化的高速线材轧机（20 世纪 80 年代末）、热连轧宽带钢轧机（2000 年）、宽厚板轧机（2001 年）、冷连轧轧机（2009 年）、无缝钢管轧机（2004 年）等相继研发成功。

3. 提高制造水平，持续推广阶段

在这个阶段里，国内制造的成套装备达到了一定的技术水准，可以基本满足产品的性

能需求，得到国内用户的认可，开始大规模的推广使用。

4. 部分创新阶段

近几年，随着我国钢铁工业技术进步，技术的不断积累，用户需求的提高，国内正在开始逐渐进入部分自主创新的阶段，虽然是刚刚开始，但是表明一个新的阶段正在开始。

成套轧钢技术装备国产化最先取得成果的是小型棒材轧机，在20世纪80年代初期，北京科技大学率先研发成功短应力线轧机。该轧机对于提高我国小型材的质量有重要意义。冶金工业部设备研究院、北京钢铁设计研究总院随后都推出各自的成套小型棒材轧机生产线，并且推广使用，从此棒材轧机的成套装备国内基本上可以立足国内。到目前为止，国内可以制造成套小型轧机的企业有20余家。高速线材轧机成套技术装备的国产化大约在20世纪80年代末，到现在为止我国的哈飞、西冶都可以提供现代化的成套高速线材轧机装备。

在成套轧钢装备的技术进步方面，第二个取得突破的是热连轧宽带钢成套设备。如前所述，从武钢1700毫米引进时国家就把热连轧带钢轧机的国产化作为重要的攻关目标。20世纪90年代末，在鞍钢的现代化改造中这一目标得以初步实现，由鞍钢、北京科技大学、一重共同完成了第一套从装备、模型、自动化控制的现代化热连轧宽带钢轧机的建设。从此以后，莱钢1500毫米热连轧、日照1580毫米热连轧、济钢1700毫米热连轧、重钢1780毫米热连轧等，一系列的国产化的热连轧成套设备不断建设。到目前为止，传统热连轧宽带钢轧机国内已经完全可以自主制造，并且占据了绝大多数的国内市场份额。最近几年，我国的宽带钢轧机成套技术已经开始进入国际市场。2017年，由青山集团、一重、北京科技大学合作的，在印度尼西亚建设的1780毫米不锈钢热连轧机成功投产，我国在现代化热连轧机成套技术装备出口方面迈出了有意义的一步。

轧钢成套装备的另外一个重要方面是宽厚板轧机，第一套国产的现代化宽厚板轧机的建设是2001年济钢的3500毫米宽厚板轧机，随后2005年建设的3500毫米邯钢的宽厚板轧机和2009年建成的汉冶3800毫米宽厚板轧机，这些轧机的建设使我国在宽厚板轧机成套技术装备方面取得了重要的进步。特别要指出的是和宽厚板轧机配套的在线和离线的成套热处理设备，从20世纪90年代末，鞍钢的二手设备4200毫米宽厚板轧机上就由鞍钢、北京科技大学共同研发成功了加密管层流的成套控制冷却设备。以后东北大学、北京科技大学都研发了更加先进的热处理设备，为宽厚板质量的提升做出了贡献。

在冷连轧的成套装备的制造方面，2009年宝钢联合一重、西重所等单位在宝钢梅山钢铁公司建设了完全自主设计、独立制造的成套冷轧装备，其工艺和设备具有世界一流水平。酸洗机械设备由宝钢工程技术公司承担，轧机主体机械设备由一重承担，机组三电系统硬件和软件系统集成和设计由宝信软件总体负责。实现了完全意义的自主化和自主集成，从研发、设计、制造，到调试、运行等机组建设的各个环节，从工艺、机械到电气、仪表、计算机等各个专业，全都实现了自主化，梅钢 1420 酸洗连轧机组采用五机架六辊 UCM 轧机，轧机出口最高速度每分钟 1700 米；设计产品最薄厚度 0.18 毫米（厚度 0.18~2.0 毫米，宽度 700~1300 毫米）。年产能 85 万吨，该机组的建成使现代化冷轧装备的国产化也获得成功。

在无缝钢管成套技术方面，2004 年国内第一套代表先进无缝钢管技术水平的国产化连轧机组在无锡希姆莱斯石油管制造企业投产，到目前为止国内设备制造企业已经能够满足大部分无缝钢管生产需要的技术装备。

所以到目前为止，绝大多数的轧钢生产装备我们已经可以自主制造，满足国内钢铁企业的生产需要。

（二）轧钢技术装备发展取得的主要成就

最近的 10 年里，我国的轧钢技术装备开始从模仿，向自主设计、部分创新的阶段发展，虽然还是初步的，但是这一进步是非常重要的。从 2011~2017 年冶金科技进步奖轧钢组获奖的情况，我们可以看到这些变化。从中可以看到，我们国际领先和国际先进的项目正在逐步增加。而在这之前，我们主要的项目目标也就是填补国内空白、替代进口，那个时候大多数的项目完成以后，基本上是国内领先或国内先进，而且在这类的项目中有很大一部分是引进的成套设备，我们仅仅是能够较好的使用，开发出了原设备产品目录内列入的产品，这类的项目显然创新型是不够的。而近几年我们的一些项目确实开始在世界范围内处于引领地位。

（1）2013 年获奖的国际领先的项目是获得特等奖的宝钢项目"先进高强度薄带钢制造技术与产业化"，该项目是宝钢自主研发的一条柔性化的高强度薄带钢专用生产线。其特点是，完全从市场需求出发，即未来汽车将大规模的轻量化，进而需要更高强度和高韧性的汽车用钢板，为此进行自主研发；从基础研究入手，遵循世界最新的钢板生产 QP 理论，完成了大量基础实验，获得大量第一手数据，然后向工艺装备转化；完成了全生产线的设计制造和集成，最终生产了先进的产品。其中，QP1180 钢实现了全球首发，这也是全世界第三代汽车用钢板第一次能够在实际工业生产线上批量生产。在该生产线投产后，国外国内的一些企业都进行仿制，该生产线的独创性有以下几点：独创了高强度薄带钢柔性生产线，实现了 5 种先进高强钢生产模式的快速切换，可生产各种冷却方式的（高氢喷射、气雾、水淬）高强度钢、热镀锌合金化板、电镀锌板等，切换灵活。

实现了 3 种生产先进高强钢快冷技术——高氢高速喷射冷却、新型水淬冷却和可移动超细气雾冷却，实现了不同冷却速度的灵活控制，最高可以达到每秒 155℃（高氢）~1000℃（水淬），冷却均匀、板型优良。

开发了一整套先进高强度薄板制造技术，成功开发并生产了 9 类 27 种先进高强度钢产品，其中 24 种已经稳定生产，冷轧板最高强度达到 1500 兆帕，热镀锌板最高强度达到 1180 兆帕。其中，Q&P 钢和高强度镀锌板（1180 兆帕级）是当时世界上唯一的可以生产该产品的生产线。

宝钢这条生产线的研发、设计和投产改变了我国在高强度汽车板生产领域只能买外国生产线、或只能拷贝国外设计生产线的局面，开创了高强韧汽车板生产技术在世界的引领局面。

（2）2017 年获奖的项目中，处于世界领先的项目是天津中重科技的"特大型钢 CMA 万能轧机关键技术及工艺的研发"。国内外现在最先进的大型钢生产工艺布置是粗轧采用 1 或 2 架二辊可逆 BD 轧机开坯，精轧采用 3 架紧凑式万能轧机，用可逆轧制方法生产大型钢；其中精轧采用 3 机架可逆布置，大多采用 SMS 专利技术 X-H 轧法。但是，对于一些需要孔型连续变化的轧件，如钢板桩产品的生产就受到制约。天津中重科技研发的紧凑式万能轧机采用半连续布置的生产工艺，紧凑式万能轧机半连续轧制型钢克服了原来 3 架紧凑式万能轧机可逆轧制不能保证轧件连续变形的缺点，为大型钢的生产开辟了一条全新的思路。该生产线采用两架可逆的开坯机，7 个机架连轧生产大型型钢，解决了国外工艺不能连续变形的难题，实现了 600 毫米以上特大型钢板桩产品的半连续轧制，显著减少了轧制温降，实现了节能、高效和稳定轧制；不仅显著减少了占地面积和建设投资，而且降低了设备事故率，明显提高了成材率和收益。

该轧机是世界上轧制品种灵活的最大规格紧凑式万能轧机，最大轧制力：水平辊轧制力达 12000 千牛，立辊轧制力达 6000 千牛，最大辊环直径 1600 毫米（世界最大），可轧制出 1200 毫米 H 型钢、600~900 毫米以上特大型钢板桩、Z 型钢和不对称断面异型钢，实现了特大型型钢轧机在国际上轧制产品规格和多品种上的突破。

与国外技术相比，其技术特点：国外布置为 1+3，1+3+1，1+2+2+1，产量 30 万吨，轧件长度 3~5 米；该生产线布置为 1+1+7，产量 80 万吨以上，最大产品 900 毫米钢板桩，1200 毫米的 H 型钢，轧件长度 8~10 米。特别要指出的是，该设备投产后，产品开发非常成功，各种世界水平的大型型材开发出来，如大型钢板桩大量出口，企业效益显著。

（3）青岛钢铁集团近年自主设计建造了 QWTP（Qingdao Wire Toughness Patenting，线

材韧化处理）生产线，通过对热轧风冷盘条的离线"奥氏体化加热+等温盐浴索氏体化处理"提高盘条的组织性能，同时根据离线盐浴热处理工艺的特点进行成分设计、冶炼和轧制工艺开发，为 QWTP 产线提供合格的热轧盘条。

其研发的背景是，随着这些年大型桥梁的建设对于悬索用钢丝的强度要求越来越高，日本和韩国通过等温热处理的技术，已经可以生产强度在 2000 兆帕以上的悬索用钢丝，新日铁采用 DLP 工艺生产盘条原料，该工艺可使盘条在几乎恒定的温度下（550℃）发生珠光体转变，获得片层细小并且均匀的索氏体组织，不需离线热处理。目前，新日铁已经开发出 DLPS97AM 盘条（盘条强度 1500 兆帕），可以用于生产出 2100 兆帕以上的镀锌钢丝；韩国浦项钢铁和高丽制钢采用线外铅浴索氏体化处理联合开发出 2200 兆帕级别的缆索产品，较好解决了钢丝扭转问题，质量水平开始领先于日本。

国内由于没有类似的生产线，我国的悬索钢丝的强度低于日韩的水平，青岛钢铁钢丝自主研发了 QWTP 生产线，采用离线的盐浴出来技术，现在已经获得成功，目前已经成功生产出 1960 兆帕的钢丝，并且正在试制更高强度的钢丝。该生产线完全是自主设计研发，拥有独立的知识产权，整体的控制思想有别于日韩的装备。

（4）太钢近年投产的不锈钢冷轧 RAPT 生产线是太钢在不锈钢生产技术上从引进到引领的一次尝试。过去的不锈钢连轧生产线基本上各工序都是独立的，太钢新建的连轧生产线将不锈钢的冷轧、退火、酸洗、平整、拉矫、剪切六大工序集成在一条线上，实现全工序一体化生产，节省了大量中间环节，可大幅度减少工序成本和能源消耗，符合国家低碳、环保的产业发展要求，采用该布置的不锈钢连续轧制和处理线是世界上的第一条，为此太钢做了大量的研究工作，取得了成功。

全线设备总长度达到 750 米，为了保证连续化稳定生产，设置了五个活套装置，并采用统一的电气自动化系统进行控制，实现全线协调联动。这条 RAPL 由于工序高度集成化，设备运行极其复杂，技术要求高，操作难度大，代表了当今世界不锈钢生产的最高技术水平。其投资减少 18%，占地面积减少 65%，岗位减少 50%，效率提高 40%，成材率提高 4%，成本降低 21%，制造周期由 2~3 天缩短到 4 个小时。

除了上述的获奖项目，在产品方面，由于现在轧钢装备的进步和现代化，许多钢铁产品我国也已经在世界上处于领先的地位。如，国内已经可以生产海工钢厚度大于 380 毫米，桥梁钢大于 150 毫米，管线钢（X80）大于 30 毫米的厚板产品；生产用于汽车结构的强度 1800 兆帕热成形钢，强度大于 1300 兆帕冷轧板；热轧带钢最薄可生产 0.8 毫米，实现了以热带冷；0.18 毫米厚的取向硅钢全球首发。这些产品的研发成功在国际都处于领先的水平。

五、两化融合发展

两化融合是信息化和工业化两个历史进程的融合发展，信息化不仅能带动工业化，还会带动和促进一切与工业化相伴随的历史进程，使之融合发展。随着信息化和经济全球化迅速而深刻地改变着人类的生产和生活方式，国与国之间、企业与企业之间的生存和竞争环境也随之改变。为应对这种变化，党的十六大提出了"以信息化带动工业化，以工业化促进信息化"，党的十七大提出了"大力推进信息化与工业化融合"，党的十八大将此概括为："促进工业化、信息化、城镇化、农业现代化同步发展"。

随着我国钢铁工业的快速发展，钢铁行业积极贯彻党中央、国务院加快信息化与工业化融合发展战略，以科学发展观为指引，深入分析信息化与钢铁工业融合的重大理论和实践问题。钢铁企业通过自主创新、引进消化再创新，将信息技术广泛应用于产品研发设计、生产制造、企业管理、物流和销售等全过程中，并积极持续推进智能装备、智能工厂、智能互联应用探索，利用大数据、云计算等技术，逐步实现信息深度感知，智慧优化决策，精准协调控制，钢铁工业整体装备水平、工艺技术和技术经济指标得到较大提高。两化融合已成为钢铁工业转型升级、高质量发展的新动能。

(一) 钢铁工业两化融合发展历程

我国钢铁工业的信息化建设相对发达国家起步要晚 10~15 年，但相对其他行业，钢铁工业的信息化整体水平在国内各工业行业中还是处于先进水平和领跑位置的。钢铁工业的信息化发展大致可分为三个阶段：

1. 探索阶段

我国钢铁工业在 20 世纪六七十年代开始了应用微电子技术、电子计算机的尝试。主要是开发生产过程的检测、驱动及其应用；80~90 年代，开始以基础自动化、部分过程控制及应用模型和检测为主要目标，部分重点大型钢铁企业开始研发和应用管理信息系统（MIS）；90 年代后期，开始推广应用生产过程自动控制系统和数学模型、管理信息系统，部分企业开始管控一体化系统、集成制造系统（CIMS）及企业资源计划（ERP）的开发和应用。这个阶段的信息化自动化建设主要目标是生产过程自动化、管理信息化。

2. 快速发展阶段

2000~2010 年是钢铁工业信息化快速发展并逐步走向成熟的阶段。在以信息化带动工业化的战略目标下，重点发展了生产过程自动化、智能化、管理信息化和管控一体化，加快了钢铁工业现代化进程。在这一阶段，中钢协制定了《中国钢铁工业"十五"信息化发展规划》《"十一五"中国钢铁企业信息化发展建议》，提出了在 10 年间钢铁企业信息化的预期性目标、发展重点、关键技术、共性问题、主要任务和应对措施，通过总结钢铁企业信息化建设成效和经验，引导企业信息化的发展方向，推进钢铁企业信息化走向经济实用、有效适用、与业务高度融合、技术水平高、重视自主创新的适合钢铁行业发展的信息化建设途径。

3. 融合创新阶段

从 2011 年开始，钢铁企业信息化建设逐步进入了全面提升阶段，钢铁企业不断加大信息技术应用的研究和投入，推动了钢铁工业向高精度、连续化、自动化、高效化发展；企业通过"纵向贯通、横向拓展"，使产销一体、管控衔接、业务财务集成优化的协同集成应用系统逐渐普及深化；大型钢铁集团企业基本上完成了 4 层（即从基础自动化到生产过程控制，再到制造执行 MES，最后到企业 ERP）钢铁信息化系统的建设，部分企业正在规划或实施企业绩效管理与分析的第 5 层智能信息系统建设，并加速向智能制造、大数据应用、电子商务、资源能源管控等深度与广度应用方向延伸。

（二）两化融合为钢铁行业转型升级提供了有力的支持

伴随着钢铁工业和信息技术的快速发展，钢铁企业涌现出了一批大力促进钢铁企业信息化的决策者、优秀 CIO 和建设者，在总结国内外先进钢铁企业信息化经验的基础上，突破性的解决了产销一体、管控衔接、财务业务集成等重大关键技术难题，一批体现自主创新的信息化工程建成；绝大多数的钢铁企业已经把分散的信息数据孤岛逐渐融合，实现数据集中与共享；从信息化应用功能上，我国钢铁企业的信息化已经从生产性环节延伸到服务性环节，从企业内部的信息化延伸到下游产业链间的信息化，实现了产业链间的共赢。

1. 信息化有效支撑了企业重组与集团化经营

"十一五"至"十三五"初期，我国钢铁工业基本完成了装备大型化和品种结构的初步调整，企业集团化经营迅速扩展，宝武集团、河钢集团、山东钢铁、沙钢等钢铁企业集团相继组成，跨地区信息化应用对企业重组、集团化经营创造了有效的支撑条件；远程视频、跨地域协同办公、多组织多法人跨地域的 ERP 系统业务应用，极大地规范了市场规则；企业间、区域价格市场竞争进一步有序、规范，资源配置与物流得到了初步协调统一，物流信息化应用得到了迅速发展；资金集中合理使用效率显著提高，企业整体抗风险能力明显增强；技术创新应用能力大幅提升，信息化有效地支撑了企业重组与集团化经营。

2. 制造执行管理系统（MES）的应用改善了企业产销模式

制造执行管理系统的概念最早由美国先进制造研究机构（AMR）于20世纪40年代通过对大量企业调研后提出，其重点是通过信息技术实现上下打通、工序间的横向贯穿，核心是制造执行管理系统。随着信息技术的发展以及在制造管理领域应用的日趋成熟，越来越多的企业建立了车间级制造执行管理信息系统，其生产线的MES覆盖率也逐年提高。近10年，随着钢铁行业产品结构的调整，板带产品比例大大改善，产销一体、管控衔接、业财无缝应用能力显著提升。信息化改变了企业传统的以产定销的生产组织模式，生产过程物流流转效率显著提升，钢轧一体化生产组织与作业排程，实现了生产组织的良好衔接，生产效率、节能效果显著提高，产品质量显著改善，面向客户个性化需求的多品种、小批量订单与生产组织批量化、高效率矛盾得到了合理平衡，钢铁企业适应市场需求、满足客户需求的生产组织形式已被大多数钢企欣然接受。钢铁行业信息化支撑下的生产组织方式正在进一步发生更突出的变化，企业整体经营模式也在逐渐改变。见图2-1。

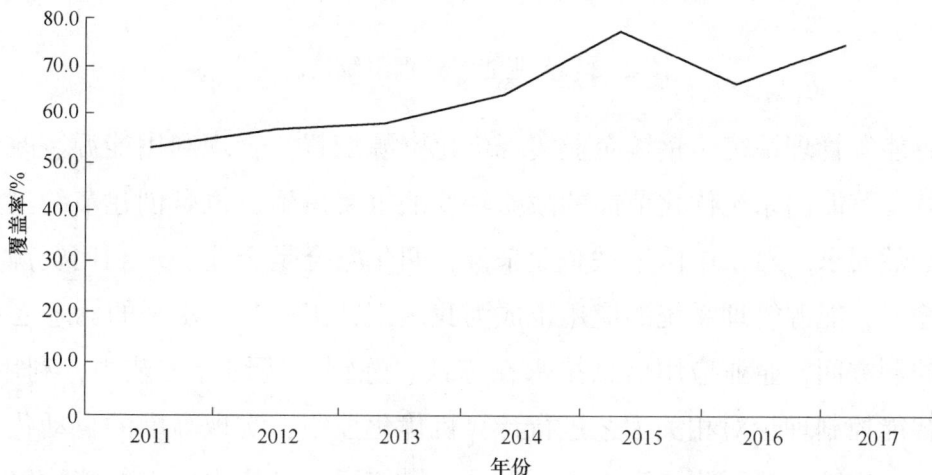

图2-1 企业MES产线覆盖率超过70%的占比

3. 信息技术应用助力企业大幅提升节能环保管控能力

由于我国大力推动循环经济、绿色发展和节能减排的经济调整政策，企业、政府从节能减排指标、节能技术应用、能源集中管控、能源管理体系等多方面推动，企业以信息技术为手段、以管理创新、技术创新、制度创新为动力，改造落后装备，通过对各种生产和消费过程进行数字化、智能化的实时监控，钢铁行业能耗指标显著降低。通过国家设立的政府专项节能资金支持等相关政策、中钢协制定《钢铁行业能源管理系统建设指导意见》、推广能源管理系统建设方案等措施，极大地促进了钢铁行业由局部节能、回收利用向整体节能回收利用转型。

目前，约88%的钢铁企业建设了能源管理信息系统，其中90%以上的企业利用数据采集网络对煤气、氧气、氮气、水和电进行管理，系统经过处理、分析后结合对生产工艺过程的评估，实现实时提供在线能源系统平衡信息和调整决策方案，确保能源系统平衡调整的科学性、及时性和合理性，并最终实现提高整体能源利用效率的目的。见图 2-2。

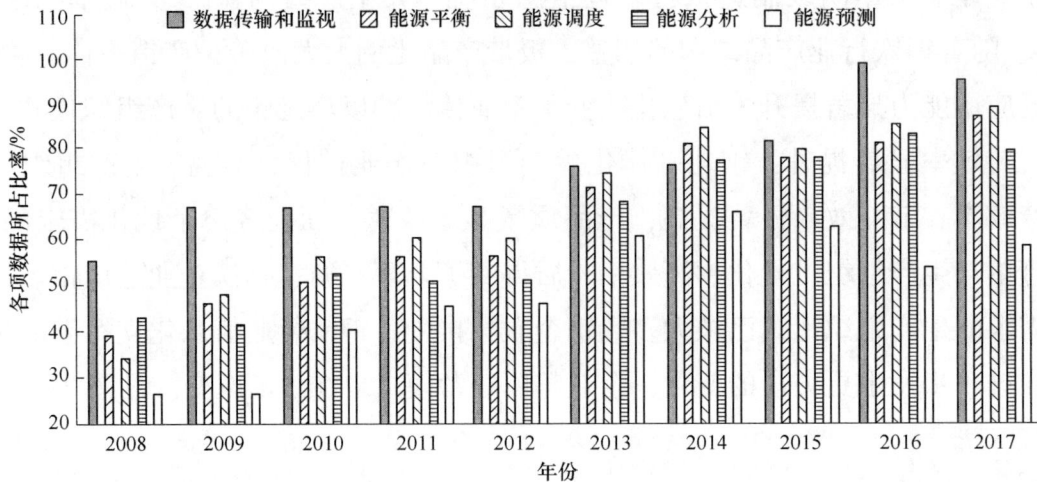

图 2-2　企业能源管理系统情况

可以说，能源管理系统是钢铁企业实现优化资源配置、合理利用能源、改善环境，实现从单一的装备节能向系统优化节能的战略转变的重要措施，也是创建节约型企业、实施清洁生产的必然要求。对于中国钢铁企业来说，两化融合是企业合理利用资源、降低资源消耗的重要途径，能源管理系统的应用也成为我国钢铁工业节能水平的标志之一。

在工艺控制方面，企业应用信息技术在炼铁、炼钢、轧钢等工艺中，利用数学模型、专家系统和智能控制理论对相关工艺进行计算机优化控制，实现高度的自动化和最优工艺控制，干熄焦、烧结余热回收、高炉顶压发电、煤气回收、热力发电等能力显著提高，信息化支撑下的能源流、金属流、信息流同步管控能力显著改善，中国钢铁工业的吨钢能耗由 1990 年的 1017 千克标准煤降低到 2017 年的 517 千克标准煤，大大降低能源和材料消耗，对环境污染也相应降低。

4. 大型企业信息化提升，竞争能力显著改善

按照信息化发展过程，大型企业起步早、起点高、系统性强，单项应用深度和覆盖面、差异化集成创新应用效果在近几年突出显现出来。近五成的企业两化融合水平达到了综合集成阶段，其中约九成的企业为大型企业，而这些企业的各信息化系统的集成能力也为宝武集团、首钢集团、沙钢等集团化跨区域的产销一体、管控衔接应用技术提供了技术支撑，河钢集团唐钢公司在节能减排、过程控制等集成性深层应用方面，更加突出的显示出超强的竞争能力，节约型发展新路已颠覆了传统的钢铁产业形象，引起亚洲乃至世界优秀钢铁企业的深度关注。

5. 两化融合有效地提升了钢铁企业研发设计和管理创新能力

中国钢铁工业两化融合是基于多年信息技术应用的基础上全面快速推进的，是40多年来坚持不懈、宝贵的尝试与实践。钢铁工业的信息化发展为行业培养了大量两化融合的人才，支撑了中国钢铁工业在改革开放以来的快速发展。钢铁企业信息化软件开发与应用，在行业转型发展过程中已经逐步开展起来，自动化技术、计算机技术、网络技术、通讯技术、多媒体技术、数据库技术等在钢铁企业已经得到广泛的应用，多项科研成果荣获国家、省部级奖励和通过了部级鉴定。以宝钢倡导的能源集中管控系统建设与应用，借助国家节能专项资金推动，大多数企业采取自主开发与国内知名企业联合开发的方式，已实施能源集中管控项目，取得了实效。大中型企业自动化、信息化多年知识积累，自主实施能力显著提升，并逐步走向市场化应用。软件著作权和自有知识产权数显著提高，个性化半定制式 MES 系统建设与应用在大多数企业广泛开展，计量、能源系统集成远程控制应用得到普遍认识和应用，集中、扁平、无人值守管控体系在不同专业过程应用，正呈现迅速扩大之势。

2000~2017年，钢铁企业荣获中国钢铁工业协会、中国金属学会冶金科学技术奖、冶金企业管理现代化创新成果奖项中，信息化自动化项目共计446项，其中，冶金科学技术奖特等1项、一等31项、二等58项、三等104项；冶金企业管理现代化创新成果一等32项、二等83项、三等137项。

纵观中国钢铁工业两化融合的发展历程，是落实科学发展观、践行信息化与钢铁工业不断融合的过程；是总结经验、推广先进、持续创新的过程；是向信息化要效益的过程；是推进信息及自动化技术在节能降耗、改善环境、提高产品质量及降低成本中应用的过程；是鼓励信息化走自主创新的过程、是钢铁行业信息产业队伍成长壮大的过程；是提升中国钢铁工业软实力的过程。可以说，钢铁工业信息化的发展进程是从无到有、从弱到强、从起步到深化，逐渐走向成熟，钢铁工业信息化总体水平和能力正在迈向国际先进水平的行列。

时至今日，钢铁工业依然面临着从机械化到自动化、自动化到智能化的双重变革特殊格局，两化深度融合的历史使命依然需要去奋力拼搏。两化融合，更难的融合在制造技术之外，涉及两种思维、两种管理、两种学术等各方面的融合，也有来自工业界和来自信息界的两种智能的融合。融合的结果，将成为智能制造腾飞的助推器。中国钢铁工业的两化融合，始于改革开放，兴于世纪更替，盛于体系转型，必将辉煌于智能时代。

第三章　产品结构调整成效显著，
品种质量不断提升

作为国民经济发展的重要基础原材料产业，钢铁工业的产品结构调整始终支撑着中国经济的发展，同时受益于中国经济的发展，也实现了自我的优化升级。改革开放的 40 年，既是我国钢铁产业规模不断壮大的 40 年，也是产品结构不断优化的 40 年，产品结构调整成效显著、亮点纷呈。

一、生产规模不断壮大，自给率不断提升

改革开放后，中国钢铁工业持续发展。自 1996 年首次突破 1 亿吨钢产量并一举成为世界最大产钢国后，2003 年突破 2 亿吨，2005 年突破 3 亿吨，2006 年突破 4 亿吨，2008 年突破 5 亿吨，2010 年突破 6 亿吨，2012 年突破 7 亿吨，2014 年突破 8 亿吨，之后便一直保持在 8 亿吨以上的规模。伴随着国内钢铁生产规模快速扩大，中国钢铁产品进出口格局也发生了历史性变革，2005 年基本实现钢铁产品的进出口平衡，2006 年开始转变为净出口，此后一直为世界第一大钢材出口国和净出口国，不仅满足了我国国民经济发展的需要，在国际钢铁工业中的地位也不断提升。

二、产品结构逐步优化升级，自主创新能力日益增强

改革开放以来，我国钢铁工业根据国民经济产业结构演变带来的消费结构变化，积极调整产品结构，通过技术装备提升、完善质量体系等措施，较快地提升了产品质量水平，优化了产品结构，逐步缩小了与发达国家的差距。

相对于 2008 年，2017 年中国钢铁工业协会会员单位生产的粗钢中，低合金钢和合金钢比例由 40.34% 提升到 47.7%。高性能钢材的生产和应用比例显著提高，钢材品种结构得以改善，促进了下游用钢产业发展和升级换代。目前，钢协会员企业 400 兆帕（Ⅲ级）及以上高强钢筋生产比例超过 97%，高强船板约占船板产量的一半。电工钢板、冷轧板、镀锌板等产品逐步替代进口，国内市场占有率不断提高，其中，电工钢国内市场占有率由

2010 年的 85.1%提高到 2016 年的 95%，冷轧薄宽带钢由 2010 年的 88.5%提高到 2016 年的 96%，电镀锌板由 2010 年的 42.6%提高到 2016 年的 94%。见表 3-1。

表 3-1   中国钢铁工业协会会员企业产品结构变化情况

2008 年			2017 年		
产品	产量/吨	占比/%	产品	产量/吨	占比/%
非合金钢	243347854	58.65	非合金钢	351189935	50.69
低合金钢	137688089	33.18	低合金钢	279726274	40.37
合金钢	29708747	7.16	合金钢	50812185	7.33
不锈钢	4182455	1.01	不锈钢	11129390	1.61

数据来源：2008 年钢铁工业统计年报摘要、2017 年中国钢铁工业协会会员企业统计年报。

钢铁行业逐步树立起以质量为核心的发展理念。2008~2017 年，先后有 1359 项产品的实物质量通过中国钢铁工业协会评定，被授予"金杯奖"（其中 451 项处于有效期），65 项产品（其中 29 项处于有效期）实物质量达到国际先进实物质量水平，被授予"特优质量奖"。一些企业以优势和特色发展为重点，丰富品种、提高质量，产品质量信誉与品牌形象逐步建立。

通过加大科技创新投入，我国先后自主开发了一批关键钢材品种，如高速铁路用百米重轨，高钢级油气输送管线钢，高性能汽车钢，高牌号无取向硅钢和高磁感取向硅钢，高级不锈钢，超深井、耐腐蚀、抗挤毁油套管，大规格镍基合金油管及核电蒸汽发生器用管等，这些高端产品的研发与生产有力保障了国家重大工程和重点建设项目的顺利实施。

（一）量大面广的普通钢材

1. 建筑用钢

在我国钢材消耗比例结构中，建筑及土木工程结构行业使用的建筑用钢一直占据主导地位，超过我国钢材消耗总量的 50%以上。2017 年，我国建筑用钢的消耗比例占钢材总消耗量的 53.16%。因此，建筑用钢的品种升级是我国钢铁工业品种结构调整的重要组成部分，对整个钢铁工业品种结构调整意义重大。我国建筑业长期以来一直以钢筋混凝土结构为主导，建筑钢筋是我国所有钢材品种中用量最大、使用面最广的钢材产品，目前的年消耗量超过 2 亿吨，约占我国粗钢总量的 25%。高强度化是我国建筑钢筋品种发展的主要技术方向。过去，我国的建筑钢筋主要使用屈服强度 235 兆帕级 Q235 钢（Ⅰ级钢筋）和屈服强度 335 兆帕级 20MnSi 钢（Ⅱ级钢筋），钢筋强度级别低，钢材消耗量大，与国外先进水平相比差距大。经过近 20 年的努力，我国高强度钢筋的研究开发、生产应用水平取得突飞猛进的进展，400 兆帕级以上钢筋（Ⅲ级以上）比例增加到 2017 年的 98%，在新修订的热轧钢筋标准中淘汰了强度级别较低的 335 兆帕的Ⅱ级钢筋，形成了 400 兆帕级（Ⅲ级）、500 兆帕级（Ⅳ级）、600 兆帕级（Ⅴ级）高强度钢筋系列，使我国的高强度钢筋生产应用达到了世界先进水平。高强度钢筋的普及生产和推广应用，解决了建筑行业"肥梁胖柱"问题，提高了建筑物的质量和安全可靠性，为我国建筑业快速发展以及以高速铁路、大型水利工程为代表的国家重大基础设施建设工程做出了巨大贡献。同时，用高强度钢筋替代低强度钢筋，大大节约了钢材消耗。以 400 兆帕的Ⅲ级钢筋替代 335 兆帕的Ⅱ级钢筋为例，用于房屋建筑设计平均节约 14% 的钢材消耗，按照目前 1.5 亿吨Ⅲ级钢筋的产量计算，可节约钢材用量超过 2000 万吨，大大减少资源、能源消耗及污染排放，在保护环境和社会经济效益方面贡献巨大。

除了高强度化以外，钢筋品种也向着耐腐蚀、耐低温、复合化等各种功能性方向发展，以适应不同服役环境的特殊要求。如耐腐蚀性能的环氧涂层钢筋、低合金耐腐蚀钢筋、不锈钢钢筋等品种的开发，满足了不同腐蚀环境的建筑需求。其中，不锈钢钢筋的研制开发为港珠澳等跨海大桥建设、南海岛礁等苛刻腐蚀环境基础设施建设提供了可靠保障。为满足我国 LNG 储罐能源应用与储备的建设需要，我国自主研制开发的低温钢筋能够满足 -196℃ 的使用要求，已经批量化生产并应用于国内 LNG 储罐建设，打破了完全依赖进口的局面。

我国高层、超高层及大跨度钢结构建筑的快速发展，大大促进了钢结构建筑用钢技术进步与品种开发。近年来，钢结构建筑用钢产量稳步增长，平均年增长率保持在 15% 以上，到"十二五"末，我国钢结构建筑用钢产量已达 5000 多万吨，占钢铁总产量 6% 左右。伴随钢结构建筑用钢数量的增长，品种结构调整也取得显著进展。在最新修订的《建筑结构用钢板》（GB/T 19879—2015）中，形成了系列强度等级，包括：Q235GJ、Q345GJ、Q390GJ、Q420GJ、Q460GJ、Q500GJ、Q550GJ、Q620GJ、Q690GJ 的钢结构建筑用钢体系，钢板的强度等级范围从 235 兆帕到 690 兆帕，钢板的厚度规格扩大到了 150 毫米的特厚钢板，有些钢种（如 Q345GJ）最大厚度扩大到了 200 毫米。同时，建立了我国宽翼缘（HW）、中翼缘（HM）、窄翼缘（HN）以及薄壁（HT）四大系列的热轧 H 型钢体系（GB/T 11263—2016），使热轧 H 型钢的最大尺寸达到 1000 毫米，厚壁 H 型钢的最大壁厚达到了 70 毫米。除了高强度、大规格的发展方向外，功能化是钢结构建筑用钢的另一个重要发展方向。为了满足各种建筑防火、抗震、耐腐蚀的特殊性能要求，我国还开发了 6 大系列高性能建筑用钢，包括耐火建筑钢系列、耐候建筑钢系列、耐火耐候建筑钢系列、高韧性建筑钢系列、抗震建筑钢系列和极低屈服强度建筑钢系列，这些钢种在国家体育场

（奥运"鸟巢"）、国家大剧院、中央电视台总部大楼、中国尊、北京新机场、上海中心大厦、上海环球金融中心、深圳平安金融中心、广州塔、西南地震带民居等重大建筑工程中得到广泛应用。

我国桥梁建设工程的巨大进步推动了桥梁结构用钢品种的不断升级发展。1957年建设的武汉长江大桥由苏联设计建造，材料是苏联生产的A3钢（即Q235碳素钢），20世纪60年代建设的南京长江大桥采用了鞍钢生产的16Mnq钢（即Q345钢），20世纪90年代九江长江大桥的建设升级到了420兆帕级的15MnVNq钢。受当时我国钢铁行业装备条件的限制，15MnVNq钢存在强度波动、韧性较差、焊接困难等问题，造成生产使用过程中遇到了很多的困难。到1997年芜湖大桥设计建设时，采用了新开发的370兆帕级14MnNbq钢。进入21世纪，我国桥梁建设有了新的飞跃，桥梁用钢的生产应用也取得突破。以京沪高铁南京武胜关大桥为例，采用了屈服强度570兆帕级的WNQ570钢，满足了高强度、高韧性、低屈强比、良好焊接性的要求，实物性能达到了国际同类产品的先进水平。目前，我国的桥梁用钢已经形成了四个不同强度及质量等级高性能桥梁钢系统，列入GB/T 714—2015桥梁用钢国家标准中的牌号包括：（1）热轧或正火型Q345q、Q370q钢；（2）控轧控冷型（TMCP）Q345q、Q370q、Q420q、Q460q、Q500q钢；（3）调质型Q500q、Q550q、Q620q、Q690q钢；（4）耐大气腐蚀的Q345qNH、Q370qNH、Q420qNH、Q460qNH、Q500qNH钢，钢的强度水平达到345~690兆帕，韧性等级包含C（0℃）、D（-20℃）、E（-40℃），满足高强度、高韧性、耐腐蚀、抗震、易焊接等质量要求，为我国一系列重大桥梁工程，包括港珠澳跨海大桥、杭州湾跨海大桥、青岛海湾大桥、南京武胜关长江大桥等国家重点桥梁工程提供了材料保障。

为了满足缆索桥梁结构的发展要求，我国在桥梁用超高强度缆索钢丝用钢的研究应用方面也取得长足进步。缆索桥梁用镀锌钢丝，是缆索桥梁结构的主要受力构件，对材料的强度、面缩率、弯曲、扭转等性能有很高的要求。2000年以前，由于我国线材生产钢坯质量和轧制控制水平落后，所有桥梁缆索用镀锌钢丝的线材均采用进口材料。随着我国高洁净生产技术水平的不断提高，以及线材轧制生产线装备、控制水平提升，线材制品产品质量显著改善，国产高强度桥梁缆索用钢丝质量等级稳步提高，已开发出不同强度等级，包括1600兆帕、1670兆帕、1770兆帕、1860兆帕、1960兆帕等系列产品，并且开发出2000兆帕和2300兆帕级超高强度桥梁缆索钢绞线用钢。目前，国产高强度桥梁缆索钢绞线用钢已经替代进口实现了国产化，在湖北宜昌大桥、江苏江阴大桥、广西柳州红光大桥、浙江舟山西堠门大桥、江苏苏通大桥、杭州湾跨海大桥、青岛海湾大桥、贵州北盘江大桥等重大桥梁工程中获得广泛应用。

2. 轨道交通用钢

轨道交通用钢主要包括铁路钢轨用钢、轮轴及轴承用钢、转向架系统用钢、车厢用钢等。近年来，随着我国铁路建设，尤其是高铁技术的飞速发展，我国铁路用钢材料技术及相关钢铁材料品种的发展也十分迅速。在钢轨钢方面，国产钢轨用钢的研制生产基本满足了我国铁路不同时期的发展需要，特别是我国铁路高速、重载、客货混运等不同运输条件对钢轨提出的特殊要求。世界各国铁路钢轨以珠光体型钢轨为主。同样，经过多年的研究开发，我国钢轨用钢也形成了强度等级从 880 兆帕到 1350 兆帕级的珠光体型钢轨系列，钢种主要包括 880 兆帕级 U71Mn 钢、980～1180 兆帕级 U75V 钢和 U77MnCr 钢、1080～1300 兆帕级 U78CrV 钢和 U76CrRE 钢等品种。在既有铁路上广泛使用的钢轨主要有强度等级为 880 兆帕的 U71Mn 钢、980 兆帕级的 U75V 钢；重载铁路主要使用 980 兆帕以上级别的 U75V、U77MnCr、U78CrV 等材质钢轨。近年来，全长淬火钢轨、百米长轨的普及生产为我国高速、重载铁路的发展提供了保障。此外，贝氏体钢轨、过共析钢轨、道岔钢轨、耐腐蚀钢轨等新型钢轨用钢的开发和应用，可以显著改善钢轨耐磨性以及潮湿环境下耐腐蚀性等性能，延长钢轨使用寿命。我国铁路钢轨用钢已经完全实现国产化，全面应用于我国高速重载铁路中，如京沪、郑西、武广、温福等时速 250 千米及时速 350 千米的高速铁路，以及大秦铁路、陇海等干线重载铁路建设。

铁路车轮用钢主要以中碳铁素体-珠光体钢为主。我国普通客车和货车车轮材料主要为 CL60 钢，普通机车车轮材料略有不同，但基本与 CL60 相近。为了改善车轮磨损性能，重载车轮从 CL60 钢向 CL70 钢发展，国产 CL70 车轮钢在 30～40 吨轴重重载列车上获得应用。自改革开放以来，经过 40 年的发展，普通车轮的生产与应用已经相对成熟，国产车轮用钢与世界水平相当。但对于高速列车，当运行时速超过 160 千米后，列车的动力学条件以及车轮的使用条件均发生显著变化，对车轮的综合力学性能和可靠性要求也明显提高。目前，我国高铁列车车轮全部依赖进口，现役动车组用高速车轮用钢以欧洲 ER8 车轮用钢为主，少部分使用日本的 SSW-Q3R 钢以及欧洲 ER9 钢和 ER8C 钢。随着我国高速铁路的快速发展，高铁车轮的国产化是一项十分急迫的任务。借鉴欧洲、日本高速车轮钢的发展经验，我国已经开发出 V、Si 合金化的高速车轮用钢，自主研发和生产的 D1 和 D2 高速车轮性能指标达到国际先进水平，与进口车轮同车装配于时速 250 千米和 350 千米的动车组，分别完成了 50 多万千米和 60 万千米的运行考核，具备了国产化应用的条件。此外，大功率机车用辗钢车轮以前也是主要采用进口产品，材质分别相当于欧洲车轮 ER7、ER8 和 ER9。国产大功率机车用 J1、J2、J3 整体辗钢车轮已陆续开发成功，其中 J1 和 J2 车轮已在"和谐型"机车上投入批量使用，在中国大秦、京九、京沪等铁路主干线承担着客、货运任务，安全运行里程突破百万千米。

铁路客货列车车轴采用的主要钢种为 LZ50 中碳钢，机车车轴少量采用 JZ45 钢，以模铸居多，目前连铸工艺车轴钢坯也得到快速推广。而高铁车轴主要进口欧洲 EA4T、30NiCrMoV12 中碳合金调质高速车轴和日本 S38C 碳素表面中频淬火高速车轴。与高速车轮国产化进程同步，国产高速车轴也借鉴了欧洲中碳 CrMo 和 NiCrMoV 体系，发展了 V 微合金化的中碳 CrMoV 系和 Ni 合金化的中碳 CrNiMoV 系高速车轴，分别自主开发出 DZ1 和 DZ2 高速车轴，性能指标达到国际先进水平，与进口车轴同车装配于时速 250 千米和 350 千米的动车组，分别完成了 50 多万千米和 60 万千米的运行考核，具备了国产化条件。

货运铁路车辆大量使用耐候钢板。09CuPTiRe 钢是我国自主开发的经济型耐候钢品种，屈服强度等级为 295 兆帕，曾经广泛用于铁路车辆的制造。为了改善钢的耐腐蚀性能，提高车辆使用寿命，借鉴国际上耐候钢研究开发的成功经验，我国开发出了 NiCrCu 系高耐蚀性高强度铁道车辆用耐大气腐蚀钢技术，形成了 345~550 兆帕系列强度等级的铁道车辆用耐大气腐蚀钢品种，包括：Q345NQR、Q420NQR、Q450NQR、Q500NQR、Q550NQR 等产品，成功应用于铁道车辆的建造。此外，为了进一步提高耐腐蚀性能，我国还开发出铁道车辆用的经济型不锈钢产品，并实际用于铁道车辆的示范建设。

3. 汽车用钢

2017 年我国汽车产量达到 2900 万辆，占全球总产量的 30%左右。我国汽车产业的快速发展极大地推动了我国汽车用钢的研究开发和生产应用。汽车用钢主要包括汽车车身结构用钢、车轮用钢、汽车大梁钢等品种。改革开放之初，受我国汽车、钢铁工业发展水平和装备技术条件的限制，我国只能生产 08Al 钢为代表的深冲用汽车用钢，对要求具有更好冲压成型性的 05Al、03Al 等超深冲汽车用钢还是非常困难的。一直到 20 世纪 80 年代，随着宝钢建成投产并引进日本、德国先进汽车用钢的生产技术，我国成功开发出超深冲 IF 钢产品，使我国汽车用钢的发展跨入世界先进汽车用钢的行列。进入 21 世纪，我国汽车工业进入快速发展阶段，从 2000 年的 200 万辆增长到 2017 年的 2900 万辆，汽车用钢需求急剧增长。紧跟我国汽车工业的发展步伐，我国汽车用钢品种开发和生产应用也进入高速发展的新阶段，武钢、鞍钢、马钢、河钢、首钢、本钢、华菱等企业的汽车板生产线先后投产，品种结构不断优化完善。目前，我国汽车用钢已经形成了较为完善的品种系列，如表 3-2 所示。以典型的汽车面板用冲压成型钢板为例，国产汽车用钢从普通 IF 钢向高强度 IF 钢和 BH 钢发展，逐步形成了 340 兆帕、370 兆帕、390 兆帕、440 兆帕系列高强度 IF 钢和烘烤硬化钢（BH 钢板）产品体系。在先进高强度汽车用钢（AHSS 钢）品种的开发方面，我国开发的高强塑积中锰钢，抗拉强度在 800~1500 兆帕、塑性为 20%~40%、强塑积达到 30~40GPa%；Q&P980 和 Q&P1180 淬火配分钢（Q&P 钢）；1500 兆帕和 1800 兆帕级热成型钢，等第三代汽车钢达到了世界先进水平。2006 年，"宝钢高等级汽车板品种、生产及使用技术的研究"项目荣获国家科学技术进步奖一等奖。

表 3-2　国产汽车用钢品种系列、强度等级

产品种类	材料类型	强度等级 TS/MPa	主要用途
热轧板	一般成型用高屈强比型（HSLA）	440~1180	结构件、增强部件
	深冲用	310~440	结构件、增强部件
	烘烤硬化型	310~590	结构件、增强部件
	高翻边成型	370~980	结构件、增强部件
	低屈强比型（DP）	540~1180	结构件、增强部件
	高塑性型（TRIP）	590~1180	结构件、增强部件
	高耐候型	440~980	结构件、悬挂件
冷轧板	一般成型用	340~1470	结构件、增强部件、内板部件
	冲压用	340~440	外板件、内板件、结构件
	烘烤硬化冲压用	340~440	外板件、内板件
	深冲、超深冲用	340~440	外板件、内板件、结构件
	高翻边成型	440~1180	结构件、增强部件
	低屈强比型（DP）	440~1270	结构件、增强部件
	高塑性型（TRIP）	590~1180	结构件、增强部件
	冲压用超高强钢（Q&P、CP、MART、TWIP）	900~1300	结构件、增强部件
	热成型用（HPF/B 钢）	1500~1800	结构件、增强部件

汽车大梁用钢早期主要代表为 510L、610L。近年来，随着重型载重汽车的发展，对高强度汽车大梁用钢提出了迫切需求。为了满足重型载重汽车的发展要求，我国相关冶金企业采用 Nb、V/V-N、Ti 微合金化技术结合先进的 TMCP 工艺措施，开发出抗拉强度级别为 600~800 兆帕的系列高强度汽车大梁用钢品种。在新修订的《汽车大梁用热轧钢板和钢带》（GB/T 3273—2015）国家标准中，形成了强度级别从 370~800 兆帕的汽车大梁用钢体系，包括：370L、420L、440L、510L、550L、600L、650L、700L、750L、800L 等10 个不同强度水平的大梁钢产品。

4. 船舶海工用钢

伴随中国船舶海工行业的快速发展，我国造船和海洋工程用钢的生产应用也同步步入高速增长期。2001 年，我国船舶海工用钢的产量仅 168 万吨，到 2010 年我国船舶海工用钢的产量超过了 2200 万吨。然而，受全球经济的影响，中国船舶海工行业从 2011 年以后

步入了下行通道。2017 年我国船完工量约为 4200 万吨，仅为 2011 年峰值水平的 56%；相应地，我国船舶海工用钢的生产应用也不断下滑，2017 年我国船舶海工用钢的产量约 800 万吨，产能处于严重过剩状态。虽然近年来我国船舶海工用钢的生产应用受到较大影响，但在船舶海工用钢品种开发取得很大突破并实现实船应用。

世界各国船舶与海洋工程装备用钢的标准要求大体相当。国外标准有欧洲的 EN10225、BS7191、NORSOK 标准，美国的 API、ASTM 标准，以及 ABS、DNV、CCS 等八大船级社规范。我国船舶与海洋工程装备用钢的标准为《船舶与海洋工程用结构钢》（GB 712—2011），分为一般强度船舶结构钢（235 兆帕）、高强度船舶结构钢（315 兆帕、355 兆帕、390 兆帕）和超高强度船舶结构钢（420 兆帕、460 兆帕、500 兆帕、550 兆帕、620 兆帕、690 兆帕），从标准的技术要求来看，我国船舶结构用钢的强韧性水平、表面质量、尺寸公差等控制水平与西方发达国家的先进水平相一致，船体结构用钢基本实现了国产化。随着船舶的大型化以及船体结构安全性要求的不断提高，船用钢板也由早期大多采用低强度级（235 兆帕）的碳素钢逐步升级到 315 兆帕以及 355 兆帕级的高强度船体钢。近年来，为了满足超大型油轮、大型集装箱船、LNG 低温运输船、特种化工运输船、破冰船等特种船舶的发展要求，我国还成功开发出油轮货油舱用耐腐蚀船板、大型集装箱船用高强度止裂钢厚板、LNG 船用 9Ni 低温钢以及 LNG 船用因瓦合金、LPG（液化石油气）和 LEG（液化乙烯气）船用 5Ni 低温钢等品种，并成功用于实船的建造。

在海洋平台用钢领域，国外开展海洋石油平台用钢的研究较早，其品种系列、强韧化水平、尺寸规格等指标均居于世界领先水平。如日本新日铁公司开发出 210 毫米厚规格的 HT80 钢，用于制造自升式海洋平台齿条，其屈服强度不小于 700 兆帕，抗拉强度不小于 850 兆帕；利用 HTUFF 生产技术，开发出 WEL-TEN 系列、NAW-K 系列、COR-TEN 系列、MARILOY 系列、NAW-TEN 系列等诸多海洋平台钢品种，厚度规格为 16~70 毫米，最高强度可达到 950 兆帕，可满足不同用途要求。为了满足自升式平台桩腿结构的要求，开发了钢板厚度 127~256 毫米、屈服强度 620~730 兆帕的高强度齿条钢，它是海洋平台用钢中难度最大、技术含量最高的材料之一。我国海洋平台用钢的研究起步较晚，过去主要依赖于进口。1986 年，在冶金工业部和中船总公司组织下开展了"海洋平台用抗层状撕裂钢的研制"，成功开发出海洋平台用抗层状撕裂钢 335 兆帕级 E36-Z35。近年来，为了满足我国海洋工程装备发展的需要，国内相关钢铁企业开发了强度级别涵盖 315~690 兆帕、最高质量等级达到 FH 级、钢板最大厚度达到 150 毫米的高强度、高韧性海洋工程用钢，成功应用于"荔湾"深海平台、自升式钻井平台、第七代半潜平台等重大海洋石油平台工程的建造。目前，我国石油平台用钢已基本形成高强度系列，从海洋平台用钢用量方面来说，国产化程度已达到90%，但是在高强度钢板（460~550兆帕）推广应用、超高强度（不小于690兆帕）钢板研发、齿条钢特厚板研发等方面还存在一定差距，特别是自升式平台关键部位使用的550~785兆帕级易焊接、高强度、高韧性、耐海水腐蚀的平台用钢还需依赖进口。

5. 能源用钢

改革开放以来，中国经济一直处于快速发展期，高速发展的中国经济对能源的需求日益迫切，对能源用钢提出了更高的要求。从我国能源结构来看，"富煤，少油，缺气"的自然资源储备情况决定了我国要多渠道发展多种能源，优化能源结构，实现资源的合理配置。能源用钢包括油气开采和储运、水电和核电工程建设中的结构用钢以及火电、水电、核电和石油化工中的特殊钢。

（1）管线钢

截至2017年底，我国长距离输送石油天然气管道总里程达到7.7万千米。长距离石油天然气管线工程的建设，大大促进了管线钢品种开发及推广应用。20世纪90年代起，国产X60管线钢用于陕京一线，并推动X65管线钢国产化，成功用于库鄯线。进入21世纪，西气东输一线设计采用X70管线钢，虽然当时钢管绝大多数依赖进口，但该工程促进我国X70管线钢研究开发和应用。之后，2008年开工建设的西气东输二期工程采用大口径1219毫米、12兆帕高压力、X80高钢级的技术方案，推动了我国X80管线钢的发展，全部实现了国产化，使我国管线钢的研究开发和生产应用达到了世界领先水平，标志着我国管道建设领域实现了从追赶先进技术到引领世界潮流，并在全世界拥有X80钢管施工技术标准的话语权。X80管线钢还成功应用于中亚天然气管道、中俄原油管道、中哈原油管道、中缅原油管道、新疆煤制气天然气管道等重大工程建设中。

在深海海底管线领域，研制开发了X65、X70厚壁深海管线钢品种，钢管最大壁厚达到31.8毫米，成功用于建造我国南海荔湾3号深水气田的海底管线工程，最大水深1500米，是目前我国首个深水气田。

（2）低温压力容器用钢

大型石油、天然气储罐是保障国家能源安全的重要存储设备，需要采用易焊接、高强度、耐低温的压力容器用钢。为了满足我国大型石油储罐建设的需要，我国开发了适应大线能量焊接的低焊接裂纹敏感性钢，实现了大型石油储罐用钢国产化，钢种包括12MnNiVR和08MnNiVR，钢板的屈服强度大于490兆帕，抗拉强度610~730兆帕。为了满足液化天然气（LNG）、液化乙烯气（LEG）、液化石油气（LPG）等低温液化气体的生产、加工、储存和运输，研制了0.5Ni、1.5Ni、3.5Ni、5Ni、9Ni等Ni系低温钢产品，成功用于广东、福建、浙江、上海、江苏、山东、辽宁等地 LNG 项目建设。

（3）核电压力容器用钢

核电站的核岛大部分部件采用钢铁材料，除核燃料包壳、控制棒驱动机构和蒸汽发生器传热管等部件采用锆合金和镍基合金外，其余设备均采用钢铁材料。其中，核压力容器是制造难度最大的核心部件之一，因此，对核电压力容器用钢的要求也非常苛刻。我国鞍钢、舞阳、宝钢等企业按照美国 ASME A533 钢板、或法国 16MnD5、18MnD5、20MnD5 钢板标准开发出核容器用钢，A533 钢和 16MnD5、18MnD5、20MnD5 钢均采用 Mn-Mo-Ni 合金系设计，钢板最大厚度达到 120 毫米或 160 毫米，屈服强度达到 345 兆帕和 420 兆帕。国产核电用钢的成功开发打破了过去主要依赖进口的局面，成功用于海阳、三门、福清、秦山二期等重大核电工程项目的建设。在核压力容器安全壳用钢方面，一重等企业已研制出大截面 A508-3 锻件，成功用于核电工程建设。

（4）水电工程结构用钢

水电用钢——中厚板在钢铁行业中属于高端板材产品，附加值高，技术含量高。目前，宝武、鞍钢、舞钢技术水平较高的少数钢厂生产的少数品种能够达到国际标准，国内的水电用钢板技术已经迈入世界先进行列。水电用钢的性能强度随着水电站的装机容量和水头等数值的增加而提高。在我国水电站建设的早期，一般采用国内牌号的 Q345R 和美标牌号的 ATSM A537C 这两种 500 兆帕级别的水电钢。对于厚度要求较高的水电用钢板一般都是从国外进口，直到首秦公司使用 320 毫米连铸坯生产 150 毫米特厚水电钢板，我国才开始走向大厚度钢板国产化之路。

现在国内外新建的水力发电站大部分使用 600 兆帕级别的水电钢，为了解决 HD 值较高的问题，水电站开始使用强度级别达到 800 兆帕的水电钢。另外，强度级别达到 980 兆帕的水电用钢已经问世，水电钢的强度性能正在根据需要逐步提高。800 兆帕级别的水电用钢比较典型的是武钢于 2014 年 9 月自主成功试制的牌号为 WSD790E 水电钢，在强度级别达到 800 兆帕的同时，低温冲击韧性、断裂韧性、焊接性能等方面表现十分优异，达到了批量供货的生产水平。由于水力发电的发展，各大水电站建设时对所用的水电钢性能要求越来越高，800 兆帕级水电用钢在国内水电钢领域内有高强度、大厚度和高低温韧性的优点，在外部条件相同的情况下，与 600 兆帕级别水电钢相比，用钢量更省，焊接更容易。因此，近年来 800 兆帕级别的水电钢在国内和国外的市场上所占的比重越来越大，市场前景十分广阔。2015 年，向家坝水电站的建设完工，标志着我国 800 兆帕级的水电用钢正式进入实际应用阶段。之后，溪洛渡和呼和浩特这两座水电站也开始使用 800 兆帕级水电钢。另外，将于 2019~2020 年陆续投产的乌东德水电站和金沙江白鹤滩水电站大批量使用 800 兆帕级的水电钢，两者都为千万千瓦级的大型水电站。尤其是后者，作为中国第二大水电站，800 兆帕级水电钢的使用量将达到 11000 吨。

6. 机械装备用钢

我国高强度工程机械用钢的应用起步较晚，长期以来大量使用以 345 兆帕级为代表的中低强度钢。在 20 世纪 90 年代末大量引进国外先进的工程机械制造技术后，才大力发展并逐步使用 450 兆帕级以上高强度钢。近 10 年来，在高性能化、大型化、轻量化的要求下，国产工程机械用钢向高强度、超高强度方向发展迅速，形成了 690~1300 兆帕级较完整的高强度系列，如调质或控轧控冷的 Q690 低合金结构钢板、以 Ti 微合金化为主的 600 ~900 兆帕级纳米强化热轧铁素体薄钢板、调质或控轧控冷 Q890/Q900 钢板、调质 Q960/Q1100/Q1300 钢板。其中，Q690、600/700 兆帕级纳米强化热轧铁素体钢、Q890/Q900、Q960 等已在工程和煤矿机械起重泵送臂架和液压支架等关键部件上实现了批量应用。

耐磨钢方面，我国也实现了 NM360-NM600 全系列品种的开发。其中，国产 NM500 以下耐磨钢在矿山自卸车、煤矿机械等获得了批量应用。TiC 超硬粒子增强马氏体耐磨钢获得突破，比同强度级别马氏体耐磨钢的耐磨粒磨损性能提高 30%~50% 以上。

（二）高品质特殊钢

高品质特殊钢（含高温合金）是支撑国家战略性新兴产业发展、国家重大工程和国防建设的关键材料，是钢铁材料中的高技术含量产品。其产量、结构、生产和应用水平是一个国家的工业化发展水平的重要标志。

改革开放 40 年来，特别是近十几年我国特殊钢行业大规模装备现代化改造的任务已基本完成，部分企业装备水平进入世界先进行列，逐步形成了以中信泰富特钢、东北特钢等大型特钢企业集团为主导的支柱企业，并形成了一批具有专业性品种的特钢企业。2017 年，中国特钢企业协会会员企业生产钢材 1.14 亿吨，同比增加 6.96%。其中，特殊钢材 3021 万吨，同比增加 8.5%。在产量增加的同时，品种结构得到了优化，重点品种在冶金质量、产品稳定性等方面得到突破，改变了受制于人的局面，有力地支撑了国家战略性新兴产业发展、国家重大工程和国防建设。

1. 轴承钢

改革开放 40 年来基本实现了我国大部分民用及军用装备轴承及轴承钢的国产化，促进了轴承及特殊钢行业的快速发展壮大，使我国成为轴承与轴承钢的生产大国，形成了目前 200 多亿套轴承和 400 多万吨轴承钢的轴承与轴承钢两大产业规模，为国民经济建设和军工装备发展奠定了坚实的关键基础件与轴承钢材料基础。特别是近 10 年，在国家政策引导、项目支持以及高端轴承需求背景下，高端军用及民用轴承钢的国产化极大促进了我国航空航天、高速铁路以及高速精密机床等高端装备用轴承的研发与应用。我国轴承钢生产量和消耗量均为世界第一，通过不断的品种结构调整，目前高碳铬轴承钢中小棒材占比最大约为70%，其次为线材20%，大棒材和管材较少为10%，轴承钢的材料利用率（套圈）可达到70%。同时，国产轴承钢的冶金质量与性能取得了显著提升，形成了轴承钢的系列化和标准化。以G20CrNi2Mo为代表的表面硬化轴承钢、以GCr15为代表的全淬透轴承钢和以M50为代表的军用高温轴承钢等系列化轴承钢钢种等绝大部分轴承钢材实现了国产化。此外，针对应用需求，国内还开发了GCr15SiMn、GCr15SiMo和GCr18Mo等高淬透性钢种以及GCr4和G8Cr15等低成本轴承钢并建立了相关行业与国家标准，弥补了GCr15的不足。制定的轴承钢三大通用标准《高碳铬轴承钢》（GB/T 18254—2016）、《渗碳轴承钢》（GB/T 3203—2016）、《高碳铬不锈轴承钢》（GB/T 3086—2008）（目前正在修订），已达到或超过ISO、ASTM等国外同类标准的水平。

改革开放40年来，我国在轴承钢的装备、工艺与轴承钢质量等方面取得了更为显著进展。以电炉/转炉为代表的EAF/BOF+LF+VD/RH+CC/IC+连轧的炼钢-精炼-连铸-连轧四位一体的长流程生产的轴承钢产量占到整个轴承钢产量的90%以上，主要产品为量大面广的GCr15。最近10年，由于铁水脱S、脱P和脱Si三脱工艺+炉外精炼+真空脱气技术的联合应用，连铸保护浇铸、稳定低过热度、电磁搅拌和中间包冶金等技术进步，实现了GCr15钢冶金质量由普通纯净度（氧含量不大于10×10^{-6}）到超高纯净度（氧含量不大于6×10^{-6}）和钛含量不大于10×10^{-6}的跨越，从无大颗粒夹杂物控制到大颗粒夹杂物DS不大于0.5级，实现了轴承钢接触疲劳性能L_{10}从10^6次到10^7次的显著提升，有力支撑了我国高速铁路、高速精密机床、高档轿车和大型盾构机等高端装备用轴承的国产化研发和进口替代。目前，国内GCr15和G20CrNi2Mo等真空脱气轴承钢也逐步得到了国外认可。其中，兴澄特钢近5年直接和间接出口到SKF、舍弗勒、NTN等国际轴承知名企业的高端轴承钢达到了每年60万吨，国内其他厂家轴承生产的高端轴承钢也陆续得到了国外轴承企业认证。

此外，我国特种冶金短流程装备及工艺技术（VIM+ESR/VIM+VAR）也得到了快速发展。目前，以抚顺特钢为代表的专业化特钢厂先后引进12吨/30吨保护气氛电渣炉；6吨、12吨、20吨真空感应炉；20吨真空自耗炉，这些装备的引进以及工艺技术的不断完善，使得我国高端装备用特殊钢新材料的冶金质量得到大幅度提升，部分材料冶金质量水平已经达到或超过国外同类产品。如GCr15和G20CrNi2Mo的氩气保护电渣技术，耐高温轴承钢M50和M50NiL的双真空冶炼技术与碳化物细化技术，均得到了显著进步，产品质量达到了国外先进水平，先后应用到我国各类航空发动机和铁路系统，有力支撑了我国航空航天和铁路系统的发展壮大。形成了以双真空 GCr15 和 440C 为代表的第一代轴承钢、以 M50 与 M50NiL 为代表的第二代轴承钢和以 X30 与 CSS-42L 为代表的第三代轴承钢等系列化航空级轴承钢，为我国航空发动机主轴轴承及机体轴承开发奠定了必要的材料基础，大幅降低了对国外军用轴承钢的依赖。采用"原材料提纯+VIM+VAR"工艺生产的具有国际先进水平的第三代航空超高强度钢 A-100，强度达到 2000 兆帕左右，具有超高强度和高断裂韧性、优良的塑韧性、抗疲劳性能、优异的抗应力腐蚀和抗冲击载荷性能，综合性能与美国先进战机用超高强度钢 AerMet100 相当，并建立了我国首个航空超高强度钢超高纯净度冶金技术工艺平台，钢中杂质元素总和 $\sum \{[S]+[P]+[O]+[N]+[H]\} \leqslant 60 \times 10^{-6}$，其中 S 不大于 10×10^{-6}，一步跨越了与美国 20 年的差距；该钢率先在国内突破了高合金大锭型的均匀化凝固技术，直径 400 毫米超大尺寸棒材的精细组织锻造等关键技术，为我国高端大尺寸航空航天材料的研制生产奠定了基础，这些突破已经推广到我国先进航空发动机用钢、航空传动轴用钢和航空先进轴承钢的试制生产中，并成为我国新一代先进航空航天特殊钢开发试制的技术保障平台。上述成果不仅推动了高端装备国产化进展，降低了对国外高端轴承依赖。而且促进了我国轴承钢行业由世界大国向世界强国的转变，从而提升我国在轴承行业及轴承钢行业的世界话语权。

2. 电工钢

电工钢是电力、电子和军事工业发展不可或缺的重要钢铁材料，主要用于各种电机、发电机和变压器的铁芯。它的生产工艺复杂，制造技术严格，电工钢板的制造技术和产品质量是衡量一个国家特殊钢生产和科技发展水平的重要标志之一。

新中国成立之初，我国没有自己的电工钢产品，全部依赖于进口。1974 年，武钢第一次从日本新日铁引进了当时世界先进的冷轧电工钢生产专利技术及全套工艺设备。1978 年下半年试投产，改变了我国只能生产热轧硅钢片的历史；在消化引进技术的基础上，1996 年武钢第二次引进技术，其主要引进了以 Z8 为代表的一般取向电工钢、Z6H 为代表的 HIB 钢。

1986 年以来，我国先后自主开发了国产取向硅钢级氧化镁、国产 T4 等无取向硅钢涂层、国产轧辊等配套产品、国内第一条隧道式取向电工钢高温退火炉、武钢二硅钢生产装备，包括世界上第一座用于取向电工钢中间完全脱碳退火目的的双层钢带连续退火炉及其相关工艺、两座高温环形退火炉等。

多年来，在消化引进技术的基础上，为满足国家对高磁感取向电工钢的需要，我国钢铁工业通过不断的创新和质量持续改进攻关，使电工钢各项经济技术指标和产品实物质量全面达到新日铁同期水平。完成取向电工钢全面高磁感低铁损产品化技术改造，低温高磁感取向电工钢（HIB 钢）稳定生产、CSP 工艺高磁感取向电工钢实现大规模生产。根据中国金属协会电工钢分会统计，截至 2017 年我国累计取得与电工钢相关的专利 5497 项，其中发明专利 2993 项，实用新型专利 2504 项。截至 2018 年上半年，我国无取向电工钢生产企业约 22 家、取向电工钢生产企业约 19 家，其生产能力已达到约 1247.5 万吨。产量从 2008 年 457.34 万吨，增长到 2016 年 904.09 万吨。1993 年我国无取向电工钢开始出口，2001 年取向电工钢开始出口，2017 年我国电工钢从净进口国成为净出口国，完全打破了长期依赖进口的格局。

目前，我国电工钢已大量应用在大型变压器、大型发电机、电动机和家用电器上，如小浪底工程、三峡工程、青藏铁路工程、北京正负电子对撞机工程、神舟六号、神舟七号载人飞船工程、高铁、机器人、新能源汽车等国家重点项目及领域。

3. 齿轮钢

随着我国汽车工业的飞速发展，我国齿轮钢年产量从几十万吨发展到约 350 万吨。目前，我国齿轮钢也完全覆盖了德国 Mn-Cr 系、日本的 Cr 系和 Cr-Mo 系、美国的 Cr-Ni-Mo 系等主要品种。我国齿轮钢国家标准《保证淬透性结构钢》（GB/T 5216—1985）有牌号 15 个，GB/T 5216—2004 增加到 24 个，而 GB/T 5216—2014 则有牌号 32 个，已经涵盖了主要齿轮钢品种。

齿轮钢生产方面，我国典型企业通过 LF+VD/RH+连铸/模铸工艺，突破了组织精细化控制技术（微合金化）、窄淬透性带宽控制、技术氧含量及非金属夹杂物控制技术。目前，已能够将氧含量降低到 20×10^{-6} 以下，先进水平可以控制在 10×10^{-6} 以内，P、S 等有害元素及夹杂物控制水平大幅度提升。在淬透性带宽控制方面，国内整体水平在 10HRC 以内，先进水平可以达到 4~6HRC。另外，带状组织基本可以稳定控制在 3.0 级以下，先进水平可以达到 2.0 级。齿轮钢产品无论在洁净度、成分均匀性，还是组织均匀性方面都得到了大幅度提升，达到了世界先进水平，并明显改善了齿轮的服役寿命。

4. 工模具钢

工模具是制造业中不可或缺的特殊基础装备，被称为"工业发展的基石"。40 年来我国工模具钢在纯净化、均匀化、共晶碳化物偏析控制和可靠性方面取得突破性发展，高速钢产销量由 3 万吨左右增加到 8 万吨以上（其中出口 1 万余吨）；高性能高速钢比例由 1%~2%，增加到 19.5%，产品品种不断扩大，不仅有含钴、高 V 高性能高速钢，还有我国自主开发的含铝高速钢。目前，GB 1299—2014 标准中有 66 个钢号。随着我国 DIY 工具出口，低合金高速钢得到快速发展，由净进口转变为净出口；与此同时，模具钢产销量也由不足 20 万吨增长到约 120 万吨。其中，非合金模具钢约 50 万吨，合金模具钢由不足 6 万吨增加到约 60 万吨。P20、718 钢实现了预硬化交货，能够生产大型预硬化模块，最大厚度达到 1200 毫米、宽度达到 1850 毫米、单重达到 30 吨，极大地支撑了模具产业的发展。

由于广泛采用 EAF+LF+VD、EAF+LF+VD+ESR、VIM+ESR 等工艺，我国工模具钢在纯净化、均匀化、共晶碳化物偏析控制和可靠性方面取得突破性发展。研究开发的高温均匀化退火工艺、组织超细化工艺、球化退火工艺、多向锻造工艺，使材料的组织均匀性得到明显改善，等向性大幅提升，共晶碳化物偏析和颗粒度得到有效控制，共晶碳化物尺寸减小；研制的在线预硬化技术、"水-空"交替控时淬火冷却预硬化技术，使生产效率及成本、产品质量取得明显进步，模具钢 O1、A2、D2、H13 钢等的质量水平达到欧美较先进企业的标准。其中，H13 钢横向冲击韧性由 5~8J 提升到 11J 以上，等向性能由 0.5 左右提高到 0.75 以上；Cr8Mo2SiV 钢淬回火硬度、冲击韧性、抗弯强度、碳化物均匀性等各项指标能够达到世界先进实物质量水平，高品质 DC53 宽扁钢完全替代进口，并大量出口欧美国家。

5. 弹簧钢

弹簧钢用途广泛，其中汽车、铁路运输行业对弹簧钢使用需求最高，约占我国弹簧消费总量的 80%。2017 年，我国弹簧钢消费量约 320 万吨，预计 2020 年将达到 370 万吨。目前，我国生产使用的弹簧钢有 15 个钢种，主要分为碳素弹簧钢和合金弹簧钢。其中，合金弹簧钢包含硅锰、硅铬、钨铬钒弹簧钢等。在开发常规产品同时，我国弹簧钢在高端产品上不断扩展，尤其是在高强度低温韧性弹簧钢、悬架弹簧钢等打破了材料生产的国外技术垄断，取代进口材料，实现了产品本土生产。比如铁路提速后的货车转向架用悬挂弹簧钢早期主要依赖进口，近年来通过国内特殊钢厂的努力，已基本能够满足要求。2017年，河钢石钢已经为包括大众汽车、蒂森克虏伯、中国中车等重点客户提供原材料，有铁路机车转向架用钢、高铁动车组防侧翻扭杆弹簧钢等 80 多项产品填补国内空白并替代进口。

6. 不锈钢与耐热（蚀）合金

我国从 1952 年开始生产不锈钢至今已有 60 余年历史。改革开放 40 年来，我国不锈钢行业发生了巨大变化，产量从小到大，生产装备水平从落后到先进，产品品种从单一到多样，产品质量也逐步提升。近十几年来，我国国内建成投产的不锈钢炼钢、连铸、轧钢等生产装备不仅达到世界先进水平，并且装备大型化。

中国特钢企业协会不锈钢分会数据显示，2001 年我国不锈钢消费量 225 万吨，跃居全球最大的不锈钢消费国；2007年我国不锈钢人均消费量达到5千克，超过了世界人均不锈钢消费水平；2017年我国人均不锈钢消费量达到14.35千克，远远高于世界人均消费水平。在供应方面，2001年我国不锈钢粗钢产量仅为73万吨；2006年我国不锈钢产量达到530万吨，超过日本成为世界最大的不锈钢生产国；2010年我国由世界最大的不锈钢进口国转变为不锈钢净出口国，扭转了长期以来不锈钢消费一直主要依赖进口的局面；2017年我国不锈钢产量猛增到2577.4万吨。目前，我国不锈钢产量已占到世界不锈钢产量53.6%以上，确立了我国在世界不锈钢市场中的重要地位。

近年来，我国双相不锈钢发展迅速，成为不锈钢发展的典型代表和缩影。在突破双相不锈钢热塑性和N合金化冶炼等关键工艺技术的前提下，中国双相不锈钢的产量已经从2005年的800多吨增长至2017年的10万多吨。在石油化工、油气输送、化学品船制造、装备制造、核电、建筑及桥梁等领域得以应用，不但满足国内需求替代进口，还出口国外。例如，太钢的双相不锈钢板应用于化学品船的制造、双相不锈钢钢筋应用于港珠澳大桥的建设，"久立"的双相不锈钢管材应用于国内外油气输送管线，中国双相不锈钢呈现了应用不断拓展、产量逐年提高的特点。

高强不锈钢作为不锈钢的重要组成部分，在国民经济建设中起到了越来越重要的作用。2000年以来，随着我国大飞机项目立项，高强度不锈钢的品种得到了优化，特别是由单一的棒材扩充到了板材和管材，钢种逐步向主干材料体系建设的方向发展，品种由俄系材料向美系材料过渡发展，根据大飞机设计选材的需求，研发了三种高强度不锈钢材料。其中，0Cr15Ni5Cu4Nb沉淀硬化不锈钢开发中发明了新型的NbCN及Cu的强化方式，并突破了双真空冶炼（VIM+VAR）条件下实现对N的精确控制关键技术，目前形成棒材直径不大于350毫米，板材厚度不大于60毫米，管材外径不大于200毫米等品种的稳定的生产能力及供货能力；0Cr13Ni8Mo2Al沉淀硬化不锈钢采用了超纯冶炼的双真空工艺，突破了N含量小于10×10^{-6}控制技术、直径660毫米自耗钢锭组织均匀化锻造技术，大幅度提高了钢的断裂韧性，降低了钢的各向异性，保障了我国大飞机型号研制的成功，为我国航空主干材料体系建设奠定了物质基础。与此同时，大幅度提升了我国高强度不锈钢合金设计、冶金技术及质量控制等方面的水平，跨越式的赶超了国外同类钢种实物质量水平。

能源是国民经济发展的重要物质基础，我国电力资源结构中火电占75%左右，实际发电量占80%以上，核电占4%左右。20世纪初我国开始发展600℃超超临界机组，但关键锅炉管70%以上从日本和欧洲进口，国产高压锅炉管只占不到30%国内市场份额。为此，国家组织各行业龙头单位组成产学研用联合攻关组，围绕600℃超超临界火电机组锅炉管技术开展攻关。经10年艰苦努力，逐步实现了我国超超临界火电机组关键锅炉管从无到有、从有到全、从全到先进的历史性跨越，填补了国内空白。并在我国首次形成了 600℃ 超超临界火电机组全套关键钢管最佳化学成分内控范围、热加工工艺和热处理工艺等关键技术，实现了 600℃ 超超临界机组全套钢管的大批量供货，使我国电站用钢技术跃居国际先进水平，保障了国家能源安全，实现了大批量出口。其中，9%～12%Cr 马氏体钢管无 δ 铁素体控制技术、奥氏体钢管无晶间腐蚀控制技术、高时效韧性耐腐蚀奥氏体钢管控制技术、300 吨转炉冶炼高合金钢一贯制控制技术、高合金管坯轧制孔型优化设计和控制技术、连轧管尺寸精度和张减径头尾控制技术、大口径管短流程制造技术等处于国际领先水平。

耐蚀合金由于制备难度大，多年来我国主要依赖进口（包括 690 合金 U 型管）。近年来，通过装备完善和工艺技术的不断提高，我国的耐蚀合金品种、产品质量和产量都有了较大的提高。进入 21 世纪，随着中国核电迈入批量化、规模化的快速发展，对核电所用的耐蚀合金也提出了更高的要求。690 合金由于具有的耐应力腐蚀性能和综合性能，已广泛应用于第二代及第三代压水堆核电站，成为目前国内外新建核电站的主流材料。由于该类合金组织性能不易控制、制造工艺难度大、产品长期依赖进口，是核电国产化曾面临的主要瓶颈之一。近 10 年来，通过持续攻关，我国已经突破了核电 690 合金 U 型管的纯净化冶炼、荒管热挤压、管材冷加工及表面控制、固溶及 TT 热处理、脱脂、弯管等关键制造技术，实现了 690 U 型管的国产化，使我国成为继瑞典、法国、日本之后第四个能够生产 690 U 型管的国家，并形成了年产 1500 吨 690 U 型管的能力。我国生产的 690 合金传热管不但用于我国 CPR1000、AP1000、CAP1400 等项目的建设，还出口国外，用于华龙一号的建设。

7. 非调质钢

我国非调质钢的研发比德国等欧洲国家及日本较晚。随着我国现代交通运输业的快速发展，对高性能非调质钢制品的需求剧增，要求其具有良好的力学性能和工艺性能。近十几年来，在国家的支持下，通过"产学研用"联合攻关，在多年来困扰非调质钢生产应用的关键冶金生产技术、控锻控冷技术、组织-性能控制及预报技术等方面取得了重要突破，形成了转炉/电炉-连铸流程生产非调质钢工艺技术的集成，开发出具有良好综合性能的涨断连杆、前轴、半轴、曲轴、转向节等零件用高品质非调质钢系列，代替了进口；设计出锻件组织性能控制均匀、适应性强的新型非调质钢锻件控冷线，并在国际上率先提出了非调质钢定制锻件和局部强化控冷的技术思路，完善了非调质钢的应用技术，拓展了非调质钢的品种和应用范围，建立了我国非调质钢体系，使我国非调质钢年应用量从 20 世纪初的不到 10 万吨急剧增加到目前的 100 多万吨，基本摆脱了进口，并开始出口，有效地促进了我国绿色制造和低碳经济的发展。

三、标准体系逐步完善，标准水平不断提高

我国钢铁行业的标准化工作，主要经历了20世纪50年代到70年代采用苏联标准，改革开放开始到90年代采用国际和国外先进标准，2000年以后围绕产业发展和下游用钢领域需求，以产品升级换代、技术创新、用户需求为导向的自主标准制修订三个发展阶段。

近年来，我国钢铁工业的标准化工作取得了显著成绩，基本建成了包含国家标准、行业标准、地方标准和企业标准的层次分明、结构合理、专业配套的标准体系。标准内容上涵盖了钢、铁矿石、铁合金、设备、耐火材料、焦化、标准样品、工程建设等多个专业领域，涉及基础、方法、安全、环保、产品、管理等方面，为产品结构调整提供了基本支撑。立足国内产业发展的同时，中国钢铁工业还参与了国际标准化工作，积极引导、规范中国钢铁工业参与国际市场竞争。

改革开放40年来，钢铁工业着力完善标准体系，建立健全标准化工作机制，全面推进重点产品、关键工艺技术等领域标准制修订，积极参与国际标准化工作，使标准化工作更好地服务于我国钢铁工业的转型升级和质量提升。

（一）标准体系趋于科学完善

钢铁领域标准化的发展与我国的经济体制和产业的发展紧密相连。改革开放40年来，钢铁行业标准化工作始终坚持不断深化改革，坚持标准与产业发展相结合、标准与质量提升相结合、国家标准与行业标准相结合、国内标准与国际标准相结合，不断优化和完善钢铁领域的标准体系，提高标准的技术水平和国际化水平，推动我国钢铁产业从产量大国向质量强国转变。

随着国家经济体制的改变，钢铁标准化工作经历了由计划经济生产型标准向市场经济贸易型标准的转变。经过40年的努力，钢铁领域标准已全部转变为推荐性标准，使企业在使用标准的过程中有了充分的自主权，为行业转型升级，企业新产品的开发以及满足用户差异化需求等方面提供了广阔的空间。

改革开放40年来，钢铁领域标准体系的建设始终坚持"继承历史、创新驱动、统筹协调、融合发展、动态完善"的总体构建思路和原则。目前，我国钢铁行业的现行标准总数已达2464项。其中，国家标准1419项、行业标准1045项，全部为推荐性标准。其中，基础通用标准195项、产品标准1103项、方法标准1063项、管理标准103项。建成了层

次分明、结构合理、专业配套、可操作性强、技术水平较高的新型标准化体系。在提升产品质量、促进行业转型升级、扩大国际贸易、促进技术进步和创新等方面发挥了积极作用，产生了显著的经济和社会效益，有力支撑了钢铁行业及国民经济建设的发展。

（二）标准技术组织管理机构健全

从 1991 年原国家技术监督局批准成立全国钢标准化技术委员会，到目前为止钢铁行业已有钢、耐火材料、铁矿石和直接还原铁、生铁和铁合金四个全国标准化技术委员会。

其中，全国钢标准化技术委员会下设基础、钢管、盘条及钢丝、力学及工艺性能试验方法、钢铁及合金化学成分测定、钢板钢带、钢筋混凝土用钢、型钢、铸铁管、特殊合金、金属和合金的腐蚀试验方法、钢丝绳、轴承钢、金相检验方法、特殊钢、冶金非金属矿产品等 17 个分技术委员会，委员由来自生产、使用、科研、质检、行业协会、教学和管理等各个领域的近 600 位专家组成，为钢铁行业标准化工作的有效开展提供了坚实的技术保障。

（三）促进钢铁产品优化和质量提升

改革开放 40 年来，钢铁行业标准化工作始终坚持围绕国家产业政策、行业发展急需等要求，积极有效的开展标准研制工作，为我国钢铁工业质量提升和产品优化提供了有力的支撑。

1. 化解过剩产能、加快淘汰低端产品，支撑供给侧改革

2014~2016 年，按照《国务院关于化解产能严重过剩矛盾的指导意见》（国发〔2013〕41 号文）的要求，围绕"热轧带肋钢筋、钢结构用钢、船舶用钢、电工钢"等领域，钢铁行业重点开展了 135 项标准的研制工作，为行业化解过剩产能、加快淘汰低端产品，支撑供给侧改革提供了保证。

2014 年，围绕"化解过剩产能，强化需求升级导向，带动产品升级换代"的要求，集中开展了钢筋系列标准的制修订工作。其中，《钢筋混凝土用钢 第 2 部分：热轧带肋钢筋》（GB/T 1499.2—2018）最具代表性，本次标准修订中取消了 335 兆帕级钢筋，增加了 600 兆帕级钢筋，形成 400 兆帕、500 兆帕、600 兆帕强度等级系列。据估算，采用 400 兆帕级以上强度钢筋代替 335 兆帕级钢筋，可节省 10%~15% 的钢材用量。标准的修订对于高强钢筋的推广应用，带动产品升级换代，促进钢铁工业产品结构调整产生了积极的作用。

为了加快我国高性能电工钢的推广应用，化解过剩产能和淘汰落后产能，2016年完成了《全工艺冷轧电工钢 第1部分：晶粒无取向钢带（片）》（GB/T 2521.1—2016）、《全工艺冷轧电工钢 第2部分：晶粒取向钢带（片）》（GB/T 2521.2—2016）两项标准的修订工作。本次修订无取向电工钢部分增加了铁芯损耗较低的6个牌号，可促进下游用户使用高性能电工钢产品，实现产品的升级换代。同时，取消了铁芯损耗较大、能耗高的10个牌号，这些牌号涉及产能每年有近150万吨，该标准实施后可以化解150万吨的无取向电工钢产能；取向电工钢部分增加了经过磁畴细化生产的高磁极化强度冷轧取向电工钢11个牌号，均为高性能取向电工钢，该系列产品的应用有利于提升电器装备制造业全产业链竞争力，为下游用户提供高性能的产品，实现产品的升级换代。同时取消了铁芯损耗较大、能耗高的6个牌号，涉及国内相关产能5万吨，该标准的实施可淘汰5万吨取向电工钢产能，有效促进电工钢生产企业的结构调整和产品升级换代。

2. 提升标准技术水平，满足市场需求，促进企业产品结构调整和质量提升

为了充分反映我国钢铁工业的技术进步成果，满足市场差异化需求，钢铁行业标准化工作通过不断提升标准技术水平、加快标准制修订步伐等措施，从根本上改变了钢铁行业标准水平低，更新速度慢的问题。目前，与国外同级别标准相比，钢铁行业标准的整体水平已接近国际先进水平。标准水平的提升，也进一步促进了企业产品结构的调整和产品质量的提升，提高了企业市场竞争力。

我国特殊钢领域完成了轴承钢、齿轮钢、弹簧钢、不锈钢、工模具钢、合金结构钢等系列重点标准的修订工作，通过标准的修订，进一步提升了标准的技术水平，特别是通过对标准中关键技术指标分档分级的规定，不仅体现了当前我国特殊钢行业生产技术能力的提高，同时也更好地满足了市场的差异化需求。

高碳铬轴承钢是我国特殊钢领域量大面广的产品，也是所有钢产品中检验项目最多，要求最严的钢种之一。因此，其标准水平往往体现着一个国家的冶金质量水平。《高碳铬轴承钢》（GB/T 18254—2016）标准中将氧、钛含量、低倍缺陷、非金属夹杂物级别等主要技术指标分为3个质量等级。其中优质钢达到国际先进水平，高级优质钢和特级优质钢达到或高于国外知名企业（SKF、FAG等）标准水平。标准整体水平的提升，不仅体现了当前我国轴承钢的生产能力，也为轴承行业合理选材提供了保障。

《高碳铬轴承钢》（GB/T 18254—2016）标准实施以来，对于促进我国高碳铬轴承钢生产结构的调整及质量的提升也起到了积极的促进作用。如标准中重点牌号Gr15，以前国内产品以优质钢为主，新标准实施以来，国内高级优质钢、特级优质钢的产量大幅提升，分别占到了Gr15总产量的60%和12%，是目前市场的主导产品。

3. 加大钢铁新材料标准制修订力度

近年来，紧密围绕中国制造 2025 和战略性新兴产业发展急需，以满足重大装备和重大工程需求为目标，不断加大了先进基础材料、关键战略材料、前沿新材料标准的研制，重点围绕高强汽车用钢、超超临界锅炉用钢、核电用钢、耐低温钢、油船用耐腐蚀钢、高温合金、耐蚀合金、高磁感取向硅钢、高速车轮用钢、建筑桥梁用高强钢筋、节镍型高性能不锈钢、非晶合金、薄层石墨材料以及耐高温、抗疲劳、高强韧、超长寿命轴承钢、齿轮钢、模具钢等领域开展了近 200 项新材料标准的研制，有效保证了先进新材料的推广应用，促进了企业的转型升级和我国材料工业结构调整。如围绕我国 LNG（液化天然气）、LEG（液化乙烯气体）、LPG（液化石油气）等行业建设需求，修订完成的《低温压力容器用钢板》（GB/T 3531—2014）国家标准，增加了 15MnNiNbDR、08Ni3DR、06Ni9DR 新钢种，替代进口，解决了我国快速发展的 LNG、LEG、LPG 行业过去依赖进口的困局，满足了压力容器大型化、高参数化的发展需求，提高了承压设备的安全性。同时也为我国钢铁企业转型升级，生产满足市场急需的高端产品提供了技术保证。

（四）积极参与国际标准化工作

1978 年，我国恢复参加 ISO "国际标准化组织" 以后，钢铁行业积极组织开展国际标准化活动，取得了显著的成绩，有力推动了行业技术进步和转型升级。

自 1993 年我国承担第一个产品国际标准化技术委员会秘书处——ISO/TC17/SC17 "盘条与钢丝" 以来，目前钢铁行业共承担了 ISO/TC5 黑色金属管与配件、ISO/TC105 钢丝绳、ISO/TC132 铁合金、ISO/TC156 金属和合金的腐蚀等 4 个 ISO 技术委员会及 ISO/TC17/SC15 钢轨、车辆及配件、ISO/TC17/SC17 盘条与钢丝等 2 个分技术委员会及若干个工作组的工作。

"十一五" 以来，围绕推动优势产品 "走出去"、便利经贸往来，提高国际影响力等产业政策要求，重点在产品和试验方法两个领域组织并提出国际标准提案。其中，既包括 "铁路用热轧钢轨" "桥梁缆索用热镀锌及锌铝合金钢丝" 等我国具有竞争力的产品，也包括 "不锈钢耐晶间腐蚀测定　第 3 部分：低铬铁素体不锈钢晶钢　硫酸介质中的腐蚀试验" "铁矿石　全铁含量的测定　EDTA 滴定法" 等影响产品评价和进出口贸易的重要方法标准。2011~2017 年，钢铁行业共提出并成功立项国际标准提案 50 项（约占我国主导已立项国际标准数量的 10%），发布国际标准 29 项（约占我国主导发布国际标准量的 12%）。提案涉及钢铁产品、试验方法、原材料等各个领域。其中，钢铁产品 17 项，黑色金属管及管件 8 项，钢丝绳 4 项，金属和合金的腐蚀试验方法 5 项，金属力学性能试验方法 5 项，铁矿石 9 项，铁合金 2 项。

（五）创新开展团体标准制定工作

2015 年 3 月，国务院发布《深化标准化工作改革方案》，成为标准化工作发展至今一个具有历史意义的里程碑，其中一个关键举措就是强调将团体标准作为现有标准体系的有益补充。钢铁行业按照"面向市场、服务产业、提升水平和填补空缺"原则，创新开展团体标准制修订工作。一是通过高技术水平标准的制定，促进产品质量全面提升。制定了高压锅炉用中频热扩无缝钢管团体标准，与《高压锅炉用无缝钢管》（GB/T 5310—2008）相比，尺寸允许偏差要求更严，低倍和非金属夹杂物检验要求更细，无损检测要求更高。二是满足市场急需，通过标准制定填补标准空白，规范产业有序发展。制定了汽车座椅骨架用钢丝、电站用新型马氏体耐热钢 08Cr9W3Co3VNbCuBN（G115）无缝钢管、电站锅炉用新型耐热不锈钢 06Cr22Ni25W3Cu3Co2MoNbN（C-HRA-5）无缝钢管标准。三是通过节能、环保型产品、绿色产品评价规范类标准制定，推动产品结构优化升级，促进了电工钢、管线钢等绿色产品生产和应用。

截至 2017 年，中国钢铁工业协会已制定发布团体标准 7 项，另有 33 项正在制定过程中。团体标准的制定有力促进了行业转型升级。见表 3-3。

表 3-3 中国钢铁工业协会团体标准发布情况

团体标准名称	标准编号	所属领域
汽车座椅骨架用钢丝	T/CISA 001—2017	冶金
高压锅炉用中频热扩无缝钢管	T/CISA 002—2017	冶金
电站用新型马氏体耐热钢 08Cr9W3Co3VNbCuBN（G115）无缝钢管	T/CISA 003—2017	冶金
电站锅炉用新型耐热不锈钢 06Cr22Ni25W3Cu3Co2MoNbN（C-HRA-5）无缝钢管	T/CISA 004—2017	冶金
绿色设计产品评价规范 管线钢	T/CISA 101—2017	绿色制造
绿色设计产品评价规范 取向电工钢	T/CISA 102—2017	绿色制造
绿色设计产品评价规范 新能源汽车用无取向电工钢	T/CISA 103—2017	绿色制造

第四章 节能环保水平不断提高，
绿色发展取得突出进展

改革开放以来，随着国家节能环保要求的逐渐严格，钢铁工业顺应国家节能环保政策的各项要求，不断深化节能环保工作，加强了余热余能的回收利用，进行了大量工艺创新和污染物综合治理工艺和技术的变革及升级，使得钢铁企业吨钢能耗、外排污染物等指标持续改善，整体呈下降趋势，节能环保领域取得了长足的进步。与此同时，钢铁行业绿色发展也取得突出成绩。

一、行业平均指标持续改善，节能环保取得巨大成绩

（一）能源资源利用效率显著提高，综合能耗明显降低

从 20 世纪 70 年代末开始，中国钢铁工业把节能摆在重要位置，节约能源、降低消耗取得了举世瞩目的成果。40 多年来，中国钢铁工业节能取得的辉煌业绩和技术进步，为缓解中国能源供应的紧张局面，提高资源能源利用效率作出了历史性贡献。进入 20 世纪 90 年代，节能的着眼点从注重单体设备节能和工序节能转向企业的整体节能，既节约能源又节约非能源，通过平炉改转炉、模铸改连铸、多火成材改为一火成材、喷煤等一系列生产结构调整和"以连铸为中心"的工艺流程优化，使钢铁制造流程逐渐趋于连续化、紧凑化、减量化。到 2000 年，大型钢铁企业的吨钢可比能耗共下降 236 千克标准煤。21 世纪以来，以节能减排、可持续发展为目标，强化钢铁企业的"能源转换功能"，为二次能源进行回收利用奠定了基础。通过回收利用以副产煤气（焦炉、高炉、转炉）为代表的二次能源以及节能设备的进步促进了能源资源利用效率不断提高。与 2005 年相比，重点统计钢铁企业 2017 年平均吨钢综合能耗由 694 千克标准煤降至 571 千克标准煤，与世界先进水平的差距大幅缩小。其中，一些企业指标已达到世界先进水平。与 2005 年相比，2017年焦炉煤气回收利用率提高了 3.2 个百分点；高炉煤气回收利用率提高了 7.6 个百分点；吨钢转炉煤气回收量由 32.8 立方米提高到 106 立方米。

（二）吨钢耗新水及主要污染物排放量明显降低，水资源利用效率明显提高

"十一五"前，钢铁行业节水以采取直流改循环、建立污水处理厂等粗放式的节水途径为主。随着节水工作的深入，"十一五"以来，钢铁企业逐渐开始从钢铁生产全流程系统节水工作，结合自身水资源状况、产品种类、生产工艺等因素，制定了合理的工序用水定额、水质指标体系和严格的用水管理制度，规定了用水与节水管理的职责、运行、计量、考核、奖惩等方面的具体管理操作规范，为企业的节水工作能够落实到细节提供了实施依据。推广实施了一批高炉干法除尘技术、干熄焦技术、转炉干法除尘技术等重点节水工艺技术和装备，使得吨钢消耗水大幅降低；同时通过采用焦化废水处理与回用、轧钢（含油、泥）废水处理与回用、城市污水处理与回用、膜法水处理、总排综合污水处理回用等水处理回用技术装备，综合利用城市污水、海水、厂区雨水等非常规水资源，从而使得吨钢取新水量逐年降低。与 2005 年相比，2017 年重点统计钢铁企业吨钢耗新水由 8.6 吨下降到 3.1 吨，下降 64.0%；水重复利用率由 94.3% 提高到 97.8%。从统计数据来看，我国重点钢铁企业在节水和废水治理减排方面已经达到了国际先进水平。

（三）环保管理持续加强，主要环境污染物排放水平逐渐降低

钢铁企业将过去直接排放的达标外排废水进一步进行深度处理并回用于循环冷却水系统，替代了工业新水的取用，同时大幅度减少了废水及污染物的外排。目前，越来越多的钢铁企业通过将厂区污水经深度处理回用或经低要求用户消纳等途径，努力实现厂区外排口外排零水量。大气治理方面，在符合环保标准要求、资源综合利用的思想指导下，重点推进了烧结球团烟气脱硫系统治理、焦炉烟气脱硫脱硝系统治理、转炉烟气除尘改造、加强无组织排放管控、焦化污水处理提标改造、综合污水深度处理等技改工程，有力的支撑了颗粒物、二氧化硫等污染物的减排。与 2005 年相比，统计的中国钢铁工业协会会员企业，2017 年，吨钢外排废水量由 4.71 吨下降到 1.01 吨；外排废水中吨钢化学需氧量下降 89.9%，吨钢悬浮物下降 97.1%，吨钢石油类下降 95.8%，吨钢氨氮下降 92.4%。外排废气中吨钢污染物排放呈明显下降趋势，吨钢二氧化硫排放量由 2.83 千克下降到 0.55 千克，下降 80.6%；吨钢烟粉尘排放量由 2.18 千克下降到 0.59 千克，下降 72.9%。

（四）冶金渣等固废资源化利用水平不断提高

2005 年以来，由于粗钢、生铁产量大幅增加，造成钢渣产生量和高炉渣产生量大幅增加，但由于行业倡导精料入炉技术，生产和工艺的不断改进、完善，吨铁高炉渣产生量减

少了 35.5%, 吨钢钢渣产生量减少了 10.4%; 冶金渣利用率大幅提高, 钢渣利用率提高了 5.6 个百分点, 达到 97.2%, 高炉渣利用率提高了 5.1 个百分点, 达到 97.8%。为了推进资源节约型、环境友好型社会的建设, 经行业和地方推荐, 部分组织专家评审认定, 首钢京唐、天津钢管、河钢唐钢、宝钢股份、山东钢铁、华菱湘钢、安钢、沙钢、马钢、兴澄特钢、酒钢、太钢、武钢等一批有代表性、基础较好、产品结构合理、自主创新能力较强、单位产品能耗、污染物排放和资源综合利用水平达到行业领先水平的企业通过了国家工信部的首批试点资源节约型、环境友好型 "两型企业", 引领了行业和大多数钢铁企业走节约发展、清洁发展之路。

二、节能减排技术措施日益完善

进入 21 世纪, 我国钢铁工业在节能、环境保护、污染治理及废弃物综合利用等一大批效果显著的节能减排技术得到快速普及推广。重点推广应用了以 "三干三利用" 为代表的重点领域节能减排措施, 即: 干法熄焦、高炉煤气干式除尘、转炉煤气干式除尘的 "三干" 技术; 水的综合利用, 以副产煤气 (焦炉、高炉、转炉) 为代表的二次能源利用, 以高炉渣、转炉渣为代表的固体废弃物综合利用的 "三利用" 措施, 产生了较好的节能减排效果。

(一) 节能低碳领域

1. 以节能减排、可持续发展为目标, 强化钢铁企业的能源转换功能

节能设备的进步为二次能源进行回收利用奠定了基础, 重点推广了干熄焦、烧结余热回收、余能发电、高温高压高炉煤气发电机组、冲渣水余热回收等二次能源回收技术装备, 中低温余热利用技术普及率明显提升。据不完全统计, 2005 年以前我国钢铁生产企业建成投产的干熄焦装置仅有 20 套。截至 2017 年底, 钢铁企业投产运行的干熄焦装置已达 169 套, 形成年产 2.23 亿吨干熄焦能力, 重点统计钢铁企业焦化干熄焦率由 63% 提高到 92%。2005 年以前仅约 49 座高炉配套了干式除尘 TRT, 目前重点大中型钢铁企业高炉配套有炉顶余压回收装置, 高炉炉顶 TRT 升级的 BPRT 技术推广应用 122 套, TRT 数量与干式 TRT 数量及能力居世界第一。蓄热式加热技术在轧钢工序和高炉煤气热风炉等燃烧加热环节的推广和普及大大扩展了低热值高炉煤气的利用范围。

2. 中低温余热资源利用效率取得很大进步, 钢铁企业中低温余热利用技术普及率明显提升

烧结烟气携带余热约占烧结工序能源输入的 30%。"十五" 初期, 国内利用烧结余热

进行发电的企业仅有马钢 1 家。至 2017 年底已增加到 187 套，涉及大中型烧结机 338 台，提高了二次能源回收利用水平。蓄热式加热技术、加热炉汽化冷却技术在轧钢工序得到推广和普及，大大扩展了低热值高炉煤气的利用范围，实现了中低温余热的回收。首钢、宝钢、鞍钢、包钢、南钢、河钢邯钢等十几家企业建设了 44 套 CCPP 煤气发电设备，减少了高炉煤气的放散，有效地提高企业能源利用效率；煤气锅炉发电机组已在钢铁行业全面推广应用，机组已系列化并向高温高压的优化方向发展。一些企业利用高炉冲渣水、焦化初冷器冷却水和干熄焦乏汽等各种低品位余热作为清洁热源用于城市集中供热，2015 年供热面积累计达到 5100 万平方米，2016 年又增加了 2270 万平方米。

（二）环保领域

1. 以烧结烟气脱硫为代表的环保技术

我国烧结烟气治理可追溯到 20 世纪 50 年代。当时，包钢从苏联引进了喷淋塔除氟脱硫工艺，在脱氟同时附带脱除 30% 的 SO_2，但真正意义上的烧结烟气脱硫始于 2005 年。虽然我国烧结烟气脱硫起步较晚，但发展迅速，先后研发成功石灰石-石膏湿法、双碱法、氧化镁法、氨-硫铵法、离子液法、钢渣法、循环流化床法、密相干塔法、旋转喷雾法、活性炭吸附法、MEROS 法、NID 法、GSCA 法、ENS 法等 10 多种烧结烟气脱硫技术，并已在行业内逐步推广应用。据统计，2005 年国内钢铁企业仅试运行了一套烧结脱硫措施。"十一五"期间，钢铁企业已投入运行的烧结脱硫设施 177 余套。目前，烧结球团工序基本全部配备烧结脱硫措施，产生了明显的脱硫效果。高炉煤气净化系统已全面推广应用全干法除尘系统，特别是大于 1000 立方米的高炉。高炉煤气干法除尘在重点大中型钢铁企业的普及率已达到 90% 以上，净化后煤气的含尘量可达到每立方米 5 毫克以下。2005 年以前，我国钢铁企业只有 8 座转炉烟气采用干法除尘，到 2017 年已有 147 套转炉干法除尘装备。最近几年，新建转炉 90% 以上采用干法除尘，煤气含尘量可控制在每立方米 20 毫克以下。

2. 废水处理方面

以世界公认最难治理的焦化废水为例，过去的 10 年间，焦化废水处理工艺大部分采用 A/O、A/H/O 或者 A/O_2 等先经过厌氧过程再到好氧过程的处理方法。相对于厌氧过程，好氧过程有机物的分解比较彻底，释放的能量多，有机物转化速率快，废水能在较短的停留时间内获得高的 COD 去除率。近几年，焦化废水处理也开始直接从好氧阶段开始，形成了新的好氧-水解-好氧的新工艺；为了满足日益严格的排放标准，许多钢铁厂进行了新一轮的提标改造。全厂污水处理厂废水中主要含有 SS、油、盐碱、COD 等污染物，国外目前主要采用磁分离技术和膜过滤法处理，我国已在逐步开发推广应用这两项技术。同时，不少钢铁厂从源头进行控制，从工艺上采用节约用水的措施，在水处理方面采用废水深度处理工艺，优化全厂水平衡，消纳废水，逐步实现全厂废水的零排放。据不完全统计，目前综合污水超滤+反渗透处理生产线达 33 套以上，年处理废水 3.5 亿立方米以上，年节约新水 1.8 亿立方米以上。见表 4-1。

表 4-1　我国烧结烟气脱硫主要技术比较

工艺技术	技术类别	应用企业	应用效果
烧结烟气脱硫技术	石灰石-石膏法	宝钢、鞍钢、马钢、梅钢、湘钢等	脱硫效率不小于 95%
	循环流化床法	三钢、梅钢、邯钢、承钢等	脱硫效率不小于 75%
	密相干塔法	唐钢、首钢、昆钢、西钢钒、石钢	脱硫效率不小于 90%
	旋转喷雾法	沙钢、鞍钢、泰钢等	脱硫效率不小于 70%
	氨-硫铵湿法	柳钢、邢钢、南钢、日钢、昆钢	脱硫效率不小于 85%
	NID 半干法	武钢	脱硫效率不小于 60%

尤其近几年，随着新环保法的相继实施，钢铁污染物排放系列标准的指标加严，钢铁企业变压力为动力，针对各工艺环节存在的环境风险，大部分钢铁企业制定绿色发展实施（行动）计划，通过加大资金、人才、研发的投入深入推进节能减排设施新一轮的全面升级，重点推进了封闭料场或筒仓改造、烧结除尘系统升级改造、高炉出铁场无组织烟气综合治理、转炉三次除尘、污水处理提标改造等技改；宝钢、太钢、首钢、河钢、日照钢铁等企业在焦炉烟气脱硫脱硝、焦炉生化废水深度处理、烧结烟气多种污染物治理等热点难点领域开展了示范工程建设。无组织污染物控制方面，对厂区无组织排放进行了强化管控，对物料（含废渣）运输、装卸、储存、转移和工艺过程等无组织排放实施深度治理，具体措施包括原料场封闭改造，物料输送采用封闭通廊或管道或管状带式输送机等密闭方式，烧结、球团竖炉、炼钢、轧钢及高炉出铁场、钢渣处理设施密闭，炼钢车间设置屋顶罩等，有效地从源头控制了原料场无组织排放，可将颗粒物的浓度从每立方米 120 毫克降至 8 毫克以下。经过持续不断实施除尘改造，烧结机机尾除尘、带式焙烧机机尾除尘、高炉出铁场除尘、转炉二次烟气除尘、转炉三次除尘等主要产尘点均采用布袋除尘、电袋除尘等先进工艺，增加了除尘能力，能够满足日趋严格的环保要求和标准。在推进技改的同时，各企业加强了全程管控和综合治理，持续改善现场管理，落实责任、强化检查，厂容绿化效果和厂容厂貌进一步改善。

（三）资源综合利用领域

以高炉渣、转炉渣、含铁尘泥为代表的固体废弃物的高附加值利用技术得到快速推广。钢铁工业生产过程中产生大量的高炉渣、转炉渣，过去曾长期堆放占用土地、污染环境、浪费资源。2005年以来，钢铁企业的观念在逐渐发生变化，加大废渣处理投资，将过去直接抛弃或简单利用的固体废物"变废为宝"，绝大多数固体废物得到了综合利用，尤其以冶金渣、含铁尘泥为代表的固体废弃物资源化利用水平不断提升。钢铁工业和相关行业通过持续技术创新开发冶金渣资源化利用技术，打造构建出完整的"资源-产品-再生资源"循环经济产业链，不仅拓展社会化综合利用的渠道，提升其利用附加值，更为钢铁工业体现社会责任、推进循环经济建设做出了重要贡献。

高炉渣综合利用方面，2005年前大部分钢铁企业冶金渣主要用于路基垫层、筑路骨料、建筑用砂石料等产品附加值较低的领域，或低价外销给周边小型企业，全国仅有8家钢铁企业建成9条高炉水渣微粉生产线，将其生产矿渣微粉作为优质的水泥原料，或直接替代部分水泥用于混凝土生产，实现了高附加值利用。随着高炉渣处理技术、立磨技术及矿渣粉应用技术的完善，"十一五"期间矿渣微粉生产线在钢铁企业快速推广应用，矿渣以微粉（比表面积大于每千克420平方米）形式等量替代水泥掺到高标号混凝土，以改善性能、降低成本。据调研，2010年国内钢铁企业共建有100条大型矿渣粉生产线，矿渣粉年产能5560万吨，消耗了国内约30%水淬渣。但仍有一部分钢铁企业将水淬渣直接出售给水泥企业或预拌混凝土企业与熟料、石膏等共同粉磨，由于水淬渣易磨性较熟料差，难以磨细至理想的细度，致使水淬渣的活性不能充分发挥，限制了水淬渣在水泥中的掺量。"十二五"以来，国家严控新增粗钢产能形势下，钢铁企业积极推动多元产业的发展，加大废渣综合利用板块的投资，立磨矿渣粉生产线建设发展迅速，有力地推进固体废物的综合利用。截至2017年，钢铁企业投运275条矿渣粉生产线，矿渣粉年产能约1.7亿吨，消耗了国内67%以上高炉水渣。生产的矿渣粉产品广泛应用于世博会场馆、国家体育馆、京沪高铁、宁杭城际铁路、广深港沿江高速公路等国家重点工程中。钢渣的综合利用方面，过去钢渣经简单破碎磁选回收废钢后，由于尾渣体积安定性不良、钢渣粉早期活性低、易磨性不佳等原因影响了其在水泥、混凝土中使用，主要用于工程回填或直接堆存、抛弃。"十二五"以来，随着钢渣处理、破碎磁选技术的推广应用，以及钢渣应用技术的突破，为钢渣的深度综合利用奠定了基础。通过推广应用钢渣热焖、滚筒渣等处理工艺，实现渣铁分离、游离氧化钙的消解，解决钢渣不安定性（易膨胀性）问题，有利于钢渣下一步的破碎磁选、尾渣的深度利用。据不完全统计，钢铁企业自建的钢渣高效处理及破碎磁选处理能力达 7000 万吨以上；处理后的钢渣采用"破碎-筛分-磁选-磁选后废钢回收"处理，废钢的回收率可达到 85% 以上。鞍钢鲅鱼圈、武钢、太钢、马钢、本钢、天津钢管、河钢宣钢、日照钢铁、新余钢铁等企业相继建成 60 余条钢渣粉生产线，年处理利用钢渣尾渣约 2400 万吨。通过将钢渣磨细可以激发钢渣的活性，代替水泥用于混凝土建筑工程，可降低混凝土水化热而产生的裂缝，提高混凝土的后期强度以及耐磨性、抗冻性、耐腐蚀性能，同时降低工程造价，为钢渣制备优质沥青混凝土耐磨集料开辟了道路，日益成为钢渣利用的一个重要的突破口。宝钢、河钢宣钢、武钢、西宁特钢、陕西龙钢等企业建立路基材料、透水砖、花砖、彩色地砖等生产线 30 余条，年处理利用钢渣尾渣约 600 万吨。为进一步延伸循环经济产业链，联合建材行业相继开发了低热钢渣水泥、钢渣道路水泥、钢渣砌筑水泥等水泥品种。一些先进企业积极探索冶金渣在农业、林业领域的应用。根据冶金渣含有锰、硅、铁、钙、磷等大量对农作物有益的营养元素的特点，宝钢等企业分别研发出了包裹型缓释肥、土壤调理剂、复合肥等多种新型冶金渣肥料，已在农业、林业领域小规模应用，现已具备每年 2000 吨的生产能力。太钢建设钢渣肥料生产线，利用干燥后的细尾渣作为基础料，加入液态粘合剂和微量营养素，造球烘干成土壤调理剂、草坪肥、复合肥。酒钢开展了大棚蔬菜、大田玉米等种植实验，施用高炉水渣和尾矿及其配方的多元素配方肥料、钙硅肥配方肥料，效果良好。

含铁尘泥含铁较高，具有良好的经济价值。钢铁企业将粒度较大的含铁尘泥作为原料的一部分直接配入烧结混合料，过细的含铁除尘灰经造球后再作为烧结配料炼钢助熔剂，通过厂内循环基本实现全部综合利用。结合资源特性，一些钢铁企业采取"分质处理、综合利用"原则，深入推进含锌尘泥、转炉污泥、氧化铁皮（氧化铁粉）的高值利用。如充分利用氧化铁皮（氧化铁粉）含铁品位较高特性，生产铁氧体预烧料、氧化铁红、磁性材料、还原铁粉和粉末冶金产品等产品，实现铁素的价值提升的同时，极大地推动了磁性材料行业、汽车零部件制造业等相关领域的发展。目前，大中型钢铁企业合资建设利用热轧氧化铁皮生产永磁铁氧体预烧料生产线 19 条，约占全国永磁铁氧体预烧料产能 30%；利用冷轧铁粉可生产不同品质氧化铁红生产线 30 余条，产能达 38 万吨。宝钢利用氧化铁皮还原的氧化铁红开发出 20 多种锰锌铁氧体低损耗软磁材料品种，随着氧化铁磷的产生量逐年增多，研发了高品质永磁材料，推动了磁性材料行业的发展。马钢采用杂质低的优质铁磷作为原料，建成了万吨级的还原铁粉生产线，莱钢依托氧化铁皮自主研发了轿车用高性能水雾化钢铁粉末规模化生产技术，形成年产 8000 吨和一条年产 4 万吨水雾化钢铁粉末生产线，为粉末冶金行业提供了优质原料。含锌的含铁尘泥过去作为烧结辅料进行利用，不仅影响烧结工艺，Zn、Pb、钾钠碱性氧化物等长期闭路循环富集影响高炉顺行和寿命等。随着国家对固体废物、重金属污染的关注，钢铁企业愈来愈关注含锌尘泥的综合利用。宝钢湛江20万吨含锌含铁尘泥转底炉生产线2016年建成投产，截至目前已投产5条转底炉生产线；通过将高锌尘泥造块后生产金属化球团，回收利用铁，产生副产品氧化锌（氧化锌含量60%~70%，锌元素回收率不小于85%），可作为锌冶炼厂原料，解决含锌尘泥的循环资源化利用难题，降低二次污染、优化资源利用。永钢、韶钢、红河锌联等企业建立10余条回转窑工艺处理含锌含铁尘泥。鞍钢通过铁水罐添加1.0%~2.25%的含锌含铁尘泥制备的自还原性复合球团，利用了铁水罐铁水潜热的同时，实现金属收得率不小于95%、锌回收率大于90%，拓展了尘泥处理新途径。武钢、济钢分别投资建设年产5万吨90%铁粉生产线、转炉污泥粗颗粒生产活性铁项目，分离出炼钢污泥中的铁粉（MFe不小于90%、TFe不小于96%）作为钛白粉生产的还原剂；或二次还原用于粉末冶金、焊接材料、表面处理等。北京科技大学等单位结合烧结电除尘灰钾高特点，通过将除尘灰经过浸出、蒸发浓缩、结晶、干燥等过程得到氯化钾产品，解决了返回烧结的难题，实现有价元素提取。

（四）节水领域

在过去相当长的一段时间内，钢铁企业的水源主要依赖于地表水和地下水。近年来，随着全球气候的变化，至少在中国境内，部分河流的径流量逐年减少，且污染程度有加重的趋势，在数量上和质量上难以满足钢铁企业对水量和水质的要求。为了应对日趋严峻的水资源形势，2007年以来，钢铁企业采取了多种应对措施，依靠技术进步和科学管理，通过采用节水新工艺、新技术，完善循环水系统、串接利用水资源、回收利用外排水、扩大非常规水源利用等措施，不断降低产品新水消耗，减少污水排放，取得了较好的节水效果。近10年来，钢铁行业节水减排技术重点开展了以下工作：快速推广及应用了钢铁企业总排综合污水处理回用技术，由2007年的行业应用率30%左右，直至2016年普及率基本达到100%；通过将钢铁企业的达标外排废水进一步进行深度处理并回用于循环冷却水系统，替代了工业新水的取用，同时大幅度减少了废水及污染物的外排。目前，越来越多的钢铁企业通过将厂区污水经深度处理回用或经低要求用户消纳等途径，努力实现厂区外排口外排零水量。水质分级串级使用技术在这些年也在企业得到了广泛的应用，通过对企业用水系统和各种水流按水质进行分级，逐级对不同水质的水流加以利用，使得很大比例去污水处理厂的水流直接加以利用或回用，节水和减排效果十分显著。高炉、转炉煤气干法除尘、焦化干熄焦等清洁生产技术的引进和发展，不仅极大改善了环境污染的现状，也充分节约了水资源。该类技术的应用，直接减少了湿熄焦吨焦0.53立方米的耗水；减少高炉除尘用水93%以上，节约转炉工序吨钢用水0.1吨。截至目前，按干熄焦处理能力计，我国已位居世界第一，在钢铁联合企业中，干熄焦普及率超过 90%；高炉煤气干法除尘技术也在钢铁联合企业得到全面的应用；转炉煤气干法除尘也正逐步推广应用。从各工序用水情况分析，原本的耗水大户冷轧工艺，得益于主工艺的改进、密闭循环冷却技术、陶瓷膜处理回用乳化液废水技术的普及和酸洗废水废酸回收技术、轧制废水深度处理回用技术等的逐渐兴起，吨产品补水量已经降低至与炼铁、热轧同一水平。

三、新技术研发示范，拓展节能减排途径

近几年，面对国家环保达标、节能降耗的双重要求，钢铁企业坚持技术创新驱动产业绿色发展战略，瞄准新的污染物排放标准要求，先后自主开发并工业化试验或示范应用了一批新工程技术，拓展了节能减排新途径。

随着钢铁行业供给侧结构性改革的不断深入，通过技术创新推动行业绿色制造已成为共识。在单体余热余能回收技术研发推广基础上，重点围绕焦化、烧结、炼铁、炼钢、轧钢等五大重点工序及智能制造，开展烟气多污染物超低排放技术、高温烟气循环分级净化技术、副产物资源化技术等组合式系统集成节能减排技术、基于炉料结构优化的硫硝源头减排技术、新型非高炉炼铁、小方坯免加热直接轧制技术、智能制造示范线建设等研究，为钢铁行业绿色化、智能化发展做出显著贡献。见表 4-2。

表 4-2　正在或已完成工业化试验与应用的难点技术

领域	技　　术	应用企业或开发单位
绿色制造	焦炉和烧结烟气脱硫脱硝	宝钢湛江、唐山建龙、安钢、宁波钢铁、中冶等
	半干法脱硫+烧结选择性催化还原组合式脱硫脱硝脱二噁英	宝钢湛江、宝钢工程
	转炉半干法除尘	迁钢、永钢、中天钢铁等
	转炉渣辊压破碎-余热有压热焖	济源钢铁、珠海粤裕丰、沧州中铁、中冶等
节能低碳	高炉渣干法粒化	中冶、钢研院
	热态高炉熔渣在线制矿渣棉	宁波钢铁、太钢
	转炉烟气高效余热回收	宝钢工程
	薄带铸轧机组	宁波钢铁
	烧结废气余热循环利用	宁波钢铁、沙钢、永钢等
	电炉烟气余热回收技术	兴澄特钢、永钢
	烧结竖罐式余热回收	天津天丰钢铁等
	ORC	宝钢工程、天津天丰钢铁等
	焦炉荒煤气显热回收	邯钢、安钢等

四、钢铁企业节能减排理念增强，重视可持续发展

（一）持续加严的节能环保标准推动企业转变发展理念

2012 年，国家颁布实施了新的环境空气质量标准以及钢铁行业系列污染物排放标准，进一步提高了污染物排放的要求；2015 年，新环保法正式实施，同时根据国家标准要求，现有钢铁企业开始执行钢铁行业系列排放标准中的新建企业大气污染物排放限值和特别排放限值；2017 年，国家发布了《关于征求〈钢铁烧结、球团工业大气污染物排放标准〉等 20 项国家污染物排放标准修改单（征求意见稿）意见的函》，修改单的征求意见稿中进一步加严了烧结机机头烟气的污染物排放标准，并将各工序的无组织控制措施纳入标准体系；2018 年，国家发布了《关于征求〈钢铁企业超低排放改造工作方案（征求意见稿）〉意见的函》，方案中明确为落实 2018 年政府工作报告提出的"推动钢铁等行业超低排放改造"任务要求，打赢蓝天保卫战，制定该方案；方案中要求新建（含搬迁）钢铁项目要全部达到超低排放水平。

近年来，国家环境保护管理部门，将排污许可制度建设作为固定污染源环境管理的核心制度，作为企业守法、部门执行、社会监督的依据，排污许可制度全面铺开。新《环境保护法》实施后，加大了环保违法行为的处罚力度，并可以按日连续处罚，为排污许可执行情况的日常监管提供了强有力的支撑。

钢铁企业从过去注重污染排放物的末端治理，只关注"结果"，逐步发展到通过减少能源消耗来源头削减降低污染物排放。企业环保管理不断优化，通过系统思考，综合推进清洁生产工作，制定了清洁生产指标体系及清洁生产推进规划，通过完善制造流程、改善厂内物质/能源的利用效率等一系列措施，变为更积极的源头治理。越来越多的钢铁企业通过环境管理体系 ISO 140001 认证和清洁生产审核，不断创新、完善、深化节能减排、清洁生产和资源综合利用工作，走可持续发展道路。

（二）单体节能减排技术向系统集成优化发展、向智能化、精细化管理发展

钢铁企业节能环保设施的不断完善，在工艺及设备上节能减排的潜力越来越小。随着管理理念和技术水平的不断发展，在节能环保要求日趋严格的大背景下，钢铁企业的节能节水技术与环保技术的开发不可避免地相互交织，以便获得环境效益、资源效益、经济效益的最大化，从而最大限度地降低对环境的污染，同时有效地获取可持续供应的资源供应。

早期的节能环保设施往往为单独的生产设施配套建设，存在系统分散、管理不便等缺点。近年来，随着技术水平的不断提高，节能环保技术正由单一设施、单一技术的使用向全厂节能环保系统集成优化发展，把节能环保系统纳入全厂能源-资源-环境管理系统，实现统一调度、系统管理，有效地提高了资源利用率和管理水平。近年来，随着计算机技术、互联网技术、物联网技术、数据分析、数据挖掘以及人工智能等技术的融合，钢铁企业在节能减排工程实践中更多的是向着智能化和精细化发展。通过能源环保管理的"数字化"和"信息化"建设，公司不断推进绿色制造工作。宝钢于建厂之初就在国内钢铁行业中最早建立了能源中心，近几年又建成了环境自动监测、监视及管理系统，建立了国内钢铁行业第一套固废资源全物流管理系统。通过充分发挥利用计算机、互联网、物联网、数据挖掘以及人工智能等多项科学技术融合集成传统节水、废水资源化及精细化用水管理技术，以此促进各项节能减排技术、污染治理工艺的实现效果，达到节能减排、改善环境质量的目标。通过创新钢铁企业节能减排设施运营模式，引入高技术化、专业化的综合环境、动力系统服务及运营的专业公司进行节能环保运行系统市场化、社会化模式的建设和运营，真正实现钢铁工业节能减排的战略目标。

（三）环保投资不断加大，厂区环境不断改善

改革开放 40 年来，钢铁工业持续加大企业环保投资，除了在新建项目中重视"三同时"环保投资，更注重老污染治理资金的投入。主要钢铁企业的环境质量明显改善。越来越多的钢铁企业注重加强内部环保管理，加大厂区扬尘治理和料场规范管理，大力开展厂区绿化，加强环境治理整顿，环境绩效水平明显提升，很多厂区"颜值"焕然一新，涌现了一大批"花园式"工厂、清洁生产环境友好型工厂。

（四）积极倡导共建绿色产业链，实现全社会系统节能减排

随着生活水平的提高，社会公众由过去关注产品价格、质量、性价比，开始更多地关注商品在生产、流通和消费过程中有关环境类无形的产品特性。钢铁行业积极倡导钢铁在绿色采购、绿色制造、绿色产品等领域推行绿色发展模式，推行绿色供应链体系的建设，打造绿色产业链，协同促进钢铁与机械、建材等制造业的绿色发展。2010 年，宝钢与联合国环境署（UNEP）共同进行了绿色采购研究与实践，并在国内钢铁行业采购领域率先启动《绿色采购行动计划》，形成了以供应商产品生命周期管理流程为特征要素的"中小企业可持续发展成熟度模型及自评框架"。

一些先进企业自愿在标签上和广告中提供其产品环境特性的相关信息，发布相关产品

的自我环境声明。宣传与推广绿色、低碳、循环相适应的绿色钢材消费理念，开发了 LCA 的环境决策模型和数据不确定性分析平台，引导并协同下游用钢产业进行绿色消费，采用高性能钢材，降低钢材消耗量，为减少产品能耗、减排 CO_2、SO_x 和 PM10 排放，减少产品的资源耗竭、解决全球变暖与酸化等环境影响提供了决策依据，以全生命周期理念体现钢铁企业对全社会的节能减排贡献。

第五章 兼并重组取得积极进展，产业组织结构进一步优化

我国钢铁行业自 1996 年粗钢产量迈上 1 亿吨新台阶，初步解决了产量规模、供应短缺的问题，打造具有世界级产量规模与技术水平的钢铁企业集团就成为全行业上下的共同心愿。世界级钢铁企业集团代表了一个国家钢铁产业的最好生产技术水平和管理水平，是中国成为钢铁强国的重要支撑条件。中国钢铁行业的发展历程已经证明，分散的产业组织结构、过度而无序的市场竞争无助于全行业实现有效的规模经济效益。因此，从 20 世纪 90 年代末起，横向并购成为优化钢铁行业组织结构、提高中国钢铁产业集中度的最基本手段，也是优势钢铁企业做大做强、实现规模经济效益、打造世界级钢铁企业集团的基本路径。

实践证明，中国钢铁行业在企业兼并重组方面进行了积极的探索，在众多钢铁企业重组事件中，成功的案例占据了主流，主要源于横向并购有利于优势企业迅速地扩大市场份额，提高企业的市场竞争地位，并有利于各种市场资源向优势企业集中。同时，横向并购有利于兼并企业在较短的时间内完成各项业务流程整合再造，实现钢铁企业间"同质"资源的共享、"异质"资源的互补与融合，避免对已有资源的浪费和在可获得资源方面的重复建设，在此基础上强化和突显企业的核心竞争力，保证企业能够获取新的、更独特的竞争优势，赢得更优越、更持久的竞争地位。这方面最突出的成果是培育出宝武集团、河钢集团等一批具有世界影响力的钢铁企业集团。

一、兼并重组经历了不同发展阶段

（一）20 世纪 90 年代末至 2004 年的探索起步阶段

改革开放以来我国钢铁工业得到了迅猛发展，特别是 20 世纪 90 年代初我国放开市场，由过去以计划经济为主逐步向市场经济转变，企业得到了更多自主权，企业生产的积极性得到了极大释放，粗钢产量迅速增加。改革开放初期的 1978 年，我国钢产量只有 3178 万吨，到 1996 年突破了亿吨用了 18 年，到 2003 年突破 2 亿吨用了 7 年，而突破 3 亿

吨只用了 2 年，到 2010 年时我国粗钢产量已经突破了 6 亿吨。

然而，过快的发展也给行业带来了许多问题，其中之一就是盲目发展使得市场竞争加剧，导致 20 世纪 90 年代中后期钢材市场价格大幅下跌，行业效益下降，部分企业陷入亏损，经营遇到困难。

在这种情况下，一些企业看到了市场机会，开始尝试通过兼并重组的方式扩大规模。而一些地方的政府也为了使亏损企业能够继续运行下去，采取了在区域内进行重组的方式，利用效益好、有市场竞争力的企业兼并效益差、竞争力弱的企业，进而带动弱势企业的发展。这样一方面解决了弱势企业的生存问题，另一方面也使优势企业得以扩大规模，增强市场影响力。

这期间，最具代表性的兼并重组案例就是邯钢兼并舞钢，湘钢、涟钢、衡钢合并组建华菱集团，宝钢重组上海市政府下属的上海冶金控股集团和梅山钢铁公司，以及组建东北特钢集团等。

邯钢兼并舞钢：始建于 1970 年的舞钢从 1994 年起连续四年巨额亏损，年亏损额高达亿元以上，企业濒临破产。1997 年 9 月 8 日，在国务院、原国家经贸委、原冶金工业部等各方面领导的关注和关怀下，邯钢集团公司兼并舞钢，借助国家赋予的兼并政策，以经济效益为中心，全面推行邯钢"模拟市场核算、实行成本否决"机制，兼并后仅 5 个月就实现扭亏为盈，并保持持续盈利。

湘钢、涟钢、衡钢合并组建华菱集团：为了响应党的十五大提出的实施大企业集团发展战略，提高湖南省钢铁企业应对市场变化的能力，1997 年底，经湖南省人民政府批准，湖南 3 家 20 世纪 50 年代建厂的大型钢铁厂湘钢、涟钢、衡钢联合组建国有独资公司湖南华菱钢铁集团有限责任公司，以资金资产为纽带，构建大集团运作体系。

宝钢重组上海冶金控股集团和梅山钢铁公司：为解决上海冶金控股（集团）公司和上海梅山（集团）公司亏损严重等问题，1998 年 11 月，经国务院批准，宝钢联合重组上海冶金控股（集团）公司和上海梅山（集团）公司，成立上海宝钢集团公司，并采取控股公司的管理体制，集团公司不直接从事具体的生产经营活动，以资产经营和管理为重点，并从战略、装备、管理三方面着手进行联合重组后的整合。

攀钢兼并成都无缝：1999 年底，攀钢集团兼并成都无缝钢管厂，组建为攀钢集团成都无缝钢管有限责任公司。始建于 1958 年的成都无缝是当时国内规模较大、品种规格最齐全的专业化无缝钢管生产企业，为国家石油、化工、船舶、军工等行业的建设和发展做出了巨大的贡献。20 世纪 90 年代中后期，受宏观经济的影响，加之企业内部管理松弛、整体装备水平落后等原因，其生产经营状况逐步恶化，从 1995 年开始连续多年亏损。截至

1999 年末，账面累计亏损额高达 5.15 亿元，另有潜亏 6.25 亿元，所有者权益为 -2.34 亿元。企业处于半停产状态，单靠成都无缝自身已无法走出困境。1999 年 10 月，攀钢集团与成都无缝钢管厂正式签署《攀钢兼并成都无缝钢管公司协议书》，攀钢对以无缝钢管公司本部下属的十家直属单位为标的实施承债式兼并。2000 年 1 月 21 日，攀钢集团成都无缝钢管有限责任公司注册成立并正式开始运作。2000 年当年实现持平不亏，2001 年在花巨额成本处理历史遗留问题的同时，盈利 5000 万元。2002 年 5 月，在成都市启动东郊工业企业结构调整的大背景下，由成都市政府和攀钢共同推动，原攀钢集团成都无缝钢管有限责任公司与地处青白江的原成都钢铁厂进行了以资产为纽带的联合重组，成立攀钢集团成都钢铁有限公司（简称攀成钢）。

组建东北特钢集团：东北地区原有 3 家国有特殊钢大型骨干企业，即地处辽宁省的大连钢铁集团、抚顺特殊钢集团和地处黑龙江省齐齐哈尔市的北满特钢集团。3 家企业历史悠久，又同时是我国国防军工、航天航空等高科技领域特种材料以及国民经济重要领域关键特殊钢材料的主要科研、生产基地，曾为国家做出过重大贡献。但进入市场经济以来，由于国有老企业包袱沉重、观念陈旧、机制僵化、管理落后，3 个重点特钢企业，都曾先后出现过生存危机，自我发展遭遇到前所未有的困难。1995 年末，大钢集团已经半停产，企业到了破产边缘。2001 年底，抚顺特钢集团生产经营也难以正常运行。在此形势下，辽宁省决定整合省内钢铁企业现有资源，组建辽宁特钢集团。2003 年 1 月 16 日，辽宁特殊钢集团有限责任公司正式挂牌运营。原大钢资产从大连市政府上划到辽宁省政府，辽宁省政府以此向辽宁特钢集团出资。抚顺特钢则以部分资产与资产管理公司所持资产，以投资方式进入辽宁特钢集团。辽宁特钢集团总股本为 31.15 亿元，其中省政府和抚顺特钢分别占总股本的 32.53% 和 26.51%。集团组建后建立起了统一的现代化管理平台，运转仅一年，集团工业总产值比重组前的 2002 年增长了 50%，钢产量突破 120 万吨，销售收入增长 40%。与此同时，地处黑龙江省的北满特钢也遇到了巨大困难，从 2001 年底开始生产经营就难以正常运行，并于 2003 年 9 月全线停产。在此情况下，作为国有资产出资人代表的黑龙江省政府向辽宁特钢发出了托管北满特钢的邀请。2003 年 10 月 26 日，辽特集团与黑龙江省政府签订协议，由辽宁特钢集团先托管北满特钢，重新启动北满特钢的生产，并筹备组建东北特钢集团。到 2004 年 9 月，东北特钢集团正式挂牌，统一运作。重组后的东北特钢集团注册资本为 364417.15 万元，下设全资子公司 6 家、控股子公司 11 家、参股子公司 1 家，分别在大连、抚顺、齐齐哈尔三市各设一个生产基地。

组建新的国丰集团：国丰钢铁公司成立于 1993 年，香港中旅和唐山丰南区胥各庄政府分别持有公司 51% 和 49% 的股份。2003 年 9 月，在丰南区政府的推动下，国丰钢铁的大股东港中旅通过出资 10.25 亿元，收购了香港中银集团所持有银丰钢铁的 51% 股权，香港中银集团套现退出了钢铁业，新的国丰钢铁股权结构转变为港中旅继续持股 51%，而唐山市丰南区胥各庄、银丰镇政府合计持有 49%。重组后使得公司规模由年产 200 多万吨左右迅速跃升至 500 万吨的规模，当年就成为唐山地区仅次于唐钢的第二大钢铁企业，同时也拓展了企业的发展空间并实现了企业产业结构的调整。

（二）2005~2013 年的加速推动阶段

2005 年发布的《钢铁产业发展政策》提出的政策目标是：通过钢铁产业组织结构调整，实施兼并、重组，扩大具有比较优势的骨干企业集团规模，提高产业集中度。到 2010 年，钢铁冶炼企业数量较大幅度减少，国内排名前十位的钢铁企业集团钢产量占全国产量的比例达到 50% 以上；2020 年达到 70% 以上。这也是我国钢铁行业首次提出集中度发展目标。

随着我国经济的发展，工业化水平得到大幅提升，工业化进程逐步进入到后期阶段，行业产能过剩矛盾日益突出，企业过度竞争导致效益下降，迫切需要通过提高行业集中度来避免恶性竞争和提高企业盈利水平。

2010 年，国务院发布了《关于促进企业兼并重组的意见》（国发［2010］27 号），提出的主要目标是："完善以公有制为主体、多种所有制经济共同发展的基本经济制度。推动优势企业实施强强联合、跨地区兼并重组、境外并购和投资合作，提高产业集中度。"并且明确提出了要"消除企业兼并重组的制度障碍"，包括：清理限制跨地区兼并重组的规定；理顺地区间利益分配关系；放宽民营资本的市场准入等。

为了推动这一工作深入开展，2014 年国务院又发布了《关于进一步优化企业兼并重组市场环境的意见》（国发［2014］14 号），提出的主要目标是："体制机制进一步完善；政策环境更加优化；企业兼并重组取得新成效。"

在市场环境倒逼，以及国家政策的推动下，这一时期我国钢铁行业进行了大量兼并重组的探讨与实施工作。主要案件有武钢系列重组、首钢系列重组、中信泰富系列重组，以及组建山东钢铁集团，组建河北钢铁集团等。

武钢兼并鄂钢：2004 年的鄂钢钢材产品价格大幅下跌，原材料价格尤其是外购焦价格居高不下，运输持续紧张，企业处于严重亏损局面。企业不得不采取紧急措施，调整生产结构，停止外购采焦，停止高价进口矿采购，并从 5 月下旬起对 1 号钢炉进行停炉检修。2004 年 11 月，经国务院国资委批准，以 2004 年 12 月 31 日为时点，湖北省国资委将鄂钢 51% 的产权无偿划拨给武汉钢铁（集团）公司，由武汉钢铁（集团）公司持有鄂钢 51%

的产权，湖北省国资委持有鄂钢 49% 的产权，将鄂城钢铁集团有限责任公司重组为武汉钢铁（集团）公司的控股子公司。2005 年 1 月 19 日，鄂钢与武钢签订了联合重组协议，2005 年 4 月 30 日正式挂牌成立，原鄂城钢铁集团有限责任公司更名为"武汉钢铁集团鄂城钢铁有限责任公司"，具有独立法人资格，依法行使法人权利，履行相应义务。对鄂钢的重组将大大提高湖北钢铁产业的集中度，武钢和鄂钢从此将步入一个新的发展时期。两家企业产品结构互补，同时实现原材料、能源、人力、市场等资源的优化配置，鄂钢将在武钢集团的统一规划下得到更大发展。

中信泰富控股大冶特钢：2004 年 9 月，中信泰富通过其全资拥有的盈联有限公司正式宣布购入当时黄石东方钢铁 95% 的股权。盈联公司并购增资后，黄石东方钢铁有限公司变更设立为湖北新东方钢铁有限公司，后又于 2004 年 11 月正式更名为湖北新冶钢有限公司。2004 年 12 月 17 日，中信泰富通过其控股的新冶钢，分别与大冶特钢的第三、第四、第五和第七大股东签订了股权受让协议，共受让 4 个股东持有的 9.86% 的股权。至此，中信泰富通过关联企业共持有大冶特钢 19.27% 的股权。12 月 20 日，中信泰富又携同新冶钢，大幅增持大冶特钢股权，公开竞拍获得冶钢集团持有大冶特钢 38.86% 的国有股。股权转让完成后，湖北新冶钢累计持有大冶特钢 29.95% 股份，成为第一大股东；中信投资持有 28.18% 股份，为第二大股东。新冶钢及中信泰富（中国）投资的实质控制人中信泰富控制了大冶特钢 58.13% 股份。

中信泰富控股石钢：2005 年 7 月，中信泰富与河北国资委及河北众富订立股权转让及增资协议，以 12.82 亿元向国资委收购石钢现有注册资本的 80%，并认购其新注册资本 1.96 亿元。转让及增资完成后，中信泰富持有石钢扩大后资本的 65%，河北众富持股 15%，其余 20% 股份归河北省国资委持有。

首钢控股水钢：2005 年 4 月，首钢与贵州省国资委签订《水钢股权划转协议》，贵州省国资委将其所持有的水钢 8.05 亿元的股权（占水钢总股本的 40.66%）中的 6.843 亿元（占水钢总股本的 34.56%）无偿划转给首钢持有。由此首钢成为水钢第一大股东，贵州省国资委对水钢的持股则下降到 1.207 亿元（占水钢总股本的 6.1%），其余几大股东分别是信达资产公司、华融资产公司以及长城资产公司。2008 年 12 月 12 日，按照水钢临时股东会、第二次董事会决议，首钢通过增资扩股方式，持有水钢总股本的 51.65%，实现了对水钢的控股。

组建鞍本钢铁集团：2005 年 8 月，本钢板材、鞍钢新轧同时发布公告称，公司控股股东本溪钢铁集团与鞍山钢铁集团正式实行联合重组，组成鞍本钢铁集团。但由于种种原因，实际上鞍钢集团与本钢集团并没有实施实质性重组。

首钢与唐钢成立京唐钢铁：2005 年 10 月，首钢和唐钢宣布成立京唐钢铁，首钢占 51% 股权，唐钢占 49% 股权。但 2011 年，已归河北钢铁集团的唐钢从京唐钢铁退出，首钢占京唐的股份增加到 70%。2015 年，首钢股份控股首钢京唐 51% 的股份。

建龙收购新抚顺钢铁：2005 年 11 月，建龙集团联合黑龙江宝泰隆公司共同出资 11 亿元收购了新抚顺钢铁 70% 的国有资产。改制后的股份公司，建龙集团占 60% 的股份，黑龙江宝泰隆公司占 10% 的股份，抚顺市国资委占 30%。

组建河北唐钢集团：2006 年 3 月，地处河北北部地区的唐钢、宣钢、承钢三大钢铁集团正式挂牌成立河北唐钢集团。

沙钢重组江苏淮钢等企业：2006 年 6 月，沙钢斥资 20 亿元，收购江苏淮钢 90.5% 的股权；2007 年 9 月，沙钢又以 20 亿元现金并购河南安阳永兴钢铁有限公司 80% 股权；2007 年 12 月，沙钢购买了江苏永钢集团 25% 的股权，成为永钢集团的股东。

萍钢重组九钢：九江钢铁公司的前身是江西九江钢厂有限公司，创建于 2003 年 3 月，2004 年 9 月建成投产。2006 年，立足国家产业政策要求，在江西省委、省政府的支持下，当年 8 月萍钢正式重组九钢。这次重组是江西钢铁工业的首例战略重组。重组后，萍钢公司开始对原九钢装备进行技术改造，通过二期技改，年产钢由 35 万吨迅速达到 100 万吨；随后，萍钢又启动了"300 亿工程"计划，分步投资 68 亿元在九钢进行三期、四期技改工程。到 2010 年，两期技改工程均已顺利建成投产，实现年产钢 450 万吨，特别是随着中厚板的投产，萍钢结束了有材无板的历史。

八钢划归宝钢：2007 年 1 月，宝钢集团和新疆八一钢铁（集团）签署资产重组协议。根据协议，宝钢斥资 30 亿元人民币取得八钢集团 69.61% 的股权。增资完成后，宝钢成为八一钢铁的控股股东。这一重组被称为是"政府推动+市场化运作"的新模式。

宝钢与邯钢合作成立邯宝公司：2005 年 12 月 31 日，国家发改委批复《邯钢结构优化产业升级总体规划》，同意在邯钢厂区西部投资新建 460 万吨钢的精品板材基地。2007 年 5 月，宝钢集团有限公司与邯郸钢铁集团有限责任公司签署合作协议书，双方拟定各出资 50%，成立邯钢集团邯宝钢铁有限公司共同建设发展"邯钢新区"。但受 2008 年邯钢被并入河北钢铁集团的影响，宝钢于 2009 年 8 月全部退出邯宝钢铁项目。

武钢重组昆钢股份：2007 年 7 月经国务院国资委、云南省人民政府批准，武钢集团和昆钢集团联合对昆明钢铁股份有限公司实施战略重组，武钢集团成为昆钢股份的第一大股东，持股 48.41%，昆钢集团持股 47.41%，其他四家股东合计持有余下 4.18% 的股份，公司名称变更为武钢集团昆明钢铁股份有限公司，注册资本增加至 23.84 亿元。

组建山东钢铁集团：2008 年 3 月，济钢集团、莱钢集团，以及山东省冶金工业总公司所属企业国有产权划转合并而成的山东钢铁集团挂牌成立，注册资本 111.93 亿元。济钢集团、莱钢集团作为控股公司的全资子公司，保留独立法人地位，但资产将统一划拨给控股公司所有。山钢集团的组建整合了山东省的两大钢铁企业，减少了同质化竞争。

组建河北钢铁集团：2008 年 6 月，由钢产量分别位居全国第四和第十四的原唐钢集团和邯钢集团强强联合组建成时为全国最大的钢铁公司——河北钢铁集团有限公司，总资产超过 2000 亿元，产能超过 4000 万吨，员工超过 13 万人。重组后的公司按照"发展规划、资产管理、资本运作、投资管理、财务资金、人力资源、市场营销"七统一的基本思路和精干、高效的原则设立相应的集团管理机构。集团组建后，围绕"国内领先、国际一流"的目标，明确了推进"四个转变"、打造"三大基地"的发展战略，编制完成了集团《结构调整中长期总体发展规划》，即推动钢铁主业由粗加工向精加工，由低端产品向高端产品，由内地布局向沿海布局，由分散发展向集中发展转变，建成全国最大、最具竞争力的精品板材、优质钒钛和优质建材基地。在集团规划统一前，各子公司原安排 2009 年投资项目 509 项，计划投资 389 亿元。经过布局优化与调整，压缩项目 354 个，压缩投资 214 亿元，调整后的 2009 年计划项目仅 155 项，投资 175 亿元。由于集中了原燃料的采购业务，仅 2009 年 1~5 月就降低大宗原燃料采购成本 6.4 亿元，并且集中优化了原料和产品运输，降低物流费用 4.3 亿元。

组建广东钢铁集团：2008 年 6 月，由宝钢集团公司和广东省国资委、广州市国资委共同出资组建的广东钢铁集团有限公司正式成立，集团注册资本 358.6 亿元，由宝钢集团公司以现金出资，持股 80%；广东省国资委和广州市国资委分别以韶钢、广钢的国有净资产出资，合并持股 20%。公司将具体负责引导和带动广东省钢铁行业发展，承担产业规划、决策、指导和协调，建设湛江钢铁基地项目等职能；实施钢铁精品战略、自主创新战略、绿色节能战略、国际化战略，努力打造世界一流、绿色环保的钢铁生产基地、钢铁产品使用技术和环保节能技术的研发基地，为股东创造最大价值。

组建广西钢铁集团：2008 年 9 月，武汉钢铁（集团）公司与广西国资委共同出资组建的广西钢铁集团有限公司，公司注册资本 440 亿元，武钢以现金出资占 80% 股份，广西壮族自治区国资委以柳钢全部净资产出资占 20% 股份。广西钢铁集团有限公司作为防城港钢铁基地项目业主，建设规模一期为 1000 万吨钢。然而，受钢铁大环境的影响，2015 年 9 月 9 日，柳钢股份公告称，接到控股股东广西柳州钢铁集团（下称柳钢）通知，广西国资委与武钢集团联合设立的广西钢铁集团有限公司（下称广西钢铁）近日召开了股东大会，一致通过了"调整广西钢铁集团股权结构的议案"，同意广西国资委从广西钢铁集团全部减资，柳钢集团退出广西钢铁集团。2018 年 7 月 19 日，广西钢铁、柳钢集团、武钢集团相关代表分别在《广西钢铁集团有限公司管理权移交确认书》上签字，标志着柳钢正式全面接手广西钢铁。

宝钢重组宁波钢铁：受 2008 年世界金融危机影响，宁波钢铁生产经营和工程建设陷入困境。2009 年 3 月 1 日，宝钢集团有限公司重组宁波钢铁。重组后宁波钢铁股份比例为：宝钢集团 56.15%、杭钢集团 34%、宁波开发投资集团公司 7%、宁波经济技术开发区控股有限公司 2.85%。2010 年，宁波钢铁实现营业收入 156 亿元，利润 4 亿元，年产粗钢能力达 440 万吨。宁波钢铁前身是宁波建龙钢铁有限公司。2006 年 3 月 16 日国家发展和改革委员会核准了宁波钢铁项目的重组申请，2006 年 7 月 7 日宁波钢铁有限公司成立，杭钢集团为第一大股东，占 43.85%；建龙为第二大股东，占 29.53%。

首钢重组长治：2009 年 8 月 8 日，首钢与长治市签订《战略合作协议》和《股权转让协议》，山西长治钢铁厂正式更名为"首钢长治钢铁（集团）有限公司"。

方大集团收购南昌钢铁：2009 年，辽宁方大集团实业有限公司通过公开竞拍，获得南钢公司 57.97%的省属国有股权，成为南钢公司的控股股东，南钢公司控股的上市公司南昌长力钢铁股份有限公司更名为方大特钢科技股份有限公司。

鞍钢重组攀钢：2010 年 7 月 28 日，鞍钢与攀钢重组大会在北京京西宾馆举行。会上宣布了国务院国资委《关于鞍山钢铁集团公司与攀钢集团有限公司重组的通知》。《通知》明确，重组后新成立鞍钢集团公司作为母公司，由国务院国资委代表国务院对其履行出资人职责；鞍钢与攀钢均作为鞍钢集团公司的全资子公司，不再作为国务院国资委直接监管企业。

首钢重组通钢：2010 年 7 月 16 日，通钢集团与首钢共同签署了《通钢集团重组协议》。重组完成后，首钢总公司及首钢控股公司将合计持有通钢集团 77.59%的股份，华融资产公司持有 10.33%，吉林省国资委持有 10%，其他小股东持有 2.08%。2012 年 3 月，工信部发布公告，批复同意吉林省工信厅上报的首钢和通钢兼并重组方案。

组建渤海钢铁集团：2010 年 7 月 13 日天津市委、市政府决定整合重组天津钢管集团、天津钢铁集团、天津天铁冶金集团和天津冶金集团四家国有钢铁企业资源，联合组建国有独资公司渤海钢铁集团。上述四家国有钢铁企业分别作为渤海钢铁集团的子公司，资产全部划入渤海钢铁集团。但由于种种原因，渤海集团组建后并没有取得预期效果，特别是在行业产能严重过剩的大背景下，加上自身负债过高，使得生产运行遇到了很大困难。2018年 8 月 24 日，天津市高级人民法院正式裁定受理债权人天津赛瑞机器设备有限公司对渤海钢铁集团提出的破产重整申请，渤海集团进入破产程序。

马钢重组长江钢铁：2011 年 4 月，马鞍山钢铁股份有限公司对外投资公告，出资约人民币 12. 34 亿元，购买安徽长江钢铁股份有限公司非公开发行的股份 6. 6 亿股，占长江钢铁本次增资扩股后股份总数的 55%，从而占据控股地位。长江钢铁组建于 2000 年初，是位于马鞍山市当涂县的一家民营企业，年产能为 150 万吨钢。长江钢铁原注册资本为 5. 4 亿元，截至 2010 年 9 月 30 日的净资产价值为 10. 63 亿元。

方大重组萍钢：由于萍钢陷入巨额亏损，2012 年 11 月，辽宁方大集团实业有限公司重组萍钢公司。在方大集团重组萍钢公司后，萍钢公司以重组激活体制优势为契机，进一步加强管理，贴近市场，对标挖潜，各项工作取得长足进步，企业实现了从巨亏到盈利的巨大转变。

（三）我国经济发展进入新常态，兼并重组进入到新的发展阶段

随着我国经济发展进入新常态，经济由高速增长向中高速的转变，我国告别了工业化发展的快速时期，粗钢产量在 2013 年超过 8 亿吨之后，钢产量和钢消费量开始进入到平台区，企业之间的竞争日益加剧，特别是同质化发展更加恶化了这种竞争，并且导致 2015 年全行业大幅亏损，一些企业陷入困境，部分企业面临生存问题。

在这种情况下，企业间的兼并重组也进入到一个新的发展阶段，并形成了两种主要形式。一种是以专业化基础上的规模化，以减少同质化竞争为目的的，以资产划转式重组，具有代表性的就是宝钢与武钢组建宝武集团，以及青岛特钢划归中信集团；另一种是对扭亏无望企业进行资产重整之后的重组，具有代表性的就是建龙集团重组山西海鑫和重庆钢铁的破产重整。

1. 以资产为纽带的重组

宝钢与武钢合并组成宝武集团：2016 年 6 月 26 日，宝钢集团与武钢集团宣布启动战略重组。9 月 22 日，国务院国资委下发通知，经报国务院批准，宝钢集团有限公司与武汉钢铁（集团）公司实施联合重组。宝钢集团更名为中国宝武钢铁集团有限公司，作为重组后的母公司，武钢集团整体无偿划入，成为宝武钢铁集团的全资子公司。注册资本 527. 9 亿元，资产规模 7395 亿元，产能规模 7000 万吨，位居中国第一、全球第二。2017 年，中国宝武取得了中国钢铁行业最佳经营业绩，实现营业总收入 4004. 8 亿元，利润总额 142. 7 亿元，位列《财富》世界 500 强第 162 位。在册员工 16. 84 万人（截至 2018 年 6 月 30 日）。12 月 1 日，宝钢、武钢联合重组后成立的中国宝武集团在上海正式揭牌。由于宝武集团的成立，使得我国钢铁行业集中度有所提高，扭转了行业集中度连续 4 年下降的趋势，使 2016 年钢铁行业 CR10（前十大企业粗钢产量占全国粗钢产量比例）上升到 35. 9%，同比提高了 1. 7 个百分点。

青岛特钢划转中信：截至 2016 年底，青岛特钢总资产 185 亿元，总负债 188 亿元，所有者权益 -2.8 亿元，处于资不抵债状态。截至 2017 年上半年，负债升至 192 亿元，所有者权益 -8.6 亿元。2017 年初，青岛特钢与中信集团实现战略重组，公司无偿划转至中信集团。青岛特钢的股权交割于 5 月 15 日完成，标志着青岛特钢正式成为中信集团的成员。2017 年 10 月，中信股份表示，其旗下中信泰富下属兴澄特钢将青岛特钢 100% 股权收购，作价 1.27 亿元。

2. 破产重整式重组

建龙收购海鑫：受钢铁行业产能过剩、市场不景气等因素的影响，海鑫集团自 2014 年 3 月 19 日被迫全面停产，山西省运城市中级人民法院于 2014 年 11 月 12 日正式裁定受理了海鑫集团重整申请。2015 年 9 月 25 日，山西省运城市中级人民法院已经分别向海鑫集团、海鑫集团管理人及建龙集团送达了民事裁定书，批准了海鑫集团破产重整计划，终止了海鑫集团重整程序。依据重整计划方案，普通债权中不仅债权金额在 15 万元以下部分债权可获得全额清偿，剩余未获清偿部分债权仍可按照 4.01% 的清偿比例获得清偿。北京建龙集团以其子公司吉林钢铁有限责任公司为并购主体，并以对海鑫集团实际出资及借款等形式支付不低于 37.28 亿元的资金，作为其偿债资金。海鑫集团将债务全部剥离，进行破产重整。重整后，海鑫集团原股东权益全部丧失。建龙集团控股子公司吉林建龙持有海鑫钢铁集团 100% 股权，并以海鑫钢铁集团为主体，吸收合并其余 4 家公司后更名为山西建龙钢铁控股有限公司，产业经营主要由山西建龙实业有限公司承接，2016 年 4 月正式恢复生产。在全面接管并实现海鑫钢铁产能逐渐恢复之后，山西建龙便迅速开启复苏之路，2016 年公司实现销售收入 20.3 亿元、利润 9301.6 万元。2017 年上半年山西建龙销售收入达到 43.72 亿元，并实现盈利 4.25 亿元。

沙钢重组东北特钢：东北特钢由于屡次出现债务违约而于 2016 年 10 月 10 日被裁定进入破产重整，但东北特钢的优质子公司上市公司抚顺特钢并不在其破产重整的范围内。东北特钢集团及下属两家公司（大连特殊钢有限责任公司、大连高合金棒线材有限责任公司）作为一个整体进行重整。2017 年 8 月 11 日，大连中级人民法院裁定，东北特钢破产重整方案获得通过。东北特钢破产重整后的股权结构为：宁波梅山保税港区锦程沙洲股权投资有限公司和本钢板材股份有限公司两家投资人，共出资 55 亿元，分别持股 43% 和 10%，转股债权人及原股东之一中国东方资产管理股份有限公司合计持股 47%。按照重整方案，普通债权人每家 50 万元以下的部分将根据债权人意愿 100% 清偿，超出 50 万元的部分，超过 50 万元的债权可以选择债转股，或者 50 万元 + 剩余债权金额的 22.09%。锦程沙洲通过东北特钢间接取得了抚顺特钢 38.22% 股份，从而间接控制抚顺特钢。

建龙重组北满特钢：北满特钢是国家"一五"期间建设的 156 项重点工程中唯一的特殊钢厂，曾经填补了我国 50 多项产品空白，为国家国防建设和经济发展做出了突出贡献。但是，自 1994 年业绩达到顶峰后，北满特钢经营开始下滑，到 2003 年因严重亏损全面停产，在黑龙江和辽宁省地方政府的协调下，公司交由辽宁特钢托管。2004 年，大连钢铁集团、抚顺特钢以及北满特钢三企业合并成立东北特钢。受钢铁行业市场低迷、债务负担过重、银行抽贷和控股股东东北特钢破产等因素影响，2016 年，北满特钢三企业生产经营陷入困境，并最终引发诉讼，北满特钢三企业债权人诉至齐齐哈尔市中级人民法院，提出对其进行破产重整的申请。2016 年 12 月 9 日，齐齐哈尔市中级人民法院裁定北满特钢三企业进入破产重整程序。2017 年 10 月 10 日，齐齐哈尔市中级人民法院批准了北满特钢三企业重整计划。根据重整计划，建龙集团出资 15 亿元现金，对有财产担保及融资租赁等优先权实施留债；重整费用及共益债务（除继续履行合同外）一次性清偿；税款债权一次性清偿；养老保险本金分 3 年偿还；职工债权涉及工资薪酬等一次性清偿；普通债权可以选择留债、转股或现金清偿。每家债权人 30 万元以下部分全额现金清偿，经营类普通债权每家债权人超过 30 万元至 1500 万元的部分债权，按照 20% 的清偿率清偿；超过 1500 万元的部分，按 5% 的清偿率清偿。金融类普通债权人每家超过 30 万元的部分，债权人可以选择延期清偿或转股。东北特钢集团及黑龙江省国资委持有的国有股权将不复存在，全部清零。至此，北满特钢三企业破产重整法律程序宣告终止，建龙集团（山西建龙实业有限公司）正式入主北满特钢。建龙北满自 2017 年 11 月份复产以来，克服重重困难，紧紧围绕"安全高效生产、经营突破、精品工程、公司重整、基础管理、文化融合"等六条主线开展工作，从 2017 年 11 月 13 日高炉出铁、转炉出钢，到 2018 年 3 月，建龙北满扭亏为盈，实现利润 326 万元，企业踏上振兴发展的快车道。

四源合基金入主重钢：从 2011 年到 2016 年，重庆钢铁平均年亏损近 40 亿元。截至 2017 年 6 月底，*ST 重钢资产总额 366.2 亿元，总负债 376.6 亿元，资产负债率达到 103%，处于资不抵债状态，2017 年上半年继续亏损 9.98 亿元，共接到 135 家债权人发起的 219 起诉讼，其银行账户和主要资产均被查封冻结，现金流完全枯竭，上交所给予重庆钢铁 A 股退市风险警示。为推动重庆钢铁绝处逢生，重庆市委、市政府把重庆钢铁改革脱困列为全市国企改革攻坚战之一，专门成立重庆钢铁改革脱困工作领导小组。经过反复研究论证，确定实施司法重整，通过引入有资本实力和运营能力的战略投资者，一次性既解决债务问题又解决发展问题。2017 年 7 月，重庆钢铁经重庆市第一中级人民法院裁定，正式进入司法重整，制定了"利用资本公积转增股本、以股抵债，辅以低效、无效资产剥离"的重整方案。2017 年 11 月 20 日，经市一中法院裁定批准，重庆钢铁正式对外公布重整计划。12月29日，市一中法院裁定确认重庆钢铁重整计划执行完毕，四源合基金成为重庆钢铁新的控股方。2018年1月2日晚，重庆钢铁发布公告称，公司股票于1月3日开市复牌交易。重庆钢铁也成了国内首家重大资产重组不成功而直接转为司法重整的上市公司。重庆钢铁重整案涉及约400亿元债务、1万余名职工、17万余户中小股东、2700余名债权人，系目前国内涉及资产及债务规模最大的国有控股上市公司重整、首例"A+H"股上市公司重整、首家钢铁行业上市公司重整，被认为"特别重大且无先例"。因此，重庆钢铁股份有限公司破产重整案也被选入最高人民法院发布的全国破产审判十大典型案例。

二、兼并重组取得的成绩

（一）提高了产业集中度，减少了恶性竞争

兼并重组工作可以有效避免盲目的重复投资，从而减少严重竞争。比如，宣钢长期以来以生产螺纹钢、圆钢等建筑钢材为主。河钢集团组建后，宣钢向集团申请投资20亿元建设一条热轧卷板生产线，但是当时集团内部已经有了6条板材生产线，产能已经接近2000万吨，上这个板材项目实际上就是重复建设，因此从整体发展考虑，集团否定了这个项目，并且对集团所有的项目都进行严格的评审，严控规模扩张，避免重复建设、资金浪费和区域恶性竞争。仅2009年，河北钢铁集团就压缩建设项目354个，压减投资214亿元，避免了竞争的进一步恶化。

（二）大力发挥协同效应，降低了生产成本

兼并重组可以充分发挥企业间的协同，发挥优势企业的作用，促使落后企业进步。比如，针对前期严重亏损的八钢和韶钢，宝武集团按照"嵌入式"支撑、项目化管理方式，抽调专业力量长驻八钢、韶钢，通过实施22个协同支撑项目，大幅提升八钢、韶钢成本竞争力，2017年上半年八钢、韶钢分别实现盈利2.3亿元、7.4亿元。其他公司通过多种方式降本增效，成效显著，如武钢集团2016年分流安置2.1万人，大幅降低人工成本。

中国宝武联合重组以后，充分发挥"1+1>2"的协同效应，业务整合协同成效显著。钢铁产业成绩斐然，通过首日计划、百日计划和年度计划，宝钢股份共完成1150项任务、335个里程碑和53个项目，以信息化建设倒逼业务整合，职能业务管理全面覆盖武汉青山基地，实现了研发、销售采购部分业务集中管理、协同运作；组建铁区、炼钢、热轧、冷

轧技术管理推进委员会，建立整合融合推进落实工作机制，体系能力大幅提升。

武钢与宝钢合并重组后的协同效应主要体现在五个方面：

研发协同。各自优势研发力量的结合，研发资源的共享，从而可提升产品质量和制造水平。

采购协同。武钢、宝钢的铁矿石 95% 依靠进口，两家钢企的铁矿石采购量约占全球贸易量的 4.8%，合并之后上游议价能力将明显增强，焦煤、废钢、铁合金等原材料将享受合并的红利。

营销协同。武钢、宝钢有着各自的优势服务区域和优势产品，合并后有利于降低物流成本，若在核心产品方面进行产销协同，那么可以在降低恶性竞争的同时，定价权增强，提升盈利的空间。

制造协同。宝钢股份和武钢股份的产品结构均以板材为主，存在同质化竞争的现象，合并之后，主要产品的市场占有率将普遍达到 40%~90%，如此一来，企业的制造水平、消耗水平、成本管理水平可得到提升，盈利能力、议价能力将会相应增强。

规划协同。中国钢铁行业产能严重过剩，经营困难，很大因素是钢铁企业多而分散，各自站在局部来做决策，而宝武的联合可以在区域结构调整、产品重点等顶层规划上协同发展，形成更加有竞争力的市场主体。

2017 年上半年，宝武集团累计实现降本增效 62 亿元，完成年度目标的 69%。2018 年，宝钢股份提出了新三年成本削减目标：2018~2020 年成本削减 100 亿元，挑战 130 亿元。在新三年成本削减规划中，未来三年定比 2017 年挑战目标分别为：23 亿元、47 亿元、61 亿元，并首次将四个钢铁制造基地按照"制铁所"模式统筹规划管理，同时为体现精细化管理，制造成本、销管费用、财务费用分别设置目标。宝钢股份将继续围绕"变革驱动""管理降本""协同降本""技术降本"和"经济运行"五个维度开展成本削减推进工作，推动信息系统、绩效设计、监督机制和培训等相关工作的有序开展，实现新一轮成本竞争力的提升。

（三）通过实施兼并重组，优化了产业布局

通过实施兼并重组，可以对产业布局进行有效的调整，充分发挥资产的效率。比如，福建三钢在 2007 年成功兼并重组民营企业——福建三安钢铁有限公司的基础上，2014 年，又抓住钢铁行业发展低谷的时机，设立福建罗源闽光钢铁有限公司，重组了位于沿海的民营企业——福建三金钢铁有限公司，实现了三钢沿海战略布局的新突破，使三钢一跃成为年产钢 1000 万吨的钢铁企业，创造了国有企业兼并重组民营企业的成功典范。2017 年 11

月，三钢又通过司法拍卖成功竞买福建正和钢管有限公司，设立了漳州闽光钢铁公司接收正和钢管公司，形成了三明本部、泉州闽光、罗源闽光、漳州闽光四个钢铁生产基地，优化了钢铁产业布局。

此外，建龙集团也大力通过兼并重组优化产业布局。2017年，建龙集团彻底攻克海鑫集团重整案行业、品种、融资、技术、检修、手续六大难关，圆满完成"按期开展债权清偿、分批安置放假员工、快速实现达产创效"三大历史性任务，启动实施技术装备、产品结构、工艺流程、生态环保等一系列革新改造，完成了年产220万吨1500毫米热轧卷板技改、160万吨850毫米优特带钢技改等项目，全年销售收入突破100亿元。2017年11月13日，建龙北满特钢比计划提前两天实现高炉出铁、转炉出钢。截至2017年12月底，该公司主要产线实现了满负荷开动，绝大多数员工回到工作岗位，干部员工士气空前高涨。2017年11月20日，西林钢铁集团阿城钢铁有限公司高炉点火成功，标志着阿钢复产工作取得全面胜利。自2017年9月底与阿钢达成合作意向——以租赁的方式启动生产以来，建龙集团在短短54天的复产检修期内，抢在北方严冬到来之前，使停产3年的原阿钢复产，在黑土地上展现了"建龙速度"。从山西建龙快速实现达产创效，到重整北满特钢开启发展新篇章，再到阿钢复产展现建龙速度，建龙集团在中原、东北区域的产业布局日趋完善，集团产业规模优势和综合竞争力得到极大提升。

（四）加强内部对标交流，提高了生产效率

重组打破了企业间的界限，使过去相互隔绝的企业可以无障碍交流，相互取长补短，好的经验可以在企业之间迅速交流，从而提高了管理效率。比如，中信泰富在收购组建新冶钢后，派出了精干的管理队伍，将兴澄特钢先进的管理经验嫁接到新冶钢，及时调整了企业的发展战略和经营策略，加快优化调整结构，先后投入68.4亿元实施了新冶钢特钢升级工程项目。通过实施一系列针对性举措，新冶钢发生了根本性变化，成为中国特种无缝钢管、特种锻材、合金棒材以及调质材、银亮材、汽车零部件等深加工品的特钢精品基地。不仅产能扩大了一倍，增加到了300万吨，而且在品种质量提升、工艺技术进步、人才队伍培养、精神文化建设等方面取得显著突破，企业品牌信誉逐步恢复，竞争实力显著增强，经营业绩和员工待遇快速增长，发展迈入良性轨道。

再比如，福建三钢建立了集团内部同工序对标学习平台，从技术、效益、安全、环保、经营等各方面指标入手，寻找差距、不断赶超、追求卓越，形成了集团内部比、学、赶、超的良好氛围。每年设立的对标挖潜项目数十项，产生直接经济效益都在亿元以上。

三、兼并重组的基本特点及今后发展趋势

（一）兼并重组的基本特点

（1）跨区域企业重组已成为企业重组的主要潮流，这说明中国钢铁企业重组得到了一些地方政府的支持，即各级政府作为国有钢铁企业"出资人"在推进钢铁企业资本整合方面发挥出了决定性的作用。区域性重组与跨省市重组成为组建大型钢铁企业集团的基本模式，这两种模式既保持着相对的独立性，又存在着交叉的可能性，但跨区域重组是主流。如宝钢集团是在完成对上海地区钢铁企业重组的基础上，在近几年又先后完成了对新疆八钢、广钢、韶钢的重组，武钢是在重组本地区鄂钢的基础上完成了对昆钢、柳钢的重组。最终宝钢与武钢又实现了强强跨区域重组。

（2）多数企业重组是基于产权层面的整合，成功的重组事件全部是进行产权方面的实质性重组，即重组企业通过控股的方式对被重组企业的生产经营进行实质性掌控，这使钢铁企业重组逐步走出"联而不合"的怪圈。重组后的新企业在企业行为上更具有一致性，维护了企业利益的整体性，从而达到了"1+1>2"的重组效果。

（3）民营企业作为重组方表现越来越活跃。2010 年后，民营钢铁企业的重组步伐明显加快，如沙钢集团连续多年对本省以外的钢铁企业进行跨地区重组。建龙钢铁更是立足于年产钢 5000 万吨的目标，连续对陷入债务危机的山西海鑫钢铁、黑龙江西林钢铁、北满特钢等企业进行破产重整；同时，只有民营企业做到了"小鱼吃大鱼"式的重组，如方大集团 2011 年粗钢产量仅为 300 万吨左右，但却于 2012 年重组了粗钢生产规模达 1000 万吨的江西萍钢实业股份有限公司。

（4）企业兼并重组与钢铁工业布局调整相结合。改革开放 40 年中我国钢铁工业布局发生了重大调整，从原有的资源型布局逐步转化为综合考虑矿产资源、能源、水资源、交通运输、环境容量、市场分布和利用国外资源等条件的市场化布局。强调大型钢铁企业应主要分布在沿海地区，依靠海外资源来发展。内陆地区钢铁企业应结合本地市场和矿石资源状况，以矿定产，不谋求生产规模的扩大，以可持续生产为主要考虑因素。靠近沿海地区新建的鞍钢鲅鱼圈、首钢曹妃甸、宝钢湛江等项目，不仅使中国钢铁工业的产业布局日趋合理，而且使优势钢铁企业的生产规模、产品结构发生质的飞跃，从而在控制粗钢总量的前提下，实现中国钢铁产业组织结构的优化。

（5）宝武集团、河钢集团经过重组，已经成为世界级钢铁企业集团，其重组效果如下：1）企业拥有世界范围的、本行业领先的技术及产品的应用研究和技术开发能力，并

拥有世界范围内的营销网络。2）企业已经形成完整的整合人才、技术、资本等各种资源的科学高效的管理制度和运行机制，不仅建立起企业和产品的品牌、信誉、营销、成本和效益等优势，而且能够根据市场和需求的变化，不断重新整合企业资源，实现技术创新、产品和工艺创新、管理创新和制度创新的能力。3）企业具有良好的资本运营能力。4）兼并重组后的企业进行了成功的文化整合。大多数大中型钢铁企业都是所在地区的龙头企业，每一个企业或多或少有着一部艰苦创业的辉煌历史，而且伴随着企业发展都形成了特色较为鲜明的企业文化，个别特大型钢铁企业文化甚至已经成为本地区文化组成的主体乃至本地区文化的代表。河钢集团在重组过程中让具有不同文化背景的企业之间相互理解、相互尊重对方的文化，通过发掘各自文化的优势与不足，选择适当的切入点和目标模式进行文化融合与创新，形成新的河钢文化；宝钢集团则在重组后积极地探索宝钢文化与被重组企业文化的整合，以文化整合促企业业务流程整合，进而创造出更高效的规模经济效益，提高企业市场竞争能力。

（二）兼并重组未来发展趋势

随着我国经济由速度型发展向质量型发展的转变不断加深，我国钢铁企业也面临着越来越紧迫的转型升级压力，一是我国钢材消费已经开始由数量型增长向质量型增长转变，倒逼企业由规模扩张型发展向提升质量型发展；二是产能过剩已经成为常态，企业间将面临越来越激烈的市场竞争，而越来越多的企业也已经充分认识到不能再走过去打价格战的竞争模式，而希望通过联合重组的形式避免恶性竞争，实现企业的可持续健康发展。因此，在外部环境倒逼，国家政策鼓励，以及企业自愿性增强的形势下，未来一段时期我国钢铁企业间的联合重组将会迈向一个快速增长的阶段。

1. 国家政策鼓励

为了促进企业兼并重组工作，国家相关部门先后出台了多个文件。2010年，国务院发布了《关于促进企业兼并重组的意见》（国发〔2010〕27号）。2012年，工信部发布了《关于进一步加强企业兼并重组工作的通知》（工信部产业〔2012〕174号）。

2013年，工信部、国家发改委、财政部、人社部、国土资源部、商务部、中国人民银行、国资委、国家税务总局、国家工商总局、银监会、证监会十二个部门联合发布《关于加快推进重点行业企业兼并重组的指导意见》（工信部联产业〔2013〕16号）。在这个指导意见中，针对钢铁工业提出，到2015年，前10家钢铁企业集团产业集中度达到60%左右，形成3~5家具有核心竞争力和较强国际影响力的企业集团，6~7家具有较强区域市场竞争力的企业集团。重点支持大型钢铁企业集团开展跨地区、跨所有制兼并重组。积极支持区域优势钢铁企业兼并重组。大幅减少企业数量，提高钢铁产业集中度。支持重组后的钢铁企业开展技术改造、淘汰落后产能、优化区域布局、提高市场竞争力。鼓励钢铁企业参与国外钢铁企业的兼并重组。鼓励钢铁企业延伸产业链。重点支持钢铁企业参与国内现有矿山资源、焦化企业的整合，鼓励钢铁企业重组符合环保要求的国内废钢加工配送企业。

2014 年，国务院又发布了《关于进一步优化企业兼并重组市场环境的意见》（国发〔2014〕14 号）。其主要目标是进一步完善体制机制，优化政策环境，以及使企业兼并重组取得新成效。基本原则是：尊重企业主体地位，发挥市场机制作用，改善政府的管理和服务。

2015 年 3 月 21 日，工信部发布了《钢铁产业调整政策（2015 年修订）》（征求意见稿），明确到 2025 年，前 10 家钢铁企业（集团）粗钢产量占全国比重不低于 60%，形成 3~5 家在全球范围内具有较强竞争力的超大型钢铁企业集团，以及一批区域市场、细分市场的领先企业。

2016 年 11 月 14 日，工信部发布了《钢铁工业调整升级规划（2016~2020 年）》。该规划提出，按照市场化运作、企业主体、政府引导的原则，结合化解过剩产能和深化区域布局调整，进一步深化混合所有制改革，深化国有企业改革力度，推动行业龙头企业实施跨行业、跨地区、跨所有制兼并重组，形成若干家世界级一流超大型钢铁企业集团；在不锈钢、特殊钢、无缝钢管等领域形成若干家世界级专业化骨干企业，避免高端产品同质化恶性竞争。支持产钢大省的优势企业以资产为纽带，推进区域内钢铁企业兼并重组，形成若干家特大型钢铁企业集团，改变"小散乱"局面，提高区域产业集中度和市场影响力。兼并重组要实施减量化，避免"拉郎配"。并且提出了具体目标，即：钢铁行业产业集中度（前 10 家）由 2015 年的 34.2% 提高到 2020 年的 60%，提高 25 个百分点以上。

2. 地方政府推动

2015 年，唐山市出台《关于促进钢铁企业整合重组的意见》，提出通过产权联接、股权融合等方式，大力推进钢铁企业整合重组。力争到 2017 年底，全市钢铁冶炼企业集团达到 9 家。

2016 年，河北省发布的《工业转型升级"十三五"规划》提出，河北将以"装备大型化、生产智能化、产品精品化、服务信息化"为主攻方向，有序化解过剩产能，加快推进企业联合重组和搬迁改造。到 2020 年，河北钢铁企业将由目前的 109 家减少至 60 家左右，形成以河钢、首钢两大集团为主导，以迁安、丰南、武安 3 个地方钢铁集团为支撑，10 家特色钢铁企业为补充的"2310"产业格局，实现由钢铁大省向钢铁强省的转变。

2018年，《河北省钢铁行业去产能工作方案（2018~2020）》提出，到2020年，前15家企业产能规模由2017年占全省的58.5%提高到90%以上。唐山市计划到2020年全市钢铁企业整合至30家以内、2025年减少至25家左右。武安市计划到2020年将14家钢铁企业整合重组为5~6家钢铁企业集团。邯郸市将重点推进宝信钢铁、冀南钢铁、太行钢铁、永洋特钢四家钢铁企业整合重组等。

2017年，江苏省提出在政府引导下，发挥市场主导和决定作用，鼓励有条件的钢铁企业发挥产品、技术、资金、资源、区位等优势，通过参股、控股、资产收购、信托管理等多种方式实施跨地区、跨行业、跨所有制、跨产业链上下游兼并重组，在压减产能的同时，减少企业数量，增强企业竞争力。钢铁行业继续促进转型升级和兼并重组，积极推进"134"产业格局。着力打造1家超大型钢铁企业集团（沙钢：5000万吨），3家特大型钢铁企业集团（中天、沿海、徐州：2000万吨以上），4家特色化钢铁企业集团（南钢、兴澄、天工、德龙）。从而使粗钢产能集中度CR4达到81%，粗钢产能集中度CR8达到100%。

此外，山西计划将钢铁企业数量从目前的27家减少至10家，四川力争建成影响力大、竞争力强的千万吨级骨干钢铁集团，总产值达3500亿元。

3. 企业主动性提高

2017年4月7日，宝武集团牵头成立我国首支专注于钢铁领域的投资基金——四源合钢铁产业结构调整基金，计划募资400亿~800亿元。该基金将在产业链上下游收购债权或股权，并以获得企业控制权为重点，同时进行行业整合与混合所有制投资。通过完善公司治理、优化资产结构以及强化团队激励等方式，实现钢铁核心业务增值，最终通过上市、出售等方式退出以实现收益。

2017年7月28日，中国长城资产管理股份有限公司与河钢集团有限公司正式成立长城河钢产业发展基金，将围绕河北省国企改革中企业首发上市、定向增发、并购重组、传统产业转型升级、战略性新兴产业投资培育、国际并购等项目，通过资本运作，整合相关产业资源，服务河北省产业结构调整。

2018年1月9日，山西省国投、陕鼓集团、中冶京诚与建龙集团四方共同发起成立山西钢铁产业结构调整基金。旨在以股权合作为纽带，以市场化运作为手段，推动钢铁及其上下游产业的存量盘活和专业化重组，通过技术及管理创新，提供运营效率，增强市场竞争力。据悉，结构调整基金预计总规模500亿元，首期50亿元。这是继宝武发起设立四源合钢铁产业结构调整基金、河北钢铁集团发起设立长城河钢产业发展基金后，全国第三家钢铁产业结构调整基金，也是第一家由民营和国有企业联合发起设立的钢铁产业结构调整基金。建龙集团的目标是力争在五年内实现钢铁产能翻番，即在 2020 年前，通过兼并重组，将钢铁产能从现有 2600 万吨，增加至 5000 万吨。

2018 年 9 月 13 日，由中国宝武钢铁集团有限公司、中国东方资产管理股份有限公司、鞍钢集团有限公司和马钢（集团）控股有限公司旗下马钢集团投资有限公司共同发起设立华宝冶金资产管理有限公司举行了揭牌仪式，标志着国内首家专注于冶金行业的资本运作平台正式成立。公司将致力于"化解冶金行业过剩产能、促进冶金行业健康发展"，并把"打造最具竞争力的行业性资产管理公司"作为愿景。上述四家股东共出资 20 亿元人民币，其中，中国宝武作为发起股东，持股比例为 37.5%，中国东方和鞍钢集团各持股 25%，马钢集团旗下马钢投资持股比例为 12.5%。

总之，随着我国钢铁行业将发展重点转向高质量发展，在国家政策鼓励，地方政府推动，企业主动性增强的形势下，我国钢铁行业的兼并重组工作必将进入一个快速发展的阶段，并将带动行业向更高发展质量迈进。

第六章　坚持深化改革　加强管理创新

改革开放 40 年也是钢铁企业不断深化改革，积极进行管理创新的 40 年。深化改革、加强管理创新贯穿整个 40 年的发展历程。纵观 40 年，钢铁行业在每个发展阶段都紧紧把握改革发展的机遇，解放思想，大胆实践与创新，极大地解放和发展了钢铁企业生产力，创造了许多影响全国的改革、管理的经验。

一、改革开放 40 年钢铁企业改革管理经历的主要阶段

改革开放 40 年钢铁企业改革管理的经历主要分为以下几个阶段。

（一）计划经济向市场经济转轨期——探索阶段（1978~1992 年）

1978 年，党的十一届三中全会决定全党的工作着重点转移到社会主义现代化建设上来，以此为标志开始了我国改革开放。1979 年 4 月，中央工作会议提出要扩大企业自主权。同年 7 月，国务院先后颁布了《关于扩大国营工业企业经营自主权的若干规定》等 5 个配套文件，在全国范围内开展企业扩权试点。这一时期，国有企业的主要改革任务是对企业放权让利，经历了扩大企业自主权、推进经营承包制、转换企业经营机制等具体改革阶段，探索企业所有权和经营权的两权分离，使企业逐步适应商品化的经营环境，国营企业的利润和活力得到一定程度的提升。

1978 年 5 月，首钢开始实行承包制改革，将生产任务和生产指标层层承包、级级承包，用这种新的激励机制调动首钢人的积极性。此后被众多国有企业学习借鉴，正式启动了历时十多年的以"放权让利"和"打破职工铁饭碗"为主旋律的国有企业改革。1978 年末，上海冶金局实行行业上缴利润基数包干、超额分成的办法，调动企业改善经营、增产增收的积极性。到 1981 年，全国共有 17 个省、自治区、直辖市的冶金厅（局、公司）实行了行业总承包，80% 以上的企业实行了多种形式的承包。截至 1992 年末，在 110 家重点和地方骨干钢铁企业中有 103 家实行了类似的经营承包制。

（二）市场经济改革初期——攻坚阶段（1993~2001年）

1992年7月23日，为推动全民所有制工业企业进入市场，增强企业活力，提高企业经济效益，国务院发布《全民所有制工业企业转换经营机制条例》，提出了"企业转换经营机制的目标是：使企业适应市场的要求，成为依法自主经营、自负盈亏、自我发展、自我约束的商品生产和经营单位，成为独立享有民事权利和承担民事义务的企业法人。"并且明确了生产经营决策权等14项经营自主权。《条例》的出台，对加快国有钢铁企业改革起到了极大的推动作用。1992~1995年，《条例》规定的14项自主权在钢铁企业中绝大多数得到落实。

1993年底召开的中国共产党十四届三中全会通过的《中共中央关于建立社会主义市场经济体制若干问题的决定》指出，社会主义市场经济体制是同社会主义基本制度结合在一起的。建立社会主义市场经济体制，就是要使市场在国家宏观调控下对资源配置起基础性作用。要进一步转换国有企业经营机制，建立适应市场经济要求、产权清晰、权责明确、政企分开、管理科学的现代企业制度。

党的十四届三中全会不仅第一次明确了建立社会主义市场经济体制要求，而且明确提出了要"建立现代企业制度"，并且在当年的12月就颁布了《公司法》，从而使企业成为真正独立的法人实体和市场竞争的主体。从1994年开始，武钢、本钢、太钢、重钢、天津钢管厂、"大冶钢厂"、"八一钢厂"等企业列入国家百家现代企业制度试点；酒泉钢铁、邯钢、抚顺钢铁公司、天津钢铁等57家企业列入第二批改革试点。到1998年，试点改革任务基本完成，初步建立了企业法人财产制和法人治理结构。

党的十四大以后，钢铁企业进行股份制改革的步伐加快。到1994年底，冶金行业共有42家股份公司，8家上市公司；到1998年底，钢铁上市公司已达37家。

党的十四大以后，为适应社会市场经济条件下企业竞争的需要，宝钢、武钢等企业主动开展了"精干主体，分离辅助"的改革。1993年，冶金工业部在全行业推广武钢、宝钢经验，由此正式拉开了钢铁行业进行"精干主体，分离辅助"的改革，钢铁企业通过"主辅分离"，有效提升了钢铁主业效率和市场竞争力，同时也为企业建立现代企业制度改革，推进企业股份制改造奠定了基础。同时，也为企业发展壮大非钢产业创造了条件。

这一时期也是由传统企业管理向现代企业管理转型时期，管理重点是加强成本管理、质量管理和资金管理。

在向市场经济转变过程中，钢铁企业在管理方面有了很大变化，突出的表现在以下几个方面。

强化成本和资金管理。1994 年，冶金工业部就明确提出管理上的"两个中心"，即"企业管理要以财务管理为中心、财务管理要以成本管理为中心"，并很快得到全行业的积极响应。1995 年，吴邦国副总理在全国企业管理工作会议上对这一观点给以充分肯定，认为这对"各地区、各行业和各大企业具有一定的指导意义"，更进一步推动了冶金企业加强财务和成本管理的工作。特别是在推广邯钢经验后，这方面的工作在冶金行业又有了新的进展。

"邯钢经验"无疑是钢铁企业积极主动适应市场形势变化，加强企业成本管理的成功典型。邯钢经验简称"模拟市场核算，实行成本否决"，形成于 1990 年，于 1991 年正式全面推行。其基本内涵是模拟市场价格核算，将成本与效益挂起钩来，将效益与分配挂起钩来，并以成本否决为杠杆，充分调动了广大职工当家理财、精打细算、加强管理、深挖潜力的积极性，进而达到个人增收、企业增效的目的。20 世纪 90 年代初，邯钢搞模拟市场核算、实行成本否决。1992 年，邯钢利润达 1.5 亿元，翻了 10 倍，1993 年达到 4.5 亿元，1997 年、1998 年利润都在 7 亿~8 亿元，排在宝钢之后的第二位。1996 年，国务院印发文件要求全国学习邯钢经验。

高度重视营销管理。首先是普遍加强和健全了营销机构，充实了营销队伍。钢铁企业在普遍减员的情况下，营销部门的职工人数却成倍甚至数倍地增加，很多企业还将营销人员送到高等院校进行培训，以提高他们的业务素质。其次，重视市场信息工作。市场经济离不开信息的收集、传递和分析处理。第三，积极探索营销工作的新方式，结合企业自身情况，建立营销新渠道。不少企业都改变了过去比较单一的销售方式，而普遍采取经销、直销和零售多种方式相结合。第四，花大力气搞好包括售前、售中、售后服务在内的全方位销售服务。

在这一时期，宝钢系统推行以用户为中心的营销理念，坚持"三个就是"：用户的标准（质量和技术）就是宝钢的标准；用户的计划（供货和物流）就是宝钢的计划；用户的利益（经济和效益）就是宝钢的利益。宝钢实行按用途（标准+α，即国际产品标准+用户的特殊要求）组织生产，抓住质量、交货期、服务三大环节，视合同为法律，要求 100%完成合同。在上述营销理念的指导下，宝钢建立和发展了适应市场竞争的营销体系。

提升质量管理水平。在加大产品标准同国际接轨，特别是在产品实物质量上努力向国际水平靠拢的同时，大力推行 ISO：9000 系列论证工作。到 1998 年底，当时的十大钢企和部分大中型钢铁企业都已通过 ISO：9000 论证。在制定的 990 个冶金产品标准中，达到国际水平标准的有 550 多个。在实物质量上，通过权威部门认定，到 1998 年底，有 202 种钢铁产品达到国际同类产品水平，总产量为 2256 万吨，约占当年我国钢材总产量的

21.9%。特别是宝钢等一批钢铁企业在质量工作的观念上有了极大的转变，他们已不再满足于达到标准的要求，而是明确提出要以用户的要求作为自己的标准，从而推动产品质量的不断提高，并且在市场树立起了宝钢的质量品牌。

加快建立适应现代企业制度的管理体系。这一时期是钢铁企业由生产型单位向经营型企业的转变时期，也是逐步建立适应市场变化的管理体系的时期。以首钢为例，1995 年承包制到期后，首钢进入了以建立现代企业制度为目标，实行集团化改革的新阶段。从 1995 年开始将钢铁主流程以外的单位分立为子公司，把单一法人企业高度集中的管理体制，转变为多法人的以资本为纽带的母子公司管理体制。

（三）深化改革时期（2002~2011 年）

党的十六大提出要继续深化国有企业改革，积极推行股份制，发展混合所有制经济，实现投资主体多元化，实行规范的公司制改革。并且决定建立中央政府和地方政府分别代表国家履行出资人职责，享有所有者权益，权利、义务和责任相统一，管资产和管人、管事相结合的国有资产管理体制。关系国民经济命脉和国家安全的大型国有企业、基础设施和重要自然资源等，由中央政府代表国家履行出资人职责。其他国有资产由地方政府代表国家履行出资人职责。

2003 年 3 月，国务院国有资产监督管理委员会成立，各省区市国有资产监督管理委员会也分别成立，初步统一了管人、管事和管资产的权利和责任。同年 10 月，党的十六届三中全会《中共中央关于完善社会主义市场经济体制若干问题的决定》强调，要"建立归属清晰、权责明确、保护严格、流转顺畅的现代产权制度"。《决定》首次明确"产权是所有制的核心和主要内容"，既是国有企业建立现代企业制度的创新突破，也是建立社会主义市场经济体制的重大举措。这也标志着我国国有企业改革从建立现代企业制度发展到建立现代产权制度，企业组织形态发生深刻变革。党的十七大提出要深化国有企业公司制股份制改革，健全现代企业制度。

这一时期，钢铁行业推进股份制改造，促进上市公司发展，发展混合所有制企业的工作，不断取得进展。原有单一国有的钢铁企业，陆续改造为国有独资企业、国有绝对控股企业、国有相对控股企业、国有参股企业、国有完全退出的非国有企业等多种类型的混合所有制企业，并逐步向规范的上市公司发展。随着一批具有雄厚实力的大型钢铁企业陆续上市，钢铁上市公司在行业占据了重要地位。

这一时期管理现代化成为企业管理创新的重要课题。企业管理创新的内容主要包括管理理念、组织架构、职能管理、管理方式方法和管理手段方面的创新。

（四）全面深化改革时期（2012年以后）

党的十八大以后，尤其是2013年党的十八届三中全会通过了《中共中央关于全面深化改革若干重大问题的决定》，强调经济体制改革是全面深化改革的重点，核心是处理好政府与市场的关系，使市场在资源配置中起决定性作用和更好地发挥政府作用。

《决定》明确指出：必须毫不动摇巩固和发展公有制经济，坚持公有制主体地位，发挥国有经济主导作用，不断增强国有经济活力、控制力、影响力。必须毫不动摇鼓励、支持、引导非公有制经济发展，激发非公有制经济活力和创造力。要完善产权保护制度。

《决定》指出：要积极发展混合所有制经济。国有资本、集体资本、非公有资本等交叉持股、相互融合的混合所有制经济，是基本经济制度的重要实现形式，有利于国有资本放大功能、保值增值、提高竞争力。鼓励非公有制企业参与国有企业改革，鼓励发展非公有资本控股的混合所有制企业。

《决定》首次提出：以管资本为主加强国有资产监管，改革国有资本授权经营体制，组建若干国有资本运营公司，支持有条件的国有企业改组为国有资本投资公司。

2015年8月，中共中央、国务院《关于深化国有企业改革的指导意见》颁布，提出到2020年，形成更加符合我国基本经济制度和社会主义市场经济发展要求的国有资产管理体制、现代企业制度、市场化经营机制，国有资本布局结构更趋合理，造就一大批德才兼备、善于经营、充满活力的优秀企业家，培育一大批具有创新能力和国际竞争力的国有骨干企业，国有经济活力、控制力、影响力、抗风险能力明显增强。随后20余项深化国有企业改革配套政策法规相继陆续出台。

从党的十八届三中全会通过的《中共中央关于全面深化改革若干问题的决定》到中共中央、国务院发布《关于深化国有企业改革的指导意见》，钢铁企业改革进入全面深化改革的时期，同时，企业管理创新也提升到一个新的水平。

二、我国经济发展进入新常态，钢铁企业坚持深化改革，积极推进管理创新

党的十八大前后，在2008年国际金融危机冲击的复杂影响下，我国经济发展长期积累的矛盾和问题开始呈现，出现了重大的趋势性新变化，习近平总书记综合分析世界经济长周期和我国发展阶段性特征及其相互作用，作出我国经济发展进入新常态的重大判断。我国经济发展进入新常态，对我国钢铁行业全面深化改革、推进管理创新影响重大。

进入 21 世纪后，粗钢年产量规模超 1000 万吨的钢铁企业不断出现，多区域布局的钢铁企业数量日益增多，非钢产业经营规模不断扩大、非钢收入及收益比重较高的钢铁企业数量日益增多。与之相适应，越来越多的钢铁企业由单一的生产型企业向管理层级复杂、资本结构多元、分子公司数量众多的钢铁企业集团转变。如何提高整个企业集团的管理效率与经营水平是这一阶段钢铁企业管理改革的重要内容。

（一）完善投资及资本管理机制，提高资本运营效率

中国宝武集团大胆探索国有资本投资公司体制机制。作为首批国有资本投资公司试点企业，中国宝武集团积极探索投资公司"以管理资本为主"的运作模式。持续深化总部变革，充分发挥资本运营、资源配置、监督共享功能；深化完善法人治理结构，把坚持党的领导与完善公司治理统一起来，明确"三重一大"事项作为重大事项履行前置程序，确保"把方向、管大局、保落实"，同时优化健全权责对等、运转协调、有效制衡的决策执行监督机制。

中国宝武集团持续推进深化改革，打造国有资本投资公司的核心动力。加强改革系统规划和顶层设计，制订了《深化改革实施意见》，出台了《关于积极稳妥推进子公司国有企业混合所有制改革的意见（试行）》《完善子公司法人治理结构指导意见（试行）》等文件，明确了改革总体架构。结合联合重组、改革创新、转型发展实际，形成了《中国宝武国有资本投资公司试点框架方案》并获得国资委批复，中国宝武集团正按照框架方案所列的改革举措稳步推进国有资本投资公司运营试点。

鞍钢深入贯彻落实党中央、国务院关于深化国企改革决策部署，以 2012 年 12 月 28 日启动规范建立董事会工作为标志，拉开了新一轮深化改革的大幕。成立深化改革领导小组，制定下发《鞍钢集团深化改革指导意见》，推动各级董事会建设，构建了"2+8"战略管控架构，建立授权体系，实施企业分类，完成了从产线管理向集团管控的转变，为进一步创新发展、转型升级奠定了坚实的基础。2016 年以来，鞍钢以习近平主席新时代中国特色社会主义思想为指导，深入学习贯彻党的十九大精神，贯彻落实党中央、国务院关于深化国企改革决策部署和习近平总书记"三个推进"要求，把握经济发展"新常态"和供给侧结构性改革新要求，坚持问题导向、目标导向、责任导向和实效导向，紧密围绕调整、改革、创新、加强党的建设"四项重点工作"，大刀阔斧推动改革攻坚。按照"2016 年重点突破、试点先行，2017 年向深度广度推进、配套完善，2018 年进入改革攻坚期"的总体思路，完成公司制改制，规范法人治理结构建设，构建完善战略管控模式下差异化管控体系，落实各类企业市场主体地位，全面实施契约化经营，积极推动历史遗留问题解

决，各项改革举措压茬推进，基本完成了符合现代企业制度要求的管控模式、管控架构的构建，管理体制与运行机制发生了深刻变化，实现了"四个转变"，即：各级企业向独立市场主体转变、企业从保生存向求发展转变、集团管控模式向战略管控转变、公司治理向两个"一以贯之"融合转变。

首钢结合实际深入贯彻党的十八大和十八届三中全会精神，在新的历史起点上全面深化改革。2014年9月，制定下发了《中共首钢总公司委员会关于首钢全面深化改革的指导意见》，以改革破解发展难题，加快管控体系和管理能力建设，提高效率，激发活力，提升价值。2017年12月，北京市政府批复首钢深化改革综合试点方案，首钢成为北京市属国企唯一一家深化改革综合试点单位。

马钢进一步完善法人治理结构。坚持党的全面领导，落实党组织研究讨论是董事会、经理层决策重大问题前置程序的要求，将党建工作要求纳入集团公司及下属子公司章程。

包钢2016年启动改组国有资本投资公司有关工作，立足改革总厂制组织管理模式，全面下移生产运营管理职能，做实上市公司，积极推动集团由"管资产"向"管资本"转变，依托资本市场，努力打造股权管理、价值管理、整合退出的专业化平台。

本钢严格按照《公司法》等相关法律、法规和省国资委的有关要求，认真履行职责，加强自身建设，规范公司运作，完善法人治理结构，建立健全规章制度体系，积极有效开展董事会各项工作部署，保障了企业生产经营工作的科学有序运行和深化改革工作的持续深入推进。

华菱进一步规范公司治理，建立了外部董事占多数的集团董事会，建立了集团战略闭环管理体系。外部董事真正发挥"经营上的老师、决策上的专家、沟通上的桥梁"作用，提升了董事会科学决策的水平。

山钢完善现代企业制度和国有资产管理体制。2016年8月24日，山钢改建国有资本投资公司获批，定位为山东省钢铁产业结构调整转型升级的投资主体，以优质资源和多种平台为依托的融资主体，以钢铁为平台培植非钢主业的产业整合主体。按照国有资本投资公司的功能定位，集团总部着重定战略、管班子、核薪酬、控风险、创环境，各产业公司逐步向利润中心转变，自主经营、自负盈亏。围绕完善法人治理结构，山钢厘清管理边界，创新组织结构，初步搭建起"1个国有资本投资公司+N个产业子公司"的组织架构，构筑产业集群。

安钢完成公司章程修订，现代化法人治理结构初步建立。集团公司章程于2017年9月修订完毕，并报省国资委正式批复。27家出资企业的公司章程于2017年12月底全部修订完毕，董事、监事设置全部规范，运作主体市场化、治理结构现代化的体制机制初步建立。

（二）深化三项制度改革，提高企业人力资源管理效率

宝钢武钢联合重组以来，按照国务院国资委的统一部署，深入推进"瘦身健体"工作，扎实推进压缩管理层级、减少法人户数、扭亏增盈、处置"僵尸企业"等工作，提质增效，为企业转型发展腾挪空间。在此背景下，武钢加快品种调整和产业升级，不断整合资源，产业聚焦，淘汰关闭落后产线，孵化组建了青青教育、汉冶萍文旅、好生活服务等一批面向市场的新城市服务和新工业服务专业化运营公司。中国宝武将劳动效率提升作为一项战略性任务，强化人力资源统筹配置和人员招聘源头把控，分类提升子公司劳动效率，2017 年共优化在岗正式员工 13502 人，优化比例达 8.8%。1842 名员工从钢铁板块转岗到非钢板块，两年来上海地区 403 名员工成功转型从事社区工作，探索出了一条政企协作推动员工转型发展的有效路径。

鞍钢集团攀钢公司全面深化人力资源改革，2014 年以来劳动用工总量减幅 46.8%，人均钢产量增幅 50.62%，成为此轮国有企业减员增效的典范，冗员突出难题得到根本解决。

首钢 2018 年精简集团总部，23 个管理部门整合为 13 个、人员由 987 人减至 208 人。

太钢完善薪酬总量决定机制，按利润单位、非利润单位、成本费用单位、知识创效（科技研发）以及成长潜力单元进行分类管理，使效益、效率以及知识价值导向得到充分体现；优化职工收入分配机制，建立向奋斗者、贡献者倾斜的激励体系。

华菱变革创新激发持续发展活力，持续推进"三项制度"改革。坚持"干部能上能下"，抓好"关键少数"。2016 年，集团和主体子公司班子成员精减 17.5%；中层管理人员精简超过 20%。"员工能进能出"，建立员工内部退养、解除劳动合同等规范化退出机制，近两年精减分流岗位人员 1.28 万人。"收入能多能少"，对子公司经营班子实施"强激励、硬约束"，未完成核心指标 70% 的，否决全部绩效薪酬，只拿基本薪酬。2016 年，不同效益责任主体之间的绩效薪酬差距达 6 倍，职工收入与绩效挂钩。

山钢以市场化为方向，从"用人视野市场化、选聘方式市场化、管理模式市场化、业绩考核与薪酬分配市场化"四个方面，完善制度、创新机制、强化管理。出台"1+4"配套制度，瞄准短板，聚焦痛点，迎难而上。改革岗位管理模式，2016 年自上而下实施"三定"，集团总部人员率先全体"起立"，重新竞争上岗，总部机构压减 20%，人员减少 15%，其中部门正职减少 35%。改革领导班子组建方式，试点"一把手"自主组阁，经理层市场化选聘、契约化管理破题，山钢金控、山钢国贸先行先试，内生动力有效激活。改

革选人用人路径，一方面转变"上"的方式，变"伯乐相马"为"赛场选马"，通过改革发展实绩，把敢改革、会改革、担重任、综合素质优的人才选拔到领导岗位；另一方面解决"下"的难题，强化履职监督，加大考核与问责，对年度综合考核不称职、违反制度被问责、不适宜担任现职等的领导人员严格按规定退出。

安钢以"三个打破"激发全员活力。一是打破干部"终身制"，2016年16名中层管理人员退出领导岗位，淘汰比例达8%；二是打破收入"大锅饭"，对营销人员实施"底薪+提成"政策，奖金差距拉开近40倍；打破身份"铁饭碗"，近两年取消外委用工近万人，减少费用支出近4亿元，主业劳动生产率向人均年产钢1000吨迈进。

包钢2013年，克服历史上最困难的行业形势，完成集体企业改革，分流安置集体职工2.3万人。2016年以来，前所未有大力度推进瘦身健体改革和"三项制度"改革，压缩集团总部职能部门50%，集团直属单位及各板块基层机构35%；实行全员起立、重新竞聘上岗，精简厂处职干部19%，精简两级机关人员41%，压缩管理和专业技术岗位20%以上，推动操作人员按照在聘人员的15%进行优化，清理劳务用工近4000人。

南钢为进一步加强资源综合利用，优化效率效益，2014年南钢实行了事业部制改革，采取大部制与小机关结合的模式进行组织优化，最终形成了13个职能部门、5个事业部、3个机构（工会+研究院+证券部）的组织模式。2015~2018年，南钢围绕事业部改革，进行总部机关及分厂机关缩编，分厂车间化，做实事业部职能处室和生产一线，体现了扁平、精干、高效的管理思想。通过事业部改革，总部机关在部门数量上减少5个，占整个部门数量的25%，在科室数量上减少39个，占整个科室数量的30%，总部人员数量上减少586人，占总部人员数量的30%。通过事业部改革，实现了人员精简和机构除臃，更主要的是工作目标也更加明晰，实现产销研一体化，在品种规格、生产、质量、物流、信息化等各方面适应大规模个性化定制要求，进行个性化服务管理创新，打造全新的产业形态，实现企业从制造商向服务商的转型。

新余钢铁全覆盖推进减员增效，并首先从公司领导班子、机关干部做起，高层级推行尾数淘汰制，公司领导人数由2012年的13人减至11人；在公司机关率先实施"三项制度"改革，坚决守住"只进不出"的用人底线，人员减幅达19.48%；大力压减管理干部，中层以上干部由237人减至207人；对科职干部实行"全体起立再坐下"，重新竞聘上岗方式，由512人减少到420人。

三钢坚持不懈推进三项制度改革，通过依法依规清退长期泡岗、出工不出力的职工，实施干部末位淘汰制度，优化工资分配办法，持续推进定岗定编、机构整合和减冗增效工作等举措，健全完善人员能进能出、职位能上能下、收入能增能减的机制。

杭钢 2016 年推出公司制、集团总部机构、人事制度、薪酬制度、监管体系、集团动能提升工程等改革创新十大行动计划。尤其是集团总部机构改革仅用两个月时间全面完成，通过"全体起立、双推双考"，使总部职能部门从 20 个减至 10 个，在岗员工从 422人减少至 89 人。

柳钢持续深化三项制度改革，不断拓宽选人用人渠道，全力打造职业化员工队伍，助推转型发展不断深入。2014 年以来，柳钢先后出台了《柳钢工人技师三年培养计划》《柳钢员工晋升发展管理办法》《关于支持干部干事创业建立容错纠错机制的实施办法》等系列含金量高、操作性强的政策措施，有效解决广大人才的后顾之忧，搭建起大展宏图的舞台。在柳钢逐步形成了经营管理、专业技术、技能"三类人才"晋升发展模式，使干部职工都能找准职业定位、规划发展方向，畅通专业技术人才和高技能人才职业晋升互通机制，并在全体中层干部中公开推荐（首席）技术专家。2014 年 9 月，柳钢打破常规的招聘渠道，首次公开面向社会招聘软件开发、物流、金融等方面的高级人才，开启了深层次的变革，近年来先后招聘高端人才 20 余人。2018 年 4 月，柳钢干部人事制度迎来有史以来重大的一次改革——拿出 192 个中层干部岗位进行公开竞聘。这意味着柳钢所有中层干部将就地起立，重新竞聘上岗。此次竞聘上岗，除柳钢中层干部全体起立重新竞聘上岗外，该公司 700 多名符合条件的首席专家、技术专家、正科级干部、主任工程师、技能专家均可参加竞聘上岗。

方大钢铁坚持改革用工机制。近几年，方大钢铁坚持"三个打破"原则。对不同类别、不同层次的职工实行差异化的薪酬分配，坚持"三个打破"原则，即：打破"官本位"思想、打破行政等级观念、打破各级界限，按市场化规则，凭业绩、凭贡献提升各类核心人员的收入，对同级别职工的收入按业绩和市场导向拉开合理差距。按人心流向设计薪酬，薪酬待遇、收入实行向一线倾斜，向苦脏累岗位倾斜，向关键岗位倾斜，岗变薪变、岗不变薪也变，岗变了薪还不变，不是简单地水涨船高，把职工的积极性调动起来，激励干部职工结合自身的特点、才能，兼顾工作需要选择自己适合的岗位去竞争，尽其所长，避其所短，永葆企业活力。

（三）加快混合所有制改革，优化产权组织形式

中国宝武在一级子公司层面全面推进混合所有制改革。宝钢股份和宝信软件相继实施股权激励计划。欧冶云商实施第一轮股权开放计划。下一阶段，中国宝武将以国有资本投资公司试点为契机，在新业务、新产业的新建企业设立伊始，就联合各种市场主体，以多元化的方式推进混合所有制，实现共建共享。

安钢加快混合所有制改革，企业发展步入快车道。共分 3 批次向省国资委报送混合所有制改革企业共 9 家，2015 年启动"新三板"挂牌试点企业 1 家，即安钢自动化公司；2016 年启动员工持股试点企业 2 家，即安淇农业公司、安钢集团加工配送公司；2017 年启动混改企业（或项目）6 家，其中引资入股新建混合制所有制企业 4 家，分别是汽运公司新建安阳市兆隆能源有限公司、附企公司新建河南水鑫科技环保公司、炉料公司新建众兴钙业有限公司、安钢职工医院成立新里程安钢总医院；增资扩股 2 家，分别是冶金设计公司、金信房地产公司。2017 年 2 月 9 日，"安钢软件"新三板成功挂牌；5 月 22 日，兆隆能源公司挂牌运营；8 月 23 日，河南水鑫科技环保公司成立；10 月 19 日，职工总医院与新里程签订合资合作协议，完成股份制改造；12 月 26 日，众兴钙业公司成立。目前，安钢共有混合所有制企业 11 家，全部规范运作，并取得了良好的经营效果。

福建三钢以混合所有制改革为方向，推进体制机制创新。2016 年，三钢以信息化业务为突破口，组建了福建闽光软件股份公司，试行国有、民营和核心职工持股的混合所有制改革。

昆钢 2015 年 9 月引入华润水泥重组昆钢水泥建材集团，整合后成立的云南水泥集团全面引入华润水泥的经营机制和管控模式。昆钢控股引进华润水泥重组云南水泥建材集团后，明确新战略目标，优化商业模式，完善法人治理结构，建立市场化用人机制和激励机制，坚持科学发展观，走企业联合、资产重组和低成本扩张的道路，央地联动发力，发挥国有企业的规范化管理优势，发挥港资企业管理严谨的优势，增强国有独资企业抗击风险能力，优化产业结构、改善产品结构、优化产权结构、促进文化融合、增强技术创新、提升企业实力，释放"央地混改"活力。重组后经营业绩大幅提升，行业主导地位持续巩固。2017 年，实现营业收入 52.36 亿元，同比增长 25.92%；实现利润总额约 4.60 亿元，同比增长 350.00%。

南钢在改制的基础上，大胆进行全员持股尝试，定向增发等手段，通过摸索建立了适合现阶段的合伙人制、进行效益分成模式。南钢合伙人制既不是法律意义上的，也不同于其他公司，而是建立在人力和资本价值基础上的。合伙人是由南钢组织内部具有相同经营理念的并且在生产经营、管理、发展过程中承担重要责任的人所建立起来的事业共同体。同时，为鼓励全体员工投身生产经营共创佳绩，按照"风险共担、成果共享"的原则，每年根据效益情况，按比例向在职员工一次性发放效益分成奖励。通过合伙人制、效益分成激活经营管理层的活力、激情与斗志，实现群策群力，获得员工的坚定承诺、股东的强力支持、市场的信心与关注，为各个方面的利益相关者提供支持其战略转型的理由和利益，彻底解决传统企业体制和机制在互联网时代的一系列矛盾与冲突。

山钢加快产权制度改革，激发内生活力。山钢于 2015 年 12 月全面开展混改试点，鲁新建材、永锋淄博、国铭铸管 3 家单位完成混改；日照公司被山东省政府批准列入首批员工持股试点单位。永锋淄博通过引入民营资本和管理团队，按市场化原则选聘经理层，成功实践了"国有体制，民营机制"的经营管理模式，起到了盘活资产、激发活力、提升业绩的良好示范作用；国铭铸管自 2017 年 7 月投产以来，呈现了产销两旺的良好局面；鲁新建材成为山钢首家在新三板挂牌的企业。

新余钢铁一直倡导"民营企业能做到的，我们也要做到"的理念，不断优化管理流程、推进产权多元化改革，深化分配制度改革。尤其是党的十八大以来，新钢公司在改革创新上，既不闭门造车，也不盲目跟从、不照搬硬抄，而是紧密结合自身实际和现实需要，坚持问题导向，以"三项制度"改革、"一企一策"改革为支撑，在吸收行业先进管理经验的基础上，赋予子企业抵押承包、管理层持股、股权激励等传统管理模式更多的新钢改革元素，取得了较好的成效，一批二、三级企业从过去的"出血点"转变为"造血点"。

（四）瘦身健体，提质增效

中国宝武将压减产能工作与扭亏增盈、治僵脱困、整合融合、企业改制等相结合，坚持"企业不消灭亏损，就消灭亏损企业"的原则，全面、全力、全体系推进。2017 年，中国宝武亏损子公司户数同比下降 61 户，累计完成 33 户僵尸和特困企业的处置，压减、关闭和处置 180 户低效和不符合产业发展方向的法人企业；剥离企业办社会职能，解决历史遗留问题，为发展新业务腾挪了空间、减轻了负担。一整套强有力的瘦身健体组合拳，让中国宝武轻装上阵、活力满满，为实现跨越式发展创造了条件。

首钢坚持瘦身健体。全面完成 500 万吨钢去产能任务。完成企业退出 73 家，闭合"失血点" 62 项。2015～2017 年，共转型分流 6.8 万人，钢铁企业实物劳动生产率提高 60%，呈现出职工人数和人工费双下降、职工收入和劳动生产率双上升的良好势头。剥离企业办社会职能，2018 年上半年完成北京地区 15 个小区"三供一业"移交，外埠企业正在积极推进。

河钢 2014 年正式启动总部机关管理机构改革，致力于打造去"行政化"、完全适应市场竞争的国际化、创新型、学习型精英总部机关，推动经验型团队向创新型团队转变。集团总部围绕"三大中心"的定位，集中精力"把方向、抓大事、控风险"，突出战略规划、投资决策、重要人事、全面预算、资金管控、运营协调、营销监管、对外合作、风险管理等 9 大核心职能。并将 9 大管理职能细分为 40 项具体的职能，总部员工由 148 人精干为 85 人。

马钢大力度推进机关机构改革。制造部、设备部进驻生产现场办公，技术中心加强驻厂技术人员力量，有力支撑现场问题快速高效解决。围绕集团管控需要，自上而下率先大幅压缩机关机构和人员，集团由 15 个部门精简为 10 个，精简 33%；人员由 591 人精减为 193 人，精减比例 67.3%，二级子公司机关机构改革正在稳步推进。

华菱坚持改革不停步，"三供"分离移交提前实现目标，全年注销法人单位 9 户，清理、退出非国有控股企业 15 户，集团全资、控股企业由 121 户减少到 94 户，清理、调整层级单位 25 家，管理层级由 5 级压缩至 3 级。在推进内部改革与智能制造中实现劳动生产率大幅提升，钢铁主业人员比上年末减少 1768 人，下降 7.3%；集团按期完成供电移交 20364 户、供水移交 22440 户、供气移交 17172 户，每年可节约支出 3.1 亿元，在湖南省属企业中率先实现"三供"分离移交目标。

安钢深入推进机构改革，加速管理机构向扁平化转变。按照"精简、高效、顺畅"的原则，对组织机构进行了优化整合，在 2016 年集团管理部室由 16 个压减至 8 个的基础上，2017 年又进一步精简机构管理人员，累计共核减了处级单位 1 个（离退休管理中心），取消 36 个 5 人以下科室、14 个 100 人以下车间，核减定员 678 人。

本钢在 2017~2018 年，借鉴国内先进钢铁企业的管控模式，在充分评估本钢集团当前体制机制问题基础上，全面实施"定岗、定编、定责、定薪"工作，集团机构总量压减 22%，管理层级由 7 层压减为 5 层，副处级及以上领导干部职数压减 15.3%，其他管理岗位职数压减 12.6%，生产厂矿管理岗定员总数比例降至 8% 以内，实现了机构精干、瘦体强身、职责清晰、优化分配的工作目标，进一步提升了企业运行效率，企业体制机制改革工作迈出重要步伐。

安钢完成僵尸企业处置，安连公司、钢都建筑公司 2 家僵尸企业 2017 年底注销出清。2018 年上半年，提前半年完成珠海金安、海南豫安两家僵尸企业清退任务，至此 4 家僵尸企业全部处置完毕。

（五）坚持多元发展战略，大力发展非钢产业

河钢坚持市场化平台化思维，大力发展非钢产业。近年来，河钢不断拓展"纵向更深、横向更宽"全产业链视野，以"市场化、平台化"的思维，追求衍生资源的极致利用，大力发展非钢产业，将供应链、工序链、资源链进行市场化跨界延伸，把供应链、工序链、资源链打造成"价值链"，将"费用单元"转变成"创效单元"。2015 年，河钢制定《2015~2018 非钢产业发展规划》，提出以延伸产业链、提升价值链为主线，按照"市

场化、专业化、公司化"发展方向，盘活存量资产，将非钢产业近期发展成为钢铁主业富裕人力资源的消纳主渠道，中期发展成为反哺钢铁主业的效益增长极，远期发展成为建设最具竞争力钢铁企业与综合型产业集团的战略支撑点。在《2015～2018非钢产业发展规划》引导下，河钢非钢产业发展得到了集团上下的高度认同和积极响应，在保障钢铁主业生产经营顺利开展的同时，非钢产业逐步摆脱对主业的依附与依赖，引入社会资本，盘活存量资源，加快项目建设，理顺管理体制，转换经营机制，全面激发了非钢发展的活力与动力，正在成为集团消纳人工成本和反哺钢铁主业的重要支撑。2017年，河钢非钢产业实现销售收入752亿元，创效32亿元；吸纳在岗员工就业49255人；非钢资产总额达到1307亿元，占集团全部资产的35%，总体实现了消纳75%人工成本的阶段目标。2018年，河钢将实现钢铁主业与非钢产业各5万人在岗人员稳定就业，完全消纳其60亿元以上的人工成本，非钢产业单位将发展成为独立运营、自负盈亏、具有较强市场竞争力的经营主体，其收入贡献率、外部市场收入比例分别达到30%以上，成为河钢重要的效益增长极。

马钢推进业务资源优化整合。实施资产重组和多元板块构建，完成集团公司并购股份公司20家子（分）公司的资产重组工作，既精干了钢铁主业，又在集团层面构建了工程技术、节能环保、贸易与物流、金融与投资等新的多元板块。聚焦专业化运营，重点推进采购、物流、石灰窑生产、轧钢磨辊间、煤化工、检修业务、财务、信息化、耐材、水渣等业务和资源整合，通过流程再造，优化资源配置，创造整合效益。

华菱多元产业协同发展效应初步显现。在钢铁主业规模受外部环境制约，发展空间受限的情况下，调整集团产业结构，有针对性地发展相关多元产业，与钢铁主业形成错周期、协同互补型发展，成为华菱集团打造钢铁全产业链竞争力、实现可持续发展的战略选择。经过三年多时间的努力，"1+5"产业战略布局已初步形成。2016年，多元产业实现营收342亿元，占集团总收入的37%。其中，物流板块营收达92亿元，资源贸易板块62亿元，金融板块实现利润3.6亿元，已经形成了华菱集团新的收入和效益增长点。节能环保板块将充分借助PPP模式，加大向市政公用设施的渗透力度，发展势头良好。根据多元产业战略发展规划，到2020年，多元产业实现营收占比将达到50%以上。

本钢集团坚定不移地实施"钢铁为主、多元协同、全球经营、做强做大"的战略思路，全力推进以钢铁主业为基础的多元产业发展，战胜了内外部各种严峻形势的考验和挑战，形成了以钢铁制造为主，金融投资、贸易物流、装备制造、工业服务、城市服务等多元产业协同发展、具有较强市场竞争力的"1+5"多元产业发展集群，在钢材市场持续低迷的情况下，连续多年保持科学稳健发展的良好态势，成为辽宁省属最大国有企业集团和第一批年销售收入超千亿元工业企业，外贸出口总量连续五年位列全国钢铁行业首位。

酒钢"需求决定市场，项目决定未来"。酒钢在谋划和推进项目建设的过程中，站在全局发展的高度，不断拓宽视野，更加深入地了解和认识市场规律，推动调整产业、产品结构，实现企业多元转型发展。为全面促进产业多元协同发展，酒钢与新疆广汇能源公司合作成立甘肃宏汇能源公司，煤炭分质利用项目正在按计划分期建设；西部重工公司成套冶金、风力发电装备制造、焊接材料、环保设备、钢结构等研发制造能力不断提升，成为西北地区最大的风电装备制造企业；现代养殖、种植和葡萄酒酿造稳健发展，祁牧乳业公司为国家奶牛标准化示范场，葡萄种植及葡萄酒在国内首家通过国际有机产品双认证，紫轩酒业公司"紫轩"牌葡萄酒，摘取上海世博会"千年金奖"。资源开发、环保建材、房地产与酒店餐饮等产业为企业不断拓宽发展领域。企业优化升级、结构转型迈出了坚实的步伐。

柳钢加大加快多元产业发展，实施"一企一策"，坚持优化产业结构，服务钢铁主业，培育主导产品，拓宽外部市场。充分利用柳钢的区位优势、资源优势和比较优势，不断增强多元产业内外部市场的竞争力，加大市场拓展力度，不断提升市场份额。2017年多元产业发展壮大，营业收入与利润水平大幅提升，营业收入实现208.98亿元，利润6.04亿元，创历史最好水平。柳钢的环保产业、房地产业、国贸、商贸、矿业、医疗卫生、旅游服务业、园林等多远产业，发展势头强劲。

三钢在推进钢铁主业高质量发展的同时，围绕能否成为公司新的利润增长点、能否消化富余人员，立足产业链延伸和促进主业发展，稳健地推进非钢产业发展。2017年，将长期亏损的三化原化肥生产线全面停产，稳妥安置800多名职工，实施煤炭绿色转化和高纯超净电子级氟化氢两大工程，预计2018年底建成投产，不仅彻底解决了三化公司的长期亏损和环保污染，而且使三化公司走上了一条转型升级发展之路。做大钢联公司、香港闽光贸易公司、闽光现代物流公司、钢联创源分公司，开拓市场，发展壮大货物贸易和饮用水业务，增加收益。收购并控股闽鹭矿业，打造好石灰石战略供应基地。积极稳妥地推进钢材加工配送、物流运输、废钢回收、金融投资、购售电等业务，打造特色品牌，不断培育新的经济增长点。

杭钢在做强做优钢铁主业的同时，大力培育新兴产业和高新技术产业，形成依托钢铁发展非钢、发展非钢反哺钢铁的良性互动格局，使企业经营规模迅速扩大。贸易流通、房地产和环境保护等非钢产业加快发展步伐，市场竞争力显著增强，对杭钢集团整体贡献率不断增加，总体经营规模和效益超出整个集团的半壁江山，尤其是房地产业"十二五"期间累计实现利润22.3亿元，紫光环保水务日处理能力达到200万吨，为杭钢集团实现可持续发展打下了较好基础。

新余钢铁大力发展新经济业态，成立了新余新钢投资管理有限公司、广州新钢商业保理有限公司、新钢（上海）国际物流有限公司、江西工程建设公司、新钢设计院公司等一大批非钢产业经济实体，钢铁主业经济比重呈逐年下降的趋势，抗风险能力显著增强。对物流运输、设备检修、石灰生产、废钢加工、后勤服务等内部资源进行优化整合，实现管理流程再造，将重点工序、关键领域从内向型运营为主的"工厂制"向外向运营为主的"公司制"转变，赋予二级企业更多的市场主体地位，鼓励有条件的子企业勇闯市场，实现自主经营、自负盈亏，降低对主业的依赖度。

（六）加强集团公司管控，探索钢铁集团运营新模式

中国宝武积极推进总部变革，着力强化总部能力建设。深化改革总部先行，总部成立了钢铁业发展中心、服务业发展中心、产业金融发展中心、城市新产业发展中心等4大业务中心，定位更加清晰，业务流程不断优化。按照国有资本投资公司定位要求，优化总部机构设置，精简人员配备，突出"分类管控、投资运营、整合协同、服务创新"核心功能，集团总部从管资产向管资本、从战略管控型向价值创造型转变，着力强化"投、融、管、退"等能力建设。

首钢完善内部管控，搭建钢铁、股权、园区等管理平台，将钢铁指挥机关全部迁至河北唐山，新的管控体系正式运行。明晰管理界面，制定权力清单，推进决策重心下移，促进责权利统一，激发基层活力。

河钢以战略管控为定位，构建现代化集团管理体制。将集团总部功能定义为"战略决策、资源共享、协同服务"三大中心，强化"集团意志和集团规则"，突出顶层设计和目标管理，集中精力把握企业发展方向，主要研究"干什么"，提出不同阶段的目标、方针和重点工作；并为子公司营造氛围，搭建平台。子公司集中精力抓好生产经营，重点落实"怎么干"，因企制宜地发展各具特色的竞争优势。集团加强宏观管理，突出资源共享和业务协同，不过多地干涉子公司的"微循环"，不搞"千篇一律"，鼓励"百花齐放"；但在具体工作执行过程中强调"集团意志、集团规则、集团精神"，明确不能触碰和逾越的"红线"，不搞例外主义，确保集团价值与整体效益的最大化。

沙钢坚持"三整合、五统一"。为充分发挥集团的整体优势和董事局的管控、协调、服务功能，结合各成员企业的自身特点，在全集团范围内实施以投资、购销、人力、财务、技术等为要素的"三整合、五统一"，使集团的人员、资金、采购、销售等方面的资源配置得到了优化，各成员企业执行力和效率有了明显提升，通过资源共享、优势互补，集团规模优势和协同效应的发挥初见成效。

马钢强化集团高效管控，坚持集团定战略、提目标，搭平台、建机制，作评价、拿收益，制定并实施《集团管控管理办法》，实行分类管控、权责对等，界面清晰、管控科学、运行有效的母子公司架构正在形成。

柳钢协同管控模式不断完善，坚持向管理要效益，按企业管理一体化思路，强化系统协同，生产实现稳定、低耗、高效，管理体系持续优化。

新兴铸管为加快提升公司管控水平，从 2014 年开始在公司钢铁、铸管同工序中开展"裸对标"和综合评价工作。所谓"裸对标"，就是铁前以武安工业区为基准，考虑各家固有的区域差异，测算出区域差常数，以实际成本减区域差常数之后的"裸成本"，进行对标排名、评分评价。铁后炼钢产品折成 HRB400 钢坯、铸管产品折成普通内销管，轧钢产品以 HRB400 螺纹和盘螺进行加工费对标排名、评分评价。"裸对标"从四个维度全面对标，第一个维度是与预算对标，第二个维度是公司各工业区之间内部对标，第三个维度是与历史最好水平对标，第四个维度是与行业标杆进行对标。铸管系统没有行业标杆，就与理论测算结果进行对标。"裸对标"逐渐由内部对标向外拓展，与优秀的民营企业比成本，与行业标杆企业比加工费，与理论测算对标，逐渐形成完善的对标体系。通过"裸对标"的开展，各单位铁前成本、铁后加工费均取得巨大进步。抓住了成本和售价，就抓住了打开企业利润的金钥匙。2015 年初，新兴铸管根据市场形势，及时调整管理思路，以赶超区域领先水平、瞄准行业先进水平为目标，提出要努力实现成本和售价"双超越"。

陕钢集团深化经营体制改革，实施资金、营销、大宗原燃料采购、物流四个统管。2015 年 8 月，陕钢集团成立了韩城钢铁公司，作为销售、采购和物流专业化运作平台，解决各子公司在经营上的各自为战、协同不强的问题。同时成立了资金管理中心，解决资金集中管理问题。通过几年来的实践，资金方面已经规范了全集团的资金及票据集中管理，规范了对外担保和资金支付，发挥了资金及票据池作用，确保了资金链安全。营销方面转变了原来内部相互竞价的不良格局，填平了区域市场与全国均价差距，放大了整体营销功效。采购方面实现了进口铁矿、焦炭、煤、合金等大宗原燃料的集中采购，解决了分散采购存在的议价能力不高的问题，撬动了集采规模优势。物流方面实现了一体化管理，并通过内部整合、重去重回、海江铁联运等措施，保证了产能释放的原燃料和产成品物流运输需要，降低了物流费用。以四个集中统管为核心的经营机制改革，为陕钢集团的扭亏为盈发挥了至关重要的作用。

（七）努力适应新常态，持续推进企业管理创新

由于我国经济发展进入新常态，钢铁需求趋缓，钢铁产能过剩矛盾日益突出，钢材价

格持续下跌，企业生产经营困难，2015 年全行业陷入亏损。因此，从 2012 年起这一时期的企业管理创新，一方面是根据企业自身发展实际情况进行提升和完善；另一方面是面对严峻的市场形势，重点开展"防风险、降成本、增效益"管理创新活动，并且取得了十分突出的成绩，也为后来推进供给侧结构性改革，巩固去产能成果，促进行业平稳运行，实现脱困发展发挥了重要作用。

沙钢创新管理模式，形成精干高效的企业管理运作机制。从建厂开始，沙钢就建立了以"严细实"为核心的企业经济责任制考核管理模式。近年来，又将"严细实"特色赋予现代管理理念，建立"严细实"的管理制度体系、"严细实"的指标考核体系、"严细实"的管理运行体系和"严细实"的绩效评价体系等管理四大体系。沙钢特色的"严细实"管理法，突出表现为以成本核算为中心、以经济责任制为主线，是企业确立目标成本、落实攻关措施、实施分阶段成本控制、实现成本考核与否决，以系统管理为指导，以各项专业管理为保证的生产经营管理大法。

建龙集团以世界先进企业为标杆，结合企业实际，进行管理创新，初步形成了以企业持续发展为目标，以战略管理为核心，以专业化管理为基础，以全面预算管理为保障，以信息化为支撑的组织体系与管理机制，全面充分整合集团内部资源，推动企业的生产和发展，并建立了月度质询制度，全面推行了方针管理、标准成本、品保制度、自主管理、提案制度等基础管理。建龙集团根据企业发展情况借鉴台湾中钢和台塑集团化管理模式，有效地解决了战略制定与落实，确保战略目标的实现。

福建三钢常年开展管理攻关，促进管理创新。在企业管理中引入技术攻关项目部运作模式，针对管理上存在的重点难点问题，每年都组织上百项管理创新攻关项目，并在项目完成后组织评审奖励，促进管理创新，提高管理水平。

宝钢 2015 年重点瞄准国际先进企业为预算标杆，努力寻找差距，聚焦改进点，在主要钢铁单元之间开展跨厂际同工序对标竞赛，引导各单元生产经营和操作维护指标不断优化提升。

河钢以资金集中统一管控为突破口，还原钢铁主业先进性。近年来，河钢把"全年新增贷款为零"作为不可触碰的红线，持续降低资产负债率，不断规范成本费用项目，建立集团内部结算中心与集团资金池。同时，拓展境内外低成本融资渠道，积极创新金融产品，全面优化负债结构。经过资金的刚性管控，河钢各子公司摆脱了长期"依赖集团和贷款输血"的经营惯性，建立起以资金高效利用为核心的生产经营模式，收获了可持续发展能力。

首钢坚持在最困难时期提出的"跑赢市场、跑赢同行、跑赢自己"的要求，取得了良好的效果。重钢在破产重组后，践行成本领先战略，重点工序主要技术经济指标改善明显。石横、德龙、津西、立恒等一大批民营钢铁企业降本增效措施做得更有特色，吨钢盈利能力一直名列前茅。首钢长钢铁前三个一体化（矿铁一体化、煤焦一体化、铁焦一体化）破解了生产"两张皮"和"铁-焦"衔接问题，大大降低了焦炭成本，实行采购价格、物流运费联动机制，大幅降低物流成本。

新兴铸管深化两个机制，积极推行模拟法人运行机制与产供销运用快速联动机制（简称两制）协同互动的企业管理体系构建。公司以利润为中心，以成本为主线，将市场机制引入企业内部各实业部、各工序之间，实现实业部、工序等主体的独立核算、自主经营、自负盈亏，接受营业收入、利润、成本、资金占用等指标以及安全、质量、环保等否决性指标的考核，经营成果与工资总额挂钩，做到绩效与监督同步、激励与制约并重，使企业内部的每一个组织和员工都像"法人"一样主动承担责任，主动积极面对市场，主动算细账，从而在企业内部建立起压力层层传递、指标层层分解、责任层层落实、绩效层层考核、活力层层激发的新机制，充分调动企业内部的积极性、主动性和创造性。企业的生产、采购、销售、物流等单位和企业产品的主要用户共同对市场变化作出快速联动反应。充分利用好区域差、时间差、品种结构差、市场价格差，把握好每一个机会，实施生产、采购、销售、运输、用户五个环节快速联动，紧密贴近资源、产品、物流3个市场，动态持续进行原燃料结构、炉料结构和品种结构的优化，实现整个企业的成本最优、效益最佳，确保用户利益也得到保证。"企业内部模拟法人运行机制"重点在降本增效，"产供销运用快速联动机制"则侧重于市场应变。通过把握资源、产品、物流、资本4个市场的区域差、时间差、品种差及价格差，及时共享市场信息，实现生产、采购、销售、物流、用户五个环节快速联动创效益。"两个机制"管控体系因其创新性强、示范意义大，对于大型企业集团转变经营机制、适应市场竞争、增强发展活力具有重要推广价值而荣获第十九届国家级企业管理现代化创新成果一等奖。

沙钢大力开展降本节支创新挖潜增效和负面清单降损攻关。2015年，沙钢将降本节支、创新挖潜增效作为提高企业竞争力和抗风险能力的重要抓手，创新实施"系统降本"管理新模式，突出"围绕效益追求一流指标"的理念，重点开展了全方位、全过程、全员参与的降本节支创新挖潜增效活动。2016年，又提出开展"负面清单"降损攻关工作，即对降本工作中影响效益提升、费用降低、指标提升、质量突破、品种优化、管理精细等负面因素逐一排查出来，组织实施了288个重点降本项目，实现降本增效29亿元。2017年，继续坚持日统计、周汇总、月考核，抓牢降本增效常态化对标管控，累计增效目标完成率为100.5%。

三钢推进全流程降成本。成本管理是精细管理的重点。三钢强化成本控制和成本管理，先后形成了一系列方法，从对标挖潜、二元成本管理法、责任成本考核，到模拟市场核算与考核、岗位表单化自动考核、全流程降成本等，都取得了很好的效果。特别是全流程同口径降成本，效果十分显著。所谓全流程同口径降成本，是指坚持不懈、持之以恒地挖掘生产工序和非生产工序的降成本潜力，实现全员、全要素、全过程的成本管控，确保三钢在国内钢企中保持较强的成本竞争优势。生产工序，即焦化、烧结、炼铁、炼钢、棒材、高线、中板 7 个主生产工序以降低同口径工序加工费（剔除市场价格因素影响）为抓手，重点是通过加强焦化配煤结构、烧结配矿结构、炼铁原料结构和炉料结构、炼钢品种结构等分析优化，以及轧钢产品质量稳定性攻关。同时，强化设备运行保障管理，提高生产操作稳定性，切实减少各类事故等，促进成本降低。非生产工序，指以上 7 个主生产工序以外的单位和机关部门，重点从原料采购、库存控制、物流运输、工程建设、资金管理、修旧利废、节电节能、劳务外包，以及争取政府部门政策优惠和奖励等各方面挖潜增效。2013 年实施以来，截至 2017 年底，三明本部、泉州闽光、罗源闽光全流程降本增效累计实现吨钢分别达 407.47 元、282 元和 188.88 元，三地累计增加效益达 35.38 亿元。

方大钢铁对标"赛马"，实现"万马奔腾"。方大钢铁建立"赛马"机制，全面完善对标体系，企业与自身最好水平比，与集团内企业比，与全国最好水平比，推动指标不断提升进步。特别是自 2017 年以来，全面开展"赛马"，单位与单位赛、部门与部门赛、岗位与岗位赛、员工与员工赛，实行重奖重罚，形成"万马奔腾"的良好格局。2018 年，方大钢铁"赛马"方案进一步深化。

第七章　坚持扩大开放，
国际化经营迈上新台阶

我国钢铁工业改革开放是快速发展的 40 年，也是和世界钢铁工业不断融合、互动发展的 40 年，经历了一个从引进来到走出去的转变过程。长期以来，我国钢铁工业一度主要是引进来，大量进口先进工艺装备技术、钢材和铁矿石、铁合金、炼焦煤等原燃料。21 世纪以来，尤其是近 10 年来，我国钢铁工业从量到质，各方面均得到了不断提升和突破，同时也实现了从"进"到"出"的华丽转身，塑造了新的世界钢铁产业格局。

一、实现由钢材净进口转变为钢材净出口

（一）钢材进口主要特点

改革开放后，我国经济飞速发展，钢材需求不断增加。中国钢材进口出现了三次高峰，即 1985 年的 1963 万吨，1993 年的 3026 万吨和 2003 年的 3717 万吨。随着我国钢铁工业的产量不断增加，品种不断丰富，质量不断提高，我国于 2006 年实现了由钢材净进口国向钢材净出口国的历史性转变。之后，钢材进口一直保持相对平稳的态势。1978～2017 年我国钢材进口数量见图 7-1。

在对外开放不断深入和钢铁工业快速发展的大背景下，我国一直保持一定数量的钢材进口，但钢材进口在品种、企业、贸易方式等都发生了较大变化，主要呈现以下五个特点。

1. 钢材进口保持一定规模

改革开放后，在较长时期内，中国钢材进口波动幅度较大，这主要和中国经济增速及粗钢产量增速相关。经过多年发展，中国于 1996 年成为全球最大的产钢国。在钢铁产业迅速发展的背景下，中国依然维持了较大规模的钢材进口，目前仍是世界主要钢铁进口国之一。根据世界钢协统计，2017 年我国在全球主要钢材进口国中排名第 11 位。同时，我国还是世界最主要的间接钢铁进口国之一。近年来，每年间接进口钢材超过 1000 万吨，2017 年我国在全球主要间接进口钢材国家中排名第 6 位。

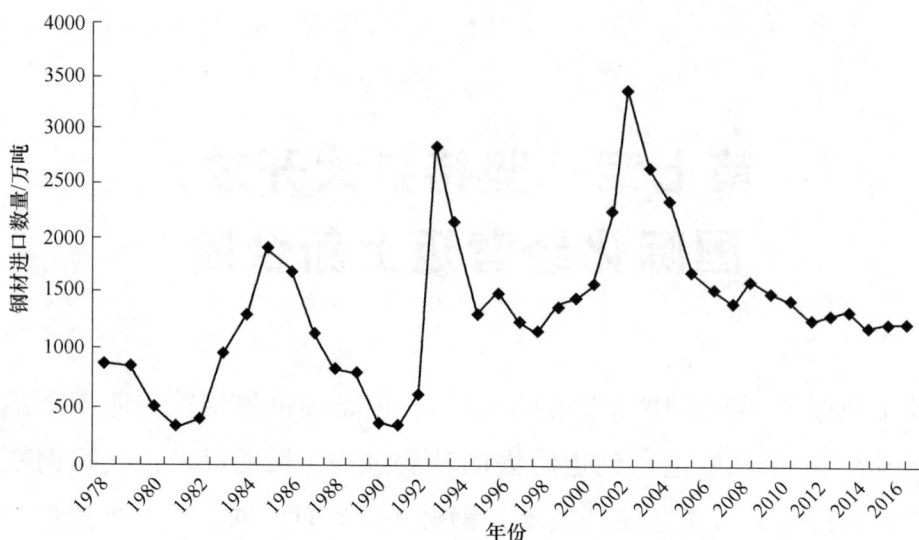

图 7-1　1978~2017 年中国钢材进口数量图

2. 形成了以中高端板材为主的钢材进口结构

40 年来，随着我国钢铁产业结构和产品结构不断优化，进口钢材品种逐步由钢坯、棒材、板材、管材等转变为主要以板材为主，钢坯、棒材、管材进口量下降。1995 年，板材占钢材进口总量的 53.2%。21 世纪初，这一比例已超过 80%，提高了近 30 个百分点。随着我国钢铁产业不断发展，逐步形成了以中厚板、冷轧板卷、镀层板等中高端板材为主的钢材进口结构。

3. 逐步形成了主要以少数国家和地区为主的进口来源结构

20 世纪 90 年代末至 21 世纪初，除日本、韩国和中国台湾地区外，俄罗斯、乌克兰、哈萨克斯坦、美国、土耳其等国家和地区也是我国钢材进口重要的来源地，自俄罗斯、乌克兰和哈萨克斯坦等独联体国家进口钢材数量较多，其中包括大量钢坯。随着我国钢铁产业的不断发展，进口钢材需求结构变化，自俄罗斯、乌克兰、哈萨克斯坦等国进口量大幅减少，形成了目前以日本、韩国、中国台湾地区和欧盟为主的进口钢材来源结构。

4. 钢材进口主要以外资企业为主

随着我国对外开放步伐不断加快和对外开放程度日益深化，境外企业在我国境内独资或合资设立的钢材加工企业或钢材剪切配送中心不断增多，这些企业自境外进口钢材较多。同时，在汽车和造船领域，随着外资不断进入，相关企业钢材进口也逐步增多。我国加入世界贸易组织后，境内企业完全可以根据市场变化情况，按照企业经营需要进口所需钢材。受益于改革开放后中国对外资企业的一系列优惠政策，外资企业进口钢材占钢材进口总量比例不断增长，2017 年达到 81.5%。

5. 形成了一般贸易和加工贸易并重的钢材进口贸易方式

发展加工贸易是我国承接产业转移、参与国际分工和实施对外开放的重要选择。改革开放40年来，我国加工贸易经历了积极鼓励、加大监管力度、转型升级等不同的发展阶段。20世纪80~90年代，在积极鼓励加工贸易时期，以来料加工、进料加工等贸易方式进口的钢材大量增加，在我国进口钢材总量中所占比例不断上升，一度成为我国进口钢材的主要贸易方式。2005年后，为完善准入管理，推进加工贸易梯度转移，促进加工贸易企业向更高技术含量、更大增值环节和自主品牌发展，我国通过调整加工贸易禁止类目录，禁止和限制部分高能耗、高污染及加工水平低的产品加工贸易。部分钢铁初级产品成为加工贸易禁止类产品。2014年，为贯彻落实《国务院关于化解产能严重过剩矛盾的指导意见》（国发〔2013〕41号）中"落实公平税赋政策，取消加工贸易项下进口钢材保税政策"的精神，首批对国内完全能够生产、质量能够满足下游加工企业需要的进口热轧板、冷轧板、窄带钢、棒线材、型材、钢铁丝、电工钢等78个税号的钢材产品，取消加工贸易项下钢材保税政策。受政策调整影响，加工贸易钢材进口逐步下降，一般贸易进口增加。以一般贸易为主，一般贸易和加工贸易并重的钢材进口贸易方式，是中国改革开放发展历程中，根据经济发展具体情况，不断调整升级相关政策的重要体现。

（二）钢材出口成绩显著

改革开放40年，我国钢材出口实现飞跃式发展，一跃成为全球最大的钢材出口国。钢材出口大致可分为4个发展阶段：第一阶段为1978~1989年，钢材出口总量较小，除1982年达到110万吨外，其他年份均不足100万吨。第二阶段为1990~2003年，钢材大量进口的同时，出口有所增长，钢材年度出口量均超过百万吨，钢坯出口大幅增加。第三阶段为2004~2016年，2004年我国钢材出口首次突破千万吨，此后钢材出口量增长较快。2005年，我国基本实现钢材进出口平衡，2006年起我国由钢材净进口国转变为钢材净出口国，并迅速成为全球第一大钢材出口国和第一大钢材净出口国。受政策影响，钢坯出口于2006年达到顶峰后迅速回落。第四阶段为2017年后，国内化解钢铁过剩产能措施持续推进，"地条钢"彻底出清，国内市场环境得到改善，钢材价格回归合理空间，钢材出口逐步回落，但仍是全球最大的钢材出口国。

40年来，我国钢材出口品种、出口市场、出口企业均发生了很大变化，我国钢铁产品在国际市场中地位显著提升，钢材出口为钢铁企业国际化经营奠定了基础。

1. 钢材出口品种向高端发展

20世纪90年代中期，中国板材出口量已超过传统的棒线材产品，成为出口钢材第一大品种，一些薄规格冷轧板、涂镀板、石油管、特殊钢材等高附加值产品开始逐步打入国际市场。经过多年发展，我国出口的汽车板、特殊钢棒材、不锈钢板、马口铁、石油天然气用钢管等高附加值钢铁产品，得到国际市场的广泛认可，出口量逐步增加，占我国钢材出口总量比例上升。

2. 钢材出口市场形成了以亚洲为主，遍布全球的基本格局

20 世纪 90 年代，我国钢材出口市场主要为亚洲国家和地区。随着我国钢铁产业不断发展，钢铁产品质量提升，钢材出口开始向欧盟、美国等发达国家和地区市场拓展。2008 年国际金融危机前，其一度成为我国钢材出口的主要市场。金融危机后，欧美国家经济缓慢复苏，钢材需求减弱，贸易保护主义愈演愈烈，针对我国钢铁产品的贸易救济调查不断增多，我国对欧盟和美国钢材出口持续下降。之后，在"一带一路"倡议的影响下，我国向"一带一路"沿线国家出口钢材数量出现较快增长。东盟、中东、韩国等国家和地区经济增长较快，钢材需求量增加，成为我国钢材出口的主要市场。2017 年，我国共向 221 个国家和地区出口钢铁产品，形成了以亚洲为主，遍布全球的出口市场格局。

3. 形成以生产型企业为主，多种所有制企业并重的出口企业结构

随着我国放开冶金产品进出口贸易经营权，钢材出口企业不断增加，近年来，每年出口钢材企业数量超过 2 万家。出口企业中，既有生产型企业，也有贸易型企业；既有国有企业，也有民营企业和外资企业。20 世纪 90 年代，我国钢材出口主体主要以外资企业为主。在几十年的发展历程中，主要出口企业也经历了较大的变化，随着我国钢铁产业的不断发展，国有企业、民营企业出口钢材增加。目前，我国钢材出口总体上形成了以生产型企业为主，多种所有制企业并重的出口企业结构。

4. 形成了以一般贸易为主的钢材出口贸易方式

20 世纪 90 年代，加工贸易出口是我国钢材出口的主要贸易方式。1995 年，全国出口钢材 593 万吨，来料加工贸易出口钢材 324 万吨，占钢材出口总量的 54.6%。随着我国钢材出口总量不断增加，钢材出口企业结构变化，加工贸易出口占我国钢材出口总量比例不断下降。2017 年，我国累计出口钢材 7541 万吨，其中一般贸易出口 7194 万吨，占当年钢材出口总量的 95.4%。一般贸易成为钢材出口的主要贸易方式。

5. 钢材出口为我国钢铁企业国际化经营奠定了基础

我国钢铁企业通过钢材出口加快了对国外钢铁市场、标准的了解，对建立起自身的出口销售体系，培养大量国际贸易人才等方面起到了积极的促进作用。钢材贸易是我国钢铁企业在国际化道路上迈出的第一步，部分企业通过与国外钢材贸易商长期深入合作，逐步转变为双方合资经营；部分企业因贸易救济措施导致贸易受阻，从而开启对外投资建厂

的进程。钢材出口是我国钢铁企业国际化的开端，也为企业国际化经营奠定了坚实的基础。

二、经历从大量引进技术装备到自主创新并实现对外输出过程

（一）大量引进先进技术装备，促进了我国钢铁工业的发展

从上海宝钢一期工程到天津无缝钢管厂，从遍地开花的 CSP 到日照钢铁的 ESP 生产线，从首钢的二炼钢到沙钢的 5800 立方米大高炉，从溅渣护炉和干熄焦，到企业信息化建设，改革开放以来我国钢铁工业的发展史就是一部不断引进国际先进技术装备，消化、吸收、再创新的历史。

1978 年党的十一届三中全会后，中国实行改革开放政策，为企业利用外资、技术和资源创造了条件。就在党的十一届三中全会结束的第二天，1978 年 12 月 23 日，宝钢在上海长江口畔打下第一根钢桩，中国当时投资最多、规模最大并且全套引进国外设备的头号工程开工。1985 年 9 月 15 日，宝钢一期工程顺利投产。宝钢一期全套引进日本技术设备，总体规划参照新日铁公司的君津和大分两个现代化钢铁厂，集中了当时日本以及世界钢铁工业发展的新成果。项目一期设计能力为年产钢 300 万吨，工程概算总投资 128.23 亿元。其中，外汇 27.8 亿美元，支付人民币（含二税四费）8.27 亿元，国内建设费 39.96 亿元，利用外资约占总投资的 89%。

在建设上海宝钢、天津无缝钢管厂等具有世界先进水平的现代化大型钢铁企业的同时，一些大型钢厂也在加大技术改造和升级的力度。1981 年，我国与澳大利亚科伯斯公司签订补偿贸易合同，首次利用外方资金和技术，对鞍钢焦化总厂沥青焦车间进行了改造。1987 年，国家计划委员会批准了鞍钢、武钢、梅山钢铁、本钢、莱钢五家企业利用外资的项目建议书。通过技术引进、消化和吸收，促进中国钢铁企业工艺装备的现代化水平和生产能力不断提升，1989 年中国粗钢产量突破 6000 万吨。

1992 年党的十四大确立了建设社会主义市场经济体制的改革方向，1993 年钢材价格全面放开，极大地激发了钢铁市场需求和钢铁企业活力。虽然中间受 1997 年亚洲金融危机影响，钢材市场一度低迷，但一直到 2008 年国际金融危机之前中国钢铁市场总体呈现供不应求的态势，造就了中国钢铁工业大量引进国外冶金技术装备、大干快上的超速发展期。这一时期的主要钢铁投资项目，尤其是轧钢项目主要是靠引进国外成套技术装备。武钢、宝钢、首钢、太钢、邯钢、马钢的常规薄宽带钢热连轧机；珠钢、包钢、邯钢、马钢、酒钢、涟钢、唐钢、本钢、通钢的薄板坯连铸连轧生产线；宝钢、鞍钢、广钢、邯

钢、唐钢、本钢、涟钢冷连轧，都由国际冶金技术供应商总包。截至 2006 年，我国建成和在建的 1250 毫米以上的热轧宽带钢轧机共 46 套，采用国内技术、由国内企业总包的只有 20 套。这些当代最先进技术装备极大地促进了中国钢铁工业总体技术水平、钢材产量和产品质量的提升。

这一时期，除大量新建外，也引进了大批的国外二手设备。太钢从日本日新制钢株式会社引进 1549 毫米钢板热连轧机；鞍钢引进联邦德国蒂森公司的冷轧厂四机架连轧机；江阴钢厂从意大利引进棒线材半连轧设备；重庆特钢从美国罗布林钢厂引进煅轧机组；首钢 1994 年从美国加利福尼亚钢铁公司引进包括两座 210 吨转炉在内的全套炼钢设备，钢产量增加到 824 万吨，排名全国第一；沙钢 2002 年整体搬迁德国蒂森克虏伯 650 万吨综合钢厂，建成国内最大的 5800 立方米高炉和国内第二条 5 米宽厚板轧机。据不完全统计，仅从 20 世纪 80 年代中期到 90 年代中期，我国钢铁企业引进各类二手设备已达近百项（套）。利用较少的资金引进了比较先进的技术，为加快钢铁工业技术改造争取了时间，获得了较好的经济效益。

同时，钢铁行业两化融合也在加快推进，以国有大型钢铁企业为主投巨资推进信息化建设，推动管理创新、完善公司治理结构。宝钢、鞍钢、武钢、首钢、本钢、天津无缝钢管公司等分别以美国美钢联、中国台湾中钢、韩国浦项等国际领先钢铁公司的信息化系统为蓝本，与 IBM、GE、SIMENS、Oracle、SAP、PSI 等公司合作，建设了基础自动化为支撑，以制造执行系统为核心，打通主要生产流程的现代管理信息系统，使我国钢铁企业的管理水平上了一个大台阶。

20 世纪 90 年代以来，得益于大量的技术装备引进和在此基础上的消化、吸收、再创新，我国突破了钢铁生产过程中的连铸、高炉长寿、高炉喷煤、转炉、连轧化和综合节能等关键共性技术，钢铁生产工艺流程得到极大优化。

（二）我国钢铁企业项目的国产化率不断提高

我国钢铁工业经过改革开放以来特别是近 10 多年来的发展，在粗钢产量快速增长的同时，不断消化吸收引进技术，大力推动自主创新，整体技术水平不断提升，形成了世界上最完整的现代化钢铁工业体系。鞍钢鲅鱼圈、首钢京唐、宝钢湛江等钢铁生产基地的建成投产标志着中国在钢铁工程建设、装备制造、工艺技术、生产组织、产品研发等方面已处于世界领先水平。

宝钢一期工程的国产化率仅为 12%，二期工程为 65%，三期工程达到了 85% 以上，逐步从单纯的引进，变成部分引进，直到走上消化吸收再创新的创新之路。鞍钢 1997 年自主研制建成了 1700 毫米中薄板坯连铸连轧生产线，之后又自主集成建设了 2150 毫米热连轧和 1780 毫米、2130 毫米大型宽带钢冷轧生产线，通过引进技术再创新，率先实现了国内热连轧、冷连轧完全自主知识产权设备的开发。2008 年 9 月，鞍钢营口鲅鱼圈分厂竣工，其钢铁项目清洁生产指标也达到国际先进水平，通过循环经济运行模式，最大限度地增强对铁素资源、能源、水资源和固体废弃物的循环和再利用能力，解决了企业发展与环境保护的矛盾冲突。鞍钢鲅鱼圈是国内首个自主设计、技术总负责的沿海超大型钢铁联合企业，设备国产化率 97.3%。2010 年 6 月，首钢京唐一期主体工程全面竣工投产，具有设备大型化、工艺流程紧凑简洁、技术先进和产品高端等显著特点，充分体现了我国钢铁产业布局调整的政策方向。项目总体设备国产化率达到了总价值的 70% 和总重量的 90% 以上。2016 年底，宝钢湛江一期全面竣工投产，成为我国最具竞争力的精品钢生产基地和首个执行大气污染物特别排放标准的绿色钢铁样板。

（三）从单体设备出口到国外工程总承包，中国钢铁技术、装备、管理实现整体输出

优势产能的积累和强大的产业配套能力，为我国钢铁行业开展国际产能合作、输出技术装备打下了坚实的基础。我国已具有冶金核心技术装备制造和成套设备集成能力，拥有一批具有自主知识产权、国内国际领先水平的冶金核心技术装备，在原料场、烧结、焦化、高炉、炼钢、连铸及轧钢领域处于达到国际先进水平。我国冶金设备的出口已由单体设备及部件的出口，走向成套设备及工程总承包，国际竞争力不断增强。我国冶金装备出口可分为三大类：

一是冶金技术连带成套装备的出口。中冶、中钢设备、首钢国际、山东冶金设计院等在国外承包的项目，基本是由我国专有技术带动设备出口。如在印度、土耳其、巴西、伊朗、越南等发展中国家建设的高炉、烧结、焦化、连铸、轧钢、棒线材等承包项目，相比欧美企业，我国工程承包的性价比很高。

二是单体冶金设备的出口。一些单机设备除出口发展中国家外，还成功进入美、日、意、俄等发达国家市场，如太重的连轧设备、宝钢的高炉冷却壁、陕鼓的加热炉、泰尔重工的传动机械等。此外，还通过与发达国家总包商的合作，拿到设备出口订单。

三是零部件及耗材的出口。如我冶金备品备件、石墨电极、耐火材料、轧辊等出口到许多国家和地区。零部件及耗材出口方面集中了大量的中小型制造商，其中大部分是民营企业。

在国际冶金成套设备及工程承包方面，我国中冶、中钢等企业具有以工艺设计为龙

头，核心技术和产品制造为依托，工程项目管理和施工为手段的钢铁工程系统集成能力，并通过与国际一流企业充分竞争，以 EPC 模式赢得了一大批具有重要影响的国际钢铁成套工程项目，带动了大量中国装备出口，在国际上已经形成一定的影响力。从投产项目的效果看，我国设备特别是机械设备，在自主研发、加工制造方面已经具备比较雄厚的实力和国际竞争力，与国外同类设备相比具有明显的价格优势。近年来，我国钢铁冶金设备技术取得的进展主要包括以下五个方面：

一是由出口中小型钢铁企业成套设备技术发展到出口大中型钢铁企业成套设备技术。中冶、中钢设备、首钢国际、山东冶金设计院等在印度、土耳其、巴西、伊朗、越南等发展中国家建设的高炉、烧结、焦化、连铸、轧钢、棒线材等承包项目，基本是由我国专有技术带动设备出口，相比欧美企业，我国承包项目的性价比很高。

越南河静钢铁厂是中国台湾台塑集团、日本 JFE 钢铁公司和中国台湾中钢公司合资兴建，由台塑集团控股，建设总规模为年产能 2250 万吨，计划分两期共四步进行建设。一期一步年产能约为 700 万吨，项目技术施工基本全由我国企业负责，其中原料场和两座 4350 立方米高炉由中冶赛迪公司总承包建设，包括负责设计、供货、施工、安装、培训、开炉和生产指导等，两座高炉设计年产铁水 639.5 万吨，中冶长天公司负责两台 500 平方米烧结机工程。中冶焦耐公司负责四座 60 孔 7 米焦炉工程。中冶南方公司负责三座 300 吨转炉炼钢系统工程，2050 毫米热连轧带钢工程由中冶赛迪公司负责工程设计及部分设备供货，大方坯轧制机组、高速线材轧机、大盘卷及线材复合轧机则由中冶京诚公司负责工厂设计及部分设备供货。

中钢设备总公司和阿尔及利亚 Tosyali 钢铁公司签订阿尔及利亚年产 230 万吨电炉短流程钢厂的 EPC 总承包合同，合同总金额约 5 亿美元。该项目的机械设备及钢结构由中国制造，间接带动钢材出口约 5 万吨，项目包括年产 230 万吨电炉炼钢及年产 215 万吨方坯连铸车间，年产 75 万吨及年产 121 万吨棒材生产线各一条，石灰窑、总降压变电所、制氧机等配套公用设施。其中，240 吨电炉委托意大利德兴公司负责提供，合同工期为 24 个月，主要施工任务由中国公司与土耳其公司联合承担。

此外，山东冶金设计院总包印度电钢总公司（ESL）年产 220 万吨综合钢厂项目，项目包括烧结、炼铁、炼钢、轧钢（棒材轧机）及相关公辅设施。高炉内容积为 1000 立方米，施工由中国一冶集团负责。中冶京诚公司总承包建设印度尼西亚喀拉喀托钢铁公司 1800 立方米高炉系统，包括原料场、烧结、焦化、高炉等，年产生铁能力 120 万吨，两家公司还签订喀钢电炉炼钢区域改造工程总承包合同，其中包括铁水三脱预处理。

中冶集团总包的联合钢铁（大马）有限公司，实现了中国资本、中国技术装备、中国管理和中国标准的整体输出。该项目由广西北部湾国际港务集团与广西盛隆冶金有限公司共同投资建设，项目采用国内现行的长流程工艺，包括机械化原料场、孔顶装焦炉、烧结机、高炉、石灰窑、转炉及连铸和轧钢生产线等生产单元，设计产能350万吨。中冶集团承揽了全部主工艺项目的设计、采购、施工、安装、设备材料管理、项目管理等。项目采用了环保型原料场、紧凑式"一罐制"铁水运输、热装热送等国际领先环保技术，自发电率达到90%以上，固废利用率98%，吨钢外购新水消耗1.6立方米，铁水运输距离0.15千米，吨钢占地面积0.68平方米，均达到世界领先水平。项目的总体设计方案获业主高度认可。项目2016年11月开工，仅用13个月即达到部分工艺单元试投产，2018年5月高炉点火，钢厂进入全厂运营阶段。

二是开始出口大中型钢铁生产线。中冶北方公司和毛里塔尼亚Negoec国际矿业公司签署采选工程总承包协议，一期工程规模为年产400万吨铁精矿，并考虑以后扩产到800万吨铁精矿的可能性。中冶长天公司总承包的巴西安赛乐米塔尔公司198平方米烧结机已顺利投产，年产能220万吨。中钢设备总公司承建的土耳其一钢厂300平方米烧结机投产，料层厚度为600毫米，上料量为每小时500吨。土耳其Igdemiy公司向中钢设备总公司订购年产520万吨烧结矿的烧结机和年产130万吨焦炭的两座焦炉。

三是开始创造名牌产品，在国际市场崭露头角。宝钢自主设计制造的高炉冷却壁具有耐火砖镶嵌技术、冷却管防渗碳防漂移等多项独有技术，达到国际领先水平。全球近期建设的九座大高炉均采用宝钢高炉冷却壁。初步统计，全球12座5000立方米以上大高炉中，宝钢制造的冷却壁已占40%。由秦皇岛秦冶重工设计制造的高炉无料钟炉顶设备，除在国内新建大高炉中得到广泛应用外，已出口到韩国浦项与印度尼西亚合资建造的3800立方米高炉、越南河静钢铁厂两座4350立方米高炉，大型高炉热风炉阀门出口到俄罗斯、印度、韩国、美国等。陕西鼓风集团设计制造的高炉煤气余压发电机组已出口到韩国、印度、越南，并在韩国现代钢铁公司5250立方米高炉、印度京德勒西南钢铁公司4019立方米高炉、越南河静钢铁厂4350立方米高炉中得到应用。

四是开始向发达国家出口钢铁冶金设备技术。向发达国家出口钢铁冶金设备技术有以下两种情况：一是中国自主设计制造，除前述知名产品外，尚有由中冶长天公司自主研发、向日本新日铁住金和歌山厂出口的185平方米烧结机顺利投产，项目为设计采购总承包。由中冶焦耐公司向日本住友金属公司出口炭化室高6米焦炉技术。韩国浦项光阳厂6号高炉（6000立方米）煤气系统改造项目委托中冶京诚公司设计、供货及技术服务，采用干式除尘和高炉煤气喷碱除氯系统已顺利投产。中冶京诚公司开发并提供给浦项的年产

150 万吨 FINEX 工程磨粉机不脱水自循环系统投产后运转正常，年产能力为 2×50 吨，氧含量控制在 8%~9%。和发达国家知名厂家合作出口到第三国，例如，中国一重为意大利阿尔维迪公司承制全球第一条无头铸轧薄钢带生产线机械设备（含八架轧机），项目由西门子奥钢联总承包；中国二重为安赛乐米塔尔波兰 2250 毫米热连轧带钢机提供 F4、F5、F6 精轧机架机械设备，项目由西门子总承包。

五是工程咨询及技术出口增加。由中冶赛迪公司和印度塔塔钢铁公司签订印度塔塔钢铁公司 KPO 千万吨级新建钢铁基地总体规划合同项目。中冶京诚与中巴新能源国际投资公司签署中巴新能源钢铁项目一期工程 300 万吨钢铁厂可行性研究项目咨询合同。

三、从"引进来"到"走出去"，钢铁国际产能合作水平不断提升

（一）招商引资、合资合作，促进技术和管理水平提升

在投巨资、大规模引进国际先进技术装备的同时，我国钢铁企业也积极招商引资，同国际领先钢铁企业合资合作。

1996 年，由宝山钢铁股份有限公司、浙甬钢铁投资（宁波）有限公司和日本国日新制钢株式会社、三井物产株式会社、阪和兴业株式会社分别出资，于 1996 年 3 月组建宁波宝新不锈钢有限公司，生产冷轧不锈钢产品。公司设计年生产冷轧不锈钢薄板 60 万吨。公司引进德国、法国、日本等国家的先进技术装备，消化日新制钢的不锈钢制造工艺和技术，传承宝钢股份的现代化企业管理经验，原材料主要由宝钢股份公司不锈钢事业部、日新制钢株式会社等知名厂家供应。

1998 年，宝钢上海浦东钢铁有限公司和蒂森克虏伯集团旗下的蒂森克虏伯不锈钢公司合资组建上海克虏伯不锈钢有限公司，其中蒂森克虏伯不锈钢公司占 60% 股份，上海浦东钢铁集团占 40%。

2002 年，鞍钢股份与蒂森克虏伯合资成立汽车板公司 Tagal，双方各持股 50%。2015 年，蒂森克虏伯入股鞍钢集团旗下重庆高强镀锌汽车板项目，鞍钢集团旗下攀钢西昌钢钒公司、鞍钢蒂森克虏伯汽车钢公司（Tagal）、蒂森克虏伯分别持股 50%、37.5%、12.5%，项目年产能 45 万吨热镀锌汽车板。Tagal 为汽车行业（其中多为欧洲汽车生产商）生产高质量的热镀锌钢板——尤其是汽车用外板，目前 Tagal 已经成为国内极具竞争力的高品质热镀锌产品供应商。

2003 年，广钢集团与日本 JFE 钢铁株式会社合资建设的 180 万吨冷轧项目工程为华南地区第一条现代化冷轧薄板生产线，180 万吨冷轧薄板生产线投产之后每年产值超过 120

亿元，该项目也成为目前为止日本 JFE 钢铁株式会社在海外投资的最大项目。

2004 年，宝钢和新日铁合资成立"宝钢新日铁汽车钢板有限公司"，专业生产和销售高等级汽车用钢板，总投资 65 亿元，宝山钢铁股份有限公司 50%、新日本制铁株式会社 50%，合资期限为 20 年。宝日汽车板是中国首家汽车钢板专用工厂，并在 2009 年使该钢板的生产能力增加至 100 万吨以上。

2005 年，华菱集团引进米塔尔集团战略投资，将持有的华菱钢铁股份公司国有法人股中的 36.67%股权转让给米塔尔钢铁公司，华菱集团也成为中国钢铁行业第一家与外资开展股权合作的特大型钢铁企业。2010 年双方组建华菱安赛乐米塔尔汽车板有限公司，外资持股比例为 49%。安米集团向华菱转让汽车板生产技术、电工钢生产技术和不锈钢生产技术，通过知识管理、工程师培训和日常生产技术难题等"三位一体"的技术交流机制解决了宽厚板新产品开发、大盘卷生产、CSP 新产品开发和石油管开发等技术难题，缩短了华菱同世界先进水平的差距。通过合资合作，华菱集团除了在冷轧汽车用钢等技术上直接受益之外，在产品开发、研发体系建设、管理水平提升方面也获益匪浅。

2007 年，韩国浦项钢铁公司与中国辽宁本溪钢铁公司合资建立的本钢浦项冷延有限公司，总投资额为 6.6 亿美元，拥有年产 180 万吨厚 0.2~0.25 毫米的冷轧板、镀锌板和彩色钢板的能力。

2011 年，武汉钢铁集团与新日本制铁株式会社共同投资的武钢新日铁（武汉）镀锡板有限公司，年产能为 40 万吨的连续退火线和年产能为 20 万吨的镀锡线。

此外，利用外资的还有武钢三炼钢项目、武钢硅钢生产项目、梅山冶金公司热连轧薄板厂项目、莱芜钢厂项目、鞍山齐大山铁矿扩建项目等。

除了华菱之外，钢铁行业引进外资基本限于单一产线，这些合资合作项目对企业和行业技术和管理水平，尤其在管理理念的提升方面发挥了非常重要的作用。

（二）积极开展钢铁产业国际投资经营

改革开放以来，中国钢铁对外投资经历了从投资资源到渠道建设，再到本地化生产和托管经营的历程，钢铁产业链国际布局逐步优化。我国钢铁海外投资项目较少，从投资分布看，存在钢铁生产领域较少，矿业投资较多的问题，总体上看，与国际先进水平相比有较大差距。

近年来，随着形势的变化和经验的积累，一批企业制定并加速推进国际化战略，加大了在钢铁生产领域的海外投资，涌现出一批重要的海外钢铁生产项目：如河钢集团成功收购塞尔维亚斯梅代雷沃钢厂，不到半年便扭转了连续 7 年亏损的局面，百年老厂重焕生机；天津钢管在美国亚拉巴马州建设无缝钢管厂，贴近市场和客户，就近满足美国能源行业需求；广西北部湾国际港务集团有限公司、广西盛隆冶金有限公司共同出资马中关丹产业园 350 万吨综合钢厂项目顺利投产；青山集团印度尼西亚中苏拉威西省青山工业园区一期镍铁冶炼项目建成，二期、三期不锈钢生产项目加速推进（不锈钢坯和热轧能力可达 200 万吨）；宝钢在泰国组建宝力钢管（泰国）有限公司（持股 51%，无缝钢管年产能达到 20 万吨）；武钢收购蒂森克虏伯旗下激光拼焊集团；马钢成功收购了世界高铁轮轴名企法国瓦顿公司等。

近年来，随着"一带一路"倡议的推进和《关于推进国际产能和装备制造合作的指导意见》的发布，钢铁企业"走出去"热情空前高涨。为协调和规范钢铁企业"走出去"行为，推动钢铁行业国际产能合作健康有序发展，2017 年 3 月，经国家发展改革委批准，"中国钢铁行业国际产能合作企业联盟"正式成立，我国钢铁行业国际产能合作工作进入了一个新的阶段。

同以往相比，新时期钢铁行业对外投资出现了明显的变化。一是通过对外投资、推动国际化发展成为企业的主动选择，很多企业以此作为重要的发展战略，成立专门的对外投资部门，开展全面的市场调研和项目寻源工作，避免了以往的"盲目性"。二是对外矿业投资热度下降，钢铁生产领域投资增加。三是企业对外投资更加理性，不再强调绝对控股，抱团出海、发挥各自优势，降低投资风险，更加注重企业社会责任，融入当地社会，中国"投资"、中国"钢铁"形象得到大幅提升。

分企业来看，国有特大型企业和部分优质民营企业走在了"国际化经营"和海外投资的前列。中国宝武已经建成较为完善的全球营销网络，海外资源投资快速推进，其他多元产业海外投资力度明显加大；在欧洲、美洲、东亚及东南亚建立了四大区域钢材营销中心，并在意大利、韩国、印度都建立了钢材剪切加工中心；在巴西、澳大利亚、印度、南非、印度尼西亚等国成立合资公司或以收购的方式获取海外权益矿；在泰国组建宝力钢管（泰国）有限公司，持股 51%，无缝钢管年产能达到 20 万吨；在越南投资设立了越南宝钢制罐有限公司；收购意大利 Eurometal 印铁公司，持股 80%，年设计印铁加工能力为 6.7 万吨。

鞍钢集团已形成了以资源开发、钢材加工、贸易服务等为主体的国际化经营架构。目前，在美国、德国、澳大利亚、日本、韩国、中国香港等多个国家和地区设立海外公司，其中 4 家为矿业生产及钢材加工型企业，其余为贸易和投资型公司。在资源开发方面，鞍钢入股澳大利亚金达必金属公司，合资成立卡拉拉矿业公司，鞍钢持股 52.16%，该项目已于 2013 年 4 月竣工投产，年产量 500 万~600 万吨。此外，鞍钢还与国内多家钢企联合共同入股巴西铌矿业公司，获得了稳定的铌供应渠道。鞍钢集团还积极介入海外钢材加工行业，目前在意大利、英国各有一条加工线，通过供应链延伸，逐步为终端客户提供增值服务。

河钢集团与国家战略同向同行，紧紧抓住"一带一路"倡议和国际钢铁产业资本重组的双重战略机遇，以打造"世界的河钢"为目标，按照"全球拥有资源、全球拥有市场、全球拥有客户"的定位，加快"走出去"步伐，实现了从资源、制造到营销服务的全产业链全球化布局。到 2017 年底，河钢集团已完成境外投资 11 亿美元，控制运营海外资产 70 亿美元，参控股境外公司 70 余家，海外员工超过 1.2 万人，海外业务年营业收入超过 800 亿元，年净利润超过 20 亿元，成为我国钢铁行业"走出去"的领先企业。

青山钢铁集团是专门从事镍矿开采、镍矿冶炼、不锈钢冶炼、不锈钢热轧的民营企业，目前不锈钢粗钢产量位居世界第一。青山钢铁"走出去"最早是 2009 年在印度尼西亚从事镍矿开采项目，经过六年多的奋斗，目前正在建设印度尼西亚中苏拉威西省 Morowali 县青山工业园区。园区配建年产 160 万吨镍铁冶炼厂，后期直接冶炼成不锈钢，不锈钢坯年生产能力和热轧能力可达 200 万吨，预计整个园区总投资将达 60 亿美元，可实现年销售收入约 80 亿美元。

德龙钢铁是"出海"较早的民营钢铁企业，虽然有泰国窄带的"泰囧"经历，对海外发展仍矢志不渝。2018 年，又和上海鼎信投资（集团）有限公司合作建设印度尼西亚德信钢铁项目。项目位于印度尼西亚苏拉威西省莫若瓦力县的青山工业园区，总投资 9.8 亿美元，建成后将成为一座"350 万吨+预留 150 万吨"规模，集焦化、烧结、炼铁、炼钢、轧钢于一体的大型联合钢铁企业，主要产品为棒材、线材及部分钢坯。

四、积极开展国际交流与合作

改革开放 40 年来，随着我国钢铁行业的不断发展壮大，行业扩大对外交流的需要愈益迫切，中国钢铁工业协会因势利导，积极拓展国际交往渠道、开展多双边交流，取得了积极成效。

自中国钢铁工业协会成立以来，已与 12 个国家和地区的钢铁行业协会签署了 16 个双边交流协议和备忘录，每年接待大量相关行业协会、国际组织、国外钢铁及上下游企业、相关科研院所等的来访，连续成功举行了中国东盟钢铁交流会、中欧钢铁非正式对话、中美钢铁对话、中印钢铁对话、中日钢铁官民对话、中韩钢铁官民对话以及中日钢铁业节能环保先进技术专家交流会、中日钢铁统计交流会、中韩钢铁统计交流会等。根据行业需要，定期或不定期组织同各国钢铁协会之间的交流磋商，及时通过对话解决有关贸易冲突，维护行业利益，对减少贸易摩擦、维护公平有序的国际钢铁市场起到了积极的作用。同时，努力保持同多个相关国际组织的交流，并积极参加世界钢铁协会、钢铁产能过剩全球论坛、世界经和组织等举办的国际会议，参与世界钢铁治理，为中国钢铁行业发声，提高"中国钢铁"国际形象和影响力。

第八章　推进供给侧结构性改革，
实现钢铁行业脱困发展

　　近年来，随着经济增速放缓，钢铁行业快速发展过程中积累的矛盾和问题逐渐暴露。其中，较为突出的便是产能过剩和"地条钢"等问题，上述问题不仅造成钢材价格持续4年多的下跌，同时钢铁企业生产经营困难加剧、亏损面和亏损额不断扩大，许多生产企业举步维艰。2015年，中央经济工作会议强调，把去产能作为推进供给侧结构性改革的重要任务。为贯彻落实党中央、国务院关于推进结构性改革、抓好去产能任务的决策部署，国务院于2016年初出台了《关于钢铁行业化解过剩产能实现脱困发展的意见》（国发〔2016〕6号），由此拉开了钢铁行业积极推进供给侧结构性改革，进一步化解钢铁行业过剩产能工作的序幕。同年3月，李克强总理在十二届全国人大四次会议《政府工作报告》中，对开局之年的钢铁、煤炭行业去产能工作进行了部署，并提出中央将安排1000亿元专项奖补资金，重点用于支持"十三五"期间钢铁、煤炭去产能过程中的职工分流安置，以保证供给侧结构性改革的顺利实施。在努力化解钢铁过剩产能的同时，钢铁行业积极开展"去杠杆"工作，努力降低资产负债率。

一、积极开展化解过剩产能工作

（一）建立部际联席会议工作机制

　　为加强去产能工作组织领导，强化统筹协调和协作配合，经国务院同意，发展改革委、工业和信息化部、财政部、人力资源和社会保障部、国土资源部、环境保护部、住房和城乡建设部、交通运输部、商务部、人民银行、国务院国资委、海关总署、税务总局、工商总局、质检总局、安全监管总局、国家统计局、国家知识产权局、银监会、证监会、保监会、国家能源局、国家煤矿安全监察局以及中国钢铁工业协会、中国煤炭工业协会25个部门和单位共同组成钢铁煤炭行业化解过剩产能和脱困发展工作部际联席会议（简称部际联席会议）。部际联席会议负责贯彻落实国务院关于钢铁煤炭去产能各项部署，制定实施细则、加强综合协调、督促任务落实、根据工作需要召开全国去产能电视电话会议、经验交流会，定期调查各地去产能完成情况，统筹推进各项工作。同时，各有关省级人民政府相应成立去产能领导小组，各有关省级人民政府对本地区企业钢铁去产能任务负总责，国务院国资委对有关中央企业钢铁去产能任务负总责，以确保去产能工作扎实有效推进。

（二）印发相关配套政策文件

为稳妥推进国发〔2016〕6 号文件各项任务落实，部际联席会议有关成员单位先后印发了奖补资金、财税支持、金融支持、职工安置、国土、环保、质量、安全 8 个方面的专项配套政策文件。一是奖补资金方面，印发《工业企业结构调整专项奖补资金管理办法》，规范和加强了中央财政设立的 1000 亿元工业企业结构调整专项奖补资金的管理和使用。二是财税支持方面，继续实施钢铁行业有关税收政策，对重组、破产的钢铁企业提供财税会计支持政策，提出国有企业"三供一业"分离移交和厂办大集体改革等可享受的政策支持。三是金融支持方面，提出"区别对待、有扶有控"信贷措施，加强直接融资市场建设，支持企业债务重组、兼并重组，提高就业创业金融服务水平，支持企业"走出去"，支持银行加快不良资产处置，防范金融风险。四是职工安置方面，提出内部分流、转岗就业创业、内部退养、公益性岗位托底帮扶等分流安置职工渠道，强调妥善安置职工是去产能工作的关键。五是国土资源方面，强化钢铁行业新增产能用地监管，严把土地供应关口，同时对涉及退出、兼并重组、转移、转产企业和停建、建成、在建项目的土地，分别提出支持盘活土地资产途径。六是环境保护方面，从严格环保执法角度，对项目审批、项目清理、调查整改、达标排放、排污费征收、环境安全管理等工作提出细化要求。七是质量监督方面，强调了生产许可、标准管理、执法检查、检验检疫等手段的作用，更大程度发挥节能、环保、质量等标准约束和引导作用，并强化生产许可证检查，严格执行生产许可审批，加强质量违法查处。八是安全生产方面，结合去产能工作，进一步强化行业安全监管作用，全面排查摸清钢铁企业安全生产状况，加强安全执法和督促整改。

（三）分解落实"十三五"压减任务

按照各有关省级人民政府、国务院国资委对本地区及有关中央企业去产能工作负总责的要求，各个责任主体根据国发〔2016〕6 号文件研究提出了各地区和有关中央企业"十三五"期间产能退出总规模、分企业退出规模和时间表，并与国务院签订《目标责任书》。其中，省级人民政府与发展改革委、工业和信息化部、财政部、人力资源和社会保障部 4 个部际联席会议召集单位签订，中央企业与国务院国资委签订。《目标责任书》经各有关方面签字确认后，成为本地区和有关中央企业"十三五"期间钢铁去产能任务行动指南和考核依据。各有关地区和有关中央企业根据《目标责任书》既定安排，各年度分别向部际联席会议和国务院国资委上报年度去产能计划，明确去产能企业和装备，实施年度去产能工作。

（四）强化监督检查确保任务进度

国发〔2016〕6号文件指出，要把各地区去产能目标落实情况列为落实中央重大决策部署监督检查的重要内容，加强对去产能工作全过程的监督检查。各地区要将化解过剩产能任务年度完成情况向社会公示，建立举报制度。强化考核机制，引入第三方机构对各地区任务完成情况进行评估，对未完成任务的地方和企业要予以问责。国务院相关部门要适时开展专项督查。

部际联席会议作为去产能工作的统筹协调机制，承担着去产能相关各项监督任务，开展各类督查、抽查、验收等工作。同时，根据工作需要及时组织各类核查、调查，及时将去产能完成情况上报国务院。据统计，2016~2018年，部际联席会议共组织督查、抽查、验收、核查、调查10余次。中国钢铁工业协会作为部际联席会议成员单位之一，积极落实部际联席会议各项部署安排，全程参与钢铁去产能工作，并承担行业专家组织工作，先后委派1000余人次参加督查、抽查、验收、核查、调查和钢铁去产能相关调研工作。

（五）强调负面典型警示作用

在钢铁去产能工作推进过程中，有一些地方政府对去产能工作部署落实不到位，执行政策规定不严格；一些企业对去产能工作的严肃性认识不深，对国家相关法规政策置若罔闻，违法违规生产"地条钢"、建设钢铁冶炼项目，严重干扰行业正常生产经营秩序，影响去产能工作大局。为严肃党纪国法、确保政令畅通，顺利推进化解过剩产能和淘汰落后产能工作，部际联席会议根据群众举报河北安丰钢铁有限公司（简称安丰公司）违法违规建设钢铁冶炼项目的线索，以及中央电视台"焦点访谈"曝光江苏华达钢铁有限公司（简称华达公司）违法违规生产销售"地条钢"事件，按照国务院常务会议的决定要求，由发展改革委、工业和信息化部、国土资源部、环境保护部、住房和城乡建设部、工商总局、质检总局、安全监管总局、银监会、中国钢铁工业协会10个部门和单位组成国务院调查组，会同监察部，并在江苏、河北省委省政府的配合下对两起事件开展了调查处理工作。经调查，安丰公司在未履行产能置换、项目备案、环境影响评价、土地利用、规划建设、施工评审、安全生产"三同时"等手续的情况下，擅自启动了1座1206

立方米高炉和 1 座 100 吨转炉项目建设；华达公司使用国家明令淘汰的落后装备，生产销售不符合相关质量标准的"地条钢"，2010 年以来累计生产"地条钢" 17.5 万吨，销售收入约 6.4 亿元。根据部际联席会议调查情况，河北、江苏两省相关责任人被严肃处理。

为强化负面典型警示作用，国务院根据安丰公司和华达公司两起事件的核实和处理结果，向全国进行了公开通报。通过安丰公司和华达公司事件，钢铁去产能、严禁新增钢铁产能的政策高压进一步在全国传导，打击"地条钢"的战役由此掀起历史高潮。

二、坚决彻底取缔"地条钢"

（一）彻底取缔"地条钢"

国务院查处江苏华达公司违法违规生产销售"地条钢"事件后，各地陆续发现存在利用中频炉制售"地条钢"的案例，部际联席会议深刻意识到，"地条钢"毒瘤已在钢铁行业存在多年，成为危害钢铁行业健康发展的关键因素，取缔"地条钢"工作已到了"矢在弦上，不可不发"的关键时期。为此，部际联席会议有关成员单位于 2016 年 12 月 5 日、12 月 26 日和 2017 年 1 月 25 日先后印发《关于坚决遏制钢铁煤炭违规新增产能打击"地条钢"规范建设生产经营秩序的通知》（发改运行〔2016〕2547 号）、《关于坚决遏制钢铁煤炭违规新增产能打击"地条钢"规范建设生产经营秩序的补充通知》（发改办运行〔2016〕2790 号）、《钢铁煤炭行业化解过剩产能和脱困发展工作部际联席会议办公室关于坚决遏制钢铁煤炭违规新增产能打击"地条钢"规范建设生产经营秩序的再次通知》（发改电〔2017〕54 号），要求各地对本地区钢铁企业进行梳理核查，将"地条钢"作为核查重点之一，提出 2017 年上半年彻底取缔"地条钢"的目标。2017 年 1 月 10 日，发展改革委副主任林念修、工业和信息化部副部长徐乐江在中国钢铁工业协会 2017 年理事（扩大）会议上，明确要求 2017 年在 6 月 30 日以前必须彻底清除"地条钢"等落后产能，强调这是一项严肃的政治任务。2017 年 3 月，李克强总理在第十二届全国人民代表大会第五次会议《政府工作报告》上明确指出，严肃查处一些地区违规新建钢铁项目、生产销售"地条钢"等行为。2017 年 4 月，除中国钢铁工业协会、中国煤炭工业协会外的部际联席会议 23 个部门联合印发《关于做好 2017 年钢铁煤炭行业化解过剩产能实现脱困发展工作的意见》（发改运行〔2017〕691 号），提出 2017 年 6 月 30 日前彻底取缔"地条钢"产能。以上一系列文件的密集发布，明确表达了党中央、国务院取缔"地条钢"的决心，从而在各地形成取缔"地条钢"的高压态势。

（二）科学制定"地条钢"界定标准

钢铁行业强烈要求彻底取缔"地条钢"是一项由来已久的工作，国家早在1999年12月就拉开与"地条钢"斗争的序幕。2002年，《关于"地条钢"有关问题的复函》（国经贸产业函〔2002〕156号）中就表明，"地条钢"是指以废钢铁为原料，经过感应炉等熔化、不能有效的进行成分和质量控制生产的钢及以其为原料轧制的钢材。2004年，《关于进一步打击"地条钢"建筑用材非法生产销售行为的紧急通知》（发改运行〔2004〕1003号），明确指出，生产销售"地条钢"建筑用材属非法行为，违反《中华人民共和国产品质量法》《中华人民共和国环境影响评价法》《中华人民共和国节约能源法》《中华人民共和国电力法》。2013年，发展改革委《产业结构调整指导目录（2011年本）（修正）》明确将用于"地条钢"、普碳钢、不锈钢冶炼的工频和中频感应炉列为钢铁行业淘汰类生产工艺装备。

为进一步指导各地鉴别"地条钢"，防止"地条钢"躲避监管，中国钢铁工业协会、中国金属学会、中国铸造协会、中国特钢企业协会、中国特钢企业协会不锈钢分会5家行业协会在部际联席会议的委托下，组织行业和企业专家认真研究，于2017年2月出台了《关于支持打击"地条钢"、界定工频和中频感应炉使用范围的意见》（钢协〔2017〕23号）。部际联席会议将钢协〔2017〕23号文件作为取缔"地条钢"的唯一界定标准，引用到《关于做好2017年钢铁煤炭行业化解过剩产能实现脱困发展工作的意见》（发改运行〔2017〕691号），要求各地参照执行，按照彻底拆除冶炼主体设备、变压器、除尘罩、操作平台及轨道等装备和设施，即"四个彻底"的标准，确保"地条钢"不再具备复产条件，按要求全面取缔。

（三）开展取缔"地条钢"专项督查

为落实党中央、国务院彻底取缔"地条钢"的要求，部际联席会议强化了督查、抽查力度，于2017年1月赴全国除西藏自治区外的30个省区市和新疆生产建设兵团开展钢铁煤炭行业淘汰落后产能专项督查，于2017年5月赴全国除北京市和上海市外的29个省区市开展取缔"地条钢"专项督查，于2017年8月赴26个"地条钢"企业数量较多的省区市开展取缔"地条钢"专项验收抽查。在8个月的时间里，部际联席会议先后3次密集派出督查组（抽查组）前往各地督查（抽查）"地条钢"取缔情况，行动密度之大前所未有，真正做到了督查有力，压力传导到位。2018年5~6月，为防范"地条钢"死灰复燃，发生灭而不死，向外转移的情况，部际联席会议赴21个重点地区开展了钢铁行业化解过剩产能、防范"地条钢"死灰复燃专项抽查。

（四）去产能、彻底取缔"地条钢"取得积极成效

经过 2016~2018 年化解钢铁过剩产能，彻底取缔"地条钢"工作，使钢铁行业发生了许多积极变化，净化了市场环境，钢铁行业运行质量明显改善，产能利用率恢复到合理区间，钢价止跌回升并稳定运行，全行业摆脱了亏损局面，并持续向好。

1. 认真完成去产能任务

国务院提出从 2016 年开始，要用 5 年时间压减过剩产能 1 亿~1.5 亿吨，2016 年、2017 年两年已经压减 1.2 亿吨以上，2018 年截至 8 月中旬，已完成压减产能 2470 万吨。与此同时，1.4 亿吨"地条钢"全面出清。

2. 产能利用率恢复到合理区间

经过两年多的持续推进去产能，钢铁行业产能严重过剩的矛盾得到有效缓解，去产能使钢铁行业产能利用率得到大幅提升，钢铁企业产能利用率基本达到了合理区间。据国家统计局数据，2017 年黑色金属冶炼和压延加工业产能利用率达 75.8%，较上年提高 4.1 个百分点；2018 年上半年产能利用率达 77.7%，较上年提高 3.0 个百分点，高出全国工业产能利用率 1 个百分点，基本处于合理区间。

3. 废钢使用量大幅提高

1.4 亿吨"地条钢"产能全面出清，从根本上扭转了"劣币驱逐良币"现象，有效改善了市场环境，显著规范了进出口秩序，钢材质量明显提升，行业效益大幅增长。随着"地条钢"产能退出，合规产能开始快速释放。自打击"地条钢"以来，很多中频炉企业关闭，大量废钢由原来的非正规渠道流向废钢铁加工准入企业和主流钢厂，企业废钢比明显提高，不仅有利于节能环保，同时也减少了铁矿石使用量，对进口铁矿石价格上涨产生一定的抑制作用。

4. 钢价合理回升，经济效益大幅提高

2015 年，中国钢材价格指数（CSPI）从年初的 81.91 点，下跌至年末最低点 54.48 点，下跌了 25.54 点，跌幅 31.18%；从 2015 年 12 月下旬，CSPI 开始逐步上涨，到 2016 年末，涨至 99.51 点，从最低点上涨了 45.03 点，涨幅 82.65%；2017 年延续了上涨势头，2017 年末涨至 121.80 点，较上年末上涨 22.29 点，涨幅 22.40%。2018 年 CSPI 也基本保持在合理区间波动运行。

2015 年，钢铁行业由于产能过剩、"地条钢"扰乱市场秩序使市场环境恶化、信心不足等原因，导致钢材价格低迷，中国钢铁工业协会会员企业亏损 846.88 亿元。2016 年以

来，通过去产能和彻底取缔"地条钢"，钢材价格合理回升，行业效益明显改善。2016年，中国钢铁工业协会会员企业合计实现利润238.07亿元，全行业实现扭亏为盈，比上年增加1084.95亿元；2017年会员企业实现利润1906.23亿元，比上年增加1668.16亿元，增长7.01倍；截至2018年8月末，会员企业较上年同期大幅增利1004.02亿元，增幅101%。

5. 钢材出口量逐年下降，出口价格明显回升

2015年，我国钢材出口达到历史峰值11240万吨，之后逐年下降。2016年，钢材出口10849万吨，较上年下降391万吨，降幅3.48%，出口均价为501.81美元，较上年下降56.92美元/吨，降幅10.19%；2017年钢材出口7541万吨，较上年下降3308万吨，降幅30.49%，出口均价为722.70美元，较上年上涨220.64美元/吨，涨幅43.95%。2018年1~8月，钢材累计出口4718万吨，较上年同期下降557万吨，降幅13.11%，累计出口均价为868.13美元/吨，较上年上涨181.94美元/吨，涨幅26.51%。

三、积极推进钢铁企业"去杠杆"

去杠杆是进行企业资本结构和资金结构的根本性优化，对企业和行业的重要性和战略性意义重大。钢铁行业作为供给侧结构性改革的先行者，在去产能上取得了突破性进展的同时，钢铁行业随之展开了去杠杆的攻坚战。

（一）国家高度重视企业去杠杆工作

2016年9月，国务院印发了《关于积极稳妥降低企业杠杆率的意见》（国发〔2016〕54号）及附件《关于市场化银行债权转股权的指导意见》，推进供给侧结构性改革，对行业和企业去杠杆工作进行指导性决策部署，并建立了由发展改革委、人民银行、银监会等相关部门和单位组成的积极稳妥降低企业杠杆率工作部际联席会议制度，对去杠杆进行综合协调，完善配套政策，制定"一企一策"个性方案，统筹推进，并要求落实和完善降杠杆财税支持政策，加大对企业在降杠杆过程中剥离相关社会负担和辅业资产的政策支持力度等。

银监会、发展改革委、工业和信息化部三部委联合印发《关于钢铁煤炭行业化解过剩产能金融债权债务问题的若干意见》（银监发〔2016〕51号），明确了对钢铁煤炭行业并购重组的支持，鼓励银行金融机构对去产能的钢铁煤炭困难企业进行贷款重组，支持市场化、法治化的债转股。以上文件对去杠杆的总体要求、政策原则、主要途径、实施方式作

了明确规定。

为贯彻落实国发〔2016〕54 号文件中有关债转股的内容，发展改革委印发《关于做好市场化银行债权转股权相关工作的通知》（发改财金〔2016〕2792 号），鼓励有条件地区探索新设政府出资市场化债转股专项基金开展市场化债转股，吸引各类社会资本参与。

发展改革委陆续出台《关于发挥政府出资产业投资基金引导作用推进市场化银行债权转股权相关工作的通知》（发改财金〔2017〕1238 号）和《关于市场化银行债权转股权实施中有关具体政策问题的通知》（发改财金〔2018〕152 号）等文件具体落实债转股政策，解决债转股中出现的一些问题。

银保监会为推进提高债转股效率，防范债转股中出现的风险，发布了《金融资产投资公司管理办法（试行）》〔2018〕4 号，该政策明确了债转股必须遵循市场化、法治化原则，鼓励金融资产投资公司"收债转股"的同时，允许通过多种模式开展债转股业务。重点规定了金融资产投资公司收购银行债权不得受债权出让方及其关联机构出具有本金保障和固定收益承诺，不得实施利益输送，金融资产投资公司不得与银行在转让合同等正式法律文件之外签订或达成任何协议或约定影响资产和风险真实完全转移，对解决名股实债问题起到了积极作用。

2018 年 8 月，五部委联合发布了《2018 年降低企业杠杆率工作要点》（发改财金〔2018〕1135 号），重点要求加快推进降低企业杠杆率，推动"僵尸企业"债务处置，对降杠杆的后续政策和措施制定和执行进行了布置。

2018 年 9 月，中共中央办公厅、国务院办公厅印发了《关于加强国有企业资产负债约束的指导意见》，提出要通过建立和完善国有企业资产负债约束机制，强化监督管理，促使高负债国有企业资产负债率尽快回归合理水平，推动国有企业平均资产负债率到 2020 年末比 2017 年末降低 2 个百分点左右，之后国有企业资产负债率基本保持在同行业同规模企业的平均水平。

（二）积极开展钢铁行业去杠杆工作

为贯彻党中央、国务院关于去杠杆的有关要求，中国钢铁工业协会提出经过 3~5 年的努力，中国钢铁工业协会会员企业的平均资产负债率降到 60% 以下，其中大多数企业的资产负债率处在 60% 以下的优质区间的目标。

1. 开展专题培训

2017 年 3 月，中国钢铁工业协会联合银监会在江西南昌召开了《钢铁行业"去杠杆、防风险、增效益"专题座谈培训会》，钢铁行业首先吹响了去杠杆的号角。会议确定了钢铁行业财务工作的重点向去杠杆工作倾斜，交流了钢铁企业去杠杆的实施办法和措施途径，以及钢铁企业债转股、金融债权债务处置、防风险增效益的经验。银监会和资产管理公司的专家对相关国家政策进行了解读，对去杠杆实务和案例进行详细讲解。

2. 确定钢铁行业去杠杆典型企业名单

根据国务院钢铁煤炭去产能部际联席会议的要求，在银监会指导下，确定了钢铁行业去杠杆典型企业名单，拟先在典型企业对去杠杆各种措施和方法以及债转股进行试点，再向全国推广。

3. 召开去杠杆工作交流会

2017年4月28日，中国钢铁工业协会联合银监会在马鞍山市召开了典型钢铁企业去杠杆交流座谈会，研究行业去杠杆工作面临的难题，交流各企业去杠杆工作的经验，提出去杠杆工作先从解决优化贷款结构入手的思路，推动行业内"债转股"工作深入开展。

4. 积极反映企业诉求

针对企业去杠杆工作遇到的问题，中国钢铁工业协会多次向国家去杠杆部际联席会议汇报钢铁行业去杠杆工作进展情况，遇到的主要问题及政策建议等，就问题提出解决方案和建议，并在国家2018年出台的部分政策文件中得到采纳或参考。

5. 去杠杆工作取得初步成效

去杠杆工作进行两年来，钢铁企业积极行动，采取多种办法主动去杠杆，尤其是充分利用经营活动产生的现金流优先归还高息负债，减少财务费用，资产负债率下降幅度很大。2017年末，会员企业资产负债率下降到67.44%，较2016年下降3.01个百分点。

（三）行业去杠杆采取的主要模式

钢铁企业降低资产负债率，从根本上必须依靠加强经营管理，以持续盈利偿还负债。另外，根据企业实际情况还可采取加大直接融资规模、开展兼并重组和债转股等方式。目前，钢铁行业债务重组，主要有破产重整和债转股两种模式。

1. 破产重整

（1）基金参与破产重整模式

四源合（上海）钢铁产业股权投资基金（简称四源合产业基金）是由中国宝武、美国WL罗斯公司、中美绿色基金和招商局金融集团四家股东组成。该基金联合了钢铁产业和金融、物流等龙头企业，解决了企业急需的现金流，缩减了企业物流的成本，通过导入先进企业的管理、技术迅速改善并购企业的经营状况。

2017 年，四源合产业基金重组重钢为钢铁行业重组发展开辟了一条专业的产业结构调整基金并购重组的思路。该基金作为重组方，与有地方国资背景的重庆战略新兴基金共同成立了长寿钢铁公司作为重组方的平台公司，负责运作重钢的重组项目。通过严密、规范的司法重整程序，重钢有息债务大规模减少，重整完成后每年减少 9 亿元左右的财务费用。另外，通过对铁前和低效资产进行了剥离，资产负债率将降到 33%。重钢的涅槃重生，为重钢未来绿色、智能和高质量发展奠定了基础。

（2）引入战略投资者模式

濒临破产企业引入优秀企业作为战略投资者进行重整，通过引入优质的资金、管理和技术，迅速改善并购重组企业的债务结构和经营水平，建龙重组海鑫和北满特钢、沙钢重组东北特钢均采用了上述模式。

2016 年，东北特钢多次出现债务违约，企业现金流断裂。2017 年 8 月，东北特钢进行了破产重整，引入两位战略投资者（锦程沙洲股权投资有限公司和本钢板材股份有限公司）给东北特钢合计注入 55 亿元，分别换取集团 43% 和 10% 的股权。债转股债权人及原股东之一的中国东方资产管理股份有限公司合计持有剩余 47% 股权。锦程沙洲股权投资有限公司的背景是沙钢集团，沙钢集团介入东北特钢后，注入了民营企业灵活高效的市场化经营理念和管控模式，东北特钢重组后首月即实现扭亏为盈。类似东北特钢重组模式的，还有北京建龙重工集团对海鑫钢铁、北满特钢的重组。

2. 债转股

债转股作为一种特殊的债务重组方式，主要特征是"以债权换股权、以时间换空间、以高成本换低成本"，通过市场化资金为其"输血"。

2017 年前后，有 10 多家钢铁企业进行了债转股，中钢集团债转股推进较为顺利，鞍钢、太钢、华菱、南钢等企业部分项目已落地。从长远来看，调整结构、转型升级、加强管理、对标挖潜、降本增效，实现高质量发展，变"输血"为"造血"，才能实现稳定的、持续的去杠杆，才能够增强市场信心，提升对投资人的吸引力。

目前，部分钢铁企业与国资背景的投资平台成立的产业结构调整基金（如长城（天津）股权投资基金与河钢集团设立的产业发展引导基金；北京建龙重工集团与山西国投公司、陕西鼓风机集团和中冶京诚工程技术有限公司共同设立的山西产业结构调整基金等），从金融和产业相结合的角度出发，聚焦于化解过剩产能、促进行业健康和可持续绿色发展，提高了行业集中度和产业升级，推动了行业高质量发展。

无论是采取产业结构调整基金的模式，还是通过引入战略投资者并购模式，或者债转股模式，其共同特点均为通过市场化方式，使产业和金融有效结合，解决钢铁企业发展所需的资金问题，并帮助被并购企业实现资本化运作。

（四）近年来钢铁行业资产负债情况

1. 资产负债总额、资产负债率基本情况

根据中国钢铁工业协会年报统计，2017年末，92家会员钢铁企业会员资产总额为47444.71亿元，较上年增长2406.69亿元，增幅5.34%；负债总额为31995.55亿元，较上年增长77.05亿元，增幅0.24%；资产负债率为67.44%，较上年降低3.01个百分点。

2001年后，钢铁行业资产总额和负债总额快速增长，尤其2007~2008年，随着基建投资的加大，钢铁行业资产和负债大幅增长，至2011年，钢材价格逐渐下降，资产总额增幅也呈放缓态势。2011年，资产增幅首次回落至15%以下，2012年资产增幅只有5.58%，2015年资产增幅只有0.65%，2016年资产增幅进入负增长区间，直到2017年才再次转正。与此同时，2008年前，负债增幅与资产增幅大致相当，而2008年之后，负债增幅明显高于资产增幅，尤其在2015年资产增幅转负时，负债增幅仍保持在5%左右。钢铁行业通过积极推进供给侧结构性改革，配合有关部门开展去产能、去杠杆各项工作，负债增幅才明显低于资产增幅。

从资产负债率来看，2008年前，钢铁行业资产负债率基本处在60%以下的合理区间，资产经营相对处在比较健康的状态。2008年后，资产负债率快速上升，2015年资产负债率更是超过了70%。2008年后，企业资产负债率逐年快速增长，与钢铁企业为了满足国内需求的增长，主要通过大幅增加举债来扩大资产规模存在很大关系。上述情况一直持续到2017年，随着钢铁行业效益好转，企业通过盈利偿还到期债务，资产负债率才有所下降。

2. 资产负债率有所降低，但仍高于工业行业平均水平

与工业行业的平均资产负债率相比较，2004年前，钢铁行业资产负债率处于工业行业中偏低水平；2004~2007年，基本处于工业行业平均水平；2008年后，钢铁行业资产负债率快速上升，2015年达到71.04%，远高于工业行业平均水平；经过2016年、2017年两年不断深化供给侧结构性改革，采取有效措施，使钢铁行业资产负债率得到改善，目前已下降到70%以下。

据国家统计局数据，即使在2017年钢铁行业资产负债率下降较多的情况下，在所有工业行业中，黑色金属冶炼和压延加工业资产负债率平均64.09%，处于工业行业第二位，远高于工业行业55.48%的平均水平和制造业54.00%的平均水平。

3. 2017 年钢铁行业资产负债率结构

（1）会员钢铁企业资产负债率分布情况

2017 年末，会员钢铁企业资产负债率 67.44%，较上年下降 3.01 个百分点。其中，资产负债率 60% 以上的企业户数占比 55.43%；资产负债率为 60% 以下的企业户数占比 44.57%。

超过四成的钢铁企业资产负债率处于 60% 以下的优质区间，并不是所有钢铁企业都是高杠杆运行，而高杠杆运行的钢铁企业也并不全是落后产能和僵尸企业，相关金融机构应综合考虑钢铁企业的实际情况，有保有压采用差别的金融信贷政策支持实体经济发展。

（2）会员钢铁企业资产负债率分区域情况

从区域上看，华东、华北地区钢铁企业的资产负债率相对较低，西南和西北地区钢铁企业资产负债率相对较高。造成地区性差异的原因，一方面是在企业大量使用进口铁矿石的情况下，离海运港口和内港较近的华北、华东地区运费较低。而离港口较远，运距较长的西南、西北地区运费较高，导致不同地区钢铁企业的生产成本有显著区别，进而影响到企业利润和资产负债情况；另一方面与华东、华北地区钢铁企业整体经营管理水平较高有关。

（3）会员钢铁企业资产负债率分规模情况

从规模上来看，500 万~1000 万吨规模企业的资产负债率较低，500 万吨及以下规模企业、1000 万~2000 万吨规模的企业资产负债率较高。这说明 500 万吨规模以下部分企业和 1000 万~2000 万吨规模的企业，经营风险较大，是去杠杆的重点。

从内部结构上来看，1000 万吨以下规模的企业中有半数左右的企业资产负债率较为良好。具体来说，500 万吨以下规模企业集中度较低，资产负债率分化严重。虽然有接近五成的企业资产负债率低于 60%，但个别企业已经严重资不抵债，难以生存；500 万~1000 万吨规模企业有五成的企业资产负债率低于 60%，资产负债率超过 80% 的只有 3 户；1000 万~2000 万吨规模企业资产负债率大多数处于 80% 以下；2000 万吨以上规模部分企业资产负债率处于较高水平。

目前，钢铁行业平均资产负债率仍然处于较高水平，2018 年 8 月为 66.42%，比工业行业平均水平高 10 个百分点。固定资产折旧率和流动比、速动比仍处在历史上的较差水平。财务成本高的问题尚未解决，长贷与短贷的债务结构调整还没有完成，去杠杆的效果赶不上去产能的效果。

钢铁行业正处于高质量发展的新阶段，企业应根据自身的实际情况和债务结构，积极采取市场化、法治化债转股，加大股权融资、推进资产证券化等各种措施，积极稳妥降低企业杠杆率，助推供给侧结构性改革向纵深发展，逐步降低企业负债率，增强企业抵御风险能力。

从长期来看，企业去杠杆的关键，必须依靠提高实体企业的经济效益，增加企业现金流。因此，企业也需要着眼长远谋发展，从企业战略、经营模式、产品结构等方面入手，深入创新变革、全面降本增效、加快转型升级。去杠杆工作仍任重道远，需要长期坚持。

四、推进钢铁工业供给侧结构性改革任重道远

（一）巩固去产能成果，严防"地条钢"死灰复燃，严禁违法违规新增产能任务艰巨

受钢材价格回升，钢铁行业效益好转等因素影响，各地陆续出现企业违法违规新增钢铁产能和"地条钢"死灰复燃情况。部际联席会议先后查处了黑龙江、吉林、江西、陕西、宁夏等省和自治区出现的违法违规新增钢铁产能和"地条钢"死灰复燃事件，并向全国进行通报。2018年5月，部际联席会议在钢铁行业化解过剩产能、防范"地条钢"死灰复燃专项抽查中，发现14个地区的27家企业存在不同程度的问题，需要进一步整改，个别企业甚至存在顶风新上"地条钢"、违法违规新增钢铁产能等情形。

2017年1月，习近平总书记在视察张家口时明确指出，绝不允许出现弄虚作假行为，绝不允许已化解的过剩产能死灰复燃，绝不允许对落后产能搞等量置换，绝不允许违法违规建设新项目。随着去产能进入深水区，巩固去产能成效成为当前和今后一个时期去产能工作的重点任务，关键是要守住两个底线。一是严防"地条钢"死灰复燃，严禁已化解产能复产的底线。钢铁去产能是一项长期、艰巨且复杂的工作，钢铁行业应积极配合政府部门建立取缔"地条钢"长效机制，开展回头看工作，始终保持严厉打击的高压态势。钢铁企业在进一步加强自律的同时，要积极配合政府做好监督工作，充分发挥社会举报作用，对"地条钢"死灰复燃和已化解产能复产行为坚决说不，共同维护钢铁行业平稳运行。二是严守不得新增产能的底线。当前，钢铁行业效益好转，一些地方和企业投资钢铁行业的意愿增强，产能扩张冲动明显，产能反弹压力较大。2018年以来，宁夏、广东等地发现违法违规新增产能的情况，个别企业依然存在打产能置换政策擦边球的侥幸心理，"以停带拆"、玩"文字游戏"，变相扩大产能。对此，部际联席会议始终保持零容忍态度，露头就打，严把产能置换关，严禁以任何形式新增产能，确保钢铁行业供给侧结构性改革顺利推进。中国钢铁工业协会将继续发挥部际联席会议设立的违法违规产能、"地条钢"举报平台作用，更大程度发挥社会举报作用，防范"地条钢"死灰复燃和已化解产能复产，严

禁新增产能，努力维护钢铁行业平稳运行。

（二）营造良好的兼并重组政策环境

国外钢铁产业集中度较高，行业可以通过限产压库、技术创新及市场话语权等措施维持较高的产品售价和利润。我国产业结构分散、集中度低，导致在资源掌控能力、市场有序竞争、淘汰落后产能、技术研发创新、节能降耗减排等涉及产业协调发展的重大问题上缺乏行业约束力和自律能力，资源配置不合理，企业竞争力低，企业间竞相压价，市场价格大起大落。虽然，我国不应一味地追求国外的高集中度，但钢铁产业集中度过低，尤其是具有较高市场影响力的大企业集团缺失，对行业发展的负面影响愈加显著。加快钢铁企业兼并重组步伐，提高产业集中度，已成为增强我国钢铁产业国际竞争力、节约社会成本、优化资源配置的战略举措。

从我国钢铁工业的兼并重组历程来看，兼并重组效果与行业运行周期逆相关。在经济整体处于上行阶段，兼并重组效果不佳；而在经济发展处于下行趋势，钢铁企业倾向于通过抱团取暖取得在市场寒冬中的竞争优势，提高企业的市场话语权。从短期看，去产能和取缔"地条钢"及限产等综合作用下，国内钢铁行业盈利水平大幅提升，企业重组意愿下降。从中长期看，国内钢铁行业已进入需求峰值平台期。在此情况下，市场将倒逼现有企业通过兼并重组提高市场竞争力，该阶段是钢铁行业兼并重组的重要机遇期，也是地方政府推动钢铁行业重组的黄金窗口期，市场内在的驱动力与政府的外在推力形成合力，将会使钢铁行业兼并重组工作取得事半功倍的效果。

（三）短流程电炉炼钢发展亟待理顺

2001~2015 年的 15 年间，由于我国钢产量大幅增长，钢铁消费不断累积，废钢铁供应量大幅度增加，社会钢铁积蓄量增加了三倍多。到 2016 年，我国社会钢铁积蓄量已达到 90 亿吨（按粗钢消费计）。据预测，到 2020 年，我国社会钢铁蓄积量将达到 115 亿吨，到 2025 年将达到 140 亿吨。预计我国在 5 年后将逐步进入废钢铁高产期，废钢铁资源量将加速增长，到 2025 年废钢铁资源总量将超过 2.5 亿吨，并将持续增长。

社会废钢资源的积累为电弧炉短流程工艺的发展提供了条件，但高电价制约了先进电弧炉炼钢工艺的发展，电炉炼钢吨钢成本比高炉-转炉长流程约高 500 元。从目前来看，我国西南地区有相对廉价的水电，西北地区有优势的煤电资源，两个地区电力资源供过于求，水电弃水问题严重，煤电则大量远距离外送，造成整个社会资源与能源的错配。如何在市场和资源最丰富的地区鼓励以短流程产能替代长流程，将会是钢铁生产工艺结构调整趋势。下一步要研究科学发展电炉钢的可行路径，适度鼓励钢铁短流程工艺发展，发挥短流程工艺的低碳绿色优势，逐步改善我国长流程和短流程炼钢工艺布局不平衡的问题。

（四）实现低碳绿色发展

我国钢铁行业布局广阔，所在区域产能总量、环境容量、生态要求各不相同，钢铁企业装备水平、节能环保投入以及节能环保管理水平参差不齐，不少企业还没有做到污染物全面稳定达标排放，节能环保设施有待进一步升级改造。吨钢能源消耗、污染物排放量虽逐年下降，但抵消不了因钢铁产量增长导致的能源消耗和污染物总量增加，特别是京津冀、长三角、汾渭平原等重点区域也是钢铁产能集聚区，环境承载能力已近极限，低碳绿色可持续发展刻不容缓。

下一步，钢铁行业要大力推进绿色制造，实现节能环保技术全覆盖，遏制能源消耗总量和主要污染物排放总量增长，降低污染物排放强度和碳排放强度，加强冶金渣等二次资源的高附加值利用，实现钢铁企业清洁生产、绿色制造。推广钢铁全生命周期理念，建立绿色产业链，发展绿色钢铁材料。充分发挥钢铁制造能源转化、社会资源消纳功能作用，钢厂要从依托城市向服务城市转变，努力使钢厂与城市共存、与社会共融，体现钢铁企业的低碳绿色价值。争取到 2025 年，全面实现能源消耗总量、污染物排放总量在现有基础上的再次大幅下降，循环经济、低碳经济、绿色经济成为钢铁工业新的经济增长点。

（五）实现高质量可持续运营发展

钢铁行业可持续运营是高质量发展的重要体现，既是产业发展的目的要求，又是职工权益、股东利益的保障，是创新、绿色发展的基础，更是综合竞争力的体现，是钢铁行业既大又强的标志。钢铁行业要坚持以人为本，完善行业职工的社会保障体系，保障职工权益，提高总体劳动生产率，依托钢铁主业拓展盈利空间，提升运营效率，能在复杂多变、剧烈波动的市场环境下始终保持较好的盈利能力。一是要树立钢铁产业和钢铁企业社会和员工高度认可的社会形象，提高钢铁企业就业的荣誉感和自豪感。二是要有效提高劳动效率，有效发挥员工能力。三是要培育多元产业体系形成，支撑钢铁主业做优做强，培育一批特色优势产业，形成新的利润增长点。四是提升资本收益，加大金融市场对钢铁产业支持力度，使 2025 年钢铁行业资产负债率下降到 50% 左右，使行业盈利水平明显提升，经营条件明显改善，销售利润率达到工业企业平均水平，投资者权益得到有效保障。

第九章　塑党建新优势　凝精神原动力

改革开放 40 年，一代又一代钢铁人挺立潮头、不畏艰难、拼搏奋斗，走出了一条具有中国特色的钢铁发展道路，取得了举世瞩目的巨大成就。

在 40 年改革开放历程中，特别是党的十八大以来，全国钢铁企业深入学习贯彻习近平总书记系列重要讲话精神，认真贯彻习近平新时代中国特色社会主义思想和党的各项路线、方针、政策，坚持以经济建设为中心、以改革开放为主线，持之以恒加强党建工作，不断深化精神文明建设，塑造了党建思想政治工作和精神文明建设的钢铁品牌，为企业转型升级高质量发展提供了强大的政治思想保证和不竭的精神文化动力。

一、高举旗帜、引领导向，深入学习贯彻习近平新时代中国特色社会主义思想，用党中央治国理政新理念新思想新战略武装头脑、指导实践、推动工作

习近平总书记指出："宣传思想工作就是要巩固马克思主义在意识形态领域的指导地位，巩固全党全国人民团结奋斗的共同思想基础。"

钢铁企业党组织把全面学习贯彻习近平新时代中国特色社会主义思想作为一项重大政治任务，理论联系实际，不断增强广大干部群众的道路自信、理论自信、制度自信、文化自信，不断深化对治国理政新理念新思想新战略的思想认同、理论认同，解放思想，振奋精神，砥砺奋进，推动改革发展不断取得新突破、新成绩。

（一）从领导班子和党员领导干部抓起，理论武装、党性教育不断线

扎实开展党的群众路线教育、"三严三实"专题教育、"两学一做"学习教育，领导带头，以上率下，夯实"学"的基础、抓住"做"的关键，不断增强党组织和党员的政治意识、大局意识、核心意识、看齐意识，党组织的政治核心作用、党员领导干部的表率作用、广大党员的先锋模范作用明显增强。鞍钢党委按照党中央"要突出抓好领导干部特别是高级领导干部理论学习"要求，突出"四个强化"、强化思想引领，坚持以上率下、

抓住"关键少数"，创新学习方式，规范学习管理，提升学习质量，有效促进了党的十九大精神的学习贯彻落实和"两学一做"学习教育常态化制度化工作的扎实推进。

（二）推进理论学习向基层群众延伸

开展重大主题宣传、举办理论辅导讲座、编发学习资料、组织宣讲团巡回报告以及专题式、互动式、调研式、测验式学习教育，把理论教育做到位，引导广大党员干部群众准确全面领会治国理政新理念新思想新战略，用理论的力量引导人、激励人、凝聚人。中国宝武党委以"四个坚持"努力抓好思想理论武装工作。一是坚持原原本本学，二是领导带头学，三是联系实际学，四是结合培训学，确保习近平新时代中国特色社会主义思想和党的十九大精神宣讲进基层、进车间、进班组。包钢党委在公司、基层厂矿和车间创办341个大讲堂，用以推动理论武装、传播先进文化、学习交流技能、化解思想问题、提升综合素质，被评为"内蒙古十大品牌讲堂"。山钢股份莱芜分公司积极推进理论宣讲工作，坚持突出思想内涵、价值引领，连续六年搭建中国梦系列宣讲活动平台，开展了"中国梦·小康情""中国梦·党在心中""中国梦·新时代"主题宣讲活动，引领广大干部职工以饱满的精神状态积极投身推动企业做优做强，为实现中华民族伟大复兴的中国梦做出新的贡献。

（三）构筑互联网理论学习新平台

各企业利用官方网站、微信公众号、微信交流群等，推送文字、图解、动漫、音频、视频等学习资料，将抽象的道理讲具体、复杂的问题讲简单、简单的现象讲深入、熟悉的内容讲出新意，职工理论学习教育实现了全天候和全覆盖。水钢开通党建APP一点通手机客户端，及时、快捷、高效地将党和国家的方针政策、公司党政决定决议送达干部职工，通过"指尖上的学习"，让党的思想理论天天见、时时学，打通了干部职工理论学习"最后一公里"，实现了理论学习研讨"零距离"。

（四）推进理论学习常态化制度化

完善理论学习中心组学习制度，建立考评考核机制、查找解决问题机制和检查督导机制，做到知行合一、学而信、学而思、学而行，用实际行动、实际成效体现和检验价值追求、信仰信念的坚守与践行，确保理论学习教育不流于形式。攀钢党委坚持从学习抓起，重点聚焦领导干部这个"关键少数"群体，不断开展探索与实践，总结提炼出中心组学习"三提升一引领"基本内涵，通过目标价值导向，回答了"为何学""学什么"和"怎么学"的问题，为国有企业加强各级领导班子思想政治建设、助推企业扭亏脱困和转型发展提供了工作方法。

思想是行动的先导，理论是实践的指南。做实做强理论武装工程，企业深化改革创新发展就有了牢固思想基础、统一意志和强大的精神动力。

（五）深刻理解把握"五位一体"总体布局和"四个全面"战略布局

钢铁企业以创新、协调、绿色、开放、共享的新发展理念为指导，进一步梳理新常态背景下企业发展理念、发展目标、发展思路、面临的难题及应对措施，以国际化的视野、市场化的思维和改革创新的方法，着力破解发展难题、增强发展动力、构建发展新优势。

（六）深刻理解把握速度变化、结构优化、动力转化的经济发展新常态的大逻辑

钢铁企业化压力为动力，适应经济发展新常态，彻底扭转在高盈利期形成的经营管理模式、思维方式和思想观念，推进全面深化改革，激活企业内生动力，提升企业核心竞争力。山钢集团确立"加快动能转换，建设魅力山钢"的战略新蓝图，制定实施《新旧动能转换三年行动计划》，认真落实"四新"促"四化"战略，改造提升传统产业，实现更高质量发展。马钢提出"打造独具特色的钢铁材料服务商和规范高效的国有资本投资运营集团"的战略目标，本着不求所有、但求所用的国资管理理念，积极盘活国有资本存量，引入民营资本和央企资本，收购法国瓦顿公司，发展混合所有制，探索员工持股，从而使得国有资本布局更加完善、国有资本功能进一步放大，企业国际化经营步伐显著加快。

（七）深刻理解把握坚持党的领导、加强党的建设，是国有企业的光荣传统，是国有企业的"根"和"魂"

钢铁企业从思想原则上正本清源，从法人治理结构、规章制度和具体工作上全面解决国有企业党的领导和党的建设弱化、淡化、虚化、边缘化的问题，把党要管党、全面从严治党落实到位。安钢党委"四个三"党建工作布局、马钢党委"矩阵式管理"党建工作、南钢党委"卓越党建"、包钢党委"党员先锋引领"、河钢邯钢"党建绩效量化考评"等取得了阶段性成果。

（八）钢铁企业深刻理解把握宣传思想工作新思想、新观点、新要求，不断推进思想政治工作的理念创新、制度创新、方法创新、手段创新、基层创新

冶金政研会利用学习研讨会、企业文化论坛、现场交流会、评选表彰优秀论文和《冶

金企业文化》杂志，推广了一大批有思想性、指导性、对策性和可操作性的实践成果，在行业内外产生了积极影响。

二、政治引领、与时俱进，坚持党对国有企业的领导，建立完善现代企业科学化管理体系，逐步释放钢铁高质量发展的新动能

"办好中国的事情，关键在党"。这是中国改革事业得出的一条基本结论。纵观40年改革开放之路，钢铁行业的转型发展离不开党建工作的保驾护航。

习近平总书记在全国国有企业党的建设工作会议上强调：坚持党对国有企业的领导是重大政治原则，必须一以贯之；建立现代企业制度是国有企业改革的方向，也必须一以贯之。两个"一以贯之"，是习近平总书记对新形势下加强国企党建工作的重要论断和明确要求，为国有企业在全面深化改革中坚持党的领导、加强党的建设、坚定不移做强做优做大指明了方向。

坚持党对国有企业的领导，能够最大限度地保证国有企业各方利益。在国有钢铁企业改革进程中，各级党组织充分发挥领导核心和政治核心作用，将企业经营目标、经营管理者的利益和国家利益、职工利益统一起来，在做大国民经济"蛋糕"的进程中发展壮大企业自身，实现多方共赢，最终实现和维护人民的根本利益。

（一）坚持党对国有企业的领导不动摇，把党组织内嵌到公司治理结构之中

在企业章程中，明确党组织在公司治理结构中的法定地位；健全党组织议事决策机制，明确党委参与重大问题决策的前置程序。坚持党管干部，规范选拔任用。完善子公司法人治理结构，进行班子优化，系统调整派出董监事。首钢坚持完善"双向进入、交叉任职"领导体制，系统加强基层领导班子建设。修订《首钢领导人员选拔任用工作制度》，明确基层党委会、董事会、监事会、经理层职数要求和选拔任用方式，明确基层单位党组织和董事会、经理层的重要领导人员实行"双向进入、交叉任职"。酒钢集团坚持把促进企业生产经营和推动企业改革发展作为加强党建工作的出发点和落脚点，做到了"四同步、四统一"，即党委规范基层组织设置与行政机构改革调整同步、做到加强党的领导与完善公司治理相统一；党委部署党建工作与行政下达生产经营建设计划同步、做到党委工作目标与行政工作任务相统一；党委布置思想政治工作与企业改革转型发展重大举措同步、做到党委工作重点与行政工作难点相统一；党委实施目标管理评价与行政落实生产经营建设责任同步、做到党委"管人"与行政"管事"相统一。山钢股份莱芜分公司优化

完善"党政融合、双责归一"管理模式，持续加大党建思想政治工作力度，特别是通过"三定"及竞争上岗等改革举措，创新性推动所属各单位行政负责人和党委书记岗位的融合，使党建思想政治工作和生产经营建设工作责任高度统一，为新形势下加强党的领导和党的建设创造了良好条件。

"新兴铸管党建+"大胆借鉴经营运作和项目操作模式，以党建基础工作为常规项目，以生产经营工作为重点项目，通过各级党组织党建品牌主题申报，实现党建工作与生产经营工作跨界融合。围绕突出一个主题，叫响一个品牌，打造本单位品牌，公司对提出的党建品牌目标进行细化、量化，提出阶段任务，并明确品牌建设的时间、步骤、推进方式、组织措施、阶段性目标等。通过党建品牌创建主题活动的开展，教育和引导广大党员干部在落实经营指标任务中，走在前、干在先、作表率，进而带动各项工作升位争先。"党建+"品牌建设项目涵盖提质增效、结构调整、管理创新、技术革新、瘦身健体、人才建设、作风建设等19个方面，实行党建项目化，通过立项制度，丰富载体，找准方向，瞄准目标，按照实施计划推进。通过各级党组织申报的"党建+产品结构调整""党建+产品研发"等项目，公司在自锚管、顶管产品、优特钢研发生产方面取得新突破，带动公司经营业绩不断提升。

（二）深化干部人事制度改革

开展任期经营责任制工作，建立强绩效导向的领导人员能上能下机制。严格干部日常管理，将纪检监察和审计结果纳入干部管理，坚定不移地推进党风廉政建设和反腐败工作。大力营造鼓励创新的文化氛围，大力弘扬企业家精神，激励领导干部肩负起做强做优做大国有企业的历史重任。河钢党委坚持落实党管干部原则和发挥市场机制作用相结合，改进中层领导人员绩效考核和薪酬分配机制，营造市场化用人、契约化管理氛围，提高体制内人员对市场化管理机制的认同度，培育职业经理人环境和土壤。

（三）完善责任体系，推动全面从严治党在国有企业的落地落实

牢固树立责任意识，切实履行党建工作职责。抓好关键少数，持之以恒正风肃纪，构建不敢腐、不能腐、不想腐的有效机制，建设高素质、清正廉洁的领导干部队伍，为企业改革发展营造风清气正的良好环境。深入推进全面从严治党，认真落实中央八项规定精神，持之以恒纠正"四风"，修订完善相关制度，建立完善全面巡察工作长效机制，压茬推进巡察工作，督促落实主体责任和监督责任，推动全面从严治党向纵深发展。

（四）利用"独特优势"，集中力量办大事

在钢铁业转型发展期，各级党组织统一思想认识，落实新发展理念，把握重组整合历史机遇，引导各钢铁单元权衡利弊，分析形势、形成共识，助力供给侧结构性改革推进。在宝武集团整合融合的进程中，通过搭建协同工作平台，深挖协同效应，丰富协同体验，引导员工在思想上认同、在行动上支持整合融合工作，有效集中了研发优势和渠道优势，降低了人工成本和财务成本。

三、自我革新、永葆先进，全面深化党的建设，增强党组织的凝聚力和战斗力，提升党建工作科学化水平

党的十八大以来，钢铁企业各级党组织认真学习领会习近平系列重要讲话精神，贯彻落实党中央决策部署，以改革创新精神推进党的建设，总结规律，创新形式，积极探索、大胆实践，创建了一系列党建新品牌，全面深化党的建设，始终保持了党的先进性，充分彰显了企业党建工作优势。

在市场形势发生复杂变化、从严治党的新形势新要求下，钢铁企业各级党组织创新工作思路，充分发挥党的思想政治优势、组织优势和群众工作优势，加快转化为企业的发展优势、竞争优势和创新优势，形成了特色有效的党建工作品牌，使党的主张得到有效贯彻，巩固了党在企业的执政基础，促进了企业的稳定发展，为钢铁持续健康稳定发展提供了强大的思想保证和精神支撑。

（一）紧密结合企业实际，积极探索创新

安钢党委构建"四个三"党建工作布局，抓"三讲"，持之以恒讲形势、讲任务、讲责任，坚持不懈做好战斗动员，各级组织始终做到了方向明、任务清、行动坚决，干部职工始终保持了昂扬向上的精神状态。抓"三个转变"，把"转思想、转模式、转作风"作为实现逆势突围、打赢生存保卫战的关键，以变求生存，激发了企业内生动力。抓"三管"，突出"管党、管人、管思想"，狠抓党建目标责任制落实，充分发挥党委政治核心作用、党支部战斗堡垒作用和党员先锋模范作用。抓"三大体系"，着力打造决策、执行、监督三大体系，使党委成为公司法人治理结构的有机组成部分，形成了职责明确、有机融合、运转协调的新型领导体制和运行机制，使党委发挥政治核心作用组织化、制度化、具体化。

党的十八大报告提出"建设学习型、服务型、创新型的马克思主义执政党"。各钢铁

企业围绕新形势下加强党组织建设的新部署，充分把握建设"学习型、服务型、创新型"党组织的深刻内涵，以学习为基础，以服务为目的，以创新为动力，进一步增强基层党组织的凝聚力、创新力和执行力，提升了党建工作规范化水平。

（二）认真研究把握新形势下"三型"党组织建设的规律

山钢集团党委创新形式、拓展载体，细化落实措施，完善工作机制，加强探索实践，不断深化"三型"党组织建设。一是旗帜鲜明讲政治，坚持思想政治领先。各级党组织把党的政治建设摆在首位，作为根本，确保"三型"党组织建设正确方向。强化理论武装，提高政治能力，在政治立场、政治方向、政治原则、政治道路上同以习近平同志为核心的党中央保持高度一致。坚持党的全面领导，充分发挥党委（党组）的领导核心和政治核心作用，提高党把方向、谋大局、定政策、促改革的能力和定力，确保党始终总揽全局、协调各方。二是完善机制，保障"三型"党组织建设顺利推进。完善学习提升机制，大力倡导"全员学习""全面学习""终身学习"等理念，在党组织和党员干部中大兴学习之风。拓展学习内容，创新学习形式，线上与线下相结合，学习与反思相结合，学习与创新相结合，激发党员干部学习的积极性。完善服务发展机制，把服务作为"三型"党组织建设的出发点和落脚点，创新服务理念、改进服务方式、提高服务能力、优化服务机制，积极拓展服务转型发展平台、服务基层组织平台、服务党员平台、服务职工群众平台、服务社会平台五个平台，提升党组织的凝聚力、战斗力、号召力。完善创新超越机制，推动党建思想政治工作形式、方法、机制等不断创新和改进。三是探索精益党建，促进"三型"党组织建设与中心工作有效融合。将"三型"党组织建设与精益管理等制度体系相融合，将精益管理理念注入党建工作，以精益的方法推动党建工作，探索实施精益党建。四是鼓励基层创新实践，提升"三型"党组织建设活力。坚持实践导向，鼓励创新探索。基层党委结合实际，创新实践，增强"三型"党组织建设活力，形成生动活泼、富有特色的创建格局。牢固树立党的一切工作到支部的鲜明导向，通过强化督导考评、加大投入、评先树优等措施，抓实基层支部，抓牢基础工作，加强支部规范化建设，打造过硬支部，夯实建设基础。

抓发展必须抓党建，无论在任何阶段，党建工作持续不断地为企业的发展保驾护航。在推进钢铁企业混合所有制改革进程中，党建工作对顺利推进混改、坚定党组织领导核心政治核心地位、确保混合所有制企业发展方向正确起着至关重要的作用。各级党组织对混合所有制企业党建工作新机制新模式进行了积极探索实践，为服务经营、维护稳定提供了坚强政治保证，为提升活力、活跃文化发挥了不可替代的重要作用。

（三）通过实施卓越党建模式，使党建工作在精神层面核心引领的同时，更加贴近经营管理、贴近生产现场、贴近员工群体，在实践中不断完善、创新和发展

南钢党委以双文明目标为导向，以核心理念为指引，以党建贯标为基础，构建组织领导、目标理念、以人为本、过程管理、测评与改进、党建绩效结果等六大模块，以卓越的过程导出卓越的结果，实现党建具体工作和现代化管理方法的有效融合。一是以党建贯标为基础，实现党建具体工作的规范化。卓越党建体系文件分为贯标文件和评价文件两部分。贯标文件由《卓越党建贯标管理手册》《卓越党建程序文件》《卓越党建贯标作业文件》三部分组成。党建评价体系文件由《卓越党建评价准则》《卓越党建评价指南》《评价表》《一体化目视图》组成。二是构建大党建格局，提升党建工作系统化。坚持做到横向到边、纵向到底，增强党员干部政治意识、大局意识、核心意识、看齐意识，提升党员队伍政治性和先进性；以党建带群建，加强工会、共青团工作建设；通过党委两个责任的发挥，抓好廉洁从业、治安保卫等方面工作。根据企业双文明目标层层分解任务，做到人人肩上有指标。围绕卓越党建模式要求，通过在支部设置7个问题，使党建具体工作与生产经营双文明目标紧密结合，有效落地。三是完善创建模式，提高创建水平。运用成熟度系统评价方法，提升党建工作评价的系统性和有效性；运用卓越党建评分表进行阶段性评价；运用卓越党建一体化目视图，实现评价要素及分值的可视化；实行PDCA闭环管理和能力提升双轮驱动，达到组织和个人能力提升；在支部运用党员四诺、标杆管理、SBU等方法及载体，实现卓越党建模式的量化落地；运用士气测评模型提升员工士气；从满意度、和谐度、投入度、发展度和精神层面五个维度，建立员工士气测评的指标体系，借助超级决策软件SD计算，再进行分值累积，从中明确影响职工士气提升的因素，从而制定有针对性措施；运用"五力"模型提升支部组织效能。四是运用"二三四五"工作法促进党建工作要求在基层落地。以"双文明目标"为指引，通过在党员中开展"三个率先"活动，即要求党员率先掌握岗位技能、率先创造岗位业绩、率先成为岗位人才，以及"四个承诺"活动，即推行党员承诺、支部定诺、现场亮诺、群众评诺，同时发挥好党员责任区竞赛载体作用，围绕"五个要素"即党员创新、效益提升、安全生产、现场管理、严于律己开展竞赛，通过有效评价，促进企业双文明目标在基层的分解落实。

"围绕中心抓党建，抓好党建促发展"，非公有制钢铁企业通过做实党建工作，厚植了企业优势，增强了企业的生产力、竞争力和凝聚力，再次充分证实党建与中心工作的关系紧密相连、密不可分。

（四）牢固树立"党建也是生产力"的理念，坚持不懈加强新时期企业党建工作，创新工作思路，不断探索党建与经济工作的最佳结合点

沙钢党委坚持党建工作与企业发展建设互动并进，充分发挥了企业党委的政治核心作用、支部的战斗堡垒作用和广大党员的先锋模范作用，团结带领着职工群众迎难而上，顽强拼搏、奋发进取。坚持强化组织建设、思想建设、作风建设，切实抓好各级党组织的自身建设，形成新的政治优势，增强企业的战斗力和创新力。坚持把生产任务指标的完成、项目建设和公司重大工作的成果，作为衡量基层党组织、党员作用发挥大小的重要标志。在进行年度党组织、党员评议时，看指标、看实绩，与行政"目标同向、工作协力、发展同步"，确保了生产经营目标的顺利完成和项目建设的有序推进。目前，沙钢95%以上基层分厂和处室领导班子都实行交叉任职，党建工作与企业发展行政工作互动并进，优势互补，融为一体。

四、聚焦改革、同频共振，深入细致做好暖人心、稳人心、聚人心的工作，为积极推进钢铁行业供给侧结构性改革，化解过剩产能营造和谐稳定环境

钢铁产业作为国民经济的重要基础产业，为我国经济社会发展做出了重要贡献。近年来，随着经济下行压力加大，钢材市场需求回落，钢铁行业产能过剩问题尤为突出。

为推动钢铁行业结构性改革和脱困发展，国务院提出从 2016 年开始，用 5 年时间再压减粗钢产能 1 亿~1.5 亿吨。同时，党的十九大提出高质量发展的要求，企业深化改革转型、加快新旧动能转换的任务提到日程，任务异常繁重。去产能以及改革转型带来的职工离岗、转岗、择业和再就业等压力，加之企业、社会、家庭等诸多因素相互影响，各种矛盾和问题相互交织，思想难点、舆论热点及敏感问题必然凸显出来。

人心是最大的政治。化解产能过剩既是结构性改革的重大举措，也是关系广大职工群众切身利益的浩大"人心工程"。化解产能过剩、推进结构性改革最大的难点是做好人的工作。

党中央、国务院高度重视化解产能过剩这件涉及国计民生的大事，出台一系列政策、措施和工作部署。习近平总书记强调，要加大供给侧结构性改革力度，重点是促进产能过剩有效化解。在整个发展过程中，都要注重民生，保障民生，改善民生，让改革发展成果更多更公平惠及广大人民群众，使人民群众在共建共享发展中有更多获得感。

2016 年以来，国务院总理李克强先后到武钢、太钢、山钢视察，下车间、到现场，同

干部职工亲切交流。

在武钢，李克强总理指出，武钢在历史上给国家做出过重要贡献。现在，是钢铁行业比较困难的时期，必须用壮士断腕的决心和勇气，把过剩产能化解掉。化解过剩产能过程中，要保证企业多余人员转岗不下岗、转业不失业，确有困难的人员社保要兜底。

在太钢，李克强总理说，太钢以不锈钢闻名，相信你们能把困难扛过去！好钢要千锤百炼，好产能要优胜劣汰。希望你们用"不锈"精神和智慧，浴火重生，重振雄风！

在山钢集团济钢，李克强总理说，国家不会忘记你们做出的贡献，济钢要通过搬迁转场赢得转机。要确保职工的合法权益和基本生活，确保转岗不下岗、转业不失业。

习近平总书记强调，推进供给侧改革，"不能因为包袱重而等待、困难多而不作为、有风险而躲避、有阵痛而不前"。

为打胜这场化解过剩产能的攻坚战，从南到北、从东到西，国内各大钢铁企业认真贯彻习近平总书记关于化解过剩产能的重要讲话精神，牢牢把握以人民为中心的工作导向，普遍制定了具体实施方案，覆盖面广、节奏之快、力度之大前所未有。

改革推进到哪一步，思想政治工作就跟进到哪一步。

山钢集团莱钢在多次优化主业、减员分流的过程中，坚持先开渠、后放水，思想政治工作"紧烧火"、改革实施"慢揭锅"，"不把一名富余人员推向社会，不让一名敬业爱岗的职工下岗和失业，不让一名困难职工子女上不起学，不让一户职工家庭看不起病"，彰显了党组织工作的宗旨和思想政治工作引领、服务、凝聚和保证作用。

2016年，中国冶金政研会在山钢集团莱钢举办企业文化论坛，专题交流研讨做好去产能过程中的思想政治工作。莱钢经验启示人们，去过剩产能过程中必须高度重视深化改革中的重大利益调整，把思想政治工作挺在前面，全程跟进、精准到位，把握职工的心态变化，找准思想引领的发力点与落脚点，主动发声、正面引导、及时解惑、迅速响应、妥当处置，从思想理念、切身利益、情感心理等多层面凝聚企业改革的共识和正能量。

鞍钢集团深化改革过程中，各级领导干部深入了解职工群众的所想所虑所盼，把解决思想问题与解决实际问题相结合，千方百计化解矛盾、理顺情绪、确保稳定。

武钢在人力资源优化中，坚持大道理管住小道理；坚持超前引导、同步开导、善后疏导；坚持一把钥匙开一把锁；坚持面对面、实打实、心贴心，带着感情及时回应职工的需求，确保分流安置工作平稳有序。

杭钢在关停半山钢铁基地400万吨产能的过程中，科学制定分流安置方案，加强宣传舆情把控，做好政策宣传解读，充分发挥思想政治工作"减压阀""稳定器"的作用，平稳有序分流安置1.2万人，被业界誉为"杭钢奇迹"。

首钢长钢公司在精简机构、分流富余人员过程中，贴近职工思想实际，用真诚换取真诚，用理解赢得理解，做到"四个不要"：不接地气的宣传不要，不顾及职工感受的宣传不要，没有人文关怀的宣传不要，报喜不报忧的宣传不要，以最大限度减少改革震荡，处级机构减少 30%，科级机构减少 31%，分流安置富余人员 5900 余人，激发了企业生机和活力。

济钢去产能过程中，在济南的钢铁生产线全部停产，涉及分流职工 2 万人。2017 年 6 月 12 日，第一批《济钢产能调整人员安置渠道岗位预告》按人手一册发放到职工手中。从山钢集团总部到济钢的车间班组，各级各层次迅速行动起来，深入细致做好政策宣传和沟通解释，摸准职工心理预期，确保安全稳定有序做好职工安置工作。

方大集团萍安钢铁坚守"不减一名员工，不减工人一分钱工资，不减工人一分钱福利待遇"的承诺，不将一名员工推向社会，通过承接外委劳务、开拓再生资源等新项目、组建废钢回收小组等措施，主动承担社会责任，实现员工分流；充分利用现有场地、人员等资源，转型发展报废汽车回收拆解等国家政策支持、节能环保、市场前景好的项目，实现结构调整和转型升级。

马钢精心组织关停二铁北区炉机，坚持"以职工为中心"的思想，站在职工立场来思考问题，各级党组织、广大党员充分发挥政治核心和先锋模范作用，对职工的思想动态调研深入细致，找准了职工所思、所想、所盼，有针对性开展工作，制定了科学有效措施，达成了广泛共识。短短一个半月时间，马钢二铁总厂北区 540 余名职工的安置工作圆满完成，没有出现一起上访事件，职工转岗情绪平稳，各自找到自己满意的合适岗位。

五、与时俱进、常抓常新，全面推进思想政治工作创新，不断发挥"主力军"和"主战场"作用，助力企业快速发展保证航向准确

创新是我们党永葆生机的源泉，是加强改进新形势下思想政治工作的关键所在。近年来，中共中央对国有企业坚持党的领导、加强党的建设及加强和改进思想政治工作作了全面部署，提出了一系列新要求。习近平总书记指出，"宣传思想工作创新，重点要抓好理念创新、手段创新、基层工作创新"。

面对新常态、新任务，钢铁企业各级党群组织认真贯彻党中央和上级党组织的要求，坚守思想政治工作"生命线"，适应社会变革时期的新形势、新特点和新要求，针对各种新情况、新问题，认真研究思想政治工作的规律和特点，本着有利于促进企业中心工作，有利于推动改革发展，有利于服务职工群众，有利于增强企业凝聚力的原则，大胆创新实

践，务实进取求效，为思想政治工作注入更多的创新元素，更好地适应企业改革发展的新要求，不断增强生机与活力。

各企业着力推进思想政治工作理念、手段、基层工作全方位创新，努力用思想政治工作新方法新举措破解企业改革发展中遇到的各种矛盾和问题。创新理念，深刻把握时代特征和人们实践方式变化，学习探索各种社会科学、自然科学和管理方法的发展进步，紧紧扭住关键环节创新、发力，趟出思想政治工作新路子。增强学习互联网知识、广泛运用互联网技术的自觉，善于运用互联网手段创新、改进、丰富思想政治工作。更多先进管理工具适用于思想政治工作的途径和方法，深入研究问题、总结经验、优化提升，持续改进思想政治工作。把凝心聚力、和谐稳定作为思想政治工作最大的任务，把经营绩效提高作为最高的标准，使思想政治工作创新的成效具体化、可量化。建立领导责任全覆盖的工作机制，引导各级领导干部切实改变行政工作管钱、管物，思想政治工作管脑、管心的片面认识，树立"一岗双责"、齐抓共管的"大政工"理念，把思想政治工作牢牢抓在手上，把做好思想政治工作作为神圣职责，同心协力做好工作。在推进企业思想政治工作中，强调与人本管理相结合，在如何培养人、关心人，提高人的素质和调动人的积极性上下工夫、做工作，最大限度地调动员工积极性和创造性，尊重人，理解人，以理服人，以情感人，得到理解和支持，形成解放思想、干事创业的强大精神动力，从而使人本管理和思想政治工作紧密结合、相得益彰。

山钢股份莱芜分公司党委把思想政治工作创新摆在重要位置，建立健全政研会机构，制定政研会章程，印发《思想政治工作创新管理评价体系》，明确思想政治工作创新采取每两年一个周期申报立项、审核实施、动态管理的办法，开展立项立题攻关活动，持续创新、良性互动。仅仅 2015 年以来，就开展两届思想政治工作创新成果评选表彰，涌现出40 多项创新成果，"互联网+思想政治工作"经验成果在《中国思想政治工作研究》上刊登，得到领导专家肯定和钢铁同行普遍认可。

包钢党委思想政治工作在加强中改进，在改进中提高，在创新中发展，有力发挥了"生命线"作用，做到了注重紧扣理想信念抓思想建设，注重围绕企业中心抓特色活动，注重贴近基层抓载体落实，注重贴近职工需求抓服务对接，注重融入管理抓建章立制的"五注重"，构建起高质量的思想政治工作体系，助力生产经营任务的完成。

马钢党委加强思想政治工作的创新，及时把一些理论水平高、政治素质强的优秀人才选拔到政工队伍中来，注重政工队伍培养，加强政工队伍建设，提高政工人员素质，保持政工队伍稳定。完善思想政治工作机制，做好政工生产结合文章，改变以往政工干部单纯抓政工，生产干部单纯抓生产的状况，促进了思想政治工作与生产工作的有机结合。

河钢宣钢圆钢事业部党委把强化职工思想政治工作作为当前工作的重中之重，提出"线下+线上"宣传方式，凝聚人心鼓舞斗志，开创提升效率、提档晋级新局面。坚持将宣传思想政治工作融入中心工作，发掘新人、新事、新举措、新做法、新思路，弘扬主旋律，传递正能量，让职工学有榜样，赶有标杆，营造"人人求上进"的积极工作氛围。

陕钢龙钢公司加强企业党群人才队伍建设，注重体制机制建设。在体制上，按照"同建立、同配备、同部署、同考核、同激励"的"五同步"要求，及时建立健全组织机构，配齐配强党群人才。在机制上，建立健全奖惩、监督、约束机制，坚持"能者上，平者让，庸者下"的原则，加大考核奖惩力度，在提拔任用、评先树优、职称评定等方面，做到党群人才与行政技术人员同等待遇，从而增强思想政治工作的吸引力。对于素质不高、不求上进、业绩平平的党群人才，采取诚勉谈话、调整岗位、末位淘汰等办法督促改进提高，激活整体活力。

六、围绕中心、深度融入，将党建思想政治工作的视角、触角、抓手向生产经营一线延伸，与改革发展实践融为一体，促进企业管理水平运营绩效全面提升

企业的工作千头万绪，中心只有一个，那就是以经济建设为中心。思想政治工作必须自觉服从、服务于这个中心，持之以恒地把思想政治工作融入企业中心工作一道去做，努力把国有企业的政治优势转化为现实的生产力和竞争力。

在产能过剩、产品价格下滑、竞争环境复杂多变的大背景下，钢铁企业曾出现大面积亏损。有人把这形容为钢铁行业的"严冬期""冰冻期"。面对前所未有的压力和空前的挑战，钢铁企业全面打响扭亏脱困生存保卫战，把思想政治工作融入生产经营全过程，与中心任务同步谋划、同向进行，发挥了不可替代的凝聚作用，彰显了独特优势。

人是生产力中的决定性因素。钢铁企业把党建思想政治工作融入中心、深入人心、做深做实做强，就是凝聚力、战斗力、生产力。围绕中心抓党建，认真履行把关定向、举措落实的责任，把党建融入企业生产经营的方方面面，通过开展"党员服务示范岗""党员先锋号""党员先锋岗"等创建活动，组织"奋力求生存，我们怎么办""我为现场管理提升出份力"等主题讨论，推广"党群项目部"管理模式和"五小"工作法等工作模式，不断创新党建活动载体方式，引导党员亮身份、践承诺、作表率，为推动企业做强做优、转型发展筑牢了根基。坚持用正确思想武装人，用党的先进理论和思想观念作引导，大力开展形势任务教育，保证正确发展方向，树立市场化、精益、创效、改革、竞争等观念意识，为改革发展奠定共同思想基础。用优秀文化引领人，立足改革发展实践，不断总结提

炼丰富企业文化，使之内化于心、外化于行、固化于制，渗透到方方面面，更好地发挥引领作用。用愿景目标凝聚人，通过各种途径，将改革发展的愿景目标展示给职工，有效促进职工对企业愿景、使命和价值观的认同，在设定个人奋斗目标时与企业发展达成一致，提高主人翁意识，永葆企业发展动力。用优秀品格塑造人，以社会主义核心价值观为统领，塑造忠诚、敬业、诚信、友善、感恩等优秀品格，全面提升职工素质。用真情服务温暖人，聚焦热点焦点、敏感点，解决实际问题、化解心理矛盾、塑造阳光心态。

河钢集团围绕"2014年全面扭亏、2015年全面盈利、2016年全面提升竞争力"的三年经营目标，以抓主题、抓关键、抓创新、抓合力为重点，广泛开展形势任务教育，彻底颠覆高盈利期形成的经营理念，抓住"市场"和"产品"两大主题，强力推进结构调整和产品升级，积极稳妥实施海外战略布局，胜利实现预期脱困发展目标，为打造世界级钢铁企业奠定了坚实基础。

山钢股份莱芜分公司充分发挥思想政治工作优势，每年以生产经营的重点、难点为中心确定主题，发动各级党群组织围绕主题开展形式多样的思想政治工作、组织丰富多彩的活动，促进中心任务圆满完成。2015年以来，先后以"抓精益、求生存、保稳定""精益运营我当先""改革转型求做强、止损扭亏我担当""魅力山钢走在前、做强做优更精益"为主题，搭建形势任务教育、党性实践、劳动竞赛、对标反思、舆论引导等一系列丰富多彩的教育实践平台，激发了党员干部职工的工作热情，汇聚了推动生产经营、改革发展的强大力量。

安钢集团持续深入讲清形势、讲清任务、讲清责任，两级班子和200多名中层干部带头讲、深入职工面对面讲，把严峻形势讲透、目标任务讲明、利益攸关讲清，增强干部职工的信心和决心，激励他们为生存而战、为荣誉而战、为尊严而战。

鞍钢围绕技术、工艺、设备及管理上的薄弱环节，广泛开展"金点子"征集、"网络问企"等多种活动。近4年来，职工提意见建议36.8万余条，为企业改革发展注入了强大的支撑。

宝钢持续深化职工岗位创新活动，大力营造"人人都可以创新、人人都会创新"的氛围，让每一个员工的才能得到充分发挥，岗位创新活动硕果累累、人才辈出。在宝钢，50%左右的技术秘密和60%左右的专利由一线工人创造，被人们欣喜地称之为"宝钢现象"。

陕钢坚持"查漏洞、找原因、提措施、改不足、献一策"的群众性降本增效措施。4年来，共收集"查找提改献"项目9200多项，立项实施6174项，创造经济效益5.9亿元。

河钢集团邯钢组织开展争当"先锋号"竞赛活动，整合产线提升、党团攻关、管理服务、市场开拓等 4 个系列竞赛，涵盖 200 多项竞赛指标，有效激发了党员职工创新创效热情，多项经济技术指标进入行业前三名，年创效益近亿元。

七、运用网络、拓展阵地，加强"互联网+思想政治工作"阵地建设，构筑网上网下"同心圆"，抢占思想政治工作的制高点

网络作为新媒体，已成为人们思想交汇、情感碰撞、信息传播、情绪宣泄的重要阵地，成为中西方文化交流和舆论争夺的新领域。人人都有麦克风，个个都是传播者，处处都是舆论场。这种形势下，思想政治工作环境更加复杂，给传统思想政治工作带来了严峻的考验。

老百姓上了网，民意也就上了网。

习近平总书记指出"要把网上舆论工作作为宣传思想工作的重中之重来抓"。"全面建成小康社会进入冲刺阶段，需要心往一处想、劲往一处使，构筑网上网下'同心圆'。"

承担起网络时代思想政治工作者的光荣使命。各钢铁企业构建起"微博""微信""微视频""微访谈""微直播"等各种网络平台，构筑了思想政治工作的强大阵地。

鞍钢开通官方微信平台——"摇篮鞍钢"，累计推送信息 1000 余条，粉丝达 12000 余人，阅读量超过 200 万次，入驻国内权威推荐引擎"今日头条"，成为传播企业声音、服务广大职工、提升企业品牌、引导公众舆论的重要平台。

柳钢建设了广西壮族自治区首个企业党建云平台，提升了柳钢党建工作信息化水平及影响力。

山钢股份莱芜分公司适应互联网发展新趋势，公司党委以互联网思维探索实践，构建"互联网+思想政治工作"体系机制，着力推动网络载体与思想政治工作本体有机结合、传统优势与信息技术深度融合，用"数据链"加固"生命线"，使互联网成为思想政治工作促进企业生产经营、发挥党组织作用的新载体，成为发挥思想政治工作优势、服务职工群众的新形态。借鉴公司职工网上练兵的成功经验，省总工会建设了山东省职工网上学习系统，中国机冶建材工会建设了全国机冶建材行业职工网上学习系统。

"太钢新闻"客户端集文字、视频、音频、图像于一体，全方位、多渠道、多体裁，可读、可听、可视。"太钢新闻"客户端栏目下设八个子栏目，及时发布公司最新资讯动态，讲述身边典型的人、感动的事，展现公司的新变化新气象，"听闻"栏目以广播方式播报公司新闻和民生信息，发布钢铁行业最新动态，分享职工的原创文学、评论等作品，

为"讲好太钢故事，传播好太钢声音"增添了强有力载体。

"本钢集团工会"微信公众号在中华全国总工会、中央网信办联合主办的"网聚职工正能量，争做中国好网民"主题活动及全国工会新媒体建设推进会上，荣获"全国最具影响力工会新媒体"称号。本钢集团工会微信公众号2015年7月上线以来，已经是第二次荣获"全国最有影响力百家工会新媒体"称号。截至目前，"本钢集团工会"微信公众号已累计发表文章千余篇，吸引1.6万名以上工粉关注，单篇文章最高点击率为7万+。

"幸福武钢"官方微博、官方微信先后荣获国务院国资委颁发的"中国企业新媒体综合应用大奖""中国企业最佳文化传播奖"等荣誉。以"幸福武钢"新媒体为中心，"武钢职工服务中心""青春武钢"等部门和二级单位微信为支点的微信矩阵，构建和谐企业氛围。

马钢与找钢网、腾讯网联合开展"以钢铁的名义，带你感受江南一枝花"为主题的大型网络视频直播活动，通过直播用镜头解密马钢践行"环境经营、绿色发展""钢城一体、融合发展"理念，将"绿色制造、绿色产品、绿色马钢"作为义不容辞的责任，走出一条独具马钢特色与城市融合发展、良性互动、和谐共存的绿色可持续发展之路，全国有184万人在线观看，提升了马钢品牌影响力、扩大了马鞍山城市知名度。

南钢"职工在线"2015年4月开通以来，共收到职工提问近4000条，总点击量达200多万人次，解决了职工最关心最直接最现实的问题，堵塞了管理漏洞，促进了降本增效，有效激发了职工的工作热情，增强了企业的凝聚力和向心力。

八、人文关怀、心理疏导，提高职工自我心理调适能力和社会适应能力，帮助职工快乐工作、幸福生活

党的十八大提出"加强和改进思想政治工作，注重人文关怀和心理疏导，培育自尊自信、理性平和、积极向上的社会心态"，为加强改进思想政治工作提出了明确方向。

随着经济社会深刻变革转型，企业员工面临的竞争压力增大，心理问题凸显。钢铁企业认真贯彻党中央的部署要求，紧密把握时代发展趋势，立足企业实际和职工思想变化、心理需求，将人文关怀、心理疏导纳入思想政治工作范畴，探索创新实践，形成了兼具特色、重于实效的常态化运行体系和机制。

马钢牢固树立"职工至上"的理念，落实"五必谈、五必访"，化解矛盾，关口前移，将思想政治工作做到家庭、病房、床头、现场和岗位，让职工拥有话语权和知情权。

"人心换人心，黄土变黄金"。职工诉求无小事，全力为职工排忧解难，关心生活暂时遇到困难的职工，增扶信心过难关，切实维护了企业广大职工自身利益。

太钢党委高度重视在管理融合、机制创新、员工关爱等方面开展的大量有益尝试和探索，以"群众监督、群防群治"为主线，以推行目标责任管理垂直化、劳动保护监督网络化和主体化为基础，坚持"安康杯"竞赛与完善工会劳动保护群监体系相结合，落实《工会劳动保护工作目标责任书》各项内容，形成了职工劳动保护新的工作格局。

关注职工思想动态，加强机制建设，建立职工代表直通车、青年之声、党员直通车等沟通平台，密切把握职工思想心理变化和需求，发挥职工服务中心阵地作用，开设困难帮扶、法律援助、志愿服务等服务窗口，及时有针对性地解疑释惑、理顺情绪、化解矛盾，帮助职工解决实际问题。

河钢唐钢不断健全关爱保障长效机制，积极筹措专项资金，大力开展"送温暖""双服务"等活动，组织职工全员体检，开展职工暑期休养，深化大病帮扶救助，努力使关爱帮扶工作贯穿全年。多层次、多形式的关爱实事，使全体河钢唐钢人感受着"家人"般的关爱与温暖。

山钢股份莱芜分公司建立 4 个综合性的心理疏导中心，开展经常性的心理测评、咨询服务，提高职工心理健康水平。目前，有国家二级心理咨询师 4 人、三级心理咨询师 80多人。组建"幸福教练"队伍，为职工提供各种心灵成长培训，塑造阳光心态，提升幸福能力。构建"五条保障线"，即送温暖工程基金、职工互助储金、职工医疗互助基金、职工意外伤害互助金、慈善基金等五项基金，为职工"挡风遮雨"。目前，五项基金累计资金达 9.8 亿元，借助网络，开发"五条保障线"帮扶救助信息系统，累计救助帮扶职工约6 万人次。山钢金岭铁矿成立职工心理疏导工作领导小组，培养了 60 名心理辅导员，其中16 名获得国家心理咨询师认证；筹建了职工心理关爱中心，组建 13 个基层心理辅导站，及时化解职工精神生活层面的各种矛盾。

包钢从关心职工身心健康的角度出发，为广大职工开设"心灵氧吧"，建立较为专业的心理咨询工作室，并配备较齐全的软硬件设施，开通咨询专线、建立 QQ 群、组建"向日葵"心理咨询爱好者活动小组，广泛开展活动，为职工疏导情绪、减轻压力。面向广大职工群体，为不同年龄阶段、不同问题的职工进行心理疏导，帮助职工保持稳定、平和、愉快的工作状态，深受职工的喜爱。

全方位关心关爱职工，满足职工各种需求，促进职工全面成长。钢铁企业各级组织用实际行动真情关爱职工，用实实在在的举措关心服务职工，切实帮助职工思想上解惑、精神上减负、生活上解困，促进了职工全面发展和自我价值实现，让职工活出生命的意义。

想方设法铺就员工成才的绿色通道，为人才队伍的建设奠定坚实基础，实现员工与企业共同成长。

陕钢集团龙钢公司推进钢花创建五项重点工作，改善提升企业的环境面貌，以培育品位员工，打造品质企业；先后成立了职工篮球、羽毛球、乒乓球、书法摄影、舞蹈、音乐等6个文体协会，极大地丰富了职工业余文化生活；惠民工程深入人心，为全体职工办理了"一卡通"，开通了市区和厂区新能源通勤车，节日期间为职工免费提供节日餐，实施缩短健康体检周期等举措，让干部职工切身感受到了大家庭的温暖，增强了职工对企业的归属感。

九、积淀传承、内涵发展，着力提升企业文化的战略定位，塑造具有自身特色的文化体系，激活企业持续健康发展的源动力

企业长青，文化为魂。

在改革开放的历程中，钢铁企业勇于探索实践，注重企业文化，提振信心，凝聚力量，营造起一种文化氛围、精神力量和经营境界，积淀了深厚的企业文化土壤，孕育出了丰硕的企业文化内涵，成为广大职工所认同并付诸实践的行为和准则。

首钢将坚持改革创新、推进转型发展、再铸新的辉煌，努力实现"首钢为首"的梦想，"建设具有世界影响力的综合性大型企业集团"。首钢党委制定《首钢企业文化建设"十三五"规划》，总结提炼传承"敢闯、敢坚持、敢于苦干硬干"、发扬"敢担当、敢创新、敢为天下先"的新时期首钢精神，发布《大力传承和发扬首钢精神的决定》，明确新时期加强企业文化建设的指导思想、目标任务、实施路径、保证措施，坚持"首钢服务、首钢品牌、首钢创造"的核心价值追求，推进创新、创优、创业，为走好转型发展新的长征路创造条件。

鞍钢集团遵循企业文化建设规律，坚持"突出特色，促进发展""继承创新，博采众长""重在建设，务求实效""顶层设计，全员参与"原则，启动文化体系建设，形成《鞍钢集团文化宪章》，以高度的文化自觉，打破旧观念，树立勇于挑战、敢于探索、乐于追求、善于想象的新思维。释放文化力，确立新目标，完成新使命，践行新标准，打造新路径，培育新动能，实现更高质量、更好效益、更快速度的新发展。要深植价值观，将鞍钢集团文化内化于思想、固化于制度、外化于行为、物化于产品、美化于形象，发挥新作用，以创新文化武装头脑、指导行为、引领发展，再创"长子"辉煌。

包钢党委深入挖掘60年来的文化积淀，赋予企业"尽工业长子之责，圆民族复兴

之梦"的使命，确立"创一流企业，建精神家园，铸百年基业"的愿景，构建起适应包钢发展战略的新理念，并提出要打造一个装备现代化、大型化，管理向精细化、信息化转型，传统产业升级、新兴产业蓬勃兴起，环保一流、厂容厂貌焕然一新的"全新包钢"。

南钢以建立"利益共同体、事业共同体和命运共同体"为支撑，坚持用共同的文化整合职工的思想，塑造"以人为本，同心共进"的企业价值观，打造"百年南钢"的文化战略。持续传承"两创"精神。以"艰苦创业，开拓创新"核心企业文化理念为统领，全面推进转型升级，在钢铁行业率先推进智能制造，成为国内领先的"精品板材+优特钢长材"基地和国家级高新技术企业。混合所有制改革后，将企业文化概括为"合创文化"，强调传统与现代的融合、国企与民营的融合、一元与多元的融合，推进企业与职工在企业文化建设活动中共同成长。

陕钢集团龙钢公司以"进步"文化和"正"文化为统领，注重典型带路，榜样引领，以"文化+"为主线，将企业文化理论与实践的宣贯融入经营管理的各项环节，来推动企业文化在该公司真正落地生根、开花结果。实施"文化+"工程。将企业文化建设列入党政一把手工程，形成党政工团齐抓共管，全体干部职工共同参与的创建格局。明晰企业文化建设工程五年规划及年度具体工作方案，建立企业文化评价体系，坚持"目标责任制、检查考核制、奖惩兑现制"，对工程进行全程跟踪，定期全方位监督以提升工程质量。

沙钢不断深化企业文化建设，全面实施企业文化提升战略，作为延伸拓展企业党建和思想工作的重要平台，与加强党员和职工队伍建设以及培育企业品牌，促进生产经营等融为一体。沙钢树立起"我们的决心，就是我们的资源；我们的信念，就是我们的未来"的创新理念，形成了沙钢特有的哲学思辨和广大职工干部共同的目标追求，弘扬提升企业精神、发展理念、职工誓言、干部誓言等具有沙钢特色文化的独特内涵，确立以企业文化为主体的核心价值观，成为广大党员和职工同心协力建设一流钢铁企业的基本价值取向和行为准则。

马钢着力打造"感恩在心、胸有朝阳、公平正义、风清气正"的家园文化，"精心履责、用心工作，把本职工作做到极致就是品牌"的精益文化，"以奋斗者为本、以业绩论英雄"的竞争文化，逐步形成以家园文化、精益文化、竞争文化互相融合、互为支撑的马钢特色文化体系，以企业文化软实力提升带动企业前行发展。

太钢建立起具有特色的企业文化体系，持续开展"建设最具竞争力的企业要从小事做起""用心实践企业核心价值观""增强责任感、提高执行力、实现精细化"等系列大讨论和实践活动，加深了干部职工对理想追求、企业精神和核心价值观的理解和认同，为企业创新发展增添了强动力。

十、典型引领、成风化人，大力培育和弘扬社会主义核心价值观，全方位推进群众性精神文明创建

习近平总书记强调："深入实施公民道德建设工程，推进社会公德、职业道德、家庭美德、个人品德建设，激励人们向上向善、孝老爱亲，忠于祖国、忠于人民。"

放眼全国钢铁企业，各级党政组织都站在讲政治的高度，把精神文明建设和道德建设工程，作为培育人文精神、优化发展环境、打造企业软实力的有效形式，作为构建和谐文明企业、提升干部职工素质的一项重要基础性工作，大力加强和深化群众性精神文明创建活动，成就了一代又一代讲文明、有道德的钢铁企业和钢铁职工。以社会主义核心价值体系为主线，牢牢把文明单位建设抓在手上，切实加强组织领导，不断完善创建机制，提高创建水平，促进了干部职工素质和企业文明水平的持续提高。

钢铁企业成立以主要领导为主任、相关部门为成员的文明委，推行文明委成员会议制度，建立起党委统一领导、党政工团齐抓共管、文明委组织协调、有关部门各负其责、各单位大力创建、全体职工共同参与的领导体制和工作机制，使文明单位建设有领导、有计划、有措施、有考核、有表彰，形成了强大合力。结合企业实际，制定文明单位建设管理的规定、规划，细化工作措施、目标任务，明确评选标准、程序、奖惩及管理等事项，推动了文明单位建设深入开展，涌现出了一大批全国乃至省级、市级典型。引入学习型组织理论，将文明单位创建目标融入职工个人愿景、团队愿景和共同愿景，形成以愿景为支撑的创建体系，激发职工参与创建，提升了创建效果。

习近平总书记指出："核心价值观，其实就是一种德，既是个人的德，也是一种大德，就是国家的德、社会的德。国无德不兴，人无德不立。"立德树人，德行天下，无疑对治国理政具有重大的现实意义。

我国钢铁工业战线代代英模辈出，仅鞍钢60多年来就涌现出各级先进人物9000多人。

郭明义——鞍钢的全国劳动模范、被誉为"当代雷锋"。"跟着郭明义学雷锋"，以郭明义名字命名的志愿服务团队在全国有700多个，总数超过130万人；郭明义微博粉丝突破2100万，产生了巨大的社会效应。

2014年3月，习近平总书记在给郭明义爱心团队回信中指出，雷锋精神，人人可学；

奉献爱心，处处可为。积小善为大善，善莫大焉。当有人需要帮助时，大家搭把手、出份力，社会将变得更加美好。

习近平强调，我国工人阶级应该为全社会学雷锋、树新风做出榜样，让学习雷锋精神在祖国大地蔚然成风。他希望"爱心团队"努力践行社会主义核心价值观，积极向上向善，从"赠人玫瑰、手有余香"中感受善的力量，以实际行动书写新时代的雷锋故事，为实现中国梦有一分热发一分光。

鞍钢集团充分发挥英模人物的榜样作用，大力弘扬鞍钢英模文化。成立鞍钢郭明义精神研究会，举办"郭明义论坛""雷锋文化论坛"；建立孟泰纪念馆、雷锋纪念馆、鞍钢英模馆等职工道德培育基地和爱国主义教育基地；出版《鞍钢英雄谱》《孟泰传人》《郭明义画传》《时代楷模——李超》等书籍；启动"鞍钢楷模"评选活动，评选"敬业爱岗"和"崇德向善"楷模，树立精神标杆，打造精神高地。

太钢集团持续开展年度"感动太钢"人物评选宣传活动，全公司先后有 164 人（团队）受到表彰，一个个蕴含着真善美、承载着正能量的真实感人故事，引导太钢人树立高尚的道德理想和价值追求，激发起自强不息、矢志不渝、奋发进取、攻坚克难的工作热情。

河钢集团在广大干部职工中开展向全国劳动模范郑久强同志学习活动，开展社会公德、职业道德、家庭美德、个人品德楷模评选，50 名职工被评为钢城"道德楷模"并受到隆重表彰，崇德扬善、敬业创新成为职工共同的价值标杆和精神追求。

首钢集团以讲好"首钢人的故事"为载体，传承"敢闯、敢坚持、敢于苦干硬干"、发扬"敢担当、敢创新、敢为天下先"的首钢精神，在全集团营造了学先进、赶先进、超先进的生动局面，为首钢全面深化改革、加快转型发展注入了强大的正能量。

南钢定期举办"道德模范职工"评选，掀起学先进、赶先进热潮；构建"知行合一"学习模式，追求精益求精的工匠精神，评选"南钢工匠"，引领职工岗位建功立业。

山钢股份莱芜分公司加强"四德"工程建设，以培育时代模范、道德榜样为标准，开展"钢铁榜样"评选表彰活动，选出敬业奉献、诚实守信、助人为乐、孝老爱亲、见义勇为五类道德模范，受到职工认可，掀起了学榜样做榜样的热潮，社会新风尚逐步渐成，塑造出企业发展的和谐力量。山钢股份济南分公司编写 16 万字长篇报告文学《姜和信——一个全国劳动模范的成长历程》，3.8 万名职工人手一册，在全公司开展"向姜和信学习，做岗位建功标兵"主题活动，大力弘扬劳模精神，倾力打造劳模文化，形成认同劳模价值、崇尚劳模精神的浓厚氛围，汇集攻坚克难的正能量。

传承文化血脉，构建精神家园。

重钢组织百年历史文化抢救性影像留存工作，形成 1.41TB 高清口述影像，征集实物 315 件，一帧帧、一件件珍贵而罕见的影像资料和征集实物，唤起了人们追溯、感悟历史记忆的强烈共鸣。

首钢由作家王立新历时五年创作的长篇报告文学首钢三部曲《曹妃甸》《首钢大搬迁》《大海上的钢城》约 100 万字，记述了首钢在进行战略决策、大搬迁过程中的感人故事。

攀钢文联主编了《光影追梦》，真实记录了攀钢人 50 年来奋斗不止的辉煌历程和艰苦创业精神。

首钢长钢建成厂史展览馆，编著并由冶金工业出版社正式出版《炉火映太行——寻踪红色长钢》《丰碑》《铸魂》《铁流》《百年陆达》等系列丛书，集中反映了长钢艰苦创业、勤俭办企的红色历史。

丰富的精神文明创建活动，留下了钢铁的足迹，促进了人的全面发展。

山钢集团以"为民情怀、职工福祉"作为信念追求和使命支撑，启动"幸福和谐新山钢"建设，致力于做实职工与企业的利益共同体、事业共同体、命运共同体，努力提升职工归属感、幸福感、获得感，满足职工对美好生活的新期待。积极推进文明单位创建，扎实开展物质文明、政治文明、精神文明、社会文明、生态文明协同发展，促进企业和谐发展。

——鞍钢集团将深化"国家扶贫日"主题活动，组织全体党员为贫困地区捐款，组成专家宣讲团到扶贫点开展巡讲活动，帮助贫困户转变思想观念，树立"先富脑袋、再富口袋"，从要我脱贫向我要脱贫转变，引导贫困户明确致富目标，积极脱贫，通过检查扶贫工作进展情况，看望挂职、派驻扶贫干部，走访困难群体，落实帮扶项目，协调解决扶贫工作中存在的困难和问题等，为美丽中国建设贡献钢铁力量。

河钢承钢创新性开展精神文明建设推进月活动，不断创新、丰富精神文明建设工作方法和形式，深化"三德三做"主题教育，开展"道德之星"评选，创建"文明单位、文明工段、文明班组、文明职工""文明示范点""青年文明号"等活动，将精神文明建设工作与企业单位工作和生产经营工作同步安排、同步开展，共创共进共谋发展。

40 年的风雨兼程，40 年的创新发展，钢铁企业党建思想政治工作和精神文明建设的实践提供了宝贵的经验和启示，那就是：必须坚持党的领导、高举旗帜，才能保持党建思想政治工作和精神文明建设的正确方向；必须坚持理论引领，推动实践，才能保持党建思想政治工作和精神文明建设的生命力；必须坚持与企业生产经营划出同心圆，才能充分发挥党建思想政治工作和精神文明建设的效力；必须坚持在继承中创新，在创新中发展，才能激发党建思想政治工作和精神文明建设的活力；必须坚持服务职工群众，才能增强党建思想政治工作和精神文明建设的号召力、感染力、吸引力。

40 年岁月峥嵘，钢铁工业见证了中国社会的发展进步，印证了推进党建工作和精神文明建设的深远历史意义和现实意义。展望未来，钢铁工业以习近平新时代中国特色社会主义思想为指引，坚定不移地贯彻落实新理念新思想新战略，将党的建设工作与精神文明建设工作落到实处，紧跟新时代发展步伐，彰显钢铁工业的责任担当，推动国民经济又好又快发展，为实现中华民族伟大复兴的中国梦贡献力量！

第十章　促进钢铁工业高质量发展，早日实现钢铁强国目标

进入新时代，经济和社会环境发生巨大变化，钢铁工业面临着新情况、新问题、新挑战。产能过剩、创新不足、环境约束等问题成为制约钢铁工业发展的主要矛盾。

一、钢铁工业新的发展要求

党的十九大报告提出，中国特色社会主义进入新时代，我国社会主要矛盾已经转化为人民日益增长的美好生活需要和不平衡不充分的发展之间的矛盾。随着我国社会主要矛盾的转化，人民美好生活需要更加安全、更高质量性能、更绿色的钢铁材料，钢铁产业必须要解决这些不平衡不充分的问题。

在新的历史阶段，钢铁产业发展不平衡不充分的问题表现：一是在产业结构方面，国内企业数量众多、高度分散，产业集中度远低于世界主要产钢国，产业集群内的供给能力及效率与区域市场的钢材消费量及产品档次需求不匹配；二是在创新驱动方面，存在创新载体分散，各自为战，协同创新不足等问题，导致创新引领发展能力不足，少数高精尖领域的基础零部件、元器件、重大装备所需钢铁材料难以有效满足需求；三是在绿色发展方面，河钢、太钢、德龙等钢铁企业位居世界最清洁钢铁企业之列，一批企业建成了绿色工厂，但仍有部分钢铁企业的环境治理不容乐观；四是在企业发展方面，钢铁企业发展水平参差不齐，既有世界领先、先进的钢铁企业，也有粗放发展、技术一般甚至落后的不规范钢铁企业。

二、钢铁工业新的战略目标

党的十九大报告提出，习近平总书记把"中国梦"定义为实现中华民族的伟大复兴，其核心为"两个一百年"的目标。这一奋斗目标，又分解成"两个十五年"。从 2020 年到 2035 年这个 15 年，目标是基本实现社会主义现代化。从 2035 年到 21 世纪中叶，目标是建成社会主义现代化强国。从全面建成小康社会到基本实现现代化，再到全面建成社会

主义现代化强国，是新时代中国特色社会主义发展的战略安排。

新时代下，钢铁产业转型升级的战略，要能够更好地支撑全面小康社会的建设，为"两个一百年"目标的实现夯实材料基础，用中国钢铁既大又强的"钢铁强国梦"去圆"中国梦"。随着结构调整步伐加快，钢铁工业有能力率先实现现代化，到 2030 年左右，基本建成世界钢铁强国。

钢铁产业的转型要通过转变发展和经营方式，加快实现由传统速度扩张型向质量效益型转变，由依靠投资拉动提供生存空间向创新增效获取利润发展空间转变；升级就是在这种理念指导下通过全面优化技术结构、组织结构、布局结构等方面的结构性改革实现对行业的全面优化升级，最终实现钢铁产业能够持续满足经济社会需求、能够与社会环境和谐友好，钢铁材料能够持续成为社会经济发展不可或缺的基础材料。

三、钢铁工业新的发展思路

创新、协调、绿色、开放、共享的五大发展理念，是"十三五"乃至更长时期我国发展思路、发展方向、发展着力点的集中体现。

钢铁产业通过实施创新驱动和国际化建设，实现钢铁产业的低碳绿色发展和可持续运营，把钢铁产业发展成在质量、品种上满足国民经济和社会发展需求，在技术、产品上能够发挥国际引领作用的产业，通过加快推进钢铁产业供给侧结构性改革，夯实钢铁产业"脱胎换骨"式转型升级的基础保障，走出一条钢铁产业协调、共享发展之路，实现钢铁产业既大又强，这也正是"五大发展理念"在钢铁产业转型发展中的具体体现。

四、我国钢铁工业今后优化方向

当前，国际经济形势错综复杂，国内经济面临下行压力，我国先后制定了一系列国家重大经济发展战略，既有立足全球、强调对外开放新格局的"一带一路"倡议，也有立足全国、旨在引领制造业发展的《中国制造 2025》，还有立足局部、着眼于统筹区域发展的"京津冀协同发展"和"长江经济带"战略。

（一）"一带一路"为钢铁转型拓展发展空间

"一带一路"倡议是党中央主动应对全球形势深刻变化、统筹国内国际两个大局做出的重大战略决策，也为钢铁产业国际化经营创造了机遇、指明了方向。"一带一路"沿线大多是新兴经济体和发展中国家，有着丰富的矿产资源和广阔的市场前景。钢铁企业把握"一带一路"的战略布局机遇，充分利用沿线国家丰富的矿产资源与市场优势，加强在"一带一路"沿线国家和地区的影响力，加速我国钢铁产能的全球化布局前景广阔。

（二）《中国制造2025》加速推进钢铁产业升级

推进《中国制造2025》实施是助力中国经济转型、迈向创新社会的重要举措。《中国制造2025》中明确提出要把我国建设成为引领世界制造业发展的制造强国。钢铁本身既是制造业，更是制造业发展的基础，尤其是高端装备制造业的发展，离不开钢铁材料的支撑，作为国民经济发展的最基础的原材料，在国家大力发展制造业，实现制造强国的过程中，也必然会带动钢铁产业更快、更强发展。

《中国制造2025》强调"推进智能制造，走创新驱动发展道路""实施'三品'战略，走以质取胜发展道路""发展绿色制造，走生态文明发展道路""加快结构调整，走开放协同发展道路"，这些也是钢铁工业实现高质量发展的必经之路。作为制造业的重要基础，钢铁产业必须通过结构调整与改革，坚持创新驱动，实现低碳绿色发展和可持续运营，才能支撑《中国制造2025》目标实现。

（三）"京津冀协同发展""长江经济带"推动钢铁产业结构调整

"京津冀协同发展"和"长江经济带"两个战略的实施有利于城市群内部协同发展，避免了各自为政、盲目发展、重复建设，更好、更充分地将发展潜力和空间释放出来，为中国经济长期持续健康发展提供支撑。

津冀北、晋冀南、长三角三大钢铁产业集群和山东、辽宁两大板块，基本上与"京津冀协同发展""长江经济带"经济战略相契合。钢铁产业布局存在着区域钢铁产能与钢材消费和环境容量、承载力不匹配，资源与市场错配的问题。亟须通过布局结构调整，实现钢铁既能够很好地满足区域经济发展的需求，又能实现钢铁生产工艺与区域生产要素相适应，更能实现钢铁生产与区域环境和谐友好，才能真正符合"京津冀协同发展""长江经济带"战略发展要求。

五、钢铁产业自身提出的高质量发展要求

钢铁产业的供给侧结构性改革是一项长期而艰巨的任务，钢铁工业面临的经济形势和发展环境正在发生重大变化。通过转型升级完成动力转换，新动能推进转型升级，

实现低碳绿色发展、具备较强且持续的经营发展能力，是钢铁产业自身发展的必然要求。

今后，钢铁市场需求波动和产能过剩并存的格局将持续一段时间，基础设施建设和装备制造业向高端发展的趋势也对钢铁材料提出越来越高的要求；铁矿石资源对外依存度居高不下，钢铁重要生产区域的环境容量和承载力制约越来越大；彻底取缔地条钢后，废钢铁资源回收利用明显增多，对钢铁工艺结构调整也提出了新的课题。

因此，要着力解决好发展不平衡不充分问题，要大力提升发展质量和效益，要更好地满足国家、人民和社会对发展质量、供给质量、服务质量、生态环境质量日益增长的新需求，对钢铁质量、寿命、安全、环保、实用的更高需求，这是全行业必须要认真思考的问题和努力的方向。

六、钢铁工业高质量发展目标

面对挑战，钢铁工业通过全面贯彻落实党的十九大以来改革发展和战略部署精神，树立创新、协调、绿色、开放、共享五大发展理念，践行《中国制造 2025》建设制造强国战略，围绕 2025~2030 年建成世界钢铁强国的目标，抓紧机遇，攻坚克难，加快推进供给侧结构性改革，以"三去一降一补"为突破口，以加速推进结构性调整为抓手，实现钢铁产业转型发展；以实现绿色发展为重点，以加快技术创新为主线，实现钢铁产业优化升级；以国际化建设为支撑，达到综合竞争力最强，实现钢铁产业可持续运营。我们有信心、有能力实现钢铁工业高质量发展，建成既大又强的钢铁产业。

到 2020 年，钢铁工业供给侧结构性改革取得重大进展，实现全行业根本性脱困。产能过剩矛盾得到有效缓解，粗钢产能净减少 1 亿~1.5 亿吨；创新驱动能力明显增强，建成国家级行业创新平台和一批国际领先的创新领军企业；能源消耗和污染物排放全面稳定达标，总量双下降；培育形成一批钢铁智能制造工厂和智能矿山；产品质量稳定性和可靠性水平大幅提高，实现一批关键钢材品种有效供给。力争到 2030 年，钢铁工业供给侧结构性改革取得显著成效，自主创新水平明显提高，有效供给水平显著提升，形成组织结构优化、区域分布合理、技术先进、质量品牌突出、经济效益好、竞争力强的发展态势，实现我国钢铁工业由大到强的历史性跨越。具体目标如下。

（一）实现去产能目标

依照市场倒逼、企业主体、地方组织、中央支持的原则，突出重点、依法依规，综合运用市场机制、经济手段和法治办法，建立去产能去杠杆的长效机制。"僵尸企业"基本出清，严防"地条钢"死灰复燃，落后产能总体淘汰，违规产能有效纠正，一批无效、低效产能有效退出，市场运行环境明显改善，行业效益大幅好转。

（二）钢铁产业布局得到优化

统筹考虑市场需求、交通运输、环境容量和资源能源支撑条件，结合化解过剩产能，深化区域布局减量调整。产业布局结构得到优化，钢铁产业与市场、经济发展需求相适应，同质化竞争明显减轻；钢铁生产与生产要素、环境容量相协调，实现钢铁与城市的和谐友好。

（三）自主创新能力进一步增强

科技资源充分整合，发挥企业的创新主体作用、设计单位的桥梁和推广作用、大学和科研院所的基础先导作用，实施产学研用相结合的创新模式，通过市场化运作机制和多元化合作模式，在钢铁领域建设国家级行业创新平台，提高原始创新、自主集成创新能力，开展行业基础和关键共性技术产业化创新工作，在低能耗冶炼技术，节能高效轧制技术，全流程质量检测、预报和诊断技术、钢铁流程智能控制技术、高端装备用钢等方面有重大突破。

（四）不断提高钢铁有效供给

全面确立以用户为中心的产品理念和服务意识，钢铁企业由制造商向服务商转变。结合先期研发介入、后期持续跟踪改进（EVI）模式，创新技术支持和售后服务，完善物流配送体系，提供材料推荐、后续加工使用方案等一系列延伸服务，创造和引领高端需求。企业在高技术船舶、海洋工程装备、先进轨道交通、电力、航空航天、机械等领域重大技术装备所需高端钢材品种的研发和产业化方面有重大突破，持续增加有效供给。

（五）实现智能制造

钢铁企业基本完成基础自动化、生产过程控制、制造执行、企业管理四级信息化系统建设。有条件的钢铁企业建立大数据平台，在全制造工序推广知识积累的数字化、网络化。在环境恶劣、安全风险大、操作一致性高等岗位完成机器人替代工程。普及钢铁企业两化融合管理体系贯标和评定，完成钢铁智能制造标准化工作。

（六）实现绿色制造

推广应用和全面普及先进适用以及成熟可靠的节能环保工艺技术装备。全面完成烧结脱硫、干熄焦、高炉余压回收等改造，淘汰高炉煤气湿法除尘、转炉一次烟气传统湿法除尘等高耗水工艺装备。全面建成企业厂区主要污染物排放的环保在线监控体系。实现先进节能环保技术，焦炉和烧结烟气脱硫脱硝、综合污水回用深度脱盐等节能环保难点技术的推广普及。在环境影响敏感区、环境承载力薄弱的钢铁产能集中区，实施封闭式环保原料场、烧结烟气深度净化等清洁生产技术改造。在钢铁产业集聚区，实施物流集中铁路运输方案，系统优化物流体系，减少物流过程中无组织排放。

（七）提高产业集中度

按照市场化运作、企业主体、政府引导的原则，结合化解过剩产能和深化区域布局调整，进一步深化混合所有制改革，深化国有企业改革力度，推动行业龙头企业实施跨行业、跨地区、跨所有制兼并重组，形成若干家世界级一流超大型钢铁企业集团；在不锈钢、特殊钢、无缝钢管等领域形成若干家世界级专业化骨干企业。产钢大省的优势企业以资产为纽带，推进区域内钢铁企业兼并重组，形成若干家特大型钢铁企业集团，改变"小散乱"局面，提高区域产业集中度和市场影响力。超大型和特大型钢铁企业集团粗钢产能占全国比重超过60%；形成一批专用产品优势明显、自我发展能力强的专业化龙头企业集团。

（八）进一步深化钢铁工业对外开放

发挥我国钢铁工业优势，推动钢铁企业深化国际产能合作。以资源条件好、配套能力强、市场潜力大的国家和地区为重点，完善与相关国家投资合作机制，加强协调，推动优势企业参与国际产能收购与建设，培育数个国际化钢铁集团。

（九）建立稳定共赢的资源保障体系

充分发挥我国铁矿石价格指数、现货交易和铁矿期货的作用，建立客观反映供求关系、符合各方利益的铁矿石市场价格形成机制，建立公平稳定共赢的铁矿石贸易机制。国内企业集团或联合体对优质、低成本矿产资源的控制得到加强。持续推进国内重点成矿区带勘探工作，进一步摸清我国铁矿资源家底。一批竞争力强的现有国内铁矿企业，通过规模化、集约化开发，提高矿山管理水平和生态环境，强化国内矿产资源的基础保障作用。一批不具竞争力的国内铁矿企业停产退出。

（十）建立公平市场竞争环境

实现严格执法，统一执法标准。初步杜绝伪造数据、偷排偷放、严重污染环境等违法行为。严格质量执法，杜绝以次充好、假冒伪劣等违法行为。严格能效管理，加强节能监察，贯彻强制性能耗限额标准和产品能效标准。严格安全执法，对不符合规范标准要求等行为，实行停产整改。钢铁行业规范管理与环保、质量、能耗和安全执法紧密结合，完成对未纳入钢铁规范条件的企业整改或关停，加强行业自律，在行业内形成诚信守法的公平竞争环境。

40

钢铁生产企业发展篇

GANGTIE SHENGCHAN QIYE FAZHAN PIAN

改革开放 40 年中的宝武

中国宝武钢铁集团有限公司

一、中国宝武钢铁集团有限公司建设 40 年来的历程和成就

(一) 企业概况

中国宝武钢铁集团有限公司（简称中国宝武）的前身是始建于 1978 年 12 月的上海宝山钢铁总厂，后经历"宝山钢铁（集团）公司""上海宝钢集团公司""宝钢集团有限公司"（简称宝钢）等不同阶段，于 2016 年 12 月与武汉钢铁（集团）公司实施联合重组，正式揭牌成立"中国宝武钢铁集团有限公司"。

中国宝武是全球现代化程度最高、钢材品种规格最齐全的特大型钢铁联合企业之一，是国有资本投资公司试点企业，注册资本 527.9 亿元，资产规模 7395 亿元，产能规模 7000 万吨，位居中国第一、全球第二。2017 年，中国宝武取得了中国钢铁行业最佳经营业绩，实现营业总收入 4004.8 亿元，利润总额 142.7 亿元，位列《财富》世界 500 强第 162 位。

中国宝武的经营范围包括国务院授权范围内的国有资产，并开展有关投资业务；钢铁、冶金矿产、煤炭、化工（除危险品）、电力、码头、仓储、运输与钢铁相关的业务，以及技术开发、技术转让、技术服务和技术管理咨询业务，外经贸部批准的进出口业务、国内外贸易（除专项规定）及其服务。通过遍及全球的营销网络，中国宝武为 75 个国家和地区的用户提供产品和服务。公司总部设在中国（上海）自由贸易区世博大道 1859 号，在册员工 16.84 万人（截至 2018 年 6 月 30 日）。

(二) 发展历程

中国宝武建设发展的 40 年，是与中国改革开放同行的 40 年；是新建扩建、重组改造，建设世界级特大型现代化钢铁企业的 40 年；是瞄准世界一流水平，积极参与市场竞争，努力提升国际竞争力的 40 年；也是解放思想，持续创新，不断探索国有企业改革发

展道路的 40 年。40 年历程中，留下了一个个闪光的足迹：

1978 年 12 月 23 日，宝钢打下第一根钢管桩，宝钢工程动工建设。

1985 年 9 月 15 日，宝钢一号高炉点火成功，宝钢一期工程顺利投产；1991 年 6 月 29 日，宝钢二号高炉点火成功，宝钢一期、二期工程建设全部完成；1994 年 9 月 20 日，宝钢三号高炉点火成功；2000 年，宝钢三期工程全面建成，宝钢跻身世界千万吨级特大型现代化钢铁企业行列。

1998 年 11 月 17 日，宝钢与上海冶金控股（集团）公司、上海梅山（集团）有限公司联合重组，组建成立上海宝钢集团公司。

2000 年，宝山钢铁股份有限公司成立并在上海证交所挂牌上市；2005 年，宝钢股份完成钢铁主业增发收购，钢铁主业资产实行一体化运作。

2003 年，宝钢成为中国竞争性行业和制造业中首批跻身世界 500 强的企业。

2005 年 10 月 17 日，宝钢改制为国有独资公司——宝钢集团有限公司，并开始建立完善董事会试点工作。

2012 年 5 月 31 日，宝钢广东湛江钢铁基地项目开工建设；2017 年 8 月 17 日，宝钢广东湛江钢铁基地项目在建工程全部竣工投产。

2016 年 7 月，宝钢被国务院国资委列入首批国有资本投资公司试点企业名单。

2016 年 9 月 14 日，国务院批准，宝钢集团有限公司与武汉钢铁（集团）公司联合重组；12 月 1 日，中国宝武钢铁集团有限公司揭牌成立。

（三）主要成就

自宝钢工程动工建设，到成为全球现代化程度最高、最具竞争力的钢铁联合企业，中国宝武走出了一条在高起点上引进、消化、吸收、创新，不断提升综合竞争力的国有大型企业发展之路，开创了中国钢铁工业现代化建设的新局面。

中国宝武的 40 年，是跨越发展的 40 年。从 1978 年 12 月宝钢工程打下第一根桩、1985 年 9 月一期工程投产，到 2000 年宝钢三期工程全面建成，成为中国第一个千万吨级特大型钢铁联合企业。宝钢的建设，对中国钢铁工业的发展具有里程碑的意义，使中国钢铁工业技术装备水平与世界先进水平的差距至少缩短了 20 年；宝钢和中国宝武的发展，提供了中国钢铁企业践行科学发展观、可持续发展的模式，带动了中国钢铁工业做大做强，提升了中国钢铁工业在全球钢铁业界的竞争力和影响力。

中国宝武的 40 年，是重组改革的 40 年。1998 年吸收上海地区钢铁企业、实施联合重组后，宝钢对老企业进行脱胎换骨的改造，累计淘汰落后炼铁产能 493 万吨、炼钢产能

608 万吨、轧钢产能 500 余万吨，分流安置员工 11.1 万人。中国宝武成立后，深化供给侧结构性改革，去产能、调结构，2016 年 1 月至 2018 年 6 月，累计化解炼钢产能 1542 万吨。

中国宝武的 40 年，是做强做优的 40 年。从 1985 年 9 月投产到 2003 年进入世界 500 强，用了不到 20 年的时间。2018 年，中国宝武以 2017 年营业收入 592.55 亿美元排名世界 500 强企业第 162 位，位列全球钢铁企业第二，并连续 15 年进入榜单；中国宝武还是美国《财富》杂志评出的"最受赞赏的中国公司"，并保持世界三大评级机构给予的全球综合类钢铁企业最优评级水平。

40 年来，中国宝武不仅建成了中国第一个千万吨级特大型钢铁联合企业——宝钢，而且以"开放式自主集成创新"模式在湛江东海岛上建成了一个年产铁水 823 万吨、板坯 840 万吨、钢材 689 万吨的绿色碳钢板材生产基地——宝钢湛江钢铁有限公司，实现了"新建一个宝钢"的梦想，印证了小平同志的预言："历史将证明，建设宝钢是正确的"。

40 年来，中国宝武通过新建扩建和兼并重组，产能规模达到 7000 万吨，居中国第一、全球第二。从 1985 年 9 月宝钢一期工程建成投产到 2018 年 6 月，中国宝武累计产铁 6.81 亿吨、钢 7.61 亿吨、钢材 7.04 亿吨，实现销售收入 4.40 万亿元，实现利润 3017.99 亿元，上交税费 2971.82 亿元，出口商品坯材 5857.34 万吨，实现出口创汇 391.09 亿美元，为国有资产保值增值、为推进我国现代化建设作出了杰出贡献。

二、主要特点和经验

中国宝武按照邓小平同志题词"掌握新技术，要善于学习，更要善于创新"的要求，与中国改革开放同行，引领行业技术进步，走出了一条引进、消化、吸收、创新的技术进步之路；始终对标世界一流，走出了一条质量效益型现代钢铁企业发展之路；融入全球市场竞争，走出了一条从工厂化管理到集团化运营、国际化经营的重组改革之路；坚持绿色低碳制造，走出了一条节能环保、可持续发展之路；全面落实党建责任，走出了一条加强国企党建、发挥国企独特优势的实践之路。

（一）引领行业技术进步，走出了一条引进、消化、吸收、创新的技术进步之路

坚持在引进的基础上进行"高起点创新"，彻底改变中国钢铁工业落后国外先进同行几十年的面貌，赶超世界一流，这是中国宝武的初心，也是中国宝武肩负的历史使命。

40 年来，中国宝武大力推进体系能力建设，积极探索机制和管理创新，形成了由

"研究开发""工程集成""持续改进"三个子体系组成的技术创新体系；坚持"精品+服务"的技术创新模式，开发了汽车板、硅钢、能源用钢、航空航天用钢等一批钢铁精品；拥有一大批具有自主知识产权的技术和成果。高等级汽车板、取向硅钢等多项创新成果荣获国家科技进步奖一等奖；薄带连铸、非高炉炼铁等前沿技术研究，以及铝、镁和储能材料等非钢新材料研发项目取得突破。2017 年，凭借创新体系能力、技术资源、人力资源、产业链资源等方面的优势，中国宝武又成为第二批全国大众创业万众创新示范基地，加快由钢铁制造商向绿色产业链驱动者转变，由技术追随者向引领者转变，由单纯的产品与服务供应商向血脉相连的供应链合作伙伴转变。

1. 立足高起点技术引进，通过引进、消化、吸收，实现自主集成创新

为避免走"引进、落后、再引进、再落后"的老路，宝钢坚持高起点引进，建成后的综合技术水平达到了当时国际上特大型现代化钢铁联合企业水平。高起点的技术引进，不仅保证了宝钢技术装备的先进性，确立了宝钢能够实现"高效益"的前提，也为宝钢建成后技术的自主集成和创新打下了坚实的基础。

宝钢在投产之时就提出"引进消化、跟踪移植、开发创新"的要求，1989 年将"引进、消化、跟踪、创新"明确为技术进步指导方针，技术创新工作由引进、消化、吸收逐渐发展到二次创新、集成创新和自主创新并存的阶段，成为我国创新能力最强的钢铁工业新工艺、新技术、新材料研发基地，并形成以低成本冶炼技术、纯净均质钢技术、高精度轧制技术、孔型和壁厚控制技术、热处理和表面处理技术等组成的钢铁主工艺流程的核心技术链。同样，早在 1978 年改革开放之初，武钢率先引进以"1.7 米轧机"为代表的国外先进技术设备，实现了设备技术的脱胎换骨，主体装备水平达到世界一流。

宝钢大力投资于技术创新体系能力的系统提升，在原来钢铁研究所构架的基础上，于 1995 年组建了技术中心；1999 年，整合公司内部科研开发力量成立了宝钢研究院（现为中国宝武中央研究院），积极进行前瞻性、独创性、能够形成专有或重大知识产权的新产品、新工艺、新装备和新技术的开发。作为首批国家级技术中心，中央研究院已具备钢铁生产全流程的数值模拟、物理模拟和中试试验为主的实验模拟能力，实现了提炼模拟对象物理本质为特征的实验设备自主开发能力，拥有重大工程自主集成创新的支撑能力和节能减排为主要研究对象的可持续发展技术研发能力。武钢拥有国家硅钢工程技术研究中心、华中科技大学–WISCO 联合实验室、武汉市–武钢高新技术研发中心等一批技术创新机构；拥有 1 个国家级、4 个省级企业技术中心和 1 个国家级、2 个省级工程技术研究中心；拥有 2 位中国工程院院士，科研创新实力雄厚。

经过长期摸索和完善，中国宝武已基本形成由 3 个不同层面组成的完整的技术创新队伍：以研究院为主体，通过产销研和产学研紧密结合的研究开发队伍；以生产现场为重点，以稳定提高和精益运营为特征的持续改进队伍；以工程项目为载体，生产、研发、设计和制造"四位一体"的工程集成队伍。同时，还构建了由技术创新委员会、专家资源库和完整技术创新队伍组成的统一指挥和科学决策、专家咨询和评估、全面执行和高效运转的宝钢技术创新体系。建有代表国内汽车用钢最高水平的"汽车用钢开发与应用技术国家重点实验室"，以及"国家硅钢工程技术研究中心"，分析检测能力获"国家认可实验室"和"国家实验室能力验证提供者"资质，宝信软件技术中心被认定为我国第十三批国家级技术中心（分中心）。

2. 强力支持"中国制造"，实现从替代进口到全球首发的跨越

建设宝钢的初衷之一是实现高端钢材的进口替代，汽车板是首个实现进口替代的战略产品。宝钢从20世纪90年代初开始自主研发，结合车身轻量化和绿色环保的要求，宝钢大力发展各类高强度汽车钢板，成为全球唯一能同时工业化生产第一代、第二代和第三代先进超高强钢的企业，并通过世界知名汽车企业认证，向世界各大著名汽车厂的各种车型供货。按照汽车设计流程和规则，宝钢整合新材料、新工艺和新结构优化技术，制造的超轻型白车身更是成为国内钢厂在汽车材料研发与应用领域的里程碑。目前，中国宝武已成为国内最大、全球第三的汽车板制造企业，已覆盖从热轧、酸洗、普冷到镀锌的所有汽车板品种，年生产能力超过1000万吨，在中国公路奔跑的车流里，每2辆轿车中就有1辆使用宝钢生产的汽车板。

宝钢人深知，核心技术是买不来的，必须依靠自主创新，掌握突破性技术。作为电力行业战略性基础材料的取向电工钢，被誉为现代钢铁业"皇冠上的明珠"，其工艺技术一度被国外企业严加封锁，致使国家能源战略受制于人。宝钢历经十年艰辛，于2008年顺利产出第一卷合格取向电工钢，掌握了代表钢铁业顶级制造能力的取向硅钢工艺技术，实现了从技术研发到产线集成、工程建设到大生产的全线自主创新。在随后的5年里，实现了取向硅钢产品牌号全覆盖，并能批量稳定供货。2016年，宝钢批量化生产并实现取向电工钢顶级牌号B27R080、B30R090系列产品全球首发，标志着中国电工钢产品技术水平达到世界顶尖水平。目前，中国宝武年产取向电工钢80万吨，产量规模世界第一，约占全球取向电工钢总产量的1/3，能够满足我国输配电行业的全部需求，成功应用于"西电东送"等多个国家级特高压工程项目。

大国工程，诠释中国实力；国之重器，打造中国品牌。在"制造强国"的使命召唤下，联合重组后的中国宝武坚持技术领先，致力于"成为全球钢铁业引领者"，产品广泛应用于国家重大工程和核心领域，铸就"大国工程""国之重器"。

中国车、中国桥、中国路、中国港，探索太空、开发深海、上天落地——这一个个超级工程的背后，都有中国宝武钢铁产品的身影：桥梁缆索用钢用于西堠门大桥，打破了此前国内大型桥梁缆索原材料全部进口的局面；世界最长的海底隧道——港珠澳大桥隧道最后接头净重约 24 吨，其中的热轧钢板就来自中国宝武；开发研制我国第三代、第四代（高温气冷堆）核电技术用核电蒸汽发生器 690 合金传热管、690 合金水室隔板、TP405 不锈钢板、核电站主泵电机屏蔽套用 C276 合金薄板等核电关键材料，成功应用于"华龙一号"、国家重大专项示范工程 CAP1400 等核电项目；为"蓝鲸一号"提供了 E 级、F 级厚板高强钢，并应用于承重关键部位；自主研制的飞机"一类关键件"起落架用 300M 钢，成为国内唯一的大飞机项目 A 类钢种供应商；成功研制 LNG 船最核心的材料——殷瓦合金板带，成为目前全球第二家薄膜型 LNG 船用殷瓦合金供应资质的企业；自主研发核电蒸汽发生器用 690U 型管，成为世界上第四个有能力生产该项核能材料的企业。从宝钢、武钢到中国宝武，公司瞄准"人有我有，人有我优"，源源不断地生产出高科技含量的汽车板、电工钢、厚板等一系列代表着世界制造一流水平的钢铁产品，改变了中国制造业发展中钢铁原材料严重依赖进口、受制于人的局面，强力支撑了国家改革开放、高质量发展。

3. 持续推进开放合作，实现从产销研一体化、产学研相结合到产业链联动的机制创新

产销研一体化和产学研相结合是中国宝武在技术创新中探索出来的重要运行机制。40 年来，先后与上海交通大学、东北大学、北京科技大学、中国钢研集团、武汉科技大学、华中科技大学等院校开展了战略合作；与美国科罗拉多矿业学院、瑞典皇家工学院等院校建立起合作关系，建立了宝钢—澳大利亚联合研发中心、宝钢—英国伯明翰大学研发中心、武钢—迪肯汽车材料创新中心等，推进研发资源国际化配置。不断加强与用户的战略合作，与汽车、家电、能源等行业签订长期的技术合作协议，建立"应用技术联合实验室"及技术创新联盟，构建产学研用产业链创新体系；从 2000 年起，与国家自然科学基金委共同出资设立了面向全国的钢铁联合研究基金，重点资助我国钢铁工业发展迫切需要的冶金新技术及有关工艺、材料、能源、环境、装备、信息等方面具有重要科学意义和应用价值的基础研究项目。

中国宝武持续推进"中国制造 2025"，坚持实施智慧制造战略，以技术装备较先进的宝钢股份为重点，全力推进智能制造工作，成为国家首批智慧制造示范试点企业之一。宝钢股份智能制造已完成由导入阶段向系统化落实阶段的转变，构建集智能装备、智能工厂、智能互联于一体的智慧制造体系，打造面向未来钢铁的全新竞争优势，力争在钢铁行业形成可复制可推广的经验与模式，为我国钢铁工业实现智慧制造作出示范。各钢铁生产基地智能装备改造、产成品仓库无人化改造和出厂效率提升项目纷纷启动，宝山基地热轧1580智能车间示范试点基本建成，为钢铁车间级智慧制造提供了样板和经验，倒逼效率提升、管理创新，助力安全生产。

2017年，中国宝武成为第二批全国大众创业万众创新示范基地，公司将依托技术创新和管理创新双轮驱动，建设适应企业转型升级的技术创新体系，努力建成1个钢铁众研平台、5个多元专业平台和1个双创服务平台，设立创投和产业基金，形成创新创业生态圈，推动传统钢铁产业转型升级，实现产业链竞争力整体提升。

（二）始终对标世界一流，走出了一条质量效益型现代钢铁企业发展之路

经过40年的规模扩张和高速发展，我国钢铁产能从初期的严重不足发展到今天的严重过剩，众多钢铁企业在激烈的行业竞争和产业优化升级过程中面临经营困境。大浪淘沙，中国宝武凭借贯以始终的质量效益型集约式发展理念，探索出一条独具特色的中国钢铁企业发展之路。无论从工程建设到产品质量，还是从产品销售到用户服务，中国宝武始终对标世界一流，以高起点、高定位、高质量产品和高质量服务赢得了巨大的经济效益和社会效益，在我国钢铁行业独占鳌头，在世界钢铁行业举足轻重。

1. 创新管理，严格苛求，实现高质量工程建设

引进一流技术装备，建设高水平一期工程。宝钢工程规模之大建设之复杂，在钢铁工业发展史上没有先例。从工程总体设计到成套设备技术引进，从打下第一根桩到整体项目施工建设，宝钢严格苛求，实行全面、全过程质量管理，确保工程质量优良，主辅项目同步建设，投产一次成功，安全稳定顺行，一年达到设计指标，创出了大型钢铁企业建设史上的最优成绩。宝钢一期工程单项工程质量优良率达到95%以上，获得了"国家优质工程金质奖"。

以"我"为主，建设高质量三期工程。在一、二期工程的基础上，宝钢以"我"为主自主建设三期工程，对工程质量提出了更加严格的要求，在工程设计、设备管理、施工建设、生产准备等各个方面进行了全面创新。设备国产化率从一期工程时的12%，提升到三期工程的80%，实现了一流的工程质量效益和建设速度，实物质量超过了一、二期工程水平。得益于三期工程建设的自主创新，宝钢各项工艺、技术不断突破，整体实力和能力均得到了大幅提升，宝钢也在三期工程建成后，正式跻身于"千万吨级"特大型现代化钢铁企业行列，在国内外冶金行业都处于领先地位。

全面"输出"，兴建世界一流的绿色环保新钢厂。"宝钢不但要向国家归还一个宝钢，

还要再新建一个宝钢。"这是宝钢在建设之初即立下的宏伟誓言。三期工程自筹资金 500 多亿元建成后，"归还一个宝钢"的目标已经实现，在此基础上，宝钢结合长远发展规划，提出了建设湛江钢厂的战略构想，并于 2012 年正式开工。湛江钢厂采用大量自主集成创新技术，从开工建设到一号高炉点火，仅用时 3 年，"为国家新建一个宝钢"的理想就成为现实。2017 年 8 月，湛江钢厂在建工程全部完工，工程质量主控项目合格率达到 100%，各主体单元均创"冶金优质工程奖"。在投产第二年就提前实现了"达产、达标、达耗、达效"的挑战性目标，创造了国内千万吨级钢铁企业从投产到年度"四达"的最快纪录。

2. 坚持一流，研发生产高质量精品钢材

"办世界一流企业，创世界一流水平"。宝钢始终坚持以世界一流为目标，坚持生产国家急需的、能够替代进口的、可以与国外先进企业产品媲美的精品钢材。

坚持"替代进口"原则，不生产"大路货"。长期以来，我国钢铁产品建筑用材比重过大，板管材比重太小，50% 以上关键钢材需要进口。宝钢把品种、质量放在首位，立志要为中国工业现代化和钢铁产业结构升级提供急需的产品以替代进口。宝钢自主研发了 X 系列高等级管线钢，打破了高等级管线钢的国外垄断，成为继新日铁、住友和欧洲钢管之后，世界第四家试制成功 X120 管线钢的企业，该管线钢不仅广泛应用于我国西气东输工程，还大量出口。到 20 世纪 90 年代末，不仅 X 系列管线钢，石油管、船板、造币钢、汽车用钢等 11 个系列产品实现进口替代，极大地拉动了相关上、下游产业的发展，对我国汽车、机械制造、石油天然气、航空航天、造船、家电、桥梁、建筑等行业的发展提供了强有力的支撑，为实现我国产业结构的升级和优化做出了积极贡献。

定位"双高"产品，形成差异化产品结构。宝钢始终清醒的认识到：没有精品就没有企业的地位，就没有竞争力，必须充分利用一流的工艺设备和技术人才优势，在精品的开发、制造、供应上下工夫，把精品意识变成精品行动。1993 年开始，宝钢对生产的品种结构进行调整，积极对标世界一流，重点增产高技术含量、高附加值（"双高"）产品，并根据市场情况进行动态调整。三期工程建成投产后，宝钢相继研发出汽车板、镀锡板等紧缺产品，产品结构得到优化，并有力支持了我国汽车、石油、电子、家电等重点行业的发展。武钢的取向硅钢 HiB 钢也填补了国内空白，高性能工程结构用钢在建筑领域独领风骚，精品长材高速重轨在国内稳居前三强。"双高产品"不仅使中国宝武经受住了国内外钢材市场急剧波动的严峻考验，也带来了巨大的经济效益。

3. 用户至上，高质量服务带来高质量回报

面对国内外钢材市场的激烈竞争，宝钢逐渐认识到，只有最大限度地满足用户需求，才能最大限度地开拓市场。从"用户的满意才是宝钢的最高标准"到"把仓库建到用户

家门口"，再到建立剪切配送加工中心，中国宝武不断提升产品质量、服务质量，以高质量的产品服务换来了忠实的用户群，为宝钢应对钢材市场急剧变化和稳定占领市场打下了良好的基础。

"用户的标准就是我们的标准"。1993 年，在国内钢材市场火爆，产品非常热销甚至供不应求的时候，宝钢召开用户座谈会，诚恳听取全国 50 多家主要用户对宝钢产品质量的意见和建议，同时大力推进"用户满意"工程，将用户满意的要求贯穿于对国内外用户服务的全过程，并制订"三个就是"的服务标准，即"用户的标准就是宝钢的标准，用户的计划就是宝钢的计划，用户的利益就是宝钢的利益"，"用户尚未想到，我们已经做好"。

先期介入，以用户为中心实施产销研一体化。宝钢走在用户需求的前面，先期介入用户端的产品研发，集中技术力量，按品种逐一组织攻关，成立用户技术研究中心，不断加大对汽车板、管线钢、耐候钢、家电用钢、镀锡板、高等级线材、冷轧电工钢等一批重点产品的研发力度，参与用户产品设计、模具开发、现场工艺等各个环节，与用户一起对整个过程中的影响因素进行系统分析，提前形成最有效的控制措施，保证批量生产的质量稳定性，赢得了用户信任，提高了用户的黏性，扩大了市场份额。

把仓库建在用户家门口，建立剪切配送加工中心。从"用户是宝钢的衣食父母""用户至上"的理念出发，宝钢逐步建立起以地区公司为主，包括专营公司、现货公司、直供用户和海外公司在内的全球营销服务体系。设立面向全国的用户质量咨询，在主要用户所在地建立用户技术组和办事处，在重点汽车厂派驻技术服务人员，对宝钢产品销售代理商进行技术和管理知识培训。同时，面对日趋严峻的市场竞争态势，把仓库建在用户家门口，建立钢材剪切加工配送中心，并自主研发了剪切加工配送中心的管理信息系统和为用户服务的供应链管理系统，建成了覆盖全国的服务网络体系，成为宝钢营销服务中难以替代的竞争优势。

4. 压减产能、治僵脱困，高质量重组整合助力新发展

中国宝武在推进钢铁行业供给侧结构性改革上先行破冰，努力化解过剩产能，坚定不移化解过剩产能，瘦身健体提质增效，推进产业结构优化和新旧动能转换，显现出阶段性的改革成效。2016 年，即改革推行的第一年，中国宝武的钢铁主业实现利润 115 亿元；2017 年，中国宝武实现利润 142.7 亿元，同比增利 70 亿元，在全球钢铁行业名列前茅，为进一步深化改革、转型发展创造了良好的局面。

实施供给侧改革，化解过剩产能 1542 万吨。2016 年中国宝武去产能 997 万吨，2017年中国宝武压减产能 545 万吨，两年共压减产能 1542 万吨，不但减少了重复建设，还节

省了上百亿投资。除此之外，联合重组促进了两家取长补短，有效降低了人工成本和财务成本；在产品研发和渠道整合方面，集中研发优势，提高资金使用效率，重点围绕高端产品做精做优，同时结合采购销售优势，整合渠道，深度挖掘协同效应。2016 年，中国宝武实现降本增效 119 亿元；2017 年实现降本增效 124 亿元，联合重组产生了极大的降本效应。

瘦身健体，借治压东风提质增效。中国宝武将压减工作与扭亏增盈、治僵脱困、整合融合、企业改制等相结合，坚持"企业不消灭亏损，就消灭亏损企业"的原则，全面、全力、全体系推进。2017 年，中国宝武亏损子公司户数同比下降 61 户，累计完成 33 户僵尸和特困企业的处置，压减、关闭和处置 180 户低效和不符合产业发展方向的法人，剥离企业办社会职能，解决历史遗留问题，为发展新业务腾挪了空间、减轻了负担。一整套强有力的瘦身健体组合拳，让中国宝武轻装上阵、活力满满，为实现跨越式发展创造了条件。

整合融合，协同效应逐渐释放。中国宝武联合重组一年来，整合融合"1+1>2"的协同效应充分体现，业务整合协同成效显著。钢铁产业成绩斐然，通过首日计划、百日计划和年度计划，宝钢股份共完成 1150 项任务、335 个里程碑和 53 个项目，以信息化建设倒逼业务整合，职能业务管理全面覆盖武汉青山基地，实现了研发、销售采购部分业务集中管理、协同运作；组建铁区、炼钢、热轧、冷轧技术管理推进委员会，建立整合融合推进落实工作机制，体系能力大幅提升；按照"两角一带一边"空间布局，持续推进钢铁板块结构调整。同时，按照"专业化、市场化、平台化"的原则，充分挖掘内部资源，建设专业化发展平台，选择有实力走向全国、做大做强的产业进行重点扶持和培育，非钢业务跨单元协同整合也持续突破，为后续深度融合奠定了扎实基础。

（三）融入全球市场竞争，走出了一条从工厂化管理到集团化运营、国际化经营的重组改革之路

1. 建立"集中一贯"的工厂化管理模式，创造世界一流的劳动生产率

宝钢一期工程投产后，根据主生产线设备大型化、生产连续化、操作自动化的特点，改变了我国计划经济时代钢铁企业分级管理、分散经营的旧模式，借鉴日本经验，实行了"集中一贯"的管理体制，确保了各生产线的安全、稳定和顺行。通过不断实践，宝钢确定了"集中一贯、统一经营、主要管理权力集中在公司"的原则，实现企业管理层级的扁平化和面向业务流程的全过程管理。"集中一贯"管理模式的实行，大大精简了机构，减少了管理层级，减少了人员，减轻了基层的负担，使主生产线保持高效运行，极大地提高了公司的整体效率。

2. 主动适应由计划经济向市场经济的转型，企业管理以财务管理为中心，建立适应市场竞争的企业经营管理体制

随着计划经济体制向市场经济体制的转轨，钢材市场的全球竞争性日益显现，宝钢的企业经营模式也从生产型向经营型转型。20 世纪 90 年代初期，宝钢在国有企业中率先提出了"企业管理以财务管理为核心，财务管理以资金管理为中心"的经营理念，改变了以产品生产为中心的传统工厂化管理体制，把财务管理提升到企业经营管理活动的中心地位，财务管理由"核算型"转变为"经营型"，建立了贯穿于企业生产经营全过程的全面预算制度。

实施全面预算管理。宝钢形成了以经营规划为导向，年度预算为控制目标，滚动执行预算为控制手段，覆盖生产、销售、投资、研发的全面预算管理体系。宝钢预算管理是全员参与、全面覆盖和全过程控制的全面预算管理，促进了财务管理中心地位的确立，使企业的财务管理与计划管理形成合力，通过预算编制、执行监控、结果衡量、差异分析、绩效评价、考核激励和改进完善的闭环管理，保障企业生产经营活动有序运行。公司从投资、采购、生产到销售等每一环节都处于预算控制之中，实现了战略、规划、预算三者之间的有机统一，实现了柔性控制与刚性控制的结合以及预算与标准的结合。

建立标准成本管理制度。宝钢标准成本制度通过对成本中心各项成本指标及其成本动因的细化分析，寻找规律并设定相应的成本标准及预算因子，运用标准与实际对比揭示差异并加以分析的方法，实施对成本事前、事中和事后的全过程控制，通过成本中心成本绩效衡量，着力于成本改善，并运用成本标准服务于经营决策的成本管理体系。运用标准成本的原理，通过对生产技术指标的收集，结合市场行情，建立按品种、规格、牌号为明细对象的产品标准成本及小时边际贡献排序模型，利用产品小时边际贡献排序指导组织生产，引导市场定价，支持营销决策。

通过现金流量监控强化资金管理。宝钢特别重视现金流量的管理，把实现现金回笼作为最重要的目标。现金流量为中心的理念，保证了宝钢的货款资金安全，夯实了公司效益的"质量"，同时也在采购付款上树立了宝钢规范、守诺诚信的卓越信誉。通过融资权、调度权、运作权的高度集中，保证了资金运用的集约高效。以现金流量为"控制元"，通过对现金流向的监控，使各项业务活动的发生符合公司经营目标的要求；通过对现金流速的监控，促使各项活动按计划节点进行；通过对现金流量的监控，保证业务发生量的合理性、有效性。

突出以经营贡献作为衡量企业经营业绩。宝钢在国内首创经营贡献制，以"经营贡献"这一综合指标衡量企业的经营业绩，引导和规范企业行为。经营贡献主要包括三部分：一是税收部分，这是企业对国家财政的贡献；二是社会公益费，这是企业对社会的贡献；三是企业资金净流量，这代表了企业真正的实力，包括税后利润、折旧基金、大修基金、技术开发费等，是企业用于发展的资金。资金流量越大，表明企业的效益越好，竞争能力越强，发展后劲越足。由于国有企业的所有权属于国家，因而资金净流量的增加也就是国有资产的增值，并且预示着企业对国家的贡献更大。

宝钢在实践中全面追求经营贡献的增长，既强调要对国家和社会做出贡献，又注重企业实力的不断增强，形成了科学的"出资人—企业—员工"利益驱动长效机制，极大地增强了企业发展后劲，有效地避免了企业行为的短期化。1994 年，宝钢进行清产核资，聘请国家计委、中国国际工程咨询公司等 4 家权威评估机构进行资产重估，确定宝钢的固定资产原值从 295.4 亿元升值为 594.11 亿元，宝钢的原始资本翻了一番，实现了国有资产的保值增值，并获得财政部确认。

3. 不断探索和建立适应现代企业制度要求的公司治理结构，成功实现由企业化管理体制向集团化管理体制的转型

在生产能力、销售规模、市场影响力不断扩大，跻身国际先进钢铁企业行列的同时，宝钢从一个计划体制下的钢铁厂，转变为市场经济体制下具有强大竞争力的竞争主体，通过股份制改造，实现钢铁主业的整体上市，成为当时中国股市最大的蓝筹股。同时，通过践行现代企业制度，建立规范的大集团治理结构。

实施了宝钢与上海钢铁企业的联合重组。经国务院批准，1998 年 11 月 17 日，以宝山钢铁（集团）公司为主体，吸收上海冶金控股（集团）公司、上海梅山（集团）有限公司，联合组建上海宝钢集团公司。上海宝钢集团公司作为国家授权投资机构和国家控股公司试点企业，负责经营管理国务院授权范围内的国有资产，对有关企业的有关国有资产依法行使出资人权力，并相应承担国有资产保值增值的责任，自主经营、自负盈亏、自我发展、自我约束。

宝钢股份成功上市，规范法人治理结构，不断提高管理透明度。为推进现代企业制度建设，适应日趋激烈的国际竞争和市场环境，宝钢进行了股份制改造，以拥有的宝钢一、二期原料、烧结、炼铁、炼钢、连铸、热轧、冷轧、高线、钢管、发电等项目资产投入，组建成立宝钢股份。2000 年 2 月 3 日，宝钢股份正式创立。宝钢股份成立后，即按现代企业制度的要求，抓紧进行改制和改革。宝钢股份设立股东大会、董事会、监事会，和经理层各负其责，协调运转，形成有效的制衡机制，依照《中华人民共和国公司法》和《宝山钢铁股份有限公司章程》的规定开展工作。规范的公司法人治理体制为宝钢股份的发展提供了强大的动力。2000 年 12 月，宝钢股份（sh600019）在上交所正式挂牌交易。

加快构建现代企业制度，全力推动董事会试点的有益探索。2005年，宝钢作为首批七家试点国企，率先开展规范董事会试点，建立健全法人治理结构，探索中国特色国有企业治理模式，在建立和完善董事会制度、深化国有企业领导体制改革方面，为中央企业乃至全国国有企业提供了有益的借鉴。

宝钢董事会由9人组成，其中5名为外部董事，成为中央企业中第一家外部董事全部到位且超过半数的董事会。外部董事凭借深厚的专业知识和丰富的实践经验，为公司国际化经营、战略决策、投融资和企业财务会计等方面提供决策支撑。外部董事制度的引入，为宝钢新一轮战略发展带来了全新的理念和有益的经验，不仅有利于宝钢董事会更多地关注决策风险，立足全局高度，客观地进行分析和决策，同时也有利于董事会作出独立于经理层的客观判断，增加了董事会决策的科学性和合理性。

宝钢始终坚持规范化、制度化的董事会运作模式，修订完善了《关于落实"三重一大"决策制度的实施意见》，厘清党委和董事会、经理层、监事会等其他治理主体的权责边界，建立不同决策主体的决策清单；策划推进子公司法人治理结构优化，发挥股东作用，强化子公司董事会、监事会作用，使子公司法人治理跟上产权多元化、混合所有制改革步伐。

4. 实施宝武联合重组，全面深化改革，大胆探索国有资本投资公司体制机制

作为首批国有资本投资公司试点企业，中国宝武积极探索投资公司"以管理资本为主"的运作模式。持续深化总部变革，充分发挥资本运营、资源配置、监督共享功能；深化完善法人治理结构，把坚持党的领导与完善公司治理统一起来，明确"三重一大"事项作为重大事项履行前置程序，确保"把方向、管大局、保落实"，同时优化健全权责对等、运转协调、有效制衡的决策执行监督机制；创新性地构建了绩效驱动型战略执行体系；深化三项制度改革，有效激发内部活力和创造力；加快产权制度和投融资管理体制改革，产业投资基金取得积极进展，尤其是牵头成立的四源合基金，在重庆钢铁的重组重生上进行了成功探索，给出了"宝武方案"。

深化改革，打造国有资本投资公司的核心动力。中国宝武加强改革系统规划和顶层设计，制订了《深化改革实施意见》，出台了《关于积极稳妥推进子公司国有企业混合所有制改革的意见（试行）》《完善子公司法人治理结构指导意见（试行）》等文件，明确了改革总体架构。结合联合重组、改革创新、转型发展实际，形成了《中国宝武国有资本投资公司试点框架方案》并获得国资委批复，中国宝武正按照框架方案所列的改革举措稳步推进国有资本投资公司运营试点。

积极推进总部变革，着力强化总部能力建设方面。深化改革总部先行，中国宝武集团总部成立了钢铁业发展中心、服务业发展中心、产业金融发展中心、城市新产业发展中心等 4 大业务中心，定位更加清晰，业务流程不断优化。按照国有资本投资公司定位要求，优化总部机构设置，精简人员配备，突出"分类管控、投资运营、整合协同、服务创新"核心功能，集团总部从管资产向管资本、从战略管控型向价值创造型转变，着力强化"投、融、管、退"等能力建设。

推进供给侧结构性改革，深化三项制度改革。宝钢武钢联合重组以来，按照国务院国资委的统一部署，深入推进"瘦身健体"工作，扎实推进压缩管理层级、减少法人户数、扭亏增盈、处置"僵尸企业"等工作，提质增效，为企业转型发展腾挪空间。在此背景下，武钢加快品种调整和产业升级，不断整合资源，产业聚焦，淘汰关闭落后产线，孵化组建了青青教育、汉冶萍文旅、好生活服务等一批面向市场的新城市服务和新工业服务专业化运营公司。

中国宝武将劳动效率提升作为一项战略性任务，强化人力资源统筹配置和人员招聘源头把控，分类提升子公司劳动效率，2017 年共优化在岗正式员工 13502 人，优化比例达8.8%。1842 名员工从钢铁板块转岗到非钢板块，两年来上海地区 403 名员工成功转型从事社区工作，探索出了一条政企协作推动员工转型发展的有效路径。

同时，中国宝武在一级子公司层面全面推进混合所有制改革。宝钢股份和宝信软件相继实施股权激励计划。欧冶云商实施第一轮股权开放计划。下一阶段中国宝武将以国有资本投资公司试点为契机，在新业务、新产业的新建企业设立伊始，就联合各种市场主体，以多元化的方式推进混合所有制，实现共建共享。

5. 坚持扩大开放，加快走出去步伐

坚持每年 10% 的产品出口，接受国外最挑剔用户的检验。从 20 世纪 90 年代初，在我国向社会主义市场经济体制转型之前，宝钢就作出了进入国际市场、参与国际市场竞争合作的决定，对标世界一流进行企业发展顶层设计。1985 年 10 月，宝钢焦化厂生产的化工产品首次出口，标志着宝钢迈出了"走出去"的第一步。1990 年起，宝钢坚持每年拿出10% 的产品出口到海外发达国家，接受国外最挑剔用户的检验，与世界先进企业同台竞争找差距。宝钢的高精产品以稳定的高质量与优质的服务在用户中获得了良好的声誉。2016年宝武重组以来，中国宝武以更加开放的视野，扩大钢材供应与技术服务的国际合作，特别是在"一带一路"沿线国家进一步加强了对战略用户的开发与服务支撑。2017 年，集团出口钢材 411 万吨。其中，钢铁产业核心企业宝钢股份向"一带一路"沿线国家出口216 万吨，同比增长 8.5%。

合资开发海外铁矿，确保资源稳定供应。宝钢 90% 左右的铁矿需从澳大利亚、巴西等

国家进口。为确保资源的稳定供应，宝钢积极探索与世界三大铁矿公司的合作，除每年签订铁矿石长期供应协议外，还通过直接投资海外铁矿锁定部分优质资源。2001 年 8 月，宝钢与巴西 CVRD 合资组建宝华瑞，取得了每年 600 万吨铁矿资源的稳定供应。2002 年 6 月，宝钢组建宝澳矿业，与澳大利亚哈默斯利合资开发宝瑞吉项目，取得了每年 1000 万吨铁矿资源的稳定供应。这两个合资铁矿项目获取了良好的投资回报，与国外铁矿公司实现了双赢。同时，有力地支持宝钢打破了资源垄断，提高了配矿能力。

向海外延伸供应链，形成国内外一体化营销服务体系。从 20 世纪 90 年代起，宝钢率先在海外设立了四类公司，一是以销售钢材为主要业务的贸易公司，二是以原材料采购为主的贸易公司，三是承担海外原材料运输的航运公司，四是与铁矿公司合资设立的矿业公司。此外，还在海外设立了服务于下游用户的钢材剪切加工服务中心，与海外贸易公司一起构建起完整的海外营销服务网络，包括宝新、宝欧、宝美、宝和四个区域总部以及 20 个营销网点，为提升全球竞争力提供了强大的支撑。宝武重组后，宝钢和武钢的海外经营业务逐步整合，中国宝武"走出去"的实力更加强大。

双向开放，协同共享，引领钢铁行业发展。中国宝武通过双向开放，更好地统筹国际国内两个市场、两种资源。一方面引入国外资本助力中国钢铁业调整结构，转变发展方式；另一方面以更高的站位和更加自信的姿态扩大海外业务，提升公司在全球供应链中的配置能力和竞争地位，为成为世界钢铁业的引领者夯实基础。为推动钢铁行业"去产能"，中国宝武发挥产业龙头的行业优势，联合美国 WL 罗斯公司、中美绿色基金、招商局集团三家具有各自优势的合作伙伴，共同组建中国第一支钢铁产业结构调整基金——四源合钢铁产业结构调整基金。致力于通过全球化资源嫁接，有效释放行业存量资产资源并高效优化配置，有效支撑国家"一带一路"倡议的实施。中国宝武灵活运用多种融资方式，加强境内外资金联动，拓展低成本融资渠道。公司利用设立在上海自贸区和中国香港地区的外汇集中管理平台，打通境内外资金融通渠道，降低了整体融资成本。中国宝武还大力拓展多元化产业的海外业务：实业方面，宝钢包装公司在越南建立了具备国际竞争优势的制罐企业，旗下越南平阳公司 2017 年产销量达到 6.3 亿罐，越南顺化公司产销量达到 5.2 亿罐，意大利公司实现销售收入 9730 万元，均取得了较好的经营效益。中国宝武还在伊朗、马来西亚、菲律宾等新兴市场大力开拓工程承包业务，在印度积极开拓工业信息化技术的国际合作。物流方面，"宝武班列"于 2015 年 1 月 23 日从乌鲁木齐始发，终点站为哈萨克斯坦最大城市阿拉木图，开创了新疆出口班列先河。在互联网领域，中国宝武旗下跨境电商平台欧冶国际 2017 年实现交易流量 200 万吨，并大力布局海外仓，海外仓布点总数已达到 21 家，分布在 4 大洲 10 个"一带一路"沿岸国家。

（四）坚持绿色低碳制造，走出了一条节能环保、可持续发展之路

宝钢从创建伊始即对节能和环境保护高度重视，常抓不懈，改变了传统企业"先污染后治理"的发展模式，开创了一条以争创世界一流环境保护为目标，以建设、生产和节能环保同步发展为原则，以严格完善的环境管理为基础，以生产工程治理和绿化工程治理相结合为综合防治对策，以融入全球、和各利益方紧密互动、开放共享的可持续发展之路。

1. 创新发展能源环保工艺技术与装备

坚持能源环保工艺技术与装备建设高起点。宝钢在建设过程中同步引进了先进的能源环保工艺技术与装备，如干法熄焦（CDQ）、高炉炉顶余压发电（TRT）、转炉配置煤气回收（OG）、转炉烟道余热蒸汽和煤气干法回收（LT）等。对所有容易造成环境污染的生产设备，宝钢都设计安装了国际先进的环保装置。宝钢一、二、三期环保相关设施总投资达 43.4 亿元，约占工程总投资的 5%。当主体生产设备投产时，环保设施也同时投入运行，有效控制了生产过程中的环境污染，缩小了我国钢铁企业在节能环保领域与国外的差距，为追赶世界先进水平打下了良好基础。

坚持节能环保工艺技术与装备的创新发展。宝钢在做好对引进的节能环保设备"消化、吸收、用好、管好"工作的基础上，不断创新发展，开发制造了一批具有宝钢自主知识产权的高水平节能环保工艺技术与装备，为宝钢可持续发展和综合竞争力的增强做出了贡献，并确保了宝钢在钢铁节能环保领域始终处于世界先进、国内领先，成为国内钢铁企业节能环保领域的"领头羊"。宝钢主动向国内钢铁企业敞开参观、交流、学习的大门，重点推广宝钢成功应用的节能环保工艺技术，这些工艺技术在我国钢铁行业得到普及应用，有的甚至成为新建钢厂的技术门槛，有力地推动了我国钢铁行业节能环保的技术进步。

宝钢在研究和实践中，通过提高转炉煤气回收率、降低电耗等，在国内第一个实现了"负能炼钢"，为国内钢铁企业大力开展转炉煤气回收利用技术起到了积极作用；为解决高炉煤气富余问题，宝钢与国外 ABB 公司、三菱公司、川崎重工联合开发、建设了世界第一台 150 兆瓦单烧低热值高炉煤气的燃气轮机，大幅度降低了高炉煤气放散率，也为国内钢铁企业有效利用副产煤气开辟了新途径；改造能源中心集散监控装置技术，为优化能源系统平衡、高效合理使用能源介质做出了贡献，成为冶金企业和全国能源管理信息化的样板。此外，高炉热风炉余热回收技术、高炉富氧大喷吹技术、连铸坯热送热装技术、各类加热炉加热制度的优化和计算机控制技术的研究等等，都为宝钢进一步降低能耗、改善环境提供了新途径。

湛江钢铁以成为世界效率最高的绿色碳钢薄板生产基地为目标,采用了海水淡化等116项先进成熟的节能环保技术,环保投入资金达80亿元。同时,通过产业链设计、公用工程、物料传输、环境保护四个"一体化",与中科炼化一体化项目合作,建立钢铁、石化基地共享的配套产业和循环经济园区,将湛江东海岛打造成为生产清洁、资源节约、低碳发展的国家级循环经济示范区。

韶关钢铁烧结脱硫废水重金属处理技术改造,废水经处理后含铊量小于5μg/L,不仅解决了重金属废水处理难题,也为处理同类废水提供了经验,成为国内钢铁行业第一个成功案例。宝钢节能承担的《焦炉荒煤气显热回收技术研究与开发》是国家科技支撑计划课题,顺利通过了中国炼焦行业协会专家鉴定,标志着对破解焦炉荒煤气余热回收这一世界难题提供了新路径。

2. 创新建设能源环保管理体系建设

坚持能源环保管理高标准、严要求。宝钢坚持把实现世界一流节能环保目标作为创建世界一流企业的重要内容,以高于社会标准的企业标准为依据,实现从工厂设计、施工管理、生产试运行、达标验收、纳入正常管理的一条龙管理,严格项目环评制度、工程"三同时"(环境保护设备与工程同时设计、同时施工、同时投运)制度,创建了以源头控制为主的环保管理模式。宝钢还根据企业运营实际和国际节能环保工作的发展趋势,多次制定和修订工程项目设计的能源环保标准,保证工程项目、生产过程能源环保管理工作的高标准、高要求。

持续创新能源环保管理理念与管理模式。宝钢坚持一贯制能源管理方式,能源管理经历了由指标管理向指标与项目管理、由事后管理向事前管理、由实物量管理向价值量管理的三大工作重心转移,形成先进管理思路和体系。宝钢贯彻"控污染、节资源、兴利用"环保管理理念,全面推行清洁生产,坚持绿色制造和营销,实现了环保管理由末端治理到过程管控再到源头减量和循环经济的不断升级。由最初的能源、环保分头管理发展到现在的能源环保一体化管理模式,确立了环境经营、促进城市生态文明建设的绿色发展战略。

率先建立并不断完善能源环保管理体系。1996年9月,宝钢成立工作小组,按照ISO 14001环境管理体系标准建立环境管理体系。1998年1月,在国内冶金行业首家获得ISO 14001环境管理体系认证。经过长期探索与实践,宝钢逐步建立了完善的能源管理体系,为后期通过能源管理体系认证及其他相关工作打下了坚实基础。2008年以来,宝钢在钢铁行业率先实施了以"三流一态"(能源流、制造流、价值流、设备状态)为特点的能源综合管理,并于2011年首批通过国家《能源管理体系标准》(GB/T 23331)认证。宝钢在体系运行中通过"能耗源"与"能效因子",明确了所有相关部门与岗位人员的目标、职责和激励政策,实现了能源管理"纵向到底,横向到边",使能源管理成为全流程覆盖、全员参与的自主性活动。2014 年，宝钢股份《现代钢铁企业"三流一态"能源价值管理》获得上海市管理创新成果一等奖、第二十一届全国企业管理现代化创新成果一等奖，并成为我国钢铁行业能源管理体系国家标准的编制者。

中国宝武成立以来，深刻领会贯彻习近平总书记"绿水青山就是金山银山"的指示精神，落实"创新、协调、绿色、开放、共享"五大发展理念，深化完善环境经营管理体系，严格落实"党政同责""一岗双责"环境保护主体责任；进一步强化风险管控，确保能源环保管理工作全覆盖、环保风险全方位可控；持续加大能源环保技术投入，确保节能减排工作的可持续发展；以能源环保系统降本增效为抓手，持续提升公司竞争力；以"固废不出厂""产城融合"为目标，积极推进城企和谐发展、绿色发展。

3. 大力发展循环经济，节能环保工作取得显著成效

自投产以来，宝钢遵循"减量化、再利用、再循环"的原则，采用国际、国内先进的固废、废水处理工艺和设施，并通过不断的技术创新和管理完善，在固废和废水综合利用方面取得了明显成效，逐渐形成了固废和废水综合利用产业，特别在新型建筑材料和磁性材料领域具备了一定的竞争优势。宝钢在钢铁固废处理与综合利用方面还开发了一批具有自主知识产权的工艺技术与装备，其中的滚筒法钢渣处理工艺技术获得 2007 年国家科技发明二等奖。

随着中国城市化快速发展进程，中国宝武顺应时代发展，提出了建设都市型钢厂的目标，持续推进绿色制造，在降低消耗、减少排放的同时，利用冶金装备和工艺技术消纳城市废弃物，推进城市矿山开发，为城市提供环保服务，实现钢厂和城市的和谐共生。2016 年以来，武钢集团的海绵城市建设、宝钢股份利用转炉消纳城市废油漆桶等国内首创项目，均取得了良好的社会效益。

中国宝武的主要能源环保管理绩效指标持续优化，达到了国内外同类型钢铁企业的先进水平。吨钢综合能耗从 1985 年投产时的 1133 千克标准煤，到 2017 年已降至 591 千克标准煤；每万元产值能耗，从 1987 年的 16.84 吨标准煤，到 2017 年已降至 1.21 吨标准煤。自投产初期到 2017 年，尽管年产钢量大幅增加，但各种污染物排放总量却逐年减少。吨钢二氧化硫排放量、吨钢化学需氧量（COD）排放量分别由 1986 年的 14.55 千克和 369.2 克下降至 2017 年的 0.47 千克和 32.3 克；吨钢烟尘、粉尘、废水、二氧化硫排放量等指标始终保持世界先进水平。

4. 与外部利益相关方紧密沟通、开放共享

宝钢建厂初期就按照厂区绿化与工程建设同步的要求，在四维绿化、地被物绿化、特色园林绿化、厂区动物园等方面做了大量的投入和努力。1995 年，据上海市环保专家统计

数据，宝钢绿地率达 32.74%，是一座名副其实的特色生态园林工厂。

为了让全社会了解钢铁，了解中国宝武，多年来，公司坚持让用户、供应商、媒体、社会组织、社区、员工家属等社会各界走进企业，近距离了解和感受中国钢铁行业。1999 年，宝钢工业旅游被上海市旅委授予"优秀旅游产品"称号；2003 年 1 月，宝钢被上海市人民政府命名为"上海市爱国主义教育基地"；2004 年，宝钢经国家旅游局验收并命名为"全国工业旅游示范点"；2005 年 10 月，上海市科技协会将宝钢定为"2049 中国青少年科普实习基地"；2006 年 1 月，上海市旅委和上海工业旅游促进中心推出了工业旅游十一条线路，宝钢工业旅游位列榜首；2011 年，宝钢创办厂区开放日活动；2018 年，中国宝武成功承办国资委"国企开放日"观摩推进暨中国宝武 2018 年厂区开放日活动。

宝钢是首家向社会定期发布责任报告的中国钢铁企业。2003 年，宝钢股份在冶金行业率先发布了《环境报告》，向社会公众表明了公司的社会责任感，并提请舆论监督。2005 年起，宝钢股份进一步扩充了发布信息，发布《可持续发展报告》。2008 年，宝钢集团开始编制、发布《社会责任报告》。2017 年，中国宝武成功发布了 2016 年社会责任报告，是第一家在联合重组当年就发布社会责任报告的央企。社会责任报告的编写和发布，不仅从履行责任的角度为公司开展年度"体检"，促进公司可持续发展，同时也是公司与外部利益相关方定期交流的重要载体和沟通工具。

中国宝武还是与国际组织互动得最频繁、最深入的中国钢铁企业。2004 年，宝钢加入联合国全球契约组织，该组织倡导可持续发展的十项原则成为业界最具权威的指导性意见，宝钢是最早加入该组织的三家中国大陆企业之一。2005 年，宝钢是唯一以全权会员身份参加国际钢协 living-steel（国际民用钢结构住宅）项目的中国企业，宝钢的研究成果成功应用于 2008 年汶川灾后重建的"幸福家园"项目。2006 年，宝钢加入世界可持续发展工商委员。2008 年，宝钢成功开展 CDM 项目。2011 年，宝钢股份发布行业第一份绿色宣言，向全社会公开承诺：优先与环保绩效良好的供应商合作，集中全公司智慧，开发高能效和高资源效率的制造工艺，向社会提供环境绩效优良的产品和服务，并与用户分享先进的环境设计理念和技术。2012 年，宝钢担任国际钢协中国 2020 项目的主席，牵头开展需求、可持续发展和 2020 愿景板块等研究工作。2017 年，时任中国宝武党委书记、董事长的马国强同志荣膺国际钢协"年度行业传播者奖"，这是中国钢铁企业领导人首次获得该荣誉。

（五）全面落实党建责任，走出了一条加强国企党建、发挥国企独特优势的实践之路

习近平总书记在全国国有企业党的建设工作会议上明确指出："坚持党的领导、加强党的建设，是我国国有企业的独特优势"，"思想政治工作是国有企业的传家宝"。40年来，中国宝武始终坚持党的领导、加强党的建设，并将思想政治工作作为各级党组织一项经常性、基础性工作来抓，围绕中心工作，强化思想引领和组织保障，不断增强领导人员政治素养和业务水平，努力建设一流员工队伍，为建成具有全球竞争力的世界一流企业提供了坚强政治保障。

1. 宝钢加强党建和思想政治工作的实践

初创阶段。建厂初期，当国家作出宝钢一期工程停建、缓建的决定时，宝钢党组织稳定队伍情绪，做到了"人心不散、队伍不乱、设备不坏、材料不丢"，为续建创造条件。续建后，党委及时开展了"三感"（光荣感、责任感、紧迫感）教育；在生产准备阶段，开展了群众性的标准化作业、自主管理活动，确保了一期工程投产成功。投产以后，党委又开展了"85.9"精神教育。面对特大寒潮、原料码头引桥撞断、甲肝流行等突发情况，各级党组织聚集各方智慧，克服难以想象的困难，保障了生产经营的稳定运行。

生产经营阶段。一期工程投产后，宝钢党委从文明乘车、文明用餐、文明如厕等小事入手推进精神文明建设。1982年，成立宝钢党校，开展党员干部轮训。1986年，开展职业道德建设，首次提炼宝钢精神。1989年初，成立宝钢职工政治学校，开展全员政治轮训。1994年，在党员中开展"思想政治觉悟高于群众、操作业务技能高于群众、生产工作业绩高于群众，培育一流党员队伍"的"三高一流"活动。

经济体制转轨阶段。宝钢各级党组织充分发挥政治核心作用，推进市场意识培育和经营理念创新。宝钢确立了世界一流的目标，积极参与国际竞争，瞄准国外市场，同时进行管理创新和变革，探索形成了以"高质量、高效率、高效益"为目标、以社会化协作为前提、以"集中一贯"管理体制为核心、以"五制配套"管理为基础的具有中国特色的现代化企业管理模式，还开展用户满意工程教育。在率先实行"精干主体，分离辅助"、竞争上岗、精简定员、岗效薪级工资制等一系列改革举措的过程中，宝钢党组织积极发挥作用，卓有成效。

技术创新赶超世界一流阶段。宝钢各级党组织发动全员技术创新，在广大员工的努力下，宝钢自主创新建设三期工程，设备国产化率超过80%，宝钢综合竞争力进入世界一流。公司还积极倡导蓝领创新，弘扬工匠精神，率先提出管理和技术"双通道"发展模式，建立了"产学研用"一体化的机制和平台，涌现出孔利明、王军等蓝领创新领军人物、大国工匠，以及一大批以工人名字命名的先进操作法、创新工作室。其中，王军先后两次荣获国家科技进步二等奖（工人）。

宝钢与上钢系统联合重组阶段。1998年，宝钢与上钢系统实施联合重组，公司党委统一员工思想认识，并通过宣传解读、基层调研、工作交流，切实做好结构调整、资源优化过程中的员工思想工作，切实维护员工切身利益。通过向原上钢、梅山等老企业普及用户满意等先进理念和文化，着力解决"三最"问题，确保了联合重组的文化融合和大局稳定。2003年，宝钢确定了企业文化的主线：即严格苛求的精神、学习创新的道路、争创一流的目标，并确定以"诚信、协同"为企业基本价值观，使企业有了更高层面的思想引领。2006年，以"保持先进性，党员再登高"为目标，实施党员"登高计划"，结合党员自身和岗位实际设定登高目标，党员每年根据完成情况提出下阶段目标，实现持续改进和提高。

"练冬"阶段。受2008年全球金融危机影响，钢铁行业进入冬常态，宝钢各级党组织不断加强自身建设，通过"练冬"化危机为转机。一是提高形势任务教育实效，坚持把国家发展战略、行业和公司严峻形势、企业自身的"危"与"机"以及和员工个人的关系讲清楚。二是多渠道调查了解员工思想状况，掌握"原生态"情况，找准关注点、利益点、需求点。三是加强先进典型的宣传引导，以宝钢投产30周年、湛江钢铁一号高炉点火为契机，大力宣传弘扬"85.9"精神和宝钢文化。2015年、2016年，宝钢实现利润稳中有升，在行业中始终保持领头羊的地位。

2. 中国宝武加强党建和思想政治工作的实践

中国宝武成立以来，时刻牢记钢铁强国的使命，坚持以习近平新时代中国特色社会主义思想和党的十九大精神为指导，不断推动企业思想政治工作围绕中心工作起成效，为公司推进供给侧结构性改革和转型发展保驾护航。

举旗定向，将思想引领摆在突出位置。一是加强理论武装，深入学习贯彻习近平新时代中国特色社会主义思想和党的十九大精神。中国宝武党委以"四个坚持"努力抓好思想理论武装工作。坚持原原本本学，领导带头学，联系实际学，结合培训学，确保习近平新时代中国特色社会主义思想和党的十九大精神宣讲进基层、进车间、进班组。二是传承优良学风，扎实推进"两学一做"学习教育常态化制度化和党委理论学习中心组学习制度化规范化，学理论、悟真理、严学风蔚然成风。三是坚持党管意识形态，扎实推进落实党委意识形态工作责任制。制定管理办法，把意识形态工作与生产经营和党建工作同部署、同落实、同检查、同考核。加强阵地建设和管理，把互联网作为重中之重，打造中国宝武资讯平台，严格规范党员干部网络行为，贯彻落实网络安全工作责任制。各级党委牢牢掌握意识形态工作领导权，各级领导班子、领导干部未出现追责情形。

围绕中心，将党建工作贯穿改革发展。一是加强党的领导，把党组织内嵌到公司治理结构之中。集团各级公司完成党建要求进章程，明确了党组织在公司治理结构中的法定地位；健全党组织议事决策机制，明确了党委参与公司重大问题决策的前置程序。二是完善责任体系，推动全面从严治党在公司落地落实。牢固树立责任意识，切实履行党建工作第一责任人职责。全力配合中央巡视组专项巡视，认真落实整改。三是夯实党建基础，大力推进基层党组织建设。推进"应换必换"，优化党组织设置；优化党务工作力量配备，落实资源保障；实现党支部书记轮训三年全覆盖，举办各类党务培训；持续推进"互联网+党建"工作。四是管好关键少数，建设高素质、清正廉洁的领导干部队伍。坚持党管干部，规范选拔任用，落实"四凡四必"要求，建立直管领导人员廉洁档案；完善子公司法人治理结构，进行班子优化，系统调整派出董监事。深化干部人事制度改革，开展任期经营责任制工作，建立强绩效导向的领导人员能上能下机制；严格干部日常管理，将纪检监察和审计结果纳入干部管理，坚定不移地推进党风廉政建设和反腐败工作；大力营造鼓励创新的文化氛围，大力弘扬企业家精神，激励领导干部肩负起做强做优做大国有企业的历史重任。五是利用"独特优势"，推动中心工作取得实效。首先，统一思想认识，助力供给侧结构性改革推进。公司落实新发展理念，把握重组整合历史机遇，引导各钢铁单元权衡利弊，分析形势，形成共识。为促进宝武整合融合，搭建协同工作平台，深挖协同效应，丰富协同体验，引导员工在思想上认同、在行动上支持整合融合工作，有效集中了研发优势和渠道优势，降低了人工成本和财务成本。其次，疏导员工思想，确保治僵脱困和压减工作取得实效。公司深入开展形势任务教育，解读公司政策和战略规划，完善员工思想动态收集—分析—处理—反馈机制，形成双向沟通、及时传递的有效模式，确保转型过程中员工思想稳定和权益保障，助力治僵脱困、减少法人户数与压缩管理层级工作取得阶段性成效。此外，武钢党委通过"三亮三评"活动和党员干部"五在前"活动，从下向上倒逼党建工作不断改进，大大提高了工作质量。

加强引导，将精神文明融入企业文化建设。一是大力选树先进典型，弘扬工匠精神和劳模精神。以社会主义核心价值观为指引，确立了"诚信、协同、创新、共享"的中国宝武核心价值观。编发《宝武匠心》电子书等，传播优秀案例和先进人物。二是开展形势任务教育，凝聚全员积极投身改革发展。围绕深化供给侧结构性改革、打造国有资本投资公司等内容，深入开展宣传教育统一思想，确保受欢迎、全覆盖、有实效，充分发挥干部员工干事创业的积极性。三是加大正面宣传力度，树立公司品牌形象。借助领导专访、重大活动和重要事件报道等，主动推送改革发展成果、创新创业典型、履行社会责任案例，讲好企业故事，树立良好形象。同时，建立舆情应对与处置机制，确保公司舆情总体可控。

创新方法，将思想工作深入基层员工。一是领导带头调研，掌握员工动态。落实领导人员基层联系点制度，集团班子成员带头开展调研，为基层员工加油鼓劲，解决实际困难。加强员工思想调研，结合"管理者问卷调查"，及时掌握干部员工思想动态，有针对性回应关切，最大限度地消除不和谐因素。二是基层因势利导，创新工作方法。宝钢股份努力消除整合过程中思想政治责任真空，将党建工作和意识形态责任制落实纳入项目化工作中统筹推进；武钢集团以制度对接为抓手，梳理和完善党建工作制度体系，充分发挥互联网平台作用，有效防范转型发展中的舆情风险和意识形态安全风险。三是筑牢统一战线，做实群团工作。公司领导带头与党外代表人士结对交友，发动统战人士建言献策。发挥工团联系群众的纽带作用，把职工民主管理事项并写入公司章程。大力开展劳动竞赛，推进蓝领创新。通过"职工代表看宝武"活动等，促进职工依法有序参与公司治理。落实"三最"事项，实施职工帮困，送温暖，聚人心。

三、未来发展展望

回望中国宝武走过的 40 年历程，其发展经验可概括为：始终对标世界一流、实施精品战略；始终遵循学习创新、追求技术引领；始终坚持改革先行、践行绿色发展；始终加强国企党建、创新文化驱动。

展望未来，中国宝武以党的十九大报告关于"培育具有全球竞争力的世界一流企业"的要求为指引，贯彻落实五大发展理念，于 2017 年 11 月制定了首轮战略规划：以成为"全球钢铁业引领者和世界级企业集团"为愿景，以"驱动钢铁生态圈绿色智慧转型发展，促进企业各利益相关方共同成长"为使命，以"诚信、协同、创新、共享"为核心价值观，致力于通过改革和发展，构建在钢铁生产、绿色发展、智能制造、服务转型、效益优异等五方面的引领优势，打造以绿色精品智慧的钢铁产业为基础，新材料、现代贸易物流、工业服务、城市服务、产业金融等相关产业协同发展的格局。

对于中国宝武来说，钢铁产业是承担国家产业责任的主要载体，也是中国宝武从产业经营向资本运营转变的关键一环。中国宝武将钢铁产业定位于成为中国第一、世界领先的精品钢铁制造服务商，以宝钢股份为旗舰，与八一钢铁、韶关钢铁、鄂城钢铁、宝武特冶、宝钢德盛、宁波宝新、宝钢金属等，形成与国家"一带一路"倡议和长江经济带战略相匹配的空间战略布局。

新材料产业以高性能金属材料、轻金属材料制造及延伸加工、新型炭材料及纤维材料、新型陶瓷基复合材料等为重点发展方向，打造集研发、制造、加工服务于一体的综合材料供应商和解决方案服务商，成为中国宝武成长性好、盈利能力强的第二大制造业务板块。

现代贸易物流业服务于冶金原燃材料、金属制品、相关大宗商品全流通领域，构建共建共享开放平台和服务型生产体系，积极推动行业秩序重构。

工业服务业依托集团的技术积累与品牌优势，以服务集团和行业为起点，为企业和社会提供全生命周期、高效运营的系统解决方案及相应的工程服务。

城市服务业以存量不动产盘活为基础，适度增量为辅，以"产、融、网、城"一体化为抓手，聚焦发展产业地产，催生配套的城市新产业，创新"厂区—园区—城区"协同发展新模式，成为中国领先的园区综合开发和运营服务商。

产业金融业打造专业化、市场化、平台化的产业金融服务体系，为冶金及相关产业提供供应链金融、产业基金、资产管理和社会财富管理等金融综合服务，成为集团重要的支柱产业。

至规划期末 2021 年，中国宝武将成为具有国际竞争力的钢铁产业资本投资公司：适应"一带一路"倡议的国际化布局完成，产能规模为 8000 万～10000 万吨；钢铁产业建成具有国际竞争力的精品智造服务商，成为"中国制造 2025"钢铁行业的领先者；围绕钢铁产业生态圈，通过投资融资、产业培育、联合重组、有序进退，推进中国钢铁企业转型升级。相关产业聚焦向外、资源配置优化取得理想成果，集团构建平抑周期风险和投资回报率波动的产业组合，完全具备公司稳健盈利、国有资产保值增值的能力。最终形成若干个千亿元级营业收入、百亿元级利润的支柱产业和一批百亿元级营业收入、十亿元级利润的优秀企业。

以习近平新时代中国特色社会主义思想为指导
开启鞍钢振兴发展新征程

鞍钢集团有限公司

鞍钢集团有限公司（简称鞍钢），于2010年5月由鞍山钢铁集团公司和攀钢集团有限公司联合重组而成。鞍山钢铁集团公司是新中国第一个恢复建设的大型钢铁联合企业和最早建成的钢铁生产基地，为国家经济建设和钢铁事业的发展做出巨大贡献，被誉为"新中国钢铁工业的摇篮""共和国钢铁工业的长子"；攀钢集团有限公司是世界最大的产钒企业，是我国最大的钛原料和重要的钛白粉生产基地。自1948年恢复生产以来，鞍钢已经走过了70周年发展历程。尤其是1978年至今，伴随着我国改革开放的步伐，鞍钢的发展也进入了快车道。40载风雨兼程，鞍钢人勠力同心，充分发扬"创新、求实、拼争、奉献"的"鞍钢精神"，让"共和国钢铁工业的长子"焕发出勃勃生机。特别是党的十八大以来，鞍钢肩负"再创长子辉煌，成为国之重器的钢铁脊梁"时代重任，深化企业改革，推进转型升级，成功地开创了一条具有中国特色的钢铁企业振兴发展道路，实现跨越式发展，为国家经济健康发展作出了贡献。

经过40年的发展，鞍钢已成为由钢铁、矿业、钒钛、金融贸易、工程技术、化工、综合实业、信息和物流能源等多个产业集合组成的特大型钢铁企业集团，形成跨区域、多基地、国际化的发展格局，主要装备水平达到国际先进水平，拥有普钢、特钢、不锈钢和钒钛等完整产品系列，造船用钢、铁路用钢、军工用钢、汽车用钢、核电用钢、桥梁用钢、石油石化用钢、家电用钢、集装箱用钢、电工钢、钒钛等系列产品国内领先，不仅在我国航空航天、国防军事、能源化工、工程机械、交通运输等领域占据重要地位，而且在世界许多国家重大工程中得到广泛应用。

40年来，鞍钢生产规模由1978年的铁640万吨、钢686万吨、钢材385万吨，提高到2017年的铁3395万吨、钢3576万吨、钢材3317万吨，分别增长了5.3倍、5.2倍、8.6倍；销售收入由1978年34亿元提高到2017年的1878亿元，增长了55倍。2018年，鞍钢以277.92亿美元的营业收入第五次进入世界500强，位列榜单第428位。

一、改革开放 40 年主要发展历程

1978 年至今，乘着改革开放的东风，鞍钢走过了极不平凡的光辉历程，企业面貌发生了历史性的变化，焕发出勃勃生机，实现了"旧貌换新颜"。回顾鞍钢 40 年的改革发展历程，大体经历了四个阶段。

（一）1978 年 12 月~1993 年 11 月：鞍钢改革的起步和探索阶段（扩大经营自主权、转换经营机制阶段），从改革开放初期到党的十四届三中全会，用了 15 年时间

党的十一届三中全会把党的工作重心转移到经济建设上来，提出要让企业有更多经营管理自主权的改革方向。鞍钢的改革从扩大企业经营自主权起步，开始了转换经营机制的探索。这一阶段，鞍钢积极稳妥推进各项改革工作，在建立和完善各种形式经济责任制方面进行了积极探索。

1979~1986 年，是以扩大企业自主权为标志的经营机制第一步转换。一是实行"上缴利润承包"的经济责任制。二是根据国家第二步利改税的方案，实行上缴所得税和调节税。鞍钢认真贯彻《中共中央关于经济体制改革的决定》，在基层厂矿普遍推行了厂长负责制试点，通过落实经济责任制，扩大企业自主权，发挥利益机制的激励作用，开始从生产型向经营型转变。

1987~1992 年，是以承包经营和三项制度改革为主要标志的经营机制第二步转换。1987 年，鞍钢与国家实行"三包两保一挂钩"总承包，1988 年，实行总经理负责制。鞍钢内部实行承包经营，先后采取了"综合效益""一体两翼""宝塔式风险责任"承包和目标升级责任制四种改革形式，并相继推出分配制度、用工制度和干部人事制度三项制度改革，创造性地推出"科研单位企业化，研究成果商品化"的新科技体制和"六位一体"经济承包责任制的技术改造模式。

1993 年，是以执行分税制和综合配套改革为主要标志的经营机制的第三步转换。经国家批准，鞍钢提前结束了与国家的总承包，开始执行分税制，享受了免税"两金"和提高折旧等政策。出台《鞍钢转换经营机制实施办法》，开始全面开展综合配套改革，初步建立起"干部能上能下，工人能进能出，工资能升能降，上岗靠竞争，收入凭贡献"的新机制，提高了劳动生产率。

（二）1993 年 11 月~2002 年 11 月：鞍钢改革的攻坚阶段（制度创新和结构调整阶段），从党的十四届三中全会到党的十六大之前，用了 9 年时间

党的十四大、十五大，确立了建立社会主义市场经济体制的改革目标。从 1995 年到

2002 年，为了促进思想解放和观念更新，鞍钢连续 8 年开展了"鞍钢失掉一汽传统市场的反思与警策""如何振兴鞍钢"等大讨论，使广大职工摒弃了"等靠要"等计划经济旧观念，树立了市场是企业的生存空间、用户是上帝、资金是企业的血液等市场经济新观念，为推动鞍钢的改革与发展提供了坚强的思想保证和强大的精神动力。

按照建立现代企业制度要求，鞍钢制定并实施了"精干主体、分离辅助"总体改革方案，初步形成了以资产为纽带的母子公司体制框架；精干主体，分批将 74 个集体所有制企业与主办厂分离；实施资产重组，推进股份制改造，1997 年创立了鞍钢新轧钢股份有限公司，在香港和深圳分别上市；适应"债转股"改革，对 22 个主体生产单位进行资产重组，组建了新钢铁有限责任公司。

通过积极引进、吸收、消化国内外先进科学技术，走出了一条"高起点、少投入、快产出、高效益"的老企业技术改造新路子，迅速改变了技术装备和生产工艺落后陈旧的面貌，主体技术装备和生产工艺达到了国际先进水平。到 2000 年底，鞍钢圆满完成了国有企业三年改革任务，实现了跨越式发展，被党和国家领导人称赞是"旧貌换新颜"。

（三）2002 年 11 月~2012 年 11 月：鞍钢改革的深化阶段（建立健全现代企业制度），从党的十六届三中全会到党的十八大之前，用了 10 年时间

党的十六大提出要继续深化国有企业改革，积极推行股份制，发展混合所有制经济，实现投资主体多元化，实行规范的公司制改革。党的十六届三中全会通过了《中共中央关于完善社会主义市场经济若干问题的决定》，提出要建立"归属清晰、权责明确、保护严格、流转顺畅"的现代产权制度，对国企改革进行了全面部署。党的十七大提出要深化国有企业公司制股份制改革，健全现代企业制度。

这一时期，鞍钢深入学习贯彻党的十六大、十七大精神，贯彻落实邓小平理论和"三个代表"重要思想，牢固树立和落实科学发展观，认真研究影响鞍钢改革、发展、稳定的突出矛盾和问题，紧紧围绕鞍钢发展面临的新形势新任务，适应市场经济发展新要求，以建立现代企业制度为方向，不断深化改革，调整与生产力发展不相适应的体制、机制和制度，为企业发展注入强大动力。

主辅分离，采取"先分离后分立"的方式，将 23 个辅助单位从主业分离，成为独立法人。辅业改制，先后完成鞍钢建设总公司等 10 家单位改制工作。

实施资产重组，推进股权多元化改革。2006 年整合重组新轧钢股份有限公司和新钢铁有限责任公司，完成股权分置改革，钢铁主业实现整体上市。实现股权多元化，与德国蒂森克虏伯公司合资建设年产 40 万吨镀锌板生产线、与冀东水泥合资建设年产 140 万吨水

泥熟料生产线。

构建母子公司体制，完善法人治理结构。按照责权对等原则构筑母子公司管理模式；按照现代企业制度的要求完善法人治理结构，钢铁主业组建了董事会、监事会，在国务院向鞍钢派驻监事会的同时，集团公司向子企业派驻监事会。

推进三项制度改革，激发企业活力。深化干部人事制度改革，建立竞争择优、优胜劣汰的用人机制，形成以业绩用干部、靠能力定取舍的竞争局面。深化用工制度改革，打破劳动用工终身制，推行全员达标培训、竞争上岗，做到员工能进能出。深化分配制度改革，对管理和操作人员实行岗薪工资制，对经营者实行年薪制，对科技人员实行科研项目效益工资制。

推进鞍攀联合重组。2010 年 5 月 21 日，经国务院同意，国务院国资委批准，鞍钢与攀钢联合重组，成立鞍钢集团公司，由国务院国资委对其履行出资人职责。2010 年至 2012 年，制定《鞍钢集团公司推进鞍钢与攀钢重组整合实施方案》，明确集团公司战略目标、各业务模块融合思路和整合措施；出台《鞍钢集团母子公司运行规则》等制度文件，明确鞍钢集团公司与子公司权责，指导鞍钢与攀钢重组整合各项工作的开展。同时，按照重组整合工作计划的安排，鞍钢与攀钢陆续开展了频繁的交流互访调研活动，各专业按计划有序推进实质性重组整合。

（四）2012 年 11 月至今：以党的十八大召开为开端，鞍钢改革取得重大进展，开启新时期改革发展新征程

党的十八大以来，以习近平同志为核心的党中央高度重视国企改革发展和党的建设工作。在习近平系列重要讲话精神和治国理政新理念新思想新战略的指引下，国有企业改革取得重大进展，"1+N"文件顶层设计构建完成，"十项改革试点"深入推进，重大改革举措落地见效，国有企业体制机制发生了重大变革，与市场经济的融合更加紧密，规模实力和竞争力进一步增强，国有经济主导作用有效发挥。

2013~2015 年，鞍钢深入贯彻落实党的十八大、十八届三中全会和党中央、国务院关于深化国企改革决策部署，以 2012 年 12 月 28 日启动规范建立董事会工作为标志，拉开了新一轮深化改革的大幕。成立深化改革领导小组，制定下发《鞍钢集团深化改革指导意见》，推动各级董事会建设，构建了"2+8"战略管控架构，建立授权体系，实施企业分类，完成了从产线管理向集团管控的转变，为进一步创新发展、转型升级奠定了坚实的基础。

2016 年以来，鞍钢以习近平新时代中国特色社会主义思想为指导，深入学习贯彻党的

十九大精神，贯彻落实党中央、国务院关于深化国企改革决策部署和习近平总书记"三个推进"要求，把握经济发展"新常态"和供给侧结构性改革新要求，坚持问题导向、目标导向、责任导向和实效导向，紧密围绕调整、改革、创新、加强党的建设"四项重点工作"，大刀阔斧推动改革攻坚。按照"2016 年重点突破、试点先行，2017 年向深度广度推进、配套完善，2018 年进入改革攻坚期"的总体思路，完成公司制改制，规范法人治理结构建设，构建完善战略管控模式下差异化管控体系，落实各类企业市场主体地位，全面实施契约化经营，积极推动历史遗留问题解决，各项改革举措压茬推进，基本完成了符合现代企业制度要求的管控模式、管控架构的构建，管理体制与运行机制发生了深刻变化，实现了"四个转变"，即：各级企业向独立市场主体转变、企业从保生存向求发展转变、集团管控模式向战略管控转变、公司治理向两个"一以贯之"融合转变。攀钢全面深化人力资源改革，2014 年来劳动用工总量减幅 46.8%，人均钢产量增幅 50.62%，成为此轮国有企业减员增效的典范，冗员突出难题得到根本解决。

二、主要发展成就

改革开放以来，鞍钢发生了翻天覆地的变化。特别是党的十八大以来，鞍钢以习近平新时代中国特色社会主义思想为指导，认真学习贯彻党的十八大、十九大精神，加快推进改革创新与转型升级，各项工作取得了突出成绩。

（一）强化政治引领，筑牢改革发展的"根"与"魂"

习近平总书记指出，坚持党的领导、加强党的建设，是我国国有企业的光荣传统，是国有企业的"根"和"魂"，是我国国有企业的独特优势。改革开放 40 年来，鞍钢党委坚定不移学习贯彻落实党中央的决策部署，牢牢把握坚持党的领导、加强党的建设是国有企业的"根"和"魂"这一根本原则，从坚持和发展中国特色社会主义、巩固党的执政基础执政地位的高度出发，立足鞍钢改革发展实际和党建工作实际，推动全面从严治党要求落到实处，为实现"钢铁强国"目标提供了坚强保证。

1. 牢牢把握正确政治方向

1978 年 5 月，中共中央党校校刊及《光明日报》发表了《实践是检验真理的唯一标准》后，鞍钢党委组织各级党员干部职工深入学习讨论，共召开讨论会 2136 次、座谈会 1894 次、学习报告会 278 次，举办学习班 1896 个，参加职工 4.8 万人次，批判了"照办论""走捷径"等谬论，冲破了"两个凡是"的禁锢，树立了实践是检验真理的唯一标准的观点，使鞍钢驶入了以经济建设为中心的正确轨道。1981 年开始，利用开办厂处级以上干部读书班和短期脱产轮训班，集中组织学习《邓小平文选》《建设有中国特色的社会主义》《中共中央关于建立社会主义市场经济体制若干问题的决定》，以及邓小平视察南方重要讲话精神；2000 年至 2010 年，鞍钢各级党委把学习"三个代表"重要思想、科学发展观作为重中之重，编发学习材料，举办各类学习班、培训班，进一步使中国特色社会主义理论深入人心。党的十八大以来，鞍钢党委把学习贯彻习近平总书记系列重要讲话精神作为谋划和推进工作的总纲和主线，第一时间传达学习、讨论交流，推动读原著、学原文、悟原理，有力推动了党的建设和各项工作全面发展。

2. 推动理论学习深入开展

40 年来，鞍钢通过"五个重要抓手"提高政治理论学习的质量和水平。抓好制度建设，把理论学习工作列入首要议事日程，特别是 2013 年以来，每年以鞍钢党委一号文件形式印发理论学习文件，明确学习内容、方式、要求，严格管理、严肃考核。抓好党内集中学习教育，从 1983 年开始的整党，到 1996 年"三讲"集中教育活动，再到"党的群众路线教育实践活动"、"三严三实"专题教育、"两学一做"学习教育等，鞍钢党委严格落实中央要求，严密安排部署，引导广大党员干部增强党性观念、提高党性修养、发挥党员作用。抓好关键少数学习，充分发挥党委理论学习中心组学习这一"龙头"作用，每年印发学习安排，开展学习督导、通报。党的十八大以来，组织集团党委理论学习中心组学习 80 余次，基层党委中心组学习 1.3 万余次。抓好班组政治理论学习，利用班前班后会、班组微信群、班前五分钟等载体，引导职工提高政治理论素养。抓好网络新媒体学习，利用微博、微信等，使政治理论学习建在网上、连在线上。抓好培训式学习，发挥鞍钢党校、攀钢党校主阵地作用，党的历次全会都开设专门的轮训班、辅导班、研讨班，推动政治理论知识进教材、进课堂、进头脑。

3. 坚持理论联系实际

1978 年 9 月，邓小平第五次视察鞍钢时发表"用先进技术和管理方法改造企业"重要讲话，鞍钢党委认真组织学习讨论，举办各类现代化管理学习班 300 多期，邀请国内外学者教授讲学 30 多场。20 世纪 90 年代，通过"平改转""模铸改连铸"等大规模的技术改造，走出了一条"高起点、少投入、快产出、高效益"的老国有企业改造之路，实现了旧貌换新颜。2013 年以来，通过认真学习贯彻习近平总书记关于国有企业改革发展和推进供给侧结构性改革的重要要求，鞍钢打出一套调整结构、攻坚克难、强身健体"组合拳"，实现了良好发展。党的十九大胜利召开后，鞍钢坚持学用结合，迅速研究制定了贯彻落实党的十九大报告任务分解方案，细化了 30 个大项 110 项具体工作，明确了鞍钢发展新定位、新目标、新举措，持续推进高质量发展，开启了振兴发展新征程。

4. 强化干部队伍建设

一是抓好班子。按照"对党忠诚、勇于创新、治企有方、兴企有为、清正廉洁"要求，加强"四好"领导班子创建活动，坚持每年召开领导班子和领导人员考核通报会，表彰"四好班子"和优秀领导人员，抓好各级领导班子民主生活会，用好批评和自我批评这个武器，发挥领导班子的整体功能和优势。二是管好干部。坚持党管干部原则，规范干部任免程序，坚持正确的用人导向，人事任免事项均由党委常委会研究决定。严格履行"凡提四必"要求。深化干部人事制度改革，制定推进领导人员能上能下的实施意见。注重培养年轻干部，实施"121"培养计划。加强人才队伍建设，制定人才引进管理办法和关键人才中长期奖励办法，建立四类人才等级序列制度，打通人才成长通道。三是带好队伍。推进"两学一做"学习教育常态化制度化，夯实学的基础、抓住做的关键、突出改的重点，广大党员政治素质进一步提高。实施党员目标管理，党员创先争优意识明显增强。完善党内激励帮扶机制，定期开展"三先两优"评选活动。

5. 夯实党建工作责任

一是以上率下，逐级落实党建工作责任。鞍钢党委充分发挥领导作用，把方向、管大局、保落实，成立党建工作领导小组，制定《鞍钢党建工作责任制实施办法》和《党建工作考核评价办法》，实施党委书记述职评议，确保管党治党"五个责任"得到有效落实。二是强化基层组织建设，持续提升组织力。落实"四个同步""四个对接"要求，牢固树立党的一切工作到支部的鲜明导向，形成"三会一课"督查机制，督查党支部组织生活制度执行情况并进行通报。开展"基层党支部建设提升年"活动，实现"抓两头带中间"，推动基层党建工作提档升级。三是建章立制，提供坚实保障。建立完善"三会一课"督查机制，每季度抽查"三会一课"记录本。建立完善严格党的组织生活制度，对"三会一课"、民主生活会和组织生活会等组织生活制度进行规范。形成领导班子深入联系点抓党建的"头雁效应"，各级党委建立领导班子成员"两学一做"学习教育联系点，指导联系点单位党建工作、参加专题民主生活会，压实党建工作责任。

6. 强化典型人物引领

改革开放40年来，鞍钢党委坚持把选树典型作为加强党建思想政治工作、精神文明建设、实现正向引导的重要着力点，打造英模群体，集聚先进典型的引领示范作用，先后培养宣传"当代雷锋"郭明义、全国"时代楷模"李超、全国见义勇为英雄孙利东、"当代发明家"于淑娟、"辽宁好人"房洪谨、林学斌、张允东等重大典型，英模文化建设取得新成果。2010年8月1日，胡锦涛总书记作出重要批示，高度评价郭明义同志是助人为乐的道德模范，是新时期学习实践雷锋精神的优秀代表。2014 年 3 月 4 日，习近平总书记给"郭明义爱心团队"回信，对他们服务社会、助人为乐、爱岗敬业给予充分肯定，并向全国广大志愿者和爱心人士致以崇高敬意。2014 年 10 月，全国学习宣传先进典型工作现场会在鞍钢召开，中宣部对鞍钢选树培育先进典型、践行社会主义核心价值观、大力加强精神文明建设的经验予以高度评价，并号召全国学习鞍钢。截至 2018 年，鞍钢共涌现出各级劳动模范、道德模范等先进人物 9800 多人。

（二）强化宏观调整，推动企业协调持续发展

1978 年 9 月 18 日，邓小平到鞍钢视察并发表了《用先进技术和管理方法改造企业》的重要讲话，对鞍钢改革、改造、管理所提出的具体要求为鞍钢指明了发展方向。十一届三中全会以来，鞍钢把工作重点转移到生产建设上来，管理体制由高度统一的计划经济向市场经济方向转变，主要依靠技术进步，走自我改造、自我发展道路。特别是党的十八大以来，鞍钢坚持以习近平新时代中国特色社会主义思想为指导，认真贯彻习近平总书记"三个推进"重要讲话精神，紧紧围绕"五位一体"总体布局和"四个全面"战略布局，深入践行"五大发展理念"，加强党对国有企业的领导，坚持市场和问题导向，推进供给侧结构性改革，加强科技创新，加速向质量、效率和效益型发展方式转变，全力实现高质量发展。

1. 计划经济向市场经济转轨期

从 1978 年到"八五"时期，鞍钢在改革改造中从计划经济向市场经济转轨。鞍钢先后制订了《鞍山钢铁公司 1981~1985 年调整和技术改造规划》《鞍山钢铁公司 1983~1990 年技术改造总体规划纲要（草案）》及《鞍钢"七五"技术改造计划纲要》等，其主要做法是充分利用已有的设备进行更新改造，实行内涵式扩大再生产，使鞍钢成为工艺较为先进、布局较为合理、管理水平较高、经济效益较好、产品竞争力较强、清洁文明的钢铁企业。

2. 大规模技术改造期

"九五""十五"期间，鞍钢以科技进步为支撑，把建设资源节约环境友好型钢铁企业作为核心战略目标，贯彻技术改造始终。鞍钢提出许多影响广泛的首创性思路，如"高起点、少投入、快产出、高效益"的技术改造方针，"改造钢铁主体，壮大多元产业，实现结构优化，增强整体实力"的跨世纪总体发展战略和"三步奋斗"目标，实现"两步跨越""建精品基地、创世界品牌"，成为最具国际竞争力的钢铁企业集团等，内容涉及鞍钢改革发展的各个方面，引导鞍钢沿着正确的航向前行。鞍钢重点推进了老区改造、环

境治理、品种调整、节能降耗和技术升级等工作，并立足技术和人才优势建成了西区500万吨现代化精品板材基地。

3. 振兴发展与战略调整期

"十一五"期间，坚持以科技进步为支撑，实施"四个转变"，进入世界500强。在2005年召开的第六次党代会上，鞍钢提出了"十一五"期间"两步跨越"的发展目标。"十一五"期间，鞍钢被命名为国家首批"创新型企业"。自主开发了我国第一条拥有全部自主知识产权、具有国际先进水平的1700毫米中薄板坯连铸连轧带钢生产线（ASP），并成功输出到济钢，成为国内首家具有成套技术输出能力的钢铁企业，改写了我国冶金重大成套装备长期依靠国外进口的历史。建成投产的当代中国第一个大型化、现代化、绿色环保的沿海样板型钢铁精品生产基地——鞍钢鲅鱼圈钢铁项目，整体工艺和经济技术指标达到国内领先和国际一流水平。

"十二五"期间，鞍钢坚持实施"四个转变"战略，战略规划随宏观经济形势剧烈变化及时调整。"十二五"规划的制定历经了鞍山钢铁集团公司和攀钢集团有限公司的联合重组，并在重组过程中完成。2013年9月，鞍钢首次党代会（鞍攀重组后）召开，提出了今后一个时期企业发展的指导思想、发展战略、总体思路和奋斗目标，把战略调整升级作为战略重点。鞍钢的战略发展思路实现了根本性转变，从追求规模扩张转变成为追求质量效益型，从追求数量型增长转变为追求企业内在价值创造能力提升。

4. 转型升级与高质量发展期

"十三五"以来，鞍钢坚持以习近平新时代中国特色社会主义思想为指导，深入落实"三个推进"要求，以"1+N"系列配套文件精神为指南，强力推进"调整、改革、创新和加强党建"战略落实工作，全面推进转型升级和高质量发展：一是通过实施全方位战略调整，企业发展战略进一步清晰，核心销售区域领先地位进一步突出，产业结构进一步优化，产品盈利能力进一步增强。二是强化顶层设计，创新性开展产业结构调整规划工作，科学制定"631"产业结构调整目标并明确实施路径，推动企业产业结构调整升级。三是通过推进管理体制与运行机制的配套改革，战略管控模式下差异化管控体系初步建立，现代企业制度逐步健全，市场化的体制机制不断完善，集团管控能力全面提升。

（三）坚持创新驱动，科技领域迅猛发展

鞍钢坚持创新驱动发展战略，出台了一揽子促进创新发展的新机制、培育出了一大批创新领域人才、搭建了一系列培育新动能的创新平台、开发出了一大批国内独有产品、取得了一系列丰硕成果，为鞍钢持续提升国际竞争力和影响力奠定了坚实的科技基础。1978

年以来，鞍钢共获得国家级科技进步奖 45 项，其中一等奖 5 项，二等奖 24 项，三等奖 16 项；共获得冶金行业奖 119 项，其中特等奖 1 项，一等奖 19 项，二等奖 49 项，三等奖 50 项；获得省级科技进步奖 66 项，其中一等奖 8 项，二等奖 20 项，三等奖 38 项。截至 2017 年，鞍钢累计拥有有效专利 7707 件，其中发明专利 3496 件；拥有"一种高强度贝氏体钢轨及其生产方法"等 38 项有效国际专利。

1. 参与国际、国家及行业标准制定

截至 2018 年 3 月，鞍钢主导或参与制修订国际标准 8 项。2001 年，鞍钢提出的 ISO 5003 国际标准修订项目立项成功，经过 5 年的艰苦工作，于 2016 年 3 月 1 日正式发布实施。2016 年，鞍钢提出的 ISO 4978《焊接气瓶钢用热轧扁钢》国际标准修订项目成功立项。目前，该标准项目已经进行到 FDIS 阶段，预计 2019 年可以正式发布实施。2017 年，鞍钢提出的 ISO 22055《道岔轨》国际标准提案立项成功。

鞍钢主导制定且现行的国家标准 87 个，在全国钢铁企业中名列第二。鞍钢参与制定且现行的国家标准 79 个。另外，目前正在制定的国家标准 14 个，正在修订中的国家标准 19 个。

鞍钢主导制定且现行的行业标准 76 个，其中主导制定 65 个，参与制定 11 个。另外，正在主导和参与制定中的行业标准 48 个，其中主导制定 45 个，参与制定 3 个。

2. 大力加强自主创新

自改革开放以来，鞍钢强化自主创新，研制了大量的钢铁新品种，为国家建设发展作出了突出贡献。在改革开放初期，鞍钢就积极研制适合我国的高强度钢轨，攀钢研制的中锰钢轨获 1984 年国家发明奖三等奖。攀钢相继开发出时速 200 千米、250 千米、300 千米、350 千米的高速轨，终结了中国不能生产高速铁路钢轨的历史，实现了世界主要钢轨标准涉及品种全系列覆盖。鞍钢已成为国内为数不多的能生产全系列汽车板的钢铁企业。陆续开发了核电机组安全壳用钢、核反应堆压力容器支撑用钢、核电用无缝管、核电用不锈钢钢板、海洋核动力平台用安全壳用钢等核电用钢。船板生产历史长达 60 年之久，开发了系列船舶和海洋工程用钢，在我国船舶发展的每一个重要节点都发挥重要的作用。具有悠久的桥梁钢研发和生产历史，从我国第一座自主建造的南京长江大桥到全球最长钢结构桥梁——港珠澳大桥，参与和见证了中国桥梁由弱到强的历程。鞍钢是军工钢生产基地，堪称共和国军工钢的"元老"，为我国国防建设作出巨大贡献。具备水电用钢全级别供货能力，为占领国内外水电用钢高端市场提供了支撑。攀钢自主创新探索出攀西国家级战略资源的综合利用道路，形成了一批国际国内领先、拥有自主知识产权的专有技术，成为国家首批自主创新型企业，建立了国家钒钛重点实验室。特别是党的十八大以来，攀钢瞄准世界和行业科技前沿，先后承担了攀西战略资源创新开发试验区三批共 19 项重大科技攻关项目（占比 36.5%），投入科研经费 8.21 亿元，一举突破了七大关键技术。其中，氧化钒清洁生产工艺实现工程化应用，彻底解决了提钒废水这一行业共性技术难题；高炉渣提钛技术进入工程化示范阶段，有望将钛资源利用率由 17% 提升至 50% 以上；高铬型钒钛磁铁矿资源综合利用技术基本定型，高水平、规模化利用红格南矿中的铁、钒、钛、铬资源已具备产业化开发条件。

3. 建立完善科研体系

先后出台《鞍钢集团公司科技发展规划管理办法》《鞍钢集团公司科研项目管理办法（试行）》《鞍钢集团公司重大科学技术奖管理办法（试行）》《鞍钢集团公司选派访问学者和组织参加境外学术会议管理办法（试行）》《鞍钢集团公司技术专家库管理办法》《鞍钢集团公司知识产权管理办法》等制度办法，为鞍钢科技领域健康蓬勃发展奠定了坚实的制度基础。鞍山钢铁建立健全科技工作规划、立项、过程控制、效益评审、结题验收、成果转化及推广应用的全方位科学管理体系。攀钢建立完善"三制一金"（研发机构公司制，科研项目合同制，科技成果分享制，成果转化基金）科研模式，充分激发了科研机构和科技人员创新创效积极性。

积极发挥钢铁材料领域工程院院士的作用，助推鞍钢发展。2009 年 11 月 30 日，李鹤林院士来鞍钢作"石油工业与高性能钢管"的专题学术报告。2016 年 5 月，鞍钢"海洋装备用金属材料及其应用国家重点实验室"聘任翁宇庆院士为学术委员会主任。2016 年 9 月，邀请翁宇庆院士来鞍钢作"海洋装备金属材料的需求与趋势"专题学术报告。2017 年 8 月，13 位中国工程院院士参加鞍钢召开的院士咨询会，为企业的发展提供战略咨询。2018 年 5 月，北京市科学技术协会向鞍钢集团未来钢铁研究院院士专家工作站授牌，这是鞍钢首个驻京院士专家工作站。该院士工作站聘请全国轧制技术及连轧自动化专家、东北大学教授、中国工程院院士王国栋作为首位进站院士，指导该院制定战略发展规划、科技发展规划和重点研发领域及方向，并开展科研工作。2018 年，聘请中国工程院院士周廉、陈清泉、澳大利亚工程院院士张东柯等为鞍钢集团科技创新与发展战略咨询委员会委员，有效发挥鞍钢科技发展的智库作用。

自 2010 年起，我国陆续在一批企业中组建了国家重点实验室。在钢铁企业中共成立了 7 个国家重点实验室。其中，鞍钢拥有两个国家级重点实验室：2010 年批准的"钒钛资源综合利用国家重点实验室"和 2015 年批准的"海洋装备用金属材料及其应用国家重点实验室"。

2010 年，由中国钢铁工业协会、鞍钢、中国钢研集团发起，相关企业、高校、科研院所参加，共同成立耐蚀钢联盟。2014 年鞍钢当选理事长单位。2011 年 7 月 12 日，攀钢和中国科学院过程工程所共同发起，联合河北钢铁集团承德钢铁集团有限公司等 5 家企业、清华大学等 9 家大学、长沙矿冶研究院等 4 家科研院所共 18 家单位组建了"钒钛资源综合利用产业技术创新战略联盟"。2014 年 6 月 14 日，海洋工程用钢产业技术创新战略联盟成立。该联盟由中国钢铁工业协会组织，钢铁研究总院、中国船级社、中海油研究总院、鞍钢等单位发起组建，首批成员单位共 31 家，鞍钢为副理事长单位。

（四）推动环境治理，生态文明建设领域成效显著

改革开放 40 年来，鞍钢坚持将可持续发展纳入企业发展战略体系，高度重视生态文明建设，努力建设资源节约型、环境友好型企业，取得了突出成效。先后获得国资委"十一五"中央企业节能减排优秀企业、国土资源部国家百家国土绿化突出贡献单位、2006~2010 年辽宁省节能减排工作先进单位、辽宁省政府授予的"花园式工厂"、中宣部和国资委授予的中央 13 家企业节能减排工作典型之首、国资委授予的"2013~2015 年任期节能减排优秀企业"等荣誉称号。尤其是党的十八大以来，鞍钢持续深入学习贯彻习近平生态文明思想，积极践行"绿水青山就是金山银山""保护生态环境就是保护生产力，改善生态环境就是发展生产力"的生态文明理念，把绿色发展当作考核新标尺，通过持续改善管理体系、制度，推动管理达标和改造升级提标深入结合，生态文明建设工作取得了卓越成绩，企业污染防治水平迈上新台阶。2013 年以来，二氧化硫排放量降幅 61%、COD 排放量降幅 66%、氮氧化物排放量降幅 20%、氨氮排放量降幅 57%。

1. 将生态文明建设与环境保护工作纳入各级领导班子和领导干部考核评价体系

制订了《鞍钢集团公司环境保护管理办法》《鞍钢集团公司领导人员环保责任追究办法》《鞍钢集团公司节能管理办法》等一系列规章制度，通过各子企业的逐级承接落实，有效建立健全环境保护、节能减排相关规章制度，明确了职责划分，深化了责任落实，构建了全覆盖、无盲区的环保问责管理体系。同时，鞍钢以实现经济效益、社会效益、生态效益相统一为目标，以解决老工业基地环境领域突出问题为重点，以改善地区环境质量为责任，在生产经营形势不利、资金严重短缺的情况下，仍下定决心做好环境治理和节能减排工作，实施节能减排、污染治理项目 260 余项，累计投入 120 多亿元，展现了鞍钢作为"共和国钢铁工业长子"的责任与担当。

2. 加大产品和技术研发，逐步淘汰落后生产工艺，提升绿色生产能力

淘汰热烧结工艺，全面实现冷烧结。先后采用两台 360 平方米烧结机替代 4 台 75 平方米和 4 台 90 平方米烧结机。全部淘汰小焦炉，建成 6 米以上大焦炉。同时配套建设完

善的焦炉装煤和推焦除尘系统，以及干熄焦设施。拆除 7 座 1000 立方米左右老高炉，用 3200 立方米大型高炉置换炼铁产能 467 万吨。淘汰了共计 530 万吨能力 12 座平炉，建成 6 座现代化转炉。不但使鞍钢冶炼水平和冶炼产量得到提高，为全连铸创造了条件，同时也解决了炼钢烟尘污染，彻底遏制了"红龙"。建设脱硫扒渣、LF、RH-TB 和 VD 精炼等设备，形成从铁水预处理到转炉自动吹炼、钢水炉外精炼与真空处理再到铸坯的高效连铸生产工艺流程。淘汰模铸、初轧工艺，实现了负能炼钢和全连铸，大幅降低了能耗和污染物排放量。淘汰叠轧薄板轧机及横列式轧机，建成热连轧、冷连轧、冷轧硅钢、万能重轨等现代化生产线，缩短了工艺流程，减少了污染环节，使能耗、物耗及各类污染物排放量大幅度降低。对发电锅炉进行升级改造，建设 4 座 220 吨锅炉来替代原来的落后小锅炉，同时配套锅炉烟气脱硫脱硝系统。用 3.5 万立方米大型制氧机组全面替代 1 万立方米小型制氧机组，能耗大幅降低。全面淘汰日伪统治时期修建的 21 座老耐火竖窑。

西部污水处理厂入选辽宁省首届环境保护模范企业，冷轧 2 号线系统改造工程项目被评为辽宁省首届环境友好工程；鞍钢多次被辽宁省政府授予资源综合利用先进企业。攀钢通过开展氧化钒清洁高效生产关键技术及装备研究，提出了氧化钒清洁生产的核心原理，实现氧化钒的清洁高效生产，提高钒回收率和资源利用率，形成了世界领先的氧化钒清洁生产成套技术，并获得了四川省科学技术进步一等奖。鲅鱼圈基地成为钢铁业节能减排的典范：鞍钢鲅鱼圈建设项目是实现技术升级和结构调整，提高企业综合竞争力的重大举措。在新钢铁基地设计和建设过程中，坚定地贯彻和遵循世界一流的理念，流程紧凑化，装备大型化，操作自动化，管理信息化；按照循环经济和清洁生产的要求，采用先进的节能环保措施和废物资源化的生产工艺，配备了世界一流的节能环保工艺装备，保证了项目建成后，能耗、环保等技术经济指标均达到世界先进水平。

3. 践行央企责任，各子企业持续加大环保力度

实施"蓝天工程"，累计投入 50 多亿元，先后实现化工老焦炉全部停炉淘汰、钢厂烧结机全脱硫；电厂锅炉全部完成脱硫脱硝改造；完成了炼钢三工区环保改造，炼钢区域的环境得到彻底整治；烧结机尾除尘器提标改造工作全面完成，实现了稳定达标排放；完成了化工煤气脱硫脱氰项目；实现了八家子料场关停。"蓝天工程"实施后，区域环境质量改善效果显著，受到了辽宁省政府的通报表扬。开展集中整治老大难问题攻关，先后完成了烧结脱硫风机噪声、三制粉排煤风机噪声、炼焦蒸汽管道噪声、硅钢厂区异味、料场焦炭扬尘等一系列环保方面历史遗留问题。"擢秀园"的建成和厂区"一园两带"建设，使得 45 万平方米工业废物堆放场地变成了冶金厂区内的生态花园，厂区绿树成荫、鸟语花香。开展的"关爱职工，治理身边扬尘"活动，形成了上下联动、各负其责、以管促治的扬尘管控新局面，环境面貌得到持续改善，一年之内厂区降尘量下降 30%。通过水源结构调整、全面实施水系统降压减量化运行以及建立智能化管控平台等措施，新水取水量大幅降低，吨钢耗新水三年内降低 25%，达到国内同行业领先水平。投资近亿元的主厂区废水回收利用项目，为国内钢铁综合废水深度处理技术领域首创，实现系统性稳定达标排放、厂区废水全回收利用。2017 年，鲅鱼圈分公司获得国家工信部首批"绿色工厂"示范单位殊荣。

攀钢以化解环保风险、维护企业形象为目标开展的环保整治，有效提升了污染防治和环保管理水平。先后完成了生化废水处理系统达标改造、300 兆瓦发电机组新建脱硫系统、焦炉推焦装煤除尘系统改造、钒业沉钒烟尘处理设施改造等一批重点项目的升级改造，焦化焦油尾气异味、冷轧再生尾气异味、选钛烟气异味等一批环保顽疾得以解决，西昌钢钒烧结机脱硫"白雾"问题得到根治。通过多年不懈努力，攀钢工艺装置本质化节能减排能力持续提升，污染物排放大幅降低，区域环境质量明显改善，企业社会形象得到显著提升。2016 年攀枝花市、凉山州环境空气质量全面达标，位列四川省环境空气质量达标市州前 5 名，攀钢的贡献得到地方政府和社会各界的高度认可，营造了共建绿色生态家园的良好社会氛围，实现了社会、企业互利共赢的双赢局面。通过创新脱硫治理方式，攀钢攻克了高浓度 SO_2 烧结机烟气脱硫世界性难题，实现了高硫烧结烟气全部达标排放，有效推动脱硫治理向社会化、专业化、产业化方向发展，为区域大气环境质量改善做出了巨大贡献，得到了中央、省、市政府及各级环保部门和社会、舆论的高度认可和重视。2017 年，攀钢西昌钢钒获得"中国钢铁工业清洁生产环境友好企业"荣誉称号。

鞍钢始终坚持矿山开采后的绿化复垦工作，矿山绿化成绩斐然。2017 年"六五"世界环境日，中央电视台新闻直播间"来之不易的绿水青山"系列报道，通过直播镜头展示了十多年来鞍钢坚持矿山绿化复垦取得的成绩和鞍钢人践行绿色发展理念的决心和勇气，为全国观众讲述了一段鞍钢建设美丽中国的故事。《辽宁日报》评论指出："多年来，鞍钢坚持以科学发展观为指导，秉承造福社会、企业、员工的宗旨，深入践行习近平总书记'绿水青山就是金山银山'的环保倡议，努力建设资源节约型、环境友好型企业"，彰显了鞍钢的绿色品牌形象和负责任的央企风范。

（五）坚持开放发展，国际事务及对外贸易稳步推进

围绕国家提出的"走出去"和"一带一路"倡议，鞍钢积极开拓国际市场，扩大钢材出口，全面提高"鞍钢"品牌在国际市场的影响力和品牌价值；通过在境外设立钢材加工线，为境外用户及时提供高质量的定制钢材产品，延伸了产品价值链，提高了产品的附

加值；通过在境外建设铁矿石生产基地，掌握了境外铁矿石资源，为保障企业生产的稳定顺行奠定了坚实的基础。

1. 强化海外投资并购

鞍钢"十二五"以来的境外投资主要围绕三个方面：一是通过海外股权并购提高了海外矿产资源的掌控能力，通过增资扩股得到了对卡拉拉矿业有限公司的控股权，为获取钢铁主业生产所必须的铁矿石提供了资源保障；二是通过海外股权收购，在欧洲建立了钢材深加工中心，鞍钢维加诺有限公司和英国 USS 加工线的建立为企业产品出口欧洲市场，贴近市场为客户服务，并获得更高的产品附加值创造了条件。三是"十二五"以来的境外股权收购业务更侧重于对鞍钢前期已获得的海外项目股权的收购，通过对原有项目的增资扩股，提高对项目的控制力，持续改善海外项目的管理水平和运营状况。

2. 积极参与"一带一路"建设

鞍钢积极响应国家提出的"一带一路"倡议，确定了"稳定获取钢铁上游战略资源保障、推进海外钢铁生产基地建设、拓展非钢产业国际化输出、提升海外企业价值创造能力"的国际化发展战略。鞍钢对"一带一路"国家开展了广泛的寻源和论证工作，先后对马来西亚、印尼、尼日利亚、巴基斯坦、阿尔及利亚、伊朗、印度等市场进行了深入的调研，拜访了国家驻外使（领）馆、商务处、国家相关部委、国外当地国家政府部门、国外合作伙伴、我国在当地的企业，查询相关市场、政策信息，进行科学全面的分析和总结，逐步形成海外投资项目市场调研报告和风险分析报告，明确鞍钢海外战略布局的关键点。先后论证了多个重点项目，一些项目正在稳步推进中。

3. 强化海外重点项目建设

为落实国家"走出去"发展战略，推进国际化经营战略，掌控优质海外铁矿资源，鞍钢于 2006 年 3 月在澳大利亚设立了全资矿产投资公司——鞍钢集团投资（澳大利亚）有限公司（简称鞍澳投）。2007 年 9 月 6 日鞍澳投与澳大利亚金达必金属公司（简称金达必）签署全面合资协议，合资设立了卡拉拉矿业有限公司（简称卡拉拉）。同时，鞍钢集团香港（控股）有限公司（简称鞍钢香港控股）参股金达必。卡拉拉年产 800 万吨高品质铁精矿，是鞍钢采矿服务输出和智慧矿山建设的有益探索，对获取稳定的海外铁矿石资源、支撑企业可持续发展具有重大意义。

4. 加大海外机构建设力度

随着国际化进程的推进，截至 2017 年末，鞍钢共设立 14 家海外贸易机构，提高产品海外市场占有率。陆续成立了 5 家海外投资服务公司，为海外投融资和海外业务拓展提供商业服务。2005 年起，鞍钢开始海外资源的开发和探索，成立 3 家境外矿产开发公司，为企业可持续发展提供了重要的原料保障。从 2010 年起开启了建设海外加工线的步伐，先后收购和入股了意大利维加诺（VIGANO）和英国 USS 公司两家海外钢加中心，有助于延伸企业供应链，稳定销售渠道和向终端用户提供增值服务，实现对下游用户更稳定、更周到、更直接的服务，提高鞍钢的品牌价值。为开拓对外承包工程市场，鞍钢在海外成立了两家工程承包公司，致力于企业冶金技术、装备制造、生产维保、信息化、施工等综合能力的海外输出，并先后在俄罗斯、伊朗、阿尔及利亚等国承揽了重轨、高炉、球团等重大冶金工程项目。机电、钢结构等产品远销到澳大利亚、巴西、意大利、印度、菲律宾、阿曼等国家；施工足迹遍布俄罗斯、土耳其、德国、意大利等 20 多个国家和地区。

5. 稳步做大国际贸易

1981 年 5 月，经鞍钢批准，进出口处成立，履行进出口业务的管理职能；1981 年 12 月，经国家进出口委批准，成立中国冶金进出口公司鞍钢分公司；1984 年 4 月，经鞍钢申请、冶金工业部同意、国家外经贸部批准，进出口公司扩权更名，由"中国冶金进出口公司鞍钢分公司"更名为"鞍钢进出口公司"，扩大了经营权限，从而成为具有独立开展对外经贸业务的冶金企业外贸公司；1994 年 10 月，经国家对外贸易经济合作部批准，扩权更名，更名为"鞍钢集团国际经济贸易公司"（简称鞍钢国贸公司）；1998 年 2 月，鞍钢将鞍钢国贸公司和供销公司合并，成立集内外贸销售、采购于一体的综合型贸易公司，仍然使用"鞍钢集团国际经济贸易公司"名称；2013 年 7 月，鞍钢决定将内贸业务整体划出，以"鞍钢集团香港有限公司"法人资格和相关业务资质为基础，成立"鞍钢集团香港有限公司（鞍钢国贸公司）"，按鞍钢全资子公司管理，攀钢区域的外贸业务整合为鞍钢国贸攀枝花有限公司，作为鞍钢国贸公司的全资子公司。

1982~2017 年，随着中国的改革开放不断发展壮大，鞍钢营销网络遍布全球。自 1998 年 12 月以来，鞍钢国贸公司相继在美国、欧洲（德国）、韩国、澳大利亚、西班牙、日本、中东、印度、印度尼西亚、非洲等国家和地区建立海外公司。30 多年来，共出口钢铁产品 3854 万吨，创汇 205 亿美元。鞍钢热轧卷、中厚板、冷轧卷、镀锌卷、线材和彩涂等产品销往日韩、东南亚、欧美和俄罗斯等 60 多个国家和地区，其中，热系产品主要销往日韩和东南亚，冷系产品主要销往欧美，彩涂产品主要销往俄罗斯。强化同世界主要铁矿石、煤炭供应商的合作，仅 2013 年到 2017 年的 5 年间，就进口铁矿石和煤炭超亿吨。

三、主要发展特点和经验

改革开放 40 年来，鞍钢取得了突出的发展成就，也积累了宝贵的发展经验。

（一）必须坚持以习近平新时代中国特色社会主义思想为指导

习近平总书记十分关心鞍钢发展，2009 年 7 月 7 日亲临鞍钢视察，要求鞍钢"以改革创新为动力，不断加强和改进企业党建工作，切实把全心全意依靠工人阶级的方针落到实处"。2017 年"两会"期间，总书记提出"三个推进"要求，希望鞍钢"凤凰涅槃、浴火重生"。鞍钢党委坚持政治统领，增强"四个意识"，坚定"四个自信"，坚决维护习近平总书记在党中央和全党的核心地位，坚决维护党中央权威和集中统一领导，始终同以习近平同志为核心的党中央保持高度一致。正是以习近平新时代中国特色社会主义思想为指导，深入贯彻落实习近平总书记的重要指示和系列重要讲话精神，牢牢把握国有企业改革发展的正确方向，着力破解企业改革发展难题，鞍钢才全面打胜扭亏脱困攻坚战，开启了振兴发展新征程。他们坚信，只要坚定不移按照以习近平同志为核心的党中央的要求去做，持续用力，久久为功，再大的风险都能战胜、再大的问题和困难都能解决，鞍钢一定能够再创长子辉煌。

（二）必须坚持贯彻新发展理念，走高质量发展之路

党的十九大报告指出："我国经济已由高速增长阶段转向高质量发展阶段"。鞍钢坚决贯彻新发展理念，积极培育新产业新业态，推进智能制造，加快转型升级，提高企业发展质量。培育以生产服务业为主导的新产业、新业态，盘活去产能土地资源，打造千亿级智慧产业园，钢铁电商、现代物流、钒钛金属新材料研究院、大数据中心等企业和项目先后入驻，成为钢铁产业转型升级示范园区。推动"互联网+服务"与生产经营深度融合，打造线上线下融生产、仓储、供销、加工、配送、物流、金融、服务于一体的现代工业互联网生态圈。践行"绿水青山就是金山银山"发展理念，围绕打造备受尊敬的企业公民，鞍钢积极履行社会责任，狠抓超低排放工作落实，先后完成化工老焦炉全部停炉淘汰、钢厂烧结机全脱硫等污染防治重点工程。一批环保顽疾得以解决，主要环保指标大幅提升，主要污染物排放量大幅降低，实现生产经营与环境保护协同发展。

（三）必须坚定不移地推进改革创新，不断激发活力、增强动力

鞍钢积极落实国家及行业相关要求，加快推进"三去一降一补"，推动企业可持续发展。认真落实《关于钢铁行业化解过剩产能实现脱困发展的意见》（国发〔2016〕6 号）等要求，关停了攀成钢等冶炼产能，先后退出炼钢产能 362 万吨/年。落实国资委"处僵治困"工作要求，推进专项治理，减少低端无效供给，取得显著成效。与中国国际金融签

署战略合作协议，设立钢铁产业结构调整基金，打造推动钢铁行业市场化并购整合、结构调整的金融平台，助推区域钢铁产业整合发展。落实国务院降低企业杠杆率要求，通过债转股、发展混合所有制等方式，资本结构得到了较好优化。全集团资产负债率持续下降，可持续发展能力不断提升。以成为"高端产品引领者、国之重器钢铁脊梁"为目标，坚持打造重轨、汽车钢、海洋用钢、桥梁钢、钒钛制品、军工用金属材料等品牌产品，广泛应用于"西气东输"、青藏铁路、三峡工程、港珠澳大桥、国家体育场"鸟巢"和国产航母、"蓝鲸一号"海上钻井平台等重大工程项目。2018 年 3 月，中央电视台"经济半小时"栏目深入报道鞍钢军工钢、海工钢应用于航母、海洋钻井平台等大国重器的情况。鞍钢位列 2018 年中国 500 最具价值品牌第 55 位，品牌价值 635.28 亿元，比上年增加 64.73 亿元。

（四）必须坚持继承和发扬鞍钢优良传统，推进文化强企、共建共享

鞍钢是"共和国钢铁工业的长子""中国钢铁工业的摇篮"，是"鞍钢宪法"诞生地，也是英模辈出的地方，为国家经济建设作出巨大贡献。经过几十年的探索，鞍钢形成了"职工为本、市场导向、持续变革、依法合规、精益严格、高效执行"的管理法则：职工为本是一切管理工作的根本方针，坚持依靠职工办企业，实施民主管理，坚持安全至上，实现职工与企业共同成长；市场导向是一切管理工作的基本原则，把市场标准作为工作尺度，把品种质量作为企业的生命，不断满足并创造市场需求；持续变革是一切管理的重要驱动，改革一切不适宜的规章制度，规范一切管理行为，焕发组织和个人内在活力；依法合规是一切管理工作不可逾越的底线，决策之前要问法，执行全程要依法，生产经营要合法，企业和员工一切行为在法律和制度的框架内运行；精益严格是一切管理工作的基本遵循，坚持问题导向，不断调整完善，追求卓越绩效，工作坚持高标准，严要求，不制造、不传递任何缺陷，永不停止探索和进步。鞍钢优良传统是他们再创长子辉煌的重要法宝，广大干部职工是他们再创长子辉煌的坚实基础，依靠鞍钢优良传统和广大干部职工，他们必将不忘初心、牢记使命，为中国钢铁工业发展作出更大贡献。

（五）必须坚持党对国有企业的领导，坚定不移把国有企业做强做优做大

长期以来，鞍钢党委始终毫不动摇坚持党的领导，坚持把党建融入企业改革发展全过程，把提高企业效益、增强企业竞争实力、实现国有资产保值增值作为党组织工作的出发点和落脚点，坚定听党话、跟党走。全面贯彻全国国企党建会议精神，坚持把方向、管大局、保落实，鞍钢及所属"公司制"企业全部实现党建工作进公司章程。规范党委参与重

大问题决策程序，企业重大经营管理事项，必须经党委常委会前置程序研究讨论，保证党的路线方针政策在鞍钢全面贯彻落实。贯彻落实新时代党的组织路线，持续提升组织力，选优配强调整专职党支部书记，推进"样板"党支部和党支部工作示范基地评选活动。坚持党管干部原则，着力培养忠诚干净担当的高素质干部队伍。牢牢掌握意识形态工作领导权。加强党风廉政建设，营造风清气正的政治生态。加强和改进党的建设，以改革发展成果检验党组织的工作和战斗力，确保企业发展到哪里、党的建设就跟进到哪里、党支部的战斗堡垒作用就体现在哪里，为做强做优做大鞍钢提供了坚强政治保证。

首钢集团改革 40 年历程、成就和展望

首钢集团有限公司

首钢集团有限公司（以下简称首钢）始建于 1919 年，是一家跨行业、跨地区、跨所有制、跨国经营的综合性企业集团。百年首钢积淀了丰厚历史文化底蕴，承载着共和国工业发展记忆，始终是我国工业企业改革的一面旗帜。

一、主要改革发展历程

党的十一届三中全会后，首钢的改革发展经历了四个阶段。

从 1979 年到 1995 年，是首钢实施承包制经营时期。从 1979 年开始，国家对国有企业进行了一系列"放权让利"的改革。1979 年 5 月，首钢被列为第一批国家经济体制改革试点单位，从 1981 年到 1995 年实行上缴利润递增包干。1992 年，国务院批准赋予首钢投资立项权、资金融通权和外贸自主权。首钢开始在全球化经营和金融领域进行早期探索，收购了秘鲁铁矿，在香港收购了四家上市公司，成立了全国第一家由工业企业创办的银行——华夏银行。这一阶段，首钢面貌发生了巨大变化，钢铁业获得了快速发展，1994 年钢产量达到 824 万吨，列全国之首。

1995 年承包制到期后，首钢进入了以建立现代企业制度为目标，实行集团化改革的新阶段。从 1995 年开始将钢铁主流程以外的单位分立为子公司，把单一法人企业高度集中的管理体制，转变为多法人的以资本为纽带的母子公司管理体制。1996 年成立首钢集团。1999 年，首钢股份在深交所上市。2000 年，首钢与中国华融资产管理公司、信达资产管理公司、中国东方资产管理公司共同出资组建首钢新钢有限责任公司，四家出资企业以共计 35.59 亿元的债权转为新公司的股权。该公司是当时我国第三家完成债转股注册登记的企业。

进入 21 世纪，首钢自觉服从国家奥运战略，率先实施钢铁业搬迁调整。2003 年先期建设河北迁钢、首秦基地，起到练兵场、试验场作用。2007 年在河北曹妃甸建设京唐钢铁项目，一期工程于 2010 年投产，被誉为中国钢铁人的"梦工厂"。同时，为落实国家《钢

铁产业调整和振兴规划》，进入钢铁企业第一梯队，从 2009 年开始，先后与贵州水城钢铁公司、贵阳钢铁公司、山西长治钢铁公司、新疆伊犁钢铁公司、吉林通化钢铁公司实施联合重组。集团形成 3500 万吨生产能力，形成了钢铁业"一业多地"发展的新格局，其中在河北形成 2000 万吨钢生产能力，北京石景山厂区全面停产。

首钢钢铁业搬迁后，集团党委认真贯彻落实党中央关于全面深化改革的总体部署和北京市委市政府提出的"成为有世界影响力的综合性大型企业集团，成为首都传统产业转型发展的旗帜"要求，开启了深化改革、转型发展新篇章。首钢确立了新的发展战略：通过打造全新的资本运营平台，实现钢铁和城市综合服务商两大主导产业并重和协同发展。积极落实供给侧结构性改革要求，成为北京市唯一的深化改革综合试点，入选国务院国企改革"双百企业"。首钢在北京的老工业区成为国家首批城区老工业区搬迁改造试点，正在打造新时代首都城市复兴新地标。2017 年，首钢集团营业收入 1850 亿元。从 2010 年开始，7 次进入世界 500 强。

二、主要改革成就

改革开放 40 年来，首钢取得了巨大成就，积累了一系列宝贵经验，为国家和北京市经济社会发展做出了巨大贡献。

（一）首钢率先实行承包制，成为国有企业改革的先行者

首钢作为我国经济体制改革的第一批试点单位，在企业与国家的关系上实行了上缴利润递增包干的承包制，包死基数，确保上交，超包全留，歉收自补，国家不再给首钢投资。在通过承包制明确企业与国家关系的基础上，首钢在内部深化改革，建立完善内部承包制，形成了由指标承包体系、技术业务工作承包体系和岗位分工承包制共同构成的完整体系。

首钢实行承包制后，打破了当时计划经济体制的束缚，扩大了企业自主权，使企业自主经营、自我激励、自我积累、自我发展、自我约束的内在机制日益完善，克服了企业吃国家"大锅饭"、职工吃企业"大锅饭"的弊端，充分调动了企业和职工多创多收的积极性，实现了国家、企业和职工三者利益的统一，极大地推动了企业的快速发展。

从 1978 年到 1994 年，首钢钢产量从 179 万吨增加到 824 万吨，增长 3.6 倍，列当年全国第 1 位；销售收入从 14.43 亿元增加到 270 亿元，增长 17.7 倍；实现利润从 3 亿元增加到 52 亿元，增长 16.3 倍；资产总额从 16.89 亿元增加到 325.77 亿元，增长 18.29 倍。

在钢铁主业发展的同时，首钢兼营采矿、机械、电子、建筑、房地产、服务业、海外贸易等多种行业。首钢从一个单纯生产型的钢铁企业，逐步发展成为以钢铁业为主，跨地区、跨行业、跨所有制、跨国经营的特大型联合企业，综合实力从我国钢铁行业第八位上升到前三位。

首钢承包制成为当时全国国有企业改革的典型之一，在全国产生了很大影响，为推动我国国有企业改革做出了贡献。1992 年 5 月，中国改革开放的总设计师邓小平同志在视察首钢时，肯定了首钢的改革成就。

（二）通过搬迁调整实现转型升级，在京津冀协同发展中起到示范引领作用

搬迁调整使首钢钢铁业实现了转型升级，为成功举办 2008 年北京奥运会做出历史性贡献，在京津冀协同发展中起到示范引领作用。北京市委市政府授予"功勋首钢"光荣称号。2014 年 2 月，习近平总书记在视察北京时指出，"首钢搬迁到曹妃甸就是具体行动。要继续坚定不移地做下去"。

经过搬迁调整，首钢钢铁产品结构实现从长材向板带、中低端向中高端的转型升级。汽车板年生产能力突破 300 万吨，电工钢年生产能力突破 150 万吨，镀锡板实现高端客户全覆盖，EVI 产品突破 100 万吨。2017 年完成高端领先产品 627 万吨，家电板、桥梁钢、车轮钢国内市场占有率第一，汽车板、电工钢国内市场占有率第二。汽车板应用于朱日和阅兵检阅车，取向硅钢应用于高铁首套智能化变电站，管线钢中标中俄东线，桥梁板独家供货世界第一高桥北盘江大桥，海工钢用于"蓝鲸 1 号"钻井平台等，国家重大工程中展现出首钢人奋斗的身影。

经过搬迁调整，首钢京唐、迁钢等基地技术装备达到一流水平。京唐公司是我国首个临海靠港的千万吨级钢铁企业。一期工程设计年产钢 970 万吨。采用 220 余项国内外先进技术，自主创新和集成创新达到三分之二，被列入国家科技支撑计划"新一代可循环钢铁流程工艺技术"重大专项，实现了"产品一流、管理一流、环境一流、效益一流"的定位要求。京唐二期项目设计中采用了大比例球团等世界领先的冶炼技术，环保排放标准达到世界领先。迁钢公司设计年产钢 800 万吨，拥有先进的生产工艺流程，成为电工钢、汽车板生产基地。硅钢冷轧智能化工厂列入工信部"2016 年智能制造综合标准化及新模式应用项目"，顺义冷轧产线机器人投入使用。按照首钢集团化解钢铁产能总体计划，位于秦皇岛市的首秦公司在安全、稳定、经济停产后，具有先进水平的板材生产线迁移京唐二期。

首钢搬迁助推了河北经济社会的发展。从 2003 年搬迁以来，累计在河北投资 1500 多

亿元，为当地税收、就业做出了贡献。2015 年，按照京冀《共同打造曹妃甸协同发展示范区框架协议》，首钢与曹发展组建投资公司，设立曹妃甸发展基金，积极承接非首都功能疏解。按照先进制造业转移基地的定位，加大招商引资，目前已签约 45 个产业项目，总投资 517 亿元，北京城建重工、映美科技等一批产业项目入驻，景山学校、友谊医院等配套公共服务项目落地。

（三）贯彻落实北京城市新总规，打造新时代首都城市复兴新地标

首钢老工业区全面停产后，原有的土地如何开发利用，是一个需要研究解决的紧迫课题。作为国家首批城区老工业区搬迁改造试点，搞好首钢老工业区改造升级不仅对首钢转型发展至关重要，对于探索和积累我国城市老工业区改造经验也具有重大意义。首钢以习近平总书记两次视察北京和审议北京新总规的重要讲话精神为根本遵循，贯彻落实北京城市新总规、京津冀协同发展、筹办冬奥会等决策部署，北京园区建设取得重大突破。

北京市委市政府高度重视首钢北京园区开发工作。北京市委书记蔡奇多次提出，首钢地区应成为新时代首都城市复兴新地标，为首钢转型发展和区域城市功能提升指明了方向，成为新时代首钢园区发展建设总目标。

紧抓冬奥机遇推动城市复兴新地标建设。首钢园区作为冬奥组委会办公地、滑雪大跳台赛事选址地和国家冬训中心所在地，冬奥资源密集，成为新地标建设重要引擎。2018 年 6 月，国际奥委会平昌总结会在首钢园成功举办；首钢成为北京冬奥会和冬残奥会官方城市更新服务合作伙伴；巴赫主席称赞首钢园区是一个"让人惊艳"的城市规划和更新范例。服务保障冬奥会使得区域基础设施承载能力明显提升，重点项目积极推进，高端要素加快集聚。当前，首钢园区正努力将冬奥资源优势尽快转化为产业与营商环境优势，实现奥运促进区域经济可持续发展。

积极探索城市复兴新地标建设实施路径。按照北京园区功能定位，通过实施文化复兴、生态复兴、产业复兴和活力复兴，打造新时代首都城市复兴新地标，建设首都亮丽西大门，提升单位空间经济质量和贡献效率，服务首都高精尖产业发展，成为带动城市西部高质量发展的新增长极。知名专家参与形成的"多规合一"系统规划，得到了广泛认可，获英国皇家城市规划学会颁发的"国际卓越规划奖"，获国际绿色建筑大会"绿色建筑先锋大奖"，获住建部"中国人居环境范例奖"。成功与 C40 国际组织合作，在园区内建设国内首个正气候零碳排放示范区。已完成西十筒仓区域工业遗存改造，满足冬奥组委办公需求。依托精煤车间等大尺度厂房建设国家体育总局冬季训练中心，其中短道、花滑、冰壶训练馆已交付使用。三高炉、群明湖、绿轴景观及一批基础设施等重点项目有序推进，

其中群明湖景观修复后迎来了久违的绿头鸭，唤醒了记忆、重现了历史，展示了首钢的文化底蕴。海外院士专家工作站、首都院士之家服务中心已落户园区。

（四）积极培育城市服务新动能，为北京城市治理、优化产业结构做贡献

围绕城市发展、政府所急、百姓所需、生态环境等寻找机遇，加大创新要素集聚，强化市场和服务意识，加速培育城市服务新动能。

打造城市老工业区更新改造服务商。作为全国首批城区老工业区搬迁改造试点，首钢目前正在实施的绿色智慧园区改造建设中整合原有钢铁生产服务的设计、建设、材料、信息化资源，带入了静态交通、装配式建筑、创业公社等首钢转型发展的先导产业，取得了积极效果，赢得了一定的业绩口碑和国际影响力，初步形成了全产业链协同和整体解决方案的商业模式，未来可复制、可推广。首钢模式将集设计、材料、建设、投资和运营服务于一体，形成强大的品牌竞争优势。

探索静态交通产业。建成北京静态交通研发示范基地，具备 6 大系列 13 种智能立体车库设计建造能力，其中 4 种达到国内领先水平，自主研发的智能公交车立体车库为世界首例，受到社会广泛关注。承揽车位建设合同达 2.7 万个，获得北京新机场、上海虹桥机场等停车楼经营权。正在快速提升研发、产品制造、运营服务能力。

培育体育产业。2013 年，首钢成立体育文化有限公司。2017 年，首钢与国家体育总局共同打造国内首家"国家体育产业示范区"，在原有北京首钢篮球俱乐部、乒乓球俱乐部的基础上，组建棒垒球、冰球国家队俱乐部，启动雏鹰计划。北京市委书记蔡奇第一时间作出批示"期待北京首钢冰球国家队这只雏鹰长翅高飞"。篮球世界杯组委会、中篮联等一批机构入驻首钢体育大厦。

发展环保产业。2013 年 8 月，北京鲁家山循环经济（静脉产业）基地成为国家发改委批复的全国首家城市固废处理示范基地。2013 年底，亚洲单体规模最大的生物质能源发电厂建成投运，年处理生活垃圾 100 万吨，年发电量 3.3 亿度。排放指标优于欧盟及北京市标准，取得良好社会效益。目前正在推进生物质能源发电二期及餐厨垃圾项目。建成北京首个建筑垃圾资源化再利用项目，年处理 100 万吨，园区内建筑垃圾 100% 回收利用。

（五）加快推进产融结合，为转型发展助力

全力打造资本运营平台，加快产融结合，是实现首钢转型发展的必然要求。通过做强股份公司、设立首钢基金、成立财务公司，发挥香港上市公司作用，产融结合取得了一定成效。

首钢股份于 1999 年 12 月在深圳证券交易所上市。近几年来，通过重组迁钢公司和京唐公司，总资产从 157.7 亿元增加至 1244.8 亿元，市场影响力和企业竞争力均有较大提升。2017 年，首钢集团发挥股份公司融资优势，成功发行了 60 亿元非公开可交换债。

2014 年 8 月，北京市政府明确设立首钢京冀协同发展产业投资基金，打造以首钢为主体的投融资平台，用于支持首钢北京园区和曹妃甸园区的开发建设。2014 年 12 月，首钢成立了北京首钢基金有限公司，作为集团产业投资运作平台。基金公司管理基金 16 支、规模 506 亿元。基金旗下创业公社完成了全国首个双创 ISO 服务认证，运营面积超过 20 万平方米，服务小微企业超过 1.5 万家，成为国家级孵化基地。

2015 年 7 月，首钢成立了财务公司，初期注册资本金 20 亿元，目前已增资至 100 亿元。实现资金 100%归集，成为集团主要结算通道，取得跨境外汇资金归集和同业拆借资格。日均存款 239 亿元，为集团成员单位提供融资 316 亿元，有力支持了集团生产经营。初步搭建票据池，"四地"钢铁企业票据实现集中管理。首钢财票的市场信誉度不断提高。

20 世纪 90 年代，首钢成立首钢控股（香港）有限公司（简称香港首控），联合长江实业进行一系列收购、兼并和重组。近几年来，首钢发挥香港上市公司作用，积极做好境内外协同，推动首钢产业资本与香港金融资本的有机结合，增强首钢在国际市场的影响力，为首钢转型发展助力。

（六）全面深化改革取得明显成效，成为北京市深化改革综合试点

首钢结合实际深入贯彻党的十八大和十八届三中精神，在新的历史起点上全面深化改革。2014 年 9 月，制定下发了《中共首钢总公司委员会关于首钢全面深化改革的指导意见》，以改革破解发展难题，加快管控体系和管理能力建设，提高效率，激发活力，提升价值。2017 年 12 月，北京市政府批复首钢深化改革综合试点方案，首钢成为北京市属国企唯一一家深化改革综合试点单位。

坚持瘦身健体。全面完成 500 万吨钢去产能任务。完成企业退出 73 家，闭合"失血点"62 项。2015~2017 年共转型分流 6.8 万人，钢铁企业实物劳产率提高 60%，呈现出职工人数和人工费双下降、职工收入和劳产率双上升的良好势头。剥离企业办社会职能，2018 年上半年完成北京地区 15 个小区"三供一业"移交，外埠企业正在积极推进。

完善内部管控。搭建钢铁、股权、园区等管理平台，将钢铁指挥机关全部迁至河北唐山，新的管控体系正式运行。明晰管理界面，制定权力清单，推进决策重心下移，促进责权利统一，激发基层活力。精简集团总部，23 个管理部门整合为 13 个、由 987 人减至 208 人。

推进综合改革。适应新产业发展，加快形成市场化经营机制。深化干部人事制度改革，完善选人用人机制，引进职业经理人，建立中长期激励机制。加速实施信息化建设，集团协同工作平台、全面预算管理、投资管理系统和财务共享业务上线。完成企业改制，2017 年 5 月，首钢总公司由全民所有制企业改制为国有独资公司，企业名称由"首钢总公司"变更为"首钢集团有限公司"。落实北京市批复的首钢深化改革综合试点方案，明确三大类 20 项重点工作，加强组织，加快推进。

（七）科技创新取得可喜成果，创新能力不断提高

首钢在改革前曾为我国冶金工业的技术创新做出过突出贡献，1958 年建成国内第一座氧气侧吹转炉，1964 年建成国内第一座氧气顶吹转炉。改革开放有力地推动了首钢科技进步，1979 年投产的新 2 号高炉综合采用 37 项国内外先进技术，在我国最早采用高炉喷吹煤技术，成为我国第一座现代化高炉，进入世界先进行列；通过购买国外二手设备进行技术改造，先后建设了第二炼钢厂、第三炼钢厂、第二线材厂、第三线材厂、中厚板厂，技术装备均达到了当时国内先进水平。

在钢铁业搬迁调整过程中，首钢把提高自主创新能力作为搬迁调整的中心环节，把技术创新规划作为企业发展的核心规划，把技术创新体系建设作为技术创新规划的核心。制定并实施了一大批新举措，解决新钢厂建设的技术来源；以工程建设为载体，为首钢新钢厂建设和运行提供强有力的技术支撑，使首钢在搬迁调整中快速向世界一流钢铁企业迈进。目前，首钢已经完成由长材为主调整到以精品板材为主的产品结构调整，钢铁板块研发投入比例达到 2.3%，形成以汽车板、电工钢、镀锡板、管线钢、船舶与海洋工程用钢为代表的十大产品系列，近 700 个牌号的产品集群，覆盖行业钢材品种全 23 类中的 21 个大类。获中国钢铁工业协会授予的"金杯奖"31 项，"特优质量奖"4 项。2016 年，5 项新产品实现国内首发；2017 年，开发新产品 93 项，2 项电工钢产品全球首发，7 项新产品国内首发；2018 年上半年，新产品试制 96 项，首发新产品 4 项。

积极融入国家科技创新体系，先后牵头承担了"十一五"科技支撑计划项目"新一代可循环钢铁流程工艺技术"、"十二五""863"计划项目"铸造高温合金制备技术和应用研究"、"十三五"重点研发计划项目"基于钢铁流程的余热利用的海水淡化技术研发及示范"等。

科技创新综合能力稳步提升。2012 年被工信部、财政部认定为首批"国家技术创新示范企业"；2015 年获"国家知识产权优势企业"称号；2016 年被工业和信息化部授予全国"工业企业知识产权运用标杆"称号，在 2016 年 8 月发布的"中国企业专利奖排行榜"

上，居钢铁行业首位；2016 年"国家标准研制贡献指数"名列冶金行业第一位。连续多年在国家级企业技术中心评价中位居冶金行业前列。2017 年，获省部级以上科学技术奖励 12 项次，新承担"钢铁流程绿色化关键技术"等国家及北京市科技计划项目 14 项。截至 2017 年末，拥有国家级企业技术中心 1 个，省市级企业技术中心 11 个，与下游重点用户共建联合实验室 15 个；在"国家标准研制贡献指数"分析报告中，首钢名列冶金行业第一位，获"国家知识产权示范企业"称号。获国家、行业和省部级以上奖励项目 566 项，其中国家级奖励 62 项；专利拥有量达 3879 项，其中发明专利 2217 项，国际专利 832 项；制修订标准 491 项，其中国际标准 77 项，国家标准 299 项，行业标准 113 项，团体标准 2 项。

（八）坚持党的领导，为改革发展提供坚强保证

首钢有高度重视党建工作的优良传统，在改革发展过程中始终坚持党的领导，加强党的建设，发挥国有企业的独特优势。

在搬迁调整过程中，首钢依靠扎实的党建基础，充分发挥党组织战斗堡垒作用和党员先锋模范作用，克服异常困难，完成了老厂区停产、职工分流安置和新钢厂建设。近几年，在全面深化改革中，首钢坚持发挥党组织领导核心和政治核心作用，把方向、管大局、保落实，为首钢改革发展提供坚强保证。

党的十九大以来，首钢认真贯彻落实新时代党的建设总要求，把全面从严治党落到实处。

强化理论武装。把深入学习习近平新时代中国特色社会主义思想作为首要任务，强化政治担当、历史担当、责任担当，自觉把企业自身发展放在党和国家事业、京津冀协同和首都发展的大格局中去认识和把握。坚持党委中心组学习，举办领导人员专题研修班。开展"首钢人的故事"宣讲活动，职工自导自演《长征组歌》在集团巡回演出，大型产业工人题材原创话剧《实现》得到全国总工会肯定。

强化组织建设。将党建工作总体要求纳入公司章程，完善"三重一大"决策制度，重大决策前置党委会审议。健全基层党建工作责任体系，修订 17 个党的组织专业制度。扎实推进党支部规范化建设，京唐公司开展"党员领跑计划"，园区服务公司与冬奥组委、市发改委开展党组织共建，基层特色活动形成生动实践。按照北京市委要求，党组织和党员到所在注册地和社区"双报到"工作 100% 落实。

强化人才队伍建设。实施高端人才素质提升工程，举办青年干部特训班、海外研修班，加强人才梯队建设。开展职业经理人试点，集团层面选聘园区开发、金融、体育等 20

名紧缺人才。举办工匠创新能力提升班，创建技能大师工作室，目前有国家级创新工作室3个、北京市首席技师工作室9个，122名职工在国际国内技能大赛中获奖。

强化监督落实。探索国企监督新途径，解决"九龙治水"问题，形成纪检、审计、监事会等多部门和职工代表组成的监督联席会"9+1"工作模式，提高监督效率和质量。2018年以来，突出抓好企业层级、投资收购、出借资金、违规挂靠、招投标管理的"5合1"监督检查，确保各项决策部署落实到位。

三、未来发展展望

2018年初，首钢党委扩大会和职工代表大会明确提出了首钢2020年和2035年的改革发展目标。

（一）企业总体目标

到2020年全面实现首钢"十三五"规划，集团管控体系更加科学规范，管理能力更加高效协同，创新体系更加充满活力，园区建设初见成效，产业发展质量和效益显著提升；到2035年，把北京园区建设成为具有全球示范意义的传统工业绿色转型升级示范区、京西高端产业创新高地、后工业文化体育创意基地，钢铁业综合竞争力跻身国际前列，城市服务业做强做大，集团综合实力行业领先，首钢成为有世界影响力的综合性大型企业集团。

（二）深化改革综合试点任务

2017年12月，北京市国资委下发《首钢深化改革综合试点方案》，进一步扩大企业自主权，支持首钢进行综合性、全面性的深改试点。重点推进公司制改革、深化董事会建设试点、深化混合所有制改革、探索职业经理人试点、深化内部薪酬分配制度改革、全面健全管控体系、开展促进国有产权流转试点、加快剥离企业办社会职能、大力推进供给侧结构性改革等九方面工作。深化改革综合试点方案的落地实施，将有利于首钢打造符合首都城市战略定位、统筹经济发展与城市发展的典范，成为贯彻京津冀协同发展战略、辐射带动北京西部发展的重要引擎；将促进首钢全面深化体制机制改革，加快解决发展瓶颈和重难点问题；通过"综合试点、重点突破、以点促面"，将带动北京市国有企业改革发展。

（三）城市复兴新地标愿景

打造展现北京城市新总规与新治理理念的地标；展现新生态文明与绿色转型的地标；

展现新经济、新动能与高质量发展的地标；展现新时代中国大国崛起与文化自信的地标。新地标建设要系统谋划统筹推进。考虑到冬奥会时间节点，到 2021 年，力争完成北区全部空间载体建设，区域基础设施承载力和环境品质显著提升，高端要素加速积蓄，创新活力初步释放，城市复兴新地标建设取得阶段性成果。到 2035 年，有力形成对首都西部地区城市功能和经济可持续发展支撑作用，全面建成具有全球影响力的城市复兴新地标。

建设最具竞争力钢铁企业
打造最具价值工业服务平台

河钢集团有限公司

改革开放以来，我国钢铁工业用短短 40 年的时间完成了发达国家 100 多年的发展历程，实现了由量到质、由大到强的转变，为支撑国民经济快速发展和人民生活改善做出了巨大贡献。作为我国规模最大、建厂历史最为悠久的钢铁企业之一，河钢集团有限公司（以下简称河钢集团、河钢）坚持以习近平新时代中国特色社会主义思想为指引，牢牢把握改革开放的时代内涵，按照供给侧结构性改革和高质量发展的总体要求，以"建设最具竞争力钢铁企业"为愿景，加快转变发展方式，持续创新发展战略，从一家以普通建筑钢材为主的钢铁企业发展成为中国第一大家电用钢和第二大汽车用钢制造商，从一家区域型钢铁企业发展成为业务遍及全球 110 多个国家和地区、具有世界品牌影响力的综合型跨国产业集团，走出了一条传统钢铁企业全面转型升级的崭新道路，谱写了新时代"钢铁报国"的华丽篇章。

一、企业概况

河钢集团组建于 2008 年 6 月，总部位于河北省石家庄市，是以钢铁材料为基础，矿山资源、工业技术、工程技术、工业贸易、产业金融等多元产业与海外事业协同发展的跨国产业集团，拥有一级子公司 30 余家，其中境内外钢铁子公司 13 家，员工 12 万余人。其中，海外员工超过 1.2 万人。组建 10 年来，河钢累计产钢 4.38 亿吨，累计实现营业收入 2.48 万亿元，利税 827 亿元，社会直接贡献总额 2972 亿元，营业收入从 1670 亿元增长到 3068 亿元，总资产从 1092 亿元提高到 3762 亿元，实现三倍以上增长，连续 10 年位列世界企业 500 强，2018 年位居第 239 位，在中国冶金工业规划研究院发布的 MPI 中国钢铁企业竞争力排名中获"竞争力极强"最高评级，是世界钢铁协会执委会成员、中国钢铁工业协会轮值会长单位。

河钢在中国乃至全球钢铁产业布局中占据重要席位，是我国品种规格最齐全、产品应用领域最广的钢铁企业。产品覆盖除无缝钢管以外所有品种，是我国最大家电用钢和第二大汽车用钢供应商。核电用钢、海洋工程用钢、高强汽车板、家电板、宽厚板、管线钢、高强钢筋和特钢棒材等品牌产品在国内外享有盛誉。

河钢是我国钢铁行业率先实践"绿色转型"的样板和典范。2016年荣获"世界钢铁工业可持续发展奖"，旗下核心企业河钢唐钢被誉为"世界最清洁钢厂"，河钢唐钢、河钢邯钢被国家工信部、发改委确定为全国"资源节约型、环境友好型"示范企业、资源综合利用"双百工程"首批企业。在中国可持续发展工商理事会（CBCSD）、中国企业联合会发布的"2018中国企业可持续发展百佳名单"中，河钢名列第3位，在钢铁行业中排名第2位。

河钢是我国钢铁行业国际化发展的领军企业。目前，河钢控制运营境外资产70多亿美元，拥有海外公司70余家，海外员工超过1.2万人，海外投资涉及30多个国家和地区，商业网络和主要业务覆盖全球110多个国家和地区。在中国企业联合会、中国企业家协会发布的"2018中国跨国公司100大"榜单中，河钢以609亿元的海外资产总额、845亿元的海外业务收入、18.02%的跨国指数，位列第30位，在钢铁行业中排名第1位。

二、产业结构

近年来，河钢按照供给侧结构性改革和高质量发展的要求，积极融入现代化经济体系，树立全球、全产业链理念，在做强做优钢铁材料的同时，以钢铁产业链条向先进制造业延伸为主线，加快发展现代工业服务业，持续推进全产业链全球化布局，形成了钢铁材料、工业服务、海外事业协同发展的产业格局。

（一）钢铁材料

作为全球最大的钢铁材料制造和综合服务商之一，河钢拥有世界钢铁行业一流的工艺技术装备，具备进口钢材国产化、高端产品升级换代的强大基础。2017年河钢产铁4235万吨、粗钢4571万吨，高附加值的品种钢比例达到65%，创历史最好水平。

主要钢铁子公司有：

1. 河钢唐钢

河钢唐钢始建于1943年，被誉为"共和国转炉的故乡"和"世界最清洁钢厂"，具有年产铁、钢、材1800万吨的配套生产能力，是我国目前重要的精品板材和精品建材生产基地，产品主要包括高强汽车板、镀锌板、彩涂板、中厚板、棒材、线材、型材等4大类 140 多个品种。其中，精品板材占到产品总量的 60% 以上，广泛应用于汽车、家电、机械、煤炭、电力和交通等领域。

2. 河钢邯钢

河钢邯钢 1958 年建厂，曾创造了著名的"邯钢经验"，目前具备年产 1300 万吨优质钢综合生产能力，是我国重要的精品板材和优特钢生产基地，产品涵盖汽车、家电、建筑、造船、交通、航天、机械、石化等国民经济各个领域。

3. 河钢宣钢

河钢宣钢前身是创建于 1919 年的龙烟铁矿股份公司，主要产品为线材、棒材、型材、带钢。其中，焊接用钢盘条、热轧角钢、热轧圆钢、热轧硼合金盘条等产品在业内和市场上具有较高声誉。

4. 河钢承钢

河钢承钢始建于 1954 年，是中国钒钛磁铁矿高炉冶炼和钒提取加工技术的发祥地，具备年产 800 万吨钢、2 万吨钒产品、6 万吨钛精矿的生产能力。主要钢铁产品有板、带、棒、线四大类，是国内唯一一家具备全规格、全等级螺纹钢筋生产能力的企业，"燕山"牌螺纹钢筋被誉为"中国钢筋第一品牌"。

5. 河钢舞钢

河钢舞钢始建于 1970 年，是我国重要的宽厚钢板国产化替代进口基地，"舞钢"商标被认定为"中国驰名商标"，产品广泛应用于西气东输、海洋采油平台、载人航天飞行等国家重点工程建设和国家重大技术装备。

6. 河钢石钢

河钢石钢始建于 1957 年，是京津冀地区唯一的专业化特钢棒材生产企业，国内外高端装备制造业材料主要供应商，产品应用于奔驰、宝马、大众、卡特彼勒等世界知名汽车、工程机械制造商。

7. 河钢衡板

河钢衡板创建于 1958 年，其冷轧薄板、镀锡板等产品广泛应用于食品包装、家电、汽车等众多领域。

（二）工业服务

以钢铁产业链条纵向延伸、横向拓展为主线，河钢大力发展现代工业服务业，重点培育和发展工业技术、工程技术、数字技术、工业贸易、产业金融等五大产业，形成河钢工业技术服务、河钢新材、河钢供应链管理、河钢国际、河北宣工、河钢物流等多个工业服务领域的专业化平台公司。

1. 河钢工业技术服务公司

河钢工业技术服务公司专注于面向先进制造业，开展材料与服务、零部件技术、工业技术解决方案及新材料研发等全产业链一体化业务。

2. 河钢新材

河钢新材拥有家电用涂镀复合板材生产能力 40 万吨，居国内第一，产品覆盖海尔、美的、三星、斐雪派克等高端家电品牌。

3. 河钢供应链管理公司

河钢供应链管理公司依托互联网、大数据等技术手段，盘整内外部资源，提供融资租赁、商业保理、供应链采购、无车承运等全产业链金融服务。

4. 河钢国际

河钢国际总部位于北京市，拥有唐山、邯郸等 6 个分公司和香港、澳大利亚、新加坡、加拿大 4 个境外公司。主要从事进出口贸易，海外投资与资本运作，海外机构的经营管理、技术交流及劳务输出，海外工程承包等。

5. 河北宣工

河北宣工创建于 1950 年，是国内唯一高驱动推土机研制和批量生产厂家，经营推土机、装载机、压路机、挖掘机、吊管机系列产品和铸铁件、工程机械配件制造及销售。

6. 河钢物流

河钢物流在唐山、邯郸等 6 个区域设立分公司，拥有曹妃甸、黄骅港两处码头，并下设"河钢云商"电商平台，主要经营物流服务，道路货物运输，国内、国际货物运输代理，国内、国际船舶代理，仓储服务等业务。

（三）海外事业

河钢紧紧抓住"一带一路"和国际产业重组战略机遇，先后完成南非最大的铜冶炼企业 PMC 公司（南非矿业）、全球最大的钢铁材料营销服务商——瑞士德高公司、塞尔维亚唯一国有大型钢铁企业——斯梅代雷沃钢厂的收购，形成了以瑞士德高、南非矿业、澳大利亚威拉拉铁矿、河钢塞尔维亚公司（简称河钢塞钢）、马其顿中板公司、南非开普敦公司、美国克拉赫公司为主要实体的"四钢两矿一平台"海外发展格局。

1. 南非矿业

南非矿业是南非最大的铜产品供应商和有较强影响力的磁铁矿、蛭石供应商。河钢作为最大股东主导公司的运营，连续多年保持了良好的资产结构和运行状态。

2. 瑞士德高

瑞士德高是全球最大的钢铁营销服务商，具有覆盖全钢铁供应链的运营模式，在全球设有 76 家办事处、25 个分销及服务中心，拥有 44000 多家稳定客户。

3. 河钢塞钢

河钢塞钢始建于 1913 年，曾是塞尔维亚唯一一家国有大型支柱性钢铁企业，位于贝尔格莱德东南约 40 千米的斯梅代雷沃市，拥有每年 220 万吨的配套钢铁生产能力，产品80%销往周边的欧盟国家。

三、创新战略与发展成就

组建 10 年以来，特别是党的十八大以来，河钢在传统钢铁企业转型升级的道路上不断求新求变求突破，在积极主动淘汰落后和压减低效过剩产能 1100 万吨的基础上，坚持以客户结构高端化推动产品升级，不断推进技术、管理和商业模式创新，坚持市场化平台化思维大力发展非钢产业，坚持"生态优先"引领行业绿色发展，持续推进全产业链全球化布局，全面加强党的领导保障健康发展，在创造巨大经济财富的同时，更收获了业内领先的可持续发展能力，赢得了业内同行和社会各界的广泛认可和普遍尊重。

（一）坚持以客户结构高端化推动产品升级

河钢决策层认为，"产线所面对的客户端的高度，比拥有高端装备本身更加重要，客户端的高度决定着产线与产品的高度、企业的高度。"

改革开放以来，河钢通过多年的升级改造，实现了主体装备的大型化、自动化、现代化，达到世界一流水平。但一流的装备并不代表一流的产品。长期以来，在需求的强劲拉动下，传统钢铁企业主要依赖"市场红利"，普遍形成了"以中低端供给满足中低端需求"的固有模式，需求侧的低端、同质化的循环极大屏蔽和制约了供给侧能力的释放。

2014 年以来，河钢全面聚焦"市场"和"产品"，在客户端和产品端持续发力，全面树立普钢企业的"特钢理念"，并学习借鉴西门子等国际先进企业的营销服务模式，率先在业内全面实施大客户经理制，聚集技术、营销、生产优质资源，为高端用户的个性化需求提供"一站式"解决方案服务。特别是 2016 年以来，在主动压减炼铁产能 260 万吨、炼钢产能 502 万吨的基础上，河钢进一步加快商业模式创新步伐，以产线为中心，全面增强面向高端客户的无缝对接能力，通过客户和需求的高端化倒逼产品和服务档次的全面提升。

目前，河钢战略客户涵盖了奔驰、宝马、菲亚特、上汽、长城等知名汽车制造商，海尔、美的、格力、LG、三星等家电商，卡特彼勒、徐工、三一重工等工程机械，以及中船重工、中石油、中石化、中铁建等大型国有企业。在客户结构高端化的引领下，2014年至2017年，河钢集团高附加值、高技术含量的品种钢比例由30%提高到65%，高端产品产量由438万吨增长到1600万吨。河钢高端产品助力"华龙一号"核电站、"天眼"工程、国产大飞机、极地重载运输船等系列重大工程项目和科技成果，在铸就"大国重器"中点亮"河钢品牌"，体现"河钢担当"。

——2017年，河钢家电用钢、汽车用钢分别达290万吨、530万吨，市场占有量分别位居国内第一、第二，实现了名牌乘用车"整车造"和国内高端家电品牌"全覆盖"。

——重轨产品顺利通过国内CRCC钢轨产品年度现场审查和欧盟认证，成为国内首家具备欧洲钢轨市场供货资质企业。

——核电用钢、高级别家电用钢、海洋工程用钢、高强建筑结构用钢、锅炉及压力容器用钢、高强含钒抗震螺纹钢筋、高强耐候铁塔用钢等成为我国第一品牌。

——以中国名牌"舞钢"牌为代表的宽厚板产品长期处于行业引领地位。其中，40多个品种填补国内空白，80多个品种替代进口；调质海洋平台用钢、180毫米厚F级海工钢、核安全壳用钢板、高合金临氢铬钼钢板等产品成为当前国内不可替代的产品。

——特殊钢棒材产品处于国内行业领先水平，高铁扣件弹簧钢占有国内60%市场份额，市场占有率第一。

——"燕山"牌螺纹钢成为国家重点工程项目首选产品，广泛用于北京副中心、北京文化中心、北京新机场、亚投行总部、港珠澳大桥等国家重点工程。

（二）坚持以技术进步推动产业升级

河钢积极贯彻创新驱动发展战略，以技术创新推进产业升级为主线，聚集全球技术创新要素构建科技创新体系和全球技术研发平台，在完善技术、人才、质量、信息化与自动化四大产线支撑体系的同时，主动承担国家重点科技专项，加快从"技术跟随"向"技术引领"的转变，科技创新对产品升级和结构调整的引领作用不断凸显。

一是强化科技创新体系建设。依托河钢钢铁技术研究总院和2个国家级技术中心、4个国家级实验室、4个省级技术中心、11个省级实验室、3个院士工作站、3个博士后科研工作站，以及高标准建设的"科研中试基地"，搭建了"双层面"科技创新体系基本框架。近年来，河钢141个项目获省部级科学技术奖，3个项目获得国家科学技术进步奖。河钢拥有自主知识产权4323项。2017年申请专利1386项（其中发明专利554

项）；荣获省部级科学技术进步奖 19 项；主导、参与制定国家标准 8 项、行业标准 6 项。

二是打造"全球技术研发平台"。与行业专业学科龙头——东北大学联合共建"河钢东大产业技术研究院"，实现产业资源与科研资源的深度融合；与中科院、中国钢研集团、北京科技大学、韩国浦项、西门子、昆士兰大学、瑞典国家冶金研究院等国内外科研院所、一流企业，先后建立了 20 多个协同创新平台，为工艺技术优化、新材料开发、智能制造、可持续发展、高端人才培养提供了重要支撑；加入世界钢协、世界汽车钢技术联盟等国际行业组织，河钢专家出任"世界钢协技术委员会主席"，显著增强了中国钢铁企业在全球钢铁行业的影响力。

——河钢东大产业技术研究院成立以来，依托轧制技术及连轧自动化国家重点实验室（RAL），立足于河钢科技创新的"主战场"，着力解决行业新材料新工艺研发、前沿技术探索和河钢产线技术进步两大问题，在进行起底式技术诊断基础上，先后组织实施了 34 项技术创新项目，成为校企实质性合作典范。

——中科院和河钢构建全面协同创新平台，已经成为中科院资源高效利用和节能环保技术创新成果产业化转化的重要基地。2017 年 6 月，双方共同研发的世界首条亚熔盐法清洁提钒生产线投入运营，钒、铬资源利用率分别提高 10%、80% 以上，无废气、废水、含铬固废的产生，成为我国提钒工艺技术的重大创新，开启了钒钛产业实现清洁生产、绿色转型的崭新里程，实现了世界钒钛产业的绿色革命。

三是积极承担国家重大科研专项。"十二五"期间，河钢承担、参与 8 项国家重点科技项目，41 项河北省钢铁产业技术升级项目，8 项河北省自然科学基金资助项目。"十三五"以来，联合承担了"高强度、大规格、易焊接海洋工程用钢及应用""钢铁行业多工序多污染物协同控制技术"等 15 个国家重点专项课题（居冶金行业第 2 位），实现了历史性突破，科技研发实力显著提升。

四是加强科技人才队伍建设。河钢目前拥有享受国务院特殊津贴 13 人，省管专家 12 人，省突出贡献专家 21 人，"巨人计划"领军人才 2 人，"三三三"一层次人选 3 人。计划到"十三五"末，拥有行业领军人才 10 人以上，专家级人才百人以上，技术精英千人以上。近年来，又面向社会以市场化方式引进 100 多名高端和急需人才。同时，不断创新人才培养模式。一方面，以技术创新项目为依托，选择重点攻关和研究课题，实施"青年技术创新人才培养计划"；一方面，深化联合培养机制，选派技术骨干、访问学者定期到东北大学、世界钢协、昆士兰大学、卧龙岗大学等国际国内学术机构进行系统培养和深造，有针对性地选拔、培育专业领军人才和技术精英。

（三）坚持以管理创新激发企业活力

河钢积极顺应市场和环境的深刻变化，勇于突破传统体制机制束缚，从组织结构、制度、流程等方面进行大胆创新和系统变革，全面激发企业内部活力。

一是以战略管控为定位，构建现代化集团管理体制。河钢将集团总部功能定义为"战略决策、资源共享、协同服务"三大中心，强化"集团意志和集团规则"，突出顶层设计和目标管理，集中精力把握企业发展方向，主要研究"干什么"，提出不同阶段的目标、方针和重点工作；并为子公司营造氛围，搭建平台。子公司集中精力抓好生产经营，重点落实"怎么干"，因企制宜地发展各具特色的竞争优势。集团加强宏观管理，突出资源共享和业务协同，不过多地干涉子公司的"微循环"，不搞"千篇一律"，鼓励"百花齐放"；但在具体工作执行过程中强调"集团意志、集团规则、集团精神"，明确不能触碰和逾越的"红线"，不搞例外主义，确保集团价值与整体效益的最大化。

二是以资金集中统一管控为突破口，还原钢铁主业先进性。近年来，河钢把"全年新增贷款为零"作为不可触碰的红线，持续降低资产负债率，不断规范成本费用项目，建立集团内部结算中心与集团资金池。同时，拓展境内外低成本融资渠道，积极创新金融产品，全面优化负债结构。经过资金的刚性管控，河钢各子公司摆脱了长期"依赖集团和贷款输血"的经营惯性，建立起以资金高效利用为核心的生产经营模式，收获了可持续发展能力。同时，实施清理"三外"（外委、外雇、外包）和中间商的强力政策，大幅度削减附加成本，逐步还原了钢铁主业的先进性，竞争力显著提升。

三是大力推动总部管理机构改革。2014年，河钢正式启动总部机关管理机构改革，致力于打造去"行政化"、完全适应市场竞争的国际化、创新型、学习型精英总部机关，推动经验型团队向创新型团队转变。集团总部围绕"三大中心"的定位，集中精力"把方向、抓大事、控风险"，突出战略规划、投资决策、重要人事、全面预算、资金管控、运营协调、营销监管、对外合作、风险管理等9大核心职能。并将9大管理职能细分为40项具体的职能，总部员工由148人精干为85人。2014年以来，河钢进一步强化了资本运作、战略策划、海外业务管理职能，更名设立了战略企划部、资本运营部、海外事业部，进一步提升了全球视野下的战略规划、资本运作和资源整合能力。

四是创新实施以产线为独立市场单元的组织结构扁平化变革。为主动适应行业个性化、定制化需求的发展趋势，河钢进一步创新生产组织方式和资源配置方式，创新实施以产线为独立市场单元的组织结构扁平化变革，彻底颠覆传统钢铁企业长期形成的"金字塔"型的直线职能制组织结构，构建以产线为核心的独立市场单元，建立以价值创造为导向的资源配置方式和生产经营模式，全面激发和释放企业活力。河钢将各钢铁子公司管理重心向产线下移，让产线成为资源配置中心、运营管理中心、服务客户的前沿，企业关注重点由企业内部向市场和客户等外部转移，构建产销研一体化机制，去掉两个"中间层"，实现从公司到产线、从产线到市场的两个"零距离"，全面提升产线直接对接市场、对接客户的效率和能力。以产线为基本业务单元，推进关键人才向产线配置、关键待遇向产线倾斜，同时，加大专业人才的社会化、市场化选聘力度，不断优化人力资源结构。目前，河钢各钢铁子公司共成立了 16 个产销研一体化的产品事业部，分别由其公司级领导担任产线市场单元的主要负责人，每个单元建立直面市场的生产运行、技术研发、营销服务三支专业化团队，有力推动了资源配置和运行效率的提升、品种结构的改善和企业效益的增长。

（四）坚持跨界融合推动商业模式创新

产业链跨界融合是新时代经济发展的显著特征和发展趋势。钢铁工业只有积极融入下游产业的高质量发展中，深入推进跨界融合，才能焕发出新的生机。近年来，河钢在学习借鉴 EVI 模式的基础上，不断创新商业模式，以共建用户技术中心和资本合作等方式，推进产业链向下游高端用户嵌入式延伸，打通进入高端需求乃至引领高端需求的战略通道。

一是共建用户技术中心，延伸研发链条。近年来，河钢将研发投入重点从钢铁企业内部向下游战略客户转移，由流程内向流程外延伸，由生产端向用户端拓展，实现了与高端客户的无缝衔接。河钢先后与海尔集团、上海电气、中建钢构等下游客户联合成立了家电用钢、高强耐磨钢、钢结构用钢等多个联合研发中心，共同打造和推广了新型耐磨钢、新型耐火耐候建筑用钢、超耐蚀管廊用钢、耐蚀涂层钢板等一系列河钢特色产品。2017 年 3 月，河钢与某自主品牌汽车制造商达成合作意向，共同建设我国唯一一家国家级新能源汽车研发机构——"国家新能源汽车技术创新中心"，联合开展高强度、轻量化的汽车钢铁材料研究。

二是推动与高端用户的资本合作，打造产业链协同优势。2015 年，河钢成功收购全球著名家电制造商海尔集团的钢铁材料制造板块，构建钢铁产业链向高端家电产业延伸的投资、管理和运营平台，以此为依托实现了向格力、美的、松下、三星、斐雪派克、西门子博世等国内外顶级家电品牌的快速拓展和全面覆盖。同时，在共同建立汽车材料联合实验室的基础上，河钢积极推动与北汽、上汽、东风、一汽大众等著名汽车商建立资本层面的战略伙伴关系。目前，河钢已经与北汽集团正式签署全产业链战略合作协议，契合京津冀协同发展国家战略，河钢正积极跟进北汽集团产业转移和区域布局项目，以资本为纽带共同打造基于产业链合作的竞争新优势，共同迈向产业价值链高端。

（五）坚持市场化平台化思维大力发展非钢产业

钢铁企业是由产品制造主流程及其配套的工序链、供应链、资源链构成的庞大产业链条。在传统商业模式下，为钢铁产品制造主流程服务的供应链、工序链、资源链，成为"费用链"而嵌入到"产品链"，钢铁产品的盈利空间逐步缩小，钢铁企业仅仅依靠"末端价值链"无法支撑整个产业链条的可持续发展。近年来，河钢不断拓展"纵向更深、横向更宽"全产业链视野，以"市场化、平台化"的思维，追求衍生资源的极致利用，大力发展非钢产业，将供应链、工序链、资源链进行市场化跨界延伸，把供应链、工序链、资源链打造成"价值链"，将"费用单元"转变成"创效单元"。

2015年，河钢制定《2015~2018年非钢产业发展规划》，提出以延伸产业链、提升价值链为主线，按照"市场化、专业化、公司化"发展方向，盘活存量资产，将非钢产业近期发展成为钢铁主业富裕人力资源的消纳主渠道，中期发展成为反哺钢铁主业的效益增长极，远期发展成为建设最具竞争力钢铁企业与综合型产业集团的战略支撑点。在《2015~2018年非钢产业发展规划》引导下，河钢非钢产业发展得到了集团上下的高度认同和积极响应，在保障钢铁主业生产经营顺利开展的同时，非钢产业逐步摆脱对主业的依附与依赖，引入社会资本，盘活存量资源，加快项目建设，理顺管理体制，转换经营机制，全面激发了非钢发展的活力与动力，正在成为集团消纳人工成本和反哺钢铁主业的重要支撑。

一是盘活存量非钢资产。以市场化运作、专业化管理为导向，积极培育和发展矿山资源、金融证券、现代物流、钢铁贸易、装备制造、钢材深加工、资源综合利用、工程技术、医疗健康、社会服务等十大非钢产业板块，助力主业"瘦身健体"。

二是激活低效非钢资源。整合集团内部具备协同发展优势的产业资源，先后组建河钢能源、河钢化工、河钢新材、河钢售电、河钢碳资产管理等专业公司，打造专业化运营管理平台，逐步发展成为协同效应明显、市场创效能力较强的效益增长点。

三是发展新兴产业。把握京津冀协同发展、雄安新区规划建设等重大战略机遇，发挥资源整合配置功能，引入社会资本和专业团队，积极培育和发展战略性新兴产业，努力由传统产业跟随者向新兴产业领先者、先行者转变。与中信集团携手打造能源环保及医疗产业，建成了年产10万吨的生物质颗粒燃料项目，引入医疗产业专业化管理；推进与美国哈斯科、法国威立雅、韩国浦项、德国西门子等世界跨国知名公司的战略合作，寻求前沿产业发展机遇；以供应链金融为切入点，借助政策优势在天津自贸区成立了河钢融资租赁、河钢商业保理公司，拓展了金融产业领域；引入"互联网+"思维和专业技术团队，整合信息产业资源，组建惠唐物联科技公司，布局智慧城市产业发展；发挥气体产业先发优势，引入战略投资，成功攻克高品质"航天氙"提取技术，打破航天领域长期依赖进口氙气的局面，助推国家"实践十三号"卫星成功飞天。

2017 年，河钢非钢产业实现销售收入 752 亿元，创效益 32 亿元，吸纳在岗员工就业 49255 人，非钢资产总额达到 1307 亿元，占集团全部资产的 35%，总体实现了消纳 75% 人工成本的阶段目标。2018 年，河钢将实现钢铁主业与非钢产业各 5 万人在岗人员稳定就业，完全消纳其 60 亿元以上的人工成本，非钢产业单位将发展成为独立运营、自负盈亏、具有较强市场竞争力的经营主体，其收入贡献率、外部市场收入比例分别达到 30% 以上，成为河钢重要的效益增长极。

未来，河钢将进一步打破钢铁主业和非钢产业传统划分界限，面向高端制造业和现代城市发展，以钢铁产业链延伸为方向，以培育壮大现代工业服务及现代城市服务业为重点，推动非钢产业向高端高新高效发展，培育一批具有行业影响力和品牌竞争力的新兴产业集群。

（六）坚持"生态优先"引领行业绿色发展

随着自然环境约束的收紧，实施"绿色制造"、实现"制造绿色"，是钢铁行业持续健康发展的必然选择。河钢深刻践行习近平总书记提出的"绿水青山就是金山银山"重要思想，始终坚持"生态优先、绿色发展"，以"为人类文明制造绿色钢铁"为核心理念，聚焦低碳绿色发展，推进绿色引领战略，坚持走以低消耗、低排放和资源高效循环利用为主要特征的绿色发展道路，被业内公认为是我国钢铁企业率先探索、实践低碳绿色发展的样板和典范。

一是坚定不移带头去产能。河钢坚决贯彻供给侧结构性改革的要求，在近几年累计淘汰炼铁产能 560 万吨、炼钢产能 684 万吨的基础上，主动自我加压，提出 2016～2017 年再压减炼铁产能 260 万吨、炼钢产能 502 万吨，并于 2017 年 9 月底全面完成了产能压减任务。

二是加大环境治理和节能减排投入。近年来，河钢累计投入 165 亿元，实施了 430 余项重点节能减排项目，有效提高了能源资源使用和循环综合利用效率。大力实施抑尘除尘、钢渣气淬、负能炼钢、CDQ（干熄焦）、CCPP（燃气蒸汽联合发电）、TRT（高炉煤气余压发电）、散装料仓封闭存储及运输改造等行业领先的节能环保技术，建成世界一流、华北最大的污水处理中心，亚洲最大的全封闭机械化原料厂等行业标志性示范工程，引领了行业绿色发展。吨钢综合能耗完成 591 千克标准煤，吨钢耗新水 2.39 立方米，利用二次能源自发电比例达到 60% 以上。二氧化硫、氮氧化物、颗粒物、COD 等排放指标均优于国家钢铁企业清洁生产一级标准要求，处于行业领先水平。河钢被中钢协誉为"创造了钢铁企业清洁生产、绿色发展的成功典范"。2016 年，河钢凭借"城市中水替代地表水、深井水作为钢铁生产唯一水源"项目，获得"世界钢铁工业可持续发展卓越奖"，成为我国唯一获此殊荣的企业。

三是率先实施绿色发展行动计划。河钢在业内率先制定实施《绿色发展行动计划》，以"绿色、高效、节能、低成本、优质"为目标，巩固提升绿色发展品牌优势，推动河钢实现"绿色制造、绿色产业、绿色产品、绿色采购、绿色物流和绿色矿山""六位一体"的绿色发展总体布局，力争到"十三五"末，河钢节能环保水平国际领先，保持行业转型发展、绿色发展的引领者地位。

四是积极培育壮大绿色产业。河钢依托自身"绿色钢铁"品牌效应和节能环保技术优势，紧紧围绕绿色发展市场需求，立足节能、环保和资源再生利用三大领域，突出综合服务环节，打造节能环保产业，实现从依托城市向服务城市转变，努力使钢厂与城市共存、与社会共融，体现出钢铁工业的低碳绿色价值。目前，河钢通过整合内部资源和引入战略合作伙伴，已经成功打造了河钢能源、河钢化工、河钢售电、河钢碳资产、河钢中建钢构等多家绿色产业公司，助推了河钢迅速从"绿色制造"向"制造绿色"的转变。

（七）坚持国际化理念推进全球布局

钢铁产业是全球性配置资源的产业，经过改革开放 40 年的快速发展，已经成为我国最成熟的基础产业之一，综合竞争力达到世界先进水平，完全具备了资本、技术和管理输出的实力和参与全球竞争的成熟条件。同时，快速发展的中国钢铁产业迫切需要新的发展空间，中国钢铁企业也需要在国际化进程中，借鉴世界先进的经营理念和商业模式，完善提升我们的体制机制和管理水平。

近年来，河钢与国家战略同向同行，紧紧抓住"一带一路"倡议和国际钢铁产业资本重组的双重战略机遇，以打造"世界的河钢"为目标，按照"全球拥有资源、全球拥有市场、全球拥有客户"的定位，加快"走出去"步伐，实现了从资源、制造到营销服务的全产业链全球化布局。到 2017 年底，河钢已完成境外投资 11 亿美元，控制运营海外资产 70 亿美元，参控股境外公司 70 余家，海外员工超过 1.2 万人，海外业务年营业收入超过 800 亿元，年净利润超过 20 亿元，成为我国钢铁行业"走出去"的领军企业。

2013 年，河钢收购南非最大的铜冶炼企业 PMC 公司，实现了连续 5 年赢利的经营佳绩，成为中国企业投资海外资源的成功范例。2015 年，河钢正式控股全球最大的钢铁贸易服务商——瑞士德高公司，不仅迅速拥有了遍布全球 110 多个国家和地区的商业网络，更收获了全球资源配置、资本并购和国际化人才培养的发展平台。

2016 年 4 月，河钢全资收购塞尔维亚唯一的国有支柱性大型钢铁企业——斯梅代雷沃钢厂，并成功组建"河钢塞尔维亚公司"，标志着我国钢铁企业在欧洲拥有了首个全流程大型钢铁企业。2016 年 6 月 19 日，习近平总书记亲临河钢塞尔维亚公司视察，并在现场发表重要讲话。总书记指出，"中塞企业携手合作，开启了两国产能合作的新篇章……中国人讲言必信、行必果，也就是说要一诺千金，我们所承诺的事情，一定要兑现"，"河钢不仅代表河北省，还代表中国。河钢是中国钢铁工业的一张金色名片，代表了中国人的形象和荣誉，我相信你们一定能干好！"以习近平总书记亲临视察为巨大鼓舞，河钢牢记嘱托、肩负使命，按照"利益本地化、用人本地化、文化本地化"的"三个本地化"原则，通过向河钢塞尔维亚公司移植先进的管理、技术和市场理念，嫁接全球化的营销服务平台，在短短半年之内就结束了该公司连续 7 年亏损的历史。2017 年，河钢塞钢全年产铁 134 万吨，产钢 147.4 万吨，成品材 127 万吨，实现利润 2 亿元，生产经营恢复到历史最好时期，真正成为"一带一路"建设和深化国际产能合作的样板工程。

除此之外，河钢还通过资本并购的形式，先后控股或收购了澳大利亚威拉拉铁矿和马其顿中板公司、南非开普敦 DSP 公司、美国克拉赫公司，在海外形成了 500 万吨钢铁制造能力。

未来，河钢将致力于在更大范围、更广领域和更高层次参与全球资源配置和市场竞争，推进全产业链全球化布局和区域协同，将河钢培育成为在全球舞台占据重要席位的世界一流企业：一是依托全球营销服务平台、全球钢铁制造平台、全球技术研发平台三大平台，持续提升国际化发展质量，不断加强境外资产风险防范和经营管控，保持经营业绩持续增长。二是在"一带一路"沿线国家和地区及高端制造、经济发达地区寻求投资项目，加快海外钢铁制造基地战略布局。三是深化国际技术交流合作，发挥全球技术研发平台支撑作用，积极推动前沿技术研究和科研成果转化，为世界钢铁工业的进步做出应有贡献。

（八）坚持党的领导保障企业沿正确方向健康发展

习近平总书记指出，"要通过加强和完善党对国有企业的领导、加强和改进国有企业党的建设，使国有企业成为党和国家最可信赖的依靠力量，成为坚决贯彻执行党中央决策部署的重要力量，成为贯彻新发展理念、全面深化改革的重要力量，成为实施'走出去'战略、'一带一路'建设等重大战略的重要力量。"河钢集团党委深入学习贯彻党的十九大精神和全国国有企业党建工作会议精神，全面加强党的领导和党的建设，充分发挥党组织把方向、管大局、保落实的重要作用，为企业健康发展提供坚强保障和强大动力。2016年，河钢集团党委被党中央授予"全国先进基层党组织"荣誉称号。

一是加强政治建设，进一步树牢"四个意识"。认真落实党内《准则》《条例》，修订并严格执行理论学习中心组学习等制度，严肃党内政治生活，全集团1500多个基层党支部全部严格规范召开专题组织生活会和民主评议党员工作。完善境外企业党组织建设体制机制，实现了党组织和党建工作全覆盖，境外企业党建工作受到了中央党的建设工作领导小组领导的充分肯定。

二是不断强化干部队伍和人才队伍建设，为企业长远发展提供支撑。坚持党管干部、党管人才原则，落实"干部队伍年轻化、专业人才市场化"要求，着力打造适应河钢发展的高素质、专业化干部人才队伍。突出年轻化选用人才，子分公司班子70后比例由2013年底的7%提升到30%。突出市场化引进人才，2017年引进高端人才100余人。突出职业化使用人才，在子公司单位试点推行职业经理人制度。突出国际化培育人才，依托海外公司以及与昆士兰大学、东北大学等知名高校的战略合作关系，持续拓展国际化培训项目，增强了干部队伍的国际化视野和市场化思维。

三是持续加强党风廉政建设，维护改革发展的良好环境。贯彻全面从严治党要求，强化组织领导，落实考核问责，压实"两个责任"，利用警示教育大会、常委会、全委会、专题学习会等对党风廉政建设工作进行安排部署。加大对纪检监察工作的领导、组织和支持力度，反腐败斗争压倒性态势得到持续巩固。

四是强化制度建设，保障企业健康可持续发展。落实全国党建工作会议精神，将党委工作写入公司章程；修订完善党委会、董事会、经理层重要决策制度，落实党组织研究讨论作为董事会、经理层决策重大问题的前置程序；完善全面风险管理体系，依法依规实现企业健康可持续发展。

四、未来展望

习近平总书记在中央经济工作会议上指出，"中国特色社会主义进入了新时代，我国经济发展也进入了新时代。新时代我国经济发展的特征，就是我国经济已经由高速增长阶段转向高质量发展阶段。"

河钢将坚定不移地深入贯彻习近平新时代中国特色社会主义思想，按照供给侧结构性改革、实现高质量发展的总体要求，积极融入现代化经济体系，以钢铁产业链条向先进制造业和现代服务业的纵向延伸、横向拓展为主线，培育新产业新业态新模式，努力建设成为以钢铁材料为基础、以工业服务为支撑的综合性跨国产业集团，用创新、可持续的钢铁，助力国家和人民实现梦想的未来。

（一）发展定位

以钢铁为基础，构建全球最具价值的材料解决方案和工业服务平台。一是推进钢铁向材料延伸，成为以钢铁为基础的高品质材料解决方案服务商；二是推进制造向服务拓展，成为以钢铁产业链为主线的现代工业服务商；三是优化产业链全球布局，搭建以现代工业服务平台为支撑、与上下游企业互联共享的产业生态圈。

（二）发展目标

立足钢铁，形成钢铁材料、工业服务、海外事业协同发展的产业格局，到 2025 年实现全球营业收入、总资产均突破 5000 亿元，成为世界企业 500 强中最具盈利能力的综合性跨国产业集团。

1. 钢铁材料

坚持绿色化、智能化、品牌化发展方向，优化钢铁产业区位结构、产品结构、客户结构，重点培育优质精品钢和高端特殊钢两大核心系列产品。未来 10 年，河钢钢铁材料板块营业收入达到 2100 亿元以上，营业收入贡献率 42%。品种钢比例达到 80% 以上，板材类产品占到 70%，其中汽车家电用精品板材占到 40%；高端特钢和产品深加工的比例分别达到 30% 和 40%。高端汽车品牌用钢认证占到 50% 以上，家电用钢产品质量达到国际先进水平，继续保持国内第一市场地位；特钢长材、宽厚板及重轨、型钢等产品全面进入航天、高铁以及国家重点工程领域。

2. 工业服务

面向先进制造业实施制造和服务链条的延伸与拓展，引入社会资本和激活企业存量相结合，加快市场化改革进程，全面提升资源配置效率，着力培育壮大工业设计、工业零部件、数字经济、智能制造、智慧物流和智慧城市等战略性新兴产业，打造一批具有品牌影响力和市场竞争力的工业服务企业。未来 10 年，河钢工业服务板块营业收入达到 1600 亿元以上，营业收入贡献率 33%。

3. 海外事业

抓住"一带一路"倡议历史机遇，致力于做世界的河钢，逐步发展成国内国外协调平衡、良性互动，"全球拥有市场、全球拥有客户、全球配置资源"的跨国产业集团，始终保持"中国钢铁行业海外发展的领军者"地位。河钢将重点打造海外业务"1234"布局，即：一个工业园区（中塞友好工业园区），两大功能集群（海外服务国内钢铁产业功能集群和海外新业务集群），三大核心业务板块（资源开发、制造、贸易），四大服务平台（全球技术研发平台、全球营销服务平台、全球钢铁制造平台和国际化人才培养平台）。未来 10 年，河钢海外总资产将达到 150 亿美元，实现海外公司年合并营业收入 205 亿美元，营业收入贡献率超过 25%。

（三）发展动力

1. 技术创新

发挥全球技术研发平台优势，在钢铁新型材料、绿色制造工艺、智能制造技术三大领域构筑行业领导者地位，实现技术跟随者向领导者的根本转变。

2. 管理创新

全面建立市场化、国际化的经营机制，坚持用市场机制激活创新要素，永葆变革动力与创新活力。一是完善市场化的选人用人机制，在市场化选聘高端人才和职业经理人制度方面实现重大突破。二是以现代服务业等新兴产业为重点，加强与社会专业资本的融合，推进混合所有制改革。

3. 商业模式创新

牢牢把握现代化经济体系发展趋势，培育基于平台经济、共享经济、数字经济的商业模式，构建以现代工业服务平台为支撑的新型产业生态圈。

在高质量发展的伟大时代，钢铁已经汇聚了科技、人才、商业模式等现代社会最活跃的创新元素。河钢集团将始终坚持以习近平新时代中国特色社会主义思想为指引，以改革创新与时代同步、以开放共享与世界共赢，在高质量发展的道路上勇毅笃行，致力于建设最具竞争力钢铁企业和最具价值的工业服务平台，成为世界 500 强企业中最具盈利能力的跨国产业集团。

改革开放 40 年太钢发展成就

太原钢铁（集团）有限公司

太原钢铁（集团）有限公司（简称太钢）始建于 1934 年，前身为西北炼钢厂。伴随着改革开放，太钢也步入了发展的快车道。2017 年与改革开放前的 1978 年相比，太钢钢产量从 94.02 万吨增加到 1050.26 万吨。其中，不锈钢从 4093 吨增加到 413.64 万吨。成为我国特大型钢铁联合企业和全球不锈钢领军企业。

一、技术装备不断升级更新

十一届三中全会后，太钢开始加大基建投资规模。

"六五"期间，我国自己设计、自己制造安装的第一台氩氧精炼炉，于 1983 年 9 月 17 日在太钢正式投产；1985 年 12 月我国第一台自行设计、安装、施工的不锈钢板坯连铸机在太钢建成投产，填补了我国合金钢连铸技术的空白，宣告了我国不锈钢生产进入一个新的阶段。此外，五轧厂热处理精整作业线、七轧厂二十辊冷轧机的技术改造，形成了荫罩带钢生产线，填补了我国彩电生产的一项空白。同期还完成了七轧厂光亮线退火机组、六轧厂 1700 毫米卷板轧机二期工程的续建等技术改造项目。太钢逐步转变为一个年产百万吨级的特殊钢生产基地。

"六五"期间，太钢还投资 3166 万元，完成了峨口铁矿的改造扩建项目。同时，新建第二台 10000 立方米制氧机，完成了 6 号焦炉的建设。投资 6000 多万元，完成了 15 万立方米煤气柜、三高炉电除尘、酚水生化处理等 23 项重点环保工程、60 多项一般环保项目。

"七五"期间，太钢先后投资 10.2 亿元进行技术改造，共完成技改项目 500 个。主要技改项目有：年产合金钢板坯 50 万吨的第二炼钢厂 1630 毫米立弯式合金钢板坯连铸车间、年产活性石灰 10 万吨的加工厂活性石灰窑、年产不锈钢焊管 5000 吨的不锈钢焊管车间、330 立方米新一号高炉。通过"七五"期间一系列技术改造，太钢建成了氩氧精炼→立式板坯连铸→AGC 控制炉卷轧机轧卷→多辊轧机冷轧→连续退火及光亮退火的不锈钢现代化生产线，并纳入按国际标准生产的轨道；实现了转炉生产现代化，已具备脱硫、磷、硅的铁水预处理→转炉顶底复合吹炼→计算机控制炼钢→挖渣出钢→炉外精炼→成分微调→板坯连铸的现代化生产条件。

到1990年，太钢的固定资产总投资达到35.94亿元，设备总重量约20万吨，固定资产原值为27.02亿元。太钢发展成为年综合生产能力为180万吨钢的全国大型特殊钢联合企业。

"八五"期间，太钢投资28.8亿元进行炼铁系统、尖山矿、热连轧三大工程和冷轧电工钢现代化生产线、二钢厂RH真空处理、2号连铸机、5号焦炉、1号转炉、一轧厂、五轧厂、七轧厂改造等30项基建技改工程建设。到1993年底，以1350立方米高炉投产为标志的一系列基建技改工程的竣工投产。这一时期，1350立方米高炉、尖山铁矿、1549毫米热连轧等山西省"八五"重点建设项目，奠定了太钢300万吨钢规模框架，使太钢跨入特大型钢铁联合企业的行列。

"九五"期间，太钢3号和4号烧结机、2号连铸机、一钢厂高功率电炉、LF炉、方坯连铸机、热连轧2号加热炉、20辊轧机、RH真空处理装置、七轧厂光亮线、尖山精矿输送管线等设备和冷轧硅钢生产线陆续建成投产；并且先后实施了高炉喷煤改造和1号、2号、3号AOD炉改造以及"平改电"等工程。经过大规模技术改造，到1999年，太钢不锈钢年生产能力提高了50%，达到23万吨。

"十五"期间，太钢组织了50万吨不锈钢系统改造工程。同时，组织完成了焦炉储运改造等10多项环保工程，建成了国内处理能力最大的、采用世界上最先进的膜灌水处理技术净环软水工程。2003年，实施了冷轧40万吨薄板改造扩建工程项目，总投资为30.4898亿元。通过这轮改造，太钢形成了年产100万吨不锈钢的能力，产品工艺装备结构得到优化和升级，跨入了世界不锈钢企业十强行列。

2004年9月9日，新不锈钢工程项目得到国家批准，太钢开始组织实施新不锈钢系统工程，工程主要包括新炼钢工程、2250毫米热轧工程、冷轧工程、石灰窑工程、废钢加工线工程以及配套项目、配套的公辅项目供电工程、供排水工程、燃气工程、自备电厂改造工程等项目。新不锈钢工程建成后，太钢的不锈钢生产能力一下增加了200万吨，加上原已具有的100万吨的生产能力，太钢形成了年产300万吨不锈钢的产能。太钢完成了由特大型联合钢铁企业到全球最大的不锈钢企业的转变。

"十一五"期间，太钢围绕建设全球最具竞争力的不锈钢企业的战略目标，先后完成150万吨新不锈钢工程及配套项目、冷轧硅钢扩建改造项目、80万吨大热线项目、7.63米焦炉工程、450平方米烧结机及配套的原料场、皮带输送工程、4350立方米高炉工程、不锈炼钢90吨电炉改造工程、1800立方米高炉煤气余压发电、中水回用深度处理工程、高炉煤气联合循环发电工程、自备电厂 2×30 万千瓦发电机组工程等重大新建和技术改造工程。同时，太钢加强矿山建设，实施了峨口铁矿改造工程、尖东铁矿采矿工程、袁家村铁矿工程。先后淘汰落后炼焦能力 130 万吨、烧结能力 500 万吨、炼铁能力 60 万吨、炼钢能力 100 万吨，建成了全球规模最大、工艺装备水平最高的不锈钢生产线，实现了全流程工艺技术升级和主体装备的大型、高效和节能环保。

2007 年以来，太钢在 150 万吨不锈钢工程竣工的基础上，一直致力于工艺装备的升级，加速结构调整，继续新建新上一批工程项目。在工艺装备持续升级的同时，太钢不断推动信息化与工业化的深度融合，把信息技术、管理技术和制造技术相结合，及时应用到生产经营全过程和管理运行的各个环节，在产品研发、制造、服务全周期管控、企业智能管控、产业链以及环境经营等方面坚持实现数字化和集成化，变"太钢制造"成为"太钢智造"。

"十二五"期间，太钢中频感应炉、免酸洗板生产线、铬钢专用酸洗线、9 号焦炉、6 号高炉、不锈钢冷连轧、硅钢冷连轧等重点项目建成投产。高速铁路用钢技术改造、国内首条高炉热熔渣制棉生产线、太钢禄纬堡耐火公司新厂、太钢万邦 2 号炉、袁家村铁矿配套铁路、炼铁厂原料场改造、炼钢二厂不锈钢冷连轧配套技术改造、冷轧硅钢厂 2 号退火线改造等一批重点工程竣工投运。此外，焦化厂 300 千克试验焦炉工程、热连轧罩式炉项目工程、冷轧硅钢厂常化酸洗工程、加工厂改建废钢料场项目、太钢万邦炉料公司新建铁水包修砌车间项目、型材厂新建电站锅炉用镍基耐热合金高技术产业化工程、岚县矿业公司采矿接续工程、峨口铁矿露天转地下开采项目、先进材料工程技术研究院项目、太钢保税综合服务公司仓储基地项目也先后投建投用。

经过四十年的不断建设和发展，特别是进入 21 世纪以来，太钢按照国家确立的不锈钢发展战略格局，利用世界不锈钢工艺技术装备发展最新成果，自主创新，实施大规模技术改造，实现了工艺技术装备的大型化、现代化、集约化和高效化。目前，太钢已形成年产 1200 万吨钢（其中 450 万吨不锈钢）的能力，成为全流程的特大型钢铁联合企业和全球不锈钢领军企业。

二、管理体制和运行机制持续变革

改革开放前，太钢在计划经济体制的束缚下运行，缺乏应有的活力。党的十一届三中全会之后，随着国家对企业的经营自主权进一步扩大，太钢逐步推进各项改革：完善质量管理体系，全面加强质量管理；推行内部承包经济责任制，探索工资承包等多种形式的分配方式；深化领导体制和组织制度的改革，实行车间主任、工段长负责制，并开展厂长负责试点工作，调动了干部的积极性；成立供销经营部，逐步对供销部门实行放开经营，使太钢开始走向市场。

从"七五"开始，随着我国经济体制改革的深入和工业企业承包经营责任制的推行，太钢逐步建立了以劳动合同制为核心的新型劳动用工制度，积极稳妥地推进劳动保险、医疗制度改革，较好地兼顾了职工和企业的利益。之后，全面实行了厂长负责制，强化基础管理、专业管理和现代化管理，取得较好效果。

1994年，国家对国企改革的方向提出了明确要求，太钢被国务院确定为全国百户建立现代企业制度试点企业。按照试点方案，太钢1996年更名为太原钢铁（集团）有限公司，建立了较为完善的法人治理结构，1997年完成了试点任务；1998年对不锈钢生产线优良资产实施重组，兼并临钢，设立了不锈钢股份有限公司，实现了股票上市，太钢集团成为市场竞争主体和法人实体。与此同时，太钢逐步建立起了以成本为中心的责任制考核体系，实行以利润指标为主的承包模式，建立"产、销、研"一体化运行机制，推行营销员承包责任制，推进准时制生产，企业的竞争力逐步增强。

"九五"期间，太钢在建立现代企业制度的同时，与英国BOC公司合资设立了太钢BOC气体有限公司，兼并重组了临汾钢铁公司，大公司、大集团战略稳步推进。我国加入WTO后，太钢深化公司制改革，进一步完善了法人治理结构，实现了钢铁主业整体上市；创造性地推进分配、干部人事和劳动用工等改革，激发了活力；持续推进流程重组和组织再造，创新管理模式，提高了运行效率；加强信息化建设，形成了信息化支持下的精细化管理雏形。

"十五"时期，面对中国加入世界贸易组织后经济全球化的严峻挑战和钢铁行业原燃料涨价、太钢内部资金严重不足的严峻形势，太钢集团于2002年最终确立了"建设全球最具竞争力的不锈钢企业"的战略目标。这一时期，太钢进一步深化公司制度改革，完善了法人治理结构；推进了分配、干部人事和劳动用工等改革，同时不断引进新的经营管理模式。2003年9月，制定《太原钢铁（集团）有限公司全面预算管理制度》；2004年，开始正式推行卓越绩效模式、六西格玛管理。

"十一五"时期，"太钢不锈"完成股权分置改革，钢铁主业整体上市。太钢集团于2008年深化改革，构建了两级公司组织架构，公司调整了管理模式和业务流程，增设了规划发展部、安全生产管理部。按照新的管理框架，太钢集团逐步建立起了一个以成本为中心的责任制考核体系，以利润指标为主的承包模式。集团公司主要通过战略、规划、文化、人事、预算、风险防控和资产管理等，对各个子分公司实施统筹管理。各子分公司在集团统一规划下，充分行使生产经营自主权。

"十二五"时期，太钢持续深化三项制度改革，全面实行新任中层干部三年任期目标责任制；优化整合采购系统；优化组织架构，推进营销管理与销售业务职能分立，加快构架服务型营销体系；变革海外业务管理模式，形成快速响应国际市场机制，为扩大国际市场份额奠定基础。

十一届三中全会以来的四十年里，太钢不断推进企业改革，转换经营机制，从经营承包责任制，到建立现代企业制度，再到钢铁主业整体上市，经营机制改革不断深化，企业活力持续增强，逐步实现了由大型联合钢铁企业到全球最大的不锈钢企业的嬗变。

三、不断完善技术开发和技术创新体系

1980 年，太钢首次召开技术工作会议，把技术工作纳入计划的轨道，并决定建立总工程师领导下的科技管理体制。

1981~1990 年，太钢总工程师领导下的科技管理体制不断完善。钢研所根据市场需要不断增加、调整研究室。1984 年，太钢计算机中心成立。1988 年，钢研所学术委员会成立。同年，太钢自动化研究所在太钢计算机中心的基础上成立。这一阶段，计算机技术开始在太钢推广应用。一批新技术、新工艺取得了显著成果，其中氩氧炼钢炉外精炼技术、离心铸造轧辊和板坯压力浇注技术填补了我国冶金工业史的空白，炉卷轧机液压微调技术、炉卷轧机工艺润滑技术达到国际水平。这一阶段，为适应市场经济发展的需要，太钢依托自身优势，及时调整发展思路，将服务对象由原来的以军工和重工业为主扩展为社会各行业、各领域，选定了以不锈钢、电工钢、轴承钢、军工钢、模具钢等为主的特殊钢发展方向，研发出一批填补国内空白的新产品。"七五"期间，太钢科技进步速度是3.59%，科技进步对太钢经济增长的贡献率达到 45.10%。1991 年，太原钢铁公司荣获"七五"期间国家级"技术进步先进企业"、冶金工业部"七五"期间"技术进步先进企业"称号。

1991~2000 年，太钢科技投入累计 2.2619 亿元。这一阶段，太钢科技机构与技术创新体制、机制逐步完善：1993 年，高科技信息化产业太钢电讯公司成立；1996 年 12 月，太钢技术中心成立，并被国家经济贸易委员会、国家税务总局、海关总署等部门联合认定为国家级技术中心；1998 年，太钢组建了重点品种开发队，初步建立起"产、销、研"一体化的产品开发运行机制。这一阶段，太钢依托不锈钢、转炉两条现代化生产线及 16条国际标准生产线，持续推进产品结构调整，共开发应用新工艺新技术 204 项，实现重大

科技成果 51 项，其中国家级 6 项、省部级 45 项，研制出 205 个品种、988 个规格的新产品。这一阶段，科技进步对公司经济增长的贡献率达到 40% 左右，太钢先后被评为山西省"质量效益型企业"和全国"质量效益型企业"。

进入 21 世纪以来，太钢不断加大科技投入，特别是在 150 万吨不锈钢系统改造完成后，太钢依靠创新驱动，在以不锈钢为主的特殊钢生产工艺、技术、品种、原料等关键技术上不断取得突破。2003 年 1 月，集团公司对技术中心进行了重组，并持续实施技术中心再造。这一时期，太钢积极融入国家技术创新体系，研发实力不断提高。太钢与国内外近 50 所高等院校、科研院所建立技术创新战略联盟，建成 14 个产学研联合实验室；建成国家级理化实验室、博士后工作站、中试基地、16 个科研实验室。每年投入包括研发在内的人才培养、技术培训等费用，占销售额的比例始终保持在 5% 左右。

2001~2008 年，太钢科技投入高达 40 多亿元。这一阶段，太钢通过集成创新当今世界不锈钢工业新技术、新工艺，实现了由引进、消化先进技术为主向超前开发拥有自主知识产权的转变，积累形成了 700 多项以不锈钢为主的核心技术，其中近 100 项核心技术具有国际水平。2008 年 1 月，太原钢铁（集团）有限公司被确定为全国第二批和山西省首批"创新型试点企业"；11 月，（集团）公司的上市子公司山西太钢不锈钢股份有限公司成为山西省政府首批认定的"高新技术企业"。2004 年，太原钢铁（集团）有限公司技术中心被国家发改委、科技部、财政部、海关总署、国家税务总局五部委授予"国家认定企业技术中心成就奖"。

"十二五"以来，太钢累计申请专利突破 3000 件，其中 70 余项专利分别在全国、国际发明展览会上获奖。由太钢主导制定的不锈钢国家标准，覆盖了国内七成多的不锈钢产量。太钢先后获得"中国工业大奖""全国质量奖""全国自主创新十强""国家技术创新示范企业"等荣誉称号。

党的十八大以来，太钢坚持立足钢铁，依靠科技创新，瞄准世界新材料产业的最前沿技术，推进新材料产业发展，加快推进由钢铁制造向材料制造的拓展，推动公司实现转型升级。太钢充分发挥所拥有的"国家级企业技术中心"和"先进不锈钢国家重点实验室"两大平台的作用，围绕超级功能材料、非晶材料与磁性材料、碳纤维、高性能膜材料等开展基础研究和应用研究，推进新材料的产业化运行；坚持立足钢铁，依靠科技创新，瞄准世界新材料产业的最前沿技术，加快推进由钢铁制造向材料制造的拓展，推动公司实现转型升级。

太钢坚持科技创新，不断开发独有和领先产品，形成了以不锈钢、冷轧硅钢、高强韧系列钢材为主的高效节能长寿型产品集群，产品广泛应用于装备制造、家电、汽车、轨道交通、航空航天、能源化工等高端领域和新兴行业；自主研发成功笔尖钢，破解了李克强总理提出的"笔尖难题"，改变了我国制笔行业材料长期依赖进口的局面；积极推进新材料开发，自主研发生产高端碳纤维，相继建成两条具有完全自主知识产权的碳纤维生产专线，产品质量达到世界一流水平，满足了国家重大项目的需求。

从 2012 年到 2018 年，太钢高端和特色产品占钢材总量的比例不断提高。目前，太钢有 20 多个产品国内市场占有率第一，16 个产品国内市场独有，30 多个品种替代进口。

四、做强以不锈钢为首的钢铁主业

十一届三中全会后，适应经济的发展，太钢依托自身优势，及时调整发展思路，将服务对象扩展为社会各行业、各领域，选定了以不锈钢、电工钢、军工钢、模具钢等为主的特殊钢发展方向，逐步开发出一系列高技术含量、高附加值、高效益的不锈钢产品，走出了一条以不锈钢为主的特钢发展新路。

1979 年，太钢能够生产 2770 余种产品，批量生产的钢材规格达 4557 个。

1980~1985 年，太钢生产的中型圆钢有普通炭素钢、普通低合金钢、炭结钢、合结钢、炭工钢、轴承钢、纯铁、不锈钢、纯铁管坯、炭素管坯、合结管坯、不锈管坯、炮弹钢、子弹钢、弹簧钢、普通扁钢、工字钢，生产的小型圆钢有普通炭素钢、炭结钢、炭素冷镦钢、合结冷镦钢、合结、纯铁、轴承钢、不锈钢、子弹钢、罗拉钢，生产的中厚板有普板、船板、90 系、低合金、特殊合金板、容器板、合结、炭结、纯铁、防弹板、炭工、不锈，生产的热轧卷板有普板、船板、炭结、纯铁、锅炉板，生产的热轧扁钢有合结，生产的热轧薄板有普板、炭板、油桶板、低合金、纯铁、耐热钢、煤气罐钢、低硅、高硅，生产的冷轧薄板有普板、炭结、合结、纯铁、船炭板、煤气罐瓶板、离合器板、高硅、低硅、不锈板，生产的冷轧带钢有纯铁带、硅钢带、不锈带，生产的锻钢材有炭素结构钢、炭素工具钢、合金结构钢、合金工具钢、不锈钢、弹簧钢、滚珠轴承钢、电工纯铁、高速工具钢，生产的钢号达 474 种、1753 个规格。

1986~1990 年，太钢试制成功的新产品有汽车结构用冷轧薄板、液化石油气瓶用冷轧钢板、945 钢板、大卷重弹簧不锈钢带、汽车结构用热轧中板、非调质高强度紧固件用热轧空冷双相冷镦钢、低碳马氏体冷镦钢、磁极芯紧固件用钢、荫罩钢带、硝酸用不锈钢、T60H 热轧中板、30SiZB 热轧中板、磷铵工程用 316L 钢、0Cr17 型经济不锈钢、纺织印染工业用 0Cr19Ni9 不锈钢。

1991~1995 年，太钢试制成功的新产品有 L12AL 冷轧钢板、30CrMnSiA 冷轧板、不锈钢复合钢板、DL23 冷轧板、30Mn2V 三级锚链钢、自行车用冷镦钢、轿车及轻型车用发动机高强度螺栓钢等。

1996~2000 年，太钢投产了 0Cr25Ni20 不锈耐热中板、00Cr18Ni5 双相不锈钢、00Cr18Ni4+20Si2 双相钢复合板、Cr20Ni14 耐热中板、1Cr18Ni9Ti 管坯、尿素级 00Cr17Ni14Mo2 不锈板材、大圆钢、1Cr18Ni9Ti 管坯、1Cr18Ni12Mo2Ti 管坯、00Cr14Ni14Mo2 管坯、不锈封头用中板、不锈钢双定尺中板、中低牌号冷轧无取向硅钢、Cr12Mo1V1 工作辊、1.8 碳结卷板、碳结花纹板、304 不锈管坯、S240 管线钢、QB 船用球扁钢、1.6 毫米碳结卷板、37Mn 钢坯等新产品。这一阶段，太钢依托不锈钢、转炉两条现代化生产线及 16 条国际标准生产线，持续推进产品结构调整，共开发应用新工艺新技术 204 项，研制出 205 个品种、988 个规格的新产品。

2001~2005 年，太钢投产了 0Cr18Ni9 光亮板、0Cr19Ni9N 锻件、0Cr22Ni5Mo3N+Q345C 复合板、0Cr19Ni9N+Q345B 复合板、X42-X52 管线钢、16MnL 中板、T420L 热轧钢带、ZL20Cr（Mo）H 热轧圆钢、S48C 中厚板、CH1T 超低碳冷镦钢、ML15MnVB 冷镦钢、X63CrMoV51-中间辊、电渣 RH13 轧制扁钢、不锈钢冷硬板、高线用 35CrMo、低锰高纯度原料纯铁 YT01 坯、21CrMoV511 锻材、SCM420 出口锻材、SUSY308/L 不锈钢线材、CL60（K）碾钢车轮圆形锭、30CrMoA 钢等新产品。

2006~2010 年，太钢试制成功的新产品有 25Cr5Mo 合结钢、RNAK80 模具钢、34CrMo4m 气瓶用钢、T91 高压锅炉管坯、37CrMnMoA 油井管接口钢、TQK510 汽车用钢、TQ420D 细晶粒钢、1Cr6Si2Mo 耐热钢、Q355NHC 高强度耐候钢、X56-X70 管线钢、J55 石油套管用钢、TNM360A 耐磨钢、903 军工钢、50TW290 无取向硅钢、EA1N 车轴钢、T590L 大梁钢、20MnTiB 结构用钢、DB685 低碳贝氏体钢、核电用不锈钢、水电用不锈钢、钟表行业用钢、工程机械用钢、低温用 9%Ni 钢、桥梁用 Q345qD\E 钢、机车转向架用 16MnDR 钢、造币钢等。

2011~2017 年，太钢品种结构得到持续优化。

不锈钢系列中，国内首次开发的铁素体耐热钢中板实现供货，效果显著；国内首次生产的宽幅 304N 热轧卷板成功替代进口；自主研发生产的不锈钢螺纹钢筋成功中标文莱跨海大桥项目；304L 不锈钢宽幅冷轧板应用于我国自主三代核电品牌"华龙一号"；不锈钢特种材料成功应用于"中国环流器二号 A"核聚变实验装置的设备制造；自主研发生产的核聚变用高磷铜+不锈钢复合板产品正式向 ITER 项目供货；国内首家成功试制超超临界锅炉护环用钢，完全替代进口；成功轧制出国内最薄热轧水电用钢，填补空白。笔尖钢供应国内知名制笔企业，合作范围覆盖 80% 以上的笔尖生产企业；双相不锈钢批量用于全球最大、技术要求最高的不锈钢化学品船制造。超纯铁素体不锈钢成功应用于世界最大的整体不锈钢金属屋面工程。掌握不锈钢焊带轧制核心技术，产品市场占有率超过 80%。超前介入国际著名品牌手机产品设计，量身开发高端不锈钢新产品。不锈钢管首次批量应用于城市地下综合管廊工程。高牌号硅钢在国内主要电动汽车制造企业快速实现进口替代。高性能不锈钢产品成功应用于高能物理大科学实验装置、"人造太阳"项目。

碳钢系列中，开发出应用于工程机械、汽车、铁路货车等领域的耐磨热轧卷板、双相车轮钢、高耐候耐蚀钢、高碳合金钢等新产品；成功研发出第三代热作模具钢等高效产品；时速 350 千米高铁轮轴钢通过评审，时速 250 千米轮轴钢、大轴重车轴钢应用于上线运行测试车辆；面向高端压缩机、高效电机和电动汽车等行业，研制成功三个系列 10 余个牌号的硅钢新产品。电磁纯铁应用于"天宫二号""神舟十一号飞船"和新一代运载火箭"胖五"的关键部位。高强度合金结构钢、电磁纯铁等产品应用于"天舟一号""长征七号"。

出口对接"一带一路"，双相不锈钢板材中标英国石油阿曼天然气项目。造币钢首次进入南美洲造币行业，用于巴西硬币制造。不锈螺纹钢中标香港"将军澳—蓝田隧道"项目。高等级水电用钢中标老挝、巴基斯坦水电工程项目。高等级管线钢（21.4 毫米厚 X80 热轧卷板）在中石油中俄东线项目实现全球首发首用，中标量占项目用钢 77%。铁路车轮用钢、纯铁扁钢、耐候钢、磁轭钢等产品相继中标国际国内重大工程。特种用钢和核电用钢应用领域扩展，出口国际市场，销量大幅增长。

党的十八大以来，太钢确立了把本部建设成为极具竞争力的高端精品生产基地的目标，通过实施精品战略，着重发展高附加值、高技术含量、绿色环保的不锈钢产品，形成了以不锈钢为首的特殊钢大家族，市场竞争力和社会影响力不断增强。太钢不锈钢出口量从 48 万吨增长到 100 多万吨，出口的国家和地区从 44 个增加到 80 多个，海外客户的数量也增长了 30% 多。

太钢通过持续优化品种结构，拓展更多独有的领先的产品市场，逐步建成了以不锈钢、冷轧硅钢、铁路用钢、高强韧钢为主的极具竞争力的高端精品生产基地。目前，太钢有 28 个品种国内市场占有率第一，36 个品种成功替代进口、填补国内空白，为下游产业转型升级提供了强有力的材料支持。

五、绿色发展和绿色产品

1979 年，太钢成立环境保护处和环境卫生处，开始重视环境保护工作。这一年，太钢完成了国务院限期治理项目二钢厂转炉红烟治理，焦化厂含酚废水治理，二钢厂热泼渣回收利用，炼铁厂 1 号、2 号高炉煤气回收及洗涤水回收，3 号高炉煤气及洗涤水回收，峨口尾矿水治理，峨口电镀水治理等 7 项工程。

"六五"期间（1981~1985），太钢环保工作进入有组织、有计划、有步骤阶段。五年间，太钢环保投资 6000 多万元，先后有电厂动力锅炉消烟除尘改造等 23 项重点环保工程和其他 60 多个环保项目竣工投产。

1983 年，退休职工李双良带领挖渣队伍正式向堆积了半个世纪的太钢渣山宣战，迈出了太钢治理环境污染的决定性一步。太钢人发扬愚公移山精神，经过十几年艰苦创业、综合治理，走出一条"以渣养渣、以渣治渣、综合治理、变废为宝"的治渣新路，累计搬走太钢堆积的废钢渣 1000 多万立方米，回收废钢 142 万吨，创收 45523.07 万元，盈利 14377.86 万元，节约治渣成本 4.5 亿元。李双良被联合国环境规划署列入保护及改善环境卓越成果"全球 500 佳"名录，被誉为"当代愚公"。

"七五"期间（1986~1990），太钢建立了环保目标管理体系和环保责任制体系，建立了太钢污染源自动监测系统，加强了环保科研和环保管理。

"八五"期间（1991~1995），太钢用于环保投资 1.15 亿元。1991 年 4 月，太钢加入太平洋流域有害废物研究集团，成为中国企业加入国际环保组织的首家成员。这一时期，太钢完成了二钢厂转炉（红烟）治理、一钢厂平炉除尘、三钢厂电炉除尘、烧结厂烧结机除尘、焦化厂焦炉煤气放散点火、机械厂电炉除尘、耐火公司倒焰窑改造除尘（黑烟）、回转窑除尘等环保工程。与此同时，废弃物综合利用工作稳步展开。

"九五"期间（1996~2000），太钢先后投资 3.55 亿元，重点实施了一大批大气污染和水污染治理项目，特别是 2000 年，自筹资金 3.27 亿元，完成了废水处理、烟尘治理为主的八大环保工程，从根本上改变了太钢的环保状况。

进入 21 世纪，太钢绿色发展进入了快车道。太钢明确提出，绿色发展是企业生存的前提、发展的基础。10 余年间，投资 136 亿元，实施了 147 个项目，建立起从原料工序开始，贯穿焦化、烧结、炼铁、炼钢、轧钢各工序的全流程节能减排体系，形成完整高效的固、液、气废弃物循环经济产业链，成为中国钢铁行业绿色发展的标杆。

"十五"期间（2001~2005），太钢开始大规模淘汰高耗、污染的落后产能。这一时期，投资 5.13 亿元，先后实施了发电厂 3 号 4 号锅炉电除尘、烧结配料系统除尘、焦化厂筛焦楼除尘改造、焦化酚氰污水处理、发电 7 号 8 号锅炉烟气脱硫等治理工程。

"十一五"期间（2006~2010），太钢淘汰了所有的旧焦炉、小高炉、小电炉及落后冶炼、轧钢装备，实现了工艺装备绿色化、制造过程绿色化、产品绿色化。循环经济和节能减排已成为公司新的发展方式、新的效益增长点和竞争力。这一时期，太钢累计投资 82 亿元，先后实施了焦炉干熄焦、焦炉煤气脱硫脱氰、不锈钢冷轧混酸再生、电炉清洁生产技术改造、钢渣处理、污水处理循环利用、烧结烟气脱硫制酸、高炉矿渣超细粉、高炉煤气余压发电、高炉煤气联合循环发电（CCPP）、焦化煤调湿、烧结环冷机余热回收、饱和蒸汽发电等 87 项先进节能环保和循环经济项目，实现了废水、废酸、废气、废渣、余压余热的高效综合利用。其间，太钢二氧化硫排放量下降 88.29%，烟粉尘排放量下降 75%，主要节能环保指标居行业一流水平。

"十一五"期间，太钢投入 5 亿多元，大规模实施厂容整治和绿化，使厂区绿化覆盖率 39.4%。到 2017 年末，太钢已基本形成"厂在林中、路在绿中、人在景中"的生态格局，初步建成国际一流的生态园林化工厂。

值得一提的是，从 21 世纪初开始，太钢按照国家的整体部署，逐步淘汰落后产能的基础上，集成了当今世界最先进的工艺技术装备，完成了全流程技改升级，改变传统思维下的末端治理模式，实现清洁生产，促进经济效益、环境效益和社会效益的内在统一，极大地提升了当代不锈钢工业的绿色制造水平。

2007 年 12 月，太钢被国务院六部委列为（钢铁行业）国家循环经济试点单位。2008 年 7 月，太钢编制的《循环经济试点实施方案》通过国家发改委等部门组织的评审，正式启动实施。其中包括高炉煤气联合循环发电、烧结烟气余热回收发电技术改造、城市生活污水回用替代新水、废酸回收再造、粉煤灰综合利用、7.63 米焦炉配套煤调湿工程等 20 余项。"十一五""十二五"期间，太钢集中发力，累计投资 82 亿元，先后实施了焦炉干熄焦、焦炉煤气脱硫脱氰、不锈钢冷轧混酸再生、电炉清洁生产技术改造、钢渣处理、污水处理循环利用、烧结烟气脱硫制酸、高炉煤气联合循环发电（CCPP）、焦化煤调湿、饱和蒸汽发电等 87 项先进节能环保和循环经济项目，基本实现了废水、废酸、废气、废渣、余压余热高效综合利用和全流程清洁生产。

党的十八大以来，太钢进一步加大环保管理力度，强化逐级环境保护委员会，推动环保责任制落实落地，全员环保意识全面提升。太钢确立了"1124"绿色发展模式，即树立一个理念（钢厂与城市是和谐发展的"共同体"理念）、确立一个目标（建设冶金行业节能减排和循环经济的示范工厂）、依靠"两个创新"（技术创新和管理创新）、拓展"五大功能"（产品制造、能源转换、废弃物消纳处理、绿色技术输出、绿化美化）。太钢进一步完善固态、液态、气态三大废弃物循环经济产业链；加快推进由企业自身的小循环向城市的大循环转变，通过为城市提供清洁能源、提供集中供暖热源、处理城市生活污水等，成为城市功能不可或缺的组成部分，实现了内陆型钢厂与省会城市的和谐共融、互相促进。

在绿色产品开发方面，通过产品结构的调整，逐步减少普通钢材的生产，以循环经济"减量化、再利用和资源化"为原则，在钢铁生产及产品服务全生命周期努力践行清洁生产、绿色采购和废弃物资源化利用等循环经济发展理念，实施绿色精品战略，形成了以不锈钢为核心，包括冷轧硅钢、铁路用钢、高强韧系列钢材在内的高效、节能、长寿型绿色产品集群，促进社会低碳发展。

绿色发展、循环经济战略的实施，已经成为太钢强劲发展的动力源泉，极大地提升了企业竞争力。目前，太钢已经形成较为完善的循环经济运营模式，每年将1600余万吨原料、560余万吨煤炭经炼焦、烧结、炼铁、炼钢、热轧、冷轧等工序转换成1000余万吨钢铁产品，同时通过气态物、液态物、固态物循环经济产业链，对制造过程伴生的焦炉、高炉、转炉煤气和废水、废酸、除尘灰、钢铁渣等副产物以及大量的余热、余能进行充分的资源化利用，除企业内部自循环外，还向社会提供600余万吨非钢产品。

六、充分发挥党组织的政治核心作用

在改革开放的过程中，太钢全面加强和改进党的建设，努力把党的组织资源转化为发展资源、组织优势转化为发展优势、组织活力转化为发展活力，充分发挥了企业党组织在推动发展、服务群众、凝聚人心、促进和谐方面的政治核心作用，为太钢改革发展提供了重要保障。

四十年来，太钢党委始终把班子建设作为推动企业改革发展的关键，根据形势的变化和企业发展的要求，不断赋予领导班子建设新的目标和内容，紧紧围绕企业中心工作，统一思想，坚定信念，践行宗旨，领导班子建设不断加强；严格落实党委理论中心组学习各项制度，形成了开放型的学习型团队；坚持两级班子民主生活会制度，广泛征求意见，认真查摆和剖析问题，勇于开展批评与自我批评，增强了班子解决自身矛盾和问题的能力；严格贯彻《公司法》，坚持重大问题集体决策，形成了各负其责、协调运转、有效制衡的公司法人治理结构；贯彻德才兼备原则和"四化"方针，坚持"公开、平等、竞争、择优"的原则，大胆创新选人用人机制，优化干部队伍结构，建立起以业绩"描点"为主的领导班子和领导干部绩效考核评价体系，较好实现了"描点上、干部上，描点下、干部下"的干部管理机制，干部队伍的活力进一步增强。

从1989年起，太钢党委坚持开展每年一次的民主评议党员活动，对评出的不合格党员，均按照党内有关规定进行了处置。从 2002 年 3 月起，太钢党委引申民主评议党员活动，开展了以"高好精优"（政治觉悟高、思想品德好、岗位技能精、工作业绩优）为主要内容的争创一流党员队伍活动，将"高好精优"内容加以细化和量化，开展对党员的描点对比分析，形成了一整套细化、量化和标准化的考评体系，党员队伍素质不断提高。与此同时，太钢还逐步探索形成了把党员培养成优秀人才，把优秀人才培养成党员的"双向培养"机制。目前，在太钢公司劳模、先进、专家和拔尖人才队伍中，党员占 75%以上，其中公司级以上劳模中，党员占 93.85%，公司命名的先进操作法 100%由党员创造，党员队伍真正成为推动企业又好又快发展的优秀核心团队。

太钢在改革发展的过程中，始终注重加强党风建设和反腐倡廉工作。各级纪检监察组织始终坚持围绕中心、服务大局、融入管理、同步推进的工作思路，组织开展了"读案例、学条规""廉在钢城"等教育活动，扎实推进正反两方面典型案例教育，大力创建廉洁文化，编印《太钢廉洁文化手册》，各级领导干部廉洁自律意识进一步增强；制定并落实领导干部党风廉政责任制、领导干部廉洁自律有关规定等一系列规章制度，围绕物资采购招标、重点工程建设、住房分配、干部选拔任用等，开展全方位、多视角、全过程的监督检查，堵塞了管理漏洞，促进了公司的规范运行。开展反对官僚主义、治理商业贿赂等专项工作，查办案件力度持续加大，违法违纪行为受到严肃惩处。公司已经初步形成了科学完善的廉洁教育机制、权力运行机制、监督制约机制和责任追究机制，省纪委、省国资委党委组织召开"山西省国有（控股）企业党风建设和反腐倡廉工作太钢经验交流会"，在全省推广了太钢党风建设和反腐倡廉工作的经验。

四十年来，太钢扎实推进思想政治工作、精神文明建设和企业文化建设。坚持开展职工思想动态调查分析，围绕难点和热点问题加强教育引导，增强了思想政治工作的针对性和实效性，形成了《太钢不锈——太钢思想政治工作探索与实践》《太钢创新思想政治工作十法》等一批优秀成果，公司多次被评为全国冶金行业和山西省"思想政治工作优秀单位"。深化文明单位创建活动，培育了一批"山西省文明单位标兵"和"省属企业文明单位标兵"。开展"学双良、做主人、比贡献、创一流""知荣辱、树新风""创建文明单位、争当四有职工"以及职业道德建设竞赛等系列活动，职工思想道德素质不断提高。建立起具有特色的企业文化体系，持续开展了"建设最具竞争力的企业要从小事做起""用心实践企业核心价值观""增强责任感、提高执行力、实现精细化"等系列大讨论和实践活动，加深了干部职工对理想追求、企业精神和核心价值观的理解和认同。公司多次被评为全国和山西省企业文化建设优秀单位。

太钢在改革发展中，全面落实公司《职工代表大会工作条例》，实施民主测评领导干部和职工代表巡视等制度，保障了职工代表的参与权、知情权和监督权。不断健全和完善职工利益协调、诉求表达、矛盾调处、权益保障机制，开展领导干部民主接待日活动，畅通了职工反映问题的渠道，推动了实际困难和问题的解决。离退休职工管理和服务工作受到广泛好评。扎实推进"青年标准化操作示范岗""导师带徒""提高质量、青年先行"和青年创新创效等主题教育和实践活动，团员青年的生力军作用得到充分发挥，太钢团委获"全国五四红旗团委标兵"荣誉称号。同时，太钢认真贯彻"稳定压倒一切"的指导方针，不断完善稳定工作领导体制和工作机制，严格落实稳定工作责任制，及时处置不稳定因素，化解矛盾，为企业的改革开放营造了良好的环境。

党的十八大以来，太钢各级党组织以党的十八大精神为统领，紧紧围绕中心工作，以改革创新的精神，全面提高党的建设科学化水平，充分发挥政治核心作用，促进了生产经营建设和改革发展稳定各项任务的完成，为太钢转型跨越发展提供了坚强的思想、政治和组织保证。

这一时期，太钢坚持特色鲜明的宣传思想工作和精神文明建设，大力开展形势任务宣传教育。同时，在领导班子和干部队伍建设、基层组织和党员队伍建设、党风建设和反腐倡廉工作、企业文化和职工队伍建设方面，紧紧围绕生产经营建设中心任务，充分发挥领导作用，坚定不移推动全面从严治党，党组织的创造力、凝聚力、战斗力显著增强。

党的十九大召开后，太钢党委把学习宣传贯彻中央精神作为首要政治任务，以十九大精神促进企业各项工作，按照太钢"做强主业、延伸发展、多元发展、绿色发展、和谐发展"的战略布局，继续发挥企业党组织的政治核心作用。

七、新起点上的新展望

党的十八大以来，太钢面对复杂多变的市场形势，以技术创新为驱动，坚持做强主业、伸延发展、多元发展、绿色发展、和谐发展，使企业的区位优势、技术优势和成本优势得到充分发挥。钢铁产量连续 6 年保持稳定，2015 年全年生产粗钢 1025.59 万吨，其中不锈钢 401.84 万吨；2016 年全年产钢 1028.18 万吨，其中不锈钢 412.21 万吨；2017 年全年产钢 1050.26 万吨，其中不锈钢 413.64 万吨。不锈钢出口量逐年增加，2017 年，太钢不锈钢出口首次突破 100 万吨，创历史最好水平。2017 年，太钢实现营业收入 810.03 亿元；实现税金 35.22 亿元；实现利润 43.56 亿元，各项经营绩效指标为 2008 年以来最好水平，居全国钢铁企业前列。

1949 年以来，太钢始终将扩大铁矿石自给率作为发展建设的战略重点之一。"六五"期间，投资 3166 万元，完成了峨口铁矿等改扩建项目，进行了尖山铁矿的开发建设准备；"八五"期间，建设了尖山铁矿；2001 年，太钢投资 5803 万元，扩建尖山矿选矿工程，使尖山矿原矿处理能力由 400 万吨增加到 500 万吨，精矿产量由 160 万吨增加到 200 万吨。2005 年初，太钢取得袁家村铁矿矿权。袁家村铁矿为亚洲最大的现代化铁矿，2012 年底开始试生产，达产后形成年产 1500 万吨精矿粉的能力。2016 年，太钢生产精矿粉 1183.47 万吨、球团 383.87 万吨，超额完成预算；公司实现了焦炭、白灰、块矿"三不外购"目标。2017 年，太钢生产精矿粉 1230.65 万吨、球团 408.92 万吨，自给有余。

从 21 世纪开始，太钢通过寻求不锈钢原料资源领域的对外合作，保证了镍铁和铬铁的稳定供给。目前，太钢已经成为国内资源保障条件最好的钢铁企业。

太钢一方面积极推进资源战略，一方面推动产业向下游延伸，打造具有国际竞争力的不锈钢产业链。2004 年 8 月 28 日，太钢投资 5.5 亿元，建成占地面积 1770 亩的不锈钢生态工业园，成业太原不锈钢产业园区首期示范园。园区已先后引进京、津、广、鲁、浙、苏、鄂、港、台以及德国、美国等国的数十家企业投资建厂。目前，入园企业达到 40 家，不锈钢制品在煤炭开采、食品加工、酒店设施等领域应用取得新突破，彩色不锈钢、抗菌不锈钢等在城市建设、日常生活等领域得到广泛应用，形成年加工转化 80 万吨不锈钢的能力。太钢还投资参股，在郑州、无锡、沈阳、广东佛山、天津等地共同建设了一系列钢材加工和配送中心，以增强发展后劲。

太钢通过延伸发展的战略实施，创出一片更加广阔的新天地。

党的十八大以来，太钢在新材料、工程技术、金融、国际贸易、现代服务业等相关领域探索多元化经营，新的业务板块快速增长，实现了与主业的紧密协同、互为成长。

2017 年，钢科碳公司在航天航空"一条龙"项目比选中成功胜出，成为国家级航天航空 T800 级碳纤维材料应用的唯一研制单位，实现批量供货；千吨级高端碳纤维二期项目全面竣工。镍基耐热合金项目提前建成投产，获得首单商业合同，公司成为国内外少数具有研发生产镍基耐热合金能力的企业。

金融产业方面，成功组建运营部，推进现代金融投资业务；提升资本运作能力，提高资产证券化水平。发展金融投资业务，优化资金结构与融资渠道。

2017 年，国际贸易全年实现进出口总额 193.2 亿元，其中进口 73.8 亿元、出口 119.4 亿元。同美、德、法、英、日、韩、澳大利亚等 80 多个国家和地区建立了经济贸易关系。

此外，太钢依托多元化经营策略，加快推进信息与自动化、焦化工程、冶金工程以及节能环保工程的成套技术输出，逐步形成了以智力资源为核心、绿色高新为形态的工程技术输入产业，太钢由绿色发展高新技术的获取者、受益者向创造者、输出者转变，彰显了一个有 80 年历史的钢铁企业深厚的技术积淀和充分的技术自信。

2017 年 6 月 22 日，中共中央总书记、国家主席、中央军委主席习近平视察太钢集团，勉励干部职工要不断创新，发扬工匠精神，为"中国制造"作出更大贡献。

太钢将牢记嘱托，不辱使命，以永不懈怠的精神状态和一往无前的奋斗姿态，阔步迈向高质量发展新时代！

改革开放 40 年沙钢发展成就

江苏沙钢集团有限公司

一、企业概况

江苏沙钢集团有限公司（简称沙钢）始创于 1975 年，集团本部位于全国文明城市张家港。目前，拥有总资产 1700 多亿元，职工 3 万余名，年产钢能力 3970 万吨，是全国最大的民营钢铁企业、全国最大的电炉钢和优特钢材生产基地、国家创新型企业，其中沙钢本部沙钢有限公司为世界上单体规模最大的钢铁企业，东北特钢集团为我国高科技领域所需高档特殊钢材料的主要研发、生产和供应基地。同时，沙钢也已发展成为以钢铁为主，包括拥有资源能源、产业链延伸、金融期货、贸易物流、风险投资等板块在内的跨行业、跨地区和跨国界的企业集团。2017 年，沙钢在中国民营企业排名第 14 位、中国制造业 500 强中排第 31 位，并获评中国钢铁"A+"级竞争力极强企业；连续 10 年跻身世界企业 500 强，2018 年位列第 364 位。

面对国家宏观经济环境复杂多变、国内钢材价格高频震荡、原辅材料价格长期高企、国外欧美经济复苏缓慢、贸易保护主义势头不减挑战，沙钢抓住国家"去产能"和打击"地条钢"的有利时机，充分发挥特有核心竞争优势，紧紧围绕提升"质量、效率、效益"，大力实施以炼铁为中心的效益管理，以炼钢为中心的品种质量管理，以轧钢为中心的精细管理，以全方位全过程为中心的基础管理"四大中心"重点工作，企业生产经营实现了稳健运行。2017 年，全年完成炼铁 3139 万吨、炼钢 3834 万吨、轧材 3693 万吨，同比分别增长 3.94%、15.3% 和 13.5%，年销售收入 2200 亿元，利税 254 亿元，利润 192.74 亿元（继续保持全国同行业第二位）。

沙钢先后荣获"全国用户满意企业""中国质量服务信誉 AAA 级企业""中国钢铁'A+'级竞争力极强企业""中国诚信企业""国家创新型企业""中国环境保护示范单位""中华慈善奖企业""中国工业大奖提名奖""江苏省高新技术企业""江苏省循环经济建设示范单位""江苏省信息化和工业化融合示范企业"等荣誉称号。

二、主要发展历程

40年，在历史的长河中虽然只是短短的一瞬，但对沙钢来讲，却是永恒的记忆。这40年，见证了沙钢的建设发展，记录了沙钢人走过的历程，记载了沙钢人创造的辉煌。40年前，沙钢还只是长江芦苇滩上一个十分简陋的作坊式小厂，占地面积只有20来亩，员工总数只有80人，生产条件十分落后：当时锦丰地区还没有通高压电，就找来船用柴油机作为动力直拖轧机；初办轧钢，没有技术，沈文荣带领一帮工友到外地轧钢厂拜师学艺、睡地铺，为了多学技术，每天工作16个小时；轧钢没有坯料，就到造船厂买边角余料，到大钢厂买冷条盘圆，用手工矫直作为轧钢原料；加热炉是灶式炉，轧机工操作是一把钩子、一副钳子，人工喂料，生产水平低下，一年轧材产量1620吨，还抵不上现在一个棒材车间一天的产量；机械化程度极低。厂内物资运送，码头装卸都是肩扛拖拉，工具是一只箩筐、一根扁担、一对畚箕、一部板车，从厂区到长江边的十一圩要筑条砂石路，干部职工自觉主动利用业余时间加班加点义务劳动⋯⋯创业初期的沙钢人穷办苦干、吃尽千辛万苦，逐渐形成了"自力更生、艰苦奋斗、勇于创新、不断攀登"的企业精神。沈文荣作为企业精神的缔造者、践行者和企业发展的领航人，始终坚持超前谋划，正确决策，带领沙钢取得一个个令人惊奇称颂的成绩：

1984年，沙钢根据当时市场需求，选择生产技术复杂系数高、大厂不愿干、小厂又干不了的窗框钢，很快成为拳头产品，在沙钢成为全国窗框钢重要生产基地、窗框钢经济效益很好的时候，沈文荣主席力排众议，果断决策从英国比兹顿钢厂全套引进当时在国际上流行、在国内尚属首创的75吨超高功率电炉炼钢、连铸、连轧一体化短流程生产线。实现了螺纹钢和线材的专业化、集约化生产，产量不断提升。项目的成功，不仅大大提高了装备水平，扩大了生产规模，工艺装备与世界先进水平差距缩短了20年；更为重要的是，使沙钢干部职工的思想得到了解放，同时还为国内同行发展电炉钢提供了经验，被称为"中国钢铁工业第三次革命的一块样板"。

1990年代初，当时钢产量还不到20万吨，"加快电炉钢发展，力争电炉钢产量实现全国第一"提出后，沙钢又决策兴建90吨超高功率竖式电炉炼钢、连铸、高速线材生产线，90吨电炉被誉为"亚洲第一炉"。主体设备分别从德国、美国、瑞士等四家国际知名公司引进。沙钢技术装备和生产效率迅速与国际接轨，经济指标爆发性增长，人均年产钢比国际平均水平高出46%。

1996年，沙钢电炉钢产量即突破100万吨，成为全国最大的电炉钢生产基地。此年，沙钢又与韩国浦项钢铁公司合作投资生产冷轧不锈钢薄板高端产品，实现了产品结构向高附加值和高科技含量的历史性转变。

进入 21 世纪，在厂庆 25 周年之际，沙钢再次提出新的目标："至 2025 年钢产量要实现超千万吨"（当年钢产量为 147 万吨）。为此，沙钢果断发展长流程，实施了世界上最大的工业搬迁工程，仅用 20 个月就实现了 650 万吨钢板工程项目的全线贯通投产，比设计建设周期缩短了一年多。且所有工艺技术装备均高起点定位，按照 15 年内保持国际先进水平的总体要求，对生产工艺流程进行了全方位技术创新和优化提升。至此，沙钢实现了生产结构从短流程向长、短流程结合的转变，钢种从普钢向优特钢转变，产品结构从长材向扁平材转变的历史性跨越。

2005 年，也就是建厂 30 周年之际，沙钢钢产量达到 1045 万吨，一跃位居全国同行第五，提前 20 年实现预期目标。是年，沙钢豪迈提出要"打造精品基地、建设绿色钢城，奋力挺进世界 500 强"。2009 年，神州大地便传来沙钢作为第一家民营企业首次跻身世界 500 强的喜讯。

2010 年，沙钢决定"八五"末综合实力要进入世界 500 强前 300 名；同时，根据国内钢铁产能过剩及钢铁物流分散等现状，结合沙钢区位等各类优势，沙钢决策启动玖隆钢铁物流，并引入中船集团战略合作，加快转型升级。事实上以 2014 年实绩为依据的最新排名已是 274 位，也提前一年实现了规划目标。

近年来，沙钢积极响应国家钢铁产业政策，改变新建钢厂扩大规模、增加产能的发展思路，转为兼并重组、优化配置资源、淘汰落后的发展思路，先后对江苏淮钢特钢公司、河南安阳永兴钢铁公司等企业进行跨地区的并购联合、资产重组，使重组企业的管理得到明显好转，效益迅速提升，获得了长足发展；后成功重组了高新张铜，并于 2011 年在深交所顺利复牌上市；2017 年，又参与了对东北特钢集团的破产重整，开启了民营控股的混合所有制运营新模式。通过实施兼并重组和整合统一，全集团实现了产能充分发挥、质量持续提升、成本显著降低，生产专业化、产品多元化、市场覆盖面扩大化等多重效应。

43 年一路走来，沙钢从无到有、从小到大、从弱到强，本部从一个名不见经传的小轧钢厂发展成为拥有年产钢能力 3970 万吨的全国最大民营钢铁企业，全球单体规模最大的钢铁企业，国家创新型企业，跻身《环球钢讯》全球前 20 大钢企前十行列，并成为集现代化、多元化、国际化于一体的世界 500 强企业。

三、主要发展成就

一是规模总量大幅增长。钢产量从建厂初期的 500 吨，发展到现在的 3970 万吨；总资产从建厂初期的 45 万元，发展到现在的 1700 多亿元；销售收入从建厂初期的 119 万元，发展到 2017 年的 2200 亿元。特别是"十二五"以来，在行业企业普遍遭遇寒冬的严峻形势下，沙钢盈利能力依然保持良好态势，利润实绩连续多年位居同行前三名。沙钢在成为全国最大民营钢铁企业，跻身全球前十大钢铁企业后，于 2009 年，成功跻身世界 500 强行列，成为当时中国内地唯一一家进入世界 500 强的民营企业，且此后 10 年排名连续不断攀升，公司整体形象和地位有了新的飞跃。

二是多元发展初见成效。沙钢坚持钢铁主业发展不动摇，在钢铁主业追求做大做强的同时，近年来，在资源能源、产业延伸、贸易物流、金融证券、风险投资、房地产等领域积极探索，并控股、参股了银行、保险、期货公司、证券公司，形成了一业为主、多元发展的产业格局，非钢产业对集团利润的贡献度已达 20%。

三是装备水平显著提高。在瞄准国际先进工艺装备水平、实施引进、消化、吸收并大力改造提升基础上，沙钢建成了 650 万吨钢板跨新世纪搬迁工程、一举挺进了世界钢铁第一方阵。近年来，又大力实施结构调整、节能减排技改工程，相继建成了当时世界最大、现为中国最大、世界第二的 5800 立方米高炉，第二条 5 米宽厚板、1450 毫米热轧卷板和 1420 毫米冷轧、特钢转炉、双高线等生产线，装备水平和生产调控能力进一步提升。沙钢现所有生产线均配套拥有先进的一级、二级自动化控制系统，所有炼钢、轧钢生产线都配备了 MES 系统，高炉、转炉还配备了先进的专家系统，形成了装备大型化、生产专业化、控制自动化、管理信息化的四大特点，主要工艺装备水平跻身世界一流钢铁企业行列。

四是指标水平大幅提升。随着工艺装备水平和管理水平的大幅提升，至"八五"末，沙钢人均产钢量、吨钢综合能耗、吨钢利润、总资产利润率、净资产利润率等指标均名列全国同行前茅。其中，集团本部人均产钢量 2017 年为 1626 吨，连续多年位居全国同行第一。

五是产品市场稳步拓展。2000 年以前，沙钢的主要产品为螺纹钢和线材，通过"十五"以来不断技术创新，优化产品结构，目前沙钢主导产品宽厚板、热卷板、冷轧板、高速线材、大盘卷线材、带肋钢筋、特钢大棒材已形成 60 多个系列，700 多个品种，近 2000 个规格。其中，高速线材、带肋钢筋等产品荣获"实物质量达国际先进水平金杯奖""全国用户满意产品"等称号，带肋钢筋还获得了 CARES 认证，优质高线荣获"中国名牌"产品和"出口免验"商品，优线生产总量和出口量连年名列全国第一；沙钢板材终端产品品种为最薄达 1.5 毫米的热轧卷板和最宽为 4800 毫米的特宽厚板，成为舰船、汽车、大口径管材等特殊用钢的原材料，X80 管线钢成为西气东输二期工程的主要供应商，热轧板卷通过了欧盟 CE 认证，船板钢通过了十国船级社认证，进入国际高端板材第一方阵。"沙钢"牌商标还获得"中国驰名商标"。近年来，沙钢产品已销至世界 90 多个国家和地区，总出口量连续多年名列全国同行前茅，并荣获"江苏省出口企业优质奖"。

四、主要特点和经验

（一）创新发展思维，形成集约化专业化生产格局

纵观世界经济发展，实现生产经营集约化和专业化，是国内外成功的企业，特别是世界 500 强企业采取的普遍模式。

钢铁产业是技术密集型和生产规模型的行业。特别是随着钢铁产业工艺技术的日新月异，产品科技含量和产品档次的不断提高，市场结构的多元变化，都对钢铁企业的集约化和专业化提出了新的要求。沙钢清楚地意识到，企业要在激烈的竞争中求生存、求发展，在强手如林的钢铁舞台上占有一席之地，就必须从企业实际出发，从市场需求的变化出发，坚定不移地走集约化专业化生产经营的道路。

沙钢在建厂初期，年产量仅 20 万~50 万吨，而品种多达六七个。在当时的产能和工艺技术条件下，沙钢就思考要在某一个产品上要形成集约化专业化的优势和特色，要在某一个产品领域高人一筹，独占鳌头。

经过市场调查，瞄准当时窗框钢热销的市场热销的信息，就明确提出一个发展思路，这就是"伸开五指不如握紧拳头"，决策生产技术复杂系数高，生产难度大，大厂不愿干，小厂又干不了的窗框钢，同时明确提出"冲出全省，产质量在全国争第一"的奋斗目标。通过自我创新和技术改造，沙钢形成 9 条窗框钢专业生产线，进行各种规格的专业化分工，窗框钢荣获国家银奖，沙钢成为全国品种规格最齐、质量最优的全国窗框钢生产基地，市场占有率达到 70% 以上。沙钢也从窗框钢的集约化专业化生产中积累了滚动发展的宝贵的原始积累。

20 世纪 90 年代，沙钢建设亚洲第一座 90 吨超高功率大电炉，专业生产优质线材；接着又建设了 5 条生产线，实行专业化分工生产，保证了品种质量，提高了生产效率。目前沙钢成为全国最大的优质线材生产基地，生产总量和出口量连年名列全国第一。

2006 年，沙钢建成中国第二条具有国际先进水平的 5 米宽厚板生产线，2017 年又建成一条 5 米宽厚板生产线，使 5 米宽厚板的生产规模达到 400 万吨；2009 年，沙钢 3500 毫米中厚板生产线开始动工建设，可实现与 5 米宽厚板配套，进一步实现板材生产的专业化分工，形成集约化专业化的优势，为江苏实施沿江造船工业发展战略提供原材料，更好的进行配套服务。

（二）创新技改思维，坚持高起点定位一步到位

企业要创新发展，必须不断进行技术改造，就是要紧密结合企业的实际，以强烈的超前意识、竞争意识和发展意识，高屋建瓴、科学决策，采用全新的装备和生产技术，开发高科技含量、高附加值的新产品，开辟新的市场空间，实现从未有过的生产要素的新组合，从而求得更大的企业经济效益和社会经济效益。

沙钢提出并实施"创中国名牌，造世界精品"的名牌发展战略，十分重视科技创新对于产品结构创新中的保证作用，因为有了先进的装备技术才能适应市场需求，而市场的不断变化，则促使企业不断进行更高层次技术创新。

那么，技术改造怎样搞？用怎么样的思路来决策，来实施？这里面大有学问，大有讲究，大有潜力。沙钢发现很多企业往往小的技改项目年年搞，看起来年年有点进步，年年还得到上面的表扬，但是不到一二年，这些小打小闹的技改很快就落后了，于是只好年年推倒重来，周而复始，事倍功半。

基于这样的思考，沙钢认为，搞创新，建项目，就是要紧紧跟踪世界钢铁发展潮流，紧密结合企业的实际，科学决策，技改要瞄准世界钢铁工业前沿技术，要顺应钢铁产业发展趋势，要紧紧围绕企业发展的长期战略目标，创新思维，坚持高起点定位，领先一步，一步到位，达到国内一流，与世界先进水平接轨。尽管看起来当时投资大一点，工作量繁重一点，但是技改项目搞好了，可以保持5年、10年甚至更长时间的先进性，长期来讲是节省了投资，是科学的决策。

20世纪80年代中后期，短流程电炉炼钢成为世界钢铁发展潮流。国内有的企业引进部分装备，有的引进了生产线不配套，不能正常生产。沙钢决策在全国钢铁行业中全套引进75吨电炉生产线取得成功，与世界先进整整缩短了20年距离，产生了巨大的经济效益，不到三年就收回了全部投资，被国内钢铁专家誉为"中国钢铁工业第三次革命的样板"。

沙钢认为，采用全新的装备和生产技术，还必须不断推进二次创新和自主创新，在引进、消化、吸收的基础上实行再创新，使主要装备和工艺技术全部达到国际先进水平，形成了专业化、大型化和集约化生产优势。实现生产要素的新组合，不断壮大企业的核心竞争力。

例如，沙钢建设650万吨钢板项目，从主体设备引进开始就与国际知名企业奥钢联全面进行技术合作，按照工艺技术装备15年内保持国际先进水平的总体要求，采用当今世界先进的冶金前沿技术和自动化控制技术，对整个生产工艺流程全方位进行技术创新和优

化提升，使整个项目具有当今国际一流水平。焦化采用国内最先进的高效节能型的 JN60-6 型大容积焦炉、实施干熄焦工艺，沙钢已成为全国第二家实现全干熄焦生产的企业。

多年来，沙钢在原创性的自主创新上加快了步伐。与北科大共同研发，在全国冶金行业率先实现"电炉热装铁水、全精炼、全连铸、全热送、全一火成材、全连轧"的"六全"工艺路线。这一在国际钢铁行业首创的"电炉炼钢热装铁水"新工艺路线自主研发了高炉铁水直接加入电炉炼钢的节能型短流程工艺路线。这一具有自主知识产权的新工艺流程获得了国家发明专利授权。沙钢还创造性地研发了从高炉炼铁到转炉炼钢"一包到底"的生产工艺技术，即从大容积高炉出铁开始到铁水兑入转炉炼钢的整个过程中，不需要将铁水兑入混铁炉，也不需要经过混铁炉兑入铁水包，就能够完成"一包到底"炼钢，收到了生产节奏明显加快、降低能源消耗、减少环境污染的多重效应。

"十五"以来，沙钢成功实施了 100 多项"二次创新"和自主创新的工艺技术，共有 60 多项分别获得国家发明专利和实用技术专利，进一步释放先进工艺装备的潜能，形成了先进生产力，实现经济效益超过 50 亿元。同时取得了一大批达到国内外领先水平的技术成果，其中多项达到国际先进水平。

（三）坚持辩证思维，项目建设要像搞房地产那样，用最少的钱办最大的事

有人说，建设项目是花钱，但是沙钢认为，企业实施重大项目建设，就要像搞房地产那样，建设的过程就是增值的过程，项目建设要用最少的钱办最大的事，要少花钱多办事，项目建成后实现增值就是最终的目的，就是成功。

这些年来，沙钢之所以项目建一个，成功一个，很快能够投产得益，同时使项目建设增值，关键在于沙钢牢牢把握好"投入产出的辩证法"。要做项目设计的主人，决不做设计的奴隶，决不能片面的实行"设计决定论"。事前要做大量的调查研究，进行科学论证，把握好主动权，设计要讲究科学合理，既要确保项目的先进性，标准不降低，装备运行安全可靠，又不能使技术过剩，增加设计和建设投资，在操作时要把好设计、招标和建设速度"三道关"。

例如，沙钢引进建设润忠公司 90 吨大电炉项目，采用紧凑式布局设计，把好三道关，节省 7 亿元；建设 650 万吨钢板项目，技术投资仅为同类项目的 50%，建设周期不到 3 年。

正因为沙钢像搞房地产那样搞项目建设，实现了又好又快发展，沙钢仅用 700 多亿元的投资，形成了 3000 万吨钢的产能，创造了中国钢铁项目建设投入产出的高效益、高速度，应该说这在世界上是独一无二的。国内外钢铁同行要花两倍的投入的钱才能建成 3000

万吨的钢厂。

1994年，沙钢决策建设润忠钢铁有限公司。90吨电炉炼钢连铸厂房，设计一般为六跨布置。但通过对原先建成的75吨电炉生产线厂房排布的分析总结，沙钢认为六跨的布置不够合理。工艺路线拉得长，还会造成建筑面积、机械设备、岗位人员的成倍增加，不利于生产水平的发挥和提高。于是，一次又一次地研究设计图纸，一次又一次到项目工地察看后选定一跨半布置。就这样，通过逐项反复推敲，严格把关，修改完善总体设计，共节省投资近7亿元。

2008年，5800立方米高炉改造项目，由于现有场地狭小，无法施展，必须扩大用地面积，但是这要拆除更多其他设备，要进一步追加投资。沙钢打破技术人员的传统思维和顾虑，经过充分论证后决定去掉一个出铁口，结果，不但投资不增反降，而且让沙钢5800立方米高炉成为世界上高炉有效容积最大、吨铁占地面积最小的炼铁系统工程。

（四）创新管理模式，形成精干高效的企业管理运作机制

建厂开始，沙钢就建立了以"严细实"为核心的企业经济责任制考核管理模式。近年来，又将"严细实"特色赋予现代管理理念，建立"严细实"的管理制度体系、"严细实"的指标考核体系、"严细实"的管理运行体系和"严细实"的绩效评价体系等管理四大体系。沙钢特色的"严细实"管理法，突出表现为以成本核算为中心、以经济责任制为主线，是企业确立目标成本、落实攻关措施、实施分阶段成本控制、实现成本考核与否决，以系统管理为指导，以各项专业管理为保证的生产经营管理大法。

在管理体制上，沙钢机构设置坚持精干高效，实行扁平化，公司下属的生产分厂不重重叠叠设置对应的机构，管理重心下移。因此，可以大大减少管理部门人员和管理层次，提高劳动生产率。

随着集团规模的不断壮大，沙钢进行了一系列的管理变革。

推行集团、公司、分厂生产经营承包体制改革。改变过去由产量、销量为导向的考核为现在以成本、效益为中心的考核。集团在与成员企业实施三年任期目标责任制的基础上，在成员企业内部实行层层级级承包。

推行核算考核单位最小化改革。改变以前只有少数经营管理者为主体的被动管理为以全员为主体的主动管理。通过在承包主体内部划小核算考核单位，实行计件制、计时制、指标分制、区域岗位承包制等举措，打破"平均主义"，拉开分配差距。各生产分厂通过岗位整合、技术改造、提高装备自动化、减少委外人员等途径，科学合理减员，人均产钢量、全员劳动生产率得到明显提升，在岗职工收入也得到了持续增长。

实行"三整合、五统一"。为充分发挥集团的整体优势和董事局的管控、协调、服务功能，结合各成员企业的自身特点，从 2009 年起，在全集团范围内实施以投资、购销、人力、财务、技术等为要素的"三整合、五统一"，使集团的人员、资金、采购、销售等方面的资源配置得到了优化，各成员企业执行力和效率有了明显提升，通过资源共享、优势互补，集团规模优势和协同效应的发挥初见成效。

大力实施两化融合发展战略，推进信息技术在企业生产、经营、管理等各个方面的运用。近年来，在集团层面完成了财务资金管理、人力资源管理、采购营销、电子商务、办公自动化等系统的实施，企业层面完成了 ERP 系统、生产线 MES 系统、炼钢和棒线精益生产系统、设备管理系统、能源环保管理系统、采购合同管理系统等数十个系统，建立了完善的信息化管理机制及网络，进一步实现了生产、采购、销售和节能减排等流程的统一化、标准化、集成化，企业各条线业务开展效率得到了大幅提升。

大力开展降本节支创新挖潜增效和负面清单降损攻关。面对钢铁行业进入严冬，2015 年，沙钢将降本节支、创新挖潜增效作为提高企业竞争力和抗风险能力的重要抓手，创新实施"系统降本"管理新模式，突出"围绕效益追求一流指标"的理念，重点开展了全方位、全过程、全员参与的降本节支创新挖潜增效活动。2016 年，又提出开展"负面清单"降损攻关工作，即对降本工作中影响效益提升、费用降低、指标提升、质量突破、品种优化、管理精细等负面因素逐一排查出来，组织实施了 288 个重点降本项目，实现降本增效 29 亿元。2017 年，继续坚持日统计、周汇总、月考核，抓牢降本增效常态化对标管控，累计增效目标完成率为 100.5%。

（五）创新营销思维，打造与客户共进双赢的利益共同体

沙钢认识到，用户说你好，才是真的好；生产厂不能单纯地追求自身的利益，也要让用户"有利可图"；因为从某种意义上来说，用户就是沙钢的"衣食父母"，用户能够赚钱，沙钢才能赚钱，用户亏损，等于沙钢亏损，所以沙钢在营销理念的定位上，把打造与客户共进双赢的利益共同体作为立足之本。

多年来，沙钢实施经贸国际化发展战略，确立"稳固华东，辐射华南，面向全国，接轨国际"的市场定位，充分发挥沙钢品牌优势和地处长江岸线，拥有年吞吐能力 8000 多万吨，可以对外开放的自备货运码头的区位优势，实施"沿江、沿河、沿海"的营销战略，不断优化和创新营销机制，采取经销商代理和企业直供"两条腿"走路促销新模式，不断扩大市场覆盖面。

到目前为止，沙钢在江、浙、沪、闽、滇、粤等省市建立经销办事处和钢材销售公司

20 多个，形成线材、板材、建材重点经销商群体近千家，在各地普遍设立钢材仓库，把优质适销钢材搬到市场第一线、用户家门口，形成了办事处及钢材销售公司、经销代理商、发货储运仓库"三位一体"全方位、立体化的营销网络；还与美国、欧盟、日本、韩国以及东南亚、中亚等国家和地区的数十家跨国公司和世界著名金属制品企业建立战略合作关系，进一步拓展国内外市场空间。

沙钢坚持质量第一，诚信经营，与用户结成共进双赢的利益共同体，使企业与市场"零距离"对接。沙钢主导产品优质线材、带肋钢筋等分别荣获"中国名牌""国家免检"和实物质量达国际先进水平"金杯奖"等称号，高品质热卷板、特宽厚板等产品通过世界十国船级社国际质量认证。2017 年，沙钢共开发高新品种钢 47 个，高新品种钢销量占据沙钢全部品种的 50% 以上。其中，海洋工程用耐蚀钢筋 HRB400M、纤维钢 GX018 填补国内空白，达到国际先进水平；高强气体保护焊丝钢 SJA29 成功替代进口；600 兆帕级抗震钢筋、低碳贝氏体型 Q370qE 桥梁钢通过江苏省高新技术产品认证；酸洗汽车板性能达到国内一流水平，成功打入汽车主机厂。沙钢多项先进技术荣获冶金科学技术奖项，36 项发明专利获得授权，并荣获第十九届中国专利优秀奖。

沙钢坚持尊重市场，贴近市场，适应市场，树立用户的标准就是企业的标准、用户的成本就是企业的成本的新观念，应用现代企业营销新理念，构筑自上而下的合同管理网络，进一步细分市场。针对钢材市场跌宕起伏，竞争日趋激烈的新特点，沙钢强化营销管理，创新钢材定价机制，坚持市场化运作，计划性操作，以年度保证金制度为基础，采取"量价结合、周期定价"的基本模式，实施线材按旬定价、板材按月定价，形成市场信息快速反应机制，尽可能实现各类钢材及时与市场价格走势准确衔接，还出台与经销商、直供户风险共担、利益共享的配套政策，为规避市场风险提供良好保证。使沙钢与客户结成了互惠互利、同舟共济的"双赢"新格局，塑造崭新的企业品牌形象，形成了战略客户群体。正因为如此，在金融风暴暴发后，沙钢与客户共克时艰，没有一家客户关门破产。

（六）创新资源循环利用模式，全面发展循环经济

沙钢认真贯彻落实国家环保政策，多年前就提出并践行"绿色钢城""生态工厂"理念，牢固树立"创新驱动，环保优先"的企业发展思路，坚定不移实施"打造精品基地，建设绿色钢城"发展战略，以建设清洁生产环境友好型企业为目标，坚持走可持续发展道路，依靠科技进步，持续自主创新，加大环保投入，将全面实施"节能减排低碳化"工程作为建设现代化钢铁企业的第一要务，全面提升环保科学管理水平，做到了"三个满意"，即让员工满意、让周边百姓满意、让社会满意，实现了企业效益与社会效益的有机统一和

协调发展。

"十五"以来，沙钢在节能减排、发展循环经济方面的投入超过了 50 亿元。自 2000 年以来，沙钢自主创新开发了"电炉热装铁水节能新工艺""轧钢坯料热装热送技术""轧钢多切分轧制技术"等 150 多项节能减排新工艺、新技术，转炉"负能耗"炼钢达到全国领先水平。

沙钢坚持从源头开始狠抓环保工作，优先选用优质清洁原料，烧结工序全部选用进口高品位低硫精矿粉烧结，电炉采用清洁废钢、精料入炉生产，从源头上严格把关减少污染物排放量；不断建设封闭的原料储存设施。先后投资近 10 亿元，建设了 64 个万吨级煤筒仓和 20 个喷吹煤筒仓，实现全封闭储煤，对熔剂料场采用国内最先进的 C 型封闭料场等，有效杜绝了之前原料露天堆放及装卸过程中的扬尘污染。

沙钢对环保工作坚持"两手抓"，其中一手抓达标排放，一手抓资源能源的节约利用和回收利用，既减少企业污染物排放，又减少社会综合排放。沙钢严格按环保"三同时"原则抓好环保设施的配备，新改扩建项目中环保设施投资比例超过 30%。

沙钢注重跟踪吸收国际、国内先进的环保技术，持续投入 60 亿元对现有环保设施进行提升改造，实施了铁水热送热装炼钢、烧结烟气脱硫、烧结烟气余热回收、高炉鼓风脱湿等近百项重大环保节能改造项目，涵盖从铁前到冶炼、轧制等各个生产领域，提高了环保装备及运行水平。

与此同时，大力发展循环经济，搞好资源综合利用，投入数十亿元，实现了煤气、蒸汽、炉渣、焦化副产品和工业用水"五大循环回收利用工程"，通过变废为宝，每年循环经济产生的效益占企业总效益的 20% 以上，取得了明显的经济效益和环境效益。沙钢通过抓好余热蒸汽的回收利用，不仅实现了自供，还做好富余蒸汽外供，先后投资 4000 多万元，建设外供蒸汽管网 30 千米，对沙钢周边 70 多家企事业单位集中供热，2017 年外供蒸汽 45 万吨，相当于减少社会用煤约 5.6 万吨。

近年来，沙钢先后荣获全国冶金行业"清洁生产环境友好企业"、江苏省清洁生产先进企业、江苏省低碳经济示范企业、江苏省节能先进企业等称号，并于 2014 年被评为国家能效四星级企业，成为全国唯一一家获此殊荣的钢铁企业。

（七）创新社会责任，赋予企业科学发展新的内涵

多年来，沙钢集团始终坚持把办好企业、造福社会、带动地方经济共同发展，作为企业发展的使命。近年来，沙钢累计捐资近十亿元用于当地建办学校、兴建道路、抗洪、抗台、抗震救灾和文化体育等社会公益事业。因在慈善公益事业方面的突出贡献，沙钢集团

连年被评为江苏省、苏州、张家港市慈善捐赠先进单位。2008 年，还被中华慈善总会评选为"中华慈善突出贡献单位"。

1. 热情扶贫济困，参与社会慈善事业

将企业发展成果回报社会，热情支持社会公益事业。近年来，沙钢用于扶贫济困、慈善事业的资金已超 6 亿元，其中向江苏省、苏州市、张家港市慈善总会捐款近千万元；2008 年 5 月 12 日汶川大地震后，捐款数额达到 9550 万元；2009 年 8 月 8 日台湾风灾后，通过张家港市红十字会向台湾受灾地区捐赠 100 万美元。同时，针对江苏苏南、苏北发展不平衡，苏北地区还存在不少贫困县的现状，为了帮助后进地区脱贫致富，按照省市要求，沙钢多年来提供了相当数量的扶贫开发资金，协助当地发展经济，取得了一定成果。近年来，沙钢捐款 3000 万元，助建当地的锦丰镇人民医院；捐款 8000 万元，支持建设环境设施一流的张家港市社会福利中心。2018 年，沙钢再向江苏省光彩事业促进会捐赠资金 2000 万元。

2. 捐资助学，兴建学校

随着沙钢集团所在地锦丰镇区的不断发展，原有的锦丰中学已经不能适应全镇学生求学需要。为了协助地方解决这一难题，沙钢毅然捐资 3000 万元，建成一座教育设施一流、校园宽敞优美的新锦丰中学，为当地老百姓子女求学创造了良好条件。与此同时，为发展教育事业，沙钢承诺 2005 年至 2009 年，每年向张家港市慈善总会捐赠 30 万元用于设立助学资金。沙钢还为张家港梁丰中学、暨阳中学、外国语学校等重点中学以及安徽工业大学、中国地质大学、北京科技大学、江苏大学院校等提供了相当数额的资金和物资赞助。

3. 修桥铺路，造福乡里

改革开放以来，锦丰镇各类企业全面发展，人流物流量成倍增加，原有二干河老公路已不堪重负，为了开辟从市中心杨舍镇直达锦丰的新通道，沙钢捐助 550 万元支持"杨锦公路"建设。同时，斥资 3000 万元赞助沿江公路等建设工程；2008 年，张家港市锦丰镇对永新路实施改造，沙钢又斥资支持"永新路"改造。

4. 加固江堤，防汛抗洪

沙钢滨江临海，拥有 8 千米长的长江深水岸线，每年承担着防汛抗洪的重要任务。为保证当地人民生命财产安全，沙钢每年拨出资金 1000 万~3000 万元，用于修筑和加固长江堤坝。截至 2017 年，沙钢累计已投资用于防汛抗洪的资金超过 5 亿元。

5. 扶持文艺团体和体育事业

沙钢认真贯彻落实省委提出的建成经济大省、文化体育大省的总体要求，力所能及地

做好工作。沙钢帮助南京市越剧团深化改革，走向市场，共计赞助该团 100 万元，用于弘扬越剧艺术这一民族瑰宝。2006 年，沙钢全资收购淮钢后，对原淮钢艺术团同步进行体制改革，冠名成立沙钢艺术团，继续扶持该文艺团体的发展，给予适当经济支持，该艺术团还代表沙钢出国演出获得了成功。同时，对沙钢职工子女荣获第十一届全运会举重冠军管新蕾进行了奖励。

6. 带动地方经济发展

沙钢经济总量连年大幅度提升，也促进了沙钢所在地锦丰镇和张家港市经济社会的和谐繁荣。这些年来，沙钢职工队伍不断壮大，参加沙钢建设发展的设计、施工、设备委外承包等单位进驻沙钢，国内外客商纷至沓来，使锦丰地区的外来人口大量增加，既为国家安置了数万劳动力就业，又凝聚了人气，带动了全镇餐饮、宾馆、交通、文化娱乐等第三产业和物流等现代服务业的发展，大大带动了锦丰镇及周边地区经济的发展。同时，以沙钢为依托的扬子江国际冶金工业园也吸引了韩国、法国、日本等国家以及港台地区的客商前来投资兴业，为锦丰镇乃至张家港市的经济社会发展创造了新条件。

7. 与周边社会和谐相处

随着沙钢不断发展壮大，沙钢十分重视对征地农民的安置工作。自 1989 年来，累计共接收安排 20000 多人进厂工作，农民变工人，村民变居民，收入大提高，人均年收入从征地前的数千元提高到目前的 80000 余元，有效改善了农民工的生活水平。与此同时，沙钢还扶持苏北等后进地区，招收了 3000 多名劳务工进沙钢就业，实行同工同酬，安排好生活，对维护社会安定做出了积极贡献。

8. 创新企业理念，建设富有沙钢特色的企业文化

多年来，沙钢实施企业文化提升战略，坚持以人为本，在企业文化建设领域不断探索实践，增强了企业的凝聚力、创新力和辐射力，为企业持续高效稳健发展，成功进入世界500 强提供了重要文化动力和精神支撑。

沙钢从建厂开始，就一直十分重视建设具有沙钢特色的企业文化，培育并倡导"自力更生、艰苦奋斗、勇于创新、不断登攀"的企业精神，成为激励广大职工艰苦创业、自我积累、滚动发展、争创一流的力量源泉。同时将企业文化建设与加强职工干部队伍建设以及培育企业品牌等融为一体，相互作用，潜移默化，作为一项系统工程来精心实施，进而转化为同心协力建设一流钢铁企业的基本价值取向，成为企业发展的强大精神支柱。

进入 21 世纪，沙钢全面实施企业文化提升战略，着力构建企业文化理论体系。在沙钢建厂 30 周年之际，树立起"我们的决心，就是我们的资源；我们的信念，就是我们的未来"的创新理念，形成了广大职工干部共同的目标追求。

近年来，沙钢进一步全面推进企业文化体系建设，不断拓展和提升企业精神、企业宗旨、沙钢厂风、沙钢理念、职工誓言、干部誓言等具有沙钢特色文化的内涵，实施全方位、多层次的企业文化培育工程，通过实施企业文化等主题教育，优化提升厂区内大环境宣传布置，实施宣传文化阵地和体育娱乐设施改造工程，升厂旗、唱厂歌，营造富有沙钢特色浓厚的企业文化氛围。

沙钢坚持传承弘扬企业精神，把沙钢建厂43年来积累的以"艰苦奋斗、勇于创新、永不满足、追求卓越"为基本特色的企业文化，进行比较系统研究整理、总结、提炼，丰富其基本内涵，初步形成沙钢特色企业文化理论体系和运作机制，确立以沙钢企业文化为主体的核心价值观，使沙钢优秀企业文化精髓得到传承和发扬，同时坚持把企业文化挖掘和整理的过程，作为职工自我教育的过程，进而转化为企业发展宝贵的精神支柱、执着的理想追求和强大的文化动力。

五、未来发展展望

未来，沙钢的发展思路是：

坚持"以钢为基、结构调整、优化投资、多元发展"总基调，坚定"做精做强钢铁主业、做大做优现代物流、做好做实非钢产业"三大发展战略不动摇，围绕提升"质量、效率、效益"中心，实施创新驱动，加快转型升级，全力打造以服务钢铁主业为核心的多元产业生态圈，全面提升企业综合竞争实力，努力将沙钢打造成为具有强大品牌影响力、高度创新活力和强烈社会责任感的世界知名集团企业。

（一）坚持用户至上，实施市场拓展工程

1. 坚持围绕市场和效益，加速调优产品结构

深度开展市场用户走访调研，研究高端目标用户对产品品种需求及质量要求，同时按照"推广一代、试制一代、研究一代、规划一代"的新品开发思路，发挥沙钢钢铁研究院研发优势，整合集团生产、质量、营销等系统资源，坚持"产、销、研"联动机制，全面推行项目攻关制，加快研究成果转化。

2. 坚持围绕集聚高端客户群，大力提升产品质量和服务质量

以"用户满意+品牌"为质量目标，全员树立"质量第一、质量强企"价值观和"PDCA+认真"的工作理念，以提升产品质量稳定性为第一要务，抓好EA系统管理平台推广应用，抓好工装件设备和测量设备有效运行。通过全过程质量管理水平的提升，形成下游

用户质量更稳定，"三率"再提高，社会反响好，对沙钢产品形成高度依赖的优势品牌效应。

3. 坚持围绕激发市场活力，优化创新营销模式

重点围绕"争夺重点市场、占领重点区域、服务重点客户、开发重点品种、供应重点工程"五大销售战略，大力发展电商销售和国际贸易，全面参与支持玖隆在线电商平台跻身国内电商第一方阵，力争"十三五"末钢材在线交易量突破 5000 万吨；加大海外市场开发力度，力争海外市场规模总量 100 个以上，中高端产品在总出口产品中占比达到 50% 以上。

（二）坚持科技先导，实施技术创新工程

1. 加快钢铁研究院建设，提升科技研发水平

加大研发投入，瞄准国际钢铁工业先进水平，强化自主研发和消化吸收再创新；强化科技研发管理，努力将沙钢钢研院打造成行业内国内一流、世界知名的钢铁研究院，成为培育企业核心竞争力的重要载体。

2. 大力开展工艺技术改造，优化提升生产水平

重点关注超薄带（双辊薄带连铸技术）、超洁净钢生产、无渣出钢等新型生产工艺，为提高控制水平、降低生产成本、生产高端产品做好技术储备；牢牢把握投入产出关系，按照"投小钱、见大效"的原则，抓好炼钢真空处理、轧钢表面检测等设备升级改造论证分析及推进实施，不断优化提升装备水平。

3. 加快推进"四化"建设，全面冲刺工业 4.0

以集团财务 ERP 系统整合上线为契机，深化自动化与信息化的结合与集成，利用信息技术手段规范管理，提高决策水平，提高工作效率。同时，围绕中国制造 2025 及工业 4.0 的部署，进一步加大资金投入，强化智能化工厂建设，着力推进炼铁、炼钢、轧材等主要生产车间智能化改造，抓好智能化样板车间建设，进一步改善职工工作环境，降低职工劳动强度，使人均劳动生产率逐步实现与国际先进接轨。

（三）坚持绿色发展，实施节能环保工程

1. 以确保环保设施有效运行为要求，切实加强维护管理

以新环保法为准绳，在国家环保标准的基础上不断加严提升，制订更加严格的内控标准，系统全面修改完善各项环保管理制度，明确提出分阶段达标的时间要求和实施计划，切实抓好贯彻执行，确保环保行为始终处于受控状态。

2. 以不断提升环保管理水平为目标，有序实施环保改造

以全系统、全流程、全覆盖为要求，抓好烟气、粉尘、废水等集中收集和全面处理，

重点推广使用高炉、转炉干法除尘技术，加快实施电除尘器改造、布袋除尘器扩容改造，以及中水回用项目，力争中水回用率90%以上，环保技术水平再上新台阶。

3. 以增加企业经济效益为目的，加强资源能源综合利用

深入搞好煤气、蒸汽、炉渣、焦化副产品和工业用水"五大循环利用"。同时，抓住环保政策加严、环保产业大发展契机，组建专职营销、项目实施队伍，采用合同能源管理模式，在服务好沙钢的同时，面向同行企业，实行公司化运作，力争"十三五"末实现年营业额超5000万元，循环经济成为企业经济增长的"新亮点"。

（四）坚持着眼未来，实施多元发展工程

1. 积极开展产业配套，进一步延伸产业链条

抓好山东煤焦化企业、广西沙钢锰业、格兰奇资源公司等资源性配套企业的稳定生产；适时增加2~3家原辅料合作企业，进一步增强保供能力。加强对外合作，打造具有冶金设备制造、工装件制作、备件加工、中小型检修功能的专业机修公司，实行市场化运作，进一步做大做强机修产业。

2. 大力发展物流产业，开辟产业发展新格局

以玖隆物流为载体，以科技创新和智能服务为支撑，建成集贸易服务、电子商务、互联网金融、仓储加工、运输配送、综合服务等功能于一体、具有高度成长性的大型物流园区，打造具有国际竞争力的大型综合服务企业集团和物流服务品牌。"十三五"末，实现年营业收入超800亿元。

3. 审慎开展资本运作，努力实现资本保值增值

未来五年，公司将把"资产证券化、资本社会化"作为资本运作的重点，有序推进集团整体上市或优质资产在证券市场上市、新三板挂牌、境外上市、引入战略投资者等工作；通过独立上市、借壳上市、并购重组等方式，打造更多上市平台。到"十三五"末，集团整体资产证券化率力争达到20%，资产证券化业务对集团利润贡献率力争达到30%。

（五）坚持夯实基础，实施精细管理工程

1. 深入推进低成本管理，促进企业持续增效益

以持续开展降本节支、创新挖潜增效活动为抓手，全面实施低库存、低成本、高效率、高效益战略。同时，以建立ERP系统为契机，细化成本核算管理，建立采购、库存、生产、运输、销售等全流程成本预测、核算、控制、分析与考核的成本控制体系。通过以

上主要措施，使企业成本较"十三五"末降低20%以上。

2. 加速推进信息化建设，推动企业全面上水平

以生产管理上水平为要求，大力推进精益生产、能源环保管理等系统建设和应用，到"十三五"末，力争集团所有产线均上线使用 MES 系统。以决策管理上水平为要求，加快推进 ERP 项目和决策支持综合管理系统建设，打造生产控制、经营决策和综合管理更加科学高效的"数字化""效率型"企业。

3. 深化内部管理创新，进一步激发企业生机活力

不断优化绩效考核机制，大力推进核算考核单位最小化改革，充分调动各级的工作积极性。

（六）坚持以人为本，实施队伍建设工程

1. 切实加强职工队伍建设，夯实企业发展基石

引进一批中青年技术骨干、国际一流科技人才、钢铁高端管理人才，为打造国内一流、世界知名钢铁研究院提供强大人才支撑。以考工考级为主线，实行"岗位培训、职业资格鉴定、技能比武"三位一体人才培养模式，培养"双师型"技能人才。建设国内一流的网络培训管理学院，加强员工培训教育，不断提升员工技能。完善推广经营管理、专业技术和操作技能三通道建设，激励员工将服务企业发展和个人职业生涯有机融合，实现企业与员工共同成长，不断增强企业凝聚力。

2. 切实加强干部队伍建设，壮大企业中坚力量

坚持贯彻"能者上、平者让、劣者下"的用人理念，重点考量经营管理主要领导和重要敏感管理岗位人员的履职情况，充分运用绩效考核、考评结果，坚持任职能进能出、职级能上能下，实现干部人才的良性互动循环。对岗位重要度大、管理难度大、技术含量高、岗位风险性强、培养周期长的骨干人员，在干股激励等方面加大力度，激励他们发挥更大作用，使干部队伍更好地成为推动沙钢发展、实现"十三五"规划目标的中流砥柱。

贯彻新理念　迈向高质量

马钢（集团）控股有限公司

一、企业基本情况

马钢（集团）控股有限公司（简称马钢）是我国特大型钢铁联合企业，A+H股上市公司，由安徽省政府授权经营。马钢成立于1958年，1993年成功实施股份制改制，分立为马钢总公司和马鞍山钢铁股份有限公司，1998年马钢总公司依法改制为马钢（集团）控股有限公司。

在60年的发展历程中，马钢为我国钢铁工业的振兴作出了积极贡献。我国第一个车轮轮箍厂、我国第一套高速线材轧机、"中国钢铁第一股"、我国第一条H型钢生产线都诞生在这里。20世纪60年代，创造了"三清、四无、五不漏、规格化、一条线"的文明生产经验，享誉大江南北，被誉为"江南一枝花"。近年来，马钢坚持战略引领，坚定不移地走"产品升级、产业链延伸、国际化经营"发展之路，大力实施产业结构调整，形成了多元产业协同发展格局。钢铁业现拥有马鞍山本部、马钢（合肥）公司、长江钢铁公司、马钢瓦顿公司四个生产基地，建成国家级企业技术中心、博士后工作站和院士工作站，轮轴、板带、长材三大系列10大类产品，拥有冷热轧薄板、镀锌板、彩涂板、硅钢、高速线（棒）材、H型钢、车轮（轮箍）等具有世界一流水平的生产线，主体装备全面大型化、现代化，车轮和H型钢产品为"中国名牌"产品。钢铁产业链延伸产业分别为矿产资源业、工程技术、贸易物流、化工能源、废钢产业，战略性新兴产业分别为节能环保、新材料、智能制造、信息产业。2017年，马钢生产成品矿758万吨、铁1817万吨、钢1971万吨、钢材1858万吨，资产总额917亿元，实现营业收入796亿元，利润总额56亿元，上缴税金43.4亿元。世界钢动态公司（WSD）2018年6月发布35家世界级钢铁企业竞争力排名，马钢排名第31位。

二、主要发展历程

1958年8月1日，经安徽省委批准，马鞍山钢铁公司正式成立。它标志着马钢开始从单一生产铁产品的铁厂向钢铁联合企业转变，也标志着一个新的建设高潮的兴起。60 年来，马钢从无到有、从小到大、从弱到强，依靠自我积累、滚动发展，一路披荆斩棘、砥砺前进，为振兴我国钢铁工业作出了应有贡献。改革开放 40 年来特别是党的十八大以来，马钢坚守改革意志，与时俱进，抢抓机遇，锐意进取，团结奋斗，驶入了发展的快车道，企业发生了翻天覆地的巨大变化。

改革开放 40 年来，马钢主要经历了三个发展阶段。

第一阶段（1978 年至"九五"末）是马钢自我积累、内涵式发展阶段。改革开放初期，马钢把"全面振兴马钢经济"作为主旋律，确立了全面发展的第一步主攻目标——年产 200 万吨钢。"六五"和"七五"前期，马钢兴建了第三炼钢厂和初轧厂并迅速投产，自筹资金安排了 150 多个填平补齐、更新改造配套项目，先后完成了 5 个轧钢车间的改造，新建了一个年产 20 万吨钢材的小型轧钢车间，安装了两套连铸机。"七五"中期，1 万立方米/时制氧机、板坯连铸、高速线材轧机等工程先后竣工投产，到"七五"末，马钢钢产量突破了 200 万吨，形成了"线、轮、板、型"产品结构，基本具备了铁、钢、材各 200 万吨配套生产能力。1994 年 4 月，马钢 2500 立方米高炉、机械化原料码头、300 平方米烧结机和自备电站等四大工程建成投产，标志着马钢年产生铁能力由 200 万吨迈向 400 万吨。积极实施马钢"九五"规划重点建设项目"平改转"工程，淘汰平炉落后工艺，一期工程重点建设 95 吨转炉及配套设施，2000 年 1 月 28 日开工，当年年底基本建成，2001 年 2 月 28 日试生产，创下了我国冶金工业史上不停产改造和建设转炉的崭新纪录，消除了华东第一"黄龙"。建成了二钢 4 号方坯连铸机、车轮新加工线、焦化回收新系统、一钢 SKF 炉等一大批技术改造项目。投资 34 亿元建设了 H 型钢轧机、异型坯连铸机、棒材轧机和 3.5 万立方米/时制氧机等四大工程。到"九五"末，马钢基本形成了铁、钢、材各 400 万吨配套生产能力。1992 年 9 月，马钢被纳入全国第一批股份制规范化试点企业行列，1993 年 10 月 19 日、1994 年 1 月 6 日分别在香港联交所和上海证券交易所挂牌上市，掀起一股钢铁旋风，马钢在境内外筹资达 64 亿元人民币，被誉为"中国钢铁第一股"。

第二阶段（"十五"至 2012 年）是马钢调整结构、跨越式发展阶段。"十五"期间，马钢牢固树立和落实科学发展观，坚持以发展为第一要务，以结构调整为主线，加快实施"做强钢铁主业、发展非钢产业、建立现代企业制度"三大战略任务。为优化产品结构，实现主导产品全面升级换代，增强核心竞争力。"十五"期间，马钢瞄准世界一流水平，在淘汰小转炉和陈旧轧机的基础上，总投资达 150 亿元，实施完成了以冷、热轧薄板项目为龙头的钢铁主业结构调整，创造了广受赞誉的"马钢速度"，形成了以冷热轧薄板、H

型钢、高速线（棒）材、车轮轮箍为主导产品的新的"板、型、线、轮"产品结构。到"十五"末，铁、钢、材产量在2000年的基础上全面翻番，年产钢达965万吨，迈上了几代马钢人梦寐以求的千万吨级平台，马钢跨入1000万吨级钢铁企业行列。2004年11月24日，国家发改委正式批准了马钢"十一五"技术改造和结构调整总体体划。在项目实施过程中，马钢按照"起点高、投资省、速度快、效果好"的总体奋斗目标，推行项目经理部制，成功地运用扁平化、矩阵式工程项目建设管理模式，有力推进了工程建设进程。2006年5月22日至2007年7月26日，马钢新区综合原料场进料系统、公辅系统、烧结项目、焦炉项目、高炉系统、转炉系统、热轧系统、冷轧系统、镀锌线、连退线等主体项目陆续建成，创下了令人惊叹的新的"马钢速度"，一个现代化的500万吨钢铁新区崛起于荒野滩涂之上，成功地由以建筑用材为主拓展到工业用材生产领域，总体生产规模迈上1800万吨钢配套生产能力的新台阶，实现了跨越式发展，工艺装备水平和产品结构得到进一步优化，企业市场竞争能力和抗御风险能力大大增强。

第三阶段（党的十八大以来）是马钢践行新理念、迈向高质量发展阶段。党的十八大以来，马钢全面把握、坚决贯彻以习近平同志为核心的党中央治国理政新理念新思想新战略，顺应时代潮流积极融入国家发展战略，抢抓历史机遇主动投身供给侧结构性改革，科学谋划、精心布局，在"转"上下工夫；创新驱动、精准落子，在"新"上做文章，坚定不移调结构、谋转型，坚持不懈强品牌、促发展，在持续的钢铁"寒冬"中逐步走出困境，画出了一条逆境上扬的微笑曲线。围绕钢铁做精做优，在大力优化存量资源配置、退出低效过剩产能的同时，着力扩大优质增量供给。五年多来，新区1号转炉、110吨电炉、1580毫米热轧生产线、硅钢二期、轨道交通装备项目一期工程、长钢300万吨产能置换工程、4号新高炉系统工程、合肥公司镀锌线等重点项目顺利实施，工艺装备进一步大型化、现代化，长材、板带、轮轴三大系列产品全面升级换代，股份公司2016年荣获"全国质量奖"。围绕多元做大做强，矿产资源、工程技术、贸易物流、化工能源、节能环保、新材料、金融投资、信息技术、废钢等产业蓬勃发展，基本确立了"1+N"多元产业发展格局，企业整体竞争能力显著增强。

三、主要发展成就

改革开放40年来特别是党的十八大以来，马钢积极适应国家经济发展进入新常态、钢铁行业加快转变方式的新形势，坚持以习近平新时代中国特色社会主义思想为指导，始终坚定做强做优做大企业的信心和决心，实施创新驱动，加速转型升级，有力推动企业健康可持续发展。

1. 经济总量持续提高

销售收入 2017 年达 796 亿元；资产总额 2017 年达 917 亿元，实现了国有资产的保值增值；党的十八大以来累计上缴税金 165 亿元。特别是近年来，马钢积极适应经济新常态，践行五大发展理念，大力推进产品升级、产业链延伸和国际化经营，企业竞争力和创新力持续提升，保持了较好的盈利水平，2017 年实现利润总额 56 亿元，创马钢有史以来最好水平。

2. 产能规模大幅提高

钢产量由改革开放初期的不足 200 万吨，增长到 2017 年的 1971 万吨，增长了 10 倍；形成马钢股份公司本部、合肥公司、长江钢铁、马钢瓦顿"一业四基地"发展格局，具备年产钢 2000 万吨的经济规模，跻身并保持了中国钢铁行业第一梯队的地位。

3. 产业布局拉开框架

钢铁及产业链延伸产业、战略性新兴产业主导产业有效确立，"1+N"多元产业发展格局基本构建。矿产资源业、工程技术、贸易物流、化工能源、废钢等产业稳步发展，节能环保、新材料、金融投资、信息技术等战略性新兴产业快速崛起。

4. 产品结构优化升级

始终把结构调整作为工作主线，着力扩品种、提品质、强品牌，持续巩固和提升企业核心竞争力，形成了"轮轴、板带、长材"三大类特色产品结构，主导产品全面实现升级换代，板带比超过 50%，品种钢比达 54.5%。车轮和 H 型钢产品荣获"中国名牌"产品。

5. 工艺装备大型化现代化

经过滚动发展、持续建设，通过特别是"十五""十一五"以来大规模结构调整和技术改造项目的实施，马钢 70% 工艺装备达到世界先进水平，主体装备均实现了大型化、现代化和自动化，为推进两化融合、智能制造奠定了坚实基础。

6. 体制机制有效激活

法人治理结构逐步完善，董事会规范化建设有序推进；主辅分离、辅业改制全面完成；流程再造、专业化整合、机关职能调整和机构精简稳步实施；节能环保、信息技术、粉末冶金等一批多元产业成功引入战略投资者；经济责任制考核导向作用有效发挥，内部市场化运行机制初步建立。

7. 内部管理持续强化

内控体系有效运行，全员岗位绩效考核、人力资源优化工作全面展开，卓越绩效管理模式初步构建，股份公司荣获第十六届全国质量奖。

8. 绿色发展纵深推进

秉承"做精钢铁、多业并举、绿色企业、美好家园"企业愿景和"环境经营、绿色发展"环保理念，积极构建高效、清洁、低碳、循环的绿色制造体系，系统推进节能环保、清洁生产和绿色制造，致力于打造绿色现代都市工厂，持续创建资源节约型、环境友好型企业。马钢股份公司获得首批国家级"绿色工厂"称号和中钢协"清洁生产环境友好企业"称号。

9. 职工幸福感不断增强

大力弘扬"感恩在心、胸有朝阳、公平正义、风清气正"的家园文化，"持续改进、追求卓越"的精益文化，"以奋斗者为本、以业绩论英雄"的竞争文化，积淀形成了具有自身特色的企业文化体系，职工文明素质整体提升，发展通道不断拓宽，福利待遇持续改善，企业被评为"全国模范劳动关系和谐企业"。

10. 党建优势充分彰显

坚持围绕中心抓党建、抓好党建促发展，企业党组织领导核心、政治核心作用有效发挥，党支部的战斗堡垒和党员先锋模范作用充分体现，党建科学化水平不断提高，马钢党委荣获"全国先进基层党组织"称号，马钢领导班子被评为"全国国有企业创建'四好'领导班子先进集体"。

四、主要发展特点和经验

改革开放以来，马钢紧盯国内外钢铁工业发展形势，因势而谋，顺势而为，乘势而上，探索出了一条内涵式发展与外延式拓展相结合、具有马钢特色的可持续发展之路。近十年来特别是党的十八大以来，马钢以习近平新时代中国特色社会主义思想为指导，坚决贯彻落实党和中央方针政策和重大决策部署，深入落实省委省政府对马钢提出的"降本增效、扭亏为盈，稳中求进、健康发展，转型升级、跻身一流""三步走"目标要求，全面发力、重点突破、纵深推进，着力提升企业经济运行质量和效益，不断增强马钢创新力和竞争力。具体来讲，主要体现在"十个坚持"上。

（一）坚持高站位，贯彻新发展理念，推动发展方式转变

马钢把深入贯彻落实党中央、国务院推进供给侧结构性改革的战略部署作为推进企业改革发展的首要任务，结合马钢实际，坚持创新驱动，加强顶层设计，推动发展方式转

变、发展质量提升。一是积极主动去产能。积极顺应国家供给侧结构性改革，主动压减过剩炼铁、炼钢产能，遵循"一次规划、分步实施、有序退出、稳妥安置"原则，马鞍山本部退出炼铁产能224万吨、炼钢产能269万吨；关停了马钢（合肥）公司钢铁冶炼产线，淘汰落后炼铁产能160万吨、炼钢产能204万吨，形成2000万吨钢铁经济产能规模。二是稳妥有效去杠杆。面对近年来融资难、融资贵的严峻考验，在盘活存量资金、提高资金使用效率的同时，着力拓宽融资渠道，优化融资结构，通过扩大境外融资、注册和发行短融、中期票据、股票质押回购融资、市场化债转股、争取各类政策资金等多种渠道，有效降低企业资产负债率和资金成本，集团资产负债率由2013年的65.42%下降至2018年6月的57.97%；集团和股份信用等级实现双"3A"。三是全力以赴降成本。深化工序产线对标，统筹推进结构降本、技术降本和管理降本，坚持低库存运营模式，优化日成本核算管理，2013年以来降本超过60亿元。四是系统谋划补短板。坚持问题导向，着力破解钢铁主业一业独大、产线和资源协同效率不高、产品竞争力不强、销售存在"坐商"行为、体制机制不活、关键领域领军人才缺乏、管理碎片化等一系列短板，构建了精益运营的有效模式，为推动马钢高质量发展奠定了坚实基础。五是坚持不懈树品牌。系统落实"1345"品牌建设工程，坚持与供给侧结构性改革、全面推进精益运营、深化卓越绩效管理模式有机结合，着力打造钢铁强势品牌、多元个性品牌、管理精益品牌、文化特色品牌，有序推进完善顶层设计、健全长效机制、推进产品和产业升级、夯实品牌建设基础、强化品牌传播五项任务，每年制定落实20项实实在在的具体措施，力争用三年时间冲刺中国制造业品牌100强。通过扎实有效的工作，全员创品牌氛围日益浓厚，"精心履责、用心工作，把本职工作做到极致就是品牌"的精益文化正在形成，企业品牌形象明显提升。六是绿色发展走前列。坚持把环保作为企业核心竞争力，作为高质量发展的内在要求，树牢"绿水青山就是金山银山"理念，强化"没有环境的意识，就没有未来的生存空间"观念，通过淘汰落后、结构调整和技术改造，大力推进全流程节能减排、清洁生产，着力推进绿色采购、清洁生产、生态修复和环境治理，构建循环经济产业链体系。五年多来，股份公司累计投入近10亿元用于环境治理，每年环保设施运行成本超过20亿元；水资源循环利用率达97%以上，固废综合利用率100%，危险废物安全处置100%；围绕落实中央环保督察"回头看"要求，2017年6月以来实施了近50项蓝天碧水净土项目，顺利通过中央环保督察。

（二）坚持高品质，深化结构调整，加快产品提质升级

聚焦"一三五"产品竞争战略，扩品种、提品质、强品牌，加快钢铁产业由生产制造商向材料服务商转变，推动"板、型、线、轮、特"传统产品结构全面升级为"轮轴、

板带、长材"三大产品系列，广泛应用于高铁、港珠澳大桥等标志性工程。五年来，累计开发销售新产品 774.6 万吨，产品结构调整增效 23.3 亿元，品种钢比例超过 50%。一是保持轮轴产品领先优势。收购法国瓦顿公司，加强本部与瓦顿公司协同，加快轮轴产品全球化进程，形成了国内领先的完整轨道交通产业链。动车组车轮成功应用于我国标准动车组 420 千米高速交会试验，高速车轮通过 CRCC 认证；成功开发弹性车轮、低噪声车轮及大功率机车轮等新产品，实现替代进口。二是打造板带产品后发优势。汽车板年产量四年间实现翻番，2018 年达到 280 万吨，进入国内行业前五名；DP980 高强钢、冷轧搪瓷钢、新能源汽车电池壳钢等高端产品成功开发；通过重庆长安、上汽通用、吉利、东风、中国一汽认证。家电板迈上 300 万吨台阶，稳居国内行业前三，成为格力、美的、光宝、富士康等知名品牌供应商。电工钢产销量跻身行业前列，W470 以上高牌号无取向电工钢实现批量供货，取向硅钢热轧原料开发成功，硅钢和磁极钢产品通过哈电集团认证。三是提升精品长材比较优势。H 型钢竞争力保持国内领先，海洋工程用钢、极寒地带油气用钢等高端产品市场占有率达到 60%。特钢产品成功进入能源用钢、高端装备制造用钢、轨道交通用钢等领域，高端线棒材进军汽车零部件用钢领域。为支撑产品升级，按照"注重回报率、严把立项关、强化后评价"的思路，统筹推进项目投资和工程建设管理，先后建成新区 1580 毫米热轧生产线、硅钢二期、轨道交通装备项目一期工程、长钢 300 万吨产能置换工程、4 号新高炉系统工程、合肥公司镀锌线等重点项目。

（三）坚持市场化，精准抢抓商机，提升市场创效能力

以客户为关注焦点，以发现需求、引领制造、拓展渠道、扩大直供、提高售价，做好服务、控制风险为重点，坚持开拓在市场，服务在市场，创效在市场，市场创效空间有效扩展。一是大力实施精益采购。围绕打造安全、稳定、高效、可持续、有竞争力的供应链，按照"广开大门、提高标准"要求，扩大三方、二方审核覆盖面，推进互为市场、互为供方，提高了供方质量和集中度。推进低库存运营战略和抢抓商机战术的有机结合，把握采购时点，推行集中聚量招标采购、性价比优先策略，采购降本效果明显。推进内部供应链系统联动一体化，做好采购、运输、计量、检验、使用全流程的系统设计和策划，支撑矿石、煤焦等大宗资源的低库存、安全保供常态化运营。二是提升营销服务水平。牢固树立"黏住行业前三甲，用产品、技术和服务为客户创造价值"的理念，大力推进"坐商"向"行商"转变。不断完善现货中心、区域销售公司、加工配送中心"三位一体"营销格局，组建现货中心和上海、武汉、杭州等 6 个区域销售公司。大力推行 APQP 小组和 EVI 运行模式，板带直供比达到 66%，客户满意度不断提升。依托 6 个海外分公司，积

极优化海外布局，拓展海外终端用户，年出口钢材近 10%。三是有效防范市场风险。建立运行了分品种的市场分析及价格监测体系，两头市场趋势研判准确性进一步提升，积极利用采购、销售期货套保方式对冲市场风险，实现保值增值。

（四）坚持高效率，推进精益制造，实现稳定高效生产

坚持工作在现场，思考在现场，创新在现场，大力推进高效联动、对标挖潜、经济运行，以提升现场竞争力有效支撑了产品市场创效。一是强化铁前稳定均衡生产。加强目标计划值管理，以高炉为中心，成立炼铁技术处，按照"技术先行、管理跟进、文化转变、责任落地"的思路，不断完善高炉体检、预警和应对制度，强化配煤配矿和原燃料质量管控，铁前稳定顺行超过 1500 天，经济技术指标不断改善。二是推进钢轧高效化专业化生产。整合设立了制造部和冷轧总厂，组建了轮轴、长材、特钢事业部，发挥制造体系整合优势，推进专业化生产，提高精益制造水平，实现有限资源效益最大化。以边际效益为衡量，集中优势资源向关键产线倾斜，优化钢轧产线分工和组成模式，充分释放关键产线效能，高端产品订单兑现率稳步提升。三是全面提升过程质量管控水平。完善质量管理体系，加强质量问题攻关和过程管控，大力推进标准化工作，建立首席质量官、重大质量异议定期通报制度，落实质量红黄牌预警、责任追溯机制，重点产品质量稳定性稳步提升。五年来，累计获冶金行业产品质量金杯奖 9 项、特优质量奖 3 项、品质卓越奖 4 项。四是构建系统经济运行新模式。以设备状态把控和"零故障"管理为重点，推进关键产线设备综合效率评价（OEE），强化运行稳定性和功能精度攻关，柔性组织重点检修项目，设备运行保障能力不断提高，主要产线 OEE 达标率约 90%，股份公司获"全国设备管理先进单位"称号。坚持以"三流一态"为价值导向，成立能控中心，构建能源动力系统产、供、用高效运行机制，强化工序节能，优化铁钢比，吨钢综合能耗从 2013 年的 623.6 千克标准煤下降至目前的 575.8 千克标准煤；自发电比例保持在 65% 左右。五是积极创建精益工厂。在推进"两线四室"专项整治和重点区域绿化美化亮化工程的基础上，按照"样板先行、完善机制、全面推进、提升水平"的原则，在 8 家单位试点推进精益工厂创建活动，促进职工面貌改变、现场环境改观。

（五）坚持强协同，推动板块运营，做大做强多元产业

坚持"规模与效益、专业化与效率、品牌与辐射力、创新与风控""四个结合"、处理好"进与退、放与管、内与外、所有与所用、自我发展与协同创新""五个关系"，推进产业链服务与产业经营相结合，加快多元发展整体上台阶、上水平。2017 年，多元板块

全面实现经营性盈利，营业收入 219 亿元，净利润 14 亿元，矿业公司、财务公司、新型建材公司利润总额均超过 1 亿元。一是明确板块发展思路。坚持规划引领、机制推动、过程协调、风险防控、氛围营造、融合发展，坚持一板块一规划、一板块一核心、一板块一领导，坚持集群化发展、专业化运营、市场化运作，坚持体系化管理、打造公共服务平台，推动多元板块拓展市场、提质增效、打响品牌。二是着力做大板块规模。矿产资源业板块深化经营型矿山建设，罗河矿、和尚桥矿、白象山矿、张庄矿等后备矿山建成运营，年成品矿产量由 503 万吨提升至 760 万吨；工程技术板块整合归并内部同业资源，大力拓展外部工程项目；贸易物流板块加快打造 5A 级综合服务型物流企业，加强汽运、航运、港务、仓储一体化联动；节能环保板块加快专业化运营和资质能力建设；金融投资板块强化产融结合，成功开展产业链客户买方信贷和上游客户票据贴现、应收账款保理业务，进一步盘活闲置和低效存量资产；信息技术板块持续提升保产服务能力，稳步发展新兴业务；化工能源和新材料板块业务拓展迅速，奥瑟亚收入和利润大幅增长，金马能源、盛隆焦化等合资企业实现良好收益，粉末冶金产品创效能力持续提升，耐材总包定价模式不断完善，嘉华新型建材实现产能和市场话语权双提升。三是积极引入优质战投。优化产权结构，积极引入中建材、中冶华天、上海斐讯、中冶赛迪、科达、宁波东力、中国物流、韩国 OCI 株式会社等具有竞争实力的战略投资者，提高企业资源配置和运行效率，五年来共引进战投 17 家、引入资金 18.77 亿元，瑞泰马钢、祥云科技、售电公司、奥瑟亚化工等一批合资项目落地见效。在此基础上，加快资产证券化步伐，欣创公司成功挂牌"新三板"，以项目管理方式抓紧推进飞马智科、表面技术公司等 4 家单位挂牌上市前期工作。四是持续创新产品服务。扎实推进多元板块 APQP 和 EVI 项目，拓展 EPC、PPP、耐材总包、区域设备检修总包、汽运总包、托管运营等商业模式，加快多式联运-国家示范项目建设；成功开发工业机器人、新型移动带式输送机、超音速喷涂炉辊、高等级还原铁粉等一大批高新技术产品。五是不断拓展业务领域。组建资产经营管理公司、投资公司、物流公司，设立融资租赁公司、商业保理公司，成立化工能源公司，加快构建废钢、矿业资源综合利用板块。加速资质增项升级，工程技术板块获建筑工程施工总承包特级资质、冶金工程施工总承包一级资质、钢结构专业承包一级资质，节能环保板块获环境工程总承包一级资质、环境工程设计乙级资质、环境第三方检测 CMA 资质，物流板块通过 5A 物流企业现场审核。

（六）坚持体系化，导入卓越绩效，持续提升管理成熟度

积极推进卓越绩效管理模式，五年来共获国家、冶金行业、安徽省管理创新成果 45 项，其中，"以国际一流企业为赶超目标的精益运营管理""基于提升有效供给能力为导

向的卓越绩效管理"等5项成果获冶金企业管理现代化创新成果一等奖;股份公司荣获第十六届全国质量奖。一是导入卓越绩效管理模式。开展股份公司申报全国质量奖、集团公司申报省政府质量奖和8家单位申报市长质量奖工作。二是推行体系化管理。推进管理由"碎片化"向"体系化"转变,实施股份公司对标管理、质量和环境管理体系换版工作,全面启动多元产业标杆管理、"三标一体化"和内控体系建设,集团公司通过三标体系首次认证,股份公司通过两化融合管理体系评定,矿业公司成为冶金矿山首家三标体系认证企业。加快建立集团公司及各子公司内控体系建设,"三重一大"事项和关键岗位人员风险防控机制。三是发挥信息化支撑作用。马钢整体SAP系统迁移和CSP轧机二级系统自主升级改造成功实施,协同办公平台、集团本部财务信息化系统上线运行,国家工信部智能制造专项项目——轮轴智能制造数字化车间项目通过专家组验收,有序推进股份一体化计划系统和质量管理信息化系统、财务共享中心平台、人力资源管理信息化系统建设。

(七)坚持强创新,实施创新驱动,培育核心竞争优势

大力实施创新驱动战略,以增强自主创新能力为核心,深化创新型企业建设。2013年以来,主持制修订并发布了国家标准和行业标准43项,获授权专利1269项,获省部级以上科技进步奖32项。一是完善技术创新体系。建立并有效运行技术创新决策层、科研机构核心层、厂矿工作层三层技术创新网络。有序推进"安徽省轨道交通轮轴工程研究中心"等重点实验室、"政产学研用"新型技术创新平台建设,不断深化与中国钢研集团、铁科院、东北大学、北京科技大学、安徽工业大学等多所院校和中国中车、江淮汽车等重点用户技术创新层面的战略合作关系。二是激活技术创新机制。借助引智引才,整合社会资源,以项目化管理方式,引入浦项技术支撑团队,加快汽车板等重点产品领域技术攻关并取得显著成效;实施科研开发和技术攻关项目市场化委托机制,建立让科技人员主动参与研发、制造和销售的支持与服务机制;推广攻关项目团队公开竞聘模式,加快培养专业领军人才;改进技术创新激励机制,完善高级技术主管、首席技师使用管理办法,实施重大科技贡献重奖政策。三是加快重点项目攻关。2013年以来,累计承担省级以上科技攻关项目31项,拥有了一批在业界具有重要影响的重大科技成果,其中,"高寒地区结构用热轧H型钢关键制造技术研究与应用""高品质铁路机车用整体车轮关键制造技术研究与产品开发"获冶金行业科学技术奖一等奖。

(八)坚持激活力,全面深化改革,激发发展内生动力

切实把深化改革作为破解马钢深层次矛盾问题、增强企业活力、提高运营效率的根本

途径，坚定正确改革方向，想改革、谋改革、抓改革，转机制、提效率、增活力，改革成效进一步显现。一是进一步完善法人治理结构。坚持党的全面领导，落实党组织研究讨论是董事会、经理层决策重大问题前置程序的要求，将党建工作要求纳入集团公司及下属子公司章程。强化集团高效管控，坚持集团定战略、提目标，搭平台、建机制，作评价、拿收益，制定并实施《集团管控管理办法》，实行分类管控、权责对等、界面清晰、管控科学、运行有效的母子公司架构正在形成。二是大力度推进机关机构改革。制造部、设备部进驻生产现场办公，技术中心加强驻厂技术人员力量，有力支撑现场问题快速高效解决。围绕集团管控需要，自上而下率先大幅压缩机关机构和人员，集团由 15 个部门精简为 10 个，精简 33%；人员由 591 人精减为 193 人，精减比例 67.3%，二级子公司机关机构改革正在稳步推进。三是推行内部市场化运营机制。落实投资收益机制，各板块资金、资产、资源有偿使用，子公司分红常态化。以"授权组阁、竞聘上岗、承包经营、年年考核、三年一届"为原则，建立内部市场化运营机制。在欣创公司、比亚西公司、新型建材公司试点推行模拟职业经理人制度。全面推行任期目标责任制，健全以业绩为导向的薪酬激励和约束机制，实现收入能增能减、人员能上能下。四是推进业务资源优化整合。实施资产重组和多元板块构建，完成集团公司并购股份公司 20 家子（分）公司的资产重组工作，既精干了钢铁主业，又在集团层面构建了工程技术、节能环保、贸易与物流、金融与投资等新的多元板块。聚焦专业化运营，重点推进采购、物流、石灰窑生产、轧钢磨辊间、煤化工、检修业务、财务、信息化、耐材、水渣等业务和资源整合，通过流程再造，优化资源配置，创造整合效益。

（九）坚持优队伍，打造精益团队，提高人力资源效率

以综合劳动生产率和工序劳动生产率为重点，按照"减总量、调结构、提素质、增活力"的总体思路，抓好"岗位优化、岗位竞聘、人员分流、劳务精简、政策和服务配套、专业化整合和业务归并"六个关键环节，稳妥有序推动人力资源优化。公司在岗职工人数由 2013 年底的 4.79 万人精减至 2018 年上半年的 3.79 万人，精减比例 21%。2017 年，股份公司劳动生产率达 636 吨/人，提高 74.25%。一是大力推进减员增效。结合工序、产线对标，在推进目标定员和岗位优化设计的基础上，有序开展一专多能、大工种区域化作业，实施技术改造和智能制造，并通过居家休养、编外管理、保留劳动关系、协商解除劳动合同等多种途径分流安置富余人员。推进劳务集中管理和优化整合，大力清退和替代外部用工，集团层面规范的劳务协同平台基本构建。二是优化员工队伍结构。2013 年以来，累计招收优秀大学毕业生 1035 人、高端操作维护岗位人员 893 人，显著优化了员工队伍

年龄结构、知识结构。三是完善人才激励机制。弘扬"以奋斗者为本、以业绩论英雄"的竞争文化；全面推行全员岗位绩效管理；探索推进层级管理和员工持股；建立健全各层级动态竞争机制；开展部分中层副职管理岗位、财务总监和重点攻关项目经理竞聘工作，做到人员能进能出、岗位能上能下、薪酬能升能降。按照"因需设岗、因岗选人、带题上岗"原则，培养了100多名公司高级技术主管和50多名首席技师队伍；建立市场化选人用人机制，引进了一批关键领域急缺的高端技术人才。四是深化人才培养开发。完善分类分层培训体系，构建员工岗位胜任能力模型，探索以项目管理方式开展针对性培训，促进精益方法推广运用和职工技能素质持续提升；实施重点人才培养工程，加大市场营销、国际化经营等各类紧缺人才培训力度；以项目化方式开展员工培训，年投入约3000万元。

（十）坚持铸根魂，强化党建引领，构建和谐企业

坚持党的领导、加强党的建设，是国有企业的"根"和"魂"。党的十八大以来，围绕强根铸魂，马钢深入贯彻落实习近平总书记系列重要讲话思想，切实增强做强做优做大国有企业的责任感和使命感，扎实推进党建工作深度融入中心、服务大局，深化企业文化和精神文明建设，积极构建和谐企业，职工安全感获得感持续增强。一是坚持党的领导加强党的建设。以习近平新时代中国特色社会主义思想为指导，坚持党要管党从严治党，扎实推进党的群众路线教育、"两学一做"学习教育等主题实践活动，牢固树立"四个意识"、坚定"四个自信"；坚持服务生产经营不偏离，把党建工作要求纳入公司章程，明确和落实党组织在公司法人治理结构中的法定地位；贯彻落实党组织研究讨论是董事会、经理层决策重大问题前置程序的要求，明确了公司党委研究讨论重大问题决策十个方面内容；坚持党组织对国有企业选人用人的领导和把关作用不能变，贯彻企业好干部"二十字"方针，突出政治标准，加大干部人事制度改革力度，拓宽竞争性选拔渠道，积极探索推进模拟职业经理人制度，进一步激励广大干部新时代新担当新作为；坚持建强国有企业基层党组织不放松，贯彻落实党建工作责任制，严格落实"两个责任"和"一岗双责"，常态化开展内部巡察，全面推进基层党组织标准化建设，持之以恒加强作风建设，有力发挥了企业党组织把方向、管大局、保落实作用，引领马钢迈向高质量发展。二是深化企业文化和精神文明建设。大力践行社会主义核心价值观，深化形势任务教育、典型宣传和品牌传播，着力打造"感恩在心、胸有朝阳、公平正义、风清气正"的家园文化，"精心履责、用心工作，把本职工作做到极致就是品牌"的精益文化，"以奋斗者为本、以业绩论英雄"的竞争文化，家园文化、精益文化、竞争文化互相融合、互为支撑的马钢特色文化体系逐步形成。三是大力推进造物育人。弘扬劳模精神和工匠精神，持续开展马钢劳模、

杰出工匠、优秀工匠评选活动和职业技能竞赛，4个工匠基地建成投用，8个工匠基地正在创建。建立"六位一体"职工经济技术创新模式，常态化开展提合理化建议活动，广泛开展劳动竞赛、技能比武、"双五小"攻关等活动。四是不断深化民主管理。落实"依靠"方针和民主管理厂务公开制度，充分发挥职工代表在企业管理中的重要作用，健全平等协商集体合同制度和劳动争议预防调解机制，民主管理制度化、规范化、科学化水平持续提升。五是着力构建本质安全环境。强化安全责任落实，以"零工亡"为目标，坚持党政同责、一岗双责、齐抓共管、失职追责，推动安全生产责任制落到实处；改进安全绩效考核机制，对中高层管理人员实行安全绩效抵押金制度，对协力单位全面实行安全保证金制度，强化属地管理，强化安全考核，形成有效震慑；深化安全生产标准化建设，一批基层班组获"全国安全管理标准化示范班组"称号。六是稳步提升职工福利待遇。建立了企业年金制度，加大困难职工帮扶力度，补提企业补充医疗保险，健全职工收入增长保障机制，职工家园认同感和荣誉感持续提升。

艰难困苦，玉如于成。回顾改革开放40年以来马钢的发展历程特别是党的十八大以来的大发展、大进步、大提升，实践极为丰富，经验弥足珍贵，启示熠熠生辉。

——必须始终把坚持党的领导、加强党的建设摆在第一位置。深入落实全面从严治党要求，坚持党对国有企业的领导不动摇、服务生产经营不偏离、党组织对国有企业选人用人的领导和把关作用不能变、建强国有企业基层党组织不放松，把党的领导融入公司治理各环节，严格落实党组织研究讨论是董事会、经理层决策重大问题的前置程序的要求，保证党和国家方针政策、重大部署在企业贯彻执行，强引领、强服务、强创新，充分发挥企业党组织把方向、管大局、保落实作用，为推动企业高质量发展提供坚强政治保证。

——必须始终把转型发展作为第一要务。深入践行创新、协调、绿色、开放、共享发展理念，牢牢把握高质量发展这个根本要求，坚持质量第一、效益优先，以供给侧结构性改革为主线，坚定不移去产能、积极主动调结构、始终不渝树品牌，加速产品升级、产业链延伸、国际化经营，做精做优钢铁产业，大力发展资源物流、工程技术、智能制造、节能环保、金融服务等新兴产业，不断提升管理系统性和成熟度、品牌凝聚力和美誉度，以提高供给体系质量努力为股东、客户创造更多价值。

——必须始终把改革创新作为第一动力。牢牢把握社会主义市场经济改革方向，坚持将改革进行到底，力争在重要领域和关键环节取得决定性改革成果，持续释放改革红利。拓展全球视野，强化开放思维，推进全产业链创新和协同创新，在做精做优钢铁的同时，积极培育新技术、新业态、新模式，持续增强企业创新力和竞争力，力求使改革创新成果更好地造福社会。

——必须始终把人才作为第一资源。致力于打造走在时代前列的科技人才队伍，锤炼技能过硬的产业工人队伍，建设高素质专业化干部队伍，最大限度调动广大党员干部干事创业的积极性和主动性，激发全体职工群众改革创新的自信心和创造力，为推动高质量发展提供强有力的人才支撑。优化人力资源结构，创新"政产学研用"合作机制和高素质人才引进机制，打通内部人才培养和使用通道，完善事业留人、待遇留人、感情留人的机制，让各类人才的创造活力竞相迸发、聪明才智充分涌流。

——必须始终把生态优先作为第一责任。践行"绿水青山就是金山银山"的理念，抢抓环保刚性执行为大型企业创造出的利好和市场机遇，推进产城融合发展，打造都市美丽钢厂，大力实施节能减排和清洁生产，大力发展循环经济和绿色产业，持续提升环境绩效，致力于建设资源节约型、环境友好型企业，切实为建设生态文明社会作出积极努力。

——必须始终把共建共享作为第一追求。坚持发展为了职工、发展依靠职工、发展成果由职工共享，建立与企业经济效益相适应的职工收入增长机制，让改革发展成果更多惠及全体职工；大力弘扬家园文化，切实维护职工劳动权、就业权，努力创造安全、稳定、和谐的工作环境，使职工的归属感、安全感、获得感不断提升。

五、马钢下一步发展展望

纪念改革开放 40 周年最好的形式，就是深化改革，加快发展，为我国钢铁工业由大到强作出积极贡献。马钢将深入学习贯彻习近平新时代中国特色社会主义思想和党的十九大精神，筑牢"四个意识"，坚定"四个自信"，坚决维护党中央权威和集中统一领导，自觉把思想和行动统一到党中央的决策部署上来，增强忧患意识，强化责任担当，坚持问题导向，系统梳理短板，大力推进质量变革、效率变革、动力变革，加快钢铁产业由生产制造商向材料服务商转变、多元产业由保产服务型向市场经营型转变、集团公司由产业经营型向投资运营型转变，奋力开创新时代马钢高质量发展新局面。

钢铁做强——坚持钢铁产业核心地位不动摇，追求经济规模，全面导入 EVI 理念，产品升级与服务创新并举，品牌战略和低成本战略并重，强产品、优结构、树品牌，打造独具特色的钢铁材料服务商，力争产业竞争力进入行业前列。

多元做大——强化多元支撑、协同发展，"有进有退、有所为有所不为"，归并整合，推进多元"集群化发展和市场化运营"，壮大钢铁上下游紧密相关性产业，培育战略性新兴产业，打造具有较强竞争力和盈利能力的支柱板块。

机制做活——以"去行政化"为方向，深化改革改制，推进管理创新，构建体制机制充满活力、运营高度市场化、机构精干、管控科学的现代企业制度，为建设规范高效的国有资本投资集团提供强有力保障。

绩效做优——全面提升经营绩效、环境绩效、员工绩效和社会绩效，使马钢成为"运营良好、环境友好、家园美好"的品牌企业。

新时代新征程，新起点新未来。马钢将高举中国特色社会主义伟大旗帜，坚持以习近平新时代中国特色社会主义思想为指引，践行新理念、改革不懈怠，迈向高质量、发展不停步，努力实现更可持续、更高质量、更有效率的发展，为我国经济社会发展和钢铁工业由大而强作出新的更大的贡献。

在改革开放中推动华菱高质量发展

湖南华菱钢铁集团有限责任公司

一、基本概况

湖南华菱钢铁集团有限责任公司（简称华菱集团）位于湖南省长沙市，旗下主要子公司华菱湘钢、华菱涟钢、华菱衡钢、欣港集团等企业集团分布于湖南湘潭、娄底、衡阳、岳阳等多个地市。目前在岗职工 3.5 万人，资产总额 1200 亿元，居湖南省属国企之首。集团具备年产钢 2400 万吨生产能力，跻身中国前十大钢企之列。2018 年进入中国企业 500 强 "千亿俱乐部"，位列第 164 位。

华菱集团先有子公司、后有母公司。1958 年，在国家钢铁工业 "三大五中十八小" 的总体布局中，湘钢、涟钢应运而生，衡钢同年建厂。1997 年底，湖南省委省政府决定，联合重组 "三钢"，华菱集团宣告成立。在改革开放 40 周年之际，湘钢、涟钢、衡钢迎来建厂 60 周年，华菱集团迎来成立 20 周年。

历经 60 年艰苦创业，历经 40 年改革探索，历经 20 年风雨同舟，华菱人矢志不渝追求 "国内一流、国际先进"，始终站在湖南国企改革攻坚的前沿，在无数次挑战与考验中逐渐成熟壮大，从昔日三个分散独立的中型钢铁企业发展成为位居全国前列的大型钢铁企业集团、湖南省第一家年销售收入过千亿的企业。特别是党的十八大以来，华菱集团充分发挥党组织把方向管大局保落实的政治领导核心作用，坚持把企业发展放到全面建成小康社会的大格局中来谋划，把思想和行动统一到把华菱集团建设成为 "湖南省属国企领头羊、实体经济发展排头兵" 的认识上来，坚决贯彻落实 "五大发展理念" 和中央推进供给侧结构性改革、振兴实体经济等一系列决策部署，抢抓钢铁行业去产能、整治 "地条钢" 等政策措施带来的市场回暖机遇，坚持 "做精做强、区域领先" 战略，启动并实施 "三年振兴计划"，持续推进 "三大体系" 建设，动员和发动全体职工群众，打好挖潜增效拓市场、深化改革促创新、盘活资产降杠杆系列组合拳，企业内生动力全面释放，经营效益稳步提升，企业逐步迈上高质量发展之路。年产钢能力由组建初期的 200 万吨增加到目前的 2400 万吨，增加 12 倍以上；总资产从组建初期的 119 亿元增加到现在的 1200 亿元，增加 10 倍以上；品种结构实现了从低端普材向中高端优钢转变，覆盖宽厚板、冷热轧薄板、无缝钢管、线棒材等 10 大类 7000 多种规格系列产品，成为数十家世界 500 强企业的稳定供应商，上百个品种获全国冶金产品实物质量金杯奖，谱写了湖南钢铁工业发展的辉煌篇章，成为支撑湖南经济社会发展的钢铁脊梁。

2017 年，华菱集团产钢 2000 万吨，实现销售收入 1200 亿元，利税总额 94 亿元，其中利润总额 54 亿元，全面创造历史最好水平，湘钢、涟钢劳动生产率实现人均年产钢近 1000 吨，进入行业先进水平行列。上市公司——湖南华菱钢铁股份有限公司以 766.564 亿元营业收入列《财富》中国 500 强排行榜第 99 名，进入中国 500 强前 100 名，较上年前进 38 个位次。同时，在上榜的 22 家钢铁冶金企业排位中由去年的第 7 位上升至第 4 位，并蝉联中国 500 强湖南企业第一名。

2018 年 1~8 月华菱集团产钢 1505 万吨，实现销售收入 903 亿元、利润 50.4 亿元、利税 86.9 亿元，同比分别增长 15.7%、16.9%、59.3%、61.9%，呈现出主业进一步聚焦、经营指标不断刷新、品种向中高端升级、环境保护持续改善、党建作用进一步发挥的良好发展势头。

二、主要发展历程

自 20 世纪"二五计划"实施期间"三钢"建厂起步，华菱集团始终与时代同向同行，企业的改革发展始终与国家民族的命运息息相关，休戚与共。华菱集团的组建本身就是改革开放的产物，从成立之日起，伴随着国有企业改革的步伐，华菱集团走过了极不平凡的波澜壮阔的光辉历程，在改革开放中不断做强做优做大，实现了跨越式发展。

（一）不忘初心传薪火

1956 年，中央提出改变工业布局、加强内地建设的方针。当时湖南仅有少量土法炼铁，工业基础十分薄弱。同年 5 月 21 日，毛主席在广州接见时任湖南省委第一任书记周小舟时说："搞工业，没有重工业怎么行！湖南要自己办点钢铁，不能光靠中央调拨"。湖南省由此加快了筹建钢铁厂的步伐，同年 7 月随即拉开涟钢建设的序幕。1957 年 8 月 4 日，国家冶金工业部在《第一个五年计划基本总结与第二个五年计划建设安排（草案）》中，提出了钢铁工业建设"三大五中十八小"的战略部署，湘钢作为唯一一家新建的中型钢厂被列入了"五中"建设的规划之中。1958 年 9 月 17 日，涟钢一号高炉流出了火红的铁水，宣告湖南从此有了自己的钢铁工业。同年，衡钢建厂。

一位伟人，一句嘱托，三座钢城。从此，诞生在三湘大地的华菱"三钢"承载着主席期望，浸润着红色基因，肩负着光荣使命，扎根在湖湘热土，奋进在时代前列。

从白手起家、战天斗地、肩扛手推的艰苦创业时期，到"下马上马"、闯关争变的调整恢复时期，再到伴随一系列政治运动的国民经济调整时期，秉承"建设好主席家乡"的初心，肩负湖南冶金工业创建与发展的历史使命，在曲折坎坷的历程中，矢志不渝的华菱钢铁前辈们始终坚持"听党话、跟党走"，历尽艰辛，执着坚韧，甘苦自知，用智慧与心血艰难推动湖南钢铁工业从无到有、从小到大、从弱到强。

1978 年召开的中国共产党第十一届三中全会，作出了把全党工作重心转移到以经济建设为中心的重大决策，从而拉开了中国历史上气势恢宏的改革开放和社会主义现代化建设序幕。

肇始于 1978 年的改革开放，改变了中国的命运。40 年来，中国迎来了最大规模的经济和社会转型，迎来了最大规模和高速推进的工业化，迎来了持续时间最久的高增长。在改革开放大潮的推动下，以华菱"三钢"为主的湖南钢铁工业也焕发出了新的生机。到 1985 年，年钢产第一次突破 100 万吨大关，1993 年突破 200 万吨。从 1958 年到 1997 年 40 年间，湖南累计产钢约 2800 万吨，累计上缴利税数十倍于国家对企业的原始投入。

（二）扬帆起航现曙光

实现集团化运营，打造湖南钢铁"航母"。进入 20 世纪 90 年代中后期，国家宏观经济环境发生深刻变化，我国钢铁工业由规模扩张向结构调整转变。由于历史和现实的原因，当时湖南钢铁工业仅有的年产 200 万吨钢生产能力分散在 10 多家钢铁企业，产业集中度低，市场竞争力弱，省内三大钢铁公司都不同程度地陷入困境：湘钢出现巨额潜亏，资金紧缺，职工工资频频欠发，生产经营难以为继；衡钢负债率接近 100%，告贷无门，部分生产线被迫停产或半停产；涟钢虽略有盈利，但产品结构单一，发展后劲乏力，也只能勉强糊口度日。

旧的承包经营制度已经走到尽头，修修补补的改革已经无法从根本上改变现状。面对湖南钢铁工业的发展困境，1997 年 11 月，湖南省委、省政府因势利导，根据党的十五大精神和中央"抓大放小"的改革发展战略，作出了在全省组建 27 个大型企业集团的决定，并把联合重组"三钢"、组建华菱集团作为全省实施大集团发展战略的重点。

经湖南省人民政府湘政办函［1999］338 号文批准，1997 年 11 月 3 日，"三钢"在长沙签署重组合并协议。在市场调节作用和政府宏观引导的结合下，由湘钢、涟钢、衡钢联合组建的大型企业集团——华菱集团应运而生。"三钢"从冶金集团分离出来，组建华菱集团，行政级别被取消后的集团公司授权对所属子公司国有资产行使出资者权利，承担国有资产保值增值责任。

成立之初，华菱集团下辖湘潭钢铁集团有限公司、涟源钢铁集团有限公司、湖南衡阳钢管（集团）有限公司、长沙铜铝材有限公司等四家全资子公司，湖南钢铁工业"散、小、差"的局面与"三钢"重复建设、无序竞争的状况从此得到根本性改变。华菱集团的组建与随后的成功运行，被中国钢铁工业协会誉为省级区域内强强联合的典范，为中国钢铁工业企业间的联合重组作出了有益探索。

发挥集团优势，凸显融资功能。联合重组后的华菱集团，以融资为切入点，在集团内建立起强大的资金联结纽带，以无形资产作信誉，从银行间接融资 5 亿元，解决了单个企业难以解决的资金短缺矛盾。之后又通过发挥集团母公司的融资功能，以担保为主要方式，及时解决了子公司的资金困难。华菱集团成立四年多时间，先后为子公司争取银行贷款 40 多亿元，不仅满足了子公司的资金需求，同时也树立起了华菱作为大集团的信誉形象。

把握资本市场，推进资本运作。在建立资金联结纽带的同时，华菱集团积极把握资本市场，积极推进资本运营。1999 年 4 月，华菱集团将湘钢、涟钢、衡钢三家子公司中的炼钢、轧钢部分共 39 亿元优质资产集中起来，联合长沙矿冶研究院、张家界冶金宾馆、湖南冶金投资公司、中国冶金进出口湖南公司共同发起设立湖南华菱管线股份有限公司，并于当年 8 月成功上市，华菱管线 2 亿股 A 股成功发行，实现了湖南钢铁板块的整体上市，融进资金 10.6 亿元。与此同时，衡钢债转股工作取得阶段性成果，被国家经贸委列入向金融资产管理公司推荐的首批 108 家债转股企业名单。次年，华菱管线增发 2 亿股新股的申请通过了中国证监会的审批，基本落实了薄板及几个重点技改项目的国债及银行信贷资金。同时，集团财务公司的股权结构得到确定，并获得了人民银行武汉大区行的批准。股份公司的设立和上市，为华菱随后的大规模技术改造提供了积极的资金支持，也打破了华菱集团国有独资的局面，华菱集团由此完成了从一个靠政府行为联合在一起的集合体到一个以资产为联结纽带的现代企业集团的质的蜕变。

学习邯钢经验，深入挖潜增效。华菱集团初创之初，适逢钢铁行业控制总量、调整结构时期，华菱集团坚持把深入学邯钢降成本、强化内部管理、调整结构和开拓市场、扩大出口作为内部挖潜增效的重点。1999 年，华菱集团实现利润 1.67 亿元，比上年翻了一番，连续两年实现了经济效益翻番的目标，获得了湖南省政府扭亏增盈一等奖。2000 年各公司全年硬碰硬降成本 4.7 亿元，可比产品成本降低率达 8.9%，2001 年实现销售收入 100.9 亿元，成为湖南省第一家销售收入过百亿的企业集团。

湘钢坚持学邯钢，抓改革，转机制，一年初见效，二年大见效，三年大变样，1999 年扭亏为盈，2000 年盈利突破 1 亿元。在学邯钢过程中，涟钢建立和完善"纵向到底、横向到边"的指标分解、核算、考核三大体系，严格实行成本否决，1998 年涟钢年内三次追加降成本指标，吨材成本降低 136.3 元，成为钢铁行业"远学邯钢、近学涟钢"的先进典范。在此基础上，1999 年涟钢开展了"学邯钢经验、对照三钢（福建三明钢铁厂）找差距"活动，2000 年、2001 年可比产品成本降低率平均超过 10%。衡钢瞄准全年利润指标，将成本指标分解落实到车间、班组和个人，全年可比产品成本每吨下降 200 元。

实施"三改一加强"，深化内部改革。华菱"三钢"是计划经济时代的产物，在走向市场经济的过程中，企业人员过多、装备相对落后、社会负担沉重、经营机制不活等隐患逐步显现。为冲破计划经济的束缚，华菱集团实施现代企业制度试点，加快改制、改组、改造步伐，加强企业管理，在减人增效、调整负债结构、分离社会职能、建立竞争机制，以及分配、医疗、住房等各项改革上不断取得突破。1998 年，华菱各子公司对 36 家辅助生产单位或企业办社会职能部门进行了剥离性改造，剥离分流 14661 人，精减富余人员 6881 人。2000 年通过分离分流辅助部门，再次分离分流 1.04 万人。在住房、医疗和民用水电气等配套改革，实施以暗补改明补的改革措施，补贴费用明显减少。在三项制度改革方面，实施员工动态管理、尾数淘汰待岗，推行绩效岗薪制，提高"活工资"比重，充分调动了广大职工群众的工作积极性。推行并不断完善管理人员综合考核、动态管理、尾数淘汰制度，对企业经营者实行年薪制和期股激励，提高经营者收入与企业效益的关联度。湘钢创新人力资源管理模式，对中层管理人员推出精简职数、敏感岗位内部交流、事故责任追究、过错引咎辞职等改革新措施。涟钢实行"三激励三约束"机制，效益、职务双否决机制，部分到期劳动合同不续签等。衡钢实行科技人员激励机制，充分调动了各个层面的积极性。

加快结构调整步伐，追求产业位势。在国家实施总量控制和市场竞争更加激烈的复杂形势下，华菱集团加快结构调整步伐，实现了经济总量适度增长与经济效益显著提高。2000 年投入技改资金 12 亿元，先后淘汰了湘钢平炉、涟钢小电炉、衡钢直径 76 毫米热轧等落后生产工艺与装备，一批重点技改项目如湘钢 1 号连铸机、直径 650 毫米改造、二烧二期、普线一火成材改造和涟钢 80 吨转炉、小型连轧等建成投产或基本建成。2001 年全年完成技改投资 11 亿元，湘钢二高线二期工程、2 号高炉中修改造、3 号转炉等，涟钢的大转炉、小型连轧、转炉煤气回收、8 平方米竖炉等技改项目，在实现按期竣工投产的同时，投入产出效益十分明显，达产达效周期长的只有 5 个月，短的仅 10 天左右。同年，华菱涟钢薄板项目正式动工建设，华菱"三钢"板、管、线专业化分工的格局由此奠定。

（三）二次创业再出发

抢抓历史机遇，调整发展规划。2002 年下半年以来，随着我国国民经济进入新一轮高速发展期，中国工业化进入了新一轮重化工业加速发展的时期。为抢抓中国钢铁工业即将迎来的重大历史机遇期，华菱集团将原来"十五"期间 650 万吨钢的发展规划调整提升到 1000 万吨钢，并以此为契机，实施以品种结构调整为重点的技术改造，主要进行华菱涟钢薄板生产线及其配套设备大型化改造、以宽厚板轧机建设为核心的湘钢 500 万吨钢配套，以及衡管大口径无缝管项目建设，进一步提升华菱钢铁主业的工艺技术装备水平。对此，湖南省委、省政府高度重视，将建设华菱 1000 万吨钢推到湖南宏观经济战略发展的高度，上升作为湖南省委、省政府加快推进湖南工业化进程的重大战略决策，华菱集团由此开启二次创业进程。

多渠道拓展融资渠道，为二次创业筹集资金。面对从 650 万吨到 1000 万吨跨越带来的约 50 亿元建设资金缺口，华菱集团一方面通过组建财务公司、控股商业银行等手段发展金融产业，多渠道利用各种金融产品筹集建设资金；另一方面充分发挥上市股份公司的融资功能，2002 年 3 月，华菱管线在深圳证券交易所成功增发 2 亿股 A 股，融进资金 11.61 亿元，同时积极争取相关政策支持，中行薄板项目贴息贷款获批，建行薄板项目贷款进入国债，贴息资金全部到位，为华菱集团二次创业提供了强大的资金支持。

在总部不断开辟融资渠道的同时，为减少投资风险，华菱集团充分调动子公司的积极性，建立投资责任制，提高自筹资金比重。各子公司坚持走投入少、产出多、见效快的路子，充分利用闲置设备、低效资产，千方百计降低吨钢投资，通过填平补齐、配套完善，使之流动起来，并在流动中实现增值。

加快技改步伐，提前两年实现"十五"规划。贯彻"高位势、低成本"和"三快（立项快、建设快、达产快）—控制（控制投资规模）"的技改工作思路要求，华菱集团牢牢把握好资金筹措、投资控制、工程设计、土建施工、设备制造等关键环节，推行项目法人负责制，加强技改工程建设的过程监控，组织人员消化、熟悉新工艺、新技术，保证工程建设质量，加快工程建设进度和达产达效步伐。2002 年，华菱涟钢薄板及配套项目建设进展顺利；湘钢精品工程及 300 万吨配套项目建设正式启动；衡钢大无缝项目获得国家批准的立项文件。2003 年，华菱集团全年投入技改资金 52 亿元，原"十五"规划的技改主体工程基本建成投产，铁、钢、材的年生产能力均达到 650 万吨以上，提前两年实现原先制定的"十五"钢铁主业 650 万吨钢的发展目标。

通过连续几年的技术改造，华菱集团先后淘汰平炉、小电炉及小转炉等落后炼钢能力

240 万吨，淘汰横列式轧机等落后轧钢能力 125 万吨，并相应淘汰了模铸、二火成材等落后工艺，在湘钢、涟钢先后建成了 6 座具有现代工艺水平的 80 吨级以上转炉，实现了"四全一喷"生产工艺目标。与此同时，华菱集团的轧机装备也达到国内先进水平，其中湘钢高线、涟钢热轧薄板、小型连轧、衡钢直径 89 毫米连轧达到国际先进水平，高附加值产品产能增加 340 万吨，进一步奠定了华菱主导产品在细分市场上的产业位势。

技术经济指标持续改善，产品结构进一步优化。工艺装备技术的进步，有利推动了经济技术指标的改善与产品结构的优化。2003 年，华菱集团吨钢综合能耗（标准煤）、入炉焦比分别为 746 吨、392 千克，同比分别下降 22 吨、2 千克，其中湘钢转炉实现负能炼钢。全年生产冷镦钢、低碳拉丝材、三级带肋钢筋、石油管、高锅管、内螺纹铜管等高效产品 320 万吨，占总产量的 62.8%。其中湘钢品种比达到 78.6%，衡钢专用管比达到 41%，比上年均有明显提高。

深化内部改革，改制步伐进一步加快。为进一步规范公司运作，2003 年 6 月 3 日，华菱集团审议通过了《关于完善母子公司体制，理顺资产纽带关系的方案》，探索并建立适度分权与集权的二元分层管理体制。湘钢提出了"规范运作、适当放开、重点扶持、自我发展"的工作方针，进一步完善了内部运行机制，促进了非钢产业发展；在三项制度改革方面，涟钢推出了整合处级机构、精简中层职数、重组业务流程的改革方案，使处级管理机构由 72 个整合为 52 个，中层管理人员由 270 人精简到 188 人，实现了"破 2 见 1"；衡钢职工医院与衡阳市中心医院实行联合办院，学校扩招，饮食公司进城下乡，基本做到了自食其力。

（四）励精图治开新篇

年产钢连上新台阶，首次突破 1000 万吨。2004 年 2 月 5 日，华菱涟钢薄板有限公司 240 万吨超薄板热轧生产线全线贯通，成功轧出第一卷热轧卷板，结束了湖南没有板材的历史。2 月 25 日，被列为湖南省十大标志性工程之一的湘潭钢铁集团有限责任公司 300 万吨钢配套工程竣工投产。

装备技术的进步，为企业生产经营绩效的进一步提升打下了坚实的基础，2004 年华菱集团实现了"两大历史性突破"：一是钢产量突破 700 万吨，达到 713 万吨，比上年净增 195 万吨，在国内大钢中排第 8 位。二是销售收入突破 200 亿元，达到 262 亿元，比上年净增 104 亿元，成为湖南省第一家销售收入过 200 亿元的企业。同时实现了"两个翻番"：一是利润增长翻番，全年实现利润 23.3 亿元，比上年翻了一番多；二是钢材出口增长翻番，全年出口钢材 83 万吨，出口创汇 3.6 亿美元。

2006 年，华菱集团进一步明确了走内涵扩大再生产、集约化经营的总体发展思路，完善和细化了"十一五"时期的发展战略，明确了钢铁主业"两步走"的发展战略、集团实业（产业集群）发展和推进低成本扩张等三个方面的内容。这一年，华菱集团完成钢 1000 万吨、生铁 848 万吨、钢材 929 万吨，实现利润 18.2 亿元。华菱集团首次上到年产钢 1000 万吨台阶，钢产量在国内钢铁企业中排名第 10，成为湖南工业化发展新的里程碑。

首开与外资开展股权合作先河，实现与米塔尔"联姻"。2003 年底，国家商务部、国资委、证监会、发改委等出台了一系列关于 A 股引进战略投资者的规定，一扇禁闭已久的大门为正在谋划引进战略投资者的华菱集团打开了一条缝隙。2004 年，湖南省召开深化省属国有企业改革工作会议，再一次吹响了国企改革发展的响亮号角。为缩短在技术、研发、战略资源掌控、市场营销网络建设与体制机制等方面与国际钢铁产业间的差距，华菱集团提出了出让华菱管线部分国有股权、引进境外战略投资者的战略构想。这一构想很快得到了湖南省委省政府的大力支持，省委省政府主要领导表示：高度关注此项工作进程，关键时刻亲自出面协调。时任省长周伯华提出了配对世界 500 强、国际顶尖钢铁企业、供应链上能与华菱形成上下游协助关系的国际大企业的三大"配对"原则。在聘请的财务顾问——美国贝尔斯登公司的帮助下，在中国市场外徘徊等待 10 年的全球钢铁领袖——米塔尔钢铁公司向华菱递来了橄榄枝，2004 年华菱集团开始与米塔尔正式接洽。经过平等坦诚而又艰难的谈判，2005 年 1 月 14 日，华菱集团与米塔尔钢铁公司签订了《股份转让合同》，华菱集团将持有的华菱钢铁股份公司国有法人股中的 37.175% 转让给米塔尔钢铁公司。后根据国家有关部委要求，米塔尔钢铁公司同意其购入股权减少 0.5%，即米塔尔钢铁公司持 36.673% 股权。转让价由基本转让价加净资产调整价两部分组成，两者相加转让总金额 27.915 亿元人民币。至此，中国钢铁工业史与湖南国企史上一场引人瞩目的"跨国联姻"修成正果，华菱集团成为中国钢铁行业第一家与外资开展股权合作的特大型钢铁企业。这一联姻被当时的媒介誉为"世界最大钢铁企业和世界最大钢铁大国的完美结合"。

进一步加强资本运营，钢铁主业实现渐进式整体上市目标。在引入境外战略投资者的同时，华菱集团下属"三钢"大力推进物流与原燃料基地建设。华菱湘钢参股平顶山天安煤业，华菱涟钢参股平煤集团天蓝配煤，投资岳阳港已经全面恢复生产，湘钢矿石专用码头铁牛埠完成增资扩股工作。与此同时华菱集团推出股权分置改革方案，实现可转债转股，2004 年 6 月 16 日，华菱管线 20 亿元可转债在深市发行，成功化解了可转债回售和退市的风险。继续推进钢铁主业渐进式整体上市，2005 年 6 月 30 日涟钢主业资产重组工作完成，标志着华菱钢铁主业资产全部进入华菱管线，实现了集团公司钢铁主业渐进式整体上市目标。

非钢产业改制与企业办社会职能移交步伐进一步加快。根据"发展壮大一批、转制搞活一批、关闭分流一批"的改革总要求，华菱集团对辅业资产进行了归类重组，明确拟改制单位 31 家，2005 年全集团完成 16 家单位改制或改制方案上报。推进辅业改制向纵深发展，湘钢依托汽车队改制，组建独立运作的物流公司；涟钢把炉料作为改制试点单位，炉料公司挂牌运作。2005 年非钢产业完成营业收入 38 亿元，实现了效益目标。湘钢、涟钢公安机构已移交当地政府，中小学移交完成前期准备，涟钢与娄底市政府签订了学校移交的框架协议。

（五）中流击水勇奋楫

多措并举抗寒冬。随着国家对钢铁行业宏观调整的进一步加强，原燃材料价格持续高位运行，市场竞争更为激烈，特别是 2008 年年初罕见肆虐的冰雪灾害与下半年美国次贷危机引发的全球金融海啸，钢材消费需求迅速萎缩，市场价格大幅下跌，产品出口急剧下降，库存显著增加，钢铁行业逐步进入寒冬，企业生产经营面临的困境进一步加剧，华菱集团个别子公司部分生产线一度处于减产状态。

面对 21 世纪以来行业发展最为严峻的考验，华菱集团理性分析形势变化，明确了"千方百计抓订单、不惜代价压库存、全力以赴降成本"的基本工作思路，立足内部挖潜增效，加快结构调整和技术改造，加强内部协同运作，确保钢铁主业平稳运行。为确保满负荷生产，华菱集团紧紧抓住国家扩大内需的机遇，瞄准国家重点工程建设项目，拓展销售渠道，同时加强与中船、中石油、中联重科、三一重工等战略客户的高层互访，尽最大努力争取客户订单和回款，基本实现了产销平衡。持续创新企业管理，提出了经营理念由"生产制造"向"综合服务商"转变。为及时消化高价原材料和产成品跌价损失，针对高库存，华菱集团通过合理确定采购时点，及时采购低价原燃料，加大产销衔接，加快库存周转等措施消化库存。为改善盈利水平，华菱集团通过强化预算管理、实施全员成本管理制度，全面推行精益生产，开展"拧毛巾、降成本"对标挖潜攻关等系列活动。

全面启动"十一五"战略发展滚动规划。以"加快结构调整、实现弯道超车"战略为引领，以消化安米公司主要技术为核心，抢抓行业低谷期实施结构调整成本相对较低的机遇，华菱集团集中精力建设"四大工程、一个基地、9 个拳头产品"，一批重点项目按节点顺利推进：华菱湘钢宽厚板项目炼钢连铸工程正式投产；涟钢 210 吨转炉、2250 毫米轧机和 3200 立方米高炉三大项目相继建成；汽车板项目在娄底经济开发区奠基；衡钢炼铁配套项目顺利投产并实现达产，720 项目全线贯通，衡钢成为全球为数不多的大中小产品无缝钢管规格最齐全的企业之一。与此同时湘钢阳春炼钢、炼铁项目全面投产。

依托安米技术平台构建产业位势。瞄准高附加值、高技术含量、替代进口和终端产品，依托安赛乐——米塔尔技术平台的支持，扎实推进产品结构优化调整。湘钢成功开发了高强船板 F40，通过了九国船级社认证，与中国船舶集团签订战略合作协议，中厚板已经形成造船板、锅炉压力容器板、桥梁及高建板、管线钢四大系列；涟钢成功开发管线钢、工程机械用钢、半工艺硅钢、冷轧家电板等系列"双高"产品；衡钢形成了油气用管、高压锅炉管、机械加工用管三大拳头产品，气瓶管、液压支柱管、特殊扣等品种实现批量生产。

"三棵树"产业布局初具雏形。在国家加大宏观调控力度、生产经营难度增大的困难情况下，华菱集团致力打造钢铁主业、金融产业、集团实业"三棵树"产业布局。坚持以资本运作推进资产和业务结构的优化，先后成功发行 30 亿元企业债券、股份公司 30 亿元短期融资券、35 亿元中期票据，组建成立了国内首家钢铁产业投资基金。"三钢"申报高新技术企业获批，在全国钢铁行业中仅此一家。资源控制和业务协同取得突破性进展，成功与澳大利亚 FMG 公司确定了股权合作协议，并获得了 1000 万吨/年的铁矿石资源，与山西焦煤集团签订了长期战略合作框架协议，成功参股澳大利亚金西项目。

（六）砥砺前行抗危机

过去 5 年来，华菱集团投入巨资进行技术改造和结构调整，在推动产业升级、实现经营规模快速扩张的同时，但也带来了银行借款多、资产负债率偏高、财务费用支出压力大等不利影响，特别是在管控体系创新变革、内部管理精细化、市场迅速反应能力建设等方面与国内优秀企业存在较大差距，企业内在竞争力提升滞后，大投入没有实现大产出。以上矛盾在 2010 年企业生产经营中集中突出暴露出来，在行业逐步复苏且效益普遍提升的情况下，华菱集团出现了较大亏损，华菱钢铁上市以来首次出现年度亏损，其中旗下华菱涟钢亏损 26.67 亿元。面对困难局面，华菱集团采取一系列应对措施全力减亏增效。

深入攻关挖潜、全力减亏增效。为应对严峻的内外形势，华菱集团扎实推进各工序、各系统挖潜增效，坚定不移向品种、质量、市场、管理要效益。利用香港贸易公司协同采购进口铁矿石，协同开发战略大客户，与国内多家大规模用钢企业建立战略合作，大力发展直供，稳定销售渠道，先后与华润集团、中国远洋、中国石油、中国长航、中国大唐等大型企业签订了战略合作协议，与湘潭市政府签订全面战略合作协议，共同建设钢材深加工工业园。特别是面对涟钢的巨亏，华菱集团对涟钢管理团队进行了调整。新班子到位后，加大从严治厂力度，整治经营秩序，堵塞管理漏洞，稳定生产运行，深入攻关挖潜，调整产品结构，控制生产成本，严重亏损的势头得到有效遏制，员工的积极性、责任心和精神面貌大幅改善。

加快实业战略转型步伐。贯彻"加快转型升级步伐，发展钢材深加工，打造完整产业链，创建'两型'企业"的指导思想，进一步完善管理体系、加强运营监控、协同内部业务等工作，全年完成营业收入 152 亿元，实现利润 8.8 亿元。同时着力建设和延伸产业链，进一步强化对矿石、焦煤等战略资源的掌控，资源投资获得可观收益，2010 年 FMG 为集团贡献利润约 21 亿元。依托湘江、长江沿岸码头的优势，积极推进华菱物流体系建设。

完善内控体系建设。围绕促进管理、提高效益，针对工程建设、成本管理、招投标和物资采购等工作开展效能监察，全集团开展效能监察项目 228 项，增创效益 5200 余万元。开展工程建设领域突出问题和小金库的专项治理工作，重点对 2008 年以来所有竣工和在建工程建设项目进行了自查自纠，对存在问题强制整改；按上级要求扎实推进"小金库"治理工作，进一步严肃了财经纪律。整顿经营秩序，加强对物资采购、设备采购、工程项目招投标的监管。贯彻落实"三重一大"的决策制度，对重大决策、重要人事任免、重大项目安排和大额度资金运作等事项进行认真论证，在充分吸收各方面意见后，再进行集体决策和科学决策。

一系列措施取得了明显成效，但是由于国际经济复苏乏力，国内经济增速放缓，另外受钢铁产能严重过剩、原燃材料价格上涨、同质化竞争激烈等因素的影响，钢铁主业盈利压力剧增，集团公司仍然发生较大亏损。

（七）攻坚克难扭危局

随着西方主权债务危机的进一步深化，实体经济受到的冲击日渐加剧，在国内经济紧缩和出口贸易萎缩的双重打击下，钢材价格大幅下跌。面对重重困难与巨大压力，华菱集团将扭亏作为压倒一切的首要任务，集团上下迎难而上、立足内部、强化管理、深入挖潜。2011 年，通过加强领导班子作风建设，推进营销体系改革，调整品种结构开发思路，拓展市场，提升质量，在外部条件没有好转的情况下，华菱钢铁同比减亏 26 亿元。

为进一步有效遏制经营亏损，2012 年，华菱集团从压缩库存、降低工序成本等九大方面制定了减债挖潜的工作目标。其中，通过大力建设和完善技术研发体系和运行机制，协同和整合技术资源，全年完成各类品种钢 208 万吨，实现创效 5 亿元。统一资金管理，提高资金使用效率，全年减少有息负债 77 亿元，节约财务费用 3.3 亿元；压缩库存，降低存货余额近 30 亿元；通过组建进口矿和国内物资采购中心，提高自发电比例、降低工序成本等挖潜增效 58.5 亿元，其中进口矿采购折算价格较普氏价格降低 6.4 美元/吨。通过上述措施，四季度经营状况有所好转，涟钢实现季度盈利，衡钢 8~12 月连续 5 个月实现盈利。

2013 年，在整个钢铁企业亏损面高达 27.9% 的形势下，华菱集团坚持两眼向内，进一步推进挖潜增效，坚持精益生产，全年吨钢工序成本同口径同比降低 226 元；充分发挥集中采购优势，进口矿折算价格较普氏价格降低 7.63 美元/吨；大力推进集成产品开发和销研产一体化，全年完成开发销售各类品种钢 262 万吨，同比增长 35%，全年集团实现利润 12.9 亿元，同比减亏 37.7 亿元。其中，钢铁板块实现利润 1.06 亿元，同比减亏 39.04 亿元。

2014 年，华菱集团坚持"做精做强、区域领先"的战略目标和"深耕行业、区域主导、领先半步"的营销策略，以项目制为抓手，全面构建精益生产、销研产一体化和营销服务三大战略支撑体系，深化体制机制变革，进一步推进挖潜增效，在前两年挖潜创效 140 亿元基础上，全年累计挖潜增效 20 亿元，吨材成本降低 54 元，经营业绩稳中向好，全年实现利润 12.2 亿元。

以股权置换的方式与安米深化双方战略合作。2012 年，华菱集团与安赛乐-米塔尔举行深化战略合作暨汽车板项目采购合同签约仪式，华菱集团授予安米在未来两年内分四期行权，行权完成后，华菱钢铁的股权结构调整为华菱集团占 59.91%、安米占 10.07%、公众股占 30.02%；安米每期行权与汽车板合资项目建设以及技术转让的关键进度节点挂钩；安米须将出售股份所得的部分资金增资汽车板合资公司，项目总投资由 45 亿元调整为 52 亿元，产能由 120 万吨/年增加到 150 万吨/年，股权结构调整为华菱钢铁 51%、安米 49%。股权置换推进了汽车板项目的提速，2012 年 6 月 6 日，华菱安赛乐米塔尔汽车板项目正式动工兴建，2014 年 6 月 6 日项目正式投产，第一卷汽车钢成功下线，创造了全球行业内全新绿地项目建设时间最短纪录，并成功实现 600 万安全工时。

谋划与实施"1+5"产业链布局。2012 年，为推进集团转型发展，华菱集团提出了以钢铁制造为核心，以上游资源开发、下游钢材深加工（含装备制造）、金融、物流和战略新兴产业为支撑的"1+5"产业链布局整体思路。"1+5"产业战略布局良好的投资效益与发展前景初步显现。2013 年财务公司、华融津杉基金公司、保险经纪公司等金融板块经营稳健，全年累计实现利润 1.55 亿元。物流、环保、钢材深加工等多元产业板块建设有序推进。2014 年财务、基金、保险等金融板块年盈利稳定在 2 亿元以上；欣港物流扎实推进业务发展，全年累计实现港口吞吐量 1323 万吨、营业收入 2.54 亿元。电子商务公司全年营业收入从 2013 年的 6.3 万元大幅攀升到 3.89 亿元，成为国内钢铁电商为数不多的盈利企业之一。2015 年，多元产业继续保持良好发展势头，逐步开始成为华菱新的效益增长点与利润支撑点，销售收入占比由"十二五"初期不到10%提高至今年的30%以上，实现营业收入、利润分别为200亿元、10.25亿元，同比分别增长47.59%、12.74%。

以改革促发展，全面推动各项改革。按照"总体设计、分步实施、重点突破、发展驱动"的方针，2014年，华菱集团组织制订了集团改革总体方案，并通过了省国企改革评审组与省国资委的评审。制定实施《集团管控与公司治理指引》，突出总部核心职能建设，理顺母子公司关系，初步建立了集团新的治理与管控模式。内部推进三项制度改革，精兵简政，提高劳动生产率；全面启动新一轮国企社会职能分离移交工作，企业办社会职能分离移交取得了阶段性成果；启动规范董事会建设试点工作；开展职业经理人试点工作，推进混合所有制改革与经营者员工持股试点。

（八）激发发展新动能

2016，是华菱集团推进供给侧结构性改革赢得主动的一年，也是完善公司治理体系、优化集团运行机制取得显著成效的一年。华菱集团贯彻落实供给侧结构性改革战略部署，顺利退出中冶湘重50万吨、锡钢100万吨炼钢产能，提前完成钢铁去产能计划。发动全员降成本、调结构、抓改革、增效益，集团内部挖潜47.4亿元，吨钢成本较上年降低85元，年自发电69亿千瓦时，自发电比例超过80%，处于行业领先水平，多元产业板块全年实现营业收入329亿元，占集团公司总收入比例提升至36.59%，实现利润6.34亿元，同比增长1.34亿元。全年实现销售收入900亿元，同比增长23.63%，净增172亿元，实现利润1亿元以上，同比扭亏为盈，净增38亿元。

公司治理体系进一步完善。制定落实《集团管控与公司治理指引》，突出战略与投资、财务与融资、人力资源与绩效、审计与风控作为集团管控四项核心职能，实施规范董事会建设试点改革，建立外部董事占多数的董事会。三项制度改革进一步深化，集团总部机关部室由9个精简为6个，总部中层干部由27人精减到16人，"三钢"精减中层管理人员75人，基层管理和一般管理人员1069人。在上年减员分流2147人的基础上，2016年再度平稳精减分流岗位人员6574人，人工成本降低10%以上。社会职能分离移交取得突破，湘钢率先完成水电分离改造移交，创造了国企社会职能分离移交"湖南样板"。

（九）"三年振兴"写华章

2017年，华菱集团全面推进三年振兴计划，实施"硬约束、强激励"，层层签订责任状，分解落实各项指标，坚持构建稳产高效精益生产体系，以项目制挖潜攻关的方式背水攻坚，生产经营全面创造历史新纪录，在高炉大修、中修的情况下，铁产量与上年基本持平、钢、材产量同比分别增长 11.4%、13%。推进产品结构向中高端调整，全年完成重点品种钢 626 万吨，占比 38%，创效 30 亿元，重点品种钢吨钢边利突破 1000 元，达 1013 元/段，同比增幅 113%。集团首次迈上年产钢 2000 万吨台阶，实现销售收入 1209 亿元，成为湖南首家年销售收入过千亿的企业，实现利润 54 亿元，在全国地方钢铁企业中利润增长幅度排名第一。

把握降杠杆机遇，推动资产负债率大幅降低。贯彻中央"着力振兴实体经济""脱虚向实"政策措施，审时度势终止上市公司重大资产重组，叠加钢铁主业优异业绩，市值从重组前的 114 亿元增至 300 亿元左右，创造了获批后主动终止重组第一成功案例。与此同时，积极推进"三钢"所在三市 100 亿元权益性投资项目与浦发银行 45 亿元市场化债转股降杠杆资金的快速到位，资产负债率从年初的 85.15% 降至 66%，有效缓解了资金紧张的局面，防范了资金风险。

坚持改革不停步，"三供"分离移交提前实现目标，全年注销法人单位 9 户，清理、退出非国有控股企业 15 户，集团全资、控股企业由 121 户减少到 94 户，清理、调整层级单位 25 家，管理层级由 5 级压缩至 3 级。在推进内部改革与智能制造中实现劳动生产率大幅提升，钢铁主业人员比上年末减少 1768 人，下降 7.3%；集团按期完成供电移交20364 户、供水移交 22440 户、供气移交 17172 户，每年可节约支出 3.1 亿元，在湖南省属企业中率先实现"三供"分离移交目标。

2018 年，华菱集团召开第一次党代会，提出了"积极世界 500 强建设新华菱"奋斗目标，选举产生了华菱第一届党委、纪委班子，集团党委同时提出了高质量提前实现三年振兴计划的年度工作目标，坚决落实"五个坚定不移"（坚定不移降低杠杆防风险，坚定不移深化改革提效率，坚定不移对标挖潜降成本、坚定不移调整结构提品质，坚定不移实现超低排放树形象），生产经营持续稳中向好。

三、主要发展成就

40 年的改革开放，中华民族踏上了民族复兴的伟大征程，以崭新的姿态重新屹立于世界民族之林。40 年沧桑巨变，40 年光辉历程，中国经济社会蓬勃发展，作为我国中部的内陆钢厂，华菱集团缺煤少矿，自身没有资源、物流和成本优势，乘着改革开放的东风，华菱集团紧紧抓住和用好我国钢铁工业的黄金发展机遇期，瞄准世界一流技术与装备，大规模推进湖南钢铁工业的技术改造与战略布局，装备水平跻身行业一流，形成了分工较为合理的产线分工与产品结构，钢铁主业逐步做强做大做优，跻身全国钢铁企业前八，成为与世界钢铁巨头和国内央企"钢老大"同台共舞的地方钢铁企业之一，企业在行业中的位势达到极大提升，成功应对了国际金融危机的严重冲击，经受住了经济社会转型期矛盾凸显的严峻考验，成功化解了内部治理整顿、深化改革带来的系列挑战。加快国际化步伐，实现与米塔尔、FMG 的股权合作，引领我国钢铁工业"引进来、走出去"的潮流；积极推进产业链、价值链延伸，"三钢"集团实业和总部五大多元板块产业持续发展，成为服务钢铁主业、助推战略实施的有力支撑。在钢铁行业产能严重过剩、市场无序竞争、钢材价格相对于高峰腰斩过半的深度调整期，在痛苦煎熬中不但存活下来，并逐步形成了以下九个方面的高质量发展竞争优势，企业重新焕发出无限生机与活力。

工艺技术装备达到行业领先水平。"十五""十一五"以来，华菱集团先后投入 600 多亿元进行高起点、高强度、大规模技术改造，加快推进产品结构战略性调整，建成了以湘钢 5 米宽厚板、涟钢 2250 毫米热连轧机和冷轧汽车板、衡钢直径 720 毫米大口径轧管机组等为代表的现代化生产线，基本完成了工艺装备的大型化、现代化、信息化改造升级，工艺装备在国内外同行业中处于领先水平，在板管领域建成和拥有当今世界最先进的炼钢、轧钢、在线热处理、全流程自动化控制、在线探伤、EMS、ERP 智能控制等完整的钢铁生产工艺和装备技术，主要炼钢、轧钢生产线与宝钢等企业处在同一水平，保障产品逐步向高端、精品发展，为奠定企业在市场竞争中的地位与优势提供了硬件支撑。

华菱产品结构调整升级，除了硬件投入，软件体系的支持更为关键。通过在钢铁企业引入华为等优秀企业广泛采用的集成产品研发体系（IPD），以精益生产、IPD 和信息化为基础，以"高强度、高密度"的项目制工作体系为平台，按照客户需求导向的新产品研发周期大幅缩短，可以严格控制在 6~9 个月内实现批量供货，交货期和服务超越竞争对手，提升了客户满意度和忠诚度。目前，华菱在国内率先开发出拥有全部自主知识产权的深海平台用钢 HYD36 和 HYE36，整体技术居国际先进水平，并主持编制我国第一个海洋平台结构用钢板行业标准。率先开发了厚度达 80 毫米的集装箱船板，为国内首家全部通过九国船级社认证的企业。研制开发的正火型高强度压力容器用钢板 Q420R，各项性能指标良好，顺利通过全国锅炉压力容器标准化委员会组织的技术评审，该钢种国内仅有少数企业能够生产。

产品结构实现从普钢到优钢重大转变。技术决定产品，产品决定市场。在先进的硬件装备基础上，华菱坚持"深耕行业、区域主导、领先半步"的产品研发与市场营销战略，大力开发高端产品，在产品质量上以国际带动国内，逐步在部分高端细分市场占有了较高份额，在造船、海工、能源、油气、汽车、军工、机械、建筑等用钢领域的细分市场建立了较高的技术门槛，打造出多个"隐形冠军"，形成了品牌优势，并且正在逐步转化为市场竞争优势。

在能源和油气用钢领域，华菱产品全面进入国际国内顶级项目。华菱早在2014年就成功中标位于北极的俄罗斯亚马尔项目，该项目对钢材性能要求极为严格，钢材要在-50~-70℃环境下长期使用，华菱目前已累计供货近20万吨；世界最大煤制油项目神华宁煤煤制油核心装置"神宁炉"使用的钢板对生产工艺要求特殊，华菱5米宽厚板生产线轧制出的钢板性能完全满足苛刻的环境要求，成为该项目用钢主要供应商，为28台"神宁炉"中的24台供货。此外，在沙特阿美项目、国内荔湾深海石油项目、国家能源储备油罐等项目上均大量使用华菱的高钢级厚板产品。华菱目前在这一市场上的份额超过20%，居于行业首位。

在造船和海工市场上，华菱目前是世界前三大造船企业中船集团、韩国现代和三星造船的主力供应商。华菱开发的液化天然气（LNG）运输船用钢板，是世界上少数成批生产LNG液化天然气运输船用钢板企业之一，打破原来由韩国生产为主的格局。以海洋石油981钻井平台为代表的高端海工项目大量使用华菱的产品，目前华菱在海工市场上份额超过25%，位居第一。经过四年努力，2017年华菱成功"参军"，获得了宽厚板的军品供货通行证。

在机械和桥梁用高强钢市场上，华菱目前是世界最大工程机械公司卡特彼勒在国内的两大战略合作伙伴之一，年供应量超过6万吨，是其主要供应商，也是国内中联、三一重工的主要供货方。在桥梁和建筑用钢领域，华菱成功中标了阿布扎比国际机场、泰国ZAWTIKA等国外标志性项目；港珠澳大桥、央视新大楼、广州电视塔、南京大胜关大桥、上海中心大厦等国内标志性项目上华菱供应了超过50%的钢材，最近又中标了首都新机场。

汽车用钢方面，华菱安赛乐-米塔尔汽车板公司（简称VAMA）已成功生产强度达到1500兆帕的Usibor高强超轻的汽车用钢板；VAMA采用的"S-in motion"高强度、轻量化汽车用钢解决方案，可使最新的乘用车白车身重量下降27%，汽车全寿命周期减少排放19%，全车身重量只比全铝车身重11%。VAMA已通过北汽奔驰、沃尔沃、东风标致雪铁龙、长安福特、一汽大众、菲亚特、雷诺尼桑、德国本特勒、日本爱信精机等主机厂及一级零件配套商对工厂产线的认证审核。华菱和安米在VAMA的技术合作模式是新技术同步共享、新产品同步上市。目前，双方又在下游的激光拼焊领域建立了新的合资项目，这将为我国汽车产业的升级奠定基础。

区域竞争优势进一步巩固。华菱集团地处我国中南地区，南有珠江三角洲，东临长江三角洲，具有承东启西、连接南北的区域市场优势。湖南省内每年的实际钢铁产量基本稳定在 2000 万吨左右，而钢铁消费总量在 2800 万吨以上，属于钢材净流入省份。目前，华菱集团在湖南市场钢材销售总量约 700 万吨，约占华菱总销量的 50%。其中，宽厚板省内市场销量占 40%，主要销往工程机械、电力、钢结构等用钢企业，代表企业有中联、三一重工、山河智能、衡阳特变等。热轧板省内市场销量占 40%、冷轧板占 30%，主要销往机械、汽车、钢结构、制管、建筑等行业，重点企业有远大、中联、北汽福田、南车、长丰、吉利等。无缝钢管机加工品种市场占有率 70%、压力容器用管 60%、油气用管 60%，重点企业有三一重工、中联、建工等。螺纹钢市场占有率 30%，主要客户有省内重点工程、建工、路桥等。未来随着中部崛起、长江经济带、"一带一路"等国家战略的深入推进，钢材消费还会保持增长，周边地区特别是广东、湖北、重庆等区域经济发达，工程机械、汽车、装备制造等制造业发展迅速，钢材需求旺盛并持续增长。借助湘江、长江等黄金水道和四通八达的交通网络，华菱集团的钢铁产品能够快速投向这些钢材消费热点地区，区位市场优势明显。

多元产业协同发展效应初步显现。在钢铁主业规模受外部环境制约发展空间受限的情况下，调整集团产业结构，有针对性地发展相关多元产业，与钢铁主业形成错周期、协同互补型发展，成为华菱集团打造钢铁全产业链竞争力、实现可持续发展的战略选择。华菱集团发展多元产业总体思路是：依托钢铁制造业，纵向延伸资源开发、加工制造，提升钢铁产业的全产业链竞争能力；横向发展金融服务、现代物流产业，为集团各类业务发展提供强有力支撑；同时积极培育发展新能源、节能环保、电子商务等战略性新兴产业，打造新的效益增长点。经过三年多时间的努力，"1+5"产业战略布局已初步形成。2016 年，多元产业实现营业收入 342 亿元，占集团总收入的 37%。其中，物流板块营业收入达 92 亿元，资源贸易板块 62 亿元，金融板块实现利润 3.6 亿元，已经形成了华菱集团新的收入和效益增长点。节能环保板块将充分借助 PPP 模式，加大向市政公用设施的渗透力度，发展势头良好。根据多元产业战略发展规划，到 2020 年，多元产业实现营业收入占比达到 50% 以上。

变革创新激发持续发展活力。持续推进"三项制度"改革。"干部能上能下"，抓好"关键少数"。2016 年集团和主体子公司班子成员精减 17.5%；中层管理人员精简超过 20%。"员工能进能出"，建立员工内部退养、解除劳动合同等规范化退出机制，近两年精简分流岗位人员 1.28 万人。"收入能多能少"，对子公司经营班子实施"强激励、硬约束"，未完成核心指标 70% 的，否决全部绩效薪酬，只拿基本薪酬。2016 年，不同效益责任主体之间的绩效薪酬差距达 6 倍，职工收入与绩效挂钩。二是规范公司治理。建立了外部董事占多数的集团董事会，建立了集团战略闭环管理体系。外部董事发挥了"经营上的老师、决策上的专家、沟通上的桥梁"作用，提升了董事会科学决策的水平。三是分离企业办社会职能。推动"三供一业"分离移交，据不完全统计，社会职能移交后，每年可减轻负担 3.1 亿元左右。

"国际化"引领发展新格局。2005 年，经国家发改委批准，华菱集团与世界第一大钢铁企业安赛乐-米塔尔公司成为战略合作伙伴，转让华菱钢铁 36.67% 国有股权给安米公司，在钢铁主业层面实现与世界钢铁巨头的战略合作。2011 年，经国家发改委批准，双方合作重心转移到下游汽车板合资公司，在湖南娄底建设了设计年产 150 万吨的华菱安赛乐-米塔尔汽车板公司（简称 VAMA），依托安米的汽车板技术，生产世界一流的汽车用冷轧板。2012 年，华菱集团与安米公司通过股权置换方式，合资建立华菱安赛乐-米塔尔汽车板有限公司，引进安赛乐-米塔尔最先进的第三代汽车板生产技术，产品几乎覆盖了整个先进汽车板系列，满足汽车行业内更高的安全、轻量、抗腐蚀和节能标准。项目总投资 52 亿元，年生产规模 150 万吨。2014 年 6 月，汽车板项目如期完工并投产。

2008 年，华菱集团子公司"华菱钢铁"在香港全资成立华菱香港国际贸易有限公司，积极引进境外资金。目前，该公司年均融资规模达到 10 亿美元，平均融资利率比境内低 2~3 个百分点，集团融资渠道进一步优化，融资成本进一步降低。此外利用香港国际贸易有限公司平台，通过境外自由的外汇市场开展外汇保值，防范外债风险，减少汇兑损失，并享受海外优惠的税收政策。

2009 年 2 月，在国家发改委的指导支持下，华菱集团贯彻落实国家资源战略，抓住金融危机期间澳洲新兴矿业企业 FMG 面临资金困难的有利时机，以 8.95 亿美元成功低位收购其 17.34% 的股权，成为第二大股东。华菱投资 FMG 后，带来了以下几个方面的积极效果：一是 FMG 在 5 年内年产规模从 2800 万吨达到 1.8 亿吨，彻底改变了国际铁矿石市场竞争格局，由淡水河谷、必和必拓、力拓三分天下变成四方竞争，FMG90% 的矿石销往中国，大幅降低了中国铁矿石进口成本；二是在此基础上，合作双方共同发起了中澳商界领袖论坛，搭建中澳经贸合作平台，从更高层次、更大范围持续推进合作深化；三是华菱集团的投资获得了良好回报。2016 年以前，华菱集团通过高价时点出售部分股票和分红，已收回投资本金。2016 年，华菱集团又抓住 FMG 股价持续上涨的有利时机，成功发行境外可交换债券 3.55 亿美元；目前，华菱集团持有 FMG13.97% 股权，为其第三大股东，市值超 18 亿美元。华菱通过与 FMG、安赛乐-米塔尔合作，成功实现向产业链两端扩展，通过参股、合资等途径将"走出去"和"引进来"有机结合，积累了较为丰富的国际化经营发展经验。

与此同时，华菱集团积极推进"双高"产品出口，实现了海工钢、海工管、石油机械用管等高端产品出口量的突破，产品出口韩国现代造船、法国道达尔、荷兰壳牌、俄罗斯亚马尔等国际高端企业与项目。在国内原燃材料性价比降低的情况下，华菱集团加大进口矿石采购量，进口矿平均采购比例提高至 90% 左右。

企业品牌与社会形象大幅提升。坚持绿色生态发展理念，注重节能环保，促进城企融合，第一批进入全国钢铁规范条件企业名单；年自发电比例超过 85%，处于行业领先水平。湘钢"华光"、涟钢"双菱"、衡钢"劲通"获得全国驰名商标、湖南省著名商标称号，上百个品种获冶金产品实物质量"金杯奖"，钢材产品在省内市场占比 40% 左右，为湖南经济铸就了"钢筋铁骨"，树立起华菱良好的市场品牌形象。"三钢"成为所在地市重要的经济支柱和首屈一指的利税大户，在带动区域产业发展、稳定就业、人才培养、社区管理、精神文明创建中发挥了不可替代的作用；坚持依靠方针，落实关心关爱，职工收入水平和满意度不断提升；积极履行社会责任，在扶贫攻坚、抗震抗洪救灾中发挥了应有作用。截至 2017 年底，华菱集团资产总额达 1171 亿元，20 年总资产增加 9.3 倍，在湖南经济发展中贡献突出，社会认同度不断提高。在中国企业 500 强中列第 181 位，利润在钢铁行业排名第 7 位，下属上市公司首次进入财富中国 500 强 100 名以内，列第 99 位。

"以奋斗者为本"成为激励全员奋进的强劲动力。从战天斗地、肩扛手推的艰苦创业时期，到"下马上马"、闯关争变的调整恢复时期，从抓革命促生产、抓改革促发展时期，到行业"黄金十年"时期，再到金融危机后的"寒冬"考验与逆势奋起，在每一个发展阶段，华菱人始终发扬艰苦创业、敢为人先的奋斗精神，始终保持"有条件要上，没有条件创造条件也要上""抓晴天，抢阴天，麻风细雨当好天""5+2、白+黑"的奋斗作风。崇尚奋斗、鼓励奋斗，已经成为华菱特色企业文化的基因。近年来，让奋斗者得实惠、有尊严的价值导向进一步明确，想干事、敢担责、干成事的机制进一步完善，"伟大出自平凡、奋斗改变未来""人人崇尚奋斗者、个个争当奋斗者"的文化氛围日益浓厚，"以奋斗者为本"的核心价值观得到广泛认同，在实践中不断积淀与升华，成为激励全体华菱人团结奋斗的精神动力与推进华菱改革发展的文化软实力。

党建优势得到进一步发挥。始终坚持把促进企业又好又快发展作为第一要务，推进党的领导融入公司治理，自觉主动把企业发展融入国家和全省战略布局，促进了国有企业改革发展一系列重大决策部署在华菱贯彻落实，党组织的政治引领作用充分发挥。发动职工群众，打好挖潜增效、市场开拓、技术创新、深化改革、盘活资产组合拳，推进华菱实现了从保生存向谋发展的根本性转变，湘钢绩效型党建、涟钢互促互融型党建、衡钢党建目标竞赛等各具特色，多次在全国、全省进行党建成果展示。坚持不懈抓基层、强基础，以党的群众路线教育实践活动、"三严三实"专题学习、"两学一做"学习教育等党内重大主题活动为切入点，以项目制为抓手，以党员责任区、示范岗等为载体，发动党员亮身份、作表率，全集团每年实施各类项目上万个，较好地发挥了基层党支部的战斗堡垒作用和党员的先锋模范作用。落实全面从严治党要求，抓住"关键少数"，"硬约束、强激励"机制逐步形成，干部跟班劳动、走动式管理、首问负责制实现常态化，从严管理干部实现制度化；贯彻中央八项规定、省委九项规定精神，集团十二条规定与"十条履职红线"成为不可触碰的"高压线"，干部纪律作风防线更加牢固。在改革发展中始终坚持领导干部先行、党员先行、机关先行，思想政治工作的"生命线"进一步筑牢。加强对统战、工会、共青团、女工、科协等工作的领导和指导，取得了较好的成绩。

四、主要发展特点和经验

回首改革开放 40 年，历史的长卷画出了一条清晰的轨道，以雄辩的事实向世人昭示：改革开放是决定中国命运的明智抉择，是发展中国特色社会主义、实现中华民族百年复兴的伟大创举，是强国富民的唯一途径，是实践发展马克思主义的光辉典范。奋斗风雨兼程，经验弥足珍贵。华菱"三钢"、华菱集团在创造丰富的物质财富同时，也创造了宝贵的精神财富。我们深刻地体会到：

一是只有强化党建引领，才能保证正确的发展方向。回顾"三钢"、华菱的发展历程，无论顺境还是逆境，无论计划经济还是市场经济，无论深化改革还是思想政治工作，我们都始终坚持党的领导，充分贯彻党的路线方针政策，才跨过了一道又一道沟坎，取得了一个又一个胜利。

二是只有牢固树立危机意识，才能永葆干事创业的使命感和责任感。生于忧患，死于安乐。强化危机意识一直是华菱发展的生存之道。在企业发展遇到困难时，需要坚定在危机中求生存的信念；在行业的辉煌期，更应该牢固树立危机意识。

三是只有持续推进改革创新，才能激活发展的内生动力。"三钢"、华菱的发展历史，就是一部改革创新史。只有坚持市场导向，突出问题导向，深化国企改革和管理创新，不断摆脱束缚，消除障碍，破除藩篱，改革红利才能持续释放，运行效率才能大幅提升。

四是只有保持团结奋斗，才能汇聚干事创业的强大合力。自力更生、艰苦奋斗是党的优良传统。近年来，公司不断强化"以奋斗者为本"的核心价值观，大力弘扬奋斗精神，培育和激励奋斗者，凝聚起全体华菱人的智慧和力量，大家精诚团结，齐心协力，共同奋斗，不断取得新突破。这是华菱未来发展壮大的重要法宝。

五、未来展望

忆往昔，改革开放四十载，不改初心；

展未来，上下求索万千重，续写新篇。

党的十九大报告指出，我国经济已由高速增长阶段转向高质量发展阶段，正处在转变发展方式、优化经济结构、转换增长动力的攻关期。湖南省委省政府加快推进"创新引领、开放崛起"新战略，建设富饶美丽幸福新湖南。站在新的历史起点，华菱集团第一次党代会明确了未来做强做优做大的发展愿景和总体目标：进军世界 500 强建设新华菱，同时明确了近三年具体工作目标：2018 年提前实现"三年振兴计划"；在此基础上，到 2020年实现销售收入 1700 亿元，资产负债率降至 50% 以内，人均劳动生产率达到年产钢 1200吨，迈入世界 500 强行列。为此华菱集团将致力通过"五个坚定不移（坚定不移降低杠杆防风险，坚定不移深化改革提效率，坚定不移对标挖潜降成本，坚定不移调整结构提品质，坚定不移实现超低排放树形象）"，持续推动企业向高质量发展。

把未来华菱打造成为学习创新的新华菱。立足当前，坚持国际视野、兼收并蓄，瞄准世界前沿科技，对标世界 500 强、行业先进企业，学习先进经营理念、管理模式和专业技术。深入实施"创新引领、开放崛起"战略，坚持创新驱动，以集成产品研发（IPD）为基础，以项目制为抓手，加大技术研发投入，强化基础研究，推进工艺技术和产品创新；大力推进文化创新、管理创新、制度创新，构建高素质、高技能专业化人才队伍，提升专业领域创新能力，实现引领性原创成果重大突破，每年实现 3~5 个具有自主知识产权的创新成果并转化，培育华菱核心竞争力。

把未来华菱打造成为高端精品的新华菱。聚焦钢铁主业，保持"做精做强、区域领先"的战略定力，走深化改革、结构升级和提质增效的路子，实施产品结构升级，提高供给结构对需求结构的适应性，实现每年高技术含量、高附加值品种 10% 的比例递增，高端品种成为细分市场的领跑者。进一步落实"深耕行业、区域主导、领先半步"的营销战略，以快速的市场反应，优异的产品质量，超预期的客户服务，满足细分市场日益增长的需求变化，努力打造行业领先的国际品牌，让世界爱上华菱制造。

把未来华菱打造成为绿色智能的新华菱。坚决落实"绿水青山就是金山银山"的理念，正确把握生态环境保护和生产经营、改革发展的关系，坚定不移走生态优先、绿色发展之路，用高质量发展守护一江碧水，按照绿色低碳循环发展的经济体系要求，致力于节能减排、综合利用，推进全流程清洁生产，确保"三废"零排放，坚决打赢污染防治、蓝天保卫攻坚战。发展低能耗、低污染、低排放为基础的低碳经济，加快高强度、轻量化、耐腐蚀、长寿命、高品质钢材研发，走可持续发展的新型工业化之路。贯彻"中国制造2025"战略，推动互联网、大数据、云计算、人工智能和生产现场的深度融合；提质升级传统制造业，向数字化、网络化、智能化、绿色化方向延伸拓展，加快智能工厂、智能车间、智能产线建设，进一步提升柔性制造能力，努力打造湖南智能制造高地。

把未来华菱打造成为协调发展的新华菱。紧紧抓住振兴实体经济发展机遇，以配套服务钢铁产业链为主线，做实做大相关产业。重点抓好钢材加工、物流配送、节能环保、电子商务、金融服务、资源贸易等产业发展。同时，立足内部、拓展外部寻求新发展，培育新兴产业，创造新的产业和效益增长点，形成以配套服务钢铁主业为核心的产业集群，使之成为中南地区甚至跨地区的"样板"。力争三到五年内培育1~2家上市公司，实现产业与主业优势互补、协调发展。

把未来华菱打造成为开放共享的新华菱。更加积极主动融入"一带一路"、长江经济带、中部崛起等国家战略，紧跟国家乡村振兴、区域协调发展战略，落实"创新引领、开放崛起"战略，坚持引进来和走出去并重，遵循共商共建共享原则，强化国际国内产业链、价值链合作，构建终端客户、战略伙伴经济命运共同体。为股东和客户创造价值，满足员工不断提升的对美好生活向往的需求，发展成果回报国家、惠及社会。坚持依靠方针，以奋斗者为本，畅通渠道，广开言路，汇聚全员智慧谋发展，实现企业与员工共成长、共发展的良好局面。

加快动能转换　提升发展质量　建设魅力山钢

山东钢铁集团有限公司

一、基本情况

2008 年 3 月 17 日，按照山东省委、省政府"资产重组，淘汰落后，调整布局，提升档次"的指导方针，济钢、莱钢两家大型钢铁企业以及山东省冶金工业总公司所属单位联合组建成立山东钢铁集团有限公司（简称山钢）。目前，山钢总资产 3012 亿元，在岗职工4.8 万人，位列 2018 中国企业 500 强第 126 位、"中国制造业企业 500 强"第 45 位，企业信用等级 AAA。旗下有济钢集团有限公司、莱芜钢铁集团有限公司、山东钢铁集团财务有限公司、山钢金融控股（深圳）有限公司、山东工业职业学院、山东钢铁集团矿业有限公司、山东耐火材料集团有限公司、山东钢铁集团淄博张钢有限公司等子公司（单位），有山东钢铁、金岭矿业、鲁新建材 3 家上市公司。

山钢以建设具有全球竞争力的世界一流企业为奋斗目标，致力于生产高端、高质、绿色、高效产品，主要钢材品种有中厚板、热轧板卷、冷轧板卷、H 型钢、优特钢、热轧带肋钢筋等，广泛应用于汽车、石油、铁路、桥梁、建筑、电力、交通、机械、造船、轻工、家电等多个重要领域，远销到美、英、德、印、日、韩等几十个国家和地区，是全国著名的中厚板材生产基地和 H 型钢生产基地。金融、钢结构建筑、信息技术、产业园区开发运营等多元主打产业得到长足发展，初步构建起"精益钢铁、耦合多元"协调发展的格局。

二、主要发展历程

十年栉风沐雨，山钢在改革中发展、在创新中成长，走出了一条不平凡的道路，取得了令人鼓舞的成就，企业面貌发生了深刻变化。

（一）大调整，推进整合重组

改革开放以来，山东钢铁工业有了长足的发展，特别是济钢和莱钢经过几十年的艰苦创业，已经分别成为我国重要的中厚板、船板生产基地和我国产量最大、规格最全的 H 型钢生产基地，成为具有年产千万吨钢综合生产能力的大型钢铁联合企业。但随着形势的变化和产业政策新的要求，山东钢铁业产业集中度不高、布局不合理、中低档产品居于主体地位等问题逐步显现，严重制约着山东钢铁业竞争力提升，必须依靠钢铁企业国有产权重组，制定和推进发展规划才能有效全面解决，实现山东钢铁工业由大到强的转变。

山东省委、省政府审时度势，统筹全省经济社会发展全局，历时三年多时间酝酿、策划、成立了山钢集团。这是适应国际、国内钢铁工业发展趋势、增强市场竞争力的必然选择，是落实国家钢铁产业发展政策、实现山东钢铁产业升级的客观要求，是建设钢铁强省和制造业强省的重要举措，也是济钢、莱钢等企业战略统筹、资源整合、突破发展瓶颈、实现战略转移、优化结构、发挥规模和协同效益的客观需要。

山钢组建后，迅速理顺内部管理关系，紧锣密鼓地围绕矿山资源、财务资金、采购、营销、生产运行、信息化等，推进关键资源和核心业务整合工作，促进了区域内钢铁产业的结构调整和布局优化，规模优势和一体化经营的协同效应初步显现。2008 年，山钢集团总资产 1190.89 亿元，在岗职工 8.8 万人；主要工艺装备包括 1880 立方米高炉、1750 立方米高炉、120 吨顶底复吹转炉、3500 毫米中厚板生产线、1700 毫米热连轧机组、大型 H 型钢生产线、棒材生产线等，主体工艺装备居全国先进水平，具备年产 3000 万吨钢、2500 万吨钢材、2500 万吨生铁的综合生产能力。

（二）求生存，夯实发展根基

2008 年，受国际金融危机的影响，钢铁价格经历了过山车式的暴涨和暴跌。2008 年上半年和下半年出现了冰火两重天的状况。尤其是 9 月以后，钢铁行业受到严重冲击，企业生产经营困难，山钢面临产品价格急跌、销售不畅，产量锐减、库存增加，效益下滑、资金紧张等严峻挑战。应对金融危机、扭转生产经营不利局面，成为山钢最紧迫的任务。

困难面前不消沉，共克时艰靠信心。山钢一方面动员广大干部职工做好长期应对困难的准备，以破釜沉舟的勇气、壮士断腕的胆气、敢于亮剑的豪气，打响了全面打赢扭亏增盈生存保卫战，用汗水擦亮山钢品牌，用业绩赢得社会尊重；另一方面从发展的角度客观认识机遇和自身的优势、潜力，坚持落实中长期发展目标与实现扭亏增盈既定任务相结合、坚持适应性调整与战略性调整相结合、坚持优化布局与产业升级相结合，围绕对标挖潜、强本增效、化解风险、稳健经营等做了大量工作，进行了一系列研究与探索，满怀信心地迎接经济转型带来的机遇和挑战。

2009 年 12 月 8 日，山钢资金、采购、销售、运行协调四个业务中心揭牌，标志着山钢推进关键资源及核心业务整合、一体化运营迈出实质性步伐。

2011 年 10 月 2 日，国家发展改革委下发《关于在山东省开展钢铁产业结构调整试点工作的通知》，原则同意《山东省钢铁产业结构调整试点方案》。2012 年 2 月，省政府印发《关于贯彻落实山东省钢铁产业结构调整试点方案的实施意见》，山钢在实施方案中承担重要任务。

2012 年 2 月 27 日，济南钢铁股份有限公司与莱芜钢铁股份有限公司吸收合并事宜在省工商局登记完毕，济南钢铁股份有限公司正式更名为山东钢铁股份有限公司。

2013 年 3 月 1 日，国家发展改革委核准了山东钢铁集团有限公司日照钢铁精品基地项目。国家和山东省赋予山钢结构调整产业升级试点重任。山钢联合国内外专业机构进行了 28 次大规模论证，方案优化 1600 余次，先后进行了 21 次总图优化设计，138 项世界领先技术、2000 余项自主创新，奠定了高质量发展基础。2017 年，精品基地顺利全线贯通，一举夺取工程建设、热试投产双胜利。2018 年，一期一步生产线全线投产，目前转入一期一步生产经营与一期二步工程建设并行的新阶段。

一座座里程碑高高矗立在历史的长河，一幅"突出沿海、优化内陆，精品与规模并重""建设现代化的、具有国际竞争力的世界一流钢铁强企"的宏伟蓝图正徐徐展开。

（三）谋发展，涵养发展后劲

2016 年是我国供给侧结构性改革起始之年，钢铁行业实施了以化解过剩产能为突破口的供给侧结构性变革，优化了产能结构，达到了优胜劣汰的目的。扭转 2015 年难以为继的局面，山钢还面临着落后产能要淘汰、污染产能要搬迁、"僵尸"企业要关停、机制体制要改革等一系列艰巨任务。山钢新一届领导班子清醒地认识到，国企改革的方向是市场化、资本化，山钢改革前行的方向是改建国有资本投资公司。山钢集团领导班子及主要部门负责人，深入各权属单位，调研实情、把脉问诊；赴先进企业学习考察，对标先进、寻找差距。在无数次论证中，山钢的"病根"逐步浮出水面，改革的路径逐步清晰。

山钢快速应对外部环境变化，动态调整发展思路，适时提出"多元主打、结构调整，闯开转型升级特色之路；奋战三年、提质增效，跻身全国钢铁强企前列"三年发展方略，推出了一系列重大举措，确立了一系列新观念、新思路、新方略，化解了一批制约发展的现实难题和潜在风险，在多个方面取得了具有标志性意义的突破。成功启动日照钢铁精品基地项目，一期一步工程投产即达产；济钢在济南的钢铁产线顺利关停，以智能制造、现代物流等为主的转型项目加速推进；启动"新旧动能转换三年行动计划"，稳步推进"多元主打"战略，初步形成以钢铁产业转型升级为引领，金融、钢铁服务、钢铁延伸、信息技术、城市服务等产业板块协同发展的新格局。

今后一段时期，山钢将全面展开新旧动能转换重大工程作为实现魅力山钢建设的重大机遇、转型升级的战略途径、高质量发展的强力抓手，放眼区域经济社会大环境谋划产业发展，做好产城融合大文章，统筹产业链上下游产业，形成协同高效、互惠共赢的产业集群、价值集群，打造转型升级新优势。

三、主要发展成就

十年砥砺奋进，十年淬火成钢。面对经济环境的深刻变革和严峻挑战，山钢沉着应对，逆势突围，在低谷中奋起，在挫折中前行，成功扭转不利局面。两年来，各产业板块保持良性发展，主要经济技术指标呈现向好趋势。尤其是 2017 年以来，在市场因素和内部改革"红利"共同推动下，经济效益实现大幅增长，稳中有进态势明显。

（一）党建科学化水平不断提高

始终坚持党对国有企业领导不动摇，坚持全面从严治党不松懈，落实党组织在法人治理结构中的法定地位，将党建工作要求嵌入公司治理，层层压实管党治党责任，以党建工作引领和保障战略落地与公司规范运行。建立健全党建工作责任体系，每年制定印发《党建工作责任制》及考核细则，对责任落实情况进行检查通报，形成闭环体系。扎实开展学习实践科学发展观活动、党的群众路线教育实践活动、"三严三实"专题教育等党内主题教育活动，深入推进"两学一做"学习教育常态化制度化，广大党员干部"四个意识"显著增强。坚持党管干部、党管人才原则，探索建立"市场化选聘、契约化管理"的选人用人机制，人力资源配置进一步优化。全面落实"两个责任"，旗帜鲜明惩治腐败，深化落实中央八项规定精神，出台正风肃纪"十条禁令"，持之以恒纠正"四风"，强化监督执纪问责，清风正气更加充盈；建立大监督体系，加强纪检监察队伍建设，巡察"利剑"初露锋芒。适应转型发展和组织机构调整需要，同步设置党的组织、动态调整组织设置，实现党的组织和党的工作全覆盖，做到哪里有职工群众哪里就有党员，哪里有党员哪里就有党的组织，哪里有党的组织哪里就有健全的组织生活和党的组织作用的充分发挥。目前山钢共有党组织 1200 多个、党员 25000 余人。适应全面从严治党新形势新任务新要求，创建工作方式方法，逐步培育固化了一批具有山钢特色的党建思想政治工作品牌，"互联网+党建""党员创新孵化基地"等先进典型的示范引领作用更加凸显。坚持"围绕中心、服务中心"，各级党组织凝聚力、向心力和战斗力在实践中经受检验，党员先锋模范作用进一步彰显。侯军当选第十三届全国人民代表大会代表，姜开文、贾广顺、左炳伟、蔺红霞分别当选党的十七大、十八大、十九大代表。2017 年 7 月，为推动山东省钢铁产业布局优化，有着 59 年发展历史、千万吨规模的济钢钢铁产线全面停产。按照李克强总理视察济钢时"转岗不下岗、转业不失业"的指示精神，山钢把妥善安置职工作为工作的重中之重。各级党组织牢记总理嘱托，落实山东省委、省政府决策部署和山钢集团党委决议，党组织的先进性充分彰显，党员先锋模范作用充分发挥；广大职工与企业同呼吸共命运、勇于牺牲、甘于奉献，以实际行动体现了国有企业干部职工的整体素质与责任担当。在不到两个月的时间里，基本实现了近 2 万名职工的平稳安置，济钢也开启了转型发展的新征程。山东省委书记刘家义同志指出："这次济钢产能调整做得非常好，这也是全靠党的领导。"

（二）市场竞争力不断增强

山钢主动适应经济发展和钢铁行业新常态，顺应供给侧结构性改革大势，夯实发展平台，打造比较优势，加快推进由传统动能向新动能的转变。

高端供给引领新动能。山钢把提高供给质量作为主攻方向，以客户需求带动研发、以新产品引领客户需求，重点围绕关键工艺、产品及用户应用领域，开发具有自主知识产权的技术，大力发展高铁、核电、船舶等领域高端产品和"蓝天刚需"，满足客户更新换代和绿色发展要求。日照钢铁精品基地采用多项国内外先进技术，工艺装备保持世界先进水平。5100 立方米高炉、2050 毫米热连轧、2030 毫米冷连轧、4300 毫米宽厚板等产线装备水平及产品档次达到国际一流水平。主导产品定位于制造目前市场上量大面广的汽车、家电、高端装备制造、海洋工程等行业的升级换代产品。热轧、冷轧薄板及热镀锌等薄板类产品定位于高强度、高技术含量、绿色环保等高端产品，争做行业领先者；中厚板和宽厚板产品定位于中、高档次，扭转山东省内中厚板产品达不到宽、厚、薄、精标准的状况。

绿色智能提质新动能。山钢坚持绿色制造、绿色发展的理念，通过与阿里巴巴、浪潮集团等合作，将物联网、大数据、人工智能等应用于生产全流程，持续推进"两化"深度融合、智能制造，把绿色生态理念贯穿于钢铁及相关产业发展的全过程，实施产品全生命周期绿色管理，开展能效环保系统诊断，打造全供应链的高效、清洁、循环的制造体系。

融合发展培育新动能。山钢以"心无旁骛攻主业，交叉混业聚动能"为指导，制定《新旧动能转换三年行动计划》，明确构筑钢铁、金融、矿产资源、贸易物流、耐火材料、钢结构建筑、信息技术、产业园区开发运营、房地产、城市服务十个产业，并确立了钢铁、金融、钢结构建筑、信息技术、产业园区开发运营五个主打产业，积极延伸国家倡导的相关战略性新兴产业，大力发展"钢铁+金融""钢铁+IT""钢铁+建筑"等模式，深入实施钢铁产业链融合。

品牌提升激发新动能。近年来，山钢产品打入秦山核电站等多个国家重点工程，海洋工程用钢应用于全球最大液化天然气项目——亚马尔液化天然气项目等国际重大项目建设；先后向我国 10 多条电气化铁路改造工程供应专用 H 型钢 50 多万吨，供货量占我国此类工程用钢份额 50%以上；实现了世界第四条、我国第二条中低速磁悬浮轨道交通线——北京地铁 S1 线工程所需的 F 轨排独家供货，成为国内首家拥有自主知识产权的、技术世界领先的热轧 F 型钢产品供应商；成为我国唯一一家被壳牌石油公司认可的钢结构用型钢产品生产供应商。截至 2017 年，山钢拥有"中国名牌"产品 3 个，"山东名牌"产品 20 个，冶金产品实物质量认定"金杯奖"14 个（包括 1 个特优奖），冶金行业品质卓越产品 9 个，赢得了广大客户和业界的良好声誉。

（三）节能减排不断推进

山钢始终坚持绿色发展理念，在国家节能减排政策指导下，积极推进能源和资源的合理利用，较好地实现废水、废气达标排放、固体废弃物综合利用和妥善处理，实现了经济效益、环境效益和社会效益的和谐统一。山钢及子公司荣获全国第一批"能源管理体系建设示范企业""资源节约型环境友好型企业创建工作试点企业""钢铁行业规范企业""国家节水标杆企业"等荣誉称号。

能源利用效率稳步提高。吨钢综合能耗（标准煤）由 2008 年的 628 千克，降低至 2017 年的 580 千克，降幅 7.6%，冶金煤气基本实现零放散；吨钢耗新水由 2008 年的 3.4 吨降低至 2017 年的 2.9 吨，降幅 17%。积极推进干熄焦（发电）、转炉煤气干法除尘、高炉煤气干法除尘、能源管控中心、高效发电、焦炉脱硫脱硝、热装热送、低温余热回收等节能技术，节能水平显著提高。

加大环保投入，推动碧水蓝天绿色发展。山钢认真贯彻国家和地方环保法律法规，高标准建设山钢日照钢铁精品基地项目，投资 64.7 亿元建设环保设施，污染物排放水平提前达到山东省 2020 年第四时段排放标准，吨钢颗粒物、二氧化硫、氮氧化物排放处于全国领先水平。以废水治理设施改造为抓手，实施碧水工程，提升废水控制水平，在各生产厂建设综合和高难废水处理厂，将厂区工业废水、渗漏水、生活污水全部回收处理，形成中水回用钢铁生产或清洁绿化等。工业水重复利用率达到 98%以上。

大力发展循环经济，延伸钢铁全产业链。山钢以保证主体生产线稳定顺行和深度挖掘固废资源增效为导向，资源化利用各种工艺废弃物。与北京科技大学合作，开展转底炉直接还原处理钢铁厂含锌尘泥成套工艺高技术产业化示范工程，有效解决了固废循环的边界技术。回收的污泥、粉尘在烧结、转底炉、炼钢循环利用；优化钢渣、水渣、脱硫渣处理工艺，开发生产水泥、矿（钢）渣微粉、商品熟料、商品混凝土、冶金辅料、干粉砂浆、建材化工等产品，总量达 2200 余万吨，年综合利用各类固体废渣总量 500 万吨，固废资源利用率实现 100%，经济效益显著。

（四）技术创新能力不断增强

山钢高度重视技术进步和技术创新工作，积极开展产品与工艺技术研发，加快科技成果、技改成果及新工艺、新材料的应用，不断培育以技术、品牌、质量和成本为核心的竞争优势。

完善科技创新体制机制。山钢围绕新技术、新产业、新业态、新模式，提出"人才驱动、协同创新、智赢市场"的科技创新战略。推进以专家顾问为核心成员的智库建设，强化政策分析、战略研究等工作，为实施新旧动能转换提供理论支撑和智力支持。重构科技创新体系，整合内外部资源，外部与东北大学、北京科技大学、重庆大学、冶金规划研究院、中国钢研科技集团公司合作，形成科技平台，扩大建设院士工作站；内部形成山钢研究院、各产业公司技术中心"一院多中心"的研发管理和运作体系。

积极探索产学研合作方式。山钢充分调动产学研各方力量，先后与中国工程院院士、东北大学教授王国栋签署高性能钢铁材料院士工作站合作协议，与中国钢研、安徽工业大学、苏州大学、中科院金属研究所等著名高等院校、科研机构建立战略合作伙伴关系，共建宽厚板研发中心、高强度钢联合研发中心等 14 个联合研究机构，积极跟踪参与冶金前沿技术的研究与开发。截至 2017 年末，拥有 1 个国家认定企业技术中心、2 个省级技术中心以及省级工程技术研究中心、国家级质检中心、博士后科研工作站、省院士工作站；具有高级专业技术职称人员 3859 人，硕士、博士学位人员 1165 人；山东省有突出贡献的中青年专家 14 人，享受国务院特殊津贴 9 人。

科技创新硕果累累。山钢围绕新产品开发、设备改造、工艺提升等创新申请专利 4096件，授权专利 3119 件。主导制定或参与制定国家标准 21 项、行业标准 11 项、地方标准12 项，制定企业标准或内控标准 171 项。参与申报的国家级重点研发课题"高强度、大规格、易焊接船舶与海洋工程用钢及应用"项目中的子课题获批；开发铁道车辆用耐候 H型钢、铁路线杆用钢等 40 多种新产品，其中 10 项新产品填补国内空白；参与完成的"电弧炉炼钢复合吹炼技术的研究及应用"获国家科学技术进步奖二等奖；实现转底炉直接还原处理钢铁厂含锌尘泥工艺技术、炉顶煤气循环氧气高炉工艺技术、高炉煤气资源化利用关键技术、利用转炉干法除尘系统处理焦化废水技术等多项钢铁工业关键共性技术的自主研发，为行业节能减排、循环经济技术进步做出了积极贡献。

（五）企业改革不断深化

推进企业管理变革是适应时代发展的要求，山钢每个历史时期的管理改革，都极大地促进了生产力的发展，为企业发展注入了强大动力。

完善现代企业制度和国有资产管理体制。2016 年 8 月 24 日，山钢改建国有资本投资公司获批，定位为：山东省钢铁产业结构调整转型升级的投资主体，以优质资源和多种平台为依托的融资主体，以钢铁为平台培植非钢主业的产业整合主体。按照国有资本投资公司的功能定位，集团总部着重定战略、管班子、核薪酬、控风险、创环境，各产业公司逐步向利润中心转变，自主经营、自负盈亏。围绕完善法人治理结构，山钢厘清管理边界，创新组织结构，初步搭建起"1 个国有资本投资公司+N 个产业子公司"的组织架构，构筑产业集群。

加快产权制度改革，激发内生活力。山钢钢铁主业重大资产重组工作自 2009 年 11 月正式启动，2011 年 12 月 30 日，中国证监会批准重组方案。山钢将山钢股份济南、莱芜两个分公司的管理关系分别从济钢集团和莱钢集团分离出来，钢铁业务以山钢股份为核心，充分发挥聚焦优势。山钢股份实质性独立运营，形成聚集资本的条件，集中力量办大事。山钢股份规范化运营以来，钢铁主业管理得到系统提升，整体经济技术指标水平得到全面改善。山钢于 2015 年 12 月全面开展混改试点，鲁新建材、永锋淄博、国铭铸管 3 家单位完成混改，日照公司被山东省政府批准列入首批员工持股试点单位。永锋淄博通过引入民营资本和管理团队，按市场化原则选聘经理层，成功实践了"国有体制，民营机制"的经营管理模式，起到了盘活资产、激发活力、提升业绩的良好示范作用；国铭铸管自 2017 年 7 月投产以来，呈现了产销两旺的良好局面；鲁新建材是成为山钢首家在新三板挂牌的企业。

以市场化为方向，持续深化三项制度改革。山钢认真落实党的十八届三中全会关于深化国有企业内部改革的精神，从"用人视野市场化、选聘方式市场化、管理模式市场化、业绩考核与薪酬分配市场化"四个方面，完善制度、创新机制、强化管理。出台"1+4"配套制度，瞄准短板，聚焦痛点，迎难而上。改革岗位管理模式，2016 年自上而下实施"三定"，集团总部人员率先全体"起立"，重新竞争上岗，总部机构压减 20%，人员减少 15%，其中部门正职减少 35%。改革领导班子组建方式，试点"一把手"自主组阁，经理层市场化选聘、契约化管理破题，山钢金控、山钢国贸先行先试，内生动力有效激活。改革选人用人路径，一方面转变"上"的方式，变"伯乐相马"为"赛场选马"，通过改革发展实绩，把敢改革、会改革、担重任、综合素质优的人才选拔到领导岗位；另一方面解决"下"的难题，强化履职监督，加大考核与问责，对年度综合考核不称职、违反制度被问责、不适宜担任现职等情形的领导人员严格按规定退出。

（六）社会贡献度不断提升

积极履行社会责任，为社会创造财富。十年来，累计生产优质钢材 2.21 亿吨，累计实现利税 683.98 亿元。以精品支援国家建设，为国家大剧院、奥运场馆、世博场馆、国家石油储备基地、高速铁路以及一大批船舶、桥梁、机械等重大项目建设做出了贡献。推进节能减排，实施绿色制造，走出了一条节能降耗与减污增效有机统一的新路子，成为循环经济示范企业，成功输出环保节能综合解决方案，环保优势成为山钢靓丽名片。响应组织号召，落实上级部署，主动融入社区，积极回报社会，带动驻地经济发展和社会进步。干部职工积极参与文化、体育、教育、救灾、扶贫等社会公益事业，展现了关爱意识和互助精神。积极响应国家"一带一路"倡议，加快"走出去"步伐，越来越多的钢铁、耐材、集成房屋、工程设计、营销网点等产品和服务走出国门，成为展示实力、提升形象、深化合作的重要载体。

（七）向心力凝聚力不断增强

在深入挖掘、传承借鉴、融合创新的基础上，形成了具有山钢特色的"共赢文化"体系。大力倡导树立"共创、共进、共赢"的核心价值观，集团上下同心同德、同向同行的局面逐渐形成。牢固树立以人为本理念，坚持发展为了职工、发展依靠职工、发展成果由职工共享，职工的工作环境得到改善、生活品质持续提升，突出的是 2017 年职工人均收入水平实现较大幅度增长。加强社会主义核心价值观宣传，引导广大职工群众深刻认识核心价值观内涵，坚持以主旋律引导人、以正能量激励人、以好声音鼓舞人。依托"大学堂""道德讲堂"等载体，举办道德论坛、理论研讨会、座谈会、基层宣讲 1000 余场次，在内部媒体累计刊发核心价值观相关报道一万余篇，在厂区、社区打造了一大批道德主题景观、主题墙和展厅。深化"四德"工程，构建起以"品格培训"为手段，争做"用户满意服务明星""双十佳"创建活动为载体，以"文明上网""文明小区""文明家庭"等活动为补充的全方位、多层次的群众性精神文明创建活动体系。组织开展道德模范人物评选、"同铸山钢魂，共圆山钢梦"、一线员工故事会、层层开展好人好事、感动企业人物评选等丰富多彩的活动，累计发掘感动人物、身边好人事迹 3000 多件，表彰 400 余件；

表彰山钢集团道德模范人物 80 人。先后涌现出左炳伟、姜和信、王俊生等一大批全国劳模和全国五一劳动奖章获得者，40 多人获省劳模、全国钢铁工业劳模和山东省富民兴鲁劳动奖章，20 多人获省管企业和全省道德模范、1 户家庭被评为山东省首届文明家庭称号。建成各类志愿服务组织 110 多个，志愿服务站 20 多个，拥有青年志愿者 3000 多人，10 多名职工获山东省志愿服务先进个人。坚持每年组织开展学雷锋志愿服务活动，累计服务人数 10 万余人，在社会上引起良好反响。深入推进"厚道鲁商"倡树行动，以遵章守法、诚信经营为基础，以品牌建设为重点，以人本管理、和谐共享为核心，把"诚信、责任、文化、和谐"作为贯穿企业生产经营、精神文明创建以及企业文化建设的各个环节。持续完善文明单位创建机制。山钢现有全国文明单位 2 家，山东省文明单位 16 家，省管企业文明单位 26 家，山钢集团文明单位 44 个，在全集团形成学习先进、争当先进的浓厚风气。坚持以职工为中心，为职工谋福祉，启动幸福和谐新山钢建设，保障职工合法权益，拓宽职工发展空间，促进职工身心健康。搭建宽广平台，强化业务培训，鼓励成长成才，职工的成就感、获得感、归属感和自豪感越来越强。将社会慈善与内部困难职工救助工作相结合，"四不"承诺、"五条保障线"等措施为困难职工筑起"挡风墙"、撑起"保护伞"。广大党员干部职工干事创业心更齐、气更顺、劲更足，对山钢未来发展充满信心。

四、主要特点和经验

十年风雨沧桑路，铸就了山钢人钢铁般的意志和对事业执着追求的坚强品格。十年来，山钢发生的巨大变化，取得的巨大成就充分证明：山钢的建设和发展，始终得益于党和国家的正确领导和重要决策；得益于山东省委、省政府和冶金行业以及其他国家机关和各级政府、兄弟企业、社会各界的具体指导推动和关心帮助；得益于山钢历届党政领导班子带领全体职工，不断艰苦创业，开拓创新，求索企业发展良策，并为之奋斗拼搏。党的改革开放政策给山钢带来了发展与活力，总结、汲取、传承山钢改革发展富有成效探索实践历程。

（一）战略引领，谋定而动

山钢在严峻经济形势下能够逆势前行，除了自强不息的狠抓深化改革和创新驱动之外，还在于坚持战略引领，真抓实干。十年间，国家对钢铁行业的政策从"淘汰落后产能"到"去产能"再到"供给侧结构性改革"不断发生着变化。山钢根据新变化、新情况，与时俱进，随势而动，及时调整发展战略、路径和目标，拿出适应严峻形势、重塑优势的办法。站在我国经济由高速增长阶段转向高质量发展阶段的历史新起点上，站在山钢从顽强拼搏努力争取活下来，到乘势而上谋求强起来、优起来的发展新起点上，山钢以党的十九大精神为统领，科学谋划发展新蓝图，抢抓全国钢铁产业结构调整试点省、山东省实施新旧动能转换重大工程等历史机遇，借势发力，晋位升级。制定并启动"新旧动能转换三年行动计划"，以"多元主打"开启转型升级特色之路。坚持产业经营与资本运营两手抓，致力实现集团利润最大化与价值最大化。在山钢第一次党代会上，发出了"加快动能转换，建设魅力山钢"的号召，勾勒了分"两步走"建设具有全球竞争力的世界一流企业为目标，以"治理结构优化、质量效益优先、政治生态优良、企业文化优秀，发展有动能、行业有地位、职工有福祉、品牌有美誉"的"四优四有"目标为基本内容，以强化领导力、创新力、协同力、凝聚力、文化力为手段，以构建实力山钢、活力山钢、品质山钢、责任山钢、幸福山钢为支撑的战略新蓝图。

（二）应对危机，精益运营

山钢大力强化全员危机意识，引导职工积极主动适应市场变化，眼睛向内、苦练内功、夯实基础，打造"精益山钢"。开展了以"止血止损、降本增效、精益管理、转型升级"为主题的"运营转型管理提升"活动，按照"目标指标化、指标参数化、参数精准化"的思路，建立自下而上的指标体系、业绩对话体系，推动自上而下的业绩持续改善。结合山东省国资委经营绩效综合评价组对山钢经营绩效综合评价报告，山钢围绕止血止损与降本增效、资产重组与资本运营、重大风险防控等核心内容，形成了 52 项整改课题。以此为契机，建立"横到边、纵到底"全面预算管理体系，对生产经营实现"全员、全额、全过程"的管理。开展内部市场化试点工作，建立并完善定额、价格、计量、结算、考评 5 大管理体系，建立全员、全要素、全流程的内部市场化运营体系。建立具有行业竞争力的标准成本体系和质量提升改进计划，总结运用精益管理等各类工具和方法，在能源管控、工艺技术、设备作业率上取得突破。精心运筹资金，盘活各类资产，压缩各类资金占用，保证了资金链安全。坚持标本兼治，亏损企业治理和"僵尸企业"处置工作取得实质性进展。实施"法治山钢 863 计划"，法治山钢建设为企业改革发展提供了重要的服务保障。以 ERP 为代表的一批集团层面的信息化系统投入运行，为降本增效、精益运营提供了有力支撑。

（三）解放思想，克难制胜

山钢发展的过程，就是解放思想的过程，就是不断冲破旧的思想观念的束缚、克服安于现状思想、不断优化企业发展思路、坚持科学发展的过程。面对集团成立后文化塑造的崇高使命，山钢在解放思想中统一思想，把企业文化与战略、人事、制度、业务、资产作为必须实施的六大整合，在企业整体发展战略思想的指导下，创新形成了山钢文化核心理念体系，既充分体现了山钢文化在广大干部中认知、认同的思想基础，又与时俱进，与新的企业发展战略、体制机制相适应。面对国际金融危机的深刻影响，山钢把形势任务教育当成应对困难的重头戏，以开放式教育，深入职工群众，扩大覆盖面和影响力；以启发式教育，用身边事教育身边人，用朴实的话阐述朴实的理，启迪思维；以互动式教育，运用多媒体、多元素集成的表现形式，使教育内容与教育对象形成互动，产生共鸣；以座谈式教育，提高教育渗透性，凝聚干事创业的合力。面对钢铁行业结构调整、转型升级的新机遇，山钢在全集团上下掀起了新一轮解放思想、深化改革、赶超先进的头脑风暴。一场场座谈碰撞思想，一次次大讨论凝聚共识，"跳出山钢看山钢""谋全局、谋高端、谋效益"等一系列理念逐步融入干部职工的血液，集团上下形成了"心齐、气顺、风正、劲足"的良好氛围。

改革开放为山钢实现跨越式发展奠定了坚实的基础，成立十年来积累的宝贵经验，为山钢进一步做强做优做大提供了有益的启示。

必须始终坚持党的全面领导。实践证明，什么时候党组织的意志体现得好、落实得好，各项事业就能顺利发展、无往不胜。只有坚决服从大局、自觉维护团结，坚定不移地落实好集团党委的各项重大决策部署，企业长远发展才有保障，职工美好期待才能成为现实。

必须始终坚持以人为本。实践证明，山钢的职工队伍值得信赖，无愧于这个时代。只有自觉坚持以职工群众为中心，尊重职工群众主体地位和首创精神，让广大职工充分参与管理、充分发挥才干、充分享有成果，上下同欲的良好局面才会不断巩固，山钢的发展才会始终充满生机活力。

必须始终坚持深化改革。实践证明，改革的力度越大，发展的步子就越快。只有坚持问题导向，搞好顶层设计，蹄疾步稳推进各项改革举措，才能不断突破瓶颈制约，持续释放体制机制活力。

必须始终坚持弘扬清风正气。实践证明，风清气正才能人心顺畅、运行高效、内外和谐。作风建设永远在路上，廉洁意识一刻不能放松。只有坚持常抓不懈、坚持防微杜渐、抓早抓小，坚持发挥各级党员干部的表率作用，才能激浊扬清，让歪风邪气无处藏身，让清风正气释放出巨大能量。

必须始终坚持思危求进。实践证明，在挑战和考验面前，停顿和倒退没有出路，信心比黄金更重要，只要思想不滑坡，办法总比困难多。前进道路无坦途，只有居安思危，居危思进，敢为成功担责任，不为失败找借口，才能闯关求胜，以进取姿态点亮希望之光。

五、未来发展展望

面向发展新时代，山钢将在习近平新时代中国特色社会主义思想指引下，坚持和加强党的全面领导，忠实履行国有企业的经济责任、政治责任和社会责任，把做强做优做大国有资本的责任扛在肩上，在承担责任中发展，在发展中更好地履行责任，实现社会效益、企业利益和员工价值综合效益最大化。今后一个时期，山钢将以建设具有全球竞争力的世界一流企业为奋斗目标，科学谋划发展蓝图，着力建设魅力山钢。

建设魅力山钢可分两步走：

第一步，到"十三五"末，进入中国钢铁企业综合竞争力排名前列，综合竞争力排名与规模位次相称，职工收入水平与企业效益实现同步增长，新旧动能转换三年行动计划目标按期全面实现；产业结构、资本结构、产权结构、治理结构、人力资源结构调整基本完成，成功实现转型升级；成为国内区域领先、国际专项领先的综合型钢铁强企，3~4个主打产业实现区域主导、国内细分市场领先。其中，钢铁产业在省内及周边区域市场稳居主导地位，国际化战略实质性推进。

第二步，到"十四五"末，初步建成以动能持续化、产业生态化、品牌高端化、运营国际化为基本特征的国内一流、国际先进的现代化钢铁强企。产业链、价值链占据中高端，形成符合生态文明发展要求、钢铁精益高效、多元耦合共生的产业生态圈；以打造第一、唯一、效益（FOP）产品为抓手，成为国内区域品牌占有者、国外专项品牌拥有者；聚焦国际细分市场，科学布局和配置资源，全面实施国际化战略；钢产能规模居国内同行业第二方阵前列，力争进入第一方阵，盈利能力位于行业较高水平；职工有较强获得感，企业有良好社会美誉度。

实现上述奋斗目标，对于确立山钢在国内外钢铁行业的地位和形象至关重要，山钢将在以下方面继续努力。

（一）瞄准世界一流强企目标，建设实力山钢

山钢将坚持问题导向和目标导向相结合，高目标引领，脚踏实地前行，努力赶超、全面提升，全方位打造实力山钢。坚持以集团公司为主导、产业公司为主体，从基础竞争力、发展竞争力、经营绩效竞争力三个维度，建立多维度动态性对标坐标系，打造产业比

较优势，系统提升山钢综合竞争力。持续做好"强、退、育"的文章，做强优势核心主业，退出不符合战略定位产业，培育有发展潜力新兴产业。进一步突出"钢铁主业基业"，做实"多元主打高地"。以优化产业规模、工艺流程、装备水平等要素为方向，以钢铁、金融、钢结构建筑、信息技术、产业园区开发运营等产业为重点，培育实施重大项目，提升基础竞争力。补齐人力资本、商业模式、绿色经营和科技创新等方面的短板，系统打造发展竞争力。根据国有资本投资公司定位，完善治理结构，改进集团管控，提高产业经营水平，全面提升经营绩效竞争力。借力"一带一路"，以全球思维系统研究区域市场，挖掘产业优势资源。全面学习、对标国际先进企业，引进、消化、吸收国外先进技术和人才资源，加强国际合作，寻求在世界范围内配置发展空间，稳步推进实施国际化战略。

（二）激发全面改革内生动力，建设活力山钢

山钢将坚定深入推进国有资本投资公司改建，全面改革授权经营体制，通过改建激活资本，放权激发动力，激励增强活力，监督提供保障，全力打造产业结构优化、体制机制高效、市场竞争力强、充满生机与活力的新山钢。

持续规范公司治理。明确权力主体，落实主体责任，规范决策程序；聚焦资源优化配置和价值创造，定位战略、风控、协同、动能管理，打造价值创造型集团总部；把关定向、解放思想、创新思路，打破条条框框，把该制定的规则制定好、该放的权力放到位、该考核的目标落到人、该追究的责任追到底，营造改革创新大环境。

强化资本运营。构建发挥各种所有制优势、保障各利益相关方合法权益的法人治理结构和制度体系。积极引入非国有资本，稳妥实施员工持股和项目跟投；推进资产证券化；探索建立股权投资专项基金，参与权属企业混合所有制改革。推进产权结构优化，建立扁平顺畅、关系清晰的产权管理体系。通过产业实体化、股权投资证券化等措施，推进平台类公司实业化。加快推进非企业职能社会化。探索建立资产创效平台，盘活集团内部低效、无效资产。利用上市公司平台，提高主打产业资产证券化率，力争2020年达到60%。

深化"三项制度"改革。积极推进权属企业高管人员市场化选聘、契约化管理和领导班子自主组阁，实现人员配置市场化。一企一策，建立与行业特点相适应、与市场充分接轨的薪酬管理体系；健全资本、知识、技术、管理等由要素市场决定的分配机制；建立多层次多元化的中长期激励体系。创造条件，逐步下放用人权；创新机制，完善人才岗位序列体系，引导人才跨序列交流和发展晋升，形成纵向发展、横向贯通的人才发展通道。实现队伍建设梯队化，把组织优势、人才优势转化成改革发展优势。

强化创新引领。以科技创新为核心，重塑集团科技创新体系。加大科技研发投入，建

立目标导向的科研项目管理制度，探索科技创新成果转化收益分享机制。围绕产学研用，加强对外战略合作。倡导精益求精、追求卓越的专业能力和专业精神，弘扬鼓励创新、宽容失败的创新文化，形成推动创新发展的强大动力。

（三）形成多元主打产业优势，建设品质山钢

坚持"精益钢铁，耦合多元"导向和"产品高端、产业绿色、环保高效"标准，系统谋划增量崛起与存量优化，提升多元产业发展质量。着力提升钢铁产业品质。推进日照钢铁精品基地项目建设，建成优质工程、精品工程；实施莱芜片区系统优化升级和淄博片区工序改造；盘活存量钢铁产能资源；稳步推进、系统优化国内外产能布局。强化集团指导、协调、服务保障能力，多措并举，补齐多元产业发展不平衡的结构性短板，优化资产质量，改善效益构成。创新商业模式，以区域发展需要和客户价值需求为核心，高度关注内外部利益相关者，大力推进产城融合、产融结合，坚持产品品牌化、品牌高端化，提升产品和服务品牌价值，建立全生命周期服务体系，推动从产品制造商向综合服务商的转型，成为用户综合解决方案主要提供者。

坚持走生态道路。把绿色生态理念贯穿于多元产业发展全过程和各方面，以钢铁产业为重点，建设绿色产业链，打造生态产品品牌。推广应用节能环保技术，推进资源综合利用，提升各产业循环经济水平，形成绿色新动能，节能减排水平成为全国钢企领先者，打造生态环境品牌。实现钢铁强企的绿色价值，提升发展品质，赢得用户和社会广泛认同。

坚持提质与增效并举。按照"运营精实、负担清账、提升质量、动态优化"的原则，抓住存量资产经营质量稳定提升、历史遗留问题稳妥化解、集团公司运行稳定安全三个关键，更加突出净资产收益率、资产负债率、资产证券化率、债务结构等质量性指标，改善效益构成、积淀价值贡献，有效聚集资源，形成多点位的效益稳固支撑，建立风险动态监控机制，构建安全产业链。综合运用财务运筹、资本运作、资产重组等手段，使资产负债率逐年下降，归属母公司权益稳定并持续提升。系统筹划与具体运作相结合，动态优化运行指标，为企业健康发展持续创造有利条件和良好环境。

（四）勇当省管国企发展先锋，建设责任山钢

面对新的历史使命，作为省管骨干国企，山钢将充分发挥国有企业的政治优势，汇聚一切积极因素，成为党中央，国务院，山东省委、省政府决策部署的坚定拥护者和忠诚实践者，保障国家政策的贯彻落实。把落实国家供给侧结构性改革重要部署和"三去一降一补"政策要求放在更加突出的位置，以优异的产品品质、服务质量打造山钢金字招牌。提

高节能环保水平，改革发展与节约资源、保护和改善区域生态环境、有益于公众身心健康有机统一。坚持以职工为中心，为职工谋福祉，最大程度地提升职工获得感。积极主动承担社会责任，延伸产业链条，促进就业，成为带动区域经济社会发展的增长极，成为促进区域社会文明进步的重要力量。切实肩负起振兴山东钢铁产业的重任，理直气壮做强做优做大国有企业，在加快推进山东省产业结构转型升级、促进钢铁产业重组整合、增强国有经济活力等方面做出更大努力，以改革发展的成效展示山钢形象，以责任担当的行动赢得社会信任，以争做世界一流强企的实际行动支撑山东走在全国前列的目标定位。

（五）保障职工共享发展成果，建设幸福山钢

文化软实力是企业品格和境界的体现，是责任和使命的凝结。山钢文化融合进入"山钢一家、和谐共赢"的新阶段，将以山钢核心文化理念体系统一全集团思想和行动，完善提升山钢文化内涵，深度培育山钢文化认同感、执行力，强化文化导向、激励、凝聚功能，做实"利益共同体、事业共同体、命运共同体"的和谐机制。

坚持"为民情怀、职工福祉"的信念追求，始终把维护职工群众的根本利益放在第一位，把职工群众对美好生活的追求作为奋斗目标，依法实现好、维护好、发展好广大职工的根本利益。依托幸福和谐新山钢建设，切实把改革发展由全体职工共同推进、企业发展成果惠及全体职工的要求落到实处。

大力弘扬社会主义核心价值观，创新开展群众性精神文明创建活动，选树先进典型，弘扬正气新风。健全以职工代表大会为基本形式的民主管理制度，落实职工知情权、参与权、表达权、监督权，充分调动职工的积极性、主动性、创造性；积极参与构建社会主义和谐劳动关系，让职工能够充分尽主人责、做主人事，为建设魅力山钢建功立业。聚焦热点难点事项，畅通职工诉求渠道，解疑释惑、化解矛盾，确保企业和谐稳定。加强工会等群团组织自身建设，做好服务职工群众工作。建立精准帮扶救助保障机制，保障职工合法权益，让职工感受到家的温暖。做好女职工工作，充分发挥女职工"半边天"作用。做好离退休老同志服务工作。丰富职工业余文化生活，打造富有特色的群众文化名片。

改革开放是当代中国最鲜明的时代特色。继往开来，山钢将坚定不移将改革进行到底，打好从求生存到谋发展的攻坚战，全力打造一个"注入改革基因、充盈市场元素、拥有创新特质、饱含人文情怀"的新山钢，为实现山东"两个走在前列、一个全面开创新局面"的目标，推动钢铁工业迈上高质量发展的快车道做出新的贡献！

坚定改革路　淬炼40年

——改革开放40周年包钢发展成就回顾

包头钢铁（集团）有限责任公司

包头钢铁（集团）有限责任公司（简称包钢）成立于1954年，是国家在"一五"期间建设的156个重点项目之一，是新中国在少数民族地区建设的第一个大型钢铁企业，是内蒙古自治区最大的工业企业，也是周恩来总理唯一为其投产剪彩的钢铁企业。包钢的建设源于举世瞩目的白云鄂博多金属共生矿，稀土储量居世界第一位；铌储量居世界第二位，得天独厚的资源优势造就了包钢在世界独有的钢铁、稀土两大主业并举的产业格局。经过60多年的建设发展，包钢已成为世界最大的稀土工业基地和我国重要的钢铁工业基地。60多年来，包钢为服务国家和内蒙古经济社会发展、振兴民族地区工业、打造祖国北疆亮丽风景线做出了积极贡献，特别是改革开放40年来，包钢与全国人民一道，坚持以思想大解放引领改革大突破，推动产业大发展，实现企业大变革，以崭新面貌印证了国家40年改革开放的辉煌成就。

一、与时俱进，开拓创新，坚定不移推动改革不断走向深入

积土为山，积水为海。通过60多年的建设发展，包钢实现了从无到有、从小到大、从弱到强的巨大转变，也见证了国家、内蒙古自治区方方面面的发展进步。特别是改革开放后，包钢经历了钢铁行业由产能不足、迅速扩张到产能过剩再到"去产能"的发展历程，经受了市场跌宕起伏的冰火考验，实现了螺旋阶梯式上升发展。可以说，改革开放40年是包钢发展史上变化最为剧烈、改革最为深刻、进步最为迅速的40年。回顾这40年，包钢主要经历了三个重要阶段。

（一）改革探索及奠定发展基础阶段（1978~1997年）

1978年，党的十一届三中全会作出了把党和国家工作重点转移到经济建设上来的战略决策，中央和地方政府也开始针对国有企业进行以放权让利为重点的改革探索。在此背景

下，包钢整治"创伤"，肃清"左"倾影响，开始从高度计划经济向有计划商品经济的艰难过渡，管理体制经历了由简单再生产权，向承包经营责任制的演变。这一时期，企业经营自主权的逐步扩大，使包钢进一步明确了企业经营权、企业自负盈亏责任、企业与政府的关系、企业和政府的法律责任等问题，为包钢实现更深层次的企业制度改革夯实了基础。企业作为市场主体、员工作为企业主体的本质特点逐步显现，企业建设发展热情空前高涨，爆发出前所未有的巨大力量。1978 年，包钢一举甩掉连续 11 年亏损的帽子；1979 年包钢钢产量首次突破 100 万吨；1985 年达到 150 万吨，1993 年达到 300 万吨，1996 年突破 400 万吨。在大力发展钢铁产业的同时，1986 年北方稀土集团成立，1997 年稀土产业正式上市，初步形成了钢铁、稀土两大优势产业相互依托之势。

（二）改革推进及规模发展壮大阶段（1998~2015 年）

1998 年，经自治区批准，包头钢铁公司改制为包头钢铁（集团）有限责任公司，同时设立包钢集团，由此开启了包钢由工厂制企业向公司制企业改革的进程，现代企业制度框架逐步建立完善。这一时期，包钢坚持改组与改造并重、改革与管理并举，全面推开股份制改造，以产权制度的改革推进公司治理结构的优化，改组成为以多元股东结构为投资主体的包头钢铁（集团）有限责任公司，先后完成钢铁主业、稀土主业的整体上市，实现钢铁和稀土产业一体化经营。企业发展质量和效益随之逐年攀升，营业收入2002 年、2011 年先后突破 100 亿元、500 亿元大关；钢铁产业不断创造新纪录，2003 年钢产量突破 500 万吨、2009 年突破 1000 万吨，稀土产业规模不断扩大，成为我国六大稀土集团中北方地区唯一的大集团，也是规模最大、产业链最为完整的稀土大集团。

（三）改革深化及产业结构优化阶段（2016 年至今）

2016 年，包钢贯彻落实以习近平同志为核心的党中央全面深化改革的重大决策部署，启动改组国有资本投资公司有关工作，立足改革总厂制组织管理模式，全面下移生产运营管理职能，做实上市公司，积极推动集团由"管资产"向"管资本"转变，依托资本市场，努力打造股权管理、价值管理、整合退出的专业化平台。同时，大力推进提质增效、转型发展，突出稀土资源特色，实施以稀土为重心的战略转型，推动钢铁产业努力向稀土钢新材料产业转型，推动稀土产业努力向稀土功能材料产业转型，奠定矿业资源、物流、金融、文化、工程服务、能源开发、煤焦化、环保等新兴产业构架，不断做大做强。

二、解放思想，实事求是，努力实现从量变到质变的历史性跨越

天道酬勤，春华秋实。改革开放 40 年，包钢人始终坚持解放思想、实事求是，勇于自我革命、自我革新，不断破除阻碍发展的体制机制弊端，推动企业在规模实力、产业结构、装备水平、技术管理、节能环保等方方面面，都发生了前所未有的大突破、大变革、大发展，企业综合竞争实力显著增强，为实现高质量发展奠定了坚实基础。

——改革开放 40 年，是包钢企业规模不断扩大、经济实力持续提升的 40 年

40 年来，包钢坚持不懈做大做强企业，努力推动国有资产保值增值。固定资产总额由改革开放初期的不足 20 亿元滚动发展至 1747 亿元，增长 87 倍；企业营业收入由不足 5 亿元增加至 683 亿元，增长近 136 倍；职工年收入由 800 元增加至 7.3 万元，生产生活水平逐年提升。特别是近两年，包钢面对前几年行业严峻形势和自身巨额亏损、巨额债务的艰巨考验，坚持自强自立，持续推动企业提质增效、转型发展，2017 年一举扭转亏损不利局面，2018 年进一步巩固扩大经营成果，为实现高质量发展奠定了坚实基础。

所属两个上市公司不断发展壮大。截至 2018 年 6 月底，包钢股份从上市之初的净资产 13.85 亿元、市值 80 亿元，发展到净资产 497 亿元、市值 706.5 亿元，成为国内钢铁板块上市公司市值第二；北方稀土从上市之初的净资产 5.92 亿元、市值 23.17 亿元，发展到净资产 89.1 亿元、市值 413 亿元，入围"中国上市公司价值百强""中国上市公司市值管理百佳""中国上市公司资本品牌百强"。雄厚的经济实力，使包钢持续巩固了内蒙古工业龙头企业地位，打造了国内外钢铁行业、稀土行业的重要品牌。

规模能力的不断提升，是几代包钢人的孜孜以求和不懈努力的结果，是他们用青春、热血和智慧换来了包钢今天的发展局面。进入新时代，包钢人立志振兴崛起，确立了建设现代化新包钢的宏伟目标，正在全力以赴踏上新征程！

——改革开放 40 年，是包钢产业结构不断优化、多元产业协调发展的 40 年

不谋万世者，不足以谋一时；不谋全局者，不足以谋一隅。40 年来，包钢坚持推动企业发展，累计完成固定资产投资 1720 多亿元，特别是 2016 年以来，大力推进实施以稀土为重心的战略转型，实现了从规模数量型到质量效益型的重要转变。

改造提升钢铁产业。40 年来，包钢持续投入巨资优化升级钢铁产业，引进德国西马克、西门子、意大利达涅利等世界一流生产线，对建厂初期的原苏联钢厂模式进行了大规模的技术改造，新建了 4 号、5 号、6 号高炉，直径 180 毫米、直径 159 毫米、直径 460 毫米无缝钢管生产线，CSP、宽厚板生产线，轨梁万能轧机 1 号、2 号高速钢轨生产线，以

及稀土钢板材全流程生产线等一大批项目，使钢铁产能由改革开放初期的不足百万吨提升至目前的1650万吨。轧钢系统由1978年仅有66万吨轨梁、无缝钢管生产能力，发展到目前成为世界装备水平最高、能力最大的高速轨生产基地，年生产能力210万吨，可生产国内外铁路用系列钢轨等产品；成为我国品种规格最为齐全的无缝管生产基地，年生产能力200万吨，可生产石油套管、管线管等产品；板材生产能力从无到有，成为我国西北地区最大的板材生产基地，年生产能力960万吨，可生产汽车板、高级管线钢、高强结构钢等高档产品；成为我国西北地区高端线棒材生产基地，年生产能力244万吨，可生产热轧带肋钢筋、热轧光圆钢筋等产品。40年来，钢铁产业经历了由简陋高耗、粗老笨重到高效智能、节能环保的巨大转变，装备水平达到世界一流水平，带动了产品档次和质量的全面提升。

发展壮大稀土产业。包钢自建厂之初就肩负着发展我国稀土事业的重任。改革开放后，国家高度重视稀土产业发展，时任国务院副总理的方毅同志曾七下包头，研究部署包头矿资源综合利用，特别是1979年，"全国稀土会议"在包头召开，规格之高、范围之广、部门之全史无前例。国家的重视为包钢稀土产业注入强大动力。40年来，包钢稀土产业不断做强做大，从改革开放初期的小规模、单一种类、低附加值、实验性生产作业，仅能生产中低品位稀土精矿2万吨，以及少量氯化稀土、单一稀土氧化物、混合稀土金属，发展到今天成为我国稀土工业的龙头、世界最大的稀土原材料供应商，拥有稀土分离产品5.5万吨、金属镨钕7400吨、稀土功能材料3.8万吨生产能力，实现五大功能材料全覆盖，磁性、抛光、储氢材料产能位居世界首位。特别是近年来，包钢积极落实习近平总书记改变"挖土卖土"发展方式的重要指示，加快转变稀土产业发展方式，对内加强管理、治散治乱，对外兼并重组、提升产业集中度，在整合重组内蒙古自治区全部稀土开采、冶炼分离、综合利用企业和甘肃稀土，组建中国北方稀土集团基础上，加快自主知识产权成果转化，推动稀土基脱硝催化剂、SCR柴油基尾气催化剂和稀土PVC热稳定剂等一大批项目落地实施，为行业持续健康发展做出了表率。

培育提升多元产业。40年来，包钢既坚持巩固发展钢铁、稀土主业不动摇，又充分利用自身区位、资源、人才等优势和特色，不断打造新的效益增长点，推动战略性新兴产业实现从无到有的重大突破，为包钢实现可持续发展奠定了坚实基础。矿业资源产业在满足自身需要的前提下，积极掌控资源、发展口岸贸易和加工物流业务，目前已掌控铁矿资源5亿吨、煤炭资源8000多万吨、有色资源量88万吨、石灰石资源量4800万吨，同时拥有每年120万吨的铁精矿及半成品矿生产能力、每年200万吨的蒙古原煤运输及过货能力、每年400万吨的口岸园区吞吐能力和每年96万吨的洗精煤能力，基本形成了提供资源保障、自我滚动的发展模式。此外，物流产业、金融产业、文化产业、工程技术服务产业积极创新发展思路，在服务主业、整合资产、拓展外部等方面取得重大突破；能源开发利用产业、煤焦化产业、环保产业发展格局初步建立，产业化发展方向逐步明确。通过近年来持续深入实施全方位、多维度的产业发展策略，包钢既延伸了产业链条，增强了企业的综合竞争能力，又通过反哺传统产业夯实了核心竞争力。

实现由一钢独大到多元发展的巨大转变，是包钢人坚持解放思想、坚持实事求是、坚持改革开放，推动企业取得的最为明显的进步。包钢人以巨大的勇气和魄力，跳出钢铁发展包钢，最大限度集聚企业内外部资源，转化为企业突破瓶颈的发展优势、竞争优势，为实现高质量发展奠定了产业基础。

——改革开放 40 年，是包钢改革管理全面深化、企业活力显著增强的 40 年

穷则变，变则通，通则久。40 年来，包钢顺应国家改革开放大势，以变革求生存，以变革求发展，以变革求创新，不断破除思维定势，突破制约企业发展的体制机制障碍，推动企业发生了许多开创性、深层次的变化。

深化内部改革。改革开放后，伴随着国家由计划经济向市场经济的转轨，包钢经历了从工厂制到公司制再到集团化管控的深刻变革。改革开放初期，包钢管理体制经历了由简单再生产权向承包经营责任制的演变，1980 年 6 月，内蒙古自治区人民政府批准包钢为扩大企业自主权试点企业，当年起实现利润留成；1982 年，开始实行以"包、定、保"为主要考核内容，以内部计划留成的联责计奖为分配方式的经济责任制；1986 年，实行厂长负责制，开始初步的管理体制改革。1998 年，包钢由工厂制改革为公司制，设立 31 家分公司和子公司，形成母子公司集团化管理体制，基本建立起现代企业制度。进入 21 世纪后，包钢下大力气进行了主辅分离、辅业改制，分离企业办社会职能，为企业轻装上阵参与市场竞争创造了条件。2001 年，包钢公安处转制为包头市公安局河西分局，2005 年正式移交包头市管理。2005 年底，包钢 42 所中小学校及在校教职员工移交包头市管理。2006 年底，二冶移交中冶。2008 年，对 19 家服务性辅业单位创新实施了整体改制，成立包钢西创，首次较大范围探索员工个人持股，为激发辅业活力、主辅共同发展奠定了基础。2013 年，克服历史上最困难的行业形势，完成集体企业改革，分流安置集体职工 2.3 万人，整体工作走在了全国前列。2016 年以来，前所未有大力度推进瘦身健体改革和"三项制度"改革，压缩集团总部职能部门 50%，集团直属单位及各板块基层机构 35%；实行全员起立、重新竞聘上岗，精简厂处职干部 19%，精简两级机关人员 41%，压缩管理和专业技术岗位 20% 以上，推动操作人员按照在聘人员的 15% 进行优化，清理劳务用工近 4000 人。同时，包钢全面深化现代企业制度建设，推进混合所有制改革，改组国有资本投资公司,实施市场化改革,剥离企业办社会职能,形成了坚定不移推动改革的良好氛围。

加强企业管理。改革开放后,随着质量、科技等专业管理逐步步入正轨,包钢不断提升管理效率,实现了由改革开放初期生产导向的"工厂式思维"向市场导向的"企业式思维"的重要转变,企业更加注重从粗放生产型管理向精细化经营型管理转变。特别是21世纪以来,包钢积极探索创新管理模式,促进现代管理项目在企业落地生根、开花结果。实施5S管理,提升企业形象和职工素养;推进门禁管理,结束了包钢建厂以来敞开大门办企业的局面;推进卓越绩效管理和精益管理,成为内蒙古首家获得"全国质量奖"的企业;按照国有资本投资公司模式,强化集团管控,不断构建管理层级适度、扁平化的管理构架;推行IE工程、ERP管理,企业信息化、智能化水平不断提升。同时,持续实施堵塞漏洞系统工程,健全完善对外投资、招投标、采购、化检验等重点领域和关键环节管理体系,严抓各项专业管理,降低企业运行风险。

改革管理的大力度推进,伴随着思想的解放,伴随着时代的阵痛,伴随着广大干部职工高度的大局意识和自我牺牲。40年的改革历史证明,包钢人能够经得起时代变迁、企业进步的考验,未来也必然能够推动企业在深化改革、强化管理的道路上走得更稳、更远、更踏实!

——改革开放40年,是包钢开放合作不断深化、开放领域不断拓展的40年

明者因时而变,知者随事而制。40年来,包钢顺应国家改革发展大潮,大力拓展对外业务,推动企业从单一的产品贸易向资源开发、海外制造、海外工程承包、技术输出等上下游延伸,以更高的战略定位、更加开放包容的胸怀,跳出包钢发展包钢、跳出中国发展包钢,实现了从封闭到开放的巨大飞跃。

推动国际化发展。改革开放前,包钢产品的出口方式主要靠委托代理;1984年,成立中国冶金进出口包钢分公司;1989年,成立自己独立的进出口公司,拥有了独立开展进出口业务的资质。40年来,包钢出口量逐年递增,特别是近年来积极响应"一带一路"倡议,在全球范围内进行资源配置,积极拓展国际市场,有效提升企业国际化经营水平。一方面,与蒙古、俄罗斯等国资源直供用户开展合作,建立了稳定的铁、煤资源供应渠道,并积极探索在"一带一路"沿线国家布局钢铁产能。另一方面,大力开拓外部市场,积极优化钢材出口结构,在近年来行业出口量下降的形势下,实现了出口量价齐升。目前,包钢销售网络遍布全国13个省市,在日本、美国、新加坡等国家均设有销售分支机构,产品远销到60多个国家和地区,包括"一带一路"沿线国家20多个,出口量占总出口量的60%。

实施对外合作。改革开放后,包钢先后与德国西马克、西门子,意大利达涅利等国内外知名企业，与中科院、清华大学、东北大学等科研院所及高校建立起了广泛而卓有成效的合作关系，推进技术研发实现飞跃式进步。1987 年，与鞍山热能研究院开展炼焦应用研究攻关；1994 年，引进采用世界一流的美国摩根公司线材生产工艺；1996 年，与日本企业合资新建天骄清美稀土抛光粉有限公司；2000 年，与美国合资建设镍氢动力电池项目等，这一系列成功范例都是合作共赢的有力佐证。近年来，包钢进一步解放思想，实行全方位对外合作，通过积极融入地方经济社会发展大局，抢抓政府重点建设项目，扩大有效市场需求；通过以优势项目吸引社会资本开展合作投资，促进投资主体多元化等，使开放合作进一步成为包钢发展进步的主流。目前，包钢与国内外科研院所、上下游用户、金融机构等等方方面面均建立起了战略合作伙伴关系，来自外部的资金、资源、技术、管理等不断注入企业，转化为包钢的竞争优势和发展优势，促进企业发展视野更加宽广、发展实力成倍增长。

改革开放 40 年来，有着大草原般宽广胸怀的包钢人，始终坚持共赢发展理念，坚持走出包钢、走出中国发展企业，推动开放之门越开越大、合作之路越走越宽，在开放合作中为企业插上腾飞的翅膀，把包钢推向一个又一个令世人瞩目的崭新高度。

——改革开放 40 年，是包钢技术创新突飞猛进、研发实力明显增强的 40 年

唯创新者进，唯创新者强，唯创新者胜。40 年来，包钢始终坚持"科技强企"战略，以技术进步为突破口引领企业发展，特别是依托技术中心、稀土研究院、矿山研究院三个国家级技术平台，对内完善科研体制机制，对外与科研院所积极开展合作，实现了关键技术的突破和引进技术的消化、吸收、再创新。

完善科技创新体制机制。改革开放后，计划经济下主要是保生产的技术研究部门被改造成赋予市场经济色彩的产品研发机构，逐步建立健全了以企业为主体的市场创新体系。20 世纪 90 年代开始，以钢铁、稀土两大产业相继建立国家级技术研究机构为标志，包钢初步构建起以市场为导向的技术创新体制。同时，不断完善创新激励机制，在 20 世纪 80 年代设立科技成果奖、新产品奖、技术进步奖、优秀设计奖，大力度提升技术研发积极性的基础上，实行专业技术职务新序列等有力举措，极大地激发了科技人员的创新创造活力。特别是近年来，积极响应党中央建设世界科技强国的伟大号召，确立了建设创新型企业的战略目标，2017 年投入 1130 万元重奖贡献突出的科研人员，部分科技专家收入超过公司高管；比照公司副三总师、中层干部等待遇，设立首席技术专家、技术专家、主责工程师，强化总工室职能，在科研单位试点推行股权激励改革，更加激发了科技人员创新创造激情。

推动技术研发实力迸发。1978 年，经历"文革"十年浩劫的包钢，在全国科学技术大会上一举获得 9 项科研成果，夺得"满堂彩"，为改革开放后的包钢科技进步划定了高水平的起跑线。20 世纪 80 年代，包钢彻底攻克长期困扰生产的"三口一瘤"生产顽症，絮凝选矿工艺 1988 年获国家发明一等奖，白云鄂博矿难选难冶这一世界级难题基本解决。经过几代人的不懈努力，包钢高炉利用系数突破了建设初期专家的最高预测，由 1978 年的 0.88 吨/（立方米·日）达到现在的 2.1 吨/（立方米·日），今天的包钢人正在操作世界最先进的大高炉、大焦炉、大转炉。40 年来，包钢从学习引进世界先进的设备工艺技术，到对马来西亚、哈萨克斯坦、美国、印度等国实现技术输出，特别是 CSP 生产线被德国西马克公司确定为全球样板工厂和亚洲第一家技术培训基地；从低水平的稀土钢冶炼开发，到实现稀土钢技术突破、研究制定稀土钢标准，抢占发展制高点；从稀土浮选工艺开发，到推动稀土热稳定剂、稀土基脱硝催化剂等稀土终端应用成果实现产业化等等。改革开放后的包钢在解决一个又一个技术难题的同时，催生了一个又一个科技成果。其间，与长沙矿院共同开展的弱磁—强磁—浮选工艺试验，获冶金工业部科技成果特等奖，被评为全国十大科技成就之一；"CSP 高效化生产技术及高性能钢带研究与开发"和"高速铁路钢轨生产技术的集成创新和应用"获国家科技进步奖二等奖；"兰炭、提质煤在冶铁领域应用技术研究与开发""高寒干旱地区大型铁矿绿色高效开发技术集成及应用"等技术相继获得冶金科技进步奖一等奖；稀土产业 200 多项科研成果和产品分别获得国家专利优秀奖、国家"863"计划二等奖及国家科技攻关重大成果等奖项，"稀土永磁磁共振创新技术研发及产业化"等项目荣获"中国好技术"称号。

改革开放 40 年来，包钢人以打造科技强企目标为己任，追求真理、勇攀高峰，勇于创新、严谨求实，将个人理想融入包钢事业，着力攻克关键核心技术，破解创新发展难题，为包钢提质增效、转型发展做出了巨大贡献。

——改革开放 40 年，是包钢生态建设统筹推进、绿色发展深入人心的 40 年

绿水青山就是金山银山。40 年来，包钢不断解放思想、转变观念，从过去单纯为满足物质紧缺时代社会对产品的低水平数量需求，到现在既重视产品生产，更重视环境治理，通过加快结构调整、淘汰过剩产能、推广环保技术、实施节能减排等，在理念、思维、行动上迅速与国内外一流企业接轨，主要环保指标达到行业一流，实现了生态建设由被动整治到主动作为的巨大转变。

坚持绿色发展理念。面对国家资源约束趋紧、环境污染严重、生态系统退化的严峻形势，包钢主动担当，积极树立尊重环境、保护环境的生态文明理念。特别是党的十八大以来，坚持以习近平生态文明思想为根本遵循，把环境保护放在企业优先发展的突出位置，统领企业提质增效、转型发展各项工作，把"绿色发展"贯穿企业各产业、各环节、各方面。同时，坚持依法治企，认真贯彻落实《环境保护法》《大气污染防治法》"大气十条"等法律法规，全面履行好企业主体责任，建立体现绿色发展要求的目标体系、考核督查体系，对区域环境进行实时监测，健全环保应急预案，确保不触碰环境红线、不突破生态底线。

强化污染治理措施。历史上的包钢是我国冶金行业第一批上环保项目的企业。改革开放后，不断加大环保投入，相继建设了平炉烟气净化、总排污水处理中心、CCPP 等一大批节能环保项目，大力推广使用"三干三利用"先进节能环保技术，干熄焦、转炉煤气干法除尘等技术都走在了全国同行业前列，也是全国首家实现高炉全部使用干法除尘和 TRT 余压发电的钢铁企业。近年来，积极落实国家政策，聚焦坚决打赢污染防治攻坚战要求，"加法"与"减法"并用，先后淘汰四台 90 平方米烧结机、两座 80 吨转炉、四座 4.3 米焦炉、162 平方米带式球团机、1800 立方米大高炉等一大批落后的生产工艺和设备，投资100 多亿元实施 160 余项节能减排项目，大力推广应用先进成熟的节能环保公益技术装备，企业污染物排放大幅度削减，每年可减少烟粉尘排放量 9000 吨以上、减少二氧化硫排放量近 3 万吨，取得了环境效益、经济效益的双赢。

推进绿色生态制造。改革开放后，包钢坚持走新型化工业道路，推行企业清洁化生产，不断加大源头防治、过程控制力度，在原料采购、生产制造、废物回收、物流运输、项目建设等全过程提高环保要求，努力降低生产和流通中的能源消耗和污染物排放。研发生产高强度、耐腐蚀、长寿命的绿色钢材产品，保证产品质量性能，推进企业绿色发展成果与全社会共享。作为城市钢厂，努力建设国内一流的生态园林工厂，近年来累计拆除厂区废旧建筑 43 万平方米，新增绿地 330 万平方米以上，厂区绿化覆盖率达到 46.3%；恢复尾矿库、渣山生态，减少尾矿排放量 50% 以上，绿化恢复植被 150 多万平方米。目前，尾矿库南坡已形成湿地，渣山也穿上了"绿衣"，在大青山南坡植树造林 1370 亩，推动企业发展与城市发展和谐统一。

实现绿色发展，是包钢发展方式的一次重要变革，更是包钢人发展观念的一场深刻革命。包钢人正确处理企业发展和生态环境的关系，坚决摒弃了损害甚至破坏生态环境的发展模式，坚决摒弃了以牺牲生态环境换取效益增长的做法，努力让良好生态环境成为展现企业形象的发力点，正在积极打造天蓝、山绿、水清、环境优美的新包钢。

——改革开放 40 年，是党的领导作用凸显、党的建设明显加强的 40 年

党政军民学，东西南北中，党是领导一切的。坚持党的领导、加强党的建设，作为我国国有企业的光荣传统和独特优势，在包钢改革开放 40 年的发展历程中得到了有力的彰显和印证，成为引领包钢发展的一面鲜红旗帜和不可或缺的重要力量，荣获"全国先进基层党组织""全国国有企业创建'四好'领导班子先进集体""全国文明单位""全国模范劳动关系和谐企业""全国民族团结进步模范集体"等荣誉称号。

坚持党的领导不动摇。40年来，包钢紧扣时代发展脉搏，坚持以毛泽东思想、邓小平理论、"三个代表"重要思想、科学发展观和习近平新时代中国特色社会主义思想为指引，始终与党中央保持高度一致，确保企业正确的发展方向。特别是近年来，在健全法人治理结构过程中，将中央对国有企业党组织的新定位、新要求写进公司章程，将党组织研究作为董事会、经理层决策重大问题的前置程序，制定完善党委工作规则，理顺党组织在决策、执行、监督各环节的权责，切实发挥了党委把方向、管大局、保落实的领导作用。

坚持思想解放不停歇。党的十一届三中全会重新确立"解放思想、实事求是"的思想路线以来，从1978年拨乱反正恢复生产，到实现千万吨的跨越；从计划经济的生产管理制到市场经济下推进公司制改革，再到新时期的再创业，思想解放都作为先锋，起到重要作用。始终坚持把党的政治建设摆在首位，认真开展"三讲教育""三个代表"重要思想学习教育、保持共产党员先进性教育、"科学发展观"学习、党的群众路线教育实践、三严三实、"两学一做"学习教育等工作，特别是近年来，深入贯彻落实党的十八大、十九大精神，牢固树立"四个意识"，坚定"四个自信"，坚决维护以习近平同志为核心的党中央权威和集中统一领导。在此基础上，结合企业实际，提炼和弘扬"包钢精神"，扎实开展"不忘初心、牢记使命"主题教育，在全体干部职工中广泛开展"保持工人阶级本色"专题教育，唱响主旋律、激发正能量。

坚持服务中心不偏离。始终把提高企业效益、增强企业竞争实力、实现国有资产保值增值作为党组织工作的出发点和落脚点，围绕中心工作开展党员奉献等专题、专项活动，引导鼓励党员以企业改革发展成果检验党组织的工作和战斗力；发挥群团组织的桥梁纽带作用，以群众性经济技术创新、员工自主改善、职业技能竞赛等创新活动和青年志愿者、青年文明号等"青"字号品牌活动为载体，弘扬劳模精神、工匠精神，不断增强广大职工群众的凝聚力、向心力，全面推动企业改革发展进程。

坚持队伍建设不放松。落实党管干部、党管人才原则，着力打通三支队伍成长成才通道。一是打通经营管理人员成长成才通道，形成具有企业特色的干部选拔任用和考核评价体系，探索建立厂处职干部考核评价退出机制和经营管理岗位青年人才池，全面优化干部队伍结构；二是打通专业技术人员成才通道，实行专业技术职务新序列，创新高层次专业技术人才的培养和引进，彻底解决了多年来专业技术人才挤"官道"的问题；三是打通操作人员成才通道，以实施"522"和"1143"高技能人才培养工程为统领，积极打造技师、高级技师、操作能手、操作状元、技能大师等高技能人才发展通道，努力培养"一专多能"型高技能人才队伍。

坚持抓基层、打基础不松劲。40 年来，包钢坚持新建经济组织同步建立党组织。目前，已有 60 个党委、40 个总支、645 个基层党支部、29357 名党员，生动诠释了"企业发展到哪里、党的建设就跟进到哪里、党支部的战斗堡垒作用就体现在哪里"的组织要求。持续建立并完善基层党组织建设制度管理体系，建立基层党建"三三四"工作体系，即依托"创先争优"长效工程、党支部系统强化工程、党组织建设品牌工程"三项工程"，全面加强基层党组织建设；依托党员素质提升计划、党员管理改进计划、党员先锋引领计划"三个计划"，全面加强党员队伍建设；依托从严治党"1+3"制度体系、党务公开机制、党内帮扶机制、党组织经费机制"四个机制"，全面强化工作保障。推行"三级联述联评联考"工作制度，全面规范"三会一课"制度，出台《关于在深化改革中坚持党的领导加强党的建设的实施意见》《关于进一步加强控股公司党建工作的实施意见》等，探索建立所属单位党委工作运行规则及考核评价等制度，全面提升党组织建设质量。

坚持正风肃纪不懈怠。改革开放以来，包钢紧跟中央部署，不断改进工作作风、密切联系职工群众。特别是党的十八大后，坚持从落实中央八项规定精神及实施细则破题，领导班子带头"约法三章"，带头推行公务用车改革，带头践行"高效、务实、简约、透明、合规"的新作风，带头走基层、下现场、到一线，大力反"四风"、转作风，推动企业风气实现全面好转。落实党风廉政建设"两个责任"，抓好中央巡视"回头看"反馈意见和内蒙古自治区专项巡视整改落实，推开企业内部巡察，"利剑"作用凸显；坚持全覆盖、零容忍惩治腐败，重点整治"雁过拔毛"式腐败，开展"吃拿卡要"专项整治，重点查处关键领域和重点岗位的违规违纪问题，加大违纪违规惩处力度。

40 年来，通过久久为功、不懈努力，党的领导、党的建设不断加强，保证了企业发展正确的政治方向，逐步形成风清气正的政治生态，为改革发展提供了坚强保证。

——改革开放 40 年，是包钢勇担社会责任、发展成果与全社会共享的 40 年

落其实者思其树，饮其流者怀其源。包钢的建设发展离不开全社会的支持帮助，离不开几代包钢人的艰辛付出。一路走来，包钢始终不忘对国家、对民族、对事业的庄严承诺，在推动企业发展的同时，坚持回馈地方、反哺社会、惠及职工，实现了企业发展成果全社会共享。

在党和人民最需要的时候，包钢都会第一时间出现在前方。1998 年长江、嫩江、松花江流域遭受特大洪灾，包钢捐款 232 万元，捐物价值 587 万元，还为受灾的鄂温克、达斡尔、鄂伦春等兄弟民族修建了"包钢猎民新村"；2003 年，包钢在划拨防治"非典"专项资金 550 万元的基础上，又向自治区捐献价值约为 300 万元的专用救护车，向包头市捐资

500万元；2008年"五·一二"汶川大地震发生后，包钢通过"特殊党费""爱心包裹"捐赠等各种渠道捐款1127.6万元，并向灾区派出了医疗队，全力以赴保证赈灾钢材的供应。

作为我国第一个建立的少数民族自治区，内蒙古自治区地处我国中西部欠发达地区，在环境、资金、人才、人民生活水平等方面与东部地区存在较大差距，为此，包钢坚持以振兴民族地区经济、促进民族地区发展为己任，努力推动产业振兴，促进区域经济发展。40年来，包钢累计产铁2.14亿吨、钢2.16亿吨、商品坯材1.89亿吨，累计实现利税713.4亿元，为国家和社会创造了巨大的财富。积极发挥在冶金、煤炭、电力、建材、运输、金融及机械加工等多个行业的带动作用，促进了民族地区的工业化和城市化建设。近年来，包钢进一步加大精准扶贫力度，不仅在贫困地区新建产业项目，助其产业脱贫，还先后投入上千万元用于周边旗县困难地区的生产建设，改善了当地农牧民的生产环境、生活水平，使5万多人受益，连续两次荣获"中国优秀诚信企业"殊荣。

始终坚持"以人为本"，推动职工与企业同发展、共进步。一方面，高度关切员工的安全、收入、购房、就餐、就医、健康、环境等问题，建设和改造企业公园、展览馆、体育馆、游泳馆、疗养院、医院、文化宫等配套设施，提高职工收入，推行企业年金制度，增加医疗、养老保险、住房公积金等投入，努力增强职工的获得感、满足感和幸福感；另一方面，高度关注员工自身发展，开展职工职业规划导航，拓展全方位的培训教育福利，竭力为员工提供广阔的发展空间和职业舞台，精心打造卓越的干事创业人才团队，使他们成为助推企业勇攀高峰的原动力。

40年改革发展，包钢人以实际行动践行了不忘初心、强企报国的责任担当，竭尽所能回报社会、报效国家、惠及职工，实现了经济效益、社会效益的协调统一，塑造了良好的企业形象和社会形象，得到了社会各界的广泛认可。

三、总结经验，把握规律，全面增强开拓前进的勇气和力量

承前启后，继往开来。肩负着周恩来总理为包钢1号高炉出铁剪彩的无上荣光，担当着地处国家战略要地、维护国家战略安全的重要使命，承载着少数民族地区经济社会发展稳定的殷切希望，改革开放40年，包钢在推动我国钢铁、稀土工业转型升级，推进民族地区发展进程中孜孜不倦探索创新，开辟了一条独具特色、值得借鉴的发展路径。可以说，是改革开放的浩荡春风，是改革开放释放的强大活力，让包钢焕发出前所未有的生命力，创造了宝贵的包钢经验。

一是必须坚持党的领导、加强党的建设。

回顾改革开放以来包钢的发展历程，党的领导始终是包钢发展进步的根本保证，是包钢顺应时代潮流、始终坚持正确前进方向的前提条件。从在国家"缺铁少钢"的年代孕育新生塞北工业基地，到改革开放后迎来生产力的大解放、企业的大发展，再到新时期加快转型升级，包钢正是在毛泽东思想、邓小平理论、"三个代表"重要思想、科学发展观和习近平新时代中国特色社会主义思想的指引下，取得了节节胜利。奋进之路虽然历经坎坷、无比艰辛，但正是因为包钢始终坚持党的领导，始终坚定不移贯彻落实党和国家的各项方针政策，始终坚定不移贯彻落实各级党委政府的决策部署，始终在政治上、思想上、行动上与党中央保持高度一致，才保证了企业建设、发展、改革的正确方向，取得了令人瞩目的发展成就。特别是党的十八大后，包钢全面落实党的十八大、十九大精神和习近平总书记参加十三届全国人大一次会议内蒙古代表团审议时的讲话精神，推动企业实现了脱困发展。面向未来，包钢的振兴发展依然离不开党和国家的重视与支持。

二是必须坚持解放思想、推动改革开放。

回顾改革开放以来包钢的发展历程，每一步都留下思想解放的深刻烙印，每一次都是在破旧立新的脱胎换骨中重获新生。40 年来，包钢不断破除思想禁锢，实现了由计划经济模式向市场经济模式的转变，实现了生产能力的几何级增长。40 年来，包钢逐步由封闭发展走向开放共赢，1978 年当年就迎来了德、日、法等多个国家代表团到包钢访问交流，对外交流的大门就此敞开。此后，包钢不断加大对两种资源、两个市场的开发利用力度，开始在全球范围内配置资源、开拓市场，为企业扩大规模、提升能力创造了条件。同时，包钢与国内科研院所、上下游用户、金融机构等方方面面建立了战略合作关系，通过引入先进的技术、管理、资金等，推动企业发展视野更加宽广、发展基础更加坚实。面向未来，解放思想、改革开放仍将是包钢破解工作难题、打开工作局面的主要途径。

三是必须坚持提质增效、实施转型发展。

回顾改革开放以来包钢的发展历程，正因为始终坚持与时俱进，不懈推进企业发展，才实现了在生产经营、建设发展、技术管理等方面的全面进步。特别是近年来，包钢加快转变经济发展方式，推动以稀土为重心的战略转型，实现了产业产品结构从单一到多元的拓展、企业经济增长方式由粗放到集约的蜕变、管理模式由传统向现代的转型，装备水平达到国内一流，技术水平不断提升，企业整体呈现出强劲发展态势。不仅如此，包钢更加注重生态建设，将绿色发展提升至企业优先发展的重要位置，正在向成为内陆钢厂与城市和谐相处的典范迈进。发展是硬道理，科学发展是大势所趋。包钢的发展历史一再证明：只有始终不放弃发展，才能立于不败之地，包钢人才能过上日益富裕的生活。实践也一再证明：新时期只有坚持科学发展，才能真正民富企强，才能跟上中华民族伟大复兴的时代潮流。面向未来，包钢将始终坚持高质量发展不动摇，努力实现富民强企报国的远大理想。

四是必须发扬包钢精神、汇聚包钢力量。

作为老国有企业，包钢经历了艰苦创业期、"文革"动乱期和改革开放转型期，积累了深厚的文化底蕴，铸就了与众不同的包钢精神，凝聚了独一无二的包钢力量。包钢精神，就是"不忘初心、强企报国的责任担当，守望相助、团结奋进的民族情怀，艰苦奋斗、坚韧不拔的钢铁意志，敢想敢闯、超越自我的创新意识，严细认真、高效务实的工匠作风，爱岗敬业、爱厂如家的忠诚品格"；包钢力量，就是永葆工人阶级本色，以实际行动践行"特别讲政治、特别守纪律、特别能吃苦、特别能创造、特别能担当、特别能战斗、特别有作为"的时代要求，争做"对党忠诚、爱厂如家、爱岗敬业、吃苦耐劳、遵规守纪"的包钢好工人，为实现现代化新包钢宏伟目标而凝聚的磅礴力量。包钢精神和包钢力量，是改革开放40年包钢取得巨大成就的精神源泉和力量源泉。依靠这种精神和力量，包钢人挺过了1996年包头"5·3"地震、2002年"12·23"特大灾难抢险、2015年行业发展困境等坎坷，涌现了一批又一批的"爱岗敬业、爱厂如家"的全国劳模和救火、抗洪、抢险等英雄群体，以血肉之躯保证了企业的生存和发展。包钢的历史长河滚滚向前，站在历史的车轮上，全体包钢人还将继续发扬包钢精神、汇聚包钢力量，在推动高质量发展、建设现代化新包钢的征程中，激励和推动包钢继续书写新的历史。

回顾改革开放40年，作为一个老国有钢铁企业，包钢伴随着国家由钢铁大国向钢铁强国的转变不断成长，既赶上了钢铁行业烈火烹油、鲜花着锦之盛，也经历了寒冰深冻、暴风席卷之危；既赶上了计划经济体制下"皇帝的女儿不愁嫁"，也经历了国有企业市场经济体制改革的强烈阵痛。包钢通过不断抢抓机遇、解放思想、深化改革、推动发展，取得了改革发展的巨大成就，也印证了改革开放是坚持和发展中国特色社会主义、实现中华民族伟大复兴的必由之路。站在新的历史起点，包钢确立了建设现代化新包钢，打造具有全球竞争力的行业一流企业、建设百年企业的新目标，新一代包钢人将站在巨人的肩膀上，持续深化改革开放进程，以钢铁般的意志、永不服输的韧劲、锲而不舍的精神，奋力开创包钢更高质量、更有效益、更可持续发展的新局面，努力为国家和地方经济社会建设作出新的更大贡献！

坚持改革开放　建设让社会充满敬意的优秀企业

本钢集团有限公司

一、基本情况

本钢集团有限公司（简称本钢、本钢集团；其前身是本溪钢铁（集团）有限责任公司，简称本溪钢铁公司）始建于 1905 年，是 1949 年最早恢复生产的大型钢铁企业，本钢被誉为"中国钢铁工业摇篮""共和国功勋企业"。

本钢地处辽宁省本溪市，地理位置优越，矿产资源丰富，是世界著名的"人参铁"产地，以钢铁产业为基础，金融投资、贸易物流、装备制造、工业服务、城市服务等多元产业协同发展，是我国重要精品钢材基地和辽宁省属最大国有企业集团。到 2017 年末，本钢钢铁年产能 2000 万吨，全国排名第 10 位，世界排名第 20 位。

本钢的工艺装备世界一流。具备最宽幅、最高强度汽车用冷轧板和最高强度汽车用热镀锌板的生产能力和整车供货能力。产品广泛应用于汽车、家电、石油、化工、航空航天、机械制造、能源交通、建筑装潢和金属制品等领域，并出口到美国、欧盟、日本、韩国等 80 多个国家和地区，出口总量连续多年位居全国钢铁行业前列。

本钢是国家工信部认定的"国家技术创新示范企业"和"中国工业企业品牌竞争力百强企业"。拥有国家级技术中心和检测中心，建有国家院士专家工作站、博士后科研工作站、先进汽车用钢开发与应用技术国家地方联合工程实验室等研发平台，成立了汽车板、高强钢、硅钢、棒线材、不锈钢等专业科研机构，在汽车板、家电板、石油管线钢、集装箱用钢等产品研发领域处于国内领先水平。

本钢严格遵循全球最高的质量和安全标准，全面通过 ISO 9001 质量管理体系、ISO 14001 环境管理体系、OHSMS18001 职业健康安全管理体系和 ISO/TS 16949 汽车板质量管理体系认证，是中国冶金行业首家质量管理创新基地。

二、主要发展历程

本钢一百一十多年的发展历程，浓缩了中国钢铁工业的发展史。早在 20 世纪初，中国最早引进的近代竖型高炉就坐落在这里。1948 年 10 月 30 日本溪解放，本钢获得了新生，1949 年 7 月 15 日全面恢复了生产。此后在"一五"期间，本钢被列为国家 156 个重点建设项目，开始了新中国成立以来的第一次大规模扩建和改造，新建扩建两座炼铁高炉，新建了储量丰富、矿质优异的本钢南芬露天铁矿。20 世纪 50 年代到 60 年代，本钢生产出 220 多个钢种，成为全国第二大钢铁企业。进入 20 世纪 70 年代，根据国家建设委员会、冶金工业部等有关部门的决定，本钢确定了"三二二"改造方案（即年产能力：生铁 300 万吨、普钢 200 万吨、特钢 20 万吨），开始了第二次大规模扩建和改造，新建了当时我国最大的 2000 立方米高炉——被誉为炼铁"高炉王"的五号高炉，一座 65 孔焦炉（即板材公司 3 号焦炉），三台我国自行设计、自行制造、自行安装的 120 吨大型氧气顶吹转炉，1150 毫米万能板坯初轧机和 1700 毫米热连轧机等当时具有国内先进水平的铁、钢、轧设备。

改革开放四十年来，本钢在党的十一届三中全会以来的路线、方针、政策的指引下，发展经历了巨大变化，回顾起来可以归纳为三个发展阶段：

（一）第一个发展阶段：1978~1991 年，改革开放初期，本钢进行经济体制改革，实行厂长（经理）负责制，贯彻落实《全民所有制工业企业法》，进行劳动制度综合配套改革试点，实施承包经营和投入产出总承包

1976 年 10 月以后，本钢进入了经济体制改革的新时期，1977 年，开展"工业学大庆"的群众运动，建立健全了以岗位责任制为中心的 8 项制度，全公司有 95% 的岗位建立了责任制，5% 的班组实行了经济核算。1978 年，通过贯彻《中共中央关于加快工业发展若干问题的决议（草案）》（即《工业三十条》），公司进一步强化了生产指挥系统，建立健全了党委领导下的厂长分工负责制和以总工程师为首的责任制，建立了公司、厂矿和生产车间三级调度网，形成了较完整的生产指挥系统。

1979 年，为贯彻落实党的十一届三中全会精神和国民经济调整八字方针，本钢开始了以经济效益为中心的探索改革。制定了《本钢经济管理十条措施》，即：实行内部利润考核制；实行内部产品按质论价；加强定额管理；对厂矿超额占用流动资金收取使用费；实行公司内部经济合同制；实行企业基金分成制；实行小指标记分，班组核算、竞赛、奖励相结合；实行单项节约奖和水平奖；实行费用包干、补贴制；按专业化原则对分散部门实行集中管理。初步理顺了公司内部经济关系，改变了过去吃"大锅饭"的现象，调动了广大职工的积极性。产品产量和质量不断提高，1980 年生铁产量第一次达到 300 万吨生产能力，实际产量为 310 万吨；"本钢"牌生铁、铁精矿获得国家金牌奖。

1983 年，本钢首次在基层厂矿实行厂长负责制试点。1984 年，为深入贯彻《国营工业企业职工代表大会暂行条例》《国营工厂厂长工作暂行条例》和党的《工业企业基层组织工作暂行条例》，厂长（经理）负责制的试点单位增加到 16 个。同时，开始搞企业横向联合，以补偿贸易的方式与省内有关单位和镇江等地联合，以筹集改造资金；并允许厂矿在完成公司指令性计划的前提下，搞多种经营和横向联合，开始了公司与大专院校联合办学培养现代管理人才的尝试。

党的十二届三中全会通过的《中共中央关于经济体制改革的决定》下发后，本钢党委于 1985 年初召开了全体（扩大）会议，提出了《本钢近期改革初步意见》，从经济体制、管理方式、分配制度、人才开发、思想政治工作等 11 个方面，提出了改革的方向性意见。1985 年 2 月成立了经济体制改革工作小组，制定了《本钢经济体制改革若干规定》及《实施细则》，以增强企业活力为中心，以提高经济效益为出发点，实行集权与分权相结合的管理体制，向二级厂矿放权，推行"工效挂钩"，即包工资总额、包效益指标、包劳动力定员，采取了联产承包、联利承包、联产联利承包、挂钩联锁承包、利润包干、百元工资含量承包、单项奖承包和费用承包等八种形式。在改革中，推广了现代管理方法，成立了企业管理协会。经过调整，全体职工精神振奋，生产持续稳定发展，经营管理向生产经营型转变。

在改革开放初期，本钢提炼出了具有鲜明企业特点和时代特色的"本钢精神"，即"发愤图强、开拓进取、从严求实、争先创优"。根据时任国务院副总理李鹏在 1986 年 11 月视察本钢时提出的"发挥优势，加速改造，为把本钢建设成为现代化的钢铁基地而奋斗"的要求和冶金工业部、省、市领导的指示精神，本钢制定了"三个台阶"的发展规划，即"七五"期间，1988 年实现"三二二"（即年产能力：生铁 300 万吨、普钢 200 万吨、特钢 20 万吨）；"八五"期间，1995 年前实现"四三三"（即年产能力：生铁 400 万吨、普钢 300 万吨、特钢 30 万吨）；2000 年前实现"五四四"（即年产能力：生铁 500 万吨、普钢 400 万吨、特钢 40 万吨），使本钢的工业总产值和利税水平有较大幅度增长，职工生活达到小康水平。

1988 年 4 月 13 日，辽宁省政府正式批准本钢承包经营方案。承包期五年不变，实行"三包一挂"，即包国家指令性计划，包上缴利润，包技术改造，实现利税与工资总额挂钩。指令性生产的生铁、钢材和技术改造项目中的主要条件由国家负责安排。承包期从 1988 年 1 月开始。1988 年 4 月 24 日，继 35 个二级厂矿实行厂长（经理）负责制以后，本钢又对其余 14 个二级厂矿实行厂长（经理、矿长、院长、处长）负责制。至此，本钢所属 49 个二级厂矿单位全部实行了厂长（经理）负责制。本钢还对包括厂处长在内的各级干部分别实行了干部职务聘任制、招聘制、选聘制，对工程技术人员实行了技术职务聘任制，废除了干部职务终身制，人事干部管理融进了竞争机制。这是本钢领导体制的重大改革，标志着本钢的改革和各项工作进入了一个新的轨道和新的发展阶段。

1991年，辽宁省批准本钢进行劳动制度综合配套改革试点。本钢实行全员劳动合同制，打碎"铁饭碗"，破除"大锅饭"，即"铁饭碗、铁交椅、铁工资、大锅饭"，建立了新型的科学劳动管理制度。职工与企业签订了岗位承包书、劳动合同书，形成了"在岗、试岗、转岗培训"三种用工管理形式。本钢作为全国第一家实行劳动制度综合配套改革的特大型联合企业，《人民日报》《工人日报》《冶金报》等报刊先后报道了本钢劳动制度综合配套改革经验。1991年末，本钢工业全员人均劳动生产率为46108元，全年职工人均工资额为3430元；11月，本钢实现年利税首次突破8亿元，比上年同期增长57.54%。

1991年6月，时任国务院副总理朱镕基视察本钢，提出"先生产、后基建，先挖潜、后扩建"的发展方针，通过总承包方式加快本钢技术改造，实现本钢振兴发展。为加速改造，增强企业发展后劲，使本钢走向振兴之路，辽宁省政府、本溪市政府与本钢一致同意实行投入产出总承包。1991年12月29日，省政府在145次省长办公会议上，批准了本钢投入产出总承包方案。本钢与省、市政府正式签订投入产出总承包合同。承包期为10年，从1991年1月1日至2000年12月31日。承包内容主要为"三包两保一挂"：即本钢包完成产品指令性计划、包上交财政收入、包改造资金投入和改造项目的完成。国家确保本钢生产指令性计划产品和完成国家批准改造项目中按规定应由国家安排的基本条件。投入产出总承包合同执行到"八五"末期，1996年起，因国家政策调整不再执行。通过投入产出总承包，本钢全面超额完成了利税任务，为省、市经济发展做出了积极贡献。同时，随着冷轧工程等重点项目相继实施，本钢的生产工艺趋向合理，产品结构进一步优化，装备水平和产品质量大幅提高，能耗大幅度下降。

1991年末，本钢拥有采矿、炼铁、炼钢、轧钢等主要设备，其中高炉5座（有效容积4850立方米），75平方米烧结机7台；120吨氧气顶吹转炉3座，电弧炉12座；1150毫米板坯初轧机1套，1700毫米热连轧机1套；焦炉6座；露天矿2座，石灰石矿和黏土矿各1座。在调整产品结构上，结束了以铁为主的历史。通过设备改造，普钢产量连续三年突破200万吨。

（二）第二个发展阶段：1992~2009年，改革开放步伐加速，成立企业联合体，建立现代企业制度，推进主辅分离，成立上市公司，全力建设品种全、质量高的精品板材基地和具有国际竞争力的现代化企业

贯彻落实邓小平同志南巡讲话和党的十三大、十四大会议精神，1992年起，本钢分配制度改革有了历史性的突破。根据党的十三届七中全会"进一步完善工资总额与经济效益挂钩办法，逐步实行以岗位技能工资制为主要形式的内部分配制度"的精神，结合企业特点，本钢实施了一系列分配制度改革措施，以工资改革为中心，在等级工资制度的基础上，全面实施岗位技能工资制度。1993 年至 1996 年，本钢又分别对岗位工资和技能工资进行了两次普调。1996 年以后，技能工资不再调整和升级。从 2000 年开始，本钢陆续对厂矿领导班子成员及子公司经营者实行年薪制。2001 年对科级以上管理人员实行职务津贴。奖金按公司经济责任制和承包经营责任制考核发放，实行归口管理，并不断完善单项承包奖励机制，取消厂处级以上领导的单项奖，改为系数奖，增加了奖金分配的透明度。2003 年以后，本钢根据岗位和贡献确定职工个人工资水平，将工资制度由岗位技能工资制度转向以岗薪工资制度为主的薪酬分配制度，将经营者的分配与一般职工的工资分配分离，逐步建立经营者收入与其责任、业绩和风险挂钩的收入分配制度。

1992 年 10 月，经辽宁省政府和冶金工业部批准，成立本钢集团公司。以本溪钢铁公司为核心企业，以营口冶金公司等 9 家企业为紧密层，以江苏省无锡梁溪冷轧薄板有限公司等 4 家企业为半紧密层，以哈尔滨钢管厂等 29 家企事业单位为松散层所组成，是一个由全民、集体、军工、乡镇、三资等多种经济成分组成的跨地区、跨行业、跨所有制的大型横向经济联合体——企业集团，实行董事会领导下的总经理负责制。本钢集团公司具有板、管、带三大系列产品和科、工、贸一体化优势，为开拓两个市场，发展外向型经济做了有益的探索。

1993 年 8 月，中共本钢七届六次全委（扩大）会议讨论审议《关于全面贯彻"主线集中、辅线放开、集放结合、分类经营"管理运行模式的总体实施方案》，标志着本钢推进主辅分离工作正式开始。

1994 年 11 月，本钢被国务院确定为建立现代企业制度试点单位，拉开了本钢建立现代企业制度的序幕。1995 年 4 月制定完成《本钢建立现代企业制度试点实施方案》，8 月上报省政府和国家经贸委，9 月 8 日辽宁省政府作出"同意本钢改制为国有独资公司并授权其经营国有资产"的批复。1996 年 5 月，辽宁省政府向本钢委派了董事会、监事会成员，任命了董事长和监事会主席。本钢第一届董事会由 10 名董事组成，董事会下设规划发展投资、资产管理和财务管理三个专门委员会。第一届监事会由 13 名监事组成。本钢经理层由 7 人组成。本钢领导体制由过去的经理负责制转变为董事会决策、经理委托经营、监事会依法监督的新型体制。1996 年 7 月国家经贸委和辽宁省政府联合下文批准了本钢试点实施方案。1996 年 8 月 19 日，本溪钢铁（集团）有限责任公司正式挂牌运营，本钢现代企业制度框架初步建立，实现了工厂制向公司制转变。同时，按照母子公司的管理体制，进行了二级子公司的组建工作。在建立公司法人治理结构的基础上，调整了本钢管理机构。本着专业化管理和综合管理相结合，结构合理、人员精干高效的原则，将原本钢机关54个处室调整为24个部门，完成了机关减编定员30%、二级厂矿机关减编定员10%的目标，初步形成了定员合理、管理科学、责任明确、效率提高的管理运行机制。本钢董事会建立后，制定了《董事会工作细则》，出台了《本溪钢铁（集团）有限责任公司全资子公司管理办法》等新的管理规范，理顺了管理程序，强化了激励与约束机制，建立了职工董事、职工监事制度，为职工代表参与高层次决策和监督提供了制度保证。

1996年10月，根据中国证监会《关于上报境内上市外资股预先企业名单》的有关要求，本钢在辽宁省政府的支持下，正式向辽宁省政府提交了拟发行B股股票的申请，经辽宁省政府推荐，中国证监会批准，1996年12月24日，本钢被正式列为首批33家B股试点企业之一。

1997年2月25日，本钢董事会下发了《关于设立本钢板材股份有限公司并公开发行股票和上市的决议》（本钢董发〔1997〕3号）。同意《本钢板材股份有限公司重组方案》，明确了重组的原则、股本结构、重组范围、机构重组、资产重组及筹资测算和股份公司与集团公司的利益关系等主要内容。1997年3月3日，本钢组建了本钢板材股份有限公司筹备委员会，全权负责股票发行及组建股份公司的筹备工作。1997年3月27日，辽宁省人民政府下发了辽政〔1997〕57号文件，正式批准本钢作为发起人并以其所属炼钢厂、初轧厂和热连轧厂为主体，以社会募集方式设立本钢板材股份有限公司。1997年6月6日，国务院证券委员会《关于同意本钢板材股份有限公司（筹）发行境内上市外资股的批复》。1997年7月8日，本钢板材B股在深圳证券交易所挂牌。1997年10月17日，中国证监会同意本钢板材股份有限公司向社会公开发行人民币普通股，1997年11月完成人民币普通股1.2亿股发行，发行价每股5.40元。本钢板材A股股票于1998年1月15日在深圳证券交易所挂牌交易。本钢板材的成功上市为本钢板材打造精品板材基地奠定了坚实基础。

由于本钢板材上市时，本钢集团钢铁生产流程中的焦化、烧结、炼铁、冷轧、特钢、动力、运输等相关资产和业务未进入上市公司，而保留在本钢集团。为改善本钢板材公司治理结构，完善钢铁生产流程，做大做强上市公司，2005年，本钢板材开始推进钢铁主业资产的整体上市。2006年7月6日，获得中国证监会核准本钢板材向本钢集团发行20亿股人民币普通股用于收购本钢集团的相关资产。2006年12月21日，本钢板材完成以定向发行股份方式收购本溪钢铁（集团）有限责任公司的钢铁生产主业资产，使本钢板材拥有了完整的钢铁生产系统及辅助生产系统、具有完整的供产销系统。这次整体上市的成功，实现了钢铁主业整体上市的第一步，对本钢板材打造一体化产业链、优化产品结构、扩大企业规模、减少关联交易、提升整体效益和协同效应等方面产生深远影响。

在 1998 年以前，本溪钢铁公司由辽宁省主管，接受辽宁省和冶金工业部双重领导，1998 年后由辽宁省政府管理。1998 年 4 月，辽宁省政府将本溪钢铁公司委托本溪市政府管理。1999 年 12 月，本溪钢铁公司与北台钢铁（集团）有限责任公司实施联合重组。由于受税收等因素的影响，2005 年 1 月，经辽宁省政府同意，本溪钢铁公司与北台钢铁（集团）有限责任公司分离，本溪钢铁公司重新划归辽宁省政府管理。

本钢在向社会主义市场经济迈进的过程中，历史上形成的机制性、结构性矛盾日益突出，经济运行质量不断下降，企业亏损日益严重。特别是 1998 年，供大于求的国内市场，使钢铁产品的价格不断下滑，热板从 1997 年的 2170 元（不含税）下降到 2020 元（不含税），每吨下降 150 元；同时，受亚洲金融危机影响，热板出口价由 1995 年的 335 美元跌至 180 美元，给钢铁产品出口带来巨大影响，加重了国内市场的负担。更为严重的是，国外的大量低价钢材涌进国门，进一步冲击国内市场，从而造成国内企业竞相降价，形势十分严峻。

在这种情况下，1998 年，在党的十五大精神指引下，本钢打响了"三年改革和脱困"的攻坚战。经过三年的卧薪尝胆和艰苦奋斗，赢得了阶段性发展成果，走出了困境，进入了快速发展时期。通过技术改造，本钢板坯连铸一期工程 1998 年 11 月 15 日建成投产，结束了本钢没有连铸的历史；板坯连铸二期工程于 2000 年 9 月 21 日一次热负荷试车成功，至此，几代本钢人梦想的全连铸成为现实。该项目也是国家贴息贷款第一个竣工的项目。265 平方米烧结机一期工程于 2000 年 11 月 21 日开始热负荷试车，结束了本钢全部热矿入炉的历史。

经过"九五"的技术改造调整，本钢主线结束了无冷烧、无铁水预处理、无精炼、无连铸、无冷轧的历史，铁水预处理、炉外精炼、板坯连铸装备达到了国际先进水平，并具备了全连铸的生产条件。主线产品结构得到有效调整，铁钢比由"八五"末的 1.22 降至"九五"末的 0.97；热轧板产量比"八五"末增长 62%；新增冷轧板产量近 80 万吨，其中镀锌板 26 万吨。特钢系统 1 台 30 吨超高功率电炉和 LF 精炼炉的投产，使产量、质量、品种、效益等迈进了一大步。到 2000 年，炼铁、炼钢、轧钢和特钢主要技术装备水平实现了现代化，实现钢铁双 400 万吨的生产规模。在经济技术指标上达到国内外先进水平，在产品方面，形成铸造生铁、板材、特钢材三个基地；在质量方面，使主导产品执行国际标准达到 100%，执行国际先进标准达到 45%，关键品种实物质量达到国际水平。通过加强企业管理，全面提高企业素质，本钢的整体管理水平与国际先进水平靠近，形成一整套与社会主义市场经济相适应的管理体系。通过现代企业制度的建立，本钢经济效益要有大幅度的提高。2000年，实现工业总产值51.8亿元，比1997年增长41.3%；销售收入100亿元，比1997年增长47.25%；实现利税12.59亿元，比1997年增长51.36%。

1998年，本钢坚持以经济建设为中心，注重在现代企业制度下发挥党委参与企业重大问题决策的作用。在坚决贯彻党和国家的各项方针政策的前提下，坚持"三个有利于"标准，按照新的治理结构需要，切实发挥党组织的政策优势，进一步规范党委工作程序和民主决策原则，讲学习，讲政治，讲正气，形成了党政协调一致议大事、抓大事的局面。在改革工作中，按照《本钢三年改革与脱困规划》和"搞活主线，放开辅线，分级经营，集团管理"的改革方针，本钢主辅分离、减员分流工作取得突破性进展。一是加大了辅线放开力度。二是积极稳妥地推进了下岗分流和实施再就业工程。1998年12月28日，本钢召开了22家子公司成立大会，22家辅线单位分别以职工持股会、多法人参股、全资子公司、事业法人等四种形式的法人资格注册运营，自主经营，自负盈亏，自我发展，实现真正意义上的放开。集团公司对放开的子公司派出了董事会，推荐了经理人选，对其实行国有资产保值增值管理。

2005年，依据国家八部委《关于国有大中型企业主辅分离辅业改制分流安置富余人员的实施办法》（国经贸企改〔2002〕859号）及辽宁省政府《辽宁省国有大中型企业主辅分离辅业改制分流安置富余人员实施意见》的精神，结合本钢实际，制定了《本溪钢铁（集团）有限责任公司辅业改制总体方案》，对改制工作的指导思想、基本原则、主要目标、改制范围、主要形式、经济补偿、劳动关系、职工安置、股权设置、资产处置、操作程序以及组织领导、进度安排等作了具体规定，使改制工作有章可循。2005年4月12日，辽宁省国资委以《关于本溪钢铁集团公司辅业改制安置富余人员总体方案的批复》（辽国资改组〔2005〕96号）文件批复同意了本钢的辅业改制方案。依据上述文件，本溪钢铁公司所属设计院、汽运公司、电气公司、耐火公司等四家企业进行了辅业改制。2005年11月9日，辽宁省劳动和社会保障厅下达了《关于对本溪钢铁（集团）有限责任公司所属设计院等四家企业改制职工安置方案的批复》（辽劳社批〔2005〕63号）。2005年11月10日，四家改制企业正式挂牌运营。

进入21世纪后，本钢紧紧抓住党中央、国务院实施东北老工业基地振兴战略的历史机遇，一心一意谋发展，聚精会神搞建设，特别是从2002年党的十六大召开后，本钢以科学发展观为统领，站在新的历史发展前沿，紧紧抓住党中央振兴东北老工业基地的难得机遇，提出了"把本钢建设成为品种全、质量高的千万吨级精品板材基地和具有国际竞争力现代化企业"新的发展目标，开始了大规模、全方位的高科技改造的历史"大决战"。

经过五年多的艰苦奋斗，本钢发生了翻天覆地的变化，实现了历史性的跨越，发展成为以采矿、选矿、烧结、焦化、炼铁、炼钢、轧钢、动力、运输、科研等为主导的国有特大型钢铁联合企业，跻身于中国钢铁企业的第一梯队。

2005 年，是本钢建厂 100 周年，也是本钢认真践行科学发展观，全面实现"十五"规划目标，快速发展的一年。2005 年，生铁产量达到 650 万吨，比 2000 年增长 154 万吨；粗钢 650 万吨，比 2000 年增长 227 万吨；热轧板 525 万吨，比 2000 年增长 215 万吨；冷轧板 110 万吨，比 2000 年增长 32 万吨；焦炭 300 万吨，比 2000 年增长 80 万吨。全年，实现工业总产值 238 亿元，比 2000 年增长 1.88 倍；工业增加值 77 亿元，比 2000 年增长 1.9 倍；销售收入 280 亿元，比 2000 年增长 1.8 倍；利税 32 亿元，比 2000 年增长 1.54 倍；利润 9.6 亿元，比 2000 年增长 11.8 倍；上缴税金 26.5 亿元，比 2000 年增长 1.24 倍；出口创汇 3.6 亿美元，比 2000 年增长 4.45 倍；全面实现了"经济总量比 2000 年翻一番"的发展目标。

2005 年 8 月 16 日，鞍本钢铁集团成立揭牌仪式在沈阳举行。本钢集团公司党委书记、董事长，鞍本钢铁集团董事会推进委员会副主席张营富主持揭牌仪式，并宣读了吴邦国委员长、温家宝总理、黄菊副总理、曾培炎副总理对鞍本钢铁集团成立的重要批示。鞍钢集团公司党委书记、总经理，鞍本钢铁集团董事会推进委员会主席刘玠介绍推进委员会组成情况。在揭牌仪式上，时任中共辽宁省委书记、省人大主任李克强，国家发改委副主任、国务院振兴东北办公室主任张国宝，分别作重要讲话。

2006 年，为加快技改步伐、淘汰落后产能，本钢将一铁厂和二铁厂正式合并为炼铁厂，陆续关停了一号、二号、三号及四号高炉。针对"十一五"期间严峻宏观经济形势和日益激烈的市场竞争形势，本钢生产系统坚持市场导向，科学组织生产，以"效益最大化"为生产组织原则，充分发挥新设备、新工艺的优势，注重经济运行，围绕降本增效开展了降焦比攻关、优化烧结配矿及焦化配煤、缩短生产冶炼周期、降低采购库存、回收含铁料综合利用等系列攻关活动，降低了生产成本。注重处理高产与质量、品种规格的关系，不断提高"双高"产品比例，强力推进以高等级汽车板等为重点的高质量、高附加值产品的研发。

2007 年，在全国名牌产品评选中，集装箱钢被评为中国名牌产品，实现了本钢"中国名牌产品"零的突破。2007 年 1 月 15 日，本钢第二冷轧厂——本钢浦项冷轧薄板有限责任公司的二号热镀锌机组进入热负荷试车，生产机组全部投入生产，向高等级汽车制造厂家提供优质面板，为本钢打造世界品牌、创建一流企业铺设了平台。"本钢"牌冷轧汽车表面板在中华、海狮、格瑞斯、奇瑞、切诺基 5 个车型成功通过认证，其中 3 个车型实现批量供货，在首次进入欧洲市场的中华尊驰轿车中，有 33 个部件使用了本钢高等级汽车用板，本钢成为继宝钢等企业之后能够批量生产高等级汽车面板的企业。

2008 年，面对国际金融危机对实体经济造成的影响，本钢通过调整产品结构、压缩库存、盘活资产、节能降耗等一系列措施，做到"不减产、不减薪、不减员"，保持了企业环境的和谐稳定，经受住了严峻考验。2008 年 10 月 9 日，新一号高炉投产，设计炉容 4747 立方米，年产生铁 350 万吨，是当时东北地区最大的高炉。与新一号高炉配套的焦化、炼钢及轧钢工序技改工程也在同年相继竣工投产，其中 8 号焦炉 11 月 8 日投产，三连铸 12 月 4 日投产，当时国内首座最大宽度的热轧机组——2300 毫米热轧机 12 月 1 日投产。根据各条生产线的特点，在生产中采取"一单一结"的组织方式，缩短时间，加快产品外发节奏，减少逾期合同量。挖掘新建项目潜力，批量生产了宽幅汽车面板、船板、X80 管线钢等业界领先产品。

"十一五"期间，本钢提出了新的发展战略，即坚持管理创新、科学发展，以精品化、多元化和国际化战略为核心，全力建设品种全、质量高的精品板材基地和具有国际竞争力的现代化企业。

（三）第三个发展阶段：2010~2018 年，改革开放走进新时代，成立本钢集团有限公司，推进钢铁主业和相关多元产业协同发展，全面提升企业综合竞争实力，本钢集团步入科学健康发展新阶段

2010 年 6 月 8 日，在辽宁省的推动和支持下，本溪钢铁公司与北台钢铁（集团）有限责任公司合并重组，成立了本钢集团有限公司。

本钢集团成立后，在健全集团法人治理结构的基础上，对本钢集团所属全资、控股、参股子公司法人治理结构进行规范，组织规范子公司章程和董事会、经理会议事制度，加强本钢集团管控，实施向全资、控股公司派驻监事，委派财务总监，向参股公司派出产权代表。通过建立制衡、高效的工作机制和科学的制度体系，进一步完善了母子公司法人治理结构。

2010 年，对本钢未来发展战略进行塑造和规划。确定了本钢集团"十二五"总体战略目标：以科学发展观为统领，坚持走新型工业化道路，依托钢铁主业的产业链延伸和规模扩张、相关多元产业的协同发展，把本钢打造成 2000 万吨级的中国最具影响力的精品钢材基地和具有国际竞争力的特大型现代化企业集团，努力进军世界 500 强。

为了实现本钢"十二五"发展目标，对新本钢管理体系进行了新的构建。确定了以集团战略为导向，以战略型和操作型管控相结合、集中管控与差异化管控相结合为主要模式，以优化组织结构为管控平台，以管控制度流程设计为基础，将集团总部建立成为战略规划中心、资本运营中心、财务管理中心、风险管理中心、经营协调中心、资源共享中心、企业文化中心的总体管控架构。

在完成母子公司之间管控界面划分后，形成了集团母子公司之间权责清晰、职责明确、运作规范的管控框架。明确了集团公司与下属企业之间的管控关系和管控路径，调整了本钢集团权属企业的股权隶属关系和托管关系，建立了合理有效的管控机制。确定了战略、投资、财务、人力资源、企业文化、采购、营销、科技、审计、信息化、资本运营、制造、设备、安全、质量、能源环保、运营17条集团管控条线。理清了母子公司在核心职能和关键业务中的定位，使总部对分子公司进行有效控制，使集团整体运行效率和抗风险能力提高。同时还完成了人力资源、财务、营销、企业文化等管控子体系设计。

2010年以来，本钢集团坚定不移地实施"钢铁为主、多元协同、全球经营、做强做大"的战略思路，全力推进以钢铁主业为基础的多元产业发展，战胜了内外部各种严峻形势的考验和挑战，形成了以钢铁制造为主，金融投资、贸易物流、装备制造、工业服务、城市服务等多元产业协同发展、具有较强市场竞争力的"1+5"多元产业发展集群，在钢材市场持续低迷的情况下，连续多年保持科学稳健发展的良好态势，成为辽宁省属最大国有企业集团和第一批年销售收入超千亿元工业企业，外贸出口总量连续五年位列全国钢铁行业首位。

"十三五"时期，世界经济进入以弱复苏、慢增长、多风险为特征的新常态。中国经济进入产业结构调整转型、经济增速从高速增长转向中高速增长的新常态。钢铁行业进入化解产能过剩矛盾深化、企业经营微利、环保治理高压的新常态。

2015年，本钢集团通过宏观经济预期、钢铁行业发展趋势、本钢集团优劣势的综合分析，提出了本钢集团"十三五"发展规划思路：以改革和创新为主线，持续推进"钢铁为主、多元协同，全球经营，做精做强"的发展战略，成为极具国际竞争力的特大型钢铁联合企业，向世界500强迈进。实现两个转变：由钢铁制造商向钢铁材料服务商转变、由生产经营型向资本运营型企业转变。推进五项重点任务：以产品升级为重点，做精做强钢铁主业；以优化产业结构为重点，做大做强多元产业；推进节能减排，实现绿色发展；契合国家战略，拓展发展空间；深化国企改革，提高经营活力。

根据总体发展目标，编制了《本钢集团"十三五"发展规划纲要》，涵盖：钢铁主业发展规划，贸易物流、金融投资、装备制造、工业服务、城市服务板块产业发展规划，两化融合智能制造和国际化发展规划以及规划实施的保障措施等内容。

2017年是全面建成小康社会的关键一年，也是国家深化供给侧结构性改革、带动钢铁行业形势持续向好的重要一年。在习近平新时代中国特色社会主义思想的引领下，在省委、省政府的正确领导下，在省国资委的正确指导和本溪市委、市政府的大力支持下，本钢集团坚决落实新发展理念和"四个着力"和"三个推进"，坚决落实省委、省政府"三去一降一补"的决策部署，紧紧抓住中国经济稳中向好、限制钢铁产能、打击"地条钢"、钢材市场持续回暖的有利时机，坚持"向党建要效益、向政策要效益、向管理要效益、向创新要效益、向市场要效益、向环境要效益"目标，实施了一系列有针对性的措施，在全体干部职工的共同努力和顽强拼搏下，取得了历史性工作成绩，为集团做强做优做大奠定了坚实基础，本钢焕发出新的生机与活力。全年，实现营业收入 522 亿元，同比增长 41%；实现利润 3.51 亿元，同比增长 64%；实现税费 28.59 亿元，同比增长 42%。主要产品产量，生产生铁 1578 万吨，同比增长 5.9%；粗钢 1577 万吨，同比增长 9.5%；热轧板 1190 万吨，同比增长 5.6%；冷轧板 525 万吨，同比增长 29%；线材 216 万吨，同比增长 0.6%；螺纹钢 97 万吨，比 2016 年增加 90 万吨；特钢材 72 万吨，同比增长 5.9%；不锈钢 9 万吨，同比增长 139.5%。主要经济指标，工业总产值 568 亿元，同比增长 59.4%；工业增加值 111 亿元，同比增长 14.58%。集团资产总额 1449.63 亿元，流动资产 412.27 亿元，同比增长 1.48%；固定资产 727.86 亿元，同比增长 9.13%。各项生产经营指标创出新本钢组建以来的新高。

三、主要发展成就

改革开放以来，本钢在党中央的路线、方针、政策的指引下，以经济建设为中心，坚持四项基本原则，坚持改革开放，建立健全现代企业制度，提升企业管理水平，加快生产技术改造和科技创新步伐，奠定了发展的基础。特别是党的十八大以来，本钢集团站在历史的新起点，加强企业物质文明、政治文明、精神文明、社会文明和生态文明建设，持续推进"钢铁为主、多元协同，全球经营，做精做强"的发展战略，努力实现两个转变，即由钢铁制造商向钢铁材料服务商转变，由生产经营型向资本运营型转变，努力建设让职工有自豪感，让竞争对手有压力感，让用户有依赖感，让社会充满敬意的新本钢。取得了系列发展成就，主要表现在：

——主要产品产量实现大幅增长，由单一生产铁为主的企业升级为生产铁、钢、材全品类的企业。1978 年，铁精矿 423.7 万吨，铁产量 290.84 万吨，钢产量 47.63 万吨，材产量（商品量）11.3 万吨，焦炭 184.74 万吨，发电量 7.12 亿千瓦时。2017 年，铁精矿 795.56 万吨，增长 0.88 倍；铁产量 1578.39 万吨，增长 4.43 倍；钢产量 1576.94 万吨，增长 32.11 倍；材产量（商品量）1549.68 万吨，增长 136.14 倍；焦炭 720.07 万吨，增长 2.9 倍；发电量 33.08 亿千瓦时，增长 3.65 倍。改革开放以来，截至 2017 年末，共生产出铁精矿 2.1 亿吨，铁产量 2.47 亿吨，钢产量 2.22 亿吨，材产量（商品量）2.01 亿吨，焦炭 1.27 亿吨，发电量 638.07 亿千瓦时。到 2018 年 6 月末，共实现销售收入 8376 亿元，共实现利润 72 亿元，纳税额从 1978 年最低的 0.32 亿元到最高的 34.79 亿元，共上缴税金 543 亿元，为国家经济社会发展做出了重要贡献。

——主要技术装备水平实现跨越，系列改造新建的本钢集团主体技术装备水平达到世界先进水平。主要生产设备覆盖矿山、炼铁、炼钢、热轧、冷轧等钢铁全产业链。矿山系统：现有南芬露天铁矿、歪头山铁矿、贾家堡铁矿等多座矿山，年产铁矿石 2000 万吨；其中，南芬露天矿是亚洲最大的单体铁矿山。炼铁系统：现有大型高炉 6 座，年产生铁能力 1700 万吨，配套 7 台烧结机；其中，板材公司新一号高炉 4747 立方米，建成时是东北地区最大容积高炉。炼钢系统：现有板材公司炼钢厂 6 座 180 吨转炉，北营公司炼钢厂 3 座 120 吨转炉，配套连铸机，年产钢能力达 1700 万吨。特钢系统：现有超高功率电弧炉 50 吨 2 座，800 轧机 1 套。棒线材系统：现有北营公司轧钢厂 6 条棒线材产线机组，其中 3 条棒材机组，3 条高速线材机组。热轧系统：现有 4 条热轧产线，其中板材公司热连轧厂有 1700 毫米、1880 毫米、2300 毫米等 3 条热轧生产线，北营公司轧钢厂有 1 条 1780 毫米热轧生产线。其中 2300 毫米生产线设计能力 515 万吨（其中不锈钢卷 65 万吨），是一条具有国际先进水平的热轧带钢生产线。冷轧系统：现有三个冷轧厂，一个不锈钢厂（东北地区最大不锈钢生产基地），共 18 条主要连续生产机组。其中三冷轧厂年设计成品产量 260 万吨，产品厚度 0.3~2.5 毫米，宽度 750~2150 毫米，冷轧退火产品最大强度 1500 兆帕，热镀锌产品最大强度 1180 兆帕，能实现汽车板整车供货，本钢成为国内和世界上能提供最宽幅、最高强度汽车用板的钢铁企业，满足未来汽车行业发展对安全、节能和环保的要求。

——质量管理标准管理品牌管理，"本钢标准"成为国家标准，"本钢品牌"成为中国驰名品牌。本钢集团多年来持续推进质量体系建设，1998 年依据 ISO 9002：1994 标准建立了质量管理体系，2006 年 9 月顺利通过英国劳氏认证公司 CE 产品标志认证，2007 年建立实施了 ISO/TS 16949 质量管理体系，同年通过了德国莱茵公司的汽车用钢板认证；2015 年将 9001 质量体系、TS 16949 汽车板体系与德系 VDA 标准要求结合，不断完善持续改进机制，提高质量管理体系运行的有效性和效率。近 10 年来，本钢获得全国的六西格玛优秀项目 66 个，被评为"全国六西格玛管理推进十周年优秀企业"；获全国优秀 QC 项目 19 个，获冶金行业优秀 QC 项目 135 个，省优秀 QC 项目 225 个，本钢多次获得全国质量管理优秀企业称号。同时，本钢作为国家传统产业的代表始终支持国家标准化工作，主持或参与国家标准、行业标准的制修订工作。2010 年以前，本钢主持起草国家标准 13 项，参与起草国家标准 3 项，主持起草行业标准 1 项；2010 年至 2018 年，本钢主持起草国家标准 7 项，参与起草国家标准 7 项，主持起草行业标准 1 项。本钢集团重视品牌工作，1981 年"本钢"牌商标在国家工商行政管理局注册，沿用至今，本钢产品多次荣获"中国名牌"、冶金产品实物质量"金杯奖"、辽宁省名牌产品称号。2016 年，本钢集团"本钢"牌注册商标荣获"中国驰名商标"。

——科技创新产品研发取得丰硕成果，以国家级技术中心和工作站为依托打造"产学研用"创新体系。本钢集团多年来以晋升国家级技术中心和国家级实验室为起点，建立了以市场为导向的研发、生产、销售和售后服务一条龙研发体系，实现了对产品的现实市场、潜在市场和未来市场的开发。"十二五"期间，"双高"产品比例由 20% 提高到年 80%，形成了以石油管线钢、集装箱钢、耐候钢、焊瓶钢、汽车大梁钢、汽车车轮钢、汽车齿轮钢、叶片钢、军工钢、热轧高强钢、冷轧深冲钢、热镀锌板、彩涂板等为主导的"双高"产品体系，实现了由低档产品向高档产品的重大转变。近两年来，本钢集团与中科院金属研究所、东北大学、清华大学等，以项目为载体，强化科技成果和专利管理，推进低成本和绿色制造技术，不断加强国家地方联合汽车板工程实验室、汽车轻量化技术创新战略联盟、本钢—华晨—东大联合实验室等科研平台建设，加大新产品研制、认证力度，基本实现对绝大多数合资品牌、自主品牌汽车厂全覆盖供货，2GPa 级热冲压成型钢的成功研发受到国内外广泛关注。本钢集团获得国家工信部认定的"国家技术创新示范企业"称号、"中国工业企业品牌竞争力百强"企业称号和辽宁省创新型龙头企业称号。

——坚持以信息化带动工业化，本钢集团信息化建设步伐加快，"数字化本钢"正在成为现实。从 2002 年开始，本钢集团经历了三个阶段完成了本钢 ERP 三大平台的建设，目前已经形成了以主机系统、网络平台为基础，覆盖全本钢集团生产、销售、质量、财务、采购、设备、工程、人力资源、OA 办公自动化等业务流程的"双基地、三中心、多账套"的系统架构。在信息化实施过程中，本钢集团结合企业的生产实际，逐步形成"信息化五级建设架构"战略目标，不仅持续完善四级系统，还向生产制造执行系统及数据分析挖掘等三级、五级系统延伸。发挥信息化中心、信息自动化公司的职能与作用，向内服务企业，向外开拓市场，加速推进信息化研究成果转化，取得了可观的经济效益和社会效益。在皮带通廊、电气室和变电所等场所应用无人值守系统，对设备运行状况和工艺参数进行实时监测与控制，改善了工作环境，减轻了劳动强度。2007 年，推进数字化矿山建设。2010~2011 年，实现了无纸化办公和数字化档案管理。2013 年，"本钢"牌 LED 智能照明系列产品正式投产问世，应用在本钢厂区和本溪市区。2016 年，视频会议系统完备运行。2016 年 10 月，通过两化融合管理体系评定，正式进入了体系保持和改进阶段。

——推进企业财务管理和资本运营工作，本钢集团金融投资板块从无到有不断发展壮大。本钢集团高度重视企业财务管理，持续强化财务管理的"核算、监督、管控"职能。一是加强资金管控，建立资金管理制度，保证资金安全，严格资金审批拨付制度，按月组织召开资金平衡会。二是全面严格管控预算工作，从 1993 年实行市场经济下本钢内部核算办法，到 2018 年，已经形成完善的预算管理体系和绩效考核机制。三是健全会计制度和会计基础工作，2008 年 1 月 1 日开始执行新《企业会计准则》，实现了与国际财务报告准则趋同。四是推进财务会计电算化，2000 年开始告别手工账簿记账为主的传统方式，目前已全部使用财务 ERP 系统。五是实行子公司财务总监派驻制，强化子公司财务监督管理工作。在此基础上，2011 年以后，本钢集团筹备组建了资本运营部。2014 年 9 月 9 日，成立辽宁恒亿融资租赁有限公司，是经辽宁省外经贸厅批准成立的辽宁省内首家外商投资融资租赁公司；2014 年 12 月 25 日，成立本钢集团财务有限公司；2017 年 11 月 22 日，成立辽宁恒汇商业保理有限公司。2012 年以来，本钢集团先后入股本溪市商业银行、中天证券，参股欧冶云商，入股东北特钢，参与光大银行可转债，实施本钢板材 40 亿元定增、本溪钢铁公司可交换债。2017 年 9 月 21 日，本钢集团与工行总行签订了 200 亿元债转股框架协议。本钢集团通过发展金融产业，推进资本运作，提高了资金使用效率，拓展了融资渠道，降低了融资成本，培育了新的利润增长点。

——加强合资合作与国际贸易，在国家战略和国家政策大背景下扩大本钢集团的"经济版图"。"十五"以后，本钢集团的合资合作项目重点向原料、钢铁生产、钢材销售、非钢项目等四个方面倾斜。在钢铁生产领域，2004 年本钢与 POSCO 合资成立本钢浦项冷轧薄板有限责任公司。围绕"转方式，调结构"，积极拓展与外部股权合作，在钢铁上下游产业链延伸领域进行了一系列对外投资。一是加大后备矿山的资源掌控，合作开发棉花堡铁矿项目；二是与下游用钢企业合作开展钢材深加工及配送，发展深加工产业链，先后成立了大连本瑞通、上海本钢济福和沈阳宝锦等公司；三是进入汽车零部件行业，合资组建了本钢豪斯特（沈阳）汽车零部件有限公司，合资建设热压成型生产线项目，本钢集团在沈阳地区将具备钢材剪切、激光拼焊、热冲压成形的钢材深加工能力。在国际贸易方面，依托国贸公司（销售部）加强各类产品的市场开发、内外贸销售及售后服务。2018 年，国内在上海、广东、山东、沈阳、香港等地设立 11 个驻外贸易分公司，境外在美国、韩国等地设立 5 个境外贸易分公司。内贸销售方面，热轧产品重点开发管线、花纹板、集装箱钢市场，获得"西气东输优胜供应商称号"；冷轧产品广泛应用于汽车、家电、机械制造、金属制品等领域，是知名企业的战略供应商。特钢产品是重载汽车齿轮、轴承、石油钻具、大马力柴油发动机曲轴、气瓶用钢等钢种的生产与开发基地。外贸销售方面，产品销往"一带一路"沿线 30 多个国家和地区，成功向奔驰、宝马、菲亚特等知名车企供货。硅钢、不锈、电镀锌首次进入国际市场。2010 年至 2018 年上半年，出口产品 3732 万吨，创汇 193.65 亿美元。2017 年，本钢国贸公司通过了海关总署最高信用等级——AEO 高级认证企业的认证核查。

——规范公司运作，实施管理创新，深入推进企业改革工作，企业的发展活力和创新活力明显增强。严格按照《公司法》等相关法律、法规和省国资委的有关要求，认真履行职责，加强自身建设，规范公司运作，完善法人治理结构，建立健全规章制度体系，积极有效开展董事会各项工作部署，保障了企业生产经营工作的科学有序运行和深化改革工作的持续深入推进。根据中共辽宁省委组织部和中共辽宁省国资委党委通知要求，修订本钢集团章程，增加党建内容，实现加强党的领导和法人治理的有机结合，把党的领导融入公司治理各个环节，把方向、管大局、保落实，把党的政治优势、组织优势和群众工作优势，转化为企业的竞争优势、创新优势和科学发展优势。推进实施管理创新，组建成立招标公司，建立电子招标平台，实施"阳光采购"，建立一体化采购管理体系；构建全面风险管理体系，深化对采购、销售、财务等高风险领域的内控；成立了督查室，建立了部门工作作风测评制度、领导干部问责追责制度、领导班子和领导干部综合考核评价制度、工作纪律联合检查督查制度。深入推进企业改革，2017~2018 年，借鉴国内先进钢铁企业的管控模式，在充分评估本钢集团当前体制机制问题基础上，全面实施"定岗、定编、定责、定薪"工作，集团机构总量压减 22%，管理层级由 7 层压减为 5 层，副处级及以上领导干部职数压减 15.3%，其他管理岗位职数压减 12.6%，生产厂矿管理岗定员总数比例降至 8% 以内，实现了机构精干、瘦体强身、职责清晰、优化分配的工作目标，进一步提升了企业运行效率，企业体制机制改革工作迈出重要步伐。同时，薪酬分配制度也从单一的等级工资制过渡到以岗位绩效工资为主的多样化宽带式薪酬体系，职工年人均工资收入从 1985 年的 1223 元提高到 2017 年的 50950 元。目前，改革举措在取得阶段性成果的基础上，不断完善细化改革方案，深化改革措施，强化建章建制。

——加强企业党的建设，发挥职能部门和群团组织工作优势，构建健康文明和谐稳定的良好发展氛围。党的十八大以来，本钢集团党委按照中央和省委的部署要求，以落实全面从严治党要求、推进党的基层组织建设全面进步全面过硬为目标，树立向党建工作要效益的思想，持续加强和改进企业党的建设，充分发挥党委的核心作用、党支部的战斗堡垒作用和党员的先锋模范作用，为实现企业的持续稳健发展提供了坚强的政治保证。2017 年，辽宁省委把本钢集团以党建引领改革发展的做法经验向全省推广学习。以学习宣传和贯彻落实党的十九大精神为依托，着力打造具有强大凝聚力和战斗力的企业精神和企业核心价值观，"以钢铁力量支撑美好生活"成为企业发展使命和职工的共同追求。强化舆论宣传与管控，唱响主旋律，弘扬正能量，从单一平面媒体《本钢日报》到官网、报纸、电视、新媒体（官方微信、微博、手机报）全新改版升级。有针对性地开展理论中心组学习和形势任务教育活动，不断深化了中国特色社会主义和"中国梦"宣传教育。坚持党要管党、从严治党，全面推进纪检监察组织派驻制管理，扎实开展党委政治巡察工作。着力构建和谐劳动关系，大力弘扬劳模精神和劳动精神，广大职工群众的主人翁责任意识进一步增强。深入开展民生工程，设立"服务职工热线"，赢得职工的广泛点赞。完成《本钢志（第二卷）》《本钢史画》出版，举办首届"工匠杯"职工技能大赛，开展首届"最美青工"评选活动，展现了本钢人的良好精神风貌。本钢先后获得国家、省和冶金行业颁发的多种荣誉称号。本钢党委被中共中央组织部授予"全国先进基层党组织"荣誉称号，集团公司被中华全国总工会授予"全国'五一'劳动奖状"，被中央精神文明建设指导委员会授予全国先进单位。

——履行企业社会责任，推进资源节约型、环境友好型企业建设，做让社会充满敬意的优秀企业。多年来，本钢集团作为辽宁省属最大的国有企业集团，积极履行企业社会责任，推进资源节约型、环境友好型企业建设，在城市建设、社会慈善公益事业、抗洪救灾、抗震救灾、救助弱势群体等公益活动中慷慨解囊，为促进社会和谐稳定、民生改善做出了积极贡献，树立了良好的企业社会形象。一是建设国家级绿色工厂。为了城市的碧水蓝天，本钢本着对国家、对社会、对企业、对子孙后代高度负责的态度，使各项节能减排指标全部达到国家钢铁联合企业清洁生产一级标准，为本溪市创建国家环保模范城市做出了卓越贡献。"十五"以来，企业投入大量资金用于节能环保，推进二次能源利用项目建设，能耗指标大幅降低，2012 年就实现了全工序负能炼钢，废水实现零排放。二是充分履行企业办社会职能，积极稳妥做好城市供暖、供水、供电和物业管理，以及教育、医疗、退休人员社会化管理等工作。三是积极参与城市建设，热心社会公益事业。参与城市绿化建设和环城国家森林公园建设，2001 年以来，每年完成社会义务植树 4500 亩，累计完成26 万余亩绿化任务。1987 年，自建一座半波 50 瓦，覆盖半径 30 千米的电视差转台，使田师傅镇、南甸镇及东营房、兰河峪等地 10 万人受益。1991 年，为本溪关门山水库建设助资 4000 万元，调剂物资 6500 吨。1993 年，为本溪市永丰立交桥建设提供 5000 万元建筑资金。1995 年 6 月，由本钢希望工程基金会资助改建的本钢第一所希望小学——兰河峪中心小学正式诞生。2008 年 5 月，在辽宁省"心系汶川"抗震救灾捐款仪式上，本钢全体职工将 500 万元现金捐献给灾区人民。2010 年 4 月，为青海玉树地震灾区捐款 1000 万元。2009～2013 年，积极参与和支持市慈善总会开展慈善捐助活动，帮扶救助社会特殊困难群体，累计捐赠 770 万元。2013～2014 年，累计支付社会公益和救济性捐赠达 4800 余万元。近年，本钢集团为支持辽宁体育事业发展，冠名辽宁男子篮球队，2017 年"辽宁本钢队"获得全运会冠军，2018 年夺得 2017～2018 赛季总冠军。征战全运会 58 年的辽宁男篮，本钢第一次冠名就获得了冠军，特别是在 CBA 联赛冠名辽宁男篮并且取得总冠军，"辽宁本钢"被国内外越来越多的人所熟知，本钢品牌在全国各地影响力越来越大，影响范围越来越广。

四、主要发展特点和经验

改革开放 40 年来，本钢集团取得了巨大的发展成就。总结 40 年来本钢集团的发展历程，主要体现了如下特点和经验：

第一，必须坚持以习近平新时代中国特色社会主义思想为指导，充分发挥国有企业党组织的核心作用。习近平总书记指出，坚持党的领导、加强党的建设，是国有企业的"根"和"魂"。必须不断改进和创新国有企业党建工作，切实把发挥企业党组织核心作用与建立现代企业制度有机结合起来，把方向、管大局、保落实，以党建统领推动企业全面发展。

第二，必须坚持不断解放思想，认真贯彻党中央的战略部署。改革开放 40 年本钢的改革与发展历程，是一次次解放思想、理论创新、积极探索、认真贯彻党中央战略部署的过程。只有尊重经济发展规律，把企业发展放在时代发展、国家发展、行业发展的大背景下，兼顾地方发展，眼睛瞄准市场，研究新情况，建立新体制，解决新问题，走适合企业发展的路，才能够取得成功。

第三，必须坚持产品结构调整，不断提高企业自主创新能力。创新是一个民族不断进步的不朽灵魂，是一个国家兴旺发达的不竭动力，也是一个企业赢得优势的有效途径。本钢在发展实践过程中，始终坚持科技引领，以市场为导向，把提高自主创新能力摆在突出位置，坚持用高新技术改造传统产业，使产品结构更加合理、产品质量不断提高、市场竞争力持续增强。

第四，必须坚持加强能源资源节约和生态环境保护，大力发展循环经济。节约资源和保护环境是我们国家的基本国策。本钢作为国有特大型钢铁联合企业，多年来，致力于建设资源节约型、环境友好型企业，倡导生态文明，建设生态本钢，在生产快速发展的同时，坚持保护环境和走可持续发展之路，履行企业社会责任。

第五，必须坚持以信息化带动工业化，建设智能工厂和数字化企业。时代在发展，科技在进步。步入信息化时代，要以"中国制造 2025"为契机，工业生产从机械化、自动化、信息化向智能化迈进。完善一、二级基础系统，优化 ERP、MES 系统，构建智慧化企业，以实现"互联网+本钢"为目标，向新的历史目标大步迈进。

第六，必须坚持产融结合，以金融产业助推钢铁主业和相关产业发展。改革开放以来，本钢经历了多轮大规模的技术改造，才有了今天的发展规模。资金来源以银行有息借贷融资方式为主，本钢板材上市以后实施了两次大规模融资，取得了良好效果。近年金融板块发展，实现了以向股权融资和债权融资并重的方式转变，极大地缓解了资金压力，为本钢集团推进去杠杆、降成本、增效益，激发企业活力作出了贡献。

第七，必须坚持现代企业制度，建立规范的集团公司运营体制机制。规范设置集团及各全资、控股子公司法人治理模式，实现集团各层级法人治理结构的协调运转和有效制衡。集团重大决策和"三重一大"事项实现集团集体决策和科学决策，集团董事会各项决策机制实现有效运作。实施管理创新，全面提升企业管理水平，不断增强驾驭企业抵御市场风险的能力。

第八，必须坚持以人为本，全心全意依靠职工群众办企业。人民群众是历史和财富的创造者。本钢的发展实践证明，本钢的发展，归根到底是本钢坚持以人为本、全心全意依靠职工群众办企业，依靠广大职工群众的顽强拼搏和努力奋斗的结果。要牢固树立职工群众在企业发展中的主体地位，团结凝聚职工群众力量，维护各方合法权益，促进企业科学快速发展。

五、企业未来发展展望

中国特色社会主义进入新时代，社会主要矛盾的变化给钢铁行业带来发展路径选择和发展模式全新变革的机遇，百年本钢正处于转变发展方式、补短板调结构、转换增长动力的关键时期。

新时代，新理念，新作为，按照习近平总书记关于理直气壮做强做优做大国有企业和坚定不移深化国有企业改革的重要指示以及在全国国有企业党的建设工作会议上的重要讲话精神，本钢集团在"十三五"发展规划的基础上提出 2018~2020 年《本钢集团做强做优做大规划方案》。主要内容是：以供给侧结构性改革为总抓手，以深化国企改革和技术创新为主线，更加注重与市场接轨、更加注重结构调整、更加注重技术升级，钢铁主业在不新增钢铁产能的前提下通过提质提效、产品升级、深加工服务、绿色智造、保持自有矿比较优势实现做强做优做大；多元产业通过聚焦优势业务，培育发展新兴业务实现做优做强。积极稳妥推进企业改革，大力推进混合所有制经济，实现国有资本的优化布局和增值并惠及全体员工。

主要目标是，2020年实现优钢产量2000万吨，人均产钢700吨，建成高端、智能、绿色钢企。其中，炼铁系统将实施部分高炉的环保提效大修及炉缸处理，2020年年产生铁达到1867万吨。炼钢系统重点实施转炉大修、单流板坯改造等，并建设大型废钢加工厂降铁耗，2020年优质钢坯产量达到2050万吨以上。轧钢系统聚焦高端市场、产品和产线，锁定高端路线，实施热轧提质升级改造及冷轧提产提质改造、三冷轧完成1630高强机组建设，2020年后板材冷热比达到65%；长材系列实施特钢初轧机及大小棒材拆分提质升级改造，新建优质线材、高速棒材改造等，与特钢协同实现长材产品高端化，长材优特比达到70%。

着眼未来发展，本钢集团将在党的十九大精神的指引下，在中国钢铁工业协会的正确指导下，在辽宁省委、省政府的坚强领导下，坚定信心，不断学习，增强本领，锲而不舍，埋头苦干3~5年，把本钢建设成为让职工有自豪感，让社会充满敬意的新本钢，为中国钢铁工业和辽宁老工业基地的振兴发展做出新的、更大贡献！

引领国企改革的钢铁先锋

安阳钢铁集团有限责任公司

安阳钢铁集团有限责任公司（简称安钢）始建于 1958 年，位于河南省安阳市，其前身为安阳钢铁厂，原设计能力为年产钢 10 万吨的小钢联，是国家"二五"规划"三大、五中、十八小"钢铁布局中的"十八小"之一。经过 60 年的发展，安钢现已成为集采矿选矿、炼焦烧结、钢铁冶炼、冷热轧钢、机械制造、科研开发、信息技术、物流运输、国际贸易、金融地产等产业于一体，年产钢能力超过 1000 万吨的现代化钢铁集团，是河南省最大的精品板材和优质建材生产基地。安钢主体工艺装备先进，拥有 4747 立方米高炉、500 平方米烧结机、7 米焦炉、150 吨转炉、1550 毫米冷轧、3500 毫米炉卷、1780 毫米热连轧等一大批高端生产线。产品定位中高端，覆盖中厚板、热轧和冷轧卷板、高速线材、型棒材、球墨铸管等多个系列，广泛应用于国防、航天、交通、装备制造、石油管线、高层建筑等行业，远销到德、英、日、韩、南非等 30 多个国家和地区。曾先后荣获全国优秀企业金马奖、首届"河南省省长质量奖""全国质量奖""中国钢铁企业竞争力特强企业"等荣誉。

一、乘风破浪，阔步前进

党的十一届三中全会召开以后，改革开放的春风给安钢带来了新的生机与活力，激发了蕴藏在广大职工中的巨大能量，勤劳智慧的安钢人紧紧抓住这一历史机遇，牢牢把握经济建设这个中心，深化内部改革，转换经营机制，强化企业管理，推进技术进步，使安钢出现了前所未有的大好局面，走上了振兴发展之路。

1978~1979 年，安钢认真贯彻执行党中央关于工作重点转移和对国民经济实行"调整、改革、整顿、提高"的方针，坚持解放思想，加强经营管理，生产秩序得到了较好的恢复，安钢站在了新的历史转折点，1978 年盈利 981.11 万元，1979 年盈利 1125 万元，扭转了"文革"以来多年亏损的局面。从 1980 年起，安钢率先在全省乃至全国钢铁企业实行承包经营，在国家不再投资的情况下，通过"三改一加强"，使企业走上了健康发展的轨道。"六五"期间，提前实现了年产材 40 万吨、钢 50 万吨、铁 60 万吨的"四五六"规模；"七五"期间的 1989 年，在全国 58 家地方骨干钢铁企业中率先突破 100 万吨钢大关；"八五"期间，成功地走出了一条"内涵挖潜、自我积累、科学投入、滚动发展"的集约经营之路。"九五"时期，安钢坚持内涵和外延发展并重，一大批先进工艺装备相继投产，钢产量突破 200 万吨大关，竞争实力明显增强，进入世界钢铁企业百强行列。

（一）承包经营开先河

作为河南省首批企业改革试点之一，1980 年，安钢向省委、省政府主动请缨，并立下军令状，在全省乃至全国工业企业中率先实行承包经营。"六五"期间实行利润包干和利润递增包干，"七五"期间实行上交产品产量递增包干，"八五"期间实行"两包一挂"承包经营责任制，实现了自我积累、自我改造、自我发展，生产建设和经济效益走上了持续稳定、协调发展的轨道。从 1980 年至 1995 年 16 年的承包，累计产钢 1456 万吨、生铁 1420 万吨、钢材 1072 万吨，年平均递增分别为 10.2%、6.53%、10.82%，累计实现利润 38 亿元，实现利税 65 亿元，上缴利税 34 亿元，生产建设和经济效益走上了持续稳定、协调发展的轨道，一举改变了落后面貌，闯出了一条搞活企业的新路子。

（二）深化改革转机制

坚持把中央改革精神与安钢实际相结合，以改革统揽全局，以改革促进发展。1992 年，制定了"积极稳妥，实事求是，总体构思，分步实施，增强活力，提高效益"的二十四字改革方针，相继推出了一系列改革措施；改革用工制度，实行了全员劳动合同制；改革人事制度，实行干部聘任制；改革分配制度，实行岗位技能工资制。1985 年 1 月 21 日，安钢更名为安阳钢铁公司。1992 年 10 月省政府将安钢列入全省股份制试点企业。1993 年 11 月 18 日，安钢改制为安阳钢铁股份有限公司，推行经理负责制。1994 年 11 月，安钢被确定为全国百家建立现代化企业制度试点企业，并于 1995 年 12 月 28 日，成立安阳钢铁集团有限责任公司。2001 年 8 月，安阳钢铁股份公司在上交所成功挂牌上市，成为河南省流通盘子最大、一次性募集资金最多的股票。

（三）结构调整快起步

"九五"期间，面对钢铁工业调整结构、产业升级的新形势，安钢审时度势，坚持发展第一要务，确立了立足当前求效益、惠及长远谋发展的指导思想，本着求强发展的原则，制定了《产品结构调整十年规划》，提出以实施工艺结构调整为主攻方向的跨越式发展战略，拉开了安钢结构调整的序幕。

二、脱胎换骨，大步跨越

迈入 21 世纪，中国钢铁工业迅猛发展，安钢进入了全速结构调整、大步跨越发展的新时期。"十五""十一五"期间，适应我国钢铁工业加快结构调整的新形势，安钢抓住机遇，强势发展，相继制定实施总投资近 300 亿元的"三步走""内部做强、外部做大"等发展战略，加快结构调整，推进产业升级，实现了工艺现代化的布局、装备大型化的升级和产品专业化的生产，跻身钢铁强厂行列。从 2003 年起，制定并迅速实施了"产能平衡创效益，调整结构上新线，提升档次建薄板"的"三步走"发展战略，形成了三步并进、跨越发展的崭新局面。2005 年 4 月，100 吨转炉、中板二期改造工程全部完工，第一步规划圆满完成；2005 年 10 月，以 150 吨转炉—炉卷轧机为核心第二部规划项目全线贯通；2007 年 7 月，以 150 吨转炉——1780 毫米热连轧为核心的长流程精品板材生产线竣工投产，2007 年 11 月，以第三座 150 吨转炉投产为标志，"三步走"发展战略精彩完成，一个年产钢能力 1000 万吨的现代化钢铁集团崛起于中原大地，跻身国内钢铁企业第一方阵。2007 年底，承接"三步走"带来的巨大优势，确立了总投资过百亿元的"内部做强、外部做大"第二个发展战略，开启了安钢发展的全新时代。

（一）规模效益持续增长

从钢产量来看，1989 年，安钢在全国地方骨干钢铁企业中年产钢率先突破 100 万吨；1997 年，产钢突破 200 万吨；2001 年，产钢突破 300 万吨；2002 年，产钢突破 400 万吨；2004 年，产钢突破 500 万吨；2006 年，产钢突破 700 万吨；2007 年，具备了 1000 万吨钢的生产能力。从销售收入来看，2000 年，安钢销售收入首次突破 50 亿元；2003 年，突破 100 亿元；2005 年，突破 200 亿元；2007 年，突破 300 亿元；2008 年，突破 500 亿元，创造了改革开放以来 33 年持续盈利的优良业绩。

（二）集约发展脱胎换骨

积极探索集约、节约新的发展模式，通过已有土地的场地承接、汰旧换新、产能置换，有效破解了土地面积制约，在不足 4.5 平方千米的老厂区边生产、边改造、边拆除、边建设，用五年时间建成了 1000 万吨钢的综合生产能力，亩产钢达到 1480 吨，单位面积利用效率全国最高，走出了一条国有老企业集约节约用地，完成结构调整，实现产业升级的"安钢道路"，企业面貌发生了脱胎换骨的变化，品牌形象全面提升，综合竞争实力显著增强。

（三）装备水平垂直提升

顺应新世纪国内外钢铁工业发展趋势，加快转变发展方式，加快结构调整步伐，推进产业升级换代，完成了上百个大型项目建设，建成了4000立方米级大高炉、500平方米烧结机、150吨转炉、炉卷轧机、1780毫米热连轧、1550毫米冷轧等一大批代表钢铁工业发展趋势，国内领先、国际先进的高端装备和高效生产线，板材与型棒材的比例由"三七开"转变为"倒三七"，工艺装备一步占据钢铁行业的制高点。从2004年开始，连续四年每年投产一座100吨级转炉，多项工程在行业创造了工期最短、达产最快的纪录，创造了结构调整的"安钢速度"。

三、转调求存，高歌猛进

近年来，特别是2008年以来，随着世界金融危机的蔓延，我国钢铁产能过剩、供需失衡等深层次矛盾集中爆发，钢铁市场风云突变，一度陷入"冰冻期"，全行业大面积亏损，安钢也受到了前所未有的冲击，生产经营急转直下，2012年，更是跌至低谷，改革开放以来首次出现亏损，且亏损额巨大。2015年行业整体处于最低谷，当年再次出现巨额亏损。在生死存亡的关键时刻，安钢主动适应国家供给侧结构性改革和钢铁去产能的大形势，理清发展思路，谋划战略转型，实施了一揽子新理念、新模式、新举措，开展了一场刀刃向内的自我革命，生存、改革、环保、转型"四大战役"凯歌高奏、捷报频传，生产经营扶摇直上、连破纪录，取得了令人振奋的骄人业绩。一个以特色钢铁产业为主体、相关多元产业协调发展的现代化钢铁集团崛起于洹水河畔，挺起了河南钢铁工业的脊梁。

（一）战略调整，找准发展方向

战略是决定企业经营活动成败的关键，是引领企业可持续发展、高质量发展的"行动指南"。2008年以来，面对前所未有的困难和挑战，安钢不断审视自己的发展道路，找准自身在国家经济发展和钢铁市场中的定位，从企业实际出发，相继推出了"一一四三"发展战略和"创新驱动、品质领先、转型升级、提质增效"的"十三五"总体战略，为困难时期的安钢指明了前进方向，成为安钢十年来砥砺奋进、转型发展的原动力。

1. "一一四三"发展战略

2014年，安钢研判国际、国内经济走势，把握经济发展"新常态"实质，作出了中国钢铁工业正面临"两极分化"、安钢要尽快由行业后三分之一进入中间三分之一、再进入前三分之一方针的重大判断，同时顺应形势发展要求，坚持从实际出发，在战略层面做出深度调整，系统谋划并提出了"一一四三"的发展战略。

"一一四三"的发展战略，即坚持一个指导思想，把"适应市场、提高效益"作为一切工作的指导思想，在思想观念上转向市场，在行为模式上靠近市场，在工作作风上致力于解决距离市场"最后一公里"的问题。推进实施"四大战略"，实施低成本战略举措，全力打造全系统、全覆盖的低成本制造流程；实施服务型钢铁战略举措，推动由钢铁生产商向综合服务商的转变；实施多元发展战略举措，激发子分公司经营活力，尽快培育一批优势产业；实施国际化战略举措，推进产业链融合，探索拓展新的发展空间。坚持"三个依靠"，依靠管理、依靠技术、依靠人才，持续提升企业管理水平、技术水平。实现"一个目标"，由国内钢铁企业的后三分之一进入中间三分之一，中期要进入前三分之一，长期要实现资产总额和销售收入"双千亿"的目标，成为中西部地区具备较强竞争力、影响力和带动力的现代化钢铁强企。

2. "十三五"总体战略

"十三五"期间，宏观经济形势再次发生深刻变化，我国经济逐步由高速增长阶段转向高质量发展阶段。安钢立足长远发展，主动把自身放在供给侧结构性改革的大局中去谋划，找准在钢铁供给市场中的定位，在继承和发展"一一四三"战略的基础上，进一步明确了安钢"十三五"的发展目标、战略路径及发展思路，重点从供给侧发力，全力打造"六大优势""六个安钢"，不断提升安钢的综合竞争力。

2017年1月，在七届三次职工代表大会，安钢明确了"创新驱动、品质领先、提质增效、转型发展"的"十三五"总体战略的主要内涵。2017年5月，在安钢厂处级领导干部学习研讨班上，又对"十三五"总体战略进行了深刻而又全面的解读，明确创新驱动是手段，通过技术创新、体制机制创新等手段，增强企业发展动力；明确品质领先是产品定位，持续强化品牌创建、产品研发等工作，打造中高端旗帜性品牌；明确提质增效是经营目标，进一步提高工作质量、产品质量、运行质量以及劳动效率；明确转型发展是产业定位，通过转型升级，实现钢铁做优、非钢做强。

在七届三次职工代表大会上，安钢提出把培育"低成本竞争优势、培育产品竞争优势、产业竞争优势、管理创新优势、党的领导优势、人才队伍优势"六大优势，作为"创新驱动、品质领先、提质增效、转型发展"总体战略的重要组成，作为贯穿"十三五"的发展目标和实现路径，全力打造"创新安钢、品质安钢、精益安钢、绿色安钢、多元安钢、开放安钢"六个安钢，不断提升安钢的综合竞争力，努力把安钢建设成为位居我国钢铁行业第一方阵的现代化钢铁强企。

2018年7月，在半年厂情报告会上，安钢以党的十九大精神为指导，结合国家经济由高速增长阶段转向高质量发展阶段的实际情况，明确了打造"三大特色"，谋划"三个走出"的发展思路，即打造绿色发展特色，坚持绿色发展理念，全面推进环保治理，不断扩大绿色发展新优势，真正把安钢打造成为与城市和谐共生的典范；打造高效发展特色，以企业的高效率和产品的高效益，推动安钢跨入钢铁行业第一方阵；打造高质量发展特色，坚持"双高"引领，以高端用户促进安钢的高端产品，推动安钢制造向安钢创造转变、安钢产品向安钢品牌转变、产量效益向质量效益转变；坚持走出安钢发展非钢，加快市场化改革步伐，开辟非钢转型发展新境界，撑起安钢的半壁江山；坚持走出安阳发展安钢，主动担当河南钢铁工业转型发展重任，加快周口钢铁基地建设，搭建承接全省钢铁产业优化布局和转型升级的平台，提升河南钢铁工业的供给质量和综合竞争力；坚持走出国门发展安钢，积极探索与国内外大型优势企业战略合作、在"一带一路"沿线国家建厂的可行性，全力争取更大的发展空间。打造"三大特色"，谋划"三个走出"是对"十三五"总体战略进一步发展和完善，以更加开阔的视野指明了安钢建设现代化钢铁强企的发展思路。

近年来，安钢在理顺发展思路，明确战略路径，把近年来从实践中总结出来的全面降本、全面增效、全面挖潜、全面堵塞漏洞"四个全面"工作部署、"精细严实"工作理念、预知、预测、预防、预控"四预管理"工作方针和"问题导向"工作方法等，作为"十三五"总体战略的工作布局。在"十三五"总体战略的引领下，安钢生产经营水平持续提升，正朝着建设现代化钢铁强企的目标阔步前行。

（二）生存攻坚，夺取全面胜利

2014年1月16日，在安钢六届三次职代会上，行政报告以"全力以赴打赢安钢生存保卫战"为题，正式拉开了"生存保卫战"的序幕。历时四年时间，历经三个阶段，安钢人以大无畏的精神，为生存而战、为尊严而战、为荣誉而战、为家园而战，打赢了一场波澜壮阔、艰苦卓绝的生存保卫战。

1. 扭亏增盈阶段

创新"板块+专题"运作模式：2013年12月23日，安钢下发《安阳钢铁集团有限责任公司关于成立非常设工作机构的通知》，在行业内首创"板块+专题"的运作模式，对生产经营模式进行"颠覆性"变革调整，分板块、分专题成立了铁前一体化降本、钢后营销创效、非钢产业发展、房地产开发等15个非常设工作机构。2014年1月16日，六届三次职代会对"板块+专题"工作做出系统安排部署，提出要"统筹战略布局，实施重点突破，三大板块齐头并进上台阶"。铁前板块以降本为中心，以"稳产、高产、低成本"为工作目标，建立以高炉为中心的焦化、原料、烧结、高炉"四位一体"管控体系，促进铁前生产单元的效率有优化、成本最低化；钢后板块坚持以销售为龙头，聚焦全面增效，系统开展产销研一体化运作，全力推进重点高效品种市场开拓和直供直销；非钢板块按照"集团化管控、规范化管理、市场化运作"的原则，把放权经营与有效监管结合起来，进一步激发子分公司创效增收的积极性和主动性。

召开"扭亏增盈"誓师动员大会。2014 年 2 月 14 日，安钢在工人剧院隆重召开"扭亏增盈誓师动员大会"，结合刚刚推出的"板块+专题"运作模式，进一步统一思想、凝聚力量，对全体干部职工进行再动员、再鼓劲，并对下一步工作进行了再部署、再推进，并围绕扭亏增盈目标，下达了近 17 亿的挖潜增效任务。

2. 止血倒逼阶段

召开"止血倒逼保生存"动员大会。2015 年 10 月 21 日，安钢在工人剧院召开"止血倒逼保生存"动员大会，向全体干部职工发出了"止血倒逼保生存"的总动员。会议制定下发了《止血倒逼保生存行动方案》和与之配套的专项考核办法，整体按照 2015 年 10 月减亏增效 1.16 亿元、2015 年 11 月开始月度减亏增效 1.65 亿元的两档目标，倒逼铁前、钢后、非钢三大板块，倒逼生产、采购、物流、库存各个环节，倒逼各产线的成本费用、产品结构，倒逼各子分公司的利润水平，并与相关单位签订目标责任书，深入开展降本增效、止血控亏。

提升"板块+专题"运作水平。2015 年 12 月 30 日，安钢下发《安阳钢铁集团有限责任公司关于调整非常设工作机构的通知》，结合企业经营实际，结合"止血倒逼保生存"的工作重点和薄弱环节变化情况，将非常设机构由 15 个调整为 12 个，同时调整设立了控制外委支出及人力资源优化配置、期货运作、物流和库存降本增效、资本运作及股票运作、能源综合利用降本增效、钢后灵活经营创效、高效产品市场开拓及直供直销、非钢产业外部市场及产品开发、铁钢联动系统优化等"九大专题"，目的是使板块与专题更加契合当前的工作重点，更加适应止血倒逼保生存的需要。2016 年 1 月 19 日，集团公司召开七届二次职代会，并围绕提升"板块+专题"运作水平作出重要安排部署，进一步理顺管理流程，明确各自的工作目标，以构建更加贴近市场、精干高效的管理机制。

3. 决定性胜利阶段

构建"二三三二"新型管控体系。2017 年 1 月 12 日，在安钢七届三次职代会上，安钢在强化、深化、细化、优化"板块+专题"运作模式的基础上，创新构建"二三三二"

新型运营管控体系，即构建"两大体系"，坚持"三个原则"，突出"三个结合"，做到"三个跑赢"，实现"两头链接"，进一步把握生产经营的主动权，提高运营管控效率，向着生存保卫战的"全面胜利"，开启了新一轮的冲锋。"两大体系"是指建立科学的指标体系和先进适用的绩效评价系；坚持"三个原则"即先进性原则、竞争性原则和市场性原则；"三个结合"即年度预算与年度经营目标相结合，月度预算、经营计划与算账经营相结合，以及经营分析与考核评价相结合；做到"三个跑赢"，即跑赢自己、跑赢市场、跑赢对手；"两头链接"是指采购销售的两头连接，运用市场化的思维，推动企业由生产型向经营型转变。

建立精益管理体系。安钢坚持"精细严实"的工作理念，建立并完善以精益标准、精益管理、精益制造为核心的管理体系，打造安钢管理特色。提升精益标准化水平，建立全流程、全系统、全工序、全界面的标准化体系，促进企业管理由经验型向科学型、由粗放型向精益型转变；建立管理标准化、数字化、精细化工作机制，确保各类参数始终在控、受控、可控，杜绝不标准参数的叠加和累积，及时做好数据纠偏。推动实现精益制造。坚持"窄窗口、窄波动、精准控制、系统联动"十四字方针，系统提升精益化、标准化水平，实现精益生产、精益制造。

开展"决战三季度、决胜四季度"攻关。2017年6月底，安钢紧紧抓住市场上涨有利时机，克服环保限产压力，乘势而上、顺势而为，制定并实施了"干好7月份、决战三季度""决胜四季度"工作方案，定目标、定措施、定责任，加大降本增效、市场开拓、能源优化力度，多项指标取得历史性突破，2017年下半年，安钢月均利润突破3亿元，为夺取生存保卫战全面胜利发挥了决定性作用。

经过长达4年之久的生存保卫战，安钢经营局面逐步好转，2014年扭转了被动局面，2016年一举实现扭亏为盈，2017年销售收入达到403亿元，同比增长31亿元；实现利税36.12亿元，同比增加22.51亿元，增幅达165%；实现利润20.6亿元，同比增长1775%，超出历史最好水平8.37亿元，一举夺取了生存保卫战的决定性胜利。2018年上半年实现利润11.59亿元，同比增长21倍，再次刷新历史纪录，取得了生存保卫战的全面胜利，实现了安钢由"求生存"到"求发展"的重大转变。

（三）国企改革，走在全省前列

2016年6月21日，河南省深化国有工业企业改革工作会议之后，安钢高度重视、迅速行动，6月23日成立了集团公司深化改革领导小组，随后分组起草了安钢"1+9"改革实施方案，全面打响了国企改革攻坚战，各项改革举措压茬推进，呈现出"两推进、一加快、三完成"的生动局面，改革工作整体走在全省前列。

两推进：一是深入推进机构改革，加速管理机构向扁平化转变。按照"精简、高效、顺畅"的原则，对组织机构进行了优化整合，在 2016 年集团管理部室由 16 个压减至 8 个的基础上，2017 年又进一步精简机构管理人员，累计共核减了处级单位 1 个（离退休管理中心），取消 36 个 5 人以下科室、14 个 100 人以下车间，核减定员 678 人。二是深入推进三项制度改革，以"三个打破"激发全员活力。打破干部"终身制"，2016 年 16 名中层管理人员退出领导岗位，淘汰比例达 8%；2017 年又进一步加大追责力度，对慢作为、不作为、怕担当、不担当、工作不力出现重大失误的 18 名中层干部，分别给予撤职、降职、停职、记大过等行政处分和经济处罚，营造了履职尽责、铁责担当、干事创业的良好氛围。打破收入"大锅饭"，对营销人员实施"底薪+提成"政策，奖金差距拉开近 40 倍。打破身份"铁饭碗"，近两年取消外委用工近万人，减少费用支出近 4 亿元，主业劳动生产率向人均 1000 吨钢迈进。

一加快：加快混合所有制改革，企业发展步入快车道。共分 3 批次向省国资委报送混合所有制改革企业共 9 家，2015 年启动"新三板"挂牌试点企业 1 家，即安钢自动化公司；2016 年启动员工持股试点企业 2 家，即安淇农业公司、安钢集团加工配送公司；2017 年启动混改企业（或项目）6 家，其中引资入股新建混合制所有制企业 4 家，分别是汽运公司新建安阳市兆隆能源有限公司、附企公司新建河南水鑫科技环保公司、炉料公司新建众兴钙业有限公司、安钢职工医院成立新里程安钢总医院；增资扩股 2 家，分别是冶金设计公司、金信房地产公司。2017 年 2 月 9 日"安钢软件"新三板成功挂牌；5 月 22 日兆隆能源公司挂牌运营；8 月 23 日河南水鑫科技环保公司成立；10 月 19 日职工总医院与新里程签订合资合作协议，完成股份制改造；12 月 26 日众兴钙业公司成立。2017 年 10 月冶金设计公司对外发布公告，公开寻找合作伙伴，2018 年 3 月与南京泽众环保科技有限公司签订战略合作协议，共同发展环保产业。安钢目前共有混合所有制企业 11 家，全部规范运作，并取得了良好的经营效果。

三完成：一是完成公司章程修订，现代化法人治理结构初步建立。集团公司章程于 2017 年 9 月修订完毕，并报省国资委正式批复。27 家出资企业的公司章程于 2017 年 12 月底全部修订完毕，董事、监事设置全部规范，运作主体市场化、治理结构现代化的体制机制初步建立。二是完成社会职能剥离，企业经营主体地位更加凸显。2017 年 5 月底，安钢生活区物业管理、退休人员管理全部移交，均比省政府要求提前一个月。2017 年 6 月底，"四供一业"完成改造移交，实现了"四个 100%"。三是完成僵尸企业处置，安连公司、钢都建筑公司 2 家僵尸企业 2017 年年底注销出清。2018 年上半年，提前半年完成珠海金安、海南豫安两家僵尸企业清退任务。至此，4 家僵尸企业全部处置完毕。

（四）绿色发展，树立行业典范

党的十八大以来，以习总书记为核心的党中央对生态文明建设高度重视，提出了"绿水青山就是金山银山"的绿色发展理念，省委、省政府也对大气污染防治、企业绿色化改造等工作做出重大安排部署。对此，安钢认识清醒、行动迅速，坚决贯彻落实党中央和省委、省政府工作部署，积极践行绿色发展的新理念，既要企业发展、更要碧水蓝天，逐步走出了一条具有安钢特色的绿色、减量、集约发展的路子，探索出了一条环保提升和企业发展、企业效益和社会效益双促进、双丰收的有效途径。

1. 加大资金投入，大力实施绿色化改造

早在 2014 年，安钢就提出把环保作为"第二场生存保卫战"，在行业最为困难的时期，毅然投入 8 亿元左右资金，实施了 26 项环保治理项目。通过 3 年时间，解决了历史欠账问题，全面达到了当时的环保标准和要求，部分工序甚至实现了超低排放。2016 年 7 月 4 日，河南省大气污染防治攻坚战全面展开，安钢坚决贯彻省委、省政府部署，提出要以大幅削减排放总量为目标，一步到位、高起点抓好环保提升，坚定不移走绿色发展道路。2016 年底，邀请行业权威专家，按照环保部针对"2+26"城市新制定的特别排放限值要求，制定了安钢环保提升整体规划方案。2017 年 3 月，集中启动环保提升项目建设，一次性投资 30 亿元，淘汰原有环保设施，应用目前最先进的工艺技术，新建了 5 套焦炉烟道气脱硫脱硝、3 座烧结机头烟气脱硫脱硝、4 套转炉一次除尘改造和原料堆场全封闭等项目，目前已经全部投用，覆盖了所有生产工序，成为国内第一家实现全工序干法除尘并实现脱白的钢铁联合企业。吨钢二氧化硫、颗粒物、氮氧化物排放，分别由 2014 年初的 1.13 千克、1.06 千克、1.04 千克减至 0.15 千克、0.2 千克、0.3 千克，减排比例分别达到 87%、81%、71%；总减排比例达到 75%；大气排放指标达到世界一流、国内领先水平。

2. 强化技术创新，引领行业环保技术进步

坚持用最先进的技术、最成熟的工艺、最高水平的装备配置，高起点抓好环保改造；没有成熟技术，就通过创新和合作，创造最先进的技术。其中，与南京泽众科技环保公司联合研发的焦炉活性炭干法脱硫脱硝技术，具有自主知识产权，项目投运后，运行指标稳定在颗粒物 $\leq 10mg/m^3$、二氧化硫 $\leq 8mg/m^3$、氮氧化物 $\leq 100mg/m^3$，比国家特别限值排放要求分别低 $5mg/m^3$、$22mg/m^3$、$50mg/m^3$，被中国金属学会评定为"国际领先"水平。并成为当年的"世界钢铁工业十大技术要闻"之一，目前该技术开始在行业推广。

3. 发展循环经济，提高能源资源利用效率

安钢在加大环境治理的同时，积极发展循环经济，加快推进节能减排项目建设，实现了资源节约的可持续发展。坚持集成创新，投资 1 亿元建成了国内首套拥有自主知识产权的烧结余热发电装置，解决了行业性技术难题，吨矿发电达到 15 千瓦·时行业先进水平；投资 1.5 亿元，建设了高炉汽拖鼓风发电机组，实现了鼓风和发电同轴快速切换的技术突破，解决了富余煤气的高效利用和煤气放散等环境污染问题，年发电量 3.8 亿千瓦·时；投资 1.68 亿元，建设了 65 兆瓦高温超高压煤气发电机组，发电效率达到 37%，位居"国内领先"水平，年发电量 4.68 亿千瓦·时；投资 3200 万元，建设了焦炉上升管余热回收装置，克服了行业内公认的焦炉荒煤气余热回收技术难题，吨焦回收过热蒸汽 80 千克以上，杜绝了荒煤气放散产生的环保问题，实现了节能与减排双赢，起到了很好的示范和推动作用。2018 年 1 月 16 日，焦炉上升管余热回收技术通过中国再生资源协会成果鉴定，被评定为"国际领先"水平。

4. 坚持生态优先，打造园林化绿色工厂

2017 年底，安钢制定了"公园式、森林式"园林化工厂创建方案，积极推动安钢生态转型，倡导绿色发展方式、生产方式和生活方式，计划再投资 10 亿元，对厂区实施绿化、美化、亮化、硬化工程，"变工厂为公园，变厂区为景区"，按照"4A"级景区的标准，彻底改善厂区环境面貌，真正把安钢打造成为与城市和谐共生的企业典范。2018 年 5 月 29 日，投资 1.67 亿元的一期建设工程全面启动，部分项目进入主体施工阶段，厂区整体面貌得到显著提升。

通过生态转型、绿色发展，安钢集中建设了一大批国际领先的环保设施，取得了有目共睹的治理效果，走出了一条环境保护与转型升级、提质增效协同共进的绿色发展、高质量发展之路，得到了社会各界的广泛关注与认可，国家生态环境部、河南省委省政府、中国钢铁工业协会、中国金属学会、中国炼焦行业协会都给予了安钢充分肯定，并把安钢树为行业绿色发展的标杆进行推广。2018 年，在中国冶金报组织的"绿色钢企万里行"评选活动中，安钢喜获"绿色发展标杆企业"殊荣；2 月 28 日，安钢被环保部推荐参加中财办"大气污染防治企业座谈会"，并在会上作典型发言。5 月 25 日，中共中央政治局常委、全国人大常委会委员长栗战书莅临安钢视察大气污染防治情况，对安钢环保工作给予了高度肯定。下一步，安钢将继续贯彻执行习近平生态文明思想，按照国家和省委省政府关于建设美丽中国、美丽河南的决策部署，继续推动企业生态转型，实现企业与城市和谐共生、与社会和谐发展的双赢格局，为美丽中国、美丽河南建设增光添彩。

（五）转型升级，提升发展品质

自 2014 年以来，安钢紧紧围绕国家以"三去一降一补"为重点的供给侧结构性改革，加快推进转型发展，特别是钢铁主业链条延伸、非钢产业培育等方面，做了大量卓有成效的工作。2017 年初，更是把"转型发展"纳入到了集团公司"十三五"总体战略当中。2017 年 7 月 20 日，安钢在半年厂情报告会上正式提出要打好"转型攻坚战"，一方面要加快结构转型、动能转换、模式创新，另一方面要以开放的视野，积极谋划走出去战略，探索省内钢铁重组和本部部分产能转移，实现安钢更好、更快发展。

产品结构优化。安钢坚持以高端客户、高端产品"双高"为引领，以贴近市场抓产品、贴近现场抓提升"两个贴近"为抓手，以提高直供直销、高效品种"两大比例"为目标，以高端用户促高端产品，加快产品结构优化升级。直供直销比例由 2014 年的22.25%提高到 2018 年的 61.9%；高效产品比例提高至 40%，较两年前翻了一番；高强板成功应用于 8.8 米全球最大矿用液压支架，连续多年保持国内市场占有率第一，成为国内煤机行业用钢的领军企业；在商用汽车轻量化用钢方面，领跑国内技术前沿，并拿下了60%左右的全国市场占有率。目前，安钢有 50 余项产品荣获冶金行业"金杯奖""品质卓越产品"等称号，高端战略用户"朋友圈"不断扩大，多项产品用于国家重点工程，助力打造国之重器，树立了安钢良好的品牌形象，被权威机构评为"中国钢铁企业竞争力特强企业"。

产线优化升级。安钢从创建品牌安钢、打造品质安钢的高度，推进完成了一批的转型升级项目。一是 4747 立方米高炉建设。2012 年 3 月 19 日，4747 立方米高炉成功点火开炉，标志着总投资 45 亿元的铁前项目全面竣工投产。4747 立方米高炉顺利投产，在安钢的发展史上具有里程碑的意义，全公司实现了设备大型化，铁前具有了国际国内一流的装备水平，实现了 1000 万吨产能的工序平衡。二是 1550 毫米冷轧工程建设。1550 毫米冷轧工程是安钢转型脱困的重要支撑工程，酸轧机组 2014 年建成投产，连退机组于 2016 年 12月 28 日热试生产，镀锌机组 2017 年 3 月 18 日热负荷试车，标志着 1550 毫米冷轧工程实现全线贯通。1550 毫米冷轧工程建成投产实现了热卷产品向高附加值冷卷产品的转换，填补了河南省不能生产高端冷轧产品的空白，大幅提升了钢铁主业竞争力。

非钢转型发展。2014 年以来，安钢按照"集团化管控、规范化管理、市场化运作"的总体思路，在提升钢铁主业供给质量的同时，坚持"分灶吃饭"，加快非钢产业结构调整，不断优化非钢管控模式，着力把子分公司打造成为"自主经营、自负盈亏、自我约束、自我发展"的市场经营主体。一方面，优化整合存量资源，重点发展装备制造、钢材加工、物流运输等产业板块整合成立了工程技术总公司、附属企业总公司、河南缔拓实业公司、河南缔恒实业公司等，为更高层面发展多元产业搭建了平台。另一方面，加快"推墙入海"进程，积极发展新产业、新板块、新实体，以现有产业资源为依托，不断培育新兴产业板块，节能环保、水处理、自动化、金融等产业板块已经初具规模，非钢产业布局不断优化，发展势头良好。

产业布局调整。2017 年，安钢主动对接国家战略，从优化全省钢铁布局、担当河南钢铁工业发展重任的高度，做出了优化产业布局、产能异地置换的重大抉择，制订了《优化布局、提质增效、转型发展实施方案》，规划在周口港物流产业聚集区新建一个钢铁基地，拉开了"走出安阳发展安钢"的大幕。规划分两步走，减量置换安钢在安阳地区的闲置和不匹配产能，建设周口千万吨级钢铁新基地。第一步先置换本部部分闲置产能，搭建承接全省钢铁产能转移和优化升级的平台，第二步将通过引进战略投资者，发展混合所有制经济，撬动河南省钢铁产能整合，最终建成千万吨级钢铁新基地。未来安钢将形成安阳、周口两大基地"南北呼应、比翼齐飞"的产业格局，实现产能"双千万"、资产总额与销售收入"双千亿"的规模，带动河南省钢铁产业整体转型升级，逐步改变河南省钢铁产业布局"北重南轻"、工艺装备水平整体落后、产品档次整体偏低、产品竞争力偏弱的局面，提升河南钢铁工业的供给质量和综合竞争力。

（六）党建压舱，凝聚磅礴力量

2008 年以来，特别是党的十八大以来，面对钢铁产能严重过剩、行业大面积亏损的严峻局面，安钢党委认真贯彻落实全面从严治党的新要求，坚持党的领导不动摇，充分发挥党组织的领导核心和政治核心作用，从实践中探索总结出了"四个三"党建工作法，并于2016 年 10 月和 11 月，安钢分别在全国、全省国有企业党建工作会议上作了经验介绍，在全国范围内引起较大反响，展示了河南国企精神，提升了国企形象。

"四个三"，即坚持"三个讲清""三个转变""三个管好""三大体系"。"三个讲清"就是讲清形势、讲清任务、讲清责任，把严峻形势和生存危机讲清楚，把任务目标和应对举措讲明白，把岗位责任和使命担当讲到位，动员全体职工打一场关乎安钢前途命运的生存保卫战。"三个转变"就是转变思想、转变模式、转变作风，转变以往高利润时代的旧思维、旧观念，以"板块+专题"运营模式为突破口，转变工作作风，努力实现重点领域重点突破。"三个管好"就是管好党、管好人、管好思想，强化基层党委书记述职评议考核，推进基层党建工作的持续提升，发挥党组织在选人用人中的领导和把关作用，加强基层党组织建设，增强党组织的感召力和影响力。"三大体系"就是决策体系、执行体系、监督体系，强化党委对涉及企业深化改革、解危脱困、转型发展和职工切身利益的重大事项的关定向作用，落实党委在执行体系中具有重要的促进、推动作用；发挥党委对领导班子、生产经营关键环节、重要领域的监督作用。

全国、全省国企党建工作会以后，安钢按照习近平总书记提出的"国有企业党组织发挥领导核心和政治核心作用""把方向、管大局、保落实""国有企业领导人员必须做到对党忠诚、勇于创新、治企有方、兴企有为、清正廉洁""坚持党管干部原则"等系列要求，不断发展、完善和深化"四个三"党建工作法。在2017年1月13日召开的七届三次职代会上提出了"六要六不"的好干部标准，即：要忠诚企业、不损害集体；要勇于担当、不畏难懈怠；要干净做人、不以岗谋私；要开拓创新、不因循守旧；要顾全大局、不各行其是；要争创佳绩、不碌碌无为。2017年7月20日在厂情报告会上又提出了"五个紧紧围绕"的新要求，即：紧紧围绕基层基础、紧紧围绕生产经营中心、紧紧围绕集团公司"十三五"战略、紧紧围绕职工关切和思想动态、紧紧围绕党风廉政建设，对党建工作进行了再强化、再提升。2017年底，作出"从严治企"新部署，筹划在全公司开展"从严治企管理年"活动，坚持"严"字当头，严纪律明规矩、严监督促落实、严问责正风气，确保执行力的提升、管理水平的提升、经营绩效的提升，为"四个三"党建工作法注入了新的内涵。

近年来，通过"四个三"党建工作法的不断丰富和完善，安钢干部职工即使在最困难的时期，依然保持坚定的信心、高昂的士气和顽强拼搏的精神，并转化成为挺过难关、浴火重生的巨大力量，党建工作成为安钢从胜利走向胜利的"红色引擎"。

四、谋划未来，再铸辉煌

千锤更坚劲，百炼始成钢；奋进新时代，扬帆新征程。安钢将高举习近平新时代中国特色社会主义思想伟大旗帜，坚定不移推进"创新驱动、品质领先、提质增效、转型发展"的总体战略，贯彻"四个全面"总体部署、"精细严实"工作理念、"四预管理"工作方针和"问题导向"工作方法的战略布局，坚持打造"三大特色"，谋划"三个走出"的发展思路，在安钢振兴发展新征程中，乘风破浪，阔步前行，坚决把改革进行到底，再创安钢新辉煌，以环境一流、管理一流、产品一流、效益一流的崭新姿态，打造全国极具竞争力、影响力和带动力的现代化钢铁强企，为奋力谱写安钢更加出彩的崭新篇章做出更大的贡献。

坚持走高技术高质量发展之路
做冶金建设国家队、基本建设主力军、
新兴产业领跑者

中国冶金科工集团有限公司

"改革开放是当代中国发展进步的必由之路，是实现中国梦的必由之路。"四十年前，党的十一届三中全会吹响了改革开放的号角，开启了中国踏上辽阔壮美新征程的历史新纪元。中国共产党团结带领中国人民进行的这场新的伟大革命，不仅创造了"人类发展史上最激动人心的奇迹"，更实现了从"赶上时代"到"引领时代"的伟大跨越。

作为中国钢铁工业的开拓者和主力军，从 1948 年投身"中国钢铁工业的摇篮"鞍钢建设，到建设武钢、包钢、太钢、攀钢、宝钢等，一路走来，中冶人始终以拳拳赤子之心和浓浓的钢铁冶金情怀，先后承担了国内几乎所有大中型钢铁企业主要生产设施的规划、勘察、设计和建设工程，为中国冶金工业的发展立下了卓越功勋。沐浴着改革开放的浩荡春风，中冶集团始终与共和国发展同步。改革开放四十年来，中冶人高擎改革创新的大旗，破旧立新不断推进不同层面改革，并在改革—发展—改革的螺旋升级进程中，固本强身、转换动能，不仅摆脱了发展困境，更是进入了连续增长的快车道，实现了"腾笼换鸟、凤凰涅槃"，全面展示了当前国企改革的巨大成就和国企发展的坚实步伐。

一、企业概况

中国冶金科工集团有限公司（简称中冶集团）是中国特大型企业集团，是新中国最早一支钢铁工业建设力量，是中国钢铁工业的开拓者和主力军。

从 1948 年投身"中国钢铁工业的摇篮"鞍钢的建设，到建设武钢、包钢、太钢、攀钢、宝钢等，公司先后承担了国内几乎所有大中型钢铁企业主要生产设施的规划、勘察、设计和建设工程，是构筑新中国"钢筋铁骨"的奠基者。

1982 年，经国务院批准正式成立中国冶金建设公司，隶属于冶金工业部。2008 年 12 月，中冶集团与宝钢集团共同发起设立中国冶金科工股份有限公司（简称中国中冶）。

2009 年 9 月，中国中冶在上海、香港两地成功上市。

中冶集团是全球最大最强的冶金建设承包商和冶金企业运营服务商；是国家确定的重点资源类企业之一；是国内产能最大的钢结构生产企业；是国务院国资委首批确定的以房地产开发为主业的 16 家中央企业之一；也是中国基本建设的主力军，在改革开放初期，创造了著名的"深圳速度"。2016 年公司荣获中央企业负责人 2015 年度经营业绩考核 A 级企业、中央企业负责人 2013~2015 年任期经营业绩考核"科技创新优秀企业"，2016 年在"世界 500 强企业"排名中位居第 290 位，在 ENR 发布的"全球承包商 250 强"排名中位居第 8 位。

中冶集团作为国家创新型企业，拥有 13 家甲级科研设计院、15 家大型施工企业，拥有 5 项工程设计综合甲级设计资质和 34 项施工总承包特级资质。其中，拥有"三特级"施工资质的企业数量达 7 家，位居全国前列。拥有 24 个国家级科技研发平台，累计拥有有效专利 23000 多件，连续五年（2013~2017）位居中央企业第四名，2009 年以来累计获得中国专利奖 52 项（其中 2015~2017 连续三年获得中国专利奖金奖），2000 年以来共计获得国家科学技术奖 46 项，累计发布国际标准 44 项，发布国家标准 430 项。累计获得中国建设工程鲁班奖 92 项（含参建），国家优质工程奖 158 项（含参建），中国土木工程詹天佑奖 15 项（含参建），冶金行业优质工程奖 606 项。拥有 53000 余名工程技术人员，中国工程院院士 2 人，全国工程勘察设计大师 12 人，国家百千万人才工程专家 4 人，享受国务院政府特殊津贴人员 500 余名。同时，集团拥有中华技能大奖获得者 1 人，世界技能大赛金牌选手 2 人，全国技术能手 55 人。

中冶集团按照"做冶金建设国家队、基本建设主力军、新兴产业领跑者，长期坚持走高技术高质量发展之路"的战略定位，始终以独占鳌头的核心技术、无可替代的冶金全产业链整合优势、持续不断的革新创新能力，承担起引领中国冶金向更高水平发展的国家责任；始终以卓越的科研、勘察、设计、建设能力为依托，加快转型升级，打造"四梁八柱"综合业务体系，锻造成为国家基本建设的主导力量；始终以创新驱动作为企业发展的新引擎、新动能，担当起国家新兴产业发展突破者、创新者、引领者的重任，不断打造新常态下推动可持续发展的靓丽新"名片"。

面向未来，中冶集团以"一天也不耽误，一天也不懈怠"朴实厚重的中冶精神，大力提升质量效益，全力推进改革创新，不懈倡导并履行国有资产保值增值责任和企业社会责任，奋力踏上"聚焦中冶主业，建设美好中冶"的新征程。

二、主要发展历程

1978 年 12 月 18~22 日，党的十一届三中全会召开，做出了把党和国家工作重心转移到经济建设上来，实行改革开放的历史性决策。改革开放犹如一阵春风，吹遍了大江南北。一场有史以来从未有过的大改革、大开放拉开了序幕。中冶集团沐浴着改革开放的春风，坚定地投身改革开放大潮。

1978 年 12 月 23 日，党的十一届三中全会公报发表的同一天，我国改革开放的一号工程——上海宝山钢铁总厂动工典礼在高炉工地隆重举行。根据宝钢工程指挥部的统一部署，第一桩的重任交由中国二十冶关登甲机组的手上。长江边的锤声震天动地，响彻日夜，从此中国开启了大规模引进、消化、吸收国外先进经验建设特大型现代化钢铁联合企业的进程。这是新中国成立以来投资规模最大的竣工项目，也是我国冶金工业迈向现代化的里程碑。从宝钢一期工程几乎是全套引进发达国家技术，到二期工程 95% 国内制造，40 万中冶人用了 12 年半的时间为钢铁产业的国产化作出了重要的贡献，不仅为国家贡献出一个年产 671 万吨钢的大型化、连续化、自动化的冶炼、轧钢现代化的大型钢铁联合企业，而且通过引进、消化吸收国外先进管理技术、工艺技术、装备技术、生产技术，中国具备了大型钢铁联合项目的规划和自主集成能力，逐渐由技术引进走向自主集成，并带动了施工企业在管理、技术、装备等各方面的跨越式发展，印证了小平同志 1979 年的预言："历史将证明，建设宝钢是正确的。"在建设宝钢的同时，中冶各企业还积极投入首钢、上钢、鞍钢、邯钢等一大批大中型钢铁企业技术改造中，推动中国钢铁业进入了积极追赶世界先进水平的新时期。

在中国改革开放建立的第一个经济特区深圳，一场浩荡浪潮正在迎面扑来，两万基建工程兵和来自四面八方的几十万建设者云集深圳，成为特区建设的"拓荒者"和"开荒牛"。1980 年 7 月 18 日，在罗湖工地指挥部一个工棚里举行的中国首次工程招标投标会上，中国一冶以每平方米 398 元（标底是 402 元）的报价和一年半的计划工期（别的公司要 3 年）战胜 7 家竞争单位中标当时深圳第一座高层建筑楼宇——20 层高的国际商业大厦工程。按照合同规定，工程实行总包干，每提前一天奖一万元，延期一天罚一万元。这在该公司引起很大的震动。为确保任务的完成，他们把任务下到班组，奖罚定到个人，全面实行按件计资，彻底消除干与不干、干多干少、干好干坏一个样的平均主义，从而大大激发了广大员工的积极性，大家纷纷献计献策。终于在 1983 年 4 月 27 日，使深圳国际商业大厦提前竣工。工程经过验收获得全优，比原计划提前两个月，创造了"五天一层楼"的建筑速度，中国一冶因而获得了 100 万港元的奖金。时任深圳市委书记梁湘同志，向全世界宣布："一冶创造了深圳速度！"

两年后，另一个著名的"深圳速度"在安徽宁国水泥厂华丽上演。1982 年 9 月，使用科威特基金会贷款、引进日本三菱成套设备的安徽宁国水泥厂日产 4000 吨水泥熟料干法生产线开工建设，这是国家"六五"计划 70 个重点建设项目之一，也是我国建材行业首批由国外引进的大型水泥厂之一。为了如期优质完成建设任务，承担施工的中国十七冶在工地试行了百元产值工资含量包干经济责任制（是指百元建筑安装产值中活劳动消耗的价值量占工程总价的比例，大致按百元施工产值提取 15 元左右作为企业职工工资与奖金计酬的切块包干）。据报道，这一改革使得施工力量比原计划用工减少了 30%，施工单位劳动生产率突破了万元大关，三年的计划工期减少了近一年，工程优良率达到了 95% 以上，赢得了"深圳速度"的美誉。新华社采写了"宁国水泥厂施工改革分配办法调查报告"刊登在了"国内动态清样"第 1468 期上，1984 年 6 月 8 日，时任中共中央总书记胡耀邦对这篇调查报告做出了批示："这种事干起来后，必须以最坚定的态度贯彻到底，谁动摇就批评谁，谁倒退就追究谁的责任。报纸上要连续报道，以示义无反顾的决心"。1984 年 5 月 7 日，冶金工业部决定从 1984 年起，对所属 11 个冶金建筑安装企业全面实行百元产值工资级别含量包干办法，这种新型的分配制度得以在全行业推广开来。此后，中国十七冶依靠质量、信誉和服务又先后承揽了国内外累计 64 条熟料生产线，还承建 18 座25 万~320 万吨/年粉磨站和 1 座石膏板厂，成为中国最大的水泥生产线承包商。

在云南罗平，一场建筑业革命正在悄然兴起，并成功载入了中国改革开放的光辉史册。1981 年 6 月，国家批准在云南罗平的鲁布革建设装机 60 万千瓦的水电站。日本大成公司凭"项目法施工"以 30 人的精干团队雇佣中国的劳务工人达到了魔术般的施工效率，劳动生产率达到我国同类工程的两至三倍，形成了著名的"鲁布革冲击"。"鲁布革经验"由此成为热词，对全国建筑行业及工程项目管理领域产生了巨大影响。由此，以"项目法施工"为突破口到工程项目管理的组织方式，推动了我国建筑业生产方式变革和建设工程管理体制的深层次改革，使我国建筑业发生了翻天覆地的历史性巨变。1986 年 10 月，国家计委等五部门联合发布了《关于批准第一批推广鲁布革工程管理经验试点企业有关问题的通知》，在全国确立十八个试点企业，中国三冶、中国十七冶均作为试点单位开始学习推行项目法施工。通过一系列的改革，中冶集团各冶建企业搞活了经营管理体制，强化了市场竞争实力，产业的多元化也得到了健康发展。

在这前后，冶金工业部于 1979 年以冶基字第 3524 号文件，向国家基本建设委员会请示成立开展对外承包工程业务的专业公司。1980 年 1 月 5 日，国家基本建设委员会以建发工字 7 号文件批复，同意成立中国建筑工程公司冶金分公司。1982 年 7 月 26 日，国务院批准组建中国冶金建设公司。作为冶金建设队伍唯一的对外窗口，中国冶金建设公司开始步入发展新阶段。1994 年 7 月 18 日，国家经济贸易委员会以国经贸企〔1994〕396 号文件，同意中国冶金建设公司更名为中国冶金建设集团公司，并以该公司为核心组建中冶集团。在国家加大以政企分开、权力下放、权责一致为主导的改革中，1998 年 3 月，冶金工业部将中国第一冶金建设公司等 23 家企事业单位资产划归中冶集团公司经营和管理。1999 年 1 月，中冶集团公司与原主管部门脱钩，交由中央管理。2000 年 11 月，财政部在资产清理的基础上正式批复将 28 家子公司的资产与财务关系划转中冶集团公司，确定将 28 家企业的国家资本金 29.6 亿元人民币合并为中冶集团公司的国家资本金，同时作为中冶集团公司对所属子公司的长期投资。至此，以中国冶金建设集团公司为母公司的中冶集团真正形成。

从 1998 年到 2006 年的发展，中冶集团又经历了三个主要时期：一是脱困期。从 1998 年到 2000 年，这三年的主要任务是走出困境，消灭亏损，扩大规模，集中精力解决市场份额不足的问题。围绕着如何发挥生产力，如何发挥员工的积极性，如何提高劳动效率，进行了一系列的改革和管理的改进，按照党中央、国务院减人增效政策，大幅度地减员，精干队伍，调整企业结构，扩宽非钢市场，建立内部的激励约束机制。到 2000 年末，由 1998 年亏损 1.3 亿到收支基本平衡，基本上实现了党中央、国务院要求中央企业走出困境、消灭亏损的基本目标，为今后的发展奠定了更好的物质基础和精神基础。二是全面振兴期。从 2001 年到 2004 年，中冶集团根据党和国家对中央企业的要求，对国际和国内市场的分析，结合自身的优势和弱势，制定了第一个五年规划，目标是：全面振兴中冶，建设一流集团。在基本脱困的基础之上，全面提高企业所有资源的质量，提升中冶集团的竞争能力，使中冶集团达到在中央企业同行里的一流水平，在世界主要国家成为知名企业。由于集团主观的努力、战略的正确，也由于国内钢铁工业的大发展给集团带来机遇，使得集团从 2001 年到 2005 年，大幅扩展经营规模，大幅度提高经济效益，每年都有超过 30% 的增长速度扩展规模，每年都以一倍的效率来提高盈利能力，实现了新的更高的盈利水平，提前两年完成"一五"规划目标。三是创新提升期。2004 年，集团提出由平移延伸式发展进入到创新提升发展新阶段，开始实施战略转型。2005 年，集团编制了第二个五年发展规划，从此，中冶集团进入了一个新的发展时期。总战略是："创新提升、做强做大、持续发展、长富久安"。创新提升是发展总战略的发动机，做强做大、持续发展是战略措施，长富久安是发展愿景。此后，在长达十年的发展过程中，中冶集团积极推进了规范化运作，以建立现代企业制度为目标，加大改革改组力度。同时帮助所有勘察、设计、施工子公司实施了或整体改制或分立式改制，实现了股本多元化，扩大了资本实力，初步构筑了法人治理结构。

作为国务院国资委确定的首批 19 户试点单位，中冶集团于 2006 年 12 月启动董事会规范运作试点工作，5 名外部董事到位，并选举产生了 1 名职工董事，建立现代企业制度、完善法人治理结构进入了新阶段。2008 年 12 月，中冶集团与宝钢集团共同发起设立中国冶金科工股份有限公司（简称中国中冶）。2009 年 9 月，中国中冶在上海、香港两地成功上市。这是新股发行制度改革后，首家接受国际投资者检验的大盘蓝筹，也 2009 年第一家以先 A 后 H 方式登陆两地资本市场的大盘蓝筹股。成功上市标志着中国中冶已跨入资本市场的大门，站在了新的历史起点上，未来发展有了更加广阔的舞台。在此期间，中冶集团抓住中国经济快速发展的历史机遇，建成了一大批具有国际重要意义的钢铁工程项目，包括宝钢三期及三期后项目、首钢京唐、鞍钢鲅鱼圈、邯钢新区、马钢新区、太钢不锈钢等，发展成为全球最大的冶金建设运营服务商。同时还建设了一批重大的标志性项目，比如中冶承担了一半的钢结构安装项目国家体育场——鸟巢、承担了三分之一左右场馆项目上海世博会、总包施工的新加坡圣淘沙环球影城项目，首次采用 BOT 方式建设了广西桂梧高速公路马江至梧州段高速公路；建设了建筑面积 100 万平方米南京莲花村经济适用房；经过五期建设，使洛阳中硅高科多晶硅高技术产业化达到年产 1 万吨的规模，进入世界前十名。

2012 年，中国和中冶都进入了一个崭新的发展阶段。2012 年 11 月 8~14 日，中国共产党第十八次全国代表大会隆重召开。在党的十八大的正确指引下，中冶集团以高度的责任担当，努力践行"中国梦"，建设美好中冶，掀起了改革发展的辉煌新篇章。中冶集团 2012 年"9·5"会议以来的改革历程，正是十八大以来中国改革历程的生动体现。以 2012 年"9·5"会议为分水岭，中冶集团全面开启了企业改革脱困、奋力自救的发展大幕，坚定地迈出了"聚焦中冶主业，建设美好中冶"的矫健步伐。

2012 年，受全球经济减速、钢铁行业深度调整，以及处理几年前盲目兼并重组企业等诸多因素影响，中冶集团跌入包袱沉重、管理下滑的低谷，连续三年被国资委列为债务风险特别监管企业，在国资委经营业绩考核中连续两年被评为 D 级企业，企业发展步履维艰。正在集团生死存亡的关键时刻，中冶集团果断抉择、背水一战，在国家战略中演绎出与自身相适应的企业战略，掀起了改革创新大幕。从 2012 年"9·5"会议重构"回归主业"盈利模式，到 2013 年确定"聚焦中冶主业，建设美好中冶"伟大愿景，再到 2015 年"打造'四梁八柱'业务体系升级版，再造建设'美好中冶'新优势，争做全球最强最优最大冶金建设运营服务'国家队'"目标，再到近年来坚定不移"做冶金建设国家队、基本建设主力军、新兴产业领跑者，长期坚持走高技术高质量发展之路"战略定位，中冶集团始终坚持强化战略引领，不同发展阶段有不同目标任务，战略布局递进展开，实践逻辑步步相扣，经营业绩年年推高，顺利实现了"一年迈一步，三年跨大步"的预定目标，并驶入到稳健发展的快车道。

在明确企业的顶层设计与宏伟蓝图之后，中冶集团立即着手解决制约发展的几大难题。面对旧动能严重衰退、新动能严重不足的"结构性陷阱"，中冶集团整枝去权、抽枝壮枝，从供给侧发力，以破为先、以立为本，在"出清"中实现"纳入"、在转型中实现升级。针对影响企业发展前途和命运的非主业、非优势业务，中冶集团果断实施剥离策略，快速出手、集中力量加速创造条件"卸包袱""啃骨头"，专注于做有能力做、擅长做和最熟悉、最拿手的业务。一方面精耕传统核心主业，按照"世界第一"标准保留和匹配高精尖资源，推进传统优势再拔尖再拔高再创业，创造出更高质量的新供给，确保冶金领域的绝对引领地位；另一方面积极参与基本建设，并紧紧围绕国家发展需求主动培育新兴产业，依托传统优势创造新的增量发展空间。中冶集团以"去、扩、升"三级跳，快速推动企业从相对单一的冶金工程占比 60%~70% 逐渐转变为非钢业务占比超过 80% 的新格局，冶金建设国家队、基本建设主力军、新兴产业领跑者全面发力，证明了中央供给侧结构性改革部署的正确。

近几年来，结合"十三五"规划建议、"供给侧结构性改革"要求以及自身发展的需要，中冶集团加快创新驱动战略实施，不断提升全要素生产率，勇做供给侧结构性改革的突破者、创新者、引领者。作为国家级创新型企业，在"长期坚持走高技术高质量发展之路"的战略引领下，中冶集团以科技创新为原动力，在核心技术的迭代升级中再造企业新优势，在系统能力提升中推进企业由要素驱动的粗放增长迈向创新驱动的内涵增长，使一个传统的冶金老企业实现了提质换挡。在推动新兴产业发展的过程中，中冶集团不断发挥自身专业优势，依托专门成立的中冶综合管廊、海绵城市、美丽乡村与智慧城市、主题公园、康养产业及水环境，以及装配式建筑技术研究院等九大专业技术研究院，快速培育提升新兴产业核心竞争力，推动国家新兴产业的整体能力与水平。

2015 年 12 月 8 日，在国家经济发展转方式调结构的重要窗口期，国务院国资委宣布中国五矿与中冶集团重组决定。2016 年 6 月 2 日，中国五矿与中冶集团在京召开重组大会，标志着两家世界 500 强央企的战略重组进入全面深入实施阶段，同时也标志着"美好中冶"进入到历史发展的崭新时期。中冶集团与中国五矿重组后，新的中国五矿在全球金属矿产领域，率先打通了从资源获取、勘查、设计、施工、运营到资源流通的全产业链通道，形成了为金属矿产企业提供系统性解决方案，和工程建设运营一体化全生命周期的服务能力，大幅提高企业在整个行业上的竞争力和话语权。

三、主要发展成就

改革开放 40 年来，特别是 2012 年"9·5"会议以来，中冶集团肩负着改革脱困的时代重任顶风破浪、砥砺前行，承载着建设"美好中冶"的梦想乘势而进、蓄势勃发。从2012年巨额亏损73.6亿元，名列央企亏损前列，到2013年利润44.4亿元，效益增幅央企第一；2014年利润60.3亿元，率先走出央企改革脱困名单；再到2015年利润68.7亿元，"稳"的格局逐步巩固；2016年利润71.8亿元，"进"的态势愈加明显；2017年利润72.3亿元，"好"的前景愈加清晰，中冶人用数据书写了扭亏转型的传奇故事。从2012年连续两年国资委经营业绩考核D级，到2013年、2014年跃升两级至B级，再到2015年进入A级企业、2016年继续位列第一方阵，中冶人用事实铸就了国企改革史上最有说服力的样板。

（一）攻坚克难、奋力自救，改革脱困迈出坚实步伐

作为一家完全依附于钢铁的传统冶金老企业，面对冶金市场的大幅萎缩和效益下滑，长期积累的深层次矛盾和重大问题在几年前集中爆发。中冶恒通、葫芦岛有色和纸业集团"三座大山"年亏损几十亿元，一些海外矿产资源项目耗资巨大，许多银行停止授信，资金链濒临断裂边缘。作为上市不久的中国中冶A+H股资本市场负面报道不断。跌入包袱沉重、管理下滑、信心缺乏的低谷，中冶生存岌岌可危，直接关系着几十万干部员工的生产生活。面对前所未有的困难和巨大压力挑战，集团2012年"9·5"会议成为公司直击困难、攻坚克难的分水岭，全面开启了改革脱困、奋力自救发展大幕。那时，中冶集团集中三分之二的精力抓历史遗留问题处理，几年的时间，中冶削平了中冶恒通、葫芦岛有色和纸业集团"三座大山"，影响企业效益提升和资金链安全的障碍基本消除，企业度过了有史以来最艰难、最危险的时期。与此同时，南京、珠海横琴、秦皇岛、石家庄等重大项目化被动为主动，风险得到有效控制。这样一个当时最困难的传统冶金老企业，既没有让危险和风险集中爆发被压垮，也没有让问题久拖不决被拖垮，而是凤凰涅槃、浴火重生，走上了"聚焦中冶主业，建设美好中冶"的长富久安之路。

（二）审时度势、超前布局，战略引领作用更为凸显

现实的危急和历史的教训使中冶集团痛定思痛，悟出了一条重构"回归主业"盈利模式的抉择，踩住"刹车"控制速度，科学"转弯"有效转型。强调冶金工程主业是中冶人的"看家本领"，企业不应该也不可能舍弃主业，否则中冶不称之为中冶，中冶的优势和特色将不复存在。必须扬长避短，注重突出比较优势。在转型发展上，产业链延伸和多元化发展要有合理的"企业边界"和"作战半径"，一定要依托传统冶金工程比较优势向外适度延伸，转型的出发点和落脚点根本上是提升核心能力、提升优良品质再造发展新优

势。这成为我们制定整体战略的大逻辑。

2013 年，当集团"三座大山"及重难点问题的处理取得突破性进展，历史包袱逐渐卸掉，进入良性发展轨道后，我们把实践的感悟和松散的认识汇集一起，集集体智慧，概括提炼出"聚焦中冶主业，建设美好中冶"的战略愿景，明确了"一年迈一步，三年跨大步"的阶段性目标。这一发展愿景在关键时期解决了中冶集团举什么旗、走什么路、朝着什么方向前进的重大战略和方向问题。进入 2014 年，面临科研设计类企业陷入房地产困境，冶金工程技术缺乏创新性突破，我们要求科研设计类企业一律退出房地产业务，并提出了"站在国际水平的高端和整个冶金行业发展的高度，用独占鳌头的核心技术、持续不断的创新能力、无可替代的冶金全产业链整合优势，承担起引领中国冶金向更高水平发展的国家责任"的新的目标。

2015 年面对速度变化、结构优化、动力转换的经济新常态，鉴于公司原有四大板块的业务定位已远远不能反映企业现状及钢铁行业的大调整、大变革、大提升，公司明确提出"打造'四梁八柱'业务体系升级版，再造建设'美好中冶'新优势，争做全球最强最优最大冶金建设运营服务'国家队'"目标，作为"聚焦中冶主业，建设美好中冶"宏伟房屋的有力支撑，更加突出"八大支柱"产业的支撑作用。2015 年年中工作会议在推进"四梁八柱"业务体系升级版落地过程中，按照钢铁冶金的 8 大部位、19 个业务单元，明确了设计类子企业第一、第二梯队以及与之相匹配的施工类子企业，形成了冶金建设国家队的基本阵形与核心团队，确保了中冶既有充分的力量做好冶金主业，又有充分的力量转型发展，有利于有效解决冶金建设领域的恶性同质化竞争问题，构建起差异化的发展格局，才把"冶金建设国家队"的模式做细做实。

2016~2018 年，与中国五矿战略重组后，在国家"十三五"开局之年和国家经济发展转方式调结构的重要窗口期，中冶集团审时度势、精心谋划、超前布局、积极主动，再一次明确"做冶金建设国家队、基本建设主力军、新兴产业领跑者，长期坚持走高技术高质量发展之路"战略新定位，真正成长为引领中国钢铁工业加快转型升级、由钢铁大国迈向钢铁强国的"冶金建设国家队"，并锻造成为国家基本建设的主导力量和新兴产业的领跑者。

"建设美好中冶"是一个长期任务，是中冶集团几代人永无止境的对美好生活的追求。在这一愿景的引领下，从"回归主业"，到"聚焦中冶主业，建设美好中冶"，到打造"'四梁八柱'业务体系升级版、再造建设'美好中冶'新优势"，再到"做冶金建设国家队、基本建设主力军、新兴产业领跑者，长期坚持走高技术高质量发展之路"，不同发展阶段有不同目标任务，战略布局递进展开，实践逻辑步步相扣，经营业绩年年推高。

（三）逆势突围、积极转型，市场开发展示强大活力

金融危机后由于钢铁行业产能过剩，国家不再核准新建钢铁项目，对于中冶集团这样一个为钢铁而"生"的企业来说，公司冶金传统主业处于微利或在盈亏线上"挣扎"，而新的市场领域再造新优势尚未形成，难以维持企业正常运营和消化近30万员工带来的固定成本，市场问题成为企业最迫切需要解决的问题。为此，在"三座大山"等重难点问题刚刚有所缓解，中冶集团立即调整经营策略，把三分之二的精力用于促进子企业发展，明确提出在风险可控、生产要素足以支撑、效益与效率相匹配的前提下，必须保持一定的发展速度和发展规模。在传统冶金主业继续往高端打，保持绝对领先市场地位的同时，大力向非钢业务领域转型。

集团连续召开设计企业、施工企业和海外开发三个市场开发推动会议，从此，形成"主要领导带头抓市场、组织精兵强将奋力闯市场"的强大市场开发合力，突出"大环境、大项目、大客户"的设计与运作，搭建总部、子企业、区域公司三力合一的市场营销体系，国内成立12个区域公司，海外重点布局25个国家和地区。在国内，不断优化市场布局，走出钢铁企业周边、走出大山大沟，到"有草的地方放羊、有鱼的地方撒网"，把长三角、珠三角、京津冀等有活力、有潜力地区作为工程建设主战场。这几年成为有史以来市场开拓工作力度最大、市场开发活力展示最充分、成效最显著的一个阶段，新签合同额增幅显著，承揽和储备的"高新综大"项目大幅增加。城市地下综合管廊业务开拓成效喜人，被住建部和国家发改委评价为"总里程第一、单项成绩第一"；中冶的非冶金业务占比已由2012年的49.3%上升至2017年接近85%，企业的业务结构持续优化，新的增长极和竞争优势加速形成。

在习近平总书记提出"一带一路"倡议之后，中冶集团迅速召开了海外市场推进会，加快"走出去"步伐，紧紧围绕国家对外政策、资源和国际产能合作战略，重点布局双多边合作、互联互通及"一带一路"涉及的区域市场，并对重要目标市场进行深度开发和聚焦式营销，实现了海外市场的大突破、大提升、大跨越。2013年10月27日，由中冶集团承建的科伦坡高速公路（CKE）通车仪式在科伦坡隆重举行。该项目不仅向世界展示了一条线型优美、平纵顺适的"黄金通道"，更圆了斯里兰卡人民期待了半个世纪的梦想，对推动斯里兰卡旅游和经济发展起到重要作用。2016年，中冶集团又继续承建了斯里兰卡外环高速公路三期项目，对于促进大科伦坡地区经济和社会发展发挥着关键作用。2017年5月29日，继宝钢钢铁项目1号、2号高炉成功点火之后，伴随着1号高炉的成功点火，中冶集团在国外承建的首个特大型高炉总承包工程台塑越南河静钢铁基地顺利投产。通过总

体设计和系统组织，项目带动了 33.5 亿美元中国服务外包行业出口额。其中，体现中国先进制造能力的优质设备、钢结构出口额约 24.5 亿美元，是贯彻落实国际优质产能和装备合作的一次重要实践。2018 年 6 月 6 日 16 时 16 分，由中冶赛迪设计、设备成套，上海宝冶负责施工的马来西亚关丹联合钢铁项目 1 号高炉成功点火，并于 7 日上午 8 时 36 分顺利出铁，进入试生产阶段。项目是中国与马来西亚在共建 21 世纪海上丝绸之路中产能合作的创新和探索，对落实"一带一路"倡议来说具有广泛示范效应。

（四）严控风险、强化管理，发展基础更为牢靠

中冶集团 2006 年至 2010 年大量承揽 BT、BOT 等垫资项目和海外矿业投资项目，导致资产运营能力逐年下降，企业债台高筑，呈现出典型的风险型财务结构。为此，集团一方面狠抓债务风险管控，提高资产运营效率。以铁腕清欠降"两金"，建立逐级损失问责责任制，突出对民营企业和三年以上应收账款的清欠清理；加强亏损企业治理和存续企业处置工作取得显著成效。另一方面，积极调整经营方式。严控垫资项目，严控投资规模，优化投资结构。针对投资和项目中存在的臆想"画大饼""钓大鱼"，实则低效运转的问题，依据风险程度对预盈项目、预亏项目采取不同监管举措，明确要求所有新上项目既要追求高效益，更要追求高效率。企业的投资效益明显改善，净资产收益率逐步上升，企业的发展基础更为牢靠。

（五）改革创新、持续升级，企业活力竞争力发展力日益增强

中冶集团抓住影响企业发展的重点领域和关键环节，一系列改革举措落准落细落实，一些涉及深层次利益调整、多年未进行的改革纷纷破题。突出强化市场开发、工程管理等关键运营管控，成立海外、矿产资源、集中采购、非上市资产等专业化经营和管控平台，提高与业务发展需求的匹配度，使总部从以往提供传统基础性管理职能上升到真正发挥指挥中枢作用。大力推进资源专业化、区域化优化整合，打造中冶交通、中冶置业、中冶管廊等专业化品牌公司。对中国五冶与中冶成勘、中冶南方与中冶连铸、中国一冶与武建院、中冶天工与中国二十冶的上海和天津、广东地区 17 家子企业进行区域化整合，形成规模和协同效应，提升中冶集团的区域市场覆盖率、品牌影响力和竞争能力。

大力实施创新驱动战略，使创新链、产业链和市场需求三者紧密结合，改造提升传统动能，加快培育发展新动能，形成以创新为引领和支撑的发展模式。在传统冶金建设领域，瞄准冶金工程 8 大部位、19 个业务单元世界第一的目标精准发力，打造了名副其实的占全球 60% 冶建市场的"冶金建设国家队"。率先成立中冶综合管廊、海绵城市、美丽乡

村与智慧城市、主题公园、康养产业及水环境，以及装配式建筑技术研究院等九大专业技术研究院，加大该业务领域核心技术研发，快速占领市场。积极推进大众创业、万众创新，成立科技创新孵化器，加快"先进制造""3D打印"和"互联网+"与公司业务的衔接融合，助推产业升级。创新创造活力不断迸发，集团拥有5.3万名科技工程技术人员、国家科技创新平台24个，获得46项国家科技奖（2000年以来），累计有效专利23000多件，连续五年（2013~2017年）位居中央企业第4名，为企业发展积淀了扎实深厚的科技力量。

（六）狠抓班子、严带队伍，风清气正干部团队成为企业坚不可摧的力量

集团党委坚持"咬定青山不放松"，坚定不移打造风清气正干部团队，年年有新要求，年年有新气象。2009年以来先后提出领导干部要做到"五个更加注重"；提出既要拍"苍蝇"，更要打"老虎"；提出大力弘扬"五种作风"、着力提升"五种能力"；提出"六种干部"不能重用。2012年"9·5"会议以来，更是把解决领导干部讲正气、讲责任、讲贡献作为首要问题，提出比以往任何时期更严格更具体的新纪律和新要求。以深入开展党的群众路线教育实践活动、"三严三实"专题教育为重要契机，树立严和实的作风，促进企业发展。始终严格落实全面从严治党"两个责任"，把纪律建设摆在更加突出的位置，持之以恒落实中央八项规定及其实施细则精神，以零容忍态度惩治腐败，党风廉政建设和反腐败工作取得显著新成效。始终坚持党管干部原则，注重干部管理制度和选人用人机制创新，注重干部动态考核与过程调整，注重干部队伍的有效衔接与良性发展，营造了"能上能下、能进能出、公开公平公正"的选人用人风气和环境。2017年，中冶集团紧紧围绕发展战略打造中冶集团领导力品牌，其中战略掌控是企业最核心的领导力、改革创新是最激发活力的领导力、抓班子带队伍是关系事业成败的领导力、纪律严明是最具约束力的领导力、"一马当先"是最有说服力的领导力。如今，忧党忧国、纪律严明、清正廉洁、敢于担当、奋发有为成为中冶干部团队的优良品质，风清气正的干部队伍新形象成为中冶的亮丽"名片"。

（七）"一天也不耽误、一天也不懈怠"成为朴实厚重中冶人最宝贵的精神财富

"一天也不耽误、一天也不懈怠"是中冶人工作状态的真实写照，是中冶人处事风格的最佳诠释，充分展示了中冶人的责任担当、效率准则、改革状态和使命追求。中冶集团班子成员以上率下，既作表率又作推动，始终坚持第一时间学习传达贯彻上级精神，与时间赛跑解决企业重难点问题，带头抓市场营造大环境，对一些濒临危险企业看得准、出手

快，迅速扭转被动局面，以领导干部的"一马当先"带动全体职工的"万马奔腾"。各级领导干部、广大干部职工以"赳赳老秦、共赴国难"的坚强决心，积极投身企业改革发展，坚持一门心思干工作，讲敬业；坚持一个调子齐合唱，讲团结；坚持一天也不耽误，讲效率；坚持一件事情也不马虎，讲责任，致力于将中冶集团真正打造成"青年人理想向往的高地，中年人创业发展的平台，老年人休养生息的港湾"。各类先进不胜枚举，时时处处以榜样力量感召干部员工，凝聚起了推动企业改革发展的最强正能量。中冶精神已深深扎根在中冶人的内心，成为中冶集团凝心聚力、攻坚克难、基业长青的强大精神力量和制胜"法宝"。

2018 年 8 月 16~17 日，由中央网信办指导、中国互联网新闻中心主办的"智行中国——走进中冶集团"融媒体调研宣传活动在京唐两地成功举办。来自中国稀土协会、国务院发展研究中心、商务部、中国与全球化智库一带一路研究所、万博新经济研究院、中国人民大学、对外经济贸易大学、中国（深圳）综合开发研究院等相关研究院和智库机构的专家学者，人民日报、新华社、人民网、科技日报、中新社、光明网、北京周报、国务院国资委网站、国资报告、中国矿业报、中国有色金属报、建筑时报、中国能源报、千龙网、中国城市报、中国青年报、中国冶金报、环球网、中国社科报、中国网等 21 家新闻媒体全程随行调研，并予以精彩点评。专家与媒体纷纷表示，中冶集团在改革—发展—改革的螺旋升级进程中，固本强身、转换动能、腾笼换鸟，破解发展难题、化解风险挑战，摆脱发展困境，经营业绩年年递增，考核业绩由 D 级跃升至 A 级，进入连续增长的快车道，当之无愧称之为央企供给侧结构性改革、转型升级的典范。特别是中冶集团以国家队的姿态助力中国钢铁工业发展，全面向世界展现中国力量，同时不断发展壮大基本建设和新兴产业，锻造成为国家基本建设的主导力量和新兴产业的领跑者，令人印象深刻、深受鼓舞，为其他行业企业、为中国转型升级、新旧动能转化提供了很好的经验和借鉴。中冶集团在实战实践中培育和成长起来的改革经历不仅是弥足珍贵的宝贵财富，也将为我们在新时代开启新征程积蓄不竭的动力。

四、主要特点和经验

"9·5"会议以来集团始终坚持党的领导不动摇，相继实施"一天也不耽误，一天也不懈怠"政治作风引领、"正确的战略统领全局，创新的思路破解难题"国企改革扭亏的战略引领、制度引领、破解改革难题引领和"勇于拼搏、开拓创新、严谨精明、忠党报国"中冶企业家精神文化引领，党的领导地位空前巩固，形成了全面从严治党新常态下

"一个核心五个引领"鲜活的中冶党建工作经验，讲出了中国国企改革"最重要的故事"。

（一）一个核心——围绕党的领导这一核心

"一个核心"即坚持党的领导不动摇，跟党走、不懈怠。中冶集团始终毫不动摇地坚持党的领导，坚持社会主义方向，始终把党放在心中最高位置，从信念上认党、信党、忠党，在思想上政治上行动上与党中央保持高度一致，坚定时刻听党话、跟党走，任何时候都与党同心同德。中冶人对党和国家事业的忠诚，绝不是口头上的作秀，而是无条件的、熔铸于骨子里的信念忠诚、热血澎湃的激情忠诚、干事担当的行动忠诚。这种忠诚的基因已经深深根植于中冶人的血脉中，这种忠诚的品质体现在中冶人艰苦奋斗、激情干事、争创佳绩的责任担当上。出色地完成党交给的事业，是中冶集团对党最大的忠诚，最大的政治。

（二）五个引领——政治作风引领、战略引领、破解改革难题引领、制度创新引领和国企文化引领

政治作风引领："一天也不耽误，一天也不懈怠"朴实厚重中冶精神的提出，领导力建设的全面推进，是对中央深化改革决策的响应，是把思想和行动统一到党中央国务院决策部署上来的政治表现，是从思想深处拧紧螺丝，是一种政治作风的引领。中冶集团的领导力既不是上级压下级压出来的，也不是靠处罚和处理吓出来的，而是在真抓实干敢抓敢管中带出来树起来的。面对前所未有的困难中冶人不逃避、不退缩，直击要害精准发力，责任套牢压力上肩，削平了"三座大山"，彻底解决了事关中冶生死的老大难问题，使一个当时最困难的传统冶金老企业既没有被压垮也没有被拖垮，而是凤凰涅槃、浴火重生，走上了匀加速的发展轨道。中冶集团注重实战、追求实效、讲求效率，不来虚的，不来空的，一步一个脚印做好每项工作。冶金建设国家队从顶层设计、实施方案，直至操作手册进行全链条部署；从战略、战术层面进行市场布局和调整，企业走出大山大沟、大型钢铁企业周边，到有草的地方去放羊、到有鱼的地方去撒网，在百舸争流、千帆竞发的市场竞争浪潮中勇立潮头。"一天也不耽误，一天也不懈怠"已经成为中冶人追求效率、追求实战的最好诠释。

战略引领："正确的战略统领全局，创新的思路破解难题"，以对经济规律的深刻洞察，对国企地位的深刻理解，自觉肩负起引领中国冶金向更高水平发展的国家责任，通过制定发展战略，优化顶层设计，把握方向，统揽全局，引领企业攻坚克难、砥砺奋进，以坚定的战略方向踏出稳健发展的坚实步伐，是中冶集团党委对国企改革扭亏的战略引领。

2012年"9·5"会议以来，从"回归主业"的盈利模式到"聚焦中冶主业，建设美好中冶"，再到打造"四梁八柱"业务体系升级版和战略定位，"做冶金建设国家队、基本建设主力军、新兴产业领跑者，长期坚持走高技术建设之路"的战略新定位，中冶集团形成了有机统一、一脉相承层层推高又与时俱进的企业发展战略框架体系。全体中冶人心往一处想，劲往一处使，"一年迈一步、三年跨大步"，步步踩实踩准，实现了从生死边缘迅速崛起，从冲出谷底精彩"蝶变"。

制度引领：把党的领导与公司治理紧紧衔接起来，通过国有企业制度的自我完善，进一步完善公司治理，严格履行决策程序，规范经营决策与管理，形成既协调运转又有效制衡的现代企业管理体系，是中冶集团党委对国企改革扭亏的制度引领。几年来，中冶人"咬定青山不放松"，聚焦作风建设，打造风清气正干部团队。各级领导干部既作表率又作推动，以"敢于向我看齐"的决心和底气，以超负荷工作和全身心投入，立标杆、作示范；一大批业绩突出、忠诚干净担当的好干部"站要位""把关隘""挑大梁"；广大干部职工一门心思干工作，在中冶的大舞台上各尽所能、施展才华、竞相贡献，形成了"干部领跑、团队奋进、激情工作、心情舒畅、奋发有为"的企业大团结大发展格局，汇聚起催人奋进的正能量建设美好中冶。

破解改革难题引领：针对严重影响和制约企业发展的突出问题，以自我革命的勇气和决心，披荆斩棘、栉风沐雨，在改革最艰难的破产重整一环突破，为"僵尸企业"找到合适的"墓穴"，在经济新常态下触底反弹，冲出困境，实现"脱胎换骨"的巨变，出现凤凰涅槃盛景，走上健康发展之路，是中冶集团党委对国企改革扭亏的实践引领。在明确企业的顶层设计与宏伟蓝图之后，中冶集团立即着手解决制约发展的几大难题，并以2012年"9·5"会议为分水岭，全面开启了企业改革脱困、奋力自救的发展大幕。在以国文清为总舵手的中冶集团领导班子的统筹谋划、强势推进下，一些涉及深层次利益调整多年未有进展的改革纷纷破题，风清气正、万众一心的新格局、新气象在攻城拔寨中开创。

文化引领：马万水"站在排头不让，把住红旗不放"奋勇争先精神的传承，"一天也不耽误，一天也不懈怠"朴实厚重中冶精神的弘扬，"勇于拼搏、开拓创新、严谨精明、忠党报国"中冶国有企业家精神的确立，构成了中冶人在国企改革中迎难而上、开拓进取、勇往直前的动力源泉，是中冶集团党委的文化引领。中冶特色文化有着极其丰富的内涵：包括中冶全球统一品牌、发展愿景、中冶精神、中冶战略、中冶人使命、中冶人座右铭、"五种作风、五种能力"、中冶领导力品牌等。中冶集团牢牢牵住企业发展和管理核心——文化管理这个牛鼻子，有效地将国有企业党的政治优势包括理论政策优势、党管干部优势、组织队伍优势、保证监督优势、宣传思想优势和群团工作优势等六大政治优势，发挥出不同的作用，分别从不同侧面反映和体现了党作为一个先进的领导核心的特色和优势，凝心聚力，不断提升中冶文化力，形成强大的中冶力量，成为国有企业党组织政治核心作用发挥的灵魂。与时俱进的中冶特色文化和核心元素，内在于心，外在于行，不断为企业转型发展提供精神动力、智力支撑和思想保障。如今，中冶精神已深深扎根在中冶人的内心，成为中冶集团凝心聚力、攻坚克难、基业长青的强大精神力量和制胜"法宝"。

五、企业未来发展展望

习总书记指出，创新决胜未来，改革关乎国运。唯改革者进，唯创新者强，唯改革创新者胜。正是由于改革创新，推动中冶实现了从活下来到立起来、富起来的质的飞跃。这一质的飞跃以铁一般的事实证明，在向"强起来"迈进、推进企业腾笼换鸟的新征程上，破解发展难题、化解风险挑战，实现企业"任凭风浪打、稳坐钓鱼台"，除了继续深化改革创新，别无他途。

面向未来，中冶的改革创新要聚焦高质量发展，牢牢抓住"质量第一、效益优先"这一根本，把"技术和管理"作为提高质量和效益的"双轮"，以技术为硬基础，以管理为软支撑，该修的修、该补的补、该换的换、该迭代的迭代、该提升的提升，让底盘更结实、更厚实；让驱动力更强、速度更快，以"鼎新"代替"革故"，提高企业的全要素生产率，增强企业的创新力、需求捕捉力、品牌影响力、核心竞争力；提高产品和服务质量，构建起适应新需求的新型供给体系。

（一）坚定核心技术引领，抢占未来科技创新的战略制高点

一是突出抓住顶层设计，强化科技战略引领。要瞄准世界科技前沿、把握产业发展的趋势和规律，深度调研市场的需求，关注国家相关政策的引导和焦点，密切跟踪国际同行的技术动向。要充分整合集团的科技资源，定期梳理集团主要业务的技术路线图，通过集团战略性科研课题来落实和推进。既要发挥子企业的主动性和积极性，又要发挥集团总部的统筹作用，注重从科技立项的源头抓起，改变各子企业在科技研发方向上的无序甚至重复投入的状态。既要明确目标和方向，更要明确实现方式和具体路径。

二是突出抓好自主创新，做到核心技术的绝对引领。要梳理科技短板、制定攻关清单，分梯次、分门类、分阶段推进。在关键领域和"卡脖子"的地方集合精锐力量，把核心技术的"硬骨头"一点一点啃下来，努力掌握更多具有自主知识产权的关键核心技术。同时，要在解决了"人有我无"的领域不断迭代升级，做到"人有我优"，并努力实现

"人无我有"，引领产业发展和技术潮流。

在冶金建设领域，要以"世界第一"的实力和底气，成为中国钢铁工业转型升级和世界钢铁工业发展的引领者，这是中冶责无旁贷的责任与使命。要瞄准钢铁行业高质量发展需求，紧紧围绕结构调整、产业升级、智能制造、绿色制造、新工艺、新流程、新材料、新制造方法八个关键词，以智能化、绿色化、产品化、国际化等为重要抓手，在系统化技术创新上大展作为，构建起新的核心竞争力。要高度重视绿色发展和智能制造。以节能减排为着力点，提升自己的绿色制造服务能力，在冶金的八大部位，中冶必须有满足国家超低限排放要求，高效低成本的有竞争力的环保核心技术；在钢铁企业和城市融合方面不断创新并提供系统解决方案；最重要的是要形成面向生产全流程、管理全方位、产品全生命周期的新的绿色制造创新链条。在智能化方面，各部位的第一梯队必须尽快找到自己的切入点，建立和完善智能制造方法和体系。从整个行业、国家乃至全球的角度静下心来一点一点去梳理分析绿色化和智能化的内涵、基理与特点，明确自身的长项和能担当的角色，找准自身技术创新的方向、路线、突破口。

在基本建设领域，中冶集团各子企业必须深入挖掘新型城镇化的"新型"的本质和内涵，要知道新型城镇化"系统提升"的真正需求，不仅要知道"是什么"，更要知道"为什么"的原理与逻辑，只有这样，才能在新型城镇化发展中找准发挥自身比较优势的切入点，才能改变科技创新跟随盲从的被动局面。同时，要健全完善科学化、信息化的项目管理体系，加快智慧工地的信息化管理技术的研发，加快研发、应用、再提升的产品迭代步伐，通过信息化手段，切实提升中冶的工程管理能力和水平。

在新兴产业领域，新兴产业各大技术研究院要以技术为引领，以规划设计咨询为龙头，紧扣产业需求，致力于成为"专家型品牌+产业平台公司"的联合体。作专家型品牌，就是不要使自己成为"无所不能"的综合型品牌，一定要精耕细作自己的细分市场，拥有独到、独特的核心技术，打造自主品牌，同时不断开发出新的技术、新的产品和生产工艺，持续保持自己技术的垄断领先优势。在此基础上，致力于成为细分产业的平台公司，整合政府、客户、伙伴、资本、消费者和项目融合发展，实现产业价值链引领，对价值链形成高控制力，以此实现规模效应和品牌效应。

三是突出抓好技术创新的有效转化，提升创新效能。要坚持技术创新的市场导向，打通科技和经济社会发展通道，将科技创新的优势有效转化为产业和企业竞争的"胜势"。要贯彻沿产品生命线的全生命周期管理方式，建立产品意识，从设计开始，就要构建技术、质量、成本和服务的优势。要着力解决好科研与应用贯通的问题，以科研成果工程化和产业化应用、加快推进冶金核心技术产品化、新兴产业核心技术和核心产品同步化为重点，同时也要关注能够使企业获得长期收益的，如创新的有竞争力的生产消耗品等研发创新方向，有效推进核心技术产品走向市场，形成研发投入与市场回报的良性循环。要拆除阻碍产业化的"篱笆墙"，推进创新与资本的有机结合，深挖技术创新的商业价值，加速创新成果的孵化与产业化。

四是突出抓好协同创新，构建开放创新体系。要坚持集中力量办大事，深化协同创新，形成合力共同打造出更多国之重器。面对科技创新系统提升的趋势与特征，要打破科技研发的"企业墙"，加强内部协同合作，形成在创新链上合理分工、优势互补、协同高效的发展格局，围绕关键核心技术开展联合攻关。创新不能闭门造车、脱离实践，要深化开放创新体系，聚四海之气、借八方之力，充分利用国内外创新资源，开辟多元化合作渠道；加强同钢铁企业合作，加强同全球顶尖科研机构、业务同行、上下游客户之间的交流和合作，积极参加各种国际产业与标准组织，组织参加学术研讨，在共研、共创中实现共享、共赢，并不断提升中冶在全球的影响力。

五是突出打牢创新发展人才基础，牢固确立人才引领发展的战略地位。中冶集团必须把科技人才队伍放在更加重要、更加优先的位置，加大对科技人才的培养、引进、激励力度，建立健全以创新能力、质量、贡献为导向的科技人才评价体系，形成并实施有利于科技人才潜心研究和创新的评价制度，形成有利于人才成长、人尽其才、各展其能、脱颖而出的机制。要培养造就一批能够把握科技发展大势、产业转型升级方向、具有行业影响力的战略领军人才，以解决技术创新"干什么"的问题；培养一批善于凝聚力量、统筹协调的科技专家，以解决"怎么干"的问题；还要注重培养一批既懂业务又懂管理的组织型人才，以解决"谁来管"和"如何管"的问题，促进科技创新工作健康快速发展。

（二）坚持价值创造引领，打造精简高效有活力的系统化管理体系

一是优化组织管控体系。要按照"做精集团总部、做实业务单元"的要求，优化组织架构和管控模式，确保组织管控体系的权威、高效、有活力。要全力打造"机构要精简、人员要精干、业务要精通、工作要精准"的总部机关。要建立科学的流程制度体系，坚持对目标负责、对事负责的流程责任制。在遵守规则方面不允许任何人凌驾于规则之上。要特别注重加强制度宣贯，让全体员工入脑入心，熟悉掌握公司的制度、体系、流程。要着力加强集团的战略管理、产业培育、资本统筹策划和资源配置等能力。认真研究落实中冶集团的战略定位和"四梁八柱"业务体系的落地问题，制定可操作性的行动手册，包括明确"四梁八柱"的目标、结构比例；做到计划预算驱动，落实资源配置；建立统计、评价和考核体系，确保战略切实落地。

二是优化业务组合管理。

——创新商业运营模式，谋求持续稳定收益。要围绕党的十九大提出的建设"美丽中国""健康中国""美好生活"和解决"不平衡不充分"这一发展主旨，加大对节能环保、水环境综合治理、康养产业、美丽乡村、新能源、新材料等"高成长性、高附加值、高效率"业务的资本投入，形成一批可持续的经营性资产。要充分发挥、整合集团的金融资源优势，要向着产业链的前端和后端攀升，构建覆盖投融资、规划、设计、咨询、建造、运营等全产业链体系，在满足顾客需要、为顾客带来更多价值中实现自身的价值提升。

——实施专业化经营，谋求品牌化发展。一方面，各子企业要在价值链上最具比较优势的专业能力上持续拔高。设计企业要把设计做精做尖，施工企业要把施工技术做到极致。要在单点突破的基础上，在同方向上多点突破，并逐步横向拉通，让优势专长发挥最大效能。另一方面，要让高成长性的专业化业务形成规模效应和品牌效应。通过专业化品牌的孵化培育，培养一批主业突出、核心竞争力强、具有行业引领力、国际竞争力的骨干企业和细分市场的"单项冠军"企业。要以投资、收购、混合所有制等方式不断获取资源，快速提高在专业化领域的市场影响力和核心竞争力。

——大力发展海外业务，谋求增量发展。"一带一路"为我们开展国际化经营提供了极为难得的机遇和条件，中冶应该大展作为，也需要大展作为。为了下一步更好的发展，我们要好好梳理过去走过的路，认真总结海外发展的经验教训和问题，明晰制约发展的瓶颈到底是什么；认真对标先进，明晰自己的差距与不足到底在哪里；在此基础上，制定一个系统性、可持续性和可操作性的海外发展战略，明确未来到底干什么、怎么干。同时，建立健全项目管理体系和风险防范体系，推进中冶从中国特色向国际标准转变；下大力气做好海外人力资源管理，培养一支群英荟萃、梯队整齐的人才队伍。总之，就是要通过统一战略规划，统一品牌管理，统一市场布局和营销，统一履约监管，统一风险防范，调动集团内部各层面的积极性和优势力量，提升中冶在海外市场的战斗力和竞争力。

（三）打造一支对党忠诚、坚强有力的干部团队确保改革落地

一是持之以恒提升对党忠诚、激情创业的理想追求力。

要克服"境界不高、动力不足"现象，切实增强改革发展的责任感使命感，不能整天琢磨个人私利、斤斤计较、划"小圈子"、玩"小心眼"，更不能当"两面人"、耍"两面派"；克服"思想僵化、抱残守缺"现象，用好用活"解放思想"这个法宝，切实凝聚改革发展的共识和智慧；克服"定力不够、信心不足"现象，重整行装再出发，勇担改革发展重任，在润物细无声的创新完善和渐进式变化中获得改革发展成效。要永葆对党忠诚、

为国奉献的赤子心，永葆开拓奋进、担当有为的事业心，永葆治企有方、兴企有为的责任心，永葆"不用扬鞭自奋蹄"、自我革新勇攀高峰的进取心，激发中冶人骨子里敢打敢拼、追求卓越优秀品质的最大潜能，扑下身子扎扎实实做好企业、踏踏实实做好自己，以理想之光、信仰之力照亮奋斗之路，以骨子里的信念忠诚、激情澎湃的热血忠诚出色地完成党和国家交给的事业。

二是持之以恒提升务实高效、追求卓越的执行力。一是改革从一把手改起、高效执行从一把手做起。加强中冶的执行力建设，一把手必须以身作则，做高效执行、拒绝借口的"领头雁"。只有一把手一马当先作表率，才能带动干部职工万马奔腾。企业主要负责人要一手抓战略、一手抓执行力，坚持两手抓、两手都要硬，及时准确掌握执行状况，及时纠偏、优化完善，开出治企兴企的良方。二是既要注重提高个体执行力，更要注重提高组织执行力。对于中冶干部而言，打造超强的个体执行力必须坚持要事第一，聚焦最主要目标，把握最主要矛盾，把想干该干的事干成功，力争把每个决策、每项任务执行到位，把每件小事做细做实做完美。提升组织执行力就是要全力打造科学合理、高效运行的执行体系，把企业战略落到实处。要进一步树立集团"定于一尊、一锤定音"的权威，进一步强化执行的严肃性，特别是在投资决策、财务资金管理、市场协调、项目管控平台建设、安全环保等方面，各子企业必须严格按制度办事、按程序办事。三是牢固树立"执行力就是生产力、战斗力"理念，厚植厚培执行力文化。要把执行力文化根植于企业，敢于向"大企业病"开刀，把妨碍执行、影响效率的一些官僚主义做法以及所有徒有其表的美丽空壳统统摒弃掉。要树立强烈的问题导向，补齐执行力短板，强化执行力建设，使其内化于心、固化于制、外化于行、终化于为。

三是持之以恒提升能者上、庸者下的队伍活力。治企兴企重在选贤任能。选好人、用对人是激发队伍活力最直接、最有效的办法。一是坚持大力推动"能者上、庸者下、劣者汰"。要坚持事业为上，广开进贤之路，以"事业需要什么样的人就选什么样的人"为出发点和落脚点，把合适的人放到合适的岗位上。二是坚持大力推动干部年轻化。各子企业要切实把年轻干部工作摆上重要议事日程，认真开展后备干部推荐工作，合理设置台阶，严格规范程序，源源不断地发现储备年轻干部。要优化成长路径，积极主动创造更多更好的成长平台；对有潜力的优秀年轻干部，要让他们经受吃劲岗位、重要岗位的磨炼，特别是到重大项目、重点分子公司或艰难困苦的地方去历练。要让70年代、80年代、90年代的优秀干部唱主角、当骨干，加快形成老中青梯次配备、老同志把关掌舵、中青年冲锋在前的生动局面。三是坚持大力推进干部交流常态化。集团将继续做好子企业主要领导、纪委书记、总会计师等常态化干部交流；推进党务干部和经营管理人员的双向交流；对在同一职位长期任职的干部，要按照上级规定、立足实际情况，加大交流力度和监督检查力度，以干部常态化交流激发队伍活力。四是坚持推动干部人才工作体制机制创新。以契约化、市场化、差异化为原则，持续推进人事、劳动、分配三项制度改革。

四是持之以恒提升公道正派、风清气正的正气力。抓作风建设是干部队伍能否坚强有力的基础性根本性问题。提升正气力，必须坚持立破并举、扶正祛邪，必须坚持重点突出、整体推进。破，就是要破除惯性思维和俗风陋习，破除违反党纪国法、违反中央八项规定及其实施细则精神的不良作风和言行举止；立，就是要树清风正气，用新境界、新风貌、新高度想工作抓工作。一要高度重视中央巡视工作。凡是上级要求学习的重要内容，必须组织党员干部原原本本学、集中研讨学、反复深入学，必须加强学习管理、完善档案记录，严格考勤督查。凡是上级函询约谈审计整改提出的问题一律清理，要件件有着落，层层传递压力；凡是信访举报的案件一律核实回应；凡有线索和苗头的都要深挖；凡与上级要求不尽一致的都要进行调整。二是抓纪律整顿。要持之以恒严格贯彻执行廉洁从业纪律、岗位纪律、会议纪律、请示工作纪律、调研纪律等要求。三是抓"关键少数"。下大力抓领导班子、抓总部机关建设、抓主要子企业领导，形成"头雁效应"，既作表率又作推动。四是抓贯彻中央八项规定及其实施细则精神。进一步严格办公用房、公务用车等管理；持续改进文风会风和工作作风，进一步精简会议、文件，提高文件质量和流转效率，切实做到"不压文不压事"；增强工作主动性、协同性，着力提高全系统工作效率。五是抓正风肃纪。坚持全面从严治党，压实套牢管党治党责任，全面治理"瘫懒散软"干部，严肃查处违纪违规行为，以"零容忍"态度高压反腐，以正气力的全面提升，大力营造清朗的发展环境。

浩渺行无极，扬帆但信风。涅槃重生、冲出低谷后的中冶集团将牢记肩负的责任与使命，继续弘扬"一天也不耽误，一天也不懈怠"朴实厚重的中冶精神，忠诚党的事业，勤奋踏实苦干，以崭新的姿态勇立潮头、扬帆远航，以时不我待、只争朝夕的紧迫感与使命感续写"建设美好中冶"的精彩篇章！

改革添活力　创新促发展

——中国钢研改革开放 40 年的创新之路

中国钢研科技集团有限公司

中国钢研科技集团公司直属于国务院国有资产监督管理委员会，原名钢铁研究总院，创建于 1952 年，2006 年经国务院批准，更名为中国钢研科技集团公司（简称中国钢研），冶金自动化研究设计院并入中国钢研。2009 年中国钢研作为唯一一家科技型企业，被国资委列入第三批董事会试点单位，标志着中国钢研在建立现代企业制度和规范公司法人治理结构上实现了重要突破。

中国钢研是我国金属新材料研发基地和冶金行业重大共性关键技术创新基地，拥有两院院士 9 人，国家级奖励 300 余项、省部级奖励 1100 余项，授权专利 1000 余项，是国家首批命名的创新型企业。

中国钢研长期秉承科技报国、服务社会理念，坚持科技创新与成果转化协同发展，为国民经济和国防建设做出了重要贡献。科技创新是中国钢研的安身立命之本，成果转化是中国钢研的持续发展之路。中国钢研 60 多年的发展历程，与新中国的发展紧紧相联，与科技体制改革的进程步步相随，特别是改革开放 40 年来，中国钢研坚决贯彻落实党中央各个不同时期的改革方针政策，积极探索、开拓创新，在科研院所体制改革的道路上迎领潮头，取得了一个又一个突破。

一、40 年中国钢研改革开放历程回顾

（一）拨乱反正，整顿科研秩序，促进学科发展（1978~1983 年）

"文革"十年使钢研总院遭到了严重的挫折和损失，各级党政组织无法正常开展工作，正常的科研秩序被打破，人们的思想受到重大冲击，科研工作受到极大影响。1978 年 3 月中共中央、国务院在北京隆重召开了全国科学大会，中国迎来了科学的春天。1978 年 12 月，党中央又及时召开了十一届三中全会，全会确定了"解放思想、开动脑筋，实事求是

向前看"的方针。钢研总院广大科技工作者欢欣鼓舞,决心以百倍的热情和昂扬的精神去迎接新的时代。

钢研总院根据科学大会和十一届三中全会精神,整顿科研秩序,提出"不失时机的把工作重点转移到以科研为中心的轨道",设立了无损探伤、计算机和钢管研究室,调整了研究室一级的领导班子,选拔了大量科技人员担任领导职务,并制定了"科研管理八条""保证科技人员每周工作时间不少于六分之五"等制度。

为了进一步促进学科发展,1980 年,钢研总院重建了学委会,召开了两次学术年会,共征集论文 1000 余篇,会上交流 200 篇。此后四年共举办学术报告会 200 余次,各种学术活动空前活跃。当时涌现出了以全国冶金战线科技铁人陈篪、全国三八红旗手吴玖为代表的一大批科技精英,钢研总院在国家和行业中的科研地位也进一步得到确立,国家"六五"计划 38 个重点科技攻关新材料项目中钢研总院承担和参与的占 63%。

(二)"下楼出院",全面进入经济建设主战场（1984~1991 年）

1984 年,中共中央《关于经济体制改革的决定》提出:"经济建设要依靠科学技术,科学技术要面向经济建设"。冶金工业部决定,在钢研总院进行由事业费开支改为有偿合同制的改革试点。试点期间,钢研总院提出了以科研为主和打破平均主义大锅饭的改革思想,在领导体制上由党委领导下的院长负责制改为院长负责制。1985 年中央发布《关于科学技术体制改革的决定》,提出"全国主要科技力量要面向国民经济主战场,为经济建设服务"。遵循中央科技体制改革的精神,钢研总院制定了改革方案 48 条,并在 4 个研究室进行承包制试点,然后于 1985 年全面试行有偿合同制,建立了院、室、专题组三级管理的财务制度,院财务处设立了内部银行,进行全面经济核算。

1987 年,钢研总院决定以深化改革统揽全院各项工作,提出"下楼出院""千斤重担众人挑,人人身上有指标"和"求生存、谋发展、图振兴"的口号。1988 年起,各研究室实行以科研和经济效益为中心的综合承包责任制,各单位的利润指标按人员结构、占用房屋、占用设备情况为基准的"3T"经济责任核算公式下达,财务管理上开始实行全成本核算。在按照"3T"下达责任指标后,科技人员纷纷下楼出院,到市场、到企业中去寻找任务,横向课题和经济创收有了大幅度增长。

为进一步推动科技体制改革,1989 年由钢研总院牵头组织在京 14 个院所共同联名向中央有关部门和国家科委如实反映了情况和提出了《关于科研单位大院大所科技体制改革的报告》。得到了上级领导的重视并部分采纳,并由国家科委、财政部颁发了《关于实行差额预算管理的技术开发类型科研单位交纳'两项基金'计算办法的通知》等政策。

1990 年，虽然国家对钢研总院的事业费减拨到位，但当年实现了收支平衡、略有节余。在科技方面全面完成了"六五"和"七五"攻关任务。

（三）适应社会主义市场经济，领办高科技产业，建立现代科研院所（1992~1998 年）

1992 年，以邓小平南巡讲话为标志，中国经济体制开始迈入社会主义市场经济阶段。这一阶段国家体制改革的方向变为"面向、依靠、攀高峰"，政策走向是按照"稳住一头、放开一片"的要求分流人才，调整结构，推进科技经济一体化发展。钢研总院根据中央的精神，及时确定了"以效益为中心，以市场为导向，以科技为基础，实现产业化、工程化、一体化、国际化和攀登世界科技高峰"的"341"办院方针和走科研院所领办高科技产业—经济集团的发展目标。根据战略部署，出台了产业激励政策，在涿州建立了国家冶金精细品种试验基地，组建了新材料、产业和新技术咨询等 3 个公司，对外投资了若干合资公司。作为重点的劳动人事改革，采取了一些重大举措，如在科研事业单位中率先引入企业分配机制，试行工资总额同经济效益挂钩的办法等。

1995 年，全国科技大会提出了"实施科教兴国战略"。科技体制改革进一步深入，钢研总院首批进入国家重点科研院所改革试点的行列。钢研总院提出"一院两制三体系"的总体思路，在机制上，提出争取在三年时间内，由承包机制逐步转换为综合目标责任制，进一步提高一流科研院水平和竞争能力。在"稳住一头"方面，对几十年来形成的研究室系统进行以"五所五中心"为重点的结构调整。形成包括材料研究、工艺研究、分析测试技术研究以及质保系统的科研体系。在"放开一片"方面，加强转化体系，组建钢研高新技术产业集团。

为实现钢研总院领办高科技产业集团，1995 年开始"清理、整顿、规范"院属公司，摸清底数、重组调整，克服承包制带来的"以包代管"现象，为规模化产业奠定组织基础。1997 年，院领导班子决定对全院的公司和产业实施股份制改造，筹建股份公司。在股份制整个改造过程中，全院顾全大局，精心组织，规范操作。钢研总院为主要发起人，联合清华紫光等五家公司共同发起设立安泰科技股份有限公司，注册资本 9260 万元并取得高技术企业证书。

（四）企业化转制，组建高科技上市公司（1999~2006 年）

1999 年，国务院决定对国家经贸委管理的原十个国家局所属 242 个科研院所进行管理体制改革，这是我国科技体制改革的一项重大举措。根据中央精神，钢研总院转制为中央直属大型科技企业，隶属中央企业工作委员会。转制为企业以后，钢研总院积极转变观念、重新定位，致力于建设一流科技企业，致力于建立全新的现代企业制度。为此，确立了新的 341 发展方针：以效益为中心，以市场为导向，以科技为基础。

根据发展方针，为了实现技术资本与金融资本的有效对接，从传统的科研、产品经营向资本运营方向迈进，建立新型的研发和创新体系，实现研发创新与产业化发展的紧密结合，2000 年 5 月安泰科技的股票在深交所成功发行上市。发行社会公众股 6000 万股，募集资金 8.8 亿元，同时创造了沪深股市的多项第一。

2000 年，为了进一步适应现代企业制度要求，钢研总院从上到下全面的结构调整，全院形成了"三大体系"：以"五所五中心"为主体的研发与成果转化体系；以安泰科技为主体的产业体系；以实业公司为主体的后勤支撑体系。同时进行了职能部门和支撑体系的改革，精简了机构，精干了人员。在管理模式上告别了实行多年的承包制，全面实行综合目标责任制，全面加强管理。

2003 年，国务院国有资产监督管理委员会成立，钢研总院成为其直接管理的中央科技型企业。国资委对中央企业提出了新的要求："中央企业要做强做大，提高核心竞争力，实现国有资产的保值增值。"根据中央和国资委的有关精神，钢研总院的体制改革进一步深化，钢研总院提出了"科技为先导、产业为支柱、创新为灵魂"的发展思路，对产业体系和科研体系进行了战略性结构调整，体制、机制都发生了重大的变化。继安泰科技改制上市后，钢研总院又相继按照现代企业制度重组了以冶金工艺与工程为主业的新冶集团，发起设立了以高温合金和纳米粉末为主业的钢研高纳，以冶金分析、检测仪器仪表为主业的纳克公司，为适应组建国家先进钢铁材料技术工程研究中心的需求，投资组建了中联先进钢铁材料技术有限公司。投资建设的 17 个高技术产业化项目全部达产，中国钢研又投资 14.7 亿元，启动第二批 14 个产业项目建设，打造支柱产业，促进产业结构升级。

产业高速发展的同时，钢研总院注重用创造的经济效益"反哺"科研，加强对科技研发投入，改善科研条件。2005 年，钢研总院实施了以改善科技条件和环境为目标的"1116"工程。这是钢研总院在争取国家支持的同时，积极整合科技资源，持续提升科技实力，做好承担国家和行业技术创新任务的重要举措。

钢研总院主导提出促进我国钢铁企业由单一冶金产品制造功能向钢铁产品制造、能源高效转换和消纳社会废弃物三个功能拓展，保证钢铁工业持续健康发展的"新一代可循环钢铁流程工艺技术"新思路，受到国家高度重视并作为重大项目纳入"十一五"国家科技支撑计划。

产业和科研的良性互动互相促进，有力的推动了企业的发展，2004~2006 年钢研总院国有资产保值增值率为 126%；三年主营业务收入平均增长率达到 28.25%；科研投入比率达到 7.22%。

（五）组建科技集团，实现跨越式发展（2007 年至今）

2006 年底，国资委根据国务院改革方针，提出调整中央企业布局和结构，计划到 2010 年将中央企业减少至 80~100 家。经国务院批准，2006 年 12 月 27 日，钢铁研究总院更名为中国钢研科技集团公司，冶金自动化研究设计院并入中国钢研成为其全资子公司，注册资本 8.36 亿元，在岗员工 6000 余人。中国钢研的组建，是国务院、国资委着眼于我国技术创新现状，加快建设技术创新体系，提高转制科研院所核心竞争力的重要举措。中国钢研对冶金工艺工程和工业自动化领域的资源、人才、设备等进行了整合，原来存在同业竞争问题得到有效解决，取而代之的是协同作战。

2007 年 6 月，中国钢研发挥集团的综合优势，联合宝钢、鞍钢、武钢等 6 家行业骨干企业以及东北大学、北京科技大学、上海大学 3 家行业大学联合成立"钢铁可循环流程技术创新战略联盟"。中国钢研广泛参与国家和行业技术进步，始终保持竞争优势，科技创新及科研合作呈现新的局面。行业共性、关键技术领域获得较大进展。

2009 年，中国钢研作为唯一一家科技型企业，被国资委列入第三批董事会试点单位，标志着中国钢研在建立现代企业制度和规范公司法人治理结构上实现了重要突破。

党的十八大以来，中国钢研积极推进战略规划的落实，在科技创新体系完善、内部改革整合、管控模式转变、收购兼并、产业链拓展、资源筹措、市场营销、人力资源、企业文化等方面取得了较大进展。战略重组吉林冶金设计院、山东微山湖稀土、山东钢研稀土成为集团公司的新成员，全国性地域和上下游产业布局取得重要进展；中国钢研与各省市和重要企业开展战略合作，签订战略合作协议。2012 年，通过重组钢铁研究总院（中央研究院），整合了集团公司新材料、工艺流程、冶金自动化以及分析测试等研发领域，完善了集团公司科技创新体系；为适应集团公司战略管控模式转变的需要，又完成了总部职能部门的改革调整，进一步精简机构、优化职能、提升管理水平。

"十二五"期间，中国钢研坚持面向国防军工重大工程、国民经济重要行业和重大需求、面向冶金和钢铁用户行业技术进步，聚焦金属新材料的研发创新和成果转化。金属新材料的专业领域包括铁基、镍钴基、稀土稀有和难熔金属材料，品种涵盖合金钢、高温合金、稀土永磁、非晶微晶、难熔及粉末金属材料等众多领域，主要集中在先进基础材料和关键战略材料，并延伸布局至前沿新材料。经过持续攻关，突破了一批核心关键技术，收获了一批重大成果，以金属新材料的研发、保障为国防军工和国民经济建设做出了重要贡献。

中国钢研积极探索混合所有制改革试点，先后组建了钢研晟华、高纳海德、高纳德凯等三家混合所有制企业，引入管理层和核心骨干员工持股计划，极大地激发员工创业激情，凸显出集团公司的人才和技术优势，成为央企混合所有制的典型范例。另一方面，通过设立创新基金，促进成果转化。集团公司设立创新基金，重点支持年轻创业者进行新领域研究和技术开发，开创性地采用众筹方式，引导社会资源投入成果转化的新体系，让技术要素参与成果价值分配，激发了创新活力，激发科技成果转化。

2016 年以来，中国钢研跟踪全球新技术革命，积极跟进新材料领域的科技革命和产业变革，布局前沿新材料领域。在金属 3D 打印方面，正在开发钛基金属、高温合金、超高强度不锈钢等品种 3D 打印金属粉末，开发涡轮盘、泡沫金属等高端应用打印技术；在燃料电池用材料方面，在质子膜燃料电池双极板、气体扩散层方面取得突破并获得应用，积极参加乘用车高比功率燃料电池相关材料的攻关和研发等。

二、改革开放创新成就卓越

（一）科研院所企业化转制顺利完成，现代企业管理模式逐步建立

改革开放前，钢研总院是以冶金工艺和材料研究为主的部属科研院所，下设 22 个专业研究室，实行事业单位的运行模式，由国家拨付事业费、科研经费和基建经费，管理模式实行党委领导下的院长负责制。全院的中心任务是完成国家下达的科研课题。改革开放后，国家逐步推进科技体制改革，钢研总院不断加快体制机制转变，特别是在 1999 年按照中央科技体制改革方针进行了企业化转制，从一个运行了 40 多年的科研事业单位转制为中央直属的科技型企业。钢研总院确立了科技创新与产业发展互相协调、齐头并进的总体发展思路，不断调整结构、整合资源，建立起规范的现代企业管理模式。经过改制，钢研总院发生了六大变化：首先是主体性质由科研院所转变为科技企业；其次是市场角色由靠事业费拨款转变为主动出击、融入市场实现发展壮大；第三是思想观念的转变，思维方式由科学事业型向科技型企业转变；第四是科技优势由具有明显学术特点的学科优势向学科交叉、系统集成的综合科技优势转变；第五是社会保障由事业单位向企业化、社会化转变；第六高新技术产业快速发展，在完成了保值增值的同时，创新能力也得到了大幅度提高。

钢研总院更名为中国钢研后，按照现代企业制度的要求，建立了集团公司管理构架。在集团内通过业务重组，重新构建了科研体系、产业体系和后勤支撑体系。中国钢研建立

了全面预算管理制度、总会计师制度和全面风险管理制度，进一步完善了质量管理体系，将集团化管理贯穿于科研、生产、经营全过程。

在管理模式上，中国钢研不断完善法人治理结构及母子公司管理体系，管控模式实现了由直线职能式向战略管控模式转变；完成了集团总部职能优化调整工作，重新划分和明确了各部门职责，理顺管理流程，建章建制，管理水平明显提高。集团所属子企业也加强了相应的管理职能，调整组织架构，建立健全管理机构、工作制度，承接了集团公司下放的有关职能；推进了二级党委和基层党组织建设。

（二）突出科技创新主旋律，重大技术创新成果不断涌现

钢研总院在成立之初只有冶金室、分析室、耐火材料室、煤焦室 4 个研究室，职工总数只有 132 人，其中工程师 24 人，助理工程师 21 人。科研任务主要为包头、武汉、太原等重点钢铁基地提供技术服务。随着国家大规模经济建设的展开，钢研总院也不断发展壮大，1977 年职工总数达到 2732 人，科技人员总数曾经达到 1226 人。形成了精密合金、铁合金、粉末冶金、高温合金等 22 个专业研究室，科研课题是来自国家的纵向课题，25 年来共鉴定科技成果 1143 个，1977 年时到款科研经费为 290 万元。

改革开放后，中国钢研紧紧抓住科技创新这个主旋律，不断优化和整合科技资源，注重开发具有自主知识产权的核心和关键技术。设有先进钢铁流程及材料国家重点实验室、国家非晶微晶合金工程技术研究中心、先进钢铁材料技术国家工程研究中心等 10 个国家级工程技术研究中心。现有各类科研人员约 4500 名，享受国务院政府特殊津贴专家 367 名，教授级高级工程师和高级工程师 1600 余名（另有国家千人计划特聘专家 4 人、国家百千万人才工程 15 人、国家级有突出贡献中青年专家 26 人）。科技创新人才培养能力强，是国家海外高层次人才创新创业基地。拥有 2 个一级学科和 8 个二级学科博士学位授权点、5 个一级学科和 20 个二级学科硕士学位授权点的研究生院，在读博士、硕士近 400 人，至 2016 年底共培养出硕士生、博士生约 1500 人。中国钢研拥有 19 个国家级中心、重点实验室和实验基地，5 个国家级产业创新联盟，25 个省市级研发中心。科技创新成果转化能力强，拥有国家"金属新材料多品种小批量研发试制基地"，3 个上市公司承接科技创新成果产业化、工程化。科技创新成果斐然，拥有各类科技成果 5000 余项，包括国家级奖励 330 余项，省部级科技进步奖 1300 余项，授权专利 1400 余项，软件著作权 230 项。近两年来，中国钢研获 70 余项国家及省部级奖项，2014 年获国家科技进步奖一等奖一项；2016 年获国家科技进步奖二等奖三项。

中国钢研作为国民经济、国防军工用关键新材料重要的研发基地，在全国 1713 家军

工民口配套单位中，中国钢研排列第一。研发的高端新材料覆盖我国国防军工"海、陆、空、天、核"所有关键需求。与航天科技、航天科工、中航工业、兵器工业、兵器装备、中国船舶、中船重工等多家军工企业签订全面战略合作协议，十大军工集团各类型号用60%以上金属材料、90%以上钢铁新材料、几乎所有国防军工重大型号用金属材料由中国钢研承担研发和组织协同攻关。"十二五"期间，承担大飞机、大运载、大船、核潜艇、高超等国防军工重点型号138项科技在研项目，研究成果成功应用于相关工程型号，取得重大突破。

中国钢研作为冶金行业共性、关键技术创新基地，开展了高炉喷煤、转炉溅渣护炉、高效连铸技术、球团（小球）烧结等为代表的一大批共性、关键技术攻关及系统集成，为冶金科技进步发挥了重要作用。中国钢研是国民经济重点行业高端金属材料及制品研制支撑的关键骨干。牵头承担的国家"新一代可循环钢铁制造流程"重大项目成功应用于首钢曹妃甸钢厂；国家973项目"钢铁材料重大基础研究"的成果应用于建筑钢筋，使普通Q235钢筋强度大大提高，节约钢材率14%，已应用在全行业。"十二五"期间，承担火电、核电、西气东输、海洋平台、高速铁路等国家重大工程和高端装备制造89项科技在研项目，大部分研究成果得到成功应用。

（三）高科技产业突飞猛进，经济效益和企业实力持续增强

中国钢研一方面努力增强科技核心竞争力，另一方面致力于高技术产业的发展，将优势技术转化为高技术产业项目，努力实现产业规模效益化、工程大型化、品牌国际化。改革开放以来，组建了以安泰科技、金自天正两家上市公司以及新冶集团、钢研高纳、纳克公司、大慧投资等为代表的一批具有较强经济实力、高成长性的高新技术企业，金属新材料产业和冶金工程技术为国民经济发展和国家安全提供了大量的关键材料和先进技术。

中国钢研陆续在中关村昌平产业园、中关村永丰产业园、中关村丰台产业园、北京天竺空港基地、河北石家庄高新区、河北涿州开发区、山东微山、山东寿光、山东青岛等地新购和建设了新材料产业基地。建设了20余个高技术产业化项目，其中6项被列入国家级"产业化示范工程项目"，产品广泛应用于新能源、航空、航天、微电子、信息通讯、石化、船舶、冶金等领域。建设了具有国际先进水平、国内大的非晶微晶（纳米晶）合金生产基地、具有国际先进水平的高温母合金及CA精铸生产基地以及高速钢研发与生产基地等。拓展发展空间，面向全国布局，力争"走出去"，融入经济发展的主流是中国钢研转制以来持续推进的工作。

中国钢研同5个省及10余家地区市建立战略合作关系，与12家中央企业、1家地方

骨干企业签订战略合作协议，为在全国的产业布局打下基础；钢铁研究总院、自动化院、安泰科技、钢研高纳等主要公司陆续在"长三角"、"珠三角"、天津、山东和四川等重要战略区域布局研发机构、设立产业园、建设产业项目，部分产业初具规模。这些产业设立和成功运营，为集团其他产业探索向"资源密集、生产要素禀赋优势"地区布局起到了很好的示范作用。高科技产业带来了中国钢研销售收入和资产总额持续增加，截至2017年底，全年实现营业收入82亿元；新签合同超过100亿元，实现利润总额3.9亿元。

中国钢研坚持"走出去"战略，积极开拓国际市场，先后与美国、日本、德国、瑞典等国家建立合作关系，产品销往中亚、南亚、欧洲等地区，取得了良好的业绩。中日重点国际科技合作JICA项目冶金燃烧环保技术改善项目，完成了实验室建设和设备交接工作，已向十几家国有大中型钢铁企业推广。特种软磁材料非晶纳米晶合金薄带大量销售于日本、印度等国家。2013年钢研纳克在德国设立企业，标志着集团高端产业"走出去"迈出了积极在发达国家寻找技术、资本的战略合作和业务拓展的实质性步伐；2014年，安泰科技在泰国设立超硬材料公司，代表着集团响应国家"一带一路"倡议在东南亚设立了发展的"桥头堡"。

（四）全面加强党的建设，精神文明硕果累累

中国钢研以习近平新时代中国特色社会主义思想为指导，全面加强党的建设，规范党建工作流程，创新党建工作方式，努力构建现代企业制度下的国企党建工作新格局，为促进企业的改革发展稳定，提高综合竞争力，确保国有资产保值增值提供了坚强的政治思想保证和组织保证。

经过60余年的沉淀和积累，形成了浓厚的文化底蕴和优秀的文化传统。主要包括：以"科技铁人"陈篪为代表的"安、钻、迷"的科研精神；实行"科研、生产、应用"三结合，使研究成果迅速转化为现实生产力的"一竿子插到底"的工作作风；"尊重知识、尊重人才、尊重劳动、尊重创造"的人才观等等。中国钢研秉承优良文化，继往开来，与时俱进，总结、提炼广大职工文化价值取向，提出了"钢研愿景、钢研使命、钢研精神、核心理念、员工追求"五个方面的内涵，出台了中国钢研《企业文化手册》《企业文化管理办法》《企业文化视觉识别系统》。通过统一的文化理念鼓舞人心、凝聚力量，塑造中国钢研品牌。

中国钢研连续14年获得中央国家机关和北京市"文明单位标兵"称号；2005年，被评为"全国精神文明建设工作先进单位"。此外，中国钢研2003年、2007年两次被评为

"全国推进厂务公开工作先进单位"，2008 年获得"全国文明单位"的光荣称号，并保持至今。2015 年，下属二级单位安泰科技被评为"首都文明单位标兵"；钢铁研究总院被评为"首都文明单位"。

三、几点体会

（一）改革要坚定不移的按照党中央的方针政策积极推进、开拓创新

回顾中国钢研改革开放后走过的 40 年风风雨雨，每一次重大的体制改革和跨越发展，都是按照党中央的改革精神积极推进，保证了改革的正确方向，取得了预期的效果。在改革过程中，中国钢研敢于开拓创新、积极推进，提出了"3T"公式、"341 方针"、首次在科研单位引入折旧概念实施全成本核算、建立企业财务中心等创新举措，推出"一院两制三体系"。组建中央研究院，率先进行第三批董事会试点等改革方针，进行了科研院所改制、股份制改造融资上市和联合重组等改革措施，为国家科技体制改革进行了有益的探索，成为改革的先锋，走在了改革的前列。

（二）在改革中要正确处理好发展和稳定的关系，发挥党组织作用

每一次改革，必然带来结构的调整和思想的动荡，中国钢研坚持在改革中保持社会主义方向，坚持国有企业的性质。无论如何改革，都履行国有企业的社会责任，坚持和完善公有制。同时，在改革中发挥党组织的领导作用和战斗堡垒作用，通过党组织和党员团结群众、凝聚人心，保证改革各项措施顺利推进，取得预期效果。重视精神文明的建设，注重优良传统、先进模范人物的标杆样板作用。特别是在中国钢研重组过程中，各级党组织做了大量的思想工作，同时调整了相应的党组织机构设置，保证了人心的稳定和机构的顺利调整。

（三）科技创新是科技型企业的核心竞争力和内在的价值所在

中国钢研在改革的每一个阶段都紧紧抓住科技创新这一主旋律，改革的过程中科技创新能力不断得到加强和提升，科技创新成为科技型企业不断发展壮大的核心竞争力和内在的价值所在，也是改革取得成功的关键。中国钢研虽然从科研院所转制为企业，但始终加大科技投入，始终保持一支精干的科技队伍，着力培育科技型企业的内在核心竞争力，成为国家科技创新和行业共性技术的骨干力量，促进了我国冶金科技的不断进步，持续为国民经济建设和国防军工事业作出贡献。

（四）加快发展高科技产业是科技型企业不断壮大的必由之路

在中国钢研的改革历程中，不断加快科技成果的转化，发展高科技产业，先后建立了三家上市公司和一大批高科技企业，建设了现代化的新材料产业基地。通过社会融资、资本扩张，促进体制、机制的调整，保证发展资源的充沛。通过产业化，集团经济效益和资产规模迅速扩大，产业化为发展积累了雄厚的资金，同时促进了管理创新、体制和机制创新。科研和产业双轮驱动、互相促进、良性发展，成为科技型企业不断发展壮大的必由之路。

四、下一步发展的思路和举措

党的十九大，为中国的发展和改革开放向纵深发展开辟了新的篇章，"十三五"期间乃至今后一段时间，是中国钢研改革发展新的战略机遇期，中国钢研将紧紧围绕在科技创新方面的突出优势，在国家实施"创新驱动"战略中，充分释放自身发展潜能，为我国科技创新和产业创新做出贡献。

（一）确立一个核心：建设国际一流的高新材料及科技创新企业集团

以创新为驱动，持续增强核心能力，支撑国防军工、国民经济重要行业的转型发展，满足国家安全需要，推动冶金企业转型升级，引领和支撑国家战略性新兴产业发展，努力将集团公司打造成"中央企业高新材料协同创新与自主研发平台，国防军工、国民经济重要行业和关键领域所需高新材料保障基地"，将集团公司建设成为高新材料及科技服务领域国际一流的高科技企业集团。

（二）实现九大创新突破：持续提升科技创新和自主研发能力

中国钢研将大力加强高新技术产业建设，产业实力、产业地位、市场占有率等明显提高，主要产业领域获得突破性进展。

（1）高温合金材料产业综合实力获得进一步突破，实现研发和定制化能力世界一流，打破国际封锁，保障我国先进发动机、燃气轮机等发展需求。

（2）难熔合金材料产业产品升级和产业结构调整步伐进一步加快，产品向"精细化、复合化、模块化、组件化"方向突破，稳步推进产业国际化，进入世界前三。

（3）稀土永磁技术及产业获得突破，形成集稀土原材料、加工及高端应用为一体的完整产业链，综合实力世界一流。

（4）非晶合金技术及产能进一步突破，提高产品品质和市场占有率，加大应用技术开发，综合竞争能力世界一流。

（5）轻质合金精铸关键技术及工艺获得突破，超级复杂铸件填补国内空白，满足航空、航天、核能等关键领域需求。

（6）高端模具钢、轴承钢、弹簧钢、工具钢等达到世界领先水平，支撑制造业强国战略实施。

（7）大功率交流调速、智能控制技术及装备国内领先、国际先进，支撑轨道交通、船舶驱动、大型机械驱动等关键领域。

（8）材料检测技术及分析测试仪器世界一流，巩固分析测试、第三方检测机构国际权威地位，金属分析仪器水平国内领先。

（9）绿色制造、节能减排、资源再利用等领域，在技术、装备及工程水平方面获得新突破，推动冶金行业转型升级。

（三）实施五大工程：全面推动中国钢研又好又快发展

（1）创新引领工程。依托集团自身技术、人才、资质、品牌等优势，充分利用各类创新资源，建设互联网平台，集成市场需求信息、科技成果、标准数据、数字化设计工具等，开展高新材料标准制定、检测评价、能力认证、分级评定等业务。对内满足各研究机构资源共享、互相支撑，助推集团内部资源的整合利用，为子企业提供在线经营平台。对外服务相关目标企业，促进集团公司与外部合作伙伴开展协同创新、共同发展，彰显集团公司价值、提高集团公司影响力。同时，与全球相关创新资源互联、互通、互动、共享，通过"众创、众包、众扶、众筹"的机制，最大程度的聚合全球创新要素。

（2）产业精品工程。围绕建设"国际一流的科技集团"这一核心，强化投资并购及业务领域拓展，做强、做优、做大高新材料制造产业和科技服务产业，拓展符合国家战略方向的高科技新业务，实施产业精品工程，优化"2+X"的产业布局，大力提高产业发展质量。进一步集中资源、加大投入、做强做优做大高新材料产业，成为《中国制造 2025》强基工程的一支重要力量，引领整个行业的技术创新和产业发展。

（3）管理提升工程。按照"科研数字化、产品品牌化、人才市场化、技术产业化、管理信息化"的总体要求，抓制度、建标准，细化各项工作流程，围绕领导责任机制、激励引导机制和督查落实机制，切实建立健全长效机制。通过激励引导、纪律约束、督促落实等措施，切实保证管理提升工作的持续开展和贯彻落实。

（4）人才结构复合化工程。全面实施"人才强企"战略，落实"十三五"人力资源发展专项规划。完善人力资源管理体系、人才凝聚机制、培养开发机制、竞争选拔机制和考评激励机制，营造良好的人才发展环境。

（5）党建工程。进一步强化管党治党主体责任，党委发挥领导作用，进一步明确党组织在公司法人治理结构中的法定地位，将党建工作总体要求纳入国有企业章程。按照市场化原则，放眼全球，吸引高精尖科技人才、金融人才、市场化经营管理人才、互联网人才等，各类人才达到合理配比。

（四）实现三个翻番：营业收入翻番、利润翻番、职工平均收入翻番

至 2020 年，中国钢研确保实现营业收入 120 亿元、利润总额 8 亿元；力争实现营业收入 150 亿元、利润总额 10 亿元。

漫漫改革路，弹指一挥间！中国钢研作为新中国建立的第一批专业科研院所，经历了时代的考验，沐浴着改革开放的春风发展壮大，激荡着科技创新的大潮阔步前行。在新的历史条件下，十一届三中全会以来 40 年，是我们党团结和带领全国各族人民，解放思想、实事求是、同心同德、锐意进取，建设中国特色社会主义的创造性的 40 年。改革开放使中国的经济实力和综合国力不断增强，人民的生活水平得到了实质性的提高，中国日益成为世界经济发展和人类文明进步的重要驱动力。历史雄辩的证明没有共产党就没有新中国，没有改革开放就没有繁荣富强。中国钢研的不断发展壮大的成果也再一次明证了，只有坚持党对国有企业的正确领导，坚持改革开放、坚持科技创新、坚持发展高科技产业，科研院所才能不断迸发出创新的活力和发展的动力，在促进行业科技进步和建设创新型国家的征程上发挥出应有的作用！

兼容并蓄激活力　乘势而上有龙腾

北京建龙重工集团有限公司

北京建龙重工集团有限公司（简称建龙集团）是一家集资源、钢铁、船舶、机电等新产业于一体的大型企业集团。建龙集团经营的产业涵盖多种资源勘探、开采、选矿、冶炼、加工、机电产品制造等完整产业链条，目前拥有 1800 万吨矿石（铁、铜、钼、钒、煤、磷矿等）的开采和选矿能力、2940 万吨粗钢冶炼和轧材能力、200 万载重吨造船能力、1500 万千瓦防爆电机和风力电机制造能力，以及 1.5 万吨五氧化二钒的冶炼能力、360 万吨焦炭生产能力等。2017 年，集团控股公司完成钢产量 2026 万吨，铁精粉 432 万吨，交船 5 艘；完成主营业务收入 843.33 亿元；完成利润总额 47.01 亿元，上缴税金 32.02 亿元。

截止到 2018 年 6 月，建龙集团总资产规模已达到 1083.2 亿元。粗钢产量位居全球 50 大钢厂粗钢产量排名第 14 位。截至 2018 年 6 月，建龙集团钢铁产业规模在全国钢铁企业排名中居第 6 位，在全国民营钢铁企业排名中居第 2 位。建龙集团是中国钢铁工业协会副会长单位、全联冶金商会执行会长单位。

建龙集团位列 2017 中国企业 500 强第 241 位、2017 中国制造业企业 500 强第 107 位、2017 中国民营企业 500 强第 62 位、2017 中国民营企业制造业 500 强第 28 位。

一、建龙集团钢铁产业发展综述

建龙集团发祥于河北省遵化市的唐山建龙特殊钢有限公司，企业的前身是遵化钢铁厂。1998 年 12 月 26 日，张志祥董事长与遵化市政府签订协议，整体租赁经营濒临破产的遵化钢铁厂，标志着企业的诞生。

（一）企业裂变式发展，为地方经济社会繁荣做出了巨大贡献

二十年来，建龙人与时俱进，秉承"只争第一，点滴做起"的企业精神，积极响应党和国家的号召，大胆创新，勇于担当，通过大规模的投资兴建和规范化的企业购并重组，

集团规模由小到大；通过导入先进的管理模式，盘活濒临倒闭的地方钢铁企业，集团综合竞争力不断增强。建龙集团从原来年产钢不足 10 万吨的小钢铁厂，迅速发展成为以钢铁为主业的大型企业集团。钢铁企业由 1998 年成立之初的一家发展到 2018 年的十家，企业分布于河北、黑龙江、吉林、辽宁、山西、马来西亚等省份和国家。钢铁年产能达到 2940 万吨。粗钢产量从 1999 年的 18 万吨增长到 2017 年的 2026 万吨，增长 112 倍；企业总资产达到 1083.2 亿元（截至 2018 年 6 月），较 1999 年的 1.53 亿元增长了 700 多倍。销售收入从 1999 年的 2.43 亿元增长到 2017 年的 842.93 亿元，增长 346 倍；企业年纳税能力由 1999 年的 0.18 亿元增长到 2017 年上缴税金 32.02 亿元，增长了 177 倍。2018 年预计上缴税金 62 亿元。建龙集团坚持依法纳税，应缴尽缴，截止到 2018 年 6 月，累计上缴税金 328.42 亿元，为推动地方经济发展做出了巨大贡献。

（二）坚持走创新之路，企业实现可持续发展

1. 坚持自主创新，技术研发不断取得突破

2002 年至今，建龙集团率先建成了国内第一条完全国产化的 800mm 热轧中宽带生产线，填补了国内自主研制的空白，有力地推动了中国钢铁行业大型冶金装备国产化进程。此后，国内其他钢铁企业成功复制了 15 条同样类型生产线；集团 50 万吨 900 毫米现代化冷连轧生产线建成投产。这是国内第一条具有自主知识产权、完全国产化的高水平冷连轧生产线，被国家重型装备研究中心确定为国家冷轧实验基地。同年，唐山建龙承担《优质炭素结构钢热轧钢带》（GB/T 8749）修订，开创了中国冶金史上民营钢铁企业修订国家标准的先河；建龙集团自主开发了 265 平方米烧结机、提钒转炉、钒化工自动化系统以及酸轧联机系统，具备了原料、炼铁、炼钢以及酸轧联机自动化自主开发能力。

2. 技术创新步伐加快，企业发展后劲持续提升

截至目前，建龙集团累计拥有专利六百余项。为企业的可持续发展奠定了坚实的基础。

企业持续营造技术创新氛围，技术攻关和产品研发成果不断涌现。继 2009 年制定《防静电地板用冷轧钢带》行业标准，2010 年独家起草《油汀用冷轧钢带》行业标准后，2011 年完成《优质碳素结构钢热轧钢带》国家标准修订和《一般冲压用低碳钢冷轧钢板和钢带》评奖标准制定，开创了冶金行业民企制修订国家产品标准和行业评奖标准先河；2011 年度集团获得 4 项冶金产品实物质量金杯奖及冶金行业品质卓越产品；650 毫米铜-钢-铜复合轧机生产线是国内首条冷轧复合材料生产线，现已成为公司新的利润增长点；08AL 系列冷轧钢带获得了采用国际标准标志证书；"高铬型钒钛磁铁矿冶炼和钒钛铬分离

提取技术的联合研发"项目被列为国家科技支撑计划;"基于激光诱导击穿光谱的在线组分检测技术研究"项目,以及与东北大学合作的"高钒高铬型钒钛磁铁矿高效综合利用技术开发"项目,均被列为国家 863 计划;唐山建龙"900 毫米轧机板形控制技术优化与工艺研究"和"SPCD 冷轧中宽带的开发与工艺研究"分别荣获河北省冶金科学技术奖二等奖、三等奖。黑龙江建龙研制生产的 HRB335、HRB400 螺纹钢和 J55 石油套管,连续荣获黑龙江省质量协会授予的黑龙江省"用户满意产品"称号。

建龙集团与俄罗斯阿里阔姆公司联合开发的"高铬型钒钛磁铁矿冶炼和钒钛铬分离提取技术的联合研发"被国家科技部列为对俄国际合作项目,获得资金支持;"基于激光诱导击穿光谱的在线组分检测技术研究"项目和与东北大学合作的"高钒高铬型钒钛磁铁矿高效综合利用技术开发"项目,均被列为国家 863 计划;"冷轧带钢酸联轧机组成套设备自主研发与工业应用"获得中国机械工业科学技术奖二等奖;"转炉顶底符合吹炼过程仿真及工作场系统优化研究"项目取得的"小型转炉高效长寿复合吹炼新工艺"科技成果,获得辽宁省科技进步奖三等奖;"捣固焦优化配煤的研究与应用"获黑龙江省科技进步奖三等奖;"直读光谱仪快速分析混铁炉生铁试样项目"获黑龙江省冶金行业科技奖进步奖;"以焦炉煤气和转炉煤气为原料制甲醇技术研发与应用"获得焦化行业技术创新奖二等奖。

企业的综合技术实力得到社会、用户、科研院所和北京市科协、科技园区的高度重视与认可,2012 年 12 月 26 日,集团院士专家工作站正式挂牌成立。目前,建龙集团已拥有 3 家院士专家工作站、3 家博士后工作站和 1 家博士后创新实践基地,所有这些必将进一步推动建龙集团构建以企业为主体、市场为导向、产学研相结合的技术创新体系,不断提高建龙集团整体创新发展的能力和水平。

创新能力是企业的核心竞争力之一,是企业实现产业升级的重要保障。建龙集团围绕节能减排目标,强化对先进节能技术的引进、消化和吸收,以合同能源管理方式推进节能环保项目,2011 年取得突破性进展。在第二届节能中国十大贡献单位评比中,建龙集团再获"节能中国十大贡献单位"荣誉称号,成为钢铁行业仅有的两家获奖单位之一。

3. 兼容并蓄,管理创新迈上新台阶

建龙集团以世界先进企业为标杆,结合企业实际,进行管理创新,初步形成了以企业持续发展为目标,以战略管理为核心,以专业化管理为基础,以全面预算管理为保障,以信息化为支撑的组织体系与管理机制,全面充分整合集团内部资源推动企业的生产和发展,并建立了月度质询制度,全面推行了方针管理、标准成本、品保制度、自主管理、提案制度等基础管理。建龙集团根据企业发展情况借鉴台湾中钢和台塑集团化管理模式,有效地解决了战略制定与落实问题,确保战略目标的实现。

（三）建设绿色钢企，推动环境友好型社会建设

企业的发展不能以牺牲环境为代价。建龙集团始终坚持"珍爱生命、珍视环境"的理念，把绿色发展深植于企业的战略中。

1. 制定环境战略，建立长效的企业环境保护体系

建龙集团成立以来，确定了"节能减排，除尘降噪，遵规守法，和谐发展"十六字方针。为保护生态环境建立了自上而下的环保机构，通过组织 ISO 14001 环境管理体系认证工作，强化环保工作的监督落实。十多年来，建龙集团以环境方针为指导，严格按照环境管理体系标准要求，不断持续改进环境质量，并每年组织内部审核及外部核查，使环境管理体系及环境方针得到有效的贯彻和落实。同时，按照环境管理体系标准要求，我们根据实际情况，每年制定及调整环境保护目标，并制定了《环境管理要点》及环境管理程序文件等制度及管理文件，同时制定了环境管理考核办法，每月对各生产单位的环境管理情况进行考核，考核结果直接与经济责任制挂钩，并采取一把手负责制，使环境管理力度得到了加强。2017 年，为了强化建龙集团能源环保工作，成立了能源环保委员会，寻找内外部专家，对能源环保疑难问题进行论证，充分发挥了各子公司专业人才的优势。

2. 坚持资源节约，建立资源循环利用系统

建龙集团从成立之初就确定了依靠技术革新、管理创新，通过大规模技术改造，调整产品结构，淘汰落后生产工艺，走节能发展的路子，围绕资源能源高效利用这条主线，致力于变革"大量生产、大量消费、大量废弃、大量污染"的传统增长模式，通过不断探索，逐步深化认识，走过了一个"挖潜增益、降低成本、改善环境、清洁生产、提高能效物效、发展循环经济"的探索历程，探索形成了"以废物资源化治理、系统化治理、分布式治理，实现资源高效利用，能源高效转化，代谢物高效再生"的钢铁企业发展循环经济模式。建龙集团树立"污染物和废物是放错了位置的资源"的观念，以观念创新为先导，紧紧依靠技术创新、管理创新，对工序中产生的渣、尘、水、气等中间排放物进行资源化治理，在循环利用中增加经济效益。

为避免资源浪费，同时避免固废污染，对企业产生的固体废弃物进行了回收利用。除尘灰及污泥全部返回烧结做原料，氧化铁皮返回烧结并有部分进行深加工后作为炼钢废铁再利用，冷轧产生的废酸建设了酸再生站进行再生处理后回用。

围绕冶金炉渣和含铁尘泥的综合利用，将炼钢、炼铁污水中沉淀的含铁污泥拉运至烧结配料中，消化掉全部污泥。

围绕转炉、高炉渣的综合利用，建龙集团在 2010 年就启动了唐山新宝泰转炉、高炉

渣的综合利用项目，实现高炉渣和钢渣高价值资源化利用，实现钢铁渣"零排放"。由于该项目的经济效益和社会效益俱佳，建龙集团在黑龙江建龙和吉林钢铁也相继建设类似设施并已投产。

为落实国家节能减排要求，建龙集团不惜重金采用资源利用率高、污染物排放少的设备和工艺，主动参与国家二氧化碳减排行动。

围绕冶金副产煤气的综合回收与利用，在开源方面，通过对转炉煤气回收系统的改造、煤气柜的建设，使转炉煤气吨钢回收达到了行业先进水平，高炉煤气柜的建设，为减少煤气资源损失、稳定钢铁企业正常生产发挥了基础保障作用，又通过能源管控中心（EMS）的建设，使煤气资源得到了更加合理的调配和利用；在煤气高效利用方面，通过对加热炉实施蓄热式改造，建立了煤气发电、TRT 发电、BPRT 等生产设备，采用高炉小高压操作技术，炉顶压力达 175 兆帕，较好地改善了煤气利用，降低了燃料消耗，并建设高炉喷煤项目，降低了净焦比，实现方坯、板坯全连铸，连铸坯热送热装，热装温度达到 800℃以上，热装率达到 85%以上，减少了中途热量散失。采用了 HRC 蓄热式钢包在线快速烘烤技术，出钢温度由 1680℃降低到了 1640℃。高炉煤气余压全部得到了利用，其中吉林建龙 1800 立方米高炉 TRT 吨铁发电量达到了 40 千瓦·时这一行业同类炉容先进水平。通过一系列的煤气回收与有效措施的实施，又挖掘出大量的煤气资源，为了使这部分煤气资源能够得到高效利用，在 2013 年唐山建龙率先建成投用了国内首套 65 兆瓦高温超高压煤气发电机组，2018 年 1 月山西建龙 100 兆瓦高温超高压发电机组建成发电，山西建龙第二套 100 兆瓦、抚顺新钢铁 100 兆瓦、黑龙江建龙 65 兆瓦、黑龙江建龙冶金机械制造有限公司 35 兆瓦高温超高压发电机组正在建设中，这些发电机组的建成将进一步提升建龙建团的自发电量，减少社会购电量。

围绕工业用水的治理，建龙集团树立"节水就是节能""节水就是环境保护"的观念，把节水与降低成本、保护环境紧密结合起来，改变过去单一的节水治理思路，根据工艺不同对水质、水量、水温进行合理分类，梯级利用，减轻末端治理的压力，污水实现了闭路循环。为了节约用水，减少污染，为各个生产工艺配备了相应的水循环系统共计 43 套，各钢铁子公司都投资建设了污水处理厂或中水处理厂、中心泵站、层流泵站、浊环水高速过滤反冲洗系统，保证了生产用水的集中统一供应。水质从高级到低级共分五个系统，各系统实现闭路循环。各系统排放废水均回收利用，废水进行必要的处理，根据水质上一级循环水系统排污水作为下一级循环水的补充水。排污经处理后用于：高炉冲渣用水、路面洒扫用水、冲洗厕所用水、绿化用水。目前，建龙集团吨钢新水指标已经降到 2.6 立方米以内。其中，吉林建龙吨钢新水指标已经降到 2.0 立方米。

围绕余热蒸汽的综合利用。一方面，实施了炼钢余热回收利用、轧钢加热炉余热蒸汽回收利用、烧结余热蒸汽回收利用等措施外，又对石灰窑、焦炉、竖炉实施了余热回收利用；另一方面，充分利用高炉冲渣水、焦化初冷热水实施了采暖改造，将这部分热水替代蒸汽采暖，满足了冬季取暖需要；并将挖掘出的余热蒸汽资源用于发电和替代减温减压生产用蒸汽，目前，已投入运行余热蒸汽发电机组10套。另外，山西建龙265平方米烧结12兆瓦和建龙北满特钢265平方米烧结12兆瓦余热蒸汽发电机组正在建设中。其中，抚顺新钢铁公司利用剩余低压饱和蒸汽新上了一套5000千瓦低压发电机组，不仅消灭了"白色污染"，也回收了热能。由于该技术在国内钢铁行业属于首创，2007年9月20日，国家发改委节能信息中心在该公司召开了现场推介会，向全国推广这项节能环保技术。

3. 严控污染物排放，建立环境监测和环保设施监控网络，实现污染物、化学品与其他危险物质达标排放

建龙集团企业生产中的污染物主要为烟粉尘、二氧化硫、氮氧化物、COD、氨氮等。为有效控制污染物达标排放，十年来在环保方面投入资金达40多亿元，其中，近三年建龙集团在环保方面的投资达15亿元，实现了企业发展与生态环境建设的和谐。目前，建龙集团子公司内安装了400余台（套）环保治理设施，有效控制了污染物浓度及总量排放。化学品和其他危险物质按照危险化学品管理条例进行严格管理，化学药剂瓶等均返厂，废酸及废油等进行了回收再利用，实现了危险废弃物零排放。另外，建龙集团为实现在绿色发展上快速进入行业前列，保证集团子公司厂区环境和环保设施能够在高起点的规划下，实现高质量的升级改造，达到钢铁行业超低排放，建龙集团以建设"绿色建龙、和谐建龙"为行动纲领，成立了集团环保升级改造推进小组，集团董事长张志祥亲任组长，下辖五个环保专业组，均由集团副总裁任专业组组长，分模块研究钢铁行业环保前沿技术，推动建龙集团能源环保升级，实现可持续发展。主要表现有：

废气治理方面：污染物综合排放合格率均已达到行业标准。建龙在国内钢铁行业对SO_2、NO_x削减任务普遍感到畏难的情况下，唐山建龙、吉林建龙焦炉烟气配备脱硫、脱硝装置，建龙集团烧结、竖炉全部配套了脱硫装置，唐山新宝泰2017年底投资近亿元对184平方米烧结机脱硫脱硝脱白进行升级改造，承德建龙等子公司炼钢一次配备先进的LT法烟气除尘系统。

废水治理方面：水的循环利用率平均达到98%，吨钢新水消耗达到2.6立方米。吉林建龙吨钢新水消耗平均达到2.0立方米，在行业中处于先进水平，随着转炉干法除尘等节水工程项目在集团内的推广应用，将进一步降低水的消耗。同时，山西建龙和唐山建龙、唐山新宝泰等子公司配备综合污水处理和深度处理装置，达到废水零排放和高效利用的目的。

固体废弃物的综合利用方面："三灰一泥"基本做到了"零"排放。2014 年，建龙集团冶炼渣循环利用率达到 100%，含铁尘泥回收率 100%。

绿色工厂建设方面：根据《工业和信息化部办公厅关于开展绿色制造体系建设的通知》（工信厅节函〔2016〕586 号）、《关于推荐 2017 年第二批绿色制造体系建设示范名单的通知》（工信厅节函〔2017〕564 号）要求，建龙集团全面推进绿色工厂建设，企业能源环保管理水平的大幅提升。其中，吉林建龙率先通过了国家绿色工厂建设企业验收。

（四）和谐企业建设成绩斐然

建龙集团通过以人为本、包容开放办企业，一方面牢牢抓住生产经营工作，使企业实现健康快速发展；一方面紧紧依托地方党委、工会，把民营企业党建和工会工作与企业文化有机结合，实施了以"企业利益与员工利益相和谐、企业发展与员工发展相和谐、企业发展与社会进步相和谐"为核心的建龙和谐企业建设。

企业利益与员工利益相和谐。通过建立具有市场竞争力的薪酬体系，员工收入逐年上升，特别是建龙集团每年把净利润的 20% 作为全员分红激励奖金，与广大员工共享企业发展成果；在 2008 年的金融危机中，建龙集团顶住经济下行的压力，钢铁子公司做到了不减薪、不放假、不裁员，在地方引起强烈反响；建龙集团因地制宜在遵化、承德、双鸭山市等地建设了龙祥源员工住宅小区，让利于员工。

企业发展与员工发展相和谐。建龙集团把员工视为企业最大的财富，通过加大员工技能培训、开展学历教育、技能大赛、五型班组建设、自主管理活动，为员工提供学习和成长的平台；通过建立能上能下、任人唯贤的用人机制，让人才充分发挥作用，建龙集团钢铁子公司的中高层及基层主管绝大部分都是从本企业一步步成长起来的。

企业发展与社会进步相和谐。建龙集团积极履行企业公民的责任，不仅在依法纳税、安置就业、定向扶贫等方面履职尽责，而且通过在东北大学、北京科技大学等大专院校设立"建龙基金"开展捐资助学活动，在河北、抚顺等地设立企业"爱心基金"开展慈善事业，建龙集团累计捐资超过 1 亿元。

在构建和谐生态环境方面，集团董事长张志祥认为："钢铁企业高速度发展转为高质量发展是民营钢铁企业的首要任务，中国钢铁工业要坚定不移地走绿色环保的道路；环保是钢铁工业发展的生命线，没有环保就没有工业，就更没有钢铁工业的明天；民营钢铁企业必须下大力气在生产工序、产能产量、装备技术等方面进行调整、创新和突破，把环境治理摆在首要位置。"

近三年，建龙在能源方面的投资超过 16 亿元，在环保方面的投资超过 15 亿元。建龙集团焦化工序全部实现干熄焦；高炉工序全部采用干法除尘并配套 TRT 或 BPRT 机组；烧结工序和转炉工序全部配套余热回收发电；高温超高压燃气发电机组、变频电机、高效水泵应用、淘汰高能耗变压器等技改项目大批量实施；部分加热炉烟气、石灰窑烟气、热风炉烟气、冲渣水余热得到了回收利用。在环保方面：烧结、竖炉全部配套了脱硫装置，部分配备脱硝装置；高炉出铁场和矿槽全部配备布袋除尘器；炼钢一次、二次和三次屋顶除尘系统齐备，一次除尘采用了先进的 LT 法除尘系统；水系统配套了综合污水处理和深度处理装置。建龙集团在保护生态环境和资源循环利用方面做出了表率。

建龙集团和谐企业建设受到社会的广泛赞誉，先后荣获"2010 中国企业社会责任特别大奖"、"2010 中国企业社会责任环保奖"、中国节能协会 2010 首届"节能中国贡献奖"、"2011 节能中国十大贡献单位奖"、"2012 中国实业榜样"，荣登 2013 年、2016 年"影响世界的中国力量品牌 500 强"榜单，获评中国"十佳钢铁生产企业""十大优秀品牌钢铁企业"等荣誉称号。

建龙集团钢铁子公司的健康快速发展得到了国家及当地政府的高度肯定。其中，建龙集团发祥地唐山建龙获得"全国文明诚信示范单位"等国家级荣誉称号 49 个，获得"河北省 AAA 级劳动关系和谐企业"等省部级荣誉称号 143 个；2005 年转变经营机制的抚顺新钢铁有限责任公司被誉为辽宁省国有企业改革的成功典范，企业先后荣获"全国模范劳动关系和谐企业""全国模范职工之家""辽宁省最受尊重企业""辽宁省非公企业党建工作示范点"等荣誉称号；吉林建龙钢铁有限责任公司被吉林省人民政府授予"吉林慈善突出贡献企业"；经破产重整于 2016 年二季度开始恢复生产运营的山西建龙实业有限公司（前身为山西海鑫集团）两年间获得了"山西省优秀企业"等省部级荣誉 6 个，获得"工人先锋号"等地市级荣誉 4 个。2017 年四季度恢复生产的建龙北满特殊钢有限责任公司（前身是北满特殊钢有限责任公司）获得国家级荣誉 7 项，省部市级荣誉 3 项。

公司	国家级荣誉	省部级荣誉	地市级荣誉	时间跨度
唐山建龙特殊钢有限公司	49 项	143 项	127 项	1999~2018 年
承德建龙特殊钢有限公司	11 项	18 项	81 项	2001~2018 年
唐山新宝泰钢铁有限公司	1 项	31 项	35 项	2010~2018 年
黑龙江建龙钢铁有限公司	18 项	63 项	56 项	2003~2018 年
吉林建龙钢铁有限责任公司	7 项	19 项	29 项	2001~2018 年
抚顺新钢铁有限责任公司	15 项	27 项	31 项	2005~2018 年
山西建龙实业有限公司		4 项	6 项	2016~2018 年
建龙北满特殊钢有限责任公司	7 项	3 项	2 项	2017~2018 年

二、建龙集团钢铁产业发展历程及成就

建龙集团成立 20 年来，时刻响应党和政府号召，从大局出发，勇于担当，积极参与地方企业改革和重整，通过投资兴建以及规范化的股份制改造和依法依规对濒临破产的企业重组重整，钢铁产业规模不断扩大；通过导入先进的企业管理模式、实施精细化管理，大力开展以人为本的和谐企业建设，使企业焕发勃勃生机，有力推动了地方经济社会的繁荣发展。

建龙集团钢铁产业目前共有唐山建龙特殊钢有限公司、承德建龙特殊钢有限公司、黑龙江建龙钢铁有限公司、吉林建龙钢铁有限责任公司、抚顺新钢铁有限责任公司、唐山新宝泰钢铁有限公司、山西建龙实业有限公司、建龙北满特殊钢有限责任公司、黑龙江建龙冶金机械制造有限公司、马来西亚东钢集团有限公司等 10 家子公司，合计年产能达 2940 万吨钢。

（一）唐山建龙特殊钢有限公司

唐山建龙特殊钢有限公司（简称唐山建龙）是建龙集团的发祥地，成立于 1998 年 12 月，公司位于河北省遵化市，国家高新技术企业，总资产 100 亿元。唐山建龙自成立以来，秉承"只争第一，点滴做起"的企业精神和"利人惠己，永续经营"的经营理念，实施品种开发，资源整合和管理领先三大战略，已发展成为集焦化、烧结、炼铁、炼钢、热轧、冷轧、钢管、发电等于一体的特钢企业，形成了体系完备的钢铁产业链，铁、钢、材综合配套生产能力达到 200 万吨。主要生产优质热轧带钢、冷轧带钢、高级焊管、特殊钢锻材等高附加值产品。曾先后被授予"河北省科技企业""河北省制造业信息化示范企业""河北省清洁生产示范企业""河北省 AAA 级劳动关系和谐企业""中国纳税 500 强""全国文明诚信示范单位"等荣誉称号。

1. 企业概况

唐山建龙位于河北省遵化市，是建龙集团发祥地。曾一度震动中国冶金业的"建龙模式"就在这里铸成，被誉为"建龙集团管理创新的实验田、人才培养的摇篮、品种开发的先锋、企业文化的旗手"。从年产不足 10 万吨的小钢铁厂到如今 200 万吨的特钢企业，二十年来，唐山建龙走出了一条不同寻常的转型发展之路。目前已成为集焦化、烧结、炼铁、炼钢、热轧、冷轧、钢管、发电于一体的特钢企业，形成了体系完备的钢铁产业链。

2. 主要发展历程

1998 年 12 月 26 日，浙江杭州忠祥物资有限公司（建龙的前身）租赁遵化世盟钢铁有

限公司全部资产，成立遵化市建龙钢铁总厂。租赁后，立即启动了窄带改造。那一年，企业产能从10万吨迅速提高到60万吨，并且在当年就实现上缴税金5700万元。也就在那一年，张志祥董事长提出了"做中国钢铁行业先锋"的奋斗目标。从老企业转制过来的建龙人义无反顾地投入到了新企业建设，开始了艰苦的创业征程。"不苦不累不是建龙人，不富不乐谁做建龙人"也成为那时期最催人奋进的号角。

2000年，企业开始迈入一个新的发展阶段。这年年初，建龙钢铁总厂买断遵化市钢铁厂，成立建龙钢铁总厂，并于3月6日举行了遵钢整体出售仪式。

2001年4月23日，遵化市建龙钢铁总厂正式更名为唐山建龙实业有限公司，简称唐山建龙。

到2004年，唐山建龙的生产经营管理已日趋成熟，产业链条进一步延伸。焦化工程、冷轧工程、钢管工程先后启动奠基。

2005~2010年，是唐山建龙综合实力进一步提升的几年。先后成功研发SPA-H、08AL、345D等品种钢，并逐步建立了"产销研"一体化品种开发管理体系。

2011~2015年，唐山建龙开始了一个新的发展阶段。清洁生产、节能环保，成为企业发展的首要任务，降本增效、品种开发，成为企业闯出困境的重要途径。

几年来，唐山建龙深入开展品种精细化管理，优化调整体制机制，企业运营成本持续降低。董事长提出的"定目标，分责任，建机制"的工作思路，让降本增效工作取得了非常显著的成绩。多年来，铁前成本始终保持行业领先，为企业在严峻形势下闯出困境做出了巨大的贡献。

3. 主要发展成就

坚持自主创新，推进冶金装备国产化。唐山建龙坚持自主创新、科研合作，技术研发水平不断提升，在推进大型冶金装备国产化的同时，为冶金行业进步也做出了一定的贡献。自主研发建设了国内第一座450立方米高炉，为我国中型高炉的发展开拓了崭新的模式。自主研发建设的800毫米中宽带生产线是国内第一条完全国产化的中宽带生产线，填补了国内空白，荣获国家冶金科技进步奖三等奖。900毫米冷连轧薄板生产线是国内第一条自行设计制造、完全国产化的高水平生产线。曾获河北科技进步奖二等奖，填补了国内空白。65兆瓦超高压中间再热发电项目是国内在100兆瓦以下发电机组上应用高温超高压技术的一次创新性探索，对于唐山建龙乃至钢铁行业煤气资源的高效利用具有重要意义。

开创民营钢铁修订国家标准先河。在推进大型冶金装备国产化的同时，唐山建龙积极参与产品标准修订，先后完成了《优质碳素结构钢热轧钢带》《防静电地板用冷轧钢带》《油汀用冷轧钢带》等多个标准的制修订，为冶金行业的发展做出了积极奉献。开创了中国冶金史上民营钢铁企业修订国家标准的先河。

加强科研合作，强化技术和人才储备。唐山建龙与北京科技大学、东北大学等各大科研院校建立了科研合作伙伴关系，强化技术和人才储备。先后建立了博士后科研工作站、院士工作站，组建"唐山志威—上海大学模具钢联合研发中心"，与东北大学合作组建了"电渣重熔工艺与产品联合研发中心"，成立"唐山市特种钢冶炼工程技术中心"，并于2018年志威科技通过国家级"高新技术企业"认定。2003~2017年，公司累计取得19项科技成果，获得国家、省、市级科技奖25项。申请专利148项，获得授权129项，其中发明专利11项。

4. 企业社会责任

大力发展循环经济，注重环境保护。

早在建龙集团成立之初，张志祥董事长就提出：没有环保就没有企业发展空间，没有节能就没有企业降低成本的优势。因此，对于唐山建龙来说，没有垃圾，只有放错位置的资源。

唐山建龙坚持以"节能减排、除尘降噪、遵规守法、和谐发展"为方针，以"珍爱生命，珍视环境"为理念，于2004年就已启动清洁生产审核工作，并获得"河北省清洁生产示范企业"的荣誉称号。公司投资数亿元淘汰落后工艺和设备，改进工艺流程，近四年来，共投入治理资金近10亿元，完成23项环保设施升级改造项目，大大削减了污染物的排放。创造性的实现了煤气、固废、水、余热蒸汽的闭路循环利用。节能环保均达到国家最新标准，已全面实现达标超低排放。

促进地方经济发展。

从2000年到2017年唐山建龙共吸纳5200人就业，累计上缴税费60.5亿元，支付工资保险57.4亿元。作为遵化市纳税大户，唐山建龙不仅为地方提供着三分之一的财政收入，而且在安置退伍军人，促进大学生等人员就业的同时也带动了地方矿业、机器加工业、商业运输业、服务业等众多行业的发展。

5. 未来发展

唐山建龙将按照省市产业政策要求，积极响应关于优化产业布局、促进转型升级、改善生态环境质量的号召，整合区域和周边钢铁企业，不断提高综合实力和竞争力，实现钢铁产业转型升级。

（二）承德建龙特殊钢有限公司

承德建龙特殊钢有限公司（简称承德建龙）从前身"承德地区锰铁厂"建立以来，

走过了六十年的风雨飘摇，历经重重波折，却始终不忘初心、砥砺前行，最终成为国内把钒钛资源综合利用和特钢生产有机结合的唯一企业，也是河北省仅有的两家长流程特钢企业之一。它在这茫茫历史长河中，书就了一段辉煌而坎坷的历史。

1. 公司基本情况

承德建龙特殊钢有限公司依托承德钒钛资源基地的优势，着力打造特钢精品基地和钒钛制品基地，拥有数所技术研究中心、研究所和检测中心，经过多年以含钒钛特钢作为公司发展方向的目标性发展，承德建龙形成了以高压锅炉管用钢、气瓶钢用钢、电渣母材、齿轮钢、轴承钢等产品为主的钒钛特钢企业，产品广泛应用于铁路、风电、锅炉、电力、汽车、石油钻探、石油运输、工程机械、装备制造等多重领域，现为中国特钢协会会员单位。

承德建龙特殊钢有限公司现有正式职工3357人，总资产55.2亿元，具备钒钛特钢200万吨、五氧化二钒7000吨的年生产能力。

2. 发展历程

一波三折（1958~1991年）。承德建龙特殊钢有限公司最前身——"承德地区锰铁厂"，始建于1958年，是当时苏联援建项目。该厂于1962年国内三年困难时期下马停产，时至1969年"文革"时期又被命令恢复生产，更名为"承德地区平安堡炼铁厂"，1983年因国民经济整顿再次停产，1984年恢复生产并将兴隆县水泥厂并入承德地区铁厂，更名为"承德地区钢铁水泥联合总厂"。

在这一阶段，生产设备由初期"两座55立方米小高炉、六座拷贝式热风炉和两台300立方米轴流式鼓风机"到后期恢复生产的"两座55立方米高炉、两条8.8万吨机械化立窑生产线"。同时，生产规模也由最初的"以锰铁为主要产品、炼钢生铁、铸造生铁"到后来的"10万吨生铁、15万吨水泥"经历了重重坎坷波折。

凄风苦雨（1992~2001年）。1992年，"承德地区钢铁水泥联合总厂"扩建30万吨水泥厂，新建1座179立方米高炉，周台子铁矿并入。更名为"承德地区钢铁水泥总厂"，员工人数5400人。1994年，香港新恒基（国际）集团出资70%控股"承德地区钢铁水泥总厂"，但在1999年承德市政府因其控股资金不能全部到位而收回企业经营权，企业重新恢复国有企业身份，同时更名为"承德华峰钢铁水泥有限公司"。这一时期，企业生产规模为年产铁水30万吨、水泥50万吨、铁粉20万吨。

2001年企业生产经营不利，宣告破产。由承德市政府引进唐山建龙实业有限公司与承德华峰钢铁水泥有限公司破产清算组签订托管协议，正式托管承德华峰钢铁水泥有限公司。11月26日，唐山建龙实业有限公司出资1亿元正式收购"承德华峰钢铁水泥有限公司"，并又出注册资金2000万元成立了"承德建龙钢铁水泥有限公司"。企业当时产品结构单一且产能极小，以致连年亏损，债台高筑，经营举步维艰，这一时期可以说是最为凄风苦雨的一段经营路。

重获新生（2002~2011年）。2002年4月，承德市拍卖行拍卖承德华峰钢铁水泥有限公司破产资产，河北建龙集团公司中标，接管这一设备陈旧、工艺落后、技改速度缓慢的摊子，"承德建龙钢铁有限公司"于两月后正式成立并有的放矢地推行了一系列的技改措施。2002年7月，技改扩建工程开始推进，在平安堡镇、马圈子镇征地132亩，拆除1号高炉及附属设施、俱乐部、招待所、塑编厂、老办公楼等，推进水泥二厂技改工程、1号179立方米高炉技改、竖炉球团工程、110千伏变电站及附属工程。

2003年，启动36平方米烧结机、7000立方米制氧机、50吨转炉炼钢、2号179立方米高炉、喷煤工程。4月，钢铁、水泥分立经营公司更名为承德建龙钢铁有限公司。自此开始，承德建龙钢铁有限公司开始书写辉煌新篇章：2004年和2005年两年彻底改变了承德建龙有铁无钢和有钢无材的历史。从与香港优联资源有限公司签订出口钢坯合同、出口工作步入正轨到冶炼出1006品种钢、具有了品种钢的开发生产能力，承德建龙一步步奠定了由普钢转型向特优钢的华丽转型之基础。

2006年，建龙公司开展多处大工程建设和试热突破，达到了向优特钢发展的初级阶段。

2007年，唐山建龙、承德建龙进行一体化管理。更为重要的是，这一年承德建龙的4项科技项目都列入了河北省科学技术研究与发展指导计划并获得正式批准立项，企业在科技创新方面上了一个新的台阶。

2008年，建龙公司顺利通过北京国金恒信管理体系认证有限公司2008年ISO 9000质量管理体系监督审核，继续开设能源公辅所属110kV变电站扩建工程、4000吨五氧化二钒工程等多项重要项目及工程。

2009年"承德建龙钢铁有限公司"更名为"承德建龙特殊钢有限公司"，获得年度冶金产品实物质量"金杯奖""河北省名牌产品"等多项荣誉。

2010年7月，承德建龙科技成果取得六项国家专利，顺利通过法立德国际质量认证（北京）有限公司ISO/TS 16949审核取得证书；同年检测中心正式通过国家认可委实验室认可，树立了企业形象，增强了企业知名度，同年11月承德建龙召开圆铸连坯洽谈会，40家国内知名企业代表及兴隆县、建龙集团、承德建龙公司多位领导班子成员参加会议。会议初步达成的意向订单量有6.8万吨，并与部分客户初步达成销售意向。这一时期标志着承德建龙从资不抵债中重获新生，并不忘初心、砥砺前行获得了累累硕果。

阔步前行（2011~2017 年）。2013 年 1 月，承德建龙公司开发了太重集团 B3 和 ER7 锻造车轮用圆坯，一次生产成功，达到客户要求，为拓展铁路用钢及圆坯锻造市场开拓了渠道。同年 6 月，承德建龙重点建设工程——能源综合利用 42 兆瓦发电项目正式并网发电，顺利进入试生产阶段，该项目年发电量 33600×10^4 千瓦·时，既节能又环保，是承德建龙重点精品工程建设项目。该项目在 2015 年实现了重大突破，自发电比例创历史最好水平。

2014 年 1 月，承德建龙公司 12 个科技项目通过了河北省科技成果鉴定。在此次通过鉴定的 12 项科技成果中，1 项科技成果技术水平达到国际领先水平、3 项科技成果技术水平达到国内领先水平、8 项科技成果技术水平达到国内先进水平。同年 9 月，生产的火车车轮用钢顺利通过了俄罗斯 GOST 认证。生产的火车车轮钢是继 AAR 认证后，获得的又一国外认证。承德建龙通过了此次认证，具备了向俄罗斯出口产品的资格，扩大了火车车轮钢销售的贸易市场。

2015 年 1 月，火车车轮用钢喜获"欧盟 EC 产品认证证书"，具备了向欧盟出口车轮用钢的资格，扩大了火车车轮钢销售的贸易市场。这是继北美铁路 AAR 认证、俄罗斯 GOST 认证后，获得的又一国外认证。该 3 项认证的通过为承德建龙生产的火车车轮用钢走向国际市场打开了绿色通道。同年 3 月，承德建龙"河北省锻造用钢工程技术研究中心"通过河北省科技厅、财政厅、发改委联合组织的验收，被正式纳入省级工程技术研究中心管理序列。

2016 年 2 月，7 国船级社对承德建龙锚链钢试生产，棒材型式试验、客户加工锚链、锚链型式试验等过程进行了见证审核。公司喜获首张认证证书——韩国船级社认证证书。锚链钢认证的通过标志着承德建龙生产的锚链钢满足船用产品市场准入条件，提高公司市场竞争力的同时进一步开拓了国内外市场。3 月 27 日，与安徽天大合作，成功开发耐高压、耐腐蚀的高压锅炉管用钢 P11 1550 吨，丰富了承德建龙高端锅炉管产品，为后续进入国内"三大锅炉厂"打下基础。同年 6 月，承德建龙的采购和销售业务在东北亚钢铁网电商平台正式上线运行，实现了经营模式的重大突破。

2017 年，承德建龙通过优化技术条件，改进工艺设备和管理水平，钒制品主要指标再创新高。能源综合指标较同期大幅度降低。2017 年，圆坯成功开发新品种 41 个：其中电渣轧辊及模具钢新品 1 个、锻造圆坯新品 12 个、圆管坯成功开发新品种 28 个；圆钢成功开发新品 34 个：其中出口材 3 个、管坯 8 个、履带钢 1 个、轴类用钢 6 个、磨球钢 7 个、轴承钢 1 个、工程机械用钢 1 个、齿轮钢 7 个；方坯共开发新品 5 个。

在这一时期承德建龙公司获得了多个认证和专利，通过多项审核，实现了多个重大突破，注重科技成果，填补不足和空白，进一步扩大了销售市场，巩固了承德建龙的品牌影响力。

3. 未来展望

发挥承德市钒钛资源优势和承德建龙钒钛特钢优势，把钒钛特钢作为承德建龙立企发展核心，走钒钛特钢之路，走钒钛特钢新材料之路，走钒钛特钢深加工之路。依托承德市营子区钒钛高科技产业园和兴隆经济技术开发区钢延产业园，通过重点项目建设与技改工程，提高钒资源提取利用总量，提升钒钛特钢及其产业延伸价值，打通钒钛产业链条，增强对钒钛产业贡献度，推动承德钒钛产业向高端高效绿色发展。

从初具规模的一波三折，到发展初期的摇摇欲坠，再到重获新生的硕果累累，直到现如今的稳步前行，承德建龙特殊钢有限公司栉风沐雨，取得了今天的辉煌成就。相信承德建龙特殊钢有限公司在未来的日子里奋笔挥毫，书写华章。

（三）吉林建龙钢铁有限责任公司（老区）

吉林建龙钢铁有限责任公司（简称吉林建龙）是建龙集团的全资子公司。公司成立于 2001 年 5 月，是吉林省民营经济纳税金星企业和省再就业明星企业。2004 年获得省模范集体荣誉称号，2003 年和 2006 年，先后通过了 ISO 9001 质量管理体系认证和 ISO 14001 环境管理体系认证。2017 年获"吉林市模范集体"荣誉称号。2017 年实现工业总产值 37.9 亿元，公司总资产 42.15 亿元，实现销售收入 46.49 亿元，上缴税金 2.03 亿元，实现利润总额 1.8 亿元。

1. 发展历程

2001 年，建龙钢铁控股公司收购原国有企业吉林明城钢铁总厂并组建新公司。自此，企业进入了快速和跨越式发展阶段，先后投资 11.8 亿元进行项目建设，目前吉林建龙老区生产能力已由当初明城钢厂年产能 7 万吨铁，提升到年产能 110 万吨铁、110 万吨钢、18 万吨焊管、2.5 万吨铸造产品的水平；2005 年，建龙集团投资兴建吉林建龙新区，新区集研发、生产、经营于一体，具备年产 350 万吨钢的规模能力（见"吉林建龙钢铁有限责任公司新区"部分）。

吉林建龙老区主要产品为各种规格、性能的冷轧带钢、焊管、汽车零部件铸造产品。材质主要有 Q195、Q215、Q235、Q195L、16Mn 等，铸造产品材质为灰铸铁零件、球墨铸铁零件。

为深入贯彻国家供给侧改革，不断延伸钢铁产业链条，增加钢铁产品附加值。2017 年，吉林建龙投资建设冷轧生产线，并于当年投产。该生产线占地面积 6.4 万平方米，总投资 1.0 亿元，年生产能力 36 万吨镀锌带和 24 万吨退火带，年产值 11.5 亿元。主要经营范围是从事冷轧、镀锌、金属制品开发，技术成果转让与技术服务为一体的新型科技企业。主要装备为 2 条冷轧机组、4 条连续热镀锌机组、8 套罩式炉退火机组及完整的配套公辅设施。

以贯彻国家钢铁产业政策，提高产业集中度，整合全产业链市场为指导，以磐石市加快建设吉林省钢管产业集散地、东北新型金属材料产业基地为目标。吉林建龙与沈阳雷明企业合作投资制管项目，该项目使用吉林恒联公司轧线产品为原材料进行深加工，投产后可实现年产镀锌方管 60 万吨，成为热轧带钢和冷轧带钢产业链延伸项目。

2. 主要贡献

吉林建龙成立 17 年来，为当地经济发展和就业方面做了巨大贡献。

为国家建设输送了可观的钢材。尤其是 2016 年上半年，在国内外钢铁产业处于价格下行、成本上升、市场疲软的困难期，采取提高产量、强化本地化销售等措施，产品产量创历史同期最好水平。

为磐石工业经济增长做出了突出的贡献。17 年来累计创工业总产值 568 亿元，累计上缴税金 22 亿元，成为磐石市纳税第一大户。

拉动当地产业链延伸。近三年来，明城开发区坚持以热轧带钢为原料，通过资源招商方式，引进 1 户水泥企业、2 户矿渣微粉企业，水泥产能达 40 万吨，矿渣微粉产能达 65 万吨。这些企业年创工业总产值 100 多亿元，带动社会就业约 5000 人。

关注民生，回报社会。一是强化社会就业，除本公司直接安置就业 4549 人外（含临时工），通过引进企业，拉动服务业发展等途径，间接带动社会就业约 12000 余人。二是增加居民收入。17 年来累计发放职工工资、福利 28.7 亿元，使城镇居民人均提高收入 6818 元。三是支持小城镇建设。先后为明城西环路，花园路建设捐资 260 万元，解决了城镇建设资金不足的问题。四是积极参与抗灾抢险。在 2010 年特大抗洪抢险救灾中，出动 1000 人的抢险队参与救灾活动，并捐资 10 万元救助受灾群众。五是提供社会福利。利用高炉余热为城镇居民无偿集中供暖 200 余户。无偿捐助 122 万元用于磐石市宝山乡太平村新农村建设。

提高磐石市知名度。吉林建龙产品市场覆盖全国 13 个省市区，并出口到东南亚。公司被省政府评为民营经济纳税金星企业和全省再就业明星企业，是吉林省民营 50 强企业，为磐石市工业在全省乃至全国提高了知名度。

3. 主要生产经营措施

抢抓市场机遇，效益最大化生产组织。通过采购与生产的信息融合和行动一致性管理，保障低库存下生产稳定运行，并且应对突发事件的能力得到显著提升。

合理匹配订单与生产计划，大幅度缩短产品交期，提高产成品库存周转率；生产信息和市场信息高度融合，使产品质量、客户满意度、本地化率等指标均同步提升。

自动化、智能化技术广泛应用。主要表现在：大数据系统在异常管理、问题挖掘、专案改善中发挥的作用逐步强化；智能燃烧系统应用范围持续拓展，促进节能降耗水平进一步提升；设备系统通过对异常数据的回归分析、重大设备在线监控，辅助降低设备故障率，保障生产。

强化授权管理，管理重心下沉，提升人均劳效。主要表现在：以大厂、大部制、大作业长为契机，打造优秀、精干的主管队伍。通过对标学习、技术引进、后备人才培养等机制，打造复合型专业团队；注重基层员工培训与能力提升，将"一专多能、一人多岗"作为常态化的发展方向。

安全环保管理全面升级管控，创建绿色工厂。通过扎实推进安全环保各项工作，以提升全员安全环保意识为切入点，安全环保管理全面升级管控。一是，对安全、环保类异常"早会通报机制"的持续实施，安全环保管理的参与和重视程度明显提升；二是，由公司领导亲自督办安全环保类异常，对于全员树立安全环保"红线意识"起到了关键作用。

加快企业转型对接，实现产业升级和产品多元化建设发展。自 2014 年以来，面对新的市场形势和国家宏观政策的重大调整，吉林恒联经过战略研究、统筹规划，逐步明确产品延伸和多元化经营的发展战略，并在市委市政府的支持引导下，确立了建设金属制品深加工、东北地区钢管集散地和装配式建筑特色工业园区的发展思路。

通过对产品延伸的系统策划，目前已经实现冷轧项目按期投产，标志着公司在优化产品结构，延伸产业链条、实现转型升级方面迈出重要一步。

未来，吉林建龙将全面导入信息化，以装备大型化、控制自动化提供硬件支撑，以管理信息化、专业协作化提供软件支撑，以扁平化的组织运行机制和强力的执行力体系提供组织保证，使吉林建龙在创新增效、生产管理、产品开发、库存管理、品牌建设等方面成为磐石地区的"亮点"和建龙企业的标杆。

（四）吉林建龙钢铁有限责任公司（新区）

2005 年，建龙集团投资兴建吉林建龙钢铁有限责任公司新区，新区集研发、生产、经营于一体，具备年产 350 万吨钢的综合型钢铁加工企业，公司注册资金为 30.36 亿元。公司主要设备有：JN60 焦炉两座，10 平方米竖炉两座，360 平方米带式烧结机 1 台、1800 立方米级高炉 2 座、120 吨顶底复吹转炉 2 座、一机双流板坯连铸机 2 台，1450 毫米热连轧机组 1 套。

1. 主要发展历程

快速发展、生产经营实现跨越提升。2005 年，吉林建龙开始兴建，2010 年各工序陆续建成投产。随着吉林建龙降本增效、设备管理、安全环保、技术创新等重点工作的稳步推进，吉林建龙各项技经指标不断攀升。截至 2017 年，铁水产量从 2010 年的 33688.74 吨，增长至 3106715.48 吨，钢坯产量从 2010 年的 12920.99 吨，增长至 313885.70 吨，板材产量从 2011 年的 735825.83 吨增长至 3091334.52 吨。吉林建龙把产品定位在"品牌化、全球化"，立足高端、高附加值的卷板产品，对公司产品的准确定位，是吉林建龙迅速崛起的奠基石。

产品开发，打开国内、外销售市场。公司实施钢铁精品战略，自投产以来，快速突进品种钢开发，现已开发出汽车结构用钢、冷轧成型用钢、无取向电工钢、管线用钢、焊接气瓶用钢、结构用钢、耐候钢、花纹钢板和钢带等系列产品，热轧卷板产品规格为宽度 700~1300 毫米，厚度 1.2~12.7 毫米，主要销往华东、华南、华北、东北市场，并远销到韩国、巴基斯坦、菲律宾、越南、阿联酋等国家，获得用户好评。

树立形象，促进企业竞争实力提升。公司 2011 年通过 ISO 9001 质量管理体系认证，并在此基础上 2012 年通过了能源管理体系认证，2013 年通过了 ISO 14001 环境管理体系和 OHSAS18001 职业安全健康管理体系认证，2012 年和 2013 年，先后被评定为国家高新技术企业、国家实验室和省级技术中心，2013 年成为吉林省首家符合《钢铁行业规范条件》的钢铁企业，并在 2018 年成为吉林市首家国家级绿色示范工厂。此外，吉林建龙多次获得"吉林省 AAAAA 级诚信企业""吉林省纳税明星企业""吉林市安全生产先进单位"等荣誉。多项荣誉的取得见证了吉林建龙发展，树立了企业形象，提升了公司知名度，打造了吉林建龙特有品牌，提升企业竞争实力。

2. 主要发展成就

推进智能制造，打造"智慧吉钢"。为响应"中国制造 2025"的战略方针，吉林建龙结合自身发展需求将生产制造过程管理由事后向事中、事前管理转变，在满足"安全生产、环境保护、资源利用、企业效益"四个方面要求的基础上，将智能制造理念贯彻到生产经营过程的每个环节，实现卓越经营，保障企业可持续长久发展。吉林建龙是吉林省首批"两化融合试点推荐单位"，2012 年被评为吉林省两化深度融合企业，企业通过建立的 ERP 系统实现了企业资源在购、存、产、销、人、财、物等各个方面的合理配置和高度整合；ERP 系统的引进和应用不仅可以降低用工成本、提高工作效率和经济效益，同时还培养出一批精通 ERP 和开发的技术团队，这些团队同时还通过系统集成、软件开发和建设定制化业务系统为企业创效。智能制造一直是吉林建龙在企业转型升级中的战略主攻方向，拓展自动化、智能化、数字化在实际生产中的范围也是吉林建龙不断追求的目标。目前，吉林建龙各条生产线已经实现自动化和工艺的高度集成，检斤无人值守，EMS 能源综合管理、天车自动定位、板坯自动追踪、全套轧钢自动化产线等项目的实施落地也正在不断的改造着吉林建龙的生产模式。2018 年，吉林建龙按照"五化一融合"战略思想，以务实的方式稳步推进，最终将吉林建龙打造成智能、安全、绿色于一体的"智慧吉钢"。

搭建电商平台，拓宽销售渠道。随着互联网思维不断深入人心，探索互联网发展新模式已经成为提高公司效益的优先发展战略。吉林建龙大力打造钢铁电商平台（东北亚电商网）。以建龙自身业务为依托，重点为东北、中原地区钢铁行业上下游企业提供服务，打造成区域内最大最强的工业品电商平台，后续逐步向其他区域推广。目前，东北电商平台 PC 端、手机端同步开发，平台支持主副产品销售、竞价拍卖、海运物流招标。同时，平台重视提升客户体验，吉林建龙方面实现主产品二维码物流跟踪，大大提升了客户购物体验。下一步，吉林建龙将不断加大电商销售推广力度，拓宽产品销售渠道，不断提升客户服务质量。海运招标系统上线拓宽了营销渠道，增强了吉林建龙产品的市场竞争力，为公司创效提供了新的思路和方向。

延伸产业链条，提升盈利水平。2018 年 4 月，吉林建龙冷轧项目正式开工，预计 2019 年 4 月建成投产，项目总投资 10 亿元，年生产规模 80 万吨。该项目以工艺现代化、生产集约化、资源和能源循环化、制造智能化、经济效益最佳化的高起点为目标，项目建成投产后，年营业收入为 37.07 亿元，将有利于优化吉林建龙产品布局，延长公司产业链，进一步提升公司整体盈利水平及行业竞争力。

3. 企业社会责任

社区建设。企业的发展离不开社会，作为具有强烈社会责任感的吉林建龙，一直主动并积极配合政府部门，加强社区建设和社区环境改善，吉林市住宅西区环境整治，吉林建龙捐款 200 万元。

环境保护。吉林建龙始终将保护环境、杜绝污染作为首要任务，在建设初期实现了"三同时"，在后续生产过程中不断完善和改造环保设施，满足钢铁行业清洁生产要求，从未发生过环境污染事故。

公共事业。吉林建龙在吉林市双日捐活动、吉林市委组织纪念活动、吉林市打造文化名城活动、冶金工业环保专项基金宣传日活动，以及部队战备建设、金珠工业园区建设中积极捐助。2011 年吉林省人民政府授予吉林建龙为"吉林慈善突出贡献企业"。

促进就业。吉林建龙作为吉林市第一大钢铁企业，不但提供了长期、稳定的周边群众就近就业，而且带动了其他产业自主就业；以自身之力不断扩大就业，将解决就业和维护社会稳定紧密结合，促进吉林经济发展和长治久安。

4. 未来发展

结合吉林建龙盈利能力、区域位置及企业管理等方面的优势，面向未来，吉林建龙将加快推进优势项目建设、推动产业链延伸、提升企业产品价值、推动降本增效，同时，谋划进一步扩大产能，打造"花园式"工厂，将吉林建龙打造成产品品牌卓越、竞争实力强、绿色环保的大型钢铁企业，实现吉林建龙真正做大、做强。

（五）黑龙江建龙钢铁有限公司

2003年，建龙集团响应国家振兴东北老工业基地号召，在黑龙江省投资兴建的集矿业开采、煤化工、钢铁冶炼、进出口贸易、工程技术、物流运输等产业一体化的中型钢铁联合企业，经过15年的持续发展，黑龙江建龙钢铁有限公司（简称黑龙江建龙）已形成了年产160万吨焦炭、200万吨钢、120万吨棒材、80万吨无缝钢管、10万吨甲醇、7万吨LNG、100万吨铁精粉、2000吨钨精粉矿、7000吨五氧化二钒的综合生产能力。目前，已直接安置就业近5000人。截至2017年底，累计实现钢产量1977万吨，实现销售收入1020亿元，上缴税金50亿元，成为当地税收支柱企业。

1. 发展历程

2003年3月27日，建龙集团积极响应国家"振兴东北老工业基地"发展战略，与双鸭山市委、市政府签订合作协议，在双鸭山市建设年产200万吨钢铁、180万吨焦炭、160万吨铁精粉的钢铁联合项目。企业建设之初，双鸭山市委、市政府在项目征地动迁、解决水源、注册登记等问题上给予大力支持，特事特办，为企业健康发展发挥了重要作用。

2003年4月7日，双鸭山建龙矿业正式成立；2003年9月28日，黑龙江建龙钢铁项目正式开工；2004年11月，160万吨焦化项目一期工程建成投产。

2006年6月23日，炼钢、轧钢"一条线"顺利投产。

2007年底，炼钢2号转炉、2号连铸机顺利投产；2008年8月8日，炼铁1号高炉顺利投产，黑龙江建龙年产200万吨铁钢的生产能力正式形成。

2010年，以甲醇、LNG等循环经济项目为主体的三期工程项目正式开工建设，黑龙江建龙步入了快速发展阶段。

2015年以来，国内经济增速进一步放缓，钢铁行业步入严冬。黑龙江建龙生产经营更是遇到了前所未有的资金困难，在这种情况下，黑龙江省委、省政府明确表态要支持黑龙江建龙。

一是成立债权人委员会。2016 年初，在省委、省政府的大力协调下，以进出口银行黑龙江省分行为主席行、建行双鸭山分行为代理行，建立了"黑龙江建龙金融机构债权人委员会"，各债权行承诺"不抽贷、不压贷、共进退"，为企业提供了坚强支持，化解了资金风险，度过最危机阶段。

二是协助推进直购电交易。2016 年 4 月 1 日，在省政府、省工信委的大力支持下，黑龙江建龙正式成为黑龙江省直购电企业，并开始正式享受直购电价，这一举措每年可为企业带来直接经济效益 6000 万元。

三是提供政策指导和支持。2015 年以来，省委、省政府及省、市发改委、工信委等相关部门，结合陆续出台的"国家振兴东北"的各项产业政策，全力为企业协调、申请有利政策，提供产业政策指导，帮助企业解决具体困难。

四是内生动力，积极应对。面对钢铁严冬，黑龙江建龙不等不靠、苦练内功，实现逆境破冰。通过加大降本增效力度、进行体制机制变革、加大品种开发及技术创新力度、调整销售战略等措施，充分激发了企业活力，实现了稳定发展。

通过内外合力，黑龙江建龙抢抓国家供给侧结构性改革机遇，2016 年以来企业市场份额不断提升，产销率突破 100%，一举实现扭亏为盈。进入 2018 年，企业销售收入、产品产量和利润同比大幅提升，员工工资收入显著增加，企业重新焕发了生机和活力。

2. 转型升级

品种升级。由单一型发展模式，向生产高、精、深产品转型。不断升级生产线装备，延伸产业链条。在已有螺纹钢生产线的基础上，投资 24.8 亿元，建设年产 70 万吨无缝钢管项目，该项目是黑龙江 2011 年、2012 年省级重点项目，对支持地方经济建设发挥了重大作用。2018 年，公司计划在现有无缝钢管生产线基础上，再引进一套无缝钢管热处理线，该线投产后，公司无缝钢管品种将进一步拓展并应用到高钢级领域。

技术升级。为深化技术创新，黑龙江建龙与中国金属协会、中国质协及其他钢铁公司加强行业联盟，与北京科技大学、哈尔滨工业大学、东北大学等高校组成产学研联合体，开发出 50 余项中高端钢种。公司连续两次评定为国家级高新技术企业，螺纹钢先后获得"全省用户满意产品""黑龙江省名牌产品""冶金行业品质卓越产品"；无缝钢管通过了美国 API 认证（美国石油学会），国家 TSG 认证（特种设备制造许可）。

黑龙江建龙产品在技术、成本、工艺等领域的不断升级，有力推动产品的市场知名度和品牌效应。目前，公司的螺纹钢产品主要供货于哈大高铁、哈齐高铁、哈佳高铁、哈牡高铁以及哈尔滨地铁二号线、三号线及哈尔滨城市管廊等国家重点工程项目，与多家省直企业建立了长期合作基础。2017 年，螺纹钢产品通过南方市场用户的使用，已成为当地用户认可的知名品牌；无缝钢管销售覆盖中石油、中石化等石油行业，已成为中石油一级物资供应商，2017 年供货量居民营企业首位。

节能环保升级。通过大力发展循环经济，黑龙江建龙实现了绿色节能环保升级，进一步拓展了转型升级之路。黑龙江建龙是国家工信部首批公布的，符合"国家钢铁行业规范条件"的 45 家钢铁企业之一。在发展循环经济方面，充分利用生产过程中产生的废水、余压、余热、尾矿、铁钢渣等废弃物进行回收再利用。近年来，以甲醇、LNG、干熄焦为重点的一批节能环保项目相继建成投产。这些节能环保项目的实施，也极大促进了当地煤炭、电力、化工、煤气、铁矿石开采、交通运输以及传统制造工业等产业的转型发展。

2018 年以来，以"绿化、美化、亮化"建设为切入点，大力推进员工工作、用餐、住宿、洗浴等环境改善，企业面貌焕然一新。自 6 月起，邀请中冶京诚钢铁规划设计院，计划再投入一亿元资金，从社会发展角度，从关爱员工角度，分阶段、分步骤，坚定不移地建设花园生态工厂，实现企业、人与环境和谐共处。

3. 社会责任

自 2003 年成立以来，黑龙江建龙始终坚持履行企业社会责任，赢得了社会各界的赞赏。企业成立 15 年以来，直接安置当地就业 5000 余人，相关行业直接或间接服务于公司的就业人员已达两万余人。在 2008 年世界范围内的金融危机以及 2015 年钢铁行业严冬期间，企业生产经营极度困难，按照集团要求，黑龙江建龙向全体员工和社会郑重承诺："不停产、不减员、不降薪"，没有把一名员工推向社会。

企业在诚信纳税的基础上，以强企报国为己任，在国家或地方遇到灾害困难的时候，尽己所能主动援手。2008 年四川汶川地震，黑龙江建龙全体干部员工共计向地震灾区捐款 150 余万元。先后在太原科技大学、佳木斯大学、黑龙江工业学院、黑煤职院等院校设立奖学金、奖教金。几年来，企业用于捐资助教及社会公益事业款项累计达 1000 余万元。同时，企业还响应政府号召，与周边贫困县及社区进行一对一帮扶，实施精准扶贫。

4. 和谐企业建设

黑龙江建龙在企业发展中始终坚持以人为本的理念，按照发展依靠职工、发展成果与职工共享的原则，加强职工队伍建设，促进了职工队伍的全面发展。

严格按照国家政策法规，对所有与公司建立劳动关系的在岗员工缴纳各项法定社会保险与福利，每年根据企业生产经营业绩进行年度调薪。充分发挥党组织的战斗堡垒作用和党员先锋模范作用，推进适合于企业的特色党建，努力实现党建工作与企业发展互融互促，全力建设活力、和谐黑龙江建龙。

搭建沟通平台、倾听员工心声。以《黑龙江建龙》企业内刊、微信公众号、公司信息平台等为载体，及时传播企业生产经营情况，反映员工心声、展示员工才华。拓展帮扶渠道和方式方法，加大困难员工帮扶力度，扎实做好节日送温暖、职工医疗救助、党员结对帮扶等关怀活动。大力推行"快乐工作法"，定期开展职工篮球比赛、钓鱼比赛、自行车比赛、300 人健康徒步行等活动，营造奋发向上、创先争优的良好氛围。

5. 未来发展

黑龙江建龙在未来发展中，将以中国制造 2025 为指导，落实好供给侧结构改革任务，深入打好转型升级这张牌。在技术升级方面，将与中国钢铁研究院等科研院所取得深入合作，规划设计企业自动化、信息化、电商化的"三化融合"。在品种升级方面，将通过强化无缝钢管产品质量和服务，与中石油、中石化等重点客户进行深入合作。在绿色生态环保升级方面，将建设"绿色、生态、森林"式的新型钢铁企业，使资源城市的转型升级与钢铁工业的发展，实现更好的融合和进步，为民族钢铁工业的振兴做出新的、更大的贡献！

（六）抚顺新钢铁有限责任公司

抚顺新钢铁有限责任公司（简称抚顺新钢铁）前身是 1958 年用辽宁省全体共产党员党费兴建的原抚顺新抚钢厂，2005 年，企业改制重组，成为一家民营资本控股的股份制企业。2005 年以来，公司构建高绩效企业文化，以定目标、分责任、建机制为管理核心推动企业不断进步，现已发展成为集烧结、炼铁、炼钢、轧钢、制氧于一体，产品远销海内外的绿色环保钢铁企业。

1. 公司基本情况

抚顺新钢铁有限责任公司是建龙集团旗下骨干钢铁企业，地处冶金资源丰富、结构互补性强、技术关联度高的辽宁省中部城市群核心地段，是东北区域品种规格最全、产品质量最优、线上线下服务最完善的建筑用钢制造服务龙头企业。公司主导产品螺纹钢筋首批获得国家产品质量免检证书，并获全国冶金行业"金杯奖"、辽宁省名牌产品，是国家核工业部指定品牌，成为螺纹钢首批进驻上海期货交易所期货交割品牌之一，是抚顺市第一家成功申请国家出口一类企业资质的企业。产品广泛应用于广州奥体中心、沈阳奥体中心、沈阳桃仙国际机场、厦门环城公路、沈阳地铁等重点工程。在成为国内市场主要建筑用钢材供应企业的同时，产品出口到日本、韩国及中国香港和台湾等多个国家和地区。公司注册资本 10.5 亿元，其中，建龙集团占股份 70%，国有股占股 30%。具备 350 万吨钢材年生产能力。2017 年实现销售收入 110.4 亿元，上缴税金 5.45 亿元，实现净利润 6.7亿元。

2. 发展历程

创业（1958~1968 年）。中共抚顺市委根据辽宁省委关于建设一座年产铁 30 万吨、钢 20 万吨、材 15 万吨钢铁联合企业的决定，动员全市人民行动起来，投资 1700 万元兴建抚顺市钢铁厂，隶属于抚顺市第一工业局。在极其困难的条件下，通过全体员工的不懈努力，终于试制成功 32 六角中空钢，冶标 CYBT 159—63。试制成功镍铬钼合金中空钢，大尺寸大芯孔硅钼中空钢和矿山涤孔凿岩用钎钢等一系列产品。1965 年，辽宁省辽冶办字（1965）第 15 号文件决定，企业更名为抚顺新抚钢厂，隶属辽宁省冶金公司。

发展（1969~1988 年）。受"文化大革命"影响，企业发展一波三折。粉碎"四人帮"后，企业得到快速恢复，试制成功高硫易切钢 CYBS35 和转炉 Y15 易轧材。冶金工业部主持召开设计方案审查会，通过新抚钢编制的《中空钢专业化生产设计方案》，将其列入国家重点技措项目。公司低合金中空钎钢（即 SiMnMoV 系）研制和竖井掘进机械器作业线，荣获全国科技大会奖。改革开放以后，企业生产能力与技术创新能力取得了新的进展，与冶金工业部钢铁研究所、北京钢铁学院等单位共同研制的硅锰钢系中空合金钎钢及生产工艺，获国家发明三等奖。25MnSi 螺纹钢获辽宁省名牌产品奖，荣获冶金工业部优质产品称号，享有免检信誉。冶金工业部还命名公司Ⅲ级强度螺纹钢筋、六角中空钢材为部优产品。与鞍山钢铁研究所进行的 6 吨转炉顶底复合吹炼科研成果，经技术鉴定达到国内先进水平，获省科技成果一等奖。

壮大（1989~2004 年）。为促进抚顺市产业结构、产品结构和企业结构的调整，经市政府决定，撤销原抚顺新抚钢厂、抚顺市氧气厂、抚顺小莱河铁矿、抚顺市冶金机械修配厂，组建成立抚顺钢铁公司。经国家经贸委、国家计委、财政部、劳动部、人事部审定批准，公司晋升国家大型一档企业。受调控政策影响，解除抚顺小莱河铁矿、合金钢厂与抚顺钢铁公司的隶属关系，成立抚顺新抚钢有限责任公司。同时期，公司建筑用钢骨干企业的定位逐渐清晰，公司螺纹钢产品被国家质量技术监督局批准为首批免检产品。

突破（2005 年至今）。2005 年 10 月 12 日，抚顺新钢铁有限责任公司在抚顺市工商局注册分局完成注册工作，标志着公司开始正常运营。抚顺新钢铁成功导入了国际先进钢铁企业管理模式，建立健全了法人治理结构，实现经理职业化，管理专业化运行模式两个根本性转变，坚持管理制度化，建立起管理创新和技术创新的长效机制，随着技改工程的陆续达产达效，实现了产能配套，企业的核心竞争力实现了"质"的突破，这个曾经是辽宁省第二亏损大户的企业焕发出勃勃生机，企业生产经营取得了七项突破。

一是打造绿色钢企初见成效，成为全国首批符合国家钢铁行业规范条件的 44 家企业之一，公司获得国内第一张低碳产品认证证书，同时成为绿色产品认证试点单位，并通过冶金绿色产品现场初审。积极推动余热发电、余热供暖等节能减排技术的应用，吨钢能耗、吨钢耗水、吨钢耗电及工序能耗指标均居国内同行前列。持续实施环保、环境综合治理和改善，并提前达到国家钢铁工业大气污染物排放标准。

二是强化科技创新能力，研发应用多项新技术、新工艺，轧制技术处于国内领先行列。累计完成科技项目 45 项，拥有专利 55 项。公司参与国家"863"计划"高性能细晶粒钢筋的规模化生产及应用关键技术"项目获得国家科学技术进步奖二等奖；获得细晶高强螺纹钢筋产品生产许可。作为国内建筑钢材生产的资深企业，参与制定建筑用圆钢、螺纹钢、耐蚀钢国家标准，是国内第一家取得热轧钢筋产品认证的企业。主导产品螺纹钢筋首批获得国家产品质量免检证书，并获冶金行业"金杯奖"、辽宁省省长质量奖，是首批进驻上海商品交易所交割品牌。经科技部备案审批，抚顺新钢铁正式迈进国家级高新技术企业行列。

三是创新服务模式，依托东北亚钢铁网电商平台，为客户提供全方位的钢贸、物流、金融服务，成为抚顺地区首家大宗工业品电商交易平台，并跻身东北地区交易最为活跃的电子商务交易平台行列。以为客户提供建筑材料全方位、差异化服务为己任，不断提升市场掌控能力。一方面，以重点工程为突破口，与中铁九局、中铁东北、五矿集团等单位加强合作，牢固树立"抚新"牌螺纹钢东北第一品牌、南方市场北方材第一品牌的优势地位，拥有了市场定价权。在此基础上，公司又与大型央企中国铁路物资股份有限公司（简称中国铁物）签署战略合作协议。通过此次战略合作，开启抚顺新钢铁与中字系央企合作新篇章！

四是按照卓越绩效管理模式建立了完善的质量管理体系，先后通过 ISO 9001 质量管理、ISO 14001 环境管理和 OHSAS18001 职业健康安全、测量管理体系四项管理体系认证和理化检测 CNAS 认可。面对新技术革命、互联网以及智能制造和经济发展的新常态三大挑战，公司立足实际，把握市场形势，不断谋求长远发展的前瞻性战略思维。制定了以提升企业核心竞争力为中心，实现工艺现代化、设备大型化、生产集约化、资源和能源循环化、经济效益最佳化的发展战略。2006 年至 2017 年，企业累计上缴税金 55 亿元，国有股份分红 7 亿元。为地方经济发展做出了巨大贡献。

五是在企业内部管理中，始终按照股份制企业规范模式运营，理顺了决策和执行机制。导入了国际钢铁企业管理模式，推行制度管理，建立了成本检讨会、经营细分会、生产计划平衡会、质量例会、设备例会等月例会制度，通过指标差异分析，查找差距，弥补不足，形成公司管理和技术创新的内在动力。建立了以绩效为导向的考核激励机制，形成了具有自身特色的薪资体系、奖惩机制和用人机制。把提升经营管理水平作为企业发展的基本功，由"以生产为中心"转向"以用户为中心"，建立起产品开发、原材料供应、质量控制、成本管理等全方位的适应市场要求的生产组织方式，实现了生产经营管理的精细化和科学化，实现了由传统管理向现代管理的根本性转变。公司成为国家工业和信息化部两化融合管理体系贯标企业。

六是按照和谐发展的理念，尊重员工思想，注重员工利益，实现企业和员工和谐共赢。抚顺新钢铁通过党委、工会、团委等组织，定期召开职代会、座谈会，倾听员工的意见和建议。通过总经理热线平台、公司内部刊物《新钢铁》、微信公众平台、公司局域网、在各分厂和作业区开辟公告栏等形式，为职工了解企业、畅通言路搭建平台。先后荣获"全国模范劳动关系和谐企业"和"全国模范职工之家"等称号。

七是善尽社会责任，抚顺新钢铁以强烈的经济发展使命感和社会责任感，努力树立市场经济条件下优秀企业公民形象；在自身做大做强的同时，把促进地方经济发展作为己任，不仅为增强地方经济实力做出了重大贡献，而且承担了大量社会责任和义务。通过设立"新钢铁爱心基金""东北大学奖学金"以及地震、洪水捐款、敦亲睦邻活动等形式，累计向社会捐助各类善款5000万元。

3. 未来发展战略

科技战略：充分发挥品牌、技术、规格优势；依托东北地区钢铁资源、经济发展、科研力量的资源、区位、技术优势，以工业化与信息化深度融合为手段，勾勒一条技术创新、精益生产与优质服务的企业经营微笑曲线，做智慧企业，遨游蓝海。

高端战略：通过学习引进等方式，推动产品结构向高附加值产品转变。通过开展产学研合作，研发满足高速铁路、核电、海洋开发、一体化钢结构材料等国家重大发展需求的新型高端钢铁材料。

服务战略：在巩固东北区域龙头品牌地位的基础上，围绕本地、外埠两大区域，以及重点工程项目的客户需求，整合钢企、物流商、仓储服务商、银行、客户之间的供应链资源，实现钢铁产品供应服务模式的转型升级。

海外战略：开拓国际市场，利用国外钢铁企业的先进技术、管理经验，提升公司的创新能力与管理水平。使公司具备生产北美市场、欧洲市场、东南亚市场全部建材牌号的能力，扩大产品出口份额。

（七）唐山新宝泰钢铁有限公司

唐山新宝泰钢铁有限公司（简称唐山新宝泰）始建于2002年，是一家股份制民营企业，系 2010 年唐山宝泰钢铁集团有限公司与北京建龙重工集团战略重组后开始运营。依据有利的地理位置和资源优势，传承十多年深厚的文化底蕴和生产技术，融合全新的管理机制，唐山新宝泰现已发展成集烧结、炼铁、炼钢、轧材、钢铁渣复合粉于一体的地方重点钢铁骨干企业。

唐山新宝泰坚持"只争第一，点滴做起"的理念，坚持以市场为导向，提高产品的附加值和企业的竞争力；经营管理上积极引进专业人才，充分挖掘员工潜力；生产有序组织，灵活协调；发展上坚持以科学发展观为指导，认真执行党的路线方针政策，严格遵守国家法律法规，按照公司"创新发展、和谐发展"总要求，着力解决生产经营和改革发展中的突出矛盾和主要问题，确保了企业的平稳发展。

1. 基本情况

唐山新宝泰现拥有 20000 立方米/时制氧机一套，12000 立方米/时制氧机两套；210 平方米烧结机一套，92 平方米步进式烧结机两套；10 平方米竖炉两套；450 立方米高炉一座，630 立方米高炉一座，1080 立方米高炉一座；60 吨转炉三座；五机五流方坯机两套，四机四流矩形坯机一套；650 毫米热轧带钢生产线一条；750 毫米热轧带钢生产线一条；110kV 变电站两座。

主要产品规格：（1）钢坯，断面：150 平方毫米、165 毫米×225 毫米、165 毫米×330 毫米、165 毫米×400 毫米，长度6~10米；（2）带钢，一轧线，宽度：258~325 毫米，厚度：2.5~4.75 毫米；二轧线，宽度：330~438 毫米，厚度：1.5~4.75 毫米；钢坯和带钢均为普碳钢、低合金结构钢、冷深冲压用钢。

2. 体制创新及亮点

自主创新和品牌建设情况

（1）积极推进品牌建设。唐山新宝泰根据起伏动荡的市场特点，为打造具有较强市场竞争力和盈利能力的主导产品，提出了"扬长避短，合理定位，走精品高质之路"的方针，着力打造市场适应性好、竞争力强的产品体系。工作重心从生产普碳钢为主向生产优质带钢为主转移，着重提高产品的技术含量和附加值。同时，积极准备开发特种优质钢等高附加值产品。

（2）扎实推进工艺装备升级改造。2010 年以来，唐山新宝泰按照"以节能减排和环境保护为主线，以建设精品作业线为目标，用高新技术和先进适用技术改造传统产业"的技改方针，花巨资推进工艺技术改造，相继淘汰了能耗高、污染严重的小高炉等落后装备，新建了多项具有先进水平节能环保项目，如钢铁渣复合粉项目、煤气回收能源综合利用工程、高压电机变频项目、高效水泵节能项目、厂区污水零排放项目等。

（3）加强产品创新和技术研发能力。唐山新宝泰在注重自身研发能力、创新能力建设的同时，积极借助外部技术力量，不断加强与周边企业和大专院校的合作力度，努力提升企业技术创新能力。

体制创新情况

唐山新宝泰以企业重组整合为契机，以完善公司企业管理为核心，以组织机构改革为重点，不断推进体制创新、制度创新，从内部增强了企业的生存竞争能力。

（1）进一步理顺管理体制。以公司重组为契机，不断推进内部管理体制改革。一方面为适应生产工作的需要，将原有管理体制打破，从生产实际出发重新规划出现有的部门单位设置。另一方面，将原来的工段长制改为现在运行的作业长制，将每个工作岗位都进行了详细的调查，做出最优的人员配置。并在丰润区内首家推行四班三运转的作业方式，让员工能够有足够的休息时间休息，提高工作积极性。

（2）大力推进企业内部体制改革。唐山新宝泰将原来管理模式转变为建龙作业长制管理模式，并加强了制度建设力度，为全年企业模式转变提供了规范制度。转变公司鼓励机制，在公司范围内开展了优秀员工评选活动，为优秀员工提供了一个展示自己的平台。同时，积极开展员工思想动态调查工作，密切重视员工的思想动态活动。

管理创新情况

管理是提升企业运营质量和效益的重要手段。唐山新宝泰坚持以管理为重点，特别是在公司重组之后继续坚持以管理创新作为企业整体发展战略的基础工程切实抓紧抓好。

（1）推进战略资源管理创新。面对钢铁企业高成本时代的来临，唐山新宝泰高度重视战略资源管理创新，着力加强供应链管理。在上游资源拓展上，确立了集团化的采购方针，积极开拓外部资源，资源战略合作迈出了实质性步伐。在下游市场拓展上，唐山新宝泰确立了以协议资源为依托，详尽开发的南北方市场，重点开发北方区域内的直供用户的市场营销政策，形成了比较稳定的客户群。

（2）推进财务管理创新。加强以资金管理为核心的财务集中管理和全面预算管理，统筹调配公司资金使用，重视资金安全管理，同时积极推进物资设备采购和工程招投标集中管理，有效防范了市场风险和资金风险，促进了企业持续快速健康协调发展。

（3）持续推进精细管理。大力推进以 ERP 为核心的信息化建设，搭建高度集成、信息共享和协调沟通的平台，为精细化管理提供了支撑。全方位系统地开展学先进、对标挖潜活动，提高了先进管理经验的引进、融合与消化能力。围绕生产经营目标，着力打造高效执行力体系，形成了多方位、多层次、有机的、互动的科学管理体系，确保公司整体发展优势得以全方位实现。

人才队伍和激励机制情况

唐山新宝泰大力实施人才强企战略，不断创新人才工作机制，积极探索收入分配的有效途径，形成了劳动竞赛、争先创优等多种激励形式为补充的收入分配制度体系，充分激发各级经营管理者和广大员工的积极性和创造性。

（1）加大人才引进力度。为适应企业发展对各类人才的需求和人才储备，唐山新宝泰不断拓宽人才引进渠道，改变原来单一的招聘的引进模式，充分利用互联网、人才市场、专场招聘会等多种方式对外招聘各类人才，同时与相关高等院校签订人才培养协议。

（2）加强人才分线开发。积极推进员工素质工程建设，完善培训规章制度，强化管理人才和专技人才的培训。同时，多管齐下开发和培养高层次专业技术人才。

（3）深化人事分配制度改革。为给员工创造良好的创业环境和创新氛围，唐山新宝泰先后出台了《年度评优方案》《大学生管理办法》《主管任用管理办法》《转岗培训管理办法》《员工奖惩条例》《学历教育管理办法》等一系列鼓励创新政策，进一步激发了员工自主创新的热情和积极性。在人事安排上，对中层管理人员、二级管理人员实行公开竞聘上岗；对一般管理、专技岗位实行双向选择，为各类人才脱颖而出创造条件。

（4）建立留人工作机制。唐山新宝泰把"感情留人、事业留人、待遇留人"作为重要工作内容，并列入工作考核，取得了较好成效。在感情留人上，将学习企业精神作为大学生"入厂教育"的第一课，融入公司的企业文化，主动关心员工学习、工作和生活，使他们感觉到家的温暖。在事业留人上，鼓励各类人才在市场拓展、节约成本、提合理化建议、技术比武、总结推广先进操作法等工作中发挥积极作用，对作出成绩的人员及时给予荣誉和奖励，使优秀专业人才脱颖而出。

企业文化建设情况

优秀企业文化是现代企业的精神支柱，也是企业核心竞争力的重要组成部分。根据企业实际，紧扣发展主题，立足创新，积极探索，努力实践，大力加强企业文化建设，形成了具有自身特色的企业文化体系，成为企业可持续发展的强大内在动力，从而以先进文化力增强企业核心竞争力，促进企业又好又快发展。

（1）健全组织体系，加强文化策划。加强企业文化建设，组织领导是关键。在公司层面上，由公司主要领导负责文化建设的决策、规划、部署和指导；下设专门企业文化管理部门，负责制定企业文化工作计划，全面落实本单位的文化建设工作，形成了较为完善的组织管理体系。

（2）注重管理文化，提升企业形象。现代企业管理，不再是制度与管理的简单叠加，而是需要管理与文化的高度融合。唐山新宝泰坚持把管理文化作为企业文化建设的切入点，紧密围绕企业中心工作，不断赋予企业管理新的文化内涵，有效推进了管理的制度化和标准化。大力推广"5S"管理模式；积极开展"培育执行文化，提高执行能力"教育活动，使管理制度具有了人性化的特征；积极开展"争先创新"活动，进行环境综合治理，向社会做出"花园工厂"的承诺，真正做到"发展为了员工，发展依靠员工，发展成果由员工共享"。

3. 未来规划

唐山新宝泰响应国家钢铁产业政策，积极谋划发展，未来几年工艺设施升级，产品升级思路是：2020年以前，完成产能置换要求，高炉、转炉主体设备达标。2023年以前，建设一条LF+RH精炼、1450毫米热连轧生产线，实现生产汽车板、管线钢、取向硅钢等高端钢材产品。能源指标先进水平大幅提升：2020年以前，烧结、炼铁、炼钢、轧钢等各工序设备冷却水循环利用；工业补充水利用丰润区中水；将中水进一步膜处理达到工业新水标准；工业废水达到零排放；2021年前，停用中温中压燃气发电机组，大力采用节能设备，将公司自供电比率提升到70%以上，吨钢综合能耗控制在550千克标煤（政府规划2021年558千克）。

转型升级后的唐山新宝泰，主体工艺设施将集中在现有厂区东、西、北侧，南部和中心区域将规划成较大区域的景观花园，建成"花园式"工厂。

唐山新宝泰钢铁有限公司，将在十九大精神指引下，深刻领会习近平新时代中国特色社会主义思想的丰富内涵，坚持党的正确领导，严格遵守法律法规，坚决贯彻国家产业政策和省市政府的指令，认真落实安全、环保、交通等各项治理措施，推动企业的各项管理进一步提升，为把我国建设成为富强、民主、文明、和谐、美丽的社会主义现代化强国作出贡献！

（八）山西建龙实业有限公司

山西建龙实业有限公司（简称山西建龙）是由建龙集团对原海鑫集团实施重组后赋予新产业、新内涵、新面貌的全新公司。

山西建龙具备年产560万吨铁、600万吨钢、260万吨精品建材、160万吨优特带钢、300万吨热轧卷板的综合生产能力；主要产品覆盖高强度建筑用钢、优质碳素结构钢、合金结构钢等20多个品种130多种规格；炼铁、炼钢主体设备达到国家大型钢铁企业装备水平，轧钢设备达到国内先进水平；拥有与国铁相连的铁路专用线，是山西省第二大钢铁企业。

1. 发展历程

山西建龙（原海鑫钢铁集团有限公司）的发展历史主要分四个部分：一是 1987 年 4 月至 2003 年 1 月，以李海仓为董事长的创业发展阶段；二是 2003 年 1 月至 2014 年 3 月，以李兆会为董事长的稳步发展阶段；三是 2014 年 3 月至 2015 年 9 月，海鑫集团破产重组阶段；四是 2015 年 9 月至今，建龙集团重组海鑫，山西建龙进入转型升级阶段。

海鑫集团创业发展阶段（1987~2003 年）。1987 年 4 月，李海仓筹资 40 万元，创办闻喜县联合焦化厂并出任厂长。在以后的近 5 年时间里，以 1 年建 1 个新厂的速度快速扩张。1992 年 9 月，闻喜县联合焦化厂联合湖南、河南、上海 3 个冶金厅（局），四方筹资 8400 万元，成立海鑫钢铁公司。到 2003 年底，公司的整体规模、产品结构、技术装备等实现质的飞跃。公司已是"千亩钢城，万人企业，50 亿产值，10 亿元利税"的上规模企业。

海鑫集团稳步发展阶段（2003~2014 年）。2003 年，由于海鑫集团发生重大变故，为了保障企业平稳发展，由 22 岁的李兆会继承集团董事长一职。2007 年 9 月，老区技术改造项目（除 220 万吨热轧板卷项目外）全部竣工投产，产品结构得到最大程度的优化，从单一的建筑用材发展到优钢、建材、板材齐头并进。2011 年，通过内部改革，公司生产经营实现了"四个最高、两个减少"。2013 年，海鑫集团转变发展思路，适时调整经营策略，以建立现代企业制度为目标，持续深化内部改革，全面强化企业管理，积极应对困难挑战。

海鑫集团破产重组阶段（2014~2015 年）。2014 年 3 月份，海鑫集团受宏观政策、市场环境、内部管理等因素影响，资金链断裂，于 3 月 19 日被迫全面停产。同年 9 月底，山西省高院批复同意受理海鑫重整，闻喜县委、县政府在运城市政府及有关部门的具体指导下，迅速完成了海鑫重整前期准备工作。

2014 年 11 月 12 日上午，市中院在海鑫集团主持召开会议，送达受理海鑫重整裁定，海鑫集团正式进入重整程序。

2015 年 4 月 10 日，运城中院裁定准许海鑫国际钢铁、海鑫国际焦化、海鑫钢铁集团、海鑫国际线材及海鑫实业五公司合并重整。

山西建龙转型升级阶段（2015 年至今）。2015 年 9 月 25 日，运城市中级人民法院裁定批准海鑫集团重整计划草案，同意建龙集团作为重整战略投资人对海鑫集团实施重组。

2015 年 9 月，建龙集团进驻海鑫集团后，在停产两年的沉寂钢城竖起供给侧结构性改革的旗帜，召回放假员工、补充技术骨干、优化结构布局、注入经营资金，带领广大员工和合作伙伴，重整旗鼓、重建自信、重新起航，完成了按期开展债权清偿、分批安置放假员工、快速实现达产创效三大历史性任务。

与此同时，因海鑫集团重整案体量大、历史长、债务高、账务繁、职工多、牵涉广、行业难，万众瞩目、全程聚焦，建龙集团在并购过程中至少经历了六大难关，即行业难关、品种难关、融资难关、技术难关、检修难关、手续难关。

2016 年 4 月 30 日，经技术改造、环保升级后山西建龙第一座炼铁高炉顺利点火。

2016 年 6 月 10 日，山西建龙主工艺线全线贯通。

2016 年 7 月，山西建龙借助集团力量，立足自身优势，整合社会资源，把握市场机遇，发挥集体智慧，快速打通产供销渠道。在产品入市后一个月即盈利 2062 万元，实现三季度首月开门红，也是企业扭亏增盈的里程碑和分水岭。

2017 年 4 月 8 日，1500 毫米热轧卷板项目顺利投运，标志着山西建龙率先跨入"运城市产值超百亿元企业"行列，迈出了建筑用材向工业用材转型的关键一步，成为中西部区域民营钢铁企业中第一家具备热轧卷板生产能力的企业。

2017 年 12 月 5 日，850 毫米优特带钢顺利投产。

2018 年 1 月 10 日，山西建龙再传捷报，2017 年累计销售收入 116.12 亿元，实现利润 15.33 亿，荣登山西省运城市"龙腾虎跃"转型发展计划的"龙榜"企业，同时被记"走进新时代·建设大运城"集体特等功。运城市委、市政府隆重召开山西建龙荣登"龙榜"表彰大会，号召全市上下要学习建龙改革开放的成功经验、深刻的企业内涵和独特的文化魅力，激励更多的"龙虎榜"培育企业做大做强，促进全市经济工作进一步热闹起来，为加快转型升级、实现高质量发展提供有力支撑。

2. 未来发展战略

高举供给侧结构性改革大旗，坚定不移地实施转型升级是建龙集团重整海鑫时的顶层设计，也是山西建龙的根本出路！

遵循习近平总书记视察山西重要讲话精神及中央供给侧结构性改革精神，根据山西省委"一个指引，两手硬"重大思路，按照运城市委"改革抢先机，发展站前列、各项工作创一流"的要求，鉴于山西省及周边省份钢铁企业以建筑钢材为主，同质化竞争异常严重的现实。山西建龙完善了"十三五"发展规划，以"大钢铁、大园区、大物流、大服务"为发展定位，以"高端化、终端化、服务化、生态化"为产品定位，以闻喜经济技术开发区和山西钢铁产业结构调整基金为依托，全力打造中西部地区精品钢生产制造基地、黄河金三角区域综合性工业服务基地，力争 2020 年实现产值 500 亿元（其中，钢铁主业产值 300 亿元、深加工及工业服务产值 200 亿元）。

当前，山西建龙的重点工作是"依托两个载体""紧扣三条主线""实现三个百亿"。

依托两个载体。一是依托闻喜经济技术开发区。2017 年 8 月 4 日获得省政府常务会议通过。围绕山西建龙实施集群化发展，从全国范围内招募钢铁产品深加工企业，将山西建龙产品就地转化延伸，完善产业链，打造全国一流的精品钢产业园区！二是依托山西钢铁产业结构调整基金。2018 年 1 月 9 日成立，作为国内第三支钢铁并购基金，由建龙集团发起，设在运城，辐射全国，未来五年通过并购、参股有潜力的钢铁企业进行管理模式输出等途径实施兼并重组。

紧扣三条主线。一是持续稳定的盈利能力建设。山西建龙将通过整合煤焦资源、延伸产业链条、调整产品结构、提升装备水平、优化技术指标、创新经营模式，五年内把山西建龙打造成千万吨级钢铁联合企业，实现每年 30 亿元的盈利能力。二是独具特色的企业文化建设。山西建龙将从理念层、制度层、行为层、表观层四个层面齐头并进，打造独具特色的企业文化，强化清洁生产、智能制造、园林化建设，争取在三年内把山西建龙打造成 4A 级工业旅游风景区。三是行业一流的技术创新能力建设。联合国内顶级的科研院所和专家学者，建立务实高效的人才培训体系并每年投入资金，坚持技术创新，专注于高端、终端产品的研发、生产、推广和服务，跻身高端产品开发的参与者、研发者、引领者，甚至产品标准的制定者。

实现三个百亿。2017 年实现 100 亿元产值，建设 1500 毫米热轧卷板、100 兆瓦发电等转型升级项目，淘汰 100 万吨焦化、100 平方米烧结、100 万吨建材等落后产能；2018 年新增 100 亿元产值，建设 265 平方米烧结、30000 立方米/时制氧、850 毫米优特带钢等转型升级项目；2019~2020 年新增 100 亿元产值，建设 260 万吨焦化、140 万吨冷轧带钢等转型升级项目，差异化市场竞争力进一步增强；2019 年底前全部建成，预计 2020 年实现年产值 300 亿元。同时，积极配合开发区招商引资，2020 年力争开发区深加工方面新增 200 亿元产值。

3. 社会责任

"利人惠己，永续经营"是山西建龙的经营理念，也是山西建龙履行社会责任的决心。

纳税承诺：2018 年 4 亿元、2019 年 6 亿元、2020 年 8 亿元。2017 年以来在山西建龙党委、政府的大力支持下，山西建龙各方面工作进展顺利，有决心 2018 年纳税 8 亿元，提前、超额兑现承诺！

工业服务：围绕山西建龙建设能源中心、物流中心、电商平台、产业基金，为产业园区的上下游企业提供原料、能源、物流、交易、金融等全方位服务，为产业园区及闻喜县城、东镇居民供热、供气，提供污水处理服务，与上下游产业、与城市发展、与周边群众共生共荣、和谐发展。

特色小镇：以"绿色、宜居、创业、旅游"为目标，与政府一起，把东镇的医疗、教育、就业、交通、城建等公共资源与产业园区发展有机结合，从规划、设计、资金、资源等各方面支持东镇打造五金制造特色小镇，力争三到五年支持东镇发展成为"中西部一流强镇"。

精准扶贫：借助全国工商联发起的"万企帮万村"，精准扶贫行动平台，发挥自身优势、突出产业帮扶、人才帮扶、资金帮扶，全力支持闻喜县的脱贫攻坚行动。

山西建龙将以习近平新时代中国特色社会主义思想和习近平总书记视察山西时的重要讲话为指引，认真贯彻落实党的十九大精神，以蓬勃的朝气、豪迈的英姿、稳健的脚步，加快转型升级、跨越发展，朝着"四大""四化"的战略目标，向下一个崭新的高度全力迈进。全力打造中西部地区精品钢生产制造基地、黄河金三角区域综合性工业服务基地，铸就山西建龙更加辉煌的明天。

（九）建龙北满特殊钢有限责任公司

建龙北满特殊钢有限责任公司（简称建龙北满）前身是位于齐齐哈尔的北满钢厂（简称北钢），企业1957年全面建成投产，是我国一五期间兴建的156项重点工程中唯一的特殊钢企业。公司从投入生产以来，就立足为国防、军工及国家各行业重大技术装备的生产提供关键性的特殊钢材料，为多个国家第一提供了关键性的合金材料。在火炮用钢、弹钢、坦克及装甲车辆用钢、舰艇用钢、核能用钢、航空用钢、航天用钢等七大领域用钢的研制、生产等方面取得了巨大成就，为祖国的军工、国防、国民经济建设立下了丰功伟绩，为黑龙江省的经济发展做出了巨大贡献。周恩来、邓小平、刘少奇、李鹏、胡耀邦、江泽民、胡锦涛等党和国家领导人先后亲临北钢视察，敬爱的周总理曾亲切地称她为祖国的"掌上明珠"，赞扬北钢在中华人民共和国建设中特殊的贡献。

北钢建成投产以来，不断以卓越的贡献书写辉煌，共有30多个产品荣获省、部、国家级优质产品称号，50多项产品填补了国家冶金行业的空白，为我国特殊钢事业发展和社会主义现代化建设做出重要贡献。2008年公司跻身黑龙江省"进出口十强"，连续多年名列黑龙江企业50强，先后获得"高新技术企业"、"高品质特殊钢工程技术研究中心"、国家级检测中心等资质，多次获得"冶金行业品质卓越产品"称号，现在成功研发生产汽车钢超过60多个品种。北钢是国内首家生产冷轧工作辊的企业，先后研制的2%Cr、3%Cr、5%Cr、6%Cr、半高速等系列轧辊用钢质量已达到国际先进水平。矿山钢方面，目前公司具有年产15万吨优质球磨机钢球用钢的能力，产品远销欧洲、中东等地区。

北钢中心试验室是国家认可试验室，配备有完备的实验检测设备，如扫描电镜、万能材料实验机、直读光谱仪、ICP 发射光谱仪、水浸探伤等实验检测设备，为企业的产品研发及实物质量控制提供有效检测平台。

建龙北满通过了 ISO 9001、TS 16949、APIQ1、ISO 4001、ISO 10012 和 ISO/IEC 17025 等管理体系认证，依托 ERP 信息系统和精益六西格玛等先进质量管理模式，全面实现全员、全过程的产品质量控制和质量保证。

1. 主要发展历程

企业投产后为国家提供关键性合金钢材。北钢成立以来，先后为我国自行研制的第一门重型火炮、第一辆重型坦克、第一艘核潜艇、第一架歼击机、第一颗人造地球卫星、第一艘万吨远洋巨轮、第一座原子能反应堆、第一枚洲际导弹等多个国家第一提供了关键性合金钢材，填补了我国特钢历史多项空白，为我国的航空、航天、军工、汽车、铁路、矿山、能源、石油、化工等行业以及黑龙江省的经济发展做出了巨大贡献，受到了党和国家的高度重视和历代领导人的殷切关怀。

北钢从投入生产以来，就立足以为国防、军工及国家各行业重大技术装备的生产提供关键性的特殊钢材料，在火炮用钢、弹钢、坦克及装甲车辆用钢、舰艇用钢、核能用钢、航空用钢、航天用钢等七大领域用钢的研制、生产等方面取得了巨大成果，为祖国的军工和国防事业立下了丰功伟绩。

20 世纪六七十年代，为实现党中央、国务院、中央军委关于试制"两弹一机""两弹一艇"的战略部署，北钢迅速投入到航天工业所需冶金原材料的研制当中，1963~1970 年期间参加了我国第一枚航天运载火箭，即"长征一号"用低合金超高强度结构钢 32 钢的研制和环件生产，"长征一号"成功将我国第一颗人造地球卫星送入太空，此项成果获得国防科工委重大技术改进成果三等奖。

改革开放后特钢研制取得突出成绩。1976~1979 年北满钢厂参加了 331 工程即通信卫星用结构材料 9Cr18 的试制，1985 年 9Cr18 冷拔材攻关小组获冶金工业部研究成果一等奖。此外，北钢还参加研制了"东风三号""巨浪一号""鹰击一号"及 09 工程等航天用新材料 406 钢、D6AC 钢、820 钢、310 钢等多个钢种，均取得了良好的成果。

高温合金研制和生产的水平标志着一个国家金属材料的发展水平，北钢早在 1960 年按照国家高温合金生产基地的布点计划就已涉足于这个冶金行业的高技术领域。北钢科技人员先后进行了 GH36、GH36A、GH49、GH37 以及北钢首创新牌号 GH36A 等钢种的研究、生产，为我国空军装备的发展、进步提供了有力保障，而且替代了进口。其中，GH33A 在 1978 年 7 月通过国家鉴定，获得全国科技大会科研成果奖，1983 年获得国家发明二等奖。1985 年，GH36A 被冶金工业部评为科学技术进步一等奖，并获得国家专利。

炮钢一直是北钢的名牌产品，它的生产发展在北钢有着悠久的历史，由北钢提供厚壁身管生产的130加农炮被誉为"功勋炮"，1983年130毫米火炮身管获国家金牌奖。

北钢在弹钢和坦克曲轴钢的生产、研究上也多有建树。弹钢的生产历史可追溯到1958年，当时已能生产15个品种，1966年时弹钢年产量可达2万吨，成为我国弹钢生产基地之一。1982年S15A深冲弹钢获得国家银牌奖。与科研单位及军工厂联合研制坦克曲轴用钢18Cr2Ni4WA，这个品种被苏联人称为"王牌结构钢"，1984年该产品获得冶金工业部优质产品称号。改革开放以后，北钢产品迅速向民用领域扩展，可生产碳结、合结、轴承等八大类700多个品种的优质轧材、退火材、冷拔材、锻件和热轧无缝管，成为我国轴承钢、冷拔材、合金钢锻件生产基地。

改革开放时期北钢的发展。1987年7月29日，当时的齐钢与省政府签订了为期四年的"二保一挂"承包经营合同，形成有齐钢特色的二级承包模式，并于1988年和1991年先后晋升为国家二级企业和国家一级企业。

1992年10月24日，经黑龙江省体改委、黑龙江省国有资产管理局正式批复：齐齐哈尔钢厂改建成为北钢集团公司，并组建成立北满特殊钢股份有限公司，1994年4月4日北满特殊钢有限公司作为齐齐哈尔第一家、黑龙江第二家上市企业在上海证券交易所挂牌上市。

实行改制后，北钢集团公司迅速发展壮大，先后完成了对昂昂溪电机厂、海林钢铁厂、牡丹江耐火材料厂、沈阳第一锻造厂、齐齐哈尔齿轮厂、牡丹江轴承厂、黑龙江锻压机床厂的实体联营兼并工作，基本形成了一个跨行业、跨地区、综合经营的大型企业集团。1998年北钢改制为国有独资有限责任公司。

2002年，北钢集团公司与北满特殊钢股份有限公司进行资产重组，组建北满特殊钢集团有限责任公司。

进入20世纪90年代以后，为适应改革发展和市场竞争的需要，北钢管理模式、管理体制发生了几次变化，企业规模也随之扩张和收缩，但在激烈的市场竞争面前依旧举步维艰。2003年9月北钢全面停产，2003年10月26日辽特集团与黑龙江省政府签订协议，由辽特集团先托管北满特钢，2004年9月23日东特集团成立。

2017年10月经过重整，最终引入建龙集团重整北满特钢。重整后的建龙北满特钢通过整合资源、加大投入、拓展市场，不断发挥企业优势，提高抗风险能力，实现企业涅槃重生。

企业工装备和技术水平不断提升。北钢在改革开放后不断发展建设，目前拥有小棒材生产线、大棒材生产线、锻造产品生产线、冷拔材生产线，具备钢材年生产能力90万吨。

从 2009 年开始，公司实施了整体升级改造，累计投资 30 多亿元，公司小棒材生产线配套建设 2 台高炉，1 台转炉，增加 1 台 90 吨精炼炉、1 套三机三流大圆坯连铸机、1 台 100 吨 RH 炉，形成了高-转-轧高效低成本工艺路线；大棒材生产线 2011 年淘汰了横列式轧机，建成两条连轧生产线，成为北满轧材品种生产线；锻造产品生产线完成了成品辊生产线改造，2013 年从奥地利 GFM 公司引进的 1600 吨精锻机建成投产。公司产品工艺先进，设备精良，主要工序采用智能化自动控制。

北钢先后通过了 GB/T 19001—2008-ISO 9001：2008 及 TS 16949：2009 质量体系认证、GB/T 24001—2004 和 ISO 14001：2004 环境管理体系认证、GB/T 28001—2001 职业健康安全管理体系认证、API Q1/ISO TS 29001：2007 石油天然气行业制造企业质量管理体系认证、ISO/IEC 17025：2005 实验室体系认证；GB/T 19022—2003/ISO 10012：2003 测量管理体系认证。船用锻件用钢通过了英国 LR、挪威 DNV、法国 BV、日本 NK、德国 GL、意大利 RINA、中国 CCS、美国 ABS、韩国 KR 等 9 家船级社的认证；轧材通过了英国 LR、挪威 DNV、法国 BV、美国 ABS、德国 GL 等 5 家船级社的认证。

2. 企业未来发展

2017 年，建龙北满特殊钢有限责任公司组建后，本着安全、质量、绿色环保的经营理念，2018 年，公司投资 21.44 亿元进行技术升级改造。工艺优化和产品升级改造工程有，一台国内领先的六机六流合金钢方坯连铸机、新建两条世界一流高速线材生产线、一座精炼炉、新建大小棒加热炉各一座、一条世界一流的小棒联合自动探伤线、大棒线产品升级改造、炼钢工艺优化及物流理顺等项目。项目投产后，具备生产出国内领先、世界一流的合金钢小棒、大棒、线材产品的能力。产品主要包括轴承钢、弹簧钢、汽车及工程用钢、矿山用钢、轨道交通用钢、军工用钢等，各条生产线都具有优质、高效、低耗等一流装备特色，为建龙北满腾飞作了装备保证。

节能环保项目，按照低碳运行、高效节能、物流优化、绿色制造等原则，烧结机节能环保技术升级改造项目（新建一套具有余热回收、烟气脱硫脱硝的 265 平方米烧结机）、能源动力技术升级项目（新建 25300 立方米制氧机、110 千伏安、220 千伏安变电站）、能源回收利用项目（新建 12 万立方米高炉煤气柜）、循环经济综合利用项目（热焖渣磁选项目）、全厂除尘优化能源回收改造项目（一炼钢电炉除尘及余热回收、原料料场封闭、物料通廊运输）、全厂物流管网优化等项目。项目投产后，建龙北满具有节能高效，绿色环保，人车分流，花园式工厂的特色。

公司秉承"只争第一、点滴做起"的企业精神，立足现有设备产能，大力发展高端特殊钢产品。为打造中国一流特殊钢企业集团而努力奋斗！再现"掌上明珠"的无限风采！

三、建龙集团未来展望

党的十九大报告提出，我国经济已由高速增长阶段转向高质量发展阶段，"必须坚持质量第一、效益优先"，"建设现代化经济体系，必须把发展经济的着力点放在实体经济上，把提高供给体系质量作为主攻方向，显著增强我国经济质量优势"。建龙集团坚定不移地实施创新发展、绿色发展，走高质量发展之路，推动钢铁产业加快转型升级和企业"走出去"。

坚持质量第一、效益优先，推动提升行业集中度。一是建龙集团通过并购有潜力的钢铁企业和参股有潜力的钢铁企业并进行管理模式输出，推动钢铁行业集中度的提升，集团钢铁产业规模力争五年内实现全资和控股钢铁产能达到 5000 万吨、参股钢铁产能达到 5000 万吨的目标。二是持续完善区域产品结构。其中，唐山建龙重点发展中高端优钢、冷轧高级表面用钢；承德建龙重点发展锻造圆坯、高端管坯、汽车工程机械用钢、气瓶钢、磨球钢；建龙北满特钢重点发展高端材料；吉林建龙重点发展超低碳钢、优钢；黑龙江年建龙重点发展精品建材、高端无缝钢管；抚顺新钢铁重点发展精品建材；山西建龙重点发展精品建材、窄带优钢；马来西亚东钢公司重点发展热轧卷板；黑龙江建龙冶金重点发展热轧带钢。通过产品结构的调整实现产品向高端、绿色、环保方向转型。

坚持人与自然和谐共生，致力打造美丽建龙。从建设美丽中国的理念出发，以人民利益为中心，牢固树立绿水青山就是金山银山的理念，不断提升环保水平。积极配合控制本区域的污染物排放总量，加强对环保新技术、新装备的研究和推广；坚定执行各项环保政策，提升环保水平，提高环保的执行标准；减少污染物排放，建龙集团钢铁子公司全部打造成为国家级绿色工厂，特别是新并购和退城搬迁企业按照国家 AAAA 级风景区标准进行建设。

坚持科技创新，全力打造钢铁工业 4.0 典范。党的十九大报告提出，加快建设制造强国，加快发展先进制造业，推动互联网、大数据、人工智能和实体经济深度融合。建龙集团在发展模式方面通过工业 4.0 理念改造现有经营管理模式，在企业不断完善工业自动化和信息化的基础上，通过互联网和大数据技术，实现产业链上下游的互联互通和数据积累提取和快速传递共享，从而实现个性、精准、高效的产品研发、产品生产、产品销售、产品配送、产品服务和其他工业服务。通过解决企业内部以及企业与外部的互联互通问题和个性化服务问题，对钢铁企业及钢铁产业链上下游资源进行整合，打造集原燃料供应商、设备备件供应商、客户、金融和物流资源等于一体的电子商务平台，实现内外部的高度互联互通及客户的精准服务。同时，以资本为纽带、平台价值为依托，通过产业结构调整基金的并购、参股或战略联盟等方式，让更多的产业链上下游企业分享工业 4.0 服务平台的成果。此外，不断发挥及优化工业 4.0 平台"智能生产+智能产品+工业化服务+云工厂"的功能，实现"重构钢铁产业链，推动产业链企业转型升级和客户精准服务"的目标，助力钢铁产业链的转型升级！

展望未来，建龙集团以党的十九大精神为指引，坚定不移地落实新发展理念，继续秉承"只争第一，点滴做起"的企业精神，以市场为导向、以效益为核心，利用产业链整合的优势，做大做强钢铁产业，大力发展钢铁及贸易资源，实现产业结构的整体升级，朝着"引领行业进步、深受社会尊重、员工引以自豪的重工产业集团"这一企业愿景不断迈进！

改革开放南海定坤春风起
江尾海头中特熔铸特钢梦

中信泰富特钢集团

中信泰富特钢集团（简称中信特钢），是中国中信股份有限公司下属企业，集团旗下拥有四家钢铁生产企业，即江阴兴澄特种钢铁有限公司、湖北新冶钢有限公司、青岛特殊钢有限公司、靖江特殊钢有限公司，两家原料配套基地——铜陵泰富特种材料有限公司和扬州泰富特种材料有限公司，形成了沿海沿江产业链的战略布局。

中信特钢具备年产 1300 多万吨优特钢生产能力，工艺技术和装备具世界先进水平，是目前全球钢种覆盖面大、涵盖品种全、产品类别多的精品特殊钢生产基地，拥有合金钢棒材、特种中厚板材、特种无缝钢管、特冶锻造、合金钢线材、连铸合金圆坯"六大产品群"以及调质材、银亮材、汽车零部件、磨球等深加工产品系列，品种规格配套齐全、品质卓越并具有明显市场竞争优势，产品畅销全国并远销到美国、日本以及欧盟、东南亚等 60 多个国家和地区，获得了一大批国内外高端用户的青睐。

中信特钢认真贯彻党的路线、方针、政策和十八大、十九大精神，坚持以习近平新时代中国特色社会主义理论为指导，加强党的领导和党的建设，积极践行国家发展战略，紧抓"发展实体经济"大好机遇，专注发展特钢主业，秉承"诚信、创新、高效、超越、融合"的企业理念，以造福社会为己任，努力建设环境友好型、资源节约型和社会和谐型企业，着力打造全球最具竞争力的特钢企业集团，为实现"钢铁报国""钢铁兴国"梦做出了重要贡献。

一、企业发展篇

（一）集团总部

改革开放以来，特别是进入 21 世纪以来，中国特殊钢行业经过结构优化、兼并重组，在集团化、专业化、产业延伸等方面都取得了很大进展，逐步形成了太钢集团、武钢集团、宝钢集团、东北特殊钢集团公司、天津钢管公司等大型特殊钢企业集团和专业化特钢企业。同时，在全行业逐步建成不锈钢、硅钢、高速钢、合金钢棒材、中厚板、管材、线材、精密合金、高温合金、钛合金、合金钢丝（制品）等专业化生产线。

顺应着时代发展的潮流，2008 年 5 月，中信泰富总部宣布中信泰富特钢集团正式成立，其职责是全面履行出资者的权力和义务，具体负责钢铁生产、经营、管理业务，在钢铁业务上为中信泰富负担责任和行使职责。至此，中信特钢整合旗下江阴兴澄特种钢铁有限公司、湖北新冶钢有限公司、铜陵新亚星焦化有限公司、扬州泰富特种材料有限公司等相关子公司，沿长江一字排开，形成了沿江产业链的战略布局。

2008 年 8 月，由美国次贷危机引起的金融风暴，一瞬间便延伸为经济危机，肆虐全球。国际市场铁矿石和铜矿石等大宗商品价格下跌，全球经济陷入衰退。美国的金融风暴，迅速影响到了中国钢铁市场的走向，全国经济增幅放缓，钢铁需求大幅萎缩，钢材价格连连走低，仅短短两个月，全国钢材价格从最高点均价便迅猛下滑，下降幅度平均达30%左右，许多钢铁企业出现亏损，甚至部分小型钢企被迫关停。面对不期而遇的经济危机，中信特钢迎难而上，快速决策，以国家产业政策为导向，紧紧抓住汽车、铁路、新能源等行业快速发展的机遇，开发生产了一大批满足市场需求的高标准、高技术含量的新产品；国际高端客户群不断扩大，产品远销到美国、日本、欧盟，以及东南亚等国家和地区，经受住了国际金融危机的巨大冲击和钢材市场产能严重过剩的严峻挑战，中信特钢经济效益不断增长，特钢升级快速推进，企业发展稳定健康，打赢了集团化管理以来第一场"遭遇战"。

随后，中信特钢步入了良性发展快车道。2010 年，集团充分发挥自身优势，积极参与市场竞争，把握市场机遇，形成了"转炉长流程"和"电炉短流程"相结合的特钢制造流程，主要工艺技术和装备居同类领先水平。轴承钢、齿轮钢、高压锅炉管坯钢、高档次合金弹簧钢、合金结构钢等主导品种产销量国内第一，具有供货能力强、品种规格配套齐全、客户订单生产速度快、交付周期短的优势。

2012 年，集团上下群策群力、团结奋斗、勇往直前，广大客户的满意度连续多年持续稳步提升。国家《钢铁行业"十二五"发展规划》充分肯定了中信特钢作为龙头企业的引领作用，集团成为中国特钢行业名符其实的"领头羊"和"排头兵"。集团优特钢的生产能力跃升至年产 900 万吨，工艺技术、工装设备和产品质量居世界先进水平，成为全球规模最大、品种规格最齐全的特钢企业集团。

2014 年，中信特钢研究院、中信特钢研究院上海大学分院成立暨揭牌仪式在上海大学举行。第十届全国政协副主席、中国工程院原院长、中国金属学会理事长徐匡迪院士和中信集团常振明董事长为中信特钢研究院揭牌。中信特钢研究院的成立，为实施中信特钢引领中国特钢产业关键产品和技术发展、竭力打造全球最具竞争力的特钢企业集团的重大战略。

2015年，实现净利润排名全国钢铁行业第一；2016年实现净利润排名全国钢铁行业第三，其中息税折旧摊销前利润、净资产收益率、销售利润率等主要财务指标远远领先国内同行，存货周转率等5项指标处于国际领先水平，并先后荣获了"全国质量奖""中国质量奖提名奖""全球卓越绩效奖世界级奖""国家科学技术进步二等奖"等多项荣誉。

2016年，"2015年度国家科学技术奖励名单"在北京人民大会堂揭晓。中信特钢旗下兴澄特钢、新冶钢参与的"高品质特殊钢大断面连铸关键技术和装备开发与应用"项目荣获国家科学技术进步二等奖。该项目生产的特殊钢大断面连铸圆矩坯突破了传统，建立了大断面特殊钢连铸化生产新的规范体系和产业链，首创了世界最大规格圆坯和国内最大规格矩形坯特殊钢连铸产品。

2016年，在阿联酋迪拜举行的世界钢铁协会第50届年会上，中信特钢成为世界钢铁协会常规会员，集团董事长俞亚鹏当选为世界钢铁协会理事会成员。

2016年年底，为了提高管理效率，密切与市场、现场的联系，中信特钢总部搬迁至江阴市。

2017年6月收购兼并了青岛特钢，2018年6月收购兼并了华菱锡钢，更名为靖江特钢，产业进一步壮大，标志着中信特钢实现了从"沿江"到"沿江+沿海"产业布局的战略升级，中信特钢正式开启了产业结构转型发展的"新纪元"。

时至今日，中信特钢以引领我国特钢产业发展为己任，主动适应经济形势变化，积极应对各种挑战，按照我国钢铁工业发展规划的总体要求，大力推进集团化运作，深入开展技术、产品和管理创新，加快优化产业布局，加快专业化和国际化发展，加快"价值、创新、绿色、幸福和品牌"型企业建设，稳健经营，近几年整体竞争实力、经营活力和行业影响力不断增强，经济效益和发展质量稳步提升，企业经济效益连续多年位居国内特钢行业第一，现已发展成为世界最大、中国最强的特钢企业。

中信特钢改革发展的指导思想、方向、定位以及实践得到了社会、行业和国家的认可，重点发展的特钢生产技术、关键品种等已在国内起到引领作用，有力支撑了国家重点工程建设和重大装备产业升级。中信特钢已成为中国钢铁协会副会长和特钢协会会长单位，是中国特钢行业的一面旗帜，是我国特钢市场引领者、主导者和行业标准制定者，已步入国际先进同行企业之列。中信特钢用实际行动践行了中信集团"金融+实业"双轮驱动的发展战略和"实业兴国"的发展理念，为中信事业发展和国家经济建设作出了应有贡献，在创建全球最具竞争力特钢企业集团的道路上迈出了坚实步伐。

（二）兴澄特钢

兴澄特钢最早的前身是 1956 年成立的"铁木竹手工业联社"。1959 年，手工业联社组建成"江阴要塞人民公社农具机械厂"。1970 年，农具厂自制工频感应电炉并炼出了苏州地区第一炉钢，开始钢铁事业的第一次创业，从此与钢结下不解之缘。

1972 年 3 月，江阴要塞农具修配厂更名为"江阴县钢厂"。1986 年 2 月，移地花山建厂，新上 20 吨电炉，标志着企业的第二次创业。经过 20 年的努力，前辈们开拓进取，形成了年产 20 万吨普钢、18 万吨材的生产规模。企业依靠品种立厂、科技兴厂、制度治厂、机制活厂，成为江苏省地方钢铁骨干企业。

1992 年，邓小平同志南巡提出解放思想，深化改革开放，不断开创现代化建设新局面，重申强调了深化改革的重要性。这也铺垫了兴澄特钢的成长沃土。次年初，香港中信泰富有限公司董事局主席荣智健先生来访苏南，寻找合资伙伴。在考察了江阴钢厂后，长江沿线的地理优势、良好的投资环境和优惠政策、江阴钢厂的创业干劲和对合资工作的积极态度，让荣先生颇感振奋，下定了合资的决心。

1993 年 12 月 3 日，江阴钢厂与香港中信泰富合资组建"中外合资江阴兴澄钢铁有限公司"（后更名江阴兴澄特种钢铁有限公司，简称兴澄特钢）合同章程签字仪式在江阴举行。自此，中外合资江阴兴澄钢铁有限公司挂牌成立。借助合资契机，兴澄实施"普转优"战略转向，全面从普钢生产转变为优钢生产。

1994 年，兴澄特钢投资建设了国内第一条"四位一体"短流程特钢生产线。由一座 100 吨直流超高功率电炉、100 吨 LF 精炼炉、100 吨 VD 真空脱气炉、一台 R12 米五机五流连铸机和一组热连轧成品轧机优化组成，是世界钢铁行业 20 世纪 90 年代兴起的一种短流程、高效率、低成本的特殊钢生产线。

1995 年 9 月 28 日，兴澄特钢滨江一期工程隆重奠基。1998 年 5 月 18 日，"四位一体"短流程生产线贯通，顺利投产。这是中国第一条炼钢、精炼、连铸、连轧"四位一体"短流程特钢产线，是全国特钢企业的一大创举。以前采取传统工艺，生产时间需要半个月到一个月，而兴澄的"四位一体"短流程生产线生产时间只需要 8 小时。正是这条代表当时国际先进水平"四位一体"短流程特钢生产线的上马，使得兴澄优特钢生产如虎添翼、生机无限。以"特殊"的装备、工艺为基础，兴澄实施"优转特"战略转向，从一家生产型钢为主的一般钢铁企业，逐步转变成为生产轴承钢、弹簧钢、油井管坯钢、海工钢、易切削钢、合金结构钢等高端产品为主的特钢企业，确立了兴澄在国内领先，国际一流的装备优势，企业也一跃而成为江苏省最大的优钢企业。

1998 年初，兴澄特钢针对国内钢铁行业中"连铸工艺不能生产轴承钢"的现象，决定依靠自身力量，依靠兴澄历史上形成的艰苦奋斗精神，组织员工在引进的"四位一体"短流程生产线上进行攻关，以连铸工艺生产出符合国家标准和用户需求的轴承钢，为中国成为世界轴承生产大国做出一份贡献。

随后，兴澄特钢企业发展势如破竹，1999 年开发了 5 个系列、9 个钢种，2000 年又开发了 7 个系列、11 个钢种；并承担国家、省火炬攻关项目 16 项，拥有 32 项国家级技术专利，主持和参与起草修订国家技术标准 5 项，出色地完成了漂亮的"玩转翻身"。这一年，兴澄钢铁合金弹簧钢产量、合结钢产量、冶炼电耗、人均产钢、人均利税、人均创利、资金回笼率、全员总产值生产率八项指标，就位居全国特钢行业第一，人均产钢、人均利润、人均利税、吨钢综合能耗、全员总产值生产率、吨钢工资、资产负债率七项指标进入全国钢铁企业前 5 名。原国家冶金工业局副局长赵喜子到兴澄钢铁有限公司参观考察后，欣喜地说："你们是全国特钢行业中运营得最好的企业。"

自合资到 2003 年，兴澄 13 项主要技经指标名列全国特钢行业第一；锚链钢、高性能弹簧钢、高性能齿轮钢列入中国高新技术产品出口目录，填补了出口空白；"连铸快速更换中间包连接件"等六项实用新技术获得国家专利证书……

2001 年，面对我国加入 WTO 带来的挑战和机遇，兴澄特钢迅速作出与国际经济接轨的战略决策，靠高新产品和先进的管理相继申领了国际市场 10 项"绿卡"。到 2002 年，兴澄特钢的轴承钢生产量已居世界第三位，获得了瑞典 SKF、德国 FAG、日本 NSK 等几大公司的认可，成为他们的供应商。兴澄特钢生产的锚链钢获得了英、美、挪威、日、韩等国船级社的认可。弹簧扁钢获得美国通用汽车公司的认可，成为该公司在中国的唯一供应商。

2002 年，兴澄特钢产量达 141 万吨，优特钢占 90% 以上，合金比达到 65%。在国际钢铁贸易环境恶化的情况下，兴澄特钢出口特钢 7.5 万吨，同时顶替进口 10 万吨。2002 年，虽然受美国 201 条款和西欧贸易保护政策的影响，兴澄特钢鏖战国际市场，仍取得了创汇 2283 万美元，比上年同期增长 50% 的可喜成绩，雄居全国特钢行业同类型产品出口量之首。

入世一年，兴澄特钢撑起了我国特钢出口半壁江山。兴澄的轴承钢、齿轮钢、弹簧钢、油井管坯钢等产品的产销量位居全国特钢行业首位，而且资金回笼率、产销率均达百分之百。

2003 年出版的《中国高新技术产品出口目录》，将兴澄特钢的锚链钢、弹簧钢、齿轮钢列入其中。这一年的6月25日，试运行一年的兴澄特钢一号长江码头通过验收，成为直接对外开放的国际码头。这里每年进口的百万吨矿砂、废钢，转化成各种优特钢产品远销世界各地。同年，兴澄又果断在马来西亚和泰国设立代表处，以进一步对国外的用户搞好服务，直接面对终端客户。

2003年，兴澄的优特钢出口量达到143098吨，比上年同期增长108%。不仅特钢产量、钢材产量、销售收入、利润、出口额等八大主要指标全部破历史纪录，而且轴承钢等优特钢外贸出口量比上年增长了3倍。同年，兴澄因优特钢销售量、轴承钢材年销售量、出口优特钢材量、人均销售、人均实现利润、人均实现利税均创国内特钢行业新纪录，而入选《中国企业新纪录》。此次评选对全国27个省、市、区的27个行业进行评比、筛选，选中新纪录337项，反映企业通过技术创新、管理创新等走内涵发展道路的新纪录项目占71%。

2004年，兴澄实现出口18.2万吨，新增直接用户30多家，产品除远销到美国、日本和东南亚等原有的销售网点外，还新增埃及、德国、印度等国家。同年11月，全国政协副主席、中国工程院院长、全国著名冶金专家徐匡迪在视察了兴澄特钢后评价说：特钢产品全部采用连铸工艺生产是兴澄的创新，兴澄特钢走出了中国式特钢发展的一条新路。

2005年，美国"卡特里娜"飓风袭击墨西哥湾。飓风过后，人们惊讶地发现，海洋石油钻井平台上的系泊链断了许多，唯有中国兴澄特钢生产的四级系泊链依然牢固地"坚守在岗位上"，成为兴澄特钢产品跻身世界一流的"活广告"。

2007年3月，滨江二期长流程棒材产线顺利投产，兴澄成为亚洲最大的特钢生产企业。公司从生产特钢进一步提升为生产高品质、高标准精品特钢，实现"特转精"。

2008年，在全国同行许多企业大幅限产、甚至关停倒闭的情况下，兴澄特钢2008年企业年销售收入首次突破200亿元，上缴税金首次超10亿元，达11.2亿元。

2010年，在国家科学技术奖励大会上，兴澄特钢的"高品质中高碳特殊钢棒线材连续生产技术与工艺开发"项目获二等奖。这项技术，突破了特殊钢生产的三大核心技术，成功开发了世界上最大的直径1000毫米超大规格连铸圆坯，彻底打破国外高品质钢对市场的垄断和对我国的封锁，产品达到世界顶级水平。

2011年，兴澄特钢荣获了比利时贝卡尔特公司在中国颁发的唯一的"原材料供应商金人奖"，获得了美国卡特彼勒公司颁发的金牌供应商奖章，并与SKF、中国船舶、中国建筑等世界500强企业签订了全球战略合作协议，在钢铁原材料供应、新产品研发等领域开展全方位、深层次、紧密型的合作。

2011年，滨江三期特板建成投产；2013年，滨江特殊钢高速线材建成投产。兴澄特钢成为全球产品规格最全、生产规模最大的特殊钢棒、线、板材单体生产企业。

2013 年，兴澄特钢承担的"高标准轴承材料工业强基工程项目"列入 2013 年国家示范项目，即：2013 年工业强基示范项目。同年，荣获 2012 年度全球最大的轴承制造商斯凯孚（SKF）唯一"全球最佳供应商"大奖。

2014 年，由中国质量协会主办的"第十四届全国追求卓越大会"在北京隆重举行，兴澄特钢荣获"第十四届全国质量奖"，并成为本届全国质量奖获奖组织中唯一钢铁企业。

2015 年，兴澄特钢应邀参加日本 NTN 中国公司 2015 年公司年会。年会上，NTN 授予中信特钢兴澄特钢"最优秀供应商"奖牌，为中国唯一获得此项殊荣的特钢企业。

2016 年，亚太质量组织（Asia Pacific Quality Organization）在其官网公布了年度"全球卓越绩效奖"（GloBAl Performance Excellence Award）评审结果，兴澄特钢荣获"全球卓越绩效最高奖项"。至此，兴澄特钢成为国内第一家，也是唯一一家获得该奖项的特钢企业。

2017 年，中国钢铁工业协会、中国金属学会公布了年度"冶金科学技术奖项目名单"，兴澄特钢两项目入榜，其中"超纯净高稳定性轴承钢关键技术创新与智能平台建设"项目获得一等奖；"用连铸坯制造海洋工程用大厚度齿条钢板的研究与开发"项目获得了二等奖。

2018 年，国务院原副总理曾培炎一行调研中信特钢。当得知中信特钢始终坚持科技创新，以过硬的产品质量赢得全球市场的广泛赞誉，并在轴承钢、轨道交通、汽车用钢、国防军工、工程机械、船舶海工、能源用钢、建筑桥梁等各个应用领域享誉全球的情况后，曾培炎竖起大拇指对中信特钢取得的经营业绩表示高度赞赏，对中信特钢强大的市场竞争力给予充分肯定。

（三）新冶钢

新冶钢是中国最早的钢铁企业之一。其前身可上溯到清末湖广总督张之洞创办的最早的联合企业——汉冶萍煤铁厂矿有限公司的大冶钢铁厂。自 1913 年汉冶萍公司决定在石灰窑袁家湖办大冶新厂起，至今已有一百多年的历史。先后经历了汉冶萍商办的 24 年，日本人侵占下的大冶矿业所 8 年，国民政府资源委员会华中钢铁有限公司经营的 4 年。1949 年 10 月，厂矿回到人民的怀抱，改厂名为华中钢铁公司，1953 年更名为大冶钢厂。

1984~1998 年是国企改革的摸索阶段，启动了城市经济体制改革。在改革开放的春风吹动下，1994 年大冶钢厂按照现代企业制度要求改制成冶钢集团东方钢铁有限公司进入冶钢集团。

20 世纪 90 年代初，随着改革开放进程的不断深化推进，金融领域的治理整顿为证券市场的另行发展创造了必要的环境。经国务院授权，中国人民银行批准，上海证券交易所于 1990 年 11 月 26 日正式成立，1991 年 7 月 3 日，深圳证券交易所正式开业。得益于此，1997 年大冶特钢 A 股在深交所上市，百年钢企开启了市场经济考验的新篇章。

2004 年，站在了新的历史起点，改革开放的春风吹遍了神州大地。借助于长三角区域得天独厚的经济优势，兴澄特钢将合资后的成功复制推广在了湖北新冶钢。11 月 9 日，经国家发改委、商务部批准，香港中信泰富有限公司正式收购冶钢集团钢铁板块资产，组建湖北新冶钢有限公司，简称新冶钢。

自合资收购以来，新冶钢通过持续不断的"填平补齐"技术改造，东钢区一炼钢厂主攻轴承钢、弹簧钢、齿轮钢等品种，实现了由"普钢"向"特钢"的转移；冶钢区四炼钢主攻汽车关键部位用钢、铁路提速用钢、高压锅炉及压力容器用钢、石油和化工用钢，军工、海洋和航天航空用合金钢，实现了由"常规钢"到"高端钢"的转移；钢管厂区主攻汽车半轴承管、地质管、加重石油钻杆，压力容器专用管等，实现无缝钢管由"通用"向专用的转移。到 2007 年，"三大转移"实现，8 个特钢品种的销售量占总销量的 83%。

依靠自主创新，新冶钢重新回到了全国特钢行业前列，在国内外名声大噪，公司有 22 项指标进入全国同行业第一名，63 项指标进入全国同行业第五名。它的主导产品高速铁路用钢、齿轮钢占据全国市场 50%，轴承钢、弹簧钢销量占三分之一。

2006 年，时任中共中央政治局委员、湖北省省委书记俞正声专程来到新冶钢调研。他表示，省委、省政府对新冶钢的发展非常满意，非常关注，新冶钢的喜人势头令省委、省政府非常受鼓舞。他勉励新冶钢要以差异化和高端化为发展方向，继续在特钢领域做强做大。实践再一次证明了，改革开放、引进外资的正确性。新冶钢的特点就是特钢，而特钢的优势就在于差异化和高端化竞争，要不断加大科技创新和技术改造步伐，努力向世界一流特钢企业迈进。

2007 年，面对复杂多变的市场形势和艰巨繁重的经营生产任务，公司持续调整结构，加大节能减排，注重高技术含量、高附加值产品的批量生产，组织开展"双十"攻关。在成为中国油田供应商的同时，为我国"嫦娥一号"飞船的成功发射和"神舟"系列飞船作出了重要贡献。

2008 年，中国航空工业供销总公司向湖北新冶钢和大冶特钢授牌，牌文上写道：贵单位在我国"歼十""飞豹"等国家重点工程配套中，质量过硬、保障有力，为我国航空事业做出巨大贡献。同年，钢管产品通过欧盟 CE 认证；取得美国船级社系泊链 U3 认证证书和挪威船级社系泊链 K3、RQ4、RQ3、RQ3S 认证证书。

2009 年，新冶钢被美国 HOWCO 公司纳入合格供应商，并对新冶钢生产的调质管颁发合格供应商证书，标志着新冶钢生产的热处理调质钢管获得通往欧美市场的"绿卡"。同年，460、273 无缝钢管生产线竣工投产。

2010 年，新冶钢产钢 215 万吨，实现销售收入 180 亿元，实现净利润 8.7 亿元。

2012 年，新冶钢"大功率风电机组用轴承钢关键技术开发"项目、大冶特钢"高品质特殊钢研发项目"入选国家 863 计划；中国载人航天工程办公室向新冶钢赠送"烫金牌匾"，感谢新冶钢制造的高温合金无缝钢管成功应用于神舟系列载人飞船的发射。

2014 年，新冶钢特种无缝钢管"家族"新添的 219 顶管机组建成投产，产品填补了中厚壁无缝钢管之外的薄壁无缝钢管空白区。

2015 年，由新冶钢控股的大冶特钢 90 万吨优质特殊合金钢棒材生产线（中棒线）投产。

2016 年，第四届中国工业大奖发布会在人民大会堂隆重举行，新冶钢荣获被誉为"中国工业奥斯卡"的中国工业大奖表彰奖。

2017 年，由新冶钢作为主要起草人编制的两项校准规范：《炉温跟踪仪校准规范》和《热态特种衡器校准规范》，成为中国计量协会冶金分会发表的首批计量技术规范。同年，新冶钢荣获"2016 年度中国两化融合杰出应用奖"，

（四）青岛特钢

2016 年 12 月 14~16 日，一年一度的中央经济工作会议在北京举行。这次会议着眼 2017 年供给侧结构性改革深化之年的定位、主攻方向，提供了改革攻坚克难的方法论指导，因而被媒体称之为是来年经济工作的"定星盘"与"指南针"，聪明的投资者能够从中预测到市场机会。

就在中央经济工作会议刚刚落幕的第二天，青岛市政府与中国中信集团在北京中信集团总部签署了《青岛市人民政府与中国中信集团有限公司关于中信泰富特钢集团与青岛特钢公司合作的意向书》。2017 年 1 月 24 日，青岛市政府与中信集团正式签署了《青岛特钢重组合作协议》。协议约定，依据国家相关法规，在两个国有全资企业之间，采取资产无偿划转方式进行合作重组，中信集团承接了全部债权债务和经营合同。

经过前期多方努力，5 月 15 日，中信集团与青岛特钢正式完成了股权交割事宜，青岛特钢也正式纳入中信特钢统一管理范畴。至此，中信集团实现了对青岛特钢资本层面的战略重组，并授权中信泰富和中信特钢代表股东对青岛特钢行使管理权和经营权，青岛特钢

正式加入中信特钢大家庭。

青钢特钢具有近 60 年的历史。其前身"青岛第三钢铁厂"诞生于中国大炼钢时代的 1958 年。在半个多世纪的发展建设中，经过一次次重大抉择，一幕幕整合蜕变，把一个小钢厂建设成为 400 万吨钢产能、年销售收入超过 400 多亿元的大型钢铁联合企，成为国内重要的优质棒线材生产基地，全国重点冶金企业，青岛市十大企业集团之一。主营业务收入一度位列中国企业 500 强第 202 位，中国制造业企业 500 强中列 98 位，青岛市百强企业第 4 位，连续多年上缴税金居青岛市前三名，并获得"青岛经济成就卓越贡献奖"，为青岛市经济破百亿做出了重要贡献。

2012 年 11 月 29 日。习总书记在"中国梦"中重点提出了实施政治、经济、文化、社会、生态文明的五位一体建设。青钢特钢作为城市钢厂，为实现产品升级和可持续发展，2012 年 12 月 31 日，经国家发改委批复，青钢实施环保搬迁。2015 年 11 月 7 日，以炼钢系统所产的第一根钢坯在 3 号高速生产线的轧制成功为标志，青钢环保搬迁项目实现从原料场、焦化、烧结、高炉、炼钢到轧钢的全线贯通。

加入中信泰富特钢集团的短短 3 个月内，青岛特钢就打赢了第一场"硬仗"。2017 年 8 月，搬迁后的青岛特钢（本体）成功实现扭亏为盈，当月利润实现 795 万元，至此开始了青岛特钢稳产创效的新阶段。此后，9~12 月青岛特钢总体效益稳步提升，全面完成了集团制定的全年控亏目标。这场扭亏为盈的战役，青岛特钢获得阶段性胜利，在青钢发展史上，具有特别重大的意义。

（五）靖江特钢

为贯彻落实国家钢铁工业调整升级规划的整体部署，推动钢铁行业区域性重组整合，2018 年 6 月 12 日，江阴兴澄特种钢铁有限公司与湖南兴湘并购重组股权投资基金企业、湖南省国企并购重组基金管理有限公司签订《产权交易合同》，收购了锡钢集团 100% 的股权和锡钢集团及下属子公司的债权。锡钢集团成为江阴兴澄特种钢铁有限公司持股 100% 的全资子公司。2018 年 6 月 22 日，中信泰富特钢集团与华菱集团战略合作签署协议，锡钢集团全资子公司华菱锡钢特殊钢有限公司正式更名为靖江特殊钢有限公司（简称靖江特钢）。

靖江特钢前身为成立于 1958 年的无锡钢铁厂（简称锡钢），曾经是无锡市经营规模最大、职工人数最多、利税贡献最高的地方国有工业企业，在历史上为无锡经济和社会发展做出了极其重要的贡献，他的出现结束了无锡市无铁、无钢、无材的历史。

20 世纪 90 年代后期，多种因素致使锡钢濒临破产边缘。然而，锡钢凭借无锡市委市政府的全力支持，凭着特有的智慧和勇气，背水一战，经历了一段扭亏脱困的"死里逃生"路。

进入 21 世纪，国有企业改革的大潮在中国大地上涌动，锡钢决定以引进"战略投资者"的方式完成改革改制。2004 年香港华润集团再次重组锡钢，锡钢成为其全资子公司。2005 年，锡钢作为无锡市工业布局调整的重点搬迁企业，被市政府列入首批搬迁调整企业名单，"退城出市"。2007 年华菱与华润合作，华菱正式控股锡钢，同年 11 月 29 日，为响应无锡市政府退城出市政策，经过反复选址，综合比较，最终落户江苏省靖江市，锡钢与江苏省靖江经济开发区举行"整体搬迁项目签约仪式"，整体搬迁进入实施阶段。2009 年 5 月 26 日，举行工程建设开工典礼，2010 年 10 月起陆续试生产。

搬迁改造后靖江特钢占据长江优质岸线资源，通江达海，区位优势突出，现占地面积 3000 余亩，员工近千人，搬迁改造着眼装备升级换代、技术更新进步，引进和吸取特钢领域的前沿技术和最新装备：意大利超高功率电炉、德国米尔 ϕ258PQF 三辊连轧管热轧生产线、ϕ100ASSEl 三辊热轧生产线、钢管热处理线、油井管螺纹加工线、超声组合探伤线等。具备了年产 100 万吨钢（2016 年去产能）、60 万吨无缝钢管和 70 万吨棒材的配套产能。主要钢管品种涵盖油套管、管线管、机械结构用管、锅炉管、气瓶管、液压支柱管、流体管以及自主研发的特殊气密封螺纹接头、用于特殊环境的非 API 系列油井管等。棒材产品涵盖轴承钢、齿轮钢、工模具钢、合结钢、优碳钢、弹簧钢、锚链钢等。

由于投产后即遇钢铁行业"寒流"，又因靖江特钢搬迁改造项目资本金投入不足，导致巨大的投资差额需要依赖银行贷款解决，负债与财务费用持续攀升；加之"炼铁—炼钢—轧材"的长流程生产工艺未能实现，导致建成机组无法在保效益的基础上正常生产，自 2011 年以来持续巨额亏损。

中信泰富特钢全面收购靖江特钢既是贯彻落实国家钢铁工业调整升级规划的整体部署，推动钢铁行业区域性重组整合的大事，也是推进钢铁强国和实业兴国的盛事，更是中信特钢与华菱集团强强联合、共同实现持续健康发展的喜事。2018 年 6 月以来，靖江特钢以建成产品一流、效益一流、环境一流的特钢企业为目标，完善体制机制，转变经营模式，加强科学管理，健全人才体系，强化研发，大力推进结构调整，甩掉包袱、全方位融入中信泰富特钢集团的靖江特钢展现出了独特的生命力，各项技经指标持续优化，企业效益实现了质的转变，加入中特集团的第二个月就实现了投产以来的第一次持续盈利，这是靖江特钢历史上又一次涅槃重生。

二、发展经验总结篇

回望中信泰富特钢集团不平凡的发展历程，经受了国际国内经济形势复杂多变的严峻考验，走出了一条"自觉顺应、主动策应、积极适应"的应对取胜之道；经受了国际国内特钢产品市场激烈竞争的严峻考验，走出了一条"你无我有、你有我特、你特我精、你精我高"的高端产品取胜之道；经受了国际国内新一轮科技革命和产业变革引发的"核心技术拥有多少决定企业能走多远"的严峻考验，走出了一条"特钢是科技炼成的"强企取胜之道。

第一，坚持以"整体利益最大化、提升效率、创造价值、科学运作"为指导方针，不断深化体制机制改革，积极理清股权关系，完善治理结构，深化"七统一"管理，深入推进集团化运作。

第二，坚持"精品+规模+服务"的发展战略，按照国际一流标准推进流程、产品和服务专业化，构建了先进、符合国家战略、低成本和高效率的沿江沿海产业布局，打造了棒、板、管、线、特冶锻造等现代化专业生产线，稳步推进了产品系列化发展以及集团向"服务型制造商"深度转型。

第三，坚持国际化发展，着力建设能融入国际市场的经营和技术开发体系，扩大了国际高端市场销售额，推进了管理、运营、人才、文化的全球化，夯实了实现愿景目标的基础。

第四，坚持管理创新，积极导入六西格玛、卓越绩效等先进管理方法，持续强化安全、质量、环保的"红线"管理，不断改进精益生产、能源集中、项目后评估、"两位一体"效能监察等管理，构建了"高质量、低成本、快节奏、优服务"的特色管理模式，提升了管理水平。

第五，大力投入，产学研用协同，全面推进技术和产品创新，加强知识产权保护，不断涌现新的效益增长点。

第六，持续深化"两型"企业建设，能够适应资源日趋紧张和环境约束不断增强等外部变化。

第七，积极探索发挥党组织政治核心作用和员工民主管理的途径和方法，坚持以人为本，长期投入，有效激励，在企业发展的同时，不断满足员工的学习、工作、生活、安全健康和精神需求，增强了凝聚力和向心力，激发了全员工作热情。

第八，中信集团和中信泰富的长期协同支持。

第九，积极适应形势，持续改进，厚积薄发，健全风险防范，奋力抢抓机遇。

三、未来发展篇

展望未来，世界政治形势错综复杂；全球经济仍将经受逆全球化的强烈冲击，中美贸易冲突正在加剧，形势严峻；中国经济转型艰难，仍会承受极大的下滑压力；中国钢铁业化解产能过剩、规范行业经营难度很大，供需矛盾依旧突出，同质化和无序竞争依旧严重；在一定时期内，实体企业仍会面临资金、资源、能源、环境等巨大压力，运营仍将处于高风险区域。

面对这样的局面和形势，中信特钢要打造"双千亿"特钢强企，争取早日实现"创建全球最具竞争力特钢企业集团"的愿景目标，实现"成为全球特钢领袖"的中特梦，任重道远，时间紧迫，必须更快、更好、更主动地顺应形势的发展变化，抢抓先机，苦练内功，加快转变发展方式，锐意进取，乘势而上，掌握竞争主动权。

为此，我们将以习近平新时代中国特色主义思想为指导，认真落实党的十九大精神，按照中信集团和中信泰富的战略部署以及中信特钢的发展规划，坚持走"品种、质量、效益型"道路，坚持专业化、国际化和绿色环保发展，加快由要素驱动向创新驱动转变，持续提升竞争实力和品牌价值，为目标、为梦想，凝聚力量，砥砺奋进，努力实现可持续发展的新跨越，再铸中信特钢新辉煌。

第一，理顺中信特钢资产关系，完善股权架构整合，充分发挥中信特钢在优化资源配置、提升运营质量和效率，以及防范风险中的主导作用，推动集团化运作向纵深发展。

第二，依托目前中信特钢多品牌战略，逐步向"中信特钢"单一品牌战略发展，全力打造"中信特钢"全球卓越品牌。

第三，充分发挥中信特钢多年来深耕主业、厚殖品牌的资源优势，不断向上下游产业链延伸，锁定原料资源、客户资源和人才资源，做好产品深加工和延伸服务，提升核心竞争力。

第四，传承中信文化基因，进一步完善特钢文化体系建设，特别是加快青岛特钢、靖江特钢文化融合，推动集团融合提升。

第五，贯彻落实十九大"人与自然和谐共生的现代化建设"精神，加快产线调整和产品转型升级，以节能降耗和绿色制造为抓手，着力绿色制造，打造行业典范。

第六，把握"互联网+转型"战略机遇，积极应用人工智能技术，加速推进钢铁智造实践，实现特钢生产方式的转型，全面提升全要素劳动生产率。

第七，匹配特钢集团"全球最具竞争力"的企业定位，融入工匠、全球、人文等元素，打造"中信特钢学院"，为长期愿景提供支撑。

第八，践行《中国制造2025》战略，发挥中信特钢研究院及各企业分院的协同平台优势，攻坚新材料新技术领域的壁垒难题，加快特钢高端材料研发和生产，助力中国制造强国。

改革开放 40 年南钢发展成就

南京钢铁集团有限公司

1958 年，南京钢铁集团有限公司（简称南钢）经周总理亲自批准成为全国地方钢铁企业"十八罗汉"之一，可以说因钢铁报国而生，因钢铁强国而立。自南钢成立那一刻起，南钢就开始了艰苦创业的发展历程。老一辈南钢人用扁担箩筐肩挑手抬，在霸王山建立起钢铁生产基地，成为江苏现代钢铁工业的摇篮。因国家经济政策的调整，在后续发展历程中，南钢曾两度停滞发展。直到 20 世纪 70 年代末，南钢的年产量仍徘徊在 20 多万吨。

在 1978 年改革开放后，特别是在江苏省委、省政府的支持和关怀下，南钢通过实施两轮承包经营，踏入持续健康发展的良性轨道，生产经营工作渐入佳境。1996 年南钢的产量达到了 100 万吨，并于当年改变机制组建为集团公司。1998 年南钢成立 40 周年时，南钢年产钢已突破了 150 万吨。1999 年成立了股份公司并成功上市。

2003 年，在南京市委、市政府的指导下实施了"三联动"改革。南钢相继提出了"一体两翼"战略，"精品、国际化、低成本、大营销"四大战略。后又根据形势变化，公司先后提出了"建设国际先进、国内一流的精品板材基地"的目标，"创建国际一流的受尊重的钢铁企业"的企业愿景。通过股份公司融资建设了被誉为"南钢生命工程"的中厚板卷项目。2013 年宽厚板生产线的建成投产，标志着国际一流水平的精品中厚板基地全面建成，极大地提升了南钢中厚板材的市场竞争力；同时，南钢还建设改造并完善了南钢的棒、线、带等长材系统的工艺装备，形成具有国内先进水平的特钢基地。

"十三五"以来，在国家战略的指引下，南钢积极实施转型升级发展，公司愿景调整为"创建国际一流受尊重的企业智慧生命体"，并确立了"一体三元五驱动"经营战略。南钢已成为具有 1000 万吨产能的大型钢铁联合企业。2018 年南钢又提出了钢铁与新产业的"双主业"发展战略。

南钢品牌今天已成为南钢布局全球市场的核心竞争力支撑，以"双锤"为代表的一系列产品品牌已成为南钢践行"以用户为中心、以市场为导向"经营理念的载体，成为南钢推行基于智能制造的"JIT+C2M"新模式的平台。在"一带一路"和"中国制造 2025"的国家经济发展战略指引下，南钢基于自身优势开始在全球范围内进行市场布局，确立了与客户、供应商及其他利益相关者共生共荣的企业生态发展价值观。

一、管理体制与管理机制

（一）改革大潮中南钢的管理体制与管理机制

中国 40 年来的改革开放进程，是计划经济体制向社会主义市场经济体制转变的过程。就企业而言，其核心问题就是如何处理好政府和市场的关系。纵观改革大潮中南钢管理体制与管理机制变革的历程，也正是缘起于理顺此关系进行探索的过程。

1. 试水改革：南钢管理机制变革（1978~1998 年）

在改革开放的新形势下，铆足了劲的南钢人在 1978 年当年就实现了第三次扭亏为赢，钢铁产量连创佳绩。然而，正当南钢人为其顽强拼搏精神及取得的成绩稍感欣慰之际，原有的管理机制僵化使南钢的发展再次陷入低迷和停滞不前，1981 至 1983 年间的"三打二十五"接连失利。

1984 年，中共中央《关于经济体制改革的决定》出台，标志着中国经济体制以市场为取向的改革的全面展开，经济发展开始从高度集中的计划经济，转向"计划经济为主，市场经济为辅"的新模式，市场的理念在改革中逐渐形成。

为摆脱困境，南钢在改革的大旗下开始了一系列管理机制创新和探索：通过强化经济责任制以减员增效和打破长期形成的"大锅饭"管理机制，在所有权与经营权分离的基础上探索"三保一挂"承包经营……

一系列管理机制创新在实施初期均取得了较好的效果。1987 年实行"三保一挂"承包经营的第一年，产钢就突破了 40 万吨大关，完成利税达 8000 万元。

2. 深化改革：南钢管理体制变革（1999~2013 年）

1999 年 3 月，根据《中华人民共和国公司法》等有关法律、法规的规定，经江苏省人民政府苏政复（1999）23 号文批准，南京钢铁集团有限公司作为主发起人，将下属 7 个生产单位的资产与负债划出作为投入，联合中国第二十冶金建设公司、冶金工业部北京钢铁设计研究总院、中国冶金进出口江苏公司、江苏省冶金物资供销公司等四家企业共同发起设立南京钢铁股份有限公司。2000 年 9 月 19 日，公司在上海证券交易所上市（600282）。

2002 年，按照南京市"三联动"政策，以"调整资本结构，理顺劳动关系，降低企业负债"为核心内容，南钢进行了管理体制变革的探索，以管理团队和骨干员工股持股的方式，实现了非国有资本控股。其中，南京市政府国资主体持股 49%，经营管理团队及管理技术骨干持股 51%，吹响了南钢深化改革的号角。

2003 年 4 月，南钢集团公司从产权制度、经营机制、劳动关系等方面进行了彻底改制，完成三联动改革，以资产出资与上海复星集团合资成立南京钢铁联合有限公司（简称南钢联合），公司控股股东变更为南京钢铁联合有限公司。

管理体制重大变革之后，南钢员工精简到了 1.1 万人，处级机构减少了 60%，科级机构减少了 40%。处级管理岗位由 89 个减少到了 47 个，总部管理人员由 900 人减少到了 600 人。员工积极性被充分激发之后，南钢的生产规模和主营业务收入均出现了高速增长。

南钢通过脱胎换骨式的嬗变，释放出惊人的制度能量，形成"裂变效应"，化为了企业不断前行的力量，将一个个看似不可能的梦想演绎成了活脱脱的现实。改变机制后近十多年来，面对风云变幻的市场，南钢顺势有为、逆势前行、乘势而上，共同奋斗，快速、灵活、有效的——化解了市场风险，成功抓住了一个又一个稍纵即逝的发展机遇。尤其在 2008 年全球金融危机中，通过采购控本、减少库存、改善品种结构、控制产能等措施，抵御住了钢材市场萎缩和价格暴跌的困难，并快速从全球经济危机的寒冬中恢复，实现"弯道超越"，取得了连续多年的持续高质量高速发展。

3. 完善改革：南钢管理体制和管理机制的持续优化（2014 年~）

南钢改制后，极大的促进了生产力的发展，各项指标节节攀升，实现了国有资产的保值增值。但鉴于当时改革的历史时点和局限性，不可能在各个方面都能够做到尽善尽美，随着时间的推移在企业实际运营中有些不足和矛盾逐渐显露出来，例如：核心骨干持股本是激励员工的举措，但随着时间的推移，许多持股人员已经离开了核心的工作岗位，但当时没有对其股份制定合理的退出机制和方案，这将会影响现在没有持股的核心骨干的积极性；再者核心持股只解决了部分人员的积极性，没有能够调动更广大的南钢中基层员工的能动性。

为妥善解决矛盾和问题，南钢曾尝试全员持股，定向增发等手段，通过摸索建立了适合现阶段的合伙人制，进行效益分成模式。南钢合伙人制既不是法律意义上的，也不同于其他公司，而是建立在人力和资本价值基础上的。合伙人是由南钢组织内部具有相同经营理念的并且在生产经营、管理、发展过程中承担重要责任的人所建立起来的事业共同体。同时，为鼓励全体员工投身生产经营共创佳绩，按照"风险共担、成果共享"的原则，每年根据效益情况，按比例向在职员工一次性发放效益分成奖励。

通过合伙人制、效益分成激活经营管理层的活力、激情与斗志，实现群策群力，获得员工的坚定承诺、股东的强力支持、市场的信心与关注，为各个方面的利益相关者提供支持其战略转型的理由和利益，彻底解决传统企业体制和机制在互联网时代的一系列矛盾与冲突。

而在机制方面，为进一步资源综合利用，优化效率效益，2014 年南钢实行了事业部制改革，采取大部制与小机关结合的模式进行组织优化，最终形成了 13 个职能部门，5 个事业部，3 个机构（工会+研究院+证券部）的组织模式。

2015~2018 年间，南钢围绕事业部改革，进行总部机关及分厂机关缩编，分厂车间化，做实事业部职能处室和生产一线，体现了扁平、精干、高效的管理思想。通过事业部改革，总部机关在部门数量上减少 5 个（-25%），在科室数量上减少 39 个（-30%），总部人员数量上减少 586 人（-30%）。通过事业部改革，实现了人员精简和机构除臃，更主要的是工作目标也更加明晰，实现产销研一体化，在品种规格、生产、质量、物流、信息化等各方面适应大规模个性化定制要求，进行个性化服务管理创新，打造全新的产业形态，实现企业从制造商向服务商的转型。

南钢管理体制和管理机制的不断完善，为创新南钢、品牌南钢、智慧南钢和生态南钢等愿景的实现打下了坚实的基础，使南钢"一体三元五驱动"总体战略布局得到了高效的实施，形成了极具南钢特色的"JIT+C2M"商业模式。南钢管理体制和管理机制改革及不断完善不仅成效显著并且收获满满：

2015 年，南钢被工信部评为全国质量标杆企业；

2016 年，工信部在钢铁工业调整升级规划（2016~2020 年）和"十二五"发展成就总结中特别提出，"南钢船板分段定制准时配送（JIT）是个性化、柔性化产品定制新模式"，大幅提升了南钢品牌形象；

2017 年，南钢被国家发改委列为"互联网+"重大工程支持项目，基于传统产业链的创新价值网络在国务院历次大督查中屡获肯定和推广。

二、产品与技术

（一）基于产能与需求矛盾的南钢技术与产品创新

从解决产能与需求之间矛盾的目标来看，南钢在此期间基于技术改造的技术与产品创新无疑是成功的。但是，这种粗放式的产能扩张背后，是以高投入和高消耗为代价。摆在包括南钢在内的中国钢铁企业群体面前的难题，就是如何在提升全员劳动生产率的同时，实现更低的能耗和更高质量的产出。

（二）基于低生产效率与大规模产出矛盾的南钢技术与产品创新

中国钢铁工业的技术进步在改革开放之后取得了显著成效：一方面，从国外引进了700 多项先进技术和先进技术装备；另外一方面，对包括南钢在内的老钢厂实施了一系列重点技术改造项目。通过内外部资源的整合，中国钢铁工业的技术结构很快便发生了显著变化，缩小了与世界先进水平的差距。

从 1978 年开始，南钢停掉了技术落后、污染严重、能耗高的炼钢车间，投入扩大再生产资金，先后对烧结车间、两座高炉和 3 个轧钢车间进行技术改造。在这一系列重大技术改造之后，南钢主营产品的产量得到了大幅提升，钢、铁和钢材产量分别由 1979 年的27.78 万吨、28.93 万吨和 8.67 万吨增加至 1998 年的 132.82 万吨、160.62 万吨和 138.74万吨。

在技术与产品创新推动南钢发展日见成效之后，南钢将技术创新的资源聚焦于市场需求潜力巨大的拳头产品，通过技术创新实现了产品质量的持续提高，取得了一系列令人瞩目的成绩：

国内首家通过八国船级社认证；

顺利通过 ISO9002 标准认证；

低合金板获冶金工业部实物质量评比第二名；

船板、螺纹钢、高速线材达到国际同类产品实物质量水平，获得冶金工业部颁发的"冶金产品实物质量金杯奖"；

主要技术经济指标列居全国同行业前列，中板成材率指标居首位；

钢材主要产品螺纹钢、圆钢、角钢、薄板、中板、高速线材等均获得部优或省优产品称号；

Ⅱ级船用锚链钢获中国船级社和英国劳氏船级社工厂认可。

技术创新是南钢中厚板等产品快速发展的引擎，而中厚板等产品创新的成功，则是得益于国家改革开放营造的越来越宽松的技术创新大环境。遗憾的是，技术与产品创新给南钢在 20 世纪 90 年代初期带来了一波快速增长之后很快就遇到了新的障碍，其表现主要在于技术与产品创新管理决策和执行机制越来越受到来自南钢国有企业管理体制环境的羁绊，这一状况直接导致了 90 年代中期南钢主营业务经营效益增长速度的放缓，甚至在1996 年一度出现了下滑的趋势。

面对来自民营企业和跨国公司的市场竞争压力，加上发端于生存和可持续发展需要的内生动力，为了让技术创新能够持续推动南钢的发展，在激烈的市场竞争中立足，南钢人将改革的重心从对管理机制上的调整和优化转向了对管理体制的变革探索，以从根本上破解低生产效率与大规模产出之间的矛盾。

实践证明，南钢管理机制改革，不但激活了南钢人的技术与产品创新潜能，南钢所持有的技术专利数量在改制之后出现了显著的增长，极大地促进了技术创新、产品创新和产能激发的联动，从之前为了解决产量与需求之间矛盾的小打小闹的技术改造，变成了现在针对客户需求的行业领先技术的研发和产品的创新。改制之前，南钢技术创新投入最多的一年也只有 13 亿元，南钢的生产能力从 10 万吨到 30 万吨用了 27 年时间，30 万吨到 50 万吨用了 4 年时间，从 50 万吨到 100 万吨用了 7 年时间。改制之后，南钢在技术创新方面的年均投入剧增到 20 多亿元，仅用 2 年时间就将产能从 100 万吨提升到了 150 万吨，使低生产效率与高质量产出之间的矛盾得到极大的缓解。

（三）基于可持续发展的南钢技术与产品创新

技术创新是产品研发、产品创新的前提和关键。但同样也受到管理体制和管理机制等多个环境因素的制约和影响。

任何一件新产品，都几乎不可能在剥离技术的前提下满足客户的需求。基于此，南钢所有技术创新活动的另一个基本动作就是基于可持续发展的战略方向开发和设计新产品。

但无论是改革开放初期计划导向的技术改造，还是改制之前市场导向的技术创新，都未能全面有效激发技术与产品创新潜能，南钢的产品基本还是以普钢为主。

改制之后，南钢在技术与产品创新上持续加大投入，以客户需求为导向，充分利用"产销研学用"一体化机制，以"品种研发推进、拓展高端用户"和"高效率、低成本、高质量生产"为双核心，聚焦于拳头产品和品牌，聚焦于海洋工程、新能源、石油石化、轨道交通、汽车、机械制造等重点领域的品种钢材和高端品种钢材。此外，产品结构也由生产以建材为主的长材产品，一跃成长为涵盖宽中厚板（卷、复合材料）、棒材、高速线材、钢带、异型钢五大系列，近 300 类钢种、一万余个品种规格，千万吨级精品板材与长材（特钢）生产基地。

2004 年以来，南钢 79 个产品通过省级以上新产品鉴定，其中"海洋系泊链（R3/R3S/R4）用热轧圆钢""链轨节 35MnBH 圆钢"等 8 个产品达到国内先进水平，"石油储罐及压力容器用 SA-537CL2 钢板""汽车轮毂轴承用钢"等 15 个产品达到国内领先水平，"炉卷轧机生产 X70HD 抗大变形管线钢""轿车稳定杆用弹簧钢 SUP9D 热轧圆钢"等 42 个产品达到国际先进水平，"低合金高强度耐磨钢板 NM600""LNG 专用 9%Ni 钢板"等

14 个产品达到国际领先水平。

目前，南钢拥有国家重点新产品 5 个，省级高新技术产品 47 个。这些新产品和高新技术产品均成功应用于多项"大国重器"及国内外重大项目工程：

船舶、海工用钢是国内首家通过十一国船级社认证的企业，产品应用于亚洲第一的 4000 吨海上浮吊"华天龙"号、承担国家重大战略任务全球最先进超深水双钻塔半潜式钻井平台"蓝鲸 1 号"可燃冰开采项目；

低温结构钢用于俄罗斯极地亚马尔天然气项目；

耐蚀桥梁钢应用于国内首座免涂装耐候钢桥——藏木大桥；

不锈钢桥梁复合板应用与梅汕大桥、五峰山大桥；

超高强钢板、耐磨钢成功替代 SSAB，广泛应用于 FMG、力拓、张煤机、西北奔牛等国内外龙头企业；

特殊管线应用于西气东输及中俄管道、南海荔湾深海管线、卡塔尔抗酸管线、中缅抗大变形管线项目、壳牌加拿大管线项目等；中俄东线 30.8 毫米壁厚、1422 毫米管径的 X80 级管线钢为目前全球管线行业内最厚壁厚、最大口径的直缝焊管；

轴承钢通过 NSK、FAG 等全球八大轴承制造商认证，14.9 级汽车高强螺栓用钢填补国内空白，汽车专用钢带 TL1114Nb 替代进口。

南钢注重聚集国内外优势研发资源，致力抢占研发高地，挑战突破性技术，引领行业面向未来。倾力打造"2+3+4"高端研发平台。技术人员人数稳步增加，比例不断提高，至 2018 年公司共有技术人员 1124 人，占员工总数的 11.6%。

南钢技术研发平台状况

级别	研发平台			
国际级	南钢-英国研究院		与日本冶金合作南钢日邦	
国家级	博士后科研工作站	国家材料环境腐蚀平台南京大气腐蚀站		国家认可实验室
省级	江苏省企业院士工作站	江苏省高端材料重点实验室	江苏省船舶用钢工程技术研究中心	江苏省企业技术中心

正是依托于这些国际级、国家级和省级的研发平台，以及大量高精尖研发技术人才资源，南钢近年来荣获各级科学技术奖 61 项。其中，省部级以上科学技术奖 38 项，"热轧板带钢新一代控轧控冷技术及应用""高等级中厚钢板连续辊式淬火关键技术、装备及应用""稠密多相流动与化学反应耦合体系的节能减排关键技术及应用"等 3 个项目获国家

科技进步奖二等奖。

随着科技进步，创新能力的提升，新产品、新技术不断涌现，南钢鼓励员工结合生产、产品研发、工艺技术等实践，及时将创新成果申请专利，发展具有自主知识产权的专利技术，保护公司的知识资产。2008 年起，公司实施专利申请倍增计划，连续 8 年专利申请突破百件，拥有的专利数量显著增长，技术专利持有数量连年攀升。

三、环保与节能

（一）末端治理，达标排放阶段（1978~2003 年）

20 世纪 70 年代后期，我国的环保事业在艰难中起步，环境保护开始摆上国家议事日程。南钢在扩展产能的同时开始兼顾环境保护。随着 15 吨氧气顶吹转炉完成技改投产，侧吹转炉十多年的六条"黄龙"瞬间灰飞烟灭。随着未燃法全湿双文除尘系统的建成投产，南钢炼钢区域的空气质量得到一定的改善。随着对落锤破碎、筛分磁选方法的创新，矗立十余年的数百万吨重的钢渣山终于成了历史。

（二）清洁生产，总量减排阶段（2003~2017 年）

"十五"期间，党中央提出了树立科学发展观、构建和谐社会的重大战略思想。随着南钢改制，企业得以快速发展。南钢的生产规模持续增长，环保工作也得到了系统性的加强：热闷钢渣工程、炼钢板坯连铸机水处理系统、炼钢转炉烟气"OG"除尘系统、电炉布袋除尘及水处理系统、高炉煤气洗涤水和冲渣水净化工程，……这些系统性工程的建设与投产使用，使得南钢的环境绩效逐渐改善。

2011~2013 年公司投资 70 亿元，主动淘汰了 4 台小烧结机、2 座小焦炉、5 座炼铁小高炉、3 座炼钢小转炉，改造后南钢厂区已经实现了装备的大型化和现代化。在所有转型发展主体设备改造项目中，环保投入高达 14.1 亿元，同步建设了最先进的除尘、烟气脱硫和水处理等环保设施，大幅度减少污染物排放，提高了厂区环境质量。

南钢在"十二五"期间投入 7 亿多元资金对原环保设施进行提档升级，建设了生化废水深度处理、烧结、球团竖炉脱硫、除尘设施升级、煤场抑尘网等一批治理项目。虽然随着南钢在环保方面的投入不断加大，环保设施的运营成本有所攀升，但南钢的生产环保水平也在更快的提高，为南钢高质量可持续发展奠定了坚实的基础。

第一台烧结机实现"超低排放、近零排放"的除尘改造，焦炉机侧炉头烟地面除尘站是国内首家在 6 米焦炉使用推焦除尘站。焦炉煤气深度脱硫制酸一举解决 HPF 脱硫工艺遗留问题，有望成为引领焦化行业脱硫升级改造的示范性技术。焦化基本实现"不冒烟、不冒火、无异味"。一炼钢厂转炉一次除尘改造采用国际先进的普瑞特技术，改变原有的一文二文的布局模式，现作为国内先进除尘技术向全国钢铁企业推广。国内首套引进国际知名的水处理公司——美国纳尔科的先进处理技术，实施了焦化生化水深度处理改造，COD 稳定控制在 50mg/L 以内，达到国内领先水平，解决了焦化行业的水污染难题。邀请德国巴登专家对南钢噪声问题进行全面检测评估，新建大型隔音屏，厂界声环境的有效改善，实现了静音生产。

这些系统性工程的建设与投产使用，使得南钢污染物排放量、吨钢烟粉尘排放量和吨钢二氧化硫排放量随环保投入的加大而显著降低，使得今日南钢的各项污染物排放指标均优于国家清洁生产一级标准，连续多年被市环保局推荐为江苏省总量减排先进单位。

作为都市周边型钢厂，南钢全力探索生产经营和都市相融共生、和谐发展的道路，遵循"清洁生产型—循环经济型—环境友好型"的低碳绿色可持续发展路径，着力打造钢铁制造、能源转换、废弃物消纳的绿色制造钢铁的节能环保体系，注重节能降耗、环境保护和资源综合利用技术的开发和应用，提升产品延伸加工的综合利用能力，逐步形成铁素资源循环链、废气回收利用循环链、工业用水循环链、固体废弃物利用循环链等"四个循环链"。

积极以钢厂功能拓展为切入点，寻找资源高效配置和产品结构调整突破口，形成尾渣综合利用体系消纳钢铁尾渣。南钢每年产生近 400 万吨的水渣、钢渣、除尘灰、脱硫灰等工业废弃物，通过无害化、资源化的原则，作为次生资源进行综合利用。固体废弃物综合利用率接近 100%。

2010 年起草制定国家标准《含铁尘泥处置及回收利用技术规范》，南钢成为钢铁行业首个实施清洁发展机制（CDM）项目的企业，与世界银行签署了温室气体减排购买协议，也是钢铁行业唯一通过"国家循环经济标准化试点"验收单位。

积极推进清洁生产、节能减排技术。建设废水总排处理回用系统和生化水深度处理系统，减少 COD 和氨氮及废水总量排放。高炉进行干法除尘改造，节约新水的同时提高 TRT 煤气利用率。剩余高炉煤气、转炉煤气用于发电，配套建设干熄焦发电装置，利用加热炉余热蒸汽，采用螺杆发电技术进行低品质饱和蒸汽利用发电，配套建设烧结余热发电机组发电，均达到国内先进水平。

实施环保精细化管理，致力提升环保绩效。建立环境质量监督检查和考核评价制度，下发《环保责任制》，出台《环保十大禁令》，建设企业环境监控信息化管理系统，24 小时监督污染源达标排放及重点区域的污染防治；建设两套空气自动监测站，实时监测公司厂界空气质量，提升企业环保形象；定期发布环境网络信息，接受大众监督。

致力于减少环境负荷的策略，合资成立南京新奥南钢清洁能源有限公司，布点建设LNG加气站；制订《扬尘污染十项规定》，开展清洁物流和道路扬尘治理，杜绝除尘放灰和运输过程中产生的二次扬尘污染；在原料场、煤场等粉状料场的出口，安装汽车轮胎冲洗站，避免轮胎夹带污染路面，实现绿色物流运输。

通过环境宣传，设立环保投诉电话、邮件、微信，激发全员参与环保管理的积极性，共同参与环保管理。在员工和居民中聘请环境监督员，加强与周边社区和居民的有效沟通。投资近2亿元打造"城市化+生态化"道路、绿化、景观等，完成服务区、景观大道、石头河景观带、围墙边建绿化隔离带等环境美化提升项目，同步开展水土流失综合治理与生态修复，形成三季有花、四季常青、色彩丰富、层次鲜明的景观效果。

这些在环保方面的投资，不但让南钢收获了相应的经济效益，而且赢得了可观的社会效益，连续多年被南京市环保局命名为环保目标合格单位，成为中国钢铁行业第一个实施清洁发展机制项目，成为"全国冶金行业节能减排示范基地"。获得2016年度中国钢铁工业协会"清洁生产环境友好型企业"称号。

（三）和谐共处，生态友好阶段（2017年～）

"十三五"期间，南钢以"绿色南钢、生态南钢"为目标，实施环保战略规划，实现企业形象跨越提升。继续投资近25亿元，目标是在2020年"把南钢建设成为一个具有国际先进水平的清洁工厂"。

其中，2018年将完成焦炉烟气脱硫脱硝改造，陆续开展烧结机脱硝改造，实现烟气超低排放。煤场改建筒仓、露天原料堆场增设大棚等重大环保项目，将全面促进公司绿色、生态发展。南钢水系统将通过引进先进治理技术，改变大循环运行方式和增加回用水深度处理，进行回用水提质利用，可同时达到取水减量，排水减量的目标。大气系统通过对现有的有组织粉尘排放系统进行改造，使之达到国标最严的颗粒物排放标准，主要的除尘系统达到欧洲先进企业标准；对现有大气污染治理设施进行增加脱硝、脱二噁英等改造，使其不仅满足新环保标准要求，更可达到超低排放指标；对原料场区域、煤场区域及焦炭堆场进行封闭改造，胶带机通廊实施在线封闭改造，使原料厂及燃料厂无组织粉尘排放得到有效改善，做到"矿进棚，煤进仓，用料不见料"；现场环境方面，继续对厂区进行景观提升改造，将沿着工业生态旅游企业的路径，提升南钢可持续发展的能力，树立新型都市周边型钢铁企业新样板，实现"厂中有林、林中有厂、生态和谐、社企共融"和企业形象的跨越提升。

优越的生态环境将成为南钢最响亮的品牌、最宝贵的财富、最大的后发优势。作为都市周边型钢厂，南钢从绿色理念、绿色工艺、绿色环境、绿色产品、绿色服务、绿色产业链等层面，推行 C2M（客户到工厂）模式，处理好城市生态圈中产业规模与创新、发展、转型的内在关系，实现企业成长发展和对城市的价值贡献的高度协同，最大程度地承担钢铁产业系生态集群发展的责任，努力走出一条生产发展、生活殷实、生态良好的绿色崛起之路。

遵循"清洁生产型—循环经济型—环境友好型"的低碳绿色可持续发展路径，南钢近年来持续提升环保设施的可靠性和稳定性，持续环境改善投资，高标准配置了先进的污染治理设施，建设和推动重点环保项目的高效运行，使南钢的环境保护和治理实现了从头痛医头脚疼医脚的被动响应向全流程节能、环保、资源高效利用的绿色制造方向的转变，也使南钢完成了从低效扩张向高质量发展的转变。

（四）节能

随着南钢在技术与产品创新上的持续投入，南钢生产能耗出现了持续降低的局面。以 1990 年与 2017 年的数据相比，吨钢综合能耗从 1295 千克标准煤降到 590 千克标准煤，吨钢可比能耗也从 1057 千克标准煤降到 508 千克标准煤，达到了国内先进水平。

近年来，尤其是改制以来，南钢的各项生产能耗状况均得到了显著改观。其中，吨钢耗新水由 2005 年 21 吨，下降到 2017 年 2.6 吨，下降 88%；自发电量由 2001 年 5324 万千瓦时，增加到 2017 年 246893 万千瓦时，增幅约 45 倍；吨钢外购电耗由 2001 年 492 千瓦时，下降到 2017 年 212 千瓦时，下降 56.9%。

四、质量与品牌

（一）基于人本和政治考核的质量检验

在高度集中的计划经济时代背景下，南钢的质量控制基本停留在对质量检验阶段，还没有上升到质量管理的高度，更未形成体系化和制度化的质量管理系统。那时候，对产品质量的控制也主要依靠的是操作者本人的技艺水平和经验来保证，属于"操作者的质量管理"，产品质量的波动性较大。

南钢产品的质量问题的缘由，除了来自人的因素，如工人操作不规范，责任心不够，缺乏科学的操作规程等；还有来自生产设备的不稳定、易故障的因素。随着生产规模的扩大，质量管理的职能也渐渐由操作者转移给了工长或组长，使得产品质量检验得以从加工制造中分离出来。

在初创阶段,南钢的质量管理主要依靠的是员工的经验和事后总结,以及在此基础上形成的零星相关制度。

(二) 基于效益驱动型的质量管理

改革开放后,从计划经济转入市场经济,企业的产品质量,不仅要接受国家的严格监督,而且要接受广大用户的直接监督,南钢在这双重监督推动下,把产品质量视为占领市场的保证,使企业逐步走上以质量求生存、求发展、求效益的道路。大力推行质量管理,以质量为中心,以全员参与为基础,以取得真正的经济效益为目标。

首先,南钢成立了专门的质量管理机构,即以厂长兼任主任的"南京钢铁厂质量管理委员会",负责制订年度质量方针、目标,对质量工作中的重大问题做出决策。相应的,各二级生产单位也成立了质量管理委员会或质量管理领导小组。1986 年初,南钢开始把质量管理工作正式部门化,成立了技术质量处,1987 年更进一步专业化为质量管理处,下设质量管理办公室。

其次,增强职工质量管理意识,提出"以质量创信誉,以质量增效益,以质量求发展"的质量战略,并举办全面管理学习班 450 期之多,参训人员 11176 人次,每年还一次质量月活动,围绕国家颁布的《产品质量法》《反不正当竞争法》《消费者权益保护法》和《关于惩治假冒伪劣产品犯罪的决定》结合南钢自身特点,开展声势大、形式活、范围广、影响深的宣传教育活动,并重点学习武钢"走质量效益型"道路的经验,使得以质量求生存、求效益、求发展的观念深入人心。

第三,加大质量管理执行和考核力度,进一步明确质量管理的思路:把全厂作为一个整体,以最终产品为龙头,从原料进厂,到产品出厂,实行一贯制管理,抓好各项制度、原始记录、台账、报表等基础曲作,建立三级质量保证体系,加强标准化管理;在经济责任中更实行质量否决权。

长效的全面质量管理使得产品质量得到了显著改善,员工的质量意识得到显著提升,质量管理制度得到不断的完善,质量管理模式得到持续改进。尽管在大跃进和文革期间产品的质量一度下滑,但南钢六十年来的钢材合格率趋势依然是逐年稳步提高。

质量管理在南钢的改革探索和发展中发挥了重要作用。为了进一步提升公司和产品品牌的知名度,南钢在研发和质量管理上积极投入,使南钢在大幅提升钢材产量的同时保证了产品的高质量。通过将相关产品及时对标或转化为国家/行业标准,近年来南钢主持、参与制定、修订的国家标准、行业标准共 19 项,为公司品牌和产品品牌的战略实施打下了基础。

（三）基于市场和客户价值战略驱动的全面质量管理

改制之后，南钢坚持以顾客为中心的八项质量管理原则，积极导入国际、国家和顾客要求的质量管理标准和方法进行质量管理，进入了基于市场和客户价值战略驱动的全面质量管理新阶段。南钢先后通过了 ISO 9002 等质量管理体系及各类专项产品生产的质量管理认证标准。

随着这一系列质量管理体系标准在南钢的有序推进和贯彻实施，南钢的质量管理真正扩展到了针对全生产过程和整个价值链创造过程的全面质量管理，系统提升了南钢各类产品的质量管理水平。

基于六西格玛质量管理理念和方法的导入，南钢高度关注市场和顾客需求的变化，以客观、真实的市场和客户数据为依托，系统性地改善业务流程，提升质量管理能力，将六西格玛管理应用于降本提质、开发新品、流程优化、节能降耗等领域的 135 个项目，获"国家质量技术三等奖" 1 个、"国家质量技术优秀奖" 4 个及"国家优秀六西格玛项目" 44 个。通过全面质量管理，建立了以突破性改进和创新为中心的"改进体系"，并培养了一批具有先进理念和优秀执行能力的六西格玛管理骨干人才，为公司精益研发创新体系夯实管理基础和人才架构。

除了质量管理理念和方法的改进，南钢还不断加大研发及检试验设备的投入以提高检测能力。迄今已配备了 150 余台（套）先进的大型检测、科研设备，拥有了一批高素质检试验人才队伍，分析测试技术达到同行业国内和国际先进水平。迄今以来获准认可的检测项目涉及钢铁、铁合金、铁矿石等 5 大类产品，包括钢的化学成分、物理性能、腐蚀试验等方面的 72 个检试验方法。其中，自主开发的低温拉伸等先进检试验方法填补了国内空白。

在先进的质量管理理念和方法的指引下，在强有力的软件和硬件管理环境支持下，南钢的质量管理水平得到了全面提升，在产量增加、品种档次提升的同时，钢材合格率和顾客满意度均在逐年提高。迄今，南钢已有 35 个品类 398 个钢种获得第三方产品认证资质，为南钢的全球化市场拓展打下了坚实的产品基础。

与此同时，来自国际和国内高端客户，如 NSK、FAG、卡特比勒、蒂森-克虏伯、铁木肯、沃尔沃、ZF、丰田、贝卡尔特、西门子、沙特阿美、法国 Total、中石油、中石化、中海油、山东核电、东风汽车、株洲车辆厂等对南钢产品的第二方认证审核和认可个数也是逐年增多，为南钢产品获得国际和国内高附加值订单创造了条件。

（四）基于品牌战略驱动的全面质量管理

1. 南钢产品品牌

改制之后，南钢制定并实施了一系列的《产品品牌建设方案》，成立了专门的产品品牌建设推进机构，负责南钢各类产品的品牌建设和实施方案的审定，推进相关产品品牌建设方案的制定与实施。

南钢每年在公司上百个产品中择优选取 20 余个具有成长率、高附加值、市场有一定影响力的产品进行品牌建设和培育，根据公司产品质量、产品规模及市场占有率、市场认知度美誉度、顾客满意度等方面确定产品品牌 KPI 指标并进行跟踪。依托品牌优势，公司拥有稳定的客户群体，已成为西门子、通用、卡特彼勒、道达尔、壳牌、中石油、中石化、中海油、中核电等国内外知名企业的供应商并获得顾客认可。轴承钢获得国际知名企业 NSK "质量贡献奖" 称号；工程机械用链轨节钢占到卡特彼勒供应量的 85%，获卡特彼勒金牌供应商称号等，彰显了一流企业的品牌实力。

随着南钢各种高端产品逐步进入能源、海洋工程、高端机械制造、高铁、汽车、桥梁、军工等领域，产品知名度和市场占有率迅速提升。其中，优质品牌产品如特种管线钢、超低温压力容器用钢、镍系用钢、高铁扣件用弹簧钢、船用型材等高附加值品种销量近年来稳居市场前三位。

通过品牌建设不断提高了公司产品品牌知名度、美誉度、认知度和忠诚度，产品品牌越来越多得到行业、省、市的认可，由 20 世纪 90 年代的普碳钢、螺纹钢品牌发展到低温压力容器用 9Ni 钢板、石油天然气输送管用钢板、风力发电塔用结构钢板、高强度钢板、高碳铬轴承钢热轧圆钢、弹簧钢热轧盘条、优质碳素结构钢热轧钢带等一系列的优特钢品牌产品，获得了国家、省、市和行业等各级荣誉称号。南钢长期培育的 "双锤" 品牌在行业中享有较高知名度和美誉度，获得众多国家级省级奖项。"双锤及图" 商标为中国驰名商标，"双锤" 牌螺纹钢为上海期货交易所螺纹钢期货实物交割品牌。

近年来，累计获得国家、省科技进步奖 12 项，承担国家 863 计划、重点研发计划等重大科技项目 12 项，拥有授权专利 744 件，其中发明专利 344 件，公司 9Ni 钢专利获第十九届中国专利奖优秀奖。公司优势产品被中钢协、江苏省经信委等单位鉴定为达到国际领先水平 11 个，国际先进水平 35 个，国内领先水平 18 个。公司拥有国家重点新产品 5 项，江苏省高新技术产品 47 个；1 个产品获中国钢铁工业协会 "特优质量奖"，14 个产品获中国钢铁工业协会 "金杯奖"，6 个产品获冶金工业质量经营联盟 "冶金行业品质卓越产品"，11 个产品获得 "江苏省名牌产品"，1 个产品获江苏省高端制造 "双百品牌"。

近年来，南钢主持、参与制定、修订的国家标准、行业标准共 24 项。其中，产品标准 16 项，已发布实施 12 项，覆盖板材、线材、带钢、球扁钢等产品，为公司品牌和产品品牌的战略实施打下了基础，取得了标准的话语权，实现了从做产品到做品牌、从做品牌到做标准的跨越。

2. 南钢公司品牌

在 2008 年全球金融危机冲击之下，南钢适时进行了战略调整，提出并逐步推进"品牌战略""大营销战略""国际化战略"和"差异化战略"等四大发展战略。今天，南钢品牌已成为南钢布局全球市场的核心竞争力支撑，以"双锤"为代表的一系列产品品牌已成为南钢践行"以用户为中心、以市场为导向"经营理念的载体，成为南钢推行基于智能制造的"JIT+C2M"新模式的平台。

五、党组织建设与企业文化培育

（一）党组织是南钢发展的政治核心和领导核心

改革开放过程中，在一切以经济建设为中心的方针指导下，南钢员工中的党员比例曾一度锐减，但党组织在改革探索活动中的中坚作用的发挥却一如既往，在厂长负责制、承包、减员增效、改制等一系列改革探索中做出了不朽的贡献。

伴随着南钢的成长，南钢党组织也经历了一个从无到有、从小到大的发展过程。多年来，南钢的党建工作始终坚持改革创新，营造勇于创新、敢于突破的组织氛围，用新思路研究新情况，解决新问题，为南钢改革发展方向的正确性提供了有力的保障。

面对新时代党建工作的新挑战，南钢党委认识到企业的生产经营就是为建设新时代中国特色社会主义现代化强国添砖加瓦。带着责任感和使命感，南钢党委探索和实施了卓越党建模式，使党建工作在精神层面核心引领的同时，更加贴近经营管理、贴近生产现场、贴近员工群体，在实践中不断完善、创新和发展。

（二）企业文化是南钢发展的动能基因

1. 南钢"两创"精神的传承（1978~2003 年）

开拓创新 20 年，全体南钢人坚持艰苦奋斗的传统本色，自力更生、奋发图强的执着追求，以强烈的敢为人先、争创第一进取意识，解放思想，大胆实践。南钢从 20 万吨中等规模的钢厂成为 200 万吨特大型钢铁企业，并于 1996 年组建全省十大集团之一的南钢集团。南钢人在全省率先承包经营，高炉在行业内掀起南钢速度的冲击波，转炉也曾经是行业效率最高的单位之一，中板创造了同类型中产量最高效益最好企业。

1986年，随着国内企业文化建设浪潮的兴起，南钢也对前28年的发展历程中积淀形成的优秀传统文化基因进行了挖掘和总结，在广泛征集和研讨的基础上，党委最终确定了以"艰苦创业，开拓创新"企业精神为核心价值观的企业文化理念，并以此作为统领、激励员工的精神力量。

在南钢改革发展过程中，公司党委一直致力于在企业中形成良好的文化氛围和文化导向，所培育和倡导的"艰苦创业，开拓创新"的企业精神成为南钢成长的精神基石，在企业发展的困难时期和转型升级的关键时期，均发挥出巨大的鼓舞士气、凝心聚力作用。

2. 打造南钢"合创"文化（2003~2016年）

2003年，南钢改制成为多元投资主体的混合所有制企业。鉴于南钢多元的经济结构、利益结构和文化结构情况，确立了"打造百年南钢"的企业文化战略，并以建立"利益、事业和命运"三个共同体为支撑。2010年，公司设计导入企业文化理念识别系统，形成《南钢CIS》及企业文化建设规划，建立了企业文化核心价值理念体系。因此，是契合改制后企业和员工队伍实际情况的，并具有较强的针对性。

在大力弘扬"两创"精神基础上，在对公司50多年的发展进行回顾和总结的基础上，挖掘梳理出关键文化基因，将南钢主题文化概括为"合创文化"。即：协同合作的"合"文化，创业创新的"创"文化及精益高效的"精"文化。合创文化强调的是发挥对企业内外资源的整合融合效应，即：传承与现代的融合、国企与民营的融合、投资型与实体型的融合、产业与城市的融合、一元与多元的融合等等，使员工团队的创造力最优化，推进企业与员工在企业文化建设活动中共同成长，使企业竞争力得到了加强，企业形象得到了提升。

3. 以卓越党建引领企业文化建设（2017年~）

一流党建促进企业一流发展。为践行南钢"一体三元五驱动"发展战略，构建钢铁与新产业"双主业"发展新格局，向精神文明要红利，南钢积极推进和实施独具南钢特色的卓越党建模式，引导公司各级组织追求卓越，提升了公司卓越绩效管理水平，更好地构筑起公司党建"三个三"工作机制，促进了公司生产经营和转型发展。

愿景：创建国际一流受尊重的企业智慧生命体

战略：践行一体三元五驱动战略　构建南钢双主业发展新格局

目标：立志成为行业转型发展引领者

新时代新南钢，正以习近平新时代中国特色社会主义思想为指导加强党的建设，以卓越党建引领企业文化，以追求卓越的企业文化推进企业和员工追求卓越、持续改进。依据公司新确立的双主业总体战略，在红色文化、两创精神及合创文化基础上，总结和提炼南钢企业文化悄然发生的新变化，适时发现新文化因子，凝练出新时代、新南钢的文化内核，全面推进追求卓越的管理文化，共创共享的合伙人文化等等，使企业战略、企业使命、企业价值观和理念等啮合向前，为建设企业智慧生命体，成为中国钢铁工业转型发展引领者，千亿美元管理市值的产业集群，世界级智能化工业制造的脊梁提供强有力的文化支撑。

戈壁钢城再创辉煌

——改革开放 40 周年酒钢集团公司发展纪实

酒泉钢铁（集团）有限责任公司

酒泉钢铁（集团）有限责任公司（简称酒钢）位于明长城西端的甘肃省嘉峪关市，南倚祁连，北望大漠，地处河西走廊"咽喉要地"，素有"丝路明珠""戈壁钢城"之美誉。

酒钢始建于 1958 年，是新中国继鞍钢、武钢、包钢之后规划建设的第四个钢铁工业基地。经过 60 年的发展，尤其是改革开放以来，酒钢人积极抢抓发展机遇，实施重大项目建设，深化体制机制改革，实现了企业的持续健康发展，成为我国西北最大的碳钢、不锈钢精品和大型电解铝生产加工基地，形成了钢铁、有色、能源、物流运输、煤化工、装备制造等产业多元发展的现代企业集团。酒钢连续多年入围中国企业和中国制造企业 500 强。2017 年，分别位列中国企业 500 强第 185 位、中国制造企业 500 强第 76 位。

酒钢钢铁主业拥有碳钢、不锈钢两大生产体系。形成了年产钢 1100 万吨（其中不锈钢 120 万吨）的生产能力，主体生产装备全部达到国际国内先进水平，是我国西北重要的碳钢和不锈钢精品生产基地。碳钢产品覆盖线、棒、板、带四大系列，主要产品有高速线材、棒材、中厚板材、热轧卷板、冷轧薄板、镀锌板、镀铝锌板等；不锈钢具备完整的炼钢、热轧、冷轧全流程生产线，产品主要有铁素体、奥氏体、马氏体和双相不锈钢等。

酒钢的发展始终得到党和国家领导人的亲切关怀，毛泽东、朱德、邓小平、江泽民、胡锦涛以及乔石、朱镕基、吴邦国、温家宝、贾庆林、张德江、刘云山等先后视察酒钢或就酒钢建设、发展作出批示；国家有关部门、甘肃省领导多次到酒钢现场指导工作，嘉峪关市及周边地区对酒钢发展给予了大力支持。

酒钢坚持企业党组织建设和现代公司治理相统一，有效发挥各级党组织的领导作用，把方向、管大局、保落实，推动国有企业保值增值。酒钢着力推进"五位一体"协同发展，勇担社会责任，构建和谐企业，实现企业与员工的共同发展，共享发展成果。荣获全国先进基层党组织、全国思想政治工作优秀企业、"全国五一劳动奖状"等荣誉称号。

改革开放 40 年，酒钢建设者不忘初心，砥砺奋进，创造了一个又一个奇迹。站在新的重要历史时刻，酒钢集团全面贯彻落实党的十九大精神，创新进取，奋力拼搏，努力成为具有核心竞争力和强大综合实力的国际化大型企业集团。

一、在改革开放中扬帆起航

1958 年，在共和国"钢铁梦"的激情感召下，祖国各路建设大军从四面八方汇集到雄关脚下。在十分艰苦的自然环境和生活条件下，创业者们以大无畏的豪迈气概白手起家，拉开了艰苦创业的序幕。酒钢建设的艰难程度超出了任何人的想象，"两下三上"，历经无数坎坷和艰辛。好在酒钢的建设者咬紧牙关，顶住压力，在贫瘠无垠的戈壁荒滩上，付出了数倍于常人的努力，写下风雷激荡的动人篇章。1970 年 9 月 30 日凌晨 1 时 40 分，一号高炉炼出第一炉铁水。至此，承载着酒钢数万人理想和希望的高炉终于出铁了。

出铁后的酒钢，虽然有了产品，却落入建设规模缩小、产品品种单一、产量徘徊不前、高炉配套缓慢、企业连年亏损的低谷。

如何走出困境？艰难时刻，1978 年底，党的十一届三中全会召开，改革开放的春风吹遍祖国大地，中国社会发展出现了重要转折，也给酒钢带来了福音，企业发展出现了新的机遇。

此时此刻，酒钢科技工作者决心啃下全世界三大难选矿之一的酒钢红矿这块硬骨头。20 世纪 80 年代初，SHP-3200 双盘湿式大型强磁选机完成工业考核试验，正式投入生产，酒钢在选矿厂陆续建成有 6 台强磁选机的强磁选车间，不仅精细处理了生产过程中的粉矿，还搬掉了堆在厂区的大山，彻底解决了困扰酒钢多年的镜铁山粉矿问题。这项成果获得了国家科技进步奖一等奖和冶金工业部科技成果奖二等奖。

炼铁投产后的酒钢，由于时局的复杂和战略位置的变化，国家几次变更方案，每次方案确定后又都举棋不定。上至国家计委和冶金工业部，下至甘肃省和酒钢，决策者们在反复思忖：酒钢到底该怎么建，建设什么样的规模，上什么样的方案？长时间的举棋不定，使酒钢最终失去了在计划经济时期投资建设的最佳良机。

改革开放首先意味着新的机遇，新的机遇则来自观念的转变。面对即将开始的国家"六五"计划，酒钢人开始对自己的建设历程进行思考：建厂初期，在决定企业建设模式时，由于建设队伍基本源自鞍钢。因此，酒钢的建设"蓝本"注定要依赖鞍钢模式：大摊子，大规模，全套体系，整体启动，且全部国家投资。在 50 年代国家缺铁少钢的情况下，这种思路是可以理解的。但是，酒钢建厂已经过去了 20 多年，再一味地追求"大而全"已经不适宜。

困顿则思变，思则有灼见。经过认真反思，酒钢决策层决定，放下"大企业"的架子，跳出鞍钢模式，走分步建设、逐步配套、滚动发展的路子，抓住"六五"机遇，首先建设酒钢炼钢连铸工程。

在反思中，酒钢迎来了发展机会，激发了建设决心。

从 1981 年开始，酒钢炼钢、轧钢项目筹备工作紧锣密鼓，取得了明显的进展。

1982 年，酒钢炼钢连铸工程项目获得国家批准，这意味着酒钢开始了向大型钢铁联合企业转轨的进程。

1983 年 2 月，酒钢炼钢连铸工程进入全面建设。与此同时，酒钢的管理体制也发生了重大变化。1983 年 10 月 20~22 日，酒钢党委召开第一次党员代表大会。以本次会议为标志，嘉峪关市与酒钢结束了延续 12 年多的政企合一体制。

到 1983 年底，酒钢生铁产量首次完成 50 万吨，全年减亏 918 万元。自此，酒钢的历史翻开了新的一页。

1984 年 7 月 11~14 日，酒钢召开省部现场办公会议。会议提出，"七五"期间，总的目标就是要让酒钢成为一个名符其实的、完整的中型钢铁联合企业，彻底实现扭亏为盈，为振兴甘肃经济，为开发大西北做出贡献。这次联合办公会议为期四天，在短短的四天里，100 多人上矿山、下车间，帮助企业解决多年积累下来的困难和问题。

此次会议成为酒钢发展史上一个重要的转折点，酒钢发展从此步入了良性发展的轨道。

对于历经磨难的酒钢来说，1985 年无疑是不平凡的一年。

1985 年 12 月 24 日，夜幕降临，百余盏明灯照亮厂房，工人和干部们都熬红了眼睛，等待那个历史性时刻的到来。酒钢转炉炼出了第一炉钢水，年底实现利润 1000 万元，结束了长达 20 多年徘徊不前的被动局面，开始了持续稳步的发展。

在炼钢投产的当年，酒钢实现扭亏为盈，甩掉了"亏损大户"的帽子。

以出钢和扭亏为盈为起点，酒钢步入到正常发展的轨道，此后的 10 年中，酒钢实现了生产工艺的全面配套，进行了劳动、人事、分配、住房、医疗等多项制度改革，为"九五"以后的跨越式发展奠定了基础。

此时的企业，焕发出了勃勃生机，缘于精神力量的薪火传承。

1985 年，酒钢党委总结并命名了自己的企业精神——"铁山精神"，即：艰苦创业，坚韧不拔，勇于献身，开拓前进。这十六个字，是对酒钢人艰苦创业、不懈奋斗，为发展祖国钢铁工业无私奉献精神的高度概括，代表了酒钢人的卓越追求和崇高境界。1987 年，酒钢的"铁山精神"被确定为全国冶金系统的六大精神之一。

随着改革开放的深入推进，酒钢进入了新的起跑线。

1988 年 11 月 4 日，酒钢举行高速线材工程竣工投产仪式。这条生产线的建成投产，标志着酒钢真正形成了铁、钢、材完整配套的综合生产能力，实现了向钢铁联合企业的转变，并成为酒钢的利润支撑点。

在实现了从铁到钢、从钢到材的全面配套后，酒钢高层开始思考新的发展之路。1988 年 1 月，冶金工业部批准酒钢 1 号高炉易地大修项目；1988 年 5 月 1 日，2 号高炉破土动工。从基础施工混凝土浇注，到热风炉点火烘炉；从单体和联动试车，到高炉本体试压；从全系统空负荷联动试车，到开始上料，炼出第一炉合格铁水，2000 名建设者仅用了一年半时间。

经过 20 世纪 80 年代的持续建设，酒钢共投入资金 10 亿元，完成了一期工程建设，实现了从主线生产到辅助工序的第一次较为完整的工艺配套。

1992 年 10 月，中国共产党第十四次全国代表大会召开。十四大确定了我国经济体制改革的目标，就是建立社会主义市场经济体制。为了贯彻党的十四大精神，冶金工业部决定，酒钢为首批推向市场的试点企业。

此时，国有企业长期以来所形成的冗员和"企业办社会"的弊端凸显。酒钢的问题更为突出：企业员工人数高达 4.7 万，而赖以生存的基础仅为微薄的 100 万吨钢产量。在已经开始的市场竞争中，酒钢如履薄冰。

酒钢人意识到：走出困境，必须加快发展步伐，而其关键在改革，用市场经济的"药方"来"治理"企业。在决策层的部署下，决定酒钢前途命运的深化改革和建设发展步入了快车道。与以前截然不同的是，这一次决定酒钢命运的是酒钢人自己。

1992 年，酒钢推出《转换经营机制，深化企业改革总体方案》，开始进行以劳动、人事和工资三项制度为主要内容的改革。其改革时间之长、内容之多、影响之深，都是前所未有的。

三项制度及其配套改革极大地调动了职工的劳动积极性。1992 年，酒钢铁、钢、材产量达到 97 万吨、53 万吨和 32 万吨，分别比上年增长 7.8%、6% 和 18.5%；销售收入 11.4 亿元，比上年增长 37.35%；全年实现利税 1.8 亿元。

在党的改革开放政策指引下，酒钢人解放思想，转变观念，对企业的管理体制、运行机制、劳动、人事和工资制度进行了大胆的改革和探索。在甘肃省优惠政策的扶持下，通过"拨改贷"政策筹集资金。先后建成了炼钢连铸、高速线材、2 号高炉、3 号烧结机、中板等工程项目及公辅设施，形成了铁、钢、材综合配套的生产能力，使酒钢的生产规模不断扩大，经济效益逐年增加，为酒钢的进一步发展奠定了基础。

二、在市场经济大潮中砥砺前行

进入"九五"以后，中国市场经济迅速发展，钢铁企业竞争加剧，钢材市场价格持续走低，冶金行业效益普遍下滑，资金紧张，多数企业经营举步维艰。

同所有从计划经济"脱胎"的企业一样，酒钢也感受到了市场经济浪潮带来的巨大冲击。

酒钢地处西北戈壁腹地，运输线长，信息相对闭塞，在市场竞争中处于不利的地位。而在严酷的形势下，市场对产品、人才要求的变化以及同行业间竞争加剧等因素更是对当时的酒钢产生了巨大影响。残酷的现实，警示酒钢并不能仅仅止步于"生存"，而必须谋求更大的发展。

阵痛间改革风潮起。1997年，酒钢提出以"效益决定分配"的原则，对长期以来沿用的旧工资制度进行改革，分配真正拉开了档次，收入开始呈梯次结构，并且开始向高管理、高技术、高效益岗位倾斜。

改革助推下，酒钢建立起了"收入能升能降，干部能上能下，职工能进能出"的"三能"机制，激发了企业的活力。

在干部制度、用工制度、工资制度发生重大变化的同时，酒钢开始对企业管理体制进行改革。当时的酒钢机构多，附属单位多。改革，就是要分离辅助，压缩机构，裁减冗员。对部分非钢铁产业采取了剥离、改制、调整、重组等方式，使其离开主体，走向市场，分流职工达1.7万人。

在精干主体的同时，继续撤并机构，重新调整管理职能。经过改革，职工总人数由最高时的4.57万人精简到2.8万人，其中，生产主线不足2万人。

通过股份制改造，建立现代企业制度是企业改革的根本之举。1999年4月17日，酒钢作为主要发起人，以钢铁主业中的炼铁、炼钢和高速线材厂的资产投资入股，设立酒钢（集团）宏兴钢铁股份有限公司。

"九五"以来，酒钢进入了产品结构调整阶段。这一时期，是酒钢建厂以来投资最多，集中建设项目最多，建设速度最快的时期。

然而，酒钢的产品结构调整，并不是简单的规模扩张，而是带着深深的危机感和敏锐的眼光，从不断变幻的风云中捕捉市场"信风"，按照市场规律，主动实施产品结构调整，取得占领市场的先机和主动权。

1995 年，当酒钢高速线材还处在产品的成熟期，国内冶金行业出现竞相建高线生产线，高速线材已存在潜在竞争局面时，酒钢开始建设板坯连铸机和中板轧机工程。

1999 年，高线产品竞争激烈，价格出现下滑趋势，酒钢的中板产品开始进入市场，且价格一路看好。此时，酒钢意识到自身产品结构，尤其是线材产品在品种上的劣势，进而开始考虑进行高速线棒改造工程的筹划，并于当年开工。

2000 年 12 月 20 日，"酒钢宏兴"股票在上海证券交易所上市发行。

2001 年末，当国内钢铁产品出现总量供过于求，但高品质、高附加值产品仍需进口的"不合理结构"时，酒钢的炉卷轧机工程开工建设。同时，高线棒材工程竣工并投产，其带肋钢筋产品一上市，就受到用户的青睐。

翼城钢铁公司是酒钢公司跨地区直接投资建设的第一个钢铁主业子公司，于 2001 年 12 月 17 日破土动工，2003 年上半年陆续投产，位于山西省临汾市翼城县境内，占地面积 173.6 万平方米，具备年产 100 万吨生铁、200 万吨转炉钢、220 万吨热轧带肋钢筋生产能力，是区域内最大的三级螺纹钢生产基地。

榆中钢铁公司是酒钢出资异地建设的第二个钢铁主业子公司，位于甘肃省兰州市榆中县境内，一期工程于 2002 年 12 月 26 日开工建设，2003 年 12 月投产，具备年产 360 万吨生铁、400 万吨转炉钢、150 万吨热轧带肋钢筋、220 万吨高速线材生产能力。于 2012 年 9 月投产的 2800 立方米高炉，是目前西北地区单体容积最大，设备最为先进的现代化高炉。

此时，已经"小有成就"的酒钢并没有就此停步，而是把眼光投向未来，以先进理念指导企业，谋求在"十五"期间的跨越式发展。

酒钢的劣势不言自明。虽然在"八五"期间建成了高速线材工程和 2 号高炉，但酒钢产品称雄一时的优势很快就会被随后跟进的国内数十条高线所削弱；"九五"期间建设的中板轧机工程，虽然可缓解酒钢单一产品带来的结构性矛盾，但落后的技术和装备仍然占据相当大的比重，一些技术经济指标与国内先进水平相比，尚有较大差距。加之，酒钢所处地域偏远，原材料和产品运输路线长，成本制约依然是瓶颈。弯道超车，抓住机遇进行产品结构调整是酒钢的不二选择。

钢铁是酒钢的立身之本。进入"十一五"，酒钢集团面对复杂的国际国内形势，确定"站稳脚跟，巩固成果，沉着应对，适机发展"的目标，积极实施产业结构调整和产品升级，企业致力于加快技术改造和技术创新步伐，增强自主创新能力，提升技术水平，改善品种，提高质量，降低消耗，大力开发高质量、节约型、有特色的高附加值产品，着力做大做强。

酒钢不锈钢厂建成于 2005 年 10 月，是酒钢公司产品结构调整战略重点建设项目之一，具备年产 120 万吨不锈钢的生产能力。现有不锈钢炼钢、不锈钢热轧和不锈钢冷轧三大生产工序，是国内少数拥有从炼钢、热轧到冷轧完整配套的不锈钢生产企业之一，成为我国西部地区最大的不锈钢优质精品生产基地，形成了中国不锈钢"三足鼎立"的新格局。

酒钢不锈钢拥有当今世界一流的不锈钢生产装备，形成从炼钢、热轧、冷轧、中厚板完整的配套工艺。主要设备由德国西马克、奥地利奥钢联、意大利达涅利和日本川崎制铁等国外知名公司设计并制造，炼钢配备有脱磷转炉、电炉、AOD 转炉、LF 精炼炉和板坯连铸机，热轧采用炉卷轧机和中厚板轧机工艺设备，冷轧设备包括罩式退火炉、热退火酸洗线、冷退火酸洗线、20 辊轧机、中厚板退火酸洗线以及配套的平整剪切设备，保证产品拥有优良的表面质量、机械性能指标和板形质量。

酒钢不锈钢目前已可批量生产奥氏体 304、304L、304J1、316L、321、309S、310S，铁素体 409L、410S、410L、430，马氏体 420J1、420J2，双相不锈钢 2205 等牌号，产品种类涉及不锈钢热轧黑卷、热轧板带卷、冷轧板带卷和热轧中厚板，冷轧产品厚度为 0.3~4.0 毫米，宽度可达 1600 毫米，中厚板产品 4.0~100.0 毫米，宽度 1500~3200 毫米。公司通过 ISO 9001 质量管理体系和 ISO 14001 环境管理体系认证，部分产品获得压力容器制造许可证书、中国船级社认证证书、冶金行业品质卓越产品奖和实物质量金杯奖。

碳钢薄板厂成立于 2008 年 10 月，是酒钢集团公司产品结构调整重点工程项目之一。具备年产 400 万吨钢、110 万吨常规板坯、100 万吨方坯、250 万吨热轧薄板及 150 万吨冷轧薄板（其中冷轧镀锌板带 75 万吨）的生产能力。碳钢薄板厂的建成投产，使酒钢宏兴的产品品种更加丰富，产品品质进一步提升，产业链条更加完善。

碳钢薄板厂拥有从炼钢、精炼、常规连铸、薄板坯连铸到热轧、冷轧、罩退、平整和镀锌完整的工艺生产线，主要设备从德国、日本、奥地利、美国、意大利、瑞典等国家引进。主要产品有常规板坯、方坯、热轧卷板（其中热轧产品主要有普通碳素结构钢、高强度低合金钢、管线钢、石油套管、汽车大梁钢、冷轧基料、集装箱板、焊瓶钢、花纹板等）、冷轧卷板等。热轧卷板产品销往西北、西南、华中、华东等国内市场以及意大利、摩洛哥、韩国、中国台湾等国家和地区。冷轧、镀锌产品成功进入吉利、比亚迪、江淮、小天鹅、海信、美的、海尔等国内著名汽车、家电企业。

自成立以来，碳钢薄板厂在设备引进、项目建设上高起点、高标准，力求建成国际先进、国内一流的生产线。碳钢薄板厂冷轧生产线 2007 年 4 月 6 日开工建设，2009 年 5 月 12 日酸轧线投产，整个工程历时 25 个月，是一条具有当今世界先进水平的现代化轧钢生产线。具有年产 150 万吨冷轧薄板的生产能力，其主要产品有 CQ、DQ、DDQ 级冷轧板，产品主要运用于汽车制造、家电制造、机械制造和建筑等领域和行业。目前产品主要销往西北、西南、华中、华东等国内市场及韩国等国外市场。

这些项目的建设，使得酒钢的铁、钢、材规模达到 700 万吨以上，产品品种由单一碳钢转变为碳钢和不锈钢并重，产品结构由线棒材为主转变为板带材为主，实现了企业的再造。

前进的道路并不平坦。让酒钢人记忆犹新的是，2008 年，那场突如其来的金融危机，让人措手不及。从 2008 年的 8 月下旬到 10 月下旬，短短 3 个月的时间，国内钢材的吨钢平均价格下跌了 2600 多元，跌幅达到 48%。跌幅之大，跌速之快，触目惊心。金融危机的到来对于资源不占优势，又地处西北内陆远离市场的酒钢几乎是致命的。在生死存亡的关键时刻，酒钢上上下下咬紧牙关，采取大幅压缩费用、制定切合实际的生产组织方针、加快市场开拓步伐、进一步强化基础管理等各项措施，应对罕见的困难。2008 年，酒钢宏兴铁、钢、材产量分别完成 607 万吨、697 万吨和 681 万吨。

进入 2009 年，金融危机仍然在持续，市场形势依然严峻。酒钢职工振奋精神、创新工作，努力在逆境中全面提升企业盈利能力。这一年，酒钢宏兴没有拿到一份亮丽的成绩单，但却描绘了一份逆境图存的路径图；这一年，酒钢宏兴职工齐心纾时艰，协力促发展，扬起风帆，破浪前行，战胜了改革开放以来最严峻的困难。

保增长、促发展是这一年全国经济工作的头等大事。作为省属重点企业，酒钢有义不容辞的责任，也是自身生存的迫切需要。2009 年 5 月，甘肃省委、省政府提出了保增长、抓项目、保民生的重大举措。酒钢敏锐地抓住有利时机，积极进行产品结构调整，促进结构优化、转型升级；延伸产业链，提高竞争力；在产业升级方面下工夫，力求努力改变产品结构单一、拳头产品不多的局面。

2009 年，对酒钢宏兴来说有一件大事值得记取：为建立现代企业制度，完善法人治理结构，利用资本市场做大做强钢铁主业，是年 10 月 31 日，通过定项增发，酒钢宏兴实现了碳钢主业整体上市，有效整合了钢铁产业资源（具体包括本部钢铁主业铁前系统境铁山矿、镜铁山矿黑沟矿区、石灰石矿、白云岩矿四个矿山的采购权，采矿、选矿、烧结、焦化等资产，热轧卷板厂、碳钢冷轧系统等碳钢轧钢系统资产，储运、动力、检修等辅助系统资产，以及相关国有土地使用权，商标专用权、专利权和酒钢集团榆中钢铁有限责任公司 100% 股权），提升了核心竞争力和可持续发展能力，碳钢主业整体上市后，酒钢宏兴达到年产 700 万吨生铁、800 万吨钢、700 万吨材的装备生产能力。

酒钢宏兴整体上市，资产负债率由 74% 降到了 67%，资本结构得到较大优化。整体上市成为酒钢发展史上一件里程碑式的大事，它不仅解决了企业在土地权属、环保手续欠账等方面的许多历史遗留问题，而且打破了企业通过资本市场筹措发展资金的瓶颈限制，为酒钢未来借助资本市场推动企业进一步发展奠定了坚实基础。

2009~2010 年，酒钢宏兴积极谋划、争取和实施的钢铁主业项目主要有：

炼铁厂 1800 立方米高炉炼铁系统工程：于 2009 年 10 月 28 日开始施工，是公司"十一五"期间产品结构调整的重点建设工程。实现达产达标的目标，同时也标志着酒钢炼铁生产又向大型化高炉生产前进了一步，炼铁生产的装备水平得到提升，为下一步改善炼铁经济技术指标创造了条件。

高速棒材生产线项目：于 2010 年 5 月 15 日启动建设。主要建设内容有：建设一台断面 150 毫米×150 毫米，铸坯长度 6 米、12 米，设计拉速每分钟 3.0~3.5 米的 R10 米全弧形 6 机 6 流方坯连铸机及配套设施；在炼轧厂 1 号方坯连铸机北侧建设设计产能 100 万吨的棒材生产线及其配套设施。采用国内转化棒材轧制工艺，配置蓄热式步进梁式三段加热炉，全线共有 18 架轧机，产品规格直径 8~40 毫米，于 2011 年 6 月全部建成投产，可实现年产方坯 120 万吨、棒材 100 万吨（带肋钢筋 70 万吨、圆钢 30 万吨）。

进入 2011 年，甘肃省委十一届七次全委扩大会议提出了"中心带动、两翼齐飞、组团发展、整体推进"的区域发展战略。中心带动，即支持兰州率先发展，建设兰州—白银都市经济圈，充分发挥中心城市的龙头带动作用。在这个前提下，酒钢又一次迎来了难得的发展机遇：开始建设榆钢支持灾区恢复重建项目，这是国家关于汶川地震灾后恢复重建生产力布局和产业调整专项规划项目之一，是甘肃省重点监控的重大建设项目。该项目的建设对优化甘肃省钢铁工业布局，推动兰州市经济社会发展，实现全省"中心带动"战略具有十分重要的意义。

榆钢支持灾后重建项目于 2011 年 3 月 1 日开工，项目建成后，榆钢新系统具备年产烧结矿 330 万吨、冶金焦炭 43 万吨、铁水 246.4 万吨、钢坯 271.6 万吨、棒材 110 万吨、高速线材 160 万吨的生产规模。2013 年 9 月 29 日，3 号高炉点火成功，标志着榆钢支持灾后重建项目全面投产。该项目的实施，进一步巩固了榆钢线棒材产品在兰州的市场，并提升了盈利空间。

加上此前已经建成投产的一期项目，榆钢公司已经形成年产铁 360 万吨、钢 400 万吨、材 400 万吨的生产规模，成为西北地区规模适中、产品配套的精品建材基地。至 2012 年底，榆钢公司累计生产生铁 801 万吨、钢坯 868 万吨、钢材 937 万吨，实现销售收入 330.43 亿元，上缴税金 12.80 亿元。

在抓好钢铁主业结构调整的同时，集团公司积极实施稳定协调发展的资源战略。提出要建立和完善酒钢资源供应链体系，采取多种形式的资源战略措施，通过投资、合作、扶持等方式，大力开发和利用国际国内两种资源，提高综合利用水平，建立起持续、稳定、可靠的资源供应保障体系和稳固的战略联盟，为实现可持续发展奠定坚实的基础。

2011 年 6 月 25 日，酒钢宏兴 400 万吨铁选厂工程破土动工。设计年处理镜铁山原矿 400 万吨，年产铁精矿 182 万吨。年产铁精矿 188.50 万吨，品位 53.74%，采用块矿焙烧磁选阳离子反浮选、粉矿强磁选工艺。工程于 2012 年 9 月底完成土建施工及主体工艺设备安装，11 月中旬完成了单体试车及空负荷联动试车，11 月 20 日带矿生产，比原定工期提前了 40 天。2012 年 11 月 20 日建成投产，2013 年 3 月实现了按期达产达标，尾矿品位降低金属回收率提高（同比提高 2 个百分点），资源综合利用效率提高，新水、药剂、煤气等消耗降低，综合吨铁精矿成本同比降低了 70 元，经济效益显著。

2011 年 11 月，酒钢宏兴另一重要项目——镜铁山矿技术改造项目开工建设。到 2013 年 10 月，完成了黑沟破碎运输系统改造、黑沟矿区保温矿仓装车计量系统建设、黑沟保温矿仓建设、检修厂房建设、桦树沟矿区保温矿仓及附属设施建设工程等共 22 个分项工程。该项目已于 2013 年 10 月 18 日通过竣工验收，桦树沟矿区产能达到 500 万吨规模，黑沟矿区产能达到 450 万吨规模。

但是，国内外经济形势从来总是风云变幻，时间进入到 2012 年，全球经济低迷，钢铁产品价格再次急剧下滑，发展不确定因素增多，钢铁企业生存与发展又一次遇到了严峻的挑战，企业经营出现很大困难。"逆流奋争，慢退也是进"，酒钢集团公司审时度势，采取了"站稳脚跟，敏捷应变，蓄势求进，加快发展"的策略，实施了一系列的挖潜增效举措。生产单位积极通过调整产品结构、优化经济配料、强化指标进步等措施展开挖潜，酒钢的生产经营保持了平稳增长的态势，2016 年酒钢的整体盈利水平在重点钢铁企业中保持在前 6 名。此后酒钢整体盈利能力保持较好水平。

三、在结构转型中实现高质量发展

"需求决定市场，项目决定未来"。酒钢在谋划和推进项目建设的过程中，站在全局发展的高度，不断拓宽视野，更加深入地了解和认识市场规律，推动调整产业、产品结构，实现企业多元转型发展。

为全面促进产业多元协同发展，酒钢与新疆广汇能源公司合作成立甘肃宏汇能源公司，煤炭分质利用项目正在按计划分期建设；西部重工公司成套冶金、风力发电装备制造、焊接材料、环保设备、钢结构等研发制造能力不断提升，成为西北地区最大的风电装备制造企业；现代养殖、种植和葡萄酒酿造稳健发展，祁牧乳业公司为国家奶牛标准化示范场，葡萄种植及葡萄酒在国内首家通过国际有机产品双认证，紫轩酒业公司"紫轩"牌葡萄酒，摘取上海世博会"千年金奖"。资源开发、环保建材、房地产与酒店餐饮等产业为企业不断拓宽发展领域。企业优化升级、结构转型迈出了坚实的步伐。

2012年5月2日，酒钢跨出战略性的一步：整合重组甘肃东兴铝业有限公司（简称东兴铝业），通过股权划转，酒钢集团持有东兴铝业100%股权，东兴铝业成为酒钢集团的全资子公司。东兴铝业是甘肃最大的铝冶炼企业，主营电解合金铝。下辖嘉峪关分公司、陇西分公司、兰州分公司和兰州建华金属加工厂4个分公司，拥有240千安、400千安、500千安三条大型电解合金铝生产线。

2013年3月21日，国家发改委下发文件，正式批准酒钢循环经济和结构调整项目。根据国家发改委批复，该项目实施后，嘉峪关本部钢铁年生产能力达到生铁835万吨、粗钢1016万吨（含不锈钢256万吨）、钢材968万吨。全年开工建设各类项目134项，完成固定资产投资101亿元。纳入全省"3341"项目工程的循环经济和结构调整项目取得突破性进展，特别是本部1号、2号高炉优化升级改造工程、2×350兆瓦自备热电联产工程，电厂工程等重点工程按期建成投产，为集团公司战略转型和多元化发展提供了重要支撑。

酒钢宏兴全资子公司天源新材料公司，是酒钢集团立足现有产业结构，结合市场需求和新材料产业发展方向，推动产业结构升级，实现供给侧结构性改革和转型发展而建立的新型复合材料公司。公司拥有当今世界领先的复合材料生产装备和先进的生产工艺技术。公司从国外引进全套生产装备和工艺技术建成了国内第一条全连续式自动化大工业减振复合板生产机组，生产装备和工艺技术达到了国际领先水平。公司生产的不锈钢薄膜板、碳钢减振板、有色金属薄膜板等金属复合材料产品以及彩色层压钢板（VCM）的产品质量和工艺稳定性已达到国际同类（领先）水平，产品广泛应用于汽车、家电、交通、船舶、建筑装饰等行业及领域。

酒钢在延长产业链上大做文章。2016年5月6日，甘肃酒钢天成彩铝有限责任公司绿色短流程铸轧铝深加工项目开工。项目以酒钢东兴铝业铝液为原料，通过熔融、均热、铸轧、冷轧等工艺，生产铸轧卷、冷轧板、彩铝板等产品。建成后年产铝合金铸轧卷40万吨，其中铝合金幕墙板和铝箔坯料用带材20万吨、铝合金涂层板带材20万吨。

党的十八大以来，酒钢积极实施供给侧改革，大力实施走出去战略，以更宽的视野谋划企业的未来。2015年，俄铝出现了巨额亏损及债务问题，急需调整资产结构，拟出售其位于牙买加的阿尔帕特氧化铝厂100%股权。经过多轮考察谈判，2016年11月24日，酒钢集团公司从俄罗斯铝业联合公司手中收购了阿尔帕特氧化铝厂，开启了酒钢"走出去"

的征程。

中国国内铝土矿资源供应紧张的趋势逐步加大，给电解铝行业的可持续发展带来很大挑战。酒钢集团东兴铝业公司现拥有年产 175 万吨电解铝，是全国第六大电解铝生产企业；牙买加铝土矿总储量占世界第五位，成功收购俄铝阿尔帕特厂，可解决酒钢集团大部分氧化铝原料供给，标志着加快补链、延链、强链，推动高质量发展迈出的坚实步伐。

同时，甘肃省在依托现有牙买加项目的基础上也逐步加快了建设牙买加甘肃产业园区的步伐。园区整体规划面积 30 平方千米，将分期分批启动产业园区项目建设，引入中国技术和中国装备，促进优势产能合作，实现加工制造、现代物流、农业示范、城镇服务等"四位一体"。

四、坚持抓好党建，以党建促生产经营水平提升

多年来，酒钢集团坚持企业党组织建设和现代公司治理相统一，有效发挥各级党组织的领导核心作用，把方向、管大局、保落实，推动国有企业保值增值。酒钢集团着力推进"五位一体"协同发展，努力推动"四个全面"落实落地，勇担社会责任，构建和谐企业，实现企业与员工的共同发展，共享发展成果。

酒钢集团现有党员 1.03 万名，下设基层党委（党总支）52 家，其中直属党委（党总支）26 家，基层党支部 376 个。集团公司多次荣获全国文明单位、全国先进基层党组织、全国思想政治工作优秀企业、"全国五一劳动奖状"等荣誉称号。多年来，酒钢集团在企业改革发展过程中，始终坚持党的领导，加强党的建设，不断总结、传承富有酒钢特色、适应企业发展的党建工作传统，助推企业高质量发展。

一是坚持大力传承和弘扬"铁山精神"。酒钢党委不断拓展和丰富"艰苦创业、坚韧不拔、勇于献身、开拓前进"的铁山精神的时代内涵，坚持开展系列纪念活动、"铁山精神"体验、讲好"酒钢故事"等工作，逐步形成了员工共同的理想信念和价值追求。

二是坚持党建工作与企业生产经营"四同步、四统一"。多年来，酒钢集团坚持把促进企业生产经营和推动企业改革发展作为加强党建工作的出发点和落脚点，做到了"四同步、四统一"，即：党委规范基层组织设置与行政机构改革调整同步、做到加强党的领导与完善公司治理相统一；党委部署党建工作与行政下达生产经营建设计划同步、做到党委工作目标与行政工作任务相统一；党委布置思想政治工作与企业改革转型发展重大举措同步、做到党委工作重点与行政工作难点相统一；党委实施目标管理评价与行政落实生产经营建设责任同步、做到党委"管人"与行政"管事"相统一。

三是坚持每年一个主题教育活动。创新思想政治工作，从 1996 年开始，酒钢党委连续 23 年坚持每年开展一个主题教育活动，以各种形式向广大职工讲透机遇、讲清困难、讲准目标、讲好措施，发挥了教育引导、团结鼓劲、凝聚力量的作用，营造了积极向上的思想环境和舆论氛围。

四是坚持典型引路先锋引领不放松。多年来，酒钢党委坚持两年一次的"酒钢劳模""两优一先"评选表彰，树立了一批扎根戈壁、奉献企业的先进典型。一大批先进典型，引导和激励广大职工学习新知识、掌握新技能，着力建设知识型、技能型、创新型劳动者大军，大力弘扬劳模精神和工匠精神，营造劳动光荣的社会风尚和精益求精的敬业风气，推动酒钢集团公司转型升级。

酒钢改革开放 40 年来，能够扎根西北崛起发展的根源。风物长宜放眼量、立足高远始制胜。经济新常态，发展动能转换、分化加剧，重任在肩、使命艰巨的酒钢人将以习近平新时代中国特色社会主义思想为指引，秉持创新、协调、绿色、开放、共享的发展理念，积极培育新动力、形成新结构、推动高质量发展，努力成为具有核心竞争力和强大综合实力的国际化大型企业集团。酒钢，这个让钢城儿女无比骄傲的企业，在改革发展中奔向新的辉煌！

改革开放 40 年柳钢改革发展成就

广西柳州钢铁集团有限公司

广西柳州钢铁集团有限公司（简称柳钢），始建于 1958 年，经过 60 年的不断发展壮大，已发展成为我国华南、西南及泛北部湾地区最大的钢铁联合企业，是中国 500 强企业与全球 50 大钢企之一。目前在岗职工 19000 多人，初步形成了柳州本部、防城港和玉林"一体两翼"钢铁发展新版图，资产总额超 585 亿元，具备年综合产铁 1400 万吨、钢 1480 万吨、钢材 2250 万吨的能力。2017 年，实现营业收入 685 亿元，利润 46.8 亿元，上缴税金 23.8 亿元；其中，利润进入全国同行前 10 名。2018 年上半年，柳钢营业收入、利润、利税均实现较大幅度增长。其中，营业收入 410.7 亿元，利润 41.85 亿元，上缴税金 21.39 亿元，均创柳钢历史最好水平。

一、柳钢改革发展的风雨历程

柳钢从诞生、发展与崛起，经历了创建雏形阶段、停产停建阶段、复产续建阶段、改革发展阶段、跨越发展和转型升级发展等六个阶段。

第一阶段（1958~1962 年），创建雏形阶段。这是柳钢的诞生时期，即是在 1958 年"大跃进"全民大办钢铁热潮中诞生的，结束了广西不产钢的历史。这一阶段累计产生铁只有 6.6 万吨、钢 1.1 万吨、钢材 0.08 万吨。

第二阶段（1963~1965 年），停产停建阶段。在 1962 年国民经济大调整中停产停建下马，为期三年的整顿调整，这充分说明了作为资金密集型的国有基础工业企业，其企业生命周期受国民经济状况和国家宏观经济政策调控的影响。

第三阶段（1966~1979 年），复产续建阶段。建成了钢铁联合企业的总体结构，为以后的发展打下了重要的物质基础。但是，在当时高度计划经济管理体制下，企业缺乏综合平衡的发展战略。这一阶段累计产生铁 122.6 万吨、钢 93.8 万吨、钢材 4.7 万吨。连续累计亏损 1.87 亿元。

第四阶段（1980~2000 年），改革发展阶段。这是柳钢在改革开放的时代大潮中不断前进、稳步发展的时期。1980 年，柳钢开始实行"自主经营、自负盈亏"的经济承包责任制，实现了建厂 23 年来第一次扭亏增盈，对只管投入不管产出、只管生产不管经营的生产运行模式进行反思，并实施由生产执行型管理向生产经营型管理转变。之后，柳钢推行了"劳动、人事、分配"三项制度等一系列改革措施，逐步摆脱了计划经济的束缚，走出了一条"自我积累、自我改造、自我发展"的新路子。建成了 42 孔 4.3 米焦炉、50 平方米烧结机、3 号高炉、4 号高炉、中板 2800 毫米中板轧机等一批重点工程，使柳钢走上良性发展轨道。1998 年钢产量突破 100 万吨。这一阶段累计产生铁 1076.7 吨、钢 1065.4 万吨、钢材 994.6 万吨，实现扭亏为盈，累计利润 9.75 亿元。

第五阶段（2000~2010 年），跨越发展阶段。这一阶段，实现了年综合生产能力 100 吨的突破。然后，伴随着中国经济的快速发展，每年以 100 多万吨钢的增幅飞跃式发展，2010 年突破 1000 万吨钢的生产规模。"九五"末期，由于受到亚洲金融危机和我国遭受特大洪涝自然灾害等影响，柳钢陷入了亏损的边缘。2001 年，柳钢放弃搞"有效益的 100 万吨钢"战略，转变为向发展企业规模要效益的战略，提出"做优做强钢铁主业，拓宽搞活非钢产业，建立现代企业制度，不断提高职工生活水平"四项重点工作思路。通过连续十年投入，淘汰落后装备工艺，开展大规模的分配、人事、劳动用工三项制度改革，使柳钢以每年 100 万吨的增速实现了跨越式大发展。2007 年，"柳钢股份"成功上市，进一步增强了企业综合实力和市场竞争力。2010 年，钢年产量突破 1000 万吨大关，跻身于中国 500 强企业之列。

第六阶段（2011 年~），转型升级发展阶段。"十二五"期是中国钢铁行业极其艰难的五年，整个行业经过 30 多年无节制扩张，面临着"低增长、低价格、低效益"的行情困局，行业竞争达到前所未有的激烈程度，过去高速粗犷的发展道路已走到尽头。面对艰难境地，柳钢审时度势，重新规划定义企业未来发展战略方向，主动适应经济发展新常态，明确提出"调结构、拓市场、促改革、强管理、抓廉政"的转型升级总体工作思路和"做优做精钢铁主业，做大做强多元产业"的总体目标，坚持稳中求进的工作总基调，全面推进结构调整和转型升级。2015 年，在冶金工业规划研究院发布的"中国钢铁企业综合竞争力测评结果"中，柳钢位列第 13 位；2016 年上升到第 9 位。目前，柳钢成为我国华南和西南地区最大、最先进的钢铁联合企业。

二、改革开放 40 年来柳钢的历史性成就与变革

经过几代人 60 年的艰苦奋斗，柳钢实现了一步步的历史跨越和一次次的转型升级，

尤其改革开放 40 年来，柳钢创造一个又一个发展奇迹，跻身于中国 500 强企业之列，成为我国华南、西南地区乃至泛北部湾经济圈最大、最先进的生态型钢铁强企，在 2017 年柳钢生产经营又创历史新水平。40 年，沧海桑田，跨越巨变。改革开放 40 年，柳钢借改革开放的东风，由计划经济体制下的柳州钢铁厂，发展成为如今适应市场经济体制的特大型现代化钢铁企业集团——广西柳州钢铁集团有限公司。从发展理念、思想观念，到产品规模、技术管理，到工作环境、职工生活水平等，均实现了前所未有的大突破、大跨越和大发展，演绎出了解放思想，实事求是，改革求发展、开放求发展的广西钢铁传奇。一个朝气蓬勃、欣欣向荣的现代化钢铁企业正在祖国的华南崛起。

这 40 年，柳钢发展又好又快，经济总量以成百倍的幅度增长。40 年间，柳钢生产规模从十几万吨跃升至千万吨。特别是党的十一届三中全会后，在党和国家粉碎"四人帮"、结束"文化大革命"，举国欢腾、人心思变、百业待兴的新局面下，柳钢拨乱反正，生机焕发，于 1980 年扭转了柳钢建厂以来的亏损局面，第一次实现盈利。1998 年首次突破产钢 100 万吨，2017 年钢材产量突破 1200 万吨，比 1978 年增长了 98 倍；营业收入也从 1978 年的 0.7 亿元上升到 2017 年的 685 亿元，增长了 977 倍；利税从 1978 年的亏损 0.1049 亿元增至 2017 年的 70.6 亿元，增长了 674 倍。雄厚的经济实力，使柳钢巩固了广西最大工业企业的地位，是我国西南华南钢铁强企。

这 40 年，柳钢勇于开拓创新，不断从改革中获取发展动力。在放权让利、转换经营机制、三项制度改革、建立现代企业制度等每一段国企改革的历程，柳钢的发展都在改革尝试中不断跃上新的高度。特别是党的十四大后，按照建立市场经济体制和现代企业制度的要求，柳钢的改革目标更加明确。1993 年，柳钢由工厂制改革为公司制，由计划经济条件下的生产工厂变为市场竞争的主体，初步建立起了公司集团化管理体制，建立了法人治理结构。此后，不断实施精干主体、分离辅助、改制上市等一系列改革措施。与现代企业制度相适应的激励机制日益完善，三项制度改革不断推进，极大地激发了企业的生机和活力。建立完善了对经营管理者的考核奖惩机制，广大经营者的积极性得到极大的调动。建立健全了有激励作用的劳动用工机制，员工队伍不断精干，改革前职工人数最多时 21870 人，只生产 70 多万吨钢，人均年产钢 30 多吨，而改革后的 2017 年产钢 1230 万吨，主业职工人数为 14392 人（2017 年年末数），人均年产钢 855 吨。企业的劳动生产率大大提高。同时，改革原有的等级工资制，不断探索形成充分激发人的积极性、创造性的现代薪酬制度。目前形成了模拟年薪制度、岗位效益工资制度、技术专家津贴制度和学科带头人奖励制度等多样化薪酬体系，使收入分配这一"指挥棒"更加激励有效、指挥得力。这就是改革带来的力量、效率与效益。

　　这40年，柳钢以做大做强为发展理念，在开放中把企业发展境界推向令世人瞩目的高度。40年，柳钢实现了由封闭式的计划经济工厂供给制向扩大开放，加大对国内国际两种资源、两个市场开发利用力度的成功跨越。柳钢作为广西唯一的一家成为中国—东盟"10+1"钢铁产业基地。目前，整个东南亚地区钢铁工业的发展比较落后，但该地区的经济发展却大大拉动了对钢材的需求，特别是越南、泰国、马来西亚以及菲律宾，这些国家钢材需求非常旺盛。因此，柳钢的发展思路就是，继续稳固国内的华南和西南两大市场，同时进一步向东南亚地区延伸。当前，开放合作已成为柳钢发展进步的主流。柳钢在开放共赢中，与十一冶重组，与中金公司重组，走沿海发展战略，同时与国内外科研院所、上下游用户、银行、保险等方方面面建立起了战略伙伴关系，获得了源源不断的资金、资源、先进的技术、管理等，发展视野更加宽广，发展实力成倍增长。随着中国–东盟自由贸易区的形成，泛北部湾经济圈的形成，将为柳钢的又好又快发展奠定坚实的基础。柳钢得天独厚的地域优势，使之距离东盟国家及地区最近的特大型钢铁联合企业。柳钢的发展也将为中国–东盟自由贸易区、泛北部湾经济圈的形成增添活力。今后柳钢要进一步做强做优做大，要在中国–东盟自由贸易区，泛北部湾经济合作中发挥更大的作用。

　　这40年，柳钢升级换代，特别是近10年来柳钢技术装备升级、结构优化、硬实力显著提升。柳钢从"十五期"前的百万吨级一跃上到如今的1000万吨级，实现了"十级跳"，完成升级换代。柳钢先后投入200多亿元资金，进行技术改造，通过自主创新淘汰了落后的不符合国家产业发展政策和市场需求的大轧、小轧、线材、无缝钢管、薄板以及小高炉、小转炉、小焦炉、小烧结、小电炉、小焦炉等生产线，使柳钢的装备向大型化、连续化、自动化的先进装备转化，整体装备已处于国内先进水平，逐步形成了今天的以中厚板、高速线材、连轧棒材、热轧板带、冷轧板带等为拳头产品的品种结构，较好地满足了市场竞争的需要。产能上实现了由一个柳钢变成了十个柳钢的跨越。在国内开创了一条投资省、建设工期短、达产快、装备新的钢铁发展新路，并创造了多项国内同行第一。由于大胆采用新工艺、新技术，柳钢开发新产品，节能降耗，提高产品质量，优化产品结构，各项质量、节能降耗等技术指标也得到了大幅提高。目前柳钢产品的成材率、合格率等指标达到全国先进水平。柳钢的快速发展，得益于柳钢抓住了钢铁行业调整、发展的战略机遇期，走创新、品种、质量和效益并重之路，加快工艺装备的升级换代，设备几乎全部旧貌换新颜，逐步走上了装备大型化、工艺现代化和产品专业化的发展之路，不仅提高了企业的生产能力，还提升企业的市场核心竞争力。

　　这40年，柳钢崛起腾飞，特别是近10年来柳钢攻克技术难关、技术创新能力不断提高、软实力显著提升。计划经济体制下的主要是保生产的技术研究部门被改造成赋予市场经济体制色彩的产品开发机构，建立健全了适应市场经济体制的以企业为主体的技术创新体系，这为企业以市场为导向的技术创新奠定了体制基础。市场经济体制要求企业自主经营、自负盈亏、自我发展、自我约束。这种大环境，更加激发了柳钢科技人员的攻关动力和激情。经过几代柳钢人励精图治，柳钢这个当初年产钢仅 10 余万吨的"作坊式"小厂，已发展成为国内大型现代化钢铁企业，连续多年成了全国 500 强企业。2012 年以来连续六年获得全国用户满意企业。2013 年柳钢成为第一批符合《钢铁行业规范条件》的 45 家企业之一，在"2016 年中国钢铁企业综合竞争力评级"中获评 A 级竞争力特强钢铁企业，2017 年位列中国 500 强企业 313 位，跻身 2017 年全球前 50 大钢铁企业第 31 位，比 2016 年的 32 位提升了 1 位。

这 40 年，柳钢不断优化产品结构，持续做优做精钢铁主业。目前，柳钢主导产品为冷轧卷板、热轧卷板、中厚板、带肋钢筋、高速线材、圆棒材、中型材、不锈钢等，已形成 60 多个系列、500 多个品种。产品在满足华南，辐射华东、华中、西南市场的同时，还远销到东亚、南亚、欧洲、美洲、非洲等 10 多个国家和地区，广泛应用于汽车、家电、石油化工、机械制造、能源交通、船舶、桥梁建筑、金属制品、核电、电子仪表等行业。柳钢坚持"铸造精品，超越期望"的质量管理理念，以精益求精的工匠精神，为客户提供优质产品。其中，冷轧低碳钢带等 7 个产品荣获国家冶金产品实物质量"金杯奖"，钢筋混凝土用热轧带肋钢筋等 5 个产品荣获"冶金行业品质卓越产品"称号，集装箱钢板等 8 个产品获评"广西名牌产品"称号，船用结构钢获 8 国船级社工厂认可，结构用钢板和钢带通过欧标 CE 认证、新加坡 FPC 认证，冷轧钢带产品通过欧盟 ROHS 认证，英标 460 级螺纹钢通过香港土木工程拓展署注册审核。2015 年，柳钢顺利通过汽车用钢质量管理体系认证。

这 40 年，柳钢不断延伸产业链，做大做强多元产业。钢铁产业链的发展，必然带动上下游行业的协调发展，钢厂的正常运行，所需大量的原、燃材料，钢厂的维护也需要大量的机器设备和材料。因此，钢厂的发展，必然带动原燃材料、能源、电力、运输、机械、建筑、仓储、金融等产业以及服务业的发展。柳钢在全面实施"做精做优钢铁主业、做大做强多元产业"的战略进程中，紧紧围绕"调结构、拓市场、促改革、强管理、抓廉政"的总体工作思路，全力推进改革创新。调整产业结构，淘汰落后产能，紧抓技术改造，延伸产业链，全力提升企业管理，全力提高职工队伍素质。振奋精神，坚定信心把企业做强做优。尤其是加大加快多元产业发展，实施"一企一策"，坚持优化产业结构，服务钢铁主业，培育主导产品，拓宽外部市场。充分利用柳钢的区位优势、资源优势和比较优势，不断增强多元产业内外部市场的竞争力，加大市场拓展力度，不断提升市场份额。

2017年多元产业发展壮大，营业收入与利润水平大幅提升，营业收入实现208.98亿元，利润6.04亿元，创历史最好水平。柳钢的环保产业、房地产业、国贸、商贸、矿业、医疗卫生、旅游服务业、园林等多远产业，发展势头强劲。

这40年，柳钢始终坚持走绿色发展道路，争当钢铁工业绿色转型引领者。1985~1995年，柳州市酸雨污染严重，酸雨频率最高时曾达98.5%，有"十雨九酸"之说，被列为全国四大酸雨城市之一。当时，柳钢作为地方企业，头顶着底子薄、装备差、能耗高、污染重的落后帽子，对柳州市的环境造成了一定影响，引发了一场"要柳州，还是要柳钢"的争论。面对这一切，柳钢没有退缩，坚持"不搞好环保连生存的权利都没有"的理念，深入推进节能减排、发展循环经济。特别是近十多年来，累计投资70多亿元，对"三废"实施全面治理，建成节能减排设施500多台（套），年环保运行费用超15亿元，环保治理集成了先进的技术，有些技术自主研发，在国内处于先进水平，有效确保了工业废水"零"排放、废渣与废气全部综合回收利用，实现了现代化钢企与宜居城市的和谐相融，也成就了柳州市"工业城市中山水最美，山水城市中工业最强"的美誉。绿色发展成为柳钢发展的新动力。2012年，柳钢荣获"全国资源综合利用'双百工程'骨干企业"称号；2013年，被工信部列为第一批符合《钢铁行业规范条件》的45家企业之一；2015年，柳钢在中国钢企绿色评级中名列十二位，属绿色钢企方阵。2017年，在第四届中国绿色发展与生态建设峰会上，柳钢获2017中国最具影响力绿色企业品牌称号；2018年，在"寻找最美绿色钢城"评选活动中，柳钢获评"2018绿色发展十大优秀企业"。

这40年，柳钢始终坚定不移地高扬"党建"之帆，保持国有企业的政治底色，把党的领导融入公司各个环节中，让柳钢在发展的大潮中乘风破浪。以"品牌党委、堡垒支部、合格党员"为目标，统筹抓好党组织建设，不断提升基层党组织的凝聚力、战斗力和影响力，推动柳钢在做强做优做大的征程上行稳致远。创新推行党总支、支部"公推直选"，通过"支部标准化8要素"推进党建工作标准化。创新开展党组织落实全面从严治党主体责任专项考评竞赛，全面分解细化从严治党任务清单，激发各级党组织努力将党建工作成效转化为企业发展的效益。建设广西首个企业党建云平台，提升了柳钢党建工作信息化水平及影响力。打造"十里钢城党代表先锋"品牌，聚焦单位所虑、职工所忧的实际问题，切实发挥出"传党情、听民意、谋发展、促和谐"作用。创建全国首条建设在工业生产线上的党性修养淬炼线——"钢铁先锋党员淬炼线"，以淬炼"四个合格"、熔铸"四个本色"为主题，进一步将党建文化融入生产现场、将党员精神贯穿工艺流程、将带动效应植入职工内心。坚持将企业党建工作纳入公司总体规划部署，把加强党的领导和完善公司治理统一起来，从顶层设计高度巩固党组织作用发挥；制订全面从严治党责任清单，构建"一岗双责、双向挂钩、三位一体"的党建工作责任体系；完善党风廉政建设三级责任体系，推进巡察工作全覆盖，运用监督执纪"四种形态"，健全执纪问责机制；推行"1+N监督工作机制"，构建综合监督体系，持之以恒正风肃纪，利剑高悬。完善"双向进入、交叉任职"领导机制，落实"一岗双责"，健全"三重一大"等决策议事机制，企业运转更加科学高效。

这40年，柳钢持续深化三项制度改革，不断拓宽选人用人渠道，全力打造职业化员工队伍，助推转型发展不断深入。功以才成，业由才广。人才被誉为发展的"第一资源"。柳钢持续深化三项制度改革。进一步推进公司全员竞聘上岗制度。创新干部选用模式，中层干部全员"双向选择、竞聘上岗"。推进职位管理体制建设，完善岗位族、岗位类以及岗位分级管理。加大人才引进力度，拓宽人才引进渠道。探索人力资源优化专项激励，构建多元单位市场化分配机制。2014年以来，柳钢先后出台了《柳钢工人技师三年培养计划》《柳钢员工晋升发展管理办法》《关于支持干部干事创业建立容错纠错机制的实施办法》等系列含金量高、操作性强的政策措施，有效解决广大人才的后顾之忧，搭建起大展宏图的舞台。在柳钢逐步形成了经营管理、专业技术、技能"三类人才"晋升发展模式，使干部职工都能找准职业定位、规划发展方向，畅通专业技术人才和高技能人才职业晋升互通机制，并在全体中层干部中公开推荐（首席）技术专家。2014年9月，柳钢打破常规的招聘渠道，首次公开面向社会招聘软件开发、物流、金融等方面的高级人才，开启了深层次的变革，近年来先后招聘高端人才20余人。2018年，4月10日，柳钢干部人事制度迎来有史以来重大的一次改革——拿出192个中层干部岗位进行公开竞聘，这意味着柳钢所有中层干部将就地起立，重新竞聘上岗。此次竞聘上岗，除柳钢中层干部全体起立重新竞聘上岗外，该公司700多名符合条件的首席专家、技术专家、正科级干部、主任工程师、技能专家均可参加竞聘上岗。此外，在每年召开的科技工作总结表彰大会上，柳钢都会安排专款对在上年对科技工作中有突出贡献的集体和个人进行奖励表彰。数据记载，2013奖励金额为160万元，到2018年奖励金额已跃升至340万元，增长超2.1倍。40年来，柳钢致力开创人人渴望成才、人人努力成才、人人皆可成才、人人尽展其才的良好局面，让所有干部始终保持着一种拼搏赶超的精神状态，时刻争做新时代的奋斗者，为新时代企业高质量发展提供强有力的人才支撑。

这40年，柳钢承担社会责任，奏响强企报国的时代强音。40年来，柳钢累计实现利税328.65多亿元，累计上缴利税211.41多亿元。柳钢在发展的同时，也带动和促进了本地区经济社会发展，为增加人民就业和民族团结做出了应有的贡献。因为，柳钢的生产经营涉及众多的工业经济门类，带动了矿业、能源、电力、建材、运输、交通、金融、机械加工制造以及服务业等的发展。在1998年抗洪救灾之际、在2003年抗击"非典"之际、在2008年年初抗击冰雪灾害之际、在2008年抗震救灾之际……柳钢和柳钢人都能以高度的社会责任感和使命感，奉献一己之力。特别是"5.12"四川汶川大地震，柳钢全力以赴，众志成城，抗震救灾，通过各种渠道向地震灾区捐款500万元，这是把人道主义的爱心和爱国主义的激情发挥出来，是主动承担社会责任的体现。面对灾难，柳钢肩挑社会重任，尽显大企业风采。另外，柳钢开展工业反哺农业工作，扎扎实实开展精准扶贫工作，并把它当成一种责任，一项义务来做好，得到当地农民和地方政府的好评。连续多年，柳钢以高度的政治使命感和社会责任感开展精准扶贫工作，精准定点帮扶融水县香粉乡金兰村、中坪村、安陲乡三寸村等14个贫困村，整村推进，产业扶贫，同时先后选派44名优秀干部驻村开展定点精准扶贫工作。柳钢还先后投入1500多万资金进行定点帮扶，推进的精准扶贫14个贫困村的村容村貌发生了翻天覆地的变化，并使当地农民真真正正走向富裕之路。柳钢40年发展壮大的实践证明，加快国有企业发展的同时，国企必须要担负起更多的社会责任。

这40年，柳钢职工生活水平显著改善、共享改革发展成果最集中体现。柳钢大力加强对群众组织和统一战线的领导，工、青、妇、科、侨等组织的桥梁纽带作用得到更好发挥，柳钢工会荣获"全国五一劳动奖状""全国模范职工之家红旗单位"，柳钢团委荣获"全国钢铁行业五四红旗团委"。开展"挑战不可能　建功十三五"主题劳动竞赛、"柳钢工匠""十佳青年"评选等，不断激发广大职工潜能。建成文化中心等场馆，不断完善文体设施，开展形式多样的文体活动，丰富职工的业余生活，柳钢获得"全国群众体育先进单位"。积极改善生产场所和生活区的环境，"元宝源"保障性住房、颐养中心等惠民工程相继交付使用，职工收入实现与企业发展同步增长，切实让职工共享企业发展成果。完善职工内病退制度、困难职工帮扶、女职工安康互助保障机制，建立职工重大疾病救助专项基金、提高就餐补助等，职工合法权益得到切实保障，广大职工的积极性创造性得到充分调动。如今的柳钢工业生产蒸蒸日上，职工的生活水平也发生了翻天覆地的变化。低矮简陋的旧房变为崭新的高楼大厦，住宅区绿树成荫、环境优美，简陋的红砖房单身宿舍变为设施完备的崭新的单身公寓，职工美食中心、文化广场、游泳馆、体育馆、训练馆等呈现在全体职工生活面前。柳钢人的菜篮子、米袋子日益丰盈。在衣、食、住后顾无忧之后，很多柳钢人纷纷成了"有车一族"，享受柳钢发展的成果，过上小康生活。

三、党的十八大以来柳钢取得新突破，发展前景广阔

特别是党的十八大以来，柳钢大力践行习近平治国理政新理念新思想新战略，在上级

党委、政府的指导帮助和大力支持下，勇于正视问题，勇于改革创新，团结带领广大党员和干部职工，在抢抓机遇中乘势而上，在转型攻坚中砥砺前行，各项工作不断取得新突破，呈现出良好发展局面和广阔发展前景。

一是与时俱进转变理念，把方向管大局能力不断提高，明确"做优做精钢铁主业、做大做强多元产业"的发展目标，深入实施"调结构、拓市场、促改革、强管理、抓廉政"工作思路，明确柳钢"本部转型升级、沿海有序发展、多元聚焦集群、集团战略管控"战略定位和"1+4+X"产业发展战略，绘制柳钢"十三五"战略转型新蓝图。

二是砥砺奋进苦练内功，企业整体竞争力不断攀升，以市场为导向、品种结构调整为手段，充分利用材大于钢的柳钢特色生产优势，产品生产规模、品种数量、质量水平、市场品牌形象等不断提升，铁、钢、材年产量齐上千万吨历史新台阶。

三是深化国有企业改革，协同管控模式不断完善，坚持向管理要效益，按企业管理一体化思路，强化系统协同，生产实现稳定、低耗、高效，管理体系持续优化。推进依法治企和精细化管理，构建起全过程全业务环节的风险防控体系。

四是坚持创新驱动发展，转型发展能力不断增强，加大技术创新、产品创新力度，自主创新能力不断增强，工艺装备水平全面升级，高端品种钢比例大幅提高，市场竞争力全面增强。

五是做大做强多元产业，企业发展空间不断扩大，深入实施多元化发展战略，不断延伸、拓展钢铁产业链上下游产业，推动多元产业快速发展，按照"市场化、专业化、板块化"的发展思路，提升多元产业市场竞争力，企业发展空间进一步拓宽。

六是理直气壮加强党建，核心引领作用不断深入，坚持党委的正确领导，构建"双向进入、交叉任职"领导机制，落实"一岗双责"，从制度机制上明确了党组织作用，深入开展党建品牌创建、党员"创新创业创一流"等主题活动，公司党建品牌创建成果入选第三届全国基层党建典型案例。

七是持之以恒正风肃纪，惩防体系不断健全，坚持把纪律和规矩挺在前面，不断加大党风廉政教育，严格落实中央八项规定精神，驰而不息纠正"四风"问题，重拳惩治腐败行为。

八是大力弘扬时代风尚，企业文化内涵不断丰富，牢牢掌握意识形态工作领导权，以中国梦和社会主义核心价值观为主旋律，营造浓厚舆论氛围，弘扬社会新风正气，积极传递"柳钢声音"，大力推动文化传承发展，积极培育开放合作、包容共享、担当作为的新理念新思想，进一步激发职工团结奋斗的精神动力，公司获评"自治区企业文化示范基地"。

九是坚持以人为本，职工获得感不断增强，职工收入实现与企业发展同步增长，切实让职工共享企业发展成果，职工合法权益得到切实保障，广大职工的积极性创造性得到充分调动。

十是始终牢记国企责任，企业社会美誉度不断显现，积极履行社会责任，抓好生产经营同时，加强节能环保综合治理，绿色柳钢趋见形成，双拥共建、信访维稳、志愿服务、爱心捐赠、慈善赈灾、精准扶贫、"美丽乡村"建设等工作卓有成效。

十一是高度重视企业文化建设，在不断的传承和践行中赋予新的内涵，形成了"包容创新、超越共享"的新时代精神。正是靠着柳钢文化的传承和创新精神，柳钢在市场经济的浪潮中赢得生存和发展，抓住新时代机遇，通过战略重组并购抢占两大沿海基地，迎来转型跨越发展的新时期。

四、未来的柳钢更美好

柳钢提出今后四年奋斗目标是：要努力实现"一个千亿、两大基地、一个产业群、三个推进"的"1213"目标："一个千亿"，综合竞争实力不断增强，建成一个超千亿元的大型企业集团；"两大基地"，钢铁产业布局不断优化，形成同步发展的柳州、沿海两大基地；"一个产业群"，多元产业集群逐步形成，实现钢铁与多元"两翼齐飞"；"三个推进"，全面推进卓越绩效管理，争创全国质量奖；全面推进从严治党，打造党建新生态；全面推进和谐美丽新柳钢建设，打造职工新生活。

国家发改委等部委在 2017 年 4 月 17 日下发《关于做好 2017 年钢铁煤炭行业化解过剩产能实现脱困发展工作的意见》（发改运行〔2017〕691 号）明确提出，鼓励引导广西柳钢往沿海发展。2017 年 12 月 20 日，广西提出了全面构建"一核、三带、九基地"的冶金产业"二次创业"总体布局，迫切需要广西钢铁产能向具有物流、成本等比较优势的沿海地区集中。柳钢严格按照自治区的统一部署，稳步实施沿海战略布局。2018 年 7 月，广西钢铁集团有限公司完成重组工商变更登记，柳钢集团代表广西方持股超过 80%。柳钢集团接手项目后，对项目原规划做了适当调整，一期建设规模仍按照国家核准的 1000 万吨钢产能建设，但在产品规划上有所调整，避免与湛江钢铁同质化竞争，在投资规模上也有所优化缩减。一期投资 360 亿元（不包含武钢集团此前投资的约 110 亿元），力争 2019 年底高炉出铁、转炉出钢、轧机出材。柳钢还收购了玉林中金不锈钢公司，正式形成了"一体两翼"的钢铁版图，确立以柳州本部生产基地为中心，防城港钢铁基地和玉林不锈钢基地为两翼的钢铁生产布局。

未来，柳钢将继续抢抓机遇，深化改革，应对挑战，以"包容创新、超越共享"的发展理念，以加快企业转型升级发展方式为主线，围绕奋力打造柳钢发展新基业的目标，按照"调结构、拓市场、促改革、强管理、抓廉政"的总体工作思路，紧紧抓牢"本部转型升级、沿海有序发展、多元聚焦集群、集团战略管控"四大战略转型重点，稳步实施"提质增效、沿海转移、多元并举、绿色发展、资本运作、智能升级"六大举措，全面推进企业转型升级，致力于把柳钢打造成百年品牌、百年企业。加快推进柳州本部产业转型升级，朝着创新能力更强、融合程度更深、供给质量更高、产业结构更优、经济效益更好、资源消耗更少的发展方向加速前进，力争在未来五至十年把柳钢打造成为国内行业综合竞争力特强的钢铁企业。

坚持新发展理念 推进高质量发展
打造基业长青的百年三钢

福建省三钢（集团）有限责任公司

一、三钢基本概况

福建省三钢（集团）有限责任公司（简称三钢集团或三钢）前身为福建省三明钢铁厂，建于1958年。2000年3月，经福建省人民政府批准，由工厂制改为公司制。历经60年，特别是改革开放40年来的发展，三钢集团已形成年产钢1100万吨和以钢铁业为主、多元产业并举的跨行业、跨地区、跨所有制的大型企业集团，旗下拥有三明本部、福建泉州闽光钢铁有限责任公司（简称泉州闽光）、福建罗源闽光钢铁有限责任公司（简称罗源闽光）、福建漳州闽光钢铁有限责任公司（简称漳州闽光）四个钢铁生产基地。截至2018年6月，三钢集团有职工1.69万人，总资产343.38亿元，全资及控股子公司15家（其中福建三钢闽光股份有限公司为上市公司，证券代码：002110），紧密型企业2家。

三钢集团是福建省内唯一采用从焦化→烧结→高炉→转炉→连铸→轧钢的长流程工艺的钢铁生产企业，拥有福建省最大的烧结机、高炉、转炉和全省唯一的板坯连铸、中厚板、优质圆棒生产线，是福建省最大的钢铁生产基地。三钢集团是全国第二家取得HRB400E、HRB500E全系列全规格抗震钢筋生产许可证的钢铁企业。主导产品有"闽光"牌优质建筑用材、金属制品材、中厚板材、机械制造用材四大系列。产品多次获得国家金杯奖、冶金行业品质卓越产品、福建名牌产品、福建省用户满意产品等荣誉称号。

三钢集团自1988年以来连年进入中国500强企业行列，在"2017中国企业500强"中位居第485位，在"2017中国制造业企业500强"中位居第238位。三钢集团先后获得全国五一劳动奖状、全国文明单位、全国先进基层党组织、全国模范劳动关系和谐企业、全国质量管理先进企业、第一批国家级知识产权优势企业、中国钢铁工业科技工作先进单位、首届福建省政府质量奖等荣誉称号。

二、三钢主要发展历程

三钢是 1958 年兴建的地方骨干钢铁企业，从 1958 年建厂到 1978 年，其间经历停产下马、恢复调整、十年动乱，仅有 1965 年、1966 年、1973 年共三年体现盈利、三年合计利润为 500 万元，其余年份都亏损；1959~1978 年期间，亏损盈利相抵后累计亏损总额为 8467 万元。到 1978 年的钢产量仅为 13.51 万吨，当年销售收入为 8022 万元、利润亏损 365 万元。可见，当时的企业基础管理薄弱、生产经营不佳。

1978 年 12 月，党的十一届三中全会胜利召开，重新恢复确立了解放思想、实事求是的马克思主义思想路线，做出了把全党工作重心转移到以经济建设为中心的战略决策，制定了一系列正确的路线、方针、政策，从而开始了我国改革开放和社会主义现代化建设的崭新发展阶段。三钢作为地方国有企业，认真贯彻党和国家、福建省委省政府的决策和部署，立足企业实际，不断改革创新，先后进行企业整顿与完善健全经济责任制、投入产出承包、建立现代企业制度、推进资本运作和兼并重组，促进企业经营机制转变，增添了企业活力。

（一）企业整顿与完善健全经济责任制

1979 年 10 月，经福建省人民政府批准，三钢列为全省第一批扩大企业自主权的试点单位，实行"全额利润包干分成制"，即把企业利润包干留成的比例确定为 30%（其中发展基金 7%、职工福利基金 12%、职工奖励基金 11%），从人财物和产供销方面扩大了企业自主权。1981 年，三钢开展了两项重要工作：一是完善健全经济责任制，试行"层层包干、联产联利"计算奖金。这是三钢第一次建立的分厂、车间、班组三级经济责任制网络。二是在全厂范围内开展四个方面的整顿，即整顿各级领导班子、整顿劳动纪律、整顿社会治安和整顿厂容厂貌。1982 年 3 月，三钢按上级要求，开展了以完善和落实经济责任制为突破口，进行劳动纪律整顿、领导班子调整以及企业劳动组织和各项企业管理基础工作的整顿。通过开展上述整顿和完善健全经济责任制，企业整体素质有了较大提高。1980 年钢产量跨上了 20 万吨台阶，达到 21.41 万吨；1981 年钢产量跃上了 25 万吨台阶；企业从 1979 年开始连年实现盈利。1979~1984 年，累计实现利润 1.18 亿元。

（二）两轮投入产出承包

1985 年 7 月，福建省人民政府批复同意三钢实行第一轮投入产出承包，承包期从

1985 年至 1990 年。这期间，三钢进行了加快改革、搞活企业等方面的有益尝试，重点改革企业领导体制，在继续试行厂长负责制的基础上，成立工厂管理委员会，建立了厂长办公会议制度。同时进行企业分配制度的改革，试行厂内效益工资。首轮承包取得明显成效，1987 年钢产量跨上 30 万吨台阶，达到 32 万吨，1990 年的钢产量 44.3 万吨，1985~1990 年累计利润 1.58 亿元。

1991~1995 年，三钢又进行了第二轮承包。这期间主要加强了各项专业管理，一是企业标准化管理，初步建立了以技术标准为主体，包括管理、工作标准在内的企业标准化体系；二是日动态成本核算管理，建立了由静态到动态，由长期到日核算的管理网络，有效地控制了成本；三是推行以定置管理为主要内容的现场管理。二轮承包后，三钢得到了较快的发展。1991 年钢产量跨上了 50 万吨台阶。1991~1995 年累计利润 3.30 亿元，比第一轮承包期增长了 2.08 倍。

（三）建立现代企业制度

1996 年以来，三钢引入市场机制，积极推进三项制度改革，精干主体、分离辅助，按照"产权明晰、责权明确、政企分开、管理科学"的要求，以产权制度的改革带动经营机制的转变，着力构建母子公司体制，实施股份制改革。2000 年 3 月，福建省委、省政府批准三钢改制组建为国有独资公司，同年 4 月，省政府下文，福建省三明钢铁厂改组为福建省三钢（集团）有限责任公司，实现工厂制向公司制的转变。2001 年，经省政府批准，同意三钢集团作为主发起人，联合其他八家发起人，设立并由三钢集团控股（占总股本比例的 90.87%）的福建三钢闽光股份有限公司，2007 年 1 月 26 日，三钢闽光股份公司在深圳证券交易所成功上市，公开发行股票。现代企业制度的建立，促进了企业快速健康发展。1996 年，三钢结束了连续多年徘徊在 50 万吨钢的历史，钢产量达到 63.24 万吨；1998 年钢产量突破百万吨钢，达到 107.40 万吨；2003 年钢产量跨上 200 万吨台阶，达到 210.75 万吨；2005 年钢产量跃上 300 万吨台阶，产量 300.07 万吨。

（四）推进资本运作和兼并重组

2007 年以来，三钢集团在抓好企业内部生产经营、精细管理、改革创新的同时，以战略管理为导向，积极推进资本运作和兼并重组，努力做强做优做大企业。先后兼并重组了福建三安钢铁有限公司、福建三明化工有限公司、福建三金钢铁有限公司、漳州正和钢管公司，还投资设立了曲沃闽光焦化公司、香港闽光贸易公司、闽光现代物流公司、闽鹭矿业公司、台明铸管公司等，推进了大集团运作。构建起了三明本部、泉州闽光、罗源闽光、漳州闽光四个钢铁生产基地，形成拥有 15 家子公司、年产钢 1100 万吨和以钢铁业为主、多元产业并举的跨行业、跨地区、跨所有制的大型企业集团，并从战略、财务、资金、采购、销售、研发、品种计划、产品质量、安全环保、设备管理、薪酬分配等方面加强集团管控，建立健全了相关的规章制度，不断增强集团化运作水平。三钢集团 2008 年钢产量 506.67 万吨，2013 年钢产量 821.61 万吨，2016 年钢产量 1038.91 万吨；2017 年钢产量 1119.41 万吨、实现销售收入 510.20 亿元、实现利税 108.39 亿元（其中，利润 83.42 亿元、税金 24.96 亿元）；取得了建厂以来最好经营业绩。2018 年 1~6 月，三钢集团累计产钢 596.63 万吨，实现营业收入 280.88 亿元，利税合计 65.26 亿元，主要经济指标保持同类型企业先进水平。

三、三钢主要发展成就

（一）主要产品产量大幅增长

粗钢产量由改革开放初期 1978 年的 13.51 万吨增加到 2017 年的 1119.41 万吨，增长了 82.85 倍；生铁产量由 20.21 万吨增加到 2017 年的 990.57 万吨，增长了 49.01 倍；钢材产量由 10.35 万吨增加到 2017 年的 1112.13 万吨，增长了 107.45 倍。到 2018 年 6 月，三钢累计产钢、铁、材均超过 1 亿吨。特别是 2008 年以来的 10 年，三钢累计产钢 7735 万吨、铁 6879 万吨、钢材 7516 万吨，为中国钢铁工业发展做出了贡献。

（二）经营创效能力显著增强

1978 年，三钢销售收入为 8022 万元，利润亏损 365 万元。历经 40 年的发展，2017 年三钢销售收入 510.20 亿元、跨上 500 亿元台阶，比 1978 年增长了 636 倍；实现利润 83.42 亿元，超过了三钢建厂以来前 58 年的利润总和。1958~2017 年，三钢累计实现销售收入 3591.68 亿元、利润 158.62 亿元。其中，2008 年以来的 10 年累计实现销售收入 2862.83 亿元、利润 103.78 亿元，为国家和地方经济社会发展做出了积极贡献。

（三）工艺装备水平不断提升

三钢遵循钢铁产业发展政策，坚持发展先进、淘汰落后，先后建成了 220 平方米烧结机、1800 立方米高炉、120 吨转炉、板坯连铸机、中板生产线、圆棒生产线等一大批福建省内先进的工艺装备，推动工艺装备不断优化升级，实现了工艺装备的大型化、现代化、自动化。三钢集团旗下的三明本部、泉州闽光、罗源闽光三个钢铁生产基地，分别被国家工信部确定为第一批、第二批、第三批符合《钢铁行业规范条件》的企业。

（四）品种结构不断优化升级

2000 年以来，三钢先后开发了以 HRB400（E）、HRB500（E）及核电用抗震钢筋、精轧螺纹钢筋为主的高等级建材，以 ML08AL、18A-35K、40Cr、10B21、ML40Cr、60-70# 硬线材为主的中高等级金属制品材，以 Q345 系列高强结构板、45 优碳板、高强船板、22SiMn2 高强耐磨板、高建板及压力容器板为主的优质中厚板材，以 45 号、40Cr、35CrMo、40Mn2、20Cr 等为主的工业用材圆钢产品，形成了优质建筑材、金属制品材、中厚板材、工业用材圆钢等四大系列产品，实现了从生产单一建材向生产多品种、多规格的中高端钢材转型升级，增强了企业市场竞争力。

（五）环境质量水平显著提升

1979~2017 年，三钢累计投入环保治理资金 19.39 亿元，开展环保治理与提升改造，极大地改善了环境质量。与 1997 年相比，三明本部钢产量由 82.44 万吨增加到 2017 年的 651.8 万吨，厂区面积由 2.72 平方千米增加到 4.03 平方千米，钢产量增加了 7.9 倍，降尘量却缩小了 3.7 倍，实现了增产不增污、增产不增废、增产不增能耗的"绿色钢铁"目标。2009 年荣获"中华宝钢环境优秀奖"。三钢循环经济工业区被列为福建省四个循环经济试点单位之一。三钢是第二批国家循环经济试点单位。

（六）职工队伍素质不断提高

人才是企业第一资源。三钢结合实际，建立了经营管理人员晋升、专业技术人员成长、技术工人成才的三支队伍职业发展通道，在三条通道中建立起层级相应、待遇配套的晋升台阶，形成由低到高的职位序列，有效地促进了人才的发展。把员工教育培训当成一种投资，仅 2012 年以来，累计投入 600 多万元，与厦门大学、福州大学、北京科技大学、江西理工大学等高校联合举办学历学位班，与三明职业技术学院、高级技校合作定向培养冶金、电钳、机械等专业高级技工，培养造就了适应企业发展需求的人才队伍。到 2017 年底，三钢拥有专业技术人员 2327 人，其中具有高级技术职称的 437 人、中级技术职称的 1094 人。三钢高级工、技师和高级技师已占工人总数的 30.43%。

（七）社会贡献持续稳定增加

改革开放以来，三钢依靠发展解决就业问题，不管企业遇到什么困难，做到职工只有转岗，没有一个职工下岗，同时每年还面向社会招收新工人、退伍军人和高校毕业生等到企业工作，为维护社会稳定做贡献。积极履行社会责任，践行"为人至诚、为业至精"的价值观，大力支持公益事业。近十年来，三钢向周边学校捐赠奖学奖教、捐助干部挂职驻村扶贫和向地震灾区、洪涝灾区、见义勇为基金会捐款等各类资金达 1326.34 万元。按章纳税，税金由 1978 年的 520 万元增长到 2017 年的 24.96 亿元，增长了 480 倍。三钢自 1958~2017 年累计实现税金 161.21 亿元，其中 2008 年以来的 10 年累计实现税金 106.07 亿元，为地方经济社会发展做了贡献。

（八）职工生活福利持续改善

三钢在做强做优企业的同时，不断改善职工的生活福利。特别是近十年来，在岗职工人均年收入大幅提升，职工住房条件不断改善，劳动保护措施有效落实，生活保障措施更加到位，帮扶机制更加健全。10 年来，新建 784 套经济适用住房、一幢倒班宿舍楼、一幢单身公寓，为优秀技术或技能人才在三明市区购买首套房提供无息贷款；组织 50978 人次职工参加健康体检，安排 7266 名职工参加疗休养；累计发放帮扶特困职工和困难职工、资助大学生、春蕾女童等各类慰问金 386.9 万元、帮扶对象 2000 多人次。

四、主要特点和经验

三钢坚定不移地贯彻党的路线方针政策，坚定做强做优做大国有企业的信心，真抓实干、埋头苦干，推进了企业改革发展，取得了显著成效，也获得了弥足珍贵的经验和启示。

（一）战略引领，发展为先

始终坚持战略引领，坚持生产经营和资本运作"双轮"驱动，善决策、抓项目、促升级，注重内涵提升和外延扩张相结合，全力而为又量力而行，转变发展方式，提高发展质量，推动企业高质量发展。

1. 科学制定发展战略并组织实施

发展是第一要务。企业要实现持续健康高质量发展，必须要有正确的战略来指引。否则，如果方向错了，再好的水手也不能到达彼岸。对此，三钢深有体会。针对钢铁行业严格的产业政策和近年来行业遭遇的"寒冬"，2016 年初，三钢设立了三钢闽光物联云商、非钢发展、钢铁产业布局调整等 10 个战略发展研究项目组，开展信息收集、政策研究、市场调研、项目考察等工作，确定了公司"十三五"发展战略并制定出具体战术。目前，三钢"十三五"发展战略正稳步推进，呈现良好的发展态势。

2. 坚持挖潜改造推动内涵发展

建于1958年的三钢地处偏远山区，资源短缺，运输受限，生产成本高。但三钢人没有"等、靠、要"，而是想方设法把劣势限制到最小，通过企业内部挖潜改造实现"滚雪球"的内涵提升，不断把企业做优做强做大。1995年，三钢钢产量仍在50万吨左右徘徊；1998年钢产量突破100万吨；2003年钢产量突破200万吨；2005年钢产量突破300万吨。

3. 推进兼并重组实现外延扩张

三钢在2007年成功兼并重组民营企业——福建三安钢铁有限公司的基础上，2014年，又抓住钢铁行业发展低谷的时机，设立福建罗源闽光钢铁有限公司，重组了位于沿海的民营企业——福建三金钢铁有限公司，实现了三钢沿海战略布局的新突破，使三钢一跃成为年产钢1000万吨的钢铁企业，创造了国有企业兼并重组民营企业的成功典范。2017年11月，三钢又通过司法拍卖成功竞买福建正和钢管有限公司，设立了漳州闽光钢铁公司接收正和钢管公司，形成了三明本部、泉州闽光、罗源闽光、漳州闽光四个钢铁生产基地，优化了钢铁产业布局。

4. 稳健推进非钢产业发展

三钢在推进钢铁主业高质量发展的同时，围绕能否成为公司新的利润增长点、能否消化富余人员，立足产业链延伸和促进主业发展，稳健地推进非钢产业发展。2017年，将长期亏损的三化原化肥生产线全面停产，稳妥安置800多名职工，实施煤炭绿色转化和高纯超净电子级氟化氢两大工程，2018年底建成投产后，不仅彻底解决了三化的长期亏损和环保污染，而且使三化公司走上了一条转型升级发展之路。做大钢联公司、香港闽光贸易公司、闽光现代物流公司、钢联创源分公司，开拓市场，发展壮大货物贸易和饮用水业务，增加收益。收购并控股闽鹭矿业，打造好石灰石战略供应基地。积极稳妥地推进钢材加工配送、物流运输、废钢回收、金融投资、购售电等业务，打造特色品牌，不断培育新的经济增长点。

（二）精细管理，做优做强

始终坚持精细管理和科学管理，从系统论出发，强化企业的全过程管理，使系统内每道工序、各个环节的管理都做到责任明确、规范科学，不懈推进工作流程化、标准化、信息化，追求精益求精，尽善尽美。

1. 不断推进管理制度化建设

俗话说"没有规矩，不成方圆"。对企业来说，规矩就是规章制度。多年来，三钢不断强化制度建设，设立专职机构，制定专门管理办法，对原有规章制度进行全面清理、修订、补充，力求以完善的制度规范生产经营管理全过程。目前，已重新制定发布公司规章制度 332 个，涵盖了企业生产经营活动的方方面面。

2. 不断推进制度表单化建设

三钢以岗位标准作业流程建设为抓手，通过作业活动识别、最佳作业方法的总结等，以表单的形式，准确、量化、图文并茂地揭示作业活动的详细步骤、方法、关键控制要求等，将《技术操作规程》《设备管理规程》《安全操作规程》有效融入岗位标准作业流程，将各类管理制度有效融合到业务操作流程，实现了制度表单化。目前，三明本部已完成岗位标准作业流程编写 15632 个，培训 15579 个，落地稽核 15176 个，覆盖率达 98.12%。泉州闽光、罗源闽光等公司目前已完成大部分流程的编写。

3. 不断推进表单信息化建设

三钢创造性地提出以信息系统为依托，利用现有 MES、EMS、ERP 等信息系统，实施职工岗位表单化在线、量化、实时、自动考核，将岗位职工的操作绩效与收入紧密联系起来，使职工有"切身感受"，职工当天下班就可以知道自己当天的绩效，使奖金分配公平公开公正，解决了分配上的"大锅饭"问题，极大地调动了职工的积极性和主动性。目前，三明本部 15 个二级单位 1724 个岗位全部实现在线自动考核或手工表单化考核，其中，在线自动考核岗位占 54%，人数占 74%。在此基础上，通过进一步整合、处理各考核系统的数据，开发一键式奖金分配系统，在冶金企业中率先在所有岗位实现了奖金"一键式"分配。泉州闽光、罗源闽光目前也正在推进该项工作。

4. 积极推进"一日结算"

"一日结算"是台塑企业独具特色的管理经验，它是一个企业精细管理水平的体现，是管理制度是否规范化、合理化、有效化的标志。三钢以台塑的"一日结算"为目标，通过压缩管理层次，优化业务流程，借助 ERP、MES 等信息系统，顺利实现了"一日表"结算，提高了精细管理水平和管理效率。

5. 坚持不懈对标挖潜

三钢专门设立了对标挖潜专项考核奖，不懈推进对标挖潜。对外，主动对标学习先进企业的好经验；对内，建立集团内部同工序对标学习平台，统一对标指标口径与标准，从技术、效益、安全、环保、经营等各方面指标入手，寻找差距、不断赶超、追求卓越，形成了集团内部比、学、赶、超的良好氛围。每年设立的对标挖潜项目数十项，产生直接经济效益都在亿元以上。

6. 推进全流程降成本

成本管理是精细管理的重点。三钢强化成本控制和成本管理,先后形成了一系列方法,从对标挖潜、二元成本管理法、责任成本考核,到模拟市场核算与考核、岗位表单化自动考核、全流程降成本等,都取得了很好的效果。特别是全流程同口径降成本,效果十分显著。

所谓全流程同口径降成本,是指坚持不懈、持之以恒地挖掘生产工序和非生产工序的降成本潜力,实现全员、全要素、全过程的成本管控,确保三钢在国内钢企中保持较强的成本竞争优势。生产工序,即焦化、烧结、炼铁、炼钢、棒材、高线、中板七个主生产工序以降低同口径工序加工费(剔除市场价格因素影响)为抓手,重点是通过加强焦化配煤结构、烧结配矿结构、炼铁原料结构和炉料结构、炼钢品种结构等分析优化,以及轧钢产品质量稳定性攻关,同时强化设备运行保障管理,提高生产操作稳定性,切实减少各类事故等,促进成本降低。非生产工序,指以上七个主生产工序以外的单位和机关部门,重点从原料采购、库存控制、物流运输、工程建设、资金管理、修旧利废、节电节能、劳务外包,以及争取政府部门政策优惠和奖励等各方面挖潜增效。2013年实施以来,截至2017年底,三明本部、泉州闽光、罗源闽光全流程降本增效累计实现吨钢分别达407.47元、282元和188.88元,三地累计增加效益达35.38亿元。

(三) 改革创新,激发活力

始终坚持改革创新,不懈推进技术创新、管理创新、机制创新,深化企业内部三项制度改革,不断激发活力,提高创新水平,增强企业核心竞争力。

1. 坚持不懈推进技术创新

三钢把开展技术攻关作为推进技术创新、提升企业核心竞争力的重要工作。每年都在公司级、分厂级两个层面上开展立项攻关,以项目部的方式运作,并设立科技进步奖、改善提案奖等激励机制,每年对有效益有贡献的项目及个人进行奖励。自1999年以来,每年的科技创新奖都在100万元以上。特别是近10年来,三钢围绕打造铁前高效率低成本冶炼、炼钢高效低成本洁净钢、轧钢柔性轧制、二次能源高效利用、与管理深度融合的信息化、绿色环保钢铁制造流程的六大技术创新体系,强化产学研合作,快速提升了企业的创新水平。不仅冶金行业重点推广的如干熄焦技术、高炉干法除尘、转炉干法除尘等一大批新技术、新工艺全部在三钢得到应用,而且三钢还形成了一大批具有自主知识产权的工艺技术,提升了企业竞争力。10年来,三钢获得授权的专利171件;有60多项创新成果获得市级以上表彰。

2. 坚持不懈推进产品创新

三钢组建跨部门的产品研发团队，根据市场需求，立足企业实际，坚持有所为有所不为，持续不断地推进新产品研发，形成了优质建筑用材、制品用材、中厚板材、优质圆钢等四大系列钢材产品，有效改变了品种单一的局面。

3. 坚持不懈推进管理创新

三钢常年开展管理攻关，促进管理创新。三钢在企业管理中引入技术攻关项目部运作模式，针对管理上存在的重点难点问题，每年都组织上百项管理创新攻关项目，并在项目完成后组织评审奖励，促进管理创新，提高管理水平。大力推进企业信息化建设。近年来，三钢投入巨额资金建设信息化工程，先后完成了办公自动化系统、大宗物流管理系统、备品备件管理系统、MES、EMS、ERP 等一大批信息系统的建设，用信息化来改造传统产业，促进"两化"融合，提升了管理效率和管理水平。总投资 18 亿元、正在建设中的物联云商项目，将通过应用物联网、大数据、云计算等先进技术，建设包含智能仓储系统、钢材加工配送系统、供应链金融平台、电商平台、大数据云计算平台等内容的三钢闽光物联云商平台，为客户提供全套解决方案的营销服务和供应链金融服务，实现公司向钢铁生产服务商的转型升级。三钢是第二批福建省智能制造试点示范企业。

4. 坚持不懈推进三项制度改革

通过依法依规清退长期泡岗、出工不出力的职工，实施干部末位淘汰制度，优化工资分配办法，持续推进定岗定编、机构整合和减冗增效工作等举措，健全完善人员能进能出、职位能上能下、收入能增能减的机制。以混合所有制改革为方向，推进体制机制创新。2016 年，三钢以信息化业务为突破口，组建了福建闽光软件股份公司，试行国有、民营和核心职工持股的混合所有制改革。2017 年以来，三钢按照上级工作部署和有关要求，稳妥推进"三供一业"改革，计划在 2018 年底基本完成"三供一业"分离工作，促进企业瘦身健体、提质增效。

（四）绿色发展，保护生态

始终坚持绿色发展理念，把绿色发展作为企业的使命，永不停步地改进环保工艺装备，永不停步地致力于生态环境的治理，永不停步地向超低排放目标挺进，走生产发展、生活富裕、生态良好的文明发展道路。

1. 担当企业主体责任，严格落实项目环评审批验收制度

三钢坚持环境保护基本国策，认真贯彻《环境影响评价法》，所有建改扩项目严格执

行环境影响制度，委托有资质单位编制项目环境影响报告书（表）。三钢所有项目在建设过程中严格落实环保"三同时"制度，做到环保设备与主体设备同时设计、同时施工、同时竣工投产，以环保效果好、大型化、现代化的新装备淘汰能耗高、污染大的落后装备，从根本上控制排污总量，逐步实现由单纯的末端治理转向生产全过程控制，全面提高污染防治水平。所有的项目建设投产后，都按要求办理竣工环保验收手续，确保了企业主体责任合规合法，为公司生产经营活动创造良好的条件。

2. 建立健全环保管理制度，开展环境体系认证与清洁生产审核

三钢始终将环保管理制度贯穿于生产的全过程，按照"预防为主，防治结合"的原则，加强生产现场环保管理，进一步完善分厂、公司两级环境安全控制管理措施。三钢在抓好环保治理硬件的同时，注重环保管理软件的建设。根据国家环保法律法规有关要求，结合企业实际，先后制订和完善了《三钢集团公司环境保护责任制》《三钢集团突发环境事件综合应急预案》《三钢集团公司废气治理设施管理办法》《三钢环境关键控制点及控制措施管理规定》等几十项环保管理制度。三钢积极开展环境体系认证与清洁生产审核。2003 年 6 月取得 ISO 14001 环境管理体系认证证书并持续有效运行，清洁生产达到国内先进水平。

3. 确保环保设施高效运行，强化固体废物安全处置

为了从源头上治理老污染源，三钢成功运用了冶金行业重点推行的"三干"节能减排新工艺，即炼焦干熄焦、高炉干法除尘、转炉干法除尘，从根本上解决了冶炼系统烟气无组织排放、湿法除尘难以解决的二次污染问题。实践证明，三钢运用的与大型化、现代化的先进工艺装备相配套的环保设施在冶金行业具有独到的先进性和代表性，受到了省市环保部门的肯定。

三钢依靠科技进步，通过挖潜改造、节能降耗及资源综合利用，实现固体废物的资源化、无害化、减量化。三钢自 2012 年起着力打造二次能源高效利用技术体系，取得了显著效果。三明本部每年节电节能工作都上一个新台阶，与 2011 年相比，2012~2017 年累计节电 18.30 亿千瓦时、创效超过 9 亿元；三明本部 2017 年自发电比例比 2011 年提高 23.13%。三钢生产中的副产品焦油渣、脱酚污泥、钢渣、转炉除尘污泥、高炉水渣、轧钢系统氧化铁皮、各生产工序的除尘灰等固体废物全部实现企业内部综合利用，取得了显著的环境效益和社会效益，达到国内同行先进水平。

4. 加强环保在线监测，提高环保管控水平

三钢始终不遗余力地加强环保在线数据监测，着力提高环保管控水平。为了更好地掌握重点废气污染源和外排废水水质情况，2005 年以来，三钢投入大量资金，陆续在生产作

业场所安装了在线监测装置，在线监测设备与省、市环保部门监控平台联网，实现实时监控。

三钢把控制颗粒物污染作为大气污染防治工作的重点，三明本部连续多年把"降低厂区降尘量攻关"列入公司重点技术攻关项目，由公司总经理担任项目总监，推进降尘量攻关；出台厂区烟（粉）尘超标无组织排放专项考核办法，列出 15 个重点监控区域，提出三钢区域的年度减排目标，并对违规排放单位的第一责任人视情节进行处罚。强化对危险废物的管理，制定年度危险废物管理计划、危险废物污染防治责任制、管理措施、应急预案等管理制度。在危险废物储存场所悬挂标识牌，建立专门的危险废物管理台账，由专人管理，准确记录产生危险废物的名称、数量及储存、利用、处置去向等，确保了危险废物处置符合国家环保法律法规要求。

2017 年，三钢发出了"建设生态旅游工厂，打造绿色生态新三钢"的动员令。三钢将严格落实国家产业政策，按照企业"十三五"规划要求，实施集团"三地"产能置换，加快推进转型升级项目建设，把大集团的三明本部、泉州闽光、罗源闽光、漳州闽光四个钢铁基地都建成花园式精致工厂，把三明本部建成旅游型钢厂，坚定走生产发展、生活富裕、生态良好的文明发展道路。

（五）以人为本，凝聚合力

始终坚持以人为本，以民主管理求和谐，以文化引导求和谐，以风正气顺求和谐，以关爱职工求和谐，充分调动职工积极性和主动性，凝聚企业发展合力，不断增强企业竞争力。

1. 坚持以民主管理求和谐

三钢始终坚持依靠职工办企业的理念，以创建和谐劳动关系为引领，坚持和完善以职代会为基本形式的民主管理制度，保证职工知情权、参与权、决策权和监督权的落实。凡事关企业改革发展和涉及职工切身利益的重大事项都必须向职代会报告，经过职工代表审议通过后才付诸实施。认真落实厂务公开制度，坚持每月定期召开由公司和分厂两级党政领导参加的生产经营例会，通报生产经营及管理情况，并在此基础上，对企业改革与发展的难点、职工群众关注的热点、企业廉政建设等关键内容实行厂务公开。2007 年起，三钢将年度厂务公开工作报告列入职代会议程，提交职工代表审议监督，内容主要包括职工收入分配、企业劳动保护、安全生产、企业年金、住房公积金、补充医疗保险等情况。形成了"党委统一领导、党政共同负责、工会日常协调、部门紧密配合、纪委严格监督、群众广泛参与"的厂务公开工作格局和公司、分厂、车间、班组四级厂务公开工作网络。

2. 坚持以文化引导求和谐

三钢重视并坚持搞好企业文化建设，通过大力开展树典型、学先进、比贡献活动，把贯彻落实《公民道德建设实施纲要》、社会主义核心价值观作为企业职工的价值取向和行为准则，用先进的思想和先进文化教育职工、武装职工、激励职工、凝聚人心。在职工中大力倡导"三钢好了，我才好"的理念，营造职工"关心生产、关心市场、关心效益"的良好氛围。坚持继承与创新并举的原则，对企业文化进行梳理与提升，确立了三钢企业文化体系的四个核心理念和四个职能理念，并通过抓好企业文化理念体系宣贯培训，以及"讲三钢故事，扬企业文化"和"激情三钢"主题系列活动，增强了广大职工践行三钢文化的自觉性，使企业文化内化于心、外化于行。

3. 坚持以风正气顺求和谐

正气来自领导的表率。在三钢，公司领导没有"双休日"概念，扑下身子，深入生产现场，深入职工群众，成为大家的习惯。坚持反腐倡廉，建立招投标制度，对最为敏感的工程建设、物资采购、紧俏产品的销售等，全部实行"阳光交易"。每年大大小小上千场的招投标，纪检人员全部介入。三钢真正把纪检监察当作管理的再管理，监督的再监督。干部任用坚持"五湖四海"并遵循民主推荐、集体研究、监督考核等程序，薪酬分配方案必须经过职代会讨论通过，做到用人公正、分配公正。同时，公司建立健全了职代会制度、厂情发布制度、厂务公开制度、领导接待日制度、领导到基层班组当名誉组员制度等一系列制度，公司局域网内设置"绿色通道"窗口，职工可以不记名地针对企业存在的问题发表建议或意见，构建起了公司上情下达与下情上传的畅通渠道，党群、干群关系融洽，广大职工心齐、气顺、劲足。

4. 坚持以关爱职工求和谐

以人为本，依靠职工办企业，推动企业与职工共建、共享、共赢。三钢建立了工资正常增长机制，做到企业发展了，职工收入也得到提高。2017年三明本部在岗职工人均年收入比2007年增长了3.04倍。实施全员健康体检，建立职工健康档案数据库。三钢为职工建立了"企业职工基本医疗保险、职工补充医疗保险、职工互助金、职工医疗互助、特殊困难职工帮扶基金"五条保障线，关心关爱职工。在金融危机背景下，很多企业都在搞下岗分流，而三钢提出"只有转岗没有下岗"，不仅没有下岗工人，还通过发展想方设法新增就业岗位，年年都招聘上百名大学应届毕业生，安置部分退伍军人，激发了广大职工以厂为家的自豪感和责任感。

（六）党的领导，筑牢根基

始终坚持发挥党组织领导核心和政治核心作用，坚持围绕企业生产经营开展工作，依靠党组织的先进性和党员的先进性，推动企业不断做强做优，形成了"以党建促发展，以发展带党建"的三钢党建发展模式。

1. 坚持把方向，把党建工作贯穿企业全局

参与企业重大问题决策，是党章对国有企业党组织的原则规定。在现代企业制度下，如何能确保党组织政治核心作用的有效发挥，三钢的做法是：把党的政治优势和现代企业制度优势结合起来，明确党委在决策、执行、监督各环节的权责、作用和工作方式，使党委成为公司法人治理结构的有机组成部分，推动党委发挥政治核心作用看得见、可操作。在决策体系上，通过建立和完善"双向进入、交叉任职"的企业领导体制，使党委的决策意图通过董事会加以贯彻落实，保证了企业经营和投资决策的民主性、科学性、有效性。党委对涉及企业发展战略和中长期发展规划，生产经营方针、资产重组和资本运作中的重大问题，涉及职工切身利益的重大问题等，召开党政联席会，并确立党组织研究讨论作为董事会、经理层决策重大问题的前置程序，提出意见和建议，发挥把关定向作用。在执行体系上，党委通过融入中心，创造环境，做好企业重大决策实施的宣传动员、解疑释惑，发挥思想政治工作优势，团结带领党员、职工心往一处想、劲向一处使，推动各项任务有效落实。在监督体系上，以党委为主导，充分发挥纪检监察、监事会、审计、工会等监督作用，实现对领导班子、生产经营关键环节、重要领域的监督全覆盖。

2. 坚持创品牌，把党建工作融入生产经营

党组织的政治核心作用只有立足企业实际，融入中心，服务大局，才能更好地发挥政治上的主导，才能在推进企业改革发展稳定中有所作为。三钢集团党委把党建活动融入企业生产经营的方方面面，通过开展"党员服务示范岗""党员先锋号""党员先锋岗"等创建活动，组织"奋力求生存，我们怎么办""我为现场管理提升出份力"等主题讨论，推广"党群项目部"管理模式和"五小"工作法等工作模式，不断创新党建活动载体方式，引导全集团党员亮身份、践承诺、作表率，党的十八大以来参与课题攻关 103 项、解决重大技术难题 50 多个，改善提案立项 6835 件，验收改善成果 4288 件，为企业降本增效 8.3 亿元，形成"一个支部一座堡垒、一个党小组一块阵地、一名党员一面旗帜"的浓厚氛围，切实将干部职工思想和行动统一到推动三钢改革发展上来。

3. 坚持塑品格，把党建工作嵌入队伍建设

几十年来，三钢始终坚持加强干部人才队伍建设，打造过硬队伍。围绕"对党忠诚、勇于创新、治企有方、兴企有为、清正廉洁"新的要求，在领导班子中开展创建"四好"领导班子建设，建设高素质企业领导人员队伍。严管干部的选拔标准、程序和考核，侧重从思想、素质、能力的角度加强干部队伍建设，抓好履职考核、转岗交流、学习培训和实

践锻炼，打造一支能征善战、甘于奉献的干部职工队伍。通过建立干部年度绩效评价考核、后备干部队伍建设、敏感岗位交流、干部交叉任职、干部谈心谈话、干部人才培养等推进干部人才队伍建设，使想干事、能干事、干成事的人有创业机会、有用武之地、有发展空间。推行党建带工建、团建，发挥群团组织作用，实行学习培训联抓、教育培养联做、企业文化联建、困难群体帮扶，推进党员和职工队伍建设。

五、未来展望

新时代、新征程，三钢再出发！三钢将以习近平新时代中国特色社会主义思想和党的十九大精神为指导，坚持创新、协调、绿色、开放、共享的发展理念，以"打造全行业最具竞争力的一流企业"为目标，通过绿色低碳发展，不断提升智能制造水平，奋力开创新时代三钢高质量发展的新局面。

（一）着力推动发展战略落地

坚持以国家产业政策为指导，稳妥推进受限产能升级改造、部分内陆产能转移沿海、品种结构优化调整，推进钢铁主业整体上市，并按照冶金行业超低排放标准全面改进环保工艺装备，打造生态绿色新三钢。充分发挥三钢的人才、技术、管理、资本、品牌等优势，创造条件推动跨区域、跨行业、跨所有制的企业联合重组；以开放的思维融入全球经济发展浪潮中，积极寻求"走出去"到海外发展的机会，不断增强钢铁主业实力。与此同时，立足产业链延伸和促进主业发展，稳健地推进非钢产业发展。通过努力，使三钢发展壮大为国内前十、国际前二十的特大型钢铁企业。

（二）着力提升智能制造水平

以《中国制造2025》《钢铁工业调整升级规划》为指引，深入推进"两化"融合，重点抓好物联云商项目建设，为客户提供全套解决方案的营销服务和供应链金融服务，推动三钢向钢铁制造服务型企业的战略转型。积极推进机器人、智能装备应用，进一步提升三钢智能制造水平。

（三）着力增强自主创新能力

以全球化视野和国际化思维，紧密跟踪世界科技发展潮流，结合企业绿色化、智能化以及提质增效、转型升级发展等工作，寻找创新源点，深化产学研合作，加强技术攻关与管理创新；强化创新人才队伍建设，设立博士后工作站和国家级技术中心，开展新产品研发和前沿技术开发应用，力争在高端产品研发和"两化"融合的互联互通、智慧制造等方面取得新突破。按照现代企业制度要求，进一步加强企业管理，在管理理念、管理方法、管理手段等方面不断强化与创新，持续提升管理水平。

（四）着力加强企业资本运作

依托三钢闽光上市公司平台，以三钢集团作为项目孵化器，对具有发展前景但尚不具备收购条件或涉入条件的项目进行先期培育和风险投资，条件成熟时注入上市公司，提高资产证券化水平。利用资本市场发行可转债、可交债等，为产能置换及转型升级项目获得低成本融资；做好上市公司市值管理，提升上市公司内在价值，增强企业综合竞争力。

（五）着力建设生态美丽三钢

瞄准 2020 年全面建成"花园式精致工厂"目标，以世界先进钢企为标杆，加强现场管理和生态环境治理，实现绿色发展、产城共融。持续加强环保投入和环保设施运行管理，强化污染源点整治，把三钢打造成为整洁、美丽的绿色生态旅游式钢厂。

（六）着力深化全面从严治党

持续加强党建工作，不断夯实党建管理基础，充分发挥党组织领导核心作用和政治核心作用。加强党风廉政建设，强化对权力的制约与监督，保持风清气正的政治生态。加强企业文化建设，认真总结三钢建厂 60 年来的文化积淀，进一步夯实三钢文化、弘扬三钢文化，切实起到内聚人心、外树形象的作用。坚持全心全意依靠职工办企业的方针不动摇，切实维护和发展好职工群众的根本利益，不断满足职工群众日益增长的美好生活需要，实现企业和职工的共同发展。

改革开放 40 年陕钢集团发展成就

陕西钢铁集团有限公司

2009 年 8 月 7 日，是载入陕西钢铁工业发展史册的日子。这一天，陕西省委、省政府为振兴钢铁产业，在原陕西龙门钢铁（集团）有限责任公司基础上组建成立了陕西钢铁集团有限公司（简称陕钢集团）。

近年来，陕钢集团认真贯彻落实党的十八大、十九大精神，积极践行"创新、协调、绿色、开放、共享"发展理念，强化党的领导作用，建立现代企业制度，深化经营机制改革，直面行业严冬挑战，采取了一系列治亏创效、提质增效措施，发展成为现代化大型钢铁企业集团。截至 2018 年 9 月，总资产 383 亿元，具备钢铁年产能 1000 万吨，拥有员工 1.8 万人。2017 年粗钢产量 1024 万吨，位列全国钢铁行业第 21 位，成为中国西北三大钢铁企业之一。2018 年荣获全国总工会"五一劳动奖状"，入选国务院国企改革"双百行动"省属骨干企业之列。

一、陕钢集团概况

历史沿革：陕钢集团成立于 2009 年 8 月，是陕西省委、省政府为振兴钢铁产业，在原陕西龙门钢铁（集团）有限责任公司（简称龙钢集团）基础上组建的钢铁企业集团，2011 年 12 月重组加入陕西煤业化工集团有限责任公司（简称陕煤集团），成为其控股子公司，是陕西省国资委监管的重要子企业，属于竞争类国有企业。

行业地位：陕钢集团是 1000 万吨级大型钢铁企业集团，中国西北三大钢铁企业之一，2017 年产量规模位于中国钢铁企业第 21 位，在钢铁行业中综合竞争力排名 B+(优强)，是陕西省唯一大型钢铁企业。

股权结构：陕钢集团注册资本金 36.9118 亿元，其中陕煤集团出资 32.9118 亿元，占股比例 89.16%；陕西有色金属控股集团有限责任公司（简称陕有色集团）出资 4 亿元，占股比例 10.84%。

发展现状：陕钢集团坚持"一业为主、多元协同"的发展战略，目前形成以钢铁为主，集矿山开发、钢铁冶炼、钢材加工、对外贸易、物流运输、装备制造等于一体的产业集群。

业务范围：陕钢集团主营业务范围为：黑色金属冶炼及压延加工；钢材、钢坯及其他金属材料的生产和销售。其中钢铁主营业务收入占比 89.24%，非钢板块占比 10.76%。

组织机构：陕钢集团拥有西安集团总部和龙钢公司、汉钢公司、龙钢集团、韩城公司 4 个权属子公司。其中，龙钢公司、汉钢公司为钢铁主业，产能规模分别为 700 万吨和 300 万吨；龙钢集团为非钢多元产业；韩城公司是大宗原燃料采购、钢材销售及物流运输等经营板块。

控参股公司情况：陕钢集团旗下共有 25 个法人实体企业，包括二级公司 5 个，其中国有全资公司 3 个、控股公司 1 个，参股公司 1 个。三级公司 20 个，其中国有控股公司（含相对控股公司）11 个，国有参股企业 9 个。

主要装备：陕钢集团 2016 年已经完成了去产能目标任务，现有 3 座 1280 立方米高炉、3 座 1800 立方米高炉、1 座 2280 立方米高炉，3 台 265 平方米烧结机、1 台 400 平方米烧结机、1 台 450 平方米烧结机，4 座 120 吨转炉、4 座 60 吨转炉及配套轧钢系统，所有设备全部符合国家工信部钢铁行业规范条件。

主要产品：陕钢集团主要产品为"禹龙"牌系列热轧带肋钢筋、热轧光圆钢筋、优质碳素结构钢热轧盘条、抗震高强度钢筋等建筑钢材，广泛应用于国家及省级重点项目工程，先后荣获"陕西省著名商标""国家冶金实物质量金杯奖""全国免检产品"等荣誉称号。

市场布局：陕钢集团以"立足陕西、辐射周边"的销售战略，形成省内、西北、西南三大销售片区的市场格局，在陕西市场的资源投放量达总销量的 55%，具有市场主导地位及价格标杆作用，市场控制力强，区位优势突出。

科技创新：陕钢集团拥有省级技术中心和陕西省钢铁工程技术研究中心，2017 年组建了陕西钢铁研究院，科技创新机制健全完善。目前，授权专利累计达到 190 件，其中发明专利 13 件。

党建工作及企业文化：陕钢集团及各级党委、纪委、工会、团委组织机构健全，制度体系和管理机制完善，党的领导作用充分发挥。形成了以进步文化、正文化和"陕钢现代版长征精神"为核心的企业文化体系。

生产经营：2017 年，陕钢集团共生产钢 1024 万吨，实现营业收入 428 亿元，实现利润 19.16 亿元，扭转了 6 年来的亏损局面。2018 年 1~9 月共生产钢 856 万吨，实现营业收入 378 亿元，利润 25.62 亿元，开创了产量效益双提升的新局面。

二、主要发展历程

（一）艰苦创业期（1958~1991 年）

陕钢集团追溯到最初发展时期，是始建于 1958 年的陕西省韩城铁厂，后经 1969 年 5 月重建，1970 年炼铁投产，1973 年炼焦投产，直至 1980 年年产生铁不足 1.4 万吨、焦炭 2.8 万吨。1980 年底，企业主管上级渭南地区重工业局决定企业炼铁、矿山停产，保留焦化。1984 年 5 月开始恢复炼铁生产，并移交陕西省冶金工业厅管理。

"七五"期间，韩城铁厂实施了技术改造，先后建成烧结、洗煤、焦化、铁路专用线、35kV 输变电等一系列生产及辅助项目。1990 年，发展到年产生铁 4 万吨、冶金焦 4 万吨的生产规模。1991 年，形成年生产生铁 6 万吨、冶金焦 20 万吨、洗精煤 30 万吨的生产规模，拥有职工 2200 人，占地面积 830 余亩。

（二）奋发图强期（1992~2001 年）

1992 年 10 月 15 日，陕西省冶金工业厅陕冶企〔1992〕360 号文件批复"陕西省韩城铁厂"变更为"陕西龙门钢铁总厂"。随后，建设了小高炉、小烧结机，随后建设了炼钢生产线及轧钢生产线，企业规模不断壮大。1998 年、1999 年，成功兼并了陕西省商洛市的木龙沟铁矿和大西沟铁矿。到 2001 年末企业总资产为 88970 万元，当年产钢 29.79 万吨、材 23.44 万吨。

（三）改革发展期（2002~2009 年）

2002 年 4 月，根据省经贸委、省财政厅有关文件精神同陕西钢铁炉料公司、陕西技术进步投资公司以及龙钢职工持股会共同出资 20948 万元，组建了龙钢公司，并按照《公司法》和公司章程成立了法人治理结构，实现了"工厂制"到"公司制"的蜕变。

2002 年 10 月，龙钢公司联合陕西境内其他 10 家企业共同发起成立了龙钢集团，形成了以钢铁为主业，辐射采矿、发电、运输、耐材、机械加工、国际贸易、后勤服务等领域，地域范围不断扩大，涉及西安、宝鸡、咸阳、商洛、渭南等地区。

2002 年以来，龙钢集团确立"资本股份化、融资社会化、产业规模化、效益最佳化"的"四化"发展模式，实现了跨越式发展。到 2006 年底，形成了 350 万吨钢、300 万吨铁、250 万吨材的生产能力，从业人数超过 13000 余人，总资产超过 50 亿元，成为陕西省最大的钢铁联合企业，陕西省重点发展的大型企业集团之一。

2007 年，龙钢集团积极引进战略投资，提升装备水平，与美国通用钢铁公司合作，以改革创新的精神克服了金融危机带来的严重影响，先后完成了炼铁系统技术改造项目一期两座 1280 立方米高炉及配套设施的建设，在 2008 年底形成了年产 450 万吨钢的综合生产能力，名列国家统计局 2009 年度中国最大 500 家企业集团第 364 位，被陕西省政府命名为"保增长突出贡献先进单位"。

（四）装备升级期（2009～2013 年）

2009 年 8 月 7 日，为贯彻落实国家钢铁产业发展政策的总体要求和陕西省委、省政府有关决策，按照《陕西省钢铁产业调整和振兴规划实施方案》和《关于设立陕西钢铁有限责任公司的批复》（陕国资改革发〔2009〕196 号）精神，陕西钢铁有限责任公司（简称陕钢公司）组建成立，公司由陕西省国资委、陕煤集团、陕有色集团共同出资，属于省国资委直属企业。

陕钢公司成立以来，认真贯彻落实国家钢铁产业发展政策的总体要求和陕西省委、省政府的有关决策，完成了对龙钢集团的股权重组，并积极投资实施了淘汰落后产能、产业升级钢铁系统技术改造项目，在韩城迅速形成了两座 1280 立方米高炉、2×120 吨转炉及 265 平方米、400 平方米烧结机等新装备，淘汰了不符合产业政策的小高炉、小烧结、小焦炉，在韩城形成年产 700 万吨钢的综合生产能力，装备水平亦基本达到国家钢铁产业政策提出的"新技术、新工艺、新装备"的要求。

2010 年 8 月 11 日，根据陕西省人民政府第十三次常务会议精神，陕钢公司召开股东会议，研究决定对陕钢公司增资扩股，并决定将"陕西钢铁有限责任公司"更名为"陕西钢铁集团有限公司"。

2010 年 9 月，按照省政府 2010 年第十三次常委会精神，由陕钢集团、汉钢集团、汉中市国资投资公司共同出资 10 亿元组建设立了陕钢集团汉中钢铁有限责任公司。全面启动了汉中钢铁重组工作，接管了汉中钢铁产业整合技术改造灾后重建项目。2011 年底，在汉中市勉县建成两座 1280 立方米高炉、两座 120 吨转炉、两座 265 平方米烧结机、两座 14 平方米球团竖炉，以及轧钢生产线等相应配套项目，形成 300 万吨钢生产能力。

2011 年底，陕钢集团形成了 1000 万吨钢铁产能，跻身全国千万吨级钢铁企业集团行列。

2011 年 12 月，陕西省委、省政府决定由陕煤集团对陕钢集团进行重组，陕钢集团成为陕煤集团直属控股子公司。

2012 年以来，钢铁行业形势急转直下，陕钢集团直面挑战、积极应对，果断采取科学对标、深入挖潜、稳定市场等一系列措施，控亏扭亏、创收增效。

2013 年，陕钢集团全面学习贯彻党的十八大精神，紧紧围绕企业转型升级和结构调整主线，突出经济运行质量和效益，加快系统配套完善，在韩城实施了铁前系统高炉和烧结机的改造，完成了龙钢公司 700 万吨铁、钢、材系统配套。

（五）提质增效期（2014~2016 年）

2014 年，陕钢集团新一任领导班子履新后，极应对钢铁行业两极分化、市场需求低迷、资金极度紧张等困难，坚持控亏扭亏工作主线，兼顾短期效益与长远发展，统筹协调确保资金链安全，狠抓降本增效措施落地生根，尽最大努力降低亏损。

2015 年，陕钢集团确立了打造我国西部最具竞争力的高端钢铁材料服务商的战略目标，制定并组织实施《三年治亏创效实施方案》，积极推进以"资金、营销、大宗原燃料采购和物流"四个统管和全口径人力资源优化为核心的内部改革，建立以算账经营、亏损最小为原则的生产组织模式，全力以赴降本增效、扭亏脱困。

2016 年，陕钢集团持续深化资金、采购、销售、物流四个统管，采取刚性考核、算账经营、减员瘦身、降本增效、产品结构调整等治亏创效措施，在钢材价格跌宕起伏、行业风险聚集、资金压力巨大、供需矛盾持续恶化的不利情况下，生产经营呈现出安全稳定、不断向好的良好态势，亏损大幅度降低。

（六）追赶超越期（2017 年~）

2017 年，陕钢集团抢抓市场机遇，全面释放产能、持续深化改革、奋力追赶超越，超额完成了年度生产经营目标和追赶超越任务，创造了历史最佳生产经营效果，完成钢产量 1023.8 万吨，同比增加 293.8 万吨，增长了 40%；实现营业收入 427.8 亿元，实现利润 19.16 亿元，一举扭转了 6 年来的亏损局面。陕钢集团在钢铁行业中的竞争力由 B（较强）进入 B+（优强）类企业。

2018 年以来，陕钢集团积极学习贯彻党的十九大精神，以习近平新时代中国特色社会主义思想为指导，以"125448"发展战略为统领，以推进"十三五"规划落地，实施竞争力追赶工程，创建健康陕钢、美丽陕钢、活力陕钢为五大抓手，推动愿景目标实现。坚持"一业为主、多元协同"发展布局，坚持深化体制机制改革，坚持追赶超越，坚持创新驱动，坚持以人为本，全系统提质增效全方位追赶超越。2018 年 1~9 月，陕钢集团共生产生铁 780 万吨、粗钢 856 万吨、钢材产量 808 万吨，实现营业收入 378 亿元，利润 25.62 亿元，开创了产量效益双提升的新局面。

三、主要发展成就

经过 9 年多时间的发展，陕钢集团实现了跨越式发展，装备水平全面提升，产能规模大幅增加，竞争实力不断增强，迈上了由粗放式发展向高质量发展的道路。可以说，这 9 年，是陕钢集团认真学习贯彻党的路线方针政策，特别是十八大、十九大精神，解放思想，开拓进取，努力探索符合企业发展道路的 9 年；是陕钢集团全体干部员工接续奋斗、攻坚克难，挺过求生图存危机，完成了振兴陕西钢铁阶段性使命的 9 年；是陕钢集团深化改革改制，乘陕煤集团重组陕钢集团之东风，抢抓机遇，大干快上，形成现代化千万吨大型钢铁企业的 9 年；是陕钢集团励精图治、砥砺奋进，企业治亏创效、改革发展和党的建设取得重要进步、展现光明前景的 9 年；是陕钢集团确立愿景目标、明晰发展战略，持续提质增效、追赶超越，走上健康良性发展的 9 年。

（一）装备水平全面提升，完成了去产能目标任务

陕钢集团成立以来，实施了钢铁系统技术改造，淘汰了小高炉、小烧结机，完成了去产能目标任务，现有 3 座 1280 立方米高炉、3 座 1800 立方米高炉、1 座 2280 立方米高炉、3 台 265 平方米烧结机、1 台 400 平方米烧结机、1 台 450 平方米烧结机、4 座 120 吨转炉、4 座 60 吨转炉及配套轧钢系统，所有设备全部符合国家工信部钢铁行业规范条件，在国内同类型钢铁企业中处于先进水平。

（二）产能规模大幅增加，粗钢年产量突破 1000 万吨

陕钢集团成立之初，钢铁产能仅为 450 万吨，经过投资建设增加产能规模，在 2012 年底产能规模达到 1000 万吨，9 年时间产能增加 550 万吨，增长了 122.22%。2010 年，陕钢集团共产粗钢 406 万吨，2017 年粗钢产量突破 1000 万吨大关，达到 1024 万吨，与 2010 年相比增加了 618 万吨，增长 152.22%。

（三）经营效果逐年改善，收入和效益不断提升

陕钢集团不断强化运营改善管控，建立了盈亏导向的生产经营模式和经营预警机制。运用量本利分析法，完善了以边际贡献为核心的经营导航系统，根据吨产品边际效益及时调整生产经营模式。建立了月度生产经营分析常态化机制，以财务数据为依据，通过趋势图分析，解剖"麻雀"，不断弥补生产经营管理各环节的短板，提高经济运行质量和效益。

营业收入从 2010 年 203 亿元增长到 2017 年的 428 亿元，增加了 225 亿元，2017 年彻底扭转了亏损局面，实现盈利 19.16 亿元，2018 年 1~9 月盈利 25.62 亿元，企业盈利能力不断攀升。

（四）确立发展战略，为企业改革发展提供了目标导向

2014 年以来，陕钢集团确立了 "125448" 发展战略，即一个愿景：把陕钢集团打造成为我国西部最具竞争力的高端钢铁材料服务商，建成美丽幸福新陕钢。两个方针：坚持 "治理管控现代化、经营管理集团化、主业转型服务化、产业相关多元化" 的战略发展方针。坚持 "供销差价最大化、生产成本最小化、目标市场主导化、财务指标最优化" 的钢铁主业经营方针。五大战略：产品、制造、营销、供应、融资战略与战略合作。四个统管：资金、营销、大宗原燃料采购、物流统管。四大支撑：人才、信息化、创新驱动和品牌支撑。八个相关多元产业：矿产开发、现代物流、金融板块、钢铁原料贸易、资源综合利用环保产业、设备制造、餐饮服务、信息化产业。

（五）深化改革成效显著，成功入选国务院国企改革 "双百行动" 省属骨干企业之列

1. 深化经营体制改革，实施资金、营销、大宗原燃料采购、物流四个统管

2015 年 8 月，陕钢集团成立了韩城钢铁公司，作为销售、采购和物流专业化运作平台，解决各子公司在经营上的各自为战、协同不强的问题。同时，成立了资金管理中心，解决资金集中管理问题。通过几年来的实践，资金方面已经规范了全集团的资金及票据集中管理，规范了对外担保和资金支付，发挥了资金及票据池作用，确保了资金链安全。营销方面转变了原来内部相互竞价的不良格局，填平了区域市场与全国均价差距，放大了整体营销功效。采购方面实现了进口铁矿、焦炭、煤、合金等大宗原燃料的集中采购，解决了分散采购存在的议价能力不高的问题，撬动了集采规模优势。物流方面实现了一体化管理，并通过内部整合、重去重回、海江铁联运等措施，保证了产能释放的原燃料和产成品物流运输需要，降低了物流费用。以四个集中统管为核心的经营机制改革，为陕钢集团的扭亏为盈发挥了至关重要的作用。

2. 深化市场化机制改革，推进实施契约化管理和职业经理人制度

2016 年以来，陕钢集团确立了 "发挥国企优势、学习民营机制" 的改革理念，开展契约化管理和职业经理人改革试点。先后为两个生产板块公司引进了四位职业经理人，分别聘任为总经理和副总经理。2018 年 3 月，出台了契约化和职业经理人系列管理制度。5

月，与三家子公司签订了契约化目标责任书，全面展开改革试点，明确子公司完成目标任务，实现效益提成奖励，子公司选聘的总经理，工资收入最高可以是同级董事长、党委书记的两倍。市场化用人和薪酬机制改革，有效激活了子公司的管理活力，生产经营效果全面改善，使陕钢集团盈利水平从行业末位一举跃入行业中上游水平。

3. 实施"党建领航、班子引领，干部走在前列"战略，充分发挥党委领导作用

2016 年 11 月，习近平总书记在全国国有企业党建会上指出："坚持党对国有企业的领导是重大政治原则，必须一以贯之。"陕钢集团积极贯彻习总书记讲话精神，首先完成了党建进章程工作，落实了党组织在公司法人治理结构中的法定地位，将党委会研究讨论作为董事会、经理层作出重大决策的前置程序。2017 年 10 月，陕钢集团启动实施了"党建领航、班子引领、干部走在前列"战略，建立领导班子成员每月向党委汇报工作制度，将上月工作总结和下月工作计划，向党委会汇报，党委会研究讨论。按照月度总结、计划，季度征求意见，半年民主生活会讨论，年度考核评价的工作机制持续开展，目前已坚持召开领导班子月度工作汇报会议 11 次。2018 年制定了公司领导班子年度目标任务和工作计划，将全年 126 项重点工作分解落实到班子成员身上，要求保质保量完成，凸显领导班子的"关键少数"作用和走在前列的引领作用。并坚持以上率下，推进"党建领航、班子引领、干部走在前列"战略向基层延伸，目前各子公司党委和机关党委都建立了领导干部年度目标计划和月度工作汇报长效机制，各级班子的思想统一程度、团结协作能力和履职尽责能力得以全面提升。

4. 完善各级法人治理结构，建立现代企业制度

习近平总书记在全国国有企业党建会上强调："建立现代企业制度是国有企业改革的方向，也必须一以贯之。"对此，陕钢集团按照国务院办公厅 2017 年 4 月印发的《关于进一步完善国有企业法人治理结构的指导意见》，完成了各级公司章程修订工作，完善了各级股东会、董事会、监事会和经理层的议事规则，配齐配强了各级党委会、董事会、监事会和经理层成员，并按规定设置了董事会专门委员会，创新性在各专门委员会下设工作委员会。健全完善了规范高效的党委会、股东会、董事会、监事会、经理层科学运行机制。

5. 健全完善监督机制，加强生产经营过程监督

陕钢集团纪委扎实推进"纪检监察派驻制、内保监督巡查制和经营管理复核制"（简称三制），为各级纪委配备专（兼）职纪检干部 27 人，派驻纪检干部 23 人，内保监督员 26 人，全面增强各级纪检干部的履职能力，提升纪检监察工作成效。陕钢集团建立了职工"民主评价"监督机制，形成了以市场调研为基础、职工代表质询评价为核心、纪委监察问责追究为关键的民主评价监督机制，对生产经营过程进行民主监督。截至 2018 年 9

月，共组织评价会议 89 次，评价项目 187 项，以评促改、堵塞漏洞、规范管理。2015 年 12 月 24 日《工人日报》头版头条刊登了陕钢集团公司职工民主评价会做法，并荣获陕西省 2015 年总工会工作创新创优一等奖、陕西省机冶建材工会工作创新创优特等奖，极大地提高了陕钢集团的知名度和影响力。

6. 解决历史遗留问题，推进职工家属区"三供一业"移交和职工医院移交工作

目前，职工家属区"三供一业"涉及单位已经与接收单位签订了分离移交协议。2018 年底前完成职工家属区"三供一业"移交协工作，并制定职工医院移交或改制重组方案，按照省政府和省国资委规定时间完成移交工作，使企业甩掉包袱、轻装上阵。

（六）科技创新日臻完善，技术引领企业发展

陕钢集团紧紧围绕降本增效和产品结构优化升级两大主题，不断完善科技创新体系，提升科技管理水平，发挥研发平台作用，瞄准制约难题和瓶颈，扩大产学研合作，打造研发人才梯队，推进职工全员创新，各类科技活动有序开展，为企业可持续发展提供了源源不断的驱动力。

1. 科技创新三级管理体系不断完善

以"一个决定一个意见十一个办法"制度体系为指导，陕钢集团《创效产品开发管理办法》《技术进步项目管理（暂行）办法》《四新项目管理（暂行）办法》等为支撑，科技管理体系得到不断充实和完善。

2. 研发平台得到进一步提升

陕钢集团成立了陕西钢铁研究院和汉中钢铁产业创新研究院，整合科技创新队伍，联手打造西部钢铁板块研发平台。陕钢集团技术中心和陕西省钢铁工程技术研究中心两个省级研发平台，纵向形成了陕钢集团与子公司间研发和管理的联动，横向形成了五个各有专长的研发创新层级，构成了网格状的研发模块。省级工程中心在评估中获得优秀称号。

3. 科技成果的数量和质量稳步提升

先后获得省部级科学技术奖 5 项，通过省级鉴定项目 26 项。其中，国际领先 2 项，国际先进 3 项。

4. 知识产权管理体系通过国家认可，专利授权的数量和质量不断提高

连续顺利通过知识产权体系再认证和监督审核。累计授权专利两百余件，其中发明专利 13 件。

（七）产品品种质量持续优化，结构调整稳步推进

陕钢集团以精品建材为重点，以线材制品系列化为导向，以开发一批、储备一批、预

研一批为策略，逐步形成了产品结构优化的新格局。

1. 以精品建材为重点，高强抗震钢筋的规格与品种实现系列化与广覆盖

精品建材 400 兆帕抗震钢筋获得国家实物质量"金杯奖"，500 兆帕高强抗震钢筋市场占有率不断提升，高强钢筋升级换代产品 600 兆帕精品建材成功开发，精轧螺纹 PSB785、PSB830 及锚杆用热轧带肋钢筋 MG500、MG600 一次性开发成功，标志着建筑钢材系列化生产的实现，品牌的含金量得到提升。

2. 以线材制品用钢系列化为导向，不断提升产品附加值

硬线系列的 60 号、65 号、70 号钢规模化生产；中高碳系列的焊丝钢 ER70S-6、弹簧钢 65Mn、钢丝钢绞线用盘条 SWRH82B、SWRH77B 产品，以点带线，以线带面逐步向系列化拓展；中碳钢系列的冷镦钢 ML35、PC 钢棒用盘条产品，不断获得认可。

3. 以创效为目标，产品种类不断丰富

以石油管为目标，陕钢集团开发了直径 50 毫米轧制圆坯、直径 220 毫米连铸圆坯，产品质量得到用户满意。以带钢量产化为目标，165 毫米×（280~575）毫米矩形坯及 170 毫米×170 毫米方坯已颇具市场优势。

4. 以清晰、科学的市场定位加快产品结构调整

积极稳妥推进长线和短线炼钢的生产结构调整；立足于陕煤集团、立足于陕西资源共享角度发展陕钢，加大跨界融合、业务融合力度，开辟陕钢新的发展空间。

（八）坚持走绿色发展道路，打造钢铁美丽花

陕钢集团自成立以来，高度重视环保工作，秉承节能减排和循环经济发展理念，走资源节约、环境友好、绿色生态型发展道路，狠抓落实，调整产业结构，提升装备升级，先后对煤气、废渣尘泥、废气、余热、废水等进行回收利用，发展绿色低碳生产，目标为建设花园式钢铁工厂。

1. 积极推行循环节能工作

近年来，企业始终坚持科学发展观，走可持续发展之路，对废水、废气、废渣、粉（烟）尘、煤气、余热等全面回收利用，完善了"炼钢（炼铁）—钢渣（高炉渣）—水泥制砖""废水—循环—再利用""炼焦（炼铁、炼钢）—煤气—轧钢、烧石灰、发电、炼钢""制氧—氮气—代替压缩空气""炼钢—蒸汽—供热暖"等循环经济发展"链"，特别是废水处理工程还回收处理了企业生态工业园区的部分污水，实现了企业内部循环和区域大循环。仅 2017 年度，烧结余热发电量 8424.77 万千瓦时，TRT 发电量 44135.57 万千瓦时，炼轧钢饱和蒸汽发电量 1728.14 万千瓦时，煤气综合利用发电量 108828.32 万千瓦时，水

重复利用率99.05%，取得了良好的环境效益和经济效益。

2. 持续实施清洁生产工作

近年来，陕钢集团持续实施系列的技术改造和新工艺、新技术、新材料、新设备的应用，提高能耗效率，节约能源消耗，减少排放。先后投资37.63亿元，配套建设了高炉煤气余压透平发电（TRT）、高炉煤气干法除尘、烧结余热发电、煤气综合利用发电、热风炉前置双预热技术、高炉煤气干法除尘等先进的节能减排设备设施；投资15.43亿元配套建设了工艺先进的除尘设备设施144套，脱硫设备设施8套，废水处理设施5套，噪声防治设施36套，固废处理设施9套。投入1.3亿元，对炼铁厂风机改造、轧钢加热炉进行延长改造、粗轧机节电改造、电容器补偿柜改造及水泵节电改造、炼钢连铸软水改造和连铸二冷水除油改造等20余项清洁生产中/高费方案及120余项清洁生产无/低费方案，极大地改善和提升了公司的装备水平，同时取得了较好的经济效益。今后，陕钢集团将继续加大投入力度，拟再投入44亿元，实施环境治理项目21项，确保在2020年完成汾渭平原地区超低排放目标。

陕钢集团烧结、炼铁、炼钢各工序能耗均符合《粗钢生产主要工序单位产品能源消耗限额》（GB 21256—2013）标准要求，整体位于行业中等偏上水平，其中汉钢公司烧结工序能耗、负能炼钢均处于行业先进水平。陕钢集团吨钢耗新水0.82立方米、水重复利用率99.05%等指标达到了清洁生产一级水平。

3. 建设美丽花园式钢铁工厂

为了构建环境优美、绿色低碳的现代化钢铁企业新形象，陕钢集团提出了打造"钢铁美丽花"的文明创建新目标，按照"见缝插绿、破硬植绿、创意增绿"和"点、线、面结合，乔灌木、花、草结合"的工作原则，各单位从"绿化、美化、亮化、景观化、人文化"的角度，不断加大绿化投资，美化厂区环境。截至2017年底，陕钢集团绿化投资累计6916.5万元，主要生产生活区域绿化率达到约25%，环境美化上了新台阶，在钢铁行业同等规模处于先进水平。

（九）牢记使命抓好党建工作，服务中心助推企业改革

近年来，陕钢集团党委深入贯彻习近平新时代中国特色社会主义思想和党的十八大、十九大精神，紧紧围绕深化改革、释放活力、治亏创效、追赶超越等中心工作，把方向、管大局、保落实，全面从严治党深入推进，"两学一做"学习教育实现常态化机制化，基层组织建设和党员干部队伍建设得以强化，"进步"文化、"正"文化和钢铁现代版长征精神的引领作用不断增强，团结、稳定、鼓劲，心齐、气顺、劲足的干事创业氛围更加浓

厚，有力地助推了各项工作的向前迈进。

1. 全面从严治党向纵深推进，管党治党责任更加坚实

扎实推进全面从严治党，建立了领导班子成员重点工作月度汇报、季度分析、半年民主讨论、年度考核评价机制，有力提升了领导班子履职尽责的意识和能力。建立了党委党风廉政建设主体责任台账，落实了党风廉政建设党委主体责任和纪委监督责任及党委书记第一责任人、其他班子成员"一岗双责"责任。

2. 基层组织建设与干部队伍建设不断强化，党建基层、基础、基本得到夯实

完成了党建工作进公司章程的修订，明确党组织在企业决策、执行、监督各个环节的责权方式和工作要求，完善了党委会议事规则和决策程序。积极推进职业经理人契约化管理，探索并完善契约化管理相关制度，助推陕钢集团干部管理工作再上新台阶。

3. 宣传舆论营造良好氛围，讲好陕钢故事提升自信

本着外树形象、内聚力量的指导思想，坚持"一个好头条、一个好通讯、一篇好短评、一张好照片、一组好简讯"五个"好"标准办报，同时发挥新媒体个性化、受众广、形式多、时效快的优势，充分利用《陕西钢铁》、陕钢网站、陕钢微信三大平台，围绕学习贯彻党的十八大、十九大精神、省第十三次党代会精神、"两学一做"学习教育、"提质增效、追赶超越"等主题，精心组织策划，做好宣传工作。

4. "两学一做"学习教育常态化制度化深入展开，基层党建工作亮点纷呈

扎实落实全面从严治党要求，不断巩固"两学一做"学习教育成果。实施党建工作追赶超越工程，坚持"看齐意识、对标意识、落实意识"，促进党建工作不断上水平。建立党建质量管理体系，并按照 PDCA 闭环要求落实各项工作，努力做到抓铁有痕、踏石留印，形成了党建工作和生产经营工作互促互进的良好局面。

5. 思想政治工作成效明显，理论政策研究全面推进

深入学习宣传贯彻党的十八大、十九大精神，先后成立了十八大精神宣讲团、十九大精神宣讲团，下设集团公司领导班子、高级政工师、党员管理人员、群团党员干部四个宣讲组和新闻舆论平台主题宣传，形成"4+1"宣讲格局，做到了党员干部职工群众全覆盖。完善党委中心组学习制度，并对集团两级党委中心组学习情况进行检查并通报，对所属单位党委中心组学习情况进行旁听督导并现场点评。坚持丰富学习形式，先后组织 287 名处级以上干部参加省委党校集体封闭式培训，提升了各级领导干部综合素养。

6. 党风廉政建设稳步推进，监督执纪问责严细深实

以抓责任制落实为龙头，逐级签订党风廉政建设目标责任书，规范《落实党风廉政建设"两个责任"情况纪实手册》"十必记"内容。建立干部个人廉政档案，持续开展廉政教育，开展全员学习《陕煤集团政纪处分暂行规定》活动，通过党纪党规知识答题活动检验学习效果。进一步强化"三制"工作，先后开展交叉复核、内保监督巡查、挽回经济损失上亿元。持续开展升学宴、十项费用等5项专项治理，开展党员干部个人有关事项核查等活动，实现干部作风新转变。

7. 群团工作全面加强，桥梁纽带作用得以彰显

工会认真牵头组织开展劳动竞赛活动、民主监督评价会议，扶贫帮困、节日慰问、夏送清凉等关爱活动以及"主题党日+助力精准扶贫"活动。女工工作不断推进，汉钢公司计量检验中心能源介质化验班被中华全国总工会、省能源地质工会授予"五一巾帼标兵岗"荣誉称号；陕西省能源化工地质工会授予陕钢集团工会女职委"征文优秀组织单位"荣誉称号。青年主力军作用有效发挥，认真开展"两学一做"教育实践活动，集团团委荣获"全国钢铁行业五四红旗团委"，集团10个集体、21名个人受到全钢团指委和陕煤集团团委表彰。

8. 宣传引领、文化奠基，企业软实力不断增强

打造覆盖作业区的基层通讯员队伍，建设了《陕西钢铁》报纸、陕钢集团微信、陕钢集团网站三大宣传主阵地。积极开展外宣，近三年来外宣增量达300%。按照陕煤集团"三统一"的要求，建立了陕钢集团企业文化体系，形成了富有陕钢集团特色的"八种文化"。通过"钢铁美丽花"这一有力抓手，实现企业文明与文化的"双创"，有力提升了陕钢集团的软实力及竞争力。龙钢集团顺利通过"全国文明单位"复审验收，汉钢公司打造了"钢铁是这样炼成的"AAA级工业旅游项目。

（十）注重精神文明建设，建设美丽幸福新陕钢

近年来，陕钢集团加大创建力度，培育文明之风，着力展现钢铁之美，龙钢集团2017年通过了"全国文明单位"第二个三年复审验收；汉钢公司获汉中市"文明单位标兵"，受到省钢铁工业协会"工业旅游示范单位"的嘉奖；龙钢公司也于2017年被韩城市评为"文明单位"，在推进美丽幸福新陕钢的过程中，陕钢集团实现了经济建设和精神文明建设成果双丰收。

企业文化建设与文明创建工作紧密结合。经过9年多的发展，陕钢集团已经形成了富有自身特色的以"进步文化""正文化"和"陕钢现代版长征精神"为引领的企业文化体系。

深入开展"厚德陕西"建设活动，加强社会公德、职业道德、家庭美德、个人品德教育，开设道德大讲堂，开展"监督身边陋习"引导纠偏。先后涌现全国劳动模范1名，中

国好人（敬业奉献）1 名，中国好人（见义勇为）1 名，省部级劳动模范 17 名，陕煤集团及县市级劳动模范 13 名。

积极开展"与职工心连心，与企业共奋进"系列活动，向职工承诺解决八大民生工程（工资追赶、医保社保补缴、劳动保护、充分就业、环境治理、小区供水、婚嫁祝福及丧葬慰问、大病救助及升学帮扶工作）。

精准扶贫帮困，尽好企业社会责任。企业在发展过程中不忘初心，时常关心关爱贫困地区的发展，为陕钢集团送去企业的温暖和慰问。积极开展了"主题党日+助力精准扶贫"活动，组织党员捐款，全集团 132 个党支部，1945 名在职党员、1248 名员工参与了捐款，共收到捐款 196242 元。精准扶贫具体工作中，驻村干部驻村工作成效显著，先后为该村直接投资 330 余万元，推进建设了便民服务中心、村庄道路硬化工程、大型养殖场、粉条加工厂、修缮水渠等，走访慰问村庄孤寡老人、探望生病村民、协调处理上访事宜、义务抢险救灾等，得到了当地扶贫办、村委会以及村民的认可和信赖，驻村干部被当地扶贫办推荐为脱贫攻坚先进个人。

四、主要特点和经验

习近平总书记指出："重视历史、研究历史、借鉴历史，可以给人类带来很多了解昨天、把握今天、开创明天的智慧。"回顾陕钢集团多年来攻坚克难的发展历程，可以说是从一路泥泞走到了今天的宽阔大道，犹如一部现代版的长征史。在这个过程中，历任领导班子和广大职工都付出了艰辛努力，陕钢集团形成了鲜明的特点，也总结出宝贵的经验。

（一）始终坚持党的领导

中国特色社会主义最大的本质在于中国共产党的领导，中国特色社会主义制度的最大优势是中国共产党的领导。自成立以来，陕钢集团坚持贯彻党的方针、路线、政策。特别党的十八大以来，坚持用十八大、十九大精神统揽各项工作，坚持党的领导，抓好从严治党，并结合自身实际总结出了"党建领航、班子引领，干部走在前列"的发展经验，切实有效的发挥党组织在企业发展中的把方向、管大局、保落实作用。

（二）自觉融入国家要求和战略布局

国有企业是党和国家发展的重要物质基础。陕钢集团的发展，向来都是自觉融入国家的要求和国家的战略布局的！如党的十八大提出的"美丽中国"的理念；党的十八届五中全会提出的创新、协调、绿色、开放、共享"五大发展理念";十九大报告提出的"实施健康中国战略",陕钢集团都自觉融入并遵照执行,结合自身,创建实施钢铁美丽花,建设健康陕钢、美丽陕钢、活力陕钢。

(三)顺应国有企业改革趋势,持续深化改革

改革开放以来,国有企业改革发展,在党和国家的领导下不断取得重大进展。特别是十八期间,中共中央、国务院《关于深化国有企业改革的指导意见》更为国有企业新一轮改革指明了方向。陕钢集团只有与时俱进,勇挑振兴陕西钢铁工业的时代重任,顺应国有企业深化改革的大势,推进一系列改革措施,推进依法依规治理企业,不断提高企业的综合竞争力,才能在未来发展的道路上不断汲取前行的力量,才能实现长远发展和基业长青。

(四)建立现代企业制度,规范法人治理结构

完善国有企业法人治理结构是全面推进依法治企、推进国家治理体系和治理能力现代化的内在要求,是深化国有企业和完善国有资产管理体制的重要内容。对于陕钢集团而言,完善法人治理,建立现代企业制度,既是落实国企改革"双百行动"的需要,也是落实陕钢集团"四化方针",即"治理管控现代化、经营管理集团化、主业转型服务化、产业相关多元化",从根本上讲,更是陕钢集团提升核心竞争力的客观需要。

(五)坚持发挥国企优势、学习民营机制

坚持用开放的态度,用战略新思维、新视野来提高陕钢集团的运营能力。陕钢集团提出了"发挥国企优势、学习民营机制"的理念,不断向行业先进企业学习,改变老思想,打破旧观念。以开放的心态办企业,以包容的心态吸引人才,以共享的理念促进企业发展。建立了陕晋川甘四省钢铁企业高峰论坛与学习交流机制,和四川省川威、德胜、和物流公司的3+1联合,建立定期交流机制,同钢协专家协会、管理咨询公司、法律、会计师事务所、高校、国家级省上的研究院等专业机构接轨,形成企业的技术管理咨询与支撑体系。

(六)坚持培育良好的企业文化

企业文化是企业的土壤和空气,一方水土养一方人,这就是文化的力量和影响。陕钢集团历来十分重视企业文化建设,从"每一年,每一天,我们都要进步"的进步文化,到

以"人正、心正、气正、行正、品正、清正"为核心的正文化，再到以"众志成城、勇往直前、攻坚克难、忠诚担当、改革创新、追赶超越"为内涵的"陕钢现代版长征精神"，最后到建设健康陕钢、美丽陕钢、活力陕钢等的提出，文化强企、文化育人，已经成为广大干部员工的共识！不断创新理念、强化宣贯、完善机制，将文化理念落实到岗位，将行为规范执行到位，让企业文化成为引领企业支撑陕钢转型发展的活力源泉。

（七）坚持全心全意依靠职工办企业

坚持全心全意依靠工人阶级的方针，是坚持党对国有企业领导的内在要求。从这个层面上讲，党的群团工作只能加强，不能削弱，只能改进提高，不能停滞不前。陕钢集团群团组织健全，充分发挥党联系群众的桥梁和纽带作用，十分重视做好各项服务职工、凝聚职工的工作。坚持发展依靠职工，发展为了职工，发展成果由职工共享。做到了四个持续：持续抓好劳动竞赛，以赛降本、以赛促优；持续抓好查找提改献活动，激发职工创新积极性；持续建立技能大赛平台，提高职工技能水平；持续深化职工民主监督评价工作，发挥广大职工参与企业管理的作用。

（八）坚持战略目标、阶段目标的引领

陕钢集团的发展壮大不是一蹴而就的，而是经历不同的发展阶段，完成阶段目标，实现了战略目标，才成就了今天的陕钢。艰苦创业阶段，顺应国家号召，建立韩城铁厂，诞生了龙门钢铁的火种；奋发图强阶段，结束了有铁无钢的历史，实现了钢铁工艺配套，在市场大潮中砥砺前行；改革发展阶段，实现了工厂制向公司制的转变，不断发展壮大，为成立陕钢集团、振兴陕西钢铁工业奠定了基础；装备升级阶段，实现了跨越式发展，跻身全国千万吨大型钢铁企业行列；提质增效阶段，经历钢铁行业严冬，用时间换空间，积淀力量，打赢了求生图存攻坚战；追赶超越阶段，积极学习贯彻党的十九大精神，以习近平新时代中国特色社会主义思想为指导，积极践行"五大发展理念"，进入国务院国企改革"双百行动"，全面实现软实力提升和竞争力追赶，向行业一流企业奋进。

五、未来发展展望

站在新起点、融入新时代。陕钢集团将认真学习贯彻党的十九大精神，坚定不移以习近平新时代中国特色社会主义思想为指导，积极践行"创新、协调、绿色、开放、共享"发展理念，把陕钢集团打造成我国西部最具竞争力的高端钢铁材料服务商，建成美丽幸福

新陕钢！

深化改革取得突破，成为国改先锋、陕企尖兵。陕钢集团将全面贯彻国有企业改革"1+N"政策要求，落实国务院国资委《国企改革"双百行动"工作方案》提出的"五突破一加强"改革目标，坚持问题导向、坚持探索创新、坚持依法合规，推进陕钢集团各项改革措施落地，使改革成为推动陕钢集团高质量发展的新引擎。到2020年，全面完成陕钢集团深化改革各项目标任务和具体举措，企业股权结构科学合理，资产证券化有序推进，负债率大幅降低；现代企业制度更加健全，各级法人治理结构高效运行；市场化经营机制渐趋完备；激励约束机制成效显现；历史遗留问题彻底解决；党组织的领导作用充分发挥。企业产品结构和产业结构优势明显，非钢产业健康良性发展，管理水平、运营效率、经济效益显著提升，综合竞争力在钢铁行业中排名大幅提升。

企业竞争力全面提升，跻身行业一流企业。陕钢集团将"125448战略为统领"，以推进"十三五规划"落地、实施竞争力追赶工程、创建健康陕钢、美丽陕钢、活力陕钢为五大抓手，以推动"六个全面"为工作重点，即全面推进改革，释放改革红利；全面推动战略目标落地，实现高质量发展；全面规范治理，建立现代企业制度；全面追赶超越，加快软实力提升和竞争力追赶；全面落实五大抓手，推进愿景目标实现；全面加强党的领导和党的建设，深入实施"党建领航、班子引领、干部走在前列"战略。努力使陕钢集团拥有一流的环境、一流的技术、一流的管理、一流的产品、一流的效益、一流的人才、一流的标准、一流的品牌，迈上高质量发展道路，为市场提供优质的产品，为国家创造更多的利税，为社会承担更多的社会责任，为绿色低碳发展做出贡献，为职工群众做好民生实事，在经济社会发展中发挥陕钢力量，体现陕钢担当，为实现中华民族伟大复兴的中国梦而共同奋斗！

浴火重生百炼成钢　劲风扬帆新兴铸梦

新兴铸管股份有限公司

一、改革开放 40 年来的历程和成就

（一）企业概况

新兴铸管股份有限公司（简称新兴铸管）由新兴际华集团有限公司独家发起募集设立，始建于1971年，其前身为军队唯一钢铁联合企业——中国人民解放军第2672工厂，1997年6月发行上市（SZ. 000778）。

在"以钢铁为基础、以铸管为主导"的战略思想指导下，不断延伸和完善产业链和价值链，通过战略并购、重组、控股或参股等方式，形成以华北地区为核心，覆盖华东、中南地区的芜湖新兴铸管有限责任公司、桃江新兴管件有限责任公司、黄石新兴管业有限公司、广东新兴铸管有限公司，覆盖西南、西北地区的四川省川建管道有限公司和新兴铸管新疆控股集团有限公司的生产基地，完成了以市场为导向的铸管产业布局。目前，新兴铸管拥有河北邯郸、安徽芜湖、湖北黄石、湖南桃江、四川崇州、广东阳江、山西吕梁等多个生产基地和遍布全国的销售网络，是跨行业、跨区域的大型企业集团。已成为年产1000万吨以上金属制品企业，形成新兴铸管、新兴钢材、新兴特种钢管、新兴格板、新兴铸件、新兴复合管等系列产品，达到年产500多万吨钢材、260万吨球墨铸铁管、8万吨管件、300万米钢塑复合管、18万吨特种钢管及12万吨钢格板的生产规模。

球墨铸管是新兴铸管股份有限公司的主导产品，口径 DN80～DN3000 毫米，有 T 型、K 型、S 型、N1 型、自锚式等多种接口形式的球墨铸铁管适用于不同的地势条件，采用水泥砂浆、聚氨酯、环氧陶瓷等防腐内衬球墨铸铁管，满足不同水质输送要求，以及锌层＋终饰防腐层、聚氨酯等外壁防腐处理技术的球墨铸铁管适用于不同的腐蚀性土壤环境条件，是城镇供水、输气的理想管材。新兴铸管作为我国唯一代表制定和修订国际铸管标准，主持制定了《水及燃气管道用球墨铸铁管、管件和附件》（GB/T 13295—2008）国家标准。公司铸管生产规模和综合技术实力居世界领先水平，是全球离心球墨铸铁管最大的

供应商。

新兴铸管股份有限公司先后荣获"全国优秀水利企业""全国质量效益型先进企业""全国环境保护先进企业""全国模范劳动关系和谐企业""全国用户满意单位"、全国"五一劳动奖状"、"中国杰出管理贡献奖"、全国文明单位、"十佳上市公司""中国企业新纪录优秀创造单位""中国铸造行业突出贡献奖""国家知识产权优势企业""中国最佳投资回报上市公司"等荣誉称号。连续多年入选深证成指样本股、"中国最具发展潜力上市公司 50 强"和"中国企业信息化 500 强"。荣获"全国水利建设市场主体 AAA 级信用评价"资质,为河北省第一家通过海关 AOE 进出口高级认证企业。2016 年、2017 年蝉联国内钢铁全行业最高等级"竞争力极强 A+"企业。"新兴"品牌是"中国驰名商标",入选"亚洲品牌 500 强",被商务部评为"重点培育和发展的出口名牌",荣获水利行业"年度影响力品牌""明星管材管件品牌""中国优秀漏损控制服务品牌"、中国"优质铸件金奖"等。

(二)主要发展历程

改革创新是推动时代进步的最强音。40 年来,新兴铸管的每一步发展,始终与时代同行,始终与共和国的脉搏一起跳动。40 年的发展历程,留下了一个个难以磨灭的历史印记:

1971~1981 年,边建设、边生产,规模小、人员多,装备落后,体制不顺,经营"十年九亏",亏损严重。

1983 年,铁道兵撤编,移交总后勤部,1985 年钢产量仅 5.23 万吨。

1986 年 10 月,更名中国人民解放军第 2672 工厂。

"七五"期间,在总后勤部"放水养鱼"政策的支持下,完成 30 万吨钢技术改造,初步形成规模经济。

"八五"期间,实施"依托钢铁,发展铸管,进行结构调整"的战略。

1993 年,河北新兴铸管有限公司投产,揭开产品结构调整新篇章。"九五"期间,提出"构建集团,产业重组,股份改造,适机上市"的总体改制思路。

1996 年组建集团公司;1997 年 6 月在深交所成功上市。

2000 年,形成 80 万吨钢、35 万吨铸管的年生产能力,实现铸管产业集约化经营。

"十五"期间,确定了"钢铁走精品之路,稳定和提高钢铁效益;铸管扩大规模,充分发挥铸管效益;开发复合管,形成新的经济增长"的发展战略。2003 年,收购原芜湖钢铁厂,组建芜湖新兴铸管有限责任公司。

"十一五"期间，提出了"突出主业、做强做大，调整结构、战略转移"的总体发展思路。2008年，投资收购黄石新兴管业公司。

"十二五"期间，提出了"调结构、转方式，全力打造最强最大的铸管、钢管和机械制造用钢三大基地，建设国际一流企业"的总体战略。

2017年3月，广东阳江20万吨铸管项目按期投产。300万吨铸管产能布局已逐步完成。

（三）主要发展成就

40年来，新兴铸管在结构调整上全面推进。产品结构向高附加值方向发展，铸管产品由铸铁管拓展到复合管、双金属管；钢铁产品由普碳钢延伸到特殊钢、优特钢，由普通建筑钢材扩展到制造用材。

40年来，新兴铸管在管理创新上持续探索。两制、双五体系、裸对标、双超越、全价值链对标、经营决策模型化……面对复杂严峻的市场形势和繁重艰巨的生产经营任务，一系列管理创新举措应运而生，充分激发了员工的积极性和创新意识，为公司发展奠定了坚实基础。

40年来，新兴铸管在技术进步上不断攀登。公司加强与著名科研院所、优势企业的联手合作，推进基础研究、科研项目和科技攻关应用转化，自主研制开发了高效节能离心铸管机，为增产创效和企业长远发展提供强大技术支撑。

40年来，新兴铸管在思想宣传上务实给力。公司坚持"围绕中心抓党建、凝心聚力抓党建、务实高效抓党建、量化考核抓党建"，持续推进学习型组织建设，致力打造锤炼具有新兴铸管自身特色的企业精神、文化内涵和雷厉风行、令行禁止的超强执行力，大力倡导新时代军钢精神。

40年来，通过新建扩建和兼并重组，新兴铸管离心球墨铸铁管生产规模位居世界首位；具有自主知识产权、国际首创的特种钢管生产技术填补国内空白；公司钢铁生产工序主要经济技术指标位于全国同行业前列。公司铸管生产技术、产品质量居世界领先水平，是全球离心球墨铸铁管最大的供应商，具有明显的竞争优势，具有明显的竞争优势，国内市场占有率45%以上，30%以上的产品出口到世界120多个国家和地区。

二、主要特点和经验

新兴铸管秉承"在学习中成长，在创新中发展"的核心理念，汲取改革开放的历史养分，以改革增活力，用创新添动力，牢记国企使命，走出了一条创新发展、绿色发展和可持续发展之路。

（一） 坚持科技创新，掌握核心关键技术

技术创新是一个企业进步的灵魂。多年来，新兴铸管以"自主创新、重点跨越、支撑发展、引领未来"为科技创新的指导方针，坚持"以企业为主体、市场为导向、产学研相结合"的原则，以新产品和新技术研发为载体，以制度创新促进技术创新，围绕公司产品结构调整和产业发展方向，坚持"生产一代、储备一代、开发一代"的技术开发路线，紧贴生产，紧随用户，适应市场需求、并引导市场需求，逐步树立公司卓越的全球市场管材与钢材供应商的技术品牌形象，逐步实现由生产型企业向创新型企业的转变。

1. 自主创新结硕果

新兴铸管人深知，核心技术是买不来的，必须依靠自主创新。

伴随着改革开放的强劲东风，20 世纪 80 年代末的中国钢铁市场迎来第一次升温，大、中型钢铁企业和小钢厂几乎无一例外都在倾力增加规模，以牟取丰厚的投资回报。恰逢新兴铸管在即将完成 30 万吨钢技术改造之际，却做出了"不能走钢铁外延扩张之路"的决定。经过周密的市场调研论证，最终将球墨铸管项目作为公司产品结构调整的主攻方向。面对外国企业"先准备好 5000 万美金再来谈""只卖管子不卖设备""中国人造出的管子 10 年内不准向国外销售"等无理、荒谬要求，新兴铸管人决定自主开发掌握核心技术。经过近一千个日夜的拼搏，1993 年 4 月，新兴铸管第一条水冷型铸管生产线投产。一年后，自己设计、制造的水冷离心机诞生，各项技术指标达到世界先进水平。新兴铸管不仅掌握了离心球墨铸铁管这项新技术，摆脱了对传统冶金行业的单纯依附和继续发展上的限制，开辟了科技兴厂和跨行业、多品种发展的新途径，还打破了西方少数几个国家对离心球墨铸铁管这项技术、装备、产品和市场的垄断，开创了我国离心球墨铸铁管生产的新局面。

2005 年，新兴铸管再次做出了产品结构战略性调整的决定，决定自主创新研发具有自主知识产权的特殊无缝钢管和双（多）金属复合管的生产工艺路线，属世界首创。

2016 年，新兴铸管新产品开发提质加速，其中突出代表就是科威特 SE167 项目。SE167 产品是一种内衬环氧陶瓷器、外喷锌层+铝粉漆特殊涂层的特殊管材，对材质冲击性能的要求非常严格。新兴铸管先后攻克科威特 SE167 产品层层技术难关，成功获取该项目 7 万吨订单，在提升国际品牌影响力的同时，也为公司进一步拓展国际高端产品市场打

下坚实基础。

目前，新兴铸管拥有国家级的企业技术中心，建设了"三院三室两站"，拥有专利730 项，其中发明专利 300 余项，钢塑复合管、双金属无缝钢管等多项新产品填补了国内、国际空白，实现了由生产型企业向创新型企业的转变，离心球墨铸铁管及配套管件产品的生产、技术、质量处于国际领先；钢铁产品的生产技术水平处于国内同类领先，产品质量达到国内先进水平；具有自主创新的冶金复合无缝钢管产品和采用离心浇铸管坯生产高合金无缝钢管工艺领域，抢占市场和科技制高点，填补了国内空白。

2. 构建行业话语权

掌握标准制定权，就掌握了市场话语权。新兴铸管在国际标准制修订方面不断突破，主导标准制订和教材修编，掌控行业话语权。

2018 年 1 月 5 日，国际标准 ISO 10804——《球墨铸铁管线自锚接口系统-设计规则和型式试验》第二版由国际标准化组织出版，这是首个由新兴铸管提出修订、并独立负责完成的国际标准。除独立负责本标准的修订工作外，还作为召集人负责制定 ISO 21052——《球墨铸铁管线自锚接口系统-自锚长度计算方法》，目前该标准制定工作已经进入实质性阶段，全部技术内容已于 2018 年 11 月敲定。此外，公司还将作为合作项目负责人承担ISO 8180——《球墨铸铁管-聚乙烯套管》的修订工作。迄今为止，新兴铸管主持国际标准3 项，参与 6 项；主持国家标准 6 项，参与 2 项；主持行业标准 2 项；主持团体标准 1 项，参与 2 项。随着新兴铸管公司在研发和技术进步方面的投入和积累不断增加，实现了中国标准"走出去"，成为构建国际话语权的坚实基础。

3. 体制改革激活力

新兴铸管全面深化科研体制机制改革，把科技创新转化为公司建设发展新动能。积极推进科技研发体系顶层设计，构建"三位一体"科技创新管理体系：环保科技部作为评价单位，"4+3"单位为项目需求和资金保障的业主单位，技术中心为项目研发和技术引领的创新单位。积极推进铸管研究院市场化运行，打破研发大锅饭，强化研销、研产对接，加快研发成果转化，科研与市场、科研与生产深度融合。

近年来，新兴铸管科研体制改革及研发与销售的深度融合取得积极成效，增强了技术优势和市场地位，铸管产品市场影响力持续增强，铸管应用创多个国内第一，填补了多项国际技术和产品空白，产品和技术优势引领企业始终占据市场制高点。杭州千岛湖输水项目等国家级重点工程采用公司产品，提升了品牌知名度和影响力。公司铸管和铸件评为用户放心品牌，新兴品牌荣获多项国家级荣誉称号和水利、铸造行业特别奖项。

（二）坚持管理创新，激发内生发展动力

改革开放 40 年来，新兴铸管始终秉承创新发展理念，笃志践行各种创新管理措施，创新管理的脚步，永不停息，创新管理所触及的领域所渗透的环节无远弗届，永无止境。从 20 世纪 80 年代初的"一包五改"（经营承包、改革领导体制、改革分配制度、用工制度、干部制度、管理机构）提升管理，到全面预算管理创新成果，从"企业内部模拟法人运行机制"和"产供销运用快速联动反应机制"（简称两制）的成功探索与实践，到"指标体系、责任体系、跟踪体系、评价体系、考核体系"（简称五个体系）的高效闭环运行；从"裸对标"抓住行业的经营共性，建立起了适应钢铁企业的经营管理评价标准，到固化、强化对标管理，引入"双向超越""全价值链对标"引发企业比学赶超帮，竞合发展的鲶鱼效应，新兴铸管依靠管理创新利器，从创新和探索的风险中握住了可持续发展的成功机遇，在激情和胆略的投入中收获了市场所给予的慷慨馈赠。尤其是近几年，新兴铸管依靠创新管理，对标挖潜，改革创新，取得了骄人的经营业绩，生铁成本行业排名不断靠前，人均劳效不断提高，SE167 产品成功开发一举站稳世界最高水平，在中国钢铁企业综合竞争力评级榜单中，新兴铸管蝉联 A+级，挺进国内行业竞争力最强阵容。

1. 两个机制，有效应对国际金融危机

2008 年四季度以来，为有效应对国际金融危机，确保实现成本最优和效益最佳，新兴铸管紧密结合企业自身和所在行业的发展规律，积极推行模拟法人运行机制与产供销运用快速联动机制（简称两制）协同互动的企业管理体系构建。

新兴铸管以利润为中心，以成本为主线，将市场机制引入企业内部各实业部、各工序之间，实现实业部、工序等主体的独立核算、自主经营、自负盈亏，接受营业收入、利润、成本、资金占用等指标以及安全、质量、环保等否决性指标的考核，经营成果与工资总额挂钩，做到绩效与监督同步、激励与制约并重，使企业内部的每一个组织和员工都像"法人"一样主动承担责任，主动积极面对市场，主动算细账，从而在企业内部建立起压力层层传递、指标层层分解、责任层层落实、绩效层层考核、活力层层激发的新机制，充分调动企业内部的积极性、主动性和创造性。

企业的生产、采购、销售、物流等单位和企业产品的主要用户共同对市场变化作出快速联动反应。充分利用好区域差、时间差、品种结构差、市场价格差，把握好每一个机会，实施生产、采购、销售、运输、用户 5 个环节快速联动，紧密贴近资源、产品、物流 3 个市场，动态持续进行原燃料结构、炉料结构和品种结构的优化，实现整个企业的成本最优、效益最佳，确保用户利益也得到保证。

"企业内部模拟法人运行机制"重点在降本增效,"产供销运用快速联动机制"则侧重于市场应变。通过把握资源、产品、物流、资本 4 个市场的区域差、时间差、品种差及价格差,及时共享市场信息,实现生产、采购、销售、物流、用户 5 个环节快速联动创效益。

"两个机制"管控体系因其创新性强、示范意义大,对于大型企业集团转变经营机制、适应市场竞争、增强发展活力具有重要推广价值而荣获第十九届国家级企业管理现代化创新成果一等奖。

2. 双五体系,助推各项指标显著提升

新兴铸管在生产经营和党建方面分别实施"五个体系"管理,合称为"双五体系",包含指标体系、责任体系、跟踪体系、评价体系和考核体系。其中,指标体系自上而下辐射到部室、班组、岗位等多层级,每个组织都承担细化分解指标;责任体系纵向到底、横向到边、全面到位,责任明确、人人担责;跟踪体系实行"日跟踪、周联动、旬平衡、月分析",上下游信息渠道通畅,发现问题快速联动;评价体系是集团对各项预算计划的执行情况制订详细的月、季、年度的评价方案,采取对标模式进行科学的评价分析;考核体系采用季度定期考核、年底层层考核和分路专项考核的方式进行,考核结果与干部选用挂钩、与表彰奖励挂钩,执行"业绩上薪酬上职级上,业绩下薪酬下职级下"的原则,有效促进预算目标落地。

通过实施双五创新管理体系,有力助推了各项生产经营指标明显提升,赢利水平名列行业前茅。

3. 裸对标双超越,提升公司管控水平

为加快提升公司管控水平,新兴铸管从 2014 年开始在公司钢铁、铸管同工序中开展"裸对标"和综合评价工作。

所谓"裸对标",就是铁前以武安工业区为基准,考虑各家固有的区域差异,测算出区域差常数,以实际成本减区域差常数之后的"裸成本",进行对标排名、评分评价。铁后炼钢产品折成 HRB400 钢坯、铸管产品折成普通内销管,轧钢产品以 HRB400 螺纹和盘螺进行加工费对标排名、评分评价。

裸对标从 4 个维度全面对标,第一个维度是与预算对标,第二个维度是公司各工业区之间内部对标,第三个维度是与历史最好水平对标,第四个维度是与行业标杆进行对标。铸管系统没有行业标杆,就与理论测算结果进行对标。

"裸对标"逐渐由内部对标向外拓展,与优秀的民营企业比成本,与行业标杆企业比加工费,与理论测算对标,逐渐形成完善的对标体系。通过"裸对标"的开展,各单位铁

前成本、铁后加工费均取得巨大进步。

抓住了成本和售价，就抓住了打开企业利润的金钥匙。2015年初，新兴铸管根据市场形势，及时调整管理思路，以赶超区域领先水平、瞄准行业先进水平为目标，提出要努力实现成本和售价"双超越"。

4. 全价值链对标，促进经营水平新台阶

2017年，在巩固"裸对标"和"双超越"已有成果的基础上，新兴铸管开始推行全价值链对标，突出以获利能力为对标导向，坚持预算刚性约束与柔性经营相结合，精细化、多维度全面对标。通过四个维度、十个方面的对标，提升四种能力。

四个维度是指：与预算比、与历史最好水平比、与内部标杆企业比、与行业标杆企业比。十个方面是指：采购、销售、产量、经济技术指标、质量能源指标、人工成本、物流成本（进、出、倒）、三项费用（管、销、财）、产品结构、经营环境（政府补助、优惠）。四种能力是指通过四个维度、十个方面对标，促进市场把控能力、成本精细管理能力、技术创新能力、适应协调能力这四种能力的提升，这四种能力是生产经营管理能力的四大主要支撑。

全价值链对标体系的建立，有力地促进了各企业经营水平迈上新台阶，公司主要产品成本进入行业先进水平，企业综合竞争力稳步提高。

（三）坚持绿色发展，打造环保智能企业

绿色是生命的象征、大自然的底色。今天，绿色更代表了美好生活的希望、人民群众的期盼。习近平总书记指出："走向生态文明新时代，建设美丽中国，是实现中华民族伟大复兴的中国梦的重要内容。"习近平同志提出创新、协调、绿色、开放、共享"五大发展理念"，将绿色发展作为关系我国发展全局的一个重要理念。而绿色生产方式是绿色发展理念的基础支撑、主要载体，直接决定绿色发展的成效和美丽中国的成色。新兴铸管将履行环境责任作为公司的责任文化之一，坚持建设资源节约型、环境友好型企业，树立节约集约循环利用的资源观，通过"践行绿色理念、打造绿色产品、集成绿色产业和落实绿色行动"，在全公司范围内推行"绿色生产方式"，构建"既要金山银山，更要绿水青山"的环保价值观，在传统制造企业中走出一条绿色发展道路。

1. 扎紧"绿篱笆"，做绿色发展"护林员"

面对现有法律法规、产业政策在环保方面的新要求，新兴铸管坚持按照"环保就是生产力"的要求，致力于打造具有核心竞争优势的绿色产业基地。

新兴铸管以细化管控为思路，以"水、气、声、固"专项督查为抓手，充分发挥公司层面、三级企业职能部室和主体生产单位的监管能动性，促使各单位落实了环保职责，传递环保压力，稳步提升了管理能力。每月对所属企业能源环保情况进行评价，围绕责任落实、目标考核，扎紧跑冒滴漏"绿篱笆"，做好绿色发展"护林员"，实时验证环保管控成效。

新兴铸管以循环经济为发展指引，按照物质、能量、信息流动的生态规律，减少污染物的产生量，从源头预防污染；在企业内部通过促进清洁生产，合理利用资源和能源，实行污染全过程控制；通过采用先进的环保技术措施，实现污染物排放量的最小化；大力推进资源节约，实现钢铁企业固体废物资源化和高价值综合利用。

2. 聚焦"集成化"，做智能铸造"先行者"

进入新时代，新兴铸管以智能化和绿色共享为新模式，致力打造前向铸造产业运营平台和后向涉水范围经济平台，跨入基础产业+AI 平台经济新业态。

2017 年 7 月 12 日，新兴铸管举办的"新兴铸管绿色智能铸造交流论坛"在安徽芜湖召开，这是新兴铸管主动引领铸造行业绿色发展的一次重要尝试。本次论坛围绕"绿色、智能、共享"主题，致力于在国家供给侧改革的大背景下，共同打造同创共享、互利共赢的新型生产经营模式。通过充分利用现有资源和条件加快建设铸造产业集群，聚集同行企业集成化生产经营，利用低成本优势和短流程工艺技术，建立智能铸造示范工厂，打造铸造产业园区，为入园企业提供优质配套服务，形成铸造产业集群最强竞争力模式。

目前，产业园前期可行性报告、规划设计及招商工作正在有序推进。未来的新兴铸管绿色铸造产业园将以追求企业经济效益和社会效益为目标，通过合作控股引进铸造企业，着力打造绿色铸造产业，实现过去传统从冲天炉化铁变为高炉直接铁水供应，在降低能源消耗的同时，实现丰富铸件产品种类、节约燃动成本、优化铁水成分和改善大气污染物排放等多重效果。

（四）坚持党建引领，铸就企业发展之魂

习近平总书记在全国国有企业党的建设工作会议上明确指出："坚持党的领导、加强党的建设，是我国国有企业的独特优势"，"思想政治工作是国有企业的传家宝"。40 年来，新兴铸管不断探索创新企业党建工作模式，充分发挥党组织的领导作用，团结带领全体党员和广大员工求真务实、担当作为、奋勇拼搏，为企业又好又快发展提供了坚强政治保障。2017 年，新兴铸管荣获国家级综合性评价的最高荣誉——第五届"全国文明单位"。

1. "党建+" 品牌创建, 激活聚变效应

面对钢铁行业严峻形势与市场环境的复杂变化, 新兴铸管党委围绕中心工作不断 "换挡变速", 开展以 "新兴铸管党建+" 为主题的党建品牌创建活动, 激活聚变效应, 实现党建工作与生产经营筋脉相连, 同频共振, 使党建工作成为公司转型升级、持续发展的 "红色引擎"。

"新兴铸管党建+" 大胆借鉴经营运作和项目操作模式, 以党建基础工作为常规项目, 以生产经营工作为重点项目, 通过各级党组织党建品牌主题申报, 实现党建工作与生产经营工作跨界融合。围绕突出一个主题, 叫响一个品牌, 打造本单位品牌, 公司对提出的党建品牌目标进行细化、量化, 提出阶段任务, 并明确品牌建设的时间、步骤、推进方式、组织措施、阶段性目标等。通过党建品牌创建主题活动的开展, 教育和引导广大党员干部在落实经营指标任务中, 走在前、干在先、作表率, 进而带动各项工作升位争先。"党建+" 品牌建设项目涵盖提质增效、结构调整、管理创新、技术革新、瘦身健体、人才建设、作风建设等 19 个方面, 实行党建项目化, 通过立项制度, 丰富载体, 找准方向, 瞄准目标, 按照实施计划推进。

通过各级党组织申报的 "党建+产品结构调整" "党建+产品研发" 等项目, 公司在自锚管、顶管产品、优特钢研发生产方面取得新突破, 带动公司经营业绩不断提升。

2. 坚持思想引领, 注重文化铸魂

40 年来, 新兴铸管党委始终把思想建设作为先导工程, 坚持用正确的价值理念引导人、用和谐的工作环境影响人、用健康的文化理念塑造人。

面对严峻市场形势和巨大效益压力, 公司党委始终坚持团结鼓劲、正面宣传为主的方针, 不断创新方式方法, 丰富深化宣传思想工作载体, 融入中心, 突出重点, 巩固壮大主流思想舆论, 传播正能量、好声音, 充分发挥宣传思想工作的积极引导作用。与此同时, 持续推进企业文化建设, 让企业文化渗透于企业工作的始终, 重新塑造员工思想、规范员工行为, 启动推进企业发展的动力之源。

进入 21 世纪, 面对经济新常态与国企改革和供给侧结构性改革强力推进, 新兴铸管与其他企业一样, 伴随着新旧思想的交锋、多元文化的交流、不同价值观的交汇, 亟须进行文化重塑与精神再造。为此, 新兴铸管党委将处理好新旧文化的冲突与融合作为关键点, 一方面是对原有精神要素传承与扬弃, 对符合战略转型需求的企业精神进行了保留, 包括继承了军队执行力最强的优秀文化基因, 发扬了艰苦奋斗、服从命令的光荣传统与新兴铸管所独有的敢打敢拼、勇争行业第一、能吃苦、肯吃苦的企业精神, 保持新旧文化的承接性, 增加员工的认同感、凝聚力, 相继开展了 "我与军钢精神" 职工演讲征文比赛、

"幸福军钢"创建、"青年安心工程""最美军钢人"评选、"匠心筑梦"专题报道、"爱的抱抱"等特色文化活动，增强了员工的归属感与使命感，切实发挥了企业文化鼓舞士气，凝聚人心作用；同时对一些诸如"官气、惰气、散气"等不符合企业转型发展的文化进行摒弃，减小企业变革阻力，引导员工齐心协力推动企业向新的方向前进。另一方面结合企业发展新环境，企业战略新思路以及新的员工队伍因素，充分发挥创新思维，勾画企业新精神轮廓，在与原有文化的融合与动态发展中，对干部职工进行引导，提出了新时期四种精神："公正清廉、坦诚直率、团结包容、协作奋进"的工作氛围；"廉洁自律、正心明理、忠于职守、干事必成"的干部行为风范；"有激情、在状态、敢担当、有作为"的团队精神；"争先恐后、比学赶帮，百舸争流、千帆竞发"的工作态势，营造企业和员工"同呼吸，共命运""休戚相关，荣辱与共""同担发展责任，共享发展成果"的发展氛围。在踏入转型升级、引领时代的"第三次创业"新征程的关键时期，通过广泛深入的再研讨、再总结、再提炼，进一步丰富完善具有新兴铸管特色的企业文化，创新发展了新时期"军钢精神"内涵：实干兴企、产业报国的家国情怀；吃苦奉献、自觉奋进的铁肩担当；五湖四海、公正清廉的创业沃土；严实细精、雷厉风行的执行气魄；敢为人先、科学务实的探索创新。

三、未来发展展望

展望未来，新兴铸管将以习近平新时代中国特色社会主义思想为指引，积极响应习近平总书记在党的十九大报告中提出的"培育具有全球竞争力的世界一流企业"的战略要求，着力做强做优存量，培育增量动能，以新动能、新模式全力打造新兴铸管现代产业体系。

（一）战略定位

"十三五"期间，新兴铸管以"以国际化和科技创新为新动能，做强世界铸管行业领导者和冶金行业领先者；以智能化和绿色共享为新模式，打造前向铸造产业运营平台和后向涉水范围经济平台，跨入基础产业+AI 平台经济新业态。"作为发展的战略定位。

（二）战略描述

做强铸管行业世界领导者：掌握全球球墨铸铁管绝对话语权，引领战略性科技创新研究，成为智慧管网整体解决方案提供者、做铸管产业的领跑者、行业的整合者、市场的主导者。

打造冶金行业的领先者：优特钢战略产品、特征产品国内市场竞争力达到一流水平，产品影响力达到国内行业前三名。

国际化：打造生产、市场、资本、品牌全球一体化的国际化公司，扩展海外业务布局，赢得国际竞争新优势。

科技创新：具有战略价值，能够体现战略意图，形成重大科技突破和市场竞争优势的创新活动与项目。

绿色智能铸造产业平台：打造国家级绿色智能铸造产业园区，形成具有国际影响力的智能铸造产业集聚区、生态圈。

打造涉水范围经济平台：打造国际一流的涉水系统集成方案供应商，成为卓越的水务管道全生命周期管理者。

基础产业+AI平台经济：发挥铸造行业龙头企业优势，打造铸造产业创业兴业平台，将基于AI人工智能技术的智能制造方案嫁接融入冶金铸造这一国民经济基础产业，形成开放创新平台，以AI产业应用带动基础产业升级，实现铸造强国梦。

见证改革巨变　继续砥砺前行

江西方大钢铁集团有限公司

一、发展历程

（一）基本情况

江西方大钢铁集团有限公司（简称方大钢铁）是辽宁方大集团实业有限公司（简称方大集团）的全资子公司，旗下控股方大特钢科技股份有限公司（简称方大特钢）、江西萍钢实业股份有限公司（简称萍钢公司），是一家以钢铁为主业，并成功向汽车弹簧、矿业、国内外贸易、房地产、建筑安装、工程技术等行业多元发展的大型钢铁联合企业，是方大集团战略规划中确定的主营业务板块之一。

方大钢铁总部位于江西省南昌市，以生产建筑、工业用钢为主，拥有完整的生产线，年产钢能力 1600 万吨，现有在岗人员 2 万余人。方大特钢、萍钢公司分别于 2009 年和 2012 年由方大集团改制重组，在省委、省政府的正确领导和大力支持下，通过全方位导入方大集团"党建为魂"的企业文化，扎实践行"经营企业一定要对政府有利、对企业有利、对职工有利"的价值观，深入推进精细管理，均从巨额亏损、濒临死亡中实现蝶变重生，综合竞争实力从原来行业倒数迅速跻身于行业前列，企业效益效率不断提升，社会效益更加凸显。

方大特钢产品包括汽车零部件用钢、工业用材和建筑用材，萍钢公司产品涵盖螺纹钢筋、高速线材、小型材、中厚板多个系列，所属企业有萍乡萍钢安源钢铁有限公司（简称萍安钢铁）、九江萍钢钢铁有限公司（简称九江钢铁）等。

方大特钢、萍钢公司均已通过质量、环境、职业健康安全管理体系认证，方大特钢"长力"牌汽车弹簧、"海鸥"牌建筑钢材，萍钢公司"博升"牌建筑钢材获得了国家产品实物质量"金杯奖"。

方大特钢近年来净资产收益率、销售利润率、吨钢材盈利水平始终处于行业和行业上市公司中第一方阵，萍钢公司重组后企业连续盈利，且盈利水平行业排名不断上升。2017

年各项指标更是创历史新高。2017 年，方大钢铁集团实现利税 135.45 亿元，其中，利润总额 100.34 亿元，排名同行业企业的第 3 位。与此同时，企业坚持诚信纳税，2017 年上缴税金 41.5 亿元，方大特钢及萍钢公司所属的萍安钢铁、九江钢铁均获得由江西省国税局、地税局颁发的纳税信用等级 A 级纳税人资格。

方大钢铁坚持绿色发展。2016 年，公司主动去铁产能 50 万吨、钢产能 60 万吨，同时主动关停了年产 50 万吨的焦化厂。方大特钢、萍钢公司均入选工信部符合产业规范条件企业名单，企业装备全部符合国家钢铁产业政策要求。方大特钢、萍钢公司均荣获"全国节能减排突出贡献企业""全国大气污染减排突出贡献企业""中国绿色能源十大先锋企业"等多项荣誉称号。

（二）与时代并行

萍钢公司始建于 1954 年。1957 年 7 月 1 日，江西第一炉铁水在这里诞生，开创了江西钢铁工业的先河，萍钢公司从一个只有 40 立方米的小高炉逐渐发展成集烧结、炼铁、炼钢、轧钢为一体的长流程大型钢铁企业。目前，已经具备年产 600 万吨钢生产能力，成为中国建筑用材最大生产基地之一。

建厂 60 多年来，特别是改革开放四十年来，萍钢公司与时代同步，投身市场经济，经历了改革、改制、重组无数的洗礼。20 世纪，曾经长期处于亏损状态。2003 年 7 月，萍钢实行国有产权整体转让，改制为民营企业。2004 年 6 月安源生产区建成投产，之后萍钢迅速扩张。2006 年 9 月 21 日，萍钢公司正式兼并原江西省金沙港钢铁有限公司（年产 35 万吨），重组成江西九江钢厂有限公司，九江萍钢钢铁有限公司的前身就是江西九江钢厂有限公司。但由于管理、市场持续低迷等原因，2012 年亏损 12 亿元，企业经营难以为继。

方大特钢始建于 1958 年。1995 年，改组成为国有独资公司——南昌钢铁有限责任公司（简称南钢）。改革开放以来，南钢乘改革开放的东风，坚持认真贯彻"调整、改革、整顿、提高"的方针，狠抓企业经营管理，加强产品质量晋等升级，开发新品种，推行经济责任制，产品畅销、供不应求，实现扭亏增盈，结束了长达 18 年的靠吃国家"救济粮"的被动局面。

改革开放以前，南钢外销产品主要有生铁、圆钢、角钢、带钢、轻轨、钢坯、水泥、汽车板簧等。改革开放后，南钢加快发展步伐，将生铁、球团、土烧停产，新增螺纹钢、焊管、冷带等产品。1982 年开始兴建 10 吨电炉，1983 年 5 月 31 日投产；1985 年 7 月 2 号高炉恢复生产改产铸造生铁；1985 年 10 月焦化 JN4.3-80 型 42 孔焦炉开工建设，1991 年

1 月 6 日推出第一炉焦。1986 年到 1990 年南钢把主要精力放在完善配套生产上，到 1990 年形成年产焦 28 万吨、铁 11 万吨、钢 22 万吨、材 24 万吨的生产能力。

进入 20 世纪 90 年代，南钢调整生产结构，将产品由原来主要生产单一的建筑用钢，向生产多品种小规格方面发展。"八五"期间，南钢按照产能焦、铁、钢、材四个 30 万吨、主要经济指标达到国家二级企业标准的目标，组织制定和实施"八五"规划。到 2000 年，南钢具备了年产铁 78 万吨、钢 100 万吨、材 95 万吨的生产能力，企业发展登上了一个新台阶。进入 21 世纪，伴随着国民经济快速发展和江西工业快速崛起的步伐，南钢克服前进道路上诸多不利因素，采取一系列行之有效的措施，使企业进入快速发展期，但同时各类问题也开始显现。

（三）起飞的年代

2009 年，方大集团通过江西省产权交易所公开摘牌，获得南钢公司 57.97% 的省属国有股权，成为南钢公司的控股股东，南钢公司控股的上市公司南昌长力钢铁股份有限公司更名为方大特钢科技股份有限公司。2012 年 11 月，南昌钢铁有限责任公司更名为江西方大钢铁科技有限公司，方大特钢成为隶属于江西方大钢铁科技有限公司的上市公司。同年，在江西省委省政府的高度重视下，方大集团重组萍钢公司，两家公司真正迎来了她生命的春天。

2009 年方大特钢加盟方大集团以来，方大特钢坚定实施以差异化为核心的低成本、精品、差异化相结合的竞争发展战略，相继投资了 23 亿元，启动实施了"二期技改"，新上了干熄焦、2 号高炉、500 吨套筒石灰窑、0 号 LF 精炼炉、VD 真空精炼炉、0 号连铸机、优特钢生产线、弹扁 MES 产销一体化，完成了转炉除尘改造、烧结料场、烧结机技术改造及煤气综合利用等一系列重大技改工程，形成了具有年产铁 315 万吨、钢 360 万吨、材 360 万吨的生产能力。企业发展成功实现了"四个转向"，生产经营稳步增长，企业盈利能力和抗风险能力显著增强。

自 2010 年以来，方大特钢多年连续保持强劲盈利，净资产收益率、吨钢材利润、销售利润率等指标始终保持在行业的第一方阵，其中净资产收益率连续多年在行业上市公司中名列第一位。2010~2017 年，方大特钢累计实现利润 82.56 亿元，其中 2017 年实现利润 34.25 亿元，是 2008 年的 190 倍；累计上缴税费 67.66 亿元，其中 2017 年上缴 14.54 亿元，比 2008 年增长 143.13%。

2012 年 11 月，方大集团重组萍钢公司。重组当年，萍钢公司账面亏损 10 多亿元，另外还有 10 多亿元的风险资金。同时，企业运行成本高、各种消耗高、生产水平低下。与省内同类型企业相比，吨材成本高出 200 多元；主要技术经济指标落后，有相当一部分指标处于全国同行业的中下游水平。以九江钢铁人均产钢量为例，8000 多名员工只生产 420 多万吨钢，人均产钢量 511 吨，仅相当于行业平均水平的 70% 左右，只有行业先进水平的 40% 左右。

重组后，在行业处于低谷的形势下，依托方大集团先进的文化和管理理念，萍钢公司连续实现逆势盈利，且利润总额在中钢协排名不断上升。2012~2017 年，分别为 44 位、26 位、18 位、15 位、8 位、2 位。2017 年，萍钢公司抓住难得的发展机遇，全年产钢 1147 万吨，实现利税、利润总额均创历史纪录，其中实现利税 88.88 亿元、利润总额 64.16 亿元，利润总额和吨钢材利润在中钢协单体会员企业中分别位列第 2 位、第 4 位，较 2012 年排名分别前进 42 位、32 位，企业竞争实力实现蜕变，步入行业第一方阵。

二、改革发展

改制重组后，方大特钢、萍钢公司进行了一系列改革创新，企业均从十分困难甚至巨额亏损的境地实现涅槃重生，尤其是党的十八大以来，以习近平新时代中国特色社会主义思想为指引，在地方各级党委和政府的正确领导和大力支持下，贯彻落实科学发展理念，企业发展不断向好，同时，让员工共享企业发展成果，积极回报社会，呈现出强大的发展后劲。

（一）改革用工机制

近几年，方大钢铁坚持"三个打破"原则。对不同类别、不同层次的职工实行差异化的薪酬分配，坚持"三个打破"原则，即：打破"官本位"思想、打破行政等级观念、打破各级界限，按市场化规则，凭业绩、凭贡献提升各类核心人员的收入，对同级别职工的收入按业绩和市场导向拉开合理差距。按人心流向设计薪酬，薪酬待遇、收入实行向一线倾斜，向苦脏累岗位倾斜，向关键岗位倾斜，岗变薪变、岗不变薪也变，岗变了薪还不变，不是简单地水涨船高，把职工的积极性调动起来，激励干部职工结合自身的特点、才能，兼顾工作需要选择自己适合的岗位去竞争，尽其所长，避其所短，永葆企业活力。

以经济责任制考核为主导。在经济责任制方面突出"效益"，体现优劳优酬、挖潜增效原则，推进以"市场、绩效、能力"为导向薪酬管理体系。在绩效分配上与市场接轨，侧重职工数量和素质上的优化提高，鼓励职工多思考、多想办法，不拘一格提升工作效率，以贡献大小量化收入，加大降本增效的奖励力度，调动各单位在系统上降成本的积极性，企业降本增效取得了新突破。

实行多元化的职业通道，留住人才。构建"能者上、平者让、庸者下"的灵活用人用工机制，彻底打开人才流动通道，增强干部职工的危机感、紧迫感、责任感和竞争意识，通过以物质奖励和提供个人事业发展等多元激励，实现"事业留人、待遇留人、感情留人、环境留人"。

充分发挥利润奖励的激励作用。为鼓励企业与职工价值共创、利润分享，企业效益达到一定的基数水平，按照比例提取奖励，上不封顶。奖励额度按高层、中层、普通职工各三分之一的比例进行分配。同一层次的人员奖励所得也不尽相同，重点向为企业做出贡献多、创造价值大的人员倾斜，打破平均主义，大幅度拉开差距。

（二）坚持共享发展成果

在企业扭亏为盈、实现跨越式发展业的同时，方大钢铁首先想到的是让员工共享企业改制重组的发展成果。方大钢铁遵循"经营企业一定要对政府有利，对企业有利，对职工有利"的"三个有利"企业价值观，将员工视为企业最宝贵的财富，立足充分调动每位员工的积极性和创造力。

2010~2017 年，方大特钢在岗员工（不含中高层）人均收入年均增长率超过 20%，其中 2017 年达 12.35 万元，是改制前 2009 年的近 5 倍；萍钢公司 2017 年在岗员工收入（不含中高层）较 2012 年增长 8.26 万元，增长率 184.79%，其中所属九江钢铁在岗员工人均收入（不含中高层）已经达到 15 万元。2018 年年初，方大钢铁以"现金墙"的形式为员工发放红包更走红网络，成为网民口中的"别人家企业"。

提高各类津贴标准。大幅提高中晚班津贴标准，发放导师带徒津贴，实行专业技术和岗位操作人员聘任津贴制度，实施分层次多元化激励制度，对各类人才进行激励，有效保障了各项工作的有效贯彻和执行，持续的吸引和留住了企业需要的人才，充分营造出重视知识、重视科技的氛围，促使职工激发潜能为公司作出贡献。

实施"五险一金"福利、医疗资助福利、免费工作餐福利、通信话费补贴福利、"方威励志奖学金"福利、"方大养老金"福利、捐赠金福利、孝敬父母金福利、股权激励、优秀职工出国旅游等系列福利政策，让职工有自豪感、幸福感，真正体现"一人在方大，全家有保障；工作满五年，终生都受益"。

方大钢铁坚持"以员工为中心，把员工当亲人"理念，做到方大发展为了员工，方大发展依靠员工，方大发展的成果由员工共享。共享理念凝聚了人心，激发了干劲，聚集起员工"把企业当成自己的家"的强大合力，为企业创造了前所未有的内生动力。

（三）精细化管理促增长

方大钢铁集团大力培育精细化管理意识，倡导"鸡蛋里挑骨头"理念，打造精、准、细、实的工作作风，转变干部员工思想观念，破旧立新，从严管理。

推动企业中层以上管理人员带头转变思想观念，树立勇于突破、敢于担当的理念，把工作当作自己的事业来做，营造精细化管理氛围；引导员工强化责任意识，把企业当作自己的家，在工作中精打细算，全面提升节约意识。生产单位将成本分解到了扫把、破布、每个螺丝钉；采购、销售盯住合同的每个条款；物流、检测等辅助单位规范每一个工作流程，努力把工作做到极致。

精细化管理，有效堵塞了管理、操作、成本中的"跑冒滴漏"，各项工作实现了从定性到定量、从粗放型到精细化转变。以萍安钢铁为例，2016年该公司调整高中层管理人员223人次，严格的管理使广大员工、领导干部，逐步养成了务实较真、勇于担当的工作作风。2016年，公司铁、钢、材产量分别完成423万吨、475万吨、479万吨，分别同比增长1.34%、4.40%、4.73%，比计划增长3.7%、6.5%、7.4%，尽管刚刚经历钢铁严冬不久，但效益水平超出历史年份，并自重组后第一次全面实现年度目标任务。

为了让精细化管理成为企业持续突破、发展的内生动力，在方大集团的大力倡导推动下，"督办"制度应运而生，形成了集团、公司、部门、单位多级督办体系，涉及生产经营、党群工作、员工福利各个方面，极大地提高了工作效率。"督办"已成为公司不可或缺的重要管理手段。

堵漏挖潜永无止境。重组以来，公司用"鸡蛋里挑骨头"的劲头，迎难而上，敢于亮剑，以指标的进步彰显了企业管理的全方位进步，实现了逆势中指标优化、效益增长的可喜变化。

（四）对标"赛马"，实现"万马奔腾"

方大钢铁建立"赛马"机制，全面完善对标体系，企业与自身最好水平比，与集团内企业比，与全国最好水平比，推动指标不断提升进步。特别是自2017年以来，全面开展"赛马"，单位与单位赛、部门与部门赛、岗位与岗位赛、员工与员工赛，实行重奖重罚，形成"万马奔腾"的良好格局。2018年，方大钢铁"赛马"方案进一步深化，在3家钢铁子公司中开展了生产、采购、销售、物流、财务、环保、能耗、安全管理、设备、现场、法律、审计和纪检监察、宣传、工会等赛马，要求各项指标自己与自己最好的水平比、与兄弟企业比、与行业比，比成本、比价格、比利润，最终实现万马奔腾。公司通过

2017 年上半年的全面"赛马"考核，就有 6 名中层管理人员免职进待岗站处理。

方大钢铁立足生产、技术、采购、销售、物流等生产经营全过程，用"鸡蛋里挑骨头"的劲头，推动系统降本，提升盈利能力。2017 年，方大特钢、萍钢公司主要产品制造成本指标排名全国同行业前列，其中方大特钢三级钢筋、萍钢公司非合金板材和低合金板材制造成本在全国同行业均排名第 1；2018 年上半年，方大特钢非合金板材、低合金板材、非合金钢线材、三级钢筋单位制造成本在全国同行业均排名第 1。萍钢公司非合金板材、低合金板材、非合金钢线材、三级钢筋单位制造成本分别排名 5、4、3、4。

低成本竞争力，使方大特钢、萍钢公司在行业最严峻的形势下抢占了先机，更为此后的飞速发展打下了坚实的基础。

（五）从严管理，加大考核力度

方大钢铁实行单位年度预算工资总额包干，增人不增资、减人不减资政策，在指标考核上突破原有封顶界限，实行上不封顶、扣罚下不保底政策。

实行四个层次考核评价体系。一是公司领导考核评价。主要从班子团结、工作效率、工作作风、从严管理等方面考核。二是专业部门考核评价。主要由生产、安全、财务、人力等专业部门依据专业管理制度考核评价。三是单位正职根据副职月度履行职责及工作绩效情况进行考核评价。四是人力资源部综合考核评价。主要监督各专业职能部门对责任单位的考核，负责中层干部考核的落实以及年度绩效工作测评。

三、科技创新

近年来，方大钢铁积极响应国家工业化和信息化"两化"融合建设，并结合企业自身实际，大力推进自动化、信息化融合的新型工业化道路，以全新的智能型工厂促进企业可持续发展，提高企业核心竞争能力。

方大钢铁集团着力推进整体产销及钢后 MES 系统、ERP 系统人力资源及财务管理模块、设备信息管理系统等信息化建设，以及远程物资计量、远程监控无人值守铁路道口、设备运行远程监控操作等一系列自动化、智能化改造，通过科技创新加速产业升级，全力打造具有企业特色的现代化工厂。

（一）坚持科技创新为第一生产力

2018 年 6 月，方大钢铁下九江钢铁成功解决国家"十二五"规划重点工程安（庆）

九（江）高铁弯圈用钢难题，签订下安九高铁用螺纹钢 5 万余吨的合同，这是方大钢铁以科技创新打开销售市场的又一成功案例。事实上，科技创新一直以来都是该集团的重要课题，更是促进集团发展的第一生产力。

近年来，方大钢铁通过校企合作、自主研发等方式开展科研工作，并获得丰硕成果。旗下方大特钢分别与北京科技大学、钢铁研究总院、中冶建筑研究学院有限公司、江西理工大学等高校、科研院所开展科技合作研究。经江西省科技厅批准，建立了江西省弹簧钢工程技术研究中心，该中心以弹簧钢生产新技术与新材料开发为研究方向，开发具有自主知识产权的新产品和新技术。方大特钢还承担了"十一五"国家科技支撑计划项目《高强度高品质新型电力铁塔专用钢材生产技术研究》、江西省科技支撑计划重点项目《高品质弹簧钢制造关键技术研发与集成创新》，以及江西省对外科技合作重点项目《方大特钢钢铁产品表面缺陷剖析及对策研究》等省部级以上科研项目 32 项，已通过鉴定项目 15 项，获得省部级科技进步奖 7 项。

旗下萍钢公司多项产品荣获国家及省级荣誉，其中拉丝用高线母材、HRB500 螺纹钢筋荣获"江西省优秀新产品"称号，《高效蓄热式技术燃烧纯高炉煤气在轧钢加热炉上开发应用》《拉丝用高线母材钢生产技术开发》《超细晶螺纹钢筋的开发》《转炉溅渣护炉条件下的顶底复吹工艺的研究与应用》《ϕ10、ϕ12 螺纹钢的三切分轧制工艺技术》等科研成果获江西省科学技术进步奖。萍钢公司旗下九江钢铁更以博士后工作站为依托，组建产、学、研合作团队，打造校企合作平台，建立长期合作机制。

（二）加速工业控制体系形成

九江钢铁发货工人只要手持终端扫码设备轻轻一扫标示牌上的二维码，就能知道这款产品的所有信息；萍安钢铁动力厂供水系统实现了供水远程操作，集中视频监控，优化了人力资源；方大特钢与北京科技大学合作研究的《炼钢—连铸过程精益制造的关键技术与集成应用》成果成功运用于生产实际中，在钢水进入连铸工序之前，连铸主控室操作人员可通过电脑 MES 系统显示的数据，精准预知此炉钢水的重量、出坯重量及钢坯支数等，并能根据生产需要，实时调整与控制连铸工艺……

方大钢铁开展了一场轰轰烈烈的"智造"革新，确立了在安全、生产、经营等工作中逐步实现全部作业机械化、设备运行自动化、管理信息化、效益最大化的目标，通过推进"三化融合"促进现代工业控制体系形成。目前，方大钢铁已成功开发并运用 MES 系统、远程计量系统、物资采购管理系统、设备管理系统、手机点检系统等多个信息化管理系统，用数据流、信息流指导生产、改进经营、提高效率，实现过程可追溯、结果可测量，推动企业智能制造水平不断提升。

自动化、信息化的广泛应用为方大钢铁进一步推进信息化与工业化的深度融合奠定了坚实基础。江西省工信委已将方大特钢作为全省工业"两化融合"标准化体系建设企业，这是外界对方大钢铁打造智能工厂的高度肯定，也将成为该集团实现转型升级产生巨大推动力，成为打造现代化智能工厂的重要引擎。

四、绿色发展

方大钢铁坚持淘汰落后产能，推进生态环保并举、污染防治与循环经济齐抓。环保，在企业内部被提到了一个从未有过的新高度。2017 年，方大钢铁将投资 30 多亿元，加大厂区绿化及环保技改力度，推进生态文明工厂建设，全力打造生态森林旅游式工厂。

（一）产业不断升级

方大钢铁全面弘扬方大集团党建文化，发挥新的体制机制优势，坚定不移地走新型工业化发展道路，坚持绿色发展，把环境友好型、资源节约型作为企业发展模式，认真执行国家和地方环保法规，引进环保新工艺、新技术，不断完善环保硬件配套设施。

近几年，方大钢铁淘汰落后产能、产业升级的脚步从未停止。从 2010 年至今，方大特钢淘汰两座 40 吨高耗能电炉、两条 20 世纪 50 年代轧钢生产线等能源消耗高、技术经济指标差、环境污染大的老旧设施和生产线，企业从追求规模转向追求品种、质量、效益，生产效率大幅提升。如今，方大特钢成为中国最大的弹簧扁钢和汽车板簧生产基地，成为细分市场的龙头企业。

2013 年以来，九江钢铁先后淘汰了棒材 A 线生产线、老区铸铁机、机修厂房及合金库等设施；萍安钢铁淘汰 33 平方米、36 平方米、42 平方米烧结机各一座。在淘汰落后装备的同时，方大钢铁集团积极响应国家"去产能"号召，2016 年主动关停一座 420 立方米高炉及配套的炼钢、制氧等工序，实现去钢产能 60 万吨。同时，主动关停了 50 万吨的焦化厂。

方大钢铁追求效益与质量协同发展，在淘汰落后的同时，还大力推进环保项目建设。2018 年，方大钢铁集团环保投入高达 30 亿元，所属各企业将在 2018 年底前完成新一轮环保改造，立足十年、甚至二十年都不再动，国际上有标准的要达到发达国家先进水平，全面打造生态森林旅游式工厂。破旧立新，为方大钢铁高效、优质、节能发展奠定了硬件基础，企业朝着新型工业化方向快步前进。

（二）全力打造生态森林旅游式工厂

2018 年 6 月，九江市旅游发展委员会调研组一行到九江钢铁工业旅游示范基地创建工作进行实地调研。据了解，九江钢铁根据实际情况制定了"四步走"计划，即：环保设施全面达标、现场环境升级改造、打造生态森林旅游式工厂、打造"钢铁是怎样炼成的"工业旅游示范基地。预计 2018 年底前将全面完成生态森林旅游式工厂的创建，届时将申报 AAAA 级旅游景区。这是方大钢铁全力打造生态森林旅游式工厂的剪影。

2018 年，方大特钢投资 10 亿元实施 30 余项环保项目，包括投资 6000 万元植树造林，在生产区建造占地面积 8.9 万平方米的生态湿地公园等；萍安钢铁自 2017 年开始启动新一轮 10 亿元、46 个项目的环保技改，涉及"治水、治气、治尘、治噪"以及厂区绿化等，所有项目在 2018 年年底全面完成……一场钢城里的绿色旋风在方大钢铁刮起，但更值得一提的是企业"看不见"的环保改革。

近年来，方大特钢先后完成焦化干熄焦工程、转炉水处理系统技术改造工程、245 平方米烧结机改造工程等 50 多个技改项目，有效降低污水、烟粉尘、二氧化硫排放和能源消耗，是环保部公布的第一批实施清洁生产审核并通过评估的重点企业。九江钢铁于 2013 年、2014 年完成三台烧结机脱硫装置及配套系统的建设，在全省冶金企业中率先实现了烧结全烟气脱硫，2018 年更成为江西省首家烧结脱硫"一用一备"的钢铁企业，污染物排放浓度远优于国家最新的排放标准。萍安钢铁重点抓好废气、废水环保项目，实现了烧结脱硫出口二氧化硫达标排放，外排废水达到国家排放标准要求。2018 年底，萍安钢铁安源生产区总投资 1.7 亿元、单跨 145 米的原料场矿粉料场大棚也将正式投入使用，这是国内单跨最大的大棚之一，将从根本上解决产区原燃料露天堆放产生扬尘的问题。

方大钢铁坚守"环保是底线，也是红线"的深刻认知，坚决贯彻方大集团"像保护眼睛一样保护生态环境，像对待生命一样对待生态环境"的环保使命，持续推动企业转型升级。

（三）完善环保管理体制

环保是企业的生命线，形成企业内部的全面环保意识是第一步，但最关键的还是要有健全的制度、规范的管理以保证环保工作的全面落实。近年来，方大钢铁逐渐完善体制，层层落实安全环保管理责任，深入开展安全专项检查，实现安全环保体系有效运行。

为全面铺开环保管理工作，方大特钢设立了健全的环保管理网络：公司内部设立环境保护委员会，二级生产单位设立专职环保员，同时设立专业部门负责日常环境监管，环境监测站对污染源和排放口进行日常监视监测。在此基础上，公司定期召开节能环保委员会会议，研究部署节能减排工作，重点讨论解决各单位亟须解决的各类环保问题。与此同时，方大特钢还实施了严格的环境保护目标责任制考核制度，将节能减排指标分解到责任单位或个人，按分解指标严格考核，把环保管理工作责任落到实处。

九江钢铁成立了环保生产委员会，下设安环部为环委会办公室，各二级单位均设置了环保生产管理机构（安环科）。为了落实环保工作，九江钢铁还制定了一套完整的环境管理制度，编制了《环保、现场专项管理考核办法》《环保设施运行管理制度》《环境自行监测及信息公开管理办法》等多项规章制度，明确了环境管理目标和指标、机构和职责、运行和控制，并落实到各个部门。按照"抓环保就是保企业生存"的管理理念，实施环保目标责任制及"一把手责任制"，将主要污染物排放合格率、环保设施同步运行率、在线设施传输有效率等指标纳入各单位环保管理绩效考评，构建主体责任和"谁主管、谁负责"的环境保护责任考评制度。

萍安钢铁各单位成立现场环境整治工作组，机关各部门挂点单位协助现场整治，并成立再生资源开发公司，建设循环经济示范区，消化炼钢污泥和高炉除尘灰，走转型发展之路。近期还重新完善和修订了危险废物管理制度，包括制定了防治责任、标识、管理计划、申报登记、源头分类、转移联单、经营许可证、应急预案备案等8项制度。

如今，钢铁行业已进入"减量发展"期，随着去产能工作的深入，产能严重过剩的矛盾将得到缓解，钢铁行业的生产经营和竞争秩序将进一步规范，钢铁企业技术创新和高端制造能力将进一步增强，绿色、低碳发展已是大势所趋。方大钢铁集团也将顺势而动，进一步加大投入用于企业的环保改造与转型升级，使方大钢铁在节能减排、绿色发展上实现更大突破，实现生产与环境融合，经济效益与环境保护并进。

五、党建为魂

党的十八大以来，方大钢铁以习近平新时代中国特色社会主义思想为指导，全力推进"党建为魂"的企业文化建设，积极发挥党组织的政治核心和政治引领"两个作用"，将民营企业机制体制优势和国有企业党建思想政治优势充分融合，用党建思想指导工作实践，融入发展战略、融入生产经营、融入企业文化、融入社会责任之中，在强化核心、服务中心、凝聚人心上下工夫、见实效，使企业党建工作内容更加丰富，党建工作水平得到进一步的巩固和加强，推动了企业和谐健康快速发展，形成了党建与生产经营相融共进、相得益彰的良好局面，为企业实现凤凰涅槃，由弱到强，从落后到先进的巨大跨越，提供了坚强的思想引领和组织保证。

（一）"党建为魂"企业文化体系主要内容

"党建为魂"企业文化，以突出、强化企业党建工作为核心，形成别具一格、独树一帜的"党建为魂"企业文化理念。主要内容为：

企业精神：以人为本，诚信为先

企业宗旨：取之于社会，回报于社会

企业口号：谋方略韬远，铸大成基业

企业方针：要听习主席的话，跟党走；对职工要好，要建和谐企业；要依法治企，依法兴企

企业价值观：经营企业一定要对政府有利，对企业有利，对职工有利

企业原则：团结在党和政府周围，团结协作形成强大合力，团结广大客户共谋发展

"党建为魂"的企业文化理念，以党建为主旨，以爱党、爱国、爱社会主义为主线，与党和政府的要求相符合。这一特征，决定了必须把党建放在企业文化建设的核心位置。

（二）"党建为魂"企业文化建设

建设企业文化，必须处理好文化理念"起飞"与"落地"的关系，将理念渗透到各项工作中，解决好"两张皮"现象。方大钢铁以党建文化为基础，将创新管理机制、提升员工素质、加强廉政建设、让员工快乐工作作为"四大工程"来建设，以此为着力点，立体推进文化建设，实现了党建文化理念的落地生根。

（1）着力打造"管理机制创新工程"，形成创新文化。一是创新思路观念；二是创新宣传模式；三是创新党员"先锋创绩"平台。

（2）着力打造"员工素质工程"，形成学习文化。一是以创建学习型党组织，带动学习型企业建设；二是以提高员工技能为目的，推动全员培训活动的开展。

（3）打造"廉政建设工程"，形成廉政文化。一是加强廉政警示教育；二是净化企业经营环境；三是加大案件查处力度。

（4）打造"员工快乐工程"，形成和谐文化。一是开展"五必谈四必访"活动，紧贴人心；二是让员工共享改革发展成果，凝聚人心；三是坚持扶贫帮困制度，温暖人心；四是开展各类文体活动，愉悦身心。

（三）"党员活动日+"创新活动形式

在党员活动方面，方大钢铁集团通过"党员活动日+"的创新形式凝聚党员，充分发挥党支部的战斗堡垒作用和党员的先锋模范作用，促进企业健康和谐发展。

"党员活动日+学习"。通过专题党课、专家作报告、观看视频、参观红色教育基地、座谈会、十九大精神知识竞赛等方式，丰富"党员活动日"内容，教育引导广大党员牢记党规党纪，增强"四个意识"。

"党员活动日+制度"。把落实"三会一课"、民主生活会、组织生活会、民主评议党员、谈心谈话（结对子）、党章党规考试、党员义务劳动等制度纳入"党员活动日"，开展批评与自我批评，谈心交心等工作，督促党员行使权利和义务，推动党组织生活制度落实，党组织活动规范开展。

"党员活动日+精准扶贫"。在精准扶贫工作中，大力推进定点帮扶工作，派遣扶贫干部长期驻点扶贫村定点帮扶，同时实施"一对一"结对子帮扶活动，支部组织人员每月两次深入自己"一对一"帮扶家庭中，帮助解决实际困难。以萍安钢铁为例，目前该公司在萍乡市莲花县五洲村"一对一"帮扶的 14 户贫困户中，已经有 11 户彻底甩掉了贫困帽子。

"党员活动日+生产经营"。把推行"党员活动日"与生产经营这一中心工作紧密结合起来，通过党内立功竞赛、党内"两先两优"表彰、党员突击队在行动等工作，激励各级党组织和广大党员在生产经营各项工作中奋发有为、积极进取，勇挑重担、攻坚克难，充分发挥基层党组织的战斗堡垒作用和党员的先锋模范作用。

六、回报社会

方大钢铁在发展的过程中，时刻不忘企业的责任和担当，切实履行社会责任，积极回报社会。

方大钢铁践行"取之于社会，回报于社会"的企业宗旨。2017 年 4 月，萍安钢铁向定点包扶贫困村——萍乡市湘东区麻山镇苏坊村捐助 20 万元；7 月，九江市湖口县沿江公路银砂湾工业园段出现洪水淹没路面险情，九江钢铁连夜派出抗洪突击小分队，自带重型卡车装载钢渣紧急驰援抢险现场，确保交通要道畅通；7 月，方大特钢大垅乡王斯村扶贫资金捐赠 2 万元、12 月向方大特钢张学良教育基金会捐赠 100 万元、向大垅乡捐赠 10 万元……

近几年，方大钢铁组建预备役队伍，积极参加地方抢险救灾；面向社会招聘退伍军人等，缓解社会就业压力；捐赠资助学，奖励优秀学生和教师，支持大学生创新创业。方大钢铁集团始终以一颗拳拳之心致力于慈善公益事业，积极回报社会。

与此同时，方大钢铁坚持诚信经营，依法纳税。该所属各企业自觉加强管理，规范各项经济活动，依法按时、足额申报缴纳各项税收。特别是从2013年到2017年，其间经历了钢材价格的不断下跌，极大地影响企业效益的情况下，方大钢铁仍累计上缴税金111.36亿元，年均上缴税金达22亿元，两家企业均多次获得由江西省国税局、地税局颁发的纳税信用等级A级纳税人资格。改制重组以来，方大特钢、萍安钢铁、九钢钢铁均被评为"全国模范职工之家"，获得"全国钢铁工业先进集体""江西省劳动关系和谐企业"等殊荣。

如今，我国改革开放已步入新时代，随着供给侧结构性改革的进一步深化，对于努力实现发展质量蜕变的方大钢铁集团来说，既是挑战，更是机遇，方大钢铁将认真落实党的十九大精神，始终遵循国家产业政策，按照"做精、做优、做强、做特"的原则，继续深入对标挖潜，全面推进精细化管理，实现吨钢利润率行业第一的目标，团结带领广大员工实现共同富裕率先奔小康！

红土地上崛起的新钢

——改革开放 40 年新余钢铁集团有限公司发展历程

新余钢铁集团有限公司

一、企业概况

新余地处赣西腹地，良山脚下袁河之水在这里流淌千年不息，这里是传说中七仙女下凡的地方。自唐至清朝历代在此采矿冶铁连续千年不断。300 多年前，明末清初著名科学家宋应星在这里写下了不朽著作《天工开物》，详细记载了生铁冶炼、铸造、锻造及热处理的生产全过程，展示了当时最先进的冶炼技术。

1958 年，渝州大地处处涌动着"春潮"，新余钢铁集团有限公司（简称新钢公司）就诞生在这片钢铁底蕴厚重的红土地上。经过 60 年的艰难求索，特别是 1978 年改革开放的春风把新钢带入了一个崭新的时代。作为省属国有大型钢铁联合企业、江西经济发展的排头兵、江西省国企改革的样板企业，新钢公司的发展见证了改革开放 40 年的沧桑巨变，见证了中国钢铁工业腾飞的发展轨迹。新钢公司在发展过程中，始终与伟大的时代同步向前。一代又一代的新钢人殚精竭虑、辛勤劳作，用自己的青春年华，用自己的心血汗水，精心浇灌、呵护培育着新钢这棵大树，枝繁叶茂，永葆基业长青。

如今的新钢已经发展成为集矿石采选、钢铁冶炼、钢材轧制等于一体，拥有普钢、特钢、金属制品、化工制品等产品系列共 800 多个品种、3000 多个规格，钢铁产能千万吨级的省属国有大型钢铁联合企业。新余公司占地面积 26 平方千米，资产总值 375 亿元，下属上市公司 1 家，直属单位 23 家，全资子公司 12 家，控股公司 13 家、参股企业 41 家，在册员工 3 万人，在岗员工 2.38 万人，拥有国家认定企业技术中心，拥有江西省船用钢工程技术研究中心、博士后工作站、院士工作站等科研机构，形成以 360 平方米烧结机、2500 立方米高炉、210 吨顶底复吹氧气转炉、每秒 105 米高速线材、3800 毫米宽度厚板轧机和 1580 毫米宽度热卷连轧机组、1550 毫米冷连轧机组、无取向硅钢生产线等先进装备，公司产品走进奥运、走进世博、走上航天，远销到 20 多个国家和地区。

党的十八大以来，公司上下克服行业发展困境，各项经济技术指标全面创历史最好水平，谱写了新钢改革发展的新篇章。特别是 2017 年，公司产钢 890 万吨，实现营业收入 522 亿元；实现利税 57 亿元。其中，利润 39 亿元。经济效益位列中国钢铁工业协会统计的大中型钢铁企业第 13 位。2018 年 1~6 月，公司产钢 467 万吨；实现营业收入 285 亿元；利税 42 亿元，其中利润 27.58 亿元，经济效益列中国钢铁工业协会统计的大中型钢铁企业第 15 位。

二、主要发展历程

新钢公司成立于 1958 年 7 月 16 日，2018 年恰逢其建厂 60 周年。60 年来，特别是党的十一届三中全会以来，新钢公司伴随着时代的步伐，从无到有、从小到大、从弱到强，一代又一代新钢人艰苦创业，砺志图强，在艰难中起步，在曲折中发展，在变革中壮大，在中国成为世界钢铁大国的征途中，逐渐走出了一条有新钢特色的发展道路。党的十八大、十九大把中国带入了一个崭新的时代，新钢公司牢牢把握国家政治经济大好形势，成功战胜了钢铁行业危机，抓住了难得的市场机遇，经济效益跻身行业第一方阵，开启了新时代高质量、跨越式发展的新征程。回顾新钢的发展历程，大致经历了五个发展时期。

（一）艰苦创业时期（1958~1978 年）

新钢公司成立于 1958 年，在那个激情燃烧的年代，来自全国五湖四海的建设大军住茅屋、睡席棚，手工采矿，土法炼铁，一根扁担，一担土箕，把一片荒丘变成了钢铁之城。但成立不久，新钢就经历了国民经济调整时期的停建、停产的艰难时刻。生死攸关之际，新钢于 1962 年成功实现了高炉转炼锰铁，并逐渐发展成为国内最大的高炉锰铁生产基地。鼎盛时期，新钢锰铁占到全国市场份额的 70%。原江西钢厂从 1965 年开始，作为华东"小三线"军工企业的配套建设项目，在地处崇山峻岭的新余良山上马。广大员工劈山造地，因陋就简，使"草棚里飞出了金凤凰"，部分军工产品填补了国内空白。

在这 20 年时间里，由于受"大跃进"和"文革"等政治运动的影响，新钢的生产建设受到了严重干扰和冲击，企业经济效益大幅下滑，发展一度进入停滞期。

（二）稳步发展时期（1979~1991 年）

党的十一届三中全会如春风吹遍祖国大江南北，改革开放的新气象给新钢的发展注入了强大的生机与活力。1978 年，停建多年的新钢中板工程被批准复建，并于当年建成投产，从 1982 年开始批量轧制船板经过多年的发展和几轮大规模的技术改造，如今的新钢已成全球品种最多、质量等级最高、规格最齐全、生产能力最大的船板生产企业之一，"袁河"牌船板获中国名牌产品称号。从 1985 年开始，新钢实施变铁合金"一条腿"走路为铁合金、铁钢材"两条腿"走路的战略大转移，通过一系列工程建设，使"山下"的新余钢铁厂结束了多年来的"有铁、无钢、少材"的局面，成了名符其实的钢铁厂。而"山上"的江西钢厂，则通过技术创新使企业进入快速发展期，经济效益曾名列全省之冠。从 20 世纪 80 年代开始共生产了近千个新产品，"山凤"牌琴钢丝曾占有国内 60% 的市场份额。

在这 12 年的时间里，新钢解放思想，实事求是，把握住了时代的脉搏，抓住了改革开放带来的重大机遇，在管理体制、生产工艺、技术开发等方面进行了探索与创新，使生产经营逐步走上了良性发展的轨道。

（三）企业转型时期（1991～2000 年）

1991 年 1 月，江西省人民政府常务会议作出决定：将地处新余地区的新余钢铁厂、江西钢厂和铁坑铁矿三家企业合并，成立"江西新余钢铁总厂"。合并后的"两厂一矿"，是全国冶金行业率先进行合并重组的第一家企业，在当时产生了轰动效应和积极影响。合并初期，新钢实现了"一年小变、两年中变、三年大变"的辉煌成果。但 1994 年以后的几年里，由于对市场经济的风险认识不足，对可能出现的困难考虑不周，当市场发生变化时，新钢一度出现了巨额亏损。面对困境，新钢明确了"改革活厂、从严治厂、科技兴厂、文明塑厂"十六字治厂方针，并抓住公司被列为国家重点扶持的减员增效企业的机遇，全面启动了减员增效计划，积极探索竞争激励机制，分流岗位富余人员；在生产系统致力于优化资源配置，不断提高生产运行质量；淘汰化铁炼钢、二火成材等落后工艺，加快技术开发……在扭亏攻坚的几年里，累计降成本达 12.24 亿元，企业终于走出了困境，实现了不把亏损带入新世纪的诺言。

这 10 年时间里，新钢公司渡过了困顿徘徊、举步维艰的低谷，也经历了破釜沉舟、扭亏攻坚的豪迈，留下了一笔宝贵的精神财富，树立了永远的危机意识。新钢公司抓住了国企改革的机遇，逐步建立和完善现代企业制度，加大主辅分离力度，推进劳动、人事、分配等各项制度改革，为企业又好又快发展奠定了坚实基础。

（四）快速发展时期（2001～2011 年）

精品战略的实施，掀开了新钢公司快速发展的新篇章。2002 年，公司根据企业实际情况，结合国家产业政策、钢铁工业发展前景，确定了走精品战略之路的发展定位。精品战略是新钢所处区域位置的必然选择，是解决新钢历史遗留问题的必要条件，是新钢实现又好又快发展的必由之路。新钢先后投资 61 亿元的自有资金，紧锣密鼓地实施了两轮大规模的技术改造：2003 年，以 1050 立方米高炉、每秒 105 米高速线材、2×100 吨顶底复吹转炉为代表的第一期技改工程竣工投产。2005 年，以 3800 毫米厚板工程、转炉二期为代表的第二期技改工程竣工投产。同时，制定了《精品战略实施纲要》和《"十一五"创名牌规划》，以用户为中心、市场为导向、品种为依托、质量为保证，建立了质量、环境、职业健康安全和测量一体化综合管理体系并通过认证，并严格按顾客要求和高于国际标准的企业内控标准组织生产，企业管理水平和实物质量稳定提高，产品形象和品牌知名度不断提升。2007 年，投资 150 亿元的 300 万吨薄板工程（第三期技改）正式开工，主要工程项目于 2008 年 10 月中旬竣工投产，2011 年全部工程投产后，新钢成为一个工艺先进，产品结构优化，节能降耗，清洁生产，体现循环经济理念，符合国家产业发展政策要求，有较强市场竞争能力和较好经济效益的新型钢铁联合企业。

这 7 年间，新钢公司大力践行科学发展观，实现了又好又快发展，主要经济指标连续七年实现两位数的增长，是历史上发展速度最快、企业效益最好、员工得实惠最多、环境面貌变化最大的时期。这时期最鲜明的特点是与时俱进，最显著的成就是快速发展，最突出的标志是精品战略。

（五）浴火重生时期（2011 年~）

2011 年，钢铁行业进入了漫长的"寒冬"。在外部形势异常严峻，行业亏损面大幅上升的情况下，新钢公司没有因自身的区位劣势而丧失信心，坐以待毙，始终抱定"世界没有救世主，一切只能靠自己"的坚定信念，牢牢抓住"提质增效、深化改革"两条工作主线，全面打响救亡图存攻坚战，挖掘一切可以挖掘的潜力、降低一切可以降低的成本，在行业大面积亏损的情况下，新钢股份（钢铁主业）连续多年保持盈利，这对一家内陆型钢铁企业而言实属不易。2017 年，在钢材市场好转的时候，新钢抓住了难得的市场机遇，经济效益创历史最好水平，排名位列钢铁行业第一方阵。这一时期，即使在钢铁行业形势最严峻的 5 年，公司职工收入仍然保持了年年有增长，兑现了与广大职工群众共享繁荣的坚定承诺；在新时代到来时，新钢高标准提出建设"花园式"工厂、在非钢产业上再造一个新钢，从更高层次实现转型升级和高质量发展的宏伟目标，开启了新时代公司改革发展的新征程。

这一时期，是新钢公司面临形势最为严峻，经受考验最为充分，也是企业发展最为辉煌的时期。正因为有过太多的不易和艰辛，新钢公司格外珍惜当前来之不易的市场机遇，没有因为如今效益好了而忘危，没有因为如今日子好过了而忘本，在工作上没有丝毫喘口气、歇歇脚、松松劲的懈怠思想，艰苦奋斗、勇往直前是新钢公司 3 万干部职工矢志不渝的坚定信念。

三、主要发展成就

总结新钢公司在改革开放过程中走过的 40 年，是敢于创新、自强不息，在艰苦创业中不断回报社会、造福职工的 40 年；是甘于奉献、艰苦奋斗，在曲折艰辛中不断奋发图强、建功立业的 40 年；是勇于超越、奋力拼搏，在改革发展中不断追求卓越创造价值的 40 年。

（一）持续做大经济总量

从 1978 年到 2017 年底，新钢公司为国家经济发展和社会事业进步创造了大量物质财富。累计生产生铁 11428.26 万吨、钢 12374.72 万吨、钢材 11179.53 万吨。2017 年，生铁产量 868.87 万吨，是 1978 年的 59 倍；钢产量 890.18 万吨，是 1978 年的 51 倍；钢材坯 835.53 万吨，是 1978 年的 278 倍。2017 年，实现销售收入 522 亿元、利税 57 亿元、利润 39 亿元，分别是 1978 年的 163 倍、228 倍、114 倍。尤其是党的十八大以来，新钢公司始终坚持党对中心工作的领导，致力于在江西工业及地方经济中发挥更大作用，将发展作为应对行业危机、实现企业转型升级的第一要务，每年钢铁产能利用率始终保持在 90% 以上，远远高于行业平均水平。

（二）精品战略带来的嬗变

曾经有国内权威专家对新钢有过这样的评价："新钢所处的地理位置不具备一家大型钢铁企业生存的基本条件"。在新钢公司 60 年发展历程中，几代新钢人始终苦苦求索企业的发展定位，努力走出一条最适合本企业的发展之路。经过长期的实践摸索，他们得出这样一个结论：新钢公司深处内陆，不沿江靠海，不近资源，供销"两头"在外，相对于很多企业而言，先天禀赋不足，区位劣势明显，这是不可改变的现实，必须通过自己的努力，走出一条异于其他企业的发展之路。正是基于这种普遍共识和基本判断，2002 年，新钢公司确立精品战略的发展路线，致力于打造差异化竞争优势。

在 2002 年之前，新钢产品结构以普通建材为主，只有极少量的特殊钢生产，长期停留在一般建材市场低水平的重复竞争上。当时，新钢公司整体技术装备水平落后于行业平均水平，显然缺乏搞精品的基本条件，做出这样的战略决策无疑是需要勇气的。随即，在省政府的大力支持之下，新钢利用"十五""十一五"大约10年时间，投资210多亿元启动并完成了第一、第二、第三轮技改，使新钢公司整体技术装备水平赶上了同行。目前，公司所有工艺装备都符合国家钢铁产业政策要求。这三轮技改，突破了国有企业"不技改等死、搞技改找死"的桎梏，加快技术创新步伐，走出了一条"高起点、少投入、快产出、高效益"的技术改造新路。在今天看来，当一些钢铁企业因装备落后、环保不达标面临减产甚至关停的情况下，新钢公司当初顶住压力、排除万难，果断实施三轮技改无疑是智慧和富有远见的。在新时代的起点上，新钢人重整行装再启程，2018年启动了投资概算100亿元，建设周期为2~3年的产业转型升级改造工程，全力推进转型升级和高质量发展。

经过近10年的艰难转型，新钢公司依托装备优势和人才优势，不断培育壮大科技创新能力，尤其是党的十八大以来，公司先后三次获得国家科技进步二等奖。逐步形成了以板材生产为主的钢铁生产企业，板材年生产能力达到700万吨，产品厚度覆盖0.28~380毫米规格。成功开发了海洋工程用钢、IF钢、临氢钢、低温移动式罐车用钢、耐磨钢、模具钢、核电用钢、汽车用钢、高牌号冷轧电工钢、高磁感取向硅钢、合金焊线、永久磁铁用工业纯铁等几十大类高端产品，牌号超千个，品种结构进一步优化，规格效益逐渐显现，产品从中低端向中高端快步迈进，高技术含量、高附加值产品比例明显提高。产品成功打入石油石化、大型桥梁、军用船舶、核能电厂等国家重点工程，用户满意度不断提高。

（三）生命不息改革不止

新钢公司在60年漫长的发展过程中，无论从20世纪60年代挽狂澜于既倒转炼锰铁，成就三分天下有其二的全国锰铁生产基地，还是70年代末中板线上马，80年代初建成江西最大的600立方米高炉，迈出了铁合金和铁钢材"两条腿走路"的步伐，结束了长期以来"有铁、无钢、少材"的局面，成了一家名副其实的钢铁厂。或是进入21世纪新钢公司确立精品战略发展之路以及2012年启动综合改革，无不应证这样一个结论：新钢人血脉里始终流淌着生命不息改革不止的精神特质。

进入21世纪，全国钢铁企业兼并重组的浪潮席卷整个钢铁行业，在江西除新钢外，另两家国有大型钢铁企业也相继完成了民营化改造，并凭借着体制机制优势在行业竞争中体现出了强劲的竞争能力。这一时期，新钢公司在改革路上也从来没有停息过自己的脚步，但由于某些客观原因，目前依然没有在集团层面的改革重组上"修成正果"，属于全国为数不多的依然还在"单打独斗"的钢铁企业。与外部改革跌跌撞撞、一波三折所不同的是，几乎在同一时期，公司内部改革进入了最密集、最活跃的实施期。2012 年，在党的十八大精神的鼓舞下，新钢公司打响了综合改革的"第一枪"。作为全省"硕果仅存"的国有大型钢铁企业，新钢的改革得到江西省委、省政府以及各界的高度重视，并寄予了很高的期望。改革方案提出，将依托"三项制度"改革和"一企一策"改革，力保到 2016 年减少岗位用工 6000 人，全面完善现代法人治理结构，在子企业广泛推进混合所有制改革，赋予二级企业更多的自主经营权，扩大直接融资比例，大幅降低资产负债率。自此一场轰轰烈烈的改革"重头戏"在新钢上演。

在"三项制度"改革方面，一是全覆盖推进减员增效。先从公司领导班子、机关干部做起，高层级推行尾数淘汰制，公司领导人数由 2012 年的 13 人减至 11 人；在公司机关率先实施"三项制度"改革，坚决守住"只进不出"的用人底线，人员减幅达 19.48%；大力压减管理干部，中层以上干部由 237 人减至 207 人；对科职干部实行"全体起立再坐下"，重新竞聘上岗方式，由 512 减少到 420 人。这些精简下来的人员均做到岗变薪变，一些竞争能力弱的人员直接转为工人岗。二是大力度清退外部用工。2012 年以来，共清退外用工 4600 名，空出来的岗位全部由在岗职工顶替。比如公司将 10 名过去给公司领导开小车的司机分配去开送餐车，顶替清退的 10 名外用工司机，这些小车司机由过去为公司领导服务转变成为普通职工服务，在职工群众中引起了强烈反响。三是宽领域开辟就业岗位。2012 年以来，公司利用职工技术优势以及企业影响力，积极向全国各地钢铁产业相关领域输出劳务 890 多人次，这些输出人员有的在本地用钢企业工作，有的是到珠海、湛江等外地企业工作。通过一系列强有力的改革举措，新钢超额完成"减员 6000 人"，提前实现综合改革方案要求的减员目标。

在"一企一策"方面，对 10 余家二、三级企业采取混合所有制、风险抵押承包、管理层持股、增资扩股等系列改革举措，子企业生产经营活力显著增强，一些长期亏损的企业，由过去的"失血点"变为现在的"造血点"。大力发展新经济业态，成立了新余新钢投资管理有限公司、广州新钢商业保理有限公司、新钢（上海）国际物流有限公司、江西工程建设公司、新钢设计院公司等一大批非钢产业经济实体，钢铁主业经济比重呈逐年下降的趋势，抗风险能力显著增强。对物流运输、设备检修、石灰生产、废钢加工、后勤服务等内部资源进行优化整合，实现管理流程再造，将重点工序、关键领域从内向型运营为主的"工厂制"向外向运营为主的"公司制"转变，赋予二级企业更多的市场主体地位，鼓励有条件的子企业勇闯市场，实现自主经营、自负盈亏，降低对主业的依赖度。通过大力度的综合改革举措，新钢公司运营质量显著提高，新钢股份净资产收益率由 -11.91% 提升至 13.29%；集团公司资产负债率由 74.06% 降至 55.30%，比行业平均水平低 12.51 个百分点。

（四）守护好一方蓝天碧水

作为江西省最具影响的大型国有企业之一，新钢公司长期致力于做一家负责任的钢铁强企，高度重视环保工作。建厂以来，公司累计环保投入 36.5 亿元，建成各类污染防治设施 177 台（套），形成年废气处理能力 3020 亿立方米，废水年处理能力 5.56 亿立方米，工业固体废物年处理能力 560 万吨。尤其是党的十八大以来，新钢公司把生态文明建设融入企业的发展全过程，努力实现经济效益、社会效益、环境效益协调发展，高标准、高起点启动绿色清洁工厂建设。

党的十八大以来，公司环保项目投资进入加速期，成为历史上项目建设最密集、投资强度最大的时期。即便是在行业最不景气、自有资金极度紧张的那几年，新钢公司也始终坚持再省不能省环保的发展思路，累计项目建设投入达到 8.97 亿元。钢渣零排放（二期）、氧氮分压运行改造、铁水运输优化节能改造、压缩空气系统节能改造、煤气综合利用高效发电（一期）等一大批节能减排项目相继竣工投运。完成了全部烧结机、球团回转窑烟气脱硫，以及焦炉脱硫脱硝和老生产区污水处理及回用等环境治理；果断关停了老旧的焦炉、高炉、转炉、轧材生产线。公司单位产品工序能耗达到国家能源消耗限额标准，超额完成省政府下达的节能减排任务。与 2011 年相比，新余公司自发电比例达到 46%，提高 15.84 个百分点；SO_2 排放量下降 55.51%、烟（粉）尘排放量下降 33.02%、COD 排放量下降 41.35%、氨氮排放量下降 36.08%。2017 年各类环保设施运行费用 13.02 亿元，折合吨钢环保成本 146.4 元。在环境整治方面，形成了以公司为主体，二级单位为支撑，以主干道为辐射的厂区亮化、美化改造工程，职工群众生产生活环境显著改善，"新钢蓝"逐渐成为厂区上空的一道亮丽风景，越来越多的职工开始摘下口罩，放下交通工具，纷纷加入跑步上班的队伍，行进在天蓝地洁、道路宽阔、绿树成荫的厂区内，切身感受新钢这些年巨大的环境变化。

（五）十里钢城党旗高扬

作为全省重点国有骨干企业，新钢公司在 60 年发展过程中，始终把传承红色基因，将党的政治优势转化为企业的发展优势作为党建工作的出发点和落脚点。尤其是 2016 年底中央国有企业党建工作会议召开后，新钢公司进一步强化了党对生产经营、改革发展等中心工作的领导，对连续多月完不成绩效考核指标的单位党政主要领导进行免职或降职处理。两年来，共有 60 多名处职、科职干部被免职或降职处理，极大地维护了绩效考核的严肃性和权威性，从根本上打破了干多干少、干好干坏一个样的老旧局面。在全公司范围内推进党建入章工作，将党的领导全面融入企业治理体系之中，目前，新余公司和 23 家控（参）股企业也先后全部将党建工作写入了公司章程，全面理顺了党在企业决策、生产经营、队伍建设等方面的工作机制，进一步确立了党在企业中的领导地位。推进党建工作全覆盖，尤其在当前大力实施的转型升级改造工程实施过程中，在目前已启动的 8 个子项目部全部设立了党支部，确保项目建设推进到哪里，党的建设就跟进到哪里，党的作用就发挥到哪里。全面履行党风廉政建设主体责任，从严格制度、强化执行入手，明确"没有纪委不可以知道的事、没有纪委不可以查的账、没有纪委不可以查处的人"，公司党风廉政建设各项工作走在了全省的前列，得到了省委巡视组的充分肯定。

长期以来，在新余公司党委的大力推动下，逐渐形成了一批在省内有较大影响力的党建特色工作。每年一个主题，连续 21 年开展覆盖全公司的形势任务宣讲，2012 年在企业最困难的时候，上千名职工代表在扭亏誓师大会上喊出的"救亡图存"口号依然响彻钢城上空，让每一个新钢人至今热血沸腾。连续 24 年不间断地举行职工技能大赛，目前该项赛事已经发展成为全省钢铁行业职工技能竞赛中最有影响的"群英会"。在全省率先推出每月员工思想动态收集制度及信访接待日制度，公司领导及时接收来自基层一线职工"原汁原味"的意见建议，并在第一时间作出回复。此项工作被作为先进经验在全省进行交流汇报。扎实推进"双拥"工作，这几年在全国大部分企业不再安置退伍军人的情况下，新余公司依然坚持 100% 安置公司籍退伍军人，为保证驻地兵员充足作出了重要贡献，工作得到了上级主管部门的高度肯定，并获全国"双拥"工作先进单位称号。连续 5 年开展机关干部下基层劳动，每年每位机关干部，从公司领导到一般工作人员利用半个月时间，与一线职工同上班、同下班、同加班，做到"情况在一线掌握、问题在一线发现、疑惑在一线化解、作风在一线加强、实事在一线办成、考评在一线完成"，收到了良好效果，进一步密切了干群关系，拉近了企业与职工群众的距离。创造性地推出"1234"基层党建工作法，确立了以支部建设为支点，推进党建工作与生产经营、改革发展等主要工作双向融入、相互促进的基层党建工作格局，全力打造全省基层党建工作品牌。

（六）让企业发展惠及每一位职工群众

长期以来，新钢公司始终把发展共享作为企业最大的民生。改革开放 40 年来，新钢公司得到了前所未有的发展，积累了较为丰厚的物质基础，积极向职工群众兑现共享发展的承诺。2013 至今，公司按照"政府补贴一点、企业支持一点、职工自筹一点"的方式，先后启动或完成了三批棚户区改造，近 3000 户居民喜迁新居，让更多的职工家庭住上了宽敞明亮、设施齐全的"小高层"；完成了全部 35000 户社区居民管理职能移交属地，大大促进了城市社区一体化建设和城区发展优化布局，让广大职工充分享受高质量的城市社区配套服务带来的便利，满足了职工家属的广泛期待；在保持职工收入年年有较快速度增长的同时，大幅提高职工养老保险、医疗保险、公积金等缴费基数，特别是 2017 年以来职工公积金缴费基数在原来的基础上增长了 4 倍。2018 年，公司还启动了企业年金保障机制建设，职工福利待遇不断提高。大力推进班组硬件设施建设，完成了公司全部 1300 多个班组的"三室一间"（即操作室、休息室、学习室、卫生间）改造，为基层班组配备了微波炉、冰箱、空调、电脑、洗衣机、家具等工作及生活设施，职工工作生活条件大幅改善。大力发展文体协会组织，广泛引导职工参与积极健康的业余文化生活，新余公司先后成立了乒乓球、篮球、摄影、书法等 23 个文体协会。目前，协会成员已发展到 3000 多人，极大地丰富了职工群众的业余文化生活。规划建设集餐饮、洗浴、通勤、保洁等于一体的职工服务中心，让职工群众在工作期间享受更加高效、更加便利、更有质量的贴心服务。当前新钢公司正朝着"让企业更有竞争力、让职工更有幸福感"的企业愿景大步迈进。

四、企业 40 年发展的主要经验及启示

以党的十一届三中全会召开为标志，我国的改革开放已经走过了 40 年。在改革开放的宏大历史进程中，特别是党的十八大以来，新钢公司以综合改革为带动，帮助企业走出了钢铁行业危机。如果将新钢公司这些年所取得的成绩置于钢铁行业的大环境之中，新钢的改革发展只是钢铁行业不屈不挠、砥砺前行的一个缩影。但是，从新钢公司改革发展的实践中，能够折射出中国改革开放事业的曲折、艰辛与成就。新钢建厂 60 年的风雨历程，改革开放 40 年的激情跨越，既经历了改革的阵痛，也享受过胜利的喜悦；既面临过发展的困惑，更收获了成功的经验和对未来发展的启示。

（一）坚持党的领导

在 60 年发展过程中，尤其是党的十八大以来，新钢公司几起几落，经受住了关系企业生死存亡的重大考验，每一次都伴随着艰难转型和艰苦蜕变。事实证明，只要坚持党的领导，就没有解决不了的问题、战胜不了的困难、实现不了的目标。在公司扭亏攻坚的关键时候，各级政府始终与新钢公司站在一起，高规格召开有关新钢公司救危脱困专题会，

为新钢公司解决实实在在的问题，与新钢一道共同抗击市场风浪，极大地增强了干部职工救亡图存、扭亏攻坚的信心。在行业形势最为严峻的时候，新钢公司在党的坚强领导下，本着对企业负责、对职工群众负责的高度责任感，认真履行社会责任，新余公司没有一个人下岗，没有拖欠职工一分钱工资，没有一家企业、一条产线因为效益问题关停倒闭，体现了党一切为了职工群众办企业的坚强信念。在公司最困难的时候，依然启动了多个棚户区改造，实现了几代新钢人梦寐以求的愿望。在钢材市场好转的时候，新钢公司抓住了难得的市场机遇，经济效益创历史最好水平，兑现了与广大干部共享繁荣的坚定承诺。在新时代到来时，公司高标准提出建设绿色清洁工厂，在非钢产业上再造一个新钢，从更高层次实现转型升级和高质量发展的宏伟目标，开启了新钢公司改革发展的新征程。

改革开放 40 年来，尤其是党的十八大以来，新钢公司在如此艰苦的发展条件下，做了许多别人想都不敢想的事情，实现了许多别人实现不了的目标。新钢 60 年的发展反复证明，如果没有党的领导、没有组织的强大号召力和作用力就没有新钢的今天，必须毫不犹豫地坚持党的领导。

（二）坚持与时代同步

长期以来，尤其是改革开放 40 年来，新钢公司得出这样一个结论：战略上的失误是战术上无法弥补的，企业在改革发展过程中难免发生策略上的失误，但决不能犯方向性的错误，对于一个大企业而言尤其如此。坚持符合时代特征的发展方略，顺应时代发展潮流，把握中国钢铁行业的发展态势，科学制定企业战略，是关系到企业生存和发展的重大问题。新钢公司诞生于"大炼钢铁"的时代，壮大于改革开放的时代，又好又快地发展于中国经济腾飞的时代。正是因为新钢公司顺应了时代发展潮流，抓住了重大历史机遇，才延续了今天的存在，创造了不凡的业绩。在改革发展的引领下，新钢公司超前调整了企业战略，逐步放弃了生产几十年的普钢、铁合金产品，实现了品种结构上的"脱胎换骨"，新钢"袁河"品牌得以延续发展。今天，在钢铁行业迈向新时代的征程中，新钢提出"提质增效、节能减排、绿色发展、相关多元"的发展思路，全面推进转型升级和高质量发展。准确把握政策导向，顺应经济社会发展规律，是未来新钢发展颠扑不破的主旋律。

（三）坚持精品战略

2002 年，新钢公司确立了精品战略，这是几代新钢人在高度总结概括企业近半个世纪的艰难历程和反复求索中形成的发展共识。可以想象，在新钢公司那样一个不沿江靠海、不近资源的内陆型企业，正常情况下80%以上的原料依赖国外进口，与沿海沿江企业相比，多出的物流费用将极大地削弱一个企业的竞争能力。在行业利润率较高时，吨钢高出100~200元的物流成本可能还不易显现，也不至于影响一个企业的根本。但钢铁行业供过于求的局面不可能被打破，目前钢企较高的利润局面也不可能维持太长久，微利才是钢铁行业的生存发展常态。在钢铁市场竞争中，每吨钢100~200元的成本足以让一个企业生存下来，也足以让一个企业走向消亡。在应对上一轮危机上，如果新钢公司没有之前在中高端产品方面近10年的苦心经营所储备的竞争优势，可能新钢早已熬不到今天。新钢公司唯有做大精品这篇文章，大幅提高产品的附加值，并以这种方式来冲抵成本劣势，企业才可能得以生存下来并发展下去。

中国钢铁产能产量的过剩只是结构性的，在高技术、高附加值产品领域我们并不缺少市场，而是缺少充足有效的市场供应，新钢的精品战略不仅顺应了经济发展规律，也符合中国钢铁行业的发展现状。新钢公司必须坚持精品战略不动摇，依托质量、诚信、绿色、党建等四大品牌建设，大力推进企业转型升级和高质量发展，致力于打造行业较有影响力的精品生产基地。

（四）坚持管理创新

体制机制不活是影响国有企业发展的深层次问题，一个企业的管理创新没有固定的模式可以照搬照抄，而是善于打破一切阻碍发展的旧框框、旧条条，把先进的管理理念与新钢公司的实际结合起来，不断探索和实践有利于自身发展的新模式。新钢公司在发展过程中一直倡导"民营企业能做到的，我们也要做到"的理念，不断优化管理流程、推进产权多元化改革，深化分配制度改革。尤其是党的十八大以来，新钢公司在改革创新上，既不闭门造车，也不盲目跟从、不照搬硬抄，而是紧密结合自身实际和现实需要，坚持问题导向，以"三项制度"改革、"一企一策"改革为支撑，在吸收行业先进管理经验的基础上，赋予子企业抵押承包、管理层持股、股权激励等传统管理模式更多的新钢改革元素，取得了较好的成效，一批二、三级企业从过去的"出血点"转变为"造血点"；在主要工序、关键领域大力推进市场化运营和模拟法人治理结构，企业生产经营活力显著增强，走出了一条具有新钢特色的管理创新之路。应该清醒地认识到，当企业快速发展的时期，更是企业管理水平容易出现退步的时期。何况，世界上唯一不变的是变化，没有哪一个管理模式能够保持长久不落后。在新时代的征程中，新钢公司的管理创新与变革，依然任重而道远，必须长久坚持、持之以恒，方能永葆企业活力。

（五）坚持发展共享

共享繁荣是新钢公司长期坚持的发展愿景。在 60 年的发展过程中，新钢公司始终认为，精神的力量是伟大的，但是有效的物质支撑也是必不可少的。长期以来，新钢公司一方面加强精神文化建设，让职工群众由里而外感受到企业旺盛的精神文化活力，激发着一代又一代的新钢人干事创业的热情，引导他们用实际行动践行"创新、奉献、超越"的新钢精神；另一方面，全心全意为职工群众谋福利、办实事，尤其是那几年在钢铁行业形势最严峻、企业最困难的时期，在很多钢铁企业纷纷采取降薪自救的情况下，新钢公司收入不但没有下降，而且略有增长，充分体现了公司对职工群众高度负责的态度。这些年，无论形势有多严峻、企业有多困难，新钢公司没有一个职工因待遇问题辞职跳槽离开新钢。实践证明，必须坚持共享发展理念不动摇，让企业发展成果更多地惠及每一位职工群众，引导职工自觉把自己的命运与企业的命运紧紧联系在一起，形成厂兴我荣、厂衰我耻的命运共同体。

五、展望未来

未来，新钢公司将以习近平新时代中国特色社会主义思想为指引，积极顺应改革发展大势和经济运行规律，按照"提质增效，节能减排，绿色发展，相关多元"的总体工作思路，积极践行"让企业更有竞争力、让员工更有幸福感"共建共享发展理念，做强做优钢铁主业，全面推进公司钢铁制造从中低端向中高端迈进，打造具有行业一流竞争能力的主业发展格局。做大做实非钢产业，通过延伸钢铁产业链条，推进相关多元发展，在非钢业务上"再造一个新钢"。到 2023 年，实现非钢产业与钢铁主业并重。打造绿色清洁工厂，以环保项目建设及环保设施运行为依托，强化源头治理，深化基础管控，全面满足国家污染物超低限制排放标准，力争到 2023 年全面建成绿色清洁工厂，打造"室内窗明几净、室外鸟语花香，厂区天蓝地洁、周边水清草绿"环境新生态。以质量、绿色、诚信、党建"四大品牌"建设为带动，全面提升企业综合竞争力，全面提高企业的影响力和美誉度。大力实施概算为 100 亿元，建设周期为 2~3 年的产业转型升级改造工程项目，从源头上彻底解决焦炉、料场、电炉等主工序高效稳定生产问题，补齐核心装备"短板"。大力践行发展共享理念，不断满足职工群众日益增长的物质文化需求，力保职工群众的安全感、获得感、幸福感显著增强。

大力推进转型升级和高质量发展。在转型升级方面，基于自身核心竞争能力构建全新的组织状态，实施内部改革，提升组织能力，提高管理效率；构建人才梯队，降低组织对某个个体的依赖，提高企业自运转能力；通过大力实施智能制造、绿色发展、相关多元等方面工作，全面升级企业综合竞争力。在高质量发展方面，努力追求五个方面的深刻变革和全面提升：一是更高的产品品质。二是更低的生产成本、更高的生产效率。三是更高的环境友好度。四是更高的创新能力。五是让职工有更高的安全感、幸福感、获得感、自豪感。

不负韶华　永续辉煌

——中天钢铁集团改革开放发展成就回顾

中天钢铁集团有限公司

总有一些重大历史时刻，让我们在回望中凝聚力量、在纪念中奋力前行。

21 年前，已经是武进锁厂厂长的董才平并没有满足安逸富足的现状，他怀揣着"做常州最大的企业，做 1000 亿规模的企业"的梦想走进了岌岌可危的武进钢铁集团。当时，上级政府指示"千方百计复工、千方百计把工资发出去、千万不能让员工到政府上访闹事，坚持两年平稳破产"，但他却说他不是为了关门来的，是为了把企业做大做强。从年轻时的临危受命，到每次危机前的从容以对，董才平带领集团一路走来，完成了一次次的裂变和飞跃，将原先亏损濒临倒闭的企业打造成常州市第一家千亿元产值的企业。

中天钢铁集团有限公司（简称中天钢铁）21 年兴钢之路，是一段回报和感恩的奉献记录。从年产不足 5 万吨，产销不足 10 亿元到年产钢 1100 万吨，年营业收入突破 1200 亿元，在创造几何式财富价值增长的背后，更有着 17 年 180 多亿元纳税、近百亿的环保投入、各类社会捐助超 6 亿元。

过去 21 年的辉煌历史，不仅记录着董才平的兴钢伟业和中天钢铁辉煌历程，也展示出中天钢铁前程似锦的未来蓝图。全体中天人群策群力，万众一心，朝着"全球最大、最具竞争力的优特钢棒线材精品基地"目标奋勇前进！

一、突出重围，三年重建新钢城（1997~2001 年）

中天钢铁前身武进轧钢厂创建于 1973 年 7 月。1979 年，武进轧钢厂更名为武进钢厂。随着改革开放的深入，武进钢厂抓住有利时机发展壮大。1986 年 12 月，直径 8 毫米铜杆被认定为部优产品；至 1993 年底，企业总资产达到 12503 万元，员工 3000 余名，利税 5846 万元，成为江苏县级冶金企业"四小虎"之一。是年 7 月，武进钢厂正式更名成立为江苏武进钢铁集团。然而，在改革开放的洪流中，武进钢厂渐渐失去荣光，产品严重积压，资金奇缺，无钱购买原材料，生产不能正常进行，员工无法拿到应有的工资，大批员工家庭生活出现困难，人心涣散，企业陷入困境，濒临倒闭……

"千方百计让工人有活干，千方百计把工资发出去，每月工资不低于600元，千方百计不能让员工上访闹事，坚持两年，准备破产，将厂房留给紧邻的大众钢铁有限公司作为仓储。"1997年的武进钢铁集团已经严重亏损、人心涣散，曾经的荣耀渐渐失去光泽。9月5日，武进市委决定武进锁厂党总支书记、厂长董才平出任公司董事长、总经理、党委副书记。面对市委领导提出的"三个千方百计"工作要求，董才平说："男人就是出来干事业的。"他以"三年重建新钢厂"的精神，团结一切可以团结的力量，推出一系列施政纲领，使员工看到希望，重振士气，集团突出重围，实现了扭亏为盈。

（一）改革供销经济责任制

上任初期，董才平面对公司产品积压，亏损严重，贷款贷不到，工资发不出的境况，先从亲朋好友处借钱，优先发放工资，稳定职工情绪。与此同时，董才平从处室到分厂，从生产一线到后勤部门，广泛倾听员工呼声。他感到要解决数千职工的吃饭问题，必须让生产正常起来，而燃眉之急是破解资金难题，于是决定首先从改革供销入手，以销促产，降本增效。

1997年10月9日，董才平在公司全体中层干部会议上，明确提出销售和采购工作坚决实行"现款销售，欠款不销，销售承包，采购招标"的办法。集团与销售人员签订了《承包责任书》，销售人员的工资、奖金、业务费用实行全额承包，销售越多奖金越高。与采购人员签订责任书，对采购人员实行"业务定目标，奖励定等级，费用定包干"的激励政策。在对销售和采购实施初步改革后，全厂实现了每月减亏100万元的目标。1998年2月，营销人员的收入依据考核实绩，实行上不封顶，下不保底。当年经营处销售线材10.96万吨，回笼资金24719万元，货款到账率达98.96%。企业实现了产品无积压，资金快回转，生产满负荷。在原辅材料采购上，坚持货比三家，择优选用以及直接从生产厂进货，并根据货源情况，适时调价，全年降本4300多万元。

（二）清理整顿下属单位及联营企业

1994年，集团公司在企业内部实施"独立核算，利税承包，按实结算，实奖实赔"的经济承包制后，形成了若干个"经济实体"。在三年多的运作中，一些被承包的"经济实体"在经济效益、收入分配等方面暴露出诸多弊端。

1997年，集团公司领导认识到，实施经济承包责任制是企业转换经营机制的有益探索，但在思想上必须突破"承包能治百病""一包就灵"的误区。从 9 月开始，公司停止对炼钢厂停止经济承包，对长期亏损的异型钢厂结束承包，实行停产整顿；将运输公司的个人承包改为职工集体承包。后又对下属物资公司停业清算，对亏损的集团物资供销公司停业。2000 年 8 月上旬，集团与武进物资再生利用总公司合办的武进市东方废钢铁炉料联营公司，由于经营亏损等原因，集团决定解除联营，并经双方同意联营公司停业。

（三）加强企业管理

1997 年亚洲金融危机爆发波及我国，引发国内投资下降和消费需求减少。集团面对新的形势，按照上级的要求，开展"继续深入学邯钢，严格管理抓效益"活动。公司领导班子统一思想，对开展"学邯钢，降成本，练内功，硬管理"活动作出认真部署，重点是"卡两头"（销售承包、采购招标），"挤中间"（降低成本、消耗和各项管理费用）。1997 年末，公司调整经济责任制领导小组成员，董才平强调要加强企业内部管理，健全各项管理制度，堵塞各种漏洞，并提出在第一步减亏目标实现的基础上，全力实施第二步保本经营目标。

生产满负荷，集团的各项指标也逐渐向好。降本降耗创出历史最好水平，炼钢厂、线材厂、初轧厂吨钢降本分别达 141.48 元、121.01 元、85.99 元，1998 年全公司降本总额达 4705.51 万元。同时，公司狠抓物资管理和质量基础管理。出台了《物资总库管理制度》，压缩了物资库存，提高了资金利用率；深入开展"学邯钢、学'春兰'、学'小天鹅'"活动，年内通过 ISO 9000 质量管理体系认证。1999 年 12 月 31 日，公司通过了英国劳氏质量认证公司的质量认证审查。

同时，公司加大清资收账力度。1997 年，制定"四定一奖罚"（定人员、定任务、定时间、定指标，根据完成情况奖罚）的激励政策，共回收陈欠账款 2359 万元。1998 年回笼应收货款 1025.78 万元。

集团通过深化改革，不断完善经济责任制，清理整顿下属单位和联营企业，加强企业管理，大力清理应收账款，取得可喜成绩。1998 年，集团完成工业总产值 9.3 亿元，实现销售收入 9.17 亿元，利税 4338 万元，分别比上年增长 5.9%、9.2% 和 54.4%。全年职工人均工资性收入达 10012.33 元，比上年增加 2584.19 元，增长 34.79%。1999 年集团完成工业总产值 10.65 亿元，实现销售收入 10.63 亿元，利税 7460 万元，分别比上年增长 16%、14% 和 71%。2000 年公司实现利润 745 万元，是上年的 1.48 倍。

（四）力挽狂澜　三大工程吹响复苏号角

企业的生存是建立在发展的基础上，"小富即安、小胜即满、患得患失、惧怕风险"

的畏难情绪，必将使企业在激烈的竞争中毁于一旦。公司适时提出了新的发展思路：跳出老厂区，跨过大运河，挥师南进，三年重建一个新钢厂。用不到一年时间，企业走过濒临倒闭的"危险期"和清理整顿的"复苏期"，之后马不停蹄开始了艰苦拼搏的"创业期"。

1. 谋出路：希望工程——高速线材项目投产

1997年，面对公司装备陈旧、工艺落后的状况，公司领导认识到只有盘活存量资产，上好后劲项目，开拓产品市场，企业才有生路。因此，让高速线材项目尽快上马成为公司当务之急。

此时正遇钢材市场疲软，公司经营亏损的局面尚未扭转，有人说："上高线（项目）是找死"。更多的人认为："不上高线是等死，等死没有出路，拼死才能求得生路。"同时，外界也时有舆论干扰着项目不要上，不能上。这时，董才平顶住干扰，积极向市委领导反映企业的发展规划和诉求，表明企业上马高线项目的决心。

公司与首钢设计院签订工程设计合同，并成立650工程指挥部。为确保工程如期推进，公司9名领导有6名投入该项目之中，挂图作战。董才平不断重申："这个项目是决定公司生死存亡的关键工程，是集团'生命线'和'希望工程'，只许成功，不许失败。"

落实资金是工程建设的第一要务。6月中旬起，董才平频频往返各金融机构。至8月底，武进农村信用合作联社、工行、农行、中信银行贷款3700万元到账。工程大部分辅助设备制作由公司自行制作承担，比订购成套生产线设备节省200万元。

11月1日，公司派出具有大中专以上文化水平的39名员工到北京首钢第三线材厂进行为期三个月的精轧机技术培训。董才平也马不停蹄地带人赴哈尔滨飞机制造厂了解高线设备的制作情况。在厂房内土建施工即将完成之时，公司将该工程的设备安装调试和各项生产准备阶段的20项任务分解落实，并抽调60名技术骨干投入项目施工。

1999年5月1日，武进市市长在650高线主控室按下电钮，工程正式竣工投产。高速线材生产线总长320米，建筑总面积26880平方米，设计线速度75米/秒，年产线材25万吨，属国内先进水平。工程建设时间仅有9个月，比正常建设速度提前9个月，创造了武钢历史的奇迹，也成为中国冶金建设史之最。

1999年高线顺利投产后，公司决定投资5000万元建设第二条高速线材生产线，仍由首钢设计院设计，并成立第二条高线生产线筹建指挥部。该工程1999年9月开工，2000年4月5日竣工。2条高线共有轧机39架，年产线材能力50万吨。

高线的投运迅速改变了公司工艺装备落后的局面，成为新的经济增长点，为企业的新生、发展奠定了第一块基石。2001年4月，高速线材技改项目获"常州市2000年度工业技术改造十佳项目"，受到市政府表彰。

2. 谋保障：后劲工程——6 万千瓦热电改扩建投运

钢铁生产是电耗大户，为提高电力负荷自我平衡能力，缓解电力供应紧张矛盾，并为以后上马大电炉所需用电考虑，公司于 1995 年决定对 3 台 6000 千瓦时热电机组进行改造，用 2 台 220 吨/小时高温高压锅炉替代 3 台 35 吨/小时中温中压锅炉，同时扩建 5 万千瓦燃煤发电供热机组。

热电工程项目计划总投资 3.5 亿元，银行贷款只能解决部分资金。公司及时决策转让在大众钢铁有限公司的全部股权，获得资金 1.2 亿元，并在通过江苏省国际招标中心招标过程中，要求中标方为工程垫资 3000 万元，并借款 3000 万元给集团，项目投产后用热电厂的盈利归还。江苏电力建设三公司中标后工程开工建设。1999 年 11 月 17 日 20 时 42 分一次性并网成功，12 月 13 日 15 时完成 24 小时满负荷运行。与之相关联的 220 千伏安、110 千伏安变电所各一座，35 千伏安变电所两座也同时建成投运。热电厂投入正常运行后，年发电量达 3.78 亿千瓦时，产蒸汽 10 万吨。

6 万千瓦热电改扩建项目是继 650 高速线材工程后的又一重大项目，被称为"后劲工程"。热电厂的建成投运，为集团调整产品结构，改善环境质量，增强企业后劲，提高经济效益奠定了第二块基石。

3. 谋发展：腾飞工程——90 吨超高功率电炉投产

钢材轧制原料的来源，多年来始终是制约企业的瓶颈。采用电炉炼钢相比转炉炼钢占地面积小，投资少，上马快。

2000 年 5 月上旬，恰逢台商代表亟须寻找新的合作伙伴。公司与台商代表洽谈购买其没有使用过的意大利达涅利公司制造的 90 吨电炉连铸连轧设备。7 月 22 日，公司成立 90 吨电炉工程指挥部，电炉工程由十七冶和十三冶承建。由意大利达涅利公司制造的 90 吨电炉连铸设备属世界先进水平，主体设备由 90 吨超高功率电炉、100 吨钢包精炼炉和 5 机 5 流方圆坯连铸机三大部分组成。整套生产线的电气自动化程度为国内领先水平，并且 90 吨电炉项目全套设备在环保方面投资达 6800 万元，除尘系统采用电脑远程控制，应用多项国际专利技术，烟尘净化效率达到 99.5%。水处理系统采用德国先进技术，出水浊度每升小于 5 毫克，总循环率达 99%。

2002 年 7 月，达涅利公司 20 余名专家到现场和集团员工共同调试设备，奋战近 3 个月。10 月 22 日，总投资 5.8 亿元的 90 吨超高功率电炉正式投产。

集团从 1998 年建设高线工程、1999 年建设 6 万千瓦热电工程到 2000 年的 90 吨超高功率电炉——连铸工程，分别被称为希望工程、后劲工程、腾飞工程，是武进钢铁集团发展的三块基石。高线工程投产为企业产品增强了市场竞争力，热电工程为正常生产提供保障，90吨电炉连铸工程竣工投产，实现"三年重建一个新钢城"的宏伟目标，创造了武进钢铁发展史上的奇迹，也为集团跻身全国冶金行业30强提供了强大的技术支撑。

（五）清产核资，实事求是，企业改制迈上新征程

1996年11月下旬，召开的中央经济工作会议，提出加快国有企业改革步伐。1997年，武进钢铁集团被列入常州市现代企业制度试点企业。1998年6月18日，武进市经委将武进钢铁集团列入市属工业企业第二批改制企业单位。同年，集团改制为股份公司的试点方案获常州市政府批准。

1. 产核资，实事求是

"清产核资必须坚持实事求是，杜绝弄虚作假，武钢集团的一草一木都是员工创造的财富，一分一厘都要盘进账，谁隐瞒谁负责。"2001年6月，改制工作全面展开。9月，集团完成资产评估。

2. 成立武进中天钢铁有限责任公司

根据改制方案，集团的资产须有相应的股份公司接收。2001年9月上旬，董才平等5人发起设立武进中天钢铁有限公司。9月6日，中天钢铁有限公司召开首次股东会议，确认公司总股本金为5000万元人民币，有10位自然人和一个法人以货币形式出资。同日，董事会选举产生董事长、总经理、副总经理。9月17日，武进中天钢铁有限责任公司（简称中天钢铁公司）注册成立。

3. 保障员工合法权益

9月25日，在武进钢铁集团召开二届四次职代会上，明确企业改制按照武进市委、市政府关于国有、集体企业转制的政策规定，组建武进中天钢铁有限责任公司，收购武钢集团资产，承接集团的相应负债，保留江苏武进钢铁集团牌子。职工代表对改制企业做到资产整体买断，职工整体接受，对职工应享受的待遇作出明确合理的安排，使职工解除后顾之忧的做法表示满意。

9月28日，武进钢铁集团与武进中天钢铁有限责任签订《江苏武进钢铁集团公司部分权益转让及土地处置协议书》，自此，中天钢铁公司正式成为"自主经营，自负盈亏"的民营企业。

改制后，中天钢铁接收武进钢铁集团全部在册职工。10月18日、12月3日，公司相继出台《关于企业改制后员工劳动关系的处理办法（试行）》和《关于精简机构中层干部内部退养、转岗、放假待岗等有关问题的规定》。同时，公司对剥离的老职工按规定向

劳动就业管理机构交纳事业补偿储备金，并按有关规定负担离退休人员医疗费、离岗退养人员费用等七项费用。

2001 年，在钢材价格持续下跌、经营难度增大的情况下，公司改制工作平稳有序进行，做到无一人下岗，无一人上访，生产经营秩序井然，技改扩建热火朝天，全年实现销售收入 9.32 亿元，利税 2664 万元，利润 1096 万元。

二、艰苦创业，裂变发展超百亿

（一）开疆拓土，打赢第一轮发展攻坚战

2001 年 9 月，集团完成改制后，企业发展问题被提上议事日程。2002 年初，集团明确了"十五"期末的奋斗目标，计划通过三到四年，将企业建设成为高炉、电炉、高线及螺纹钢、发电生产相配套，形成五位一体的短流程生产线。

（二）1 号高炉投产，结束有钢无铁的历史

2002 年初，围绕 90 吨电炉的投产，集团决定建设高炉，实现铁水热送与 90 吨电炉配套，以提高钢产量，降低能耗和生产成本。

2002 年 4 月 23 日，经武进市经济贸易局批复同意，集团实施铁水热装技术改造项目，总投资 4980 万元。工程总投资 8000 万元。2003 年 9 月 23 日，1 号高炉竣工投产，集团结束有钢无铁的历史！

（三）建成螺纹钢生产线

为进一步扩大效益，做强企业，集团在经对市场进行充分调研后发现，合金钢材的经济效益远大于普通碳钢材。为此，集团决定充分发挥电炉生产合金钢的优势，新建两条螺纹钢生产线。

第一条线设计年生产能力 70 万吨，最高轧制速度为 10.9 米/秒，2002 年 12 月动工。2003 年 8 月 2 日试生产并即投产。第二条生产线设计年产能力 60 万吨，于 2003 年 6 月开工建设，两条生产线均采用 PLC 自动控制，轧制规格为 18 毫米、20 毫米、25 毫米建筑用螺纹钢。

（四）完成热电二期 6 万千瓦机组工程

2000 年 11 月，集团建成第一台 6 万千瓦热电机组后，武进供电供热的紧张状况依然

存在。2001 年,武进市政府制订电源建设新规划,确定集团热电厂扩建,建设二期 6 万千瓦燃煤供热机组工程。2002 年 8 月 18 日,热电二期工程投运。工程总投资 1.38 亿元,年发电量 3.5 亿千瓦时。

2003 年,完成三大工程建设是集团改制为民营企业后的首场硬仗,也是中天钢铁快速发展的起步篇章。实现第一轮发展规划后,集团年新增产值 23.7 亿元,员工的收入大幅增加,2003 年人均收入 18440 元,比上年增加 7000 元,比 2001 年企业改制时增加 1.1 万元。

(五) 顺势而上 推进第二轮发展步伐

在第一轮发展规划实施的同时,中天人着手规划第二轮发展,重点是建设 120 万吨优钢工程。

120 万吨优钢一期工程——2 座 510 立方米高炉投产。建造 2 座 510 立方米高炉是集团实现年产铁 160 万吨目标的重要项目。2003 年 10 月,2 号、3 号高炉项目同时开工。经过一年奋战,2004 年 10 月 22 日、10 月 28 日,炼铁厂 2 号、3 号高炉相继出铁。

2 套 90 平方米烧结机投产。集团 2004 年 2 月开工建设 90 平方米烧结机,工程总投资 2.4 亿元,设计年产烧结矿 180 万吨。2005 年 3 月 24 日、25 日,两套烧结机相继投产。

2 座 45 吨转炉投产。为更好地解决高速线材生产所需坯源紧张困难,降低生产成本,增加产品种类,集团决定实施 45 吨转炉技改项目,工程总投资 4.82 亿元。1 号、2 号转炉于 10 月 28 日、30 日相继竣工,12 月 31 日和 2005 年 3 月先后投产。

2 座 10 立方米球团竖炉投产。2003 年 5 月,具有当时国内先进水平的球团竖炉工程开工。2006 年 1 月和 10 月,1 号、2 号球团竖炉先后投产,年产量 120 万吨,总投资 1.82 亿元。

120 万吨优钢二期工程——合金棒材生产线投产。合金棒材生产线设计年产能力 120 万吨棒材。工程于 2003 年 2 月开工,总投资 2.37 亿元。2005 年 3 月合金棒材生产线投产。

120 万吨优钢三期工程——热电三期 6 万千瓦机组并网发电。120 万吨优钢三期工程主要是建设热电厂第三台(3 号)6 万千瓦热电机组。2004 年 8 月 19 日,该机组投运,一次并网成功。工程总投资 1.54 亿元,年发电量 3.5 亿千瓦时。

120 万吨优钢工程总投资 16.45 亿元,占地面积超 80 万平方米,是当时集团投资规模最大、配套建设最全的工程。这项工程历时一年多就基本完成。优钢工程竣工投产标志着中天钢铁第二轮发展规划胜利实现,企业踏上了冲刺产销双超百亿元的征程。2004 年 3

月，中天钢铁晋升为"国家级企业"集团。

（六）双超百亿　跻身中国企业 500 强

2005 年，国内钢铁行业投资过热，钢材产能大量释放，利润空间大幅压缩。面对不利的大环境，集团反复调研市场，寻找新的契机。集团董事会果断决策，调整产品结构，加速产业升级，将产品定位在优质圆管坯和圆钢上，并加大技改投入，开启了中天钢铁优钢发展之路。短短一年多时间，"中天"牌优钢产品从无到有，犹如雨后春笋，用于制造石油、化工、高压锅炉管和轴承等数十个品种百余个规格的热轧合金圆管坯、热轧合金圆钢等系列优特钢种先后开发。凭借上乘的质量，产品源源不断投放市场，保持无库存和资金回笼率 100%，集团成为国内重要的合金管坯生产基地。

2005 年 8 月 10 日，中国企业联合会、中国企业家协会公布中国企业 500 强名单，中天钢铁以 2004 年完成销售收入 67.93 亿元，利税 2.49 亿元，利润 1.01 亿元的业绩列 356 位，中国制造业企业 500 强中列 187 位。

2005 年 11 月，集团提前实现产销双百亿目标，成为常州首家产销超百亿元企业。是年，集团完成工业总产值 108.2 亿元，销售收入 108.59 亿元，分别比上年增 56.53%、59.84%，实现利税 4.43 亿元，利润 2.61 亿元，分别比上年增 77.9%、58.3%，荣列 2005 年度江苏百强民营企业第 11 位。

此外，集团在此期间，为实现企业快速发展，进一步拓展空间、平衡原料供应。2001～2005 年，在常州市政府、武进区和新北区、钟楼区政府的支持和要求下，集团先后兼并收购了武进锁厂、常州焦化厂、武进铁合金厂，成立中天炉料、中天焦化、中天热电。兼并收购壮大了集团焦炭、炼铁、炼钢和辅料生产能力，弥补了原料供应的不足。同时，兼收并购的企业多位于常州城西大运河畔，是集团实施西区战略的重大举措。

三、励精图治　北区钢城定基业（2005～2008 年）

（一）步步为营　推进第三轮发展规划

实施老区技改工程。2007 年下半年，老区技改工程 16 个建设项目启动，是集团历史上投入最多、难度最大的技改工程。其中：炼铁厂建设 4 号、5 号高炉和 1 号高炉扩容，烧结厂建造 2 座 180 平方米烧结机，炼钢厂上马 80 吨转炉，轧钢厂建设 70 万吨合金带钢生产线，建设新中钢运河大桥等是技改的重点工程。各个项目在建设中挂图作战，各级领导、广大技术骨干和施工人员日夜奋战，攻坚克难，保证工程顺利竣工投产。

4号、5号高炉及1号高炉扩容改造相继投产。2007年5月3日,老区技改首个项目550立方米的4号高炉打下第一根桩。工程总投资2.8亿元,设计年产生铁65万吨。2008年5月28日,4号高炉点火烘炉,次日顺利出铁。850立方米的5号高炉工程投资3.54亿元,设计年产铁100万吨,2007年9月开工建设,历时一年多,于2008年12月17日正式投产。

在5号高炉建设的同时,2008年2月,1号高炉550立方米工程开工,总投资1亿元。2008年7月,1号高炉扩容工程顺利完成,10月15日正式投产,年产铁能力提高到60万吨。

2套180平方米烧结机投产。为配套新建的高炉,2007年9月27日,180平方米烧结工程开工,总投资2.41亿元。生产线设计利用系数为每小时1.35吨/平方米,年产整粒烧结矿200万吨,从原料输入至成品烧结矿的输出,环保除尘和自动化程度较高。2008年9月19日,烧结机点火,9月28日投产。与此同时,180平方米烧结工程开工建设,2009年1月竣工投产。

80吨转炉投产。为了更好地解决轧钢的原料,集团决定在北厂区上马转炉。2007年1月22日,80吨转炉工程开工建设,主要设备有600吨混铁炉、80吨转炉、80吨精炼炉各1座,6机6流连铸机1套。工程总投资3.5亿元,设计年产钢100万吨。2008年10月6日,80吨转炉点火投产。投产后,集团转炉钢年产能力提高到350万吨,可生产15个优钢品种,加快了集团实现普转优结构调整的步伐。

2万立方米制氧机组投产。在建造80吨转炉时,集团按照规划布局决定在南厂区建设与之配套的制氧机组。2007年10月28日,2万立方米制氧机组工程开工,总投资1.44亿元。制氧机组主要设备购置于德国阿特拉斯·科普柯公司,为国际领先水平。生产能力为每小时氧气2万立方米、液氧900立方米、氮气2万立方米、液氮100立方米、精液氩800立方米。2008年11月17日,2万立方米制氧机组投产。

70万吨合金带钢投产。集团"十一五"发展规划着眼于产品结构调整,着力提高优钢比重。合金钢材的技术含量和产品附加值大大高于普碳钢,生产合金钢材紧贴市场需求,能够提升企业竞争力。2002年90吨超高功率电炉投产为开发和增加合金钢材生产创造了有利条件。按照国家关于钢铁工业控制总量的政策,2007年下半年,集团决定改造螺纹钢生产线,形成年产70万吨高强度合金带钢的规模。带钢工程总投资1.64亿元,主要设备有φ700毫米可逆式粗轧机组、2立9平精轧机组共13架轧机,大型高压水除鳞机等。生产线采用自动化控制系统,对生产过程实时控制、监视和统一调度。工程设计年产量为80万吨,轧制钢种为碳素结构钢、低合金钢、优质碳素结构钢,产品规格为(1.8~6)×

（160~400）毫米的热轧窄带钢等 20 余个。2007 年 12 月 28 日，合金高强度带钢工程顺利点火烘炉，2008 年 1 月 16 日，生产线顺利过钢，热调试取得成功，5 月 31 日正式投产。

中钢大桥建成投用。京杭大运河横贯集团老区东西。20 世纪 80 年代，钢厂跨过运河到南面发展后，开坯车间的钢坯要经过运河下游的横林大桥运往河北的线材车间，往返 2.5 千米。高炉投产后，铁水往运河北面运送既不方便又欠安全。2007 年 1 月 19 日，集团决议在横贯生产区的运河上架设大桥，并于 11 月 15 日开始施工。2008 年 3 月 5 日，江苏省交通厅航道局发出《准予交通行政许可决定书》，同意集团在苏南运河常州段 80K+400m 新建中天钢铁运河大桥。大桥总长 369.04 米，宽 10 米，载荷能力 118 吨，通航孔 70×7 米。工程总投资 2450 万元。2008 年 9 月 30 日大桥建成后，集团运输费用大幅降低。

与此同时，集团多元发展继续阔步迈进，先后兼并收购武进大众钢铁有限公司、常州大酒店、龙祥钢铁，并与常州交通产业集团有限公司共同投资建设长江码头，一系列举措实施进一步扩充了集团的整体实力。

四、挥师南进　产业升级新征程（2008~2017 年）

（一）转型升级新跨越，如日中天新钢城

1. 新区优特钢一期工程

围绕第三轮发展规划，在明确老区技改项目的同时，集团重点绘制新区发展蓝图，并明确建成具有较强国际竞争力的千万吨级特大型钢铁企业的目标。新区工程预计总投资 120 亿元，建设用地为中吴大道以南至长虹路约 3600 亩土地，工程分两期实施。

2008 年 5 月，集团首先开展"三通一平"（通电、水、路，平整场地）工作，着手一期工程建设。一期工程主要内容为建设 1580 立方米高炉、120 吨转炉、100 万吨合金棒材生产线、2 条高速线材生产线、2 套 180 平方米烧结机、2 万立方米制氧机组，以及相配套的焦炭及矿粉堆料场和 220 千伏总降变电所等，总投资约 50 亿元。工程指挥部按照"挂图作战、时间倒逼、限期竣工"的要求，统筹协调，抓紧进度、抓牢质量、抓好安全，确保工程按期竣工。

1580 立方米的 8 号高炉投产。2009 年 7 月，1580 立方米的 8 号高炉工程开工。这是新区建设的第一座高炉，设计年产铁能力 155 万吨，总投资 7.38 亿元。2011 年 2 月 10 日工程竣工投产，当年产铁 116.88 万吨。

2 套 180 平方米烧结机投产。在建设 8 号高炉的同时，为其配套的 180 平方米烧结工程于 2009 年 10 月 18 日开工。2 套 180 平方米烧结机设计年产烧结矿 380 万吨，总投资

4.88 亿元。2010 年 11 月下旬，2 号烧结线工程竣工，烧结料场同步投产。12 月 26 日，烧结机热调试一次成功，完成试生产，次年 1 月正式投产。2011 年 10 月，1 号烧结线投产。

120 吨转炉投产。2009 年 8 月，新区第一座 120 吨转炉工程紧随 8 号高炉开工，总投资 7.61 亿元。2010 年 12 月，转炉进入全面调试阶段，2011 年 1 月 18 日成功点火开炉。

合金棒材生产线投产。2009 年 2 月，合金棒材生产线开工建设。经过一年奋战，年产 100 万吨合金棒材生产线于 2010 年 2 月竣工，3 月中旬正式投入生产。

2 条高速线材生产线相继投产。2010 年 3 月开工建设的 2 条高速线材生产线又称双高线工程。2 条生产线单独平行布置，全长 515 米，轧制线标高 5.8 米，单线全连续化生产，每条线设计线速度每秒 105 米，年产量 70 万吨，总计 140 万吨。精轧机组等采用美国摩根最新第五代轧机，属世界先进水平。两条生产线于 2011 年 3 月 29 日、5 月 5 日相继投产，工程实际投入资金 7.57 亿元。

2. 新区优特钢二期工程

2010 年是"十一五"规划的收官之年。6 月，在一期工程完成之前，二期工程多个项目同时开工建设，主要内容有：建造 2 座 1580 立方米高炉，550 平方米烧结机，2 座 120 吨转炉，2 套 3 万立方米制氧机组，3 条线材、棒材生产线，2 条优钢棒材生产线，焦炭及矿粉堆料场，220kV 中钢变扩建，2 座 30 万吨石灰窑，西流河港吊及专用码头，机修总厂，物流中心等。工地上塔吊林立，施工高峰时工地上有上万人员，呈现着中天钢铁生机勃勃的辉煌景象。2013 年，二期工程完成，新区实现年产铁 500 万吨、钢 550 万吨的目标，集团跨上千万吨级钢铁企业台阶。

2 座 1580 立方米高炉投产。2010 年 6 月，在 8 号高炉建设的同期，两座 1580 立方米高炉同时开工建设，总投资 11.49 亿元。9 号、10 号高炉与 8 号高炉相同。2012 年 4 月 13 日，9 号高炉投产，11 月 18 日，10 号高炉投产。

550 平方米烧结工程竣工。2011 年 1 月 28 日，为 9 号、10 号高炉配套的 550 平方米烧结工程开工建设。550 平方米烧结机组设计年产烧结矿 580 万吨，2012 年 4 月 15 日竣工，总投资 5.71 亿元。

2 座 120 吨转炉投产。2011 年 3 月，2 号、3 号两座 120 吨转炉开工建设，先后于当年 12 月 31 日和 2012 年 5 月投产，总投资 14.08 亿元。

3 条线材、棒材生产线投产。2011 年 3 月，设计年产能力 180 万吨线材、棒材的 3 条生产线同时开工建造，总投资达 10.47 亿元。3 条生产线先后于 2012 年 6 月、10 月和 11 月投产，产品规格为直径 6.5~16.0 毫米光圆线材和 8.0~12.0 毫米的螺纹盘条，生产钢种有低碳钢、中碳钢、高碳钢、弹簧钢、冷镦钢、焊条钢、锚链钢、轴承钢、低合金钢、工具钢等。

2条优钢棒材生产线投产。2012年1月,第六轧钢厂的2条优棒生产线开工建设,总投资8.85亿元。1号线设计年产量70万~80万吨,全部采用国产设备,装备达到国内先进水平,主要生产规格为直径10~40毫米各种强度等级的热轧带肋钢筋、直径25~60毫米圆钢等,2013年2月投运。2号生产线设计年产量70万吨,生产规格为直径14~70毫米高精度高品质圆钢,是集团优特钢产品的主力生产线。2号线共有设备112台(套),其中智能化设备57台(套),关键设备进口,装备达到国际先进水平。2013年8月,2号线调试生产,当年产量11.32万吨。

3. 北区重点技改工程

电炉改转炉工程竣工。2009年,集团对原大众公司的2台20吨电炉设备进行改造,将电炉改建为90吨转炉,设计年产量100万吨,总投资3.87亿元。2010年4月工程竣工。

6号、7号高炉相继投产。2009年5月,集团决定建设660立方米的6号高炉。工程总投资3.19亿元,日产生铁2300吨,施工历时10个月,2010年2月28日,6号高炉点火。

2010年,集团决定建造850立方米的7号高炉,年产铁104万吨,总投资4.31亿元。7月份,7号高炉动工,2011年11月竣工投产。

红星河东料场及7号高炉机运线竣工。由于7号高炉靠近居民区,高炉料场受场地限制,集团决定另选址在红星河东建设料场。料场至高炉机运线总长800米,占地面积约7万平方米,实际库容量为铁矿1.2万吨、焦炭2.5万吨、煤炭9000吨。工程总投资1.45亿元,2010年8月中旬开工建设,2011年7月下旬竣工。

90吨电炉增产技改。2010年3月16日,第一炼钢厂90吨电炉增产技改项目指挥部成立。工程于2010年开工,总投资6.24亿元。2011年12月,90吨电炉转炉化创新技改完成后,铁水比从40%提高到90%,废钢比从60%降到10%,全年减少排放二氧化碳20万吨,二氧化硫1328吨,节电2.3亿千瓦时,降本超亿元。

(二) 强本固基,科学发展开启新纪元

1. 科技创新,加快新品开发

集团领导在企业规模迅速扩大的同时,认识到做强企业必须切实加强科技创新。2009年4月30日,集团成立技术中心,主要职能是产品研发、技术创新、工艺研究攻关、技术管理等。同时,集团进一步加强与北京钢铁研究总院、北京科技大学、东南大学等知名

院校的合作关系。6月21日，集团与钢铁研究总院签订战略合作协议，成为该院的研究应用基地。集团依靠研究总院的合作和支持，成功研发500MPa螺纹钢，开发了低碳高铝钢10Al、高碳钢60管坯钢，低温用钢Q345E、A334等钢种。

2010年3月，中国工程院院士干勇及其科研团队选定与集团合作共建企业院士工作站。12月27日，市科技局组织召开高强度500兆帕级和700兆帕级热轧钢筋开发项目鉴定会议，与会专家评价集团和钢铁研究总院共同开发的HRB500E级热轧螺纹钢筋达到国内先进水平，开发的700兆帕级热轧钢筋性能优良，研究水平居国际先进，填补了国内空白。同日，集团举行"中天钢铁集团院士工作站"揭牌仪式。2013年，中天钢铁与东北大学、常州科教城联合共建东北大学中天钢铁研究院，积极推动政产学研用合作。

此后，集团坚持"普转优""优转特""特转精"优特钢发展规划，切实把创新驱动落到实处，加快新品开发步伐，集团先后开发出高压锅炉管、油井管、耐磨球用钢、拉丝材、轴承钢、齿轮钢、冷镦钢等优钢品种，开发了锚链钢、轴承钢和直径5.5毫米的SWRH72A胎圈钢丝用帘线钢盘条等优特钢。技术中心不断丰富硬线钢、轴承钢、弹簧钢、帘线钢等品种，重点开展大规格冷镦钢、82B质量攻关，产品质量取得实质性改善。

目前，中天钢铁生产的锅炉钢、油井钢、锚链钢、冷镦钢、钢绞线、齿轮钢等优特钢，已广泛应用在大型电厂、油田钻井、汽车轴承、船舶制造等领域，奔驰、宝马及苏通大桥、常泰大桥、常州地铁等都是用户。针对行业细分和客户个性需求，集团已累计开发优特钢品种300多个，尤其是2016年以来，几乎每星期就有1款新品开发投产。

2. 夯实根基 加强企业管理

集团在推进新品开发的同时，强化各项管理，夯实企业根基。2009年，集团强化制度执行力，坚持运用"首长负责制、结果导向制、问题追究制"三项基本管理手段，加强制度考核，提高制度执行力，提升管理效能。企管处全年发出处理通报55个，质管处严把质量检测关，全年完成各类检测14.56万批次，大宗物资入库检测率达100%。

2012年，集团决定以完善各项基础管理为中心，以"狠抓内部管理，提高经济效益"为主题，开展"科学管理年"活动，成立了科学发展管理领导小组。2月9日，集团召开科学管理年活动启动大会，要求各部门制定"科学管理年"具体整改措施。领导小组组织人员多次赴兄弟企业学习交流计量管理、信息化管理建设、铁前成本库存控制等方面的经验。集团持续推进精细化管理工作，先后出台31项制度，并加强检查，量化考核。科学的管理促进了生产水平不断提高。是年10月，集团获常州市"质量管理奖"荣誉。

2016年，为进一步完善集团各项规章制度，提升企业制度的执行力，促进管理水平全面提升，集团从7月1日起，成立制度建设领导小组，全面推进集团制度体系建设工作的开展。通过组织各部门开展制度梳理、内部自评和集中评审，共梳理评审制度 237 项，新增制度 44 项，修订制度 120 余项，废止制度 11 项。2017 年 7 月，集团全面启动"标准化管理三年规划"，成立标准化建设领导小组，通过两到三年时间，坚持不懈推进标准化作业，将标准化管理融入日常生产经营管理各个方面。

3. 抢占市场，创新营销模式

优质产品必须通过积极的营销才能取得良好的效益。集团在产品做优的同时，多项举措不断开拓经营。

一是积极拓展市场，不断完善销售网络，充分发挥驻外地办事处的作用。集团开发优钢等新产品后，销售部门迅速跟进，积极开拓新的用户。2011 年，优线销售全面启动，集团进一步开拓了武汉、合肥、长沙市场。2012 年，销售处创新销售模式，扩大直供渠道，新增镇江、扬州、盐城、南通建材办事处。2013 年 6 月 26 日，"中天"牌螺纹钢在浙江舟山大宗商品交易所挂牌上市。2016 年，集团设立重庆办事处，开拓重庆及周边地区优特钢客户。

二是创新营销模式，与经销商结成联销同盟，多种形式调动经销商的积极性。稳定的经销商是中天钢材销售的"主动脉"。集团每年根据各种规格钢材的产量分别与数十家经销商签订联销协议，并每年授予贡献突出的经销商"五星经销商"称号，颁发奖牌。

三是充分开展市场调研，实行灵活的销售政策。2009 年，销售部门针对钢材市场价格波动较大的情况，建立市场动态预警平台，坚持实行"一月三旬"的定价制度，做到准确定位，合理定价。2012 年 7 月 17 日，集团决定成立市场处，加大市场调研、信息搜集及行情趋势分析的力度。

四是每年召开产品推广会，提高产品的市场影响力。2012 年 8 月 20 日，集团在加入中国特钢协会后首次参加上海"2012 国际特殊钢工业展览会"，将 HRB500E（直径 50 毫米）、ER70S—6（直径 0.8 毫米小盘焊线）等产品展出。8～12 月，集团先后在扬州、南通、杭州和常州大酒店举行建筑用材市场拓展会、建筑用钢及优特钢线材推广会、优特钢线、棒材推介会、高强度螺纹钢及优特钢产品推广会。每次产品推广会都取得成效，每年销往杭州区域的优特钢线、棒材达 120 余万吨，常州地区优特钢销售也从零起步增加到年销近百万吨。

五是建立"一站式"营销服务体系。2010 年，集团着力提升营销水平，强化服务理念，健全售后服务。11 月 18 日，集团携手中国知名的专业从事整合营销传播的智业机构——友邦顾问公司，启动系列产品营销全案服务，开创了营销战略合作新局面。

4. 多元化经营，开创新产业

集团在立足钢铁主业的同时，逐步推进投资、航运、建材等产业发展，构建以钢铁为主、多元协同发展的格局。2010年，集团机构改革后，进一步着力开拓新的产业和市场。

2010年4月，集团成立中天钢铁集团（上海）有限公司（简称上海公司），主要销售集团的钢材产品，办理铁矿石、废钢的进口和钢材产品的出口业务，负责集团对外投资业务等。上海公司依托上海经济中心的优势，与一些知名国有及大型民营企业签订了钢材长期联销协议，与众多优质客户强强联合，销售网络辐射江苏、浙江、安徽、福建、重庆等地。2013年6月，集团积极筹备在上海自贸区成立中天钢铁集团贸易及航运公司，并与中化国际、中航国际等大型国企展开合作，加快主业延伸，拓展国际贸易，提升资本运作水平。

2011年5月，中天热电有限公司更名为常州中鼎建材有限公司，集团投资3.75亿元，建设矿渣微粉生产线2条，利用炼铁矿渣生产微粉，设计年产量110万吨。2012年的10月、12月，2条生产线相继投产。2015年改名中天新材并成功挂牌新三板。

2013年4月，集团在邹区镇刘巷村投资兴建中钢农业生态园，规划占地面积600余亩，园区内有果园、菜园、鱼塘、家禽养殖场等，集培训、会议、餐饮、休闲等功能于一体。集团的多元化经营有利于钢铁主业的发展，增加了企业的动力，为集团跨上千亿元台阶作出了贡献。

近年来，集团加强企业管理，深入推进制度建设，推行标准化体系建设，加快智能化、信息化步伐，打造智慧型企业。此外，集团"人才强企十年规划"渐入佳境，一大批年富力强，具有高学历、新思想的年轻中天人通过公推公选，逐渐走上管理岗位，正接过老一辈中天人的接力棒，承担起集团未来20年的发展重任。

21年弹指一挥，白驹过隙。回首这7000多个日日夜夜，集团在困境中涅槃重生，在发展中焕发生机，在挫折中沉着应对，在变革中走向成熟，终成为一家员工1.2万余名，年产钢1100万吨，营业收入突破1000亿元，优特钢占比超60%的全球最大的优特钢棒线材生产基地，成为地方经济发展的支柱。

展望未来，我们将不忘初心，坚持以习近平新时代中国特色社会主义思想为指导，按照党的十九大要求，沿着兴钢之路奋勇前行，为实现钢铁强国梦做出应有的贡献。

十五载砥砺奋进　谱新篇动能释放

——日钢集团聚力打造全球特色板材制造基地

日照钢铁控股集团有限公司

在改革开放四十周年之际，2003 年 9 月建成投产的大型民营钢铁企业日照钢铁控股集团有限公司（简称日钢集团）也迎来了投产十五周年纪念。15 年来，日钢集团见证过中国钢铁行业百花竞放的"春天"，也经历了金融危机、行业严冬的残酷洗礼，十五载砥砺奋进，日钢集团走出了一条具有鲜明日钢特色的民营钢企发展之路。

15 年来，日钢集团累计产钢 16188 万吨，实现销售收入 5659 亿元，上缴税金 565 亿元（含海关税 292 亿元）。目前，日钢集团已经成为中国 500 强企业之一，产能规模达 1500 万吨，拥有正式职工约 15000 名。

一、基本情况

日钢集团坐落于日照市岚山区，依海临港，区位优势显著，海陆交通便利。主营产品包括板材（热轧卷板、冷成型卷板、开平及纵切定尺板、酸洗板、镀锌板）、型钢、棒材、线材等，副产品包括水泥、钢渣微粉、水渣微粉等。其中，精品板材占钢材总产量的 80% 以上。依靠独家引进的 ESP 生产技术，集团可批量轧制（0.6～6.0）毫米×（900～1600）毫米规格的热轧极薄板。其中，1.0 毫米以下规格及其镀锌等深加工产品，为全球稀缺产品。目前，ESP 产品现已通过了 TS 16949 汽车行业质量体系认证；船板钢通过了九国船级社认证；型钢产品、常规热轧板卷通过了欧盟、韩国、澳大利亚、东南亚等多国认证及 API Q1 体系认证；型钢、棒材产品获得"实物质量达国际先进水平金杯奖"。产品畅销全国并出口到世界 70 多个国家和地区。

近年来，面对复杂的全球经济形势，日钢集团深入推进企业转型升级，在低迷的经济形势下保持了强劲的发展态势。2017 年，实现销售收入 651 亿元，同比增长 62.8%；净利润 71 亿元，同比增长 606.5%；上缴税金 36.4 亿元，同比增长 200.4%。累计出口钢材 463.6 万吨，同比增长 2.9%；出口额 25.5 亿美元，同比增长 39%，出口额居国内第二。

凭借卓越的发展业绩，日钢集团斩获殊荣无数。被评为"全国两化融合典范企业""全国科技创新质量管理先进单位""全国质量和服务诚信优秀企业"，被工信部列入 2017 年度工业强基工程轻量化精密成形件产业链示范企业；被国家标准委和国家发改委列为钢铁行业循环经济标准示范单位，是全国唯一入围的钢铁企业；是山东省唯一且连续两年稳居全国钢铁企业竞争力第一梯队的钢铁企业；日钢集团 ESP 生产线连续两年被写入"中国钢铁行业十大事件"；ESP 生产线被列为山东省首批智能制造试点示范项目，ESP 薄规格产品被列入山东省 2017 年第一批重点新产品（技术）推广目录。

二、主要发展历程

（一）艰苦创业，"日钢速度"一鸣惊人

2003 年，已经在中国焊管行业占据半壁江山的杜双华，计划将其事业版图拓展到上游钢铁冶炼领域，并在考察了中国十数个城市后，择定拥有天然良港的日照。直到 2005 年国家《钢铁产业发展政策》出台后，大型钢铁企业沿海沿江布局才成为调整方向。富有远见的择址，让日钢集团占尽区位优势。

于一片虾池滩涂之上，日钢集团开始播种钢铁梦想。2003 年 3 月 31 日，日钢集团举行了工程开工奠基仪式，正式拉开了日钢集团建设大会战的序幕。创业伊始，各种困难接踵而至：桩基浇筑遇地下暗河、日照地区 30 年不遇的大雪、肆虐全国的 SARS（非典型性肺炎）、47 场连阴雨……重重考验之下，日钢集团的建设者们迎难而上，经过 181 个日日夜夜的艰苦奋斗，顺利出铁产钢，创造了中国冶金建设史上的奇迹，被有关领导和社会各界誉为"日钢速度"。建设过程中总结出的"客观面前讲主观，困难面前讲办法，艰苦面前讲奉献"的日钢精神，和"与时俱进、认真求实、团结协作、快乐炼钢"的企业理念，也成了日钢集团最为鲜明的文化底色。

（二）抢抓机遇，提效增量争分夺秒

乘着行业高速发展的东风，日钢集团火力全开，抓住宝贵的历史机遇期，进入了持续四年的稳定、高速增长阶段：

2004 年完成钢产量 107 万吨，实现销售收入 25 亿元；

2005 年完成钢产量 227 万吨，实现销售收入 63 亿元；

2006 年完成钢产量 355 万吨，全国排名第 33 位，实现销售收入 110 亿元，在全国 500

强企业中排名第 371 位；

2007 年完成钢产量 775 万吨，全国排名第 15 位，实现销售收入 286 亿元。

短短四年时间，日钢集团的产量翻了 7 番，销售收入翻了 10 番，企业体量、综合实力呈现爆发式增长。这既得益于行业发展的黄金机遇期，也离不开企业掌舵者对大形势的敏锐判断。由中国企业联合会、中国企业家协会发布的 2007 年"中国企业 500 强"榜单上，日钢集团如同一颗璀璨新星，以营业收入 1103290 万元业绩位居第 336 位。自此之后，日钢集团在每年的 500 强名单中都没有缺席。

伴随着产量、效益逐年翻番式的增长，日钢集团也同步采取措施应对企业高速成长的各种"不适症状"。"能者上、平者让、庸者下"的日钢特色用人机制，奖金、福利房等各项发展成果分享政策都在这个阶段逐步形成，对于增强企业凝聚力，保证企业长远、可持续发展有着重要意义。另外，为了克服懈怠、懒散、腐化、自大等不良习气，日钢集团自上而下开展了持续、深入的整风运动，严肃了工作纪律，重拾创业时期的精气儿与干劲儿，形成了独具日钢特色的"执行力"文化。

（三）危机来袭，"稳"字当先打赢硬仗

2008 年 9 月，全球金融危机对实体经济产生了巨大影响，经济增速明显放缓，钢铁市场大幅下降，钢铁产品出口量大幅减少，由于国内房地产、造船、汽车等众多实体经济产业受影响，导致钢铁需求量急剧下降，国内市场钢材综合价格甚至低于 1994 年的钢产品价格，回落幅度达 40%。行业利润在 2008 年 9 月下降了 72.9%，钢企全线亏损。

刚刚成立四年多的日钢集团，也受到了此次金融危机的冲击。成本上涨、资金吃紧、市场需求不振；产品销售出去不赚反赔，可停产赔钱更甚。

日钢集团在危机面前及时转变经营模式，积极应对，防控风险，提出了"剩者为王"的总体思路，指出危机既是挑战，也是机遇，大浪淘沙之下存活下来的钢企，将迎来更加广阔的发展空间。围绕这样的指导思想，企业采取了一系列具体措施，狠练内功完善自我，抢抓机遇拓市场，挖潜增效降成本。同时，教育和引领广大员工困难面前树立信心，正视困难，立足本职，提升素质。

在全员一心的负重前行下，日钢集团迅速摆脱了金融危机阴影，从 2008 年底单月亏损 8 亿元，到 2009 年 2 月，在同行业率先实现扭亏为盈。到 2009 年底，完成销售收入 355 亿元，上缴税金 31 亿元，实现利润 43 亿元，在中国企业 500 强中排名第 120 位，中国制造业 500 强中排第 55 位，中国民营企业 500 强中排第 4 位。

（四）三年重组，增速放缓认清自我

2008 年底，在国家钢铁企业沿海化产业布局政策和构建山东半岛蓝色经济区的战略要求下，日钢集团开始了为期三年的重组、评估历程。

配合重组、评估工作，成了一段时期内日钢集团的工作重心。三年重组之路从另一种角度，带给了日钢集团收获：日钢集团充分摸清了自己的"底子"，系统、深入地对自有先进技术进行了总结和发掘，进一步掌握了同行业钢厂的现实水平，准确把握了自己在中国钢铁行业中的位置，找到了自身的优势和核心竞争力，也发现了短板与不足，为日后更好、更快发展，打下了良好基础。

（五）由大到强，转型升级没有终点

自 2009 年步入千万吨级钢企行列开始，日钢集团就已经有意识的开始尝试跳出片面追求规模、体量增长的窠臼，转而谋求竞争力、创效能力的提升，开始从生产经营和企业管理的方方面面入手，致力于企业由大到强的成长。

2011 年，公司迈出管理创新的关键一步，受托管理五矿营钢公司。在派驻管理团队的工作下，短短数月五矿营钢就从巨亏转为盈利。经此一"役"，日钢管理团队一"战"成名。

2012 年是钢铁行业形势异常艰难的一年，也是业内企业出现分水岭的一年，一些企业在逆境中重生，也有一些企业走向衰落。这一年，日钢集团一方面通过内部管理团队的交替探寻职业经理人模式；另一方面对标业内标杆企业在成本、库存、营销模式等方面寻求创新发展。

2013 年，是日钢集团的"企业形象提升年"。这一年，日钢集团将环保工作提高到和安全、生产、销售同等的高度上来，把环保工作作为一把手工程来抓。远学柳钢，近学唐钢，吸收借鉴行业先进经验，在抓生产、抓销售的同时，必须体现企业的"公民"担当。公司将每周六定为"环保活动日"，由公司高层领导带队，各单位一把手参加，梳理一周环保工作，开展集中办公、现场检查，扎实推进公司环保整治工作。经过对环保工作前所未有的重视，公司各项环保综合治理工作有序开展，治理难题、攻关困局逐渐得到解决，现场环境出现明显好转，员工作业环境持续改善。生产经营上，企业提出了"转三圈"的目标，进一步对原有管控系统进行升级改造，加强信息资源的集中共享及业务处理执行化水平。日钢集团集中管控中心项目总投资 3.3 亿元，主要包括管控大厅、生产物流系统、数字沙盘、视频监控等 11 个子项目。该项目目标是建设成为当时国内冶金行业最先进的

指挥调度和监控中心，集生产、能源、物流运输、安防、计量等业务板块于一体，增强各类业务的计划性和统筹性，更好的服务于生产经营，提升公司现代化管理水平。

2013 年，ESP 产线破土动工，吹响了日钢集团产线升级、产品结构调整的号角。与此同时，围绕杜总提出的"一年转思想，两年上轨道，三年试运行，五年见成效，十年达到世界钢铁行业先进管理水平"的宏伟目标，日钢集团开展了一系列大刀阔斧、魄力十足的改革工作。日钢集团第二个十年的宏伟蓝图已经铺就。

2014 年，日钢集团规划历时 29 个月的管理咨询和信息化项目正式拉开帷幕，在管理层面对标世界一流钢企，确保企业软实力与国际一流产线 ESP 相匹配。

到 2016 年，ESP 产量、薄规格比例节节攀升、产品质量合格率超越预期目标；管理咨询成效日趋显现；信息化系统上线……日钢集团的转型升级之路取得了阶段性的成效。

2017 年，ESP 在国内外市场彻底打开局面。产品重点发展高品级钢种，以汽车结构钢、高强汽车钢、厚规格厚锌层高强度镀锌、热水器用钢、耐候钢、低碳软钢等钢种为代表。薄规格高碳钢、厚规格厚锌层高强度镀锌优势明显，填补了国内市场空白。企业的管理团队也在这一年得到了进一步的壮大——日钢集团从宝武集团等钢铁企业引进高端人才，为公司现代化管理之路奠定人才基础。

三、主要发展成就

（一）低品质矿高效炼铁技术获评省级科技成果

炉料质量是高炉冶炼的基础，而品位是含铁炉料的质量核心。不论是业内的多年实践经验还是冶金专业教科书都曾指出，焦比和产量的数值影响要高于品位变化，降低品位不但占不了便宜，反而要吃亏。

随着海外精品矿价格的高涨，日钢集团开始重新审视这一业内"常识"，并大胆提出疑问——低品位矿到底能否替代高品位"精矿"，成为更具成本优势的"经矿"（经济适用矿）？2005 年，"低品质矿高效炼铁"成了日钢集团的研究课题。

通过多年的研究、实践，低品质矿高效炼铁技术基本成熟，日钢集团通过优化操作和提升铁前系统技术、管理水平，充分提高高炉对原燃料的适应能力，兼顾顺行和低耗，在"经济矿冶炼"条件下实现了高炉"先进指标"。这是一项囊括球团、烧结、炼铁生产的综合技术，以研究"经济用矿，改善炼铁指标"为方向，追求炼铁低成本，降低工序能耗，发展循环经济。该技术包括"褐铁矿烧结和高炉冶炼技术、高铝铁矿烧结和高炉冶炼技术、大渣量高煤比低燃料比冶炼技术"等九项核心内容。

该技术不仅为日钢集团带来巨大经济效益，更解决了一直困扰国内钢铁企业关于褐铁矿、高铝铁矿使用的重大课题，为我国低品质铁矿利用开辟出了一条新途径。据专家论证，采用此技术，可以大大减少对国外高品质铁矿石进口的依赖程度，经济效益也会为此大幅度提高，对于推动整个钢铁产业的结构调整和技术进步具有非常重要的带动及促进作用。

2010 年，低品质矿高效炼铁新技术通过省级科技成果鉴定。同年 12 月 23 日、25 日，《中国冶金报》分两期整版报道推广了该项技术，中央二套节目也做了专题报道，在业内外引起强烈反响。

（二）提质增效，人均千吨钢目标实现

随着国家供给侧结构性改革推进、国内经济增长方式深度调整、《新环保法》实施后带来的高投入和利润空间压缩，行业形势发生剧烈变化，钢企竞争日趋激烈。如何加快转型发展、优化资源配置、挖潜增效，是新常态下钢铁企业必须面对的课题。

日钢集团生产系统采取"以年盘为中心"的中长期产能结构布局，梳理瓶颈环节，时时更新，为公司战略配套方案实施及预算推动提供支持，打造可信赖、有效率的"供、产、销、质、运"一体化协同体（发挥引领作用，保证公司生产经营高效有序）。根据年季布局以"月盘为中心"围绕 Fe 素流、能源流（C 素流）、库存（现金流）和设备功能状态，以"三流一态"高效生产组织模式管控实现了订单如期、如质、如量满足客户（市场）需求、增进公司整体生产力及协助降低成本之目标。

与此同时，在人力资源配置方面，日钢集团坚持集中一贯制管理原则，对组织机构进行"转、并、合、撤"，实现机构精简、岗位优化；根据工艺流程、工序以及生产线，按照"前后工序结合、工序服从、横向协作"的原则，对原有组织流程进行重新分配；通过合理调配、薪资绩效牵引等方法，有效提升了劳动效率。

通过以上举措，日钢集团 2017 年铁成本为行业排名第 21 位，铁成本较行业平均铁成本低 34 元，劳动效率年均增幅在 10% 以上，劳动效率连续两年突破 1000 吨/人。

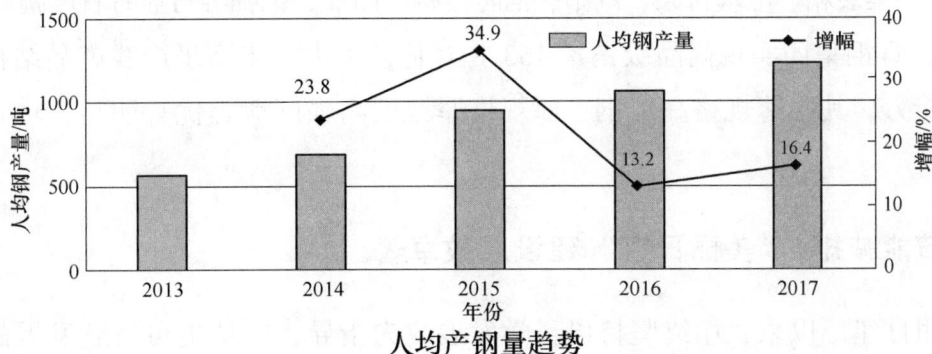

人均产钢量趋势

（三）敢为人先，ESP 掀起第三次钢铁工业技术革命

连续化是实现钢铁制造流程简约、高效的重要途径。20 世纪 70 年代世界第一次能源危机之后，钢铁工业面临各方面的结构调整，在推进钢铁企业大型化、全球化的同时，钢铁工业迫切需要新的工艺和装备，改变传统生产流程，实现"连续化"。在此背景下，薄板坯连铸连轧技术应运而生。

第一代的单坯轧制、第二代的半无头轧制，虽然在一定程度上提高了这种"连续化"，但并未实现真正意义上的全无头连续轧制，这种堪称"质变"性的技术革命，可谓让几代钢铁人魂牵梦萦。

直到 ESP 技术问世，世界薄板坯连铸连轧技术终于进入了无头轧制阶段——世界首台薄板坯无头轧制带钢生产线建在意大利阿维迪厂，是在该厂长达 20 年 ISP 生产线丰富生产实践经验基础上发展而成的，名为 ESP。

2013 年，全国钢铁行业面临去产能"阵痛"之前，日钢集团早早抢占先机，决定引进 ESP 生产线，并集中优势人才前往意大利学习，投产后经过一年多的反复调试、修改、再调试，终于让这一全球顶尖技术在中国日照落地生根。

ESP 技术可实现 7 分钟内从钢水到卷取机上热轧卷的全连续生产，是目前世界上最先进的轧钢工艺技术，被誉为继氧气转炉炼钢、连续铸钢之后的第三次钢铁工业技术革命。该技术可生产（0.6~6.0）毫米×（900~1600）毫米规格的热轧板，其中 0.6~1.2 毫米热轧极薄板属于国际一流产品。其工艺技术和能耗指标等相关技术特性在行业内处于先进水平，与目前国内生产工艺对比，生产效率提高 50%；能耗降低 50%~70%，碳排放减少 30%，水耗降低 60%~80%；成本降低 40%；占地面积减少 2/3；效益显著，较传统薄规格钢增值 6%~13%，低合金高强度钢可增值 16%~24%。

日钢集团 ESP 产品重点发展高品级钢种，以汽车结构钢、高强汽车钢、厚规格厚锌层高强度镀锌、热水器用钢、耐候钢、低碳软钢等钢种为代表，在普通家电、汽车结构件、热水器、压缩机、集装箱、电缆桥架、汽车、消防器材、门业、钢桶等行业有着广阔的市场前景。

2017 年，日钢集团实现高品级销量 153.8 万吨，极大的丰富了产线产品结构，提高了产线的盈利能力。其中薄规格高碳钢、厚规格厚锌层高强度镀锌优势明显，填补了国内市场空白。

（四）节能减排，"美丽日钢"建设成效卓著

日钢集团自建厂以来，始终坚持以科学发展观为指导，坚持走可持续发展的新型工业

化道路，把环境保护、节能减排提高到关系企业生存和促进社会和谐发展的高度，按照"减量化、资源化、再利用"的原则，采用国际、国内钢铁业最先进技术，控制污染排放，减少能源消耗，努力建设资源节约型和环境友好型的绿色钢铁企业，取得了较好的经济效益和社会效益。

日钢集团现已累计投资 50 亿元建成了脱硫、脱硝、除尘、污水处理等系列环保设施，达到国家清洁生产一级标准。污染物排放均达到最严格的标准要求，排名位居中钢协前列。累计投资 40 多亿元建成余热发电、高炉煤气发电、TRT 发电、水渣超细粉、钢渣超细粉、固废综合利用等全套循环经济项目，是 2017 年国家发改委和标准委列入"循环经济标准示范单位"的唯一钢铁企业。多项环保项目被评为"山东省环境保护示范工程"，获得"环境保护科学技术奖""循环经济调研示范基地""节能中国优秀示范单位""山东省低碳环保与科技创新品牌企业"等荣誉称号。

日钢集团早在 2006 年就通过了环境管理体系审核，形成了公司—生产分厂—车间—班组四级环境管理网络，环保管理实行行政一把手负责制。成立公司环境保护委员会，为最高环保决策机构。

日钢集团已建成山东省钢铁行业第一套环境管理信息化系统，对全厂污染源排放实行自动联网监控；配置气相色谱仪、原子吸收分光光度计、自动烟（尘）气测试仪、红外测油仪、哈希水质实验室、噪声计等先进的检测设备，开展水、气、噪声等监测，为公司环保管理提出一手数据支撑。另外，按照配套安装废气和水质污染源在线监测系统，与环保部门联网，数据实时传输，达标运行。

通过在烧结、球团、炼铁、炼钢、轧钢等各工序均配套建设高效废气治理系统，日钢集团已全面实现废气综合治理、达标排放，并向超低排放水平迈进。2018 年 6 月，总投资 17900 万元的 600 平方米（14 号）烧结机烟气脱硝、减白、脱硫提效工程正式动工，是国内最早、最大的烧结机超低排放改造工程；无人化、智能化、绿色化的膜结构机械化焦场封闭工程也已开始建设，总投资 4 亿元，总封闭宽度 353 米，长度 687 米，棚化总面积 242511 平方米，是冶金行业单体跨度国内第一、封闭面积国内第一的封闭料场，为钢铁行业料场封闭环境改善的标志性工程。

水处理方面，日钢集团建有日产 5 万立方米的综合污水处理厂和日产 1800 立方米的生活污水处理站，在炼铁、炼钢、轧材等生产工序均建有独立的水循环处理系统，所有处理后废水回用生产。

日钢集团始终坚持"放错地方的资源"的理念，开发、利用铁素资源，形成一整套完整的固废综合利用体系。与钢研总院共同研发，使用自主知识产权，建成 2×20 万吨/年转底炉生产线，实现锌、铁、碳等资源的 100% 综合回收利用；利用炼钢污泥、除尘灰、氧化铁皮等含铁元素的废弃物，生产冷固球团，回用炼钢生产，实现转炉厂区内铁素资源的 100% 循环利用；建成一条氯化钾提取生产线和一条蒸发结晶生产线，机头灰 100% 提纯利用；高炉水渣、钢渣，加工成水泥原料、添加剂，是国家鼓励发展的新型建筑材料，日钢集团具备年生产 480 万吨矿渣水泥的能力。

日钢集团积极探索节能与能源综合利用途径，最大限度的回收可利用能源。配备有高炉煤气发电、TRT 发电、转炉余热发电、烧结余热发电、转底炉余热发电设备，并积极推行"炼钢全连铸、钢坯全热送、轧钢全一火成材、提高高炉喷煤量"等清洁生产工艺，各项节能、减排指标均达到国内领先水平。日钢集团每年与日照市政府签订节能目标责任书并全面完成。"十一五"期间，节能目标为 17.61 万吨标煤，实际完成 66.41 万吨标煤，超额完成 48.8 万吨标煤。"十二五"期间，节能目标 79.87 万吨标煤，实际完成 80.11 万吨标煤，超额完成 0.24 万吨标煤，为地方节能做出了突出贡献。

绿水青山就是金山银山。日钢集团以"美丽日照、生态日照"建设为己任，将持续发挥技术优势、管理优势和区位优势，坚持科技创新，加大环保投入，狠抓节能减排，不断优化资源配置，努力建设成为科技制造、绿色制造、高端制造、智能制造、品牌制造的钢铁强企，让日照的天更蓝、地更绿、水更清、环境更美。

（五）鼎力公益慈善，分享企业发展成果

日钢集团成立十五年的另一项发展成就，就是积极与社会分享发展成果，以实际行动担当起一个民营钢企的社会责任，为构建和谐社会、和谐企业做出了积极贡献。截至 2017 年底，日钢集团各类公益捐款数额已超 8.6 亿元。

1. 抗震救灾　勇担社会责任

日钢集团积极投身抗震救灾慈善事业中，在汶川地震、青海玉树地震、甘肃舟曲泥石流、甘肃岷县、嶂县地震救灾活动中，倾情奉献义助灾民，在灾难中挺起了民族企业的钢铁脊梁，以实际行动展现了企业强烈的社会责任意识。

汶川地震期间，日钢集团倾尽大量人力物力，支持灾区 712 名孤困儿童的转移安置和四川双流"安康家园"项目建设，并持续资助抚养这些孩子直至完成最高学业，成为中国儿基会成立 30 年来一次性投入最大、时间跨度最长、救助孩子最多的项目。

2. 扶危济困　帮助弱势群体

向驻地周边村 60 岁以上老人、大学生发放养老金、助学金，是日钢集团坚持多年的一项公益事业，也是日钢集团践行企地共建协议、履行企业社会责任的重要体现。自 2006

年以来，已发放养老金、助学金近 1900 万元。

日钢集团还积极开展送温暖活动，对周边村特困家庭，特别是重大疾病或伤残户、孤寡老人、五保户、烈军属等家庭定期走访。

另外，日钢集团还积极参与到驻地社区公益设施建设、中国光彩会西部扶贫帮扶活动等大型扶贫济困活动中来，并多次向日照市慈善总会公益基金、山东省残疾人福利基金会、山东省慈善总会扶贫基金等公益基金捐资。

3. 慷慨捐资　支持教育、医疗事业

日钢集团高度重视教育、医疗事业的发展。自建厂以来，日钢集团不仅多次向地方学校、中国高等院校捐资，还为驻地村建起了希望小学。

2007 年，日钢集团向中国医药卫生事业发展基金会捐款 1 亿元，用于医疗救助。目前，该基金会救助的困难地区受益人口已达 5000 多万人。

另外，日钢集团还先后向上海增爱基金会、中国儿童少年基金会救助贫血儿童计划项目等公益基金、公益项目捐资。

日钢集团对社会公益事业一如既往地支持与关注，赢得了社会各界的广泛认可和高度赞誉。企业多次荣获"中华慈善奖""中国儿童慈善奖""公益明星企业"等荣誉。

四、主要特点和经验

（一）日钢特色的"执行力"文化

自 2003 年建厂，到 2006 年进入中国企业 500 强，再到 2016 年被 MPI 评选为中国钢铁企业"竞争力极强企业"，短短 15 年的时间，日钢集团的综合实力及竞争力取得了长足进步。熟悉日钢集团的人都不会否认，企业 15 年的发展历程处处闪耀执行力文化的光彩。

所谓执行力，就是不折不扣地执行企业管理目标，不管遇到什么困难，都要实现既定目标。2003 年 3 月 31 日，日钢集团举行开工奠基仪式，同年 9 月 28 日，日钢集团顺利投产，181 天的建成投产过程刷新了当时冶金历史的纪录，这得益于企业对团队执行力的高度重视。

在与时间赛跑的 181 天里，日钢集团遇到了雨雪、非典等天灾，但是在 9.28 后墙不倒的建设目标面前，创业者们勠力同心，迎难而上，最终创造了"日钢速度"的冶金奇迹，这自然与独特的管理是分不开的。在管理者看来，各项工作能否落实到位、能否顺利完成是用心不用心的问题，要求"做事情不能尽力而为，必须全力以赴"，相信"只有想不到，没有做不到""办法总比困难多"。正是在领导者对执行力意识的严格要求，日钢

集团在"日钢速度"执行力文化的熏陶下，在创业时期持续保持稳定的发展定力，并逐渐在民营企业中崭露头角。而日钢倡导的"客观面前讲主观，困难面前讲办法，艰苦面前讲奉献"三讲精神正是这一信条的有力概括，也成为日钢执行力文化常开不败的精神支柱。

"只看结果不看过程讲求实效，既看结果又看过程注重质量"是2003年在虎山指挥部会议室里的一副对联，也是悬挂在日钢集团中心会议室上已经十余年的一句标语。日钢集团追求的执行效果是保质保量，不折不扣，层层落实。为培养这种执行力，企业特地购买一批以美国西点军校200年来最重要的行为准则"没有任何借口"为题的书籍《没有任何借口》，要求中层以上干部必须人手一本进行学习。这本书体现的是一种负责、敬业的精神，一种服从、诚实的态度，一种完美的执行能力。日钢集团强化执行力绝不止于口头表达，而是表现在决策上、行动上，表现在让员工感受得到的醒悟上。以此来带动广大员工牢记使命，奋勇争先，形成独特执行力文化。

（二）坚持装备升级和管理转型双轮驱动

日钢集团这15年，经历过行业形势一片大好的"春天"，也经历过多重危机叠加的行业"严冬"。不论行业发展形势如何，始终能保持着优秀的盈利能力和极强的竞争力，究其原因，就在于一个"变"字——永不故步自封，永远扣准时代脉搏，勇于变革求新。而这变的核心，就是坚持装备升级和管理转型双轮驱动。

"工欲善其事，必先利其器"，装备革新贯穿着日钢集团的各个发展阶段，尤其轧线的更新最为直观。从最早的热轧产线和线材产线，到主动上新H型钢产线；再到后期主动缩减高线产能，更新ESP、X-H型钢轧线、酸洗镀锌产线，装备的自动化程度、生产效率、差异化竞争优势始终保持前列。

如果说装备升级让日钢集团利剑在手，那么管理转型则是对持剑人自身硬功夫的锤炼。实际上，越是高端的装备，越是离不开优质的管理支撑。首条ESP产线在阿维迪公司试验成功，不仅是其装备制造能力的创新，更是它20年ISP生产线的管理经验的结晶。

为了确保十年发展战略的顺利达成，早日迈入世界钢铁强企之林，日钢集团多次到国内外先进钢企考察调研，最后择定台湾中钢为学习对象。2014年8月8日，日钢集团历史上时间跨度最大——规划历时29个月的管理咨询和信息化项目正式拉开帷幕，也标志着企业正式掀起了推动管理升级的改革大潮。管理咨询和信息化项目的启动不仅仅是日钢朝着信息化方向所作出的一次重要努力，更是涉及管理体制层面上的一次重大变革。

（三）以信息化为管理抓手

日钢集团从 2006 年就开启了大规模信息化项目建设。十年多来，信息化建设始终以适应集团发展战略和满足需求为根本，在信息化方面先后投资 5 亿元，不断对信息系统进行完善和升级改造。

2013 年，在引进世界先进钢铁企业的管理制度与管理思想的同时，日钢集团以信息化作为管理提升的抓手，规划建设完整、高效及冶金企业专属的信息系统，助推日钢转型升级。

借助信息化管理平台，企业运营管理发生了翻天覆地的变化。日钢集团搭建了以财务为中心、面向客户以订单为主轴的覆盖 6M 业务领域的信息系统，日钢整体信息化系统由 213 个功能模块组成。其中，产、销、质、运信息系统就像人的大脑神经中枢，按照客户需求，在订单驱动下把销、产、质、运等各环节有机协同作业，破除了部门鸿沟，确保客户所需的产品保质保量按期交付。销售电子商务系统支持客户自助下单，系统自动把客户的需求转换为生产指令下发到生产线自动化系统，支撑按照客户个性化需求定制生产，面向订单驱动产、销、质、运等部门一体化高效协同组织生产。对日钢内部而言实现精益制造，对外部客户而言实现敏捷制造。在与客户连接方面，通过销售电子商务系统，实现订单追踪和全程追溯功能，客户可实时跟踪订单状态，实现工厂的透明化，提高了客户服务能力。确保了 ESP 及配套项目投产后很快便达产达效。

随着云计算、大数据、移动互联网、物联网等信息技术的迅猛发展，"工业互联网"让传统工业增加信息化发展新动能，日钢把发展"智能装备、智能物流、智能互联、智能生产、智能决策分析、智慧安防"6 个方面作为重点主攻方向，打造智能制造工厂，使日钢从"制造"向"智造"转型，推动日钢集团迈入世界一流的先进钢铁企业行列。

（四）充分发挥党建工作的引领带动作用

日钢集团自建厂初期就成立了各级党组织，并在企业初创、扩张、改革、转型的各个阶段都发挥了重要的引领带动作用。为此，日钢曾多次荣获"山东省非公有制经济组织党建工作先进单位""日照市基层党建工作示范基地"等荣誉称号。

15 年的摸索、实践、总结，日钢集团党建工作逐步形成了"一条主线、两个作用、三个服务、四个目标、五大工程"的工作法。一条主线：坚持"融入中心抓党建，抓好党建促发展"的总体思路；两个作用：切实发挥政治核心作用和政治引领作用；三个服务：服务员工，服务企业，服务社会；四个目标：团结凝聚职工，服务中心工作，引领科学发展，促进和谐稳定；五大工程：基础工程、素质工程、堡垒工程、民生工程、文化工程。

新的历史时期，日钢集团党委以习近平新时代中国特色社会主义思想为指导，深入贯彻十九大精神，牢固树立四个意识，落实党委主体责任和书记第一责任，坚持"融入中心抓党建，抓好党建促发展"的工作思路，紧扣企业生产经营和改革发展主线，围绕企业和员工需求，实行"一二三四五"工作法，创建了"适合企业和谐稳定发展、持续提高盈利能力，不断提高职工幸福指数，具有日钢特色的党建"工作模式，促进了企业和谐稳定发展。

五、未来发展规划

面向未来，日钢集团将充分利用自身优势，抓住新旧动能转换重大机遇，有效整合内外部资源，大力发展循环经济，高效利用资源能源，加大环保及环境整治，实现企业可持续、发展企稳向好。

（一）总体规划

在做精现有产品的基础上，加快产品品牌建设，重点打造"以热代冷、超薄高强"ESP 品牌和"规格齐全、绿色耐用的型钢品牌"，培育特色产品，走差异化发展道路；通过标准化管理和内部运营改善，五年达到世界先进管理水平；打造人才竞争优势，培育与企业共同发展的员工队伍；融入山东省钢铁产业布局，响应新旧动能转换，统筹规划日钢未来的工艺装备设施，增强企业竞争力。最终将公司打造成为备受尊敬的最具有投资价值、最具有国际竞争力的现代化钢铁企业。

（二）目标分解

1. 产能置换，装备全线升级

实现冶炼装备大型化，置换建设 3000 立方米以上大高炉、200 吨以上转炉，提高球团矿应用比例，建设 200 万吨焦化生产线等配套项目。

2. 创新驱动，优化产品结构

打造全球特色板材制造中心。新建两条 ESP 生产线，着力打造国内一流的超薄、高强热轧结构钢及高端冷轧基料的供应基地；2150、1580 带钢生产线与 ESP 产品实现优势互补，满足各行业用户的差异化、个性化需求，全面提升板带产品竞争力。

打造全系列精品绿色 H 型钢基地。在现有大 H 型钢、小 H 型钢生产线基础上，建设中 H 型钢生产线，为海洋工程、绿色装配式钢结构、重大桥梁工程提供全系列优质结构钢。

实施后日钢绿色产品占比 100%；独有产品占比 70%；领先产品占比 60%；超薄规格（不大于 2.0 毫米）板材产品占比超过 50%。

3. 绿色发展，实现超低排放

通过国家级绿色工厂认证；吨钢综合能耗小于 530 千克标准煤，保持行业领先水平；碳排放符合逐年减排要求，无须购买碳排放权。

生产全过程实现超低排放、资源消耗达标、固废利用率达 100%。颗粒物、二氧化硫、氮氧化物三项主要污染物排放浓度将达到每立方米 10 毫克、35 毫克、50 毫克的超低排放水平；各类污染源全面达到 2020 年《山东省区域性大气污染物综合排放标准》（DB 37/2376—2013）排放浓度限值，在全国同行业处于领先水平。

（三）具体举措

1. 重视特色产品营销战略　拓宽市场渠道　确保高端份额

结合产品结构及市场需求，培植以热代冷、汽车用钢、耐候钢、花纹板、镀锌产品、管线钢、焊丝焊线、型钢低合金等具有批量及产品质量稳定优势的百万吨级及薄强汽车结构用钢、电工钢、压缩机用酸洗钢、RH 软钢产品、钢桩、U 型钢板桩等 50 万吨级特色品种钢，提升公司产品品牌形象。

坚持以市场为中心，结合日钢的产品特点，加强市场研判，面对变幻莫测的市场环境，注意风险的预判，不断优化创新营销机制。完善市场信息快速反应机制，发挥日钢区位优势、物流公司和各区域销售公司的高效联动，将客户服务放在第一位，把依海临港、交通便捷的区位优势转化为经营亮点，打造了具备行业内领先水准的高效服务模式。

适应钢铁行业流动模式的变化，增加柔性定制功能。利用 ESP 的智能排程功能，订单模式由过去的小批次、大批量转换为多批次、小批量的模式。

2. 重视科技创新驱动　提升技术水平　提速动能转换

（1）以技术创新驱动转型升级。公司从成立伊始就高度重视技术创新体系的建立和人才队伍的培养，加强品种开发，优化生产工艺。今年来钢铁企业发展面临去产能、环保严查、产业聚集等方面困境，公司抓住机遇，斥资 330 亿元进行技术创新，效益实现逆势增长。

引领绿色建筑，打造品种最全的型钢制造基地。H 型钢是国家重点推广的十项技术进步产品之一，结构自重轻，强度高，抗灾能力强。日钢在海洋使用平台/钻井井架用钢、隧道工字钢、铁路接触网支架、外标型钢均具备极强竞争力。

（2）打造专业化程度更高、竞争力更强的 ESP 产线。计划建设 6 条 ESP 生产线，建成之后对 6 条 ESP 生产合理进行分工，在实现高度专业化基础上提升其智能控制水平，使 ESP 产品的竞争力更强。

3. 嵌入"智慧因子"加快新旧动能转换 助推实现公司转型再提速

日钢集团将按照国家及山东省钢铁行业转型升级指导思想和《中国制造 2025》行动纲领要求，坚持以信息化为依托，努力实现装备与管理的深度融合，分释放技术和管理两个层面对企业发展的强力驱动作用，"双轮驱动"助推日钢转型再提速。

充分利用智慧制造等新模式，提高企业适应未来市场竞争的能力。建设 ESP 智能制造试点，采用无人行车、机器人等智能设备，促进智慧升级，打造行业智慧制造的范例。将信息技术进一步融合到客户订单、生产过程、生产成本、环境保护、物流跟踪、质量追溯等企业生产经营管理的各个环节，在现有的信息化系统的基础上，开发适合企业自身的智能化系统，实现全流程信息数据的可追溯。

4. 践行绿色制造，打造环境友好型企业

在经济转向高质量发展阶段的大背景下，追求低碳绿色发展，倡导资源循环利用，是中国钢企共有的社会责任，也是钢铁行业今后的主要发展方向。日钢集团在这方面将采取以下举措：

（1）打造全球长流程钢企中流程最短、布局最优的总图运输方案。在西区从烧结到铁、钢、轧配置的工艺流程，实现吨钢用地面积 0.125 平方米，该用地面积到达最省，用地指标达到国内一流水平，为生产高效、低成本奠定基础。

（2）打造全球唯一的铁烧焦"负能炼铁"的铁厂。高炉炼铁、烧结、焦化 3 个生产工序充分采用一系列节能、环保措施，探索"负能炼铁"途径。

（3）打造全炼钢厂负能炼钢。从采用实现智能工厂技术（如钢包智能调度系统、能源智能管控系统）、采用余热回收新技术（如最大限度回收余热技术、钢包加盖）、采用节能环保技术（如最大限度回收煤气技术、钢包蓄热式烘烤）等，最大限度实现负能炼钢。

（4）打造全球最低综合能耗，最高余能余热发电比例的长流程钢厂。即采用原料封闭、采用烧结环冷工艺、建设煤气回收系统和煤气综合利用系统、建设低温饱和蒸汽补汽式发电机组、配套建设烧结余热发电系统、采用高炉渣显热回收、竖炉等新工艺、建设转炉余热发电、转炉渣余热回收系统等一系列节能环保技术，实现余热余能发电率高于 62%。

（5）打造二次资源100%有价循环利用的钢厂。

（6）打造全球第一个实现超低排放的钢厂。

（7）打造水零排放的钢厂。

（8）打造行业领先、高效环保的散状料专用码头。

十五载岁月峥嵘，黄海之滨的钢铁梦想起步于一片滩涂虾池，如今已然照进现实。如同一粒种子破土萌芽、抽枝散叶，不断向着更高更远的目标生长。当前，日钢集团正按照党的十九大提出高质量发展要求，加快日照先进钢铁制造基地规划的稳步推进，这是山东省委、省政府贯彻习近平新时代中国特色社会主义思想，着眼于加快新旧动能转换、推动高质量发展作出的重大战略决策，也是日钢集团面临的重要历史机遇。日钢集团将积极按照规划要求，继续发挥企业优势，全面提升企业核心竞争力，打造"高、精、特"的日钢品牌，为全省钢铁产业发展和日照先进钢铁制造基地建设做出更大贡献。

改革浪潮中砥砺奋进的天津大无缝

天津钢管集团股份有限公司

2018 年是我国改革开放 40 周年，在壮阔的改革开放东方大潮中，渤海之滨的一座现代化钢城傲然屹立。她诞生于我国改革开放初期，30 年来，她踏着铿锵的脚步挺进了世界钢管领域的前沿，她就是中国能源工业钢管基地——天津钢管集团股份有限公司天津钢管集团，常被人亲切地称为"大无缝"。

伴随着改革开放的浪潮，"大无缝"的诞生和快速发展带领行业迅速崛起，为结束我国长期依赖"洋管"的历史，为石油管材国产化率由 20 世纪 90 年代初的不足 10% 提升到目前的 98% 以上作出了突出贡献。20 多年来，天津钢管集团不忘初心、牢记使命，实现了振兴民族工业、服务能源行业的光荣使命。如今已发展为以钢管研发制造为核心，集国际贸易、设备制造、不锈钢板材、高压气瓶、彩涂板、铜材加工等于一体的综合性企业集团，成为具有国际竞争力的大型无缝钢管生产基地，位居世界钢管行业前三强。

"大无缝"的崛起，加速了我国无缝钢管行业现代化进程，带动了行业发展整体上水平，在造就我国成为无缝钢管第一生产大国的地位，进而改变世界无缝钢管市场格局的光辉历程中发挥了主力军的作用。更为重要的是，改写了"洋管"漫天要价的历史，使我国油田打井成本大幅下降，为我国能源工业的安全发展提供了坚实的保障。

一、企业概况

天津钢管集团的主导产品为能源用管，覆盖了石油化工、海洋工程、军工、电力、专用管等领域。在油井用管领域，国内油井管市场占有率保持在 40%、高端产品达到 70%，具有不可替代的作用；出口 100 多个国家和地区，全球前 50 强的石油公司中，九成以上公司对大无缝的产品给予合格认证，并被多家公司列为指定供货商。在海洋工程用管领域，以产品钢级高、规格范围全、生产和出口总量大等优势在国内企业中名列前茅。产品批量应用到国内外的大型油气输送工程及深海项目。X80Q/X100Q 高钢级海工结构管成功实现国产化，摆脱了长期被国外少数企业垄断的局面，大幅降低了产品售价。在军工领域，是国内为数不多成功通过热轧生产多种大口径供现代潜艇、舰船用高强度钛合金气瓶管的企业，具备多种军工产品生产能力，为海军某部成功生产了耐海水腐蚀钢管、火箭弹弹体用管，并具备生产超高强度火箭弹弹体用管能力。在核电领域，P91、P92率先实现国产化，核电产品率先实现了常规岛用无缝钢管国产化，性能达到国际先进水平。核电管组距范围国内市场占有率60%以上。在专用管领域，先后在三峡大坝、北京鸟巢体育场、上海世博会场馆、冬奥会场馆等国家重点工程项目批量应用。

为落实国家"走出去"战略，天津钢管集团加快国际化发展步伐，国际影响力与日俱增。2007年，与德国西马克·米尔公司联合建设白俄罗斯无缝钢管项目，实现了由技术引进到技术输出的历史性飞跃，创全国钢管行业先例。2009年，海外项目印度尼西亚管加工厂建成投产，为"走出去"积累了实践经验。

2011年8月，美国无缝钢管项目破土动工，成为我国制造业在美国大规模的"绿地"投资项目。产品将覆盖美国和北美、南美及西北非等地区。2014年8月，第一支合格石油套管诞生；11月，首批石油套管下井成功；已获得API会标使用许可证。一期管加工车间已投入生产，二期轧管建设稳步推进。

二、主要发展历程

1. 概述

天津钢管集团股份有限公司地处天津滨海新区，属国家"八五"重点工程。公司始建于1989年6月，1991年8月天津钢管公司成立，1993年进入试生产，1995年12月通过国家工程竣工验收，1996年1月1日正式投产。1999年，公司实现了"债转股"。2006年12月，成立天津钢管集团股份有限公司，英文名称"TIANJIN PIPE（GROUP）CORPORATION"（简称"TPCO"）。集团主要经营范围是：钢管制造及加工，金属制品加工、有色金属材料制造、加工及技术开发、转让、咨询、服务等。经过20多年的不懈努力，天津钢管集团走出了一条"消化、吸收、成长、创新、输出"的自我发展的特色之路，现已成为中国能源工业钢管基地，是国内具有国际竞争实力的无缝钢管企业，跻身世界钢管行业前列。

2. 建厂背景

建设"大无缝"是党和国家的战略决策，目的是"以产顶进"，实现石油管材国产化，保证我国能源工业发展的需要。早在20世纪60年代初，随着大庆油田的崛起，我国甩掉了用"洋油"的帽子。但直到90年代初，石油专用管材90%以上仍依赖进口。实现石油管材国产化，是石油工业发展的迫切需要，也是国家赋予冶金工业战线的重大历史使命。天津市委、市政府抓住历史机遇，顺应发展趋势，果断决策申报无缝钢管工程项目。1984 年 8 月，当时的冶金工业部、石油工业部和天津市联名向国家呈报天津无缝钢管工程项目建议书。1987 年国家批准了项目可行性报告，并列为"八五"重点工程。天津市政府专门成立了天津无缝钢管工程指挥部。

3. 发展历程

在党中央国务院的亲切关怀下，在市委市政府的正确领导下，在方方面面的大力支持下，天津钢管集团肩负使命、负重前行，战胜了一个又一个困难，创造了一个又一个奇迹，抒写了一部大气磅礴、波澜壮阔的创业史诗。

第一阶段，从项目始建到 1999 年"债转股"，是集团艰苦创业、打牢基础的十年。建设期间，老一辈大无缝人与广大参建人员，以建设世界一流现代化工厂的豪情壮志，"吃三睡五干十六"，时间不断、空间占满，夜以继日、苦干攻坚，克服各种预想不到的困难和突如其来的挑战，高速度、高质量地推进工程建设，仅用三年时间就在盐碱地上立起了一座现代化的钢城，并荣获了"中国建筑工程鲁班奖"。项目投产后，边抓质量、边跑市场、边搞认证，不畏艰辛，长途跋涉，迅速打开了市场，成功挺进中原、走向胜利，仅仅两年时间大无缝的产品就在国内油田声名鹊起，进而走出国门、迈向世界。1999 年"债转股"为集团发展奠定了坚实基础。面对无本经营的压力和困境，咬紧牙关、负重前行，争取到了国家"债转股"的政策支持，为公司发展奠定了坚实基础。

第二阶段，从"债转股"以来到 2009 年，是集团抓住机遇、跨越发展的十年。这一阶段，抓住机遇，超前工作。通过持续不断的技术改造，150 吨超高功率电炉由设计年产能力 60 万吨提升到 120 万吨。轧管一套机组突破 100 万吨，是原设计能力的两倍，单机产量实现突破。2002 年，与国外联合研发建设了 PQF 三辊式高精度连轧管机组，代表了当今世界无缝钢管生产工艺技术的先进水平。其他新建项目坚持引进与自主研发、制造相结合，设备国产化率达到 90%。无缝钢管产能由 50 万吨扩大到 350 万吨，实现了"以产顶进"的建厂初衷，保证了我国能源工业快速发展的需要，综合实力跻身世界钢管行业前三强，实现了企业的第一次腾飞。

第三阶段，从 2009 年以来到今后一段时期，将是集团在复杂多变的严峻形势下，谋求新突破、实现第二次腾飞的新阶段。进入新阶段以来，大无缝人坚定信心以进避退，沉着应对国际金融危机等诸多因素带来的严峻挑战。发挥供给侧改革的品种优势，打开市场"扇面"，持续深化科技攻关，形成了以石油套管、油管和管线管、高压锅炉管、高压气瓶管、液压支架管等各类专业管材为主要产品的一大批引领行业发展的科技创新成果，继续保持参与国际竞争的行业主力军地位。

三、品牌建设

无缝钢管作为钢铁行业中的特钢特材被称为钢铁行业的"绣花针"，对国家战略性产业的发展具有重要的价值，尤其是在石油化工、核能核电、海洋工程、军工装备、精密制造等领域，具有很高的技术含量和不可替代的应用价值。

天津钢管集团经过20多年的历史沉淀和长期的探索与实践，在产品冶炼、轧制、热处理等关键技术领域拥有了自己的核心技术，积累了大量宝贵研发、生产经验，培养了一支高素质的人才队伍，造就了一大批经营管理、科技开发和技能操作人才，形成了集团特有的生产技术优势、人力资源优势和管理优势，突显了企业在市场竞争中的优势地位。在行业内，天津钢管集团已树立起"大无缝"品牌形象，并享有较高的声誉。"TPCO"品牌被评为"中国驰名商标"，集团的石油套管是"中国名牌产品"。

天津钢管集团国家级技术中心，拥有雄厚的研发实力和世界一流试验检验装备，能够为全球能源开发所需无缝钢管提供完整的配套解决方案。作为首批全国创新型企业，天津钢管集团致力于高端钢管产品研发生产，形成了具有自主知识产权的 TP 系列无缝钢管产品。在油井用管领域，先后研发出一系列具有自主知识产权的特殊扣、抗腐蚀、高抗挤毁、热采井用管等市场急需产品。其中，8418 米的亚洲第一深井马深一井全井应用 TP 系列超高强度特殊扣套管产品。天津钢管集团是国内首家成功开发钛合金油井管的企业，并在全球首次应用于超深高含硫油气田，管串下井深度 6500 米，创造了钛合金油管使用长度与重量两项世界纪录。截止到 2017 年底，天津钢管集团先后获省部级以上奖项 96 项，其中国家科技进步奖特等奖 1 项、二等奖 6 项，授权专利 302 项，荣获首届天津质量奖和第二届中国质量奖提名奖。目前，正承担国家及省部级重点研发项目 11 项，科研实力处于行业领先地位。

针对石油套管的特殊性和高风险性，大无缝坚持与国际惯例和先进管理模式接轨，按照 API 规范和 ISO 9001 质量保证体系，规范质量管理，推行标准化作业。经过长期不懈的努力，大无缝石油套管实物质量达到国内领先、世界一流水平。大无缝还通过了中国、美国、挪威、英国劳氏船级社等多项认证，壳牌、美孚、道达尔、沙特国家石油公司、BP石油公司等 76 家国际大石油公司和工程公司的第二方认证审核，先后与壳牌、雪佛龙、美孚、泰国国家石油公司等国际知名大油公司签订了长协合同。目前，天津钢管集团是美孚在中国采购管线管、道达尔在中国采购特殊扣油套管不可替代的供应商。国内与中石油、中石化、中海油签订长期合作协议。

TPCO 商标已经在几十个国家和地区获得注册，产品广泛在国内陆地和海上油田、电力等行业使用，并出口到世界 100 多个国家和地区，在国际市场上与众多国家和地区保持着长期稳定的贸易关系。

四、市场地位

1. 国内市场地位

天津钢管集团股份有限公司以实现"以产顶进"为初衷，以石油管材国产化为目标建厂。经过 20 多年的发展，已具备年产 350 万吨无缝钢管能力，产品包括油井管（包括油管、套管及钻杆等）、管线管、高压锅炉管、核电管、工程机械用管、流体输送管等 20 余种。广泛应用于石油化工、海洋工程、军工、能源电力、工程机械及国家重点工程等领域，是中国大规模的无缝管材生产基地。无缝钢管产量连续多年位居全球前列，在产能规模、装备技术、科技质量、人才队伍、体系认证、国际化发展等方面综合实力世界前三。自投产以来，天津钢管集团已累计生产无缝钢管 3840 万吨。其中，石油套管累计生产 1800 余万吨，国内市场占有率稳定在 40%，高端石油套管国内市场占有率稳定在 60% 以上。

油气开采领域，国内率先开发了拥有自主知识产权的 9 大系列、40 多个钢级和扣型、100 余种规格的 TP 系列高端油井管产品，有效解决了以塔里木盆地、川渝高含硫气田为代表的国内非常规油气复杂区块的开采难题，成为用户普遍采用的井身结构设计和产品选择方案，多次刷新亚洲石油套管下井纪录，最深达到 8418 米。凭借产品设计、装备能力等综合实力，天津钢管集团拥有一批国内供货能力的不可替代产品。是国内首家具备批量生产并成功下井应用钛合金油井管的企业，首次应用于超深高含硫油气田，管串下井深度 6500 米，创造了钛合金油管使用长度与重量两项世界纪录。

在海洋工程领域，天津钢管集团是国内生产海洋工程无缝钢管钢级、规格范围全，生产和出口总量大的知名企业。开发了 X42~X100 等钢级的管线管，并大量应用于海洋工程领域。在国内率先通过了包括世界三大船级社挪威船级社（DNV）和美国船级社（ABS）在内的 11 家第三方机构认证，具备在海洋等特殊领域供货资质。海洋用绕管率先通过了德西尼布工程咨询公司认可的产品，并成功应用于马士基北海项目。是首家高强度海工桩腿管通过美国船级社认证的国内企业，X80Q/X100Q 高钢级海工结构管等成功实现国产化，打破了长期被国外少数企业垄断的局面，大幅降低了进口产品售价。

在军工核电领域，天津钢管集团是国内为数不多成功通过热轧生产供潜艇、舰船用高强度钛合金气瓶管的企业，填补了我国钢管行业多项热轧钛合金管的技术空白。具备生产其他军工产品的能力，为海军某部成功生产了耐海水腐蚀钢管、火箭弹弹体用管；为某部生产超高强度火箭弹弹体用管。核电产品率先实现了常规岛用无缝钢管国产化，产品性能达到国际水平。天津钢管集团组距范围内市场占有率60%以上。P9、P91和P92在行业中得到了广泛应用，其中P91率先实现国产化，产品性能达到国际水平。

在其他行业领域，天津钢管集团的高强韧射孔枪管产品在国内外广泛应用。高端工程机械用管550钢级国内市场占有率超过70%，770钢级产品已完全替代了进口，890钢级产品部分替代了进口。正在开发的960钢级管材引领了起重机臂架管产品前沿。耐低温钢产品可应用到最低-196℃的工况环境，已批量应用到国内外多个大型石化项目。重点工程项目，产品先后在三峡大坝、北京鸟巢、上海世博会场馆、天津达沃斯场馆、冬奥会场馆等国家重点工程项目批量应用。

2. 国际市场地位

多年来，天津钢管集团大力开发国际市场，无缝钢管出口量常年保持在国内前列，出口占比稳定在10%以上。自2004年以来，天津钢管集团连年进入中国进出口企业500强行列，2013年位列中国一般贸易出口企业100强第36位，2017年被正式授牌成为天津自主品牌出口领军企业。天津钢管集团相继在美国、迪拜、中国香港、新加坡成立海外公司，在韩国、俄罗斯、澳大利亚、加拿大、印度尼西亚、尼日利亚、乌兹别克斯坦设立办事处。海外布点工作仍在不断推进中。

近年来，天津钢管集团不断强化供应链管理和海外技术服务，依靠雄厚的研发实力和可靠的质量保障体系，致力于为国际能源开发所需无缝钢管提供完整的配套解决方案。先后在迪拜、印度尼西亚、泰国宋卡和林查邦建立4个海外库存点，为大油公司长期合作提供供应链支撑；在美国、泰国、迪拜、尼日利亚等11个国家设立25个海外特殊扣授权加工厂和修理厂，就近为客户车扣、修扣的同时，还可提供短节、转换接头、技术培训、工程维护、管串设计和下井服务等支持工作。

通过国际油公司、工程公司的认证是天津钢管集团坚持不懈长期推进的工作。截至2017年底，已通过77家国际大油公司认证。其中，37家排名在世界前50大油公司；已通过39家国际知名油气行业工程公司认证。其中，27家排名在世界全行业前100大国际工程承包公司。

20多年来，天津钢管集团的无缝钢管已累计出口到94个国家和地区，在美洲、非洲、大洋洲、中东、中亚、东亚、东南亚等地区形成了稳定的规模市场，国际客户数量发展到约 700 个，无缝钢管累计直接出口量达 750 万吨以上。其中，自主知识产权的特殊扣油套管已出口到美国、加拿大、阿联酋、科威特、泰国、土库曼斯坦、埃及等 40 个国家，累计出口量达 55 万吨。海洋工程用高钢级管线管已出口到沙特、阿联酋、丹麦、尼日利亚、阿根廷、印度尼西亚、泰国等国家，累计出口量近 6 万吨。天津钢管集团国贸公司正在由一个单纯的出口企业向出口+服务+技术支持的综合性跨国公司不断迈进。

五、装备技术

1. 概述

始终坚持高起点、高标准的定位原则。始建初期，"大无缝"从德国、意大利、美国、比利时、英国等国引进了当时世界先进的炼钢、轧管、管加工和直接还原铁设备和技术，都是同类技术、设备中的精华，堪称世界先进技术组合。同时，还有相配置的钢管热处理、套管加工生产；整个生产过程采用基础自动化、过程计算机、管理计算机三级自动控制，并且拥有完备、先进的在线和离线检测设备、技术分析手段，成为 20 世纪 90 年代国内技术先进的大规模石油管材专业生产基地。

目前，设备系统主要包括两部分。一部分是钢管主业系统，另一部分是大型设备制造、彩色涂层薄板、压力气瓶等其他产业设备系统。

钢管主业系统主要包括炼钢、轧管、管加工三大工序的主体设备。炼钢系统拥有 3 座超高功率电弧炉，轧管系统拥有 MPM、PQF、ASSEL 和 REM 四种机型、七套轧机，管加工系统拥有 33 条生产线。两条先进的 ERW 焊管连续成型生产线。

其他产业设备主要包括两条全套引进由德国 SMS Meer 公司生产的先进的连铸连轧铜线杆生产线。两条德国尼霍夫公司生产的先进的 MM85 拉丝生产线，先进的冷轧机组和热轧卷冷轧卷退火酸洗生产线。彩涂板生产设备主要包括两辊式涂镀机、三辊式精涂机。

2. 炼钢系统

炼钢系统拥有 150 吨、100 吨、90 吨超高功率三套电弧炉及连铸、精炼设备。150 吨超高功率电弧炉从德国曼内斯曼德马克公司引进，1992 年 6 月 27 日热试成功。2003 年实现四流连铸改造为六流弧连铸，炼钢、连铸生产能力达到平衡。

3. 轧管系统

拥有各具特色的四种机型、七套无缝钢管生产线。其中。世界首套 168PQF 三辊式连轧机组、460PQF 三辊式连轧机组、258PQF 三辊式连轧机组均在公司诞生。

（1）250MPM 限动芯棒连轧机组全套设备于 1992 年由意大利皮昂蒂公司引进。环形加热炉从意大利皮昂蒂公司引进，中径 48 米。

1992 年 12 月，250MPM 轧机建成投产，代表了 20 世纪 90 年代初世界最先进水平，设计年产 50 万吨，2007 年实现 100 万吨，实现世界单机产量新突破。

（2）168PQF、460PQF、258PQF 三辊式连轧机组均为世界第一套三辊轧机，由天津钢管集团与德国米尔公司共同设计研发，采用三辊高精度连轧机组，能轧制高合金管、不锈钢管，产品椭圆度、直度、壁厚均匀度及管体质量均好于限动芯棒连轧机组生产的钢管。分别于 2003 年 9 月、2007 年 3 月、2008 年 4 月建成投产。

（3）ASSEL 机组工艺技术和装备水平处于同类机组先进水平。设计年产 20 万吨。2005 年 5 月建成投产。

（4）冷轧冷拔机组主要生产不锈钢管，主要设备有冷轧机、冷拔机及 500 吨扩拔机、配套矫直机、探伤设备等。2003 年 2 月投产。

（5）720 项目斜轧扩径机组是世界第二套、国内第一套斜轧扩管机，无缝钢管领域首创 4 辊热定径机。2008 年 4 月 23 日，斜轧扩径机组一次热试成功。

4. 管加工系统

钢管主业在主厂区拥有 5 条热处理线、24 条管加工线，年加工能力达到 150 万吨以上。车丝机设备主要从美国、比利时、西班牙、日本引进。配套能力强，拥有 41 套电磁、超声、磁粉、涡流等探伤设备。

5. 科研设备系统

作为集团科技创新机构，天津钢管集团技术中心成立于 1994 年，拥有先进的理化监测仪器。其中，包括当今世界上先进的实验研究设备。1995 年被批准为国家级技术中心，是国家认定的具有国家实验室资格的研究单位。2006 年，天津钢管集团又投资建设了世界先进的管材研发中心，并拥有了全流程中间试验线。目前，拥有专业试验研究室 15 个，大型精密试验研究仪器设备 400 余台（套）。

六、自主创新

1. 概述

天津钢管集团技术中心拥有专业试验研究室 15 个。2008 年 7 月 28 日，科技部、国务院国资委和中华全国总工会在北京召开创新型企业建设工作会议，联合发布首批创新型企业名单，集团公司榜上有名。

天津钢管集团坚持走消化—吸收—创新的科技发展道路，建设世界一流研发平台，确保技术领先优势。坚持产学研用深度结合，在产品特异性上下工夫，瞄准"专、精、特、新"的产品定位，加大新钢种、新管材、新扣型研发力度，开发生产了一大批具备自主知识产权的 TP 精品系列，形成"生产一代、储备一代、研制一代、筹划一代"的产品创新格局。满足了不同用户的特殊需求，增强了在国内外市场竞争中的"话语权"，实现了从 TPCO 制造到 TPCO 创造的飞跃，为国家能源工业建设作出了突出贡献。

2. 科研团队

拥有一支专业齐全、人才层次搭配合理的专业团队，团队以技术中心研发、试验人员为基础，结合生产、销售以及职能部门相关人员组成了集产、销、研、学、用多方位创新团队，专业涵盖了能源工业用无缝管材领域。目前，团队 230 余人，拥有硕士研究生及以上学历的占 30%；正高级工程师 9 人、副高级工程师 41 人。同时，聘请两院院士、高校教授、油田专家以及国外专家为中心顾问，定期邀请国内外行业专家来中心进行讲课和技术交流。

3. 试验能力

天津钢管集团技术中心试验设备之多、试验能力之强在国内无缝钢管行业名列前茅。

全流程新品开发中间试验平台。拥有全流程的中间试验平台，其中包括 500 千克多功能真空中频熔炼炉，可熔炼特殊钢、镍基合金等材料的铸锭，供新品开发和新品熔炼试验使用。多功能立式穿轧复合轧机，可对抗腐蚀钢种、特殊钢种、不锈钢及难变形金属进行轧制，并具备一次穿孔，二次穿孔，限动轧管等多项功能，用于无缝管穿、轧工艺理论及技术的试验研究。热处理试验系统可用于热处理生产工艺研究，由热处理淬火炉、回火炉及水淬设备组成，可进行整管热处理试验，水淬设备充分结合生产现场实际情况，保管体管受热均匀，控温范围宽，自动化程度高。进口数控车丝机，配套高扭矩拧接机和喷丸机各一台组成螺纹研究试验线，为特殊扣产品开发提供了强有力支持。

全尺寸整管评价平台。全尺寸整管评价装备了包括 600 吨、1500 吨、2000 吨和 3000 吨四台联合力试验机，能模拟整套油气井下试验系统，试验范围涵盖所有规格、钢级的油管及生产和技术套管，模拟条件包括温度、内外压、拉伸和压缩以及弯曲等，可完成国际螺纹最高评价标准 ISO 13679 中推荐的所有试验项目。拥有 3000 吨卧式联合力试验机。此外，还拥有上卸扣试验机，压溃试验设备和疲劳试验机，设备平均利用率在 90% 以上。

金属材料评价平台。拥有一整套进口应力试验装置，现有应力环 300 余个，能够完成 SSCC、HIC 等抗硫化氢腐蚀试验，达到国际试验水平，具备每月 3 万吨产量的试验能力。高压釜试验系统和慢应变速率应力腐蚀试验机均处于国际先进水平。还配备了世界先进的多相流腐蚀试验装置，可进行液相、气相、液气混合相试验，能模拟油管和管线管现场的腐蚀环境及流速进行多相流冲刷腐蚀试验。配备了一系列先进仪器，如热模拟试验机、扫描电子显微镜、透射电子显微镜、X射线衍射仪、金属原位分析、轮廓投影仪等等。热模拟试验机（带扭转装置）是一套用于金属材料热变行为机理及物理冶金研究的、以计算机控制为基础的智能化大型精密试验设备，广泛应用于力学性能和物理性能测试，热加工过程动态模拟及其他冶金研究，设备平均利用率在85%以上。

材料检测设备和技术装备先进、完备，拥有包括万能材料试验机、摆锤式冲击试验机、多功能硬度计，电子拉力材料试验机、发射光谱仪、原子吸收光谱仪和ICP等离子发射光谱仪、红外碳硫分析仪、氧氮氢分析仪等一批具有国际先进水平的检试验设备，能够承担常规力学拉伸试验、冲击试验、硬度试验，原辅材料成分分析、碳硫分析、氧氮氢分析等一系列检验项，设备利用率在95%以上。

试验系统获得成绩。研发人员充分利用现有先进设备和试验手段的优势条件，开展了包括材料基础理论研究、特殊扣螺纹研究、整管性能评价试验研究在内的多个项目，取得了丰硕成果。开展的《钛合金油井管产品开发》项目，充分利用中试基地穿轧、热处理多流程的优势，成为全球首家能够批量生产钛合金油管并成功下井应用的生产厂家，项目获得了2016年滨海新区科学技术进步一等奖、2017年冶金科学技术三等奖。开展的《高品质高强度抗硫化氢应力腐蚀油井管制造关键技术开发与产业化》项目，在抗腐蚀产品材料研究及工艺优化取得了突破性进展，2016生产抗腐蚀油井管产品7万余吨，项目获得了2016年冶金科学技术二等奖。《适用于高温高压高腐蚀环境的高合金TP-G2油管特殊扣的设计与开发》，充分利用联合复合力试验机全规格覆盖、设备能力强的优势，进行了多个规格产品及螺纹接头的ISO 13679 Ⅳ评价试验，产品性能及接头性能均达到了国内领先水平，先后获得了2016年天津市科学技术进步二等奖、2017年冶金科学技术三等奖。此外，在超深复杂井高强度管串评价试验研究、热采井套管高温蠕变性能研究以及高抗挤毁套管管体抗外挤试验研究方面取得了重大进展，为产品生产顺行提供了坚实的基础。

4. 产品研发

天津钢管集团自主开发了TP系列高端无缝钢管产品，覆盖油井管（TP系列材料、特殊扣系列等）、管线管、气瓶管、高压锅炉管（含石油裂化、化肥、化工）、海洋工程用管、核电用管等，形成了TPCO产品整体技术优势。油套管产品供货范围覆盖全国主要油田，并大量出口国际市场，石油套管成为"中国名牌产品"。除了API标准产品以外，天津钢管集团针对油套管服役条件开发了9大系列、40多个钢级和扣型、100余种规格的TP系列高端油井管产品。包括抗硫化物应力腐蚀系列、抗二氧化碳腐蚀系列、双抗腐蚀系列、超深井系列、热采井系列、高抗挤毁系列、耐低温系列、页岩气用系列以及特殊扣系列产品，占据国内60%的市场份额，有效解决了特殊地质条件下油套管产品服役难的问题，为我国油气资源稳定供应做出了重大贡献。

七、质量管理

1. 概述

天津钢管集团视质量为生命，始终坚持全员、全面、全过程的质量管理理念，同时坚持与国际惯例和先进管理模式接轨。确立了"坚持质量第一，贯彻'五精'方针，发挥科技优势，满足用户需求"的质量方针。"五精"即精料、精炼、精轧、精加工、精心工作。确定了"实物质量国际先进，管理质量国内一流，实现高质量、高效益、高效率和新机制"的质量目标。

2. 质量控制

天津钢管集团从原料采购源头抓起，不断完善和实施供应商审核评价制度，特别是针对不同物资的特点，实施特性化、科学化的供应商第二方认证评价工作。加强供应商管理和绩效考核，以建立稳定的供应联盟关系为重点，与废钢、焦炭、铁合金等具备高标准、实力强、具有一定知名度的大宗物资供应商签订中长期战略联盟协议。

为了确保钢管实物内在质量，天津钢管集团投入十几亿元资金，在各条生产线上配备了 108 台（套）无损探伤设备，设备类型有漏磁探伤、超声波探伤、涡流探伤、磁粉探伤等，具有检测内外横纵及斜向缺陷、夹层及测厚的功能。这些无损探伤设备几乎涵盖了顶尖探伤技术。为了保证技术装备的持续领先优势，天津钢管集团先后完成了 168 机组、250 机组、管加工等多台探伤机升级改造。技术中心自主研发多套复合加载试验设备。这些项目的完成对集团综合竞争力提升起到了极大作用。

在主要生产流程上，设置了专门的质量检查站，同时还聘请第三方中国石油非破坏性检测中心驻厂，对全部入库的成品套管进行 10% 随机抽验，以确保出厂的产品质量。在做好质量检验把关的基础上，对生产过程质量控制进行全程监督，以提高生产过程质量控制水平，确保最终成品的高质量。专职质量检查人员，主要从事原材料的入厂到成品出厂的全过程质量检验控制。

为保障质量安全，天津钢管集团建立了完善的经济责任制考核指标，并落实质量问责机制。以企管、组织、监察等部门为主，通过对各职能部门的工作完成情况、指标完成情况、制度执行情况的监督检查，对照职责分工和责任目标，进行分层分级分类考核。发挥综合评价考核系统的导向、约束、激励作用，确保职能部门和各生产单元按时达标、保质保量完成各项工作任务，实现集团总体目标。

2008 年按照《压力管道元件制造许可规则》完善质量管理体系。2008 年 6 月获得特种设备（压力管道元件）制造许可证。实施关键岗位质量责任人制度，以确保质量安全。

天津钢管集团法律事务部负责统一收集管理公司适用的相关法律、法规，组织公司各级领导干部及相关业务骨干人员开展与质量相关的法律法规知识的培训和教育。

天津钢管集团总工程师，全面主持质量管理工作。同时推动建立多级质量安全考核制度，通过对工作质量、产品质量的考核，激发员工的工作热情，提高自身技能，促进集团产品质量稳步提高。

天津钢管集团不断完善质量诚信与道德体系建设，强化职工信用意识，加强诚信道德教育，搞好职业道德实践活动，健全和完善职业道德约束机制，全面提升职工素质。在生产经营过程中，严格履行质量担保责任，由专人负责售后服务，部分出口产品购买责任险。

3. 质量体系

天津钢管集团有专职的标准管理部门，负责国际标准、国家标准、用户规范等相关标准信息的收集及管理工作，确保最新版本标准被采用。参照国内、国际等相关标准建立并完善集团内控标准体系。多年来，积极参加国家和行业标准的制定，参与或主持起草了技术标准共 15 项，其中作为主持单位起草的国家技术标准共 8 项，作为参加单位起草的技术标准共 7 项。天津钢管集团依据国家、国际先进标准制定了更为严格的企业标准，形成了 Q/TGGK、Q/TGGB、Q/TGGJ 等系列企业标准，加严产品要求以提高集团产品竞争力。内控标准中部分技术指标加严到国际先进标准公差带的三分之二。

天津钢管集团按照 ISO 9001：2015 标准、API Q1 规范建立了文件化的质量管理体系。体系文件包括公司《质量手册》，35 个公司级质量程序文件，各部门制定的质量程序实施细则、技术规程，产品技术标准及其他与体系运行有关的文件。

天津钢管集团最高管理者组织制定了公司的质量方针、质量目标，指定了管理者代表，每年至少组织一次管理评审，建立了以"零缺陷"为目标的质量控制和考核机制，确保了已建立的质量体系持续的适宜性、充分性和有效性。

天津钢管集团通过监控顾客满意度的信息作为对质量体系业绩的验证，通过内审来确定质量管理体系运行的符合性和有效性，通过不断地培训和内审实践，建立了一支具有高专业水平的专、兼职内审员队伍。

八、绿色生产

1. 概述

20 多年一路走来，天津钢管集团见证着保护生态环境纳入基本国策，见证着 PM2.5

纳入空气质量监测范畴，见证着"大气十条""水十条""土十条"等生态环境监管体制机制改革翻开新篇章。"绿水青山就是金山银山"理念生根发芽，推动着一项项节能环保工程如繁花绽放。

20 多年前，在一片荒芜的盐碱地建起一座现代化的钢城以来，天津钢管集团始终以建设资源节约型和环境友好型企业为目标，采用先进的环保技术，针对主体生产设施，先后投资 20 多亿元，建设了与之相配套的环保设施，确保各项污染达标排放。

建厂初期，从德国、意大利、美国、比利时、英国等国家成套引进先进的主体设备技术和环保技术装备。其中，环保设施投资占总投资的 5.8%，包括炼钢一次、二次烟气及钢包烟气除尘、海绵铁、铁合金等原料输送除尘、主轧机除尘、锅炉烟气除尘，污水综合水处理、循环水处理，消声器降噪等各类环保设施 112 台（套）。1996~2008 年，天津钢管集团在新、扩、改建项目中都保障环保投入。

2009 年，天津钢管集团产品结构调整规划环评通过了环境保护部的审批。主要环保设施包括烧结脱硫、除尘、炼钢电炉除尘、精炼除尘、主轧机除尘、锅炉烟气脱硫除尘，污水综合水处理、循环水处理，消声器降噪等各类环保设施共 388 台（套）。环保设施的正常有效运行，为确保各项污染达标排放提供了有力的保障。

"十二五"期间，在钢铁行业持续低迷、生产经营面临巨大压力的形势下，迎难而上，不断加大环保投入，提高环保工作水平。特别是 2013 年以来，天津钢管集团贯彻落实"美丽天津·一号工程"要求，投资近 4.3 亿元，分步实施"一、三、十、一、一"环保项目及设施的升级改造规划，即"建设一条 30 万吨矿渣粉生产线项目""实施三个料场改造""实施十个大气污染治理提标改造项目""制定并实施一套全面取缔燃煤锅炉的方案""实施一个水污染治理提标改造中水回用项目"。实现污染物排放总量削减，合计减排颗粒物 1150 吨、二氧化硫 915 吨、氮氧化物约 365 吨、COD 503.7 吨。

天津钢管集团主要污染物排放指标均远远低于国家标准限值；单位产品排污量达到《钢铁行业清洁生产评价指标体系》一级水平，在同行业处于领先地位；热轧管工序能耗、万元增加值能耗、水重复利用率也在全国冶金行业名列前茅。

2. 节能减排

实施清洁生产。天津钢管集团始终将清洁生产作为一项重点工作，鼓励全体员工提出清洁生产方案和合理化建议，对可行方案予以分步实施。制铁公司、特钢公司均高分通过天津市清洁生产审核评估验收，达到一级水平，实现了"节能、降耗、减污、增效"的目标，实现经济效益、社会效益和环境效益的统一。

废气转热电能。天津钢管集团制铁、炼钢、轧管、各系统充分回收利用炉窑烟气余热进行蒸汽的生产、余热发电、芯棒预热、管坯预热等，此外还对制铁系统高炉煤气进行回收利用，节约了能源资源，降低了污染物的排放总量，取得了良好的经济效益、环境效益。

废水循环再用。天津钢管集团采用先进的水循环、水处理系统，梯级使用净废水和再次水，降低新水消耗，水重复利用率达到行业领先水平；工业用水采用"以新补净、以净补浊、梯级使用"的管理原则，将所有工业废水收集经净循环水处理、浊循环水处理后，实现循环再用，年节省新水消耗近600万吨。

废渣回收利用。对铁钢系统除尘灰、冶炼废渣、氧化铁皮等固废，全部实现回收利用，有的被用作烧结原料，有的被用作炼铁原料，冶炼废渣全部回收利用做水泥熟料、建筑原材料等，利用率达到100%。

不断深化减排。每年组织环保技改项目立项审查，设立专项资金，用于实施污染防治、资源节约与综合利用等环境保护技术改造项目，不断深化减排。特别自2013年下半年以来，国家、天津市相继出台了一系列环境保护政策、法规、标准，印发了《大气污染防治行动计划》（国发〔2013〕37号），《天津市清新空气行动方案》（津政发〔2013〕35号），对环境保护工作提出了更高的标准，更严的要求。天津钢管集团积极响应政令要求，投资近4.3亿元用于环保、节能升级改造，对高炉和烧结系统、炼钢系统、燃煤锅炉等系统实施了除尘改造、环保减排。相继完成制铁公司料场防尘网、烧结脱硫除尘、烧结环冷余热利用、煤场全封闭抑尘措施、废钢料场加工区防尘网、废钢切割烟尘治理、炼钢精炼除尘改造、石灰窑除尘、炼钢二区电炉烟气余热利用、炼钢电炉本体循环冷却水余热回收利用和污水处理厂升级改造以及中水回用等重点减排项目，实现污染物排放总量削减。

3. 环境保护

编制规划形成体系。2007年，天津钢管集团编制了"产品结构调整节能减排规划"。组织完善各项环境保护管理制度，积极开展ISO 14001环境管理体系认证，加快循环经济理念、生命周期理念、清洁生产理念在管理领域的推进，形成了一套切合企业实际的节能减排制度体系。

严格落实"三同时"。在引进项目和技术改造时首先考虑引进先进的节能设备、环保设备和设施，所有新建、扩建、技改项目，都严格执行国家建设项目环境影响评价和"三同时"制度。集团"产品结构调整规划"项目完成整体验收。

腾笼换鸟淘汰落后。坚持走新型工业化道路，积极实施"腾笼换鸟"战略，淘汰落后工艺、技术和设备，深化减排。如2007年以来将原有轧机静电除尘改造为塑烧板除尘，烧结机在静电除尘基础上增加一套布袋除尘，为超低排放打下基础。

持证排污足额缴税。2017年，天津钢管集团取得排污许可证，按照国家排污许可管理要求，对照排污许可证的规定排放污染物。2018 年 1 月 1 日起，执行新《环保税法》，按期核定排污量，足额缴纳环保税。

完善环境管理体系。天津钢管集团坚持贯彻国家"环境保护"这一基本国策，落实科学发展观，坚持走新型工业化道路，持续推进公司清洁生产和环境保护工作，努力创建资源节约型、环境友好型绿色企业。

ISO 14001 环境管理体系。天津钢管集团环境管理体系以"遵守法规"为底线，以"持续改进"为原则，高标准、严要求，环境管理绩效不断提升。1998 年 8 月，集团首次通过 ISO 14001 环境管理体系认证审核，至今保持 20 年体系认证证书的有效性。2018 年 4 月，集团顺利通过了 GB/T 24001—2016/ISO 14001：2015 转版审核。天津钢管集团环境管理体系认证范围覆盖了生产经营及相关管理活动。

职业健康安全管理体系。2003 年 3 月通过职业健康安全管理体系认证，至今保持 15 年体系认证证书的有效性。2017 年 11 月，公司通过了 GB/T 28001—2011 职业健康安全管理体系再认证审核。

保护环境自然和谐。天津钢管集团认真贯彻国家产业政策和环境保护国策，出色履行社会责任，把建设资源节约型和环境友好型企业作为努力方向，坚持节约能源，环境保护，建设花园式工厂，形成了独具特色的绿化、美化、生态化格局。营造了天蓝树绿水清、人与自然和谐相处的人文环境。获"全国绿化模范单位"称号。2010 年荣获首批"全国生态文化示范企业"称号。

九、信息化建设

1. 概述

建厂初期同步引进了先进的过程控制计算机系统。随着天津钢管集团高速发展，于 2000 年底引进了瑞典英泰峡公司的 ERP 软件 Movex 钢铁版，涵盖了集团的主要业务流程。是国内冶金行业最早引进 ERP 套装软件的企业之一，提升了企业管理水平。在 ERP 系统的基础上，逐步开发了办公自动化、人力资源、网上物资采购竞价、检化验管理、计量检斤、能源监控和商业智能（BI）等系统，在企业业务管理中发挥着越来越重要的作用，效益逐步显现。

随着信息化工作推进，网络基础设施也得到了逐步建设和改善。铺设了光缆 300 余条，总长度约 150 多千米，主干网络建立了冗余链路，带宽为 1000M；92 栋楼宇或厂房实施了结构化布线；因特网出口带宽为 100M 和 10M。设置了防火墙，制定了安全管理策略，建立了集中的网络管理和控制，核心交换机实现了冗余。部署了网络防病毒体系，保证信息安全并防止外来黑客的入侵，开通了企业网内/外电子邮件服务、文件传输服务，域名服务、内外网站等基础网络服务。

2. 钢管主业产销一体化项目启动

2014 年，根据天津钢管集团发展规划，遵循打造"产销一体、管控衔接、三流同步"的管理信息系统的理念，按照"集团统一规划、分步实施，统一标准、资源共享，战略驱动、应用主导，先进务实、安全可靠"的实施原则，钢管主业产销一体化项目启动，覆盖了集团生产流程的所有关键业务。

2015 年，冶金规范、产品规范和销售管理模块上线并稳定运行。2016 年，陆续实现了生产计划管理、采购管理、轧管生产管理三个重点模块的上线运行。检化验管理，炼钢管理，热处理管理，加工线管理于 2017 年底整体上线运行，2018 年进行了持续完善。产销一体化系统的实施，实现了自动化的生产组织和数据采集、精细的生产控制和物料跟踪以及有序、规范的生产管理，支撑企业的日常销售、制造、发货等业务运作，使企业管理更加透明化、精细化和规范化，从而进一步提高企业管理效率与管理精度。

十、转型发展

近年来，面对行业产能过剩等严峻考验，天津钢管集团砥砺奋进，持续深化改革创新，众志成城破局攻坚，加强科技创新、市场开拓、质量管理和品牌建设等工作，取得了一个个骄人的成绩，继续保持了行业地位。2017 年行业触底回升，企业迎来新机遇新挑战。天津钢管集团贯彻新发展理念，发力供给侧结构性改革，紧紧围绕改革、转型、突围三个方面，抓好企业改革，落实好结构调整和转型升级工作。聚焦钢管主业做精做强做优，收缩非钢管产业规模，通过科技引领、创新驱动，实现钢铁制造商向服务商转变，推动公司转型升级。落实《中国制造 2025》，以国家智能制造标准为指导，深入挖掘信息化系统的创新驱动作用，进行面向智能制造的钢铁企业信息化架构设计及实施，实现企业从传统制造向智能制造跨越。

二十多年来，"大无缝"人不忘初心，牢记使命，创造了一个又一个新的奇迹，打造了一支能打硬仗、敢打硬仗的高素质干部职工队伍，培育了知难而进追求卓越、永不服输永不言败的"大无缝精神"，激励着一代又一代大无缝人披荆斩棘、奋发图强。

拥抱新时代，开创新未来。"大无缝"将以习近平新时代中国特色社会主义思想为指引，践行习近平总书记对天津工作提出的"三个着力"重要要求，在天津市委市政府的领导下，在改革的大潮中向具有世界竞争力的钢管企业宏伟目标奋进！

东北特钢集团改革开放 40 年发展成就

东北特殊钢集团股份有限公司

东北特殊钢集团股份有限公司（简称东北特钢集团）总部位于海滨城市大连，以生产经营高质量档次、高附加值特殊钢为主营业务，长期以来一直是我国高端特殊钢材料的主要研发、生产和供应基地。集团旗下除拥有大连特钢、抚顺特钢两大生产基地外，还在大连、抚顺、山东、上海、内蒙古以及韩国等地，设有东北特钢集团大连特殊钢制品有限公司、东北特钢集团山东鹰轮机械有限公司、东北特钢韩国株式会社等多家全资、控股或参股子公司。

东北特钢集团拥有当今世界一流的高档特殊钢专业化生产线，现已形成五大主导产品系列——不锈钢、工模具钢、轴承钢、结构钢、特种合金；十八大支柱产品——不锈钢棒线材、轴承钢棒线材、工模具钢模块、工模具钢圆钢、方扁钢、大异型锻件、辊坯及成品辊、轧制大棒材、银亮材、特殊钢丝、汽车用钢、重载高速车轴用钢、高速工具钢、特种合金、超高强度钢、大圆连铸坯、管坯、调质材。

东北特钢集团堪称中国特殊钢"摇篮"，旗下大连特钢公司的历史可以追溯到 1905 年，前身是日本商人兴建的只能生产几吨铁钉、铆钉、道钉、镀锌铁丝的殖民地工场。大连光复后，大钢人依靠自己的力量，逐步把大钢建成了我国特殊钢重点骨干大型企业。集团旗下抚顺特钢公司始建于 1937 年，原为日本人建立的抚顺制铁场。抚顺解放后，企业回到党和人民手中后，经过恢复建设逐步发展起来，成了我国国防军工领域特殊钢材料研发生产的"排头兵"。在共和国钢铁发展史上，大钢和抚钢曾创造了无数个第一：生产出中国第一炉不锈钢、第一炉高速工具钢、第一炉高强钢和超高强钢、第一炉精密合金、第一炉高温合金……近年来，东北特钢集团为我国"长征"系列运载火箭、"神舟"系列宇宙飞船、"嫦娥"探月工程、"天宫"系列空间实验室、国产大飞机项目等，以及核电及风电事业、高速铁路建设、轿车国产化、石油开采用钢更新换代等，研制和提供了大量特殊钢新材料。

从革命战争年代到社会主义建设各个时期，从国防军工到国民经济建设，从基础工业发展到高科技事业的进步，东北特钢集团都做出了突出的贡献。特别是改革开放四十年来，东北特钢集团在党的领导下，始终坚定为民族特钢事业进步而奋斗的信念，在不同时期通过不断的改革创新，实现了多次历史性跨越发展和新的突破。

一、党的十一届三中全会召开后，企业经济效益大幅上升

东北特钢集团有着百余年的历史，但是前几十年几乎没有多大发展。尤其十年动乱期间，大钢和抚钢的生产都受到了严重的影响，生产秩序被打破，生产管理十分混乱，主要产品产量、工业总产值和实现利润总额等各项经济指标逐年大幅度下降。党的十一届三中全会召开后，大钢和抚钢通过拨乱反正，清除极"左"思潮的影响，企业管理机构和规章制度逐步恢复和健全，科技和管理工作得到加强，生产建设稳步发展，企业面貌焕然一新，经济效益水平大幅上升。

为适应国民经济建设的需要，大连钢厂自 1981 年开始，对产品结构进行了调整，尤其针对提高经济效益和顶替进口钢材的品种，使产品生产向高合金化（增加产品的高合金比重）、轻型化（增加冷加工产品）、系列化（品种规模尽量配套）、制品化（增加产品的延伸制品）方向迈进。

1982 年初，党中央、国务院发出了《关于国营工业企业进行全面整顿的决定》，辽宁省委、大连市委确定大连钢厂为第一批进行全面整顿的试点单位。企业全面整顿主要围绕 5 个方面进行：整顿和完善经济责任制，改进企业经营管理；搞好全面计划管理、质量管理和经济核算工作；整顿和加强劳动纪律，严格执行奖惩制度；整顿财经纪律，健全财务会计制度；整顿劳动组织，按定员定额组织生产，有计划地进行全员培训，坚决克服人浮于事、工作散漫现象，整顿、建设领导班子，加强对职工的思想政治教育。整顿工作从完善经济责任制入手，制定了"包、保、创"的经济责任制，共制定总目标 118 个。另外，根据经济责任制的总体设计，在全厂职工中进行了"人定岗、岗定责、责定额、额定分、分定奖"的"五定"工作，逐步克服了在奖金分配上的平均主义倾向，使吃大锅饭现象有所改善。1983 年 1 月，大连钢厂企业整顿经全面检查达到验收标准，成为企业整顿合格单位。

到 1985 年，大连钢厂以生产高速工具钢、滚珠轴承钢、不锈钢、精密合金、弹簧钢为主，共有 12 个钢类、633 个品牌、12500 个规格，已成为型、管、板、丝、带俱全的特殊钢厂，特别是高速工具钢和精密合金，已成为全国重点生产基地，产品畅销全国 27 个省、市、自治区，拥有 3000 多个用户，每年供货合同达 6.8 万余份。并自 1981 年开始出口到印度、菲律宾、巴基斯坦、孟加拉国、日本、美国、德国及意大利等国家。

1986～1995 年，大连钢厂的经济形势先扬后抑。1984～1985 年引进了锻坯修磨线，1988～1989 年在精密所建一台 2.5 吨真空感应炉，1988～1990 年在精密所建设了 20 辊轧机，1990 年完成精整热处理工程，1992～1993 年在二炼钢分厂建 40 吨 LF+VD 精炼炉，在二炼钢分厂建一台 30 吨电炉，1993～1995 年完成铁镍合金带工程。1986～1995 年开发新产品 88 项，分别获国家、部、省和市科技奖项，连续 10 年提前完成冶金工业部下达的新产品试制任务。其间，大钢已有 81 个产品执行国家标准，其中 10 个达国际先进标准。有 4 种产品获国家金、银牌，15 种产品获部优产品奖，15 种产品获辽宁省优质产品奖，7 种产品获大连市优质产品奖。

同期的抚钢通过拨乱反正使生产秩序恢复正常，扭转了生产停滞、倒退的局面。1978 年，工业总产值达到 24560 万元，比 1977 年增长 37.1%，军工和民用合同分别提前 32 天、11 天完成国家计划，实现利润 4437 万元。

在质量改进方面，抚钢针对产品质量存在的问题，采取了一系列措施，坚决把生产转到质量第一的轨道上来，产品质量不断提高。1978 年全面完成了八项技术经济指标，其中，钢锭合格率达到 99.59% 夺得全国同类企业排头；钢材合格率、钢材成材率、钢铁料和电力消耗指标，创出了本厂历史新水平。

在重点技术改造项目方面，"六五" 期间实施了五项引进设备工程，抚钢誉称为 "五朵金花" 工程。这五项引进设备工程从 1979 年开始相继动工，到 1983 年 6 月，5 台引进的主机设备陆续建成投产。其中包括从德国引进的 6 吨真空感应炉和 7 吨真空自耗炉，从德国引进的 30/60 吨炉外精炼炉，从德国引进的 2000 吨快锻机和从奥地利引进的 1000 吨精锻机。1986 年 10 月，这五项引进设备的主体工程和配套工程全部竣工投入使用。共计完成投资 16458 万元。在 "七五" "八五" "九五" 期间，抚钢先后完成了小型连轧机和 850 毫米初轧机工程、50 吨超高功率电炉工程、合金钢连轧机工程、模具钢精轧机工程等技术改造项目。

在技术开发方面，仅 "六五" 期间，抚钢就完成国家下达的科研和新产品试制项目 844 项，填补国内空白 16 项。抚钢在完成科研新课题与试制新产品中，主攻品种是航天、航空、航海、核能和军工民用急需钢材。航天用高温合金占国内市场的 50% 份额，航天、航空高强度钢占国内市场的 66% 份额，按国际标准生产的模块、石油钻头分别占国内市场 50% 和 90% 的份额。据统计，从 1979 年至 1995 年，抚钢科研成果获奖的有 226 项。其中，国家级 35 项、省部级 176 项。

从 1980 年开始，抚钢产品逐步打入国际市场。1988 年初，打开新局面，出口钢材的钢种扩大到 13 个、近 100 个品种规格。年出口量增加到 3820 吨，创汇 209.2 万美元。产品远销到美国、巴基斯坦、印度、德国、泰国、新加坡、菲律宾、韩国、中国香港和中国台湾等国家和地区。

二、计划经济向市场经济转型期实施大刀阔斧的改革，成为改革脱困典型

20世纪90年代中期，大连钢厂由于历史欠账严重，工艺装备处于全国同行业最低水平，生产效率低下，大路货产品没有市场销路，年营业收入不足10亿元。沉重的包袱、僵化的机制、混乱的管理、陈旧的观念和资金的枯竭，把老大钢推向了生存绝境。

1996年，大连市委、市政府果断调整了大钢班子。新的领导班子提出"背水一战建设新大钢"，以壮士"断腕"的魄力，实施了大刀阔斧式的改革。其中重要改革举措包括：

彻底进行工艺创新。整体关停了老式锻锤的锻钢、老式横列式轧机的3个轧钢厂等七条消耗大、污染重、严重亏损的生产线，关停了七台落后的电炉，集中引进具有国际一流水平的合金钢棒线材连轧机生产线，改造炼钢工艺装备，使整个企业的工艺装备水平一步跨上了新台阶，达到了国内现代化水平，为开发生产具有国际市场竞争力的高档次产品提供了基础条件。

彻底优化产品结构，全面进行产品创新。彻底淘汰低质量水平大路货产品，退出低档产品市场竞争，集中开发顶替进口、填补国内空白的新产品。先后开发出不锈钢大盘重线材、轴承钢大盘重线材和合金弹簧钢棒线材等高质量档次、高技术含量、高附加值核心产品，一举形成产品市场竞争强势。

大力度实施机制创新。实施"大经销、小经销"战略，树立销售龙头地位，实行全厂各系统、各工序无条件服从、服务于销售运行体制，把原来单纯的上下工序变成了贴近市场、服务市场、满足市场的市场营销链；为提高经济运行质量，在全国同行业中第一家果断停止"抹账串材"；实行原材料物资公开招标采购，使采购成本明显降低，物资采购质量大大提升；对市场用户按照订货资源量、付款能力进行分级管理，根据产品质量水平、技术含量、交货状态等，分等级销售，优质优价，确保经营良性循环。

精干主体，分离辅助。当时大钢在全市国有大企业中率先将企业办医院、学校等推向社会；将6个成品生产厂转制独立经营，自负盈亏；将主要优良资产重组为大连金牛股份公司上市运营。

学习引进现代企业管理思想和管理办法，通过借鉴德国巴登和我国海尔成功管理经

验，解决了企业机制僵化、与市场脱节的顽症。

到了 20 世纪末期，当国内一批钢铁企业还在艰难脱困时，老大钢已经率先走上了新的发展之路。2000 年与 1995 年比，大钢工业总产值增长 91.42%，销售收入增长 45.07%，钢产量增长 30.22%，钢材产量增长 21.67%，全员劳动生产率增长 166.8%，人均产钢量增长 1.5 倍。当时，国家冶金主管部门的一位主要领导在视察大钢后总结：大钢是全国钢铁企业改革脱困的一个突出典型。

正当大钢出现蓬勃生机之际，抚钢由于经营机制僵化和历史包袱沉重等原因陷入了生存危机。在这种情况下，辽宁省委、省政府经过反复论证，决定打破辖区限制，全面整合省内钢铁企业现有资源，将大钢和抚钢重组为辽宁特钢集团。通过移植大钢企业文化、管理模式，抚顺特钢重新焕发出生机活力。

2003 年，由大钢和抚钢重组而成的辽宁特钢集团主要经济技术指标全部创造历史最好水平。与 2002 年大钢和抚钢报表合并数字比，工业总产值增长 49.53%；钢产量增长 32.42%；钢材产量增长 41.29%；营业收入增长 40.96%；出口创汇增长 93.40%；全员劳动生产率增长 145.4%。不锈钢长型材、轴承钢长型材、工模具钢、特殊钢优质型材等品种质量和市场占有率均进入世界前十名。

2003 年 9 月，地处黑龙江省齐齐哈尔市的北满特钢由于历史包袱沉重，管理混乱，经营严重亏损，导致资金枯竭，不得不宣布全面停产。经过辽宁、黑龙江两省政府协商沟通，2003 年 10 月 26 日，辽宁特钢集团开始托管北满特钢。仅用一年时间，该厂迅速启动生产，而且呈现出高速发展态势：2004 年实现工业总产值比上年增长 4.6 倍；钢产量比上年增长 5.3 倍；钢材产量比上年增长 4.8 倍；营业收入比上年增长 2.5 倍，在上年亏损 6.8 亿元的基础上实现盈亏平衡。

2004 年 9 月 23 日，东北特钢集团在总部大连正式挂牌运营。东北特钢集团集中了整个东北的主要特殊钢生产资源，三钢统一规划布局，优势互补，无论从企业规模，还是技术实力，无论是工艺装备水平，还是产品规格系列，都在行业内居于举足轻重的地位。

2004 年，东北特钢集团钢产量同比增长 42.47%，钢材产量同比增长 36.7%，营业收入同比增长 73.19%，出口创汇额同比增长 243.63%。2005 年，实现利润 5526 万元，同比增长 205.84%，营业收入 128 亿元，同比增长 30.62%。2006 年实现利润 6955 万元，同比增长 25.86%，营业收入 161.1 亿元，同比增长 30.9%，出口创汇 1.70 亿美元，同比增长 68.89%。2007 年实现利润 1.28 亿元，同比增长 82.24%，营业收入 179 亿元，同比增长 31.23%，出口创汇 2.84 亿美元，同比增长 67.10%。

三、振兴东北老工业基地，实施大规模技术升级改造

2007 年，国家发展改革委、国务院振兴东北办发布的《东北地区振兴规划》中明确提出："建设北方精品钢材基地，依托东北特钢建设特殊钢和装备制造业用钢生产基地"。东北特钢集团按照国家冶金行业结构调整的总方针，进行了大规模技术改造。

2007 年，东北特钢集团大连基地环保搬迁改造项目正式启动。3 月 29 日，这项被列为国家发展改革委大型冶金装备自主化依托重点工程，在大连市金州区登沙河镇临港工业园内新厂址上，举行了隆重奠基仪式。

这次搬迁改造不是简单意义上的厂址平移，而是严格遵循清洁生产的原则，引进国际一流的工艺装备，生产世界一流的特钢产品，主要瞄准国内急需的高端特钢产品和能够顶替进口的特钢产品，建设一个清洁环保、节能低耗的循环经济型特钢企业。

历时 4 年，大连基地新厂于 2011 年 7 月 11 日正式建成投产。新厂建有十条特殊钢精品生产线，分别是钢水冶炼优化生产线、高合金线材生产线、小型材生产线、大型材生产线、锻造生产线、特殊冶炼生产线、模具宽扁钢生产线、合金钢银亮材生产线、合金钢丝生产线和精密合金生产线。其主体设备全套引进意大利达涅利公司、POMINI 公司、德国西马克梅尔公司、KOCKS 公司及美国摩根公司等的产品，全部应用当今世界最先进的特殊钢冶炼和轧制技术，在消化引进吸收的同时，融合东北特钢集团自身的传统优势工艺和技术诀窍，产品全部定位为高附加值、高技术含量、高效益的特殊钢精品，产品技术性能全部达到当今世界领先水平或替代进口同类产品标准。

在大连基地新厂建设的同时，抚顺特钢于 2009 年 6 月启动实施百亿技改工程。重点项目有，提高国防军工产品质量、调整产品结构技术改造工程，包括新精快锻生产线，以及高强钢、钛合金生产线。新精快锻生产线是国内设备综合能力最为先进的"精快锻联合生产线"，3150 吨快锻机和 1800 吨精锻机替代 20 世纪 80 年代初的老五朵金花 2000 吨快锻机和 1000 吨精锻机，大幅提高了生产能力。高强钢、钛合金生产线的建成投产，进一步满足了国家对钛合金的高端需求和航天航空领域的材料替代需求。

提高军品质量特冶技术改造工程，引进了国内最大的真空感应炉，控制系统最先进的真空自耗炉、保护气氛电渣炉等性能参数指标均为世界先进水平的特冶装备，在生产能力、品种规格、产品质量等方面达到国内领先，使我国特种冶金质量水平迈上一个新台阶，为国防军工产品提供可靠的质量保障。

此外，还包括优化工艺装备、提高产品质量棒材升级改造工程，提高军品生产能力及

镍基高温合金材料产业化特冶技术改造工程、后部精整改造工程、东西厂区天然气改造工程等。

从 2009 年至 2015 年，抚顺特钢新开技改项目共 281 项，完成 190 项，装备实力、产品优势都取得了长足的发展。

通过大规模的技术升级改造，东北特钢集团装备实力、技术水平、产品质量档次大幅度提高。铁路用轴承钢、汽车曲轴用钢等 60 余项产品荣获国家冶金产品实物质量特优质量奖和金杯奖、冶金行业品质卓越产品奖、冶金科技进步奖等荣誉称号。近年来，国外一些著名公司纷纷前来寻求合作。国际著名的航空发动机制造商英国 R-R 公司（世界航空业最先进的发动机都由该公司生产）在中国寻求供应商，并最终选定东北特钢集团作为其战略供应商。东北特钢集团生产的"三大"牌轴承钢是我国名牌产品，实物质量与国际先进水平同类产品相当。美国某著名轴承生产公司对东北特钢集团的产品予以认证，并列为其全球供应商。目前，东北特钢集团共计通过国际大公司、国际著名船级社等产品认证 80余项。其中，汽车钢产品通过了世界著名的德国博世公司、德国舍弗勒公司、韩国现代公司、美国卡特彼勒公司等国际大公司认证；轴承钢产品通过了瑞典斯凯孚公司、美国铁姆肯公司、德国舍弗勒公司、美国恩恩公司等国际大公司认证；合金钢及碳结钢锻件通过了挪威 DNV 等九大船级社认证。同时，东北特钢集团与多家国际化大公司建立了稳定的贸易关系。主要贸易伙伴有美国 PMS 公司、TFAFILINOS 公司、SBSM 公司、德国道伦伯格公司、百事佳公司、韩国 NEOCEN 公司、现代-起亚集团、瑞士德科公司、澳大利亚斯坦科公司等。

东北特钢集团把产品定位于"高、精、尖、急、难、新"，目标瞄准高科技事业的关键原材料、顶替进口产品、在国际上质量水平最高的产品、国家急需的关键材料、新材料等。比如，东北特钢生产的高温合金、精密合金、高强钢、超高强钢、特种不锈钢等，是专用于航空航天、电子信息领域的尖端材料，为打破国外技术封锁，确保我国高科技能同发达国家相抗衡，东北特钢集团集中全力开发新技术，研制新产品，为国家一系列高科技工程项目提供了大量的关键材料。我国载人航天飞船逃逸仓外壳材料 100% 由东北特钢提供；航空航天器所用的发动机关键部件用材料、传动轴用材料、起落架用材料、电子信息用材料等，东北特钢提供了 100% 高强钢、超高强钢，80% 的特种合金、特殊钢材料。

四、成功实施破产重整，企业实现涅槃重生

2016 年，由于长期以来债务负担巨大，财务成本居高不下，以及多方面因素的影响，

东北特钢集团资金链和债务链断裂，陷入严重的债务危机。10月10日，大连市中级人民法院裁定受理阿拉善盟金圳冶炼有限责任公司对东北特钢集团破产重整的申请，东北特钢集团正式进入破产重整程序。

针对东北特钢集团脱困重整，辽宁省委、省政府专门成立了东北特钢脱困重整工作领导小组，在东北特钢整个脱困重整过程中给予了坚强的领导和专业的指导，过程中积极沟通国家有关部委、协调债权银行及战略投资者，使东北特钢集团重整工作得以顺利推进。

在按照市场化、法制化原则推进重整从而挽救东北特钢的过程中，需要考虑的不仅是解决眼前的问题，更要着眼于企业的长远发展。2016年底召开的中央经济工作会议指出，"混合所有制改革是国企改革的重要突破口"。作为国内最大的民营钢铁企业、世界500强企业之一的沙钢集团，积极响应国家关于国企混改以及振兴东北等政策号召，参与到东北特钢集团重整中来，并最终被确认为主要重整方。2017年8月8日，以沙钢为主要战略投资者的重整计划获得债权人会议表决通过，并于8月11日经法院批准实施。2017年9月，沙钢管理团队开始进驻东北特钢，全面实质介入东北特钢生产经营工作。

沙钢集团入主东北特钢集团后，通过推行了一系列改革举措，按照新的经营思路和管控模式运营企业，使东北特钢快速扭转了困境，奔向良性发展轨道。

重整后的东北特钢集团结合自身技术、装备优势，提出"特钢更特、优特结合"的新经营思路，不断推进产品结构调整，实现以"优"增量降成本，以"特"提质增效益，优势互补，同步提升。2017年10月~2018年6月，东北特钢集团月均铁产量9万吨，比2017年1~9月月均增加39.3%；月均钢产量17.9万吨，比2017年1~9月月均增加46.1%；月均钢材产量15.9万吨，比2017年1~9月月均增加43.5%；月均营业收入11.27亿元，比2017年1~9月月均增加33.2%。尤其是大连特钢2017年10月份实现自2011年搬迁投产以来首次盈利，2018年5月份钢材产量达到历史新高14.74万吨，比2017年1~9月月均增加110.6%。

随着生产效率和能源利用效率的提高，能耗指标显著下降。2018年1~6月，集团公司吨钢综合能耗已同比降低105千克标煤；吨钢电力消耗同比下降196千瓦时；吨钢燃气消耗同比下降197立方米；吨钢新水消耗同比降低26%，降至2.53吨，低于钢铁工业协会成员企业平均指标2.94吨。

东北特钢集团实施重整过程中，适逢党的十九大胜利召开，通过认真学习党的十九大精神，企业改革发展的信心得到有力增强。特别是十九大报告中明确指出，深化国有企业改革，发展混合所有制经济，培育具有全球竞争力的世界一流企业。东北特钢集团在"深入学习贯彻落实党的十九大会议精神暨全体干部和员工代表大会"上，明确提出要把企业打造成倍受客户、同行、社会尊敬的国际一流企业。东北特钢集团以学习贯彻落实党的十九大精神为契机，坚持以习近平新时代中国特色社会主义思想为指导，在全集团开展了"以十九大精神为指引，实现企业相融发展、创新发展、涅槃重生、再铸辉煌"的主题宣传活动。各级党组织、全体党员干部、广大职工群众全面掀起了学习十九大精神的热潮，在此过程中，把顺利实施重整、推进企业改革发展、全面提升生产经营效率效益，作为贯彻落实党的十九大精神的具体行动，上下齐心、万众合力，开创了东北特钢改革发展的新局面。

东北特钢集团重整后，将沙钢集团先进成熟的管理经验与东北特钢实际情况相结合，实施了一系列改革举措，实现了企业的融合发展、创新发展。主要举措包括：

在深化干部人事体制改革方面，全面优化人力资源配置，优化人事管理体系，促进效率提升，有力提高了全员劳动生产率。在集团层面将 20 个部门整合为"一室五部"6 个部门，实现了小机构、大职能的高效管控模式。通过优化干部编制结构、完善中层干部考核制度、多形式开展干部培训，全面提高干部队伍整体素质，强化干部履职能力，有效发挥干部骨干带头作用。

在绩效考核激励制度改革方面，全面优化集团各级企业经营管理机制，突出企业效率和效益，在原有考核模式基础上，增加了对生产经营型公司实施生产经营承包，承包合同主要对经营者年薪和职工工资总额做出相关规定。同时承包合同与月份经济责任制考核相辅相成，在保证年度指标的同时，监控月份指标完成情况。生产经营承包制，充分体现出了激励作用，促进干部员工自加压力，激发了全员活力，增强了企业发展动力。

在采购管理模式改革方面，通过全面对接沙钢集团采购模式，不仅实现共享供应商资源，促进供应商的结构优化，更是将新思维、新理念引入到整个采购机制的改革中。在保留原有优势特点的基础上，重构了采购管理制度和供应商准入机制，以发挥集中采购优势为核心，实现成本控制的前移。通过量化供应商准入条件，健全供应商评价标准，引入专家评审制度，提高了供应商资质审核的准确性。同时全面引入沙钢采购信用管理模式，改革采购付款方式，消除权力寻租空间，实现付款公平、公正。通过这些保障供应商权益的制度和措施，极大提升了广大供应商对企业的信心，迅速恢复了对企业的信任。

在销售系统改革方面，通过全面对接沙钢集团的销售模式，在整合企业原有销售特点和客户资源的基础上，建立新型的产、供、销联动机制，提高对市场价格的快速反应能力，更好地适应当前钢铁市场环境剧烈变化的新形势。同时，为了防范和降低经营过程中的风险，出台了如销售政策管理规定等一系列政策性和指导性管理办法，以进一步规范销售行为，维护企业自身和客户的共同利益，实现企业与客户的双赢。

在先进管理手段的引进和融合方面，一是按照新机构、职能变化情况，完成职责修订工作，理顺工作流程，确保各项工作分工清晰、管理无盲区；二是设计部门职责分工表和管理人员管理作业标准工作细则"两张表"，进一步明确各部门工作任务和管理人员工作任务及其标准；三是建立起月、周工作计划管理体系。实行月、周工作计划的制订和完成情况的反馈工作；四是加强信息化建设，充分利用沙钢集团先进信息化资源进行移植覆盖；五是在各级领导干部、技术专家和管理人员中开展年度总结评比，一方面表彰先进、激励士气，另一方面通过总结找出不足，明确下一步工作的改进思路等。

东北特钢集团重整后实施的改革举措涉及企业生产经营管理的方方面面，正是这些改革举措使东北特钢在短时间内就发生了如此之大的变化，为推动企业实现良性发展提供了强大的动力和活力。

改革开放四十年来，东北特钢集团以不断改革创新的锐意进取精神，实现了一次又一次的历史性突破和跨越式发展。伴随着我国全面深化改革的浪潮，东北特钢集团正以全新的姿态昂扬奋进，企业发展的后劲也不断增强，全力向着新的征程扬帆启航。

凌钢在改革开放中阔步前行

凌源钢铁集团有限责任公司

凌源钢铁集团有限责任公司（简称凌钢）地处辽宁省朝阳市。红山文化的悠远历史，女神故里的沧海桑田，凌河源头的万古千秋，积淀了大辽西厚重的底蕴。凌钢裹挟着中华远古文明的滚滚红尘，伴随着神州大地改革开放的铿锵步履，不忘初心、牢记使命，以做强做优做大为目标，艰苦跋涉、砥砺前行，这座现代化的钢铁之城已雄浑崛起，成了辽西一颗璀璨耀眼的明珠。高炉的光芒与女神的风采交相辉映，现代工业文明的曙光在这里绽放。凌钢凭借着国际一流钢铁装备技术和奋力打造中国一流品牌的强劲动力，在红山脚下铸就了钢铁强国梦。

习近平总书记指出，改革开放四十年，在中国共产党领导下，中国人民凭着一股逢山开路、遇水架桥的闯劲，凭着一股滴水穿石的韧劲，成功走出一条中国特色社会主义道路。我们遇到过困难，我们遇到过挑战，但我们不懈奋斗、与时俱进，用勤劳、勇敢、智慧书写着当代中国发展进步的故事。四十年来，中国发生了举世瞩目的巨大变化。中华民族大踏步赶上了时代前进的潮流，社会主义中国巍然屹立在世界东方。凌钢作为共和国钢铁工业企业的一员，是中国改革开放的一个缩影。回顾四十年的光辉历程，凌钢在改革开放方针指引下，几代凌钢人满怀发展我国钢铁工业、振兴地方经济的豪情壮志，艰苦创业、励精图治、锐意改革、不断创新，经历了风风雨雨，走过了一条极不平凡的发展道路，发生了翻天覆地的辉煌巨变。

一、辉煌成就

（一）生产能力不断增长，综合实力显著增强

凌钢的生产能力由最初"5、7、10"的年产 7 万吨钢发展到现在的 600 万吨钢。从1987 年到 2017 年末，累计产钢 5924 万吨。资产总额由 1.51 亿元，增长到现在的 285 亿元。营业收入由 1.83 亿元，上升到 205.9 亿元。四十年累计实现利税总额 135.3 亿元。其中，利润 48.1 亿元，上缴税金 87.2 亿元。从 1988 年起，凌钢进入全国工业企业 500 强行

列。凌钢现下辖凌钢股份（上市公司）等 5 个控股公司、朝阳银行等 7 个参股公司和永山矿业等 13 个全资公司，托管东风朝柴动力公司。企业资产总额 285 亿元，在职职工 10700人。中国企业 500 强 2016 年列第 476 位。

（二）钢铁装备实现升级换代，首批通过国家工信部《钢铁行业规范条件》审核

经过多年不断的技术改造，主体装备实现了大型化、现代化、节能化，工艺技术水平进入了行业先进行列，凌钢是首批通过国家工信部《钢铁行业规范条件》审核企业。现有高炉五座（2300 立方米一座、1000 立方米两座，450 立方米两座），转炉六座（120 吨三座，35 吨三座），连铸机八套（方坯七套、板坯一套）。优特钢棒材生产线三条、连续棒材生产线两条、高速线材生产线一条，可生产直径 5.5~20 毫米线材和直径 12~260 毫米棒材。热轧中宽带钢生产线一条，产品规格为（3.0~16.0）毫米×（480~770）毫米。焊管生产线九条，可生产直径 17~355 毫米直缝焊管和直径 219~1820 毫米螺旋焊管。无缝钢管生产线两条，产品规格为直径 57~159 毫米。

（三）坚持普特并重，产品结构得到优化调整

全力推进优特钢研发生产，已形成以优特钢、螺纹钢、中宽带和钢管为主的四大产品系列，主导产品均获国家产品实物质量金杯奖，"菱圆"商标被认定为中国驰名商标。热轧带肋钢筋 2017 年被评为辽宁省重点名牌产品，通过了 MC 冶金产品认证，是国家重点工程的首选。通过了新加坡 ISO 10144、韩国 KS 认证，产品远销到全球 30 多个国家和地区。凌钢及凌钢品牌进驻了雄安新区，被红沿河核电工程评为"优秀生产单位"，成了京沈高铁辽宁段的最大供应商。产品还打入北京城市副中心、北京七环高速、北京首都新机场及亚投行总部等重点工程。优特钢部分产品已跻身同类产品中高端，成了一汽、二汽、北汽等部分配件生产企业的原料供应商，产品还销往海外 20 多个国家和地区。

（四）不断推进管理创新，曾荣获全国百户企业管理杰出贡献奖

改革开放以后，凌钢逐步形成了适应市场经济要求的内部管理机制，建立独具特色的"日清日结"管理模式，成为辽宁省企业管理的典型。扎实开展对标挖潜、降本增效工作，已经成为提升企业核心竞争力的长效机制。凌钢"两化"融合已达到钢铁行业先进水平。产供销系统、MES 系统、能源管控系统、决策支持系统及移动客户端的健康运行，进一步促进了管理的加强。凌钢全面实施"质量强企"战略，以质取胜，提质降本，坚持走品种质量效益型道路。凌钢是全国冶金系统首批通过 ISO 9001—2000 标准认证的企业之一，现

已是质量、环境和职业健康安全管理"三体系"认证企业。全国质量管理先进企业、辽宁省质量管理奖、包揽了首届朝阳市市长质量奖。秉承"精品立市、诚信如山"经营理念，在业内是信誉度最高企业之一，获得国家级诚信企业 AAA 认证，是全国守合同重信用企业。

（五）不断深化企业内部改革，企业活力和综合竞争力不断提高

积极响应和落实国家不同时期的改革要求，1997～1999 年，按照中共十六大减人增效，下岗分流，实施再就业工程和国企三年脱困的要求，凌钢进行了三次下岗分流改革，劳动组织结构、岗位人员素质结构得到进一步优化，职工的竞争意识得到普遍提高，促进了劳动生产率的大幅度提高。2000 年，凌钢将自己创办并管理了 31 年的中学、小学全部移交给凌源市地方政府。学校分离后，凌钢只交教育附加费，不再承担教育经费。2004 年，凌钢红山派出所整体划归地方公安局管理，分离后的红山派出所继续履行保卫凌钢职责。2003 年凌钢劳动服务公司依法破产，合理解决了大集体问题。2005 年，凌钢劳动服务公司依法注销。同年，按照整体改制、带资分流、员工持股、内需扶持的原则，改制剥离了汽车运输、机械制造、建筑安装、生活福利等辅业子公司，实现了产权关系和劳动关系的两个转变。2006 年，凌钢职工医院在凌钢全员加入医疗保险的前提下进行了改制。在新的《劳动合同法》实施时，凌钢顶住压力，果断决策，清退了全部依附在企业的临时工，现已不存在任何形式的混岗混业临时工或劳务派遣工。凌钢现在没有任何历史包袱，没有任何社会负担，没有任何劳动纠纷，也不存在"三供一业"。2018 年，凌钢按照市委市政府要求，制定了凌钢集团公司经理层副职市场化选聘办法，正在积极组织实施，选聘政治思想素质好，熟悉现代企业经营管理的优秀人才充实凌钢经营班子。

（六）全力开展节能环保，努力构建绿色凌钢

建设资源节约型、环境友好型企业是凌钢发展的必由之路。2008 年以来，累计投入节能环保资金超过 30 亿元。2012 年和 2013 年，节能环保投资占营业收入比率在全行业排名列第一位，2014 年列第二位。现已形成完善的固态、液态、气态废弃物循环经济产业链，主要节能环保指标达到行业先进。在行业内凌钢是唯一一家实现废水零排放企业，吨钢新水耗 1.40 吨，行业排名第一位。自发电比例达到 70% 以上，处于行业领先水平。凌钢是全国冶金绿化先进单位，首批被辽宁省评为绿色工厂。

（七）坚持技术创新，工艺技术实力明显增强

凌钢技术中心是省级技术中心，2010 年以来，获得省级优秀新产品奖 5 项，获得省级

新产品和市科技进步奖 3 项。在新技术开发上，大胆探索，勇于创新。在国内率先开发和采用的技术有：大转炉"一罐到底"冶炼工艺，高炉喷煤大比例（70%）使用电精煤和褐煤，回转窑干返料闭路循环，利用铁水物理热提高转炉中块石消耗替代石灰，大方坯轻压下技术等。充分发挥三期技改后的装备优势，大力开展产品结构调整，推进优特钢产品升级。通过成立优特钢事业部、外聘国内高水平专家、不断完善硬件设施等，优特钢研发取得重大突破，实现了部分优特钢产品的初步中高端化和系列化，品种比接近 80%。

（八）大力实施"人才兴企"战略，不断加强人才队伍建设

凌钢一直坚持人才是第一资源的理念，进一步优化人才成长环境，完善人才培养体系。在收入上向科技人员和主要管理岗位、营销岗位倾斜，拉大职工收入差距，吸引人才，留住人才，用好人才。每年评选 150 名凌钢科技贡献奖获奖人员，鼓励广大科技和管理人员岗位建功。每年评选凌钢技术专家、高级专家和首席专家，为专业技术人员开辟了新的成长成功"通道"，每年表彰工人技术创新优秀成果。每两年一次，在一线工人中评聘技师和高级技师。2018 年，凌钢扎实推进"人才兴企"战略，正在积极打造自己的高水平技术团队，制定了优厚政策，吸引硕士研究生到凌钢工作。

（九）大力实施"多元发展"战略，全面加快企业转型升级

凌钢已进入机械制造、轮胎化工、新材料、新能源、矿产资源、金融等多个领域。2015 年初托管的东风朝柴动力公司，拥有国际水平的专业化生产线 21 条，具备年产 21 万台柴油机生产能力，产品性能优越，在"9.3"大阅兵中，朝柴发动机匹配的宝斯通客车作为第一方阵接受了检阅，现已装备国家领导人公务专用客车，市场竞争优势明显。2003 年收购成立的朝阳浪马轮胎公司，企业资产、生产能力 10 年增长了 10 倍，现在年产载重子午线轮胎能力已超过 220 万套，企业管理移植了凌钢的管理理念，具有较好创效能力，已成为朝阳市创汇大户。2013 年底收购成立的朝阳天翼国基新材料公司，可研发生产航空航天、海洋舰船、核电、石油、高铁等行业所需的高端金属材料，已经研发多种产品并投放市场，企业发展势头强劲，市场潜力巨大。参股的朝阳银行，下辖 3 家域外分行、2 家域外支行，1家直属营业部、13 家一级支行、38 家二级支行和 4 家县域专营支行、4 家社区支行。截至2017 年末，资产总额达 817.43 亿元，同比增长 25.68%。凌钢持股占 9.29%，是最大股东。

（十）积极推进对外开放，大力开展国际化经营

成立凌钢国际贸易公司及国贸（香港）有限公司、国贸北京业务部，丰富了国际化经

营手段，提高了国际化经营能力。凌钢的螺纹钢、中宽带、优特钢等产品已远销到东南亚、中东、美洲、非洲等 30 多个国家和地区。热轧带肋钢筋通过了美国、新加坡、韩国、中国香港等国际认证，在蒙古国是质量免检产品，市场占有率达 80% 以上。焊接钢管通过美国石油协会 API 认证，是世界第一高楼——迪拜塔的唯一钢管供应商。优特圆钢出口到墨西哥、印度、越南等 20 多个国家和地区。依托国贸公司平台开展三方贸易，成了朝阳市唯一一家外贸综合服务体企业。2017 年，凌钢重点开发了"一带一路"沿线国家市场，成功向蒙古发电厂、蒙古新机场航站楼及新机场高速公路，柬埔寨高速公路、商贸中心，巴基斯坦卡拉奇核电、中巴经济走廊和中老磨万铁路等国外重大项目供货。

（十一）充分利用上市公司平台，积极开展企业融资

2000 年，凌钢股票在上交所成功上市。2011 年，凌钢抓住证监会仅 3 个月试点实施公司债"绿色通道"绝佳机遇，成功发行 15 亿元八年期公司债，为三期技改提供了可靠的资金保证。2015 年，通过非公开发行股票募集资金 20 亿元，为凌钢战胜钢铁寒冬提供了强有力的支持。2016 年 7 月是凌钢债回售选择期，在债券市场频频出现违约、普遍出现大比例回售的不利情况下，凌钢成功化解大比例回售风险，仅有 2699.8 万元债券选择回售，相当于凌钢又重新发行了 14.5 亿元的三年期公司债。2018 年，上海证券交易所与中证指数有限公司调整部分指数样本股，凌钢股份成为 19 只指数的样本股。

（十二）坚持党要管党、从严治党，全面加强企业党的建设

凌钢党委始终坚持"融入中心、服务大局"，紧紧抓住助力和推动企业发展这个第一要务，全面做好企业党的各项工作，为凌钢的发展建设提供了坚强的思想、组织和人才保证。坚持以习近平新时代中国特色社会主义思想为指导，深入学习贯彻党的十九大精神和习近平总书记在全国国有企业党的建设工作会议上的讲话精神，全面贯彻落实新时代党的建设总要求，坚持党的全面领导，充分发挥党组织领导核心和政治核心作用，坚持提高政治站位不动摇。坚持党对企业的领导不动摇。坚持服务生产经营不偏离，凝聚智慧力量，引领企业发展，为推动凌钢持续健康高质量发展提供坚强政治保证。把"明确党委发挥领导核心和政治核心作用，把方向、管大局、保落实；明确党组织的机构设置和基础保障；明确董事会决定公司重大问题，要事先听取公司党委的意见；明确党委设置及主要职责"写入凌源钢铁集团有限责任公司。这项工作已在 2017 年 9 月底完成。扎实开展党支部规范化建设，大力开展共产党员工程。凌钢现有党员 2680 人，凌钢党委连续三次被评为全国先进基层党组织。

(十三) 坚持共建共享方针，员工与企业同步成长，全面加强企业精神文明建设

经过几十年的培育发展，凌钢形成了具有时代特征的以"自强、诚信、求实、创新"凌钢精神为核心的企业文化。随着企业的发展，凌钢不断丰富内涵，实施系统融优化，推动专业精细化、管理数据化、制造智能化，在全公司树立靠专业提升水平，靠精细加强管理，靠匠心打造品牌，靠智慧赢得竞争理念，崇尚实干、智慧竞争、公平正义、风清气正的生产经营环境和文化氛围正在形成。大力宣传践行社会主义核心价值观，大力弘扬劳模精神、工匠精神、创新精神、品牌精神。新一代凌钢职工继承老一代凌钢人的光荣传统，成为一支能适应时代进步与企业发展要求的过硬团队。坚持"发展为了职工，发展依靠职工，发展成果职工共享"办企方针，努力打造文明、幸福、美丽凌钢，实现企业、职工、社会共同发展进步。坚持依法治企，关心关爱职工，职工收入处于行业较高水平。职工生产生活环境明显改善，幸福指数不断提高，企业的吸引力和凝聚力越来越强。凌钢被授予全国五一劳动奖状和全国精神文明建设先进单位。

(十四) 牢记国企使命担当，积极履行社会责任，助力地区扶贫攻坚

凌钢连续 30 年保持了朝阳市第一纳税大户的地位，极大带动了周边相关产业的聚集效应。2008 年以来，凌钢累计为社会捐款超亿元，用于抗震救灾、地方基础设施建设、教育文化、医疗卫生、体育发展和其他公益事业，受到了社会的广泛赞誉。2017 年，凌钢积极履行国企责任，助力扶贫攻坚。积极助力朝阳脱贫攻坚。决定连续五年每年向朝阳市捐赠扶贫基金 5000 万元。2017 年在捐赠 5000 万元扶贫基金的同时，还向凌源、北票投入扶贫资金 1000 余万元，凌钢被辽宁省评为 2017 年度定点扶贫先进单位、朝阳市评为脱贫攻坚先进集体。由于向定点扶贫的凌源市牛营子镇郭家店村派出的工作队业绩突出，凌钢被辽宁省评为 2017 年度定点扶贫先进单位。2018 年，按照市委要求，凌钢党委选派 9 名干部分别到凌源和北票的乡镇和村工作，抓党建，抓扶贫，支持乡村振兴工作。

二、艰辛历程

历数凌钢改革开放 40 年辉煌成就，不能忘记曾经走过的波澜壮阔的风雨历程，更不能忘记那艰难而不平凡的历史足迹。

50 年前，来自祖国四面八方的老一辈凌钢人，白手起家，艰苦创业，开始了凌钢的建设。建厂之初，受极"左"思潮干扰，企业管理混乱，亏损严重。但凌钢广大职工没有动

摇坚定信念，使企业在严重动乱中得以保存下来。

党的十一届三中全会之后，伴随着改革开放的大潮，凌钢也迎来了快速发展的春天。通过拨乱反正、企业整顿和一系列配套性的技术改造，建立了较为有效的管理秩序和工作秩序，使凌钢生产经营逐步得以顺行。1980 年，首次达到了"5、7、10"设计能力。1982 年，凌钢彻底摆脱了亏损。

进入 20 世纪 80 年代中后期，在省、市大力支持下，经过艰苦努力，使凌钢改扩建规划列入了国家"七五"发展计划，从而抓住宝贵发展机遇，实施了"七五"改扩建，凌钢实现了"一厂变三厂"。1993 年，一举登上 50 万吨钢新台阶。"八五"期间，以引进中宽热带轧机为龙头，又进行了一系列配套改造，使钢、铁、材产量在"七五"基础上再翻一番。通过这两次大规模改造，凌钢生产能力得到大幅度提升，产品结构进一步优化，工艺技术水平得到显著提高。

90 年代中期，我国开始进入由计划经济向市场经济转型期，长期形成的企业体制机制等结构性矛盾和历史性包袱充分暴露出来，凌钢的生存和发展面临非常严峻的挑战。凌钢以前所未有的力度展开了全方位的改革、改组、改造和管理创新。1996 年，以学邯钢模拟市场核算为切入点，抓管理，转机制，建立了具有凌钢特色的"日清日结"管理模式，不仅使企业从转轨初期的困境中解脱出来，而且成为全省国企改革脱困的典范。1998 年，组建了凌源钢铁集团有限责任公司，逐步建立了法人治理结构，陆续分离企业办社会职能，剥离了辅业子公司。

到"九五"末，凌钢形成了 100 万吨钢生产能力。之后仅用三年多时间，在 2004 年即实现了 200 万吨钢历史性跨越。这期间，还用了三年多时间，以百折不回的努力实现了股票上市，为凌钢建立了连接资本市场的通道。

进入 2007 年，面对钢铁行业淘汰落后产能、加快装备升级大潮，投资 53 亿元，凌钢实施了 350 万吨钢技术改造，淘汰了低质落后产能，实现了系统升级。2012 年，凌钢顶着资金、技术等重重风险和压力，又投资 75 亿元进行了 600 万吨钢技术改造，成功地实现了一次在极限上的挑战，完成了一项几乎不可能完成的任务。改造后的凌钢，实现了装备大型化、工艺现代化、工序节能化。为充分发挥装备优势，进一步适应市场需求，2013 年，凌钢启动了"普转特"工作，产品结构实现由单一的普钢向普特并重转变。积极适应经济新常态，全力推进企业转型升级，加快培育壮大新的效益增长点，企业正在向大型综合性企业集团迈进。

2017 年，凌钢坚持以经济效益为核心，以依法治企为基础，以市场机制为手段，扎实推进质量、效率、动力变革，扎实推进安全、环保、指标、产品、质量和服务六个升级，努力实现凌钢可持续高质量发展。全年累计产钢 505.2 万吨，同比提高 3.5%。实现营业收入 205.9 亿元，同比提高 58.4%。实现利税 23.2 亿元，2017 年同期为 3765 万元。其中，税金 7.7 亿元，同比提高 63%。利润 15.6 亿元，上年为亏损 4.3 亿元。钢铁主业实现利润 17.8 亿元。

2018 年以来，凌钢认真学习贯彻习近平新时代中国特色社会主义思想和党的十九大精神，贯彻落实省市各项工作部署，聚焦钢铁主业，全力降本提质增效，全面加强各项管理，技经指标全面优化，产品结构不断升级，企业效益持续提高。2018 年上半年，累计产钢 269.33 万吨，同比提高 4.02%。实现营业收入 115.3 亿元，同比提高 20.40%。实现利税 17.2 亿元，同比提高 1.11 倍。其中，实现利润 10.9 亿元，同比提高 1.35 倍。钢铁板块实现利润 11.7 亿元，同比增长 1.48 倍。实现税金 6.3 亿元，同比提高 78.7%。实际上缴税费 9.6 亿元，同比提高 1.51 倍。工业总产值、工业增加值、营业收入、利润和税金等均创凌钢历史同期最好水平。

40 年艰辛历程，磨炼了凌钢，成就了凌钢，也壮大了凌钢。如今，凌钢已跻身世界钢铁 70 强、中国钢铁 30 强、辽宁工业 15 强，成为名副其实的现代化大型钢铁企业。

过去的 40 年，凌钢一直在求索中感悟，在危机中自省，在改革开放中前行，进行了一场场艰苦卓绝的奋战，谱写了一曲曲可歌可泣的壮美诗篇，创造了一个又一个惊天动地的奇迹。回顾 40 年的奋斗历程，充满着艰辛和辉煌、曲折和胜利、付出和收获。可以说，是一部以做强凌钢为己任的发展史；是一部不断推进技术和管理创新的改革史；也是一部几代凌钢人矢志不渝、艰苦奋斗的创业史。

过去的 40 年，一代代凌钢人在竞争中磨砺坚韧，在搏击中积淀实力，在超越中实现升华，延续着我们一脉相承的梦想与追求，形成了勇于探索、艰苦奋斗的自强精神；诚实为本、信誉为先的诚信精神；实事求是、尊重科学的求实精神；励志崛起、敢为人先的创新精神。"自强、诚信、求实、创新"的凌钢精神，生生不息，薪火相传，早已融入了凌钢人的血脉，成了推动凌钢发展不竭的动力源泉。

三、基本经验

过去的 40 年，凌钢取得了辉煌的发展成就，这既是党和各级政府正确领导、帮助指导的结果；也是广大客户、供应商和社会各界关心爱护、倾心支持的结果；更是几代凌钢人忠诚企业、艰苦奋斗、开拓进取、勇于创新的结果。40 年来，一批又一批的建设者积极投身于凌钢的发展，凌钢成长的每一步，无不倾注他们的心血与汗水，无不闪耀着他们智慧的光芒，他们为凌钢的发展付出了宝贵青春年华，贡献了全部的光和热。

（一）坚持党的领导不动摇

中共十一届三中全会以来，全党工作的中心从以"阶级斗争为纲"转移到社会主义现代化建设上来，这是中国历史上具有划时代意义的重大转变。从那时起，凌钢紧紧抓住发展这个第一要务，无论遇到什么情况都没有放弃经济建设这个中心。凌钢以坚持企业发展为己任，"七五"时期，面对计划经济的重重障碍，以大无畏的勇气和胆略，使凌钢实现了"一厂变三厂"，迈出了凌钢发展坚实的第一步；在改革攻坚时期，勇敢面对无数来自各方面的阻力，坚信发展中出现的矛盾和问题必须通过发展来解决；在股票上市、兼并企业、产权制度改革和下岗职工并轨中，遭遇无数难题，只要后退一步，就可能前功尽弃，但凌钢始终坚信"发展才是硬道理"，因而克服了一个又一个困难，使企业发展不仅没有后退，反而大踏步前进。正是用"咬定青山不放松"的精神来对待改革和发展，才有了凌钢的今天。

（二）坚持深化改革，转换经营机制，增强企业发展活力

改革就是解放生产力。40 多年来，凌钢之所以获得长足发展，关键是抓了改革。国企改革的本质，就是适应市场经济的要求，寻找一条公有制与市场经济相结合的有效途径。为此，从"六五"的全面整顿，"七五"的企业升级，"八五"的三项制度改革和股份制试点，一直到"九五""十五"按照"产权清晰、责权明确、政企分开、管理科学"要求建立现代企业制度，凌钢都以前所未有的力度展开了全方位的改革攻坚。在改革中既认真贯彻了中共中央和省、市的指导方针和原则要求，又针对企业发展不同时期的不同情况，结合实际坚持与时俱进不断创新推进改革。凌钢改革一个突出特点是，坚持解放思想、更新观念，用理论和观念的突破来推动体制机制的创新，在改革的每一个阶段，都是以解放思想和更新观念为先导，扫清前进道路上的各种障碍。所以，凌钢改革发展的历史，实际上是一部思想解放的历史，是一部理论创新和观念更新的历史。

（三）坚持"请进来走出去"战略，全面扩大企业对外开放

只有开放才能带来创新和发展。近年来，凌钢坚持请进来走出去战略，积极扩大开放。聘任武钢专家团队来凌钢开发了合金工具钢、合金结构钢、石油套管钢三类品种共计20 余个新牌号，同时对品种钢含铝工艺提出优化建议和意见。专家举办讲座 30 次以上，从具体工艺细节、研发理论到钢铁形势、国家政策，使广大技术管理人员、岗位操作人员提高认识，开阔了眼界。2017 年与日本专家合作，主要进行了铁水三脱、转炉终点高碳低

磷控制、优化精炼渣系提高钢水洁净度、大方轻压下工艺、偏析控制等方面理论研究、试验跟踪、完善改进等工作。扎实开展校企合作，与东北大学、北京科技大学、辽宁科技大学相继就优特钢冶炼、轧制等课题及人才定向培养开展合作。扎实的对外开放，使凌钢吸收了外部的技术、管理和文化，进一步增强了自身实力，也使凌钢走向了世界。

（四）坚持不断地推进技术改造，用技术进步和技术创新，促进企业快速发展

改革开放 40 年来，特别是"七五"以来，凌钢针对贫困地区的状况，凌钢发展的一个突出特点，就是坚持自我积累，用"滚雪球"的方式，通过不断的技术改造，实现自我发展。凌钢技术改造之所以能获得成功，主要是能够抓住宝贵的发展机遇加快改造进程。"七五"改造，早在 1984 年就开始准备，使各种发展条件基本具备，因而获得国家的批准。在实施过程中，争时间，抢速度，打破常规，勇于创新，才使所有项目都能按期投产达效。"八五"以引进中宽带为突破口，"九五"抢抓股票上市等，都是及时抓住了机遇，使企业发展没有走弯路。在技术改造中坚持技术进步和技术创新，坚持与时俱进。"七五""八五"时期，不贪大求洋，注重采用先进适用技术，着眼提高装备技术水平。"九五"以来，按照国家产业政策，注重环保节能，采用先进工艺和设备，先后淘汰了小高炉、小电炉、模铸、横列式轧机等落后装备和工艺，实现了连铸—热送热装—连轧等先进工艺流程。2008 年以来，特别是 2012 年，凌钢又在向大型化、自动化迈进。随着企业的发展和凌钢工艺装备水平的不断提高，以科学发展观来指导技术改造，改造的重点向品种质量倾斜，转变增长方式，使发展的"量"和"质"都提升到一个更高层次。通过技术改造，凌钢淘汰了低质落后产能，实现了装备大型化、工艺现代化、工序节能化，工艺布局和产品结构合理，全部实现了优质高效产能。

（五）有一个坚强有力、能打硬仗的职工队伍

凌钢 40 年的发展关键在于有一个素质高、作风硬、团结稳定的领导班子，无论是逆境还是顺境，凌钢领导班子始终是冷静观察，缜密分析，前瞻思考，科学民主决策，在不同的时期，面对新情况，研究新问题，确定新思路，没有使凌钢发展走弯路。班子成员廉洁自律、形象端正，对工作勤勤恳恳、兢兢业业、精益求精，多年来都是"早七晚八、星期天白搭（不休息）"。真正做到了一级带领一级干，一级做给一级看。凌钢的职工队伍也是一支勇于吃苦、乐于奉献、能打硬仗的队伍。几十年来，凌钢努力培养高素质的职工队伍，一代又一代的凌钢人发扬敢打硬仗、能打硬仗、勇往直前的精神，为凌钢的发展做出了不可磨灭的贡献。

四、发展思路

总结过去是为了开创未来。在新的历史时期，凌钢一定会继承和发扬前辈们的光荣传统，以科学发展观为统领，更加扎实工作，更加奋发努力，把凌钢进一步做强做优做大，为中国的钢铁工业做出无愧于时代的贡献。

抚今思昔，激情满怀。凌钢为走过的40年光辉历程和取得的辉煌成就倍感骄傲和自豪。展望未来，催人奋进。今天的凌钢，又站在了新的历史起点上。

当前，我国正处在全面建设小康社会重要战略机遇期，钢铁行业的供给侧结构性改革稳步推进，凌钢也进入了加快转型升级的关键时期。面对新的形势、新的任务、新的挑战，全公司广大干部职工要以十八大以来党的各项路线方针政策为指导，深入学习贯彻习近平总书记系列重要讲话精神，紧紧围绕凌钢改革发展总体目标，进一步强化市场危机意识、责任担当意识和改革创新意识，积极投身企业改革发展，奋发进取，扎实工作，开辟新天地，创造新奇迹，为夺取把凌钢建设成为最具竞争力的大型综合性企业集团的新胜利作出新的历史性贡献。

（一）加快结构调整，把主业做强做优

坚持推进产品升级和结构调整，开发生产具有较强竞争优势的高附加值精品钢材，加快推进优特钢产品中高端化。坚持低成本战略，不断深化对标挖潜和降本增效，全面提高企业生产运营的质量和效率。坚持推进绿色发展，持续改善环境，严格执行环保法和行业排放标准，全面提升能源资源利用效率和循环利用水平。以把钢铁主业发展成为品牌好、成本低、环境美、竞争力强的精品棒线材基地为目标，努力打造全国一流钢铁企业，谱写凌钢可持续发展的新篇章。

（二）加快转型升级，把凌钢做大做强

努力做好现有存量，全面提升现有机械制造、轮胎化工、新材料、金融业务及矿产资源的创效能力。要与行业的尖端技术、高端市场相对接，快速打通制约创效发展的关键性环节，尽快发挥其应有的创效能力。要紧紧抓住国家实施"一带一路"、大众创业万众创新和振兴东北老工业基地战略有利机遇，围绕国家鼓励支持的战略性新兴产业，加快非钢产业的改革发展。

（三）深化改革创新，永葆企业旺盛的生机与活力

深入贯彻国家关于深化国有企业改革的指导意见精神，抓住国家供给侧结构性改革和

去产能机遇，持续推进企业改革创新，扎实推进质量变革、效率变革、动力变革，全面激发企业内生动力与活力。以依法治企为基础、经济效益为核心、市场机制为手段，强化依法治企和科学民主决策，积极完善适应现代企业制度规范的管理体制和经营机制，探索完善经济新常态下企业健康运行的生产经营组织方式和营销模式。坚持推进科技进步，完善自主创新机制，建立健全自主创新体系，确保企业创新实力持续提升。持续丰富凌钢企业文化内涵，牢固树立热爱凌钢、忠诚凌钢、建设凌钢、发展凌钢的责任意识，奋发有为，担当奉献，为实现凌钢可持续发展作出新的更大贡献。

从容走过改革开放四十年的凌钢，又站在了新的历史起点上。我们将以习近平新时代中国特色社会主义思想为指导，认真学习贯彻党的十九大精神，深入贯彻新发展理念和"四个着力""三个推进"，扎实推进质量变革、效率变革、动力变革，努力实现凌钢可持续高质量发展，昂然奋进，砥砺前行，努力创造凌钢新的更加绚丽的明天！

砥砺前行　筑梦杭钢

杭州钢铁集团有限公司

　　杭州钢铁集团有限公司（简称杭钢）创建于 1957 年。60 多年来，特别是改革开放四十年来，杭钢认真贯彻落实党中央改革开放的各项方针政策，在浙江省委省政府的正确领导下，从零开始，从无到有、从小到大、从单一发展到多元并举，从关停半山钢铁基地到重新启航，再到构建"四轮驱动、创新高地"的产业发展格局。一代又一代杭钢人满怀激情，与企业同命运共呼吸，不畏艰难奋勇拼搏，不忘初心追梦前行，谱写了一曲又一曲雄伟的杭钢史诗。

　　60 多年来，杭钢集团累计实现营业收入 9746.37 亿元、利润 193.17 亿元，累计上缴税金 190.45 亿元；半山钢铁基地共生产铁 4903 万吨、钢 6265 万吨、钢材 6136 万吨，宁钢 2015 年和 2016 年共生产铁 852.70 万吨、钢 884.40 万吨、钢卷 876.09 万吨，为浙江省经济社会发展做出了重要贡献。杭钢集团被中国企业联合会、中国企业家协会列入 2017 年中国企业 500 强第 179 位、中国制造业企业 500 强第 74 位。2017 年实现销售收入 933 亿元，同比增长 33%；实现利润 25.04 亿元，同比增长 80%，利润额为历史之最。

一、忆往昔峥嵘岁月，艰苦创业硕果累累

（一）艰苦创业与传承发展期

　　1957 年 4 月 2 日，根据浙江省委"勒紧裤腰带定要建个钢铁厂"的重要指示精神，来自全国各地机关、部队、农村、学校以及兄弟钢厂的创业者们，在荆棘丛生、荒无人烟的半山脚下，用他们的勤劳和智慧，凭借着手提、肩挑，拉开了建设杭钢的序幕。1958 年 2 月和 5 月，杭钢的第一座高炉和转炉分别建成投产，结束了浙江省没有钢铁的历史，解决了浙江省经济发展中铁、钢供应严重不足的突出矛盾，翻开了杭钢发展史上的崭新一页。

　　党的十一届三中全会的召开，为杭钢的发展注入了勃勃生机和活力。1979 年，杭钢及时作出了以提高经济效益为重心的经营决策，制定了"调整、改革、整顿、提高"的工作

方针和三年调整初步方案，实现了从生产型向生产经营型企业的转变，极大地调动了广大员工的积极性。特别是以"驴打滚""鸟枪换炮"的技改经验和高效益、低能耗的优良业绩，因经济效益提高显著，1982年和1983年连续受到国家经委的通报表扬，被冶金工业部定为全国地方骨干钢铁企业学习的榜样。冶金工业部肯定杭钢经验，是因为杭钢狠抓了整顿，出现了"四景"：一景是利税收入远远超过了生产的增长，进入了良性循环；二景是增产不增能；三景是高效率带来了高效益；四景是一批技术经济指标打出了同行业的先进水平，成为全国同类行业提高经济效益节约能源的排头兵，被原冶金工业部号召全国冶金系统学杭钢，被树为全国地方骨干钢铁企业的学习榜样。1989年以后，在新一任领导班子的带领下，通过及时调整经营思路，大张旗鼓地开展"学安钢，上水平"活动，较快地遏制了生产滑坡的势头，生产经营重新迈上良性发展轨道，并形成了"团结、文明、实干、创新"的良好厂风和"技术精湛、管理先进、产品优良、环境优美"的建厂方针。1989年起，杭钢制定了"以安全生产为中心"的经营指导思想，实施严格的治理措施，到1994年底，已连续1639天无因工致残事故，良好的安全生产状况促进了杭钢的生产经营。杭钢的经验归纳起来有三条：一是从领导到职工对安全生产思想认识明确，从被动的"要我搞"转变到主动的"我要搞"；二是党政工团齐抓共管，落实责任制；三是严格现场管理。1994年12月，省政府在杭钢召开安全生产现场会，授予杭钢安全生产先进企业称号，要求各企业向杭钢学习。

（二）兼收并蓄，开启第二次创业期

1994年10月，杭钢根据国家有关组建企业集团的规定，经国家经贸委批准，成立了杭钢集团和杭州钢铁集团公司。杭州钢铁集团公司的挂牌运行，标志着杭钢的公司制改制拉开了序幕。1995年3月7日，浙江省人民政府浙政发〔1995〕177号决定成立浙江冶金集团。经国家经贸委同意，杭钢集团更名为浙江冶金集团。浙江冶金集团的核心企业由省冶金工业总公司和杭州钢铁集团公司合并组成。重组后的集团公司的名称仍为杭州钢铁集团公司，省冶金工业总公司同时撤销。浙江冶金集团的成员单位包括：原杭州钢铁集团公司的全资、控股、参股、协作层企业，原省冶金总公司直属的企事业单位，及其他有关企事业单位。设立浙江省冶金（有色）工业行业管理办公室，受省政府委托，在一定时期内，行使原冶金工业总公司的行业管理职能。浙江省冶金（有色）工业行业管理办公室挂靠在浙冶集团。此举是为了进一步搞好国有大中型企业，加快浙江省冶金工业改革和发展，推动全省企业改革和政府机构改革。1997年，在省政府的支持下，杭钢将钢铁主业中的8家主要生产单位及部分管理部门重组成立了杭钢股份有限公司，并于1998年3月在

上海证券交易所成功上市发行。通过上市不仅募集了社会资本，也改变了杭钢的经营观念，为杭钢快速发展创造了条件。

与此同时，1998 年以来，杭钢决心在做强主业和做大非钢产业两方面实现突围，开启了多元化发展的第二次创业历程，杭钢的非钢产业进入了风起云涌时期。2004 年，通过整合非钢产业，组建了商贸、置业、旅业三大集团；环保产业、高等职业教育、科研设计、黄金开采冶炼等产业发展势头良好，新的产业支柱逐渐形成。2006 年 7 月，杭钢集团成功重组宁波钢铁项目，"跳出杭州，发展杭钢"迈出了实质性步伐，进一步拓展了企业的发展空间。

（三）钢与非钢齐头并进，企业进入快速发展期

杭钢依托新建成的 80 吨超高功率直流电弧炉和 45 吨转炉改造工程，逐步形成以生产工程机械用钢为主导的 400 万吨钢规模的现代联合企业。"十一五""十二五"期间，根据浙江省先进制造业基地建设要求，杭钢高度重视高技术含量、高附加值产品开发工作，优特钢比达到 86% 以上，大力提升了杭钢产品质量档次、工艺技术水平，形成了以工程机械用钢、机械加工用钢、易切削结构用钢、汽车用钢、标准件用钢及特色型材等优特钢品种为特色的产品序列，其中高强度冷镦钢和焊接材料被成功应用于"神舟"五号、六号宇宙飞船，成为浙江省乃至长三角地区钢铁深加工企业重要的原材料供应商和优特钢精品基地。杭钢先后荣获全国节能先进企业、全国质量效益型先进企业等称号。

在做强做优钢铁主业的同时，大力培育新兴产业和高新技术产业，形成依托钢铁发展非钢、发展非钢反哺钢铁的良性互动格局，使企业经营规模迅速扩大。贸易流通、房地产和环境保护等非钢产业加快发展步伐，市场竞争力显著增强，对杭钢集团整体贡献率不断增加，总体经营规模和效益超出整个集团的半壁江山，尤其是房地产业"十二五"期间累计实现利润 22.3 亿元，紫光环保水务日处理能力达到 200 万吨，为杭钢集团实现可持续发展打下了较好基础。

在激烈的竞争中，杭钢不畏强手，敢于迎接挑战，往往克难制胜，求得生存与发展，充分显示出强大的竞争力和生命力。

二、看今朝转型升级，攻坚克难凤凰涅槃

根据党中央国务院深入推进供给侧结构性改革的要求，压缩钢铁产能的总体部署及杭州城市布局调整需要。2015 年 3 月 3 日，浙江省委省政府作出当年年底关停杭钢半山钢铁

基地生产线的决定。面对前所未有的困难和考验，杭钢集团坚决贯彻省委省政府重大决策部署，以顾全大局、只争朝夕、敢于担当、克难攻坚的精神和勇气，一手抓稳定，一手抓发展，有序推进各项工作。

（一）壮士断腕，为转型升级破局突围

2015 年 8 月 24 日，在杭钢新一届领导班子组建后，面对明确关停半山钢铁基地后半年时间里出现的复杂情况和严峻问题，如职工思想混乱、人员构成复杂、群体诉求多样、历史遗留问题繁杂、职工分流安置时间紧迫、安全生产隐患多等问题，杭钢人不负重托、不辱使命，以"五加二""白加黑"、平均每天工作 16~17 小时以上、一天当作两天用的超常规工作状态，一个一个问题跟进解决，一个节点一个节点抓紧落实，一个方案一个方案有序推进，化解了涉及 2 万人次的 19 个历史遗留问题，全面安全关停了运转近 60 年的半山钢铁基地，平稳有序分流安置 1.2 万人，实现了"无一人到省市政府上访、无一起到集团公司恶性闹访、无一起安全生产事故发生"的目标，做到不留分流安置后遗症、不留历史遗留问题、不留稳定隐患，成为全国性典型，被业界称为"杭钢奇迹"。2016 年 7 月 26 日，全国钢铁行业化解过剩产能现场经验交流会在杭钢召开。

（二）解放思想，搏击市场练好内功

半山基地关停后，杭钢在发展进程中面临许多困难和矛盾，突出的是新与旧的交织、破与立的交替、兴与衰的博弈，以及思想准备不足、体制机制先天不足、创新能力不足、人才储备不足、产业替代不足"五条短板"。杭钢以解放思想为先导，大力推行"1+X"思想解放系列活动，"1"就是围绕一个主题，即"走出半山、走进市场、发展杭钢"；"X"就是围绕建设学习型党组织，坚持以党委中心组学习制度为基本形式，组织每周一晚杭钢大讲堂、每月一次外出对标学习、每季度一次二级单位主要负责人专题点评会、每半年一次集团公司领导班子成员履行"一岗双职"情况交流会、每年一次专题读书会等活动，促使广大干部员工思想观念有了重大转变，思维方式得到了创新，认识市场、接轨市场、驾驭市场经济的能力有了较大提高，整体素质有了较大提升。

（三）深化改革，为企业发展催生动力

改革创新是企业发展的内生动力。2016 年 3 月，杭钢举办"解放思想、推动发展"读书会，推出公司制改革、集团总部机构改革、人事制度改革、薪酬制度改革、监管体系改革、集团动能提升工程等改革创新十大行动计划。尤其是集团总部机构改革仅用两个月

时间全面完成，通过"全体起立、双推双考"，使总部职能部门从 20 个减到 10 个，在岗员工从 422 人减少到 89 人。在监管体系上，建立监事办和派驻纪委书记，实行"上位异体""上位监督"，全年未发生一起较大风险。改革创新关键在人，杭钢深入推进人才强企战略，召开人才强企战略研讨会，出台《关于深入实施人才强企战略的若干意见》，制定《杭州钢铁集团公司高层次人才引进管理办法》管理制度，加强管家、专家、资本家为重点的"五个一批"人才工程建设，开展"上挂下派、内修外学"活动。引进 D 类高层次人才 4 名，选派近 100 名干部员工到省市有关部门挂职锻炼，100 多名优秀中青年骨干到清华大学、上海交大脱产学习，职业技能培训 749 人。通过外部引进和内部培养"两条腿"走路为杭钢开创了人才工作新局面，为企业转型升级提供了有力人才支撑。

（四）稳扎细打，为转型升级提供有序保障

针对梳理出来的历史遗留问题，杭钢集团迅速明确工作思路，统一思想，明确分工，实行包案负责制和定时化解制。

妥善化解涉及 2 万人次的 19 个历史遗留问题。自启动半山钢铁基地关停工作以来，杭钢集团精心部署安排，牢牢把控舆情，科学制定适合各个年龄段、各个群体的 12 条分流安置政策；讲究工作方法，以"一把钥匙开一把锁"为主线，运用"领导示范法、典型引路法、案例释疑法、算账对比法、正面引导法、耐心开导法、真诚关心法、一对一交友法、问题化解法、重点突破法"等思想政治工作"十法"，加强人文关怀和心理疏导，有效应对处置苗头性危机和突发性事件。

有效处置化解僵尸困难企业和风险资产。根据《浙江省国资委关于确定杭钢集团公司所属"僵尸企业"名单有关事项的通知》要求，杭钢集团全力推进"僵尸企业"和部分重点困难企业的处置化解工作。成立以总经理任组长的风险资产和困难（僵尸）企业处置化解工作领导小组，制定《关于推进困难企业（僵尸企业）处置和风险资产化解工作的若干意见》《杭钢集团风险资产化解工作年度考核方案》，落实责任领导、责任单位。组建浙江紫汇资产管理有限公司，专门负责僵尸困难企业处置化解工作，加大化解工作力度，对僵尸困难企业采取扭亏为盈、股权转让、清算注销等方式，穷尽一切办法予以化解，努力实现"三个一批"，即"清理退出一批、重组整合一批、创新发展一批"。目前，22 家"僵尸企业"（困难企业）已得到有效化解。按照依法依规、一企一策、程序到位等原则，加强风险资产责任落实与考核，截至 2017 年底，累计收回风险资产金额 3.29 亿元。

圆满完成钢材市场商户清退工作。位于杭州市东新路的浙江新世纪钢材市场属于半山钢铁基地关停后一并移交杭州市收储的地块。杭钢成立了市场分流安置工作领导小组和工作机构；设立市场关停现场指挥部；组建了政策方案、舆论宣传、思想工作、分流安置、维稳安保五大专业职能组以及由集团公司 7 位领导挂钩的七大行动组、一个商户清退攻坚组，以"五加二""白加黑"的工作状态，发扬不怕困难、不畏艰辛的奋斗精神，坚持舆论先导、政策引导、服务疏导、监管督导的工作方法，实现思想领先、多措并举、堵疏结合的工作方针，有序推进商户清退工作。从 2016 年 9 月 8 日开始，用了 4 个月时间，平稳清退商户 371 家，提前完成工作目标。同时，杭钢集团还处置化解了由宝钢留给宁钢的 12 个历史遗留问题；梳理整顿 44 家参股企业，并出台相关管理办法。这些历史遗留问题，不但涉及法律问题、经济问题、金融问题还涉及社会问题。这些历史遗留问题的解决，不仅维护了杭钢集团的稳定大局，同时为后续的改革发展铺平了道路。

（五）提质增效，为集团发展开创新局面

2016 年，完成杭钢股份重大资产重组工作，募集资金 24.75 亿元，杭钢股份实现全资控股宁钢。杭钢股份净资产从 26.9 亿元增加至 149.41 亿元，杭钢集团的整体资产证券化率由 42.12% 提升至 75% 左右，杭钢集团对杭钢股份持股比例有 65.5% 下降至 51.62%。围绕"无中生有""借题发挥"，相继成立浙江省环保集团有限公司、浙江杭钢职业教育集团及环保学院、健康学院，已与省里多个市县、国内多家知名企业签订战略合作协议。新创办杭钢电商、中杭监测、宁波紫藤、紫达物流、智谷科技等 5 家公司，并支持职工自主创业创办 77 家公司。截至 2016 年底，25 家困难（僵尸）企业中有 3 家已实现扭亏、3 家减亏、5 家已进入资产处置阶段，6 家已进行清算注销，4 家正在做转让前期工作；已收回风险资产金额 1.58 亿元，存货风险已基本化解。按照浙江省国资委"提质增效年"的部署，积极打好"加减乘除"四道转型升级组合拳，分类推进现有产业发展，企业盈利点不断增多。

三、谋划未来创新发展，任重道远鹏程万里

杭钢站立在时代的风口浪尖，从当初应时而生、经受风雨，到破茧而出、获得新生，再到现在如何在残酷的市场竞争中巍然屹立、展翅高飞，只有靠快发展、大创新，只有铁肩担道、勇敢超越、奋发图强，必须拿结果和实力说话，必须时刻贯穿和奏响创新发展的主旋律，杭钢才能基业长青、做百年企业。

（一）锚定方向，冲击百强

为科学系统推动杭钢未来发展，杭钢认真贯彻省委省政府的决策部署，结合国家"一带一路""互联网+"等战略，以及浙江省八大万亿产业发展方向，经过大量调研、论证，立足自身既有优势条件，制定了"十三五"发展规划，明确了"打基础、调结构、抓创新、促发展"的总基调、"企业规模化、产品高端化、产业集聚化、市场国际化、资产证券化、管理精细化、体制现代化""七个化"的总定位；同时，确立并实施"四轮驱动创新高地"战略思路，即主攻节能环保产业，做强做优钢铁及贸易产业，积极培育数字经济产业、技术服务产业，锻造企业竞争新优势。

今后一个时期，杭钢将全面建立现代企业制度和全面实现资产证券化。集团将建立完善的战略管控体系，以信息化为支撑，实现办公、制度、监管体系现代化；以产权多元化为核心，以法人治理结构为关键，以科技、基金、上市、并购等为手段，发挥金融和资本功能，实现集团由管资产向管资本的转变。集团公司将努力打造成为控股型公司，主要职能是成为决策中心、利润结算中心、品牌营销中心、人才培养中心及管控中心，下辖若干企业集团，包括环保集团、钢联集团、职教集团、智能健康集团、检验检测集团等。集团公司将逐步向资产证券化方向推进，加大股权融资力度，减少对信贷资金的占用，控股 3 至 5 家优质上市公司。到"十三五"末，集团公司资产证券化率达到 85%，控股上市公司总市值 500 亿元，实现股权融资 50 亿元。到"十四五"末，集团公司资产证券化率争取达到 100%，控股上市公司总市值达到 1000 亿元，实现股权融资 100 亿元。

杭钢人始终把习近平总书记提出的"国企要搞好就一定要改革，抱残守缺不行，改革能成功，就能变成现代企业"作为杭钢发展的"座右铭"。新的时代，唯改革者进，唯创新者强，唯改革创新者胜。要解决好"破与立交织、新与旧交替、兴与衰博弈"的三对关系，只有通过改革才能解决问题，只有通过改革才能走出振兴之路。根据新的历史方位，及时开展以"走出半山，走进市场，发展杭钢"为主题的解放思想系列活动，第一时间成立改革办，科学谋划产业发展规划，积极推进改革创新十大行动计划，打出了一套"四LIANG"转型升级组合拳，使广大干部职工思想观念得到了极大改变，精神面貌发生了根本性变化，认识市场、接轨市场、驾驭市场经济的能力有了大幅提高，使集团公司管控模式得到了极大改变。杭钢人深刻认识了差距和短板、深刻认识了不改则衰的规律、深刻认识了企业强起来必须要改革，发出了"以改革开路、靠改革兴企、将改革进行到底"的洪亮声音。短短两年间，杭钢改革"四梁八柱"拔地而起，从"科学设计"加速迈向"强力施工"，为创造杭钢新辉煌打下了扎实的基础。

总部机构改革是"改革创新十大行动计划"的"开局之篇"。全体总部人员按照"全体起立、翻篇归零、双推双考、双向选择"的方针，仅用了60多天全面完成集团总部机构改革，使总部职能部门从20个减到10个，在岗员工从422人减少到89人，并落实了"三定"方案，实现了总部机构从管生产、管资产向管资本、管战略、管风控转变，达到了"机构缩编、人员消肿、结构优化、职能转换、产业转型"目的，为总部打造成为"决策中心、结算中心、管控中心、资源调配中心、品牌营销中心"五大中心打下了扎实基础。

2016年9月，杭钢集团公司制改革正式启动。经过16个月努力，最终于2017年12月25日取得新的工商营业执照，"杭州钢铁集团公司"名称变更为"杭州钢铁集团有限公司"，完成了公司制改革。

管控体系改革，按照现代企业制度要求，重塑体制机制，重建管控模式。由原先的工厂化转向市场化，建立审计部、巡察办、监事服务中心，建立了下级公司监事会，落实纪委书记兼监事会主席体制，实行"异体上位"监管，制定外部独立董事管理办法，落实财会人员统一派驻制度和加大横向交流力度，改变以往监督盲区。同时，重点深化廉政风险和经营投资风险"两个风险"监督防控，同步开展"排查、预防、监督"工作。制定《杭钢集团经营投资风险监督管理实施细则》，成立经营投资风险监督管理领导小组，强化经营投资风险的监督管理。

决策体系改革，大力推进制度"废、改、立"工作。三年来，杭钢共废止153个文件，新制订275个文件，基本构建了集团公司运作机制、动力机制、监督约束机制体系，形成了科学、民主、依法决策的有效机制。制定了《杭钢集团党委工作条例》《杭钢集团董事会工作条例》《杭钢集团总经理办公会议议事规则》《杭钢集团"三重一大"决策制度实施办法》《杭钢集团投资管理办法》等一系列制度，落实党委会研究讨论是董事会、经理层决策重大问题的前置程序。认真落实依法治企要求，涉及决策难度大的重大事项需专家论证、风险评估、合法性审查。对重大投资项目，在投资主体上报基础上，各职能部门充分论证，经投资决策工作领导小组表决通过后，先提交总经理办公会，再提交董事会审议决策。涉及"三重一大"严格按决策程序执行，截至目前，无一决策失误，也无一违规决策。

薪酬体制改革。早在2016年，杭钢便开始谋划薪酬体系改革。经过两年多的充分准备、详实调研等工作，2018年，杭钢以"责任与薪酬相适、能力与薪酬相适、效率与薪酬相适"的原则，根据企业管理层次、经营业务运作模式、岗位设置特点，实施了薪酬体制改革，重新制定并实施了一套与现代化企业要求基本相一致的薪酬体制，制定了集团公司范围全覆盖的薪酬考核体系，分别为集团公司子公司薪酬考核方案、集团公司总部薪酬管理办法和总部绩效考核办法、功能型服务类单位（部门）绩效考核办法，改变了十余年来与市场规则不匹配，与员工付出不对称的薪酬面貌，极大提升了对人才的吸引力，激发了广大职工干事创业的积极性和主动性。

人事制度改革，紧密围绕集团产业布局，杭钢制定了干部选拔、任用、管理等一系列制度，出台了《中层管理人员选拔任用管理办法》《推进中层管理人员能进能出能上能下实施细则（试行）》《关于深入实施人才强企战略的若干意见》《高层次人才引进办法》等。积极探索用人机制，实行职级与职位相分离的市场化聘用制度，保持原职级薪酬待遇不变，大力培养干部才能。同时，采取上挂下派，内学外修，举办清华班、交大班、平安班，到杭州市政府、企业、省级机关挂职锻炼等形式大大转变了广大干部的思想观念，拓宽了视野，提高了能力。

动能体制改革，坚持以人为本理念，杭钢以"教育人、关心人、培养人、约束人"凝聚力工程建设为主体，积极推进动能体制改革，激发每位员工干事创业的激情。一是改善办公条件。按照设施现代化、办公信息化、体现人性化的原则，对办公场所进行改造修缮，优化与大型集团相适应的办公环境。二是关心职工成长。以人才强企为抓手，坚持引进和培养相结合的原则，对全体员工实行轮训制，对新进员工开展为期一周的专题入门教育和培训，并实施导师制和结对联系制；搭建员工成长平台，建立"上挂下派、内学外修、横向交流"机制，增加员工学习锻炼的机会。三是关心员工身心健康。建立定期逐级谈心谈话制度，积极推行特殊员工家庭家访制，落实外地员工父母配偶子女等家属来总部探望接待工作，推行职工每年健康体检，推行年休假全覆盖，建立疗休养制度，在政策制度范围内想方设法提高职工的福利待遇，开展多种形式的政经及文体活动，让员工感受到公司的温暖和关怀。

杭钢积极稳妥推进国际化经营，加强具有较强创新力、跨国沟通力的国际化人才培养和引进，提高高层次参与国际分工与合作的深度和广度。结合"一带一路"国家战略，以香港和新加坡贸易平台为桥头堡，进一步拓展国际经济技术合作空间，积极寻求对外贸易、投融资、技术合作与产业并购等机会，通过努力，力争国外市场覆盖20~30个国家。力争到"十三五"末，实现销售收入1000亿元、利润15亿元，企业总体实力进入中国100强企业，把杭钢集团建设成为富有实力、活力、竞争力的大型企业集团。通过"十三五"时期的转型升级和深化改革，进一步夯实基础、蓄积实力，力争到"十四五"末，企业总体实力晋升世界500强，把杭钢集团建设成为在全国有重要影响力和较强竞争力的大型现代企业集团。

（二）强化两翼，蓄势腾飞

1. 决战半山，创建杭钢智谷数字经济特色小镇

杭钢集团按照省委省政府的决策部署，抢抓机遇、及时对接、集思广益，在多次调研、论证的基础上，推出了杭钢半山数字经济特色小镇规划方案，对半山基地进行了整体规划和部署。按照杭钢集团四大上市平台发展规划，该区域将在 5 年内投入 100 亿元，成立数字经济产业发展基金，不断做强做优做大，经资产证券化后将不可估量，预计营业收入将突破 1000 亿元，努力实现省委省政府提出的营业收入 1000 亿元、利润 100 亿元的目标。

杭钢智谷数字经济特色小镇规划分为两部分，一是杭钢数字经济总部基地整体规划。杭钢数字经济总部基地坐落于杭城北部，距离西湖仅 11 千米，距钱江新城 12 千米，地铁规划杭钢站"零距离"，实现无缝对接，多条主干道、快速路环绕周边，坐拥 4A 级半山国家森林公园及京杭大运河水系，龙山公园、虎山公园、千桃园近在咫尺，半山之巅，杭城全景，尽收眼底，自然条件优越，将吸引来自全球的知名企业在此落户，总部基地区域将呈现大气、时尚、国际化的风格。二是半山数字经济产业区整体规划。杭钢智谷数字经济特色小镇将主要围绕数据中心、数据应用、集成电路，以及物联网、人工智能、云计算、区块链等来开展运营工作，并计划在五年内打造成为杭州的两化融合实践区，浙江的政务数据运营区，长三角的数字经济示范区。由老厂房改造成的大体量时尚办公空间，优越的产业定位及区位优势，将吸引一大批数字经济产业项目，对包括正在洽谈的 5 位诺奖工作室在内及智能机器人等 275 亿元的投资项目充满吸引力。目前，大数据一期工程基本完成，二期工程已经启动，杭钢博物馆、智谷公司等一批项目也将于近期逐步落地。

2. 整合宁波板块，再造一个杭钢

成立浙江钢联公司有限责任公司，将杭钢集团钢铁相关产业统一归口到该公司，实现宁钢与钢联公司优势互补。充分利用原半山钢铁基地辅助单位的资源优势，通过整合钢铁上下游及相关辅助产业，形成完整的钢铁产业链，商流、物流、信息流、资金流互相打通，信息、资源、人才共享，实现宁波板块（宁钢与钢联公司）整体共同发展，发挥协同效应，有效拓展宁波板块发展途径，推动宁波板块综合竞争力和效益提升。在做大做强宁钢产业的同时，充分利用国家鼓励发展高端制造业的契机和宁波港口物流成本优势，积极开拓国内外市场，择机进行产业并购，通过内涵和外延并举发展，做大做强宁波板块。到"十四五"末，实现宁波板块产值达到 500 亿元，利润 20 亿元。

（三）突破重点，做强创优

打响节能环保产业。2017 年计划投资 24 个项目，总投资额约 26.1 亿元。环保产业在"十三五"期间，将努力实现"三百计划"，即组建 100 亿元环保产业基金、完成 100 亿元环保投资、实现 100 亿元销售收入。积极响应省委省政府提出的建设"美丽中国"的号召，坚持以"五水共治""五土整治""五气合治"为主要内容的"三五联治"发展体系和"共治、共赢、共享"商业模式，充分发挥产业基础、人才技术、资金实力、融资平台、土地资源以及国企品牌、社会影响力等优势，开拓市场，加大投资力度，打造浙江省经营规模最大、竞争力最强、经济效益最好、品牌价值最高的综合节能环保服务商。通过合作、收购、兼并等方式投资污水处理、固废、危废、大气和土壤整治以及环保设备装备设计和制造项目。力争通过努力，使节能环保板块进入全国十强行业，在全省环保产业中成为领军型企业。

做强钢铁及贸易产业。在"十三五"期间，钢铁制造业将进一步调整优化结构，推动降本增效，加大产品和工艺研发力度，形成多个具有领先优势的产品品牌，在国内具有一流竞争力。同时，通过依托自身优势以及收购国内外上下游相关高附加值优质资源等方式，不断提高综合竞争优势。金属贸易产业以优化、提升为主线，抓好常态贸易和机会贸易，创新商业模式和盈利模式，打造成贸融有机结合，线上线下、国际国内业务融为一体的综合服务贸易商。

大力培育数字经济、技术服务产业。2017 年，成立浙江省数据管理有限公司，组建云数据中心项目公司等，同时推进健康医疗、健康房地产、健康酒店旅游新项目。利用集团公司现有教育基础和人才资源优势，发挥在促进教育链和产业链有机融合中的重要作用，通过集团化、规模化办学，更好地服务经济、服务社会，成为浙江"工匠"的摇篮。积极探索创新办学体制机制，拓展社会办学资源，加强资本运行管理，积极参与国际化办学，加快发展现代职业教育产业，同时新设、兼并收购若干个职业教育项目。适时成立检验检测集团，同时收购杭州、绍兴、舟山等地多个项目，形成集检验、校准、认证及技术服务为一体的检验检测认证集团，打造成为杭绍嘉区域市场中技术能力强、品牌影响力大、规模效益好的综合类检验检测认证服务型企业。

（四）加强党建，保障发展

打好转型升级组合拳，助力杭钢第三次创业。进一步加强和改进党的建设，进一步增强广大职工的创造力、凝聚力、战斗力，打造"秉持杭钢精神、干在实处、走在前列、勇立潮头"的杭钢铁军,为杭钢稳定创新发展提供坚强的组织保证。

杭钢集团高举习近平新时代中国特色社会主义思想伟大旗帜,以学习宣传贯彻落实党的十九大精神、省第十四次党代会部署和"八八战略"为主线,擘画创造杭钢新辉煌的蓝图,紧扣"四轮驱动、创新高地"发展战略,扎实推进"改革兴企、创新活企、人才强企、依法治企、文化立企"五大支撑战略,新老产业发展总体呈现出"老树发新芽,新树发嫩芽"的美好景象。2017年6月30日,浙江省委车俊书记在全省国有企业党的建设工作会议上连续4次表扬杭钢。

1. 提神铸魂,补足精神之"钙"

深入学习贯彻党的十九大和浙江省第十四次党代会精神,推动理论学习常态化。以杭钢党委理论中心组学习为抓手,深入学习党的十九大和省第十四次党代会精神。集团公司党委带头抓理论学习,每次习近平总书记发表重要讲话后,每次中央、省委召开重要会议和下发重要文件后,集团公司党委都在第一时间认真组织学习,层层发动、步步深入,不断兴起学习贯彻的热潮。

党的十九大召开后,杭钢集团迅速响应,部署并扎实推进"十个一"系列活动。党委书记、董事长带头进行宣讲,每名领导班子成员多次深入基层、到车间到班组宣讲党的十九大精神,以"1+4+X"模式,组建一支宣讲队,开展"我是党员我来讲",推进3000多名党员和200多名中层干部全覆盖培训,并进行闭卷考试,把透彻的思想讲透彻、把鲜活的理论讲鲜活,亮点做法在浙江省委宣传部"浙江专报"、浙江卫视、《浙江日报》《中国冶金报》、中国蓝新闻等主流媒体上广泛宣传。

持续深入推进"1+X"思想建设模式,持续推进思想大解放。坚持每日一次在微信公众号"今日杭钢"上发布党建知识,组织每周一次杭钢大讲堂,每月一次党委中心组学习和半年一次外出对标考察,每年两次主题读书会和一次党组织书记抓党建工作述职会等,并开展考勤、考学、考试、考评活动。

2. 固本培元,夯实党建之"基"

牢固树立"一切工作到支部"的鲜明导向。把党的领导融入公司治理各环节,进一步明确党组织在章程、架构、决策、运行各环节的权责和工作方式,落实党组织在公司法人治理结构中的法定地位。

紧紧围绕提升组织力这一重点,全面实施基层党组织"组织力提升工程",通过"明责、履责、考责、问责",全力抓好全国、全省国有企业党的建设工作会议重点任务的落实和杭钢党建"1+3+X"制度体系落地,较好解决了党的建设弱化淡化边缘化问题。

实施党建量化考核,年中、年底分两次由集团领导带队进行党建工作检查和考评,把党建考核纳入二级单位领导班子和领导干部年度绩效考核内容，考核权重占20%。组织召开二级单位党委书记抓党建述职评议考核会，由党委书记、董事长对每家单位一一进行现场点评。坚持一切工作到支部，印制《国企党建在杭钢的实践》、出台《杭钢集团党支部标准化工作手册》等一系列制度，落实活动经费，保障支部工作规范有效。在工程项目建设、历史遗留问题处理等工作中，创新性地组建临时党支部，把政府、企业等各方力量整合起来，合力推进中心工作。

3. 强筋壮骨，打造过硬之"师"

培养一支业绩突出、作风过硬、敢于担当、勇于创新的杭钢铁军。坚持人才强企不放松。按照习总书记对国有企业领导人员的20字要求，突出"一把手"这个关键，注重把政治坚定、敢于担当、善谋全局、作风民主的"狮子型"干部选拔到正职岗位。

从严规范选人用人，严格干部选拔任用动议、民主推荐、考察、讨论决定、任职等各项程序。认真贯彻落实《杭州钢铁集团公司推进中层管理人员能进能出能上能下实施细则（试行）》《杭州钢铁集团公司问责办法（试行）》，及时调整不在状态、不称职、不胜任现职的干部。

积极推进培养与引进相结合，用五年时间和一个亿的资金打造"专家、管家、'资本家'"专业团队，优化班子和人才结构，锻炼了一支杭钢铁军。加大优秀年轻干部培养选拔力度，采取任用与聘用相结合等方式，打破论资排辈，突破条条框框，不拘一格选拔干部。

杭钢领导带头，每半年度进行工作述职和党建工作"一岗双责"情况报告。基层倒逼总部，扎实推进总部部门领导上台面对党代表、职工代表、民企代表，进行履职情况面对面考问，结果与年薪挂钩。通过视频方式开展二级单位专题工作交流会，每次都进行专题点评。通过一系列举措，推动领导干部改进作风、认真履职，提高效率、狠抓落实。

4. 清风正气，加大权力运行制约之"笼"

坚持全面从严治党、党风廉政建设工作无禁区、全覆盖、零容忍。制定了《推进清廉杭钢建设的意见》，推动全面从严治党、党风廉政建设到底到边。制定下发《关于落实党风廉政建设主体责任和监督责任的实施意见》，出台《党风廉政建设责任制落实情况检查考核办法（试行）》，明确党风廉政建设考核与各单位领导班子经营绩效挂钩。

压紧压实两个责任，班子成员带头开展一年两次党风廉政建设检查。坚决反对"四风"，按照"违反中央八项规定精神的问题，发现一起，查处一起，通报一起"要求，警示和教育引导广大领导人员和职工不折不扣落实好中央八项规定精神，推动实现风化俗成。

充分运用"四种形态",加大执纪问责力度,对违规违纪人员严格实行党纪政纪处分,并同步落实经济考核,做到警钟长鸣。加强监管体制机制改革,推进党委主导,纪委牵头,纪检监察、审计、监事、风控、巡察、财务、组织、人力等多部门协作的大监督体系建设。推行纪委书记兼监事会主席,实行外派财会人员。建立巡察办,新设审计部等五大监管网络体系建设。成立集团公司党委巡察工作领导小组,建立巡察工作人才库,制订《巡察工作实施办法(试行)》,对集团下属党委全部按计划开展政治巡察工作。

5. 凝心聚力,汇集力量之"源"

带动各级干部职工解放思想、改革创新,展现良好企业形象。大力实施凝聚力工程建设,弘扬优秀企业文化,强化"教育人""培养人""关心人""约束人"工作,增强企业的创造力、凝聚力和战斗力,坚持以人为本,企业和职工共同发展,不断提高职工美好生活获得感。

按照"党员群众想来爱来的红色家园"建设标准,积极推进党群活动中心建设,制定《杭钢党群服务中心建设和管理标准(试行)》。目前,冠盛大厦的杭钢党群服务中心正在积极打造中。

积极承担国有企业社会责任,参与"千企结千村、消灭薄弱村"专项行动,完成了浙江省国资委布置的消薄"1+5"目标,在前期集团本级与遂昌县三仁乡小忠村结对的基础上,又选择5家二级单位党委分别与遂昌县5家薄弱村进行结对帮扶。

党建强则企业强。杭钢始终坚持"坚持党的领导、加强党的建设"这一国有企业的"根"和"魂",延伸党建"触角",厚植思想"沃土",夯实责任"基座",用党建"敲门砖"掌好国企之"舵",把党的组织和政治优势转化为企业发展优势,担当起国有企业的政治责任、经济责任、社会责任和文化责任,努力把杭钢打造成为国有企业党建工作的典型、全国城市钢厂关停实施转型升级的样板。

6. 春风徐徐,展现企业文化之"火"

经营企业就是经营文化。一个企业的文化,与生俱来,生生不息,是企业在长期的经营活动中所形成的共同价值观念、行为准则、道德规范,以及体现这些内涵的人际关系、规章制度、产品与服务等事项和物质因素的集合,并在长期的经营管理实践中、在企业不断发展壮大的历程中传承、创新与发展。历年来,杭钢获得省部级以上荣誉100多项,有10多人获得浙江省劳模、全国冶金劳模、全国劳模和全国"五一"劳动奖章。2017年是杭钢建厂60周年,制作专题片《涅槃》;出刊《美,就在身边——企业文化案例集》;举办"甲子风华 百面杭钢"主题摄影展;在"今日杭钢"和"职工之家"微信公众平台上开展一次祝福语征集活动;出刊杭钢创建60周年《杭钢》杂志特刊两期和《杭钢报》

专刊一期；出刊《甲子风华》《百面杭钢》两本画册。组织出刊五本书：《美就在身边》《弘扬杭钢精神，打造杭钢铁军》《坚定转型升级，再创杭钢辉煌》《媒体眼中的杭钢》《国企党建在杭钢的实践》。

杭钢人身上有一种精神叫忠诚，识大体顾大局，始终与党中央保持高度一致；有一种精神叫坚持，持之以恒做到底；有一种精神叫认真，不达目的誓不罢休；有一种精神叫创新，开拓进取敢为人先；有一种精神叫肯吃苦，"五加二""白加黑"超常规工作成常态；有一种精神叫敢担当，面对困难不推不退；有一种精神叫执行力强，事交我手请放心，今日事今日毕……这种精神是杭钢 60 年文化的传承与创新，犹如静水流深，珍藏在每一位杭钢人的心底；这种精神是杭钢 60 年积蓄的迸发，犹如钱江大潮，激流勇进，无坚不摧。

企业精神：以钢铁意志做人　建业　报国

企业宗旨：创造财富　贡献社会　造福职工

企业愿景：为社会创造美丽环境　为客户提供美好生活　让职工享有幸福人生

企业格言：诚信大气促和谐　奉献创新谋发展

　　　　　本领是成功的基石　行动是成功的阶梯

　　　　　我与企业共成长　我与企业同进步

　　　　　给干事的人以平台　给干成事的人以舞台

　　　　　敢为人先　追求卓越

企业发展使命：杭钢强起来　发展高质量

企业发展总基调：打基础　调结构　抓创新　谋发展

企业发展定位：企业规模化　产品高端化　产业集群化　市场国际化　管理精细化　资产证券化　体制现代化

企业发展战略：四轮驱动　创新高地

五大支撑战略：改革兴企　创新活企　人才强企　依法治企　文化立企

总部定位：利润结算中心　战略决策中心　资源调配中心　风险管理中心　品牌营销中心

杭钢的三次创业路，一次比一次艰难，但却一次比一次成功。这是一条艰巨的路、一条改革的路，更是一条创新的路。杭钢走过来了、也闯过来了，并且还要继续走下去，永不停步。虽千万人吾往矣！新的一个甲子年正在起步，无论是顺流还是逆流、顺境还是绝境，杭钢人都有雄心、有壮志、有毅力，更有胸襟、有气魄、有胆识，直面征程、追求梦想。

改革开放 40 年昆钢发展成就

昆明钢铁控股有限公司

昆明钢铁控股有限公司（简称昆钢）始建于 1939 年，其前身是中国电力制钢厂和云南钢铁厂。昆钢在云南工业发展史上处于较为重要的地位，为云南经济发展作出了巨大贡献，可以说是云南工业发展的一个重要标志，云南工业发展的每个重要阶段，基本都有昆钢的身影和作用。昆钢是云南省最大的钢铁联合企业和国家特大型工业企业，现有年产 800 万吨钢、3000 万吨水泥、200 万吨焦炭产能和 1750 万吨铁矿石的采选处理能力。经过长期持续不断的发展，昆钢形成了以钢铁、水泥、煤焦化、矿山为代表的传统业产业和以现代物流、新材料、节能环保、装备制造和现代服务业为主的新兴产业。2017 年，钢铁和非钢实现销售收入 933 亿元，利润 10.15 亿元。2018 年，昆钢以非钢产业收入在全国 500 强企业中居 294 位。

改革开放 40 年来，昆钢锐意改革、不断创新，为云南经济社会发展做出了重要贡献。铁产量从 1977 年 23 万吨到 2017 年 611 万吨；钢产量从 1977 年 20 万吨到 2017 年 636 万吨；钢材产量从 1977 年 14 万吨到 2017 年 638 万吨；销售收入从 1977 年 0.71 亿元到 2017 年 933 亿元，增长超过千倍；利润总额从 1977 年亏损 0.3 亿元到 2017 年盈利 10.15 亿元，实现了质的突破。

1996 年，昆钢成为云南第一个钢产量过百万吨的企业。2004 年，昆钢成为云南省省属工业企业中第一个销售收入超百亿的企业。40 年来，昆钢累计生产铁 1.65 亿吨、钢 1.09 亿吨、材 1.09 亿吨，累计实现销售收入 7835 亿元、利税 348 亿元、利润 72 亿元。

40 年来，昆钢紧密结合企业实际，转方式、调结构，通过创新发展方式，加快转型升级，不断提高企业的效益和发展的质量，已由单一钢铁制造企业逐步成为传统产业和新兴产业相结合的现代企业集团，形成传统产业、新材料产业、现代物流、节能环保、装备制造和现代服务业等六大产业协同发展的格局，主要业务除了钢铁冶金外，水泥建材、煤焦化工、矿业开发、现代物流、新型材料、装备制造、节能环保、金融服务、文化旅游、电子商务、海外投资、养生敬老、职业教育、建筑及房地产等。昆钢的非钢业务收入从无到有，2017 年达到 544 亿元，已经超过了钢铁主业的 389 亿元，为云南省的产业发展提供了可供借鉴的昆钢模式。

昆钢坚持企业发展依靠员工、发展成果惠及员工的理念，与员工共享发展成果，积极履行社会责任，构建了企业、员工、社会和谐发展的良好局面。40 年来，职工收入大幅增长，生产生活环境不断改善，职工精神文化生活日益丰富。同时，昆钢为 3 万多职工和围绕昆钢开展业务的数十万人提供了工作岗位，创造了巨大的社会效益。

一、昆钢改革发展历程及主要成就

（一）挖潜改造，提高创效能力

面对历史欠账多，设备老、小、旧，总图布局不合理，公辅设施不配套的状况，从 1979 年起，昆钢进行了以设备填平补齐和产能配套为重点的技术改造。

"六五"期间，在国家没有基本建设投资的情况下，昆钢自筹资金 1.7 亿元，以矿山为基础，以钢为重点，以节能为方向，以降低焦比和提高成材率为突破口，进行了综合性技术改造 65 项，提高了炼铁成品矿品位，降低了高炉焦比，提高了轧钢成材率，全员劳动生产率提高了 54.72%。

"七五"期间，昆钢围绕改善原料条件，提高产量、质量，降低消耗，治理环境污染等方面完成了 38 个重大技改项目。产品质量明显提高，优质品率逐年上升，主要技术经济指标有了较大改善，产量由"六五"的四、五、六（40 万吨钢材、50 万吨钢、60 万吨铁），提高到六、七、七（60 万吨钢材、70 万吨钢、70 万吨铁）。

"八五"期间，投入技改资金 3.67 亿元，实施了技改项目 208 项。开发新品种 23 个，90 方坯连铸机生产工艺顺畅，产量高、质量好，成为当时国内冶金行业的"一朵花"。改造后的 250 毫米轧机、盘圆复二重轧机、2.3 米中板轧机、18 平方米烧结机的产能成倍提高，处于全国同类设备的领先水平，老设备创造了可观的经济效益。

从 1996 年到 2007 年，昆钢加大改造传统产业的力度，运用先进适用技术对生产工艺进行配套改造。其中，对 650 毫米轧机进行的半连轧改造，优化了生产流程；对 2 号、3 号、4 号、5 号高炉和原第二炼钢厂转炉进行扩容升级改造，使产能大幅度提升；高炉富氧、喷煤先进技术的运用，降低了焦比，提高了高炉的冶炼强度；降低转炉出钢温度和溅渣护炉新技术的运用，使转炉炉龄大幅度提高，2007 年，转炉平均炉龄达到 9918 炉。科技挖潜，使设备潜能得到了充分释放，技术经济指标不断改善，增强了昆钢产品在市场上的竞争力。

2008~2017 年以来，昆钢进一步加大了节铁增钢、提煤降焦、优化高炉用料结构等的专项攻关，技术经济指标持续得到改善。炼钢工序通过实施转炉煤气和蒸汽回收改造，全部实现负能炼钢。通过提高优化炼铁、炼钢、轧钢工序生产工艺，提高产品质量和改善技术经济指标降低生产成本，通过提高转炉一倒合格率，降低铁水、钢铁料、渣料及合金消耗，提高轧钢成材率等一系列工艺优化，使生产成本大幅降低。

昆钢 40 年坚持不懈地科技挖潜，带来了企业盈利能力、持续发展能力的提升，为国家、社会和地区经济建设发展做出了积极贡献。

（二）高起点建设，装备技术水平不断提升

随着改革开放的深入，国内钢铁企业竞相发展，做大做强。只有推进装备的大型化、现代化的进程，才能从根本上提升昆钢的经济实力，也才能适应云南加速发展的需要。

从 1979 年起，昆钢进行了以设备填平补齐和产能配套为重点的技术改造。"六五"期间，在国家没有基本建设投资的情况下，昆钢自筹资金 1.7 亿元，以矿山为基础，以钢为重点，以节能为方向，以降低焦比和提高成材率为突破口，进行了综合性技术改造 65 项，提高了炼铁成品矿品位，降低了高炉焦比，提高了轧钢成材率，全员劳动生产率提高了 54.72%；产品质量明显提高，优质品率逐年上升，主要技术经济指标有了较大改善。1985 年，昆钢钢、铁、材产量分别为 49 万吨、52 万吨、42 万吨，分别比 1978 年增长 55%、46%、85%。

1986~1990 年，昆钢在挖潜和改扩建工程上，共投入技术改造资金 2.17 亿元，先后完成了一炼钢转炉改造、一炼钢板坯连铸机建设；炼铁厂 2 号高炉改造；轧钢厂 650 毫米车间轧机改造等一批技术改造项目，为昆钢生产上台阶创造了条件。5 年间，昆钢共计生产钢 300 万吨、铁 311 万吨、钢材 245 万吨，分别比"六五"期间增长 36%、41%、30%。钢产量由 1986 年的 49 万吨，增加到 1990 年的 71.8 万吨。1988 年，昆钢达到了升级企业的考核标准，经过考核验收，被云南省政府命名为云南省先进企业。

1991~1995 年，昆钢投资 23 亿元，先后建成了具有国内 20 世纪 80 年代先进水平的第三炼钢厂，具有国内先进水平的 50 孔大型焦炉和具有 90 年代先进水平的高速线材厂等一大批改扩建重点建设项目。同时，还建成了龙山溶剂矿活性石灰 2 号窑、1 万立方米制氧机等辅助工程。这些工程的建成投产，为昆钢发展提供了强劲的后续力，在很大程度上改变了昆钢技术装备老、小、旧的面貌。昆钢的钢、铁、材产量也大幅度提高，1991~1995 年，昆钢累计产钢 501 万吨、铁 425 万吨、钢材 422 万吨，分别比"七五"期间增长 65.9%、35.2%、71.6%。累计实现利税 25.9 亿元，利润 10 亿元，分别比"七五"期间增长 210%和 142%。1993 年，昆钢钢产量首次突破 100 万吨大关，跨入全国大型钢铁企业

行列。同年被国务院八部委认定为特大型工业企业。按生产和经营规模，昆钢分别在全国钢铁行业中排名第 19 位，在全国 500 家最大工业企业中排名第 82 位。

1996~2001 年，昆钢依靠技术进步，全力推进冶金工厂改造，共投入 46.9 亿元，高起点、高质量、高速度、高效益地建成了 2000 立方米 6 号高炉、综合原料场、两台 130 平方米烧结机、15000 立方米制氧机等一批具有先进水平的重点改扩建项目。昆钢优质快速地进行了一轧厂 650 毫米轧机的半连轧改造，极大地提高了昆钢轧钢装备水平。昆钢冶金设备的大型化、现代化建设，淘汰了一批小电炉、小烧结机和化铁炉等落后设备，基本上实现了全转炉冶炼、全连铸和 100%一火成材。5 年间，昆钢累计生产钢 861.5 万吨、铁 707.86 万吨、钢材 751.4 万吨，分别比"八五"期间增长 55.9%、60.9%、70.5%。钢产量从 1996 年的 150.7 万吨增加到 2001 年的 209.7 万吨。2000 年，昆钢集团公司获"全国质量效益型先进企业"和"全国质量管理先进企业""全国设备管理优秀单位"荣誉称号。

2002~2007 年，昆钢共投资 140 亿元，先后建成了板带工程、大红山铁矿年产 400 万吨铁矿采、选、管道运输工程，红河钢铁有限公司、玉溪新兴钢铁有限公司、昆明焦化制气厂改扩建工程、年产 240 万吨氧化球团工程等一批重点建设项目；开工建设日产 3000 吨水泥项目；淘汰昆钢本部现有 3 台 20 平方米烧结机，建设 1 台年产 300 万吨烧结矿的 300 平方米烧结机工程。昆钢研发生产出 HRB400 热轧带肋钢筋、冷轧板、镀锌板等一批新产品，263 项科技成果获得表彰奖励，31 件获专利授权，其中发明专利 4 件，2007 年"双高"产品比重提高到 14.7%，产品结构调整初见成效。

2008~2013 年，昆钢共投资 319.3 亿元，投资 50 亿元的淘汰落后、节能减排、环保搬迁的草铺昆钢新区 185 项目（原料、烧结、炼铁、炼钢、公辅配套系统）经过参战单位奋力拼搏，项目主体工程已全面建成，为昆钢公司钢铁主业实现 1000 万吨生产能力创造了条件。先后建成煤焦化公司二作业区（原昆明焦化制气厂）四号焦炉及苯加氢、金平氧化球团、红河钢铁有限公司 1350 立方米高炉、20000 立方米制氧工程及 2×25 兆瓦余热余能发电项目、年产 120 万吨球团和 300 平方米烧结机项目等相继建成投产，师宗煤焦化工程项目；2 万吨钛材加工项目一期工程，香格里拉三期铁合金项目整改项目建成投产、楚雄土官钛锭项目整改完成开始试生产、攀枝花钛锭项目生产出合格钛锭成品、大红山铜系列选矿系统和提质降尾项目建成投产。昭通大关日产 2500 吨水泥生产线项目、54 万吨钢渣水泥项目建成。昆钢研发生产国标最高级别 HRB500E 抗震钢筋。推进钢材产品研发和结构优化工作。累计开发 14 个品种钢，在省内率先成功试制 600 兆帕高强度钢筋；开发含硼冷镦钢、石油焊管以及 20 个规格的型钢产品，高效抗震钢得到大量推广使用，"双高"

产品比例大幅提升到75%；发展有色金属产业。成功利用钒钛钢渣生产出高纯度五氧化二钒，填补了云南省空白。成功试制出直径8毫米国内目前最大卷重纯钛盘条，研制了装甲用钛板材；研制出国标一级"天然微合金铁粉"。申请专利1799件，获授权专利达到256件，申请主导的四个行业标准获冶金标准化研究院批准。4件商标被核准注册，两件商标分别被认定为"云南省著名商标"和"昆明市知名商标"。

2014~2017年，昆钢固定资产投资41.51亿元，江沧源日产2500吨水泥熟料、镇康水泥2000吨熟料水泥项目生产线项目，新型复合板项目，重装8000吨轧辊技术改造工程等重点项目先后建成投产，昆钢公司为了降低投资费用，大力推进固定资产盘活工作，有效降低了固定资产投资费用。大力推进科技创新工作，共申请专利997件，"HRB500E钒氮高强度抗震钢筋及生产方法""一种电冶熔融还原铁方法"，获两项中国专利优秀奖，"昆钢"牌商标被认定为中国驰名商标。高强抗震钢产销量同比增长到64.67%，昆钢拥有自主知识产权的国产化EB炉通过验收鉴定，整体技术达到国际先进水平。

（三）深化改革，增强发展动力

1999年9月，昆明钢铁总公司改制为昆明钢铁集团有限责任公司。改制后，昆钢建立起了科学、规范的现代企业制度，规范了法人治理结构。股东会、董事会、监事会职责明确、运作规范，从根本上解决了影响昆钢发展的机制体制障碍。但是，对于长期在计划经济体制下运行的昆钢而言，还必须打破旧体制下形成的旧观念和冲破旧的管理体制的束缚，才能激活内部机制，促进企业的发展。昆钢认真处理好改革、发展和稳定的关系，积极稳妥地推进了企业内部改革。

1. 推行劳动用工制度改革，建立和完善用工机制

昆钢引入激励、竞争机制，劳动用工制度改革不断深化。通过实施《昆明钢铁总公司劳动合同制度实施方案》，破除了旧的固定工制度，打破了工人、干部界限，变国营职工为企业职工。通过明确用工单位和劳动者之间的责、权、利关系，昆钢原全民固定工和集体固定工、原全民身份和集体身份城镇劳动合同制工人以及在岗的农民合同工100%与昆钢签订了劳动合同。实施全员劳动合同制度，对于维护劳动者和用人单位的合法权益，调整和稳定劳动关系起到了重要作用。从2000年起，按照企业自主用工、市场化配置的原则，昆钢停止对大中专院校、技工学校毕业生的统包统分，实行自主用工。通过积极推进市场化配置的招聘用人政策，对招聘录用的生产操作人员实行就业前培训和技术工种岗位持证上岗的就业准入制度，保证了用人质量。优化生产组织和劳动用工，大力清退劳务用工和功能承包，提高劳动生产率和管理效率。

2. 持续深化分配制度改革，完善激励机制

从 1980 年起，昆钢先后实行了"目标浮动升级工资""工龄效益浮动工资""技术职称津贴""单位产品工资含量包干""效益工资"等。职工劳动收入与经济效益挂钩，增强了全体职工的效益观念。2001 年以来，根据"按劳分配、效率优先、兼顾公平"的原则，昆钢在全公司推行岗位绩效工资制，实行岗变薪变，加大了对管理人员和技术人员的分配倾斜力度，进一步完善了以效益为中心、岗位成才与劳动报酬相结合的激励机制。2007 年，进一步总结、改革完善岗位绩效工资制，在兼顾公平的同时突出效率激励。基本工资制度突出能力激励，鼓励员工学习技术、提高技能；对边远地区的职工试行上浮工资制；职工培训期间实行奖学金制度；实行专业技术带头人和岗位操作带头人、特殊关键岗位、"师带徒"津贴；试行首席工程师制度和技术年薪；对聘用技师及高级技师上浮岗位工资等。随着工资制度的不断深化改革，贡献、技能有大小，个人薪酬有高低已经成为职工的共识，从而激发了职工学技术、提高工作技能、为企业发展建功立业的积极性和创造性。2015 年昆钢进一步深化分配制度改革，建立工资总额预算管理制度，将企业内部单位职工收入与企业效益紧密联系，以效益决定收入，充分调动企业内部单位自主经营的积极性；不断完善以效益为重点的经济责任制考核体系，根据员工在对标降本、创新创效中的贡献调整岗位工资。

3. 推行干部人事制度改革，建立干部选拔的科学机制

随着企业内部改革的不断深化，昆钢积极引入竞争机制，打破工人、干部界限，对干部岗位及关键工种岗位实行公开选拔与竞争上岗。昆钢公司党委制定了《昆钢公开选拔领导干部工作实施意见》和《昆钢领导干部任前公示实施意见》，对选拔厂处级领导干部实行任前公示。从 2004 年到 2007 年，每年组织干部公开选拔、公开招聘工作，4 年里共选拔、招聘了 12 名副处级以上管理干部。通过完善干部选拔任用考察程序，采取群众评议、民主推荐、民意测验、组织考察的办法，为人才的脱颖而出创造了良好的环境和条件。按照科学发展观和正确政绩观的要求，建立了干部考核评价体系，为干部的选拔任用提供了依据。

4. 推行管理体制改革，优化管理结构

按照现代企业制度的要求，昆钢建立和完善了母子公司管理体系，形成了决策层、管理层、执行层与监督层权责明确、互相制约、协调运转的组织框架和法人治理结构。实施了内部组织结构调整和资产重组，按照同业归并、资产整合、流程再造、结构优化的要求，对部分单位进行精简撤并。2002～2006 年，全公司共撤并处级机构 24 个，减少科级机构 121 个。稳妥进行主辅分离和辅业改制的工作，从业人员大幅减少，劳动生产率明显

提高。23 个子公司和辅助单位在服务主业的同时，成功走向市场，开拓了新的发展空间。按精干高效的原则，实施"扁平化"管理，减少了管理层次，提高了工作效率。同时，以加强管理为手段，巩固改革发展成果，各项基础管理和专业管理水平显著提升，有力地促进了昆钢生产经营的顺利进行。2007 年，昆钢全面完成了云南省十户工业企业以 2004 年为基数，销售收入翻一番的"倍增行动"计划目标。2009 年以来，为适应昆钢快速发展的需要，对本企业的管理流程和组织结构进行了较大的调整，重点突出了集团在资金、采购、销售、物流、人力资源的集中统一管理，减少了经营管理业务分散、多渠道、孤立、重复状况与集团快速发展的需要不适应、不协调的矛盾。在集团、全局、整体、系统的高度，进行了扁平结构、合并重复业务、优化流程、降低内部管理成本、提高管理效率的一系列调整。组建了资金结算中心、生产管理中心、节能减排中心、科技创新部、安全生产监督部，合并了部分生产厂。把公司强化管理推进精细化管理的要求落实在机制设置的具体措施上。2013 年，昆钢针对分子公司市场主体和法人（含模拟法人）实体不到位的问题，在确保公司发展战略、投资活动、财务管控等协调的前提下，适时渐进地下放、调整了大部分单位的用人、采供、营销等权限，特别是四个钢厂自主权的扩大和目标市场的确定，较好地激活了各分子公司的积极性，初步扭转了市场营销的被动局面。

2016 年，组建成立经营管理中心、生产管理中心、科技创新中心，对采购、营销、贸易、生产组织、科技创新和知识产权进行集中管理。推行经营管理中心模拟公司化运作，经营管理中心、生产管理中心、科技创新中心形成契约化的合作关系，建立钢材委托加工运作机制。

（四）扩大开放，增强发展活力

昆钢以开放的胸襟，实施"引进来、走出去"战略，持续提升企业装备水平，为昆钢赢得了新的发展空间。

1. 引进先进装备，改造传统产业

从 1990 年开始，昆钢就迈出了引进国际先进技术和先进装备的步伐，先后引进了瑞士迈尔兹公司的活性石灰生产技术；引进德国 SMS 公司、美国 GE 公司和瑞典桑德公司的轧钢先进技术，建成了具有当时国际先进水平的高速线材厂；引进卢森堡阿尔贝特公司贝尔瓦尔厂 C 高炉，建成具有国内同类型先进技术装备的 2000 立方米 6 号高炉；引进美国 TIPPINS 公司设计的具有世界先进水平的双机架紧凑式炉卷轧机技术，建成了技术含量较高的热轧板卷生产线；引进韩国浦项制铁（POSCO）的镀锌、彩涂技术等，建成了具有区域较高技术含量和竞争实力的热镀锌生产线和彩涂生产线，产品远销到多个欧美国家；优

化了昆钢的产业结构。

2. 内引外联，互利互惠共求发展

昆钢发展不忘社会责任，利用自身的资金、技术、人才优势与地方合作开矿办厂，在提升自身实力的同时，促进地方经济的发展。投资 16 亿元建成年产 100 万吨钢的红河钢铁有限公司；投资 25 亿元人民币，建成一期工程为年产 100 万吨钢的玉溪新兴钢铁有限公司；投资 18.7 亿元人民币，在玉溪市新平县戛洒镇建成了年产 400 万吨原矿采、选及管道运输工程的大红山铁矿。在曲靖、保山、建水等地建设的水泥项目进展顺利；在红河、东川、景洪等地区联合开发铁矿资源的工作正抓紧组织；昆钢加强与周边国家的合作，同越南、老挝合作开发铁矿资源、联合办厂进入了实施阶段；在引资、合资搞建设上也取得了突破性的进展，与中国香港地区香港嘉华集团利达投资有限公司共同投资组建云南昆钢嘉华水泥建材有限公司，建成了日产 2000 吨和 4000 吨水泥熟料生产线各一条。2007 年以来，昆钢进一步扩大开放，加大外引内联力度。云煤能源成功借壳上市，下属多家企业登陆新三板市场；积极推进混合所有制改革，2015 年引入华润水泥重组昆钢水泥，管理、规模效应得到较好发挥；与地方政府、知名企业开展战略合作，资本运作短板得到有力补充，对外合作达到前所未有的广度。

3. 战略合作，加快产业升级步伐

随着国家推进具有国际竞争力的大企业、大集团战略的实施，2007 年 8 月 1 日，引入武钢集团对昆明钢铁股份有限公司进行了战略合作重组，组建成立"武钢集团昆明钢铁股份有限公司"，这对于在祖国西南边疆、经济欠发达地区的昆钢来说是一次新的发展机遇。放眼全国，国内钢铁企业纷纷携手，强强联合优势互补，打造钢铁"航空母舰"，形成具有雄厚的经济实力和较强竞争力的大企业大集团，战略重组，势在必行。审视自身，虽然昆钢的发展速度、发展规模不断提升，创效能力不断增强，但与发达地区同行业企业相比，存在着产品结构还不够合理、产品附加值还不高、技术创新能力还不足、企业核心竞争力还不强等问题，这已经成为制约昆钢向更高层次发展的"瓶颈"。按照国家的产业政策，加快产业升级的步伐，把主业做优做强，必须借力发展。战略重组后的武钢集团昆钢股份公司充分吸收武钢在产品结构、工艺装备、经营管理、人才储备、科技创新、资本营运等方面的优势，结合昆钢的区位优势和资源优势，使昆钢具备了较快地以产品结构调整带动技术装备的升级换代，促进质量、效益不断提高和综合竞争力增强条件。新的昆钢股份公司通过技术改造，使产品结构由 7 大类扩展到 14 大类，高附加值、高技术含量产品占钢材总量的比例将达 60% 以上，经济效益将实现较大幅度增长。昆钢与武钢合作，双方将实现优势互补，充分发挥战略协同优势，双方除在产品结构、西南市场的开拓方面协同发展外，还将在东南亚、南亚地区的钢铁生产资源开发方面加强合作。武钢和昆钢将共同把昆钢股份公司打造成为一个立足云南、面向西南，不断拓展周边地区市场、具有较强市场竞争力的国内一流大型钢铁企业，成为带动云南经济发展的重要力量。2008 年上半年，昆钢淘汰落后，推进产业结构优化升级的关键工程——年产 390 万吨钢淘汰落后、结构调整技术改造项目开始组织实施；2012 年昆钢新区淘汰落后、结构调整技术改造项目一期工程（185 万吨抗震钢）项目顺利投产，进一步加快了昆钢结构调整、转型升级的步伐。

（五）科技创新，提升企业核心竞争力

昆钢坚持把创新作为引领公司前行的第一动力，以科技创新为核心，以人才培养为支撑，加速向创新型企业转变，发挥创新核心驱动作用。

1. 不断完善科技创新的体制和机制

昆钢建立了全员参与、科技投入、激励机制和人才培养机制。制定了《昆明钢铁控股有限公司科技创新实施方案》，建立起了纵向三个层次，横向十大系统，三大层次创新团队的企业技术创新体系。重视对科技创新人才的培养和激励。通过鼓励工程技术人员报考和攻读工程硕士、工程博士，举办工程技术人员高级研修班，参与研究开发项目等，培养了一批既有扎实理论知识又有实践经验的科技创新人才队伍。通过命名首席工程师、专业技术带头人、岗位操作带头人，实行协议工资和科研项目工资，进一步完善了对科技人才的激励机制。2007 年以来，昆钢科技成果获得国家科学技术进步奖 2 项、中国专利优秀奖 5 项、省部级科学技术奖 25 项、行业协会科学技术奖 14 项。

加强与科研院校的技术合作。昆钢先后与中南大学、昆明理工大学、重庆大学、北京理工大学、钢铁研究总院等高等学校、科研机构建立合作关系，2007 年以前成功进行了"云南省铁矿资源生产氧化球团""昆钢高炉喷吹烟煤技术"等六个科技项目的研发，这些科研成果的运用，对于资源的合理利用、优化生产工艺、节能降耗起到了积极作用。

2. 以市场为导向，研发新产品

多年来，昆钢始终注重高强度建筑钢材、热冷轧板材、高强度冷镦及冷挤用钢、热轧型钢产品、高强度紧固件、铸锻件钢等的研发生产。

2008 年以来，针对云南省地震多发的实际，昆钢组建了研发团队，借助冶金、材料新工艺新理论，积极研发和推广高性能抗震钢筋。结合昆钢原料状况和工艺装备条件，通过"产学研"一体化模式，开展了高性能抗震钢筋强韧化机理研究，采用多种微合金化工艺和控冷细晶化技术，实现了高强抗震钢筋强化机理研究和成分设计的理论创新；通过开展富氮微合金化工艺、无缺陷坯浇铸工艺、热装热送、控轧控冷、切分轧制等产业化集成关

键技术研发，实现了 HRB400E、HRB500E 高强抗震钢筋的大批量低成本产业化生产，产品性能指标全面优于国家标准 GB 1499.2。昆钢高强抗震钢筋实物质量优异，多次荣获冶金产品实物质量金杯奖、冶金行业品质卓越产品奖、冶金产品 MC 认证证书、云南省名牌产品等多项荣誉称号。先后获多项国家及省部级科技成果奖，其中"高性能细晶粒钢筋的规模化生产及应用关键技术"获国家科技进步奖二等奖，"HRB500E 高强度抗震钢筋关键技术研发及产业化"获云南省科技进步奖一等奖，"HRB500E 钒氮高强度抗震钢筋及其生产方法"获中国专利优秀奖和云南省专利奖一等奖，"热轧带肋钢筋抗震性能技术开发及应用"获云南省科技进步奖二等奖，"500 兆帕高强抗震钢筋低贝氏体富氮微合金强韧化技术开发及应用"获冶金科学技术奖三等奖。

2012 年以来，昆钢组织开展了复杂高磷钒钛铁水、半钢冶炼关键技术研究开发及应用，开发出稳定成熟的 $P \geq 0.400\%$（质量分数）高磷钒钛铁水、半钢冶炼集成技术，实现了高磷钒钛铁水的大批量经济化生产。项目实施突破了国内高磷铁矿使用的技术瓶颈，开创了国内大批量工业化利用高磷钒钛铁水进行转炉半钢冶炼的先例，对国内高磷铁矿使用和高磷铁水冶炼技术的发展提供了很好的技术平台和示范效应，提升了我国钢铁行业高磷铁矿资源利用的核心竞争力。项目荣获 2016 年云南省科学技术进步奖一等奖。

自 2008 年以来，昆钢累计开发 HRB400E、HRB500E 高性能抗震钢筋 3000 多万吨。其中，HRB500E 高性能抗震钢筋产量 280 多万吨，产销量连续多年保持全国领先水平。并成功开发出 600 兆帕级高强抗震钢筋。研发高性能抗震结构用型钢、抗震钢板及钢带，形成了四大系列 60 多个规格。抗震钢材系列产品的研发，使昆钢在建筑用钢材升级换代方面始终处于全国前列，也成为全国唯一全系列批量稳定生产抗震钢材的企业，抗震钢的研发和生产技术处于全国领先水平。

截至 2017 年，昆钢申请专利 2796 件，其中发明 936 件（国外专利申请 9 件）；获授权专利 2154 件，其中发明 475 件（国外专利授权 4 件）。注册国内商标 205 个，国外商标 13 个。184 件技术秘密列入公司技术秘密目录。申请登记了 392 件计算机软件著作权。申请注册了 183 个网址域名。昆钢 5 件专利获中国专利优秀奖；3 件专利获得云南省专利奖；10 件专利获得州、市专利奖。6 个专利项目被列为云南省专利转化实施项目。获得并保持了 1 件中国"驰名商标"、8 件云南省著名商标、3 件昆明市知名商标、4 件州、市知名商标。

昆钢品牌经过 79 年的发展、积淀，品牌价值实现了新提升和大发展，在西南地区、东南亚等国家享有较高的品牌知名度和美誉度。昆钢牌主导产品获得并保持"云南名牌""昆明名牌""冶金产品实物质量金杯奖"和"冶金行业品质卓越产品"认定等一系列名牌美誉；昆钢注册商标为"中国驰名商标""云南十大最具影响力品牌"；2018年公司荣膺"2018年度中国十大卓越建筑用钢生产企业品牌"殊荣。

（六）化解产能，落实供给侧结构性改革

2016年以来，昆钢积极响应国家供给侧结构性改革号召，认真落实"三去一降一补"要求，主动去产能、去库存、降成本。坚持以供给侧结构性改革为主线，实施环保搬迁、加快转型升级，练内功，强基础，防风险，通过改革，努力提高经济发展质量，实现集约化生产，降低成本，提供有效供给和企业转型发展的目标，为企业可持续发展创造条件。主要做法及成效如下。

1. 统一思想，制定方案

昆钢把化解过剩产能与昆钢保生存和实现转型发展紧密结合，作为昆钢实现脱困发展的重要推手。2016年初，通过职代会、全委会统一思想、形成共识，明确把去产能作为今年工作的重要任务，通过认真研究，昆钢制定上报了《昆明钢铁控股有限公司去产能方案》，最终确定化解过剩年产能：钢280万吨、铁125万吨的目标，关停3座32吨转炉、1座120吨转炉、2座510立方米高炉、1座1080立方米高炉，以及相关配套的矿山、烧结、焦化、铁合金、动力等生产线。昆钢承担了云南75%以上的钢铁产能化解任务。同时，配合缅气入滇，严格按省政府和昆明市要求及时关停了向昆明市供应了30多年城市煤气的昆明焦化制气厂。2016年9月，师宗县人民政府对昆钢上市公司云煤能源所属的金山煤矿实施了关闭，并相继通过了县市省各级政府及行业主管部门的验收。

2. 细化分解目标，层层落实责任

制定了《钢铁去产能细化方案》《化解钢铁过剩产能职工安置方案》《推进员工创业实施办法》《设备（资产）处置方案》《设备封停方案》等，将去产能目标任务层层细化到单位、到个人、到时点，确保工作落实到位。为切实保障去产能任务的完成，昆钢按照去产能实施方案和目标责任书，倒排时间计划，层层分解落实，按日检查工作推进情况。

3. 依法合规，规范操作

昆钢公司严格按照《验收办法》推进去产能工作，拆除了炼铁高炉风机、电机、炉前设备、水泵电机，切断送风管道、供电变压器进线等，并由云南省国资委进行了封存。炼钢主体设备采取彻底完全拆除，以不可恢复生产的方式处理。按规定及时在省国资委和昆钢门户网站上公告了去产能的主要装备、完成的时间，向社会承诺去产能范围的设施设备永久不再恢复生产，并逐步拆除。昆钢涉及化解过剩产能的4座转炉拆除完成情况、奖补资金使用情况，也在昆钢公司门户网站上进行了公示。省级验收后，由云南省化解钢铁煤

炭过剩产能领导小组在省政府网站上又对昆钢化解钢铁过剩产能情况进行了公示。在化解过剩产能过程中，认真做好文字档案、图片资料、视频材料记录，确保人、财、物的处理符合国家规范和去产能的要求。

4. 广开渠道，妥善分流安置人员

昆钢压减钢铁产能需要安置直接相关岗位员工 9508 名，另外还有部分相关产业人员需要安排。昆钢确定了不让一位职工没有基本生活来源，不让一位有工作意愿的职工失去工作岗位的分流安置原则，妥善分流安置职工。

一是发动各级党政工团主动作为，发扬密切联系群众的工作作风，深入一线、贴近基层，在车间、班组召开座谈会，听取一线职工、基层干部对分流安置职工的意见，释疑解惑，打消职工"恐变"的心态，赢得了职工对分流安置的理解和支持；二是出台一系列具有昆钢特点的政策，比如根据有的职工几代人和夫妻双方都在昆钢就业的实际情况，采取单亲家庭不纳入分流安置、夫妻中只能有一方纳入分流安置等方式处理；三是在分流安置中将提高职工职业技能、优化人力资源结构与有序分流相结合；四是拓宽分流安置职工渠道，通过搭建创业平台、成立人力资源创业服务中心、开展技术培训，促进职工再就业和转岗安置；制定了创业服务中心管理办法，明确了工作职责和运作方式，确保创业服务中心各项工作落到实处。目前，各分子公司创业服务中心已接纳富余职工 3000 多人，并为这些职工开展了餐饮、洗车、保安、小区门卫、置换劳务用工等业务；五是在双方达成一致的情况下，鼓励职工自谋职业；六是在职工自愿的基础上，采取内部退养等方式稳妥分流安置职工；七是在有关政府部门的支持下，分流部分人员进入公益岗位工作；八是进一步加快现代物流、新材料、节能环保等产业发展，拓宽分流安置职工渠道。

2016 年 10 月末，昆钢顺利完成 9508 名职工的分流安置。确保了职工队伍稳定、社会和谐。

5. 规范使用资金，促进人员分流安置

在去产能工作中，昆钢积极反映生产经营压力和人员分流安置难题，求得了云南省委省政府的支持，2016~2018 年争取到钢铁、煤炭专项奖补资金 6.58 亿元。在资金使用过程中，昆钢坚持严格按照财政部、云南省财政厅关于化解过剩产能奖补资金使用要求规范使用资金，收到的去产能专项奖补资金按照财政部及云南省相关文件要求，全部用于职工安置分流，并制定了昆钢的《关于化解过剩产能奖补资金的使用和管理办法》，明确了专项奖补资金的使用、管理、监督、考核的具体要求，对职工分流安置相关费用按月进行分类明细统计，费用明细表经公司资产财务部审核，人力资源部审批后进行账务归集和资金发放，并建立了专门的资金发放明细档案和台账。奖补资金的管理使用过程中，工作到

位、监管到位。2016年底，审计署昆明特派办对昆钢去产能奖补资金使用情况进行了审计，并对昆钢奖补资金使用的规范性给予了肯定。

6. 调整产业结构，提供有效供给

在化解过剩产能的同时，昆钢积极推进传统产业的改造升级，提供有效需求。通过对传统产业进行技术改造提升和对产品结构进行优化升级，实现传统动能转换。重点工作：

一是"做强自己"，通过降低成本、技术提升、管理提升、产品结构优化等措施，集聚竞争优势，提高竞争力；延伸钢铁产业链。充分发挥昆钢500兆帕高强抗震钢筋和抗震型钢比较优势，按照"高端化、精品化、差异化和以产顶进"策略，加大推进抗震民居、电梯、立体车库用钢和耐火、耐候、高强等系列产品的场推广力度，加快对工模具、汽车、船舶、军工用的高强韧低密度钢等新产品的开发步伐。推进用钢产业发展。扩大钢铁产品深加工应用范围，围绕国家和云南省重大基础工程、大型公共设施、城市综合管廊建设，大力推进用钢产业发展，同时，积极推广绿色节能建筑、抗震钢结构民房等。加快昆钢新区年产30万吨工厂化智能制造民居项目建设。加大技术改造力度，推进实施智能制造计划。围绕年人均年产钢达到1000吨的目标，研究采用工业机器人等智能装备改造传统产业，提升智能制造能力水平，提高劳动生产率；推进"互联网+"的实施，整合生产制造过程及上下游供应链等方面信息，形成大数据决策，提高管理效率和资源配置效率。

二是"走出去"发展，为深入贯彻习近平总书记在云南考察时的重要讲话精神，主动融入国家"一带一路"倡议，参与云南省面向南亚、东南亚辐射中心建设，努力适应国际产能一体化趋势，昆钢于2016年4月注册成立云南永乐海外投资有限公司作为昆钢"走出去"开展国际产能合作的平台，为昆钢参与全球资源配置和市场竞争创造条件、搭建平台；主动融入国家战略，推进国际产能合作。抓住国家"一带一路"及云南省建设"辐射中心"战略，稳妥推进海外产能转移：以产能输出为基本出发点，针对孟加拉国等"一带一路"潜在国家开展系统、专业的可行性研究，明确地域布局；注重风险管理，制定详细应对举措，谨慎选择合作伙伴。目前，已与孟加拉国达成在孟建设国际产能合作示范区及200万吨钢综合项目签署了谅解备忘录。

三是推动行业整合，基于昆钢所处行业龙头地位和多年积累的经验，以及对行业和产业发展形势的预判和考虑，昆钢将牵头整合全省钢铁资源，实现行业整合，设立云南钢铁集团，改变云南钢铁产业"小散乱"现象，促进全省钢铁行业高质量发展；通过推进全省钢铁产业链、价值链整合，引导全省行业有序发展，实现资源优化配置，形成产业集中集聚集约发展态势。

四是加强产能合作，利用现行政策，盘活产能资源，降低资产负债率，提高传统产业

竞争力。

7. 成效

（1）同比大幅减亏。2017 年，昆钢在淘汰了落后产能的情况下实现了技术经济指标大幅提升，能耗指标下降，管理基础得到夯实，经营效果大幅改善。全年营业收入 933 亿元，利润 10.15 亿元。2018 年，继续推进产能退出的后续工作。进一步加强企业内部生产组织结构和方式的调整与创新，聚集资源、集中精力推进高水平满负荷低成本安全优质的生产，各项经济技术指标连续刷新，成本大幅降低、资产运作效率和经济效益显著提升。在外部宏观经济形势总体向好和去产能、打击"地条钢"等积极因素带动下，2018 年 1~6 月，实现收入 425 亿元，利润 7 亿元。

（2）劳动生产率大幅提升。顺利完成 9508 名职工的分流安置。在关停了 280 万吨产能的同时，人员减少近万人，而钢铁产量仅小幅下降，企业的劳动生产率大幅提升。还在用工上打破了以往职工吃"大锅饭"的习惯，改变了企业职工不同程度存在的"贵族思维"。

（3）产业结构更趋合理。在化解过剩产能的同时，也使产业结构更趋合理，为加快转型发展夯实了基础，促进了企业转型发展。

（七）央地联动，推进混合所有制改革

2015 年 9 月，昆钢引入华润水泥重组昆钢水泥建材集团，整合后成立的云南水泥集团全面引入华润水泥的经营机制和管控模式，经营业绩大幅提升，行业主导地位持续巩固，2017 年实现营业收入 52.36 亿元，同比增长 25.92%；实现利润总额约 4.60 亿元，同比增长 350.00%。昆钢与华润集团在水泥项目上的牵手，是昆钢贯彻落实省委省政府引央企入滇、合作共赢要求，坚持改革开放、创新发展理念，继引入武钢集团之后，又一次引入世界 500 强企业，推进开放发展战略的一项重要成果。

昆钢控股引进华润水泥重组云南水泥建材集团后，明确新战略目标，优化商业模式，完善法人治理结构，建立市场化用人机制和激励机制，坚持科学发展观，走企业联合、资产重组和低成本扩张的道路，央地联动发力，发挥国有企业的规范化管理优势，发挥港资企业管理严谨的优势，增强国有独资企业抗击风险能力，优化产业结构、改善产品结构、优化产权结构、促进文化融合、增强技术创新、提升企业实力，释放"央地混改"活力。主要成效凸显在以下几个方面。

1. 产业结构更加优化

云南水泥集团在发展中促转变、在转变中谋发展，经济规模实力不断增强，产业结构

呈现可喜变化。按照国家的产业政策，以及低碳、环保可持续的发展理念，集团先后并购整合淘汰落后产能，通过技改建设先进的新型干法熟料水泥生产线，金江沧源、昆钢榕全、怒江昆钢日产 2500 吨水泥熟料技改项目，保山昆钢嘉华、凤庆习谦日产 4000 吨水泥熟料技改项目建成投产，水泥年产能突破 2400 万吨；普洱昆钢嘉华日产 4000 吨水泥熟料技改项目建成投产，水泥年产能突破 2600 万吨，水泥产能达到组建之时的 5 倍。同时，配套建设余热发电、水循环、脱硫脱硝等环保设施，建设工业废渣综合处理、免烧砖、加气混凝土砌块，商品混凝土搅拌等新型建材，推行清洁生产，延长产业链，推进可持续发展。到 2017 年底，云南水泥集团已发展成集水泥、矿渣微粉、新型墙材、冶金溶剂、水泥助磨剂、混凝土外加剂、建筑骨料、商品混凝土于一体的大型水泥建材企业。

2. 产品结构明显改善

云南水泥建材集团自成立以来，按照"纵向延伸，横向拓展"的水泥建材产品结构调整思路，改变了单一水泥、微粉产品状况，对水泥及微粉纵向延伸开发水泥助磨剂、混凝土外加剂、建筑骨料、商品混凝土、新型墙材——加气混凝土砌块、免烧砖、低温陶瓷复合材料、污泥固化胶凝材料、仿石材、透水砖、仿火山石；横向拓展了中热水泥、道路水泥、机场跑道水泥、复合水泥、钢渣水泥等系列新产品。在云南省内已形成产业链最长、品种最齐全的水泥建材企业集团。

3. 产权结构更趋合理

云南水泥集团紧抓机遇，加快发展步伐，快速推进行业兼并重组。按照云南桥头堡建设、城镇化建设的战略，加快实施沿边境、滇西少数民族地区、滇东北贫困山区发展的产业布局。先后收购重组了大理金鑫、德宏奥环、楚雄奕标、迪庆鸿达、凤庆习谦、盈江榕全、金江沧源、怒江水泥、巍山等水泥企业。截至 2017 年底，集团旗下的子公司已由组建时的 5 家，发展到 24 家全资和控股子公司。其中，混合所有企业 13 家，中外合资公司 5 家，与省内民营企业、自然人合资公司 8 家，分布在全省 13 个州（市）24 个县（市）。约有 54% 的子公司为混合所有制公司。通过混合所有制实践，用"国有企业的规范化管理、民营企业的灵活机制、港资企业的严谨性"相互融合，促使水泥集团产权主体多元化，进一步降低和分散投资风险，确保实现企业效益最大化。

4. 企业文化多元共融

文化的积累是一个由少到多、由简单到复杂、由单调到丰富、由低级到高级的过程。不同地域的文化与不同类别、不同质的文化联系并不紧密，文化的存在状态具有地域分散性。云南水泥集团是个大家庭，拥有 24 家子公司，既有国企文化，又有西方文化，还有民营企业的地域文化。尤其是东方文化和西方文化存在着许多各自的特色。各有其长，各有其短。由于不同企业、不同地域文化形成文化的多元性。云南水泥集团经过近几年探索实践，总结出一条用国有企业的规范化管理，与民营企业的灵活机制融会贯通的成功经验，围绕建立现代企业制度，在集团管控模式方面进行积极探索，做了大量工作，使集团的整体管理水平均有不同程度的提高。我们逐步把集团成员企业之间在研发、采购、制造、销售、管理等环节紧密联系在一起，协同运作实现资源共享，节省成本和费用，实现多元文化在水泥集团这个大家庭中和谐相处，共同发展，做到你中有我、我中有你，融合共处。

5. 科技创新能力不断增强

云南水泥集团采用校企合作的方式，与昆明理工大、武汉理工大携手合作，利用昆钢冶金废渣的资源优势和特点，以应用技术研发为突破口，以产品的产业化为重点，开发出一系列高炉矿渣、钢渣的深加工新产品、化工新产品，逐步形成有自主创新能力的高附加值材料产业链和大型生产加工基地，实现冶金废渣资源综合利用，循环经济、低碳经济。2017 年，使用价格较低、发热量高的无烟煤煅烧熟料，克服新型干法窑工艺要求的燃煤限制瓶颈，降低生产成本。使每吨熟料成本降低 10 元。到 2017 年底，取得专利授权 5 项，共组织申报了 30 项专利，22 项得到了受理，19 项取得了授权，其中发明专利 4 项。

6. 企业实力不断提升

云南水泥建材集团经过五年多的发展，已从成立初期的资产总额 37 亿元，增加到 102.27 亿元，水泥产能从 520 万吨增加到 2600 万吨以上。产业遍布云南省 13 个地州 24 个县市，拥有 25 个子公司。其中，混合所有制企业 13 家，中外合资公司 5 家，与省内民营企业、自然人合资公司 8 家，分布在全省 13 个州（市）24 个县（市）。云南水泥发展成为集水泥、矿渣微粉、尾矿固化剂、新型墙材、冶金熔剂、商品混凝土、钢渣处理、助磨剂、外加剂、工贸于一体的大型水泥建材集团，实现了跨地区、跨所有制、跨行业发展。行业地位不断提升，名列 2017 中国建材企业 500 强第 45 位，比上年上升 10 位。

（八）加强党建，增强发展凝聚力

昆钢充分发挥国有企业的政治优势，不断加强、改进和创新基层党建工作，使企业党组织的创造力、凝聚力、战斗力持续增强，为昆钢的生产建设和改革发展提供了坚强的组织保证。

1. 持续全面从严治党，为企业发展提供政治保证

昆钢党委始终坚持党对一切工作的领导，发挥两级党委把方向、管大局、保落实作用，紧紧围绕中心任务，把党组织的政治优势转化为企业的发展优势。在参与重大问题决策中坚持把好政治关、导向关，保证企业的持续健康全面发展；担负起促进职工全面发展的责任，关心职工，关爱职工，为职工与企业共同成长创造条件，搭建平台；担负起培养干部和人才的责任，把好干部培养、选拔、使用关。建立健全制度，吸引、留住、用好人才，为企业发展提供人才支撑和智力支持；协调企业各方利益和责任，发挥党的政治优势、组织优势和群众工作优势，化解企业发展过程中出现的矛盾，促进了昆钢的和谐发展。党的十八大、十九大以来，昆钢党委坚持旗帜鲜明讲政治，不断强化"四个意识"，坚决维护以习近平同志为核心的党中央权威和集中统一领导，认真贯彻落实中央八项规定精神和省委实施办法，深入学习贯彻科学发展观，开展党的群众路线教育实践活动、"三严三实"和"忠诚干净担当"等专题教育，扎实推进"两学一做"学习教育常态化制度化，坚持全面从严治党，抓好"关键少数"作用发挥，党员干部的精气神得到了提升，加强政治思想宣传工作和意识形态管理，干事担当的氛围更加浓厚，为企业健康发展提供了坚强保证。

2. 加强班子和干部队伍建设

昆钢党委把学习党的十九大精神，与推进"两学一做"常态化制度化、即将开展的"不忘初心，牢记使命"主题教育紧密结合起来，让广大干部职工深刻领会和准确把握新时代中国特色社会主义思想和基本方略，进一步增强"四个意识"，坚定"四个自信"，自觉在思想上政治上行动上同以习近平同志为核心的党中央保持高度一致。自觉以习近平新时代中国特色社会主义思想为指导，以思想力建设为基础、发展力建设为关键、凝聚力建设为保证、作风力建设为重点，不断加强领导班子建设，强化班子成员的"政治意识、大局意识、核心意识、看齐意识"，增强了班子的科学决策能力、开拓创新能力、统揽协调能力、发动组织能力和实际工作能力。在两级班子中营造了团结干事的良好氛围；建立健全了一整套干部、人才管理的工作制度和办法，形成了有利于科学选拔干部和人才培养的良好环境。采取"走出去、请进来"、系统学习、驻校培训的方法，着力培养密切联系职工群众、经受得住市场经济考验、有较强的经营管理能力和创新奉献精神的干部队伍和具有与企业跨越式发展相匹配的知识、素质、能力的人才队伍，为昆钢的持续发展提供了人才支撑。

3. 加强党员队伍建设

昆钢党委着力建设一支信念坚定、不畏困难、克己奉公、勤奋敬业、积极进取的党员队伍。坚持用科学理论武装党员，帮助党员树立坚持改革开放，推进企业发展的信心，把党员的思想统一到企业的发展目标上，激励党员把远大的共产主义理想和企业现阶段的发展目标联系起来，脚踏实地埋头苦干，为实现企业发展目标而努力奋斗。围绕企业经济工作中心，不断创新党内活动载体，丰富活动内容，建立起具有昆钢特点的党内活动机制，激发了党组织的创造活力，促进了党组织的战斗堡垒作用和党员先锋模范作用的发挥。

4. 加强党风廉政建设

昆钢党委紧密联系企业实际，深入持久开展党风廉政建设和廉政文化建设。建立完善教育、监督并重的惩治和预防腐败制度，使全公司党员干部廉洁奉公、勤勉敬业、抗腐防变的自觉性不断增强。党风廉政建设责任制层层落实，有力地保证了企业生产经营的顺利进行。

通过厂务公开、职代会、民主管理和民主监督，提高了企业工作的透明度和公信力，畅通了监督渠道。廉政建设制度不断健全和完善，形成了用制度管人、靠制度管好人的工作机制。

（九）"两化"融合，提升管理效率

20 世纪 90 年代初期，昆钢组建成立了计算中心，开始信息化建设，推进信息化与工业化融合。2000 年以后，昆钢信息化建设全面启动，坚持"统一规划、分步实施、效益驱动、持续改进"的总体原则，按照五层信息化架构来组织实施，持续推进昆钢信息化与工业化的融合发展。底层设备控制、过程控制建立了较为完善的一、二级系统，在三级建立了生产制造执行、生产调度、集中计量、质量检化验、条码管理、垛账管理、能源管理等一系列的生产管理系统，在四级建立了较完备的以 ERP 为核心的覆盖采购、销售、生产、财务、成本、质量、设备、人力资源等模块的管理系统，在五级建立了数据仓库、电子商务、客户关系管理、供应商关系管理、协同办公、合同管理、视频电话会议、资金管理等系统。2004 年 4 月，昆钢正式启动 ERP 系统建设，一期建设有财务会计、销售管理、采购管理、库存管理、物料管理、人力资源管理、项目管理、计量管理。2005 年 6 月实施二期建设，有生产管理、设备管理、质量管理、成本会计。2007 年 10 月启动三期建设，主要内容有：红钢及玉钢 ERP 实施、基础网络的建设、垛账系统的开发；昆钢数据仓库、企业门户、项目管理、工业电视监控系统、成品条形码管理系统、网络管理系统、桌面管理系统的实施。满足办公自动化运行的网络环境的搭建，为优化业务流程、降低运行成本、提高工作效率提供了信息支持。2008～2017 年，昆钢先后建设了无人值守计量系统、协同办公系统、能源管理系统、电子商务平台、物流管理系统、生产制造 MES 系统等。通过持续深化信息化与工业化的融合发展，昆钢的经营管理水平和工作效率得到大幅提升，劳动生产率得到持续提高。

（十）多元并举，提升企业整体竞争实力

2006年，昆钢确立了"主业优强，相关多元"的发展思路，在钢铁主业做优做强的同时，延伸钢铁产业链和钢材加工产品链，推进相关产业的发展。矿业、煤焦化工、水泥、装备制造业、房地产、电子信息、耐火材料、节能减排和循环经济、工业物流、有色金属加工等相关产业持续发展，形成一定的效益规模。2007年，相关产业、非钢产业收入达67.98亿元，成为昆钢新的经济增长点。2008年以来，昆钢在继承和发展的基础上，积极应对全球性金融危机，面对不断变化的内外部环境和困难挑战，保持战略定力，以市场为导向，持续推动产业结构调整优化升级，培养和打造一批成长性好、前景广阔、符合国家产业政策要求的新产业，合理配置生产要素，实现产业结构由单一向多元的顺利过渡。钢铁、水泥、煤焦化工产业层次不断提升、产品结构不断优化，自营矿山资源综合利用水平不断提高，现代物流、新材料、钢构置业、地产开发、重型装备制造、国际贸易、养生敬老、职业教育、节能环保、文化旅游、电子商务等产业快速成长。

2018年，昆钢形成"钢铁筑基、多元并举、产融结合、绿色发展"的发展战略，产业结构逐步得到优化。昆钢非钢产业收入占比稳步提升，公司资产总额由2007年末的294亿元增加到2017年末的807亿元，年均增速达到10.6%；销售收入同比由2007年的228亿元增加到2017年的933亿元。其中，非钢业务收入由157亿元增加到544亿元。其中，2014年非钢产业收入以425亿元首次超过钢铁产业。企业综合实力显著增强。

（十一）绿色发展，重视节能环保

在国家节能减排政策的指导下，昆钢积极推进能源和资源的合理利用。从冶炼过程中产生的废水、废渣、废气等二次能源的综合利用入手，"三废"实现了再利用、再循环，并把资源的综合利用与环境保护、节能降耗结合起来，生产工艺流程不断优化，经济效益、社会效益和环境效益持续显现。公司本部已完成转炉煤气回收改造工程，全面实现了炼钢转炉煤气、蒸汽的回收利用和负能炼钢。吨钢综合能耗持续下降，2007年，吨钢综合能耗为658千克标准煤，与1980年的1872千克标准煤相比，吨钢综合能耗降低了1214千克标准煤；1999年到2007年利用余热余压累计发电22.93亿千瓦时，创造经济效益9.17亿元。采用国内技术在全国钢铁企业中首家实现烧结工艺纯低温蒸汽发电。连铸钢坯实现热装热送，节约了轧钢加热能源。对风机、水泵进行了变频调速改造，每年可节电约350万千瓦时。公司总部实施"绿色照明"改造，年节电1300万千瓦时，节约电费501.8万元；对高炉生产用水、回水设施和炼钢系统除尘废水的循环利用系统进行改造，并提高了

生产水的循环利用率。国家双高一优项目——干熄焦项目的投入使用，减少了二氧化碳排放，提高了空气质量。昆钢认真贯彻落实国家"绿色发展"理念，始终坚持环保"底线"思维，以节能减排为中心、以目标管理为重点、以改善环境质量为关键、以监督管理为保证，通过"管理优化、技术进步、结构调整"三个途径，认真扎实推进能源和资源的合理利用，2007 年率先在云南省内成立"节能减排中心"，2016 年组建云南天朗节能环保集团有限公司，结合国家环保政策开展"节能、降耗、减污、增效"一系列卓有成效的工作，能耗指标明显下降，环境保护水平大幅提升，"三废"实现了再利用、再循环，并把资源的综合利用与环境保护、节能降耗结合起来，生产工艺流程不断优化，经济效益、社会效益和环境效益持续显现。2017 年钢铁主业吨钢综合能耗完成 546.7 千克标准煤，比 2007 年下降 111 千克标准煤，吨钢耗新水降至 2.45 立方米，NO_x 排放量 6865 吨，主要污染物减排指标部达到政府要求。现役六套烧结（球团）烟气脱硫设施同步运行率 100%，同比提高 0.70%；综合脱硫率 93.61%，同比提高 1.89%。资源综合利用自发电量达 16.07 亿千瓦·时，每年余热余能发电装置发电 11.7 亿千瓦时以上，价值 5.3 亿元以上。通过推进风机水泵节电改造，高温空气燃烧技术，推广绿色照明等工作，实现了节约能源降低消耗，树立企业节能减排的良好形象。

（十二）和谐发展，主动承担社会责任

昆钢把发展目标和代表职工群众的根本利益统一起来，努力做到发展为了职工，发展依靠职工，改革发展成果由职工共享，使职工的工作、生活条件和收入水平随着企业的发展和经营效绩的提升而不断改善。从收入情况来看：自 1978 年起，职工收入持续增长，2001 年到 2007 年，在职职工收入按年均 15.78% 的幅度增长，2007 年职工年收入为 1977 年的 64 倍；从居住情况看：昆钢和平解放前，中国电力制钢厂和云南钢铁厂的工人住的是简易工棚或租住农村的土屋。解放后，职工住入新建的土木结构平房和两三层的楼房。20 世纪七八十年代，职工开始住上三四层有卫生间和阳台的楼房。从 1999 年至 2007 年，昆钢在建设资金有限的情况下，花大力气开展民用住宅建设，先后投资了 9.041 亿元，用于民用建筑，新建住宅面积达 184 万平方米。原来的平房逐步被设施齐全、环境优美的楼房所取代。到 2007 年底，小高层、高层电梯住宅拔地而起，一户户职工家庭迁入新居；就道路条件来看：以前，昆钢的道路坑坑洼洼，职工形象地比喻为"晴天是扬灰路，雨天是水泥路"。现在，在巡道树护卫下的一条条平坦洁净的水泥路把厂区、生活区连在了一起，四通八达……

从 2004 年起，开始实行企业年金制度。职工五大保险平稳运行。同年，开展职工医

疗互助活动，互帮互济，缓解了患病职工的实际困难。2006~2008年，组织了6万多名在册职工和离退休人员进行健康体检。2007年以来的十年，昆钢员工收入累计增长65%，用于员工教育培训经费达4亿元以上；2007~2017年，节日慰问困难职工18384人次，发放送温暖资金1434.19万元，资助困难职工子女入学资金565.79万元，昆钢帮困解困资金资助各类困难职工44132人次，资助金额5500.7万元。参加云南省第四至十三期职工医疗互助活动，对75577人次补助金额5506.31万元。工矿棚户区改造新建住房11007套，共计建设廉租房、公租房12308套，发放住房补贴3.8亿元。坚持覆盖公司员工的医疗体检，做好职业病防治，推行员工"班中餐"，发放节日慰问金，以安宁市"创建文明城市"为契机，改善道路交通条件，绿化美化生产生活环境，修缮老旧生活区设施，健全社区配套设施和服务功能，提高社会治安综合治理水平，积极开展和谐家庭、好家风建设，举办各种主题突出、特色鲜明的文体活动，职工群众精神文化生活更加丰富。企业民主政治建设不断加强，职代会作用充分发挥。积极履行企业社会责任，累计环保投入超过10亿元，提取并使用安全生产费用13.6亿元，向社会捐助资金1.7亿元，落实扶贫项目29个，构建了企业利益、员工利益、社会效益协同发展的良好局面，职工共享改革开放、企业发展带来的实惠。

二、昆钢改革发展的启示与思考

40年来，随着国家经济增长方式的调整和产业政策的变化，昆钢经历了大发展、大危机、大变革、大调整的极不寻常、极不平凡的特殊时段，在省委省政府和省国资委党委的正确领导下，紧紧依靠和团结带领广大党员干部职工，积极应对全球性金融危机的严重冲击，战胜各种困难挑战，取得了今天来之不易的成绩。40年的奋斗历程，积累了许多宝贵经验和启示。

（一）科学发展，是国有老企业振兴腾飞的必由之路

昆钢由小变大、由弱变强的成功实践雄辩地说明，抓住发展就抓住了全面建设小康社会、推进社会主义现代化建设的根本任务，就抓住了国有老企业振兴腾飞的根本任务。改革开放以来昆钢所取得的一切成果，都是建立在发展的基础之上，不发展就没有今天现代化的昆钢，更不能解决昆钢面临的各种问题。紧紧抓住发展这一要务，坚持聚精会神搞建设、一心一意谋发展，实施科技兴企、人才强企战略，可持续发展战略，提高发展质量，企业就能战胜各种困难和风险，实现又好又快发展。

（二）改革开放，是国有老企业焕发青春的不竭动力

改革开放是在新的历史条件下解放和发展生产力，建立充满活力的体制机制的必然要求。昆钢正是坚持改革开放，不断革除旧体制中的积弊，焕发出了勃勃生机，走上了持续稳定健康的发展道路。站在新的发展起点上，面对新的机遇和挑战，坚定不移地推进改革开放，着力转变不适应、不符合科学发展观的思想观念，着力解决影响和制约科学发展的突出问题，革除一切影响科学发展的体制机制弊端，激发全体职工群众的创造活力，就能开拓国有企业更为广阔的发展前景。

（三）解放思想，是国有老企业搞好搞活的一大法宝

搞好搞活国有企业是新时期中一项重要而艰巨的任务，正是始终坚持解放思想，冲破了旧的思想观念和旧体制的束缚，正确认识和应对前进道路上遇到的新情况、新问题，开创了搞活国有企业的新局面。坚持解放思想，破除习惯思维，树立科学的发展理念，开启新的发展路径，国有企业必然能焕发出更加强大的生命力和活力。

（四）坚持党的领导是把握正确方向的根本保证，是昆钢战胜困难最显著的特色

只有高举中国特色社会主义伟大旗帜，始终在思想上政治上行动上同党中央核心保持高度一致，坚持以改革的精神扎实推进企业党建工作，把中央和省委的重要决策部署转化为符合企业实际的发展战略、思路和措施，才能抢抓机遇，加快昆钢发展。

（五）坚持创新驱动是提升竞争能力的重要支撑

创新是引领发展的第一动力，是企业进步的灵魂。创新驱动、战略引领、科技引领、人才兴企，强化基础管理，提高集团管控能力，是推动高质量发展最重要的手段。只有紧紧围绕经济竞争力的提升，敢于创新、善于创新，依靠创新把牢发展自主权，提高核心竞争力，才能促进企业经济发展方式转变，推动昆钢可持续发展。

（六）坚持深化改革是破除各种障碍的活力源泉

解放思想，转变观念，贯彻新发展理念，全面深化改革，推进转型升级，是昆钢实现可持续发展最根本的出路。只有通过改革，才能从根本上解决体制性和结构性矛盾，充分激发和释放人的积极性、主动性和创造性，把昆钢建设成为经得住市场严峻考验，以质量效益为导向的现代企业。

（七）坚持依法治企是理顺管理关系的有效手段

社会主义市场经济的本质是法治经济，只有强化法治思维，提高依法治企的能力，将企业行为纳入法治轨道，在法治框架内调节各种利益关系，不断提高企业规范、科学管理水平，才能保持昆钢健康发展。

（八）坚持以人为本是战胜各种困难的基本前提

团结和依靠职工群众集中力量办大事，打造长青基业、实现可持续发展，满足职工群众对美好生活的追求，是昆钢长久依靠最深层次的动力源泉。实现好、维护好、发展好职工群众的根本利益，聚合广大干部职工的磅礴之力，才能使昆钢在发展的道路上披荆斩棘、破浪前行。

三、企业展望

党的十九大对深化国有企业改革提出了明确任务和新的更高要求，为新时代国企改革指明了方向，企业发展迎来前所未有的广阔空间、发展机遇和发展平台。今天的昆钢正秉承着光荣与梦想，不忘初心，以"创新、协调、绿色、开放、共享"五大发展理念为引领，在党的十九大精神的指引下阔步前行。

未来，围绕产业转型和管理转型，昆钢将继续以推进供给侧结构性改革为主线，按照"钢铁筑基、多元并举、产融结合、绿色发展"的企业发展战略，紧紧围绕"昆焦转型"和"本部搬迁转型"两大转型项目建设，打造三大产业基地：

打造安宁草铺智能制造基地。对现有安宁本部钢铁生产线实施环保搬迁改造，在安宁草铺建设一条具有国际一流水平的钢铁生产线。并结合国家推进装配式智能钢结构建筑和发展绿色节能产业等相关政策，以延伸钢铁产业链、发展先进智能制造业为主导，打造一个全新的绿色节能智能制造产业园区。

打造工业遗址文化旅游及大健康产业发展基地。利用昆钢本部钢铁产业搬迁后腾退出的近一万亩土地实施转型，以"文化+工业旅游+新兴城镇化"为主题，发展工业遗址创意文化主题公园、工业大数据产业园、先进制造产业园、沿螳螂川特色经济带、生态休闲公园、游客公共服务园，配套发展大健康、职业技能培训服务产业，在安宁市打造一个千亿级生态文明产业新高地，争创国家转型发展示范区。

打造昆明宝象临空国际物流产业基地。以原昆明焦化厂为核心，借助其位于昆明空港核心区的区位优势，规划 1 万亩土地打造宝象临空国际物流产业基地。致力于跨境电商、现代物流、现代商务、高端制造、老工业遗址文化创新五大产业，努力打造高效联动、多产业聚集的生态型临空产业园。

同时，统筹推进传统产业、现代物流电商产业、新材料产业、节能环保产业、先进装备制造产业和现代服务业等"六大产业"，全面推进高质量发展，至 2025 年，完成产业生态圈打造，将昆钢建设成为区域最具竞争力和影响力的创新型大型企业集团。

扎根西北不忘初心　实干奋进再谱华章

——改革开放 40 年西宁特钢集团公司发展历程

西宁特殊钢集团有限责任公司

西宁特殊钢集团有限责任公司（简称西钢集团公司或西钢）位于青海省省会城市西宁市，是我国四大独立特殊钢企业集团之一，是西部地区最大、西北地区唯一的特殊钢生产企业，是国家军工产品配套企业。目前，西钢拥有钢铁制造、铁多金属、煤炭焦化、地产开发、生态农业五大产业板块，形成了"一业为主、多元协同发展"的产业格局。

西钢集团公司前身为西宁钢厂，1964 年兴建、1969 年投产，从设计产钢 13 万吨、钢材 8.5 万吨的单一特钢冶炼加工企业，发展成为现在拥有 160 万吨钢铁产能，并形成多产业协同发展的钢铁联合企业，资产总额达到 298.33 亿元，是改革让西钢集团公司从工厂制企业发展成为现代化股份制企业，是改革让西钢历经了 50 多年发展而逐步壮大，并在国防军工、铁路、石油、煤炭机械、汽车、风电、航空航天航海、能源等重点领域中刻有"西钢"烙印。

1996 年西钢完成公司制改革，1997 年钢铁主体资产在上交所成功上市。50 多年的发展中，特别是改革开放 40 年来，西钢集团公司从诞生到成长，从坎坷到发展，经受了重重考验、历经过千锤百炼，依靠团队的力量、巨大的付出，一次次战胜"生与死"的挑战，扎根于祖国西北，为我国工业经济发展做出了应有贡献。

一、扎根与创业

20 世纪 60 年代，青藏高原缺铁少钢，工业经济建设极度落后。按照毛泽东主席"备战，备荒，为人民"的三线建设指示和国家冶金工业部合理钢铁工业布局的总体部署，1964 年，抽调以本溪钢厂部分设备和人员为主体的西进铁军，辗转千里，在"边设计、边施工、边生产"的建厂方针和"靠山、分散、隐蔽"的要求下开始了艰苦的创业。没有住房，自己动手打泥坯建"干打垒"；没有蔬菜，自己开荒种；没有路，自己修。3000 东北子弟兵在湟水河畔，用青稞荒水、精神意志，以手拉肩扛最原始的方式，奋战五年完成了初期建设任务。到 1969 年 10 月，第一代西钢创业者炼出了青藏高原第一炉特钢，并形成产能为 13 万吨钢、8.5 万吨钢材的特殊钢生产能力，成为当时全国 9 家独立型特钢企业之一，直属冶金工业部管辖，代号为五六厂。之后，西钢悄然成长在社会主义计划经济体制的摇篮中，原材料由国家统一调配，产品实行包销，职工工资国家统一发放，企业只是单纯的生产单位，就这样在保守、传统的体制机制下，西钢平稳的度过了 20 多年。

党的十一届三中全会胜利召开，吹响了改革开放的号角，西宁钢厂充分享受了放权让利、经营承包、两保一挂、减免退税等有利于企业发展的优惠政策。1996 年，西宁钢厂按照建立现代企业制度的要求，成立西宁特殊钢集团有限责任公司。1997 年，西钢股份公司成立，西宁特钢成功上市，是青海省第二家上市公司。这不仅仅是一次简单的更名，而是一次由计划经济到市场经济企业体制机制的深刻变革，标志着西钢新的发展阶段的开启，也正是从这时开始，西钢走上了自主经营、自负盈亏、自我约束、自我发展的新时代。到"九五"末，企业生产和经营取得了长足的进步，形成了生产优质钢 42 万吨、钢材 36 万吨的生产规模。

二、改革与蜕变

在欣喜成功上市的同时，西钢又迎来一个特殊的阵痛期。20 世纪 90 年代中后期，我国钢铁工业发展步入低谷，绝大部分钢铁企业均处于亏损行列，特钢企业的形势更是严峻，许多特钢企业纷纷半停产、停产、甚至破产倒闭。这是一个新旧交替、矛盾交织的特殊时期——既有现代企业制度新的发展特点，搭建起了新的融资平台，亮出了西宁特钢的市场名片；但又有"冰河岁月"的艰苦考验，那时的西钢生产装备水平落后、生产效率低下，产品结构单一，经营不规范，产品赊销量大，"三角债"现象极为普遍，企业仅靠"顶抹串"来维持简单再生产。不仅如此，由于西钢地处西北偏远地区，不具备任何地域优势，供销"两头在外"，长距离的运输更让西钢雪上加霜，企业发展举步维艰，面临着资不抵债、濒临破产的困境。

（一）改革

2001 年 3 月，西钢新一届领导班子上任后，开始了以持续改革、不断转型为特点的根治问题、高速发展时期。

1. 三项制度改革

按照"集中、扁平、直线"的方针，构建大部制、大分厂制，精简机构，裁撤冗员，不断优化组织机构和人力资源结构，2001年共裁撤二级机构35个，减幅达66%，取消三级科室294个，一次性内退职工4000余名，建立起"多效多得、少效少得、无效不得"以及"能者上，庸者下，平者让、竞争上岗、末位淘汰"的符合市场经济和企业发展要求的劳动用工分配新体系，三项制度改革的纵深推进，激活了企业的发展动力。

2. 主辅分离、辅业改制

2002~2003年，按照党和国家关于国有企业建立现代企业制度、加快分离企业办社会职能以及实施主辅分离、辅业改制的总体要求，成功组织实施了西钢学校、西钢医院、西钢工贸公司、工程建设监理公司、招待所、教培中心等辅助产业的分离工作，实现了钢铁主业的减负减压、轻装上阵。

3. 管理机制改革

按照市场化的经营原则，在经销管理上，率先提出了"四项铁的纪律"和"双百"方针，即：不准"顶抹串"，不准赊销，不准资金体外循环，不准亏损销售；100%现金销售，100%现金回笼。从2001年到2004年，月均销售回款达到了1.3亿元，产销率达100%，四年销售回款是西钢自1993年至2000年八年间销售回款的总和，企业经营回归到了正常轨道；在成本管理上，坚持"指标第一"的经营理念，变"高进高出"为"实进实出"，全面开展"对标挖潜"活动，以各项经济指标的历史最好水平为起点，紧盯优秀企业先进指标，促使经济效益不断提高；在财务管理上，全面推行计划、预算管理，使企业由被动经营转变为主动经营，由只重视物流经营转变为物流、价值流、时间流的高度统一，提高了企业资金运行效率。同时，"高度集中的生产计划管理、全额索赔的产品质量管理，零在制、零库存的产销管理"等一系列内控体系的建立，使企业在市场经济体制下迈入了改革与发展的正轨，管理模式的成功转型，提振了信心，调动了积极性，为产业转型创造了条件。

（二）转型升级

在西部大开发的号角声中，西钢集团公司新一届领导班子审时度势，准确把握我国钢铁行业发展趋势，坚持科学发展观，结合企业实际，确立了西钢"二次创业"的发展战略。

1. 产业转型

在淘汰落后装备、更新工艺技术的同时，西钢充分发挥国有资本对经济发展的带动力和影响力，积极探索公有制多种有效实现形式，引导社会、民间资本流向优势产业，大力发展混合所有制经济，以资源为依托，以项目为载体，以企业为主体，招商引资，开展对外合作，全面实施"产业链纵向一体化延伸"发展战略，形成了"铁多金属""煤炭焦化""钢铁制造"三大板块。并建立起了产权清晰、责权明确、管理科学的母子公司体系。

钢铁制造板块，西钢股份公司在完善原有特钢生产线的基础上，新建"高炉—转炉—炉外精炼—连铸—连轧"五位一体的"铁—钢—轧"特钢精品生产线，使西钢特钢生产规模大幅提升，形成年产铁110万吨、钢140万吨、材130万吨的生产能力。

煤炭焦化板块，成立青海江仓能源发展有限责任公司，开发6.4亿吨储量的青海木里煤田江仓矿区焦煤资源，具有年开采原煤100万吨、生产焦炭70万吨、煤化工产品3.4万吨的生产能力。

铁多金属板块，肃北博伦公司、哈密博伦公司开发1.5亿吨储量的肃北、哈密等地的铁矿资源，建成了哈密白山泉、肃北长流水和七角井3个选矿厂，形成年开采铁矿石400万吨、生产铁精粉120万吨的生产能力；西钢矿业公司开发省内储量达4000余万吨的磁铁山、洪水河、胜利3个铁矿和储量2000万吨的石灰岩矿，形成年开采铁矿235万吨、石灰石100万吨、生产铁精粉70万吨的生产能力。

2. 淘汰落后

面对西钢陈旧不堪的老设备以及"高耗能、高污染、低效率、低效益"的生产局面，西钢开始了"淘汰落后、更新装备、提升工艺"规模宏大的产业转型。

"十五""十一五"期间，先后淘汰工艺落后的横列式小轧机、落后生产线4条、20吨以下小电炉5台、高耗能高污染竖式小石灰窑6座、1500立方米和3200立方米制氧机各1台、煤气发生炉18台、25吨以下的蒸汽锅炉7台，将3台35吨的燃煤锅炉改为燃气锅炉；并建成了由25台电渣重熔炉组成的国内生产能力最大的电渣钢生产线；由1台2500吨快锻机和3台电液锤组成的中、高合金锻材精品生产线；热轧无缝管材、精品冷拔棒材生产线；以及由750/650大棒材连轧机组成并配套高精度在线监测手段的精整棒材生产线；这场大刀阔斧的工艺革命，使西钢生产装备及工艺水平有了质的飞跃，生产效率、产品质量和经济效益有了大幅提升，企业生产经营局面有了新的突破。

西钢"二次创业"的成功，不仅表现在企业产业体系的完善、生产规模的扩大上，而根本在于实现了企业发展由量到质的转变，由粗放式增长到集约式增长的转变，由外延式发展到内涵式发展的转变。截至"十一五"末，钢铁主业建设了高炉、转炉、烧结、球团等炼铁系统，创造了青藏高原高炉炼铁的历史；资源产业相继拥有了省内外6座铁多金属矿和一座石灰岩矿，铁矿资源储量3.25亿吨，钒矿资源6468万吨，多金属矿73.8万金属吨，石灰岩矿2000万吨，焦煤6.4亿吨，同时建立起了完整的循环经济产业体系。短短的几年间，西钢成功建立起了"纵向一体化产业链"的产业格局。

在此期间，西钢十年总投资达到88亿元，资产总额达到136亿元，是2000年的4倍；年产钢量达到138万吨，是2000年的3.3倍；钢材产量达到127万吨，是2000年的3.5倍；2010年，实现销售收入70亿元，是2000年的4.8倍。职工人均年收入达到4.5万元，是2000年的4倍。

三、成长与发展

党的十八大以来，钢铁行业既面临着产能过剩的突出问题，又迎来了结构调整、提升发展质量的变革时期，为抢占市场、赢得先机，西钢坚决以习近平新时代中国特色社会主义思想为指引，以提升核心竞争力为主导，以技术进步、工艺优化、装备更新为手段，加快了企业质量提升和结构调整步伐；经济发展进入新常态后，随着国家"三去一降一补"、供给侧改革等宏观政策的出台，坚持"变中求进、调整结构、提质增效、绿色发展"新十六字经营方针，坚定不移推动"质量、效率、动力"三大变革，"建设西钢、发展西钢，振兴青海钢铁工业经济"成为全体西钢人上下同欲、共谋发展的时代强音。

（一）装备升级

为全面实现"建设全国重要的特种钢生产基地"和"做精做强"的战略目标，西钢集团对炼钢、轧钢系统进行了装备技术升级改造，该项目是青海省2013年和2014年"双百"工程项目，属青海省重点工程项目。项目对推动我国特钢行业技术装备升级、结构调整、淘汰落后、技术进步、质量提升、替代进口，提高企业创新能力和国际市场竞争能力，促进我国特钢事业发展具有重要意义。

1. 炼钢系统

新建60吨和110吨康斯迪超高功率电弧炉各1台，70吨LF-VD精炼炉3台，73吨LF-VD精炼炉2台，2014年1月21日正式投产；新建三机三流大方坯连铸机2台，70吨遥控铸车1台，2014年2月8日热调试成功，所生产钢种达140多个品种，主要品种有碳素结构钢、合金结构钢、汽车用钢、轴承钢、碳素工具钢、合金工具钢、低合金高强度结构钢等七大类，具备月生产钢坯68500吨、年生产钢坯82万吨的能力。

2. 轧钢系统

轧钢系统改造包括年产45万吨直径16~100毫米精品小棒材生产线和年产80万吨直径80~280毫米精品大棒材生产线。精品小棒材生产线整体工艺由德国西马克梅尔公司设计，项目实现了国内首家直径 16~100 毫米的全规格自由尺寸轧制，超越了 KOCKS 轧机最大直径 65 毫米尺寸的限制；实现了轧制尺寸的高精度，产品尺寸精度达到小数点后两位，与英制尺寸全面接轨，项目于 2013 年 10 月正式投入运行，曾获得 2015 年国家优质工程奖。精品大棒材生产线由德国西马克公司设计制造，是全球工艺装备、技术水平最高配置的大规格棒材生产线，可生产高精度、高性能、高质量的大棒材精品特殊钢产品，项目于 2014 年底投入生产运行。新装备的投产进一步提升了产能规模，西钢具备了生产铁 210 万吨、钢 210 万吨、钢材 200 万吨的生产能力。

新的工艺装备为西钢生产高品质产品插上了双翼，主要产品囊括了高附加值的轴承钢、汽车用钢、不锈钢、抽油杆用钢、铁路提速货车用弹簧钢五大规模品种，并形成以军工、钎具钢、石油机械用钢、工模具钢、高强度链环钢、外贸出口等六大品种的特色。产品为我国多个行业的发展提供了大批优质特钢材料。

（二）多元发展

在经历了 2008 年金融危机后，西钢意识到单纯依靠以钢铁为主的"纵向一体化产业链"发展抗压能力不足，为提升抵御风险能力，西钢将目光投向了多元发展领域。在充分审视自身的基础上，结合地域资源，开始向房地产和生态农业领域进军。

1. 地产开发

2011 年 8 月注册成立全资子公司青海西钢置业有限责任公司，依托西钢南区自有 500 亩家属区资源，大力开展旧区改造和"盛世华城"地产开发。旧区改造投入 2.2 亿元对西钢南区既有建筑及小区进行节能改造、供热改造、四化改造，改造后旧貌变新颜，改善了西钢区域环境、提高了居住品位，是一项为职工群众办实事、谋福利的惠民工程。盛世华城项目规划总用地面积 33 万平方米，总建筑面积 120 万平方米，规划建设 77 栋住宅楼、7828 套，配套建设酒店、写字楼、商业街、会所、法院、派出所、幼儿园等商业及公共建筑，绿化率 46%，容积率 2.85。截至目前，置业公司共完成销售收入 29.32 亿元，利润总额 10.03 亿元。

2. 农业发展

2015 年 10 月注册成立全资子公司青海卡约初禾生态农业科技有限公司，以发展生态农业、供应安全食品为宗旨，秉承"一年只为一季好粮"的经营理念，建立从良种选育、田间管理、精选分级到营销网络的产业链，坚持"田间到餐桌"的健康革命，努力将公司打造成为集种植、加工、销售和商贸为一体的绿色、生态、科技、环保、文明的现代化农业企业。目前，农业项目处于实践阶段。

（三）压减产能

为贯彻落实《国务院关于钢铁行业化解过剩产能实现脱困发展的意见》（国发〔2016〕6号）以及《青海省钢铁行业化解过剩产能实施方案》的精神，西钢作为青海省仅有的一家钢铁企业，主动作为，切实履行主体责任，制定了适度压减产能，调整产品结构，提升产品质量，坚持自主创新，崇尚绿色发展，推进节能减排的基本原则，经逐一梳理、逐项对照，对单台套设备能力、能耗、排放水平等进行评估后，关停了450立方米高炉1座，35吨、40吨电弧炉各1座，压减炼铁、炼钢产能各50万吨，提前完成了青海省化解过剩钢铁产能任务。

（四）科技创新

企业发展必须坚持科学发展的基本方向。这是打造百年基业，实现可持续发展的总纲领。西钢坚持走高起点、精品化、高质量、高效益之路，通过建立创新工作体制机制，不断健全创新管理制度。在管理模式上，实现了创新工作从无秩序创新向有组织创新的转变；在运行模式上，以激励手段引导全员开展有针对性的实践创新，通过分层级、全员化的方式，有效解决了生产经营中存在的各种问题；在人才保障上，积极引进外部人才、技术力量，不断整合社会资源构建创新技术联盟，通过引进开发、技术合作等手段，形成集成创新的工作模式。坚持以市场为导向，开展技术创新和技术攻关，努力改善经济技术指标，共获得各类科技成果80多项，申请技术专利30多项。有20多个产品获全国冶金实物质量"金杯奖"，10多个产品获名牌产品称号，部分产品进入国家重点建设工程并打入国际市场。

（五）绿色发展

环保问题不仅仅是一个经济问题，也是一个政治问题，搞好环保工作是企业义不容辞的责任，也是构建和谐西钢的前提。在新的发展战略思想的指导下，西钢全面贯彻科学发展观，积极推进"清洁化生产"的工作进程，向着工业废水、废弃物的"零排放"目标迈进。先后投入巨资新建了烧结、高炉、转炉、电炉除尘系统等环保设施，新建和完善了脱硫系统、污水处理系统等环保设施。并保证了各项环保设施运行良好，效果明显，西钢地区的空气质量和环境质量在不断提高，粉尘、"三废"等排放均达到了国家排放标准。坚决贯彻党和国家提出的关于开展节能减排和发展循环经济的大政方针，以已有产业体系为平台，深入开展节能减排、大力发展循环经济，到"十一五"末，已完成企业的内部

"吃干榨尽"循环经济体系，节能减排工作取得明显成效，工业用水、高炉煤气、转炉煤气、焦炉煤气、高炉水渣、转炉渣、电炉渣以及各类余热余能资源全部实现回收再利用，各种固体废弃物全部实现零排放，COD、粉尘、废水等污染物均实现了达标排放。同时，西钢以建设"花园式""旅游型"工厂为目标，积极美化、绿化生活区和厂区。几年来，生活区和厂区共绿化、种植草坪 21 万平方米，硬化 62 万平方米，种植树木 438 万株，可绿化面积绿化率达到了 100%。同时，投入资金对职工住宅区进行较大规模的修缮改造和综合治理，美化了职工生活和厂区环境，极大地提升了住宅区的整体生活品位，生活区、生产区面貌日新月异，得到了上级部门、广大职工家属、用户、合作伙伴们的高度评价，实现了企业与社会的和谐发展。

（六）党建工作

国有企业党组织只有注重把党的政治优势转化为企业竞争优势、发展优势，统筹物质文明建设与精神文明建设，统筹企业发展需要与客户、职工和社会要求，统筹现实需要和长远发展，才能推动企业又好又快地发展。西钢集团始终坚持党对国有企业的领导不动摇，在"三讲""三个代表"、先进性教育、学习实践科学发展观、创先争优、"四风建设""两学一做"以及三基建设等党的重大学习实践活动中，十分注重在科学理念上发挥党组织的引领作用，教育引导各级领导干部和职工在实际工作和生活中，自觉履行国有企业的经济责任、政治责任和社会责任，彰显国有企业应有的良好形象。同时，注重在科学决策上发挥党组织的引领作用，坚持站在推动生产力发展的前沿，把议大事、谋全局、把方向作为一项重大政治任务。在此基础上，注重在制度建设上发挥党组织的引领作用，在参与决策的内容、形式、程序以及决策实施等方面，都建立健全了规范的制度作保证，并推动依法治企、民主管理，制订和完善各类制度、规范流程，促进企业管理制度化、规范化、科学化和公开化。在抓班子带队伍养作风上，也注重发挥党组织的引领作用，坚持从严治党和党管干部的原则，始终坚持把领导班子建设放在保证和推动企业科学发展的核心地位，遵循"能者上、平者让、庸者下"的用人标准和"把党员培养成骨干，把骨干培养成党员"的理念，突出实践锻炼，坚持从严管理，引导和激励各级领导和党员干部创先争优。多年来的党建工作，推动西钢形成了生产与经营、速度与质量、物质文明建设与精神文明建设、职工与企业、企业与社会都协调发展的良好局面。

（七）发展目标

经过 50 余年的发展，面对严峻的经济形势，西钢已拥有钢铁制造、铁多金属、煤炭焦化、地产开发、生态农业五大产业板块，形成"一业为主、多元协同发展"的产业格局，具备了年产铁160万吨、钢160万吨、特殊钢材160万吨、石灰石100万吨、原煤120万吨、焦炭80万吨、采选铁矿700万吨，铁精粉200万吨的总体生产能力，并以其完善的产业体系和优良的装备工艺、优质的产品质量和良好的市场信誉、团结的职工队伍和创新的管理理念，优秀的企业文化和特有的西钢精神，用一种全新的姿态站在新的发展起点上。

面对未来，西钢将以习近平新时代中国特色社会主义思想为指导，按照党的十九大要求，进一步深化改革，自主创新，推进依法治企，提升矿产资源开发水平，提高特钢产品生产质量，推进产品结构调整，大力推行各产业板块节能环保和减排工作，进一步开发培育新型经济增长点，推动产业协同发展，着力体现转型升级成果，助推企业实现转型发展，朝着把西钢集团打造成国内一流的现代化综合型特钢联合企业集团，推动企业"强企富家"的战略目标稳步迈进。

沿着跨界融合创新发展的转型之路挺进新时代

天津荣程祥泰投资控股集团有限公司

天津荣程祥泰投资控股集团有限公司（简称荣程集团，ROCKCHECK）是天津市大型民营骨干企业之一，在党的改革开放政策春风沐浴下，荣程集团从创业之初至今，历经近30年发展，目前已形成钢铁冶金、科技金融、文化、健康四大板块，安置就业近万人，累计缴纳税金近100亿元，社会贡献总额251亿元。其中，直接社会公益事业投入6亿元。2018年度位列全国企业500强第255位，中国民营企业500强第87位，连续14年位居天津市百强私营企业第1位。

荣程集团从无到有，从小到大，从制造到创造到智能制造、从金属到金融、从单一到相关多元的跨越式发展，完成了产业互联网、金融的新业态模式建立和钢铁硬实力、文化软实力的融合，构建了"一体两翼"发展格局和"一业多地、多业并举"产业布局，以"弯道超车"的速度，沿着跨界融合创新发展的转型之路挺进新时代、踏上新征程。

一、伉俪结缘　开启奋斗之程

从1978年开始的改革开放浪潮已经逐渐辐射到全国，也开始影响到每个人的生活和思想观念。张祥青、张荣华夫妇伉俪结缘，借助改革开放的东风，开始做起废钢贸易，也拉开了荣程发展的序幕。

二、投身贸易　奠定发展根基

1991年，国家颁布"八五"计划，改革开放进入深化阶段，并提出要逐步建立社会主义市场经济体制，大力发展民营经济。"改革开放胆子要大一些，敢于试验，不能像小脚女人一样。看准了的，就大胆地试，大胆地闯"。敢闯、敢干的风气逐渐在社会上形成。

张祥青怀揣着做废钢贸易赚得的第一桶金，投资建设了一个小烧结厂——顺达冶金原料厂，利用当时钢铁企业的副产品及废弃料（高炉除尘灰、转炉铁泥）生产烧结矿。这一转折，使夫妻两人迈进了实业的大门。

由贸易到实体的转变奠定了荣程早期发展的根基，逐步形成了荣程在钢铁冶金行业的市场竞争力及良好口碑，为下步发展打下了坚实基础。

三、创办实体 做大钢铁主业

1996 年，国家制定了社会主义市场经济条件下的第一个中长期计划，即"九五"计划。"九五"计划指出，要加快现代企业制度建设，初步建立社会主义市场经济体制，实现经济体制从传统的计划经济体制向社会主义市场经济体制转变。这五年，是荣程集团扩大实体规模，进一步夯实根基的五年。

1998 年 4 月，租赁丰南德丰钢厂，组建丰南冀发特种钢材有限公司（简称丰荣）。利用冶金原料厂的生产经验，在烧结矿生产技术上延续利用高炉除尘灰和转炉铁泥作为原料的传统，并在同规模行业中首先使用高炉煤气生产烧结矿，解决了高炉煤气放散造成的空气污染问题，同时也大幅度降低了烧结矿燃料成本。

1999 年 10 月 27 日，租赁了倒闭一年的小企业——滦粤钢铁有限公司，成立了唐山市合利钢铁厂（简称唐荣）。只有屈指可数的几套设备，有的还残缺不全。面对满目疮痍、千疮百孔的景象，刚刚成立的唐荣，一边招兵买马，一边完善设备、研发工艺，推动公司快速发展。

世纪之交，我国胜利实现了现代化建设的前两步战略目标，经济和社会全面发展，人民生活总体上达到了小康水平。从 21 世纪开始，我国将进入全面建设小康社会，加快推进社会主义现代化新的发展阶段，"十五"计划落地执行。"十五"计划指出，要优化工业结构，提高供给能力和水平。也就是在"十五"期间，荣程的发展迎来了又一次跨越。

2001 年 4 月，收购了天津津南一家的钢铁厂，经过对设备的改造重建，仅用 1 个月，1 号高炉顺利出铁，当年实现产值 1.3 亿元，上缴税金 252 万元，安排劳动力就业 500 人。

2003 年 1 月 20 日，天津荣程联合钢铁集团有限公司正式注册成立，整合丰南荣程、唐山荣程，荣程集团实现集团化经营，步入快速发展轨道。

2004 年 2 月 26 日，1 号 750 毫米中宽带轧线竣工投产；4 月 28 日 1 号 120 吨转炉竣工投产；11 月 16 日 3 号 1060 立方米高炉竣工投产。2005 年 1 月 19 日白灰窑建成点火烘炉；3 月 29 日荣钢 200 平方米烧结机点火，张增述总监、张廷敏、汪振众、张廷生出席了点火仪式；4 月 28 日炼钢厂 2 号 100 吨转炉点火开炉；5 月 8 日轧钢厂 600 毫米轧线连动热轧；5 月 10 日 2 号 11 万伏变电站、1 号 5 万千伏安变压器送电；5 月 13 日 315 立方米高炉扩容工程点火烘炉；5 月 19 日 1 号 1.5 万立方米制氧机竣工投产。5 月 22 日 1 号高炉扩容改造工程竣工点火送风投产。

改革开放的好政策给了荣程集团发展的机会，各地政府的大力支持，才成就了艰苦创业的荣程人，自强不息、奋斗不止、永不言败的荣程人，不断实现梦想，从顺达冶金原料厂开始，荣程集团的产品从土烧结矿到铁水，再到建成转炉生产钢水，之后上马两条热轧中宽带生产线，荣程集团一步一个脚印，形成了从烧结到轧钢完整的钢铁全产业链条。

2006 年，改革开放进入新阶段，市场发展活力进一步增强。荣程集团提质增速，企业核心竞争力、社会影响力全面提升。荣程集团投入巨资大力进行产业链延伸、装备升级、工艺技术改造、两化融合、智能制造和节能减排、绿色工厂建设。

2007 年，荣程集团投资 12 亿元从美国摩根引进两条高速线材生产线，主要生产用于高速铁路上的钢绞线、汽车轮胎子午线钢、焊材等优特钢，进一步丰富了终端产品链条。

2006 年，全面引进信息化协同办公系统，2007 年，与金蝶集团合作，在全国冶金系统中率先实施 ERP 管理系统，到 2010 年全面实现了企业决策、生产预警、能源监控、在线检验、协同办公等信息化和移动化，提高生产效率，大大降低了管理成本。2009 年，荣程集团被国家工信部确定为全国首批 21 家冶金企业能源管控中心示范建设工厂之一。公司投资 7800 万元建设能源管控中心，采用自动化、信息化技术对能源及环保集中管控，风、水、电、气等各种能源介质的生产、输配和消耗实施集中动态监控和数字化管理，实现了节能降耗管控一体化。

荣程集团历经九年革故鼎新，脱胎换骨，一座现代化钢城巍然屹立在津沽大地。企业连续多年进入天津百强，成为天津钢铁业一颗耀眼的明星。

四、转型升级　跨界融合创新

2008 年，全球经济危机爆发，实体经济发展陷入寒冬。面对严峻的形势，荣程集团开始重新审视企业的经营和战略发展方向，并认识到企业核心竞争力的重要性，以及产业单一和产品单一的风险，也意识到多元发展的必要性。由此，荣程集团全面推进"主业做精、多元发展"战略，开启了跨界融合创新发展的新路径、新模式、新格局。

1. 做精主业，向智能绿色升级

2011 年，天津荣程投资 11 亿元从国外引进了一条合金钢大棒材生产线，主要设备从德国、意大利和捷克斯洛伐克进口。主要生产汽车齿轮钢、汽车轴承钢、高等级高压锅炉无缝钢管等产品。生产线于 2013 年 2 月正式投产。

经过多年发展和装备提升，荣程集团钢铁主业具备年产铁、钢、钢材各500万吨的生产能力，形成管（坯）、带（钢）、线（材）、棒（材）四大类产品系列，涵盖普钢、优特钢等上百个规格品种，产品打入北京现代、韩国起亚、徐工、临工等汽车及装备制造和高铁、海洋石油、军工等领域。荣程优（级）钢特（级）钢比重达到50%。其中，30%的产品拥有京津冀地区市场定价权。多项产品被评为"天津市名牌产品"，还被中央军委纳入军需供应商名单，被列为生产型一级企业。

推进两化融合项目，加快智能制造项目建设步伐。2010年1月29日，被国家工信部列入2009年工业企业能源管理中心建设示范项目的天津荣程联合钢铁集团能源管理中心项目正式启动；2010年9月13日，荣钢集团投资占股的天津荣智达高新技术股份有限公司开业典礼在滨海新区第三大街隆重举行，荣智达公司以荣程集团内部信息自动化业务为支撑，锻炼培养核心团队，其运营为集团的战略转型积累了经验，起到了良好的示范作用。

2016年，智能制造系统（iMES）、资源计划管理系统（ERP）、手机岗位化、移动办公等项目如期完成，通过专家验收并投入使用。通过该项目的实施，构建钢铁全流程智能制造系统，实现物流、资金流、工作流和信息流四流同步，大幅提升企业产品质量和整体效益，实现从制造到智造升级，助力《中国制造2025》。

落实"绿色"发展理念，提前拆除了36平方米、72平方米烧结机、两座3.2米焦炉以及410立方米高炉，大幅减少了二氧化硫和粉尘排放量。先后投资几十亿元，上马230余热发电、265同轴技术、转炉蒸汽发电、脱硫脱硝等一大批节能、环保项目，全力推动绿色环保型工厂建设，着力打造与城市和谐共生钢铁制造业，建设冶金企业智能升级的样板，争当行业创新发展排头兵。

2. 顺势而为，布局科技金融

早在2010年，荣程集团敏锐地觉察到互联网行业的光明前景，开始了科技金融产业的谋篇布局。

2011年2月，融宝支付公司成立，并获得央行颁发的第三方互联网支付牌照，成为钢铁行业内继宝钢之后第二个获得互联网支付牌照的钢铁企业，同时还取得全国手机支付牌照。目前，该公司已进入全国支付行业前20强，为中小企业、批发商、物流公司等客户提供扫码付、快捷支付、基金清结算和供应链金融等优质产品和科技金融服务。

2012年，荣程集团提出了"四位一体"联动发展模式，即"围绕工业实体，结合现代物流，打造电子商务平台，实现互联网金融的新业态"，并迅速完成了工业实体加物流、信息流和资金流服务的综合产业布局。融通物贸（天津）电子商务有限公司于2013年7

月成立，专注于大宗商品在线交易，为上下游产业链提供钢铁、煤炭、矿石、工业备品备件的线上交易电商平台。该电商平台在 2013 年 10 月被工信部授予"电子商务集成创新试点工程"项目。

2014 年 4 月，天津联合冶金商品交易中心上线运营，着力打造集交易、交收、仓储物流、金融服务为一体的现货第三方综合交易平台。而同期成立的荣联金融公司更是通过互联网金融的新模式，创新商业保理、融资租赁，实现产融结合，为冶金上下游客户，电子商务平台和现货交易所的客户以及实体企业提供安全、便捷、低成本的互联网金融服务。

至此，荣程集团经过四年左右的时间，完成了大宗商品电子商务平台、第三方支付平台、互联网科技公司、金融公司等科技金融产业的全面布局，为反哺实体产业打下了坚实基础。2014 年，荣程集团荣获商务部颁发的"全国信息技术促进贸易创新发展企业"荣誉称号。

2015 年 12 月，在天津滨海新区政府的支持下，滨海云商金控集团顺利挂牌，整合资源，聚焦制造业，搭建了转型升级的新平台，形成涵盖第三方支付平台、大宗商品交易平台、商业保理、融资租赁、金融服务、资产管理等多平台、多牌照的产融结合、互联互通、联合联动发展格局。

3. 抢抓机遇，进军文化产业

"十二五"以来，在国家"传承创新，推动文化大发展大繁荣"精神的指引下，文化产业进入快速发展期。2012 年，荣程集团把"做大文化产业"确定为战略发展主攻方向之一。以"追寻时代记忆、传承时代精神"为主题的天津时代记忆馆于 2013 年 12 月 26 日投入运营，标志着荣程集团向文化产业转型迈出可喜一步。"时代记忆纪念馆"作为中国时代梦想的呈现者，开馆以来累计接待游客超过 50 万人次，成为天津市重要爱国主义教育基地，荣获中国国家旅游杂志颁发的"年度最佳文化旅游创新贡献奖"，通过了国家级 AAA 级景区评定。

2017 年 12 月 26 日，在时代记忆文化产业园区建成全国首个 56 个民族非遗家园研究推广中心，构建文化保护、传承、创新与产业发展相融合的新模式，引领文化产业创造性转化、创新性发展。2017 年，荣程集团成功开启了传播中华优秀传统文化的国际化征程，先后举办"中国·时代记忆非遗英国行""中国·时代记忆非遗斯里兰卡行"文化交流活动，搭建了中国非遗文化和产品走出国门、走向世界的平台，引起巨大反响。

未来，荣程集团将以"国际化发展，文化先行，产业同步"为宗旨，以"古今结合、产融互动、东西方文化融合"为发展方向，秉承"观古看今，谋未展新"理念，专注于文化产业核心载体建设，搭建文化产业全产业链平台经济模式，推动东西方文化互鉴，打造"中国品牌，世界字号"。

4. 接力祥青，逐梦健康产业

2012 年末，偶然的机会，张祥青接触到白酒产业，睿智、果敢的他，迅速做出了进军健康白酒产业的决定，在云南西双版纳建设酿酒实验基地，并于 2014 年 10 月顺利投粮酿酒。荣程集团布局健康产业掀开了新篇章。

2014 年，是荣程发展史上注定被铭记的一年。这一年，荣程集团创始人、董事长张祥青离开了一手铸造并为之奋斗终生的荣程舞台。张荣华临危受命，出任集团董事会主席，带领 8000 名荣程人不忘初心、砥砺前进，接力祥青，传承梦想。

荣程集团健康产业遵循张祥青董事长制定的发展理念稳健推进，围绕"身、心、灵"健康开展"食、养、疗、修"等维度，聚焦健康食品、中医诊疗、中药材产业化、精舍、康养中心、传统文化教育等层面，推出"F2C+圈层社交+产业基金"大健康运营模式。目前，已形成以"祥青堂国际"为核心品牌，以国内"五大基地"和俄罗斯、加拿大等国际健康绿色资源为支撑，以"祥青堂"中药种植、深加工、中医治疗为基础，以"放心购"电商为平台的大健康体系。推出了"北纬 45""祥青堂""西双酒寨""放心购""妈妈屋"等一系列健康品牌。加拿大跨境 O2H 有机送到家电商平台运营模式还得到加拿大 BC 省政府的高度认可，成为 BC 省最大的有机超市独家线上代理。张荣华传承先生张祥青"实现人类健康百年"的梦想，带领团队创新开拓，健康板块基地、产品、品牌、运营全面推进，成效显著，呈现出蓬勃向上的发展势头。

五、弘扬文化　履行社会责任

荣程集团创始人张祥青夫妇是从唐山大地震走过来的，对全国人民曾经给予唐山人民的无私帮助心存感恩，同时对党的好政策带来的榕城发展更是心存感恩。因此，感恩元素是荣程企业文化的核心元素，奉献爱心，回馈社会成为荣程集团的文化选择。

2008 年 5 月 12 日，汶川大地震瞬间夺去了 8 万余同胞的生命，给国家及人民带来了巨大的灾难。感同身受的张祥青夫妇随即召开董事会，决定慷慨解囊，在第一时间向灾区捐款 1000 万元，之后又向当地红十字会捐款 2000 万元。在 5 月 18 日央视"爱的奉献"赈灾晚会上，又当场追加 7000 万元捐款，并决定帮助灾区人民重建家园，建"震不垮的学校"，感动中国。

2008 年 8 月 1 日，张祥青董事长参加奥运圣火天津站传递，第三棒传递圣火；12 月 5

日参加由中华人民共和国民政部和中华慈善总会主办的 2008 年度中华慈善大会，荣程集团荣获"最具爱心内资企业"。胡锦涛、李克强等国家领导接见获奖代表。

2010 年 4 月 14 日，荣程集团向玉树灾区捐助 2000 万元人民币；10 月 22 日，由荣程集团援建的宁强、略阳两县荣程中学落成并接碑，原宁强二中和略阳二中均更名为"荣程中学"。

秉持大爱无疆的理念，感恩社会，传承爱心，一直以来积极投身社会公益事业。2015年，荣程集团成立荣程普济慈善基金会，并捐助成立宋庆龄基金会祥青生命之树专项基金、清华大学教育基金、南开中学教育基金、关心下一代基金等，对抗震救灾、精准扶贫、青少年助学、贫困地区发展、儿童医疗、师资力量建设、敬老养老等方面进行捐助，累计捐款捐物 5.5 亿余元。

荣程集团提出了具有荣程特色的"家的文化、水的理念"理念。推出"五心荣程人"标准和"荣程正气歌""幸福荣程人计划""大学生培养计划"等。同时，投入巨资建设职工公寓、购置通勤车、建设图书室，全方位关心关爱职工的工作、学习和生活，让所有职工都感受到荣程大家庭的温暖。同时，为职工提供优厚的福利待遇，职工工资每年增长幅度都不低于 10%。即使在 2008 年金融危机期间，也做到了"不减员、不减薪、不压支"。

截至 2017 年末，创业 30 年的荣程集团，累计缴纳税金 80 多亿元，社会贡献总额近200 亿元。2017 年度位列全国企业 500 强第 263 位，中国民营企业 500 强第 73 位，连续 15年进入天津百强企业，连续 13 年位居天津市百强私营企业第 1 位。企业先后获得天津市委市政府"优秀民营企业"，中华慈善总会"中华慈善事业突出贡献奖"，全国工商联、人力资源和社会保障部、全国总工会共同授予的"全国就业与社会保障先进民营企业"，全国总工会"全国厂务公开先进企业"、国务院"全国就业先进企业"等多项荣誉称号。张荣华也当选全国工商联常委、天津市政协常委、天津市工商联副主席，天津市政协第十一、十二、十三、十四届委员，并荣获全国三八红旗手、中国十大杰出女企业家、天津市三八红旗手、市五一劳动奖章、市劳动模范、市五四青年奖章、全国道德模范提名奖等多项荣誉。

党的十九大召开以来，荣程集团深入学习贯彻党的十九大精神，不忘初心，牢记使命，以国家产业政策及区域发展规划为基础，围绕"四生"、结合"四创"、利用"四化"、通过"四资"、融入"五共"，借助"一带一路"国家战略发展机遇开启荣程国际化发展新征程，争当时代的领跑者。

按照党的十九大精神，荣程蓝图已经绘就，方向已经清晰，憧憬美好未来，8000 名荣程人充满信心、豪情满怀。未来，荣程集团将以实业基因为依托，产融互动为战略，资源整合为核心，互联互通为宗旨，持续创新客户价值，向世界 500 强企业进军。同时，将以国家产业政策及区域发展规划为基础，以"3+2"战略组合模式、"一体两翼、多业并举"战略布局为指导，以"强根固本、整合发力，高质量发展"为主线，围绕"四生"、结合"四创"、利用"四化"、融入"五共"，强化"四资"，助力荣程国际化进程，以荣程之为、荣程之进，展现荣程新风貌，努力成为新时代转型创新、融合发展的领军者，勇立时代潮头，担起历史重任，用赤诚与激情、奋斗与奉献，以荣程之进，助推天津之进，全国之进，为中华民族伟大复兴实现中国梦贡献荣程人的力量！

砥砺前行转型升级，昂首迈向新时代

唐山国丰钢铁有限公司

在中国改革开放 40 周年之际，唐山国丰钢铁有限公司（简称国丰钢铁）走过了 25 个年头。成立 25 年来，国丰钢铁在改革开放中抢抓机遇，砥砺前行，转型升级，创新发展，目前，已经成为一家集烧结、炼铁、炼钢、轧钢于一体，具备 720 万吨钢铁综合产能及 300 万吨冷轧生产能力的大型钢铁联合企业。截止到 2017 年底，国丰钢铁拥有总资产 198 亿元，员工 8700 人，国丰钢铁累计产铁 10153 万吨、产钢 10165 万吨、产材 9438 万吨，实现销售收入 3180 亿元，完成利润 185 亿元，上缴税金 144 亿元。

一、企业概况

国丰钢铁是 1993 年由原香港中旅（集团）有限公司（现为中国旅游集团有限公司，以下简称港中旅）和唐山市丰南县胥各庄镇经济发展总公司（后改为丰南区丰南镇）共同设立的中港合资企业。其中，港中旅控股 51%，胥各庄镇占股 49%。2015 年底，经国务院国资委批准，港中旅将所持国丰钢铁股权无偿划转给唐山市丰南区，现为丰南区政府控股、丰南镇参股的地方国有企业。

国丰钢铁所在地唐山市丰南区位居环京津和环渤海双重经济圈腹地，陆路、海路交通便利，地理位置得天独厚。

国丰钢铁始终秉承"精品立企、诚信兴业"的经营理念，坚持走品种、质量、效益型道路，致力于打造品牌战略，主导产品热轧卷板、热轧带钢、冷硬卷、退火板和镀锌板，畅销全国 20 多个省市，出口到十几个国家和地区，连续多年实现了产品产销率和货款回收率两个 100%。

国丰钢铁是中国最大的冷轧基板（SPHC 热轧卷板）生产商和供应商，连续多年入选中国制造业企业 500 强和河北省百强企业。先后被评为"全国钢压延效益十佳企业""中国最诚信企业""河北省著名商标企业""河北省文明单位"，连续多年被中国农业银行河北省分行，市、区人民银行和农行评为"AAA+级信用客户""最守信用贷款企业"等荣誉称号，是中国银行授信企业。

二、发展历程

国丰钢铁主要经历了四个发展阶段。

（一）艰苦创业阶段——河北省地方钢企的一面旗帜（1993~2001 年）

国丰钢铁的前身是原唐山市丰南县胥各庄镇高速线材厂。1992 年春，邓小平南巡讲话发表后，中国经济开始进入改革开放发展的新时期，胥各庄镇党委、政府决心抓住机遇，乘势而上，吸引外资加速扩大再生产。几经周折，同年 11 月与港中旅合资兴建国丰钢铁项目洽谈成功。1992 年 12 月，国丰一期工程破土动工，1993 年 3 月 8 日，唐山国丰钢铁有限公司在唐山市工商局注册，注册资本金 1345.49 万美元。

1994 年 3~4 月，国丰钢铁轧钢项目和炼钢项目先后投产。然而，这一寄托着全镇人民希望，凝结着国丰创业者汗水的新项目却生不逢时，由于钢材价格急剧下跌，资金不足、工艺装备落后等原因，加之缺乏生产管理经验，项目投产之时就陷入了困境，企业严重亏损。到 1996 年底，公司连续三年账面亏损达 9200 万元，并形成呆死账 5000 余万元，成为唐山市三资企业的亏损大户，甚至到了濒临倒闭的边缘。一时间，国丰钢铁成了社会关注的焦点，诸如"一天赔个桑塔纳"，国丰是"国坑"等言论不绝于耳，巨大的舆论压力使国丰人饱尝到了厂衰我耻的滋味。

艰难困苦，玉汝于成。在事关国丰钢铁生死存亡的危难关头，国丰钢铁的领导者不低头、不退缩，以百折不挠、永不言败的执着精神，决定上马二期工程。二期工程总投资 1.25 亿元，配套建设了炼铁、连铸工序，产品结构由螺纹钢升级为热轧窄带钢产品。工程建成后，公司调整组织机构，强化分厂职权；坚持学邯钢，加强以成本为中心的各项管理，并建立了奖惩激励机制。1997 年，国丰钢铁一举扭亏为盈，完成利税 3855 万元。其中，利润 2320 万元，位居全省冶金系统第 6 位。国丰钢铁从此闯出低谷，被河北省冶金厅评为"双文明单位"。

发展如逆水行舟，不进则退。1998 年，国丰钢铁提出了"内降成本、外扩总量"的方针，年内通过外购铁水、钢坯等措施，增加了钢材产量，在钢材市场持续低迷、大幅降价的情况下，仍实现利润 5331 万元，上缴税金 2958 万元，名列全国地方冶金企业第一名。为从根本上解决铁水瓶颈，国丰钢铁投资 7335 万元建设了 2 号高炉、连铸及配套工程，1999 年 5 月全线投产后，产量翻番，利润增加两倍，企业知名度、美誉度迅速提升，被河北省冶金工业厅评为"河北省地方冶金工业利税大户明星企业"。1999 年 6 月，唐山市委、市政府做出了《关于开展"外学邯钢、吉化，内学国丰、惠达"活动的决定》，在社会上引起了强烈反响，也成为鼓励国丰人继续拼搏、再铸辉煌的巨大动力。同时，国丰钢铁迅速开展了"全市学国丰，国丰怎么办"的大讨论，对照先进标准找差距，瞄准更高水平求发展。

在成功和荣誉面前，国丰人不骄不躁，激流勇进，开拓创新，超越自我，继续大力推进产品结构调整和装备提档升级。2000 年，国丰钢铁进入了快速发展壮大的新时期。此时，竞争对手如林，市场跌宕多变，国丰钢铁不惧挑战，乘势而上，致力于把企业做大做强，投资 3.4 亿元先后完成了中型厂带钢改造和三期工程，企业市场竞争力和行业地位显著提升，年利税突破 5 亿元。2001 年底，铁钢材综合生产能力达到 100 万吨配套，跃居全国乡镇企业"经济效益十佳企业"第 4 位，河北乡镇企业"十强"之首，荣获河北省"五一劳动奖状"，成为全省钢铁企业的一面旗帜。

（二）快速发展阶段——跨入全国大型钢铁企业行列（2002～2008 年）

第一步，携手"银丰"建"新丰"，通过区域联合共谋发展新路径。21 世纪伊始，中国钢铁业发展如火如荼，国丰钢铁所处的唐山市丰南区，依托冀东丰富的铁矿资源和交通便利的优势，众多小型民营钢铁企业如雨后春笋般破土而出。这些小钢厂在促进当地经济发展的同时，装备落后、结构单一、产品雷同、无序竞争等弊端也逐渐显现。为共同应对挑战，谋求更大发展，2001 年 9 月，国丰钢铁与同处一个城区的银丰钢铁强强联合，优势互补，合资兴建"丰南一号"工程——新丰钢铁项目。项目主要建设内容为 300 万吨炼铁、炼钢工程和一条年产 200 万吨的中薄板坯连铸连轧生产线。整体工程项目分三期建设，于 2001 年 11 月动工，2002 年至 2004 年陆续投产。其中，2002 年投资 7.5 亿元建设的一期工程，在冶金建设史上创造了当年施工、当年投产、当年见效的"新丰速度"。1450 毫米中薄板坯连铸连轧生产线投资 18.5 亿元，于 2004 年 6 月开工建设，2006 年 1 月建成投产，投产后仅用了 20 个月的时间，就收回全部投资，使公司产品结构实现了质的飞跃。"新丰"项目的实施，为国丰钢铁、银丰钢铁、新丰钢铁三家企业最终合并创造了条件。

第二步，实施"三丰"合并，开创河北省钢铁行业联合重组之先河。在当地政府的大力支持和推动下，国丰、银丰、新丰三家钢铁企业以"新丰"项目为纽带，抓住机遇，顺势而为，于 2003 年 9 月以国丰钢铁为存续企业，吸收合并银丰钢铁、新丰钢铁、银丰烧结，被业内誉为"三丰"整合，成为河北省钢铁企业联合重组破题之作。从此，国丰钢铁驶上了发展快车道。

第三步，抢抓联合发展契机，推进产业装备优化升级。以"三丰"整合为契机，国丰钢铁提出了"规模适度、突出专精、适应市场、绿色和谐"的企业发展战略，加快推进装备升级、技术进步、结构调整和淘汰落后，大力发展循环经济，增强可持续发展后劲。2005 年，投资 100 多亿元谋划实施了南区技改工程建设，一批具有行业先进水平的大型烧结机、高炉、转炉、RH 真空精炼等配套装备和设施相继建成投产，并建设了第二条 1450 毫米中薄板坯连铸连轧生产线，热轧卷板年产能达到 550 万吨规模，板带比提高到 92% 以上。

截至 2008 年底，国丰钢铁铁钢材配套生产能力分别达到年产各 850 万吨，跻身全国千万吨级特大型钢铁企业行列，谱写了跨越式发展新篇章。

（三）优化提升阶段，努力开创科学管理新局面（2009~2013 年）

发展才是硬道理。面对日益激烈的市场竞争环境，只有不断优化提升，追求卓越，才能实现企业可持续健康发展。2010 年 8 月，国丰钢铁投资 20 亿元实施了南区综合治理工程，涉及料场改造、环保治理、节能减排、信息化升级、生活区完善、产品结构调整以及厂区形象提升 7 大系统 32 个项目，到 2013 年底，能源管控中心，转炉余热发电、烧结余热发电、50 兆瓦煤气发电等项目全部建成投运，厂区面貌焕然一新，节能环保水平大幅提升，职工生产生活条件显著改善。其中，能源管控中心项目总体投资 1.5 亿元，总建筑面积 8000 平方米，集生产调度、能源管控、煤防中心、环保监测、计量中心、视频监控六大核心功能于一体，极大提高了国丰钢铁的生产管理水平和运营效率。

（四）转型升级阶段，推动企业实现高质量发展（2014 年~）

构筑产业链竞争优势一直是国丰钢铁努力追求的方向。2014 年 6 月，港中旅集团增资国丰钢铁收购中冶恒通冷轧和丰南冷轧厂，产业链延伸取得重大突破。是年，生产冷硬卷板 91 万吨、镀锌卷板 26 万吨，消化热轧卷板 93.6 万吨，创效 6383 万元，初步实现了热冷轧产品转化率 20% 的目标。同时，全面启动冷轧系统技术改造，2016 年 6 月，总投资 3 亿元、历时 18 个月完成 3 号酸连轧技改工程，标志着国丰钢铁冷轧生产能力达到 300 万吨、冷热产品转化率突破 50%，产品附加值和市场竞争力大幅提升。

2016 年 3 月，国丰钢铁全面关停了北生产区，为唐山市化解过剩产能、打赢蓝天保卫战做出了牺牲和贡献。面对"钢铁退城"带来的挑战，国丰钢铁主动作为，积极拓展转型发展新路径，在新材料和环保产业谋划上取得了实质性进展，为国丰实现华丽转身，推动高质量发展打下了坚实基础。

三、主要发展成就及经验

(一) 始终坚持发展不动摇，在艰苦创业中诠释责任担当

国丰的成功固然得益于联合重组、管理和技术创新等诸多方面，但其中有一条值得肯定——就是自国丰钢铁成立以来，始终坚持以先进文化为引领，把企业文化作为凝聚员工精神之魂、永葆企业青春之源，并在不同发展时期培育了具有企业自身特色的企业文化，成为推动企业不断进步、创造辉煌的动力源泉。

在创业之初，国丰钢铁铸造了业内闻名的"咬定发展，百折不挠的创业精神；科技领先，事争一流的争先精神；严细管理，开拓市场的求实精神；率先垂范，公而忘私的奉献精神；以人为本，心系企业，与企业荣辱与共的主人翁精神"，成为老一代国丰人艰苦创业精神的真实写照。"三丰"整合后，国丰钢铁把文化的融合提到了重要日程，提炼形成了"敬人敬业，求实求新，科学发展，永铸百年"的企业精神；"奉献社会，回报股东，造福一方，惠泽员工"的企业宗旨；"精品立企，诚信兴业"的经营理念和"规模适度，突出专精，适应市场，绿色和谐"的企业发展战略，为整合后尽快统一员工价值理念和行动，凝聚全员合力发挥了重要作用，使企业很快度过了磨合期，步入了稳定健康发展的快车道。2006 年，国丰钢铁根据新的外部形势和企业面临的问题，明确提出了"责任、沟通、激情"企业价值观；"保护自己，珍爱他人；履行职责，协作配合；关注成本，创新增效"国丰人三项行动准则；"低成本行业制胜能力，新产品研发能力，国丰特色客户服务能力，以厂为家、共迎挑战能力"四种核心竞争能力。2008 年和 2009 年，面对金融危机给钢铁行业带来的前所未有的巨大挑战，提出了"国丰的生存掌握在国丰人手里，国丰人要用感恩的心、敬业的态度、落实的行动，为国丰的生存尽职尽责"的国丰人誓言。公司全员佩戴承诺牌上岗，形成了"爱国丰、爱员工、爱客户、做楷模"的承诺文化。在新时期，国丰公司秉承"精品立企、诚信立业"的经营理念，继承并发扬"敬人敬业、求实创新、科学发展、永铸百年"的企业精神，努力倡导"责任、沟通、激情"的企业价值观，守法经营，善待员工，不断为企业的发展注入新活力。

从 1993 年到 2018 年，二十五载栉风沐雨，二十五载砥砺奋进，国丰钢铁在生产实践和工程建设中，锻炼、造就了一批懂管理、能战斗、高度忠诚、甘于奉献的干部职工队伍。无论是创业阶段，还是快速发展阶段，国丰人始终满怀不畏艰险、勇挑重任、不尚空谈、真抓实干的激情和干劲，咬定青山不放松，坚持发展不动摇，在公司上下营造了一种想事干事，谋发展、快发展的浓厚氛围，经受住了各种困难和挑战的考验，在公司发展壮

大的进程中发挥了中流砥柱作用，成为推进国丰不断前进的中坚力量和宝贵财富。

（二）始终坚持从严治企，不断提高企业管理水平

国丰钢铁成立初期，由于装备落后、资金不足以及缺乏管理经验，曾一度陷入严重亏损，甚至濒临倒闭的边缘。随着配套工序陆续投产，规模逐步扩大，国丰钢铁管理者开始认识到企业管理的重要性，在加强项目管理和生产组织的同时，创新经营管理理念，建立成本核算体系，加大营销力度，并初步形成了较为科学合理的绩效考核机制。"三丰"整合后，为适应企业快速发展需要，国丰钢铁坚持"科学管理、从严治企"理念，注重打造低成本竞争优势，提升企业市场竞争力，企业管理不断由粗放型向规范化、科学化、精细化转变。

一是整章建制，规范管理。大力推进制度化、规范化管理，建立现代企业制度，经过不断完善和发展，已形成三级制度管理体系。其中，一级制度 22 项，二级制度 74 项，三级制度 280 余项，实现了生产、财务、经营、设备、管理等全覆盖，为规范化管理提供了坚实保障。同时，与信息化建设相结合，建立了一套保障制度有效运行的实时监控体系，实现了关键环节的风险管控，以及管理流程的规范化、信息化和流程化。2013 年，国丰钢铁被列为河北省首批国家工信部钢铁规范条件准入企业，并通过了质量、安全、能源、环境管理体系认证。

二是精益管理，创新增效。先后推进实施了全面预算管理、对标体系建设、"三个一体化"（即：采购与炼铁消耗一体化，炼钢、轧钢与产品研发和市场拓展一体化，生产厂与部门协同合作一体化）组织模式、精益六西格玛管理、设备 TPM/6S 管理、全面标准化管理等一系列管理创新举措，系统提升企业综合管理水平，主要指标不断优化，生产成本、销售利润率、期间费用等均处于行业领先水平，市场竞争力明显增强。截至目前，已累计开展精益管理项目 430 个，获得财务收益 4.68 亿元，培养黑带 18 人、绿带 520 人、蓝带 2300 余人，被评为全国"六西格玛"精益管理先进企业，"降低一钢能源消耗"和"提高卷板表面质量"等 12 个项目获中国质量协会优秀"六西格玛"项目奖励。其中，国丰 1 号 1780 立方米高炉降低综合焦比项目，年可增效 5241 万元。"三个一体化组织模式建设"项目获国家冶金企业管理现代化创新成果奖二等奖。

三是不断提升两化融合水平。坚持走信息化与工业化融合发展道路，将信息化技术充分运用于企业的生产组织、经营管理、人力资源等各个环节，与之融为一体，极大提升了精细化管理水平。自 2005 年正式启动信息化项目建设以来，按照"整体规划、分步实施、切合实际、重点突破"方针，先后完成了 ERP 系统、EAS、能源管控（EMS）、考勤系统、

无人值守计量系统、一卡通、云之家等一系列信息化项目，两化融合水平大幅提升，被列为河北省信息化与工业化融合示范企业，并于 2016 年通过了国家工信部两化融合管理体系认证。

（三）始终坚持创新驱动，为企业高质量发展提供坚实保障

创新是第一动力。抓创新就是抓发展，谋创新就是谋未来。国丰钢铁始终坚持创新驱动，突出专精和差异化竞争，实施品牌战略，不断加大新品种研发力度，延伸产业链和价值链，依托系统化管理优势，建立了销研产一体化机制，建成了省级企业技术中心，产品结构不断优化升级。主导产品热轧卷板已形成冲压用钢、耐候钢、优质碳素结构钢、低合金高强及特殊用途专用钢等 12 大系列 38 个品种，热轧 IF 深冲用钢、冷轧无取向硅钢 GFW1300、GFW800 及 GFW600 均实现批量生产，SPHC、SPHD、SPA-H 热轧品种分别荣获中国冶金实物质量"金杯奖"，产品广泛应用于汽车内板、高级门板、家电面板、集装箱、锯片、石油天然气输送管道等生产领域。冷轧产品主要研发生产三大系列 45 个品种，广泛应用于门板、覆膜板、家电、汽车等领域，产品附加值和技术含量大幅提升。

以技术创新推动企业高质量发展，不断强化技术创新成果转化。截至目前，国丰钢铁共拥有专利 193 项，其中发明专利 21 项，实用新型专利 172 项。"弹簧扁钢工艺研究及产品开发"项目，被唐山市列为重大科研支持项目；"1450 毫米热轧生产线三电自主集成与创新项目"荣获唐山市优秀技术创新项目奖一等奖；经济洁净钢平台项目获河北省科技进步奖一等奖；与东北大学合作开发的"高炉炉缸侵蚀诊断与结构安全预警"项目，技术成果达到国际先进水平。

（四）始终坚持绿色发展，走资源节约型和环境友好型企业创建之路

绿水青山就是金山银山。国丰钢铁始终坚持绿色发展理念，走资源节约型和环境友好型企业发展之路。"十一五"以来，累计投入节能环保资金近 35 亿元，占总资产的 18%，引进推广节能环保新技术、新工艺、新装备，先后实施了高炉干法除尘、烧结机烟气脱硫、污水处理厂改造、料场棚化、转炉除尘改造、污水深度处理以及浓盐水回收等项目，污染物排放全面达到国家和地方规定限值，多数工序达到清洁生产一级水平，彰显了国丰钢铁的社会责任和环保担当。同时，大力发展循环经济，先后建成了能源管控中心，高炉 TRT、转炉及烧结余热、50 兆瓦煤气发电、超高压发电等一批循环经济项目，实现了煤气资源的全部有效利用，热电联产，企业自发电比率达到 60% 以上，年循环经济创效 5 亿元以上。吨钢综合能耗 507 千克标准煤，处于行业先进，基本实现了富余煤气零排放、地下水零

开采、固体废弃物零出厂"三个零"目标，被列为河北省首批二级清洁生产达标企业。

作为行业内具有一定影响力的钢铁企业，国丰钢铁始终把依法依规生产、履行社会责任作为企业发展的根本要求。2006年以来，按照国家《钢铁产业发展政策》等相关文件要求，彻底拆除了7座高炉、5座转炉以及全部小烧结和1条落后轧钢生产线，共淘汰炼铁生产能力210万吨、炼钢生产能力130万吨。2008年以后，没有增加一吨铁、一吨钢。2016年3月底，为改善唐山世界园艺博览会期间城市环境，坚决贯彻中央供给侧结构性改革政策要求，国丰钢铁在市、区政府的统一安排部署下，主动关停了北生产区，直接化解180万吨铁、220万吨钢及200万吨材生产能力，成为在国家供给侧结构性改革的大背景下，全国第一家装备完全符合国家产业政策而主动整体关停的企业，年可消减二氧化硫2522吨、氮氧化物2015吨、颗粒物2421吨。

（五）始终坚持以人为本，把人才队伍建设作为助推企业发展的动力源泉

实现企业创新发展，必须依靠人才。随着公司规模不断壮大，在管理创新、技术创新、产品研发等方面的人才需求与日俱增，企业发展与人才匮乏之间的矛盾日益凸显。为此，国丰钢铁退出了"313341"人才战略，即培养三方面人才：管理人才、专业技术人才和岗位技能人才；建立一套客观公正的评价体系，对三方面人才实施评价；催生人才的三个方法：引进一批、培养一批、带动一批；界定人才的三个标准：忠诚度、素质和创新能力；留住人才的四个条件：企业发展、企业文化、企业环境、优厚待遇；建立一套合理的分配机制和制度，满足三方面人才的需求。采取外部引进与内部培养相结合，招聘培养对口大学生、专业技能人才、专业技术专家等，给企业输入新鲜血液，注入新的活力。同时，重视员工自身发展与成长，建立了公司、厂部、车间三级培训体系，包括员工培训、干部培训、建立讲师库、学历进修和校企合作等多个方面，并通过定期举办职工职业技能大赛，以及重点岗位竞聘、干部竞聘上岗、干部轮换以及定员优化等工作，努力为员工搭建自我成长、干事创业的平台，使一批年轻有为的员工脱颖而出，走上了干部和管理岗位。在此基础上，2014年，国丰钢铁创新薪酬体系，采取评聘结合的方式，增设技能工资和职位聘任工资，增强高技能人才获得感，在全员中营造崇尚学习、提高技能、追求进步的浓厚氛围，充分激发了内部活动，为公司发展提供了有力的人才支撑和智力保障。公司还成立了爱心基金会，出台了职工子女奖学金、助学金制度，建立了厂务公开、职工合理化建议等制度，大力推进民主管理、民主监督，企业凝聚力、向心力不断增强。

以"双调"促"双转"　实现跨越发展
努力建设成为世界最大型钢生产基地

河北津西钢铁集团

一、基本情况

河北津西钢铁集团（简称津西集团），始建于 1986 年。2009 年 12 月，经河北省工商行政管理局核准成立，总部位于北京，并在天津、中国香港和新加坡、美国等地拥有境内外控股公司 30 多家，年销售收入超 1000 亿元，是集钢铁冶炼、装备制造、节能环保、国际贸易、金融租赁、津西投资、高新科技、绿色地产、龙翔文化等九大板块为一体的大型企业集团和香港上市公司（中国东方集团控股有限公司，股票代码 00581，2017 年 9 月 4 日被纳入港股通）。

津西集团连续 16 年跻身中国企业 500 强，2018 年名列第 169 位，中国民营企业 500 强第 42 位，中国上市公司 500 强第 181 位，中国民企制造业 500 强第 22 位、河北省首位，中国制造业企业 500 强第 70 位，先后荣获"全国 500 家最佳经济效益工业企业""中国最具生命力企业"和"中国最具成长性企业"等荣誉称号。现已成为专业化、系列化、规模化型钢生产基地，主导产品已形成 H 型钢、钢板桩等 123 个系列、356 种规格，产品成功进入鸟巢、杭州湾跨海大桥等国家重点工程，并远销到美国、日本、韩国及欧盟等 33 个国家和地区，连续 6 年出口量位居全国第一。

"十三五"期间，津西集团将认真贯彻落实国家产业政策，大力推进产业结构转型升级和产品结构调整，以进入中国企业 500 强前 100 位、向世界 500 强前进为奋斗目标，为钢铁企业绿色崛起、转型升级做出更大的贡献。

二、发展历程

河北津西钢铁集团始建于 1986 年，1988 年底正式投产。1992 年，韩敬远到津西担任领导职务以来，坚持从严管理、科技兴企的治企方针，以深化改革、制度创新和科技创新为动力，带领津西人开始大刀阔斧的改革，推动企业持续、快速、健康发展，为企业插上了跨越腾飞的翅膀。

1994 年，在全国首创推出"两册一制"劳动用工制度，打破原有用工界限，取消合同制和临时工身份的区别。这一改革，被中央电视台等多家新闻媒体广泛报道。"津西模式"迅速在全国推广，工人生产积极性空前提高，企业经济效益以每年 26% 的速度递增，成为地方的支柱企业。1995 年，唐山市提出在全市冶金行业开展"远学邯钢、近学津西"活动。1997 年，全国地区钢铁会议在津西召开，推广津西经验。

1999 年，经河北省政府批准实行股份制改革，成立河北津西钢铁股份有限公司，并进一步深化股份制改革，实现了国有资产和员工身份的置换，这是关键的一步，为津西增添了活力。2001 年，结束津西有钢无材的历史，产品附加值进一步提高。

2002 年，通过增资扩股的方式，变更为外商投资股份制企业。2003 年，加快了体制、产品、装备结构调整的步伐，成功挺进中国企业 500 强阵营。

2004 年，拥有津西 97.6% 股权的中国东方集团控股有限公司在香港联交所主板上市，成为全国首家在香港上市的民营钢铁企业。津西跻身全球粗钢生产 80 强，并成为 2004 年度中国最具成长性企业。2005 年津西居中国企业 500 强第 334 位，所缴纳税金占迁西县全部财政收入的"半壁江山"。

2006 年，随着百万吨大 H 型钢工程投产，企业发展步入快车道，当年具备年产钢、铁、材各 400 万吨综合生产能力，年实现营业收入 102 亿元，利税 21 亿元，居中国企业 500 强第 366 位。2007 年，先后投巨资实施系列中小 H 型钢工程，到 2008 年全部投产，并在国内外热销。

2009 年 12 月，经河北工商行政管理局核准，以河北津西钢铁集团股份有限公司为母公司成立河北津西钢铁集团，成为津西发展史上的又一个重要里程碑。自此，津西走上了集团化、规模化、制度化的科学运营管理之路。在做精做强钢铁主业的基础上，津西向高新科技、国际贸易、装备制造、金融服务等领域进军，先后在北京、天津、深圳、香港、新加坡等地设立子公司，闯出一条多元化经营的可持续发展之路，具备了实现"百年津西梦"的坚实基础。

2013 年，津西集团在 H 型钢产品高新化、专用化、精细化发展的基础上，瞄准国内外市场畅销、应用更加广泛的钢板桩产品，引进世界一流的工艺装备及技术，对大 H 型钢生产线进行升级技术改造，实施钢板桩技改项目。同年 7 月，"津西"牌拉森钢板桩产品投放市场，桩体钢质优良，止水性能优越，可替代进口产品，性价比高，得到了市场的广泛认可。目前，津西已开发出 12 种市场主流规格产品，成为企业高端钢铁精品的代表，广泛应用于河北省南水北调、武汉市台北路箱涵、青岛地铁 2 号线、哈齐客专铁路、南昌万达旅游城、昆明飞虎大道等多项国内重点工程，并成功出口到日本、新加坡、印度尼西亚、马来西亚、菲律宾和孟加拉国等国家和地区，受到用户好评。

2017 年，津西集团又实施了津西钢板桩及超大 H 型钢项目，并过钢试车。该项目备受省市县各级党委、政府关注和支持，列为 2017 年河北省重点项目，是唯一一个全省获批"战略性新兴产业"钢铁类项目，标志着津西产品结构调整迈出重大步伐，打造世界最大型钢生产基地已初具雏形。

2018 年，津西集团已拥有境内外控股公司 30 多家，年实现销售收入超 1000 亿元，是集钢铁冶炼、装备制造、节能环保、国际贸易、金融租赁、津西投资、高新科技、绿色地产、龙翔文化等九大板块于一体的大型企业集团和香港上市公司（中国东方集团控股有限公司，股票代码 00581，2017 年 9 月 4 日被纳入港股通）。

津西连续 16 年跻身中国企业 500 强，现名列中国企业 500 强第 169 位，中国民营企业 500 强第 42 位，中国上市公司 500 强第 181 位，中国民企制造业 500 强第 22 位、河北省首位，中国制造业企业 500 强第 70 位。

三、发展成就

三十多年的风雨历程，三十多年的不懈进取，津西集团在韩敬远的带领下，改革创新、锐意进取。近年来，津西集团全力推进供给侧结构性改革，以打造"世界最大型钢生产基地、国际一流企业集团"为目标，坚持钢铁传统产业产品结构调整和集团新兴产业结构调整的"双调"战略，促进集团"传统"和"新兴"两业"双转型"。通过"双调"促"双转"，有力促进企业转型升级，实现了持续跨越式发展，呈现九大板块并驾齐驱、多元化发展格局，谱写了一曲创新拓进的华美乐章。

（一）优化传统产业调结构，打造世界最大型钢生产基地

在传统钢铁产业方面，津西集团认真贯彻落实国家产业政策，秉承"绿色、减量、精品、做深"的原则，定位高端、填补空白、加大环保投入，提高供给质量，以钢板桩和 H 型钢为核心做精做强钢铁主业，打造世界最大型钢生产基地，并进一步延伸产业链，发展钢结构装配式建筑，实现绿色、高质量发展，走出了一条具有津西特色的差异化道路。

立足 H 型钢高端产品，走特色之路。H 型钢是一种经济型材，跳出了"大路货"产品的圈子，具有强度高、自重轻、抗震性能好、施工速度快、工业化程度高、有利于环保

等一系列优点，广泛应用于各类建筑的钢结构及桥梁、海洋采油平台、输电线路等方面，被专家誉为绿色钢材，特别是国外，发达国家已经得到广泛应用。自2006年起H型钢系列生产线投产以来，津西便在这一领域进行深耕精做，H型钢品种越来越丰富，津西知名度和行业影响力日益提升，广泛应用于鸟巢、杭州湾跨海大桥、上海虹桥机场、昌吉—古泉±1100千伏特高压直流输电线路等多项国内外重点工程。

以钢板桩钢铁精品为主导，调优产品结构。在拥有众多H型钢产品后，津西集团又瞄准钢板桩产品，引进、消化、吸收、提升世界先进技术，努力打破国外产品垄断，成功实施钢板桩技术改造项目。钢板桩是一种高效建筑材料，广泛应用于建筑、水利、铁路工程建设等领域。自2013年产品投放市场以来，止水性能优越，桩体钢质优良，替代进口产品，且性价比高，已开发出12种市场主流规格产品，广泛应用于国内多项重点工程，并成功出口到日本、新加坡、越南、泰国等十几个国家和地区，受到用户一致好评，成为高端钢铁精品的代表。

实施钢板桩及超大H型钢产品升级项目，促进高质量发展。2017年，津西为进一步贯彻落实国家供给侧结构性改革部署，满足社会发展对高端型钢产品的需求，实施"钢板桩及超大H型钢产品升级项目"。该项目技术世界领先、产品高端、生产高效，可生产最大规格900毫米的U型、850毫米的Z型钢板桩，及1100毫米的超大H型钢，部分产品可填补国内或国际空白，被列为河北省唯一一个"战略性新兴产业"钢铁类项目。随着该项目的投产，津西集团装备绿色环保、大型化、高端化，已具备参与国际高端市场竞争的实力，有效带动河北省钢铁产业走向世界、抢占全球市场，标志着世界最大型钢生产基地已见雏形。

津西成为专业化、系列化和规模化型钢生产基地。到2018年，津西已形成123个系列、356种规格型钢产品，成功进入鸟巢、杭州湾跨海大桥等国家重点工程，并远销到美国、日韩及欧盟等33个国家和地区。其中，高附加值产品比例提高到78%，电气化铁路接触网支撑钢市场占有率已达到90%以上，型钢出口量连续6年全国第一。

（二）进军新兴领域促升级，探索培育企业发展新动能

传统钢铁产业转型升级，津西走出了一条特色之路。面对新时代、新形势、新征程，韩敬远带领的津西以打造百年津西为目标，主动进军高新科技新领域，培育未来发展新板块。

津西集团大力推进产业结构转型升级，在努力打造世界最大型钢生产基地的同时，进军集成电路芯片领域，培育新兴板块新动能。

2014 年，津西集团与美国硅谷专家团队合作，在北京经济技术开发区成立东方晶源微电子科技（北京）有限公司。该公司从美国硅谷、日本和欧洲引进掌握核心技术的资深专家 30 余人，组建国家千人计划特聘专家、大数据首席专家在内的 200 人科技研发团队，初步形成电子束高端检测装备等产业布局，搭建以东方晶源微电子科技（北京）有限公司为核心的津西集团高新科技板块。

该公司主要硬件产品为用于芯片生产的高速、高精度电子束图像在线检测系统，该产品在国内尚属空白，得到国家的重点支持，承担了 3 项（02）重大专项，已完成国内首台纳米级电子束芯片检测装备，定于 2018 年底投入生产线验证，基本具备批量生产条件。在软件方面，已取得 10 多项软件著作权；申报 20 余项国内外专利；集成电路掩模优化设计软件产品，已在三星和台基电等 7 纳米产线上应用，被世界第一芯片供应商认定为首选技术提供者。

（三）拓展多元产业增优势，提高集团在市场上的竞争力

在做精做强钢铁主业的基础上，津西集团强势向国际贸易、装备制造、绿色地产、金融服务等领域进军，先后在北京、天津、深圳、香港、新加坡等地设立子公司，走出一条多元化经营的可持续发展之路，具备了实现"百年津西梦"的坚实基础。

立足集团优势，加快发展国际贸易板块。2011 年，成立津西国际贸易有限公司，并分别在中国香港和新加坡拥有津西香港进出口有限公司和中国东方新加坡有限公司两个贸易平台，借助集团的产品和强大资金优势，发展矿石、煤炭、钢材等大宗产品的国际国内贸易，业务已覆盖全球 33 个国家和地区，成为集团进军国际化市场的前沿阵地，前景无限。

延伸钢铁产业链，大力发展绿色钢结构建筑产业。依托型钢生产基地优势，联姻住建部、建筑结构金属协会等单位，深入研究钢结构建筑防火、抗震等难题，研发生产 9 度抗震、5 倍节能、20 倍空气净化的装配式钢构建筑产品。目前，首个钢结构示范项目"津西集团研发中心"已投入使用，实现了钢铁生产到深加工、装配式钢结构建筑的完整产业链，并带动绿色建材等配套产业蓬勃发展。

大力发展装备制造业，加快智能停车设备等耗钢产业步伐。津西重工是国家高新技术企业，2013 年与北京航空航天大学战略合作并成立"智能停车设备产业化研发生产基地"，依托型钢生产基地的产业支撑，推进智能停车产业的技术研发和生产应用，首个智能停车设备项目——省政协立体车库已投入使用。

精心培育节能环保、金融租赁、文化产业等板块。2010 年成立东方绿源节能环保工程有限公司，专门从事高新节能环保设备工艺研发、合同能源管理、余压余热回收发电、总

包工程服务等业务，已进入全国节能服务行业前十。2005年，经国家商务部批准设立东方英丰租赁有限公司。2010年成立东方信远融资租赁有限公司，位居全国外资融资租赁企业前十。同年，成立北京津西投资控股有限公司，主要经营项目投资、投资管理、投资咨询技术开发等业务。2012年，成立北京津西龙翔文化发展有限公司，首先推出国学启蒙教育精华读本《蒙学十三经》在人民大会堂召开新闻发布会，引起社会强烈反响。

（四）强化科技创新提实力，促进企业健康可持续发展。强化全员参与科技创新，提升企业科研实力

充分利用高校的学科专业、高端人才和技术领先三大优势，吸收引进科研成果和先进技术，销、研、产相结合，先后与北京科技大学、东北大学、国家钢标委联合建立"型钢研发中心""型钢标准研发基地""津西院士工作站""绿色钢构产业技术研究院"等产学研平台，质检中心被评为"国家级实验室"，科技中心被评为"省级技术中心"，实施了热轧钢板桩生产工艺关键技术、H型钢超快冷技术等多项重点科研项目，实现型钢向高端产品的转变，使型钢新产品开发走在全国同行业前列。截至目前，先后取得"大H型钢X-H轧法万能轧机辊型结构"等20项实用新型专利、2项外观专利和1项发明专利。

强化产品创新，塑造津西国际品牌。津西充分发挥型钢研发中心职能作用，瞄准国内外钢铁市场高端化、精品化、专用化需求，向建筑结构、船舶制造、海洋用钢、桥梁结构、机械制造五大领域进军，并与中冶建筑设计院、武汉大桥局等单位进行系统的技术交流，针对不同领域开发具有高强度、耐火、耐候、抗震特性的H型钢钢种，丰富H型钢产品规格和型号，成功开发出日标、韩标、美标、英标、欧标和东南亚国家标准等多个系列、上百种规格型钢新产品，产品规格覆盖率达到80%以上，仅美标、英标H型钢就已累计开发了200多种规格。2017年，中国品牌价值评价结果发布：津西产品品牌价值20亿元。

引领标准制定，进一步提升行业话语权。津西与全国钢标委合作，成为全国首家"型钢标准研发基地"，迈入国家行业标准制修订第一梯队，实现了超一流企业定标准的跨越，先后参与65项国家和行业标准的起草制修，在国内钢铁市场赢得话语权。2017年，津西连任全国钢标委委员单位，并成为全国钢标委异型钢结构工作组成员单位、中国钢结构协会钢材标准化技术委员会委员单位，津西股份总经理于利峰被聘任为中国钢结构协会钢材标准化技术委员会委员。参与起草修订《冷弯型钢用热连轧钢板及钢带》（GB/T 33162—2016）、《热轧型钢》（GB/T 706—2016）等12项国家和行业标准，并承办《热轧型钢》《铁塔用热轧角钢》国标宣贯会。

（五）不断创新管理求实效，形成具有津西特色的集团化管理体系

集团层面，强化产业产品结构调整和资金及项目等方面的集中管控、统筹调度、协调指挥，为子公司专心运营提供了强大资金支撑和良好的环境。继续完善统分适当、责权明确的管理模式，负责制定集团发展的大政方针，由经营研究型转向政策研究型管控模式，在创优环境的同时，给予子公司充分的自主经营权限，侧重于考核监督。各子公司层面，实现由生产管理型向经营研究型转变，紧贴市场、细分渠道、各有侧重，进一步激发了企业创新创效的活力。推进管理层级扁平化，部室精简高效，实现了快速反应、高效应对，极大促进集团健康持续发展。

2015 年、2016 年、2017 年和 2018 年，津西集团先后开展细化、创新、转型管理年活动，投入 5000 万元聘请全球最大的管理咨询公司麦肯锡引进先进管理理念和方法，并结合自身实际，不断总结提炼出了一套具有津西特色的管理模式，最终形成管理水平螺旋式上升。通过上述措施，建立健全和完善了创新管理体系，激发和调动自主创新和全员创新的积极性，圆满完成全年各项目标任务，取得令人瞩目的重大成就，集团经济效益实现历史性突破，产品结构调整迈出重大步伐，企业管理水平显著提升，企业形象和美誉度不断增强，实现企业健康可持续发展。

（六）注重环保建设树形象，打造花园式 AAAA 级旅游工厂

津西集团始终坚持高质量发展、绿色发展理念，认真贯彻落实国家相关产业政策，在创建绿色产品品牌的同时，不忘创业初心，以高度的社会责任感坚持绿色发展，以"生产洁净化、建筑艺术化、厂区园林化"为目标，将环境保护与企业发展同规划、增投入、重治理、抓完善，全力打造花园式 AAAA 级旅游工厂，成为河北省迁西县全域旅游一道靓丽的工业风景线。2008~2013 年，经环保部和河北省环保厅考核，被认定为节能减排目标考核完成单位。2011 年，被河北省命名为节能减排先进单位。先后荣膺"全国大气污染减排突出贡献企业""绿色发展典范企业""绿色发展标杆企业"等殊荣。2015 年 3 月 20 日，中央电视台播出迁西县将津西的低品位工业余热用于县城冬季供暖项目，县城取消了所有的燃煤锅炉，对改善环境起到了重大作用。2015 年 5 月，根据国家发改委最佳节能实践的评比，津西此举成功入选了"十大节能实践"，并入选国际"十大节能实践"。

（七）勇担社会责任促提升，为区域经济发展做出突出贡献

津西集团在始终以高度的社会责任感，将自身发展融入到经济社会发展之中，在实现

经营效益稳步提升的同时，勇担社会责任，回报社会。韩敬远常怀思源之心，捐资助教，积极支持国家和地方公益事业的发展，现已累计投资教育、抗灾、交通和优抚的公益捐款近3亿元，被中华慈善总会授予"中华慈善事业突出贡献奖"。先后支持政府社会事业发展1.9亿元，促进地方经济建设。同时，带动企业周边交通运输、餐饮住宿等事业发展，每年仅交通运输一项，就为周边村镇带来10多亿元的收入。

始终坚持诚信经营、依法纳税。自改制以来，津西由当时年缴纳税金1.2亿元；以后逐年递增，2009年一举达到近10亿元；到2017年纳税超过30亿元，累计向国家缴纳税金180亿元，支撑起了迁西县财政收入的半壁江山，连续多年被国家及省市县评为"纳税先进企业"。有了津西集团这艘"经济航母"，迁西县社会秩序稳定，人民生活水平越来越高，经济总量连续多年在全省排名前列。

以人为本，增强员工幸福感和归属感。心系员工身体健康和家庭生活，把救助患特病大病及家庭特困员工作为一项事关企业和谐发展的重要工作。2007年11月，津西通过行政和工会拨款、干部捐款、员工自愿捐款的方式，建立了"特病大病特困救助基金"，丰富完善了员工保障体系，并与员工养老保险、失业保险、工伤保险、医疗保险、生育保险和住房公积金共同构成具有津西特色的"5+2"社会保障体系，切实为因患特病大病造成家庭困难的员工解除了后顾之忧。11年来，该项基金救助已深入人心，深受员工的拥护。截至2017年底，津西"特病大病特困救助基金"已经累计救助1219人次，发放救助金332.38万元。

造福桑梓，为家乡教育事业的发展做出突出贡献。2004年5月，津西集团为新建迁西一中捐款800万元；2005年2月、2006年9月为迁西县三屯营津西小学捐款100万元和80万元；2007年1月，向迁西县教育局捐款120万元；2011年12月，捐资1000万元，建设一所唐山市高标准的迁西县静远幼儿园。2005年，捐资200万元设立"河北省静远教育基金"，并于2011年增扩至1000万元，用来奖励迁西一中优秀师生。目前，已累计发放奖金520万余元，受奖励师生达2300人次。韩敬远被县委、县政府授予"支持教育发展终身贡献奖"和"迁西县第一中学荣誉校长""静远幼儿园荣誉园长"称号。

热心公益，支持社会事业发展。2003年，津西捐款100万元支援西藏发展，帮助地方政府举办陶瓷博览会。2005年12月，捐资110万元为全县900名在乡老烈属、老残废军人、老复员军人每人购买一台彩色电视机，为100名城镇低保特困户捐献救助金。2007年4月，向唐山市慈善总会捐款100万元。2006年，捐款550万元修建驻地公路。2010年，捐资90万元用于唐山环城水系绿化工程。

奉献爱心，积极投身抗震救灾工作。1998年，长江流域发生特大洪水灾害，捐款捐物价值 300 万元。2008 年 5~6 月，津西为四川灾区重建家园捐献价值 600 多万元的 H 型钢 1000 吨；全体干部员工捐款 61.44 万元，500 多名党员交纳 "特殊党费" 112544 元。2010 年 4 月 21 日，在人民政协报社主办、津西集团协办的 "民族团结颂——第二届中国当代书画家作品邀请展" 开幕式上，韩敬远代表津西集团向青海玉树地震灾区捐款 100 万元。

设立 "西柏坡爱国主义教育基地"，弘扬优秀传统。2015 年 6 月 26 日，"津西集团西柏坡爱国主义教育基地" 揭牌，成为西柏坡首个民营企业爱国主义教育基地，旨在铭记历史，弘扬爱国主义和革命传统文化，让广大党员干部了解党的历史、加强党性锻炼，让全体员工培养爱国情感、培育民族精神、践行社会主义核心价值观，增强在中华民族伟大复兴事业中，勇于担当的使命感和责任感。

（八）坚持 "党建强企" 的战略，为打造百年津西提供强有力的支撑

经过 30 多年发展，津西集团党委现有党（总）支部 23 个，党员 739 名。其中，女党员 32 人，拥有大专以上学历党员 522 人，拥有职业资格（职称）党员 238 人。近年来，津西集团党委按照 "党建筑基　百年津西" 的思路，充分发挥党组织政治核心和政治引领作用，探索构筑党建 "三基"，即打造坚强堡垒夯实组织之基，弘扬企业文化夯实思想之基，推动转型发展夯实作风之基，打造 "党建强、发展强" 的 "双强" 型企业。津西集团党委 2014 年被评为 "全国企业党建工作先进单位"，2018 年被确定为唐山市党建工作示范点。党委书记于利峰 2014 年被评为 "全国钢铁工业劳动模范"、2016 年被评为 "全国优秀企业党委书记"；炼钢工人吴立保 2016 年被评为 "河北省优秀共产党员"，2017 年当选河北省第九次党代会代表。

按照 "一体发展，党群共建" 思路，津西集团党委积极构建以党委为核心，以群团组织为辐射的大党建工作格局，促进员工健康成长，描绘一心向党的最大同心圆。2017 年，深入开展 "抓好阵地建好家，喜迎党的十九大" 阵地建设攻坚行动，累计投资 60 余万元实施了 23 个支部标准化建设，建起了党群服务中心、党建展厅，为党建活动高效高质量开展提供了阵地保障。以激发党员的先锋意识为导向，推行了以争当 "学习星、敬业星、服务星、奉献星、守纪星" 为主要内容的党员星级管理模式，激励党员立足本职创先争优；"阵地飘红旗，党员亮身份"：在岗位设置党员责任区、先锋岗，党员带动员工立足岗位建功立业；在一丝不苟做好 "三会一课"、民主生活会等规定动作的基础上，灵活开展参观烈士纪念馆、抗战纪念展、党员志愿服务、向党旗献礼等活动，在春风化雨中提升党员干部的政治素养。

津西集团党委全力实施 "文化铸魂" 工程，紧紧围绕 "全心全意为人民服务" 最高

宗旨，大力弘扬为社会创造财富、为股东创造回报、为客户创造价值、为员工创造前途的"四为"价值观，不断夯实企业发展的思想之基，以先进文化凝聚起打造百年津西的磅礴力量。把载体创新作为文化建设的重要突破口，组织开展"凝心聚力，熔炼团队"企业文化研习营活动，提升党员干部文化素养和专业技能；充分发挥党群服务中心作用，全面开放藏书10000余册的"职工书屋"；创办《津西人》报，并在报纸开辟党建专栏，现已出刊700余期，不仅深入宣传了公司的发展成就，更唱响了务实、奋进、创新、担当的"津西精神"。

严守党的纪律，津西集团党委坚持不懈加强党风廉洁建设，在公司树清风扬正气。建立公司、厂部、车间、班组四级厂务公开制度，打造"阳光厂务"；强化监督，发挥员工代表作用，每年坚持从德、能、勤、绩、廉五方面民主评议中层干部和基层管理干部，将评议结果纳入到年终绩效和末位淘汰考核，并实行廉洁状况"一票否决"，激情工作、廉洁从业，成为令人赞许的"津西品格"。

四、发展经验

自2009年成立集团以来，韩敬远带领全体干部员工以创新为引领，始终坚持集团传统产业结构调整和新兴产业结构调整，即"双调"战略，促进企业"传统"和"新兴"两个产业结构转型升级，走出了一条具有津西特色的转型升级、高质量发展之路。纵观津西转型历程，"双调"战略有力推动了企业健康可持续发展。

2018年7月，河北省委、省政府召开去产能调结构转动能工作会议，津西集团作了典型发言，得到省委、省政府和社会各界的高度认可，表明了津西集团在河北省钢铁企业转型升级方面走在了前列。2018年9月，唐山市人民政府召开新闻发布会，在全市钢铁企业开展"四个一"行动，即引进一个专家团队、建立一个研发机构、选投一个战略性新兴产业、实施一个高管培训计划，提出推广津西集团转型升级经验，这是对近年来津西集团以"双调"促"双转"战略，实现高质量发展的充分肯定。津西集团主动转型、创新发展，加快传统与新兴并进、跟随到引领转变，所创造的"创新常态化、产品高端化、产业新兴化、管理职业化"四条经验具体包括如下内容。

(一) 引进专家团队，以人才引领产品结构高端化，打造世界最大型钢生产基地。立足高端技术装备，引进专家团队

津西集团建设国内最先进的大H型钢生产线，与国际专业技术团队共同推进项目建

设，快速实现产品到效益的成果转化。立足新产品开发，引进专家团队。针对钢板桩及超大 H 型钢产品升级项目，在项目建设初期开始与具备多项世界第一技术尖端专家团队达成战略合作协议，共同开发填补国际或国内市场空白的部分高端型钢产品。立足市场开拓，引进专家团队。先后与多家专业从事型钢销售业务的国际营销公司合作，构建国际营销网络，主导型钢产品已形成 123 个系列、356 种规格，在国内热销的同时远销到 33 个国家和地区，型钢出口量连续六年全国第一，钢板桩销售量稳居全国首位。

（二）着力建设研发机构，推进科技创新常态化，提升企业核心竞争力

在产学研深度融合层面：先后与东北大学、北京科技大学合作成立"型钢研发中心"等产学研平台，并成立"院士工作站""绿色钢构产业技术研究院"。在标准引领层面：与国家钢标委合作成立"型钢标准研发基地"，主导或参与制修订国家（行业）、地方钢铁行业标准。在深化技术创新层面：聘任首席工程师，成立专业技术人才序列，创建 11 个"创新工作室"，设立专业课题，每年开展"青工五小"创新项目和技术攻关，并予以重奖，调动全员科技创新。截至目前，以推进 H 型钢和钢板桩产品创新为主导，研发团队达到 230 人，实施了热轧钢板桩生产工艺关键技术、H 型钢超快冷技术等多项重点科研项目，先后取得 20 多项国家专利。针对拓展国际市场，累计通过欧标、日标等 7 个国家标准、15 个产品认证，参与并部分主导 65 项国家（行业）、地方标准制修订，显著提升了企业影响力和话语权。

（三）进军战略性高新技术领域，推进集团产业新兴化，培育发展新动能

2014 年，津西集团与美国硅谷专家团队合作，在北京经济技术开发区成立东方晶源微电子科技（北京）有限公司，从美国硅谷、日本和欧洲引进掌握核心技术的资深专家 30 余人，组建国家千人计划特聘专家、大数据首席专家在内的 200 人科技研发团队，搭建以东方晶源微电子科技（北京）有限公司为核心的津西集团高新科技板块。该公司主要硬件产品为用于芯片生产的高速、高精度电子束图像在线检测系统，该产品在国内尚属空白，得到国家的重点支持，承担了 3 项（02）重大专项，已完成国内首台纳米级电子束芯片检测装备，将于今年底投入生产线验证，基本具备批量生产条件。在软件方面，已取得 10 多项软件著作权；申报 20 余项国内外专利；集成电路掩模优化设计软件产品，已在三星和台基电等 7 纳米产线上应用，被世界第一芯片供应商认定为首选技术提供者。

（四）注重高管培养，推进管理团队职业化，打造国际一流企业集团

津西集团每年投入 5000 余万元，聘请国际知名管理咨询公司麦肯锡，有针对性的组织高管团队培训，提升高管素质，推进经营管理向国际一流水平看齐。拓展高管人员国际视野，先后到多个国家就企业组织架构、管理模式、市场营销、客户管理、质量控制、国际业务拓展等情况考察学习；强化高管人员专业素质培训，到清华大学学习精益管理、全流程管理等专业课程，开展高管领导力、设备管理、管理能效等专业方面的培训；促进高管人员观念转变，多次聘请专家授课，以"统一目标，引领变革"等为主题开展培训，强化高管人员应对形势变化、把握机遇、规避风险等大局观念；向行业一流标准看齐，促使高管人员自我加压，建立"两面镜子一个标准"对标学习机制，高管人员素质得到显著提升，经营业绩逐年提高。

五、展望

未来，津西集团将以习近平新时代中国特色社会主义思想为指导，认真落实国家产业政策，大力推进产业结构调整和产品结构调整，坚持创新、绿色、协调、高质量发展，以打造世界最大型钢生产基地和国际一流企业集团、实现进入中国企业 500 强前 100 位、向世界 500 强前进为奋斗目标，为区域经济发展和钢铁产业转型升级做出更大的贡献。

在改革开放中创新发展

德龙集团有限公司

2018 年是全面贯彻党的十九大精神的开局之年，是改革开放 40 周年，是决胜全面建成小康社会、实施"十三五"规划承上启下的关键一年。40 年来，我国社会主义事业发生了翻天覆地的变化，取得了举世瞩目的辉煌成就。

在党的改革开放政策指引下，中国的民营经济已经走过了 40 年的风雨历程，如今在国家经济发展中发挥着越来越重要的作用，为国家、民族和社会作出了巨大的贡献。

德龙集团有限公司（简称德龙集团或德龙）是由民营企业家丁立国 1992 年创办的。自 1992 年创业以来，在国家钢铁产业发展方针政策的指引下，德龙的发展一步一个脚印，一年一个飞跃，实现了由小到大、由弱到强的跨越。

目前，德龙集团已发展成一家集钢铁制造、金融投资、贸易物流、再生资源四大业务板块为一体的大型综合实业集团，其中旗下子公司德龙钢铁为中国最早在海外上市的两家民营钢铁企业之一，2009 年昂首步入中国企业 500 强，连续 8 年入围"中国制造业 500 强"。连续被认定为国家高新技术企业，拥有省级企业技术中心。2017 年中国钢铁企业综合竞争力评级中，德龙钢铁属于竞争力特强级别（中国冶金研究规划院 2017 年 12 月 4 日北京发布）。2016 年、2017 年，德龙吨钢利润水平连续位列河北省第一，全国名列前茅。全国钢铁行业安全、环保、节能标杆企业，国内首家钢铁企业 AAA 级旅游景区，被工信部评为首批绿色工厂，全国社会责任优秀企业。

集团董事长丁立国本人当选为全国人大代表，并先后获得全国劳动模范、中国十大杰出青年、全国关爱员工优秀企业家等多项殊荣。由于他的影响，也被举荐任职全联冶金商会常务副会长、亚布力中国企业家论坛轮值主席、正和岛京津冀联席主席，并被授予阿拉善 SEE 生态协会终身会员荣誉。他的毕生愿望就是实现自己的钢铁梦，为振兴中华而努力。做一个有理想信念的企业家，成就一番对民族有益的事业，锻造立于钢铁之林的中华百年企业。

一、转型升级，实现企业健康快速发展

1992 年初，邓小平南巡讲话，掀起了中国改革开放的新一轮热潮，丁立国从深圳带着

他的"钢铁梦"返回故乡——唐山，创办了唐山长城轧钢厂。这就是德龙的前身。2000年4月，丁立国收购了负债率高达122%的邢台新牟钢铁厂，移师新牟，将大本营搬到邢台。经过努力，收购后的新牟钢铁厂当年投产、当年实现扭亏为盈，两年进入河北省重点冶金企业。德龙钢铁在一片废墟上顽强崛起。

随着改革开放的不断深入，在上至中央下至各级地方政府的鼓励、支持、引导下，作为非公有制经济的民营企业的发展也进入了从未有过的大好时期，德龙抓住机遇实现快速发展。

2003年，实施"做专、做精、做强"的发展战略，进行产业结构调整，实现钢铁制造转型升级。果断上马高技术含量的中宽带钢生产线，形成了铁、钢、材配套百万吨的生产能力，完成了从地方性企业到国家重点钢铁企业的跨越，成了全国中宽带钢的领军企业。

2005年，完成了烧结机、制氧机、高炉等技改工程，实现了公司生产工艺的创新和生产设备的升级改造，为企业后续发展夯实了根基。

2005年，德龙控股在新加坡交易所挂牌上市，成了国内首家海外上市的民营钢铁企业。

2006年，1250毫米热轧生产线及配套工程投产，板带轧制新技术和生产过程AGC全液压控制和自动化控制技术的应用，使德龙技术、工艺全面上档升级，产品结构实现历史性调整。

2007年，投资6.67亿元，完成八个项目技术改造和生产线配套完善项目，公司整体装备水平达到年产铁、钢、材各300万吨的配套生产能力，步入河北钢铁企业先进行列。

2008年，工业总产值首次突破100亿元。但面对国际金融危机，德龙也站在了"多元化"还是"专业化"的战略"十字路口"。此时，眼光深远的丁立国选择了由粗放向精细升华，追求"小而精、小而美"的企业发展战略，构建起"德龙模式"。

2014年，德龙钢铁一次被认定为"国家高新技术企业"。

2014年，德龙着手布局海外战略，在泰国建设年产60万吨550毫米热轧带钢生产线。

2017年，德龙钢铁第二次被认定为"国家高新技术企业"。

2017年，投建印度尼西亚德信钢铁，将国内先进的钢铁技术带到"一带一路"国家，是中国走出海外单体最大的钢铁生产企业。

2017年，被国家工信部评为国家首批绿色工厂，被国家文化和旅游部评为国家AAA级旅游景区，被国家多个部委广泛认可为全国安全、环保、节能标杆企业。

未来，德龙将继续围绕钢铁业务，打通产业链，在工艺、地域分布上多元化经营，并进行境内外布局、长流程+短流程并驾齐驱为基本战略，打造行业最具竞争力的样板式工厂。

二、绿色制造，引领钢铁行业绿色发展新模式

德龙钢铁以建设"美丽德龙"为战略构想，以"瞄准国际先进一流，环保投入不设上限"的环保理念，超前谋划实施绿色转型，推动企业高质量发展，取得了显著成效。2017 年被评定为国家 AAA 级旅游景区，成为国家首批绿色工厂，得到了国家领导人、各级领导和部门的肯定，赢得了社会各界的尊敬。来自全国 29 个省、89 个市的政府领导、环保部门、企业、社会团体、环保基金会等到德龙考察、调研、参观、学习交流。其中，河北省 9 市由副市长带队考察，138 家规模以上钢企到德龙参观考察，2017 接待达 600 多次，接待人数达 10000 多人次。

（一）德龙环保态度，颠覆传统认知，书写行业传奇

面对新常态下日益严格的环保要求，德龙钢铁没有在困难面前畏缩不前，而是主动担当，勇于实践，以实际行动践行了环保至上、生态优先的德龙态度。

1. "尽社会责任，创绿色财富"

德龙认为，钢铁企业要实现转型升级，不仅要当经济发展的"排头兵"，更要做环境治理的"急先锋"；不仅要在厂区进行深度治理，更要对周边环境进行改造提升，全方位融入邢台绿色发展体系中。无论形势多么严峻，压力多么巨大，德龙钢铁从未动摇环保信念和放缓治理步伐，而是带头履行社会责任，落实国家转型升级政策，努力做环保治理、绿色发展的表率。

2. "低头弯腰做环保，抬头挺胸说环保"

德龙坚持环保投入不计成本、不设上限，环保治理力度和环保治理成效走在了行业的前列。以壮士断腕的勇气，主动淘汰落后产能，2012 年以来，投资 30 多亿元，按照国家最新排放标准及超低排放要求，累计实施了 100 多项环境深度治理项目。其中，2017 年以来，投资 8.6 亿元开展深度治理改造升级；2018 年，投资 6.6 亿元对各生产工序进行超低排放改造。目前，累计吨钢环保运行成本达到每吨 260 元左右。改造后，年可削减二氧化硫约 1272.8 吨、氮氧化物约 907 吨、颗粒物约 2950 吨、无组织扬尘约 5400 吨。倡导全员环保，充分利用电子显示屏、墙体、条幅等载体传播环保理念，增强员工环保意识，固化环保责任。

3. "打造行业永久性环保标杆企业"

党的十八大以来，生态文明建设的战略地位和重要作用日益突显，对钢铁企业而言，既是挑战，更是机遇。德龙钢铁适应形势，抢抓机遇，及早治理，趁势转型，转"危"为机，赢得了发展主动权，占领了行业制高点，被环保部树立为绿色制造标杆企业，赢得了行业和社会各界的认可和尊重。

4. 做美绿色文章、书写行业传奇

下苦功夫，推进高标准洁净生产：公司全部物料封闭存放、密闭运输；生产现场治理、管理的赏心悦目；厂区美化、艺术化，成为国家 AAA 级旅游景区，国家首批绿色工厂，成为世界级的洁净工厂，颠覆了社会各界对钢铁企业的误解与偏见，促进了钢铁行业乃至工业企业的绿色发展。

（二）德龙环保标准，打造世界级洁净钢厂

"环保不但要达标，还要创新，这是我的人生追求，我要用我的生命见证经典。"这是德龙集团董事长丁立国作出的庄严承诺。德龙的环保工作瞄准世界一流水平，按照国家 AAAA 级景区标准，打造世界级洁净钢厂、行业永久性环保标杆企业。

1. 产能做减法，环保做加法

拆除落后产能。先后拆除 3 座 70 立方米白灰窑、2 座 35 吨转炉、4 座 410 立方米高炉，公司产能由 400 万吨压减到 300 万吨，压减 25%；年削减二氧化硫 280 吨、烟粉尘 1320 吨、氮氧化物 148 吨。2017 年 4 月、9 月，德龙集团果断决策，主动提高环保标准，拆除了未列入国家淘汰标准的两座 10 平方米竖炉，为化解过剩钢铁产能和打赢蓝天保卫战做出了新贡献。

积极响应国家"无钢城市"政策，2017 年 8 月 18 日，德龙集团将位于保定市的奥宇钢铁提前关停了。在整个关停过程中，体现了德龙人的责任与担当，职工 100% 得到稳妥安置。为保定市率先实现"无钢城市"做出了巨大的贡献。

2012 年以来，德龙每年环保投入达到吨钢 80 元以上，累计投入已超过 15 亿元。此外，吨钢环保运行费用达到 260 元以上，居行业前列。

2. 绿色发展"新五化"——生产洁净化、制造绿色化、厂区园林化、建筑艺术化、标准"4A"化

有组织排放标准。采用严标准，全方位控制排放：所有工序环保治理均比河北省排放限值低 40% 左右。通过对烧结、炼铁、炼钢等工序进行脱硫、除尘，全封闭、平坦化等 53 项升级改造工程，使得各工序二氧化硫、氮氧化物和颗粒物的排放量均低于国家特别排放

限值。

无组织扬尘控制标准。铁精矿、煤、焦粉等各类原燃、辅料全部封闭存放；上料口全部在封闭料场内。实行地下通廊输送，每年减少扬尘2500吨左右，既改善环境，又减少原料浪费。建成了世界上最大跨度单体异形PE膜结构封闭料场。引用国际先进的欧洲标准，投资2亿多元，增建3座全封闭料场，并全部通过地下通廊与生产车间相连，原料从存储到运输实现全封闭运行，年减少无组织扬尘达2000吨，根治了料场扬尘。

路面无扬尘。公司投资800万元，购买湿式、干式清扫车、雾炮抑尘车、洒水车16辆，每天对厂区及周边30千米道路24小时进行不间断清扫、洒水、抑制道路扬尘。建成先进的货运车辆洗车装置，必须进行冲洗，确保洁净无尘。

生产现场干净整洁。对生产现场的地面全部刷地坪漆，墙面、设备表面进行美化，使得地面如镜、立面风景，彻底颠覆了人们对传统钢厂"铁花四溅、热浪滚滚、烟气熏人"的认识。

投用国内钢铁企业首家智能环保雾桩。最先进的室外抑尘系统——在德龙钢铁投用，成为国内第一家采用该系统的钢铁企业。该系统可以实时监测PM2.5、PM10，自动喷雾调节改善空气质量。

车辆标准——新能源。公司内部倒运车辆、铲车等全部使用LNG新能源为原料，与燃油车相比，节能30%以上，尾气接近"零排放"。此外，成立物流公司，采购陕汽德龙LNG新能源车100辆，实现厂外原料运输车辆新能源，确保车辆对大气的污染降到最低。下一步将适时采用纯电动车。

水处理标准——直接饮用。投资5000万元，采用超滤反渗透技术，实施循环水池和软水系统改造工程。改造后，全部工业废水、部分雨水得到回收处理、循环利用，污水实现零排放，废水经过10道工序处理后，达到国家一级水质标准，可以直接饮用。实施"引朱济龙"工程，朱庄水库年输送水量500万吨，彻底结束了采取地下水的历史。同时，大力发展节水技术，吨钢耗新水下降到1.7吨，达到国内先进水平。

厂区美化标准——园林化。德龙钢铁占地面积仅1800亩，是世界上吨钢占地面积最小的钢厂，土地非常紧张，但还是将去产能拆除后的土地用来绿化，厂区绿化面积达36%以上；见缝插绿，累计种植各类树木37余万株、灌木42余万株、草坪18万平方米；厂区周围租占2000亩土地，种植可吸收重金属、改善土质的德龙柳20余万株，形成200米宽的环厂绿化带，真正成为林中钢厂、花园式钢厂。

厂区建筑标准——艺术化。厂区道路两侧、设备等用格栅遮挡并进行美化；厂区内所有的管廊支架、所有的料场外、所有的围栏等利用废旧钢板封闭并美化；厂区所有的建筑外墙进行美化；车间内的建筑外墙、明显处的设备等进行美化。目前，公司形成了"世界地图""金龙""望海楼""千米万朵牡丹图""太行山水""邢台人文""二十四孝""党建""海底世界""变形金刚""五十六个民族"等系列绘画作品近40000平方米。

管理精益化。管理方面，德龙公司实行国家AAAA级旅游景区标准，同时，以"4A"标准为抓手，大力推进管理精益化。

一是完善环保管理制度。先后制定和完善了环境管理自律体系制度20项，如：《环境保护工作管理规定》《环境监测管理规定》《环境因素识别和评价控制程序》《水污染防治控制程序》《大气污染防治控制程序》《固体废弃物污染防治控制程序》等。

二是大力实施精益管理。秉承"探之愈精，造之愈益""严、实、快、新"的管理理念，全面推行精益管理，明确了精简流程、消除浪费、持续改进等管理三要素，以及特殊贡献、吨钢创效、亮点管理等管理"三大抓手"。通过抓精益管理，2017年1~10月，德龙依靠科学决策、精益管理，累计实现利润比2016年全年增长100%，创经营业绩历史最高纪录，刷新生产技术指标664项次。

在循环节能、综合利用以及智能制造上做文章，建成水渣微粉生产线、三期四期煤气余热自发电、智能化生产能源管控中心、高炉冲渣水余热供暖等项目，公司自发电率达到60%以上。

（三）探索出环保治理与经济发展相融合的德龙模式，成为生态文明和工业文明融合发展的典范

德龙注重向生态环保要效益、以绿色转型做文章，在实践中探索开创了经济效益、社会效益、生态效益同步提升的德龙模式，实现了经济效益和环境保护双赢，成为生态文明和工业文明融合发展的典范。

德龙通过采用高新技术和先进设备，对生产各环节进行升级改造，节能减排，降低成本，提高效益，实现了减污增收双赢。

一是降低成本增效益。采用高新技术和先进设备，对生产各环节进行升级改造，节能减排，降低成本，提高效益。建成的生产能源管控中心，运用智能管控，年节能折合标准煤1.4万吨以上，相当于每年节约资金1400万元；通过应用高炉BPRT节电技术，进一步减少用电能耗，全年节电近1亿千瓦·时，每年减少5500万元损耗；建成的工业污水处理厂，日处理污水1.1万吨，利用节水技术，将吨钢耗水下降到1.9吨，产生的经济效益达1000万元。

二是变废为宝增效益。大力发展循环经济，变废为宝，转化增值。投资3亿元，自建

发电设备，先后建成一、二、三期煤气余热发电项目，充分利用公司的高炉煤气和烧结余热进行发电。目前，德龙自发电率达到 60% 以上，年发电量达 6 亿千瓦·时，相当于 3.3 亿元的经济收入，冬季还可将余热用于供暖，解决市民供暖缺口，赢得社会广泛认同。投资 2.1 亿元，建成水渣微粉生产线，对高炉炉渣彻底处理，年生产水渣微粉 100 万吨，创收 2.2 亿元。

（四） 形成了可复制、可推广的环保治理标准

自 2012 年以来，公司按照国家最严环保标准，累计实施了 110 多项环境深度治理项目。同时积极实施超低排放改造工程，对各生产工序进行超低排放改造，确保环保水平再提升。

在各级领导的关心指导下，德龙以 176 个治理难点为基础，以河北省超低排放标准为依据，形成了德龙环保七大标准，有力地推动了公司的环保工作，并引领了行业绿色发展。主要标准有：有组织排放标准——优于最严标准；生产现场标准——地面如镜；无组织扬尘控制标准——全封闭：原料入棚、粉料入仓、皮带运输、路面无扬尘；车辆标准——新能源；水处理标准——直接饮用；厂区美化标准——园林化；建筑标准——艺术化。

三、创新驱动，不断提升企业核心竞争力

（一） 以技术创新引领企业发展

公司始终坚持以市场为导向，以科技创新为动力，不断引进和吸收新技术、新工艺，加大技术创新和自主研发能力，形成了持续创新的管理模式。公司拥有省级企业技术中心，理化验实验室经过国家 CNAS 认证，2014 年被科技部评定为"国家级高新技术企业"，系本年度河北省唯一获此殊荣的民营钢铁企业。

德龙集团每年研发投入超过 3 亿元，根据客户需要，开发适销对路的新产品，并且不断提高产品的品质，提高产品的附加值，品种钢比例占比 90% 以上，创效大幅提高。积极开展产学研合作，先后与清华大学、北京科技大学、钢铁研究总院、华北理工大学等院校开展技术合作。产品结构从最初焊管用材转向马口铁用钢；建材用钢转向焊材及高碳盘条。在客户服务方面，走私人订制路线，调整自身的生产工艺方案，满足下游客户对同类产品不同工艺生产的需求，帮助客户解决销售中遇到的问题。

夯实技术管理，多项经济技术指标名列全国钢铁行业前茅。数十项生产经济指标屡次刷新历史最好纪录。在同类型行业内指标居于领先水平。2016 年德龙钢铁销售利润率

11.39%排名全国第一；2017年德龙钢铁吨钢利润河北省排名第一，全国名列前茅。

德龙产品在市场领域中位居前列。荣获中国冶金产品实物质量"金杯奖""冶金行业品质卓越产品奖"等荣誉称号。主要销往国内30多个省、市、自治区，并出口到20多个国家和地区，优质的产品和优良的服务使公司被评为"全国客户满意企业"。

（二）大力推进智能制造

德龙集团围绕《中国制造2025》，以信息技术与制造技术的深度融合为主线，通过信息化、自动化、数字化、网络化、智能化建设，以互联网、云计算、大数据、人工智能为技术手段，全面推动智能制造层面的转型升级，打造"绿色+智能"的钢铁行业智能制造新模式。

通过原材料采购决策及配料优化系统来降低铁前成本，2017年德龙的吨钢效益在全国位居前列；通过互联网MRO平台和设备管理系统结合实现设备与备件采购管理一体化，每年可节约采购成本3000万元；2018年利用互联网、物联网技术自主开发的物流检斤平台，物流效率提升70%、降低了物流成本和人工成本；目前正在实施的智能制造系统，可以实现围绕这个大数据平台来快速响应客户需求，找到成本最佳的生产组织模式，预计生产组织每年可创效4000万元，采购成本也可以进一步降低3%、各项质量指标持续改善，获得最佳的经济与社会效益。

（三）注重技术人才

通过产品工程师制，完善专业技术序列通道，课题负责制、职工创新工作室等措施，为高技术人才提供平台，提供施展才华的机会，激发创新热情，提高人才待遇。以专利为抓手，提升技术人员工作及综合素质。目前，公司拥有106项专利，1项国际先进技术、多项国内先进技术和河北省科学技术成果。

四、借助"一带一路"走出去是实现高质量发展之翼

习近平总书记提出的"一带一路"倡议为民营企业注入了全新的活力。德龙作为中国民营钢铁企业在海外投资的先行者，不断坚定"走出去"的坚定信念，发展方向始终与国家"一带一路"倡议相吻合。

2008年以前，德龙主要围绕海外上游矿山的拓展。2007年，在全面考察巴西、澳大利亚矿山以后，公司把目标锁定在澳大利亚上市公司Cape Lambert，在铁矿石价格起飞前，

战略性进入了澳洲铁矿领域。

2008 年金融危机后，德龙主要定位寻求海外钢厂的新建与合作项目。2010 年以后，德龙意识到中国钢铁行业将面临深刻调整，随即加快了海外投资钢厂的步伐。通过对欧洲、北美、澳洲、南非、西亚、中亚、俄罗斯、蒙古国、东亚及东盟十国的考察，最后德龙把海外合作的落脚点主要放在了东南亚。因为，东南亚地区最近十余年经济都保持了强劲增长，是世界上少数的粗钢消费持续快速增长的地区之一。

2017 年，德龙与青山集团合作在印度尼西亚建厂，2008 年底项目投产。该项目成为印度尼西亚政府加快钢铁行业发展的重要规划，也是中印两国合作的重点项目。

五、党建引领，以企业文化凝聚向心力量

德龙始终把贯彻落实党的方针政策、党的精神放在企业发展的首位，以党建为核心，以绿色德龙、创新德龙、精益德龙、幸福德龙"四个德龙"为目标，以"弘扬工匠精神"为抓手，像对待工程项目一样大力开展企业文化建设。德龙公司 2007 年成立党委以来，设立公司党群工作部，以分厂部室为单位，设立了 6 个党支部，定期组织活动（目前公司共有党员 180 人）。公司设立了专门的党建路、匠人大道，利用标语宣传党的方针政策，弘扬正能量。

公司充分发挥党员先锋模范作用，以其中优秀党员工匠代表名字命名了五个工作室（杨振海创新工作室、王鹏创新工作室、郭彦刚创新工作室等），其中杨振海创新工作室被评为河北省工人先锋号，引领了基层员工的创新力。以劳模名字命名游览观光车等（如：立国号、国旗号、运忠号、兴才号、赶年号等，均是获得市级以上劳模称号）。积极向上的企业文化，让每位员工都有归属感和自豪感，使企业到处都洋溢着主人翁精神和自信、朝气，员工的获得感和幸福指数大幅提高，产生了巨大的凝聚力和向心力，为企业持续发展提供了良好的人才基础和软环境。

目前，在市统战部、市工商联的指导支持下，德龙正在积极创建河北省非公党建示范单位。

六、永思回报，积极履行社会责任

（一）诚信经营，拉动区域经济发展

德龙始终坚持诚信纳税，自成立至今累计缴纳税金 70 亿元。2012 年，钢铁行业极度艰难，德龙克服种种困难，提出"压开支，保税收"，仍上缴税金 5.9 亿元。德龙始终坚持原材料尽量从当地购买，本地的旭阳焦化有限公司就是因德龙的产业链接发展壮大起来

的；本地矿石生产能力也因德龙发展而大幅增长。德龙的迅速崛起和跨越式发展，有力带动了当地区域焦化、轧钢、建材、矿产以及服务等一系列相关产业的兴起和蓬勃发展。

数年来，德龙累计为当地提供就业岗位一万余个，解决了当地群众及下岗企业职工的就业问题。

（二）热心社会公益事业

德龙将回报社会、服务社会列入企业文化，制定一系列相关细则，使支持公益事业长期化、制度化、系统化。

捐资960多万元，在唐山、邢台、青海多个区域兴修水利电力、修路架桥；捐资160万元，支持邢台县文明生态村创建活动和公用事业建设，推动小康社会发展；捐款300万元修缮大开元寺，保护历史文化遗产；投资300万元修建邢台市面积最大的主题公园——"德龙园"。

每逢重大节日，公司领导都会带着食品和慰问金等生活所需品深入邻村困难户家中，问寒问暖，解决他们生活的实际困难。多年来，慰问范围由原来的42户扩展到百余户，慰问金由原来的9万元增加到20余万元。

在重大自然灾害面前，德龙每次都会伸出温暖的援助之手，先后为四川汶川、青海玉树、雅安等地震灾区捐款捐物价值400多万元。青海玉树受灾时，德龙更是专门派出自己的救助队，将价值上百万元的赈灾物资亲手交到灾民手中。

截至目前，德龙向希望工程、抗击非典、抗震救灾、济困扶贫、生态环保建设、文明生态村创建、文化建设等各类社会公益和光彩事业捐款捐物达1亿多元。

（三）情注教育事业

德龙多次帮助唐山、邢台地区因贫困或家中父母有病，无生活来源而面临失学的上百名特困小、中、大学生完成学业，还在河北理工、北科大等院校设立"奖学金"，捐资100万元建佩绪希望小学。公司中高层常年开展"一帮一"助学活动，救助上百名中小学生完成学业。

在捐资助教的过程中，德龙人意识到，单个的援助只能解决少数学生难题，为了惠及更多寒门学子，就需要更多的有识之士共同努力。鉴于此，2010年9月3日，德龙发起成立了北京慈弘慈善基金会，旨在以切实改善贫困地区的教育落后现状为目标，帮助亟待救助的学生实现人生梦想。基金会先后实施了"慈弘图书角""慈弘一对一助学""慈弘每天增加一顿饭""慈弘奖学金""慈弘冬季温暖""爱心字典"、科普讲座、"西部微机教室""弟子规诵读"等因地制宜、富有针对性的慈善项目。

德龙承担了基金会所有的行政运营成本和专职人员工资福利、项目落实产生的差旅等费用。每年，德龙的全体员工都会为慈弘的慈善事业捐助一份爱心，还有来自社会捐助的善款都全部用于慈善项目，项目执行过程透明公开，慈善项目的每一个环节均由基金会专职工作人员前往落实。所有涉及的善款发放，均由慈弘执行团队亲自发放，确保每一分善款都用于贫困学生救助。

截至 2017 年底，在青海、四川等九省一直辖市 1400 多所学校落实慈弘公益项目，120 万人名学生的教育现状得以改观，重获追逐更高理想的机会。北京慈弘慈善基金会被评为 5A 级基金会。德龙万名员工积极参与公益行动，公益文化成为德龙的企业文化。德龙的公益轮岗制度及公益文化成为中国企业公益基金会的标杆。2013 年 10 月 16 日，《人民日报》以"慈善组织如何更上层楼"为题对慈弘基金会进行了报道。

七、深化转型升级，推动德龙高质量发展

党的十九大报告指出，中国特色社会主义进入新时代。我国经济已由高速增长阶段转向高质量发展阶段，正处在转变发展方式、优化经济结构、转换增长动力的攻关期。德龙积极响应国家产业政策调整，加快推进公司产品和产业转型升级，在实现绿色制造的同时，同步实施精品制造、智能制造，提升企业综合竞争能力，打造百年德龙。

（一）环保深度治理

在现有满足国家特别排放限值的基础上，按照国际最先进技术和标准进一步深度治理，再投资 9 亿多元，使污染物在特别排放基础上进一步降低，全部达到超低排放要求。充分利用余热、余压、煤气进行发电，引进先进的节煤气技术、节电技术等新技术、新工艺、新材料，实现能源节约和高效利用。同时，将现有的货运汽车全部更换为新能源汽车，减少污染物排放。并且在国家 AAA 级旅游景区的基础上，进一步绿化、美化、艺术化，申报国家 AAAA 级旅游景区。届时德龙将会成为一家环保工厂、绿色工厂、花园式工厂、艺术化工厂，引领行业绿色发展的标杆企业。

（二）智能制造

借助智能制造 2025、工业 4.0、"互联网+"等理念提升管理，通过信息化、自动化、互联网化、智能化等手段，实现产线工艺装备升级和信息化集成，借助自动化、信息化建

设之力，以卓越绩效管理为标准，对标先进企业，实施业务流程再造，带动企业整体管理水平的提高，助力德龙软实力提升、达到钢铁行业先进管理水平，将德龙建设为钢铁行业永久的标杆企业。

（三）产品升级

立足公司设备现状和市场环境，结合公司工艺设备改进规划、生产规模以及对市场环境的预判，把"向技术要效益、向品牌要效益、向质量要效益"作为产品规划的基调，以丰富公司产品结构为着眼点，以进一步巩固和开拓市场、提高企业长期竞争力为目标，实施如下产品升级项目。

（1）冷轧基料。立足冷轧镀锌、彩涂、浅冲及制罐等用途细分产品，紧盯市场，根据经营形势，进行镀锡、搪瓷、耐指纹、冲压及深冲钢等产品的研发。

（2）低合金高强钢。关注建筑高强结构钢发展动向，适时扩大400兆帕及以上级别产品的市场份额；同时进行耐候钢、集装箱板、锅炉用钢等产品的技术研发。

（3）工程机械用钢。以低速齿轮钢、轻量级车用大梁钢为基础，逐步向中、重型车用齿轮、车轮、大梁方向发展。

（四）深耕钢铁主业，推动钢铁生态圈发展

德龙将以钢铁主业为核心，以"精品品牌+重组扩张"为主，以集团化运作、国内国外同时布局、长流程和短流程并驾齐驱、多元化发展为基本战略。国内实施兼并重组，国外沿着"一带一路"开拓新项目。用两到三年时间，形成以钢铁主业为核心，电商、物流、投资、短流程、再生资源"五位一体"生态圈发展的模式，实现钢产能3000万吨，销售收入突破3000亿元，进入国内钢铁行业第一梯队，跨入世界500强。

实现高质量发展，既是新时代对民营企业可持续发展提出的现实要求，也是民营企业顺应国家战略、乘势而上的必然选择。改革开放40年来，民营企业伴随我国改革开放的伟大历史进程，不断发展壮大，并不断成为我国经济崛起的中坚力量。作为改革开放的实践者、受益者和社会财富的创造者，面对未来，德龙将以十九大精神为指引，把实现高质量发展、"做受人尊敬的百年德龙"作为终极追求，坚持"立德、立业、立回报"的核心价值观，以"振兴民族工业、共创和谐社会"为企业使命，以多元化发展、集团化运作为基本战略，以精品钢铁为主业，加大高端品种钢链条延伸，以工业旅游、生态园区、创新孵化、贸易物流、金融投资为几大板块，积极创建绿色德龙、创新德龙、精益德龙、幸福德龙，打造行业内永久性标杆企业，为国民经济建设及钢铁事业发展做出自己的贡献。

不忘初心　砥砺前行　朝国际一流企业迈进

敬业集团有限公司

一、集团概况

敬业集团有限公司（简称敬业集团）1990 年以化工起家，在党的正确领导下，在各级领导的大力支持帮助下，以"一年一小变、三年一大变"的速度迅速发展：1995 年 1 号高炉投产出铁，1996 年组建敬业集团，2002 年 1 号转炉投产出钢，2005 年 1 号棒材生产线投产出材，中板生产线投产出板，敬业集团形成 500 万吨钢铁产能，2011 年达到千万吨钢铁规模。经过 20 多年的发展，敬业集团已形成以钢铁为主业，兼营钢材深加工、房地产、金融、贸易、医药、酒店、旅游的跨行业集团公司，现有员工 22500 名，总资产 313 亿元，2017 年集团实现销售收入 675 亿元，实现利润 56 亿元，实现税金 23 亿元。2018 年上半年实现销售收入 388 亿元，实现利润 27.6 亿元，上缴税金 21.8 亿元。在全国 500 强企业名列 251 位，连续 9 年石家庄百强企业排名第一。"敬业"商标是中国驰名商标，敬业品牌价值 206.68 亿元。敬业集团视环保为企业的生命，累计投入超 50 亿元，被评为河北省工业旅游示范企业，并入选工信部 2017 年第一批绿色工厂。

敬业集团主要产品为螺纹钢、中厚板、热轧卷板、圆钢，是大型螺纹钢生产基地，国家高强钢筋示范企业。被评为"2017 京津冀最具影响责任品牌"，连续两年被评定为中国钢铁企业"A"级竞争力特强企业。敬业集团是国家高新技术企业，拥有省级技术中心和国家认可实验室，2017 年获准建立院士工作站，为促进科技成果转化，增强自主创新能力，加快企业向高质量发展提供有力支撑。

敬业集团大力推行品牌化战略。坚持品牌、效益数一数二的原则，任何一个项目和产品三年内如不能做到全省或全国数一数二，必须下马。同时严格执行"不是精品不出厂、不是品牌不上市"理念。产品成功供入北京大兴机场、石家庄地铁、文莱跨海大桥等国内外重点项目，连续多年获"河北省名牌产品""消费者信得过产品"等称号。2017 年，敬业集团在全球 22 个国家和地区设立办事处，产品出口 80 多个国家和地区，海外知名度迅速提升。

二、集团主要发展历程

（一）1995 年 6 月炼铁项目投产

1990 年，敬业集团以化工起家，1994 年 3 月开始跨行业发展，进军炼铁。克服种种困难，在 1995 年 6 月，1 号高炉及相配套的烧结厂相继投产。投产初期，上料系统非常简单，工人只能用手工推车推土上料，大块的焦炭只能用铁锤砸小，没有钢结构的厂房，每当下雨工人只能露天披着雨衣继续工作。就是在当时这样落后的条件下，敬业集团实现了从小到大，从弱到强的跨越。

（二）2002 年炼钢项目投产

2001 年，敬业集团做出上炼钢项目的决定。为解决资金匮乏、工艺陌生、人力资源不足等难题，在工艺方面敬业集团招收 260 名高中毕业生到承钢进行学习。为解决资金匮乏问题，广大敬业人纷纷卖猪卖粮，有的把自己结婚的钱、孩子上学的钱拿出来，终于凑足了 2000 万元的资金缺口，使得敬业炼钢项目在 2002 年 11 月顺利投产，结束了有铁无钢的历史。这是敬业集团强大凝聚力的最好体现。

（三）2005 年、2011 年敬业集团分别达到 500 万吨、1000 万吨钢铁规模

2005 年 9 月，敬业形成 500 万吨钢铁规模；2011 年，敬业通过挖潜改造达到铁、钢、材各 1000 万吨规模。自此，敬业集团跨入全国大型钢铁企业行列。

（四）2014 年至今转型升级大发展

敬业集团认真贯彻党的十八大、十九大精神，积极响应关于加快建设制造强国，加快发展先进制造业，在高端制造、绿色低碳等领域培育新增长点、形成新动能的号召，进行多元化产业转型升级。

1. 成立河北敬业机械设备集团

2014 年，敬业集团投资 50 亿元成立河北敬业机械设备集团，把敬业钢材作为原料进行深加工，全力打造中国极具竞争力的精密制管、法兰、钢构工程、专用汽车项目，提高钢铁产品附加值。

2. 颠覆性创新引进增材制造（3D 打印）项目

敬业集团于 2016 年 2 月开工建设增材制造项目。此项目是国家大力支持的高精尖项

目，拥有国际领先水平的微细金属粉末和新型合金粉末成套制备技术，实现激光熔覆及 3D 打印用金属粉末、粉末工模具钢的国产化，可完全代替进口产品。

3. 做大山区旅游，建设特色小镇

自 2011 年开始，敬业集团在黄金寨收储了 10 万亩荒山，计划打造全国一流的休闲、娱乐、居住环境，拟定发展规划是"四个旅游娱乐区、八座特色小镇"。目前，敬业集团投资 8 亿元的黄金寨景区已顺利开园，投资 7 亿元的藏龙镇 1 号也已建成。

三、敬业集团主要特点及发展经验

（一）发扬打出去冲上去精神，紧抓企业发展不放松

纵观敬业集团近 30 年的发展史，是敬业人艰苦奋斗的发展史，是敬业人发扬"打出去冲上去，勇争第一"精神的发展史。在发展过程中，敬业集团始终坚持为员工谋福利，为社会做贡献不动摇。截至 2017 年，敬业集团钢材产能 1041 万吨，较 10 年前提高了 768 万吨，提高 281%；员工 22500 人，较 10 年前增加 12864 人，增加 133%；员工人均月收入 4226 元，较 10 年前增加 2952 元，增加 232%；缴纳税金 23 亿元，较 10 年前增加 19 亿元，增加 475%。敬业集团每年上缴税金占平山县财政收入的 40% 以上，带动了周边地区餐饮业、运输业的发展，间接安排就业 6 万余人，使周边村镇彻底脱贫致富。敬业集团以积极履行社会责任、推动地方经济发展为己任。

（二）把营销作为敬业核心竞争力

敬业集团在发展过程中，把营销作为企业的核心竞争力。致力打造服务型企业，做全球钢材和金属制品供应服务商。为适应市场形势变化，2013 年 8 月，敬业提出"营销是企业的核心竞争力，全员为营销服务"的理念，由直销向终端服务转型。一方面延伸服务链把钢材进行深加工、浅加工，更方便客户使用；一方面加强现有环节服务，送货到工地。配货全、时间短，只要客户一出订单，从生产到销售一条龙服务到位。目前，敬业集团实施"板材进工程，建材进工地"策略，在石家庄、天津、北京、河南、太原等地设 13 个现货仓库，敬业螺纹钢在石家庄地铁使用率达到 95% 以上，北京大兴国际机场使用达到 70% 以上，成为重点工程的首选用钢。

在发展过程中，敬业集团确定了"一近一远"的营销战略。"近"即敬业周边 300 千米内没有同等产品的区域，是敬业的优势区域，要深耕到县，占有率达到 80% 以上。"远"即国际边远国家，越远越好，缩小敬业陆地运费的劣势。目前，敬业集团已在全球

22 个国家和地区设立办事处，销售网络铺设至非洲、美洲、欧洲、大洋洲等地，产品出口到全球 80 多个国家和地区。

（三）把管理作为敬业集团另一核心竞争力

敬业集团在学习海尔基础管理及创新理念，日本丰田企业精益管理，横河集团"七个零"及德国精益制造、工匠精神等先进企业管理制度的基础上，逐步形成自己在管理上的一些经验。

1. 以贡献者为本

敬业集团坚持以贡献者为本，敬业的理念是"高待遇必须给创效好的人，不一定给职务高的人"，对做出贡献的人给予多方面的激励。

一是执行"完成指标挣工资、超额利润分奖金"的分配机制，根据分担指标完成好差挣奖金，多效多得。二是设置"增效降本优秀奖、创新创效先进奖、大比武创效奖、敬业零缺陷奖"四个长期奖项，每季度评选一次，对做出贡献的员工给予奖励。三是提高贡献者地位，敬业的用人原则是谁创利润谁升职。集团控股的各经营公司及经营单位，凡税后年利润 300 万元以上的为科级待遇，1000 万元以上的为副部级待遇，1500 万元以上的为部级待遇。完不成任务的员工不能提拔、干部不能晋升，完不成任务均不能入党。

2. 五条线出人才，给员工提供晋升空间

敬业集团是对员工负责、为员工创造发展平台的企业。2013 年敬业集团提出"五条线出人才"，即管理、技能、技术、承包、改革创新五个方面，为众多员工提供发展渠道，人人有晋升之路。五条线出人才机制，为员工的职业发展提供了明晰的路径。不论什么岗位、工种，都能找到适合自己的晋升渠道，敬业就是员工的发展平台，在这个平台上，只要你有能力、努力干，干出业绩，就可以出人头地。

3. 完善培训体系，不断提升干部员工素质

（1）员工培训。敬业集团十分重视员工培训工作。每位进入敬业集团的员工，上岗前必须在职工大学进行为期 30 天的入职培训，这是敬业集团建立以来 20 多年雷打不动的规矩。在培训期间，集团主要领导都要授课，董事长是每课必授，从不缺勤。对在职员工的培训，提出"全员学习"，要求初中升高中、高中升大专、大专升本科，所有员工都要参加学习。

（2）干部培训。一方面是"请进来"。中层干部每月中下旬的周五为学习日，根据企业的发展需要，有计划地邀请清华、北大等高校教授来敬业授课，或者请专业培训公司来授课，每月不间断。同时企业内部也编制有针对性的教材，每月学习考试，提高大家的专

业知识及业务素养。另一方面是"走出去"。一是走进各大院校。部级干部只要大学录取均可读 EMBA，学费由公司负担；二是走进其他先进企业。厂部级干部每月必须走出去对标学习，车间主任及关键岗位员工也要经常走出去，不出去的要通报批评；三是走向国际。厂部级以上干部每年出国考察不低于两次，参加会展、交流会、研讨会等国际活动，外出多了，见识面大了，思维自然开阔。

（四）企业发展文化领先

1. 以党建引领企业发展

敬业集团是在党的领导下发展壮大的。敬业集团在发展过程中，始终坚持抓好企业党建工作。敬业集团党委下设 8 个党支部，共有党员 900 多名，开设活动室、谈心室、会议室、读书室及荣誉室，以"党建领航、文化铸魂"为主题，深入开展群众路线教育实践活动、"三严三实"专题教育、"两学一做"学习教育，特别是"十九大"以来带领全集团党员职工深入开展"不忘初心，牢记使命"学习教育，结合民营企业实际，以党建促发展。

（1）集团党委大力开展"戴党徽　亮身份　树形象　做表率"活动，时刻亮明自己"共产党员"的身份，督促自己严格以党员标准要求自己，充分发挥党员的模范带头作用，用实际行动影响到身边的员工，调动员工的工作积极性，为敬业各项事业的发展做出更大贡献。同时也能将自己置于群众的监督之下，规范自己的行为

（2）开展党员展风采活动。一个党员一面旗，号召广大党员在本职岗位上做表率，在环境保护、安全生产、增效将本、服务客户等方面走在普通群众的前列，促进企业工作全面提升。

2. 孝文化

凡进入敬业的员工，必须班前班后会唱三首歌：一是《敬业之歌》，二是《敬业劝孝歌》，三是《敬业文明准则之歌》。《敬业之歌》是敬业集团的厂歌；孝敬父母是敬业文化的一个重要部分，不孝敬父母的人不配当敬业人，每年父亲节、母亲节组织开展孝敬父母的活动，评选孝敬父母的优秀典型，中华民族的优良传统在敬业要得到传承。

3. 革命传统文化

为弘扬平山的光荣革命史，激励全员斗志，敬业集团不断对员工进行不忘国耻、强企报国的爱国教育。在平山县迪山北修复了抗日战争日军碉堡遗迹；组织科级以上干部现场参观并观看《平山记忆》纪录片；全员发放学习《寻找平山团》书籍；组织干部到井冈山、西柏坡接受红色教育；专门制作不忘国耻、强企报国的纪录片《鉴史殇思》发给全员

观看，使敬业人始终保持特别能战斗的作风，打出去、冲上去、永争第一，做大做强敬业事业。

4. 关爱员工及以客户为中心的服务文化

敬业集团在发展过程中，始终坚持关爱员工理念，倡导"要想员工爱企业，首先干部爱员工""只准上级请下级，不准下级请上级"。在集团关爱员工的感召下，全员上下同心，紧紧围绕以客户为中心，全力打造一流的产品和服务。

（1）以工匠精神打造一流的产品。敬业集团专注产品研发，对现有品种提质优化，近三年投入约42.6亿元，开发新技术、新工艺100多项，实现敬业产品竞争力的提升。同时集团大力培育和弘扬工匠精神，不断提升产品质量，做到出厂合格100%。敬业打造的"敬业蓝"精品加钒阻锈螺纹钢，强度更高、性能更稳，深受用户青睐。

（2）打造一流的服务，做到五个100%。敬业所有工作以方便客户为目标进行改革，提出做到五个100%：交货数量100%、交货时间100%、产品质量100%、退款100%、开票100%。同时，充分利用"智能化、信息化"，使所有业务环节实现了网上操作，客户不来现场就能办理业务。

（五）不计代价做好环保工作

敬业集团视环保为企业生命，坚持"环保事故工亡制""环保不达标必须停产"的理念，严格执行国家政策，所有指标都达到或严于国家排放标准，大力绿化厂区，植被覆盖率达50%，先后被河北省评为"工业旅游示范企业""十一五优秀节能单位"。2017年7月，敬业集团入选工信部2017年第一批绿色工厂。

1. 坚决执行国家产业政策，压减产能

敬业集团全部承担了石家庄市钢铁产能压减任务，是石家庄地区为社会发展腾出环境容量最大的企业。2014年，敬业集团主动关停年产水杨酸25000吨的化工厂和年产焦炭60万吨的焦化厂。2015~2016年压减炼铁产能52万吨、炼钢产能200万吨，两年超额完成压钢任务44万吨，共计损失资产58亿元，分流安置职工2261人。2017年，再次压减铁产能52万吨，分流安置职工1104人。

2. 以同行业最好能耗指标为目标，大力实施节能减排

敬业集团始终牢记习近平总书记"绿水青山就是金山银山"的指示，以同行业最好能耗指标为目标，多年来在节能减排、能源综合利用、发展循环经济方面投资超50亿元，形成煤气、蒸汽、炉渣、工业用水、除尘回收的五大经济循环圈。对排放的煤气、蒸汽、炉渣、工业用水等全部回收利用；厂区所有产污节点全部安装除尘和二次除尘设施，烧结

机全部配套全烟气脱硫设施；在原污水处理的基础上，再投入 1.17 亿元建设了污水零排放项目，污水全部回收再利用；利用煤气发电、余热发电、高炉 TRT 余压发电，节约能源减少排放。目前，敬业自发电比例达 68%。

3. 不断对环保进行提标改造，严于国家治理标准

敬业集团严格执行国家环保政策，在环保投资方面不遗余力、不计代价，所有指标都达到或严于国家排放标准。2017 年，投资 15 亿元对环保进行提标改造。其中，将烧结脱硫改造为先进的循环流化床半干法脱硫加装脱硝，烧结脱硫排放达到每立方米 50 毫克以下，颗粒物浓度达到每立方米 10 毫克以下；对所有原料厂进行了棚化密闭，加装车辆清洗装置雾炮；对高炉出铁口进行密封、装饰，打造宾馆式操作环境；铁水罐运输全部加盖密闭。目前，敬业集团正在对烧结、球团脱硝、烟气脱白进一步实施深度治理，实现超低排放，并全面打造"天蓝、地净、水清、草绿、物洁"的花园式工厂，争创河北省环保一流企业。

（六）不忘初心，致富员工、回报社会

致富员工、回报社会是敬业集团的宗旨，李赶坡董事长曾提出要让员工实现三个目标：第一、能在县城买得起房；第二、孩子能上得起大学；第三、大小病能看得起。企业发展不忘初心，努力在员工的三大生活问题上服好务。

1. 致富员工

敬业集团的发展解决了两万多人的生活，敬业员工 60% 买了小轿车，50% 在县城买了房；员工免费进行高标准体检；组织具有十年工龄的老员工到新马泰、俄罗斯、日本、中国港澳台旅游。近两年，敬业集团又出台多项关爱员工举措：员工得大病除医保部分外可获全额补助；员工子女凡考取大学本科的每人每年补助 5000 元；投资引进纯净水设备，为全员免费提供并配送纯净水；在石家庄正定机场承包贵宾厅，为敬业人提供换牌、安检服务，让干部员工享受贵宾待遇。敬业集团不断完善企业福利，使员工的"三大目标"真正落在了实处。

2. 回报社会

敬业集团在发展的同时，积极承担企业社会责任和历史使命，认真执行党和国家的各项方针政策，致力企业发展壮大，每年上缴税金占平山县财政收入 40%，带动了周边地区餐饮业、运输业的发展，间接安排就业 6 万余人，使周边村镇彻底脱贫致富。

此外，敬业集团积极修路、建校、捐资贫困山区，在公益事业投入已超 5 亿元。2007 年投资 1.2 亿元修建了由平山通往南甸的钢城路，2015 年再投资 7000 余万元对钢城路进

行大修；投资 1000 余万元修建藏龙镇东、迪山北、古石沟、南甸河西岸四条道路；投资 1 亿元建设敬业中学；自 2017 年又注资 5000 万元作为敬业教育基金会的流通资金，每年拿出 400 万元捐资平山县优秀学子；投资 4000 万元支持曹土沟新农村建设；捐助 500 万元医疗扶贫基金；捐款 1000 万元支持滹沱河北岸环境治理。

四、下一步发展规划：深入落实十九大精神　朝国际一流企业目标迈进

习近平总书记在十九大报告中明确提出"支持传统产业优化升级，加快发展现代服务业，瞄准国际标准提高水平。促进我国产业迈向全球价值链中高端，培育若干世界级先进制造业集群"要求，下一步敬业集团将深入落实十九大精神，全面推行"管理现代化、品牌化、国际化、智能化"，继续挖潜改造做精钢铁主业，做大做强增材制造、短流程铸轧两个高科技项目，重点发展国际国内贸易板块、钢材深加工机械制造板块、科技医药板块、旅游二居所及酒店四个板块，年营业收入超过 1000 亿元，增加就业岗位到 3 万人，人均工资年递增 10% 以上，年缴税 15 亿~20 亿元，朝着国内效益最好、国际一流的企业集团目标大步迈进！

春风化雨展宏图　十里钢城铸伟业

河北普阳钢铁有限公司

河北普阳钢铁有限公司（简称普阳钢铁）位于邯郸太行山东麓、革命老区武安市阳邑镇，毗邻青兰高速、309 国道，其前身是阳邑公社修配厂（始建于 1972 年）。改革开放 40 年来，特别是 1992 年邓小平同志南巡之后，公司创始人郭恩元乘着改革开放的东风，抢抓机遇，埋头苦干，从一座 30 立方米小高炉干起，在武安市南洺河河畔上建起了远近闻名的十里钢城。

在改革开放中发展壮大。目前，普阳钢铁已经发展成为河北省板材生产基地，有年产 120 万吨单机架中厚板生产线一条、年产 200 万吨双机架高强度机械用中厚板生产线一条、年处理 30 万吨中厚板热处理线一条，年产 200 万吨 1250 毫米热轧卷板生产线，以及冷轧、中宽带钢和高速线材生产线，3500 毫米双架中厚板四辊可逆轧机，最大轧制力达到八万千牛，采用了国际先进的 MAS 轧制模型、电动 APC+液压 AGC 伽马射线测厚仪闭环厚度在线控制技术，轧后配备一套先进的 ADCOS-PM 快速冷却系统，可生产高质量、高附加值的品种钢。

一、沐浴改革春风，不断发展壮大

（一）1972~1992 年，积累经验，人才储备的 20 年

从武安县阳邑公社修配厂到河北普阳冶金铸造有限公司，时间跨越 20 年，普阳钢铁两迁其址，三易其名。这 20 年，是普阳钢铁学习提高、积累经验、造就人才的过程，是由幼稚走向成熟的过程。从组织、技术、人才等方面为普阳将来的高速发展创造了条件。

武安县阳邑公社修配厂于 1972 年建成投产，位于阳邑南河（今阳邑镇政府处）。当时，拥有简陋厂房 20 间、人员 17 名，主要设备有车床 2 台、刨床 1 台、烘炉 3 盘、电气焊各一套，台钻、虎钳、砂轮机各一个及必要的劳动工具，固定资产 2 万元。主要业务是维修农机具和锻打一些锹、镢、镰、斧等农具。1975 年始与峰峰金属支架厂和邯郸市轴承厂建立业务关系，委托加工螺丝、铆钉和轴承滚珠。

1976年增加了铸造项目，可铸拖拉机犁铧、扬场机和脱粒机架子，并生产了一批扬场机、脱粒机和保险柜等产品。

1977年6月，迁到阳邑镇东街"东长安街"路北新建的修配厂。人员增至50多人，固定资产9.8万元。具备了机修、铸造管件、生产挂车、豆浆机等机电产品的能力。

1972~1975年，公社党委先后成立了修配厂、农机站、小农场、卫生院、柏林石子厂、火车站石料厂、青烟寺铁矿等7个企事业摊点，唯修配厂管理有素、经济效益好。

1978年党的十一届三中全会后，改革开放的春风吹遍了祖国大地。1983~1984年，阳邑镇在巩固原有单位的基础上，又新上了汽车队、印刷厂、小煤窑、轧钢厂、批发站、加油站、文化站、计生站等8个企事业单位。在诸多的企业摊点中，修配厂一直起着中坚领军作用。

1980年1月，企业更名为武安县阳邑公社修造厂。

1983年人民公社解体，恢复传统的阳邑镇。随之将厂名改为阳邑镇修造厂。

当时的主要业务是铸造下水管道，汽车及拖拉机车斗，批量生产小拖拉机机器盖、半轴壳、刹车、翻转犁等农机配件，兼产豆浆机、电视天线及36伏安家电小变压器，暖气火和钢串暖气片。

1985年，武安县阳邑镇修造厂改名为武安县挂车厂。

1987年6月，从沈阳引进"球墨铸件"技术，又注册成立了武安县球墨铸件厂。

1988年10月，武安撤县建市后，分别改名为武安市挂车厂和武安市球墨铸件厂。人员增至82人，主要生产挂车、中锰球、铸铁水管等。其中铸造的消防管道向美国出口。期间考察成熟金属镁和炼铁项目。

1992年，河北普阳冶金铸造有限公司成立。

（二）1993~2013年，产品升级，走向国际的20年

党的十一届三中全会后，改革开放全面推进，国家基本建设对钢铁的需求量激增，呈供不应求之势。普阳创始人郭恩元看到武安自古冶铁具有得天独厚的条件，同时可从根本上解决老区人民的脱贫致富问题，安排大量的农村剩余劳动力就业，决心以产业报国。1993年引进港资，成为武安第一批中外合资企业，在"八里横"建起一座30立方米小高炉。从而奠定了发展大钢铁的基础。

1998年企业改制，河北普阳冶金铸造有限公司由镇办集体企业改为民营企业。2001年初，第一座钢厂及相关配套项目动工兴建。

2002年2月，中普钢厂1号转炉建成投产，随之公司名称改为河北普阳钢铁有限公司。

2006 年，普阳钢铁一期单机架 3500 毫米中板生产线建成投产。

此后 10 多年，普阳钢铁干群团结一致、不畏艰苦，铁钢轧配套、产业延伸、高投入、快节奏，不断引进各种先进管理理念，与国际先进技术接轨，从一个年产仅几万吨生铁的小厂，一跃成为集洗煤、焦化、烧结、炼铁、炼钢、轧材、发电、制氧、科研于一体的综合型钢铁企业。

现在的普阳钢铁，拥有 CNAS 国家认可实验室和省级企业技术中心，独创"阿米巴+卓越绩效"管理模式，扎实践行绿色制造，全面推动高质量发展。产品获得中国、法国、日本、韩国、美国、德国、英国、挪威八国船级社认证，出口到 70 多个国家和地区。

自 2005 年始，普阳钢铁跻身中国企业 500 强、中国制造业 500 强，2015 年入选"两化融合"重点企业，2017 年被列入河北省第一批"绿色工厂"。2018 年 8 月，普阳钢铁顺利通过两化融合贯标体系认证，成为武安市第一家通过该体系认证的企业，也是目前全市唯一一家通过该体系认证的钢铁企业。

二、加速转型升级，提升竞争实力

当前钢铁行业依然处于诸多困境之中，一是钢铁产能过剩形势仍然严峻；二是钢铁行业退出机制尚未健全，部分亏损的钢企处于僵而不死的尴尬境地；三是产品结构矛盾突出，深陷产品技术含量低、附加值低、低端产品生产过剩，而技术含量高、附加值高、高端产品却供给不足的矛盾之中。钢铁企业依然面临亏损、环保、安监、体制机制结构等危机，但同时也存在诸多机遇。

党的十九大报告提出深化供给侧结构性改革给钢铁行业带来机遇。以去产能、去库存、去杠杆、降成本、补短板为重点的供给侧结构性改革，通过化解过剩产能、彻底取缔"地条钢"等措施，钢铁行业运营环境逐渐向公平竞争和绿色发展转变，优化存量资源配置，扩大优质增量供给的要求也给钢铁企业带来新的发展机遇。

同时，习近平总书记提出的"一带一路"倡议，给钢铁业"走出去"建立产业基地，开拓海外国际市场，优化出口产品结构，打造国际市场上认知度高的优势产品，扩大产品市场占有率，带来难得契机。

普阳钢铁顺应国家改革大势，加强企业自身改革，实施创新驱动，加快产业结构调整，促进产品升级，稳步提高产品质量，提升企业竞争力，努力实现可持续发展。

下面从装备产品、管理效益、环保节能、理念文化、企业党建和公益奉献五个方面介绍一下普阳钢铁现状。

（一）装备产品

普阳钢铁不断推动装备和产品技术升级，从原料到成品各环节的装备，均达到了国内一流，国际领先。高炉喷吹系统使用独创技术，使炼铁综合燃料比一直处于同行业领先地位。高炉的低硅低能耗冶炼操作法，被国内多数大中型国有企业作为样板参观学习，炼铁成本控制，在业界处于领先位置。

转炉均采用顶底复合吹炼技术，拥有达涅利先进的动静态副枪控制模型，炉底底吹模型控制和快换系统，实现了冶炼高精准终点控制，确保了品种质量。炉外精炼 LF/RH 双工位一体化精炼系统可以实现低夹杂、低气体含量、高纯净度和超低碳钢的批量稳定生产，为高级专用钢板和出口板生产奠定了坚实的基础。

为全面提升产品质量，普阳钢铁成立了技术中心，2015 年通过省级企业技术中心认定，集中技术力量，瞄准业界前沿，以市场为导向，加强品种钢的研发，满足用户"个性化"的需求。同时，普阳钢铁还拥有获得国家实验室资质认可的"理化检测中心"，保证了各项数据的严谨性与准确性。高质量的产品赢得了国内、国际市场青睐，广泛应用于船舶制造、工程机械、风力发电、桥梁桥墩、海上钻井平台、汽车制造、高层建筑等行业，并获得 CE 欧标认证和"中、日、韩、美、德、法、英、挪威"八国船级社以及印度、泰国、韩国的认证。荣获"河北省著名商标""河北省名牌产品"等荣誉。被中国质量检验协会认定为"全国稳定合格产品""国家质量检测合格产品"。产品出口到日韩、欧美、东南亚等 70 多个国家和地区。国内著名建筑：重庆瑞安大厦、长江鹦鹉洲大桥等均采用了普阳的产品。

目前，普阳钢铁与德国西门子、西马克，瑞典 ABB，美国瑞美，中国一重等世界知名企业建立了合作伙伴关系。

（二）管理效益

管理与效益是企业的生存之基，发展之本。建厂之初，公司坚持"诚实守信，互利双赢"的经营理念，以恪守诚信的人品和卓越的产品质量，赢得了广大客户的信任。2006年，提出了"多材质、多品种、多规格"及"两个市场（国内市场和国际市场）都要占领"的经营战略；2008 年，又提出"两高两低"（"两高"即产品质量高于国家标准、高于行业标准；"两低"即低成本生产、低于市场价销售）的经营战略，在风起云涌的市场大潮中赢得了先机。2008 年又建立了"产、供、销、运、用"五位一体的市场快速反应机制，实现了从原料到用户的"全过程联动"机制，有效缩短了交货周期，规避了市场风险，保障了用户的利益。在企业内部全面推行了"六西格玛""6S""卓越绩效""阿米巴"等先进管理模式，管理制度更加完善，作业效率进一步提高。

管理出效率，管理出效益。普阳钢铁销售收入逐年稳步提升，自 2007 年起销售收入连年突破 100 亿元，截至目前累计上缴税金 140 多亿元，并呈逐年递增态势。2014 年，在国内外钢铁市场持续低迷的大环境下，逆市飘红，实现利润 13.8 亿元，税金 6.8 亿元，盈利水平位居全国第四，全省第一。2017 年实现利润 52.3 亿元，实现税收 28.5 亿元，利润总额位居全省第一，吨钢利润 883 元，吨钢税金 481 元，人均利润 83 万元，人均实现税收 45 万元。人均创造价值 150 多万元，吨钢利润与吨钢税金位于全省第一、全国领先。

（三）环保节能

普阳钢铁始终秉承"循环发展、绿色钢铁"的理念，坚持技术创新，发展循环经济。近年来累计投资 30 多亿元，配套建设了 200 多套除尘设施，及相关脱硫、脱硝系统，排放标准远低于国家规定的特别排放限值。公司投资 6900 万元建立了能源管控中心，所有高炉均配有余压发电装备和各类除尘设施，全面实现了达标排放。同时，充分利用炼焦、烧结、炼铁、炼钢、轧钢产生的煤气和余热、余压发电，目前，共建有发电机组 13 台，总装机容量 319MW，自发电量达到了 90% 以上。公司还建有钢渣处理生产线，固体废物利用率达到 100%。在实现废水零排放的同时，吨钢消耗新水指标居行业领先水平。2015 年被评为"两化融合重点企业"，2017 年被列入河北省第一批"绿色工厂"。

走进十里钢城，只见绿树掩映、芳草如茵、鲜花争艳。为打造"花园式"工厂，公司累计投资 3 亿多元绿化、美化厂区环境。在厂区西部还建有万亩森林公园，为职工和周边村民休闲提供了一个舒适优雅的环境，为绿化太行做出了贡献。

（四）理念文化

几十年来，普阳钢铁始终秉承"三公"（公平、公正、公开）原则，以及"质量第一，信誉第一""实实在在干事创业"的精神，对广大供应商及客户讲信誉、讲诚信，经营全过程实现"公开透明"，广泛接受全体职工及全社会监督。最大限度体现和诠释了"诚信经营"。

普阳钢铁现有员工 6000 多人，他们大多来自周边农村。公司不仅让这些昔日的农家子弟掌握了专业技术，成为技术工人，还加强了对职工的"家庭美德、社会公德、职业道德"教育，定期开展中华传统美德讲座，把"孝道文化"融入企业文化之中，在提高职工道德修养、增强公司凝聚力的同时，也促进了员工家庭的和谐幸福。

普阳钢铁斥资 1 亿多元建设了文化中心大楼。在这座大楼里，各种学习和娱乐设施齐备，是职工学习、健身、娱乐的好去处。公司员工平时自编自演文艺节目，重大节日集中会演，丰富多彩的各类活动广受好评。普阳钢铁以共创造、同分享为核心理念，在 2008 年率先实行了免费工作餐。为解决困难家庭的燃眉之急，累计发放困难救助资金 300 多万元。2006 年以来，职工工资年均增长 10%，每月薪酬较周边同行业高出近 1000 多元。在全市率先做到了职工养老保险全覆盖。在普阳，普通员工拥有轿车和楼房已经成为常态，他们正和城里人同步迈入小康生活。

（五）企业党建

武安市作为革命老区，其红色印记十分鲜明。不论是在战争年代还是改革开放建设时期，在这片热土之上，基层先进典型不断涌现，如磁山二街、白沙村等。普阳钢铁作为武安市钢铁龙头企业，在党委书记、董事长郭恩元的带领下，多年来始终不忘初心、牢记使命，全面加强基层党建工作，将党的优良作风与公司生产经营相结合，带出了一支特别能吃苦、特别能战斗的党员队伍，走出一条兼具先进性、效益型、环保型的高质量发展之路。

1992 年以来，伴随邓小平南巡的春风，非公经济得到快速发展，目前已经成为我国市场经济的重要力量。改革开放 40 年以来，在党的正确领导下，非公有制企业党建工作也在与时俱进不断创新。普阳钢铁作为武安市最大的民营钢铁企业，是推动本地区经济发展，促进本地区社会和谐的主导力量。

习近平总书记指出"非公有制企业是发展社会主义市场经济的重要力量。非公有制企业的数量和作用决定了非公有制企业党建工作在整个党建工作中越来越重要，必须以更大的工作力度扎扎实实抓好。"

普阳钢铁党委认真贯彻习近平新时代中国特色社会主义思想和党的十九大精神，充分发挥党委的政治引领作用，始终坚持把"党旗引领"作为企业发展的核心理念，牢固树立"党建也是生产力"的意识，紧紧把握"围绕经济发展抓党建，抓好党建促发展"的方向，坚持党的建设与企业发展互融互通，互促互进，真正把党的工作融入企业日常生产经营中，引领普阳钢铁不断做大做强、高质量发展。

1. 先锋引领，以点带面，为企业的发展持续提供动力

就邯郸本地区而言，民营钢铁企业相比河钢邯钢、新兴铸管等国有钢铁企业来说，最明显的差距就是人员素质的差距。由于普阳钢铁的员工大都来自周边农村，为了使员工们真正意义上完成由"农民"到"产业工人"的角色转变，公司党建工作采取了"重心下移，全面覆盖，先锋引领，以点带面"的工作方针，成立了：炼铁、炼钢、轧钢、焦化、机关 5 个党支部，采取"三争一创""定任务压担子，重执行比效果"的办法，措施明确，督导执行。同时，以"结对子，比比看"的形式，将各个支部的产量、质量、效益、物耗、安全等目标明确公开，设立"党员先锋岗"与"流动红旗"，月底排序，树立典型，激励鞭策，取得了很好的效果。以质量管理为例，开展 QC 小组活动，注册课题 200余项，63 项获得河北省冶金行业质量管理优秀成果奖，其中特等奖 1 项，一等奖 50 项，二等奖 12 项；获得专利 32 项。员工职业素养得到大幅提升，2017 年，人均纳税 481 元，人均创造效益 150 多万元，位居河北省领先位置。

2. 文化引领，多措并举，促进党建工作持续健康开展

知易行难，毋庸讳言，不论是民营企业还是国有企业，党建工作的长期、深入、全面开展是有一定难度的。一方面，一部分青年党员认为其内容枯燥，不愿意积极参与；另一方面，由于其严肃性，时间一长，很多人会觉得机械和缺乏新意。鉴于此，普阳钢铁党委充分发挥文化宣传和引领的作用，组织开展各类特色的活动，不断拉近了党组织与党员青年的距离，增强了凝聚力，促进党建工作健康持续发展。一是把握时机，积极开展主题活动。坚持利用"七一"建党节、"十一"国庆节、元旦、春节重大节日等时机，组织开展爱党、爱国、歌颂改革开放等主题活动。针对不同的节日，组织开展重温入党誓词、"党员送温暖"、慰问困难职工、征文比赛、演讲比赛、文艺联欢会等丰富多彩的活动，让党员职工大展风采，用飞扬的文采、美丽的歌声、优美的舞蹈等多种形式，展示个人才华特长，抒发爱党爱国情怀，激发爱岗敬业精神，党建中增加文化内容，内容上注入新鲜"血液"，得到文化滋润，提升党建内涵，收到了很好的效果。此外，还充分利用文献、歌谣、故事和旧址等红色资源，融合到"三会一课""两学一做"学习教育中，让党员职工耳濡目染受到红色文化熏陶，以身边的先进为楷模，浓厚"学先辈、做先进"的氛围。通过形式多样的活动开展，既丰富了党员的组织生活，又增强了职工的文化认同感，更加强了企业的精神文明建设，无形中使党员职工受到了党性教育，引起党员职工的共鸣，形成"大家传"的良好局面。

3. 吸收先进，亮明身份，着力打造"三型企业"

普阳钢铁党委始终坚持把"党旗引领"作为企业发展的核心理念，先后把 50 名技术骨干培养发展成党员，35 名被推荐到一线领导岗位和企业决策层，党员的先锋模范作用日益明显，为企业降本增效 6 亿多元。企业党委的政治引领作用突出，引领普阳钢铁不断做大做强，迈向高质量发展。

为与时俱进，永葆活力，普阳钢铁党委制定了一整套激励和约束机制，真正做到各级

管理者能上能下，唯才是用的用人机制，最大限度激励和调动员工的积极性。对那些有追求、肯上进，表现优异的干部和职工，主动吸收到党组织当中来，进一步增强他们的荣誉感、责任感和归属感，对企业的发展起到了积极的助推作用。据统计，普阳钢铁17个分厂厂长中，15人是中共党员、2人是预备党员。党委副书记、总经理石跃强担任武安市第七届、第八届人大代表，总经理助理石现英担任武安市第七届党代会代表，焦化厂厂长张胜利担任武安市第八届政协委员，党委委员、保卫部部长齐延正被评为2014年度武安市优秀共产党员。

为形成"以党员为荣、向党员看齐"的氛围，普阳钢铁党委要求全体党员统一佩戴党徽，亮明党员身份，在工作中以身作则率先垂范，鼓舞和带动全体职工干好各项工作，放大了党员在群众中的形象，在公司各个环节均产生了积极的效应。此外，普阳钢铁党委书记、董事长郭恩元还倡导全体党员带头创建"三型企业"（即学习型、节约型、创新型）活动，号召全体党员职工开展各类学习，发扬勤俭节约杜绝浪费的优良传统，让节约成为每个人的自觉行为。同时，鼓励大家建言献策，提出合理建议，积极学习先进技术、先进经验，创建"创新型"企业。据统计，几年来，普阳钢铁各类费用均呈现10%以上的降幅。以财务费用为例，自2015年开始，连续三年为"负数"，尤其是2017年普阳财务费用实现盈利1.3亿元，位居全国第二。2017年，"阿米巴"经营管理在普阳钢铁正式实施，通过一年多的学习吸收，目前基本实现了全面覆盖，各项费用明显减少，各项收入稳步提升。截至2018年6月，共计实现利润25.2亿元，缴税20.5亿元。在创新型企业创建方面，共接收合理化建议1500余条，完成升级改造百余项，实现经济效益近5亿元。

4. 奉献爱心，回报社会，彰显企业的家国情怀与责任担当

普阳钢铁党委始终牢记党的光荣传统，以"为社会创造财富，为客户创造价值，为员工创建幸福家园"为己任，共向社会各界捐款3亿多元，彰显了普阳钢铁的家国情怀和责任担当。

2008年，四川汶川大地震，普阳钢铁党委积极号召党员职工捐款献爱心，共计向灾区捐款910.9万元，党委书记、董事长郭恩元个人缴纳特殊党费100万元。

2000年，普阳钢铁出资800万元，用于武安市第一中学、第九中学新校区的建设。

2010年，普阳钢铁出资500万元用于柏林环村公路建设。

2011年，普阳钢铁党委组织开展了"爱心飞扬·慈善一日捐"活动，号召全体党员职工捐款，用于救助遭遇突发事件无力维计及家庭困难的职工。活动每年组织一次，8年来累计捐款300多万元，救助困难职工450余人。普阳钢铁基层党支部还经常安排党员到职工家里走访，及时了解职工的生活情况，倾听诉求，及时解决问题，使他们能够安心工作、争做贡献。

2013 年，普阳钢铁出资 1000 万元在武安市第一中学设立了奖励基金，每年奖励为教育事业做出特殊贡献的教师及成绩优异的学生。

2016 年，普阳钢铁出资 500 万元，赞助了由中共武安市委、武安市人民政府和中国民族报社联合主办的全国性体育比赛"2016 邯郸·武安第二届全国划骑跑铁人三项挑战赛"。

2017 年，普阳钢铁出资 4000 多万元，为城市环卫部门购买了 70 台洒水吸尘车，大大改善了城市环境；出资 1000 万元在武安市第三中学设立了奖励基金；出资 500 万元，赞助了由中共武安市委、武安市人民政府、中国民族报社主办的全国性体育比赛"2017 邯郸·武安国际山地马拉松"赛。

2018 年，普阳钢铁计划投资 18 亿元用于建设 1 所幼儿师范高等专科学校、1 所初中和 1 所幼儿园，改造 1 所初中、2 所小学，并出资 500 万元结合阳邑镇政府实施精准扶贫。

多年来，普阳钢铁心系员工情暖一线。逢年过节拿出专项慰问金，慰问退休老党员、老职工和困难职工，联系情感，传递党的温暖。普阳钢铁党委在工会设立了"婚庆小组"，每逢职工结婚，由婚庆小组负责布置鲜花拱门，并安排专业司仪主持，广受职工的好评，增强了全体员工的凝聚力与归属感。

多年来，普阳钢铁富而思源回报桑梓。采暖季利用冲渣水余热作为热源向周边居民、学校、医院、党政机关、商业街、宾馆等单位进行集中供暖，供暖面积达 116 万平方米，受惠居民 6400 余户，3.5 万余人，对附近 13 个村庄的村民实行了医疗保险补贴近 270 万元，给当地人民带来了实实在在的福祉。

三、跨入新时代，打造美好未来

当前国家提倡的《中国制造 2025》规划以及"蓝天保卫战"等国策的出台，彰显了我国对传统产业升级完成由"制造大国"向"制造强国"转变和实现"绿色制造""可持续发展""高质量发展"的决心与信心。作为武安市第一大民营钢企，普阳钢铁将始终遵循"绿色制造""科学创新"的发展思路，在全力搞好环境治理、真正实现"超洁净排放"的同时，全面提升技术实力，以国内外先进企业为标杆，发挥长处，弥补不足，综合分析，准确定位，制定科学的企业中长期发展规划，始终坚持"质量第一、诚信经营、效益优先"的发展理念，走质量效益型发展道路，走绿色发展之路。在各级政府及各国家产业政策的指导下，通过兼并重组的方式，吸纳与消化一部分钢铁产能，实行"统一管理，统一经营"，充分发挥多年来企业的管理理念和管理文化，以此来进一步提升企业的规模与效益，进而更好地践行"为社会创造财富，为客户创造价值，为员工创建幸福家园"的企业使命。

我国已经进入建设中国特色社会主义的"新时代"。迈入"新时代"的普阳钢铁，迎风破浪再扬帆必将一如既往秉承绿色钢铁、诚信至上、服务至善的发展理念，以"做一流企业，创国际品牌"为目标，走"转型升级、提质增效、结构调整"的绿色钢企之路，向国际一流钢铁企业阔步迈进，在传统制造行业托起一轮朝阳。

专业铸就品质　创新成就未来

唐山瑞丰钢铁（集团）有限公司

唐山瑞丰钢铁（集团）有限公司（简称瑞丰钢铁）成立于 2002 年 9 月，随着我国经济发展实力的增强，瑞丰钢铁发展也呈现了快速发展，快速崛起的态势。瑞丰钢铁现有职工 6700 余人，拥有总资产 120 亿元，具有年产 700 万吨优质带钢综合生产能力，是集烧结、炼铁、炼钢、热轧、冷轧于一体，全国最大、规格最全的热轧带钢专业生产基地及核心供应商，具有唐山地区钢铁行业唯一的全国市场产品定价权。"宏瑞"商标已于 2016 年被国家工商总局商标局认定为驰名商标。2017 年，公司实现销售收入 184 亿元，实现利润 27 亿元，上缴税金 10 亿元。目前，瑞丰钢铁是中国钢铁工业协会理事单位、河北省冶金协会副会长单位。

一、公司概况

瑞丰钢铁地处河北省唐山市丰南区小集镇经济开发区，位居环京津和环渤海双重经济圈腹地。成立以来，瑞丰钢铁始终坚持"诚实、责任、尊重、锐志"的核心价值观，全面贯彻绿色钢铁发展理念，深化供给侧结构性改革，以诚信经营为基础，秉承为社会创造财富，为客户创造价值，为员工创造机会的经营理念，强化管理、创新技改、落实责任、挖潜增效、大力开展环保节能提升改造、完善人才培养机制、积极推动 6S 精益管理、全力拓展新产品市场，经济效益、环保指标和社会效益都显著提升，形成了集带钢产品深加工、高效节能环保为一体的全流程高端化、现代化、绿色化、品牌化、系列化产品装备集群。

公司现有装备：炼铁系统建有 1 座 1350 立方米、2 座 1080 立方米高炉；3 座 680 立方米和 1 座 500 立方米高炉，三台 200 平方米、四台 96 平方米步进式烧结机；炼钢系统建有 120 吨顶底复吹转炉 2 座，装备五机五流板坯连铸机一座，四机四流板坯连铸机一座；80 吨顶底复吹转炉 3 座，连铸装备有五机五流矩形坯连铸机 2 台，六机六流矩形坯连铸机 1 台。轧钢系统建有 850 毫米、950 毫米轧机各一架，其中 950 毫米轧线与国内外同类型轧线相比，具备了一流轧机设备和自动化控制系统；650 毫米生产线 3 条。冷轧系统拥有一条年产 50 万吨的 950 毫米冷轧带钢生产线及配套设施，采用了一流的轧机设备和智能自动化轧钢控制系统，与国内同类型轧线相比，具备了极强的竞争优势。产品涉及 Q195、Q235、Q345B、08AL、SPHC 和 SPHD 等钢种，主要用于圆管、方管、螺旋管、制作和冷轧冲压件产品，具有较强的深冲和成形性能，销售网点遍布华北、华东、华南、华中等 20 多个省、市、自治区，广泛应用于船舶、汽车、建筑、高速、卷管、家具家电及五金件等领域。

瑞丰钢铁连续五年被评为全国"安康杯"竞赛优胜单位；两次通过了省级清洁生产审核验收；2013 年通过国家实验室资格认可，一次性通过了 ISO 9001 质量管理体系、ISO 14001 环境管理体系、GBIT 28001 职业健康安全管理体系、GBIT 23331 能源管理体系和 ISO 10012 测量管理体系认证；连续多年荣获河北省著名商标、河北省名牌产品、河北省诚信企业；2014 年获得海关 AA 类进出口企业最高级别资质和"河北省五一劳动奖状"；同年，位列中国民营外贸 500 强企业第 102 位；2015 年位列中国企业 500 强第 276 位、中国制造业企业 500 强第 132 位；2016 年度生产的带钢产品获得"河北省名牌产品证书"；公司荣获本年度"钢铁行业质量服务用户满意企业"；2016 年位列中国企业 500 强第 246 位、中国制造企业 500 强第 118 位；2017 年被评为"河北省诚信企业"，"河北省冶金行业统计工作先进单位"，河北省"2017 年度安全生产先进单位"，获唐山市"守合同重信用"荣誉称号，获省工信厅核发的《河北省工业企业研发机构》证书，位列 2017 年中国企业 500 强第 245 位，中国制造业企业 500 强第 111 位；2018 年度，在河北省百强民营企业排名第 24 位，民营企业制造业百强排名第 17 位。

二、技改创新增后劲，拓展市场助发展

2015 年年初，面对国内钢铁产能严重过剩、市场竞争愈演愈烈、产品价格一路下滑、劳动力成本不断增加、企业利润空间进一步被压缩的严峻挑战，瑞丰钢铁公司领导班子审时度势，适时推出了"科技领航，创新驱动"发展战略，强化内部基础管理，积极推动企业新产品研发，为提升产品质量，优化产品结构，充分满足客户的质量需求，根据市场反馈的产品需求信息，决定重点研发适销对路的铝镇静钢 08AL、Q195L、Q235BL、Q345BL 等品种钢，加快推进新产品研制步伐。

08AL 属于优质碳素结构钢，作为目前中宽带钢的主打产品占有很大市场份额，行业内认为实现 08AL 批量生产代表公司质量控制达到了一个较高水平。08AL 目前主要用于冷轧冲压用钢，广泛应用于烤炉、五金、汽配、防静电地板、马口铁干杂罐、镀锌基板、冷

凝管、波纹管等产品制造领域。根据公司现有冶炼装备，研发技术性能较高的 08AL 品种钢的条件并不是太成熟，困难阻力重重，在瑞丰钢铁公司冬瑞芹董事长及经理班子的大力支持下，组成了强有力的攻关领导小组。为满足含铝品种钢冶炼技术指标和基本条件，进一步提高研发团队的专业素质，公司技术处会同炼钢厂、轧钢厂专门针对品种钢工艺规程等内容对连铸机长、一助手炼钢工等关键岗位人员进行了系统的专业培训，以提升操作人员试制新产品的操作水平和专业技能。

产品研制初期，带钢产品出现的质量问题较多，具有代表性的问题有压扁或折弯开裂、性能不均、重皮、起皮、酸洗不净、麻坑麻面等。为解决上述问题，减少或降低质量异议，为后期品种钢的试制夯实基础，技术处作为质量管控部门，在炼钢、轧钢几位厂长的全力支持配合下，大家心往一处想，劲往一处使，积极寻找突破口，并努力化解工作中的意见和分歧，从不断优化现有工艺流程、提升产品质量入手。他们结合销售处多方面了解客户所购产品的用途、对产品的质量要求及竞争对手的质量水平，根据不同轧线特点、客户要求规格、用途对现有产品进行严格细分，从炼钢脱氧工艺、成分控制、热轧工艺的优化都进行严格细化，同时制定成分、规格、用途细分一览表，供销售、生产排产时使用，在很大程度上满足了客户的质量要求，提升了顾客满意度。

炼钢工序是产品质量控制最重要的工序之一，在没有 LF 精炼炉条件下冶炼 08AL，夹杂物控制难度较大，工艺要求极为严格，高温操作条件下对转炉脱 P 造成较大难度，技术人员通过转炉造高碱度渣，吹炼过程全程化渣，控制前期温度不过高，过程均匀升温，终点温度控制在 1660℃ 以下，将 P 含量控制在合理范畴，低于同行业同类钢种 P 含量控制。钢包造渣是冶炼铝镇静钢的关键技术，北区炼钢厂以普通铝镇静钢造渣工艺为基础，通过多次试验不同顶渣配比，确定了合理的 08AL 渣系和顶渣加入量，同时对连铸耐材进行严格控制，采用高 MgO 质中包，减少耐材侵蚀；要求厂家保证大包套管、塞棒、浸入式水口等备件满足规定使用寿命；炉衬维护是保证 08AL 钢连续多炉次冶炼的关键，为此，炼钢厂结合北钢院教授进行炉衬维护指导，制定了《北炼钢 120 吨转炉炉底维护操作要点》，为 08AL 连续多炉次冶炼提供有力保障。

为提高公司产品竞争力，扭转公司只生产普碳钢这一单一产品局面，技术处协调指导炼钢厂、轧钢厂适时开发了低合金高强钢 Q345BL、Q345BL 加铌钢，基本达到同行业同类产品水平。Q345BL 加铌钢的开发成功解决了厚料屈服强度不足、压扁开裂等问题，为实现 08AL 钢成功开发奠定了基础。与此同时，轧钢北区为顺利研制 08AL 钢，在吨钢电耗、煤耗，机时产量、合格率、成材率等都制定了严格的指标，通过近半年的试行已初步达标。但开发 08AL 却对这些指标提出了新的挑战。08AL 品种钢的工艺特点是三高一低一均，即加热温度要高，开轧温度要高，终轧温度要高，卷取温度要低，性能指标均匀。轧钢厂积极响应公司的整体工作安排部署，在排产顺序、加热炉各段温度控制、出钢节奏、当班成材率都采取一定措施以降低 08AL 的吨钢成本消耗，在工艺控制上无成形的东西可借鉴，在唐山地区只有建龙轧制的 08AL 比较成功，但技术的封锁，迫使我们要全靠自己来研发，轧钢厂首先对 Q195 轧制工艺规程进行了改进，在技术处的指导下于 2016 年 7 月 6 日夜班对规格 860/850×3.0 带钢尝试进行了第一次试轧，通过物理性能实验初步获得成功。找到方向后，技术处与生产厂多次结合，不断优化 08AL 工艺控制方案，使每次试验都能达到比上一次满意的效果。2016 年 7 月 6 日，在首次试验基础上进行工艺优化，7 月 13 日成功试验 20 炉。通过两次实验及工艺优化，08AL 钢种基本具备小批量生产能力。经过对产品质量成分、性能严格检验，均达到了目前同行业先进水平。08AL 产品试制成功，标志着瑞丰钢铁公司迈出了品种钢开发坚实的一大步，是公司新产品研发征程中的一个里程碑，象征公司在同行业含铝钢产品的生产和销售中占据了优势地位。

三、砥砺奋进搞技改，履职尽责保安全

2016 年是钢铁市场极为动荡的一年，在国家宏观经济增速放缓、环保治理力度不断加大、资源能源价格持续上扬、企业生产成本居高不下等不利因素影响下，瑞丰钢铁公司通过开展管理创新、技改研发、降本增效、拓展市场等强有力措施，适时推出了"科技领航，创新驱动"发展战略，强化内部基础管理，积极推动企业新产品研发，完善规章制度、人才培养、现场管理等基础管理工作，提升安全、环保、设备、技术等专业管理水平，积极引进 6S 精益管理等现代化管理模式，加快建设全流程 ERP 信息化系统，2017 年至今，公司自主开发了销售系统、劳保系统、手机审批、高炉报表系统、冷轧生产追踪系统、外矿系统、设备系统、质检数据采集系统、手机签到、办公自动化系统等 20 多个日常办公管理系统；与其他科研单位联合开发了生产调度系统、生产计划系统、报表系统、原料一卡通、成品一卡通、职工一卡通、冷轧 MES 等 9 个办公自动化系统，为打造真正的智能化工厂夯实了基础。

近年来，瑞丰钢铁公司始终坚持"安全第一、预防为主、综合治理"方针，牢固树立科学发展、安全发展理念，认真贯彻国家、省、市有关安全生产工作一系列决策部署，严格执行相关法律法规，持续保持了安全生产总体平稳态势。在日常安全生产工作中，一是不断健全完善安全生产责任和职业健康安全体系。公司董事长及经理班子高度重视安全生产工作，不断完善公司安委会组织架构，严格实施"党政同责、一岗双责、齐抓共管"和

安全生产目标考核办法，加大安全生产设施的投入和建设，公司安全生产工作持续稳定发展。二是深入贯彻落实《河北省安全生产条例》，层层签订《安全生产目标责任状》《安全生产承诺书》，每季度公司对安全生产目标完成情况进行考评。三是充分利用标语横幅、大屏广告、企业微信公众号、班前班后会等形式大力开展有针对性、实效性的宣传贯彻活动，公司安全生产普法氛围浓厚。四是标本兼治，坚决防范和遏制重特大事故发生。公司专门制定出台了《防范遏制重特大事故工作实施方案》和《进一步加强安全生产工作的实施方案》等一系列长效机制文件，持续加强源头管理和风险管控，深入开展安全生产大检查活动，持续加强安全基础能力建设，全面推进生产现场安全监管规范化建设，努力提升应急救援水平，深入开展安全生产宣教活动和安全工作标准化建设。同时，瑞丰钢铁公司多次聘请专业机构有资质、有经验的安全管理专家和国有企业的安全管理专业人士来公司查找安全管理存在的问题，然后研究解决方案，提升安全生产管理水平，全年未发生一起重特大安全事故。2018 年 8 月，瑞丰钢铁公司成立了安全环保应急处置小组，增添专用消防设备和车辆，外聘部队退伍消防人员担负此项工作，包括对一些气体、油品，也都聘请了专业人士负责安全管理。另外，对涉及危化用品的岗位职工以及外委施工单位人员定期进行专业技能和安全知识培训，签订安全责任状，逐级落实安全生产责任制，全方位保障安全生产的顺行。

四、打造平台抓党建，一名党员一面旗

瑞丰钢铁公司党委下设机关、炼铁、炼钢、带钢、车队 5 个党支部，共有党员 113 人。近年来，公司坚持围绕"党建领航，实干兴企"的总体思路，通过打造教育、活动、革新、服务"四个平台"，实现党建创新与企业发展的有机融合。公司连续多年被丰南区委、区政府授予文明单位称号；2016 年 6 月，公司党委书记关广民被河北省委授予全省"优秀党务工作者"称号。

（一）打造教育平台，发挥党委政治核心作用

瑞丰钢铁公司党委注重加强党员学习教育管理，进一步焕发党员新的活力，树立新的形象，努力把党委打造成企业主心骨。一是深化"两学一做"学习教育。公司党委紧密围绕企业生产经营实际，制定下发了《公司"两学一做"学习教育活动方案》和《学习计划表》，每月下发不同的学习材料，组织党员以自学和集中学习相结合的方式，认真开展"固定学习日"活动，做到"五有"，即"有学习计划、有学习主题、有学习资料、有学

习笔记或记录、有学习体会"。为检验学习教育效果，党委组建了督导检查小组，定期查找各支部在活动开展过程中存在的问题与不足，扎实推进"两学一做"学习教育，做到不走形式、务求实效。二是规范党委活动场所。公司党委对党委办公室和党员活动室进行了布置整理，重新制作了党建展牌，完善了各类档案资料，并购置了党员电化教育设施，为党员参加学习教育活动提供了良好的环境。同时，公司向党员职工免费开放运动场馆，党员职工下班后可到运动馆进行篮球、乒乓球、羽毛球、台球等健身运动，丰富了党员职工的业余生活。三是强化理想信念教育。公司党委十分重视对党员职工的思想教育，通过重温红色经典、瞻仰革命圣地等形式，进一步端正和强化广大党员的理想信念，实现了党员党性修养的有效提升。2017年7月，公司党委组织本年度的优秀共产党员到河北乐亭李大钊纪念馆和李大钊故居参观学习，此次红色教育行，既激发了党员带动身边职工工作的热情和干劲，又增强了企业的凝聚力和向心力。

（二）打造活动平台，发挥党员先锋模范作用

为树立良好的党员队伍风貌，公司党委积极开展形式多样的党组织活动，促使党员在企业发展中充当标杆、争做表率。一是开展"两学一做"评比活动。公司党委以"两学一做"学习教育为契机，在全体党员中开展抄写党章书法比赛活动，并对获奖选手的作品进行公开展览，进一步渲染企业文化氛围，提升企业文化底蕴。同时，开展"两学一做"优秀心得评比活动，党委将优秀心得作品集中在公司微信公众号"唐山瑞丰钢铁"上进行刊登，为激励广大党员带头尽职尽责，带头担当奉献，提供源源不断的精神动力。二是开展党员评选表彰活动。公司党委以"五四""七一""十一"等节日为主题，积极开展党员职工评先评优等表彰活动，公司对评选出的优秀青年职工和优秀党员职工代表，除给予一定的物质奖励外，并利用公司微信公众号"唐山瑞丰钢铁"进行大力宣传报道，号召广大党员职工争当先进、比当先进，立足岗位、创先争优。三是开展党员承诺示范活动。公司党委结合党员岗位实际，组织全体党员进行公开承诺，并在各党支部公示栏内张贴承诺书，接受职工群众的监督，提高党员履行承诺的自觉。按照"一名党员一面旗，一个岗位带一片"的标准，公司党委设立了1个党员责任区和1个示范岗，分别设在北炼铁高炉车间2号炉和高炉车间主任岗位，有效增强了党员的归属感和责任感，凝聚了企业发展的正能量。

（三）打造革新平台，发挥党委引领带动作用

面临国家强化实施创新驱动发展战略的时机，公司党委加强与领导层的沟通协调，加快实施技术改造和升级，取得了实实在在的成效。一是提升产品档次。在钢铁行业艰难发

展的形势下，公司党委审时度势，坚持以现有热轧带钢产品链为延伸方向，以提高产品质量，增加产品品种，适当压减产能为发展目标。适当增加精炼设备，生产有较高档次和附加值的深冲钢、高强钢、五金、家电用钢，改进发挥品种、质量、规模优势的冷轧产品。通过产品转型升级，公司在钢铁行业不景气的大背景下，取得了较好的经济收益。二是资源综合利用。为减少钢铁产业对空气环境质量的影响，公司党委牵头，积极联系有关部门，带领广大党员职工强力推动节能减排工作。目前，超高压发电、烧结竖冷窑等环保项目已基本完成，烧结脱硝、高炉渣干法粒化、低品质余热回收、转炉二段烟道蒸汽回收等节能项目正在进行改造。三是企业管理升级。为优化企业内部管理结构，公司党委以各党支部为单位，不断完善规章制度、人才培养、现场管理等基础管理工作，改进安全、环保、设备、技术等专业管理工作，积极引进精益管理、六西格玛管理等现代化管理工具，加快建设全流程 ERP 信息化系统，努力打造智能化工厂。

（四）打造服务平台，发挥企业回报社会作用

随着企业生产规模的不断扩大，瑞丰钢铁积极参与社会公益事业，为促进地方经济发展、缓解地方就业压力做贡献。公司党委主动搭建企业回报社会平台，通过开展村企共建活动，公司把资金、技术、人才等资源流向周边村，周边村为公司发展提供土地、劳动力等支持，走出了一条既利于企业发展，又利于新农村发展的新路子。多年来，瑞丰钢铁先后投入 2000 多万元，支持周边 9 个村庄进行修路、打井等基础设施建设。每年春节，公司党委组织各党支部赴周边村庄走访慰问，为贫困户、孤寡老人送去钱款、米面粮油等，帮助他们安心度过春节。同时，公司党委本着致富一方的思想，带领工会与小集镇柳河村结成帮扶对子，累计投入 300 余万元，进行村庄面貌改造，为村民谋划致富路。公司成立瑞丰"帮一点"助学基金，全体党员带头捐助善款，使 50 名贫困学生得到及时救助，树立了企业扶贫济困的良好社会形象。

五、文化创建作导向，融融爱心助贫困

瑞丰钢铁公司工会委员会成立于 2004 年 12 月，下设工会经费审核委员会、女职工委员会，工会共有会员 6700 余人，其中专兼职工会干部 10 人。多年来，公司工会组织在公司党委领导下，在上级工会指导下，按照每年的工作计划和目标任务，围绕党的工作大局，突出工会维权职能，健全创新工作机制，深化工会规范化工作，促使工会工作不断得到发展和完善。

（一）以职工民主管理为导向，努力推进工会维权工作

维权是工会的基本职责，是服务职工的一种重要形式，公司工会以维权工作为抓手，切实保障职工合法权益。一是进一步完善劳动合同制度，加强合同的履行、管理和监督工作，凡企业在招工用工的同时，都及时与入厂职工签订好劳动合同、签订率达到 100%。二是推进企业民主管理。工会积极建立以职代会为基本载体的企业民主管理制度，最大限度地代表、维护职工的政治民主权利和经济利益。

（二）以"技术创新"活动为载体，充分发挥职工主力军作用

一是紧紧围绕"精益管理、技术创新、降本增效"这个中心，根据新时期工会组织的特点，找准自己的位置，积极主动地、有针对性地开展各项劳动竞赛和技术比武，开展双增双节合理化建议活动，在全公司范围推进 6S 精益管理活动，有力地促进了企业新产品研发和技术进步。二是积极组织职工开展岗位专业技术培训和提升素质的礼仪教育活动，努力提高职工自身素质和修养。学习理论与本企业岗位工作创新相结合，重点解决观念问题，适应时代需要；学习管理技术专业知识与企业需要相结合，不断提高技术业务素质，成为复合型人才；学习文化知识与社会进步相结合，拓宽知识面；学习科学与现代化、信息化相结合，学习新知识，掌握新技能，积蓄自身发展"能量"；学习法律与普法教育相结合，做到知法、懂法、守法。其次通过定期举办培训学习形式，对基层工会干部及职工进行轮训。据统计，公司工会共举办各类大小培训班 40 多期，受训职工达到 3000 人次。

（三）以丰富多彩的文体生活寓教于乐

为更好的丰富职工业余文化生活，公司投入巨资兴建了职工活动综合场馆：包括职工阅览室、职工多媒体培训教室、阶梯教室、报告厅、职工浴室、职工食堂、职工宿舍、室内篮球场、羽毛球、乒乓球、台球室、健身房、按摩室等设施。周一至周日班余时间对全体员工开放，并不定期的举办篮球、羽毛球、乒乓球等项目比赛或邀请同行业企业来公司进行友好联赛。

职工阅览室位于公司服务中心三楼，共有书籍 5000 余本，涉及冶金工艺、设备维修、企业管理、文化娱乐等各个方面，同时可容纳近百人阅读学习，并有专人负责维护管理。职工培训室分为第一培训室和第二培训室，可容纳 150 余人；阶梯教室可容纳 70 余人；报告厅可容纳 270 余人；室内配有 LED 屏、投影仪、音响、空调等现代化培训设施，经常组织职工开展安全知识讲座、专业技术讲座、工段长管理能力培训等活动。职工浴室共三

层，占地面积 3000 余平方米，免费为全体员工提供 24 小时热水服务，每人配 1.8 米更衣箱一个，方便职工衣物分类存放。职工食堂占地面积 5000 余平方米，可容纳 1000 人同时就餐，食堂免费为职工提供班中合理搭配的营养餐。职工宿舍共三层，近 100 间，设有男生公寓、女生公寓、职工休息室、公用客房等，每间宿舍都配有桌椅等简单家具，并有专人负责楼内卫生，给住宿职工提供温馨、安静、整洁的住宿环境。

随着企业的不断发展壮大，为改善职工工作生活条件和环境，在办公楼西侧，公司又于 2016 年投入 7000 多万元兴建了大型停车场、技术中心及通勤车站点及洗浴中心等惠民设施，已于 2018 年 7 月 10 日竣工和投入运营。这项民心工程的投入使用极大提升了瑞丰钢铁公司员工的幸福指数，进一步增强了公司的凝聚力和向心力。

（四）以融融爱心救助帮扶贫困职工和周边村民

瑞丰钢铁公司经过多年的砥砺发展和科学管理，取得了良好的经济效益，企业步入良性发展轨道，现已逐步迈进大中型钢铁企业行列，企业在崛起的同时更加热心公益事业，不忘回馈广大职工和周边村民，本着致富一方的思想，为唐山市丰南区小集镇百姓办更多的实事、好事，公司工会每年春节都会安排专人对附近村庄的贫困户、孤寡老人进行慰问，给他们送去钱款、米面，解决他们生活中的实际困难。公司工会还与柳河村结成帮扶对子，给这村积极谋划致富路，为全面奔小康做出积极的努力，自公司成立以来，公司工会共帮扶救助贫困职工及周边村民 1163 万余元。

六、对标德龙抓环保，绿色发展绘新图

在绿意盎然的金秋时节，当你步入瑞丰钢铁公司生产厂区，会被茂盛的树木、绿油油的草地、平坦宽阔的道路、整洁的厂房所吸引，仿佛置身于城市花园，一片鸟语花香，生机勃勃。这一切得益于瑞丰钢铁公司坚持绿色发展、推进绿色制造，努力创建资源节约型和环境友好型企业的发展战略。

当前，环境保护工作已成为全社会关注的焦点，瑞丰钢铁公司集团高层深刻意识到，治理污染、达标排放不仅是各级政府对企业的基本要求，也是企业必须履行的社会责任，同时更是企业长远发展的迫切需要，必须始终把清洁生产和环境保护作为企业的"第一生命线"，严格落实国家各项环保法律法规，推动各项治污减排措施落地见效。在 2017 年全区组织开展钢铁企业环保深度治理专项行动以来，瑞丰钢铁公司不拖不等不靠，以高度的社会责任感和时不我待的精神，全力以赴，迅速打响环保深度治理攻坚战，不断推进企业

绿色发展、高质量发展。公司经理班子带头组织各层面管理人员及全体员工深入学习德龙钢铁"尽社会责任，创绿色财富""生产让位环保，环保优先于生产"的环保观念，推动瑞丰钢铁公司进一步丰富确立"创新驱动，环保优先"的发展理念，把环保治理提升作为企业转型升级、生存发展的根本性举措，下真功夫提升管理，下硬功夫强化治理，真正实现了环保工作的全面提升。

自 2011 年起，瑞丰钢铁公司先后累计投资 50 多亿元，建设了 2×25 兆瓦高温次高压煤气发电、2×30 兆瓦高温高压煤气发电、2×80 兆瓦高温超高压煤气发电、2×6 兆瓦蒸汽余热发电、2×7.5 兆瓦蒸汽余热发电、污水处理、能源管控中心、高炉冲渣水余热回收、高效节能泵、电机变频、机械化环保原料场、烧结湿电、烧结电改袋等一大批节能环保项目。实现吨钢综合能耗 550 千克标准煤、自发电率 75%、煤气氧气零放散、颗粒物排放等能源、环保指标均位于行业领先水平。同时公司还规划建设有烧结竖冷窑、22 万伏变电站、烧结脱硝、高炉渣干法粒化、低品质余热回收、转炉二段烟道蒸汽回收等项目；先后投入 26 亿元实施了烧结机烟气深度治理、高炉出铁场除尘设施升级改造、转炉除尘改造、多功能环保料场等一批环保深度治理项目；在厂区环境绿化方面，公司提出创建生态优美、环境友好型厂区的总体思路，每年投入数百万元用于厂区绿化工程、绿化带建设。目前，厂区绿化覆盖率已达 50%以上。

通过对标德龙钢铁在环保治理方面从细微入手的管理经验，见微知著，瑞丰钢铁公司再次看到了自身环保治理的不足。在对标提升活动及环保深度治理工作中深入学习德龙钢铁水、气、声、渣等全方位环保治理模式，逐工序、逐点位按照全市钢铁企业污染治理设施提标改造标准查找差距不足，加快实施环保治理设施改造提升，真正推动企业实现污染治理全方位、全过程的"精细化管理"。在此次对标活动中，他们找差距、增动力、明方向，进一步深化绿色发展理念，践行社会责任，继续加大了环保投入，以更加有力的举措坚决完成环保深度治理任务，为实现创建"花园式"工厂、打造具有瑞丰钢铁公司特色的资源节约型、环境友好型的钢铁企业打下了坚实基础。

2018 年是改革开放 40 年，是全面贯彻党的十九大精神开局之年，是国家供给侧结构性改革深化之年，也是瑞丰钢铁公司加快环保深度治理项目建设、深入开展精细化管理工作、推动企业安全稳步高质量发展的关键一年。瑞丰钢铁公司将提高政治站位，践行社会责任，以更大的决心、更硬的举措，抢抓机遇、加压奋进，全方位融入京津冀协同发展，为推动当地经济发展，造福百姓生活作出新贡献！

改革开放 40 年邢钢进入 4.0 时代

邢台钢铁有限责任公司

邢台钢铁有限责任公司（简称邢钢）始建于 1958 年，位于河北省邢台市；是中国制造业 500 强，中国高端工业母材领域的知名特钢线材企业、排头兵；现有员工 5800 人，资产总额 105 亿元，具备年产铁、钢、材 300 多万吨综合配套，深加工 1.2 亿件汽车零部件、10 万吨精制线材、25 万吨焊网等生产制造能力。

1978 年改革开放以来，中国钢铁工业取得长足进步。尤其是近 20 年，中国钢铁工业飞速发展。邢钢坚持差异化发展道路，不为同质化扩产增效所诱惑，前瞻性进行产品结构调整，率先进行供给侧改革，专注工业用特钢线材，以坚强的定力和执着的专业精神，坚持不发展规模，坚定不移地走"做精、做专、做强"专业化精品之路。

与人类的四次工业革命——工业 4.0 契合（工业 1.0 实现大规模生产，工业 2.0 实现电气化生产，工业 3.0 实现了自动化生产，工业 4.0 实现定制化生产），邢钢改革开放 40 年的发展，在历经 1.0 单一炼铁企业、2.0 钢铁联合企业、3.0 精品特钢跨越阶段后，进入 4.0 定制化生产时代，在中国钢铁行业大放异彩。

一、邢钢 1.0：（1978~1994 年）单一炼铁企业

计划经济时代，基于邢台地区低磷低硫铁矿资源和煤炭资源，邢钢被国家确定为两大优质铸造铁生产基地之一，与本溪钢铁（集团）公司的铸造铁共称为"人参铁"，并获国家"出口免检产品"殊荣。

1978 年前，邢钢只有 3 座 215 立方米高炉的单一炼铁产能。由于受"左"的错误影响，建设只求速度不讲质量，投产后暴露出了不少问题，年产不足 30 万吨。尤其是 1 号高炉投产时，入炉料都是生料，炉前作业全部靠人工甩铁，劳动强度非常大，安全系数也不高。邢钢人不怕苦、不怕累，克服重重困难，保证高炉生产。

十一届三中全会后，邢钢迎来发展的春天，企业改革从取消"革委会"，实施厂长负责制开始，推行全面质量管理和包保责任制、加强计量工作、建立健全各项规章制度。

1980年首次实现盈利276万元，结束了建厂以来连续亏损的历史。从1980年开始，邢钢与国家先后开始了三轮承包，企业自主权不断增加，企业的发展活力也日益增强，年产铁达到60万吨，年均实现利润2000万元，超过承包目标的5倍。1988年邢钢成为"国家二级企业"；1989年成为"中国500家最大工业企业"；1994年实施公司制改造，初步建立现代企业制度，为企业实现跨越发展奠定了基础。

二、邢钢2.0：（1995~2001年）钢铁联合企业

1995年以前，邢钢一直有铁无钢，上钢是邢钢人的梦想。抓住河北省冶金厅允许上钢的机遇，全体员工集资上钢。为了凑齐集资款，许多员工东借西挪，一些家住农村的工友甚至把家中的牛马卖掉。1995年8月炼钢投产，邢钢由单一炼铁企业发展为钢铁联合企业，并且成为国内第一家起步全连铸的钢铁企业。

敢为天下先，邢钢四年间六项建设创造了中国企业新纪录。其中，中国第一条国外设计、国内制造的高速线材热试成功（2000年），彻底改变了国内高速线材技术落后、投资成本高的局面，被业界称为"邢钢模式"而纷纷效仿；采用无头轧制、大盘卷等世界最新成果的第二条高速线材生产线投产，填补了国内直径16毫米以上线材的空白（2001年）。

与此同时，一场以"邢钢牌子能打多久"的大讨论，开始了员工思想观念的解放，劳动用工、人事、分配等各项改革有序推进。"干部能上能下、员工可进可出、收入可增可减"机制逐渐形成，管理人员减少五分之四，处室职能部门减少二分之一，员工的工作积极性和企业各项经济技术指标稳步上升。铁、钢、材分别达到年300万吨产能，年实现利润1亿元左右。1995年，邢钢成为"中国的脊梁"国有企业500强。1999年4月24日，邢钢在东南亚金融危机后解放思想、开辟农村市场的经验，被中央电视台新闻联播头条播发。

三、邢钢3.0：（2002~2014年）精品特钢跨越

2002~2012年，我国钢铁产能急速扩张（由2亿吨发展到10亿吨以上）。邢钢高管层敏锐地意识到我国钢铁行业依靠规模扩张的发展及由此带来的激烈竞争不可避免，是跟风还是另辟蹊径？

邢钢通过对国际钢铁实践尤其是欧美发达国家的考察发现：一是专业化是企业成功的基本要素。基业长青的企业均是专注于某一个行业或行业内某一领域、某一工序。二是发达国家完成城市化和工业化后，一次性建筑用钢材的需求会随着城市化基础设施建设结束

和房地产的衰退而衰落，长盛不衰的钢铁企业是生产重复性消费的工业用材、特钢或钢材深加工企业。

为了避免同质化竞争，邢钢选择确立"做精、做专、做强"的发展战略，实现由普钢向特钢转变，从低端向高技术含量、高附加值、深加工产品转变，从依赖资源能源消耗向科技引领、创新驱动转变，致力于打造线材领域百年特钢强企的"精品之路""创新之路"。与 2015 年国家制定的《中国制造 2025》战略高度契合。

装备升级——投资 50 多亿元先后实施精品特钢生产线、不锈钢线材新产品技术改造、精制线材生产线等项目（均不增加产能），精炼能力和优特钢比例实现 100%，主要装备达到国际先进水平。其中，电渣重熔生产线从奥地利 INTECO 公司引进，是世界上第六台、国内唯一一台具备气体保持功能的抽锭式电渣重熔炉。

技术进步——打造高效创新体系，建有博士后科研工作站、省级线材工程技术研究中心等科研机构，在高端线材生产工艺技术创新和线材新材料研究方面始终保持线材研发、生产的国内领先地位，拥有 35 项国际或国内领先的工艺成果，200 多项国家专利，65 项省级科技成果，每年开发新产品 50 种以上，成为钢铁行业少有的"高新技术企业"，被中国特钢企业协会评为"国内最具竞争实力和发展潜力的特钢线材专业化生产企业"。

管理提升——对接世界先进管理，导入卓越绩效管理模式和国际汽车、环保、安全、能源、知识产权、社会责任等九大管理体系，促进管理水平和产品质量的提升，2013 年荣获第十三届"全国质量奖"（国家最高管理奖）。

节能减排——始终将生态与环保放在首位，投入 10 亿多元，建设并高效运营着先进、齐全的 150 余台（套）环保节能设施，排放指标优于国家标准，名列全国行业前茅。成为国家首批"绿色工厂"。

延伸发展——为快速提升产品质量和档次，与产业链共同成长，进入并研究下游深加工领域，建有我国领先的汽车冷成型异型件、精制线材、焊网生产企业，冷成型件相关产品占据中国高档汽车市场 90%，焊网应用于鸟巢、北京地铁、京沪高铁等 3000 多项国家重点工程。

2004 年，邢钢由国有独资企业重组改制为河北省国资委参股的混合所有制企业，一方面发挥国企的优良传统，一方面借鉴外企、民企经验，针对时弊，继续深化各方面改革。在企业产能不变的情况下实现利润稳步增长，个别年份利润达到 9 亿元。

2002 年，邢钢首次进入"全国 500 强企业"，并荣获"全国五一劳动奖状"；2004 年，成为"中国企业信息化 500 强"；2010 年，成为"中国最佳自主创新企业"；2011 年被评为"全国文明诚信示范单位""全国模范劳动关系和谐企业"。

四、邢钢4.0：（2015年~）定制化生产

作为钢铁行业供给侧改革的先行者，满足特钢客户"多品种、多规格"需求，适应其"小批量、多频次"采购习惯，邢钢打造了以中小型装备为主的工艺路线和各工序专业化分工，在线材产品上实现了碳钢和不锈钢领域覆盖，从超低碳钢到高碳钢的全品种覆盖，从直径5.5毫米到42毫米全规格覆盖，从黑皮材（指未酸洗）到白皮材全工艺覆盖。客户在邢钢可以一次性购买到工业用线材的全部产品。

邢钢一直把与客户共同开发更高端线材作为使命，满足客户升级换代需求。2015年，提出邢钢版"工业4.0"，从满足客户个性化需求、定制标准化生产、周到个性化服务等方面凝神聚力，按照"生产一代、储备一代、开发一代、调研一代"的原则，不断开发"高、精、尖"产品，并结合客户对质量、性能、成本等不同要求，进行定制化生产。

建立、完善销产研一体化机制和强化对终端用户的服务机制，直接服务终端客户900多家。邢钢成为国内少有的能深度提供线材产品和配套深加工工艺的企业。

目前，公司具备生产567个钢种2441个产品的能力，涵盖冷镦钢、纯铁、弹簧钢、轴承钢、帘线钢、预应力钢、手工具钢、不锈钢、电渣钢等十八大系列，广泛应用于汽车、大跨度桥梁、铁路、机械五金、电磁、焊接、大型机械、能源海洋等国家优先发展的领域，能够满足国家经济领域80%~90%的特钢线材需求；尤其是高铁（高铁弹条占中国铁路总公司指定市场70%以上）、特大桥（雅鲁藏布江特大桥、南溪长江大桥等）、汽车（大众、宝马、奔驰、奥迪等）等诸多领域上，具有重要的地位；其市场占有率：冷镦钢、纯铁国内首位，弹簧钢、轴承钢等居于国内前列；并出口到欧美、韩国、东南亚、印度、西亚等20多个国家和地区。

改革开放，就是要解放思想，挑战不可能，参与全球竞争，把握世界前进方向。当前，邢钢正认真按照党的十九大提出的高质量发展要求，积极适应我国经济转型升级，特别是随着工业装备升级，特别是汽车工业、军工、高铁、海运等高端制造业的发展，对特钢产品的需求将不断增加，邢钢未来的发展空间巨大。

展望未来，邢钢将聚焦汽车、高速铁路、桥梁、海洋能源、军工、不锈钢、航空等高端领域，研发高级汽车冷镦钢、耐热钢、耐候钢、超超临界用钢、非晶用纯铁、热作模具钢等产品，替代进口，引领中国钢铁低耗、绿色发展。

励志圆梦钢铁　共筑绿色新金

河北新金钢铁有限公司

河北新金钢铁有限公司（简称新金集团）伴随着改革开放的春风，从成立之初至今，由一个名不见经传年产十几万吨的小炼铁厂，发展成为集钢铁冶炼轧制、电力能源、国际贸易、物流服务于一体的大型民营钢铁联合企业，已走过了 25 年的发展历程，新金的创业路上品味了苦辣酸甜，经历了凤凰涅槃的洗礼，演绎了复苏崛起神话。三次创业、三次跨越，成就了时代传奇。其发展可以说是中国民营经济发展史的一个缩影。

新金集团目前下辖有新金钢铁、新金轧材、新金万利三个主体生产企业，终端产品分热轧、冷轧两大板块，热轧板块产能 510 万吨，冷轧板块产能 150 万吨。主要生产装备有：高速线材生产线两条，产能 140 万吨；1380 毫米热轧板带生产线一条，产能 370 万吨；冷连轧生产线 1 条、连续热镀锌镀铝锌两用生产线 2 条、连续酸洗生产线 1 条，1450 毫米冷轧能力为 150 万吨。生产过程覆盖于烧结、炼铁、炼钢到热轧、冷轧全流程。是河北省产业链最长的民营企业。总资产 106 亿元，拥有员工 5000 余人；中国钢铁协会会员单位、河北省冶金行业协会副会长单位。2017 年，吨钢利润 657 元，位列河北省民营钢铁企业第四名。新金集团高度履行社会责任，累计上缴税金 50 多个亿，是邯郸市主要纳税大企。连续 12 年荣膺中国企业 500 强、中国制造业 500 强、河北省百强企业。

一、改革开放中起步，三次创业发展

新金集团前身是高云生先生于 1993 年创办的津安铁厂。

1992 年春天，邓小平南巡讲话，在全国掀起了汹涌澎湃的改革开放大潮。时任武安市乡镇企业开发总公司的总经理高云生，依托武安铁矿资源，与天钢洽谈合资建津安铁厂。1993 年 2 月 17 日，津安铁厂奠基；1994 年 4 月，武安第一个新兴的钢铁企业——津安铁厂，巍然屹立在冀南大地洺河岸边。

公司的经营业绩蒸蒸日上，为武安的经济发展做出了丰功伟绩。支撑起武安经济的半壁江山。总经理高云生曾荣获"全国乡镇企业优秀供销员""河北省优秀乡镇企业家"

"邯郸市优秀企业家""武安市优秀经营家"等多项殊荣。

1996年遭受市场风暴的侵袭，津安铁厂被迫停产。

1997年春天，企业开启二次创业，经过两个月的设备检修后，1997年4月18日1号高炉恢复生产，1999年停产两年的2号高炉投入运行。各项指标均创河北省钢铁行业中小高炉最好水平，"北学津西，南学津安"口号响彻燕赵大地。津安铁厂成为当时河北省钢铁行业标杆企业。

随着2000年千禧年的钟声敲响，在市场经济浪潮中，津安铁厂面临着新的取向，一改过去小改小革的小动作，把技改作为企业腾飞的切入点，制定出企业远景发展规划，以敢为人先的气魄，打造企业的新形象。

2000年，企业引进机制烧结和团球生产的新工艺，投资3000多万元，新上一台24平方米平面步进式烧结机和一座8平方米球团竖炉。当年建设，当年投产，当年见效，实现"三同时"。彻底淘汰了土法烧结团球的落后生产工艺。

2001年10月，投入1500余万元的环保型项目3兆瓦煤气发电一期工程建成投产，投产后每年可减少高炉煤气排放量9120万标准立方米，节约标准煤1.22万吨。生产成本大幅度下降，为企业发展注入了动力。

之后的几年间，企业投资相继建成24平方米环形烧结机、两座230立方米高炉、6兆瓦发电机组、两座30吨氧气顶吹转炉及配套设施、1号4500立方米/小时制氧机组等。72平方米烧结生产线；高炉富氧、喷煤设施；2号6000立方米/小时制氧机组；高速线材生产线等项目也相继开工建设。

2003年5月8日，津安铁厂正式更名为河北新金钢铁有限公司。2004年7月23日，中共河北新金钢铁有限公司党委委员会成立。

2005年，淘汰落后产能淘汰两座小高炉，投资1.2亿元新建了一座600立方米高炉，新高炉的建成投产使企业达到了年产150万吨生铁的产能。企业经济效益也得到了大幅度增长。

二次创业用5年时间实施了多次的技术改造，加快调整了产品结构，淘汰了落后设备和工艺，各项技术经济指标均创历史最好水平，名列河北省民营钢铁行业前三名。使企业的综合能力跨进了一大步，上了一个大台阶，形成一个年产150万吨铁、150万吨钢、100万吨材的规模型联合钢铁企业，新金跨入了中型钢铁工业企业行列。

伴随着中国经济的高速发展，新金集团发起了第三次高起点、大投入创业壮举。

2007年投资21亿元，兼并古冶铁厂实施规模发展。领先武安钢铁行业的200平方米带式烧结生产线、1080立方米高炉、120吨顶底复吹转炉及配套设施、1250毫米热轧宽钢带生产线，同时开工投建。

2011 年，投资 35 亿元筹建 1450 毫米冷轧工程项目。2011 年 3 月 26 日，公司 1450 毫米冷轧工程项目在磁山举行奠基仪式。

2012 年 6 月 28 日上午，集团公司在第三会议室组织召开企业转型发展专题会议，宣布成立新金控股集团。

随着新高线、冷轧酸洗线、万利冷轧公司连续退火生产线、冷轧厂镀锌生产线相继建成投入，新金集团一年一变样、一飞一重天，三次创业三次跨越，由一个名不见经传的 400 人、年产生铁 20 万吨的小炼铁厂，发展成为年产 500 万吨铁、500 万吨钢、500 万吨材，150 万吨冷轧产品的大型民营钢铁联合企业。新金集团的跨越式发展更加打造提升了新金这艘钢铁旗舰在市场经济海洋中搏涛击浪的抗御能力！2016 年中国企业 500 强排名 427 位、中国制造业 500 强排名 212 位、河北省百强企业排名 23 位。

二、创新驱动发展　追求卓越绩效

新金集团紧跟时代步伐，以习近平新时代中国特色社会主义思想五大发展理念为引领，以战略创新为先导，以技术创新为核心，以管理创新为基础，以文化创新为支撑，推动企业创新发展、绿色发展。

新金集团转型升级绿色发展，走新型工业化发展道路，从打造厂区高颜值，升级环保设施，坚持走"工业+旅游"相结合模式，成功实现了"效益+环境"双赢的发展道路，拥抱信息技术，夯实企业文化建设出发，打响了"人才强企、两化融合、绿色转型、研发精品、创铸品牌"攻坚战，不断提升企业发展质量。

（一）创新构建先进的人才开发体系　打造精干进取的人才支撑

国以才立，政以才治，业以才兴。新金集团大力实施人才强企战略，按照"培养为主、有序引进、以诚待才、激励盘活"的方针，创新人力资源管理机制，以人才领先推动技术领先，变人才优势为发展优势，为企业科学跨越发展提供强有力的人才保证和智力支撑。

一是创新人才引进机制。在注重内部培养的同时，及时引进高学历、专业性强的技术骨干和人才，充实公司的人才队伍，做好人才的储备工作。

二是创新人才培养机制。新金集团成立了职工大学。学习、培训抓住重点，突出亮点。日常培训采取不同岗位、不同层次分批、分级培训。培训后的信息及时反馈使培训的实效有了切实的体现和进一步巩固。对职业资格培训、岗位技能培训、在职学历教育等做出明确规定，使培训管理工作有章可循，把职工教育培训纳入制度化、规范化的轨道。在公司上下大力营造学习工作化、工作学习化、学习成果化的浓郁氛围，不断提升员工的业务技能和技术水平，努力打造一支结构合理、技术精良、思维创新的技术型、复合型、知识型的职工队伍。

三是创新人才评价机制和激励机制。科学设置各类人才的评价指标体系，完善评价标准和手段，在全面评价人才的品德、知识、能力等要素的基础上，突出强调人才的业绩和贡献；通过先"赛马"后"相马"的办法，对确有一定管理才能的专业人才委以重任，为优秀人才尽显才能创造条件；创新人才薪酬制度，以岗位绩效工资为主体，提升学历职称津贴，通过创新薪酬制度，逐步使各类人才的收入水平基本与市场接轨，充分调动了人才的积极性和创造性；开展以"学习型企业""学习型团队""学习型员工""评选技术拔尖人才"活动为载体，设立"特别贡献奖""创新创效科技项目贡献奖"等，大力营造学习工作化、工作学习化、学习成果化的浓郁氛围，充分调动各类人才创新创造的积极性，形成企业自主创新培育人才，人尽其才服务企业的双赢局面。

四是创新岗位职称评定机制。建立有利于人才发展的长效机制，为人才设计长远职业生涯。将职称评定作为人才建设的重点，对符合职称评定条件的员工每年进行一次职称申报，经相关政府部门审定后获取相关职称者，每月给予相应职称补贴。这一制度的实施，进一步提升了职工的工作热情，激发了广大职工争评职称的积极性。

五是创新人才任用机制和管理人员任职机制，让更多人才有更大发展空间。在人才的使用上，坚持重品德、看能力、凭业绩，打破了干部能上不能下的陈旧模式，切实体现了能者上、平者让、庸者下的公平、公正的干部任用原则，为人才提供了更大的发展空间，实现了人才强企，企、才共赢的和谐发展新局面。

六是创新人才稳定机制。新金集团倡导"以人为本、关爱员工"为核心的企业文化建设，使尊重人、爱护人、发展人的和谐氛围逐步形成。管理的方式也要由粗放型转化为精细型，更注重的是亲善化和人情化管理，让人才在享受工作快乐的同时，也充分体会到了亲情化的人文环境。使员工对企业的忠诚度日益提高，凝聚力不断加强。

通过创新人才管理，努力打造一支结构合理、技术高超、思维创新的技术型、复合型、知识型的职工队伍，推动人才结构从"技术高峰型"向"技术高原型"转变。据统计，目前公司总人数5163人，其中大专生538人、本科生158人、研究生7人、博士生3人，合计705人。拥有大专以上学历的占总人数的13.67%，比前三年提高了7.79个百分点。

（二）构建先进的信息化集成开发体系　打造两化融合的信息支撑

近几年，新金集团加大企业信息化建设，全面推动两化深度融合，以推动融合创新，加快转变发展方式，推动企业管理的科学化、现代化。公司荣膺"中国信息化 500 强""河北省两化融合重点企业""两化融合示范企业"的殊荣。

2016 年 6 月 28 日，新金集团与上海宝信公司签订了"产供销整体信息化上线系统项目建设"合同。历经 3 年建设，2017 年 5 月 1 日，新金集团产供销整体信息化系统正式上线投用。该系统建立了"管控衔接、产供销一体、三流同步"的信息化体系，把分散的信息数据孤岛逐渐融合，实现了数据集中共享，形成了纵向集中、横向贯通的产供销系统平台，基本改变了现有的粗放式生产经营管理模式。实现了销售、生产、用户之间的无缝连接，形成了新的生产经营管控模式。为实现新金全面信息化集成提升奠定了坚实的基础，给企业的战略决策提供了有力的信息支撑。

（三）构建绿色低碳循环发展产业体系　打造生态优美的环境支撑

新环保法实施之日正是钢铁行业面临着市场"寒冬"之时。新金集团提出"有效管控环境风险、全面深化绿色制造，致力推进产城融合、全力打造一流绿色生态钢企"的战略目标。

五年来，新金集团以"创新、协调、绿色、开放、共享"的五大发展理念为引领，把环境保护融入企业经营管理的全过程，在与城市相融共生、实现绿色发展的进程中，在环保治理方面下重拳、发狠招。科学运用"统分结合、远近兼顾、点面共推、破立并举"的策略，率先开展产城融合实践，积极践行环境经营理念，主动承担社会责任，主动融入社会，为社会创造环保价值。

投巨资创新环保装备，出重拳再现碧水蓝天。投入 15 亿元，在河北民营钢企中率先建成能源管控中心，已形成在线能源生产全过程和能源管理调度，优化供需平衡全方位的可视化、信息化、一体化的集中管理系统。上除尘设施 86 套；建大型原料大棚 3 座、中型原料大棚 2 座，总面积 14 万平方米，同时配备相应的除尘喷雾器、喷枪、洗车台。将所有原料全部进棚，真正实现厂区料场不见料；安装在线环保监测设备 29 套，实现了主体生产装备在线全覆盖。投资 800 万元和中科院合作建设烧结机烟气循环利用项目，可削减氮氧化物约 30%，实现了超低排放、全面达标。烧结烟气净化工程被北京科技委评为 2017 年首都蓝天行动科技示范工程；投资 2 亿元上烧结机烟气净化一体化系统，实现脱硫、脱硝、脱二噁英、脱颗粒物等烟气深度治理，实现超低超净排放。

高度重视二次能源转化，实现了工业废水零排放，蒸气、煤气全部回收利用，自发电率达到70.4%，三废利用率100%。

拥抱信息，智能管控。新金集团在环保治理进程中，不断提升管理理念，积极拥抱信息化、智能化等最新技术手段。在提升外在环境形象的同时，坚持内外兼修，积极对原有的环保设施进行提档升级，以治污斩源头，深铲污染根的理念，严抓水、气、渣的深度治理工作。2017年，投资500万元，和环保领域专业团队E20环境平台合作，共同打造邯郸市第一个企业级的钢铁企业环境管理平台，在全市钢铁行业中率先实现对生产厂区污染排放和环境质量的全面监控和管理。该环境管理平台围绕企业环保和治污的核心要务，结合企业现状量身定制，系统实时采集排放口在线监测数据，按1分钟的数据密度进行更新；厂区内新增无组织排放监测仪表，对颗粒物的测量精度达到$1\mu g/m^3$，厂界PM2.5监测值连续低于同期武安市省控监测站数值；同时采集环保治理设施运行数据和视频监控数据，全面监控厂区内有组织排放和无组织排放实时情况，实现一张图掌握排放全貌；并可结合大数据分析和异常提示，第一时间发现潜在的环境风险并快速反应联动处置，通过对所有污染排放口和无组织排放监控点的精细化管理，进一步挖掘减排潜力，提升管理效率，降低环境风险。实现了大气的"管、控、制"一体化。

建立环保管理责任体系，全面提升环保管理水平。持续改进环保管理运行模式，形成全新的矩阵式管理体制。一是建立健全环保管理制度及运行机制；二是建立以"一个监督、两个保障"为原则的环保检查监督机制，为环保责任监督提供有力支撑；三是建立以"客观评判、专业支撑、持续改进"为原则，推动环保管理评估机制，对各类问题进行认真分析，提出科学化管理改善建议，全面提升各层级环保管理水平；四是建立以"源头治理、过程管控、专业监督、高层决策"为原则的环保管理责任落实机制，制定"环境因素识别、运行控制、环保检查、规划落实"四项关键管控内容，明确制定、审核、执行、监督等工作职责；五是建立环保管理考核奖罚机制，推动环保目标绩效考评。六是建立铁素资源循环、能水资源循环和固体废弃物再资源化循环的生产体系，从根本上改变旧的高污染、高消耗过程。形成了一种自下而上逐级负责，一级包一级；自上而下逐级管理，一级抓一级；责任分工明确，压力层层传递，过程管控严密，管理规范有序，上下联动、齐抓共管、全员参与的长效机制。

新金集团牢固树立"绿水青山就是金山银山"的环保意识，经济生态两手硬，青山金山长相依，采取一切可行的技术手段和管理措施，最大限度地节省能源、循环利用、降低消耗、减少排放，以高标准实现绿色制造，努力打造成无尘无烟无噪声、碧水蓝天绿地、产城融合的绿色钢城，成为冀南钢铁行业实施产城融合的领跑者。

实施钢城园林绿化工程，打造工业生态旅游基地。按照新金集团"优化厂区绿色生态环境，扩大厂区生态环境容量，倾力打造工业生态旅游基地"战略方针，投资 5000 万元聘请知名设计院对整个厂区进行"三化"规划改造，实施"硬化、绿化、美化"工程，对厂区道路进行了整体统一的规划，建成了樱花大道，硬化道路面积 20 万平方米，设立了独立的物流通道、参观通道；建有专业绿化队、环卫队和专业保洁队；配备了 10 辆吸尘车，8 辆洗扫车、6 辆洒水车；对厂房、管网及厂区设施，通过彩色喷漆处理技术进行美化亮化；在厂区植绿过程中，坚持"有土皆绿"原则，不仅对主要厂房四围和道路两侧进行绿化，还在推倒的旧厂房上进行填土植绿，在已植树 3 万株的基础上，新增绿地面积 23 万平方米。以"绿"为核心，打造"厂区见缝插绿、闲置区域成片造绿、厂区围墙透绿、厂区沿路同步建绿、营造处处皆绿、人人共享绿色"的生态景观。目前，厂区绿化率已达 45.15%。如今，漫游新金钢城，绿树葱茏环绕厂房，车间百花争艳独具风景；小桥流水叮咚、金鱼戏游荷花丛中；道路宽广畅通、两旁绿树成荫，一步一景致，一角一风景，厂区处处花团锦簇、碧水蓝天清风、绿意盎然万紫千红。真正形成"厂在林中、林在厂中、路在绿中、人在景中、产城融合、相融共生"的生态格局，工业生态旅游基地已现雏形。为进一步实现旅游发展战略思想，新金集团还在武安西部开发了面积为 10 万余亩的聚仙山 AAA 级旅游景区，该景区建成后，将成为武安又一特色旅游胜地。

点亮文化，感知幸福。看到了各种融中国传统元素于一体的造型优美、富有深意的模型，细观之下，所有模型全部用废钢和边角料所制。在炼铁厂炉台，现代化的高炉完全摒弃了传统的高温、热火、粉尘、烟气，取而代之的是现代化的自动操作系统和全封闭的干净整洁的炉台，屋内有绿植，门口的一个大型鱼缸尤为吸引人们的眼球，鱼儿在里面欢畅游玩。炼钢厂厂房门口是一座时钟和一部书籍，寓意珍惜时间，时刻学习成长。两旁绿化带内茵茵青草在雨水和盛夏湿热的滋养下，泛着油绿，苗壮成长，一片绿意盎然。在茵绿草坪上，还有小鹿、兔子、风车以及等各种宣传传统美德的模型，进入炼钢厂看到转炉平台实施 3 次除尘后，整个生产环境实现了大转变。轧钢厂车间进口摆放的是书写有"创新、团结、忠诚、实干"同心圆，诠释了员工实干的敬业精神；车间出口是另一种风格的绘制有"爱岗敬业、和谐友善、开拓进取"同心圆模型，传递着轧钢精神；厂房四围绿化带内的灯杆上挂着的是中国结风铃，微风吹过，悦耳的铃声为路过的员工奏起了音乐；车间地面全部使用环坪自流漆粉刷，被擦拭的一尘不染，厂房门口摆放着员工利用废旧螺丝、边角料制作的变形金刚，成品库广场前则摆放的是力争上游的赛车模型，彰显着新金锐意进取、勇攀高峰的拼搏精神。十里钢城，一步一景致，一角一风景。湛蓝的天空下，平整的道路、洁净的厂房，粉刷一新的煤气管道，有序醒目的标识，车间厂房全部环绿，绿化带内自动喷洒装置浇灌着萋萋芳草、朵朵鲜花，一幅园中有厂，厂在园中，人在景中的花园式钢厂画卷。徜徉其中，使人流连忘返。

新金集团被北京市科委 2017 年评为首都蓝天行动科技示范工程，荣获 2017 年"全国绿色工厂示范单位"称号；2018 年，获"绿色钢企环保文化示范单位""绿色发展标杆企业""全国环保生态工业游示范单位"荣誉称号。

新金集团在迎来建厂 25 周年和改革开放 40 周年之际，组织开展了学生首场工业游；在第 47 个"世界环境日"到来之际，举办了"美丽新金，我是参与者"千人签名活动。"共建美丽新金"已经成为新金集团员工为之不懈奋斗的共同目标！

（四）构建严格安全管理体系，落实安全生产主体责任

新金集团在发展经济的同时极为重视安全生产工作，建立健全安全管理机构，全员、全方位、全过程地抓好安全生产工作，保障公司安全生产和谐发展。

落实安全生产主体责任。严格落实国家和省局关于落实企业主体责任的有关要求和通知，按照"权责分明、层层落实"的原则，公司制定了《安全生产责任制》，制定了包括董事长在内的所有公司层领导安全职责。分厂也制定了分厂级的责任制，从厂长细化到每个班组每个员工。确保公司安全生产责任"横向到边、纵向到底"。

建立健全安全管理机构。将安全工作放在第一位，从高层到基层，全员讲安全，全员抓安全。公司在管理人员变动时及时调整安全生产委员会组织机构和成员，任命总裁总经理为主任，各部室、分厂一把手为成员。专门成立安全部，将安全生产委员会办公室设在安全部，指导安全管理，还依据新《安全生产法》相关规定，成立各分厂安全科并配备了有安全生产管理资质的专职安全管理人员。从上到下形成一个安全管理体系，"横到边纵到底"齐抓共管。

完善安全生产"三项制度"。建立完善了各项安全管理制度，从安全管理零制度开始，到现在完善修订安全管理各项制度 57 项：安全生产责任制、安全生产规章制度、操作规程"三项制度"。并且采取相应措施对"三项制度"进行监督落实，制订培训考核计划，定期对"三项制度"进行考核，将"三项制度"贯彻落实到每位员工。

在落实的"三项制度"的同时，结合公司的实际情况和上级安全管理部门对"三项制度"进行不断的提高和修订。

实现班组规范管理。一是在全公司内建立了"落实公司各项安全制度，严格规范现场各项作业，人员相互团结相互协作"的四个"示范性班组"典型；二是对 145 名中层干部和班组长开展全员培训，达到提高全员安全素质的目的。三是进一步规范"八项制度五项

记录"班组软件建设得到加强。

推进安全标准化建设。自 2011 年开始着手推进安全生产二级标准化申报工作，利用三年时间完成烧结、炼铁、炼钢、轧钢、煤气、发电六个单元安全标准化创建工作，并通过河北省安监局评审、验收工作。自 2006 年至今公司共完成生产设备设施安全"三同时"手续项目 30 余项。

认真落实安全投入。每年召开安全生产投入专题会议，并严格落实我公司《安全生产投入保障实施管理办法》，要求各单位安全生产负责管理劳保用品费用、安全设备设施维护、更换、安全教育培训、安全评价费用、职业健康体检费用、防暑费用等相关安全费用，在公司财务部设立专项账户，专款专用。各分厂单位认真落实完成国家和省上级部门规定金额。

制作《应知应会手册》。抽到相关部门主管人员积极进行较大风险作业岗位专项整治，结合钢铁企业实际对各生产单位操作岗位按照 LECD 风险方法对我公司所有风险岗位进行辨识，分辨出较大风险作业 538 个岗位，制作风险岗位危险因素控制牌 180 个，编制应知应会手册共计 1000 余本，并按照培训计划对岗位工进行培训，使其真正做到会学习、会操作、会安全。

安全工作只有起点而无终点。新金集团将以"企业法人代表承诺制度"工作为核心，认真落实生产经营单位主体责任，强化企业主体责任意识，加强企业基础管理，全面落实各项措施，最大限度地消除事故隐患，避免各类事故发生，将公司的安全生产工作再上一个新台阶。

（五）构建完善的产品研发体系 打造精致高端的产品支撑

面对钢铁行业产能过剩、供大于求、市场同质化竞争局面，钢铁企业实施精品战略势在必行。新金集团提出，实施精品战略必须以完善的科技创新体制和机制为基础，以新产品、新科技研发为核心，以多层次、开放式技术创新体系建设为目标，加大科研与技术投入，大力提升企业自主创新能力和核心竞争力。

在高技术、高附加值产品的重点品种领域形成企业的技术优势和竞争能力，提高技术进步对企业经济增长的贡献率；敞开大门、广泛吸纳科技英才，全力抓好"引智工程"，与科技院校挂钩，输送企业内年轻有为的技术骨干进行培养深造和提高；加强技术中心建设，建立完善的技术创新体系和有效的运行机制。探索新的工艺技术，开发具有自主知识产权的生产工艺和研发技术；在以先进技术、产品差异化支撑产品结构调整过程中，大力营造创新氛围，以观念创新推动技术创新和管理创新；构建并实行"产、销、研"一体化新产品开发管理模式，全力开发生产高质量等级、高技术含量、高附加值、高市场占有率的高新产品，提高产品市场竞争力；大力推进以板材为主的产品结构调整。采取模仿创新，坚持高起点、高水平，在引进的基础上进行认真消化吸收和再创新，通过一系列举措对新技术加以攻关，真正吃透和掌握新技术。

创新生产过程管理，对标挖潜降本增效。通过不断完善冶炼、轧制的生产工艺，建立以客户为中心的生产计划体系，采用"拉动式"生产模式以及"责任递进"的全员全过程的质量控制，强化过程生产效率，降低生产成本，为顾客及时提供高品质、低成本的产品，从而实现公司资本的增值。在生产过程中积极推行6S管理、精细化管理，标准化管理、安全生产管理、设备TPM管理。通过对标挖潜完善工艺，控费用降成本，强化流程控制等有力措施，实现了新金质的飞跃。生产现场作业、生产工艺技术水平得到全面提升，在同行业中名列前茅。

坚持品牌为先。新金钢铁在绿色生态发展的同时，坚持走质量为本、品牌为先之路，以"智能"提升"质量"，以技术改造推动技术进步和创新，锤炼钢铁精品，打造新金品牌。通过与多家高等院校和科研院所建立了研发平台，为结构调整和产品升级注入强劲活力，开发新产品18种，取得技术专利18项，被评为"高新技术企业"。近年来，开发了QSAE1008热轧线材、HPB300混凝土用热轧光圆钢筋、HRB400、400E、HRB500、500E热轧混凝土用热轧带肋钢筋；SPHC、SPHD热轧板带；DC03普冷板、DC04深冲板、330C汽车车轮用钢板、结构用SGH400、440高强度镀锌板、DC03普冷板、热轧酸洗板（1.5～4.0毫米）、冷硬板（0.2~2.0毫米）、有花热基镀锌板（2.0~4.0毫米）、有花冷基镀锌板（0.3~2.0毫米）、无花镀锌家电板（0.3～1.5毫米）。产品畅销广东、上海、山东、河南、天津、杭州、苏州等省市，产品远销到欧洲、中亚、中东、韩国、俄罗斯、南美、东南亚、菲律宾、马来西亚等国家、地区。

其中，热轧圆盘条、热轧宽钢带产品连续十年荣获"河北省名牌产品""全国质量管理优秀企业"。2016年荣获"武安市市长质量奖"。2017年，公司冷轧及冷成型用热轧钢带产品荣获国家"冶金产品实物质量金杯奖"。2018年，公司建材产品获得"十大卓越建筑用钢生产企业品牌"殊荣。这些荣誉印证彰显了新金品牌实力越来越强大。

三、不忘初心　奉献社会

为员工谋幸福。新金集团坚持以人为本的发展理念，发展企业依靠职工、发展成果与职工共享。在努力搞好生产经营，不断提高核心竞争力，健康快速发展的同时，时刻关注员工成长，关心员工生活，不忘为员工发展创造良好环境。开办职工大学，提升员工文化素养和职业技能；开设职工医院，配备了先进的检测仪器，定期为员工进行体检，保证员工身体健康；建有职工活动中心、图书室、灯光球场、网球场开展各种文体活动；职工食堂安装中央空调，配置统一餐具和餐具全自动清洗消毒装备，饭菜花样每天 20 多种，保证员工吃上热乎饭卫生饭，实行半费就餐；组团职工家庭旅游等为员工创造良好的工作和生活环境，职工幸福指数得到了持续提升。员工的积极性、创造性和主观能动性被充分激发，立足岗位，以高度的责任感和使命感投入到企业生产经营中。幸福感激发凝聚力，也正因如此，无论是在二次创业、三次创业，还是下属企业遭遇罕见洪水灾害，全体员工众志成城，团结奋斗，经受了无数风险挑战，战胜了一个又一个困难，最终赢得企业的新的发展。

为顾客创价值。新金集团提出"顾客的需求，就是我们的不懈追求"。建立客户终端服务网络，提供个性化产品和特色化服务；建立产、供、销、运、研快速联动机制，提高顾客认可度和满意度，与太钢、天铁、格力、银龙新能源汽车、青岛奥克玛等企业，建立了战略伙伴关系，实现了互利双赢。新金集团荣获"河北省诚信企业"。

为民众造福址。新金集团利用冲渣水余热建供热站两座，总投资 5557.1 万元。为周边农村供热面积达到 13233 万平方米以上。每年可减少燃煤量 8037 吨（标准煤），减少污染物排放 CO_2 为 21057 吨、减排 SO_2 为 68 吨、减排氮氧化物 59 吨、减排一氧化碳为 185 吨，成为既环保又惠民的双赢工程。

为社会做奉献。新金集团努力增收创利依法纳税，连续多年成为邯郸市纳税大户；近年来帮扶弱势群体、救助困难职工，捐资助学、捐资修路、捐款捐物救援灾区，累计投入 1.28 亿元，新金先后获得"河北省抗震救灾捐赠突出贡献奖""河北省捐资助学先进单位""邯郸市捐资助学杰出贡献单位"等殊荣。

大鹏展翅凌长空，策马征途踏烽烟。新金集团用文化凝聚人心，用技术铸造精品，用创新描绘未来。新金发展战略进一步清晰：通过股购兼并使主业产能达 1000 万吨以上，建成中原地区大型高端精品板材基地；主导产品向高端建筑钢材、含钒高强板、耐候钢热轧卷板、冷轧高强钢汽车板、优质家电板、高端涂镀板、彩涂板、食品用镀锡板上延伸，前进中的新金将立足中原，面向全国，走向世界，以集团化运作和差异化经营，实现产品在国内外市场中的独特优势；建立对外贸易和资本运营新窗口，拓宽合作领域，实现合作共赢。

新金集团以创一流绿色精品强企，建百年品牌魅力新金为愿景。同心同德穿风雨、越时空，鼎力创造新金人的荣耀与梦想。

魅力的新金明天更辉煌！

与时俱进　坚韧不拔
向着百年企业的宏伟目标砥砺前行

山西立恒钢铁集团股份有限公司

曲沃，地处山西临汾盆地的南端，历史文化悠久，乃唐尧故地，古晋国之都，一代霸王晋文公，曾在这里创立了长达一个半世纪的辉煌伟业。这里山不高而富有宝藏；地不阔而土肥水美，人不众而博大包容。立恒，就是在这样一块风水宝地兴工创业，演绎出一个又一个奇迹。

位于"诗经山西、晋都曲沃"的山西立恒钢铁集团股份有限公司（简称公司）是一家集铁矿开采、原煤洗选、焦炭冶炼、钢铁生产、精密铸造、精细化工、国际贸易等于一体的股份制钢焦联合企业。

公司建厂16年来，在各级党委、政府的大力支持下，在董事会的正确领导下，立足山西特有的煤、焦炭、铁矿石等资源优势，始终坚持以生态建设和环境保护为依托，用项目建设延伸产业链条，高度重视发展循环经济，倡导使用清洁能源，大力实施人才强企战略，全面推行信息化、物联网技术，企业生产经营、项目建设和两化融合取得了令人瞩目的成绩。

自2002年建厂以来，公司经过16年的发展建设，已由单一的年产30万吨、占地面积不足千亩、员工仅有数百人的小铁厂，逐渐发展成拥有1座年产200万吨铁矿的矿山、1座年产100万吨的洗煤厂、4座年产150万吨的选矿厂，以及焦化厂、炼铁厂、炼钢厂、铸造厂、高线厂、带钢厂、焊管厂、方管厂、发电厂、微粉厂、污水处理厂等全配套先进的工艺装备的钢焦联合企业，已形成年产600万吨铁、600万吨钢、600万吨材、310万吨焦、50万吨铸造焦的生产规模。产品主要有高线、螺纹、盘螺、带钢、型材、架管、方矩管等。公司占地面积已达18000亩，拥有员工4000余人，人均产出达到"1300吨钢、500吨焦"的行业领先水平。一路走来，公司由小到大，由弱变强，历经坎坷和艰辛，走出了一条生态环保、节能循环、协同共享的创新发展之路，公司也由此跨入"中国民营企业500强""中国民营企业制造业500强"行列。

一、深入践行绿色发展理念

近年来，公司深入贯彻落实习近平总书记生态文明思想和党的十八大、十九大精神，把思想和行动统一到各级党委、政府的安排部署上来，不折不扣地做好各项环保工作，把建设生态文明、建设绿色立恒作为第一战略要务，把保护生态环境、建设美丽钢城摆在压倒一切的位置，以更大的力度，下更大的决心，坚决扛起生态文明建设的政治责任，全面提高企业环保标准，精细化打造厂区环境，全力打赢污染防治攻坚战，努力实现企业与自然的和谐共生。

2017 年，国家出台《京津冀及周边地区大气污染防治工作方案》。面对持续高压的环保态势，公司把全方位环保深度治理、特别限值达标排放工作作为首要工作来抓，从污染源源头治理等多方面入手，进一步提升企业环保治理水平，持续改善区域环境质量。公司累计投资 5 亿余元对立恒老区、焦化区域、立恒新区生产关键环节、关键部位的 35 个环保项目进行深度治理和提标改造，先后建成投用了污水深度处理、炼铁原料场全封闭、焦化煤场全封闭、焦化烟气深度脱硝、烧结脱硫等项目，使厂区环境面貌有了实质性的提升，环保深度治理取得了阶段性成效。

党的十九大报告从"推进绿色发展、着力解决突出环境问题、加大生态系统保护力度、改革生态环境监管体制"四个方面对加快生态文明体制改革、建设美丽中国作出具体部署。全国"两会"，国务院政府工作报告都将推进污染防治攻坚战摆在重要位置，进一步表明我国绿色发展将迎来新的战略机遇。为高标准推进生态文明建设，深入践行"绿水青山就是金山银山"的绿色发展理念。2018 年，公司又投资 3 亿多元新上马了炼钢厂三次除尘、炼铁厂烧结烟气消白、焦化焦炉烟气消白除尘改造、焦化煤场全封闭二期、站台全封闭、焦化厂污水处理等环保提标改造项目，进一步消减烟尘、二氧化硫、氮氧化物等气体污染物的排放量；新建环保砖厂，对钢渣等固废物进行回收利用。同时，公司聘请专业的园林设计和技术指导团队，对厂区绿化带重新规划，通过精细化、高标准打造，全力推动企业生态文明建设再上新台阶。

二、节能减排成效显著

建厂 16 年来，公司先后投资数亿元配套建设了高炉煤气发电机组、高炉余压（RPRT、TRT）发电装置、高炉汽拖风机、转炉蒸汽发电、烧结余热发电、焦炉煤气发电、水渣超细粉、污水处理等循环经济项目。通过大力发展循环经济，达到了"废水、废气、废渣"的综合利用，实现了企业低成本、高效率的强势运作。

在高炉、转炉煤气回收利用方面实现全回收。公司对高炉、转炉生产过程中产生的煤气进行回收利用，一部分用于自备电厂煤气12000千瓦发电机组发电，另一部分用于烧结、炼钢、轧钢、白灰窑等生产。其中，自备电厂12000千瓦煤气发电机组煤气回收率达到100%，年节约2.79万吨标准煤；白灰厂原用无烟煤改为全煤气煅烧，每月节约100万元以上；轧钢厂加热炉使用转炉煤气减少了待温时间，产量提高了25%以上。

公司投入巨资为高炉配备了RPRT、TRT发电机组，充分利用高炉炉顶煤气余压，实现能量二次利用、以达到降低电耗的目的。其中，高炉汽拖风机项目采用国内领先的节能技术，利用高炉富余煤气为燃料，经锅炉燃烧后产生大量的蒸汽，通入汽轮带动鼓风机，将高炉鼓风机由电动运行改为汽动运行方式，每年可为公司节约大量的电能。此外，公司还对轧钢厂加热炉进行了改造，将煤气发生加热炉改造成双蓄热加热炉，将加热炉排放的高温烟气降至150℃以下，热回收率达到80%以上，节能30%以上；同时大大提高了生产效率。

焦化煤气发电效益显著。公司焦化现配套一座30000千瓦干熄焦发电机组、四台15000千瓦美国索拉直燃式煤气发电机组及一台15000千瓦余热发电机组，可充分利用焦炉煤气和余热进行发电。其中，干熄焦采用国内最先进的工艺设备，发电节能效果十分明显。与传统的水熄焦相比，干熄焦不仅能将氮气熄灭焦炭产生的大量热能进行回收发电，还可以解决水熄焦造成的污染问题，从而使企业实现清洁生产，达到节能减排的目的。

为最大限度地利用废气资源，公司在炼铁厂现有烧结工序的基础上，对烧结机点燃后的1/3风箱废气进行循环利用，降低脱硫运行费用，并利用炼钢厂、高线厂的饱和蒸汽对混合料预热，使料温保持在65℃左右，烧结产量提高了10%，每吨燃料消耗下降了15千克。

废水实现零排放，固废全回收。公司对生产过程中产生的各种含铁粉尘，轧钢氧化铁皮等进行回收，添加到烧结原料进行再利用；对轧钢的轧废、切头等回收到炼钢再利用；对烧结各除尘器回收的粉尘、炼钢含铁尘泥、氧化铁皮等，全部返回烧结作原料使用，对连铸、轧钢、焊管生产过程中切头切尾等废品送炼钢回收使用，从而实现资源利用的最大化。

三、互联网引领企业转型发展

钢铁行业实现高质量发展，必须植入"智慧"基因，即采用物联网+互联网技术，而且必须高速应用，高效运用，否则企业就会被淘汰出局。

高质量发展需要提高全要素生产率，钢铁行业作为流程长、管理复杂，大宗物料进出量巨大的行业，通过植入信息化和物联网，就可以迅速提升整体效率。在国家推行"互联网+"行动计划的大背景下，公司参照宝钢电商发展模式，结合民企自身特点，自主研发了"聚鑫物云"电商销售、电商物流、电商采购、智慧库存、大宗物料管控等信息化管控系统，采用大数据云计算的技术，应用互联网的理念，把整个企业的采购、生产、销售、包括外部社会物流、财务资金结算管理等进行互联互通，不仅提高了员工工作效率，还大大降低了企业生产成本。现在，公司通过聚鑫物云系统，每年至少增加利润 3 亿元。

目前，聚鑫物云的智慧系统主要有四大板块，分别为物流、大宗集采、电商和智能库存。全部线上运行，大幅度提高了效率和运行的透明度，高效、快捷、智能。物流板块即 56 用车平台，作为第三方无车承运物流平台，依托货源企业的真实货源吸引社会运力，整合优质运力反向为货源企业提供优质的运输服务，通过货源、车源的高效对接，在降低企业和社会物流成本的同时，帮助司机快速找到货源、减少车辆空跑，提高收入。

在集采方面，聚鑫物云的系统设定了准入门槛，吸收优质客户入驻；同时，剔除不讲诚信、服务不佳、产品不良的企业。

在智能库存方面，通过大数据的建立，形成库存的动态变化。例如铁矿石，如果价格处于低谷，库存就会多；反之则会少，甚至随用随买。这里面的核心是大数据分析，是智慧体现。

在钢材电商方面，聚鑫物云通过自动交易系统，可以根据成交量和成交价格，以及立恒集团钢材库存和生产进度，实现价格自动调整。

目前，已经有 80 多家企业用上了聚鑫物云的物联网和互联网系统，效益巨大。截至 2018 年 8 月，平台已注册车辆 13.4 万辆；2017 年全年承运量 5200 余万吨，撮合产生交易金额约 30 亿元；注册车队、物流公司 530 个；聚鑫物云 2017 年 4 月成为全国首批 283 家无车承运试点企业之一，目前在车辆整合、运输重量、交易金额、数据正常率均居于全国前列。

未来，聚鑫物云将利用互联网无车承运平台继续整合中小型及个体运输企业资源，提高运输组织效率，实现规模发展，提高交通运输物流公共信息平台建设质量和水平，加强信息资源的行业共享，为物流产业链上的各类主体提供一站式服务。

四、精准帮扶助力区域经济和谐发展

公司在发展壮大的过程中，始终不忘自身肩负的社会使命感和责任感，每年拿出巨资投身于环保整治、安全培训和社会公益事业，为推动建设和谐社会作出了不懈的努力。

建厂16年来，公司以实际行动承担社会责任，帮贫解困，回报国家和社会，连续多年向联建村支部和村委投入600余万元资助支部建设及新农村建设；投资5000多万元对曲沃工业园区大道和周边道路进行了提标改造，先后为主干道两旁铺设高档道边石，对路面重新铺设沥青，同时对连接高显、西白集、段家、常家等邻村的郭仪线所有破损路面进行了修复，为周边老百姓和员工上下班出行提供了便利。投资5000多万元全力支持曲沃县全域旅游文化月活动及乡村旅游项目打造；投资3000万元建设了曲沃城区热源项目，利用公司高炉冲渣水余热向城区集中供热，有效解决了城区居民冬季供暖的问题；投资3亿多元为邻村父老乡亲建设惠民小区。投资5000余万元对园区立恒大道和周边道路进行硬化、绿化、美化。此外，公司每年为周边20余个村70岁以上的老年人发放慰问金，累计发放慰问金800余万元；每年参加市、县组织的"金秋助学"等公益活动，全力支持"太子滩文化旅游节""晋国成语大赛"等文化活动。

与此同时，公司积极响应国家"以工促农"的政策号召，以工业经营农业的模式，先后投资2亿多元，对涉及企业周边2个乡镇、12个行政村、2000余户的近万亩土地，以流转土地方式，进行连片综合治理，通过平田整地、土壤改良、有机肥还田、机械化耕作、水利设施配套等一系列举措，开发建设了香菇种植、花卉培育、莲藕种植、水产养殖等多个扶贫项目，并与邻村50余家贫困户结成帮扶对子，通过公司全方位精准帮扶，使土地产出收益由原来的亩均不足百元提高到现在的5万元以上，不仅提高了土地利用率，减少了污染，净化了空气，还使区域生态环境得到了有效治理和保护。

截至目前，公司社会公益事业累计捐助超过5亿元，在赢得良好的社会形象同时，大大增强了企业的社会责任。

五、装备升级项目助推企业高质量发展

根据国家产业政策和省市文件精神，2017年11月，公司发起组建了"山西晋南钢铁集团"，将按照"关小上大、减量置换"的原则，投资100多亿元升级改造建设4座1860立方米高炉及配套4座150吨转炉项目，建设焦化二期170万吨、30万吨乙二醇联产15万吨LNG、ESP无头轧制薄板、130万吨型钢等重点转型项目。以上项目均采用国内一流的智能化生产工艺，配备最先进的超低排放环保设施。其中，乙二醇是国内首家利用焦炉煤气、炼钢转炉煤气等综合尾气，生产乙二醇高端精细化工产品的转型项目。项目建成投产后，对推动传统产业转型升级和企业高质量发展具有引领示范作用。

未来几年，公司将以现有钢铁业务作为中心，以聚鑫物云、管材、煤化工为增长业务，以为客户提供高性价比的产品和服务作为公司的核心竞争力，重点实施员工素质培训和企业文化建设，最终把立恒打造成行业更环保、更节能、更创新、更生态、更具竞争力的绿色生态和智能制造示范基地，打造成为员工改善生活品质、实现人生价值的卓越平台。

公司 16 年的成长壮大，靠的是各级党委政府的倾心培育和关心支持，靠的是公司董事会审时度势、拓展升级的战略决策，靠的是公司管理层与时俱进、坚韧不拔的创新意识，靠的是全体员工坚定守护、甘心奉献的拼搏精神，靠的是社会各界父老乡亲的关爱呵护，公司将永远铭记。

在当前钢铁行业装备升级、综合实力竞争的关键时期，公司没有停止前行的脚步，全体员工将以习近平新时代中国特色社会主义思想为指导，秉承"立德为本、恒之行事"的核心价值理念，借力国家加强供给侧改革、"一带一路"的战略指引，正信心百倍，满怀豪情，昂首阔步，向着百年企业的宏伟目标砥砺前行、奋勇迈进！

初心不改　创新发展
使命永承　造福社会

山西中阳钢铁有限公司

山西中阳钢铁有限公司（简称中阳钢铁）位于山西省西部，吕梁山腹地，中阳县城北郊。中阳钢铁是伴随着改革开放的步伐一步一步发展壮大的，目前已经发展成为吕梁最大的民营企业，区域经济的龙头引领者。中阳钢铁目前占地面积3000余亩，拥有总资产200亿元，职工10000余名。为当地财政收入、社会就业，经济发展做出了巨大的贡献。

一、事艰必辛　百炼成钢——企业发展历程

创业维艰，奋斗以成，中阳钢铁的创业史是一部跌宕起伏的奋斗史，饱含了创业者"事艰必辛，人智无量"的胆略和毅力，彰显了中钢人的无畏气概和拼搏精神，书写了砥砺奋进、百折不回的动人故事。

（一）第一阶段（1985~1991年）：中阳钢铁的奠基创业阶段

1985年初，改革开放的号角吹响大江南北，沐浴政策的春风，乡镇企业在中国大地如同一片春笋，显露出勃勃生机，这是一次千载难逢的创业机会，国家大力扶持，银行大量放款，舆论大肆宣传，是中国农民继家庭联产承包责任制后的又一次政策机遇。

沉睡多年的山西中阳宁乡大地也掀起一浪经济建设的热潮。山西中阳钢铁有限公司创始人面对千载难逢的发展机遇，想想自己苦难的童年生活，看看身边为吃饱穿暖而苦苦挣扎、不断奔波的众乡亲，毅然放弃稳定的工作和丰厚的收入。用自己积攒的21万元作为启动资金，联营县食品公司，带领自己的两个弟弟和几个徒弟，凭借给别人焊接两座小炼铁高炉的经验，自己设计、自己施工，用42天时间，在城南建起了一座6.5立方米炼铁小高炉，点燃了中阳钢铁希望的火种。

6年时间，不断发展，高炉由一变二，由二变三，容积由6.5立方米扩展成25立方米，日产量由12吨提升到80吨，职工由70人增加到450人。这座高炉成为吕梁山当时最大的高炉。

（二）第二阶段（1992~1999 年）：中阳钢铁的艰辛成长阶段

1992 年 1 月，邓小平南巡指出："看准了的，就大胆地试，大胆地闯。深圳的重要经验就是敢闯。没有一点闯的精神，没有一点'冒'的精神，没有一股气呀、劲呀，就走不出一条好路，走不出一条新路，就干不出新的事业。"同年 10 月，中阳钢铁拉开了建设年产 10 万吨钢厂的大幕。4 年的苦战，组织了 72 笔总数为 1.63 亿元的资金，于 1996 年 10 月 16 日，中阳钢铁的首炉钢问世。从此，吕梁山有了钢的诞生，告别了有铁无钢的历史，填补了区域产业结构的空白，为当地社会发展和经济腾飞发挥了推动作用。

从首炉钢问世，到步入企业正常的轨道，中阳钢铁走过了 3 个非常之年轮。投产容易生产难，困难一环套一环，人才危机，技术困惑，设备选型不当的问题集中暴露。设计能力 10 万吨，只有 6 吨转炉两座、采用模铸工艺生产钢锭的生产规模，每月最多产钢 3000 吨。特别是水平连铸的上马，缺乏充分论证，导致生产六停六启，职工进进出出。刚迈出建设中的艰辛泥潭，又走入生产不顺的沼泽。中阳钢铁人团结一致，志在必得，在挫折中奋发，在曲折中成熟，调整产品结构，转变经营方式，由自购原料生产，转变为来料加工，渡过了最为困难的时期，闯出一条成功之路。

（三）第三阶段（2000~2009 年）：中阳钢铁的发展壮大阶段

跨入新千年，中阳钢铁从生产摸索徘徊进入到运行高效、产量攀升、效益翻番的快车道，开始了扩容技改、产能提升大改造。利用 4 年时间，上马了 405 立方米高炉、轧钢线、60 万吨焦化，告别了化铁炼钢的历史，实现了历史性跨越，炼钢产量由年产 10 万吨，扩大到年产 100 万吨；由化铁炼钢发展成为高炉铁水炼钢，形成了焦化、炼铁、炼钢、轧材较为完善的产业链条。

2005 年，中阳钢铁高起点规划，吹响建设年产 240 万吨第二炼钢系统的号角。寒暑易节，岁月更替。到 2009 年，由两座 1280 立方米高炉为主体，配套 120 吨转炉 2 台、80 万吨三条高速线材生产线、300 万吨洗煤、90 万吨焦化的第二炼钢系统全部投入运行。

同时，中阳钢铁不断延伸产业链条，完善循环经济，整合煤矿五座，形成年产 330 万吨的中阳钢铁煤业公司；购买年产 120 万吨的矿山一座，成立娄烦矿业公司；建设 13.5 兆瓦×3 发电机组；建设自己的铁路专用线，从能源、资源、交通上保障了企业的快速发展。

（四）第四阶段（2010 年~）：中阳钢铁的转型跨越阶段

2010 年起，中阳钢铁从战略高度出发，积极响应国家关小上大、节能减排的政策，以壮士断腕的勇气对原一体系进行提级改造，忍痛割爱将正在服役壮年期的一体系两座 405 立方米炼铁高炉及原有的炼钢系统拆除，上马 1780 立方米高炉、120 吨转炉等大型现代装备，配套建设精炼炉，为中阳钢铁发展高附加值产品，提供了保障。

经过 30 多年的不懈努力和超常规发展，炼铁高炉实现了由 6.5 立方米到 1780 立方米的提升；日产铁水实现了由 10 吨到 1 万吨的飞跃；职工人均月收入实现了由 150 元到 5300 元的突破。到 2018 年，中阳钢铁已成长为国家级大型现代化联合钢铁企业。年产 330 万吨原煤、120 万吨铁精粉、150 万吨焦、380 万吨铁、380 万吨钢、380 万吨材、20 亿千瓦时电，年产值 100 亿元。成功取得质量管理、环境管理、职业健康安全管理、能源管理与测量管理"五大管理体系"认证。是蝉联五届的全省"工业企业 20 强"和"十大纳税户"之一，被山西省委省政府授予"转型跨越发展先进企业"。2017 年位列山西省民营企业 100 强 12 位，中国民营企业制造业 500 强 445 位。

二、思想引领　创新制胜——企业文化铸魂

企业文化是在漫长的岁月中磨炼出来的一种理念，是一种无法模仿和复制的品牌，是企业发展的灵魂，是提高职工情趣的精神食粮。是推动企业持续发展的最深层次的驱动力。

（一）理念文化引领

多年来，中阳钢铁坚持打造优秀的企业文化，不断推进思想文化创新，为改革发展提供精神动力。早在创业之初，中阳钢铁提出了"以人为本、诚信为本、质量为本"的人文理念，过程中不断深化，逐步确立了"思想上引导、感情上投入、制度上约束、利益上驱动""尊重、肯定、调动、过问"等思想理念及"思想上合格，行为上规范、技术上高超、社会上文明、作风上正派、经济上富裕"的六条标准和"关注细节、消除残缺、追求卓越、实现完美"的中阳钢铁工匠精神、"一心一意，一辈子，一个目标，一件事"等行为准则，形成了特有的企业文化管理体系。这些具有中阳钢铁特色的思想理念、行为准则已深深植入员工的灵魂深处，成为全员统一行动的指南，时刻影响着每一名员工的价值判断、思维方式和举止言行。通过 30 多年的发展，已形成一种独特的文化内涵，沉淀为一

种自觉的文化根基。

贯穿中阳钢铁发展始终的中层领导会议，每周一次，雷打不动，不仅形成了企业发展过程中许多重大决策，更是领导干部接受思想熏陶的平台。每周一次培训，每月一次的考试及 5 个工程，是中阳钢铁员工提升文化修养的重要途径。

积极为职工创建身心健康、全面发展的场所，投资 3000 余万元，建设了集"电子阅览、图书、体育比赛"于一体的文体中心，每年"五一"举行的全县乒乓球友谊赛、"七一"职工篮球比赛、"十一"职工书法、美术、摄影展及元旦活动周举行的有奖知识问答等各种竞技娱乐活动，都在这里洒播下文化的基因。藏书数万册的图书，免费为职工开放，是中钢职工文化生活的集结地。

求木之长者，必固其根本；欲流之远者，必浚其泉源。中阳钢铁高举旗帜围绕发展抓党建，抓好党建促发展，以党建带工建，以党建带团建。用党的理想信念，武装职工思想，将党的基本理论与中钢的文化理念相融合，催生出企业强大的生产力、竞争力和凝聚力，让中钢成为卓越品质的象征。

（二）安全文化护航

安全是企业的生命线，更是不可触碰的高压线。夯实安全文化，才能永葆企业长治久安，不断前行。创业以来，中阳钢铁牢固树立"以人为本、安全发展"的理念，坚持"安全第一、预防为主、综合治理"的方针，按照"重心下沉、关口前移、监督有效、保障有力"的思路，严格落实安全生产责任制等有关法律、法规、标准和规章制度，推进企业安全生产管控体系建设，把各项安全管理工作落实到每个环节、每个岗位、每位职工。

一方面着力健全自上而下的安全生产管理机构，上至安全生产委员会、安全处，下至分厂安全部到安全管理员，不断加强和充实人员配备，推行安全生产目标责任制考核，配套安全责任落实项目，完善了《中钢管理手册》《安全管理手册》以及《事故问责处罚细则》等一系列安全管理制度，建立健全了横向到边、纵向到底的安全管理网络。形成了"有制度、有检查、有落实、有总结、有评比"的闭环管理模式，企业安全管理水平显著提升。

另一方面，建立隐患排查制度化、常态化机制，注重事前整改，防范安全事故。实行"谁检查、谁签字、谁负责"的模式，采用"单位自查、公司督查、专业点检、专项排查"的方式，隐患一日一上报，整改一周一统计，验收一月一落地，从源头上遏制和防范事故发生。除开展日常的安全生产检查外，根据季节性变化，作业性调整，定期、不定期开展各类专项检查，建立安全隐患列表造册制度，落实重大隐患挂牌督办制度，切实将安全隐患处理在萌芽状态，达到人人齐抓共管，个个心系安全的良好局面。连续多年被省、市、县人民政府和安全生产监督管理机构授予"安全生产工作先进单位""危险化学品安全生产工作先进单位""多种形式消防队伍建设先进单位""安全生产科技进步和创新先进单位""安全明星企业"等荣誉称号。

（三）创新文化制胜

创新是一个民族进步的灵魂，是一个国家兴旺发达的不竭动力，也是新时期实体经济实现高质量发展的必然选择。进入微利时代的中国钢铁行业，其根本出路在于创新，而依托核心技术打造企业竞争力又是钢铁企业的不二选择，中阳钢铁作为一个民营企业，对技术创新的坚持是这一结论的最佳诠释。中阳钢铁自1998年开始一直把技术创新工作放在企业战略发展的高度上，坚持"用人才推动企业发展，用技术引领企业未来"的战略思想，创新体制机制、升级设备工艺、完善生产经营组织架构。把每年的"五一"作为表彰创新的日子，拿出重金奖励在各个领域有突出成就者，鼓励职工针对长期困扰生产组织高效运行的难点问题抓重点、补短板、强弱项，打造出一支勇于创新的人才队伍。炼铁所用的冶金焦，通过技术研究减少了30%的外购低硫煤，焦炭质量一直稳定在全行业的前列，结束了外购原煤炼焦的历史，年可减少外购低硫煤30万吨，创效上亿元。对洗煤工序提质增产的改造，产量提高45%，精煤回收提高5%，中煤、矸石中精煤含量分别降低0.5%和0.07%。对棒材线小规格四切分轧制进行技术攻关、大胆创新，生产效率提高近70%。

企业技术中心成功升级为省级技术中心，职工个人省级优秀创新工作室的命名、省级"五小竞赛"奖以及"十大金点子"奖的获得，都是企业重视创新的结果。

（四）诚信品牌立根

世界上有倒闭的企业，没有倒闭的行业；有质量的品牌，没有廉价的品牌。一个企业成功的软实力就是机制和体制，硬实力就是质量和市场。33年来，中阳钢铁坚持以质取胜，诚信为本的营销理念和服务第一，客户至上的服务宗旨，不断强化全面质量意识，以品质拓展市场，以诚信凝聚客户，坚持"没有标准化，就没有规范化，更没有高质量"的质量观，过程严格推进标准化的流程、标准化的规程、标准化的条件、标准化的操作"四个标准化"。瞄准国际先进水平，超越国内行业标准，制定高于国标的内控标准。要求各工序的原料、装备、仪器仪表及生产组织都要达到和满足工艺操作标准化的要求，上道工序要满足下道工序的质量要求，细化原辅材料检验标准，严格验收过程，原材料进厂、检验、生产、仓储、销售各环节连续跟踪闭环管理，为标准化操作提供保障条件。

坚持"划定区域、重点对接、让利于人、持之以恒"的营销政策，始终把满足用户的需求放在第一位，始终把"精品意识"作为打造中钢品牌的发展目标，明确质量责任，营造质量氛围，打造一流服务，为客户提供安全可靠、质量认可的产品，全力构建"质量是第一标准，服务是第一水准"的质量诚信体系。先后荣获"全国钢铁企业先进集体""国家级守合同重信用企业""全国产品和服务质量诚信示范企业"和"全国质量信誉 AAA"企业等多项殊荣。主打产品 Q195 低碳钢热轧圆盘条，经过中钢人几十年如一日的联合攻关、精心打造，在全国丝网之乡——安平，享有"一拔到底"的美誉，占有 50% 的市场份额，终端产品出口到世界各国（地）。建筑用热轧钢筋，以质量稳定、规格齐全、用户满意，被入选为"重点工程建筑钢材推荐品牌目录"，成为高铁指定供货商。

（五）工艺装备支撑

先进的工艺可以代替落后的管理，先进的管理难以代替落后的工艺。中阳钢铁一直重视工艺装备的升级和信息技术的提升，用智能化理念构建现代企业格局。高炉从 6.5 立方米一直提升到 1780 立方米，特别是 2010 年，为了适应国家产业政策，达到环保要求，以壮士断腕的魄力淘汰落后，实施装备升级，许多行业领先的国内外一流工艺技术落户生产现场：高炉采用国内最先进的 PW 串罐式无料钟炉顶、卡鲁金顶燃式热风炉、铜冷却壁薄壁型炉衬、超微孔碳砖和陶瓷垫复合炉底、炉缸。配套环保型干法布袋除尘，TRT 煤气余压发电和烧结烟气脱硫技术。五条轧材生产线全部实现全连续无扭轧制，采用摩根精轧机组，线速度可达每秒 105 米，精整系统由斯太尔摩风冷线、森德斯立式线卷输送集卷装置和全自动打包机组成。

在工艺装备升级的同时，更注重管控水平的升级，开发人事征信系统，大型物流运行系统，同时引进行业领先的 SAP、MES 生产管控系统及 ERP 信息化系统，整合全流程信息资源，推进两化深度融合，全力构建数字化、智能化的现代钢城，实现由高速度发展向高质量发展的嬗变。

（六）人本文化铸魂

30 多年的文化积淀，凝聚起特有的中钢文化理念。将尊重人的品德，培养人的能力，激励人的进取，成就人的价值，内化为汇聚人才的强企战略，实现了个人与企业的和谐发展。使中阳钢铁在发展之路上稳健前行，成为地区钢铁行业的舵手。

中阳钢铁充分考虑到了员工的职业发展规划，以才适岗，量才而为，运用多种手段，激发职工的潜能，让想干事的有平台，干成事的有地位，干优秀的有尊严。通过评模评优、技术认证、干部晋升、外出学习为职工创造巨大的个人发展空间。以高度的文化自觉、文化自强、文化自信重新构筑新的内涵，形成了执着、高效、责任、进取的新时期文化体系，让中阳钢铁在高质量发展的快车道上，增强了实力，激发了活力，增添了魅力，提升了核心竞争力。

三、奉献社会　造福乡土——企业使命至上

中阳钢铁一直将社会责任深植于企业发展理念、贯穿于经营战略、融化于日常管理之中，"追求发展，告别落后，做强中钢，造福家乡"，这是中阳钢铁的创业宗旨，更是创业初心。30多年来，不忘初心，稳中求进，在做强中钢，用实业发展经济的同时，不断致力关爱职工、兴学助教、造福家乡，帮扶济困、振兴经济。

（一）关心职工

"让职工生活的更富裕，更有尊严"是中阳钢铁以人为本、关爱职工的具体体现，中阳钢铁从职工的收入到安全，从健康到衣食住行全方位倾情奉献。让员工在企业里有获得感，在社会上有成就感，在生活中有满足感和幸福感。中阳钢铁逐年提高职工的工资水平，目前人均月收入已达5300元，这一工资水平一直稳居民营钢铁企业之首，远远走在了同行业的前列。

多年来，企业积极为员工创造良好的生产生活条件，保护职工身心健康和生命安全，依法保护职工的合法权益，为员工的成长成才搭建平台、创造条件。积极为职工排忧解难，为解决职工后顾之忧，从2005年开始，先后投入10多亿元，为员工提供免费福利房，设施一流，装修一新，拎包入住，到2018年共有3584户入住。公司开通厂内公交、建设洗衣房、洗车房、理发店等服务单位，分地域设立8个大小不同的餐厅，建设无公害绿色蔬菜大棚基地，以"零利润经营、保姆式服务、内衣式体贴"为准则，把企业的温暖传递给每一位职工。

（二）兴学助教

"治穷先治愚，治愚要重教。"1990年，中阳钢铁将30万元一次性永久存入银行，成立教育奖励基金，利用每年所得利息，奖励全县的优秀教师。从此，中阳钢铁在教育上的

投资便成为常态，先后为阳坡塔小学、中阳二中、暖泉中学投入巨资，改善教育条件，支助教育事业。从 2005 年起，每年出资 1000 万元，资助中阳县第一中学，在全国率先普及免费高中教育，成为中国教育史上一道亮丽的风景线。

（三）造福家乡

随着中阳钢铁的发展，造福家乡的大幕也全部拉开。中阳钢铁不断投资新农村建设，持续发展经济实力，先后建成太高、钢城、暖泉、阳坡塔四个现代化、高标准新村，为新农村建设做出了应有的贡献。特别是阳坡塔村更是无限倾情，搬山五华里，填沟百公顷，筑坝 2400 米，造地 600 亩，修建长 1600 米、宽 24 米的阳钢大道，配套宽 1 米，高 1.5 米的地下排水渠；改造 7 个深水井，新建 3800 立方米蓄水池 3 座，日产 200 吨现代化纯净水厂。建设低层住宅楼 7 栋 204 套；高层 8 栋 714 套；别墅 143 套，让全体村民全免费入住。以全新的理念与设计建成了从幼儿到初中的现代化高标准学校，配套文化广场、公园、健身园、超市等设施。并一直着力拓展收入渠道。栽植核桃、苹果、桃等经济林，成立农业开发中心，解决剩余劳动力，让昔日穷山恶水的阳坡塔变成了现代化的新农村。

（四）民生事业

中阳钢铁的发展更为中阳保民生、保稳定、保就业、保一方平安做出巨大的贡献，每年完成全县税收任务的 50%。中阳县共有 13 万人，其中在中阳钢铁就业的就达一万余人，按每个家庭四口人计算，有三分之一的中阳人直接受益于中钢，加之商业、交通业、下上游服务于中阳钢铁的人大约在万人以上。高就业率促进社会稳定，在中阳钢铁的带动下，中阳社会文明、人民幸福、治安稳定，成为高度现代文明的典范。

中阳县地处山区，基础设施落后。多年来，中阳钢铁一直不惜重金，致力于全县的基础设施改善，以提高全县人民的生活质量。为县医院购置现代化医疗检查设备，投资 5 亿元建设一流的现代化医院，为广电大厦建设投资 1000 万元，在 340 省道上投资 3000 万元安装路灯。2011 年，更是大手笔投入，用自备电厂的热源解决县城所有冬季取暖供热，从而实现了用中阳钢铁的电照亮中阳人民致富大道，将中阳钢铁的温暖送进中阳的千家万户的理想目标。

2017 年以来，中阳钢铁积极响应国家号召，主动承担全县三分之一的脱贫攻坚任务。投入 7000 余万元，通过资金扶贫、产业扶贫、金融扶贫、移民安置、棚户区改造、慈善捐助等措施，助力全县脱贫摘帽。把造福乡土、回报社会的责任情怀体现在中阳的各个角落。

（五）环保责任

"让老百姓吃得好、穿得好、住得舒适，更要保证每天呼吸到新鲜空气"这是中阳钢铁在环保方面的郑重承诺。中阳钢铁时刻牢记"责任、奉献"，不仅创造经济价值，更创新社会价值，为保护资源环境作出最大的努力。

中阳钢铁倾情打造花园式工厂，以高规格、大格局、超常规的设计布局，专业化、规范化、科学化的管护手段，栽植花卉灌木 16 种 12641 株、针阔乔木 17 种 20316 株、绿篱草坪 11 种 773 亩，建成各种景致点一百多处，实现了春有花、夏成荫、秋有果、冬成景，点线面浑然天成、乔灌草错落有致、建筑林地相映成趣的自然绿色景观，成为企业管理的一大特色。

中阳钢铁坚持"不环保不生产，不安全不运行"的理念，环保治理、绿色发展取得了显著成效。特别是近年来，中阳钢铁不回避问题、更不逃避责任，用积极的心态、超前的思维、充满正能量的做法，不找理由、不找客观，顶着压力，咬紧牙关，按照轻重缓急拉开环保治理大决战，3 年累计投入约 15 亿元，完成了烧结烟气脱硫、焦化烟气脱硫、电厂脱硫脱硝、高炉冲渣水余热回收供暖、剩余煤气发电、焦化干熄焦、区域除尘及超低排放改造等提标升级项目。目前废水重复利用率 95% 以上，吨钢新水消耗 2.5 吨左右，绿化率45.7%；吨钢环保投资 140 余元，吨钢环保运行费用 120 余元，均已超越行业平均水平。实现了"黄土不露天，生产不冒烟，刮风不起尘，下雨不泥泞"的理想效果。赢得了各级党委、政府以及环保部门的充分肯定和高度认可，在全国首次"绿色钢企万里行"评选活动中，荣获"绿色发展标杆企业"殊荣。

中阳钢铁的发展史就是一部造福乡土的奉献史。从联营铁厂开始，先后在中阳兴学助教、扶贫济困、集中供热、新农村建设、采煤沉陷区移民搬迁、城市棚户区改造、医疗广电、生态治理、道路交通等社会公益事业领域累计出资 36 亿多元，上缴税费 40 多亿元。

四、改革创新　阔步奋进——企业前景展望

迈入新时代，踏上新征程。面对经济发展质量变革、效率变革、动力变革的新形势，中阳钢铁以习近平新时代中国特色社会主义思想为指引，继续高举"做强中钢，造福家乡"的责任大旗，坚持创新发展、绿色发展、智慧发展、高质量发展的总基调，以"百年

老店"为目标，着力构建健康和谐的人文环境，蓬勃奋进的人才梯队，蕴藏丰富的资源优势，科学完善的产业集群，努力贯彻新发展理念，持续转变发展方式，不断拓展发展内涵。积极深化"技术引领、文化支撑、做强主业、多元突破"的战略布局，深度聚焦"个性化、差异化、特色化"的需求结构，全力打造"智能化管理、高质量运行、大生态发展"的现代企业格局，为区域经济做出新的更大的贡献！

以德治业　共创和谐

江苏省镔鑫钢铁集团有限公司

江苏省镔鑫钢铁集团有限公司是一家由闽商投资、建设、经营的民营钢铁企业，现已成为苏北大地上一颗耀眼的钢企新星。

世纪之初，国家前行于全面建设小康社会的历史时段，"十一五"规划提出"城镇化率提高到47%"的目标。城镇化建设、城市发展、基础设施完善等提供了广大的需求市场——钢铁行业作为国家重要的原材料工业之一，市场需求空前。建设钢铁企业，实业报国恰当其时。

2007年以前，在苏鲁边界河流——绣针河入海口的西侧有一块盐碱滩涂，距离山东岚山港8千米、日照港不足40千米，2千米范围内国道、高速、交汇集中，原燃辅料产品交通便利通达。建设钢铁企业，物资进出占尽地利。

2005年，《钢铁产业发展政策》（发改委2005年第35号）指出大型钢铁企业应主要分布在沿海地区，国家确立钢铁企业向东部沿海发展的战略。江苏省连云港市政府提出确立"一体两翼"和"一心三极"全新产业布局和城市发展格局。赣榆上下招商引资工作全面开展起来。建设钢铁企业，从政府到地方积极欢迎和支持，合民意、顺民心。

2007年，公司领导经过无数次的亲自实地考察、和专业人士严谨论证、与政府领导充分沟通，最后选择了这块沉寂千年的滩涂——江苏省镔鑫钢铁集团的诞生地。

由连云港赣榆众诚投资有限公司持股87.37%投资设立江苏省镔鑫特钢材料有限公司，2014年6月，江苏省镔鑫特钢材料有限公司更名为江苏省镔鑫钢铁集团有限公司。

一、公司概况

江苏省镔鑫钢铁集团有限公司（简称镔鑫钢铁）。成立于2008年2月，注册资本8亿元人民币。由两大股东共同投资设立，其中连云港赣榆众诚投资有限公司持股87.37%；自然人持股12.63%。

目前，镔鑫钢铁以钢铁生产为主业，横跨工业气体制造、超高压煤气发电、开发投资、综合贸易、物流、房地产等领域。钢铁产品涵括建筑用钢、工业用材，销售覆盖华北、华东、中南各地，广泛应用于铁路、桥梁、港口、机场、核电站以及高等级公路等重点工程建设。

镔鑫钢铁现已具备年产钢 600 万吨、铁 500 万吨、材 400 万吨生产能力，是一家集球团、烧结、炼铁、炼钢、轧钢于一体的大型钢铁联合企业，累计投资总额 70 亿元人民币。

现拥有 2 台 180 平方米和 1 台 265 平方米带式烧结机，2 座 12 平方米竖炉球团生产线，4 座 1080 立方米高炉，4 座 120 吨转炉，4 套 7 机 7 流 9 米弧型半径的连铸机，2 条年产 100 万吨棒材生产线和 2 条年产 100 万吨高速线材生产线。

镔鑫钢铁先后取得环境管理体系、职业健康安全管理体系、质量管理体系、能源管理体系认证证书；获得中国钢铁工业协会"金杯奖"、中质协"卓越产品"奖、中冶建筑研究总院"中冶认证"以及通过国家级实验室（CNAS）认可。

镔鑫钢铁以"诚信为本、互利共赢"的经营理念，以优良的品质、优质的服务深得用户好评，企业市场形象和品牌知名度不断提升。产品销售覆盖江苏、山东、上海、浙江、福建、广东、河南、安徽等地区和重点工程。

镔鑫钢铁倡导"以德治企，共创和谐"团队核心价值观，顺应钢铁产业发展趋势，抢抓机遇，充分利用港口区位优势，以"引领潮流，勇攀高峰，铸造现代化钢铁长城"的发展目标，打造苏北现代化大型钢铁基地。

二、发展历程

镔鑫钢铁的成立可谓顺天时、占地利、得人和而生，历经十载，是风雨兼程的十载、是拼搏奋进的十载、是积极进取的十载、是大胆创新的十载、更是成长发展的十载。

2008 年 2 月 2 日，由连云港赣榆众诚投资有限公司与自然人共同出资设立江苏省镔鑫特钢材料有限公司。同年 5 月，1 号高炉、1 号烧结机等投产，顺利生产出第一炉铁水。6 月，2 号烧结机、1 号转炉、1 号连铸、2 号高炉投产。7 月，2 号转炉、2 号连铸投产。10 月，1 号棒材生产线投产，标志着公司具备年产铁水 250 万吨、粗钢 300 万吨、材 100 万吨生产能力。

2009 年 5 月，2 号棒材生产线正式投产，标志着公司具备年产 200 万吨钢材能力。

2010 年 6 月获得 ISO 9001 环境管理体系认证证书和 ISO 9001 职业健康安全管理体系认证证书；8 月获得 ISO 9001 质量管理体系认证证书。

2011 年 6 月获得 ISO 9001 能源管理体系认证证书。同年江苏省科学技术厅核准成立江苏省（镔鑫）高性能钢材短流程加工工程技术研究中心。9月，与钢铁研究总院合作取得一种获得质量可控强化热处理超高强度钢板的压力淬火模具专利。12月，被评为江苏省优秀侨资企业。同年进入中国民营企业500强第481位、中国民营企业制造业500强第317位。

2012年12月，3号烧结机、5号高炉、6号高炉、3号转炉、4号转炉、3号连铸、4号连铸、4号高线、5号高线、1号竖炉、2号竖炉投产，具备年产500万吨铁、600万吨钢、400万吨材的生产能力。2012年进入中国民营企业500强第292位、中国民营企业制造业500强第204位。同年5月，获得江苏省民营科技企业证书。

2013年6月，获得由江苏省安全生产监督管理局颁发的安全生产标准化证书。

2014年获得江苏省科学技术厅颁发的高新技术产品认定证书。同年5月，成立江苏省镔鑫钢铁集团。6月，江苏省镔鑫特钢材料有限公司更名为江苏省镔鑫钢铁集团有限公司。同年进入中国民营企业500强第223位、中国民营企业制造业500强第147位。

2016年进入中国民营企业500强第212位、中国民营企业制造业500强第131位。同年9月，江苏省发展和改革委员会与江苏省经济和信息化委员会联合发文（苏发改工业发〔2015〕1104号）对公司年产500万吨铁、600万吨钢、400万吨材产能备案。10月，获得中冶（北京）冶金产品认证中心有限公司的产品认证证书、中国钢铁工业协会颁发冶金产品实物质量认定证书——金杯奖、由冶金工业质量经营联盟颁发的冶金行业品质卓越产品证书。12月，公司"亮钢"牌商标获得江苏省工商行政管理局颁发的江苏省著名商标证书。

三、发展成就和经验

（一）顺势而为，建厂立业

1. 民族复兴的时代号角给予镔鑫钢铁顺势大展宏图的良佳机遇

国家处在全面建设小康社会的征程中，"十一五"规划提出"城镇化率提高到47%"的目标。不断提高城镇化率，提高城市居民的人口比重，建设现代化的城市和社会主义新农村。这是我们党和国家为人民和民族制定的民生规划，是我们建设中国特色社会主义强国的必由之路，是人民共享改革开放红利的重要举措。

现代化建设过程中，高楼大厦的平地拔起、现代化道路交通的纵横交错、各类休闲广场的城乡普及等，每年需要数以亿计的钢铁产品给予支撑和构筑。钢铁产品在我们全面建设小康社会的征程中不可或缺，同时，为社会生产和提供优质的钢铁产品是实现国家发展战略的需要。

镔鑫钢铁的成立和发展是国家和民族建设和发展的需要，时势造英雄，镔鑫钢铁是顺势而为的时代弄潮儿。

2. 得天独厚的区位优势成为镔鑫钢铁立于不败之地的坚固基石

镔鑫钢铁坐落在亚欧大陆的东桥头堡——江苏省连云港市。他的南侧一路之隔便是赣榆港——连云港"凤凰两翼"中的北翼。东 8 千米为山东岚山港，岚山港拥有 30 万吨级铁矿石接卸泊位，年通过能力 2240 万吨。东北不足 40 千米是日照港，日照港 2010 年铁矿石吞吐量达到 1 亿吨以上，为全国铁矿石进口第一大港。拥有国内吃水最深的 15 万吨级煤炭专用泊位，年通过能力将达到 4500 万吨。2 千米范围内 204、310、327 三条国道和 242 省道纵横交汇。连盐铁路、青连高铁、沈海高速、长深高速近在咫尺。距连云港机场 85 千米、日照机场 35 千米，到青岛机场 2.5 小时。一个以港口为龙头，集公路、铁路、高铁、海运、航空于一体的综合立体交通网络平台近在镔鑫钢铁的门外。

钢铁企业的物流进出量大，运输成本是产品经营成本不可忽视的重要部分。近年来，我们钢铁行业所用铁矿石中的 60% 以上为进口铁矿石。主要来自澳大利亚、巴西、印度等。钢铁企业主要原料为铁矿石、燃料为煤炭，镔鑫钢铁紧靠岚山港和日照港，就像安家于大市场旁侧，家里无需大量存粮、存菜——节约了仓库和资金。物流运输成本相较于其他内陆的兄弟钢企具有明显优势。产品运输同样便捷、高效、低廉，70% 以上经过港口出海，通过水上运输至华东、华南各大市场。

赣榆气候属暖温带海洋性季风气候，春（3~5月）、夏（6~8月）、秋（9~11月）、冬（12~2月）四季分明。赣榆年平均气温 13.2℃，无霜期 214 天，全年平均日照 2532.9 小时，年降雨量 976.4 毫米。绣针河四季长流，淡水资源丰富。

镔鑫钢铁立足处，原燃辅料的采购便利、产品运输便捷，是钢铁企业生产运行的黄金地域。可以最大限度的规避原料价格波动带来的成本和经营风险，同时具备无可比拟的成本优势。即使在钢铁行业的严冬，镔鑫钢铁依然可以保持盈利的姿势，稳步发展。2015 年，钢铁行业利润总额为 -645 亿元、销售利润率为 -2.23%，镔鑫钢铁不仅实现正利润、同时利润总额在行业企业排名第 18 位。

（二）以德治业，规范管理

与时俱进，不断调整和优化企业组织结构是国民经济和社会发展规划纲要的总体要求。同时，建立现代企业管理制度是当代企业立足市场的基础。镔鑫钢铁成立伊始就确立"以德治业"的管理理念。公司用人首先"品"德，管理者倡导"以德服人""以德招人""以德引人"。其次，引进现代化的管理体系，并在公司消化、吸收、推行。不断完善管理制度，让德行引导人、让制度规范人。实现公司人力资源、物力资源、财力资源、信息资源等高效组合，从而形成最佳的生产力。镔鑫钢铁建立了完善的质量、环境、职业健康安全、能源等管理体系。

1. 质量管理

产品质量和服务质量是公司赖以生存和发展的生命线，是管理水平与人员素质的集中体现。为增强顾客满意，用质量管理过程方法来持续改进产品和服务的质量，通过贯彻 ISO 9001：2008 标准，以证实有能力满足顾客和适用法律法规要求的产品。

为了保证和提高产品质量，组织全体职工和各有关部门参加，综合运用现代科学和管理技术成果，对影响产品质量的全过程和各种因素实行控制、限制、生产和提供用户满意的产品的系统管理活动。

镔鑫钢铁以"精益求精，造优质安全钢铁；全心全意，创镔鑫恒久品牌"的质量方针。并把该方针作为推行全面质量管理贯穿始终的指导思想和根本原则。为了确保质量管理体系有效运行，相继编制了质量手册和9个程序文件，25个管控文件和64质量控制记录，形成了质量手册，程序文件和三级文件的三层文件管理体系，构建了内审、管理评审、外审（年度监督评审）及日常监督的质量监督管理机制，制定了严格的质量管理考核制度，明确了各职能单位的管理职责，实现全面质量管理。坚持执行"每年监督审核、三年一复评"的制度，确保体系的有效运行和持续改进。

2. 环境管理

"青山绿水就是金山银山"。保护环境是国家的基本国策，镔鑫钢铁的发展坚决不以牺牲环境为代价。镔鑫钢铁建设立项前即请相关机构进行项目的环境影响预评价，在整个项目推进过程中坚持环保设施与主体工程"同时设计、同时施工、同时投产使用"的"三同时"制度。

为了不断提高企业环境保护管理水平，保持企业及周边地区的良好环境，十分重视环境保护工作，严格按照国家及行业相关环保标准设计，并同步投入运行，环保的各项指标均超过国家或行业标准。生产之前即建立了环境管理体系，通过培训环境体系内审员，发动员工对环境因素进行逐级辨识和评审，识别和评价出全公司的环境因素和重要环境因素。确保 ISO 14000 环境体系无死角全覆盖所有部门、厂、车间。

根据工艺特点，每年组织对环境因素进行识别和更新，同时提出对重要环境因素的控制标准和措施。通过日常检查、内部审核、管理评审、统计数据分析等活动，分析产品实现过程和污染控制的有效性和效率，确保过程能力和污染控制得到持续改进，重要环境因素以及危险源能得到有效控制。每年组织内审和外部审核，对于检查出的不符合项及时进行改进，确保整个体系运行有效。

3. 职业健康安全管理

积极贯彻落实"以人为本、安全第一、实现和谐发展"的职业健康安全管理方针，建立了健全、完善的职业健康安全管理体系。镔鑫钢铁成立由公司总裁为主任、各单位领导组成的公司安全生产委员会和安全环保部。各分厂设安全生产科，配备专职安全管理人员，各生产班组长为兼职安全员，并明确各自的职责，有序开展安全生产宣传和教育培训工作，不断提高职工的安全意识和安全操作技能。建设项目按规定进行安全预评价同时保证新建、改建、扩建工程项目的安全设施、消防设施、职业危害防护设施与主体工程"同时设计、同时施工、同时投入使用"。公司顺利通过江苏三联安全评价咨询有限公司对安全标准化整体工作开展情况的审核；并通过 ISO 18001 职业健康安全管理体系认证，同时获得了冶金炼钢、炼铁、烧结球团、冶金轧钢安全生产标准化二级达标企业证书。

4. 能源管理

钢铁产业是国民经济的重要基础产业，是实现工业化的支撑产业，是技术、资金、资源、能源密集型产业，具有高耗能特点。钢铁企业在生产钢铁，造福人类社会的同时也消耗了大量能源，钢铁企业要发展壮大，必须走节能减排的科学发展之路。

镔鑫钢铁在发展壮大过程中，认真落实科学发展观，坚持技术创新，始终坚持跟踪和利用国际先进技术，持续对生产工艺装备升级改造。改造过程中，持续提升工艺装备的节能水平，降低工序能耗，最大限度地综合利用好各种能源和资源。

镔鑫钢铁建立了能源管理体系，通过认证明确各自的工作职责。能源管理中心主任、副主任负责贯彻执行国家资源能源方针、政策和法令；负责公司节能、用能工作的归口管理；制定公司能源管理政策、制度；编制公司节能中长期规划；并监督、检查、考核；督促实施节能措施和节能项目；推广应用节能新技术、新材料、新设备、新工艺。每月召开生产、节能考评例会。使企业节能减排的各项工作层层级级有人抓、有人管，形成了较为完整的能源管理体系。

5. 公司荣誉

镔鑫钢铁生产经营持续保持良好的发展态势，受到社会的广泛认可。先后荣获"江苏省优秀侨资企业""AAA 资信等级单位""2010 年光彩事业先进单位""2011 年度文明单位""2011 年度安全生产标准化先进单位""2011 年度尊师重教先进单位""2012 年度安全生产标准化先进单位""2012 年度尊师重教先进单位"等荣誉称号。

镔鑫钢铁在 2016 年位列中国民营企业 500 强第 212 名，中国民营企业制造业 500 强第

131 名。先后获得中国钢铁工业协会冶金产品实物质量达到国际水平的"金杯奖"、中质协的"卓越产品奖"、中冶建筑研究总院"中冶认证"的审核检查。

2017 年，镔鑫钢铁积极开展国内外产品认证工作。通过菲律宾 BPS 产品认证、英标钢筋 CARES 认证、澳标钢筋 ACRS 认证、美标钢筋哥斯达黎加认证、马标钢筋 SIRIM 认证、港标钢筋认证、新西兰钢筋 NZS 认证、新加坡 FPC 认证等 8 个国家和地区的产品认证。

（三）时代担当，共创和谐

在全面建成小康社会的关键时期，在实现中华民族伟大复兴中国梦的征程中，高举中国特色社会主义伟大旗帜，牢固树立和贯彻落实创新、协调、绿色、开放、共享的发展理念，是党的号召、是国家的要求、是民族的期望、是时代的主旋律，同时是当代钢铁人的时代担当、是镔鑫钢铁的时代担当。

镔鑫钢铁始终坚持以马克思列宁主义、毛泽东思想、邓小平理论、"三个代表"重要思想、科学发展观为指导，坚定不移的发展创新钢企、节能钢企、绿色钢企、可持续发展的现代钢铁企业。

镔鑫钢坚持科技创新战略，与北京钢铁研究总院、北京科技大学、东北大学、中冶建筑研究总院、西安陕鼓等签订合作协议，为创新发展、新品种开发搭建坚实平台。现拥有 1 个市知名商标、1 个省级著名商标、2 个省级技术中心，申请发明国家专利 5 项。多次被评为"省民营科技企业""省管理创新优秀企业""江苏省高新技术企业"等称号。

1. 节能环保工作在高炉风机系统高起点开启

在同时期建设的兄弟钢企还在讨论是否在高炉风机系统安装 TRT——高炉煤气余压透平发电装置来回收利用高炉炉顶煤气时，镔鑫钢铁业已制定节能环保发展战略，坚决不以眼前小利和困难影响公司长远利益和战略，登高望远、勇于探索，引进 BPRT（Blast Furnace power recovery turbine）机组。节能环保工作，镔鑫钢铁走上了高起点、高品质发展之路。

BPRT 机组是陕鼓创造性地开发研制出 TRT 和高炉鼓风机同轴系的高炉能量回收机组，简称 BPRT。BPRT 机组将 TRT 和鼓风机作为同一系统来设计，使 TRT 原有的发配电系统简化合并，取消发电机及发配电系统，整合了自控系统、润滑油系统、动力油系统等。通过安装 BPRT 机组，不仅能回收高炉炉顶煤气所具有的压力能和热能，降低煤气输送管网的流动噪声，而且可对高炉顶压、轴流风机、煤气透平进行高智能控制，有效提高高炉的冶炼强度和产量。使用 BPRT 系统不仅回收了以往在减压阀组浪费掉的能量，而且可以减少废弃物排放量、进一步提高能源利用率。镔鑫钢铁 4 座高炉全部使用 BPRT 技术，全年节约电量 1.65 亿千瓦时，相当于节省 2 亿吨标准煤、节约电费 1.2 亿元人民币。经济效益、社会效益和环境效益显著。

2. 烧结机尾余热回收，走在行业前列

镔鑫钢铁是与西安陕鼓签订采购烧结主抽风机–SHRT 机组合同的第一家钢企。镔鑫钢铁与西安陕鼓于 2015 年联合发表论文《SHRT—烧结余热与电动机联合驱动主抽风机技术》。SHRT 技术（Sinter Blower Residual Heat Recovery Turbine–SHRT）即烧结余热能量回收驱动技术，是在低温余热回收技术及烧结主抽风机技术的基础上，借鉴 BPRT 机组等多机组技术的成功经验，针对烧结流程中低温余热能量回收系统整体考虑，降低能耗，提高效率而采用的全新能量综合回收机组。

SHRT 机组由烧结余热汽轮机、变速离合器、同步电动机、烧结主抽风机组成。它将钢铁企业烧结余热回收的能量直接作用在烧结主抽风机轴系上，通过降低电动机电流而达到节能的目的。即通过系统集成提高能量回收效率，节省投资及运行成本。该技术属于行业首创，填补国内外空白。SHRT 技术在镔鑫钢铁正常运行后，年可节约电量 7000 万千瓦时，相当于节约 2.35 万吨标准煤，节省电费 5000 万元。镔鑫钢铁在烧结余热能量回收应用方面走在世界钢铁行业的前列。

3. 国内最新钢渣处理技术落户镔鑫钢铁

镔鑫钢铁与中冶建筑研究总院有限公司达成合作协议，在钢渣处理技术方面全面合作、共同研发、共享成果，开启在钢渣处理领域产、学、研相结合的新篇章。

钢渣是炼钢的副产物，钢渣中通常含有 10% 左右的废钢。我国年钢渣的产生量近 1 亿吨。钢渣大量存在不但污染环境，同时占用大量土地。镔鑫钢铁集团年产生钢渣约 70 万吨。以前的处理方式主要存在以下问题：（1）处理周期长，占地面积大。（2）污染严重，钢渣在倾翻及冷却的过程中产生大量的尘汽。（3）热泼完的钢渣与钢分离效果差，增加了后续筛分磁选的难度，造成铁资源的大量流失。（4）钢渣中的游离氧化镁和游离氧化钙无法消解，造成钢渣稳定性不好，尾渣不能做建材、建材制品和道路材料使用，利用率低。

镔鑫钢铁坚持"利废、节能、综合治理"的方针，与中冶建筑研究总院有限公司共同研发钢渣处理新技术。镔鑫钢铁利用最新的钢渣处理技术——钢渣余热自解热焖技术建设钢铁渣资源化综合利用项目。钢渣经热焖粉化后可使钢渣中的废钢全部回收，并消除了钢渣的不稳定性。镔鑫钢铁为国内第一家使用该技术的钢铁企业，钢渣处理技术在国内领跑兄弟钢企。

项目运行不仅可以实现钢渣"零排放"，同时，副产品钢铁渣粉可以等量代替水泥，

从而减少生产等量水泥时二氧化碳的排放量以及煤炭使用量。镔鑫钢铁每年可节约电能1亿千瓦时，节约20万吨标煤，少排放190万吨二氧化碳。

4. 全力打造国内先进水平的智能化全封闭综合料场

坚持人与自然和谐共生。建设生态文明是中华民族永续发展的千年大计。"在环保工作方面，我们镔鑫钢铁做优等生"——镔鑫钢铁的领导如是说。

镔鑫钢铁上下一心，树立和践行绿水青山就是金山银山的理念，保护环境、从我做起，积极投身生产实践。在生产中践行，投资数亿元建设生产废水综合处理中心，改造炼铁出铁场、转炉烟气处理系统等。同时，下定决心，让"风吹而过漫天矿粉"的原始露天堆场退出舞台，成为历史。投资14亿元人民币打造具备国内先进水平的智能化全封闭综合料场。

该料场建成，彻底变革防风抑尘网露天料场和原料棚存储模式。原料和燃料全封闭卸车、存储和运输，每年可减少颗粒物无组织排放约4000吨。卸料系统采用智能化物料管理系统，由无人值守称重、车辆进出门禁管理、取样化验管理、验收装卸自动化管理等系统高度集成。此系统在没有工作人员干预下自动引导驾驶员完成称重、化验、卸料等流程，实现智能化管理、数据集中分析，且整个物料过程可视。同时，配料系统在电脑的指挥下完成计算、计量、配料、混合、输送等工作。料场运行后，每年降低运营成本3500万元，综合生产成本降低约8500万元。

该料场不仅对保护环境、节约资源、安全生产具有十分重要的意义。同时，对提高生产组织、原辅燃料配比智能化水平以及更加科学具有重要的意义。

5. 员工是公司最大的财富

公司以"健康、快乐、上进"作为员工管理理念，不仅为员工提供就业的平台，同时积极培养员工成为"健康、快乐、上进"的员工。

高素质的员工队伍是企业发展的重要保障。镔鑫钢铁以科学人才观为统领，保障员工权益，努力为广大员工搭建发展平台，增强了员工的认同感、归属感，形成了企业与员工共同发展、成长的和谐劳动关系。

镔鑫钢铁坚持企业发展与员工协调发展同步，不断为员工成长和职业发展创造条件、搭建平台。通过举办或参加技能大赛等各种竞赛活动，扎实开展赛前培训，采取理论考试与实操考核相结合的竞争选拔方式选拔参赛选手，带动广大员工踊跃参加学习与培训，通过以赛促学、以点带面有效促进职工整体素质不断提升。不断创新高技能人才开发与培养方式，畅通职工职业发展，促进人力资源效用最大发挥。

镔鑫钢铁建立功能齐全的文体活动中心。电子阅览室、台球、乒乓球、图书室、健身室，一应俱全。同时，积极开展各项丰富多彩的职工文体活动。以"讲责任、做主人、强素质"为主题，举办职工篮球、乒乓球、拔河等体育赛事活动等，丰富了职工的业余生活，促进职工的身心健康，弘扬团队精神，深受职工喜爱。

镔鑫钢铁在实现中华民族伟大复兴中国梦的征程中，努力打造企业与环境的和谐、与顾客的和谐、与社会的和谐、与员工的和谐，建设和谐的镔鑫钢铁。

四、发展展望

1. 走进镔鑫钢铁就像走进一所大学

镔鑫钢铁不仅是发展事业、建功立业的地方，更是员工能够快乐生活的场所、修炼人生、提高修养的宝地。在生产中不仅学会做事，更要学会做人，做具有高尚情操的人，做有职业道德的人、做爱岗敬业的人。

镔鑫钢铁未来要投资数亿元，建设和完善休闲娱乐设施和场所。要建游泳池、足球场、400 米跑道、室内羽毛球场、综合性公园、员工培训机构等。员工足不出户可以自由休闲、娱乐、健身、学习，美好生活。

2. 个人与企业共同进步成长

企业发展壮大的历程，亦是员工成长成熟的过程。随着企业的发展壮大，员工的思想要提升、能力要提高、收入要增加。员工成为一个善良的人、成为一个诚实的人、成为一个脚踏实地的人、成为一个不斤斤计较的人。这样的企业才能不断的成长和壮大。

3. 建设现代化钢城

在纪念改革开放 40 年之际，镔鑫钢铁正以习近平新时代中国特色社会主义思想指导，努力按照党的十九大提出的高质量发展要求，秉持初心，砥砺前行。竭力将镔鑫钢铁建成创新的镔鑫、绿色的镔鑫、发展的镔鑫、低碳的镔鑫、和谐的镔鑫，成为苏北大地上现代化企业典范。

元立集团发展成就回顾

衢州元立金属制品有限公司

衢州元立金属制品有限公司（简称元立集团）是浙江元立金属制品集团有限公司的异地技改项目，成立于 2003 年 5 月，位于浙江省衢州高新园区，现有员工 7000 多人、总占地面积 2500 多亩、总资产超 100 亿元，是中国钢铁工业协会理事单位、中国循环经济协会理事单位、中国民营企业 500 强、全国节能减排先进集体、浙江省重点行业龙头骨干企业、浙江省百强企业。2013 年成为工信部首批符合《钢铁行业规范条件》的 45 家企业之一，2015 年获得国家发改委批复、浙江省发改委下发的《年产 500 万吨钢铁项目》备案通知书。

一、发展历程

元立集团前身遂昌钢铁厂于 1990 年 8 月破土动工，1991 年 4 月 15 日成功炼出第一炉钢水，迈出了辉煌事业的第一步。1993 年，开坯、棒材生产线建成，遂昌彻底告别有钢无材历史，省领导赞誉："创造了浙西南山区搞重工业经济建设的一大奇迹。"同年 12 月 26 日，遂昌钢铁厂更名为遂昌钢铁总厂。1996 年，彻底淘汰传统模铸工艺，上马连铸项目，使元立走在全省乃至全国小型冶金行业前列，全国 20 多家钢厂前来"取经"。同时，也为今后深度开发金属制品奠定了基础。

1997 年，全国冶金行业的严峻形势使元立从全省乃至全国小冶金企业的前茅走到了举步维艰的境地。元立决定围绕自身主导产品走钢材深加工的路子以此来提高产品的附加值，从而达到增强综合效益的目的。1998 年 1 月 12 日，租赁遂昌县螺钉厂，9 月成立遂钢金属制品有限公司，建成当时浙江省最大的金属制品生产线。之后，相继成立了拉丝厂、制钉厂、镀锌厂、冷轧厂等生产厂，开发出钉、丝、网、焊材等系列金属制品。从单纯销售钢材的粗放式经营到销售各种金属制品，小钢厂的劣势变为优势，企业的命运出现了重大转折。与此同时，元立由内贸企业转为外向型企业，从第一票两个集装箱出口也门开始，到现在每天都有近 10 个集装箱产品发往世界各地，产品畅销五大洲 100 多个国家、地区。

2000 年，遂昌钢铁总厂更名为遂昌金属制品总厂，2001 年，企业顺利完成改制工作，浙江元立集团正式成立。此时，元立集团已成为浙江省冶金行业第二大企业，丽水市第二大、遂昌县第一大企业。然后，由于行业特点，元立想做强做精、转型升级，就必须跳出遂昌，谋求更大的发展空间。

2003 年，又一个辉煌的开始，元立集团斥巨资衢州异地技改，成立了衢州元立金属制品有限公司，淘汰遂昌原有短流程 60 万吨电炉炼钢生产线，打造金属制品母材加工基地。2004 年 5 月，第一台 450 立方米高炉顺利建成投产，从破土动工到高炉出铁，仅用时 9 个月时间，创造冶金建设史上的奇迹。之后，转炉、连铸、轧钢、烧结、焦炭等生产线相继建成投产，形成年产铁水 450 万吨、钢 500 万吨、材 500 万吨的生产规模。从铁矿粉进厂到各种规格金属制品输出，整个生产流程实现一体化。

与此同时，元立集团还致力于研发高附加值的金属制品新产品，加大紧固件、产品丝、焊材、钢管的市场开发力度，2003 年 4 月，顺康公司竣工投产；2006 年 11 月，峰力公司年产 7 万吨拉丝生产线竣工投产；2007 年 6 月，镀锌厂年产 36 万吨扩建项目竣工投产；2008 年 3 月，年产 12 万吨天力公司紧固件生产线竣工投产；2008 年 10 月，年产 10 万吨新元焊材生产线竣工投产；2009 年 7 月，年产 70 万吨新禾管业生产线竣工投产；2010 年 9 月，年产 20 万吨新宏钢制品项目制管厂竣工投产；2012 年 12 月，年产 40 万吨热镀板材项目竣工投产；2015 年 10 月，年产 500 万套系列休闲用品项目竣工投产。

不积跬步，无以至千里；不积细流，无以成江海。浙江元立集团从建厂初不足百人发展到现在的 14000 余人，在以叶新华董事长为首的企业领导层的带领下，元立人始终团结一致、齐心协力、负重拼搏，创造出一个又一个令人炫目的辉煌。

二、主要发展成就

衢州元立公司在发展过程中，依靠循环经济、产业链的延伸和多元化发展，创造产品优势、成本优势，拓展生存和发展空间，推动企业持续、快速、健康发展。

一是高起点生产优钢。元立公司花巨资引进美国摩根精轧机组和德国西门子电气控制系统，高起点打造先进装备，引进专业管理团队，不是为了生产普通建筑用钢材，而是目标瞄准了下游企业精、深加工用的优钢。浙江是产钢小省，又是钢材加工大省，大量的钢材需外省补充。生产优钢可以说是天时、地利、人和。目前，已成功开发了 ER50-6、30MnSi、30CrmoTi、H08A、60 号、轴承钢等系列优钢产品，95% 以上钢材为优质工业加工材。

二是循环经济，绿色发展。衢州元立公司自成立以来，一直以打造"绿色金属制品基地"为使命，致力于发展循环经济，目前已初步建成产品产业链循环经济、能源循环经济、物料循环经济等三大循环经济模式。其中，衢州元立公司依托浙江元立集团产业链优势，使钢材规格与金属制品母材需求无缝对接，同时将非定尺、短尺母材进行深加工生产紧固件、订丝类产品，目前实现了60%以上的钢材产品可直接用于深加工，减少了再加工和二次回炉的能源消耗；同时，根据企业自身的生产工艺和设备，建设了余热余压利用、以汽代电、钢渣处理等企业内循环，目前已建成188MW的余热发电机组、28MW的余压发电机组、86MW的以汽代电装置，实现了100%以上用电量自给。

三是金属制品，精深加工。衢州元立公司目前已形成了钉类、丝类、标准件类、焊材类、管带类、休闲用品类等五大系列的金属制品，产品规格上千种，年生产能力达300万吨。衢州元立公司的金属制品产业链之长为国内之最，从炼铁、炼钢、轧钢再到各类消费终端的金属制品，实现了全流程多元化生产，"元立"牌金属制品大批量出口到中东、东南亚、欧美、非洲的近百个国家和地区，拥有了一批忠实的国际用户，元立品牌已跨出国门，走向世界。

未来，公司还将坚持绿色发展的理念，一方面投入巨资用于环保节能技改，实现环保治理和节能技术开发改造，努力实现超低排放；另一方面大力推进厂区绿化、美化、净化工程和设备智能化、自动化改造，力争打造成真正的"绿色工厂、旅游工厂、智能工厂"。

三、不断推进改革创新

（一）着力降本增效，提升经济效益

2016年10月以来，各主要生产厂实行承包经营，锁定目标，节奖超罚，大大激发了各厂员工工作积极性，降本增效作用明显。各主要生产厂也通过不断技术改进，达到增产降耗提质的效果。炼铁厂通过加强炉温的控制，铁水质量和一级品率有了大幅度提高。炼钢厂坚持以连铸"恒拉速、恒液面、恒温度"方针组织生产，重点抓转炉终点控制、精炼的工艺优化和连铸的保护浇注，与2015年同期相比夹杂物控制水平、钢水的可浇性和铸坯的表面质量都有所提升，在优钢比例达到50.95%情况下（同比提高0.6%），质量合格率平均达到99.61%，同比提高了0.14%。炼钢厂还从钢耗、维修费、氧气、氩气等18项指标进行攻关，并成立钢铁料消耗专项攻关小组，入炉渣耗每吨42.25千克，较2016年下降7.7千克。

在冶金工业规划研究院发布的 2017 年中国钢铁企业综合竞争力评级结果中，衢州元立公司获评 "A" 级竞争力特强企业，这是继 2016 年获评 "B+" 竞争力优强之后再次进入竞争力评级范围。在中钢协发布的主要产品制造成本前三名的榜单中，衢州元立公司荣获 "转炉连铸低合金钢方坯单位制造成本先进企业" 第三名。

（二）推进技术革新，优化产品结构

1. 积极探索产学研结合，不断提升产品品质和档次

2016 年 1 月，衢州元立公司与钢研总院华东分院签订了产学研合作协议，以提高齿轮钢、冷镦钢和深冲用优带产品质量，华东分院委派了冶炼和轧钢专家长驻元立提供技术和市场服务，并聘任钢铁研究总院华东分院常务副院长为公司副总经理，主要负责特殊钢品种开发、生产技术及质量管理等工作。除和钢研院进行合作外，公司还不断引进人才，从各钢厂引进炼钢、轧钢工程师，从武汉科技大学引进炼钢和材料专业研究生。同时，通过改进、完善设备，提升产品质量。2018 年，上马第 6 台 LF 精炼炉，对炼钢连铸进行技术改造，如大包升降改造、完善下渣检测系统等，进一步提高钢水纯净度。通过不断的质量攻关活动，夯实基础管理，优化生产工艺，提高产品质量。虽然合格率同比有了一定提高，但产品质量还不稳定，夹杂物超标、顶锻开裂现象时有发生，公司下步还将派人到其他特钢生产企业学习取经。同时，考虑到现有 6 条连铸机都是国产，将把其中 1~2 条技改为进口连铸机，以进一步提升产品品质。

2. 加快新产品研发，增强市场竞争实力

在新产品开发方面，2018 年也取得了突破性的进度：相继开发出 55 号钢、40Cr、70-1、20CrMnTiH、SWRCH45K、50Mn、20CrMnTi 线材、直径 8.0 毫米和直径 10.0 毫米盘螺等新品。品牌建设也获得了新发展，公司先后荣获 "2016~2017 中国工业线材优质钢厂品牌" 和 "2017 年度中国带钢领导品牌"，这些荣誉的获得也是对元立近年来在产品质量提升、研发方面的肯定。

（三）立足绿色转型，实现可持续发展

1. 践行 "两山理论"，不断提升治污水平，努力打造绿色环保企业

党的十九大指出，建设生态文明是中华民族永续发展的千年大计，必须树立和践行绿水青山就是金山银山的理念，要实行最严格的生态环境保护制度，形成绿色发展模式。元立集团的环保工作紧随国家最新的环保要求和排放指标，积极践行 "两山理论"，不断地投入资金用于环保设施的升级改造和污染治理。2017 年，继续对炼钢、炼铁和烧结等工序

开展清洁排放改造，以上脱硫和除尘设施技改完成后经环保验收检测均达到特别排放限值要求，其中脱硫设施排放指标大大优于限值要求。

随着提升改造的完成，2017年全年，元立集团各项污染物排放在市环保局每季度检测及日常检查中均未发现有超标行为和违法排污，全年实现环保零考核。特别在2018年的中央环保督查和浙江省省级环保的两轮督查中，公司污染物排放经受了多次上级环保部门的检查和取样检测，最终未发现有违法问题和超标问题。

2. 提升现有循环经济项目管理水平，开拓循环经济增长新亮点

2017年是衢州元立公司循环经济发展过程中重要的一年，一方面公司通过管理手段使现有的余热余压发电机组、以汽代电机组、脱硫除尘设施等循环经济项目能得到有效的发挥；同时投资了4亿元建设了余热发电能效提升技改项目，较现有发电机组增加60MW装机规模，年增加发电量3.3亿千瓦时，年节约标煤10万吨。同时，公司投资1亿元实施了料场全封闭改造项目，通过全部封闭大棚实现料场的绿色仓储，避免扬尘、雨水冲刷等情况的发生。

（四）强化红线意识，坚守安全底线

安全环保是我们企业的头等大事，关系到元立生死存亡，环保只要肯花钱去投入就可完善，而安全是动态的管理过程，企业也在制度上、管理上、装备上都做了大量的工作，如安全风险金改革、夜班检查制度、节假日高层值班制度、派驻安全环保专员、全面整治"三违"活动、请巨安公司进行专业化安全服务，安全标准化创建、全员职业健康体检等等，并不断通过行业对标，寻找差距，提升安全管理水平。

（五）发挥党建引领，助推企业发展

自公司成立以来，特别是党的十八大以来，公司全面加强党的建设，充分发挥党组织在民营企业生产经营管理中的作用。例如，在公司开展的"质量效益年"活动和"设备管理年"活动中，党组织积极参与，收到了很好的效果。通过"质量效益年"活动的开展，提高了全员质量意识，形成了人人抓质量、人人讲质量、人人有质量意识、向质量要效益的浓厚氛围，炼钢质量合格率提升，质量投诉率下降。"设备管理年"活动，同样取得了较好的效果，通过每季检查、考核，大大促进了设备的规范管理，受到了生产厂的欢迎和支持。"五心党建"工作法和党建"示范点"建设受到上级党组织的高度评价。

工会、团委能积极主动关爱新进大学生，通过给新进大学生送"元立"牌自行车，召开座谈会，举行篮球赛等活动，让新员工切实感受到企业的凝聚力；后勤部做好上下班车

辆接送、就餐、住宿等各种后勤保障工作，让新员工有一种家的归属感。人力资源部做好通过制定技术津贴管理办法和冶金类重点高校对口专业毕业待遇规定等相关制度，确保人才招得进，还能留得住、用得好。公司还建设了员工活动中心，配套建设室内篮球场，乒乓球室和健身房等设施，使员工文化生活环境得到大幅改善，"幸福元立"指数得到全面提升。

2016年以来，钢铁行业通过积极推进供给侧结构性改革，迎来了春天。我们相信，只要我们坚持以习近平中国特色社会主义思想为指导，按照党的十九大提出的高质量发展要求，不断的改革创新，钢铁企业就充满着良好的发展机遇。同时，元立集团也将继续着力于提质增效、绿色发展、安全发展，争取实现新突破、新发展。

"红色引擎" 驱动泰山钢铁高质量发展

山东泰山钢铁集团有限公司

山东泰山钢铁集团有限公司（简称泰山钢铁）位于山东省莱芜市，地处环渤海经济圈的核心地带，连通青岛、日照两大港口，是一家以不锈钢为主打产品，以精品板带材为主体，新材料、能源电力、国际贸易、机械制造、物流运输、房产开发、酒店服务等多业并举和产学研协同发展的现代化企业集团，是全国最具竞争力的 400 系不锈钢生产基地，也是国家工信部批准的《钢铁行业规范条件》合规企业、国家第一批"绿色工厂"、国家新材料产业化基地骨干企业、院士工作站、国家级企业技术中心、中国 500 强企业、山东百年品牌重点培育企业。

目前，泰山钢铁现有焦化、原料、炼铁、炼钢、轧钢、冷轧、不锈钢等 10 个分厂和 22 个子公司，具备年产 350 万吨铁、400 万吨钢、180 万吨不锈钢的综合生产能力，拥有山东省唯一的以铁水为主原料的全流程不锈钢生产线和山东省最大的普碳冷轧薄板生产基地，形成了以不锈钢、普碳热轧和普碳冷轧系列板带材为主的高效节能型产品集群，主打产品 400 系不锈钢产量位居全国前列。

一、改革开放 40 年取得成绩和变化

山东泰山钢铁集团有限公司是一个始建于 1969 年的老企业，前身是泰安地区钢铁厂，1971 年投产，1981 年停产，1984 年莱芜市铁厂成立，同年 4 月 20 日在废墟上恢复生产，1993 年改名为山东泰山钢铁总公司，2000 年改名为山东泰山钢铁集团有限公司。

几十年的艰苦奋斗、砥砺前行，是改革开放使泰山钢铁焕发了新活力，实现了跨越式发展。2007 年销售收入突破 100 亿元，成为莱芜市第一家销售收入超百亿的地方企业，位居中国企业 500 强第 406 位。2017 年实现销售收入 262 亿元，是改革开放前 7925 倍，企业总产值、资产分别是改革开放前的 4820 倍、1267 倍，位居中国企业 500 强 479 位、中国制造业企业 500 强 248 位。40 年改革开放，40 年沧桑巨变，泰山钢铁生产建设取得了令人瞩目的成就，企业的面貌发生了根本性的变化，职工群众的生活水平持续提高。

泰山钢铁集团乘着改革开放的春风，进行了大规模的技术改造和基本建设，走过了一条不平凡的道路，战胜了重重困难，取得了令人鼓舞的成就。从 1984 年到 2018 年上半年，泰山钢铁集团累计产铁 4027 万吨、产钢 3943 万吨、产材 4424 万吨，实现利税 95 亿，实现进出口贸易总额约 120 亿美元。截至 2018 年，泰山钢铁集团厂区占地面积 10.8 平方千米，在职职工 3.56 万人，其中在岗职工 8000 人，十年间，职工的工资收入翻了四倍；带动了莱芜市采矿业、运输业、建筑业、农业和机械加工业等产业的发展，为国家经济社会发展作出了重大贡献。

改革开放 40 年，泰山钢铁创造了中国钢铁史上的多个第一！全国第一套高炉煤气余热发电机组；全国第一台具有自主知识产权的环型烧结机；全国第一条 950 毫米板坯连铸生产线；全国第一条全自动、全液压、全数字的 950 毫米热轧带钢生产线；全国第一条自主设计、自主制造的 1700 毫米冷轧薄板生产线；世界第一条集群式 GOR 转炉不锈钢生产线；全国第一家用国产化炉卷轧机开发出高品质优特钢的企业；全国第一条引进乌克兰技术设计建造的连铸、卷曲和三连轧不锈钢热轧生产线；世界第一次将烧结烟气有机催化脱硫技术应用于钢铁行业，这些都为中国冶金装备制造业和钢铁工业发展提供了机遇，作出了贡献！

改革开放 40 年，泰山钢铁实现了企业发展脱胎换骨的跨越！由一个年产不足 100 万吨生铁的单一产品小厂，发展成为现在拥有 10 个分厂、22 个子公司，具备了年产 350 万吨铁、400 万吨钢、180 万吨不锈钢的综合生产能力，形成了从炼铁、炼钢到热轧、酸洗、冷轧的完整不锈钢生产链，成为全国最具竞争力的 400 系不锈钢生产基地；职工人数由不足 300 人增加到 20000 多人；企业占地面积由过去的不足 2 平方千米到现在的 10.8 平方千米；进出口贸易从零到有，2017 年实现进出口总额 11.9 亿美元；2012 年以泰山钢铁为依托，莱芜市委、市政府规划成立了泰钢不锈钢生态产业园，2017 年建成了 80 万吨不锈钢冷轧深加工项目，在山东省高端装备制造业布局和莱芜市打造钢铁精深加工产业聚集区的战略中发挥着积极作用。

改革开放 40 年，泰山钢铁承担社会责任、服务支持地方发展大局！泰山钢铁始终把造福群众、回报社会作为义无反顾的选择和矢志不渝的追求。为帮助周边农村发展经济，2003 年泰山钢铁主导成立了泰钢工业园，并在适龄青年招工、发放老年生活补助、推行新农村合作医疗、实施新型农村养老保险、推行农村低保制度、落实"三无"人员补贴等方面出台了一系列惠民措施，落实解决周边 10 个村 15000 多群众的生活、生产、教育、计生、养老、卫生等问题。为带领周边村民增收致富，泰山钢铁出资建设支持各村发展集体项目 40 多个，招工就业 4000 多人，极大地发挥了工业带动和产业辐射作用，探索了以龙头工业企业为依托，实现"农业工业化、农民居民化、农村城市化"的新路子。

泰山钢铁是企业，更是奉献社会、服务社会的战斗队、排头兵。20世纪90年代初期，随着市场经济体制改革的不断深化，在新旧体制碰撞、转换的过程中，一些企业濒临倒闭，一些工人面临下岗，泰山钢铁集团也受到了冲击。在这样的困难时期，从1993年到1995年泰山钢铁先后兼并了第二发电厂、机械设备总厂、纺织机械厂3个莱芜市包袱企业。30多年来，从帮助周边村民抗旱、到牟汶河治理，从长江抗洪捐款、到汶川、玉树地震捐款，泰山钢铁集团一直践行着这样的理念，这样的品格，这样的初心，这样的使命。

二、改革开放40年主要发展历程

1978年12月18~22日召开的具有重大历史意义的党的十一届三中全会，实现了新中国成立以来的伟大历史转折，开启了改革开放历史新时期，这是我党和国家历史上一座划时代的里程碑。泰山钢铁作为与改革开放共同成长起来的钢铁企业，与国家的改革和发展息息相关、紧密相连。从1969年至今，伴随着改革开放的步伐，泰山钢铁走过了极不平凡的波澜壮阔的光辉历程。在改革开放中发生了历史性的变化，焕发出勃勃生机。站在改革开放40年的重大历史节点上，回眸泰山钢铁改革历程，可以说，泰山钢铁的发展历程是一部思想解放史、是一部成长发展史，是一部改革创新史。

（一）1969~1981年：泰山钢铁前身泰安地区钢铁厂投产、下马阶段（在大炼钢铁的号召中投产，在国民经济调整中停产）

1958年，针对新中国成立后我国恢复建设短缺物资的状况下，毛泽东主席向全国人民发出了"备战、备荒、为人民"和工业"以钢为纲"号召，在"一个粮食，一个钢铁。有了这两样东西，就一切都好办了"的条件下，1969年，泰安地委行署决定依托莱芜丰富的铁矿石资源建设泰安地区钢铁厂，1971年，第一座55立方米高炉建成投产，下设钢铁厂、焦化厂、铁矿，主要冶炼铸造生铁和炼钢生铁，1976年第二座55立方米高炉投产。

因经受不住计划经济体制带来的严重束缚，泰安地区钢铁厂十年间共生产生铁28万吨，累计亏损了4600万元，换了七任党委书记仍无力回天，成了泰安地区的沉重包袱。1981年6月24日，泰安地区钢铁厂两座55立方米高炉熄火，被迫在国民经济调整中停产下马。

（二）1981～1993 年：泰山钢铁改革创业阶段（企业由单一炼铁生产发展到钢铁生产为主导、多业并举的大型钢铁联合企业）

党的十一届三中全会确定把党的工作重心转移到经济建设上来，我国改革开放处于起步阶段，全国步入到以经济建设为中心轨道上来、以市场经济为取向的改革开放路线上来。在这种形势和任务面前，1983 年，莱芜由县改市，泰安地区把下马后的钢铁厂划给了莱芜市。

1984 年 3 月，在党的改革开放政策指引下，为了充分发挥莱芜市资源优势，重振地方钢铁工业，时任莱芜第二水泥厂党支部书记的王守东向市委市政府提交了《上马恢复炼铁刻不容缓，决心为振兴莱芜经济做出贡献》的请缨报告，把经营权交给企业，自负盈亏。4 月 20 日，筹建指挥部召开了"恢复上马誓师大会"，宣告莱芜市铁厂正式成立，拉开了泰山钢铁波澜壮阔的发展序幕。

在国家没投一分钱、银行没贷一分款的情况下，泰山钢铁借船出海、借梯上楼，开启了"补偿贸易"的先河。从上海冶金局借来了第一笔启动资金 300 万元，用于高炉修复，以后用生铁还账。经过 105 天夜以继日的奋战，攻克了 311 个难关。1984 年 9 月 17 日，第一座 55 立方米高炉修复投产，当年生产生铁 7600 吨，盈利 53 万元，一举摘掉了莱芜历史上炼铁亏损的帽子，迈出了企业坚实发展的第一步。

1985 年 5 月 1 日，第二座 55 立方米高炉投产；1987 年 5 月 6 日，100 立方米高炉投产，当年实现经济效益 1200 万元，莱芜市铁厂一跃成为全国县属企业最大的铁厂。1993 年，泰山钢铁首次实现改革转型发展，建成投产 10 万吨炼钢厂。同年 2 月 17 日，山东泰山钢铁总公司成立；9 月，经国务院批准定为国家大型一档企业，这标志着企业发展跨入了一个新阶段，是泰山钢铁改革发展史一个新的里程碑。

这期间，党中央作出了关于经济体制改革的一系列重大决策，泰山钢铁坚决遵守中央"巩固、消化、补充、改善"的八字方针，实行了厂长负责制，全面推行经济承包责任制，以车间为承包单位，实行厂、车间、班组三级核算，自负盈亏，分配拉开档次，打破大锅饭、铁饭碗，做到了奖勤罚懒，体现了多劳多得，极大促进了生产经营。

（三）1993～2004 年：泰山钢铁改革攻坚阶段（企业由国营成功改制民营，焕发新生机、活力）

以邓小平 1992 年春南巡讲话和党的十四大为标志，确立了建立社会主义市场经济体制的改革目标。党的十五大提出，要把国有企业改革与改组、改造、加强管理结合起来。

对国有企业实施战略性改组。这一期间，我国经济体制由计划经济向市场经济转变，改革开放和社会主义现代化建设进入新的发展阶段。泰山钢铁也经受了市场经济的严峻考验，改革进入了制度创新和体制改革的攻坚阶段。特别是 1998 年到 2000 年，党中央、国务院实施了国有企业改革脱困 3 年攻坚，泰山钢铁率先实现了企业体制改革，重新焕发新的生机和活力。

1994 年，面对国家宏观调控、产品行情下滑、市场需求不足等前所未有的困难，泰山钢铁提出"审时度势、扬长避短、激流勇进、再创辉煌"的指导方针，坚持以市场为导向，以管理创效益，以科技求发展，使企业保持了稳定发展的良好势头。1997 年，面对国家关停并转的政策约束和市场竞争压力，泰山钢铁提出了"一个中心、两个市场、三个转变、五个支柱"的战略。为了促进思想的不断解放和观念的不断更新，泰山钢铁从 1994 年起到 2001 年连续 7 年开展了"练内功、挖内潜、抓内涵""泰钢靠我发展、我靠泰钢生存""如何振兴泰钢""爱家、爱岗、爱国、爱党""中国加入 WTO，泰钢怎么办？"等大讨论活动，使广大职工摒弃了"等靠要"等计划经济旧观念，树立了"优胜劣汰、适者生存"的市场竞争法则。

技术创新和创新发展是现代化企业的活力源泉。"九五"以来，邓小平同志提出了"科学技术是第一生产力"的思想，面对落后就要挨打、落后就要被淘汰的紧张形势，泰山钢铁向全公司发出了"大发展小困难，小发展大困难，不发展最困难"的发展思路，从实际出发调整了变革方向，实现了两个转变：一是由粗放型向集约型转变：泰山钢铁以科技为先导、以发展为目标，在全国冶金行业率先建设了集约高效的高炉余热发电和 16 立方米环烧机，成为我国首家高炉余热再利用的钢铁企业。二是由规模型向效益型转变："不求大、只求强"是泰山钢铁发展理念，把企业发展转变到经济效益上来，走出了一条"高指标、高效益、高收入"的技术改造的新路子，加快了工艺进步和产品优化，推动企业再上新台阶。这期间，泰山钢铁的工业总产值、利税平均每年都以 64%、68% 的速度递增，各项经济技术指标在全国都处于领先水平。

进入 20 世纪 90 年代初期，泰山钢铁提出了"一业为主，多元经营，高新专特，大小结合，适应市场，不拘一格"的发展方略。1998 年 5 月，泰山钢铁进军三产领域，建成了莱芜第一座高档次、高品位的娱乐场所——泰钢娱乐城，又相继进军房地产，先后开发了安泰首府、安泰华府、同心家园等多个高档小区，引领着莱芜地产的风向标。为泰山钢铁品牌注入了新的生机和活力。

到 2000 年，泰山钢铁圆满完成了国有企业改革计划，率先实现了体制机制的变革，开启了民营经济的新纪元。

（四）2004~2012 年：泰山钢铁改革转型阶段（企业由普碳钢成功转型到不锈钢）

这期间，泰山钢铁认真研究影响泰山钢铁改革、发展、稳定的突出矛盾和问题，紧紧围绕泰山钢铁发展面临的新形势新任务，连续开展了"忆比查思干"整风肃记活动，进一步解放思想、转变观念，与时俱进、加快发展。

2004 年起国家开始宏观调控，推出"控制总量、调整结构、淘汰落后"的国家产业政策，泰山钢铁积极响应国家政策，确定了"单纯、集约、高效、清洁"的产业发展方向。泰山钢铁围绕"轻、薄、短、小"上下工夫，在转型 950 毫米中宽带时，又提出了"争分夺秒，抢抓机遇，顽强突击，多快好省"的建设总方针，因转型中宽带，精品钢材成为泰山钢铁新的增效亮点，生产的"四通"热轧中宽带产品被评为"山东名牌产品"。紧接着，2006 年建成了填补山东地区高档冷轧薄板的空白。

特别是党的十七大对继续推进改革开放和社会主义现代化建设、全面建设小康社会的宏伟目标做出全面部署，为积极落实科学发展观、转变发展方式、破解发展难题、提高发展质量和效益等重要精神，2007 年，泰山钢铁打响了一场"淮海战役"，决定突破民营钢企发展不锈钢的瓶颈，转型转产不锈钢。2008 年 7 月 1 日是中国共产党 87 周年华诞，这一天，泰山钢铁不锈钢生产线竣工投产，向党的生日献礼。

（五）2012 年至今：泰山钢铁高质量发展阶段（企业由单一的不锈钢生产向高端不锈钢精深加工、产业聚集区延伸）

党的十八大以来，以习近平同志为核心的党中央团结带领全党全军全国各族人民，高举中国特色社会主义伟大旗帜，统筹推进"五位一体"总体布局、协调推进"四个全面"战略布局，推出一系列重大战略举措，出台一系列重大方针政策，推进一系列重大工作，解决了许多长期想解决而没有解决的难题，办成了许多过去想办而没有办成的大事，党和国家事业发生了历史性变革，中国特色社会主义进入了新的发展阶段。

党的十九大更加明确指出，加快建设制造强国，加快发展先进制造业，推动互联网、大数据、人工智能和实体经济深度融合，在高端制造、绿色低碳等领域培育新增长点、形成新动能。

泰山钢铁认真贯彻落实党的十八大、十九大精神，2012 年以来，瞄准高端制造的目标，以创新的、先进的、高效的产能加快新旧动能转换。特别是 2016 年以来，泰山钢铁按照《中国制造 2025》战略要求，坚持走新型工业化、信息化道路，推动信息化和工业化深度融合，高起点打造质量创新平台，大力推进两化融合、智能制造与绿色制造，以国家级技术中心、院士工作站为依托，借助大数据、云计算、人工智能等技术，聚焦钢铁流程再造，不断提升不锈钢技术创新水平和产业化应用能力，拓展高端不锈钢产品的研发和应用。

在习近平新时代特色社会主义思想指引下，2018 年 1 月 3 日，国务院批复了《关于山东新旧动能转换综合实验区建设总体方案》。2 月 22 日，山东省委召开了山东省全面展开新旧动能转换重大工程动员大会后，把莱芜确定为打造高端钢铁精深加工产业聚集区、清洁能源研发制造基地。泰山钢铁作为打造不锈钢强省的重要力量和莱芜打造高端钢铁深加工产业聚集区的重要支撑，泰山钢铁立足莱芜钢铁产业的悠久历史和深厚基础，全力发展高端不锈钢，在产业链延伸和深加工领域迈出新的步伐，打造中德不锈钢特色小镇，率先打造国内一流的高端钢铁精深加工产业集群。

国家战略，山东担当，泰钢责任。进入 2018 年，泰山钢铁提出了"大集团战略，国际化模式，多元化发展"的五年战略和"提质量，树品牌，效率为先，流程再造"的 2018 年工作方针，泰山钢铁在品种质量上下工夫，在创新研发上做文章，着力引进、建设高档不锈钢深加工项目，为国家的战略，山东的担当，贡献泰山钢铁的责任。

事实证明，泰山钢铁走出了一条辉煌、光荣的道路，是改革开放大潮中出现的奇迹，是解放思想春风里孕育出的硕果，是实事求是路线上矗立起的标杆。泰山钢铁这 40 年是改革开放的 40 年，是艰苦奋斗的 40 年，是团结拼搏的 40 年，是既出钢材又出人才的 40 年。

三、改革开放 40 年主要经验

回眸泰山钢铁改革壮大的历史，就是高举中国特色社会主义伟大旗帜，把党的领导作为企业的核心理念，坚持深化改革、扩大开放、和谐发展的历史，就是全心全意搞建设、一心一意谋发展的历史。总结泰山钢铁改革开放 40 年主要经验就是始终把"党的领导"作为企业发展进步的核心理念，坚持遵循党的领导、思想政治工作、企业管理和科技进步"四个轮子"同步协调运转的经营方针，探索出了一条党建引领民营企业持续健康发展的路子。

（一）传承红色基因、筑牢战斗堡垒，是泰山钢铁高质量发展的"永恒动能"

党政军民学，东西南北中，党是领导一切的。"把抓好党建作为最大的政绩，把党建做实了就是生产力，做强了就是竞争力，做细了就是凝聚力。"这是泰山钢铁持之以恒抓党建工作的总原则。

"举什么旗、走什么路"是事关民营企业发展方向的重大问题。改革开放 40 年来，不管形势怎么变、结构怎么调、机制怎么转，泰山钢铁始终坚持抓好企业的党建工作不放松，时刻与党中央的部署高度统一。建厂初期，泰山钢铁确立了"听党话、跟党走"，形成了"四轮驱动""泰钢精神""五条姿态"传统的核心文化。2016 年，泰山钢铁更加确立了"泰钢姓党"，形成了"四个意识""四个作风""四个保障"先进的现代文化，成了独具特色的红色企业文化。

坚持党的领导、加强党的建设，是泰山钢铁稳健发展的制胜法宝。1984 年，泰山钢铁就确定了党的领导、思想政治工作、企业管理和科技进步"四个轮子"发展战略，始终坚持把党的领导、思想政治工作作为发展的前轮、方向轮，把"党的领导"作为一切工作的核心，把思想政治工作作为一切工作的生命线。2000 年由国营企业改制以后，泰山钢铁的党建不仅没有弱化，而是更加强化，深化了"主题党日""党员包班""一帮一、一对红"活动，党员到后进班组、艰苦岗位送温暖、出主意、解难题，开展了"党员创新工作室""党员先锋岗""红旗责任区"创建等系列活动。在扎实推进"两学一做"学习教育中，我们坚持做到知行合一，在主动对标达标上下功夫，发起了"继承遗志，传承精神，争当改革创新先锋"劳动竞赛，创建了"党员先锋岗""红旗责任区"，成立了"党员突击队""党员技术攻关组"，党员干在前、学在先、奉献在岗位，做到了接受任务愉快、执行任务坚决、完成任务彻底，关键时刻站得出、冲得上、打得赢，形成了"见先进就学、见落后就帮、见荣誉就让、见困难就上"的正气，确保了各项目标任务的完成。

2006 年 6 月 24 日，人民日报一版头条以"一个共产党员和六千人的'大家庭'"为题，报道了泰山钢铁抓党建工作和思想政治工作先进经验和做法。"一个党员就是一面旗帜，一个党组织就是一个坚强的战斗堡垒。""支部建在连上"每个单位设立党支部书记，成为泰山钢铁的特色。

思想政治工作是泰山钢铁的"传家宝"。泰山钢铁始终坚持"人的因素第一、政治工作第一、思想工作第一、活的思想第一"，积累了一整套做思想政治工作行之有效的理论、经验和做法。我们常年用军号指挥作息，在恢复生产大会战时用《钢铁战报》凝聚力量，黑板报、宣传栏一直沿用至今。1995 年，泰山钢铁党委成立了政治部，制定了《政治工作条例》，在利用好一报（《泰钢报》）、一刊（《泰钢思想》）、一站（泰钢广播站）、一台（泰钢电视台）、一网（泰钢网）思想阵地的基础上，成立了泰钢文艺联合会，下设"红旗"文学社、"钢之花"宣讲团、摄影家协会、书画协会、"铁流影视协会" 5 个社团，积极开展职工喜闻乐见的文化活动。泰钢投入巨资高起点规划、高标准建设完成了

"泰钢精神主题展览馆"，打造了一个传承精神、弘扬作风、凝心聚力的教育新平台。根据思维方式及信息传播方式的新变化，在利用好传统媒介的基础上，开办了泰钢微信公众号，运用现代化手段，体现时代特色，大量宣传新人新事新风尚，传播知识、发布政令、交流经验、沟通信息，向每一个岗位、每一名职工不断发出"好声音"，传递"正能量"，成为凝聚广大干部职工向心力的有力武器，也成为泰钢思想政治工作的一个响亮品牌。

2016年，泰山钢铁不断加强政治、大局、核心、看齐"四个意识"，不化强化自觉、规范、执行、担当"四个作风"，不断健全制度、标准、目标、责任"四个保障"，在现有党支部21个、党员1289人的堡垒、模范带动下，做到了人心不乱、队伍不散、发展不慢，促使着泰钢时刻保持着上下同心、开拓进取、争创一流的强大正能量和蓬勃生命力。

特别是2016年，在钢铁行业面临着经济下行、银行抽贷、环保加压的形势下，泰钢的创始人又突然离世。在前所未有的考验面前，职工队伍凝聚力、向心力、战斗力高度统一，在全公司掀起了"继承遗志、传承精神，争当改革创新先锋"的活动，彰显出强烈爱企之情、兴企之志。此时，泰钢人的声音是最响亮的，决心是最坚定的，意志是最顽强的，队伍是最团结的，当年实现销售收入268亿元，取得了金融危机以来最好的成绩，2017年又创出了近十年来最好利润，2018年上半年又创出了利税10亿元的好成绩，这一切正得益于泰山钢铁始终坚持党的领导和思想政治工作。作为一个大型民企，党建工作在泰钢集团事业的发展中发挥了不可替代的作用。

经过建设和发展，泰山钢铁先后获得"全国非公企业双强百佳党组织""山东省思想政治工作优秀企业""山东省先进基层党组织"等荣誉，成了莱芜市非公企业党建创新实践工作的排头兵。

（二）改进企业管理、提升管理效能，是泰山钢铁高质量发展"活力动能"

管理是泰山钢铁发展的四个永恒主题之一。改革开放40年来，泰山钢铁坚持基本点，反复抓、抓反复，持续在目标上下工夫，在成本上下工夫，在措施细节上下工夫，在执行监督上下工夫，经历了传统管理阶段、科学管理阶段和现代管理阶段，实现了从人管人、到制度管人、再到模式管人的不断升级，走出了独具特色的管理之路。

984年恢复生产时，泰山钢铁把夯实管理基础作为首要任务，制定了"打基础、抓落实、求质量、全面提高素质"的建厂方针，从最基础入手、从最基本抓起，颁布了劳动纪律17条，建立了工作、管理、技术三大标准，做到了有规可依、有章可循，保证了建设、生产等任务的顺利完成，取得了会战的最终胜利。

1993年，泰山钢铁总公司成立后，企业出现了一些新情况、新问题，规模扩大、职工增多、事务繁杂，二级厂和处室有四五十个。对此，泰山钢铁制定了"按程序、不蛮干，抓控制、考核严，高效率、负荷满，算细账、深挖潜，刻苦学、争模范"的工作方针；在企业内部推行模拟市场，把"人、财、物、产、供、销"诸多要素纳入程序控制，从而将集中一贯领导与群众民主管理有效融合起来，形成了"逐级管理不越权、保证监督忠诚献、生产经营求效益、依法治厂谱新篇"的管理体制，打了一场管理的"人民战争"。

2000 年，企业改制完成后，泰山钢铁形成了"大集团模式、小核算体系、多元化经营、市场化运作、规范化管理"的商业模式，迈进了模式管理阶段。通过内部市场化运作、产销一体化系统构建、泰钢管理模式的推行，实现了产、供、销、管、控、产、学、研的全面进步。特别是面对当前行业产能过剩、市场持续低迷的不利形势，泰山钢铁又颁布了加强纪律的"十四条政策性规定""高效工作八个基本方法"，进一步强化危机管理，坚持抓班组建设、交接班、作风、纪律、培训等支撑企业发展的基本点，靠扎扎实实、实实在在的内功争得机遇、赢得了发展，增强了应对风险的能力。

2016 年，泰山钢铁推行了精益化管理，围绕全公司产业链"产品质量最好、系统效率最高、所消耗的资源最低、所占用的资源最少"的管理目标，主要产品生产成本呈逐年下降趋势。其中，2016 年主产品成本较 2015 年降低了 2.65 亿元，2017 年又比 2016 年下降了 1.4 亿元，成本管控能力和创效能力得到最大程度的提高。

制度的改革创新全面提升企业管理水平。1984 年，泰山钢铁率先尝试"补偿贸易"，解决了没有资金的问题，同年又打破干部、工人、农民合同工的界限，在国内第一次破例招收 620 名农民合同工，解决了人员不足的问题；1986 年，泰山钢铁推行经济承包责任制，打破了分配上的"大锅饭"；1992 年，全国掀起"破三铁"，搞改革的热潮，泰山钢铁制定了干部能上能下、员工能进能出、工资能升能降系列改革方案，砸掉"铁饭碗、铁交椅、铁工资"，率先实行全员劳动合同制、干部公开竞聘制，作为全省第一批转换机制试点单位对三项费用进行了彻底改革，成了当年山东省搞改革最成功的企业。《大众日报》在一版头条以"莱芜铁厂大胆'破三铁'，企业活力彰显效益倍增"为题作了大篇幅报道，山东省经贸委、省体制改革办向全省推广泰山钢铁的经验和做法；2000 年，泰山钢铁积极稳妥地进行了企业改制，建立起责权利结合、适应企业发展的现代企业制度；2004 年后，泰山钢铁先后对企业的管理体制进行了一系列改革，推行市场化运作，实行目标计划管理，落实岗位责任制，建立泰钢管理模式，企业管理水平大幅提高；2010 年，泰山钢铁实施了事业部制改革，成立了 8 个事业部，把生产者变成生产经营者；尤其是 2016 年以来，泰山钢铁推行了精益化管理，围绕经济效益为中心进行了系列改革，还对两个子公司实行了体制机制改革，告别传统的经营模式，实行自主经营、自负盈亏，改革首月就实现了净利润 465 万元，改变了长期亏损的现象，改革成为泰山钢铁加快发展的驱动力。

（三）主动转方式、提前调结构，为泰山钢铁高质量发展注入了"核心动能"

能者发现机遇，智者寻找机遇，强者创造机遇。机遇一定是留给有准备的人。泰山钢铁始终将行业变局看作机遇，坚信每一次经济危机之后，都会有一次大的发展。按照泰山钢铁实施"差异化、专业化、精品化"的发展战略，可分为三次转型跨越：

第一次跨越：20 世纪 80 年代，改革开放处于摸着石头过河的阶段，抓住机遇、加快发展成为时代的主旋律。因此，泰山钢铁怀着"快半步天宽地阔，慢半拍举步维艰"的紧迫感，在低潮中抓住了机遇，奏响了一支支"反弹琵琶"的胜利乐曲。1987 年生铁积压严重、销售困难，泰山钢铁建起 100 立方米高炉，高炉刚建成就迎来了生铁价格上涨。1992 年底，钢铁市场疲软，泰山钢铁启动"低成本扩张战略"，采取用生铁换设备的办法，实施高炉异地大修，新上炼钢、制氧和 12 万吨轧钢生产线，迎来了市场转机。通过第一次跨越，泰山钢铁从单一的炼铁，成功转型到炼钢、轧钢。

第二次跨越：进入 21 世纪，为适应科学发展的新要求和国内钢铁产业政策的新导向，泰山钢铁及时调整发展战略，对产业链和价值链进行重组，着力打造高附加值产业链和降低系统损耗的经济链。2000 年，螺纹钢市场正旺，泰山钢铁毅然决然地淘汰横列式螺纹钢生产线，建设窄带钢连轧线，实现了产品的第一次升级换代。2002 年 9 月党委扩大会议上，泰山钢铁把产品定位在板带产品上、把泰山钢铁打造成全国的优质板带材基地的战略目标，这次会议被称为泰钢发展史上的"遵义会议"。2004 年，泰山钢铁建成了华东地区第一条 950 毫米热轧中宽带生产线，实现了跻身全国重点钢铁企业的目标。2005 年，泰山钢铁又建成了 6 条冷轧生产线，打造了目前山东最大的冷轧薄板生产基地。通过第二次跨越，泰山钢铁产业链条更加完善，企业核心竞争力显著提高。

第三次跨越：2007 年，在各地钢铁产能呈井喷式发展的时候，泰山钢铁把发展重点转向市场供应短缺、技术要求高的不锈钢产业，瞄准"国字号"和"世界级"，以乌克兰不锈钢冶炼技术为支撑，引进了德国、奥地利、以色列等国的世界先进技术，高起点规划、高标准建设，建成了世界第一座集群式 GOR 转炉、全国第一条"炉卷+三连轧"热轧生产线，填补了山东地区无大型不锈钢高档产品的空白。2015 年，泰山钢铁炉卷轧线高效节能技术改造项目被山东省政府评为了"第二届山东工业突出贡献奖"。2017 年，泰山钢铁又乘着供给侧结构改革和新旧动能转换的东风，建成了不锈钢冷轧一期工程，可生产 2B、2D、BA、HL 等高端不锈钢冷轧产品，不锈钢产业链条更为完整，价值链更加突出。由普碳钢转型不锈钢、再到不锈钢深加工，这也成为泰山钢铁发展史上最为华丽的一次跨越。

（四）培育新引擎、研发新技术，为泰山钢铁高质量发展注入了"创新动能"

泰山钢铁把"科技创新"作为永恒主题之一，坚持"博采众长、融合提炼，搜索全球、为我所用"，走出去、请进来，高起点地推进自主创新，提升了核心竞争力。在国家供给侧结构性改革和钢铁去产能的大背景下，泰山钢铁抓住钢铁行业正处在加速新旧动能转换的历史机遇期，坚持走"质量品种效益型"的路子，率先培育发展了新动能。2017年，泰山钢铁建成了 80 万吨泰嘉不锈钢冷轧深加工项目，在山东省高端装备制造业布局和莱芜市打造钢铁精深加工产业聚集区的战略中发挥着积极作用。

泰山钢铁不断加大研发投入，依托国家级企业技术中心、博士后科研工作站、院士工作站、国家级实验室、中乌铁素体不锈钢合作中心等创新平台，积极寻求与国内外科研院所的合作，着力提升自主创新能力。其中，"低镍铁素体不锈钢板带材关键技术开发"被科技部列入国家重大科技支撑计划；"高效节能铁素体冶炼新工艺技术开发"列入了科技部对俄国际合作专项；"高效环保不锈钢板带材关键技术集成创新与应用研究"获中国钢铁工业协会科技奖；炉卷轧线高效节能技术改造项目还被山东省政府评为了"第二届山东工业突出贡献奖"，并在 2015 年德国杜塞尔多夫国际冶金展上向全世界展示。

目前，泰山钢铁 420 项关键技术申报国家专利，322 项获得授权，参与制定国家标准 13 项，多个项目列入国家科技支撑计划、科技部国际科技合作专项、火炬计划和国家创新能力建设专项。"泰山不锈"刀具钢、2205 双相钢、310S、321、316L、304、430、420J1、410、409L 等百余个品种规格产品，属于国家重点支持发展的无镍低镍不锈钢产品，被广泛应用于交通运输、石油化工、航空航天、海水淡化、建筑装饰、能源发电、食品加工、环保设备、医疗器械以及家电厨具等领域。泰山钢铁也成为全国最具竞争力的 400 系不锈钢生产基地。

当前，我国正处在加快新旧动能转换、推动实现更高质量发展的关键机遇期，在 2018 年出台的《山东省新旧动能转换重大工程实施规划》中，莱芜被列为精品钢生产基地。国家战略，泰钢担当。泰山钢铁更加专注于不锈钢产品向高端化、特色化、精品化发展，努力把产品质量做到极致，把产品开发做到市场前沿。

改革开放 40 年来，泰山钢铁坚持钢铁为主、多元并举的发展战略，成功走出了一条改革创新与转型升级相结合的企业腾飞之路。主要产品均按国家产品标准和国际产品标准组织生产，1998 年获得了国家 ISO 9000 质量管理体系认证。泰山钢铁产品广泛应用于国家重点工程，辐射全国、远销全球，并远销到美国、加拿大、德国、荷兰、乌克兰、韩国、新加坡等 20 多个国家。

（五）推进深层次节能减排和环境保护，为泰山钢铁高质量发展注入了"绿色动能"

当资源、环境已经成为我国企业特别是钢铁企业发展的突出矛盾，绿色转型发展成为钢铁企业的必然选择。面对新形势，从绿色制造到制造绿色成为泰山钢铁时代选择，今天的泰山钢铁也成功探索出了一条"产城融合、生态和谐"的绿色制造之路。

从2003年起，泰山钢铁就制定了"绿色泰钢、生态泰钢、美丽泰钢"发展规划，摈弃了求大求全、规模扩张、粗放低效的发展道路，把"单纯、集约、高效、清洁"作为治厂的根本方针，把发展循环经济贯穿到企业发展的全过程，彻底改变以往高投入、高消耗、高污染的生产方式，加快构建科技含量高、资源消耗低、环境污染少的产业结构，打造绿色产品生产链，培育绿色发展新动能，实现了资源节约型、环境友好型企业发展。

走可持续发展之路，始终是泰山钢铁的企业发展观。早在1990年泰山钢铁就借鉴先进经验，研发制造了全国第一台环型烧结机，使我国的烧结工艺一下子向前推进了30年，是炼铁原料加工的一场革命。在不到两年的时间里，泰山钢铁在华西村、迁安铁厂等国内钢铁厂推广了60多台（套），并远销到印度、印度尼西亚、越南等东南亚各国，在我国钢铁发展史上留下了闪光的一页。

制造绿色的过程是一个新旧动能转换的过程，也是一个淘汰落后的过程。在2003年，泰山钢铁提前国家淘汰计划两年，淘汰了20万吨水泥生产线。从2012年开始，先后拆除了180、320、450立方米等几座"功臣高炉"，率先打响了山东省钢铁结构调整试点工作全面启动的第一枪。此前，泰山钢铁还淘汰了环烧机、小炼钢、小窄带、小水泥、小焦化等落后的低端低效产能，实现了"产业链、经济链和价值链"3个链条的优化提升。

在减少资源消耗、降低废物排放和提高资源利用率上做文章，是泰山钢铁把环保压力变为动力的重要举措。泰山钢铁从源头抓起，按照"清洁能源、清洁生产、清洁产品"的要求，充分利用风能、电能、气能，实现了废渣、废气、废水零排放，积极发展循环经济，打造绿色产品生产链。1998年，建成了"三气合一"的煤气管网模式，将富余的高炉煤气、焦炉煤气、转炉煤气全部回收发电，自发电量已经达到了用电总量的54%。1990年时，泰山钢铁建成了日处理污水5000吨的污水处理厂，是全省第一家企业自建的污水处理厂；2013年，在不锈钢改造仅环保投入就达到5.6亿元；不锈钢钢渣处理方面，在全国率先引进台湾干式棒磨机处理设备，实现了钢渣循环利用。

"作为中国钢铁大家庭中的一员，带头履行社会责任是企业的使命，绝不能因为片面追求经济效益，而把污染转嫁给社会，要做一个负责任的企业，对国家负责，对社会负责，对员工未来负责。泰山钢铁董事长、党委书记、总裁王永胜认为。"宁可牺牲产量、牺牲效益也绝不牺牲环境"。据不完全统计，改革开放 40 年来，泰山钢铁努力在环保上加大资金投入，累计在环保上投资超过 50 亿元。其中，2017 年，投资 5.7 亿元对烧结机烟气脱硫等 14 个项目进行了改造，实现了企控标准严于省控标准；投资 8600 多万元建成能源管理中心，实现了能源系统的扁平化监控与调度，使各项能源消耗大幅降低；投资 8800 多万元建设"工业余热暖民工程"，回收余热资源，用于城镇居民供暖和生活，实现了经济效益和社会效益的双赢。

在 2017 年 4 月 19 日 "第四届低碳山东成果推介暨先进典型表彰大会"上，泰山钢铁董事长王永胜荣获了 "低碳山东十大领军人物" 荣誉称号，这是继首届低碳山东高峰论坛之后，泰山钢铁再次荣获该项殊荣，也是山东省唯一一家两次入选该奖项的钢铁单位。7 月 26 日，在国家工业和信息化部公示的"国家级首批绿色工厂"名单中，泰山钢铁位列其中。

四、展望

面对新形势、新挑战，继往开来的泰山钢铁，将乘着十九大的万里长风，牢牢把握改革开放 40 年的历史机遇，以"会当凌绝顶"的雄心壮志，以"踏遍青山人未老"的豪迈情怀，以"心中有太阳"的乐观姿态，立足泰山、放眼天下，融入大时代、顺应大形势，立志担负起"产业报国、实业兴邦"的历史使命，坚持做优做强钢铁本体，立足国内国际两个市场，加快产业跨界融合步伐，不断深化跨行业、多领域、国际化合作，持续推进实施"多元化、差异化、国际化、绿色低碳"的发展战略，以更加昂扬向上的精神面貌、更加奋发开拓的饱满激情、更加顽强拼搏的优良作风，投入到"百年企业、钢铁泰山"的建设中，不负新的使命，不负伟大时代。

泰山钢铁五年发展战略：在党的十九大精神指引下，坚持党的领导，坚持改革创新，立足泰山，放眼天下，不忘初心，勇攀高峰。大集团战略，国际化模式，多元化发展。努力把泰山钢铁打造成新时代的钢铁泰山。

用 3~5 年时间，把"泰山不锈"400 系打造成世界一流的高端不锈钢新名片；把"泰山钢铁"打造成中国替代进口产品的精品优钢特钢高端制造企业；把"泰钢不锈钢生态产业园"打造成引领不锈钢行业发展、拥有千亿级规模的精品不锈钢生产及精深加工产业聚集区。目标 2022 年，泰山钢铁年产精品不锈钢 200 万吨、冷轧不锈钢 100 万吨、优质碳钢 400 万吨，钢铁主业年产值突破 800 亿元，同时带动不锈钢制品加工、配套海洋工程、高端化工装备和新能源汽车等产业，实现产业增加值 200 亿元以上。

改革开放 40 年石横特钢发展成就

石横特钢集团有限公司

石横特钢集团有限公司（简称石横特钢）地处山东省泰安市石横镇，是一个集焦化、炼铁、炼钢、轧钢、机械制造、钢铁物流于一体的大型钢铁联合企业。其前身是 1970 年 8 月山东省政府在"备战，备荒，为人民"背景下建设的"小三线"企业，2006 年改制为股份制企业，从此进入快速发展通道。2017 年实现利润总额 56 亿元，入库税金 12.9 亿元，创企业历史最好效益水平；财务费用、总资产收益率、净资产收益率、流动比率、速动比率以及单位产品效益均列行业领先水平。

企业先后被国务院评为"全国再就业先进企业"，被工信部评为"绿色工厂"，被科技部评为"高新技术企业"；在中国钢铁企业综合竞争力评级中获评竞争力特强 A 级，入选中国企业 500 强；被山东省委省政府授予"山东百年品牌重点培育企业""山东省优秀创新企业"。

一、主要发展历程

（一）1970~1994 年的计划经济时期

1. "小三线"搬迁，两厂初建

1970 年 8 月 28 日，山东省革命委员会生产指挥部决定，将青岛汽轮机厂和青岛电站阀门厂搬迁到肥城，建设"山东肥城阀门厂"（简称山阀）和"山东肥城通用机械厂"（简称山通），后列入省重点工程会战项目。20 世纪 70 年代初，山阀、山通在"边设计、边施工、边投产"的思想指导下开始了建设。因为没有明确的产品方向，1981 年山东省冶金厅决定山阀停产保点，1983 年山东省机械厅决定山通停产关闭，两厂完全陷入了破产倒闭的困境。

2. 山冶成立带来发展转机

1984 年 6 月，山东省政府决定撤销山阀、山通，组建新企业——山东冶炼加工厂，为企业发展带来了新转机。到 1985 年，有炼钢、铸钢、铸铁、锻造、金工、铆焊、制氧、

铝型材、检修等 9 个生产车间，与省内 30 多个单位建立了经济往来关系，初步形成了黑色、有色并举，冶炼、加工并举的生产格局。

（二）1994~2006 年的民营经济发展时期

1. 成立股份制民营企业，独立走向市场

石横特钢在当地政府的支持下，通过干部职工集资入股的方式注册了股份制民营企业，逐步开始了企业改制和资产重组扩张之路。1994 年，以新建轧钢生产线为依托，成立了泰顺轧钢有限责任公司；2000 年，更名为山东石横特钢有限公司。

2. 完成国有企业改制，建立现代企业制度

自 1993 年注册股份制民营企业至 2006 年国企改制完成，原国有资产因无产品方向基本处于闲置状态。2006 年，石横特钢抓住山东省部分国企改制的契机，经省国资委批准，11 月 9 日完成改制。改制后企业在制度、人事、薪酬、产权结构等方面进行了全面改革，大大提高了企业的经营效率，增强了机制活力，有力推动了企业发展。

（三）2006 年以来的转型升级、效益最佳时期

2006 年以后，石横特钢确立了以经济效益为中心，坚持做精做强的发展理念，不断淘汰落后产能，确定产品"五化"方针，坚定不移地贯彻"差异化+精细化"企业战略，实现了经济效益最大化，拉动区域经济发展。2008 年金融危机以来，钢铁企业进入寒冬，全行业严重亏损，部分企业运行难以为继。在严峻挑战面前，石横特钢牢牢把握住产品适应市场的能力、企业的盈利能力、创新能力"三条生命线"，严守环保、安全两条红线，企业综合竞争力显著提高。

随着国家钢铁产业政策的重大调整，石横特钢积极寻求突破，创新发展理念，以经济效益为中心，以新旧动能转换为引领，以兼并重组为契机，着力改善经济技术指标，优化原料入炉结构，昂首迈入了企业效益最好的黄金时期。2011 年以来，先后建成了新疆昆玉钢铁有限公司、山东阿斯德科技有限公司，重组了山东鑫华特钢集团有限公司、东阿东昌焦化有限公司，新上了 50 万吨型材生产线，生产经营要素得到了优化与补充，生产力得到最大限度释放，生产运营取得历史性突破，实现了运营效率高、市场份额好、资源掌控能力强、总体成本低、经济效益好的总体目标。2009~2017 年，累计实现利润总额近 140 亿元，相当于前 10 年的 8.5 倍；累计实现入库税金 60 亿元；吨钢利润、吨钢税金始终居行业前 3 名，在中钢协公布的年度吨钢材利润先进企业榜单中名列前茅。

二、主要发展成就

（一）科学发展，实现转型升级

改革开放 40 年，不少企业罹患了"做大"综合征。石横特钢一度确定了"综合竞争力进入山东前三名"的战略，但在激烈的竞争面前，很快认识到此路走不通，及时实现了思想转变。石横特钢决策层深刻认识到：钢产量高速增长的时代已一去不复返，靠规模、靠扩张的路子已很难走通，必须从自己的实际情况出发，选择适合自己的转型发展路子，真正变数量型为质量型，变扩张型为效益型。石横特钢逐渐把企业指导思想确定为"做盈利企业、做健康企业、做长寿企业"，把经济效益放在第一位，这成为企业科学发展的转折点、关键点。

1. 产品结构优化

面对同质化竞争严峻的局面，石横特钢充分发挥现有装备水平的优势，确立了产品"五化"方针，即小规格化、高强度化、专业化、微合金化、精品化，创造了自己的竞争优势。目前，已形成棒材、线材、型材三大产品体系。钢筋混凝土用热轧带肋钢筋被评为"山东省用户满意产品"，锚杆用热轧带肋钢筋、钢筋混凝土用热轧带肋钢筋获评"山东名牌产品"。精轧螺纹、小规格螺纹、链圆钢筋、中型材产品，先后打入奥运场馆、京沪高铁、青藏铁路、南方电网、一带一路等国家重点建设项目。美标、日标、加标螺纹钢筋，成功打入东南亚、中东、北美等国际市场，是全国主要的树脂锚杆钢筋生产供应基地。

2. 经济技术指标体系独具特色

自 2006 年起，石横特钢在对经济技术指标体系进行改造的基础上，确定了 67 项重点经济技术指标，创造性地将产品结构、原材料入炉结构、资本运作、性价比采购指数等指标列入其中，为增强企业适应市场的能力发挥了巨大作用。2017 年，有可比性重点经济技术指标 59 项，达到同行业先进平均水平的指标占 86%，达到同行业先进水平的指标占 68%，达到同行业领先水平的指标占 42%。

3. 工序结构优化

焦、铁、钢、材各生产要素的匹配，是钢铁企业生产高效、稳定运行的基础。几年来，石横特钢以"效益最大化"的原则组织生产，形成了以"动态管理精细化、持续改善"为特色的生产管理体系。在稳定运行的前提下，优先生产效益高的产品，优先安排成本低的车间生产，充分发挥高效能设备的作用。铁、焦、钢的产能利用率均达到 99%~

100%，材的产能利用率 95%~97%，煤气利用率达到 100%，氧气利用率达到 98%，钢坯热送率达到 80%。

4. 推进新旧动能转换，实现企业重组

石横特钢积极响应国家政策，勇于承担社会责任，斥巨资涉足跨行业项目，通过企业重组实现资源优化，推进动能转换。2016 年，在肥城市循环经济产业园建设的阿斯德科技项目，既是政府"退城进园"的重点项目，也是企业转型发展的潜力项目。项目摒弃以往高耗能和高污染的煤制气工艺，创造性地将石横特钢煤气输送过来作为原料气，实现了钢化联合，年降低煤炭消耗量 130 万吨，走出了节能环保的新路子，实现了经济效益和社会效益的双赢；2017 年分别与山东鑫华特钢集团有限公司、东阿东昌焦化有限公司完成企业重组，使得两个企业的生产经营要素得到了优化与补充，生产力得到最大限度释放，生产运营取得历史性突破，成功实现了"1+1>3"的重组目标。

（二）企业文化建设，打造核心竞争

石横特钢高度重视企业文化建设，以"做盈利企业、做健康企业、做长寿企业"为企业纲领，不断挖掘提炼企业文化资源，形成了企业文化的三大精髓："以人为本、共创共赢"的核心价值观，"不讲借口、争创一流"的企业精神，"创新是企业灵魂"的企业理念。石横特钢的企业文化已注入长寿企业的因子，成为推动企业发展的文化软实力和核心竞争力。

1. 坚持以人为本，满足员工五项需求，实现了企业价值观和员工价值观的高度一致

"五项需求"即安全需求、薪酬需求、劳动条件需求、尊重需求、人生价值需求。

安全管理实现质的飞跃。石横特钢从实现本质安全为切入点，一是加强安全培训，层层落实安全生产责任制。二是全面推进安全标准化建设，形成完善科学的安全管理体系，安全管理工作有章可循，有法可依，从基础上达到本质安全的要求。三是建立健全绩效考核制度，形成上下结合、奖惩严明、有效监督的安全监督体系。"十二五"以来，人身伤害事故呈逐年下降趋势，千人负伤率由 2001 年的 2.87 下降至 2017 年的 0.6。

员工收入水平逐年上升。几十年来，无论遇到任何困难，企业从没有拖欠过员工工资，员工收入每年都有增长。2013~2017 年，石横特钢通过经济技术指标提升，管理、技术创新，重点课题管理，实施人力资源优化，不断提升效率、效益，与员工业绩结合，增加员工收入，员工收入水平整体呈平稳上升趋势。"十二五"期间员工收入实现了翻番，2017 年员工收入突破 6 万元。

员工劳动条件得到了巨大改善。多年来，石横特钢持续改善生产环境和劳动条件，自动化程度、机械化程度不断提高，劳动强度大大降低，满足了员工舒适工作的需求。采用国内外最先进设备技术，为员工创造最舒适的劳动环境。先后淘汰落后生产线 7 条，炼铁、炼钢、轧钢、焦化、发电等主要生产线均采用了国内外同类装备的领先或先进技术，代表改善劳动条件的自动化水平、机械化水平、环保条件等，都是国内一流的，而绝大部分操作岗位已经摆脱了靠直接体力劳动生产的方式，为员工创造了人性化的舒适的劳动条件。

尊重员工，建立起同舟共济的激励与约束机制。企业员工的积极性来源于其智慧、创造力被充分激发、调动，这种激发和调动的首要条件就是对员工的尊重。一是尊重员工的事业。能者上、平者让、庸者下，给员工平等竞争的机会，让员工口服心服；二是尊重员工的贡献。以股权为纽带，建立了同舟共济的激励与约束机制，近 3000 名员工持有公司股份，员工变成公司股东，主人翁地位真正体现；三是对员工人文关怀，塑造了良好的企业品牌和社会口碑。

搭建平台，实现员工人生价值。建立起员工发展成长的科学通道，充分满足员工实现个人人生价值的期盼和愿望。一是引入竞争机制，在全公司内公开招聘竞争上岗；二是拓宽工程技术人员发展通道，为专业技术人员的发展搭建了平台；三是各类技能人才可以通过助理技师、技师、高级技师的成长路径，实现自我的人生价值。

2. 高度重视社会公益事业，认真履行社会责任

2009~2017 年，石横特钢累计实现入库税金 55 亿元，连续多年被国家税务总局列入"全国民营企业纳税百强"，位居中国企业集团纳税 500 强之列；累计向社会捐款 4000 余万元，用于社会公益事业；先后安置 3000 多名退伍军人、下岗职工、农民工就业；把物流储运、钢铁深加工、部分原材料及辅助材料生产等项目向农村转移，周边县区在公司产业链上的从业人员 3000 余人，间接从业人员上万人，带动了地方经济的发展；高度关注支持教育文化事业，累计捐资 3000 多万元，用于肥城市教育事业及公益文化建设。

(三) 实施绿色发展，环境效益凸显

石横特钢紧跟国家形势要求，在企业发展过程中坚持绿色发展模式，致力于打造冶金行业内的节能减排和循环经济示范工厂，主动采用先进环保技术加强环境治理，成效显著。烧结烟气脱硫、焦化烟气脱硫、焦化烟气脱硝等治理项目，因运行稳定、成本低、效果好，被山东省环保厅列为大气污染防治示范工程，并面向全国推广。

1. 严格落实环境影响评价、环保"三同时"等环保规章制度，各工序、各生产线环保手续齐全

"十二五"以来，累计投资 20 多亿元，在各生产系统安装各类除尘设施 100 多台（套），噪声治理设施 100 多台（套），水循环利用和废水处理系统 40 多台（套），实现了生产系统全过程的污染预防与控制；每年投资 4 亿多元，保障环保设施和生产设施的全程同步运行，实现了超前治理，超低排放；企业设有专门机构从事环保管理和环境监测，配置了相应的监测仪器设备以及相应的专业技术人员，负责环保管理监测，多年来未发生环境污染事故。

2. 扎实开展能源二次利用，变废为宝实现节能降耗

石横特钢高炉水渣、钢渣、除尘灰、氧化铁皮等固体废弃物的综合回收利用率达到 100%，焦炉、转炉煤气实现了零放散，高炉煤气利用率达到 98.5% 以上，循环水利用率、吨钢耗新水等指标保持行业领先水平，实现了工业废水零排放。一系列能源二次利用工程的实施，不但取得了良好的环境效益，而且为企业创造了巨大的经济效益。据统计，石横特钢通过对各类煤气、余热蒸汽、固体废弃物、水资源进行综合回收利用，年创效益 5 亿元以上。

3. 加大现场治理，环境综合整治成效显著

石横特钢自 2017 年以来投资 2 亿多元，开展了环保设施提标改造和环境综合整治。料场全封闭棚化改造、高炉出铁场全封闭治理、出铁场除尘提效改造、高炉均压放散烟气和噪声治理、焦化烟气脱硫脱硝和深度治理、烧结区域静电除尘提标改造、厂容美化绿化等一系列治理工程的相继开展，推动着石横特钢的环保工作保持在行业前列。

4. 绿化美化相得益彰

石横特钢可绿化面积达 46 万平方米，绿化率超过 90%。义务植树、生产区现场治理、生活区综合治理、党团员义务奉献等活动定期开展，全员发展循环经济在企业蔚然成风。生产区域形成了高低错落、郁郁葱葱的厂区绿化带，全公司范围内有地皆绿，三季有花，四季常青，处处有景，一派生机勃勃的景象。所有新建生产线注重讲求生产美学和劳动美学，形成了独具特色的视觉文化景观。

三、主要特点和经验

自 2008 年以来，石横特钢始终处于良好发展状态，原因是牢牢把握住了产品适应市场的能力、企业的盈利能力、创新能力这三条生命线，认真调结构，坚持不断创新，狠抓节能降耗，实现了企业科学健康发展。

（一）把握"三条生命线"

多年来，无论市场如何风云变幻，石横特钢牢牢把握住企业的"三条生命线"，即产品适应市场的能力、盈利能力、创新能力，以"做精做强"为目的，实现了运营效率高、市场份额好、资源掌控能力强、总体成本低、经济效益好的总体目标。

1. 产品适应市场的能力

尽量避开同质化恶性竞争。当前，钢铁行业同质化竞争严重，不仅体现在建材等"大路货"产品上，而且在板、管、带等高端产品也是如此。石横特钢坚定不移地走专业化产品的路子，在夹缝中寻找市场，小产量创出大市场。锚杆钢、电力用钢、链条钢占全部产品的40%；锚杆用钢在全国的市场占有率达到50%以上；500MPa高强度钢筋的比例大大超过同行业平均水平。

2. 不与强手打擂台

做自己擅长的事情，不盲目崇拜"高、精、尖"产品。十多年前，石横特钢把精品定位为帘线钢系列，把擂台摆在了上海宝钢等拥有国内一流技术企业的对立面上。事实上，无论是装备水平还是质量控制水平，两者都有明显的差距，竞争中处于劣势地位。在这种情况下，石横特钢毅然退出"高、精、尖"市场，在特色产品市场上确定了自己的产品定位。

3. 做难做的事

如何让产品适应市场？石横特钢选择"难做之事"。面对品种钢规格多、批量小的特点，按照客户的需求，十几年如一日，进行个性化设计、个性化制造、个性化服务，最终主导了国内锚杆钢筋行业标准，成为国内各大煤矿以及美国捷马公司、澳洲DSI公司的首选。石横特钢是国内唯一掌握棒材超细晶粒钢轧制技术的企业，让石横特钢的螺纹钢盘条具备了品牌质量领先和成本领先的两项竞争优势。

4. 要有话语权

石横特钢产品的话语权不仅来自超强的成本优势，更来自精湛的技术与良好的品牌效应。在残酷的价格竞争中，与莱钢集团、永锋集团一起，在山东省承担起稳定市场的责任，获得了较强的话语权。

（二）企业的盈利能力

盈利能力是指企业获取利润的综合能力，有持久的盈利能力才能成为长寿企业。

1. 把好投资关

多年来，石横特钢坚持谨慎投资的原则：一是立足擅长领域，可向上下游产品链延伸；二是经济技术指标不先进不搞，低收益投资一律不做；三是不做试验性的冒险投资，不吃第一只螃蟹；四是管理能力达不到，不铺新摊子。现在很多大企业出现严重亏损的原因是固定成本太高，多数千万吨产能企业的期间费用与边际成本之和，都超过吨钢 1000 元，而石横特钢只有 300 元左右。

2. 经济技术指标上水平成为盈利点

自"十二五"以来，经济技术指标的持续改善成为石横特钢利润的主要源泉。以 2009 年为基数，2015 年、2016 年、2017 年三年，利润中指标改善贡献数据分别为 91.27%、49.06%、23.1%；主要工序加工费分别降低 5.5 亿元、7.69 亿元、7.2 亿元。

3. 建立"高效、长效、特色"的管理模式

企业战略的落地，要靠科学的管理模式来实现。石横特钢把系统管理的总模式定位为：管理=控制+消缺+活力，按照"高效、长效、特色"三个要求，将价值链分为 60 多项核心业务，以每个核心业务为课题创新管理模式，持续推进实施。低成本管理与运行体系（模式）是管理模式的典型案例，实现了成本控制型向成本开发型的转变。2015 年全行业亏损超过千亿元，吨钢亏损超过 200 元，石横特钢吨钢盈利 200 多元，意味着吨钢成本低于社会平均成本 400 元。高效资金运行体系（模式）实现了资金使用成本最低。2013 ~2017 年，实际发生财务费用为-3.6755 亿元，连续五年吨钢财务费用在行业中处于领先水平。

（三）创新能力

1. 营造主动创新氛围

多年来，石横特钢秉承"创新是企业灵魂""一流的业绩是靠员工积极性创造出来的"的企业理念，创新活动方兴未艾。牢牢遵循三个原则：一是目的导向；二是问题导向，做到有的放矢；三是计划性。企业建立了浓厚的创新氛围，创新能力成为员工绩效考评的重要指标，直接与职务、职称、收入挂钩。广大员工实现了自我确立目标，自我驱动创新，为企业发展提供了源源不断的动力保证。

2. 管理创新成效斐然

几年来，石横特钢不断强化管理创新的制度建设：一是有健全的管理机构，成立了由公司经理层、主要职能部门负责人组成的管理创新评委会；二是深入推进全员创新，形成

了重点管理创新课题、重点项目、3~5年管理创新研究课题及二级管理创新两级管理体系，分别由公司管控、单位内部自我管控，分层级管理，全面发展；三是建立了科学的立项、管理、评审、奖励模式。2013~2017年，石横特钢外报管理创新成果共计12项；重大绩效考核项目总计91项，管理创新成果共计353项。

3. 技术创新提升品牌效应

对于技术创新体制，石横特钢建立起"立项→实施→过程管理→成果鉴定→考核与激励"的规范流程，形成了"信息搜集→课题研究→项目转化"的良性循环模式。"十二五"期间，完成技术创新成果409项，在产品研发、质量提高、降低成本、节能降耗、改善环境、循环经济以及信息技术开发应用等方面发挥了举足轻重的作用；获得科技成果27项，其中国际先进水平6项，"500MPa级 ϕ6~10mm 超细晶粒碳素钢筋开发"等3个项目获得山东省科技进步奖，"高效节约型抗震钢筋生产技术开发"项目获得中国钢铁协会、中国金属学会冶金科学技术奖；通过充分发挥省级技术中心和院士工作站的研发实力，结合公司的专业化装备、技术人才，重点研发用于大跨度桥梁、隧道、涵洞、超高层建筑的超高强度精轧螺纹和特高压电力输送塔用电力角钢，以上产品的开发填补了省内空白，并已经成为该产品的全国单项冠军。

2013~2017年以来，石横特钢有28项技术创新项目列入山东省技术创新项目计划，充分享受到国家技术开发费加计扣除优惠政策，5年间累计减免所得税5453万余元；22项次科技成果荣获山东省科技进步奖、山东省冶金科技进步奖、泰安市科技进步奖，其中山东省科技进步三等奖1项，山东省冶金科技进步奖一等奖6项、二等奖3项、三等奖11项，泰安市科技进步奖二等奖1项。40项专利获授权，其中发明专利3项，实用新型专利37项。2013~2017年，石横特钢内部形成公司级技术创新成果442项，创效87000余万元，在产品研发、提高生产率、降低成本、改善环境、提高产品质量、节能降耗以及信息技术开发应用等方面发挥了重要作用。现已形成20个专业学科的科技创新体系，动态储备公司长期关注技术研究课题近150项，为企业提高核心竞争能力提供了技术支持。

4. 建立重大绩效激励机制

为充分调动员工积极性，石横特钢实施了《重大绩效股份奖励管理办法》，推动重点经济技术指标的高水平保持和持续改善，促进管理创新、技术创新和重点项目的持续增效及经济增长点的实现。根据员工所做贡献对企业产生效益或效果的影响，给予一定期限内享受分红、到期兑现本金的奖励股份。此举解决了企业诸多短板和疑难问题，超细晶粒钢开发、多切分轧制、铁水增碳工艺研究与应用等课题取得了行业瞩目的成果。2013~2017年，奖励重大绩效股份1699万股，现金2375万元；奖励管理创新2202万元。

四、企业未来发展

山东省新旧动能转换和先进钢铁制造基地建设，给石横特钢的发展提供了前所未有的机遇。目前，石横特钢被山东省确定为特种建筑用钢产业集群。特种建筑用钢产业集群规划面积 3.0 平方千米，产能总规模控制在 465 万吨以内。依托石横特钢，对鑫华特钢实施内部资源优化整合，对标国际一流建筑用钢生产企业，对限制类装备实施上大压小、减量置换建设 2 座 1350 立方米高炉、2 座 120 吨转炉；推进钢铁制造流程余热减量化与深度化利用和绿色化、智能化钢铁流程关键要素协同优化和集成应用等关键共性技术的研究开发；重点发展 500 兆帕级、600 兆帕级高强建筑用钢、460 兆帕级特高压输电铁塔用钢、600 兆帕级特种焊丝钢、800 兆帕级高延性锚杆钢、耐海水腐蚀高强钢筋，实现建筑用钢提质增效，满足国内特种建材需求，打造国内最具竞争力的建筑用钢产业集群。到 2022年和 2025 年，主营业务收入分别达到 285 亿元、300 亿元。

经过多年的艰苦努力，石横特钢已沉淀了适合自己发展特色的优秀企业文化，已积累了再创造财富的殷实资本，具备了适应企业发展的一流的管理能力，打造了一支一流的团队。目前，石横特钢正以习近平新时代中国特色社会主义思想为指导，努力按照党的十九大提出的高质量发展要求，借改革开放 40 年春风，抓紧落实未来发展蓝图。

艰难起步历经风雨，在改革中发展壮大

河南济源钢铁（集团）有限公司

河南济源钢铁（集团）有限公司公司（简称济源钢铁）位于我国的中部地区——河南省济源市。2018年是济源钢铁建厂60周年，也是改革开放40周年。伴随着改革开放的脚步，济源钢铁从一个始建于1958年的仅有两座3立方米小高炉的小厂逐步发展成为目前总资产150亿元，钢铁产能400万吨的一个大型钢铁联合企业，见证了中国钢铁改革开放40年的风雨历程。目前，济源钢铁系中国企业500强、中国制造业500强和世界钢铁100强企业，中国钢铁工业协会和中国特钢协会常务理事单位，是2013年工信部公布的首批全国达标准入的45家规范性钢铁企业之一。

2017年，济源钢铁年产量380万吨，销售收入173亿元，利润总额21亿元，两税上缴10亿元，均创历史最高水平。

2018年1~7月，产钢材212万吨；累计实现销售收入115.4亿元，同比增长20.7%；实现利润9.7亿元，同比增长74.9%；实现税金9.9亿元，同比增长114.9%。

一、艰难起步，风雨彩虹

济源钢铁建厂之初，以两座3立方米小高炉拉开了发展的序幕，之后又建成了从1.5立方米到5立方米不等的土炉群，艰难起步。

在计划经济时期，企业的生产组织、资源配置、产品销售，都由国家"统筹统配"，由于体制僵化，设备简陋，工艺落后，截至1960年底，全厂只产生铁10771吨，其中合格铁仅为4255吨。随后的几年里，企业走过下马、上马、合并、转产、再上马等曲折历程。直到1971年1号100立方米高炉投产出铁，才改变了企业十几年一直沿用的土法炼铁工艺。

1978年党的十一届三中全会召开后，中国经济步入有计划的商品经济时期，济源钢铁以补偿贸易的形式，分别于1985年和1989年建起了2号100立方米高炉和3号100立方米高炉，生产逐步转入正轨。但由于企业体制和机制上的弊端，济源钢铁依然发展缓慢，举步维艰。截至 1992 年，公司只是一个年产 10 多万吨生铁的小型炼铁厂。

1992 年小平同志南巡讲话有力地推动了中国改革开放和市场经济的步伐，济钢抓住机遇、锐意进取，坚持"发展就是硬道理"的原则，迅速使企业实现了铁、钢、材的成龙配套。

2001 年，济源钢铁完成了国有企业产权制度改革后，崭新的体制使企业以一年等于 40 年的速度突飞猛进，跨入了全国大型钢铁骨干企业行列。

进入 21 世纪以来，企业总投资 80 余亿元，成功实现了产品结构"普转优""优转特"的转型升级改造，形成了年 400 万吨产能、销售收入 200 亿元、利税总额超 20 亿元的生产经营水平。现已发展成为国内品种最多、规格最全（φ5.5~300 毫米）的优特钢棒、线材专业生产企业，是国内外机械装备业基础零部件材料的重点供应商。

公司管理体系实现了与国际接轨，先后通过了 ISO 9001、GB/T 28001、ISO 14001、IATF 16949 体系认证。取得了轴承钢生产许可证和中国船级社认可证书。2001 年以来，连续十年荣膺"国家产品质量免检"证书，获得"冶金行业品质卓越产品"以及连续多年荣获"全国守合同重信用企业"等荣誉。始终以"实施名牌战略，追求质量效益，实现持续改进，满足顾客要求"为宗旨，实现了持续性发展，成为后来居上的中国特钢企业。

济钢主线为长流程钢铁生产工艺，具备年产铁、钢、材各 400 万吨。其中，优特钢 300 万吨的生产能力，产品规格覆盖直径 5.5~42 毫米线材、直径 12~300 毫米棒材和直径 600 毫米大圆坯。

企业拥有国内一流、国际领先的工艺装备，主体设备主要从国外引进，拥有双工位 KR 铁水脱硫预处理、120 吨顶底复吹转炉，120 吨 LF 精炼炉、VD 真空精炼炉，RH 真空循环精炼炉，瑞士康卡斯特（Concast）方圆坯连铸机，KOCKS 高精度三辊减定径轧机，摩根七代 8+4 精轧、减定径机组，意大利达涅利（Danieli）1150 毫米开坯机和 850 毫米合金钢连轧机等具备国际先进水平的主体装备，以及达涅利钢坯扒皮机、磁粉探伤、（ZDAS）扎德斯两辊矫直机、（FOERSTER）漏磁探伤+（GE）超声探伤、红外探伤、多磨头修磨机、阿瑞斯辊底式保护气氛棒材多工艺热处理炉等钢坯、钢材精整热处理设备。

历经十余年的结构调整，济源钢铁的优特钢转型完美蜕变。研发能力，质量管理水平和检测手段都实现了前所未有的飞跃和深刻的革命性变化。拥有国家认可实验室、河南省认定的省级技术中心、河南省博士后研发基地和河南省工程机械用钢技术研究中心，配置有扫描电子显微镜及能谱仪、电感耦合等离子体光谱仪（ICP）、全自动端淬硬度计、直读光谱仪、氧氮氢测定仪、红外碳硫分析仪、金相显微镜、水浸超声波探伤仪等具有国际水平的高档研究设备，与钢铁研究总院、中钢金属制品研究院、北京科技大学、东北大学等国内多家科研院所进行技术合作，构建了完整的高端特殊钢新材料研发平台，近年来共开发优特钢品种 300 多种。

二、三个定位，脱胎换骨

20 世纪 90 年代以来的济源钢铁，大致经历了三次发展历程。

（一）第一次发展定位：生铁产品延伸加工，建成钢铁联合企业

1992~2000 年，济钢人称之为"八年抗战"时期。为了解决生铁产品市场单一，经营被动的局面，先后投资约 3 亿元，完成了炼钢一期工程、连铸工程、炼钢二期工程、30 万吨轧材工程等技改项目。使济源钢铁具备了 30 万吨铁、30 万吨钢、30 万吨钢材的生产能力，成为河南省安钢之后第二个钢铁联合企业。

1999~2000 年，又投资 8000 万元完成工序填平补齐的"两大五小"工程，使济源钢铁具备了年产 50 万吨铁、50 万吨钢、50 万吨材的生产能力，跻身于全国钢铁骨干企业行列。

20 世纪 90 年代，是我国计划经济向市场经济转型时期，也是新中国成立以来钢铁企业第一个"洗牌"期，加之宏观经济调控、亚洲金融危机的叠加影响，河南省多数地方国营钢铁厂无法适应市场竞争的局面，多因亏损、"三角债"等原因停产倒闭。我公司得益于形成了铁、钢、材延伸加工的长流程成本优势，市场竞争力大幅度提高，成为全省十多家、全国两百多家同年代建厂的同行中唯一幸存并发展的地方国营钢铁厂。

（二）第二次发展定位：抢抓机遇，做大做强，进入大型钢铁骨干企业行列

2000~2008 年，是济源钢铁在企业规模上的"追赶"阶段。此期间，是中国经济的高速发展期，也是钢铁行业的扩张期，市场需求扩大，企业竞争也明显加剧。我们清醒地认识到钢铁经济是规模经济，钢厂的效益是规模效益，没有适度合理的企业规模就没有产品成本和质量的优势、资源综合利用的优势，也没有装备的优势和环保达标的优势，就无法适应市场竞争的外部环境。

2001 年起，企业开始了第二次发展定位：总投资约 20 亿元，以建设 35 万吨高速线材工程为起点，在国家"十五""十一五"期间，连续实施了以淘汰落后，环保达标为核心的"百万吨扩改"和"二百万吨扩改""三百万吨扩改"工程。使钢铁主线工艺装备迈出

了大型化的步伐。截止世界金融危机的 2008 年，济源钢铁生产规模突破了 300 万吨，进入了特大型企业的行列。企业规模的扩大，装备工艺的提升，再一次提高了产品竞争力、成本竞争力，抵御了世界金融危机的冲击，并实现了"弯道超车"，使企业进入了中国企业 500 强、制造业 500 强、民营企业 100 强、世界钢企 100 强的阵容。

（三）第三次发展定位：产品结构调整，转型升级，实现产品优转特

2008 年金融危机之后，中国经济进入了换档期，钢铁产能严重过剩，竞争加剧，为了面向未来市场，济源钢铁实施了第三次发展定位，即产品结构调整，企业转型发展，产品结构由建筑用钢向工业用钢转型，由普钢向优特钢转型。

从 2010 年到 2013 年，共投资 40 余亿元对钢铁主线装备工艺进行脱胎换骨的改造，包括以千米级高炉为主的铁前工艺改造；以 LF、RH 精炼和瑞士康卡斯特大方坯连铸为重点的 2×120t 转炉炼钢系统改造；以精品高线、全线进口的达涅利合金钢大棒材为核心的优特钢轧制装备工艺改造；以烧结机电除尘和烟气脱硫为核心的环保治理改造；全部工程于 2013 年 7 月投产后，经过 5 年多的生产实践和市场开拓，优特钢产品受到下游机械装备业用户普遍接受和好评，使济源钢铁战胜了钢铁市场"寒冬"的洗礼，一跃成为后来居上的优特钢企业，成为国内外高端机械装备业基础零部件材料的主要供应商之一。业内专家一致认为，高档优特钢材料是高端机械装备的"芯片"，至此济源钢铁已经融入中国制造业 2025 的产业链条。

三、体制创新，生机无限

如果说 40 年前，改革开放的春风，掀开了新中国历史崭新的一页，那么 2001 年济源钢铁的改制，则是对改革开放最有力的实践。当年 5000 余名员工以承债模式收购了企业的净资产，使企业由国有企业变为全员持股的民营企业，员工由原来虚拟的主人成为企业名副其实的股东，和企业结成了利益共同体，企业理念发生了根本的变化。员工从关心自身利益转为关心、维护企业利益，经营层从关注企业近期效益转为关注企业长远效益，产生了强大的内生活力和动力。企业人心齐了，凝聚力强了，效率高了，以一年等于 40 年的速度迅速做大做强，实现了国家多收、企业多留、员工多得、股东回报丰厚的多盈局面。

从 2001 年到 2017 年，济源钢铁 17 年改制，17 年探索，17 年进步，17 年发展。

（1）粗钢产量。由改制前的 2000 年产量 38.4 万吨，增加到 2017 年 382.3 万吨，是改

制前的 10 倍。改制以来 17 年（2001~2017 年）：钢坯产量累计 4068.5 万吨，是改制前 17 年（1984~2000 年，累计 57.2 万吨）的 71.1 倍。

（2）销售收入。由改制前 2000 年销售收入 6.6 亿元，增加到 2017 年 173.1 亿元，是改制前的 26.23 倍。改制以来 17 年（2001~2017 年），销售收入累计 1555.41 亿元，是改制前 17 年（1984~2000 年）（累计 36.27 亿元）的 42.88 倍。

（3）上缴税金。由改制前 2000 年企业两税上缴 0.58 亿元，增加到 2017 年 8.7 亿元，是改制前的 15 倍。改制以来 17 年（2001~2017 年）上缴税金累计 60.72 亿元（另有其他直接贡献 43 亿），是改制前 17 年（1984~2000 年）累计上缴税金 2.46 亿元的 24.68 倍。

（4）员工工资性收入（人均年收入）。由改制前的 2000 年 1.04 万元，增加到 2017 年 5.33 万元，是改制前的 5.13 倍。改制 17 年（2001~2017 年）：员工收入累计 25 亿元，是改制前 17 年（1984~2000 年，累计 2.16 亿元）的 11.57 倍。

（5）股东分红。改制 17 年，分红 16 次，员工股金历年分红数额为原始股出资额的 8.4 倍。

四、新旧动能，加速转换

近些年来，伴随着供给侧结构性改革的深入推进，济源钢铁把发展质量提升到最重要的位置，实施创新驱动战略，以两化融合带动智能制造，推动企业发展的新动能加速转换。

（一）推进两化深度融合

通过技术革新、设备大型化和自动化改造，建成了国内建筑用钢和工业用钢精品基地，成功实现了产品结构的转型。对应企业转型升级，济钢加大了信息化系统自主研发力度，在原有 ERP 系统的基础上，实现了比较全面的信息化管理和数据自动采集，包括自主研发的 HRMS 人力资源系统和 EDP 企业数据平台及相关业务扩展。实现了人力资源、电子报表、采购计划、质量数据管理、销售结算等业务信息化。锻炼了队伍，为产业升级打下了良好基础。

2011 年以后，济源钢铁调整战略目标为：建设国内一流，有全球影响力的优特钢精品基地。为此，也全力推进两化深度融合，成立了专门的信息化仪表处、能源管控中心、济源国泰自动化信息技术有限公司等机构，重点加强智能制造技术研发和推广。期间济钢 ERP 二期项目实施完成，全面实现设备资产管理、成本管理、大宗物料采购管理信息化，同时还完成远程无人集中计量系统，济源钢铁电子招标系统和优特钢冶炼及轧制 MES 系统实施，初步实现产销研一体化。

（二）大力推进绿色发展

绿色环保与创新发展始终是济源钢铁生产经营的重中之重，在环保治理方面，济源钢铁目前已经形成了完整的全闭合可循环利用经济链，形成了固废循环链、工业用水循环链和二次能源回收利用循环链，建立了高效、清洁、低碳、循环的绿色制造体系。

在国家环保高压的态势下，在钢铁行业去产能的背景下，济源钢铁启动了总投资超过 15 亿元、有史以来环保投资最大的环保节能改造提升工程。一是提升装备水平，如高炉烧结等系统的除尘、脱硫改造以及烧结机移地大修改造等，通过改造达到超低排放标准，并将建成国内最先进的烧结机环保示范生产线。二是实施料场全封闭改造，总面积达 15 万平方米。根据国家环保要求，正在对煤、精矿、焦炭、石灰石、辅料等散装物料采取进棚（仓）措施，全部封闭，杜绝粉尘污染。三是节能改造，年产 70 万吨矿渣微粉生产线正在建设中，80MW 高温超高压煤气发电等节能技改项目已经投入使用。

通过常态化环保设施体系的构建，济源钢铁正在建设成国内最先进的烧结机环保示范生产线，2018 年内公司在环境保护方面实现从"追随者"到"领跑者"的跨越。

（三）区域加工中心建设赋能产业升级向纵深发展

2017 年 8 月，围绕打造先进制造业强省，郑洛新示范城市群对钢铁基础材料的要求，考虑到济源钢铁是中国中西部地区最大的优特钢生产企业，河南省工信委领导前瞻性地提出了济源钢铁区域加工中心的概念，旨在通过区域加工中心建设，为河南高端装备制造业提供优质高性能、低成本的基础材料。2018 年 5 月 8 日，又顺利召开了第二届济源钢铁区域加工中心会议。两次会议的召开，为济源钢铁产业升级赋予了新的动能。

目前，济源钢铁正在发起组建河南省高性能特殊钢材料创新联盟，就是要在市场层面，实现"整合政府、企业、高等院校等多方资源，探索有效的政府、产、学、研、用相结合的技术创新机制，搭建公共技术服务平台，提高高性能特殊钢材料的工艺技术研究、应用研究及高端装备用零部件制造、质量、性能及经济型评估体系的科技成果转化、应用和推广"。为进一步打造一张河南优特钢名片。2018 年济源钢铁正在牵头申报河南省第二批创新中心，正以绿色、低碳、节能、高效的实际行动积极融入全省乃至全国的 2025 制造规划中。

五、总结经验，继续前进

中国经济发展进入新时代，中国钢铁工业正进入一个重要的发展时期。站在新一轮发展的重要关口，济源钢铁人再一次宣战，提出"打造中国一流、全球有影响力的优特钢精品基地"目标。实现这一目标，最重要的就是不断总结在改革开放中发展40年来的宝贵经验，进一步明确方向，坚定信心，走好今后的路。

一是遵循规律，把握机遇。济源钢铁转型发展最快的近20年时间，正是中国改革开放、邓小平南巡讲话以及国企改制后的民营经济大发展的时代，可以说是改革开放政策催生了济钢，同时也是企业抓住每一次历史机遇，主动融入中国全面建设小康社会、西部大开发、新农村建设、中原经济区建设、城镇化建设等经济发展的高速列车的结果，如果不是危机面前能够克服困难，抢抓机遇，未雨绸缪、先人一步，就可能不会有济源钢铁转型升级的今天。

二是果断改制，助力发展。济源钢铁改制以来所取得的发展成果对比说明，改制成为济源钢铁发展的原动力，成为企业提高核心竞争力的助推器，济源钢铁的实践也从一个局部证明了党的40年改革开放政策是英明正确的。

三是严格苛求，打造精品。济源钢铁几十年来始终做到了两个坚持：一是瞄准行业差距，长期不懈的装备工艺改造，二是面向市场长期不懈的产品结构调整，济源钢铁的实践证明了一个真理：发展才是硬道理。尤其是改制以来，及时调整路线，把严格苛求的精神品质深深融入济源钢铁工程建设和生产经营的各个环节，在工程建设中，严格苛求体现为严把工程进度、质量、工期，建设精品工程；在生产经营中体现为狠抓质量、出厂检测、售后服务三大环节，100%完成合同；在产品研发方面始终一贯地全力推动以市场为导向的产品升级，在质量技术上，通过工艺、装备和产品的进一步开发，聚焦于发展以工业用钢为代表的钢铁精品。

四是大胆突破，勇于创新。济源钢铁民营体制运行17年的实践证明，仅有产权制度改革是不够的，体制创新的同时必须进行观念创新、机制创新、技术创新、管理创新，企业才能充满活力。为此，济源钢铁始终围绕着"五个创新"活动来深化企业内部的各项制度改革，推动了生产经营工作的开展。

五是持续对标，争创一流。长期以来，济源钢铁以找准差距、缩小差距、达到国内一流为宗旨，创立了一支高素质的专业技术人才队伍，通过持续对标，主要技术经济指标明显改善，企业经济效益综合指数、总资产贡献率、资本保值增值率、全员劳动生产率、净资产收益率、人均产钢等指标的排名均位于同行业前列。

六是竞争合作，和谐发展。济源钢铁从炼钢一期工程投产以来，经过不断的创新实践和提炼总结，形成了"追求企业规模效益最大化"的核心价值观。在企业发展的战略目标上，将单纯关注于短期盈利转向重视企业长期发展，追求企业核心竞争力的培育和扩展；在竞争策略上，注重通过技术和规模来提高市场竞争力，追求与供应商和用户的共赢，坚持诚实守信，追求股东、用户、供应商、员工与社会等相关利益主体的价值平衡，共同发展。

进入 2018 年，在走过了波澜壮阔的 60 年后，济源钢铁又一次站在新时代、新起点上，济源钢铁将以习近平新时代中国特色社会主义思想为指导，认真贯彻落实党的十九大精神，按照钢铁工业供给侧结构性改革要求，全面展开新时代"纳百亿税金，立百年基业"的"双百"目标的任务部署，主动融入《中国制造 2025》行动的主力大军中，向着"国内一流，全球有影响力的优特钢精品基地"的伟大梦想进军。

匠心、恒心、初心
积极打造民营企业优秀品牌

广西盛隆冶金有限公司

一、企业概况

广西盛隆冶金有限公司（简称盛隆冶金或盛隆）始建于2003年，地处西部地区第一大港防城港，是由福建吴钢集团联合闽籍民营企业家在防城港市投资创办的股份制民营企业，是在西部大开发浪潮中由广西壮族自治区招商局引进的"百企入桂"重点项目。

盛隆集生产、加工、配送、贸易于一体，目前拥有钢铁产能700万吨，是广西同行业中名列前茅、工艺技术装备先进、品种规格齐全的钢铁冶金企业。"桂万钢"作为公司发展的第一品牌，在市场上享有很高的知名度及市场效应，是宝钢湛江钢铁基地、防城港核电、中铁等多个国控重点项目指定产品供应单位。目前，公司产品市场供应链已覆盖广西并辐射广东、海南、贵州、云南、福建及东南亚周边国家。

经过15年的发展，盛隆位列中国企业500强排位第498名、广西民营企业50强排位第1名、广西企业100强排位第12名；在中国制造业企业500强排位第197名。曾荣获曾获"国家火炬计划重点高新技术企业""高新技术企业""广西名牌产品""广西著名商标""广西十佳企业""广西强优工业企业""广西优秀企业""先进企业""防城港市强优工业企业""防城港市财税贡献大户"等荣誉称号。

二、公司简要发展历程

2003年6月，盛隆在广西防城港市注册成立。

2005年8月，第一座烧结点火；9月，第一座高炉点火；11月，第一座转炉投产、第一台制氧机投产。2006年1月，第一条轧钢线投产。2007年4月，第二台烧结机点火；5月，第二座高炉点火；6月，第二座转炉投产。2009年4月，第二条轧钢线投产。2011年，3号、4号烧结机，3号、4号高炉，3号转炉，3号轧钢线相继投产；盛隆首次通过高新技术企业及广西名牌产品认定。同年，盛隆开始与钢铁研究总院合作，利用现有装备冶炼低品质红土镍矿生产高强度抗震耐腐蚀钢筋。2013 年，机械化料场，5 号、6 号烧结，4 号、5 号转炉，4 号轧钢线相继投产。2014 年，5 号、6 号轧钢线顺利投产。自此，盛隆冶金拥有铁产能 580 万吨、钢产能 600 万吨，同年，通过了国家第三批符合《钢铁行业规范》企业认定。2016 年 9 月，盛隆首次进入中国企业 500 强，排名第 486 位。中国民营企业制造业 500 强第 248 位。2017 年 9 月，公司正式启动产业升级技术改造工程。11 月，盛隆以外购的方式，获得天津钢管集团 100 万吨钢产能，钢产能提升到 700 万吨。

三、匠心、恒心、初心，脚踏实地谋发展

习近平总书记在党的十九大报告中指出，"要支持民营企业发展，激发各类市场主体活力，要努力实现更高质量、更有效率、更加公平、更可持续的发展"，中国 40 年波澜壮阔的改革开放史，也是一部民营企业的发展史，如今民营企业已经成为国民经济的重要支柱，对我国的 GDP 贡献率高达 60% 以上，提供了 80% 的城镇就业岗位。民营企业在国内外的竞争力不断增强，在新公布的 2018 年中国企业 500 强中，民营企业占了 237 席，盛隆冶金也连续两年入围了中国企业 500 强。

但是，如何在日新月异的社会发展形势下，保持高质、高效发展，是民营共同面对的问题。"匠心、恒心、初心"一贯是盛隆公司践行的准则，回顾盛隆公司 15 年的发展历程，盛隆公司一直在积极践行着"秉承匠心、坚守恒心、不忘初心"。

（一）秉承匠心，生产优质的产品

匠心对于盛隆来说就是脚踏实地，对每一道工序、生产的每一样产品精益求精、精雕细琢，将产品的品质做到极致。

1. 加强质量管理，优化工艺，提升产品品质

品管部是盛隆设立的产品质量管理和产品质量检验机构，负责公司产品质量管理制度的建立、实施与监督。对公司产品生产的全过程、进厂原燃料、生产过程中的半成品和出厂产品，按制度、检、化验操作规程及产品标准进行严格的监控、检验和把关，保证出厂产品符合质量要求。检测设备满足进厂原材料和公司产品质量检测要求。部门下设检测中心、化验中心、原料检验站、炼钢检验站、炼钢化验室、炼铁检验站、轧钢检验站 7 个产品质量检验部门，拥有 X 荧光光谱仪、直读光谱仪、金相实验室、低倍实验、风动送样等

先进的实验仪器设备，保证了自原材料进厂、生产过程、成品产出全流程的监控和质量控制。

同时，盛隆通过不断对工艺进行优化，提高产品品质。2017年，盛隆与东北大学合作，联合对国家课题"棒线材直接轧制智能化负能制造关键技术及应用示范"进行研究，期望在2021年实现轧钢工序吨钢能耗降低20千克标准煤，直轧率达到95%，棒线材同条性能差异至10兆帕以内，同批次性能差异至15兆帕以内。

2. 通过科技创新带动品种增加

盛隆除了常规的HRB400、HRB400E、HRB500热轧带肋钢筋、HPB300热轧光圆钢筋以外，积极发挥自主创新作用，优化产品结构、提升产品性能、增加产品品种。2011年起，与钢铁研究总院、北京科技大学建立产学研合作，利用现有装备冶炼低品质红土镍矿生产高强抗震耐腐蚀钢筋。目前，盛隆已经从节约合金、耐腐蚀、抗震等多种角度，完成400兆帕、500兆帕、600兆帕、700兆帕等级材料的开发，产品在满足高强、抗震的同时，经过酸雾、加热、加速试验，不同镍铬成分的材料，耐腐蚀性能优于普碳钢2~5倍以上。

除此以外，从2016年起与钢铁研究总院合作，利用海砂矿与红土镍矿生产钒钛镍铬合金并用于高强度耐腐蚀建筑钢材生产技术研究。2018年进行高强度耐火抗震钢筋的开发等，都是公司在增加产品品种、提升产品性能、提高产品差异方面不断尝试和摸索。

3. 整合资源，提升"桂万钢"品牌形象

"桂万钢"是公司发展第一品牌，在市场上享有很高的声誉，是广西名牌产品、广西著名商标，根据2018年中国品牌价值评价信息发布，"桂万钢"品牌强度700，品牌价值7.97亿元。

一是结合企业形象理论（CIS），加强品牌管理，进一步加大企业形象管理力度、建立健全有关制度、加大检查处理力度，采取教育、法律等手段，维护品牌形象。

二是加强品牌推广，提升品牌影响力，增强客户忠诚度。品牌定位明确、引导员工做好"品牌宣传大使"以实际行动树立良好品牌形象的基础上，整合各类资源，运用多种形式展示、宣传品牌形象和核心价值，进行品牌推广。除了销售市场的广告以外，目前公司还增加了机场、高速路口等大幅宣传，增强产品认知度的同时，提升了品牌的受众人群的层级。

三是打造文化品牌，让企业文化与品牌建设相得益彰。盛隆优秀浓郁的企业文化，不仅对企业管理有帮助，也具有品牌效应。使得"盛隆冶金"及"桂万钢"在广西乃至华南地区具有良好的口碑，市场占有率逐年提升。

4. 积极参与地方标准、行业标准、国家标准的制订和修订

2012 年，由公司制定的《钢筋混凝土用含镍铬带肋钢筋技术规程》（DB45/T 890—2013）2013 年 1 月 31 日起开始实施，该标准为国内首个镍铬型耐腐蚀钢筋地方标准。参与制定的行业标准《钢筋混凝土用耐蚀钢筋》（YB/T 4361—2014），于 2014 年 10 月 1 日正式实施。国家标准《模拟海洋环境钢筋耐蚀试验方法》于 2016 年 6 月 1 日发布。另一项参与起草的国家标准《改善耐蚀性能热轧型钢》于 2017 年 7 月 1 日起开始实施。

2017 年，盛隆分别参与了国家标准《钢筋混凝土用钢第一部分：热轧光圆钢筋》《钢筋混凝土用钢第二部分：热轧带肋钢筋》的修订，通过对标准的起草和修订，加强了产品的推广，提升了公司和品牌的知名度。

（二）坚持可持续发展，打造绿色循环经济新模式

发展与环保是一把双刃剑，二者怎样协调发展，是我们人类面临的重要课题。盛隆选择防城港不仅看中她沿边沿海的地理优势，交通便利的企业发展条件，更看重她碧海蓝天、山清水秀的自然风光。所以，公司始终以"创新、协调、绿色、开放、共享"为发展目标，打造绿色工厂，为当地的发展推波助澜的同时，为这地方的环保承担相应的责任。

1. 积极发展能源综合利用项目，构建循环经济

2015 年间行业整体下滑的状况下，盛隆继续维持正常生产和平稳运行，通过拓宽产业链，建成了废水循环利用、废渣综合利用、煤气发电、余压余热发电、蒸汽发电、干熄焦发电等循环经济开发，通过能源回收利用，节能补效。目前，盛隆自发电量达到了 91.7%。

同时，成立能源管理中心，作为系统化节能减排的核心，提升了能源系统的能源介质供给、使用、平衡的优化能力，促进能源的集中高效监控，提高能源设备的精准操作水平，优化能源管理的层次和结构，推动能源管理的深入，支撑企业上层信息化的运行。

2. 采用先进工艺技术，实施绿色发展

盛隆采用成熟可靠的节能环保工艺技术装备，全面建设封闭式环保原料场、球团烟气脱硫、烧结烟气脱硫、烧结烟尘循环、烧结系统高效除尘；高炉余压回收、高炉干法除尘、出铁场无组织烟气综合治理；转炉煤气 OG 除尘、二次除尘；干熄焦发电、高温超高压煤气发电；烟气余热回收与利用（烧结环冷废气余热、转炉烟气余热、热风炉烟气余热）；能源优化调控技术；中水再生回用；含铁含锌尘泥综合利用；钢渣高效处理及深度

综合利用；综合污水再生回用；能源管控中心。

在球团脱硫、烧结脱硫和全厂废水排放口安装在线监控，与市环保局联网，接受社会监督。实施码头到料场的皮带机输送项目，优化物流体系，减少物流过程中无组织排放。

（三）坚守初心、为社会进步与和谐添力量

关于初心，我们认为最贴切的解释是史航形容汪曾祺先生的一句话：已识乾坤大，犹连草木青。意思是当你已拥有扭动乾坤的能力，却更加怜惜一草一木的枯荣和开落。

对于盛隆来讲，企业的初心就是发展的同时，要积极承担更多的社会责任，回馈社会，以自己微薄的力量，为社会提供更多正面的价值。

1. 践行社会责任，以心回馈社会

关爱员工，共同发展，成为员工热爱的企业；

服务用户，合作共赢，成为用户信赖的企业；

利益共享，风险共担，成为供应商敬重的企业；

节约资源，保护环境，成为与环境协调的企业；

诚信守法，回馈社会，成为社会尊重的企业。

这是盛隆的社会责任目标，也是我们的使命。作为防城港市最大的民营企业，通过对周边的辐射作用，吸引更多优秀的投资项目和人才进入防城港，同时提供更多的就业岗位，已经逐渐成为防城港市家喻户晓的企业，对地方工业、经济和社会发展形成了一股强大的推动力。

在企业发展的同时勇于承担更多的社会责任，以具体行动奉献爱心，回馈和造福社会，致力于和谐社会建设。盛隆先后捐资各500万元在防城港市公车中心校、公车中学分别建设了两栋教学楼，并于今年捐资400万元与防城港市教育局发起港湾教育基金会。截至2018年中，公司累计各项公益捐资达2500万元。

2. 响应国家"一带一路"，以开拓谋发展

2014年，盛隆公司和北部湾港务集团合作在马来西亚关丹产业园创建年产350万吨的钢铁项目，成立"联合钢铁（大马）集团有限公司"。项目总投资14亿元，是由中马两国元首亲自推动、两国政府合作共建的马中关丹产业园区的重点项目，也是首个入园项目。

联合钢铁采用全球主流的全流程钢铁冶炼工艺流程、国际领先的环保技术，全面建成后，关键技术指标将达到世界领先水平，成为马来西亚最大钢铁厂、东南亚最具竞争力的

精品棒线产业基地。

项目该项目是盛隆积极响应国家"一带一路"，对技术、人才输出，最终实现合作共赢的重要举措，将有力推动中马双边经济贸易，为"一带一路"建设和国际产能与装备合作树立又一示范标杆。

民营企业正在逐渐成为社会发展的主力，同时也应该要发展为社会责任承担的主力，盛隆冶金也以自己的力量、秉承着一颗感恩的初心，促进社会进步与和谐发展。

四、砥砺奋进，绿色智造，打造民营企业优秀品牌

"不忘初心、砥砺奋进、绿色智造、美丽盛隆"是公司的发展愿景，对于盛隆冶金未来的发展，公司始终坚持以科学发展为主题，以管理为主线，以创新为动力，依托先进技术，致力技术革新，全面推进经济结构调整及产业结构优化，坚持走循环经济及可持续发展的新型工业化道路，积极打造民营企业优秀品牌。

（一）技术进行产业升级技术改造，提升效率

2017 年 9 月，根据国家发改委、工信部产业政策要求，在不新增产能的前提下，主动实施产业升级技术改造。项目建设内容包括：建设内容包括 2 台 360 平方米烧结机、2 座 1680 立方米高炉、2 座 150 吨顶底复吹转炉（配套 2 套 KR 铁水预处理装置、2 座 150 吨 LF 钢包精炼炉和 2 台 R9 米双流直弧形板坯连铸机，预留 RH 真空处理装置，以适应高附加值产品的开发）、1 条 1780 毫米热轧带钢生产线及相关配套设施，新建设施年产 298 万吨铁和 340 万吨钢。

（二）通过技术创新作用，提高产品附加值

目前，盛隆主要产品为含镍铬热轧带肋钢筋及热轧光圆钢筋，根据前期市场调研，产业升级项目公司将新增 1780 毫米热轧带钢生产线，主要产品是厚度 1.2~19 毫米、宽度 800~1630 毫米，品种包括碳素结构钢、优质碳素结构钢、低合金钢、冷轧基板；随着生产技术的进步将逐步开发耐候钢、管线钢、汽车用钢、双相钢、高端汽车板等高附加值产品，不断增强企业市场竞争能力。

（三）多元化发展，打造钢铁小镇

工业化要实现转型升级，必须走低碳环保的绿色工业化道路，也要求城镇发展必须立

足高端规划，致力于人居环境的改善。盛隆规划打造钢铁小镇，充分发挥钢铁特色的工业优势和风光秀美的自然资源优势，以全域规划推动城镇化进程，形成绿色健康发展的产业集群。

改革开放40年，从规模和内涵上不断改变着中国和世界历史进程，不断创造着"中国奇迹"，同时也给了民营企业、民营企业家提供了一个广阔的舞台。"青灯黄卷苦读　热血挚诚坚韧"。改革之路不会停止，而民营企业发展之路也任重而道远。我们相信，只要我们按照党的十九大指明的发展道路走下去，就一定有更美好的明天。

创新为魂　匠心筑梦

河北龙凤山铸业有限公司

河北龙凤山铸业有限公司（下称龙凤山）创建于 1999 年，位于河北省武安市青龙山工业聚集区，是工信部认定的专业生产铸造用超高纯生铁、高纯生铁和亚共晶生铁的高新技术企业，中国铸造生铁行业龙头企业，中国民营制造业 500 强企业；龙凤山现有员工 2000 余人，建有省"企业技术中心"和"铸造新材料试验室"。拥有全球最大的铸造生铁专用高炉 2 座、国际最先进的超高纯生铁生产线 2 条，设计产能 200 万吨；拥有技术专利 6 项，通过了质量、环境、职业健康安全、能源、计量"五标一体"认证。

龙凤山自主研发和生产的"LFS"牌高纯生铁相继荣获"国家重点新产品""中国铸造材料金鼎奖""中国冶金产品实物质量金杯奖"。2017 年，龙凤山再成功研制生产出超高纯生铁。它的钛、锰、磷、硫等有害元素含量大大优于《铸造用高纯生铁》行业标准，铬、钒、钼、砷等 11 种微量元素总和小于 0.020%，在全球行业内属于领先水平。

经国家工信部委托，中国铸造协会专家委员会对新产品验收确认，超高纯生铁新材料填补国内空白，产品替代进口，其主要技术指标优于国外水平，整体技术水平达到了国际领先水平，广泛应用于核电、高铁、军工、海洋工程、航空航天等大国重器、国防科技工业、国家重大项目建设等广泛领域，对生产高性能、高质量、超大断面球墨铸铁件提供重要原材料保障，在铸造行业具有很高的推广价值。

超高纯生铁的诞生，在我国铸造发展史上树立了新的里程碑，将为我国铸造和装备制造业转型升级、由大变强奠定坚实的铁基新材料基础，助圆《中国制造 2025》强国梦。

一、持续创新　增强活力

创新是企业发展的原动力。党中央和国务院提出实施"中国制造 2025"，加快中国从制造大国转向制造强国的奋进目标。

伴随着《中国制造 2025》战略的快速实施，《铸造行业十三五规划》中提出的"百吨级核乏燃料储运容器""7 兆瓦及以上风电机组铸件""高铁铸件""低温高韧性球铁件"

"固溶强化铁素体球铁件""等温淬火球铁件""高精度及高精度保持性机床铸件"等高端铸件对铸造原材料提出更高苛刻要求，而我国已有的铸造原材料已经满足不了高端铸件的质量需求，中国制造业对高端铸造新材料的需求越来越迫切，急切要求提高铸铁材质的纯净度，解决炉料（生铁、废钢）带来的干扰元素的影响已成亟待解决的问题。

龙凤山董事长白居秉面对机遇与挑战，敏锐地看到，龙凤山要坚持创新不止，不断开发新产品，适应和引领高端铸造行业的新需求。白居秉果断拍板：开启新一轮自主创新，研发超高纯生铁。

思维决定出路，观念孕育生机。龙凤山坚持自主创新，两年多时间的不间断研发，攻关克难，经历无数次试验……2017年3月，成功采用"精炼深度提纯工艺"这一关键技术，成功研制出以铁、碳和硅基本元素为主、其他有害元素和杂质元素含量极低的高纯净度、高稳定性、高一致性的超高纯生铁！超高纯生铁投入工业化生产和应用，受到用户的高度认可和青睐。

二、技术创新　砥砺奋进

龙凤山赶超世界先进水平，牢记科技创新是第一生产力的真谛，在研发超高纯生铁全过程，全方位践行这一理念，具备了独特的优势。

一是优质原料优势。超高纯生铁特定微量元素的含量极低，冶炼超高纯生铁需要优质铁矿，国内外适用生产超高纯生铁的矿稀少。河北武安当地的铁矿石中磷、硫、锰、钛和对铸造有影响的微量元素含量很低，其品质之高在全国乃至世界也属罕见，得天独厚。

二是装备优势。工欲善其事，必先利其器。龙凤山作为我国最大最优高端铸造新材料生产基地，2016年在原有先进装备基础上先后投资一亿多元，建造了1000平方米的技术中心大楼，配备了等离子体光谱分析仪、荧光分析仪、ICP荧光光谱仪。并建立了国内领先首家生铁试验室，配备了试验用中频感应电炉、金相显微镜、冲击试验机、液压式万能强度试验机、氧氮氢气体分析仪等先进仪器设备，具有完善的研发及试验条件。

三是技术、人才优势。龙凤山建厂近20年积累了丰富的冶炼经验，秉承人才是第一资源的理念，聘请10多名既有较深理论造诣又有丰富实践经验的炼铁和铸造专家，吸收一批懂技术、善管理、勇于创新的综合性人才。龙凤山不拘一格，多渠道引进各类高端、顶尖人才：他们从中国铸造协会、中国机械研究总院、河工大等高等院校、科研单位聘请专家、教授近20人担任技术顾问，提升超高纯生铁的技术研发水平；建成高纯生铁和超高纯生铁科技研发中心，与多所专业院校、科研单位建立长期、稳定的技术合作关系；多次举办和参加"推广应用高纯生铁和超高纯生铁论坛会";开展"产学研用"战略合作，优势互补，实现共赢。同时还引进中高层次技术和管理人才百余名，为企业发展注入活力。据统计，龙凤山这支高技能、高素质的技术团队和员工队伍，有极强创新能力的科技人才达到员工总数的二成以上，为持续创新研发超高纯生铁提供了人才支撑。

四是工艺技术优势。龙凤山研制的超高纯生铁，在高端铸造专家的指导帮助下，选择在"三精法"大高炉冶炼高纯生铁的基础上，采用独有技术进行精炼及深度提纯工艺，将生铁中微量有害元素含量去除至极低。并可根据不同用户的需求，调整精炼深度提纯工艺，实现定制化生产、个性化服务。超高纯生铁整个生产流程突出特点是均采用绿色制造工艺，生产纯净度、稳定性、一致性更好的铸造新材料。其 P、S、Ti、V 等关键元素及微量元素总和等技术指标达到国际领先水平，为我国铸造行业由大变强奠定了坚实的新材料基础。

铸造业权威专家评价龙凤山超高纯生铁有两个显著性能：一是超高纯生铁中的碳含量根据客户需要可以定制。超高纯生铁对钛、锰、磷、硫等常规元素各含量和铬、钒、钼、锡、锑、铅、铋、碲、砷、硼、铝等 11 种微量元素提出极限要求。其中，主要元素 C 3.50%~3.80%、Si≤0.50%、Ti≤0.005%、Mn≤0.02%、P≤0.008%、S≤0.010%；11 种微量元素的含量总和≤0.020%。二是"龍鳳山"牌超高纯生铁，能够显著稳定提高高端铸件的性能要求。保证超低温铁素体球铁件100%的铁素体；净化晶界非金属夹杂；对低温和超低温铁素体球墨铸铁，能够显著降低塑—脆性转变温度，在超低温下既稳定保证抗拉强度大于400MPa，又能稳定达到大于12J的低温冲击值。是新一代高端铸件的首选原料。

三、品牌引领　匠心打造

品牌就是力量，创新就是灵魂。"龍鳳山"牌铸造用超高纯生铁"龙行寰球，凤鸣九天"。研发超高纯生铁缘何能打造出强大品牌效应呢？董事长白居秉在接受《中国冶金报》记者采访时，特别强调主要得益于人才、装备、技术等多方综合研发优势；得益于"大国工匠"精神，精准极致，增品种，提品质，奋力创品牌。龙凤山大力实施培育品牌，"龍鳳山"牌铸造用高纯生铁先后被工信部、环保部、科技部联等四部委联合评定为"国家重点新产品"，获得"中国铸造材料金鼎奖""中国冶金产品实物质量金杯奖"等殊荣，被中国品牌建设促进会评为"品牌价值产品"。

龙凤山打造的"龍鳳山"牌超高纯生铁质量高、用途广、有文化特色烙印，满足和引领了核电、高铁、军工、风电、海洋工程等领域特殊需求，打造了的经典品牌，成为龙凤山的靓丽名片，品牌效应凸显，结出丰硕成果。

硕果之一：百吨级核乏燃料储运容器。我国《铸造行业"十三五"规划》提出完成高端球墨铸铁百吨级核乏燃料储运容器的研制并实现产业化生产。目前，我国正在进行研制工作。百吨级核乏燃料储运容器最大壁厚为500毫米，生产过程中如果铁水中微量元素杂质元素过高，铸件最后凝固部位容易产生碎块状石墨，晶界偏析夹杂多，也容易产生缩松、缩孔等铸造缺陷，严重影响力学性能和动态性能。在试制中，100%采用"龍鳳山"牌超高纯生铁，在砂型铸造自然冷却的条件下，浇铸800毫米×800毫米×800毫米超大试块，从试块心部取样检测，结果表明未出现碎块状石墨及晶界偏析夹杂，无缩松、缩孔、夹渣等铸造缺陷。采用超高纯生铁生产大断面球墨铸铁件组织及性能得到了良好的保障。

硕果之二：高速列车转向架轴箱。高速列车的转向架轴箱是安装车轮与转向架构架的重要部件，它承载着车体重量，其质量的优劣直接影响着列车的安全性、稳定性与舒适性。其重要性与可靠性处于列车设计关键位置，列为高速列车的核心部件，在高速列车零部件中属A类部件。常州华德机械有限公司等三家高端铸造企业使用河北龙凤山高纯生铁和超高纯生铁生产了10万多件，没有一件不合格。龙凤山成为国内唯一一家高速列车转向架轴箱原材料供应商。

2017年，常州华德等三家率先使用超高纯生铁进行了超低温、高韧性球墨铸铁（−60~−80℃）QT400-18AL的研究和在高速列车转向架轴箱的使用，取得了更为良好的效果。高铁转向架轴箱研制生产的难点是在低温、超低温使用条件下力学性能达到：抗拉强度不小于400兆帕，屈服强度不小于240兆帕，伸长率不小于18%，在−20~−60℃冲击吸收功均不小于12J。

硕果之三：高强度、高伸长率球墨铸铁的研究与生产技术开发受到相关研究机构的关注。吉林大学通过采用龙凤山超高纯生铁净化铁液、多元素合金元素固溶强化、晶粒细化等一系列生产优化工艺和措施，成功研制并生产出铸态QT700-10高性能铸铁件。

四、用户为"天"营销创新

龙凤山为适应市场需求，创新营销策略，灵活启用打出"营销组合拳"。采用两个模式：一是采取EVI营销理念，参与用户的产品设计、模具开发、现场工艺等各个环节中去，提前为客户量身定制产品；二是采取供应链管理供应模式，主机厂配套的OEM单位统一选用龙凤山定制化产品，优异一致的铸件性能可有效延长主机使用寿命。提高用户的市场竞争力，实现与用户共赢。一个机制（销供产质联动机制）：对用户进行"一站到位"式个性化服务模式。努力实施四化（生产定制化、产品系列化、质量高端化、服务个性化）的目标，着力全方位为用户服务，市场前景广阔，带来产销两旺景象，营销各项指标均创新高。进入 2018 年，龙凤山注重巩固老用户，发展新用户，新用户、新订单较去年同期增加 70 余户，据统计自去年投产至今已产销 10 余万吨超高纯生铁。

龙凤山对用户有针对性的调整超高纯生铁基体中微量元素组成及含量，为用户个性化定制生产，提供强有力地的保障和供给。龙凤山已与中国一重、常州华德、江苏吉鑫、宁夏共享、中国重汽、广西玉柴、山东潍柴等一大批著名铸造企业结成长期战略合作伙伴，与越来越多的"国字号"大用户建立了稳定的合作关系。据测算，龙凤山自 2010 年以来生产的高纯生铁、超高纯生铁在显著提高铸件质量和性能的同时，为铸造厂家节约 30 多亿元原材料成本，超高纯生铁市场前景极为可观。龙凤山为铸造行业发展提供高新技术+科技新产品+满意服务，也为中国乃至世界超高纯生铁定制化生产开辟一条"中国之路"。

目前，龙凤山正以习近平新时代中国特色社会主义思想为指导，按照党的十九大精神要求，加快产品的研发，努力满足打造制造强国的需要，在高纯生铁领域创造新的辉煌。

40

教育、地质、金融及产业链篇

JIAOYU DIZHI JINRONG JI CHANYELIAN PIAN

钢铁摇篮育英才　深化改革铸强国

——北京科技大学改革开放40年办学巡礼

北京科技大学

北京科技大学作为新中国钢铁工业的最高学府，沐浴在改革开放思想解放、教育博兴、文艺繁荣、科教兴国的春风里，坚持内涵发展，注重开放办学，开启建设高水平研究型大学的新的发展征程。改革开放40年来，学校紧紧抓住改革开放为高等教育发展带来的强大动力，继承"学风严谨、崇尚实践"的优良传统，传承"求实鼎新"的校训精神，为钢铁工业的改革发展、创新驱动贡献力量，在"钢铁强国、科教兴邦"的伟大画卷上书写砥砺前行的奋进之笔。

一、坚定方向，扎实推进，促进学校改革发展

改革开放40年来，北京科技大学坚持以马克思列宁主义、毛泽东思想、邓小平理论、"三个代表"重要思想、科学发展观、习近平新时代中国特色社会主义思想为指导，高举中国特色社会主义伟大旗帜，牢固树立"四个意识"，全面贯彻党的教育方针，始终坚持思想上政治上行动上同党中央保持高度一致，加强党对高校的全面领导，坚持正确的办学方向，大力加强党建和思想政治工作，强化干部队伍建设，为学校改革、发展提供了强力的政治思想和组织保障。

学校认真贯彻执行党委领导下的校长负责制，不断加强办学治校能力建设。学校党委落实全面从严治党的主体责任，形成学校党政领导班子分工合作、协调运行的良好机制；制定党委领导下的校长负责制实施细则，完善学校、学院"三重一大"事项决策制度；严格落实民主集中制，修订党委常委会、校长办公会议事规则，坚持开展重大问题决策前的调查研究与沟通酝酿，坚持科学决策、民主决策、依法决策；推进巡视督查整改与巡察工作；加强党风廉政建设，严格落实中央八项规定精神；扎实做好统战工作，充分发挥民主党派、无党派代表人士决策咨询作用；大力实施科技创安工程，创建"平安校园"示范校。

学校加强民主集中制建设，建立健全党委统一领导、党政分工合作、协调运行的工作机制。构建教代会、学代会、理事会等积极发挥作用的民主管理和社会参与体系；制定《北京科技大学章程》，稳步推进校内规章制度的"立、改、废、释"，初步构建起以章程为统领的现代大学制度体系；修订学校《学术委员会章程》等有关文件，健全以学术委员会为核心的学术治理体系，推进"行政管理"与"学术决策"的相对分离；推进学校信息公开；充分发挥学院党组织的政治核心作用，完善以学院党政联席会议、学术分委员会、教职工代表大会、学生代表大会为基本内容的内部治理结构，扩大学院自主权并建立健全配套制度，调动基层工作积极性；成立专门法律事务工作机构，建立起一支专兼结合的法律事务工作队伍；鼓励社会参与，构建和谐外部关系；更好地发挥理事会在密切社会联系、扩大决策民主、拓展办学资源、强化外部监督等方面的作用；加强校友工作，依托校友会搭建联系服务校友平台，促进校友和学校的共赢发展；依托基金会积极争取社会捐赠，拓宽学校收入来源渠道。

改革开放 40 年来，学校积极谋篇布局，铸就改革发展的鲜亮印记。学校先后召开了七次党代会。1980 年 8 月，中共北京钢铁学院第五次代表大会是改革开放后学校召开的第一次党代会，时任党委书记刘少华作题为"加强改善党的领导，提高党的战斗力，为培养德智体全面发展的高质量的冶金科技人才而奋斗"的主题报告。2004 年 11 月，中共北京科技大学第九次代表大会决定，学校在 21 世纪上半叶的总体发展目标是"把北京科技大学建设成为以工为主，工、理、管、文、经、法等多学科协调发展，规模适度，特色突出，国内一流，国际著名的高水平研究型大学。"学校决定实行"三步走"发展战略。2015 年 9 月，中共北京科技大学第十一次代表大会决定，今后五年学校的总体目标是"实现'三步走'战略第二步发展目标，基本建成特色突出、国内一流、国际知名的高水平多科性研究型大学，成为国内一流的新型工业化教育科研中心，为建设有特色的世界一流大学和世界冶金、材料教育科研中心奠定基础"。

北京科技大学应新中国工业化建设需要诞生，以服务国家经济建设、培育科技英才为己任，始终肩负着"为中华之崛起"的光荣使命。改革开放四十年来，学校紧紧围绕国家重大战略需求和科技前沿，形成"精品化、国际化、特色化"办学思路，深化综合改革，实现了由单科性的北京钢铁学院向以工为主、工理管文经法等多学科协调发展的高水平研究型大学的历史性转变。1988 年 4 月 22 日，国家教委和冶金工业部正式批准北京钢铁学院更名为北京科技大学。1997 年 12 月，国家教委、国家计委和财政部正式批复北京科技大学为首批国家"211 工程"项目建设高校。1998 年 9 月，北京科技大学划转为教育部直属高校。2006 年 12 月，经教育部、财政部批准，学校成为首批"985 工程优势学科创新平台"建设项目试点高校。2015年12月，学校编制完成《北京科技大学综合改革方案》，确立了现代大学制度、师资队伍建设与人事制度、学科建设与人才培养、科学研究与成果转化、资源配置等五个方面38项改革任务。自2015年国务院公布《统筹推进世界一流大学和一流学科建设总体方案》后，学校积极谋划"双一流"建设，编写《〈统筹推进世界一流大学和一流学科建设工作〉的意见和建议》并报教育部。2016年，学校研究制定《"十三五"教育事业发展规划》，进一步明确学校一流大学、一流学科建设目标与实现途径。2017年，学校入选"世界一流学科建设高校"，科学技术史、材料科学与工程、冶金工程、矿业工程4个学科进入一流学科建设行列，入选学科数列全部137所高校的第26位（6校并列）。结合评选结果，学校编制完成《北京科技大学一流学科建设高校建设方案》，以"一流学科"建设为龙头，统筹校内体制机制改革与资源配置，通过学科交叉与学科群建设，推进学校综合改革、"十三五"规划和"双一流"建设。2018年7月，学校获批国防科工局、教育部共建高校。

二、立德树人，务本存真，提升人才培养质量

学校坚持立德树人的根本任务，着力创新人才培养模式，深化教育教学改革，培养德智体美劳全面发展的社会主义建设者和接班人。学校不断完善本科人才培养方案，构建了校企合作、校院合作多元化的人才培养模式，形成了完整的理论课程体系和实践课程体系，构建"以学生为本"的教学管理机制，人才培养的中心地位得到确立和巩固。1977年以来，学校对本科培养方案共进行了12次修订或制定，本科教育教学培养目标从"以学为主，兼学别样"发展到"构建高水平研究型大学本科创新人才培养体系"。在传统的注重实践的基础上，拓展了创新创业能力培养。20世纪90年代，柯俊院士等著名材料教育家提出"大材料人才培养模式"影响深远，被国内高校广泛借鉴运用，2001年国家级教学成果奖一等奖。在此基础上，学校不断发挥材料学科优势，逐步形成"四梯递进"的高水平创新型本科人才培养体系，2014年获国家级教学成果一等奖。

党的十八大以来，学校教学经费以年均10%的增长速度，从2012年的1847万元增长到3295万元。学校落实"教授为本科生上课"制度和青年教师授课准入制度，以进一步推进完全学分制改革为出发点，制定、实施和修订2017版本科人才培养方案，成立教师（教学）发展中心、学生学习与发展指导中心，切实提升本科教学实效。在理科试验班、材料实验班和卓越工程师计划基础上，开设"纳米班""黄昆班""闵嗣鹤数学精英计划""智能采矿创新班"等人才培养改革项目。学校推进新工科研究与实践，促进学科专业建

设与行业发展相结合，培养跨学科、跨专业的复合型创新人才。学校全面推动专业认证工作，提高工程人才培养能力，不断促进专业建设质量的提升。截至 2018 年，共有 12 个专业通过工程教育专业认证。2018 年，学校实施本科生全程导师制，构建"任课教师+班导师+辅导员"与"导师+导师指导的研究生+高年级本科生"相结合服务模式，发挥大学教师在人才培养中的主导作用，实现创新型人才培养的制度化。

学校自 1978 年开始恢复招收研究生。1981 年被国务院批准为全国首批具有博士、硕士学位授权的单位之一，1984 年被国务院批准为全国首批 22 所成立研究生院的大学之一。同年 10 月，学校深化研究生招生改革，在国内高校中率先实施推荐优秀本科毕业生免试录取攻读硕士研究生制度。1985 年 6 月，学校举行首届博士生学位论文答辩，3 名博士生获博士学位。2011 年，为创新博士研究生选拔方式，扩大博士生导师的招生自主权，学校在部分导师和考生中试行采取申请考核方式选拔博士生，后逐年稳步推进。

党的十八大以来，学校以行业需求为导向，积极建设工程院所联合培养平台、研究生教育协同创新中心、大型企业联合创新培养基地等，探索研究生联合培养模式。学校坚持"强化学术创新，推进分类培养"的原则，实施以强化学术型和应用型人才分类培养的2017 版研究生人才培养方案，落实博士学位论文 100% 盲审制度，进一步加强与钢研院等5 家科研院所联合培养工程博士工作。学校选拔 50 名副教授担任博士生指导教师，为青年教师搭建优质的快速成长平台。学校成立顺德研究生院，首批研究生招生计划已列入学校招生简章。

北京科技大学坚持育人为本、德育为先、能力为重、全面发展的教育理念，人才培养成果突出。建校 66 年来，学校为社会培养各类人才 20 余万人，大部分已成为国家政治、经济、科技、教育，尤其是冶金、材料工业的栋梁和骨干。党和国家领导人罗干、刘淇、徐匡迪、黄孟复、郭声琨、刘晓峰等都曾在校学习。先后有 38 名校友当选为中国科学院或中国工程院院士，一批校友走上了省长、市长的领导岗位，一大批校友担任中国一重、鞍钢集团、宝武集团、中国铝业、中国五矿、中国黄金、北汽集团、金隅集团、河钢集团等国家特大型企业的董事长或总经理。学校被誉为"钢铁摇篮"。

2002 年以来，学校共获得国家级教育教学成果奖一等奖 1 项、二等奖 7 项，北京市级一等奖 23 项，二等奖 43 项；国家级教学团队 2 个，北京市教学团队 9 个；国家级教学名师 2 人，北京市教学名师 30 人；国家级精品课程 8 门，国家级双语教学示范课程 6 门，国家级精品视频公开课 4 门，国家级精品资源共享课 5 门，国家精品在线开放课程 1 门，北京市精品课程 24 门；国家级精品教材 1 部，国家"十二五"规划教材 14 部，北京市精品教材 48 部；国家级实验教学示范中心 2 个，国家级虚拟仿真实验教学中心 2 个，北京市实验教学示范中心 7 个。

学校成立创业中心与人文素质教育中心，加强学生综合素质培养，积极构建"理论+实践"的创新创业培养体系，将创新创业教育融入人才培养全过程。学校成为首批全国高校实践育人创新创业基地、首批全国"大学生创新性实验计划"高校，获评首批全国高等学校创业教育研究与实践先进单位，学生代表队在全国"挑战杯""创青春"创新创业竞赛、智能汽车大赛等竞赛中屡创佳绩。机器人队、智能车队双双荣获"全国大学生小平科技创新团队"荣誉称号。在已举办的 13 届全国赛事中，智能车队共获 17 个全国总冠军、18 项特等奖、28 项一等奖，稳居参赛高校首位。

学校积极推进招生选拔与就业服务机制改革，生源及就业质量始终保持较高水平。继续教育、远程与成人教育和国际合作教育稳步开展。天津学院各项工作进展顺利，大力推进京津冀协同发展研究院建设，荣获"2017 年度综合实力独立学院"称号。

三、内涵发展，争创一流，提高学科建设水平

改革开放 40 年来，学校明确了"突出特色优势，凝练领域方向，优化结构布局，注重内涵发展"的学科建设方针，探索建立适应学校学科发展的资源统筹与配置机制，开展学位授权点动态调整，进一步优化学科结构。党的十八大以来，学校调整成立了能源与环境工程学院、科技史与文化遗产研究院，完成了应用物理系设立和建筑环境与设备工程系划转工作，使学术资源得到更好整合。目前，学校建有本科教学单位 16 个、本科专业 50 个，一级学科博士学位授权点 20 个、一级学科硕士学位授权点 30 个、二级学科博士学位授权点 79 个、二级学科硕士学位授权点 137 个，另有 MBA（含 EMBA）、MPA 等专业学位授权点 8 个，博士后科研流动站 16 个，涵盖工、理、管、文、经、法、哲、教、艺 9 个门类。

学校科学技术史、材料科学与工程、冶金工程、矿业工程入选国家"一流学科"建设行列。相比于 2012 年第三轮学科评估，在 2017 年 12 月公布结果的第四轮学科评估中，学校参评学科数由 16 个增加到 25 个，获评 2 个 A+、1 个 A 和 6 个 B+，进入前 20% 的学科由 5 个增至 9 个，进入前 30% 的学科由 11 个增至 16 个。材料、工程、化学、计算机等 4 个领域进入 2018 年 ESI 全球排名前 1%，其中材料进入前 1‰。QS2019 世界大学排名第 500（内地高校第 22）。学校以一流学科建设带动学校整体发展，以立德树人为根本，以支撑创新驱动发展战略、服务经济社会发展为导向，深化学校综合改革，破解创新人才培养、师资队伍建设、科学研究、文化传承创新、社会服务等方面的体制机制障碍，构建富

有活力和效率、更加开放和有利于学科建设和学校发展的体制机制，为学校建设有特色的世界一流大学和世界矿冶、材料教育科研中心提供可靠的保障。

四、创新机制，人才强校，强化师资队伍建设

改革开放 40 年来，学校稳步推进收入分配制度改革，大力实施人才强校战略，加大高水平拔尖人才培养和引进力度，着力打造一支师德高尚、业务精湛、结构合理、充满活力的教师队伍。

1979 年 3 月，学校恢复教师职称评定工作。1985 年 8 月底，学校开始实行教师任职资格的评审和聘任制。1992 年 3 月，学校被冶金工业部确定为首批综合改革试点院校，学校制订综合改革纲要，首次人事制度改革的基本内容是进行"三定一评一聘"，即定编、定岗、定责，考评和聘任。1985 年、1993 年、2006 年分别进行了三次工资制度改革。1999 年，学校在严格定编的基础上，按新的方案进行了全校教师的岗位设置，之后学校每三年进行一轮岗位聘任工作，实行教师岗位分类管理，完善教师职务晋升与考核评价机制。2003 年，学校启动"422 高层次创新人才工程"。2009 年 10 月，学校首次召开人才工作会议。会议全面部署人才工作规划，表彰近年来人才工作先进集体和先进个人。2010 年，实施"人才振兴工程"。2015 年，学校 11 个科研流动站参加博士后综合评估工作，材料科学与工程、机械工程科研流动站被评为全国优秀科研流动站。

党的十八大以来，学校以"普惠全员、鼓励拔尖"为主线，加快推进人事制度改革。建立教师教学、教研、研究、工程四个系列分类管理机制，实行准聘长聘制，构建合理的教师流转机制，实行年度、聘期、合同期多维度考核，构建以教师基本工作量为基础，教学质量评价、科研水平评价和社会服务工作评价为核心的教师考核体系。推进人事自主权改革，指导各教学科研单位自行做好本单位的师资队伍建设规划实施方案，促进师资队伍的年龄、学历和学缘结构更趋合理。建立起更加科学、合理、公平、有序的收入分配关系，努力提高教职工收入水平，充分调动了教职工的创造性和积极性。

不断创新人才工作体制机制，加强师资队伍建设。目前，学校拥有一支治学严谨、师德过硬的师资队伍。现有中国科学院院士 3 人（双聘 1 人），中国工程院院士 5 人（双聘 2 人），国务院学位委员会委员 1 人，国务院学位委员会学科评议组成员 5 人，国家"973"项目首席科学家 3 人，国家级有突出贡献专家 15 人，省部级有突出贡献专家 10 人，"长江学者奖励计划"特聘教授 15 人、青年学者 5 人，"国家杰出青年科学基金"获得者 20 人，"万人计划"领军人才 6 人、青年拔尖人才 3 人，国家级教学名师 2 人，国家百千万

人才工程人选 17 人，国家优秀青年科学基金获得者 15 人，北京市教学名师 31 人（含青年教学名师 2 人），教育部跨世纪（21 世纪）优秀人才 103 人。学校推动融合创新研究院建设，目前已有 6 支高层次人才团队进驻，研究方向涉及多个前沿领域。建立院士工作平台，试行教师学术休假制度，全方位加大高层次人才、创新团队和优秀青年教师培养引进力度。

五、立足前沿，勇攀高峰，科研服务再上台阶

在 1978 年全国科学大会"树雄心，立大志，向科学技术现代化进军"号召下，学校加快各领域科技创新。在冶金、材料、矿山、机械等领域做出了突出贡献。1978 年以来，有 2000 余项科研成果获国家、省部级等奖励，其中国家级奖励 169 项，在全国高校名列前茅。"211 工程"建设的第一个 10 年，学校获国家科技进步奖一等奖 4 项，与清华大学并列全国第一。党的十八大以来，学校获国家自然科学基金杰青资助 5 项、优青资助 10 项、重大科研仪器项目 3 项，其他各类重大重点项目 29 项。2018 年，获得国家自然科学基金委经费资助 1.18 亿元。学校签订军品配套、国防基础科研项目、预研类项目、GF973 等各类国防项目 282 项，合同金额 3.6 亿元；学校获得国家社科基金、教育部及北京市社科基金等各类社科类项目立项 297 项，项目经费 3316 万元。2016 年，国家重点研发计划实施以来，学校获批牵头项目 13 项，专项资助经费达 2.9 亿元，获批立项数位列高校第 19 位，获批经费位列高校第 18 位。2014~2018 年，学校获国家科学技术奖励 18 项。2015~2017 年，学校专利和软件登记 670 项。科研论文数量和质量均有大幅度提升，2011~2016 年，学校发表 SCIE、EI、CPCI-S 论文数排名均在 20 名左右。四篇论文在《Nature》《Science》发表，"超级钢"研究达到国际领先水平，入选"2017 年中国百篇最具影响国际学术论文"。

学校加强科研基地平台建设，提升协同创新能力。1989 年经国家计委和教育部审批立项、原冶金工业部批准，依托北京科技大学，1991 年开始筹建新金属材料国家重点实验室，1995 年通过验收正式运行。2007 年 2 月，学校获准牵头建设国家发改委立项的"重大工程材料服役安全研究评价设施"项目。2008 年 12 月，批准筹建国家材料服役安全科学中心，实现教育部直属院校承担国家重大科技基础设施建设项目和国家级科学中心零的重大突破。2009 年，国家板带生产先进装备工程技术研究中心获得科技部正式批复成立。2011 年，经科技部批准筹建钢铁冶金新技术国家重点实验室，2013 年通过验收正式运行。国家重大科技基础设施"重大材料服役工程评价设施"主体工程及设施基本完成。2014

年，以北京科技大学为核心高校，联合国内骨干钢铁企业和科研院所共同组建的钢铁共性技术协同创新中心成功入选国家"2011 计划"，是钢铁行业唯一的国家级"2011 协同创新中心"。目前，学校建有 1 个国家科学中心，2 个国家重点实验室，2 个国家工程（技术）研究中心，2 个国家科技基础条件平台，2 个国家级国际科技合作基地和 1 个国家"2011"计划协同创新中心，50 个省部级重点实验室、工程研究中心等。

学校对照需求，促进技术转移与成果转化。1987 年，学校的全资子公司北京科技大学设计研究院有限公司成立。作为国家高新技术产业，该公司拥有冶金行业甲级设计资质、环境工程（水污染防治工程）乙级资质并通过 ISO 9001 认证，专业涉及冶金工程、材料科学与工程、控制科学与工程、机械工程、计算机科学与技术、物流工程等。1996 年，学校高效轧制国家工程研究中心成立，成为我国第一批成立的国家工程中心之一。

党的十八大以来，学校坚持体制机制创新、科研开发与技术转移并举，瞄准国家和行业重大需求，围绕实现"中国制造 2025"，着力拓展相关领域，提高原始创新能力，提升成果转化水平，不断创新产学研用合作机制，服务经济社会发展。学校建立北京科技大学-钢铁企业科技合作组织、首都高校科技信息联盟（网），与首钢总公司、鞍钢集团、建龙集团、德龙集团、新兴际华集团、武安市政府，建立研发中心（平台）22 个。2013～2017 年，学校新增横向项目 3887 项，合同经费总额 12.93 亿元。其中，100 万元及以上项目达 260 项。学校积极搭建地方经济平台-高技术研发平台、应用型研发平台、行业发展平台、服务中小企业发展平台，在天津、烟台、宁波、广州、湛江等地建立研究院，学校响应中央要求，发挥优势，在产业扶贫、教育扶贫、文化扶贫上综合发力，积极开展甘肃省秦安县定点扶贫工作。

围绕京津冀协同发展战略，学校牵头成立京津冀钢铁行业节能减排产业技术创新联盟，建立鼎鑫钢联协同创新研究院，带动京津冀钢铁行业节能减排与转型升级，全面构建科技成果转化和政产学研用一体的创新服务平台。积极服务军民融合，积极推进教育部、国防科工局"十三五"共建高校的申请工作，举办首期"先进装备制造及关键材料专家大讲堂"。结合北京市科技创新中心建设，成立精准医疗与健康研究院、平谷生物农业研究院、智能机器人研究院等新型平台，延揽了一批全球相关领域的顶尖科学家及团队。

学校科技产业逐步规范投资股权管理和投资企业管理，建立了现代化的企业法人治理结构。学校从 20 世纪 90 年代开始大学科技园建设的探索。2000 年，学校成立了北京科大方兴科技孵化器有限责任公司。2001 年，方兴孵化器被认定为"北京市高新技术企业孵化基地"。同年，学校科技园被北京市科委、教委认定为"北京市大学科技园"。2003 年 1月，北京科大科技园有限公司注册成立，同年与中关村管委会共建了北京科大留学人员创业园。2005 年，科技园建设了"新材料北京市技术转移中心"和"北京科大分析检验服务平台"，被科技部、教育部认定为"国家大学科技园"。2006 年，北京科大留学人员创业园被认定为北京市留学人员创业园。北京科大方兴科技孵化器被认定为"国家高新技术创业服务中心"。目前，逐步构建起了以大学科技园、孵化器、留创园、技术转移中心、产业技术研究院、分析检验中心、京津冀钢铁行业节能减排产业技术创新联盟、中关村高端人才创业基地等机构组成的科技创新服务体系，在科技成果转化、科技企业孵化、创新创业人才培养、服务地方经济发展、为企业提供科技服务等方面积极作为。经过多年努力，科技产业集团为学校可持续发展创造良好的经济效益和社会效益。

六、开放办学，促进合作，国际影响持续扩大

学校坚持开放办学，将"国际化"作为跨越式发展"三大战略"之一，大力实施"GO 2020"全球拓展战略，全面深化国际合作与交流能力。

在对外开放中夯实对外交流与合作的基础。1979 年 4 月，学校与德国亚琛工业大学签订合作协议，成为新中国成立以来第一所与国外大学建立合作关系的国内高校。1986 年，学校与日本北海道大学签订合作协议，成为第一所与北海道大学签署校际合作协议的中国大学。1996 年 11 月，学校与台北技术学院（现台北科技大学）签署校际合作协议，正式拉开学校与台湾高校开展全面深入合作交流的序幕。迄今为止，学校已与台湾大学、辅仁大学、中国文化大学等 25 所台湾高校签订了校际合作协议，在学生交换、师生交流、科研合作等诸多领域开展了广泛而深入的合作。2004 年，学校举办了首届北京科技大学海峡两岸师生暑期交流活动，迄今为止连续举办了 15 届，吸引了台湾近 40 所院校的逾两千名师生参与。同年 9 月，学校选派第一批共 12 名学生赴德国亚琛工业大学攻读硕士学位。这是学校历史上首个与国外高水平院校开展学生联合培养校际交流项目，拉开了学校成规模、成建制选派学生参加国际交流的序幕。2006 年，学校开始着力推动"学生海境外交流经历拓展计划"，通过校际交换、联合培养、双学位、攻读硕士学位等中长期项目和国际社会文化调研、实验室研修、海外实习（竞赛）等短期实践类项目，大力培养国际化人才。目前，已有近 6000 名学生在校期间走出校门，接受国际先进教育的熏陶。2006 年，学校成为"211 工程"院校第一批进入"高等学校学科创新引智计划"的高校。2007 年以来，学校先后建立"先进金属和金属间化合物结构科学与技术创新引智基地"（2007）、"工程结构材料服役安全创新引智基地"（2012 年）、"工业节能与能效经济创新引智基地"（2013 年）、"功能性纳器件基础与应用引智基地"（2014 年）、"材料基因工程学科创

新引智基地"（2017 年）、"精准医疗与健康创新引智基地培育项目"（2017 年）。2012 年 4 月，"北京科技大学—邓迪大学国际合作办公室"揭牌成立，是邓迪大学目前为止在海外设立的唯一国际合作办公室，象征着两校的深度合作关系和战略合作深度。

党的十八大以来，学校推动开放办学能力提升，在深化改革中书写国际化建设新篇章。在校际层面学校，广泛搭建平台，与美国密歇根大学等海外知名大学和科研机构新建合作关系。2013 年 2 月，学校与英国德蒙福特大学合作建设的新型创意技术孔子学院获批成立。迄今为止，已根据需求建设了一所孔子课堂和 26 个教学点，每年为超过 3000 名汉语学习者提供教学服务，极大提高了学校的国际影响力，促进了中英教育文化交流与合作。2013 年，学校设立实施"鼎新北科"国际化平台建设计划，以"宏观指导"和"自主推进"为原则，支持和鼓励学院自主推进特色国际化建设工作，实现"学校引导、学院主导、师生核心、项目支撑、多极发展"的发展体系。2014 年 12 月，"北京科技大学—塔塔钢铁公司联合研究中心"揭牌成立，为钢铁领域的专家学者搭建了国际合作交流的平台，在实现资源共享，推动技术创新，攻克技术难题，促进钢铁行业健康持续发展等方面发挥积极作用。学校结合国家"一带一路"倡议，学校成立"一带一路"发展研究院，建立东盟研究中心，入选教育部备案名单，与泰国农业大学联合开展我国首个"一带一路"材料环境腐蚀研究国际合作项目。

学校形成多层次、全方位的学生海外访学工作体系，拥有海境外交流经历的在校生比例由 2012 年的 15% 提升至 21.6%。国际学生规模稳步提高，培养层次和生源国别结构不断优化，已为 163 个国家培养了 7000 余名国际学生。学校国际学生培养质量受到了充分肯定，已有 17 位国际学生获得教育部优秀来华留学生奖学金，2 名国际学生获得北京科技大学学生最高荣誉"校长奖章"。国家主席习近平对学校哈萨克斯坦籍国际学生鲁斯兰参加无偿献血的行为给予了高度赞扬，称赞他为"中哈人民友好交往的使者"。

目前，学校拥有亚琛工业大学、牛津大学、剑桥大学、加州大学、密歇根大学、日本东北大学等 170 个全球合作伙伴，在读留学生 985 人，成为教育部来华留学示范基地，共有 124 项校际交流项目，733 名出国（境）长期学习交流学生，学校 40% 专任教师有长期海外经历，完成 950 人次高水平专家科研合作交流，建立了 5 个国家级"111"引智基地，8 个国际联合实验室（研究中心）和 1 个孔子学院。

七、夯实基础，率先垂范，抓实思想政治工作

学校高度重视学生思想政治工作，曾是较早开始实施"全员德育"工作的院校。早在

20 世纪五六十年代，学校提出了"一参三改三结合"的教育思想，着力培养"又红又专"的高素质人才，成为当时"教育与生产劳动相结合"的典范，逐步积淀了学校"崇尚实践"的优良传统。改革开放四十年来，学校党委深入贯彻落实中央、北京市在高校思想政治工作方面的文件精神，健全体制机制、加强组织领导、优化内容供给、强化思想引领、创新方式方法、稳中有序求进，着力打造突出价值塑造、尊重学生主体、网上网下互动、具有北科大特色的思想政治工作体系，提高思想政治工作的针对性和实效性。

改革开放之初，学校党委把全面加强基层组织建设和严格规范学生党员发展工作作为重点，从学院、系所到学生层层落实责任，不断完善学生党员的培养、发展、教育、管理和考核，创新组织模式和教育载体等工作，建立了科学有效的学生党员和入党积极分子的培养教育体系、学生党建工作体系，在北京高校乃至全国高校具有较高的知名度和影响力。1980 年，学校率先成立了德育基础教研室，培养了朱新钧、熊晓梅等一批优秀党员干部；1992 年，学校制定了《系统德育综合育人实施方案》，树立全员德育意识、落实全员德育工作。学校曾是较早实施大学生素质拓展计划的高校，于 1994 年首批获得北京市党的建设和思想政治工作先进校，1996 年复查继续保留"先进校"称号，2004 年再次获得该项荣誉，2008 年复查继续保留"先进校"称号。2002 年，学校入选首批试点高校并依托我校成立了全国大学生素质拓展计划网络管理系统管理与服务中心；2016 年，"大学生素质拓展计划"升级为"第二课堂成绩单"制度。学校连续 3 届（6 年）获得北京高校党建和思想政治工作成果一等奖和创新奖。

党的十八大以来，学校深入开展以学习宣传贯彻党的十八大精神、十九大精神和习近平新时代中国特色社会主义思想、"中国梦""社会主义核心价值观"为主题的思想教育工作，创新开展网络新媒体思想引领，充分发挥社会实践、志愿服务和创新创业的养成作用，加强学风引领、心理健康、资助育人、职业发展与就业指导等工作，学生德育工作的感染力和亲和力不断提升。学校率先将社会实践、志愿服务作为必修课程纳入教学计划，"大学生社会实践"被评为国家精品课程，获国家教育教学成果奖二等奖，被《求是》杂志誉为"社会实践"的北科大模式。

学校深化"三全育人"综合改革，制定或修订《教书育人、管理育人、服务育人工作条例（试行）》《关于加强和改进思想政治工作的实施意见》等制度文件。成立思想政治工作领导小组，统筹抓好师生思想政治工作，形成了党委统一领导、党政齐抓共管、各单位密切配合、师生校友共同参与的育人工作格局。2018 年 10 月，学校成为教育部首批"三全育人"综合改革试点高校。

学校党委加强教师思想政治工作，设立教师工作部，加强学习制度保障，创新学习方式方法，实施组织驱动工程、思想引航工程、党建强基工程、师德固本工程、实践立行工程、典型示范工程，开展师德师风建设。

学校加强群团组织建设，加强校园民主管理，切实维护教职工和青年权益，学校工会通过"全国模范教职工之家"复验，团委获评"全国五四红旗团委"。高度重视离退休工作，充分发挥离退休老同志在关心下一代工作委员会、学生思想政治工作和教学督导中的作用，实现二级单位关工委全覆盖，关工委荣获"全国关心下一代工作先进集体"称号。

八、凝练特色，与时俱进，推动文化传承创新

作为新中国成立的第一所钢铁工业高等学府，学校从建校伊始便坚持以服务国家重大战略需求为己任，书写"为中华之崛起，奉科技以强国"的奋进之笔，留下了艰苦创业、昂扬向上、励精图治、锐意改革的宝贵精神财富。改革开放40年来，通过全体师生的共同努力，学校文化在积淀、丰富和内化的过程中，不断取得新成就，全校师生团结奋进的文化认同不断巩固，文化建设体系初步形成，独特的文化影响力在全社会不断增强。

1983年6月21日，北京钢铁学院党委常委会研究校风和学风建设问题，拟定"艰苦朴素、团结活泼、实事求是、勤奋严谨"为北京钢铁学院校风。2012年1月，学校发布"求实鼎新"校训和以"鼎"为主体造型的新校徽。党的十八大以来，学校坚持凝练文化精神，发布学校文化建设规划，开展爱校荣校教育，增进师生的文化认同和文化自觉，提升向心力和凝聚力。加强校友联络与感情凝聚，校友分会增加至59个，建立起纵横交织的校友交流平台，打造"校庆周""励志计划"等校友活动品牌。学校出版《北科大纪事》《师韵》等校史书籍，精心打造四个人文景观广场。创作校史原创话剧三部曲《燃烧》《绽放》《奔流》，荣获中国大学生校园戏剧节最高奖。"中国材料名师讲坛""星期四人文讲座""院士回母校"等校园文化活动蓬勃开展，"实践育人""核心价值观培育""中国精神寻访"等3项文化建设成果获教育部高校校园文化建设优秀成果奖。2017年，学校以65年校庆为契机，在"学风严谨、崇尚实践"优良传统和"求实鼎新"校训精神的基础上，确定"北科华章""摇篮颂歌"为校歌。

九、优化服务，综合发力，逐步改善办学条件

改革开放40年，特别是党的十八大以来，学校办学条件逐步改善。2013~2017年，学校实现总体收入合计约115亿元，年度收入总体实现逐年增长态势。大力推进财务信息化建设及内部管理机制流程建设，全面推行财务网络报销，实行科研经费报销"一站式"

服务，搭建财务信息服务平台，大大提升了学校财务管理水平与服务能力。投入 5.05 亿元，先后完成天工大厦、昌平创新园东区建设工作，完成学生公寓、管庄校区改造工作，积极推进昌平创新园西区及工程实践基地建设等工作。投入 7.9 亿元新增仪器设备 2.7 余万台，科研及教学装备水平明显提高。加强信息化建设，投入 3000 余万元，构建起校园内万兆主干、千兆接入，有线无线一体的网络体系，教学资源共享平台和数字化校园建设不断完善。为学生公寓全部安装了空调，极大改善学生住宿条件。发挥审计监督作用，做到审计工作全覆盖，进一步规范内部管理、防范经济风险、提高资金使用效益。2013~2017 年，校友捐赠收入总额超过 1 亿元，捐赠配比总额约 6647 万元。完成后勤体制机制改革，图书馆、后勤、校医院、档案馆、基础教育中心和社区等公共服务体系建设进一步加强。强化校园安全防范与综合治理，通过第三轮保密资格审查认定，取得二级保密资格。

回首 40 年的奋斗历程，北京科技大学在改革开放中砥砺奋进、蓬勃发展，各项事业快速发展，得到了教育行政部门、用人单位、合作伙伴、毕业生及第三方评价机构的广泛认可，国内外声誉显著提升。实践充分证明，改革开放的伟大意义和深远影响，已经、正在并将进一步在北京科技大学的发展进程中充分显现出来。四十年的辉煌成就，离不开党和国家对学校的重视与关怀，离不开教育部、原冶金工业部及北京市的坚强领导和社会各界的感怀帮助，更离不开几代北科大人的接力奋斗，特别是海内外广大校友的热情支持，为母校赢得了无上荣光。

面向未来，北京科技大学将贯彻落实全国教育大会精神，不忘初心、继续前进，坚持深化改革，坚持开放办学，以求实鼎新的精神、敢为人先的气魄、时不我待的态度，努力建设国内一流、国际知名的高水平研究型大学，为我国高等教育事业发展和加快实现"钢铁强国梦"作出更大的贡献。

扎根中国钢铁工业，建设世界一流大学

——改革开放 40 年来的东北大学

东北大学

东北大学是一所具有爱国主义光荣传统的大学。改革开放 40 年来，东北大学始终坚持社会主义办学方向，全面贯彻党的教育方针，坚持立德树人根本任务，大力弘扬为国担当的建校使命，遵循教育英才的办学宗旨，培养了大批高素质人才，孕育了丰富的学术思想，取得了众多的高水平科研成果，培育了东软集团等具有核心竞争力的高新技术企业，形成了"爱国爱校、严谨治学"的光荣传统，赢得了良好的学术声誉和社会声望，在中国现代化进程中做出卓越贡献。

党的十八大以来，东北大学深入学习贯彻习近平新时代中国特色社会主义思想，落实全国教育大会精神，自觉增强"四个意识"，贯彻国家"创新、协调、绿色、开放、共享"五大发展理念，坚持走创新型、特色化、开放式发展道路，坚定"中国特色，世界一流"建设目标，传承"自强不息，知行合一"校训精神，践行"学术上求真、探索中求异、实践中求新"，始终与国家富强与民族复兴同向同行，全面提升人才培养、科学研究、社会服务、文化传承创新和国际交流合作水平与能力，不断增强为人民服务，为中国共产党治国理政服务，为巩固和发展中国特色社会主义制度服务，为改革开放和社会主义现代化建设服务的能力，在履行培养德智体美劳全面发展的社会主义现代化建设者和接班人的大学使命和建设钢铁强国伟大历程中取得突出成绩。

一、坚持中国特色社会主义教育发展道路，完善中国特色社会主义大学治理体系

改革开放 40 年来，东北大学始终坚持以马克思列宁主义、毛泽东思想、邓小平理论、"三个代表"重要思想、科学发展观、习近平新时代中国特色社会主义思想为指导，高举中国特色社会主义伟大旗帜，坚持中国特色社会主义教育发展道路，全面加强党的领导，发挥党委领导核心作用，巩固共同发展的思想基础，提高党建科学化水平，推进党风廉政

新常态建设，以综合改革为核心，不断完善党委领导下的校长负责制，推进学校治理能力与治理体系现代化，有效推动学校改革发展各项事业取得新进展。

（一）全面加强党的领导，办学治校能力稳步提升

学校深入学习贯彻习近平新时代中国特色社会主义思想，落实新时代党的建设总要求，把党的政治建设摆在首位，自觉维护党中央权威和集中统一领导，坚持和加强党的全面领导。坚持与完善党委领导下的校长负责制，切实履行管党治党、办学治校主体责任，全面贯彻党的教育方针，落实立德树人根本任务，集中精力抓改革、谋发展、促和谐，组织、协调各方力量，同心协力、攻坚克难，促进学校事业全面发展。2006 年和 2016 年，学校先后两次荣获全国先进基层党组织称号。

学校制定发布《东北大学章程》，加强规章制度立改废释，强化党建及各项制度规范化建设，初步形成了依法治校和制度治党体系。加强学术委员会建设，教授治学的作用得到进一步巩固。通过规范校院两级领导班子议事决策规程，落实党建工作责任制，建立健全分党委书记例会制度、基层党建述职评议考核制度等，有效发挥了党委在学校事业发展中的核心作用。不断加强和改进各级领导班子建设，坚持扩大党委理论学习中心组制度，党的十八大以来开展专题学习 39 场，各分党委（直属党总支）开展学习 400 余场（次）。制定落实党的委员会全体会议制度，修订党委常委会会议制度、校长办公会议制度，认真执行领导班子调研和研讨制度、联系学院制度、听课制度，开展"校领导接待日"活动等。坚持领导班子民主生活会制度，严格执行民主集中制。认真落实领导干部社会兼职、办公用房等规定。领导干部作风更加踏实，执行力、战斗力进一步增强。

（二）巩固共同发展的思想基础，构建思想政治工作大格局

十八大以来，学校上下以习近平总书记新时代中国特色社会主义思想武装师生头脑，以理想信念教育为核心、以社会主义核心价值观为引领，把思想价值引领贯穿教育教学全过程和各环节。

学校认真学习贯彻全国教育大会与全国高校思想政治工作会议精神，召开专题思政会、思想政治理论课建设领导小组会议，分层次开展系列专题学习，制定实施贯彻落实中共中央国务院《关于加强和改进新形势下高校思想政治工作的意见》任务分解方案和学工系统具体实施方案，出台共青团改革方案，细致谋划、稳步推进政策落地。认真落实中办国办《关于进一步加强和改进新形势下高校宣传思想工作的意见》精神，召开宣传思想工作会议，制定下发加强和改进新形势下宣传思想工作的实施意见，工作针对性、时效性明

显增强。

学校牢牢掌握意识形态工作的领导权话语权，成立党委教师工作部，制定下发"意识形态工作责任制实施细则"，确立组织领导、责任分工、分析研判、督查考核和责任追究"五大体系"，严格落实"党政同责，一岗双责"，严控严管课堂及思想文化网络阵地。强化思想引领，构建全覆盖、多层次的职工思想教育体系，严格落实"校院两级党委理论学习中心组学习制度"，构建起理论教育、品牌活动、正向激励为一体的教育体系。实施"引领·提升·共进""1+1"计划，2013 年以来举行各类职工思想教育活动 800 余场（次），参与 5 万余人次。打造新式教工学堂，组建理论武装宣讲团，开展"文化午餐"，思想教育的供给质量和供给能力进一步提升。坚持开展"我最喜爱的老师"、师德标兵、"三育人"先进评选，持续推进青年教工"四个一"系列活动和"四送"活动。五年来，学校新增国家"千人计划"21 人，新增长江、杰青、国家青千、优青、万人计划、青年拔尖等高层次人才 60 人。专任教师中具有博士学位的比例增至 75.6%；入选全国首批高校黄大年式教师团队 1 个。

东北大学加强与改进大学生思想政治教育工作。切实加强思政课建设，坚持"思政课程"与"课程思政"有机融合，建立了"问题导向、经典品读、学理优先、实践育人"教育模式，连续 18 年开展"理论之光"实践教学活动；构建"知行"团校培养体系、主题团日活动推进体系和能力素质拓展体系，打造"一五一十"思政文化育人一体化平台，深入实施共青团"第二课堂成绩单"制度，五年来，累计 17 万人次参与社会实践和志愿服务；实施"育心铸才"工程，搭建起"一体化构建""两中心并重""十体系联动"的"三全育人"大格局。2018 年，学校入选教育部首批 10 个"三全育人"综合改革试点高校。

（三）提高党建科学化水平，激发基层党组织的战斗堡垒作用

持续深入推进学校组织和干部工作科学化、系统化、制度化和网络化。加强学校党建理论研究，坚持"项目化管理、品牌化实施、长效化推进"的思路，精心打造"支部立项""基层党建工作创新奖""党建课题研究"等长效党建品牌，不断推进理论创新、实践创新和制度创新。选优建强支部书记队伍，基层支部特别是教师支部的政治核心作用得到巩固和加强。坚持以提高党员发展质量为出发点，以典型选树为着力点，以提升素质为立足点，以质量工程为聚焦点，构建完备的党员发展教育管理工作体系。加强制度化建设，进一步深化干部人事制度改革，完善干部选拔任用考核制度，健全党员经常性教育管理监督机制、学校党建工作投入保障机制和党建工作主体责任考核机制。

（四）推进党风廉政新常态建设，构筑系统有效的惩防体系

坚持全面从严治党，严肃党内政治生活，严格议事决策程序，严明党的纪律，防控廉政风险，加强党内监督，推行党务公开，营造风清气正的教书育人环境。围绕"廉洁东大"建设，把政治纪律和政治规矩建设融入立德树人根本任务和学校事业改革发展中，贯彻于全面从严治党全过程，增强党员的党章党规党纪意识。深入落实党风廉政建设"两个责任"，强化党内监督，构建科学有效的全面监督体系。把廉洁性要求融入制度建设，形成科学有效的内控机制。持之以恒落实中央八项规定精神，坚持不懈抓好作风建设，积极发挥廉政文化的引领作用，形成切实有效的党风廉政建设宣教格局。学校连续获评省市廉政文化建设示范单位。

二、立足学校优势，紧抓质量特色，实现跃升协调发展

东北大学历史厚重，敢为人先。从中华人民共和国成立前的育人兴邦、抗战救国，到中华人民共和国成立后的力耕躬学、科技报国，从自主设计的小高炉、开发钒钛磁铁矿冶炼新技术到研制第一块超级钢，从研发中国第一台模拟电子计算机到第一台国产CT机，从创建中国第一个软件上市公司到第一个大学科学园，东北大学始终以"崇尚创造、实干兴业"的精神气质和"奋进求索、追求卓越"的时代精神服务于国家发展。面向"两个一百年"奋斗目标，学校坚持服务国家重大需求和区域发展的战略方向，坚定履行助推民族复兴、国家富强、人民幸福的社会责任，服务国家创新发展、助力东北振兴战略，把目光聚焦于科技发展前沿，把论文书写在中国大地上。

（一）坚持创新发展，学校构建起多学科交叉的科技创新链条

作为新中国成立后最早确立冶金行业特色的全国重点大学，半个多世纪以来，为我国冶金工业培养和输送了大批专业技术人才，为冶金科技进步作出了突出贡献。进入新时代，学校坚持创新驱动发展战略，落实教育部把高水平科学研究作为撑起"双一流"建设的筋骨要求，遵循世界一流大学建设规律，面向国际开拓智力资源，立足国家把握政策资源，对接国企凝聚工程资源，构建了开启学术丝绸之路、搭建国家需求之网、铺设工业合作之桥的战略平台，以整合资源，提高效能为目标，重塑了学校科管体系，提出了"系统规划、精细管理、工程控制、高效创新"科研管理理念。学校坚持传统优势工业与新兴战略工业的融合发展，形成了"HSEV"科研战略；其中，"H"计划集成冶金工业流程工艺

化与控制科学与工程智能化，加强技术交叉融合；"S"计划通过工艺正向源头驱动，需求逆向精准驱动，推动技术链上下游集成，价值链从低端向高端迈进；"E"计划面向生态，形成以智能为中心，整合资源、制造、物流、能源、健康环节的生态系统；"V"计划旨在实现以工程为结合点的科学研究与技术创新的分时融合形态。"HSEV"科研战略坚持以信息化带动工业化，促进冶金行业转型升级，形成以工为主、多学科协调共生发展的学科格局和生态。从重大工程实践中提炼原始科学问题，经过面向国际前沿的基础理论和方法研究，再以典型流程工业背景进行技术应用研究，控制科学与工程学科不断凝练和积淀出鲜明的学科特色、独特的研究路径和富有成效的人才培养模式，先后独立培养了 4 个国家自然科学基金创新研究群体，在国际学术界和我国工业界产生了重要影响。2017 年 9 月，东北大学入选国家"双一流"建设高校。2018 年 7 月，东北大学工程学学科（含冶金、机械、热能、控制）进入 ESI 全球排名前 1‰。

（二）强化协同发展，学校积淀了影响广泛的产学研深度融合办学特色

学校坚持全面深化科技体制改革，按照产学研一体化设计、全链条创新的模式，构建了以新型研究院、产业共性技术平台、科技产业园区为内核的科技成果转化平台，强化创新链与产业链的有机衔接。2017 年，学校高新技术产业年销售收入突破 130 亿元，科技产业综合指标名列全国高校第三位。打造了国内第一家上市软件企业——东软集团，建设了云计算科技产业园，东北第一个超级计算中心，东北第一个高分辨率对地观测中心，东北第一个集超算、云计算、空间信息、移动互联网"四位一体"的大数据处理平台，超算储存能力居东北之首；建设了中国第一个金属材料专业产业园区——沈阳金属新材料产业园，重点研制航空铝材、贵金属靶材和汽车差厚板；建设了国内冶金行业第一个校企合作平台——河钢东大产业技术研究院，开展科学研究、人才培养等全方位深度合作；建设健康产业园，创办了国内首个"医疗联合体"——盛京医疗联盟；成为教育部首批科技成果转化示范基地。

（三）关注特色发展，学校形成了与办学特色互映的创新创业教育模式

学校致力培养富有创新精神和实践能力的优秀拔尖创新人才，构建知识传授、能力培养和素质提升"三位一体"的创新创业教育体系，实现创新创业教育与专业教育融合，成为全国首批科普创作与传播试点高校、高校实践育人创新创业基地。依托创新创业教育课程、科普实践、科研训练、科技竞赛、创业实践孵化等五大平台，采用递进式、全过程的创新创业人才培养模式，形成了独特的创新创业教育特色。学校在全国率先成立了创新创

业学院，投入建设了近万平方米的创新创业基地，着力打造以交叉培养、协同育人为特色的学生创新创业教育"前孵化器"和集学校科技园、技术转移中心、学生创新梦工厂为一体的"后孵化器"。学校打通与"沈阳硅谷"三好街的物理空间，实现东北大学学生创新创业基地与三好街创业创新大街互联互通、融为一体，将科技领域专家、行业企业精英与满怀创新激情与创业梦想的学生共同集聚，合力打造一条国内外知名的"创新创业走廊"。近年来，全国大学生机器人大赛连续 3 年获得冠军，在 2015 年首届中国"互联网+"学生创新创业大赛中获得金奖，学生获创新创业竞赛国际奖 400 项、国家级奖励 1712 项，56 家学生创业企业落地，其中亿元级企业 2 家。学校位列中国高校创新人才培养暨学科竞赛评估十强，获评"全国大学生创业示范园"（全国 29 家）、全国深化创新创业教育改革特色典型经验高校。

（四）推动开放发展，学校强化了服务东北振兴的角色定位

学校服务振兴，将人才和科技优势同服务区域经济社会发展紧密结合。长期以科教与经济结合为着力点，致力于将学校改革发展与辽沈经济社会发展深度融合，与东北振兴战略相对接，对重点领域和关系经济社会发展的关键问题优先布局，把学校学术优势转化为推动东北振兴的不竭动力。面向东北老工业基地全面振兴和沈阳市建设"国家全面创新改革试验区"的战略需要，培育新型高端智库，成立东北振兴研究院，搭建互动互融的开放研究平台。通过打造大数据平台，打通产学研通道，实现对辽宁物联网、智慧城市、移动互联网空间信息应用、电子商务、"两化"融合等的有力支撑。在省、市政府的支持下，学校先后成立了沈阳机器人协同创新中心和东北大学创新创业园，致力于围绕信息技术产业、金属材料产业、机器人产业搭建共性技术创新平台，为沈阳高新科技产业发展与高端人才培养提供坚强保障和智力支撑。学校已与沈阳市、辽阳市、朝阳市等签订了全面战略合作协议，将进一步整合人才培养、科学研究和成果转化等方面的资源优势，努力成为助推辽沈区域经济社会发展与创新体系建设的重要引擎。

（五）注重质量发展，学校坚守着培养肩负民族复兴大任时代新人的大学初心

东北大学始终把"立德树人"作为一切工作的出发点和落脚点，统筹加强思政育人，把"三全育人"工作贯通学校学科体系、教材体系、教学体系、管理体系，纳入学校各项事业发展规划和人才培养方案，贯通学校一流大学建设全过程。进一步深化人才培养改革，启动实施《东北大学本科卓越教育行动计划（2017~2023)》和"丰学拓展计划"。创新本科人才培养模式，实施交叉学科培养体系建设，打造各类创新实验班、改革特色班

等 18 个，获得国家级教学成果奖、国家级精品视频公开课、国家级精品资源共享课程、国家级"十二五"规划教材、全国优秀博士学位论文等一大批教学成果和奖励。学校先后培养了高素质人才 30 余万，其中包括国内外工程院、科学院院士 70 多名，地级市以上领导干部 120 多名，上市公司、大型企业负责人 150 多名，毕业生以勤奋敬业、开拓创新的精神得到社会广泛认可。同时，学校培养了一批活跃在国际领域且具有重要影响力的行业精英。

（六）指向跃升发展，学校追寻着科技报国学术立校的强国梦想

学校怀抱梦想，坚持学术立校，先后获国家科技奖励 130 余项；在冶金领域，承担起了全国 90% 以上大型钢企的技术攻关任务、70% 以上氧化铝生产线的设计，港珠澳大桥等超级工程用钢、海洋平台用钢、潜艇航母用钢、核电用钢、大飞机起落架用钢、汽车用钢等均采用东大原创技术。近五年来，获批组建国家重点实验室 1 个、国家地方联合工程实验室 1 个、国际合作联合实验室 1 个；"钢铁共性技术协同创新中心"通过国家认定，正在建设成为国内钢铁冶金行业绿色发展的领跑者。科研经费实现稳步增长，国家自然科学基金经费增长 1.5 倍，SCI 论文是五年前的 2.7 倍；获各类科技奖励 276 项，其中国家科技奖 12 项；获国家社科基金项目 51 项，其中国家社科基金重大项目 5 项；科技创新"放管服"政策逐步落实到位，几十项制度相继出台，改革红利逐渐释放，技术转移和成果转化能力持续增强。共签订科技成果转化项目 40 余项，转化交易额 3.2 亿元，吸引社会资本 4.3 亿元。

三、瞄准钢铁强国，坚持创新驱动，引领绿色智能制造

改革开放 40 年来，中国经历了伟大的历史变革。钢铁作为重要的战略资源，支撑起中国现代化进程中工程建设的伟大成就，重大科技工程用钢、海洋用钢、特种钢材、航空铝材等国产化、高效化、绿色化生产成为中国从制造业大国迈向制造业强国的重要基石，推动了港珠澳大桥、三峡工程、高速铁路等一大批超级工程在中国大地的成功落地。东北大学作为新中国成立以来布局在全国冶金行业的重点大学，始终扎根中国钢铁产业一线，以科学发现拓展人类活动空间，以技术创新推动钢铁产业升级，以智能制造解放人类双手，书写了大学服务中国现代化建设与改革开放的光辉画卷。

（一）突破行业共性关键技术，提升中国钢铁自主创新能力

1979 年，学校"钒钛磁铁矿高炉冶炼新工艺"获得国家技术发明奖一等奖，一整套

成熟的系统技术催生了特大型钒钛钢铁企业攀钢集团的创立；1999年，"钒钛磁铁矿高炉强化冶炼新工艺"获得国家科技进步奖一等奖，标志着我国首创的高钛型钒铁磁矿高炉冶炼技术居于世界领先地位，形成了新技术开启新产业的光辉典范。2005年，学校"黑体空腔钢水连铸测温方法与传感器"获得国家技术发明奖二等奖，先后获得中国、美国和俄罗斯发明专利，成为具有自主知识产权的定型产品，被宝钢、鞍钢和首钢等41家大中型钢铁公司（约占总数的70%）使用，成为国际领先水平的新一代钢水测温技术产品。在国家973计划"新一代钢铁材料研究"和863项目"500兆帕碳素钢先进制造技术"的支撑下，宝钢、武钢、本钢、珠钢、首钢共生产了5000多吨400~500兆帕超级钢板材，实现了我国钢铁生产技术的历史性突破，该项目成果"低碳铁素体/珠光体钢的超细晶的强韧化与控制技术"获得国家科技进步奖一等奖，被《科技日报》评价为"作为里程碑式的标志载入钢铁产品开发的史册"。面对工业批量化超级钢应用的现实需求，学校开发出的2GPa级超级强韧钢，商业化应用于北汽新能源纯电动两座车型"LITE"侧防撞区，成为全球范围内首次实现2GPa级超高强钢批量化工业应用的成功案例。服务海洋强国战略，东北大学联合相关单位，成功开发出国内首次工业化批量210毫米厚690兆帕级别自升式海洋平台桩腿用齿条钢板，高强度、大规格、易焊接海洋工程用钢及其应用技术成为满足重大工程用钢的重器利剑。

进入21世纪，在建成钢铁强国，解决中国钢铁供给质量不平衡、发展不充分的结构性矛盾中，东北大学再次立创新潮头，敢天下先。围绕国家环境与资源重大需求，基于"工艺-装备-产品"一体化创新理念，有机结合材料科学及信息化、智能化技术，形成了推动产业发展、钢铁行业绿色转型发展的系列重大研究成果。研发出国际首创的钢包底喷粉新工艺技术及装备，实现了超低硫钢的高效脱硫处理；开发了可"根治"微合金钢表面裂纹的二冷控温新技术及连铸坯重压下技术与关键装备，实现了铸坯心部质量的显著提升。基于原始创新的新一代TMCP工艺理论，开启了板、管、型材资源节约型、工艺减量化的组织调控方法及产品体系；基于所构建的薄带连铸高品质电工钢E^2-Strip理论体系，实现高品质电工钢及双相不锈钢产业化系列关键技术的重大科研成果转化；创建的酸洗冷连轧智能化控制系统在鞍钢、河钢等企业的重大工程实施，填补了国产化高附加值冷轧薄板轧制自动系统的历史性空白；自主创新的特种钢板热处理核心工艺与装备技术，解决了长期以来制约我国高端中厚板热处理技术及生产装备的难题，打破国外长期技术垄断并实现国际化技术输出；创造性提出了"预氧化-蓄热磁化-再氧化"悬浮磁化焙烧新理念，构建了基于焙烧参数梯级强化的难选铁矿石磁性转化调控技术理论体系，研发了难选铁矿石悬浮磁化焙烧技术与装备，为复杂难选铁矿石的高效利用奠定坚实理论和技术基础；开发了铁精矿深度去杂、超级铁精矿选择性还原、直接还原铁品质控制、低碳熔炼等系列关键技术，突破了从铁矿石到洁净钢基料的全流程技术瓶颈。

（二）催生钢铁行业原始创新成果，提升中国钢铁国际影响力

学校以国家重点项目为依托，加速提升材料科学研究能力，不断厚植钢铁行业原始创新动力，先后牵头获批"扁平材全流程智能化制备关键技术""长型材智能化制备关键技术""基于工业大数据的铝/铜板带材智能化工艺控制技术"等"十三五"国家重点研发计划项目，获批国家自然科学基金重大项目"基于薄带连铸亚快速凝固的非平衡相变与组织一体化调控"，极大促进中国钢铁材料研究进入世界"跟跑""领跑"序列。学校自主研发的国产辊式淬火机取得多项重大技术突破，入选《世界金属导报》"世界钢铁工业十大技术要闻"；高质量镁合金锭坯电磁半连铸技术（LFEC）助推建立了世界第一条镁合金电磁连铸生产线。2015 年，国际控制理论领域最高学术组织——IEEE 控制系统协会（Control Systems Society，CSS）主席、意大利帕多瓦大学 Maria Elena Valcher 教授在业界顶级期刊 IEEE Control Systems Magazine 发表了题为"Discovering China（发现中国）"的文章，对东北大学的研究成果在学术领域取得突破性进展和国际影响给予了高度的评价和肯定。针对生产全流程多目标动态优化决策与控制一体化理论与技术的研究成果被写入国际自动控制联合会（IFAC）引领未来自动化发展方向白皮书《Systems & Control for the Future of Humanity》，作为未来国际自动化发展方向之一。"Research into container reshuffling and stacking problems in container terminal yards"被工业与系统工程领域的旗舰期刊 IIE Transactions 评为"最佳论文奖"。

（三）问题导向加强战略联盟，推动钢铁企业高质发展

东北大学立足针对钢铁企业产品生产中的高耗能、低质化、同质化等方面问题，坚持以理论创新带动工艺与装备创新，加速实现钢铁产业应用。2011 年 8 月，学校与北京科技大学，联合宝钢、鞍钢、武钢、首钢四大钢铁企业，中国钢研集团、中科院金属所两家科研院所以及上海大学、武汉科技大学，共同组建了钢铁共性技术协同创新中心；先后为宝武、首钢、鞍钢、南钢等多家钢铁企业制定了未来 5 年的智能制造发展规划和顶层设计；联合宝武、鞍钢、首钢、沙钢、中铝等大型企业申报国家重点项目、新模式和试点示范项目。与企业、行业形成了战略协同联盟，带动了企业的转型升级，切实提高了企业的核心竞争力，有效提升我国钢铁行业自主创新能力，有力推动我国从钢铁大国到钢铁强国的转变。

（四）构建新型校企协同创新模式，引领钢铁行业技术进步

东北大学充分发挥冶金工程和控制科学与工程在国家创新体系和东北老工业基地振兴中的重要作用，加强校企协同，建立联合研发基地，支撑引领行业技术进步。2016年，由河钢集团和东北大学联合共建、国内首家校企合作实体化运作的钢铁技术研发平台"河钢东大产业技术研究院"成立。充分发挥河钢的产业资本优势和东大的技术资源优势，共同打造产学研用高效融合的全球钢铁技术研发平台，聚集全球技术创新要素，加快推进钢铁产业升级。以项目需求为驱动，着力解决制约河钢产业升级的关键性、根本性实际问题；以国家和行业重大需求为重点，实现钢铁前沿关键技术的重大突破，引领行业技术创新。2018年，东北大学再次携手鞍钢集团，成立"鞍钢东大先进材料研究院"，面向产品创新升级、全流程绿色制造技术、钢铁生产全流程智能化技术与海洋平台用高锰钢、超低温及严苛条件下容器钢等新材料研发及产业化等方向，进一步加强未来钢铁技术研发。

（五）拓宽中试研发平台深度，加速钢铁技术产业革新速度

东北大学以建设工业化的中间试验研究平台加速钢铁研发进程，缩短研发周期，推动先进制备工艺产业化应用。学校开发的多功能快速冷却功能的高刚度热轧机、液压张力二/四辊可逆温轧机、卷取式冷-温轧机组以及带钢和硅钢连续退火试验机等在宝钢、首钢、鞍钢等推广运用40余套；2017年，东北大学相继与辽阳市政府、辽阳华信钢铁集团合作建立辽宁钢铁共性技术创新中心，与天马集团合作建立朝阳东大矿冶研究院等科研基地平台，进一步完善"基础研究-小试突破-中试验证-工程示范"的科技创新体系；2015～2017年，东北大学在沈阳新材料园基地与沈阳东宝海星合作建成国内首条900毫米差厚板工业化产线，开发出Al-Si镀层等系列高强差厚板，应用于汽车生产50万辆。差厚板制备技术先后获得辽宁省科技进步奖二等奖、教育部科技发明奖二等奖、中国汽车工业科学技术奖二等奖。

"却顾所来径，苍苍横翠微"。面向未来，东北大学高举习近平新时代中国特色社会主义思想伟大旗帜，坚持社会主义办学方向，全面贯彻党的教育方针，坚持党对学校的全面领导，坚持改革创新，扎根中国大地办大学，走"创新型、特色化、开放式"的发展道路，不断完善学校治理体系，增强治理能力，全面提升学校综合实力，提高办学水平和核心竞争力，奋力推进"在中国新型工业化进程中起引领作用的'中国特色、世界一流'大学"目标实现。

改革开放 40 年中国冶金地质
发展历程及主要成就

中国冶金地质总局

一、企业概况

中国冶金地质总局（简称总局）成立于 1952 年，前身为重工业部地质司，1956 年划归冶金工业部。2001 年根据国办发 ［2001］2 号文件，冶金地质队伍除少数属地管理外，大多数单位留中央管理，并组建中国冶金地质总局，隶属中央企业工委。2003 年交国务院国资委管理。

作为中央管理的地质勘查"国家队"，总局始终秉承"提供资源保障，实现产业报国"的企业使命，在保障国家资源安全、缓解国内资源约束方面发挥着特殊功能。60 多年来，共探明矿产资源 80 余种，大中型以上矿床 600 多个，累计提交的铁、锰、金、铜等重要矿产资源储量，分别占新中国探明总储量的 52%、38%、30%、24%，为我国成为钢铁大国和以鞍山、包头、马鞍山等为代表的工业城市的崛起，做出了历史性贡献。先后荣获全国地质勘查功勋单位、先进集体、危机矿山接替资源勘查特别贡献奖、国家火炬计划重点高新技术企业等国家和省部级荣誉，14 项成果获全国"十大地质科技进展、十大地质找矿成果"殊荣。涌现出大批李四光地质科学奖、国务院政府特殊津贴专家、全国劳动模范、五一劳动奖状获得者等优秀人才。

二、主要发展历程

（一）国家重工业部地质局时期的冶金地质工作（1952~1956 年）

1952 年 7 月，国家从东北抽调一批冶金地质队伍进关，加强对华北、中南、华东、西南地区冶金矿产资源的地质勘探工作。这是配合我国即将展开大规模社会主义经济建设进行的战略部署，突显了冶金地质作为工业尖兵的地位和作用。

1952 年 8 月，中央人民政府重工业部计划司组建了资源科。1952 年 12 月 8 日，重工业部成立钢铁工业管理局，局内设地质处（资源）地质勘探总队。随后相继将有色金属、化学工业、建筑材料工业局设为独立的管理局。

1953 年，国家开始实施第一个国民经济发展五年计划。中央提出"一五"期间把基本建设放在首位，优先发展重工业的方针，并确定冶金、机械、电子等工业为重点发展行业。发展工业，地质先行，重工业部计划司编制了《1953~1957 年地质勘探计划》。

1953 年 4 月 13 日，重工业部批准组建地质司，全面负责管理所属钢铁局、有色局、化工局和建材局管辖的地质勘查队伍。为适应国家开始的大规模经济建设，在地质司成立后，各大局相继成立了 5 个地质勘探公司（总队），下设 48 个地质勘探队。

1955 年 1 月 10 日，经国务院批准，重工业部撤销地质司，成立地质局，下设华北、沈阳、长沙、昆明、鞍山、武汉、重庆建材等 8 家地质勘探公司以及地球物理探矿队、包头固阳勘探队、包钢地质队等 3 个直属队。

1955 年末，全国冶金地质队伍 22400 余人，为国家冶金地质工作发展奠定了坚实基础。这个时期的地质工作由于缺乏经验，在找矿理论，技术方法和技术管理方面，基本上是学习苏联的经验。基本是就矿找矿，开展老硐查证和寻找露头，探明了一批重点矿山浅部的矿体储量，提交了可供矿山建设利用的地质勘查报告。主要有：广西大厂锡矿探获锡矿 85.61 万吨，使得一个原本凋敝的小矿一跃成为世界著名的特大型锡矿床；山西山羊坪（峨口）探明为特大型铁矿床，累计探获铁矿 8 亿吨；湖南冷水坑锡矿成为世界最大的矿产地，当时探获储量达 58.10 万吨；云南个旧锡矿，新增锡矿储量近百万吨，使古老矿山焕发青春，成为举世闻名的"锡都"。

（二）冶金工业部地质局时期的冶金地质工作（1956~1958 年）

1956 年 5 月 12 日，全国人民代表大会常务委员会第 40 次会议通过决议，撤销中华人民共和国重工业部，设立中华人民共和国冶金工业部。6 月 1 日，中华人民共和国冶金工业部正式办公，冶金工业部设地质局，将原重工业部黑色、有色地质勘探队伍划归冶金工业部统一领导和集中管理。

1956 年 9 月 3 日，冶金工业部地质局所属各地质勘探公司分别更名为冶金工业部地质局东北分局、湖南分局、四川分局、云南分局、华东分局、广东分局、江西分局、华北分局、鞍山分局以及冶金工业部地质局物探队和矿物原料研究所等。

1956 年，冶金工业部地质局东北分局 101 队在地质测量的基础上，采用物探电法和化探次生晕法进行测量，在辽宁清源地区发现了一个具有工业价值的富铜矿——红透山铜矿，并据此总结出了地质、物探、化探"三结合"的找矿勘查经验，为以后应用多学科、多技术综合找矿提供了经验。

1957 年，冶金工业部地质局物探队第三分队与江苏分局 807 队发现梅山磁异常。1958 年，经钻探验证后探明为特大型铁矿床，创造了冶金地质找矿史上应用地质物化探综合方法寻找到地下隐伏盲矿的先例。

（三）冶金工业部地质矿山司时期的冶金地质工作（1958~1962 年）

1958 年 9 月 1 日，冶金部地质局与矿山管理局合并为地质矿山司。下设陕西冶金局矿山地质公司、湖北鄂西矿务局、湖南冶金局地勘公司、河北地勘公司、北京石景山钢铁公司地质队、辽宁有色局地勘公司、云南有色局地勘公司、鞍钢地勘公司、黑龙江冶金厅地质大队、北京地质研究院。

1958 年"大跃进"，为适应"全民大办钢铁""群众大办地质"的需要，国家提出发挥中央和地方两个积极性，将冶金地质勘探队伍大部分下放给了地方管理。

三年"大跃进"期间，由于"左"的思潮影响，有的提出"以钻探为纲"的错误口号，搞高指标、浮夸风，造成地质勘查工作重大损失，也对以后相当长一段时间的地质工作造成了不良影响。

苏联撤走专家后，在当时的国际环境下，中国地质工作的发展必须走自己的路。为此，冶金工业部地质局召集地质专家，讨论和总结了地质勘查在矿床理论方面的 10 条经验和成就，提出要树立信心，破除迷信，反对教条，发展新理论。对苏联将地质勘探程序划分的初步普查、详细普查、初步勘探、详细勘探 4 个阶段，修改为普查找矿、矿区（点）评价、矿区勘探 3 个阶段。

冶金工业部在贯彻中央提出的"调整、巩固、充实、提高"的方针时，要求冶金地质工作要提高资源保证程度，努力实现黑色矿山资源配套成龙，由"保简单再生产"，转至"保生产、保基建"并举阶段。

（四）冶金工业部地质司时期的冶金地质工作（1962~1966 年）

1962 年 6 月 1 日，冶金工业部地质矿山司分开，地质司恢复原有职责。

1962 年 8 月 23 日，冶金工业部电报通知各省（自治区、直辖市）冶金地质勘探公司（总队）和直属企业地质勘探部门：一是建立直接领导的物探队；二是建立相应的水文地质专业队（组）。

1962 年 9 月 14 日，冶金工业部电报通知各有关单位：加强冶金地质勘探技术管理工作，要求：提拔一批技术水平较高、政治上较好的地质干部任技术副队长或技术分队长；迅速把勘探队的总工程师（或总地质师）、区段地质师责任制建立起来。

1963 年 3 月 27 日，为加强找矿理论和找矿技术方法的科研工作，冶金工业部决定在北京、西安、长沙建立 3 个冶金地质研究所，并且在 7 个省的地质勘探公司建立了化验室。

1964 年，之前下放地方的冶金地质队伍陆续回归冶金工业部管理。

1965 年 4 月成立冶金工业部地球物理探矿公司。

1965 年 7 月，华北地质勘探公司 518 队在邯郸地区选择了只有 860 伽马的中关低缓磁异常进行钻探验证，在地下 300 米深处打到 193 米厚的铁矿体。突破低缓磁异常的找矿技术。

1966 年 7 月，山东冶金地质勘探公司二队运用 518 队的经验，对张家洼地区的低缓磁异常进行钻探验证，第一钻打下去就找到 323 米厚的磁铁矿，后探明为一特大型铁矿。且大部分为平炉富矿。

这个时期冶金地勘单位除陆续进行老矿山及外围的找矿勘查工作外，也开始拓展新区的找矿工作。主要从寻找出露地表或有明显找矿标志的地方入手。在找矿理论方面，则主要应用"岩株"成矿论和岩浆期后热液成矿理论。相继找到河北符山铁矿、晋南塔尔山铁矿等。

（五）"文化大革命"时期的冶金地质工作（1966~1976 年）

1966 年 2 月，冶金工业部要求冶金地质工作部署要立足于战争，找矿重点应放在"三线"，在铁路沿线找富矿。

1969 年，冶金工业部撤并司局，地质司与计划司合并成立计划组。负责冶金地质管理的人员很少，只能汇总各公司上报的计划和核拨经费，无力开展地质工作业务管理。

1969 年 9 月，冶金地质工程技术人员与有关单位合作，研制成功我国第一个人造金刚石钻头。

1970 年，响应党中央"大打矿山之仗"的号召，大力开展老矿山、资源危机矿山的找矿勘探工作，取得较好成果。

1971 年，中央为改变"条条"集中管理经济的局面，下放冶金企业。冶金地质 13 个勘探公司及其所属单位下放到有关省、自治区，实行双重领导，以省为主。1972 年，冶金工业部成立天津地质调查所。

1974 年 3 月，冶金工业部在湖北大冶召开人造金刚石钻进乳化液洗井新工艺现场会，确定冶金地质系统全面推广使用该工艺技术。

1975 年 7 月 5 日，国家国内动态内参报道了人造金刚石钻探取得成功的消息，李先念副总理阅后立即给一机部做出了"调查核实，属实推广"的批示，人造金刚石钻探在全国范围内迅速推广开来。

1975 年，遵照谷牧副总理关于"找富铁矿的会战非打不可的，应把各方面的力量集中起来，共同努力，克服一切困难，使会战早日打出成果来"的指示，冶金工业部、国家地质总局、中国科学院 3 家单位讨论研究和制定了《富铁矿科研和找矿规划》，并联名向国务院上报了"关于加强找富铁矿工作的报告"。

"文革"期间虽然受到"四人帮"的干扰破坏，但冶金地质系统广大干部职工，共同努力，克服重重困难，提交了大量的矿产资源储量，提交综合地质报告 2352 份，主要有铁矿 6.1 亿吨、铜矿 559 万吨、铅矿 469 万吨、锌矿 1138 万吨、锰矿 4485 万吨、铬矿 33 万吨、铝土矿 7979 万吨、金矿 206 吨、银矿 6530 吨。此外，还有钨、钼、锡、耐火黏土、硅石、白云岩、萤石等一大批有色金属、化工和建工非金属原料的矿产资源。

（六）改革开放初期的冶金地质工作（1976~1984 年）

1976 年 10 月 6 日，党中央采取果断措施，一举粉碎了"四人帮"，国家进入新时期。当年，冶金工业部召开了各冶金地质勘探公司主要负责人参加的冶金地质工作会议。部领导到会做了加强地质队伍建设、领导班子建设、作风建设以及加强地质找矿等问题的重要指示。

1977 年，继续大力开展富铁矿的找矿，相继在鞍本、冀东、五台岚县、海南、鄂东、邯郸等 6 个地区组织开展富铁矿地质勘探会战。会战至 1979 年基本结束，全国新增铁矿资源量 75 亿吨。

1978 年 8 月~1980 年 9 月，冶金地质又分别在白云鄂博西区、梅山、新源等矿区组织了地质勘查会战。其中，以白云鄂博铁矿西区会战成果最好，铁矿储量从原有的 2.68 亿吨，增加到 8.08 亿吨。铌、稀土储量增长 2 倍，铌的储量达到了特大型规模。

1980 年，冶金地质 10 个成建制的勘探队，以及从各公司抽调的管理和技术骨干 9000 多人，划转至武警黄金指挥部。

1982 年底，冶金地质队伍发展到 12 万多人，其中技术人员 1.68 万人。

1983 年，冶金地质黑色金属与有色金属分开，留冶金工业部管理的队伍共计 46000 多人。原来下放给省的山东、山西、福建、鞍山、四川、安徽等地质勘探公司，先后上收中央，并由原来的团县级单位升至正副厅局级单位，由冶金工业部直接管理。从事黑色金属和辅助原料矿产地质勘探工作的队伍，设有 10 个冶金地质勘探公司，1 个地质研究院和 10 个公司地质研究所、9 个公司机修厂、1 所职工大学、2 所职工中专和 2 所技工学校。

在冶金地质黑色与有色分开之前，冶金地质队伍坚持黑色金属与有色金属综合找矿。据统计，截至 1980 年，冶金地质共探明 13 种主要有色金属矿种的资源储量为：铜矿 1652 万吨，占同期全国探明总量的 37.7%；铅矿 1278 万吨，占同期全国探明总量的 56.2%；锌矿 2757 万吨，占同期全国探明总量的 86.5%；铝土矿 50416 万吨，占同期全国探明总量的 69.5%；菱镁矿 30.9 亿吨，占同期全国探明总量的 100%；镍矿 46 万吨，占同期全国探明总量的 46.6%；钨矿 219 万吨，占全国同期探明总量的 64.5%；锑矿 187 万吨，占同期全国探明总量的 100%。这些探明的矿种绝大多数都被开发利用。

（七）国家经济体制全面改革中的冶金地质工作（1984~2001 年）

1988 年，冶金工业部撤销部地质局，成立冶金工业部地质勘探总公司，为部直属事业单位。

1989 年，冶金工业部地质勘探总公司更名为冶金工业部地质勘查总局。同时，冶金工业部下属的各地质勘探公司更名为冶金工业部相应的地质勘查局（院）。

按照"三个一体化"（国家地质工作与社会地质工作一体化、地质勘查和矿业开发一体化、地质技术与地质经济一体化）加强冶金地质找矿，实施冶金地质找矿战略西移，确保完成国家下达的"八五"和"九五"找矿计划。

在地质找矿方面，主要注重推广了地理信息技术、全球定位系统和遥感技术等"3S"技术，并坚持更新物化探及测试设备，大大提高了找矿效率。

（八）进入 21 世纪初期的冶金地质工作（2001~2011 年）

2001 年 1 月 4 日，国务院办公厅印发《关于转发国家经贸委管理的国家局所属地质勘查单位管理体制改革实施方案的通知》（国办发〔2001〕2 号），将冶金工业部西南、华东、东北地质勘查局和重庆冶金地质 607 队，实行属地化管理；其余多数冶金地勘单位，交由中央管理，将冶金工业部地质勘查总局称谓确认为中国冶金地质勘查工程总局。

2006 年 8 月，经国务院国资委批准，"中国冶金地质勘查工程总局"变更为"中国冶金地质总局"，所属各单位名称相应变更。

（九）新形势下的冶金地质工作（2012 年至今）

2012 年 1 月 4 日，王勇国务委员（时任国务院国资委主任）对总局工作专门做出批示，并且提出更高要求，希望总局建设成为具有较强竞争力的大型矿业集团。这进一步明确了冶金地质在新形势下改革发展的方向。

2012 年 1 月 6 日，总局新一届领导班子，深入思考和谋划冶金地质"十二五"改革发展方向和定位。经过深入调研，提出了"转企改制，整合资源，打造以地质勘查为基础的矿业集团"的发展方向和战略目标，着力推进"两大转变"（从事业转变为企业、从地勘单位转变为矿业集团）。积极对地质工作进行战略调整，切实巩固地勘勘查业的基础地位，推进内部企业化改革，大力推进结构调整和管理提升，不断拓宽合作领域，以政治优势为保证助推总局改革发展。

2015 年 9 月 29 日、10 月 13 日，总局先后在北京市召开学习贯彻《指导意见》全面深化改革研讨会和"十三五"发展研讨会，认真学习贯彻中央关于深化国有企业改革的《指导意见》和国资委《指导意见》专题学习班精神，吹响了新时期冶金地质加快改革发展的冲锋号。

2016 年 11 月 6~7 日，总局在福州市举办"学习贯彻党的十八届六中全会精神全面推进冶金地质改革发展和党建工作研讨班"。2017 年 7 月 27~28 日，中国共产党中国冶金地质总局第二次代表大会在京召开，总局确立了实施"一二八"工作思路，即"围绕一个中心、突出两个重点、实施八项举措。"奋力打造"一流绿色资源环境服务商"战略目标，并选举产生了中共中国冶金地质总局第二届委员会委员和中共中国冶金地质总局第二届纪律检查委员会委员。

2017 年 9 月 19~22 日，总局主要领导带队一行 13 人深入定点扶贫一线进行考察调研和走访慰问，代表冶金地质总局向巍山县捐赠扶贫资金 53 万元，参加了庙街镇古城村古城小学"爱心捐赠"活动，向古城小学 50 名贫困生赠送了爱心书包和文具，走访慰问 6 户建档立卡贫困户，为古城山区彝族村三家村捐赠衣物，帮助山区困难群众家庭取暖过冬。在云南省漾濞彝族自治县，调研定点帮扶"中国冶勘漾濞教师进修友谊学校"项目，参加"国冶励志奖学金"项目启动仪式，考察了漾濞核桃研究院、巍山古城、永建镇东莲花村和巍山县污水处理厂，就核桃深加工、智慧城市和特色小镇建设、产业扶贫等提出了建议。

2017 年 11 月 10 日，国务委员王勇在国资委党委书记郝鹏等领导陪同下，视察了"中央企业贯彻落实新发展理念、深入实施创新驱动发展战略、大力推动双创工作成就展"总局展位，并对总局科技创新工作给予高度评价。

三、主要发展成就

（一）地质找矿成果

冶金地质在我国 19 个重要成矿区带，以及境外 10 多个重要成矿带，扎实开展了黑色金属、有色金属、贵金属、稀有金属、放射性矿产、冶金辅料、建筑材料等近百种矿产资源的找矿勘查工作，提交各类地质报告 15000 余份，查明矿产资源 80 余种。累计提交各类资源储量：铁矿 415 亿吨、锰矿 7.5 亿吨、铜 2733 万吨、金 2369 吨。铁矿、锰矿、铜矿、金矿分别占新中国探明总储量的 52%、40%、30% 和 24%。发现和勘查中型以上矿床近 600 个，其中特大型 17 个，大型 182 个；为我国成为钢铁大国和以鞍山、包头、马鞍山等为代表的工业城市的崛起，作出了历史性的重大贡献。作为中央管理的地质勘查事业单位，在保障国家资源安全、缓解国内资源约束方面充分发挥了特殊功能。

冶金地质率先将地质勘查程序划分为普查找矿、矿区评价、矿区勘探 3 个阶段，缩短了勘探周期，推动了地质工作早出成果、多出成果，在业界产生了重要影响。

（1）近年来，总局深入贯彻国务院《关于加强地质工作的决定》和国家《找矿突破战略行动纲要（2011~2020 年）》，加大地质勘查能力建设和工作力度，地质找矿取得一大批新成果，特殊功能进一步发挥，圆满完成了承担的国土资源大调查、矿产资源调查评价、中央财政补助、境外风险勘查、国家及地方整装勘查、地勘基金、危机矿山等项目；先后探明冀东马城特大型铁矿（10.44 亿吨）、内蒙古东乌旗特大型钼铅锌矿（78 万吨）、西藏冈底斯东段铜多金属矿、新疆哈巴河金矿和西天山铁铜多金属矿等重要矿产地。并通过自主勘查建立了国内外 11 处大型勘查开发基地。

（2）在危机矿山接替资源勘查方面，针对全国三分之二矿山老化、大批大中型矿山保有储量趋于枯竭、9% 大中型矿山关闭等情况，总局积极实施危机矿山接替资源勘查，有效延长大冶铁矿、玲珑金矿、金山店铁矿、支家地铅锌银矿等 42 个老矿山平均服务年限 10 年以上，挖掘潜在经济价值数百亿元，稳定社会就业人员 5 万余人。同时，总局探索形成的深部预测新方法-构造叠加晕找矿法，先后在 40 多个危机矿山应用，累计探获黄金 150 吨，潜在价值 300 多亿元。

（3）在黑色金属资源保障与矿山治理方面，总局起到了不可或缺的作用，为国土资源部统筹金属矿山发展提供了重要支撑。国家颁发的《铁、锰、铬地质勘查规范》由总局主编；编辑出版了《中国铁矿志》《中国锰矿志》《中国铬矿志》三部黑色金属矿产志；《全国锰矿勘查工作部署》由总局承担，将"大型锰矿勘查技术系统及锰矿找矿模型"加以推广与应用，有效推动了全国锰矿"358"找矿目标的实现；全国"铁锰矿资源调查与评价"基础地质工作由总局承担，西藏丁青岩体、新疆准噶尔岩带的铬铁矿勘查取得突破。近年来在南疆锰矿新区开展勘查工作，目前已发现全国品位最富锰矿资源。

（4）在实施"走出去"战略方面，总局一直在为我国利用境外矿产资源而不懈努力，在蒙古、老挝、赞比亚、加拿大、澳大利亚等国家开展地质找矿，初步建立了境外矿产资源勘查开发基地，为有关大型钢铁企业提供了资源保障。

（二）科技成果

中国冶金地质总局始终注重发挥科技这个第一生产力的作用，坚持实施科技兴业、科技兴局战略，大力开展科技创新活动。从 20 世纪六七十年代起，对邯邢、宁芜、甘南、晋北、白云鄂博等典型铁矿矿床成因的新认识，到 21 世纪初冈底斯东段"走滑型"铜钼矿成矿模型的建立；从优质锰矿概念的首次提出、铁矿、锰矿、铬铁矿的三大矿志相继出版，到铁、锰、铜、金多金属成矿规律三大课题的系统研究；从"地、物、化"三结合在红透山找矿的成功应用，到构造叠加晕化探新方法的独创；从我国第一个人造金刚石钻头的研制成功，到绳索取芯技术的普及推广等，冶金地质的每一项重大科技创新成果，都为地质找矿和经济发展提供了强大支撑。

通过地质勘查工作的实践，形成了总局在重点成矿区带（矿集区）的铁、锰、铜、金、钼、铅锌等金属矿种的勘查技术理论示范，航空物探及数据处理、化探构造叠加晕勘查、地面物探二维激电测深、定向高效钻探等勘查技术示范，以及复杂矿体的采矿、低品位矿石的综合利用等矿业开发技术。目前，总局在固体矿产成矿理论研究、深部综合找矿勘探、大比例尺航空物探及大功率高密度电法勘探、"水、工、环、灾"地质勘查、地理信息技术应用、人造金刚石单晶及制品生产、锯片基体制造研发、城市及河湖淤泥处理等方面，处于国内领先水平。

（1）形成了典型矿集区勘查技术支撑体系。一是冀东铁矿区，通过总结"鞍山式"铁矿成矿规律、地物化遥综合找矿模型的建立和运作，先后探获水厂、马城等一系列特大型铁矿；二是建立并运作在草原干旱、半干旱深覆盖区通过物化探相结合的方法，在东乌旗发现了迪彦钦阿木斑岩型钼铅锌矿、查干敖包矽卡岩型铁锌矿、达赛脱热液型脉状铅锌银矿、朝不楞矽卡岩型铁锌铜矿、阿尔哈达热液型铅锌银多金属矿；三是采用"大层控"新思路顺层找矿，发现了努日铜多金属矿大型矿床、明则钼中型多金属矿床，以及羌堆、帕南、克鲁-朗达和车门等找矿前景良好的矿区；四是通过地质物化探大比例尺探矿预测及高效深部钻探施工工艺，胶东半岛地区金矿勘查取得重大突破；五是建立并运用"陡倾斜接触带的 3 个台阶控矿"和"次级低缓磁异常模型"等，在大冶铁矿、程潮铁矿和张福山铁矿等老矿山深边部取得重大突破；六是以盆地分析、热水成矿理论为指导，建立并运用锰矿预测模型，在桂西南共探获锰矿 5.1 亿吨。

（2）形成了独特的物化探勘查技术体系。一是通过对地面物探二维激电测深技术的推广应用，在铜、铅、锌及多金属矿勘查方面取得了可喜效果，钻探见矿（化）率 90% 以上；二是金矿构造叠加晕方法解决了"反分带或反常或认为杂乱无章地质条件现象"的难题，大大提高了盲矿预测的准确性和找矿效果；三是掌握了深部复杂地质条件钻探技术，成功研制了轻便式全液压岩心钻机，通过金刚石钻头及工器具工艺的改进，解决了钻机不适应坑道空间的问题。四是戈壁荒漠区的特殊景观区铜金异常评价技术在新疆东天山小尖山、小赛什腾、汉人沟等相似景观区取得了良好的找矿效果。

四、主要经验和启示

回顾总局的发展历程，为我国成为世界钢铁大国和矿业大国，为国家经济社会发展做出了历史性的重大贡献。总结66年的冶金地质工作，有以下几点经验启示。

（一）必须坚持地质勘查的基础主业地位，促进冶金地质经济持续健康发展

冶金地质作为新中国地质事业的重要板块，始终坚持为经济社会发展"提供资源保障、缓解资源约束"的根本宗旨，认真执行为冶金矿山建设和社会经济建设服务的方针。尤其在改革开放后，冶金地质的产业逐步多元化，其他产业相继发展壮大起来。但是，产业多元化的演进，始终没有动摇地质勘查的基础主业地位。第一，冶金地质工作方针根据国家发展需求，顺应形势变化，无论如何调整，都把努力提高地勘成果，作为调整与实施地质工作方针的出发点和落脚点；第二，无论管理体制怎么改、队伍结构怎么调、工作环境怎么变，冶金地质始终保留一支专业化的勘查队伍，找矿力量不仅没有削弱，反而得到逐步加强。在航空物探的重建、地质找矿的战略西移和"走出去"，在胶东、冀东、阿尔泰、冈底斯等国内重点成矿区带及蒙古等境外的找矿突破，在李四光奖和全国"双十"的获得等方面，取得了新的丰硕成果，极大提升了冶金地质在行业内的影响力；第三，冶金地质的产业多元化，始终根植于地质勘查这个基础。工程勘察、岩土施工、超硬材料生产、机械装备制造、地理信息工程、矿业开发等，无不发端于地质勘查，与之形成横向上或纵向上的相关性。如果把冶金地质现有的产业格局比作大树，那么地质勘查就是树根，其他产业则是枝干。只有根部扎得深，才能保证枝繁叶茂；第四，冶金地质交由中央管理之后，唯有地质勘查才是我们在中央企业安身立命之本，这个根本丝毫不能动摇，否则我们在央企的大家庭中就失去了独立存在的必要性，冶金地质经济发展也就无从谈起。

（二）必须坚持不断解放思想和实践探索，把冶金地质管理体制及经营机制改革推向前进

多年来，冶金地质始终坚持解放思想与实践探索紧密结合，多项改革走在全国地勘单

位的前列。回顾总结冶金地质向前发展的实践，不仅国内地质勘查行业享有很高声誉，在国际矿产勘查市场上也颇有较高名气，这主要得益于冶金地质从"一业为主，多种经营"方针的制定到"一统式"地质勘查院的组建和发展，再到整合资源，打造"一流绿色资源环境服务商"的顶层设计与推进等重大改革举措的有力实施，解放与发展冶金地质生产力。

（三）必须坚持争取处理改革、发展、稳定三者的关系，为冶金地质发展创造内部和谐氛围

冶金地质始终坚持以发展为目的，以改革为动力，以稳定为前提，把改革的力度、发展的速度和单位可承受的程度统一起来，把职工生活的不断改善作为改革发展的根本出发点和归宿点。一是把思想认识统一到发展战略上来，把主要精力集中到干事创业上来，把优良资源配置到优势产业上来，促进经济快速健康发展。二是紧密围绕发展目标和方向，在关键节点出台改革措施，不断增强发展动力。劳动、人事、分配制度改革，储量计价承包责任制，公益性、商业性地质工作分体运行，相关企业的公司制改造，地质队的事企分离等，成为冶金地质各项改革的突出亮点，在不同历史时期为经济发展注入了强大动力；三是以发展保稳定，在经济发展的同时，高度重视改善职工生活。实践证明，正确处理改革、发展和稳定的关系，才能保证冶金地质事业的顺利发展。

（四）必须坚持以科技与管理创新为驱动，发展冶金地质经济

冶金地质的经济发展，离不开科技创新和管理创新的"双轮驱动"。地质勘查具有生产性与科研型紧密结合的鲜明特征，科技创新和管理创新对地质工作的重要性不言而喻。冶金地质在可持续发展中，始终把加强成矿理论与新技术、新方法开发的研究列入主要议事日程，主要开展了成矿模式、物质成分、工业矿物利用、物化探技术、遥感技术、钻探装备与技术工艺、超硬材料开发利用等方面的研究，科技进步成为冶金地质发展的主要生产力；始终把管理创新作为提高经济发展质量和效益的重要手段，结合生产经营和改革发展党建工作实际，持续开展管理提升，不断推动冶金地质经济持续健康发展。因此，冶金地质经济发展一直在全国地质勘查行业有着较大影响力。

（五）必须坚持扩大社会联系、融入区域经济、履行社会责任，在互利共赢中拓展冶金地质发展空间

冶金地质的成长壮大，离不开社会各界的多方支持。应对环境的变化，冶金地质采取

了积极应对措施。一是主动向行业主管部门及相关部委汇报工作、反映情况，积极争取有利于改革发展的政策支持，较好地解决了自身难以克服的困难。二是坚持互利共赢的理念，不断拓展对外合作积极融入地方经济发展，加强与兄弟央企、金融企业、科研院所、高校的合作。三是认真贯彻国务院国资委的有关要求，定期发布社会责任报告，以开展对口支援、定点扶贫、吸纳就业等形式，认真履行央企的社会责任，赢得了地方政府和社会各界的尊重和信任，巩固了双方合作的基础。

改革开放 40 年来，中国冶金地质工作取得了突出的成就。今后我们将以习近平新时代中国特色主义思想为指导，继续毫不动摇地走改革开放道路，为早日实现钢铁强国梦想做出应有的贡献。

创新服务工具　促进我国钢铁工业高质量发展

大连商品交易所

今年是改革开放 40 周年，也是我国探索引入期货市场 30 周年。改革开放是当代中国最鲜明的特色，是我们党在新的历史时期最鲜明的旗帜。与我国期货市场一样，大连商品交易所也是改革开放的产物。成立 25 年以来，大连商品交易所在党中央、国务院亲切关怀下，在中国证监会正确领导下，已发展成为全球最大的农产品期货市场，并保持全球最大的塑料、煤炭、铁矿石期货市场地位，"大连价格"在国际相关市场的影响力不断提升，功能作用持续有效发挥，2017 年成交量在全球交易所中排名第十。党的十八大以来，中国特色社会主义进入新时代，大连商品交易所也迈入了多元开放的新时代，上市了我国第一个商品期权合约、实现了我国第一个已上市期货品种的国际化、率先推出了"保险＋期货"服务"三农"新模式，形成了交易工具既有期货也有期权、市场层次既有场内也有场外、交易范围既有国内还有国外的发展新格局，在服务实体经济、服务国家重大战略中发挥了积极作用，受到社会各界的高度肯定。

一、大连商品交易所改革开放以来的发展和成就

（一）坚持规范运营稳步发展理念，成为中国证监会直接管理的期货交易所

大连商品交易所与我国期货市场一样，是改革开放的产物，是在党的领导、政府主导下产生和发展的。1984 年 10 月，党的十二届三中全会决定把改革重点由农村转向城市，并提出以价格改革为核心的经济体制改革。为解决价格改革带来的价格上涨过快、波动过大问题，1988 年在国家领导人的倡导和支持下，国家开始了期货市场的研究与探索，在国家相关部委的努力和推动下，解决了在从计划经济向社会主义市场经济转轨过程中如何建立期货市场的重大理论问题，并最终建立了我国的期货市场。1992 年，中国农村信托投资公司建议在大连试点建设期货交易所，引起大连市委市政府高度重视。在大连市的领导和支持下，1993 年 2 月 28 日大连商品交易所注册成立，11 月 18 日正式开业，推出玉米、大豆、豆粕、绿豆、大米、红小豆和小麦共 7 个品种期货合约交易，当年累计成交量 4.1 万

手、成交额 5.6 亿元，实现平稳起步。

创建伊始，大连商品交易所牢固树立规范运营、稳步发展理念，紧紧依托东北粮食生产流通区位优势，为粮食企业提供风险管理工具和信息咨询服务，迅速在全国期货市场脱颖而出。1993 年底，国务院针对全国各地期货市场发展不规范、风险频发的状况，开展了第一次全面清理整顿。经过国务院证券委、中国证监会等联合调查组评估，1994 年 10 月大连商品交易所凭借规范稳健运行，被中国证监会批准为全国 15 家试点期货交易所之一。

1994~1998 年，大连商品交易所保持了规范稳步较快发展步伐，从 1994 年拥有 80 多家会员单位，成交量、成交额在全国期货交易所排名中位列第九位，快速升至全国第二位，价格影响力不断提高，大豆、玉米等期货价格成为行业指导性价格。1997 年 12 月，国务院开始对全国期货市场进行第二次全面清理整顿。经严格考察评估，1998 年 8 月 1 日，大连商品交易所与上海期货交易所、郑州商品交易所一起被国务院批准保留，并划归中国证监会直接管理。1999 年 10 月，中国证监会党委成立了大连商品交易所党委并任命领导班子成员；同年 12 月，大连商品交易所成功召开第一届会员大会，表决通过修订的大连商品交易所章程和规则，成立第一届理事会，大连商品交易所由此掀开了新的发展篇章。

（二）坚持服务实体经济理念，从单一农产品期货交易所发展成为综合性期货交易所

大连商品交易所是从农产品期货起步的交易所，经过 25 年发展，目前已是全球最大的农产品期货市场。2000 年以后，大连商品交易所上市品种不断丰富，实现了多个国内期货品种的创新。其中，棕榈油期货合约是国内第一个以纯进口产品为标的的期货品种，纤维板期货合约为国内首个林木领域的期货品种，鸡蛋期货合约为国内首个畜牧类鲜活农产品期货品种。当前，大连商品交易所农产品期货年成交量已超越美国芝加哥商业交易所集团，成为全球最大的农产品期货市场。根据美国期货业协会（FIA）2017 年统计数据，大连商品交易所豆粕期货成交量位列全球农产品衍生品成交量第一，玉米、棕榈油、豆油、玉米淀粉、鸡蛋期货等期货品种交易量位列全球同类期货品种首位，黄大豆 1 号期货交易量仅次于芝加哥期货交易所大豆期货全球排名第二，大连商品交易 10 个农产品期货中有 7 个交易品种位列全球农产品期货期权交易量前 20 名。

大连商品交易所从创建伊始就坚持服务实体经济的理念，将功能发挥、服务产业作为市场建设的出发点，积极探索为相关行业服务的有效途径，不断提升服务国家战略的能力

和水平，形成了"千村万户"市场服务工程、"千厂万企"市场服务工程、"产业大会""保险+期货"等一系列的服务品牌项目，受到社会各界的高度肯定。早在 1997 年成立初期，大连商品交易所就结合国家粮食流通体制改革，提出"期货市场要服务于粮食流通体制改革"。大连商品交易所 2003 年开始免费为农民提供市场信息服务，当年就使东北豆农增收 10 多亿元；2004 年引导农户利用大豆期货"先卖后种"，探索农户避险服务；2005 年在东北三省粮食主产区启动"千村万户市场服务工程"，以"免费培训农民、市场信息下乡、期货订单试点"为主要内容，拓展服务"三农"，大力推动建立"公司+农户、期货+订单"新型农业订单模式，引导农民树立市场理念，帮助农民利用市场机制种好地、卖好粮，有效规避市场价格风险，实现长期稳定经营，受到社会各界肯定；2006 年，设立期货学院致力于为期货市场培养专业人才。2007 年，大连商品交易所成立了产业拓展部门，开展"千厂万企"市场服务工程，提出了"贴近市场、贴近会员、贴近投资者"三贴近的服务工作方针，不断拓展市场服务的广度和深度，深化期货市场经济功能。2010 年开始，大连商品交易所以龙头企业为重点，围绕产业链服务，深入推进"千村万户""千厂万企"等系列市场服务工程，把品种相关上中下游企业和生产经营者全部纳入服务领域，深化了产业服务和市场服务的内涵。

为更好服务实体经济发展，大连商品交易所不断拓展期货服务产业领域，完成了从单一农产品期货向综合性期货交易所的转变。2007 年，大连商品交易所上市第一个工业品期货——线型低密度聚乙烯（LLDPE）期货。之后不断拓展塑料期货品种序列，2017 年线型低密度聚乙烯（LLDPE）、聚氯乙烯（PVC）和聚丙烯（PP）三大塑料期货品种交易量、交易额占据中国化工期货的半壁江山，大连商品交易所已成长为全球最大的塑料期货市场。2011 年，大连商品交易所上市焦炭期货，开始进军能源冶金领域，并相继推出焦煤、铁矿石等期货品种，不断完善钢铁原料品种体系。其中，铁矿石期货是全球首个实物交割的铁矿石期货合约。2017 年，单边成交量达 329 亿吨。大连商品交易所已发展成为全球成交规模最大的铁矿石衍生品市场，是世界第二大铁矿石衍生品市场——新加坡交易所的铁矿石掉期和期货成交总量的 23.44 倍。

服务市场是发挥期货功能作用的重要途径。在上市品种工具不断丰富的背景下，大连商品交易所一方面将在农产品领域实践的有效方式手段向工业品领域延伸；另一方面积极创新服务方式，开创了"产业大会"这一新的服务形式，为行业搭建了新的交流合作平台。2006 年，大连商品交易所与马来西亚衍生品交易所联合举办首届国际油脂油料大会，"产业大会"服务品牌创立。2007 年、2008 年，大连商品交易所先后与有关单位合作举办了首届国际玉米产业大会、首届国际合成树脂大会，为相关政府部门、产业企业、金融机构搭建了常态化的高端交流合作平台。2012 年，大连商品交易所在青岛举办"2012 中国煤焦产业链供需形势高峰论坛"（后更名为"中国煤焦矿产业大会"），成为国内煤焦矿产业企业交流合作新的高端品牌会议。

（三）坚持多元开放发展愿景，加快建设国际一流衍生品交易所

党的十八大以来，中国特色社会主义进入了新时代，适应我国整体经济高度融入世界经济的需求以及国家对外开放新的发展战略，大连商品交易所提出了"多元开放"的发展愿景。2013 年，制定了《2014~2020 年发展战略规划》，提出了"建成衍生工具齐备、产品种类丰富、功能发挥充分、运行安全高效的国际一流衍生品交易所"的中远期发展目标；2015 年，提出"以期权上市、铁矿石期货国际化和场外市场建设等三项工作为重点，推动大商所从单一、封闭的商品期货交易所向多元、开放的综合性衍生品交易所转型"的战略部署；2016 年，在交易所建所 23 周年之际，正式发布了"多元开放、国际一流衍生品交易所"的发展愿景，并将交易所近年来的发展理念进一步浓缩和提炼，提出"服务实体经济，服务市场参与者"的发展使命，以及"稳健、进取、尚德、和谐"的文化价值观；总结提出了始终坚持全面从严治党政治方向、持续加强改善内部管理，始终坚持服务实体经济根本宗旨、积极配合国家战略实施，始终坚持公开、公平、公正的基本原则、切实履行一线监管职责，始终坚持改革创新"两手抓"方针、不断提高发展质量和水平，始终坚持共建、共享、共赢的发展理念、积极营造和谐生态环境的"五个始终坚持"发展理念和取信于决策层、取信于市场、取信于员工的"三个取信"发展遵循，形成了一套系统的、完整的发展理念、发展思路、战略部署和价值观。

2018 年是我国改革开放 40 周年，也是我国探索引进期货市场 30 周年，大商所成立 25 周年。乘着市场化改革东风，历经 25 年发展，大连商品交易所已累计上市 17 个商品期货品种，加上 2017 年平稳推出的境内首个商品期权——豆粕期权，已经初步形成既有期货又有期权的多元化衍生品工具体系。2018 年上半年，大连商品交易所在证监会的领导和大力支持下，顺利启动境内首个成熟期货品种——铁矿石期货引入境外交易者业务，成为香港自动化交易服务（ATS）提供者，并在新加坡设立境外代表处，初步形成国内、国际连通的开放型衍生品市场格局。近年来，大连商品交易所联合期货公司、保险公司等金融机构，借鉴海外市场经验、结合中国实际，推出"保险+期货"服务"三农"以及场外期权、基差交易、仓单串换等服务产业试点，探索建设既有场内又有场外的多层次衍生品市场。经过 25 年，特别是最近 6 年的努力，大连商品交易所已初步实现从单一、封闭的商品期货交易所向多元、开放的综合性衍生品交易所的战略转型。

二、大连商品交易所创新工具服务钢铁行业高质量发展

从大连商品交易所 25 年的发展经验来看，服务实体经济是期货市场的核心价值所在，是期货市场发展的初心，是期货市场肩负的职责和使命。为更好地服务我国钢铁行业高质量发展，大连商品交易所立足钢铁行业实际需求，在中国证监会的领导下，国家相关部委和中国钢铁工业协会等单位的悉心指导和大力支持下，2011 年上市焦炭期货合约，并持续完善品种和服务，推出了焦煤期货合约和铁矿石期货合约，为钢铁行业提供了有效的风险管理工具和更为科学的定价依据，也创新了大连商品交易所服务实体经济的新路径。大连商品交易所黑色系期货品种上市以来，市场运行稳健有序，市场功能有效发挥，对促进钢铁行业转型升级、持续健康发展起到了积极作用。

（一）优化铁矿石定价机制，有效维护我国钢铁行业利益

铁矿石是我国钢铁行业最重要的原材料，是我国第一大进口量的商品，2017 年铁矿石进口量超过 10 亿吨。但相当长的一段时间，国际铁矿石现货贸易定价主要采用普氏指数定价。普氏指数采集样本较小，过程不透明，我国铁矿石进口价格"易涨难跌""快涨慢跌"，国内钢铁行业下游钢厂利润被大量挤占。为增强铁矿石贸易的公开性、透明性，更好地反映供需关系，优化国际铁矿石贸易定价机制，2013 年大连商品交易所立足国情，推出全球首个实物交割的铁矿石期货合约，为有效维护钢铁行业利益提供了制度保障。

自上市以来，我国铁矿石期货的价格发现功能得到有效发挥，对国际普氏指数运行产生了较大影响。2017 年我国铁矿石期货价格和普氏指数相关性达到 0.98，二者价格同方向变动比例从 2013 年的 50% 上涨至 2017 年的 73%，同涨同跌趋势加强。同时，中国铁矿石期货结算价先于普式指数公布，对普氏指数起到了引导作用。如今，"大连铁矿石价格"已成为境内外现货贸易定价、相关价格指数发布和开展衍生品交易的重要参考，在一定程度上改变了国际铁矿石价格运行规律，普氏指数"快涨慢跌"的特点明显改善，铁矿石期货价格"压舱石"作用日益明显。对比历史价格可以发现，2017 年我国钢材价格与 2012 年相当，但铁矿石价格仅相当于 2012 年的 50%。从进口规模看，2017 年我国铁矿石进口量 10.75 亿吨，是 2007 年的 2.8 倍，需求大量增加并未带动铁矿石价格上涨，其进口均价仅为 2007 年的 50%。可以看出，随着我国钢铁行业结构质量效益的不断提升以及对期货市场的深度参与，铁矿石期货市场形成了公开透明的价格，初步改变了我国在国际市场上"买什么什么贵"、钢铁行业利润被严重挤占的局面。

（二）防范价格风险稳定去产能，服务钢铁行业供给侧结构性改革

钢铁行业是我国供给侧结构性改革的关键领域，随着供给侧结构性改革不断推进，钢铁行业过剩产能压力不断释放，期货市场对于缓解企业成本压力，规避价格剧烈波动风险，平稳过渡产能化解阵痛期发挥了重要作用。2016年，国家实施了以"三去一降一补"为主的供给侧结构性改革，钢铁企业积极配合国家产业政策调整，主动去产能去库存，引起了煤炭、钢铁行业上下游产品价格的波动，企业面临的价格风险日益加大。在此情况下，我国钢铁企业通过参与商品期货市场开展套期保值业务，即买入铁矿石、焦炭等原材料期货，卖出螺纹钢、热轧卷板等产成品期货，有效对冲了现货利润下滑风险，减少了市场冲击对企业生产带来的不利影响，促进了行业的稳定发展。

在推进钢铁行业供给侧结构性改革的过程中，大连商品交易所积极配合国家淘汰落后产能的产业政策，服务钢铁行业高质量发展。一方面，积极配合国家环保政策，进一步提高铁矿石交割质量标准，从源头对钢铁产业链上游产品进行升级，实现从"量"到"质"的提高。2017年，大连商品交易所公布《大连商品交易所铁矿石交割质量标准（F/DCE I001~2017）》，提高铁矿石交割质量标准，缩小硫、砷等有害元素的允许范围，并自I1809合约开始施行，引导现货市场进口品质更高的铁矿石，提高钢铁原材料品质，服务钢铁行业高质量发展。另一方面，调整焦煤交割质量指标，将交割基准品的灰硫含量指标下调，对结焦性较差的焦煤给予贴水扣价，进一步准确评价优质焦煤的使用价值，推动释放煤炭优质产能和优化焦化产业结构。这些措施的实施进一步促进了钢铁企业转型升级，倒逼污染严重、技术水平低、风险承受能力弱的钢铁企业进行技术改造和品质提高，客观上为我国钢铁行业进行市场择优、兼并重组，提高行业整体竞争力发挥了积极作用。

（三）创新市场服务方式和理念，优化钢铁行业贸易模式

大连商品交易所通过修订完善合约、创新交割方式、探索推进国际化等有效途径，不断提升服务钢铁行业的能力和水平；创新推出了铁矿石仓单服务商制度，明显改善了近月合约流动性，为钢铁行业有效参与期货市场规避风险提供了条件；探索依托厂库异地交收、无仓单交割等制度创新，推出焦炭厂库异地交收和铁矿石保税交割制度，进一步降低交割成本。当前，"大连铁矿石价格"已经成为现货生产贸易、基差定价、指数编制的重要参考。期货市场投资者结构不断优化，铁矿石期货交易法人客户数量大幅上升，中国近百家钢厂、近千家钢铁贸易商参与铁矿石期货交易，国内前10大钢铁企业中有7家参与

了保值操作，国际十大铁矿石贸易商全部参与期货交易，期货市场流动性日益充分，服务产业能力不断增强。

近年来，大连商品交易所不断转变市场服务理念，创新市场拓展模式，在引导钢铁企业在直接参与期货保值的同时，大力推广基差贸易、场外期权等新的市场服务模式。当前，钢铁行业竞争激烈，原料成本的控制和风险管理对经营结果的影响不断凸显，基差贸易能够有效管理市场风险，对贸易双方均具有明显优势，已经成为国际大宗商品贸易的重要趋势。大连商品交易所积极开展基差贸易试点和场外期权试点，鼓励钢铁企业利用"期货价格+基差"的定价方式替代原有的指数定价、一口价、长协等定价模式，推动期货价格更好地融入现货贸易体系，引导优化完善钢铁行业上下游贸易模式，构建供需双方稳定的供求关系，更好地服务钢铁行业发展。2017 年以来，大连商品交易所在黑色品种上陆续推出了基差贸易试点，已有 5 个试点项目完成落地，覆盖 22 万吨铁矿石和 1 万吨焦炭。在 2017 年鞍山钢铁与中国建材集团有限公司的基差贸易试点中，鞍钢钢铁通过期货平仓收益对冲了成本上涨风险，获得基差扩大收益，较现货定价模式降低采购成本近 400 万元，实现了企业间的合作共赢。2018 年，河钢集团与嘉吉公司达成 200 万吨铁矿石基差贸易的总体框架协议，成为钢铁行业探索新贸易方式的一次有益尝试，为钢铁企业开展基差贸易提供了宝贵经验。

（四）推进铁矿石期货国际化，支持提升钢铁行业全球竞争力

当前，全球铁矿石市场正处于定价基准转换的关键时期，铁矿石国际化有利于完善国际铁矿石价格形成机制，有利于将我国打造成为国际铁矿石国际定价中心，为我国铁矿石进口贸易提供更加合理的定价依据。同时，以人民币计价的铁矿石国际化，能让我国钢铁行业企业享受以人民币计价结算带来的实惠，能有效帮助钢铁企业避免面临的基差风险和汇率风险，有利于我国钢铁行业"走出去"整合配置国际钢铁产业资源，提升我国钢铁行业的国际竞争力，更好地促进钢铁行业持续健康稳定发展。铁矿石期货国际化顺应了我国构建全面对外开放新格局的战略要求，有助于其他上市期货品种的国际化，有助于扩展整个商品贸易体系中人民币计价商品比例，对提升人民币的国际化程度和地位，构建由多元货币共同支撑的国际贸易新秩序有重要意义。

2018 年 5 月 4 日，我国铁矿石期货国际化以来，各项业务、技术系统均平稳过渡和运行，呈现出境外交易者持续增加、中国铁矿石国际"引力"显著增强、铁矿石价格应用不断深化等特点。目前，铁矿石期货市场整体运行稳定，价格波动处于合理区间，期现价格相关度性达 0.98；基差较稳定，期货结算价在合约到期前能够有效收敛；方便境外投资者

参与的保税交割制度得到了市场检验，在实物交割环节打通了境内外的联系，境内外价格联动性日益增强，套保效率达 90.45%。截至 2018 年 10 月底，已有来自日本、英国、澳大利亚、新加坡、马来西亚、阿联酋、中国台湾、中国香港等 8 个国家和地区的 99 个铁矿石期货境外客户开户。其中，60 个客户参与了交易；有 38 家境外经纪机构，通过 29 家境内期货公司开展了 53 组委托业务备案。截至 2018 年 10 月底，境外交易者累计成交量 91.96 万手，累计成交金额 454.32 亿元。铁矿石期货法人客户日均持仓占比达 40.02%，较 2017 年同期高出近 3 个百分点，参与大连商品交易所铁矿石期货市场，已成为国内外矿山、贸易商等产业客户对冲市场风险的重要途径。

三、大连商品交易所发展经验总结

自创立以来，大连商品交易所始终坚持以服务实体经济为根本宗旨，牢牢把握稳中求进工作总基调，积极进取、开拓创新，在发现商品价格、提供风险管理工具等方面日益发挥重要作用，尤其是近 6 年来，取得了创新发展。实践证明，近年来大连商品交易所的发展理念、发展道路、工作方针等与党的十九大精神高度一致，与党中央有关稳中求进的工作总基调相契合，与党中央和中国证监会党委有关资本市场发展总体要求相吻合，与国家发展战略、行业发展趋势和自身发展脉络相适应。纵观大连商品交易所 25 年的发展历程，具有以下重要经验。

（一）期货市场是我国改革开放的重要成果，也是中国特色社会主义市场经济发展的必然结果

从国际国内经验来看，期货市场是在较为发达的现货市场基础上发展起来的，是现代市场体系不可或缺的重要组成部分，对于发现商品未来价格、提供价格波动风险管理工具具有十分重要的作用，是发挥市场在资源配置中的决定性作用、更好地发挥政府作用的重要基础平台，并在推动建设更加合理的国际贸易秩序、维护国家经济利益、促进全球经济治理等方面发挥重要作用。我国期货市场是在学习借鉴西方成熟经验基础上发展起来的，在比较短的时间里实现了跨越式发展，这是由我国作为全球重要的生产、加工、消费、贸易大国地位所决定的，是由大宗商品市场发展强烈的内在需求决定的，是我国不断深化改革开放的历史进程所决定的。目前，我国期货市场发展的基础还不够坚实，必须坚定不移地大力发展期货市场，坚定不移地稳步加快国际化期货衍生品市场建设，努力为全球市场提供以人民币计价的大宗商品价格。

（二）期货市场发展必须始终坚持服务实体经济的根本宗旨

服务实体经济是期货市场的核心价值所在，是期货市场发展的初心，是期货市场肩负的职责和使命。只有立足于服务实体经济，真正植根于实体产业，更好地满足产业企业实际需求，期货市场才有存在的价值。任何时候，期货市场都不能脱实向虚。期货市场有关各方应当积极探索服务实体经济的新路径、新模式，通过有效服务实体经济来提升期货市场影响力。广大产业企业积极审慎参与期货市场，充分利用好衍生品工具，切实加强和改善经营管理。决策部门可以更好地利用期货市场信息，进一步加强和改善宏观调控。

（三）有效防控风险、保持安全平稳运行是期货市场发展的重要前提

安全平稳运行是期货市场发展的生命线。如果不能有效维护平稳运行，期货市场不仅将失去创新发展的机会，甚至可能危及行业的生存和命运。只有守住不发生区域性、系统性风险的底线，保持市场安全平稳运行，期货市场才能赢得更多发展机会。必须坚持加强市场法治建设，不断健全和完善市场制度规则体系。必须坚持市场"三公"原则，全方位加强一线监管和自律监管，不断完善风险防控的技术、手段和措施，严肃查处违法违规交易行为，坚守住不发生区域性、系统性风险的底线。

（四）改革创新是期货市场持续发展的动力和源泉

改革创新是期货市场发展的根本动力。多年来，大连商品交易所积极学习借鉴国际经验，紧密结合中国实际，围绕拓展服务实体经济的广度和深度、提高市场运行质量和效率进行了积极探索，取得丰硕成果。随着经济全球化不断深入，我国期货市场必须始终保持全球化视野，主动适应新形势新要求，积极推进新品种新工具新技术新平台建设，持续加强已上市品种运行维护，不断增强市场竞争力和影响力。

（五）实现各方共赢是期货市场持续发展的重要支撑

客户是期货市场发展的根基所在，会员是客户参与期货市场的桥梁和纽带，银行等各类机构是期货市场发展的重要支撑。只有实现相关各方共建、共赢、共享，期货市场才能保持稳定健康发展。在充分发挥交易所、会员等市场直接相关方重要作用的同时，积极争取监管部门、行业组织、产业企业、金融机构等相关各方的大力支持，推动形成期货市场发展合力，凝聚和形成服务实体经济、服务国家战略的强大力量。

四、建设国际一流衍生品交易所更好服务实体经济发展

党的十九大报告指出，中国特色社会主义进入新时代。站在中国特色社会主义新的历史方位，大连商品交易所也进入多元开放的新时代，未来将着力解决实体经济巨大的风险管理需求与衍生品市场的服务手段、服务方式、服务能力严重不足的矛盾；单一封闭商品期货的工作思维、工作习惯、工作能力与多元开放发展新形势还相适应的矛盾。在下一步工作中，大连商品交易所将坚持"巩固、充实、提升"的工作方针，进一步推进国际一流衍生品交易所建设；将持续优化合约规则和运行管理机制，拓展市场服务，改善市场参与者结构，维护市场稳定，不断巩固多元开放发展成果；将加快推出更多的期货、期权品种，进一步整合场外市场业务，努力把市场工具做全，把场内场外、国内国外市场打通，构建"一全两通"产品格局，不断充实多元开放的发展内涵；持续提高市场运行质量和效率，努力为全球市场提供公开透明、具有广泛代表性、以人民币计价的大宗商品期货价格，不断提升大连商品交易所服务实体经济的核心竞争力和国际影响力。

（一）加强政治理论学习，牢固树立"四个意识""四个自信"

坚持以政治为引领，深入贯彻习近平新时代中国特色社会主义思想和党的十九大精神，在"学深、悟透、做实"上下更大功夫，持续加强政治思想建设，不断增强"四个意识"、坚定"四个自信"，强化"四个服从"，切实做到"两个坚决维护"，在思想上、政治上、行动上更加自觉地同以习近平同志为核心的党中央保持高度一致。坚持全面从严治党政治方针，紧密结合大连商品交易所发展实际和战略部署，从政治的高度、国家对外开放的大局、行业的发展上来谋划、思考大连商品交易所的各项工作。进一步坚定发展理念，进一步增强战略转型的决心和信心，进一步增强加快建设国际一流衍生品交易所的责任感和使命感，按照《建设国际一流衍生品交易所实施纲要》要求，到2025年把大连商品交易所建成全球大宗商品定价中心和风险管理中心。

（二）完善品种工具体系，为产业发展提供风险管理工具

紧密结合实体经济发展需求，加快新品种、新工具研发，不断完善期货品种体系，积极开展辣椒、全脂乳粉、天然气、电力、航运、商品指数等期货品种研究，加快推进粳米、生猪等期货以及玉米、铁矿石期权上市，以品种工具创新助推我国经济高质量发展。紧密结合我国钢铁行业转型发展现状和趋势，积极推进气煤、喷吹煤、废钢等新品种研

发，为钢铁、煤焦企业打造更完善的避险品种体系；尽快形成以铁矿石期货为核心，期权、互换、远期、指数等工具产品齐全，合约类型丰富，境内境外良性互动、场内场外功能互补的国际一流衍生品市场格局，更好服务钢铁行业高质量发展。

（三）完善期货市场交易制度，顺应实体经济发展需求

紧紧围绕服务实体经济需要，不断改进和完善合约设计、制度安排，为实体经济提供更加高效的风险管理服务。适应我国钢铁行业发展需求，在铁矿石期货交割中引入品牌交割制度，推进实施焦煤新交割质量标准，优化焦炭合约交割标准和异地厂库交收制度，择时推出焦炭地区升贴水设置；完善铁矿石仓单服务商和期货交易商制度，丰富客户买卖铁矿石标准仓单的途径，优化铁矿石期货仓单服务的交割流程，推动近月合约活跃；不断提升相关期货合约的稳定性，保证非主力合约的流动性和期货合约的连续性。

（四）创新服务方式手段，提升市场服务能力和水平

牢记服务实体经济、服务市场参与者的发展使命，不断增强服务意识，提升市场服务能力和水平。创新产业大会等传统服务模式，深入开展产业链培育，以合作社、种粮大户为对象，与各级农业管理部门、机构合作开展"三农"服务；加大对券商、基金、私募及IB客户等机构投资者培育力度，建设产业培育基地，开展"送期权进产业"等活动；继续办好期货学院和高校期货人才培育工程项目，为期货市场发展培育人才。根据我国钢铁行业发展需求和铁矿石期货市场发展新形势，加大力度支持会员、银行及其他机构开展国际市场拓展服务；优化投资者适当性制度中的互认、考试等安排；加强铁矿石场外市场建设，支持产业企业参与基差贸易和场外期权试点，共同将铁矿石期货工具开发好、运用好，推动钢铁行业在有效的风险管理中行稳致远。

（五）加强市场监管，确保期货市场价格的公正可信

强化交易所一线监管职责，切实维护市场"三公"原则，坚决对违法违规行为"零容忍"，进一步完善以监管会员为中心的交易行为监管模式，以问题和风险为导向，以非现场监管和现场检查为抓手，强化异常交易和违法违规线索的发现和处置能力，严厉打击市场操纵和内幕交易行为，筑牢期货市场监管风险防范的第一道防线。进一步发挥期货市场"五位一体"监管合力，着力推进各类监管基础设施的建设和优化，加强"大数据监管"能力，提升监管效能，坚决守住不发生系统性风险底线，确保期货市场安全平稳运行，以有效监管确保期货价格公正可信。

（六）加快对外开放步伐，提高"大连价格"代表性

在铁矿石期货国际化的基础上，稳步推进、黄大豆1号、黄大豆2号、棕榈油期货国际化，条件成熟的期货品种都要国际化，让期货市场发挥与中国经济地位相称的国际影响力。深化铁矿石国际化，积极争取与淡水河谷、力拓、必和必拓、英美资源等国际矿山开展合作，与三井物产等日韩产业客户和星展银行、大华银行、花旗银行等境外金融机构开展深层次合作；加强境外清算、监察、期权等业务培训和交流，不断提升业务人员能力水平；积极推动境外设立分支机构和境外注册，构建完善、辐射全球的技术系统、交割系统和市场服务网络；不断提升国际市场服务水平，进一步拓展境内保税区域，研究境外设库可行性；完善换汇制度，推动每日换汇向一定额度内的自由换汇转变，解决外币资金使用效率不高的问题；研究增加使用币种、分级结算可行性，便利国际交易，推动国际化更好发展。

最后，大连商品交易所在建设国际一流衍生品交易所的道路上，在更好服务钢铁行业高质量发展的征程上，将以习近平新时代中国特色社会主义思想为指导，深入贯彻党的十九大精神，牢牢把握我国对外开放的历史机遇，坚持稳中求进工作总基调，坚持服务实体经济、服务国家战略，着力解决期货市场与实体经济巨大风险管理需求不适应、与多元开放发展新形势新格局不适应的两大主要矛盾，继续按照"保稳定、抓管理、促转型"工作方针，确保市场安全平稳有序，不断巩固、深化、拓展、提升多元开放战略转型成果。在中国证监会的领导下，在国家相关部委和中国钢铁工业协会等单位的指导支持下，努力向国际一流衍生品交易所目标迈进，为中华民族伟大复兴作出贡献！

深化产业服务　助力钢铁行业健康发展

上海期货交易所

上海期货交易所是以有色金属、黑色金属、贵金属和能源化工等工业品为主的综合性期货交易所。近年来，按照习总书记在 2017 年全国金融工作会议中作出的"服务实体经济、防控金融风险、深化金融改革"的战略部署，在中国证监会的坚强领导下，上海期货交易所通过强化一线监管、推动业务创新、促进功能发挥，已发展成为国内乃至全球有重要影响力的风险管理平台。

上海期货交易所以"服务实体经济，用衍生品协助全球客户管理风险"为使命，将"稳健、合作、卓越、友善"作为核心价值观，并以"建设成为世界一流交易所"为长期目标。目前上海期货交易所已上市有色金属期货系列铜、铝、铅、锌、镍、锡六大品种，并已经成为世界三大铜定价中心；贵金属方面，黄金期货成交量全球第二；黑色金属方面，螺纹钢已连续 4 年成为全球最活跃的商品期货品种，热轧卷板期货也已成为全球最活跃的扁平材期货；能源化工方面，天然橡胶期货广受关注，我国首个国际化期货品种——原油期货顺利上市，成为我国金融市场对外开放的重要标志。

一、2009 年至今钢材期货交易情况

2009 年以来，上海期货交易所陆续推出了螺纹钢、线材和热轧卷板期货。钢材期货市场整体运行平稳，交易活跃，交割有序，市场风险可控，钢材期货功能发挥良好，期现价格联动紧密，套期保值功能显著发挥，基本满足了产业客户风险管理与投资者投资的需求。

(一) 钢材期货的交易情况

1. 螺纹钢期货交易情况

改革开放以来，我国已建成全球产业链最完整的钢铁工业体系，有效支撑了下游用钢行业和国民经济的平稳较快发展。随着我国经济发展步入速度变化、结构优化、动力转换

的新常态，钢铁工业既面临深化改革、扩大开放、结构调整和需求升级等方面的重大机遇，也面临需求下降、产能过剩及有效供给不足等方面的严峻挑战。钢材价格从高位震荡到一路下跌再到曲折上涨，钢铁产业链企业对使用期货工具管理价格风险的需求也日益提高，钢材期货伴随行业的不断发展而日益成熟，市场功能发挥日益完善。2009 年，国家出台"四万亿"投资计划有力支撑了钢材价格。2012 年起，随着产能过剩日益严重，行业生产经营陷入低谷，价格持续下跌使得相关企业套保需求提高，期货成交和持仓量稳步上升。2016 年起，我国推进供给侧结构性改革，钢铁去产能进入实质阶段，去产能效果显著，钢材价格恢复性走高，但价格波动加剧，钢铁相关企业的保值需求进一步提升，带动螺纹钢期货成交量显著上升。

自 2009 年螺纹钢期货上市以来，成交持仓呈现震荡上升的态势，2010 年螺纹钢期货成交量及成交金额创新高，2011 年成交量出现大幅下滑，随后又进入稳步增长阶段，2016 年螺纹钢期货累计成交 9.34 亿手，达到历史峰值。螺纹钢期货成交活跃，近几年平均成交量相当于当年全国螺纹钢产量和表观消费量的 30 倍左右。螺纹钢连续 4 年成为全球成交量最大的商品期货，2017 年螺纹钢期货成交量位居全球衍生品第二名。见表 1。

表 1 2009 年至今螺纹钢期货交易情况

年份	成交量/万手	同比变化/%	成交金额/亿元	同比变化/%	日均持仓量/万手	同比变化/%
2009	16157.45		66512.62		41.36	
2010	22561.24	39.63	99758.58	49.98	65.40	58.14
2011	8188.48	−63.71	37177.51	−62.73	36.97	−43.47
2012	18056.25	120.51	67385.62	81.25	56.15	51.87
2013	29372.89	62.67	109407.13	62.36	88.78	58.10
2014	40807.81	38.93	116204.03	6.21	142.12	60.09
2015	54103.59	32.58	114949.40	−1.08	167.24	17.67
2016	93414.84	72.66	217871.90	89.54	168.63	0.83
2017	70201.95	−24.85	242705.67	11.40	201.70	19.61
2018 年上半年	24608.87	−27.29	90438.32	−15.27	172.93	−9.19
上市以来	377473.37		1162410.77		112.76	

资料来源：上海期货交易所，成交量、成交金额和持仓量为单边统计，每手 10 吨。

2. 线材期货交易情况

自 2009 年 3 月上市以来，线材期货的交易、持仓和交割量逐年下滑，直至近年来完全停滞，无法发挥市场功能。究其原因，一是线材与螺纹钢供需基本相同、价格高度相关，而流通性较弱，交割不如螺纹钢便捷。在市场资金有限的情况下，投资者选择了消费量更大，使用范围更广的螺纹钢期货。二是近年来市场上的线材主流产品已升级为 HPB300，原线材期货交割标的 HPB235 已基本退出市场，线材期货的可交割资源迅速下降。2009 年线材期货成交量及成交金额为历史峰值，随后快速下降，2016 年以来线材期货成交持仓已基本停滞。见表 2。

表 2　2009 年至今线材期货交易情况

年份	成交量/手	同比变化/%	成交金额/万元	同比变化/%	日均持仓量/手	同比变化/%
2009	1092016		4128449.07		14823.03	
2010	151702	−86.11	644375.02	−84.39	5016.19	−66.16
2011	3242	−97.86	14948.98	−97.68	24.73	−99.51
2012	2717	−16.19	10643.54	−28.80	18.83	−23.84
2013	3862	42.14	14586.64	37.05	25.36	34.65
2014	665	−82.78	2189.42	−84.99	12.07	−52.42
2015	327	−50.83	841.80	−61.55	7.94	−34.17
2016	61	−81.35	143.38	−82.97	0.73	−90.76
2017	98	60.66	289.98	102.25	0.76	3.91
2018 年上半年	85	13.33	272.61	26.09	0.45	−68.24
上市以来	1254775		4816740.42		1798.60	

资料来源：上海期货交易所，成交量、成交金额和持仓量为单边统计，每手 10 吨。

3. 热轧卷板期货交易情况

热轧卷板期货是继螺纹钢、线材期货之后，上海期货交易所推出的第三个钢材类期货品种，是反映工业化需求的重要钢铁品种。热轧卷板期货自 2014 年上市以来成交量稳步提升，尤其自 2016 年以来，热轧卷板期货受关注度显著提高，成交与持仓大幅上升，市场功能逐渐显现。热轧卷板期货成交活跃，近几年平均成交量相当于当年全国热轧卷板产量和表观消费量的 4 倍左右。热轧卷板期货已成为全球最活跃的扁平材期货，2017 年热轧卷板期货成交量位居全球非贵金属商品类期货第三名。见表 3。

表 3　2014 年至今热轧卷板期货交易情况

年份	成交量/万手	同比变化/%	成交金额/亿元	同比变化/%	日均持仓量/万手	同比变化/%
2014	125.54		400.68		2.13	
2015	201.24	60.29	430.52	7.45	2.51	17.83
2016	4328.18	2050.79	11987.50	2684.45	14.02	457.94
2017	10313.16	138.28	37779.29	215.16	38.04	171.37
2018 年上半年	3887.87	9.06	14782.52	29.39	34.21	17.55
上市以来	18855.98		65380.51		17.03	

资料来源：上海期货交易所，成交量、成交金额和持仓量为单边统计，每手 10 吨。

（二）钢材期货的交割情况

钢材期货实行品牌注册制度。截至 2018 年 6 月底，上海期货交易所已完成 43 家螺纹钢生产企业、45 个螺纹钢品牌，16 家线材生产企业、17 个线材品牌，16 家热轧卷板生产企业、17 个热轧卷板品牌的注册工作。螺纹钢和热轧卷板注册品牌产量各占国内总产量的 50%。同时，上海期货交易所现有 7 个螺纹钢期货指定交割仓库，4 个线材期货指定交割仓库和 12 个热轧卷板期货指定交割仓库，主要分布在江、浙、沪、天津、广东和湖北等我国主要钢材消费与集散地区。

2009 年以来，钢材期货库存水平呈现先上升后下降的态势，变化趋势与钢材价格波动有关。2010 年，螺纹钢日均库存为 9.12 万吨，较 2009 年上涨 24.08%，日均库存是上市以来的最高水平。2011 年，钢材价格保持高位震荡态势，价格波动水平较往年有所下降，企业进行实物交割套期保值意愿不强，日均库存量下降。2012 年之后，随着钢材价格的持续下跌，特别是 2015 年全行业陷入亏损状态，在期货端进行套期保值规避价格风险的必要性日益突出。因此，许多企业选择使用期货工具来管理价格风险，期货库存水平也呈现稳定增长态势。见表 4。

表 4　2009 年至今钢材期货库存情况

年份	螺纹钢		线　材		热轧卷板	
	日均期货库存/吨	同比/%	日均期货库存/万吨	同比/%	日均期货库存/万吨	同比/%
2009	73520		10118			
2010	91225	24.08	5097	-49.63		
2011	5048	-94.47	0			
2012	16010	217.14	0			
2013	26540	65.77	0			
2014	17674	-33.40	0		753	
2015	42863	142.51	0		31772	4117.89
2016	21491	-49.86	0		5386	-83.05
2017	8026	-62.66	0		7709	43.13
2018 年上半年	12194	51.46	0		7798	23.96
上市以来	30395		1200		11941	

资料来源：上海期货交易所。

1. 螺纹钢期货交割情况

上市以来，螺纹钢期货累计交割 196.89 万吨，累计交割金额 68.29 亿元。2018 年上半年，螺纹钢期货交割 6.06 万吨，同比增加 12.22%，交割金额 2.54 亿元，同比增加 36.98%。见表5。

表5 2009 年以来螺纹钢期货交割情况

年份	交割量/吨	同比变化/%	交割金额/亿元	同比变化/%
2009	182700		6.64	
2010	600300	228.57	24.89	274.85
2011	31500	−94.75	1.54	−93.81
2012	186000	490.48	7.20	367.53
2013	199500	7.26	7.22	0.28
2014	107100	−46.32	3.10	−57.06
2015	285000	166.11	5.98	93.18
2016	173400	−39.16	3.77	−37.03
2017	142800	−17.65	5.41	43.63
2018 年上半年	60600	12.22	2.54	36.98
上市以来	1968900		68.29	

资料来源：上海期货交易所，交割量和交割金额为单边统计。

2. 线材期货交割情况

上市以来，线材期货累计交割 10.59 万吨，累计交割金额 4.10 亿元。2011 年以来，线材期货无交割量。见表6。

表6 2009 年以来线材期货交割情况

年份	交割量/吨	同比变化/%	交割金额/亿元	同比变化/%
2009	41700		1.47	
2010	64200	53.96	2.63	78.91
2011	0	−100.00	0	−100.00
2012	0		0	
2013	0		0	
2014	0		0	
2015	0		0	
2016	0		0	
2017	0		0	
2018 年上半年	0		0	
上市以来	105900		4.10	

资料来源：上海期货交易所，交割量和交割金额为单边统计。

3. 热轧卷板期货交割情况

2014 年上市以来，热轧卷板期货累计交割 47.13 万吨，累计交割金额 16.37 亿元（见表 7）。2018 年上半年，热轧卷板期货交割 11.67 万吨，同比增加 53.15%，交割金额 4.86 亿元，同比增加 87.03%。

表 7　2014 年以来热轧卷板期货交割情况

年份	交割量/吨	同比变化/%	交割金额/亿元	同比变化/%
2014	1800		0.06	
2015	99300	5416.67	2.41	4083.33
2016	70800	−28.70	1.88	−21.99
2017	182700	158.05	7.15	280.44
2018 年上半年	116700	53.15	4.86	87.03
上市以来	471300		16.37	

资料来源：上海期货交易所，交割量和交割金额为单边统计。

二、2009 年至今钢材期货价格运行情况

2009 年以来钢材期货价格总体分为震荡上行、快速下跌和震荡回升 3 个阶段。

2009 年和 2010 年，面对全球金融危机，国家出台了一系列涵盖基建、房地产领域的经济刺激政策，对钢铁行业的需求起到有力支撑，钢材期货价格震荡上涨。

2011~2015 年，经济增长进入转型换挡阶段，一方面受欧美债务危机影响，钢材出口不振；另一方面国内固定资产投资增速回落导致钢材消费增长放缓。前期刺激政策导致钢铁产能严重过剩，供需矛盾日益凸显。同时，在此期间大宗原料价格高企，高昂的进口铁矿石价格使得钢铁企业成本居高不下，行业盈利能力大幅下降。在这段时间，钢材期货价格持续单边下跌。

2016 年以来，国家推进供给侧结构性改革，出台了一系列化解钢铁过剩产能的财税金融政策，钢铁行业去产能取得明显成效，"地条钢"被全面取缔，行业运行走势稳中向好。同时，陆续出台的各项环保政策使钢铁企业错峰生产，钢材期货价格持续上涨，企业效益显著好转。

三、钢材期货上市以来市场功能发挥情况

2009 年钢材期货上市以来，市场运行平稳、交割有序、风险可控，对增强我国钢铁产

业的定价影响力、优化产业结构、助力企业管理价格风险起到了积极的作用，市场功能有效发挥，市场结构逐步改善，法人持仓稳步提高，钢铁生产、消费、流通企业和机构投资者广泛参与。

（一）钢材期货交割资源充沛，套期保值功能有效发挥

近年来，钢材价格波动加剧，国内外钢铁生产、消费、流通企业运用钢材期货管理价格风险的需求旺盛。目前，螺纹钢和热轧卷板期货注册品牌的产量分别占到中国螺纹钢和热轧卷板总产量的 50% 左右，可供交割资源充沛。钢材期货上市以来，交割平稳有序，交割价格收敛于现货价格。大量实践表明，钢铁企业通过套期保值可将价格波动的风险转移出去，有效实现稳定生产经营、锁定成本和利润。

（二）期现价格高度相关，钢材期货逐步成为钢铁相关企业日常经营管理的重要工具

上海期货交易所钢材期货价格与现货价格、境外同类市场价格的相关性较强，上市至今螺纹钢、热轧卷板期现相关性高达 95.6% 和 98.6%。其中，螺纹钢期货价格与 CRU 国际钢材价格指数、期货价格同比增速与我国 PPI 同比增速等指标高度相关。期货价格已成为现货市场判断价格变化的"指南针"，充分反映了国内外供求关系的变化趋势，同时期货市场公开、透明、连续的交易机制，为钢铁行业提供了市场化的价格参照体系。

（三）投资者结构多元化，法人参与程度稳步提升

钢材期货自上市以来，产业客户参与程度始终保持较高水平。截至 2018 年上半年，螺纹钢期货法人客户持仓量占总持仓量比例为 34.55%，投资者结构基本保持平稳；热轧卷板期货法人持仓量占总持仓量比例为 49.77%，产业客户参与度较高。

四、不断提升服务钢铁行业的能力和水平

党的十九大为金融服务实体经济指明了方向，未来上海期货交易所将按照"以世界眼光谋划未来、以国际标准建立规则、以本土优势彰显特色"的基本思路，做好"寻标、对标、达标、夺标"四篇文章，紧紧围绕产品多元化、市场国际化、信息集成化、技术强所、人才兴所等五大战略，努力提高上海期货交易所服务实体经济的能力和水平，以及在全球范围内的影响力。上海期货交易所将推进期货市场改革创新，提升服务钢铁行业水

平，继续防范化解风险，维护市场平稳运行，优化业务运行机制，加快技术系统迭代升级，并着力做好以下工作：

一是深化产业服务。针对钢铁生产、消费和贸易企业的特点，有针对性地开展套期保值专项业务培训，进一步提升企业合理运用期货工具的能力与水平。

二是做精做细品种。从合约条款、品牌注册、仓库布局等方面，全面优化现有合约品种，提高市场运行效率，促进期货市场功能发挥。

三是推进产品创新。有序推动包括不锈钢、冷轧薄板和铬铁在内的期货品种，以及与此相关的衍生产品研究，进一步丰富市场避险工具。

四是推进钢材期货的国际化进程。钢材期货本身已具备了一定的国际影响力，未来我们将逐步推进钢材期货的国际化。

书写中国钢铁规划新篇章

——冶金规划院改革开放 40 年发展成就

冶金工业规划研究院

一、发展综述

1972 年 4 月 29 日，经国务院批准，成立冶金工业部北京冶金规划设计院。2002 年 2 月，正式更名为冶金工业规划研究院（简称冶金规划院）至今。在国家政府机构改革的变化历程中，冶金规划院几经更名，见证着国家的发展变化。冶金规划院现隶属于国务院国有资产监督管理委员会，是由中国钢铁工业协会代管的事业单位，主要从事冶金行业规划咨询等相关工作。

行业规划咨询工作包含了产业政策与标准及产业布局等基础研究、行业分析与预测、企业总体发展战略及各类专项咨询等，为中国冶金工业实现跨越式发展提供了坚实的智力支撑。回顾冶金规划院的历史，无论是改革开放初期技术引进、新建钢铁基地的建设、单体项目评审，还是国家重大课题项目研究、行业战略规划等，冶金规划院努力践行着"政府机构的参谋部、行业发展的引领者、企业规划的智囊团"。改革开放以来，冶金规划院在规划咨询业务方面取得丰硕成果，累计为 200 多家中央、各级地方政府、行业协会以及 500 余家国内外企业提供咨询服务近 5000 项，得到了政府部门、行业协会和企业的充分认可，很多规划研究项目已经从蓝图落地为具体项目，很多政策建议得到具体采纳，为国家冶金工业发展做出了巨大贡献。

冶金规划院之所以很好地完成了自己的使命，根本原因在于始终按照党中央、国务院的政策要求，坚持正确的办院方针，确定了正确的发展方向和核心战略。自成立以来，冶金规划院服务领域由最初的专注于从事冶金工业发展战略、产业结构、生产力布局、国内外市场需求预测、冶金工业中长期规划和基础研究，建设项目的评估和新建企业的前期编制，冶金企业总体规划、项目建议书、项目申请报告、可行性研究报告、资金申请报告的编制，逐步扩展至工程技术咨询与信息中介服务、项目评估、招标咨询和实施、投产后评估及管理咨询和技术推广应用、标准化建设等，为工程项目提供从决策到建成投产及后续跟踪的全过程立体咨询服务，不断外延业务范围和领域。

近年来，冶金规划院按照"一体两翼大平台，五度思维顶级智库"战略方针，以规划咨询为主体，以标准化研究、智能制造为两翼，在"五度"思维（高度、广度、深度、速度、满意度）的引领下，搭建会议、培训、技术推广、信息服务、政策研究、技术学会协会等国内外交流平台，延伸产业链、提升价值链。特别是开展环保治理、绿色低碳发展、竞争力提升、多元发展、智能制造、管理优化等专业咨询，为政府、行业和企业提供更加丰富的咨询服务，共同推进冶金行业健康发展。

在发展的过程中，冶金规划院逐步培育形成了全员共同的价值观和基本理念，并为之共同奋斗。冶金规划院一贯致力于培育具有积极向上、团结拼搏的团队精神，以客户为中心，树立冶金规划院良好的服务形象；以职工为中心，打造以人为本的和谐氛围；以单位为中心，展现冶金规划院强大的竞争实力。冶金规划院强大的凝聚力、向心力和高效的执行力，有力推动着冶金规划院的创新发展。

党的十八大以来，党和国家事业发生历史性变革，我国发展站到了新的历史起点上，中国特色社会主义进入了新的发展阶段。以习近平为核心的党中央，以新的发展理念推动着经济社会的发展，新旧动能正在转化，中国新型工业化、信息化、城镇化、农业现代化深入推进，中国经济发展进入新常态。站在新的历史起点，作为"智库"的冶金规划院，必须适应宏观经济和行业发展新特点，探索行业可持续发展的路径，并努力开拓创新冶金规划院战略转型，培育与时俱进的发展动力。

二、党建工作

冶金规划院党委以党的十八大和十九大精神为指导，在上级党委的领导下，紧紧围绕规划咨询工作，深入学习贯彻习近平新时代中国特色社会主义思想，针对钢铁行业不断变化的发展形势，积极适应"新常态"，紧紧围绕经济发展调结构、转方式、团结一心强班子、带队伍、促活力、谋发展，围绕中心工作开展党建工作，有力地促进了全院健康快速发展。

（一）加强思想政治建设

按照中央建设学习型党组织的有关要求，院领导班子切实把学习作为一种政治责任、精神追求和工作需要，努力加强学习型党组织建设，全面提高政治素质和业务能力。

第一，始终坚持党委中心组学习制度。做到学习有计划、有安排、重质量，重点在提高政治理论素质上下工夫，在武装头脑、联系实际、指导实践上下工夫，在解决实际问题、工作难题、推动工作上下工夫，坚持个人自学与集中学习、专题研讨、专题讲座辅导、重点发言相结合的学习方式方法，确保学习任务落到实处，务求学习取得实效。

第二，务求实效。领导班子成员积极主动自学，经常沟通交流，做到个人学习经常化、集体学习制度化。专门提出在学习中要增强建设学习型党组织的自觉性、提高学习质量、严格学习制度的要求。使学习过程成为研究工作、破解难题、指导实践、促进发展的过程。

通过加强思想政治建设，推进学习型领导班子建设，坚定冶金规划院发展的正确方向，并结合中国钢铁工业发展的新形势新情况，与时俱进，及时学习贯彻中央的决策和部署，把思想和行动统一到中央对钢铁工业发展的精神上来。

（二）重视党的组织建设

第一，抓领导班子建设。按照"四好"标准加强班子建设，首先，针对领导班子实际情况，加强行政和党务的工作协调，配齐配强党政领导班子；第二，按照民主集中制原则建立完善各种制度，在工作中注重培育民主氛围，从制度上杜绝个别人或少数人说了算和不民主、不团结事情发生，体现集体领导，集体担当；第三，抓职责职能履行机制。院班子分工明确、职责清楚，党政领导在各自职责履行的同时，注重党委班子协调，党政班子配合、沟通，实现"分工不分家"。

第二，打造党支部战斗堡垒。党支部是党组织的细胞，是党支部工作和战斗力的基础，充分发挥党支部的战斗堡垒作用是党建工作的核心。为提高党支部的凝聚力和战斗力，结合院工作重心，院党委把促进院发展、增强支部活力、提高党员素质的成效，作为检验党建工作的重要标准。

（三）抓好党风廉政建设

党的十八大以来，院党委在党员中狠抓学习党章党规、学习习近平总书记系列讲话精神，从院班子到各处室（中心）班子成员，能够认真履行党风廉政建设"一岗双责"，将党风廉政建设工作与业务工作同安排、共落实，认真落实各项制度，层层传导压力。院党委和各支部都承担起了党风廉政建设的主体责任，院党政主要负责人切实担负起党风廉政建设第一责任人的责任，明确树立不抓党风廉政建设就是严重失职的意识，坚持抓早抓小，管好班子，带好队伍。领导班子成员也做到抓好分管部门的党风廉政建设，落实"一岗双责"，工作同步推进。

（四）推动精神文明建设

先进文化对一个单位而言，是价值的引领、精神的纽带，是重要的软实力与核心竞争力。当前，深入推进冶金规划院文化建设，对于认真学习贯彻十八大以来历次中央全会精神和习近平总书记系列重要讲话，积极践行社会主义核心价值观，把我院建成"受人尊敬、最有影响、最具竞争力的顶级智库"具有重要和深远的意义。

冶金规划院已经连续十余年保持评为中央国家机关"文明单位"称号。全院上下已形成内强素质、外树形象、以院为荣、爱岗敬业、团结协作、清正廉洁、无私奉献的良好风尚。冶金规划院不断秉持"五度"思维，全院每个人做每件事情都要按照"五度"的标准努力，促进冶金规划院文化与日常业务紧密结合。院党委借助党和国家重大纪念宣传活动，结合我院的具体特点，组织了形式丰富的主题党日活动，如参观红色教育基地，组织退休老专家回院讲专题报告，五四青年节演讲技能比赛等，整体推进我院的精神文明建设。

（五）认真抓好离退休支部工作

老干部工作是党委工作的重要的组成部分，院党委对老干部的工作以法律和政策为依据，努力做到亲情化管理和服务，在政治上尊重、思想上关心、生活上照顾、精神上关怀。按期组织召开离退休支部组织生活会，以党课教育、集中学习、专题讨论等多种形式开展。院党委与老干部形成定期沟通制度，帮助老同志了解党和国家大政方针、行业发展和院里工作情况。在一批老同志骨干的支持下，离退休支部工作健康有序的开展，积极帮助解决老同志的实际困难，耐心做好思想政治工作和宣传工作，认真全面落实老干部应该享有的各种待遇，从精神和物质两方面都给予老干部极大的关爱，让老干部的离退休生活更加幸福、美满。

三、人才队伍建设

人才是一个团队最宝贵的资源，人才是单位的核心竞争力。在人才队伍建设中，人才素质直接影响单位当前及今后的发展和进步，直接关系到单位能否发展成功。在人才队伍建设过程中需要适应改革开放 40 年的新常态，紧跟时代步伐，采用科学的措施和方法，促进单位人才队伍建设，切实发挥人才在单位可持续发展中的积极作用。

作为冶金行业的专业研究机构，冶金规划院一直致力于打造冶金行业最具权威、国际有影响力的顶级智库。作为"智库"，人才是我们最宝贵的资源。冶金规划院拥有一支专业配备齐全、年龄结构合理、工作经验丰富、综合能力突出的咨询人才队伍。冶金规划院专业技术人员占职工人数的 83%，专业覆盖面系统全面，涉及地质、采矿、选矿、烧结、球团、焦化、炼铁、直接还原、炼钢、轧钢、有色冶金、金属制品、市场预测、铁合金、耐火（包括石灰）、炭素、技术经济、工程经济、经营管理、财务管理、资产评估、给排水、供电、热力、燃气、能源、机修、环保、自动化、总图运输等一整套全产业链冶金专业技术，工程咨询、市场研究、经营管理、工程经济和财务决策、资产评估等方面的专家齐备，具有"一条龙"综合服务能力的独特优势。

经过多年的努力，人才结构更加趋于合理，在职人员中具有博士学历的比例提高到 18%、硕士学历的比例为 72% 以上，具有高级专业技术职务（含注册咨询师）的比例占到近 70%，已基本形成了一支政策理论水平高、规划实践经验丰富，既懂得技术又熟悉国家政策，工程咨询能力强、综合素质高的复合型专家人才队伍。

同时，冶金规划院十分重视人才队伍的知识更新和业务培训，以冶金专业为基础，外延扩展知识领域，定期开展相关业务培训，提高员工能力和水平，提升工作质量，改善工作效率，为打造行业顶级智库建立了强大的人才保障。

此外，冶金规划院还十分注重高水平、宽领域、多渠道的外部咨询专家库建设，按照开放、共享的理念，发挥平台优势，充分借助外部人才力量为咨询业务保驾护航。建立外部咨询专家库有利于理清思路、带来新的理念和想法，提升咨询工作的质量和水平；同时也有利于扩大知识渠道，做到信息对称，节约在摸索学习新知识过程中投入的时间和精力，大幅提升工作效率；更是有利于挖掘咨询研究过程中深层次问题，精准发现问题，提出科学有效的解决方案。冶金规划院现有外部咨询专家队伍涉及相关政府部门领导、行业协会专家、企业一线专家、上下游相关领域专家学者等，能够很好地做到集社会各界智慧为客户提供全方位咨询服务。

（一）将培育企业文化放在首位

先进的企业文化是企业核心竞争的重要组成部分。加强企业文化建设有利于造就一个顾全大局、团结和谐、作风正派、开拓进取的领导班子和培育一支艰苦奋斗、积极向上、无私奉献的员工队伍。优秀的企业文化有助于提高员工全面素质，最大限度地调动员工的激情与智慧，增强员工对企业的归属感和认同感。

在多年发展经验的高度总结与提炼下，冶金规划院培育形成了一系列适合自身发展的单位文化。在"五度"思维的引领下，秉承"政府机构的参谋部，行业发展的引领者，企业规划的智囊团"的历史定位，逐渐形成了"五心"（责任心、上进心、事业心、赏识心、感恩心）为代表的职工准则，践行科学价值观"让职工更幸福，为社会做更大贡献"，共同努力打造"最受人尊敬、最有影响、最具竞争力的国际顶级智库"。随着改革开放40年来行业形势的不断变化，冶金规划院也在快速发展，通过对文化的总结和提炼，能够使员工不断增强自身的使命感、责任感和荣誉感，从而充分调动员工的工作积极性，提高单位的凝聚力和向心力，促进冶金规划院在激烈的市场竞争中持续保持快速健康发展。

（二）树立正确的人才观理念

随着人们对科学人才观的逐步确立，冶金规划院在对待人才的发展观念上有了更深刻的变化，逐步形成院"三大人才观"理念。

第一，人才是第一资源理念。在改革开放发展40周年的今天，人才在经济社会发展中的重要价值和关键作用更为突显，特别是冶金规划院的历史定位是"政府机构的参谋部，行业发展的引领者，企业规划的智囊团"。在这样的定位下，冶金规划院就更应该将人力队伍建设作为发展的重要支撑，做到超前谋划，布局未来。

第二，人性化管理理念。冶金规划院秉持以人为本的原则，坚持以"让职工更幸福，为社会做更大贡献"作为核心价值观，全面树立为人才服务思想，切实抓好教育、培养、使用、关心、激励人才的各项人才管理工作，努力营造鼓励人才干事业、支持人才干事业、帮助人才干事业的良好环境和氛围，做到理解员工、重视员工、培训员工、激励员工，充分尊重员工的主人翁地位。

第三，人人都可以成才的理念。营造公平竞争的人才发展平台，激发人人成才的积极性，满足每名员工的成才愿望，使得人才活力得以充分释放，为冶金规划院的发展集聚更多有作为的人才。在"一体两翼大平台"的发展战略方向下，充分发挥人才专业特点，全力激发人才潜能。

（三）开阔选人视野，多渠道引进优秀人才

改革开放40年以来，冶金规划院结合实际情况并着眼布局未来，制定并实施了适应院人才引进计划。根据国家政策的指导，逐渐形成了一整套体系化的招聘管理程序，不断拓宽招聘渠道，采取多渠道多方位多层次的招聘选拔人才，人才引进分为校园招聘（应届毕业生招聘）和社会招聘（人才调动）等各种形式；同时，为保障院内高素质人才的多元化发展需求，也逐渐形成了"不同学校、不同专业、不同性别、不同年龄、不同地区"的"招聘五不同"原则，引进和吸收多元化的各类人才；通过招聘面试流程的不断优化，

最大程度上保证了引进人才的质量，为院人才建设建立起第一道保护"屏障"。

（四）创新人才培养方式

第一，建立适合发展的人才培养体系。首先，对于新入职员工，院内将根据员工专业背景不同，采取"一对一"的师父带徒弟培养模式，这种不仅是一种高效的人才培养方式，更可彰显团结协作精神的企业文化。其次，通过前期培养，再将"新员工"继续送到一些政府机关进行借调，锻炼综合能力，培养严谨的工作程序和习惯。回到单位后，再在具体的咨询项目中不断学习、磨炼和成长。员工通过一系列完整的培养体系，最终明确每位员工的未来专业发展方向，并使其逐渐成为一名合格乃至优秀的咨询专业人员。

第二，开展多种形式人才技能培训活动。院提供让各类人才脱颖而出的机会和平台，所有员工无论在任何工作岗位，均具有能够不断提升自身水平的机会，以便让每名员工能够明确各自的职业发展方向。院人事部门定期组织各类教育培训活动，如职前培训、专业技能业务培训等，通过不断优化，培训活动无论从数量还是质量上都得到了较为明显的提高。

（五）加强培养中青年干部

冶金规划院不断优化领导干部年龄结构，按照干部选拔组织程序，"以德才兼备，以德为先"的原则考核充实中层干部队伍，尤其十八大以来，共计聘任近20名中青年领导干部，目前中青年骨干人才已全面走上中层领导岗位，逐渐发挥越来越大的积极作用；通过深入挖掘中青年员工的潜力，加快培养青年员工成长的步伐，同时也使更多的青年员工看到了各自发展的前景和希望，并按照自身发展职业规划健康成长。

（六）加强注册执业资格管理

根据工程咨询单位资质管理的相关规定，要求拥有一定数量比例的具有职称和执业资格的人员。冶金规划院鼓励员工通过各种途径学习获取注册执业资格证书，院内采取一系列的激励措施，鼓励大家不断进修学习。目前，全院获得注册执业资格证书的员工已近40人。

四、"五度"思维，引领咨询创佳绩

（一）"五度"思维拓展思路

思路决定出路，格局决定结局。作为冶金行业唯一专门从事规划咨询的国家级研究机构，肩负行业健康发展的使命，必须具有先进的理念、科学的方法、高素质的人才队伍，才能更好地为行业和企业服务。面对行业发展的新常态，面对企业不断变化的需求，冶金规划院总结多年发展的理念、方法和经验，提出了自己的发展愿景：以"五度"思维，成就美好人生，让职工更幸福，为社会做更大贡献，让冶金规划院成为最受人尊敬、最有影响、最具竞争力的顶级智库。"五度"成为每个人的思维方式，引领冶金规划院保持了十余年的快速增长。

具体讲，"五度"就是高度、广度、深度、速度、满意度。这是冶金规划院紧跟钢铁工业发展的新特点、新常态，与时俱进，通过创新规划咨询理念和方法，科学运用现代经济、金融、科技和管理新知识，融会各项方针政策，依据法律法规、标准规范，尊重市场规律、自然规律和社会规律，解决钢铁产业发展的重大问题，引领行业健康发展，促进产业升级和可持续发展，从而实现冶金规划院由传统工程咨询机构向综合性规划咨询机构甚至顶级智库的战略转型。

第一是"高度"。高度要求规划咨询工作要研究、掌握、运用规律，规律不仅仅是一般规律，还有特殊规律，更包括行业和企业发展的阶段性规律，必须遵循这些规律去开展规划咨询工作。为了更好地保持"高度"，冶金规划院在日常工作中坚持三方面的研究：宏观研究、专项研究和企业研究。

第二是"广度"。广度要求以多角度的思维研究掌握运用事物发展规律，以全球化的视野更好引领行业和企业的健康发展。为了保持多角度的思维方式，冶金规划院在工作中要求和鼓励三方面的学习交流：院内、院外和跨专业，通过多种方式拓宽每个人的视野。

第三是"深度"。深度要求注重规划咨询方案的可操作性、可实施性，针对行业和企业的具体问题提出切实可行的解决方案。咨询方案的可操作性问题是钢铁行业进入减量化发展阶段后每个企业都会提出的要求，这也是咨询行业的发展趋势，从"报告"咨询向实施咨询发展。

第四是"速度"。速度要求冶金规划院自身要建立快速响应机制，满足客户对速度的需求。冶金规划院承接的项目中有很多要求的时间非常紧，因为企业也有来自政府、客户、市场或者金融机构对他们的时间要求，这样的咨询项目，有时速度反而是第一位的。能做到这一点不容易，能长期做到这一点更不容易。所幸冶金规划院通过不断努力在这方面做到了，得到客户的广泛认可。

第五是"满意度"。满意度要求规划咨询工作从"你、我、他，近、中、远"层面形成全方位、多角度满意体系，建立协同发展理念。满意度是"五度"的核心和检验的标准。追求客户满意（你）、冶金规划院满意（我）、社会环境发展满意（他），要求规划咨询工作不仅要兼顾冶金规划院和企业发展的利益诉求，还要兼顾社会效益、环境效益，同时追求短期、中期和长期满意，工作结果不仅符合短期目标，还要切实考虑到中长期效果，能够经得住时间的考验。

（二）咨询业务成果丰硕

从顶级智库的功能和定位来说，咨询业务是最根本的、最核心的竞争力。目前，冶金规划院的咨询业务服务领域涉及十四大类，主要合作客户和业绩遍布全国几乎所有省（市、区）以及全球主要钢铁、铁矿生产消费国家。

（1）政策研究、行业课题。冶金工业发展战略、总量控制、结构调整、生产力布局、产业技术政策等方面的综合专题研究，以及行业政策、资源开发、转型升级、兼并重组、节能减排等一系列重要政策、发展规划的基础研究和编制工作。

（2）区域规划、园区发展。地方（省市县）冶金工业结构调整、转型升级规划，区域聚集产业园发展规划，城市矿产及固体废弃物回收与利用项目及技术研究，地方多种经营产业园区规划编制工作。

（3）企业规划、项目前期工作。冶金企业中长期发展规划、总体发展规划、联合重组规划、结构调整规划，新建冶金企业的前期研究、论证，基建项目、技改项目的评估，冶金企业基建项目和技改项目的项目建议书、申请报告、可行性研究报告编制工作。

（4）市场调研、产品链延伸。全国（全球）钢材市场需求调研和预测分析，钢铁企业产品品种市场定位研究，新型钢材品种应用前景调研和预测，产品深加工园区、装备制造及新材料产业园区规划编制工作。

（5）节能减排、绿色发展。冶金及矿山项目节能评估报告，节能、环保推进规划，能源、环保诊断及项目措施实施，低碳、绿色发展规划，绿色评级，节水优化与提升实施方案，电能节约增效研究，国家及地方节能减排资金申请报告编制，搬迁、关停钢铁企业场地环境调查，场地土壤污染状况调研、土壤修复工作等咨询服务。

（6）生产诊断、经济评价。钢铁企业铁前降本增效研究，物流管理整合及系统优化，建设项目技术经济评价及投产后评价，资产评估等工作。

（7）管理咨询、人力资源优化。冶金企业集团组织管理体系设计，组织结构调整，制度体系业务流程优化，供应链战略设计、营销战略设计，运营管理提升、精益生产、全面预算管理设计，风险管理体系及内控体系设计，企业文化体系建设，人力资源相关规划咨询及整体解决方案，薪酬绩效管理体系设计，管理层、执行层、操作层业务培训等。

（8）海外冶金及矿山企业规划咨询。冶金企业海外投资矿山项目评估，海外矿产资源开发规划，国外资源产地国家矿业及钢铁发展规划，海外客户信息咨询定制化服务等。

（9）智能制造研究。围绕"计划、质量、设备、能源、物流、成本"等钢铁企业核心业务主线，以"精准、高效、优质、低耗、安全、环保"为目标，着眼于经营决策、计划排产、动态调度、能源优化等智能决策环节，自主研发了钢铁企业智能化综合性解决方案（iSteel），可以为企业提供从规划咨询到落地实施的全方位服务。

（10）标准化研究。承担了国标委"冶金标准化咨询服务事务所培育试点"工作，可为行业、企业提供全方位、成体系的标准化咨询服务，包括冶金产品、钢铁物流、绿色转型、两化融合、电力需求侧管理、资源综合利用、品牌建设等。

（11）技术推广服务。国内外涉及钢铁冶炼、矿山开发、节能环保等方面的新技术、新工艺、新设备的推广应用，以及钢铁企业设备采购咨询和国外公司相关技术的国内市场代理工作。

（12）民营钢铁研究。民营钢铁企业发展趋势、体制机制及公司治理结构研究，民营企业发展战略、改制转型等方面的规划咨询服务工作。

（13）会议、培训及信息服务。中国钢铁发展论坛、中国钢铁节能减排论坛、中国钢铁技术经济高端论坛、钢铁行业多元产业大会、中国钢铁原材料市场高端论坛等五大系列高端论坛，各类客户有关行业技术、市场信息、金融、管理类培训业务，中国钢铁市场分析与预测（蓝皮书）系列咨询报告，《钢铁规划研究》刊物、客户定制化信息服务等。

（14）搭建学术研究高端平台。中国金属学会冶金技术经济分会属冶金行业学术性社会团体，其主要职责是组织和开展行业冶金技术经济学科领域的学术研究活动，为促进学科发展和推进冶金科技进步服务。分会自1980年成立以来至今一直挂靠冶金规划院，李新创院长现任冶金技术经济分会主任。冶金规划院积极协助和配合中国金属学会组织开展学术研究活动，扩大行业影响力，促进冶金技术经济科技进步等方面做了大量工作。具体包括：全力支持办好会刊《冶金经济与管理》；组织开展学术研究征文并出版论文集工作；组织召开高端学术会议和主办钢铁年会分会场等。

五、创新发展，书写智库新篇章

（一）咨询业务转型创新，焕发新活力

冶金规划院自改革开放40年来，尤其是近5年，咨询业务成功转型，在原有业务领域的基础上，积极开拓创新，取得了骄人的成绩，特别是以下几个方面尤为振奋。

一是政策服务质量、领域和水平再上新台阶。目前开展的政策性服务工作已从原有单纯的政策文件前期起草、论证、支撑向纵深服务推进，如项目清理备案、行业准入、产能

摸底核查等。从政策提出、前期调研到起草出台、宣贯落地、实施督查、相关保障等提供综合化的服务体系，全方位发挥政府参谋的作用，搭建好政府与企业之间的桥梁。冶金规划院发挥自身独特的优势，一方面努力协助使政府相关部门出台的行业政策更适应行业发展、更接地气；另一方面争取做到企业的、行业的呼声能够更加畅通地反馈到政府主管部门决策层，推进钢铁行业健康发展。

二是在社会关注热点领域，冶金规划院品牌更加响亮。近年来，随着经济社会发展和进步，人们对生产、生活质量的要求更高。钢铁工业作为基础原材料工业，越发受到社会各界的关注。产能过剩、环保雾霾治理、贸易摩擦、钢材铁矿石价格波动、打击"地条钢"等问题日益突出，冶金规划院依托自身行业智库的专业优势，在国内外主流媒体和会议广泛宣传钢铁行业正面形象和积极贡献。同时发挥业务特长，为相关企业量身打造定制化咨询服务，开展化解过剩产能、环保治理、转型升级发展等专项诊断和规划，为行业企业的发展出谋划策，指明方向。

三是专项咨询服务给客户带来全新的服务体验。长久以来，咨询成果给客户的印象更多的是一本本厚厚的报告。近年来，随着客户需求的多样化、差异化和个性化，单纯的咨询报告已经不能全面满足客户需求。冶金规划院紧抓市场脉搏，急客户之所想，深入剖析客户深层次的需求，对客户现状进行全面分析和诊断，针对问题开展包括协助寻找技术、寻找资金、撮合合作、宣传推介、实施落地、后续跟踪服务等全天候、立体化且形式多样的咨询服务，使得客户找到冶金规划院就找到了解决问题的钥匙、快速发展的路径，给客户带来无与伦比的咨询服务体验。

四是海外咨询市场稳扎稳打，取得明显的突破。近五年来，冶金规划院在海外咨询市场开拓上积极利用品牌优势，步步为营，取得了不俗的成绩。海外业绩从前期较为单一的海外技术推广、设备代理发展壮大，形成海外矿山投资、园区规划咨询、并购合作、市场调研、重大海外项目评估、贷款融资项目评估等多样化咨询服务体系。随着国内咨询市场不断成熟、全球市场一体化以及中国钢铁工业由大变强的步伐日益坚定，相信在不久的将来，海外咨询业务一定会发展成为冶金规划院重要方面。

（二）新兴业务开拓进取，增添新动力

对于冶金规划院来说，咨询业务是发展的基础，也是发展的根本，但并不是发展的全部。随着各项事业的全面推进，发展迈入了更高的层次，形成了更大的格局。以咨询业务为主体，智能制造和标准化研究为两翼的框架已基本形成，在咨询主体的引领下，两翼将会日益丰满，带动冶金规划院发展更加稳健。

1. 智能制造

冶金规划院以"中国制造2025"为使命，在深刻把握工业企业特征的基础上，密切跟踪先进的智能制造理论、方法和技术，着眼于生产过程、业务经营和企业决策等核心环节，以打造"符合中国国情，体现国人智慧"的钢铁行业智能化综合性解决方案为愿景，定位于整合科研院所和技术服务企业优势，精准对接钢铁企业实际需求，与企业分工合作，强调自主创新和示范效应，实现成果共享。

冶金规划院智能制造项目覆盖了政府课题、企业专项规划、信息系统实施不同层面，涉及基础研究、总体规划和落地实施。政府课题方面，承接了工信部"钢铁行业智能制造基础及推进路径研究"的研究课题；专项规划方面，承接了首钢、本钢、昆钢、马钢、荣程、贵绳、源泰、新余钢铁等智能制造专项规划项目；系统实施方面，在天津荣程、邢台德龙、四川德胜、山东富伦、河北鑫达、石横特钢等均有实施案例。冶金规划院依托荣程项目形成的研究成果——面向下一代的钢铁行业智能制造管理与执行系统（Steel-iMES）获得了2018年冶金科学技术奖二等奖。

在充分考虑各类企业装备水平、管理模式、企业文化、两化融合水平的基础上，冶金规划院自主研发了钢铁企业智能化综合性解决方案（iSteel）。目前，冶金规划院的核心业务与产品包括智能制造专项规划、智能制造管理与执行系统（Steel-iMES）、智能集成管控平台（Steel-iMCP）、高级计划排程系统（Steel-iAPS）、智能决策支持与优化系统（Steel-iDOSS）、铁前采购配料优化系统（Steel-iPROS）、煤气优化调度系统（Steel-iGOS）、数据采集与智能管控平台（Steel-iDAS）、检化验管理系统（Steel-iLIMS）、远程智能计量系统（Steel-iLWS）、智能点检系统（Steel-iSIE）等。

基于逐步完善的工业软件产品，冶金规划院正在按计划研发冶金工业大数据服务云平台（DigitalSteel）和冶金工业互联网智能服务云平台（iSteelCloud），以推动冶金规划院成熟产品逐步上云，为全行业提供智能采购云平台、智能决策支持与优化云平台、智能点检云平台、数据采集与智能管控云平台、智能集成管控云平台等专业应用云服务，从而为企业提供生产过程优化、产品需求预测、资源优化配置等服务。

2. 标准化研究

改革开放40年来，冶金规划院已经发展成为国家政府机构重要的参谋机构、企业规划发展重要的智囊，对于钢铁产业发展政策和发展战略、钢铁企业有着深刻理解，能够快速响应政策要求，能够深入挖掘企业标准化需求；凭借高水平的优质咨询服务，获得各级政府、行业协会、钢铁企业的认可和高度评价。

多年来，冶金规划院在冶金行业产品、技术、能源、环保、节水、资源综合利用、物流、两化融合等各个领域研究工作中积累了丰富的经验及业绩，拥有一支熟悉钢铁行业政策、法规、技术、标准等的专家型团队，专业技术基础扎实。专业人员兼具高质高效的标准化工作能力，组织协调能力强，确保公正、公平、高效开展标准化工作。

冶金规划院在标准化工作方面，注重冶金行业全生产周期各个环节的标准化建设，在原有冶金行业标准体系的基础上，为丰富节能环保领域标准、完善两化融合及钢铁物流领域标准做出突出贡献。同时，积极响应国家实施标准化战略，冶金规划院高度重视团体标准和企业标准的建设，助力冶金行业构建政府主导制定的标准和市场自主制定的标准协同发展、协调配套的新型标准体系。为充分发挥冶金规划院各专业开展标准化工作的优势，有力推进标准化工作高质高效运行，在开拓标准化业务之初，冶金规划院便成立标准化工作委员会，作为标准化工作日常议事机构。承担了 TC20/冶金能源基础与管理、TC207/冶金环境管理、TC275/冶金环保产业、TC442/钢铁节水、TC415/冶金资源综合利用以及 TC269/钢铁物流 6 个标准化工作组组长单位和秘书处工作，致力于冶金节能环保、资源综合利用以及钢铁物流领域标准化工作，力求促进冶金行业绿色、循环、低碳转型，促进钢铁物流高效、安全、优化运转。

冶金规划院开始着手开拓标准化业务以来，在冶金规划院标准化工作委员会的指导下已主导或参与了大量标准化业务。标准类型涵盖国家标准、行业标准、团体标准和企业标准；业务范围涉及冶金装备、钢铁物流、能源管理、两化融合、绿色产品、节水、资源综合利用、清洁生产等。此外，还承担了国家工业和信息化部《钢铁行业绿色制造体系》等标准相关课题。同时，在院内主体规划咨询中已经将行业或企业标准体系建设作为一项重要规划内容，完善改进规划咨询内容，努力提高咨询水平，满足客户要求，目前已为几十家企业提供了标准相关咨询业务。

冶金规划院已经形成了多层次、多领域、立体式的标准化工作模式，通过开展大量的标准化相关业务，在标准业务方面积累了宝贵经验，能够很好地完成各类标准的制修订工作并为企业提供标准化业务相关的咨询服务。

回顾改革开放 40 年走过的历程，冶金规划院始终以党的路线、方针、政策为指导，特别是党的十八大以来，在院领导和职工团结拼搏、不懈努力下，在全体在职员工同心协力、埋头苦干下，冶金规划院事业发展取得了一系列突出而卓著的成绩。现在，冶金规划院站到了新的历史起点，业务发展步入了发展"快车道"。为了实现"打造冶金行业最受人尊敬、最有影响、最具竞争力的顶级智库"，我们没有理由懈怠、更没有理由放松，"雄关漫道真如铁，而今迈步从头越"，只有不断创新、不断进步，才能在日益激烈的市场中立于不败之地。

改革创新　传时代之声
守望鼓呼　铸钢铁之魂

中国冶金报社

40年，一段奋进路，一纸报国情。

创刊于 1956 年 7 月、"文化大革命"中被迫停刊、1980 年 7 月沐浴着改革开放的春风复刊——《中国冶金报》与新中国钢铁工业一路走来，在改革开放的大潮中砥砺奋斗，引领、守望、鼓呼、传承，奏响了钢铁工业坚持党的领导，有力推动国民经济腾飞的激扬乐章；记录下中国钢铁奋力赶超世界先进的铿锵足音；传播着英模辈出的钢铁人无私奉献，以身许党许国的时代史诗。

40 年，和所有钢铁企业一样，《中国冶金报》也经历了从计划经济下的机关报向市场经济下的行业商报转变的改革历程。报社始终坚持党性原则不动摇，在一系列"变"与"不变"中发展壮大。特别是党的十八以来，中国冶金报社进一步加强党的建设，自觉承担新闻舆论工作的职责和使命，高举旗帜、引领导向，积极推进报网融合发展，壮大钢铁行业主流舆论阵地，为钢铁行业转型升级保驾护航。

如今的《中国冶金报》，仍在坚持"权威、专业、全面、准确、及时"的办"报"理念，但"报"的内涵已不再是一张报纸，而是一个全媒体形态的"中国冶金报媒体方阵"。报纸由复刊时的每周出版一期对开 4 个版，历经每周出版 3 期对开 12 个版、每周出版 5 期对开 20 个版，扩展到现在每周出版 4 期对开 32 个版；《冶金经济内参》（月刊）、《钢铁经济研究》（电子版、周刊），中国钢铁新闻网（www.csteelnews.com）、手机客户端 APP、《中国冶金报》官方微信、微博，以及"冶金传媒""冶金安全环保"等微信公众号从无到有，每周向遍布相关政府主管部门、钢铁及上下游产业链企业、协会、院校及相关机构的用户，合计提供 60 万字以上经核实的准确、有用信息。目前，中国冶金报手机 APP 安装用户超过 10 万，《中国冶金报》官方微信粉丝总数超过 20 万，新闻舆论传播力、引导力、影响力、公信力与日俱增。

如今的《中国冶金报》，仍以服务钢铁为己任，但已不仅能为用户提供权威新闻报道、信息资讯和舆论导向服务，而且能为用户提供舆情监测、品牌建设、论坛会展、综合培训、影视媒体等全方位的服务。

如今的《中国冶金报》，仍是党的"喉舌"、钢铁行业的守望者，但已不是"一个人在战斗"，而是汇聚钢铁行业健康发展正能量的全方位、多层次、多声部的坚强舆论阵地。全国冶金新闻工作者协会、冶金文学艺术协会、冶金行业媒体联盟等几大平台，正为营造健康有序的舆论环境发挥着重要作用。

40年来，报社党的建设工作也屡创佳绩。多位报社领导和员工获得中国钢铁工业协会优秀党务工作者和优秀党员光荣称号。2005年，时任中国冶金报社党委书记兼社长姜起华获得"国资委直属机关优秀党务工作者"称号。中国冶金报社党委分别于2005年、2007年、2018年荣获中国钢铁工业协会先进基层党组织称号。2014年，在党的群众路线教育实践活动中，中国冶金报社被中国钢铁工业协会党委评为先进集体。至今，报社已连续15年被评为"中央国家机关文明单位"。

40年来，中国冶金报社获得包括中国新闻奖、全国人大好新闻奖、产经好新闻奖在内的数百项奖励。2018年，中国冶金报社被中国报协评为"中国报业融合发展创新单位"，陆闻言社长荣获"中国报业经营管理领军人物"称号。

一、改革声催，快马加鞭未下鞍

《中国冶金报》的发展，是与国家政治经济形势和行业的发展紧密联系在一起的。《中国冶金报》创刊于1956年7月23日，由敬爱的周恩来总理亲笔题写《冶金报》报名，是原冶金工业部党组机关报，也是中国成立最早的行业报之一。初创期的《冶金报》在原冶金部党组的高度重视和直接领导下，逐步形成了自己的办报风格、记者队伍，奠定了在行业中的权威地位。"文化大革命"期间，《冶金报》同样历尽劫波，于1967年1月1日~1980年6月30日被迫停刊。1978年12月，党的十一届三中全会开启了改革开放的伟大征程。1980年3月5日，原冶金工业部向原国家经委写了拟于1980年7月1日恢复出版《冶金报》的请示报告。1980年7月1日，复刊后的第一期《冶金报》正式出版了。从此，中国冶金报社踏着时代的节拍，融入了改革开放的大潮。

中国冶金报社40年的发展历程，大致可以分为以下几个阶段。

（一）改革开放后的蓬勃发展阶段（1980年3月~1998年3月）

从复刊到1998年3月，《中国冶金报》一直是原冶金工业部的机关报。报社紧密围绕冶金工业部的中心工作，根据钢铁工业不同发展阶段的要求组织报道，适应企业和广大职工需要的要闻版、经济管理版、信息版、科技版、科普版、青年版、周末版、文艺副刊版等版面相继推出；"经济新闻""人物新闻""现场短新闻""思考性新闻""深度报道"等报道范式，在当时的报界独具特色；20世纪90年代，相继推出了以娱乐性报道丰富冶金职工业余文化生活的"七彩星期天"专刊、以传递市场信息为主要内容的"钢铁大市场"专刊，拓展了报道领域。报纸"严肃、灵活、多样"的风格，受到冶金行业和企业各级领导和职工的欢迎。

报社事业的蓬勃发展，使多项工作经历了从无到有，为未来的发展奠定了坚实的基础。1986年，全国冶金新闻工作者协会成立，现已有会员单位90多家。1987年，《冶金报》正式成立了经营部门，开始了行政管理模式向生产经营模式的转变。1987年底，在原冶金工业部和冶金企业的支持下，冶金报办公楼竣工，报社有了安身立业之所。1992年，《冶金经济内参》创刊，中顾委委员、原国家经委主任袁宝华题写刊名，成为报社信息服务的重要一极。1996年7月23日，《冶金报》更名为《中国冶金报》，跻身"国"字头的报纸行列。

（二）市场化转变发展阶段（1998年4月~2015年12月）

1998年3月10日，九届全国人大一次会议审议通过了《关于国务院机构改革方案的决定》，包括原冶金工业部在内的部分专业经济管理部门改组为国家局，并实行3年过渡。1999年2月2日，中国钢铁工业协会正式挂牌。2001年1月29日，国家冶金工业局完成历史使命注销。《中国冶金报》由中国钢铁工业协会主管主办，隶属于国务院国资委。

伴随着机构改革，《中国冶金报》踏上了从办报靠上级拨款、发行靠红头文件的机关报向市场化行业商报转变的路程。其间，中国冶金报社相继进行了两次较大的战略调整，并持续不间断地开展了一轮又一轮的改革：

第一次是在21世纪之初，报社第一次提出实现"两个转变"的目标，即实现从计划经济条件下运营模式向市场经济条件下运营模式的转变，从机关报向行业商报的转变，将报纸打造成"引领行业健康有序发展的权威媒体"。从1999年9月开始，中国冶金报社在行业报中率先实施了人事制度改革，干部制度改革、机构改革、全员岗位双向选择相继展开。2008年，报社又实施了模拟"主报、子报"运营模式的机制改革，报社的办报和经营水平都得到极大提升。

第二次是2010年，根据相关政策精神，适应企业化运营的需要，报社再次提出新一轮改革发展的"两个转变"，即由目前的差额拨款的事业单位，向自负盈亏的企业转变；

由单一的以纸媒为主的报业经济向以纸媒和数字媒体相结合的传媒经济转变，目标是把中国冶金报社打造成"国内是权威，国际有影响"的行业信息服务企业。2012 年 10 月，报社进行了"五大中心制"改革，组建了新闻采编中心、经济发展中心、新媒体发展中心、记者通联中心、管理中心五个中心，各部门协同创新的效率和效益得到提升。

在调整和改革中，《中国冶金报》明确了"原创、独家、引领"的办报方针，进行了一轮轮改版，巩固并提高了报纸在钢铁产业链上的权威性和影响力。

2004 年，《中国冶金报》进行了"打通产业链、连接上下游"的大力度改版，旨在构建以钢铁为核心的连接上下游产业链的信息发布平台。之后坚持"年年改版、常变常新"，钢铁主业板块推出过的版面有资本魔方、观点声音、新闻纵深、企业文化、管理、厂际、副刊等版面，相关产业板块推出原燃材料、装备技术、下游用户、钢贸市场、营销物流、冶建钢构、国际钢铁、非钢产业、钢管、制品、信息自动化等专刊、专版。有些版面随着市场的变化而退出，有些则一直保留至今。

同时，面向未来的布局也已开始。2006 年 7 月 23 日"中国钢铁新闻网"上线，2011 年 7 月 22 日官方微博上线，2013 年 1 月 31 日，官方微信上线。这期间，报社的发展触角更深地融入钢铁产业链的运行中。2010 年 3 月，由中国冶金报社作为发起人的冶金文学艺术协会在北京成立。同时，报社经营工作也实现了质的飞跃，发行、广告、房产经营、论坛会展业务等收入持续增长。

（三）媒体融合转型发展阶段（2016 年 1 月至今）

改革声催马蹄疾。中国冶金报社的改革创新从未止步。

2015 年底，为了落实习近平总书记"8·19"重要讲话精神和中央推进报网融合的战略部署，适应移动互联网时代媒体融合发展的要求，中国冶金报社进行了新一轮机构调整，不断完善机制体制，从机构和人事安排上贯通了报纸、网站、微信、微博、手机客户端五大媒体，强化了经营服务力量，并为新业务的开拓搭建了平台。这期间的重点工作，就是全力推动报网融合发展。2016 年，中国冶金政研会、冶金记协、中国冶金报社联合发起成立了冶金行业媒体联盟，同年上线《中国冶金报》APP，在提高新闻传播力方面发挥着重要作用。

随着市场化和自媒体的冲击，报社在经营方面不断转型发展，实行多元化经营。2014 年开始积极向行业会展、高端论坛等领域拓展，多次成功举办了高规格的行业会议和论坛。2015 年，增设资讯研发部和技术服务部。资讯研发部为企业提供市场调研、技术咨询、数据整理分析等业务。技术服务部主要依托京津冀技术创新联盟合资成立的京津冀蓝

（北京）互联网科技有限公司，开展钢铁环保领域的先进技术和工艺推广，为企业和环保技术企业提供服务。

2015 年，报社按照国家新闻出版部门关于中央新闻单位驻地方机构清理整顿的要求，完成了记者站重新登记，稳定了记者队伍，为报社获得更大的发展空间提供了有力保障。

跟着改革开放的步伐，中国冶金报社也不断走向世界。报社记者走进了浦项、恰那铁矿、淡水河谷、力拓、塔塔钢铁等海外企业的现场；淡水河谷、必和必拓、力拓、FMG 以及韩国等国家的钢铁企业走进了报社；报社和世界钢协，以及欧美、日本、韩国等国家和地区的行业协会、专业媒体开展了交流与合作等，中国钢铁新闻网还开通了英文网页，这些为报社国际化发展奠定了基础。

二、挺立潮头　初心不改铸钢魂

40 载岁月如歌。

中国冶金报社在中国钢铁工业协会直接领导下，在国家相关政府部门的关心和广大企业的支持下，报、网、微等各个媒体平台协同发力，与中国钢铁行业同沐风雨、共铸辉煌。特别是党的十八大以来，在做好党的新闻舆论工作、深度服务行业和企业、加强报社党的建设等方面，都取得了一系列成就，多次获得相关部委领导、中国钢铁工业协会领导、钢铁和相关企业以及相关各方的好评。

（一）举旗定向，坚守阵地，引领钢铁行业健康发展

中国冶金报社始终坚持党的领导。作为机关报时的《冶金报》，以直接传达部党组的声音和紧密联系企业实际著称，被行业读者视为"工作的指针""不见面的领导"。改革开放以来，中国冶金报社坚持深入实践马克思主义新闻观，在积极宣传党的各项路线、方针、政策，宣传中国钢铁工业协会正确主张的同时，深入行业企业拓展报道领域，紧扣热点、难点加强典型性报道和分析性报道，解疑释惑，澄清是非，在发挥好桥梁纽带作用的同时，为营造良好的行业舆论环境作出了重要贡献。党的十八大以来，中国冶金报社更加自觉地提高政治站位，与以习近平同志为核心的党中央保持高度一致，积极投身钢铁行业推进供给侧结构性改革，结构调整、转型升级的进程中，为促进钢铁行业迈向高质量发展发挥了不可替代的作用。

1. 及时准确传播党中央、国务院的声音，凝心聚力

"掌握新技术，要善于学习，更要善于创新。" 1984 年 2 月 21 日《冶金报》刊登了题

为"邓小平王震视察上海宝钢"的消息,以及邓小平为宝钢的题词,向正在全力赶超世界先进水平的中国钢铁人传达了"要善于学习,更要善于创新"的重要方法论。

"学习李双良同志一心为公、艰苦创业的工人阶级主人翁精神,把太钢办成一流的社会主义企业。"1990 年 2 月 6 日,《冶金报》刊登"江泽民总书记视察太钢",传递了全心全意依靠工人阶级办企业的指示精神。

"我们国家的钢铁行业正面临着加快结构调整、推动产业升级的紧迫任务。"2009 年 8 月 23 日,时任中共中央总书记胡锦涛考察宝钢集团八一钢铁有限公司时指出。《中国冶金报》8 月 29 日刊发的这一消息,再次明确传达了结构调整、转型升级的政策信号。

"我相信,在双方密切合作下,斯梅代雷沃钢厂必将重现活力,为增加当地就业、提高人民生活水平、促进塞尔维亚经济发展发挥积极作用。"2016 年 6 月 21 日,《中国冶金报》刊登的"习近平视察河钢塞尔维亚公司",让全行业更加清晰地看到了"一带一路"这张世纪蓝图上的钢铁坐标。

在 2010 年全国两会的总理记者招待会上,《中国冶金报》记者向时任国务院总理温家宝提问,温家宝对钢铁行业给出"产能过剩,结构调整"的 8 字"考语";在 2018 年全国两会的记者招待会上,李克强总理通过《中国冶金报》记者向钢铁行业传达了"还要持续保持转型升级"的殷切希望。

"不忘初心,继往开来"!2017 年 10 月 18 日,党的十九大胜利召开。《中国冶金报》和网站、微信、APP 等多平台全部链接盛会,《中国冶金报》记者代表屡屡成功提问,点亮了钢铁行业的朋友圈。"迎接十九大·书记漫谈""喜迎十九大·砥砺奋进这 5 年""喜迎十九大·贯彻新理念实现新发展系列谈""十九大代表风采""新时代 新气象 新作为"……钢铁行业的十九大代表、企业家、党务工作者、普通员工,在中国冶金报社各个媒体平台的栏目上,回首奋进路、汇聚强国志,展望新征程,共创新时代。

翻开《中国冶金报》,登录中国钢铁新闻网,点击中国冶金报微信、微博、APP,党和国家领导人对钢铁行业的关心、期待跃然入目,标示着行业的发展方向。

2. 坚持正确舆论导向,服务行业发展大局

近年来,随着移动互联网的发展,钢铁行业所面临的舆论环境日显复杂。中国冶金报社在吃透党和国家大政方针的前提下,坚持正面报道为主,加强政策解读,解疑释惑,明辨是非,以正确舆论导向服务大局。

2016 年,钢铁行业吹响了推动供给侧结构性改革、化解产能严重过剩矛盾的号角。中国冶金报社不仅大力组织相关报道,而且派出记者参与到化解过剩产能、彻底取缔"地条钢"专项督(抽)查、举报等行动中,真正体现了钢铁行业权威媒体的责任担当。

从对《国务院关于化解钢铁行业产能过剩实现脱困发展的指导意见》（国发［2016］6号）的详细解读，到对"杭钢用5个月时间快速平稳关停半山钢铁基地""山钢济钢在济南的钢铁产线全线安全停产""华东第一高炉——马钢9号高炉永久性关停"等的典型报道，再到"新疆钢铁去产能应有紧迫感"等分析性报道、"中国钢铁去产能的'元年自信'""如何看待中国2016年化解钢铁过剩产能？""钢铁去产能尚须咬定青山不放松"等深度评论，中国冶金报社纸媒、网、微等媒体平台，成为贯彻落实国家相关政策、坚定不移化解过剩产能的坚强舆论阵地；从"中频炉炼钢等落后产能退出会使资源紧张？无稽之谈！"，到"决胜'地条钢'：宜将剩勇追穷寇""决不让'一粒老鼠屎坏了一锅汤'——辽宁省取缔'地条钢'专项抽查记""决胜'地条钢'"系列报道、"化解过剩产能工作、防范'地条钢'死灰复燃工作抽查"系列报道，等等，中国冶金报社成为长期关注"地条钢"并向这一毒瘤集中火力开炮的唯一媒体。

针对一些国内外个别媒体对钢铁行业和企业的不实报道，《中国冶金报》、中国钢铁新闻网，以及官方微信、微博，积极主动发声，澄清舆论，为行业供给侧结构性改革和转型发展保驾护航。"太钢回应部分媒体对其'去产能'不实报道""企业转型，也是人的转型——攀成钢淘汰落后产能平稳分流安置9000名职工纪实""'3·15'别忘打假 兴澄特钢开展风电用钢专项打假活动"等澄清性报道，以及"改革攻坚需要健康的舆论环境"等评论员文章，为营造钢铁行业健康发展的舆论环境，发挥了积极作用。

3. 深入实践，推出一系列企业发展典型经验

改革开放以来，中国钢铁人解放思想，创新实践，全行业发生了翻天覆地的变化。中国冶金报社深入钢铁行业改革开放的伟大实践，及时发现并推出了一系列典型经验性报道，一批经验走向全国。

1981年4月21日，复刊不到一年的《冶金报》介绍了鞍钢建立厂长负责制的经验和做法。此后，首钢承包制的经验性报道在《冶金报》占据了大量篇幅。

1991年1月24日，《冶金报》刊登消息"邯钢建立新的经营机制"，报道了邯钢"模拟独立核算"，实施"成本质量双否决"的新举措。这是新闻界对将要闻名全国的"邯钢经验"的首次报道。当年9月21日，《冶金报》刊发组合消息，报道了邯钢实行新机制后前8个月"完成利润5194.03万元，比去年同期增长364%"的可喜变化。此后，报社对邯钢经验进行了持续跟踪报道。1992年4月2~5日，原冶金部在邯钢召开现场经验交流会，邯钢经验走向行业，又很快走向全国。

深入挖掘，持续跟踪，从宝钢建设、天管建设，再到新世纪鞍钢鲅鱼圈、首钢京唐、宝钢湛江、武钢防城港、山钢日照等钢铁基地建设；从鞍钢宪法、首钢承包制、武钢走质量效益型发展道路、邯钢经验、鞍钢老企业技术改造经验，到宝钢现代化企业建设经验、河钢唐钢绿色转型和转变生产组织模式经验，再到河钢集团深化改革应对危机、社会主义市场经济的沙钢"辩证法""走出去"的德龙经验报道、中信泰富特钢集团兴澄特钢转型升级之路，再到中国宝武集团整合融合、中国钢铁胜诉美国"337"调查……钢铁行业发展进程的每一次重要转折、每一次重大进步、每一次成功实践，都通过中国冶金报社报、网、微的全媒体报道，标记在冶金史册上。

4. 主动作为，为行业发展"鼓"与"呼"

钢铁工业改革开放的 40 年，是艰苦奋斗、砥砺攻坚的 40 年。中国冶金报社紧跟行业发展大势，主动发现新情况、新问题，围绕行业发展热点、难点，积极"鼓"与"呼"，成为行业发展的参与者、推动者。

20 世纪 90 年代，钢铁行业拉开了淘汰落后，推广高炉喷煤粉、连铸、溅渣护炉、热装热送等六大共性先进技术改造老企业的大幕。《冶金报》刊发了大量来自企业一线的报道和专家分析文章，发挥了重要的信息交流和推动作用。

20 世纪 90 年代中期，为减轻国企债务负担，国家实施"债转股"。《中国冶金报》对这样新的资本运作方式——债转股进行了详细的利弊分析，并跟踪了企业实施债转股的情况，为钢铁行业发展进行了正确的引导。

2003 年，以宝钢为代表的中国钢铁企业首度参与一年一度的国际铁矿石价格谈判，中国钢铁企业终于有了在铁矿石国际贸易中的话语权。围绕国际铁矿石市场的博弈，中国冶金报社始终站在舆论斗争的前沿，维护行业和企业利益，大力宣传报道中国钢铁工业协会和广大钢铁企业的主张，呼吁建立公平合理铁矿石价格形成机制、维护正常贸易秩序，支持编制中国铁矿石价格指数等，得到钢铁行业和企业的欢迎。

近年来，随着经济的发展、社会的进步，人民对蓝天白云的期待日益增强，钢铁行业承受了巨大的环保压力。中国冶金报社一方面积极宣传加强生态文明建设的大政方针，冷静分析行业存在的问题，引导企业下定决心"跨过环保'生死劫'"；另一方面组织行业领导和专家探寻解决之道。同时，报社各媒体平台坚持典型引路，集中报道了河钢唐钢"绿色转型"、太钢都市型钢厂建设经验、攀钢环保转身经验，以及安钢、河钢邯钢、德龙钢铁等企业实现超低排放、建设绿色钢厂的典型经验，坚定了钢铁行业实现绿色发展的信心。

5. 大力宣传英雄模范，传承钢铁精神

在艰苦创业中，钢铁行业涌现出了孟泰、王崇伦、马万水等一大批功臣和劳动英模，培育了"艰苦奋斗、爱厂如家、为国分忧、无私奉献"的孟泰精神、"艰苦奋斗、严细求

精、拼搏奉献、勇攀高峰"的马万水精神、"艰苦创业、无私奉献、开拓进取、团结协作、科学求实"的攀枝花精神和"艰苦创业、坚韧不拔、勇于献身、开拓前进"的铁山精神等"六大行业精神"。这些精神被永远记录在《中国冶金报》上，激励着一代又一代钢铁人。

一个民族、一个国家、一个行业、一个人，是需要一点精神的。改革开放以来，不论社会思潮如何变化，大力宣传英雄模范，传承钢铁精神，始终是中国冶金报社的重点工作。"八十年代愚公"李双良于 1983 年治渣伊始，就被报社记者收入眼帘，开始给予重点报道。1990 年《冶金报》连续发表 4 篇"李双良精神"系列报道，掀起学习李双良的热潮。对"中国知识分子的光辉典范"曾乐的报道，则跨越了 20 世纪、21 世纪的 30 多年。从 1983 年到 2011 年，《中国冶金报》出现过曾乐名字的报道，有 240 篇；从 1986 年 3 月 28 日刊发的人物通讯"焊接专家——曾乐"，到 2000 年 6 月 13 日刊发的消息"'焊神'曾乐铜像在沪落成"，曾乐的名字出现在标题中的报道有 72 篇。2010 年开始，"当代雷锋"郭明义的事迹，成为《中国冶金报》报道的又一重点。党的十八以来，中国冶金报社利用报、网、微、APP 的传播力，于每年五一节前后推出"劳模特刊"，一展钢铁行业的劳模风采。

40 年来，中国冶金报社还推出了白雪洁、李晏家、孔利明、王军、韩明明、王康健、曹雁来、孙东林、李刚、李超等一批又一批闪耀着时代光芒的英雄模范人物，为行业奉献了一部钢铁英雄谱，汇聚起中国钢铁永续发展的精神力量。

（二）媒体融合，多元化经营，提高行业服务能力

随着中国冶金报社全媒体策划、全媒体内容制作和发布，以及多元化经营的开展，报社服务行业和企业的能力不断提高。

如今，报社在重大报道方面实现了全媒体融合，突出了报、网、微、端（APP 手机客户端）的全融通，实现了文字、图片、视频报道形式的立体呈现；以"原创、独家、引领"方针为统领，报纸的权威性、严谨性和微信、网站等新媒体的及时性实现了有机结合。在"产经媒体微博传播指数 BCI TOP47"和"产经媒体微信传播指数 WCI TOP50"排名中，中国冶金报社的微博、微信分别列第 13 位、第 18 位。2018 年，"中国冶金报"官方微信入选中国行业报协会中国产经媒体"新媒体运营榜 TOP10"。

2017 年，报社抓住 5 月 10 日首个中国品牌日机会，开展"品牌钢铁"评选活动，微信品牌钢铁投票获得 19 万多人次的点击量。2018 年，报社开展第二届品牌评选活动，报、网、微协同发布宣传，微信投票数达 77 万票，充分调动了企业参与热情，深化了企业对

"中国品牌"的认知，增强了企业的品牌意识。此后，报社又利用资源优势延伸服务，为企业录制形象宣传片，得到企业的充分认可。

2016 年，刚刚成立的资讯研发部，在市场调研方面取得了显著进展，2016 年受工信部委托完成"工业机器人在原材料工业去产能背景下的应用研究"课题，成果得到行业好评。同时参与了钢协铁矿石价格指数研究课题等，都得到了行业和企业的认可。2018 年又承接了工信部委托的"有序发展电炉钢优化产业布局的路径研究及政策建议"课题，目前调研工作正在开展。

冶金文艺得到创新发展。依托冶金文协平台，中国冶金报社和找钢网合作，于 2016 年、2017 年连续两年举办"找钢网杯"钢铁行业围棋大赛，得到了全国广大记者的大力支持及广泛的关注和好评。

至 2018 年上半年，冶金行业媒体联盟已搭建了 3 个平台：一是中国冶金报社官方 APP 联盟专区，二是联盟官方微信，三是冶金行业媒体预警监测服务平台，至今已发展 20 多家企业客户，成为行业舆情监测和有效处理的权威平台。

目前，中国冶金报社已与宝钢、鞍钢、武钢、首钢、河钢集团、山东钢铁集团、沙钢集团、本钢集团、中信泰富特钢集团、建龙重工集团、冶金工业规划研究院、中国重型机械研究院有限公司、大冶集团、山东慧敏科技、中钢集团邢台机械轧辊有限公司、江苏共昌轧辊股份有限公司等 200 多家企业结成了战略合作伙伴关系或长期合作关系。

（三）凝心聚力，与时俱进，党旗猎猎映征程

中国冶金报社始终把党管媒体放在第一位。改革开放以来，随着报社各项事业的蓬勃发展，党的建设也在同步推进。1988 年 11 月，报社党组织由党支部转变为党委，进一步加强了党建工作，2017 年 12 月又完善了纪委组织，更进一步健全了报社党组织机构。报社党委在思想政治建设、组织建设、落实主体责任、理论联系实际以及文化建设等方面取得了可喜的成绩。尤其是党的十九大以来，中国冶金报社党委以习近平新时代中国特色社会主义思想为指导，团结带领全体员工不断增强"四个意识"，坚定"四个自信"，勇于改革创新，积极推动融合发展，筑牢报社发展的"根"和"魂"。

1. 团结协作，加强领导班子建设

中国冶金报社党委严格按照从严治党的原则，坚持党管媒体、坚持正确导向，与时俱进，深入推进"两学一做"学习教育常态化制度化，以提高党员素质，强化党组织战斗堡垒作用为目标，大力加强思想建设、组织建设和作风建设，思想上政治上行动上与以习近平同志为核心的党中央保持高度一致。工作中加强班子建设，不断健全和完善领导班子议

事规则和决策程序，并且坚持党建工作和业务工作两手抓、两手硬。

2. 多措并举，注重发挥党员先锋模范作用

报社党委通过多种途径加强党员队伍建设，一方面通过开展综合素质培训，使报社全体党员统一了思想，提高了认识。另一方面通过开展党员干部阶段思想汇报总结会提高党员的党性和发挥党员的先锋模范作用，组织党员通过多种方式查找自身存在的问题等。例如在党的十九大、全国两会、钢协理事会、国际钢铁大会等多个大型重要会议策划报道中，无论是前线采访报道，还是后方的编辑、制作、出版以及后勤服务，党员同志都能以身作则地冲在前面，有时加班至凌晨两三点。

3. 压实责任，贯彻落实党建工作责任制

明确报社各支部班子成员和党建工作责任，支部书记切实履行党建工作第一责任人责任，定期开展党建工作述职评议，加强对党建工作的指导，督促报社党员干部增强抓党建工作的自觉性和主动性。定期召开支部大会，开展党课活动和培训，认真学习十九大会议精神和习近平新时代中国特色社会主义思想，采取集中学与自学相结合，书本学、网络学与培训学相结合，确保学习教育与本职工作两不误、两促进。

4. 红色教育，以党建促进文化建设

报社党委依据媒体单位特点，不断开展党建活动，如以"踏寻先烈足迹、重温入党誓词"的主题党日，以"学习英雄事迹，提高党性"主题党日活动等。一系列有益、有趣的党建活动提高了报社凝聚力和战斗力，营造了干事创新的良好氛围和齐心协力、奋发向上、争创一流的精神风貌，有力地促进了各项目标任务的圆满完成。

三、再踏征程 展旗聚力谱新篇

党的十九大宣示中国特色社会主义进入新时代。新时代新征程，中国冶金报社比以往任何时候都更加强烈地认识到共筑"中国梦"的责任担当。

在这个需要担当的时代，回首中国冶金报社走过的路，一系列宝贵经验需要记取并继续发扬光大。

——始终坚持党的领导，是中国冶金报社持续健康发展之本。

作为冶金工业部的机关报，《中国冶金报》自创刊之日起就以及时传达党的路线方针政策、宣传贯彻落实部党组的指示精神为自己的重要职能，坚持党性原则，积极发挥党的"喉舌"作用和"上情下达、下情上达"的桥梁纽带作用。此后经年，不管是作为机关报还是行业商报，坚持党的领导，坚持和党中央保持高度一致，紧密结合全行业市场工作实

际宣传贯彻落实党的方针政策，引领行业健康发展，都是《中国冶金报》不变的政治坚守。这种坚守，使报社经受住了各种政治风浪的考验，自觉抵制各种诱惑，守住了钢铁行业舆论主阵地，为可持续发展夯实了基础。

——深深扎根冶金行业，为中国冶金报社提供了广阔的生存和发展空间。

改革开放 40 年来，《中国冶金报》见证了中国钢铁工业从小到大、从弱到强的整个过程，也得到广大冶金企业的大力支持。可以说现代钢铁工业的崛起，孕育了《中国冶金报》，钢铁工业的发展滋养了《中国冶金报》，钢铁工业的强大成就了《中国冶金报》。面向未来，报社必须紧紧依托中国钢铁工业的发展，同钢铁工业的命运相连、血脉相通、呼吸同步才能得到可持续的生存和发展。

——严格按新闻规律办事，是中国冶金报社生存发展的法宝。

改革开放以后，由机关报向市场商报转变、由单一纸媒向融媒体发展转型，虽然媒体平台不断丰富，但始终强调报道内容的新闻性、专业性和有用性，不断提升报社的品牌影响力。比如，坚持"重大新闻不漏报""每逢大事必发声"，对行业热点和焦点问题，着重把握本质和趋势，发出报社的独家声音；对企业好的经验做法，着重进行深度典型报道，强势推出，逐步形成了严肃、专业、负责的风格特色，以一批在行业和社会上有影响力的报道，巩固并提高了报社在钢铁产业链上的权威性和影响力。

——坚持实施符合新闻事业要求的人才战略，是中国冶金报社提高核心竞争力的根本保障。

高素质的职工队伍，是中国冶金报社生存、发展之根本。40 年来，中国冶金报社一直注重人才培养，坚持"甄才、选才、育才、用才、留才"方针。培养模式上采用师徒式传帮带；政策上通过岗位轮换，专业线、管理线不同发展通道为人才的持续成长提供空间；培训上，非常注重专业知识培训，每年参加国家新闻总署举办的记者、总编培训班，提高采编水平和报道内容的策划能力。中国冶金报社培养了一大批优秀的编辑、记者，以冶金、新闻研究生为主的报社采编人员，遍布全国各地的 100 多名记者、300 多名通讯员，为冶金新闻事业的发展提供了重要支撑。

"举旗帜、聚民心、育新人、兴文化、展形象"。在 2018 年 8 月 21~22 日召开的全国宣传思想工作会议上，习近平总书记提出做好新形势下宣传思想工作的使命任务，为中国冶金报社指明了奋进方向。

瞭望新时代的新征程，中国钢铁行业将进一步深化改革开放，推进结构调整、转型升级，实现钢铁工业高质量发展，提前 5~10 年率先实现既大又强的钢铁现代化。这就需要中国冶金报坚守钢铁行业的舆论阵地，高举马克思主义、中国特色社会主义的旗帜，坚持不懈用新时代中国特色社会主义思想武装头脑，统一思想；牢牢把握正确舆论导向，唱响主旋律，壮大正能量；积极建设社会主义精神文明、培育和践行社会主义核心价值观，坚持中国特色社会主义文化发展道路，激发文化创新创造活力；推进国际传播能力建设，讲好中国故事、传播好中国声音，展现大国钢铁的崭新风采。

对照新形势下的使命职责，中国冶金报社适应全媒体发展的机制体制有待进一步完善，抗风险能力和综合竞争力有待进一步增强，报道内容的传播力和影响力有待进一步提高，服务行业、服务企业的触角还有待向纵深推进，技术先进、协同互进的新媒体矩阵建设刚刚起步，国际传播渠道尚需大力开拓……解决这些问题，需要继续保持和发扬优良传统，坚定信心深化改革、持续创新。

强信心、聚民心、暖人心、筑同心。

背靠全球最大的产钢国，胸怀"钢铁强国"这个中国钢铁人的共同理想，中国冶金报社将深入学习贯彻落实党的十九大精神，以习近平新时代中国特色社会主义思想为指导，自觉承担新形势下宣传思想工作的使命任务，适应形势发展需要，深耕主业、融合发展、多元开拓、加快转型：通过技术进步和流程再造，推进媒体融合发展，进一步贯通《中国冶金报》、中国钢铁新闻、《冶金经济内参》、官方微信、官方微博、手机客户端等媒体平台，提高传媒发展水平，为钢铁工业的发展营造良好的舆论环境；中国冶金报社将加快改革和完善适应市场化要求的、新旧媒体协同发展的经营体系和运营模式，并适度进行多元转型，拓展发展空间，增强市场竞争力，更好地为行业和企业服务；人才战略上将造就一支胸怀理想和激情、积极创新、勇于开拓、协同合作的员工队伍和记者通讯员队伍，为建设"国内是权威、国际有影响"的冶金传媒龙头企业筑牢人才基础；不断完善凝聚钢铁工业健康发展正能量的权威信息资讯平台、舆论引导平台和全方位服务平台，并以更加开放的视野走向世界，继续讲好中国钢铁的做强故事。

风雨兼程四十载　改革开放谱新章

冶金工业出版社

冶金工业出版社是由财政部代表国务院出资、国务院国有资产监督管理委员会和中国钢铁工业协会主管主办的中央级出版社，也是国内历史最悠久的国家级出版社之一。出版冶金矿产资源的普查与勘测、矿产资源开采及综合利用、冶金专业基础理论和应用技术图书，有关冶金工业的词典、工具书、科普读物、冶金院校专业教材及参考书。每年出版图书600种左右，是我国出版领域最具知名度和影响力的科技出版社之一。

一、历史沿革

我国的冶金出版事业发端于1953年1月重工业部设立的重工业出版社。1956年6月，国家撤销重工业部，成立冶金工业部，冶金工业部组建冶金工业出版社，这也是冶金工业出版社发展史上第一次使用这个名称、作为一个独立的单位而存在。此后，随着国民经济的发展和国家经济管理体制的变革，为满足冶金工业生产、建设、科研和教育的需要，冶金工业出版社的机构、人员历经六次撤并分合，名称也发生了几次变化。直至改革开放后的1983年3月，冶金工业出版社与冶金工业部科技情报标准研究总所分开，作为冶金工业部直属的事业单位。

我国的新闻出版单位都有其主管主办单位。1998年之前，冶金工业出版社由冶金工业部主管主办。1999~2000年，冶金工业出版社由国家冶金工业局主管主办。2001~2010年，冶金工业出版社先后由国家经济贸易委员会和国务院国有资产监督管理委员会主管主办，中国钢铁工业协会代管。2010年底，冶金工业出版社按照国家要求，由事业单位转制为国有独资企业，财政部代表国务院履行出资人职责，其主管主办单位从此变更为国务院国有资产监督管理委员会和中国钢铁工业协会。

筚路蓝缕启山林，栉风沐雨砥砺行。一代又一代冶金出版人，在上级党委与主管部门的坚强领导和有力支持下，不忘初心，坚守使命，励精图治，在艰难创业中奋进，在曲折困境中探索，在改革开放中拼搏，为冶金工业出版社长期持续稳定健康发展创造了坚实的物质基础和良好的条件，为推动我国冶金工业的发展发挥了不可替代的作用。

二、坚持正确的政治方向，把社会效益放在首位，切实提高图书质量

冶金工业出版社在上级党委的正确领导下，认真学习贯彻落实党的十一届三中全会以来的路线、方针和政策，学习贯彻习近平新时代中国特色社会主义思想和党的十九大精神，在政治上思想上行动上同党中央和上级党委保持高度一致；始终坚持为人民服务、为社会主义服务的出版方向，坚持为冶金工业生产、建设、科研和教育服务的办社宗旨，坚持创造性转化、创新性发展；学习倡导社会主义核心价值观，用先进文化武装思想、引领出版工作；始终坚持正确的政治方向、出版导向和价值取向，坚持导向为魂、质量为先、创新为要，始终把社会效益放在第一位，走质量效益型发展道路；秉承"诚信为本、质量为荣"的经营理念，努力把出版特色转化为市场优势，全力打造冶金版图书的品牌，不断提升知名度和社会影响力；遵守国家有关新闻出版工作的法律法规，扎实推进冶金出版事业不断取得新进步。

冶金工业出版社坚持有所为有所不为，缩短战线，突出重点，把工作重心放在自己的优势板块上；在选题审批和审稿环节严格把关，确保选题不出问题；认认真真做好每一个选题的策划、组稿、编辑、印制等具体工作，以精品图书吸引读者、占领市场。

冶金工业出版社坚持质量第一，把多出优秀作品作为出版工作的中心环节，加强选题策划，注重原创出版。在图书出版管理工作中，实行质量一票否决制。一方面加强队伍建设和业务培训，切实提高专业技术人员的业务素质，牢固树立质量意识；另一方面不断完善质量保障体系，加强质量监管，在考核中加大质量奖惩力度。一直坚持"三审三校"制度不动摇，一直坚持发稿终审签发制度、样书审签制度、成品图书抽检制度，不定期地抽查重点图书的编校质量，从而使所出版的图书能够达到规定的各项质量要求。为不断提高图书的印装质量，制定了《图书质量检测标准及入库要求》等系列规章制度，并委托北京市印刷质检站定期抽检成品图书的印装质量。

冶金工业出版社在对编辑部门的综合考评中，品牌建设（重点图书、获奖图书）、人才培养和工作质量等都占有一定的打分权重。《冶金工业出版社社长奖励基金使用与管理暂行规定》要求，社长奖励基金用于重大、重要选题的策划、出版与营销宣传，用于奖励畅销书、长销书有关营销人员，用于奖励获国家、省部级有关图书奖以及获得出版基金资助、列入国家级规划图书的编辑和有关人员等。这样就从制度上利用经济手段把冶金特色、品牌建设、质量保障和人才培养等落到了实处，有利于在生产经营和考核评价中做到把社会效益放在首位。

三、在探索中奋进，改革事业取得显著成效

改革开放以来，我国对经济体制改革目标的认识不断深化，逐步实现了由计划经济向社会主义有计划的商品经济、社会主义市场经济的体制转变。习近平总书记在党的十九大报告中指出，要"加快完善社会主义市场经济体制"。图书作为一种特殊商品，除了具有一般商品的物质属性外，还具有影响人们的思想和心理的精神属性。正因为如此，国家一直把出版图书的出版社作为意识形态领域的一个部门来管理。出版社在按国家要求转制为企业以前，一直是事业单位，其内部经营机制具有事业单位、企业管理的特点。在国家经济体制不断改革的社会环境中，出版社生产经营管理行为的市场化不断加深，直至转制为企业以后的完全市场化。在向企业化转型的过程中，为了弥补国家事业费的不足，多出好书、快出书，补贴学术著作出版的亏损，改善生产生活条件，冶金工业出版社从实际情况出发，进行了积极的探索，既有挫折时的阵痛，也有成功后的喜悦，艰难困苦，玉汝于成。

20 世纪 80 年代后半期至 90 年代，冶金工业出版社先后创办了一些经济实体、开展多种经营，推行承包经营责任制，职工实行弹性工作制。从实际效果看，这些尝试因为缺乏经验、各方面条件不具备等原因，都不利于出版社的生存和发展。社党委和领导班子经过深入思考和讨论，决定采取果断措施改变这些做法，开展思想政治工作，统一全社职工的思想认识。一是恢复坐班制，保持良好的工作秩序，提高工作效率。二是实行财务集中统一管理，确立"企业管理以财务管理为中心，财务管理以资金管理为中心"的理念，提高经济效益。三是集中力量做好图书出版主业，并以此为基础办好多种经营副业。四是建章立制，实行岗位责任制，加强基础管理工作，提高生产经营管理水平。五是管理部门精简机构、压缩非生产人员，强调一人多岗、一专多能，做好服务工作。事实证明，这些措施的实行，既保证了国有资产的保值增值，又维护了出版社的整体利益，调动了职工的积极性、主动性和创造性，增强了图书出版核心竞争力，提高了出版社的综合实力，各项生产经营指标稳步提升，职工生活得到改善。

20 世纪 90 年代前期，计划经济体制下积累的各种弊端显现出来，冶金工业出版社一度面临严重的困难局面。为了扭转局面，冶金工业出版社主动适应市场需要，眼睛向内，挖掘自身优势，在房地产经营上进行了大胆尝试。一是出租房屋和自有土地，收取级差地租，增加收入来源；二是利用土地资源和其他单位联建职工宿舍，改善职工住房条件。现在看来，冶金工业出版社当时充分利用自身的房地产资源优势，引进社会资本，盘活资

产，增强了经济实力，改善了生产生活条件，是有效的明智之举，至今依然发挥着重要作用。

2010年12月30日，冶金工业出版社取得企业法人营业执照，标志着2009年4月开始的转企改制工作如期完成。在改制过程中，冶金工业出版社按照中央要求，在国家有关部门和中国钢铁工业协会的领导和大力支持下，认真学习领会有关政策，充分估计工作困难，周密制定工作方案，再加上转企改制前全社上下做了一定的思想准备和资金储备，使得这次关系出版社生存与发展的重要工作取得了成功。实践证明，冶金工业出版社转企改制工作得到全社职工和有关方面的认可和赞许，没有遗留任何问题。

进入21世纪后的十几年来，特别是党的十八大以来，冶金工业出版社紧跟我国冶金工业和图书出版产业的发展和改革开放形势，积极适应新常态，努力探索图书出版工作内在规律，推动图书出版业务转型升级。冶金工业出版社党委和领导班子牢记使命，敢于担当，认真贯彻上级的指示精神，踩住改革发展的"油门"不放松，通过深化改革寻找出路，凝聚共识，主动作为，扎实工作，推动制度创新，冶金出版事业取得显著成效。

（1）保持和深化特色，力求在"专、精、特、新"上做深做透。2013年，冶金工业出版社将编辑部门按照专业方向调整为8个中心，每个中心在专业方向上有所侧重，在保证传统专业出版的基础上，适度扩大出版范围，使各专业板块在规模和效益上有所提升，在队伍建设和人才培养上有所创新。社里主要是通过政策引导和扶持，激励各中心发挥团队力量做出规模、做大主业、做强效益。从年终考核结果看，政策激励和引导收到了一定的成效。各编辑中心的优秀出版品种比例、获批的国家级重点项目数量等都比以前有所增加，单品种效益较好的品种也有所增加。

（2）改革考核考评机制，由个人考核向部门考核转变，加强部门团队建设，注重任务目标与工资及绩效的挂钩考核。社里给主要业务部门用人、工资定档、绩效分配等自主权。部门的责权利比较明确，有利于调动部门的积极性和创造性，全力完成社里下达的任务指标。部门再考核到个人，强调的是既分工又合作，个人与部门共进退，强调团队合作，形成整体合力。为此，冶金工业出版社适时修订编辑中心、出版中心和营销中心的考核办法，强化了各岗位的岗位职责和要求，凸显岗位薪酬与责任、能力、绩效挂钩。

（3）竞聘上岗、双向选择，努力提高干部职工队伍综合竞争力。各部门的领导不搞论资排辈，一律实行公开竞聘上岗。要求各级领导"在其位、谋其政、尽其责、有实绩"。一方面把合适的人放到合适的岗位上，在工作中培养锻炼他们，尽可能给予他们提升自我、学习成长的机会；另一方面对干部实行动态管理，对不适合担任管理工作的干部另行安排岗位。通过竞聘上岗、双向选择，优化了人员配置，增强了全体干部的危机感和责任感，激发了干部爱岗敬业、勤奋努力、刻苦钻研、争先创优的热情，焕发了队伍活力，为推动各项工作又好又快发展提供了坚实的组织保障。2015 年，结合平时考察和深入了解，经过党委会讨论，最终确定新聘任 5 名"80 后"年轻人担任编辑、出版、营销中心等生产部门负责人。营销中心人员竞聘上岗，不论职称、学历、工龄，实行岗位任务指标与岗位工资相对应的考核办法。这项以劳动、人事、分配为核心的探索性的"三项制度"改革，打破了论资排辈观念，建立了"干部能上能下、人员能进能出、工资能高能低"的机制，为想干事、能干事、干成事的员工搭建施展才干的平台，为将营销中心逐步打造成专业化营销团队提供制度保障，也为其他部门的改革提供了经验。

（4）实施出版社 ERP 项目和建设版权资产管理系统项目，积极用数字化技术改造传统出版工艺。为提升企业现代化管理水平，实行企业精细化管理，冶金工业出版社 2014 年实施并上线运行了 ERP 项目，2017 年实施并上线运行了版权资产管理系统项目。为实现编辑出版方式从传统向数字化的转型升级，冶金工业出版社成立了数字中心，专门负责数字化转型升级工作。冶金工业出版社是国家批准的第一批数字化转型升级试点单位，获得了国家专项资金的支持，2015 年 1 月顺利通过了项目验收，得到了专家组的好评。同时，获得国家文化产业发展专项资金支持的"中国矿冶与材料先进技术数据库"项目以及中央文化企业国有资本经营预算资金支持的"冶金及金属材料专业内容资源库""冶金云课堂——数字化教学服务平台"等项目，在实施过程中都取得了重要进展。这些项目的实施和完成，为冶金工业出版社今后实现传统出版与现代新兴媒体的融合发展奠定了基础。

四、坚守冶金专业，打造冶金品牌，生产能力得到大幅提升

冶金工业出版社始终不渝地坚持"立足冶金、服务冶金"的出版方向，所出版的图书涵盖地质矿山、勘探测量、采选工程、焦化耐火、钢铁冶金、有色冶金、金属材料、冶金建筑、安全环保、电气工程及自动化、企业管理等冶金各专业领域，基本形成了冶金工具书、专著、教材、标准、文集、年鉴等特色板块，已经成为冶金领域最具权威性和影响力的出版社。

1978 年 1 月~2018 年 7 月，冶金工业出版社共计出版新书 9700 余种。1978~2017 年出版新书品种如图 1 所示。从图 1 可以看出，2006 年以来每年出版的新书品种明显高于以前各年度，2017 年出版的新书品种是 1978 年的 6.75 倍。2011 年以来 7 年半的时间里出版新书 3257 种，占 40 来出版新书品种的 33.4%。最近几年的出版速度明显加快，生产能力大大增强。"十二五"以来，出版国家重点出版物出版规划图书、普通高等教育本科国

家级规划教材和职业教育国家规划教材 73 种，国家出版基金资助图书 8 种，国家科学技术学术著作出版基金资助图书 20 种。同时，还翻译出版了 14 种引进版权图书，有 4 套丛书被评为"新闻出版改革发展项目库"入库项目。

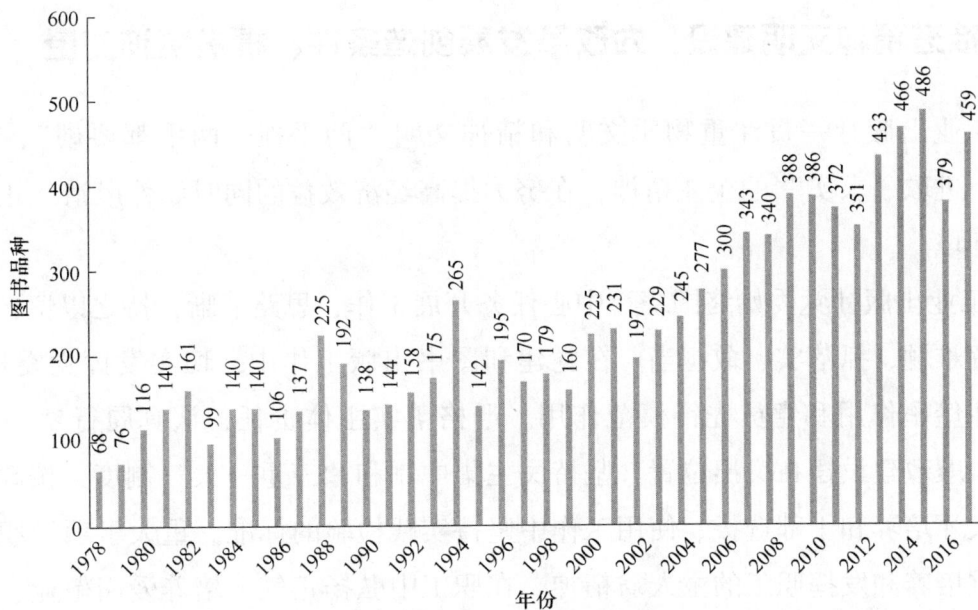

图 1　1978~2017 年出版新书品种

（图中数据由冶金工业出版社提供）

在图书出版"走出去"方面，"十二五"以来《冶金流程工程学》（英文版）等 9 种图书通过与 Springer、Elsevier 两大国际出版集团合作，实现了版权输出或合作出版，其中《稀土永磁合金高温相变及其应用》（英文版）等 4 种图书获得国家"中国图书对外推广计划"的资助。

习近平总书记提出"一带一路"倡议后，冶金工业出版社积极响应国家新闻出版业向周边国家和"一带一路"沿线国家"走出去"工作要求，积极开展将矿业工程类图书版权输出到蒙古国业务。目前，已实现了两种图书的版权输出，其中 2017 年完成的《选矿设计手册》（蒙古文版）项目获得了国家"丝路书香工程"的翻译资助。

随着一些手册类工具书、专业技术丛书、高水平学术技术专著和冶金专业教材不断列入国家重点出版物出版规划及出版，冶金工业出版社"专、精、特、新"的发展模式取得一定成效，冶金专业特色和品牌形象进一步凸显，冶金工业出版社在冶金专业出版领域的权威性、影响力和吸引力得到了有效提升。改革开放 40 年来，《冶金流程集成理论与方法》《选矿工程师手册》《稀土金属材料》等 230 余种图书先后荣获中国出版政府奖提名奖、国家图书奖提名奖、全国优秀科技图书奖、全国科学大会奖、全国新长征优秀科普作品奖、中国图书奖、部级科技成果奖、中华优秀出版物奖、"三个一百"原创出版工程图书奖、输出版引进版优秀图书奖、全国优秀教材奖等奖项，有许多图书填补了我国出版空白，成为历久弥新的经典。

五、推进精神文明建设，为改革发展创造条件、提供精神力量

冶金工业出版社一贯注重物质文明和精神文明"两手抓、两手都要硬"，发扬"团结、爱社、进取、求实"的企业精神，在努力提高经济效益的同时涵养风清气正的政治生态和工作环境。

冶金工业出版社党委始终围绕社中心任务开展工作，思路清晰，持之以恒，坚持做到管大事、解难题、抓落实、敢担当。在党建和图书出版工作中，切实发挥党委核心作用、党支部战斗堡垒作用和党员先锋模范作用。严格落实主体责任，认真履行"一岗双责"，始终把党风廉政建设摆在突出位置。坚持民主集中制和"三重一大"制度，按政策和制度办事。在人才培养和干部选拔、使用工作中坚持实践检验的标准。重大事项经职代会讨论通过，注重培养和发挥职工的主人翁精神。在职工中弘扬正气，培养爱岗敬业、争做贡献的工作作风。充分发挥工会、共青团等群团组织的作用，承担企业的社会责任，积极开展义务献血、扶贫募捐活动。

冶金工业出版社"两个文明"建设的同步发展，为企业创造了长期稳定的发展环境，既获得了广大读者和作者的信任，也赢得了良好的社会声誉。自 1997 年以来连续多年被中央国家机关精神文明建设协调领导小组评为"中央国家机关文明单位"，从 2001 年开始多次被首都精神文明建设委员会评为"首都文明单位"，成为国资委系统为数不多的双文明单位。2014 年，冶金工业出版社编辑中心荣获"全国钢铁工业先进集体"荣誉称号。

六、结束语

40 年间，改革开放的浪潮席卷神州大地。总结过去 40 年的发展历程，冶金工业出版社认为以下经验值得珍惜和长期坚持：一是上级党委与主管部门的正确领导、全力支持和充分信任，为冶金工业出版社全体职工大胆改革、努力工作创造了良好条件。二是社党委求真务实的坚强领导，保证了决策的正确性和政策的连续性，政策一旦制定，就坚持不懈、一以贯之。三是确立"持续发展、做强做专"的发展战略，坚持效益优先，品牌为重，一步一个脚印地向前发展。四是提出"特色鲜明、跻身一流"的奋斗目标，统一了思想，凝聚了人心，振奋了精神，明确了努力方向。五是形成并坚守脚踏实地的工作作风，

在任何情况下不动摇、不懈怠、不折腾，一心一意谋发展。六是建立科学高效的内部运行机制和绩效考核机制，培养了职工队伍，凝聚了以冶金领域杰出科学家和专家学者为核心的作者群，铸造了优秀的专业品牌形象。以上这些都为冶金工业出版社今后的持续稳定发展奠定了基础。

回望征程，风雨兼程，岁月如歌。在改革开放的年代里，冶金工业出版社凝魂聚力，开拓进取，勇于创新，加强管理，坚定不移地坚持专业化出版方向，各项经营指标连续保持稳定增长，综合实力有了翻天覆地的提升，企业面貌发生了历史性变化，冶金出版事业迈上了历史性台阶。

展望未来，蹄疾步稳，天地广阔。置身于中国特色社会主义新时代，冶金出版人将认真学习习近平新时代中国特色社会主义思想和党的十九大精神，继续深化改革，建立现代企业制度，提高经营管理水平，推动数字化转型升级和融合出版，坚持高质量发展，努力把冶金工业出版社打造成一流科技强社，为建设钢铁强国作出新的贡献。

砥砺奋进三十载　谱写开放新篇章

中国国际贸易促进委员会冶金行业分会

2018 年是我国改革开放 40 周年，也是中国国际贸易促进委员会冶金行业分会（简称冶金贸促会）成立 30 周年。1978 年 12 月召开的中国共产党十一届三中全会，标志着中国历史进入了改革开放的新时代。40 年来，在改革开放的旗帜下，伟大祖国取得了历史性的巨大进步。钢铁工业也与其他各行各业一样，创造了举世瞩目的发展奇迹。贸易促进工作是国家对外开放事业的重要组成部分，也是钢铁行业发展的重要组成部分。回顾、总结改革开放 40 年来，特别是冶金贸促会成立 30 年和 1998 年机构改革 20 年来冶金贸促会走过的发展历程和取得的成绩，对于推动新时代冶金贸促事业的进一步发展，激励同仁志士为国家改革开放和行业持续发展作出更大贡献，具有十分重要的意义。

一、单位简况

冶金贸促会成立于 1988 年 12 月，是中国贸促会的行业分支机构，系促进中国冶金行业对外贸易投资与合作的全国性组织。冶金贸促会在中国贸促会和中国钢铁工业协会领导下，联系冶金行业经贸界人士、企业和团体，发挥境内外工商界开展经贸交流合作重要桥梁作用，是促进冶金行业开放型经济发展和服务行业对外工作大局的重要力量。

冶金贸促会成立 30 年来，致力于打造国际交流合作平台，主要通过举办冶金行业的国际会议和国际展览、组织国内企业参加海外展览会以及提供外事管理和信息咨询服务等，促进行业的国际交流、贸易、投资和合作，为广大中外企业和机构提供服务。

立足行业、放眼全球是冶金贸促会业务发展的重要战略思想。在国际上，冶金贸促会已经与各有关国家的政府部门、行业协会、冶金企业、会展企业等建立了广泛的合作关系；在国内，依靠各级政府部门的大力支持，服务于广大的冶金企事业单位。

为了更好地开展行业对外业务工作，冶金工业国际交流合作中心于 2010 年成立，它系经国家有关部门批准的行业对外交流与合作机构，与冶金贸促会合署办公，并从事相同的业务。

冶金贸促会是改革开放的亲历者和参与者，追溯足迹，冶金贸促会开始于改革开放的十年之后。同时，它开启了伴随我国改革开放发展的冶金贸促事业的新篇章。

二、成立、发展历程及工作成果

（一）成立

1988 年，为了更好地促进国内主要工业行业和国外相关行业进行贸易、合作、交流和沟通，进一步推动这些行业的对外开放，在中央领导的关心下，经国务院批准，国家在主要工业行业相继建立了贸促会行业分会。这些行业分会行政上隶属于各工业部，业务也主要归各工业部领导，同时接受贸促总会的指导。冶金贸促会于当年 12 月 22 日宣告成立。

（二）1988~1998 年冶金工业部时期：打基础，为开拓行业外事外贸工作立新功

冶金贸促会从成立到 1998 年的前 10 年，在冶金工业部的领导下，与外事司一起，在继续从事外事服务工作的同时，积极开展促进行业对外经贸交流与合作的工作。其间，冶金贸促会参与了作为 20 世纪 90 年代钢铁行业对外合作标志性项目的珠江、邯郸、包头三套薄板坯连铸连轧引进项目和上海克虏伯不锈钢有限公司、鞍钢—蒂森克虏伯镀锌钢板有限公司合资项目的谈判和签约工作；创立并连续举办了六届中国冶金行业第一个专业国际展览——中国国际冶金工业展览会，并使这一展览成为国际展览联盟（UFI）认证的国际品牌展览会；在泰国、印度尼西亚等国组织了冶金技术设备展览会和经贸洽谈会；1994年，第一次组团参加著名的德国国际冶金展，不仅让世界钢铁届了解了中国钢铁企业，也开启了中国钢铁企业积极参加国际展会从而走向国际市场的先河。1997 年，组织中国钢管企业首次参加了东南亚管材展，还组织我国钢企首次参加美国钢铁工业展。1998 年，首次率领钢管企业参与国际著名的德国国际管材展，拉开了我国钢管企业走向世界的序幕；与日本、德国、英国、法国、美国、东盟等国家和地区的企业或行业组织开展了一系列双边技术和经贸交流；出版内部刊物《冶金外事经贸信息》，向钢铁企业提供行业对外交流与合作信息服务；组织开展了大量的出国培训和对外经贸考察活动，特别是以民间团体的身份，与当时还未同我国建立外交关系的南非、韩国、以色列等国开展了广泛的经贸交流，并与许多国际企业签订合作协议，建立了年度信息交流和互访制度。这些重要工作促进了我国冶金行业与世界有关国家、地区和企业之间的贸易、投资和合作活动，增进了同这些国家、地区、企业及人民之间的相互了解和友谊，对钢铁工业扩大技术引进，加快技术进步，增加对外合作，发挥了重要作用。

（三）1998~2018 年的 20 年：铸辉煌，谱写行业国际交流合作的新篇章

1998 年 3 月，九届全国人大一次会议审议通过了《关于国务院机构改革方案的决定》，包括原冶金工业部在内的部分专业经济管理部门改组为国家局，并实行 3 年过渡。1999 年 2 月 2 日，中国钢铁工业协会正式挂牌。随着冶金工业部的撤销，冶金贸促会走上了独立创业的道路。

冶金贸促会认真分析了国内外形势，认为随着市场经济的迅速推进，经济全球化的迅猛发展，全球竞争的日趋激烈和中国加入世界贸易组织，贸促会等中介组织在经济社会发展中的作用将越来越重要。随着中国成为世界钢铁大国并向钢铁强国迈进，中国必将成为世界钢铁工业研究、交流、贸易、合作的中心，在这个历史进程中，冶金贸促会可以大有作为。根据这些分析，明确了冶金贸促会的主要业务方向，即国际展览、国际会议和出国展览。在 1998 年到 2018 年的 20 年中，冶金贸促会在上级部门的领导及相关部门的支持下，抓住中国经济大发展，对外开放大发展，国际贸易大发展以及信息化、全球化加速推进的历史机遇，以促进贸易合作、推动行业发展为宗旨，以三大业务为支柱，团结奋斗，开拓进取，成功开创了冶金贸促工作的新局面，奠定了冶金贸促会发展壮大的基础，为促进钢铁工业的国际交流、国际合作和国际贸易，在促进新世纪中国钢铁工业的改革、开放、发展方面作出了应有的贡献。

1. 国内展览促进提高行业技术装备水平，助力企业拓展国内外市场

20 年来，冶金贸促会的国际展览业务，始终以扩大国际合作、推动贸易发展、提高行业技术装备水平为中心，与时俱进，不断创新。

20 年来，中国国际冶金工业展览会连续举办了十二届，参展商数量和展览面积大幅提升，这一展览已经成为世界第二大冶金和金属热加工展览会。它也是目前国内唯一获得国际展览联盟（UFI）认证的冶金及金属加工展览会。2018 年，该展展出面积为 10 万平方米，参展企业达到 1600 多家。其中，有 10 多个国际展团，来自 90 多个国家及地区的 7 万多专业观众莅临展会。该展会已成为钢铁冶金行业企业进行展览展示、促进贸易往来、加强国内国际交流合作的重要平台，并得到业界企业的广泛参与和高度关注。伴随我国钢铁行业的发展进步和对外开放，它对促进钢铁行业的科技进步，推介新技术新产品，宣传钢铁企业品牌形象，开拓国内外市场，推动钢铁供给侧结构性改革，促进行业企业转型升级和经营脱困等方面均发挥了重要作用。

冶金贸促会与德国杜塞尔多夫展览公司合作举办了七届中国国际管材展览会，目前这一展览会也已成为世界第二大管材展，并获得国际展览联盟（UFI）的认证。2016 年，展会展出面积 10 万平方米，参展商达到 1600 多家，有 8 个国际展团，新参展商及技术设备商的数量逐年提升。其中，技术设备展商的数量已占到近 20%；专业买家达到 4.6 万人，来自 94 个国家及地区。6 个国家及地区的 49 个参观团，展会汇集了全球行业精英、吸引全球买家关注。它成为为钢管企业提供国际间贸易往来、交流合作、展览展示的重要平台，为我国钢管企业宣传企业产品品牌、建立国际贸易渠道、开拓国际市场，发挥了不可替代的重要作用。

同时，还创立并连续举办了十届上海国际不锈钢展览会，这是世界上第一个也是目前最大的不锈钢专业展览会，它对推动不锈钢产业技术进步、提升行业发展水平、拓展不锈钢产品应用范围、促进国际不锈钢经贸交流、宣传不锈钢行业发展成就以及推动中国不锈钢产业发展等均做出了重要贡献；创立并连续举办了三届中国国际金属工业博览会，将展览延伸到了金属加工领域；创立并连续举办了六届中国国际钢结构展览会。

2. 系列专题国际会议紧扣行业发展主旋律，促进中外业界交流与合作，提升我国钢铁行业的国际影响力

20 年来，冶金贸促会创办了十几个定期举办的国际会议，累计举办会议 80 余次。这些会议在当今国际钢铁业界具有重要影响，为促进钢铁行业健康发展、加强对外交流与合作、提升中国钢铁行业的国际影响力发挥了积极作用。

创立并连续举办了十届中国国际钢铁大会。中国国际钢铁大会是以研究交流钢铁工业发展的深层次、全局性、战略性问题为主要内容的高层次国际会议，它已成为中国钢铁工业协会和冶金贸促会推动行业健康发展，促进国际交流与合作的重要平台。大会创办于 2000 年，每两年举办一次，已成功举办十届。大会聚焦行业一系列事关行业前途命运的重大问题，近几年的内容涵盖化解产能过剩、深化企业改革、推进结构调整、加快技术进步、发展智能制造绿色制造、提高质量效率效益、增强国际竞争力等。同期举办的"技术交流会"，安排炼铁、炼钢和连铸、热轧、冷轧及涂镀、节能环保、装备与自动化等分会场，发布介绍创新性钢铁生产工艺技术和装备、生产操作技术和节能减排技术等。

创立并连续举办了十八届中国钢铁原材料国际研讨会。该会议是以促进供需衔接，推动行业健康发展为宗旨，以研究、交流铁矿石市场供求和国际贸易为主要内容而举办的重要国际会议。会议创办于 1999 年，每年举办一次，它已经成为全球铁矿石业界最具影响力的国际会议，也是中国钢铁行业最重要的国际交流活动之一。每次会议都吸引着来自国内外矿山、钢铁生产企业、铁矿石贸易企业、相关物流企业、投融资机构等领域的近千名代表参加，成为全球钢铁行业和铁矿石行业就进行面对面交流和开展合作的重要平台，为我国企业开发利用海外资源，优化矿产资源配置，引导企业正确认识市场形势，制定合理的原材料战略发挥了积极的作用。

创立并连续举办了十六届钢材市场和贸易国际研讨会。会议是以研究中国和世界钢材市场和贸易发展为主要内容的重要国际会议，是中国钢铁工业协会发布行业年度分析和预测，同国外同行、上下游企业以及有关社会各界交流信息，开展对话交流的重要平台。会议创办于 2000 年，每年举办一次，经过十六届的成功举办，它已成为国际上最重要的钢铁论坛之一，对推动企业加强对国内外钢铁生产、钢材需求和钢材贸易变化趋势的了解和研究，引导企业根据市场需求确定合理的发展战略、市场定位和贸易政策，促进国内外钢铁生产商、贸易商、投资商、用户等之间的交流与合作发挥了重要作用。

创立并连续举办了十六届炼焦技术和焦炭市场国际大会。大会是为促进焦化行业技术进步和产业结构调整、加强对焦炭市场变化的跟踪研究，增进国内外焦炭生产、流通和用户企业以及科研设计、工程建设单位等之间的交流与合作而举办的重要国际会议。大会创办于 2002 年，每年举办一届，经过十六届的成功举办，已成为国内外焦化领域档次高、影响大、最具权威性的国际盛会。会议研讨内容包括我国和国际钢铁行业情况及焦炭需求、焦炭市场及价格走势、焦炭出口情况、炼焦煤供需市场分析、企业发展战略、炼焦环保技术等领域，为研究交流焦炭市场供求和炼焦技术发展提供了重要平台。

创立并连续举办了十一届中国金属循环应用国际研讨会。中国金属循环应用国际研讨会是为了进一步推动金属资源回收产业升级，推进钢铁和有色金属行业废金属应用，推广低碳、绿色发展理念，促进国际交流与合作而举办的重要国际会议。会议自 2003 年创立以来，已成功举办十一届，为中国金属循环应用尤其是废钢产业的发展发挥了积极的作用。

创立并连续举办了三届中国钢铁金融衍生品国际大会。大会为帮助钢铁企业更好地了解期货、期权等金融衍生品工具，学习利用金融衍生品市场规避风险，维持行业的平稳运行，为促进期货等金融衍生品市场参与者进一步深入了解钢铁产业的发展，提高金融衍生品为实体产业服务的能力和水平，于 2016 年创办并连续召开了三届中国钢铁金融衍生品国际大会。会议旨在搭建一个面向钢铁全产业链的产融对接平台，会议宗旨是弘扬风险管理理念，推动实体企业积极利用衍生品市场管理价格风险；充分发挥衍生品市场服务实体经济的功能，促进钢铁行业的持续健康发展。

创立并举办了四届中国耐火材料生产与应用国际大会。大会于 2011 年和中国耐火材料协会共同创办，每两年召开一次，已经成功举办四届。会议旨在探讨耐火材料行业的发展方向和战略，促进耐材行业的健康和可持续发展，更好地满足钢铁等用户行业低碳、绿色发展的新需求，推动行业积极开展国际交流与合作。

创立并举办了八届中国国际不锈钢大会。会议创办于 1999 年，与国际不锈钢展览会同期举行，已经成功举办八届。该会议是为了推动不锈钢产业升级、拓展不锈钢产品应用、增进国际交流与合作、促进不锈钢行业可持续发展而举办的重要国际会议。该会议为引进国际先进的不锈钢技术装备，促进企业了解国际不锈钢产业发展趋势和市场形势，促进国内外不锈钢钢铁原料供应商和生产商、下游用户和技术设备供应商之间的合作，以及中国和世界不锈钢行业的健康持续发展做出了积极贡献。

创立并举办了五届钢铁行业信息化国际研讨会。钢铁行业信息化国际研讨会是为适应信息化飞速发展的新形势，加快退工钢铁行业信息化建设，提高企业管理水平，促进企业信息化、自动化专业人员业务水平而举办的重要国际会议。会议创办于 2002 年，已经成功举办五届，为推动钢铁行业信息化、提升企业管理和生产水平发挥了积极作用。

创立并举办了三届能源大转型高层论坛。论坛由冶金贸促会与国务院发展研究中心资源与环境政策研究所于 2014 年联合举办，是为推进我国能源的可持续发展战略的实施，促进能源合理开发利用，缓解我国面临的能源和环境压力而举办的跨行业的高层论坛。

此外，还举办了中国冶金中小企业发展国际研讨会、中国国际钢结构大会、中国国际管材大会、钢材分销和物流发展高级研讨会、轧辊制造与应用国际研讨会、矿山规划和设备选型国际研讨会和中印铁矿石峰会等其他国际会议。

3. 出国展览助力中国冶金企业"走出去"，为拓展国际市场特别是"一带一路"国家做出来不可替代的贡献

出国参展业务是为适应新世纪改革开放新形势，落实中央提出的"走出去"和"一带一路"倡议而开展的，目的在于帮助国内企业特别是中小企业开拓国际市场。

2008 年冶金贸促会成立了出国展览部，以服务行业企业"走出去"的开放格局，适应出国展览规模逐年扩大的发展需要。

20 年来，伴随着中国改革开放的不断深入和我国钢铁工业的快速发展，钢铁企业走出去的步伐也不断加快，尽管遇到了主要来自欧美的反倾销反补贴调查的贸易保护行为日益增加，一定程度上影响了部分钢铁产品的出口，但是我国钢铁企业走向世界的热情并没有减退，冶金贸促会服务于中国钢铁企业进入国际市场，参与国际竞争的理念也从未动摇。自 2008 年起，冶金贸促会积极致力于我国钢铁企业开拓新兴国际市场，2009 年开始组织企业参加越南钢铁展，2010 年有 53 家钢铁企业赴越南参展，展出面积近 1000 平方米，展览期间还举办了由中国钢铁工业协会、东盟钢铁协会、越南钢铁协会共同参与的中国东盟钢铁交流会，展会及交流会都取得了成功。2011 年开始组织意大利钢铁展，2012 年开始组织印度尼西亚钢铁展和印度管材展，2014 年开始参加韩国钢铁展，2016 年开始

组织埃及钢铁展、伊朗钢铁展、沙特钢铁展，2017 年开始参加美国管材展、伊朗管材展。至此，冶金贸促会定期组织参加的主要海外展览会合计接近 20 个。此外，还组织参加了伊朗石油展、阿布扎比石油展、南非石油展、巴西石油展、新加坡石油展、中东石油展、荷兰不锈钢展、美国线材展、波兰钢铁展、伊朗耐材展、哈萨克斯坦矿山展、印度尼西亚矿山展、印度矿山展、中非产能合作展等 15 个海外展览。这些出展活动都不同程度的达到了促进了我国钢铁企业拓展海外市场、宣传钢铁工业成就、参与国际竞争等"走出去"的目的。

值得一提的是，为了突出"中国制造"，增强参展效果。冶金贸促会分别于 2010 年德国国际管材展期间和 2011 德国国际冶金展期间，在展会现场举办了盛大的"中国日"活动，取得了非常好的宣传效果，向世界宣传了中国冶金企业。

2016 年，冶金贸促会组展面积达到 3314 平方米，参展企业 215 家，其中"一带一路"国家的项目占 88.24%。"德国管材展"展团参展面积 1626 平方米，参展人员 190 人，98 家企业参展，比上届增加 24%。尽管面对欧盟对我钢管产品"双反"的严重形势，绝大多数国内钢管企业参加了展览，我国钢管企业的品牌及形象继续得到提升，一些钢管及管件企业的产品及品牌得到欧盟及其他国家用户的认可或青睐。许多特装企业的展位设计搭建水平已接近或达到欧美企业的水平。

20 年来，出展项目由最初每年 2~3 个发展到目前的每年 20 个左右。据统计，这一期间共组团参加了四届德国国际冶金铸造展览会，二十届美国钢铁工业展览会，十六届俄罗斯冶金工业展览会，八届土耳其冶金工业展览会，七届韩国国际冶金工业展览会，十一届德国国际管材线材展览会，十一届届东南亚管材线材展览会，六届阿拉伯国际管道展览会，十二届俄罗斯国际管材线材展览会，六届巴西管材线材展览会，六届印度国际冶金展览会，五届越南钢铁展览会，四届意大利国际钢铁展览会，四届印度尼西亚国际钢铁展览会，三届印度国际管材展览会，三届埃及钢铁展览会，三届沙特钢铁展览会，两届伊朗冶金展览会，两届伊朗钢铁展览会，两届伊朗石油展览会，两届印度尼西亚国际矿山展览会，两届印度钢铁展览会，一届荷兰不锈钢展览会，一届中东石油展览会，一届阿布扎比石油展览会，一届哈萨克斯坦矿山展览会，一届波兰国际矿山和冶金工业博览会，一届美国线材展览会，一届韩国金属周，一届新加坡石油展览会，一届美国管材展览会，一届伊朗管材展览会，一届伊朗耐材展览会，一届中非产能合作展览会等等；举办了三届中国东盟冶金展览会及交流会，一届中国欧洲冶金产品设备洽谈会。

除以上三大业务外，冶金贸促会还承担了钢铁协会大量的外事服务和国际合作工作，接待了大量国外钢铁及相关行业组织和企业来访代表团，组织了上百个出国考察团组赴国外交流考察，与有关国家的政府部门、行业协会、企事业单位建立了广泛的联系，参与建立了中日、中韩、中美、中欧、中俄及中国和东盟钢铁年度交流和对话机制等。此外，创办了英文刊物《中国冶金工业通讯》，宣传行业发展成就，增进中外业界的信息交流。

三、加强党建工作，推进精神文明建设，引领各项工作砥砺前行

冶金贸促会和协会国际合作部联合党支部在中国钢铁工业协会党委的正确领导下，学习贯彻习近平新时代中国特色社会主义思想和党的十九大精神，深入推进"两学一做"学习教育常态化制度化，以提高党员素质，强化党组织战斗堡垒作用为目标，坚持"两会一课"制度，切实发挥党员先锋模范作用，大力加强思想建设、组织建设和作风建设，不忘初心，砥砺前行。围绕钢协和贸促会的核心任务，较好地完成了上级布置的各项任务特别是对外工作。

在党建工作中，严格落实主体责任，认真履行"一岗双责"，始终把党风廉政建设摆在突出位置。坚持民主集中制和"三重一大"制度，按政策和制度办事。在人才培养和干部选拔、使用工作中坚持实践检验的标准。重大事项按程序讨论通过，注重培养和发挥职工的主人翁精神。

始终坚持物质文明和精神文明"两手抓、两手都要硬"。秉持"品质、高效、诚信、创新"的理念，坚持"尊重、合作、沟通、严谨"的工作作风，努力建设学习型单位和创新型集体，营造"团结协作、共同奋斗、顾全大局、忘我奉献"的氛围，在职工中弘扬正气和奉献精神，在努力提高经济效益的同时涵养风清气正的政治生态和工作环境。

四、感悟与体会

岁月如歌，逝者如斯。回顾、审视冶金贸促会走过的不平凡历程，特别是最近十年的历程，有以下几点感悟与体会。

第一，始终胸怀为国奉献的爱国主义理想，努力通过自己的点滴工作为国家富强和民族复兴贡献力量。作为改革开放的一代人，冶金贸促人的最大理想和人生追求，是为改革开放和国家现代化作贡献。钢铁工业是国家现代化不可缺少的基础产业，没有钢铁工业的现代化，就没有整个中国经济的现代化。为钢铁工业改革开放发展作贡献就是为国家现代化作贡献。会展作为一种重要的服务行业，在促进经济社会发展中起着十分重要的作用。以会展为手段促进我国钢铁工业的开放发展，是冶金贸促会的职责所在。改革开放以来，伴随中国经济的发展，中国会展业也随之兴起，但面临着国外公司垄断市场、抢占市场的

严峻挑战。冶金贸促会肩负着打破会展业国外垄断，壮大中国会展业，并以此推动中国经济社会更好更快发展的历史责任。正是这些理想抱负和责任意识，使这个集体始终坚守这个阵地，并有效利用这一平台，开辟了中国钢铁行业的贸易促进事业和会展事业。

第二，冶金贸促会始终注意把握国家发展的大政方针、世界发展的宏观趋势和行业发展的根本利益，坚持"围绕中心、服务大局、立足行业、放眼全球"的业务要求和"服务国家战略、推动行业发展、满足企业需要、促进中外合作"的工作宗旨，努力促进钢铁行业的改革开放和健康发展。

中国工业化的规模在人类历史上是前所未有的，这决定了中国钢铁工业发展的正确道路没有先例可循。因此，关注和研究钢铁工业的发展战略具有十分重要的意义。冶金贸促会发起举办中国国际钢铁大会，并且将大会定位于研究交流钢铁工业发展的深层次、全局性、战略性问题，目的就是要创立一个从国内和国际的视角研究钢铁工业发展战略的平台。2000 年以来，围绕钢铁工业的跨世纪发展、结构调整、技术创新、提高竞争力、新型工业化、创新和可持续发展、绿色钢铁、后危机时代钢铁工业的发展、科技创新转型升级、改革创新合作、再平衡新发展、融合突破等重大战略议题召开的历届钢铁大会，在国内外都产生了广泛的重大影响。大会选择在 2000 年首次召开，本身也凝聚了冶金贸促会以及所有中国钢铁工业从业人员对 21 世纪中国钢铁工业走向世界、引领未来的宏伟理想。

以铁矿石为核心的原材料供应对我国钢铁工业的稳定发展具有战略意义，冶金贸促会举办钢铁原料国际研讨会、炼焦技术和焦炭市场国际大会、金属循环国际研讨会等会议，是要借助这些平台了解原材料供应领域的国际国内情况，引导原料行业与钢铁生产行业实现互利共赢和健康发展。

举办钢材市场和贸易国际研讨会，是为了应对经济全球化新形势，推动企业加强对国内外钢材市场需求和钢材贸易变化趋势的了解和研究，引导企业根据市场供求变化确定合理的发展战略、市场定位和贸易策略，促进中国和世界钢铁工业生产和贸易的健康发展。

第三，坚持科学管理，致力于用健全的规章制度保证各项业务顺利进行，树立"品质、高效、诚信、创新"的创业精神和"尊重、合作、沟通、严谨"的工作作风，努力建设守法经营单位和和谐单位。

30 年来，冶金贸促会建立了符合国家政策法规和业务发展要求的人事制度、财务制度和分配制度，实行了岗位聘用制、劳动合同制以及职工培训制度。建立了部门与部门之间、领导与员工之间的沟通和谐关系，形成了"团结协作、共同奋斗、顾全大局、忘我奉献"的团队精神。这一切都为贸促事业的稳定健康发展提供了有效的保障。

第四，坚持以人为本，始终把培养人才放在十分重要的位置，努力使个人追求、单位目标与为国奉献相结合，使个人价值、单位利益与国家利益相一致，实现国家、集体和个人共同发展。

作为贸促会核心业务的会展业是一个知识密集型服务行业，它经营的是知识，工作的本质和核心是为参会、参展企业提供和汇集本行业前瞻性的思想、理念、方法和先进的技术及产品信息，帮助客户开阔视野、开拓未来，创造贸易合作和共同发展的机遇。要使自身业务在激烈的国际国内竞争中取胜并保持长久发展，真正对国家和行业的发展有大的贡献，必须培养起一支热爱祖国，热爱钢铁工业，具有外语基础、行业知识、国际经验和组织才能，善于学习，视野开阔，高效、进取、团结、奉献的高素质人才队伍。这些年来，冶金贸促会坚持用工作和实践培养人、锻炼人，用爱国家、爱事业的思想教育人、激励人，用科学和严格的制度要求人、管理人，基本上培养起了这样一支队伍，为冶金贸促事业的今后发展提供了较好的人力资源保障。

值得铭记的，是改革开放的伟大时代为冶金贸促会提供了实现理想的舞台。生活在这个伟大时代，为能够为祖国现代化建设事业作贡献而骄傲，为能够为钢铁行业的开放发展做工作而自豪，为能够亲身参与创立冶金贸促事业和推进这一事业的发展而欣慰。

取得这些成绩，是冶金工业部和钢铁协会及贸促总会历届领导充分信任和正确领导的结果，是行业内企事业单位领导大力支持和热情参与的结果，是贸促会全体同仁艰苦奋斗、共同努力的结果。没有这些，不会有今天的成绩。

30年的发展证明，建立冶金贸促会对促进我国冶金行业的对外开放，起到了良好的推动作用。一方面，它承担着政府和行业部门交办的重要任务，代表我国冶金行业参与大型项目的引进和建设以及行业对外交流的组织和协调任务；另一方面，它已成为中国会展业一支非常重要的力量，不仅在国内举办了许多在亚洲乃至全世界业内具有重大影响的专业国际会展，而且为企业走出国门做出积极贡献。

五、未来发展展望

展望未来，冶金贸促会将通过全面深化改革，朝着建设成为中国行业特色的一流贸易投资促进机构的目标迈进。建立国内展览、出国展览、国际会议、国际联络、信息咨询、商事法律等"冶金贸促"综合服务体系，使其业务布局更加优化，工作网络更加完善，工作手段更加多元，国际性、专业性、服务性特点和开放型、枢纽型、平台型特色更加突出，在宣传和落实国家重大发展战略，扩大中外企业交流合作，促进开放型经济发展等方面发挥积极作用。加强重大经贸活动筹划组织，办好重点会展项目，加强主题议题和展览范围等的设计，宣传政策主张、展示国家形象和行业成就、拓展对外关系、促进交流合作的效果，推进合作项目落地，努力保持现有国际会展活动在国际上具有较强的吸引力和影响力。创新贸易投资促进工作，做大做强专业会展，有效推动外贸稳定增长和转型升级。国内展览要坚持专业化、品牌化、信息化、市场化发展方向，继续保持国内规模最大和最具影响力的一流的国际展览品牌；积极组织国内企业参加境外重点展会，开创境外参展办展格局，帮助企业培育自主品牌、扩大出口市场份额、健全海外营销网络。帮助企业有序合规"走出去"，防范和化解投资风险。健全多双边工商合作平台，不断扩大中外工商界交流。通过中国贸促会、中国国际商会、中国钢铁工业协会等现有的多双边工商合作机制，积极推动并参与信息共享、团组互访、论坛展会等领域合作。协助组织冶金企业参与二十国集团领导人峰会、亚太经合组织领导人非正式会议、亚欧会议、金砖国家领导人会晤等多边机制下的工商界活动，充分利用相关多边平台发声，参与全球经济治理。加强中国国际商会冶金行业商会的工作，探索商会实质化运作，与总会业务性质接轨，为冶金企业提供有效服务。

中国特色社会主义进入了新时代，党的十九大开启了改革开放的新时代新征程。在中国和世界政治、经济、社会正在发生深刻变革的新形势下，冶金贸促事业既面临着新的机遇，也面临着新的挑战。冶金贸促会将深入贯彻落实党的十九大精神，以习近平新时代中国特色社会主义思想为指导，继续在中国钢铁工业协会和贸促总会的领导下，为祖国的美好明天，为建设钢铁强国，为壮大和发展冶金贸促事业而不懈奋斗！

托起共和国的钢铁脊梁

中国一冶集团有限公司

中国一冶集团是为建设新中国第一个、也是最大的钢铁工业基地——武汉钢铁公司而组建，是新中国成立最早、规模最大的冶金施工企业，是中国冶金建设的主力军、钢铁工业现代化的铺路石。改革开放40年来，伴随着中国钢铁工业的发展，中国一冶也在不断成长壮大。自1954年11月1日成立以来，中国一冶就一直承担着我国钢铁工业重点工程的建设任务，除了完成了武钢各个时期的建设任务外，还转战南北，参与了全国40多个钢铁企业的建设任务，创造了一个又一个冶金建设史上的奇迹，建成了新中国十分之一以上的钢铁产能，为改变我国钢铁工业落后面貌作出了不可磨灭的重大贡献。

伴随着我国钢铁工业从计划经济转向市场经济的成长发展，中国一冶也如影相随地经历了钢铁圆梦、转型发展、掘金海外的辉煌历程。目前，中国一冶已发展成为以工程总承包、房地产开发、装备制造为主营业务的现代化大型企业和国家高新技术企业，注册资本金20.19亿元，拥有建筑工程、市政公用工程和冶金工程总承包"三特级"资质，同时拥有冶金行业甲级、市政行业和建筑行业甲级设计资质，公路工程、机电工程施工总承包壹级资质以及多项专业工程资质，多次被评为全国建筑业先进企业、全国优秀施工企业。

一、钢铁圆梦

中华人民共和国成立初期，毛泽东主席曾经说过："一个粮食，一个钢铁，有了这两个东西就什么都好办了。"中国一冶与中国武钢同为新中国的孪生长子。武钢是我国第一个五年计划期间兴建的最大工业项目之一。为建武钢，先组冶建。祖国各地驰援而来的建设大军，集合在中国一冶的旗帜下，克服各种困难，以不到5年时间，建成包括从矿山、炼焦到冶炼、轧钢系统及其全套公用辅助设施在内的武钢一期工程，形成了年产钢铁150万吨的生产能力。几十年来，中国一冶高速优质地完成了武钢系列国家重点工程建设任务。其中，武钢三号高炉工程、新三号高炉工程、线材轧机易地改造工程、冷轧镀锡板生产线工程等四项工程先后获得中国建筑工程最高质量奖——"鲁班奖"。

作为武钢工程的总承包方和主要建设者，中国一冶承担了武钢各个时期的工程建设，从年产钢铁"双二百"万吨的综合生产能力，到"双四百""双七百"，乃至"双一千"万吨以上的生产能力，武钢几乎所有的工程都凝结了一冶人的心血和汗水。

20 世纪 70 年代，一冶人参加当时中国最大的炼铁炉武钢 4 号高炉建设，邓小平称赞为"又打了一个淮海战役"。70 年中期起，一冶参加"一米七"工程会战，拉开了武钢改造和我国钢铁工业现代化的序幕。

改革开放为中国一冶带来新辉煌。在此期间，中国一冶经历 1984 年开始的武钢"四同步"（武钢四号高炉、三烧结第二系列、3 号平炉和 5 号焦炉四大技术改造工程同步进行）大会战、二冷轧工程和三硅钢工程等续建、扩建工程，一路写下新的辉煌。在实现祖国钢铁梦的伟大征程中，几代一冶人默默奉献 60 年，托起共和国的钢铁脊梁。

（一）钢铁大会战

20 世纪 70 年代，经毛泽东主席和周恩来总理亲自批示，决定从日本和联邦德国引进当时世界最先进的轧钢技术，并将这一项目放到武钢，这就是武钢一米七轧机工程，也称〇七工程。一米七轧机系统开创了我国大规模引进国外先进技术的先河。1974 年，"一米七"大会战揭开序幕。1978 年 9 月 28 日，武钢冷轧厂一次试轧成功。经 10 万建设大军 4 年会战，武钢"一米七"工程的主体项目热轧厂、冷轧厂、硅钢厂、连铸车间"三厂一车间"至此全部完工。

中国一冶是"一米七"建设的主力军。在〇七工地上，一冶除承建一米七轧机工程主体厂之一的武钢冷轧薄板厂外，同时承担江边水源泵站工业用水净化站等 30 余项公用设施工程，还承担硅钢前工序、二炼钢系统工程，加速了中国钢铁由钢铁大国向钢铁强国迈进的步伐。

"一米七"在当时国家重点工程建设项目中排位第七，所以又称〇七工程。"一米七"作为国家重点引进项目之一，对发展我国钢铁事业，具有重要的战略意义。在武钢建设发展中，"一米七"是一个重要的里程碑，为武钢后来的技术改造和市场经济条件下的生存和发展奠定了坚实的基础。它的建成投产有利于增强我国钢材的自给能力，逐步改善钢材品种结构，为我国钢铁工业在若干领域里学习和掌握世界先进技术创造了条件。

1974 年秋天，〇七工程的战幕徐徐拉开。冶金工业部从全国各地调集了 10 多个冶金建设企业，总计 10 多万冶建职工迅速集结武钢。十万建设大军，中国一冶净占四分之一。施工高峰时，直接在现场施工的有 9 个工程公司，以及各辅助施工单位的人员。连同配合施工的民工和部分兄弟单位支援的力量，职工总数近 25000 人。一声令下，旌旗十万，雄兵云集，气壮楚天。一场冶建历史上空前规模的大会战全面展开。在这场大会战中，一冶人凭着精湛的技术和攻坚克难的精神解决技术难题、攻克施工难点，赢得了外国专家的尊敬。

鲁班奖是中国建筑工程的最高奖项，也是中国建筑界孜孜以求的梦想。武钢新 3 号高炉成就了一冶人的这一梦想，以名冠第一的重要地位载入了一冶史册。

1980 年代，世界钢铁工业出现了日新月异的变化，中国钢铁工业也迅速向现代化迈进，这对冶金建设施工企业提出了更高的要求。作为冶金建设的国家队，中国一冶责无旁贷地承担起具有世界先进水平的高、大、精尖冶金工程建设任务。

武钢新 3 号炉工程，是武钢实现年产钢铁"双七百"万吨的关键项目。高炉容积为 3200 立方米，为当时国内仅次于宝钢 2 号高炉的第二座特大型高炉，工程总投资 10 亿元，建成后，年产生铁 224 万吨，能有效缓解当时武钢冶炼能力严重不足导致轧制能力不能充分发挥的矛盾，从而发挥一米七轧机的优势。

按照"博采众长，为我所用"的方针，武钢新 3 号高炉在设计上融汇了 20 世纪 80 年代后期美国、德国、法国、荷兰、卢森堡、苏联、日本等 8 个发达国家的 16 项冶炼新技术及先进设备，堪称集发达国家炼铁工艺之精粹，人称"八国联军"。生产过程全部采用计算机控制。这座高炉的综合技术水平达到当时世界钢铁工业领先水平。

面对世界先进技术和设备的挑战，在施工中，一冶人大力开展技术攻关，先后攻克了大体积混凝土浇筑、超长超厚炉皮焊接、超重超高钢结构吊装等重大施工难关，创造了大体积混凝土温控防裂技术、自动保护焊接和二氧化碳气体保护焊接技术、超重钢结构件的拴焊连接法等 22 项新技术、新工艺，形成了 11 项省部级施工工法。

高炉基础混凝土量达 5139 立方米，施工期间时正值武汉高温季节，为保证混凝土浇筑质量，中国一冶按大体积混凝土浇灌方案进行施工，严格控制混凝土入模温度，对混凝土基础进行温度测试，控制好基础内外温差，使大面积混凝土浇筑一次成功，内实外光，质量达到全优水平。

新 3 号高炉钢结构制作、安装量近两万吨，各种异形钢结构有的超长、有的超重，因高炉高度达 120 多米，吊装难度非常大。中国一冶是安装新 3 号高炉的主力单位，他们精心设计每一个吊装方案，精确计算每一个吊装步骤，确保吊装万无一失。

在建设新 3 号高炉的 3 年多时间里，中国一冶严格管理，精心施工，大力开展创优质工程活动，精雕细刻，使工程质量达到国内一流水平。1995 年，该工程荣获中国建筑工程最高奖项——鲁班奖。

（二）决战武钢二冷轧工程

从计划经济走向市场经济，中国一冶以武钢二冷轧工程为突破口，重塑企业形象。

走进武钢，紧临三炼钢、二热轧厂处，一座长约一千米、天蓝色屋面的新厂房——武钢二冷轧厂跃然映入眼帘。这是 2006 年中国一冶建成的国内最大、宽幅最宽、自动化程度最高的冷轧生产线。从 2004 年 4 月 28 日至 2006 年 9 月 30 日，历时 29 个月，一冶人最终完成了被中外专家一致称为难度最大的冷轧工程，向业主交上了一份满意的答卷。

在 2000 年前后，中国一冶生产经营处于低谷，武钢市场逐渐有了其他建设单位的身影。2001 年底，中国一冶新一届领导班子上任后，首先确立的一个主攻方向就是要重新夺回在武钢市场的主导地位。2004 年，中国一冶打响了决战二冷轧工程的关键战役。

武钢二冷轧工程是武钢"十一五"重点技改项目，同时也是武钢为实现其"人无我有、人有我优、人优我特"的差异化战略，打造中国最大的汽车板基地目标的关键项目，总投资达 78 亿元。该工程所有主体设备、技术和工艺都是从国外引进，被喻为国内最先进、自动化程度最高的轧制生产线。当时，国内同一条规模生产线需要操作工人百余人，而在武钢二冷轧厂只需 7 名操作工就能完全控制整条生产线正常运转。

工程项目的先进性决定了工程施工的复杂性、艰巨性和超高难度，同时工程规模大、涉及专业多、工期紧等，这些对中国一冶的施工组织和管理都是一次全面的检验和严峻的挑战。

为此，中国一冶决定以二冷轧工程为突破口，集中精兵强将，举全公司之力，全力打赢这场争夺战。首先，在项目经理部的组建上就投入了全公司最精锐的力量。公司副总经理武钢平任项目经理，同时抽调了大批技术管理和现场施工经验丰富的骨干力量充实到项目经理部。其次，在工程管理上首次尝试一级项目管理方式。中国一冶只设立公司一级的项目经理部，各专业公司不再设立专业项目经理部，专业公司只负责组织具体事项的施工。项目管理方式的创新，对探索大项目施工组织管理和成本控制、资源的优化发挥了积极的作用。

创新管理上，中国一冶在武钢二冷轧工程积极推行信息化管理，对项目实现了资源共享、缩短管理流程、提高管理效率、进行有效控制的目的，同时规范了项目的运作。此后，该项目又引进项目管理软件，项目部的资料和管理过程全部上网，项目的运行情况得到了有效调控。

工程一开工，一冶人像憋足了劲的斗牛士，加班加点，马不停蹄往前赶。工程进展势如破竹，非常迅速。上方开挖到地基处理，再到厂房柱基础施工，仅用两个多月时间。到年底，酸洗连轧线就具备了设备安装的条件。

在标志性牌坊安装中，由于设备供货顺序与安装所需的设备不一致，致使施工无法进行下去，但是工期的要求又不能有一丁点耽搁，一冶施工技术人员设计了一套倒装法施工方案，将先到的设备先装，后到的设备后装，尽管增加了难度和风险，但是保证了工期和质量。

2005 年七八月份，正是设备安装施工的高峰。工人们每天顶着 40 摄氏度的高温，在闷热的厂房内紧张施工。酸洗连轧线轧机安装是整个安装施工的重中之重，不仅难度大、精度高，而且工程量大。仅轧机上液压管道就有 15000 米，1442 根各种管道长短、直径不一，介质管道种类特多，同时安装要求过滤清洁度为 NS5 级。主轧机的设备全部从国外购进，设备安装精度比国内提高一个等级以上，而且技术资料全部是国外提供，需要进行消化吸收和转化。这些都考验着施工人员的智慧和经验。

在项目部的精心组织下，广大工程技术人员发挥集体智慧对施工方案进行优化和设计，作业人员顽强拼搏，酸洗连轧线轧机安装只用了 1 个月时间就全部完成，这被外方专家认为没有 3 个月时间是万万不可能的事情。当结果呈现在外方专家的眼前，外方专家连称不可思议。2005 年 12 月 15 日，酸洗连轧线热负荷试车一次成功，轧出第一卷优质钢卷，这卷薄板当即被专家们称为国内质量最好的板材。

二冷轧工程 1 号、2 号镀锌线是 2004 年 8 月才开工，工期更加紧张。武钢二冷轧镀锌线是一条高产量、高品种质量、节能型连续生产线，其加热能力大、冷却速度快、温度控制精度高，适应多品种、高质量的退火要求。设备安装从 2005 年 11 月开始，设备数量多、零散，但是精度要求误差不超过 0.05 毫米。安装一共用了半年多的时间才完工，精度要求完全满足了设计要求。武钢二冷轧 2 号镀锌线设备安装工程被湖北省冶金建设质量监督站评为优质工程。

（三）建设国际一流的硅钢生产线

在国内钢铁行业中，硅钢一直是武钢的"拳头产品"。武钢三硅钢全部工艺、设备和生产技术均按当今世界最先进的技术进行设计和建设，生产产品包括国内急需的取向硅钢和无取向硅钢等各种规格和品质的硅钢产品，是武钢"十一五"规划的最重要建设项目。

2008 年 8 月 8 日，在举世瞩目的北京奥运会开幕这天，武钢三硅钢六辊轧机工程正式竣工投产，这标志着这条目前国际一流、国内最先进的硅钢生产线即将问世，它的建成为提升我国钢铁工业的产品质量从而迈进世界钢铁强国，又向前迈出了重要的一大步。

作为该项目建设的主要施工单位，中国一冶承担了主厂房基础及钢结构、3 台轧机、5 条连续退火机组、3 条热拉伸平整机组、7 条剪切包装机组、3 条焊接机组及部分公辅设施等施工任务，占总建设工作量的 70%。

2006 年 12 月 12 日，武钢三硅钢工程动工。中国一冶在该项目建设中，工期、质量、安全、服务等各方面高标准、严要求，全力以赴确保工程严格按合同要求踏点运行，工程质量和工期进度，得到了业主的高度赞扬。

此前，中国一冶还承接了武钢二硅钢改造工程。CA9、CA10 连续退火机组工程是中国一冶在武钢二硅钢改造工程中承接的第一项工程。中国一冶只用 180 天就完成了施工任务，CA9、CA10 机组提前 15 天投产，被评为湖北省"优质工程"。首战告捷，业主又将 CA7、CA8 氧化镁涂层连续退火机组交付中国一冶施工。2005 年 11 月 16 日，工程比原定工期提前 35 天完工，其设备基础工程被评为"湖北省建筑结构优质工程"。

（四）冷轧工程再获鲁班奖

2012 年，武钢冷轧镀锡板生产线开工，中国一冶责无旁贷，肩负起酸轧、镀锡线、横切及包装机组工程建设任务。该工程作为武钢"十二五"规划的重点项目，采用了当今世界同类机组中最先进、具有一流水平的工艺技术和装备，是武钢板材精品基地的重要组成部分。工程的先进性决定了施工的复杂性、艰巨性和超高难度，同时工程规模大、专业多、工期紧，这些对中国一冶的施工组织和质量管理都是一次全面的检验和严峻的挑战。

1."羽扇纶巾"——运筹帷幄定乾坤

武钢的工程，是家门口的工程，是不容有失的工程，是关乎"中国冶建第一军"金字招牌的工程。开工之初，中国一冶就以争创"鲁班奖"和冶金行业优质工程奖为质量目标，建立起完善的质量创优保证体系，明确工作机构、责任人、管理制度和措施，实行目标管理，按照工程质量终身负责制的原则，加强质量管理制度的执行力度，形成层层负责、环环相扣的质量保证体系。

质量必须从源头抓起。在工程实施过程中，中国一冶严把工程材料、商品混凝土供应、构配件进场关和验收关。对全部进场材料，严格检查生产厂家是否具备相应生产资质，并确定相关材料的质量证明书、检验报告等保证资料是否齐全，同时对外观质量、数量进行检查，送检材料经专业机构复检合格后，方可应用在工程中。对于不合格材料，坚决"清理门户"，确保工程所用材料全部合格。

加强施工技术质量控制。明确设计意图是干好工程的基本前提，中国一冶通过加强图纸自审、会审，参加设计交底，制定出质量控制关键点及预防措施。对于重大施工方案和施工组织设计，做到超前准备，进行多方案比较论证，实行专家论证，确保其经济、可行、可靠。施工前，技术人员对作业班组进行详细的技术质量交底，同时认真贯彻执行规范、标准及各项管理制度，建立岗位责任制，形成项目技术措施管理体系，理顺技术管理环节，做好技术措施的提出、审批、交底、执行、检查及修正等一系列的工作。

为了确保质量一次成优，中国一冶还主动"自我加压"，编制了高于国家和行业标准的企业标准，并以工序控制为重点，加强过程质量控制。严格执行三检制和质量否决权制度，加强工序检查力度；严格隐蔽工程检查制度；加强工程测量控制，重要中心、标高基准点必须由项目部负责复核。同时，实行质量奖惩制度，将质量与收入挂钩，做到质量有凭有据，考核奖惩分明。

体系健全、技术保障、措施得力，工程质量自然"水到渠成"。该工程基础深基坑12万立方米土方开挖、5万立方米回填经检测全部满足设计规范要求，总计919根桩100%达到一类标准；浇筑混凝土14.2万多立方米，表面平整、内实外光，实测几何尺寸100%符合标准要求；工业管道受检焊口探伤100%合格；电缆接线准确率100%；钢结构高强螺栓一次穿孔率达到95%以上。

2. "步步为营"——敢为人先立潮头

进军镀锡板市场，是武钢抵御当前中国钢铁行业"寒冬期"的重要举措，冷轧镀锡板生产线也随之成为武钢"十二五"规划中最具分量的核心工程项目。中国一冶提出了"固本强基""强筋健骨""打通经络"的方针，针对基础混凝土结构、厂房钢结构、设备、电气、管道安装等系统工程，对症下药，步步为营，广泛采用新技术、新工艺，确保各系统工程施工质量。

基础不牢，地动山摇。酸轧、镀锡、地下油库、活套等设备基础为大体积混凝土施工，其中轧机设备基础底板厚1500毫米，顶板厚度1500~3500毫米，混凝土浇筑总量超过10万立方米，最大一次连续浇筑量达3000立方米。如何确保大体积混凝土施工质量，成为"固本强基"的核心。中国一冶专门设置了混凝土测温管，用以精确测定混凝土内部温度，并根据测温结果及时调整养护方法，将混凝土内外温差控制在25℃以内。酸洗活套设备基础设计为三层大型整体无变形缝箱型结构，施工中根据"抗放结合"的原理，采取分段跳仓施工技术，有效地控制了有害裂缝的产生，确保了大体积混凝土的施工质量。

大型厂房钢结构的制作、安装是整项工程的"筋骨"。中国一冶广泛应用数字加工技术，确保钢结构制作精度，钢柱H型、屋面梁和吊车梁均采用计算机排版下料，并进行数控切割，保证构件尺寸准确。在构件涂装前，进行100%抛丸除锈，全面清理打磨，同时采用喷涂方法施工，确保涂层均匀、表面光滑、漆膜厚度达标。此外，中国一冶还狠抓焊工的培训和考核，现场焊缝经实验室超声波探伤检测，一次合格率为95%。在钢结构安装过程中，重点加强屋面梁、工艺钢结构等对工程质量影响较大的部位检查，确保厂房钢结构整体安装质量。

设备安装以及电气、管道施工等配套工程，是保证工程顺利运行的"七经八络"。针对设备安装量大，精度要求高的特点，中国一冶积极组织科技攻关，力求安装精细、调试到位。主轧机设备的水平度、垂直度偏差仅为0.02/1000，远远小于0.05/1000的行业标准要求；在电气工程施工中，按系统划分施工段，采用计算机排序进行电缆敷设，使其排列整齐无交叉，绑扎规范，有效地控制了电气安装工程质量通病；严把能源介质管道施工"四关"，即阀门的采购关，安装前的检验关，焊接中的质量关，试压吹扫过程中的渗漏关，彻底消除了管道的渗漏问题。

中国一冶大力推广新产品、新技术、新工艺、新材料应用，结合该工程特点，应用了建筑业十大新技术中的7大项15子项。可调压型电动机绕组极性判别装置、电缆垂直敷设安全辅助装置、液压弯曲器弯曲角度控制工具、油系统管道冲洗滤网装置等获得国家实用新型专利，并获评4项省部级工法。

3. "张飞绣花"——粗中取细铸精品

冶金项目，在传统的印象中总是与"傻大黑粗"挂钩。中国一冶却在工程实施过程中，转变传统思想观念，大玩"精细活"，不仅结果干得好，过程也干得漂亮。

走进中国一冶建设的全新生产车间，除了整洁、明亮的第一印象外，还有一种别样的扎实感。这份扎实感，正源自脚下——超过5万平方米车间地坪，平整美观，一尘不染，俯下身子，竟能隐约透出人影。"地面就是脸面！"耐磨地坪施工需要经过表面处理，撒布耐磨料，粗磨平，二次撒布耐磨料，细磨平，精光，养护等一系列工序。施工人员利用专用磨光机，对每一寸地坪精打细磨，"比给自己家拖地还要仔细"，加上后期的精心养护，最终才能形成如此优异的耐磨、防尘地面。

此外，中国一冶在施工中按照"四节一环保"要求，着力实施节能环保措施。编制了《施工用水用电管理办法》，实行严格的用水计量管理，优先使用国家、行业推荐的节能、高效、环保的施工设备及机具；对施工设备及机具进行定期的维修保养工作，以使机械设备保持低耗、高效的状态。施工现场各区域用地规划合理，物料分类集中堆放，减少土地占用。同时组织专门的保洁人员，每天对施工道路和场地周边进行两次洒水、清扫，保持道路整洁、避免扬尘。对于施工中产生的固体废弃物分类堆放、集中处理。在试车运行前，优先将地坑泵投用，对试运行产生的废酸、废碱、废铬等废水直接输送到污水处理厂分类存放处理，做到废水零排放。

"一冶办事，我们放心！"凭借良好的施工组织和精湛的施工技艺，中国一冶赢得了业主的充分肯定。在 2013 至 2014 年武钢各系统内部奖项评比中，该工程获得了包括"安全文明标准化工地"、结构优质工程在内的多项荣誉。2014 年 7 月，武钢冷轧镀锡板生产线工程竣工，经武钢质量监督站核定，该工程 36 项冶金建筑工程全部符合合格标准，冶金设备安装工程 26 项，1 项核定为合格，25 项核定为优良，工程优良率达到 96.2%。

2015 年，武钢冷轧镀锡板生产线工程迎来了真正的"丰收季"。6 月，该工程荣获代表了当今全国冶金行业的最高水平的"全国冶金行业优质工程"奖；短短 5 个月后，又顺利捧回"鲁班奖"。中国一冶不仅为武钢奉献了又一项精品工程，更打造出了冶金工程领域的新标杆。

二、转型发展

（一）"天津大无缝"书华章

在国内，中国一冶承建了我国最大的无缝钢管工程——天津无缝钢管系统工程，结束了我国石油套管依靠进口的历史，并在该厂一、二期工程建设中两获"鲁班奖"。

天津钢管集团公司在天津被习惯称作为"天津大无缝"，是国内规模最大的石油管材生产基地和中国能源工业钢管基地。20 多年来，天津钢管集团公司从无到有，由小变大，无缝钢管年生产能力由 50 万吨达到 350 万吨，产量跃居世界第一，也见证了一冶人与大无缝人朝夕相处、荣辱与共、顽强拼搏、敢于争先的奋斗历程。

2003 年 11 月 20 日，世界上首条最先进的 PQF 钢管轧机生产线正式生产出第一批高质量的无缝钢管，天津钢管公司董事长称赞道："感谢中国一冶为天钢公司发展作出的贡献。中国一冶是一支名不虚传敢打硬仗的队伍！"

2012 年 6 月 27 日，天津钢管公司在天津大礼堂举行盛大庆典，庆祝天津钢管公司投产 20 周年，中国一冶作为参战这一工程的功勋集体而被盛情邀请。

中国一冶自 20 世纪 90 年代初承建天津钢管公司炼钢、连铸和管加工机械、电气设备安装工程以来，凭借过硬的技术实力和良好的服务意识，与天管建立起长期的战略合作伙伴关系，先后建成了天管一期工程（炼钢、连铸和管加工工程）、120 万吨炼钢改造、彩板生产线、第二套钢管轧机等工程，其中一期工程和第二套钢管轧机工程分别于 1996 年和 2005 年荣获中国建筑工程鲁班奖，天津无缝钢管工程入选"新中国成立 60 周年百项经典暨精品工程"。

（二）明珠闪耀太钢

2007 年 6 月 6 日，世界上规模最大、自动化程度最高的太钢 150 万吨不锈钢系统工程 4 号冷轧生产线，在山西太原钢厂热负荷试车一次成功，生产出合格的不锈钢钢卷。这项工程由中国一冶承建，比合同工期提前 39 天建成。

进入 21 世纪以来，太钢确立了打造世界上最大的不锈钢生产基地、建设全球最具竞争力不锈钢企业的战略目标。主要措施，是投资 500 多亿元建设 150 万吨不锈钢系统工程。其 4 号冷轧生产线设计年产不锈钢卷 70 万吨，生产的带钢最大宽度达 2.1 米，厚度 0.4~8 毫米，这三项指标均居国内乃至世界不锈钢生产线之首。用太钢人自己的话说，太钢 150 万吨不锈钢系统工程是要打造一项质量最优、工期最短、投资最省的"无与伦比"的精品工程。而 4 号冷轧生产线又是整个系统工程中最关键的核心项目，是 150 万吨不锈钢工程的一颗璀璨明珠。

双手捧出这颗明珠的就是中国一冶。从 2006 年 3 月到 2007 年 6 月，一冶仅用了 14 个半月的时间，建成了世界上产能最大、工艺最先进的不锈钢冷轧生产线。业内人知，这样的建设速度在冶金建设史，可谓是"绝无仅有"。

2005 年，中国一冶通过激烈的竞标，在众多的竞争队伍中最终脱颖而出，承接 4 号冷轧生产线的施工任务，工期 485 天。太钢 4 号冷轧生产线项目正式破土动工是在 2006 年 3 月 18 日。当时正值太原地区最寒冷的时候，气温最低零下十几度，早晚温差近 20 度，从南方来的一冶施工人员开始极不适应，每天有十几人病倒，但是没有一个人中途退缩。每一个人都以干好太钢 4 号冷轧生产线工程为己任，努力适应当地恶劣的气候，咬牙坚持。

太钢 4 号冷轧生产线项目在与其他同类项目同比，工期是最短的，工程实物量最大，质量要求最高。在施工过程中，中国一冶还遭遇到许多意想不到的困难和问题。为了给紧邻的 2 号热轧生产线项目赶工期让路，中国一冶承建的 4 号冷轧生产线在厂房基础施工紧张阶段时不得不停下来，整整耽误了两个月的工期。另外，由于设计变更、设备供货晚等原因也耽误了许多时间，致使原本计划需要半年时间的 1 万多吨设备安装、65 千克管道制作安装，必须在 3 个月内完成。且施工期间处于冬季，跨元旦和春节两大节日，给劳动力组织和资源调配带来极大困难。为确保工期，2007 年春节期间，中国一冶 1000 多名施工人员仍坚守岗位，24 小时作业。

太钢 4 号冷轧生产线是世界上最大、最先进的不锈钢冷轧生产线，引进德国和日本的设备和技术，其生产能力是排名世界第二大冷轧生产线的两倍。因此，这条生产线在安装施工上也是最复杂、最难的。在赶工期的同时，中国一冶对施工质量丝毫不放松，严格按规范施工。在施工中大量采用新技术、新工艺，不仅有效降低成本，缩短工期，而且保证工程质量，业主和监理对一冶的施工质量非常满意。监理公司副总经理评价说：中国一冶在施工过程中对质量要求严格，与监理合作愉快，在工期如此紧张的情况下，设备和电气安装一次成功，非常不容易，体现了一流的实力和管理水平。负责生产线调试工作的国外驰名企业ABB公司还专门向一冶发来感谢信，感谢一冶保证了其调试顺利，称赞一冶在如此短的时间内完成世界第一大冷轧酸洗线的安装工作是创造了一项奇迹。

400多个日日夜夜，历尽千辛万苦，一冶终于实现自己的承诺，高速优质建成了太钢4号冷轧生产线项目。该工程荣获国家优质工程金质奖，并入选"新中国成立60周年百项经典暨精品工程"。

（三）高原战旗别样红

在青藏高原，在西宁特钢，活跃着一支特别能战斗的队伍。他们以建设祖国的大西北为己任，扎根高原，默默耕耘，为西钢的发展作出了重要贡献，让MCC的旗帜在海拔2300米的高原地区鲜艳夺目，大放异彩！

1999年9月，中国一冶一支37人的队伍，进驻西宁特钢，承建了天车及"康斯迪"电炉工程。天车安装工作量不大，但施工难度较大，是在没有吊车的情况下进行安装。加装的天车轨道标高27米，与屋面的垂直距离很小，地面既不能直立吊车，厂房又不能承载天车这么大的重量。项目部决定采用桅杆吊装法（俗称立刨子），架工周汉生反复实地勘察和测量选点，绘制出32米高桅杆吊装方案，仅用了3天就完成了吊装任务，一炮打响。业主很快又将"康斯迪"电炉安装任务交给一冶。2000年4月3日，"康斯迪"电炉热负荷试车成功。至此，西钢人初识了一冶人的真面目。

2003年11月，西钢拉开了"铁钢轧"技改工程建设序幕，正式向中国一冶发出邀请。

炼钢技改工程主要生产设备是一座65吨转炉，一台五机五流小方坯连铸机及其相应的公辅设施。2004年4月12日，工程正式破土动工。工程进展十分顺利，7月就具备了设备安装的条件。2005年9月3日，西钢炼钢工程65吨转炉炉体无负荷试车一次成功，一冶人再次向业主交上了一份满意的答卷。

2011年3月15日，西宁特钢高炉环保技术升级改造工程开工。2011年12月13日，西宁特钢高炉环保技术升级改造工程3号高炉第一炉铁水喷涌而出，历时9个月建成的1080立方米3号高炉从一冶人的手中诞生。

（四）筑巢青钢

2013 年底，青岛钢铁公司总投资 164 亿元——从老厂区整体搬迁至董家口临港产业区。中国一冶自 2005 年完成青钢转炉炼钢工程和高速线材工程建设之后，时隔 8 年再度与青钢携手，承接了青钢城市环保搬迁工程一号高炉、一炼钢转炉、原料场、机修车间等施工任务，与其他 20 多个大型参建单位在胶南董家口方圆十里的晒盐场上开始了新青钢的"筑巢"行动。

2015 年 5 月 13 日，在青钢环保搬迁工程两座高炉建设中，中国一冶承建的 1 号高炉率先实现了烘炉，为青钢环保搬迁工程全线贯通奠定了基础。

（五）扬威沙钢

从 2002 年开始进入沙钢市场，中国一冶先后建设了 6 座高炉、4 座转炉、8 座焦炉、3 座干熄焦等项目，为沙钢的快速发展作出了重大贡献。2005 年，一冶人在不到 3 年的时间里，创造了在同一地点、同时建设 3 座 2500 立方米大型高炉的冶建奇迹。

2008 年 12 月，沙钢集团第四期 2 座 70 孔 7.63 米特大型焦炉焦化项目招标，业主毫无争议地将高分投给了中国一冶。签字仪式上，沙钢集团领导毫不隐晦地说："这是我们对你们的信任，是对你们 7 年多来在沙钢焦化工程所展现的实力、信誉进行的奖励。"

2002 年 7 月，中国一冶首次承建江苏沙钢集团 1 号焦炉系统工程。进场伊始，焦化工地还是一片芦苇塘，加上阴雨连绵，施工环境十分恶劣，业主对中国一冶抱着半信半疑的态度。中国一冶参战员工憋足干劲，在芦苇中测量，用推土机填塘。晴天一身汗，雨天一身泥。施工图纸不到位，就积极与设计院沟通，先发白图施工；耐火材料供应不及时，就配合业主到厂家催货。即使面对突如其来的"非典"疫情，一冶人依然坚守岗位。

2003 年 10 月 8 日，沙钢焦化 1 号焦炉按期出焦，成为焦化工程第一个签订施工合同，第一个进场，第一个开工，第一个按期投产的项目。一冶人用无声的行动，证明了自己的实力。随后业主十分爽快地把 4 号、5 号、6 号焦炉全交给了一冶。结果，4 号焦炉干得更好，提前 12 天出焦；5 号、6 号焦炉也相继于 2005 年 6 月完工，创造了当时 15 个月建成两座大容积焦炉的新纪录。

2009 年春节期间，中国一冶在沙钢大盘卷基础工程，打了一场漂亮的"短平快"攻坚战，在沙钢市场至今还广为流传。

随着国家 4 万亿投资政策的陆续实施，沙钢集团要增加一条棒材生产线，为此要求土建基础工程一个月完成，拖延一天罚款 50 万元。面对烫手"山芋"，没有一个施工单位敢叫板。关键时刻，中国一冶挺身而出。一个月内，要在狭小的现有厂房空间内，浇筑混凝土 15000 立方米、绑扎钢筋 2000 余吨、埋设附件达数十吨，意味着要在短短的几天内迅速组织 500 余名作业工人，一次性投入周转钢管 3000 余吨，扣件数十万个，模板 12000 平方米。当时又恰逢春节，对于任何单位来讲，都几乎是天方夜谭。

中国一冶制订精确到每天、每小时的作战方案；及时调整人员部署，并将准备春节放假的人员全部留下。同时，紧急从武汉征调 200 名作业人员；管理人员全部坐镇现场指挥。在全体将士的奋力拼抢下，大盘卷棒材基础工程魔法似的突然出现在眼前，怎么算都得 3 个月的工程，只用了短短的 26 天，竟然还提前 2 期四天半。沙钢集团连用 3 个"不"肯定中国一冶——"不可思议，不敢想象，不敢相信"。

三、扬帆远航　进军海外

（一）掘金海外

中国一冶开拓海外市场具有悠久历史。20 世纪 60 年代初，一冶就曾派出由工程技术人员和高级技工组成的专家组，到越南指导太原钢铁厂建设。援助越南太钢，曾经是中国冶金工业史话上的重要一笔。2001 年，在德国多特蒙德拆除高炉、炼钢、焦化工程，中国一冶进一步加快新一轮海外市场扩张步伐。

2005 年，一冶开始进入印度钢铁市场，相继承接 ISPAT 公司 198 平方米烧结机工程、JSW 公司的 3 号焦炉工程以及 ESSAR 集团的 2200 立方米高炉工程。

掘金海外，最为可贵的是思维方式的转变。过去是外国人当老板，派国人打工；如今中国人当老板，聘老外打工，这种全球配置资源的思维，以前完全无法想象。从以输出劳务为主，转向以输出管理和技术为主，中国一冶在海外市场越发游刃有余，多次荣获"武汉市优秀海外市场开拓企业"等荣誉称号。

（二）"中国，第一"

南非 Newcastle（纽卡斯尔，意为新城堡市）钢厂是全球最大的钢铁联合体 Mittal（米塔尔）钢铁公司在南非收购的一家中型钢铁公司，其拥有的四座焦炉炉龄均在 40 年以上，其中 1 号、2 号焦炉已经停炉。2005 年初，南非 Newcastle 钢铁厂重建 2 号焦炉工程进行国际招标，中国中信公司与鞍山焦化耐火材料设计研究总院联合中标，中国一冶承接了 2 号焦炉的炉体砌筑、钢结构制作安装和电气设备的安装调试工程。

2006 年 9 月，由中国一冶承建的南非 Newcastle 钢厂 2 号焦炉工程竣工投产。在不到一年的时间内，一冶人克服重重困难，高速优质建成一座 6 米炭化室的 50 孔焦炉，在南非赢得了"中国，第一"的称赞。

（三）冶建之歌在南亚唱响

进入 21 世纪，印度作为亚洲乃至全球经济增长最快的国家之一，其拥有的铁矿资源，引来了大批投资进入印度钢铁市场。当时，印度的钢铁行业尚处于起步发展阶段，其发展目标是到 2012 年，年钢产量要从当时的 5500 万吨提高到 1.5 亿吨，市场潜力巨大。中国一冶抓住机遇，开始关注印度市场。

2005 年，中国一冶与 ISPAT 钢铁公司签订了 198 平方米烧结项目机电设备、管道、通廊、烟囱安装工程合同，成为国内最早进入印度市场的冶金施工企业。该项目印度企业一般要三四年才能完工，中国一冶两年就完工，在印度市场开了个好头，赢得了良好的信誉。

随后，中国一冶又成功在印度接下 JSW 公司焦炉工程、ESSAR 公司 2200 立方米高炉工程、IISCO 国家钢铁公司土建和设备安装等工程，总合同金额逾 20 亿元人民币。其中，2008 年 6 月，中国一冶与印度电钢公司签订新建 220 万吨钢铁工程项目施工合同，是中国一冶在海外承接的首个系统钢铁项目。项目包括烧结、炼铁、炼钢、轧钢和公用辅助系统等，合同金额达 10 亿元人民币，是中国公司在印度冶金市场承揽到的最大一项合同。在境外独立承担如此大的系统工程，在中国一冶历史上也是第一次。

为此，中国一冶成立了印度分公司和印度电钢工程项目经理部。2009 年初，中国一冶的施工人员进驻工地，开始了印度电钢工程的建设。施工现场没有房子，没有水电，员工们住在工棚里。由于水土不服，大部分人拉起肚子。尽管如此，工程一开工，中国一冶员工便迅速投入到紧张的施工中，发扬特别能吃苦、特别能战斗的精神，不讲条件，拼命工作，建设速度直线上升。在不到 3 个月的时间里，完成了 3 号高炉和热风炉大体积混凝土基础的施工任务。一冶人一上场就身手不凡，深得业主的青睐。

2010 年，印度电钢工程 3 号高炉、铸铁机、棒材厂、公辅系统等相继进入施工关键时期。但由于业主征地未完成，施工设备和材料短缺，构件到货不及时，以及劳务工作签证不能满足施工需要等因素的影响，施工进展一直不顺。在极其恶劣的自然环境中，工程艰难前进。

2011 年是印度电钢工程的关键一年，当年 12 月 30 日要力争实现一条生产线投产的目标。这就意味着 70 万吨棒材、2 号高炉、1 号烧结、2 号炼钢连铸等工程均要达到投产条件，公辅系统水电气能正常送达各区域。为解决劳务人员不足的问题，中国一冶积极寻找当地分包商，尽量使用当地劳务，并公开招聘、择优录用当地的工程技术管理人员。到2011年6月，中国一冶印度分公司外籍管理人员已超过中方管理人员数量，工地外籍劳工达到1800多人。经测算，外籍管理人员的同比费用约为中方管理人员的38%左右，不仅降低了施工成本，也大大加快了工程进度。经过2年多的熟悉和磨合，一些前期聘用的印度分公司外籍管理人员已经表现出较高的专业素养，能和中方管理人员团结共事，能为公司利益着想，为公司发展出谋划策。特别是应聘的印度财务人员熟悉掌握印度税法，在税务策划方面发挥了积极作用。2012年底，印度电钢220万吨钢铁项目基本完成，中国一冶圆满履行了对业主的承诺。

冶金建设是中国一冶的魂与根，承载着一冶人的钢铁情怀、冶建梦想。中国一冶将习近平新时代中国特色社会主义思想为指引，认真贯彻党的十九大精神，落实中冶集团"冶金建设国家队再拔尖、再拔高、再创业"方案，全力以赴开拓冶金市场，中国一冶将通过干好现场促市场，进一步擦亮"中国冶建第一军"品牌，让一冶人魂有所牵，根有所系。

砥砺奋进　持续发展

大峘集团有限公司

　　大峘集团有限公司（原中国冶金设备南京公司，简称大峘集团）成立于我国实行改革开放的 1978 年，原直属冶金工业部，是集工程设计、技术研发、设备制造、设备成套及工程总承包于一体的大型工程技术公司。集团公司先后荣获"全国钢铁工业先进集体""全国企业文化示范基地""江苏省文明单位""江苏省五一劳动奖状""江苏省模范职工之家""江苏省厂务公开民主管理先进单位""江苏省管理创新示范企业"等荣誉称号。集团总部（研发设计中心）坐落于江苏省南京市江宁高新园开发区，占地面积近 40 亩，制造基地位于溧阳天目湖开发区，占地面积近 60 亩，具有较强的加工、制造及装备集成能力。

　　1978 年 4 月 3 日，中国冶金设备南京公司成立。从此，这个具有历史意义的日子，成为大峘发展的重要里程碑，也永远定格在一代又一代大峘人的心里。经过大峘人 40 年的不懈努力，尤其是近 20 年的奋力拼搏，集团公司的各项工作都取得了很大成绩，知名度、影响力以及综合竞争力有了很大提升。

一、大峘集团取得的成就

　　大峘集团历经 40 年，正是我国实行改革开放政策的 40 年。40 年来，特别是近 20 年来，大峘集团风雨兼程，以科学发展观为指导，紧紧围绕企业发展目标，在顺境中抢抓机遇，在逆境中攻坚克难，不断加大技术创新和市场开拓力度，有效的拓展了国内外市场，合同额逐年提高，研制开发了一批具有国内领先，国际先进的工艺技术与装备。党建工作与企业文化建设卓有成效。培养了一大批具有乐于奉献、开拓创新、勇于担当的优秀员工队伍。公司从无到有，获得了工程设计、工程总承包和施工总承包 3 个资质，公司技术人员应邀参与了多项国家及行业标准的制定。

（一）开发出多项工艺技术和核心装备

　　大峘集团在消化国内外先进技术及装备的基础上，围绕钢铁行业节能减排、发展循环经济和品种结构调整的需要，不断开发出适合自身特点的专利和专有技术，拥有了高炉喷煤、高炉水渣（钢渣）超细粉、活性石灰、烟气脱硫脱硝及粉尘超低排放治理以及 KR 法铁水脱硫等一批国内领先，国际先进的技术与装备，在行业内有了较高的知名度和影响力。

大岠集团在煤粉制备、喷吹及立式中速煤磨研制领域拥有国内领先的工艺技术及装备。能提供小时产量 5~120 吨的各系列中速煤磨，可满足不同用户的需求，已累计承接国内外喷煤工程近 400 套。近年来，大岠集团完成了宝钢湛江钢铁两座 5050 立方米高炉配套喷煤设施的建设，使用很好，受到了湛江钢铁的一致好评。

大岠集团是最早从事矿渣（钢渣）立磨研制开发的单位之一，是国内品种规格系列最全的矿渣（钢渣）立磨供应商，在国内矿渣立磨领域处于领先水平。可提供年矿渣立磨 30 万~200 万吨、年钢渣立磨 25 万~110 万吨和工程总承包服务。国内单台年产量 200 万吨矿渣微粉生产线于 2017 年 10 月在滦南联旭建材有限公司成功投运。目前，该生产线运行稳定，各项指标都达到或超过了设计要求。

大岠集团是同时拥有回转窑、套筒窑和双膛窑三种活性石灰生产工艺技术与装备的工程公司，自主开发了日产 200~1200 吨活性石灰生产线，在活性石灰领域拥有较高的知名度与影响力。总承包建设了宝钢湛江两座日产 1000 吨回转窑活性石灰工程。

大岠集团是最早从事粉尘、烟气治理技术的研制开发单位之一，拥有脱硫、脱硝、煤气脱除氯离子及烟气超低排放治理等技术与装备。先后为宝钢、武钢、南京钢铁、兴澄特钢、联峰钢铁、梅山钢铁等数十家企业提供了 200 余套总承包工程。

大岠集团是国内最早从事 KR 法铁水脱硫技术及装备的研发单位之一，自主开发了脱硫剂使用量计算模型、搅拌桨转速选择模型、脱硅剂使用量计算模型、脱磷喷吹过程控制模型等一系列技术，使得脱硫脱磷经济指标达到国内一流水平。

大岠集团还从事高炉煤气脱除氯离子、特殊钢电炉冶炼（拥有电炉-炉外精炼-连铸等短流程工艺技术）、链箅机-回转窑氧化球团等技术的开发和总承包工作。先后为国内外钢铁企业提供了近 200 万吨具有国际先进水平的设备，部分设备已进入欧美等发达国家市场。

大岠集团拥有各类专利近 60 项，是《高炉喷吹烟煤系统防爆安全规程》（GB 16543—2008）、《粉尘爆炸危险场所用收尘器防爆导则》（GB/T 17919—2008）和《水泥制品用矿渣粉应用技术规程》（JC/T 2238—2014）等 3 个国家标准的起草单位。

（二）进一步拓展了国外市场

拓展国际市场，坚定不移地走出去，参与"一带一路"不断提高企业在国际市场中的竞争力和影响力，扩大公司品牌效应，是大峘集团调整经营战略的重要内容，也是发展壮大的重要途径。近年来，大峘集团派出工程技术人员相继走访、考察了德国、丹麦、芬兰、俄罗斯、乌克兰、澳大利亚、马来西亚、越南、印度尼西亚、印度等国的一批重点钢铁企业和设备制造企业，就高炉喷煤、氧化球团、活性石灰、水渣微粉、烟气脱硫脱硝以及短流程炼钢等项目与他们进行了充分交流与洽谈，完成了多个工程项目的前期调查、论证和初步设计方案。同时，有近百批国外钢铁企业来大峘集团参观交流，并对大峘集团总包的工程项目现场进行实地考察，展示了大峘集团整体形象和技术实力。经过上上下下的不懈努力，近年来大峘集团承接国外项目呈逐年增长态势，集团与印度尼西亚 GORDA 公司签订的 50 万吨炼钢连铸工程项目，该合同总额达到了 8000 万元，也成为大峘集团在国外承接的第一个完整的总承包工程。这些项目风险高、难度大、要求严、工期短，但大峘集团不畏艰难，集中力量，做好设计、设备制造和协调服务工作。2016 年，大峘集团又重点跟进了越南和发新建钢铁厂项目，采用"走出去，请进来"的办法，一方面派出不同专业技术人员多次走访用户，介绍公司的优势产品和特色技术，另一方面邀请和发钢厂工程技术人员来公司及公司项目现场进行考察交流，实地感受大峘技术实力和能力。经多方努力，集团公司先后中标了越南和发日产 1000 吨回转窑活性石灰生产线工程、2×360 平方米烧结烟气脱硫项目以及为该厂高炉项目配套供应了 3 台 EM110 的煤磨机，合同额超过 1 亿元。目前，仍在跟踪一套年产 185 万吨的矿渣微粉生产线和高炉尘泥脱锌项目。实践证明，通过完成国际工程项目，既增强了大峘集团开拓国外市场的信心，锻炼了员工队伍，积累了承接国外总承包项目的经验，又提升了公司在国际市场上的竞争力，扩大了合作领域。

（三）打造了一支政治素质高、业务能力强的员工队伍

一流的人才队伍是科技创新的基础，技术储备是企业发展的重要资源。多年来，大峘集团一直重视人才队伍的培养与建设，打造学习型、创新型企业，为创新型人才的成长搭建平台。我们通过到专业高校招聘新员工，加强对在职员工培养，不断加大理想信念和思想政治教育，进一步提高政治素质与专业理论水平。目前，大峘集团已拥有一支实力强的设计、技术及工程管理队伍，拥有本科及以上学历的占职工总数的 92%（其中，研究生学历的约占 50%），各类工程技术人员占职工总数的 90% 以上，拥有中高级以上技术职称的占职工总数的 60%，研究员级高级工程师 14 人。员工平均年龄 32 岁，中共党员人数占职工人数的 73%，是一支年轻有为、技术能力强、政治素质高的员工队伍。

（四）形成了独具特色的企业家文化理念

大峘集团的前身为中国冶金设备南京公司，21世纪初进行了整体改制，但在经济环境变化、市场竞争日趋激烈的形势下，仍面临着如何适应、生存和发展的严峻挑战。在新的形势下、企业要加快谋求新发展的步伐，这就需要我们形成一个符合企业发展影响大、功能全、生命力强的独具特色的企业文化。在这种情况下，大峘集团企业文化建设吸收了传统文化中精髓，以一种新的非血缘的亲情关系为基础，创立了一个以情感管理为主、以制度管理为辅、以精神自律为中心、以传统文化为根基的和谐"家"文化理念。

这既是企业管理机制和运行模式的创新性选择，也是企业对和谐发展理想的深切追求，更是对中国传统文化的尊重和使用。在这种文化下，员工的积极性、创造性得到了进一步的发挥，公司的凝聚力、向心力得到了进一步加强，企业的各项工作都取得了长足的发展，先后获得"全国企业文化示范基地""全国企业文化优秀成果奖""中国企业文化建设先进单位""全国企业文化优秀案例奖""江苏省企业文化优秀成果奖"等多个奖项。

二、大峘集团取得成绩的经验与体会

（一）持续创新是公司稳健发展的有效保证

在世界经济不确定因素增多，我国经济发展出现新的变化，企业竞争加剧、创新难度大、新市场开拓困难重重的大背景下，许多企业的合同量减少，任务不足，而大峘集团的合同量却逆势而上，不降反升，其中重点原因之一，就是大峘集团多年来紧紧抓住冶金行业淘汰落后产能、调整产品结构、发展循环经济和走节能环保之路的契机，不断加大新技术、新工艺、新装备的开发力度。继高炉喷煤之后，公司又相继开发了高炉水渣超细粉、活性石灰生产工艺、烟气脱硫脱硝、KR法铁水脱硫等一批国内领先国际先进的技术与装备，并迅速应用到工程项目中，有力支撑了公司各项工作的持续发展。

（二）走工程总承包之路是企业壮大的重要举措

作为技术工程公司，必须拥有自己的关键技术和核心设备，才能带动工程项目的总承包。经过几年实践，大峘集团走出了一条以工艺技术为龙头，关键设备为核心的工程设计、设备制造、设备成套工程总承包新路子。如拥有高炉喷煤工艺技术和中速煤磨的设计制造能力、水渣工艺技术和大型水渣立磨的设计制造能力、石灰窑工艺技术和回转窑设备的设计制造能力。正是由于掌握了这些领域的工艺技术和核心设备的设计制造能力，极大地提高了公司在这些领域的整体竞争力。10 多年来，大峘集团已累计总承包工程 400 余套，极大地提升了公司整体实力，促进了公司向更大、更强方向发展。

（三）搭建创新平台，为企业发展营造创新氛围

创新是一个企业的灵魂，是企业持续发展的不竭动力，纵观当代企业唯有不断创新，才能在竞争中处于主动，立于不败之地。

1. 创建了省级工程技术研究中心和企业技术中心

这些中心对培育企业自主创新能力，加快科技成果转化，提高企业的市场竞争力有着显著的推动作用。目前，公司已顺利通过了江苏省工程技术研究中心和企业技术中心的验收。

2. 加强横向合作

大峘集团以工程项目中的难点和新技术和新装备的研制为纽带，进一步加强与国内科研院所、高等院校以及国际科研机构的横向合作，公司分别与东南大学、东北大学、南航、南理工、江苏大学等高校以及与丹麦尼鲁公司、德国 CP 公司等建立了稳定的长期合作关系，在新材料、新工艺、新装备等方面进行联合研制，取得了较好的成效。很多研究成果已经运用于实际工程项目中，并取得了良好的经济和社会效益。

3. 参与国家及行业有关标准的制定

参与国家及行业标准的制度，是衡量一个企业在该行业中的地位和作用的一个重要标志，鉴于大峘集团在高炉喷煤和高炉水渣微粉领域的技术领先地位和重要作用。近年来，我们参与制定了《高炉喷吹烟煤系统防爆安全规程》《粉尘爆炸危险场所用收尘器防爆导则》《水泥制品用矿渣粉应用技术规程》等 3 项国家及行业标准。正因为大峘集团在上述领域的权威性，各大钢厂纷纷与大峘集团合作，形成共赢发展的良好局面。

（四）人才队伍建设为集团的发展提供了第一资源

一流的人才队伍是科技创新的基础，技术储备是企业发展的重要资源。大峘集团之所以能够持续发展与近年来注重人才队伍建设密不可分。

多年来，大峘集团坚持围绕"适"字做好人的思想工作和员工队伍建设。具体表现在：在选人时坚持量体裁衣、使企业与员工之间相符、相合、相知，坚持以学习优秀、党员干部优先的选人原则；在用人时坚持以人为本，给予员工全方位关爱，员工的衣、食、住、行、学、婚、节都由企业操办负责；留人时坚持志同道合的根本原则，加强员工文化理念建设，统一追求目标，同心、同德，使企业和员工有共同追求。

注重人才的培训，一是选拔一批符合条件的工程技术人员参加全国统一考试，完成工程硕士学位课程的系统学习。二是经常邀请有关专家学者就冶金工业发展中的一些前沿技术和大峘集团工程设计、设备研发中遇到的一些具体技术问题进行讲座，有针对性地解决实际问题。三是鼓励工程技术人员参加各类职业资质考试和发表论文，以此激励广大工程技术人员的学习热情。四是围绕公司承接的工程项目中的难点作为科研攻关重点，来激发工程技术人员钻研技术的热情。公司每年都要晋升一批专业知识扎实、设计能力强、能解决现场实际技术问题的主任工程师，为人才的脱颖而出营造良好的工作氛围，也为企业的发展提供了第一资源。

（五）和谐"家"文化建设是企业的终极竞争力

现代企业的竞争，已经从产品的竞争上升为形象力和文化力的竞争。大峘集团注重企业"家"文化建设，并已初步形成文化先进、管理高效、服务优良的品牌和口碑。经过长期的悉心培育和实践，我们形成了以传统文化为根基的企业"家"文化理念，在企业文化中注入传统文化理念的精髓，形成"情感管理为主、制度管理为辅、精神自律为中心，传统文化为根基"的核心文化理念。在企业建章立制和日常管理工作中处处体现企业"家"文化的内涵，引导企业与员工之间、员工与员工之间建立亲情纽带关系，对员工的"衣、食、住、行、学、婚、节"等各个方面给予全方位的关怀和帮助。

在企业日常经营管理中，形成了三条具有特色的工作方法：一是形成了有制度不唯制度，以情感管理解决问题的工作方式，达到了使人从心而守的效果；二是有竞争不激化矛盾的工作状态，在工作中提倡员工之间更多的是和谐与包容，达到从心而干的目的；三是有指标不强调指标的工作考核标准，体现企业充分信任员工，表现出从心而求的心胸和愿望。

大峘集团提出了"快乐工作、幸福生活"的理念，希望每个员工都带着快乐的心情去工作，为了幸福的生活而努力。一进大峘集团的展览馆，首先映入眼帘的就是有着公司每一位员工笑脸的笑脸墙，他们用这样的方式展现员工的风貌，同时让员工真正的感觉到自己是公司的主人；在分配制度上，大峘集团实行了"全员提高、突出重点、多种形式、循序渐进"的分配制度，既考虑了团队的整体提高又突出奖励了有贡献的员工；公司把每年的十月定为集体婚礼月，把为青年单身员工举办集体婚礼作为企业"家"文化的一个重要部分，公司已经连续举办了十三届集体婚礼，并赋予了婚礼的特殊内涵，成为企业的年度庆典、员工期盼的重要活动，并被中企联评为全国企业文化建设优秀案例。为感谢全体员工家属对企业的支持，向她们馈赠刻有"知心共求"字样的金条礼品；领导班子成员逢年过节到全国各地员工家里去拜年；购车购房公司制定补贴政策，现在大峘80%的员工有私家车、90%的员工购买了新房。关注员工的自身发展，与高校联合举办工程硕士班，通过这种再学习形式已经有20%员工分别取得了工程硕士学位或学历证书；注重员工的职称的晋升，鼓励员工在专业刊物上发表论文；重视员工专业资格的考核，给予相关鼓励政策。

大峘集团在考虑股权设置与变更时，制定退休退股政策，将这些逐年退出的股份原价转让给来公司工作五年以上、相对稳定的员工。将企业资本视为企业的血液，拥有企业的股份，就是融入了企业的血脉。这一举措进一步增强了员工的主人翁意识，更好的激发员工为企业多做贡献的热情。

（六）注重党建与思想政治建工作设为企业发展保驾护航

大峘集团十分重视发挥企业党组织的政治核心作用，强化党的政治、思想、组织和作风建设，教育引导全体党员干部保持政治、信仰和立场的坚定，维护党中央的集中统一领导，确保企业健康有序地发展。

重视党建工作，创新工作思路。公司党委以经济建设为中心，结合公司实际，做好党建工作，发挥好党员的模范带头作用，为企业的和谐发展保驾护航。每年的"七一"，大峘集团都会组织广大党员、入党积极分子到革命纪念圣地参观学习，并进行新党员宣誓活动。通过活动，使所有党员受到了理想信念教育，更加以一名优秀共产党员标准严格要求自己，积极工作，努力拼搏，在企业的发展中充分发挥锋模范作用。

开展扶贫帮困工作。扶贫帮困已经成为公司及每一个员工的自觉行为。每当出现自然灾害时，大峘集团总是第一时间给予支援。同时，公司又响应省委、省政府的号召为对口扶贫单位东海县款和省级文明单位挂钩单位淮安市楚州区捐款捐物，用于农村基础设施建设。正是由于多年来在坚持企业发展的同时不断回馈社会，公司赢得了社会公众的认可和信赖，社会影响力进一步增强。

长期以来，大峘集团十分重视党的路线、方针、政策的学习。党的十九大召开后，公司党委又及时组织了十九大精神的学习，并结合个人的思想、工作、学习实际进行集中讨论，以务实的举措推动十九大精神在企业落地生根、开花结果。为进一步加强党组织建设，促进交流、沟通和合作，增添党建工作新活力，中科院南京分院、国电江苏电力公司、国电科学技术研究院、江苏苏美达集团、江苏省农业科学院、江苏再保集团、民航江苏监管局、南京玻纤院、东航江苏公司、中国联通江苏公司、江苏省电力设计院和大峘集团，共12家单位党委，在中共江苏省委组织部的领导下，于2016年9月1日联合签订了党建共建协议。12家隔行跨业的单位，统一思想，达成共识，开展党建共建工作，形成G12共建联合体，推进党建机制创新，探索党建工作的新思路，提高了新形势下基层党建工作的实效性，为促进共建单位的事业持续健康发展，注入了源源不断的政治动力，提供了坚强有力的组织保证。

三、大岠集团实施新一轮发展战略前景展望

回顾40年的历程，展望未来长远发展，大岠只有始终坚持走技术创新、管理创新、文化兴企的发展道路，紧紧围绕钢铁企业"节能减排，发展循环经济和品种结构调整"的总体目标，为提高冶金装备的工艺技术水平不断锐意进取，为钢铁企业发展做出新的更大的贡献。对大岠人来说，使命更加光荣，责任更加重大，任务更加艰巨。

"小山与大山相并时，小山高于大山，称其为岠"这就是大岠集团岠的诠释，也是所有大岠人永恒的梦想和追求。

共昌轧辊改革进程与高质量发展之路

江苏共昌轧辊股份有限公司

江苏共昌轧辊股份有限公司始建于 1958 年，当时为宜兴县新建铁木竹社，1976 年开始生产轧辊，先后更名为宜兴县冷铸轧辊厂、宜兴市轧辊厂宜兴市轧辊厂。公司是由原企业与杭钢集团、日照钢铁、美国联合电钢、马钢集团等强强联合组建的中外合资企业。公司现已成为国内轧辊制造业的龙头企业、世界大型的知名品牌企业、轧辊标准起草制订企业。该公司现已建成五大产品生产基地并实现集团化管理，具有年产各类轧辊 10 万吨生产能力，同时提供专业化、差异化、个性化服务，在国内外同行业中名列前茅，是国内钢铁冶金用各类轧辊的专业生产基地之一。

公司被认定为国家高新技术企业，中国高新技术产业最具有创新力企业，"共昌"商标获中国驰名商标称号；先后承担了国家"十二五"科技支撑计划、省科技支撑计划、国际科技合作、科技部创新基金、国家和省重点新产品和火炬计划等十多项科研项目，拥有高性能轧辊产品和装备核心技术专利 60 多项。其中，发明专利 27 项、省高新技术产品 12 只、国家和省重点新产品 4 只、省高新技术产品 6 只，获得省、市科技进步奖 5 项，起草和参与制定了国家和行业标准 3 项，发表论文 20 多篇。其中，共昌负责制定的《热轧钢板带轧辊》国家标准，以及国内冶金行业首部英文版国家标准均已正式实施。公司建有"国家博士后科研工作站""省高合金及复合轧辊工程技术研究中心""省企业技术中心""省企业研究生工作站"等科研平台。

如今，在中国乃至世界轧辊领域，江苏共昌轧辊股份有限公司（简称共昌轧辊）以其依靠创新驱动促进高质量发展的业绩，受到了越来越多的关注。60 年间，共昌轧辊从一个默默无闻的小型农机厂，一步一个脚印，发展成为拥有年产各类板带轧辊、型钢轧辊、棒线材轧辊、锻造和铸造支承辊、辊环等产品 10 万吨生产能力的轧辊龙头企业，一步步朝着打造世界轧辊生产研发基地的宏伟目标坚实迈进。

在我们迎来改革开放 40 周年之际，也是在企业迎来 60 华诞之际，让我们梳理一下共昌轧辊的发展历程，回望一下他们依靠管理变革、创新驱动实现企业快速发展、高质量发展的道路。

一、共昌发展历程与取得的成就

（一）立足创新，快速发展

让时光倒转至改革开放初期。为满足国家棒线材轧制发展需要，共昌轧辊正式开始了轧辊经营之路：从最开始的小型冲天炉，在无任何检测手段的情况下，从钢铁水的火星中摸索温度规律，从三角试片中观察、研究、调整化学成分。经过十几年的艰苦努力，在总结经验中解决了小型铸铁轧辊出现的裂纹、夹渣、球化不良等各种质量问题，满足了轧机需求。

共昌轧辊通过一次次攻关、一次次革新，逐步开发生产出了以铸代锻的铸铁矫直辊、CrMoV 无限冷硬球墨铸铁轧辊、高效节能离心复合辊等系列产品。其中，铸铁矫直辊、CrMoV 球半辊、高效节能离心轧辊分别被评为江苏省新产品金牛奖，铸铁矫直辊被评为江苏省优质产品。随着卧式离心机的投入生产，该公司先后研发试制出众多优秀新产品，开发生产出了珠光体、贝氏体和中小型离心复合轧辊、合金钢轧辊、半钢轧辊和石墨钢轧辊、离心复合铸造的高碳半钢复合辊环等新产品。共昌轧辊的这些新产品先后在宝钢、马钢、南钢等国内大型钢铁企业投入使用，效果良好，推动了轧辊业的技术进步和飞越发展，也为后续引进技术快速发展奠定了基础。

（二）技术引进，消化吸收再创新

进入到 21 世纪。这一时期，我国的轧辊企业经常采取直接购买或引进国外先进设备和生产线的方式，提高自己生产能力和产品水准。但是，有了设备并不代表掌握了技术，设备的更新换代时刻都在发生。要想在日新月异的发展潮流中立足，必须做好引进技术的消化吸收，与时俱进，提升自主研发能力。

2003 年，面对国内板带轧辊长期依赖进口的现状，时任共昌轧辊董事长邵顺才同志深思熟虑，大胆设想，执意要生产出属于自己的高质量板带轧辊产品。于是，公司果断主动与杭州钢铁集团合作，投资了 514 万美元，引进了美国联合电钢英国戴维轧辊公司生产板带轧辊的先进工艺、关键设备大型立式离心机设计制造技术及其生产过程自动化控制技术。随着技术光盘和图纸的到位，以及誓师大会的召开，共昌轧辊人带着特有的果敢和坚毅，投入到技术学习和转化之中。"功夫不负有心人"。2005 年，在攻克了大大小小数十个技术难题后，年产 2 万吨的板带轧辊生产线终于全面投产，共昌轧辊也一跃成为当时国际少有的能生产高性能轧辊技术装备的企业，形成了高镍铬、高铬铁、高速钢、高铬钢等系列材质的板带轧辊产品，板带轧辊产品受到了宝钢、马钢、武钢等国内外多家大型钢铁企业的青睐。

强强合作为企业引进了先进的技术，但共昌轧辊并不满足于此。他们打算在引进国外先进技术的高起点上进行自主创新，引领企业向高端发展的路径转变。

2003 年，共昌轧辊引进的英国戴维轧辊公司的板带轧辊技术，其只能生产最大直径规格 800 毫米的轧辊产品。随着国内大型轧机的广泛应用，钢铁企业对轧辊的规格及品种要求不断提高，新的市场机遇摆在了眼前。对此，共昌轧辊没有迟疑，决定在英国戴维公司技术基础上进行再创新，大胆拓宽板带轧辊品种规格。公司承担实施了 2005 年江苏省重大核心科技成果转化项目，完成了钢铁研究总院的国家 "863" 项目重大核心科技成果的产业化，自主研发了直径 1350 毫米的粗轧高铬钢轧辊，填补了市场空白。

从直径 800 毫米到直径 1350 毫米，这在板带规格上是个不小的跨越，共昌人众志成城，不惧困难与危险，坚持自主创新不动摇。在共昌轧辊公司的支持下，研发中心迅速成立技术攻关团队，他们风雨无阻，披星戴月，一步步改进生产技术和装备，一点点提高产品规格，最终完成了很多人认为不可能实现的技术再创新。共昌轧辊以智慧与付出赢得了尊重，大规格板带轧辊研发成功为钢铁业做出了巨大贡献。

（三）创新升级，深化产学研合作

随着 2008 年金融危机到来，全球经济呈现新形势，国家钢铁工业产能过剩问题凸显，钢铁业加速淘汰落后产能以及产业结构升级调整步伐。

面对国内外日益严峻的市场环境，同行竞争压力巨大，轧辊产业进入 "高产能、微利润、低需求" 的严冬期，共昌人临阵不乱，坚持以 "创新驱动发展，狠抓企业内功" 为发展思路，主动适应新常态，提出树立 "全员质量管理观" 和 "全员成本控制观" 的全员理念。

基于这种理念，一场以 "提质增效" 为主题的攻坚战在共昌轧辊悄然展开。在稳定原有市场基础上，共昌轧辊积极开拓国际市场，尤其是开发新产品：2011 年成功研制沙钢 5 米特大型宽厚板工作辊，净重近 70 吨，"高性能宽厚板复合轧辊" 获 2012 年江苏省优秀新产品金奖；高抗冲击韧性离心复合高速钢轧辊、高耐磨高铬铸铁复合轧辊、高红硬性粗轧半高速钢等新产品得到陆续开发。通过新产品的研发，共昌轧辊在残酷的市场竞争中确保了板带轧辊的稳定发展；同时通过深入推进精细化生产管理，切实采取有效措施，全力消化各种不利因素，在降本增效战中打牢了发展基础。

共昌轧辊坚持以科技创新为驱动，先后与钢铁研究总院、清华大学、湖南大学等科研院校开展产学研合作，成立了江苏省高合金及复合轧辊工程技术研究中心，主导完成了国家标准《热轧钢板带轧辊》，以及国家冶金行业首部英文版国家标准的制订。2012年，共昌轧辊与中国钢研科技集团有限公司等单位一起承担材料领域"十二五"国家科技支撑计划"特殊钢生产流程关键技术开发与示范集成"项目。2012~2014年，共昌轧辊承担了江苏省科技支撑计划"超厚、大面积高合金激光快速立体成形技术开发"项目，加速高端轧辊产业发展推进。

（四）自主研发，助力高端产品国产化

近些年来，共昌轧辊以满足客户高端需求，振兴民族工业为己任，在高起点上再出发。

2014年6月，与共昌轧辊有着长期合作关系的日照钢铁控股集团有限公司开始筹建ESP精品轧机生产线。日照钢铁拟从意大利订购的轧机尚在商谈中，作为配套企业的共昌轧辊就立刻做出了反应，随即启动ESP精品轧辊的调研试制工作。共昌轧辊派出技术团队先后前往日照钢铁、马钢集团、首钢集团等多家企业进行反复调研，了解客户需求，并请教了全国多所科研院校，结成产学研合作关系，获得技术上的支持。

当时，全球轧辊行业还没有ESP轧辊现成的经验可寻，只能靠自主研发。共昌轧辊在试制过程中，产生了10余支开裂轧辊，损失高达200多万元，以公司总经理邵黎军为核心的管理层坚定地表示："为了抢占世界轧辊行业的制高点，为了振兴民族工业，曲折再多，困难再大，也不能停止研发ESP精品轧辊产品的脚步。"公司研发团队群策群力，紧盯轧辊裂纹难题，依托产学研合作高校的技术优势，反复实验，使问题得到彻底解决。经过一年时间的拼搏，ESP轧辊终获研发成功。

2016年初，共昌轧辊将新制成的ESP精品轧辊送往了日照钢铁，但送去后却闲置了几个月。原来，日照钢铁最先选用了国外进口的随机轧辊来配合轧机生产。但这些进口轧辊使用后出现了明显的"水土不服"症状——轧制的钢板全部出现了裂纹，根本无法轧制薄板。事后，日照钢铁的技术负责人感叹地说，由于国外的轧辊生产周期长，价格大约是国内轧辊的两倍。情急之下，日照钢铁尝试使用共昌轧辊新制成的ESP轧辊，效果居然出奇的好。共昌轧辊生产的ESP轧辊上机后的薄板钢轧制量，不仅轧制出的薄板产品稳定，单次在线时间长，是普通轧辊单次轧制公里数的3倍左右，而且质量过硬，完全符合轧制薄板的要求。

ESP精品轧辊生产技术成功研发和使用，展示了共昌人的创新思维和战略眼光。2016年底，共昌轧辊再次投资3.5亿元，建设ESP精品轧辊生产线项目，项目所有设备、软件

和控制技术都是世界一流的。该项目一期工程于 2017 年 6 月投产以来产销两旺，二期工程也正在紧锣密鼓的推进中。项目全部达产后，年产 ESP 精品轧辊将达 2 万吨，为我国钢铁企业转型升级提供了有力支撑。通过科技创新，共昌轧辊先后获得国家重点新产品 4 项、省高新技术产品 10 项。共昌轧辊在收获高起点创新硕果的同时，成功实现了企业向高端发展的转型，并朝着打造世界最大的热轧高性能高合金复合轧辊生产基地的目标迈进。

二、共昌轧辊快速发展的经验与体会

（一）建立自主创新体系，促进公司健康、稳定发展

依靠科技创新推动产业升级，共昌轧辊成功实现了从小农具生产企业到普通轧辊生产小厂，再到特种新型轧辊现代生产企业的华丽"变身"。用公司现任董事长邵黎军的话说，在制造业转型升级中，"共昌轧辊只专注做了一件事，那就是不断创新，提升核心竞争力"！

科技创新，不是一个新鲜的话题，但也不是一个轻松的话题。已经在技术领域有着丰厚积累的国外企业，往往利用自身的先发优势，通过开发创新型产品占据先机。而共昌轧辊这样的国内企业，要在市场上占有一席之地，科技创新必不可少，而更重要的是有一个清晰的创新方向。部分企业特别是科技型企业，在研发上的巨大投入常常由于技术的变迁而成为成本黑洞，甚至出现只有投入没有产出的现象——这就是创新陷阱。规避创新陷阱，必须建立面向市场的自主创新体系，并强化对创新成果转化的市场运作管理。而共昌轧辊的做法就成功的印证了这一点，在引进技术、消化吸收、自主创新等各个环节，共昌轧辊始终坚持一个原则：市场是技术创新的起点和终点，技术创新动力来源于市场，成败靠市场来检验。因此，依靠一个个市场认可的创新产品，共昌轧辊不断占领一个又一个新兴市场，引领轧辊行业转型升级的热潮。

（二）走"合作共赢"体制创新之路——混改激发新动力，推动企业发展壮大

在 20 世纪末，共昌轧辊还是一家产能在 1 万吨左右的小型民营企业，是什么令其实现跨越式发展，成为国内行业的"领跑者"呢？

就是大胆引进不同资本、先进技术和优秀人才，不断集聚发展优势，是共昌轧辊坚持走的路。2002 年，一次海外考察美国联合电钢英国戴维轧辊有限公司的热连轧板带轧辊生产线，引起了共昌轧辊管理层的关注。当时，国内主要的轧辊生产企业由于技术和设备

落后，生产的产品质量稳定性不够。而这家美国公司的生产线，采用了世界先进的浇注工艺控制技术，可以很好地保证产品质量的稳定性。共昌轧辊认为，是先进的技术，就要敢于引进。于是，2003 年共昌轧辊果敢投入 500 多万美元，引进年产 3 万吨的热连轧板带轧辊生产线，并邀请英国戴维公司成为共昌轧辊的股东之一。与国外同行的首次牵手，令共昌轧辊及时引进、消化了他们的先进技术，并于不久后自主研发了当时世界上最先进的轧辊制造技术和设备，实现轧辊制造技术、装备水平和高端产品生产的跨越式发展。虽然拥有了行业领先地位，但共昌轧辊并没有止步不前。2006 年，公司再次与美国联合电钢英国戴维轧辊有限公司合作，引进了年产能达 8 万吨的以铸代锻支撑辊先进技术。

与外资企业的合作，令共昌轧辊尝到快速发展的甜头，更坚定了企业大胆引进各类资本、实现跨越式发展的决心。近年来，共昌轧辊分别与日照钢铁集团、马钢集团等实施强强联合，通过入股加盟的形式，实现发展共赢。共昌轧辊也已从当年一家名不见经传的小企业，蜕变成全国第一家集民营、国有、外资于一体的混合所有制轧辊企业。将同行、客户，甚至竞争对手都结合在一起，实现互相交流、资源共享。这一混合所有制发展模式为公司集聚了雄厚的资本、人才和技术优势，带来了大量订单和优质项目，最大限度地释放了混合所有制的红利，为企业积蓄了做大做强做精的底气。

（三）提供优质、高效服务，充分满足客户需求

作为具有 40 多年生产经验的轧辊制造企业，共昌紧跟钢铁工业结构调整、产业升级及现代化发展的步伐，依靠先进的管理和技术、优质的产品和服务，在国内外同行中占有重要的地位，在钢铁企业中赢得了很好的口碑。

共昌人清醒地认识到：企业的发展，离不开广大钢铁用户的理解和厚爱。发展并没有取巧捷径，而是如逆水行舟，不进则退。共昌必须坚持在技术与服务上找差距、挖潜力、求突破。

围绕"转变合作方式，实现发展共赢"的主题，共昌率先提出了"鼎力保障、高效服务——绿色通道服务体系""携手并肩、发展共赢——零库存机制""循环利用、降本增效——循环利用方案""贴近现场、服务到家——在线检测与跟踪服务""深化交流、沟通无阻——定期走访交流机制""科技引领、创新发展——信息互享平台"六大服务方案，以求提升服务档次、完善服务内容。

1. 鼎力保障、高效服务——绿色通道服务体系

共昌轧辊不仅是轧辊生产制造企业，而且是服务于广大钢铁企业的冶金配套服务企

业，全力保障客户正常有序生产、为客户提供高效及时的服务是共昌人的职责与义务。"急用户之所急，想用户之所想"是将客户利益放在首位的最真实体现，共昌轧辊绿色通道服务正是在这样的背景下应运而生。

对于正常供货业务渠道满足不了需求的客户，公司会根据客户要求以及产品的特点，提供绿色通道服务。其打造的绿色通道不光提供客户所需的应急产品、新产品及新材质的研发试制，还包括特殊产品、客户临时性的技术交流及产品零部件加工、堆焊、现场服务等全方位内容，同时简化手续、提高效率，对客户提出的要求都将在 24 小时内予以回应，第一时间为客户解决困难和问题，并重点围绕轧辊的技术、质量和交货期这几方面，为广大客户解除后顾之忧。

2. 携手并肩、发展共赢——零库存服务方案

面对当前形势依旧严峻复杂的钢铁行业，共昌轧辊坚持携手并肩、协同发展的合作理念，愿与钢铁企业同舟共济、共谋发展。该公司在承担自身经营压力的同时，为减轻用户库存资金压力，在客户中尝试推进实施轧辊零库存机制，体现差异化、个性化服务，降低用户交易成本。

共昌轧辊为客户贴心设计"在线承包""现场仓储""基数库存"3 套零库存可选方案，并设零库存专项管理小组，与客户携起手来，共同参与监督管理。在共昌提高自身管理水平和实力的基础上，将制造、仓储、物流、信息、使用有效结合，共同探索建立轧辊行业产供销合作的新模式。

3. 循环利用、降本增效——重点产品循环利用方案

节能减排、发展循环经济、创建节约型社会，既是贯彻落实科学发展观的必然要求，也是当前广大钢铁企业实现降本增效、可持续发展的必经之路。共昌轧辊想于先、行于前，率先投资兴建了大型轧辊修复车间，引进了国内最先进的堆焊设备和技术，提供从轧辊铸造、热处理、机加工直至专业堆焊的全套服务，进一步提高了研发制造及后续服务能力。循环利用产品的质量、交货期、性价比均能满足钢铁企业要求，有效降低轧制成本。

4. 贴近现场、服务到家——在线检测与跟踪服务方案

在轧辊的消耗中，大约有 45% 属于非正常消耗，非正常消耗包括剥落、断辊、裂纹、掉块等失效形式。这些失效会影响轧辊在线服役的稳定性，有时还会引发重大轧制事故，给钢铁企业造成一定的经济损失。为此，共昌经过多年来的培养，拥有了一支素质高、专业技能扎实的检测团队，涵盖了无损检测、金相检测、力学检测、化学检测等多个领域。同时，公司配备了相应的先进检测设备，如卡尔蔡司显微镜、KK 超声波探伤仪、德国产光谱仪、瑞士产硬度计等。

共昌轧辊专注轧辊的发展，建设的团队、配置的设备、积累的经验，使其在在线检测、跟踪服务方面具备了一定的优势。在线检测服务通过对轧辊应用一系列必要的检测手段，保证轧辊质量得到有效的控制，使用户能够安心上机、安全下机。轧辊跟踪服务则是通过专业技术人员对新轧线、重点轧辊品种、事故率较高的轧线进行全程跟踪检测与评估，及时了解轧辊的实时性能，为轧辊的合理使用做出有效判定。两者相辅相成，加强轧辊使用过程的有效监控，减轻轧辊的非正常消耗，避免或减少轧制事故的发生，提高钢铁企业的轧材质量和作业效率。

5. 深化交流、沟通无阻——定期走访交流机制

加强交流，密切配合，全面落实合作双方达成的共识，正是共昌轧辊实行定期走访交流机制的初衷。通过总结多年经验，共昌人认识到需要为供需双方构建一个无阻的平台，让共昌更好地展示自己技术、产品的优势，而各钢铁企业也可以通过这个平台向共昌提出建议、意见及需求，使共昌更好地了解客户所需所想。

鉴于此，共昌轧辊在以往成功交流的基础上，构建定期走访交流机制，针对不同群体、不同交流需求层次定制3种交流形式，进一步加强双方沟通，促进双方的了解，为客户提供及时便捷的服务渠道，定制个性化的服务内容。该机制有利于不断深化战略互信，积极推进互利合作，继续强化协调配合，为共同发展增添新的内涵。

6. 科技引领、创新发展——新产品、新技术信息互享机制

钢铁企业和轧辊企业在实际生产过程中，虽然掌握了双方部分生产、质量信息，但缺乏对轧辊生产过程或轧钢过程的全面了解，需要结合轧钢现场工况、轧材品种、磨削制度、轧机冷却水流量、轧制力、毫米轧制量以及轧辊的关键指标、生产周期、进度、质量性能等相关信息进行有效整合，使钢铁企业相关部门和轧辊企业在实施采购招投标、质量管理、节能降耗、设备维护、周期性检验、绩效考核等活动中，能对相互间的信息进行全面了解，以增强管理的科学性，强化管理职能，深化双方合作关系。而信息资源互享的最终目的正是最大限度地满足双方的信息资源需求，以信息为基础为供需双方提供有效的改进空间，在新产品、新技术、新装备等方面逐步完善，最终达到互利共赢的目的。共昌将设立专门的组织机构，设置专人、专线构成工作小组，将相关数据形成一个信息互享数据库，以方便信息管理和保密。

7. 服务钢企、契合需求——个性化服务方案

面对复杂多变的市场形势及不同客户的需求，善于思考的共昌人在提出加强客户服务的六大解决方案基础上增添了第七个解决方案——"服务钢企、契合需求"的个性化服务方案。

该方案旨在紧跟世界轧钢技术的发展，瞄准客户需求，提供个性化服务，达到共进、共赢，已经在两个方面有所呈现。首先，在原有 ESP 精品轧辊生产线基础上，随着日照钢铁、首钢等 ESP 轧先的扩能，共昌 ESP 二期配套项目已经启动。其次，为满足马钢、莱钢、日照钢铁、津西等钢铁企业对大型高性能型钢辊的用辊需求，共昌轧辊拟建设五期轧辊生产项目，年新增产能 15000 吨。

面对变化莫测的国内外钢铁行业形势和激烈的竞争，共昌人希望通过这七大解决方案为广大钢铁企业客户减压减负，充分发挥战略合作伙伴及重点用户的示范作用，同时也寄希望于七大解决方案能够开创共昌发展新模式。即从原来的纯生产型企业向节约型、服务型转变，从追求产品利益最大化向服务效益最大化转变，让广大用户体验到崭新的共昌特有的优质服务。

（四）完善的人才队伍建设体系是企业发展的动力源泉

多年来，共昌轧辊非常注重人才引进、人才培养，不断建立和完善人才培养体系、加大培训教育投入，企业先后获评宜兴市"人才强企"单位，宜兴市"学习型组织"，通过成立企业大专班、选拔优秀大学生培养在职研究生、选拔技术人才定期出国技术交流等培训教育方式或渠道，打造了一支具有共昌特色、贴切企业发展需要的高素质、高水平、高技能人才队伍。并于 2018 年成立了"格局商学共昌人才学院"，进一步增强了企业人才队伍的培育实力。

招人、育人是企业人才建设的重点，而留住人才则是关键。为留住人才，公司多年倡导的"家"文化发挥了积极作用。汉字"家"，居也，共昌轧辊首先在"居"上就将"家"文化体现得淋漓尽致，自 2006 年起，公司陆续为众多优秀管理和技术人才提供了建筑面积 130~150 平方米、累计 100 多套的住房保障及其他福利；2015 年，公司斥资建造了 400 多平方米的共昌职工子女托管中心，免费解决周末及寒暑假期间职工子女安置难的问题，2016 年，投入 2800 多万元建成了共昌文体中心与"职工之家"，内部的健身房、棋牌室、图书室、舞蹈室、电影放映室、体育馆等功能室，为职工的业余精神文化生活提供了优良环境。公司通过多种方式，努力筑造"暖巢"，让职工安心扎根企业。现任公司板二车间车间主任的夏晓勇，来自安徽农村，说起企业对他的关爱，脸上挂满了笑容："15 年前，我大学毕业来到共昌轧辊工作，企业对我们的报酬、住房和孩子上学等切身利益考虑得很周到，这也是我一直愿意待在这里的原因！"

（五）加强党建与思想政治建设工作，为企业转型发展提供坚强政治保证

多年来，在上级党委的关心和指导下，公司党总支结合公司实际发展情况，全面加强

党的思想建设、组织建设和作风建设，充分发挥党支部的战斗堡垒作用，解放思想，实事求是，与时俱进，深化改革，着力创新，取得了较好的成绩。

党的十九大召开后，公司党总支在上级党委的正确领导下，认真学习贯彻党的十九大精神，持续推进"两学一做"学习教育制度化常态化，紧密结合公司发展实际情况，进一步加强思想建设，不断强化政治理论和业务知识学习，使广大党员和干部职工的政治素质、理论水平和业务能力得到了新的提高。

1. 加强思想建设，提高党员干部职工的政治理论水平

强化理论学习和业务培训。公司党总支坚持把学习作为提高干部职工素质的重要手段，采取集中学习、个人自学、组织讨论等形式，认真组织学习十九大精神，并按照学习计划定期不定期地对党员干部学习情况进行检查，使广大党员干部职工正确地领会精神实质。同时，加强专业知识的培训学习，将理论与实践相结合，不断提高工作管理水平。

2. 注重发挥支部战斗堡垒作用和共产党员的先锋模范作用

党总支经常开展重温入党宗旨，牢记入党誓言，时刻不忘自己是一名共产党员的教育活动，使得每个党员能注意发挥先锋模范作用。公司近百名党员分布在管理岗位，技术岗位和生产一线，尽管岗位不同，但是都爱岗敬业，都以做好自己本职工作为前提，多年来也产生了许多的先进模范人物。

3. 加强组织的发展，充实新鲜血液

共昌轧辊是一个历史悠久的老厂，老职工、老党员多，而这几年的快速发展，人才的不断引进，年青人的比重也在增加。如何不断将先进青年发展入党，为党组织增添新鲜血液，为党组织注入新的活力也是党支部的一项重点工作。近三年来，党支部增大了发展的力度，对政治上积极上进，工作上爱岗敬业的年青人及时引导，通过结对帮带、党校培训、党课教育等手段，使这些年青人成长成熟，对条件成熟的就适时发展入党，陆续有数十位同志加入了党组织，进一步优化了公司党员队伍结构。与此同时，还加强了积子队伍的建设，通过邀请优秀青年听取党课，和优秀青年个别谈心等方法，进行教育引导，使他们人生观、价值观有了新转变。对党的宗旨、任务、党员的标准和条件等有了新的认识。公司现有正式党员82名，预备党员5名，入党积极分子10余名，为公司党支部今后的发展提供了有力的保障。

4. 注重自身建设，努力提高党建工作水平

加强党支部的自身建设，是发挥好支部作用的关键和前提。一是进一步健全"三会一课"制度。通过定期召开党员大会、支委会，定期研究党建工作，按时上好党课，及时宣传党的方针政策理论、结合公司的实际，分析国际、国内政治经济形势、增强全体党员的思想理论修养和大局意识。二是注重发挥群团的作用，群团组织历来是党组织的有力助手，充分发挥她们的作用，有利于整体合力的发挥，通过工会组织注重关心职工利益，对困难职工雪中送炭，给予生活补助；通过共青团开展年青喜爱的文体娱乐活动；经常召开大学生、中层干部、老职工等各种类型的座谈会，听取他们的意见和建议，同时也送去公司对他们的一分关爱。这些活动活跃了公司内积极向上的气氛，团结和洽的氛围，给企业增了活力。多年来公司支部获得了一系列的荣誉，连续被评为镇先进党支部；市双强企业先进党支部。

5. 创新进取，开创党建工作的新局面

不断改进活动形式，通过请进来走出去的形式，开阔视野；进一步加强制度建设，如"三会一课"制度，民主生活会制度，党员评议制度，党费收缴制度等，使党建工作落在实处。通过定期的党群例会制度，发挥好群团的作用；进一步抓好队伍建设，不断将优秀青年发展到党内来，使支部的党员构成在年青化、知识化上迈上高的台阶。通过努力，使党支部的战斗堡垒作用进一步显现，为公司的快速发展提供保证。

三、共昌轧辊走高质量发展之路未来展望

凭着强劲的资本、过硬的技术、优秀的人才，共昌轧辊吸引着越来越多的国内外高端客户和战略伙伴向其抛出"橄榄枝"。安赛乐米塔尔、韩国浦项、德国蒂森克虏伯、TATA集团等世界顶级钢铁企业，相继成为共昌轧辊的客户，并分别与其达成战略合作伙伴关系。如今的共昌轧辊已勇立世界轧辊业的潮头。

40 年风雨历程，40 年沧桑巨变。随着我国进一步深化改革，扩大开放，随着"一带一路""中国制造 2025"等的推进，共昌轧辊将继续坚持苦练内功、持续创新，深入开拓国际市场，为实现"打造中国精品轧辊基地，铸就世界一流智造品牌"愿景而努力奋斗。

打造冶金设备世界知名品牌
为顾客创造价值 为钢铁强国做贡献

秦皇岛秦冶重工有限公司

秦皇岛秦冶重工有限公司（简称秦冶重工）坐落在滨海名城秦皇岛市，地处京津冀经济圈、首批国家级经济技术开发区，是集技术研发、装备制造、系统服务于一体的大型冶金装备制造企业。

一、企业概况

秦冶重工创建于20世纪50年代。改革开放以来，历经冶金设备制造、大型冶金装备国产化、冶金环保节能设备技术研发成长发育、冶金设备领域拓展及设备大型智能集成化等发展阶段，发挥耐高温、抗磨损、大口径、非标、高载重的专业特色和技术专长，服务钢铁冶金行业，主导产品有BCQ大型无料钟炉顶成套设备、冶金工业阀门全系列、冶金运输车辆（混铁车）全系列、焦化（CDQ）成套设备等四大类，已覆盖钢铁冶金原料、焦化、烧结、冶炼、冶金工矿运输系统等，技术达到国内或国际一流水平并享誉国际钢铁行业。产品畅销国内及亚欧美非等20多个国家和地区。

近几年，企业积极推进制造向制造服务转型，陆续开展的服务项目有：国际冶金工程总包服务、炼铁系统冶金阀门功能承包服务、炉顶系统或溜槽功能承包服务、热风炉烘炉服务、热金属容器内衬砌筑及烘烤服务。

企业现占地面积29万平方米，厂房面积12万平方米，设备1000余台（套），职工1100人，拥有三大生产基地（秦皇岛开发区基地、北戴河开发区基地、抚宁工业区基地）、9个参股控股子公司，年产冶金机械产品6万吨，总资产10多亿元，年产销额10亿元左右。

秦冶重工是"河北省冶金专用设备工程技术研究中心"建设单位、"河北省高新技术企业"，拥有"河北省A级企业技术中心"，下设技术管理办公室、炉顶事业部、阀门·管道装备设计研究所、车辆·焦化装备设计研究所、冶金自动化设计研究所、节能环保工程事业部等专业部门，有工程技术人员 220 多人，中高级专业人员 110 多人；与北京科技大学、东北大学、燕山大学等高等院校建立了技术合作关系，与国内各大钢铁工程技术公司、钢铁集团研究院保持着良好的合作关系，拥有专利、专有技术 80 多项；主持起草了《高炉无料钟炉顶装料设备》《高炉热风阀》《干熄焦旋转排出阀》等 18 项国家级冶金设备行业标准；拥有国家《特种设备（压力管道类 A 级）制造许可证》资质，获准使用"TS"标识，通过了质量管理体系、环境管理体系、职业健康安全管理体系认证及欧盟市场 CE 认证；是中国金属学会成员单位，中国钢铁工业协会冶金设备分会副会长单位。

近些年，秦冶重工先后获得了"河北省先进企业""国企改制示范单位""河北省诚信企业""河北省五一奖状""河北省质量效益型先进企业""全国机械工业先进集体"等荣誉称号。

二、企业主要发展历程与成就

秦冶重工始建于 1958 年，历经多个发展时期。其前身是 2000 年由秦皇岛冶金机械阀门总厂和秦皇岛市机车车辆厂合并重组成立的秦皇岛冶金机械有限公司。

（一）改革开放初期至 1999 年

1. 秦皇岛冶金机械阀门总厂

秦皇岛冶金机械阀门总厂最初是 1958 年建厂的秦皇岛市钢铁厂，20 世纪 70 年代转产冶金机修，1981 年被原冶金工业部批准为冶金阀门专业生产厂，始终坚持冶金阀门专业化发展。

1981~1984 年，作为原冶金工业部新型热风阀攻关组成员单位和研制基地，承担新型衬里热风阀研制任务。期间，分别研制出 DN1100-DN1700 多种规格和结构型式的新型热风阀，并于 1983 年通过部级鉴定。其中，首台 DN1100 和 DN1700 热风阀用于鞍山钢铁公司，寿命分别达到 5 年和 7 年，开创了高炉热风阀使用的新纪元。

1985~1987 年，承担宣钢、唐钢、重钢和攀钢四座 1260 立方米高炉配套阀门的制造任务，产品性能和寿命均得到用户好评。其中，唐钢 1 号高炉的 4 台 DN1250 热风阀寿命长达 10 年，攀钢 DN1250 热风阀寿命长达 12 年。

1987~1993 年，参加了宝钢 2 号高炉和 3 号高炉建设，研制提供了国产化全套热风炉系统阀门，并因此荣获国家"七五"计划科研攻关奖二等奖和国务院颁发的"国家重大技术装备成果奖"。

企业在参与全国高水平的高炉建设中，通过技术创新提高了产品档次，通过技术改造提升了自身能力和实力，以过硬的技术、优质的产品、良好的服务享誉全国冶金市场，树立了冶金阀门专业化生产厂的品牌形象。秦冶阀门是客户信赖的中国热风炉系统阀门的第一品牌，为实现重大技术装备国产化、保障国家重点钢铁项目的成功建设贡献了力量。

2. 秦皇岛市机车车辆厂

秦皇岛市机车车辆厂始建于1958年，1985年被确定为电动平车定点生产厂，1986年开始研发拓展冶金车辆，1990年正式生产冶金车辆及非标设备，是重机行业协会运输机械分会会员。企业研制的16立方米倾翻渣罐车在1992年通过省级技术鉴定，填补了国内空白。1990~1999年，先后为鞍钢、包钢、唐钢、酒钢、承钢、邯钢、本钢、天铁、抚钢等公司生产各类专用冶金车辆、罐包及电动平车等设备近2000台（套）。

（二）秦皇岛冶金机械有限公司（2000~2008年）

2000年，秦皇岛市委、市政府决定秦皇岛冶金机械阀门总厂和秦皇岛市机车车辆厂合并重组，成立秦皇岛冶金机械有限公司。2003~2004年，企业由国有独资企业改制为民营股份制企业，2008年存续分立新设秦皇岛秦冶重工有限公司。期间，企业抓住机遇，通过推进新产品开发、市场开拓、企业变革等为助力钢铁工业大发展、建设和谐社会贡献了力量。

1. 新产品开发

2000年合并重组后，企业瞄准市场需求，坚持创出自主品牌，坚持走"产、学、研"相结合自主创新的持续发展道路，提高产品的技术含量和附加值，优化产品结构，推进产品升级，大力开发节能环保新产品，使新技术产品不断涌现。主要有：

干熄焦设备，与鞍山焦化材料设计研究总院、上海宝山钢铁公司协作开发了第一台干熄焦旋转排出阀，2002年成功应用于宝钢干熄焦生产线，替代了进口设备。随后，又相继成功研制了旋转焦罐运载车、不同形式的干熄焦系统装入装置、供气装置、方形焦罐及其运载车，还有带有移动台车式的旋转密封阀，逐步形成了焦化（CDQ）成套设备新产品系列。其中，自主研制替代进口的干熄焦旋转排出阀已推广到260多家钢铁公司焦化厂及独立焦化厂使用，使国家重点工程节约了大量外汇。自主研制干熄焦设备的成功应用，迅速推动了国产干熄焦设备在国内的推广应用，结束了干熄焦设备完全依赖进口的历史，为干熄焦技术在国内的普及贡献了力量。

冶金车辆。期间成功研制了鱼雷型混铁水车（180~350吨）、大型铁水预处理铁水罐倾翻车、大型钢包运输车、称量台车、低压电动平车（350吨）、新型炉底车和修炉车、系列转炉配套车辆等一系列冶金车辆新产品。其中，混铁车承接韩国、印度、土耳其、秘鲁、日本等国外用户订单 200 余台；450 吨铁水罐倾翻车（铁水脱硫）替代进口产品用到鞍钢鲅鱼圈基地 300 吨转炉上，并陆续有 160～300 吨铁水脱硫倾翻车供应宝钢、马钢、太钢、莱钢、本钢、通钢、八钢等客户，满足了国内外客户对冶金车辆大型化的需求，为钢铁企业降本增效、安全环保贡献了力量。

冶金阀门。期间成功研制了新型高温节能长寿型热风阀（耐热超高风温 1450℃）、新型无配重型液压放散阀、系列三杆式切断蝶阀、系列盲板阀和插板阀。其中，耐热 1450℃的高温节能长寿热风阀应用于首钢京唐曹妃甸工程 1 号、2 号高炉；3000 立方米以上大型高炉热风炉系统阀门不仅替代进口，而且出口到俄罗斯、印度、韩国等国家和地区；DN1000-DN3800 硬密封连杆式冶金蝶阀应用到鞍钢、武钢、邯钢、包钢、沙钢、涟钢等国内广大钢铁用户，并出口到美国、俄罗斯、印度、巴西、土耳其、越南、马来西亚等多个国家。期间，秦冶阀门实现了冶金阀门全系列覆盖，质量可靠、性价比高，为钢铁客户节能环保、生产稳定顺行提供了优质供给，得到了国内外广大客户的认可和信赖。

高温热风炉自动化烘炉技术及其装置。期间针对不同热风炉的工艺，成功研制了适用于 1000～5000 立方米高炉热风炉通用型热风炉启动燃烧器及其自动化烘炉技术，完全满足硅砖对温升曲线的苛刻要求，大大提高了烘炉质量、安全和效率，降低了烘炉成本，有效地满足了钢铁客户对热风炉烘炉安全高效、质量可靠及自动化的需求，为国内外数十家钢铁用户采用。

无料钟炉顶设备。企业自 20 世纪 90 年代开始关注并跟踪高炉无料钟炉顶技术，期间成功研制了适用于 3000 立方米高炉以下的中国自主知识产权中小型无料钟炉顶设备，这一成果获得了 2009 年河北省冶金科技进步奖二等奖，广泛应用于包钢、承钢、攀钢、水钢、天钢、敬业、建龙、龙钢、长治钢铁等数十家国内钢铁客户，并出口到越南、土耳其等国家，为之后中国自主知识产权大型无料钟炉顶设备的研制奠定了基础。

2. 市场开拓

国内市场。通过划分六大销售区域进行深度营销，同时建立专业的客户服务队伍，深入用户、服务用户，迅速了解并满足客户需求，有效地推广了企业的新型优质国产化冶金设备，替代了进口，有力地支撑了这一时期国家重大新建和改扩建钢铁项目建设，快速提高了产品市场占有率，极大提升了企业品牌形象，成为中国钢前、铁前冶金设备供应的排头兵。

国际市场，顺应全球化发展趋势，为打造冶金设备世界知名品牌，自 2004 年开始，坚持"主动走出去"独立开发国际市场。到 2008 年，先后为美国、日本、英国、加拿大、俄罗斯、印度、土耳其、韩国、伊朗、越南、埃及等 20 多家钢铁公司供应了冶金设备近千台（套）。2007 年，与土耳其卡德米尔钢铁公司签订 2 座 450 立方米高炉 EP 总包合同，标志着企业从单一设备出口到国际冶金工程总包的业务升级转型。国际市场的开拓，为企业发展打开了国际视野，树立了客户信赖的国际品牌形象，提升了企业的核心竞争能力，为国家创收了外汇，为中国冶金设备企业和国产装备技术走出去提供了新路径。

3. 企业变革

期间，企业依托国家政策，抓住国家经济和行业市场快速发展机遇，通过实施企业变革，实现了跨越式发展，为和谐社会建设贡献了力量。

企业改制。依托国企改制政策，在政府主导下，2003~2004 年由国有独资企业成功改制为民营股份制企业，成为"产权清晰、权责明确、政企分开、管理科学"的现代新型企业，为企业走上发展的快车道提供了根本保障，实现了职工权益、企业发展和社会效益的和谐，被评为"国企改制示范单位"。

搬迁技改。2000~2001 年，响应秦皇岛市政府"人民广场"和"碧海云天"居民区城市建设规划，实施了原秦皇岛市机车车辆厂的搬迁和对原秦皇岛冶金机械阀门总厂的技术改造，使企业机械产品年生产能力从不足 6000 吨提升到了 24000 吨。2006~2008 年，响应秦皇岛市政府工业企业退城进郊城市建设规划，整体搬迁至秦皇岛市经济技术开发区新址，搬迁后企业生产装备和设施达到国际水平，年生产能力提高到 6 万吨，企业整体形象全面提升。搬迁技改，同时满足了城市建设规划的需要和企业发展的需要，实现了社会效益和经济效益的共赢。

提升管理。为适应企业规模扩大，企业不断提升管理现代化水平，向管理要效益。通过 ISO：9000 质量管理标准贯标、欧盟市场 CE 认证，持续推进质量管理体系建设，全面应用电子化、网络化、信息化的办公设备与管理工具，引进国内一流企业咨询公司和国外管理专家，贯彻现代化管理理念，全面开展各项管理的规范化、系统化建设，苦练内功、破茧成蝶，激发了员工活力，提高了企业效率，全面提升了企业管理水平，为企业快速满足客户需求提供了坚实支撑，被评为"河北省质量效益型先进企业"。

文化建设。企业始终把企业文化建设作为重点工作，实施一把手工程。经过长期探索和实践，企业形成了具有自身特色的企业文化理念体系，确立了"思想装备未来 共创工业文明"的企业使命，"打造冶金设备世界知名品牌 共享和谐美好家园"的企业愿景，"追求全体员工物质、精神双丰收，为顾客创造价值，为社会进步做贡献"的经营理念，"顾客中心、尊重和谐、挑战创新、追求超越、安全环保"的核心价值观，"用先进的技术引领企业的发展"的技术创新理念等。企业坚持以活动为载体，通过开展具有文化内涵的员工文体活动、日常经营管理活动以及员工爱心互助和企业社会公益活动等丰富多彩的文化活动，将文化理念全面深入贯彻到各方面工作和员工行为之中。企业文化建设，提升了员工的精神文明素养，打造了具有爱岗敬业精神的员工队伍，将企业建设成了一个和谐美丽的企业家园，得到了顾客、合作伙伴和社会的赞誉，为企业不断增强核心竞争能力、开展变革实现跨越式发展及和谐社会建设贡献了力量，被评为"河北省诚信企业"及省级"AAA 级劳动关系和谐企业"。

（三）秦皇岛秦冶重工有限公司（2009 年至今）

2008 年，随着企业搬迁至秦皇岛经济技术开发区新址，原秦皇岛冶金机械有限公司从企业发展战略出发，实施了存续分立，新设秦皇岛秦冶重工有限公司，承继主营业务。

十八大以来，党中央强调要坚持创新、协调、绿色、开放、共享的新发展理念，推进"一带一路"，实施供给侧结构性改革，钢铁行业淘汰落后产能，推动高质量发展，为企业加快国际化发展、推进产品技术创新、探索企业转型提供了机遇。

1. 国际冶金工程助力"一带一路"

企业自 2004 年开始自主开拓国际市场，2009 年在北京成立秦冶工程技术（北京）有限责任公司，加大国际市场业务开拓力度。经过 10 多年奋斗，特别是自 2012 年开始，国际冶金工程总包业务快速增长，企业从冶金设备出口商快速发展成为国际冶金工程项目总包商。客户群遍布亚欧美非等 20 多个国家或地区，包括世界最大钢铁公司安塞乐米塔尔、世界最具竞争力的钢铁公司韩国浦项及日本新日铁等国际钢铁巨头和土耳其卡德米尔、土耳其伊斯德米尔、越南和发、印度尼西亚古龙、印度 TATA、印度 JSW、印度 JSPL 等数十家处于国际或所在国领导地位的钢铁企业。

承揽的典型工程项目有：

2007~2010 年，土耳其卡德米尔 2 座 450 立方米高炉 EP 项目，是企业承揽的首个海外冶金工程项目，分别于 2008 年、2010 年投产，工程质量得到业主高度认可。

2012~2013 年，越南和发二期 50 万吨炼铁厂总包项目，包括 1 座 450 立方米高炉和 1 条 90 平方米烧结生产线，是企业首个海外 EPC 项目。该项目自合同签订到工程竣工历时仅 17 个月，创造了中国公司承建海外同等规模项目最短工期的纪录，提前完工获得业主奖励。

2014~2015 年，越南和发三期 80 万吨炼铁厂总包项目，包含 1 座 580 立方米高炉和 1 条 120 平方米烧结生产线，EPC 模式，工期 17 个月，提前完工获得业主奖励。

2013~2018 年，印度尼西亚古龙 70 万~80 万吨铁前工程承包管理合同，EPCM 模式，是企业首个实施买方信贷的工程项目承包管理合同，于 2018 年 12 月底投产运行。

期间，企业承揽的项目还有越南万利 2 座 230 立方米高炉项目，越南老街 105 平方米烧结和 50 吨转炉项目，土耳其卡德米尔综合钢厂项目，越南和发一期高炉大修改造、原料场和 BPRT 项目等多个项目。

2017 年 7 月，又签订了越南和发榕橘 4 座 1080 立方米高炉炼铁工程项目 EPC 总包合同，工期 23 个月，2019 年陆续交付。该项目标志着企业成为 1000 立方米级高炉炼铁工程总包商。

企业开拓国际市场。通过冶金工程项目总包，带动了国内冶金设备和工程技术及服务的出口，打造了国际中小型冶金工程总包的中国品牌，为国家推进"一带一路"贡献了力量。至今，国际冶金工程项目累计合同额 30 多亿元，是河北省装备制造企业走出去的排头兵。

2. BCQ 大型高炉无料钟炉顶设备打破国外垄断

炉顶设备是高炉的"咽喉"。国外公司自 20 世纪 70 年代成功开发并应用无料钟炉顶技术，在世界范围内，在 3000 立方米以上大型高炉上，一直处于垄断地位。国内多位炼铁专家和多家公司自 20 世纪 80 年代先后研发，均未能突破大型高炉无料钟炉顶技术。中国高炉大型化发展被国外公司设备卡住了脖子。

2009 年，宝钢湛江钢铁 5000 立方米级特大型高炉炼铁项目，受到国外公司无料钟炉顶设备的严重制约。秦冶重工向宝钢湛江钢铁项目领导主动请缨联合研制 5000 立方米级特大型无料钟炉顶设备，支持国家重点钢铁项目建设。同年 5 月，宝钢牵头，由宝钢湛江钢铁、中冶赛迪、秦冶重工组成宝钢湛江钢铁高炉特大型无料钟炉顶联合攻关项目组。秦冶重工按照 1∶1 比例投资建设了 5700 立方米高炉无料钟炉顶工厂试验平台。经过项目组 2 年多的奋斗攻关，在国内炼铁界各位领导、专家的关怀指导下，在清华大学、北京科技大学等国内高等院校的支持帮助下，2011 年 12 月中国自主知识产权 BCQ 特大型无料钟炉顶设备试制成功并召开技术成果发布会。该项目取得了七大创新技术成果：

一是机械设备技术。这主要包括液压传动布料器、密封阀、料流调节阀、料罐、上部摆动溜槽、布料溜槽等设备。该项目从设备可靠性、精度、寿命等方面进行研究，完成布料器设备、自动控制系统、耐磨耐高温新材料和节能环保技术等多项关键核心技术攻关，对新一代大型液压传动布料器进行全面技术创新和技术提升。

二是高精度控制技术。这主要包括布料器旋转和倾动高精度控制技术、料流调节阀开度高精度控制技术等。该项目在布料器复合液压闭环控制系统开发中，获得布料器液压缸载荷波动规律方程及影响 α 角精度因素，创新开发料流调节阀控制技术，料流调节阀 γ 角控制精度达到±0.1°以内。

三是可靠长寿技术。这主要包括布料器垂直导向机构长寿技术、布料溜槽长寿技术、耳轴轴套长寿技术等。

四是节能环保技术。这主要包括布料器新型密封技术，采用新型浮动环密封结构，氮气消耗较传统布料器降低 67%；布料器直接水冷技术，优化布料器整体包覆式冷却结构，增加受热部件蓄水式结构、油水分离等，克服了布料器冷却水管易发生堵塞、结垢从而导致冷却效率降低等问题，水耗降低 30% 以上。

五是防布料偏析技术。该项目研究炉顶布料偏析形成机理，提出防偏析技术方案，促进高炉布料均匀性提高、煤气利用率提高、燃料比降低。

六是新型的高效、低耗、稳定生产操作技术。该项目研究出高炉高顶压高风温操作、高精度灵活布料、均匀布料技术等。

七是 1:1 试验装置的试验研究。该项目开展无料钟炉顶系统冷态、热态及布料模拟试验，验证设备性能指标，摸索相关规律，为高炉生产提供指导，并形成一套无料钟炉顶试验创新研究方法。

试验结果，BCQ 无料钟炉顶设备关键对标指标均达到国外公司设备水平，部分指标优于国外公司设备。这一成果引起了世界炼铁界的极大关注，迅速在国际国内大型高炉项目上取得良好业绩，迫使国外公司设备价格大幅下降，大幅降低了国内大高炉项目建设与大修改造成本。

2012 年以来，秦冶重工共向国内外钢铁客户提供了 BCQ 无料钟炉顶成套设备 61 套。其中，3000 立方米级以上高炉无料钟炉顶成套设备典型业绩有：浦项印尼 3800 立方米高炉 1 套、浦项巴西 3800 立方米高炉 1 套，包钢 4150 立方米高炉 2 套，台塑河静 4350 立方米高炉 2 套，宝钢湛江 5050 立方米高炉 2 套，均在线运行良好。

特别是 BCQ 无料钟炉顶设备在湛江钢铁两座 5050 立方米特大型高炉上分别于 2015 年 9 月、2016 年 7 月投入运行后，实现了高炉平均炉顶压力大于 0.26 兆帕、平均风温高于 1260℃（最高 1280℃）、煤气利用率为 50%~52%、TRT（高炉煤气余压透平发电装置）发电量为每吨 46~48 千瓦时、燃料比为每吨 488 千克的优异操作指标。5000 立方米级特大型高炉在线运行的实践证明，BCQ 无料钟炉顶设备技术可靠、操作便捷、性能稳定、性价比高。

这些业绩的取得，使秦冶重工成为除卢森堡 PW 公司外世界上第二家（仅有 2 家）实现无料钟炉顶设备从大到小高炉全覆盖的企业。同时，BCQ 无料钟炉顶设备出口并取得良好国际品牌效应，为国家推进"一带一路"贡献了力量。

2012 年以来，秦冶重工 BCQ 无料钟炉顶设备技术取得了国家发明专利证书，并在韩国、俄罗斯、德国、意大利、卢森堡等国获得国外专利授权，主持起草了《高炉无料钟炉顶装料设备》冶金行业标准。

2017 年 12 月 20 日，在湛江钢铁公司现场召开的"特大型高炉无料钟炉顶关键工艺技术及装备开发与应用"评价会上，该项目获得了"国际领先"这一最高评价。以中国工程院院士殷瑞钰为主任的评价委员会认为，该项目开发出构思新颖、结构简单、运行可靠的耐高压、耐高温、高精度的无料钟炉顶装备，装置整体可靠耐用，尤其是实现了布料溜槽在特大型高炉上的一次性使用寿命大于 12 个月（过料量大于 800 万吨）；开发出无料钟炉顶布料器新型密封技术、直接水冷技术，与传统方式相比，布料器氮气消耗降低 67%，冷却水消耗降低 31%；基于该设备特性优势，形成一套高炉稳定、高效、低耗的工艺操作新技术，有效提升高炉生产指标，保障高炉稳定顺行。2018 年，该项目被评为中国钢铁工业协会、中国金属学会冶金科学技术奖（简称冶金科学技术奖）二等奖。

中国自主知识产权 BCQ 无料钟炉顶的成功开发及应用，彻底打破了国外公司的垄断，圆了中国炼铁界数十年的梦想，壮了中国炼铁设备企业的志气，增强了中国钢铁企业和中国冶金工程企业的底气，使中国大型高炉炼铁项目及中国企业承揽国际大型高炉炼铁项目不再被国外公司设备卡脖子，为世界高炉炼铁无料钟炉顶设备提供了中国方案和中国智慧，为钢铁企业节能减排降成本、为增强中国钢铁工业核心竞争力、助力中国成为钢铁强国贡献了重要力量！

3. 探索企业转型取得初步成效

近年来，秦冶重工紧紧围绕钢前、铁前冶金装备主业，向制造服务、产业链多元化经营等方面积极探索转型升级。

一是坚持技术创新和市场创新"双轮联动"，成功研制无料钟炉顶成套设备并延展开发应用了料面可视化技术、布料矩阵模型与远程在线数据监测专家系统服务，成功推广热风炉自动化烘炉技术服务，成功开拓钢铁焦化厂衬板功能总包服务、高炉系统阀门在线运维及库存总包服务、国际冶金工程总包及管理服务、烟气脱硫与褐煤干燥等节能环保技术与工程服务等新业务，初步实现了由单台设备到成套设备、设备销售到技术服务、功能总包服务、系统解决方案的业务转型升级。

二是通过战略投资开展产业链多元化经营，开拓国际市场设立秦冶工程技术（北京）有限责任公司，布局美洲市场参股美国优美科冶金设备有限公司，开发新一代焦炉技术与焦化装备参股北京华泰焦化工程技术有限公司等，扩展了企业发展战略空间，提升了企业核心竞争力，初步形成了国际化、集团化发展格局。

三、企业未来发展展望

改革开放 40 年，秦冶重工始终立足钢铁，紧扣时代主题，矢志不渝打造冶金设备世界知名品牌，依靠技术创新和市场创新，推动冶金重大装备国产化，推动中国冶金设备及工程服务走出去，推动企业深化变革，积极探索企业转型升级，为顾客创造价值、为钢铁强国做贡献，实现了企业的跨越式发展，实现了顾客、员工、企业、社会的和谐共赢发展。

面对未来，在中华民族实现伟大复兴的新时代、新征程，秦冶重工将继续坚持创新引领、加快转型升级，贯彻创新、协调、绿色、开放、共享的经济新发展理念，实现高质量发展。

一是不断增强制造服务业务能力。以 BCQ 无料钟炉顶设备等企业优势产品为带动，不断优化产品结构，通过开放合作引进及自主研发创新大数据、智能化技术及专家服务系统应用，不断集成设备功能服务和技术系统服务，为钢铁客户提高高炉炼铁工艺装备水平、提升炼铁产出效率、节能环保降本增效贡献更大力量。

二是不断增强服务"一带一路"业务能力。以国际中小冶金工程总包及管理服务、优质冶金设备供应及技术服务等企业优势业务为带动，与国内国际各合作伙伴形成紧密型战略合作，为中国冶金工程技术与装备走出去、服务"一带一路"国家的钢铁项目建设提供系统解决方案贡献更大力量。

三是不断增强智能制造能力。顺应新一代技术变革趋势，在企业信息化、智能化制造方面加大投资，应用物联网、大数据等先进的智能化制造及管理技术与工具，改进制造工艺，不断提升制造质量和效率，增强智能制造能力。

四是不断增强创新创业能力。持续打造先进的企业文化，更加重视知识产权保护与合作，不断推进企业体制机制创新，对内为员工搭建价值创造与共享平台，对外链接社会资源、吸引其在企业平台进行开放共享的创新创业项目合作，吸引聚合企业内外的创新创业力量，不断增强企业创新创业能力。

秦冶重工相信，在新时代，只要企业坚持以习近平新时代中国特色社会主义思想为指导，按照党的十九大提出的要求，响应时代召唤谋发展，坚持顾客中心谋创新，服务钢铁强国谋转型，从企业实际出发，坚持诚信铸就品牌，艰苦奋斗，锐意革新，企业就一定能实现高质量跨越式发展，从而为实现钢铁强国梦想、为社会发展进步贡献更大力量！

夯实产业大数据　提升全球定价权

上海钢联电子商务股份有限公司

一、公司简介

上海钢联电子商务股份有限公司（简称上海钢联）成立于 2000 年，是国内大宗商品信息以及电子商务综合服务商。

大数据时代信息为王，及时准确的数据资讯是企业把握机遇的关键，上海钢联从全球 100 多个城市、20 多个港口的生产流通等各个环节的 2 万家样本企业采集数据，与各大平台实时同步高频交易，仓储以及物流数据，形成全方位的产业大数据。借助领先的数据模型和分析系统，将原始数据转化为深度行业解析和市场研究报告。精准把握大宗商品脉搏，为行业用户提供最具参考价值的权威资讯，助力决策，预见未来。

上海钢联的资讯覆盖了黑色金属、有色金属、能源化工、农产品等主要大宗商品。通过"我的钢铁""我的有色""我的农产品"等专业资讯站点，每日提供期货和现货市场的最新价格趋势，更有手机 App 以及微信等移动服务，让用户随时随地掌握市场变化。

公司定期举办大宗商品行业大会、高峰论坛，让用户洞察宏观趋势，紧跟发展脉搏。10 多年来，我们通过在数据采集和研究领域的深耕细作，已建立了国内最全面的大宗商品智慧云终端，涵盖了产品、价格、库存、贸易、产量、企业经营绩效、企业技术经济的 80 万条指标，丰富的图表参数分析一目了然，轻松获取。

上海钢联正在成为国际认可的大宗商品指数的权威，依据大数据优势所编制的螺纹钢、铁矿石等价格指数被广泛使用作为交易结算基准。有力提升了我国在全球大宗商品定价的话语权。

二、公司历程

上海钢联电子商务股份有限公司成立于 2000 年 4 月 30 日，2011 年深交所上市，注册资金 1.59 亿元。

2011 年，公司自筹资金，依托宝山城市工业园区园丰路 68 号，动工打造集企业办公、电子商务创新、行业研究、人才培养于一体的企业总部基地，该基地被上海市商务委授予"上海大宗商品信息中心"的称号。

2013 年，占地面积 55 亩的总部基地落成，上海钢联整体迁入办公，实现了三地合一（注册地、纳税地、经营地）。为公司成为产业互联网领军企业奠定了基础。

上海钢联从成立至今，已经走过了近 17 年，公司立足大宗商品领域，不断探索与创新，见证与引领了我国行业电子商务的发展，公司的发展主要有以下几个阶段。

（一）伟大的时代，历史的机遇

2000 年，在这一世纪之交的千禧年，同时中国的互联网也正开始自己的征途。1997 年网易成立，第二年搜狐正式挂牌，1999 年的圣诞节，百度正式宣布成立。与此同时，刘强东也刚刚开始"京东"的创业生涯；而在长江南岸的杭州城，一家叫"阿里巴巴"的公司正式挂牌营业。千禧年，无疑是中国互联网伟大而光荣的时刻。

此时的朱军红，具有钢铁行业以及财务背景，看到中国经济未来的发展一定会给大宗商品带来巨大的发展需求，看到互联网及先进技术工具，正在以势不可当的发展趋势，一定会深深地改变并服务于这个行业。他辞去原来稳定优裕的工作，开始创业。

地利与时机同样重要。彼时身处北京的朱军红毅然南下，选择上海作为公司的注册经营地。上海作为我国最早开埠的通商口岸，是我国工商业最为发达的城市，也是商业氛围最为浓厚的国际都市，这块土地包容与开放，海纳百川，商贾云集。在这里，各种先进的思想与智慧得以碰撞，迸发出创新的火花，工作生活在这里的人们勤奋而务实，有着强烈的商业意识和契约精神，这里的政府开明而高效，政策和服务支撑体系完善。同时，上海的产业基础雄厚，立足上海，辐射长三角，是我国经济最为活跃、发展最快、潜力最大的产业聚集区域，又是我国的经济和金融中心，上海期货交易所是我国三大商品交易所之一，跨国金融机构在此云集，为大宗商品服务的展开提供了有力的支撑。

（二）获取讯息，信息透明，开创钢铁等大宗商品每日行情报价的先河

大宗商品产业蓬勃发展的 21 世纪初。我国爆发式的城镇化与工业化，引领了以钢材为主的大宗原材料消费增长的强劲动力，钢材作为放开经营较早的大宗原材料品种，一大批民营流通企业涌入了钢铁贸易领域，随之带来了巨大的流通额。

同时"大宗原材料交易量大、物流成本高，交易方式局限为'一对一'，没有形成集中的公开市场，市场缺乏透明度。"当时，我国钢铁行业市场价格不透明、资讯获取渠道

不畅、信息不对称等现状；公司敏锐地意识到这所带来的市场需求，于是把钢联定位成了一家为大宗商品的市场参与者提供资讯服务的公司。

上海钢联通过呼叫中心及行业采集团队，要求所有的资讯都要从市场第一时间采集，钢联提供的交易价格、市场库存、市场分析等都是原创的信息，强调通过人工采集的过程增进同客户的双向沟通。

依托先进技术和工具等手段以及标准化采集体系的打造，进一步提升了管理能力和原创资讯的质量。现在，上海钢联的资讯体系可以自动从样本库中调取采价对象，记录采价过程，并在统一的表单中进行加工发布。通过"信息化+标准化"手段，才有了一套有条不紊的资讯体系，可在第一时间发布信息供客户浏览。解决了广大行业用户的痛点，迅速抢占了市场，建立了平台在行业中的知名度。

（三）公正权威第三方，打造贸易结算价格基准

以钢铁为代表的大宗商品，不同于日用消费品，具有体量大、金额大、价格波动大等特点，同时交易周期长，商务的诚信受到市场波动影响，买卖双方都急需第三方公正权威的基准结算价格作参照。

大宗商品价格每一个数字的小小波动，均牵扯到客户几百万、上千万的资金变化，提供及时全面真实准确的市场信息是流淌在每个上海钢联员工血液里执着与尊严，因为这个价格不光是客户交易结算的价格，还是海关、法院和仲裁机构经常处理贸易纠纷参考的价格，这也是上海钢联发展历程中所义不容辞的社会责任。

为此，我们不断地完善自己的采集体系，扩充采集样本库，提升员工的专业能力，并不惜重金建设现代化的呼叫中心，实现了信息采集的定岗定编以及采集过程的标准化与全程可追溯。

基于 Mysteel 长期坚持中立第三方，提供公平、公正、及时、准确、全面的市场信息，其网站发布的商品价格得到客户的普遍认可，网站每天发布的全国各地的钢材价格，被国内大部分钢厂、钢铁贸易商、钢材采购商作为合同结算的基准价格。金融机构、研究机构也将 Mysteel 视为权威的数据来源。钢联所开发的"我的钢铁中国价格指数"还登上了中央电视台、第一财经的节目，向社会发布。

（四）商品指数的"中国制造"，助力争夺大宗商品全球定价权

纽约、伦敦、东京、新加坡、中国香港等国际上重要的贸易中心城市，通常也是石油、有色金属、天然橡胶、黄金等重要大宗商品的国际市场交易中心。同时，围绕交易中

心而成立的研究机构，如来自英国的 MB（金属导报）、CRU、argus（阿格斯）、Reuters（路透社），来自美国的 Platts（普氏能源资讯）、Bloomberg（彭博），来自日本的 MITSUI（三井）均在大宗商品领域有很强的话语权，几乎主宰者全球大宗商品的价格，同时也都代表国家声音。

面对国外这些商品资讯研究机构的指数指导着中国大宗商品贸易结算的现状，而我国商品国际贸易结算一直以来被国外研究机构的指数牵着走，中国买什么什么贵，越贱越卖。随着中国正从制造业转移的承接地转向全球服务业转移的承接地，我国作为全球大宗商品生产与消费大国，国内的行业数据服务商的确具备在全球发声的宏观条件。我们一定要代表我国的商品研究资讯机构，在国际上发出中国的声音，只要我们砥砺前行，相信不远的将来，这一愿望一定会实现！

2006 年，上海钢联成立了大宗商品研究中心，从事行业分析、调研工作，公司由基础数据采集向数据的二次加工、数据建模、分析报告、咨询研究延伸。同时，相比国外研究机构的指数编制，上海钢联更客观公正地选取样本不受外界因素干扰，通过科学的采集方法和编制体系，我们的指数更能真实地反映市场的运行情况以及价格形成机制。

上海钢联以梦为马，通过自身的努力，不断地让中国自己的大宗商品指数被国际接受与认可。提升"中国因素"在国际大宗商品定价中的作用与地位。

2012 年 10 月 15 日，全球最大衍生品交易所 CME Group（芝加哥商业交易所集团）旗下的交易平台 NYMEX 挂牌交易"中国螺纹钢 HRB400（Mysteel）掉期期货"合约交割基准价，开创了中国钢铁资讯行业向境外输出指数产品的先例，迈出了"中国制造"的商品价格指数获得国际认可的非常重要的一步，标志着中国企业与普氏等国际大牌商品资讯机构同台竞争。

2013 年 1 月，新加坡环球铁矿石现货交易平台（GlobalORE）开始尝试和市场现行的铁矿石价格指数结合，推出指数定价。Mysteel 铁矿石价格指数，并正式入围了该平台标准铁矿石交易合约（SIOTA）的指数定价试用。

2015 年 9 月，四大国际铁矿山之一的必和必拓（BHP）以私下议标方式，对两船铁矿石采用了上海钢联（Mysteel）的 62% 澳洲粉矿指数进行定价，意味着中国定价铁矿石迈出了第一步，这也是四大国际铁矿山第一次在定价时采用中国指数。2015 年 11 月，四大矿山之一的淡水河谷（VALE）也加入了以 Mysteel 铁矿石价格指数为结算依据的供应商行列。其后，国内外两大现货平台北铁中心和 GlobalORE 也开始采用 Mysteel 指数进行定价，另外两个国际铁矿石巨头力拓和 FMG 也在积极沟通中。

Mysteel 钢材价格指数和铁矿石价格指数一直在央视 2 套财经频道、第一财经滚动发布。2016 年，Mysteel 价格指数直连彭博终端，在全球商品指数领域正式站立"中国制造"。

（五）与时俱进，完善行业供应链综合服务

有了资讯与大数据的依托，以及公司培养的大量行业专家和技术研发团队，行业研究分析科学方法体系。让公司顺利地实现从行业信息服务向交易服务的延伸。传统钢贸方式在钢铁行业整体产能过剩的情况下难以为继，公司响应国家提出的"互联网+"战略和供给侧结构性改革号召，以"平台+服务"的理念打造钢铁电商闭环的生态圈，创新性地利用物联网、云计算、大数据分析等技术提升钢铁供应链整体服务能力和价值。

2017 年 10 月 5 日，国务院办公厅印发《关于积极推进供应链创新与应用的指导意见》指出，以供应链与互联网、物联网深度融合为路径，以信息化、标准化、信用体系建设和人才培养为支撑，创新发展供应链新理念、新技术、新模式，高效整合各类资源和要素，提升产业集成和协同水平，打造大数据支撑、网络化共享、智能化协作的智慧供应链体系，推进供给侧结构性改革，提升我国经济全球竞争力。

其控股子公司——上海钢银电子商务有限公司（新三板创新层 835092），是我国领先的第三方钢铁电子商务平台公司。钢银电商经过前期不断的探索实践，逐渐形成两大交易模式：钢材集市（撮合交易模式）和钢材超市（寄售模式）。为满足具有多样性和复杂性特征的大宗商品现货交易交易的需求，在推进钢银平台建设的同时，积极推进集现货交易、仓储物流、在线融资、交易结算及配套服务于一体的"闭环交易平台"。

三、经营业绩

（一）行业地位

公司旗下资讯平台——"我的钢铁"网，目前是我国用户量、信息数量、访问数量、行业知名度第一的大宗商品资讯门户网站。

公司旗下钢铁现货交易平台——"钢银电商"，是国内用户数量、交易结算量、营业收入都排第一的钢铁 B2B 交易服务平台。

公司的大宗商品数据产品——"钢联数据云终端"，整合了上海钢联 17 年来采集的第一手市场信息数据，针对行业研究分析，是国内最全，最权威的产业数据服务产品。

上海钢联开发的大宗商品指数产品系列，已经成为国内贸易结算的参考基准，并在国际市场上具有影响力，助力我国争夺全球大宗商品话语权和定价权。

公司的铁矿石经纪业务，2016 年度排到 SGX 经纪商第五，国内经纪商交易量稳居第一。

（二）业务收入

2017 年度，上海钢联电子商务股份有限公司实现营业收入 736.97 亿元，较上年同期增长 78.53%；归属于上市公司股东的净利润 4817.80 万元，较上年同期增长 117.95%。

2018 年上半年，公司资讯数据服务收入 14936.47 万元，较上年同期增长 38.25%。

（三）交易服务

2017 年钢银电商平台总交易量 4797.31 万吨，同比去年增长 33.15%；其中，通过平台结算的寄售交易量达 2219.11 万吨，同比去年增长 23.29%；平均寄售客单量 53.85 吨，进一步凸显了平台促进钢铁行业传统线下零售交易向线上转型的服务价值。

同时，交易平台收入稳步增长且持续盈利，2017 年钢材交易服务业务实现营业收入 734.50 亿元，同比去年增长 78.73%，实现净利润 4148.44 万元，同比去年增长 127.36%。其中，供应链服务收入达 136.08 亿元，同比增长 145.00%。

2018 年上半年，钢银电商平台销售量 1255.46 万吨；公司实现营业收入 444.20 亿元，与上年同期相比增长 39.83%；实现净利润 6033.17 万元，与上年同期相比增长 281.59%。其中，钢银寄售交易服务收入 320.18 亿元，同比增长 21.00%；供应链服务收入 123.98 亿元，同比增长 133.69%，寄售、供应链服务营收双增长。2018 年上半年，钢银净利润指标同比增长 281.59%，达到了 6033.17 万元。钢银 2018 年上半年成绩亮眼，营收保持稳定增长，利润实现大幅提升，持续领跑钢铁电商行业。

四、未来发展规划

习近平总书记强调，世界经济加速向以网络信息技术产业为重要内容的经济活动转变。我们要把握这一历史契机，以信息化培育新动能，用新动能推动新发展。要加大投入，加强信息基础设施建设，推动互联网和实体经济深度融合，加快传统产业数字化、智能化，做大做强数字经济，拓展经济发展新空间。习近平总书记高屋建瓴地指出了数字化发展带来的历史性机遇，为我国在经济新常态下稳增长、调结构、转方式指明了方向。

今天，上海钢联正让数据创造价值，引领大宗商品的大数据时代，一方面立足于"资讯+产业大数据"以及"交易+供应链服务"的公司战略，不断迭代优化，逐步实现产业数据的逻辑闭环以及供应链服务的生态闭环，让平台为用户，为行业赋能。另一方面，我们也积极配合，并主动参与到国家供给侧结构性改革的整体部署中，为相关政府部门建言献策，发挥了产业智囊应有的作用。

我们已在一带一路的重要节点——新加坡等东盟沿线国家，以及"一带一路"的终点站——欧洲金融中心伦敦，展开布局并取得了显著进展。我们提供的钢铁和铁矿价格指数已经成为国际公认的定价基础指数，将不断地为国内企业走出去提供优质的综合服务。

公司未来发展，以大数据及 AI 应用贯穿大宗商品资讯信息研究、创新型供应链服务、商品经纪与风险管理的国际化服务能力。

在信息数据市场，对标普氏等全球顶尖的公司，加速品种扩张，拓展海外业务，继续扩充和完善大宗商品全产业链大数据。

依托钢银为大宗商品交易核心平台，完善仓储物流加工配送等配套服务，形成交易闭环，并以交易为基础，提供创新的智慧供应链服务；以大数据和信用管理为支撑，加强数字化风控能力；由钢铁交易向有色金属、能源化工、农产品等领域复制。

扩充新加坡、中国香港、伦敦交易团队，向国际一流的经纪商看齐，与现货市场结合，为国内外客户提供多维度的风险管理服务。同时，继续加深与 CME、LME、SGX 等国际机构的合作，推动我国大宗商品衍生品服务国际化，提升我国大宗商品在国际市场的定价话语权。

从资讯到数据，从国内走向国际，上海钢联将继续走在产业最前端，借助互联网科技不断提升中国大宗商品服务标杆，让大宗商品交易更便捷、更安全。

以销售端"四化"推动钢铁行业
信息化和智能化发展

北京兰格电子商务有限公司

互联网、大数据、人工智能和制造业的深度融合已经是大势所趋。就钢铁行业来说，钢厂不仅要加快实现生产、设备和原料等生产端的智能化和网络化配置，同样也需要通过钢铁+互联网，实现管理、客户服务等和销售端的流程优化和大数据应用。

一、打造全流程一体化电商平台，实现销售端"四化"

北京兰格电子商务有限公司（简称兰格钢铁、兰格云商）成立 20 多年来，一直高度重视技术和产品创新，作为行业著名的信息服务机构和为大宗商品生产企业服务的平台，兰格钢铁充分利用自身的技术优势和对钢铁行业交易模式熟悉的优势，率先为钢厂研发了一整套解决方案，从大宗物料的采购、钢厂销售、物流，到厂区智能管理，打造了钢厂全流程一体化电商平台，助力钢厂优化流程，节省成本，提高管理效率，实现节点管控和服务提升。

大宗物料采购系统。包括原料招标采购、原料运输、进厂化验、自动结算等，可以让钢厂购买铁矿石、煤、焦炭等炼钢原材料时实现在线招标集采，是钢厂在采购环节实现降本增效的重要手段。

钢厂销售系统。使钢厂信息化管理更高效、更精确，交易流程更顺畅、更便利。客户的下单、签合同、开提单、结算，价格的调整、审核等都可以在线完成，交易数据实时可查，既减少了钢厂在销售内勤方面的人力投入，便于管理，提高了工作效率和准确性，方便生成统计报表和客户管理，更便于钢厂和采购企业的对接，让钢厂能够按需生产，灵活制定销售政策。

钢厂物流系统。可以帮助钢厂建立高效、安全、稳定的物流运输体系，实现货运的全流程电商化。钢厂物流平台可在线完成车货匹配、运费支付结算、运输在途管理、收货管理，可以与企业电商平台销售系统以及厂内过磅系统实时对接，保证各个环节数据准确、实时、统一。物流系统还应用了货运市场中滴滴打车的模式，高效匹配车货，货运司机可通过竞价、抢单等方式公平竞争接单，大大增加了运营效率，降低了物流成本；在线实时跟踪，灵活调配车辆，保证了货物安全和时效性。

厂区智能管理系统。打造了完全无人值守的理念，真正实现了1小时极速提货、卸货。包括排队进厂系统、门禁系统、磅房无人值守系统、仓库系统，可实现货物收货、入库、出库、发货、台账管理、货物管理、货权管理等一系列厂区管理功能的智能化。在使用兰格钢铁厂区智能管理系统后的企业厂区，货车司机拿着自己的身份证在门岗一刷，厂区大门会自动开杆，到仓库后在一体化卡机上一刷，就出现了对应的货物品种和数量，通过无人值守的磅房和智能吊钩自动装车过磅，出门抬杆即走。

兰格钢铁拥有一支专业的、真正懂得钢铁行业特点的技术开发团队，可根据企业现有的OA系统、ERP系统、财务系统、大宗物料管理系统等各个独立的管理模块，为企业量身定制一套全流程信息化管理系统，将钢厂现有各类系统有机串联在一起，解决企业多环节、多业务、多系统无缝对接、数据不落地连接问题；还可以根据企业的具体需求，为其余各个生产管理模块搭建电商化的管理系统，使钢铁企业实现从原料供应到钢材生产、质检、入库、销售、计量、出厂、在途运输、收货确认等全流程规范化管理，从而达到去人力化、去人为化、大数据化和全流程一体化的效果，推动钢铁行业信息化和智能化发展。

目前，兰格云商已经为陕钢集团、河北敬业、首钢长治、河北鑫达、山西建邦、济源钢铁、新集澳森、永锋钢铁、潍坊特钢等20余家钢厂，实施了或正在实施一体化电商解决方案，覆盖了7000万吨钢铁产能，在钢厂电商化领域积累了丰富的实施经验，受到广大应用企业的高度肯定。

二、全流程一体化的管理优势

以兰格云商为首钢长钢量身定做的电商平台于为例，长钢的产品线非常丰富，型号又特别复杂，大量的设计模块都需要根据长钢的复杂需求量身定做。首钢长钢电商平台于2017年正式运行，上线后效果非常明显。

首先，由以前的钢厂分资源，变成现在的网上抢资源，所有资源百分之百在网上销售。对钢厂来说，抢资源更能直观地反映市场变化，方便钢厂更好的排产、定价；客户通过平台自主下单、付款、查款、开提单、在线配车、自动验单发卡、计量、货物出库、打印质保书等，方便快捷，节省了人力物力，提高了客户满意度。

第二，价格管理更到位。平台上线后价格调整从以前的QQ、微信通知到线上统一调整，防止了提前泄密。当行情出现波动之时，可以快速发起调价申请，及时进行调整，既安全高效，又能真正享受到涨价的收益。

第三，平台把长钢原有的移动钢材物料信息管理、财务系统资金往来信息管理、质量检验信息管理、质量信息远程查询管理、计量无人值守信息管理、钢材发运物流信息管理、厂内物流车辆信息管理等多个管理系统的数据进行整合对接，提高了信息传递效率和准确率。

第四，物流管理更规范，更透明，有效地解决了用车难、车辆排队等问题，通过与一卡通对接，有效防止了车辆超载等问题。

第五，实现了无纸化办公，电子存档。结算价格、调价时间和调度总表系统自动生成，减少了线下数据统计的失误，提高了工作效率。

第六，通过合理的库存管理，精准反映实时库存，大大提升管理效率。

平台上线以来，长钢和客户及各个管理系统实现了良好互动，销售渠道得到拓展，管理水平、管理效率和客户满意度大大提升。长钢在钢铁电商方面的探索和创新，将在未来成为提升企业综合实力和竞争力的有力手段。

三、打通上下游，实现供应链的互联互通

随着钢铁电商的发展，未来主要的业务都可能在线上进行。服务钢厂，助力钢厂实现购销电商化，为钢厂搭建自有二方电商平台只是兰格云商服务钢铁供应链的第一步。兰格云商本身作为第三方平台，拥有现货交易平台、物流运输平台、招标采购平台、在线融资平台等，从采、购、销、运、金融等方面实现全流程电商化。因此，兰格云商所做的并不是简单的将钢厂的资源搬到网上，而是通过使钢厂二方平台和兰格第三方平台互联互通，形成庞大的一手资源直销的供应链电商平台，共享兰格多年来积累的数万家采购商，实现资源对接、客户互通，打造钢厂资源直通车。

兰格钢铁的客户可以直接通过兰格第三方平台在线采购钢厂资源，助力钢厂拓展用户资源、拓宽销售渠道。原材料供应商、钢铁营销企业、钢铁终端企业的信息流、物流、资金流通过兰格云商第三方平台实现互联与共享，形成新的钢铁供应链网络，同时，为钢铁供应链提供物流、材料加工、金融服务的企业与钢铁供应链企业形成新的供应链关系。

兰格云商现货交易平台。资源种类齐全、产品多样，钢厂资源通过兰格云商平台挂牌销售，供需双方直接对接，下游终端企业可以及时方便地在兰格平台上采购到各个钢厂不同品种、不同规格的直销资源，实现一站式采购，大大降低了采购成本和运输成本。兰格

云商平台提供的是一体化、一站式、全流程的服务，从采购到交易再到运输，不需要客户在中间环节进行任何操作，可以进行一站式直达，交易、支付、结算全部在线完成。

兰格云商集采平台。搭建了公平高效的阳光采购平台，使下游终端企业的采购行为电商化，公开化，下游企业可以在线上进行集中采购，共享兰格云商多达3万家的优秀供应商资源。在"背对背"的基础上，客户可根据对手报价在线实时修改自己的报价，灵活调整经营战略，也使终端用户能够实现货比多家，在提高采购效率的同时，有效降低采购成本，真正实现阳光采购。

经过几年的不断发展，兰格云商先后为中国铁建、北京城建集团、河北建工集团、北京城乡建设集团、北京怀建集团、中国新兴建设集团等十几家大型终端企业实施了平台化集中采购，为遍及全国80多个城市，总共223个项目，共采购钢筋124万吨，有效降低了用钢企业的采购成本，建立了现代管理模式。

兰格物流平台。通过高效的移动互联网平台和准确适用的信息共享，实现了车货高效匹配，通过开放式竞价和抢单的承运模式，使运费更合理；通过司机手机GPS或北斗导航定位，实时反馈运输信息，保证货运时效性与安全性，实现钢材运输的高效、安全、便捷。

同时，通过大数据的积累，客户信用体系的建立，兰格云商金融平台还可以为钢材供应商企业提供应付账款、应收账款、采购订单、工程配送等在线融资服务。

通过以上服务，兰格云商打通了上下游，实现资源直销和供应链的互联互通。

近几年，兰格钢铁获得"工信部电子商务创新试点工程单位""工信部互联网与工业融合创新试点企业""B2B十大垂直电子商务网站""中国生产资料电子交易创新型市场""中国质量协会全国实施用户满意工程服务奖""中国建筑协会材料分会全国科技创新奖""中国物流行业物联网科技企业"等殊荣；"兰格钢铁电子商务平台升级扩建项目"，作为北京市商务委的"商业流通领域信息化提升及发展电子商务项目"，获得了2013年度商业流通发展专项资金的支持。

虽然，传统企业从传统模式向智能化模式转变还需要一个很长的过程，但互联网已经进入了下半场，人工智能、区块链已经成为2018年的主要焦点，钢铁行业的电商化已经迫在眉睫。兰格钢铁所做的，就是按照党的十九大提出的要求，积极适应钢铁行业供给侧结构性改革的新形势，通过打造全流程一体化的钢铁供应链电子商务服务平台，提升钢铁行业的互联网应用水平，让产业链之间更加紧密、高效，从而降低企业成本，提高管理效率，实现现有商业模式的变革和产业的升级，最终推动钢铁行业的信息化和智能化。

拥抱"互联网+"
"找钢"模式助力钢铁供应链优化

上海钢富电子商务有限公司

2018 年，是我国改革开放 40 周年。对于钢铁行业来说，2018 年也是一个特殊的年份。这一年，在国家持续推进供给侧结构性改革的春风下，在去除了"地条钢"等积弊，化解过剩产能、深化转型升级和结构性改革的背景下，钢铁走出了几年寒冬，再次迎来了春天。

更为重要的是，走出寒冬的中国钢铁工业这一巨人的内心深处，一种新的力量正在茁壮萌生，或将成为其未来发展的崭新动力。

一、"找钢模式"的诞生土壤

钢铁行业是国民经济的支柱性和基础性行业，上下游产值相加约占我国 GDP 的 10%~12% 左右，在整个国民经济中具有举足轻重的地位。其庞大的体量，也为我国钢铁流通企业的发展构筑了巨大的活动平台。

作为原材料生产和加工行业，钢铁行业处于工业产业链的中间位置，其行业发展与国家基础建设以及工业发展速度的关联性强，受经济周期变化的影响大，具有较为明显的周期性特征。2011 年前后，以钢铁为代表的大宗商品行业进入供过于求、产能过剩时期，钢价下滑、全行业亏损。在这种情况下，钢铁行业从上游到下游都在追求钢材的高周转率，行业从"资源为王"进入"渠道为王"。原有的层层代理制流通销售模式，由于信息不透明、低效率和高成本，已经无法满足行业的发展需求，优化钢铁产业链、变革钢材销售渠道成为支撑产业发展的必然要求。

工业电子商务的本质就是帮助上游的厂家加快库存的周转率，钢铁这样一个庞大的产业进入产能过剩时期，为钢铁电商平台创造了巨大的市场机会，采用电商模式优化钢铁供应链在当时这种行业背景下成为一种必然选择。

基于对钢铁行业将要出现的底层性的变化十分笃定：第一，整个市场将由卖方市场转为买方市场；第二，渠道将会扁平化，靠信息不对称赚钱的中间商将会消失；第三，电商平台将大行其道，得入口者得天下。2012年5月，在创始人王东的带领下，上海钢富电子商务有限公司找钢网正式上线，并在随后几年的时间里，迎着"互联网+"的浪潮，助力于钢铁行业供给侧结构性改革，实现了平台的规模化发展。

由于国外的钢铁行业多在互联网技术尚未出现之前便实现了产业聚集，而且多以财务兼并的方式完成。因而，"互联网""风险投资"和"钢铁"三者的结合，让找钢网成为钢铁电商平台的开创者，并成为大宗商品行业电子商务平台的典型代表企业。同时，找钢网在钢铁行业还率先提出全产业链电商模式，并以该模式实现了钢铁这一大宗物资的零售化。

二、"找钢模式"透析

作为国内成立最早的第三方钢铁电商平台，找钢网为钢铁产业链带来了颠覆性的创新业务模式即钢铁全产业链电商模式。

找钢网的业务模式主要围绕电商平台钢铁交易以及全产业链配套服务，为中国钢铁流通行业的客户及供应商提供一站式电商解决方案。成立六年以来，找钢网以整合钢铁供应链为核心，一是利用互联网的脱媒效应，从贸易端入手进行钢材供应链逆向优化，实现钢材销售"零售"化；二是搭建供应链服务平台，提供物流、仓储及加工、供应链金融、大数据及SaaS服务等供应链一体化服务，纵向整合供应链资源，极大地提高了钢铁供应链效率。根据咨询公司弗若斯特沙利文的报告，按2017年收入计算，找钢网为中国最大的钢铁电商平台，市场份额为30.6%。2017年，找钢网团队规模超过1300人，营收达175亿并实现盈利。

（一）基于电商平台脱媒效应，逆向优化供应链

"互联网+"时代，"脱媒"成为趋势，各大行业纷纷搭建电子商务平台，实现商品流通"端到端"，减少甚至完全去掉中间环节，提高供应链效率。找钢网搭建的电商交易平台是"找钢模式"的核心与基础，目前找钢网电商交易主要有"自营"与"联营"两种模式。

传统的钢铁流通环节是"钢厂—大代理商—N级中间商—零售端（次终端）—终端用户"模式，环节冗长、效率低下、各环节各自为战形成信息孤岛。找钢网在成立之初采用了信息撮合服务，切入了数十万钢铁零售商和N级中间商之间的环节，利用信息化技术，

为钢铁零售商提供免费的"找货、比价、议价"服务。通过信息撮合服务，找钢网极大地提高了零售端与中间商的供需匹配效率，快速吸引了大批钢铁零售商用户。

2013 年，基于撮合服务获得的大量订单流，找钢网与钢厂直接合作，发展"自营"模式。通过自营模式，找钢网取代了 N 级中间商，使钢材的流通环节变为"钢厂—找钢网—零售商/终端用户"。通过自营模式，找钢网帮助钢厂解决了一个革命性的问题，使钢厂能够直接面对终端或者次终端用户，钢材销售从批发转向零售，流通效率提高，供应链得到明显优化。同时，零售化还增加了钢厂利润，同时能够帮助钢厂根据终端数据及时调整生产结构和产品价格。

同一年，找钢网也推出了"联营"模式，帮助第三方钢铁供应商直接向用户零售，并根据销售量向平台支付佣金费用，通过在线化销售大幅提升供应链效率及信息透明度。

找钢网从用户端入手通过"脱媒"产生效能，实现了钢材供应链的逆向重构。"联营"与"自营"两种模式共存奠定了找钢网快速发展的良好基础。目前，找钢网的电商平台业务已经稳居同行业前列，商品交易总额从 2015 年的 182 亿元增加到 2016 年的 363 亿元、2017 年的 639 亿元，复合年增长率为 87.5%。

（二）立足打造一站式服务平台，纵向整合供应链

长期以来，与钢铁上游生产制造企业大规模、规范化的生产组织不相匹配的是，传统钢铁供应链下游的服务行业有两个特点，一是企业规模小、企业服务水平差距较大，缺乏标准化；二是仓储、加工、物流、金融等各个环节信息孤岛化，各自为政。这给钢铁终端或者次终端用户带来的问题是，每一次采购要逐一面对贸易商、仓库、加工厂、车队甚至担保公司等各个环节，环节多、交易难、成本高、效率低。面对愈发庞大的订单流，找钢网进一步将业务纵向扩展到物流、仓储及加工、金融、大数据等衍生性服务领域，聚集这些行业的优质供应商资源，为平台用户提供一站式综合服务，实现了钢材供应链的纵向整合优化。

通过纵向优化整合，找钢网已建立起一个庞大且不断发展的平台型生态系统，将钢铁贸易价值链上的所有参与者联系起来。截至 2017 年底，这一生态系统包括 100 多家钢材制造商；3800 多名第三方钢铁产品供应商，遍布 27 省 159 个城市；770 多家运输公司以及 140 多家仓储及加工服务供应商合作；注册用户超 9.4 万个，遍布 31 省 292 城市。此外，找钢网还结合国家"一带一路"以及自身国际化战略，积极探索跨境电商，已在韩国、越南、泰国、阿联酋、缅甸、坦桑尼亚 6 国开设海外公司。

一站式仓储加工服务。找钢网凭借大量需要仓储及加工服务的钢铁产品，汇集了仓

储、加工行业的优质资源。截至 2017 年底，找钢网已和超过 140 家仓储及加工服务商合作，向客户提供一流的仓储及加工增值服务。这些仓储加工中心采用找钢网研发的仓库管理系统和订单管理系统，支持和优化仓储及分配中心管理，并确保找钢网能够实时监测库存水平。2017 年，找钢网加工中心为 87.7 万吨钢铁产品提供加工服务，仓储中心则为 550 万吨钢材提供了仓储服务。找钢网还在持续改善仓储及加工服务系统，并已建立平台供客户对服务供应商的服务、能力进行评价及评分，从而使潜在客户可直观了解多个服务供应商提供的服务质量，促进仓储加工服务行业服务水平提升。

"无车承运人"物流模式。传统的钢铁物流低效、费时，一方面大量客户需要自行安排物流服务，包括寻车、寻价等，另一方面，大量拥有闲置资源的运输公司只能静待业务上门。为解决传统钢铁物流行业低效、无序的情况，2014 年底，找钢网成立了"胖猫物流"事业部。"胖猫物流"采用"无车承运人"的运营模式，开发出专有运输管理系统——"白龙马"系统，实时匹配承运商和客户运输需求，促进钢铁物流降本增效。截止到 2017 年底，"胖猫物流"与近千家优质运输公司合作。为确保供应商能够提供优质运输服务，胖猫物流对运输供应商的准入和服务制定了一套严格的标准，并建立了专有系统以评估合作伙伴的表现，还提供系统性培训，不断提升合作伙伴的服务能力。受益于找钢网庞大的客流量及销售量，与胖猫物流合作的运输公司获得了充足的货源。同时，凭借胖猫物流提供的卓越交易体验，客户黏度不断提升，并因此吸引越来越多的运输公司提供优质的运输服务。2016 年、2017 年"胖猫物流"已连续两年成为交通部"无车承运人"试点企业。

供应链金融服务。在传统钢贸模式下，中小型企业难以从传统金融渠道获得融资，经常受困于营运资金短缺、融资难等问题。为解决中小企客户的痛点，找钢网于 2014 年 9 月推出"胖猫白条"，为找钢网优质客户提供"先买后付"的信用赊销服务。找钢网利用专有的数据分析及网上信用评估模型评定每名客户的赊购额度，并十分注重供应链方面的风险管理，已建立严格的信用评估模式及健全的风险管理系统。截至 2017 年底，找钢网为超过 2000 家中小企业提供白条服务，2017 年全年使用"胖猫白条"的客户交易额达 59.13 亿元。

大数据及 SaaS 服务。自成立以来，找钢网基于 6 年多线上交易产生的大量交易数据、原材料数据、生产数据及存货数据，结合合作钢厂及仓储数据、下游需求数据等，建立了大数据平台，一方面用于支撑内部营运；一方面面向用户及行业提供优质的数据产品及服务。找钢网开发并推出了一系列专有的数据软件，例如"找钢指数""钢厂助手"等产品，提高了市场价格透明度，提升钢贸经营的效率和决策准确性，为产业链上的参与者提供服务、创造价值。

为助力于钢铁企业的库存管理、采购及运营决策效率提升，找钢网还为钢铁制造企业开发了自有的工业智能系统，包括核心供应链管理及智能化存货管理系统及硬件。

找钢网国际业务。找钢网于 2015 年开始拓展海外市场，截至 2017 年，已将业务扩张至海外 6 个国家，包括韩国、越南、泰国、阿联酋、缅甸及坦桑尼亚。在传统钢铁出口模式下，钢材制造商通常以批发形式、按批发价格将钢铁产品销售给出口商，出口商再将产品卖给海外市场的进口商，进口商再转卖给零售商。找钢网颠覆传统出口模式，利用与钢材制造商的紧密关系及卓越的服务能力，协助钢材制造商在海外设立仓库，并通过找钢网平台向零售客户直接销售钢铁产品，大幅简化了钢材出口的环节，提升了交易效率，使海外的客户及国内的钢材制造企业同时受惠。2017 年，找钢网海外业务收入为 6.032 亿元。

三、成就"找钢"先发优势的创新基因

作为国内率先成立的钢铁电商平台，无论在钢铁还是大宗商品电商领域，找钢网始终保持着领先的市场地位。

从业务模式来看，找钢网拥有颠覆性的创新业务模式。找钢网的商业模式合理有效地去除了钢铁供应链的中间环节，大幅提升了供应链效率，推动钢铁流通行业的转型升级。同时，找钢网还利用增值服务改善了供应链相关行业的效率、透明度和客户体验，在行业中具有先行者地位以及极强的竞争力。

从服务能力看，找钢网拥有的一体化服务能力极具竞争力。截至目前，找钢网建立起了涵盖钢铁交易、物流、仓储、加工、供应链金融领域的生态系统。生态系统中各参与者之间的互动已产生出自我延续的强劲网络效应。如：不断增加的客户吸引更多的供货商带来更多元化的单品，转而吸引更多的客户。拥有更多客户及供货商也使公司能够协助制造商改善及优化其定价策略、库存管理系统，带来更佳的价格及更多产品，最终再次吸引更多客户及供货商参与到公司的生态系统。

先进的大数据大数据洞察力和分析能力构筑了独特的优势。找钢网基于长期积累提供的一系列大数据产品，可帮助钢贸链条中的参与者们包括钢厂、贸易商、用户等实时了解钢铁产品价格、交易量、库存状况等，改变了钢铁行业的信息获取方式，使行业信息获取方式由传统的人工获取改变为即时数据自动获取及智能分析。其大数据产品大数据分析及服务能力以及多元化的数据供应，成为找钢网无可比拟的竞争优势，对于打造中国钢材市场的价格发现机制具有重要的价值。

四、"找钢"模式的行业价值

近几年，找钢网的发展也不断获得政府的高度认可，先后被评为工信部"制造业与互联网融合发展工业电子商务平台试点示范企业"、商务部"2017~2018年度电子商务示范企业"等。

对于钢铁行业而言，找钢网通过创新的模式逆向优化钢铁供应链，并从横向促成了钢铁供应链上各方优势资源的集聚，大幅提升了钢铁供应链的效率和质量，具有重大的行业价值。

助力于钢铁行业供给侧结构性改革。一方面，找钢网强大的分销能力，能够有效帮助钢厂实现供给侧结构性改革的"去库存、降成本"的要求。另一方面，该平台积累的大数据资源能够帮助钢厂精准了解市场的实际需求及其变动，实现反向定制，助力企业进行产品结构调整和转型升级优化，进而完成供给侧结构性改革提出的"补不足"要求。此外，找钢网帮助钢铁企业从传统的产品批发制向零售制转变，通过零售，既给企业带来更为丰厚的利润，也提高钢铁企业生产经营的安全度。

促进钢铁流通降本增效、产业链协同发展。传统钢铁贸易模式涉及多重中间商，导致钢铁产品信息不对称、效率低下、成本过高。根据咨询公司弗若斯特沙利文的报告，找钢模式相比传统模式，在整个钢铁产业链各环节上可节省5%~10%的成本。同时，找钢网通过整合线下优质的供应商资源，建立起一个围绕电商平台且不断发展的生态系统，构建起网链状供应链，促进链上企业实现协同发展。而找钢网建立的完善的供应商准入和淘汰机制，也促进了供应链相关企业的优化整合，实现了"良币驱逐劣币"。

大数据重塑钢贸行业的秩序及价值。找钢网的数据产品均是基于线上交易的实时数据生成，而非市场采集的数据，能够实时、准确地反映钢市运行的实时状态，与钢铁行业其他的数据产品有着本质的区别。找钢网的数据产品既能帮助钢铁生产企业灵活的制定生产、销售及价格政策，实现"以销定产"，也消除了市场信息不对称，促使钢贸行业进一步走向公平、透明、效率提升，重塑钢贸行业的秩序及价值。此外，钢铁作为国民经济的基础行业，其市场运行与制造业、房地产、基础设施建设等行业息息相关。作为钢铁行业真实成交而来的数据产品，找钢网大数据还可辅助于宏观经济部门的研究及决策。

大数据重塑行业信用体系。2012年，钢贸危机的爆发使得钢铁行业信用体系十分薄弱，钢贸商从传统金融渠道获得的融资大幅萎缩，与钢贸行业资金密集型需求特性形成矛盾，使得这一链条上的大量中小企业面临"现金流断裂"的困境。因此，行业信用体系的重构对于行业发展来说意义重大。找钢网基于线上交易产生的大数据，构建了供应链上企业的信用模型，并基于丰富的市场信用信息与公共信用信息建立交互共享机制，初步建立了钢贸现代信用体系。无论是银行还是金融机构，都可参考该信用体系，为行业上下游的优质中小企业提供便捷、低成本的金融服务，满足钢铁供应链上企业的资金需求。

1978 年，中国共产党用改革开放的伟大决策把中国带入了一个崭新的时代。40 年来，改革开放春风化雨，既改变了中国影响了世界，也深深地改变了我们所处的钢铁行业。习近平总书记在党十九大报告中指出，我国进入了中国特色社会主义新时代，这是国家发展新的历史方位。在这个"新时代"，钢铁行业在"大众创业、万众创新"，在"互联网+"，在供给侧结构性改革等一系列创新举措的指引下，正在进一步深化改革、转型发展，以肩负起新时代的历史使命。

而伴随着钢铁供给侧改革的持续推进，行业正在发生这样的发展趋势，即生产端、制造端千方百计地往下游走，用户千方百计地往上游走。作为先行者，找钢网已经以解决用户"痛点"为支点，用先进的信息化技术"撬动"了钢铁这个庞大的产业，颠覆行业的传统模式，形成了一个庞大、崭新的供应链，为行业的发展贡献了新的力量。

近几年，找钢网的发展不断获得政府及行业层面的高度认可，先后被评为工信部"制造业与互联网融合发展工业电子商务平台试点示范企业"、商务部"2017~2018 年度电子商务示范企业"等。毫无疑问，在新时代落实新的发展理念的征程中，在钢铁行业智慧供应链体系的建设中，以助力钢铁供给侧结构性改革、不断提升供应链效率为核心的找钢网，仍将砥砺前行，围绕电子商务平台的创新，助力于钢铁行业快速地提高生产和流通效率，并推动下游各个以钢铁为主要原料的行业更快、更高效地发展。

勘岩察土显神功　基牢础固树丰碑

福建岩土工程勘察研究院有限公司

时势造英雄。一个人、一个单位只有融入时代背景、融入社会经济发展，才能在实现社会价值的同时实现自身价值。福建岩土，作为中国冶金地质的重要板块，从诞生那一刻起，就被赋予了为冶金地质改革发展服务的神圣使命。福建岩土人的足迹踏遍大江南北，从东部沿海到青藏高原，以优质的岩土工程勘察设计、施工，为祖国社会经济建设做出了重要的贡献。30 多年曲折艰辛，30 多年乘风破浪，福建岩土已成长为经营规模、管理能力、技术实力均居冶金地质行业前列，在福建省内领先的行业排头兵。

回顾福建岩土的 30 多年的成长历程，是在我国实行改革开放大背景下，自身艰辛而光荣的成长历程，也是放眼未来，寻求继续前行的源泉动力。

一、历史沿革

福建岩土工程勘察研究院有限公司（简称福建岩土），隶属于中国冶金地质总局，是国务院国资委管理的三级单位。作为中国冶金地质岩土行业的排头兵，福建岩土始建于1986 年，初始注册名为福建冶金勘察总队，后更名为冶金工业部福建岩土工程勘察研究院、福建岩土工程勘察研究院。2017 年，经改制，变更为今天的福建岩土工程勘察研究院有限公司。30 年来，福建岩土人的足迹踏遍大江南北，以优质的服务、精湛的技术，为福建乃至全国的工程建设做出了重要贡献。30 多栉风沐雨，30 年精心探索，秉承改革开放、国家住房商品化改革的东风，福建岩土在长期实践中不断前行，从成立之初的年产值不足100 万元、从业人员 20 人，业务局限于冶金矿山勘察；发展到今天，年产值达 15 亿~20亿元、在岗职工 400 多人、业务涵盖工程勘察、地质勘查、岩土设计、治理，地基基础检测、测绘监测、地质灾害救援、建筑工程、市政工程、电力工程、幕墙工程、钢结构及装饰装修等领域，经济规模、综合竞争力居行业领先地位，在福建省乃至全国享有较高声誉。近年来，福建岩土被评为福建省高新技术企业、福建省知识产权管理先进单位、全国百强地质队、福建省勘察设计龙头企业、福建省重合同守信用单位、福建省质量管理先进单位。

雄关漫道真如铁。岁月无痕，青山依旧。福建岩土人的汗水已凝结成为一本本科学、完整的勘察报告、岩土设计书及施工组织设计等。放眼未来，我们围绕打造"国内先进的以岩土工程为主的科技型建设工程公司"的目标愿景，发挥优势，励精图治，为中国冶金地质总局打造一流绿色环境资源服务商之战略目标作出更大贡献。

二、主要发展历程及成就

（一）孕育发展阶段（1952~1986 年）

中华人民共和国成立初期，百废待兴。为满足国民经济建设的矿业及冶金建设需要，1952 年，中国冶金地质应运而生。由于当时计划经济体制使然，岩土勘察业，作为冶金地质事业的一个版块，主要从事冶金矿山勘察，业务体量少，工程小，发展缓慢。这段时间，是福建岩土的孕育阶段，从业人员 20 多人，这些探索从业的前辈，是福建岩土的最初班底。

（二）曲折发展阶段（1986~2004 年）

1978 年，党的十一届三中全会的召开，全党工作重心转移到社会主义现代化建设上来。1984 年 10 月，中共中央发布《关于经济体制改革的决定》，确立社会主义市场经济体制。中国冶金地质在贯彻中央决定精神的过程中，开始"地勘单位企业化、地勘队伍社会化"转身。在"一业为主、多种经营"方针的指导下，嗷嗷待哺的冶金岩土勘察业通过市场洗礼，开始迸发新的活力。1986 年，福建岩土注册成立。由于领导重视，福建岩土从业人员逐步增多，业务也得到慢慢拓展。功夫不负有心人，福建岩土经济体量，也从成立初期的不足百万元，逐渐发展到 2004 年的 6000 万元；从业人员从当初即使一个小型项目也要从中南、华东等兄弟单位借调人员，发展到 150 人。技术上，从当初无法独立编写勘察报告，到今天作为福建省的质量管理先进单位，勘察报告合格率达 100%。业务范围也从当初的冶金矿山勘察，拓展到工业与民工建筑、房屋市政、地质勘查、工程勘察等。市场布局上，从福州发展到福州、厦门、龙岩、泉州、莆田等福建主要地级市。

（三）繁荣发展时期（2005~2016 年）

20 世纪 90 年代，为建立与社会主义市场相适应的新的城镇住房制度，国家废除福利分房，实行商品房制度。1988 年，国务院召开第一次全国住房制度改革工作会议，推出

《关于在全国城镇分期分批推行住房制度改革的实施方案》，标志着住房制度改革全面启动。与之相适应，工程勘察业的春天也正式来临。为契合冶金地质"高起点、大手笔、裂变式发展目标"，和打造名副其实的"国家队"和"行业排头兵"战略目标，福建岩土利用南方改革开放试验田、先行先试的政策优势和宽松环境，开始试水内部承包制，鼓励全员营销，尝试战略合作，加强质量技术管控，提倡科技创新，提高服务效率。这一些系列创新措施，有力地推动了福建岩土的改革、发展、稳定工作。2014~2016 年，福建岩土经济总量达 10 亿元，从业人员 300 人，业务领域在岩土工程勘察的基础上，拓展了地质找矿、测绘监测，地质灾害评估、设计、治理；工程测量，不动产面积测量，劳务勘察，城市地质，环境治理等以及地基基础施工等方面。市场布局则从福建拓展到江西、河南等省，并设立了分支机构。

（四）跨越发展时期（2017~2018 年）

2014~2016 年，福建岩土经济规模一直在 10 亿左右徘徊，似乎出现了发展瓶颈。2017 年，公司党政班子在充分调研的基础上，提出打造"打造国内先进的以岩土工程为主的科技型建设工程公司"目标定位，对内改革改制、科技创新；对外打造福建岩土共享平台，团结中央企业、地方企业、民营企业，共同发展。这一系列改革发展和科学创新举措，有效推动了福建岩土经济规模突破了 10 亿元的发展瓶颈，呈现出跨越式发展的新局面：经济规模创历史新高，2017 年完成产值 15 亿元，2018 年半年，完成产值 12 亿元，在中国冶金地质系统连年排在前列；"福建岩土共享平台"初步建成，多次被评为福建省勘察设计龙头企业，与中央企业、在闽大型房地产公司、环保企业共 10 多家企业建立了战略合作关系；科技创新取得重大突破，拥有国家发明专利、实用新型专利 30 多项，荣获福建省高新技术企业，知识产权管理先进单位，福建省质量管理先进单位；市场布局得到有效拓展：在天津、安徽、广东增设了分支机构，并取得了较好效益；改革发展取得实效，按劳分配、多劳多得的企业分配机制正式建立。倡导精益求精的工匠精神，提出"勘岩察土显神功、基牢础固树丰碑"品质口号，引导技术人员把勤勉敬业、精益求精、打造精品工程。成立以来，福建岩土共获得省部级优秀勘察成果 100 多项。

三、与时俱进，转型升级、科技创新情况

实行科技兴企战略。多年来，福建岩土秉承科技兴技的基本原则，高度重视科技创新，在科技创新方面取得较大进步。成立了科技创新领导小组，研究国家政策，加大科技

投入，鼓励技术人员从事科技创新。打造产学研相结合的科技创新平台，与福州大学、华侨大学、福建工程学院，河海大学土木工程学院建立了广泛科技创新合作。施工实践中，在福州地区首次提出卵石（ⅱ）作为高层、超高层建筑地基基础建筑持力层的想法并付诸实际，在福州得到广泛运用。在江西省研发的抱压式桩端自引孔静压入岩 PHC 管桩施工工艺荣获江西省 2006 年科技进步奖一等奖。取得国家发明及实用新型 30 多项，荣获省知识产权管理示范企业称号。2017 年，公司成功入选福建省高新技术企业。2017 年，申报了省部级科研项目"软土地基管夯加固新技术开发科研创新"，该试验研究取得实质进展。

与时俱进，转型升级，优化营销模式。实行全员营销制度，鼓励和支持全体职工闯市场，从事市场开发。全员营销制度有效调动了职工积极性和创造性，公司业务稳步扩张，从中涌现了一批业务承揽能手。实行内部承包制度，项目承包人与单位签订内部承包合同，明确双方责权利关系。实行全员考核制度，按劳分配、多劳多得。按照岗位职责和分工，向一线技术及管理人员倾斜的基础上，分别制定不用的考核兑现办法，确保多劳多得、按劳分配。此举有效调动了职工积极性，福建岩土职工收入明显提高，精神面貌焕然一新，工作效率显著提升。转型升级方面，主要是研判国家政策，在发挥岩土勘察主业优势的基础上，向房建、市政、环境工程等方面转型。

四、福建岩土跨越式发展计划

新时代国家对中国冶金地质工作提出的更高要求，赋予国有企业新的使命。福建岩土是中国冶金地质岩土业的龙头企业，在新形势下，责任更大、担子更重。为早日实现"国内先进的以岩土工程为主的科技型建设工程公司"目标愿景，可持续发展是不二选择，值得我们重视与思考。

（一）传承历史，认清形势，把握市场动态，坚定不移地走地以规模求发展之路

成立 30 年来，福建岩土不仅在岩土勘察领域取得了丰硕的成果，也积累了大量的经验和技术，在人才、技术等方面具有一定程度的优势。面对新时代，岩土勘察设计要传承历史，总结经验，认清形势，把握市场动态，既要积极主动掌握国家政策动向，争取国家投资方向的新业务，也要主动出击，利用好传统优势，积极扩大市场占有率，不断扩大经济规模。

（二）深耕地下，发展地上，进军总包蓝海，以规模求发展

继续实行好全员营销制度，鼓励和支持广大职工从事市场开发，增加业务总量。工程

勘察是我们的主业，也是我们发展其他业务的基石和立足点。重点抓好工程勘察主业，同时支持和培育岩土设计、地灾评估、监测测绘、地基基础检测、地质勘查、物探工程，地基基础业务，在发挥主业优势的基础上，做大做强做优房建、市政、电力、幕墙、装修装饰、钢结构等新兴业务。花更大力气打造福建岩土建设平台，团结和吸引社会力量与我们共同发展，携手创业。重点加大战略合作力度，把更多央企、地方房地产公司吸引到我们平台上来，共同干事创业。加快走出去战略，发扬冶金地质开拓创新的光荣传统，尽快扩大省外市场份额，在条件成熟时切入海外市场。

（三）狠抓质量技术、安全生产工作

以安全求发展，狠抓质量技术，是福建岩土优良传统，也为单位创造了良好的口碑和效益。提出"勘岩察土显神功，基牢础固树丰碑"质量技术口号，倡导工匠精神，打造精品工程。要求全体职工做一项工程，树一座丰碑，为客户提供优质、高效、细心、周到服务。每两年一次召开公司科技年会，组织技术人员交流、讨论质量技术问题。科技年会有效提高了职工质量技术意识，提高了职工整体质量水平，施工中的老大难问题也有了集中解决的平台和机会。

提升全员安全生产意识。安全生产既是红线，也是底线，任何时候都要重视，不得越位。每年召开安全工作会议和安委会（专项）安全会议，总结安全经验，讨论存在的不足，部署年度安全生产工作。安全生产常抓不懈，定期组织全体安全管理人员学习安全法律、法规及安全管理知识，坚持对新入职员工进行教育培训，讲解《安全生产管理制度》《安全生产管理办法》和《安全规程》。重点盯防重大安全风险点隐患，对危险性较大的基坑、边坡、人工挖孔桩工程，实施安全专项施工方案报批制度，确保安全生产无事故。公司连续20年保持了无重大安全生产事故、四大事故为零的良好纪录。

（四）改革创新，走科技强企战略

重视科技创新，实行科技强企战略。走校技联合创新之路，加大与福州大学、华侨大学、福建工程学院、龙岩学院、河海大学的合作力度，推动工艺创新、技术创新。高度重视国家发明和实用新型专利申请，推广、利用新技术、新工艺，提高经济效益。以每两年一次的"科技年会"为平台，鼓励职工研究技术、撰写论文、科技创新。

（五）转型升级，发挥资本作用

打造建设工程公司，掌握国家政策，适时调整经营策略，着手国家投资方向新业务，

依托工程勘察，采取直接承包、联合体投标、联营合作、专业分包、劳务分包等形式切入建筑工程、市政、电力等总包业务，扬帆总包蓝海。丰富经济内涵与外延，积极承揽国家海绵城市、智慧城市、地下管廊、河湖整治、城市地质、农业地质、旅游地质、生态恢复、美丽乡村建设、环境工程业务。关注、研究 PPP 政策，适时涉足 PPP 业务。继续关注资本市场，为配置股权资产做准备。关注区块链技术，为与互联网深度融合早作准备。

尽管当前岩土勘察业仍处于下行态势，市场竞争趋于白热化，但福建岩土必须面对现实，扬长避短，以习近平新时代中国特色社会主义思想为指导，坚定信心，从改革创新、市场拓展、队伍建设等方面下功夫。始终以市场为导向，全方位、多角度拓展市场，做大做强做优福建岩土经济规模，为冶金地质打造一流绿色环境资源服务商作出应有贡献，成功实现打造"国内先进的以岩土工程为主的科技型建设工程公司"目标愿景。

40

专业协会、地方协会篇

ZHUANYE XIEHUI DIFANG XIEHUI PIAN

中国特钢行业改革开放 40 年发展成就

中国特钢企业协会

1978 年 12 月，党的十一届三中全会吹起了改革开放的号角，改革开放四十年，改革的春风吹了四十年，四十年改革开放，人们的生活发生着变化，特钢行业的发展亦日新月异。新中国成立之初，特钢企业为适应国内外政治形势的需要，通过老企业改造和企业间的相互支援建立的。大部分属于电炉生产为主的企业，有的企业还有平炉炼钢。当时规模很小。改革开放后，特钢企业通过引进和应用国外先进装备及技术，新建现代化大型特钢厂，基本完成了技术改造和装备升级，部分企业装备水平进入世界先进行列，行业效益逐步改善。

一、改革开放初期：拨乱反正，恢复生产

改革开放后，各特钢企业纷纷拨乱反正，恢复生产，在管理、生产、经营等方面有了大的改观。1986 年，应行业发展需要，中国特钢企业协会孕育而生，发起单位 15 家。协会会员单位在改革开放后都为特钢行业的发展做出了自己的贡献。

大连钢厂。自 1981 年开始，对产品结构进行了调整，尤其针对提高经济效益和顶替进口钢材的品种，使产品生产向高合金化（增加产品的高合金比重）、轻型化（增加冷加工产品）、系列化（品种规模尽量配套）、制品化（增加产品的延伸制品）方向迈进。至1985 年，大连钢厂以生产高速工具钢、滚珠轴承钢、不锈钢、精密合金、弹簧钢为主，共有 12 个钢类、633 个品牌、12500 个规格，已成为型、管、板、丝、带俱全的特殊钢厂，特别是高速工具钢和精密合金，已成为全国重点生产基地，产品畅销全国 27 个省、市、自治区，拥有 3000 多个用户，每年供货合同达 6.8 万余份。自 1981 年开始出口到印度、菲律宾、巴基斯坦、孟加拉国、日本、美国、德国及意大利等国家。

抚顺钢厂。通过拨乱反正使生产秩序恢复正常，扭转了生产停滞、倒退的局面。1978年，工业总产值达到 24560 万元，比 1977 年增长 37.1%，军工和民用合同分别提前 32 天、11 天完成国家计划，实现利润 4437 万元。在质量改进方面，抚钢针对产品质量存在的问

题，采取了一系列措施，坚决把生产转到质量第一的轨道上来，产品质量不断提高。1978年，全面完成了八项技术经济指标。其中，钢锭合格率达到99.59%夺得全国同类企业排头；钢材合格率、钢材成材率、钢铁料和电力消耗指标，创出了本厂历史新水平。在技术开发方面，仅"六五"期间，抚钢就完成国家下达的科研和新产品试制项目844项，填补国内空白16项。抚钢在完成科研新课题与试制新产品中，主攻品种是航天、航空、航海、核能和军工民用急需钢材。航天用高温合金占国内市场的50%份额，航天、航空高强度钢占国内市场的66%份额，按国际标准生产的模块、石油钻头分别占国内市场50%和90%的份额。据统计，从1979年至1995年，抚钢科研成果获奖的有226项。其中，国家级35项、省部级176项。从1980年开始，抚钢产品逐步打入国际市场。1988年初，打开新局面，出口钢材的钢种扩大到13个、近100个品种规格。年出口量增加到3820吨，创汇209.2万美元。产品远销到美国、巴基斯坦、印度、德国、泰国、新加坡、菲律宾、韩国、中国香港和台湾等国家、地区。

太钢。在1979年，太钢钢产量首次突破百万吨大关；1980年，达到115.4万吨。1980年，太钢在国民经济调整，市场竞争激烈的困难条件下，销售钢材78.3万吨。其中，自销钢材40.5万吨；签订合同17051份，其中自销合同5790份，完成合同率达100%。这两年公司一方面组织原有特钢的优质高产，一方面积极调整产品结构，大量减少原有的炮用钢、子弹钢，新开发国家急需的深冲板、油桶板、舰艇板、曲轴钢、冷轧电机钢及纯铁钢等短线产品。

长城特钢。在1978年钢和钢材产量分别达到21.78万吨、19.19万吨，超过原设计水平，实现利润299元，结束了13年的连续亏损局面。从1979年开始，全厂围绕提高产品质量、多方降低消耗、提高经济效益、广开生产门路，大力推行新工艺、新技术，不断进行攻关、创优，取得了明显的经济效益。1980年，产钢24.06万吨，成品钢材23.66万吨，分别超国家计划9.4%、18.2%，工业总产值2.58亿元，实现利润4339万元，被中共四川省委、四川省人民政府命名为"大庆式企业"。1981~1984年，学习首都钢铁公司经济责任制经验，对企业进行全面整顿，推行方针目标管理。全厂形成宝塔式的包、保、核指标体系，清理、修订了原始记录加强了计量管理并严格工作考核；坚持推广"不锈钢倒包"等浇铸工艺，产量指标连年提高。1982年实现利润比1981年增长78.32%，1983年实现利润是1978年的1.44倍，平均每年递增8.85%。1983年，钢的产量达29.2万吨，钢材产量达27.8万吨，分别为设计能力1.39倍和1.58倍。1983年底，全厂有优质产品13个，其中省级优质产品5个、部级优质产品7个、国家级优质产品1个。完成科研产品试制1138项，科研课题174个，获12项国家科技奖。1984年底，全厂的优质产品增加到

18 个，其产量为 7.77 万吨，占全年总产量的 28%；产值为 14247 万元，占全年总产值的 34.1%。

二、20 世纪 90 年代至 21 世纪初：技术改造，装备升级

各特钢企业在恢复生产后，通过引进和应用国外先进装备及技术，新建现代化大型特钢厂，各特钢企业基本上实现了技术改造和装备升级。

中信泰富特钢。1993 年初，香港中信泰富有限公司董事局主席荣智健先生来访苏南江阴，寻找合资伙伴。1993 年 12 月 3 日，江阴钢厂与香港中信泰富合资组建"中外合资江阴兴澄钢铁有限公司"（后更名江阴兴澄特种钢铁有限公司，简称兴澄特钢）合同章程签字仪式在江阴长江饭店举行正式签署。自此，中外合资江阴兴澄钢铁有限公司挂牌成立。同年 12 月 1 日，兴澄特钢决定，从德国全线引进现代化的"四位一体"连铸连轧短流程优特钢生产线，确保技术装备水平 20 年不落后。这条生产线，是当时国际最先进的工艺技术装备，在我国还从未引进过。这是世界钢铁行业 20 世纪 90 年代兴起的一种短流程、高效率、低成本钢材生产线。1995 年 9 月 28 日，兴澄特钢滨江一期工程隆重奠基。1998 年 5 月 18 日，"四位一体"短流程生产线贯通，顺利投产。11 点 20 分，滨江工程第一批圆钢轧出，标志着中国第一条 100 吨直流电弧炉炼钢—精炼—连铸—连轧"四位一体"的短流程特钢生产线全线贯通。1998 年初，兴澄特钢针对国内钢铁行业中"连铸工艺不能生产轴承钢"的现象，继续发扬艰苦奋斗的兴澄精神，在"四位一体"短流程生产线上进行攻关，以连铸工艺生产出符合国家标准和用户需求的轴承钢，并使轴承钢的质量达到国际权威标准，为中国成为世界轴承生产大国做出一份贡献。随后，兴澄特钢发展势如破竹，1999 年开发了 5 个系列、9 个钢种，2000 年又开发了 7 个系列、11 个钢种；并承担国家、省火炬攻关项目 16 项，拥有 32 项国家级技术专利，主持和参与起草修订国家技术标准 5 项，出色地完成了漂亮的"玩转翻身"。2001 年，兴澄特钢迅速作出与国际经济接轨的战略决策，靠高新产品和先进的管理相继申领了国际市场 10 项"绿卡"。到 2002 年，兴澄特钢的轴承钢生产量已居世界第三位，获得了瑞典 SKF、德国 FAG、日本 NSK 等行业龙头企业的认可。2003 年，兴澄的优特钢出口量达到 143098 吨，创汇 4757 万美元，比上年同期增长 108%，轴承钢等优特钢外贸出口量比上年增长了 3 倍。2004 年，借助于长三角区域得天独厚的经济优势，兴澄特钢在合资后的成功复制推广在了湖北新冶钢。11 月 9 日，经国家发改委、商务部批准，香港中信泰富有限公司正式收购冶钢集团钢铁板块资产，组建湖北新冶钢有限公司（简称新冶钢）。2008 年 5 月，中信泰富董事局主席荣智健

先生在香港中区金钟的中信泰富香港总部发表讲话，宣告中信泰富特钢集团正式成立！至此，中信泰富特钢集团整合旗下江阴兴澄特种钢铁有限公司、湖北新冶钢有限公司、铜陵新亚星焦化有限公司、扬州泰富特种材料有限公司等相关子公司，沿长江一字排开，形成了沿江产业链的战略布局。

东北特钢。1986 年 10 月，五项引进设备的主体工程和配套工程全部竣工投入使用。共计完成投资 16458 万元。在"七五""八五""九五"期间，抚钢先后完成了小型连轧机和 850 初轧机工程、50 吨超高功率电炉工程、合金钢连轧机工程、模具钢精轧机工程等技术改造项目。完成国家下达的科研和新产品试制项目 844 项，填补国内空白 16 项。抚钢在完成科研新课题与试制新产品中，主攻品种是航天、航空、航海、核能和军工民用急需钢材。航天用高温合金占国内市场的 50% 份额，航天、航空高强度钢占国内市场的 66% 份额，按国际标准生产的模块、石油钻头分别占国内市场 50% 和 90% 的份额。据统计，从 1979 年至 1995 年，抚钢科研成果获奖的有 226 项。其中，国家级 35 项、省部级 176 项。1996 年，大连市委、市政府果断调整了大钢班子。新的领导班子提出"背水一战建设新大钢"，以壮士"断腕"的魄力，实施了大刀阔斧式的改革。其中重要改革举措包括：彻底进行工艺创新。整体关停了老式锻锤的锻钢、老式横列式轧机的三个轧钢厂等七条消耗大、污染重、严重亏损的生产线，关停了七台落后的电炉，集中引进具有国际一流水平的合金钢棒线材连轧机生产线，改造炼钢工艺装备，使整个企业的工艺装备水平一步跨上了新台阶，达到了国内现代化水平，为开发生产具有国际市场竞争力的高档次产品提供了基础条件。2003 年，由大钢和抚钢重组而成的辽宁特钢集团主要经济技术指标全部创造历史最好水平。2003 年 10 月 26 日，辽宁特钢集团开始托管北满特钢。仅用一年时间，该厂迅速启动生产，而且呈现出高速发展态势。2004 年 9 月 23 日，东北特钢集团在总部大连正式挂牌运营。东北特钢集团集中了整个东北的主要特殊钢生产资源，三钢统一规划布局，优势互补，无论从企业规模，还是技术实力，无论是工艺装备水平，还是产品规格系列，都在行业内居于举足轻重的地位。

长钢。1989 年，建成了七条国际标准生产线。产品中有 67 个达到国际一般标准，有 3 个达到国际先进标准。试制新产品 1000 多个，其中有 42 个分获国家、冶金工业部和省级科技成果奖。"七五"期间，长钢投资 3233 万元，新建了特钢小方坯连铸机等一大批项目，进一步提高了技术装备水平。20 世纪 80 年代末期，长钢各种设备的总量增加到 6.04 万吨，拥有的固定资产原值升到 7.48 亿元。职工总人数为 26019 人，其中工程技术人员 1300 余人，约占职工总人数的 5%。

舞钢。1978 年 9 月 8 日上午，后被冶金工业部命名（2005 年 9 月 8 日命名）为"功勋轧机"的 4200 毫米轧机普板系统单体试车成功。河钢舞钢自 1979 年 9 月正式投产后，在长达 23 年的时间里是我国唯一的宽厚钢板生产企业，并长期隶属于国家冶金工业部直接管理。1997 年 9 月 8 日，冶金工业部副部长徐大铨在舞钢中层干部大会上宣布，邯钢兼并舞钢，舞钢改制为邯钢控股，武钢、重钢参股的有限责任公司。根据国家有关兼并的规定，原由冶金工业部管理舞钢的国有资产全部转交邯钢管理。

太钢。1983 年，围绕"EF-AOD-CC"不锈钢冶炼系统，建成中国第一座 18 吨工业化氩氧炉，将钢锭模注改为连铸板坯，提高了机械化程度，降低了能源消耗，提高了成材率。1986 年，太钢对 1280 毫米立式连铸机进行改进，确立了以温度为中心的 13 条工艺制度，采用 YGT-2 国产保护渣替代进口连铸结晶器保护渣，改进振动频率使连铸坯表面质量提高，改进火焰切割机燃气、喷粉系统和烧嘴使切割速度提高，改进送引锭和拉坯的电气动作程序使送引锭装置的力矩马达和铸机电机同步，试验成功双炉连铸使钢水收得率达 92.5%。1994 年至 2000 年，太钢从日本引进了 1549 毫米热连轧机，新建了 20 辊森吉米尔轧机和冷热带钢生产线，改造了光亮板退火线，将 18 吨氩氧炉扩建为 40 吨，不锈钢年产量达到了 25 万吨。这一阶段，太钢依托不锈钢、转炉两条现代化生产线及 16 条国际标准生产线，持续推进产品结构调整，共开发应用新工艺新技术 204 项，研制出 205 个品种、988 个规格的新产品。2000 年 8 月至 2003 年底，太钢投资 70 亿元，实施了 50 万吨不锈钢改造工程：AOD 炉容由 18 吨扩大为 45 吨；立式板坯连铸机改造；新建了一条以铁水为主原料采用三步法冶炼不锈钢的生产线，其工艺流程为：铁水预处理+电炉预熔合金—K-OBM-S 冶炼—VOD+LF—连铸。2004 年 9 月至 2006 年 9 月，太钢投资 165.78 亿元，实施了新建 150 万吨不锈钢项目，冶炼工序新建 2 条专业不锈钢冶炼生产线，年产不锈钢 200 万吨。冶炼工艺采用太钢首创的两步法工艺，采用非"三脱"一般铁水在 LD 转炉吹炼成低碳钢水，兑入电炉并加入部分废钢进行粗炼后，再在 AOD-L 炉进行精炼。

三、"十二五"规划期间：产能过剩，改革发展

2008 年国际金融危机引发世界经济增长大幅度回落，导致主要发达国家钢铁消费需求大幅下降。2016 年，欧盟粗钢消费 1.72 亿吨，比 2008 年下降 16.9%；日本粗钢消费 6750 万吨，比 2008 年下降 18.9%；美国粗钢消费 1.03 亿吨，比 2008 年下降 6.4%。钢铁产能过剩再次加强，叠加中国因素，成为世界共同面临的亟待解决的问题。1988 年以来，我国钢铁产能增长快，产能利用率小周期波动，但总趋势是下降的，逐渐累积为产能过剩矛盾。2016 年，中国粗钢产量 8.08 亿吨，表观消费量 7.07 亿吨，产能 10.7 亿吨，产能利

用率为 75.5%。特殊钢行业进行大规模装备现代化改造，部分企业装备水平进入世界先进行列，逐步形成了中信特钢、东北特钢、宝钢特钢、太原钢铁等大型特钢企业集团为主导的支柱企业；并形成了一批具有专业性品种的特钢企业（天工、久立等）。2015 年钢铁行业遭遇历史上最困难时期，产能严重过剩。全行业亏损 72.1 亿元，销售利润率-1.4%，亏损面近一半。特钢行业在经历了 2015 年最困难时期后，在中央积极推进供给侧改革，化解过剩产能在大背景下，粗钢产量、利润率、职工人均收入都取得了大幅提升。

2011～2018 上半年特钢协主要会员单位产量、利润率、职工收入情况

类别	2011 年	2012 年	2013 年	2014 年	2015 年	2016 年	2017 年	2018 年 1～6 月
粗钢/万吨	10389	10000	11808	12484	12047	10670	12729	6607
优特钢粗钢（不含不锈）/万吨	6916	6548	7631	7752	7463	6847	7922	4310
重点品种产量/万吨	761	703	770	736	679	784	854	481
其中：齿轮钢	270	241	287	262	258	306	318	165
合金弹簧	153	168	188	182	163	196	218	107
轴承钢	338	294	295	293	258	283	318	210
出口量（棒材）/万吨	167	241	179	230	247	239	164	92
粗钢电炉占比/%	28.30	24.40	20.70	19.80	18.10	20.00	20.90	21.12
利润率/%	2.25	0.16	0.88	1.27	-1.16	1.60	5.29	6.8
职工人均收入环比/%	44.5	6.5	3.4	1.4	-16.0	8.4	17.4	8.9

数据来源：特钢协会主要会员单位。

中信泰富特钢。2008 年 8 月，由美国次贷危机引起的金融风暴，一瞬间便延伸为经济危机，肆虐全球。国际市场铁矿石和铜矿石等大宗商品价格下跌，全球经济陷入衰退。美国的金融风暴，迅速影响到了中国钢铁市场的走向，全国经济增幅放缓，钢铁需求大幅萎缩，钢材价格连连走低，仅短短两个月，全国钢材价格从最高点均价便迅猛下滑，下降幅度平均达 30% 左右。面对不期而遇的经济危机，中信泰富特钢集团迎难而上，快速决策，以国家产业政策为导向，紧紧抓住汽车、铁路、新能源等行业快速发展的机遇，开发生产了一大批满足市场需求的高标准、高技术含量的新产品，形成了汽车用钢、轴承钢、能源用钢三大品种为主力的战略布局；国际高端客户群不断扩大，产品远销到美国、日本、欧盟，以及东南亚等国家和地区，获得了一大批国内外高端客户的青睐。经受了国际金融危机的巨大冲击和钢材市场产能严重过剩的严峻挑战，中信泰富特钢集团经济效益不断增长，特钢升级快速推进，企业发展稳定健康，打赢了集团化管理以来第一场"遭遇战"。

东北特钢。2007 年，东北特钢集团大连基地环保搬迁改造项目正式启动。这次搬迁改造不是简单意义上的厂址平移，而是严格遵循清洁生产的原则，引进国际一流的工艺装备，生产世界一流的特钢产品，主要瞄准国内急需的高端特钢产品和能够顶替进口的特钢产品，建设一个清洁环保、节能低耗的循环经济型特钢企业。历时 4 年，大连基地新厂于 2011 年 7 月 11 日正式建成投产。新厂建有十条特殊钢精品生产线，分别是钢水冶炼优化生产线、高合金线材生产线、小型材生产线、大型材生产线、锻造生产线、特殊冶炼生产线、模具宽扁钢生产线、合金钢银亮材生产线、合金钢丝生产线和精密合金生产线。其主体设备全套引进意大利达涅利公司、POMINI 公司、德国西马克梅尔公司、KOCKS 公司及美国摩根公司等的产品，全部应用当今世界最先进的特殊钢冶炼和轧制技术，在消化引进吸收的同时，融合东北特钢集团自身的传统优势工艺和技术诀窍，产品全部定位为高附加值、高技术含量、高效益的特殊钢精品，产品技术性能全部达到当今世界领先水平或替代进口同类产品标准。抚顺特钢于 2009 年 6 月启动实施百亿技改工程。重点项目有，提高国防军工产品质量、调整产品结构技术改造工程，包括新精快锻生产线，以及高强钢、钛合金生产线。新精快锻生产线是国内设备综合能力最为先进的"精快锻联合生产线"，3150 吨快锻机和 1800 吨精锻机替代 20 世纪 80 年代初的老五朵金花 2000 吨快锻机和 1000 吨精锻机，大幅提高了生产能力。高强钢、钛合金生产线的建成投产，进一步满足了国家对钛合金的高端需求和航天航空领域的材料替代需求。提高军品质量特冶技术改造工程，引进了国内最大的真空感应炉，控制系统最先进的真空自耗炉、保护气氛电渣炉等性能参数指标均为世界先进水平的特冶装备，在生产能力、品种规格、产品质量等方面达到国内领先，使我国特种冶金质量水平迈上一个新台阶，为国防军工产品提供可靠的质量保障。此外，还包括优化工艺装备、提高产品质量棒材升级改造工程，提高军品生产能力及镍基高温合金材料产业化特冶技术改造工程、后部精整改造工程、东西厂区天然气改造工程等。从 2009 年至 2015 年，抚顺特钢新开技改项目共 281 项，完成 190 项，装备实力、产品优势都取得了长足的发展。通过大规模的技术升级改造，东北特钢集团装备实力、技术水平、产品质量档次大幅度提高。铁路用轴承钢、汽车曲轴用钢等 60 余项产品荣获国家冶金产品实物质量特优质量奖和金杯奖、冶金行业品质卓越产品奖、冶金科技进步奖等荣誉称号。

舞钢。2008 年 6 月，河钢集团成立，舞钢成为河钢集团旗下的特钢劲旅。中科院散裂中子源项目是我国"十一五"期间重点建设的十二大科学装置之首，是国际前沿的高科技、多学科应用的大型研究平台。该项目于 2011 年 9 月经国家批准正式动工，经过近 6 年建设，2017 年 8 月 28 日，散裂中子源首次打靶成功，获得中子束流。2018 年 3 月 25 日，被《人民日报》称为"超级显微镜"的散裂中子源通过了中科院组织的工艺鉴定和验收，成为中国最大的科学装置。它的成功建成，和正在运行的美国、日本与英国散裂中子源一起，构成世界四大脉冲散裂中子源。它填补了国内脉冲中子应用领域的空白，对满足国家重大战略需求、解决前沿科学问题具有重要意义。2012 年至今，河钢舞钢先后三次赢得了中国科学院散裂中子源项目特厚钢板合同及加工件合同，共为其提供 7000 多吨厚度为 200 毫米至 250 毫米的超厚钢板用于该项工程建设，累计为该工程的谱仪钢屏蔽体、隧道屏蔽墙钢屏蔽体等加工制作了 1359 件钢板加工件。

太钢。2012 年，太钢钢产量首次跃上千万吨台阶，达到 1012.66 万吨，其中不锈钢 310.61 万吨，连续四年保持全球第一。实现营业收入 1405.04 亿元，实现利税 25 亿元，在中国企业 500 强中排第 82 位。2013 年，在全球不锈钢企业普遍开工不足的情况下，太钢产销率达到 99.29%。罐箱行业用钢、造币钢、排气系统用钢、超纯铁素体、纯铁、双高硅钢、冷轧用料、汽车用钢产销量均有较大幅度增长。太钢两类三种产品用于嫦娥三号月球探测器及运载火箭关键部位，双相不锈钢钢筋新型材料独家中标港珠澳大桥工程。太钢不锈荣获首届中国质量奖提名奖。2014 年，太钢不锈获得中国工业大奖。同时，太钢加快推进结构调整重点项目，中频感应炉、免酸洗板生产线、铬钢专用酸洗线、9 号焦炉、6 号高炉等"十二五"重点项目建成投产；不锈钢冷连轧、硅钢冷连轧、高速铁路用钢技术改造等重点项目也于 2014 年上半年陆续投产。

四、"十三五"规划期间：兼并重组，产业升级

"十三五"，特钢行业的工艺、技术、装备的使用水平进一步提升，以轴承钢为代表的特钢产品研发技术达到国际一流水平。随着供给侧改革和清除"地条钢"的去产能政策，改善了钢铁行业包括特钢行业的生存环境，价格理性回归，行业效益逐步改善。与此同时，一批特钢企业，由于受市场长期低迷及其他因素的影响，在市场的大洋中没有游到终点而在中途改换门庭。特钢行业集中度进一步提高，为特钢行业高质量发展创造条件。兼并特钢企业的都是有资金、有人才、有装备、有技术的集团企业，这有利于特钢行业快速发展，首先做大做强！新的特钢市场格局逐步形成。

中信泰富特钢。2017 年 5 月青岛特钢干部大会的召开，正式宣告了中信特钢与青岛特钢的"联姻"成功，这标志着中信集团已全面实现了对青岛特钢资本层面的战略重组，青岛特钢正式成为中信集团旗下中信泰富特钢集团（简称中信特钢）的家庭成员。此次重组，不仅为青岛特钢品种结构优化、产品换档升级、价值创造能力提升揭开了崭新的篇章，同时也标志着中信特钢实现了从"沿江"到"沿海沿江"产业布局的战略升级。中信特钢正式开启了产业结构转型发展的"新纪元"，为"创建全球最具竞争力的特钢企业

集团"注入强劲动力和创新活力。为贯彻落实国家钢铁工业调整升级规划的整体部署，推动钢铁行业区域性重组整合。2018 年 6 月 12 日，江阴兴澄特种钢铁有限公司与湖南兴湘并购重组股权投资基金企业、湖南省国企并购重组基金管理有限公司签订《产权交易合同》，收购了锡钢集团 100% 的股权和锡钢集团及下属子公司的债权。锡钢集团成为江阴兴澄特种钢铁有限公司持股 100% 的全资子公司。2018 年 6 月 22 日，中信泰富特钢集团与华菱集团战略合作签署协议，锡钢集团全资子公司华菱锡钢特殊钢有限公司正式更名为靖江特殊钢有限公司（简称靖江特钢）。目前，中信泰富特钢拥有兴澄特钢、新冶钢、青岛特钢、扬州泰富、铜陵泰富等钢厂产业，具有近 1000 万吨的特钢产能，2017 年成功收购青钢后，完成沿江+沿海的产业布局，区位优势非常明显。从锡钢的地理条件而言，也能形成与兴澄特钢、扬州泰富的协同作用。

东北特钢。2016 年，由于长期以来债务负担巨大，财务成本居高不下，以及多方面因素的影响，东北特钢集团资金链和债务链断裂，陷入严重的债务危机。10 月 10 日，大连市中级人民法院裁定受理阿拉善盟金圳冶炼有限责任公司对东北特钢集团破产重整的申请，东北特钢集团正式进入破产重整程序。2017 年 9 月，沙钢管理团队开始进驻东北特钢，全面实质介入东北特钢生产经营工作。沙钢集团入主东北特钢集团后，通过推行了一系列改革举措，按照新的经营思路和管控模式运营企业，使东北特钢快速扭转了困境，奔向良性发展轨道。重整后的东北特钢集团结合自身技术、装备优势，提出"特钢更特、优特结合"的新经营思路，不断推进产品结构调整，实现以"优"增量降成本，以"特"提质增效益，优势互补，同步提升。

建龙。2017 年 9 月 28 日进行的第二次债权人大会上通过的北京建龙重工集团有限公司对原东北特钢集团旗下的北满特殊钢有限责任公司、齐齐哈尔北兴特殊钢有限责任公司、齐齐哈尔北方锻钢制造有限责任公司这三家公司的破产重整方案正式生效，将进入执行阶段。这意味着建龙集团将正式入主北满特钢这一中国"一五"期间唯一的特钢企业。这是一个值得借鉴的国企混改典型案例，它标志着我省照市场化、法制化原则自主招募战略投资者，推进北满特钢企业重整工作取得了圆满成功。公司全面恢复生产后，2018 年月产将达到 8 万吨左右，使北满特钢扭亏为盈。到 2019 年年底形成年产 220 万吨材的能力，实现销售收入 103 亿左右。对于北京建龙而言，并购北满特钢为其布局黑龙江的重要一步。

改革开放 40 年以来，中国特钢行业不断改革创新，实现了一次又一次的历史性突破和跨越式发展。今后我们要继续努力，把我国的特钢事业做大做强！从之前的参与、并行到之后的引领全行业。我们要在习近平新时代中国特色社会主义思想的指引下，伴随着我国全面深化改革的浪潮，创造出更多的钢铁辉煌和中国骄傲！

改革开放 40 年冶金建设行业发展成就

中国冶金建设协会

1978 年党的十一届三中全会胜利召开以来的 40 年，是我们党团结和带领全国各族人民，解放思想、实事求是，同心同德、锐意进取，建设中国特色社会主义的历史性创造性活动的 40 年。40 年来，冶金建设行业勇于改革，锐意进取，发生了巨大的变化，取得了丰硕的成果。

一、冶金工程勘察篇

（一）冶金工程勘察概况

冶金工程勘察企业服务的行业也已由钢铁行业逐步向各行业工程建设延伸，并积极响应国家"一带一路"倡议，服务地域逐步由国内走向海外，开启国际化进程。近 10 年来，冶金行业的工程勘察企业重点服务于首钢搬迁、湛江和防城港两大钢铁基地等大型工程建设，以及国内钢铁企业转型升级、低碳绿色发展相关工程建设，并在国际市场寻求机遇，完成越南台塑河静钢铁厂岩土工程勘察、马来西亚马中关丹工业园 350 万吨钢铁项目勘察等项目。

首钢京唐钢铁联合有限责任公司钢铁厂（首钢搬迁曹妃甸）在唐山市曹妃甸建设一个具有 21 世纪国际先进水平的钢铁厂，是节能减排和发展循环经济的标志性工程，是首钢落实党中央、国务院重大决策，实施战略搬迁落实绿色奥运的国家"十一五"特大重点工程，整个工程占地 20 平方千米，一期工程建设规模年产钢 960 万吨。该工程场地地质情况复杂，吹填土厚度 5~6 米，在国内堪称第一，在国际上也属罕见，建筑荷载巨大，对不均匀沉降要求严格。

宝钢湛江钢铁基地项目是宝钢为贯彻落实国家钢铁产业调整和发展政策，实现粤沪两地钢铁产业战略调整而投资兴建的现代化、生态化、高效益且具有国际竞争力的碳钢精品基地。项目首期静态投资 415 亿元，达产后年产钢材近 1000 万吨。中冶集团武汉勘察研究院有限公司完成了整个湛江钢铁项目从选址、规划、设计到施工运维阶段全过程的系列测绘、勘察及重点岩土设计施工项目，获全国勘察设计行业部级二等奖1项。通过该项目形成的科研成果"湛江钢铁基地地下水腐蚀性及防治对策研究与应用"被鉴定为国际先进水平，"粤西地区水泥土工程特性室内试验研究"被鉴定为国内领先水平。中勘冶金勘察设计研究院有限责任公司、宁波冶金勘察设计研究股份有限公司、中冶沈勘工程技术有限公司完成首钢京唐钢铁联合有限责任公司钢铁厂一期原料及冶炼（烧结、焦化、炼铁、炼钢）系列岩土工程，荣获2010~2011年度国家优质工程金质奖。

（二）冶金工程勘察行业发展历程

我国冶金行业的工程勘察企业跟随勘察设计行业改革浪潮，走过了由事业单位到国有独资企业制度，到产权多元化现代企业制度，再到全面改制的重大变革历程。近10年里，冶金行业的工程勘察企业重点聚焦自身运营管理和市场开拓工作，各单位发展质量得到进一步提升。

1. 1983~1999年，事业单位企业管理

新中国成立以来，我国的勘察单位均为各行业、各部门所属的事业单位，接受上级下达的任务，完成勘察工作，经费和人员工资由财政拨款支付。1983年下半年，工程勘察行业启动了试行技术经济责任制的改革，全面推行低收费办法，推动了工程勘察行业的企业化管理改革。

工程勘察单位实行企业化管理，改变了由财政拨付经费、支付人员工资的事业单位属性，逐步具备了从事市场经济活动、实行独立核算、照章纳税、自主经营的企业属性和功能。

2. 2000~2010年，改制为企业建立现代企业制度

虽然事业单位改革取得了一定进展，但绝大多数勘察设计单位还保留着事业性质，机制不活，功能单一。为此，国务院先后转发了建设部等部委《关于工程勘察设计单位体制改革若干意见》（国办发［1999］101号）、《关于中央所属工程勘察设计单位体制改革实施方案》（国办发［2000］71号）、《关于工程勘察设计单位体制改革中有关问题的通知》（建设［2001］102号）、《中小型勘察设计咨询单位深化改革指导意见》（建设［1998］257号）等文件，对勘察设计单位的改制事宜作了明确的规定，要求勘察单位"由现行的事业性质改为科技型企业，使之成为适应市场经济要求的法人实体和市场主体"，并建立"产权清晰、权责明确、政企分开、管理科学"的现代企业制度，依法改制为有限责任公司或股份有限公司。

在政策的指导下，部分规模较大的勘察设计单位，积极进行资产重组，改革领导体

制，调整隶属关系，积极推进产权制度改革，实现企业制度创新。中小型勘察设计单位进行了多种方式的产权制度改革，大部分单位建立了产权明晰、权责明确、流转顺畅的现代产权制度。工程勘察单位改制为企业后，普遍按进行了内部管理机制的改革，在发展战略、财务、市场、人事、技术研发等方面进行了转变，增强市场竞争能力。

3. 2011 年至今，事企分开，全面改制为企业

2011 年，中共中央、国务院印发《关于分类推进事业单位改革的指导意见》，推进从事生产经营活动的事业单位逐步转为企业。按照分类标准，工程勘察单位基本属于经营性事业单位，应转企改制。在 5 年过渡期内，工程勘察事业单位将按照现代企业制度要求，深化内部改革，转变管理机制，并依照政企分开、政资分开的原则，逐步与原行政主管部门脱钩，增强勘察单位的活力。在国家政策指引下，我国冶金行业相关未实行改制的工程勘察企业进一步推动改制工作。

（三）冶金工程勘察行业主要发展成就

1. 冶金工程测量的发展成就

随着测绘科技高速发展和地理信息系统的广泛应用，冶金工程测量的内涵和外延均发生了很大的变化，已是在为冶金工程全生命周期提供的测绘地理信息服务，具体的业务内容包括：控制测量、航空摄影测量、地形图测量、施工放样、地下管线探测、井巷测量、变形监测、三维激光扫描及应用、二三维地理信息系统（总图）建立、时空信息云平台建设、地图发布服务、智慧厂矿建设等，以及一切与时空信息相关业务。

（1）技术进步。测绘技术是与现代科技发展结合最为紧密的一门学科。在改革开放的40 年里，随着电子技术、计算机技术、制造工艺等科学技术日新月异的进步，通过引进、吸收、创新，我国测绘技术得到了长足的发展，对冶金行业高质量发展起到了积极的推动作用。测绘技术的发展主要表现在以下几个方面。

仪器设备的突飞猛进。20 世纪 90 年代，冶金工程测量初步接触全站仪，到如今全站仪已全面普及，完全取代了光学经纬仪，大大提高了劳动效率。2000 年以后，高精度的测量机器人、电子水准仪也大量出现，大大提高了冶金建设施工放样精度，确保了工程质量。全球定位系统（GPS）和中国北斗系统（BD）的普及应用，完全改变了以往控制网布设的理念，全天候和布网的随意性，大大提高了控制网测设的效率。GPS+RTK 技术的普及应用，更是方便了地形图测量和管线跟踪测量。三维激光扫描仪的出现，更是解决了三维建模和非接触式变形监测的问题，为三维数字工厂建设提供解决方案。2010 年后，激光跟踪仪的引进，解决了 0.05mm/m 级设备检测问题。InSAR 是合成孔径雷达干涉测量技

术的简称，根据其载体不同可分为航天（卫星）、航空（大飞机及无人机等）和地基 inSAR，星载 inSAR 可以用于厂区、矿区区域沉降监测，地基 inSAR 则可以用于 0.1 毫米级的边坡、大坝、高耸建构筑物的连续变形监测。无人机航摄于 2008 年普及应用，主要用于快速获取影像数据、掌握工程进度、留存影像资料、进行环保监察和安全生产监察，以及应急测量。以上所列设备均为目前国内、国际最先进的设备，并且在冶金工程建设中均有应用，解决了以往常规手段无法解决的问题，大大地提高了测量保障水平。

技术手段的全面提升。"3S"技术（GPS、RS（遥感）、GIS）应用于冶金工程建设，进一步提高了工作效率和质量。三维激光扫描仪的出现，伴随的是三维建模技术和点云数据处理技术；激光跟踪仪的出现，伴随的是三维立体空间平差技术；无人机的出现，必然要有配套的数据处理软件等等。上述所列的这些技术都与国际保持着一致，有的甚至领先。

地理信息系统（GIS）的大力发展。以地理信息系统的研发和应用为基础的地理信息产业，已被国家定义为涉及国土安全和绿色转型发展的国家战略性产业。随着计算机技术、存储技术、云计算技术的高速发展，地理信息技术发展日新月异。1994 年，在宝钢应用的"计算机总图管理系统"，就是最早 GIS 在钢铁厂应用的雏形。在冶金行业里 GIS 的发展也是艰难曲折的。从 20 世纪 90 年代初的 CAD 电子地图的管理，到 2000 年基本信息可以简单查询和统计，再到 2008 年"宝钢基础地理信息系统"（BaoSteelGIS）正式面世，才是真正的 GIS 技术在钢铁企业的应用，整整走了将近 15 个年头，发展比较慢。但是，此后的近 10 年发展迅猛，实现了从二维到三维，从 C/S 版到 B/S 版，从电脑桌面端到手机移动端，从地理信息管理到提供地理信息服务的跨越式发展。现如今已发展到时空信息云平台，结合物联网、云计算、大数据分析与挖掘等技术，为客户提供云服务，助力智能制造和可视化发展，推进智慧工厂建设。综合评价我国目前的 GIS 发展水平，传统的二维GIS 系统相对发达国家还是落后 10 年，而三维 GIS 系统却一直保持着国际先进的水平。冶金行业 GIS 的使用和发展，尽管在宝武集团和某些矿山企业有些最基础的应用，但是相对城市对 GIS 的应用而言仍显滞后。因此，冶金行业应该提高认识，把智慧厂矿作为企业将来发展的新模式。

《冶金工程测量规范》（GB 50399—2014）升级为国标。冶金工程测量总的特点是精度要求高，比同级其他工程测量均要高出半个等级，主要原因是冶金工程工艺复杂、链条长，不要求严格一些，到了最后都连接不上。当然，也有许多特殊要求不一样的地方。为此，冶金工程有专门的测量规范。最早冶金测量及相关规范有三本，《冶金勘察测量规范》《冶金建筑安装测量规范》《冶金图示》，均为行业标准。2014 年对《冶金勘察测量规范》

进行了修编，并提升为国标，即《冶金工程测量规范》（GB 50399—2014，中冶集团武汉勘察研究院有限公司主编）。该《规范》的修订，加入了诸多测绘新技术、新手段，规范了其使用方法，既保证了测绘新技术的应用，又满足的冶金工程的特殊要求，而且还契合工程实际，确保了冶金行业测量专业的健康发展。

（2）人员、队伍壮大。近年来在冶金工程测量方面，涌现出了中冶集团武汉勘察研究院有限公司、山东正元建设工程有限责任公司等一批转型升级较为成功、业绩突出的工程勘察单位。中冶集团武汉勘察研究院有限公司公司下属测绘地理信息公司、中冶智诚（武汉）工程技术有限公司、贵州娄山云地理信息有限公司三家分子公司，分别从事工程测绘、基础测绘以及地理信息系统与智慧应用（智慧工厂、智慧电厂、智慧化工、智慧矿山、智慧城市等应用开发），组成了完整的产业链条；现有员工 300 余人，其中有研发人员 80 余人，博士 8 人、硕士 70 人；装备精良，拥有 GPS、测量机器人、徕卡及天宝水准仪等设备 50 余台，三维激光扫描仪、激光跟踪仪、倾斜摄影相机等高端设备 5 套，自主研发的无人机 10 架。

（3）典型工程。宁波冶金勘察设计研究股份有限公司完成的首钢宝业联合建设钢厂项目 1：1000 地形测量，荣获 2008 年度冶金建设行业优秀工程勘察二等奖；东北岩土工程勘察总公司完成的鞍钢鲅鱼圈新建厂址 1：1000 地形测绘工程，荣获 2008 年度冶金建设行业优秀工程勘察三等奖；中勘冶金勘察设计研究院有限责任公司完成的首钢京唐钢铁厂项目一期工程基准点测量，荣获 2010 年度冶金建设行业优秀工程勘察三等奖；宁波冶金勘察设计研究股份有限公司完成的首钢贵阳特钢公司新特材料循环经济工业基地项目 1：500 地形测量，荣获 2010 年度冶金建设行业优秀工程勘察三等奖；中冶集团武汉勘察研究院有限公司完成的马钢股份公司系列测绘工程，荣获 2011 年度冶金建设行业优秀工程勘察一等奖；中冶沈勘工程技术有限公司完成的东北特钢集团抚顺特殊钢厂厂区 1：500 数字化总图测绘，荣获 2011 年度冶金建设行业优秀工程勘察三等奖；东北岩土工程勘察总公司完成的鞍钢集团矿业公司齐大山选矿厂地形图测量工程，荣获 2013 年度冶金建设行业优秀工程勘察三等奖；中冶集团武汉勘察研究院有限公司完成的首钢水城钢铁（集团）有限责任公司基础地理信息系统工程，荣获 2014 年度冶金建设行业优秀工程勘察一等奖；中冶集团武汉勘察研究院有限公司完成的承德建龙特殊钢有限公司总图管理系统建立工程，荣获 2016 年度冶金建设行业优秀工程勘察一等奖。

2. 岩土工程勘察、咨询、设计、治理、检测与监测的发展成就

（1）技术标准规范编制。近年来，颁布了《冶金工业建设岩土工程勘察规范》（GB 50749—2012，中勘冶金勘察设计研究院有限责任公司主编）《冶金工业建设钻探技术规范》（GB 50734—2012，中勘冶金勘察设计研究院有限责任公司主编）《冶金工程岩土勘察原位测试规范》（GB/T 50480—2008，中冶沈勘工程技术有限公司主编）等多项标准。

（2）发展成就与技术创新。在冶金工程建设实践中，岩土工程技术得到进一步提升。冶金行业钢铁建设工程，素以大、重、深著称，历来与岩土工程的矛盾比较突出。为了解决这些岩土工程矛盾，通常不能照搬"规范"进行岩土工程治理，而需要根据具体情况，通过试验研究来解决，从而有力地促进了岩土工程学科的发展。近 20 年，正是我国大型钢铁基地建设的大发展时期，新建和改扩建了一批大型钢铁和有色金属企业，并开发了一些大型矿山。在建设中遇到了许多前所未有的、涉及土力学、土动力学和基础工程方面的问题。如填海造地、挖山填洼而引起的深厚软弱土工程问题；有沿江沿海厚达数十米的湖相或海相原状淤泥的地基处理问题；有超长的（长达 60 米）钢筋混凝土预制桩，有大直径、超深的灌注桩或钢管桩；有深达到 50 米的基坑开挖（如旋流池）；有高达 700 多米露采矿场的高边坡；有"改扩迁"建工程中必需解决的用大量冶金废碴加固地基、环境岩土治理等问题；还有许多厂房工业建筑物地基、尾矿坝、地下管线的抗震问题以及工业厂房动力基础振动的危害问题等等。通过广大岩土工作者的努力，不仅解决了这些岩土工程问题，而且涌现了大量的试验资料和理论研究成果，极大地丰富和提高了岩土工程许多方面的经验和水平。近 20 年，岩土工程勘察、咨询、设计、治理、检测与监测的主要发展成就及技术创新体现如下几个方面：

一是我国的岩土工程师们为社会提供更广泛、深入的专业技术服务，从过去单一的工程地质、水文地质资料的提供者转变为智力服务的提供者、治理方案的实施者和专业的质量管理者，服务延伸到建设工程的多个环节，包括工程设计与岩土工程治理的决策、专项问题的技术顾问、工程的检测监测等，创造了十分可观的新价值。

二是科技进步使得我国在解决复杂的岩土工程问题方面达到国际高水平。改革开放 40 年来，通过行业骨干单位的持续科技研发和技术引进、消化和集成，我国工程勘察行业在勘测试验装备方面获得了积极的发展，面向复杂岩土工程问题的数值分析和基于 GIS 平台、数据库技术的信息化建设也取得了长足的进步，计算机辅助岩土工程的手段已渐入佳境。以我国建设工程的快速增长为平台，以行业科技进步为支撑，解决了大量的复杂岩土工程难题，取得了一批重大项目的成功。

三是岩土工程咨询是岩土工程师在岩土工程勘察、测试、设计、实施等过程中提供技术支持和服务的。在咨询公司里服务的岩土工程师，具有完全的独立性和很大的自由度，可以贯穿岩土工程的全过程，岩土工程师的个人知识和能力对工程的效果起决定性的作用，岩土工程咨询企业是属于知识密集型企业。然而在我国岩土工程咨询相当落后，无论数量、从业人员的质量、专业的覆盖面等方面，与国际岩土工程咨询业都存在很大差距。

四是在近 10 年来，行业内岩土工程治理领域在节能减排方面、环境岩土方面、地下水资源和环境保护、可持续发展等方面做出了积极的探索和创新，取得了一定的成就。

环境岩土工程通过研究环境与岩土体之间的相互作用和影响，应用岩土工程的理论、技术和方法为治理和保护环境服务，以及应用环境科学的理论、方法研究岩土工程问题。业务范围涉及土壤、地下水、石油、河道底泥、尾矿、垃圾填埋场等环境污染的修复治理。

五是近 10 年来，岩土工程治理新技术不断涌现，如粉细砂无填料振冲加固法、高真空击密工法、现浇大直径薄壁筒桩、挤扩灌注桩、高速冲击压实技术、混凝土芯水泥土组合桩技术、组合钢板桩基坑支护技术、增压式真空预压等等。这些岩土工程治理新技术也广泛应用于冶金行业建设领域，取得了良好的效果。

桩基工程发展取得新成就。桩基施工新技术近几年来取得了较大的发展，特别是随着近年来超高层建筑的发展，导致桩基直径和入岩深度的增加，桩基施工技术日趋复杂，市场上出现了一些高端且昂贵的钻探施工设备和先进的泥浆护壁工艺。以前桩基础嵌岩深度较大时，多以 20 世纪 50 年代从原苏联引进的传统冲击钻机进行冲击钻探成孔，其嵌岩工艺落后，效率低，成孔时间长，容易引发质量事故。随着建筑桩基工程快节奏施工的要求，开始使用大功率的旋挖钻机和大功率的车载反循环钻机进行嵌岩施工，孔底沉渣控制采用气举反循环二次清孔，采用化学浆液护壁防止孔壁坍塌，使得施工新技术出现多元化的态势。

六是检测与监测技术进一步提升。近 10 年来，岩土工程测试、检测技术日新月异，技术水平快速发展，由原来勘察提供测试数据，而发展为建设工程质量与后期运营提供技术支持，为建设项目的全生命周期提供技术服务。监测自动化技术方面引入了机器人监测。

完成了一系列典型工程项目：2003 年，柳钢 100 吨转炉基础单桩竖向抗压静载荷试验，单桩载荷试验堆载量达 30000kN，当时的设备条件在国内静载荷试验实属罕见。上海宝钢集团梅山有限公司二号高炉大修系统工程码头料场和混匀料场检测与监测，2007 年获中国冶金建设行业勘察一等奖。马钢四钢轧 1580 毫米热轧新建 3 号加热炉工程基坑监测项目中，基坑为一级基坑，南北两侧紧邻高炉及钢坯堆放生产区，危险性较高。中冶集团武汉勘察研究院有限公司成功采用徕卡 ICON 60 机器人对该场地进行监测。

（3）新的勘探设备应用。引进先进勘察设备，如地震波 CT 检测技术检查断层破裂带、全液压工程勘察钻机钻进更深、背包式钻机能适应环境复杂区域等等，来提高勘察效率和质量，适应难度更大的勘察业务。同时，加强技术创新研发，在已有的技术基础上，根据积累的经验，对常规钻探方法工艺进行完善与改进，进一步推动技术装置化、产品化。

（4）智能化技术应用。未来岩土工程勘察技术全面步入数字化，借助地理信息系统、遥感技术、全球卫星定位系统、自动测速仪等先进的技术，把工程项目的所有信息通过计算机与软件把它们有机地结合在一起，从而让勘察设计的技术手段用现代化数字技术勘察代替手工勘察，进而达到数据采集信息化、硬件系统网络化、勘测资料处理信息化、图文处理自动化的目的，逐步使岩土工程勘察变得智能化。

（5）原位测试技术将得到重视。目前原位测试手段，如载荷试验、旁压、静探、标贯、动探、扁铲侧胀仪、十字板剪切等。在不断应用过程中会逐渐积累了大量的经验，根据使用不同工艺获取的地层性质的认识也将更加深入。未来伴随勘察行业的竞争，原位测试技术以其更高效的有点发挥更大的作用。同时，原位测试试验技术、试验装置也会在应用中得到发展和进步。

（6）三维地质建模和数值分析广泛应用。三维地质建模技术是基于三维空间建模技术平台下，利用空间建模与分析处理方式，对现场实际勘察数据和模型构建，从三维空间反映出地质结构情况，相比传统的二维平面图，三维地质建模可以更合理对地层判断、钻探数据具有较好传输性、模型后续利用价值大等特点，可以很好地服务于设计和施工。这些本身具有的优点，同时在国家政策的大力推动下，将很快在工程勘察行业得到推广应用，并对中小型勘察企业无形中设置了门槛。

近年来，随着中国大规模地建设，越来越多的岩土工程难题摆在我们面前，单纯依靠经验显然已不能有效指导工程问题的解决，迫切需要更强有力的分析手段来进行这些问题的研究和分析。随着有限元引入某土石坝的稳定性分析以来，数值模拟技术在岩土工程设计治理领域取得了巨大的进步，并成功解决了许多重大工程问题。

（7）BIM技术得到应用。随着BIM技术在建筑行业的推广，同时带动岩土行业BIM的发展，基于岩土工程勘察BIM的岩土设计可以更为方便体现在设计方案论证、仿真模拟、施工管理、施工监测多个方面。未来可以在基坑、边坡等岩土专业发挥其优势，为市场的开拓起到促进作用。

BIM技术已逐步应用于岩土工程勘察设计治理过程中，首先在岩土工程勘察中通过BIM技术建立三维地质建模和大数据库，实行信息共享；其次在岩土设计过程中运用BIM平台上的碰撞检测来验证我们设计方案的合理性，减少设计错误带来的成本浪费，优化设计减少工程造价。另外，三维可视化与快速出图也大大提高岩土工程设计效率。利用BIM

平台强大的建模功能，对基坑支护平台进行详细的三维建模，在基坑设计方案的展示和评审中，三维模型的运用可以更好地让专家和业主了解到方案最终建成后的效果和整体的设计意图。最后在岩土工程治理中可以进行施工动态模拟以及指导施工。

（8）典型项目。工程勘察方面。中冶沈勘工程技术有限公司完成的本溪钢铁（集团）公司第二冷轧薄板厂岩土工程勘察，荣获 2008 年度冶金建设行业优秀工程勘察一等奖；山西冶金岩土工程勘察总公司完成的太钢 150 万吨/年不锈钢改造新建不锈冷轧厂（0～30线）岩土工程勘察，荣获 2008 年度冶金建设行业优秀工程勘察二等奖；中冶沈勘工程技术有限公司完成的首钢冷轧带钢工程岩土工程勘察（详勘），荣获 2009 年度冶金建设行业优秀工程勘察一等奖；中冶沈勘秦皇岛工程技术有限公司完成的首钢矿业公司水厂铁矿尹庄尾矿库中期稳定性评价岩土工程勘察，荣获 2009 年度冶金建设行业优秀工程勘察一等奖；湖北中南勘察基础工程有限公司完成的鄂钢宽厚板配套焦炉厂、炉料厂及制氧厂工程勘察，荣获 2010 年度冶金建设行业优秀工程勘察二等奖；北京爱地地质勘察基础工程公司完成的首钢迁钢公司大冷轧项目勘察及地基处理工程，荣获 2013 年度冶金建设行业优秀工程勘察一等奖；中冶集团武汉勘察研究院有限公司完成的宝钢股份取向硅钢后续工程岩土工程勘察系列工程，荣获 2013 年度冶金建设行业优秀工程勘察一等奖；中冶集团武汉勘察研究有限公司完成的马钢环保搬迁项目 1580 毫米热轧生产线工程岩土工程勘察系列工程，荣获 2014 年度冶金建设行业优秀工程勘察一等奖；中勘冶金勘察设计研究院有限责任公司完成的太原钢铁（集团）有限公司袁家村铁矿选矿工业厂区施工图设计阶段工程地质勘察，荣获 2014 年度冶金建设行业优秀工程勘察一等奖；中冶成都勘察研究总院有限公司完成的重钢集团矿业有限公司太和铁矿破石头沟改道工程岩土工程勘察项目，荣获 2016 年度冶金建设行业优秀工程勘察二等奖。

岩土工程设计咨询方面。中冶集团武汉勘察研究院有限公司完成的梅山钢铁公司炼钢厂倒罐坑设计与施工，荣获 2008 年度冶金建设行业优秀工程勘察一等奖；湖北中南勘察基础工程有限公司完成的金井嘴金矿帷幕注浆堵水工程（勘察/设计/治理），荣获 2008 年度冶金建设行业优秀工程勘察一等奖；中冶集团武汉勘察研究院有限公司完成的宁波钢铁厂原料场 D、E 料条地基二次处理设计与施工，荣获 2009 年度冶金建设行业优秀工程勘察一等奖；北京爱地地质勘察基础工程公司完成的首钢老工业区西十筒仓改造项目基坑支护工程设计及施工，荣获 2015 年度冶金建设行业优秀工程勘察一等奖；中勘冶金勘察设计研究院有限责任公司完成的龙烟矿山分公司近北庄铁矿西南端帮西部滑坡稳定性评价与治理设计，荣获 2015 年度冶金建设行业优秀工程勘察二等奖。

岩土工程治理方面。山东正元建设工程有限责任公司完成的马钢"十一五"技术改造和结构调整项目马三峰边坡治理工程，荣获 2008 年度冶金建设行业优秀工程勘察一等奖；北京爱地地质勘察基础工程公司完成的承德新新钒钛股份有限公司 2 号、3 号烧结机边坡治理工程，荣获 2013 年度冶金建设行业优秀工程勘察一等奖；中勘冶金勘察设计研究院有限责任公司完成的白云铁矿边坡治理工程，荣获 2014 年度冶金建设行业优秀工程勘察一等奖；北京爱地地质勘察基础工程公司完成的首钢长治钢铁有限公司高速线材工程勘察、护坡及地基处理工程，荣获 2014 年度冶金建设行业优秀工程勘察一等奖；中冶集团武汉勘察研究院有限公司完成的湛江龙腾物流有限公司球团项目料场工程岩土工程（勘察、设计、施工、监测与检测）一体化服务工程，荣获 2015 年度全国优秀工程勘察设计行业奖工程勘察二等奖。

北京爱地地质勘察基础工程公司完成的首钢京唐公司钢铁厂（一期）2250 毫米热轧工程钢卷库公辅系统等 31 项 CFG 桩工程，荣获 2011 年度冶金建设行业优秀工程勘察一等奖，获奖单位为；中冶集团武汉勘察研究院有限公司完成的广东韶钢松山股份有限公司 8 号高炉桩基工程，荣获 2010 年度冶金建设行业优秀工程勘察一等奖；中勘冶金勘察设计研究院有限责任公司完成的首钢迁钢配套完善项目原料系统改造扩建基桩工程，荣获 2011 年度冶金建设行业优秀工程勘察三等奖；山西冶金岩土工程勘察总公司完成的大同煤矿集团有限责任公司日产 4500 吨熟料新型干法水泥生产线桩基项目，荣获 2012 年度冶金建设行业优秀工程勘察二等奖。

环境岩土方面。中冶集团武汉勘察研究院有限公司实施的宝钢股份取向硅钢产品结构优化场地环境调查等。本工程属场地调查勘察，目的是明确场地可能存在的污染种类、污染程度、污染范围、污染深度和场地土壤理化特征参数，获得满足健康风险评估及土壤和地下水修复所需的参数，场地风险评估应明确描述场地风险状况，提出场地风险控制值建议。中勘冶金勘察设计研究院有限责任公司完成的新疆八一钢铁集团有限责任公司蒙库铁矿年产 200 万吨露天采矿扩建项目环境影响研究，荣获 2009 年度冶金建设行业优秀工程勘察二等奖。中勘冶金勘察设计研究院有限责任公司完成的霍尔果斯口岸总体规划环境影响研究，荣获 2008 年度冶金建设行业优秀工程勘察二等奖。

3. 岩土工程勘察监理的发展成就

近年来，工程勘察质量问题引起行业日益关注，对工程勘察业务进行有效的监理，成为保证勘察质量的一项迫切且必要的工作。目前，勘察监理主要从以下方面进行要点控制。

（1）开工准备阶段。为了使勘察及其监理尽早纳入规范轨道，并使监理工作比较顺畅，应首先编制工程勘察监理规划，明确了总体要求和所涉及的各种工法的勘察要点，针对勘察大纲编写、勘察取样、水文地质调查、岩土试验、成果分析与报告编制提出具体要求。同时，认真分析勘察技术方案能否达到勘察目的，勘察手段与工作量是否恰当，现场技术人员素质和数量能否满足需要。审查中还要做到实地落实（与勘察单位一道）和图上落实（如果有，则执行设计单位签认制度）。

（2）勘察实施阶段。一是技术交底准确清晰：在施工动员和第一次工地例会，对监理程序和内容交底，并配合勘察单位对施工和技术人员进行技术交底。交底要清晰、准确、无歧义，并有书面记录。二是把住源头：监理从编录、试验测试、外业整理就介入，从源头抓起，保证原始成果的可靠性。三是关键问题的重点监控：对于关键问题或易出质量问题的环节，重点监控，抓出实效。

（3）审查验收阶段。岩土工程勘察大多是隐蔽工程，每个环节都要严格验收、规范完整地记录。在接到送审报告时，在完整的验收单和监理记录基础上，可保证审核付款清晰有据。验收包括：钻孔、分项（部）和总体验收。钻孔验收是基础，应设计详细的验收单，包括钻进方法、水位、穿越地层及取芯率、取样位置及数量、原位测试位置与数量、各环节质量和封孔情况等，勘察、监理和业主分别留存。勘察报告的审查，是保证勘察质量的最后一道关，决不能敷衍，并且还要保证审查意见落到实处。初审意见同时送达业主和勘察单位，并由专人负责与勘察单位进行沟通、交流，并追踪修改、落实情况。最终处理意见，经监理负责人签发后，再次送达业主和勘察单位。

4. 水文地质的发展成就

（1）技术标准编制方面。在 1973 年，由中冶集团武汉勘察研究院有限公司主编了我国第一部供水水文地质勘察国家规范《供水水文地质勘察规范》（TJ 27—1978），1978 年颁布实施。此后，又陆续颁发了《供水管井技术规范》（GB 50296—1999）、《供水水文地质勘察规范》（GB 50027—2001）、《管井技术规范》（GB 50296—2014）、《冶金工业水文地质勘察技术规范》（GB 50615—2010）等多项国家标准。

（2）技术进步。在地下水资源评价上，我国工程勘察工作者意识到原苏联"四大储量"评价的不足，提出了自己的新储量和"三水"转化观点，水文地质勘察由传统的定性描述、经验公式计算发展到以计算机建模进行开采和地下水资源管理为主的评价模式，利用灰色理论和模糊数学处理水文地质边界问题，形成了现今的地下水管理信息系统和数字化成果；非稳定流理论、计算机技术、遥感技术、同位素测试技术等新技术得到广泛应用并在实践中不断发展提高，并结合数值模拟成熟应用；引进采用数值法计算地下水水源地允许开采量，并将其写进规范予以确定；对大厚度含水层分段取水技术进行了技术研究并形成成果，部分成果被规范所采用；航空瞬变电磁法、核磁共振直接找水等物探新技术在地下水找水中得到引进应用。

（3）工艺进步。改革开放后，钻探设备基本淘汰了以前的冲击钻进设备，主要以红星-400、红星-600，气举反循环、冲击反循环、spj-2000 等深井钻探设备为主；钻探工艺摒弃了以前效率低下的跟管钻进，少见有冲击钻进，引进以"高塔钻进、看表给进、钻铤加压、刚性防斜、化学泥浆、旋流除砂、组合钻头、物理洗井"一整套先进钻探工艺，提高了水文地质钻探水平。生产井（孔）过滤器结构有了长足进步：过去过滤器一般采用缠丝填砾过滤器，由于缠丝不均匀引起的管井质量问题时有发生，现在普遍采用桥式过滤器新技术，提高了管井的施工功效和成井质量；核磁共振层析找水仪（Hydroscope）的引进应用，该仪器为新的直接探测地下水的重要手段，具有较好的实际找水应用效果。

（4）典型项目。湖北中南勘察基础工程有限公司完成的金井嘴金矿帷幕注浆堵水工程（勘察/设计/治理），荣获 2008 年度冶金建设行业优秀工程勘察一等奖；湖北中南勘察基础工程有限公司完成的大冶市鲤泥湖铜铁矿床帷幕注浆防治水工程，荣获 2013 年度冶金建设行业优秀工程勘察一等奖；中冶成都勘察研究总院有限公司完成的四川化工天瑞矿业有限责任公司 30 万吨净化磷酸项目水文地质勘察，荣获 2014 年度冶金建设行业优秀工程勘察二等奖；中勘冶金勘察设计研究院有限责任公司完成的迁安市赵店子镇腾龙铁矿边坡加固与砾卵石层止水工程，荣获 2016 年度冶金建设行业优秀工程勘察一等奖；山东正元建设工程有限责任公司完成的马钢南山矿业凹山总库尾矿坝局部坝体降水治理工程，荣获 2016 年度冶金建设行业优秀工程勘察二等奖。

5. 矿山岩土的发展成就

（1）技术标准编制方面。中冶集团武汉勘察研究院有限公司主编了《尾矿堆积坝排渗加固技术规范》（GB 51118—2015），2015 年正式发布，从而指导技术人员从事尾矿坝的排渗加固技术工作。

（2）科技成果。主要包括：

中冶集团武汉勘察研究院有限公司于国内首创的"垂直排渗竖井与水平排渗管联合排渗技术"于 1989 年 6 月获得国家专利，该技术在国内冶金矿山的尾矿坝加固治理中得到广泛应用。

尾矿堆积坝体主要由尾矿砂土构成，钻探岩芯采取率对探明砂土岩性的准确性至关重要，常规钻探方法在砂土中的采取率难以满足勘察技术要求，为了提高砂土岩芯采取率，中冶集团武汉勘察研究院有限公司研发了旋切式钻探装置，使砂土岩芯采取率达 85% 以上的理想效果，对研究尾矿坝构成及其物理力学性质具有十分重要的作用。该装置具有旋转钻进、岩芯管保护和端部自动闭合等功能，该专利技术已于 2010 年获国家知识产权局专利授权。

基床系数是尾矿设施中坝体和导流洞支护、地基基础设计的重要参数，一直以来均由现场载荷试验进行测定，但受现场载荷试验无法测试地表以下尾矿和岩土层参数的局限，致使设计时缺乏必要的依据，只能据经验进行估算。中冶集团武汉勘察研究院有限公司开发了一套室内基床系数试验测试装置及其相应的测试方法，并于 2009 年分别取得了 2 项国家专利。通过现场钻探采取指定深度的试样，室内试验测定该项重要参数，从而解决长期困扰设计的技术难题。

标准贯入试验（SPT）作为现场测试尾矿坝不同堆积层物理力学性质的主要方法，但因标贯器结构存在缺陷，导致试验过程中经常在钻孔产生脱落或装卸困难，而造成孔内事故和影响试验成果的准确性。中冶集团武汉勘察研究院有限公司彻底改善了该装置的性能，杜绝了试验中产生的事故，并有效地提高试验的工效和质量。该技术于 2009 年获的国家专利。

中冶集团武汉勘察研究院有限公司研发的"高压摆喷注浆机械钻杆接头"是从事尾矿坝和矿山防渗及基坑止水帷幕工程施工的关键器具之一，具有结构简单、拆装方便、提高工资效和施工质量和避免钻具断裂等优点。该技术于 2010 年获国家专利。

中冶集团武汉勘察研究院有限公司完成的"室内基床系数测试方法研究"于 2009 年通过了中冶股份公司的科技成果鉴定。该项成果填补了室内无法直接测定基床系数的空白，解决了工程设计中的技术难题。鉴定意见认为"本项研究开创性地研制了室内基床系数测试装置和方法，具有显著的技术、经济和社会效益，是岩土工程技术领域的一项创新成果。该成果总体上达到国际先进水平。"。

2015 年 5 月，授权获得"一种后置排渗加筋带治理尾矿堆积坝的新工法"的专利；2016 年 8 月，授权获得"一种兼具加筋与排水作用的复合材料"的专利，和 2016 年 8 月授权获得"预埋排渗加筋联合作用材料堆积尾矿坝新工法"的专利，可以同时实现排水（渗）通道的设置或填料加筋过程，有效地提高尾矿堆积坝的物理力学性能，其中后置排渗加筋带治理尾矿堆积坝的新工法主要应用于病、危、险坝治理，预埋排渗加筋联合作用材料堆积尾矿坝新工法则用于堆积子坝加固，并可拓展用于填方边坡的加固。

（3）典型项目。

中冶成都勘察研究总院有限公司完成的中国铝业中州分公司 3、4 生产线新庄沟赤泥尾矿库工程勘察，荣获 2009 年度冶金建设行业优秀工程勘察二等奖；中冶沈勘秦皇岛工程技术有限公司完成的首钢矿业公司水厂铁矿尹庄尾矿库中期稳定性评价岩土工程勘察，荣获 2009 年度冶金建设行业优秀工程勘察一等奖；北京爱地地质勘察基础工程公司完成的首钢京唐钢铁联合有限公司钢铁厂一期项目煤料厂、矿石料场及综合管网岩土工程勘察，荣获2010年度冶金建设行业优秀工程勘察一等奖；湖北中南勘察基础工程有限公司完成的良荐桥钼矿帷幕注浆防治水工程，荣获2011年度冶金建设行业优秀工程勘察一等奖；中冶沈勘秦皇岛工程技术有限公司完成的滦平县伟源矿业有限责任公司二选厂二道沟门村北沟尾矿库现状坝体稳定性分析报告，荣获2012年度冶金建设行业优秀工程勘察一等奖；中勘冶金勘察设计研究院有限责任公司完成的白云鄂博铁矿主矿南帮2-9行深凹露采（1230米以上）边坡工程地质勘察及治理对策研究报告，荣获2013年度冶金建设行业优秀工程勘察一等奖；中冶集团武汉勘察研究院有限公司完成的广西华润水泥（上思）有限公司孰料水泥生产线场区西侧及2号石灰石预化堆场滑坡勘察、设计项目，获得2015年度全国优秀工程勘察设计行业奖工程勘察三等奖；中冶集团武汉勘察研究院有限公司完成的新疆富蕴蒙库铁矿井下开采工程884米主运输平铜断层及巷道超前勘察，荣获2015年度冶金建设行业优秀工程勘察一等奖；中冶集团武汉勘察研究院有限公司完成的云南晋宁450万吨/年磷矿采选项目头石山尾矿库勘察，荣获2016年度冶金建设行业优秀工程勘察一等奖；中勘冶金勘察设计研究院有限责任公司完成的太原钢铁（集团）有限公司袁家村铁矿白化宇尾矿库、下盘排土场详勘，荣获2016年度冶金建设行业优秀工程勘察一等奖；山东正元建设工程有限责任公司完成的马钢南山矿业凹山总库尾矿坝局部坝体降水治理工程，荣获2016年度冶金建设行业优秀工程勘察二等奖。

二、冶金工程设计篇

作为国民经济的基石和骨骼，中国钢铁工业在党中央的正确领导下，坚持自主创新和兼收并蓄的发展思路，历经数代钢铁人呕心沥血的耕耘，在全球化市场的严酷考验中逐步发展壮大成为世界一流的钢铁工业大国。中国的钢铁工程设计经过前30年技术积累和实践，从仿照、学习苏联工厂模式到吸收借鉴西方先进技术设备和管理经验，从自力更生、自给自足到自主创新并对外输出国际先进的工程技术装备，钢铁工程设计为国家实现钢铁总体战略布局、为中国钢铁工业技术装备水平的提高、为增强中国钢铁工业国际竞争力做出了卓越的贡献。

党的十八大以来，经济新常态、供给侧结构改革，产业转型升级成为钢铁产业改革发展的新路标。由此迈步的五年，是国家政策最落实、执行最坚决、成效最显著的5年。去产能、调结构，是壮士断腕的决心；创新是出路，需求是导向，是转型升级的目标；扩大有效和中高端供给、提高全要素生产率是由大而强必由之路。党的十九大胜利召开，"十三五"规划进入攻坚期，结构调整、创新驱动、智能制造、绿色发展、开放发展仍然是钢铁产业必行之路，这也为我国钢铁工程设计的跨越发展提供了至关重要的战略机遇。

今天，我们正身处于中华民族伟大复兴的大时代里。70 年奋斗，40 载筑梦。我们坚信不疑，一个开放、自信、迈向全球的钢铁强国正以她恢宏的气象和博大的胸襟向我们走来。

（一）在使命中诞生的中国钢铁工程设计

1949 年 10 月 1 日，在百年黑暗中徘徊的中华大地终于迎来了第一道曙光——中华人民共和国成立了。从苦难和战火中走来的中华民族热切期盼着一个新时代的到来，然而，这时的中华大地，满目疮痍，工业基础极其落后，扣着"落后农业国家"的帽子。1949 年，全国钢年产量仅为 15.8 万吨，300 立方米以上的高炉只有 16 座，最大的鞍钢 9 号高炉（944 立方米），年产铁量不足 25 万吨，炼钢工业落后、技术陈旧、设备残缺不全。

早在土地革命时期，毛泽东同志就提出"使中国稳步地由农业国转变为工业国，把中国建设成一个伟大的社会主义国家"的伟大构想。经过 10 年内战、抗日战争，毛泽东逐渐对中国工业化问题有了更加全面和深刻地认识，对钢铁工业的发展也更加重视。中华人民共和国成立之初，钢铁工业即受到中央政府的高度重视。这一时期，我国人均钢铁产量仅为 2.37 千克，而同时期的印度人均产量 4 千克，美国则高达 538.3 千克。在这样特殊的历史背景下，作为钢铁工业基础的钢铁设计事业应时而生。1951 年 7 月，中国第一个专业钢铁工程设计机构——鞍钢设计处正式成立，后更名鞍钢黑色冶金设计公司。1952 年，中央政府颁布相应政策文件，要求兴办钢铁研究和教育事业。同年，212 设计组成立并于次年更名钢铁局设计公司。鞍钢黑色冶金设计公司与钢铁局设计公司，作为中国钢铁工程设计的先驱者，在我国钢铁事业的发展中书写了浓墨重彩的一笔。

为支持第一个五年计划的实施，这一时期调整成立了冶金工业部黑色冶金设计总院，也就是北京钢铁设计研究总院的前身。同期，武汉黑色冶金设计院、包头黑色冶金设计院、重庆黑色冶金设计院等一批专业设计机构相继成立。在一五期间，通过苏联援建的一批重要钢铁建设项目如鞍钢三大工程改造，我国钢铁设计队伍在模仿中起步，在实践中学习了苏联大量的工程设计经验，基本掌握了大型钢铁联合企业和特殊钢厂设计经验，为钢铁工业繁荣发展奠定了人才和技术基础。1956 年 4 月，毛泽东发表《论十大关系》重要讲话，中国钢铁工程设计开始逐步摆脱苏联模式影响，发挥中央和地方两个积极性，进入了自力更生的发展阶段。在其后的 4 年时间里，国内钢铁工程设计形成了 10 余个部属设计院和一大批省市级设计院、钢铁企业设计机构共荣的局面。

在三年经济困难时期和十年建设时期，成长中的中国钢铁设计队伍艰苦创业，筚路蓝缕，以极大的创新热情和高度的国家使命感，有力地支持了鞍钢、武钢、包钢三大钢铁工业基地以及石景山钢铁、太钢等五中、十八小的钢铁企业总体设计与项目设计，为我国钢铁工业的合理布局以及巩固国防建设做出了卓越的贡献。至20世纪70年代，经济建设逐步明确了在原有基础上实行"革新、改造、挖潜"的方针。这一时期，毛泽东做出打开中美关系新局面的战略决策。随着国际关系的改善，武钢一米七轧机工程于1974年破土动工，从联邦德国、日本成套引进价值6亿美元的设备，其大型化、自动化、高速化、连续化的特点位于同时代先进水平。一米七轧机工程为中国钢铁工程设计队伍学习和掌握世界先进技术创造了条件，推动了钢铁工程技术改造和经营者管理水平的提高。伴随着这一时期艰苦卓绝的三线建设，攀钢、酒钢等内陆钢厂投产，为80年代国家钢铁工业的大踏步前行夯实了基础。

30年来，国家对钢铁工业总投资615.28亿元，其中基本建设投资526.46亿元，更新改造投资88.8亿元。国内特色的58型焦炉，马钢车轮轮毂工程，本钢、武钢2000立方米和2516立方米高炉设计，120吨氧气顶吹转炉车间设计，高炉冶炼钒钛磁铁矿技术，高炉喷吹粉煤灰技术、1700毫米热连轧车间设计等一批国内自力更生的工程设计，使我国钢铁工业的技术装备和产品品种、质量提高到了一个新的水平。可以说，这一时期，中国钢铁工程设计伴随着钢铁工业的发展，从零起步，从无到有，为新中国建设发挥了重要的力量。

（二）体制改革的春风唤醒大地

如果说，对外开放是我们抓住历史机遇，融入世界政治经济格局的一次成功决策的话；那我们还可以自豪地说，体制机制的改革，才是唤醒中国大地的春风，如同解除束缚的普罗米修斯一样，向世界展示了中国的力量和自信。

钢铁工程设计行业体制改革，是我国事业单位体制改革起步最早的单位。从1979年6月开始，大致经历了3个阶段，事业单位企业化管理（试点取费、放权让利和试行技术经济责任制）；第二阶段事业单位改科技型企业；第三阶段，从产权和体制上深化国有企业体制改革，建立现代企业制度、实现管理模式、经营模式的转变。

1979年4月13日，中共中央、国务院中发〔1979〕33号文《关于改进当前基本建设工作的若干意见》明确指出："勘察设计单位现在绝大部分是由事业费开支，要逐步实行企业化，收取和计费。"1984年，全国人大六届二次会议《政府工作报告》再次明确指出，"设计单位要逐步向企业化、社会化方向发展。"这次改革的目的，是为了调动广大设计人员的积极性、做出技术水平高、经济效益好、具有现代化水平的设计。

第一阶段体制改革，经历了企业化取费试点和全行业实行技术经济责任制的两个步骤。1979 年 6 月 8 日，国家计委、国家建委和财政部联合颁发了《关于勘察设计单位实行企业化取费试点的通知》，明确包括北京钢铁设计研究总院在内 18 个勘察设计单位作为首批试点单位，试行经济合同取费，单位内部实行经济核算，逐步将事业单位推向市场，调动了设计人员的积极性，扩大了业务范围，为冶金设计院全面推行技术经济责任改革提供了先期经验。

经过 4 年的试点摸索，1983 年 7 月 12 日，国家计委、财政部、劳动人事部以技设［1983］2022 号文发布了《关于勘察设计单位试行技术经济责任制的通知》和《关于勘察设计单位试行经济技术责任制的若干规定》。全面实行技术经济责任制，使全行业充满了生机与活力，推动工程勘察设计全行业的企业化管理改革，促进了勘察设计事业的发展。

从 1979 年开始，国家还相继出台了配套支持政策，促进事业单位的企业化管理。截至 2017 年，随着社会主义市场经济体制的不断发展和完善，国家相继出台了四套工程勘察设计收费标准，即 1979 年、1984 年、1992 年、2002 年 4 个版本和后续的修订版本，调整收费标准，规范工程设计收费行为，进入 21 世纪后，国家调整实行政府指导价，为维护社会主义市场经济活动的正常秩序提出了可依据标准规范。在这一时期，工效挂钩、劳动合同制、盈余分成以及后续的税收政策、设计竞标等政策的实行，彻底打破了过去"大锅饭、铁饭碗"的固有模式，冲破了工程设计的区域限制，延伸业务范围、开展多种经营，释放了企业的活力。据不完全统计，截至 1991 年，仅北京钢铁设计研究总院就完成国内外合同 1000 多项，合同总金额 2.5 亿元，完成设计图纸多达 40 多万张，10 年间完成的设计项目投资额比改革前 30 年还多。

进入 20 世纪 90 年代，国家在改革中执行"抓大放小"的思路，从大多数中小企业中退出，对重要的大企业按照现代企业制度进行重组，希望在国有资产改革中平稳、妥善过渡。在实行公司制的过程中，国家组建了大型国有企业集团的试点。1994 年，以中国冶金建设公司为核心，将部属的部分设计院、勘察院和施工企业以企业联合体的形式组建并形成了今天的中冶科工集团。国内中小设计院在这一时期，积极开展产权制度改革，向产权多元化方向发展，民营资本的注入为这类企业带来了新的生机和活力。

1999 年，国务院办公厅国办发［1999］101 号《关于勘察设计单位体制改革若干意见》，对钢铁工程设计单位体制改革提出了明确的指导思路，给出优惠扶持政策，加快了事业单位向科技型企业转变的步伐。到 2004 年，绝大部分大型设计院进一步改制成为国际工程技术公司，建立了现代企业制度，历经 20 年逐步改制企业的规划交出了完美的答卷。在改革成立现代企业的过程中，企业还完成了产权制度改革，实现企业制度创新。改制方式主要分为：原地整体改制、寄生式改制、整体分立式改制、股份制上市公司改制等多种形式。原北京钢铁设计研究总院于 2003 年实行整体分立式改制，设立股权多元化的中冶京诚工程技术有限公司；原武汉钢铁设计研究院于 1998 年归属中冶集团管理，2004 年完成产权制度改制，成立中冶南方工程技术有限公司；原重庆钢铁设计研究总院则与社会法人共同投资，组建成立中冶赛迪工程技术股份有限公司；其他部属大设计院也陆续完成了产权改革，成为现代化工程技术公司。"新三会"股东大会、董事会、监事会与原有的"老三会"党委会、工会、职工代表大会在现代企业中同时并存，为企业的持续发展贡献价值。

为山者基于一篑之土，凿井者起于三寸之坎。从 1978 年宣布改革开放到今天，风雨历程 40 载，随着国家体制改革和社会主义市场经济的发展，中国钢铁工程设计企业的自主权不管扩大，成为市场活跃的主体，形成了工程咨询、设计、监理、工程总承包为一体的综合性工程技术公司。各公司依据各自特点和规划，基本采取"一业为主、两头延伸、多种经营"的发展战略，不断拓展业务领域，扩大服务范围，调整结构。在专注工程设计的同时，有选择地开展工程技术咨询、行业发展规划、项目可行性研究、环评、投标、工程造价、建设监理、工程总包、建筑智能化多种经营活动，部分延伸到市政、岩土工程、房地产开发、装备制造等领域。1992 年，工程咨询设计单位还获得海外业务、技术合作和对外贸易权。在加入 WTO 后，各企业工程总承包形成了多种形式，EPC-TURNKEY、EPC、EP、EC、DB，工程项目管理 PM、PMC 方式。

21 世纪即将届满 20 年，一大批国际型的钢铁工程技术公司取得了辉煌的业绩。2007 年中冶京诚工程技术有限公司在中国勘察设计百强企业名单中跃升至第一位，营业收入由 2000 年的 2.46 亿元高速增长到 2007 年的 81.06 亿元，利润由 304 万元增长到 12.13 亿元。其后连续 5 年，排名稳居行业前 30 的企业中，钢铁工程技术公司占到了 4 家。近 10 年，中冶京诚、中冶赛迪、中冶南方等大型工程技术公司营业收入均超过百亿元。

（三）改革开放 40 年的钢铁设计技术革新

中国的钢铁工程设计体系，在改革开放前 30 年基本沿用苏联的设计理论和设计方法。20 世纪 70 年代后期，随着 1700 毫米轧机、宝钢工程、天津无缝钢管厂等一批大型钢铁设备、项目的设计投产，我国钢铁工程设计随之引入了日本和欧洲设计方法和理念，但仍处于半经验、半理论的设计阶段。直到 21 世纪，结合新一代钢铁流程的系统研究，基于"动态+精准"的现代钢铁流程设计理论体系得到发展与应用，形成了具有国际影响力的理论方法。

目前，我国已经具备了现代大型钢铁联合企业的流程设计、工艺设计、设备设计以及系统集成能力，创建并应用了"动态+精准"设计体系，建立了现代钢铁工程设计理念、理论和设计方法，设计建成了具有国际先进水平的新一代可循环钢铁厂，在流程高效化、装备大型化等方面取得了卓越的成效，资源消耗和环境影响逐年降低，国际化程度不断加深。与此同时，钢铁关键单元技术和工程化集成技术实现重点突破，取得一系列重要科技成果，极大地推动了中国钢铁业走向国际化的脚步。

20 世纪 80 年代，我的钢铁工业发展经历了超高速阶段，也是我国钢铁工程设计的黄金发展期。宝钢工程的建设，由日本新日铁公司主要承担项目规划设计和主要设备供货，其综合技术水平领先当时的苏联大约 20 年。过去，我国钢铁技术引进均以专项技术引进为主要方式，技术引进以单项技术和部分专业技术引进为主，设备引进以国内不能制造的部分为主，基本以引进硬件为主，对软件引进重视不够。宝钢的建设，对推进我国钢铁工业设计水平的提高发挥了重要作用，逐渐形成了对当代钢铁工业技术的整体理解。80 年代以后，各钢铁企业在生产规模、技术储备方面接近重点钢企水平，可以确定，宝钢的技术引进与消化吸收起到了重要作用。

至 20 世纪 90 年代，通过对连铸、高炉喷煤、高炉长寿、连续轧制、转炉溅渣护炉和综合节能 6 项关键共性技术的开发、集成和推广，促进了中国钢铁制造流程的机构优化，实现了节能降耗，提高了生产效率，科技进步对中国钢铁工业的发展奠定了基础。

21 世纪以来，首钢京唐公司的设计和建设基于冶金工程技术基础科学、技术科学和工程科学，运用现代钢铁冶金工程设计理念、理论和方法进工程决策、规划、设计、建设、运行等，构建了新一代可循环钢铁制造流程，引领了中国钢铁工业科技进步的发展方向。

智慧工厂、智能制造得到发展，钢铁企业绿色化、智能化、数字化、三维可视化水平不断提高。依托智能化的感知、人机交互、BIM/GIS、VR+AR、决策和执行技术，实现智能网络、智能生产、智能产品、智能物流一体化的智能工厂模式，实现基础数据与工业大数据，生产运营管控与能源管控、物流分析与执行等智能化监控、集成、分析与决策，可提供高效的设备全生命周期运维管理、图纸资料的平台化与数字化管理、新产品工艺模拟生产评估等功能，打造一个产品设计个性化、决策过程智能化、过程控制精准化、生产过程绿色化、产销服务网络化的智能制造工厂。

回顾钢铁工业的发展历程，可以更加深刻地认识产业发展的客观规律，从中见到经济-社会-工程技术非线性耦合的作用和重要影响。70 年来，中国钢铁工业的设计队伍逐渐成长为与世界钢铁强固要求相匹配的技术力量，能够设计现代化的联合钢铁企业及各种类型的钢铁厂，提供国际一流水平的钢铁产品，设计水平已进入国际一流。

（四）炼铁工程设计水平达到世界先进水平

改革开放以后，我国钢铁工程设计人员学习国外先进设计技术经验，并在我国全面推广采用了一批典型工程。1988年应用于唐钢、武钢和重钢等机械化和自动化原料厂技术；1979年在首钢2号高炉采用了无料钟炉顶和用可编程序控制器和微处理机对上料系统进行控制的胶带机上料系统技术。1987年、1991年，在唐钢、武钢高炉设计中采用了节能、节水，延长高炉冷却设备寿命效果的软水密闭循环冷却系统技术；1991年在首钢2号高炉的设计中，采用了圆形出铁场并自制了出铁场环形起重机技术；1980年，天津涉县铁厂采用了高炉冲渣水闭路循环系统技术；1989年又设计了全底滤式水冲渣技术；1984年梅山2号高炉采用了国产炉顶煤气余压发电装置技术等。

进入21世纪，高炉设备大型化、国产化、智能化水平不断提高，京唐1号、2号高炉容积达到5500立方米，2009年10月投产的沙钢华盛高炉达到了5860立方米。在全球范围内容积超过5500立方米的14座高炉中，国内占用3座，我国高炉控制水平达到世界先进水平。

1985年，冶金工业部为了消化宝山钢铁总厂1号高炉的引进技术，掌握先进的大型高炉设计，决定宝钢二期工程开工之前，在攀钢4号高炉上试点我国设计人员成功开发的高炉自动化系统全部软件。1987年，投产的一批国产化1260立方米高炉系列所采用的一批先进技术是我国炼铁工程设计人员多年的潜心钻研，结合国情，吸收西方当代先进技术的工程设计优秀成果。自此，国产高炉装备技术水平开始与国际接轨，进入了崭新的阶段。

高炉装备的国产化水平不断提高。宝钢2号高炉的设计按照国家"设备制造立足于国内解决"的要求，改变了由日本总包的做法，提出以市场换技术的方案。二期工程合作制造设备过程中，国内制造部分提高到了85%。炉体采用了全冷却形式，炉身上部增加了冷却壁，将吹重油改为喷吹煤灰，热风炉使用部分转炉的煤气节约焦炉煤气使用，采用自主开发的分离热管式废气热量回收装置、串罐无料顶钟以及转鼓过滤式炉渣粒化装置多种新技术，并且大量采用了国产设备。2号高炉1991年6月29日点火运行，一代炉龄达到15年，累计产铁4700余万吨，各项指标均达到或超过日本高炉的当时水平。

我国高炉设计技术大步迈向世界先进水平的道路上，我国设计人员以兼收并蓄的学术精神和锲而不舍的钻研态度，创造性地开发了一批极具特色的技术典范。炉料精炼技术，上钢一厂对原料厂进行改造，形成具有整粒、混匀等功能完备的原料厂；1998年，昆钢6号高炉采用了槽下烧结矿分级入炉系统；采用低温烧结法生产高碱度低FeO高还原性的烧结矿，并向低 SiO 发展，这是提高烧结矿冶金性能的重要措施。我国宝钢烧结矿中的 SiO 含量降到 4.5% 左右，达到世界先进水平，现在已逐步推广。在高炉长寿技术方面，太钢 300 立方米高炉于 1986 年率先采用了软水密闭循环冷却系统，对国内高炉冷却系统的改进起到了推动作用；其后，首钢 2 号高炉、攀钢 1 号高炉、马钢大高炉、济钢高炉均采用了我国开发的铜冷却壁技术，通钢一体冷却壁，中冶京诚专利技术组合式冷却壁等新型冷却设备得到长足发展，有效提高了高炉寿命。在热风炉利用低发热值煤气获得高风温和节能技术方面，本钢一铁厂、威远钢铁厂采用了热媒式和热管式双预热废气热量回收装置。20 世纪 90 年代到 21 世纪初，顶燃式热风炉，自身余压余热助燃空气系统，附加燃烧炉预热助燃空气装置，小热风炉预热助燃空气，直冷式脱湿鼓风等多种热风技术趋向成熟，新建的一批大型高炉平均风温超过 1200℃，京唐公司 5500 立方米高炉采用的卡卢金顶燃式热风炉达到了 1300℃ 的世界水平。经过 40 年的摸索，我国高炉热风炉技术具备了一系列世界水平的自主知识产权技术，大型化、多样化、高效化、长寿命热风设备缩小了我们与世界先进水平的差距。炉前机械化方面，脱硅和炉渣处理技术的得到应用，首钢新 3 号高炉的液压开口机，宝钢 1 号高炉炉前脱硅装置，太钢 4 号高炉的炉渣轮法粒化装置以及水钢水渣多边形脱液筛。2015 年，首都京唐公司新投产两座 5500 立方米，采用炉料分级、并罐式无料钟炉顶分布控制、纯水密闭循环冷却、环保型螺旋法渣处理工艺，煤气全干法布袋除尘技术等一系列先进技术，使高炉生产实现"高效、低耗、长寿、清洁"的目标，高炉负荷达到 5.5 以上，高炉利用系数达到 2.346，超出设计水平 0.046。

以国内工艺和装备为核心，引进世界最先进的设备，建设具有世界先进水平的高炉。宝钢 3 期共工程于 2001 年 12 月竣工投产，采用"以我为主，点菜引进"，国内设计人员对一期、二期积累的技术消化程度更高，其 3 号高炉扩容为 4350 立方米，在 2 号高炉的基础上铁前、炉体、炉顶、热风炉、水系统以及高炉自动化控制系统等从总体布置到局部的结构都有较多改进和创新。设备、材料以国内为主，国产化率达到世界发达国家水平。宝钢八钢欧冶炉投产，是以 COREX 炉为基础的一种先进的熔融还原炼铁工艺技术。我国工程设计人员历时 3 年，结合八钢具体实际情况，研发氧气全焦冶炼技术，是目前世界上唯一实现氧气冶炼工业化生产的熔融还原炼铁技术。

高炉数字化、可视化、智能化得到发展。综合利用摄像仪、热图像仪、激光开炉装料、高炉布料仿真模型等多种技术检测手段，结合智能化综合管理系统，将大数据分析技术与实际生产应用相结合，实现高炉控制自动化，智能化水平明显提高。此外，我国在干熄焦、煤调湿、高炉喷煤比技术方面经过不断地改进摸索，取得了长足的进步。2016 年，我国 4000 立方米级以上高炉平均利用系数为 2.06t/（m³·d），高于同期日本同级别大型高炉

1.93t/（m³·d）的利用系数。2016年，我国4000立方米级以上高炉的平均燃料比为每吨512.44千克，平均焦比为每吨348.91千克，平均煤比为每吨155.98千克；平均焦比较2011~2014年每吨平均值提高了5.29千克，而平均工序能耗却下降了每吨8.51千克标准煤，达到了384.95千克标准煤，我国大型高炉在适宜煤比和能耗的控制方面的技术提高到了世界水平。

这一时期，我国的高炉技术还对外输出，提高了我国在国际上的形象。2017年，由中冶集团承建的东南亚最大的智能钢铁厂——越南河静钢铁项目1号高炉点火。中冶集团承担了从工程总体规划到原料厂、烧结、炼铁、炼钢、轧钢多个单元，其中一期两座4350立方米高炉和两台500平方米烧结机，其核心技术由中国自主研发或首创。

（五）炼钢、轧钢技术的进步与创新

实践证明，要提高炼钢的品种质量，必须发展炉外精炼技术。从20世纪80年代开始，国内自行研制成功的炉外精炼装置众多，非真空的钢包炉（LF炉）、铁水或钢水喷粉脱硫装置、喂丝机、氩氧精炼炉（AOD）；真空的有：VD真空脱气装置、VOD真空吹氧脱碳精炼炉。

铁水预处理、炉外精炼和高品质铸坯技术直接关系到炼钢、连铸工序的产品质量水平和生产成本。铁水预处理方面，我国从20世纪70年代开始，陆续引进日本KR法、TDS法，90年代又引进了美国复合喷吹脱硫技术和日本铁水三脱技术。铁水预处理已成为现代先进转炉低成本冶炼洁净钢的重要工序，经过40年的引进、消化、吸收和再创新过程，开发了自主知识产权技术，例如纯镁喷吹技术得到广泛应用，对KR法进行改良，脱硫剂采用CaO，取消活性炭，全面改善了KR的各项技术经济指标；宝钢高炉出铁沟脱硅技术，转炉BRP铁水预脱磷；创造性地研发了除渣率高，效果好，质量稳定的捞渣机设备，并实现了产业化推广应用。

1975年，武钢1.7米轧机工程的引进，首次采用了铁水预处理—复吹转炉—炉外精炼一体化。宝钢一期300吨复吹转炉炼钢车间是最大容量级转炉，全套引进日本先进的工艺与装备，采用铁水预处理—复吹转炉—炉外精炼—连铸优化工艺路线，这是国内首次实现铁水脱硫预处理、钢水真空处理和板坯全连铸四位一体工艺历程。中冶京诚、中冶赛迪、中冶南方等参与了这两大工程的设计施工，为我国炼钢工程设计水平的提高提供了极好的学习范例。1998年，中冶京诚开发中国第一座自主集成的大型现代化250吨转炉在宝钢二炼钢成功运行，国产化率达到95%，随后又主持设计中国最大容量转炉双联工艺设计（首钢京唐300吨转炉）。其独占鳌头的铁水一包到底，顶底高效复吹技术，三电一体化设计、转炉倾动力矩优化技术、长寿技术、二次除尘技术等完全自主知识产权技术奠定了国内转

炉技术领域的领导者地位。这一时期，我国转炉高效吹氧技术，通过提高供氧强度，缩短了冶炼周期，加快了转炉生产节奏，供氧强度每分钟吨钢 3.83 立方米，平均吹氧时间下降到 14.3 分钟，缩短了 2.3 分钟。转炉复吹技术和溅渣护炉技术被列为现代炼钢工艺的两项重大技术突破，2004 年国内转炉炉龄已达到 30368 炉，处于国际领先地位。

超高功率电炉方面。自 20 世纪 80 年代起，我国先后引进 50~150 吨超高功率电炉 30 多座，在消化吸收后，国内自主集成研发的 100 吨超高功率电炉，120 吨精炼炉均一次热负荷试车成功，并成功输出到"一带一路"沿线国家伊朗、越南等地。尤其是中冶京诚参与设计的天津无缝钢管工程，第一次采用了 90 年代具备世界先进水平的大型超大功率电弧炉、弧形圆坯连铸和限动芯棒连轧管机组，为我国石油工业提供了大量优质套管，获得 1995 年国家优秀工程设计金奖。2001 年，国内最后一座平炉在包钢拆除，我国正式结束平炉炼钢的历史。进入 21 世纪，我国炉外精炼技术不断成熟，国内纯净钢冶炼水平接近世界先进水平。

装备国产化技术方面。中国消化、创新了大板坯和小方坯连铸技术，自行开发了水平连铸技术。随后，宝钢、天津无缝钢管厂引进的世界先进水平的连铸机，大幅度提高了我国的连铸装备技术发展水平。经过消化吸收在创新，到 20 世纪 90 年代中期，我国主要钢铁设计研究院完全掌握了各种机型连铸机制造并实现了国产化，为我国连铸比的快速提高起到了极大的作用。尤其是高拉速为核心的高效连铸技术的开发应用，中冶赛迪在小方坯拉速试验中，160 毫米×160 毫米断面的 HRB400 最大拉速超过每分钟 4.2 米国内纪录。其他数据方面，国内 200 毫米厚板铸坯在生产低碳钢时达到每分钟 2.2 米，薄板坯拉速在每分钟 4.2~4.5 米。高效连铸技术的进步为铸坯热装热送、取消初轧，实现一火成材和连轧奠定了基础。中冶京诚还自主研发世界最大断面（直径 1000 毫米）圆坯连铸机，以及世界最大厚度（450 毫米）直弧形板坯连铸机。截至 2015 年，圆坯连铸机累计投产 105 台，合计 416 流。这一时期，我国连铸比能力持续提高，1990 年我国连铸比仅为 22.3%，略高于俄罗斯。经过 10 年的发展，则达到了 82.5%。到了 2004 年，达到了发达国家的 95.9% 的比例，当前连铸比则达到 98% 以上。

轧钢技术方面。我国设计建成了一批大型化、连续化、自动化的轧钢工工程项目，宝钢一、二期轧钢工程，合金钢高速线材轧机、国内首条 CDCM 酸洗—冷连轧联合机组。随着产品结构调整和供给侧改革的推进，一批具备世界水平的先进轧钢设备也陆续投产，太钢 2250 毫米热连轧、鞍钢 5500 毫米宽厚板轧机、国内第一条超薄带项目已经可以达到是 0.7~1.9 毫米的薄板、热卷板。中冶京诚自主研发了国内最高轧制速度每秒 45 米高速棒材和每秒 112 米高速线材的成套工艺和机电设备一体化产品。鞍钢 1700 毫米半连轧机改造，建成了具有自主知识产权的 ASP 中薄板坯连铸连轧生产线，鞍钢又与中冶南方、中国一重研发 1700 毫米冷连轧机项目，结束了我国不能生产大型冷轧设备的历史。2005 年，鞍钢以技术总承包方式承建济钢 1700（ASP）中薄板坯连铸连轧工程，此后国内实现了多条热连轧线的自主集成和创新，实现了我国在热连轧机技术上的跨越发展。VCL 轧辊版型控制技术、UFC＋ACC 控制冷却系统、氧化铁皮控制技术相继研发完成，开发了 X70、X80、X120 管线钢等一批国际水平先进钢铁材料。在短流程技术上，进入 21 世纪后，引进了包括 CSP 和 FTSR 紧凑流程热轧生产线，研究了短流程生产钢材的力学性能、强化机制等基础理论问题，开发了具有中国特色的短流程生产线产品技术，如高强集装箱用钢、双相不锈钢、电工钢等产品，为国际薄板坯连铸连轧技术发展做出贡献。宽厚板轧制技术方面，我国在 20 世纪末自行设计的 4200/3500 毫米厚板轧机，开发了厚度自动控制技术、加速冷却技术、控轧控冷技术等基础技术，开始了大中型宽厚板自主集成和创新道路。随着特宽幅厚板轧机、重型矫直机等重型设备和配套自动控制系统的引进，国内逐步掌握了高级别宽厚板的热处理装备设计制造和生产技术。国内还相继研发了管层流、水枕式层流、水幕层理等多种层流冷却系统，为国内新一代 TMCP 工艺开发奠定基础。2014 年，首钢京唐热轧 2250 毫米生产线增加国内自主设计的超快速冷却系统顺利投产。新建的轧钢生产线装备水平高、工艺技术成熟、自动化程度高，轧钢装备技术在继续向连续化、自动化、数字化、智能化方向发展中，如宝钢发展的热轧智能车间，在运用信息技术、大数据、互联网实现智能制造方面取得了实质性进展。

在冷轧及酸洗方面。自 1996 年国内投产首条 CDCM 酸洗—冷连轧机联合机组开始，冷轧装备技术水平得到迅猛发展。据统计数据显示，截至 2017 年，我国已建成主要宽带钢冷轧及后处理机组中，冷连轧及酸洗轧机联合机组超过 90 条，总产能 1.2 亿吨；连续热镀锌机组超过 580 条，连续退火机组达到 40 条，连续彩色涂层机组达到 360 条以上。尽管国内机组设计技术与国际标杆企业仍存在一定差距，但也具备了同台竞争的实力。特别是近 10 年来，冷轧碳钢领域的酸轧机组、热镀锌机组、连续退火机组以及冷轧硅钢的各类处理机组广泛应用于宝钢、鞍钢、武钢、马钢、太钢、首钢等特大型钢铁联合企业，并获得高度认可。北京凤凰炉、中冶南方、武汉凯奇等自主研发生产的激光焊机、退火炉、拉矫破鳞机等一批核心设备完全替代进口，使工程建设投资大幅下降。冷轧新技术也展现了未来广阔的工程应用前景，例如环保型无酸酸洗机组技术，自主研发的每分钟 100 米高速连续粉末彩涂板生产技术，带钢连续（PVD）镀膜技术，京港台三地合作的 2200 兆帕屈服强度超级钢等。此外，国内 CPE 顶管装备技术、0~4000 千伏高性能低压变频器技术都打破了国外垄断技术，提升了我国的装备技术水平。

（六）节能减排技术取得长足发展

这一时期，我国钢铁工程设计积极研发绿色循环技术，形成了一批具备自主知识产权的节能减排和绿色发展技术。国内加快推广应用和全面普及先进适用以及成熟可靠的节能环保工艺技术装备，在烧结脱硫脱硝、干熄焦、高炉余压余热回收、干法除尘、中水处理等技术方面取得积极成效，钢铁企业建成企业厂区主要污染物排放的环保在线监控体系。2015 年，我国钢铁行业综合能耗达到每吨 580 千克标准煤，二氧化硫排放下降到 180 万吨，重点大中型钢铁企业余热余压利用率达到 50% 以上。中科院与宝钢、郎泽科技合作，利用高炉、转炉煤气等尾气制成燃料乙醇。中冶东方承建的青钢环保搬迁综合原料场系统获得 2017 年全国冶金工程建设行业优秀工程设计二等奖，中冶赛迪在全行业率先提出的 B、C、D、E 型环保料场，实现了钢铁企业所有原料厂的封闭式环保存储，填补了国内外冶金行业关于关于环保原料存储技术研究的空白，技术应用于越南河静、湛江、攀钢等国内外多个钢铁企业。中冶焦耐自主研发世界首套焦炉低温烟气脱硫脱硝装置，实现工艺流程无废水、副产物回收或直接排放，二氧化硫、氮氧化物排放分别低于每立方米 20 毫克、150 毫克，各项指标满足国家规定环保限值。我国的钢渣处理技术，经历了钢渣热泼、钢渣水淬、风淬、机械粒化、碾压破碎等工艺技术发展，钢渣应用于 20 世纪 70 年代研究并成功试验水泥、制砖等应用方法。2013 年，中冶建研院自主研发新一代"转炉渣辊压破碎-自压热焖技术与装备"通过权威专家鉴定，并成功应用于济钢等，技术达到国际领先水平。国内焦炉技术得到长足发展，截至 2016 年，我国 7 米焦炉达到 66 座，6 米及以上捣鼓焦炉达到 22 座。大型焦炉环保水平不断提高，以 JNX3-70 型焦炉为例，其采用加大废气循环量、设置焦炉煤气高低灯头和空气分段供给工艺，使烟道中氮氧化物浓度低于每立方米 500 毫克。国内高炉煤气干法除尘技术，活性炭烟气净化技术、TRT 都取得长足进步，部分达到国际先进水平，并成功应用首钢京唐钢铁高炉、湛江钢铁项目，越南河静钢铁项目。一大批节能环保技术的应用，对我国钢铁企业节能减排，打造绿色可循环钢铁企业起到了至关重要的作用。

当前，我国经济发展步入速度变化、结构优化、动力转换的新常态，进入全面推进供给侧结构性改革的攻坚阶段。我们将认真贯彻党的十九大精神，使钢铁工程设计着眼于坚持结构调整、创新驱动、绿色发展、质量为先、开放发展的总体策略，到 2025 年，使钢铁工程设计应形成具备强有力地支撑国家钢铁工业形成组织结构优化、区域分布合理、技术先进、质量品牌突出、经济效益好、竞争力强的发展态势，助力我国钢铁工业由大到强的历史性跨越。

中国焦化工业改革开放 40 年的发展

中国炼焦行业协会

改革开放四十年来，中国炼焦行业已基本形成了以常规机焦炉生产高炉炼铁用冶金焦，以热回收焦炉生产铸造用焦，以中低温干馏炉加工低变质煤生产电石、铁合金、化肥与化工等用焦，以及进行煤焦油、粗苯、焦炉煤气深加工，产业链较为完整的、对煤资源开发利用最为广泛、炼焦煤的价值潜力挖掘最为充分，独具中国特色的焦化工业体系，正在努力朝着建设现代化经济体系和焦化强国目标奋进。

一、我国焦化行业的历史发展概况

焦化行业是以煤炭为原料进行能源转换的产业。早在 1898 年，我国在江西萍乡煤矿和河北唐山开滦煤矿已有工业规模的焦炉生产，仅比 1881 年德国建设投产的世界第一座回收化学产品的焦炉晚 17 年。到 1916 年，我国焦炭年产量达到 26.6 万吨。第一次世界大战后，我国在鞍山、本溪、石家庄等地开始建设可回收化工产品的现代焦炉。

20 世纪三四十年代，在我国东北的鞍山、吉林、大连和本溪，华北的北平石景山铁厂，山西太原西北炼钢厂，上海吴淞煤气厂，重庆大渡口钢铁厂，山西长治枣臻村，陕北延安等地建成一批不同规模的炼焦炉并先后投产。同时，还在云南省平浪、宣威等地和四川省威远、南桐等地采用成堆干馏法生产焦炭，供炼铁和铸造使用。

到 1949 年 10 月中华人民共和国建立前，我国曾先后建成各种现代焦炉共 28 座，总设计焦炭年产能约为 510 万吨。由于长期战争的破坏，只有鞍山、太原、石家庄等地区少数企业的部分焦炉维持生产，1949 年全国焦炭年产量仅为 52.5 万吨。

中华人民共和国成立时，百业待兴。随着钢铁工业的大力发展，我国炼焦工业开始加快发展，引进了苏联的炼焦技术与焦炉管理经验。在鞍钢建设了苏联设计的 ITBP 型和 ITK 型焦炉；1952 年，在北京钢铁工业试验所（冶金工业部钢铁研究总院前身）成立煤焦研究室；在鞍山黑色冶金设计院内设置炼焦专业设计室；1955 年，成立冶金工业部焦化工业热工站，负责焦炉砌筑施工的技术监督、焦炉烘炉、焦炉开工和焦炉热工调整工作；

1958 年建立鞍山焦化耐火材料设计研究院。

从"一五"时期炼焦工业的恢复和新建，到引进苏联的炼焦技术与焦炉管理经验，鞍钢建设苏联设计的 ITBP 型和 ITK 型焦炉；武汉、包头、马鞍山、湘潭、重庆、宣化等 6 个大中型钢铁联合企业内的炼焦厂和北京、上海两地的大型炼焦厂建设投产；重视焦化生产环境保护、污水处理，1970 年第一套工业规模的污水生物化学处理装置建成投产。

1965 年，我国自行设计的 5.5 米大容积焦炉首先在攀钢开始建设，1970 年 6 月 1 号焦炉顺利投产，2 号、3 号、4 号焦炉也相继在 1971 年、1972 年、1973 年投产，为中国焦炉大型化建设生产迈出了可喜的第一步。为充分利用弱黏结性气煤资源，北台钢铁厂、淮南化工厂、镇江焦化厂捣固焦炉开发建设等，到 1978 年，全国焦炭产量为 4690 万吨。

1978 年 12 月，具有划时代意义的中国共产党十一届三中全会的胜利召开，开启了中国改革开放发展的新时期。40 年来，随着国民经济的持续快速发展，钢铁冶金、化工、有色金属、机械制造等行业的巨大市场需求，强力地推动了我国焦化行业的快速发展。

截止到 2017 年底，全国焦化生产企业 470 多家，焦炭总产能 6.5 亿吨，其中常规焦炉产能近 5.6 亿吨，半焦半焦（兰炭）产能 7000 万吨（个别电石、铁合金企业自用半焦半焦（兰炭）生产能力未统计在全国焦炭产能中），热回收焦炉产能 1900 万吨。根据国家统计局和中国炼焦行业协会统计数据，山西省、河北省产能超过 1 亿吨，山东省、陕西省、内蒙古自治区产能超过 5000 万吨。半焦半焦（兰炭）生产主要集中在陕西、内蒙古、宁夏、山西及新疆等地区，热回收焦炉主要在山西、山东等地区。

与此同时，焦化行业焦炉煤气制甲醇总能力达到 1300 万吨左右；煤焦油加工总能力达到 2300 万吨左右；苯加氢精制总能力达到 600 万吨左右；建成干熄焦装置 200 多套，总处理总能力达到每小时 2.6 万吨。其中，独立焦化企业已建成干熄焦装置 60 多套；焦炉煤气制天然气取得历史性突破，有 40 余套装置投产运行、年生产能力达 50 多亿立方米。

二、中国焦化行业产能规模高速成长

改革开放的 40 年中，我国焦化行业与钢铁行业发展紧密相连，大体经历了"平稳、加快、高速"三个发展阶段。

1979~1993 年的 15 年中，我国粗钢产量从 1978 年的 3178 万吨发展到 8954 万吨，年均递增 7.15%；生铁产量从 3479 万吨发展到 8738 万吨，年均递增 6.33%；焦炭产量从 4690 万吨发展到 9300 万吨，年均递增 4.68%。这一时期，我国钢铁生产基本处于平稳增长阶段，从而相应使我国焦炭生产处于平稳发展时期。

1993~2002 年期间，我国钢铁和焦炭产量均先后跨越 1 亿吨台阶。粗钢产量从 1993 年的 8954 万吨到 1996 年突破 1 亿吨，2002 年增加到 18225 万吨，年均递增 8.22%；生铁产量从 9741 万吨到 1995 年突破 1 亿吨，2002 年达 17075 万吨，年均递增 7.73%；焦炭产量在 1994 年突破 1 亿吨基础上，2002 年达到 14289 万吨，年均递增 4.89%。这一时期，中国加入 WTO，扩大了机电产品等外贸出口，申办奥运成功等加快了基础设施建设，我国钢铁和焦化行业经历了 1990~1992 年的调整后进入加快发展时期。

2003~2012 年的 10 年期间，我国粗钢、生铁产量分别从 2002 年的 18225 万吨和 17075 万吨，先后跨越 2 亿吨、3 亿吨、4 亿吨、5 亿吨、6 亿吨、7 亿吨台阶，2012 年分别达到 71654 万吨和 65791 万吨。在钢铁产量快速增长的拉动下，焦化行业经历了两次资产投资高峰期，2005~2009 年的 6 年中，年均资产净额增加 500 亿元以上，年均增长约 28%；2010~2012 年的 3 年中，投资年均增长 22%，净额年均增加 1000 亿元以上。焦炭产量从 2002 年的 14289 万吨，2005 年达到 23282 万吨，2007 年达到 32894 万吨，2011 年达到 42779 万吨，先后跨越 2 亿吨、3 亿吨、4 亿吨台阶，2012 年达到 44323 万吨，成为我国焦化行业创历史的高速增长时期。

三、焦化行业实现由量变到质变的飞跃

改革开放的 40 年，我国焦化行业在满足国内相关行业对焦炭需求的同时，不断提升自身的工艺流程、技术装备、研发设计、制造建设和运行管理，以及安全环保、循环经济的发展水平。

（一）努力适应市场需求，焦炭产量快速增长

我国焦炭产量 1978 年为 4690 万吨。继 1991 年我国焦炭产量超过俄罗斯，跃居世界第一产焦大国后，1994 年我国焦炭产量突破 1 亿吨。此后，分别跨越 2 亿吨和 3 亿吨和 4 亿吨台阶，满足了我国粗钢产量先后突破 1 亿吨到 8 亿吨，以及国民经济各部门对焦炭的巨大需求。据中国钢铁工业协会统计数据，2017 年，我国焦炭产量 43142 万吨，产能利用率 62.8%，占世界焦炭产量 68%。其中，常规焦炉产量 38600 万吨，热回收焦炉产量 800 万吨，半焦（半焦（兰炭））产量 3700 万吨；按生产企业属性划分，钢铁联合企业焦化厂焦炭产量为 11265 万吨，占 26.11%，独立焦化企业焦化厂焦炭产量 31877 万吨，占比 73.89%。

（二）充分利用国内外两个市场、两种资源

改革开放 40 年来，中国焦炭的出口经历了从开始的土焦、改良焦发展到优质冶金机焦和优质铸造焦。从出口退税 15% 鼓励出口创汇，2004 年 1 月 1 日起出口退税率下调到 5%，到 2004 年 5 月 24 日取消焦炭出口退税，2006 年 11 月 1 日起实行许可证配额、加征 5% 关税控制出口，2008 年 1 月 1 日焦炭出口关税上调至 25%，2008 年 8 月 12 日焦炭出口关税上调至 40%，2013 年 1 月 1 日取消 40% 出口关税及配额。

我国出口焦炭 2007 年最高达到 1530 万吨，比 1978 年的 30 万吨增长 50 倍，约占世界焦炭出口贸易总量的 43%。2017 年，全国出口焦炭 809 万吨，主要出口地区为印度、日本、马来西亚及欧美国家，满足了国际市场对中国焦炭的需求。

随着焦炭产量的快速增长，国内炼焦煤资源出现阶段性偏紧，价格不断攀升，供需矛盾有所显现，焦化企业面向国际市场，利用国际资源，从澳大利亚、蒙古、俄罗斯、加拿大、美国等国家进口炼焦煤，作为国内焦煤工序的调节补充资源。2013 年进口炼焦煤最多时达到 7556 万吨，2017 年进口炼焦煤为 6990 万吨。

（三）清理整顿、淘汰落后、结构调整加快进行

1990 年代以来，随着世界经济的复苏和中国经济的快速发展，特别是我国钢铁生产的快速增长以及国际焦炭市场需求量的剧增，拉动了我国焦化行业的迅猛发展。继 1994 年我国焦炭产量突破 1 亿吨后，焦化行业投资不断升温，生产能力迅猛扩张，国家曾一再明令禁止发展的土焦（改良焦）也在一些地区泛滥起来。到 1997 年全国土焦（改良焦）产量最高峰时达 6728 万吨，约占当期全国焦炭总产量的 48%。

2001 年以后，国内焦化行业投资继续升温，生产能力进一步扩大。到 2004 年底，全国焦化生产企业约有 1400 多家，机焦生产能力约 2.7 亿吨。到 2005 年底全国焦炭生产能力突破 3 亿吨。

2004 年 5 月 27 日，国家发展改革委、商务部、环保总局等 9 部委联合发出《清理规范焦炭行业若干意见的紧急通知》，再一次明确指出："焦炭行业是高污染行业，目前在建项目生产能力已远远超过了预期需求，必将导致产能过剩、竞争无序、浪费资源和污染环境，甚至造成金融风险和社会、经济其他方面的隐患"。同时，进一步明确，按照《中华人民共和国水污染防治法》《中华人民共和国大气污染防治法》等有关法律规定要求，坚决淘汰土焦（改良焦），对土焦（改良焦）生产装置进行废毁处理等。为进一步巩固炼焦行业清理整顿成果，促进产业结构升级，规范行业发展，维护市场竞争秩序，国家发展改

革委又于 2004 年 12 月 16 日发布了《焦化行业准入条件》，2005 年 1 月 1 日开始实施，此后又于 2008 年和 2014 年进行了修订。《焦化行业准入条件（2008 年修订）》规定，新建顶装焦炉炭化室高度不小于 6.0 米，捣固焦炉炭化室高度不小于 5.5 米，新建直立炭化炉单炉年生产能力不小于 7.5 万吨；2014 年修订的准入条件进一步要求：常规焦炉中顶装焦炉炭化室高度不小于 6 米、容积不小于 38.5 立方米；捣固焦炉炭化室高度不小于 5.5 米、捣固煤饼体积不小于 35 立方米；企业年生产能力不小于 100 万吨；热回收焦炉捣固煤饼体积不小于 35 立方米，企业年生产能力不小于 100 万吨（铸造焦年产不小于 60 万吨）；半焦炉单炉年生产能力不小于 10 万吨，企业年生产能力不小于 100 万吨。国家发改委发布的《产业结构调整指导目录（2011 年修订本）》，将炭化室高度小于 4.3 米焦炉及单炉年产能 5 万吨以下半焦生产装置列为淘汰类项目。

为贯彻落实《国务院关于发布实施促进产业结构调整暂行规定的决定》（国发〔2005〕40 号）和《国务院关于加快推进产能过剩行业结构调整的通知》（国发〔2006〕11 号）要求，根据当时我国焦化行业现状和存在问题，2006 年 3 月 22 日，国家发展改革委又发布了《国家发展改革委关于加快焦化行业结构调整的指导意见的通知》。此后，我国焦化行业认真贯彻落实，坚决淘汰关停土焦、改良焦生产及工艺装备，停止建设和关停改造炭化室高 4.3 米以下的落后小焦炉。至 2008 年底，土焦（改良焦）生产已基本得到遏制，单炉年产量 5 万吨及以下小半焦半焦（兰炭）焦炉基本关停，4.3 米及以下老旧和落后小机焦炉加快关停淘汰，全国累计取缔关停土焦、改良焦、小半焦半焦（兰炭）、小机焦炉等达 1 亿吨，基本消除土焦（改良焦）生产，机焦产量比重达到 99%以上。

同时，为改善大中城市的环境水平，北京炼焦化学厂、天津第二煤气厂等一批城市煤气供应焦化企业被天然气置换而整体关停，首钢、太钢、鞍钢、马钢等一批大中型钢铁联合企业焦化厂中老旧 4.3 米级焦炉被关停更新等，为焦化行业节能减排、建设资源节约型和环境友好型企业做出了巨大贡献。

一批大中型焦化企业认真贯彻落实《焦化行业准入条件》，按照相关要求改造完善环境保护设施，提高焦炉技术装备水平，加强企业管理，积极申报《焦化行业准入条件》评审公示。截至 2017 年底，国家发改委、工业和信息化部共公告了 11 批共 408 家焦化企业，公告焦炭产能 39448.6 万吨；撤销公告企业 33 家，撤销焦炭产能 3232 万吨，累计公告准入企业数量为 375 家，准入焦炭产能为 36216.6 万吨，按目前我国 6.87 亿吨焦炭产能计算，焦化准入产能占比为 52.7%。其中常规焦炉准入产能占比为 53.7%，热回收焦炉准入产能占比 91.1%，半焦（兰炭）准入产能占比为 17.9%。

（四）焦炉大型化趋势加快，技术装备水平不断提高

随着国民经济的快速发展和社会技术的进步，国家产业政策和宏观调控方针政策的贯彻落实，焦炉建设和改造朝着大型化、现代化方向发展，一大批先进适用技术被推广使用，我国焦化行业工艺技术装备水平不断提高。

长期以来，我国大中型焦化厂以炭化室高度 4.3 米焦炉为主体装备。1970 年攀枝花钢铁公司建成的炭化室高 5.5 米焦炉，是中国焦炉建设向大容积方向发展的开端。直到改革开放初期的 1985 年，宝钢焦化一期工程建成了 4 座 50 孔、炭化室高 6 米的新日铁 M 式焦炉，宝钢二期建成了由我国鞍山焦耐院自行设计建设的 4 座 50 孔、炭化室 6 高米的 JNX 型焦炉。此后，鞍钢、武钢、首钢、本钢、攀钢、涟钢、包钢、济钢、莱钢、沙钢、神州煤电、酒钢、鄂钢、淮钢、唐山佳华、营口嘉晨、唐山开滦、中煤京达、淮北临涣、通钢、宝钢梅山、柳钢、安泰等一批 6 米焦炉相继建成投产；鞍钢鲅鱼圈、邯钢新区的 7 米焦炉；2006 年 7 月 28 日山东兖矿 7.63 米超大型焦炉投产，随后太钢、马钢、武钢、首钢京唐等一批 7.63 米特大型焦炉也相继建成投产。

建设大型化焦炉极大提高了我国焦化行业的技术装备水平，现在我国一些大型钢铁企业焦化厂和独立焦化企业的技术装备和生产管理水平已位居世界前列。随着焦炉向大型化发展，炼焦过程自动化控制技术、火落管理、大型煤仓储配技术、配煤专家系统技术、岩相配煤技术、焦炉加热自动控制技术、焦炉集气管压力控制技术等被普遍采用，提高了我国焦化行业的技术装备水平，大幅度改善了焦化生产环境，加快了焦化产业结构的优化升级。

（五）干熄焦等节能技术加快推广使用，为节能降耗发挥重要作用

1985 年 5 月，宝钢 2B 焦炉投产并采用干熄焦（CDQ）技术，建设了每小时 75 吨干熄焦装置，标志着我国焦炉装备水平又上一个新台阶。1991 年，宝钢焦化二期干熄焦工程的建设，使宝钢实现了全部干熄焦生产。随后首钢焦化厂、上海浦东焦化厂和济钢焦化厂开始建设了每小时 70 吨和 65 吨干熄焦装置。

2004 年以来，随着我国焦化行业的快速发展，干熄焦技术在提高焦炭质量、节能降耗、环境保护等方面作用开始得到高度重视，干熄焦技术得以加快发展。湘钢、马钢、武钢、通钢等几个企业先后投产了干熄焦装置。尤其是 2006 年以来，我国干熄焦技术得到较快发展，鞍钢、本钢、沙钢、攀钢、太钢、首钢唐钢等特大型钢铁企业先后建设投产了每小时 140 吨、150 吨、180 吨、190 吨等大型干熄焦装置，特别是首钢京唐建设了目前世

界最大的每小时 260 吨干熄焦装置。在钢铁联合企业焦化厂普遍建设干熄的同时，独立焦化企业根据用户需求和自身能源平衡优化配置，已经建设了 60 多套干熄焦装置；至 2017 年底，我国已累计建设投产了 200 多套干熄焦装置，干熄焦总处理能力达到每小时 2.6 万吨。这些干熄焦装置的投产，为我国焦化行业提高产品质量，促进炼铁生产中节约焦炭消耗，提高高炉生产效率，为钢铁-焦化行业节能减排等发挥了重要作用。目前我国的干熄焦已经发展成为世界上系列最为齐全、处理焦炭能力最大的干熄焦应用大国。

（六）捣固炼焦技术迅速发展，为节约使用优质炼焦煤、降低生产成本做出突出贡献

在入炉煤相同的条件下，采用捣固焦炉生产的焦炭质量要好于顶装焦炉；而焦炭质量要求相同时，采用捣固焦炉就可多配入高挥发分的弱粘结性煤。随着焦炭需求的不断扩大和焦化生产的快速发展，炼焦煤资源紧缺矛盾不断加剧，价格不断攀升，为满足焦炭市场不断增长的需求和拓宽炼焦煤资源，提高焦炭质量，节约使用优质炼焦煤和降低焦化产品生产成本，我国焦化行业捣固炼焦等技术获得空前的快速发展。

捣固焦炉炭化室高度最初为 2.8 米、3.2 米、3.8 米。2003 年，我国自行设计研究的炭化室高度 4.3 米捣固焦炉定型，山西同世达、山西茂胜等一批企业率先成功投产了我国第一批 4.3 米捣固焦炉，进一步加快了我国捣固炼焦技术的发展。2006 年以来，先后由化学工业第二设计院、中冶鞍山焦耐院设计开发建设的 5.5 米捣固焦炉相继在云南曲靖大维焦化厂、河北的旭阳、华丰，河南的金马，山东的日照、邹县，宁夏银川的宝丰，神华、乌海、涟钢、攀钢和江苏的沂州焦化等企业建成投产。2008 年 10 月，由中冶焦耐工程技术有限公司总承包的河北唐山市佳华公司的当时世界最大的炭化室高 6.25 米捣固焦炉投产，标志着我国大型捣固焦炉技术达到了国际先进水平。

与此同时，一批企业将原有的顶装焦炉成功改造为捣固焦炉。2005 年，景德镇焦化煤气总厂将炭化室高 4.3 米、宽 450 毫米的 80 型顶装焦炉改造成捣固焦炉；2006 年，邯郸裕泰实业有限公司将炭化室高 4.3 米的顶装焦炉改造成捣固焦炉，拉开了我国 4.3 米顶装焦炉改造成捣固焦炉的序幕。2011 年，山西阳光焦化集团公司将原年产量 100 万吨和 60 万吨系统共 4 组焦炉由顶装改为捣固并顺利投产运行，2016 年又顺利切换为顶装，可实现随时在顶装和捣固两种模式之间进行切换。

2007 年 9 月，中冶焦耐工程技术有限公司中标建设印度塔塔钢铁公司炭化室高 5 米的捣固焦炉，标志着我国大型捣固焦炉设计正式走向国际市场。

（七）化产回收和深加工取得突破性进展

一是为使含量低的精细化工产品提炼出来，煤焦油加工装备大型化迅猛发展。煤焦油加工单套能力开始采用 30 万吨/套装置。继 2005 年 9 月山焦集团 30 万吨焦油/套装置投产后，2006 年 10 月山东海化 30 万吨焦油/套加工装置投入运行，之后鞍钢、首钢京唐等企业 30 万吨/套煤焦油加工装置相继建成投产，山东潍坊杰富意公司经过对原 30 万吨焦油/套装置进行改造，形成了世界上最大的单套每年 50 万吨处理煤焦油规模，全国新建煤焦油加工单套处理能力均在年 10 万~15 万吨以上。至 2017 年底，我国煤焦油加工能力达到年产 2300 万吨左右。

二是苯加工采用加氢蒸馏技术，淘汰落后的污染严重的酸洗法苯加工工艺。2006 年 9 月，山西太化 8 万吨苯加氢项目投产，拉开了苯加氢序幕；2007 年 8 月，旭阳焦化引进德国伍德公司技术建设 10 万吨苯加氢项目；2008 年 11 月，鞍钢 15 万吨苯加氢精制项目试车投产，为当时国内最大的项目，标志中国苯加氢技术达到一个新的高度。随着苯加氢精制先进工艺的广泛采用，加快了推进我国焦化苯加工的清洁化发展，促进了污染严重的酸洗法苯加工工艺的淘汰。至 2017 年底，苯加氢能力达到年产 600 万吨左右。

三是以焦炉煤气制甲醇为代表的煤气资源化利用取得快速发展。2004 年末，云南曲靖大为焦化制气有限公司用焦炉煤气生产甲醇投入生产；2006 年 12 月，每套年产 20 万吨、当时世界上最大的用炼焦煤气生产甲醇装置在山东兖矿国际焦化公司成功运行。2008 年，旭阳集团建设了首套年产 20 万吨焦炉煤气催化转化制甲醇成套技术，标志中国炼焦煤气生产甲醇发展进入一个新阶段。至 2017 年底，焦化行业焦炉煤气制甲醇能力达到年产 1300 万吨左右。2012 年底，我国第一套焦炉煤气甲烷化生产天然气大型工业化装置顺利投产，拉开了中国焦炉煤气资源化利用的序幕。至 2017 年底，我国焦炉煤气制天然气能力约年产 50 亿立方米。

四是焦化副产品产业链快速延伸。1985 年宝钢化工从日本新日化全套引进生产沥青焦的延迟焦化、煅烧生产装置，2010 年采用自主研发的沥青净化技术、改造后的延迟焦化、煅烧装置生产针状焦，2013 年开始试生产同性焦。2014 年旭阳集团引进卡博特世界上最先进的特种炭黑成套技术，在邢台园区建设完成 13 万吨/年的优质炭黑生产线。2007 年 7 月我国首套煤系针状焦工业化装置在山西宏特投产，宝钢化工于 2011 年也成功运行，2009 年 7 月中钢热能院自主研发的煤系针状焦技术实现产业化，年产 8 万吨煤系针状焦一期工程年产 4 万吨煤系针状焦装置建成投产，打破了国外长期对此项技术的封锁以及对该产品的垄断局面，通过该产品成功投入市场，打破了产品长期依赖进口的局面，解决了我国生产超高功率石墨电极的原料瓶颈问题；9-芴酮、BT、BPF、BAF、DPEN 等新产品相继研发成功并逐步投放市场，拓宽了煤焦油深加工开发应用领域，填补了国内空白；山西阳光焦化集团公司目前拥有七条湿法造粒炭黑生产线，可制造符合 ASTM 或 GB 3778—2011 标准的橡胶用炭黑，包括 N110、N220、N330、N550、N660、N774 等，还自主研发了用于胶校密封件和塑料用 HT5506、HT1101 及 HT3101 等炭黑产品。目前重点焦化企业产品已发展成 7 大类 50 余种，实现了煤焦化到新材料的跨越，广泛应用于钢铁、化工、建筑、医药、农药、塑料、染料等领域。

五是焦化副产品深加工技术快速发展。煤炭科学技术研究院开发出的"高温煤焦油悬浮床加氢裂化制清洁燃料及化学品技术"，鞍钢集团化工事业部"煤焦油加工新产品的生产工艺开发"，宝泰隆"高温煤焦油馏分油（蒽油）制清洁燃料油技术"，用煤沥青生产针状焦（生产超高功率电极原料）新产品等，这些技术的推广应用大大推动了我国焦化行业及煤焦油深加工产业技术的快速发展。

加快焦化行业供给侧结构性改革，产业结构调整、转型升级积极推进。为解决散煤燃烧污染积极开发替代清洁燃料取得了初步成效。山西亚鑫焦化成为"焦化行业民用清洁焦产学研基地"；半焦（兰炭）产品替代原煤散烧的推广成效显著，2016 年仅陕西榆林地区就为河北、山东、陕西、辽宁、北京、天津等省市，提供了约 500 万吨的半焦（兰炭）产品，2017 年供应量进一步增加，为焦化产业结构调整、煤炭清洁利用和污染物减排开辟了新的途径。

（八）节能降耗新技术投入生产取得显著经济和社会效益

2006 年 8 月，国务院发布《关于加强节能工作的决定》，要求建立固定资产投资项目节能评估和审查制度，对未进行节能审查或未能通过节能审查的项目一律不得审批、核准。2013 年颁布的国家标准规定：工业企业应当严格执行国家用能设备（产品）能效标准及单位产品能耗限额标准等强制性标准。其规定的焦炭单位产品能耗（标准煤）限定值为每吨：顶装焦炉不大于 150 千克，捣固焦炉不大于 155 千克；焦化生产企业准入条件规定的焦炭单位产品能耗（标准煤）限定值标准为每吨：顶装焦炉不大于 122 千克，捣固焦炉不大于 127 千克。

2007 年 1 月国家颁布《节约能源法》，并于 2016 年修订，提出"节约资源是我国的基本国策"。国家实施节约与开发并举、把节约放在首位的能源发展战略。2013 年 10 月 10 日国家发布《焦炭单位产品能源消耗限额》（GB 21342—2013）。2016 年 6 月 30 日工业和信息化部公布施行《工业节能管理办法》，办法规定：加强工业用能管理，采取技术上可行、经济上合理以及环境和社会可以承受的措施，在工业领域各个环节降低能源消耗，减少污染物排放，高效合理地利用能源。鼓励工业企业加强节能技术创新和技术改造，开展节能技术应用研究，开发节能关键技术，促进节能技术成果转化，采用高效的节能工艺、技术、设备（产品）。焦化行业认真贯彻落实，大力开发应用余热利用等技术，努力创建"绿色工厂"。

1. 煤调湿技术取得历史性突破

2007年10月，每小时处理量300吨的大型煤调湿装置（CMC）在济钢焦化厂成功投产，它集煤料选择性筛分和利用烟道低温废气预热煤料可控装炉煤水分调解技术，既可节能、改善焦炭质量，又大大减少炼焦废水产生量。它的成功投产标志中国煤调湿技术有了新的突破。此后，无锡亿恩科技股份有限公司开发出"清洁高效梯级筛分内置热流化床煤调湿工艺技术及装备成套"项目，在柳钢焦化厂建成投产，目前应用煤调湿技术的企业已有21家，建成煤调湿设施26套。实际使用效果较好、运行较稳定的企业，主要有宝钢、太钢、昆钢师宗、云南大为焦化、柳钢等企业。2016年6月16~17日，中国炼焦行业协会与中国金属学会在柳钢焦化厂共同组织召开了"煤调湿技术研讨会"，进一步总结、分析了煤调湿技术近年来所取得的进步与存在的问题，提出了今后从设计、制造、建设和运行管理，应加强规范和标准制定等问题。

2. 余热回收利用技术不断取得新突破

常规机焦炉上升管余热、焦炉烟道气余热、初冷器余热、循环氨水余热回收利用等技术开发取得成功并得到广泛应用。一是河南中鸿集团煤化有限公司与松下制冷大连有限公司合作开发出"循环氨水为热源的制冷技术"，以循环氨水为热源的溴化锂制冷机组，开辟了低温热源循环利用的有效途径，经稳定运行一年多节能效果显著，为焦化企业能源高效循环利用提供了更加经济合理的技术方式。2016年6月27~28日，中国炼焦行业协会与河南省焦化分会共同组织召开了"循环氨水为热源的制冷技术应用研讨会"，及时总结推广新的节能技术。二是焦炉上升管余热回收技术的应用取得突破，技术和装备正在逐步成熟，稳定可靠性逐渐增强。运行较好的企业有三明钢铁焦化和邯郸钢铁焦化等。三是济钢焦化厂等研发了初冷器余热利用新技术，并得到推广应用。四是焦炉烟道气余热回收技术应用取得突破性进展。河钢股份有限公司邯郸分公司焦化厂、常州江南冶金科技有限公司开发出"6米焦炉荒煤气余热回收技术"，实现了系统能源的梯级循环利用，降低了能源消耗。

3. 焦炉煤气脱硫废液资源化利用新技术不断涌现

一批焦化企业已经建成运行或正在筹建的脱硫废液提盐项目，技术流程及装备更加先进完善，运行的自动化控制水平，稳定性、可靠性和经济性显著提升，为焦化生产污水实现近零排放提供了可靠条件。山西太钢不锈钢股份有限公司焦化厂开发出"焦化生产废弃物循环利用技术"，金能科技股份有限公司与中冶焦耐公司合作开发出"湿式氧化法脱硫液制酸技术"，江苏燎原环保科技股份有限公司开发出"脱硫废液高效资源化利用及成套装备技术"不仅有效解决了废弃物污染问题，而且增加了企业的经济效益。

（九）环保新技术研发和环境治理工作全面推进

我国政府始终重视环境污染治理，特别是党的十八大以来，中央把生态文明建设作为"五位一体总体布局"其中之一，相关的政策法规标准持续密集出台，监管的机制和措施不断健全。2012 年以来，密集出台了一系列环境治理的法规政策和相关标准，新修订的《环境保护法》及四个配套办法，一并于 2015 年 1 月 1 日起实施。针对焦化行业于 2012 年 6 月 27 日发布《炼焦化学工业污染物排放标准》（GB 16171—2012），要求 2012 年 10 月执行现有企业污染物排放限值，2015 年执行新建企业污染物排放限值，2019 年 10 月部分地区执行特别污染物排放限值。第一次将焦炉排放的氮氧化物列为我国焦化企业大气污染物排放的控制指标外，并对颗粒物和二氧化硫的排放提出了更严格的要求。自 2015 年 1 月 1 日起，焦炉烟囱排放二氧化硫小于每立方米 50 毫克，氮氧化物小于每立方米 500 毫克，特殊排放地区二氧化硫小于每立方米 30 毫克，氮氧化物小于每立方米 150 毫克。

2016 年 1 月 16 日，环保部发布《关于京津冀大气污染传输通道城市执行大气污染物特别排放限值的公告》，规定京津冀大气污染传输通道城市，即"2+26"城市，新建焦化项目自 2018 年 3 月 1 日起新受理环评的建设项目执行大气污染物特别排放限值；现有焦化企业自 2019 年 10 月 1 日起，执行二氧化硫、氮氧化物、颗粒物和挥发性有机物特别排放限值。

2017 年 2 月 27 日，环保部、国家发改委等四部委和六省市联合发布《京津冀及周边地区 2017 年大气污染防治工作方案》，要求 9 月底前，"2+26"城市行政区域内所有钢铁、燃煤锅炉排放的二氧化硫、氮氧化物和颗粒物大气污染物执行特别排放限值。重点排污单位全面安装大气污染源自动监控设施，并与环保部门联网，实时监控污染物排放情况，依法查处超标排放行为。同时要求实施工业企业采暖季错峰生产，石家庄、唐山、邯郸、安阳等重点城市，采暖季钢铁产能限产 50%，焦炭产能限产 30%左右。

2017 年 8 月 18 日，环保部等九部委与北京市等六省市政府联合印发《京津冀及周边地区 2017~2018 年秋冬季大气污染综合治理攻坚行动方案》，"2+26"城市错峰限产政策的出台。

《中华人民共和国环境保护税法》、国家环境保护标准《排污许可证申请与核发技术规范 炼焦化学工业》，均自 2018 年 1 月 1 日起施行。

面对国家更加严格的环保政策、法规标准和严格的监管形势，各焦化企业认真落实环境保护主体责任，积极主动采取有效环保措施，特别是焦化行业对环境治理的重视程度和自觉意识明显增强，环保项目的投入持续加大，环保技术装备的研发应用不断取得新进展、新突破。

1. 焦化污水深度处理及回用技术取得创新性突破

云南昆钢水净化科技有限公司、内蒙古包钢钢联股份有限公司焦化厂、中钢集团鞍山热能研究院有限公司、山东铁雄新沙能源有限公司、山东潍焦控股集团有限公司、迁安中化煤化工有限责任公司和北京今大禹环境技术股份有限公司、唐山首钢京唐西山焦化有限公司和北京中核天友环保工程科技有限公司等单位开发的多项新的处理工艺和技术相继投入使用，不仅实现了废水的近零排放，而且节约了宝贵的水资源。

2. 焦炉烟囱烟气脱硫脱硝技术研发应用取得突破性进展

近三年来该项技术取得了快速发展，中冶焦耐设计/供货的宝钢湛江焦炉烟气净化设施于 2015 年 11 月 6 日正式投入使用，标志着世界首套焦炉烟气低温脱硫脱硝工业化示范装置的正式诞生。之后，国内多家环保科研单位相继研发出焦炉烟气脱硫脱硝技术并在焦化企业建成投入运行，如湖北思博盈环保科技股份有限公司与山东铁雄新沙合作开发的"焦炉烟囱烟气低温 SCR 脱硝催化剂及应用技术"，金能科技开发的"焦炉低氮燃烧降低氮氧化物技术"，首钢国际开发的"脱硫脱硝一体化工艺技术"等，为我国焦化企业实现二氧化硫、氮氧化物达标排放作出了开创性贡献。截至 2017 年底，我国焦化生产企业已经建成 100 多套焦炉烟气脱硫脱硝装置，尚未建设脱硫脱硝装置的企业正在开展方案优选或筹建工作。与此同时，焦炉装煤除尘、推焦除尘技术应用取得了一些创新性突破；煤场大棚封闭、筒仓备煤、焦煤焦炭转运等除尘技术装备不断完善。

（十）加快推进技术进步自主创新能力大幅提升

焦化行业广大干部职工认真贯彻党中央、国务院作出的深入实施创新驱动发展战略的重大决策部署，紧紧紧密结合焦化行业的实际，大力推进以产学研相结合为主的技术创新，有力推动了我国焦化行业的技术进步，尤其是"十二五"以来，技术创新能力迅速提升，工艺技术装备水平得到全面优化，取得了一大批具有自主知识产权的重大技术创新成果，并迅速转化为现实生产力，对企业提质增效的促进作用和贡献率凸显。并以科技创新为核心带动了制度创新、管理创新、商业模式创新等全面创新。

1. 加大科研基础建设力度，自主创新能力快速提升

一是一批企业研发中心建成发挥作用。焦化行业已建成国家级研发中心（技术中心）3个、省级研发中心（技术中心）12个、市级研发中心（技术中心）4个。二是自主创新示范企业、高新技术产业园区建设深入推进。中冶焦耐公司等"国家技术创新示范企业"，山西阳光焦化集团"千万吨级焦化循环工业园区"、平煤神马许昌首山焦化公司建成的河南省最大的循环经济示范园区等，对焦化行业转型升级起到了积极的示范作用。三是重点单位科研设施不断完善。武钢联合焦化公司煤化工研究"国家实验室"、河南中鸿公司"国家能源炼焦高效清洁利用重点实验室"、江苏天裕能源科技集团"醇醚酯化工清洁生产国家工程实验室"等相继建成，并取得了一批具有产业化应用前景的创新研发成果。中钢热能院的煤焦、炭素研发试验基地，煤化工污水处理工艺中试线、精细化工中试线、煤系针状焦中试装置等，已拥有各种试验、检测设备500余台（套），200千克、300千克、400千克大型电加热系列试验焦炉广泛应用于炼焦行业配煤炼焦试验。四是一批院士工作站、博士后工作站在重点企业落户。北京旭阳化工技术研究院院士工作站、河南中鸿河南省捣固炼焦技术院士工作站、江苏天裕集团"醇醚酯化工清洁生产院士工作站"，山西焦化集团博士后工作站、宝舜公司河南省博士后研发基地等相继建成，极大地提升了研发能力。

2. 推进关键核心技术创新，科研成果层出不穷

通过广泛开展以企业为主体的创新活动，取得了一批重大科技成果，已成为推动焦化行业转型升级、提质增效的主要驱动力。一是形成了一大批具有自主知识产权的专利技术。仅"十二五"期间就获得国家授权专利1229项，其中发明专利275项、实用新型专利594。二是在关键核心技术上取得重大突破。在超大容积顶装焦炉技术与装备开发方面不断取得新突破，中冶焦耐公司在拥有以炭化室高度7米和6米顶装焦炉和6.7米、6.25米、5.5米捣固焦炉为代表的核心技术基础上，2016年一举中标首钢京唐钢铁项目二期工程中的7.65米特大型焦炉项目，打破了国外公司在特大型焦炉上的技术垄断，所研发的7米大容积顶装炼焦技术已成功输出海外。中钢集团鞍山热能研究院有限公司的"半焦（兰炭）（半焦）用于高炉炼铁技术"为半焦（兰炭）生产企业拓展了市场空间；北京华泰焦化工程技术有限公司研发的"换热式两段焦炉技术与装备"已进入工业试验。首钢国际工程技术有限公司与中冶焦耐工程技术有限公司合作开发的"焦炉分段加热技术""焦炉自动加热控制与优化管理技术"等，全面提升的我国焦化行业的技术装备水平。

四、我国焦化行业发展与展望

党的十九大明确了我国经济社会发展的宏伟蓝图、目标任务和战略措施，开启了全面建设社会主义现代化国家新征程。当前，我国经济已由高速增长阶段转向高质量发展阶段，正处在转变发展方式、优化经济结构、转换增长动能的攻关期，将加快建设现代化经济体系，把发展经济的着力点放在实体经济上，把提高供给侧体系质量作为主攻方向。我国焦化行业转型升级、提高发展质量，机遇与挑战并存，今后一个时期将以供给侧结构性改革为主线，加快转型升级、提质增效步伐，实现高质量发展。

首先，经过 2013~2015 年企业的分化调整，淘汰落后产能、煤钢行业化解过剩产能、环保安全监管督察的规范治理，煤焦钢市场供需状况趋于平衡。但由于我国焦化产业集中度较低，市场的稳定性和可控性能力不强。应积极推动行业资产整合，通过企业兼并重组，结合工业园区建设，提高产业集中度，加强集约化发展；应在转换发展动能上取得新成效，依靠创新驱动打造发展新引擎，开辟发展的新空间，培育新的经济增长点，实现可持续发展；应聚焦核心主业，在产业结构、产品结构、技术结构、人才结构等方面进行革新升级，着力提升企业的综合竞争力。

第二，钢铁去过剩产能任务依然艰巨，而且随着我国废钢资源的逐年增加，钢铁企业废钢消费量将有所增加，尤其是今后我国电炉炼钢比例将逐步扩大，对焦炭需求的减量将逐步显现。作为与钢铁发展高度相关联的焦化行业，依然面临着资金紧张、负债率高、市场不平等竞争的挑战。2016 年以来，虽然焦化企业盈利状况得到一定改善，但纵观焦化行业整体发展形势，焦炭产能过剩的基本面没有改变，还处于供过于求的局面，焦炭价格长期利好的条件并不稳固，短期内我国焦化产品市场的供需状况仍将在波动调整中运行。

第三，环保达标任务紧迫而艰巨。2018 年 6 月 27 日，《国务院关于印发打赢蓝天保卫战三年行动计划的通知》（国发［2018］22 号）印发，第二部分第七条"深化工业污染治理"提出，持续推进工业污染源全面达标排放，将烟气在线监测数据作为执法依据，加大超标处罚和联合惩戒力度，未达标排放的企业一律依法停产整治。建立覆盖所有固定污染源的企业排放许可制度，2020 年底前，完成排污许可管理名录规定的行业许可证核发。推进重点行业污染治理升级改造。重点区域二氧化硫、氮氧化物、颗粒物、挥发性有机物（VOCs）全面执行大气污染物特别排放限值。推动实施钢铁等行业超低排放改造，重点区域城市建成区内焦炉实施炉体加罩封闭，并对废气进行收集处理。强化工业企业无组织排放管控。开展钢铁、建材、有色金属、火电、焦化、铸造等重点行业及燃煤锅炉无组织排放排查，建立管理台账，对物料（含废渣）运输、装卸、储存、转移和工艺过程等无组织排放实施深度治理，2018年底前京津冀及周边地区基本完成治理任务，长三角地区和汾渭平原2019年底前完成，全国2020年底前基本完成。为全面落实《通知》提出的任务目标，从环境保护部等国家有关部委到地方政府层面，在大气、水、土壤等重点领域的污染防治工作方面，已经陆续建立任务目标和具体时间表，正在逐层落实当中。与此同时，环保督察常态化，监管制度更加严格。因此，今后环保达标已经成为企业生存发展的必备通行证，也是企业合法合规经营义不容辞的社会责任。焦化行业必须着力推进生态文明建设和绿色发展，降低环境政策法规带来的经营风险。要从被动"补短板"转变为主动投入，不断提升环保治理水平。当前一项重要工作是继续推进产学研协同攻关，尽快开发出先进适用、成熟可靠、高效经济的焦化全流程环保治理技术装备。已建成投用的环保设施，要抓好运行管理，不断总结实践经验。要将节能减排纳入企业发展总体规划，统筹考虑，认真研究制定具体的重点工作任务、目标规划及相应的有效措施。

第四，节能工作任重道远。2018年2月22日，国家发展改革委等七部门联合发布了新修订的《重点用能单位节能管理办法》，并于2018年5月1日起施行。焦化生产企业是能源消耗大户，是节能减排的主体，应当严格执行节能减排的法律、法规和标准，加快节能减排技术进步，完善管理机制，提高能源利用效率，加快节能减排新技术、新产品、新设备、新材料的研发和推广应用。要通过深入推进能源管理工作，提高用能效率，从源头上实现减量化用能，减少污染物排放。要着力建立全流程的能源管理体系，采用先进节能管理方法与技术，完善能源利用全过程管理，有条件的企业要开展国家能源管理体系认证。要严格执行单位产品能耗限额强制性国家标准和能源效率强制性国家标准，积极开展能效对标活动，持续提升能效水平，争当本行业能效"领跑者"。要进一步提升信息化管理水平，有条件的企业要建设能源管控中心系统，利用自动化、信息化技术，对企业能源系统的生产、输配和消耗实施动态监控和管理，改进和优化能源平衡，提高企业能源利用效率和管理水平。要以现有生产工艺设施全流程系统优化、完善和提升为落脚点，通过科技创新补齐全系统高效运行的短板，打造新一代低消耗、低排放、低成本高效化焦化生产流程，不断提高全行业的资源、能源综合利用效率和节能减排水平。

第五，供给侧结构性改革大有可为。《"十三五"国家科技创新规划》将煤炭清洁高效利用纳入启动新的重大科技项目中，明确加快煤炭绿色开发、煤炭清洁转化等核心关键技术研发；在能源领域，形成涵盖能源多元供给、高效清洁利用和前沿技术突破的整体布局。我国是一个以煤炭为主体能源的国家，目前煤炭占一次能源的比重达70%。焦化行业是在我国以煤炭为主的能源结构中进行清洁能源转换的高效流程工业，转换我国煤炭产量的近三分之一，在未来我国能源多元供给战略格局中，有望发挥重要作用，如在利用低阶煤炼焦、焦炉生产民用洁净焦、气化焦的技术开发方面已经取得初步成果，利用焦炉煤气生产天然气技术已经成熟，可为取消散煤燃烧实现煤改气提供清洁能源。同时，要围绕推动产业和产品向价值链中高端跃升目标开展科研攻关，优化延伸焦炉煤气、煤焦油、粗苯深加工产业链，实现产品多元化、分质化发展。要研究潜在的市场需求，以开发高端碳纤维为代表的先进碳材料等前沿新材料为突破口，抢占材料前沿制高点，大幅提升产品附加值。

改革开放40年中国废钢铁产业发展情况

中国废钢铁应用协会

1978年，党的十一届三中全会确立了中国进入改革开放和社会主义现代化建设的新时期。40年来的改革开放，我国各行各业创造了一系列举世瞩目的奇迹。钢铁工业在这40年来也取得了巨大成就。废钢铁作为钢铁生产的主要铁素原料之一，为钢铁工业的绿色和可持续发展提供了可靠的保障。

废钢铁为可无限循环利用的绿色资源，在钢铁工业快速发展的过程中，以其节能减排的特殊属性，为钢铁工业绿色和可持续发展做出不可或缺的积极贡献，其产业发展有着广阔的前景和巨大的潜力。

中华人民共和国成立后经济恢复时期到"八五"末期，我国粗钢年产量不足1亿吨。进入"九五"时期，中国钢铁工业有了突飞猛进的发展。粗钢产量在1996年首次突破1亿吨，2003年跨越2亿吨，超过"六五"时期的粗钢总量。"十五"末期2005年又以3.6亿吨的产量，超过"七五"时期的粗钢总量。截至2017年底，我国累计粗钢产量约112亿吨。

钢铁工业的蓬勃发展，对废钢铁资源的需求量也大幅增长。按中国废钢铁应用协会从1994年到2017年的24年统计，全国炼钢共消耗废钢铁资源总量约14.5亿吨。"十五"末期我国钢铁工业持续快速发展，粗钢产量年平均增长28.9%。由于废钢铁资源的产生量跟不上粗钢产量的增长速度，"十五"以来废钢铁消耗"总量增加，单耗下降"的态势一直在延续。"十一五"期间的废钢比年平均为14.4%。"十二五"期间的废钢比年平均为11.3%。进入"十三五"，由于我国钢铁蓄积量的增长，废钢比开始增加，2017年全国废钢铁资源消耗总量约1.47亿吨，废钢比达到了17.8%。标志着我国大批量应用废钢铁时代已经到来。

一、废钢铁的管理及协调机构概况

从20世纪的1976年，国家正式批准冶金工业部成立废钢铁的管理机构，到1994年成立中国废钢铁应用协会，废钢铁从计划分配过渡到市场运作，至今已历经 40 多年。

20 世纪 80 年代末 90 年代初，废钢铁行业从 1986 年率先退出国家统配，经过几年过渡后实现市场化运作，充分发挥市场对废钢铁资源的配置和调节作用。在大中型国有钢铁企业和业内专家倡导下，中国废钢铁应用协会于 1993 年由冶金工业部批准，1994 年经民政部注册成立。其目的是促进废钢铁资源的合理利用，致力于废钢铁行业走产业化发展道路。协会的宗旨是服务于行业、服务于企业、服务于会员、服务于政府；协会的发展方向是全面推进废钢铁资源的合理利用，实现废钢铁产业化发展，做到与钢铁工业发展同步，促进钢铁工业绿色发展。

二、生产经营情况

废钢铁是钢铁工业唯一可以替代铁矿石炼钢的载能绿色资源。铁矿石作为原生资源，2012 年，世界已探明铁矿石储量约 1700 多亿吨，中国已探明铁矿石储量约 780 多亿吨，按目前的开采速度，仅够使用 60 余年。因此，废钢铁肩负了逐渐替代铁矿石主导原料的责任。

用废钢铁生产一吨钢，与用铁矿石生产一吨钢相比：可减少 1.3 吨铁矿石的消耗，减少 350 千克标准煤的消耗，减少 1.6 吨二氧化碳及 3 吨固体废物的排放。

从 1994 年到 2017 年的 24 年间，我国钢铁工业生产共消耗利用废钢铁资源 14.9 亿吨，相当于少开采国内铁矿石 19.4 亿吨、减少原煤消耗 5.2 亿吨、减少 23.8 亿吨二氧化碳排放、减少 44.7 亿吨固体废物的排放。

总结我国钢铁工业发展的历程可以看出，铁矿石一直作为我国钢铁工业生产的主要原料。长期以来其原料结构和生产工艺还是以铁矿石—烧结—炼铁—炼钢的长流程为主。

2017 年全国共生产生铁 71075.9 万吨，同比增加 1277.84 万吨，增幅 1.83%。全国粗钢产量 83172.8 万吨，同比增加了 4459.65 万吨，增幅 5.67%。

2017 年全国消耗废钢铁总量 14791 万吨，同比增加 5781 万吨，增幅 64.2%。每吨废钢综合单耗 178 千克，同比增加 66 千克，增幅 59.4%，废钢比 17.8%，同比提高 6.6 个百分点。

转炉钢产量 75424 万吨，同比增加了 431 万吨，增幅 0.5%。转炉炼钢消耗废钢铁 9672 万吨，占钢铁料消耗总量的 65.4%，转炉炼钢每吨废钢单耗 128.2 千克，同比提高 56.1 千克。电炉钢产量 7749 万吨，同比增加了 1905 万吨，增幅 32.5%. 电炉炼钢消耗废钢铁 5119 万吨，占钢铁料消耗总量的 34.6%，电炉炼钢每吨废钢单耗 660.6 千克，同比提高 44.1 千克。电炉钢比 9.3%，同比提高 2.1 个百分点（世界电炉钢比 42.1%）。

2017 年全国废钢铁消耗总量达到 1.47 亿吨，表明我国废钢铁产业发展已进入重大转折期，钢铁企业炼钢生产已经将大批量应用废钢铁作为"提产增效"的主要措施。2011~2017 年全国粗钢（转炉钢/电炉钢）产量及废钢消耗情况见表 1。

表 1　全国粗钢（转炉钢/电炉钢）产量及废钢铁消耗情况表　　　（万吨）

炉种 年份	粗钢产量	转炉钢			电炉钢			废钢消耗 合计
		产量	废钢单耗	废钢消耗量	产量	废钢单耗	废钢消耗量	
2011	70197	63056	80	5040	7095	605	4300	9340
2012	73104	66619	69	4600	6485	601	3920	8520
2013	82200	76463	67	5130	5737	559	3440	8570
2014	82270	75791	67	5046	6479	584	3784	8830
2015	80383	74521	66	4932	5862	580	3398	8330
2016	80837	74993	72	5404	5844	617	3606	9010
2017	83173	75424	128	9672	7749	661	5119	14791

数据来源：中国废钢铁应用协会。

（一）废钢铁资源是钢铁生产的唯一绿色资源

我国废钢铁资源由三部分构成：钢铁企业自产、社会采购、国外进口。钢铁产品的增长和钢铁积蓄量的快速增加，使钢铁企业自产废钢铁的数量和社会废钢铁的资源量逐年增长。

我国废钢铁资源总量，从 1994 年产生总量 2000 万吨，发展到 2017 年产生总量约 2 亿吨，24 年间增长了 10 倍。

2017 年全国废钢铁资源产生总量为 2 亿吨，同比增加 8000 万吨，增幅 67%。钢铁企业自产废钢 4216 万吨，占资源总量的 21%；社会采购废钢 11030 万吨，占资源总量的 55%；库存 1000 万吨，占资源总量的 5%；国外进口 232 万吨，占资源总量的 1%。铸造企业消耗 1500 万吨，占资源总量的 7.5%；还有 2000 多万吨的废钢铁资源没有统计在内，占资源总量的 10% 左右。

1994 年我国钢铁积蓄量约 8 亿吨，到 2017 年我国钢铁积蓄量达到 80 亿吨，增长了 10 倍。废钢铁的产生量约 2 亿吨。随着我国钢铁产量峰值后的平稳回落，钢铁企业通过不断提高废钢比、降低铁钢比，无论是对减轻我国钢铁生产对进口铁矿石的依存度，还是越来越严峻的节能减排和不断升级的环保压力，发展废钢铁产业将是钢铁产业绿色可持续发展的必然选择。

（二）我国废钢铁进出口情况

自 1984 年我国开始进口废钢，截至 2017 年共进口废钢铁约 2 亿吨。近年来，由于国际市场废钢铁价格居高不下，国内钢铁企业因成本压力进口量逐年下降。

废钢铁出口的数量是从 2017 年取缔"地条钢"短时间释放出大量废钢，造成一时废钢局部积存，从而出现出口增加的不正常现象。一直以来，我国废钢铁出口数量较少，这是由于国家废钢铁出口征收 40% 关税政策没有改变，而且我国废钢铁资源在很长一段时间不能满足国内钢铁生产的需求。因此，应鼓励废钢铁进口，限制废钢铁出口。

（三）2017 年全球粗钢产量及废钢铁消耗情况

据国际回收局（BIR）公布的数据，2017 年世界 66 个主要国家和地区生产粗钢 16.73 亿吨，同比增长 4.36%。其中，转炉钢产量 12.28 亿吨，占总产量 73.4%；电炉钢产量 4.45 亿吨，占总产量 26.6%。2011~2017 年世界钢铁产量与金属原料消耗情况见表 2。

表 2　2011~2017 年世界钢铁产量与金属原料消耗情况表

年份 类别	2011	2012	2013	2014	2015	2016	2017
粗钢产量/亿吨	15.29	15.47	16.07	16.65	16.21	16.03	16.73
转炉钢产量/亿吨	10.65	10.74	11.39	12.28	12.01	11.97	12.28
电炉钢产量/亿吨	4.49	4.52	4.52	4.26	4.03	4.06	4.45
电炉钢比/%	29.37	29.22	28.13	25.59	24.86	25.33	25.19
生铁量/亿吨	10.35	11.05	11.67	12.19	11.56	11.59	11.47
铁钢比/%	67.7	71.4	72.6	73.2	71.31	72.30	68.48
废钢量/亿吨	5.7	5.7	5.8	5.85	5.55	5.6	6.2
废钢比/%	37.3	36.8	36.1	35.1	34.2	34.9	37.0
直接还原铁量/万吨	7200	7300	7600	7800	7300	5402	7277
直接还原铁比/%	4.7	4.7	4.7	4,7	4.5	3.4	4.3
金属料消耗总量/亿吨	16.77	17.48	18.23	18.82	17.84	17.73	18.40
金属料每吨单耗/千克	1097	1130	1134	1130	1101	1106	1100

数据来源：中国钢铁工业协会。

"十二五"期间，世界主要国家和地区的废钢比呈下降趋势。"十二五"期间，欧盟、美国、日本、俄罗斯、土耳其平均废钢比分别为 55.1%、70.7%、33.2%、27.7%、86.8%，前 4 个国家和地区比"十一五"时期分别平均下降 1.2%、0.5%、2.7%、0.5%，土耳其则增长 0.5%。中国"十二五"平均废钢比为 11.4%，比"十一五"下降 3.1 个百分点。见表 3。

表3　2006~2015 年主要国家和地区粗钢产量和废钢比

主要国家和地区			欧盟	美国	日本	俄罗斯	土耳其	中国
"十一五"时期	2006 年	粗钢产量/万吨	20690	9860	11620	7080	2330	41910
		废钢比/%	55.7	64.9	36.3	28.5	86.7	16.0
	2007 年	粗钢产量/万吨	20970	9810	12020	7240	2580	48930
		废钢比/%	55.7	65.2	36.9	29.6	87.6	14.0
	2008 年	粗钢产量/万吨	19800	9140	11870	6850	2680	50030
		废钢比/%	56.2	72.2	37.3	29.3	85.4	14.4
	2009 年	粗钢产量/万吨	13940	5820	8750	6000	2530	57710
		废钢比/%	58.0	91.1	34.1	22.8	85.0	14.5
	2010 年	粗钢产量/万吨	17260	8050	10960	6690	2910	63870
		废钢比/%	55.5	63.4	35.0	30.8	86.9	13.8
"十二五"时期	2011 年	粗钢产量/万吨	17780	8640	10760	6890	3410	70197
		废钢比/%	56.3	72.9	34.6	30.5	90.3	13.3
	2012 年	粗钢产量/万吨	16860	8870	10720	7020	3590	73100
		废钢比/%	55.9	71.0	33.1	28.6	90.3	11.7
	2013 年	粗钢产量/万吨	16640	8690	11060	6900	3470	82200
		废钢比/%	54.3	67.9	33.2	28.1	87.6	11.0
	2014 年	粗钢产量/万吨	16930	8820	11070	7150	3400	82280
		废钢比/%	54.1	70.0	33.3	27.0	82.9	10.7
	2015 年	粗钢产量/万吨	16610	7885	10520	7090	3150	80380
		废钢比/%	54.8	71.7	31.9	24.4	82.7	10.4

（四）全国废钢铁资源综合利用突出企业

江苏沙钢集团是国内最大的民营钢铁企业，国内最大的电炉钢生产基地。一直以来，高度重视废钢铁资源的开发利用，废钢铁采购总量连续多年居全国钢铁企业首位。

2017 年，沙钢集团有限公司使用废钢 646 万吨，综合废钢比达到了 27%。其中，电炉钢产量约 500 万吨。

在提废增产过程中，一方面通过提高铁包、钢包周转效率，应用铁包、钢包加盖技术和少渣冶炼技术，减少铁水、钢水温降损失；另一方面通过铁包废钢预热技术，转炉添加煤、焦丁和含碳发热剂，氧枪喷头设计优化等措施增加热源，实现高废钢比冶炼条件下热量平衡。

2018 年，炼钢废钢比得到快速提升，转炉铁水单耗稳步下降。平均废钢比达到 20.6%，较 2017 年 17.7%提高了 2.9%，铁水单耗平均每吨 881.2 千克，较 2017 年每吨 902.3 千克降低了 21.1 千克，电炉炼钢厂废钢比达到 68.5%。

葛洲坝兴业再生资源有限公司成立于 2016 年 6 月，依托葛洲坝集团的品牌优势迅速成长为我国废钢铁加工配送行业的龙头企业。公司现设立了 8 个全资子公司、4 个分公司、1 个综合加工中心，全面托管湖北兴业钢铁炉料有限责任公司 10 余家子公司。公司现有直接从业人员 1000 余人。公司以废钢铁收购、加工、配送为主营业务，同时拓展废塑料、废纸、废有色金属、汽车拆解等业务。拥有专用加工场地面积近 2000 亩，专用设备 800 余台（套），是工信部《废钢铁加工行业准入条件》企业，中国废钢铁应用协会副会长单位。公司废钢铁年经营能力达 500 万吨以上。

2017 年公司完成销售收入 92.1 亿元，实现利润总额 2.47 亿元，是湖北省首批支柱产业细分领域隐形冠军示范企业，在黄冈市工业企业百强中位列第 2 位。

鞍钢集团朝阳钢铁有限公司以转炉优化废钢料型结构，强化配槽管理，废钢单槽重量保持 15 吨以上；强化转炉均衡生产管控，采取一炉兑双槽废钢生产模式组织生产，"一炉兑双槽废钢比例"基本实现 100%，部分炉次实现一炉兑三槽废钢，确保废钢装入量；在转炉系统试验预熔废钢入炉，试验期间生产运行平稳，废钢单耗指标明显提高。转炉每吨废钢单耗完成 200 千克以上，单日最高值达到 309 千克，达到同行业先进水平。

朝阳议通金属再生资源有限公司作为行业最早的规范企业之一，按照"回收—集中—分选—加工—配送"的循环经济模式流程规范化运作，现已形成年加工处理废钢铁 100 万吨的加工配送能力。

2013 年被中国废钢铁应用协会命名为"废钢铁加工配送中心示范基地"，被工信部确定为全国首批符合《废钢铁加工准入条件》企业。

安徽诚兴金属材料集团有限公司利用移动信息平台和互联网的优势，搭建起废钢供应商基本信息台账和移动信息平台。是工信部《废钢铁加工行业准入条件》企业，2018 年 4 月 23 日被中国废钢铁应用协会授予"全国废钢铁加工配送中心示范基地"，2018 年国家级两化融合管理体系贯标试点企业。

该公司与马鞍山马钢废钢有限公司签订了长期合作经营协议，共同开发、购销、管理产品，开启了马钢诚兴基地"混合经营"的新模式，实现了商业模式的"转型升级"，将民营企业经营管理的"灵活性"与国有企业的"规范性"充分结合，是民营企业与国有企业合作的典范。

广州万绿达集团主要从事工业固体废弃物回收、资源化分类、再生加工和循环利用于一体化的综合性服务，回收和再生利用废弃物覆盖废钢铁、废塑料、废木材、废纸、报废汽车等 500 多个品种。公司拥有 10 多家分公司，生产经营基地面积近 500 亩，员工 2000 多人，运营资产规模达 30 亿元，业务遍布珠三角、京津冀和华东等地区，与超过半数世界 500 强企业建立合作伙伴关系，诸如：丰田、本田、富士康、联众等。截至 2017 年 12 月，年工业固体废弃物处理能力达 150 万吨，其中废钢铁处理能力达 100 万吨。现为废钢铁加工配送中心示范基地、工信部《废钢铁加工行业准入条件》企业。

天津城矿再生资源回收有限公司倾力打造再生资源行业的科技型企业，运用互联网技术，创新商业模式，通过建设线上—线下综合业务管理系统，逐步形成以大宗再生资源回收、加工、配送为主线，以物流、金融、信息、人才为支撑的再生资源商业综合体，现为工信部《废钢铁加工行业准入条件》企业。

山东玉玺炉料有限公司拥有废钢破碎生产线、龙门式剪切机、高密度打包机、屑饼机等先进装备，工艺流程齐全，是废钢铁行业最早的工厂化生产典范之一。近年来，积极推动废钢铁产业化、产品化，多次接待同行对标交流，促进行业发展。

2010 年被中国废钢铁应用协会命名为"废钢铁加工配送中心示范基地"；2013 年进入全国首批符合工信部《废钢铁加工准入条件》的企业公告名单。

三、冶金渣综合利用达到国际先进水平

中国废钢铁应用协会于 2000 年 12 月在上海筹建成立了钢渣综合治理专业委员会。2002 年 11 月更名为冶金渣开发利用工作委员会。我国对冶金渣的开发经历了 3 个阶段：20 世纪 50~70 年代属丢弃阶段；80~90 年代中期属初期开发阶段；90 年代末~21 世纪属综合利用阶段。现在全国的老钢渣山已被基本开采处理完毕。

从 1994 年到 2017 年，我国钢铁工业共产生冶金渣约 42.8 亿吨。其中，2/3 为高炉渣、1/3 为钢渣。

我国钢铁工业每年产生的钢铁渣已超过 3 亿吨。对钢铁渣的开发利用，是钢铁企业落实国家发展循环经济，实现钢铁工业绿色发展的重要任务。经过多年的科技研发和探索，我国钢铁渣综合利用技术呈多样化发展趋势。目前，钢渣的加工处理主要有有压热焖技

术、滚筒技术、风吹水淬技术等；钢渣制粉工艺较为常见有立磨、辊压加球磨和卧辊磨三种工艺。这些工艺在钢渣的开发利用中发挥了重要作用。

（一）中冶建筑研究总院有限公司

该公司从事固体废物处理利用的科研、设计、技术开发和工程承包已有 50 余年历史，是国家科技部、环保部、发改委"工业渣处理与利用"科研成果推广的技术依托单位。

1992 年研究成功第一代钢渣热焖处理技术，实现 400℃钢渣进行热焖；2001 年研究成功第二代钢渣热焖处理技术，实现 800℃钢渣进行热焖；2007 年研究成功第三代钢渣热焖处理技术，实现 1600℃熔融钢渣直接热焖处理；2012 年研究成功第四代钢渣热焖处理技术既钢渣辊压破碎—有压热焖工艺技术及装备，实现了钢渣处理过程的高效化、装备化和环境洁净化，属国内外首创。提升我国钢渣处理利用技术水平，相关成果荣获国家科技进步奖二等奖等国家及省部级奖励 10 项，获批专利 50 余项，建立了专有自主知识产权体系。

钢渣热焖技术成功应用于宝钢湛江、首钢曹妃甸、鞍钢鲅鱼圈等 50 余家国内大中型钢铁企业。近年来，在一带一路政策的指导下，钢渣热焖技术更是走出国门，在台塑越南河静、马来西亚关丹进行钢渣处理项目总包，业内影响力日益显著。

为推进钢渣处理及综合利用，中冶建筑研究总院制定钢渣热焖、钢渣粉、矿渣粉等国家及行业标准 33 项，形成了钢铁渣处理和综合利用相关标准体系。目前采用中冶建筑研究总院技术处理钢渣总量超过 4500 万吨，大力促进了钢渣的规范化处理和资源化利用水平。

（二）鞍钢矿渣开发公司

1988 年公司从德国引进一条年产 240 万吨的钢渣磁选生产线，是国内生产能力最大、磁选能力最强的钢渣磁选生产线。目前，有 8 条钢渣加工处理生产线，已建成 300 万吨规模优质低耗先进的钢渣加工处理基地。

2014 年 5 月 17 日，鞍钢冶金渣综合利用项目荣获中国工业大奖表彰奖。该公司共申报专利 64 项，授权 41 项，其中发明专利 19 项；获得国家、省、行业、市及鞍钢科学技术进步奖 8 项；制订国家标准 12 项，其中主编 6 项，参与 6 项；制订行业标准 8 项，其中主编 7 项，参与 1 项。

（三）上海宝钢新型建材科技有限公司

该公司主要从事水渣、钢渣、粉煤灰等冶金固废资源综合利用业务，年处置能力 850

多万吨，已建成上海宝山、广东湛江、南京梅山 3 个产业基地。

宝钢建材于 2000 年引进了全套大型立磨设备，建成了国内第一条年产 50 万吨矿渣微粉生产线，随后相继建成了 8 条大型立磨生产线，矿渣微粉年生产能力 400 万吨。

宝钢建材的"宝田"牌矿渣微粉荣获"上海市名牌"称号，应用于上海中心、环球金融中心等重点工程。

宝钢建材在上海宝山和广东湛江分别建设钢渣分选生产线，年钢渣尾渣处置量 200 万吨，利用率达到 100%，钢渣尾渣产品化率达到 100%，并建成有 20 万吨钢渣微粉生产线和 30 万吨矿渣复合粉生产线，提升钢渣资源的附加值。

（四）宝武金资公司

该公司是华中地区最大的矿渣粉生产基地、磁性材料生产基地以及国家重点粉末冶金生产企业。

1988 年引进美国国际钢铁服务公司（IMS），投资 700 万美元建设两条年处理 100 万吨钢渣加工线。1986 年引进德国克莱默钢带式精还原炉建成 5000 吨还原铁粉生产线，产品质量得到了大幅提升。

武钢金资公司以资源产品化、产品产业化、效益最大化为发展原则，建成了 5 条年产 60 万吨的矿渣粉生产线，"武钢牌矿粉"获湖北省名牌产品称号。扩建了 1 万吨二次还原铁粉生产线和 2 万吨 90 铁粉生产线，形成了年产 3.5 万吨还原铁粉、5 万吨 90 铁粉的生产规模。2012 年"武钢牌还原铁粉""铁氧体预烧料"获湖北省名牌产品。"十二五"期间，获国家专利 70 余项，获冶金科学技术奖二等奖 1 项、湖北省科技进步奖二等奖 2 项，湖北省技术发明奖二等奖 1 项。

（五）宁波宝丰冶金渣环保工程有限责任公司

该公司历经 10 年努力，2017 年底在国内外钢厂中率先实现钢渣处理低成本高效率零排放。

2017 年 9 月，由宁钢和宝丰公司合资设立的宁波紫恒建材科技有限公司第一期 90 万吨冶金渣综合利用生产线竣工投产。其中，有年产 30 万吨钢渣磨细粉的生产能力和年产 60 万吨的矿渣磨细粉的生产能力。

在钢渣处理过程中，每年可从钢渣中回收废钢铁 11.25 万吨，使宁钢降低成本 5700 万元。

大量试验证明，把钢渣磨到合适的细度，使混凝土起到了整体均匀性的"微膨胀"作用。不仅带来常规混凝土没有的一系列的综合性能，而且使混凝土的寿命从平均 60 年跃升到 100 年以上。

（六）镔鑫钢铁

镔鑫钢铁利用钢渣余热自解热焖技术建设钢铁渣资源化综合利用项目。钢渣经热焖粉化后可使钢渣中的废钢全部回收，并消除了钢渣的不稳定性，可实现钢渣的 100% 综合利用。

该项目运行不仅可以实现钢渣"零排放"，同时，副产品钢铁渣粉可以等量代替水泥，从而减少生产等量水泥时二氧化碳的排放量以及煤炭使用量。镔鑫钢铁每年可节约电能 1 亿千瓦时，节约 20 万吨标准煤，少排放 190 万吨二氧化碳。

（七）本钢冶金渣公司

该公司 1998 年投资 1000 万元建设了钢渣磁选加工生产线，避免了钢渣中含铁料的流失。

2008 年投资 1.1 亿元建设了 60 万吨钢渣热焖生产线和 120 万吨钢渣加工生产线，该生产线的建成实现了渣铁彻底分离，提高了含铁料回收的数量和质量，提升了钢渣尾渣的综合利用率。

2009 年，本钢冶金渣公司与辽宁中北水泥共同投资 1.95 亿元，建设了年产 120 万吨水渣微粉厂，水渣微粉被广泛用于水泥和混凝土生产的活性掺合料，极大提升了高炉水渣的附加值，为本钢带来巨大经济效益。

2014 年投资 0.65 亿元建设了钢渣热焖二期生产线，使本钢产生的钢渣全部实现热焖工艺处理，为钢渣的广泛应用创造了条件。

四、废钢铁加工设备技术装备水平不断提高

把废钢铁由原料加工成合格的产品，离不开废钢加工设备。目前，我国已形成打包、剪切、拆解、破碎、磁选等多种类配套的废钢铁加工设备体系，基本实现了国产化。同时伴随着辐射检测、装载运输等相关设备的发展，共同服务于钢铁企业和废钢铁加工企业。

20 世纪 70 年代前，我国废钢加工工艺主要以落锤、爆破、氧割、人工拆解为主。现场环境差，劳动效率低，原料耗损大，烟气粉尘危害工人健康，安全风险因素多。

在国家的支持下，通过引进、研发、创新，我国废钢铁加工设备逐步形成了剪切、打

包、压块、剥离等系列上百个定型产品。特别是中小型废钢设备，达到了国际先进水平，除满足国内需求外，还打入了国际市场。

目前，我国废钢加工设备已形成系列化。主要有 Y81 系列液压金属打包机，Q43/Q43Y 系列鳄鱼式剪切机，Q91/Q91Y 液压龙门剪，PSX 系列废钢破碎线，约有近 70 个规格型号。废钢铁装卸设备主要有 WZY、WZY（D）、WZYS、JY、JYL 等系列。这些装备是废钢铁加工配送体系建设重要的组成部分，助力我国废钢铁产业的发展。

废钢加工设备产业在不断发展，设备产品标准化体系化建设逐步完善。目前，已有三类 5 个行业标准。其中，废钢打包类的金属打包液压机执行中华人民共和国机械行业标准（JB/T 8494.2—2012）；重型液压废金属打包机执行中华人民共和国机械行业标准（JB/T 11394—2013）。废钢剪切类的鳄鱼式剪断机执行中华人民共和国机械行业标准（JB/T 9956.2—2012）；Q91Y 型废钢剪断机执行中华人民共和国冶金行业标准（YB/T 015—1992）。废钢破碎生产线执行中华人民共和国机械行业标准（JB/T 10672—2006）。标准体系建设是保证废钢加工产业持续健康发展的根基，是规范行业发展必不可少的条件。

"十二五"时期，废钢铁加工准入企业的发展壮大，增加了对废钢铁加工设备的需求，为设备制造企业带来快速发展的时机。湖北力帝机床股份有限公司和江阴华宏科技股份有限公司等抓住市场机遇，同科研院校所合作，研发生产系列化多种型号的废钢铁加工设备。目前，废钢铁加工企业已形成以湖北力帝机床股份有限公司和江阴华宏科技股份有限公司等企业的装备为主，部分进口设备为辅的多元化的格局。同时，全球废钢设备制造商也看好中国的市场，加大开发力度。美国纽维尔、德国林德曼、中国台湾正合兴等企业的废钢铁加工设备也应用在部分中国废钢铁加工企业。

到 2017 年底，装备了 1000 马力功率以上的废钢铁破碎生产线 300 余条，大中型液压门式剪切机 700 余台，年加工能力超过 8000 万吨。优良的装备为生产优质废钢提供了保障。

我国废钢铁加工设备经过近 10 年国产化的进程，完全可以满足国内废钢铁企业的需要，部分产品还打入国际市场。

废钢铁产业的发展也为废钢铁的装卸设备、检测设备、磁选设备等相关制造企业带来发展生机。四川邦立和贵州詹阳的抓钢机在国内占有很大份额，无论是屹立在废钢码头的固定式抓钢机，还是往返于货场的移动式抓钢机，都是废钢铁加工配送体系中不可缺少的装备。废钢铁防辐射检测设备不仅有加拿大依合斯的产品，江西贝谷科技等企业的产品正在不断扩大市场区域。沈阳隆基的系列磁选设备获国家多项专利，在废钢铁加工和钢铁渣开发利用上担当了重要的角色，并出口到美国、日本、印度和东南亚的一些国家。

废钢铁加工设备企业的快速发展，使我国废钢铁加工企业的面貌焕然一新，实现了传统的小型、个体回收向工厂化转型的历史过度。企业的规模，经营管理模式，产品的加工手段及加工现场的环境发生了根本的变化。

废钢铁破碎生产线生产的产品，是电炉炼钢的优质原料，具有收得率高、化学成分稳定、加料次数少、冶炼耗电低等优点。大型门式剪切机的技术功能，提高了工作效率，减轻了员工劳动负荷和安全风险，并降低了加工过程中的金属损耗。

机械加工技术，不仅是效率的提高，也提升了生产过程中的环保治理和再生资源的分类回收。废钢铁破碎生产线配置的除尘设备和非铁分选设备，降低了加工过程中粉尘的排放，把有色金属、废橡胶、废塑料等物资分类选出，提高了再生资源的综合利用水平。机械加工解决了废钢铁氧割加工气体污染问题，废钢铁加工企业现场环境得到很大改善，废钢铁加工设备在清洁生产保护环境方面发挥了重要的作用。

2017 年，我国废钢铁加工设备制造企业，在废钢铁市场持续向好的形势下得到了快速发展。各品种、各系列的产品供不应求。国内废钢铁加工设备制造企业，注重科技创新的投入，不断开发新产品，扩展其他领域产品的研发和生产。如湖北力帝机床股份有限公司：已经开发研制废钢加工、汽车拆解、有色金属加工分选、再生资源、环保节能等五大板块系列，年生产废钢加工设备能力达到 10000 台（套）。产品远销到美国、日本、俄罗斯、东南亚等国，2017 年销售各种废钢加工设备 500 多台（套），生产的大、中型废钢加工设备在全国的占有率近 70%。并且是国内唯一起草制定《金属液压打包机》《废钢剪断机》《重型金属液压打包机》等四项国家及行业产品标准的企业；江苏华宏科技股份有限公司：2016 年列中国制造业 500 强第 274 位，年生产废钢铁加工设备能力达 5000 台（套）。可生产 10 大系列，200 多个产品，产品远销到 30 多个国家，2017 年共销售生产各类废钢铁加工设备 4000 台（套）。

目前，我国废钢铁加工设备制造业已实现了废钢加工生产装备的国产化为主，部分进口设备部件为辅的多元化格局。完全可以满足国内废钢铁回收加工企业的需要，部分产品还走出国门，打入国际市场。

五、废钢铁产业不断发展壮大

废钢铁产业是以废钢铁回收—拆解—加工—配送—应用构成产业链的主体。

（一）努力改变废钢铁回收加工贸易配送供应体系普遍存在的小、散、乱不规范现象

废钢协会从"十一五"时期开始，就在全国废钢铁加工配送行业，开展"废钢铁加

工配送中心"和"废钢铁加工示范基地"的创建活动。截至2017年底，已为64家废钢铁加工配送企业授予了"废钢铁加工配送中心"和"废钢铁加工示范基地"的称号，在行业起到了引领和示范作用。

国家从"十二五"时期开始把废钢铁加工配送体系建设纳入钢铁工业发展之中，意在使长期不规范的、落后的废钢铁小型商业化体系，提升到与高质量发展的钢铁工业相配套的工业体系。

工信部2012年发布了《废钢铁加工行业准入条件》，对废钢铁加工配送企业实行准入公告制度。截至2017年底，已进入准入公告企业达到180家，分布在除青海、西藏以外的27个省、自治区和直辖市，初步建立起了全国废钢铁加工配送工业化体系。

目前的180家准入企业，已有160家纳入工信部委托废钢协会建立的废钢铁加工行业准入信息平台管理。协会在工信部节能与综合利用司的指导下，信息平台管理体系现已全面投入使用并不断升级完善。

（二）组建产业联盟

在国家相关部委、部分钢铁企业、废钢铁加工配送企业和相关单位的提议下，"全国废钢铁产业联盟"和"全国冶金渣产业联盟"在2017年4月中国废钢铁应用协会六届二次会员大会上正式成立。"两个联盟"的成立，将促进废钢铁产业一体化发展及冶金渣深度处理、高效利用并达到零排放的进程。

（三）针对彻底取缔"地条钢"出现的新情况，积极开展相关工作

随着上亿吨"地条钢"产能的快速退出，社会废钢铁资源大量释放，促进了钢铁企业多用废钢。国家发改委、工信部、中国钢铁工业协会对此问题高度重视，多次通过听取协会汇报，现场调研及召开各种形式座谈会研究解决问题。

先后在湖北、辽宁、广东、山东等20个省市召开座谈会，有近百家企业参加讨论，广泛征求企业意见。废钢协会抓住"座谈会"反映这些实际问题，向废钢铁加工回收企业提出多生产破碎料，轻型变重型，提高废钢铁的堆比重的合理化建议，为钢铁企业多吃废钢铁创造条件。经过我们的不懈努力，呈现出生产制造废钢铁加工设备企业订单满满、供不应求的喜人局面。废钢破碎料由原来不愿意采购变成现在积极采购，卸车慢、还款难等问题也得到了缓解。

为钢铁企业和废钢铁加工准入企业建立诚信稳定的供货渠道多做行业疏导工作，牵线搭桥，积极热情的为会员企业服好务。同时，积极培植废钢铁回收加工配送领军企业，加

强行业自律，依法经营。提高废钢铁加工质量，增强企业集中度。大力推广多用废钢铁，搞好产供需衔接典型经验和好的做法。实践证明，只要钢铁企业和废钢加工配送企业共同努力，把废钢铁应用比例搞上去，利用现有条件采取有效措施，完全可以充分应用现有的废钢铁资源。

（四）编制废钢铁行业标准，促进废钢产业规范化发展

为配合财税［2015］78 号文件，废钢协会从 2015 年 7 月着手组织制定《炼钢铁素炉料（废钢铁）加工利用技术条件》，这项工作从 2015 年 7 月开始到现在，共召开 8 次修订会议。此项工作在上海期货交易所、钢铁标准化院大力支持下，经过马钢、宝钢、沙钢、鞍钢、首钢、苏钢等企业专家的共同努力，行业标准修订工作已接近尾声。现正在走上报评审程序。

（五）加强国际交流与合作，促进废钢铁资源国家化发展

2017 年，废钢协会在天津成功举办的第十届中国金属循环应用国际研讨会，国际回收局（BIR）、美国回收协会（ISRI）、日本钢铁再生工业协会（JISRI）及韩国企业等相关国家同行都派代表参加了会议。全球的同行已把废钢铁市场的目光投向了中国。

近些年，我国废钢行业企业加强了与国际同行的交流，多次参与了美国回收学会主办的回收大会和会议展览、世界回收局主办的 BIR 世界回收大会及会议展览，并与国际组织的同行进行了交流与研讨。还实地考察了当地的废钢铁回收加工企业。中国作为废钢铁产生量和消耗量全球最多的国家，应该参与国际交流与合作，积极争取在这一领域的话语权。

六、我国直接还原铁产业发展情况

2012 年 11 月 15 日，中国废钢铁应用协会直接还原铁工作委员会在东北大学知行楼成立。我国非高炉炼铁技术状况及市场前景广阔。新环保法的实施和环保督察力度的不断加大，以及全国各地碳排放交易系统的建立都为非高炉炼铁产业的发展创造了条件。钢铁行业要朝着创新、绿色的方向发展，品质和效率是重点。提高短流程电炉炼钢的比例，积极发展非高炉炼铁技术，可以有效降低钢铁流程的产品综合能耗，促进钢铁工业可持续发展。

（一）非高炉炼铁技术简介

非高炉冶炼包括直接还原和熔融还原两大类，非高炉炼铁技术分为直接还原炼铁工艺

和熔融还原炼铁工艺两种。直接还原炼铁使用煤、气体或液态燃料为能源和还原剂，在铁矿石软化温度以下，不熔化即将矿石中的氧化铁还原获得固态直接还原铁（DRI、HBI、HDRI）的生产工艺。熔融还原是指非高炉炼铁方法中采用焦煤冶炼液态热铁水的一种工艺过程，普遍采用两步法：即将整个熔炼过程分为固态预还原和熔态终还原两步，分别在两个反应器内完成。

非高炉炼铁技术的优点在于摆脱了焦煤资源短缺对钢铁工业发展的羁绊、适应日益提高的环境保护要求、降低钢铁生产能耗、改善钢铁产品结构和提高质量和品质、解决了废钢短缺及质量不断恶化的问题并实现了资源的综合利用。目前，直接还原已成为世界炼铁工业不可或缺的组成部分，熔融还原实现工业化生产的环境优越性也已经得以公认。非高炉冶炼技术是钢铁工业发展的前沿技术之一。

（二）我国非高炉炼铁行业现状

我国天然气资源短缺，因而直接还原开发研究主要集中在煤基直接还原铁工艺（回转窑、隧道窑、转底炉、煤基竖炉等）。近年来，我国钢铁和化工工作者对煤制气、竖炉直接还原进行了大量调查和研究工作，取得了大量的数据，为我国采用煤制气—竖炉直接还原技术奠定了良好的基础。并且在宝钢C-3000型和墨龙HISMELT熔融还原装置引进国内并投入运行之后，熔融还原工艺在我国也有了生产应用实践案例，引发行业的关注。

（1）隧道窑工艺。隧道窑工艺的工艺实用性强，前期投资小，工艺稳定，适合小规模生产，并且技术含量低，原料、还原剂、燃料容易解决，因此被很多小企业选择采用。但是，隧道窑法单机产能小、能耗高、环境污染大，且由于规模小、原料外购为主、得不到稳定供应保证，产品质量波动大，发展空间受压制。

（2）回转窑工艺。采用氧化球团或高品位块矿加入回转窑还原的"二步法"还原工艺是一种技术成熟的工艺，国外应用普遍。

（3）转底炉工艺。转底炉具有原燃料适应性广的优点：可以使用低等级燃料煤，廉价的低品质难选矿、多金属复合矿（含钒钛海砂）、贫镍红土矿、有色金属冶炼含铁废渣、钢铁厂含铁尘泥等。我国现已建成用于复合矿的综合利用（四川龙蟒、攀研院）、含铁粉尘利用（马钢、沙钢、日钢、燕钢、宝钢湛江）、生产预还原炉料（山西翼城、莱钢、天津荣程）转底炉10余座。

（4）煤基竖炉工艺。近年来，煤基竖炉因其产量可以扩大、具备规模优势，一些试验工厂的指标可以达到炼钢标准、甚至粉末冶金行业标准而得到企业关注重视。

（5）气基竖炉。气基竖炉直接还原法的单套设备产量大、不消耗焦煤，节能、环境友好、低能耗、低 CO_2 排放，是主流直接还原炼铁技术。气基还原工艺因其产品质量优良、并因节能减排、低碳环保方面的作用受到政策层面支持。低成本气源问题一直是制约我国气基还原竖炉发展的瓶颈，由于我国缺乏廉价的天然气资源，因此煤制气技术备受关注。

（6）熔融还原工艺。宝钢 2007 年引进了两套年产 150 万吨的 COREX-3000 熔融还原炼铁生产装置，实现了连续 4 年顺行生产，对我国非高炉炼铁技术的发展及人才培养，熔融还原生产和设备制造、维护经验的积累，起到了重大推动作用。因成本原因，停产后其中一座 COREX-3000 熔融还原炼铁装置转迁到新疆八一钢铁厂，2015 年 6 月 30 日点火开炉。2017 年 3 月，经过近 19 个月长周期检修的欧冶炉并入生产序列。

熔融还原和大型煤制气竖炉直接还原工艺等非高炉冶炼技术为钢铁企业实现绿色生产提供了选择方案。

七、废钢铁产业化发展中存在的问题

（1）我国废钢铁循环利用率与全球平均水平相比还比较低。2017 年我国的废钢比达到 17.8%。与实现"十三五"规划目标还有差距，与国际平均水平和发达国家相比还有很大提升空间。

（2）目前国家对利用废钢铁炼钢和短流程炼钢的政策措施有待进一步强化。

（3）财税〔2015〕78 号文件对废钢铁准入企业即征即退的优惠政策没有完全兑现，由于实施细则没有出台，各地出现不协调的情况。

（4）部分钢铁企业多用废钢铁、少用铁矿石的理念还没有完全转变。钢铁企业之间废钢铁应用水平差距较大，好的钢铁企业废钢比达到 20% 以上，最高的达到 35%，但也有个别企业低于 10%。

八、废钢铁产业发展前景的预测

废钢铁产业是一个新兴战略性的朝阳产业，有着广阔的发展空间和巨大的发展潜力。据业内专家预测，"十三五"期间将是我国废钢铁产业发展的重大转折期，随着钢铁积蓄量的不断增加，也是社会废钢铁资源量的重要攀升期，更是提高废钢铁应用比例助力我国钢铁工业绿色发展的关键期。

（1）随着国家供给侧改革去产能的不断深入，钢铁企业特别是废钢铁加工企业迎来了自身发展的大好时机。工信部发布的《工业绿色发展规划（2016~2020 年）》中提出"到 2020 年废钢铁回收利用量达到 1.5 亿吨"的目标。工信部在《钢铁产业调整政策》中提出，到 2025 年，我国炼钢的废钢比要达到 30%这个目标经过专家的预测也有望实现。为实现这两个目标，中国废钢铁应用协会制定的《废钢铁产业十三五发展规划》中提出，到 2020 年，我国废钢比要比"十二五"翻一番，即达到 20%。这一目标预计到 2018 年末可以实现。

（2）环保法实施和环境督查力度的不断加大，全国各地碳排放交易系统的建立都为废钢铁产业的发展创造了条件。

（3）从行业协会的角度要助力钢铁企业，特别是电炉钢企业，多用废钢铁少用铁水。不仅能节约能源减少二氧化碳及固体废物的排放，又为钢铁工业节能降耗，改善生态环境和打赢蓝天保卫战，多尽一份力多担一份责。

（4）受全球和国内需求的拉动，也会促进废钢铁产业的快速发展，我国近年来废钢铁加工配送体系建设，是供给侧改革的一项重要举措，也会带动我国废钢铁产业一体化规模化发展。

（5）加强各种专业培训提高各岗位人员素质，使废钢铁加工配送队伍的管理人员、技术人员和操作工人都能形成一支适应产业化发展的高素质人才队伍。

（6）搞好冶金渣综合利用，实现"零排放"目标。我国冶金渣的综合利用，全国钢铁企业花费了大量精力但至今还没形成一个成熟的生产工艺流程。废钢协会通过对大型钢铁企业的调研结果来看，目前有鞍钢、宝武、首钢、马钢、太钢、本钢和宁波钢厂等企业投资共建钢渣微粉生产线和加工建材铺路基础材料，应用比例在 30%～40%。还有很多企业采取对钢渣经过简单的磁选加工将部分铁素资源选出来后以低价卖向社会。这部分钢尾渣离开钢厂后没有得到有效的综合利用。到 2017 年末，全国钢尾渣累计堆存量约近 20 亿吨，占地面积 20 多万亩，即污染环境又浪费资源。

进入"十三五"以来，国家发改委和工信部都把冶金渣的综合利用作为重点，把大宗固体废物的开发利用所涉及新的工程项目、支持资金等，都在向冶金渣开发利用产业倾斜。

只要把当前影响冶金渣综合利用的突出问题解决好，冶金渣变废为宝的春天就会到来。一是打破行业壁垒，钢渣微粉和钢渣水泥在建材行业应用不够理想。国家标准虽已出台，但没得到建材行业的认可。二是国家财税［2015］78 号文件关于冶金渣综合利用产品的增值税优惠 70%即征即退的政策没有落地。三是生产加工钢渣微粉的成本高，多数企业面临停产和转产。生产加工钢渣微粉设备急需国产化，降低成本发挥国内绿色制造功能，同时要钢尾渣加工产品多样化。四是需要依靠科技创新突破多种难题。国家应投放专项资金予以支持。

中国钢结构行业改革开放发展成就

中国钢结构协会

2018 年是中国改革开放 40 周年，国民经济建设的快速发展提升了中国的综合实力。钢结构作为传统的结构形式与我国工业化、城镇化、信息化、农业现代化紧密相连，在国民经济建设各个领域发挥着积极作用并已逐步成为战略性新兴产业，绿色、环保、循环经济及可持续发展得到全球广泛的重视和认可。中国钢结构协会在 34 年的发展历程中，肩负着行业的责任并积极推动了钢结构事业的全面发展，30 多年来钢结构行业的发展和所取得的成就举世瞩目，几代钢结构人的共同奋斗、孺子牛的精神值得弘扬光大，铭记史册。

值此改革开放 40 周年之际，对中国钢结构行业和中国钢结构协会 34 年来发展过程中的重大事项，包括国家政策、钢结构用钢、重大工程建设成就、协会自身建设发展等方面进行回顾。

一、前言

1984 年是中国改革开放的第 6 年，国民经济建设各领域均得到快速发展，许多国外先进技术、装备、产品不断被引进、消化、吸收。诸如钢铁、化肥、乙烯、汽车、家电等产业的投资建设达到空前高潮，各行业对钢材需求与日俱增。当年全国粗钢产量仅 4348 万吨，钢材表观消费量 4683 万吨，进口钢材 1331 万吨，钢材自给率仅 72%。钢材的品种主要是以 A3 钢（Q235）、16 锰钢（Q345）、20 锰硅（二级钢筋）等为基础的钢板、型钢及钢筋。许多工业部门需要的重要品种及高强度级别钢材需要大量进口。为此，在国务委员、中国科学院院长方毅同志的直接领导下，全国组织开展了低合金钢、合金钢研究应用的重大课题。冶金工业部经过调查研究，学习苏联推广应用"高效钢材"的经验，组织以低合金钢、合金钢为重点，包括粉末冶金、经济断面钢材（H 型钢、冷弯型钢）、涂镀层、热处理钢材等的开发应用。同时，召开多次全国性会议进行推广。通过这些有效措施和经济活动，促进了使用钢材的各部委、大型企业在节约合理使用钢材的基础上，发挥高效钢材的作用，使 1 吨钢材达到 1.3~1.5 吨的效能，为节省钢材、节约资源和为国家经济建设健康发展起到了一定的作用。

在此背景下，许多领导及专家提出组建一个跨部门、跨行业、跨地区的协会，来协调钢铁生产部门与用户之间的联系和沟通，促进钢材更加科学地开发应用。为此，以冶金工业部钢铁司、科技司、基建局、中国金属学会、冶金工业部建筑研究总院发起开展筹备工作。经多方努力，得到国家计委、国家经委、国家科委、铁道部、城建部、总后勤部等十几个部委及所属公司、院所大力支持，并直接委派有关领导参加组建协会工作。协会先后经冶金工业部［1984］冶钢函字第 371 号、国家经委经体［1985］第 701 号文批准，于 1984 年 6 月在北京宣告成立中国钢结构协会。协会的重要宗旨是"依靠科学技术进步，充分发挥钢材的使用性能，延长钢结构的使用寿命，节约钢材用量，提高社会综合经济效益。"

协会以科学技术进步为指导方针，发挥协会成员单位人才、技术、装备等优势，开展国内外技术交流、考察和合作，全面推动钢结构行业的技术、产业与市场发展的紧密结合。协会不断加强企业与政府部门、钢材与用户、科研与市场等方面密切联系，增加了协会的凝聚力和影响力。在此期间，中共中央、国务院对社会团体组织展开多次清理整顿工作，1998 年 10 月由国务院正式颁布《社会团体登记管理条例》，按照条例要求和规定，协会经过严格审查，作为第一批批准注册登记的全国性社会团体（详见中华人民共和国民政部社会团体核准登记公告第一号）。业务主管部门先后从冶金工业部、冶金工业局、国家经济贸易委员会，到目前的国务院国有资产监督管理委员会。

二、发展历程

1984~2018 年，协会在国家有关部委支持下，经过 34 年的发展壮大，历经共计七届理事会，凝聚了全行业成员单位达 4000 余家。下设 25 个分支机构，出版刊物《钢结构》《粉末冶金工业》《线材制品通讯》《冷弯型钢》等。与全球十余个国家、地区的钢结构学会、协会建立了密切联系，开展了上百次技术交流、调研、培训等活动。

目前，中国钢结构协会已成为国内有权威，国际有影响的行业组织。

（一）全面推动钢结构事业发展

中国钢结构协会是具有行业性和学术性的社会团体，结合经济体制改革和行业发展的需要，进行了大量的调查研究并提出与技术、经济、市场相关的分析及建议报告。协会及分会许多领导、专家、学者结合自身专业造诣及在该领域的权威影响力，提出钢材在诸如建筑、桥梁、水电、容器、管道、塔桅等领域的使用现状及国际发展趋势，并积极参与制定有关经济、技术政策，为全面推动我国钢结构发展发挥了重要作用。

1. 积极推动我国钢结构发展的技术政策、方针

1986 年 4 月，国家计委副主任黄毅诚专门在《经济日报》发表"节约钢材具有重大经济意义"的文章中，阐述了有关提高钢材利用率、改进产品设计、提高钢材内在质量、制定符合国情的节约钢材法规等观点。同时，责成国家计委节能局与有关部委共同开展相关工作。在冶金工业部直接领导组织下，协会与有关科研院所、高等院校先后组成了 15 个调查组、100 多人参加，共同完成了对机械制造工业、基本建设用钢材，以及冷弯型钢、粉末冶金、金属腐蚀与防护等领域的调研报告，经整理编辑于 1987 年 11 月出版了《节约钢材调查报告汇编》。根据该调查内容及提出的意见建议，并按照国家计委安排，组织建筑行业有关专家编制有关工程建设中节约使用钢材的规定。经国家计划委员会批准于 1987 年 1 月 14 日颁布了《关于印发〈在建筑结构设计中合理使用钢材的若干暂行规定〉的通知》，为缓解钢材供需矛盾，克服钢材使用中不合理和浪费现象发挥了重要作用。另外，国家计委、国家科委、国家机械委、冶金工业部、建设部、国家物资局的有关司局，于 1987 年 12 月 21~23 日在北京联合召开了"全国节约钢材经验交流会"。会议对节材工作的组织领导、宣传、规划、制订法规等提出了要求。在此期间，共同推动并促成了国家对经济断面钢材的投资建设，即全国第一个热轧 H 型钢项目在马鞍山钢铁公司上马，该项目具备 60 万吨的生产能力，于 1998 年 7 月投产。

1996 年，建设部编制了《1996~2010 年中国建筑技术政策》，提出"合理使用钢材，发展钢结构、开发钢结构制造和安装施工新技术"。1998 年 10 月，建设部发文《关于建筑业进行推广应用 10 项新技术的通知》，其中第 8 项"钢结构技术"的推广依托单位为冶金工业部建筑研究总院。2000 年 5 月，建设部、国家冶金工业局成立了建筑用钢协调组，并在北京召开了"全国建筑钢结构技术发展研讨会"，成立了钢结构专家组，讨论了"十五"计划和 2015 年发展规划纲要，确定 2015 年建筑钢结构的发展目标，争取每年全国建筑钢结构的用钢量达到钢材总产量的 6%。为改变传统住宅生产方式和提高住宅质量，1999 年，国务院国办发〔1999〕72 号文件，转发国家发改委、建设部《关于推进住宅产业现代化、提高住宅质量若干意见的通知》。2001 年，建设部以建科〔2001〕254 号文件颁发了《钢结构住宅建筑产业化技术导则》。随着钢结构建筑逐步增多，2002 年 6 月，建设部又专门组织编制了《建设事业技术政策纲要》，并于 2004 年 4 月正式颁发来指导建设领域的科技开发与创新及科技成果的推广应用和产业化活动。从 2011 年起，协会及许多领导、专家、学者，以及每年的两会均有呼吁重视和推广钢结构的迫切性、重要性的

提案。

根据党的十八大、十九大精神，生态文明建设提高到新时期国家战略机遇发展期的历史高度，国家有关部门随之出台了一系列的重要文件，如 2012 年财政部、住建部以财建 [2012] 16 号发布《关于加快推动我国绿色建筑发展的实施意见》。2013 年 1 月 1 日，国务院国办发 [2013] 1 号《绿色建筑行动方案》，明确提出"推广适合工业化生产的预制装配式混凝土、钢结构等建筑体系，加快发展建设工程的预制和装配技术，提高建筑工业化技术集成水平。" 2013 年 10 月 6 日国务院在国发 [2013] 41 号《关于化解产能严重过剩矛盾的指导意见》中，提出"推广钢结构在建设领域的应用，提高公共建筑和政府投资建设领域钢结构的使用比例，在地震等自然灾害高发地区推广轻钢结构集成房屋等抗震建筑；推动节能、节材和轻量化，促进高品质钢材、铝材的应用，满足先进制造业发展和传统产业转型升级需要，加快培育海洋工程装备、海上工程设施市场"等要求。2016 年，国务院出台《关于大力发展装配式建筑的指导意见》，交通运输部发布《关于在公路建设中加快推进钢结构桥梁应用的指导意见》，以及各省市发布了相应的实施细则。另外，国务院还颁布了关于《大气污染防治行动计划》《国家新型城镇化规划 2014~2020》等重要文件及指导方针，为我国发展绿色建筑，促进循环经济和可持续发展，促进新兴钢结构制造业发展，大力推广钢结构均起到了积极推动作用，钢结构事业发展进入到结构调整、转型升级、提升综合实力的新阶段。

2. 钢结构用钢材及深加工产品的应用开发

钢结构用钢材以钢板、钢管、型钢为主，包括钢丝、钢绳、钢绞线、钢棒、铸钢，以及连接使用的高强螺栓、焊丝、焊条等。根据现代建筑发展和大跨、大空间工程建设需要，对钢材的性能和市场需求还在不断发展变化中。40 年的改革发展使我国钢铁工业的整体水平不断提高，国产钢材基本满足工程建设的使用要求。在这期间，协会和各专业分会为钢结构用钢的需要、为填补国内空白、为国产钢材与国际钢材标准和实物质量接轨等方面做了大量工作。如九江长江公铁两用大桥需要高强度桥梁钢，冶金工业部、铁道部、鞍钢、钢结构协会等单位共同组织协调，开发出 15MnVN 桥梁钢，满足了该桥梁跨度达216 米的需要，是我国继武汉、南京长江大桥后建设的又一座具有里程碑意义的桥梁。通过进一步开发完善，桥梁钢系列已经基本满足工程建设需要，并先后提供给上百座具有世界先进水平的桥梁工程，许多国产桥梁钢材和中国制造的桥梁也出口到海外。20 世纪 90 年代初，深圳建设的第一栋超高层建筑——深圳发展中心大厦中，采用进口厚度达 130 毫米的钢板，引起钢结构业界高度重视并提出高层建筑用钢国产化，在以舞阳钢铁公司为首的钢铁企业支持下，开发出了具有低屈强比、可焊性、抗层状撕裂的高层建筑用钢和宽厚钢板，满足了我国大跨、高耸建筑建设的需要。协会组织参与编制完成结构钢材的强度级别和使用标准，形成了 Q235、Q345、Q390、Q420、Q460 系列，以及替代美国、欧洲、英国标准的钢材设计规范等。其他还有预应力钢丝、钢绞线用钢、石油天然管线用钢、压力容器用钢、海洋石油平台用钢、液化天然气储罐用钢国产化等。金属围护结构系统、楼层板系统、轻钢龙骨体系、冷弯型钢体系等经过近 30 年的研究开发，产业化、市场化做到与国际先进标准靠拢，支撑和完成了许多重大标志性工程，推动了钢结构在工业、民用建筑、装备制造等行业的快速发展。

2017 年，我国粗钢产量几乎占全世界粗钢产量的一半，如此庞大的资源对钢结构行业来说是巨大的战略发展机遇。目前，我国钢结构消费的钢材约 6500 万吨，占 8% 左右，而在土木工程中使用的钢筋、线材近 3 亿吨。发展钢结构不仅可以化解钢铁过剩产能，而且也能发展制造业、建筑业、打造新兴战略性产业。同时，还是发展绿色建筑、储备资源、可持续发展及开创循环经济的新途径。

3. 钢结构标准、规范、专利及工法

我国的钢结构在结构钢材标准及有关钢结构工程建设的设计、制造、施工、验收规范等方面均已形成比较完整的体系，随着技术进步和科技创新发展，需要不断更新和修订。目前，钢结构行业经常使用和强制执行的规范标准达 100 余个。既有设计、施工国家标准，诸如《工程结构可靠度设计统一标准》（GB 50153—2008）、《建筑抗震设计规范》（GB 50011—2010）、《钢结构设计规范》（GB 50017—2017）、《钢结构工程施工质量验收规范》（GB 50205—2001）等，还有原建设部、冶金工业部、交通部、铁道部、水利部、工程建设标准化协会等行业标准规范，诸如《低合金高强度结构钢》（GB/T 1591—2008）、《高层民用建筑钢结构技术规程》（JGJ 99—1998）、《钢结构高强度螺栓连接的设计、施工及验收规程》（JGJ 82—1991）、《波浪腹板钢结构应用技术规程》（CECS290：2011）、《铁路桥梁钢结构设计规范》（TB 10002—2005）、《锅炉钢结构设计规范》（GB/T 22395—2008）等。目前，在钢结构工程建设领域，熟悉相关标准与规范的设计、研究单位和人才相对来说比较缺乏。针对标准和应用规范的修订、编制严重滞后等问题，国家标准委授权相关协会进行团体标准试点工作。此外，许多专业性和共性的技术及产品，例如桥梁、塔桅、房屋建筑的专业特点和具有共性的耐候性、防腐、防火，全生命期的设计、计算及回收利用等问题，都需要制定和建立有关政策、规范、标准进行管理。

4. 钢结构技术及产品带动并促进钢结构产业兴起

钢结构体系随着时代发展，新技术、新材料、新成果日新月异，满足了各种各样的建设发展需要，同时也面临社会发展进程中对人居环境、智能化、生态文明的各种挑战。钢

结构在近 40 年的发展中总体是曲折向上的，从限制、节约使用到合理使用，再到如今在建设领域全面推广。从全国人均消费粗钢几十千克到达到发达国家人均 500 千克以上水平，钢铁工业的快速发展为我国工业化进程、为制造业快速发展提供了有力保障。早期钢结构仅在传统的重要建筑中使用，长期以来在一定程度上也制约了钢结构的发展。我国钢结构的开发应用与改革开放后引进国外先进技术、装备，消化移植和再创新密不可分。从简单的桁架、网架、门式刚架、彩色钢板围护结构，到建成系列的生产钢结构厂房、高层建筑、大跨空间建筑、桥梁及装备制造等专业化生产线，以及专业化设计、施工、检测、监理队伍，已经形成了比较完整的钢结构设计、施工、检测及监理产业链。具有先进装备和现代化管理的钢结构企业上千家，从业人员、加工量及市场规模均居全球首位。

改革开放初期，我国许多著名研究院所如冶金工业部建筑研究总院、铁道科学研究院、机械部合肥通用机械研究院、中国船舶科学研究院、清华大学、同济大学、哈尔滨工业大学及许多大中型重点企业，积极引进和消化吸收国外先进技术，研究开发了各种新颖的结构体系、相关技术和产品。从技术、装备、产品到应用规范标准的建立完善和修订，包括热轧 H 型钢、焊接 H 型钢、箱型梁柱、压型钢板、夹芯板；网壳结构焊接球、螺栓球、管结构；悬索、斜拉索、张弦、预应力、索膜、索网；框架、框筒、钢—混凝土组合结构、带支撑框架、交错桁架、盒式结构、预应力弓式结构；轻钢龙骨、冷弯型钢、高强螺栓、高频焊 H 型钢、方矩管、波形腹板焊接 H 型钢等结构和配套产品；还有风电、核电、钻井平台、油气储备、管道运输装备等，为我国现代化厂房和轻型房屋建筑、多高层建筑、大型公共建筑、住宅建设和国民经济建设的各个行业发展提供了全新的技术和产品，满足了中国现代化建设过程的各项需要，整个行业充满了生机和活力，钢结构市场前景广阔。

（二）钢结构重大工程建设及标志性建筑发展成就

1. 体育场馆建筑及全球性重大活动的工程建设

体育场馆及大型会展中心是具有代表性的公共建筑，从体育与建筑，人文到城市地标，以及周边环境、交通、食宿等，均体现出一个国家或一座城市的风貌。20 世纪 50 年代，我国除了北京、上海建设了一批能够承担国际大型体育赛事的场馆外，为承担全运会、省运会、农运会及亚运会、世界大运会、奥运会、世博会等，全国主要城市均兴建了大量大型体育场馆、奥林匹克中心、全民健身体育中心等。随着经济建设和商务活动需要，大型会议展览中心也不断涌现。这些大跨、大空间建筑形式新颖，结构复杂，充分展现了钢结构的优势。这些场馆建设均体现并代表了我国钢结构技术、产业发展的成果，如

1990 年北京举办第十一届亚运会，新建的具有代表性的体育综合馆，以及当时亚洲最大、可容纳观众 6000 人的英东游泳馆，北京西站等一批公共建筑，均采用焊接球、螺栓球网架结构和金属屋面系统。2008 年北京举办第 29 届奥运会改造新建 39 个体育场馆，贯彻了"科技奥运、绿色奥运、人文奥运"三大理念，具有代表性的工程是国家体育场（鸟巢）采用箱形弯扭构件组成的巨型桁架结构体系，所使用钢材强度等级达到 Q460，钢板厚度 110 毫米；国家游泳馆（水立方）采用钢管相贯结点的复杂空间结构，其围护结构均采用聚四氟乙烯膜材（PTFE）；奥运会羽毛球比赛馆（北京工业大学体育馆）采用预应力弦支穹顶屋盖。2010 年，上海世博会永久保留的建筑"一轴四馆"，即膜结构（世博轴）、飞碟（文化中心）、会展中心、世博主题馆、东方之冠（中国馆）均代表了当代钢结构的技术水平。2010 年，广州亚运会，新建 12 个、改扩建 70 个体育场馆。2011 年，深圳世界大学生运动会新建 22 个场馆等。还有可节能降耗，与大自然空气流通的开闭式体育场馆在南通、北京、上海、内蒙古等地建成使用。这些场馆建设不仅满足了世界性的大型体育竞赛要求，体现了现代中国技术、经济、文化实力，而且在建筑艺术风格、人文历史、绿色、节能、生态环境等方面展现了体育建筑的创新和发展，诸如"鸟巢""水立方""海螺""春茧""水晶石"，这些充满艺术幻境的建筑作品，体现出凝固的伟大艺术，设计使用寿命长达 100 年以上。

2. 钢结构桥梁

钢结构桥梁在我国具有悠久的历史，从古代铁链桥到近代所有的各种各样钢结构桥梁形式，从跨江河、跨海湾到跨海峡，遍布全国及港澳地区。从 20 世纪 50 年代由苏联援建在长江建设了第一个公路、铁路两用武汉长江大桥开始，"一桥飞架南北，天堑变通途"，目前在长江已经建设了近百座桥梁。长江上游的重庆拥有上万座各种类型桥梁被称为"桥梁博物馆""桥梁之都"，中游武汉具有桥梁勘察设计、制造、施工等雄厚实力被誉为"建桥之都"。

目前，我国每年建设桥梁上千座，特别是高速公路、高速铁路、城市立体交通的快速发展，大量中小跨度桥梁基本是预应力钢筋混凝土桥梁为主，跨度超过 200 米以上才根据造价、工期、环境等因素考虑适合的钢结构桥型。钢结构桥梁体系包括钢管混凝土拱桥，钢—混凝土组合桥，桁架桥、斜拉桥、悬索桥及公路、铁路两用特大桥等，桥梁产业也得到快速发展，不仅满足了国内建设需要，加工制造出口日益增多。有些企业成为国际著名企业，负责规划设计到工程建设的总承包。

中国钢结构桥梁在技术、产业、市场等方面取得的成就非凡，在许多重大桥梁建设中取得了一系列具有自主知识产权的技术及产品。这与许多老一辈专家学者坚持我国桥梁建设独立自主精神是分不开的，在完全由中国人自己从桥梁勘察设计、国产钢材开发、制造加工、施工安装到维护检修的许多大型桥梁建设中，创造了一系列中国之最、世界之最，被称之为世界桥梁大国、桥梁强国。例如从南京长江大桥（主跨160米，钢材强度等级Q345），到世界领先的第一座具有六线铁轨，同时满足高铁客运时速300千米、旧线200千米、城铁80千米需要，设计荷载最大的南京大胜关长江大桥（主跨336米，钢材强度等级Q420），还有世界第一的中承式钢管混凝土拱桥——巫山长江大桥（跨度492米），世界第一的钢拱桥——重庆朝天门大桥（跨度552米），世界第二的全焊接上海卢浦大桥（跨度550米），世界第二悬索桥——舟山西堠门跨海大桥（跨度1650米），以及具有多项技术在世界领先的苏通长江斜拉大桥（跨度1088米）等。刚刚完成通车的港珠澳大桥，全长35千米，设计使用寿命120年，设防烈度为8度，钢结构桥梁用钢40多万吨。据有关部门统计，在世界各类大跨度桥梁排序中，大跨径斜拉桥前10名中，我国共占7座；大跨径悬索桥前10名中，我国共占5座；大跨径拱桥前10名中，我国共占5座。这些世界著名桥梁工程充分说明我国桥梁技术的进步和所取得的成就，代表了强国的总体水平，也推动了我国公路、铁路、城市交通的发展。

3. 高层建筑

高层建筑的发展代表着城市地标和天际线的风采，在一定程度上表明该国家、地区和城市化进程中的综合竞争实力。我国改革开放的窗口——广东深圳1990年建设竣工的第一栋超过100米的超高层建筑——深圳发展中心大厦，地上43层，高度146米。该建筑完全是国外设计，采用进口钢材，为满足抗震设计要求，采用钢板厚度达130毫米，当时在国际上也是首次面临巨大技术挑战和难以想象的困难，受到参加该工程的国内外专家和钢结构业界的高度重视。协会及钢结构房屋建筑分会为此在深圳召开了研讨会，针对北京、上海、深圳6栋钢结构高层建筑全部由外国公司总承包，提出了高层建筑国产化的目标及有关建议。此后，中信集团房地产部总经理吴光汉提出的以我国为主建设北京京城大厦（地上高度183米、52层、地下4层）的想法得以贯彻，实现了从总承包到设计、制造、施工的国产化。同期还有1999年建成的大连世界贸易大厦（地上高度242米、地上50层、地下4层），从设计、总包、钢材、制造、安装、监理方面，完全做到了国产化。其他还有上海金沙江大酒店、广州信合大厦、广州远洋公寓、厦门九州大厦等按照国产化目标做了大量科技开发和总承包工作。我国自主开发的高层建筑用钢材，楼承板、墙板、防腐防火技术等产品及有关规范、标准，经过20多年的不断完善提高，做到了完全有能力独立自主设计建设高层、超高层建筑。北京"中国尊"（高度528米、地上108层）、上海中心大厦（632米、地上121层）、深圳平安金融中心（高度660米、地上115层）等，从方案设计到工程总承包、钢材的生产供应、钢结构的制造、施工总承包、检测等方面均完全实现国产化，而且整体达到国际先进水平。

据统计，近40年我国已经竣工和在建的高度超过100米的高层建筑达1000余栋以上，其中高度超过300米的有76栋。据世界高层建筑学会统计，中国高层建筑世界排名第一。在高度150米以上的高层建筑中，采用钢结构及钢—混凝土组合结构的约占39%。目前，我国现存和未来的地标性高层建筑将不断被突破。

4. 大跨空间建筑

大跨空间结构是目前发展广阔、题材丰富并充满人类许多浪漫设想的结构之一，从二维、三维到多维坐标体系形成的结构体系，是信息化和数字化模型深入发展的新阶段。我国从20世纪70年代开始开发网架结构，自此全国各地兴建涌现出近千家网架企业，仅江苏徐州就有数百家，被称为"网架之乡"。这些企业承担并建成许多网架工程项目，从工业厂房、煤棚、超市、加油站，到飞机航站楼、火车站、会展中心、体育中心，数万个各种空间结构建筑矗立在全国各地。空间结构也从平面网壳发展到多维空间网格，索网、索膜、张弦、多次预应力结构等，许多大型复杂空间结构已经难以靠手工绘图来实现。据浙江大学董石麟院士分析统计，空间结构已经拥有38种体系，并且还在不断发展中。代表工程，有黑龙江速滑馆网壳、上海八万人体育场悬挑空间桁架及伞形膜结构、首都机场A380机库屋盖、国家游泳馆（水立方）、上海世博轴及地下综合体上部、援助加蓬共和国体育场等优秀工程榜上有名。目前，各大中城市建设"一场两馆（体育场、游泳馆、综合馆）"，交通枢纽，高铁站房及无柱雨棚，飞机航站楼及会展中心等工程项目方兴未艾，这些大型公共建筑的兴建和引领作用，说明了空间结构优势突出，结构轻巧、节材、省地，在国际上产生了深远影响，也表明了我国正向空间结构强国目标迈进。

5. 塔桅钢结构

塔桅钢结构是高耸建筑重要的结构形式，在广播电视发射塔、输电、通信、照明等行业广泛采用。如高度仅次于日本东京新建的"天空树"（高度634米）的广州电视塔"小蛮腰"高度达600米，是目前全世界高度名列第二位的电视塔，高度超过了"世界七大工程奇迹"——加拿大多伦多电视塔（高度553.3米）。在世界许多城市地标建筑均以电视塔为标志，诸如法国巴黎的埃菲尔铁塔（高度324米），上海的东方明珠电视塔（高度468米），河南新建的郑州电视塔（高度388米）等。它们不仅满足了电视、广播发射和覆盖城市更大区域的需要，而且还具备旅游、展示、观光、餐饮等功能。

随着现代通信技术快速发展，无线通信基站塔架，雷达天线，以及流动基站都大量采用各种金属塔架。我国最近建设完成的上海天文台射电望远镜天线直径65米，国家天文台贵州基站射电望远镜（FAST）直径达500米，均达到世界领先水平。作为基础设施，无线通信、空中及太空观测通信都需要各种不同发射要求的塔架，其有关标准、规范的制定正在按全球化目标迈进。

输电铁塔是比较传统的构筑物，数十年一直以角钢塔型为主。近来我国大力发展超高压输电，在西电东送工程中，许多新技术、新塔型、新材料得到开发应用。如跨越长江、黄河、海岛的大跨度塔越来越多，对各种塔型进行研究开发并在建设中推广采用了Q390、Q420、Q460、耐候钢、冷弯型钢等高性能钢材。两座具有重大影响且完成建设的世界最高跨越塔工程：其一是采用钢管混凝土、焊接球节点的结构，高度达370米，跨度达2756米，连接浙江舟山—大陆的500千伏输电工程；其二是采用厚板焊接型钢与角钢的结构，高度346.5米，跨度达2303米，跨越江苏江阴长江的500千伏输电塔。塔桅工程技术与产业的发展，表明我国在长输变电工程建设技术方面走在世界前列，为能源建设创新发展做出了新的贡献。

6. 钢结构住宅与轻型房屋

钢结构住宅是钢结构行业长期以来十分关注的重大民生工程、康居工程。钢结构住宅产业化、装配化及标准化是国家有关部门高度重视的发展方向，也是改变传统建筑业生产方式，结构转型升级发展的目标。从改革开放初期，有关单位引进澳大利亚轻型房屋、意大利装配式住宅、日本轻钢房屋建筑体系等，到我国企业进行消化吸收，充分利用国产材料，降低工程造价，解决了部分钢结构与传统材料配套等问题，同时也暴露出钢结构的设计、连接、墙体、隔热保温、防腐防火等问题在不同地区、多高层住宅、抗震设防等方面需要攻关。为此，在建设部科技司支持下，协会协调组织全国有关科研、设计、企业等单位，列出36项钢结构住宅建筑体系及关键技术研究课题进行攻关，一度推进和掀起了开发钢结构住宅的高潮。

钢结构住宅的开发目前只有少数企业坚持研究、推广。目前，钢结构住宅，包括轻型钢结构住宅每年竣工比例不到1%。但令人欣喜的是生态文明建设，绿色建筑和国家城镇发展规划的方针、政策为钢结构住宅健康发展创造了新的机遇，钢结构住宅在绿色建筑发展的优势十分突出，其装配化、产业化发展方式将为人类提供更安全、更现代人居环境的住宅。

7. 海洋钢结构工程

海洋工程是贯彻我国海洋战略发展重大方针的基础，是我国立足海洋强国的关键，从海洋渔业、海洋油气勘采、浮动船坞及人工岛；海洋风电、潮汐发电、海底矿产开发利用到国防建设需要，海洋钢结构具有广阔市场。早在20世纪80年代初为建造海洋石油钻井平台，国家经委就投入巨资开发海洋用钢，对石油平台导管架结构及其抗风浪等性能进行基础研究。当时，在全国组织了"海洋石油平台管结点委员会"的攻关团队，在此基础上成立的本协会海洋钢结构分会，在当时的七机部支持下，由中国船舶科学研究中心牵头，中科院、清华大学、江南造船厂、舞阳钢厂、船级社等单位的专家、学者参加，攻关解决了抗裂纹敏感的 Z 向钢材、加工制造厚壁钢管及管接头，研究试验管节点稳定疲劳等，为海洋石油平台开发建设做出了重要贡献。

目前，正在我国南海作业的 981 石油钻井平台、"蛟龙"号潜水器、辽宁号航空母舰等海洋装备代表着中国海洋事业达到了国际先进水平。还有中国制造占据全球市场份额约 80% 的集装箱、港口机械（集装箱岸桥吊机），其造船产量、海工产品产量名列世界第一。随着中国经济、军力提升，中国的海疆、公海和国际合作开发海洋资源的市场十分广阔。目前我国海洋工程用钢，油气输送管道，LNG 储罐和运输船舶等方面的开发基本完善，未来需要进一步拓展国内外海洋市场。

8. 钢结构制造

钢结构制造企业分布在国民经济各个行业中，是基础设施建设、建筑业与制造业密切联系的产业，也是正在快速发展中的战略性新兴制造业。长期以来，这些企业为各行业发展做出了巨大贡献。由于房屋建筑长期以来是钢筋混凝土占主导地位，20 世纪 50 年代由苏联在全国各地援建的 10 个建筑机械厂，基本上都转向生产工程机械产品为主。改革开放初期，大量的钢结构制造基本上是依靠重机厂、船厂、各行业建设企业来完成。随着钢铁工业、钢结构企业的快速发展，在满足了大量工程建设需求的同时，先进装备制造在重点钢结构企业得到高度重视，数字化加工中心、机械手、机器人已经开始大量采用。近 30 年快速崛起的安徽鸿路、中建钢构、中冶钢构、沪宁钢机、杭萧钢构、浙江精工、东南网架、振华重工、武船重工、山桥集团、宝桥集团、金环建设等龙头企业，承担了国内外上千项重大工程建设任务。

（三）钢结构行业发展壮大及产业崛起

钢结构行业主要分布在《国民经济行业分类》（GB/T 4754—2011）的四个大类中，即建筑业、金属制品制造业、通用设备及专用设备制造业。长期以来，由于钢结构分属于不同行业，国家统计局没有该行业统计资料。中国钢结构协会经过长期调查研究并组织业内有关专家、学者、企业家分别在 2005 年编制出《钢结构行业"十一五"发展规划建议书》，2010 年编制《关于钢结构产业在国家"十二五"规划的战略思考和建议草案》，提交协会常务理事会通过并在全行业贯彻实行，同时上报给国家有关部委及相关协会，为钢结构行业健康发展，发挥行业协会在经济建设方面担当企业代言人，反映企业愿望起到了一定的作用。10年来，作为具有行业指导意义的规划建议文件，不仅提高了行业凝聚力，而且为行业健康发展起到了引领和导向作用。

1. 钢结构设计、施工总承包企业快速发展壮大期

我国专业化的钢结构制造、施工、设计企业基本上在近30年历程中，是与中国钢结构协会成立而同期发展壮大起来的。许多企业起步阶段基本上是以网架、门式刚架、彩色压型钢板的制造施工进入市场。随着我国经济发展和市场的需要，企业通过不断壮大并开发引进许多先进技术和装备，承担并完成了国内外数以万计的钢结构工程项目。特别是中国在钢结构桥梁、超高层建筑、大型公共建筑等领域的建设成就举世瞩目，钢结构产量、企业数量名列世界第一，成为钢结构大国，行业总体达到国际先进水平。

钢结构行业涵盖范围通常包括钢结构设计、研究、制造、施工和咨询管理企业。改革开放以来许多传统的事业型的研究机构均转变为企业并发挥了一定的先导作用。社会主义特色的市场化运作方式促进、改变和建立了新的行业管理、社会管理、社会团体管理模式。目前，国家发改委、科技部、工信部、住建部等部委对钢结构行业的行政管理职责仍然在发挥积极作用。由建设部2001年4月颁布，2007年9月修订实施建筑业企业资质管理后，建设部和省市建设主管部门批准颁发的钢结构专业施工总承包、钢结构专业设计资质的企业达数千家。近期，为鼓励支持钢结构企业承担更多的钢结构房屋建筑工程，批准一批钢结构企业试行房屋建筑总承包资质，为我国推行钢结构绿色建筑起到了积极推动作用。

2. 成长壮大中的钢结构制造业

我国实体经济与行业特点密切相关，特别是钢铁工业的快速发展和充足的原材料资源，相互促进和拉动了钢结构制造企业迅速成长。因此，也造成了企业的规模、产品质量参差不齐，在市场中企业无序竞争现象十分激烈。协会根据企业愿望和参考美、日、英、欧洲等国家的协会企业认证标准，经过三年时间的调查研究在编制组成员共同努力下，于2005年9月由中国钢结构协会试行《中国钢结构制造企业能力认证管理规定》，从2006年至今已经对400余家企业进行了生产能力认证，受到能源、建筑、交通等系统充分认可。钢结构制造从传统的铆焊件，正在向数字化制造工厂迈进，向造汽车一样造房子的方向努力。大量的数控加工装备、激光、等离子、机械手、机器人已经逐步进入到企业，大大减轻了劳动力工作量并提高了质量和效率。特别是建筑信息模型（BIM）的开发应用，为钢结构设计、制造、施工、维护提供了强大、有力的工具，为钢结构转型发展、产品结构调整、产业升级换代提供了良好条件，全行业正在努力向工业化、标准化、装配化，战略性新型制造产业的方向奋勇前进。

目前，我国上海宝山、杭州萧山、武汉阳逻、湖北团风、山东胶州等地已成为钢结构产业集聚区，为钢结构产业化基地建设进一步发展奠定了良好的基础。

3. 钢结构创新体系

自主创新是党中央、国务院对建立创新型国家、创新型企业的战略性伟大目标。从1999年技术开发类1000多家中央和地方科研院所转制为企业以来，国家的科技投入远远满足不了各个行业的发展需要，大量的开发创新费用均来自企业的经营费用，其所占比例不足2%。如何创新发展是每一个行业、企业都必须重视研究的重大事项。中国钢结构协会依托具有60年历史的中冶建筑研究总院的科技优势，为钢结构行业有关标准、规范、工艺技术、装备、连接材料等的开发应用做了大量工作。同时，在1999年成立了协会专家委员会，发挥来自钢结构相关各个领域、不同学科的近300名专家学者的积极作用，共同推进钢结构事业的全面发展。30年来，涌现出一批中国工程院院士：方秦汉、容柏生、董石麟、范立础、沈士钊、沈祖炎、马克俭、项海帆、江欢成、周绪红、聂建国、岳清瑞等，不能忘记已经过世的老一辈专家：李国豪、顾懋祥、王国周、钟善桐、陈绍蕃、李德滋、孙国良、魏明钟等，他们为我国钢结构事业的发展，贡献了毕生心血。

随着改革开放的更加深入，探索建立国家、行业、企业的创新体系，成为举国上下的共识。从2006年起，在协会及有关专家、学者及院校共同努力支持下，中冶建筑研究总院创建了第一个国家级钢结构研发中心，该中心于2007年得到科技部批准建设，正式命名为国家钢结构工程技术研究中心，经过三年建设，于2011年4月通过科技部验收，是我国钢结构领域唯一的国家级工程技术研究中心。其任务是开展钢结构用钢材及工程设计、制造、安装、检测等方面的科研和服务工作，利用产、学、研、用相结合的模式促进钢结构工程技术的工程化、产业化，承担完成国家科技部"十二五"科技支撑计划中《新型钢结构民用建筑成套技术开发与应用》重大课题。同时，还相继建立钢结构装备、异形钢结构、智能化制造等一批钢结构中试基地。

为大力推动钢结构发展，近年来成立了一批创新型国家中心：教育部2006年批准同济大学建设的建筑钢结构教育部工程研究中心、2009年批准同济大学建设的重大工程施工技术与装备教育部工程研究中心，2013年科技部批准该校建设的国家土建结构预制装配化工程技术研究中心；国家质量监督检验检疫总局批准设立的国家钢结构质量监督检验中心、国家工业建构筑物质量安全监督检验中心等。

（四）加强行业自律管理、完善协会自身建设

中国钢结构协会成立的30多年，从历史发展的长河看是短暂的历程。当年作为一个

跨部门、跨行业、跨学科的，生产和使用钢材的协调组织——中国钢结构协会，在国家计委、国家经委、国家科委及冶金工业部等部委的大力支持帮助下，将协会及办事机构依托在研究院，方便了有关部委、地方及企业来访联系，同时也发挥研究院在科技、人才、市场的引领作用。如今已培养了一批熟悉钢结构行业、热心协会工作的专职及兼职人员，通过聘请德高望重老同志与年轻人相结合，使协会成为国内有权威、国际有影响的行业协会。2010年，经民政部组织评审，授予中国钢结构协会 AAAA 级信用社会团体。

1. 协会及分支机构建设与发展

中国钢结构协会面向政府、行业、企业需要，根据形势发展和企业愿望，先后组建了25个分支机构。在协会总的目标下，充分发挥了专业分会和专家委员会委员在各个领域的影响和领军人物的作用，结合企业要求和当今行业、专业经济、技术、市场等内容开展了许多有益于行业发展的活动，增加了协会的凝聚力、向心力。多年来，协会及分会工作人员不辞辛苦、老当益壮、任劳任怨，始终坚持做实事，在维护企业权益、反映诉求，开拓市场等方面无私奉献。

协会及分支机构目前专职和兼职工作人员近100人。多年来，协会按照章程规定每年召开理事会、常务理事会并根据需要召开会员代表大会，共同民主协商研究确定协会工作计划和任务。同时，根据需要组织各种专题会议，国际交流合作，协调指导行业重大活动有序地开展。每年年初，协会都公布协会全年的活动安排，协会成员单位根据企业需要积极参加行业活动，达到沟通了解行业经济、技术、装备、市场发展和趋势，同时为企业交流、展示、宣传搭建平台。从1997年召开第一次协会会员代表大会暨学术年会起，每年均将协会理事会会议和全国钢结构学术年会同期举行，会议不仅编辑出版论文集，还组织企业进行创新产品展示，行业大会活动内容多、信息量大、成效明显，深得业界欢迎。

2. 搭建为企业、行业、政府、社会服务的平台

协会的生命在于服务。协会、分会、委员会秘书处是直接承担和组织全行业开展经济、技术活动的核心，贯彻执行党和国家有关方针、政策的执行者。央办、国办于1999年11月发出中办发〔1999〕34号《关于进一步加强民间组织管理工作的通知》，为社会团体健康发展提供了保障作用。

2004年，协会提出"四个"服务，即"为企业服务、为行业服务、为政府服务、为社会服务"，积极打造服务型社团组织。特别是近20年间，钢结构行业与协会工作均得到快速发展，取得的成绩和提供服务的功能明显提高，其主要的发展成绩归纳如下。

（1）加强调查研究提供统计信息。

调查了解企业生产经营状况，为行业发展规划、反映企业愿望提供基本资料。为贯彻

"走新兴工业化"道路的精神，满足各钢材用户企业对不同钢材产品的需求，2003年3月，协会与中国钢铁协会联合发文钢协〔2003〕54号《关于了解钢结构厂2001~2003年钢材应用情况的通知》，对各钢结构制造厂钢材应用情况进行调查和预测。2005年6月，协会与上海宝钢集团重大工程材料项目组共同完成《建筑用钢的现状及发展调研报告》，对建筑钢结构发展和结构钢材使用情况进行了调查分析，为钢铁行业、钢结构行业协调发展提供了依据。

从2007年起，协会开始对认证企业生产经营状况进行调查统计工作，至今已经连续11年提交了《中国钢结构制造企业生产经营状况调查报告》，供有关部委、行业协会领导及提供统计资料的企业参考。现在已经作为协会日常工作的重要任务之一，定期完成有行业重点企业现场考察调研与全国制造企业的书面调查统计工作相结合的统计资料，为行业发展提供了比较真实、来自生产一线企业的信息，为国家了解行业和出台政策起到了积极作用。

（2）提供技术咨询服务。

中国钢结构协会是具有跨行业和众多技术优势的行业组织，目前约300名专家委员一直活跃在科研、生产、工程建设一线，许多钢结构工程技术方案论证、评审、改造、投资建设，质量安全事故分析、危旧建筑检测鉴定，新技术、新工法、科技成果鉴定等，都有协会和专家的身影。包括四川汶川大地震援建工程、灾后安置房、活动板房利用等，协会及成员单位、专家、学者都为之做出了重要贡献，协会也专门在成都组织了会议，交流抗震技术并到四川重灾区映秀镇考察。

值得钢结构行业荣耀的是北京成功举办第29届奥运会，实现了协会及专家、学者，成千上万参与场馆建设的工作者的百年奥运中国梦。在2001年2月，协会以专家委员会名义发文向北京市市长刘淇及北京2008奥运会申办委员会提出"支持北京申办2008年奥运会、建设一流的奥运体育场馆是我们的责任"的呼声，并收集附上了1960~2000年历届奥运会主要体育场馆建筑结构工程简况。在2001年7月13日，国际奥委会主席萨马兰奇宣布北京获得举办权后，改造建设39个场馆工程成了北京和全国人民齐心协力保证完成的重大事件，在协会会长毕群的领导下，协会代表全行业于2004年4月向北京市市委书记刘淇建议，"愿意为钢结构提供咨询服务并组织全行业的企事业单位和专家、学者为北京奥运会做出贡献"，得到刘淇书记批示并落实到北京市2008工程建设指挥部办公室的工作中。随后，协会组织落实了有关设计、制造、施工及焊接方面的30余名专家，保证随叫随到，竭尽全力为钢结构场馆建设提供高效、严谨、负责的服务，顺利按期完成了所有奥运钢结构场馆建设，为中国成功举办"一届无与伦比的奥运会"提供了根本保证。同时，与协会北京"2008办公室"共同组织完成了北京《2008奥运钢结构工程技术创新集成》的报告，总计2000页约100万字。2008年10月，奥运科技（2008）行动计划领导小组、第29届奥林匹克运动科学技术委员会授予中国钢结构协会"科技奥运先进集体"的荣誉称号。

其他具有重要影响的还有上海世博会、深圳大运会、广州亚运会，济南、沈阳、天津全运会场馆钢结构工程等，协会、专家及成员单位承担完成了许多具有挑战性难题，为顺利完成这些场馆工程建设做出积极努力。还有为政府部门、行业、企业提供的很多技术咨询服务，包括企业商标、品牌、建设规划、设备选型等，涵盖领域广，取得的成绩和影响不一。协会每年工作报告中均有介绍，这里不再赘述。

（3）编制行业技术标准、提供技术培训。

行业技术规范、规程的编制具有共性的专业工具书的撰写、翻译出版，是协会为行业服务的重要方式之一，也是代表行业技术进步和衡量产业发展水平的标志之一。协会及成员单位多年来承担和完成了30余部有关规范、规程的编制和修订，大部分已经成为国家、行业或中国工程建设协会标准。此外，还编写了在钢结构领域具有影响的几部专著，如中国钢结构协会编著、陈禄如、王伯勤、侯兆新等50多位专家参与编写，由中国计划出版社2002年首次出版又多次再版的《建筑钢结构施工手册》；马钢集团、宝钢集团和协会多名专家共同编写的《热轧H型钢设计应用手册》《宝钢建筑用彩涂钢板应用指南》，为设计、生产、施工单位在工程选用和推广应用相关产品中发挥了重要作用。2012年，中国钢结构协会主编，20余个钢结构制造重点企业及专家编写的《钢结构制造技术规程》，为打造我国先进的钢结构制造业起到积极的推动作用，很多企业员工都在认真学习并在工作中认真执行，近500多名业务骨干参加了协会组织的培训。

2014年8月出版的《欧标钢结构设计手册》，是协会取得英国钢结构学会授权，由大陆和港澳地区的高校、专家、学者共同编译，并由冶金工业出版社出版。2016年10月，经美国钢结构协会授权翻译的《美国建筑钢结构设计标准》出版、发行。为科技人员掌握欧洲、美国等技术标准规范，为中国设计、中国标准走向世界提供帮助。

（4）行业自律管理、加强协调沟通。

行业管理不同于政府机构的行政管理，服务质量的好坏决定了企业对协会的认可。为此，协会的管理主要侧重于行业自律和加强外部、内部的协调与沟通两个方面。协会从2005年开始进行中国钢结构制造企业能力认证工作以来，得到企业和社会高度认可，同时扩大了钢结构企业、行业在全球的影响力，提升了企业的质量和管理水平，也得到国外同行的认可。

为了加强中国企业信用建设，为信用企业创造更多的市场机遇，商务部自 2006 年启动了行业信用评价工作。中国钢结构协会作为民政部 4A 级社团组织，经过充分调研和准备并经常务理事会审议表决后，于 2014 年 5 月正式向商务部申报"中国钢结构行业信用等级评价方案"。经过商务部和国资委组织专家审查和严格审核之后，于 2014 年 7 月"方案"获得批准，授权中国钢结构协会开展钢结构行业信用等级评价工作。目前，近 50 家企业获得 AAA 信用评价。

长期以来，协会与主管部门、兄弟协会、省市及港澳行业协会加强了联系，在重大活动中均互相邀请参加或联合组织、共同举办。与中国台湾、香港、澳门钢结构协会举办钢结构行业峰会；与中国钢铁工业协会在北京、上海、深圳、大连、成都等地联合举办有关钢结构展览会、高峰会、论坛等，宣传推动各地钢结构产业发展，扩大了钢结构行业的影响。

（5）推动钢结构行业科技进步。

以科技进步推动钢结构行业全面发展，一直是行业协会重要的历史使命。长期以来，协会在推广应用新技术、新产品、新成果、新工法等方面做了大量工作。2007 年，协会得到科技部国家奖励办支持，以国科奖字〔2007〕9 号文件批准设立《中国钢结构协会科学技术奖》。截至 2017 年共评审了 10 批，累计表彰科技成果近 160 项。其中，协会 2014 年向国家科学技术进步奖的推荐项目"大跨度钢结构防火防腐关键技术与工程应用"，经过网评、会评，最终获得科技进步奖二等奖。

同时为激励从事钢结构事业的技术、经济、管理人才奋发向上，不断创新进取，协会从 2000 年开始评选"钢结构杰出人才奖"。

为鼓励钢结构人才教育与培养，激发广大教育工作者及在校大学生深耕钢结构学科的热情，自 2015 年协会开设"大学生设计创新竞赛"，以资鼓励获奖项目和个人。

3. 国际合作及技术交流

国际交流合作是中国改革开放以来最活跃、最能提升经济技术快速发展的捷径。中国钢结构协会也是参考借鉴发达国家和同行业协会的经验开展此项工作，30 年来本着平等友好的原则，协会与全球 30 多个国家、地区同行学、协会建立了广泛联系。协会每年组织与钢结构发展相关的技术交流、互访等活动。协会组织参加了北美、欧洲、南非、东南亚及环太平洋地区的钢结构有关会议，同时代表中国已经承办了 2001 年、2010 年、2016 年太平洋钢结构会议。

1991~1995 年，中日钢结构技术交流会轮流举办了 5 次。从 1996 年开始中日韩三国钢结构技术交流会轮流举办共进行 10 次。

2015年，与欧洲钢结构协会签订了合作框架协会，就信息交流、共同举办研讨会等进行多种形式和合作。

国际交流与合作是协会工作的重要组成部分，先进技术、装备和钢结构市场不断在国际交往合作中落地开花结果。我国改革开放和全球化市场趋势是不可阻挡的潮流，也是钢结构行业、协会、企业共同面对的机遇和挑战。

4. 按照"提供服务、反映诉求、规范行为"要求，创新建设好行业协会

中国钢结构协会成立34年来，积极地配合国家有关部门工作，严格执行党和国家的政策、方针。与国内外同行及兄弟协会进行积极联系和合作，根据企业愿望和行业发展需要开展工作。对内部各分支机构建立健全了有关咨询服务、外事管理、财务管理等规章制度。展望未来任重道远，中国钢结构协会将按照习近平新时代中国特色社会主义思想和党的十九大精神，团结引领全行业，胸怀理想、坚定信念、努力奋斗，为民族的振兴和行业的发展做出应有的贡献。

与高温工业同行　为经济社会稳定发展助力

中国耐火材料行业协会

一、新中国耐火材料工业的成长历程

耐火材料属无机非金属材料学科，其产品主要应用于冶金、建材、有色金属、化工、机械、电力和军工等高温工业生产过程中；是高温工业不可缺少的重要基础材料，在国民经济建设，特别是高温工业发展中有着不可替代的重要作用。

追溯历史，我国耐火材料早在殷商时期就开始制造并首先应用于陶瓷工业，距今已有三千多年的历史。近代以来，我国耐火材料工业与其他工业部门一样，一直处于落后状态。1949 年，全国耐火材料生产总量仅 7.4 万吨，高温工业所需耐火材料，甚至连一般锅炉用耐火材料都要靠从国外进口。

中华人民共和国成立后，随着国民经济恢复和建设的发展，我国耐火材料工业也不断发展壮大。建国初期，国家投资近亿元改建了唐钢、太钢、鞍钢等一批耐火厂，同时将山东、河北、上海等地的几个玻璃砖瓦厂改建成耐火材料厂，还在苏联援建项目中，新建了具有较高机械化水平的鞍钢大石桥镁矿镁砖厂。在国民经济建设第一个五年计划期间，全国耐火材料生产总量达 101 万吨，比 1949 年提高 12.6 倍，生产出了具有中国资源特色的高铝砖、镁铝砖等一批新产品，开始改变了我国耐火材料产品品种单调的局面。以此为标志，耐火材料作为一个独立的产业进入了国民经济建设和发展的行列。

从"二五"开局到 1978 年的 20 年期间，为满足高温工业，特别是钢铁工业发展的需求，根据国家工业建设的总体布局，继 20 世纪 50 年代投资近 4 亿元陆续新建了洛阳、北京、王村、武钢、包钢、秦皇岛、德阳等一批耐火材料厂后，在"三五""四五"期间，为解决西南、西北地区钢铁工业发展的需要，又投资 6 亿元先后新建了攀钢、贵阳、西北等一批耐火材料厂。尽管经历了国民经济调整，全国耐火材料工业的产量仍然保持了持续增长，1978 年达 487 万吨，耐材制品的产品质量和品种结构也得到了不断的改进和提高。

党的十一届三中全会以来，在改革开放方针指引下，我国耐火材料工业从半封闭状态转向行业开放，从小生产状态向社会化大生产发展，开始了从数量型向品种质量型的转变，逐渐走上了依靠技术进步，内涵式扩大再生产的道路，企业综合素质，耐材品种质量，科技效益和生产规模等都取得了长足进步。进入 21 世纪以来，在高温工业新技术快速发展的强力拉动下，人们对耐火材料工业与高温工业发展相互依存，相互促进的辩证关系有了更深刻的认识，经营理念发生了根本性的变化，观念的更新为我国耐火材料工业的创新和发展营造了十分有利的外部环境。以 20 世纪 80 年代初宝钢新建推动耐火材料国产化为契机，中国耐火材料工业瞄准国际一流水平，通过引进、吸收、消化、移植、创新，不仅具备了向现代化大型钢铁联合企业成套提供具有国际先进水平的优质耐材的能力，还能保证大直径水泥窑、浮法玻璃生产线等其他高温工业（包括航天工业）所需特种耐火材料的供应，实现了耐火材料工业质的飞跃。据统计，我国目前规模以上耐火材料生产企业有 2000 家左右，分布在除西藏以外的各省、市、自治区，形成了完整的耐火材料工业体系，有近 30 万从业人员。1950~2017 年，累计生产了 51440.3 万吨耐火材料。我国耐火材料制品产量最高的 2011 年生产量达 2949.69 万吨，为 1949 年的 398.6 倍，占全球耐火材料年生产总量的 65% 左右。

随着我国经济实力的整体提高，中国耐火材料工业在世界耐火材料行业的地位也不断提高。目前，耐火材料工业所生产的品种和总量不仅基本满足了国内高温工业生产、发展的需求，产量位居世界第一，而且耐火制品的出口量也逐年递增，市场遍及东南亚多国和美洲、欧盟、俄罗斯等 150 多个国家和地区。古老而又年轻的中国耐火材料工业，从小到大，从"土"到"洋"，从国内走向全球，已成长为名符其实的世界耐火材料生产、消耗和出口大国。

在我国政治、经济体制改革不断向纵深发展的进程中，伴随着耐火材料工业迅速发展壮大的步伐，中国耐火材料行业协会也应运而生，于 1990 年 10 月正式成立。中国耐火材料行业协会是经民政部批准注册登记，独立承担民事责任的全国性民间组织。28 年来，行业协会在国家指导下，坚持为企业服务，为政府和社会服务，积极向企业宣传、贯彻国家有关方针政策，进行行业调查，向政府反映企业诉求和行业的建议，协助政府主管部门制定耐材行业发展规划、政策，组织会员制定行规公约；针对耐火材料市场秩序紊乱的实际，积极引导开展行业价格自律，适时发布耐材产需信息，努力规范耐材市场秩序，维护企业的合法权益；举办各类专业培训、技术研讨、经验交流、新产品推广会及展览会，组织开展国内外经济技术交流活动，较好地发挥了政府和企业间的桥梁、纽带作用。先后荣获"全国先进工业行业协会"和"全国先进民间组织"称号。2009 年 5 月，在民政部组织的首批全国性行业协会商会等级评估活动中，获得了 AAA 等级证书。2013 年 2 月 12 日，《工业和信息化部关于促进耐火材料产业健康可持续发展的若干意见》出台，这是新中国成立以来由政府主管部门制发的第一个专门针对耐火材料工业的指导文件，耐火材料作为国民经济和高温工业不可或缺的重要基础材料的地位得到了确认，它标志着耐火材料工业作为一个独立的产业，纳入了政府主管部门的管理序列。

二、耐火材料工业改革发展 40 年的主要成就

在改革开放的伟大实践中，我国耐火材料工业，坚持中国特色的发展方向，转变观念，转换机制，着力自主创新，促进了耐材产业结构的优化升级，推动了耐材产品结构的调整和技术研发的自主创新，加快了耐材工艺装备的更新换代，增强了中国耐材工业在世界耐材行业的竞争能力，为我国钢铁工业、高温工业的发展保证了基础材料的支撑，提供了优良的服务。

（一）改革开放促进了耐材产业结构的优化升级

改革初期的中国耐火材料工业虽已自成体系，初具规模，但仍处于半封闭状态，耐材生产统购统销，整个行业以产品经济模式为主，以生产钢铁用耐火材料为主，产品单一，工艺流程僵化，呈现的是分散的、传统的小生产状态。经营机制传统，企业缺乏活力，行业总体的生产力水平较为低下。十一届三中全会以后，在党的改革开放方针指引下，特别是社会主义市场经济体制的建立，我国耐火材料工业的产业结构也随着改革开放的深入，不断优化，不断升级，发生了显著变化。回顾过去的 40 年，耐火材料工业产业结构的优化升级大致可以划分为 3 个阶段。

第一阶段（20 世纪 80 年代），在我国耐火材料工业体系中占主要地位的国有耐火材料企业（主要是国有商品厂和钢铁企业的二级厂），为适应有计划的商品经济体制的改革需求，在计划经济和商品经济共存的双轨制条件下，为增强企业活力，提高经济效益，一方面不断完善经济责任制，大力推行多种形式的承包经营；另一方面，狠抓企业整顿提高管理效率，强化全面质量管理，建立健全质量保证体系。开始了企业由单纯生产型向经营生产型的转变。绝大部分企业的资金利税率逐年递增。与此同时，在改革开放政策的引领下，在拥有丰富的耐火原料资源的地区和改革开放的前沿省份，许多乡镇企业利用资源和低劳动力成本等优势，新建（或改建）了一批耐火材料厂，进入了耐火材料行业。这些乡镇（集体）耐火材料企业，尽管生产工艺和装备较落后，生产条件简陋，但经营机制活，应变能力强。它们的加盟，不仅是对耐火材料工业生产和品种数量的补充，作为一支生力军，还打破了国有企业一统天下的格局，给行业注入了新鲜血液，引入了竞争机制，增加

了活力，促进了耐火材料行业产业结构的调整。

第二阶段（20世纪90年代），随着改革开放的不断深化，为适应社会主义市场经济体制逐步完善的客观需求，我国耐火材料行业产业结构优化升级也呈现出了良好的发展势头。进入20世纪90年代，为了加快产业结构调整的步伐，山东六家耐火材料厂（矿）整合组建了山东耐火原材料公司，上海耐火材料厂与上海第二耐火材料厂合并组建了上海泰山耐火材料有限公司，秦皇岛耐火厂更是打破行业界限，与该市浮法玻璃公司进行了整合；洛阳耐火材料厂、德阳耐火材料总公司、青岛耐火材料厂、上海泰山耐火材料公司、太湖耐火材料公司等企业分别与中国香港和台湾、德国及东南亚等国家和地区的外商组建合资公司，联营开发新产品。为了优化组织结构，原属鞍钢、太钢、武钢、大冶、重钢、包钢、攀钢、本钢、湘钢、唐钢等大型钢铁企业二级单位的耐火材料厂相继从主体剥离，组建了在生产经营上拥有相对独立地位，具备法人（委托）资格的耐火材料公司。特别应该指出的是，在这期间，我国河南、辽宁、山东、山西、江苏、浙江等地区的民营耐火材料企业，异军突起，他们顺应改革形势发展的浪潮，抓住商机，根据高温工业，特别是钢铁工业持续发展的市场需求，投资建厂，引进先进工艺技术和装备，以灵活的经营机制和雄厚的实力快速发展。国有企业的重组，整合、民营企业的迅猛发展，促进了耐火材料产业结构的优化升级，推动行业顺利实现了由简单再生产向扩大再生产的转变。

第三阶段（进入21世纪以来），中国加入WTO后，我国耐材行业积极应对入世挑战，适时把握入世机遇，在国民经济快速增长，特别是在冶金、建材、有色等高温工业高速增长的影响拉动下，产业结构调整又有新的进展。首先是一些耐材企业通过强强联合、兼并重组、改革改制、相互持股等方式进行战略整合，推进了耐火材料工业组织结构的调整，优化和产业升级。如营口青花集团控股上海第二耐火材料厂，组建了上海青花二耐耐火材料有限公司；山西西小坪耐火材料有限公司收购上海泰山耐火材料有限公司，成立了上海新泰山耐火材料有限公司；北京通达耐火技术有限公司控股河南巩义中原耐火材料有限公司，又引入中国中财国际工程股份有限公司和北控高科技发展有限公司等战略投资者，组建了北京通达耐火技术股份有限公司。为了推进国有企业管理体制的转变，唐山时创坚持改革20年不停步，勇敢打破国有所有权铁板一块的格局，引入外资参股，让自然人股东持股，顺利完成了混合所有制改革，使企业管理质量和效益有了明显提升。其次是部分优势企业顺势而为，运作资本上市融资，不仅增强了企业发展后劲，更推动了全行业的转型升级。自2006年8月瑞泰科技作为第一家上市耐材企业在深交所挂牌以后，先后已有38家耐火材料企业和协会会员单位进入了资本市场。其中，上交所、深交所上市17家，北交所挂牌16家，港交所及境外有5家。濮阳濮耐股份实施全产业链资源价值整合战略，旗下已有 14 家合资子公司、5 家控股子公司，3 家分公司和 3 家参股公司，总资产突破 50 亿元，2017 年销售额达 28.15 亿元；瑞泰科技上市后注重资本运作，不断加快重组步伐，收购、设立了 10 家子公司和 1 家分公司，主营业务从单一的熔铸耐火材料生产发展覆盖了钢铁、建材、有色金属、电力、石化、煤化工等高温产业；北京利尔股份充分发挥资本优势，以独资或合资形式投资成立了 10 家子公司，并购重组了 3 家全资子公司，形成了镁质原料合成、镁质制品生产、耐火材料国际贸易三大主营业务板块，公司整体运营质量不断提升；山东鲁阳股份借助资本平台推动企业进步，引入外企提升核心竞争力，走出了一条项目带动、高端高质，跨越发展的成功之路。越来越多的上市公司和不断出现的联合重组，促进了耐材工业管理的提升和规范运营，不仅提高了全行业企业管理的现代化水平，更优化了产业结构，提高了行业生产集中度，推动了全行业转型升级。还有一批重点骨干企业，应对我国耐材工业不断快速扩张、经济增长粗放的实际，根据经济新常态下供给侧结构性改革的客观需求，在保证耐材主业稳定发展的同时，结合自身条件，不断拓展新的发展空间，打破耐材生产一元化的格局，努力提高"非耐比"，创造性地拓展资源综合利用空间，向建材、化工、镁合金、节能、环保、房地产和养老产业发展，探寻我国耐材工业经济增长的新途径，推进了我国耐火材料产业由内向型向外向型的转变，提高了耐材产业生产的集中度，增强了耐材行业的整体竞争能力。

（二）改革开放提升了耐材产品结构调整和技术研发自主创新的速度

中华人民共和国成立以后，我国耐火材料工业为适应钢铁、建材、有色金属、电子、化工等产业的发展需求，先后开发了高铝砖、镁铝砖、焦炉硅砖、不定型材料、焦油结合白云石砖、电炉顶高铝砖、烧结刚玉砖、熔铸砖、大型玻璃窑用硅砖和黏土砖、普通硅酸铝耐火纤维，熔融石英质浸入式水口，整体塞棒等连铸专用材料。从数量上保证了钢铁冶炼和建材、电力等高温工业的生产需求，但在质量和品种配套方面，与发达国家比还存在明显差距，也适应不了高温工业新技术的迅速发展。

在党的十一届三中全会精神指引下，为了适应国民经济迅速发展的要求，从"六五"计划开始，以引进、剖析、消化武钢"〇七"工程，南钢氯化球团工程，抚钢 VOD/VHD 精炼炉项目，贵州铝厂"186"工程，化工系统的 13 套合成胺项目，建材系统的大型水泥回转窑，浮法玻璃生产线等一批引进项目为契机，特别是宝钢引进项目所需耐材的逐步国产化，使我国高温工业用耐火材料的技术研发和品种结构出现了质的飞跃。

1. 耐火原料

业内重点企业和科研院所、大专院校非常重视耐火原料的研发，在采取提纯、均化等不同技术路线使天然原料的品位、质量发生质的飞跃的同时，还研发了大量的合成原料等优质新材料，为耐火制品的研发打下了坚定的基础。这期间，原料发展伴随着耐火产品的研制而研发，始终坚持了立足本土、自主创新的方向，如电熔致密刚玉、高纯烧结莫来石、电熔尖晶石、烧结标准尖晶石、电熔高纯镁砂、电熔大结晶镁砂、鳞片石墨，同时还有相应的结合系统用原料亦发展迅速，如酚醛树脂、高纯铝酸钙水泥、高铝水泥等逐步实现了规模化生产。进入21世纪后，伴随着我国高温工业的快速发展，耐火材料的产量逐年增加，耐火原料的用量也与日俱增。耐火原料的需求在对我国耐火相关产业带来机遇的同时，也增加的新的挑战，例如，资源的浪费问题、天然原料品质下降问题、传统耐火原料无法满足高档制品的要求等问题。可喜的是，在广大企业、科研院所和大专院校的共同努力下，经过十年余的创新发展，我国的耐火原料品种已逐渐得到完善，取得了一定的成就。

铝硅耐火原料方面。首先是矾土基均质料产品初具规模，已形成了比较完备的产品体系，在大幅提高资源利用率的同时，提升了铝硅耐火原料的品质，铝硅原料的稳定性得到了保障。目前，我国已形成了年产百万吨的均质料生产产能，一些示范性企业，如通达耐火技术股份有限公司等不仅生产制造均质料，还深入开展了均质料的应用研究工作，承担了国家科技支撑计划项目，为我国铝硅耐火铝矾土的资源集约利用和品质提升做出了积极贡献。其次是本土板状刚玉的成长和壮大。目前，我国已完全具备板状刚玉的自主供应能力，通过技术的消化和创新还形成了微孔刚玉、致密刚玉等新产品种类，为新型高端制品的研发和生产奠定了基础；除此之外，形如高纯莫来石、电熔锆莫来石、莫来石高硅氧玻璃等高档原料也逐渐进入市场，在特定的产品和使用环境中得到了充分的应用。第三是针对高品位矿匮乏，低品位矿亟待提质的问题，山西道尔集团投巨资建设了"年处理200万吨中低品位铝土矿浮选分级综合利用项目"，采用"三级五步浮选工艺"洗选高品位铝土矿，使尾矿铝硅比 A/S 从 3.0 以下提升到了 5.0~6.0；引进世界最先进的多级高梯度超导除铁技术，将产品 Fe_2O_3 降低至 1.2% 以下，完全满足了耐火材料制品生产的需求。

镁质耐火原料方面。镁砂的选矿技术得到应用，高纯镁砂、大结晶镁砂等高档镁砂原料形成产业化，为高档碱性耐材制品提供了较充裕的原材料；镁铝、镁铁、铁铝尖晶石得到广泛应用，相应的产品在建材、冶金、有色金属、环保节能等领域发挥着重要作用，相应的镁铬原料被环保的原材料所替代；镁钙原料的水化问题取得进展的同时，镁钙制品已突破传统思维，在冶金领域得到应用；堇青石、橄榄石等原料也吸引了广大科技人员的注意，相应的制品相继面世。近年来，红柱石作为一种优质原料，由于质量稳定、能耗低，也得到了广泛应用。我国的耐火原料种类更加齐全、品质更加稳定、性能更加优良。

2. 钢铁工业用耐火材料

在高炉长寿方面，巩义五耐以刚玉为主原料，采用微气孔结构的特殊工艺研制的高炉陶瓷杯用微孔刚玉砖，解决了抗碱浸蚀性、抗炉渣浸蚀性和微气孔三个技术关键，其综合使用性能达到或超过了国外陶瓷杯壁用棕刚玉浇注块的性能指标。他们研制的莫来石、硅线石、低蠕变砖三大类 9 个牌号的高炉热风炉系列高性能耐火材料产品。在武钢 5 号（3200 立方米）高炉使用，寿命达 16 年。中钢集团洛阳耐火材料研究院自主研发的赛隆结合刚玉产品，成功应用于宝钢 COREX-C3000 装置，打破了国外公司产品在 COREX 熔融炉用耐火材料的垄断地位，扭转了我国炼钢关键部位用耐火材料依靠进口的被动局面。中钢集团耐火材料公司研制的高炉风口区快干高强刚玉—氮化硅—碳化硅复合浇注料，在炼铁高炉使用效果良好，通过了省级科技鉴定。北京科技大学研发的金属复合氧化物非氧化物耐火材料，是具有自主知识产权的新型耐火材料，Si-SiC-棕刚玉高炉陶瓷杯材料已在国内多个大钢的 100 多座高炉使用。郑州安耐克公司研发的"锥柱复合结构顶燃式热风炉"，采用热风炉对称布置、三段式独立结构、三维混合燃烧器、高效小孔格子砖四大核心技术，在提高热风炉系统热效率，改善空煤气混合效果、降低煤气消耗、减少 NO_x 排放、降低工程投资等方面均取得了良好效果。投入市场后在国内 20 多家钢铁企业近 70 座热风炉上成功应用，还突破新日铁、卡鲁金等国外公司的技术壁垒和垄断，进入了国际市场。首钢二耐与北科大共同研发的"新型高性能大型高炉用无水泡泥"在使用性能上克服了传统产品的缺陷，在满足大型高炉冶炼及延长使用寿命方面取得了突破性提高。经首钢炼铁厂等大型高炉使用，其拔泡时间、平均出铁次数、吨铁泥耗和钻杆用量等指标均大幅下降。

在炼钢方面。转炉炉龄是耐火材料质量、冶炼条件及筑炉维护的综合反映，耐火材料质量是炉龄的基础。改革开放前，我国炼钢转炉炉龄一直很低，20 世纪 70 年代末，原鞍钢大石桥镁矿研发的烧成油浸镁白云石砖，才使鞍钢 150 吨大型转炉炉龄提高到 1000 次以上。随着宝钢引进项目所需耐火材料的逐步国产化，我国自己引进、移植、研发的镁碳砖问世（原辽镁公司、上海二耐及丹东四兴的镁碳砖产品首先在宝钢使用），使转炉炉龄大幅提高，也使我国炼钢转炉用耐火材料跃上了一个新台阶。到 2003 年转炉平均炉龄 4674 炉，溅渣护炉技术的推广，使转炉炉龄的世界纪录不断刷新，国内重点钢铁企业转炉的炉龄均突破了 1 万炉大关。武钢耐火公司研制生产的镁碳砖，1999 年 8 月在武钢二炼钢厂 2 号转炉创下了 15208 炉的顶底复吹炉龄纪录，2002 年 12 月以 29942 炉刷新了世界纪录，2003 年 3 月，在武钢二炼钢 1 号转炉又创下了 30368 炉的最新世界纪录，实现了在溅渣护炉条件下，耐火材料使用寿命与转炉炉龄同步的突破。营口青花集团自主研制的 CaO

含量15%~50%镁钙砖系列产品,在太钢、宝钢、酒钢等100多家钢厂的AOD炉上使用,产量仅次于LWB,居世界第二位,被列为国家星火计划项目。该公司等单位研制生产的RH炉用电熔再结合镁铬砖在武钢等大型钢铁企业使用,替代进口,取得了良好的使用效果。

在高效连铸方面。濮阳濮耐高温材料有限公司研制的"中包透气上水口",生产成本低、生产效率高,被国家认定为享有知识产权的产品,他们采用板状刚玉、氧化锆、碳化硅等为原料研制的不烧优质滑板,具有扩孔小、抗氧化性能好、耐热震性好的特点。山东耐材集团先后研制开发了"洁净钢用无碳无硅水口""高效连铸用长寿命整体复合塞棒""长寿命铝锆碳浸入式水口"和"长寿命不烘烤薄壁长水口"等新产品,进入市场后很快得到了用户的肯定,也顺利通过了省级科技鉴定。洛阳耐火材料研究院与武钢合作完成的"连铸洁净钢用无碳无硅水口",采用铝镁尖晶石水口内衬主原料加入适量 ZrO_2 材料,具有良好的抗热震性和抗渣浸蚀性,内孔有良好的抗冲刷,抗浸蚀和抗氧化铝附着性,经武钢二炼钢使用,其性能可满足超低碳钢生产的需要。唐山时创耐材公司研制的金属——氮化物结合滑板,经过对原料CAN防水化研究,采用半干法成型—氮化烧结一次完成工艺,使滑板具有了较高的常温和高温强度,同时还具备了抗氧化性和抗浸蚀性。

在不定形耐火材料的应用方面。近年来,我国不乏亮点和特色。如铁水包工作衬已越来越多地由砖衬改为整体浇注,使用寿命1000次左右。混铁炉工作衬采用了全部或部分整体浇注取代砖衬,使用寿命3年左右。鱼雷罐采用湿式喷射修补,寿命提高25%以上。为提高施工效率和避免极端气候的干扰,钢包也采用了浇注料预制件作工作衬。铁水包、钢包、中间包等的背衬采用体积密度为每立方厘米1.6~2.2克的高强、低收缩的半轻质浇注料以减少热损失。大型和异形浇注料预制件的应用日益增多并出口国外,如加热炉烧嘴、烟道砖、锚固砖、高炉风口组合砖等,均采用浇注料预制件。浇注料预制件的制备,正成为一种新型的耐火材料成型方法。联合荣大自主研发的湿法喷注成套技术,包括成套设备及系列湿法喷注材料,不仅在国内外大小高炉维修维护过程中得到广泛应用,也开始推广至转炉喷注修补、钢包喷注修补、加热炉喷注筑炉,而且可望在不久的将来全面替代传统的耐火材料浇注工艺,实现耐火材料在各种应用环境下的无模具浇注。

3. 建材及其他行业用耐火材料

1986年以前,我国玻璃窑用电熔锆刚玉砖(AZS)和 α-β 刚玉砖的产品质量不达标,不能满足用户需求,该产品主要靠进口。为了扭转被动局面,沈阳耐火材料厂从美国CE公司引进了生产电熔锆刚玉砖的5吨电炉及配套装置,通过消化移植,采用了更合理的生产工艺,生产出41号氧化法无缩孔浇铸和普通浇铸等系列电熔锆刚玉熔铸制品。1992年,北京瑞泰公司研制生产的 α-β 刚玉砖在通辽玻璃厂试用成功。特别是 2000 年后，产品质量不断提升，生产规模不断扩大，保证了玻璃行业生产技术的发展需要，结束了大型浮法玻璃窑用耐火材料主要依赖进口的局面。营口青花集团等企业选用优质镁砂和高品位铬矿，采用不同工艺路线研制的水泥窑用直接结合镁铬砖，半再结合镁铬砖在国内大型水泥回转窑高温带使用，效果甚佳，替代了进口，同时还填补了国内空白。通达耐火技术股份有限公司自主研发的"新型干法水泥窑用新型板状刚玉浇注料"，不但满足了水泥生产需求，还获得了国家专利权。洛阳耐火材料研究院研制的氮化砖结合氮化硅耐火制品，2004 年获国家科技进步奖二等奖，被列为国家重点新产品。在国内国际电解铝行业广泛应用，市场占有率达 40%，已成为电解铝工业市场上的知名品牌。该院研制的系列高纯刚玉耐火制品及配套产品，在国内大型化工企业的市场占有率也在不断提高。

（三）改革开放加快了耐材行业生产工艺装备更新换代的步伐

由于我国耐火材料重点骨干企业大多是新中国成立后头两个五年计划新建、改建的，而后虽有所改进。但到 20 世纪 80 年代初，行业的总体装备水平与先进国家比仍差距较大，一些中小企业的装备水平更差。如破碎混碾工艺线，国外已采用变速反击破碎机，超细粉碎磨机及高速混合机，而我国仍在使用轮碾机，球磨机和湿碾机；成型工艺线，我国大多数企业使用的都是 100 吨、160 吨、260 吨及 300 吨以下小吨位的摩擦压力机，手动操作、安全性能差、能耗高、效率低，且质量也难控制，而国外当时已多采用 400 吨以上大吨位压砖机（包括液压式、杠杆式、摩擦式），更先进的还采用了液压机，复合式压砖机以及生产碳结合材料的真空压砖机，同时有的压机还配有计算机自动控制加压程序及外形尺寸、单重控制。

显而易见的差距，是历史的产物，是长期封闭、传统的习惯的经济体制的产物，唯有改革，唯有大胆引进，努力消化、吸收、移植、创新，才能从根本上缩小差距，扭转被动。在党的改革开放政策指导下，我国耐火材料工业在生产工艺装备的更新换代和完善方面，探索出了一条引进、吸收与消化、移植相结合，引进先进技术装备与国内科研创新互为补充，博采众长，融于一体，为我所用的有效途径。

1. "六五"期间（1981~1985 年）

以宝钢、贵溪有色冶炼厂、金川有色冶炼厂，大型合成氨化肥厂和大型水泥回转窑等重点国家引进项目急需解决配套耐火材料为契机，国家投入近 10 亿元改建了一批耐火材料厂。为宝钢配套的上海第二耐火厂从 1983 年开始改扩建，建设了镁白云石生产线，滑动水口等 6 条生产线和配套工程，从日本黑琦，品川引进了 750 吨复合压砖机、自动称量车、加热混练机、高压油浸装置、自动码砖机、机械手和 82 米超高温隧道窑等具有 20 世纪 70 年代末国际水平的设备 36 台（套）。1985~1990 年，围绕宝钢建设，原辽宁镁矿公司从奥地利引进了超高温重油竖窑。从德国引进了悬浮炉、超细磨机、高压压球机等装备，新建了 5 万吨高纯镁砂生产线。以该公司与武钢耐火公司分别从日本引进的两台 3000 吨全自动液压机、机械手、混砂机和鞍钢耐火公司从德国引进的 2200 吨全自动液压机为标志，使我国重点耐火材料企业的装备水平上了一个台阶。

2. "八五"期间（1991~1995 年）

国家把优质合成镁钙砂和合成优质镁钙碳系列耐火制品列为重点科技攻关项目，新建各种天然原料和合成原料生产线 15 条，先后研制出与之配套的大吨位（最大 1600 吨）抽真空双面加压摩擦机、强力混砂机等先进设备，自力更生，改造了 1000 吨摩擦压砖机，消化吸收研制了 750 吨复合压砖机，用于大型薄板坯和特异型制品的加压振动成型机及三相铁磁分离器等。鞍山焦耐院在这期间出色地完成了如 750 吨复合式摩擦机、长水口生产设备国产化，600L 高速混合机、立式油浸系统及中间包浇注料施工机具等国家技术装备更新项目的任务。这些装备的引进、消化、改造和研制，以及在耐火材料工业生产中的推广应用，使国民经济急需的关键耐材产品生产装备，实现了国产化，部分达到了 20 世纪 90 年代的国际先进水平，我国耐材工业的总体装备水平也有了明显提高。

3. 进入 21 世纪以来

随着我国耐火材料工业的快速发展，耐火材料生产企业，特别是重点企业的装备水平又在不断升级。营口青花集团从日本三石深井和德国莱斯公司先后购进 10 台 2000 吨全自动液压机和机械手，还从德国购进了爱力许混砂机。海城后英集团在从德国莱斯公司购进 7 台 2000 吨全自动液压机后，又从日本购进 7 台机械手与之配套。瑞泰科技、濮阳濮耐、利尔股份、金龙集团、通达耐火、唐山时创、太钢耐火及浙江金磊等骨干企业也陆续配置了国外先进的成型、混碾及热工装备。福建海源、广东恒力泰公司开发的系列液压成型设备、辽锻公司和桑德机械等和企业研制的全自动数控电动螺旋压砖机，也在各类耐材生产企业得到了普遍认可和广泛应用。目前，从原料制备的超磨、高强混碾、电子自动称量，成型工序高吨位全自动液压机、机械手，到烧成工序的各类全程自动控制高温炉窑，还有高、精、尖检测设备和仪器，已在全行业各重点企业得到了广泛应用和推广。近年来，山东、辽宁、河南、江苏、浙江及河北等耐材主产区的重点企业，根据国家生态文明建设的统一部署，积极践行"绿色制造"战略，大力淘汰落后产能，投资为高温窑炉配置脱硫脱硝装备，全面提升了生产企业的节能减排能力，使我国耐火材料工业的装备水平发生了质的飞跃，也为做精做强我国耐火材料工业奠定了扎实基础。

（四） 改革开放提升了我国耐材工业在国际耐材行业的竞争能力和影响力

改革开放初期，我国耐材工业开始由半封闭状态向开放型转变，陆续与日本、韩国、欧、美、澳等 10 多个国家、地区建立了有技术交流合作的商务关系。不仅组团参加了一些规模较大的国际专业活动，还于 1988 年在我国首次举办了国际耐火材料学术会议，连续成功组织了十四届国际耐火材料工业展览，自 2011 年开始还接连主办了四届"中国耐火材料生产与应用国际大会"。随着国际交流的加强和耐材工业生产的发展，我国耐材工业的进出口贸易也逐渐呈现出了良好的发展趋势。

20 世纪 80 年代末，我国耐材工业的出口贸易，基本上是以原料出口为主，1988 年，全国共出口耐火原材料 214.6 万吨，耐火制品仅 3.73 万吨，仅占出口总量的 1.74%。随着改革开放的不断深入，特别是进入 21 世纪以来，全行业在积极应对入世挑战的同时，抓住国家推行"一带一路"倡议的机遇，在着力优化产业结构、调整品种结构的基础上，充分运用国际通行规则发展和保护自己，使我国耐材工业的进出口贸易进入了持续、健康的发展轨道。

从 2001 年开始，全国耐火材料进出口贸易一直保持了强劲的增长态势。2005 年，进出口贸易量为 598.29 万吨，比 2000 年增长 51.14%，其中出口贸易量为 579.84 万吨，比 2000 年增长 47.53%；进出口贸易总额为 13.02 亿美元，比 2000 年增长 111.02%，其中出口贸易额 11.45 亿美元，比 2000 年增长 112.04%。2010 年，进出口贸易量为 606.80 万吨，比 2005 年增长 1.42%，其中出口贸易量为 569.76 万吨，比 2005 年下降了 1.74%；进出口贸易总额为 32.78 亿美元，比 2005 年增长 151.85%，其中出口贸易额 30.48 亿美元，比 2005 年增长 166.31%。受全球经济复苏缓慢的影响，2015 年，进出口贸易量为 544.07 万吨，比 2010 年下降了 10.34%，其中出口贸易量为 516.43 万吨，比 2010 年下降了 9.36%；进出口贸易总额为 30.62 亿美元，比 2010 年下降了 6.60%，其中出口贸易额 29.03 亿美元，比 2010 年下降了 4.77%。

2017 年，全国耐火材料进出口贸易量为 677.69 万吨，同比增幅 22.57%，其中出口贸易量为 638.95 万吨，同比增幅 22.78%；出口贸易量占全年进出口贸易总量的 94.28%；进出口贸易额为 33.10 万吨，同比增幅 20.46%，其中出口贸易额为 30.76 亿美元，同比增幅 19.90%；出口贸易额占全年进出口贸易总额的 92.92%。

在耐火材料出口贸易活动中，耐火制品出口量的持续增长是值得关注也值得骄傲的亮点。改革开放初期的 1988 年，全国耐火原材料出口总量为 214.6 万吨，其中耐火制品只有 3.73 万吨，仅占出口总量的 1.74%。2008 年，全国耐火原材料出口总量为 494.26 万吨，而耐火制品的出口量达到了 209.94 万吨，占出口总量的 42.48%，制品出口量比 1988 年翻了 56.28 倍。

随着我国经济实力增强，中国越来越多地参与国际事务，中国耐火材料行业也加强了与世界的交流，在国际耐火材料舞台上扮演着日益重要的角色。濮耐股份、北京利尔、瑞泰科技、辽宁青花集团、山东耐材集团、中钢耐火公司、武钢耐火、营口金龙、江苏苏嘉、济南镁碳砖等企业，努力适应经济全球化的形势发展需求，发挥自身品牌、技术、服务优势，积极参与国际耐材市场竞争，不仅给企业创造了可观经济效益，也拓宽了中国耐火材料产品的国际市场领域，提升了中国耐火材料工业在国际上的地位和影响。2013 年开始，中国耐材协会全程参与了世界耐火材料协会的成立筹备工作和章程拟定。随着世界耐材协会的成立，中国耐材协会和加入世界耐材协会的重点企业将积极参与国际耐材行业秩序维护、市场规则制定等事务，共同在世界贸易平台上维护中国耐材行业利益，促进中国耐材行业健康发展。能在耐火材料行业的国际舞台上争取到话语权，中国耐材协会的声音能得到响应，是我国耐火材料工业不断发展壮大的必然结果。

三、坚持改革、创新转型，实现耐火材料工业新的飞跃

四十年改革风雨兼程，四十载打拼成果丰硕。在党的改革开放旗帜引领下，中国耐火材料工业蓬勃健康发展，不断壮大，为高温工业的持续发展作出了积极贡献，在经济社会工业领域的助力作用日益突出，在世界耐火材料行业的地位和影响也不断提高。然而我们也应该清醒的看到，发展中的我国耐火材料工业体量很大，但"大而不强""多而不精"，在产业结构、装备水平、品种质量、资源保障、节能环保等方面仍然存在一些问题。产能严重过剩是市场秩序紊乱稳定发展的瓶颈，"绿色耐材"产量低、产品质量稳定性差是持续发展的短板，单位产品综合能耗偏高、耐材再生利用水平低、环境治理压力大是健康发展的障碍。

进入新时代的中国耐火材料行业工业，面临着复杂多变的国内外经济形势，机遇与挑战共存。新形势下，我国耐火材料行业当前和今后一个时期的总体发展思路是：以党的十九大和中央经济工作会议精神为指导，贯彻落实《关于促进耐火材料产业健康可持续发展的若干意见》和《耐火材料行业规范条件》，坚持走创新驱动和绿色发展道路，满足高温工业发展要求，以结构调整和转型升级为主线，以自主创新和装备升级为重点，加快联合重组，化解过剩产能，优化产业结构，提高装备水平，发展高端品质，促进节能环保，规范市场秩序，强化资源保障，提高国际化水平，促进由规模效益向创新效益转变，努力实

现我国耐火材料工业由大变强的发展目标。

围绕总体发展思路，要重点抓好五个方面的工作：

第一，加快联合重组、提高产业集中度。紧紧抓住新常态下企业分化加快，产业布局调整的机遇，大力推进横向联合重组，纵向延伸产业链，协同发展生产性服务，组建大型耐火材料企业集团，提高产业集中度，化解过剩产能。在生产力要素和资源向优势企业聚集的过程中，要强化做精做专、做大做强，着力培育一批创新能力强、管理水平高，具有综合竞争实力的一流企业，组成中国耐火材料行业的领军企业团队。

第二，坚持创新驱动，强化科技引领。要加强基础理论研究促进产学研用结合，在注重耐火材料生产与使用主要相关过程的认知研究的同时，探索物联网、大数据等新一代信息技术在耐火材料设计研发、制造使用、管理营销等领域的应用。在"十三五"和今后一个时期，要重点开发加快前沿技术、关键技术和产品的开发。主要开发资源（自然及再生）综合利用工程集成技术、耐火材料绿色智能制造技术集成、结构功能一体化智能型耐火材料制备关键技术、氧化物-非氧化物复合耐火材料制备新技术、氧化物纳米粉体经济化制备及分散技术、耐火材料中低温烧成技术、不定形耐火材料无模造衬技术、耐火材料衬体轻量化技术、耐火材料在役诊断、使用维护及造衬修补集成技术、智能型超高温竖窑和超高温隧道窑集成技术等。重点开发高炉炼铁系统工业炉长寿化用关键耐火材料、非高炉炼铁系统用关键耐火材料；洁净钢冶炼及新一代高效连铸用长寿命、功能型耐火材料；第二代新型干法水泥回转窑用关键耐火材料；富氧和全氧燃烧玻璃窑用耐火材料；新型煤化工气化炉用耐火材料；有色金属富氧吹炼反射炉用关键耐火材料；具有微孔结构的高效节能新材料；新型蓄热储能材料、绿色环保型耐火材料、节能环保用特种耐火材料等等。还要重点解决混练、成型、烧成、包装及施工设备落后的局面，有效提升全产业的装备水平。

第三，着力环境保护，强化节能管理。强化节能管理，对现有炉窑进行节能改造，采取保温隔热、余热利用等措施，提高窑炉热效率。开发新型节能技术和装备，推广新型节能窑炉、高效燃烧技术，采用清洁能源。提高单条生产线产能，降低单位产品综合能耗。大力发展绿色耐火材料新技术、新产品。提高不定形耐火材料占比，增加免烧、中低温烧成产品占比，提高用后耐火材料再生利用率。加大环境保护和综合治理力度。加强耐火材料全生命周期各环节的环境管理，减轻对生态环境的影响。推广应用先进技术、工艺及装备，加快淘汰能效低、污染重、隐患多、安全性差的落后工艺和设备。

合理规划开采矿山资源。提高资源综合利用率。重点研究开发提高资源综合利用水平的关键工程技术，提高废弃矿粉和中低品位矿石的综合利用率，有效降低耐火资源消耗。

深化用后耐火材料修复及再生利用研究，促进用后耐材的科学再生利用，高水平循环使用。推进资源再生利用产业规范化、规模化发展。

第四，树立开放发展理念，拓宽国际服务领域。要以"一带一路"建设为重点，坚持引进来和走出去并重，加强创新能力开放合作，形成陆海内外联动，东西双向互济的开放格局，谋求开放创新、包容互惠的发展前景。我们要树立"开放发展"理念，抓住全球经济体系和规则面临重大调整，国际经济合作和竞争局面正在发生深刻变化的有利时机，引导行业重点骨干企业审时度势，发挥自身优势，统筹国际国内两个市场，在国家推进"一带一路"的战略中走出去，扩展国际市场，拓宽服务领域，争取更大的发展空间。要充分利用好世界耐火材料协会搭建的各类平台，加强与国际间同业组织的联系、交流和沟通，了解全球耐火材料工业的整体发展状态，互相传递有关耐火材料技术进步、工艺、装备创新，企业管理及市场需求变化等信息，为会员企业了解国际动态，也为国外同行了解中国创造条件，为开展更广泛的国际交流提供服务。我们要按照党的十九大提出的加快培育国际经济合作和竞争新优势的方针，继续加强与欧盟、美洲、东南亚等地区耐材协会的联系，关注新兴经济体尤其是"一带一路"沿线国家地区的耐火材料需求动态，努力推动我国耐火材料工业对外开放的深度和广度达到一个新水平。

第五，加强协会自身建设，不断提高服务质量。按协会与行政机关脱钩后独立运行的模式，要在国资委行业协会党建工作局的领导下，按照明确权责，依法自治，发挥作用的总体要求，依据管办分离，强化公益属性的原则，不断健全完善协会工作的各项制度，努力规范协会机关的管理程序，认真履行为政府服务、为会员服务、为行业发展服务的职能。加强与工信部等政府主管部门的联系与沟通，主动参与积极配合政府主管部门对耐材行业的宏观调控，及时反馈下情，认真传达上情，切实发挥桥梁与纽带的作用。要与各地方协会共同努力，完善全国耐材协会的工作网络建设，互相支持、互相配合，共同打造全国耐火材料行业协会工作的交流，协作平台，加强联系，协调开展各项工作，共同促进我国耐火材料产业健康可持续发展。

改革开放 40 年铁合金行业的发展情况

中国铁合金工业协会

1978 年，党的十一届三中全会做出了把党和国家工作中心转移到经济建设上来的历史性抉择，开启了中国改革开放的新纪元。40 年来，中国经济社会发生了翻天覆地的巨大变化，取得了改革开放和社会主义建设的历史性成就。党的十八大以来，以习近平同志为核心的党中央团结带领全国各族人民，承前启后，继往开来，奋力推进改革开放伟大事业，中国特色社会主义发展进入新时代，中华民族迎来了从站起来、富起来到强起来的历史性飞跃，开创了中国特色社会主义事业新局面。改革开放 40 年来中国铁合金工业取得了长足的发展。

一、铁合金行业概况

铁合金就是铁与一种或几种元素组成的中间合金，不论含铁与否（如硅钙合金），都称为"铁合金"，习惯上还把某些纯金属添加剂及氧化物添加剂也包括在内，铁合金主要用于钢铁冶炼。我国铁合金行业是随钢铁工业相应发展起来的，经过 60 多年的发展，我国现已成为世界上产能、产量最大，品种齐全的铁合金生产第一大国。目前，全国铁合金年产能约 5560 万吨，年产量 3500 万~3700 万吨。大部分品种的工艺装备和技术指标达到世界先进水平。

解放前只有几种铁合金产品的试制与小批量生产。中华人民共和国成立后，国家有计划恢复和发展钢铁及其原辅料的生产。其中，首先新建和改造恢复了吉林、锦州两大铁合金厂，开始大批量的生产。随着我国经济建设的发展，对铁合金的需求逐渐增多，接续安排的其他新建和改扩建铁合金工程，由于资金等条件一时跟不上，一些小型铁合金厂获得支持而即时建成作为补充。其后，新建或改扩建的其他大型骨干厂也相继投产，全国铁合金产量逐年较大幅增产，改变了铁合金供应紧缺的局面，至 1978 年，全国铁合金年产量达 93.75 万吨。

改革开放后，当时国家鼓励出口和创汇，鉴于日本等东亚市场进口硅铁需求增长，我国开始出口自给有余的硅铁及其他铁合金产品，随着国内外两个市场需求的增长，中小型铁合金企业逐步发展起来以至几乎遍及全国各地。进入20世纪90年代，几个大型厂改扩或新建陆续完成，铁合金产品出口增加。随着对外开放和贸易的不断扩大，我国铁合金的进口也由早前的少量购进调剂补充而逐渐增多。2007年，全国铁合金出口突破400万吨，创历史峰值达到419.00万吨（其中，一般铁合金出口320.96万吨、工业硅出口69.85万吨、电解金属锰出口28.19万吨），2007年全国铁合金进口154.86万吨。自20世纪90年代初我国已成为世界上铁合金第一生产、消费和出口大国，我国铁合金和铬、锰矿进出口的数量与价格对国际市场起着举足轻重的影响。

近几年来，铁合金行业通过结构调整，企业数量逐渐减少，生产规模不断增大，行业总产能大幅提高。据国家统计局统计数据测算，截至2017年底，全国铁合金企业1220家，总产能5560.40万吨左右，比2010年分别减少49%和增长46.33%，但是比2014年分别减少17.40%和减少3.73%。

目前，随着我国经济进入中高速发展的新常态，我国铁合金生产与消费的增长也告别了过去快速发展时期，铁合金的产量逐步和钢厂的需求接轨，品种也完全能满足炼钢工业需求。

我国生产的铁合金产品，相对而言是最为齐全配套的，除少数优级特殊品种的工艺技术尚不成熟正待研发，几乎可生产所有的脱氧剂、合金剂、孕育剂及其粉剂与包芯线型态产品，涵盖了锰、铬、硅、钨、钼、钒、钛、镍、磷及各种复合合金约60个所有必要品类、将近300多个品级规格；分别制订有国家级、行业级和企业的产品标准及协议标准，大部分品种的工艺装备和技术指标达到或超过国际领先水平，有些产品早已享誉国外！

总之，我国已是名副其实的产量巨大、品种齐全、行业功能配套的铁合金生产和消费大国。

二、铁合金行业主要发展历程

（一）生产持续增长，2001年以来更迅猛发展

全国铁合金的年产量，在1978年93.75万吨基础上，随着计划经济向市场经济体制的过渡，1988年突破200万吨水平，达到212.45万吨，至1992年全国基本完成向市场经济过渡时，达到265.75万吨，随后的社会主义市场经济初期阶段到2000年，突破400万吨；2001年以来完善社会主义市场经济和扩大对外开放阶段，全国经济快速发展，铁合金工业亦迅速发展起来，2007年铁合金产量高达1758万吨。1978~2007年改革开放30年

来，全国累计完成铁合金总产量 1.23 亿吨，年均增长 11.44%。

党的十八大之后，党中央果断作出我国经济发展进入新常态的重大判断，提出创新、协调、绿色、开放、共享的发展理念，加快完善使市场在资源配置中起决定性作用和更好发挥政府作用的体制机制，坚持稳中求进工作总基调，坚定不移推进供给侧结构性改革，坚定不移推进"三去一降一补"，接连推出"一带一路"建设、京津冀协同发展、长江经济带发展、创新驱动发展等重大战略，加快推进经济结构调整和新旧动能转换。这些重大决策、举措和成就，有力推动我国铁合金工业从快速发展规模型向质量环保效益型转变。

随着我国经济保持中高速增长，铁合金行业积极推进供给侧结构性改革，淘汰低效落后产能，不断优化产业布局，调整品种结构，提高产品质量，加大环保力度，为适应新的需求不断调整和优化。近 10 年来，我国铁合金行业随着钢铁工业的迅猛发展，产量大幅增长，2009 年铁合金产量突破 2000 万吨，达到 2209.50 万吨；2012 年突破 3000 万吨，达到 3156.71 万吨；2014 年铁合金产量达到创纪录峰值 3786.25 万吨。2017 年全国铁合金产量为 3288.68 万吨，比 2014 年减少了近 500 万吨，降低了 13.14%。2008~2017 年，全国累计完成铁合金总产量 3.04 亿吨，年均增长 6.46%。虽然增速比前 30 年有所放缓，但总量翻番，近 10 年的总产量是前 30 年总产量的 2.48 倍。

根据国家统计局资料的逐年统计，将我国改革开放 40 年来铁合金产量与粗钢产量列表对照。从表 1 中看出，全国铁合金产量和粗钢产量的增长大体同步或接近。进入 21 世纪以来，我国粗钢产量猛增，铁合金随之增产略有超过，党的十八大以后，我国铁合金产量增速低于粗钢增速，从 2015 年起呈逐年下降趋势。

表 1　改革开放 40 年来铁合金与粗钢产量对照表

年份	粗钢产量/万吨	年增长率/%	铁合金产量/万吨	年增长率/%	铁合金占粗钢比重/%
1977	2374.0	16.09	68.13	11.67	2.87
1978~2007	371224.0	10.61	12259.12	11.44	3.30
2008	50048.8	2.21	1900.78	8.12	3.80
2009	56784.2	13.46	2209.50	16.24	3.89
2010	62665.4	10.36	2435.50	10.23	3.89
2011	68326.5	9.03	2809.48	15.36	4.11
2012	71654.2	4.87	3156.71	12.36	4.41
2013	77904.1	8.72	3612.17	14.43	4.64
2014	82269.8	5.60	3786.25	4.82	4.60

续表1

年份	粗钢产量/万吨	年增长率/%	铁合金产量/万吨	年增长率/%	铁合金占粗钢比重/%
2015	80382.5	-2.29	3666.40	-3.17	4.56
2016	80836.6	0.56	3558.80	-2.93	4.40
2017	83172.8	2.89	3288.68	-7.59	3.95
2008~2017	714044.9	5.44	30424.27	6.46	4.26

数据来源：国家统计局。

（二）铁合金进出口贸易不断扩大

20世纪80年代前，我国钢铁工业的发展水平较为低下，粗钢产量仅有几千万吨。当时，铁合金的产量有限，还处于自给自足的初级阶段。20世纪80年代开始，随着矿价的降低，陆续有锰、铬铁合金出口。1980年铁合金开始出口5153吨，其后逐渐增多，1990年达到47万吨，1994年达97.29万吨；1995~2002年间略有起伏，年平均出口124.74万吨；2003~2005年间，年平均出口215.97万吨；2007和2008年又先后高达419.00和395.95万吨。铁合金产品的出口，不仅维持了国内铁合金总供求的相对平衡，还曾获取足够的外汇得以换进所必需的锰、铬矿资源。

2008年以前我国是铁合金产品的净出口国，2009年由于世界金融危机的影响，国际铁合金消费量大幅度萎缩、价格暴跌，国外铁合金产品大量涌入国内，当年我国转变为铁合金的净进口国，随后几年由于国外需求复苏缓慢，我国一直维持了铁合金的净进口。影响我国铁合金出口市场变化的主要因素：一是世界粗钢产量减少；二是成本高企导致我国铁合金国际市场竞争力不足，国际市场份额被挤占；三是矿价上涨增加生产成本，对出口价格形成一定支撑，对铁合金出口形成一定阻碍；四是国家政策限制资源类物资出口，铁合金出口执行较高关税。

自2005年国家取消铁合金出口退税优惠政策以来，并逐渐加征出口关税，到2008年铁合金出口关税提高到20%~25%，该税率一直持续到2016年。2017年起国家调整降低部分铁合金暂定税率到15%~20%，该税率降低幅度尚不足以激发我国铁合金生产厂家出口国外市场的积极性，铁合金对外出口依存度逐年降低。2017年，铁合金出口187.50万吨。其中，一般铁合金出口57.54万吨（硅铁出口40.87万吨）、工业硅出口82.72万吨、电解金属锰出口47.24万吨。虽然，铁合金出口得到恢复性增长，但铁合金进口仍在持续增长。2017年铁合金进口414.34万吨。其中，铬铁进口266.10万吨、镍铁进口136.94万吨、其他铁合金进口11.31万吨。见表2。

表2　2008~2017年铁合金产品进出口量　　　　　　　（万吨）

年份	铁合金产量	铁合金出口量	铁合金进口量	净出口量	铁合金表观消费量
2008	1900.78	395.95	131.49	264.46	1636.32
2009	2209.50	150.72	256.55	-105.83	2315.33
2010	2435.50	211.64	205.07	6.57	2428.93
2011	2809.48	168.08	205.39	-37.31	2846.80
2012	3156.71	124.71	189.43	-64.72	3221.43
2013	3612.17	154.23	214.14	-59.91	3672.08
2014	3786.25	175.64	242.14	-66.49	3852.74
2015	3666.40	147.01	336.64	-189.64	3856.04
2016	3558.80	135.80	401.06	-265.26	3824.06
2017	3288.68	187.50	414.34	-226.84	3515.52

数据来源：国家统计局和海关总署。"净出口量"一栏中，正数表示净出口，负数表示净进口。

　　铁合金生产成本中原材料价格、电价占铁合金生产成本的90%以上，而我国是锰矿、铬矿、镍矿等矿种贫乏国，大部分铁合金原料需进口采购，进口原料市场自主能力差，没有自主定价权，成为制约我国铁合金工业发展的瓶颈因素。随着我国铁合金产量的增加，进口锰矿、铬矿数量在逐年增长，2017年我国进口锰矿达到2125.67万吨，比2016年增长24.67%；进口铬矿达到1384.84万吨，比2016年增长30.91%。近10年来，我国累计进口锰矿14100.64万吨，年均增长12.35%；累计进口铬矿9729.46万吨，年均增长8.56%。

三、铁合金行业主要发展成就

（一）改革开放前30年铁合金行业主要成就概要

1. 支撑了全国钢铁与经济的高速发展，对地区经济的发展起到重要作用

　　改革开放前30年，我国钢铁和机械等工业与整个国民经济都实现了高速发展。就钢铁而言，全国粗钢产量由1978年的3178万吨增长到2007年的48966万吨，增长了14.4倍，成为世界第一钢铁大国，其逐年递增过程中需要大量的铁合金产品。我国通过改革开放调整了生产关系，解放了生产力，提供了各类铁合金产品并有余量出口，支持了我国对外贸易的发展。同时，中西部欠发达地区铁合金工业的迅速兴起与发展，为当地吸纳劳动力、带动相关产业、脱贫致富、增加财税收入起到了重要作用。以吸纳劳动力来说，改革开放前，全国铁合金行业从业人员不到七八万人，到2007年全行业和连带产业的从业人

员约达百万人规模，其中吸纳了很多农村劳动力，在不少地县甚至有的省区里曾视铁合金工业为其支柱产业。再者，电炉铁合金虽是高耗能产品，却也是高载能的产品，由于地区和季节的差异等多种原因，全国各地电力资源和供电并不均衡，往往会存在部分富余电力，而铁合金生产可以有效地予以吸收消化，为电网调节、增效及安全运行做出了难以替代的贡献。

2. 产业布局、企业结构与生产经营机制不断调整优化

随着市场经济发展和改革开放的深入，铁合金产业多方面结构都有所调整、优化。在布局上，原先以东北老工业基地和发达地区为主，转为以中西部的电力富余、价廉和资源地区为基地的格局。由于能源、资源、环保及当地经济与工业结构调整等原因，有的老厂已减缩甚至退出、转移，过去以全国重点铁合金企业为主导的情况得以改变，国有企业转型改制，实现多种所有制尤其民营企业的进入，很多企业的生产经营与发展更具活力，促进了生产要素与能源资源配置的优化组合和多元化，不少铁合金企业分别与发供电企业、矿山、钢厂用户、经营流通或对外经贸企业以至境外厂商联营，出现了跨行业、跨区域的联合、重组。行业各方面的生产关系有所调整改善，企业内部通过精干主体、剥离辅助，发展多种经营，建立竞争与激励机制，已基本实现了市场化，搞活了企业、改善了经营，提高了应变、竞争能力和综合素质水平。

3. 生产工艺装备取得不断革新与进步

通过大量丰富的生产实践，全行业不断在探索研发和总结推广先进适用的技术与经验。对外开放之后，在几个大型铁合金厂引进或与外国合作制造建成了一批 25000 千伏安、30000 千伏安和 50000 千伏安的半封闭或封闭式矿热电炉和电炉烟气净化回收利用以及加料捣炉机、浇铸机、产品破碎机等专用附属装置，使我国铁合金电炉顺利迈向大型化上了个台阶。随后，许多大中型铁合金厂在技术改造中消化吸收和创新，分别采用了先进的电炉设备或结构部件；直流、低频矿热电炉及电炉功率补偿技术的开发应用也已有相当成效。通过贯彻实施国家对行业结构调整的一系列政策，淘汰小型落后装备，全国铁合金电炉平均容量与装备水平明显提高。以电炉而言，截至 2007 年全国铁合金电炉 5000～12500 千伏安及以上的矿热炉已占大多数，25000 千伏安及以上的大型矿热炉大约已有 30多台。

（二）近 10 年来铁合金行业结构调整成效显著

1. 企业规模不断增大，产业集中度进一步提高

经过近 10 年的快速发展和行业结构调整，铁合金行业组织结构发展呈现多元化，突破了原有 18 家国有重点企业格局，构建了一批新的大型企业集团，产业集中度得到提高。例如，一些大型企业进入铁合金行业，收购重组了一些原来从事铁合金生产的重点企业，组建了新的企业集团，如中钢集团吉林铁合金股份有限责任公司（2015 年又改组为中泽集团吉林铁合金股份有限责任公司）、五矿（湖南）铁合金有限责任公司、中信锦州金属股份有限公司、四川川投峨眉铁合金（集团）有限责任公司等。有的以上游产业链为纽带，转型成为煤电冶一体化的铁合金企业集团，如内蒙古鄂尔多斯电力冶金集团股份有限公司（2013 年控股青海百通集团实业有限公司，2015 年控股青海华电铁合金股份有限公司）、内蒙古君正能源化工集团股份有限公司等。有的以下游产业链为纽带，形成了铁合金上下游生产一体化的企业集团，如宁夏天元锰业集团有限公司、四川金广实业（集团）有限责任公司、宁夏惠冶镁业有限责任公司等。有的以跨国公司的资本与资源为纽带，形成了锰矿铁合金生产一体化的外资铁合金生产企业，如东方资源（钦州）有限公司等。

据初步统计测算分析，2017 年产能 1 万吨以下的企业 252 家、总产能 101.43 万吨，分别占行业总数的 20.05% 和 1.82%，分别比 2010 年降低 24.40 个百分点和 19.15 个百分点；产能 1 万~3 万吨的企业 414 家，总产能 703.25 万吨，分别占行业总数的 33.93% 和 12.65%，分别比 2010 年降低 4.01 个百分点和 8.83 个百分点；产能 3 万~10 万吨的企业 425 家，总产能 2112.93 万吨，分别占行业总数的 34.84% 和 38.00%，分别比 2010 年提高 21.01 个百分点和 13.97 个百分点；产能 10 万~20 万吨的企业 83 家，总产能 1049.38 万吨，分别占行业总数的 6.80% 和 18.87%，分别比 2010 年提高 4.24 个百分点和 5.40 个百分点；产能 20 万吨及以上的企业 46 家、总产能 1593.41 万吨，分别占行业总数的 3.77% 和 28.66%，分别比 2010 年提高 3.02 个百分点和 8.61 个百分点。见表 3。

表 3　2017 年全国铁合金企业规模分类

企业规模	合计	1 万吨以下	1 万~3 万吨	3 万~10 万吨	10 万~20 万吨	20 万~50 万吨	50 万吨及以上
企业户数/家	1220	252	414	425	83	38	8
占比/%	100.00	20.65	33.93	34.84	6.80	3.11	0.66
年产能/万吨	5560.40	101.43	703.25	2112.93	1049.38	1044.21	549.20
占比/%	100.00	1.82	12.65	38.00	18.87	18.78	9.88

数据来源：中国铁合金工业协会。

铁合金行业产品分四大类，除了硅铁、锰系铁合金、铬系铁合金外，其他品种包括工业硅、电解金属锰、镍铁及其他特种铁合金。受钢材品种结构变化和炼钢技术进步的影响，近几年来，铁合金行业品种结构不断优化，硅铁、锰系产能比重减少，铬系、工业硅、电解金属锰、镍铁等特种铁合金产能比重增大。

经过近 10 年的新建、改扩建，年产能 3 万吨以下的小企业大幅减少，年产能 10 万吨以上的大中型企业大幅增加，行业集中度得到进一步提高。

2. 淘汰了一批低效落后生产能力

2007 年以后，国家发改委和工信部都逐年发布公告和通知，除了发布每年淘汰落后产能企业名单，还逐步提高淘汰落后产能标准。工信部工产业［2010］第 122 号公告，要求在 2012 年淘汰 6300 千伏安铁合金矿热电炉（国家和省定贫困县 2014 年），进一步加快了淘汰落后产能步伐。

据初步统计，2006 年前铁合金行业淘汰落后产能 450 万吨左右，2007~2014 年淘汰落后产能 1855.976 万吨，总计淘汰落后产能 2305.976 万吨。2015~2016 年，因市场疲软、企业停产或淘汰，退出国家统计局统计产能 214.86 万吨。这表明从 20 世纪 50 年代初到 2017 年末止，我国铁合金工业总计兴建产能 8081.236 万吨。其中，已淘汰（含停产）产能 2520.836 万吨，占 31.19%；现有产能 5560.40 万吨，占 68.81%。

3. 铁合金工艺技术装备水平得到进一步提高

从 2005 年铁合金行业开展行业准入管理以来，各地新建和改扩建了一批 25000 千伏安及以上大型矿热炉。特别是近年来，一些特大型的矿热炉项目相继建设投产，行业总体工艺装备水平得到提高。如云南文山斗南锰业股份有限公司，引进南非迈提克斯公司技术，2012 年初建成投产 1 台 50000 千伏安（有功功率）全封闭式矿热炉；2013 年云南砚山县阿舍冶炼有限责任公司，在蒙自市新建的 2 台 49500 千伏安锰硅合金大型矿热炉；2014~2017 年建成投产的山西太钢万邦炉料有限公司 2 台 75000 千伏安高碳铬铁年产能 30 万吨和内蒙古明拓集团 4 台 75000 千伏安高碳铬铁年产能 60 万吨项目，该两个项目都是从芬兰奥图泰 Outotec 公司引进，采用铬粉矿烧结球团、带预热竖炉的密闭式矿热炉及配备煤气回收系统；2014 年投产的山西交城义望铁合金有限责任公司 16 万吨金属锰等精炼锰铁项目，装备了目前世界上最大的 12500 千伏安精炼电炉、15 立方米摇炉；宁夏中卫市茂烨冶金有限责任公司 2014 年还兴建了 2 台 63000 千伏安硅铁电炉等。

4. 行业品种结构优化，铬系等特种铁合金比重增大

为了满足我国钢铁生产发展和技术进步对铁合金品种质量的要求，近几年来铁合金行业品种结构不断优化，硅铁、锰系产能比重减少，铬系、镍铁、工业硅、电解金属锰等特种铁合金产能比重增大。据统计测算评估，2017 年硅铁企业 250 家左右，年产能 750 万吨左右，分别占行业总数的 20.49% 和 13.49%；锰系铁合金企业 400 家左右，年产能 1650 万吨左右，分别占行业总数的 32.79% 和 31.48%；铬系铁合金企业 80 家左右，年产能 950 万吨左右，分别占行业总数的 6.56% 和 17.09%；其他品种铁合金企业 490 家左右，年产

能 2460.40 万吨左右，分别占行业总数的 40.16% 和 37.94%。其他品种中，镍铁产能 1100 万吨左右，工业硅产能 480 万吨左右，电解锰产能 250 万吨左右，增长较大。

5. 污染治理、余热、煤气回收及固废综合利用取得成效

近几年来，通过淘汰落后产能和 1~8 批铁合金行业准入核查及动态管理，大多数企业配置了烟气净化除尘设施，并开发了粉尘回收综合利用技术，大气污染状况明显改善。

同时，半封闭式矿热炉余热回收发电和全封闭式矿热炉煤气净化回收利用也取得一些突破。据初步统计，目前已有 6 家硅铁企业、3 家工业硅企业，10 家锰硅企业、1 家硅钙合金企业配置了余热（煤气）发电（利用）设施，3 家铬铁企业配置了煤气回收用于烧结和发电设施，采用 RKEF 工艺的大型镍铁企业，大多数也配置了余热和煤气回收利用设施，取得了较好的经济效益。

此外，炉渣、粉尘等固废的综合利用也有新的发展。如山西交城义望铁合金有限责任公司开发的锰铁渣矿渣棉新型保温材料，内蒙古商都中建金马冶金化工有限公司开发的镍铁渣矿渣棉新型保温材料及其板材生产线，四川一名铁合金有限公司开发的液晶新建材等。

四、主要特点和体会

（一）从我国国情出发，自力更生，走自己的发展道路

钢铁工业的发展需要相应发展铁合金工业，我国更须主要依靠自力更生。我国国土幅员辽阔、经济水平和能源、资源分布不均衡，铁合金冶炼这一既是大耗电用户又是电网不可少的有利调节用电户的粗加工工业，所需投资不多，建设、生产相对不难，较适于发展中地区利用当地丰富电力或小型水电以一定规模开发生产。这些地区利用自己的优势，因地制宜、创造条件，兴办了许多中小铁合金厂，起到了大厂生产供应跟不上的重要补充作用。适当的大中小相结合、先进与落后并存，是我国当时适应国情发展的必由之路。党的十八大以来，国民经济由高速增长转变为中高速发展，节约能源、资源和保护环境的要求与压力加剧，铁合金行业淘汰落后、改造升级与调整重组势在必行，且初步取得成效。具有煤电资源、交通运输等优势的某些地区、企业以至民营企业家积极筹资，改建、新建了一些大型铁合金工厂或车间，提高了全国铁合金生产的装备水平。

铁合金生产及其技术的开发应用，也是在适应能源、原材料与经济水平等具体条件下探索实现的。在工艺装备方面，在初期大量中小型电炉生产实践经验基础上，逐步扩大提高，并通过消化吸收引进或合作设计制造建成的大型电炉和附属设备，进行移植和再创

新，均已在大面积地推广应用中。

我国铁合金产业链体系的健全发展，正是在几十年丰富实践中，结合本国具体条件与特点探索、改进提高所取得的。

（二）充分发挥各方面包括民营企业的积极性

虽然国家在有计划建设时期已新建或改扩建了吉林、锦州两个大型铁合金厂的基础和接续的建设安排，但自1958年国家要求加快发展钢铁工业那段时期，全国铁合金还是供不应求，显然只依靠国家的一个积极性是不够的。原冶金工业部就曾支持一些地方兴建一批1800千伏安等小型矿热炉加快铁合金增产以补充供应，这种小厂随之开始有所发展。改革开放以来，地方、集体与民企多种所有制发挥积极性，特别是民营企业，2000年以后一些大型民营企业集团迅速进入铁合金领域，加之原有的一些老国有企业经过重组改制为民营企业，目前民营铁合金企业已超过90%，成为铁合金行业的主力军。正因为充分发挥了各方面的积极性，就较早地改变了原先全国铁合金供不应求的被动局面，保证了同步甚至还超前满足了钢铁与社会经济发展的需求。

（三）广泛开展技术交流与合作，是我国铁合金工业普及、提高、发展壮大的技术支持

不断扩大、深化的改革开放和市场化，激发了生产企业和技术研发人员的积极性，促进了企业多方面多渠道的技术交流合作。通过走出去、请进来，收集研究科技信息、参观考察、吸收引进、培训实习，加上东部支援西部、老厂扶植新厂、产学研相结合、老中青传帮带、咨询服务、转让技术、承包攻关等等，许多地方都已逐渐拥有多品种铁合金的生产能力与条件。原先为少数重点企业、权威单位所掌握的铁合金生产技术与企业管理、工厂设计、建设与设备制造等功能，已很快地扩散普及，后起的中西部铁合金厂在继承吸收东部老厂成就、经验和自行探索研究之下，在经营管理和能耗、物耗指标上均有所创新与进步，新一代更庞大的产业队伍已胜任接力。"科学技术是第一生产力"，全行业广大职工通过实践和多方面多渠道的交流合作，使得各企业或单位较快地掌握了铁合金科技与各项业务本领，这是我国铁合金工业发展壮大的主要技术保证。

（四）国家加大合理使用能源、资源和节能降耗减排的宏观调控力度，是我国铁合金企业和产业结构调整的主要推动力

我国是最大的发展中国家，随着社会经济的发展和人民生活质量水平的提高，能源、

资源、环境的压力日益突出，铁合金生产是能源、资源密集型工业，且单位耗能的效益低微，又还有一定程度的污染影响，过度发展引起的矛盾及影响逐渐显现，首先出现在先行发展、能源紧缺的东部沿海地区，在当地经济和工业结构调整之下，那些曾有过相当业绩贡献的例如广州铁合金厂、浙江省的多处硅铁厂等就率先退出行业。改革开放之后，东部地区及其城市加快产业结构调整，诸如北京、南京和上海的铁合金、浙江横山的铬铁、绍兴和阳泉等地的高炉锰铁等贡献都曾突出的重点铁合金生产厂或车间，又相继减缩或完全退出或转型。20 世纪 90 年代末以来，以中西部为主的铁合金生产发展过快，产能过剩，国家有关部门相继发布关于推进铁合金行业加快结构调整、淘汰落后及铁合金行业准入条件管理等一系列政策文件，并督促贯彻实施，国家又逐步调整了能源、资源、运输等价费，加上进口的铬、锰矿价格高涨及其连带影响，使得原先较有优势的中西部铁合金企业也面临挑战，有不少被淘汰出局，尚能生存的企业纷纷着力节能降耗、补配消烟除尘，加强粉矿、粉尘以至渣中碎铁的回收利用。

目前，节能环保已不仅是政府的要求，因其更具节约宝贵资源的经济价值，在许多企业已开始成为自觉的行动。各省区都在加大节能环保的监控力度，这些对促进铁合金产业结构调整，其推动力今后还会越来越大。

五、铁合金行业未来发展展望

铁合金是炼钢的脱氧剂和合金剂，铁合金产量的 90% 以上用于炼钢。因此，我国钢铁工业未来发展趋势，将直接影响到铁合金行业未来的生存发展。

（一）严格执行行业规范条件，加强新建、改扩建项目管理

2015 年，工信部公告《铁合金、电解金属锰行业规范条件》和《铁合金、电解金属锰生产企业公告管理办法》。2016 年，工信部下发《关于进一步加强铁合金、电解金属锰生产企业公告管理工作通知》。因此，今后几年要全面贯彻执行。新建、改（扩）建硅铁、工业硅矿热炉采用矮烟罩半封闭型，锰硅合金、高碳锰铁、高碳铬铁采用全封闭型，镍铁矿热炉采用半封闭型或全封闭型，矿热炉容量≥25000 千伏安（革命老区、民族地区、边疆地区、贫困地区矿热炉容量≥12500 千伏安），同步配套余热和煤气综合利用设施。电解金属锰单条生产线（1 台变压器）年产能 10000 吨及以上，单个厂区年产能30000 吨及以上，化合槽有效容积≥250 立方米，配备酸雾吸收装置。对 2016 年前已规范公告的企业实施动态管理，要求通过技术改造，逐步全面达到行业规范条件要求。

近年来，一方面国家通过产业政策，淘汰了一些落后产能；另一方面市场疲软致使不少企业长期停产被迫退出市场。尽管2017年全国铁合金产量比2014年减少了近500万吨，但是这些企业产能装备并没有完全拆除，随时都有可能重新恢复生产。因此，今后几年，铁合金行业除了要继续核查淘汰低效落后产能外，更重要的是要研究制订化解低效落后产能奖补和差别电价政策措施，制订化解低效落后产能问责制度并严格执行，加大化解落后产能力度，建立健全产能长效退出机制，引导企业主动退出市场，并全部拆除生产装备。研究制订新增产能项目立项备案制度，对技术改造扩建项目实行与使用不同电力资源挂钩的产能政策，支持使用水电、风电等可再生能源项目，限制使用煤电化石能源项目发展，控制铁合金新建、改扩建产能增长。

（二）支持大型优势企业的兼并重组，提高产业集中度

产业集中度低是企业竞相压价、市场无序竞争、行业利润率低、话语权缺失的根源。铁合金行业作为国家重要的基础原材料工业，近几年来，虽然在企业兼并重组，提高产业集中度上取得进展。但是，目前产业集中度仍然比较低，严重制约行业的持续发展。今后，铁合金行业将继续洗牌，企业竞争激烈，加剧两极分化。一批弱势企业，特别是生产电价贵、物流运距长、制造成本高、资金链紧张、长期亏损、资产负债率高的企业将被迫关闭破产，淘汰出局；另有一批优势企业，转型升级，兼并重组，培育新的增长点，开发新的市场取得积极成效，企业将进一步做大做强。

因此，未来几年，一方面，要依托现有大型优势铁合金企业，加速行业并购整合；另一方面，要大力支持大型优势铁合金企业加快发展，通过加大对省级、国家级技术开发中心的资金投入，推动科研开发、提升改造和兼并重组，实现铁合金行业结构调整，提高产业集中度。到2020年，铁合金企业产能超过10万吨以上的企业达到135家左右。其中，产能100万吨以上的企业5家左右，产能50万~100万的企业10家左右，产能20万~50万的企业35家左右。电解金属锰企业减少为60家，每家平均产能3万吨。

（三）鼓励企业产能转移、转产，推动国际产能合作

近年来，铁合金产业布局发生巨大变化，一大批企业将加速向内蒙古等西北省区转移，尤其是乌兰察布市将成为我国铁合金企业最为集中的地区。因此，未来几年，要加快完善使市场在资源配置中起决定性作用和更好发挥政府作用的体制机制，坚定不移推进供给侧结构性改革，加快推进铁合金产能结构调整和转换。

广西、云南、湖南等地的一些铁合金企业，已经尝试利用当地的地理、气候特点，开

发生态茶场、生态林业、生态农业等。四川、内蒙古、山西、云南等地一些铁合金企业，发展循环经济利用生产废料和废渣，开发微晶高档建材、矿渣棉保温材料、板材等新产品也取得了成功。因此，未来几年，要大力推广这些企业的成功经验，鼓励和支持有条件的铁合金企业转产，开发三废回收利用建材新产品，开发光伏产业金属硅废弃物资源化利用等，培育新的经济增长点。

我国一方面铁合金产能过剩，另一方面又严重缺少锰矿、铬矿、镍矿等矿产资源，需要从国外大量进口。因此，除了要加强与上下游产业的沟通与协调，确保进口锰矿、进口铬矿、进口镍矿等原料的供应稳定，争取国际市场主动权、话语权外，还要积极响应国家"一带一路"倡议，进一步"走出去"推动国际产能合作。目前，国内已有生产、经贸企业和钢厂去矿产资源国投资办矿以至生产铁合金外销或返供自用。未来几年，要继续鼓励有条件的大中型企业到"一带一路"沿线矿产资源国去投资办矿建厂，这样既可转移国内部分过剩产能，又可以充分利用国外资源，维护我国铁合金产业安全。

（四）进一步加强科研开发和推广应用新工艺技术装备

今后，新建和扩改建的铁合金企业要采用 25000 千伏安及以上的大型矿热炉装置。高碳锰铁、锰硅合金、高碳铬铁、镍铁等矿热炉，要采用全封闭式矿热炉、煤气净化回收利用技术；硅铁、工业硅采用半封闭式两段旋转炉体式电炉、余热回收利用或发电技术。加快引进移植和消化大型镍铁电炉冶炼技术，全面推广应用 RKEF 镍铁冶金工艺，逐步实现关键技术和设备国产化。大型矿热炉还要有完备的炉口及炉前机械化操作装置，以及合金浇铸，成品分级系统及必要的包装装置。

要设有完备的原料准备系统，进一步推广实施矿石预热与预还原处理，采用回收煤气进行烧结及复合球团，粉矿造块等精料技术措施，做到原料预处理设施与冶炼车间同步配置，形成配套规模。优化入炉国产贫锰矿与进口富锰矿的合理搭配，提高入炉矿石品位，降低锰系铁合金能耗，提高主元素回收率。继续推广应用高固定碳，高比电阻，低灰分的优质组合碳质还原剂，改进和提高硅铁炉料的质量，做到精料入炉。普及和创新热兑法（波伦法）精炼锰铁工艺技术，进一步提高装备水平和三炉联动率，并迈上设备大型化的新台阶。推进和完善热兑法（波伦法）生产低微碳铬铁新工艺，进一步实施技术攻关，以期达到国外工业化生产水平。研发和推广应用转炉喷吹精炼技术，取代传统的电硅热法生产中低碳锰铁和中低碳铬铁。

完善和提高直流还原电炉冶炼技术，研发铁合金等离子炉技术，熔融还原技术等。大力推广"控管一体化工业计算机系统"在大中型铁合金电炉上的应用，逐步改变现有局部的自动化控制，朝着系统化、电炉本体操作、冶炼全过程（包括除尘过程）统一协调的自动化控制方向发展，最终实现替代人工操作，电炉全过程自动化控制的目标。要鼓励研发与电解锰行业相关的技术，推广应用锰氧化矿还原技术，继续深化阳极渣的无害化综合利用技术，推广绿色电站及新型电解技术，研发锰渣无害化及综合利用技术，继续深入开发铬、硒的无害化技术及废水的综合利用技术，开发电解锰生产自动化技术。

（五）进一步调整产品结构，开发优质、经济适用的新产品

根据我国资源特点和不同的市场需求，调整扩大产品规格，严格控制产品主元素和碳含量波动范围，降低硫、磷杂质含量，适应钢铁洁净化、品种发展多样化的需要。积极配合钢铁和其他行业对铁合金产品的不同层次要求，促进使用品级合适、成本较低的硅系、锰系铁合金、炉料级铬铁及复合合金，推广以镍铁、优质锰铁、铬铁替代金属镍、金属锰和金属铬，以及某些合金元素氧化物的直接利用。

进一步发展高纯硅铁、高纯铬铁、高纯锰铁等精制产品和"名、特、优、新"产品，适当增加铬系和锰系中的低碳、低磷、低硫等精炼产品的品种。优先发展和创新我国富有元素资源的钨、钼、钒、钛、磷等常用特殊铁合金，硼、铌、锆及稀土等稀有特殊铁合金产品，如以钒渣和石煤为原料，进一步研发提高钒铁和高钒铁的工艺技术和新产品；利用包头含铌生铁和稀土矿，研发生产铌铁工艺技术和多品种的稀土合金产品，进一步研发复合脱氧剂、合金剂与铁合金粉剂等；为优化钢的质量与革新炼钢新技术提供合金原料，严格控制铁合金粒度，研发铝丝、稀土线等各种合金丝，硅铝钙、硅钙钡铝包芯线、粉剂等新形态产品，以更好地满足炼钢和铸造工业的需求。

（六）加强行业科研工作，广泛开展技术交流合作

企业是科技创新的主体，大中型铁合金企业要设置研发中心，瞄准市场和国内外科技发展动态，制订中长期节能减排先进工艺技术研发规划，开展科学试验研究和技术攻关。要充分发挥行业协会功能，进一步加强企业科研院校"产学研"三结合，围绕行业科技创新重大课题，例如研发并推广应用原料精料入炉技术、矿热炉煤气和余热回收利用技术、炉外精炼新工艺、直流电炉新技术、硅微粉、锰铬粉尘等回收和综合利用技术、冶炼炉渣回收及湿法冶炼废渣综合利用技术等，加快技术改造，淘汰落后工艺设备，推进、引导各相关品种铁合金电炉大型化、密闭化、自动化，促进工艺装备升级，节能降耗，减少污染物排放，创办清洁生产企业等重大课题，积极开展技术合作和科研攻关，深入开展学术交流活动，及时将科研成果转化为生产力，努力提高科技创新、技术进步对企业经济效益增

长的贡献率。

同时，要加强与国际间的技术交流和合作。我国已先后向几个发展中国家提供了铁合金工厂的设计、设备、工程和生产指导培训等服务。未来几年，除了铁合金产品与矿石的进出口贸易之外，与国际学术、技术与工程领域的交流合作要不断扩大、深化与融合。

总之，路是人走出来的并且越走越宽敞，我国铁合金行业拥有丰富的正反两方面的经验和全行业从业人员的实践、总结与探索。今后，要全面贯彻党的十八大、十九大精神，认真执行国家有关宏观调控和产业政策，全面深化改革的战略部署，充分认识铁合金行业、化解落后产能、提高产业集中度的必要性和紧迫性；本着创新、协调、绿色、开放、共享的发展理念，坚持尊重规律，分类施策，多管齐下，标本兼治的总原则，立足当前，着眼长远，充分发挥市场在资源配置中的决定性作用和更好地发挥政府的调控作用；以《产业结构调整指导目录》《铁合金、电解金属锰行业规范条件》和《行业清洁生产标准》为依据，结合行业实际情况，着力"去产能、去杠杆、降成本"三大工作任务；通过加强行业规范准入管理，化解低效落后产能，实行产能置换，调控总量规模，企业兼并重组，优化生产布局，积极响应国家"一带一路"倡议，鼓励有条件的企业"走出去"推动国际产能合作，大搞科技创新，开发新工艺、新技术、新产品，提高装备水平，加大节能减排力度，强化内部管理，努力降低生产成本，增强企业综合竞争力。不断努力实现生产和能源、资源、环境相协调，经济效益和社会、环境效益同提高，从而推动铁合金行业供给侧结构性改革，实现行业转型升级，促进全行业持续有序、健康地发展。

改革开放 40 年我国钢管工业发展成就

中国钢结构协会钢管分会

2018 年是我国改革开放 40 周年。40 年来，钢管企业不畏艰难，锐意进取，砥砺前行，为国民经济发展做出了巨大贡献，同时也改变了世界钢管市场的格局。全面回顾我国钢管行业改革开放 40 年来的发展，大力宣传我国钢管行业取得的成就，对深入推进供给侧结构性改革，促进钢管行业转型升级，早日实现由钢管大国向钢管强国迈进具有十分重要的意义。

一、中国钢管行业发展概述

钢管行业是中国钢铁工业的重要组成部分。钢管不仅是石油勘探开采、油气输送、电站锅炉、城市管网等能源输送的主要工具，也是钢结构建筑、机械工业制造、炼化工业、住宅建设、汽车工业和国防工业等行业不可或缺的重要钢材品种。

改革开放以来，我国钢管行业的发展突飞猛进，生产规模、技术装备、生产工艺、品种质量都得到了极大提高。1978 年，我国钢管产量 168.2 万吨；1986 年达到 375.4 万吨，超过了美国；1990 年达到 431.9 万吨，超过了德国；1997 年达到 934 万吨，超过了日本，成为世界钢管生产第一大国。特别是从 2000 年到 2015 年 15 年间的快速发展，我国钢管产量达到 9827.20 万吨的峰值，在国内钢材产量中占比接近 10%，在世界钢管产量中占比超过了 60%。在产量增加的同时，钢管规格、品种、质量、装备、服务也取得了显著进步，大多数钢管品种的自给率已达到 100%，并出口到世界 160 多个国家和地区。特别是一批高端钢管产品打破了国外垄断，实现了自给，为我国能源工业、海洋工程、国防建设等提供了强有力地保障。

二、中国钢管行业 40 年发展历程

回顾中国钢管行业改革开放 40 年的发展历程，大致可以分为四个阶段。

第一阶段，从 1978 到 1990 年，稳定发展阶段。在这一阶段里钢管产量逐步增长，从

1978 年的 168.2 万吨增长到 1990 年 431.9 万吨，超过了美国，也超过了德国，增长了 2.57 倍，年均增长 8.18%。实现了钢管出口，出口量为 8.8 万吨。钢管进口量从 1985 年的最高点 226.4 万吨，降至 1990 年的 71.2 万吨。

1985 年，上海宝钢引进的第一条直径 140 毫米全浮动芯棒连轧管机组，同年宝鸡石油钢管厂引进了第一条直径 426 毫米高频焊管机组，这两套机组的引进让业内人士真正看到了现代化连续制管工艺技术高质量、高效率的优势，也为我国钢管工业探索向现代化方向发展起到了积极的引导作用。

为了解决石油专用管短缺问题，1978 年以后，鞍钢、包钢和成都无缝钢管厂，按照原冶金部参照 API 标准制定并颁布的"石油套管"部颁标准 YB 690—1970，为大庆、胜利、大港及四川等油田开发了 DZ40、DZ50 和 DZ55 等的油井管产品。20 世纪 80 年代以来上述 3 个厂开始按照 API 标准试制和小批量生产油井管。宝钢直径 140 毫米机组投产后，也开始了油井管的试生产。

第二阶段，从 1990 到 2000 年，进入较快发展阶段。钢管产量从 1990 年的 431.9 万吨增加到 1997 年的 934.3 万吨，年均增长 11.6%，呈现较快的增长。这期间我国钢管产量超过了日本成为世界钢管生产第一大国。1998 年亚洲金融危机，中国经济也受到了冲击，当年钢管产量下降至 797.3 万吨，下降了 14.7%。

20 世纪 90 年代初，石油专用管材近 90% 依赖进口，实现石油管材国产化，是石油工业发展的迫切需要。1992 年，天津钢管公司（天管集团前身）从国外引进的直径 250MPM 限动芯棒连轧管机组建成投产，这是一家现代化的全流程专业化油井管生产企业，它的建成投产，大大地改变了我国石油专用管依赖进口局面。随后，华菱衡阳钢管、包钢钢管也都先后引进了连轧管机组，这些机组的建设使我国无缝钢管的产量、质量、品种大幅度提高。

1997 年，我国第一条全长 918 千米的 X60 钢级的天然气长输管线——陕京输气管线开工建设，实现了 X60 钢级管线管的国产化。同时也拉开我国长输管线建设的序幕。1998 年，番禺珠江钢管有限公司引进了国内第一条 JCOE 大口径生产线，它的建成投产在行业内也产生了较大的影响。

第三阶段，从 2000 到 2015 年，进入高速发展阶段。钢管的产量、品种、质量极大地满足国民经济和下游行业发展的需要。这一阶段，钢管的产量从 933.7 万吨增长到 9801.8 万吨，达到了历史的峰值，年均增长 17.0%，呈现出两位数的高速增长。其中焊管产量从 518.9 万吨增长到 6940.1 万吨，也达到了历史的峰值，年均增长 18.87%；无缝钢管产量从 414.8 万吨增长到 2013 年的 3131.1 万吨，也达到了峰值，年均增长 13.74%。

同时，钢管出口量快速增长。从 2000 年的 60.6 万吨增长到 2008 年 989.5 万吨，达到了峰值。2008 年四季度全球金融危机爆发，钢管出口呈大幅度下降，2010 年以后钢管出口呈快速回升，2015 年达到 929.2 万吨。

这一阶段也是我国钢管行业装备发展最快的阶段。无论是无缝钢管装备还是焊管装备都呈现出爆发式的增长，其装备水平达到了世界先进水平，部分机组达到了世界领先水平。在引进国外先进的装备的同时，也助推了国内设备制造企业的快速发展。从开始做配套设备、辅助设备，到制造主体设备，到成套设备出口，走出了一条引进、消化、吸收、创新之路。

这期间举世瞩目的"西气东输"工程开始建设，宝鸡石油钢管厂、渤海石油装备、宝钢等焊管企业为该工程提供了绝大部分的 X70、X80 管线管（进口了少部分直缝埋弧焊管），满足了工程的建设的需要。"西气东输"工程的建设，开启了我国长输管线大规模建设的高潮，也使我国管线管的制造水平大幅度提升。

与此同时，我国油井管的品种也在快速发展。为了满足复杂地质结构开采的需要，天津钢管集团、宝钢股份等企业开发了深井超深井用管、高抗击毁套管、超高强度钻杆、高强度抗硫套管，并开发了 13Cr、SPU13Cr、双相钢、镍基合金等耐腐蚀油套管以及宝鸡石油钢管开发的连续油管等高端油井管；电站超临界、超超临界用高压锅炉管、核电用管也实现了国产化。

第四阶段，2015 年后的一段时间，进入供给侧结构性改革的调整期，即从高速度发展转向高质量发展阶段。随着我国钢管产量达到了峰值后，钢管行业进入了新常态下的调整期，2015 年后钢管产量开始回落至 8000 万吨以下。在国家对钢铁行业去产能、取缔"地条钢"淘汰落后的大环境下，行业进入了从高速度转向高质量发展阶段。这是我国实施供给侧结构性改革，淘汰落后产能、转型升级、提质增效取得的成绩。

三、中国钢管工业 40 年来取得的主要成绩

（一）钢管行业的发展有力支撑了国民经济快速发展需要

40 年来，我国钢管产量由 168.2 万吨增加到 2015 年的 9802 万吨，达到了峰值，增长了 58 倍，年均增长率为 11.61%。其中，无缝钢管产量由 81.58 万吨增加到 2862.21 万吨，增长了 35 倍，年均增长率为 10.1%；焊接钢管产量由 86.62 万吨增加到 6940.1 万吨，增长了 80 倍，年均增长率为 12.58%。钢管表观消费量从 1978 年的 295.6 万吨增长到 2015 年的 8910 万吨，增长了 30 倍，年均增长率为 9.64%。其中，无缝钢管表观消费量为

2524.9 万吨，焊接钢管表观消费量为 6484.6 万吨。

2015 年后钢管行业进入的新常态，进入了调整期。党的十九大以后，随着供给侧结构性改革的推进，钢管行业从高速度增长进入了高质量发展阶段。40 年来，钢管行业的发展使钢管国内市场占有率接近 100%。其中，无缝钢管达到了 99.15%；焊接钢管达到 99.59%。钢管行业的发展为油气开采、电力、海洋工程和船舶、建筑、三化、机械、汽车等行业以及国民经济的快速发展提供了重要的原材料保障。

（二）钢管进出口国格局发生了重大改变

1982 年我国首次出口钢管，当年出口钢管仅 0.8 万吨。之后钢管出口呈较快速增长，2003 年出口钢管超过了 100 万吨，达到 113.3 万吨，年均增长率 26.6%，成为钢管净出口国。2003 年以后至 2008 年，钢管出口呈爆发式增长，钢管出口从 113.3 万吨猛增到 2008 年的 989.5 万吨，短短 5 年增长了 8.5 倍，年均增长率为 54.14%。2008 年四季度全球金融危机爆发，2009 年钢管出口大幅下降至 579.36 万吨，下降了 41.45%。2010 年出口量开始回升，至 2014 年出口量回升至 938.6 万吨，并处于历史第二高点。2014 年后受国际贸易保护主义的影响，出口呈逐年下降，到 2017 年出口钢管降至 821.54 万吨。

改革开放之初，我国钢管在产量、质量、品种上还无法满足国内经济发展的需要，所以钢管进口量仍逐年增长。从 1978 年的 127.8 万吨增长到 1985 年的 226.4 万吨，达到了峰值，进口量占当年产量的 70.6%。1985 年后进口量逐年下降，2012 年钢管进口量下降至 42.15 万吨，之后进口量基本在 40 万吨左右波动，仅占钢管产量的 0.5% 左右。

随着钢管出口增长和进口下降，钢管净出口量不断增长，2015 年我国钢管净出口量 891.83 万吨，成为净出口量最多的一年。钢管出口量增长和进口下降，使中国钢管进出口格局发生了重大改变，在国际上的影响力不断扩大。

（三）产品结构、品质结构持续优化

40 年来，我国钢管产品结构进一步优化，钢管品种极大地满足了国民经济发展的需求，产品质量稳步提高。特别是在关键产品开发上取得了长足的进步。

1. 油井管

以天津钢管集团、宝钢为代表的油井管生产企业，在 20 世纪 90 年代，完成了按 API 标准开发生产的各钢级油井管产品后，随着国内油田特别是西部油气田开发的需要，对油井管的技术要求越来越高，仅符合 API 标准的钻杆和油套管已无法满足使用要求，迫切需要高性能的非 API 油井管。为了满足油田的个性需要，天津钢管集团、宝钢、后期华凌衡阳钢管、攀成钢等企业都参与非 API 产品的开发。包括 90-125H 稠油热采井用管、110-170V 深井超深井用管、90-160TT 高抗击毁套管、135-170D 高强度超高强度钻杆、80-110SS、125S 高强度抗硫套管、特殊螺纹接头套管等。近年来，天津钢管集团、宝钢在 13Cr、HP13Cr、SPU13Cr、双相钢、镍基合金等抗腐蚀油套管研发方面取得了重大突破。13Cr 系列的产品以大量供油田使用，镍基合金套管也已小批量试用。另外，天津钢管集团研发的钛基合金管在四川阆中成功下井。

2. 管线管

随着我国国民经济的快速发展，对能源需求特别是对天然气的需求越来越大，20 世纪 90 年代末至 21 世纪以来，以宝鸡石油钢管、渤海石油装备、后期的宝钢、番禺珠江钢管厂为代表的大口径焊管生产企业，开发出了 X70、X80 及更高钢级管线管，使我国管线钢管生产能力及工艺技术水平的快速提升，为长输管道建设提供了强力支撑。已开发的管线管产品包括：陕京管线建设采用 X60 钢级直径 660 毫米钢管，西气东输一线采用 X70 钢级，直径 1016 毫米最大壁厚 21 毫米（螺旋管最大壁厚 17.5 毫米）钢管，输送压力 10 兆帕；西气东输二线采用 X80 钢级，直径 1219 毫米最大壁厚 27.5 毫米（螺旋管壁厚 18.4 毫米）钢管，输送压力达到 12 兆帕。随后建设的西气东输三线、陕京四线等长输管道主干线均采用了 X80 钢管，近期建设的中俄管线（中线、东线），最大直径 1422 毫米最大壁厚 30.8 毫米，也采用了 X80 钢管。我国成为世界上 X80 钢管应用量最大的国家。另外，番禺珠江钢管厂、渤海石油装备也都开发了 X70 海底管线管。目前，我国已经研制出管线管钢级达到 X100 和 X120。

2009 年，宝鸡石油钢管开发生产出了首盘国产 CT80 钢级连续管，打破了国外垄断，使我国成为世界第二个掌握连续管生产工艺技术的国家。目前，宝鸡石油钢管连续管产品形成了较为完备的规格体系，涵盖了直径 25.4~88.9 毫米，壁厚 1.9~6.35 毫米，钢级 CT70~CT130，最大长度可达 8000 米。生产的连续油管已经在国内各大油田广泛应用，成功替代进口，并远销到俄罗斯、中东等国家和地区。

3. 火电、核电用管

改革开放初期，我国高压锅炉管主要的牌号是 20G、15MnV、12MnMoV、12CrMo、15CrMo、12Cr1MoV 等。20 世纪 80 年代初我国引进了美国 CE 公司 300MV 和 600MV 亚临界火电机组的设计、制造技术，其机组采用的锅炉管主要牌号：106B、106C、T/P11、T/P22（10CrMo910）、T/P91、TP304H 等，同时美国 ASME、ASTM 标准的耐热钢也进入我国。80 年代初~90 年代期间，我国钢管企业相继成功地试制出了上述牌号的产品。90 年代我国引进国外 600 兆帕超临界火电机组，21 世纪初又引进超超临界机组。这些先进机组的引进，为我国火电机组快速发展奠定了基础，同时也为我国电站用管的开发起到了积极地引导作用。进入 21 世纪以来，我国火电机组的建设快速发展，极大地拉动了电站用管的发展，这一期间开发出了 T/P23、T/P24、T/P92、T/P911、T/P122、G105、Super304、TP347HFG、HR3C 等，满足了电站发展的需要。实现了 600℃ 超超临界机组全套钢管的供货能力，使我国电站用钢管技术跃居国际先进行列。

到"十二五"末期，我国火电机组结构持续优化，超临界、超超临界机组比例明显提高，单机 30 万千瓦及以上机组比重上升到 78.6%；单机 60 万千瓦及以上机组比重明显提升，达到 41%；全国火电机组平均供电煤耗降至 315 克标煤/（千瓦·时）（其中煤电平均供电煤耗约 318 克标煤/（千瓦·时）），达到世界先进水平；燃煤发电技术不断创新，达到世界领先水平。

核电用管快速发展。由宝钢特钢承担的国家重大专项课题"核电蒸汽发生器用 690 合金 U 形管研制和应用性能研究"正式通过了国家能源局核电司验收，该研究成果可应用于 AP1000、CAP1400、ACP1000 等第三代核电蒸汽发生器传热管的制造。690 合金 U 形管的国产化，提高了我国核电的国际竞争力。

我国火电、核电用钢管的快速进步，有力支撑了电力工业的发展，促进了我国"一带一路"建设和火电、核电"走出去"战略的实施，具有重要的社会效益。

4. 机械用管

近十年来，国内工程机械行业发展较快，对所需的管材要求也越来越高（应用于起重机、装载机、挖掘机、旋挖机等），已开发的高强高韧起重机臂架管，钢级为 Q690、Q770、Q890，-40℃ 的冲击功不小于 45 焦；旋挖机钻杆，钢级：Q550、Q650，-40℃ 的冲击功不小于 40 焦，壁厚精度±10%，特殊的±8%；煤机装备用 Q890 直径 710 毫米×63 毫米和直径 572 毫米×69 毫米大口径厚壁液压支架管等。

5. 气瓶用管

随着经济的发展，液化石油、天然气技术开发与应用，对气瓶管需求量进一步增加。目前，气瓶管已广泛用于石油（天然气）、化工、环保、卫生、建筑、消防、汽车、海洋、国防、航天航空及海底勘探等领域。大部分气瓶管要求壁厚薄、单重轻，材料从 Mn 钢逐步转向 CrMo 钢，产品不断升级。目前已生产的主要钢种和牌号及规格：

气瓶管：37Mn、34Mn2V、30CrMo、35CrMo、34CrM04、4130X、32CrNi2MoV、不锈钢管等，规格直径 60~476 毫米，壁厚 3~28 毫米，薄壁居多。

CNG 气瓶管：30CrMo、35CrMo、34CrM04、4130X；规格直径 159~426 毫米（车用），直径 219~426 毫米（站用），直径 355~610 毫米（拖车用）。其中，站用、拖车用壁 CNG

气瓶管厚≥10毫米的居多。

蓄能器管：37Mn、34Mn2V、30CrMo、34CrM04、4130，规格直径89~426毫米，壁厚5~22毫米，使用压力6.3~63兆帕，10~63兆帕为高压，多用CrMo钢。

6. 不锈钢管

1987年前，我国能生产不锈钢管的厂家主要是上钢五厂（现宝钢）、四川长城特钢、大连钢厂、抚顺钢厂、西宁钢厂等。到1986年底，全国的不锈钢管年产量不足1万吨，产品主要用于国防工业。

20世纪80年代后期，一些至今影响中国经济和国防建设的不锈钢管企业应运而生。主要有太钢不锈钢管制品有限公司、浙江久立集团股份有限公司、中兴能源装备股份有限公司（南通特钢）、江苏武进不锈钢有限公司、江苏无锡腾跃不锈钢有限公司、广东佛山宇航不锈钢管有限公司、广东珠海不锈钢管制品厂有限公司。

2000年后，我国不锈产业高速发展，主要钢厂实现了现代化，开发了满足国内发展需要的很多钢种，尤其是近10年来，我国不锈钢加工工艺及装备能满足任何不锈钢，高合金钢，包括奥氏体、铁素体、马氏体、双相钢，超级奥氏体和高镍耐蚀合金生产钢管。主要品种：石油钻采上用不锈钢管：13Cr、HP13Cr、SUP13Cr、双相钢、铁镍基合金等；电站上用不锈钢管：1Cr18Ni9、1Cr19Ni11Nb、近期Super304、TP347HFG、HR3C等；核电用合金管：Incoloy800、Inconel690；石油化工用管：1Cr18Ni9、1Cr19Ni11Nb、2205、2507等。

近年来，国际上一些重大工程项目常采用我国不锈钢管材，包括国际科研合作项目"国际热核聚变实验堆（I吨ER）计划"、赛科90万吨乙烯裂解联合装置、扬巴一体化工程（60万吨乙烯）、美国陶氏化学工程、康菲石油工程等。最近，久立集团参加国际竞争，连续中标阿曼0.8万吨、法国1.7万吨和英国2万吨。我国部分不锈钢企业目前已经有能力参加国际项目的竞争，得到国际上的认可。

7. 海洋工程用管

天津钢管、衡阳钢管开发生产了X80Q、X100Q海洋平台用桩柱管、桩腿管；宝鸡石油钢管开发生产了X80深海钻井隔水套管；番禺珠江钢管公司开发生产了150米超长水下钢桩；天津钢管、番禺珠江钢管公司等企业开发生产了X60、X70海底管线；衡阳钢管开发生产了海洋钻井平台用高压泥浆管；开发生产了海洋平台用的导管架、钻井架用管；开发了工业纯钛管和双相不锈钢为主的海水淡化用管。

8. 建筑结构用管（无缝管、焊接管、方矩管等）

近年来，钢管结构凭借自身优越结构性能与建筑外形，应用到民用建筑、工业建筑、桥梁、大型场馆、机场、高铁站、特高压输电工程等领域。如青岛机场、北京新机场的屋顶均采用了包钢钢管提供网架结构用管，其中北京新机场结构用管的牌号为 Q460GJC 和 Q345B，最大管径 1500 毫米，壁厚 40 毫米，包钢提供的管径为 219 毫米、245 毫米、325 毫米；我国特高压输电工程中大跨度、重载线路多采用钢管塔，其钢级为 Q345、Q390、Q420、Q460；广州电视塔（俗称"小蛮腰"），其采用的钢级为 Q345GJC、Q390GJC。"十三五"我国钢结构行业产量力争到 2020 年超过 1 亿吨，其中钢管占比达到 10%~12%。

9. 复合管开发

主要用于市政供水管道建设项目中的复合管；输送耐腐蚀介质的复合管线管、化工用管；换热器的复合管；隔热用的复合管；耐磨衬管的复合管。

上海天阳钢管历经 6 年，成功研发出不锈钢复合换热器管，该项成果使我国锅炉、热交换器领域的应用取得重大突破。在此基础上，积极开发钢管耐热涂层材料，并用于石油热采井上，也取得了较好的成效。

10. 汽车用管的开发

主要用于减振器、传动轴、转向器、油路管、排气管、燃油分配器管、汽车结构性用管、双层管等。另外，汽车齿轮、齿轴用钢管。

11. 其他产品用管

地下综合管廊管道用双相不锈钢钢管；化工用 N08811 镍合金管及镍基合金复合弯管、复合管件；高端消防专用涂塑管；在建筑工程、填海工程、矿山工程等领域输送混凝土、泥浆、矿浆等用的耐磨管材；深冷设备及液化天然气（LNG）输送用低温管等高性能钢管。

通过不断地技术创新和研发，上述产品有力支撑了我国相关领域的发展，一批高端产品打破了国外垄断，并占据了中国制造业高端用管的制高点。

（四）生产技术装备水平不断创新提高

1. 无缝钢管技术装备

1985 年，宝钢引进的国内第一套直径 140 毫米浮动芯棒连轧管机组建成投产，对我国无缝钢管生产工艺技术及装备的发展产生了很大的影响。随后天管集团、华菱衡阳钢管、鞍钢、包钢等国有企业先后引进了更为先进的限动芯棒连轧管机，这些机组的引进使我国钢管产量、质量、品种得到了大幅度提高。

2003 年，世界上第一套直径 168 毫米三辊 PQF 连轧管机在天津钢管公司顺利投产。三辊 PQF 连轧管以其在各方面的先进技术指标，向人们展示了新一代的热连轧无缝钢管技术优秀的工艺特性。2003 年以来，中国新建的（已经建成和正在建设的）三辊连轧机组超过了 20 套（包括国内制造的三辊连轧管机），连轧管机组总数超过 40 台（套），最大机组为天津钢管集团的天淮直径 508 毫米机组。目前，连轧管机以成为无缝钢管生产的主力军。

除连轧机组外，以湖北新冶钢直径 180 毫米、508 毫米机组为代表的三辊斜轧（Assel）机组；以攀成钢直径 180 毫米和烟宝直径 273 毫米为代表的精密轧管（Accu-Roll）机组；以江苏常宝直径 102 毫米、114 毫米为代表的 CPE 机组；以攀成钢直径 508 毫米、衡阳钢管直径 720 毫米为代表的周期式轧管机组；以武汉重工（471 厂）直径 1200 毫米和河北宏润重工直径 1500 毫米的大口径顶管机组；以浙江久 35 兆牛、太钢不锈 60 兆牛和宝钢特钢 60 兆牛的中等口径卧式挤压机组；以及北方重工 360 兆牛、河北宏润重工 500 兆牛大口径挤压管机组等诸多不同机型轧管机组的建设，极大提升了我国无缝钢管生产工艺技术与装备水平，促进了我国钢管行业的快速发展，为我国钢管行业实现由生产大国向强国发展奠定了良好的基础。

在引进国外先进设备的同时，国内的设备制造业也同步发展起来。无缝钢管设备的最早制造厂家是山西太原重型机器厂，随着改革开放的发展，一批民营企业如太原通泽重工有限公司、太原矿山机器集团有限公司、山西磐泓机电设备有限公司、河南长葛一鸣机械有限公司等企业也加入这个行业中来，并形成鲜明特色。国内轧管设备制造企业，已完成了从最初的与外国厂家合作，配套辅助设备到独立制造主轧机设备和成套设备集成。太原重型机器厂已完成数 10 套的轧管设备，设备可生产直径 48.3~1200 毫米、壁厚 4~100 毫米主要包括具有自主知识产权的 Assel 成套设备、Accu-Roll 成套设备、三辊连轧机成套设备及大口径无缝管成套设备等；太原通泽重工有限公司是较早的民营企业，自主完成了国内首套直径 250 毫米二辊限动芯棒连轧机组成套设备，随后又完成了直径 114 毫米二辊限动芯棒连轧机组成套设备以及直径 365 毫米三辊连轧机组成套设备等；中冶赛迪自主成套的世界首套小口径（89 毫米）三辊连轧管机组，配备了完整的工艺控制模型，实现了连轧管机的"削尖轧制"张力减径机壁厚控制和 CEC 控制功能，使该生产线的工艺控制技术达到了世界先进水平；中冶京城自主成套了国内首套直径 114 毫米 CPE 顶管机组；山西磐泓机电设备有限公司成立博士工作站，近年来研发了具有削尖功能的斜轧无缝机组（设有零阻尼轧辊进给装置）；河南长葛一鸣机械有限公司经过不断的试验发明了双芯棒联合斜轧机组，已投放市场可提高产量 20% 以上，得到了有关钢管企业的认可。

在大型钢管挤压机方面，北方重工从 2006 年开始联合清华大学、太重、中冶京唐等组建研发团队，克服国外的技术封锁，自主研发制造了当时世界最大的 3.6 万吨黑色金属垂直挤压机和 1.5 万吨穿孔制坯压机。

2012 年，河北宏润核装备科技股份有限公司的 5 万吨垂直挤压机建成投产，该机组生产的高端 P92 钢管、核主泵泵壳锻挤工艺验证件试制成功并通过鉴定，代表我国核电大型锻件制造技术达到国际先进水平。

2015 年 6 月，青海康泰铸锻机械有限责任公司的 680 兆牛挤压/模锻压机成功挤出直径 630 毫米、壁厚 110 毫米、长度为 13500 毫米（13.5 米）的 P91 钢管，其长度及重量在相同口径下的立式挤压钢管中属世界第一。

据不完全统计，截至目前，我国已拥有 10 余类热轧无缝钢管机型，即连轧管机组（MM、MPM、PQF、FQM）、精密轧管机组（Accu-Roll）、斜轧管延伸机组（由锥形辊、短芯棒和导板构成封闭孔型的二次斜轧延伸机组）、三辊轧管机组（Assel）、自动轧管机组、顶管机组（含 CPE）、挤压管机组、周期轧管机组等约 200 余套，还有 300 多条穿孔+冷拔（冷轧）机组，产能规模约 3700 万吨左右。尤其是代表世界先进水平的连轧管机组的产能占比达到了全国总产能的 40% 左右。

2. 焊接钢管技术装备

1978~1998 年的 20 年间，我国形成了规模较大的焊管技术装备引进高潮，先后引进了各类典型的先进焊管机组如 1981 年徐州光环钢管有限公司从日本引进了直径 80 毫米高频直缝焊管机组、直径 219 毫米 FF 成形直缝焊管机组和直径 200 毫米热镀锌机组；1984 年，抚顺钢管厂引进意大利直径 8~40 毫米和直径 20~90 毫米不锈钢焊管机组各一套；1985 年，宝鸡石油钢管厂从德国引进了直径 406 毫米高频直缝焊管生产线建成投产；1991 年，锦西钢管厂从德国引进直径 508 毫米直缝焊管生产线；1994~1995 年，海城北方钢管厂、攀钢北海钢管厂、番禺珠江北海钢管厂和上海埃力生钢管厂各引进了一条直径 325 毫米 ERW 直缝焊管生产线等。这期间国内引进的各类焊管线超过了 120 条，上述产线的引进大大地提高了我国焊管生产技术和装备水平，也使焊管的产量、质量、品种得到了较快发展。

1998~2018 年是我国焊管进入飞速发展的阶段，尤其是"西气东输"建设以来，我国焊管机组不仅建设速度快，而且机组的整体技术装备水平也大幅度提高，新建的大直径 610 毫米、660 毫米 HFW 高频直缝焊管机组，JCOE、UOE 大型直缝埋弧焊管机组，螺旋埋弧焊管机组等装备，都达到了世界先进水平。

1998 年，番禺珠江钢管厂引进 HME 机组投产并于第二年生产出我国第一批大直径直缝埋弧焊管；2001 年该厂又引进美国设备，建成我国第一条 UOE 生产线；2002 年，辽阳钢管厂自制的 UOE 生产线投产。同年，渤海石油装备巨龙钢管建成我国第一条 JCOE 生产线；2003 年，沙市钢管厂引进的 JCOE 机组和秦皇岛万基自制的 JCOE 机组投产，这些机组的建设，不但结束我国钢管行业长期不能生产大直径焊管的历史，而且使我国焊管产品大批量地出口国外。2008 年，宝钢 UOE 建成投产，标志着我国大直径焊管生产装备和制管水平处于世界领先水平。

据不完全统计，我国现有各类焊管机组约 3000 套，总产能达到 7500 万吨。其中，直缝埋弧焊接钢管生产线约 34 套（包括 UOE、JCOE 和 JCO），产能约 700 万吨；直径 426 毫米、400 毫米×400 毫米（方矩管）及以上规格的高频直缝焊接钢管（ERW/HFW）生产线 30 余套，产能约 650 万吨；直径 219~406 毫米高频直缝焊接钢管生产线 70 多套，产能约 900 万吨；（直径 102 毫米）直径 114~180 毫米高频直缝焊接钢管生产线约 400 多套，产能约 2500 万吨；直径不大于 89 毫米高频直缝焊接钢管生产线约 2000 套，产能约 1500 万吨；螺旋缝埋弧焊接钢管生产线约 400 多套，产能约 1250 万吨。其中，预精焊机组 9 套。

20 世纪 90 年代以来，我国的焊管设备制造企业也快速发展，国营企业和民营企业共同进步，通过引进、消化、吸收、自主创新，开发了类似引进机型的焊管机组，极大地促进了我国焊管生产技术和装备制造水平的提高。目前，设备制造基本实现国产化。太原矿山机器集团有限公司是最早研发国产设备的厂家，从 20 世纪 70 年代中期开始，先后完成大庆油田直径 720 毫米机组、沙市直径 1422 毫米机组、胜利油田直径 820 毫米机组、马来西亚直径 1820 毫米机组等螺旋焊机组。高频直缝焊也从 70 年代开始研究，先后开发了直径 60 毫米、76 毫米、114 毫米、219 毫米、508 毫米机组及 350/300，500/400 方矩管机组。

石家庄轴承设备股份有限公司 20 多年来，先后成功研制了 20~508 毫米高频直缝焊管系列生产线，直径 114~219 毫米直缘排辊成型生产线，LW150~LW1600 冷弯型钢生产线。

大连三高集团有限公司自主研发了高频焊管成型技术"三高成型法"设计制造了多套高质量设备，如世界首套 711 毫米不锈钢/碳钢直缝焊管生产线、自主创新多个孔型 LW2100 毫米机组、创新实现排辊成型内笼辊可调技术等。产品出口到美国、荷兰、西班牙等多个国家。

天津友发钢管自主开发的"大规格短行程码垛包装设备""大型方矩管三维仿真在线质量检测系统"，都达到了国际先进水平，获得了国家发明专利。

3. 轧制工具

高质量的产品离不开先进的轧制设备和轧制工具。目前，我国钢管的轧制工具的制造水平和工艺也取得长足的进步。热轧、冷轧及焊管用工具如轧辊、顶头、成型辊等，从部分引进到如今全部满足国内生产需求并出口到国外；连轧机组所用的芯棒也从全部进口到全部满足国内需求并出口到国外。另外，还开发出了成本较低的空心芯棒和表面堆焊芯棒。

常州宝菱重工是生产热轧无缝管机组，焊管机组用制管工具的专业公司，主要产品有顶头、穿孔辊、导盘、连轧辊、张减径辊、矫直辊、导板、导位、导槽、焊管轧辊、棒线材辊等。目前，公司生产的制管工具覆盖国内所有热轧无缝管机组并批量出口到日本、欧美、印度等国家和地区。

山东四方科技有限公司自主研发的高铬合金矫直辊、高铬合金轧辊、导盘及耐热钢等产品，已经广泛用于国内无缝钢管、型钢机组、大口径 ERW 高频焊管、500 毫米方矩管等大型机组。技术水平和使用寿命达到国际先进水平。其中，以铸代锻新型焊管轧辊制造技术荣获国家知识产权局第十七届中国专利优秀发明奖，其产品已得到国内外大中型焊管企业的广泛认可，并出口到美国、德国、印度、俄罗斯、韩国等 10 多个国家。2015 年牵头起草制订了《焊接钢管轧辊》（GB/T 31936—2015）的国家标准。

（五）生产工艺技术创新成果显著

1. 连铸管坯生产技术

1977 年，攀成钢建成投产了我国自主设计制造的第一套两机四流方坯连铸机，用于直径 133 毫米顶管机组生产；1986 年，又自主设计制造了第一套小直径圆管坯 90 毫米水平连铸机；1989~1992 年，与国外公司联合设计制造了直径 170~350 毫米和直径 300~450（500）毫米大直径圆管坯连铸机各一套。由此开始了我国用连铸坯生产无缝钢管的历史。

1992 年 6 月，天津钢管集团从德国引进的 150 吨超高功率电炉冶炼系统建成投产。该冶炼系统配有 LF、VD 炉外精炼设备和一机四流弧形连铸机，生产管坯直径 210 毫米、270 毫米、310 毫米 3 种规格。随后，衡阳钢管、包钢无缝、鞍钢无缝、湖北新冶钢、宝钢等也都建成了管坯连铸机，大大提高了我国无缝钢管生产用连铸管坯比，开启了我国以连铸管坯为主生产无缝钢管的局面。

在连铸管坯生产技术方面：

（1）管坯洁净度控制。包括低硫钢、低磷钢、低氧（非金属夹杂物）钢、低氮钢、低氢钢生产技术等；

（2）管坯表面质量控制。包括防止表面裂纹、表面夹渣和裂纹、表面气孔和皮下气泡、表面重接、切伤和划伤产生等；

（3）管坯内部质量控制。包括防止管坯内部中心偏析、管坯内部中心疏松与缩孔、管坯内部裂纹产生以及钢坯外形尺寸控制等。

2. 热轧无缝钢管生产工艺技术

（1）锥形辊穿孔机

20世纪80年代初，轧辊水平布置的锥形辊式穿孔机在德国曼内斯曼钢管公司的直径340毫米自动轧管机组和日本住友海南钢管厂直径114毫米连轧管生产线上投产。这种穿孔机的主要工艺优越性是：延伸能力大，壁厚精度高、尺寸调整灵活性高、产生内部缺陷小、可以穿轧高合金钢管。

国内最早引进锥形辊穿孔机的是湖北冶钢的直径170ASSEL机组和天津钢管的直径168PQF机组，二者都是轧辊上下布置，导位装置前者是导板，后者是导盘。随着锥形穿孔机的优点逐步被认知，这种穿孔机逐步取代桶形辊穿孔机成为趋势。后期从国外引进穿孔机的全部是锥形辊穿孔机，以轧辊上下布置为主。为减少制造成本，国内制造的锥形辊穿孔机以卧式居多。实践证明，锥形辊穿孔机在生产高合金管时缺陷明显减少，所以在不锈钢管行业锥形穿孔机的应用更加广泛。国内所有不锈钢管厂新建机组，全部采用锥形辊穿孔机并且加大了对老旧机组改造的替换。

在新建的同时，国内也有厂家将原有的桶形辊穿孔机改造成小碾轧角的锥形穿孔机，改造后穿孔毛管的壁厚精度得到一定提高。

（2）连轧管机

多机架连续轧管技术，是无缝钢管生产中一项重要的工艺技术。该技术从1887年美国的Kellogg连轧管机问世至今已有百年的发展历史。连轧管机进入中国是在20世纪80年代中期，宝钢建设时引进了德国Meer公司直径140毫米浮动式芯棒连轧管机组，90年代初天津钢管公司从意大利Innse公司引进了更为先进的直径273毫米限动芯棒连轧管机组，随后，衡阳钢管厂又引进德国Meer公司直径89毫米半浮式芯棒连轧管机组，进入21世纪随着钢管需求的快速增长，包钢、鞍钢、天津钢管、衡阳钢管、攀成钢、宝钢、西姆莱斯、山东墨龙、黑龙江建龙、河南凤宝、安徽天大等企业先后引进和国内制造数十套连轧管机组。其中，包括最先进三辊连轧管机组20多套。这些机组的建设极大地提升了我国连轧管工艺技术的水平。

（3）三辊连轧管机

2003年9月，世界上第一套直径168毫米三辊PQF连轧管机在天津钢管公司顺利投产。三辊PQF连轧管工艺技术，以其在轧机结构、轧辊受力、金属变形等方面的优势，使其在轧制产品规格范围、径壁比（D/S）、裂孔和拉凹缺陷、壁厚精度、成材率、工具消耗、高合金难变形材料轧制等方面具有两辊轧机无可匹敌的优势。另外，直径168毫米三辊 PQF 连轧管机组还有在其他方面的创新和新技术的应用，如芯棒前行循环工艺：是指当轧制结束时芯棒不返回而继续前行的循环工艺和相关的配套技术，省去了芯棒返回时间，使每根管的轧制周期缩短 4~5 秒钟，可提高机组的产能 20%~25%；在线激光测厚：作为新一代侧厚系统，测量精度高，可带芯棒检测；液压小仓控制技术（包括液压压下）、QAS 系统等。上述新技术新工艺的应用，使连轧管机的整体装备水平上升到一个新的平台。

（4）Accu-Roll 和 Assel 轧管机

Accu-Roll 轧管机的前身为狄塞尔轧管机，被认为是生产薄壁管的斜轧机，具有壁厚精度高的特点。1990 年由中美联合设计制造，在原烟台钢管总厂建成了我国第一套 Accu-Roll 轧管机，随后原成都无缝钢管厂、上海钢管厂、齐钢相继建成投产了 Accu-Roll 轧管机。因该轧机具有投资小，壁厚精度高的特点。在 1990~2001 年间我国共有 8 套 Accu-Roll 轧管机投产。2000 年后的 10 年间又陆续建设了 60 余套（包括导板式），规格范围从直径 57~325 毫米。

该工艺特点是：锥形轧辊左右布置. 主动导盘上下垂直布置；在空间关系上既有喂入角（送进角）又有碾轧角，喂入角调整范围 5~12 度，碾轧角调整范围 10~15 度；轧辊的直径从变形区入口到出口逐渐增大，轧辊的圆周线速度亦逐渐递增与变形时的金属流动速度逐渐增加相一致，减小了金属变形过程中的扭转变形和圆周切向剪切应力，因此可穿制出内部缺陷少、表面质量好、同心度和壁厚均匀度高的荒管，壁厚不均度在 ±（3%~4%），并可穿制薄壁、高合金钢和不锈钢等难变形金属；穿孔延伸系数可在 5 以上，扩径量可在 30% 以上，可有效减少管坯规格数量，扩大产品规格范围。

Assel 轧机主要用于生产轴承用和机械切削用中厚壁管，径壁比为 3~11.5，最大壁厚可达 50 毫米以上，钢种为轴承钢和合金钢。

阿塞尔轧机主要优点是轧后钢管的尺寸精度高。在轧制厚壁管时，壁厚公差可达 ±（4%~7%）；轧辊尺寸小和不必设置导盘机构及任何其他的导卫装置。这样不仅减轻了轧机重量，同时又省去了导卫装置的设备和工具费用，使更换品种规格时轧辊调整方便快捷。

若采用锥形穿孔机与 Assel 轧管机组合，可以明显地减少了管坯规格的数量. 也极大地增加了荒管的生产长度，这样又使张力减径机在阿塞尔轧机上能够得到应用. 通过这种工艺组合使不同品种的钢管的成材率能达到 93%~95% 之间。

江西洪都钢厂 1985 年 5 月从英国戴维麦基（浦耳）公司引进了直径 80 毫米改进型阿塞尔轧管机，湖北新冶钢厂于 1986 年 4 月从德马克公司进了 1 台小型阿塞尔轧管机。随后又在 1991 年引进直径 170 毫米机组，后又于 2010 年建设了直径 273 毫米（后改成 CPE

轧管机）和直径 460 毫米机组（壁厚可以达到 100 毫米），成为品种最全，规格最宽的大型 Assel 专业厂。据统计，我国从 1995 年到 2010 年的 15 年间，共建设了 30 多台（套）该机组。

3. 钢管的控轧控冷技术

随着无缝钢管控轧控冷技术的发展，目前已形成了包括：在线常化、在线淬火和在线加速冷却等工艺。与板带钢、型钢的控轧控冷相比，钢管的控轧控冷还处在一个探索发展阶段。由于受钢管几何形状、轧制工艺、轧制设备等因素的限制，控轧控冷技术在无缝钢管中的应用在一定程度上受到了制约。尤其在控轧技术方面，目前所做的工作还很少。

（1）在线常化

在线常化工艺是在 20 世纪 90 年代后期发展起来的一种热处理工艺，即形变正火，也是控轧控冷工艺的一种。它是将轧管机组轧制后的钢管在冷床上冷却到 A_{r1} 温度以下，进再加热炉，在炉内将钢管加热到 A_{c3} 或 A_{cm} 以上温度后，保温一段时间，使钢的金相组织转变为奥氏体，然后出炉，经定径机或张减机减径轧制后空冷或空、雾冷却等，使过冷奥氏体组织转变为珠光体，从而达到新要求的钢管性能。它也是现代控制轧制的一种工艺。使低碳钢和低合金钢的组织变得均匀，晶粒细化；改善一些钢种的力学性能；还可以节省能源消耗，减少生产工序，降低生产成本。

石油套管作为在线常化的主要品种之一，我国目前可以生产的钢级有 K55、M65、N801 类。

K55 钢级在线常化套管与轧态钢管相比，不需要昂贵的微合金元素，细化晶粒，不出现混晶，强度与韧性达标余量大，性能可靠。N801 在线常化套管与调质 N80Q 套管相比，具有切屑加工性能好，有利于螺纹加工，残余应力低，管子各部位性能均匀性好，在相同强度水平下，综合使用性能较好。

除油井专用管以外，电站用管、结构管、管线管、高压锅炉管等品种中的碳钢、低（微）合金钢、合金结构钢都可采用在线常化工艺，代替合金强化，达到节能降耗和提高钢管综合性能的目标，以进一步提高产品的竞争力。

天津钢管公司建有两座用于在线常化的再加热炉和相关的冷床等配套设施，从 1999 年开始批量生产在线常化类钢管，产品包括石油套管（K55、M65、N801）、管线管（X52、X56）等。其中，2011 年常化钢管量近 30 万吨。国内衡阳钢管、攀成钢、包钢、黑龙江建龙、江苏华润等企业，均有配套的在线常化设备。

（2）在线淬火

在线淬火是对经轧管机或定减机轧制后的钢管，通过在线的水淬装置进行快速冷却

（喷淋式或浸入式），使钢管从高温快速冷却下来并得到马氏体组织的工艺过程。在线淬火的钢管经过再加热炉加热到低于 A_1 以下某一温度，保温一段时间，并以适当的方式冷却到室温，最终得到回火索氏体组织。

近年来，东北大学与宝钢股份合作，将控制冷却技术应用于热轧无缝钢管生产。"PQF460 连轧机组在线冷却装备及自动化控制系统开发"首期科研项目顺利完成功能考核，并进入工业化应用阶段。该技术实现了薄壁、中薄壁厚钢管的在线淬火。该技术应用以来，显示出良好的效果：冷后温度控制精度高、冷却均匀、冷后钢管管形良好，吨钢平均降低制造成本 200 元以上，能耗下降 20% 以上。

4. 焊接钢管生产工艺技术

渤海石油装备、宝鸡石油钢管等企业积极参与中石油集团设立的"西气东输二线重大科技专项""西气东输二线二期重大科技专项""第三代大输量重大科技专项"等重大项目，攻克了 X65、X70、X80 等钢级的管材制造关键工艺技术、管材止裂韧性控制技术及管材技术标准和综合评价等关键技术。实现了陕京管线、西气东输、中俄东线重大管道工程直缝钢管、螺旋钢管、热煨弯管及管件系列产品的国产化，为我国油气战略通道建设提供了技术及产品保障，逐步实现这一领域从追赶者向领跑者的转变。

宝钢 UOE 机组投产以来，进行了系列酸性环境用管线管的研究和开发，通过低 C、低 Mn、超低 P、S 的纯净化合理的成分设计，控制非金属夹杂物和中心偏析控制，采用吨 MCP 轧制工艺生产制管用原料钢板（含卷板开平板），并通过控制最大 0.25% 的压缩率和 0.8%~1.2% 的扩径率降低并均匀化制管残余应力获得高要求的尺寸精度，X65 及以下直缝埋弧焊管其力学性能及抗 HIC、SSCC 性能优良，已经实现批量商业供货，满足服役条件的 X70MS UOE 焊管也已经成功开发。

2009 年，宝鸡石油钢管开发生产出了首盘国产 C 吨 80 钢级连续管，打破了国外垄断，使我国成为第二个掌握连续管生产工艺技术的国家。宝鸡钢管 SEW 油套管产品"一种高性能低碳微合金钢 SEW（热轧高频焊接钢管）膨胀套管及其制造方法"，获得国家发明专利。这是宝鸡钢管第二项获得国家发明专利的 SEW 油套管产品，是国产新型焊接油套管技术研发的重要成果之一。

唐山京华自主完成的"钢管热镀多元合金实用技术"有效提升镀锌钢管表面亮度，锌耗下降 10%，耐腐蚀性提高 1~2 倍。

（六）节能环保绿色发展步伐加快

按照绿色钢铁的要求，行业企业认真履行社会责任，继续加大对环保的投入，环境经营水平不断提高，行业大型企业加大环保投入，注重节能减排与低成本技术的研究和应用，建立了能源管理中心，促进了各项节能减排指标的全面改善。

天津钢管集团持续加大环保投入，相继完成制铁公司料场防尘网、烧结脱硫除尘、烧结环冷余热利用、煤场全封闭改造、制铁公司除尘设施改造、水污染治理提标改造及废水深度处理回用工程、大气污染治理提标系列改造工程、预热综合利用全面取缔燃煤锅炉工程等项目。目前，主要污染物排放指标远低于国家标准限值，吨钢二氧化硫排放量和吨钢颗粒物排放量达到《钢铁行业清洁生产评价指标体系》一级水平，热轧管工序能耗、万元增加值能耗、水重复利用率也在行业名列前茅。

常熟钢管协会组织 13 个产生余酸的会员企业走出去，参加学习余酸循环利用的经验并召开废酸处理研讨会，邀请了工业固废处理企业的领导和环保部门专家，围绕废酸循环使用、固废处理、利用成本等问题展开研讨。通过学习和提高认识，企业主动增加环保资金、技术投入（如会员企业苏州钢特威钢管有限公司，2016 年投资 4500 多万元建设了新型的废酸处理系统），加大环境治理力度，吨钢综合能耗、主要污染物排放量逐年减少，大气污染物排放总量增长势头得到遏制；宝钢精密钢管厂酸洗生产线是宝钢自主设计研发的全自动生产线，具有空气净化设备和水循环处理设备，水循环利用率达 70%，工业水处理完全达到环保要求，在自动化和环保要求上是目前国内最先进的酸洗生产线。

聊城钢管经营者协会与冶金规划院共同探索新常态下钢管企业如何转型发展之路。为应对环保压力，全市所有钢管企业拆除了煤气发生炉改用天然气加热管坯，改斜底炉为步进加热炉，不仅节约了能耗而且提高了管坯加热质量，取得了环保和质量的双提高。

同时，行业一些企业通过节能环保投入增效，坚持向节能环保要效益，用科技进步来降低成本，创新节能环保型的发展模式，多年来，采用新技术改造废水、废酸处理设施，提高了处理效果，降低了处理成本，实现了废水、废酸再循环的目标，同时纯度为 95% 品质的硫酸亚铁副产品实现每吨增效近百元。

2017 年以来，唐山京华引进奥地利再生酸技术，建成盐酸废液回收处理循环再生生产线，生产过程产生的废酸全部回收再生利用。水资源利用方面，公司水处理站采用反渗透膜处理技术，所有生产废水全部循环利用，有效节约了水资源和生产成本。

（七）"两化"融合及智能制造生产水平不断提升

钢管行业大型主流企业在生产制造、企业管理、市场营销、物流配送和节能减排等方面的信息化水平不断提升，并正在向集成应用转变。基础自动化在行业连续生产线得到普及应用，重点统计钢管企业已普遍实施生产制造执行系统，主要钢管企业实施了企业资源计划。

中石油渤海装备、宝鸡钢管等企业信息化工作取得实质性进展，ERP、MES 系统在中石油所属宝鸡石油钢管、渤海石油装备两个主要制管企业全面实施，大大提高了所属直管企业的信息化水平，为实现以大数据为基础的智能制造打下了坚实基础。

机器人在制管企业的应用越来越普遍，成品喷标机器人已大量应用与生产线。近年来，管端焊缝磨削机器人和管端几何尺寸自动检测机器人的研发也取得可喜进展，如渤海石油装备研究院研发的管端焊缝磨削机器人，在通用工业机器人上集成焊缝检测系统和磨削机构，可对焊管管端内外焊缝进行三维检测自动检测，自动获取焊缝形貌特征数据，智能化地规划机器人磨削运动轨迹，进行自动磨削。宝鸡钢管的自动磨削机器人、管端几何尺寸自动检测机器人，宝钢钢管的引熄弧板焊接机器人等也都成功应用于焊管生产线。现代激光视觉检测技术、机器人技术等在焊管生产线的应用，提高了焊管生产线的工艺过程检测能力，为在大数据基础上形成钢管制造专家系统，推动焊管生产线的智能化奠定了坚实基础。

金洲管道实施全生命周期管理服务商的发展战略，不仅仅给客户提供管道产品，而且提供管道安装、运营维护、实时监控、预知更换、维修报废、档案更新和归档、绿色健康安全运转等地下管线智能化管理，综合管网智慧化应用，综合管廊智能化建设的服务。提供从地下空间设计咨询和项目规划到智能管线、智慧管网和综合管廊智能化建设，以及后期地下空间综合调度中心的运行维护和数据运营服务的全生命周期管理服务。

工信部发布了《2018 年智能制造试点示范项目公示》。2018 年智能制造试点示范项目共有 99 家，钢铁行业共有 3 家，华菱衡阳钢管有限公司是其中一家无缝钢管智能工厂试点示范单位。

（八）依托"一带一路"发展战略，国际化市场布局起航前行

天津钢管、宝钢钢管、宝鸡钢管、江苏玉龙钢管、常宝钢管、珠江钢管集团等企业在实施"走出去"战略中积极探索，审时度势，扎实稳步推进海外项目。

天津钢管集团美国项目，在一期管加工工程投产运营基础上，二期轧管项目正在建设，这将为天津钢管集团早日建成合理的国际化海外市场战略布局奠定良好的基础。

为适应宝钢钢管国际化发展战略及维护海外市场的需要，宝钢集团泰国宝力钢管公司在稳步推进投达产工作进度的同时，积极改进产品质量，不断提升产品在国际市场的竞争力，这是宝钢钢管在国际化发展战略上迈出了重要一步。

广州番禺珠江钢管有限公司与沙特阿拉伯公司 AHQ 成立合营公司，生产及销售直缝

埋弧焊钢管与高频直缝焊钢管，向沙特阿拉伯国家石油等公司提供材料、设备及服务业务。2014年底，珠江钢管集团第一条海外直缝埋弧焊管生产线在沙特阿拉伯开始运营，并在迪拜开设销售及库存中心。

据不完全统计，我国已有11条焊管产线、6条无缝钢管生产线遍布北美、东南亚、中东、非洲等海外市场。

（九）创新发展取得骄人业绩

我国钢管生产工艺技术与装备的技术进步极大地推动了行业专用管向系列化、规范化和高端化方向发展，进一步满足了我国石油开采、电力、航空航天、军工、化工、重型厚壁结构、机械等领域对特殊高端无缝钢管的需求以及西气东输工程、海底管线、巨型管道等工程领域对特殊高端焊接钢管的需求，并在产品结构调整等方面也卓有成效。行业专用管比例和国产化水平不断提高，石油开采油井管的国产化率已达到99%以上，能源输送用管线管的国产化率达到99%以上，各类锅炉用管的国产化率达到90%以上，机械制造用管的国产化率达到99%以上，建筑行业用管的国产化率接近100%。

在全球为之瞩目的中国首个国家级页岩气示范区，世界第二大页岩气田——涪陵页岩气田已如期建成，年产能100亿立方米，相当于建成一个千万吨级的大油田，我国华东、华中地区的上千家企业、2亿多居民从中受益。然而，连接起这股绿色、清洁、高效新能源的正是以天津钢管集团特殊扣产品为代表的一系列高端新产品，具有自主知识产权的TP系列油层套管占该气田油层气密封套管用量的70%以上。2017年，我国天然气对外依存度高达37.6%，但国内尚未开发的天然气资源非常丰富，尤其是储存在地面百余米以下坚固的岩石中的页岩气开发量持续增加。面对这一巨大市场，天津钢管集团抢抓机遇，迅速调整战略定位，聚焦钢管主业。随着天然气勘探力度的加大和油气开采难度的不断升级，以特殊扣为代表的高端管材需求量持续保持高位。天津钢管集团超前布局，深化供给侧结构性改革，加快新能源、新技术、新产品的培育和转化，以满足用户特殊化需求。目前，天津钢管集团在国内油井管市场的占比为40%左右，全球前50强石油公司中，有90%以上对天津钢管集团的产品给予了合格认证。

华菱衡阳钢管为我国安徽淮北市平山电厂135万千瓦全球装机容量最大、国际上首创的新型高效、洁净、低碳超超临界燃煤火电机组供给WB36和P91等钢级特大直径无缝钢管，完全满足各项性能指标要求。使该机组在技术性能及煤耗、环保排放等主要技术指标方面均达到当今世界最高水平，被列为国家火电示范工程。

包钢钢管公司结合产品含有稀土的独有特性，为用户量身定制了B吨100H稠油热采井专用石油管，批量供往胜利油田。使用后的反馈良好。目前，新一代 B 吨 110H 产品已通过实验室试验。自主研发的高抗挤毁石油套管的钢种设计上采用稀土微合金化，也已成熟供货。

针对高难度深井及地质工况复杂油气田井的开采效率和开采安全系数，包钢钢管公司与北京钢铁研究总院、中石油钻井院联合定向开发了 SE 吨 80 膨胀管产品，并实现产品试验；成功轧制了 TiA1、TiA2、TiA10 和 TiC4 钛合金产品并实现供货。

上海天阳钢管研制的"不锈钢复合换热器管"打破国外技术垄断，发明了碳钢不锈钢高强度结合的新工艺，提高了碳钢不锈钢复合换热器管的结合性能和传热性能，为换热器及锅炉与热交换器行业带来新的生命力。该产品广泛应用于石油石化、电站、核工业、造船、军工等行业，并通过中钢协组织的新工艺、新产品、产业化科技成果鉴定。

青山钢铁的高端超级双相不锈钢无缝钢管已成功应用于中东国家科威特石油公司石油管道输送，这是我国高端不锈钢管产品开发领域在此取得的重大突破。超级双相不锈钢无缝钢管产品要历经 30 多工序流程，具有奥氏体和铁素体不锈钢的优点，具有优良的耐恶劣介质腐蚀性能，良好的强度、韧性和焊接性能。

（十）转变发展方式，走差异化发展道路

按照以品种取胜，以质增效，努力走质量、品种效益发展之路，国内一些制管企业坚持走差异化发展道路，如常州、张家港、常熟、佛山、山东临沂、河北霸州等地区许多民营企业，围绕下游行业的发展需求，改进工艺技术，积极开发汽车、摩托车、电动三轮车、健身器械、建筑、公路等行业大量需求的小直径、薄壁精密焊接钢管，以及小断面、薄壁方矩形异型管，这些产品供不应求，取得了良好的经济效益。

上海申花钢管专注于大桥护栏杆建设，把高强度低碳护栏专用钢管先后应用在国家重点工程——东海跨海大桥的建设中，并荣获"国家质量金奖"。该技术成果的转化应用，把日本标准设计的材料用量减少 50%，为中国桥梁钢护栏开创了新河。上海申花钢管用计算机模块数据控制护栏精度，钢材利用率增加 10%，为大桥自重减负，对桥梁所用钢材量实现了节约、控制了企业成本。国内华东区域各个高架桥梁的扶栏杆由他们生产，并提供现场安装，做出了知名度。

上海佳方钢管在近 20 年与上海自来水公司合作的过程中，为适应自来水输排水技术要求的不断提高，近年来投入了大量资金，在设备、人员培训、人才引进、管理提升等方面不断完善，培养了一支具有现场施工经验的管配件加工制作队伍，使其完全具备为各输水系统单位提供施工、维修、零星加工管配件、管线修复等一条龙服务。先后参与了自来

水行业包括上海黄浦江上游引水一、二期工程，长江引水一、二、三期工程，上海青草沙引水工程，上海各水厂管网建设及合流污水工程等项目，取得了良好的经济效益。

（十一）标准体系不断完善，促进行业质量提升和品牌建设

我国已建立了一个包括管坯标准、基础（通用）标准和钢管产品标准为一体的、较为完善的钢管标准体系。截至 2018 年 6 月 30 日，我国已发布钢管国家标准 77 项，行业标准 26 项，国家军用标准 19 项。

围绕品种结构调整和质量提升。近年来，我国新制修订了一批锅炉、石油、石化、海洋工程、建筑结构、工程机械、轨道交通、汽车等用途的钢管标准。

在涵盖品种范围不断扩大的同时，钢管标准化工作坚持用先进标准倒逼质量提升，发挥标准在质量提升中的引领作用，钢管标准的水平进一步得到提升，实现了与国标标准的逐步接轨。我国钢管标准中规定的尺寸允许偏差、钢的化学成分、力学性能、工艺性能等指标已达到甚至个别指标已超过了国际标准或国外先进标准的要求，并且我国标准中规定的技术指标项目多于国外标准，标准总体水平与国际先进水平相当。

近年来，钢管分会积极与全国钢标委、冶金工业信息标准研究院合作宣贯和推进钢管标准的制定和执行。目前，我国钢管行业整体质量水平与国外先进国家相比还有一定差距，尤其在一些高端产品上，其质量的稳定性还有待于提高。近年来，行业地方协会为提升产品质量而建立起地方标准联盟，将拥有自主知识产权的关键技术纳入企业标准或团体标准，促进了行业高质量产业化协调发展。

随着国家"深化标准化工作改革方案"的贯彻实施，我国钢管行业新型标准体系建设工作不断推进。2017 年 1 月 14 日，国家标准化管理委员会以国标委综合函〔2017〕号文印发强制性标准整合精简结论，包含《高压锅炉用无缝钢管》（GB 5310—2008）在内的 13 项钢管强制性标准已转化为推荐性国家标准。政府主导制定的标准（国家标准、行业标准）与市场自主制定的标准（团体标准、企业标准）协同发展、协调配套的新型钢管标准体系建设工作取得重大进展。这次发布实施的《高压锅炉用中频热扩无缝钢管》（T/CISA 002—2017）、《电站用新型马氏体耐热钢 08Cr9W3Co3VNbCuBN（G115）无缝钢管》（T/CISA 003—2017）、《电站锅炉用新型耐热不锈钢 06Cr22Ni25W3Cu3Co2MoNbN（C-HRA-5）无缝钢管》（T/CISA 004—2017）等三项中国钢铁工业协会团体标准满足了市场和创新需求。

2018 年，为贯彻落实推进"一带一路"建设工作领导小组《标准联通共建"一带一路"行动计划（2018~2020 年）》对中国标准"走出去"的要求，完成了国家、行业标准

英文版体系建设方案的编制，首次完成了国标委下达的《结构用无缝钢管》（GB/T 8162—2018）和《输送流体用无缝钢管》（GB/T 8163—2018）等 2 项国家标准英文版的翻译计划。未来 3 年中，计划完成包括《低压流体输送用焊接钢管》（GB/T 3091）等基础标准等近 20 项国家、行业标准英文版翻译项目。

（十二）推进供给侧结构性改革成效显现

行业企业主动作为，采取各种措施提质增效，经过多年的坚持转型发展，培育出的核心竞争力开始显现，行业经济效益得到较大改善。鞍钢股份无缝钢管厂近年来在淘汰落后产能的同时，积极优化现有机组的产能配置，按照"适度规模、摊薄成本、提质提价、控亏减亏"的总体原则，优势产线均按照设计产能 60% 左右进行产量平衡，余下精力、时间，积极进行产品质量升级、产品结构的调整、新产品的研发与市场开发攻关，使企业亏损逐年递减，竞争力不断提高，实现了扭亏为盈转型目标。常熟市钢管行业协会 35 家会员企业 90% 盈利，其中，有 5 家企业上交国家税收超过 1000 万元。

湖北新冶钢以确保效益为目标，推行成本明细化，守住边际不亏损为底线，推行高效产品激励机制。同时，围绕特殊钢要求的油田用管、高强工程用管、高牌号电力锅炉用管、高标的轴承用管进行产品结构调整和国内外市场开发，企业经济效益逐年提升上台阶。金洲管道公司、常宝股份公司紧跟行业发展趋势，稳抓新兴高技术产业快速发展机遇，着重部署高端装备制造、航空航天、核电及新材料领域，引领我国不锈钢管行业，积极推进产品结构优化调整，加大研发投入，走创新发展之路，研发和生产高档次、高附加值的不锈钢管产品，以满足国民经济和国防建设等各个领域的发展需求。同时，借助上市公司资本运作优势，延伸产业链上下游，加快产品结构转型升级成果显著。2017 年，金洲管道营业收入 36.8 亿元人民币，全年毛利率 12.36%，净利润同比上升 158.91%。常宝股份 2017 年营业收入 36 亿元人民币，全年毛利率 14.73%，净利润同比上升 30.98%。2018年，实施高质量运行、技术进步及精准管理的进一步提升战略，争做行业细分市场的强者，在油管、锅炉管、射孔枪管、超长管等中小直径无缝钢管市场领域取得竞争优势，保持了良好的发展态势。高质量发展，依托科技实现创新创效。天津钢管集团发力供给侧改革，加快新产品研发及科研成果转化，实现了重点特殊扣有套管产品的技术突破。140V钢级特殊扣新品首次在超高压气井成功应用，打破了国外垄断。具有自主知识产权的特殊扣产品同比增长 55.19%，并成功完成两项特殊扣新品的开发试验；完成了超大直径无缝钢管静水压试验，再次刷新大型试样焊接纪录等。钢管利润指标大幅提升，达到 2015 年以来的最好水平。

华菱钢管及时调整产品结构，围绕"高端客户、高端市场、高端品种"发动创新引擎，开启建厂以来最大一次产品升级，研发新产品满足不同客户和地区的需求，一举成为无缝钢管行业产品规格最全，可实现客户全覆盖的企业。开发的高强度起重机臂架管在国内的市场占有率达到80%；车轴用管市场占有率聚行业居首；流体管被指定应用港珠澳大桥的拱北隧道建设；液压油缸用管出口日本，助力全球最大的盾构机制造；核电用管供货巴基斯坦最大核电项目；迪拜地标性建筑"迪拜画框"，空中长廊油管道横梁、立柱、斜柱均为衡阳钢管提供。获益于国家稳步推进供给侧结构性改革，华菱钢管拨云见日，2017年实现扭亏为盈，盈利7800万元，2018年一季度开门红，实现盈利1.3亿元，创历史最好水平。

宝鸡钢管、渤海石油装备通过开发社会合同、扩大市场份额也实现了盈利扭亏，企业发展走上正轨。济南迈科管道2017年公司实现销售收入9.75亿元，同比增长87%；实现利税1.15亿元，同比增长190%。江苏振达通过转型升级、做精产品，2017年利润达到了8300万，实现了改制以来的最好业绩。通钢磐石通过一系列的改革和创新工作，实现产值4亿元，利税2000万元，实现人均劳动效率80%的大幅提升，其间费用下降50%，净资产收益率超过40%。

四、中国钢管行业的未来发展与展望

（一）贯彻党的十九大精神，把握行业发展方向

党的十九大报告指出，中国经济已由高速增长转向高质量发展阶段，在新的时代，新的征程上，中国钢管行业未来将如何发展？要站在新的历史起点，以党的十九大精神为根本遵循，深刻理解新时代的新思想、新理念，准确把握新时代的特点和主要矛盾，将产业自身发展融入国家整体建设和经济发展中，坚持质量第一、效益优先、绿色发展，深化供给侧结构性改革，强化创新引领驱动，把握行业发展方向，谋划好行业转型升级和未来发展。

未来发展，中国钢管将从钢管大国向钢管强国迈进，满足高质量发展阶段需要和提供更加绿色和更高质量的钢管产品，这是我国钢管行业创新发展的必由之路，也是钢管企业不忘初心，为之奋斗的目标。

（二）积极推动行业企业兼并重组

钢管企业目前数量众多，相当部分企业规模较小，且布局散、乱。这不仅造成了资源的浪费，也是行业存在恶性竞争根源。因此，要通过推动兼并重组去产能，促进行业龙头

企业实施跨行业、跨地区、跨所有制兼并重组，推进区域内优势钢管企业兼并重组，形成若干家特大型、大型钢管企业集团，在某些细分市场形成若干家专业化骨干企业，力争改变"小、散、乱"的局面，更多运用市场机制实现优胜劣汰，提高产业集中度和市场影响力，培育具有全球竞争力的世界一流企业。在兼并重组的过程中要注重淘汰落后产能，退出低效产能，加速产品升级换代，瞄准各类高技术含量、高附加值产品，发展绿色、低碳、节能环保型管材，不断适应能源、交通、新型产业的需求，推进钢管企业产品升级换代，保持行业平稳运行。

（三）创新驱动，推动产品结构优化升级

（1）未来工艺技术研究的重点。一是高合金钢管、不锈钢管热轧制技术；二是无缝钢管的控轧控冷；三是套管特殊螺纹在线自动检测技术；四高性能管材、管件功能涂层及涂覆技术；五是高钢级管线钢管力学性能稳定性的研究；六是不锈钢（耐蚀合金）双金属复合管材焊接技术；七是推进绿色环保的生产工艺等。

（2）产品研发重点。耐腐蚀油井管——110SS、125S（S）、超级 13Cr、双相不锈钢、超级双相不锈钢、铁镍基合金、钛合金等；满足各种复杂地质条件特殊螺纹接头；发展 700℃ 超超临界火电机组用耐高压、耐高温用管；液化石油气（LPG）、液化天然气（LNG）等超低温用管；连续柔性管；X100、X120 深海钻井隔水用管等。

未来钢管行业还要在满足个性化、品质化需求上做一些重大的调整。依靠"互联网+钢管"，将产品和服务推向更前端，以求在钢管市场中抢占更有生命力的细分市场。要创新供给制，满足新需求，以新的有效供给带动新需求。

（四）加快"两化"深度融合，推动智能制造生产

我国钢管企业数量众多，两化融合水平参差不齐，其中一些小型企业还处在手动操作阶段。钢管行业要加快两化融合前进的步伐，在支持企业完善基础自动化、生产过程控制、制造执行、企业管理四级信息化系统建设的基础上，积极推动行业向智能制造新模式发展。"十三五"期末，钢管企业要基本实现基础自动化，大中型企业的生产过程控制、制造执行系统装备率超过 60%、重点大企业资源计划（ERP）装备率超过 90%，推行 1~2 家企业完成智能制造试点示范专项行动。

（五）积极参与标准制修订工作，适应高质量发展需求

要结合国家标准化工作改革，加快标准的制修订和提升，加快产品质量的升级。鼓励

企业和社会组织制定严于国家标准、行业标准的企业标准和团体标准，将拥有自主知识产权的关键技术纳入企业标准或团体标准，促进技术创新、标准研制和产业化协调发展。鼓励地方行业协会，为提升地方产品质量而建立的标准联盟。

（六）加快"两型"企业建设，推进产业绿色制造

实施绿色改造升级。加快推广应用和全面普及先进适用以及成熟可靠的节能环保工艺技术装备。热轧全流程企业要全面推广封闭式环保原料场、烧结脱硫、余热回收；转炉（电炉）二次、三次除尘，钢渣高效处理及深度综合利用；热轧企业连轧管机组的连轧机、定减径机的除尘，综合污水再生回用；镀锌焊管、冷轧/拔酸洗生产线的酸雾/气的收集处理，废酸、污泥的处理再利用，废水的再生回用。重点研究酸洗液综合处理和在线的循环利用技术。全面建成企业厂区主要污染物排放的环保在线监控体系。

（七）深化对外开放，加快国际化进程

发挥我国钢管行业比较优势，顺应国际产业分工调整趋势，推动钢管企业深化国际产能合作。以"一带一路"沿线资源条件好、配套能力强、市场潜力大的国家为重点，不断完善与相关国家投资合作机制，发挥好企业的积极性和创造性，加快推动优势产能走出去，鼓励优势企业到海外建设生产基地和加工配送中心，带动先进装备、技术、管理对外输出。

（八）深入推动行业供给侧结构性改革

继续深化供给侧结构性改革，扩大优质增量供给。十九大报告将深化供给侧结构性改革列为经济工作的首要任务。因此，提高供给体系质量是未来几年建设现代化经济体系的主攻方向，要在深入开展去产能、去库存、去杠杆、降成本、补短板的同时，扩大优质增量供给，实现供需动态平衡。未来几年，钢管产业去产能的任务将继续推进，要坚决防止违规违建产能、"地条钢"以各种名义死灰复燃。

钢管产业未来要实现扩大优质增量供给，最核心的问题是要打破对原来路径的依赖，以市场化改革的手段推动创新，对技术、人才、管理、装备、资源、资本等所有要素进行"总动员"和"全释放"，进行科学有效的配置，加快构建与市场充分接轨的商业运行模式。对钢管产业来说，这是一个新的目标和挑战，同时也给下一步发展带来了一个重大的机遇。

改革开放助力河北钢铁工业快速增长
供给侧结构性改革推动转型升级高质量发展

——河北钢铁工业改革开放40年简述

河北省冶金行业协会

河北省地处京津周围，地理环境优越，地质矿产资源丰富。从燕山脚下到太行山麓，从漳水河畔到渤海之滨，燕赵大地蕴藏着丰富的铁矿和煤炭等资源，为发展钢铁工业提供了得天独厚的条件。新中国成立以来，近70年的坎坷发展，特别是历经改革开放40年的拼搏奋斗，河北省已成为中国钢铁工业重点省份之一，为我国和河北经济发展做出了巨大贡献。

一、改革开放40年，河北钢铁产业规模实现了由小到大的发展

1978年12月，党的十一届三中全会拉开了我国改革开放的序幕，全党全国的工作重点转移到以经济建设为中心的轨道上来，从而为我国钢铁产业的持续、平稳、健康发展奠定了坚实基础。河北钢铁产业作为我国钢铁产业重要的组成部分，经过几代钢铁人的拼搏奋斗，取得了举世瞩目的成就。

1978年，河北省生铁、粗钢产量分别为222.52万吨、145.49万吨，占全国产量的比重分别为6.4%、4.58%。可以讲，改革开放之初，河北省钢铁产业是比较薄弱的，产量规模在全国并不占据任何优势。1994年，河北省生铁产量1041万吨，首次突破1000万吨，占全国比重上升至10.69%，这是河北省生铁产量首次占全国比重超过10%；1997年，河北省粗钢产量1056万吨，首次突破1000万吨，占全国比重上升到9.7%；1999年，河北省粗钢产量为1304万吨，占全国比重为10.49%，这是河北省粗钢产量首次占全国比重超过10%。

2002~2013年，河北省生铁产量连续12年每年增产量超过500万吨。其中，有7年每年的生铁增产量超过了1000万吨。2007年生铁增产量达到了2243万吨，是生铁产量增长规模最大的一年；2001~2013年，河北省粗钢增产量连续13年超过500万吨。其中，有9

年每年粗钢增产量超过了1000万吨，2012年粗钢增产量达到了1992万吨，是粗钢产量增长规模最大的一年。2014年后，河北省各年生铁、粗钢产量有增有减，进入了生产总量动态调整期。因此，2001年至2013年，是河北省钢铁产业快速发展时期，是河北钢铁产业规模实现由小到大发展的关键时期。

2001年至2013年，伴随着产量规模的增长，河北省钢铁产业在全国的地位快速上升。2001年河北省生铁、粗钢产量分别为2177万吨、1970万吨，占全国产量比重分别为14%、12.99%；2004年河北省生铁、粗钢产量分别为5284万吨、5641万吨，占全国产量比重分别为20.98%、20.68%，这是河北省生铁、粗钢产量首次占全国比重超过20%；2013年，河北省生铁、粗钢产量分别为17028万吨、18849万吨，占全国产量比重分别上升至22.76%、22.93%。因此，回顾河北省钢铁产业改革开放40年的发展历程，重点要总结好2001年至2013年的成功与不足之处。

二、河北省钢铁产业改革开放40年的四个发展阶段

1978年12月，党的十一届三中全会拉开了我国改革开放的序幕，全党全国的工作重点转移到以经济建设为中心的轨道上来，从而为我国钢铁工业的持续、平稳、健康发展奠定了坚实基础。河北钢铁工业作为我国钢铁工业重要的组成部分，经过几代钢铁人的拼搏奋斗，取得了举世瞩目的成就。改革开放以来，河北钢铁工业发展大体分为四个阶段，每个阶段都取得了长足的发展。

（一）改革开放初期（1978~1992年），河北国有企业释放活力

这一阶段中国钢铁产业的改革开放是从高度集中的计划经济体制向社会主义市场经济过渡，国营钢铁企业逐步成为独立的市场主体。在此背景下，河北省政府扩大了国有钢铁企业自主经营权，推行责、权、利相结合的经济责任制，实行产品价格、物资供应、产品销售等"双轨"体制，建设投资和流动资金由拨款转变为银行贷款，初步调整了政府与企业的责权利关系，明确了企业利益主体地位，大大增强了企业的活力。

1979年7月，国务院下发了《关于扩大国营工业企业经营管理自主权的若干规定》。同年9月，唐钢等企业被河北省政府作为扩权试点企业，试点企业实行利润留成制度，企业在生产计划、产品销售、留成资金使用、中层干部任免和联合经营等方面拥有了部分自主权。1980年6月，河北省冶金工业局改革管理体制，成立河北冶金工业总公司，实行上缴利润递增包干，打破了国家与企业、企业与职工在经济利益分配上的"大锅饭"，为全

省工业管理体制改革提供了有益启示，在全省，乃至全国第一个率先实行以省冶金工业总公司为承包单位的省直属冶金企业的利润递增上交包干总承包（1980~1984 年）；1988 年又转换和发展成河北冶金企业集团公司，成为具有法人资格的经济实体，并进行了第二轮的上缴利润包死基数的"三包一挂"总承包（1987~1991 年），以及第三轮承包（1992~1996 年）。在企业领导体制上，实行厂长负责制，1984 年有 9 家冶金企业作试点，到 1986 年底，唐钢、邯钢、宣钢、承钢、邢钢、石钢等大部分省属钢铁企业实行了厂长（经理）负责制，以后逐步扩大到全行业。

从 1989 年开始，钢铁行业面临着资金紧张、市场疲软、原燃料大幅涨价的外部环境，全省钢铁行业效益大幅下滑。在此严峻困难形势下，1991 年邯钢创立了"模拟市场，成本否决"的邯钢经验，1992 年河北冶金企业集团公司在省内各钢铁企业推广学习邯钢经验，当年扭转了连续两年经济效益严重下滑态势，邯钢被国务院树为全国学习的先进典型，成为工业战线的一面旗帜。

这 14 年，河北钢铁行业立足现有企业，走"挖潜、改造、配套、扩建"的路子，企业依靠自筹、银行贷款，不断进行技术改造，并配套和新建了一批钢铁项目，全行业的技术装备水平大幅提升，技术经济指标、产品产量、品种结构和质量水平大幅提高。1989 年9 月唐钢 1 号 1260 立方米高炉建成投产（1993 年 12 月唐钢 2 号 1260 立方米高炉投产），1989 年 10 月宣钢 1260 立方米高炉建成投产，1992 年 6 月邯钢 1260 立方米高炉建成投产。20 世纪 80 年代末 90 年代初唐钢、邯钢、宣钢 4 座 1260 立方米高炉的建成投产，开启了河北省炼铁装备大型化的先河，为炼铁装备大型化积累了经验奠定了基础。此期间，炼钢、轧材及矿山、烧结、焦化、制氧等通过技术改造和新建，实现了初步配套，铁钢材生产能力得到提升。1992 年，全省钢铁行业完成生铁 683.37 万吨、粗钢 502.96 万吨、钢材 683.37 万吨，分别比 1978 年增长 3.07 倍、3.46 倍、4.26 倍；全省冶金系统实现利税 17.22 亿元，比 1991 年增长 121%，创历史最好水平；签订对外合作项目 20 项，利用外资 9786 万美元，出口创汇 9560 万美元，对外开放格局逐步形成；主要消耗指标明显改善，全年钢铁行业实现节能总量约 21 万吨标准煤；全省连铸比达到 40.78%，居全国先进水平。

（二）社会主义市场经济初期（1993~2000 年），河北国有钢企大发展

从党的十四大到 2000 年，是中国初步建立社会主义市场经济体制的阶段。中国钢铁产业发展的突出特点，一是适应市场经济体制，1993 年国家基本取消了钢铁产品的指令性计划，全面放开钢铁产品价格，终结了钢材价格"双轨制"，企业完全根据市场需求决定生产、销售和价格，钢铁企业真正成为参与市场竞争，独立承担盈亏的市场主体；二是以

市场需求为导向，实施结构优化调整，提高综合竞争力。这一阶段，河北钢铁产业在生产经营、结构调整、科技进步、体制改革、对外开放等多个方面实现大发展。

一是企业转机改制，整体推进现代企业制度取得实质性进展。1993年，邢台冶金机械轧辊厂改制为股份有限公司，之后唐钢、邯钢和承钢分别组建了钢铁股份有限公司，宣钢组建了宣钢热电股份有限公司，石钢、邢钢、河北冶金研究院也分别组建了股份有限公司。企业完成股份制改造后，河北省冶金厅和企业紧紧抓住股票上市的契机，1994年到2002年唐钢、邯钢、邢机、承钢等企业股票先后上市，为企业的发展壮大奠定了坚实基础。1996年，列入省考核的唐钢、邯钢、承钢、邢机四家企业初步建立起现代企业制度框架，实现了从工厂制向公司制转变，根据《公司法》设立了董事会、监事会和经理层的公司治理结构，分别行使决策权、监督权和执行权。宣钢、邢钢、石钢等企业基本完成了国有独资公司改制。1997年初步建立起现代企业制度的基本框架，到2005年，全省国有钢铁企业基本建立起"产权清晰、权责明确、政企分开、管理科学"的现代企业制度。此期间，采取改组、联合、兼并、破产、租赁、承包、托管等多种形式，放开放活中小企业，转机改制工作取得了突破性进展。

1996~2000年，河北钢铁行业在国有钢铁企业开展了"精干主体、分离辅助、减员增效"工作，提高了企业劳动生产效率。省属唐钢、邯钢、宣钢、承钢、石钢、邢钢六大国有钢铁企业2000年比1995年实际减少了75602人，减员幅度达到47%，钢产量实物劳动生产率由1995年的每人36吨，增长到每人123.6吨，增长幅度为243.3%。

二是跨入千万吨级钢铁大省行列，经济效益明显好转。铁钢材产量大幅提高，2000年完成生铁1709.23万吨、粗钢1230.10万吨、钢材1306.50万吨，分别居全国第1位、第3位、第4位。经济效益好转，2000年，全省钢铁行业实现利税39.6亿元，利润19.61亿元。1995年实现利润居全国钢铁行业第4位，1996年跃居第2位，并连续保持到2000年。钢材出口大幅增加，2000年钢材出口创汇2.07亿美元，创历史上最高水平。

三是主体工艺技术装备提高到一个新水平。1998年唐钢建成投产的2560立方米高炉，成为河北省第1座超过2000立方米级的大高炉。1998年8月至2000年6月邯钢从德国蒂森克虏伯引进的二手设备，第2座2000立方米高炉建成投产。唐钢于1999年6月淘汰了原4座6吨氧气侧吹转炉，建成投产2座150吨氧气顶底复吹转炉。邯钢3座120吨氧气顶底复吹转炉分别于1997年12月、1998年1月、2000年2月建成投产。此阶段，河北钢铁工业装备大型化、现代化迈出了重要一步。炼铁高炉最大容积达到2560立方米，平均炉容为每座523立方米；炼钢转炉最大吨位150吨，平均吨位每座41.7吨；轧钢工序淘汰了开坯和多火成材工艺，2000年小型、线材连轧比达到66.11%，高于全国平均水平

17. 11 个百分点。

四是产品结构优化，产品质量明显提高。过优化产品结构和工艺技术结构，到 2000 年，全省板管带比达到 34.01%，高附加值和高技术含量产品的比重明显增大，形成了中厚板、含钒螺纹钢筋、优质碳素结构圆钢、高速工具钢材、优质线材等一批拳头产品，特别是具有国际先进水平的邯钢连铸连轧薄板填补了国内空白。

五是各项技术经济指标得到全面改善。大力推进"高炉喷煤粉、连续铸钢、溅渣护炉、热装热送"等六大共性先进技术改造老企业，技术经济指标大幅度改善。到 2000 年，炼铁入炉焦比达到每吨 455 千克，喷煤比达到每吨 105 千克，连铸比达到 95.60%，高于全国平均连铸比 13.81 个百分点。省重点钢铁企业吨钢综合能耗，突破了吨钢吨能大关，达到 914 千克标准煤。

（三）改革开放逐步深化期（2001～2013 年），河北钢铁产业规模实现跨越式发展

2001 年以来，中国改革开放进入了新的历史阶段，河北和全国钢铁产业发生了巨大变化和进步。一是 2001 年中国加入世贸组织，钢铁产业进一步融入全球市场；二是行业行政管理体制发生重大变革，政企彻底分开；三是企业制度改革进一步深化，产权结构呈现多元化趋势；四是由注重规模扩张向注重品种质量转变，向发展循环经济、降低能耗物耗、资源综合利用和保护环境转变；五是钢铁企业并购重组步伐加快；六是利用国外铁矿石资源达到前所未有的水平。受市场需求拉动和利益驱动的双重影响，河北民营钢铁企业迅速崛起，河北省形成了国有、民营两种经济成分共同拉动河北省钢铁产业发展的新局面。

一是钢铁产品产量快速增长，成为全国第一钢铁大省。2002 年，河北省生铁产量 2921 万吨、粗钢产量 2660 万吨、钢材产量 2510 万吨，均居全国第 1 位，并保持至今。钢铁产业作为河北省重要的支柱产业，不仅为中国经济发展对钢铁产品的需求提供了有力支撑，也为河北省经济健康较快发展提供了有力支撑。多年来，河北省钢铁产业实现利税、利润、工业增加值占全省工业的比重一直位居首位。

二是民营钢铁迅速崛起，成为河北钢铁产业的重要力量。2000 年以前，河北民营钢铁企业装备水平低、规模小、产品单一；2001 年，民营钢铁企业铁、钢、材产量分别为 426 万吨、473 万吨、319 万吨，粗钢产量 50 万吨以上的仅有 5 家企业。2002 年以来，河北民营钢铁企业发展迅猛。2003 年唐山建龙、津西钢铁率先跻身中国企业 500 强，此后逐年增多，河北敬业、纵横钢铁、唐山国丰、唐山瑞丰、唐山港陆、河北文丰、普阳钢铁、邢台钢铁、德龙钢铁等企业均曾进入过中国企业 500 强行列。2010 年，民营钢铁企业完成生铁

7699.6万吨、粗钢8519万吨、钢材11138万吨，分别占全省铁、钢、材产量的56%、59%和66%。到2010年，民营钢铁企业的钢材品种除中小型材、热轧窄钢带、线材等产品外，扩大到铁道用钢材、大型型钢、厚钢板、中板、热轧薄板、冷轧薄板、中厚宽钢带、热轧薄宽钢带、冷轧薄宽钢带、镀层板（带）、涂层板（带）等多个品种。

三是技术装备水平大幅提升。到2010年底，全省1000立方米及以上高炉108座，占炼铁产能的52.33%，100吨及以上转炉98座，占炼钢产能的52.97%；河钢邯钢具有国际先进水平的薄板坯连铸连轧生产线建成投产；H型钢、中厚板、冷、热轧宽钢带、涂（镀）层板（带）等一批具有国内先进水平的生产线建成投产。干熄焦、高炉喷吹煤粉、炉外精炼、转炉负能炼钢、蓄热式轧钢加热炉等先进工艺技术得到了广泛应用。

四是产品结构调整取得明显成效。高技术含量、高附加值产品的比重逐步增加。冷轧薄板、冷轧薄宽钢带、涂（镀）层板（带）、热轧薄宽钢带、中厚宽钢带、中厚板等6个钢材品种，2010年完成6480万吨，占钢材总量的38.7%。多项钢材产品获得中国冶金产品实物质量金杯奖，"舞钢"牌被评为中国驰名商标，河钢邯钢公司的汽车用钢、河钢承钢公司的高强钢筋，邢钢公司的全系列线材，津西钢铁的H型钢等一批产品享有良好声誉，成为知名产品。

五是技术进步成绩显著。企业的技术中心、博士后科研工作站和"产、学、研"合作在行业技术进步中发挥了支撑作用。高效低成本冶炼、精炼、控冷控轧等一批关键技术得到推广应用，在工艺技术、新产品开发、节能环保方面涌现出一批有自主知识产权的高水平成果。河钢唐钢、河钢邯钢的大转炉实现了"一键式"炼钢，河钢邯钢掌握了高炉低硅冶炼、板坯轻压下等核心技术。随着装备水平提高，工艺优化，企业技术创新和管理创新，各项技术经济指标有了很大改善。如重点钢铁企业的烧结、炼铁、转炉、轧钢的工序能耗分别达到每吨51.47、402.77、-1.50、48.15千克标准煤，吨钢综合能耗、可比能耗分别达到每吨585.12、574.41千克标准煤；高炉煤气、转炉煤气、焦炉煤气利用率分别达到96.74%、89.18%、99.39%；高炉利用系数达到3.08吨/（立方米·日），转炉钢铁料消耗达到每吨1071.52千克，轧钢综合成材率达到97.67%，以上指标均处于国内先进水平。

六是企业联合重组实现突破。2004年，唐山国丰、银丰、新丰三家钢铁企业重组为唐山国丰钢铁有限公司，此后唐钢集团、唐山渤海钢铁集团、唐山长城钢铁集团、河北新武安钢铁集团、河北津西钢铁集团相继成立。新兴铸管股份公司、唐山建龙实业有限公司也相继在省内外并购重组。2005年10月22日，首钢京唐钢铁联合有限责任公司在曹妃甸港挂牌成立，首钢京唐于2007年3月开工建设，2010年6月一期工程建成投产。特别是2008年6月30日，由原唐钢集团和邯钢集团联合组建的河钢集团有限公司正式成立，形成了以钢铁为主业，横跨钢铁、资源、制造、金融、物流五大板块，拥有唐钢、邯钢、宣钢、承钢、舞钢、矿业、石钢、销售、采购、国际物流、钢研总院、国贸、财达证券、衡板、宣工、燕山大酒店 16 个子（分）公司；河钢集团按照"发展规划、资产管理、资本运作、投资管理、财务资金、人力资源、市场营销"七统一的原则，建立健全集团管控体系，有效发挥整合优势和协同效应，成为国有大型企业实质性整合的样板。2009 年，在严峻的市场形势下，河钢集团完成粗钢 4024 万吨、钢材 3564 万吨，实现利润 30 余亿元，跻身世界 500 强，实现了河北省企业世界 500 强零的突破。

（四）经济发展进入新常态（2014 年以来），河北钢铁产业推进供给侧结构性改革见成效

2014 年以来，我国钢铁产业供求严重失衡、产能严重过剩的矛盾日益突出，同时资源供给受制于人，环境约束突出，国内产品同质化竞争加剧，高成本、低价格、低效益等诸多矛盾和问题。全面认识新常态，主动适应新常态，加快转变发展方式，努力提高发展质量和效益，是我国钢铁产业持续健康发展的必由之路。河北省作为钢铁大省，紧紧抓住难得的历史机遇，开拓创新，攻坚克难，特别是党的十八大以来，河北钢铁行业转型发展取得了突出成效。

一是坚定不移地执行中央和省的决策部署，打好化解钢铁过剩产能攻坚战。2013～2017 年，河北省压减退出炼钢产能 7192 万吨、炼铁产能 6508 万吨，省委、省政府提出的"6643"任务圆满收官。其中，2016 年、2017 年压减退出炼钢产能 4378 万吨、炼铁产能 3893 万吨，超额完成了国家下达的压减任务。同时，按照国家要求，31 家使用感应炉生产"地条钢"的企业于 2017 年 6 月底全部出清，并通过国家核查验收。2017 年末，河北省炼钢、炼铁产能由 2011 年的峰值 3.2 亿吨、3.17 亿吨分别减至 2.3872 亿吨、2.4401 亿吨，钢铁冶炼厂点由 148 个减至 87 个，企业由 123 家减至 67 家。河北省钢铁行业为我国化解钢铁过剩产能做出了重大贡献。

二是坚持绿色发展，节能环保工作再上新台阶。河北省钢铁企业按照绿色发展要求，增强绿色转型的责任感、紧迫感，加大资金、人才、技术研发等各方面投入，节能减排技术全面升级，吨钢能耗逐年下降，吨钢主要污染物排放量逐年减少。河钢唐钢 2013 年被评为钢铁行业仅有的两家"全国清洁生产示范企业"之一，被誉为"世界上最清洁的钢厂"，成为全行业绿色发展的学习榜样。

三是以市场需求引领研发方向，产品升级取得重大进步。河北钢铁行业主动适应新常态，主动适应日益严厉的环保约束，竞争环境的能力明显提升，各企业主动对接市场和客

户，产品提档升级取得新进展，钢材品种基本实现了全覆盖。一是高技术含量高附加值产品产量快速提高，高端装备制造用钢的有效供给能力明显提升。汽车用钢、高铁用钢、核电用钢、海洋工程用钢、家电板、造船板、管线钢等关键品种的产量和市场占有率不断提升；二是满足下游行业需求的量大面广的产品品质和稳定性有所提升。

四是改革创新多措并举，在全国同行业保持较好盈利水平。河北省钢铁企业积极推行管理创新，实行全方位精细管理、全方位对标挖潜；强力推进技术创新，主动对接市场，依靠产品开发和产品质量提升提高国内外市场竞争力；加快实施多元化经营和不断提升国际化水平。通过全行业努力，河北省钢铁行业的盈利水平一直保持在全国钢铁行业的前列。特别是形势最为严峻的 2015 年，中国钢铁协会会员企业（占全国粗钢产量 78.82%）亏损 645 亿元，吨钢利润-101.86 元，同期河北钢铁产业（占全国粗钢产量 22.40%）实现利润 93 亿元，吨钢利润 49.44 元。随着去产能、清除"地条钢"和转型升级举措的推进，全省钢铁行业经济效益进一步提升，2017 年全省钢铁产业主营业务收入达到 1.303 万亿元，实现利润 714.37 亿元，吨钢利润达到 355.87 元。

五是积极参与"一带一路"建设，抢抓京津冀协同发展机遇。河钢集团以打造中国—中东欧国际产能合作和"一带一路"建设标志性工程为目标，全面提升河钢塞尔维亚公司经营发展质量，2017 年产钢 140 万吨，实现利润 2 亿元，创该公司建厂以来历史最好水平，成为中塞务实合作，以及中国和中东欧国家产能合作的样板，多次受到党和国家领导人的肯定和赞扬。2015 年 9 月，德龙钢铁泰国热轧带钢项目建成投产，2017 年 6 月德龙钢铁与印尼摩罗哇里工业园发展公司签署合作谅解备忘录，投资 16.3 亿美元建设年产 350 万吨的碳钢厂。2016 年 8 月，文安钢铁与中冶集团签署合作备忘录，双方将在马来西亚共同投资 30 亿美元建设 500 万吨钢、300 万吨水泥、200 万吨焦炭的资源综合利用型钢铁企业。

改革开放 40 年，河北钢铁工业发生了翻天覆地的变化，实现了由小到大、由弱到强的转变，为全省经济社会发展做出了重要贡献。同时，由于多年来钢铁规模的快速扩张和无序发展也造成了产能过剩、资源环境难以支撑等不可持续的共性问题。特别是 2014 年以来，随着中国经济增长方式的转变，河北钢铁工业进入了化解过剩钢铁产能、转型升级、绿色发展的新阶段。

三、河北钢铁行业改革开放 40 年的经验与不足

（一）成功经验

经过改革开放以来特别是近十多年的发展，市场配置资源的作用不断加强，促进了河

北民营钢铁企业的发展与繁荣，实现了各种所有制形式的钢铁企业在河北省内协同发展的良好局面；同时河北省钢铁产业在产品结构、组织结构、技术装备等方面不断进步，管理体制与机制不断创新，企业自主创新能力不断增强，节能环保水平亦在不断提升。突出的成功经验有以下四个方面。

一是形成了完整的钢铁产业体系。河北省钢铁产业拥有完备的采矿、选矿、烧结（球团）、焦化、炼铁、炼钢、轧钢、金属制品及辅料等生产工序，这是河北省钢铁企业，特别是民营钢铁企业实现快速发展、保持低成本竞争力的关键。2017年，河北钢铁产业主营收入13025.19亿元，利润714.37亿元，分别占全省工业的25.1%、22.91%。

二是产品创新带动企业产品结构升级。经过多年来的发展，河北省钢铁企业研制和生产出一大批钢铁精品，包括高压油气输送用管线钢、高强汽车板，以及机械、发电设备、家电、造船、国防军工所需关键品种，如在国产大飞机C919、神舟载人飞船、"嫦娥"探月工程、"中国天眼"射电望远镜等诸多重大科技成果以及国内外重大工程上，河钢集团产品得到广泛应用；津西钢铁实现了钢板柱全覆盖，大型H型钢为钢结构发展提供了产品和技术支撑；普阳中厚板赢得国内外品质信赖，出口到日韩、欧美和东南亚等70多个国家和地区，中厚板出口量连续10年保持河北第一；邢钢精品线材500多个钢种2300多种产品涵盖冷镦钢、帘线钢、弹簧钢、轴承钢、预应力钢、焊接用钢、纯铁等碳钢17大系列产品和不锈钢系列产品。当前，河北省部分高端钢铁产品已经形成规模优势，如家电板、商用车特钢市场占有率全国第一，汽车板、乘用车特钢市场占有率全国第二。

三是河北省钢铁企业在管理创新方面始终走在全国前列。20世纪90年代，河北涌现出邯钢经验，近18年涌现出唐钢绿色发展经验、新兴铸管模拟法人管理经验等。河北省多数钢铁企业在管理制度与组织结构上逐步完善，建立了规范的、符合现代企业制度要求的公司股权架构。全面质量管理、全员安全管理、目标管理、绩效管理和全面预算管理等比较成熟的管理方法在企业中应用越来越普遍，风险管理、价值管理和六西格玛管理等方法已在部分企业实施。各企业在激励机制上不断创新，正在成为企业留住优秀员工和吸引业内优秀人才的有力工具。信息化已经成为企业普遍采用的管理手段。

四是持续推进技术创新。经过多年的建设与发展，河北省钢铁产业现已初步建立起技术创新体系。企业的技术中心、博士后科研工作站和"产、学、研"合作在行业技术进步中发挥了支撑作用。高效低成本冶炼、精炼、控冷控轧等一批关键技术得到推广应用，在工艺技术、新产品开发、节能环保方面涌现出一批有自主知识产权的高水平成果。河钢唐钢、河钢邯钢的大转炉实现了"一键式"炼钢，河钢邯钢掌握了高炉低硅冶炼、板坯轻压下等核心技术。敬业钢铁与东北大学合作，总投资30亿元建设国内首套高品质薄带铸轧生产线；投资 23 亿元首创国内 3D 打印用金属粉末生产工艺，投产并扩建了 3D 打印开发中心、超高速激光熔覆技术生产线，将成为全流程增材制造公司。

（二）发展过程中存在的不足

河北省钢铁产业规模实现了由小到大，如 2017 年底全省具有冶炼能力的钢铁企业 87 家，粗钢产能 2.4 亿吨，从业人数约 40 万人，均为全国第一。当前及今后一段时期需要实现由大到强。目前河北钢铁产业突出表象问题是发展的不均衡性，一是产业组织结构的不均衡性，行业内既有河钢集团这样的全国领军型企业，又存在着大量的中等规模（粗钢年产量 100 万~300 万吨）的钢铁企业；二是产品结构的不均衡性，既有一定数量的高端产品，但更多企业以低端产品为主；三是生产装备的不均衡性，如既有 4000 立方米以上的大高炉，又存在相当数量的小高炉；四是布局的不均衡性，既有首钢这样沿海布局的千万吨企业，又在内陆存在大量的中小型钢铁企业；五是企业个体发展的不均衡性，既有唐钢这样世界一流的绿色发展企业，又有大量的中小型企业在环保方面不达标，甚至是违规生产、违法排放。这些不均衡性表明河北省钢铁产业在全国范围内虽然具有体量上的优势，但是内在发展质量与产业体量并不匹配，主要体现在以下五个方面。

一是高端产品比例与产业体量不匹配。河北钢铁产业钢材品种虽然基本实现了全覆盖，但按照钢铁产品使用档次划分，高端产品仅占 10%，中高端占 25%，中端占 42%，中低端占 16%，低端占 7%，即中低端产品占据了 65%，而且高端产品占全国高端产品的比重明显偏低。同时，高端产品在实物质量的稳定性、一致性等方面存在不足；多数钢铁企业在钢材深加工能力不足，产品同质化较为严重，知名品牌少；高铁所需齿轮钢、轴承钢还不能生产；桥梁钢结构所需耐候板和汽车、家电产业所需的高档冷轧板、镀锌板和取向硅钢等尚未形成规模，河北省内的长城汽车所需冷轧板仍主要依靠宝钢和鞍钢供应。

二是产业布局与产业体量不匹配。从地域来看，河北省的钢铁企业一是区域集群现象突出。其中，唐山市炼铁、炼钢设备能力占全省的 50%、53.8%，邯郸市分别占全省 20%、17.34%，这两个城市承担着钢铁产业所带来的巨大环保压力；二是多数河北钢铁企业区位优势逐渐丧失，目前仍有一半以上钢铁产能分布在城市建成区及周边地区，沿海临港和有资源优势的地区的钢铁产能仅占全省总产能的 40%；三是河北省是钢材净流出地区，中国钢铁产业协会对其河北地区会员企业钢材流向统计显示，2017 年河北省钢铁企业仅有 37.29% 的钢材在本省内消费，其他钢材都需要销往省外或出口，这无疑使河北钢铁企业要承担较高的物流费用，同时需要提高产品档次来保持已有的外部市场份额。

三是多数企业装备水平与产业体量不匹配。2017 年底，河北省钢铁企业 1000 立方米及以上高炉产能占总产能的比重达 70.5%，100 吨及以上转炉产能占总产能的比重达 64%，高于全国平均水平。但是多数民营钢铁企业的高炉容积未超过 2000 立方米，转炉公称吨未超过 200 吨。目前，冶炼设备的大型化已是新日铁等世界知名钢铁企业的基本发展路线，并已被证明是成功的发展路线。因此，河北钢铁企业装备水平需要大幅度的提高。

四是多数企业创新能力与产业体量不匹配。河北钢铁企业研发投入相对较低，特别是在新材料研发投入明显不足；研发机构数量少，高端产品研发人才缺乏，具有国家技术中心数量少（国家认定的 28 家钢铁（制品）企业技术中心，河北作为钢铁大省只有唐钢、邯钢、新兴铸管等 3 家入围）、高新技术企业少、专利特别是发明专利数量相对较少，至今全省没有独立企业之外的专门从事钢铁新材料研发机构。两化深度融合有待提高，单项覆盖向集成提升有待进一步加强。

五是企业个体规模与产业体量不匹配。河北省目前千万吨级钢铁企业数量明显缺偏少，省内钢铁企业竞争强度偏高。近年来，虽然先后组建新武安、渤海钢铁、冀南钢铁、太行钢铁、永洋钢铁等集团公司，但总体上看兼并重组未进入实质性阶段，由于各种原因产能置换退城进园项目进展缓慢。

四、河北省钢铁产业未来发展方向

我国经济已由高速增长阶段转向高质量发展阶段，钢铁产业发展的主要矛盾已经转变为持续满足更高要求、与生态环境和谐友好共处、实现可持续运营的高质量发展的矛盾。河北钢铁产业更要紧紧抓住供给侧结构性改革、京津冀协同发展、雄安新区和"一带一路"建设战略机遇期，坚决贯彻供给侧结构性改革的各项要求，做好存量和增量两个维度上的改革，切实推动"三大转变"（推进中国制造向中国创造转变，中国速度向中国质量转变，制造大国向制造强国转变）。

总体发展思路：一是以装备大型化、产品高端化、服务信息化为主攻方向，着力推进河北省钢铁产品结构、工艺结构的调整与优化，推进钢铁产业由传统制造向智能制造升级，不断满足国民经济及下游用户对钢铁产品的需求；二是要着力实现河北省钢铁产业低碳绿色发展，达到与环境和谐友好；三是要着力实现河北省钢铁产业高质量可持续运营，实现全行业的均衡发展。力争通过数年的艰苦努力，真正实现传统钢铁产业的转型升级、高质量发展。需要做好以下几方面工作。

（1）坚决有序化解过剩产能。贯彻落实《河北省钢铁行业去产能工作方案（2018～

2020 年)》，综合运用市场、法律和必要的行政措施，强化标准倒逼作用，依法依规促使过剩钢铁产能有序退出，严防"地条钢"死灰复燃。2018 年压减退出钢铁产能 1200 万吨，2019 年压减退出钢铁产能 1400 万吨，2020 年压减退出钢铁产能 1400 万吨，到 2020 年底全省钢铁产能控制到 2 亿吨以内。此目标是破解河北结构性矛盾和实现高质量发展的关键举措，必须攻坚克难下大力量实现。

（2）大力推进改造升级，实现装备大型化。鼓励钢铁企业加大研发投入，开展先进工艺装备应用性研究，加快高端、优质、高附加值产品开发，实现装备升级、质量提升、产品上档。到 2020 年，除特钢和符合《铸造用生铁企业认定规模条件》的铸造高炉外，通过产能减量置换，对 1000 立方米以下高炉、100 吨以下转炉全部进行主体装备大型化改造，完不成的就地关停退出，通过改造升级使全省钢铁行业主体装备达到国内领先水平。同时，鼓励有条件企业发展短流程炼钢，但前提是不新增钢铁产能。

（3）加快产品提质上档，延伸钢铁产业链条。一是围绕市场需求，国家需要，依照《河北省产业结构调整优化和产业导向目录》加大钢材产品开发研发力度，重点在高铁用钢、汽车用钢、造船用钢、建筑用钢、模具钢、高速工具钢、电工钢、高级管线钢等高端冶金材料上下硬工夫，以优质的产品质量挤进高端产品市场，占领重点工程项目。二是支持发展装配式钢结构住宅、钢结构桥梁和钢结构立体停车场，建立钢结构配件配送中心，生产加工标准化钢结构配件，进一步拓宽钢结构产品种类。三是鼓励大型钢铁企业发展现代物流、电商平台等非钢产业，推动钢铁企业由传统的材料供应商向综合服务商转变。四是通过发展钢材深加工延伸产业链，由钢铁产品向钢铁制品转化，实现增值增效。五是组建两个创新中心。河北省钢铁产业智能制造创新中心要以长流程的钢铁冶金流程为基本研究对象，借助先进检测技术、机器人技术、大数据、云计算、人工智能等，提升企业智能制造水平；河北省钒钛新材料制造业创新中心要进一步加大提升钒钛技术创新和产业化应用能力等方面的研究，拓展钒钛材料应用新领域，建设多项钒钛资源清洁利用和钒钛高端材料生产制备示范工程，促进钒钛产业链延伸、新兴产业崛起和传统产业升级改造。

（4）加快推进钢铁产业绿色发展。牢固树立绿色发展理念，正确把握生态环境保护和产业发展的关系，进一步加快绿色化改造，推广应用先进绿色制造技术，推进实施超低排放改造，提升行业资源能源利用和清洁生产水平。充分发挥行业绿色工厂的标杆示范作用，加强技术交流，鼓励钢铁企业推进与建材、电力、化工等产业及城市间的耦合发展，建设绿色工业园区，带动行业整体绿色提升。加快能耗、水耗、清洁生产等标准的修订，鼓励制定严于国家标准、行业标准的企业标准，提升钢铁行业绿色发展标准化水平。争取到 2020 年钢铁企业基本完成超低排放改造，行业节能减排水平全国领先，冶炼固体废弃物利用和处置率达到 100%；吨钢综合能耗保持在 570 千克标准煤以下，单位工业增加值能耗持续优先于全国平均水平。

（5）依靠科技进步创新驱动，提升钢铁产业创新能力。唯有创新才能实现高质量发展，也是实现河北钢铁行业转型升级、建设钢铁强省的必由之路。一要加快创新体系建设，充分发挥创新平台的引领作用，提升持续创新能力。二要鼓励企业加大研发投入，推动全省钢铁企业普遍建立研发机构，到 2020 年，行业研发投入占主营业务收入比重超过全国平均水平。三要鼓励行业领军企业、高校、科研院所合作共建精品钢制造业创新中心。四要大力弘扬工匠精神，做实全面质量管理，提升企业整体精益管理水平。五要随着钢铁产业高质量发展步伐的加快，无论是国有还是民营钢铁都要高度重视高端人才聚集和培养，实现"创业的一代"向"创新的一代"过渡。

（6）抓住重要机遇期，推动产能域外转移。优势钢铁企业要积极参与"一带一路"沿线国家重大工程建设，以东南亚、中亚、非洲、拉美、中东欧等国家为重点，有针对性地开展项目洽谈和对接。通过产能交易或省外建厂实现钢铁产能域外转移。发挥河钢塞钢示范效应，扩大与中东欧国家合作，进一步拓展欧洲市场。面向印度尼西亚、马来西亚、越南、巴基斯坦、印度等亚洲周边国家及非洲重点国家，鼓励会员钢铁企业利用现有生产设备开展投资，支持德龙钢铁印尼项目、新武安钢铁马来西亚项目、武安新峰埃及项目等，支持河北文丰实业、迁安九江线材等企业在境外开展铁矿资源开发，为河北省钢铁生产提供原料资源保障。

（7）深入两化深度整合，推进智能制造。全面推进互联网、大数据集成、人工智能和钢铁产业的深度融合，实现人、设备、产品等制造要素和资源的实时联通，推进生产方式的定制化、柔性化、绿色化、网络化和智能化，推动钢铁产业的智能制造。

（8）推进整合重组，优化产业布局。按照河北省"十三五"发展规划和《河北省钢铁产业结构调整实施方案》，到 2020 年形成以河钢、首钢 2 家特大型钢铁集团为引领，3 家地方大型钢铁联合企业为重点、10 家特色钢铁企业为补充的"2310"钢铁产业格局目标，加快推进唐山、邯郸地区的钢铁企业联合重组步伐，通过整合重组实现压减钢铁过剩产能、装备大型化和优化产业布局，打造钢铁精品基地，提升河北省钢铁产业的综合竞争实力。

（9）加快推进企业发展方式转变。钢铁企业实现转型升级就是要从数量扩张为主向品种质量效益转变，由钢铁生产商向钢铁材料制造和服务商转变，依据企业的比较优势，构建企业的差异化发展战略和相应的企业组织架构，激励和约束机制的企业文化。在经营理念上，完成由生产销售导向型向用户为中心导向转变，构建起先期研发介入、后期持续跟踪改进的服务体系。加快企业由市场为导向转向以用户为导向的理念转变；在发展战略上，实现向专业化基础上的规模化、差异化方向发展。加快从规模生产型向服务制造型的企业架构转变，加快适应市场变化、快速反应的决策机制转变，加快产品结构由同质化竞争向差异化发展的战略转变；在发展方式上，由依靠要素投入、追求数量扩张向注重自主创新、提高发展质量效益转变。加快由依靠要素投入转向依靠提高效率的经营模式转变；在营销模式上，实现向现代配送加工、电子商务营销方向转变，实现公开、透明的市场发现价格机制；在经营领域上，全面实现钢铁生产制造、能源转换、社会废弃物消纳"三大功能"；适度发展多元产业，实现与钢铁主业互为补充、互为支撑的格局。

新思想引领新时代，新使命开启新征程。河北钢铁行业在河北省委、省政府的领导下，在中国钢铁工业协会的指导下，高举习近平新时代中国特色社会主义思想伟大旗帜，深入贯彻落实党的十九大精神，锐意进取、埋头苦干，全力推进河北钢铁工业转型升级高质量发展，为开创新时代全面建设经济强省、美丽河北新局面做出更大的贡献。

40

大事记

DASHIJI

改革开放后钢铁工业大事记

1978 年

12 月 18~22 日，党的十一届三中全会在北京举行。以这次会议为标志，开启了我国改革开放的历程。

12 月 23 日，上海宝山钢铁总厂举行动工典礼。这是我国成套引进技术设备建设的第一个现代化大型钢铁基地。

1978 年全国产钢 3178 万吨。

1979 年

2 月，冶金工业部成立综合利用环境保护办公室。4 月 10 日，冶金工业部向中央报送《关于冶金工业环境保护工作的报告》，报告提出"全面规划、科学管理、预防为主、防治结合，改革工艺，综合利用"的治理工作方针。

3 月 14 日，陈云、李先念就经济工作问题给中央一封信，提出钢的发展方向，不仅要重数量，而且更要重质量，要着重调整我国所需的各种钢材之间的比例关系。钢的发展速度要照顾到各行业发展的比例关系。

5 月 25 日，国家经济委员会等六部门联合下发《关于在京、津、沪三市 8 个企业进行企业管理改革试点的通知》。这次改革试点，冶金工业中首都钢铁公司确定为 8 家企业实行利润递增包干制度管理改革试点单位之一。

5 月 31 日，冶金工业部在承德召开钒钛磁铁矿高炉冶炼技术鉴定会。钒钛磁铁矿高炉冶炼是我国首创的新工艺，为国内外冶炼高钛型钒钛磁铁矿闯出一条新路，超过世界现有冶炼水平。该项成果获国家发明奖一等奖。

7 月 13 日，国务院印发《关于扩大国营工业企业经营管理自主权的若干规定》文件，首钢成为第一批体制改革试点企业。

7 月 21 日，邓小平在上海接见上海市委常委时说，宝钢，国内外议论多，我们不后悔，问题是宝钢工程要搞好，第一要干，第二要保证干好。

8 月，冶金工业部部长唐克带队到上海调研，寻求搞活企业的对策。上海市冶金工业局提出扩大企业自主权、增加效益、自筹资金、改造整个上海冶金行业的方案（史称陆铁夫方案）。方案提出以 1978 年上缴利润 11.2 亿元为基数，拟定了增长利润留成方案，提出增利部分 6 成上交国家，4 成留给企业，一定五年不变。

10 月 3 日，鞍钢钢材零售商店开张营业。鞍钢在保证完成国家计划和出口任务的前提下，向农村社队和地方企事业单位出售超产或积压钢材。

12 月 14 日，国务院批准，冶金工业部成立中国冶金进出口公司。1980 年 1 月 7 日该公司正式成立。

1980 年

1 月 1 日，北京钢铁设计总院实行独立核算、自负盈亏，成为钢铁设计部门第一家试行企业化管理的单位。

2 月 6 日，我国第一套自行设计、制造和安装的本钢 1700 毫米热连轧机试车成功，轧出第一批板卷。

3 月 6 日，国产第一套特厚板轧机在河南舞阳钢铁公司投产。该轧机能轧厚度为 8~250 毫米，宽 3900 毫米的钢板。

3 月，首钢开始运用计算机编制生产经营日报。开启了计算机在钢铁生产企业管理的先河。

5 月 18 日，我国向太平洋海域成功发射了某型导弹。189 个冶金企业提供 88 项冶金新材料。

7 月 1 日，"文革"期间停刊的《冶金报》复刊。同时冶金报社成立，《冶金工业竞赛报》停刊。

9 月 4 日，全国人大五届三次会议北京代表团，就宝钢工程建设有关问题向冶金工业部提出质询。9 月 6 日，上海代表团也向冶金工业部提出宝钢建设对上海市政影响等问题提出质询。同时全国政协委员，也对宝钢建设提出意见。辽宁、河南和四川代表团的一些代表在会议期间也对宝钢工程提出意见。人大代表呼吁宝钢工程下马，在这特殊环境下，12 月 23 日国务院召开中央财经领导小组召开全体会议，再次讨论宝钢工程调整问题。

10 月 23 日，中国冶金进出口公司、首钢和卢森堡阿尔贝德集团签订《中国-卢森堡高炉技术合作协议》。首钢高炉顶燃式热风炉技术进入国际市场，这是我国冶金史上与外国签订的第一个技术出口协议。

1981 年

1 月 7~31 日，国家计委、国家建委、中国社会科学院根据中央财经领导小组关于调整宝钢建设的会议精神，召开上海宝钢总厂一期工程进行论证。国务院于 2 月 10 日召开宝钢问题会议，听取宝钢论证会的情况汇报。

4 月，昆明钢铁公司从联邦德国引进的 R5250 毫米小方坯连铸机正式开工建设。

5 月 1 日，中国冶金进出口公司、首钢和英国戴维美基五金矿产有限公司，就首钢高炉喷煤粉技术达成技术转让协议。高炉喷煤粉技术成为首钢顶燃式热风炉进入国际冶金领域的又一项专有技术。

5 月 12 日，国务院批准成立国家有色金属工业管理总局，直属国务院，由冶金工业部代管。

5 月 25 日，首钢开始实行责、权、利结合，指标层层包保到人的经济责任制。

7 月 14 日，攀钢建成了我国第一条重轨超声波控伤自动化作业线。

9 月 5 日，武钢被国家进出口管理委员会批准为扩大进出口权试点单位。

11 月 3 日，冶金工业部 24 家单位被国务院批准为首批博士学位授予单位，并有 34 名同志成为博士研究生导师。

12 月 12 日，武钢 1700 毫米轧机工程通过国家验收，正式交付生产。

1982 年

1 月 3 日，国务院领导视察首钢，对首钢实行经济责任制所取得的成绩给予充分肯定。并指出，由冶金工业部牵头，首钢发起，把津、京、唐、邯郸、宣化、承德等地的钢铁企业搞成一个互利的钢铁联合体。

2 月 16~27 日，冶金工业部在首钢举办第一期"学习首钢经验，整顿企业、完善经济责任制研究班"。5 月 16 日，经济学家薛暮桥向全国工业战线推荐新近出版的《首钢实行经济责任制的经验》一书。5 月 26 日，国家经委举办首钢经济责任制研究班。全国各省、市、自治区经委和重点企业负责人共 196 人参加研究班学习。首钢承包制开始在冶金行业和全国企业中学习推广。

4 月 7 日，国家建委印发《关于上海宝钢一期工程初步设计审查报告的批复》。原则同意宝钢一期项目和二期项目。

9 月，我国第一台新型小方坯连铸机在邯郸钢铁总厂建成投产。

9 月，云南冶金工业厅和昆明钢铁公司的技术人员，结合昆钢线材车间的设备和生产条件，提出"切分轧制"的技术，用以轧制 90 毫米方坯的试验方案，并开始进行试验工作。12 月试验成功，这是国内首创。1983 年 12 月该新技术通过冶金工业部组织的技术鉴定。

9 月，经国务院批准中国冶金建设公司正式组建成立。该公司是适应对外经济工作发展的需要成立的。

10 月 12 日，中国在太平洋进行水下潜艇发射巨浪 1 型导弹试验成功。钢铁工业为其提供了 406 超强度钢等 41 项冶金新材料。

10 月 29 日，国务院批准冶金工业部机构改革方案，共设 20 个司局单位，行政编制 886 人。

12 月 27 日，宁波北仑港矿石中转码头建成并通过验收。这是我国为宝钢配套的第一个 10 万吨级矿石中转码头。

1983 年

1 月 1 日，北京市撤销冶金工业局，将市所属 21 个冶金企业、事业单位成建制并入首钢。

3 月 26 日，国务院批准上海宝山钢铁总厂第二期工程继续建设，并要求第一期工程在 1985 年 9 月建成投产。

3 月，冶金企业开始推行浮动工资制。

6 月 1 日，冶金工业部向国务院领导提出利用国内外"两种资源""两个市场"，提交《关于进口部分铁矿石发展钢铁工业的报告》。

6 月 16 日，鞍钢第三炼钢厂 1 号转炉采用顶底复合吹炼新技术试验成功。7 月 25 日首钢炼钢厂在转炉上进行顶底复合吹炼试验获得成功。我国转炉顶底复合吹炼技术取得成功，开始在转炉上推广应用。

6 月 23 日，首钢从日本引进的我国第一台高炉炉顶压差发电装置在 2 号高炉投入并网运行。

10 月 26 日，我国潜艇水下发射运载火箭成功。钢铁研究总院等钢铁企业为潜艇和运载火箭提供了重要材料。

11 月 17 日，国务院重大技术装备领导小组成立冶金设备合作小组。冶金工业部部长李东冶、机械工业部部长周建南、电子工业部副部长江泽民任组长。

1984 年

2 月 15 日，邓小平视察宝钢，并题词："掌握新技术，要善于学习，更要善于创新"。

5月7日，冶金工业部决定：对部属11家冶金建设企业全面实行百元产值工资含量包干办法。

5月，经国务院批准，允许国有钢铁企业在计划内拿出2%的产品自销和完成指令性计划后超产钢材自销，但自销只能加价20%。

6月18日，国务院副总理李鹏在冶金工业部《关于进口二手钢铁设备，加快老厂技术改造的请示》上做出批示。

9月20日，党中央、国务院同意从1984年起到1990年钢铁行业实行投入产出的饼干责任制。

9月，冶金工业部重奖为改造小型轧机做出重要贡献的北京钢铁学院钟廷珍教授。

11月2日，宝钢1号4063立方米高炉本体及配套系统的324项单项试车结束，为高炉投产奠定了基础。

1985 年

1月3日，国务院在冶金工业部《关于加速低合金钢、合金钢推广应用问题的报告》上做出批示，要求利用我国资源优势，发展低合金钢、合金钢。

1月，国务院决定，取消对企业自销产品加价20%的限制，钢铁产品全面实行价格"双轨制"。

3月，武钢第二炼钢厂实现全连铸，成为我国第一个全连铸厂。

5月5日，我国自行设计的第一套轧制速度为65米/秒的45度高速无扭线材轧机在太钢试轧成功。

5月8日，胡耀邦总书记在冶金工业部《关于冶金地方小矿山发展情况的报告》上做出批示，对中小型矿山要继续放开，积极扶持地方、群众建小选厂。

9月15日，上海宝山钢铁总厂1号高炉正式建成投产。11月26日举行了隆重的投产仪式，中央领导前往祝贺，并为投产剪彩讲话。

12月28日，马钢水平连铸1号机组通过冶金工业部鉴定。标志我国水平连铸技术取得突破性进展。

1986 年

1月14日，攀钢二期工程开工建设。二期工程总投资30亿元，计划7年包干建成。

2月20日，我国第一台双流管坯水平连铸机通过冶金工业部鉴定。标志我国双流水平连铸技术工艺、设备、自动化控制接近国际水平。

4月16日，国务院提出利用1000亿美元外资，加快我国钢铁工业发展战略措施。6月19日，国务院成立了利用外资加快发展钢铁工业领导小组，组长为国务院副总理李鹏。12月，经国务院批准成立了中国国际钢铁投资公司，负责筹措外资。

4月22日，鞍钢引进日本神户制钢所大型板坯连铸机在北京签字。这是国内引进的第一套大型板坯连铸机。

5月14日，天津无缝钢管厂工程协议签字仪式在天津举行。该厂设计年产50万吨石油套管及锅炉管等无缝钢管。该工程是继宝钢后我国引进的又一重大工程。

10月24日，国家计委、经委印发《关于改革国家废钢计划管理体制的通知》。12月20日，国家计委、经委、冶金工业部、物资总局、商业部联合召开了全国废钢质量管理工作会议。

1987 年

1月3日，中国援助巴基斯坦的哈法兹钢管厂正式移交巴方生产。

1月11日，国务院副总理李鹏出席全国冶金工业会议闭幕会。他提出"七五"期间达到年产钢6000万吨目标，1995年或稍长一点时间达到年产钢8000万吨目标是有希望的。

3月10日，沈阳钢材市场正式营业。3月28日上海钢材市场正式营业。

5月28日，由12个国家和地区的24家银行参加的银团，为攀枝花钢铁公司二期工程贷款2.1亿美元的签字仪式在人民大会堂举行。这是中国钢铁企业首次采用银团贷款的方式利用外资。当年国家计委先后批准鞍钢、武钢、本钢、梅山冶金公司和莱钢5家企业利用外资建设项目建议书及天津无缝钢管厂利用外资可行性研究报告。

6月30日，中国冶金进出口公司同澳大利亚哈默斯利铁矿有限公司在北京草签中澳合资经营恰那铁矿项目协议书。协议规定，一期工程于1990年出矿，1994年实现产矿600万吨。

7月，北京钢铁学院等单位研制的GY型短应力线轧机及中小轧机改造技术获国家科技进步奖一等奖。

9月25日，上海宝山钢铁总厂向全国发行重点钢铁企业建设债券3.5亿元，以加速宝钢建设。当年重点钢铁企业债券共发行9亿元，除宝钢3.5亿元外，还有攀钢1亿元、武钢0.6亿元、唐钢1.6亿元、本钢0.9亿元，首钢1亿元，包钢0.4亿元。

12月7日，国务院讨论国家体改委和国家经委《关于鞍钢承包问题的报告》。会议原则同意鞍钢实行承包经营责任制的期限和形式。

1988 年

1月1日，太原钢铁公司开始实行"两保一挂"为期五年承包经营责任制。2月15日，马钢实行5年期（1989~1992年）的承包经营责任制。2月29日，鞍山钢铁公司对国家实行"三包一挂"承包制。6月8日，冶金工业部与上海宝山钢铁总厂签订"三包一挂"承包合同。4月25日，冶金工业部与直属的12个科研院（所）长签订任期目标责任制承包合同。到1988年底我国大钢铁企业全部实行了承包制。

5月3日，治理炼钢渣山模范——太钢职工李双良被联合国环境规划署评为"全球500佳"之一，他成为中国荣获这一称号的职工。

6月1日，武汉钢铁公司新3号高炉开工建设，拉开了武钢"双七百万吨"扩建改造工程的序幕。

7月30日，冶金工业部的"三定方案"（定岗、定责、定员），经国家机构编制委员会第四次会议审议，并原则同意批准。8月3日冶金工业部机关进行改革，行政编制630人，机构设置15个，保留9个公司和5个事业单位。

8月8日，上海宝山钢铁联合（集团）公司（简称宝钢集团）在上海成立。11月30日河北冶金企业集团成立。

10月11日，国务院总理李鹏在国务院全体会上要求"冶金工业部管好10大钢厂，管好钢材出厂价"。11月11日国务院发布《关于加强钢材管理的决定》。

1989 年

3月11日，冶金工业部建筑研究总院的"宝钢一期工程施工新技术"荣获国家科学技术进步奖特等奖。

3月18日，舞钢1900毫米板坯连铸机工程总承包合同签订仪式在北京举行。该机是我国第一台立足国内制造具有国际先进水平的大型连铸机，属国家重大技术装备项目之一。8月7日本项目被列为"国家重大技术装备国产化试点工程"。

3月28日，钢铁研究总院研究的钕铁硼磁能积达49兆高奥，达到国际先进水平，仅次于日本而位居世界第二。

7月23日，江泽民总书记视察武汉钢铁公司。这是他任总书记后视察的第一个冶金企业。

10月25日，上海宝山钢铁总厂二期工程中的2050毫米热连轧机热负荷试车。

11月1日，我国第一套国产大型转炉（180吨）煤气回收系统在鞍钢建成投入使用。

12 月 19 日，上海宝山钢铁总厂第二台板坯连铸机成功地拉出优质钢连铸坯。第一台连铸机已于 7 月 3 日投料试车。至此，宝钢二期连铸工程全部建成。

1990 年

1 月 22 日，江泽民总书记视察太原钢铁公司。并题词：学习李双良同志一心为公，艰苦创业的工人阶级主人翁精神，把太钢办成第一流的社会主义企业。9 月 25 日视察了包钢，10 月视察了大连钢厂、鞍钢、本钢和抚钢。

1 月 25 日，《冶金报》报道：宝钢转炉实现全年（1989 年）负能炼钢。转炉工序能耗进入世界先进行列。

4 月 17 日，上海宝山钢铁总厂举行了二期工程中的三大主体工程——冷轧、连铸、热轧建成投产仪式。国务院总理李鹏为工程剪彩并做重要讲话。

4 月 17 日，冶金工业部、中国冶金机械工会联合作出《关于进一步开展向李双良同志学习的决定》。

4 月 24 日，舞阳钢铁公司从奥地利引进的国内第一台具有 20 世纪 80 年代水平的 90 吨超高功率电炉、国内第一台具有世界水平的 1.9 米大型板坯连铸机工程举行开工奠基仪式。

7 月 6 日，宝钢试生产的首批 212 吨 O5 级冷轧板发往上海大众汽车有限公司。该产品的试生产成功，标志着宝钢成为国内第一家能生产轿车专用汽车板的钢铁企业，也标志着国产高档汽车板由此揭开面纱。7 月 21 日，国务院总理李鹏表示祝贺。

11 月 1~5 日，冶金工业部在宝钢召开宝钢现代化管理研讨会，系统地介绍宝钢的管理经验。

11 月 22 日，《冶金报》报道，宝钢副总工程师曾乐以其焊接方面的卓越成就，被英国剑桥国际传记中心和美国传记研究所分别载入"国际智能名人录"和"国际殊勋名人录"。

12 月 7 日，1990 年国家科学技术奖励大会召开，"武钢 1700 轧机系统新技术开发与创新"荣获国家科技进步奖特等奖。

1991 年

1 月 1 日，上海宝山钢铁总厂 1 号高炉易地大修（新建容积 4350 立方米 3 号高炉）工程打下第一根桩。该高炉的开工建设，拉开了整个宝钢三期建设的序幕。

1 月 10 日，江泽民总书记视察通化钢铁公司。并题词：深化企业改革，加强技术改造，努力增加企业自我发展能力。同年江泽民总书记还于 2 月 5 日视察安钢，2 月 14 日到首钢拜年，4 月 18 日视察西宁钢厂，9 月 20 日视察邢台冶金机械轧辊厂，10 月 28 日视察本钢，11 月 20 日视察马钢。

1 月 23 日，冶金工业部发出《关于向曾乐同志学习的决定》。1 月 26 日《冶金报》刊发长篇通讯"中国知识分子的光辉典范——曾乐"。

1 月 24 日，《冶金报》报道"邯钢建立新的经营机制"。报道邯钢"模拟独立核算"，实施"成本质量双否决"的新举措。邯钢实施"模拟市场核算，深化成本管理"的改革举措，后来总结成为核心内容为"模拟市场，独立核算"的邯钢经验。

2 月 4 日，国内第一条 H 型钢生产线在马钢第二轧钢厂建成投产，结束了我国冶金史上 H 型钢生产的空白历史。该工程是 1986 年 11 月由国家选定的，由国内自行设计、制造、安装。

2 月 19 日，国务院办公厅转发《国家技术监督局、中国质量管理协会关于在全国开展学习武汉钢铁公司走"质量效益型"企业发展道路报告的通知》（国办发〔1991〕8 号）。号召全国工交企业学习武钢走"质量效益型"发展道路。

5 月 15 日，首钢炼铁厂 2 号高炉大修改造工程竣工投产。该炉这次改造大修采用圆形出铁场等 23 项新技术，工期仅为 55 天，比定额工期提前 49 天。

6 月 29 日，上海宝山钢铁总厂新建 2 号高炉举行点火仪式。宝钢 2 号炉建成，标志着投资 172.4 亿元的宝钢第二期工程全面完成。

9 月 2 日，国家"七五"科技攻关表彰大会在人民大会堂举行。冶金系统的"大型露天矿陡帮开采技术、钢材控制轧制冷却、高效性钕铁硼永磁材料、钢中加入稀土方法及机理"等 25 项成果和 11 名有突出贡献的科技和管理人员获奖。

10 月 25 日，武汉钢铁设计研究院设计的 1500 毫米、1600 毫米、1900 毫米的大型板坯连铸机获国家重大技术装备成果特等奖。

12 月 14 日，国务院确定 55 家大型企业集团试点。钢铁企业中，鞍山钢铁公司、武汉钢铁公司、攀枝花钢铁公司、上海宝山钢铁总厂 4 家被国家列为首批（55 家）大型企业集团试点单位。

1992 年

1 月 11 日，我国第一个企业"留学回国人员工作站"在首钢成立。

1 月 15 日，江泽民总书记视察上海第三钢铁厂。1 月 17 日视察宝钢，并为宝钢报题名"宝钢日报"。8 月 10 日视察酒钢。

1月23日，国家计委批准武钢利用外资建设第三炼钢厂。2月5日，该公司与西班牙TR（技术联合）公司和EC（欧洲控制）公司签订合同。

2月17日，上海第三钢铁厂转炉分厂实现全连铸，结束模铸钢锭历史。这是国内第一条国产化全连铸生产线。

3月24日，首钢4号高炉大修改造工程开工。该炉容积扩大到2100立方米，并首次采用"炉体整体推移、一次到位"等36项新技术。

3月27日，上海异型钢管厂改制为上海异型钢管股份有限公司在上海证券交易所成功上市交易，为国内冶金行业首家上市公司。该公司发行社会流动股80万股，发行价格28元，共募集资金2240万元，该股票成为中国冶金第一股。

4月2~5日，冶金工业部在邯钢召开现场经验交流会，交流和推广邯钢"模拟市场核算，实行成本否决"，提高经济效益的经验。

4月17日，宝钢总厂举行"二期工程建成投产仪式"。4月16日国务院发出贺电，祝贺上海宝山钢铁总厂二期工程投产。

5月22日，邓小平同志视察首钢。6月4日国务院领导到首钢现场办公。7月14日，国务院常务会议批准《关于进一步扩大首钢自主权改革试点的报告》。7月23日，国务院印发了《国务院批转国务院经贸办、国家体改委关于进一步扩大首钢自主权改革试点报告的通知》，赋予了首钢拥有投资立项权、外贸自主权、资金融通权。

6月27日，天津钢管公司炼钢、连铸系统一次试车成功。冶金工业部即日发贺电祝贺，国务院6月30日发去贺电。7月1日，党和国家领导人江泽民、李鹏、李瑞环分别打电话表示祝贺。

7月10日，经国务院批准，国家物价局发出通知，决定从即日起对特钢企业产品价格实行改革。7月15日，国家物价局决定：取消钢材全国统一出厂一类价格，全部转为二类价，并对国家定价的焦炭、生铁价格作适当调整，并实行国家指导价格。9月1日，国家物价局发出通知，取消计划外生产资料全国统一最高出厂或销售限价。

9月11日，马钢被国家体改委列入全国第一批9家股份制规范化试点的企业之一，拟在境外上市。9月21日，国务院正式批准马鞍山钢铁公司为国家体改委股份制规范化试点单位之一。

10月10日，中国人民银行下发《关于同意华夏银行开业的批复》。12月22日，首钢总公司华夏银行开业，国务院总理李鹏为开业剪彩。华夏银行是我国第一家企业开办的银行。

10月30日，首钢购买美国加利福尼亚钢工业公司第二转炉炼钢厂合同签字仪式举行。

加州钢厂建有 2 座 210 吨转炉，设计年产钢 300 万吨，设备及厂房总重 6.2 万吨，购买价为 1530 多万美元，仅为钢厂原值的 1/10。

11 月 5 日，首钢拍得秘鲁铁矿公司股权。首钢以出资 1.18 亿美元，买下秘鲁铁矿 98.9% 的股权，成功收购秘鲁铁矿公司。秘鲁铁矿的成功收购是当时中国在海外最大的一宗海外收购案，也成为当时中国在境外最大的生产性独资企业。首钢也是中国钢铁企业走出去购买铁矿资源的第一个企业。

12 月 28 日，全国首家钢铁股份公司——上海沪昌特钢股份有限公司在上海正式挂牌成立。

1993 年

1 月 1 日，经国务院批准，即日起放开除指令性计划内的国防、军工、农业和农田水利（含救灾），以及铁道专用钢材外全部钢铁产品价格，从而终结了钢价的"双轨制"。5 月 1 日，经国家物价局同意，从当日起放开铁矿石、锰矿的产品价格。

2 月 26 日，国务院批复，同意成立"中国钢铁工贸集团公司"和"中国钢铁工贸集团"，并以中国冶金进出口总公司、中国钢铁炉料总公司、中国国际钢铁投资公司、中国冶金钢材加工公司为紧密层企业，组建集团。集团成员共 78 家，各成员单位都具有独立的法人资格。10 月 19 日，该集团正式成立。

3 月 4 日，国务院正式批准首钢建设齐鲁钢铁公司，一期规模为年产钢 500 万吨。该企业为股份制大型钢铁联合企业。首钢随后开展了厂址选择、工程设计和施工队伍的准备，但最后因各种原因未建设。

4 月 6 日，全国钢铁企业股份制试点座谈会在武钢召开。会议研究如何搞好钢铁企业股份制试点工作及股份制试点工作中存在的主要问题。到 3 月 31 日止冶金行业共有股份制企业 14 家，定向募集式企业 7 家，内部职工持股企业 3 家。

5 月 11 日，国家经济贸易委员会在邯郸钢铁总厂召开加强管理，降低成本现场会。会议学习推广邯钢"模拟市场核算，实行成本否决"的经验。

8 月 6 日，经国务院批准，同意建设宝钢三期工程。国家计委印发《关于宝钢三期工程可行性研究报告批复》。标志宝钢三期工程正式开始建设。

8 月 14 日，国务院正式批准建设广东珠江钢厂。珠钢将采用 20 世纪 90 年代先进薄板坯连铸连轧技术建设，被列入国家"八五"建设计划。

8 月 27 日，国务院体改委正式批准马鞍山钢铁公司改制重组为"马鞍山钢铁股份有限公司"和"马鞍山钢铁总公司"的企业分立方案。9 月 7 日，马鞍山钢铁股份有限公司正式成立。

9月，上海钢管厂改制为上海钢管股份有限公司，上市发行股票。翌年，又发行人民币特种股票（B股）。

10月12日，武汉钢铁集团召开成立大会。国务院总理李鹏题词："攀登新高峰，做出新贡献，祝贺武钢集团成立"。

12月23日，全国冶金企业集团座谈会在武钢召开。冶金行业共有34家企业集团，其中鞍钢、宝钢、武钢、攀钢被列为国家试点的企业集团。其他集团正按照现代企业制度的要求，着手推进规范化的工作。

1994 年

1月6日，马钢A股在上海证券交易所挂牌上市，标志马钢股份公司完成了境内外两个市场的成功上市。马钢通过股份制改革，共在境内外筹措资金66.7亿元，成为钢铁工业第一只在香港和上海两个市场上市的股票，被誉为"中国钢铁工业第一股"，也是当前中国在境外发行规模最大、集资额最多的一家上市公司。

2月2日，宝钢工程建设项目系统管理技术的研究与运用课题获得国家科技进步奖一等奖。

3月28日，唐山钢铁（集团）公司实现铁水全热装，结束了唐钢50年化铁炼钢的历史。

3月28日，江苏沙钢集团动工兴建亚洲第1座超高功率交流竖式电炉。该工程由沙钢与香港润忠实业有限公司合资兴建，总投资为2.2亿美元。该炉公称容量90吨，由德国福克斯公司制造。

4月23日，冶金工业部印发《关于向钢铁战线见义勇为女英雄白雪洁学习的决定》。

4月25日，马钢2500立方米高炉点火成功。该高炉投产标志着马钢迈向大型化、自动化、现代化。6月9日马钢举行该工程正式投产仪式，国务院副总理邹家华亲临现场祝贺。

7月，冶金工业部决定在冶金行业开展"转机制、抓管理、练内功、增效益"活动。8月1日，鞍山钢铁（集团）公司、宝山钢铁（集团）公司等14家大型钢铁企业向全国冶金企业发出倡议书，倡议各冶金企业认真做好"转机制，抓管理，练内功，增效益"工作。

8月18日，宝钢3号4350立方米高炉建成开始烘炉。9月20日，该高炉举行点火投产仪式，该高炉是当时我国投产最大的高炉，全由我国自行设计、制造和安装，设计年产

325 万吨生铁。

10 月 12 日，江泽民总书记视察成都无缝钢管厂。

11 月 2 日，国务院批准 100 家建立现代企业制度试点单位。钢铁企业有 12 家：天津钢管公司、太原钢铁公司、本溪钢铁公司、通化钢铁公司、江西新余钢铁公司、安阳钢铁公司、大冶特殊钢公司、重钢集团、西宁钢厂、新疆八一钢铁总厂、舞阳钢铁公司、新兴铸管联合公司。

12 月 11 日，江泽民总书记视察天津钢管公司。

1995 年

1 月 11 日，经中国证券委审核、国务院批准天津联合期货交易所正式成立。

3 月 1 日，邯郸钢铁总厂实现全连铸，成为国内第一家百万吨级钢铁全连铸企业。

4 月 26 日，冶金工业部发出通知，号召全行业继续深入推行邯郸钢铁总厂"模拟市场，成本否决"制度，进一步加强成本管理，挖潜力、降成本、增效益。

5 月 29 日，抚顺钢厂和抚顺特殊钢股份有限公司联合重组正式成立抚顺特殊钢有限公司。

7 月，首钢总公司中型高炉顶燃式热风炉及短焰燃烧器技术，被联合国技术信息促进系统中国国家分部授予"发明创新之星奖"。

9 月 14 日，在宝山钢铁（集团）公司投产 10 周年之际，江泽民总书记题词："办世界一流企业，创世界一流水平"。李鹏总理题词："消化吸收，开拓创新"。乔石委员长题词"努力办好新型钢铁企业"。全国政协李瑞环主席题词："再创辉煌"。

9 月 15 日，宝钢宣布：宝钢投产 10 年来，累计上缴利税 146 亿元，已收回一期工程投资。二期工程所借国内贷款 68 亿元、利息 24 亿元，也已全部还清。

12 月 19 日，国内最大的散货船泊位宁波港北仑港区 20 万吨级矿石卸船码头正式交付使用。该码头设计年接卸进口铁矿石能力 1200 万吨。

1996 年

1 月 2 日，国务院印发《学习、推广邯钢经验的通知》。2 月国务院批转了国家经贸委、冶金工业部"关于邯郸钢铁总厂管理经验调查报告"的通知。2 月 29 日~3 月 2 日，全国学习推广邯钢经验暨企业管理工作会议在邯钢召开。吴邦国副总理给邯钢题词："邯钢经验是国有企业实现两个根本转变的有效途径"。3 月 21 日，冶金工业部向全行业发出通知，大力推广邯钢经验，加速实现冶金工业经济增长方式转变。

1 月 29 日，在 1995 年国家科技奖励大会上，冶金系统有 22 项科技成果获国家科技奖励。其中，"宝钢生产系统优化技术"获国家科技进步奖特等奖。

4 月 1 日，宝山钢铁（集团）公司 1 号高炉正式停炉大修，4 月 9 日进入一代炉役大修。该炉 1985 年 9 月正式投产，其一代炉龄达 10 年半（原设计炉龄 8 年），共产铁 230 余万吨。超过日本君津样板炉，创世界一流水平。

5 月 16 日，广州珠江钢铁有限责任公司与德国施罗曼·西马克股份公司草签"CSP 薄板坯连铸连轧设备合同"。8 月 7 日广州珠江钢铁有限责任公司薄板坯连铸连轧工程破土动工。该工程是国家"九五"重点建设项目，是国内引进第一条 CSP 生产线。

6 月 20 日，冶金工业部作出《关于进一步开展向曾乐同志学习的决定》。

8 月 1 日，首钢第二炼钢厂实现全连铸生产，该厂有 2 座 210 吨转炉，这成为全国最大的全连铸生产厂。

8 月 28 日，冶金企业"精干主体、分离辅助"改革座谈会在鞍钢召开。这次会议之后，钢铁企业开始了"精干主体、分离辅助"的全面改革。

9 月 4 日，重庆最后一座平炉熄火停产。重钢在全国率先淘汰了全部平炉炼钢。

10 月 15 日，鞍钢一炼钢厂拆掉 5 座平炉，新建 3 座 90 吨转炉改造工程正式开工建设。该工程到 1997 年 4 月 28 日第一座转炉投产，5 月 28 日，第 2 座转炉投产，10 月第 3 座转炉建成投产。鞍钢用 1 年时间完成一炼钢厂淘汰 5 座平炉的目标，实现了"平改转"。鞍钢到 1999 年全部实现了"平改转"，鞍钢"平改转"的经验在全国钢铁行业推广，推动了全国钢铁行业全面淘汰平炉的进程。

10 月 27 日，江泽民总书记视察水城钢铁集团公司。

1997 年

1 月 15 日，《人民日报》发表"亿吨钢铁壮国威"的评论员文章。1996 年我国钢产量突破 1 亿吨，达到 1.0124 亿吨，成为世界第一产钢大国。

4 月 10 日，冶金工业部决定在全国冶金行业推广学习"马万水精神""孟泰精神""李双良精神""攀枝花精神""铁山精神"和"曾乐精神"六种精神。6 月 19 日，冶金工业部命名鞍钢、攀钢、酒钢镜铁山矿、太钢渣场为冶金行业爱国主义教育基地。

4 月 29 日，国务院批准国家第二批 120 家企业集团试点单位。钢铁企业中本溪钢铁集团有限公司、重庆钢铁集团有限公司等被国务院批准为试点单位。

9 月 8 日，邯郸钢铁有限责任公司正式兼并舞阳钢铁公司。这是我国冶金行业迄今为止一次最大规模的兼并；同时，邯钢还兼并了衡水钢管厂，将其改组为衡水薄板有限责任公司。

12月3日，大冶特殊钢股份有限公司高功率电流电弧炉、高标准汽车齿轮钢生产线建成投产。至此该公司在国内形成了"大功率电炉冶炼、炉外精炼、合金钢连铸、高精度连轧"四位一体的先进工艺路线。

1998 年

1月15日，冶金工业部党组决定，对邯郸钢铁集团有限责任公司的总经理刘汉章提出表扬。

1月26日，宝钢集团在全国冶金行业首家通过 ISO 14001 环境管理体系认证。3月2日宝山钢铁（集团）公司获得 ISO 14001 环境体系认证书，宝钢成为国内冶金企业中首家获此证书的单位。国家环保局局长解振华将"绿色环保证书"颁发给宝钢总经理谢企华。

3月10日，全国人大九届一次会议审议批准国务院机构改革方案。国务院机构改革方案决定：撤销冶金工业部，改由国家经贸委管理的国家冶金工业局，行使行业管理职能，不再直接管理企业和经济工作，并实行 3 年过渡。4月8日，国家冶金局正式挂牌运作。

4月14日，江泽民总书记视察重钢。

5月18日，江苏省江阴兴澄钢铁有限公司建成国内第一条 100 吨直流电弧炉炼钢-精炼-连铸-连轧"四位一体"的短流程生产线。

6月8日，湖南华菱钢铁集团有限公司正式揭牌。它是由湖南湘钢、涟钢、衡阳钢管强强联合战略重组建立的湖南省特大型企业集团。同日，并由其独家发起募股设立湖南华菱管线股份有限公司。

7月3日，全国冶金行业实施破产的最大企业——大石桥镁矿耐火材料总厂破产程序终结。离退休职工由鞍山市整体接收管理。

7月8日，鞍钢在全国首先淘汰落后平炉炼钢工艺，实现全转炉炼钢。7月20日国务院副总理吴邦国在鞍钢集团《关于鞍钢全部淘汰平炉实现转炉炼钢情况的汇报》上批示。10月6~7日，国家冶金工业局召开鞍钢淘汰平炉现场座谈会，会议提出在 2000 年内全行业要实现淘汰平炉的目标，并以此为突破口，全面推进全行业的结构调整和技术改造。

7月20日，冶金工业局所属 25 所高校（普通高校 13 所、管理干部学院 2 所、中专和技校 10 所）的管理体制改革工作全面起动。

9月20日，马钢举行了四大工程建成暨大 H 型钢投产仪式。该工程总投资 34 亿元，四大工程包括大 H 型钢、异型坯连铸机（7月14日投产）、60 万吨棒材轧机（12月18日投产）和 3.50 立方米/时制氧机（9 月 18 日正式投产）四大工程。

9 月 26 日，中冶集团正式启动规范运作。该集团是由原冶金工业部直属的 24 家施工、设计、勘察单位通过资产划拨整合联结而成，中冶集团拥有职工 22 万人，总资产 174 亿元。

10 月 1 日，国内利用外资最大的冶金项目——上海克虏伯不锈钢公司不锈钢板卷工程在上海浦东奠基。该工程总投资 14 亿美元，设计年生产能力 44 万吨。

11 月 13 日，上海地区钢铁企业联合重组成立上海宝钢集团公司。根据国务院《关于组建上海宝钢集团公司有关问题的批复》，上海冶金 13 家企事业单位和梅山冶金公司进入上海宝钢集团。11 月 17 日上海宝钢集团成立大会在上海宝钢大厦举行。

12 月 8 日，武汉钢铁（集团）公司举行"平改转"工程竣工投产典礼。至此武钢彻底淘汰平炉。

12 月 23 日，宝钢 300 吨转炉炼钢、250 吨转炉炼钢和 150 吨电炉炼钢三个单元累计产钢 1000.1 万吨，成为国内第一家年产钢超过 1000 万吨的企业。

1999 年

1 月 14 日，国家经贸委印发《关于做好钢铁工业总量控制工作的通知》（国经贸运行〔1999〕29 号）。通知提出 1999 年全国钢产量比 1998 年实际产量压缩 10%。

1 月 18 日，冶金工作会议提出 1999 年钢铁工业"控制钢铁总量、优化结构、提高冶金工业发展质量和效益的任务"。6 月 10 日，国家经贸委召开全国钢铁限产电话会议，提出 1999 年全行业钢铁限产 10%，全年总产量不超过 10400 万吨。

1 月 21 日，中国钢铁工业协会第一次会员代表大会召开，标志中国钢铁工业协会正式成立。1 月 29 日正式挂牌。

1 月 28 日，国家冶金工业局印发《关于报送 1999 年限期淘汰工艺技术装备计划的通知》（国冶发〔1999〕40 号）。通知提出了淘汰"热烧结矿工艺、土焦工艺、土烧结厂工艺、土直接还原工艺、100 立方米以下小高炉、15 吨以下小转炉、侧吹转炉、平炉、10 吨以下小电炉、化铁炼钢工艺、2400 千伏安以下铁合金电炉、叠轧薄板机组、普通初轧机及作为开坯用的中型轧机、折叠式热轧窄带钢轧机、76 毫米以下热轧管机组、横列式线材轧机、一列式小型轧机"等 17 项落后工艺。

2 月 1 日，太原钢铁集团公司最后 1 座平炉停止生产。

3 月 29 日，新余钢铁集团有限责任公司最后一座 65 吨化铁炉停产。至此，该公司结束了化铁炼钢历史。

4月19日，江泽民总书记视察攀枝花钢铁（集团）公司。

5月11日，宝钢集团上海浦东钢铁有限公司炼钢平炉炼完最后一炉钢后退役，该平炉是上海地区最早的平炉。5月18日宝钢集团上海第一钢铁有限公司第一炼钢厂1号平炉熄火停炉，该平炉正式退役。8月19日，上海地区最后一座炼钢平炉——宝钢集团上海第一钢铁有限公司第一炼钢厂2号平炉熄火停产。该平炉的停产，标志着上海地区彻底淘汰了平炉炼钢工艺。

5月28日，江泽民总书记视察武汉钢铁（集团）公司。8月14日视察鞍山钢铁集团公司。10月9日视察天津钢管公司。

8月21日，武汉钢铁（集团）公司二炼钢厂2号转炉实施溅渣护炉技术，连续生产19个月，产钢达120万吨，炉龄达到15208次，刷新了全国纪录，并攻克了顶底复合吹炼与高炉龄矛盾这一世界性难题。10月23日，该技术通过了国家经贸委、国家冶金局组织的专家鉴定。

10月8日，宝钢集团一钢公司2500立方米高炉正式建成投产。11月1日，该公司最后一座化铁炉停炉熄火，结束了上海一钢40年化铁炼钢的落后工艺历史。

10月10日，我国在宁沪杭铁路线上开通第一代"子弹头"时速达180千米的动力车牵引的高速列车"新曙光"号，成为我国自行设计的第一列高速客运列车。该列车的车轮由马钢提供。

10月29日，唐山钢铁集团有限责任公司4座6吨侧吹转炉停炉，全部退役。至此我国全部淘汰了侧吹转炉。

12月10日，武汉钢铁（集团）公司初轧厂全线停产，在全国十大钢铁企业中率先淘汰初轧工艺，并全面实现全连铸生产。

12月22日，全国冶金工作会议在北京召开。会议提出，把总量控制、调整结构、提高效益作为2000年全行业的工作方针，2000年钢产量不超过11000万吨，钢材产量不超过10000万吨。

12月24日，天津天钢集团有限公司举行了淘汰平炉炼钢工艺仪式，关停了两座100吨平炉。这两座平炉始建于1935年，累计生产钢1093万吨。

2000 年

1月1日，国家经贸委发布的《淘汰落后生产能力、工艺和产品目录（第二批）》（国家经济贸易委员会1999年16号令）正式实施。目录中钢铁工业包括"土焦工艺、土烧结矿工艺、50立方米及以下小高炉、50~100立方米高炉（2002年淘汰）、10吨以下小转炉、10~15 吨小转炉（2002 年淘汰）、侧吹转炉、5 吨以下电炉，5~10 吨小电炉（2002 年淘汰、生产地条钢或开口锭的中工频炉、3200 千伏安及以下铁合金电炉（2001 年淘汰）、化铁炼钢工艺（2002 年淘汰）、叠轧薄板机组（2002 年淘汰）、普通初轧机及作为开坯用的中型轧机（2002 年淘汰）、折叠式热轧窄带钢轧机（2002 年淘汰）、直径 76 毫米及以下的热轧管机组（2002 年淘汰）、横列式线材轧机（2002 年淘汰）、横列式小型轧机（2002 年淘汰）、破坏资源和污染环境的土法采矿和选矿工艺及矿区储量规模不相适应的小型矿山" 19 项工艺，落后产品 "热轧硅钢片" 1 项。

1 月 17 日，青岛钢铁控股集团公司第一炼钢厂 3 座 70 吨/时化铁炉正式停产。至此青钢彻底淘汰了化铁炼钢工艺。

2 月 3 日，国务院办公厅印发《关于清理整顿小钢铁厂意见》。

2 月，国家统计局和国家冶金工业局公布，从国家冶金局 1 月落实控制总量任务分组 "拉网式" 调查，截止到 1999 年底，国内冶金企业由 1995 年底的 12168 户（国家工业普查公布的乡及乡以上冶金工业企业）缩减为 2506 户，总资产 8252 亿元，从业人数 261 万人。其中，有炼钢能力 290 户，总炼钢能力 1.34 亿吨，从业人数 196 万；其余为独立铁矿山、炼铁、轧钢和铁合金等企业，从业人数 65 万。

4 月 3 日，国内第一台 60 吨超高功率康思迪（CONSTEEL）交流电炉在西宁特殊钢公司热试成功，标志着西钢已经形成超高功率电炉–精炼炉–连铸机 "三位一体" 先进生产工艺路线。该电炉具有世界先进水平。5 月 12 日正式投入试运行。

5 月 11 日，冶钢集团一炼钢厂最后一座 90 吨平炉淘汰。至此，湖北钢铁企业彻底淘汰了平炉炼钢工艺。该厂原有 3 座 90 吨平炉、1958 年建成投产，40 多年来共产钢 1000 多万吨。

6 月 29 日，首钢特钢南区（原北京钢厂）全面停产。该厂是 1958 年成立的。

9 月 10 日，炼焦配加 10% 白煤（无烟煤）技术在福建三钢集团公司焦化厂 65 孔焦炉上试验成功，生产出成品焦炭达到国家一级焦标准。这成为焦化生产一项重大技术突破。

11 月 23 日，中国政府援助邯钢承担的越南太钢技术改造及扩大生产工程在越南太钢公司举行开工奠基仪式。

12 月 20 日，宝钢隆重举行三期工程建成总结大会，并为三期工程全面建成剪彩。宝钢历经 22 年的建设，至此全面建成了我国第一个千万吨级的现代化钢铁企业。

12 月 25 日，鞍钢集团第一炼钢厂模铸停产，鞍钢淘汰了模铸工艺。至此鞍钢三大炼钢厂全部淘汰了 "平炉–模铸浇注工艺"，实现了 "转炉–全连铸工艺"。

2001 年

2月18日，国家冶金工业局正式撤销，有关行政职能并入国家经贸委。至此，1956年6月1日正式成立冶金工业部起，国家专门从事冶金行业管理的政府部门，随着我国改革开放不断深入彻底退出历史舞台。

2月21日，马钢生产的列车车轮被用于行驶在广州东站与深圳之间时速可达230千米的国产"蓝箭"号新型高速列车上。

2月28日，马钢永久性关停第一炼钢厂最后两座185吨平炉。至此，马钢彻底淘汰了平炉炼钢工艺。

3月20日，中国钢铁工业三大巨头——宝钢、首钢、武钢在上海签订战略合作意向书。三家将共同开发新产品、新工艺、新技术；将在原材料采购及运输、产品销售等方面开展合作。同时，3家的上市公司也将互相参股，成为战略投资者关系。

4月，中国钢铁工业协会首次对外发布国内钢铁综合价格指数和主要钢材品种价格指数。该价格指数是以1994年中国钢材价格基数为100，中国钢铁工业协会国内钢铁综合价格指数每周对外发布一次。

6月13日，江泽民总书记视察宝钢集团公司。

8月7日，国家经贸委公布已经关停和将要关停"五小"企业名单。名单中包括小钢铁厂106户。

8月21日，国家"九五"科技攻关项目——高效连铸技术通过国家级验收。

9月，国务院审议通过华菱钢铁集团有限公司200万吨薄板坯连铸连轧项目。该项目选址连钢，计划投资55亿元，建设工期3.5年，设计年产200万吨，将采用薄板坯连铸连轧新工艺进行生产。

11月5日，包钢二炼钢1号210吨转炉建成出钢。该转炉的投产，包钢成为宝钢、武钢、首钢之后国内第四家拥有200吨以上大转炉的钢铁企业。

11月16日，首钢第一炼钢厂停止模铸生产，11月28日首钢初轧厂正式关闭停产。从此首钢结束了模铸开坯的历史，实现了全连铸。

12月26日，国内最后一座大型平炉——包钢1号平炉正式关停。该炉是苏联援建包钢的第一座平炉，1960年5月5日炼出第一炉钢水。我国大型钢铁企业淘汰了落后平炉炼钢工艺。

2002 年

1月10日，太钢集团公司治渣顾问、全国著名劳动模范李双良荣获首届"中华环境奖"提名奖，并参加了在北京人民大会堂举行的首届"中华环境奖"颁奖典礼。

2月1日，2001年度国家科学技术奖励大会召开。"武钢复吹转炉溅渣护炉工艺技术"和"梅山无底柱分段崩落法加大结构参数的研究"分别获国家科技进步奖二等奖。

3月20日，中国钢铁工业协会就美国"201"钢铁贸易高关税措施发表声明：中国钢铁工业协会反对美国"201"钢铁贸易高关税措施，指出美国这一做法违反了世界贸易组织规则。

3月，宝钢股份公司炼钢厂5号、6号两台1450毫米板坯连铸机从2000年10月至2002年3月，连续18个月浇钢17000多炉无漏钢，这一成绩不仅创造了宝钢连铸的历史最高纪录，而且与日本新日铁和韩国浦项钢厂相比，也创造了世界连铸史上一项世界纪录。

4月8日，宝钢与巴西淡水河谷合资的年生产优质铁矿600万吨宝瑞华矿业公司开业仪式在巴西里约热内卢隆重开业。6月22日，宝钢集团与澳大利哈默斯利铁矿有限公司合资1.24亿澳元，组建合资20年年产1000万吨成品矿的宝瑞吉矿山合资企业，9月1日该矿山公司正式运营。

5月24~28日，中国钢铁工业协会在唐山钢铁集团有限责任公司举办了首届全国冶金行业职业技能竞赛。40家钢铁企业的140名选手分别参加了高炉炼铁工、转炉炼钢工、高速线材轧机调整工、炼焦推焦车司机和计算机五个工种的竞赛。

5月，马钢应诉美国H型钢产品反倾销案获得胜利。这成为入世后中国钢铁企业首次在美国打赢反倾销官司并取得完胜的成功案例。

7月4日，北满特殊钢集团有限公司最后一座平炉——1号平炉正式停产退役。该平炉于1956年10月14日炼出第一炉钢水。

8月27日，鞍钢1700毫米中薄板坯连铸连轧生产线，正式通过国家经贸委的验收。该生产线是我国目前唯一一条自行设计、自行施工并拥有自主知识产权的中薄板坯连铸连轧机组，其生产工艺技术装备水平已经达到世界先进水平。

9月28日，国内首条最宽的宝钢5米宽厚板轧机工程正式开工建设。工程总投资46亿元，设计年产230万吨宽厚板，主要生产国内急需的造船用板、长输管线用钢、桥梁用结构钢板、锅炉容器钢板。

12月2日，武钢第二炼钢厂2号转炉炉龄达到29942炉，成功刷新了该厂创造的前3次世界纪录。2号转炉从1999年8月29日开始，历时1191天，共冶炼241.7万吨。

2003 年

2月20日，首钢第一炼钢厂最后一座30吨转炉停产，该厂全面停产关闭。这是我国第一个氧气顶吹转炉厂。

3月，韶钢90吨Consteel电炉成功采用加铁水工艺冶炼，成为世界第一个加铁水的Consteel电炉，并获得国家专利。

5月31日，酒钢南非铬矿项目通过国务院立项审核。该矿投资8300万美元，设计年产铬铁24万吨。

9月22日，鞍钢大型厂成功轧出50米长、用于时速350千米标准要求的重轨40根。这标志着中国从此结束了只能生产25米重轨的历史，有能力自己生产时速350千米的高铁重轨。

10月8日，唐钢首次成功进行了厚度0.8毫米、宽度1060毫米带钢轧制试验并取得成功。这一举突破了热轧薄板厚度1毫米的权限，这标志着我国热轧薄板产品生产技术达到世界领先水平。

12月14日，宝钢与世界著名铁矿石生产商CRVD在北京签署供应铁矿石长期协议。

12月23日，国务院办公厅印发《关于制止钢铁电解铝水泥等行业盲目投资若干意见的通知》（国办发〔2003〕103号）。通知要求从加强政策引导，严格市场准入，强化环保监督和执法，加强土地管理，改造银行信贷等方面制止钢铁、电解铝、水泥等行业盲目投资。

2004 年

1月13日，宝钢股份获得英国标准协会颁发ISO/TS 16949质量管理体系证书。宝钢股份成为国内冶金企业首家获取此质量管理体系证书的企业。

2月6日，中国第一条汽车激光拼焊板生产线——宝钢阿塞洛激光拼焊工程开工建设。该项目由宝钢集团、上海大众、法国阿塞洛合资建设，总投资1亿美元。

2月20日，在2003年度国家科学技术奖励大会上，由中国钢铁工业协会推荐的"珠钢电炉薄板坯连铸连轧技术应用与创新研究""鞍钢1700中薄板坯连铸连轧生产工艺技术""千吨级非晶带材及铁芯生产线""高质量不锈钢板材技术开发"等4个项目获国家科技进步奖二等奖。

2月，国内首台干熄焦发电机组在首钢成功并网发电。

4月26日，马钢引进的德国立式轧机制造设备和当代先进技术的车轮压轧系统生产线全面建成投产。马钢成为世界顶级车轮生产开发基地。

4月，经国家有关部门调查，江苏铁本钢铁有限公司违规建设钢铁项目是一起典型的地方政府和有关部门严重失职违规、企业涉嫌违法犯罪的重大案件。该事件中涉及的官员和铁本钢铁公司的高层受到法律制裁。

6 月 23 日，武钢股份增发新股取得圆满成功，武钢集团实现整体上市。武钢成为我国第一家整体上市的特大型钢铁企业集团。

8 月 25 日，中国冶金建设集团以 EPC 模式签订美国 LEO 公司热轧、冷轧钢板厂项目合同。这是中国企业首次以总承包方式在美国建设领域取得的项目，该项目总投资 4.025 亿元。

9 月 23 日，东北特殊钢集团有限公司在大连正式挂牌运作，该公司是东北地区首例大型国有企业跨省的联合重组，由大连、抚顺、齐齐哈尔 3 地 3 个大型特殊钢企业重组而成的。

10 月 3 日，在土耳其伊斯坦布尔召开的国际钢铁协会第 38 届会员大会上，中国钢铁工业协会正式被接纳为国际钢铁协会（IISI）会员。同时被接纳为会员的中国企业有：宝钢、鞍钢、武钢、首钢、邯钢。

11 月 26 日，邢钢落后的复二重轧机生产线停产，淘汰。

2004 年，我国许多大型钢铁企业与国际铁矿石供应商签订了长期供货合同。如莱钢与澳大利亚罗泊河公司签署了为期 10 年的长期销售合同，与澳大利亚哈默斯利公司签署 18 年铁矿长期贸易合同。邯钢与澳大利亚哈默斯利铁矿公司签署 10 年长期购矿合作协议，与澳大利亚必和必拓公司签订长期购矿合同。攀钢公司与澳大利亚哈默斯利铁矿有限公司签署铁矿石供应的长期合作协议。天铁集团与哈默斯利公司签订 10 年长期购销铁矿石合同。安钢与巴西 CVRD 矿业集团在上海签订铁矿石长期供货战略协议。

2005 年

1 月 14 日，湖南华菱钢铁集团有限公司与米塔尔钢铁公司在长沙签署了《股权转让协议》。根据协议：米塔尔钢铁公司将以每股人民币 3.96 元收购华菱钢铁集团公司持有的湖南华菱管线股份公司 6.5625 亿股国有法人股（占国有法人股的 37.17%），收购价款 25.99 亿元。

2 月 18 日，经国务院批准，国家发改委印发《关于首钢实施搬迁、结构调整和环境治理方案的批复》（发改工业 [2005] 273 号）。根据批复，争取 2008 年首钢北京石景山地区涉钢系统完成搬迁，实现冶炼能力停产；到 2010 年底，首钢石景山地区冶炼、轧钢能力全部停产。并同意在河北唐山曹妃甸建设一个具有先进水平的钢铁联合企业。

2 月 21 日，商务部、海关总署发布《关于对铁矿砂实行自动进口许可管理的公告》（商务部、海关总署 2005 年第 9 号公告）。公告提出自 2005 年 3 月 1 日起，对铁矿砂实行自动进口许可管理。

3月28日，在2004年度国家科学技术奖励大会上，"低碳铁素体/珠光体钢的超细晶强韧化与控制技术"获国家科技进步奖一等奖；"鞍山贫赤（磁）铁矿选矿新工艺、新药剂、新设备研究及工业应用""岩石破裂过程失稳理论及其工程应用""太钢含氮不锈钢生产工艺及品种开发"3个项目获国家科技进步奖二等奖。

4月12日，中冶集团、中国五矿集团与巴西GERDAU公司冶金成套设备项目签约仪式在北京人民大会堂举行。这是中国首次向南美地区输出成套设备技术项目。

5月27日，宝钢生产的管线钢首次用于海底输气管道。标志宝钢管线钢从陆地走向海洋。

6月13日，国家发改委印发《关于宝钢集团上海浦东钢铁有限公司搬迁工程项目核准的批复》。批复同意：宝钢集团上海浦东钢铁公司搬迁至上海罗泾并，建设世界第一座年产铁水150万吨熔融还原炼铁装置COREX-C3000。

7月20日，国家发展改革委正式颁布实施《钢铁产业发展政策》（［2005］第35号令）。这是我国首部指导钢铁工业全面健康发展的纲领性文件。

8月22日，江泽民总书记视察武钢。

8月，经中国钢铁工业协会向国家质量监督检验检疫总局和中国名牌战略推进委员会推荐，宝钢的汽车钢板、武钢的冷轧硅钢片、攀钢、包钢、鞍钢的重轨、马钢和莱钢的热轧H型钢、天津钢管公司的石油管首次被评为中国名牌产品。

9月8日，中国钢铁工业协会授予邯钢集团舞阳钢铁公司4200毫米轧机"中国钢铁工业功勋轧机"。该轧机是中国自行设计制造的第一台宽厚板轧机，投产27年来，已累计生产宽厚板1010万吨，为国民经济发展作出历史性贡献。

9月11日，天钢第二炼钢厂全线关停，彻底淘汰了落后的化铁炼钢工艺。该厂1958年建厂，累计产钢2800万吨。

10月1日，胡锦涛总书记视察天津钢管集团公司。12月14日，视察西宁特殊钢股份有限公司。

2006 年

1月9日，在全国科技大会上，宝钢股份的"高等级汽车板品种、生产及使用技术的研究"获国家科技进步奖一等奖；济钢"热能源高效梯级综合利用技术开发项目"、天管的"新型高抗套管与复合管柱技术"、首钢的"3500毫米中厚板轧机核心技术与关键设备研制项目"、包钢与钢铁研究总院联会攻关的"包钢CSP高效化生产技术及高性能钢带研究与开发"获国家科技进步奖二等奖。

2月28日，由唐钢、宣钢、承钢3家钢铁企业联合重组的唐山钢铁集团有限公司创立暨揭牌仪式在石家庄隆重举行。

3月15日，商务部、国家发改委联合发表声明，中国政府高度关注2006年铁矿石长期协议价格谈判，并强调铁矿石定价要有利于建立公平的国际经济秩序，实现资源生产国和消费国的合作双赢。

3月20日，国务院办公厅印发《关于加快推进产能过剩行业结构调整的通知》。通知要求，钢铁行业要尽快淘汰5000千伏安以下铁合金矿热炉、100立方米以下铁合金高炉、300立方米以下炼铁高炉和20吨以下炼钢电炉，彻底淘汰土焦和改良焦设施。

4月3日，鞍钢与澳大利亚金达必金属公司达成卡拉拉铁矿项目合资合作协议。该矿位于西澳州，探明储量7亿吨，双方各按50%股权对该矿进行开发和合作经营。

6月14日，国家发改委等8部门联合印发《关于钢铁工业控制总量淘汰落后加快结构调整的通知》（发改工业［2006］1084号）。《通知》提出结构调整目标："十一五"期间，淘汰约1亿吨落后炼铁能力，2007年前淘汰5500万吨落后炼钢能力等；2010年板带比达到50%；加快兼并重组，形成2~3个3000万吨级，若干个千万吨级的具有国际竞争力的大型钢铁集团，国内排名前10名的钢铁企业集团钢产量占全国的比例达到50%以上。

7月13日，鞍钢成功研制开发X100管线钢。鞍钢成为国内首家、世界少数掌握这种高级别管线钢技术并具有生产能力的企业。

7月29日，胡锦涛总书记到首钢京唐钢铁联合有限责任公司建设基地视察。

8月11日，国家正式批复鞍钢营口鲅鱼圈钢铁项目。该项目于5月经国家发改委审核批准，项目设计综合生产能力500万吨。

12月21日，宝钢集团率先与巴西淡水河谷就2007财政年度国际铁矿石基准价格达成一致。这成为中国钢铁企业在国际铁矿石价格谈判中取得首发定价权。

12月28日，中国钢铁工业协会、中国五矿化工进出口商会联合颁发《2007年铁矿石进口企业资质标准》《关于推进铁矿石进口代理制的意见》。维护行业共同利益，整顿和规范进口铁矿石贸易秩序，更好地为企业和行业服务。

2007 年

1月24日，世界第一座COREX-C3000炼铁炉在宝钢集团浦钢出铁成功，开创了中国非高炉炼铁技术的新局面。

2月27日，在2006年度国家科学技术奖励大会上，"鞍钢1780毫米大型宽带钢冷轧生产线工艺装备技术国内自主集成与创新"荣获国家科学技术进步奖一等奖。

3月5日，温家宝总理在第十届人大政府报告中提出：到2010年前，全国淘汰落后炼铁产能1亿吨，炼钢产能5500万吨。其中，2007年淘汰落后炼铁能力3000万吨，炼钢能力3500万吨。

3月12日，首钢京唐钢铁联合有限公司钢铁厂开工仪式在首钢举行。

4月27日，国家发改委代表国务院与河北、山西等10个主要钢铁生产省（区、市）签订了《关停和淘汰落后生产能力的责任书》（第一批）。12月27日国家发改委再与其余18个省（区、市）及宝钢签订了《关停和淘汰落后生产能力的责任书》（第二批）。

9月6日，鞍钢集团与金必达公司签署合资组建卡拉拉矿业公司协议，双方各持有50%股权，共同开发卡拉拉铁矿。

11月19日，华菱钢铁集团公司与安赛乐-米塔尔钢铁公司在伦敦签署技术转让合作框架协议书。按照协议，安赛乐-米塔尔将向华菱转让国际顶尖钢铁生产技术，将采取成立合资公司等方式在汽车板、电工钢、不锈钢等领域开展合作。

12月3日，国家硅钢工程技术研究中心在武钢成立。武钢冷轧硅钢片已经由年产7万吨发展到目前年产142万吨。

2008 年

3月17日，国家发改委正式同意广西与武钢开展广西防城港钢铁基地项目前期工作；同意广东省和宝钢集团开展广东湛江钢铁基地前期工作。

4月，宝钢研制成功我国大型飞机起落架用钢和钛合金结构用钢。

5月12日，四川省汶川地区发生特大地震。中国钢铁工业协会给灾区钢铁企业发出慰问信，并向全钢铁行业发出支持灾区的《倡议书》。钢铁企业向灾区共捐款76391万元，捐物价值7444万元，交纳特殊党费7994.12万元，特殊团费273.85万元。

6月11日，中冶集团与兰博特角签署收购兰博特角位于西澳皮尔巴拉地区的铁矿的协议。中冶集团出资4亿澳元。

6月30日，由唐钢集团、邯钢集团联合组建的河北钢铁集团有限公司在石家庄市正式挂牌成立。

12月7日，包钢首次成功批量轧制生产时速达350千米的高速重轨。

12月17日，本溪钢铁（集团）有限责任公司一铁厂举行了"落实节能减排，淘汰落后工业设施，实施本钢1号2号高炉关闭仪式"。该厂位于老本溪城区（溪湖区），始建于1905年，1号、2号高炉分别建设于1915年和1917年。

2009 年

3 月 20 日，国务院办公厅印发《钢铁产业调整与振兴规划》。

3 月 27 日，线材、螺纹钢期货合约在上海期货交易所上市交易。

4 月，世界最大的 COREX-C3000 喷煤系统一次性投产成功。宝钢成为世界上第二家拥有非高炉冶炼喷煤技术的企业。

8 月 8 日，首钢总公司与山西长治钢铁有限公司联合重组签约仪式在太原举行。

8 月 27 日，宝钢集团与澳大利亚阿奎拉资源有限公司签署股权合作协议，宝钢以 2.9 亿澳元收购该公司 15% 股权，成为第二大股东。这是宝钢第一次收购海外上市公司的股权。

9 月 8 日，我国首批 50 米长定尺高速道岔轨在攀钢研制生产成功。攀钢成为我国唯一生产最长的、与时速 350 千米高速轨配套使用的 60D40 高速道岔轨的企业。

10 月 20 日，沙钢集团中区改造项目 5800 立方米高炉工程举行点火仪式。该高炉是我国目前建成投产最大高炉。

10 月 25 日，太钢投资海外最大项目——土耳其铬矿项目正式启动。

11 月 25 日，工信部印发《关于分解落实 2009 年淘汰落后产能任务的通知》（工信部产业 [2009] 588 号）。通知提出钢铁行业 2009 年淘汰落后炼铁产能 1000 万吨、炼钢产能 600 万吨、铁合金 70 万吨、小机焦 600 万吨。

2010 年

1 月 18 日，天津铁合金交易所在天津正式交易。该交易所于 2009 年 11 月 9 日开始试营业。

2 月 6 日，国务院印发《关于进一步加强淘汰落后产能工作的通知》（国发 [2010] 7 号）。通知指出要以电力、煤炭、钢铁、水泥、有色金属、焦炭、造纸、印染等行业为重点，按期淘汰落后产能。

4 月 22 日，由武钢和中非发展基金有限公司主导开发的利比里亚邦州铁矿项目正式启动。

5 月 20 日，国务院国资委同意鞍山钢铁集团与攀钢集团实行联合重组，重组后新设立鞍钢集团公司作为鞍山钢铁集团公司、攀钢集团有限公司的母公司。

6 月 21 日，工信部发布《钢铁行业生产经营规范条件》（工信部公告 2010 年第 105 号）。公告中对钢铁行业生产经营规范条件提出 6 条标准：一是产品质量；二是环境保护；

三是能源消耗和资源综合利用；四是工艺与装备；五是生产规模；六是安全、卫生和社会责任。

6月26日，首钢京唐公司2号5500立方米高炉开炉投产。这标志着首钢京唐钢铁项目一期工程全线贯通、一期工程竣工投产。

7月16日，首钢总公司重组通化钢铁集团公司。

12月21日，首钢北京地区钢铁主流程全部停产，主要停产有：炼铁厂、第二炼钢厂、焦化厂、高速线材厂、型材厂、动力厂、电力厂、氧气厂，及先前停产的一炼钢厂、三炼钢厂、中板厂、镀锌薄板厂等共计10多个生产单元。

12月23日，东北特钢集团大连特钢有限公司第一炼钢厂正式关停。

2010年，国际铁矿石三大巨头（淡水河谷、必和必拓、力拓）先后放弃铁矿石协议定价机制，更改定价规则，从传统的年度定价机制过渡到与现货市场挂钩的季度定价机制，多年来形成的铁矿石年度定价格局被打破。

2011 年

1月13日，首钢举行北京石景山钢铁主流程停产仪式。这标志首钢北京钢铁生产主流程搬迁工程顺利完成，北京市政府授予"功勋首钢"牌匾。

2月21日，宝钢生产的石油钻杆在塔里木油田成功钻探至地下8023米，创出国产钻杆钻探深井的新纪录。

3月，钢铁行业援疆建设项目陆续开工。3月19日，宝钢八钢集团公司阿克苏拜城和伊犁钢铁基地自治区核准手续全部完成；4月10日，山钢集团喀什钢铁基地项目奠基；5月7日，江西新余钢铁集团在克州建设的300万吨高强度特殊钢项目，新兴际华金特和钢500万吨项目中的300万吨特钢工程、阿勒泰地区富蕴县300万吨特钢项目开工建设；5月9日，首钢投资40亿元的伊钢一期技改工程举行开工奠基仪式举行，新疆维吾尔自治区人大副主任栗智、首钢董事长朱继民，伊犁州党委书记李湘林等出席仪式。11月17日，新疆建设兵团首家股份制钢铁企业——阿拉尔359钢铁有限公司300万吨钢一期工程动工兴建。

4月15日，焦炭期货正式在大连商品交易所挂牌上市。这是全球第一个焦炭期货品种上市。

4月18日，宝钢湛江钢铁有限公司成功注册。5月22日该公司在广东湛江市举行揭牌仪式。

7月12日，中国钢铁工业协会和中国五矿化工进出口商会联合在国内"推进铁矿石代理制、规范铁矿石市场秩序"

8 月 22 日，广东省委省政府、宝钢集团签署《宝钢重组韶钢协议》《韶钢股权划拨协议》《宝钢、省国资委、韶关市、韶钢四方协议》。12 月 28 日，国务院国资委批准了宝钢集团重组韶钢方案，韶钢正式进入宝钢集团。

9 月 20 日，中国钢铁工业协会正式推出中国铁矿石价格指数。"中国铁矿石价格指数发布"被评为 2011 年中国产经十件大事、中国矿业十大新闻。

10 月，国务院批准了国家发改委《关于山东省开展钢铁产业结构调整试点工作的请示》。山东省钢铁产业结构调整试点工作进入启动阶段。

2012 年

1 月 16 日，由中国钢铁工业协会、中国五矿化工进出口商会和北京国际矿业权交易所共同发起的中国铁矿石现货交易平台在北京启动。5 月 8 日中国铁矿石现货交易平台正式开市，并举行了开市仪式。

4 月 13 日，河钢集团与加拿大阿尔德隆矿业公司举行合作项目签字仪式，将合作开发佳美铁矿。

4 月 18 日，宝钢集团兼并广东韶关钢铁有限公司。4 月 19 日，宝钢兼和广州钢铁企业集团有限公司共同出资组建广州薄板有限公司挂牌成立。

4 月 26 日，工业和信息化部下达 2012 年 19 个行业淘汰落后产能目标任务。其中，钢铁行业要淘汰炼铁 1000 万吨、炼钢 780 万吨、焦炭 2070 万吨、铁合金 289 万吨。

5 月 24 日，国家发改委公布：广东湛江、广西防城港钢铁基地项目申报报告已通过核准。5 月 28 日，武钢防城港钢铁基地项目在防城港企沙工业园举行开工仪式。5 月 31 日，宝钢广东湛江钢铁基地项目在湛江东海岛全面展开建设。

9 月 25 日，宝钢制造的 690 合金 U 形管在防城港核电一号机组一号蒸汽发生器上成功穿管。这是国内核电机组首次应用国产 U 形管。

9 月，宝钢成功实现第三代高成形性超高强度钢——淬火延性钢的工业化生产，并向一汽轿车厂批量供货。至此，宝钢成为全球唯一实现新一代经济型高成形性超高强（第三代超高强钢）批量稳定供货的企业，也成为世界上唯一一家同时可生产第一代、第二代和第三代全系列化超高强钢的企业。

2013 年

1 月 11 日，攀钢海绵铁工艺流程全线打通，实现了钛原料生产和金属钛冶炼轧制的无缝衔接，成为中国唯一拥有完整钛产业链的大型企业。

3月1日，国家发改委下发（发改产业［2013］447号）文件，正式核准山东钢铁集团有限公司日照钢铁精品基地项目。6月28日，日照钢铁精品基地举行开工仪式。

3月22日，焦煤期货在大连商品交易所正式上市。

4月2日，工业和信息化部公示了第一批符合《钢铁行业规范条件》的45家企业。

4月11日，工信部下达了2013年19个工业行业淘汰落后产能目标任务，钢铁行业将淘汰落后产能1044万吨。其中，炼铁263万吨、炼钢781万吨。

5月6日，南钢签订了LNG船用9镍钢板的订单合同，成为国内第一个批量生产LNG船用9镍钢板的钢铁企业。

6月11日，中国长征2号F运载火箭将神舟十号飞船送往预定轨道，并与天宫一号目标飞行器成功交会对接。此次发射包钢稀土院提供了稀土永磁材料，重钢、攀长特钢等特钢企业提供了特殊材料。

8月，武钢收购蒂森克虏伯激光拼焊接集团。

10月6日，国务院发布《关于化解产能严重过剩矛盾的指导意见》（国发［2013］41号）。为落实意见精神，11月4日国家发展改革委、工业和信息化部联合召开贯彻落实意见的电视电话会议。11月17日，中国钢铁工业协会也召开了行业贯彻落实国家发展改革委、工业和信息化部指导意见的大会。

10月18日，铁矿石期货正式在大连商品交易所上市。

11月4日，科技部发布《2013年度产业技术创新战略联盟拟试点和重点培育公示名单》。钢铁行业共有4个：攀钢集团的钒钛资源综合利用产业技术创新战略联盟、宝钢集团的装配式钢结构民用建筑产业技术创新战略联盟、永兴特种不锈钢股份的不锈钢长材产业技术创新战略联盟、钢铁研究总院的粉末冶金产业技术创新战略联盟。

12月2日，我国用长征三号乙运载火箭成功将嫦娥三号探测器以及"玉兔"号月球车送入轨道。包钢稀土研究院提供了稀土永磁器件、重庆钢研所、太钢、东北特钢抚顺特钢等钢铁企业提供了高温合金、高强钢、不锈钢等10多种特殊钢铁材料。

12月17日，国务院召开研究化解产能严重过剩矛盾有关工作会议。中国钢铁工业协会常务副会长朱继民参加了会议，汇报了钢铁行业化解产能过剩情况的工作。

2014 年

1月1日，中国铁矿石价格指数实现按日发布。

1月2日，工信部发布2014年第1号公告。公布《符合〈钢铁行业规范条件〉企业名单（第二批）》。全国有 113 家钢铁企业进入第二批规范企业。

1 月 10 日，在 2013 年国家科学技术奖励大会上，宝钢等研制的"低温高磁感取向硅钢制造技术的开发与产业化"荣获国家科学技术进步奖一等奖。

5 月 8 日，山西海鑫钢铁集团有限公司因资金链断裂停产。

5 月 27 日，中国钢铁工业协会会长徐乐江参加了全国政协召开双周协商会，重点介绍了钢铁行业产能过剩情况与化解过剩产能政策建议。

6 月 1 日，马钢以 1300 万欧元收购法国瓦顿公司。

7 月 4 日，宝钢集团通过下属宝钢资源（国际）有限公司成功收购澳大利亚阿奎拉公司。

7 月 31 日，根据《关于取消加工贸易项下进口钢材保税政策的通知》精神，自即日起，首批对国内完全能够生产、质量能够满足下游加工企业需要的进口热轧板、冷轧板、电工钢等 78 个税号的钢材品种，取消加工贸易项下进口钢材保税政策。

8 月 8 日，硅铁、锰铁期货在郑州商品交易所挂牌交易。

11 月 18 日，河钢集团与德高控股集团签订了股权合作协议，河钢集团增持德高国际贸易控股公司股权 51%。这是我国钢铁企业第一次收购国际成熟商业网络。

11 月 25 日，工信部发布《符合〈钢铁行业规范条件〉企业名单（第三批）》（工信部 2014 年第 65 号公告，全国 147 家钢铁企业进行了公告。至此，工信部历时 3 年分三批公告了 305 家规范企业名单，共有粗钢产能 11 亿吨。

12 月 26 日，铁矿石期货夜盘交易上线，受到国际市场广泛关注。

2015 年

1 月 1 日，我国新修订的《环境保护法》从本日起实施。该法是 2014 年 4 月 4 日经全国人大常务委员会第八次会议修订通过，被称为"史上最严的环保法"。

1 月 9 日，在 2014 年度国家科技奖励大会上，由宝钢牵头申报的"600 度超超临界火电机组钢管创新研究与应用"项目获得国家科技进步奖一等奖。鞍钢集团牵头申报的"大型钢铁矿山露天井下协同开采及风险防控关键技术与应用"等 7 个项目获得国家科技进步奖二等奖。

1 月，鞍钢集团总经理张晓刚正式就任国际标准化组织（ISO）主席，任职时间 2015 年 1 月 1 日~2017 年 12 月 31 日，这是我国首次当选国际标准化组织主席。

2 月 13 日，欧冶云商股份有限公司成立，该公司注册资金 20 亿元。该公司开启了钢铁产业链合作新模式。

6月，国家发改委、工信部联合发布《关于印发对钢铁、电解铝、船舶行业违规项目清理意见的通知》。根据通知，一批未批先建达标钢铁产能获得备案认可。

8月18日，中共中央办公厅、国务院办公厅召开全国行业协会商会与行政机关脱钩电视电话会议，国务委员王勇出席会议并讲话。中国钢铁工业协会党委书记兼秘书长刘振江在参加会议，并在会上代表行业协会作发言。

8月21日，首钢京唐二期工程项目启动仪式举行。二期工程完成后，首钢京唐将形成产铁1789万吨、钢坯1910万吨、钢材1813万吨，成为国内单体年产能最大的钢铁厂。

9月25日，宝钢湛江钢铁基地1号5050立方米高炉正式投产，并举行投产仪式。

11月25日，中国钢铁工业协会发表《关于共同维护国际钢铁贸易秩序的声明》，指出希望全球钢铁业界进一步增进交流沟通，增进相互了解，加强合作，共同维护国际钢铁贸易秩序，促进全球钢铁产业的良好发展。此前，美欧9家钢铁协会发表联合声明，称全球钢铁行业正遭受产能过剩危机，中国钢铁行业是这一问题的主要影响者，并对2016年12月中国自动获得市场经济国家地位表示反对。

11月26日，河钢集团、中投公司共同与塞尔维亚政府签署《关于斯梅代雷沃钢铁公司合作框架协议》。河钢集团着手收购斯梅代雷沃钢铁公司。2016年4月18日，河钢集团以4600万欧元收购斯梅代雷沃钢铁公司。

12月8日，经报国务院批准，中冶集团整体并入中国五矿集团，成为其全资子公司，中冶集团不再作为国资委直接监管的企业。

12月8日，按照国务院要求，国家发改委组织召开化解钢铁、煤炭两行业过剩产能会议。中国钢铁工业协会提出了钢铁行业用3年时间左右化解产能1.5亿~2亿吨，需要资金不少1000亿元的建议。12月31日，中共中央政治局常委、国务院副总理张高丽组织召开研究钢铁、煤炭行业化解过剩产能有关政策措施会议，中国钢铁工业协会就化解钢铁过剩产能提出政策建议。

2016年

1月4日，国务院总理李克强在太原召开钢铁煤炭行业化解过剩产能、实现脱困发展工作座谈会，部署研究相关工作。座谈会之后，国务院总理李克强考察太原钢铁集团。

1月8日，在2015年度国家科技奖励大会上，钢铁行业中"特种液晶材料及调光膜制备技术"获国家技术发明二等奖；"高效化微合金化钢板坯表面无缺陷生产技术开发与工程化推广应用""露天转地下高效建设大型数字化地下金属矿山的研究与实践""钢管高效短流程技术装备研发及产业化""气控热管国家高精度温度源""高品质特殊钢大断面连铸技术和装备开发与应用" 5 个项目获得国家科技进步奖二等奖。

2 月 1 日，国务院印发《关于钢铁行业化解过剩产能，实现脱困发展的意见》（国发〔2016〕6 号）。提出：从 2016 年起用 5 年时间再压缩粗钢产能 1 亿~1.5 亿吨，行业产能利用率趋于合理，产品质量和高端产品供给能力显著提升，企业效益好转。《意见》印发后，发改委会同有关部门和单位，细化政策措施，共制订了 8 个配套政策。

3 月 25 日，国务院同意建立钢铁煤炭行业化解过剩产能和脱困工作部际联席会议（国办函〔2016〕31 号），部际联席会成员单位共有 25 个单位、成员 27 人，总召集人为国家发改委，中国钢铁工业协会是部际联席会成员单位之一。

4 月 14 日，杭钢集团杭州半山钢铁基地 400 万吨产能关停。这意味着有 59 年历史的杭州钢铁厂半山钢铁生产基地将永远退出历史舞台。

4 月 26 日，美国钢铁公司向美国际贸易委员会提出申请，请求其对约 40 家中国钢铁企业输美碳钢与合金钢产品提起 337 调查，并发布永久性的排除令及禁止令。中国钢铁工业协会负责人就此发表谈话指出，对美国钢铁公司提出的 337 调查申请表示震惊，希望美国国际贸易委员会驳回指控。并表示愿意同美方通过沟通、对话、磋商，使双方能够充分的交换意见，并寻求共同维护市场秩序，反对贸易保护主义，共同应对全球性钢铁产能过剩问题。5 月 26 日，美国国际贸易委员会宣布对中国 40 家企业输美钢铁产品发起史无前例的"337 条款调查"的声明。5 月 27 日，中国钢铁工业协会负责人再次就美国对华发起337 调查发表谈话。

5 月 10 日，财政部印发《工业企业结构调整专项奖补资金管理办法》（财建〔2016〕253 号）。为了化解过剩钢铁煤炭过剩产能，中央财政安排 1000 亿元专项奖补资金，用于支持地方政府和中央企业推动钢铁、煤炭等行业化解过剩产能工作。

6 月 19 日，习近平总书记在贝尔格莱德参观河钢集团塞尔维亚斯梅代雷沃钢厂。听取河钢集团董事长于勇关于河钢收购该厂后的管理和生产经营情况。

6 月 26 日，武钢股份和宝钢股份同时宣布，宝钢集团与武钢集团正在筹划战略重组事宜。9 月 14 日，经国务院批准，宝钢集团与武钢集团实施联合重组，宝钢集团更名为"中国宝武钢铁集团有限公司"。9 月 23 日，宝钢集团与武钢集团正式组建成"中国宝武钢铁集团有限公司"。12 月 1 日，中国宝武钢铁集团有限公司成立大会在上海举行。

7 月 14 日，鞍钢成功研发出海洋核动力平台安全壳用钢，将应用于中国首座海洋动力平台。

10 月 28 日，工业和信息化部印发《关于钢铁工业调整升级规划（2016~2020 年）》（工信部规〔2016〕358 号）。规划提出：钢铁工业在 2015 年粗钢产能 11.3 亿吨的基础上减少 1 亿~1.5 亿吨，产能利用率从 70%提高到 80%；前 10 家钢铁企业的产业集中度从 34.2%提高到 60%以上；钢铁智能制造示范试点企业从 2 个提高到 10 个；主业劳动生产率从 514 吨钢/（人·年）提高到 1000 吨钢/（人·年）以上；吨钢综合能耗从 527 千克标准煤降到小于 560 千克标准煤；吨钢耗新水 3.25 吨降到小于 3.2 吨；吨钢 SO_2 排放从 0.85 千克降到小于 0.68 千克；钢铁冶炼渣综合利用率从 79%提高到 90%以上；污染物排放总量下降 15%以上；能源消耗总量下降 10%以上；研发投入占主营业务收入比重从 1%提高到 1.5%以上；钢结构用钢占建筑用钢比例从 10%提高到 25%；推进两化融合，使综合集成大型企业比例从 33%提高到 44%以上，管控集成大型企业比例从 29%提高到 42%以上，产供销集成大型企业比例从 43%提高到 50%以上。

11 月 23 日，国务院总理李克强主持召开国务院常务会议，会议决定对河北安丰钢铁有限公司未批先建边批边建钢铁项目、江苏新沂小钢厂生产销售"地条钢"等顶风违法违规、严重干扰正常生产经营秩序问题派出调查组，予以严肃查处。12 月 22 日，中央政治局常委会听取国务院关于这两个公司违法违规行为调查处理工作的汇报。12 月 29 日，国务院办公厅印发《关于江苏华达钢铁有限公司和河北安丰钢铁有限公司有限公司违法违规行为调查处理情况的通报》（国办发〔2016〕101 号）。国务院对这两企业的违规违法行为进行了严肃的问责。

2017 年

1 月 5~15 日，国务院派出 12 个督查组，对各地进行钢铁、煤炭等落后产能专项督查和清理整顿。

1 月 9 日，在 2016 年度国家科学技术奖励大会上。钢铁行业共有 7 个项目获奖，其中鞍钢牵头申报的"清洁高效炼焦技术与装备的开发及应用"荣获国家科学技术进步奖一等奖。另外 2 个项目获国家技术发明奖二等奖，5 个项目获得国家科学技术进步奖二等奖。

1 月 10 日，太钢宣布：经过 5 年攻关，由其研发生产的圆珠笔笔头用不锈钢新型材料近日成功应用于国内制笔厂家，标志着国产笔尖钢有望完全替代进口。

1 月 10 日，国家发展改革委副主任林念修和工信部副部长徐乐江在中国钢铁工业协会理事扩大会议上讲话强调：2017 年 6 月 30 日以前全国"地条钢"必须彻底出清，这是一项政治任务。

1 月 24 日，习近平总书记在河北考察。他指出，去产能是河北的"硬骨头"，去产能如同逆水行舟，不进则退。要梳理工作中的薄弱环节，确保落后产能应去尽去、"僵尸企业"应退尽退，决不允许出现弄虚作假行为，决不允许已化解的过剩产能死灰复燃，决不允许对落后产能搞等量置换，决不允许违法违规建设新项目。要在采取必要行政手段的同时，利用环保、质量、技术、能耗、水耗、安全等标准，按市场规律和法律法规办事，形成化解和防止产能过剩的长效机制。

2月13日，中国钢铁工业协会等5个协会联合印发《关于支持打击"地条钢"、界定工频和中频感应炉使用范围的意见》（钢协〔2017〕23号）。该文件成为判断"地条钢"生产的技术依据。

3月23日，环保部、发改委、财政部、能源局、北京市、天津市、河北省、山西省、山东省、河南省共同印发《京津冀及周边地区2017年大气污染防治工作方案》。方案要求"2+26"城市实施工业企业采暖季错峰生产，钢铁产能限产50%。

4月20日，我国研制的首艘货运飞船"天舟一号"顺利发射升空。东北特钢、太钢等企业为"天舟一号"及其运载火箭"长征七号"提供了多种高端特殊钢产品。

4月26日，中国钢铁工业协会就美国启动对进口钢铁情况的调查发表谈话。谈话指出，中国钢铁业界认为美方此举向国际社会传递出保护主义信号，与公平贸易的原则不符，中国钢铁业界将对此保持关注。希望美方同样相向而行，在调整钢铁产业结构、淘汰落后产能、提升产业现代化水平方面多下功夫，发挥美国钢铁业的影响和作用，促进国际钢铁业健康发展。

6月22日，习近平总书记在考察太钢下属的山西钢科碳材料有限公司。勉励太钢干部职工发扬"工匠精神"，为"中国制造"做出更大贡献。

6月26日，中国时速达350千米"复兴号"标准动车组首次在京沪高铁上线运营。该动车组所使用的车轮由马钢制造，使用的转向架用钢由鞍钢自主研发。

6月30日，我国全面彻底取缔"地条钢"。经彻底清理排查，我国共取缔、关停"地条钢"生产企业720多家，涉及产能约1.4亿吨。彻底取缔"地条钢"后，钢铁行业发展将会迎来一个全新阶段。

7月29日，国务院总理李克强就有企业顶风违规生产"地条钢"问题作出重要批示：取缔"地条钢"、化解过剩产能要坚定不移推进，防止死灰复燃。对顶风作案的要坚决依法严惩，对监管不力的要严肃问责，务必做到令行禁止。

11月10日，国务院组成10个抽查组，对11个省（市、区）和有关中央企业2017年去产能情况开展实验验收抽查。

12月18日，柳钢防城港钢铁基地奠基。柳钢防城港钢铁基地是继曹妃甸、山东日照、宝钢湛江等地后，又一个千万吨级沿海钢铁基地。

2017年，钢铁企业兼并重组继续推进。沙钢重组东北特钢，中信集团战略重组青岛特钢，北京建龙重工集团重组北满特钢，宝武集团的四源合基金与重庆战新基金共同出资设立钢铁平台公司重整重庆钢铁股份。

2018 年

1月1日，工业和信息化部重新修订的《钢铁行业产能置换实施办法》自即日起实施。《办法》指出，列入钢铁去产能任务的产能、享受奖补资金和政策支持的退出产能、"地条钢"产能等不得用于置换，位于国家规定的环境敏感地区，钢铁产能每建设1吨须关停退出1.25吨产能。

1月8日，在2017年度国家科学技术奖励大会上，中国钢铁工业协会推荐的3个项目获得国家科技进步奖二等奖。

1月22日，钢铁煤炭行业化解过剩产能和脱困发展工作部际联席会议办公室组织召开严防"地条钢"死灰复燃工作部署电视电话会议。传达了党中央、国务院领导同志有关化解钢铁过剩产能、防范"地条钢"死灰复燃的重要批示指示精神，对下一步各地区做好严防"地条钢"死灰复燃有关工作进行部署。同时，通报了黑龙江、吉林两省对近期发现的顶风违法建设生产"地条钢"案件的查处情况。

3月9日，中国钢铁工业协会负责人就美国对进口钢铁产品征收25%进口税发表谈话。谈话指出：美国总统特朗普宣布对所有进口的钢铁和铝产品全面征税，钢铁产品的税率高达25%，中国钢铁工业协会坚决反对。这是美国以保护国内钢铁产业为由推行贸易保护主义，破坏WTO规则，扰乱国际贸易秩序。

3月19日，美国国际贸易委员会裁定，决定终止原告美国钢铁公司对中国钢铁的337反垄断调查。至此，中方在"337调查"中的反垄断、盗窃商业秘密、虚构原产地三个诉点全部胜诉。中国钢铁工业协会负责人发表谈话，对这一决定表示满意。

4月8日，发改委、工信部分别与国资委和天津、河北、山西、江苏、安徽、山东、云南、甘肃等8个未完成"十三五"期间去产能任务的省（市）对接了2018年钢铁去产能任务，合计2018年压减粗钢产能1018万吨。

4月13日，工信部发布关于动态调整钢铁规范企业名单的公告，撤销规范企业19家、要求整改企业12家、变更装备企业24家。经过这次动态调整，钢铁行业规范企业总数减少到256家。

5月4日，我国铁矿石期货开启国际化征程，这标志着以人民币结算的铁矿石期货全球化贸易正式启动。

5月22日~6月15日，国务院组成8个抽查组对全国21个省（市、区）开展了钢铁行业化解过剩产能防止"地条钢"死灰复燃专项抽查。

7月3日，国务院印发《打赢蓝天保卫战三年行动计划》。明确提出了打赢蓝天保卫战的时间表和路线图，提出到2020年二氧化硫、氮氧化物排放总量分别比2015年下降15%以上；PM2.5未达标地级及以上城市浓度比2015年下降18%以上，地级及以上城市空气质量优良天数比率达到80%，重度及以上污染天数比率比2015年下降25%以上的目标。

9月5日，西宁特钢一炼钢停产关闭。该厂是1964年9月从本钢搬迁建设，作为1969年国庆献礼工程之一。

10月29日，马钢北区两座40吨转炉实施永久性关停、退出炼钢产能128万吨，至此，标志着马钢去产能三年计划全面完成。

《中国钢铁工业改革开放40年》
撰稿人

（以文章顺序为序）

行业发展篇撰稿人

陈　琢	陈新良	孙英杰	王贺彬	陈国康	王雪莹	李小川	陈　健
李　煜	姜尚清	符鑫峰	李文秀	韩跃新	张福明	曾加庆	唐　荻
杨才福	杨志勇	戴　强	张临峰	陈丽云	黄　导	邢芳芳	陈　瑜
李　红	郑玉春	李拥军	谢聪敏	苏长永	王婷婷	蒋璇芳	余　璐
李全功	秦　松	吕　卫	王晓连	孟　筠	张惠明	赵　伟	李　嵩
刘雪青	刁　力	陈玉千	姜兴宏	李淑华	许家明	苏家庆	于泉友
张承德	陈绍平	孟　岩	周宇龙	李宝成			

企事业单位撰稿人

中国宝武钢铁集团有限公司　伏中哲　冯爱华

鞍钢集团有限公司　薛万林　邢明贺

首钢集团有限公司　徐建华　费　凡　魏　钊

河钢集团有限公司　李毅仁　赵休龙

太原钢铁（集团）有限公司　张铁根　丰曜宇　杨　毅　牛建红
　　　　　　　　　　　　　　闫志方

江苏沙钢集团有限公司　蒋　鑫　秦良政　张　伟

马钢（集团）控股有限公司　黄全福　金　翔　崔海涛

湖南华菱钢铁集团有限责任公司　曾庆升

山东钢铁集团有限公司　陈　振　孙亚宁

包头钢铁（集团）有限责任公司　孟繁英　郝廷龙　赵　芳

本钢集团有限公司　韩友清

安阳钢铁集团有限责任公司　程国强　张洪亮　张　弛

中国冶金科工集团有限公司　于　博　仲　珺

中国钢研科技集团有限公司　金雪华

北京建龙重工集团有限公司　王　利　高广新

中信泰富特钢集团　王勇彬　张　弛　孙乃文

南京钢铁集团有限公司　祝瑞荣　楚觉非　王　芳

酒泉钢铁（集团）有限责任公司　高　潜

广西柳州钢铁集团有限公司　覃守超　周文庐　罗熔军

福建省三钢（集团）有限责任公司　黄雪清

陕西钢铁集团有限公司　周永平

新兴铸管股份有限公司　许　玮　宋利恩

江西方大钢铁集团有限公司　占敏敏　厉跃萍　李婳芬　彭云桃
　　　　　　　　　　　　　　胡彩旗　凌守红

新余钢铁集团有限公司　张敏平

中天钢铁集团有限公司　朱元洁　唐碧君

日照钢铁控股集团有限公司　吴　江

天津钢管集团股份有限公司　杨英俊　严　敏　王起津

东北特殊钢集团股份有限公司　王世杰

凌源钢铁集团有限责任公司　李建军　于　凯

杭州钢铁集团有限公司　陈文波　韦云萍　王学峰

昆明钢铁控股有限公司　崔茂祥　宋　锐　卜静瑜　贾万相　李石林
　　　　　　　　　　　王晓江　陈　民

西宁特殊钢集团有限责任公司　彭加霖　徐宝宁　蒋　华

天津荣程祥泰投资控股集团有限公司　张　捷

唐山国丰钢铁有限公司　李小光　钟　哲

德龙集团有限公司　徐占红

敬业集团有限公司　刘晓静　张风梅

河北普阳钢铁有限公司　杨建军　郭　徽

唐山瑞丰钢铁（集团）有限公司　赵利平

邢台钢铁有限责任公司　宋文祥

河北津西钢铁集团　付立军　张继军　韩亚坤

河北新金钢铁有限公司　郭增地

山西中阳钢铁有限公司　刘文禄　任海平　李　锁

山西立恒钢铁集团股份有限公司　丁卫国

江苏省镔鑫钢铁集团有限公司　陈　禹

衢州元立金属制品有限公司　单　炜

山东泰山钢铁集团有限公司　李志山　黄志鹏　李伟实

山东石横特钢集团有限公司　傅光海　李慧星

河南济源钢铁（集团）有限公司　苏晓春

广西盛隆冶金有限公司　王长城

河北龙凤山铸业有限公司　苗学兵

北京科技大学　陈　曦　崔　睿　赵　萌

东北大学　王文邦　张耀伟　王　强　唐立新

中国冶金地质总局　吴梅林　李腊梅

大连商品交易所　吴　蓉　陈兰君子　薛建良

上海期货交易所　陈　晔　金　明

冶金工业规划研究院　李新创　范铁军　姜晓东　周　翔　曲京涛

中国冶金报　苏亚红

冶金工业出版社　纵晓阳

中国一冶集团有限公司　丁仕均　汤　晖　张　丽

大峘集团有限公司　孙桂红

江苏共昌轧辊股份有限公司　方　平

秦皇岛秦冶重工有限公司　陈晓光　张　健

上海钢联电子商务股份有限公司　黄　河　范新宇　马七英

北京兰格电子商务有限公司　王　媚

上海钢富电子商务有限公司　周　群

福建岩土工程勘察研究院有限公司　吴海军

中国特钢企业协会　王怀世　刘建军　唐子龙

中国冶金建设协会　郭启蛟

中国炼焦行业协会　崔丕江

中国废钢铁应用协会　王镇武　李树斌　都兴亚

中国钢结构协会　刘　毅　陈禄如　刘万忠

中国耐火材料行业协会　陈建雄

中国铁合金工业协会　罗　凯

中国钢结构协会钢管分会　钟锡弟　庄　钢　陈洪琪

河北省冶金行业协会　王大勇　高　林

《中国钢铁工业改革开放40年》
工作人员

王德春　李拥军　陈新良　王贺彬　孙英杰　谢聪敏
王　晶　梅　松　顾学超　诸　敏　常淑云